中國人民大學圖書館古籍普查登記目録

（中）

全國古籍普查登記目録

國家圖書館出版社
National Library of China Publishing House

110000－0143－0011213　PG272/17
漢禮器制度一卷　(漢)叔孫通撰　(清)孫星衍校集　清光緒十七年(1891)順德龍氏知服齋刻本　與110000－0143－0011210合册

110000－0143－0011214　PG272/18
酌意變通捐輸選補章程不分卷　(清)吏部主稿　清咸豐元年(1851)刻本　一册

110000－0143－0011215　PG272/19
嗣後獲盜人員照依年限引見等情條例不分卷　(清)吏部主稿　清咸豐元年(1851)刻本　一册

110000－0143－0011216　PG272/20
吏治因循亟宜綜核名實條例不分卷　(清)吏部主稿　清咸豐元年(1851)刻本　一册

110000－0143－0011217　PG272/21
變通捐輸章程條例不分卷　(清)吏部主稿　清咸豐元年(1851)刻本　一册

110000－0143　0011218　PG272/22
陝西捐輸粵西軍餉仿照海疆章程例案不分卷　(清)吏部主稿　清咸豐元年(1851)刻本　一册

110000－0143－0011219　PG272/23
議奏保甲章程及嚴拿燒香結盟匪徒請變通辦理條例不分卷　(清)吏部主稿　清咸豐元年(1851)刻本　一册

110000－0143－0011220　PG272/24
粵西捐輸米穀章程不分卷　(清)戶部主稿　清咸豐元年(1851)刻本　一册

110000－0143－0011221　PG272/25
修建虎門城寨工費准照成案獎敘奏稿不分卷　(清)戶部主稿　清咸豐元年(1851)刻本　一册

110000－0143－0011222　PG272/26
增附出身教職酌定保薦限制條例不分卷　(清)吏部主稿　清咸豐元年(1851)刻本　一册

110000－0143－0011223　PG272/27
戶部附片具奏湖南設局捐輸例不分卷　(清)戶部主稿　清咸豐元年(1851)刻本　一册

110000－0143－0011224　PG272/28
變通各班選法請仍照舊章辦理條例不分卷　(清)吏部主稿　清咸豐二年(1852)刻本　一册

110000－0143－0011225　PG272/29
舉人貢生報捐國子監助教等官條例不分卷　(清)吏部主稿　清咸豐二年(1852)刻本　一册

110000－0143－0011226　PG272/30
刑部議覆御史王德固奏請將服制案内毆死期功尊長夾簽之案分别辦理條例不分卷　(清)刑部主稿　清咸豐七年(1857)刻本　一册

110000－0143－0011227　PG272/31
嗣後陝省遇有行刦搜贓並聚衆持械搶掠得財兇暴衆著者一經訊明除強盜案内實在情有可原各犯仍照本例問擬分别題咨辦理外其餘法所難宥各犯無論首從審實後先行正法條例不分卷　(清)刑部主稿　清咸豐九年(1859)刻本　一册

110000－0143－0011228　PG272/32
嚴定嗣後各省秋審人犯案内如有錯擬情實緩決處分條例不分卷　(清)刑部主稿　清咸豐十年(1860)刻本　一册

110000－0143－0011229　PG272/36
欽定宫中現行則例四卷　(清)敬事房纂修　清光緒至宣統鉛印本　四册

110000－0143－0011230　PG273/2
文公家禮儀節八卷　(明)丘濬輯　(明)楊廷筠訂　清同治八年(1869)刻本　六册

110000－0143－0011231　PG273/7
續琹文廟祀位不分卷　(清)□□編輯　清刻本　一册

110000－0143－0011232　PG273/10－1
大清通禮五十四卷　(清)李玉鳴等纂修　(清)恒泰等續纂修　清光緒九年(1883)江蘇

書局刻本　十二册

110000－0143－0011233　PG273/10－3
大清通禮五十四卷　(清)來保　(清)李玉鳴等纂修　(清)穆克登額　(清)恒泰等續纂修　清道光刻本　十二册

110000－0143－0011234　PG273/11
欽定禮部則例二百二卷　(清)特登額　(清)長秀纂修　清道光二十六年至三十年(1846－1850)刻本　二十四册

110000－0143－0011235　PG273/11
欽定禮部則例二百二卷　(清)特登額　(清)長秀纂修　清道光二十六年至三十年(1846－1850)刻本　二十四册

110000－0143－0011236　PG273/12
欽定學政全書八十二卷　(清)王杰　(清)廣興纂修　清乾隆五十九年至嘉慶二十五年(1794－1820)刻本　十六册

110000－0143－0011237　PG273/12－1
欽定學政全書八十六卷首一卷　(清)恭阿拉　(清)童璜纂修　清嘉慶十八年至道光三十年(1813－1850)刻本　二十册

110000－0143－0011238　PG273/12－1
欽定學政全書八十六卷首一卷　(清)恭阿拉　(清)童璜纂修　清嘉慶十八年至道光三十年(1813－1850)刻本　二十四册

110000－0143－0011239　PG273/12－1
欽定學政全書八十六卷首一卷　(清)恭阿拉　(清)童璜纂修　清嘉慶十八年至道光三十年(1813－1850)刻本　二十四册

110000－0143－0011240　PG273/12－1
欽定學政全書八十六卷首一卷　(清)恭阿拉　(清)童璜纂修　清嘉慶十八年至道光三十年(1813－1850)刻本　一册　存三卷(一至三)

110000－0143－0011241　PG273/14
内務府慶典成案三卷　(清)永瑢等纂修　清乾隆五十六年至嘉慶二十五年(1791－1820)刻本　三册

110000－0143－0011242　PG273/15
漢官儀三卷　(宋)劉攽撰　清道光四年(1824)刻本　一册

110000－0143－0011243　PG273/15
漢官儀三卷　(宋)劉攽撰　清道光四年(1824)刻本　三册

110000－0143－0011244　PG273/15－1
漢官儀二卷　(漢)應劭撰　(清)孫星衍校集　清光緒十七年(1891)順德龍氏知服齋刻本　一册

110000－0143－0011245　PG273/15－1
漢官典職儀式選用一卷　(漢)蔡質撰　(清)孫星衍校集　清光緒十七年(1891)順德龍氏知服齋刻本　一册

110000－0143－0011246　PG273/15－1
漢儀一卷　(三國吴)丁孚撰　清光緒十八年(1892)順德龍氏知服齋刻本　一册

110000－0143－0011247　PG273/16
歷代宗廟附考八卷　(清)朱孔陽輯　清光緒上海申報舘鉛印本　二册

110000－0143－0011248　PG273/19
天子肆獻祼饋食禮纂四卷天賦考一卷　(清)任啟運撰　清光緒十四年(1888)任氏家塾刻本　二册

110000－0143－0011249　PG273/26
直省釋奠禮樂記六卷首一卷　(清)應寶時纂輯　清同治十二年(1873)刻本　四册

110000－0143－0011250　PG273/27
南工廟祠祀典四卷　(清)李奉翰撰　清乾隆四十四年(1779)後抄本　四册

110000－0143－0011251　PG273/28
釋奠蠡言八卷　(清)周掝纂　(清)朱榛編輯　清乾隆十七年(1752)刻本　二册

110000－0143－0011252　PG273/29
皇朝謚彙攷十卷　(清)鮑康輯　(清)劉長華續輯　清光緒二十五年(1899)槐雲閣刻本

一册　存五卷(一至五)

110000－0143－0011253　PG273/29
皇朝謚彙攷十卷　(清)鮑康輯　(清)劉長華續輯　清光緒二十五年(1899)槐雲閣刻本　四册

110000－0143－0011254　PG273/30
五服釋例二十卷　(清)夏燮撰　清同治七年(1868)刻本　六册

110000－0143－0011255　PG273/33
大清通禮品官士庶儀纂六卷　(清)劉師陸輯　清道光十一年(1831)大梁書院刻本　一册

110000－0143－0011256　PG273/35
九旗古義述一卷　(清)孫詒讓撰　清光緒二十八年(1902)孫詒讓刻本　一册

110000－0143－0011257　PG273/38
皇朝謚法考五卷附續編一卷補編一卷續補編一卷　(清)鮑康　(清)徐士鑾輯　清同治三年(1864)刻本　一册

110000－0143－0011258　PG273/40
避諱錄五卷　(清)黄本驥編輯　清道光二十六年(1846)刻本　一册

110000－0143－0011259　PG273/41
學制統述二卷　(清)夏炘撰　清末篡樓綠格抄本　一册

110000－0143－0011260　PG273/50
司馬氏書儀十卷　(宋)司馬光撰　清同治七年(1868)江蘇書局刻本　二册

110000－0143－0011261　PG274/2
刑案匯覽六十卷首一卷末一卷拾遺備考一卷　(清)祝慶祺編次　清道光十四年(1834)棠樾慎思堂刻本　六十四册

110000－0143－0011262　PG274/7
讀例存疑五十四卷　(清)薛允升著　清光緒三十一年(1905)沈家本京師刻本　四十册

110000－0143－0011263　PG274/8
日本法規大全二十五類附日本法規解字　劉崇傑等譯　錢恂　董鴻禕編纂　清光緒三十三年(1907)上海商務印書館鉛印本　八十一册

110000－0143－0011264　PG274/8－1
日本法規大全二十五類附日本法規解字　劉崇傑等譯　錢恂　董鴻禕編纂　清宣統三年(1911)上海商務印書館鉛印本　七十册　缺首一卷、第一至第四類

110000－0143－0011265　PG274/8－1
日本法規大全二十五類　劉崇傑等譯　錢恂　董鴻禕編纂　清宣統二年(1910)上海商務印書館鉛印本　八十册　缺一種(日本法規解字)

110000－0143－0011266　PG274/10
大清律例增修統纂集成四十卷督捕則例附纂二卷　(清)姚潤纂輯　(清)胡璋增輯　清同治六年(1867)刻本　二十四册

110000－0143－0011267　PG274/11
欽定戶部則例一百卷首一卷　(清)載齡　(清)惠祥等纂修　清同治十三年(1874)刻本　五十册　缺二十一卷(三十九至五十九)

110000－0143－0011268　PG274/11－1
欽定戶部則例一百卷首一卷　(清)載齡　(清)惠祥等纂修　清同治十三年(1874)刻本　十二册　存二十四卷(三十六至五十九)

110000－0143－0011269　PG274/11－2
欽定戶部則例一百卷首一卷　(清)倭仁　(清)承啟等纂修　清同治四年(1865)刻本　四十八册

110000－0143－0011270　PG274/11－2
欽定吏部則例八十七卷　(清)錫珍等纂修　清光緒刻本　六册　存六卷(欽定吏部驗封司則例一至六)

110000－0143－0011271　PG274/11－2
欽定吏部則例六十六卷　(清)弘晝　(清)吳嗣爵等纂修　清刻本　二十册　存五十五卷(銓選滿官一至四、銓選漢官八卷、滿官品級考二卷、漢官品級考四卷、處分則例一至三十七)

110000－0143－0011272　PG274/11－3
欽定戶部則例一百卷首一卷　(清)倭仁　(清)承啟等纂修　清同治四年(1865)戶部刻本　三十二冊

110000－0143－0011273　PG274/11－4
欽定戶部則例九十九卷　(清)賽尚阿　(清)三壽纂修　清咸豐元年(1851)戶部刻本　四十八冊　存六十六卷(一至三十二、五十三至八十六)

110000－0143－0011274　PG274/12
名法指掌增訂二卷附便覽一卷　(清)沈辛田纂輯　清嘉慶十年(1805)文盛堂刻本　四冊

110000－0143－0011275　PG274/12
名法指掌新例增訂四卷　(清)沈辛田纂輯　清道光四年(1824)粵東節署刻本　四冊

110000－0143－0011276　PG274/12
名法指掌增訂二卷附便覽一卷　(清)沈辛田纂輯　清道光同德堂刻本　四冊

110000－0143－0011277　PG274/13
故唐律疏議三十卷附律音義一卷　(唐)長孫無忌等撰　(宋)孫奭等音義　清光緒十七年(1891)錢塘諸可寶刻本　八冊

110000－0143－0011278　PG274/13
宋提刑洗冤集錄五卷　(宋)宋慈編　清光緒十七年(1891)錢塘諸可寶刻本　一冊

110000－0143－0011279　PG274/13
聖朝頒降新例一卷　(元)□□輯　清光緒十七年(1891)錢塘諸可寶刻本　一冊

110000－0143－0011280　PG274/13
故唐律疏議三十卷附律音義一卷　(唐)長孫無忌等撰　(宋)孫奭等音義　清光緒十七年(1891)錢塘諸可寶刻本　八冊

110000－0143－0011281　PG274/13
宋提刑洗冤集錄五卷　(宋)宋慈編　清光緒十七年(1891)錢塘諸可寶刻本　一冊

110000－0143－0011282　PG274/13
聖朝頒降新例一卷　(元)□□輯　清光緒十七年(1891)錢塘諸可寶刻本　一冊

110000－0143－0011283　PG274/13
故唐律疏議三十卷附律音義一卷　(唐)長孫無忌等撰　(宋)孫奭等音義　清光緒十七年(1891)錢塘諸可寶刻本　九冊

110000－0143－0011284　PG274/13
宋提刑洗冤集錄五卷　(宋)宋慈編　清光緒十七年(1891)錢塘諸可寶刻本　一冊

110000－0143－0011285　PG274/13
聖朝頒降新例一卷　(元)□□輯　清光緒十七年(1891)錢塘諸可寶刻本　與110000－0143－0011284合冊

110000－0143－0011286　PG274/13－1
故唐律疏議三十卷　(唐)長孫無忌等撰　清光緒十六年(1890)沈家本北京刻本　十二冊

110000－0143－0011287　PG274/13－1
故唐律疏議三十卷　(唐)長孫無忌等撰　清光緒十六年(1890)沈家本北京刻本　十二冊

110000－0143－0011288　PG274/14
名法指掌新纂四卷　(清)黃魯溪編輯　清道光十年(1830)成都刻本　四冊

110000－0143－0011289　PG274/15
元刑法志四卷　(明)宋濂等撰　(明)侯恪　(明)謝德溥修補　清光緒二十五年至三十四年(1899－1908)北京法律館鉛印本　一冊

110000－0143－0011290　PG274/17
日本改正刑法二編　(日本)西田龍太譯　清光緒三十三年(1907)鉛印本　一冊

110000－0143－0011291　PG274/18
德意志刑法三編　(清)修訂法律大臣編譯　清光緒三十三年(1907)北京法律館鉛印本　一冊

110000－0143－0011292　PG274/18
德意志刑法三編　(清)修訂法律大臣編譯　清光緒三十三年(1907)北京法律館鉛印本　一冊

110000－0143－0011293　PG274/21

國際公法二編　林棨守授　張玉麟述　史錫永校　清光緒三十二年(1906)京師仕學館鉛印本　一册

110000－0143－0011294　PG274/22
處分則例圖要六卷　(清)吏部纂修　清同治九年(1870)江蘇書局刻本　二册

110000－0143－0011295　PG274/22
處分則例圖要六卷　(清)吏部纂修　清光緒十四年(1888)江蘇書局刻本　一册

110000－0143－0011296　PG274/25
三流道里表不分卷五軍道里表不分卷　(清)刑部律例館纂修　清刻本　四册

110000－0143－0011297　PG274/25－1
五軍道里表不分卷　(清)刑部律例館纂修　清同治十一年(1872)湖北讞局刻本　二册

110000－0143－0011298　PG274/25－2
欽定五軍道里表十八卷　(清)常泰等纂修　清嘉慶十四年(1809)刻本　十册　存九卷(一至九)

110000－0143－0011299　PG274/25－3
欽定五軍道里表十八卷　(清)常泰等纂修　清嘉慶十四年(1809)刻本　一册　存一卷(一)

110000－0143－0011300　PG274/26
說帖類編三十六卷　(清)律例館編　清道光十五年(1835)刻本　八册　存六卷(一至六)

110000－0143－0011301　PG274/26
說帖類編三十六卷　(清)律例館編　清道光十五年(1835)刻本　二十三册

110000－0143－0011302　PG274/27
大清律纂修條例二卷　(清)刑部律例館纂修　清刻本　二册

110000－0143－0011303　PG274/27
大清律纂修條例不分卷　(清)刑部律例館纂修　清嘉慶六年(1801)刻本　四册

110000－0143－0011304　PG274/28
大清律例彙輯便覽四十卷附督捕則例二卷五軍道里表三流道里表　(清)刑部律例館纂修　清光緒三年(1877)京都善成堂刻本　三十三册

110000－0143－0011305　PG274/28
大清律例彙輯便覽四十卷附督捕則例二卷五軍道里表三流道里表　(清)刑部律例館纂修　清同治十二年(1873)杭州讀律山館刻本　二十三册　存二十五卷(一至十八、二十八至三十四)

110000－0143－0011306　PG274/28－2
大清律例彙輯便覽四十卷附督捕則例二卷五軍道里表三流道里表　(清)刑部律例館纂修　(清)方大湜等校　清同治十一年(1872)湖北讞局刻本　三十二册

110000－0143－0011307　PG274/28－2
大清律例彙輯便覽四十卷附督捕則例二卷五軍道里表三流道里表　(清)刑部律例館纂修　(清)方大湜等校　清同治十一年(1872)湖北讞局刻本　三十二册

110000－0143－0011308　PG274/28－2
大清律例彙輯便覽四十卷附督捕則例二卷五軍道里表三流道里表　(清)刑部律例館纂修　(清)方大湜等校　清同治十一年(1872)湖北讞局刻本　三十二册

110000－0143－0011309　PG274/28－2
大清律例彙輯便覽四十卷附督捕則例二卷五軍道里表三流道里表　(清)刑部律例館纂修　(清)方大湜等校　清同治十一年(1872)湖北讞局刻本　三十二册

110000－0143－0011310　PG274/28－3
大清律例彙輯便覽四十卷附督捕則例二卷五軍道里表三流道里表　(清)刑部律例館纂修　清同治十一年(1872)上海同文書局刻本　三十一册　缺一册(三流道里表上册)

110000－0143－0011311　PG274/29
大清律例增修統纂集成四十卷　(清)姚潤纂輯　(清)胡璋增輯　清末刻本　十册　存十九卷(十一至十九、二十五至二十六、三十一

至三十二、三十五至四十)

110000－0143－0011312　PG274/29
大清律例統纂集成四十卷　(清)姚潤纂輯　清道光五年(1825)刻本　六册　存七卷(一至七)

110000－0143－0011313　PG274/29
大清律例增修統纂集成四十卷督捕則例附纂二卷　(清)姚潤纂輯　(清)陶駿　(清)陶念霖增修　清光緒二十九年(1903)上海文淵山房鉛印本　二十四册

110000－0143－0011314　PG274/29－1
大清律例增修統纂集成四十卷督捕則例附纂二卷　(清)姚潤纂輯　(清)陶駿　(清)陶念霖增修　清光緒三十一年(1905)上海文淵山房鉛印本　二十三册　缺二卷(九至十)

110000－0143－0011315　PG274/29－1
大清律例增修統纂集成四十卷督捕則例附纂二卷　(清)姚潤纂輯　(清)任彭年重輯　清光緒三十二年(1906)上海文淵山房石印本　二十四册

110000－0143－0011316　PG274/29－1
大清律例增修統纂集成四十卷督捕則例附纂二卷　(清)姚潤纂輯　(清)任彭年重輯　清光緒三十三年(1907)上海文淵山房石印本　二十四册

110000－0143－0011317　PG274/29－1
大清律例增修統纂集成四十卷督捕則例附纂二卷　(清)姚潤纂輯　(清)陶駿　(清)陶念霖增修　清光緒六年(1880)浙省聚文堂書坊刻本　二十四册

110000－0143－0011318　PG274/29－3
大清律例增修統纂集成四十卷督捕則例附纂二卷　(清)姚潤纂輯　(清)胡璋增輯　清道光二十七年(1847)刻本　二十四册

110000－0143－0011319　PG274/30
大清律歷次纂修條例不分卷　(清)律例館纂修　清嘉慶七年(1802)楊曰鯤刻本　十二册

110000－0143－0011320　PG274/31
大清律例彙纂大成四十卷　(清)刑部輯　清光緒二十九年(1903)石印本　五册　存十卷(十至十一、十六至二十三)

110000－0143－0011321　PG274/32
俄羅斯刑法十二卷　薩蔭圖譯　清光緒三十一年(1905)修訂法律館鉛印本　二册

110000－0143－0011322　PG274/32
俄羅斯刑法十二卷　薩蔭圖譯　清光緒三十一年(1905)修訂法律館鉛印本　二册

110000－0143－0011323　PG274/33
駁案新編三十二卷　(清)全士潮等纂輯　清刻本　十八册　缺十卷(十六至十七、二十五至三十二)

110000－0143－0011324　PG274/33
駁案新編三十二卷駁案續編七卷附秋審實緩比較彙案新編二卷　(清)全士潮等纂輯　(清)□□輯　清光緒十年(1884)刻本　二十四册　缺十卷(駁案新編十五至二十四)

110000－0143－0011325　PG274/35
萬國公法四卷　(美國)丁韙良譯　清同治三年(1864)刻本　四册

110000－0143－0011326　PG274/35
萬國公法四卷　(美國)惠頓撰　(美國)丁韙良譯　清光緒二十七年(1901)鑄記書莊鉛印本　一册

110000－0143－0011327　PG274/39
憲法精理二卷　(清)周逵編輯　清光緒二十六年(1900)鉛印本　一册

110000－0143－0011328　PG274/39
憲法精理二卷　(清)周逵編輯　清光緒二十六年(1900)鉛印本　一册

110000－0143－0011329　PG274/41
寄簃文存二編二卷　(清)沈家本撰　清宣統三年(1911)鉛印本　二册

110000－0143－0011330　PG274/42
歷代刑官考二卷　(清)沈家本撰　清宣統元

年(1909)修訂法律館鉛印本　一冊

110000－0143－0011331　PG274/45
立憲綱要不分卷　清光緒三十二年(1906)北洋官報局鉛印本　一冊

110000－0143－0011332　PG274/46
欽定總管内務府現行則例四卷　(清)裕誠(清)文璧等纂修　清咸豐二年(1852)武英殿刻本　四冊

110000－0143－0011333　PG274/47
欽定武場條例十六卷　(清)額勒和布　(清)景清等纂修　清光緒二十一年(1895)兵部刻本　十六冊

110000－0143－0011334　PG274/47
欽定武場條例十六卷　(清)額勒和布　(清)景清等纂修　清光緒刻本　十六冊

110000－0143－0011335　PG274/48
欽定宗人府則例三十一卷首一卷　(清)奕誴(清)鍾泰等纂修　清同治刻本　十冊

110000－0143－0011336　PG274/48
欽定宗人府則例三十一卷　(清)載銓　(清)賡錫等纂修　清道光二十年(1840)宗人府刻本　十冊

110000－0143－0011337　PG274/50
督捕則例二卷　(清)徐本　(清)唐紹祖等纂修　清乾隆刻本　二冊

110000－0143－0011338　PG274/50－1
督捕則例二卷　(清)徐本　(清)唐紹祖等纂修　清乾隆刻本　二冊

110000－0143－0011339　PG274/50－2
督捕則例二卷　(清)徐本　(清)唐紹祖等纂修　清乾隆刻本　二冊

110000－0143－0011340　PG274/50－2
律例館校正洗冤錄四卷　(清)律例館編校　清刻本　二冊

110000－0143－0011341　PG274/50－2
三流道里表不分卷　(清)刑部律例館纂修　清刻本　四冊

110000－0143－0011342　PG274/51
戶部籌餉海防新章捐例不分卷　(清)戶部編　清光緒三十年(1904)北京榮錄堂刻本　七冊

110000－0143－0011343　PG274/51
戶部籌餉海防新章捐例不分卷　(清)戶部編　清光緒三十年(1904)北京榮錄堂刻本　七冊

110000－0143－0011344　PG274/52
欽定吏部處分則例五十二卷　(清)吏部編纂　清末刻本　二十冊

110000－0143－0011345　PG274/56
秋審比較條款五卷　(清)沈家本編纂　清光緒三十二年(1906)刻本　四冊

110000－0143－0011346　PG274/56
秋審比較條款五卷　(清)沈家本編纂　清光緒三十二年(1906)刻本　四冊

110000－0143－0011347　PG274/59
大清律例三十九卷　(清)楊曰鯤等纂修　清嘉慶八年(1803)盛時彥刻本　二十四冊

110000－0143－0011348　PG274/59－1
大清律例四十七卷　(清)徐本　(清)唐紹祖等纂修　清乾隆至嘉慶刻本　十五冊　缺三卷(二十六至二十八)

110000－0143－0011349　PG274/60
律例館校正洗冤錄四卷附驗骨骼一卷三流道里表督捕則例　(宋)宋慈撰　(清)刑部編校　清刻本　六冊

110000－0143－0011350　PG274/64
讀法圖存四卷　(清)邵繩清繪編　清道光二十六年(1846)刻三十年(1850)虞山邵氏增刻本　四冊

110000－0143－0011351　PG274/64
增補名法指掌四卷附讀法圖存　(清)邵繩清繪編　清光緒七年(1881)刻本　四冊

110000－0143－0011352　PG274/65
上諭行軍紀律條例十條　(清)軍機處兵部編

清抄本　一冊

110000－0143－0011353　PG274/67
大清律例彙編三十五卷首一卷　(清)沈書城編輯　(清)王又槐增輯　清乾隆五十八年(1793)刻本　二十四冊

110000－0143－0011354　PG274/72
欽定宗室覺羅律例二卷附二卷　(清)世鐸　(清)定壽纂修　清宣統三年(1911)北京宗人府鉛印本　四冊

110000－0143－0011355　PG274/74
欽定大清商律一卷　載振等纂修　清光緒三十年(1904)北京商部鉛印本　一冊

110000－0143－0011356　PG274/77
欽定回疆則例八卷　(清)賽尚阿　(清)岳禧纂修　清道光二十四年至咸豐十一年(1844－1861)刻本　四冊

110000－0143－0011357　PG274/78
各國憲法源泉三種合編三編　(德國)挨里捏克原著　(日本)美濃部達吉原譯　(清)林萬里　(清)陳承澤重譯　清光緒三十四年(1908)上海中國圖書公司鉛印本　一冊

110000－0143－0011358　PG274/78
各國憲法源泉三種合編三編　(德國)挨里捏克原著　(日本)美濃部達吉原譯　(清)林萬里　(清)陳承澤重譯　清光緒三十四年(1908)上海中國圖書公司鉛印本　一冊

110000－0143－0011359　PG274/79
和蘭刑法三編　汪有齡校正　清光緒三十三年(1907)鉛印本　一冊

110000－0143－0011360　PG274/79
和蘭刑法三編　汪有齡校正　清光緒三十三年(1907)鉛印本　一冊

110000－0143－0011361　PG274/80
大清刑律草案第一編十七章　清光緒三十三年(1907)法律館鉛印本　一冊

110000－0143－0011362　PG274/82
公法便覽四卷總論一卷續卷一卷　(美國)吳爾璽著　(美國)丁韙良譯　清光緒三年(1877)同文館鉛印本　六冊

110000－0143－0011363　PG274/82－1
公法便覽四卷總論一卷續卷一卷　(美國)吳爾璽著　(美國)丁韙良譯　清光緒至宣統鉛印本　六冊

110000－0143－0011364　PG274/83
大清鑛務正章十四章附章九章　(清)農工商部修訂　清光緒至宣統江西印刷所鉛印本　二冊

110000－0143－0011365　PG274/84
咸豐八年(春季、夏季、冬季)條例不分卷　(清)布政司纂輯　清末刻本　一冊

110000－0143－0011366　PG274/84
同治三年冬季條例不分卷　(清)布政司纂輯　清末刻本　一冊

110000－0143－0011367　PG274/84
同治四年(春季、夏季、秋季、冬季)條例不分卷　(清)布政司纂輯　清末刻本　一冊

110000－0143－0011368　PG274/85
錫金四哲事實惠存　(清)財政部編　清宣統二年(1910)鉛印本　一冊

110000－0143－0011369　PG274/86
重修名法指掌四卷　(清)徐灝撰　清光緒二十六年(1900)京都榮錄堂刻本　四冊

110000－0143－0011370　PG274/87
核訂現行刑律不分卷　奕劻等編　清宣統元年(1909)鉛印本　四冊

110000－0143－0011371　PG274/87
核訂現行刑律不分卷　奕劻等編　清宣統元年(1909)鉛印本　二冊

110000－0143－0011372　PG274/88
修正現行刑律不分卷　奕劻等編　清宣統二年(1910)鉛印本　一冊

110000－0143－0011373　PG274/89
處分則例圖要六卷　(清)蔡逢年著　清同治十一年(1872)刻本　二冊

110000－0143－0011374　PG274/90
通行章程五卷　(清)王汝礪輯　清光緒三十二年(1906)京都琉璃廠榮錄堂刻本　五冊

110000－0143－0011375　PG274/98
駁案新編三十二卷駁案續編七卷　(清)全士潮等纂輯　清光緒九年(1883)圖書集成局鉛印本　十一冊

110000－0143－0011376　PG274/98
秋審比較彙案二卷　(清)桑春榮纂輯　清光緒九年(1883)圖書集成局鉛印本　一冊

110000－0143－0011377　PG274/98
駁案新編三十二卷駁案續編七卷　(清)全士潮等纂輯　清光緒九年(1883)圖書集成局鉛印本　十一冊

110000－0143－0011378　PG274/98
秋審比較彙案二卷　(清)桑春榮纂輯　清光緒九年(1883)圖書集成局鉛印本　一冊

110000－0143－0011379　PG274/99
議決宣統三年地方行政經費預算案説明書不分卷　(清)□□撰　清宣統三年(1911)鉛印本　一冊

110000－0143－0011380　PG274/102
徐雨峰中丞勘語四卷　(清)徐士林撰　清光緒三十二年(1906)武進李氏聖譯樓刻本　四冊

110000－0143－0011381　PG274/102
徐雨峰中丞勘語四卷　(清)徐士林撰　清光緒三十二年(1906)武進李氏聖譯樓刻本　四冊

110000－0143－0011382　PG274/110
德意志治罪法不分卷　(德國)司法部編　清光緒三十四年(1908)鉛印本　一冊

110000－0143－0011383　PG274/115
詳定整頓刑案冊式章程不分卷　升允撰　清光緒三十四年(1908)官報書局鉛印本　一冊

110000－0143－0011384　PG274/122
皖省籌議事宜摘要不分卷　(清)安徽省籌議公所編輯　清光緒二十八年(1902)安徽籌議公所木活字印本　一冊

110000－0143－0011385　PG274/124
鹺政備覽不分卷　(清)方濬師撰　清光緒二年(1876)兩廣運使署刻本　二冊

110000－0143－0011386　PG274/125
慈谿嚴氏壽芝山莊公牘章程不分卷　嚴義彬編　清宣統元年(1909)鉛印本　一冊

110000－0143－0011387　PG274/134
從公三錄不分卷　(清)戴肇辰撰　清同治九年(1870)刻本　一冊

110000－0143－0011388　PG274/135
聖朝破邪集八卷　(清)徐昌治訂　清光緒至宣統抄本　八冊

110000－0143－0011389　PG274/141
新譯日本法規大全不分卷　劉崇傑等譯　清光緒三十三年(1907)上海商務印書館鉛印本　一冊

110000－0143－0011390　PG2741/3
憲政編查館核訂大清現行刑律不分卷　(清)吉林提法司官報局編輯　清宣統二年(1910)吉林官書刷印局鉛印本　二冊

110000－0143－0011391　PG2741/7
大清光緒新法令不分卷　商務印書館編譯所編輯　清宣統二年(1910)上海商務印書館鉛印本　十五冊　缺五冊(一至五)

110000－0143－0011392　PG2741/7
大清光緒新法令不分卷　商務印書館編譯所編輯　清宣統二年(1910)上海商務印書館鉛印本　十九冊　缺三冊(一至三)

110000－0143－0011393　PG2741/7
大清光緒新法令不分卷　商務印書館編譯所編輯　清宣統元年(1909)上海商務印書館鉛印本　二十冊

110000－0143－0011394　PG2741/7
大清光緒新法令不分卷　商務印書館編譯所編輯　清宣統元年(1909)上海商務印書館鉛

印本　二十册

110000－0143－0011395　PG2741/7
大清光緒新法令不分卷　商務印書館編譯所編輯　清宣統元年(1909)上海商務印書館鉛印本　二册

110000－0143－0011396　PG2741/7－1
大清光緒新法令不分卷　商務印書館編譯所編輯　清宣統元年(1909)上海商務印書館鉛印本　二十册

110000－0143－0011397　PG2741/8
大清法規大全旗藩部正編二卷首一卷交通部正編五卷首一卷　清宣統政學社石印本　一册

110000－0143－0011398　PG2741/8
大清法規大全續編外交部十卷　清宣統政學社石印本　一册

110000－0143－0011399　PG2741/8
大清法規大全續編吏政部十七卷首一卷　清宣統政學社石印本　四册

110000－0143－0011400　PG2741/8
大清法規大全續編□□卷　清宣統二年(1910)政學社石印暨鉛印本　十二册　存六種(法律部七卷、首一卷,大清現行刑律三十七卷、首一卷、附禁煙條例秋審條款,外交部十卷,實業部十一卷、首一卷,交通部五卷、首一卷,旗藩部二卷)

110000－0143－0011401　PG2741/8－1
大清法規大全□□卷　清宣統元年(1909)政學社石印本　四十二册　存十二種一百七十一卷(憲政部七卷、首一卷,吏政部二十三卷、首一卷,民政部十五卷、首一卷,財政部十四卷、首一卷,教育部三十一卷、首一卷,禮制部九卷、首一卷,軍政部十二卷、首一卷,法律部十三卷、首一卷,實業部十五卷、首一卷,外交部十三卷、首一卷,旗藩部二卷、首一卷,交通部五卷、首一卷)

110000－0143－0011402　PG2741/8－1
核訂現行刑律不分卷　奕劻等編　清宣統元年(1909)鉛印本　四册

110000－0143－0011403　PG2741/9
刑案匯覧六十卷首一卷末一卷拾遺備考一卷續增刑案匯覧十六卷新增刑案匯覧十六卷　(清)祝慶祺編　清光緒十九年(1893)上海鴻文書局石印本　二十册

110000－0143－0011404　PG2741/9
刑案匯覧六十卷首一卷末一卷拾遺備考一卷續增刑案匯覧十六卷　(清)祝慶祺編　清光緒十九年(1893)上海鴻文書局石印本　十八册

110000－0143－0011405　PG2741/9－1
刑案匯覧六十卷首一卷末一卷拾遺備考一卷續增刑案匯覧十六卷新增刑案匯覧十六卷　(清)祝慶祺編　清末圖書集成局鉛印本　四十册

110000－0143－0011406　PG2741/10
欽定宮中現行則例四卷　(清)內務府編　清光緒鉛印本　四册

110000－0143－0011407　PG2741/11
大清宣統新法令不分卷　(清)商務印書館編譯所編纂　清宣統元年(1909)上海商務印書館鉛印本　二十册

110000－0143－0011408　PG2741/19
大清教育新法令十三編　(清)商務印書館編譯所編纂　清宣統二年(1910)上海商務印書館鉛印本　八册

110000－0143－0011409　PG2741/26
大元聖政典章新集至治條例不分卷　清光緒三十四年(1908)修訂法律館刻本　四册

110000－0143－0011410　PG2742/1
中外條約彙編不分卷　(清)山東書局編輯　吳毓麟等校刊　清末山東書局刻本　十四册

110000－0143－0011411　PG2742/2
直隸現行通飭章程三卷　周馥編　清光緒十七年(1891)保定官署刻本　二册　存二卷(一至二)

110000－0143－0011412　PG2742/3
刑部通行章程二卷新續通行章程二卷　（清）王汝礪編輯　清光緒十三年（1887）京都欽文書局刻本　三册

110000－0143－0011413　PG2742/3
通行條例不分卷　（清）刑部編訂　清光緒十四年（1888）江蘇書局刻本　四册

110000－0143－0011414　PG2742/3
刑部通行章程二卷新續通行章程二卷遵行章程一卷　（清）王汝礪編輯　清光緒十三年（1887）京都順濟局刻本　四册

110000－0143－0011415　PG2742/4
欽定吏部則例六十六卷　（清）弘晝　（清）吳嗣爵等纂修　清刻本　六册　存二十六卷（一至七、十三至三十一）

110000－0143－0011416　PG2742/4
欽定吏部則例八十七卷　（清）文孚　（清）清平等纂修　清道光刻本　二十四冊

110000－0143－0011417　PG2742/5
京師譯學館規章不分卷　（清）京師學務處編　清光緒三十一年（1905）京師學務處官書局鉛印本　一册

110000－0143－0011418　PG2742/7
通州師範學校章程不分卷　（清）通州師範學校編　清光緒二十九年（1903）上海虹口澄衷學堂印書處鉛印本　一册

110000－0143－0011419　PG2742/8
山東試辦大學堂暫行章程摺稿不分卷　袁世凱撰　清光緒末刻本　一册

110000－0143－0011420　PG2742/9
清訟章程不分卷　（清）浙江省布政使司等編　清光緒刻本　一册

110000－0143－0011421　PG2742/10
奏定度量權衡畫一制度圖說總表推行章程不分卷　（清）農工商部編訂　清光緒三十四年（1908）鉛印本　一册

110000－0143－0011422　PG2742/10
奏定度量權衡畫一制度圖說總表推行章程不分卷　（清）農工商部編訂　清光緒三十四年（1908）鉛印本　一册

110000－0143－0011423　PG2742/12
奏定學堂章程不分卷　（清）張之洞等撰　清末鉛印本　一册　存一種（高等學堂章程）

110000－0143－0011424　PG2742/12
奏定學堂章程不分卷　（清）張之洞等撰　清末鉛印本　一册　存一種（譯學堂章程）

110000－0143－0011425　PG2742/12
奏定學堂章程不分卷　（清）張之洞等撰　清末鉛印本　四册

110000－0143－0011426　PG2742/12
奏定學堂章程不分卷　（清）張之洞等撰　清末鉛印本　一册　存一種（優級學堂章程）

110000－0143－0011427　PG2742/13
天津府屬試辦審判廳章程不分卷　（清）法部編訂　清光緒三十二年（1906）鉛印本　一册

110000－0143－0011428　PG2742/14
試辦天津縣地方自治章程不分卷　（清）直隸咨議局編訂　清末鉛印本　一冊

110000－0143－0011429　PG2742/16
江蘇省例不分卷續編不分卷三編不分卷四編不分卷　（清）江蘇省布政使司等編輯　清同治八年至光緒三十二年（1869－1906）江蘇書局刻本　十二册

110000－0143－0011430　PG2742/16
江蘇省例不分卷續編不分卷三編不分卷四編不分卷　（清）江蘇省布政使司等編輯　清同治八年至光緒三十二年（1869－1906）江蘇書局刻本　六册

110000－0143－0011431　PG2742/16
江蘇省例不分卷續編不分卷三編不分卷四編不分卷　（清）江蘇省布政使司等編輯　清同治八年至光緒三十二年（1869－1906）江蘇書局刻本　五册　存同治六年至光緒元年

110000－0143－0011432　PG2742/17

慶典章程五卷　(清)内務府等撰　清刻本　五冊

110000－0143－0011433　PG2742/21
欽定科場條例六十卷首一卷續增不分卷　(清)蔡鑾揚等纂修　(清)梁章鉅等校對　清嘉慶二十一年(1816)後刻本　十二冊

110000－0143－0011434　PG2742/21
欽定科場條例六十卷首一卷續增不分卷　(清)蔡鑾揚等纂修　(清)梁章鉅等校對　清咸豐二年(1852)後刻本　十二冊

110000－0143－0011435　PG2742/21－1
欽定科場條例六十卷首一卷續增不分卷　(清)蔡鑾揚等纂修　(清)梁章鉅等校對　清道光二年(1822)刻本　二十冊

110000－0143－0011436　PG2742/21－2
續增科場條例不分卷　(清)禮部纂修　清光緒二十九年(1903)後鉛印本　一冊

110000－0143－0011437　PG2742/23
信成銀行公牘章程規條不分卷　周廷弼等撰　清光緒三十一年(1905)後鉛印本　一冊

110000－0143－0011438　PG2742/24
廣東通省抽收釐金章程　(清)廣東釐務總局編　清同治十二年(1873)後刻本　一冊

110000－0143－0011439　PG2742/25
順治康熙雍正乾隆嘉慶五朝學校條規不分卷　(清)王植撰　(清)張仁黼編輯　清光緒十二年(1886)刻本　一冊

110000－0143－0011440　PG2742/27
江北初級師範學堂章程不分卷　(清)張相文編訂　清光緒三十二年(1906)鉛印本　一冊

110000－0143－0011441　PG2742/27
江北初級師範學堂章程不分卷　(清)張相文編訂　清光緒三十二年(1906)鉛印本　一冊

110000－0143－0011442　PG2742/31
府廳州縣城鎮鄉自治章程淺說咨議局章程淺說　齊樹楷編　清宣統三年(1911)天津興業印刷局鉛印本　一冊

110000－0143－0011443　PG2742/32
江口巡船章程不分卷　(清)黄陵道人撰　清光緒十六年(1890)刻本　一冊

110000－0143－0011444　PG2742/33
海防新例銓補章程不分卷　(清)戶部編訂　清刻本　六冊

110000－0143－0011445　PG2742/34
督撫憲核定廣東通省抽釐例則不分卷　(清)廣東釐務總局編訂　清同治五年(1866)廣東釐務總局刻本　一冊

110000－0143－0011446　PG2742/36
錢穀視成二卷考成規則二卷　(清)□□輯　清末季衡抄本　四冊

110000－0143－0011447　PG2742/37
各省諮議局應一律辦理事件通告書附各省法令公佈規草案　(清)□□輯　清末羣化印書局鉛印本　一冊

110000－0143－0011448　PG2742/40
福州戒纏足約章不分卷　(清)福州戒纏足公所編訂　清光緒二十四年(1898)刻本　一冊

110000－0143－0011449　PG2742/42
私塾改良會章程不分卷　(清)上海私塾改良總會編　清末上海私塾改良總會鉛印本　一冊

110000－0143－0011450　PG2742/43
上海城自治公所訂定各項規則規約章程三編　(清)上海城自治公所編　清宣統三年(1911)鉛印本　一冊

110000－0143－0011451　PG2742/44
江南中等商業學堂章程不分卷江南中等商業學堂規則不分卷　(清)江南中等商業學堂編　清末鉛印本　一冊

110000－0143－0011452　PG2742/45
中東兩路高等小學堂一覽不分卷　(清)中東兩路高等小學堂編訂　清光緒木活字印本　一冊

110000－0143－0011453　PG2742/49

諮議局章程講義九章　孟森編纂　清光緒三十四年(1908)預備立憲公會鉛印本　一冊

110000－0143－0011454　PG2742/53
中國朝鮮商民水陸貿易章程不分卷　(清)李鴻章等　(朝鮮)趙寧夏等議定　清光緒刻本　一冊

110000－0143－0011455　PG2742/53
中國朝鮮商民水陸貿易章程不分卷　(清)李鴻章等　(朝鮮)趙寧夏等議定　清光緒刻本　一冊

110000－0143－0011456　PG2742/53
中國朝鮮商民水陸貿易章程不分卷　(清)李鴻章等　(朝鮮)趙寧夏等議定　清光緒刻本　一冊

110000－0143－0011457　PG2742/53
中國朝鮮商民水陸貿易章程不分卷　(清)李鴻章等　(朝鮮)趙寧夏等議定　清光緒刻本　一冊

110000－0143－0011458　PG2742/53
中國朝鮮商民水陸貿易章程不分卷　(清)李鴻章等　(朝鮮)趙寧夏等議定　清光緒刻本　一冊

110000－0143－0011459　PG2742/53
中國朝鮮商民水陸貿易章程不分卷　(清)李鴻章等　(朝鮮)趙寧夏等議定　清光緒刻本　一冊

110000－0143－0011460　PG2742/53
中國朝鮮商民水陸貿易章程不分卷　(清)李鴻章等　(朝鮮)趙寧夏等議定　清光緒刻本　一冊

110000－0143－0011461　PG2742/53
中國朝鮮商民水陸貿易章程不分卷　(清)李鴻章等　(朝鮮)趙寧夏等議定　清光緒刻本　一冊

110000－0143－0011462　PG2742/53
中國朝鮮商民水陸貿易章程不分卷　(清)李鴻章等　(朝鮮)趙寧夏等議定　清光緒刻本　一冊

110000－0143－0011463　PG2742/53
中國朝鮮商民水陸貿易章程不分卷　(清)李鴻章等　(朝鮮)趙寧夏等議定　清光緒刻本　一冊

110000－0143－0011464　PG2742/53
中國朝鮮商民水陸貿易章程不分卷　(清)李鴻章等　(朝鮮)趙寧夏等議定　清光緒刻本　一冊

110000－0143－0011465　PG2742/53
中國朝鮮商民水陸貿易章程不分卷　(清)李鴻章等　(朝鮮)趙寧夏等議定　清光緒刻本　一冊

110000－0143－0011466　PG2742/53
中國朝鮮商民水陸貿易章程不分卷　(清)李鴻章等　(朝鮮)趙寧夏等議定　清光緒刻本　一冊

110000－0143－0011467　PG2742/53
中國朝鮮商民水陸貿易章程不分卷　(清)李鴻章等　(朝鮮)趙寧夏等議定　清光緒刻本　一冊

110000－0143－0011468　PG2742/53
中國朝鮮商民水陸貿易章程不分卷　(清)李鴻章等　(朝鮮)趙寧夏等議定　清光緒刻本　一冊

110000－0143－0011469　PG2742/53
中國朝鮮商民水陸貿易章程不分卷　(清)李鴻章等　(朝鮮)趙寧夏等議定　清光緒刻本　一冊

110000－0143－0011470　PG2742/53
中國朝鮮商民水陸貿易章程不分卷　(清)李鴻章等　(朝鮮)趙寧夏等議定　清光緒刻本　一冊

110000－0143－0011471　PG2742/53
中國朝鮮商民水陸貿易章程不分卷　(清)李鴻章等　(朝鮮)趙寧夏等議定　清光緒刻本　一冊

110000－0143－0011472　PG2742/53
中國朝鮮商民水陸貿易章程不分卷　（清）李鴻章等　（朝鮮）趙寧夏等議定　清光緒刻本　一冊

110000－0143－0011473　PG2742/54
中法會議越南邊界通商章程不分卷　（清）李鴻章　（法國）戈可當大理燮議定　清光緒刻本　一冊

110000－0143－0011474　PG2742/54
中法會議越南邊界通商章程不分卷　（清）李鴻章　（法國）戈可當大理燮議定　清光緒刻本　一冊

110000－0143－0011475　PG2742/54
中法會議越南邊界通商章程不分卷　（清）李鴻章　（法國）戈可當大理燮議定　清光緒刻本　一冊

110000－0143－0011476　PG2742/54
中法會議越南邊界通商章程不分卷　（清）李鴻章　（法國）戈可當大理燮議定　清光緒刻本　一冊

110000－0143－0011477　PG2742/54
中法會議越南邊界通商章程不分卷　（清）李鴻章　（法國）戈可當大理燮議定　清光緒刻本　一冊

110000－0143－0011478　PG2742/54
中法會議越南邊界通商章程不分卷　（清）李鴻章　（法國）戈可當大理燮議定　清光緒刻本　一冊

110000－0143－0011479　PG2742/54
中法會議越南邊界通商章程不分卷　（清）李鴻章　（法國）戈可當大理燮議定　清光緒刻本　一冊

110000－0143－0011480　PG2742/54
中法會議越南邊界通商章程不分卷　（清）李鴻章　（法國）戈可當大理燮議定　清光緒刻本　一冊

110000－0143－0011481　PG2742/54
中法會議越南邊界通商章程不分卷　（清）李鴻章　（法國）戈可當大理燮議定　清光緒刻本　一冊

110000－0143－0011482　PG2742/54
中法會議越南邊界通商章程不分卷　（清）李鴻章　（法國）戈可當大理燮議定　清光緒刻本　一冊

110000－0143－0011483　PG2742/54
中法會議越南邊界通商章程不分卷　（清）李鴻章　（法國）戈可當大理燮議定　清光緒刻本　一冊

110000－0143－0011484　PG2742/54
中法會議越南邊界通商章程不分卷　（清）李鴻章　（法國）戈可當大理燮議定　清光緒刻本　一冊

110000－0143－0011485　PG2742/54
中法會議越南邊界通商章程不分卷　（清）李鴻章　（法國）戈可當大理燮議定　清光緒刻本　一冊

110000－0143－0011486　PG2742/54
中法會議越南邊界通商章程不分卷　（清）李鴻章　（法國）戈可當大理燮議定　清光緒刻本　一冊

110000－0143－0011487　PG2742/54
中法會議越南邊界通商章程不分卷　（清）李鴻章　（法國）戈可當大理燮議定　清光緒刻本　一冊

110000－0143－0011488　PG2742/54
中法會議越南邊界通商章程不分卷　（清）李鴻章　（法國）戈可當大理燮議定　清光緒刻本　一冊

110000－0143－0011489　PG2742/54
中法會議越南邊界通商章程不分卷　（清）李鴻章　（法國）戈可當大理燮議定　清光緒刻本　一冊

110000－0143－0011490　PG2742/54
中法會議越南邊界通商章程不分卷　（清）李

鴻章　(法國)戈可當大理燮議定　清光緒刻本　一册

110000－0143－0011491　PG2742/54
中法會議越南邊界通商章程不分卷　(清)李鴻章　(法國)戈可當大理燮議定　清光緒刻本　一册

110000－0143－0011492　PG2742/54
中法會議越南邊界通商章程不分卷　(清)李鴻章　(法國)戈可當大理燮議定　清光緒刻本　一册

110000－0143－0011493　PG2742/54
中法會議越南邊界通商章程不分卷　(清)李鴻章　(法國)戈可當大理燮議定　清光緒刻本　一册

110000－0143－0011494　PG2742/54
中法會議越南邊界通商章程不分卷　(清)李鴻章　(法國)戈可當大理燮議定　清光緒刻本　一册

110000－0143－0011495　PG2742/54
中法會議越南邊界通商章程不分卷　(清)李鴻章　(法國)戈可當大理燮議定　清光緒刻本　一册

110000－0143－0011496　PG2742/54
中法會議越南邊界通商章程不分卷　(清)李鴻章　(法國)戈可當大理燮議定　清光緒刻本　一册

110000－0143－0011497　PG2742/54
中法會議越南邊界通商章程不分卷　(清)李鴻章　(法國)戈可當大理燮議定　清光緒刻本　一册

110000－0143－0011498　PG2742/54
中法會議越南邊界通商章程不分卷　(清)李鴻章　(法國)戈可當大理燮議定　清光緒刻本　一册

110000－0143－0011499　PG2742/54
中法會議越南邊界通商章程不分卷　(清)李鴻章　(法國)戈可當大理燮議定　清光緒刻本　一册

110000－0143－0011500　PG2742/54
中法會議越南邊界通商章程不分卷　(清)李鴻章　(法國)戈可當大理燮議定　清光緒刻本　一册

110000－0143－0011501　PG2742/55
大清國大日本國條規章程不分卷附税則一卷　(清)李鴻章　(日本)伊達議定　清同治刻本　一册

110000－0143－0011502　PG2742/55
大清國大日本國條規章程不分卷附税則一卷　(清)李鴻章　(日本)伊達議定　清同治刻本　一册

110000－0143－0011503　PG2742/56
澄衷學堂乙巳新訂章程　呂海寰編　清末鉛印本　一册

110000－0143－0011504　PG2742/56
澄衷學堂乙巳新訂章程　呂海寰編　清末鉛印本　一册

110000－0143－0011505　PG2742/59
大清礦務章程正章不分卷大清礦務章程附章不分卷　(清)農工商部編　清光緒三十三年(1907)鉛印本　二册

110000－0143－0011506　PG2742/61
欽定吏部章程八十卷　(清)寶鋆　(清)文祥等纂修　清同治刻本　四册　存三十三卷(一至三十三)

110000－0143－0011507　PG2742/63
農工商部現行章程二十一種　(清)農工商部編訂　清宣統元年(1909)鉛印本　十三册

110000－0143－0011508　PG2742/64
電報總局學堂彙纂章程不分卷　(清)電報總局學堂編訂　清光緒二十三年(1897)鉛印本　一册

110000－0143－0011509　PG2742/66
欽定吏部銓選章程八十卷　(清)寶鋆　(清)文祥等纂修　清同治刻本　十二册　存三十

二卷(文選司章程三十二卷)

110000－0143－0011510　PG2742/69
甘肅商務總會簡明章程不分卷　(清)甘肅商務總會編訂　清光緒三十三年(1907)官報書局鉛印本　一冊

110000－0143－0011511　PG2742/70
謹擬甘肅省城模範監獄暫行章程　(清)甘肅提法使司編訂　清光緒至宣統油印本　一冊

110000－0143－0011512　PG2742/71
盧漢鐵路比商借款條議不分卷　盛宣懷等訂　清光緒三十一年(1905)鉛印本　一冊

110000－0143－0011513　PG2742/72
擬訂甘肅仵作學堂章程不分卷　清光緒至宣統官報書局鉛印本　一冊

110000－0143－0011514　PG2742/73
北洋巡警學堂重訂現行章程二十節　(清)北洋巡警學堂編訂　清光緒至宣統石印本　一冊

110000－0143－0011515　PG2742/74
遵擬禁煙查驗章程一卷　(清)鹿傳霖等編　清光緒三十四年(1908)官報書局鉛印本　一冊

110000－0143－0011516　PG2742/76
直隸隔境緝匪章程不分卷　周馥等編訂　清光緒刻本　一冊

110000－0143－0011517　PG2742/80
中外條約彙編不分卷　(清)總理湖南善後總局編輯　(清)趙環慶等校　清光緒二年(1876)總理湖南善後總局刻本　十四冊

110000－0143－0011518　PG2742/81
約章分類輯要三十八卷首一卷　蔡乃煌編纂　清光緒二十六年(1900)湖南商務局刻本　三十冊

110000－0143－0011519　PG2742/82
商部奏定律章程七種不分卷　(清)商部編纂　清光緒三十年(1904)鉛印本　七冊

110000－0143－0011520　PG2742/84
清代管理戶部三庫事務衙門奏定章程彙編不分卷　(清)管理戶部三庫事務衙門編纂　清光緒二十一年至宣統三年(1895－1911)抄本　九冊

110000－0143－0011521　PG2742/85
陝西文武各官等支款章程二卷　(清)慶恕　(清)謝啟華　(清)孫顯家編纂　清光緒二十一年(1895)戶部陝西司刻本　一冊　存一卷(上)

110000－0143－0011522　PG2742/88
各國稅則及通商章程善後條約附照會不分卷　(清)桂良　(清)花沙納編纂　清咸豐八年至十一年(1858－1861)刻本　一冊

110000－0143－0011523　PG2742/89
光緒八年山西裁減公費章程不分卷　(清)山西提刑察使司等編纂　清光緒八年至十年(1882－1884)山西承宣布政使司刻本　一冊

110000－0143－0011524　PG2742/90
崇文門商稅則例現行比例增減新例不分卷　(清)戶部編纂　清光緒十年(1884)刻本　一冊

110000－0143－0011525　PG2742/92
續修增改各國通商進口稅則善後章程不分卷　呂海寰等編纂　清光緒三十一年(1905)呂海寰上海刻本　一冊

110000－0143－0011526　PG2742/93
解州清丈地糧章程不分卷　(清)馬丕瑤纂　清光緒二十二年(1896)木活字印本　一冊

110000－0143－0011527　PG2742/96
河南廳州縣契稅明細表不分卷　(清)河南承宣布政使司編輯　清宣統二年至三年(1910－1911)石印本　一冊

110000－0143－0011528　PG2742/100
長江水師章程□□卷　清同治刻本　一冊　存一卷(三)

110000－0143－0011529　PG2742/101
解州清丈地糧章程不分卷　(清)馬丕瑤編訂

清光緒七年(1881)刻本　一册

110000－0143－0011530　PG2742/102
通商約章類纂三十五卷首一卷　(清)李瀚章等輯　清光緒十二年(1886)刻本　二十册

110000－0143－0011531　PG2742/103
欽定工部則例九十八卷　(清)金簡　(清)多隆阿等纂修　清嘉慶三年(1798)後刻本　八册

110000－0143－0011532　PG2742/103
欽定工部則例一百十六卷　(清)文煜等纂修　清光緒十年(1884)刻本　四十册

110000－0143－0011533　PG2742/103－1
欽定工部續增則例一百三十九卷附保固則例四卷　(清)曹振鏞　(清)保亮等纂修　清嘉慶二十四年(1819)工部刻本　二十八册

110000－0143－0011534　PG2742/105
欽定戸部軍需則例九卷續纂一卷　(清)阿桂等纂修　清乾隆四十一年(1776)後刻本　六册

110000－0143－0011535　PG2742/106
風憲約一卷獄政一卷　(明)吕坤撰　清光緒十九年(1893)長沙臬署刻本　一册

110000－0143－0011536　PG2742/107
奏定商會簡明章程二十六條　(清)商部編訂　清光緒三十年(1904)湖南洋務局刻本　一册

110000－0143－0011537　PG2742/109
兩粤賑捐章程十二條附奏案　(清)廣東海防兼善後總局　(清)廣東布政使司編訂　清光緒二十八年(1902)刻本　一册

110000－0143－0011538　PG2742/110
法部奏定考試法官主要科應用法律章程不分卷　(清)法部編訂　清宣統二年(1910)石印本　一册

110000－0143－0011539　PG2742/111
漳州府義倉章程不分卷　清道光刻本　一册

110000－0143－0011540　PG2742/112
英例全書一百八十一篇　胡禮垣譯著　馮鈞葆編次　清末鉛印本　一册

110000－0143－0011541　PG2742/114
淮鹽運楚章程八條　清末刻本　一册

110000－0143－0011542　PG2742/117
地方自治章程八章　袁世凱審定　清光緒三十三年(1907)北京北新譯書局鉛印本　一册

110000－0143－0011543　PG2742/118
工程做法則例七十四卷附城垣做法册式一卷　(清)允禮等纂修　清刻本　二十五册

110000－0143－0011544　PG2742/119
重訂山西公局結費章程不分卷　(清)山西公局編訂　清光緒二十三年(1897)刻本　一册

110000－0143－0011545　PG2742/119
欽定戸部軍需則例九卷續纂一卷兵部軍需則例五卷工部軍需則例一卷　(清)阿桂等纂修　清刻本　二册

110000－0143－0011546　PG2742/121
山東省單行法行政規章第二次報告書不分卷　(清)徐振聲編輯　清宣統三年(1911)抄本　一册

110000－0143－0011547　PG2742/125
儲才館章程不分卷　(清)儲才館編　清光緒三十三年(1907)儲才館鉛印本　一册

110000－0143－0011548　PG2742/126
揚子機器製造有限公司開辦章程不分卷　清光緒三十三年(1907)鉛印本　一册

110000－0143－0011549　PG2742/127
濟南商埠巡警章程十四條　清末鉛印本　一册

110000－0143－0011550　PG2742/128
湖南省河及四分防處水警章程不分卷　翁守謙撰　清光緒三十四年(1908)鉛印本　一册

110000－0143－0011551　PG2742/130
開闢香洲埠章程不分卷　廣東香洲商埠辦事所編　清宣統元年(1909)廣州嶺南書局石印本　一册

110000－0143－0011552　PG2742/131
商辦漢鎮既濟水電有限公司章程不分卷　商辦漢鎮既濟水電有限公司纂　清末鉛印本　一册

110000－0143－0011553　PG2742/132
籌餉新捐章程不分卷　（清）戶部編　清光緒二十一年（1895）刻本　一册

110000－0143－0011554　PG2742/135
英國和約不分卷　清末刻本　一册

110000－0143－0011555　PG2742/138
中法新約不分卷　（清）李鴻章　（英國）威妥瑪簽訂　清光緒十一年至三十四年（1885－1908）刻本　一册

110000－0143－0011556　PG2742/139
京西天寶礦務公司開辦簡章不分卷　英泰等撰　清咸豐公記印書局鉛印本　一册

110000－0143－0011557　PG2742/140
通商條約章程成案彙編三十卷　（清）李鴻章等編　清光緒百宋齋鉛印本　十二册

110000－0143－0011558　PG2742/141
王景覽幕府文移章程雜錄　（清）王景覽抄　清光緒至宣統抄本　二十册　缺成案匯鈔

110000－0143－0011559　PG2743/1
大清律例根原一百二十卷附督捕則例四卷　（清）崇綸撰　（清）吳坤修補編　清同治十年（1871）安徽敷文書局木活字印本　一百一册

110000－0143－0011560　PG2743/1
大清律例根原一百二十卷附督捕則例四卷　（清）崇綸撰　（清）吳坤修補編　清同治十年（1871）安徽敷文書局木活字印本　一百册

110000－0143－0011561　PG2743/2
大清律例通考四十卷　（清）吳壇纂　清光緒十二年（1886）吳重熹刻本　三十册

110000－0143－0011562　PG2743/5
大清刑律分則草案不分卷　（清）憲政編查舘纂修　清光緒三十三年（1907）法律舘鉛印本　二册

110000－0143－0011563　PG2743/6
律例便覽八卷　（清）蔡逢年　（清）蔡嵩年編撰　清同治十一年（1872）刻本　四册

110000－0143－0011564　PG2743/6
律例便覽八卷　（清）蔡逢年　（清）蔡嵩年編撰　清光緒十四年（1888）江蘇書局刻本　六册

110000－0143－0011565　PG2743/7
定例彙編七十四卷　（清）江西按察使衙門編　清道光七年（1827）刻本　一百五十九册

110000－0143－0011566　PG2743/8
大清律三十卷　（清）朱軾等纂修　清雍正三年（1725）刻本　一册　存目錄

110000－0143－0011567　PG2743/9
大清現行刑律案語不分卷　（清）沈家本等編　清宣統元年（1909）法律舘鉛印本　二十册

110000－0143－0011568　PG2743/16
西國律例便覽五卷　馮鈞葆編次　胡禮垣譯著　清光緒二十八年（1902）上海書局石印本　四册

110000－0143－0011569　PG2743/15
新安篤誼堂不分卷　（清）篤誼堂司事編　清光緒十三年（1887）刻朱墨套印本　一册

110000－0143－0011570　PG2743/17
三流道里表不分卷　（清）刑部律例館纂修　清同治十一年（1872）湖北讞局刻本　二册

110000－0143－0011571　PG2743/18
五軍道里表不分卷　（清）刑部律例館纂修　清同治十一年（1872）湖北讞局刻本　一册

110000－0143－0011572　PG2743/18
三流道里表不分卷　（清）刑部律例館纂修　清同治十一年（1872）湖北讞局刻本　一册

110000－0143－0011573　PG2743/19
欽定戶部軍需則例九卷續纂一卷兵部軍需則例五卷工部軍需則例一卷　（清）阿桂等纂修　清末刻本　四册

110000－0143－0011574　PG2743/21

秋讞輯要六卷 (清)剛毅等編 清光緒十五年(1889)江蘇書局刻本 八冊

110000－0143－0011575 PG2743/22
大清律例按語一百四卷 (清)□□輯 清道光二十七年(1847)番禺潘氏海山仙舘刻本 一百二十冊

110000－0143－0011576 PG2743/23
江西清理全省田賦税契總局詳訂税契章程不分卷附告示民間官契紙契根教堂官契紙契各條款不分卷 (清)江西等處布政司 (清)江西清理田賦税契總局編 清光緒三十二年(1906)刻本 一冊

110000－0143－0011577 PG2743/24
德國續修條約附續修條約善後章程中國照會 清光緒七年(1881)刻本 一冊

110000－0143－0011578 PG2743/24
德國續修條約附續修條約善後章程中國照會 清光緒七年(1881)刻本 一冊

110000－0143－0011579 PG2743/25
成案備考不分卷 (清)沈延瑛編 清嘉慶十三年(1808)刻本 四冊

110000－0143－0011580 PG2743/26
保甲書輯要四卷 (清)徐棟原編 (清)丁日昌重校 清同治七年(1868)江蘇書局刻本 一冊

110000－0143－0011581 PG2743/26
劉簾舫先生吏治三書六卷 (清)劉衡撰 清同治七年(1868)江蘇書局刻本 一冊

110000－0143－0011582 PG2743/29－2
大清律例增修統纂集成四十卷督捕則例附纂二卷 (清)姚潤纂 (清)陶駿 (清)陶念霖增修 清光緒二十八年(1902)鉛印本 二十四冊

110000－0143－0011583 PG2743/30
諸暨諭民紀要三卷 (清)倪望重撰 清光緒二十三年(1897)木活字印本 三冊

110000－0143－0011584 PG2743/30
諸暨諭民紀要三卷 (清)倪望重撰 清光緒二十三年(1897)木活字印本 三冊

110000－0143－0011585 PG2743/32
金科玉律不分卷 (清)□□撰 清抄本 一冊

110000－0143－0011586 PG2743/34
檢驗集証不分卷檢驗合參不分卷 (清)郎錦騏纂輯 清道光二十七年(1847)姜氏還珠山房刻本 三冊

110000－0143－0011587 PG2743/36
立峯書室叢鈔不分卷 (清)朱立峯輯 清抄本 七冊

110000－0143－0011588 PG2743/37
新鐫法家透膽寒十六卷 (清)補相子撰 清道光十九年(1839)刻本 二冊

110000－0143－0011589 PG2743/38
洗冤録歌訣不分卷 (清)□□撰 清光緒二十六年(1900)秦中官書局木活字印本 一冊

110000－0143－0011590 PG2743/41
漢律考不分卷 張鵬一輯 清光緒二十三年(1897)刻本 一冊

110000－0143－0011591 PG2743/42
訟底不分卷 (清)許鈺撰 清抄本 一冊

110000－0143－0011592 PG2743/44
山右讞獄記不分卷 (清)顧麟趾撰 清道光後刻本 一冊

110000－0143－0011593 PG2743/46
秋審實緩比較成案□□卷 (清)□□輯 清道光稿本 八冊 存八卷(九至十六)

110000－0143－0011594 PG2743/46
秋審比較七卷 (清)□□輯 清光緒四年(1878)後稿本 七冊

110000－0143－0011595 PG2743/47
江西課吏館日記不分卷 (清)□恒撰 清光緒至宣統江西課吏館抄本 一冊

110000－0143－0011596 PG2743/51

判選不分卷　(清)□□撰　清末抄本　一册

110000－0143－0011597　PG2743/52
律例雜鈔不分卷　(清)王湯穀等撰　清末抄本　一册

110000－0143－0011598　PG2743/54
泉漳治法論不分卷治南獄事論不分卷　(清)謝金鑾著　清同治七年(1868)盱眙吴棠刻本　一册

110000－0143－0011599　PG2743/56
欽定大清刑律二編　(清)沈家本等纂　清宣統三年(1911)刻本　二册

110000－0143－0011600　PG2743/57
比例摘要便覽不分卷　(清)劉若璩輯　清末抄本　一册

110000－0143－0011601　PG2743/58
赦款章程通行令文不分卷　(清)□□編　清光緒至宣統抄本　三册

110000－0143－0011602　PG2743/59
欽定兵部處分則例三十九卷　(清)慶源　(清)糜良哲等纂修　清道光刻本　十六册

110000－0143－0011603　PG2743/59－1
兵部處分則例不分卷　(清)□□輯　清末抄本　四册

110000－0143－0011604　PG2743/62
柏垣瑣志不分卷　(清)繼昌撰　清光緒二十九年(1903)刻本　一册

110000－0143－0011605　PG2743/63
日本監獄法不分卷　(日本)佐藤信安著　(清)中國國民叢書社譯　清光緒二十九年(1903)上海商務印書館鉛印本　一册

110000－0143－0011606　PG2743/64
萍蹤絮語三卷　(清)文龍輯　清光緒八年(1882)刻本　二册　存二卷(中、下)

110000－0143－0011607　PG2743/65
容陽紀異詩略不分卷　(清)梁元珠輯　清咸豐十一年(1861)刻本　一册

110000－0143－0011608　PG2743/66
鹿洲公案二卷　(清)藍鼎元著　清光緒七年(1881)刻本　二册

110000－0143－0011609　PG2743/76
英國水師律例四卷　(英國)德麟　(英國)極福德同纂　(清)鄭昌棪　舒高第同譯　清光緒石印本　一册

110000－0143－0011610　PG275/3
籌海初集四卷　(清)關天培撰　清道光十六年(1836)刻本　四册

110000－0143－0011611　PG275/3
籌海初集四卷　(清)關天培撰　清道光十六年(1836)刻本　四册

110000－0143－0011612　PG275/4
西寧等處軍務不分卷　(清)奎順等編　清光緒石印本　一册

110000－0143－0011613　PG275/5
列國陸軍制不分卷　(美國)歐潑登著　(美國)林樂知　(清)瞿昂來同譯　清末刻本　一册

110000－0143－0011614　PG275/7
北征詩集一卷北征錄三卷　(明)金幼孜撰　清光緒七年(1881)木活字印本　二册

110000－0143－0011615　PG275/8
權制八卷　陳澹然著　清光緒二十六年(1900)徐崇立長沙刻本　六册

110000－0143－0011616　PG275/8
權制八卷　陳澹然著　清光緒二十六年(1900)徐崇立長沙刻本　六册

110000－0143－0011617　PG275/9
洗海近事二卷　(明)俞大猷著　清道光二十三年(1843)味古書室刻本　二册

110000－0143－0011618　PG275/11
夷夏用兵鑒古錄四十卷　(清)錢嚮杲評註　清光緒二十年(1894)木活字印本　六册

110000－0143－0011619　PG275/12
卞制軍政書四卷　(清)卞寶第撰　清光緒刻

本　四冊

110000－0143－0011620　PG275/13
駐粤八旗志二十四卷首一卷　（清）長善主纂　（清）樊封等纂修　清光緒五年（1879）刻十年（1884）續刻本　十六冊

110000－0143－0011621　PG275/14
長江礮臺芻議不分卷　姚錫光撰　清光緒二十六年（1900）皖城官舍木活字印本　一冊

110000－0143－0011622　PG275/16
三湘從事錄不分卷　（明）蒙正發著　清光緒三十四年（1908）北新書局鉛印本　一冊

110000－0143－0011623　PG275/18
武侯全書二十卷首一卷　（三國蜀）諸葛亮撰　（清）趙承恩編輯　（清）鍾體志校定　清光緒十年（1884）舊學山房刻本　十二冊

110000－0143－0011624　PG275/19
中日戰輯六卷　（清）王炳耀輯　清光緒二十一年至三十四年（1895－1908）石印本　四冊

110000－0143－0011625　PG275/21
周禮軍賦說四卷　（清）王鳴盛撰　清嘉慶三年（1798）嘉定秦氏汗筠齋刻本　二冊

110000－0143－0011626　PG275/22
湖北武學五十三卷　（清）湖北武備學堂編譯　清光緒二十六年（1900）湖北武備學堂刻本　三十一冊

110000－0143－0011627　PG275/22
行軍帳棚說一卷　（清）湖北武備學堂編譯　清光緒二十六年（1900）湖北武備學堂刻本　一冊

110000－0143－0011628　PG275/23
山東軍興紀略二十二卷　（清）張曜撰　清光緒十一年（1885）刻本　十冊

110000－0143－0011629　PG275/24
劉軍門戰功紀略不分卷　（清）吳大澂等纂輯　清光緒二年（1876）負米山房刻本　一冊

110000－0143－0011630　PG275/28
湖防私記三卷私記餘事不分卷　（清）宋韻初著　清光緒十三年（1887）嘉興金吳瀾木活字印本　一冊

110000－0143－0011631　PG275/33
長江水師全案三卷　（清）曾國藩等撰　清同治刻本　二冊

110000－0143－0011632　PG275/38
近世陸軍二編　陶森甲編輯　清光緒二十八年（1902）上海商務印書館鉛印本　一冊

110000－0143－0011633　PG275/38
近世陸軍二編　陶森甲編輯　清光緒二十八年（1902）上海商務印書館鉛印本　一冊

110000－0143－0011634　PG275/40
金鷄談薈十四卷首一卷　（清）歐陽利見編著　清光緒十五年（1889）四明節署鉛印本　八冊

110000－0143－0011635　PG275/41
過兵各文札並稟請協濟大差批不分卷　（清）□□輯　清嘉慶稿本　一冊

110000－0143－0011636　PG275/51
皇清政治學問答初編二編二卷　（清）文明書局編輯所編　清光緒二十九年（1903）上海文明書局鉛印本　二冊

110000－0143－0011637　PG275/52
測繪儀器攷不分卷　（清）羅長裿輯　清光緒刻本　一冊

110000－0143－0011638　PG275/52
江南將弁學堂學案不分卷　（清）羅長裿撰　清光緒刻本　與110000－0143－0011637合冊

110000－0143－0011639　PG275/53
廓克利廠紀略不分卷　沈瑞麟撰　清光緒三十二年（1906）上海商務印書館刻本　一冊

110000－0143－0011640　PG276/1
原富不分卷　（英國）斯密亞丹著　嚴復譯　清光緒二十七年（1901）南洋公學譯書院刻本　八冊　缺乙編

110000－0143－0011641　PG276/1－1

原富不分卷　(英國)斯密亞丹著　嚴復譯　清光緒二十八年(1902)南洋公學譯書院鉛印本　八冊

110000－0143－0011642　PG276/1－1
原富不分卷　(英國)斯密亞丹著　嚴復譯　清光緒二十八年(1902)南洋公學譯書院鉛印本　八冊

110000－0143－0011643　PG276/1－1
原富不分卷　(英國)斯密亞丹著　嚴復譯　清光緒二十八年(1902)南洋公學譯書院鉛印本　八冊

110000－0143－0011644　PG276/1－1
原富不分卷　(英國)斯密亞丹著　嚴復譯　清光緒二十八年(1902)南洋公學譯書院鉛印本　一冊　存甲下

110000－0143－0011645　PG276/3
籌濟編三十二卷首一卷　(清)楊景仁輯　清光緒五年(1879)江蘇書局刻本　八冊

110000－0143－0011646　PG276/3
籌濟編三十二卷首一卷　(清)楊景仁輯　清光緒五年(1879)江蘇書局刻本　八冊

110000－0143－0011647　PG276/3
籌濟編三十二卷首一卷　(清)楊景仁輯　清光緒十三年(1887)山西濬文書局刻本　八冊

110000－0143－0011648　PG276/3
籌濟編三十二卷首一卷　(清)楊景仁輯　清光緒四年(1878)詒硯齋刻本　八冊

110000－0143－0011649　PG276/3－1
籌濟編三十二卷首一卷　(清)楊景仁輯　清道光九年(1829)刻本　八冊

110000－0143－0011650　PG276/5
物料價值則例二十四卷　(清)陳弘謀　(清)快亮等纂修　清乾隆三十三年(1768)後刻本　二十四冊

110000－0143－0011651　PG276/7
九卿議定物料價值八卷　(清)邁柱等纂修　清刻本　八冊

110000－0143－0011652　PG276/7
九卿議定物料價值八卷　(清)邁柱等纂修　清刻本　八冊

110000－0143－0011653　PG276/7
九卿議定物料價值八卷　(清)邁柱等纂修　清刻本　八冊

110000－0143－0011654　PG276/8
中外通商始末記二十卷　(清)王之春編　清光緒二十一年(1895)寶善書局石印本　六冊

110000－0143－0011655　PG276/9
襄陽耆舊記五卷襄陽耆舊記考異一卷　(晉)習鑿齒撰　吳慶燾輯　清光緒二十五年(1899)刻本　一冊

110000－0143－0011656　PG276/13
光緒會計錄三卷　(清)李希聖纂　清光緒上海時務報館石印本　二冊

110000－0143－0011657　PG276/13
光緒會計錄三卷　(清)李希聖纂　清光緒二十二年(1896)京師刻本　二冊

110000－0143－0011658　PG276/13－1
光緒會計表四卷　劉嶽雲編撰　清光緒二十七年(1901)教育世界社石印本　四冊

110000－0143－0011659　PG276/13－1
光緒會計表四卷　劉嶽雲編撰　清光緒二十七年(1901)教育世界社石印本　四冊

110000－0143－0011660　PG276/15
辰防水師總記不分卷　(清)文綬等撰　清抄本　五冊

110000－0143－0011661　PG276/16
農工商部統計表不分卷　(清)顧祖彭等編　清宣統元年(1909)鉛印本　二冊

110000－0143－0011662　PG276/16
農工商部統計表不分卷　(清)顧祖彭等編　清宣統元年(1909)鉛印本　二冊

110000－0143－0011663　PG276/16
農工商部統計表不分卷　(清)顧祖彭等編　清光緒三十四年(1908)鉛印本　二冊

110000－0143－0011664　PG276/23
江蘇海運全案十二卷　(清)賀長齡等纂輯　(清)陳鑾　(清)李景嶧編次　清道光六年(1826)周恭壽等校刻本　十三册

110000－0143－0011665　PG276/23
江蘇海運全案十二卷　(清)賀長齡等纂輯　(清)陳鑾　(清)李景嶧編次　清道光六年(1826)周恭壽等校刻本　十二册

110000－0143－0011666　PG276/23
江蘇海運全案十二卷　(清)賀長齡等纂輯　(清)陳鑾　(清)李景嶧編次　清道光六年(1826)周恭壽等校刻本　十二册

110000－0143－0011667　PG276/23
江蘇海運全案十二卷　(清)賀長齡等纂輯　(清)陳鑾　(清)李景嶧編次　清道光六年(1826)周恭壽等校刻本　七册

110000－0143－0011668　PG276/24
荒政輯要九卷首一卷　(清)汪志伊纂　清道光二十一年(1841)錢唐許乃釗刻敏果齋七種本　二册

110000－0143－0011669　PG276/24
荒政輯要九卷首一卷　(清)汪志伊纂　清道光二十九年(1849)尚義堂刻本　三册

110000－0143－0011670　PG276/24－1
荒政輯要九卷首一卷　(清)汪志伊纂　清道光二十一年(1841)錢唐許乃釗刻敏果齋七種本　三册

110000－0143－0011671　PG276/24－1
荒政輯要九卷首一卷　(清)汪志伊纂　清道光二十一年(1841)錢唐許乃釗刻敏果齋七種本　二册

110000－0143－0011672　PG276/24－1
荒政輯要九卷首一卷　(清)汪志伊纂　清嘉慶屏山堂刻本　四册

110000－0143－0011673　PG276/24－2
荒政輯要九卷首一卷　(清)汪志伊纂　清道光五年(1825)陝西糧道署刻本　二册

110000－0143－0011674　PG276/24－3
荒政輯要九卷首一卷　(清)汪志伊纂　清道光五年(1825)山陽李宗昉聞妙香室刻致用叢書本　二册

110000－0143－0011675　PG276/25
漕運則例纂二十卷　(清)楊錫紱編次　清乾隆三十五年(1770)大興黄登賢刻本　二十四册

110000－0143－0011676　PG276/27
欽命督理税務處衙門清檔不分卷(光緒三十二年至三十三年)　(清)税務處第三股編　清末抄本　七册

110000－0143－0011677　PG276/27
欽命督理税務處衙門清檔不分卷(光緒三十二年至三十三年)　(清)税務處第二股編　清末抄本　三册

110000－0143－0011678　PG276/33
錢穀備要十卷　(清)王又槐編輯　清光緒十九年(1893)上海古香閣石印本　二册

110000－0143－0011679　PG276/33－1
錢穀備要不分卷　(清)王又槐編輯　清道光十三年至二十年(1833－1840)抄本　二册

110000－0143－0011680　PG276/33－2
錢穀備要十卷　(清)王又槐編輯　清嘉慶十九年(1814)刻本　十二册

110000－0143－0011681　PG276/36
直隸順天府昌平州賦役全書不分卷　(清)□□修　清嘉慶後刻本　一册

110000－0143－0011682　PG276/38
淮鹺備要十卷　(清)李澄輯　清道光三年(1823)刻本　四册

110000－0143－0011683　PG276/39
浙鹺紀事不分卷　(明)葉永盛撰　清抄本　一册

110000－0143－0011684　PG276/41
票法利用仁術二卷　(清)李啟訥撰　清同治六年(1867)刻本　二册

110000－0143－0011685　PG276/42
財政四綱　錢恂撰　清光緒二十七年(1901)鉛印本　四册

110000－0143－0011686　PG276/49
直隸保定府定興縣地糧旂產徵收數目清摺不分卷　(清)□□撰　清光緒三十年(1904)抄本　一册

110000－0143－0011687　PG276/50
西安府長安縣紳議閼中書院育嬰堂及種豆局義學等處膏火經費地畝章程不分卷　(清)□□纂　清同治五年至光緒三十四年(1866－1908)抄本　一册

110000－0143－0011688　PG276/51
南皮縣署出入各款數目清摺不分卷　(清)□□撰　清同治至宣統抄本　一册

110000－0143－0011689　PG276/53
荒政摘要不分卷　(清)李義文輯　清道光十四年(1834)陝西布政使司刻本　一册

110000－0143－0011690　PG276/54
東三省移民開墾意見書不分卷　熊希齡撰　清光緒三十二年至宣統三年(1906－1911)鉛印本　一册

110000－0143－0011691　PG276/54
東三省移民開墾意見書不分卷　熊希齡撰　清光緒三十二年至宣統三年(1906－1911)鉛印本　一册

110000－0143－0011692　PG276/55
適可齋記言四卷　(清)馬建忠撰　清光緒二十三年(1897)慎記書莊石印本　一册

110000－0143－0011693　PG276/56
新譯列國歲計政要三編　(清)傅運森　(清)白作霖譯纂　清光緒二十七年(1901)海上譯社鉛印本　十二册

110000－0143－0011694　PG276/56
新譯列國歲計政要三編　(清)傅運森　(清)白作霖譯纂　清光緒二十七年(1901)海上譯社鉛印本　十二册

110000－0143－0011695　PG276/56
新譯列國歲計政要三編　(清)傅運森　(清)白作霖譯纂　清光緒二十七年(1901)海上譯社鉛印本　十二册

110000－0143－0011696　PG276/56－1
列國歲計政要十二卷首一卷　(英國)麥丁富得力編纂　(美國)林樂知口譯　(清)鄭昌棪筆述　清光緒元年(1875)江南製造局刻本　六册

110000－0143－0011697　PG276/56－1
列國歲計政要十二卷首一卷　(英國)麥丁富得力編纂　(美國)林樂知口譯　(清)鄭昌棪筆述　清光緒元年(1875)江南製造局刻本　六册

110000－0143－0011698　PG276/56－1
列國歲計政要十二卷首一卷　(英國)麥丁富得力編纂　(美國)林樂知口譯　(清)鄭昌棪筆述　清光緒元年(1875)江南製造局刻本　三册　存六卷(七至十二)

110000－0143－0011699　PG276/57
江西農工商礦紀畧不分卷二編不分卷　傅春官彙輯　清宣統三年(1911)石印本　十二册

110000－0143－0011700　PG276/57
江西農工商礦紀畧不分卷二編不分卷　傅春官彙輯　清宣統三年(1911)石印本　十册

110000－0143－0011701　PG276/62
度支部清理財政處檔案不分卷　(清)度支部編　清宣統三年(1911)鉛印本　一册

110000－0143－0011702　PG276/64
兩淮鹽法撰要二卷　陳慶年著　清光緒三十年(1904)鉛印本　一册

110000－0143－0011703　PG276/67
黑龍江財政沿革利弊説明書三卷首一卷劃分國家地方兩税意見書一卷　(清)黑龍江清理財政局編　清宣統二年(1910)黑龍江清理財政局鉛印本　四册

110000－0143－0011704　PG276/68

浙江海運漕糧全案初編八卷續編四卷新編八卷 (清)馬新貽總閱 (清)蔣益澧等總纂 清同治六年(1867)糧儲道庫刻本 十二冊

110000－0143－0011705 PG276/68
浙江海運漕糧全案初編八卷續編四卷新編八卷 (清)馬新貽總閱 (清)蔣益澧等總纂 清同治六年(1867)糧儲道庫刻本 十二冊

110000－0143－0011706 PG276/68
浙江海運漕糧全案初編八卷續編四卷新編八卷 (清)馬新貽總閱 (清)蔣益澧等總纂 清同治六年(1867)糧儲道庫刻本 十二冊

110000－0143－0011707 PG276/76
富國養民策十六章 (英國)哲分斯撰 (清)□□譯 清光緒二十四年(1898)上海圖書集成印書局鉛印本 一冊

110000－0143－0011708 PG276/76
富國養民策十六章 (英國)哲分斯撰 (清)□□譯 清光緒二十四年(1898)製造書局刻本 二冊

110000－0143－0011709 PG276/76－1
富國養民策十六章 (英國)哲分斯撰 (清)□□譯 清光緒十二年(1886)總稅務司署刻本 一冊

110000－0143－0011710 PG276/76－1
富國養民策十六章 (英國)哲分斯撰 (清)□□譯 清光緒十二年(1886)總稅務司署刻本 一冊

110000－0143－0011711 PG276/76－1
富國養民策十六章 (英國)哲分斯撰 (清)□□譯 清光緒十二年(1886)總稅務司署刻本 一冊

110000－0143－0011712 PG276/78
詳定稅契章程不分卷 (清)四川布政使司通省經徵總局擬 清光緒三十四年(1908)鉛印本 一冊

110000－0143－0011713 PG276/79
廣西財政沿革利弊詳細説明書十三卷首一卷 劉庚先等編輯 清宣統二年(1910)廣西官書局鉛印本 十四冊

110000－0143－0011714 PG276/79
廣西財政沿革利弊詳細説明書十三卷首一卷 劉庚先等編輯 清宣統二年(1910)廣西官書局鉛印本 十四冊 缺四卷(三、五至六、十三)

110000－0143－0011715 PG276/81
兩淮鹽法撰要二卷 陳慶年著 清光緒十八年(1892)木活字印本 二冊

110000－0143－0011716 PG276/82
蒙墾續供不分卷 (清)貽穀等撰 清宣統元年(1909)鉛印本 一冊

110000－0143－0011717 PG276/86
重建豐濟倉圖案不分卷 (清)許佐廷輯 清光緒八年(1882)刻二十三年(1897)續刻本 一冊

110000－0143－0011718 PG276/87
理財攷鏡十卷 孫德全著 清宣統二年(1910)鉛印本 四冊

110000－0143－0011719 PG276/90
浙江軍需報銷局務司道造冊清單不分卷 (清)□□輯 清末抄本 一冊

110000－0143－0011720 PG276/90
約章成案滙覽甲編十卷乙編四十二卷 (清)北洋洋務局輯 清光緒三十一年(1905)上海點石齋石印本 四十五冊

110000－0143－0011721 PG276/92
丁未和會類要四卷 (清)外務部編 清末鉛印本 三冊

110000－0143－0011722 PG276/95
各國和約新編八卷首一卷 (清)望炊編輯 清光緒二十二年(1896)上洋多文閣石印本 六冊

110000－0143－0011723 PG276/97
財政叢書 (清)昌言報舘編輯 清光緒二十九年(1903)上海會文學社石印本 十二冊

110000－0143－0011724　PG276/97
財政叢書　(清)昌言報舘編輯　清光緒二十九年(1903)上海會文學社石印本　十二冊

110000－0143－0011725　PG276/97
財政叢書　(清)昌言報舘編輯　清光緒二十九年(1903)上海會文學社石印本　十二冊

110000－0143－0011726　PG276/97
財政叢書　(清)昌言報舘編輯　清光緒二十九年(1903)上海會文學社石印本　十二冊

110000－0143－0011727　PG276/99
會奏議決試辦宣統三年歲入歲出總預算案摺不分卷　(清)内閣會議政務處編　清宣統二年(1910)鉛印本　一冊

110000－0143－0011728　PG276/105
直隸清理財政局説明書七編　(清)直隸清理財政局編纂　清宣統二年至三年(1910－1911)直隸清理財政局鉛印本　一冊

110000－0143－0011729　PG276/108
水運六章　楊志洵譯述　李湛田校訂　清宣統二年(1910)郵傳部圖書通譯局鉛印本　一冊

110000－0143－0011730　PG276/108
水運六章　楊志洵譯述　李湛田校訂　清宣統二年(1910)郵傳部圖書通譯局鉛印本　一冊

110000－0143－0011731　PG276/111
林文忠公遺集四十一卷　(清)林則徐撰　清光緒二年至五年(1876－1879)三山林氏刻本　三冊　存三卷(畿輔水利議一卷、滇軺紀程一卷、荷戈紀程一卷)

110000－0143－0011732　PG276/111
林文忠公遺集四十一卷　(清)林則徐撰　清光緒二年至五年(1876－1879)三山林氏刻本　一冊　存一卷(畿輔水利議一卷)

110000－0143－0011733　PG276/111－1
林文忠公遺集四十一卷　(清)林則徐撰　清光緒二年至五年(1876－1879)三山林氏刻本　一冊　存三卷(滇軺紀程一卷、荷戈紀程一卷、林文忠公政書蒐遺一卷)

110000－0143－0011734　PG276/112
廣西省試辦宣統三年豫算分冊　(清)廣西清理財政局編　清宣統二年(1910)寫本　二冊

110000－0143－0011735　PG276/113
江蘇省減賦全案八卷　(清)曾國藩總閲　(清)劉郇膏等纂輯　清同治五年(1866)刻本　八冊

110000－0143－0011736　PG276/113
江蘇省減賦全案八卷　(清)曾國藩總閲　(清)劉郇膏等纂輯　清同治五年(1866)刻本　十冊

110000－0143－0011737　PG276/114
浙江省減賦全案十卷　(清)英桂總閲　(清)興奎等纂　清同治十二年(1873)刻本　十冊

110000－0143－0011738　PG276/116
廣東省出品協會出品説明書　(清)廣東省出品協會編　清宣統二年(1910)廣州總商會報鉛印本　六冊

110000－0143－0011739　PG276/117
浙鹺紀事一卷附錄奏疏一卷　(明)葉永盛著　清光緒錢塘丁氏嘉惠堂刻本　一冊

110000－0143－0011740　PG276/118
畿輔義倉圖不分卷義倉條規不分卷　(清)方觀承編　清乾隆十八年(1753)刻本　四冊

110000－0143－0011741　PG276/123
淮南鹽法紀畧十卷　(清)龐際雲等編纂　清同治十二年(1873)淮南書局刻本　十冊

110000－0143－0011742　PG276/123
淮南鹽法紀畧十卷　(清)龐際雲等編纂　清同治十二年(1873)淮南書局刻本　十冊

110000－0143－0011743　PG276/124
上海城自治公所宣統三年預算冊不分卷　(清)上海城自治公所編輯　清宣統三年(1911)上海自治公所鉛印本　一冊

110000－0143－0011744　PG276/125

籌議湖北通省積穀辦法並酌擬勸懲章程等奏摺不分卷附原稿五份　(清)張之洞等撰　清光緒二十五年(1899)湖北省官書處刻本　一冊

110000－0143－0011745　PG276/131
保富述要不分卷　(英國)布萊德著　(英國)傅蘭雅口譯　(清)徐家寶筆述　清光緒江南製造總局刻本　二冊

110000－0143－0011746　PG276/131
保富述要不分卷　(英國)布萊德著　(英國)傅蘭雅口譯　(清)徐家寶筆述　清光緒江南製造總局刻本　二冊

110000－0143－0011747　PG276/132
江蘇省屬府總賦役全書不分卷　(清)江蘇承宣布政使司編纂　清同治四年至十三年(1865－1874)木活字印本　三十九冊

110000－0143－0011748　PG276/138
奉天吉林黑龍江等省宣統三年預算歲入歲出總表　(清)度支部編輯　清宣統三年(1911)度支部石印本　一冊

110000－0143－0011749　PG276/142
大美欽命會議銀價大臣續議不分卷附新圜法釋疑　(美國)高蘭等編　清光緒三十一年(1905)鉛印本　一冊

110000－0143－0011750　PG276/143
財政條議不分卷　劉世珩撰　清光緒三十四年(1908)商務印書館鉛印本　一冊

110000－0143－0011751　PG276/145
鰲峰御史祠捐款錢糧帳　(□)□□編　清光緒抄本　一冊

110000－0143－0011752　PG276/146
陝西清理財政説明書不分卷　(清)陝西清理財政局編　清宣統元年(1909)鉛印本　六冊

110000－0143－0011753　PG276/148
甘肅清理財政説明書四編　(清)甘肅省清理財政局編　清宣統石印本　九冊

110000－0143－0011754　PG276/151
東三省奉天全省試辦宣統三年預算比較表不分卷　(清)奉天清理財政局編　清宣統二年(1910)鉛印本　一冊

110000－0143－0011755　PG276/153
東三省奉天全省試辦宣統三年預算分冊不分卷　(清)奉天清理財政局編　清宣統三年(1911)鉛印本　二冊

110000－0143－0011756　PG276/154
淮北票鹽志餘不分卷　(清)劉鉞撰　清光緒二十六年(1900)木活字印本　一冊

110000－0143－0011757　PG276/154
淮北票鹽志餘續編不分卷　(清)劉鉞撰　清光緒三十年(1904)木活字印本　二冊

110000－0143－0011758　PG276/154
北鹽挽疲芻議不分卷　(清)劉鉞撰　清光緒二十九年(1903)木活字印本　一冊

110000－0143－0011759　PG276/154
續北鹽挽疲芻議不分卷　(清)劉鉞撰　清光緒三十一年(1905)木活字印本　一冊

110000－0143－0011760　PG276/156
奉天提學司直轄各學校館所經費預算修正總表　(清)奉天清理財政局編　清宣統三年(1911)奉天圖書印刷所鉛印本　一冊

110000－0143－0011761　PG276/157
國債論　(日本)土子金四郎述　王季點譯　清光緒三十年(1904)上海商務印書館鉛印本　一冊

110000－0143－0011762　PG276/158
兩淮歲計志略不分卷　(清)兩淮鹽運使司編　清光緒刻本　二冊

110000－0143－0011763　PG276/158
恩都轉駁鹽業公司詳文不分卷　(清)魏光燾等撰　清光緒三十年(1904)抄本　一冊

110000－0143－0011764　PG276/158
光緒十五年海關貿易冊書後不分卷　楊楷撰　清光緒十六年(1890)刻本　一冊

110000－0143－0011765　PG276/161

淮北票鹽續略十二卷 （清）許寶書編　清同治九年（1870）刻本　一册

110000－0143－0011766　PG276/161
淮北票鹽續略十二卷 （清）許寶書編　清同治九年（1870）刻本　四册

110000－0143－0011767　PG276/161
淮北票鹽續略十二卷 （清）許寶書編　清同治九年（1870）刻本　四册

110000－0143－0011768　PG276/162
皖江大通義渡録不分卷 （清）陸顯勳編　清光緒十五年（1889）木活字印本　四册

110000－0143－0011769　PG276/165
新譯列國歲計政要不分卷 （清）傅運森等譯纂　（清）白作霖校正　清光緒二十七年（1901）海上譯社鉛印本　十二册

110000－0143－0011770　PG276/166
江西藩庫收放各款四柱清册不分卷 （清）□□編　清光緒抄本　二册

110000－0143－0011771　PG276/167
各省出入款項不分卷 （清）守真堂中主人輯　清光緒抄本　二册

110000－0143－0011772　PG276/170
吉林度支司光緒戊申年收支款目報告書不分卷 （清）吉林省度支司編　清宣統元年（1909）上海商務印書館鉛印本　三册　缺一册（二）

110000－0143－0011773　PG276/172
東三省吉林全省出入款項目月報册不分卷 清宣統元年（1909）抄本　六册

110000－0143－0011774　PG276/173
千九百零五年法國出入歲計考不分卷 水鈞韶譯　清末鉛印本　一册

110000－0143－0011775　PG276/177
彙覈道光二十八年各直省出入錢糧清單不分卷 （清）□□輯　清末抄本　二册

110000－0143－0011776　PG276/182
己酉甘肅賑務往來電稿不分卷 （清）□□編　清宣統元年（1909）官報書局鉛印本　一册

110000－0143－0011777　PG276/183
救荒六十策不分卷 （清）寄湘漁父輯　清光緒十一年（1885）刻本　一册

110000－0143－0011778　PG276/184
宣統四年全國預算歲入歲出説明書不分卷 （清）度支部編　清宣統三年（1911）石印本　一册

110000－0143－0011779　PG276/185
兩宮鼎建記二卷 （明）賀仲軾録　清道光十一年（1831）六安晁氏木活字印本　一册

110000－0143－0011780　PG276/185
西北水利議不分卷 （清）許承宣著　清道光十一年（1831）六安晁氏木活字印本　與110000－0143－0011779 合册

110000－0143－0011781　PG276/190
常山縣積穀事宜不分卷 （清）袁學灝撰　清光緒二十六年（1900）積穀倉刻本　一册

110000－0143－0011782　PG276/191
國民義務不分卷 （清）王子貞　（清）彭翼仲合編　清光緒三十二年（1906）刻本　一册

110000－0143－0011783　PG276/193
敘事舊稿不分卷 （清）□□撰　清光緒抄本　一册

110000－0143－0011784　PG276/196
現定直隸等十六省軍費政費按照辛亥預算歲入應餘銀數概算書不分卷附直隸等二十二省辛亥預算歲入表 （清）度支部編　清宣統三年（1911）鉛印本　一册

110000－0143－0011785　PG276/198
寶應長湖墾殖公司計畫説明書不分卷 熊希齡等撰　清宣統二年（1910）京師鉛印本　一册

110000－0143－0011786　PG276/200
東遊自治譯聞二編 姚永概　姚煥撰　清光緒三十四年（1908）鉛印本　二册

110000－0143－0011787　PG276/201

銀價駁議不分卷　劉世珩撰　清光緒三十年(1904)南洋官報總局鉛印本　一冊

110000－0143－0011788　PG276/204
救荒活民書三卷附拾遺一卷　(宋)董煟撰　清末莊肇麟刻本　一冊

110000－0143－0011789　PG276/209
救荒百策不分卷　(清)寄湘漁父蒐輯　清光緒十三年(1887)金陵刻本　一冊

110000－0143－0011790　PG276/211
治蝗全法四卷　(清)顧彥輯　清光緒十四年(1888)金匱顧氏猶白雪齋刻本　一冊

110000－0143－0011791　PG276/217
度支部幣制奏案輯要不分卷　(清)度支部編　清宣統北京益森公司鉛印本　一冊

110000－0143－0011792　PG276/222
經野規略三卷　(明)劉光復手訂　清同治五年(1866)梁溪華學烈刻本(間有二冊民國木活字印本配補)　四冊

110000－0143－0011793　PG276/223
治河書不分卷　(清)靳輔撰　清抄本　八冊

110000－0143－0011794　PG276/225
變通旗制三上書不分卷　金梁撰　清末鉛印本　一冊

110000－0143－0011795　PG276/226
奉天旗制變通案甲乙二類不分卷　(清)□□編　清光緒三十三年至宣統三年(1907－1911)鉛印本　一冊

110000－0143－0011796　PG276/230
盜案疎防不分卷　子猷訂　清末抄本　一冊

110000－0143－0011797　PG276/231
湖南四次捐輸請加廣學額中額咨稿不分卷　(清)湖南捐輸局訂　清同治抄本　一冊

110000－0143－0011798　PG276/234
上海浦東塘工善後局案不分卷附建築置器冊報　(清)浦東塘工善後局編訂　清宣統二年(1910)上海時中書局鉛印本　一冊

110000－0143－0011799　PG276/235
光緒財政通纂五十四卷　(清)杜翰藩編　清光緒三十一年(1905)蓉城文倫書局鉛印本　二十冊

110000－0143－0011800　PG276/238
延吉廳一帶森林調查報告書七章附延吉廳森林區域圖　(清)李維楫調查　清宣統鉛印本　一冊

110000－0143－0011801　PG276/239
吉林東甯廳屯墾報告不分卷附營業殖務章程　(清)□□輯　清宣統三年(1911)鉛印本　一冊

110000－0143－0011802　PG276/239
吉林東甯廳屯墾報告不分卷附營業殖務章程　(清)□□輯　清宣統三年(1911)鉛印本　一冊

110000－0143－0011803　PG276/239
吉林東甯廳屯墾報告不分卷附營業殖務章程　(清)□□輯　清宣統三年(1911)鉛印本　一冊

110000－0143－0011804　PG276/240
勸業道派員調查柳河本溪森林報告不分卷附柳河縣森林區域圖　(清)劉文選　(清)王甡撰　清宣統工藝傳習所鉛印本　一冊

110000－0143－0011805　PG276/241
勸業道派員調查東邊森林報告冊表不分卷　(清)李維楫　(清)王甡等調查　清光緒至宣統鉛印本　一冊

110000－0143－0011806　PG276/242
奉天光緒三十四年全省行情表不分卷　(清)□□編　清宣統元年(1909)北京益森印刷公司鉛印本　一冊

110000－0143－0011807　PG276/243
調查延吉琿春農業報告書不分卷　劉慶琦調查　清光緒至宣統鉛印本　一冊

110000－0143－0011808　PG276/245
吉林行省財政各種説明書不分卷　(清)清理

財政局編　清宣統二年(1910)鉛印本　二冊

110000－0143－0011809　PG276/246

蒼梧賓興公産實業田舖契券冊不分卷　(清)□□編輯　清光緒梧州大文堂鉛印本　一冊

110000－0143－0011810　PG276/248

山東清理財政局編訂全省財政説明書不分卷　(清)山東清理財政局編訂　清宣統鉛印本　十七冊

110000－0143－0011811　PG276/255

常熟水利全書十卷附錄二卷　(明)耿橘著　明萬曆刻本　二冊　缺十卷(三至十、附錄二卷)

110000－0143－0011812　PG276/262

中衢一勺三卷附錄宣南答問一卷小倦遊閣雜説三卷　(清)包世臣撰　清刻本　一冊

110000－0143－0011813　PG276/263

奉天全省農業調查書五編　清宣統元年(1909)奉天農業試驗場鉛印本　四冊

110000－0143－0011814　PG277/2

光緒丙午年交涉要覽八卷　(清)北洋洋務局纂輯　清光緒三十四年(1908)北洋官報局鉛印本　六冊

110000－0143－0011815　PG277/2

光緒丙午年交涉要覽八卷　(清)北洋洋務局纂輯　清光緒三十四年(1908)北洋官報局鉛印本　六冊

110000－0143－0011816　PG277/2

光緒丙午年交涉要覽八卷　(清)北洋洋務局纂輯　清光緒三十四年(1908)北洋官報局鉛印本　六冊

110000－0143－0011817　PG277/5

光緒乙巳年交涉要覽五卷　(清)北洋洋務局纂輯　清光緒三十三年(1907)北洋官報局鉛印本　五冊

110000－0143－0011818　PG277/5

光緒乙巳年交涉要覽五卷　(清)北洋洋務局纂輯　清光緒三十三年(1907)北洋官報局鉛印本　五冊　存四卷(上篇一、下篇一至三)

110000－0143－0011819　PG277/5

光緒乙巳年交涉要覽五卷　(清)北洋洋務局纂輯　清光緒三十三年(1907)北洋官報局鉛印本　二冊　存三卷(下篇一至三)

110000－0143－0011820　PG277/5

光緒乙巳年交涉要覽五卷　(清)北洋洋務局纂輯　清光緒三十三年(1907)北洋官報局鉛印本　五冊

110000－0143－0011821　PG277/5

光緒乙巳年交涉要覽五卷　(清)北洋洋務局纂輯　清光緒三十三年(1907)北洋官報局鉛印本　二冊　存二卷(上篇一、下篇三)

110000－0143－0011822　PG277/5

光緒乙巳年交涉要覽五卷　(清)北洋洋務局纂輯　清光緒三十三年(1907)北洋官報局鉛印本　五冊

110000－0143－0011823　PG277/5

光緒丙午年交涉要覽八卷　(清)北洋洋務局纂輯　清光緒三十四年(1908)北洋官報局鉛印本　一冊　存一卷(下篇四)

110000－0143－0011824　PG277/5

光緒丙午年交涉要覽八卷　(清)北洋洋務局纂輯　清光緒三十四年(1908)北洋官報局鉛印本　六冊

110000－0143－0011825　PG277/5

光緒乙巳年交涉要覽八卷　(清)北洋洋務局纂輯　清光緒三十三年(1907)北洋官報局鉛印本　四冊　缺四卷(上篇一至二、下篇一至二)

110000－0143－0011826　PG277/5

光緒丙午年交涉要覽八卷　(清)北洋洋務局纂輯　清光緒三十四年(1908)北洋官報局鉛印本　三冊　存三卷(上篇一、中篇二、下篇三)

110000－0143－0011827　PG277/5

光緒乙巳年交涉要覽八卷　(清)北洋洋務局

纂輯　清光緒三十三年(1907)北洋官報局鉛印本　一册　存一卷(上篇一)

110000－0143－0011828　PG277/5
光緒乙巳年交涉要覽八卷　(清)北洋洋務局纂輯　清光緒三十三年(1907)北洋官報局鉛印本　五册　存五卷(上篇一至二、下篇一至三)

110000－0143－0011829　PG277/5
光緒乙巳年交涉要覽八卷　(清)北洋洋務局纂輯　清光緒三十三年(1907)北洋官報局鉛印本　二册　存二卷(上篇一至二)

110000－0143－0011830　PG277/5
光緒乙巳年交涉要覽八卷　(清)北洋洋務局纂輯　清光緒三十三年(1907)北洋官報局鉛印本　五册　存五卷(上篇一至二、下篇一至三)

110000－0143－0011831　PG277/5
光緒乙巳年交涉要覽八卷　(清)北洋洋務局纂輯　清光緒三十三年(1907)北洋官報局鉛印本　五册　存五卷(上篇一至二、下篇一至三)

110000－0143－0011832　PG277/6
光緒丁未年交涉要覽五卷　(清)北洋洋務局纂輯　清宣統二年(1910)北洋官報局鉛印本　五册

110000－0143－0011833　PG277/7
中外條約彙編十六種　(清)□□編譯　清末刻本　十六册

110000－0143－0011834　PG277/7
中外條約彙編十六種　(清)□□編譯　清末刻本　十六册

110000－0143－0011835　PG277/8
各國約章纂要六卷首一卷附錄一卷　勞乃宣編輯　清光緒十七年(1891)吳橋官廨刻本　四册

110000－0143－0011836　PG277/8－1
各國約章纂要六卷首一卷附錄一卷　勞乃宣編輯　清光緒十七年(1891)吳橋官廨刻本　四册

110000－0143－0011837　PG277/8－1
各國約章纂要六卷首一卷附錄一卷　勞乃宣編輯　清光緒十八年(1892)上海圖書集成印書局鉛印本　四册

110000－0143－0011838　PG277/8－1
各國約章纂要六卷首一卷附錄一卷　勞乃宣編輯　清光緒十八年(1892)上海圖書集成印書局鉛印本　一册

110000－0143－0011839　PG277/9
考察政治日記不分卷　載澤撰　清宣統元年(1909)上海商務印書館鉛印本　一册

110000－0143－0011840　PG277/9
中俄界約斠注七卷　錢恂撰　清光緒二十年(1894)上海醉六堂刻本　二册

110000－0143－0011841　PG277/9
中俄界約斠注七卷　錢恂撰　清光緒二十年(1894)上海醉六堂刻本　一册

110000－0143－0011842　PG277/10
各國交涉公法論十六卷末一卷　(英國)費利摩羅巴德著　(英國)傅蘭雅口譯　(清)俞世爵筆述　清光緒二十二年(1896)上瀚小倉山房石印本　八册

110000－0143－0011843　PG277/10
各國交涉公法論十六卷　(英國)費利摩羅巴德著　(英國)傅蘭雅口譯　(清)俞世爵筆述　清光緒二十二年(1896)慎記書莊石印本　八册

110000－0143－0011844　PG277/10
各國交涉公法論十六卷　(英國)費利摩羅巴德著　(英國)傅蘭雅口譯　(清)俞世爵筆述　清光緒二十二年(1896)慎記書莊石印本　八册

110000－0143－0011845　PG277/10－1
各國交涉公法論十六卷　(英國)費利摩羅巴德著　(英國)傅蘭雅口譯　(清)俞世爵筆述

清光緒二十二年(1896)慎記書莊石印本　八冊

110000－0143－0011846　PG277/10－2
各國交涉公法論十六卷　(英國)費利摩羅巴德著　(英國)傅蘭雅口譯　(清)俞世爵筆述　清光緒二十二年(1896)慎記書莊石印本　八冊

110000－0143－0011847　PG277/10－3
各國交涉公法論十六卷　(英國)費利摩羅巴德著　(英國)傅蘭雅口譯　(清)俞世爵筆述　清光緒二十四年(1898)江南機器製造總局鉛印本　十六冊

110000－0143－0011848　PG277/11
北洋陳制軍奏摺不分卷　陳夔龍撰　清宣統油印本　一冊

110000－0143－0011849　PG277/13
中西紀事二十四卷首一卷　(清)夏燮撰　清同治七年(1868)刻本　六冊

110000－0143－0011850　PG277/13
中西紀事二十四卷首一卷　(清)夏燮撰　清同治七年(1868)刻本　六冊

110000－0143－0011851　PG277/13
中西紀事二十四卷　(清)夏燮撰　清光緒二十三年(1897)慎記書莊石印本　八冊

110000－0143－0011852　PG277/13
中西紀事二十四卷　(清)夏燮撰　清末刻本　六冊

110000－0143－0011853　PG277/13
中西紀事二十四卷　(清)夏燮撰　清末刻本　三冊　存十二卷(一至十二)

110000－0143－0011854　PG277/13
中西紀事二十四卷首一卷　(清)夏燮撰　清同治七年(1868)刻本　六冊

110000－0143－0011855　PG277/13
中西紀事二十四卷首一卷　(清)夏燮撰　清同治七年(1868)刻本　十二冊

110000－0143－0011856　PG277/13－2
中西紀事二十四卷首一卷　(清)夏燮撰　清同治七年(1868)刻本　六冊

110000－0143－0011857　PG277/13－1
中西紀事二十四卷首一卷　(清)夏燮撰　清光緒二十四年(1898)藜照書屋刻本　八冊

110000－0143－0011858　PG277/13－1
中西紀事二十四卷首一卷　(清)夏燮撰　清光緒二十四年(1898)藜照書屋刻本　八冊

110000－0143－0011859　PG277/13－3
中西紀事二十四卷　(清)夏燮撰　清光緒十三年(1887)鉛印本　八冊

110000－0143－0011860　PG277/16
五次問答節略不分卷　(清)李鴻章　(日本)伊藤陸奥撰　清光緒二十一年(1895)後石印本　一冊

110000－0143－0011861　PG277/17
通商約章類纂三十五卷首一卷　(清)李瀚章等輯　清光緒十二年(1886)刻本　十冊

110000－0143－0011862　PG277/20
通商各國條約不分卷　(清)□□輯　清光緒鉛印本　十八冊

110000－0143－0011863　PG277/20
通商各國條約不分卷　(清)□□輯　清光緒鉛印本　二十二冊

110000－0143－0011864　PG277/20
通商各國條約不分卷　(清)□□輯　清光緒鉛印本　六冊

110000－0143－0011865　PG277/20
通商各國條約不分卷　(清)□□輯　清光緒鉛印本　十五冊

110000－0143－0011866　PG277/21
約章成案滙覽甲編十卷　(清)北洋洋務局纂輯　清光緒三十一年至宣統三年(1905－1911)上海點石齋石印本　十冊

110000－0143－0011867　PG277/21
約章成案滙覽甲編十卷乙編四十二卷　(清)北洋洋務局纂輯　清光緒三十一年至宣統三

年(1905－1911)上海點石齋石印本　四十六冊

110000－0143－0011868　PG277/21
約章成案滙覽甲編十卷　(清)北洋洋務局纂輯　清光緒三十一年至宣統三年(1905－1911)上海點石齋石印本　十冊

110000－0143－0011869　PG277/21－1
約章成案滙覽甲編十卷　(清)北洋洋務局纂輯　清光緒三十一年至宣統三年(1905－1911)上海點石齋石印本　十冊

110000－0143－0011870　PG277/22
約章成案滙覽乙編四十二卷　(清)北洋洋務局纂輯　清光緒三十一年至宣統三年(1905－1911)上海點石齋石印本　十四冊　存十九卷(十三至二十五、三十七至四十二)

110000－0143－0011871　PG277/22
中英續訂藏印條約附中英修訂藏印通商章程不分卷　(英國)韋禮敦　(清)張蔭棠簽訂　清光緒三十四年(1908)鉛印本　一冊

110000－0143－0011872　PG277/22
約章成案滙覽乙編四十二卷　(清)北洋洋務局纂輯　清光緒三十一年至宣統三年(1905－1911)上海點石齋石印本　二十六冊

110000－0143－0011873　PG277/22
約章成案滙覽甲編十卷乙編四十二卷　(清)北洋洋務局纂輯　清光緒三十一年至宣統三年(1905－1911)上海點石齋石印本　十一冊　存十一卷(約章成案滙覽甲編二至六、十,乙編二至六)

110000－0143－0011874　PG277/22
約章成案滙覽乙編四十二卷　(清)北洋洋務局纂輯　清光緒三十一年至宣統三年(1905－1911)上海點石齋石印本　九冊　存十三卷(三十至四十二)

110000－0143－0011875　PG277/22－1
約章成案滙覽乙編四十二卷　(清)北洋洋務局纂輯　清光緒三十一年至宣統三年(1905－1911)上海點石齋石印本　三十三冊

110000－0143－0011876　PG277/25
滬寧鐵路英商借款條議不分卷　(清)張之洞等撰　清光緒鉛印本　一冊

110000－0143－0011877　PG277/25
光緒通商列表不分卷　楊楷輯　清光緒十二年(1886)刻本　一冊

110000－0143－0011878　PG277/26
道清鐵路福公司借款條議不分卷　(清)山西省商務局編　清光緒末鉛印本　一冊

110000－0143－0011879　PG277/28
金軺籌筆四卷　(清)曾紀澤輯　清光緒十三年(1887)歸安錢念劬刻本　四冊

110000－0143－0011880　PG277/29
交涉要覽類編二集二卷　(清)陳鈺輯　(清)鄭貞來譯　清光緒二十九年(1903)湖北洋務譯書局鉛印本　二冊

110000－0143－0011881　PG277/31
楊士驤函稿不分卷　(清)楊士驤撰　清光緒稿本　一冊

110000－0143－0011882　PG277/38
西疆交涉志要六卷　鍾鏞撰述　金梁校訂　清宣統三年(1911)鉛印本　二冊

110000－0143－0011883　PG277/38
西疆交涉志要六卷　鍾鏞撰述　金梁校訂　清宣統三年(1911)鉛印本　二冊

110000－0143－0011884　PG277/45
庚子海外紀事四卷　呂海寰編輯　清光緒二十七年(1901)上海辦理商約大臣呂海寰鉛印本　四冊

110000－0143－0011885　PG277/45
庚子海外紀事四卷　呂海寰編輯　清光緒二十七年(1901)上海辦理商約大臣呂海寰鉛印本　一冊

110000－0143－0011886　PG277/47
新纂約章大全七十三卷　(清)陸鳳石編輯　清宣統元年(1909)上海崇義堂石印本　四十八冊

110000－0143－0011887 PG277/47
新纂約章大全續不分卷 （清）陸鳳石編輯 清宣統二年（1910）上海崇義堂石印本 二冊

110000－0143－0011888 PG277/47
新纂約章大全七十三卷 （清）陸鳳石編輯 清宣統元年（1909）上海崇義堂石印本 四十八冊

110000－0143－0011889 PG277/57
亞東各國約章不分卷 （清）陳肇章譯 （清）王瑩修校 清光緒二十九年（1903）湖北洋務譯書局刻朱印本 一冊

110000－0143－0011890 PG277/57
亞東各國約章不分卷 （清）陳肇章譯 （清）王瑩修校 清光緒二十九年（1903）湖北洋務譯書局刻朱印本 與110000－0143－0011889合冊

110000－0143－0011891 PG277/57
亞東各國約章不分卷 （清）陳肇章譯 （清）王瑩修校 清光緒二十九年（1903）湖北洋務譯書局刻朱印本 一冊

110000－0143－0011892 PG277/65
國朝通商始末記十九卷 （清）彭玉麟定 （清）王之春編 清光緒二十一年（1895）寶善書局石印本 六冊

110000－0143－0011893 PG277/68
約章分類輯要三十八卷首一卷 蔡乃煌編纂 清光緒二十六年（1900）湖南商務局刻本 三十冊

110000－0143－0011894 PG277/68
約章分類輯要三十八卷首一卷 蔡乃煌編纂 清光緒二十六年（1900）湖南商務局刻本 三十冊

110000－0143－0011895 PG277/68
約章分類輯要三十八卷首一卷 蔡乃煌編纂 清光緒二十六年（1900）湖南商務局刻本 三十冊

110000－0143－0011896 PG277/68
約章分類輯要三十八卷首一卷附辛丑合約文件彙錄 蔡乃煌編纂 清光緒二十七年（1901）上海緯文閣石印本 三十七冊

110000－0143－0011897 PG277/69
各國通商條約不分卷 （清）浙江通商洋務總局編 清光緒二十八年（1902）浙江官書局刻本 十冊

110000－0143－0011898 PG277/70
李傅相歷聘歐美記二卷 （美國）林樂知彙譯 蔡爾康纂輯 清光緒二十五年（1899）上海廣學會鉛印本 二冊

110000－0143－0011899 PG277/72
使俄草八卷 （清）王之春撰 清光緒末上海文藝齋石印本 四冊

110000－0143－0011900 PG277/76
節相壯游日錄二卷 （清）桃谿漁隱 （清）惺新盦主輯 清光緒二十二年（1896）天津絳雪齋刻本 二冊

110000－0143－0011901 PG277/76
節相壯游日錄二卷 （清）桃谿漁隱 （清）惺新盦主輯 清光緒二十三年（1897）上海石印本 二冊

110000－0143－0011902 PG277/76
節相壯游日錄二卷 （清）桃谿漁隱 （清）惺新盦主輯 清光緒二十三年（1897）上海石印本 二冊

110000－0143－0011903 PG277/77
使美記略不分卷 （清）陳蘭彬撰 清光緒五年至三十四年（1879－1908）鉛印本 一冊

110000－0143－0011904 PG277/81
通商條約章程成案彙編三十卷 （清）□□輯 清光緒十二年至三十四年（1886－1908）鉛印本 十二冊

110000－0143－0011905 PG277/81
通商條約章程成案彙編三十卷 （清）□□輯 清光緒十二年至三十四年（1886－1908）鉛印本 十二冊

110000－0143－0011906　PG277/81
通商條約章程成案彙編三十卷　(清)□□輯　清光緒十二年至三十四年(1886－1908)鉛印本　十二册

110000－0143－0011907　PG277/81
通商條約章程成案彙編三十卷　(清)□□輯　清光緒十二年至三十四年(1886－1908)鉛印本　十二册

110000－0143－0011908　PG277/83
星軺篝筆四卷　楊楷撰　清光緒十三年(1887)刻本　四册

110000－0143－0011909　PG277/83
星軺篝筆四卷　楊楷撰　清光緒十三年(1887)刻本　四册

110000－0143－0011910　PG277/85
光緒通商列表不分卷　楊楷編纂　清光緒十三年(1887)無錫楊楷刻本　一册

110000－0143－0011911　PG277/86
江寧和約不分卷　(清)耆英　(英國)伊里布簽訂　清末抄本　一册

110000－0143－0011912　PG277/87
星軺指掌三卷續卷一卷　(清)聯芳　(清)慶常仝譯　清光緒二年(1876)同文館鉛印本　四册

110000－0143－0011913　PG277/87
星軺指掌三卷續卷一卷　(清)聯芳　(清)慶常仝譯　清光緒三年(1877)新會陳桂士北京刻本　四册

110000－0143－0011914　PG277/89
通商各國條約不分卷　(清)□□輯　清光緒鉛印本　十六册

110000－0143－0011915　PG277/90
中俄交涉記四卷　(清)□□輯　清光緒二十二年(1896)上海積山書局石印本　四册

110000－0143－0011916　PG277/91
中外交涉類要表四卷光緒通商綜覈表十六卷　(清)錢學嘉編纂　清光緒十四年(1888)歸安錢氏刻二十年(1894)重印本　二册

110000－0143－0011917　PG277/91
中外交涉類要表四卷光緒通商綜覈表十六卷　(清)錢學嘉編纂　清光緒十四年(1888)歸安錢氏刻二十年(1894)重印本　二册

110000－0143－0011918　PG277/91
中外交涉類要表四卷光緒通商綜覈表十六卷　(清)錢學嘉編纂　清光緒十四年(1888)歸安錢氏刻本　一册

110000－0143－0011919　PG277/92
柔遠新書四卷　(清)朱克敬著　清光緒七年(1881)長沙刻挹秀山房叢書本　二册

110000－0143－0011920　PG277/94
現今中俄大勢論三章　(日本)渡邊千春著　(清)梁武公譯　清光緒二十九年(1903)上海益新譯社鉛印本　一册

110000－0143－0011921　PG277/95
中外約章纂新十卷　(清)上海時中書局編輯　清光緒三十年(1904)上海時中書局鉛印本　十册

110000－0143－0011922　PG277/95
中外約章纂新十卷　(清)上海時中書局編輯　清光緒三十年(1904)上海時中書局鉛印本　十册

110000－0143－0011923　PG277/96
滇緬劃界圖說不分卷　(清)薛福成撰　清光緒二十八年(1902)無錫傳經樓石印本　一册

110000－0143－0011924　PG277/97
大清國大英國會議條款不分卷　(清)李鴻章　(英國)威妥瑪簽訂　清光緒刻本　一册

110000－0143－0011925　PG277/97
大清國大英國會議條款不分卷　(清)李鴻章　(英國)威妥瑪簽訂　清光緒刻本　一册

110000－0143－0011926　PG277/97
大清國大英國會議條款不分卷　(清)李鴻章　(英國)威妥瑪簽訂　清光緒刻本　一册

110000－0143－0011927　PG277/97

大清國大英國會議條款不分卷　(清)李鴻章　(英國)威妥瑪簽訂　清光緒刻本　一冊

110000－0143－0011928　PG277/97
大清國大英國會議條款不分卷　(清)李鴻章　(英國)威妥瑪簽訂　清光緒刻本　一冊

110000－0143－0011929　PG277/97
大清國大英國會議條款不分卷　(清)李鴻章　(英國)威妥瑪簽訂　清光緒刻本　一冊

110000－0143－0011930　PG277/97
大清國大英國會議條款不分卷　(清)李鴻章　(英國)威妥瑪簽訂　清光緒刻本　一冊

110000－0143－0011931　PG277/97
大清國大英國會議條款不分卷　(清)李鴻章　(英國)威妥瑪簽訂　清光緒刻本　一冊

110000－0143－0011932　PG277/97
大清國大英國會議條款不分卷　(清)李鴻章　(英國)威妥瑪簽訂　清光緒刻本　一冊

110000－0143－0011933　PG277/97
大清國大英國會議條款不分卷　(清)李鴻章　(英國)威妥瑪簽訂　清光緒刻本　一冊

110000－0143－0011934　PG277/97
大清國大英國會議條款不分卷　(清)李鴻章　(英國)威妥瑪簽訂　清光緒刻本　一冊

110000－0143－0011935　PG277/97
大清國大英國會議條款不分卷　(清)李鴻章　(英國)威妥瑪簽訂　清光緒刻本　一冊

110000－0143－0011936　PG277/97
大清國大英國會議條款不分卷　(清)李鴻章　(英國)威妥瑪簽訂　清光緒刻本　一冊

110000－0143－0011937　PG277/98
中法會訂越南新約不分卷　清光緒刻本　一冊

110000－0143－0011938　PG277/98
中法會訂越南新約不分卷　清光緒刻本　一冊

110000－0143－0011939　PG277/98
中法會訂越南新約不分卷　清光緒刻本　一冊

110000－0143－0011940　PG277/98
中法會訂越南新約不分卷　清光緒刻本　一冊

110000－0143－0011941　PG277/98
中法會訂越南新約不分卷　清光緒刻本　一冊

110000－0143－0011942　PG277/98
中法會訂越南新約不分卷　清光緒刻本　一冊

110000－0143－0011943　PG277/98
中法會訂越南新約不分卷　清光緒刻本　一冊

110000－0143－0011944　PG277/98
中法會訂越南新約不分卷　清光緒刻本　一冊

110000－0143－0011945　PG277/98
中法會訂越南新約不分卷　清光緒刻本　一冊

110000－0143－0011946　PG277/98
中法會訂越南新約不分卷　清光緒刻本　一冊

110000－0143－0011947　PG277/98
中法會訂越南新約不分卷　清光緒刻本　一冊

110000－0143－0011948　PG277/98
中法會訂越南新約不分卷　清光緒刻本　一冊

110000－0143－0011949　PG277/98
中法會訂越南新約不分卷　清光緒刻本　一冊

110000－0143－0011950　PG277/98
中法會訂越南新約不分卷　清光緒刻本　一冊

110000－0143－0011951　PG277/98

中法會訂越南新約不分卷　清光緒刻本　一冊

110000－0143－0011952　PG277/98
中法會訂越南新約不分卷　清光緒刻本　一冊

110000－0143－0011953　PG277/98
秘國條約不分卷秘國照會不分卷　清光緒刻本　一冊

110000－0143－0011954　PG277/98
大清國大巴西國會訂和好通商條約不分卷　清光緒刻本　與110000－0143－0011953合冊

110000－0143－0011955　PG277/98
日本國通商行船條約不分卷　（清）張蔭桓簽訂　清光緒二十二年至三十四年（1896－1908）刻本　一冊

110000－0143－0011956　PG277/98
日本國通商行船條約不分卷　（清）張蔭桓簽訂　清光緒二十二年至三十四年（1896－1908）刻本　一冊

110000－0143－0011957　PG277/98
日本國通商行船條約不分卷　（清）張蔭桓簽訂　清光緒二十二年至三十四年（1896－1908）刻本　一冊

110000－0143－0011958　PG277/98
日本國通商行船條約不分卷　（清）張蔭桓簽訂　清光緒二十二年至三十四年（1896－1908）刻本　一冊

110000－0143－0011959　PG277/98
日本國通商行船條約不分卷　（清）張蔭桓簽訂　清光緒二十二年至三十四年（1896－1908）刻本　一冊

110000－0143－0011960　PG277/98
大清國大英國會議條款不分卷　（清）李鴻章　（英國）威妥瑪簽訂　清光緒刻本　一冊

110000－0143－0011961　PG277/98
大清國大英國會議條款不分卷　（清）李鴻章　（英國）威妥瑪簽訂　清光緒刻本　一冊

110000－0143－0011962　PG277/98
大清國大英國會議條款不分卷　（清）李鴻章　（英國）威妥瑪簽訂　清光緒刻本　一冊

110000－0143－0011963　PG277/98
大清國大英國會議條款不分卷　（清）李鴻章　（英國）威妥瑪簽訂　清光緒刻本　一冊

110000－0143－0011964　PG277/98
大清國大英國會議條款不分卷　（清）李鴻章　（英國）威妥瑪簽訂　清光緒刻本　一冊

110000－0143－0011965　PG277/98
大清國大英國會議條款不分卷　（清）李鴻章　（英國）威妥瑪簽訂　清光緒刻本　一冊

110000－0143－0011966　PG277/98
大清國大英國會議條款不分卷　（清）李鴻章　（英國）威妥瑪簽訂　清光緒刻本　一冊

110000－0143－0011967　PG277/98
中日馬關新約不分卷　（清）李鴻章　（日本）伊藤博文簽訂　清光緒二十一年至三十四年（1895－1908）刻本　一冊

110000－0143－0011968　PG277/98
中日馬關新約不分卷　（清）李鴻章　（日本）伊藤博文簽訂　清光緒二十一年至三十四年（1895－1908）刻本　一冊

110000－0143－0011969　PG277/98
中日馬關新約不分卷　（清）李鴻章　（日本）伊藤博文簽訂　清光緒二十一年至三十四年（1895－1908）刻本　一冊

110000－0143－0011970　PG277/98
中日馬關新約不分卷　（清）李鴻章　（日本）伊藤博文簽訂　清光緒二十一年至三十四年（1895－1908）刻本　一冊

110000－0143－0011971　PG277/98
中日馬關新約不分卷　（清）李鴻章　（日本）伊藤博文簽訂　清光緒二十一年至三十四年（1895－1908）刻本　一冊

110000－0143－0011972　PG277/99

日本條規章程稅則不分卷　清同治至光緒刻本　八册

110000－0143－0011973　PG277/99

日本條規章程稅則不分卷　清同治至光緒刻本　九册

110000－0143－0011974　PG277/99

日本條規章程稅則不分卷　清同治至光緒刻本　三册

110000－0143－0011975　PG277/101

中日馬關新約不分卷　(清)李鴻章　(日本)伊藤博文簽訂　清光緒二十一年至三十四年(1895－1908)刻本　一册

110000－0143－0011976　PG277/101

中日馬關新約不分卷　(清)李鴻章　(日本)伊藤博文簽訂　清光緒二十一年至三十四年(1895－1908)刻本　一册

110000－0143－0011977　PG277/101

中日馬關新約不分卷　(清)李鴻章　(日本)伊藤博文簽訂　清光緒二十一年至三十四年(1895－1908)刻本　一册

110000－0143－0011978　PG277/101

中日馬關新約不分卷　(清)李鴻章　(日本)伊藤博文簽訂　清光緒二十一年至三十四年(1895－1908)刻本　一册

110000－0143－0011979　PG277/101

中日馬關新約不分卷　(清)李鴻章　(日本)伊藤博文簽訂　清光緒二十一年至三十四年(1895－1908)刻本　一册

110000－0143－0011980　PG277/101

中日馬關新約不分卷　(清)李鴻章　(日本)伊藤博文簽訂　清光緒二十一年至三十四年(1895－1908)刻本　一册

110000－0143－0011981　PG277/101

中日馬關新約不分卷　(清)李鴻章　(日本)伊藤博文簽訂　清光緒二十一年至三十四年(1895－1908)刻本　一册

110000－0143－0011982　PG277/101

中日馬關新約不分卷　(清)李鴻章　(日本)伊藤博文簽訂　清光緒二十一年至三十四年(1895－1908)刻本　一册

110000－0143－0011983　PG277/101

中日馬關新約不分卷　(清)李鴻章　(日本)伊藤博文簽訂　清光緒二十一年至三十四年(1895－1908)刻本　一册

110000－0143－0011984　PG277/101

中日馬關新約不分卷　(清)李鴻章　(日本)伊藤博文簽訂　清光緒二十一年至三十四年(1895－1908)刻本　一册

110000－0143－0011985　PG277/101

中日馬關新約不分卷　(清)李鴻章　(日本)伊藤博文簽訂　清光緒二十一年至三十四年(1895－1908)刻本　一册

110000－0143－0011986　PG277/101

中日馬關新約不分卷　(清)李鴻章　(日本)伊藤博文簽訂　清光緒二十一年至三十四年(1895－1908)刻本　一册

110000－0143－0011987　PG277/101

中日馬關新約不分卷　(清)李鴻章　(日本)伊藤博文簽訂　清光緒二十一年至三十四年(1895－1908)刻本　一册

110000－0143－0011988　PG277/102

日本國通商行船條約不分卷　(清)張蔭桓簽訂　清光緒二十二年至三十四年(1896－1908)刻本　一册

110000－0143－0011989　PG277/102

日本國通商行船條約不分卷　(清)張蔭桓簽訂　清光緒二十二年至三十四年(1896－1908)刻本　一册

110000－0143－0011990　PG277/102

日本國通商行船條約不分卷　(清)張蔭桓簽訂　清光緒二十二年至三十四年(1896－1908)刻本　一册

110000－0143－0011991　PG277/102

日本國通商行船條約不分卷　(清)張蔭桓簽

訂　清光緒二十二年至三十四年(1896－1908)刻本　一冊

110000－0143－0011992　PG277/102
日本國通商行船條約不分卷　(清)張蔭桓簽訂　清光緒二十二年至三十四年(1896－1908)刻本　一冊

110000－0143－0011993　PG277/102
日本國通商行船條約不分卷　(清)張蔭桓簽訂　清光緒二十二年至三十四年(1896－1908)刻本　一冊

110000－0143－0011994　PG277/102
日本國通商行船條約不分卷　(清)張蔭桓簽訂　清光緒二十二年至三十四年(1896－1908)刻本　一冊

110000－0143－0011995　PG277/102
日本國通商行船條約不分卷　(清)張蔭桓簽訂　清光緒二十二年至三十四年(1896－1908)刻本　一冊

110000－0143－0011996　PG277/102
日本國通商行船條約不分卷　(清)張蔭桓簽訂　清光緒二十二年至三十四年(1896－1908)刻本　一冊

110000－0143－0011997　PG277/102
日本國通商行船條約不分卷　(清)張蔭桓簽訂　清光緒二十二年至三十四年(1896－1908)刻本　一冊

110000－0143－0011998　PG277/102
日本國通商行船條約不分卷　(清)張蔭桓簽訂　清光緒二十二年至三十四年(1896－1908)刻本　一冊

110000－0143－0011999　PG277/102
日本國通商行船條約不分卷　(清)張蔭桓簽訂　清光緒二十二年至三十四年(1896－1908)刻本　一冊

110000－0143－0012000　PG277/102
日本國通商行船條約不分卷　(清)張蔭桓簽訂　清光緒二十二年至三十四年(1896－1908)刻本　一冊

110000－0143－0012001　PG277/102
日本國通商行船條約不分卷　(清)張蔭桓簽訂　清光緒二十二年至三十四年(1896－1908)刻本　一冊

110000－0143－0012002　PG277/102
日本國通商行船條約不分卷　(清)張蔭桓簽訂　清光緒二十二年至三十四年(1896－1908)刻本　一冊

110000－0143－0012003　PG277/103
俄布丹荷國和約不分卷　(清)□□輯　(清)陸德鍾　(清)徐兆麟校　清光緒至宣統刻本　一冊

110000－0143－0012004　PG277/103
俄布丹荷國和約不分卷　(清)□□輯　(清)陸德鍾　(清)徐兆麟校　清光緒至宣統刻本　一冊

110000－0143－0012005　PG277/103
俄布丹荷國和約不分卷　(清)□□輯　(清)陸德鍾　(清)徐兆麟校　清光緒至宣統刻本　一冊

110000－0143－0012006　PG277/103
俄布丹荷國和約不分卷　(清)□□輯　(清)陸德鍾　(清)徐兆麟校　清光緒至宣統刻本　一冊

110000－0143－0012007　PG277/103
俄布丹荷國和約不分卷　(清)□□輯　(清)陸德鍾　(清)徐兆麟校　清光緒至宣統刻本　一冊

110000－0143－0012008　PG277/103
俄布丹荷國和約不分卷　(清)□□輯　(清)陸德鍾　(清)徐兆麟校　清光緒至宣統刻本　一冊

110000－0143－0012009　PG277/103
俄布丹荷國和約不分卷　(清)□□輯　(清)陸德鍾　(清)徐兆麟校　清光緒至宣統刻本　一冊

110000－0143－0012010　PG277/103
俄布丹荷國和約不分卷　（清）□□輯　（清）陸德鍾　（清）徐兆麟校　清光緒至宣統刻本　一冊

110000－0143－0012011　PG277/103
俄布丹荷國和約不分卷　（清）□□輯　（清）陸德鍾　（清）徐兆麟校　清光緒至宣統刻本　一冊

110000－0143－0012012　PG277/103
俄布丹荷國和約不分卷　（清）□□輯　（清）陸德鍾　（清）徐兆麟校　清光緒至宣統刻本　一冊

110000－0143－0012013　PG277/103
俄布丹荷國和約不分卷　（清）□□輯　（清）陸德鍾　（清）徐兆麟校　清光緒至宣統刻本　一冊

110000－0143－0012014　PG277/103
俄布丹荷國和約不分卷　（清）□□輯　（清）陸德鍾　（清）徐兆麟校　清光緒至宣統刻本　一冊

110000－0143－0012015　PG277/103
俄布丹荷國和約不分卷　（清）□□輯　（清）陸德鍾　（清）徐兆麟校　清光緒至宣統刻本　一冊

110000－0143－0012016　PG277/103
俄布丹荷國和約不分卷　（清）□□輯　（清）陸德鍾　（清）徐兆麟校　清光緒至宣統刻本　一冊

110000－0143－0012017　PG277/103
俄布丹荷國和約不分卷　（清）□□輯　（清）陸德鍾　（清）徐兆麟校　清光緒至宣統刻本　一冊

110000－0143－0012018　PG277/103
俄布丹荷國和約不分卷　（清）□□輯　（清）陸德鍾　（清）徐兆麟校　清光緒至宣統刻本　一冊

110000－0143－0012019　PG277/103
俄布丹荷國和約不分卷　（清）□□輯　（清）陸德鍾　（清）徐兆麟校　清光緒至宣統刻本　一冊

110000－0143－0012020　PG277/103
俄布丹荷國和約不分卷　（清）□□輯　（清）陸德鍾　（清）徐兆麟校　清光緒至宣統刻本　一冊

110000－0143－0012021　PG277/103
俄布丹荷國和約不分卷　（清）□□輯　（清）陸德鍾　（清）徐兆麟校　清光緒至宣統刻本　一冊

110000－0143－0012022　PG277/103
俄布丹荷國和約不分卷　（清）□□輯　（清）陸德鍾　（清）徐兆麟校　清光緒至宣統刻本　一冊

110000－0143－0012023　PG277/103
俄布丹荷國和約不分卷　（清）□□輯　（清）陸德鍾　（清）徐兆麟校　清光緒至宣統刻本　一冊

110000－0143－0012024　PG277/103
俄布丹荷國和約不分卷　（清）□□輯　（清）陸德鍾　（清）徐兆麟校　清光緒至宣統刻本　一冊

110000－0143－0012025　PG277/103
俄布丹荷國和約不分卷　（清）□□輯　（清）陸德鍾　（清）徐兆麟校　清光緒至宣統刻本　一冊

110000－0143－0012026　PG277/103
俄布丹荷國和約不分卷　（清）□□輯　（清）陸德鍾　（清）徐兆麟校　清光緒至宣統刻本　一冊

110000－0143－0012027　PG277/103
俄布丹荷國和約不分卷　（清）□□輯　（清）陸德鍾　（清）徐兆麟校　清光緒至宣統刻本　一冊

110000－0143－0012028　PG277/104
英國和約不分卷　（清）□□輯　清光緒五年

至三十四年(1879－1908)刻本　一册

110000－0143－0012029　PG277/104
英國和約不分卷　(清)□□輯　清光緒五年至三十四年(1879－1908)刻本　一册

110000－0143－0012030　PG277/104
英國和約不分卷　(清)□□輯　清光緒五年至三十四年(1879－1908)刻本　一册

110000－0143－0012031　PG277/104
英國和約不分卷　(清)□□輯　清光緒五年至三十四年(1879－1908)刻本　一册

110000－0143－0012032　PG277/104
英國和約不分卷　(清)□□輯　清光緒五年至三十四年(1879－1908)刻本　一册

110000－0143－0012033　PG277/104
英國和約不分卷　(清)□□輯　清光緒五年至三十四年(1879－1908)刻本　一册

110000－0143－0012034　PG277/104
英國和約不分卷　(清)□□輯　清光緒五年至三十四年(1879－1908)刻本　一册

110000－0143－0012035　PG277/104
英國和約不分卷　(清)□□輯　清光緒五年至三十四年(1879－1908)刻本　一册

110000－0143－0012036　PG277/104
英國和約不分卷　(清)□□輯　清光緒五年至三十四年(1879－1908)刻本　一册

110000－0143－0012037　PG277/105
比利時西班牙瑞典哪嘁國和約不分卷　(清)□□輯　清光緒刻本　一册

110000－0143－0012038　PG277/105
比利時西班牙瑞典哪嘁國和約不分卷　(清)□□輯　清光緒刻本　一册

110000－0143－0012039　PG277/105
比利時西班牙瑞典哪嘁國和約不分卷　(清)□□輯　清光緒刻本　一册

110000－0143－0012040　PG277/105
比利時西班牙瑞典哪嘁國和約不分卷　(清)□□輯　清光緒刻本　一册

110000－0143－0012041　PG277/105
比利時西班牙瑞典哪嘁國和約不分卷　(清)□□輯　清光緒刻本　一册

110000－0143－0012042　PG277/105
比利時西班牙瑞典哪嘁國和約不分卷　(清)□□輯　清光緒刻本　一册

110000－0143－0012043　PG277/105
比利時西班牙瑞典哪嘁國和約不分卷　(清)□□輯　清光緒刻本　一册

110000－0143－0012044　PG277/105
比利時西班牙瑞典哪嘁國和約不分卷　(清)□□輯　清光緒刻本　一册

110000－0143－0012045　PG277/105
比利時西班牙瑞典哪嘁國和約不分卷　(清)□□輯　清光緒刻本　一册

110000－0143－0012046　PG277/105
比利時西班牙瑞典哪嘁國和約不分卷　(清)□□輯　清光緒刻本　一册

110000－0143－0012047　PG277/105
比利時西班牙瑞典哪嘁國和約不分卷　(清)□□輯　清光緒刻本　一册

110000－0143－0012048　PG277/105
比利時西班牙瑞典哪嘁國和約不分卷　(清)□□輯　清光緒刻本　一册

110000－0143－0012049　PG277/105
比利時西班牙瑞典哪嘁國和約不分卷　(清)□□輯　清光緒刻本　一册

110000－0143－0012050　PG277/105
比利時西班牙瑞典哪嘁國和約不分卷　(清)□□輯　清光緒刻本　一册

110000－0143－0012051　PG277/105
比利時西班牙瑞典哪嘁國和約不分卷　(清)□□輯　清光緒刻本　一册

110000－0143－0012052　PG277/105
比利時西班牙瑞典哪嘁國和約不分卷　(清)

□□輯　清光緒刻本　一冊

110000－0143－0012053　PG277/105
比利時西班牙瑞典哪喊國和約不分卷　（清）□□輯　清光緒刻本　一冊

110000－0143－0012054　PG277/105
比利時西班牙瑞典哪喊國和約不分卷　（清）□□輯　清光緒刻本　一冊

110000－0143－0012055　PG277/106
剛果國條約不分卷　（清）□□輯　清光緒二十四年至三十四年（1898－1908）刻本　一冊

110000－0143－0012056　PG277/106
剛果國條約不分卷　（清）□□輯　清光緒二十四年至三十四年（1898－1908）刻本　一冊

110000－0143－0012057　PG277/106
剛果國條約不分卷　（清）□□輯　清光緒二十四年至三十四年（1898－1908）刻本　一冊

110000－0143－0012058　PG277/106
剛果國條約不分卷　（清）□□輯　清光緒二十四年至三十四年（1898－1908）刻本　一冊

110000－0143－0012059　PG277/106
剛果國條約不分卷　（清）□□輯　清光緒二十四年至三十四年（1898－1908）刻本　一冊

110000－0143－0012060　PG277/106
剛果國條約不分卷　（清）□□輯　清光緒二十四年至三十四年（1898－1908）刻本　一冊

110000－0143－0012061　PG277/106
剛果國條約不分卷　（清）□□輯　清光緒二十四年至三十四年（1898－1908）刻本　一冊

110000－0143－0012062　PG277/106
剛果國條約不分卷　（清）□□輯　清光緒二十四年至三十四年（1898－1908）刻本　一冊

110000－0143－0012063　PG277/106
剛果國條約不分卷　（清）□□輯　清光緒二十四年至三十四年（1898－1908）刻本　一冊

110000－0143－0012064　PG277/106
剛果國條約不分卷　（清）□□輯　清光緒二十四年至三十四年（1898－1908）刻本　一冊

110000－0143－0012065　PG277/106
剛果國條約不分卷　（清）□□輯　清光緒二十四年至三十四年（1898－1908）刻本　一冊

110000－0143－0012066　PG277/106
剛果國條約不分卷　（清）□□輯　清光緒二十四年至三十四年（1898－1908）刻本　一冊

110000－0143－0012067　PG277/106
剛果國條約不分卷　（清）□□輯　清光緒二十四年至三十四年（1898－1908）刻本　一冊

110000－0143－0012068　PG277/106
剛果國條約不分卷　（清）□□輯　清光緒二十四年至三十四年（1898－1908）刻本　一冊

110000－0143－0012069　PG277/106
剛果國條約不分卷　（清）□□輯　清光緒二十四年至三十四年（1898－1908）刻本　一冊

110000－0143－0012070　PG277/106
剛果國條約不分卷　（清）□□輯　清光緒二十四年至三十四年（1898－1908）刻本　一冊

110000－0143－0012071　PG277/107
秘魯巴西國條約不分卷　（清）□□輯　清光緒七年至三十四年（1881－1908）刻本　一冊

110000－0143－0012072　PG277/107
秘魯巴西國條約不分卷　（清）□□輯　清光緒七年至三十四年（1881－1908）刻本　一冊

110000－0143－0012073　PG277/107
秘魯巴西國條約不分卷　（清）□□輯　清光緒七年至三十四年（1881－1908）刻本　一冊

110000－0143－0012074　PG277/107
秘魯巴西國條約不分卷　（清）□□輯　清光緒七年至三十四年（1881－1908）刻本　一冊

110000－0143－0012075　PG277/107
秘魯巴西國條約不分卷　（清）□□輯　清光緒七年至三十四年（1881－1908）刻本　一冊

110000－0143－0012076　PG277/107
秘魯巴西國條約不分卷　（清）□□輯　清光

緒七年至三十四年(1881－1908)刻本　一册

110000－0143－0012077　PG277/107
秘魯巴西國條約不分卷　(清)□□輯　清光緒七年至三十四年(1881－1908)刻本　一册

110000－0143－0012078　PG277/107
秘魯巴西國條約不分卷　(清)□□輯　清光緒七年至三十四年(1881－1908)刻本　一册

110000－0143－0012079　PG277/107
秘魯巴西國條約不分卷　(清)□□輯　清光緒七年至三十四年(1881－1908)刻本　一册

110000－0143－0012080　PG277/107
秘魯巴西國條約不分卷　(清)□□輯　清光緒七年至三十四年(1881－1908)刻本　一册

110000－0143－0012081　PG277/107
秘魯巴西國條約不分卷　(清)□□輯　清光緒七年至三十四年(1881－1908)刻本　一册

110000－0143－0012082　PG277/107
秘魯巴西國條約不分卷　(清)□□輯　清光緒七年至三十四年(1881－1908)刻本　一册

110000－0143－0012083　PG277/107
秘魯巴西國條約不分卷　(清)□□輯　清光緒七年至三十四年(1881－1908)刻本　一册

110000－0143－0012084　PG277/107
秘魯巴西國條約不分卷　(清)□□輯　清光緒七年至三十四年(1881－1908)刻本　一册

110000－0143－0012085　PG277/107
秘魯巴西國條約不分卷　(清)□□輯　清光緒七年至三十四年(1881－1908)刻本　一册

110000－0143－0012086　PG277/107
秘魯巴西國條約不分卷　(清)□□輯　清光緒七年至三十四年(1881－1908)刻本　一册

110000－0143－0012087　PG277/107
秘魯巴西國條約不分卷　(清)□□輯　清光緒七年至三十四年(1881－1908)刻本　一册

110000－0143－0012088　PG277/107
秘魯巴西國條約不分卷　(清)□□輯　清光緒七年至三十四年(1881－1908)刻本　一册

110000－0143－0012089　PG277/107
秘魯巴西國條約不分卷　(清)□□輯　清光緒七年至三十四年(1881－1908)刻本　一册

110000－0143－0012090　PG277/107
秘魯巴西國條約不分卷　(清)□□輯　清光緒七年至三十四年(1881－1908)刻本　一册

110000－0143－0012091　PG277/108
義奥國和約章程不分卷　(清)崇厚等撰　清同治八年至光緒三十四年(1869－1908)刻本　一册

110000－0143－0012092　PG277/108
義奥國和約章程不分卷　(清)崇厚等撰　清同治八年至光緒三十四年(1869－1908)刻本　一册

110000－0143－0012093　PG277/108
義奥國和約章程不分卷　(清)崇厚等撰　清同治八年至光緒三十四年(1869－1908)刻本　一册

110000－0143－0012094　PG277/108
義奥國和約章程不分卷　(清)崇厚等撰　清同治八年至光緒三十四年(1869－1908)刻本　一册

110000－0143－0012095　PG277/108
義奥國和約章程不分卷　(清)崇厚等撰　清同治八年至光緒三十四年(1869－1908)刻本　一册

110000－0143－0012096　PG277/108
義奥國和約章程不分卷　(清)崇厚等撰　清同治八年至光緒三十四年(1869－1908)刻本　一册

110000－0143－0012097　PG277/108
義奥國和約章程不分卷　(清)崇厚等撰　清同治八年至光緒三十四年(1869－1908)刻本　一册

110000－0143－0012098　PG277/108
義奥國和約章程不分卷　(清)崇厚等撰　清

同治八年至光緒三十四年(1869－1908)刻本　一册

110000－0143－0012099　PG277/108
義奥國和約章程不分卷　(清)崇厚等撰　清同治八年至光緒三十四年(1869－1908)刻本　一册

110000－0143－0012100　PG277/108
義奥國和約章程不分卷　(清)崇厚等撰　清同治八年至光緒三十四年(1869－1908)刻本　一册

110000－0143－0012101　PG277/108
義奥國和約章程不分卷　(清)崇厚等撰　清同治八年至光緒三十四年(1869－1908)刻本　一册

110000－0143－0012102　PG277/108
義奥國和約章程不分卷　(清)崇厚等撰　清同治八年至光緒三十四年(1869－1908)刻本　一册

110000－0143－0012103　PG277/108
義奥國和約章程不分卷　(清)崇厚等撰　清同治八年至光緒三十四年(1869－1908)刻本　一册

110000－0143－0012104　PG277/108
義奥國和約章程不分卷　(清)崇厚等撰　清同治八年至光緒三十四年(1869－1908)刻本　一册

110000－0143－0012105　PG277/108
義奥國和約章程不分卷　(清)崇厚等撰　清同治八年至光緒三十四年(1869－1908)刻本　一册

110000－0143－0012106　PG277/108
義奥國和約章程不分卷　(清)崇厚等撰　清同治八年至光緒三十四年(1869－1908)刻本　一册

110000－0143－0012107　PG277/108
義奥國和約章程不分卷　(清)崇厚等撰　清同治八年至光緒三十四年(1869－1908)刻本　一册

110000－0143－0012108　PG277/108
義奥國和約章程不分卷　(清)崇厚等撰　清同治八年至光緒三十四年(1869－1908)刻本　一册

110000－0143－0012109　PG277/108
義奥國和約章程不分卷　(清)崇厚等撰　清同治八年至光緒三十四年(1869－1908)刻本　一册

110000－0143－0012110　PG277/109
葡萄牙國條款不分卷　(清)□□輯　清光緒十三年至三十四年(1887－1908)刻本　一册

110000－0143－0012111　PG277/109
葡萄牙國條款不分卷　(清)□□輯　清光緒十三年至三十四年(1887－1908)刻本　一册

110000－0143－0012112　PG277/109
葡萄牙國條款不分卷　(清)□□輯　清光緒十三年至三十四年(1887－1908)刻本　一册

110000－0143－0012113　PG277/109
葡萄牙國條款不分卷　(清)□□輯　清光緒十三年至三十四年(1887－1908)刻本　一册

110000－0143－0012114　PG277/109
葡萄牙國條款不分卷　(清)□□輯　清光緒十三年至三十四年(1887－1908)刻本　一册

110000－0143－0012115　PG277/109
葡萄牙國條款不分卷　(清)□□輯　清光緒十三年至三十四年(1887－1908)刻本　一册

110000－0143－0012116　PG277/109
葡萄牙國條款不分卷　(清)□□輯　清光緒十三年至三十四年(1887－1908)刻本　一册

110000－0143－0012117　PG277/109
葡萄牙國條款不分卷　(清)□□輯　清光緒十三年至三十四年(1887－1908)刻本　一册

110000－0143－0012118　PG277/109
葡萄牙國條款不分卷　(清)□□輯　清光緒十三年至三十四年(1887－1908)刻本　一册

110000－0143－0012119　PG277/109
葡萄牙國條款不分卷　(清)□□輯　清光緒十三年至三十四年(1887－1908)刻本　一冊

110000－0143－0012120　PG277/109
葡萄牙國條款不分卷　(清)□□輯　清光緒十三年至三十四年(1887－1908)刻本　一冊

110000－0143－0012121　PG277/109
葡萄牙國條款不分卷　(清)□□輯　清光緒十三年至三十四年(1887－1908)刻本　一冊

110000－0143－0012122　PG277/109
葡萄牙國條款不分卷　(清)□□輯　清光緒十三年至三十四年(1887－1908)刻本　一冊

110000－0143－0012123　PG277/109
葡萄牙國條款不分卷　(清)□□輯　清光緒十三年至三十四年(1887－1908)刻本　一冊

110000－0143－0012124　PG277/109
葡萄牙國條款不分卷　(清)□□輯　清光緒十三年至三十四年(1887－1908)刻本　一冊

110000－0143－0012125　PG277/109
葡萄牙國條款不分卷　(清)□□輯　清光緒十三年至三十四年(1887－1908)刻本　一冊

110000－0143－0012126　PG277/109
葡萄牙國條款不分卷　(清)□□輯　清光緒十三年至三十四年(1887－1908)刻本　一冊

110000－0143－0012127　PG277/110
交還奉天條約不分卷　(清)□□輯　清光緒二十一年至三十四年(1895－1908)刻本　一冊

110000－0143－0012128　PG277/110
交還奉天條約不分卷　(清)□□輯　清光緒二十一年至三十四年(1895－1908)刻本　一冊

110000－0143－0012129　PG277/110
交還奉天條約不分卷　(清)□□輯　清光緒二十一年至三十四年(1895－1908)刻本　一冊

110000－0143－0012130　PG277/110
交還奉天條約不分卷　(清)□□輯　清光緒二十一年至三十四年(1895－1908)刻本　一冊

110000－0143－0012131　PG277/110
交還奉天條約不分卷　(清)□□輯　清光緒二十一年至三十四年(1895－1908)刻本　一冊

110000－0143－0012132　PG277/110
交還奉天條約不分卷　(清)□□輯　清光緒二十一年至三十四年(1895－1908)刻本　一冊

110000－0143－0012133　PG277/110
交還奉天條約不分卷　(清)□□輯　清光緒二十一年至三十四年(1895－1908)刻本　一冊

110000－0143－0012134　PG277/110
交還奉天條約不分卷　(清)□□輯　清光緒二十一年至三十四年(1895－1908)刻本　一冊

110000－0143－0012135　PG277/110
交還奉天條約不分卷　(清)□□輯　清光緒二十一年至三十四年(1895－1908)刻本　一冊

110000－0143－0012136　PG277/110
交還奉天條約不分卷　(清)□□輯　清光緒二十一年至三十四年(1895－1908)刻本　一冊

110000－0143－0012137　PG277/110
交還奉天條約不分卷　(清)□□輯　清光緒二十一年至三十四年(1895－1908)刻本　一冊

110000－0143－0012138　PG277/110
交還奉天條約不分卷　(清)□□輯　清光緒二十一年至三十四年(1895－1908)刻本　一冊

110000－0143－0012139　PG277/110
交還奉天條約不分卷　(清)□□輯　清光緒

二十一年至三十四年(1895－1908)刻本　一冊

110000－0143－0012140　PG277/110

交還奉天條約不分卷　(清)□□輯　清光緒二十一年至三十四年(1895－1908)刻本　一冊

110000－0143－0012141　PG277/110

交還奉天條約不分卷　(清)□□輯　清光緒二十一年至三十四年(1895－1908)刻本　一冊

110000－0143－0012142　PG277/110

交還奉天條約不分卷　(清)□□輯　清光緒二十一年至三十四年(1895－1908)刻本　一冊

110000－0143－0012143　PG277/110

交還奉天條約不分卷　(清)□□輯　清光緒二十一年至三十四年(1895－1908)刻本　一冊

110000－0143－0012144　PG277/110

交還奉天條約不分卷　(清)□□輯　清光緒二十一年至三十四年(1895－1908)刻本　一冊

110000－0143－0012145　PG277/110

交還奉天條約不分卷　(清)□□輯　清光緒二十一年至三十四年(1895－1908)刻本　一冊

110000－0143－0012146　PG277/110

交還奉天條約不分卷　(清)□□輯　清光緒二十一年至三十四年(1895－1908)刻本　一冊

110000－0143－0012147　PG277/110

交還奉天條約不分卷　(清)□□輯　清光緒二十一年至三十四年(1895－1908)刻本　一冊

110000－0143－0012148　PG277/111

法美國和約不分卷　(清)□□輯　清光緒至宣統刻本　一冊

110000－0143－0012149　PG277/111

法美國和約不分卷　(清)□□輯　清光緒至宣統刻本　一冊

110000－0143－0012150　PG277/111

法美國和約不分卷　(清)□□輯　清光緒至宣統刻本　一冊

110000－0143－0012151　PG277/111

法美國和約不分卷　(清)□□輯　清光緒至宣統刻本　一冊

110000－0143－0012152　PG277/111

法美國和約不分卷　(清)□□輯　清光緒至宣統刻本　一冊

110000－0143－0012153　PG277/111

法美國和約不分卷　(清)□□輯　清光緒至宣統刻本　一冊

110000－0143－0012154　PG277/111

法美國和約不分卷　(清)□□輯　清光緒至宣統刻本　一冊

110000－0143－0012155　PG277/111

法美國和約不分卷　(清)□□輯　清光緒至宣統刻本　一冊

110000－0143－0012156　PG277/111

法美國和約不分卷　(清)□□輯　清光緒至宣統刻本　一冊

110000－0143－0012157　PG277/111

法美國和約不分卷　(清)□□輯　清光緒至宣統刻本　一冊

110000－0143－0012158　PG277/111

法美國和約不分卷　(清)□□輯　清光緒至宣統刻本　一冊

110000－0143－0012159　PG277/111

法美國和約不分卷　(清)□□輯　清光緒至宣統刻本　一冊

110000－0143－0012160　PG277/111

法美國和約不分卷　(清)□□輯　清光緒至宣統刻本　一冊

110000－0143－0012161　PG277/111
法美國和約不分卷　（清）□□輯　清光緒至宣統刻本　一冊

110000－0143－0012162　PG277/111
法美國和約不分卷　（清）□□輯　清光緒至宣統刻本　一冊

110000－0143－0012163　PG277/111
法美國和約不分卷　（清）□□輯　清光緒至宣統刻本　一冊

110000－0143－0012164　PG277/111
法美國和約不分卷　（清）□□輯　清光緒至宣統刻本　一冊

110000－0143－0012165　PG277/111
法美國和約不分卷　（清）□□輯　清光緒至宣統刻本　一冊

110000－0143－0012166　PG277/111
法美國和約不分卷　（清）□□輯　清光緒至宣統刻本　一冊

110000－0143－0012167　PG277/111
法美國和約不分卷　（清）□□輯　清光緒至宣統刻本　一冊

110000－0143－0012168　PG277/111
法美國和約不分卷　（清）□□輯　清光緒至宣統刻本　一冊

110000－0143－0012169　PG277/111
法美國和約不分卷　（清）□□輯　清光緒至宣統刻本　一冊

110000－0143－0012170　PG277/111
法美國和約不分卷　（清）□□輯　清光緒至宣統刻本　一冊

110000－0143－0012171　PG277/111
法美國和約不分卷　（清）□□輯　清光緒至宣統刻本　一冊

110000－0143－0012172　PG277/112
俄國條款不分卷　清光緒至宣統刻本　一冊

110000－0143－0012173　PG277/112
俄國條款不分卷　清光緒至宣統刻本　一冊

110000－0143－0012174　PG277/121
萬國公法四卷　（美國）惠頓撰　（美國）丁韙良譯　清末四明茹古書局鉛印本　四冊

110000－0143－0012175　PG277/125
各國立約始末記三十卷首二卷　（清）陸元鼎編　清光緒三十二年（1906）上海商務印書館鉛印本　二十二冊

110000－0143－0012176　PG277/126
交涉要覽類編四卷　（清）陳鈺輯　（清）鄭貞來譯　清光緒二十八年（1902）湖北洋務譯書局鉛印本　四冊

110000－0143－0012177　PG277/127
俄清之外交問題不分卷　清光緒三十年至宣統三年（1904－1911）鉛印本　一冊

110000－0143－0012178　PG277/130
勘分旅大租界專條中俄會定條約　（清）□□輯　清光緒二十五年（1899）鉛印本　一冊

110000－0143－0012179　PG277/132
總理衙門議定山東曹州府教案條約　（清）總理各國事務衙門訂　清光緒鉛印本　一冊

110000－0143－0012180　PG277/133
奏定出使章程不分卷　（清）□□輯　清宣統鉛印本　一冊

110000－0143－0012181　PG277/133
奏定出使章程不分卷　（清）□□輯　清宣統鉛印本　一冊

110000－0143－0012182　PG277/134
西疆交涉志要六卷　鍾鏞撰述　金梁校訂　清宣統三年（1911）鉛印本　二冊

110000－0143－0012183　PG277/135
各國關於中國所訂協約不分卷　（清）□□輯　清宣統三年（1911）鉛印本　一冊

110000－0143－0012184　PG277/140
辛丑各國和約不分卷　奕劻　（清）李鴻章　（德國）穆默簽訂　清光緒二十七年至三十四年（1901－1908）刻本　一冊

110000－0143－0012185　PG277/143
庚子交涉隅錄不分卷　李遜編輯　清宣統二年(1910)鉛印本　一册

110000－0143－0012186　PG277/146
各國約章纂要六卷首一卷附錄一卷　勞乃宣纂輯　清光緒十七年(1891)桐鄉勞乃宣吳橋官廨刻本　四册

110000－0143－0012187　PG277/147
和約彙抄六卷首一卷　(清)謝家福纂輯　清光緒四年(1878)上海申報館鉛印本　五册

110000－0143－0012188　PG277/147
和約彙抄六卷首一卷　(清)謝家福纂輯　清光緒四年(1878)上海申報館鉛印本　五册

110000－0143－0012189　PG277/149
李文忠公外部函稿二十八卷　(清)李鴻章撰　(清)吳汝綸編輯　清光緒二十八年(1902)保定蓮池書社鉛印本　十四册

110000－0143－0012190　PG277/150
辛丑各國和約不分卷　奕劻　(清)李鴻章　(德國)穆默簽訂　清光緒二十七年至三十四年(1901－1908)刻本　一册

110000－0143－0012191　PG277/151
中日通商行船條約續約一卷　盛宣懷　吕海寰　(日本)小田切萬壽之助簽訂　清光緒三十年(1904)湖南洋務局刻本　一册

110000－0143－0012192　PG277/152
中美續議通商行船條約一卷　吕海寰　盛宣懷　(美國)康格　(美國)古納簽訂　清光緒三十年(1904)湖南洋務局刻本　一册

110000－0143－0012193　PG277/153
清俄關係二卷　(日本)綠岡隱士編纂　(清)鈕瑗譯　清光緒二十九年(1903)上海維新書局石印本　二册

110000－0143－0012194　PG277/156
東西交涉文移稿簿不分卷　(清)黎汝謙撰　清光緒九年(1883)黎汝謙稿本　一册

110000－0143－0012195　PG277/163
致伊藤陸奥照會　清末石印本　一册

110000－0143－0012196　PG277/166
有賀博士日清戰役中之國際法論不分卷　(日本)有賀博士撰　清宣統三年(1911)陸軍部印刷所鉛印本　一册

110000－0143－0012197　PG277/169
英國續修通商行船條約　盛宣懷　吕海寰　(英國)馬凱簽訂　清末鉛印本　一册

110000－0143－0012198　PG277/172
中俄約章會要三卷中俄約章續編一卷　(清)總理衙門輯　清光緒總理衙門鉛印本　四册

110000－0143－0012199　PG277/175
約章述要二卷　(美國)李佳白纂輯　嚴善坊譯編　清光緒三十三年(1907)尚賢堂鉛印本　二册

110000－0143－0012200　PG277/177
馬關條約檔彙編不分卷　(清)□□輯　清光緒石印本　二册

110000－0143－0012201　PG277/178
澳門公牘錄存不分卷　(清)□□輯　清宣統三年(1911)泉唐汪氏鉛印本　一册

110000－0143－0012202　PG277/180
中西關繫略論四卷　(美國)林樂知編譯　清光緒二年(1876)鉛印本　一册

110000－0143－0012203　PG277/181
山東省外務行政沿習利弊報告清册不分卷　(清)山東省調查局法利科第三股編輯　清宣統抄本　一册

110000－0143－0012204　PG277/192
比利時西班牙瑞典哪喊國和約不分卷　(清)□□輯　清光緒刻本　一册

110000－0143－0012205　PG277/192
比利時西班牙瑞典哪喊國和約不分卷　(清)□□輯　清光緒刻本　一册

110000－0143－0012206　PG277/196
俄布丹荷國和約不分卷　(清)□□輯　清光緒七年至三十四年(1881－1908)刻本　一册

110000－0143－0012207　PG278/7

保定府札不分卷　(清)周世銘撰　清光緒二十九年(1903)抄本　一冊

110000－0143－0012208　PG278/8

四此堂稿十卷　(清)魏際瑞著　清光緒三十三年(1907)四川成都文倫書局鉛印本　四冊

110000－0143－0012209　PG278/8－1

四此堂稿十卷　(清)魏際瑞著　清同治二年(1863)寧都謝階刻本　六冊

110000－0143－0012210　PG278/10

萬國公報　(清)萬國公報館編輯　清光緒上海美華館鉛印本　九冊　存丙申十二月第九十六冊、丁酉新正月第九十七冊、丁酉新正月第九十七冊、丁酉二月第九十八冊、丁酉二月第九十八冊、丁酉三月第九十九冊、丁酉四月第一百冊、丁酉五月第一百一冊、丁酉六月第一百二冊

110000－0143－0012211　PG278/11

魏塘文告摘錄一卷　(清)汪峰青輯　清光緒二十五年(1899)刻本　一冊

110000－0143－0012212　PG278/13

商會公報(第六年第四號)　(清)重慶商務總會編輯　清宣統二年(1910)重慶廣益書局鉛印本　一冊　存一期(一百七十二)

110000－0143－0012213　PG278/16

吉林勸業道報告書不分卷　徐鼎康撰　清光緒三十四年(1908)吉林官書刷印局石印本　一冊

110000－0143－0012214　PG278/19

廣西官報　孔昭焱編輯　清宣統二年(1910)廣西官書局鉛印本　一冊　存一期(五十九)

110000－0143－0012215　PG279/6

日本統計釋例六卷　(□)□□撰　清末鉛印本　一冊　存三卷(四至六)

110000－0143－0012216　PG279/7

法國政教考略四卷　(清)劉式訓撰譯　清光緒二十七年(1901)鉛印本　一冊

110000－0143－0012217　PG279/8

秣陵集六卷附表圖考　(清)陳文述撰　清光緒十年(1884)淮南書局刻本　四冊

110000－0143－0012218　PG279/8

秣陵集六卷附表圖考　(清)陳文述撰　清光緒十年(1884)淮南書局刻本　三冊

110000－0143－0012219　PG279/8

秣陵集六卷附表圖考　(清)陳文述撰　清光緒十年(1884)淮南書局刻本　三冊

110000－0143－0012220　PG279/8

秣陵集六卷附表圖考　(清)陳文述撰　清光緒十年(1884)淮南書局刻本　三冊

110000－0143－0012221　PG279/8

秣陵集六卷附表圖考　(清)陳文述撰　清光緒十年(1884)淮南書局刻本　三冊

110000－0143－0012222　PG279/8－1

秣陵集六卷附表圖考　(清)陳文述撰　清光緒十年(1884)淮南書局刻本　六冊

110000－0143－0012223　PG279/8－2

秣陵集六卷附表圖考　(清)陳文述撰　清末抄本　四冊

110000－0143－0012224　PG279/10

宦遊紀略二卷　(清)高廷瑤撰　清光緒九年(1883)資中官廨刻本　一冊

110000－0143－0012225　PG279/10

宦遊紀略二卷　(清)高廷瑤撰　清光緒七年(1881)桐鄉嚴錫康刻本　二冊

110000－0143－0012226　PG279/10

宦遊紀略二卷　(清)高廷瑤撰　清光緒九年(1883)資中官廨刻資州官舍修版印本　二冊

110000－0143－0012227　PG279/10

宦遊紀略二卷　(清)高廷瑤撰　清光緒九年(1883)資中官廨刻十二年(1886)資州官舍修版長孫高培穀印本　二冊

110000－0143－0012228　PG279/10

宦遊紀略纂要二卷　(清)劉藻纂　清光緒十二年(1886)貴筑高培穀瀘州官舍刻本　與

110000－0143－0012226 合冊

110000－0143－0012229　PG279/11
日下尊聞錄五卷　（清）□□撰　清光緒十七年（1891）上海培花館石印本　二冊

110000－0143－0012230　PG279/14
嶺西公牘彙存十一卷　（清）方濬師撰　清光緒四年（1878）定遠方氏刻五年（1879）續刻本　十冊

110000－0143－0012231　PG279/15
陸清獻公莅嘉遺蹟三卷　（清）黄維玉編輯　清同治六年（1867）上海道署刻本　一冊

110000－0143－0012232　PG279/15
陸清獻公莅嘉遺蹟三卷　（清）黄維玉編輯　清同治六年（1867）上海道署刻本　一冊

110000－0143－0012233　PG279/16
撫吴公牘五十卷　（清）丁日昌原本　（清）沈葆楨評選　清光緒三年（1877）林達泉鉛印本　六冊

110000－0143－0012234　PG279/16
撫吴公牘五十卷　（清）丁日昌原本　（清）沈葆楨評選　清光緒三年（1877）林達泉鉛印本　六冊

110000－0143－0012235　PG279/17
枝江公牘不分卷　（清）金慶慈撰　清光緒三十四年（1908）北洋官報局鉛印本　一冊

110000－0143－0012236　PG279/19
雲南諮議局籌辦處報告書不分卷　（清）雲南諮議局籌辦處編　清宣統元年（1909）雲南諮議局籌辦處鉛印本　一冊　存一冊（一）

110000－0143－0012237　PG279/23
後守寶錄二十卷　（清）魁聯撰　清咸豐刻本　五冊

110000－0143－0012238　PG279/24
秀山公牘五卷　吴光耀撰　清光緒二十九年（1903）刻本　四冊

110000－0143－0012239　PG279/24
秀山公牘五卷　吴光耀撰　清光緒二十九年（1903）刻本　二冊

110000－0143－0012240　PG279/25
四川諮議局籌辦處第一次報告書不分卷　清末成都印書公司鉛印本　一冊

110000－0143－0012241　PG279/29
庸吏庸言二卷庸吏餘談一卷　（清）劉衡撰　清同治七年（1868）刻本　一冊

110000－0143－0012242　PG279/29
庸吏庸言二卷庸吏餘談一卷　（清）劉衡撰　清道光十一年（1831）京都琉璃廠榮錄堂刻本　二冊

110000－0143－0012243　PG279/33
湖北調查局公牘初輯不分卷　（清）湖北調查局編輯　清宣統元年（1909）鉛印本　一冊

110000－0143－0012244　PG279/39
頤情館聞過集十二卷　（清）宗源瀚撰　清光緒二年至三年（1876－1877）宗氏嚴州刻本　八冊

110000－0143－0012245　PG279/40
天津府自治局文件錄要初編不分卷二編不分卷　（清）天津府自治局編輯　清光緒三十二年至三十三年（1906－1907）鉛印本　二冊

110000－0143－0012246　PG279/45
敬簡堂學治雜錄四卷讀律心得一卷求治管見合刻一卷　（清）戴傑撰　清光緒十六年（1890）戴傑刻本　六冊

110000－0143－0012247　PG279/47
西江觀政錄不分卷　（清）彭壽山撰　清道光二十年（1840）刻本　二冊

110000－0143－0012248　PG279/48
鄉守輯要合鈔十卷　（清）許乃釗編　清末令貽堂刻本　二冊

110000－0143－0012249　PG279/49
宦海指南五種　（清）許乃普輯　清咸豐九年（1859）刻本　六冊

110000－0143－0012250　PG279/50
從政錄不分卷　（清）周際華彙存　清咸豐八

年(1858)家蔭堂刻本　一册

110000－0143－0012251　PG279/51

道光刑部檔不分卷　(清)刑部編　清末抄本　一册

110000－0143－0012252　PG279/52

吏治指南二十一卷　(清)張五緯著　清嘉慶十二年(1807)刻本　六册　存十一卷(未能信錄三卷、附勸溺女規條一卷、風行錄五卷、風行錄續集二卷)

110000－0143－0012253　PG279/57

合肥李勤恪公政書十卷首一卷　(清)李瀚章撰　清光緒三十二年(1906)石印本　十册

110000－0143－0012254　PG279/57

合肥李勤恪公政書十卷首一卷　(清)李瀚章撰　清光緒三十二年(1906)石印本　十册

110000－0143－0012255　PG279/57

合肥李勤恪公政書十卷首一卷　(清)李瀚章撰　清光緒三十二年(1906)石印本　十册

110000－0143－0012256　PG279/57

合肥李勤恪公政書十卷首一卷　(清)李瀚章撰　清光緒三十二年(1906)石印本　十册

110000－0143－0012257　PG279/57

合肥李勤恪公政書十卷首一卷　(清)李瀚章撰　清光緒三十二年(1906)石印本　十册

110000－0143－0012258　PG279/60

庚辛泣杭錄十六卷　(清)丁丙輯　清光緒二十一年(1895)錢塘丁氏刻本　六册

110000－0143－0012259　PG279/61

昭陽從政錄不分卷　(清)俞麟年撰　清同治十年(1871)刻本　一册

110000－0143－0012260　PG279/62

銅陵江壩錄不分卷　(清)陸樹臣輯　清光緒十四年(1888)同仁局刻本　一册

110000－0143－0012261　PG279/64

重建豐濟倉圖案不分卷　(清)許佐廷輯　清光緒八年(1882)刻本　一册

110000－0143－0012262　PG279/64

重建豐濟倉圖案不分卷　(清)許佐廷輯　清光緒八年(1882)刻本　一册

110000－0143－0012263　PG279/68

長隨須知不分卷　(清)□□撰　清光緒十年(1884)李厚齋抄本　一册

110000－0143－0012264　PG279/70

中國現勢論四篇　(法國)愛姆士原著　(清)出洋學生編輯所編譯　清光緒二十七年(1901)味經官書局鉛印本　二册　存二篇(一、三)

110000－0143－0012265　PG279/72

成規足式不分卷　(清)□□輯　清同治至宣統抄本　一册

110000－0143－0012266　PG279/72

刑部說帖不分卷　(清)□□輯　清同治至宣統抄本　一册

110000－0143－0012267　PG279/72

刑案不分卷　(清)□□輯　清同治至宣統抄本　四册

110000－0143－0012268　PG279/72

例義不分卷　(清)□□輯　清同治至宣統抄本　一册

110000－0143－0012269　PG279/72

洋務綱領不分卷　(清)□□輯　清光緒至宣統抄本　一册

110000－0143－0012270　PG279/72

洋務雜鈔不分卷　(清)□□輯　清同治五年至宣統三年(1866－1911)抄本　二册

110000－0143－0012271　PG279/72

聽訓齋語二卷附恒産瑣言一卷　(清)張英撰　清光緒至宣統抄本　一册

110000－0143－0012272　PG279/72

讀禮叢鈔不分卷　(清)□□輯　清光緒至宣統抄本　一册

110000－0143－0012273　PG279/72

劫餘雜抄不分卷　(清)□□輯　清道光二十

三年至宣統三年(1843－1911)抄本　一册

110000－0143－0012274　PG279/73
從善堂先後成案二卷　(清)□□輯　清光緒十三年(1887)刻本　二册

110000－0143－0012275　PG279/81
孫文節公遺稿四卷　(清)孫銘恩撰　清咸豐七年(1857)孫登瀛刻本　二册

110000－0143－0012276　PG279/81
孫文節公遺稿四卷　(清)孫銘恩撰　清咸豐七年(1857)孫登瀛刻本　一册　存二卷(一至二)

110000－0143－0012277　PG279/82
問心齋學治雜錄二卷問心齋學治續錄四卷　(清)張聯桂撰　清光緒十一年(1885)刻本　四册　缺二卷(問心齋學治雜錄二卷)

110000－0143－0012278　PG279/82
問心齋學治雜錄二卷問心齋學治續錄四卷　(清)張聯桂撰　清光緒十一年(1885)刻本　六册

110000－0143－0012279　PG279/84
大姚任公事稟啓稿不分卷　(清)□□撰　清道光稿本　三册

110000－0143－0012280　PG279/87
寄蝸殘贅十六卷　(清)汪堃纂　清同治十一年(1872)不愳無悶齋刻本　八册

110000－0143－0012281　PG279/89
摭言十五卷　(五代)王定保撰　清乾隆二十一年(1756)雅雨堂刻本　二册

110000－0143－0012282　PG279/89－1
唐摭言十五卷　(五代)王定保撰　清乾隆二十一年(1756)盧見曾雅雨堂刻本　三册

110000－0143－0012283　PG279/89－1
摭言十五卷　(五代)王定保撰　清乾隆五十四年(1789)東里抄本　二册

110000－0143－0012284　PG279/92
五美錄不分卷　(清)楊溯洢撰　(清)黄誠祈續修　清光緒二十六年(1900)經正書院木活字印本　三册

110000－0143－0012285　PG279/92
五美錄不分卷　(清)楊溯洢撰　(清)黄誠祈續修　清光緒二十六年(1900)經正書院木活字印本　三册

110000－0143－0012286　PG279/96
海甯州城鄉約所徵信錄不分卷　(清)徐炳琮編訂　清光緒刻本　一册

110000－0143－0012287　PG279/97
覆瓿叢談二卷　(清)吳曾英著　清光緒十二年(1886)繆朝荃刻本　一册

110000－0143－0012288　PG279/100
彊恕齋公牘不分卷　(清)惲祖翼撰　清光緒二十年(1894)刻本　一册

110000－0143－0012289　PG279/101
稟稿抄不分卷　(清)福安等撰　清同治十一年至宣統三年(1872－1911)抄本　一册

110000－0143－0012290　PG279/107
出山草譜四卷　(清)湯肇熙著　清光緒十年至十一年(1884－1885)昆陽縣署刻本　二册

110000－0143－0012291　PG279/108
張文襄幕府紀聞二卷　辜鴻銘撰　清宣統二年(1910)鉛印本　二册

110000－0143－0012292　PG279/108
張文襄幕府紀聞二卷　辜鴻銘撰　清宣統二年(1910)鉛印本　二册

110000－0143－0012293　PG279/110
思補齋筆記八卷　(清)潘世恩撰　清末吳縣潘氏刻本　二册

110000－0143－0012294　PG279/111
象邑公田總簿二卷　(清)倪勱編　清道光七年(1827)尊經閣刻本　一册

110000－0143－0012295　PG279/115
籌蜀篇二卷　(清)黄英著　清光緒二十七年至二十八年(1901－1902)滎縣旭川書院刻本　二册

110000－0143－0012296　PG279/116
學仕錄十六卷　(清)戴肇辰輯　清同治六年(1867)刻本　八册

110000－0143－0012297　PG279/120
奧國白洛槍筒廠新製堅鋼槍筒不分卷　錢錫霖等編纂　清光緒鉛印本　一册

110000－0143－0012298　PG279/121
籌華芻言不分卷　(美國)李佳白著　清光緒三十年(1904)上海商務印書館鉛印本　一册

110000－0143－0012299　PG279/122
學仕錄十六卷　(清)戴肇辰輯　清同治六年(1867)丹徒戴氏刻本　八册

110000－0143－0012300　PG28/1
詞林典故八卷　(清)張廷玉等撰　清刻本　十册

110000－0143－0012301　PG28/3
在官法戒錄四卷　(清)陳弘謀編輯　清光緒二十一年(1895)浙江書局刻本　二册

110000－0143－0012302　PG28/3－1
在官法戒錄四卷　(清)陳弘謀編輯　清刻本　二册

110000－0143－0012303　PG28/3－2
在官法戒錄摘鈔四卷　(清)陳弘謀編輯　清同治七年(1868)楚北崇文書局刻本　二册

110000－0143－0012304　PG28/4
皇朝詞林典故六十四卷首一卷　(清)朱珪等纂　清嘉慶十年(1805)刻本　二十一册　存四十八卷(一至四十八)

110000－0143－0012305　PG28/4－1
皇朝詞林典故六十四卷首一卷　(清)朱珪等纂　清嘉慶十年(1805)刻本　三十四册

110000－0143－0012306　PG28/4－2
皇朝詞林典故六十四卷首一卷　(清)朱珪等纂　清宣統元年(1909)石印本　三十四册

110000－0143－0012307　PG28/4－2
皇朝詞林典故六十四卷首一卷　(清)朱珪等纂　清宣統元年(1909)石印本　三十四册

110000－0143－0012308　PG28/4－2
皇朝詞林典故六十四卷首一卷　(清)朱珪等纂　清宣統元年(1909)石印本　三十四册

110000－0143－0012309　PG28/4－3
皇朝詞林典故六十四卷首一卷　(清)朱珪等纂　清嘉慶十年(1805)刻本　二十四册

110000－0143－0012310　PG28/5
牧令書二十三卷末一卷保甲書四卷　(清)徐棟輯　清道光二十八年(1848)興國李煒刻本　二十一册

110000－0143－0012311　PG28/5
牧令書二十三卷末一卷保甲書四卷　(清)徐棟輯　清道光二十八年(1848)刻本　二十一册

110000－0143－0012312　PG28/5
牧令書二十三卷末一卷保甲書四卷　(清)徐棟輯　清道光二十八年(1848)興國李煒刻本　二十册　缺一卷(十七)

110000－0143－0012313　PG28/9
歷代職官表七十二卷首一卷　(清)永瑢總裁　(清)紀昀等纂　清光緒二十二年(1896)廣雅書局刻本　二十四册

110000－0143－0012314　PG28/9－1
歷代職官表六卷　(清)紀昀等纂　(清)黄本驥舊校　(清)王廷學重校　清光緒八年(1882)上海王氏刻本　三册

110000－0143－0012315　PG28/9－2
歷代職官表七十二卷首一卷　(清)永瑢總裁　(清)紀昀等纂　清光緒二十二年(1896)廣雅書局刻本　二十二册

110000－0143－0012316　PG28/9－2
歷代職官表七十二卷首一卷　(清)永瑢總裁　(清)紀昀等纂　清光緒二十二年(1896)廣雅書局刻本　二十二册

110000－0143－0012317　PG28/9－3
歷代職官表七十二卷首一卷　(清)永瑢總裁　(清)紀昀等纂　清光緒二十二年(1896)廣

雅書局刻本　二十四冊

110000－0143－0012318　PG28/9－5
歷代職官表六卷　（清）紀昀等纂　（清）黄本驥校　清道光二十六年（1846）三長物齋刻本　三冊

110000－0143－0012319　PG28/10
官銜名目一卷銜署名目一卷摺奏成語一卷公文成語一卷　（清）□□編　清光緒十五年（1889）京都琉璃廠名德堂刻本　四冊

110000－0143－0012320　PG28/10
官銜名目一卷銜署名目一卷摺奏成語一卷公文成語一卷　（清）□□編　清光緒十七年（1891）京都琉璃廠名德堂刻本　四冊

110000－0143－0012321　PG28/11
爵秩全覽（光緒丙午夏季）不分卷　（清）吏部編　清光緒三十二年（1906）刻本　四冊

110000－0143－0012322　PG28/11
新增爵秩全覽（光緒丙午夏季）不分卷　（清）吏部編　清光緒三十二年（1906）刻本　二冊

110000－0143－0012323　PG28/11
新增爵秩全覽（光緒庚子春季）不分卷　（清）吏部編　清光緒二十六年（1900）刻本　二冊

110000－0143－0012324　PG28/11
新增爵秩全覽（光緒丁酉秋季）不分卷　（清）吏部編　清光緒二十三年（1897）刻本　二冊

110000－0143－0012325　PG28/11
新增爵秩全覽（光緒丁酉春季）不分卷　（清）吏部編　清光緒二十三年（1897）刻本　二冊

110000－0143－0012326　PG28/12
爵秩全覽（光緒丁酉秋季）不分卷　（清）吏部編　清光緒二十三年（1897）刻本　二冊

110000－0143－0012327　PG28/12
爵秩全覽（光緒丙午冬季）不分卷　（清）吏部編　清光緒三十二年（1906）刻本　二冊

110000－0143－0012328　PG28/12
爵秩全覽（光緒丙戌春季）不分卷　（清）吏部編　清光緒十二年（1886）刻本　二冊

110000－0143－0012329　PG28/12
爵秩全覽（光緒乙巳春季）不分卷　（清）吏部編　清光緒三十一年（1905）刻本　二冊

110000－0143－0012330　PG28/12
爵秩全覽（光緒庚寅春季）不分卷　（清）吏部編　清光緒十六年（1890）刻本　二冊

110000－0143－0012331　PG28/12
爵秩全覽（光緒乙巳冬季）不分卷　（清）吏部編　清光緒三十一年（1905）刻本　二冊

110000－0143－0012332　PG28/12
爵秩全覽（光緒辛丑冬季）不分卷　（清）吏部編　清光緒二十七年（1901）刻本　二冊

110000－0143－0012333　PG28/12
爵秩全覽（光緒己丑夏季）不分卷　（清）吏部編　清光緒十五年（1889）刻本　四冊

110000－0143－0012334　PG28/12
爵秩全覽（光緒乙巳秋季）不分卷　（清）吏部編　清光緒三十一年（1905）刻本　四冊

110000－0143－0012335　PG28/12
爵秩全覽（宣統己酉春季）不分卷　（清）吏部編　清宣統元年（1909）刻本　四冊

110000－0143－0012336　PG28/12
爵秩全覽（宣統辛亥夏季）不分卷　（清）吏部編　清宣統三年（1911）刻本　六冊

110000－0143－0012337　PG28/12
爵秩全覽（宣統庚戌秋季）不分卷　（清）吏部編　清宣統二年（1910）刻本　六冊

110000－0143－0012338　PG28/12
爵秩全覽（宣統庚戌冬季）不分卷　（清）吏部編　清宣統二年（1910）刻本　六冊

110000－0143－0012339　PG28/12
大清搢紳全書（光緒壬寅夏季）不分卷　（清）吏部編　清光緒二十八年（1902）榮錄堂刻本　二冊　存二冊（二、四）

110000－0143－0012340　PG28/12
大清搢紳全書（光緒甲午夏季）不分卷　（清）吏部編　清光緒二十年（1894）榮錄堂刻本

三册　存三册(二至四)

110000－0143－0012341　PG28/12

大清搢紳全書(光緒壬午秋季)不分卷　(清)吏部編　清光緒八年(1882)榮錄堂刻本　一册　存一册(四)

110000－0143－0012342　PG28/12－1

大清搢紳全書(光緒丙午冬季)不分卷　(清)吏部編　清光緒三十二年(1906)榮祿堂刻本　一册　存一册(四)

110000－0143－0012343　PG28/12－1

大清搢紳全書(光緒戊申)不分卷　(清)吏部編　清光緒三十四年(1908)榮錄堂刻本　一册　存一册(四川貴州册)

110000－0143－0012344　PG28/12－1

爵秩全函(光緒乙酉夏季)不分卷　(清)吏部編　清光緒十一年(1885)榮錄堂刻本　三册　存三册(直隸福建册、湖北甘肅册、四川貴州册)

110000－0143－0012345　PG28/12－1

爵秩全函(宣統己酉夏季)不分卷　(清)吏部編　清宣統元年(1909)榮錄堂刻本　一册　存一册(一)

110000－0143－0012346　PG28/12－1

憲政最新搢紳全書(宣統辛亥秋季)不分卷　(清)吏部編　清宣統三年(1911)京都榮寶齋刻本　六册

110000－0143－0012347　PG28/12－1

憲政增補最新職官全錄(宣統辛亥)不分卷　(清)吏部編　清宣統三年(1911)京都榮寶齋刻本　一册

110000－0143－0012348　PG28/12－1

爵秩全覽(宣統辛亥夏季)不分卷　(清)吏部編　清宣統三年(1911)刻本　六册

110000－0143－0012349　PG28/12－1

爵秩全覽(宣統辛亥秋季)不分卷　(清)吏部編　清宣統三年(1911)刻本　六册

110000－0143－0012350　PG28/12－1

爵秩全覽(宣統己酉冬季)不分卷　(清)吏部編　清宣統元年(1909)刻本　六册

110000－0143－0012351　PG28/12－1

爵秩全覽(宣統己酉春季)不分卷　(清)吏部編　清宣統元年(1909)刻本　四册

110000－0143－0012352　PG28/12－1

爵秩全覽(光緒癸卯秋季)不分卷　(清)吏部編　清光緒二十九年(1903)刻本　六册

110000－0143－0012353　PG28/12－1

爵秩全覽(光緒乙巳春季)不分卷　(清)吏部編　清光緒三十一年(1905)刻本　六册

110000－0143－0012354　PG28/12－1

爵秩全覽(光緒丁未秋季)不分卷　(清)吏部編　清光緒三十三年(1907)刻本　四册

110000－0143－0012355　PG28/12－1

爵秩全覽(光緒丁未夏季)不分卷　(清)吏部編　清光緒三十三年(1907)京都榮寶齋刻本　四册

110000－0143－0012356　PG28/12－1

大清中樞備覽(光緒丁未夏季)二卷　(清)吏部編　清光緒三十三年(1907)京都榮寶齋刻本　二册

110000－0143－0012357　PG28/12－1

大清最新百官錄(宣統元年秋季)不分卷附增補直省同寅錄　(清)彭汝疇編　清宣統元年(1909)京都琉璃廠刻本　五册

110000－0143－0012358　PG28/12－1

爵秩全覽(光緒戊申夏季)不分卷　(清)吏部編　清光緒三十四年(1908)刻本　六册

110000－0143－0012359　PG28/12－1

爵秩全覽(光緒壬辰春季)不分卷　(清)吏部編　清光緒十八年(1892)刻本　四册

110000－0143－0012360　PG28/12－1

爵秩全覽(光緒己亥春季)不分卷　(清)吏部編　清光緒二十五年(1899)刻本　四册

110000－0143－0012361　PG28/12－1

爵秩全覽(光緒辛卯冬季)不分卷　(清)吏部

編　清光緒十七年(1891)刻本　四冊

110000－0143－0012362　PG28/12－1
爵秩全覽(光緒戊申秋季)不分卷　(清)吏部編　清光緒三十四年(1908)刻本　四冊

110000－0143－0012363　PG28/12－1
爵秩全覽(光緒丙午秋季)不分卷　(清)吏部編　清光緒三十二年(1906)刻本　四冊

110000－0143－0012364　PG28/12－1
爵秩全覽(光緒丙申冬季)不分卷　(清)吏部編　清光緒二十二年(1896)刻本　四冊

110000－0143－0012365　PG28/12－1
爵秩全覽(光緒甲午冬季)不分卷　(清)吏部編　清光緒二十年(1894)刻本　四冊

110000－0143－0012366　PG28/12－1
爵秩全覽(光緒乙巳秋季)不分卷　(清)吏部編　清光緒三十一年(1905)刻本　四冊

110000－0143－0012367　PG28/12－1
爵秩全覽(光緒癸卯夏季)不分卷　(清)吏部編　清光緒二十九年(1903)刻本　四冊

110000－0143－0012368　PG28/12－1
爵秩全覽(光緒甲申秋季)不分卷　(清)吏部編　清光緒十年(1884)刻本　四冊

110000－0143－0012369　PG28/12－1
爵秩全覽(光緒丁未春季)不分卷　(清)吏部編　清光緒三十三年(1907)刻本　六冊

110000－0143－0012370　PG28/12－1
爵秩全函(光緒癸卯冬季)不分卷　(清)吏部編　清光緒二十九年(1903)榮錄堂刻本　六冊

110000－0143－0012371　PG28/12－1
爵秩全函(光緒己丑秋季)不分卷　(清)吏部編　清光緒十五年(1889)榮錄堂刻本　四冊

110000－0143－0012372　PG28/12－1
大清中樞備覽(光緒己丑秋季)不分卷　(清)吏部編　清光緒十五年(1889)榮錄堂刻本　二冊

110000－0143－0012373　PG28/12－1
爵秩全覽(光緒甲辰秋季)不分卷　(清)吏部編　清光緒三十年(1904)刻本　四冊

110000－0143－0012374　PG28/12－1
爵秩全覽(光緒癸卯春季)不分卷　(清)吏部編　清光緒二十九年(1903)刻本　四冊

110000－0143－0012375　PG28/12－1
爵秩全覽(光緒辛卯秋季)不分卷　(清)吏部編　清光緒十七年(1891)刻本　四冊

110000－0143－0012376　PG28/12－1
爵秩全覽(光緒丁未夏季)不分卷新增爵秩全覽(光緒丁未夏季)不分卷　(清)吏部編　清光緒三十三年(1907)刻本　六冊

110000－0143－0012377　PG28/12－1
爵秩全覽(光緒丁未冬季)不分卷　(清)吏部編　清光緒三十三年(1907)刻本　六冊

110000－0143－0012378　PG28/12－1
爵秩全覽(光緒己亥夏季)不分卷新增爵秩全覽(光緒己亥夏季)不分卷　(清)吏部編　清光緒二十五年(1899)刻本　六冊

110000－0143－0012379　PG28/12－1
爵秩全覽(光緒丁未秋季)不分卷　(清)吏部編　清光緒三十三年(1907)刻本　四冊

110000－0143－0012380　PG28/12－1
爵秩全覽(光緒丙午夏季)不分卷新增爵秩全覽(光緒丙午夏季)不分卷　(清)吏部編　清光緒三十二年(1906)刻本　六冊

110000－0143－0012381　PG28/12－1
爵秩全函(光緒丙申冬季)不分卷　(清)吏部編　清光緒二十二年(1896)榮錄堂刻本　四冊

110000－0143－0012382　PG28/12－1
爵秩全函(光緒癸巳夏季)不分卷　(清)吏部編　清光緒十九年(1893)榮錄堂刻本　四冊

110000－0143－0012383　PG28/12－1
爵秩全函(光緒辛卯夏季)不分卷　(清)吏部編　清光緒十七年(1891)榮錄堂刻本　四冊

110000－0143－0012384　PG28/12－1
大清縉紳全書(宣統己酉秋季)不分卷　(清)吏部編　清宣統元年(1909)榮録堂刻本　四冊

110000－0143－0012385　PG28/12－1
爵秩全覽(宣統庚戌夏季)不分卷　(清)吏部編　清宣統二年(1910)榮録堂刻本　四冊

110000－0143－0012386　PG28/12－1
爵秩全覽(光緒壬寅冬季)不分卷　(清)吏部編　清光緒二十八年(1902)京都榮寶齋刻本　六冊

110000－0143－0012387　PG28/12－1
爵秩全覽(宣統己酉春季)不分卷　(清)吏部編　清宣統元年(1909)刻本　四冊

110000－0143－0012388　PG28/12－1
爵秩全覽(光緒己卯秋季)不分卷　(清)吏部編　清光緒五年(1879)刻本　四冊

110000－0143－0012389　PG28/12－1
爵秩全覽(宣統辛亥春季)不分卷　(清)吏部編　清宣統三年(1911)刻本　六冊

110000－0143－0012390　PG28/12－1
爵秩全函(光緒戊申冬季)不分卷　(清)吏部編　清光緒三十四年(1908)榮録堂刻本　四冊

110000－0143－0012391　PG28/12－1
大清搢紳全書(光緒丁酉冬季)不分卷　(清)吏部編　清光緒二十三年(1897)松竹齋、榮寶齋刻本　六冊

110000－0143－0012392　PG28/12－1
新增大清搢紳全書(光緒丁酉冬季)二卷　(清)吏部編　清光緒二十三年(1897)松竹齋、榮寶齋刻本　二冊

110000－0143－0012393　PG28/12－1
大清搢紳全書(光緒庚子春季)不分卷　(清)吏部編　清光緒二十六年(1900)榮録堂刻本　六冊

110000－0143－0012394　PG28/12－1
大清搢紳全書(光緒庚寅秋季)不分卷　(清)吏部編　清光緒十六年(1890)榮祿堂刻本　四冊

110000－0143－0012395　PG28/12－1
大清搢紳全書(光緒庚寅夏季)不分卷　(清)吏部編　清光緒十六年(1890)京都榮録堂刻本　五冊

110000－0143－0012396　PG28/12－1
大清搢紳全書(光緒乙未秋季)不分卷　(清)吏部編　清光緒二十一年(1895)松竹齋、榮寶齋刻本　四冊

110000－0143－0012397　PG28/12－1
大清中樞備覽(光緒乙未秋季)二卷　(清)吏部編　清光緒二十一年(1895)松竹齋、榮寶齋刻本　二冊

110000－0143－0012398　PG28/12－1
大清搢紳全書(光緒癸未冬季)不分卷　(清)吏部編　清光緒九年(1883)刻本　四冊

110000－0143－0012399　PG28/12－1
大清搢紳全書(光緒癸巳夏季)不分卷　(清)吏部編　清光緒十九年(1893)松竹齋刻本　四冊

110000－0143－0012400　PG28/12－1
大清搢紳全書(宣統庚戌秋季)不分卷　(清)吏部編　清宣統二年(1910)京都榮寶齋刻本　四冊

110000－0143－0012401　PG28/12－1
大清搢紳全書(光緒庚寅秋季)不分卷　(清)吏部編　清光緒十六年(1890)榮祿堂刻本　三冊

110000－0143－0012402　PG28/12－1
大清搢紳全書(光緒壬辰秋季)不分卷　(清)吏部編　清光緒十八年(1892)榮祿堂刻本　四冊

110000－0143－0012403　PG28/12－1
大清中樞備覽(光緒壬辰秋季)不分卷　(清)吏部編　清光緒十八年(1892)榮祿堂刻本

二册

110000－0143－0012404　PG28/12－1
爵秩全函(光緒戊戌秋季)不分卷　(清)吏部編　清光緒二十四年(1898)榮錄堂刻本　四册

110000－0143－0012405　PG28/12－1
爵秩全函(光緒戊戌秋季)不分卷　(清)吏部編　清光緒二十四年(1898)榮錄堂刻本　二册

110000－0143－0012406　PG28/12－1
大清中樞備覽(光緒癸卯冬季)二卷　(清)吏部編　清光緒二十九年(1903)京都榮寶齋刻本　二册

110000－0143－0012407　PG28/12－1
爵秩全覽(光緒乙巳冬季)不分卷　(清)吏部編　清光緒三十一年(1905)京都榮錄堂刻本　四册

110000－0143－0012408　PG28/12－1
爵秩全覽(光緒乙巳冬季)二卷　(清)吏部編　清光緒三十一年(1905)京都榮錄堂刻本　二册

110000－0143－0012409　PG28/12－1
爵秩全覽(光緒甲辰夏季)不分卷　(清)吏部編　清光緒三十年(1904)京都榮寶齋刻本　四册

110000－0143－0012410　PG28/12－1
爵秩全函(光緒乙巳秋季)不分卷　(清)吏部編　清光緒三十一年(1905)京都琉璃廠榮錄堂刻本　六册

110000－0143－0012411　PG28/12－1
大清搢紳全書(光緒戊戌春季)不分卷　(清)吏部編　清光緒二十四年(1898)京都琉璃廠松竹齋、榮寶齋刻本　四册

110000－0143－0012412　PG28/12－1
新增搢紳全書(光緒戊戌春季)不分卷　(清)吏部編　清光緒二十四年(1898)京都琉璃廠松竹齋、榮寶齋刻本　二册

110000－0143－0012413　PG28/12－1
大清搢紳全書(光緒乙巳夏季)不分卷　(清)吏部編　清光緒三十一年(1905)京都琉璃廠榮寶齋刻本　四册

110000－0143－0012414　PG28/12－1
大清中樞備覽(光緒乙巳夏季)二卷　(清)吏部編　清光緒三十一年(1905)京都琉璃廠榮寶齋刻本　二册

110000－0143－0012415　PG28/12－1
大清搢紳全書(宣統己酉春季)不分卷　(清)吏部編　清宣統元年(1909)京都琉璃廠榮錄堂刻本　四册

110000－0143－0012416　PG28/12－1
大清搢紳全書(宣統己酉秋季)不分卷　(清)吏部編　清宣統元年(1909)京都琉璃廠榮錄堂刻本　四册

110000－0143－0012417　PG28/12－1
大清搢紳全書(光緒己亥夏季)不分卷　(清)吏部編　清光緒二十五年(1899)京都榮錄堂刻本　四册

110000－0143－0012418　PG28/12－1
大清中樞備覽(光緒己亥夏季)二卷　(清)吏部編　清光緒二十五年(1899)京都榮錄堂刻本　二册

110000－0143－0012419　PG28/12－1
大清搢紳全書(光緒己亥秋季)不分卷　(清)吏部編　清光緒二十五年(1899)京都榮錄堂刻本　四册

110000－0143－0012420　PG28/12－1
大清中樞備覽(光緒己亥秋季)二卷　(清)吏部編　清光緒二十五年(1899)京都榮錄堂刻本　二册

110000－0143－0012421　PG28/12－1
大清搢紳全書(光緒己亥夏季)不分卷　(清)吏部編　清光緒二十五年(1899)京都榮錄堂刻本　四册

110000－0143－0012422　PG28/12－1

大清中樞備覽(光緒己亥夏季)二卷　(清)吏部編　清光緒二十五年(1899)京都榮錄堂刻本　二冊

110000－0143－0012423　PG28/12－1
大清搢紳全書(光緒己亥春季)不分卷　(清)吏部編　清光緒二十五年(1899)京都榮錄堂刻本　四冊

110000－0143－0012424　PG28/12－1
大清中樞備覽(光緒己亥春季)二卷　(清)吏部編　清光緒二十五年(1899)京都榮錄堂刻本　二冊

110000－0143－0012425　PG28/12－1
大清搢紳全書(光緒辛卯秋季)不分卷　(清)吏部編　清光緒十七年(1891)京都榮錄堂刻本　四冊

110000－0143－0012426　PG28/12－1
大清中樞備覽(光緒辛卯秋季)不分卷　(清)吏部編　清光緒十七年(1891)京都榮錄堂刻本　二冊

110000－0143－0012427　PG28/12－1
大清搢紳全書(光緒乙巳春季)不分卷　(清)吏部編　清光緒三十一年(1905)京都榮錄堂刻本　四冊

110000－0143－0012428　PG28/12－1
大清中樞備覽(光緒乙巳春季)二卷　(清)吏部編　清光緒三十一年(1905)京都榮錄堂刻本　二冊

110000－0143－0012429　PG28/12－1
大清搢紳全書(光緒乙巳冬季)不分卷　(清)吏部編　清光緒三十一年(1905)京都榮錄堂刻本　四冊

110000－0143－0012430　PG28/12－1
大清中樞備覽(光緒乙巳冬季)二卷　(清)吏部編　清光緒三十一年(1905)京都榮錄堂刻本　二冊

110000－0143－0012431　PG28/12－1
大清搢紳全書(光緒乙酉夏季)不分卷　(清)吏部編　清光緒十一年(1885)寶善堂刻本　四冊

110000－0143－0012432　PG28/12－1
大清搢紳全書(光緒丁酉夏季)不分卷　(清)吏部編　清光緒二十三年(1897)松竹齋、榮寶齋刻本　四冊

110000－0143－0012433　PG28/12－1
大清中樞備覽(光緒丁酉夏季)二卷　(清)吏部編　清光緒二十三年(1897)松竹齋、榮寶齋刻本　二冊

110000－0143－0012434　PG28/12－1
新增搢紳全書(光緒丁酉夏季)二卷　(清)吏部編　清光緒二十三年(1897)松竹齋、榮寶齋刻本　二冊

110000－0143－0012435　PG28/12－1
大清搢紳全書(光緒戊戌秋季)不分卷　(清)吏部編　清光緒二十四年(1898)京都榮寶齋刻本　四冊

110000－0143－0012436　PG28/12－1
大清中樞備覽(光緒戊戌秋季)二卷　(清)吏部編　清光緒二十四年(1898)京都榮寶齋刻本　二冊

110000－0143－0012437　PG28/12－1
新增搢紳全書(光緒戊戌秋季)二卷　(清)吏部編　清光緒二十四年(1898)京都榮寶齋刻本　二冊

110000－0143－0012438　PG28/12－1
大清中樞備覽(光緒庚寅夏季)不分卷　(清)吏部編　清光緒十六年(1890)京都榮錄堂刻本　二冊

110000－0143－0012439　PG28/12－1
爵秩全覽(宣統辛亥夏季)不分卷　(清)吏部編　清宣統三年(1911)刻本　六冊

110000－0143－0012440　PG28/12－1
爵秩全覽(宣統庚戌秋季)不分卷　(清)吏部編　清宣統二年(1910)刻本　六冊

110000－0143－0012441　PG28/12－1

爵秩全覽(宣統庚戌冬季)不分卷 (清)吏部編　清宣統二年(1910)刻本　六冊

110000－0143－0012442　PG28/12－1
爵秩全覽(宣統己酉春季)不分卷 (清)吏部編　清宣統元年(1909)刻本　四冊

110000－0143－0012443　PG28/12－1
爵秩全覽(光緒甲午春季)不分卷 (清)吏部編　清光緒二十年(1894)刻本　四冊

110000－0143－0012444　PG28/12－1
爵秩全覽(光緒丙午秋季)不分卷 (清)吏部編　清光緒三十二年(1906)刻本　四冊

110000－0143－0012445　PG28/12－1
大清搢紳全書(光緒辛卯冬季)不分卷 (清)吏部編　清光緒十七年(1891)北京榮錄堂刻本　四冊

110000－0143－0012446　PG28/12－1
大清搢紳全書(光緒戊戌夏季)不分卷 (清)吏部編　清光緒二十四年(1898)北京榮祿堂刻本　八冊

110000－0143－0012447　PG28/12－1
大清搢紳全書(光緒癸卯冬季)不分卷 (清)吏部編　清光緒二十九年(1903)北京榮寶齋刻本　四冊

110000－0143－0012448　PG28/12－1
大清中樞備覽(光緒癸卯冬季)不分卷 (清)吏部編　清光緒二十九年(1903)北京榮寶齋刻本　二冊

110000－0143－0012449　PG28/12－1
大清搢紳全書(光緒甲辰夏季)不分卷 (清)吏部編　清光緒三十年(1904)京都榮寶齋刻本　六冊

110000－0143－0012450　PG28/12－1
大清搢紳全書(宣統庚戌夏季)不分卷 (清)吏部編　清宣統二年(1910)京都榮錄堂刻本　四冊

110000－0143－0012451　PG28/12－1
大清搢紳全書(光緒戊子秋季)不分卷 (清)吏部編　清光緒十四年(1888)刻本　三冊

110000－0143－0012452　PG28/12－1
爵秩全函(光緒甲辰冬季)不分卷 (清)吏部編　清光緒三十年(1904)京都榮錄堂刻本　四冊

110000－0143－0012453　PG28/12－1
爵秩全函(光緒甲申春季)不分卷 (清)吏部編　清光緒十年(1884)京都榮錄堂刻本　四冊

110000－0143－0012454　PG28/12－1
憲政最新搢紳全書(宣統辛亥秋季)不分卷 (清)吏部編　清宣統三年(1911)京都榮寶齋刻本　五冊

110000－0143－0012455　PG28/12－1
大清搢紳全書(光緒丙午春季)不分卷 (清)吏部編　清光緒三十二年(1906)京都榮祿堂刻本　六冊

110000－0143－0012456　PG28/12－1
大清搢紳全書(宣統庚戌春季)不分卷 (清)吏部編　清宣統二年(1910)京都榮錄堂刻本　四冊

110000－0143－0012457　PG28/12－1
大清搢紳全書(光緒丙午春季)不分卷 (清)吏部編　清光緒三十二年(1906)京都榮寶齋刻本　六冊

110000－0143－0012458　PG28/12－1
大清最新百官錄(宣統己酉春季)不分卷 (清)彭汝疇編　清宣統元年(1909)京都琉璃廠槐蔭山房刻本　五冊

110000－0143－0012459　PG28/12－1
大清搢紳全書(光緒己亥冬季)不分卷 (清)吏部編　清光緒二十五年(1899)京都榮錄堂刻本　六冊

110000－0143－0012460　PG28/12－1
大清搢紳全書(光緒壬寅春季)不分卷 (清)吏部編　清光緒二十八年(1902)京都榮錄堂刻本　六冊

110000－0143－0012461　PG28/12－1
大清搢紳全書(光緒庚子夏季)不分卷　(清)吏部編　清光緒二十六年(1900)京都榮錄堂刻本　六冊

110000－0143－0012462　PG28/12－1
大清搢紳全書(光緒壬辰春季)不分卷　(清)吏部編　清光緒十八年(1892)京都榮錄堂刻本　四冊

110000－0143－0012463　PG28/12－1
大清搢紳全書(光緒壬午秋季)不分卷　(清)吏部編　清光緒八年(1882)京都榮錄堂刻本　三冊　存三冊(一至三)

110000－0143－0012464　PG28/12－1
大清搢紳全書(光緒癸巳秋季)不分卷　(清)吏部編　清光緒十九年(1893)京都松竹齋刻本　四冊

110000－0143－0012465　PG28/12－1
憲政最新搢紳全書(宣統辛亥秋季)不分卷　(清)吏部編　清宣統三年(1911)京都榮寶齋刻本　五冊

110000－0143－0012466　PG28/12－1
大清搢紳全書(光緒癸卯)不分卷　(清)吏部編　清光緒二十九年(1903)榮錄堂刻本　四冊

110000－0143－0012467　PG28/12－1
大清搢紳全書(光緒癸卯秋季)不分卷　(清)吏部編　清光緒二十九年(1903)京都榮錄堂刻本　四冊

110000－0143－0012468　PG28/12－1
大清中樞備覽(光緒癸卯秋季)不分卷　(清)吏部編　清光緒二十九年(1903)京都榮錄堂刻本　二冊

110000－0143－0012469　PG28/12－1
大清搢紳全書(宣統辛亥秋季)不分卷　(清)吏部編　清宣統三年(1911)京都榮錄堂刻本　五冊

110000－0143－0012470　PG28/12－1
大清搢紳全書(光緒甲辰冬季)不分卷　(清)吏部編　清光緒三十年(1904)京都榮寶齋刻本　四冊

110000－0143－0012471　PG28/12－1
大清中樞備覽(光緒甲辰冬季)不分卷　(清)吏部編　清光緒三十年(1904)京都榮寶齋刻本　二冊

110000－0143－0012472　PG28/12－1
大清搢紳全書(光緒丁未秋季)不分卷　(清)吏部編　清光緒三十三年(1907)榮錄堂刻本　四冊

110000－0143－0012473　PG28/12－1
大清中樞備覽(光緒丁未秋季)不分卷　(清)吏部編　清光緒三十三年(1907)榮錄堂刻本　二冊

110000－0143－0012474　PG28/12－2
大清搢紳全書(同治戊辰)不分卷　(清)吏部編　清同治七年(1868)榮晉齋刻本　四冊

110000－0143－0012475　PG28/12－2
大清搢紳全書(光緒辛卯)不分卷　(清)吏部編　清光緒十七年(1891)榮錄堂刻本　一冊　存一冊(一)

110000－0143－0012476　PG28/12－2
大清搢紳全書(光緒壬辰)不分卷　(清)吏部編　清光緒十八年(1892)來鹿堂刻本　一冊　存一冊(四川貴州冊)

110000－0143－0012477　PG28/12－2
大清中樞備覽(光緒辛卯)不分卷　(清)吏部編　清光緒十七年(1891)榮錄堂刻本　二冊

110000－0143－0012478　PG28/13
牧令書輯要十卷　(清)徐棟原編　(清)丁日昌重編　清同治八年(1869)湖北崇文書局刻本　十冊

110000－0143－0012479　PG28/13
牧令書輯要十卷　(清)徐棟原編　(清)丁日昌選評　清同治七年(1868)江蘇書局刻本　十冊

110000－0143－0012480　PG28/13
牧令書輯要十卷　（清）徐棟原編　（清）丁日昌重編　清同治八年（1869）湖北崇文書局刻本　十冊

110000－0143－0012481　PG28/13－1
牧令書輯要十卷　（清）徐棟原編　（清）丁日昌重編　清同治八年（1869）湖北崇文書局刻本　十冊

110000－0143－0012482　PG28/13－2
牧令全書四種　（清）徐棟原編　（清）丁日昌選評　清同治十二年（1873）羊城書局刻本　十四冊

110000－0143－0012483　PG28/17
大清搢紳全書（光緒辛卯冬季）不分卷　（清）吏部編　清光緒十七年（1891）京都榮錄堂刻本　四冊

110000－0143－0012484　PG28/17
大清搢紳全書（光緒丁未春季）不分卷　（清）吏部編　清光緒三十三年（1907）京都榮錄堂刻本　四冊

110000－0143－0012485　PG28/17
大清搢紳全書（光緒丙午冬季）不分卷　（清）吏部編　清光緒三十二年（1906）京都榮祿堂刻本　四冊

110000－0143－0012486　PG28/17
大清搢紳全書（道光戊申夏季）不分卷　（清）吏部編　清道光二十八年（1848）京都榮祿堂刻本　四冊

110000－0143－0012487　PG28/17
大清搢紳全書（光緒癸卯春季）不分卷　（清）吏部編　清光緒二十九年（1903）京都榮祿堂刻本　六冊

110000－0143－0012488　PG28/17
大清搢紳全書（光緒癸卯冬季）不分卷　（清）吏部編　清光緒二十九年（1903）京都榮寶齋刻本　六冊

110000－0143－0012489　PG28/17
大清搢紳全書（光緒癸卯冬季）不分卷　（清）吏部編　清光緒二十九年（1903）京都榮寶齋刻本　六冊

110000－0143－0012490　PG28/17
大清搢紳全書（光緒丙午秋季）不分卷　（清）吏部編　清光緒三十二年（1906）京都榮寶齋刻本　四冊

110000－0143－0012491　PG28/17
大清搢紳全書（光緒乙巳冬季）不分卷　（清）吏部編　清光緒三十一年（1905）京都榮錄堂刻本　六冊

110000－0143－0012492　PG28/17
大清最新搢紳錄（光緒戊申冬季）不分卷　（清）吏部編　清宣統元年（1909）京都榮祿堂刻本　四冊

110000－0143－0012493　PG28/17
大清最新搢紳錄（光緒戊申秋季）不分卷　（清）吏部編　清光緒三十四年（1908）京都榮祿堂刻本　四冊

110000－0143－0012494　PG28/17
大清搢紳全書（光緒丙戌秋季）不分卷　（清）吏部編　清光緒十二年（1886）京都榮陞堂刻本　四冊

110000－0143－0012495　PG28/17
大清搢紳全書（宣統辛亥夏季）不分卷　（清）吏部編　清宣統三年（1911）京都榮錄堂刻本　五冊

110000－0143－0012496　PG28/17
大清最新搢紳全書（宣統庚戌冬季）不分卷　（清）吏部編　清宣統二年（1910）京都榮祿堂刻本　四冊

110000－0143－0012497　PG28/17
大清搢紳全書（光緒乙巳秋季）不分卷　（清）吏部編　清光緒三十一年（1905）京都榮祿堂刻本　六冊

110000－0143－0012498　PG28/17
大清搢紳全書（光緒甲午夏季）不分卷　（清）

吏部編　清光緒二十年(1894)京都松竹齋、榮寶齋刻本　四冊

110000－0143－0012499　PG28/17
大清搢紳全書(光緒丁未冬季)不分卷　(清)吏部編　清光緒三十三年(1907)京都榮錄堂刻本　六冊

110000－0143－0012500　PG28/17－1
大清搢紳全書(同治庚午夏季)不分卷　(清)吏部編　清同治九年(1870)京都榮錄堂刻本　四冊

110000－0143－0012501　PG28/17－2
大清搢紳全書(光緒庚辰秋季)不分卷　(清)吏部編　清光緒六年(1880)京都寶善堂刻本　四冊

110000－0143－0012502　PG28/17－3
大清搢紳全書(光緒己卯)不分卷　(清)吏部編　清光緒五年(1879)北京斌陞堂刻本　三冊　缺一冊(三)

110000－0143－0012503　PG28/18
憲政最新搢紳全書(宣統庚戌冬季)不分卷　(清)吏部編　清宣統二年(1910)京都榮寶齋刻本　五冊

110000－0143－0012504　PG28/18
憲政最新搢紳全書(宣統庚戌夏季)不分卷　(清)吏部編　清宣統二年(1910)京都榮寶齋刻本　五冊

110000－0143－0012505　PG28/19
欽定吏部銓選漢官品級考四卷　(清)□□輯　清末抄本　四冊

110000－0143－0012506　PG28/21－1
麟臺故事五卷　(宋)程俱撰　**麟臺故事拾遺二卷**　(清)孫星華輯　**附考異一卷**　(清)孫星華撰　清光緒十九年至二十一年(1893－1895)福建布政使司署增補刻本　二冊

110000－0143－0012507　PG28/24
國朝翰詹源流編年二卷國朝館選爵里諡法攷三卷　(清)吳鼎雯撰　清乾隆五十八年(1793)刻本　六冊

110000－0143－0012508　PG28/25
康濟譜二十五卷　(明)潘游龍輯著　(明)金俊明參評　清道光十六年(1836)安康張鵬飛來鹿堂刻本　十二冊

110000－0143－0012509　PG28/25－1
康濟譜二十五卷　(明)潘游龍輯著　(明)金俊明參評　清道光七年(1827)京都琉璃廠刻本　十六冊

110000－0143－0012510　PG28/26
牧令書輯要十卷　(清)徐棟原編　(清)丁日昌選評　清光緒二十二年(1896)上海圖書集成印書局鉛印本　五冊

110000－0143－0012511　PG28/26
保甲書輯要四卷　(清)徐棟原編　(清)丁日昌重校　清光緒二十二年(1896)上海圖書集成印書局鉛印本　一冊

110000－0143－0012512　PG28/26
劉簾舫先生吏治三書六卷　(清)劉衡撰　清光緒二十二年(1896)上海圖書集成印書局鉛印本　一冊

110000－0143－0012513　PG28/26
欽頒州縣事宜不分卷　(清)田文鏡　(清)李衛撰　清光緒二十二年(1896)上海圖書集成印書局鉛印本　一冊

110000－0143－0012514　PG28/26
牧民忠告二卷　(元)張養浩著　清光緒二十二年(1896)上海圖書集成印書局鉛印本　與110000－0143－0012513合冊

110000－0143－0012515　PG28/27
三國職官表三卷　(清)洪飴孫撰　清光緒十七年(1891)廣雅書局刻本　三冊

110000－0143－0012516　PG28/28
增修籌餉事例條款一卷籌餉事例一卷增修現行常例一卷　(清)戶部編　清同治刻本　四冊

110000－0143－0012517　PG28/28

增修籌餉事例條款一卷籌餉事例一卷增修現行常例一卷　(清)戶部編　清同治刻本　四冊

110000-0143-0012518　PG28/28
增修籌餉事例條款一卷籌餉事例一卷增修現行常例一卷　(清)戶部編　清同治刻本　四冊

110000-0143-0012519　PG28/28
增修籌餉事例條款一卷籌餉事例一卷增修現行常例一卷　(清)戶部編　清同治刻本　四冊

110000-0143-0012520　PG28/28
增修籌餉事例條款一卷籌餉事例一卷增修現行常例一卷　(清)戶部編　清同治刻本　四冊

110000-0143-0012521　PG28/29
平平言四卷　(清)方大湜著　清光緒十三年(1887)常德府署刻本　四冊

110000-0143-0012522　PG28/30
張文襄幕府紀聞二卷　辜鴻銘撰　清宣統二年(1910)鉛印本　二冊

110000-0143-0012523　PG28/30
張文襄幕府紀聞二卷　辜鴻銘撰　清宣統二年(1910)鉛印本　二冊

110000-0143-0012524　PG28/30
張文襄幕府紀聞二卷　辜鴻銘撰　清宣統二年(1910)鉛印本　二冊

110000-0143-0012525　PG28/33
後漢郡國令長攷一卷　(清)錢大昭著　清末嘉定錢氏刻本　一冊

110000-0143-0012526　PG28/35
入幕須知五種　(清)張廷驤輯　清光緒十八年(1892)浙江書局刻本　六冊

110000-0143-0012527　PG28/35
入幕須知五種　(清)張廷驤輯　清光緒十八年(1892)浙江書局刻本　一冊　存一種一卷(幕學舉要一卷)

110000-0143-0012528　PG28/36
山公啟事一卷山公佚事一卷　(晉)山濤撰　葉德輝輯　清光緒二十六年(1900)長沙葉氏刻本　一冊

110000-0143-0012529　PG28/37
自歷言不分卷　(清)文海著　清光緒五年(1879)續昌刻本　一冊

110000-0143-0012530　PG28/38
則例圖要便覽四十九卷　(清)石中隱輯　清乾隆四十二年(1777)刻本　八冊

110000-0143-0012531　PG28/39
學治書紳二卷　(清)徐承禮輯　清光緒二十三年(1897)鉛印本　一冊

110000-0143-0012532　PG28/39
學治書紳二卷　(清)徐承禮輯　清光緒二十三年(1897)鉛印本　一冊

110000-0143-0012533　PG28/40
牧令須知六卷　(清)剛毅著　(清)葛上達編訂　清光緒京都剛毅刻本　二冊

110000-0143-0012534　PG28/42
官銜名目一卷銜署名目一卷摺奏成語一卷公文成語一卷　(清)□□編　清光緒十五年(1889)京都隆福寺聚珍堂刻本　四冊

110000-0143-0012535　PG28/45
江蘇同官錄不分卷　(清)許星臺等編纂　清光緒六年(1880)刻本　十二冊

110000-0143-0012536　PG281/2
欽定六部處分則例五十二卷　(清)清平等纂修　清光緒十八年(1892)上海圖書集成印書局鉛印本　八冊

110000-0143-0012537　PG281/2-1
欽定六部處分則例五十二卷　(清)清平等纂修　清光緒三年(1877)金東書行刻本　二十四冊

110000-0143-0012538　PG281/4
欽定吏部銓選滿洲官員品級考四卷欽定吏部銓選滿洲官員則例五卷欽定吏部銓選漢官品

級考四卷欽定吏部銓選漢官則例八卷　(清)陳其璋等纂修　清光緒十二年(1886)刻本　十九冊

110000－0143－0012539　PG281/5
欽定吏部稽勳司則例八卷　(清)吏部撰　清末刻本　四冊

110000－0143－0012540　PG281/7
唐折衝府考四卷附續增　(清)勞經原撰　(清)勞格校補　清光緒二十六年(1900)南陵徐乃昌刻鄦齋叢書本　三冊

110000－0143－0012541　PG281/8
官制雜鈔不分卷　清抄本　一冊

110000－0143－0012542　PG282/1
入幕須知五種　(清)張廷驤輯　清光緒十年(1884)刻本　六冊

110000－0143－0012543　PG282/1
入幕須知五種　(清)張廷驤輯　清光緒十年(1884)刻本　六冊

110000－0143－0012544　PG282/1
入幕須知五種　(清)張廷驤輯　清光緒刻本　三冊　存五卷(學治億說一卷、說贅一卷，辦案要略一卷，刑幕要略一卷，附贅言十則一卷)

110000－0143－0012545　PG282/2
宦海指南五種　(清)許乃普輯　清咸豐九年(1859)刻本　七冊

110000－0143－0012546　PG282/2－1
宦海指南五種　(清)許乃普輯　清光緒十二年(1886)榮録堂刻本　五冊

110000－0143－0012547　PG282/2－1
宦海指南五種　(清)許乃普輯　清咸豐九年(1859)錢唐許氏刻本　七冊

110000－0143－0012548　PG282/2－1
宦海指南五種　(清)許乃普輯　清光緒十二年(1886)榮録堂刻本　五冊

110000－0143－0012549　PG282/3
居官圭臬二卷　(清)沈葆楨編輯　清同治元年(1862)豫章吳氏刻本　二冊

110000－0143－0012550　PG282/8
欽定臺規四十二卷　(清)都察院撰　清光緒十八年(1892)都察院刻本　二十四冊

110000－0143－0012551　PG282/8－1
欽定臺規四十二卷　(清)都察院撰　清道光七年(1827)刻本　十六冊

110000－0143－0012552　PG282/8－2
欽定臺規四十二卷　(清)都察院撰　清道光七年(1827)刻本　十六冊

110000－0143－0012553　PG282/9
學治臆說二卷續說一卷說贅一卷佐治藥言一卷續一卷　(清)汪輝祖纂　清同治七年(1868)湖北崇文書局刻本　三冊

110000－0143－0012554　PG282/9－1
學治臆說二卷　(清)汪輝祖撰　清光緒九年(1883)刻本　一冊

110000－0143－0012555　PG282/9－2
學治臆說二卷附學治續說不分卷　(清)汪輝祖輯　清嘉慶十八年(1813)刻本　一冊

110000－0143－0012556　PG282/12
兩朝剝復錄六卷　(明)吳應箕撰　(清)夏燮校證　清同治二年(1863)江西省寓刻本　四冊

110000－0143－0012557　PG282/12
兩朝剝復錄六卷　(明)吳應箕撰　(清)夏燮校證　清同治二年(1863)江西省寓刻本　四冊

110000－0143－0012558　PG282/13
圖民錄四卷　(清)袁守定著　清同治十一年(1872)江西書局刻本　二冊

110000－0143－0012559　PG282/13－2
袁易齋先生圖民錄四卷　(清)袁守定著　清同治十二年(1873)湘鄉楊昌濬刻本　二冊

110000－0143－0012560　PG282/14
帝範四卷　(唐)太宗李世民撰　清乾隆刻本　一冊

110000－0143－0012561　PG282/14
帝範四卷　(唐)太宗李世民撰　清乾隆三十九年(1774)銅活字印本　一册

110000－0143－0012562　PG282/15
從政遺規二卷　(清)陳弘謀輯　清光緒十四年(1888)吉林節署刻本　二册

110000－0143－0012563　PG282/15
爲政忠告不分卷　(元)張養浩撰　清光緒十四年(1888)吉林節署刻本　一册

110000－0143－0012564　PG282/16
宦遊隨筆　(清)翁祖烈撰　(清)翁道鴻校刊　清刻本　四册

110000－0143－0012565　PG282/17
圖民錄四卷　(清)袁守定撰　清光緒三十三年(1907)豐城袁氏刻本　二册

110000－0143－0012566　PG282/18
呂新吾先生實政錄七卷　(明)呂坤撰　清光緒二十九年(1903)刻本　八册

110000－0143－0012567　PG282/19
求治管見一卷續增求治管見一卷　(清)戴肇辰著　清咸豐二年(1852)刻本　一册

110000－0143－0012568　PG282/20
牧令要訣一卷　(清)壁昌撰　清道光二十八年(1848)刻本　一册

110000－0143－0012569　PG282/22
東甌記畧一卷附刻一卷　(清)戴槃撰　清同治七年(1868)刻本　一册

110000－0143－0012570　PG282/28
蒞政摘要二卷　(清)陸隴其撰　清光緒八年(1882)刻本　一册

110000－0143－0012571　PG29/4
王靖毅公[懿德]年譜二卷附錄三種　(清)王家勤編次　清同治刻本　五册

110000－0143－0012572　PG29/8
亦政堂重修宣和博古圖錄三十卷　(宋)王黼等撰　清乾隆十七年(1752)刻本　二十四册　缺一卷(五)

110000－0143－0012573　PG29/10
聖廟祀典圖攷五卷　(清)顧沅輯　清道光六年(1826)刻本　十二册

110000－0143－0012574　PG29/10
聖廟祀典圖攷五卷　(清)顧沅輯　清道光六年(1826)刻本　四册　存三卷(一至三)

110000－0143－0012575　PG29/11
外國師船圖表十二卷　(清)許景澄輯　清光緒十二年(1886)柏林使署石印本　四册

110000－0143－0012576　PG29/13
史記評林一百三十卷　(明)凌稚隆輯　(明)黄長吉重編　明天啓至崇禎刻本　六册　存十八卷(十三至二十二、三十一至三十八)

110000－0143－0012577　PG29/15
事物異名錄四十卷　(清)厲荃輯　(清)關槐增纂　清乾隆五十三年(1788)兩廣總督孫士毅刻本　六册　存二十卷(一至二十)

110000－0143－0012578　PG29/17
蘇溪漁隱讀書譜四卷　(清)耿文光撰　清光緒十五年(1889)刻本　一册

110000－0143－0012579　PG29/19
江蘇省揚州府甘泉縣光緒拾捌年熟田併緩民欠錢糧未完花戶銀數徵信册不分卷　(清)甘泉縣署輯　清光緒十九年(1893)刻本　一册

110000－0143－0012580　PG29/22
遺愛堂徵信錄六卷　(清)胡正仁等輯　清道光二十八年至光緒三十四年(1848－1908)刻本　四册

110000－0143－0012581　PG29/24
姓氏新編五卷　(清)韓天驥撰　清嘉慶十七年(1812)刻本　一册

110000－0143－0012582　PG29/25
姓氏辯誤三十卷　(清)張澍撰　清道光十八年(1838)西安張氏棗華書屋刻本　六册

110000－0143－0012583　PG29/29
[正藍旗滿洲]博爾濟吉特氏支譜不分卷　(清)錫霖修　(清)葆亨續修　清同治十年

(1871)教經堂刻本　一冊

110000－0143－0012584　PG29/31
海上群芳譜四卷　(清)顧曲詞人評花　(清)懺情侍者寫艷　清光緒上海申報館鉛印本　一冊

110000－0143－0012585　PG29/33
光緒八年壬午科鄉試同年錄不分卷　(清)徐桐等編　清光緒八年(1882)鉛印本　一冊

110000－0143－0012586　PG291/1
欽定四庫全書簡明目錄二十卷首一卷　(清)紀昀等總纂　清同治七年(1868)廣東書局刻本　十三冊

110000－0143－0012587　PG291/1
欽定四庫全書簡明目錄二十卷首一卷　(清)紀昀等總纂　清乾隆趙懷玉、金德輿、鮑士恭杭州刻本　十二冊

110000－0143－0012588　PG291/1
欽定四庫全書簡明目錄二十卷首一卷　(清)紀昀等總纂　清乾隆趙懷玉、金德輿、鮑士恭杭州刻本　十二冊

110000－0143－0012589　PG291/1
欽定四庫全書簡明目錄二十卷首一卷　(清)紀昀等總纂　清同治七年(1868)廣東書局刻本　十二冊

110000－0143－0012590　PG291/2
資治通鑑目錄三十卷　(宋)司馬光撰　清同治八年(1869)江蘇書局刻本　十冊

110000－0143－0012591　PG291/2
資治通鑑目錄三十卷　(宋)司馬光撰　清同治八年(1869)江蘇書局刻本　十冊

110000－0143－0012592　PG291/7－1
元典章前集六十卷附新集二卷　(元)□□撰　清光緒三十四年(1908)法律館刻本　二十四冊

110000－0143－0012593　PG291/9
古今僞書考　(清)姚際恆撰　清光緒三年(1877)廣漢張馥笙成都鉛印本　二冊

110000－0143－0012594　PG291/9
古今僞書考　(清)姚際恆撰　清光緒三年(1877)廣漢張馥笙成都鉛印本　二冊

110000－0143－0012595　PG291/9
古今僞書考　(清)姚際恆撰　清光緒十五年(1889)善化章恭斌經濟堂刻本　一冊

110000－0143－0012596　PG291/11
元史藝文志四卷　(清)錢大昕編　清嘉慶五年(1800)江蘇書局刻本　一冊

110000－0143－0012597　PG291/11
元史藝文志四卷　(清)錢大昕編　清嘉慶五年(1800)江蘇書局刻本　一冊

110000－0143－0012598　PG291/11
元史藝文志四卷　(清)錢大昕編　清嘉慶五年(1800)江蘇書局刻本　一冊

110000－0143－0012599　PG291/11
元史藝文志四卷　(清)錢大昕編　清光緒十年(1884)長沙龍氏家塾刻本　一冊

110000－0143－0012600　PG291/11
元史藝文志四卷　(清)錢大昕編　清光緒十年(1884)長沙龍氏家塾刻本　一冊

110000－0143－0012601　PG291/24－1
八史經籍志十種　(日本)□□輯　清光緒九年(1883)鎮海張壽榮刻本　十六冊

110000－0143－0012602　PG291/24－1
八史經籍志十種　(日本)□□輯　清光緒九年(1883)鎮海張壽榮刻本　十七冊

110000－0143－0012603　PG291/24－1
八史經籍志十種　(日本)□□輯　清光緒九年(1883)鎮海張壽榮刻本　八冊　存五種十五卷(前漢書藝文志一卷、隋書經籍志四卷、舊唐書經籍志二卷、唐書藝文志四卷、宋史藝文志四卷)

110000－0143－0012604　PG291/28
欽定天祿琳琅書目十卷續二十卷　(清)于敏中等編　(清)彭元瑞續編　清光緒十年(1884)長沙王氏刻本　十冊

110000－0143－0012605　PG291/34
禁書總目不分卷　(清)姚覲元輯　清光緒九年(1883)歸安姚覲元咫進齋刻本　一冊

110000－0143－0012606　PG291/34
禁書總目不分卷　(清)姚覲元輯　清光緒九年(1883)歸安姚覲元咫進齋刻本　二冊

110000－0143－0012607　PG291/34
禁書總目不分卷　(清)姚覲元輯　清光緒九年(1883)歸安姚覲元咫進齋刻本　二冊

110000－0143－0012608　PG291/35
銷燬抽燬書目不分卷　(清)姚覲元輯　清光緒十年(1884)歸安姚覲元咫進齋刻本　一冊

110000－0143－0012609　PG291/35－1
銷燬抽燬書目不分卷　(清)國學保存會撰　清光緒三十三年(1907)上海國學保存會鉛印本　一冊

110000－0143－0012610　PG291/35－1
禁書總目不分卷　(清)國學保存會撰　清光緒三十三年(1907)上海國學保存會鉛印本　一冊

110000－0143－0012611　PG291/35－1
違礙書目不分卷　(清)國學保存會撰　清光緒三十三年(1907)上海國學保存會鉛印本　一冊

110000－0143－0012612　PG291/35－1
銷燬抽燬書目不分卷　(清)國學保存會撰　清光緒三十三年(1907)上海國學保存會鉛印本　一冊

110000－0143－0012613　PG291/35－1
禁書總目不分卷　(清)國學保存會撰　清光緒三十三年(1907)上海國學保存會鉛印本　一冊

110000－0143－0012614　PG291/35－1
違礙書目不分卷　(清)國學保存會撰　清光緒三十三年(1907)上海國學保存會鉛印本　一冊

110000－0143－0012615　PG291/40－1
書目答問不分卷附國朝著述諸家姓名略不分卷　(清)張之洞撰　清光緒四年(1878)上海嘉定黃宗起淞隱閣刻本　四冊

110000－0143－0012616　PG291/40－2
書目答問不分卷附國朝著述諸家姓名略不分卷　(清)張之洞撰　清光緒五年(1879)貴陽王秉恩刻本　二冊

110000－0143－0012617　PG291/40－2
書目答問不分卷附國朝著述諸家姓名略不分卷　(清)張之洞撰　清光緒二年(1876)四川成都寫刻本　一冊

110000－0143－0012618　PG291/47
彙刻書目二十卷　(清)顧修編　清光緒十二年至十五年(1886－1889)上海福瀛書局刻本　二十冊

110000－0143－0012619　PG291/47
彙刻書目二十卷　(清)顧修編　清光緒十二年至十五年(1886－1889)上海福瀛書局刻本　二十冊

110000－0143－0012620　PG291/47
彙刻書目二十卷　(清)顧修編　清光緒十二年至十五年(1886－1889)上海福瀛書局刻本　二十冊

110000－0143－0012621　PG291/49
廣雅書院藏書目錄七卷　(清)廖廷相編纂　清光緒二十七年(1901)廣雅書局刻本　三冊

110000－0143－0012622　PG291/49
廣雅書院藏書目錄七卷　(清)廖廷相編纂　清光緒二十七年(1901)廣雅書局刻本　三冊

110000－0143－0012623　PG291/50
直齋書錄解題二十二卷　(宋)陳振孫撰　清乾隆四十二年(1777)福建布政使司署刻本　八冊

110000－0143－0012624　PG291/50
直齋書錄解題二十二卷　(宋)陳振孫撰　清乾隆四十二年(1777)福建布政使司署刻本　八冊

110000－0143－0012625　PG291/50
直齋書録解題二十二卷　(宋)陳振孫撰　清乾隆四十二年(1777)福建布政使司署刻本　八册

110000－0143－0012626　PG291/50
直齋書録解題二十二卷　(宋)陳振孫撰　清光緒九年(1883)江蘇書局刻本　六册

110000－0143－0012627　PG291/50
直齋書録解題二十二卷　(宋)陳振孫撰　清光緒九年(1883)江蘇書局刻本　六册

110000－0143－0012628　PG291/50
直齋書録解題二十二卷　(宋)陳振孫撰　清乾隆三十九年至四十五年(1774－1780)浙江布政使司署刻本　十二册

110000－0143－0012629　PG291/50
直齋書録解題二十二卷　(宋)陳振孫撰　清乾隆三十八年至四十五年(1773－1780)浙江布政使司署刻本　五册　缺四卷(十九至二十二)

110000－0143－0012630　PG291/50－1
直齋書録解題二十二卷　(宋)陳振孫撰　清光緒九年(1883)江蘇書局刻本　六册

110000－0143－0012631　PG291/57
華延年室題跋三卷　(清)傅以禮撰　清宣統元年(1909)俞人蔚鉛印本　三册

110000－0143－0012632　PG291/57
華延年室題跋三卷　(清)傅以禮撰　清宣統元年(1909)俞人蔚鉛印本　三册

110000－0143－0012633　PG291/57
華延年室題跋三卷　(清)傅以禮撰　清宣統元年(1909)俞人蔚鉛印本　三册

110000－0143－0012634　PG291/57
華延年室題跋三卷　(清)傅以禮撰　清宣統元年(1909)俞人蔚鉛印本　三册

110000－0143－0012635　PG291/59
昭德先生郡齋讀書志二十卷附攷證　(宋)晁公武撰　(宋)姚應績編　清光緒十年(1884)長沙王先謙校刻本　十册

110000－0143－0012636　PG291/59
昭德先生郡齋讀書志二十卷附攷證　(宋)晁公武撰　(宋)姚應績編　清光緒十年(1884)長沙王先謙校刻本　十册

110000－0143－0012637　PG291/59
昭德先生郡齋讀書志二十卷附攷證　(宋)晁公武撰　(宋)姚應績編　清光緒十年(1884)長沙王先謙校刻本　十册

110000－0143－0012638　PG291/63
鐵琴銅劍樓藏書目録二十四卷　(清)瞿鏞編　清光緒二十四年(1898)常熟瞿氏刻本　十册

110000－0143－0012639　PG291/63
鐵琴銅劍樓藏書目録二十四卷　(清)瞿鏞編　清光緒二十四年(1898)常熟瞿氏刻本　十二册

110000－0143－0012640　PG291/63
鐵琴銅劍樓藏書目録二十四卷　(清)瞿鏞編　清光緒二十四年(1898)常熟瞿氏刻本　十册

110000－0143－0012641　PG291/63
鐵琴銅劍樓藏書目録二十四卷　(清)瞿鏞編　清光緒二十四年(1898)常熟瞿氏刻本　十册

110000－0143－0012642　PG291/69
士禮居藏書題跋記六卷　(清)黄丕烈撰　(清)潘祖蔭輯　清光緒八年(1882)吳縣潘氏刻本　四册

110000－0143－0012643　PG291/69
士禮居藏書題跋記六卷　(清)黄丕烈撰　(清)潘祖蔭輯　清光緒八年(1882)吳縣潘氏刻本　四册

110000－0143－0012644　PG291/69
士禮居藏書題跋記六卷　(清)黄丕烈撰　(清)潘祖蔭輯　清光緒八年(1882)吳縣潘氏刻本　四册

110000－0143－0012645　PG291/69
士禮居藏書題跋記六卷　（清）黃丕烈撰　（清）潘祖蔭輯　清光緒八年（1882）吳縣潘氏刻本　四冊

110000－0143－0012646　PG291/69
士禮居藏書題跋記六卷　（清）黃丕烈撰　（清）潘祖蔭輯　清光緒八年（1882）吳縣潘氏刻本　四冊

110000－0143－0012647　PG291/69
士禮居藏書題跋記六卷　（清）黃丕烈撰　（清）潘祖蔭輯　清光緒八年（1882）吳縣潘氏刻本　四冊

110000－0143－0012648　PG291/69
士禮居藏書題跋記六卷　（清）黃丕烈撰　（清）潘祖蔭輯　清光緒八年（1882）吳縣潘氏刻本　四冊

110000－0143－0012649　PG291/69
士禮居藏書題跋記六卷　（清）黃丕烈撰　（清）潘祖蔭輯　清光緒八年（1882）吳縣潘氏刻本　四冊

110000－0143－0012650　PG291/69
士禮居藏書題跋記六卷　（清）黃丕烈撰　（清）潘祖蔭輯　清光緒八年（1882）吳縣潘氏刻本　四冊

110000－0143－0012651　PG291/69－1
士禮居藏書題跋記六卷　（清）黃丕烈撰　（清）潘祖蔭輯　清光緒十年（1884）吳縣潘祖蔭滂喜齋刻本　五冊

110000－0143－0012652　PG291/69－1
士禮居藏書題跋記續二卷　（清）黃丕烈撰　繆荃孫輯　清光緒二十二年（1896）元和江標刻本　一冊

110000－0143－0012653　PG291/70
拜經樓藏書題跋記五卷附經籍跋文一卷　（清）吳壽暘纂　清道光二十七年（1847）海昌蔣氏刻本　一冊　存一卷（一）

110000－0143－0012654　PG291/70－1
拜經樓藏書題跋記五卷附經籍跋文一卷　（清）吳壽暘纂　清道光二十七年（1847）蘇州文學山房刻本　六冊

110000－0143－0012655　PG291/70－1
拜經樓藏書題跋記五卷附錄一卷　（清）吳壽暘纂　清道光二十七年（1847）海昌蔣氏刻本　四冊

110000－0143－0012656　PG291/71
四庫簡明目錄標註二十卷附錄一卷　（清）邵懿辰撰　清宣統三年（1911）仁和邵氏家祠刻本　十冊

110000－0143－0012657　PG291/79－1
揚州吳氏測海樓藏書目錄十二卷　吳引孫撰　清宣統二年（1910）揚州吳氏刻本　六冊

110000－0143－0012658　PG291/93
宋元書影不分卷　繆荃孫編　清宣統江陰繆氏刻本　一冊

110000－0143－0012659　PG291/99
皕宋樓藏書志一百二十卷續志四卷　（清）陸心源編　清光緒八年（1882）歸安陸氏十萬卷樓刻潛園總集本　三十二冊　缺四卷（續志四卷）

110000－0143－0012660　PG291/99
皕宋樓藏書志一百二十卷續志四卷　（清）陸心源編　清光緒八年（1882）歸安陸氏十萬卷樓刻潛園總集本　三十二冊

110000－0143－0012661　PG291/99
皕宋樓藏書志一百二十卷續志四卷　（清）陸心源編　清光緒八年（1882）歸安陸氏十萬卷樓刻潛園總集本　四十冊

110000－0143－0012662　PG291/99
皕宋樓藏書志一百二十卷續志四卷　（清）陸心源編　清光緒八年（1882）歸安陸氏十萬卷樓刻潛園總集本　三十二冊　缺四卷（續志四卷）

110000－0143－0012663　PG291/99
皕宋樓藏書志一百二十卷續志四卷　（清）陸

心源編　清光緒八年(1882)歸安陸氏十萬卷樓刻潛園總集本　三十二冊

110000－0143－0012664　PG291/99
皕宋樓藏書志一百二十卷續志四卷　(清)陸心源編　清光緒八年(1882)歸安陸氏十萬卷樓刻潛園總集本　三十二冊

110000－0143－0012665　PG291/99－1
皕宋樓藏書續志四卷　(清)陸心源編　清光緒八年(1882)歸安陸氏十萬卷樓刻潛園總集本　二冊

110000－0143－0012666　PG291/101
羣書拾補初編三十九卷　(清)盧文弨撰　清光緒十三年(1887)上海蜚英館石印本　八冊

110000－0143－0012667　PG291/101
羣書拾補初編三十九卷　(清)盧文弨撰　清光緒十三年(1887)上海蜚英館石印本　八冊

110000－0143－0012668　PG291/101
羣書拾補初編三十九卷　(清)盧文弨撰　清光緒十三年(1887)上海蜚英館石印本　八冊

110000－0143－0012669　PG291/102
鐵琴銅劍樓藏書目錄二十四卷　(清)瞿鏞撰　清光緒二十三年(1897)武進董康誦芬室刻本　十冊

110000－0143－0012670　PG291/105
藝芸書舍宋元本書目二卷　(清)汪士鐘撰　清同治十二年(1873)吳縣潘祖蔭滂喜齋刻本　一冊

110000－0143－0012671　PG291/105
宋四家詞選一卷　(清)周濟輯　清同治十二年(1873)吳縣潘祖蔭滂喜齋刻本　一冊

110000－0143－0012672　PG291/106
豐順丁氏持靜齋書目四卷附錄一卷　(清)丁日昌原編　(清)江標重編　清光緒二十一年(1895)元和江標長沙寫刻本　一冊

110000－0143－0012673　PG291/107
百宋一廛賦一卷　(清)顧廣圻撰　(清)黃丕烈注　清光緒三年(1877)吳縣潘祖蔭刻本　一冊

110000－0143－0012674　PG291/107
百宋一廛賦一卷　(清)顧廣圻撰　(清)黃丕烈注　清光緒三年(1877)吳縣潘祖蔭刻本　一冊

110000－0143－0012675　PG291/108
宋元舊本書經眼錄三卷附錄二卷　(清)莫友芝撰　(清)莫繩孫編　清同治十二年(1873)獨山莫繩孫刻本　一冊

110000－0143－0012676　PG291/108
宋元舊本書經眼錄三卷附錄二卷　(清)莫友芝撰　(清)莫繩孫編　清同治十二年(1873)獨山莫繩孫刻本　一冊

110000－0143－0012677　PG291/108
宋元舊本書經眼錄三卷附錄二卷　(清)莫友芝撰　(清)莫繩孫編　清同治十二年(1873)獨山莫繩孫刻本　一冊

110000－0143－0012678　PG291/108
宋元舊本書經眼錄三卷附錄二卷　(清)莫友芝撰　(清)莫繩孫編　清同治十二年(1873)獨山莫繩孫刻本　二冊

110000－0143－0012679　PG291/116
善本書室藏書志四十卷附錄一卷　(清)丁丙編　清光緒二十七年(1901)錢唐丁氏刻本　十六冊

110000－0143－0012680　PG291/116
善本書室藏書志四十卷附錄一卷　(清)丁丙編　清光緒二十七年(1901)錢唐丁氏刻本　八冊

110000－0143－0012681　PG291/116
善本書室藏書志四十卷附錄一卷　(清)丁丙編　清光緒二十七年(1901)錢唐丁氏刻本　十六冊

110000－0143－0012682　PG291/117
隋經籍志考證十三卷　(清)章宗源撰　清光緒三年(1877)湖北崇文書局刻本　四冊

110000－0143－0012683　PG291/117

隋經籍志考證十三卷　(清)章宗源撰　清光緒三年(1877)湖北崇文書局刻本　四册

110000-0143-0012684　PG291/117
隋經籍志考證十三卷　(清)章宗源撰　清光緒元年(1875)湖北崇文書局刻本　四册

110000-0143-0012685　PG291/119
藏書記要一卷附流通古書約　(清)孫從添　(清)曹溶撰　清光緒十五年(1889)刻本　一册

110000-0143-0012686　PG291/119-1
藏書記要不分卷　(清)孫從添撰　清嘉慶十六年(1811)黄氏刻本　一册

110000-0143-0012687　PG291/119-2
藏書記要不分卷　(清)孫從添撰　清光緒九年(1883)吳縣潘祖蔭京師刻本　一册

110000-0143-0012688　PG291/121
讀書敏求記四卷　(清)錢曾編　清道光二十七年(1847)番禺潘氏刻本　二册

110000-0143-0012689　PG291/122
日本訪書志十七卷　楊守敬撰　清光緒二十三年(1897)宜都楊守敬鄰蘇園刻本　四册

110000-0143-0012690　PG291/122
日本訪書志十七卷　楊守敬撰　清光緒二十三年(1897)宜都楊守敬鄰蘇園刻本　八册

110000-0143-0012691　PG291/124
平津館鑒藏書籍記三卷續編一卷補遺一卷　(清)孫星衍編　清光緒十一年(1885)德化李盛鐸木犀軒刻本　二册

110000-0143-0012692　PG291/132
新學僞經考十四卷　康有爲撰　清光緒十七年(1891)廣州康氏萬木草堂刻本　七册

110000-0143-0012693　PG291/132
新學僞經考十四卷　康有爲撰　清光緒十七年(1891)廣州康氏萬木草堂刻本　八册

110000-0143-0012694　PG291/132
新學僞經考十四卷　康有爲撰　清光緒十七年至二十四年(1891-1898)廣州刻本　九册

110000-0143-0012695　PG291/132
長興學記一卷　康有爲撰　清光緒十七年至二十四年(1891-1898)廣州刻本　一册

110000-0143-0012696　PG291/135
補晉書藝文志四卷附録一卷　丁國鈞撰　丁辰註　清光緒十七年至二十四年(1891-1898)常熟丁氏木活字印本　二册

110000-0143-0012697　PG291/135
補晉書藝文志四卷附録一卷　丁國鈞撰　丁辰註　清光緒十七年至二十四年(1891-1898)常熟丁氏木活字印本　二册

110000-0143-0012698　PG291/135-1
補晉書藝文志四卷補遺一卷附録一卷　丁國鈞撰　丁辰註　清光緒十七年至二十四年(1891-1898)廣州廣雅書局刻本　二册

110000-0143-0012699　PG291/135-1
補晉書藝文志四卷補遺一卷附録一卷　丁國鈞撰　丁辰註　清光緒十七年至二十四年(1891-1898)廣州廣雅書局刻本　二册

110000-0143-0012700　PG291/146
行素草堂目覩書録十編附汲古閣珍藏秘本書目　(清)朱記榮輯　(清)毛扆編　清光緒十一年(1885)刻本　十二册

110000-0143-0012701　PG291/155
共讀樓書目十卷　(清)國英編輯　清光緒六年(1880)吉林索綽絡氏家塾刻本　二册

110000-0143-0012702　PG291/155
共讀樓書目十卷　(清)國英編輯　清光緒六年(1880)吉林索綽絡氏家塾刻本　二册

110000-0143-0012703　PG291/161
天一閣見存書目四卷首一卷末一卷　(清)薛福成編　清光緒十五年(1889)薛福成刻本　四册

110000-0143-0012704　PG291/166
藝風堂藏書記八卷　繆荃孫編　清光緒二十六年(1900)江陰繆荃孫刻本　二册

110000-0143-0012705　PG291/166

藝風堂藏書記八卷　繆荃孫編　清光緒二十六年（1900）江陰繆荃孫刻本　二冊

110000－0143－0012706　PG291/166
藝風堂藏書記八卷　繆荃孫編　清光緒二十六年（1900）江陰繆荃孫刻本　二冊

110000－0143－0012707　PG291/167
浙江採集遺書總錄十一集　（清）沈初等編　清乾隆三十九年（1774）刻本　十冊

110000－0143－0012708　PG291/168
續彙刻書目十二卷補遺一卷　（清）傅雲龍編　（清）胡俊章補　清光緒二年（1876）味腴藝園刻本　十二冊

110000－0143－0012709　PG291/174
皇朝經籍志六卷　（清）黄本驥編　清道光二十五年（1845）刻本　一冊

110000－0143－0012710　PG291/176
羣書拾補初編三丨九卷　（清）盧文弨校補　清乾隆五十五年（1790）盧文弨抱經堂刻本　二十冊

110000－0143－0012711　PG291/176－1
羣書拾補初編三十九卷　（清）盧文弨校補　清乾隆五十五年（1790）盧文弨抱經堂刻本　八冊

110000－0143－0012712　PG291/177－1
補後漢書藝文志一卷補後漢書藝文志攷十卷　曾樸編　清光緒二十一年（1895）常熟曾樸刻本　六冊

110000－0143－0012713　PG291/178
杭州藝文志十卷　吳慶坻編　清光緒三十四年（1908）長沙刻本　六冊

110000－0143－0012714　PG291/179－1
海源閣藏書目　（清）楊紹和撰　清光緒十四年（1888）元和江氏師鄦室刻本　一冊

110000－0143－0012715　PG291/179－2
豐順丁氏持靜亝書目四卷　（清）丁日昌編　清光緒二十一年（1895）元和江標長沙寫刻本　一冊

110000－0143－0012716　PG291/179－2
海源閣藏書目　（清）楊紹和撰　清光緒十四年（1888）元和江氏師鄦室刻本　一冊

110000－0143－0012717　PG291/179－2
鐵琴銅劍樓藏宋元本書目　（清）瞿鏞撰　（清）江標輯　清光緒二十三年（1897）元和江氏刻本　二冊

110000－0143－0012718　PG291/179－2
海源閣藏書目　（清）楊紹和撰　清光緒十四年（1888）元和江氏師鄦室刻本　一冊

110000－0143－0012719　PG291/181－1
欽定天祿琳琅書目十卷續二十卷　（清）于敏中等編　（清）彭元瑞續編　清光緒十年（1884）長沙王氏刻本　十冊

110000－0143－0012720　PG291/181
欽定天祿琳琅書目十卷續二十卷　（清）于敏中等編　（清）彭元瑞續編　清光緒十年（1884）長沙王氏刻本　十二冊

110000－0143－0012721　PG291/181
欽定天祿琳琅書目十卷續二十卷　（清）于敏中等編　（清）彭元瑞續編　清光緒十年（1884）長沙王氏刻本　十冊

110000－0143－0012722　PG291/181
欽定天祿琳琅書目十卷續二十卷　（清）于敏中等編　（清）彭元瑞續編　清光緒十年（1884）長沙王氏刻本　十冊

110000－0143－0012723　PG291/182
杭州藝文志十卷　吳慶坻編　清光緒三十四年（1908）長沙刻本　四冊

110000－0143－0012724　PG291/183
延令宋板書目一卷　（清）季振宜撰　清光緒元年（1875）刻本　一冊

110000－0143－0012725　PG291/191
先正讀書訣不分卷　（清）周永年輯　清道光二十三年（1843）章武王大淮、王子鴻刻本　一冊

110000－0143－0012726　PG291/191

先正讀書訣不分卷 （清）周永年輯 清光緒二十一年（1895）津門嚴修貴陽刻本 一册

110000－0143－0012727 PG291/191
先正讀書訣不分卷 （清）周永年輯 清光緒二十一年（1895）津門嚴修貴陽刻本 一册

110000－0143－0012728 PG291/191
先正讀書訣不分卷 （清）周永年輯 清光緒四年（1878）歷城周兆慶刻本 一册

110000－0143－0012729 PG291/195
全上古三代秦漢三國晉南北朝文編目一百三卷 （清）蔣壑校寫 清光緒五年（1879）烏程蔣錫礽刻本 十六册

110000－0143－0012730 PG291/197
弢園箸述總目不分卷 （清）王韜編 清光緒十五年（1889）長洲王氏淞隱廬鉛印本 一册

110000－0143－0012731 PG291/197
弢園經學輯存三種五卷 （清）王韜著 清光緒十五年（1889）長洲王氏淞隱廬鉛印本（春秋朔閏表為石印本） 三册

110000－0143－0012732 PG291/202
宋史藝文志補一卷 （清）黄虞稷 （清）倪燦撰 （清）盧文弨錄 清光緒二十四年（1898）江寧傅春官晦齋校刻金陵叢刻本 一册

110000－0143－0012733 PG291/202
宋史藝文志補一卷 （清）黄虞稷 （清）倪燦撰 （清）盧文弨錄 清光緒二十四年（1898）江寧傅春官晦齋校刻金陵叢刻本 一册

110000－0143－0012734 PG291/202
宋史藝文志補一卷 （清）黄虞稷 （清）倪燦撰 （清）盧文弨錄 清光緒二十四年（1898）江寧傅春官晦齋校刻金陵叢刻本 一册

110000－0143－0012735 PG291/205
點勘記二卷附省堂筆記一卷 （清）歐陽泉撰 清光緒四年（1878）江蘇書局刻本 二册

110000－0143－0012736 PG291/205－1
點勘記二卷附省堂筆記一卷 （清）歐陽泉撰 清光緒四年（1878）江蘇書局刻本 二册

110000－0143－0012737 PG291/207
武林藏書錄三卷首一卷末一卷 （清）丁申撰 清光緒二十六年（1900）錢塘丁氏嘉惠堂刻武林掌故叢編本 二册

110000－0143－0012738 PG291/208
豐湖書藏目錄八卷 清光緒樂羣堂刻本 二册

110000－0143－0012739 PG291/211
經籍訪古志六卷補遺一卷 （日本）澁江全善 （日本）森立之編 清光緒十一年（1885）鉛印本 八册

110000－0143－0012740 PG291/211
經籍訪古志六卷補遺一卷 （日本）澁江全善 （日本）森立之編 清光緒十一年（1885）鉛印本 八册

110000－0143－0012741 PG291/216
南廱志經籍考二卷 （明）梅鷟編 清光緒二十八年（1902）長沙葉氏刻本 一册

110000－0143－0012742 PG291/218
崇文總目五卷補遺一卷附錄一卷 （宋）王堯臣編 （清）錢東垣輯釋 清光緒八年（1882）常熟鮑氏後知不足齋刻本 六册

110000－0143－0012743 PG291/230
違礙書目不分卷 （清）鄭爲撰 清光緒九年（1883）歸安姚氏刻本 一册

110000－0143－0012744 PG291/230
慎疾芻言一卷 （清）徐大椿撰 清光緒七年（1881）歸安姚覲元咫進齋刻本 與110000－0143－0012743合册

110000－0143－0012745 PG291/236
資治通鑑目錄三十卷 （宋）司馬光編 清光緒十四年（1888）上海蜚英館石印本 四册

110000－0143－0012746 PG291/243
浙江藏書樓甲編書目附補遺 楊復編 清光緒三十三年（1907）杭州華豐書局鉛印本 三册

110000－0143－0012747 PG291/244

開有益齋讀書志六卷續志一卷附金石文字記一卷　（清）朱緒曾撰　（清）劉壽曾　（清）朱桂模編　清光緒六年（1880）金陵翁氏茹古閣刻本　六冊

110000－0143－0012748　PG291/247
師竹齋讀書隨筆彙編十三卷　（清）鄭機著　清光緒二十八年（1902）七松堂刻本　四冊

110000－0143－0012749　PG291/248
皕宋樓藏書源流攷不分卷　（日本）島田翰撰　清光緒三十三年（1907）武進董康京師刻本　一冊

110000－0143－0012750　PG291/248
皕宋樓藏書源流攷不分卷　（日本）島田翰撰　清光緒三十三年（1907）武進董康京師刻本　一冊

110000－0143－0012751　PG291/248
皕宋樓藏書源流攷不分卷　（日本）島田翰撰　清光緒三十三年（1907）武進董康京師刻本　一冊

110000－0143－0012752　PG291/252
述古堂藏書目四卷　（清）錢曾編　鄒存淦校錄　清光緒六年（1880）海昌鄒存淦師竹友蘭室抄本　二冊

110000－0143－0012753　PG291/275
福省重刻武英殿聚珍版書目　（清）鄧廷枏校　清同治七年（1868）福建布政使署刻本　一冊

110000－0143－0012754　PG291/287
稽瑞樓書目不分卷　（清）陳揆編　清光緒三年（1877）吳縣潘祖蔭八囍齋刻本　一冊

110000－0143－0012755　PG291/294
竹崦盦金石目錄五卷　（清）趙魏輯　吳士鑑校　清宣統元年（1909）長沙刻本　四冊

110000－0143－0012756　PG291/295
玉函山房輯佚書目耕帖續補十六卷附二卷　（清）馬國翰輯　清光緒十五年（1889）章邱李氏刻本　三冊

110000－0143－0012757　PG291/302
補三國藝文志四卷　（清）侯康撰　清光緒十三年（1887）廣雅書局刻本　一冊

110000－0143－0012758　PG291/304
補晉書經籍志四卷　吳士鑑纂　清光緒二十一年（1895）錢塘吳士鑑北京刻本　一冊

110000－0143－0012759　PG291/306
四庫書目略二十卷附錄一卷　（清）費莫文良編　清同治九年（1870）滿洲費莫文良刻本　六冊

110000－0143－0012760　PG291/309
孫氏祠堂書目内編四卷外編三卷　（清）孫星衍撰　清光緒九年（1883）德化李盛鐸木犀軒刻本　二冊

110000－0143－0012761　PG291/317
遂初堂書目一卷　（宋）尤袤編　盛宣懷輯　清光緒二十二年（1896）武進盛宣懷刻本　一冊

110000－0143－0012762　PG291/317
江陰李氏得月樓書目摘錄一卷　（明）李鶚翀編　盛宣懷輯　清光緒二十二年（1896）武進盛宣懷刻本　與110000－0143－0012761合冊

110000－0143－0012763　PG291/321
竹汀先生日記鈔三卷　（清）錢大昕撰　（清）何元錫編　清光緒紹興會稽章壽康刻本　一冊

110000－0143－0012764　PG291/322
行素草堂目覩書錄十編附汲古閣珍藏秘本書目　（清）朱記榮輯訂　清光緒十年（1884）吳縣朱氏槐廬刻本　十冊

110000－0143－0012765　PG291/324
春在堂全書錄要一卷　（清）俞樾編　清光緒二十五年（1899）德清俞樾刻本　一冊

110000－0143－0012766　PG291/325
汲古閣珍藏秘本書目不分卷　（清）毛扆編　清光緒十三年（1887）上海蜚英館影印本　一

册

110000－0143－0012767　PG291/325
延令宋板書目一卷　(清)季振宜撰　清光緒十三年(1887)上海蜚英館影印本　與110000－0143－0012766合册

110000－0143－0012768　PG291/325
藏書記要不分卷　(清)孫從添撰　清光緒十三年(1887)上海蜚英館影印本　與110000－0143－0012766合册

110000－0143－0012769　PG291/325
汲古閣珍藏秘本書目不分卷　(清)毛扆編　清光緒十三年(1887)上海蜚英館影印本　一册

110000－0143－0012770　PG291/328
申報館書目不分卷　(清)尊聞閣主輯　清光緒三年(1877)上海申報館鉛印本　十二册

110000－0143－0012771　PG291/340
國朝箸述未栞書目一卷　鄭文焯撰　清光緒十四年(1888)蘇州書局刻本　一册

110000－0143－0012772　PG291/343
仙源書院書目四卷附仙源書院經古課章程　(清)啟元堂　(清)景元堂編訂　清光緒五年(1879)刻十四年(1888)續刻本　一册

110000－0143－0012773　PG291/348
欽定續三通目錄十四卷　(清)□□輯　清光緒二十九年(1903)圖書集成局石印本　四册

110000－0143－0012774　PG291/350
開有益齋讀書志六卷續志一卷附金石文字記一卷　(清)朱緒曾撰　(清)朱桂模重編　清光緒六年(1880)金陵翁氏茹古閣刻本　四册

110000－0143－0012775　PG291/351
天一閣書目四卷附碑目　(清)范懋柱　(清)范邦甸　(清)范懋敏等編　清嘉慶十三年(1808)揚州阮元文選樓刻本　十册

110000－0143－0012776　PG291/357
國朝未栞遺書志略一卷　(清)朱記榮輯錄　清光緒八年(1882)石埭徐士愷觀自得齋刻十八年(1892)印本　一册

110000－0143－0012777　PG291/359
愛日精廬藏書志三十六卷續志四卷　(清)張金吾撰　清道光七年(1827)刻本　六册

110000－0143－0012778　PG291/380
補遼金元藝文志不分卷　(清)盧文弨撰　清刻本　一册

110000－0143－0012779　PG291/380
補三史藝文志不分卷　(清)金門詔撰　清刻本　與110000－0143－0012778合册

110000－0143－0012780　PG291/383
南廱志經籍考二卷　(明)梅鷟編　清光緒二十八年(1902)長沙葉氏刻本　一册

110000－0143－0012781　PG291/384
宋元舊本書經眼錄三卷附錄二卷　(清)莫友芝撰　(清)莫繩孫編　清同治十二年(1873)獨山莫氏刻本　一册　缺二卷(附錄二卷)

110000－0143－0012782　PG291/385
書目答問四卷別錄一卷古今人箸述合刻叢書目一卷國朝箸述諸家姓名略一卷　(清)張之洞撰　清末刻本　二册

110000－0143－0012783　PG291/387
算學書目提要三卷　丁福保述　清光緒二十五年(1899)無錫竢實學堂刻本　一册

110000－0143－0012784　PG291/389
西學書目表三卷附卷一卷　梁啟超撰　清末時務報館石印本　一册

110000－0143－0012785　PG292/1
新纂氏族箋釋八卷　(清)熊峻運著　(清)楊煌義編次　清英德堂刻本　六册

110000－0143－0012786　PG292/2
元史氏族表三卷　(清)錢大昕撰　清光緒二十年(1894)廣雅書局刻廣雅書局叢書本　二册

110000－0143－0012787　PG292/2
元史氏族表三卷　(清)錢大昕撰　清光緒十年(1884)長沙龍氏家塾刻嘉定錢氏潛研堂全

書本　二册

110000－0143－0012788　PG292/2
元史氏族表三卷　(清)錢大昕撰　清同治十三年(1874)江蘇書局刻二十四史本　二册

110000－0143－0012789　PG292/2
元史氏族表三卷　(清)錢大昕撰　清同治十三年(1874)江蘇書局刻二十四史本　二册

110000－0143－0012790　PG292/2
元史氏族表三卷　(清)錢大昕撰　清同治十三年(1874)江蘇書局刻二十四史本　二册

110000－0143－0012791　PG292/2－1
元史氏族表三卷　(清)錢大昕撰　清嘉慶十一年(1806)嘉定黄鍾等刻潛研堂全書本　四册

110000－0143－0012792　PG292/2－1
元史氏族表三卷　(清)錢大昕撰　清同治十三年(1874)江蘇書局刻本　二册

110000－0143－0012793　PG292/16
[江蘇蘇州]彭氏宗譜八卷　(清)彭載舒　(清)彭正乾纂修　(清)彭翊等增修　清乾隆刻道光九年(1829)增刻本　三册　存六卷(三至八)

110000－0143－0012794　PG292/16
[江蘇吴縣]彭氏宗譜十二卷首一卷　(清)彭慰高　(清)彭祖賢纂修　清光緒七年至九年(1881－1883)彭氏衣言莊刻本　一册　存二卷(一至二)

110000－0143－0012795　PG292/17
[浙江上虞]上虞西華顧氏宗譜三十二卷　(清)顧霽　(清)顧乃眷等纂修　清宣統三年(1911)顧氏格思堂木活字印本　三十二册

110000－0143－0012796　PG292/18
[江蘇無錫]謝氏宗譜二十二卷　(清)謝嘉德等纂修　清光緒六年(1880)謝氏寶樹堂木活字印本　二十二册

110000－0143－0012797　PG292/22
[江蘇宜興]波洋里宋氏宗譜十卷首一卷末一卷　(清)宋品朝主修　(清)宋添榮　(清)宋際遠纂修　清光緒十三年(1887)宋氏五遜堂木活字印本　六册

110000－0143－0012798　PG292/26
[江蘇武進]毘陵城南張氏宗譜十卷附存不分卷　(清)張銓山等修　清同治十三年至光緒元年(1874－1875)張氏百忍堂木活字印本　十四册

110000－0143－0012799　PG292/29
[江蘇金壇]于氏宗譜二十八卷附于氏中說二卷契元公論草一卷　(清)于廷揚主修　(清)于鴻謨等纂修　清宣統三年(1911)江蘇金壇于氏福謙堂木活字印本　三十册

110000－0143－0012800　PG292/31
[江蘇常熟]京兆歸氏世譜二十卷　(清)歸令望增修　清同治八年(1869)江蘇常熟歸氏義莊刻光緒十四年(1888)增刻本　十二册

110000－0143－0012801　PG292/32
[江蘇金壇]王氏族譜十二卷　(清)王循理纂修　(清)王伯壎　(清)王潤續修　清乾隆五十六年(1791)江蘇金壇義門王氏刻道光三年(1823)增補本　八册

110000－0143－0012802　PG292/34
春秋國都爵姓考一卷附補一卷　(清)陳鵬著　清咸豐十一年(1861)南海伍氏刻本　一册

110000－0143－0012803　PG292/34
春秋五禮例宗十卷　(清)張大亨撰　清咸豐十一年(1861)南海伍氏刻本　與110000－0143－0012802合册

110000－0143－0012804　PG292/35
[江蘇武進]芳田高氏宗譜十四卷　(清)高其孝主修　清光緒四年(1878)江蘇武進高氏守愚堂木活字印本　十四册

110000－0143－0012805　PG292/38
[浙江諸暨]諸暨藏綠周氏世譜三卷首不分卷　(清)周源瀛纂修　清同治五年至十三年(1866－1874)浙江諸暨周氏萃親堂木活字印本　四册

110000－0143－0012806　PG292/39

[廣東中山]南關楊氏族譜十八卷　(清)楊蔭光等重修　清光緒二十五年(1899)南關楊氏敬思堂鉛印本　十四册

110000－0143－0012807　PG292/41

[江蘇無錫]錫山周氏世譜祠祀全編十六卷　(清)周榮增主修　(清)周毓麒纂修　清光緒十三年(1887)江蘇無錫錫山周氏木活字印本　十六册

110000－0143－0012808　PG292/42

[浙江上虞][浙江餘姚]桂林夏氏宗譜十卷首一卷末一卷　(清)夏憲曾等纂修　清光緒三十三年(1907)夏氏明德堂木活字印本　十二册

110000－0143－0012809　PG292/46

[浙江上虞]上虞桂林夏氏松夏支系七卷首一卷末一卷　(清)夏亦書主修　姚瑩俊纂修　清光緒三十三年(1907)夏氏怡壽堂木活字印本　一册

110000－0143－0012810　PG292/48

[江蘇吳縣][浙江湖州]洞庭吳氏家譜六卷　(清)吳永錫等增修　清乾隆三年(1738)洞庭吳氏刻本　六册

110000－0143－0012811　PG292/53

增訂春秋世族源流圖考六卷　(清)陳厚耀原著　(清)常茂徠增訂　清道光三十年(1850)夷門怡古堂刻本　三册

110000－0143－0012812　PG292/53

春秋女譜一卷　(清)常茂徠編　清道光三十年(1850)夷門怡古堂刻本　一册

110000－0143－0012813　PG292/54

[廣西西林]西林岑氏族譜十卷首一卷　(清)岑毓英纂修　(清)岑毓寶等參訂　清光緒十四年(1888)滇黔節署岑毓英刻本　十册

110000－0143－0012814　PG292/55

[湖北武漢]金氏宗譜十二卷首一卷末一卷　(清)金芳初總修　(清)金廷增　(清)金芳璟纂修　清光緒六年(1880)金氏忠勳堂木活字印本　十四册

110000－0143－0012815　PG292/56

[江西南昌]口湖北山豫章蔣氏重修族譜二卷　(清)蔣瀫舉主修　(清)蔣瀫東纂修　清乾隆四十四年(1779)江西南昌蔣氏木活字印本　二册

110000－0143－0012816　PG292/57

[河北定興]定興鹿氏二續譜十五卷　(清)鹿傳麟輯　清光緒二十三年(1897)定興鹿氏刻本　十册

110000－0143－0012817　PG292/58

[河北定興]定興鹿氏續譜十五卷　(清)鹿傳麟輯　清光緒二十二年(1896)鹿氏稿本　一册　存一卷(一)

110000－0143－0012818　PG292/59

[江蘇溧陽]芮氏族譜不分卷　(明)芮大愚纂輯　明嘉靖刻本　一册

110000－0143－0012819　PG292/65

[遼寧北寧]張氏未定粗譜不分卷　(□)□□撰　清嘉慶至道光張氏抄本　四册

110000－0143－0012820　PG292/69

[浙江會稽]會稽章氏家乘不分卷　(清)章淑鐸修　(清)章甫續修　(清)章之傑等增補　清康熙修嘉慶增修道光增補稿本　三册

110000－0143－0012821　PG292/70

[河南新鄉]杜氏族譜四卷　(清)杜繼瑗　(清)杜世永重修　清同治七年(1868)杜氏報本堂刻本　二册

110000－0143－0012822　PG292/72

[江蘇吳縣]彭氏宗譜三卷　(清)彭慰高續修　清同治六年(1867)彭氏衣言堂刻本　二册

110000－0143－0012823　PG292/76

[湖南郴州]陳氏族譜不分卷　(清)陳氏合族纂修　清光緒十七年(1891)陳氏德星堂木活字印本　十二册

110000－0143－0012824　PG292/78

[江蘇鎮江]潤東朱氏族譜十二卷　(清)□□

纂修　清光緒鎮江朱氏木活字印本　十二册

110000－0143－0012825　PG292/79
[浙江湖州]竹溪沈氏家乘二十卷首不分卷　(清)沈三錫等重修　(清)沈秉成續修　清光緒十年(1884)湖州沈氏刻本　二十四册

110000－0143－0012826　PG292/79
[浙江湖州]竹溪沈氏家乘二十卷首不分卷　(清)沈三錫等重修　(清)沈秉成續修　清光緒十年(1884)湖州沈氏刻本　六册　存八卷(一至八)

110000－0143－0012827　PG292/92
[安徽旌德、涇縣]續修嚴氏統宗世譜五卷首一卷末一卷　(清)嚴邦鑄等纂修　(清)嚴必源等校閲　清道光二十九年(1849)刻本　二册

110000－0143－0012828　PG292/93
[江蘇吳縣]東山鄭氏世譜八卷首不分卷　(清)鄭啟俊續修　清乾隆五十七年(1792)刻嘉慶元年(1796)增修本　六册

110000－0143－0012829　PG292/95
[湖南湘潭]中湘葛氏支譜二卷　(清)葛炳惠　(清)葛在京纂修　清嘉慶三年(1798)刻七年(1802)增修本　二册

110000－0143－0012830　PG292/101
[安徽懷寧]丁氏族譜七卷首三卷末一卷　(清)丁佐廷等修　清光緒十七年(1891)丁氏松兆堂刻本　十一册

110000－0143－0012831　PG292/102
[山東龍口]丁氏族譜十二卷首一卷　(清)丁世佳等總纂　清宣統元年(1909)丁氏刻本　十二册

110000－0143－0012832　PG292/103
[湖南長沙]長沙丁氏弍修宗譜三十二卷首一卷末一卷　(清)丁傳湜等修　清宣統三年(1911)丁氏雍睦堂木活字印本　二十四册

110000－0143－0012833　PG292/107
[河北東光]馬氏家乘不分卷　(清)馬國瓛鑒修　清嘉慶十六年(1811)馬氏刻本　一册

110000－0143－0012834　PG292/108
[山東商河]馬氏族譜不分卷　(清)馬毓椿等重修　清光緒八年(1882)馬氏刻本　四册

110000－0143－0012835　PG292/109
[河南安陽]安陽蔣邨馬氏宗譜八卷　馬吉樟等纂修　清光緒二十五年(1899)刻本　四册

110000－0143－0012836　PG292/113
[山東淄博]淄川縣豐泉鄉王氏世譜不分卷附錄　(清)王作畯等修　清道光二十四年(1844)刻光緒十八年(1892)增補本　四册

110000－0143－0012837　PG292/114
[湖北孝感]孝感王氏宗譜八卷首一卷　(清)王祥徽修　清同治八年(1869)王氏望雲堂刻本　八册

110000－0143－0012838　PG292/115
[安徽桐城]皖桐王氏支譜六卷　(清)王文爔等纂修　清光緒六年(1880)王氏培槐堂木活字印本　六册

110000－0143－0012839　PG292/116
[安徽桐城]王氏重修宗譜十卷　(清)王立綱纂　清光緒八年(1882)王氏三槐堂木活字印本　十册

110000－0143－0012840　PG292/116－1
[安徽桐城]王氏重修宗譜十卷　(清)王立綱纂　清光緒八年(1882)王氏三槐堂木活字印本　十册

110000－0143－0012841　PG292/117
[山東龍口]黃縣太原王氏族譜八卷　(清)王阜基等纂修　清宣統元年(1909)刻本　八册

110000－0143－0012842　PG292/121
[江蘇鎮江]韋氏族譜四卷　(清)韋克順主修　(清)韋立本監修　清道光十年(1830)韋氏木活字印本　四册

110000－0143－0012843　PG292/122
[江蘇]尤氏蘇常鎮宗譜二十八卷　(清)尤文濬　(清)尤毓源總纂　(清)尤爾梅　(清)

尤桐纂修　清光緒十七年(1891)尤氏遂初堂木活字印本　三十册

110000－0143－0012844　PG292/126

[安徽桐城]桂林方氏支譜十八卷首一卷末一卷　(清)方鏡等修　清同治七年(1868)方氏桂林堂木活字印本　二十册

110000－0143－0012845　PG292/127

[天津寶坻]方氏族譜不分卷　(清)方學詩纂修　清同治九年(1870)方學詩刻本　一册

110000－0143－0012846　PG292/128

[安徽定遠]重修鑪橋方氏家譜四卷首二卷　(清)方汝紹等纂修　清光緒二十九年(1903)方氏刻本　六册

110000－0143－0012847　PG292/132

[江蘇常州]常州左氏宗譜六卷　左元成纂修　清光緒十六年(1890)左氏裕德堂木活字印本　六册

110000－0143－0012848　PG292/137

[山東樂陵]史氏家譜不分卷　(清)史譜纂修　清嘉慶十七年(1812)史氏刻本　三册

110000－0143－0012849　PG292/140

[江蘇江陰]澄江馮氏宗譜八卷　(清)馮伯奇等續集　清嘉慶十二年(1807)馮氏大樹堂木活字印本　八册

110000－0143－0012850　PG292/143

[浙江新昌]吕氏宗譜十八卷　(清)□□纂修　(清)新昌吕氏續修　清嘉慶二年至三年(1797－1798)浙江新昌吕氏刻本　十八册

110000－0143－0012851　PG292/144

[浙江湖州]菱溪朱氏族譜不分卷　(清)朱紹鑑纂修　(清)菱溪朱氏續修　清光緒二十一年至三十四年(1895－1908)浙江湖州朱氏澹遠堂抄本　三册

110000－0143－0012852　PG292/145

[浙江嘉興]朱氏宗譜一卷　(清)朱錫祺纂修　清光緒嘉興朱氏刻本　一册

110000－0143－0012853　PG292/146

[浙江紹興]山陰白洋朱氏宗譜三十二卷首一卷　朱增等纂修　清光緒二十一年(1895)浙江紹興朱氏玉泉堂木活字印本　五十五册

110000－0143－0012854　PG292/147

[安徽潛山]朱氏宗譜十二卷首一卷末一卷　(清)朱振杞等纂修　清光緒三十二年(1906)朱氏敦睦堂木活字印本　十四册

110000－0143－0012855　PG292/156

[山東聊城]東郡任氏族譜五卷首一卷　(清)任春祐重修　清同治六年(1867)任氏登瀛閣刻本　一册

110000－0143－0012856　PG292/157

[山東淄博]淄川畢氏世譜一卷首一卷附錄一卷　(清)畢岱熞等纂修　清嘉慶十二年(1807)畢氏刻本　二册

110000－0143－0012857　PG292/162

[山西洪洞]洪洞劉氏宗譜六卷首一卷　(清)劉大悊纂修　清嘉慶十五年(1810)刻本　六册

110000－0143－0012858　PG292/163

[安徽桐城]梓溪劉氏支譜六卷　(清)劉松年纂修　清道光七年(1827)劉氏敦本堂木活字印本　六册

110000－0143－0012859　PG292/164

[山東齊河]劉氏族譜二卷　(清)劉開泰纂修　清道光二十四年(1844)劉氏聚訓堂刻本　二册

110000－0143－0012860　PG292/165

[山東寧陽]劉氏家譜二卷　(清)劉偉瞻總纂　清咸豐元年(1851)刻本　二册

110000－0143－0012861　PG292/166

[江蘇武進]毘陵新安劉氏宗譜二十卷　(清)劉善亨　(清)劉曾應等纂修　清同治十三年(1874)佩三堂刻本　二十六册

110000－0143－0012862　PG292/167

[湖北黃陂]紫溪劉氏家乘十一卷首一卷　(清)劉家琨纂修　清光緒七年(1881)太乙堂

木活字印本　十册

110000－0143－0012863　PG292/168
［江蘇靖江］劉氏宗譜二十八卷　（清）劉楚寶　（清）劉玉珂等纂修　清光緒三十二年（1906）五忠堂木活字印本　二十八册

110000－0143－0012864　PG292/169
［山東寧陽］劉氏家譜不分卷　（清）劉錫瑞等纂修　清光緒三十三年（1907）刻本　四册

110000－0143－0012865　PG292/171
［安徽桐城］江氏宗譜四十九卷末三卷　（清）江鴻書　（清）江有鯤總纂　清光緒二十六年至二十七年（1900－1901）敦倫堂木活字印本　五十二册

110000－0143－0012866　PG292/172
［安徽桐城］許楊支譜十卷　（清）許昌期纂修　清道光二十八年（1848）耕福堂木活字印本　八册

110000－0143－0012867　PG292/173
［浙江海寧］靈泉許氏重纂宗譜十二卷首一卷末一卷　（清）許克勤等纂修　清光緒十六年（1890）刻本　十四册

110000－0143－0012868　PG292/174
［安徽桐城］高陽許氏纂修宗譜六卷首一卷末一卷　（清）許萬糜等纂修　清光緒二十年（1894）崇本堂木活字印本　八册

110000－0143－0012869　PG292/175
［浙江紹興］浙紹山陰馬鞍許氏宗譜一卷　許常齡纂修　清宣統三年（1911）石印本　一册

110000－0143－0012870　PG292/177
［江西臨川］紀氏敬義堂世次錄十卷首二卷　（清）紀大奎纂修　清咸豐二年（1852）紀氏刻本　四册

110000－0143－0012871　PG292/178
［山東青州］顔山孫氏族譜二卷　（清）孫繼等纂修　清道光二十二年（1842）孫氏刻本　二册

110000－0143－0012872　PG292/179
［山東棗莊］孫氏族譜不分卷　（清）孫葆軫　（清）孫葆昱纂修　清光緒二十四年（1898）孫氏牛山祠堂刻本　八册

110000－0143－0012873　PG292/180
［河北］鑑湖孫氏譜略不分卷　（清）孫德鍾輯　清咸豐五年（1855）後稿本　一册

110000－0143－0012874　SG4171/12
全唐詩九百卷目錄十二卷　（清）曹寅等輯　清康熙四十四年至四十六年（1705－1707）揚州詩局刻本　一百二十册

110000－0143－0012875　PG292/183
［安徽桐城］皖桐芮氏續修宗譜二十四卷　（清）芮習　（清）芮楷等纂修　清光緒十年（1884）芮氏聚宗堂木活字印本　二十四册

110000－0143－0012876　PG292/185
［河南鄢陵許昌太康］蘇氏家乘六卷　（清）蘇誠　（清）蘇培成等纂修　清道光九年（1829）蘇氏太康刻本　六册

110000－0143－0012877　PG292/186
［河南許昌］許昌蘇氏家譜二卷　（清）蘇文生等纂修　清光緒十八年（1892）蘇氏忠義祠許昌刻本　二册

110000－0143－0012878　PG292/187
［河南太康］重修蘇氏家乘二卷　（清）蘇敦相主修　（清）蘇紹獻　（清）蘇兆元續修　清同治六年（1867）蘇氏刻光緒二十三年（1897）續刻本　二册

110000－0143－0012879　PG292/188
［湖北武昌］杜氏宗譜十八卷　（清）杜世春　（清）杜世順等纂修　清光緒十二年（1886）杜氏寶田堂木活字印本　八册

110000－0143－0012880　PG292/190
［北京］李氏近房宗譜不分卷　（清）李長申重修　清嘉慶十六年（1811）李氏刻本　一册

110000－0143－0012881　PG292/192
［安徽桐城］龍眠李氏宗譜十三卷末一卷　（清）李照等纂修　清同治三年（1864）李氏敬

愛堂木活字印本　十四册

110000－0143－0012882　PG292/193

[江蘇通州]南通州西亭竈李氏宗譜六卷首一卷末一卷　(清)李雲吉等纂修　清同治九年至光緒八年(1870－1882)李氏古香堂刻本　十册

110000－0143－0012883　PG292/194

[安徽桐城]李氏宗譜十一卷末不分卷　(清)李正彩　(清)李雙成等纂修　清光緒十年(1884)李氏敦本堂木活字印本　十二册

110000－0143－0012884　PG292/195

[江西九江]李氏家譜四卷首不分卷　(清)李明墀等纂修　清光緒十一年(1885)李氏揚州刻本　四册

110000－0143－0012885　PG292/196

[安徽霍山]灊陽李氏支譜十一卷首一卷末一卷　(清)李會芳等纂修　清光緒十九年(1893)李氏敦睦堂木活字印本　十二册

110000－0143－0012886　PG292/197

[山東高密]高密李氏家譜四卷首一卷末一卷　(明)李中敏纂修　(清)李凌卓等續修　明萬曆四十一年(1613)李氏刻清雍正五年至光緒三十四年(1727－1908)遞修本　八册

110000－0143－0012887　PG292/204

[安徽桐城]弘農楊氏宗譜六卷　(清)楊象森　(清)楊向潮等纂修　清道光楊氏刻本　六册

110000－0143－0012888　PG292/205

[安徽桐城]楊氏宗譜十卷　(清)楊千蔭等纂修　清嘉慶二十五年(1820)楊氏清白堂木活字印本　十一册

110000－0143－0012889　PG292/206

[安徽桐城]樅川楊氏宗譜九十六卷首二卷　(清)楊世先　(清)楊雄飛等纂修　清同治十一年(1872)楊氏遺厚堂木活字印本　十四册

110000－0143－0012890　PG292/207

[陝西大荔]西埜楊氏壬申譜不分卷　(清)楊樹椿纂修　(清)楊鳳詔續修　清光緒十六年(1890)楊氏刻本　一册

110000－0143－0012891　PG292/208

[江蘇錫山]錫山楊氏宗譜三十二卷首一卷　(清)楊星燦　(清)楊心慎等纂修　清光緒十四年(1888)楊氏道南祠木活字印本　三十四册

110000－0143－0012892　PG292/209

[安徽桐城]楊王氏宗譜八卷　(清)楊永利　(清)楊榮陞等纂修　清光緒二十六年(1900)楊氏弘太堂木活字印本　八册

110000－0143－0012893　PG292/212

[浙江蕭山]蕭山來氏家譜九卷首一卷　(清)□□纂修　清光緒十二年至十五年(1886－1889)浙江蕭山來氏會宗堂木活字印本　十册

110000－0143－0012894　PG292/213

[浙江紹興]山陰縣州山吳氏族譜三十一卷　(清)吳象中　(清)吳國檪續修　清道光十九年至二十年(1839－1840)浙江紹興山陰吳氏木活字印本　三十一册

110000－0143－0012895　PG292/214

[安徽桐城]重修麻溪吳氏族譜一百三十八卷首一卷　(清)吳承讓纂修　清同治十三年(1874)安徽桐城吳氏宗會堂木活字印本　六十五册

110000－0143－0012896　PG292/215

[浙江平湖]吳氏本支家譜不分卷　(清)吳若烺纂修　清光緒十八年(1892)平湖吳氏鉛印本　二册

110000－0143－0012897　PG292/216

[浙江海鹽]吳氏宗譜六卷　(清)吳昌年　吳昌祺續修　清光緒二十五年(1899)海鹽吳氏刻本　二册

110000－0143－0012898　PG292/217

[山東霑化]霑化吳氏族譜三卷霑化吳氏家傳四卷首一卷　(清)吳慶垣總纂　清光緒二十二年(1896)吳氏丹井園有鄰堂刻本　六册

110000－0143－0012899　PG292/218
[安徽桐城]皖桐吴氏續修宗譜三十二卷末二卷　(清)吴友謙等續修　清光緒二十八年(1902)吴氏仁義堂木活字印本　三十四册

110000－0143－0012900　PG292/219
[浙江湖州]吴氏宗譜不分卷　(清)吴孝誠纂修　清光緒三十一年至三十二年(1905－1906)湖州吴氏刻本　六册

110000－0143－0012901　PG292/220
[安徽休寧]南圩吴氏族譜不分卷　(清)吴炳文纂修　(清)吴武柄續修　清光緒二十年(1894)吴武柄抄本　二册

110000－0143－0012902　PG292/222
[山西靈石]何氏族譜十卷首一卷末一卷　(清)何思忠編輯　清道光十四年(1834)靈石何氏刻本　六册

110000－0143－0012903　PG292/223
[浙江蕭山]蕭山何氏宗譜二十卷首一卷　(清)何連陞等重修　清光緒十九年(1893)浙江蕭山何氏世恩堂木活字印本　十四册

110000－0143－0012904　PG292/226
[安徽舒城]龍舒余氏宗譜十二卷　(清)余紹瑞　(清)余思聰續修　清光緒三十二年(1906)安徽舒城余氏敦睦堂木活字印本　十二册

110000－0143－0012905　PG292/227
[江蘇武進]武進鄒氏家乘四十八卷　(清)鄒玉堂主修　(清)吴敏　(清)童可欽纂修　清光緒二十六年至二十七年(1900－1901)江蘇武進鄒氏敦睦堂木活字印本　三十八册

110000－0143－0012906　PG292/228
[安徽潛山]新安郡瀠陽余氏宗譜四十三卷　(清)余泰恒主修　(清)余森　(清)余誼中纂修　清光緒三十年(1904)安徽潛山余氏篤親堂木活字印本　四十五册

110000－0143－0012907　PG292/230
[安徽桐城]桐城汪氏宗譜八卷末一卷　(清)汪榮埙等纂修　清道光二十六年(1846)安徽桐城汪氏篤本堂木活字印本　八册

110000－0143－0012908　PG292/231
[安徽桐城]鳳凰山汪氏宗譜二十二卷　(清)汪明鑑主修　(清)汪硯田纂輯　清同治十二年(1873)桐城汪氏木活字印本　二十二册

110000－0143－0012909　PG292/232
[山東泰安]汶陽汪氏族譜四卷附汪氏文獻考四卷　(清)汪寶樹等編輯　清光緒二十四年(1898)汪氏景徽堂刻本　八册

110000－0143－0012910　PG292/233
[安徽祁門]韓楚二溪汪氏家乘十卷首一卷　(清)汪衍桎等主修　(清)汪發宰纂修　清宣統二年(1910)汪氏積翠山房木活字印本　十册

110000－0143－0012911　PG292/234
[江蘇吴縣]吴趨汪氏支譜二十卷首一卷　(清)汪彤宣重修　清宣統二年(1910)江蘇蘇州汪氏耕蔭莊木活字印本　十二册

110000－0143－0012912　PG292/236
[江蘇吴縣]沈氏族譜不分卷　(清)沈鴻　(清)沈鳴皋纂輯　清乾隆沈氏承志堂刻嘉慶增刻本　六册

110000－0143－0012913　PG292/237
[江蘇吴縣]洞庭沈氏宗譜六卷　(清)沈德培　(清)沈洤纂修　清道光十二年(1832)沈氏靜善堂刻本　六册

110000－0143－0012914　PG292/238
[江蘇錫山]梁溪沈氏宗譜十二卷　(清)沈佩玉等纂修　(清)沈惟康等輯　清咸豐五年(1855)沈氏世餘堂木活字印本　十四册

110000－0143－0012915　PG292/239
[浙江餘姚]姚江梅川沈氏宗譜十四卷首一卷末一卷　(清)沈尌　(清)沈文熒輯　清咸豐十一年(1861)沈氏敦本堂木活字印本　十册

110000－0143－0012916　PG292/240
[浙江蕭山]蕭山長巷沈氏續修宗譜四十卷首一卷　(清)沈荇等纂輯　清光緒十九年

(1893)沈氏承裕堂木活字印本　三十冊

110000－0143－0012917　PG292/241
[浙江紹興]山陰江頭宋氏世譜二十四卷　(清)宋汝楫修　清咸豐十一年(1861)宋氏木活字印本　十冊

110000－0143－0012918　PG292/243
[山西介休]定陽張氏族譜四卷　(清)張燮修　清嘉慶刻本　四冊

110000－0143－0012919　PG292/244
[河北景縣]張氏族譜不分卷　(清)張殿甲纂修　清嘉慶二年(1797)張氏和氣堂刻本　一冊

110000－0143－0012920　PG292/245
[浙江蕭山]蕭山衡河張氏家譜十二卷　(清)張貴等修　清嘉慶二十一年(1816)張氏孝友堂木活字印本　二十六冊

110000－0143－0012921　PG292/247
[山西平定]張氏族譜不分卷　(清)張文選修　清道光二十八年(1848)張氏刻本　四冊

110000－0143－0012922　PG292/248
[江蘇揚州]浦頭張氏五修族譜不分卷　(清)張鎔纂修　清同治八年(1869)張氏木活字印本　六冊

110000－0143－0012923　PG292/249
[河南新鄉]張氏族譜不分卷　(清)張世恭　(清)張世濂纂修　清同治十一年(1872)張氏刻本　二冊

110000－0143－0012924　PG292/250
[山東淄博]張氏宗譜不分卷　(清)張正誷等纂修　清光緒九年(1883)刻本　一冊

110000－0143－0012925　PG292/251
[江蘇常州]毘陵張氏族譜四卷　(清)張鴻鈞纂修　清宣統二年(1910)張氏木活字印本　四冊

110000－0143－0012926　PG292/252
[浙江紹興]浙紹山陰張氏家譜三卷　(清)張如樑　(清)張如榕等纂修　清宣統三年(1911)張氏刻本　一冊

110000－0143－0012927　PG292/254
[北京]張氏宗譜一卷　(清)張瀾等續錄　清光緒十一年(1885)抄本　二冊

110000－0143－0012928　PG292/259
[安徽潛山]陸葉氏宗譜十九卷首不分卷　(清)陸繼川纂修　清宣統二年(1910)崇本堂木活字印本　二十二冊

110000－0143－0012929　PG292/262
[浙江海寧]海昌陳氏家譜六卷　(清)陳應麟重編　(清)陳敬璋仝訂　清嘉慶八年至九年(1803－1804)刻十年(1805)印本　八冊

110000－0143－0012930　PG292/263
[山西靈石]陳氏家譜不分卷　(清)陳允中等重修　清道光二十七年(1847)刻本　四冊

110000－0143－0012931　PG292/264
[江蘇吴縣]陳氏家譜不分卷　(清)陳昌年纂修　清同治九年(1870)刻本　四冊

110000－0143－0012932　PG292/265
[江蘇無錫]陳氏君實公支宗譜首編三卷前編七卷今編二十三卷續編一卷　(清)陳學鴻等輯　(清)陳雲標等編次　清光緒二十一年(1895)報本堂木活字印本　二十冊

110000－0143－0012933　PG292/266
[江蘇蘇州]陳氏宗譜不分卷　(清)陳宏裕等修　清光緒二十八年(1902)繩德堂木活字印本　四冊

110000－0143－0012934　PG292/270
[江蘇吴縣]范氏家乘左編二十四卷首一卷末一卷右編十六卷　(清)范端信等纂修　清光緒二十五年(1899)范氏木活字印本　一百冊

110000－0143－0012935　PG292/271
[浙江蕭山]蕭山東門林氏宗譜六卷　(清)林鳳岐纂修　清光緒二十三年(1897)林氏友慶堂木活字印本　六冊

110000－0143－0012936　PG292/273
[浙江諸暨]周氏家譜不分卷　(清)周建中纂

修　(清)周勳續修　清嘉慶十年(1805)紹興周氏刻本　十六冊

110000－0143－0012937　PG292/274
[浙江諸暨]周氏家譜不分卷　(清)周勳纂修　(清)周調梅續修　清嘉慶十年(1805)紹興周氏刻道光二十七年(1847)增補本　十冊

110000－0143－0012938　PG292/275
[安徽桐城]桐西周氏支譜七卷末二卷　(清)周晴川主修　(清)周效愚等協修　清同治十一年(1872)周氏濂源堂木活字印本　十冊

110000－0143－0012939　PG292/276
[江蘇無錫]錫山五牧周氏宗譜十二卷　(清)周增福纂修　清光緒二十一年(1895)周氏懷德堂木活字印本　十三冊

110000－0143－0012940　PG292/277
[江蘇無錫]錫山周氏世譜九卷首三卷　(清)周鳴鏘纂修　清光緒三十三年(1907)周氏木活字印木　十三冊

110000－0143－0012941　PG292/278
[湖北蒲圻]周氏家乘不分卷　(□)□□纂修　清光緒周氏齊明堂刻本　十六冊

110000－0143－0012942　PG292/280
[浙江諸暨]諸暨藏綠周氏世譜六卷首三卷末二卷　(清)周源瀛纂修　清光緒十九年(1893)周氏萃親堂木活字印本　十二冊

110000－0143－0012943　PG292/281
[安徽桐城]豫章羅氏宗譜十六卷首一卷末一卷　(清)羅文波　(清)羅克偕纂修　清光緒七年(1881)羅氏端介堂木活字印本　十八冊

110000－0143－0012944　PG292/282
[安徽桐城]金氏宗譜十四卷　(清)金士超纂修　清同治金氏木活字印本　十六冊

110000－0143－0012945　PG292/283
[浙江上虞]古虞驛亭經氏宗譜二卷　(清)經緯　(清)經畬纂修　清道光二十四年(1844)經氏欲仁堂木活字印本　二冊

110000－0143－0012946　PG292/284
[安徽桐城]鄭氏宗譜十三卷　(清)鄭盛祥　(清)鄭養平纂修　清同治五年(1866)鄭氏詒瑞堂木活字印本　二十二冊

110000－0143－0012947　PG292/289
[山東高密]高密單氏家乘六卷　(清)單可琚等纂修　清同治二年(1863)單氏刻本　六冊

110000－0143－0012948　PG292/290
[山東高密]高密單氏家乘五卷　(清)單可鎮等纂修　清道光二年(1822)單氏刻本　十冊

110000－0143－0012949　PG292/292
[江蘇武進]毘陵孟氏宗譜十二卷首一卷末一卷　(清)孟道鳴等續修　清光緒十年(1884)孟氏願學堂刻本　十三冊

110000－0143－0012950　PG292/295
[安徽桐城]趙氏支譜十二卷末一卷　(清)趙後億　(清)趙後義編修　清光緒五年(1879)趙氏明德堂木活字印本　十二冊

110000－0143－0012951　PG292/296
[安徽桐城]桐陂趙氏宗譜二十八卷首一卷　(清)趙立方重修　清光緒九年(1883)趙氏明宗堂木活字印本　二十冊

110000－0143－0012952　PG292/297
[廣東開平]趙氏宗譜十卷　(清)趙寶珍等修　清光緒二十九年(1903)趙氏木活字印本　十冊

110000－0143－0012953　PG292/300
[河北定州]郝氏家譜不分卷　(清)郝秀峰等重訂　清光緒十七年(1891)郝氏敦睦堂刻本　一冊

110000－0143－0012954　PG292/301
[江蘇丹陽]皇塘荆氏元一公譜稿外編八卷　(清)荆履吉原輯　(清)荆國霖續編　清光緒三年(1877)荆氏敦五堂木活字印本　四冊

110000－0143－0012955　PG292/302
[江蘇無錫]榮氏宗譜十六卷　(清)榮汝楫等纂修　清同治十一年(1872)榮氏三樂堂木活字印本　八冊　存八卷(九至十六)

110000－0143－0012956　PG292/303

［浙江海寧］海寧查氏族譜四卷附海昌查氏歷世科甲錄不分卷　（清）查克敏重編　清光緒六年（1880）浙江海寧查氏刻本　十六册

110000－0143－0012957　PG292/306

［江西婺源］考川明經胡氏家乘不分卷　（清）胡天望等纂修　清乾隆抄本　三册

110000－0143－0012958　PG292/307

［浙江紹興］續修山陰張川胡氏宗譜二十六卷首一卷　（清）胡光文等纂修　清道光十年（1830）敦睦堂木活字印本　二十册

110000－0143－0012959　PG292/308

［安徽桐城］胡氏宗譜五卷首不分卷　（清）胡巨卿等纂修　清同治五年（1866）孝義堂木活字印本　十八册

110000－0143－0012960　PG292/309

［安徽桐城］桐城川門胡氏宗譜二十八卷　（清）胡文炳等纂修　清光緒二十七年（1901）詒穀堂木活字印本　二十八册

110000－0143－0012961　PG292/312

［江蘇錫山］錫山施氏宗譜不分卷　清光緒五年（1879）麟慶堂木活字印本　十册

110000－0143－0012962　PG292/315

［浙江湖州］吳興姚氏家乘二十卷首不分卷　（清）姚培純　（清）姚學邃等纂修　清光緒二十年至二十四年（1894－1898）刻本　二十册

110000－0143－0012963　PG292/316

［浙江紹興］紹興姚氏譜十五卷首三卷附存譜三卷　（清）姚振宗　（清）姚如瀚纂修　清光緒二十九年（1903）快閣木活字印本　十八册

110000－0143－0012964　PG292/317

［江蘇錫山］錫山秦氏宗譜十二卷首一卷　（清）秦蘭枝　（清）秦賡彤等編纂　清同治十二年（1873）秦氏木活字印本　十四册

110000－0143－0012965　PG292/319

［浙江鄞縣］鄞縣西袁氏家乘二十六卷　（清）袁之鎮　（清）袁堯年等纂修　清光緒二十六年（1900）袁氏敦本堂木活字印本　十四册

110000－0143－0012966　PG292/320

［江西新建］夏氏家乘二卷　（清）夏獻雲編　清光緒七年（1881）夏獻雲刻本　二册

110000－0143－0012967　PG292/321

［安徽桐城］黎陽都氏四修宗譜二十卷　（清）都其琛　（清）都蔭藻纂修　清光緒二十三年（1897）都氏植本堂木活字印本　二十册

110000－0143－0012968　PG292/323

［山西平定］晉氏族譜不分卷　（清）晉棨如等纂修　清同治八年（1869）晉氏追遠堂刻本　二册

110000－0143－0012969　PG292/328

［浙江上虞］徐氏宗譜四十六卷附補遺訂訛二卷　（清）徐遇春等纂修　清光緒二十一年至二十二年（1895－1896）徐氏木活字印本　二十册

110000－0143－0012970　PG292/331

［安徽桐城］殷氏宗譜六卷　（清）殷正焜　（清）殷士璉纂修　清嘉慶十年（1805）殷氏世裕堂木活字印本　六册

110000－0143－0012971　PG292/333

［安徽桐城］皖桐高氏宗譜十五卷　（清）高尚重修　清道光二十一年（1841）高氏慶壽堂木活字印本　二十册

110000－0143－0012972　PG292/334

［山東淄博］淄川縣孝義鄉高氏族譜不分卷　（清）高遠堮　（清）高遠悊纂輯　清光緒十九年（1893）淄博高氏刻本　八册

110000－0143－0012973　PG292/335

［四川瀘州］瀘州南門高氏族譜六卷首一卷　（清）高楷編輯　清光緒二十二年（1896）高氏寶仁堂木活字印本　八册

110000－0143－0012974　PG292/337

［江蘇丹徒］京江郭氏家乘八卷首一卷　（清）郭振鵬等續修　清宣統三年（1911）郭氏續古堂木活字印本　十册

110000－0143－0012975　PG292/339
[河南林州]林慮閻氏族譜三卷首一卷　(清)閻典唐續修　清道光十八年(1838)閻素芳等刻本　四册

110000－0143－0012976　PG292/340
[湖北宜昌]閻氏族譜四卷　(清)閻大鏞續修　清同治十一年(1872)閻氏雅望堂刻本　一册

110000－0143－0012977　PG292/341
[安徽安慶]河間凌氏族譜十四卷首二卷末一卷　(清)凌修胡　(清)凌信纂修　清嘉慶十二年(1807)凌氏敦倫堂木活字印本　九册

110000－0143－0012978　PG292/342
[浙江紹興]會稽陶氏族譜三十二卷　(明)陶崇道輯　(清)陶際堯重修　清道光十年(1830)陶氏刻本　二十册

110000－0143－0012979　PG292/343
[江蘇常州]陶氏遷常支譜五卷首一卷　陶珙　陶湘纂修　清光緒三十四年(1908)陶氏鉛印本　三册

110000－0143－0012980　PG292/345
[安徽桐城]謝河黄氏宗譜二十八卷末一卷　(清)黄學源等纂修　清光緒三十一年(1905)黄氏敦本堂木活字印本　三十册

110000－0143－0012981　PG292/350
[山東蓬萊]戚氏族譜不分卷　(清)戚學山等纂修　清同治四年(1865)刻本　一册

110000－0143－0012982　PG292/351
[福建福州]福州通賢龔氏支譜三卷　(清)龔葆琛編輯　清光緒九年(1883)刻本　三册

110000－0143－0012983　PG292/353
[安徽桐城]全城章氏支譜十二卷末一卷　(清)章琢其纂修　清光緒二十五年(1899)章氏光裕堂木活字印本　十四册

110000－0143－0012984　PG292/355
[湖北孝感]屠氏孝感支續譜不分卷　(清)屠之申　(清)屠之梃纂修　清道光二年(1822)屠之申刻本　五册

110000－0143－0012985　PG292/357
[安徽桐城]彭氏世譜四十二卷末一卷　(清)彭元照主修　清同治五年(1866)安徽桐城彭氏奎聚堂木活字印本　四十二册

110000－0143－0012986　PG292/358
[江蘇無錫]錫山蔣氏宗譜二十四卷首一卷　(清)蔣汝佶纂修　清光緒四年(1878)江蘇無錫蔣氏一梅堂木活字印本　十七册

110000－0143－0012987　PG292/359
[河北博野]蔣氏家譜八卷　(清)蔣士悦續修　清光緒二十一年(1895)博野蔣氏居易堂、亦政堂、慎樞堂刻本　五册

110000－0143－0012988　PG292/360
[山西平定]董氏族譜四卷附録一卷　(清)董體元等續修　清道光十四年(1834)山西平定董氏夢花堂刻本　四册

110000－0143－0012989　PG292/356
[全國]屠氏族譜二十二卷續編三卷　(清)屠之申彙修　清道光七年至八年(1827－1828)屠氏刻本　三十册

110000－0143－0012990　PG292/362
[安徽灊山]葛氏族譜四十五卷首一卷末一卷　(清)葛起旋續修　清光緒元年(1875)安徽灊山葛氏正德堂木活字印本　三十五册

110000－0143－0012991　PG292/363
[山西洪洞]洪洞韓氏家譜二卷　(清)韓有慶續修　清嘉慶二十年(1815)洪洞韓氏刻本　四册

110000－0143－0012992　PG292/364
[安徽桐城]皖桐曲水村程氏宗譜十四卷首一卷末一卷　(清)程勳等續修　清同治四年(1865)安徽桐城程氏崇箴堂木活字印本　十八册

110000－0143－0012993　PG292/365
[廣東中山]程氏族譜二十卷首一卷　(清)程應文等主修　(清)程有章等纂修　清光緒元

年至二年(1875－1876)程氏書錦堂刻本　二十册

110000－0143－0012994　PG292/369
[山東高密]高密傅氏族譜不分卷　(清)傅壂　(清)傅雲衢續修　清光緒四年(1878)傅氏刻本　四册

110000－0143－0012995　PG292/378
[安徽安慶]雷氏宗譜二十八卷首二卷末一卷　(清)雷鎮基主修　清光緒十三年(1887)雷氏亦山堂木活字印本　二十八册

110000－0143－0012996　PG292/379
[山西運城]河東安邑郇城路氏族譜不分卷　(清)路生財　(清)路有年纂修　清同治十年(1871)路氏刻本　二册

110000－0143－0012997　PG292/382
[山西平定]竇氏族譜不分卷　(清)竇開惠　(清)竇嵋等纂修　清道光二十七年(1847)竇氏世和堂刻本　二册

110000－0143－0012998　PG292/383
[山西平定]竇氏族譜不分卷　(清)竇開惠　(清)竇嵋等纂修　(清)竇志默增修　清道光二十七年(1847)竇氏世和堂刻光緒二十三年(1897)增刻本　二册

110000－0143－0012999　PG292/384
[山東高密]綦氏家乘四卷　(清)綦久安等纂修　清同治十一年(1872)綦氏老祠堂刻本　四册

110000－0143－0013000　PG292/385
[山西平定]蔡氏族譜不分卷附錄不分卷　(清)蔡子璧纂修　清道光二十五年(1845)蔡氏刻本　八册

110000－0143－0013001　PG292/387
[浙江湖州]純孝[潘氏]世譜不分卷　(□)□□纂修　清康熙稿本　二册　存三卷(古臣府君行略卷之二十九、總祠考卷之三十、考里祖墓圖説卷之三十一)

110000－0143－0013002　PG292/388
[山西平定]潘氏族譜一卷潘族合譜一卷潘氏家話一卷　(清)潘組耀　(清)潘應珍纂修　清咸豐七年至八年(1857－1858)潘氏刻本　三册

110000－0143－0013003　PG292/389
[江蘇吳縣]大阜潘氏支譜二十四卷首一卷　(清)潘觀保主修　(清)潘介福等纂輯　清光緒十三年(1887)潘氏松鱗莊刻本　十五册

110000－0143－0013004　PG292/390
[湖南茶陵]仁源譚氏續修支譜不分卷　(清)譚福葆纂修　清同治十二年(1873)譚氏敬愛堂木活字印本　四册

110000－0143－0013005　PG292/392
[江蘇武進]毘陵薛氏南河分汝雍公支譜五卷附一卷　(清)薛熙宇纂修　清光緒三十四年(1908)薛氏木活字印本　六册

110000－0143－0013006　PG292/393
[河北東光]東光霍氏家乘不分卷　(清)霍官雲等纂修　清宣統三年(1911)霍氏刻本　二册

110000－0143－0013007　PG292/395
[安徽桐城]皖桐璩氏族譜三十八卷首二卷末二卷　(清)璩蘭　(清)璩星舫纂修　清宣統二年(1910)璩氏世德堂、遺經堂木活字印本　四十二册

110000－0143－0013008　PG292/396
[貴州遵義]白田蹇氏家譜不分卷附貴州遵義縣蹇君墓誌銘不分卷書信一通　(清)蹇臣纂修　(清)蹇闇重修　清同治蹇氏抄本　二册

110000－0143－0013009　PG292/396
蹇氏忠勤錄不分卷　(清)趙廷璜　(清)黄彭年等撰　清光緒十六年(1890)鉛印本　一册

110000－0143－0013010　PG292/399
[安徽桐城]皖桐魏氏宗譜十八卷首一卷末二卷　(清)魏承志　(清)魏家增纂修　清同治九年(1870)魏氏木活字印本　二十一册

110000－0143－0013011　PG292/403

湖南善化黄氏支系考二卷　(清)黄仁濟輯　清光緒黄仁濟廣西刻本　二册

110000－0143－0013012　PG293/1
增廣尚友錄統編二十二卷　應祖錫編輯　清光緒二十八年(1902)鴻寶齋石印本　十二册

110000－0143－0013013　PG293/1
增廣尚友錄統編二十二卷　應祖錫編輯　清光緒二十八年(1902)鴻寶齋石印本　三册

110000－0143－0013014　PG293/2
尚友錄二十二卷附補遺　(明)廖用賢編纂　(清)張伯琮補輯　清光緒十四年(1888)上海點石齋石印本　四册

110000－0143－0013015　PG293/2
尚友錄二十二卷續集二十二卷　(明)廖用賢編纂　(清)張伯琮補輯　清光緒十四年(1888)上海點石齋石印本　八册

110000－0143－0013016　PG293/2
尚友錄二十二卷續集二十二卷　(明)廖用賢編纂　(清)張伯琮補輯　清光緒十四年(1888)上海點石齋石印本　八册

110000－0143－0013017　PG293/2－1
尚友錄二十二卷附補遺　(明)廖用賢編纂　(清)張伯琮補輯　清末刻本　二十二册

110000－0143－0013018　PG293/3
光緒九年進士登科錄不分卷履歷不分卷　(清)李鴻藻等編輯　清光緒刻本　五册

110000－0143－0013019　PG293/4
國朝歷科館選錄不分卷　(清)沈廷芳原輯　(清)陸費墀　(清)沈世煒重訂　清乾隆三十一年(1766)仁和沈氏刻乾隆至光緒遞修本　二册

110000－0143－0013020　PG293/7
岑襄勤公勛德介福圖不分卷　(清)岑春榮等輯　清光緒十七年(1891)上海岑春榮等石印本　一册

110000－0143－0013021　PG293/7
岑襄勤公勛德介福圖不分卷　(清)岑春榮等輯　清光緒十七年(1891)上海岑春榮等石印本　一册

110000－0143－0013022　PG293/18
光緒己丑科會試同年齒錄不分卷　清光緒十五年(1889)北平琉璃廠文采齋、龍雲齋、聚元齋、精華齋刻本　四册

110000－0143－0013023　PG293/19
續疑年錄四卷　(清)吳修編　清咸豐五年(1855)刻本　一册

110000－0143－0013024　PG293/19－2
三續疑年錄十卷　(清)陸心源編　清光緒五年(1879)刻本　三册

110000－0143－0013025　PG293/19－2
三續疑年錄十卷　(清)陸心源編　清光緒五年(1879)刻本　三册

110000－0143－0013026　PG293/19－2
三續疑年錄十卷　(清)陸心源編　清光緒五年(1879)刻本　二册　缺三卷(八至十)

110000－0143－0013027　PG293/19－2
三續疑年錄十卷　(清)陸心源編　清光緒五年(1879)刻本　三册

110000－0143－0013028　PG293/19－2
補疑年錄四卷　(清)錢椒編　清末刻本　一册

110000－0143－0013029　PG293/19－2
疑年錄四卷續疑年錄四卷　(清)錢大昕編　(清)吳修校并續編　清嘉慶至道光海鹽吳氏刻本　二册

110000－0143－0013030　PG293/19－2
三續疑年錄十卷　(清)陸心源編　清光緒五年(1879)刻本　三册

110000－0143－0013031　PG293/19－2
疑年錄四卷續疑年錄四卷　(清)錢大昕編　(清)吳修校并續編　清嘉慶至道光海鹽吳氏刻本　二册

110000－0143－0013032　PG293/19－2
三續疑年錄十卷　(清)陸心源編　清光緒五

年(1879)刻本　二册

110000－0143－0013033　PG293/19－4
補疑年錄四卷　(清)錢椒編　清末刻本　一册

110000－0143－0013034　PG293/19－4
補疑年錄四卷　(清)錢椒編　清末刻本　一册

110000－0143－0013035　PG293/22
清秘述聞十六卷　(清)法式善編　清嘉慶四年(1799)刻本　三册　缺九卷(四至六、九至十四)

110000－0143－0013036　PG293/28
宗室王公世職章京爵秩襲次全表十卷　(清)牟其汶編纂　清光緒三十三年(1907)石印本　十册

110000－0143－0013037　PG293/28
宗室王公世職章京爵秩襲次全表十卷　(清)牟其汶編纂　清光緒三十三年(1907)石印本　八册　缺二卷(四至五)

110000－0143－0013038　PG293/30
國朝御史題名不分卷滿洲蒙古御史題名不分卷　(清)黄叔璥　(清)蘇芳阿編輯　(清)梁中靖等增輯　清道光京畿道刻清末遞修本　三册

110000－0143－0013039　PG293/31
自號錄不分卷　(宋)徐光溥編　清光緒八年(1882)歸安陸氏刻本　一册

110000－0143－0013040　PG293/32
杭女表微錄十六卷首一卷　(清)孫樹禮編　清光緒三十二年至三十三年(1906－1907)寧城增刻本　八册

110000－0143－0013041　PG293/32
杭女表微錄十六卷首一卷　(清)孫樹禮編　清光緒三十二年至三十三年(1906－1907)寧城增刻本　八册

110000－0143－0013042　PG293/33
新纂氏族箋釋八卷　(清)熊峻運手著　(清)楊煌義編次　清中期刻本　四册

110000－0143－0013043　PG293/33－1
新纂氏族箋釋八卷　(清)熊峻運手著　(清)楊煌義編次　清中期經綸堂刻本　四册

110000－0143－0013044　PG293/34
吴興科第表不分卷　(清)戴璐等輯　(清)沈鋐等續輯　清同治十一年(1872)北京清遠堂刻清末遞修本　二册

110000－0143－0013045　PG293/34－1
吴興科第表不分卷　(清)戴璐等輯　(清)沈鋐等續輯　清同治十一年(1872)北京清遠堂刻光緒遞修本　二册

110000－0143－0013046　PG293/35
湖北鄉試行卷不分卷　夏道煇撰　清光緒末刻本　一册

110000－0143－0013047　PG293/37
道光庚子鄉試同年齒錄不分卷　(清)□□輯　清道光二十年(1840)北京琉璃廠文錦齋刻同治四年(1865)補刻本　四册

110000－0143－0013048　PG293/38
甲午科十八省正副榜同年全錄不分卷　(清)□□輯　清光緒二十年(1894)刻本　二册

110000－0143－0013049　PG293/38
甲午科十八省正副榜同年全錄不分卷　(清)□□輯　清光緒二十年(1894)刻本　二册

110000－0143－0013050　PG293/39
正氣集十卷　王式纂輯　清宣統三年(1911)不讀非道書齋鉛印本　四册

110000－0143－0013051　PG293/41
儒林宗派十六卷　(清)萬斯同撰　清宣統三年(1911)浙江圖書館刻本　二册

110000－0143－0013052　PG293/41
儒林宗派十六卷　(清)萬斯同撰　清宣統三年(1911)浙江圖書館刻本　二册

110000－0143－0013053　PG293/41
儒林宗派十六卷　(清)萬斯同撰　清宣統三年(1911)浙江圖書館刻本　二册

110000－0143－0013054　PG293/50
歷代同姓名錄二十三卷　(清)劉長華纂輯　清光緒五年至六年(1879－1880)藜照軒刻本　六冊

110000－0143－0013055　PG293/50
歷代同姓名錄二十三卷　(清)劉長華纂輯　清光緒五年至六年(1879－1880)藜照軒刻本　四冊

110000－0143－0013056　PG293/50
歷代同姓名錄二十三卷　(清)劉長華纂輯　清光緒五年至六年(1879－1880)藜照軒刻本　八冊

110000－0143－0013057　PG293/51
東林點將錄一卷　(明)王紹徽撰　清光緒至宣統長沙葉氏郎園刻雙楳景闇叢書本　一冊

110000－0143－0013058　PG293/51
重刻足本詩壇點將錄一卷　(清)舒位撰　清宣統三年(1911)長沙葉氏郎園刻雙楳景闇叢書本　與110000－0143－0013057合冊

110000－0143－0013059　PG293/54
中州同官錄三卷　清光緒三十年(1904)徐嘉樹刻本　三冊

110000－0143－0013060　PG293/55
陝西鄉試題名錄(同治癸酉科)不分卷　清同治十二年(1873)刻本　一冊

110000－0143－0013061　PG293/58
瀏陽敬學堂志八卷　(清)唐步瀛撰　清光緒十八年(1892)刻本　二冊

110000－0143－0013062　PG293/59－1
道光十五年乙未科會試同年齒錄二卷首一卷　(清)張雲藻校　(清)徐有孚　(清)邱建猷同校　清道光二十二年(1842)刻本　二冊

110000－0143－0013063　PG293/61
直省選優貢同年齒錄(同治癸酉科)不分卷　清同治十二年(1873)琉璃廠精華齋刻本　一冊

110000－0143－0013064　PG293/62
癸酉科選十八省拔貢同年全錄不分卷　清同治十二年(1873)刻本　二冊

110000－0143－0013065　PG293/63
癸酉科鄉試十八省同年錄不分卷　清同治十二年(1873)刻本　一冊

110000－0143－0013066　PG293/64
八旗奉直同鄉齒錄不分卷　清同治十一年(1872)刻本　一冊

110000－0143－0013067　PG293/66
湖廣同鄉齒錄不分卷　清光緒二十八年(1902)刻本　一冊

110000－0143－0013068　PG293/67
光緒三十一年夏季分湖南候補文職官冊不分卷　清光緒三十一年(1905)木活字印本　一冊

110000－0143－0013069　PG293/69
湖南鄉試同年譜(光緒癸卯恩科)不分卷　清光緒二十九年(1903)刻本　一冊

110000－0143－0013070　PG293/70
光緒二十八年壬寅補行庚子辛丑恩正併科湖北鄉試錄不分卷　清光緒二十八年(1902)刻本　一冊

110000－0143－0013071　PG293/71
毘陵科第攷八卷　(清)趙熙鴻編　(清)錢人麟　(清)莊柱續編　(清)陸黻恩等校補　清光緒刻本　一冊　存四卷(五至八)

110000－0143－0013072　PG293/72
廣東鄉試錄(光緒庚子恩正兩科)不分卷　清光緒二十七年(1901)刻本　一冊

110000－0143－0013073　PG293/72
廣東鄉試錄(光緒庚子恩正兩科)不分卷　清光緒二十七年(1901)刻本　一冊

110000－0143－0013074　PG293/72
廣東鄉試錄(光緒庚子恩正兩科)不分卷　清光緒二十七年(1901)刻本　一冊

110000－0143－0013075　PG293/73
甘肅鄉試同年齒錄(光緒乙酉科)不分卷　清

光緒十一年(1885)刻本　一冊

110000－0143－0013076　PG293/74
甘肅鄉試題名錄(光緒乙酉科)不分卷　清光緒二十三年(1897)刻本　一冊

110000－0143－0013077　PG293/76
四川鄉試(光緒戊子科)不分卷　清光緒十四年(1888)刻本　一冊

110000－0143－0013078　PG293/77
陝西鄉試題名錄(光緒甲午科)不分卷　清光緒二十年(1894)刻本　一冊

110000－0143－0013079　PG293/79
道光庚戌科拔貢朝考同年齒錄不分卷　清道光三十年(1850)刻本　一冊

110000－0143－0013080　PG293/80
浙江同官錄不分卷　清光緒刻本　一冊

110000－0143－0013081　PG293/81
光緒貳年舉行丙子正科浙江鄉試題名錄不分卷　清光緒二年(1876)刻本　一冊

110000－0143－0013082　PG293/81－1
同治六年補行甲子竝丁卯科浙江鄉試題名錄不分卷　清同治六年(1867)刻本　一冊

110000－0143－0013083　PG293/82
[道光]乙酉拔貢知縣分發各省錄不分卷　清道光二十九年(1849)刻本　一冊

110000－0143－0013084　PG293/83
廣東鄉試題名錄(光緒癸巳恩科)不分卷　清光緒十九年(1893)刻本　一冊

110000－0143－0013085　PG293/84
廣東鄉試同年齒錄(光緒二十三年丁酉科)不分卷　清光緒二十三年(1897)刻本　一冊

110000－0143－0013086　PG293/85
光緒戊戌科廣東省大挑一等齒錄不分卷　清光緒二十四年(1898)粤城拱北慶時憲書局刻本　一冊

110000－0143－0013087　PG293/86
咸豐十一年辛酉科選十八省拔貢同年錄不分卷　清咸豐十一年(1861)刻本　一冊

110000－0143－0013088　PG293/87
光緒丁酉科十八省選拔貢同年全錄不分卷　清光緒二十三年(1897)刻本　二冊

110000－0143－0013089　PG293/88
光緒乙酉科優貢同年齒錄不分卷　清光緒十一年(1885)刻本　一冊

110000－0143－0013090　PG293/89
光緒甲午科十八省優貢同年全錄不分卷　清光緒二十年(1894)刻本　一冊

110000－0143－0013091　PG293/90
光緒庚子科十八省優貢同年全錄不分卷　清光緒二十八年(1902)刻本　一冊

110000－0143－0013092　PG293/91
順天鄉試錄(光緒十九年癸巳恩科)不分卷　清光緒十九年(1893)刻本　一冊

110000－0143－0013093　PG293/92
河南鄉試同年齒錄(光緒乙亥恩科)不分卷　清光緒元年(1875)刻本　一冊

110000－0143－0013094　PG293/94
恩科山東鄉試同年齒錄(光緒乙亥科)不分卷　清光緒元年(1875)刻本　一冊

110000－0143－0013095　PG293/95
山東鄉試題名錄(光緒二十九年癸卯恩科)不分卷　清光緒二十九年(1903)刻本　一冊

110000－0143－0013096　PG293/96
各省拔貢同年錄(光緒丁酉科)不分卷　清光緒二十三年(1897)刻本　一冊

110000－0143－0013097　PG293/97
咸豐己未恩科湖北鄉試同年錄不分卷　清咸豐九年(1859)刻本　一冊

110000－0143－0013098　PG293/98
光緒辛丑科補行庚子恩科各省鄉試同年全錄不分卷　清光緒二十七年(1901)刻本　二冊

110000－0143－0013099　PG293/99
會試同年齒錄(光緒二十年甲午恩科)不分卷

清光緒二十年(1894)北京精華齋、元會齋、龍光齋、龍文齋刻本　四册

110000－0143－0013100　PG293/100
光緒戊戌科會試齒錄不分卷　清光緒二十四年(1898)刻本　一册

110000－0143－0013101　PG293/101
光緒二十一年乙未科會試錄不分卷　清光緒二十一年(1895)刻本　一册

110000－0143－0013102　PG293/102
光緒二年丙子恩科會試同年錄不分卷　清光緒二年(1876)刻本　一册

110000－0143－0013103　PG293/103
江南鄉試同年齒錄(光緒癸巳恩科)不分卷　清光緒十九年(1893)會文齋、文林閣刻本　一册

110000－0143－0013104　PG293/103－1
江南鄉試同年齒錄(光緒己丑恩科)不分卷　清光緒十五年(1889)刻本　一册

110000－0143－0013105　PG293/104
各省鄉試同年鄉試錄(咸豐五年乙卯科)不分卷　清咸豐五年(1855)刻本　一册

110000－0143－0013106　PG293/104
各省鄉試同年鄉試錄(咸豐五年乙卯科)不分卷　清咸豐五年(1855)刻本　一册

110000－0143－0013107　PG293/105
各省拔貢優貢同年錄(道光己酉科)不分卷　清道光二十九年(1849)刻本　四册

110000－0143－0013108　PG293/107
國朝春曹題名不分卷　(清)費蔭章　(清)劉毓枏輯　清咸豐八年(1858)刻本　一册

110000－0143－0013109　PG293/107－1
國朝春曹題名不分卷附春曹儀式　(清)費蔭章　(清)劉毓枏輯　清光緒二十四年(1898)刻本　二册

110000－0143－0013110　PG293/109
光緒貳年舉行丙子科廣西鄉試題名錄不分卷　清光緒二年(1876)刻本　一册

110000－0143－0013111　PG293/110
光緒癸巳恩科雲南題名錄不分卷　清光緒十九年(1893)刻本　一册

110000－0143－0013112　PG293/111
光緒九年癸未科會試同年齒錄不分卷　清光緒九年(1883)北京琉璃廠龍雲齋刻本　四册

110000－0143－0013113　PG293/112
江西鄉試錄(道光十四年甲午科)不分卷　清道光十四年(1834)刻本　一册

110000－0143－0013114　PG293/114
宣統庚戌年制科孝廉方正錄不分卷　清宣統二年(1910)北京翰藻齋、龍雲齋、文錦齋、元會齋刻本　一册

110000－0143－0013115　PG293/115
直省同年齒錄(光緒己卯科)不分卷　清光緒五年(1879)北京龍雲齋、龍光齋刻本　八册

110000－0143－0013116　PG293/116
甘肅同官錄不分卷　清光緒刻本　一册

110000－0143－0013117　PG293/117
湖北鄉試第一房同門錄(光緒壬寅年補行庚子辛丑恩正並科)不分卷　清光緒二十八年(1902)刻本　一册

110000－0143－0013118　PG293/118
國朝蘇州府長元吴三邑科第譜四卷　(清)陸懋修原輯　陸潤庠補編　清光緒三十二年(1906)刻本　二册

110000－0143－0013119　PG293/118
國朝蘇州府長元吴三邑科第譜四卷　(清)陸懋修原輯　陸潤庠補編　清光緒三十二年(1906)刻本　二册

110000－0143－0013120　PG293/118
蘇州府長元吴三邑諸生譜九卷首一卷　(清)錢國祥編　清光緒三十二年(1906)刻本　二册

110000－0143－0013121　PG293/118
國朝蘇州府長元吴三邑科第譜四卷　(清)陸懋修原輯　陸潤庠補編　清光緒三十二年

(1906)刻本　二册

110000－0143－0013122　PG293/118
國朝蘇州府長元吳三邑科第譜四卷　(清)陸懋修原輯　陸潤庠補編　清光緒三十二年(1906)刻本　二册

110000－0143－0013123　PG293/118
國朝蘇州府長元吳三邑諸生譜九卷首一卷　(清)錢國祥編　清光緒三十二年(1906)刻本　二册

110000－0143－0013124　PG293/119
錫山遊庠録二卷首一卷　(清)邵涵初輯　清光緒四年(1878)刻本　二册

110000－0143－0013125　PG293/119－2
錫金遊庠續録一卷　高鏷泉編　清光緒三十四年(1908)刻本　一册

110000－0143－0013126　PG293/120
同治庚午科大同年齒録不分卷　吳蔭培輯　清光緒三十二年至宣統二年(1906－1910)京師吳蔭培刻本　八册

110000－0143－0013127　PG293/121
清道光間搢紳雜録不分卷　(清)□□輯　清道光抄本　二册

110000－0143－0013128　PG293/122
王奉常書畫題跋二卷　(明)王時敏撰　(清)李玉棻校刊　清宣統元年(1909)李氏甌鉢羅室刻本　二册

110000－0143－0013129　PG293/122
王奉常書畫題跋二卷　(明)王時敏撰　(清)李玉棻校刊　清宣統二年(1910)李氏甌鉢羅室刻本　二册

110000－0143－0013130　PG293/123
國朝太鎮諸生譜　(清)王鈞照重輯　清光緒十七年(1891)刻朱墨套印本　二册

110000－0143－0013131　PG293/125
國朝貢舉考略三卷　(清)黄崇蘭撰　清道光二年(1822)姑蘇經義堂刻本　一册

110000－0143－0013132　PG293/127
嘉慶貳拾壹年丙子科山東鄉試録不分卷　清嘉慶二十一年(1816)至宣統刻本　一册

110000－0143－0013133　PG293/128
錫金科第攷六卷　高鏷泉輯　張慶淦等校　清宣統二年(1910)高氏木活字印本　二册

110000－0143－0013134　PG293/130
山東鄉試硃卷(同治壬戌恩科併咸豐辛酉正科)不分卷附山東鄉試第伍房同門姓氏　清咸豐十一年至同治元年(1861－1862)刻本　八册

110000－0143－0013135　PG293/133
甘肅全省同官録　清光緒抄本　一册

110000－0143－0013136　PG293/135
甘肅陞官圖　清光緒抄本　二册

110000－0143－0013137　PG293/137
浙省同官録　清光緒鉛印本　三册

110000－0143－0013138　PG293/138
旌䘏永昌忠烈録　(清)戈尚志　(清)劉樹堂仝輯　(清)林作舟等重輯　清光緒三年(1877)京都戈尚志刻本　一册

110000－0143－0013139　PG293/140
浙省江右同官録　清光緒二十二年(1896)杭州江巨川刻字店木活字印本　一册

110000－0143－0013140　PG293/141
清光緒殿試履歷　清光緒刻本　一册

110000－0143－0013141　PG293/142
豫工二卯事例滿漢文員官生名次録　清道光二十五年(1845)北京榮晉齋刻本　四册

110000－0143－0013142　PG293/144
宗室貢舉備攷不分卷　(清)瑞聯輯　清光緒十三年(1887)刻本　二册

110000－0143－0013143　PG293/145
續貢舉考略不分卷　清道光至咸豐抄本　二册

110000－0143－0013144　PG293/146
國朝兩浙科名録　(清)黄安綬編　清咸豐七

年(1857)京師刻本　二册

110000－0143－0013145　PG293/148

職官錄不分卷　清宣統三年(1911)内閣印鑄局鉛印本　六册

110000－0143－0013146　PG293/150

湘潭會館題名錄二卷　(清)李鎮藩輯　清光緒二十六年(1900)湘潭會館京師刻本　二册

110000－0143－0013147　PG293/155

咸豐九年己未科會試同年齒錄不分卷　清咸豐九年(1859)北京琉璃廠文采齋、龍文齋刻本　四册

110000－0143－0013148　PG293/156

松江府屬歷科采芹錄四編　清宣統元年(1909)上海時中書局鉛印本　二册

110000－0143－0013149　PG293/157

光緒丁酉科浙江鄉試硃卷不分卷　清光緒二十三年(1897)刻本　一册

110000－0143－0013150　PG293/158

湖北簡明官册不分卷　清光緒三十年(1904)木活字印本　四册

110000－0143－0013151　PG293/719

陝西鄉試題名錄(光緒甲午科)不分卷　清光緒二十年(1894)刻本　一册

110000－0143－0013152　PG210/1

山右石刻叢編四十卷　(清)胡聘之撰　清光緒二十五年至二十七年(1899－1901)刻本　二十册

110000－0143－0013153　PG210/1－1

山右石刻叢編四十卷　(清)胡聘之撰　清光緒二十五年至二十七年(1899－1901)刻本　二十四册

110000－0143－0013154　PG210/2

寶刻叢編二十卷　(宋)陳思纂　清光緒十四年(1888)湖州歸安陸心源十萬卷樓刻本　八册

110000－0143－0013155　PG210/3

碑傳集一百六十卷　(清)錢儀吉纂錄　清光緒十九年(1893)江蘇書局刻本　十册　存二十七卷(六十九至八十一、一百九至一百二十二)

110000－0143－0013156　PG210/5

陶齋藏石記四十四卷附陶齋藏甎記二卷　(清)端方撰　清宣統元年(1909)上海商務印書館石印本　十二册

110000－0143－0013157　PG210/5

陶齋藏石記四十四卷附陶齋藏甎記二卷　(清)端方撰　清宣統元年(1909)上海商務印書館石印本　十二册

110000－0143－0013158　PG210/5

陶齋藏石記四十四卷附陶齋藏甎記二卷　(清)端方撰　清宣統元年(1909)上海商務印書館石印本　十二册

110000－0143－0013159　PG210/6

金石三例十五卷　(清)盧見曾輯　清嘉慶十六年(1811)饒向榮刻本　四册

110000－0143－0013160　PG210/6

金石例十卷　(元)潘昂霄撰　清嘉慶十六年(1811)饒向榮刻本　二册

110000－0143－0013161　PG210/6

墓銘舉例四卷　(明)王行撰　清嘉慶十六年(1811)饒向榮刻本　二册

110000－0143－0013162　PG210/6

金石要例一卷　(清)黄宗羲撰　清嘉慶十六年(1811)饒向榮刻本　一册

110000－0143－0013163　PG210/7

集古錄跋尾十卷　(宋)歐陽修撰　(清)黄本驥重校　清道光湘陰蔣瓌刻本　一册　存三卷(三至五)

110000－0143－0013164　PG210/7－1

集古錄跋尾十卷　(宋)歐陽修撰　(清)朱記榮重校　清光緒十三年(1887)吴縣朱記榮刻本　二册

110000－0143－0013165　PG210/10

金石萃編一百六十卷　(清)王昶撰　清嘉慶

十年(1805)刻本　六十四册

110000－0143－0013166　PG210/10
金石萃編一百六十卷　(清)王昶撰　清嘉慶十年(1805)經訓堂刻同治十一年(1872)補刻本　六十四册

110000－0143－0013167　PG210/10
金石萃編一百六十卷　(清)王昶撰　清嘉慶十年(1805)經訓堂刻本　六十四册

110000－0143－0013168　PG210/10
金石萃編一百六十卷　(清)王昶撰　清嘉慶十年(1805)經訓堂刻本　六十四册

110000－0143－0013169　PG210/12
匋雅二卷　陳瀏撰　清宣統二年(1910)上海朝記書莊石印本　四册

110000－0143－0013170　PG210/12
匋雅二卷　陳瀏撰　清宣統二年(1910)上海朝記書莊石印本　四册

110000－0143－0013171　PG210/30
常山貞石志二十四卷　(清)沈濤撰　清道光二十二年(1842)刻本　八册

110000－0143－0013172　PG210/30
常山貞石志二十四卷　(清)沈濤撰　清道光二十二年(1842)刻本　八册

110000－0143－0013173　PG210/31
江寧金石記八卷江寧金石待訪目二卷　(清)嚴觀撰　清宣統二年(1910)江楚編譯書局刻本　二册

110000－0143－0013174　PG210/32
吴興金石記十六卷　(清)陸心源撰　清光緒十六年(1890)歸安陸心源刻本　四册

110000－0143－0013175　PG210/32
吴興金石記十六卷　(清)陸心源撰　清光緒十六年(1890)歸安陸心源刻本　四册

110000－0143－0013176　PG210/33
兩浙金石志十八卷補遺一卷　(清)阮元編　清光緒十六年(1890)浙江書局刻本　十二册

110000－0143－0013177　PG210/33
兩浙金石志十八卷補遺一卷　(清)阮元編　清光緒十六年(1890)浙江書局刻本　十二册

110000－0143－0013178　PG210/35
語石十卷　葉昌熾撰　清宣統元年(1909)蘇城徐稺圃刻本　四册

110000－0143－0013179　PG210/35
語石十卷　葉昌熾撰　清宣統元年(1909)蘇州文學山房刻本　四册

110000－0143－0013180　PG210/35
語石十卷　葉昌熾撰　清宣統元年(1909)刻本　四册

110000－0143－0013181　PG210/35
語石十卷　葉昌熾撰　清宣統元年(1909)刻本　四册

110000－0143－0013182　PG210/35
語石十卷　葉昌熾撰　清宣統元年(1909)刻本　四册

110000－0143－0013183　PG210/36－1
粵東金石略九卷首一卷附九曜石考二卷　(清)翁方綱撰　清光緒十七年(1891)廣州石經堂書局影印本　四册

110000－0143－0013184　PG210/39
古刻叢鈔一卷　(明)陶宗儀撰　(清)孫星衍重編　清光緒六年(1880)誦芬閣刻本　一册

110000－0143－0013185　PG210/39
古刻叢鈔一卷　(明)陶宗儀撰　(清)孫星衍重編　清光緒六年(1880)誦芬閣刻本　一册

110000－0143－0013186　PG210/41
湖北金石志十四卷　(清)張仲炘撰　清光緒湖北通志局刻本　十四册

110000－0143－0013187　PG210/57
粵西得碑記不分卷　(清)楊翰撰　清光緒二年(1876)浯上息園刻息柯居士全集本　一册

110000－0143－0013188　PG210/69－1
闕特勤碑不分卷　(清)盛昱考釋　(清)丁廛年輯　清光緒二十二年(1896)日照丁氏移林

館刻本　一冊

110000－0143－0013189　PG210/100

瘞鶴銘攷補不分卷附校勘記　(清)翁方綱撰　**附山樵書外紀**　(清)張開福撰　清光緒三十四年(1908)刻本　一冊

110000－0143－0013190　PG210/111

金石索十二卷首不分卷　(清)馮雲鵬　(清)馮雲鵷輯　清光緒三十三年(1907)上海文新局石印本　二十四冊

110000－0143－0013191　PG210/112

金石圖說四卷　(清)牛運震集說　(清)褚峻橅圖　劉世珩編補　清光緒十九年至二十二年(1893－1896)貴池劉氏聚學軒刻本　四冊

110000－0143－0013192　PG210/122－1

海東金石苑四卷　(清)劉喜海輯　清光緒七年(1881)張氏二銘草堂刻本　四冊

110000－0143－0013193　PG210/126

古籒拾遺三卷宋政和禮器文字攷一卷　(清)孫詒讓撰　清光緒十六年(1890)刻本　二冊

110000－0143－0013194　PG210/126

古籒拾遺三卷宋政和禮器文字攷一卷　(清)孫詒讓記　清光緒十六年(1890)瑞安刻本　二冊

110000－0143－0013195　PG210/126

古籒拾遺三卷宋政和禮器文字攷一卷　(清)孫詒讓記　清光緒十六年(1890)瑞安刻本　二冊

110000－0143－0013196　PG210/146

殷商貞卜文字考不分卷　羅振玉撰　清宣統二年(1910)玉簡齋石印本　一冊

110000－0143－0013197　PG210/146

殷商貞卜文字考不分卷　羅振玉撰　清宣統二年(1910)玉簡齋石印本　一冊

110000－0143－0013198　PG210/146

殷商貞卜文字考不分卷　羅振玉撰　清宣統二年(1910)玉簡齋石印本　一冊

110000－0143－0013199　PG210/148

粵西金石略十五卷　(清)謝啟昆撰　清嘉慶六年(1801)銅鼓亭刻本　四冊

110000－0143－0013200　PG210/155

泉布統志九卷首一卷附錄一卷　(清)孟麟撰　清道光十二年(1832)會稽孟氏刻本　三十二冊

110000－0143－0013201　PG210/158

關中金石記八卷關中金石記附記一卷　(清)畢沅撰　清光緒三十四年(1908)渭南嚴氏成都刻本　四冊

110000－0143－0013202　PG210/162

古泉匯首集四卷元集十四卷亨集十四卷利集十八卷貞集十四卷續泉匯首集一卷元集三卷亨集三卷利集二卷貞集三卷補遺二卷　(清)李佐賢輯　清同治三年(1864)利津李氏石泉書屋刻本　二十冊

110000－0143－0013203　PG210/162

古泉匯首集四卷元集十四卷　(清)李佐賢輯　清同治三年(1864)利津李氏石泉書屋刻本　五冊

110000－0143－0013204　PG210/162

古泉匯首集四卷元集十四卷亨集十四卷利集十八卷貞集十四卷　(清)李佐賢輯　清同治三年(1864)利津李氏石泉書屋刻本　十九冊

110000－0143－0013205　PG210/162－1

續泉匯首集一卷元集三卷亨集三卷利集三卷貞集五卷補遺二卷　(清)李佐賢　(清)鮑康輯　清光緒元年(1875)刻本　三冊　存十三卷(續泉匯首集一卷、元集三卷、亨集三卷、利集一至二、貞集四至五、補遺二卷)

110000－0143－0013206　PG210/169

山左金石志二十四卷　(清)畢沅　(清)阮元撰　清嘉慶二年(1797)儀徵阮氏小琅嬛仙館刻本　十一冊

110000－0143－0013207　PG210/170－1

廣川書跋十卷　(宋)董逌著　(清)朱記榮校訂　清光緒十三年(1887)吳縣朱氏槐廬家塾刻槐廬叢書本　四冊

110000－0143－0013208　PG210/170－1
廣川書跋十卷　(宋)董逌著　(清)朱記榮校訂　清光緒十三年(1887)吳縣朱氏槐廬家塾刻槐廬叢書本　二冊

110000－0143－0013209　PG210/170－1
廣川書跋十卷　(宋)董逌著　(清)朱記榮校訂　清光緒十三年(1887)吳縣朱氏槐廬家塾刻槐廬叢書本　二冊

110000－0143－0013210　PG210/170－1
廣川書跋十卷　(宋)董逌著　(清)朱記榮校訂　清光緒十三年(1887)吳縣朱氏槐廬家塾刻槐廬叢書本　二冊

110000－0143－0013211　PG210/171
京畿金石考二卷　(清)孫星衍撰　(清)朱記榮校　清光緒十二年(1886)吳縣朱氏槐廬家塾刻槐廬叢書本　一冊

110000－0143－0013212　PG210/173
漢石例六卷　(清)劉寶楠錄　(清)徐士愷(清)朱記榮校字　清光緒十一年(1885)吳縣朱氏槐廬家塾刻槐廬叢書本　三冊

110000－0143－0013213　PG210/173－1
漢石例六卷　(清)劉寶楠錄　清同治八年(1869)湖州丁彥臣山東濟南府刻本　二冊

110000－0143－0013214　PG210/174
漢魏六朝墓銘纂例四卷　(清)李富孫學　清光緒十三年(1887)吳縣朱氏槐廬家塾刻槐廬叢書本　一冊

110000－0143－0013215　PG210/176
金石例補二卷　(清)郭麐撰　清光緒三年(1877)吳縣朱氏槐廬家塾刻槐廬叢書本　一冊

110000－0143－0013216　PG210/176
誌銘廣例二卷　(清)梁玉繩撰　清光緒三年(1877)吳縣朱氏槐廬家塾刻槐廬叢書本　一冊

110000－0143－0013217　PG210/177
金石稱例四卷續一卷　(清)梁廷枏纂　(清)朱記榮校　清光緒十三年(1887)吳縣朱氏槐廬家塾刻槐廬叢書本　一冊

110000－0143－0013218　PG210/177
石經閣金石跋文一卷　(清)馮登府箸　(清)朱記榮校　清光緒十三年(1887)吳縣朱氏槐廬家塾刻槐廬叢書本　一冊

110000－0143－0013219　PG210/178
金石綜例四卷　(清)馮登府纂　(清)朱記榮校　清光緒十三年(1887)吳縣朱氏槐廬家塾刻槐廬叢書本　一冊

110000－0143－0013220　PG210/179
金石錄補二十七卷續跋七卷　(清)葉奕苞撰　(清)朱記榮校訂　清光緒十三年(1887)吳縣朱氏槐廬家塾刻槐廬叢書本　五冊

110000－0143－0013221　PG210/180
直閣朱公祠墓錄二卷附刻一卷郭孝童墓記略一卷　(清)朱文懋　(清)丁立志輯　清光緒二十一年(1895)錢塘丁氏嘉惠堂刻本　一冊

110000－0143－0013222　PG210/182
集古錄目五卷　(宋)歐陽修撰　(清)黃本驥輯　清光緒十三年(1887)吳縣朱氏行素草堂刻本　二冊

110000－0143－0013223　PG210/184
陶齋吉金錄八卷　(清)端方編　清光緒三十四年(1908)上海有正書局石印本　八冊

110000－0143－0013224　PG210/184
陶齋吉金錄八卷　(清)端方編　清光緒三十四年(1908)上海有正書局石印本　八冊

110000－0143－0013225　PG210/184－1
陶齋吉金續錄二卷　(清)端方編　清宣統元年(1909)上海有正書局石印本　二冊

110000－0143－0013226　PG210/184－1
陶齋吉金續錄二卷　(清)端方編　清宣統元年(1909)上海有正書局石印本　二冊

110000－0143－0013227　PG210/184－1
陶齋吉金續錄二卷　(清)端方編　清宣統元年(1909)上海有正書局石印本　一冊　存一

卷(二)

110000－0143－0013228　PG210/184－2
陶齋吉金續錄二卷　(清)端方編　清宣統元年(1909)上海有正書局石印本　二冊

110000－0143－0013229　PG210/184－2
陶齋吉金錄八卷　(清)端方編　清光緒三十四年(1908)上海有正書局石印本　八冊

110000－0143－0013230　PG210/185
杭郡庠得表忠觀碑記事一卷　(清)余懋棅輯　清光緒七年(1881)錢塘丁丙嘉惠堂刻本　一冊

110000－0143－0013231　PG210/185
西湖修禊詩一卷　(清)鄂敏輯　清光緒五年(1879)錢塘丁丙嘉惠堂刻本　一冊

110000－0143－0013232　PG210/185
唐棲志略藁二卷　(清)何琪輯　清光緒七年(1881)錢塘丁丙嘉惠堂刻本　一冊

110000－0143－0013233　PG210/189－1
隸釋二十七卷隸續二十一卷　(宋)洪适撰　清同治十一年(1872)皖南洪氏晦木齋刻本　七冊　缺二卷(隸續九至十)

110000－0143－0013234　PG210/190
栝蒼金石志十二卷續栝蒼金石志四卷　(清)李遇孫輯　(清)鄒柏森校補　清同治十三年(1874)浙江處州府署刻光緒元年(1875)增補本　八冊

110000－0143－0013235　PG210/191
寒山堂金石林時地攷二卷　(明)趙均撰　清咸豐三年(1853)南海伍氏粤雅堂刻本　一冊

110000－0143－0013236　PG210/191
勝飲編十八卷　(清)郎廷極撰　清咸豐三年(1853)南海伍氏粤雅堂刻本　一冊

110000－0143－0013237　PG210/192
集古錄跋尾十卷　(宋)歐陽修撰　清光緒十三年(1887)吳縣朱記榮刻本　一冊　存二卷(一至二)

110000－0143－0013238　PG210/194
越中金石記十卷目二卷　(清)杜春生編　清道光十年(1830)山陰杜氏詹波館刻本　八冊

110000－0143－0013239　PG210/195
栝蒼金石志十二卷　(清)李遇孫輯　(清)鄒柏森校補　清同治十三年(1874)浙江處州府署刻光緒元年(1875)增補本　五冊

110000－0143－0013240　PG210/197
安徽金石畧十卷　(清)趙紹祖輯　清道光十四年(1834)涇縣趙氏古墨齋刻本　四冊

110000－0143－0013241　PG210/198
求古精舍金石圖四卷　(清)陳經輯　清嘉慶二十三年(1818)烏程陳氏說劍樓刻本　四冊

110000－0143－0013242　PG210/206
筠清館金石文字五卷　(清)吳榮光撰　清道光二十二年(1842)南海吳氏刻本　五冊

110000－0143－0013243　PG210/206
筠清館金石文字五卷　(清)吳榮光撰　清道光二十二年(1842)南海吳氏刻本　五冊

110000－0143－0013244　PG210/208
墨妙亭碑目攷二卷附攷一卷　(清)張鑑撰　清光緒十年(1884)江蘇書局刻本　一冊

110000－0143－0013245　PG210/209
關中漢唐存碑跋一卷　(清)王志沂撰　清道光七年(1827)刻本　一冊

110000－0143－0013246　PG210/219
敦煌石室遺書十二種　羅振玉等輯　清宣統元年(1909)誦芬室鉛印本　一冊　存前六種

110000－0143－0013247　PG210/221
吉金志存四卷　(清)李光庭輯　清咸豐九年(1859)刻本　四冊

110000－0143－0013248　PG210/223
泉幣彙考十六卷　(清)唐與崑纂輯　清咸豐元年(1851)唐氏紅藥山房刻本　六冊

110000－0143－0013249　PG210/224
寓意錄四卷　(清)繆曰藻撰　清道光二十年(1840)上海徐氏寒木春華館刻本　一冊

110000－0143－0013250　PG210/224
寓意錄四卷　(清)繆曰藻撰　清道光二十年(1840)上海徐氏寒木春華館刻本　二冊

110000－0143－0013251　PG210/225
端溪硯史三卷　(清)吴蘭修編　(清)鄭廷松校　清道光十七年(1837)浙江嘉善周氏刻本　二冊

110000－0143－0013252　PG210/225－1
端溪硯史三卷　(清)吴蘭修編　(清)鄭廷松校　清道光十四年(1834)鄭氏淳一堂刻本　一冊

110000－0143－0013253　PG210/228
履園叢話二十四卷　(清)錢泳輯　清同治九年(1870)江蘇常熟錢日壽述德堂刻本　一冊

110000－0143－0013254　PG210/229
盤亭小録一卷　(清)吴雲等撰輯　清同治十二年(1873)刻本　一冊

110000－0143－0013255　PG210/232
中州金石記五卷　(清)畢沅撰　清光緒八年(1882)蛟川望三益齋邵氏刻本　二冊

110000－0143－0013256　PG210/233
潛研堂金石文跋尾六卷續七卷又續六卷三續六卷　(清)錢大昕撰　清嘉慶十年(1805)瞿中溶刻道光二十年(1840)江蘇嘉定錢師重印本　四冊　存七卷(潛研堂金石文跋尾三至六、續一至三)

110000－0143－0013257　PG210/236
金石索六卷首一卷　(清)馮雲鵬　(清)馮雲鵷輯　清道光至宣統抄本　二十冊

110000－0143－0013258　PG210/238
山右金石記十卷　(清)張煦等撰　清光緒十五年(1889)刻本　六冊

110000－0143－0013259　PG210/239
莆陽金石初編二卷　(清)劉尚文編　清光緒二十五年(1899)刻本　一冊

110000－0143－0013260　PG210/242
金石存十五卷　(清)吴玉搢纂　(清)李宗昉校　清嘉慶二十四年(1819)山陽李氏聞妙香室刻本　四冊

110000－0143－0013261　PG210/252
二銘草堂金石聚十六卷　(清)張德容著　清同治十一年(1872)衢州張氏二銘草堂刻本　二十冊

110000－0143－0013262　PG210/253
潛研堂金石文跋尾六卷　(清)錢大昕撰　清乾隆至嘉慶刻本　二冊

110000－0143－0013263　PG210/254
潛研堂金石文跋尾續七卷　(清)錢大昕撰　清乾隆刻本　二冊

110000－0143－0013264　PG210/254
小蓬萊閣金石文字不分卷　(清)黄易輯　清道光十四年(1834)刻本　五冊

110000－0143－0013265　PG210/258
積古齋鐘鼎款識稿本四卷附卷一卷　(清)阮元編錄　(清)朱為弼審定　清光緒平湖朱之榛石印本　五冊

110000－0143－0013266　PG210/280
金石摘十四卷　(清)陳善墀撰　清同治十二年(1873)瀏陽瀏陽縣學之不求甚解齋刻本　十六冊

110000－0143－0013267　PG2101/1
金石錄三十卷　(宋)趙明誠編　清乾隆二十七年(1762)德州盧氏雅雨堂刻本　八冊

110000－0143－0013268　PG2101/1
金石錄三十卷　(宋)趙明誠撰　清光緒四年(1878)湘陰蔣瓖古香書閣刻本　一冊　存四卷(五至八)

110000－0143－0013269　PG2101/1
金石錄三十卷　(宋)趙明誠撰　清光緒十四年(1888)吴縣朱氏槐廬家塾刻本　二冊　存十六卷(七至十四、二十三至三十)

110000－0143－0013270　PG2101/1
金石錄補二十七卷　(清)葉奕苞撰　清光緒十三年(1887)吴縣朱氏槐廬家塾刻本　三冊

存二十卷(一至十六、二十四至二十七)

110000－0143－0013271　PG2101/1
金石錄補續跋七卷　(清)葉奕苞撰　清光緒十三年(1887)吳縣朱氏槐廬家塾刻本　一冊

110000－0143－0013272　PG2101/3
寰宇訪碑錄十二卷　(清)孫星衍撰　清光緒十一年(1885)吳縣朱氏槐廬家塾刻本　一冊　存三卷(一至三)

110000－0143－0013273　PG2101/3－2
寰宇訪碑錄十二卷　(清)孫星衍撰　清嘉慶七年(1802)蘭陵孫氏刻本　四冊　存六卷(一至六)

110000－0143－0013274　PG2101/3－2
寰宇訪碑錄十二卷刊謬一卷　(清)孫星衍撰　清光緒十一年(1885)吳縣朱氏槐廬家塾刻本　六冊

110000－0143－0013275　PG2101/3－2
補寰宇訪碑錄五卷失編一卷　(清)趙之謙纂　(清)朱記榮校訂　**附刊誤一卷**　羅振玉撰　清光緒十二年至十三年(1886－1887)吳縣朱氏槐廬家塾刻本　二冊

110000－0143－0013276　PG2101/3－2
寰宇訪碑錄十二卷刊謬一卷　(清)孫星衍撰　清光緒十一年(1885)吳縣朱氏槐廬家塾刻本　六冊

110000－0143－0013277　PG2101/3－2
補寰宇訪碑錄五卷失編一卷　(清)趙之謙纂　(清)朱記榮校訂　**附刊誤一卷**　羅振玉撰　清光緒十二年至十三年(1886－1887)吳縣朱氏槐廬家塾刻本　二冊

110000－0143－0013278　PG2101/3－2
寰宇訪碑錄十二卷刊謬一卷　(清)孫星衍撰　清光緒十一年(1885)吳縣朱氏槐廬家塾刻本　六冊

110000－0143－0013279　PG2101/3－2
補寰宇訪碑錄五卷失編一卷　(清)趙之謙纂　(清)朱記榮校訂　**附刊誤一卷**　羅振玉撰　清光緒十二年至十三年(1886－1887)吳縣朱氏槐廬家塾刻本　二冊

110000－0143－0013280　PG2101/3－2
寰宇訪碑錄十二卷刊謬一卷　(清)孫星衍撰　清光緒十一年(1885)吳縣朱氏槐廬家塾刻本　六冊

110000－0143－0013281　PG2101/3－2
補寰宇訪碑錄五卷失編一卷　(清)趙之謙纂　(清)朱記榮校訂　**附刊誤一卷**　羅振玉撰　清光緒十二年至十三年(1886－1887)吳縣朱氏槐廬家塾刻本　二冊

110000－0143－0013282　PG2101/4
竹雲題跋四卷　(清)王澍著　(清)宋澤元訂　清光緒十年(1884)山陰宋氏懺花盦刻本　四冊

110000－0143－0013283　PG2101/9
山右金石錄一卷跋尾一卷　(清)夏寶晉纂　(清)石宗建校訂　清光緒八年(1882)歸安石氏古歡閣刻本　一冊

110000－0143－0013284　PG2101/13
話雨樓碑帖目錄四卷　(清)王楠鑒藏　(清)王鯤編次　清道光十五年(1835)吳江王氏刻清末印本　四冊

110000－0143－0013285　PG2101/19
補寰宇訪碑錄五卷失編一卷　(清)趙之謙纂　(清)朱記榮校訂　**附刊誤一卷**　羅振玉撰　清光緒十二年至十三年(1886－1887)吳縣朱氏槐廬家塾刻本　二冊

110000－0143－0013286　PG2101/24
新增格古要論十三卷　(明)曹昭著　(明)舒敏編校　(明)王佐校增　清道光二十六年(1846)宏道書院刻本　五冊

110000－0143－0013287　PG2101/27
攈古錄二十卷　(清)吳式芬撰　清宣統刻本　二十冊

110000－0143－0013288　PG2101/27
攈古錄金文三卷　(清)吳式芬撰　清光緒二

十一年(1895)海豐吳重熹刻本　九册

110000－0143－0013289　PG2101/27
攈古錄金文三卷　(清)吳式芬撰　清光緒二十一年(1895)海豐吳重熹刻本　三册

110000－0143－0013290　PG2101/28
山左訪碑錄十三卷　(清)法偉堂撰　清宣統元年(1909)山東提學署石印本　一册

110000－0143－0013291　PG2101/36
藝風堂金石文字目十八卷　繆荃孫編　清光緒三十二年(1906)江陰繆氏刻本　八册

110000－0143－0013292　PG2101/36
藝風堂金石文字目十八卷　繆荃孫編　清光緒三十二年(1906)江陰繆氏刻本　八册

110000－0143－0013293　PG2102/4
寶盤銘釋文不分卷　(清)陳介祺等撰　清道光至咸豐刻本　一册

110000－0143－0013294　PG2102/8
石鼓文定本五種　(清)沈梧撰　清光緒十六年(1890)古華山館刻本　四册

110000－0143－0013295　PG2102/8
石鼓文定本五種　(清)沈梧撰　清光緒十六年(1890)古華山館刻本　四册

110000－0143－0013296　PG2102/10－1
歷代鐘鼎彝器款識法帖二十卷　(宋)薛尚功撰　清嘉慶二年(1797)石印本　六册

110000－0143－0013297　PG2102/15
殷商貞卜文字考不分卷　羅振玉撰　清宣統二年(1910)石印本　一册

110000－0143－0013298　PG2102/15
殷商貞卜文字考不分卷　羅振玉撰　清宣統二年(1910)石印本　一册

110000－0143－0013299　PG2102/15
殷商貞卜文字考不分卷　羅振玉撰　清宣統二年(1910)石印本　一册

110000－0143－0013300　PG2102/16－1
鐘鼎字源五卷　(清)汪立名撰　清光緒二年(1876)洞庭秦氏麟慶堂刻本　四册

110000－0143－0013301　PG2102/37
蒙古碑文不分卷　(清)□□輯　清末抄本　一册

110000－0143－0013302　PG2102/45
奇觚室吉金文述二十卷　(清)劉心源撰　清光緒二十八年(1902)嘉魚劉心源石印本　十册

110000－0143－0013303　PG2102/45
奇觚室吉金文述二十卷　(清)劉心源撰　清光緒二十八年(1902)嘉魚劉心源石印本　十册

110000－0143－0013304　PG2102/49
國學叢刊　羅振玉輯　清宣統三年(1911)石印本　一册

110000－0143－0013305　PG2102/49
國學叢刊　羅振玉輯　清宣統三年(1911)石印本　二册

110000－0143－0013306　PG2102/49
國學叢刊　羅振玉輯　清宣統三年(1911)石印本　二册

110000－0143－0013307　PG2102/50
張叔未解元所藏金石文字不分卷　(清)張廷濟輯　(清)嚴荄編　清光緒十一年(1885)四會嚴氏鶴緣齋石印本　二册

110000－0143－0013308　PG2102/53
荆南萃古編不分卷　(清)周懋琦　(清)劉瀚同輯　清光緒二十年(1894)錢塘周氏鴻寳署齋刻本　二册

110000－0143－0013309　PG2102/59
敬吾心室彝器款識不分卷　(清)朱善旂輯　清光緒三十四年(1908)平湖朱之榛石印本　二册

110000－0143－0013310　PG2102/60
歷代鐘鼎彝器款識法帖二十卷　(宋)薛尚功撰　清光緒二十九年(1903)貴池劉世珩玉海堂影刻三十三年(1907)增刻本　四册

110000－0143－0013311　PG2102/60
歷代鐘鼎彝器款識法帖二十卷　（宋）薛尚功撰　清光緒二十九年（1903）貴池劉世珩玉海堂影刻三十三年（1907）增刻本　四册

110000－0143－0013312　PG2102/60－1
歷代鐘鼎彝器款識法帖二十卷　（宋）薛尚功撰　清光緒二十九年（1903）貴池劉世珩玉海堂影刻三十三年（1907）增刻本　四册

110000－0143－0013313　PG2102/63
古金待問錄四卷錄餘一卷補遺一卷　（清）朱楓輯　清光緒十六年（1890）江蘇常熟鮑廷爵後知不足齋刻本　二册

110000－0143－0013314　PG2102/63
古金待問錄四卷錄餘一卷補遺一卷　（清）朱楓輯　清光緒十六年（1890）江蘇常熟鮑廷爵後知不足齋刻本　二册

110000－0143－0013315　PG2102/64
古文審八卷首一卷　（清）劉心源撰　清光緒十七年（1891）嘉魚劉氏龍江樓刻本　四册

110000－0143－0013316　PG2102/64
古文審八卷首一卷　（清）劉心源撰　清光緒十七年（1891）嘉魚劉氏龍江樓刻本　四册

110000－0143－0013317　PG2102/64
古文審八卷首一卷　（清）劉心源撰　清光緒十七年（1891）嘉魚劉氏龍江樓刻本　四册

110000－0143－0013318　PG2102/74
唐石經校文十卷　（清）嚴可均纂　清嘉慶九年（1804）香山書院刻本　二册

110000－0143－0013319　PG2102/74
唐石經校文十卷　（清）嚴可均纂　清嘉慶九年（1804）香山書院刻本　六册

110000－0143－0013320　PG2102/76
積古齋鐘鼎彝器款識十卷　（清）阮元編　清光緒九年（1883）江蘇常熟鮑廷爵後知不足齋刻本　四册

110000－0143－0013321　PG2102/81
關中金石文字存逸攷十二卷首一卷附石刻書法源流攷一卷　（清）毛鳳枝撰　清光緒二十七年（1901）會稽顧家相江西萍鄉刻本　八册

110000－0143－0013322　PG2102/87
宋王復齋鐘鼎款識一卷　（清）阮元編　清道光二十八年（1848）漢陽葉氏刻本　一册

110000－0143－0013323　PG2102/96
金石學錄四卷　（清）李遇孫輯　清道光二年（1822）丹徒劉氏刻本　二册

110000－0143－0013324　PG2102/96－1
金石學錄補四卷　（清）陸心源編　清光緒十二年（1886）刻本　一册

110000－0143－0013325　PG2102/97
鐵橋金石跋四卷　（清）嚴可均撰　清光緒二十年至三十四年（1894－1908）貴池劉世珩刻本　一册

110000－0143－0013326　PG2102/101
濬縣金石錄二卷　（清）熊象階纂　清嘉慶七年（1802）河南濬縣縣署刻本　一册

110000－0143－0013327　PG2102/119
攀古廔彝器款識二卷附沙南侯獲刻石釋文一卷　（清）潘祖蔭撰　（清）張孝達釋　清同治十一年（1872）吳縣潘祖蔭滂喜齋刻本　三册

110000－0143－0013328　PG2103/18
西清古鑑四十卷附錢錄十六卷　（清）梁詩正等編纂　清光緒十四年（1888）上海鴻文書局石印本　二十二册　缺十六卷（附錢錄十六卷）

110000－0143－0013329　PG2103/18
西清古鑑四十卷附錢錄十六卷　（清）梁詩正等編纂　清光緒十四年（1888）上海鴻文書局石印本　二十四册

110000－0143－0013330　PG2103/18－1
西清續鑑甲編二十卷附錄一卷　（清）王杰等校補　清宣統三年（1911）上海商務印書館影印本　四十二册

110000－0143－0013331　PG2103/21
兩罍軒彝器圖釋十二卷　（清）吳雲釋　清同

治十一年(1872)歸安吳氏刻本　四冊

110000－0143－0013332　PG2103/34
古今錢略三十二卷首一卷末一卷　(清)倪模撰　清光緒三年(1877)望江倪氏兩彊勉齋刻本　二十冊

110000－0143－0013333　PG2103/34
古今錢略三十二卷首一卷末一卷　(清)倪模撰　清光緒三年(1877)望江倪氏兩彊勉齋刻本　十六冊

110000－0143－0013334　PG2103/40
古錢拓本不分卷　(清)□□搨　清同治至光緒拓本　一冊

110000－0143－0013335　PG2103/41
欽定錢錄十六卷　(清)梁詩正等纂輯　清乾隆刻本　二冊

110000－0143－0013336　PG2103/42
吉金所見錄十六卷首一卷末一卷　(清)初尚齡纂輯　清道光七年(1827)古香書舍刻本　四冊

110000－0143－0013337　PG2103/42
吉金所見錄十六卷首一卷末一卷　(清)初尚齡纂輯　清道光七年(1827)古香書舍刻本　四冊

110000－0143－0013338　PG2103/65
金石索十二卷　(清)馮雲鵬　(清)馮雲鵷輯　清道光元年至十一年(1821－1831)嵫陽縣署馮氏邃古齋刻本　三冊　存三卷(金索三卷)

110000－0143－0013339　PG2103/66
金石屑不分卷　(清)鮑昌熙纂　清光緒三年(1877)嘉興鮑氏刻本　四冊

110000－0143－0013340　PG2104/2
集古錄目十卷原目一卷　(宋)歐陽棐撰　繆荃孫輯　清光緒七年至三十四年(1881－1908)江陰繆荃孫刻本　二冊

110000－0143－0013341　PG2104/2
元和郡縣志闕卷逸文三卷　(唐)李吉甫撰　繆荃孫輯　清光緒七年至三十四年(1881－1908)江陰繆荃孫刻本　一冊

110000－0143－0013342　PG211./3－1
漢雋十卷　(宋)林鉞輯　明萬曆至崇禎刻本　四冊　存四卷(一至四)

110000－0143－0013343　PG211./4
史闕十四卷　(清)張岱輯　(清)鄭佶編　清道光四年(1824)吳興鄭佶刻本　六冊

110000－0143－0013344　PG211./4
史闕十四卷　(清)張岱輯　(清)鄭佶編　清道光四年(1824)吳興鄭佶刻本　四冊

110000－0143－0013345　PG211./6
讀史大略六十卷首一卷附小沙子史略一卷　(清)沙張白　(清)沙晉著　清咸豐七年(1857)大興邵綬名恭壽堂刻本　十二冊

110000－0143－0013346　PG211./6－1
讀史大略六十卷首一卷附小沙子史略一卷　(清)沙張白　(清)沙晉著　清咸豐七年(1857)大興邵綬名恭壽堂刻本　十二冊

110000－0143－0013347　PG211./7
綱鑑擇言十卷　(清)司徒修選輯　(清)李嘉樹補註　清道光二十七年(1847)書業德刻本　六冊

110000－0143－0013348　PG211./8
史記菁華錄六卷　(清)姚祖恩摘錄　清道光四年(1824)吳興姚氏扶荔山房刻本　六冊

110000－0143－0013349　PG211./8－2
史記菁華錄六卷　(清)姚祖恩摘錄　清光緒二十八年(1902)三義堂刻本　三冊

110000－0143－0013350　PG211./8－3
史記菁華錄六卷　(清)姚祖恩摘錄　清光緒十九年(1893)上海書局石印本　三冊　存四卷(一、四至六)

110000－0143－0013351　PG211./8－6
史記菁華錄六卷　(清)姚祖恩摘錄　清同治十二年(1873)紅杏山房刻本　六冊

110000－0143－0013352　PG211./8－7

史記精華錄六卷　（漢）司馬遷撰　（清）姚苧田摘錄　清道光四年（1824）扶荔山房刻本　六册

110000－0143－0013353　PG211./9
史略八十七卷　（清）朱坤輯　清光緒二十四年（1898）上海蜚英館石印本　六册

110000－0143－0013354　PG211./9－1
史略八十七卷　（清）朱坤輯　清光緒十九年（1893）上海宏文閣鉛印本　六册

110000－0143－0013355　PG211./9－1
史略八十七卷　（清）朱坤輯　清光緒十九年（1893）上海宏文閣鉛印本　六册

110000－0143－0013356　PG211./9－3
史略六卷　（宋）高似孫撰　清光緒十年（1884）影刻本　一册

110000－0143－0013357　PG211./12
南史識小錄十四卷北史識小錄十四卷　（清）沈名蓀　（清）朱昆田原輯　（清）張應昌補正　清同治十年（1871）武林吳氏清來堂刻本　十二册

110000－0143－0013358　PG211./12
南史識小錄十四卷北史識小錄十四卷　（清）沈名蓀　（清）朱昆田原輯　（清）張應昌補正　清同治十年（1871）武林吳氏清來堂刻本　十二册

110000－0143－0013359　PG211./12
南史識小錄十四卷北史識小錄十四卷　（清）沈名蓀　（清）朱昆田原輯　（清）張應昌補正　清同治十年（1871）武林吳氏清來堂刻本　十二册

110000－0143－0013360　PG211./12
南史識小錄十四卷北史識小錄十四卷　（清）沈名蓀　（清）朱昆田原輯　（清）張應昌補正　清同治十年（1871）武林吳氏清來堂刻本　八册

110000－0143－0013361　PG211./12－1
南史識小錄十四卷北史識小錄十四卷　（清）沈名蓀　（清）朱昆田原輯　（清）張應昌補正　清同治十年（1871）武林吳氏清來堂刻本　十册

110000－0143－0013362　PG211./14
兩漢碎金一卷　（清）侯登岸纂　清道光三十年（1850）刻本　二册

110000－0143－0013363　PG211./23
二十四史文鈔一百九卷　（清）納蘭常安選評　清光緒二十九年（1903）上海文來書局石印本　十六册

110000－0143－0013364　PG211./25
三立閣史鈔二卷　（清）李鎔經輯　清道光十七年（1837）晉陽書院刻本　二册

110000－0143－0013365　PG211./29
延州筆記四卷　（明）唐覲撰　清光緒十七年（1891）江陰金武祥粟香室刻本　一册

110000－0143－0013366　PG211./30
校刊史記集解索隱正義札記五卷　（清）張文虎撰　清同治十一年（1872）金陵書局刻本　二册

110000－0143－0013367　PG211./30
校刊史記集解索隱正義札記五卷　（清）張文虎撰　清同治十一年（1872）金陵書局刻本　二册

110000－0143－0013368　PG211./33
史鈔　清同治至宣統抄本　二册　存二册（二至三）

110000－0143－0013369　PG211./34
史系簡鈔八卷　（清）邵大緯述　清道光十年（1830）志仁堂刻本　四册

110000－0143－0013370　PG211./37
讀史隨筆不分卷　清末抄本　七册

110000－0143－0013371　PG211./38
青錢書屋史鈔不分卷　（清）李熯抄　清光緒二十二年（1896）抄本　六册

110000－0143－0013372　PG211./41
芸窓日錄不分卷　鎬西手編　清光緒抄本

四冊

110000－0143－0013373　PG211./43
史記別鈔二卷　(清)吳敏樹輯　清同治十一年(1872)刻本　二冊

110000－0143－0013374　PG211./45
全史紀要不分卷　(□)□□輯　清末抄本　二冊

110000－0143－0013375　PG211./57
史筌五卷首一卷　(清)楊銘柱編　清道光二十六年(1846)刻本　四冊

110000－0143－0013376　PG211./67
讀史提要錄十二卷　(清)夏之蓉撰　清光緒二十八年(1902)石印本　一冊　存五卷(八至十二)

110000－0143－0013377　PG211./67
讀史提要錄十二卷　(清)夏之蓉撰　清光緒二十八年(1902)石印本　一冊　存七卷(一至七)

110000－0143－0013378　PG211./68
讀史紀略四卷　(清)蕭濬撰　(清)楊尚文校刊　清道光二十年(1840)靈石楊尚文澹靜齋刻本　一冊

110000－0143－0013379　PG211./69
史學叢鈔不分卷　清末江蘇存古學堂鉛印本　二冊

110000－0143－0013380　PG211./80
讀史評略二卷　(清)李榮憲著　清乾隆二十四年(1759)刻本　一冊

110000－0143－0013381　PG211.1/1
夷夏用兵鑒古錄四十卷　(清)錢嚮杲評註　清光緒二十年(1894)陽湖錢氏木活字印本　六冊

110000－0143－0013382　PG211.1/6
合抄先太師摘選舉業切用捷學奇英四卷　(明)沈一貫摘選　(清)沈紹堅增訂錄　清康熙六十年(1721)沈紹堅抄本　一冊

110000－0143－0013383　PG211.1/7
歷代史雜鈔不分卷　清道光至咸豐補籮舘抄本　一冊

110000－0143－0013384　PG211.2/1－1
通鑑總類二十卷　(宋)沈樞編　清光緒十七年(1891)讀我書齋刻本　二十冊

110000－0143－0013385　PG211.2/2
廿二史言行略四十二卷　(清)過元昄輯　清嘉慶四年(1799)安山謝希曾刻本　十二冊

110000－0143－0013386　PG211.3/1
選樓集句二卷首一卷附評跋題詞一卷　(清)許祥光集　清道光二十年(1840)番禺許氏刻本　一冊

110000－0143－0013387　PG211.3/2
海錄五種　(清)徐宗幹輯　清咸豐十年(1860)馴潭周氏抄本　一冊

110000－0143－0013388　PG212./1
二十四史論贊七十八卷　(清)陳闡編輯　清光緒二十年(1894)南海陳氏刻本　二十冊

110000－0143－0013389　PG212./2
史通通釋二十卷　(清)浦起龍釋　清光緒二十五年(1899)上海寶文書局石印本　八冊

110000－0143－0013390　PG212./2
史通通釋二十卷　(清)浦起龍釋　清光緒二十五年(1899)上海寶文書局石印本　八冊

110000－0143－0013391　PG212./2
史通通釋二十卷　(清)浦起龍釋　清末上海文瑞樓石印本　三冊　存七卷(四至十)

110000－0143－0013392　PG212./2
史通通釋二十卷　(清)浦起龍釋　清末上海文瑞樓石印本　三冊　存七卷(四至十)

110000－0143－0013393　PG212./2
史通通釋二十卷　(清)浦起龍釋　清光緒二十五年(1899)上海通時書局石印本　八冊

110000－0143－0013394　PG212./2
史通通釋二十卷　(清)浦起龍釋　清同治至光緒翰墨園刻本　四冊　存十四卷(一至十四)

110000－0143－0013395　PG212./2－1
史通通釋二十卷　(清)浦起龍釋　清光緒十九年(1893)金匱浦錫齡石印本　八冊

110000－0143－0013396　PG212./2－2
史通通釋二十卷　(清)浦起龍釋　清光緒十一年(1885)刻本　八冊

110000－0143－0013397　PG212./3－2
史記評林一百三十卷附補史記　(明)凌稚隆輯校　清同治十三年(1874)長沙魏氏養翮書屋刻本　九冊

110000－0143－0013398　PG212./4
章氏遺書二種　(清)章學誠著　清光緒三年至四年(1877－1878)會稽章季真貴陽刻本　十冊

110000－0143－0013399　PG212./4－1
章氏遺書二種　(清)章學誠撰　清道光十二年至十三年(1832－1833)會稽章華紱刻清末浙江書局杭州補刻本　五冊

110000－0143－0013400　PG212./4－1
章氏遺書二種　(清)章學誠撰　清道光十二年至十三年(1832－1833)會稽章華紱刻清末浙江書局杭州補刻本　五冊

110000－0143－0013401　PG212./4－1
章氏遺書二種　(清)章學誠撰　清道光十二年至十三年(1832－1833)會稽章華紱刻清末浙江書局杭州補刻本　五冊

110000－0143－0013402　PG212./4－4
文史通義八卷校讐通義三卷文史通義補編一卷　(清)章學誠撰　清光緒二十三年(1897)豐城余氏寶墨齋刻本　五冊

110000－0143－0013403　PG212./4－6
文史通義八卷校讐通義三卷　(清)章學誠撰　清光緒十九年(1893)刻本　八冊

110000－0143－0013404　PG212./5
廿二史劄記三十六卷　(清)趙翼撰　清末刻本　二冊　存五卷(三十一至三十五)

110000－0143－0013405　PG212./6－1
評選船山史論二卷　林紓評選　清宣統三年(1911)上海商務印書館鉛印本　二冊

110000－0143－0013406　PG212./6－1
評選船山史論二卷　林紓評選　清宣統三年(1911)上海商務印書館鉛印本　二冊

110000－0143－0013407　PG212./7－1
鑑語經世編二十七卷　(清)魏裔介纂　清康熙十四年(1675)栢鄉魏氏兼濟堂刻本　十二冊

110000－0143－0013408　PG212./10
春秋列國論二十四卷　(明)張溥撰　明末刻本　四冊

110000－0143－0013409　PG212./11
史林測義三十八卷　(清)計大受論　清嘉慶十九年(1814)楓溪別墅刻本　六冊

110000－0143－0013410　PG212./13
申報評論不分卷　清末剪貼本　二冊

110000－0143－0013411　PG212./16
史記短長說二卷　(明)凌稚隆訂正　清道光二十七年(1847)刻本　一冊

110000－0143－0013412　PG212./16
順宗實錄五卷　(唐)韓愈撰　清道光二十六年(1846)刻本　與110000－0143－0013411合冊

110000－0143－0013413　PG212./17
米堆山人文鈔□□卷　(清)張撲方撰　清刻本　一冊　存四卷(五至八)

110000－0143－0013414　PG212./18－1
西漢節義傳論二卷　(清)李鄴嗣譔　清光緒十一年(1885)鄞縣郭傳璞刻金峨山館叢書本　一冊

110000－0143－0013415　PG212./18－1
竹林答問一卷　(清)陳僅答　清光緒十一年(1885)鄞縣郭傳璞刻金峨山館叢書本　與110000－0143－0013414合冊

110000－0143－0013416　PG212./19
趙忠毅公儕鶴先生史韻補註四卷　(明)趙南

星撰 （清）陳鍾祥補註 清咸豐十年至同治元年（1860－1862）趙瑜、趙琮刻同治三年（1864）趙瑜、趙琮重刻本 四冊

110000－0143－0013417 PG212./19－1
趙忠毅公儕鶴先生史韻補註四卷 （明）趙南星撰 （清）陳鍾祥補註 清咸豐十年至同治元年（1860－1862）趙瑜、趙琮刻同治三年（1864）趙瑜、趙琮重刻本 二冊

110000－0143－0013418 PG212./19－2
趙忠毅公儕鶴先生史韻補註四卷 （明）趙南星撰 （清）陳鍾祥補註 清咸豐十年至同治元年（1860－1862）趙瑜、趙琮刻同治三年（1864）趙瑜、趙琮重刻本 二冊

110000－0143－0013419 PG212./20
重刻萬卷讀餘六卷 （清）康基淵輯 （清）張世準重編 清光緒二十三年（1897）清泉王之春湖北刻本 五冊

110000－0143－0013420 PG212./23
評鑑闡要十二卷 （清）劉統勳等纂 清末抄本 六冊

110000－0143－0013421 PG212./24
諸史拾遺五卷三史拾遺五卷 （清）錢大昕撰 清嘉慶十二年（1807）嘉興錢大昕郡齋刻本 四冊

110000－0143－0013422 PG212./24
諸史拾遺五卷三史拾遺五卷 （清）錢大昕撰 清嘉慶十二年（1807）嘉興錢大昕郡齋刻本 四冊

110000－0143－0013423 PG212./29
無邪堂答問五卷 （清）朱一新撰 清光緒二十二年（1896）上海書局鴻寶齋石印本 五冊

110000－0143－0013424 PG212./31－3
讀史論略二卷 （清）杜詔著 （清）王溶校 清嘉慶十三年（1808）九華王氏刻光緒八年（1882）安省文光堂重刻本 二冊

110000－0143－0013425 PG212./31－4
讀史論略增註三卷 （清）杜詔撰 （清）傅傳註 （清）唐桂增註 清光緒七年（1881）永嘉徐慎行刻本 一冊

110000－0143－0013426 PG212./32
甌海軼聞五十八卷 （清）孫衣言撰 清光緒十二年（1886）刻本 二十冊

110000－0143－0013427 PG212./32
甌海軼聞五十八卷 （清）孫衣言撰 清光緒十二年（1886）刻本 二十冊

110000－0143－0013428 PG212./37
漢書評林一百卷 （明）凌稚隆輯校 清同治十三年（1874）長沙魏氏養翮書屋刻本 十一冊

110000－0143－0013429 PG212./40－1
萬卷讀餘五卷 （清）康基淵輯 清光緒十五年（1889）聚好齋刻本 四冊

110000－0143－0013430 PG212./40－2
萬卷讀餘五卷 （清）康基淵輯 清嘉慶七年（1802）至道光遞修本 一冊

110000－0143－0013431 PG212./41
讀史探驪錄五卷 （清）姚芝生撰 清光緒上海申報館鉛印本 五冊

110000－0143－0013432 PG212./42
通鑑問疑不分卷 （宋）劉羲仲撰 明崇禎汲古閣刻本 一冊

110000－0143－0013433 PG212./45
史懷二十卷 （明）鍾惺撰 清末抄本 四冊

110000－0143－0013434 PG212./46
鑑評別錄六十卷附兩漢史斷六卷三國書法十卷 （清）黄恩彤撰 清光緒三十一年（1905）刻本 二十二冊

110000－0143－0013435 PG212./48
味檗齋遺筆不分卷 （明）趙南星撰 明崇禎二年（1629）刻本 一冊

110000－0143－0013436 PG212./56
國朝史論約鈔四卷 （清）章國華 （清）繆楷輯 清光緒二十七年（1901）江陰章氏紫荆書屋木活字印本 四冊

110000－0143－0013437　PG212./59
豐鎬考信錄八卷　（清）崔述撰　清嘉慶二十二年（1817）陳履和刻本　四冊

110000－0143－0013438　PG212.1/2
明夷待訪錄不分卷　（清）黄宗羲撰　清光緒二十八年（1902）成都翰文堂刻本　一冊

110000－0143－0013439　PG212.1/2
明夷待訪錄不分卷　（清）黄宗羲撰　清光緒五年（1879）北洋官報局鉛印本　一冊

110000－0143－0013440　PG212.1/3－3
史通削繁四卷　（清）紀昀撰　清光緒二十一年（1895）寶慶澹雅書局刻本　六冊

110000－0143－0013441　PG212.1/3－3
史通削繁四卷　（清）紀昀撰　清光緒元年（1875）湖北崇文書局刻本　四冊

110000－0143－0013442　PG212.2/1
史事論甲編十卷乙編八卷丙編四卷丁編四卷戊編十卷　雷瑨輯　清光緒二十九年（1903）上海掃葉山房石印本　五冊　存八卷（甲編六至十，丁編一、三至四）

110000－0143－0013443　PG212.2/1
史事論甲編十卷乙編六卷丙編四卷丁編四卷戊編十卷　雷瑨輯　清光緒二十九年（1903）上海掃葉山房石印本　八冊

110000－0143－0013444　PG212.2/1
史事論甲編十卷乙編六卷丙編四卷丁編四卷戊編十卷　雷瑨輯　清光緒二十九年（1903）上海掃葉山房石印本　四冊　存六卷（乙編六卷）

110000－0143－0013445　PG212.2/1
史事論甲編十卷乙編六卷丙編四卷丁編四卷戊編十卷　雷瑨輯　清光緒二十九年（1903）上海掃葉山房石印本　八冊　存八卷（丙編四卷、丁編四卷）

110000－0143－0013446　PG212.2/1－1
史事論甲編十卷乙編六卷丙編四卷丁編四卷戊編十卷　雷瑨輯　清光緒二十九年（1903）上海掃葉山房石印本　二十冊

110000－0143－0013447　PG212.2/1－2
史事論新編十卷　雷瑨輯　清光緒二十九年（1903）上海掃葉山房石印本　四冊

110000－0143－0013448　PG212.2/4
重訂王鳳洲先生綱鑑會纂六十九卷　（明）王世貞纂　（明）陳仁錫訂　清同治至宣統刻本　十二冊　缺三十九卷（漢一至十二、五代三十至四十六、宋元一至十）

110000－0143－0013449　PG212.2/4－1
重訂王鳳洲先生綱鑑會纂六十九卷　（明）王世貞纂　（明）陳仁錫訂　清光緒二十五年（1899）上海富文書局石印本　七冊

110000－0143－0013450　PG212.2/4－1
御撰資治通鑑綱目三編四卷　（清）高宗弘曆撰　清光緒二十五年（1899）上海富文書局石印本　一冊

110000－0143－0013451　PG212.2/6
歷代史論十二卷　（明）張溥撰　（清）孫琮評註　清光緒二十四年（1898）圖書集成局鉛印本　六冊

110000－0143－0013452　PG212.2/6
宋史論三卷　（明）張溥論正　（清）孫琮評註　清光緒二十四年（1898）善成堂刻本　二冊

110000－0143－0013453　PG212.2/6
元史論一卷　（明）張溥論正　（清）孫琮評註　清光緒二十四年（1898）善成堂刻本　一冊

110000－0143－0013454　PG212.2/6
明史論四卷　（清）谷應泰論正　清光緒二十四年（1898）善成堂刻本　二冊

110000－0143－0013455　PG212.2/6
左傳史論二卷　（清）高士奇論正　清光緒二十四年（1898）善成堂刻本　一冊

110000－0143－0013456　PG212.2/6
歷代史論十二卷　（明）張溥撰　（清）孫琮評註　清光緒二十四年（1898）善成堂刻本　六冊

110000－0143－0013457　PG212.2/6
宋史論三卷　(明)張溥論正　(清)孫琮評註　清光緒二十四年(1898)善成堂刻本　二册

110000－0143－0013458　PG212.2/6
元史論一卷　(明)張溥論正　(清)孫琮評註　清光緒二十四年(1898)善成堂刻本　一册

110000－0143－0013459　PG212.2/6
明史論四卷　(清)谷應泰論正　清光緒二十四年(1898)善成堂刻本　二册

110000－0143－0013460　PG212.2/6
歷代史論十二卷　(明)張溥撰　(清)孫琮評註　清光緒二十四年(1898)善成堂刻本　六册

110000－0143－0013461　PG212.2/6
歷代史論十二卷　(明)張溥撰　(清)孫琮評註　清光緒二十四年(1898)善成堂刻本　六册

110000－0143－0013462　PG212.2/6
宋史論三卷　(明)張溥論正　(清)孫琮評註　清光緒二十四年(1898)善成堂刻本　二册

110000－0143－0013463　PG212.2/6
元史論一卷　(明)張溥論正　(清)孫琮評註　清光緒二十四年(1898)善成堂刻本　一册

110000－0143－0013464　PG212.2/6
明史論四卷　(清)谷應泰論正　清光緒二十四年(1898)善成堂刻本　二册

110000－0143－0013465　PG212.2/6
左傳史論二卷　(清)高士奇論正　清光緒二十四年(1898)善成堂刻本　一册

110000－0143－0013466　PG212.2/6
歷代史論十二卷　(明)張溥撰　(清)孫琮評註　清光緒二十四年(1898)善成堂刻本　五册

110000－0143－0013467　PG212.2/6
宋史論三卷　(明)張溥論正　(清)孫琮評註　清光緒二十四年(1898)善成堂刻本　二册

110000－0143－0013468　PG212.2/6
元史論一卷　(明)張溥論正　(清)孫琮評註　清光緒二十四年(1898)善成堂刻本　一册

110000－0143－0013469　PG212.2/6
明史論四卷　(清)谷應泰論正　清光緒二十四年(1898)善成堂刻本　二册

110000－0143－0013470　PG212.2/6
左傳史論二卷　(清)高士奇論正　清光緒二十四年(1898)善成堂刻本　一册

110000－0143－0013471　PG212.2/6
歷代史論十二卷　(明)張溥撰　清光緒五年至三十四年(1879－1908)刻本　五册

110000－0143－0013472　PG212.2/6
宋史論三卷　(明)張溥撰　清光緒五年至三十四年(1879－1908)刻本　二册

110000－0143－0013473　PG212.2/6
元史論一卷　(明)張溥撰　清光緒五年至三十四年(1879－1908)刻本　一册

110000－0143－0013474　PG212.2/6
明史論四卷　(清)谷應泰撰　清光緒五年至三十四年(1879－1908)刻本　二册

110000－0143－0013475　PG212.2/6
左傳史論二卷　(清)高士奇撰　清光緒五年至三十四年(1879－1908)刻本　一册

110000－0143－0013476　PG212.2/6
歷代史論十二卷　(明)張溥撰　(清)孫琮評註　清光緒十三年(1887)掃葉山房刻本　四册

110000－0143－0013477　PG212.2/6
宋史論三卷　(明)張溥撰　清光緒十三年(1887)掃葉山房刻本　二册

110000－0143－0013478　PG212.2/6
元史論一卷　(明)張溥撰　清光緒十三年(1887)掃葉山房刻本　一册

110000－0143－0013479　PG212.2/6
明史論四卷　(清)谷應泰撰　清光緒十三年(1887)掃葉山房刻本　一册

110000－0143－0013480　PG212.2/6
左傳史論二卷　(清)高士奇撰　清光緒十三年(1887)掃葉山房刻本　一冊

110000－0143－0013481　PG212.2/6
歷代史論十二卷　(明)張溥撰　清光緒五年(1879)西江裴氏刻本　四冊

110000－0143－0013482　PG212.2/6
宋史論三卷　(明)張溥撰　清光緒五年(1879)西江裴氏刻本　一冊

110000－0143－0013483　PG212.2/6
元史論一卷　(明)張溥撰　清光緒五年(1879)西江裴氏刻本　一冊

110000－0143－0013484　PG212.2/6
明史論四卷　(清)谷應泰撰　清光緒五年(1879)西江裴氏刻本　二冊

110000－0143－0013485　PG212.2/6
左傳史論二卷　(清)高士奇撰　清光緒五年(1879)西江裴氏刻本　一冊

110000－0143－0013486　PG212.2/6
歷代史論十二卷附元史論一卷明史論二卷　(明)張溥　(清)谷應泰論正　清光緒八年(1882)西江裴氏刻本　六冊

110000－0143－0013487　PG212.2/6－2
左傳史論二卷　(清)高士奇論正　清刻本　一冊

110000－0143－0013488　PG212.2/8
國朝史論萃編甲集□□卷　(清)昭文桂村蒙學堂編　清末鉛印本　一冊　存一卷(甲集二)

110000－0143－0013489　PG212.2/9－1
讀通鑑論三十卷末一卷　(清)王夫之譔　清光緒二十五年(1899)申昌書莊石印本　六冊

110000－0143－0013490　PG212.2/9－2
讀通鑑論十卷末一卷　(清)王夫之譔　清光緒二十四年(1898)上海書局鉛印本　八冊

110000－0143－0013491　PG212.2/9－3
讀通鑑論十六卷附宋論十五卷　(清)王夫之譔　清光緒至宣統上海商務印書館鉛印本　十冊

110000－0143－0013492　PG212.2/9－3
讀通鑑論十六卷附宋論十五卷　(清)王夫之譔　清光緒至宣統上海商務印書館鉛印本　十冊

110000－0143－0013493　PG212.2/9－3
讀通鑑論十六卷附宋論十五卷　(清)王夫之譔　清光緒至宣統上海商務印書館鉛印本　十冊

110000－0143－0013494　PG212.2/9－3
讀通鑑論十六卷附宋論十五卷　(清)王夫之譔　清光緒三十年(1904)上海商務印書館鉛印本　十冊

110000－0143－0013495　PG212.2/9－4
讀通鑑論十卷末一卷　(清)王夫之譔　清光緒二十四年(1898)上海公興書局鉛印本　八冊

110000－0143－0013496　PG212.2/10－1
宋論五卷　(清)王夫之譔　清光緒至宣統公興書局鉛印本　二冊

110000－0143－0013497　PG212.2/11
正續二才讀史論略不分卷　(清)杜詔編次　清光緒二十七年(1901)東昌德茂堂刻本　一冊

110000－0143－0013498　PG212.2/12
史論五種　(清)李祖陶撰　清同治十年(1871)上高李氏尚友樓刻本　六冊

110000－0143－0013499　PG212.2/13
讀史鏡古編三十二卷　(清)潘世恩輯　清同治十三年(1874)冶城飛霞閣刻本　六冊

110000－0143－0013500　PG212.2/13
讀史鏡古編三十二卷　(清)潘世恩輯　清道光四年(1824)刻本　十四冊

110000－0143－0013501　PG212.2/16
周季編略九卷　(清)黄式三纂　清同治十二年(1873)浙江書局刻儆居遺書本　四冊

110000－0143－0013502　PG212.2/16
周季編略九卷　(清)黄式三纂　清同治十二年(1873)浙江書局刻儆居遺書本　四冊

110000－0143－0013503　PG212.2/16
周季編略九卷　(清)黄式三纂　清同治十二年(1873)浙江書局刻儆居遺書本　四冊

110000－0143－0013504　PG212.2/16
周季編略九卷　(清)黄式三纂　清同治十二年(1873)浙江書局刻儆居遺書本　四冊

110000－0143－0013505　PG212.2/16
周季編略九卷　(清)黄式三纂　清同治十二年(1873)浙江書局刻儆居遺書本　四冊

110000－0143－0013506　PG212.2/16
周季編略九卷　(清)黄式三纂　清同治十二年(1873)浙江書局刻儆居遺書本　四冊

110000－0143－0013507　PG212.2/19
歷代史論一編四卷　(明)張溥撰　清光緒九年(1883)上海刻本　二冊

110000－0143－0013508　PG212.2/19
歷代史論五種二十二卷　(明)張溥撰　清光緒二十四年(1898)上海煥文書局石印本　六冊

110000－0143－0013509　PG212.2/21
鑑古齋日記四卷　(清)陳紹箕撰　(清)皮錫瑞評　清光緒二十八年(1902)長沙刻本　四冊

110000－0143－0013510　PG212.2/21
鑑古齋日記四卷　(清)陳紹箕撰　(清)皮錫瑞評　清光緒二十八年(1902)長沙刻本　四冊

110000－0143－0013511　PG212.2/22
唐鑑二十四卷　(宋)范祖禹撰　(宋)呂祖謙音註　**附唐鑑音註考異一卷**　(清)胡鳳丹纂輯　清同治十年(1871)胡氏退補齋刻本　四冊

110000－0143－0013512　PG212.2/22－1
唐鑑十二卷　(宋)范祖禹撰　(宋)呂祖謙音註　清末刻本　四冊

110000－0143－0013513　PG212.2/23
唐宋三十六家名賢史論八卷　湯壽潛撰　清光緒二十八年(1902)和記書莊石印本　四冊

110000－0143－0013514　PG212.2/24
三國志辨疑三卷　(清)錢大昭撰　清道光刻本　一冊

110000－0143－0013515　PG212.2/26
舊唐書疑義四卷　(清)張道著　清咸豐四年(1854)刻本　二冊

110000－0143－0013516　PG212.2/27
各國政治史事攷六卷　鄒福保編　清光緒二十八年(1902)石印本　六冊

110000－0143－0013517　PG212.2/29
歷朝史案二十卷首不分卷　(清)洪亮吉編　(清)孫星衍等訂　清嘉慶五年(1800)聚奎閣刻本　六冊

110000－0143－0013518　PG212.2/29
歷朝史案二十卷首不分卷　(清)洪亮吉編　(清)孫星衍等訂　清嘉慶五年(1800)聚奎閣刻本　六冊

110000－0143－0013519　PG212.2/29
歷朝史案二十卷首不分卷　(清)洪亮吉編　(清)孫星衍等訂　清嘉慶五年(1800)聚奎閣刻本　六冊

110000－0143－0013520　PG212.2/29
歷朝史案二十卷首不分卷　(清)洪亮吉編　(清)孫星衍等訂　清嘉慶五年(1800)聚奎閣刻本　四冊

110000－0143－0013521　PG212.2/30
巾經纂二十卷　(清)宋宗元著　清道光二十七年(1847)達觀樓刻本　八冊

110000－0143－0013522　PG212.2/30－1
巾經纂二十卷　(清)宋宗元著　清咸豐五年(1855)嘉孚堂刻本　五冊

110000－0143－0013523　PG212.2/31－4
重刊讀史論略不分卷　(清)杜詔撰　清同治

五年(1866)胡氏退補齋刻本　一冊

110000－0143－0013524　PG212.2/32
史論正鵠三集十六卷　(清)王樹敏編　清光緒二十七年(1901)上海久敬齋石印本　十六冊

110000－0143－0013525　PG212.2/33
讀史四集四卷　(明)楊以任撰　清道光三十年(1850)豐城萬氏防未然齋刻本　三冊

110000－0143－0013526　PG212.2/35
讀通鑑綱目劄記二十卷　(清)章邦元著　清光緒十六年(1890)銅陵章氏刻本　八冊

110000－0143－0013527　PG212.2/36
寰宇分合志八卷寰宇分合志增輯一卷　(明)徐樞編　(清)楊超冶增輯　清光緒二十八年(1902)湘潭楊氏刻本　八冊

110000－0143－0013528　PG212.2/37－2
金源劄記二卷附金源又劄一卷史論五答一卷吉貝居暇唱一卷　(清)施國祁撰　清嘉慶十七年至二十一年(1812－1816)烏程施氏吉貝居刻本　一冊

110000－0143－0013529　PG212.2/38
兩朝史事一卷　(清)丁晏錄　清末抄本　二冊

110000－0143－0013530　PG212.2/38
讀史臆斷一卷　(清)柴可安纂　清末抄本　一冊

110000－0143－0013531　PG212.2/48
論海四種一百七十二卷　(清)蔡和鏘撰　清光緒二十八年(1902)石印本　四十冊

110000－0143－0013532　PG212.2/52
史事新編十二卷　(□)□□撰　清光緒二十八年(1902)西法書局石印本　六冊

110000－0143－0013533　PG212.2/55
讀東華錄一卷　竇士鏞撰　清宣統三年(1911)鉛印本　一冊

110000－0143－0013534　PG212.2/57
東社讀史隨筆二卷　(清)獨醒主人撰　清宣統元年(1909)刻本　一冊

110000－0143－0013535　PG212.2/67
讀史提要錄十二卷　(清)夏之蓉撰　清道光二年(1822)刻本　六冊

110000－0143－0013536　PG212.2/68
三續千字文注一卷　(宋)葛剛正撰　清光緒二十三年(1897)武進盛宣懷思惠齋刻本　一冊

110000－0143－0013537　PG212.2/70
史論存藁一卷　秦粵生著　清光緒三十四年(1908)山陽秦氏京師刻本　一冊

110000－0143－0013538　PG212.2/71
讀史錄贊不分卷　(清)□□撰　清末至民國初抄本　二冊

110000－0143－0013539　PG212.2/80
看鑑偶評四卷補評一卷　(清)尤侗纂　清康熙刻本　一冊

110000－0143－0013540　PG212.3/3
廿二史劄記三十六卷劄記補遺一卷　(清)趙翼撰　清光緒二十年(1894)廣雅書局刻廣雅書局叢書本　十冊

110000－0143－0013541　PG212.3/3
廿二史劄記三十六卷劄記補遺一卷　(清)趙翼撰　清光緒二十年(1894)廣雅書局刻廣雅書局叢書本　十冊

110000－0143－0013542　PG212.3/3－1
廿二史劄記三十六卷　(清)趙翼撰　清光緒二十五年(1899)上海千頃堂石印本　六冊

110000－0143－0013543　PG212.3/3－1
廿二史劄記三十六卷　(清)趙翼撰　清光緒二十五年(1899)上海千頃堂石印本　六冊

110000－0143－0013544　PG212.3/3－2
廿二史劄記三十六卷劄記補遺一卷　(清)趙翼撰　清嘉慶五年(1800)湛貽堂刻甌北全集本　十冊

110000－0143－0013545　PG212.3/3－3
廿二史劄記三十六卷劄記補遺一卷　(清)趙

翼撰　清刻本　十六册

110000－0143－0013546　PG212.3/3－4
廿二史劄記三十六卷劄記補遺一卷　(清)趙翼撰　清光緒二十六年(1900)上海書局石印本　八册

110000－0143－0013547　PG212.3/4
十七史商榷一百卷　(清)王鳴盛譔　清光緒十九年(1893)廣雅書局刻廣雅書局叢書本　十八册

110000－0143－0013548　PG212.3/4
十七史商榷一百卷　(清)王鳴盛述　清乾隆五十二年(1787)洞涇艸堂刻本　二十册

110000－0143－0013549　PG212.3/4
十七史商榷一百卷　(清)王鳴盛譔　清光緒十九年(1893)廣雅書局刻廣雅書局叢書本　十四册

110000－0143－0013550　PG212.3/4
十七史商榷一百卷　(清)王鳴盛述　清乾隆五十二年(1787)洞涇艸堂刻本　八册　存五十七卷(一至五十七)

110000－0143－0013551　PG212.3/4
十七史商榷一百卷　(清)王鳴盛述　清乾隆五十二年(1787)洞涇艸堂刻本　二十四册

110000－0143－0013552　PG212.3/4
十七史商榷一百卷　(清)王鳴盛譔　清光緒十九年(1893)廣雅書局刻廣雅書局叢書本　十六册

110000－0143－0013553　PG212.3/4－1
十七史商榷一百卷　(清)王鳴盛述　清光緒六年(1880)太原王氏刻本　二十四册

110000－0143－0013554　PG212.3/4－2
十七史商榷一百卷　(清)王鳴盛述　清乾隆五十二年(1787)洞涇艸堂刻本　七册

110000－0143－0013555　PG212.3/4－2
十七史商榷一百卷　(清)王鳴盛述　清乾隆五十二年(1787)洞涇艸堂刻本　二十册

110000－0143－0013556　PG212.3/8
廿二史攷異二十三卷　(清)錢大昕撰　清光緒二十六年至宣統三年(1900－1911)上海鴻寶齋石印本　四册

110000－0143－0013557　PG212.3/8
廿二史攷異一百卷　(清)錢大昕撰　清光緒二十年(1894)廣雅書局刻本　十八册

110000－0143－0013558　PG212.3/8
廿二史攷異一百卷　(清)錢大昕撰　清光緒二十年(1894)廣雅書局刻本　十八册

110000－0143－0013559　PG212.3/12
歷代建元考二卷總論一卷類考一卷前編一卷外編四卷　(清)鍾淵映撰　清嘉慶十四年(1809)海虞張氏刻本　六册

110000－0143－0013560　PG212.3/13
晉書校文五卷　丁國鈞撰　清光緒二十年(1894)常熟丁氏木活字印本　二册

110000－0143－0013561　PG212.3/14
三國會要二十二卷首一卷　楊晨撰　清光緒二十六年(1900)江蘇書局刻本　六册

110000－0143－0013562　PG212.3/16
春秋中國夷狄辨三卷　徐勤撰　清末上海大同譯書局石印本　一册

110000－0143－0013563　PG212.3/16
春秋中國夷狄辨一卷　徐勤撰　清光緒上海點石齋書局刻本　一册

110000－0143－0013564　PG212.3/19－1
後漢郡國令長攷一卷　(清)錢大昭撰　清光緒崇文書局刻本　一册

110000－0143－0013565　PG212.3/19－2
後漢郡國令長攷一卷　(清)錢大昭撰　清光緒十四年(1888)廣雅書局刻本　一册

110000－0143－0013566　PG212.3/19－2
後漢書辨疑十一卷　(清)錢大昭撰　清光緒十四年(1888)廣雅書局刻本　二册

110000－0143－0013567　PG212.3/19－2
續漢書辨疑九卷　(清)錢大昭撰　清光緒十四年(1888)廣雅書局刻本　一册

110000－0143－0013568　PG212.3/20
北徼彙編十九種　(清)何秋濤輯　清同治四年(1865)京都龍威閣刻本　六册

110000－0143－0013569　PG212.3/20
北徼彙編十九種　(清)何秋濤輯　清同治四年(1865)京都龍威閣刻本　六册

110000－0143－0013570　PG212.3/20
北徼彙編十九種　(清)何秋濤輯　清同治四年(1865)京都龍威閣刻本　六册

110000－0143－0013571　PG212.3/22
晉宋書故一卷　(清)郝懿行撰　清嘉慶二十一年(1816)棲霞郝氏刻本　二册

110000－0143－0013572　PG212.3/22－1
晉宋書故一卷　(清)郝懿行撰　清嘉慶二十一年(1816)棲霞郝氏刻本　一册

110000－0143－0013573　PG212.3/22－1
晉宋書故一卷　(清)郝懿行撰　清嘉慶二十一年(1816)棲霞郝氏刻本　一册

110000－0143－0013574　PG212.3/22－1
荀子補注二卷　(清)郝懿行撰　清同治元年至光緒十年(1862－1884)棲霞郝氏刻本　一册

110000－0143－0013575　PG212.3/22－1
補宋書刑法志一卷　(清)郝懿行撰　清同治元年至光緒十年(1862－1884)棲霞郝氏刻本　一册

110000－0143－0013576　PG212.3/22－1
補宋書食貨志一卷　(清)郝懿行撰　清嘉慶二十一年至二十五年(1816－1820)棲霞郝氏刻本　一册

110000－0143－0013577　PG212.3/22－1
宋瑣語不分卷　(清)郝懿行撰　清同治元年至光緒十年(1862－1884)棲霞郝氏刻本　三册

110000－0143－0013578　PG212.3/24
欽定通志考證三卷　(宋)鄭樵撰　清光緒二十二年(1896)浙江書局刻本　二册

110000－0143－0013579　PG212.3/26
皇朝謚法考五卷附續編一卷補編一卷　(清)鮑康輯　清光緒三年(1877)永康胡鳳丹退補齋刻本　二册

110000－0143－0013580　PG212.3/26－1
皇朝謚法考五卷附續編一卷補編一卷續補編一卷　(清)鮑康輯　(清)徐士鑾續輯　清同治三年(1864)京都明道堂刻十一年(1872)增補本　二册

110000－0143－0013581　PG212.3/26－1
皇朝謚法考五卷附續編一卷補編一卷續補編一卷　(清)鮑康輯　(清)徐士鑾續輯　清同治三年(1864)京都明道堂刻十一年(1872)增補本　二册

110000－0143－0013582　PG212.3/37
金源劄記二卷　(清)施國祁撰　清嘉慶十七年(1812)潯溪吉貝居刻本　一册

110000－0143－0013583　PG212.3/37－1
金源劄記二卷　(清)施國祁撰　清末刻本　二册

110000－0143－0013584　PG212.3/38
如諫果室叢刊四種　(清)王廷釗撰　清宣統二年(1910)京師益森書館鉛印本　二册

110000－0143－0013585　PG212.3/40
中國度支考不分卷　(英國)哲美森編輯　(美國)林樂知翻譯　清光緒二十三年(1897)圖書集成局鉛印本　一册

110000－0143－0013586　PG212.3/40
中國度支考不分卷　(英國)哲美森編輯　(美國)林樂知翻譯　清光緒二十三年(1897)圖書集成局鉛印本　一册

110000－0143－0013587　PG212.3/40－1
中國度支考附印度鹽法考　(英國)哲美森編輯　(美國)林樂知翻譯　清光緒二十九年(1903)上海商務印書館石印本　一册

110000－0143－0013588　PG212.3/41
經濟類考二卷　(清)顧九錫著　清光緒十五

年(1889)上海鴻文書局石印本　二册

110000－0143－0013589　PG212.3/41－2
經濟類考二卷　(清)顧九錫著　清末慶槐堂鉛印本　四册

110000－0143－0013590　PG212.3/44
南宋古蹟攷二卷　(清)朱彭輯　清光緒七年(1881)武林丁氏嘉惠堂刻本　一册

110000－0143－0013591　PG212.3/44
南宋古蹟攷二卷　(清)朱彭輯　清光緒七年(1881)武林丁氏嘉惠堂刻本　一册

110000－0143－0013592　PG212.3/46
紀元通攷十二卷　(清)葉維庚著　清同治十年(1871)秀水葉氏刻本　四册

110000－0143－0013593　PG212.3/46
紀元通攷十二卷　(清)葉維庚著　清同治十年(1871)刻本　四册

110000－0143－0013594　PG212.3/46－1
紀元通攷十二卷　(清)葉維庚著　清末抄本　四册

110000－0143－0013595　PG212.3/47
二十四史人物類考四十六卷　(清)陳維周輯　(清)汪元善勘訂　清光緒二十九年(1903)上海緯文閣石印本　八册

110000－0143－0013596　PG212.3/48
諸史考異十八卷　(清)洪頤煊撰　清末抄本　四册

110000－0143－0013597　PG212.3/48－1
諸史考異十八卷　(清)洪頤煊撰　清光緒十五年(1889)廣雅書局刻本　三册

110000－0143－0013598　PG212.3/48－1
諸史考異十八卷　(清)洪頤煊撰　清光緒十五年(1889)廣雅書局刻本　三册

110000－0143－0013599　PG212.3/49
先聖生卒年月日考二卷　(清)孔廣牧述　清光緒十九年(1893)浙江書局刻本　一册

110000－0143－0013600　PG212.3/49
先聖生卒年月日考二卷　(清)孔廣牧述　清光緒十九年(1893)浙江書局刻本　一册

110000－0143－0013601　PG212.3/49－1
先聖生卒年月日考二卷　(清)孔廣牧述　清光緒十五年(1889)廣雅書局刻本　一册

110000－0143－0013602　PG212.3/49－1
先聖生卒年月日考二卷　(清)孔廣牧述　清光緒十五年(1889)廣雅書局刻本　一册

110000－0143－0013603　PG212.3/49－1
先聖生卒年月日考二卷　(清)孔廣牧述　清光緒十五年(1889)廣雅書局刻本　一册

110000－0143－0013604　PG212.3/52
古今姓氏書辯證四十卷目錄三卷　(宋)鄧名世撰　(清)孫星衍　(清)洪梧校　清嘉慶孫星衍岱南閣刻本　八册

110000－0143－0013605　PG212.3/54
家語疏證六卷　(清)孫志祖撰　清光緒會稽章氏刻本　一册

110000－0143－0013606　PG212.3/57
仰止編三卷　(清)高驪雲稟　清道光二十九年(1849)時術堂刻本　一册

110000－0143－0013607　PG212.3/58
史記志疑三十六卷附錄三卷　(清)梁玉繩撰　清光緒十三年(1887)廣雅書局刻廣雅書局叢書本　七册

110000－0143－0013608　PG212.3/58
史記志疑三十六卷附錄三卷　(清)梁玉繩撰　清光緒十三年(1887)廣雅書局刻廣雅書局叢書本　七册　缺三卷(附錄三卷)

110000－0143－0013609　PG213.3/61
歷代帝王年表不分卷　(清)齊召南編　(清)阮福續編　清道光四年(1824)揚州阮氏小琅嬛僊館刻文選樓叢書本　四册

110000－0143－0013610　PG213.3/61
帝王廟謚年諱譜一卷　(清)陸費墀纂　清道光四年(1824)揚州阮氏小琅嬛僊館刻文選樓叢書本　與110000－0143－0013609合册

110000－0143－0013611　PG212.3/61
漢書辨疑二十二卷　(清)錢大昭撰　清光緒十三年(1887)廣雅書局刻廣雅書局叢書本　五冊

110000－0143－0013612　PG212.3/61
續漢書辨疑九卷　(清)錢大昭撰　清光緒十四年(1888)廣雅書局刻廣雅書局叢書本　一冊

110000－0143－0013613　PG212.3/61
漢書辨疑二十二卷　(清)錢大昭撰　清光緒十三年(1887)廣雅書局刻廣雅書局叢書本　五冊

110000－0143－0013614　PG212.3/62
遺珠貫索八卷　(清)張純照寫　清道光十年(1830)樂淳堂刻本　四冊

110000－0143－0013615　PG212.3/63
談徵不分卷　(清)外方山人輯　清同治元年(1862)青雲樓刻本　六冊

110000－0143－0013616　PG212.3/65
三國志證聞三卷　(清)錢儀吉撰　清光緒十一年(1885)江蘇書局刻本　二冊

110000－0143－0013617　PG212.3/65
三國志證聞三卷　(清)錢儀吉撰　清光緒十一年(1885)江蘇書局刻本　一冊

110000－0143－0013618　PG212.3/65
三國志證聞三卷　(清)錢儀吉撰　清光緒十一年(1885)江蘇書局刻本　二冊

110000－0143－0013619　PG212.3/66－1
歷代紀元彙考八卷附皇朝紀元彙考一卷　(清)萬斯同編　孫鏘校補　清光緒二十三年(1897)滃州李氏刻本　一冊

110000－0143－0013620　PG212.3/66－2
歷代紀元彙考五卷　(清)萬斯同編　清嘉慶刻本　二冊

110000－0143－0013621　PG212.3/66－2
歷代紀元彙考五卷　(清)萬斯同編　清乾隆十五年(1750)吳之黼刻本　二冊

110000－0143－0013622　PG212.3/68
皇朝聖師考七卷　(清)鄭曉如述　清同治八年(1869)廣州華文堂刻本　四冊

110000－0143－0013623　PG212.3/71
三國志注證遺四卷附三國志注證遺補　(清)周壽昌撰　清光緒九年(1883)周氏思益堂刻本　二冊

110000－0143－0013624　PG212.3/72
七國考十四卷　(明)董說撰　(清)錢錫祚校　清道光二十四年(1844)金山錢氏刻本　二冊

110000－0143－0013625　PG212.3/77
四史發伏十卷　(清)洪亮吉撰　清光緒八年(1882)小石山房刻本　二冊

110000－0143－0013626　PG212.3/77
四史發伏十卷　(清)洪亮吉撰　清光緒八年(1882)小石山房刻本　二冊

110000－0143－0013627　PG212.3/78
通鑑注商十八卷　(清)趙紹祖撰　清嘉慶二十四年(1819)涇縣趙氏古墨齋刻本　四冊

110000－0143－0013628　PG212.3/78－1
通鑑注商十八卷　(清)趙紹祖撰　清嘉慶元年至道光十四年(1796－1834)涇縣趙氏古墨齋刻本　三冊

110000－0143－0013629　PG212.3/88
補上古考信錄三卷　(清)崔述撰　清嘉慶二年(1797)映薇堂刻本　一冊

110000－0143－0013630　PG212.3/89
讀史舉正八卷　(清)張熷撰　清光緒十七年(1891)廣雅書局影印本　二冊

110000－0143－0013631　PG212.4/3
讀史碎金八十卷　(清)胡文炳輯　清光緒元年(1875)蘭石齋刻本　八十七冊

110000－0143－0013632　PG212.4/4
御製全史詩六十四卷首二卷　(清)仁宗顒琰製　(清)張師誠注　清嘉慶十八年(1813)刻本　四冊　存四卷(一至四)

110000－0143－0013633　PG212.4/6
廿一史詩箋集解四卷　(清)金壇老人編　清嘉慶後刻本　四册

110000－0143－0013634　PG212.4/8
前後蜀雜事詩二卷　(清)張祥齡撰　清末刻本　一册

110000－0143－0013635　PG212.4/9
十國雜事詩十七卷敍目二卷　(清)饒智元撰　清光緒十七年(1891)竹素齋刻本　一册

110000－0143－0013636　PG212.4/10
新樂府詞一卷　(清)萬斯同撰　清同治八年(1869)刻本　一册

110000－0143－0013637　PG212.4/13
詠史詩鈔一卷　(清)沈兆澐著　清同治三年(1864)刻本　一册

110000－0143－0013638　PG212.4/15
天啟宫詞一卷　(明)陳悰述　清抄本　一册

110000－0143－0013639　PG212.4/16
歷代詠史樂府二十卷　(清)董元憲著　清棣花唫館刻本　六册

110000－0143－0013640　PG213./2
十九世紀外交史十七章　(日本)平田久著　張相譯　清光緒二十八年(1902)杭州史學齋石印本　四册

110000－0143－0013641　PG213./2－1
十九世紀外交史十七章　(日本)平田久著　張相譯　清光緒二十八年(1902)杭州史學齋石印本　二册　存十章(一至十)

110000－0143－0013642　PG213./3
外國人物論正集三卷　張□□輯　清光緒二十九年(1903)上海書局石印本　二册　缺一卷(二)

110000－0143－0013643　PG213./4
潛邱劄記六卷附左汾近稾一卷　(清)閻若璩撰　清乾隆十年(1745)太原閻氏眷西堂刻本　六册

110000－0143－0013644　PG213./4－1
潛邱劄記六卷附左汾近稾一卷　(清)閻若璩撰　清乾隆十年(1745)太原閻氏眷西堂刻本　四册　缺二卷(三至四)

110000－0143－0013645　PG213./8
支那文明史論十章　(日本)中西牛郎著　(清)普通學書室譯　清光緒二十七年(1901)上海普通學書室鉛印本　一册

110000－0143－0013646　PG213./13
歷代帝王統系全圖不分卷　(清)□□編　清光緒抄本　四册

110000－0143－0013647　PG213./23
京師大學堂中國史講義不分卷　(清)陳黻宸講述　清光緒京師大學堂鉛印本　一册

110000－0143－0013648　PG213./23
京師大學堂萬國史講義不分卷　(日本)服部宇之吉講述　清光緒京師大學堂鉛印本　與110000－0143－0013647合册　存二章(三至四)

110000－0143－0013649　PG213./23
京師大學堂史學科講義不分卷　屠寄撰　清光緒京師大學堂鉛印本　一册

110000－0143－0013650　PG213./23
京師大學堂萬國史講義不分卷　(日本)服部宇之吉講述　清光緒京師大學堂鉛印本　與110000－0143－0013649合册　存二章(一至二)

110000－0143－0013651　PG213./24
京師大學堂中國地理講義不分卷　(清)鄒代鈞撰　清光緒京師大學堂鉛印本　一册

110000－0143－0013652　PG213./24
京師大學堂經濟各論講義不分卷　(日本)於榮三郎撰　清光緒京師大學堂鉛印本　與110000－0143－0013651合册

110000－0143－0013653　PG213./24
京師大學堂中國地理講義不分卷　(清)鄒代鈞撰　清光緒京師大學堂鉛印本　一册

110000－0143－0013654　PG213./24

京師大學堂經濟各論講義不分卷　(日本)於榮三郎撰　清光緒京師大學堂鉛印本　一冊

110000－0143－0013655　PG213./25

京師大學堂倫理學講義不分卷　(清)張鶴齡講述　清光緒京師大學堂鉛印本　一冊

110000－0143－0013656　PG213./25

京師大學堂經學科講義不分卷　王舟瑤講述　清光緒京師大學堂鉛印本　與 110000－0143－0013655 合冊

110000－0143－0013657　PG213.1/4

佛祖歷代通載三十六卷　(元)釋念常編　清宣統元年(1909)江北刻經處刻本　八冊

110000－0143－0013658　PG213.1/19

萬物炊累室類稿三編四種　沈同芳編纂　清宣統三年(1911)中國圖書公司鉛印本　五冊

110000－0143－0013659　PG213.1/22

蒙古史二卷　(日本)河野元三述　歐陽瑞驊譯　清宣統三年(1911)江南圖書館鉛印本　二冊

110000－0143－0013660　PG213.1/23

蜀亂不分卷　(清)歐陽直撰　清道光二十年(1840)鉛印本　一冊

110000－0143－0013661　PG213.1/28

清末北平戲劇史材不分卷　(□)□□撰　清光緒抄本　六冊

110000－0143－0013662　PG213.1/32

尼羅海戰史十七章　(美國)耶特瓦德斯邊著　(日本)越山平三郎譯　(清)章起渭校閱　清光緒二十九年(1903)上海商務印書館鉛印本　一冊

110000－0143－0013663　PG213.1/32

溫聖脫海戰史九章　(美國)耶特瓦德斯邊著　(日本)越山平三郎譯　(清)章起渭校閱　清光緒二十九年(1903)上海商務印書館鉛印本　一冊

110000－0143－0013664　PG213.1/32

哥品杭海戰史二編十七章　(美國)耶特瓦德斯邊著　(日本)越山平三郎譯　(清)章起渭校閱　清光緒二十九年(1903)上海商務印書館鉛印本　一冊

110000－0143－0013665　PG213.1/34

中國歷史戰爭形勢圖說附論二卷　盧彤著　清宣統二年(1910)武昌同倫學社鉛印本　一冊

110000－0143－0013666　PG213.1/36

明治法制史三編　(日本)清浦奎吾著　(清)商務印書館譯　清光緒二十九年(1903)上海商務印書館鉛印本　一冊

110000－0143－0013667　PG213.1/41

五千年中外交涉史九十七卷　(清)屯廬主人輯　清光緒二十九年(1903)上海蜚英書局鉛印本　二十冊

110000－0143－0013668　PG213.2/2

使德述略不分卷　(清)楊晟纂　清光緒三十三年(1907)鉛印本　一冊

110000－0143－0013669　PG213.2/13

歷代統系錄六卷　(清)黄本騏編　清道光十一年(1831)刻本　一冊　缺一卷(六)

110000－0143－0013670　PG213.3/1

帝鑑圖說不分卷　(明)張居正撰　清末刻本　四冊

110000－0143－0013671　PG213.3/2

帝鑑圖詩二卷　(明)蔡紹洛撰　清道光二十四年(1844)刻本　一冊

110000－0143－0013672　PG213.3/4

二十一史四譜五十四卷　(清)沈炳震撰　清光緒二十二年(1896)廣雅書局刻本　十六冊

110000－0143－0013673　PG213.3/4

二十一史四譜五十四卷　(清)沈炳震撰　清光緒二十二年(1896)廣雅書局刻本　十六冊

110000－0143－0013674　PG213.3/8

春秋謚法表不分卷　(清)陳延齡編　清宣統二年(1910)北京開智石印書局石印本　一冊

110000－0143－0013675　PG213.3/10

大清一統志表不分卷　(清)陳蘭森撰　清末刻本　八冊

110000－0143－0013676　PG213.3/10
大清一統志表不分卷　(清)陳蘭森撰　清末刻本　八冊

110000－0143－0013677　PG213.3/11
紫光閣功臣小像並湘軍平定粵匪戰圖　(清)彭鴻年撰　清光緒二十七年(1901)上海點石齋石印本　一冊

110000－0143－0013678　PG213.3/13
北宋經撫年表二卷　吳廷燮編　清宣統三年(1911)鉛印本　一冊　存一卷(上)

110000－0143－0013679　PG213.3/14
光緒建元以來巡撫年表初稿不分卷　(清)陳淑輯　清光緒三十四年(1908)刻本　一冊

110000－0143－0013680　PG213.3/14
光緒建元以來督撫年表初稿不分卷　(清)陳淑輯　清光緒三十四年(1908)刻本　一冊

110000－0143－0013681　PG213.3/15
農工商部丙午年紀事簡明表不分卷　(清)農工商部編　清光緒三十二年(1906)鉛印本　一冊

110000－0143－0013682　PG213.3/18
皇朝直省輿地全圖不分卷　(□)□□編　清光緒二十八年(1902)上海鑄記書局石印本　一冊

110000－0143－0013683　PG213.3/20－1
歷代史表五十九卷　(清)萬斯同撰　清光緒十五年(1889)廣雅書局刻廣雅書局叢書本　二冊　存二十二卷(三十八至五十九)

110000－0143－0013684　PG213.3/21
長江圖說十二卷首一卷　(清)馬徵麟撰　清同治十年(1871)湖北崇文書局刻本　五冊

110000－0143－0013685　PG213.3/22
歷代帝王年表三卷　(清)齊召南撰　(清)阮福補編　清光緒十二年(1886)蘇州掃葉山房刻本　三冊

110000－0143－0013686　PG213.3/23
歷代帝王世系圖不分卷　(清)□□編　清宣統二年(1910)陸軍部刷印處石印本　二冊

110000－0143－0013687　PG213.3/23
歷代帝王世系圖不分卷　(清)□□編　清宣統二年(1910)陸軍部刷印處石印本　一冊

110000－0143－0013688　PG213.3/23
歷代帝王世系圖不分卷　(清)□□編　清宣統二年(1910)陸軍部刷印處石印本　一冊

110000－0143－0013689　PG213.3/23
歷代帝王世系圖不分卷　(清)□□編　清宣統二年(1910)陸軍部刷印處石印本　一冊

110000－0143－0013690　PG213.3/26－1
紀元編三卷附校記　(清)李兆洛撰　清同治十年(1871)安徽合肥李氏刻本　一冊

110000－0143－0013691　PG213.3/26－2
紀元編三卷末一卷　(清)李兆洛撰　清道光十一年(1831)輩學齋刻本　三冊

110000－0143－0013692　PG213.3/29
大事記十二卷大事記通釋三卷大事記解題十二卷　(宋)呂祖謙撰　清同治十二年(1873)永康胡氏退補齋刻本　十二冊

110000－0143－0013693　PG213.3/29－1
大事記十二卷大事記通釋三卷大事記解題十二卷　(宋)呂祖謙撰　清嘉慶刻本　十六冊

110000－0143－0013694　PG213.3/30
江蘇全省輿圖　(清)諸可寶編　清光緒二十一年(1895)江蘇書局刻本　三冊

110000－0143－0013695　PG213.3/30
江蘇全省輿圖　(清)諸可寶編　清光緒二十一年(1895)江蘇書局刻本　三冊

110000－0143－0013696　PG213.3/30
江蘇全省輿圖　(清)諸可寶編　清光緒二十一年(1895)江蘇書局刻本　三冊

110000－0143－0013697　PG213.3/31
東西年表不分卷　(日本)井上賴囶　(日本)大槻如電合撰　清光緒二十七年(1901)王氏

小方壺齋石印本　一册

110000－0143－0013698　PG213.3/33
三國紀年表一卷五代紀年表一卷　(清)周嘉猷撰　清光緒刻本　一册

110000－0143－0013699　PG213.3/35
國朝故事畫一卷國朝名人政績圖四卷　(清)輿論時事報編　清宣統元年(1909)輿論時事報館石印本　五册

110000－0143－0013700　PG213.3/36
輿論時事報圖畫不分卷　(清)輿論時事報編　清宣統二年(1910)輿論時事報館石印本　六册

110000－0143－0013701　PG213.3/36
彤管清芬錄海外奇談不分卷　(清)輿論時事報編　清宣統二年(1910)輿論時事報館石印本　一册

110000－0143－0013702　PG213.3/36
彤管清芬錄海外奇談不分卷　(清)輿論時事報編　清宣統二年(1910)輿論時事報館石印本　二册

110000－0143－0013703　PG213.3/37
庚辛之際月表不分卷　王延釗著　清光緒三十二年(1907)北京京華印書局鉛印本　一册

110000－0143－0013704　PG213.3/37
庚辛之際月表不分卷　王延釗著　清光緒三十三年(1907)北京京華印書局鉛印本　一册

110000－0143－0013705　PG213.3/41
前漢書表八卷　(清)夏燮撰　清光緒十六年(1890)江城公所刻本　十册

110000－0143－0013706　PG213.3/41
前漢書表八卷　(清)夏燮撰　清光緒十六年(1890)江城公所刻本　十册

110000－0143－0013707　PG213.3/41
前漢書表八卷　(清)夏燮撰　清光緒十六年(1890)江城公所刻本　六册

110000－0143－0013708　PG213.3/42
約章分類輯要三十八卷首一卷　蔡乃煌總纂　清光緒二十六年(1900)湖南商務局刻本　一册　存一卷(首一卷)

110000－0143－0013709　PG213.3/43
帝王廟謚年諱譜一卷　(清)陸費墀撰　清光緒八年(1882)刻本　一册

110000－0143－0013710　PG213.3/46
朝代紀元表一卷　(清)萬廷蘭撰　清乾隆五十八年(1793)至清末刻本　一册

110000－0143－0013711　PG213.3/47－1
史目表二卷　(清)洪飴孫撰　清光緒四年(1878)啟秀山房刻本　一册

110000－0143－0013712　PG213.3/47－1
史目表二卷　(清)洪飴孫撰　清光緒四年(1878)啟秀山房刻本　一册

110000－0143－0013713　PG213.3/47－1
史目表二卷　(清)洪飴孫撰　清光緒四年(1878)啟秀山房刻本　一册

110000－0143－0013714　PG213.3/50
皇朝謚法表十卷　(清)楊樹編　清光緒二十八年(1902)刻本　二册

110000－0143－0013715　PG213.3/55
歷代世系紀年編一卷　(清)姚文田輯　清咸豐六年(1856)兩廣督署刻本　一册

110000－0143－0013716　PG214./1
俄史輯譯四卷　(英國)闞裴迪譯　(清)徐景羅重譯　清光緒十四年(1888)益智書會刻本　四册

110000－0143－0013717　PG214./3
萬國通鑑四卷　(美國)謝衛樓口述　(清)趙如光筆記　清光緒十年(1884)四書房刻本　五册

110000－0143－0013718　PG214./3
萬國通鑑四卷附圖一卷　(美國)謝衛樓口述　(清)趙如光筆記　清光緒八年(1882)刻本　六册

110000－0143－0013719　PG214./4－1
萬國通史續編十卷附表　(英國)李思倫白約

翰輯譯　(清)曹曾涵纂述　清光緒三十一年(1905)上海廣學書會鉛印本　十冊

110000－0143－0013720　PG214./4－2
萬國通史續編十卷附表　(英國)李思倫白約翰輯譯　蔡爾康筆述　清光緒二十六年(1900)上海商務印書館鉛印本　十冊

110000－0143－0013721　PG214./4－2
萬國通史續編十卷附表　(英國)李思倫白約翰輯譯　蔡爾康筆述　清光緒二十九年(1903)上海廣學會鉛印本　十冊

110000－0143－0013722　PG214./4－4
萬國通史續編十卷附表　(英國)李思倫白約翰輯譯　(清)曹曾涵纂述　清光緒三十年(1904)上海廣學會鉛印本　十冊

110000－0143－0013723　PG214./7
泰西新史攬要二十四卷　(英國)馬懇西撰　(英國)李提摩太譯　蔡爾康述　清光緒二十一年(1895)善成堂石印本　八冊

110000－0143－0013724　PG214./7
泰西新史攬要二十四卷　(英國)馬懇西撰　(英國)李提摩太譯　蔡爾康述　清光緒二十一年(1895)善成堂石印本　八冊

110000－0143－0013725　PG214./7
泰西新史攬要二十四卷　(英國)馬懇西撰　(英國)李提摩太譯　蔡爾康述　清光緒二十三年(1897)上海六賢石印本　八冊

110000－0143－0013726　PG214./7－1
泰西新史攬要二十四卷　(英國)馬懇西撰　(英國)李提摩太譯　蔡爾康述　清光緒二十一年至三十四年(1895－1908)石印本　六冊　缺五卷(三至七)

110000－0143－0013727　PG214./7－1
泰西新史攬要二十四卷　(英國)馬懇西撰　(英國)李提摩太譯　蔡爾康述　清光緒二十二年(1896)三味堂鉛印本　八冊

110000－0143－0013728　PG214./7－1
泰西新史攬要二十四卷　(英國)馬懇西撰　(英國)李提摩太譯　蔡爾康述　清光緒二十二年(1896)三味堂鉛印本　八冊

110000－0143－0013729　PG214./7－1
泰西新史攬要二十四卷　(英國)馬懇西撰　(英國)李提摩太譯　蔡爾康述　清光緒二十八年(1902)上海商務印書館鉛印本　七冊

110000－0143－0013730　PG214./7－2
泰西新史攬要二十四卷附人地諸名表一卷　(英國)馬懇西撰　(英國)李提摩太譯　蔡爾康述　清光緒二十四年(1898)上海美華書館鉛印本　八冊

110000－0143－0013731　PG214./8
萬國史記二十卷　(日本)岡本監輔撰　清光緒二十七年(1901)上海兩宜齋石印本　六冊

110000－0143－0013732　PG214./8
萬國史記二十卷　(日本)岡本監輔撰　清光緒二十三年(1897)上海六先書局鉛印本　八冊

110000－0143－0013733　PG214./8
萬國史記二十卷　(日本)岡本監輔撰　清光緒二十三年(1897)上海六先書局鉛印本　八冊

110000－0143－0013734　PG214./8
萬國史記二十卷　(日本)岡本監輔撰　清光緒二十七年(1901)上海書局石印本　六冊

110000－0143－0013735　PG214./9
東洋史要二卷　(日本)桑原隲藏著　樊炳清譯　清光緒二十五年(1899)鉛印本　一冊

110000－0143－0013736　PG214./9
東洋史要二卷　(日本)桑原隲藏著　樊炳清譯　清光緒二十五年(1899)鉛印本　二冊

110000－0143－0013737　PG214./9
東洋史要二卷　(日本)桑原隲藏著　樊炳清譯　清光緒二十五年(1899)鉛印本　一冊

110000－0143－0013738　PG214./9
東洋史要二卷　(日本)桑原隲藏著　樊炳清譯　清光緒二十五年(1899)鉛印本　一冊

110000－0143－0013739　PG214./9－1
東洋史要四卷　（日本）桑原隲藏著　樊炳清譯　清光緒二十九年（1903）寶慶勸學書舍刻本　四册

110000－0143－0013740　PG214./9－1
東洋史要四卷　（日本）桑原隲藏著　樊炳清譯　清光緒二十九年（1903）寶慶勸學書舍刻本　四册

110000－0143－0013741　PG214./9－2
東洋史要二卷　（日本）桑原隲藏著　樊炳清譯　清光緒二十五年（1899）上海中西書局石印本　四册

110000－0143－0013742　PG214./10
列國變通興盛記四卷　（英國）李提摩太著　清光緒二十四年（1898）上海廣學會鉛印本　一册

110000－0143－0013743　PG214./10
列國變通興盛記四卷　（英國）李提摩太著　清光緒二十四年（1898）刻本　一册

110000－0143－0013744　PG214./11
日本國志四十卷首一卷　（清）黄遵憲編纂　清光緒二十四年（1898）浙江書局刻本　十册

110000－0143－0013745　PG214./11
日本國志四十卷首一卷　（清）黄遵憲編纂　清光緒二十四年（1898）浙江書局刻本　十册

110000－0143－0013746　PG214./11
日本國志四十卷首一卷　（清）黄遵憲編纂　清光緒二十八年（1902）上海書局石印本　十册

110000－0143－0013747　PG214./11
日本國志四十卷首一卷　（清）黄遵憲編纂　清光緒二十八年（1902）上海書局石印本　十册

110000－0143－0013748　PG214./11
日本國志四十卷首一卷　（清）黄遵憲編纂　清光緒二十四年（1898）上海圖書集成印書局鉛印本　十册

110000－0143－0013749　PG214./11
日本國志四十卷首一卷　（清）黄遵憲編纂　清光緒二十七年（1901）上海書局石印本　十册

110000－0143－0013750　PG214./11
日本國志四十卷首一卷　（清）黄遵憲編纂　清光緒二十八年（1902）上海書局石印本　十册

110000－0143－0013751　PG214./11－2
日本國志四十卷首一卷　（清）黄遵憲編纂　清光緒十六年（1890）羊城富文齋刻本　十册

110000－0143－0013752　PG214./11－2
日本國志四十卷首一卷　（清）黄遵憲編纂　清光緒十六年（1890）羊城富文齋刻本　十四册

110000－0143－0013753　PG214./12
日俄戰紀二卷附圖　清末軍官學堂石印本　一册　存一册（附圖）

110000－0143－0013754　PG214./13
俄土戰紀六卷　湯叡譯　清光緒二十三年（1897）上海大同譯書局石印本　二册

110000－0143－0013755　PG214./13
俄土戰紀六卷　湯叡譯　清光緒二十三年（1897）上海大同譯書局石印本　二册

110000－0143－0013756　PG214./14
歐洲族類源流略五卷　王樹枏撰　清光緒二十八年（1902）中衛縣署刻本　二册

110000－0143－0013757　PG214./14
歐洲族類源流略五卷　王樹枏撰　清光緒二十八年（1902）中衛縣署刻本　二册

110000－0143－0013758　PG214./15
日本源流考二十二卷　王先謙撰　清光緒二十八年（1902）刻本　十册

110000－0143－0013759　PG214./18
世界海軍現狀七章　丁士源撰　清宣統元年（1909）鉛印本　一册

110000－0143－0013760　PG214./19

日本新史攬要七卷　(日本)石村貞一編　(清)游瀛主人譯　清光緒二十七年(1901)時學廬石印本　六册

110000－0143－0013761　PG214./21
日本維新三十年史十二編附表　(日本)博文館編　(清)上海廣智書局譯　清光緒二十九年(1903)上海廣智書局第三版鉛印本　四册
存七編(三至四、八至十二)

110000－0143－0013762　PG214./21
日本維新三十年史十二編附表　(日本)博文館編　(清)上海廣智書局譯　清光緒二十九年(1903)上海廣智書局第三版鉛印本　六册

110000－0143－0013763　PG214./21
日本維新三十年史十二編附表　(日本)博文館編　(清)上海廣智書局譯　清光緒二十九年(1903)上海廣智書局第三版鉛印本　六册

110000－0143－0013764　PG214./21
日本維新三十年史十二編附表　(日本)博文館編　(清)上海廣智書局譯　清光緒二十九年(1903)上海廣智書局第三版鉛印本　六册

110000－0143－0013765　PG214./21
日本維新三十年史十二編附表　(日本)博文館編　(清)上海廣智書局譯　清光緒二十九年(1903)上海廣智書局第三版鉛印本　六册

110000－0143－0013766　PG214./21
日本維新三十年史十二編附表　(日本)博文館編　(清)上海廣智書局譯　清光緒二十九年(1903)上海廣智書局第三版鉛印本　六册

110000－0143－0013767　PG214./21
日本維新三十年史十二編附表　(日本)博文館編　(清)上海廣智書局譯　清光緒二十九年(1903)上海廣智書局第三版鉛印本　六册

110000－0143－0013768　PG214./21
日本維新三十年史十二編附表　(日本)博文館編　(清)上海廣智書局譯　清光緒二十九年(1903)上海廣智書局第三版鉛印本　六册

110000－0143－0013769　PG214./21
日本維新三十年史十二編附表　(日本)博文館編　(清)上海廣智書局譯　清光緒二十九年(1903)上海廣智書局第三版鉛印本　六册

110000－0143－0013770　PG214./23
西政挈要六卷　姜炳奎編　清光緒二十九年(1903)上海文寶書局石印本　六册

110000－0143－0013771　PG214./26
外國傳八卷　(清)尤侗纂　清康熙至嘉慶刻本　二册

110000－0143－0013772　PG214./27
布匿第二次戰紀五卷　(英國)阿納樂德著　魏易　林紓譯　清光緒二十九年(1903)北京大學堂官書局鉛印本　二册

110000－0143－0013773　PG214./29
蒙古游牧記十六卷　(清)張穆撰　清光緒二十九年(1903)上海書局石印本　六册

110000－0143－0013774　PG214./29－1
蒙古游牧記十六卷　(清)張穆撰　清光緒二十六年(1900)上海掃葉山房石印本　六册

110000－0143－0013775　PG214./29－1
蒙古游牧記十六卷　(清)張穆撰　清光緒二十六年(1900)上海掃葉山房石印本　六册

110000－0143－0013776　PG214./29－2
蒙古游牧記十六卷　(清)張穆撰　清同治六年(1867)壽陽祁氏刻本　四册

110000－0143－0013777　PG214./29－2
蒙古游牧記十六卷　(清)張穆撰　清同治六年(1867)壽陽祁氏刻本　四册

110000－0143－0013778　PG214./29－2
蒙古游牧記十六卷　(清)張穆撰　清同治六年(1867)壽陽祁氏刻本　四册

110000－0143－0013779　PG214./29－2
蒙古游牧記十六卷　(清)張穆撰　清同治六年(1867)壽陽祁氏刻本　四册

110000－0143－0013780　PG214./30
日本歷史二卷　(日本)萩野由之著　(清)劉大猷譯　清光緒二十七年(1901)教育世界社

石印本　五册

110000－0143－0013781　PG214./31
英俄印度交涉書不分卷續編不分卷　（英國）馬文著　清末刻本　一册

110000－0143－0013782　PG214./32
拿破崙本紀四卷四十二章　（英國）洛加德著　林紓　魏易譯　清光緒三十三年（1907）京師官書局鉛印本　四册

110000－0143－0013783　PG214./32－1
拿破崙本紀四卷四十二章　（英國）洛加德著　林紓　魏易譯　清光緒三十一年（1905）學務印書局鉛印本　四册

110000－0143－0013784　PG214./33
節本泰西新史攬要八卷　（英國）馬懇西　（英國）李提摩太撰　周慶雲節錄　清光緒二十七年（1901）夢坡室刻本　二册

110000－0143－0013785　PG214./34
萬國紀事本末四卷　養拙居士撰　清光緒二十八年（1902）石印本　五册

110000－0143－0013786　PG214./36
西史彙函四種　清光緒二十二年至二十三年（1896－1897）湖南新學書局刻本　十六册

110000－0143－0013787　PG214./36
西史彙函四種　清光緒二十二年至二十三年（1896－1897）湖南新學書局刻本　十六册

110000－0143－0013788　PG214./36－1
西史彙函續編五種　清光緒二十二年（1896）上海著易堂書局、上海圖書集成印書局刻本　八册

110000－0143－0013789　PG214./36－1
西史彙函續編五種　清光緒二十二年（1896）上海著易堂書局、上海圖書集成印書局刻本　八册

110000－0143－0013790　PG214./37
希臘志略七卷　（英國）艾約瑟譯　清光緒二十四年（1898）上海圖書集成印書局石印西學啟蒙十六種本　一册

110000－0143－0013791　PG214./38
羅馬志略十三卷　（英國）艾約瑟譯　清光緒二十四年（1898）上海圖書集成印書局石印西學啟蒙十六種本　一册

110000－0143－0013792　PG214./39
歐洲史畧十三卷　（英國）艾約瑟譯　清光緒二十四年（1898）上海圖書集成印書局石印西學啟蒙十六種本　一册

110000－0143－0013793　PG214./39
歐洲史畧十三卷　（英國）艾約瑟譯　清光緒十二年（1886）總税務司署刻本　一册

110000－0143－0013794　PG214./39
歐洲史畧十三卷　（英國）艾約瑟譯　清光緒十二年（1886）總税務司署刻本　一册

110000－0143－0013795　PG214./39
歐洲史畧十三卷　（英國）艾約瑟譯　清光緒十二年（1886）總税務司署刻本　一册

110000－0143－0013796　PG214./39
歐洲史畧十三卷　（英國）艾約瑟譯　清光緒十二年（1886）總税務司署刻本　一册

110000－0143－0013797　PG214./39
歐洲史畧十三卷　（英國）艾約瑟譯　清光緒十二年（1886）總税務司署刻本　一册

110000－0143－0013798　PG214./39
歐洲史畧十三卷　（英國）艾約瑟譯　清光緒十二年（1886）總税務司署刻本　一册

110000－0143－0013799　PG214./40
西史彙函續編五種　清光緒二十二年（1896）上海著易堂書局、上海圖書集成印書局刻本　八册

110000－0143－0013800　PG214./40－1
西史彙函四種　清光緒二十二年至二十三年（1896－1897）湖南新學書局刻本　六册　存九卷（大英國志八卷、俄史輯譯一上）

110000－0143－0013801　PG214./43
日俄交涉戰紀初編九卷續編九卷　（清）寒江釣雪叟編輯　（清）世外逍遙客校字　清光緒

三十年(1904)香港英記書局石印本　六冊

110000－0143－0013802　PG214./44

采風記五卷附時務論一卷紀程感事詩一卷　宋育仁編撰　清光緒二十二年(1896)袖海山房石印本　四冊

110000－0143－0013803　PG214./44

采風記五卷附時務論一卷紀程感事詩一卷　宋育仁編撰　清光緒二十二年(1896)袖海山房石印本　四冊

110000－0143－0013804　PG214./45

普法兵事記不分卷　杜俞撰　清光緒十五年(1889)湘鄉杜氏成都刻本　一冊

110000－0143－0013805　PG214./46

俄史輯譯四卷　(英國)闞裴迪譯　(清)徐景羅重譯　清光緒二十三年(1897)湖南新學書局刻西史彙函本　六冊

110000－0143－0013806　PG214./46－1

俄史輯譯四卷　(英國)闞裴迪譯　(清)徐景羅重譯　清光緒十四年(1888)益智書會刻本　四冊

110000－0143－0013807　PG214./46－1

俄史輯譯四卷　(英國)闞裴迪譯　(清)徐景羅重譯　清光緒十四年(1888)益智書會刻本　四冊

110000－0143－0013808　PG214./47

古史探源二卷附廣學會書目　(英國)克羅德撰　(清)任廷旭譯述　清光緒二十九年(1903)上海廣學會鉛印本　一冊

110000－0143－0013809　PG214./50

增補東洋史要四卷補四卷　(日本)桑原騭藏原著　(日本)小川銀次郎編　屠長春　樊炳清譯　清光緒三十年(1904)石印本　三冊

110000－0143－0013810　PG214./53

籌鄂龜鑑七卷首不分卷　(清)陳俠君輯錄　清光緒二十二年(1896)賜書堂石印本　五冊　缺一卷(五)

110000－0143－0013811　PG214./54

西國近事彙編(光緒癸未春季夏季)二卷　(清)鍾天緯編輯　清末石印本　一冊

110000－0143－0013812　PG214./54

西國近事彙編(光緒己丑)四卷　(清)李嶽蘅編輯　清末石印本　一冊

110000－0143－0013813　PG214./54

西國近事彙編(光緒壬辰)四卷　(清)蔡祚來編輯　清末石印本　二冊

110000－0143－0013814　PG214./54

西國近事彙編(光緒庚辰)四卷　(美國)林樂知口譯　(清)蔡錫齡筆述　清光緒六年(1880)上海機器製造局鉛印本　四冊

110000－0143－0013815　PG214./55

安南史四卷　(日本)引田利章著　毛乃庸譯　清光緒二十九年(1903)教育世界社石印本　四冊

110000－0143－0013816　PG214./56

萬國歷史彙編四期一百卷　(清)江子雲等輯　清光緒二十九年(1903)上海官書局石印本　十六冊

110000－0143－0013817　PG214./57

西史綱目三十五卷　(清)周維翰撰　清光緒二十八年(1902)經世文社石印本　十八冊

110000－0143－0013818　PG214./58

中外時務經濟統宗十八卷　(□)□□　(清)張之洞鑒定　清光緒二十七年(1901)上海漢讀樓石印本　十六冊

110000－0143－0013819　PG214./61

俄國新志八卷十六章　(英國)陔勒低撰　(英國)傅蘭雅　(清)潘松譯　清光緒二十四年(1898)上海製造總局刻本　一冊

110000－0143－0013820　PG214./61

俄國新志八卷十六章　(英國)陔勒低撰　(英國)傅蘭雅　(清)潘松譯　清光緒二十四年(1898)上海製造總局刻本　三冊

110000－0143－0013821　PG214./62

日本變法次第類攷三集　程恩培集案　程堯

章譯述　清光緒二十八年(1902)政學譯社鉛印本　十二册

110000－0143－0013822　PG214./62
日本變法次第類攷三集　程恩培集案　程堯章譯述　清光緒二十八年(1902)政學譯社鉛印本　十二册

110000－0143－0013823　PG214./65
猶太史十七章　(日本)北村三郎編著　趙必振譯　清光緒二十八年(1902)上海廣智書局鉛印本　一册

110000－0143－0013824　PG214./66
中外大畧四十八卷　(清)羅傳瑞撰集　(清)梁昭等分纂　清光緒二十三年(1897)東粤經韻樓鉛印本　二十六册

110000－0143－0013825　PG214./67
蘇格蘭獨立史二十章　(美國)那頓著　(清)商務印書館譯述　清光緒二十九年(1903)上海商務印書館鉛印本　一册

110000－0143－0013826　PG214./69
日本議會史七期　(日本)工藤武重著　汪有齡譯　清光緒三十一年至三十二年(1905－1906)江蘇通州翰墨林編譯印書局鉛印本　七册

110000－0143－0013827　PG214./70
歐洲列國戰事本末二十二卷　王樹枏撰　清光緒二十九年(1903)陝西官運書局石印本　六册

110000－0143－0013828　PG214./70－1
歐洲列國戰事本末二十二卷　王樹枏撰　清光緒二十八年(1902)新城王樹枏中衛縣署刻本　八册

110000－0143－0013829　PG214./71
泰東之休戚日英聯盟解十章附自辨二則　(日本)西師意演述　清光緒二十八年(1902)北京華北譯書局石印本　一册

110000－0143－0013830　PG214./72
諸蕃志二卷　(宋)趙汝适撰　(清)李調元校　清光緒七年(1881)廣漢鍾登甲樂道齋刻本　一册

110000－0143－0013831　PG214./73
萬國近政考略十六卷　鄒弢編輯　清光緒二十八年(1902)上海書局石印本　四册

110000－0143－0013832　PG214./75
羅馬史二卷附年譜　(日本)占部百太郎著　(清)陳時夏等譯　清光緒二十九年(1903)上海商務印書館鉛印本　二册

110000－0143－0013833　PG214./76
普法戰紀二十卷　(清)王韜撰輯　(清)張宗良口譯　清光緒十二年(1886)弢園王氏石印本　十册

110000－0143－0013834　PG214./76－1
普法戰紀二十卷　(清)王韜撰輯　(清)張宗良口譯　清光緒二十一年(1895)弢園王氏石印本　十册

110000－0143－0013835　PG214./77
現今世界大勢論十二節附滅國新法論　梁啟超譯著　清光緒二十八年(1902)刻本　一册

110000－0143－0013836　PG214./77
現今世界大勢論十二節附滅國新法論　梁啟超譯著　清光緒二十九年(1903)刻本　一册

110000－0143－0013837　PG214./78
日本帝國憲法義解不分卷　(日本)伊藤博文纂　清光緒三十一年(1905)上海商務印書館鉛印本　一册

110000－0143－0013838　PG214./79
俄羅斯史十六章附錄俄羅斯史大事年譜　(俄國)伊羅瓦伊基著　(清)商務印書館譯　清光緒二十九年(1903)上海商務印書館鉛印本　一册

110000－0143－0013839　PG214./80
埃及史　(日本)北村三郎編著　趙必振譯　清光緒二十九年(1903)上海廣智書局鉛印本　一册

110000－0143－0013840　PG214./81

西洋細君氣質不分卷　（日本）蘆花生著　（清）人演社譯　清光緒二十九年（1903）文明書局、開明書店鉛印本　一冊

110000－0143－0013841　PG214./82
重訂法國志略二十四卷　（清）王韜輯撰　清光緒十六年（1890）淞隱廬鉛印本　十冊

110000－0143－0013842　PG214./82－1
重訂法國志略二十四卷　（清）王韜輯撰　清光緒十五年（1889）弢園老民鉛印本　十冊

110000－0143－0013843　PG214./83
希臘獨立史四編　（日本）柳井絅齋著　（清）秦嗣宗譯　清光緒二十八年（1902）上海廣智書局鉛印本　一冊

110000－0143－0013844　PG214./84
十九世紀大勢略論不分卷　（日本）加藤弘之著　（清）養浩齋主人輯譯　清光緒二十八年（1902）上海廣智書局鉛印本　一冊

110000－0143－0013845　PG214./85
東國史略六卷　（明）□□撰　清光緒十九年（1893）宜都楊守敬景蘇園刻本　四冊

110000－0143－0013846　PG214./88
歐羅巴通史四部　（日本）箕作元八　（日本）峰岸米造合纂　（清）徐有成　（清）胡景伊　（清）唐人傑同譯　清光緒二十六年（1900）東亞譯書會鉛印本　四冊

110000－0143－0013847　PG214./89
萬國政治藝學全書三百八十卷　（清）朱大文　（清）凌賡颺編輯　清光緒二十八年（1902）上海鴻文書局石印本　五十四冊

110000－0143－0013848　PG214./89
萬國政治藝學全書三百八十卷　（清）朱大文　（清）凌賡颺編輯　清光緒二十八年（1902）上海鴻文書局石印本　五十四冊

110000－0143－0013849　PG214./91
朝鮮近世史二卷　（日本）北總林泰輔編修　劉世珩校譯　清光緒二十九年（1903）鴻寶書局石印本　二冊

110000－0143－0013850　PG214./92
西國近事彙編（光緒丁亥）四卷　（清）李嶽蘅編輯　清光緒十三年（1887）上海機器製造局鉛印本　三冊　缺一卷（四）

110000－0143－0013851　PG214./94
大日本中興先覺志二卷　（日本）岡本監輔撰　清光緒二十七年（1901）開導社刻本　二冊

110000－0143－0013852　PG214./95
朝鮮紀事一卷　（明）倪謙撰　清初刻本　一冊

110000－0143－0013853　PG214./95
琉球使畧一卷　（明）陳侃撰　清初刻本　與110000－0143－0013852合冊

110000－0143－0013854　PG214./95
遇恩録一卷　（明）劉仲璟撰　清初刻本　與110000－0143－0013852合冊

110000－0143－0013855　PG214./95
雲中事記一卷　（明）蘇祐撰　清初刻本　與110000－0143－0013852合冊

110000－0143－0013856　PG214./96
西洋史要四卷首一卷　（日本）小川銀次郎著　樊炳清　薩端同譯　清光緒二十八年（1902）蜀東善成堂刻本　四冊

110000－0143－0013857　PG214./99
外史蒙求二十章　（清）劉法曾初編　（清）潘淮漢增輯　清光緒二十八年（1902）上洋藻文局石印本　四冊

110000－0143－0013858　PG214./102
埃及近世史二十七章　（日本）柴四郎原著　（清）章起謂重譯　清光緒二十九年（1903）上海商務印書館鉛印本　一冊

110000－0143－0013859　PG214./102
法蘭西史五卷　（清）商務印書館編譯　清光緒二十九年（1903）上海商務印書館鉛印本　一冊

110000－0143－0013860　PG214./102
日耳曼史二十章附大事紀年表　（英國）沙安

著　(清)商務印書館譯述　清光緒二十九年(1903)上海商務印書館鉛印本　一冊

110000－0143－0013861　PG214./102
世界近世史五編　(日本)松平康國編著　(清)中國國民叢書社譯述　清光緒二十八年(1902)上海商務印書館鉛印本　一冊

110000－0143－0013862　PG214./102
亞美利加洲通史十編　(清)戴彬編譯　王慕陶校閱　清光緒二十八年(1902)上海商務印書館鉛印本　一冊　缺五編(一至五)

110000－0143－0013863　PG214./104
萬國總說三卷　(日本)岡本監輔　(清)朱克敬撰　清光緒十年(1884)敦懷書屋刻本　二冊

110000－0143－0013864　PG214./105
俄國疆界風俗誌三種　(清)林則徐等輯　清光緒十年(1884)五湖艸廬刻本　一冊

110000－0143－0013865　PG214./106
新輯各國政治彙編　(清)王繼香編　清光緒二十八年(1902)石印本　四冊

110000－0143－0013866　PG214./107
義大利獨立史六編　(日本)松井廣吉著　(清)張仁普譯　清光緒二十九年(1903)上海廣智書局鉛印本　一冊

110000－0143－0013867　PG214./107－1
義大利獨立戰史六卷附錄不分卷　(清)東京留學生譯　清光緒二十八年(1902)上海商務印書館鉛印本　一冊

110000－0143－0013868　PG214./108
日本文部省沿革略不分卷　清末教育世界出版所刻本　一冊

110000－0143－0013869　PG214./108
日本文部省沿革略不分卷　清末教育世界出版所刻本　一冊

110000－0143－0013870　PG214./110
彼得興俄記一卷　王樹枏撰　清光緒二十二年(1896)新城王氏刻本　一冊

110000－0143－0013871　PG214./114
俄國政俗通考三卷　(印度)廣學會原本　(美國)林樂知譯　(清)任保羅同譯　**俄國政俗通考續編不分卷**　(美國)林樂知著　(清)任保羅譯　(清)范禕述　清光緒三十二年(1906)上海廣學會鉛印本　二冊

110000－0143－0013872　PG214./117
五洲列國志彙不分卷　(清)閔萃祥編　清光緒二十八年(1902)麗澤學會石印本　三十二冊

110000－0143－0013873　PG214./121
德國合盟本末不分卷　(清)徐建寅譯述　清光緒二十三年(1897)質學會刻本　一冊

110000－0143－0013874　PG214./122
俄國蠶食亞洲史畧二篇　(日本)佐藤弘著　(清)養浩齋主人輯譯　清光緒二十八年(1902)上海廣智書局鉛印本　一冊

110000－0143－0013875　PG214./123
勵學譯編不分卷　(清)勵學譯社編　清光緒二十七年(1901)蘇州勵學譯社刻本　一冊

110000－0143－0013876　PG214./125
希臘春秋八卷　王樹枏著　清光緒三十二年(1906)新城王氏刻本　四冊

110000－0143－0013877　PG214./126
印度史攬要三卷十五章　(英國)亨德偉良撰　(清)任廷旭譯　清光緒二十七年(1901)上海廣學會鉛印本　二冊　缺一卷四章(中之九至十二章)

110000－0143－0013878　PG311/1
老子道德經二卷附音義一卷　(周)李耳撰　(三國魏)王弼注　(唐)陸德明音義　清光緒元年(1875)浙江書局刻本　一冊

110000－0143－0013879　PG311/2
經史百家雜鈔二十六卷　(清)曾國藩纂　(清)李鴻章校　清光緒三十二年(1906)上海商務印書館鉛印本　十二冊

110000－0143－0013880　PG311/2－2

經史百家雜鈔二十六卷　(清)曾國藩纂　(清)李鴻章校　清光緒二年(1876)傳忠書局刻本　二十二册

110000－0143－0013881　PG311/2－2
經史百家雜鈔二十六卷　(清)曾國藩纂　(清)李鴻章校　清刻本　七册　存七卷(四至八、十至十一)

110000－0143－0013882　PG311/3
淮南子二十一卷　(漢)劉安撰　(漢)高誘注　(清)莊逵吉校　清光緒二年(1876)浙江書局刻本　六册

110000－0143－0013883　PG311/3
老子道德經二卷附音義一卷　(周)李耳撰　(三國魏)王弼注　(唐)陸德明音義　清光緒元年(1875)浙江書局刻本　一册

110000－0143－0013884　PG311/3
列子八卷　(周)列禦寇撰　(晉)張湛注　(唐)殷敬順釋文　清光緒二年(1876)浙江書局刻本　二册

110000－0143－0013885　PG311/3
文子纘義十二卷　(元)杜道堅撰　清光緒三年(1877)浙江書局刻本　二册

110000－0143－0013886　PG311/3
莊子十卷　(周)莊周撰　(晉)郭象注　(唐)陸德明音義　清光緒二年(1876)浙江書局刻本　四册

110000－0143－0013887　PG311/5
子書百家一百一種　(清)湖北崇文書局輯　清光緒元年(1875)湖北崇文書局刻本　一百六册

110000－0143－0013888　PG311/5
莊子南華真經三卷附莊子闕誤　(周)莊周撰　清光緒元年(1875)湖北崇文書局刻本　二册

110000－0143－0013889　PG311/5
鶡冠子三卷　(周)鶡冠子撰　(宋)陸佃解　清光緒元年(1875)湖北崇文書局刻本　一册

110000－0143－0013890　PG311/7
刪定管荀不分卷　(清)方苞撰　(清)顧琮恭校　清乾隆元年(1736)刻本　三册

110000－0143－0013891　PG311/8
子書二十八種　(清)圖書集成局輯　清光緒二十三年(1897)圖書集成局石印本　一册　存二種八卷(老子道德經二卷、孔子集語六卷)

110000－0143－0013892　PG311/8
子書二十八種　(清)圖書集成局輯　清光緒二十三年(1897)圖書集成局石印本　一册　存三種十五卷(文子續義十二卷、鬼谷子一卷、尉繚子二卷)

110000－0143－0013893　PG311/10
尸子二卷存疑一卷　(周)尸佼撰　(清)汪繼培輯　清光緒二十三年(1897)上海圖書集成局鉛印本　一册

110000－0143－0013894　PG311/10
子書二十八種　(清)上海文瑞樓輯　清宣統三年(1911)上海集成圖書公司鉛印本　三十七册　缺三十二卷(淮南子十二至二十、墨子一至十六、尉繚子一至二、商君書一至五)

110000－0143－0013895　PG311/10－1
子書二十八種　(周)李耳撰　(三國魏)王弼注　清宣統元年(1909)上海育文書局石印本　一册　存二種十卷(老子道德經三卷,孔子集語一至六、首一卷)

110000－0143－0013896　PG311/10－2
文子纘義十二卷　(元)杜道堅撰　**鬼谷子一卷**　(周)□□撰　**尉繚子二卷**　(周)尉繚撰　清宣統三年(1911)育文書局石印本　一册

110000－0143－0013897　PG311/11
宋元學案一百卷首一卷附考略　(清)黄宗羲著　(清)全祖望修補　清末上海文瑞樓石印本　一册　存三卷(七至九)

110000－0143－0013898　PG311/11
明儒學案六十二卷　(清)黄宗羲撰　清末上海文瑞樓石印本　七册　存二十九卷(一至

二十、二十五至三十三）

110000－0143－0013899　PG311/11－1
道德真經注四卷　（元）吳澄述　**老子道德經二卷**　（周）李耳撰　（三國魏）王弼注　清光緒元年（1875）湖北崇文書局刻本　二冊

110000－0143－0013900　PG311/11－1
風后握奇經不分卷　（周）風后撰　（漢）公孫宏解　清光緒元年（1875）湖北崇文書局刻本　一冊

110000－0143－0013901　PG311/11－1
六韜三卷　（周）呂望撰　清光緒元年（1875）湖北崇文書局刻本　與110000－0143－0013900合冊

110000－0143－0013902　PG311/11－1
素書一卷　（漢）黄石公撰　（宋）張商英注　清光緒元年（1875）湖北崇文書局刻本　一冊

110000－0143－0013903　PG311/11－1
尉繚子二卷　（周）尉繚撰　清光緒元年（1875）湖北崇文書局刻本　與110000－0143－0013902合冊

110000－0143－0013904　PG311/11－1
心書一卷　（三國蜀）諸葛亮撰　清光緒元年（1875）湖北崇文書局刻本　與110000－0143－0013902合冊

110000－0143－0013905　PG311/11－1
何博士備論二卷　（宋）何去非撰　清光緒元年（1875）湖北崇文書局刻本　一冊

110000－0143－0013906　PG311/11－1
宋丞相李忠定公輔政本末一卷　（宋）李綱撰　清光緒元年（1875）湖北崇文書局刻本　與110000－0143－0013905合冊

110000－0143－0013907　PG311/11－1
孫子三卷　（周）孫武撰　清光緒元年（1875）湖北崇文書局刻本　一冊

110000－0143－0013908　PG311/11－1
吴子一卷　（周）吳起撰　清光緒元年（1875）湖北崇文書局刻本　與110000－0143－0013907合冊

110000－0143－0013909　PG311/11－1
司馬法不分卷　（周）司馬穰苴撰　清光緒元年（1875）湖北崇文書局刻本　與110000－0143－0013907合冊

110000－0143－0013910　PG311/11－1
道德真經注四卷　（元）吳澄述　**老子道德經二卷**　（周）李耳撰　（三國魏）王弼注　清光緒元年（1875）湖北崇文書局刻本　一冊

110000－0143－0013911　PG311/11－6
老子道德經二卷　（周）李耳撰　（三國魏）王弼注　清光緒元年（1875）湖北崇文書局刻本　一冊

110000－0143－0013912　PG311/12
二十五子彙函三百四十四卷　（清）鴻文書局輯　清光緒十九年（1893）上海鴻文書局石印本　八冊　存十一種（老子、莊子、管子、列子、墨子、荀子、尸子、孔子集語、晏子春秋、孫子、呂氏春秋）

110000－0143－0013913　PG311/13
桐城吳先生點勘諸子七種　（清）吳汝綸點勘　清宣統元年（1909）吳氏鉛印本　十四冊　缺三種（呂氏春秋、淮南子、揚子法言）

110000－0143－0013914　PG311/13
桐城吳先生點勘墨子讀本十六卷　（清）吳汝綸點勘　清宣統元年（1909）吳氏鉛印本　二冊

110000－0143－0013915　PG311/14
十子全書十種　（清）王子興輯　清嘉慶九年（1804）蘇州聚文堂刻本　二十四冊

110000－0143－0013916　PG311/15
諸子百家一百七十九卷　（清）鴻文書局輯　清光緒十九年（1893）上海鴻文書局石印本　八冊　存十一種（揚子法言、文子纘義、黄帝内經、竹書紀年、商君書、韓非子、淮南子、文中子、山海經、賈子新書、春秋繁露）

110000－0143－0013917　PG311/16

二十二子二十二種　(清)浙江書局輯　清光緒三年(1877)浙江書局刻本　五十八册　缺六種八十二卷(管子二十四卷,補注黄帝内經素問二十四卷、素問遺篇一卷,老子道德經二卷、附音義一卷,莊子十卷,列子八卷,文子續義十二卷)

110000－0143－0013918　PG311/17
諸子平議十五種三十五卷　(清)俞樾撰　清光緒二十五年(1899)德清俞樾刻本　十二册

110000－0143－0013919　PG311/23
二十二子二十二種　(清)浙江書局輯　清光緒三年(1877)浙江書局刻本　七十三册　缺四種三十五卷(竹書紀年統箋十二卷、時前編一卷、雜述一卷,文中子中説十卷,老子道德經二卷、附音義一卷,列子八卷)

110000－0143－0013920　PG311/24
二十五子彙函三百四十四卷　(清)鴻文書局輯　清光緒十九年(1893)上海鴻文書局石印本　十九册

110000－0143－0013921　PG311/28
二十二子全書二十八卷　(清)王纕堂編　清道光刻本　四册

110000－0143－0013922　PG311/34
鐵華館子鈔不分卷　(清)□潤沅摘鈔　清光緒二十七年(1901)鐵華館抄本　三册

110000－0143－0013923　PG311/41
讀書雜志十種八十二卷餘編二卷　(清)王念孫撰　清道光十二年(1832)高郵王引之刻本　四册　存二十三卷(淮南内篇一至二十二、漢隸拾遺一卷)

110000－0143－0013924　PG312/1
管子二十四卷　(周)管仲撰　(唐)房玄齡注　清光緒五年(1879)常熟張瑛影刻本　四册

110000－0143－0013925　PG312/1
管子二十四卷　(周)管仲撰　(唐)房玄齡注　(明)劉績補注　清光緒二年(1876)浙江書局刻本　六册

110000－0143－0013926　PG312/1
管子二十四卷　(周)管仲撰　(唐)房玄齡注　(明)劉績補注　清光緒二年(1876)浙江書局刻本　六册

110000－0143－0013927　PG312/1
管子二十四卷　(周)管仲撰　(唐)房玄齡注　清光緒五年(1879)常熟張瑛影刻本　六册

110000－0143－0013928　PG312/1－4
管子二十四卷　(周)管仲撰　(唐)房玄齡注　清光緒元年(1875)湖北崇文書局刻本　四册

110000－0143－0013929　PG312/1－5
管子二十四卷　(周)管仲撰　(唐)房玄齡注　(明)劉績補注　清光緒二年(1876)浙江書局刻本　一册

110000－0143－0013930　PG312/1－5
管子二十四卷　(周)管仲撰　(唐)房玄齡注　清光緒元年至二十五年(1875－1899)刻本　六册

110000－0143－0013931　PG312/1－5
讀書雜誌八十二卷　(清)王念孫撰　清嘉慶二十四年(1819)刻本　二册　存十二卷(管子十二卷)

110000－0143－0013932　PG312/2－1
荀子集解二十卷附攷證一卷　王先謙撰　清光緒十七年(1891)湖南長沙思賢講舍刻本　六册

110000－0143－0013933　PG312/2－1
荀子集解二十卷附攷證一卷　王先謙撰　清光緒十七年(1891)湖南長沙思賢講舍刻本　六册

110000－0143－0013934　PG312/3
荀子二十卷附校勘補遺一卷　(周)荀況撰　(唐)楊倞注　(清)盧文弨　(清)謝墉校　清光緒二年(1876)浙江書局刻本　六册

110000－0143－0013935　PG312/3－1
荀子二十卷附校勘補遺一卷　(周)荀況撰

(唐)楊倞注　(清)盧文弨　(清)謝墉校　清光緒二年(1876)浙江書局刻本　一册　存十卷(一至十)

110000－0143－0013936　PG312/3－1
荀子二十卷附校勘補遺一卷　(周)荀況撰　(唐)楊倞注　(清)盧文弨　(清)謝墉校　清光緒二年(1876)浙江書局刻本　一册　存十卷(一至十)

110000－0143－0013937　PG312/3－1
荀子三卷　(周)荀況撰　清光緒元年(1875)湖北崇文書局刻本　二册

110000－0143－0013938　PG312/3－1
荀子三卷　(周)荀況撰　清光緒元年(1875)湖北崇文書局刻本　二册

110000－0143－0013939　PG312/3－1
荀子二十卷附校勘補遺一卷　(周)荀況撰　(唐)楊倞注　(清)盧文弨　(清)謝墉校　清光緒二年(1876)浙江書局刻本　六册

110000－0143－0013940　PG312/3－1
荀子二十卷附校勘補遺一卷　(周)荀況撰　(唐)楊倞注　(清)盧文弨　(清)謝墉校　清光緒二年(1876)浙江書局刻本　二册

110000－0143－0013941　PG312/3－1
荀子二十卷附校勘補遺一卷　(周)荀況撰　(唐)楊倞注　(清)盧文弨　(清)謝墉校　清光緒二年(1876)浙江書局刻本　六册

110000－0143－0013942　PG312/3－1
荀子二十卷附校勘補遺一卷　(周)荀況撰　(唐)楊倞注　(清)盧文弨　(清)謝墉校　清光緒二年(1876)浙江書局刻本　六册

110000－0143－0013943　PG312/4
墨子十六卷　(周)墨翟撰　(清)畢沅注　清光緒二年(1876)浙江書局刻本　六册

110000－0143－0013944　PG312/4
墨子十六卷　(周)墨翟撰　(清)畢沅注　清光緒二年(1876)浙江書局刻本　六册

110000－0143－0013945　PG312/4－2
墨子十六卷　(周)墨翟撰　(清)畢沅注　清光緒二年(1876)浙江書局刻本　四册

110000－0143－0013946　PG312/4－2
墨子十六卷　(周)墨翟撰　(清)畢沅注　清光緒二年(1876)浙江書局刻本　一册

110000－0143－0013947　PG312/4－2
墨子十六卷　(周)墨翟撰　(清)畢沅注　清光緒二年(1876)浙江書局刻本　一册

110000－0143－0013948　PG312/4－2
墨子十六卷　(周)墨翟撰　(清)畢沅注　清光緒二年(1876)浙江書局刻本　一册

110000－0143－0013949　PG312/4－4
墨子十六卷附篇目考一卷　(周)墨翟撰　(清)畢沅注　清光緒元年(1875)湖北崇文書局刻本　四册

110000－0143－0013950　PG312/4－4
墨子十六卷附篇目考一卷　(周)墨翟撰　(清)畢沅注　清光緒元年(1875)湖北崇文書局刻本　四册

110000－0143－0013951　PG312/5
墨子十六卷　(周)墨翟撰　(清)畢沅注　清光緒二年(1876)浙江書局刻本　四册

110000－0143－0013952　PG312/5
尸子二卷存疑一卷　(周)尸佼撰　(清)汪繼培輯　清光緒三年(1877)浙江書局刻本　一册

110000－0143－0013953　PG312/5
揚子法言十三卷附音義一卷　(漢)揚雄撰　(晉)李軌注　清光緒二年(1876)浙江書局刻本　一册

110000－0143－0013954　PG312/6－1
尸子二卷存疑一卷　(周)尸佼撰　(清)汪繼培輯　清光緒三年(1877)浙江書局刻本　一册

110000－0143－0013955　PG312/7
莊子集釋十卷　(清)郭慶藩輯　清光緒二十年(1894)湖南長沙思賢講舍刻本　八册

110000－0143－0013956　PG312/7－1
莊子集釋十卷　(清)郭慶藩輯　清光緒二十年(1894)湖南長沙思賢講舍刻本　八冊

110000－0143－0013957　PG312/7－1
莊子集釋十卷　(清)郭慶藩輯　清光緒二十年(1894)湖南長沙思賢講舍刻本　八冊

110000－0143－0013958　PG312/7－1
莊子集釋十卷　(清)郭慶藩輯　清光緒二十年(1894)湖南長沙思賢講舍刻本　八冊

110000－0143－0013959　PG312/7－1
莊子集釋十卷　(清)郭慶藩輯　清光緒二十年(1894)湖南長沙思賢講舍刻本　八冊

110000－0143－0013960　PG312/7－2
莊子集釋十卷　(清)郭慶藩輯　清光緒二十年(1894)湖南長沙思賢講舍刻本　八冊

110000－0143－0013961　PG312/7－2
莊子集釋十卷　(清)郭慶藩輯　清光緒二十年(1894)湖南長沙思賢講舍刻本　八冊

110000－0143－0013962　PG312/8
韓非子二十卷　(周)韓非子撰　**識誤三卷**　(清)顧廣圻撰　清光緒元年(1875)浙江書局刻本　六冊

110000－0143－0013963　PG312/8
韓非子二十卷　(周)韓非子撰　**識誤三卷**　(清)顧廣圻撰　清光緒元年(1875)浙江書局刻本　四冊

110000－0143－0013964　PG312/8－1
韓非子二十卷　(周)韓非子撰　**識誤三卷**　(清)顧廣圻撰　清光緒元年(1875)浙江書局刻本　六冊

110000－0143－0013965　PG312/8－1
韓非子二十卷　(周)韓非子撰　**識誤三卷**　(清)顧廣圻撰　清光緒元年(1875)浙江書局刻本　六冊

110000－0143－0013966　PG312/8－1
韓非子二十卷　(周)韓非子撰　**識誤三卷**　(清)顧廣圻撰　清光緒元年(1875)浙江書局刻本　五冊　缺三卷(識誤三卷)

110000－0143－0013967　PG312/8－3
韓非子二十卷　(周)韓非子撰　**識誤三卷**　(清)顧廣圻撰　清光緒元年(1875)湖北崇文書局刻本　四冊

110000－0143－0013968　PG312/8－4
韓非子二十卷　(周)韓非子撰　**識誤三卷**　(清)顧廣圻撰　清嘉慶二十三年(1818)全椒吳氏刻本　六冊

110000－0143－0013969　PG312/8－5
韓非子二十卷　(周)韓非子撰　**識誤三卷**　(清)顧廣圻撰　清宣統二年(1910)衍星社鉛印本　二冊

110000－0143－0013970　PG312/10
鄧析子不分卷　(周)鄧析撰　清光緒元年(1875)湖北崇文書局刻本　一冊

110000－0143－0013971　PG312/12
文子纘義十二卷　(元)杜道堅撰　清光緒三年(1877)浙江書局刻本　二冊

110000－0143－0013972　PG312/14－1
揚子法言十三卷附音義一卷　(漢)揚雄撰　(晉)李軌注　清光緒二年(1876)浙江書局刻本　一冊

110000－0143－0013973　PG312/15
文中子中說十卷　(隋)王通撰　(宋)阮逸注　清光緒二年(1876)浙江書局刻本　二冊

110000－0143－0013974　PG312/15－1
文中子中說十卷　(隋)王通撰　(宋)阮逸注　清光緒二年(1876)浙江書局刻本　二冊

110000－0143－0013975　PG312/15－1
文中子中說十卷　(隋)王通撰　(宋)阮逸注　清光緒二年(1876)浙江書局刻本　四冊

110000－0143－0013976　PG312/15－2
文中子中說十卷　(隋)王通撰　(宋)阮逸注　清光緒十六年(1890)貴陽陳氏刻本　二冊

110000－0143－0013977　PG312/15－2
中說十卷　(隋)王通撰　(宋)阮逸注　清光

緒十六年(1890)貴陽陳氏刻本　一册

110000－0143－0013978　PG312/15－3
中説十卷　(隋)王通撰　(宋)阮逸注　清光緒十六年(1890)貴陽陳氏刻本　二册

110000－0143－0013979　PG312/15－3
文中子中説十卷　(隋)王通撰　(宋)阮逸注　清光緒十六年(1890)貴陽陳氏刻本　二册

110000－0143－0013980　PG312/15－4
中説二卷　(隋)王通著　清乾隆五十六年(1791)金谿王氏刻本　一册

110000－0143－0013981　PG312/17－2
孔叢子七卷　(漢)孔鮒撰　清光緒元年(1875)湖北崇文書局影印本　一册

110000－0143－0013982　PG312/17－3
孔叢子七卷　(漢)孔鮒撰　(宋)宋咸注　清光緒元年(1875)海昌陳氏刻本　四册

110000－0143－0013983　PG312/17－5
孔叢子三卷　(漢)孔鮒著　明萬曆新安程榮刻本　二册

110000－0143－0013984　PG312/18
商君書五卷附攷一卷　(周)商鞅撰　(清)嚴可均校　清光緒二年(1876)浙江書局刻本　一册

110000－0143－0013985　PG312/18－1
商君書五卷附攷一卷　(周)商鞅撰　(清)嚴可均校　清光緒二十三年(1897)三味書局刻本　一册

110000－0143－0013986　PG312/18－1
商君書五卷附攷一卷　(周)商鞅撰　(清)嚴可均校　清光緒二年(1876)浙江書局刻本　一册

110000－0143－0013987　PG312/18－1
商君書五卷附攷一卷　(周)商鞅撰　(清)嚴可均校　清光緒二年(1876)浙江書局刻本　一册

110000－0143－0013988　PG312/18－2
商君書五卷附攷一卷　(周)商鞅撰　(清)嚴可均校　清光緒二年(1876)浙江書局刻本　一册

110000－0143－0013989　PG312/18－2
商君書五卷附攷一卷　(周)商鞅撰　(清)嚴可均校　清光緒二年(1876)浙江書局刻本　一册

110000－0143－0013990　PG312/19
道德經二卷　(周)李耳撰　(清)徐大椿注　清善成堂刻本　一册

110000－0143－0013991　PG312/19
老子道德經二卷　(周)李耳撰　(三國魏)王弼注　清光緒元年(1875)浙江書局刻本　一册

110000－0143－0013992　PG312/19－7
老子道德經二卷附音義一卷　(周)李耳撰　(三國魏)王弼注　(唐)陸德明音義　清光緒元年(1875)浙江書局刻本　一册

110000－0143－0013993　PG312/21
南華真經十卷　(周)莊周撰　(晉)郭象注　(唐)陸德明音義　清嘉慶金閶聚文堂刻本　四册

110000－0143－0013994　PG312/21－1
南華真經正義不分卷附識餘　(清)陳壽昌輯　清光緒十九年(1893)怡顔齋刻本　六册

110000－0143－0013995　PG312/21－3
南華真經正義不分卷附識餘　(清)陳壽昌輯　清光緒十九年(1893)怡顔齋刻本　六册

110000－0143－0013996　PG312/22
文中子中説七卷　(隋)王通撰　清光緒元年(1875)湖北崇文書局影印本　一册

110000－0143－0013997　PG312/24
韓非子集解二十卷首一卷　(清)王先慎撰　王先謙註　清光緒二十二年(1896)刻本　四册　存十七卷(四至二十)

110000－0143－0013998　PG312/24－1
韓非子集解二十卷首一卷　(清)王先慎撰　王先謙註　清光緒二十二年(1896)刻本　六

冊

110000－0143－0013999　PG312/24－1

韓非子集解二十卷首一卷　（清）王先慎撰　王先謙註　清光緒二十二年（1896）刻本　六冊

110000－0143－0014000　PG312/24－1

韓非子集解二十卷首一卷　（清）王先慎撰　王先謙註　清光緒二十二年（1896）刻本　六冊

110000－0143－0014001　PG312/24－1

韓非子集解二十卷首一卷　（清）王先慎撰　王先謙註　清光緒二十二年（1896）刻本　六冊

110000－0143－0014002　PG312/25

讀荀子十卷　（日本）物茂卿著　（日本）南總宇惠考訂　清末至民國抄本　四冊

110000－0143－0014003　PG312/26

墨子閒詁十五卷目錄一卷附錄一卷後語二卷　（清）孫詒讓撰　清光緒三十三年（1907）瑞安孫氏刻本　二冊

110000－0143－0014004　PG312/26

墨子閒詁十五卷目錄一卷附錄一卷後語二卷　（清）孫詒讓撰　清光緒三十三年（1907）刻宣統二年（1910）瑞安孫氏印本　八冊

110000－0143－0014005　PG312/26－1

墨子後語二卷　（清）孫詒讓撰　清光緒三十三年（1907）孫氏刻本　一冊

110000－0143－0014006　PG312/27

醉茶志怪四卷　（清）李慶辰著　清光緒十八年（1892）津門刻本　四冊

110000－0143－0014007　PG312/28

列子八卷　（周）列禦寇撰　（晉）張湛注　（唐）殷敬順釋文　清光緒二年（1876）浙江書局鉛印本　二冊

110000－0143－0014008　PG312/29

莊子十卷　（周）莊周撰　（晉）郭象注　（唐）陸德明音義　清光緒二年（1876）浙江書局刻本　四冊

110000－0143－0014009　PG312/29－1

莊子南華真經三卷附札記一卷　（周）莊周撰　清光緒元年（1875）湖北崇文書局刻本　二冊

110000－0143－0014010　PG312/29－2

莊子十卷　（周）莊周撰　（晉）郭象注　（唐）陸德明音義　清光緒二年（1876）浙江書局刻本　四冊

110000－0143－0014011　PG312/29－2

莊子十卷　（周）莊周撰　（晉）郭象注　（唐）陸德明音義　清光緒二年（1876）浙江書局刻本　四冊

110000－0143－0014012　PG312/33

莊子集解八卷　王先謙撰　清宣統元年（1909）思賢書局刻本　四冊

110000－0143－0014013　PG312/33－1

莊子集解八卷　王先謙撰　清宣統元年（1909）上海掃葉山房石印本　二冊

110000－0143－0014014　PG312/33－2

莊子集解八卷　王先謙撰　清宣統元年（1909）思賢書局刻本　四冊

110000－0143－0014015　PG312/37

伸蒙子二卷　（唐）林慎思撰　**素履子三卷**　（唐）張弧撰　清光緒元年（1875）湖北崇文書局刻本　一冊

110000－0143－0014016　PG312/48

老子衍不分卷　（清）王夫之撰　清同治至光緒抄本　一冊

110000－0143－0014017　PG312/51

老子平議一卷　（清）俞樾撰　清末至民國初抄本　一冊

110000－0143－0014018　PG312/52－1

老子道德經攷異二卷　（清）畢沅撰　清乾隆四十八年（1783）鎮洋畢氏刻本　一冊

110000－0143－0014019　PG312/55

老子解不分卷　（宋）蘇轍撰　清抄本　一冊

110000－0143－0014020　PG312/58

劉子二卷　劉晝撰　清光緒元年(1875)湖北崇文書局刻本　一冊

110000－0143－0014021　PG312/59

方言十三卷　(漢)揚雄撰　(晉)郭璞解　**揚子法言不分卷**　(漢)揚雄撰　清光緒元年(1875)湖北崇文書局刻本　一冊

110000－0143－0014022　PG312/60

叔苴子内篇五卷叔苴子外編二卷　(明)莊元臣撰　清光緒元年(1875)湖北崇文書局刻本　二冊

110000－0143－0014023　PG312/61

金樓子六卷　(南朝梁)元帝蕭繹撰　清光緒元年(1875)湖北崇文書局刻本　二冊

110000－0143－0014024　PG312/62

商子五卷　(周)商鞅撰　清光緒元年(1875)湖北崇文書局刻本　一冊

110000－0143－0014025　PG312/63

莊子三卷　(周)莊周撰　清光緒元年(1875)湖北崇文書局刻本　二冊

110000－0143－0014026　PG312/64

廣成子解一卷　(宋)蘇軾撰　**嬾真子五卷**　(宋)馬永卿撰　**聱隅子歔欷瑣微論二卷**　(宋)黄晞撰　清光緒元年(1875)湖北崇文書局刻本　一冊

110000－0143－0014027　PG312/67

海沂子五卷　(明)王文禄撰　**空同子一卷**　(明)李夢陽撰　**郁離子一卷**　(明)劉基撰　清光緒元年(1875)湖北崇文書局刻本　一冊

110000－0143－0014028　PG312/70

亢倉子一卷　(周)庚桑楚撰　**胎息經一卷幻真先生注**　**無能子三卷**　(唐)□□撰　**玄真子一卷**　(唐)張志和撰　**天隱子一卷**　(唐)□□撰　清光緒元年(1875)湖北崇文書局刻本　一冊

110000－0143－0014029　PG312/70

亢倉子一卷　(周)庚桑楚撰　**胎息經一卷幻真先生注**　**無能子三卷**　(唐)□□撰　**玄真子一卷**　(唐)張志和撰　**天隱子一卷**　(唐)□□撰　清光緒元年(1875)湖北崇文書局刻本　一冊

110000－0143－0014030　PG312/70

亢倉子一卷　(周)庚桑楚撰　**胎息經一卷幻真先生注**　**無能子三卷**　(唐)□□撰　**玄真子一卷**　(唐)張志和撰　**天隱子一卷**　(唐)□□撰　清光緒元年(1875)湖北崇文書局刻本　一冊

110000－0143－0014031　PG312/74

金華子雜編二卷　(五代)劉崇遠撰　**燕丹子三卷**　(清)孫星衍校集　**玉泉子一卷**　(□)□□撰　清光緒元年(1875)湖北崇文書局刻本　一冊

110000－0143－0014032　PG312/74

金華子雜編二卷　(五代)劉崇遠撰　**燕丹子三卷**　(清)孫星衍校集　**玉泉子一卷**　(□)□□撰　清光緒元年(1875)湖北崇文書局刻本　一冊

110000－0143－0014033　PG312/74

金華子雜編二卷　(五代)劉崇遠撰　**燕丹子三卷**　(清)孫星衍校集　**玉泉子一卷**　(□)□□撰　清光緒元年(1875)湖北崇文書局刻本　一冊

110000－0143－0014034　PG312/77

陰符經一卷　(漢)張良注　**關尹子一卷**　(周)尹喜撰　清光緒元年(1875)湖北崇文書局刻本　一冊

110000－0143－0014035　PG312/79

計倪子一卷　(周)計然撰　**於陵子一卷**　(周)田仲撰　**鬻子一卷補一卷**　(周)鬻熊撰　(唐)逄行珪注　**子華子二卷**　(周)程本撰　清光緒元年(1875)湖北崇文書局刻本　一冊

110000－0143－0014036　PG312/83

尉繚子二卷　(周)尉繚撰　**素書一卷**　(漢)黄石公撰　(宋)張商英注　**心書一卷**　(三

國蜀)諸葛亮撰　清光緒元年(1875)湖北崇文書局刻本　一冊

110000－0143－0014037　PG312/86
司馬法不分卷　(周)司馬穰苴撰　**孫子三卷**　(周)孫武撰　**吴子二卷**　(周)吴起撰　清光緒元年(1875)湖北崇文書局刻本　一冊

110000－0143－0014038　PG312/89
公孫龍子一卷　(周)公孫龍撰　**鬼谷子一卷**　(□)□□撰　**慎子一卷**　(周)慎到撰　**尹文子一卷**　(周)尹文撰　清光緒元年(1875)湖北崇文書局刻本　一冊

110000－0143－0014039　PG312/91－2
鶡冠子三卷　(周)鶡冠子撰　(宋)陸佃解　清光緒元年(1875)湖北崇文書局刻本　一冊

110000－0143－0014040　PG312/93
道德真經注四卷　(元)吴澄述　**老子道德經二卷**　(周)李耳撰　(三國魏)王弼注　清光緒元年(1875)湖北崇文書局刻本　一冊

110000－0143－0014041　PG312/94
牟子一卷　(漢)牟融撰　**古今註三卷**　(晉)崔豹撰　清光緒元年(1875)湖北崇文書局刻本　一冊

110000－0143－0014042　PG312/96
莊子内篇註四卷　(明)釋德清註　清光緒十四年(1888)金陵刻經處刻本　二冊

110000－0143－0014043　PG312/100
二十二子二十二種　(清)浙江書局輯　清光緒二十七年(1901)浙江書局刻本　八十二冊　缺一種四卷(管子一至四)

110000－0143－0014044　PG312/100
二十二子二十二種　(清)浙江書局輯　清光緒二十七年(1901)浙江書局刻本　八十冊

110000－0143－0014045　PG312/101
程子十卷首一卷　(清)張伯行集解　清嘉慶二十四年(1819)四箴堂刻本　四冊

110000－0143－0014046　PG312/102
莊子獨見不分卷　(清)胡文英撰　清乾隆十七年(1752)三多齋刻本　二冊

110000－0143－0014047　PG312/103
管子校正二十四卷　(清)戴望撰　清同治十二年(1873)吳興劉氏嘉業堂刻本　四冊

110000－0143－0014048　PG312/104
墨子七十一篇附墨子佚文　(周)墨翟撰　王闓運注　清光緒三十年(1904)江西官書局刻本　二冊

110000－0143－0014049　PG312/104
墨子注不分卷　王闓運注　清光緒三十年(1904)江西官書局刻本　二冊

110000－0143－0014050　PG312/105
莊子因六卷　(清)林雲銘評述　清光緒六年(1880)白雲精舍刻本　四冊

110000－0143－0014051　PG312/107
賈子次詁十六卷　(清)王耕心撰　清光緒二十九年(1903)正定王氏刻本　二冊

110000－0143－0014052　PG312/108
韓非子識誤三卷　(清)顧廣圻撰　清嘉慶二十一年(1816)刻本　一冊

110000－0143－0014053　PG312/109
尸子二卷存疑一卷尹文子一卷　(清)汪繼培輯　清嘉慶十七年(1812)蕭山陳氏湖海樓刻本　一冊

110000－0143－0014054　PG312/111
管子地員篇註四卷　(清)王紹蘭撰　清光緒十七年(1891)蕭山胡氏寄虹山館刻本　四冊

110000－0143－0014055　PG312/114
莊子南華真經十卷　(周)莊周撰　(晉)郭象注　清光緒十一年(1885)傳忠書局刻本　六冊

110000－0143－0014056　PG312/116－2
西青文略附不分卷附錄不分卷　(清)史震林著　(清)王韜校訂　清光緒四年(1878)長洲王韜天南遯窟鉛印本　一冊

110000－0143－0014057　PG312/120
南華真經注疏十卷　(晉)郭象撰　(唐)成玄

英疏　清光緒遵義黎氏影印本　五冊

110000－0143－0014058　PG312/126
老子翼八卷　（明）焦竑輯　（明）王元貞校　清光緒二十一年（1895）漸西村舍刻本　四冊

110000－0143－0014059　PG312/126
老子翼八卷　（明）焦竑輯　（明）王元貞校　清光緒二十一年（1895）漸西村舍刻本　一冊

110000－0143－0014060　PG312/129
神異經一卷　（漢）東方朔撰　（晉）張華注　**海內十洲記一卷**　（漢）東方朔撰　**別國洞冥記四卷**　（漢）郭憲撰　**穆天子傳六卷**　（晉）郭璞注　清光緒元年（1875）湖北崇文書局刻本　一冊

110000－0143－0014061　PG312/130
墨子斠注補正二卷　王樹枏撰　清光緒十三年（1887）新城王氏文莫室刻本　二冊

110000－0143－0014062　PG312/133
墨子經說解二卷　（清）張惠言述　清宣統元年（1909）國學保存會影印本　一冊

110000－0143－0014063　PG312/142
莊子故八卷　馬其昶撰　李國松輯　清光緒三十一年（1905）合肥李國松集虛草堂刻本　四冊

110000－0143－0014064　PG312/145
管子二十四卷　（唐）房玄齡注　（明）劉績增注　（明）朱養和輯訂　清嘉慶九年（1804）寶慶經綸堂刻本　八冊

110000－0143－0014065　PG312/145（B1）
南華真經十卷　（周）莊周撰　（晉）郭象註　（唐）陸德明音義　清嘉慶九年（1804）寶慶經綸堂刻本　六冊

110000－0143－0014066　PG312/145（B2）
道德經評註二卷　（漢）河上公章句　（明）歸有光批閱　（明）文震孟訂正　清嘉慶九年（1804）寶慶經綸堂刻本　一冊

110000－0143－0014067　PG312/145（B3）
沖虛至德真經八卷　（晉）張湛注　清嘉慶九年（1804）寶慶經綸堂刻本　一冊

110000－0143－0014068　PG312/145（A1）
鶡冠子三卷　（宋）陸佃解　（明）王宇評　清嘉慶九年（1804）寶慶經綸堂刻本　二冊

110000－0143－0014069　PG312/145（A2）
新纂門目五臣音註揚子法言十卷　（晉）李軌　（唐）柳宗元註　（宋）宋咸等重添註　清嘉慶九年（1804）寶慶經綸堂刻本　二冊

110000－0143－0014070　PG312/145（A3）
淮南子二十一卷　（漢）劉安撰　（漢）高誘注　（清）莊逵吉校　清嘉慶九年（1804）寶慶經綸堂刻本　四冊　存十三卷（九至二十一）

110000－0143－0014071　PG312/145（A4）
中說十卷　（宋）阮逸注　清嘉慶九年（1804）寶慶經綸堂刻本　二冊

110000－0143－0014072　PG313/1（A）
玉海二百卷辭學指南四卷附刻十三種　（宋）王應麟撰　清光緒十年（1884）成都志古堂刻本　一百二十冊

110000－0143－0014073　PG313/1
玉海二百卷玉海校補瑣記二卷辭學指南四卷附刻十三種　（宋）王應麟撰　清光緒九年（1883）浙江書局刻本　二十二冊

110000－0143－0014074　PG313/1
玉海二百卷玉海校補瑣記二卷辭學指南四卷附刻十三種　（宋）王應麟撰　清光緒十年（1884）成都志古堂刻本　一百二十冊

110000－0143－0014075　PG313/1
玉海二百卷辭學指南四卷附刻十三種　（宋）王應麟撰　清嘉慶十一年（1806）康基田刻本　七十九冊　缺二卷（六經天文編二卷）

110000－0143－0014076　PG313/1（B）
玉海二百卷玉海校補瑣記二卷辭學指南四卷　（宋）王應麟撰　清光緒九年（1883）浙江書局刻本　一百二十二冊

110000－0143－0014077　PG313/3
增補事類統編九十三卷首一卷　（清）黃葆真

增輯　(清)何立中校　清道光二十九年(1849)敦好堂刻本　四十八册

110000－0143－0014078　PG313/3
增補事類統編九十三卷首一卷　(清)黄葆真增輯　(清)何立中校　清咸豐十年(1860)丹陽黄氏刻本　四十册

110000－0143－0014079　PG313/5
佩文韻府一百六卷韻府拾遺一百六卷　(清)蔡升元等撰　清刻本　九十三册

110000－0143－0014080　PG313/5
佩文韻府一百六卷韻府拾遺一百六卷　(清)蔡升元等撰　清光緒二十二年(1896)上海點石齋石印本　六十册

110000－0143－0014081　PG313/5－1
佩文韻府一百六卷韻府拾遺一百六卷　(清)蔡升元等撰　清光緒十五年(1889)上海點石齋石印本　十二册

110000－0143－0014082　PG313/5－3
佩文韻府一百六卷韻府拾遺一百六卷　(清)蔡升元等撰　清光緒十三年(1887)上海點石齋石印本　六十册

110000－0143－0014083　PG313/5－3
佩文韻府一百六卷韻府拾遺一百六卷　(清)蔡升元等撰　清光緒十二年(1886)上海同文書局石印本　三十册　存四十四卷(六十三至一百六)

110000－0143－0014084　PG313/5－4
佩文韻府一百六卷韻府拾遺一百六卷　(清)蔡升元等撰　清刻本　二百册　缺七卷(佩文韻府七十八至八十四)

110000－0143－0014085　PG313/5－4
韻府拾遺一百六卷　(清)蔡升元等撰　清嶺南潘氏海山僊館刻本　二十四册

110000－0143－0014086　PG313/5－4
佩文韻府一百六卷韻府拾遺一百六卷　(清)蔡升元等撰　清嶺南潘氏海山僊館刻本　九十五册

110000－0143－0014087　PG313/5－4
佩文韻府一百六卷韻府拾遺一百六卷　(清)蔡升元等撰　清刻本　八十三册　缺一卷(佩文韻府二十二上)

110000－0143－0014088　PG313/7
淵鑑類函四百五十卷目録四卷　(清)張英等輯　清刻本　一百四十册

110000－0143－0014089　PG313/7
淵鑑類函四百五十卷　(清)張英等輯　清刻本　一册　存四卷(八十至八十三)

110000－0143－0014090　PG313/7
淵鑑類函四百五十卷　(清)張英等輯　清光緒二十三年(1897)上海點石齋石印本　十册

110000－0143－0014091　PG313/7
淵鑑類函四百五十卷　(清)張英等輯　清光緒二十一年(1895)上海點石齋石印本　五册

110000－0143－0014092　PG313/8
子史精華一百六十卷　(清)吴士玉等撰　清光緒十年(1884)上海同文書局石印本　七册　缺二十卷(八十一至一百)

110000－0143－0014093　PG313/8
子史精華一百六十卷　(清)吴士玉等撰　清刻本　三十册　缺二十卷(一至二十)

110000－0143－0014094　PG313/8
子史精華一百六十卷　(清)吴士玉等撰　清光緒十三年(1887)上海蜚英館石印本　八册

110000－0143－0014095　PG313/8
子史精華一百六十卷　(清)吴士玉等撰　清光緒十三年(1887)上海蜚英館石印本　八册

110000－0143－0014096　PG313/8
子史精華一百六十卷　(清)吴士玉等撰　清刻本　八册　缺一百十九卷(一至七十九、一百二十一至一百六十)

110000－0143－0014097　PG313/8－1
子史精華一百六十卷　(清)吴士玉等撰　清刻本　四十册

110000－0143－0014098　PG313/8－2

子史精華一百六十卷 （清）吳士玉等撰　清光緒十五年(1889)上海蜚英館石印本　八冊

110000－0143－0014099　PG313/9
新增說文韻府羣玉二十卷 （元）陰時夫編輯（元）陰中夫編註　（明）王元貞校正　清大文堂刻本　三冊　存三卷(一、四至五)

110000－0143－0014100　PG313/11
考古畧八卷 （清）王文清纂　清五徵堂刻本　八冊

110000－0143－0014101　PG313/12
元和姓纂十卷 （唐）林寶撰　（清）孫星衍（清）洪瑩校　清嘉慶七年(1802)古歙洪氏刻本　四冊

110000－0143－0014102　PG313/12
元和姓纂十卷 （唐）林寶撰　（清）孫星衍（清）洪瑩校　清光緒六年(1880)金陵書局刻本　四冊

110000－0143－0014103　PG313/12
元和姓纂十卷 （唐）林寶撰　（清）孫星衍（清）洪瑩校　清光緒六年(1880)金陵書局刻本　四冊

110000－0143－0014104　PG313/12
元和姓纂十卷 （唐）林寶撰　（清）孫星衍（清）洪瑩校　清光緒六年(1880)金陵書局刻本　四冊

110000－0143－0014105　PG313/12
元和姓纂十卷 （唐）林寶撰　（清）孫星衍（清）洪瑩校　清光緒六年(1880)金陵書局刻本　四冊

110000－0143－0014106　PG313/14
記事珠十卷 （清）張以謙原稿　（清）王燮廷原校　（清）王剛重訂　清嘉慶二十一年(1816)雲間王氏知不足軒刻本　十六冊

110000－0143－0014107　PG313/14－1
記事珠十卷 （清）張以謙原稿　（清）王燮廷原校　（清）王剛重訂　清光緒八年(1882)埽葉山房刻本　十二冊

110000－0143－0014108　PG313/14－1
記事珠十卷 （清）張以謙原稿　（清）王燮廷原校　（清）王剛重訂　清光緒八年(1882)刻本　十冊

110000－0143－0014109　PG313/14－1
記事珠十卷 （清）張以謙原稿　（清）王燮廷原校　（清）王剛重訂　清光緒八年(1882)刻本　十冊

110000－0143－0014110　PG313/14－1
記事珠十卷 （清）張以謙原稿　（清）王燮廷原校　（清）王剛重訂　清光緒八年(1882)刻本　十六冊

110000－0143－0014111　PG313/15
天中記六十卷 （明）陳耀文纂　（明）屠隆校　清刻本　六十冊

110000－0143－0014112　PG313/17
太平御覽一千卷目録十五卷 （宋）李昉等纂　清光緒二十年(1894)上海積山書局石印本　三十一冊　缺四十卷(二百一至二百四十)

110000－0143－0014113　PG313/17－1
太平御覽一千卷目録十五卷 （宋）李昉等纂　清光緒二十年(1894)上海積山書局石印本　三十二冊

110000－0143－0014114　PG313/17－3
太平御覽一千卷目録十五卷 （宋）李昉等纂　清嘉慶歙縣鮑崇城刻本　十六冊　存一百七十二卷(一百三十一至二百十三、三百八十九至四百七十七)

110000－0143－0014115　PG313/18
易知摘要類編十二卷 （清）富俊輯　清同治十三年(1874)紹衣堂刻本　十二冊

110000－0143－0014116　PG313/18
易知摘要類編十二卷 （清）富俊輯　清同治十三年(1874)紹衣堂刻本　十二冊

110000－0143－0014117　PG313/18
易知摘要類編十二卷 （清）富俊輯　清同治十三年(1874)紹衣堂刻本　十二冊

110000－0143－0014118　PG313/20

御定駢字類編二百四十卷　（清）張廷玉等編　清光緒十三年（1887）上海同文書局石印本　四十八册

110000－0143－0014119　PG313/20

御定駢字類編二百四十卷　（清）張廷玉等編　清光緒十三年（1887）上海同文書局石印本　四十八册

110000－0143－0014120　PG313/20－1

御定駢字類編二百四十卷　（清）張廷玉等編　清光緒十三年（1887）上海同文書局石印本　四十册　缺三十三卷（二百八至二百四十）

110000－0143－0014121　PG313/21

事類賦三十卷　（宋）吴淑撰注　清劍光閣刻本　六册

110000－0143－0014122　PG313/21

廣事類賦四十卷　（清）華希閔著　（清）華希閔重訂　清嘉慶四年（1799）劍光閣刻本　九册

110000－0143－0014123　PG313/21

重訂廣事類賦四十卷　（清）華希閔著　（清）華希閔重訂　清道光七年（1827）善成堂刻本　十册

110000－0143－0014124　PG313/21

重訂廣事類賦四十卷　（清）華希閔著　（清）華希閔重訂　清道光七年（1827）善成堂刻本　八册

110000－0143－0014125　PG313/21－1

廣事類賦四十卷　（清）華希閔著　清刻本　九册

110000－0143－0014126　PG313/22

重訂事類賦三十卷　（宋）吴淑撰注　清道光七年（1827）善成堂刻本　六册

110000－0143－0014127　PG313/22

重訂事類賦三十卷　（宋）吴淑撰注　清道光七年（1827）善成堂刻本　六册

110000－0143－0014128　PG313/22－1

事類賦三十卷　（宋）吴淑撰注　清刻本　五册

110000－0143－0014129　PG313/23

廣廣事類賦三十二卷　（清）吴世旃撰注　清嘉慶刻本　十册

110000－0143－0014130　PG313/24

分類字錦六十四卷　（清）何焯　（清）陳鵬年等纂　清刻本　六十四册

110000－0143－0014131　PG313/26

欽定古今圖書集成六彙編三十二典一萬卷目錄三十二卷　（清）蔣廷錫　（清）陳夢雷等輯　清光緒十年（1884）上海圖書集成鉛版印書局鉛印本　一千六百二十八册

110000－0143－0014132　PG313/26

古今圖書集成職方典附目錄四十卷　（清）陳夢雷編　清光緒十年（1884）上海同文書局鉛印本　二百三十九册

110000－0143－0014133　PG313/26

古今圖書集成（閨媛典·禮儀典·職方典·考工典）　（清）陳夢雷編　清光緒十年（1884）上海同文書局鉛印本　二十九册　存二百一卷（閨媛典三百十九至三百七十六、禮儀典二百五十四至二百九十九、職方典八百八十九至九百四十二、考工典九十三至一百三十五）

110000－0143－0014134　PG313/27

北堂書鈔一百六十卷　（唐）虞世南撰　（清）孔廣陶校注　清光緒十四年（1888）南海孔氏三十有三萬卷堂影抄本　二十册

110000－0143－0014135　PG313/27

北堂書鈔一百六十卷　（唐）虞世南撰　（清）孔廣陶校注　清光緒十四年（1888）南海孔氏三十有三萬卷堂影抄本　二十册

110000－0143－0014136　PG313/27

北堂書鈔一百六十卷　（唐）虞世南撰　（清）孔廣陶校注　清光緒十四年（1888）南海孔氏三十有三萬卷堂影抄本　二十册

110000－0143－0014137　PG313/27

北堂書鈔一百六十卷　(唐)虞世南撰　(清)孔廣陶校注　清光緒十四年(1888)南海孔氏三十有三萬卷堂影抄本　二十册

110000－0143－0014138　PG313/29

表異録二十卷　(明)王志堅輯　清康熙四十七年(1708)陳世修刻本　四册

110000－0143－0014139　PG313/30

新義録一百卷　(清)孫璧文輯　清光緒二十七年(1901)兩湖譯書學堂刻本　四十八册

110000－0143－0014140　PG313/30

新義録一百卷　(清)孫璧文輯　清光緒二十七年(1901)兩湖譯書學堂刻本　四十六册　缺三卷(四至六)

110000－0143－0014141　PG313/30

新義録一百卷　(清)孫璧文輯　清光緒二十七年(1901)兩湖書院刻本　四十八册

110000－0143－0014142　PG313/31

角山樓增補類腋不分卷　(清)姚培謙撰　(清)趙克宜增輯　清末上海鴻章書局石印本　六册

110000－0143－0014143　PG313/32

新雕皇朝類苑七十八卷　(宋)江少虞撰　清宣統三年(1911)武進董氏刻本　十二册

110000－0143－0014144　PG313/33

蜀典十二卷　(清)張澍撰　清光緒二年(1876)尊經書院刻本　四册

110000－0143－0014145　PG313/33

蜀典十二卷　(清)張澍撰　清光緒二年(1876)尊經書院刻本　四册

110000－0143－0014146　PG313/33

蜀典十二卷　(清)張澍撰　清光緒二年(1876)尊經書院刻本　四册

110000－0143－0014147　PG313/33

蜀典十二卷　(清)張澍撰　清光緒二年(1876)尊經書院刻本　四册

110000－0143－0014148　PG313/33

蜀典十二卷　(清)張澍撰　清光緒二年(1876)尊經書院刻本　四册

110000－0143－0014149　PG313/33

蜀典十二卷　(清)張澍撰　清光緒二年(1876)尊經書院刻本　四册

110000－0143－0014150　PG313/33－1

蜀典十二卷　(清)張澍撰　清道光十四年(1834)安懷堂刻本　六册

110000－0143－0014151　PG313/36

帝王經世圖譜十六卷附録一卷　(宋)唐仲友撰　清同治十二年(1873)永康胡氏退補齋刻本　六册

110000－0143－0014152　PG313/36

帝王經世圖譜十六卷附録一卷　(宋)唐仲友撰　清同治十二年(1873)永康胡氏退補齋刻本　六册

110000－0143－0014153　PG313/37

策學備纂三十二卷　(清)蔡啓盛　(清)吴熲炎輯　清光緒十四年(1888)上海點石齋石印本　三十六册

110000－0143－0014154　PG313/41

古事比五十二卷　(清)方中德編　清光緒十九年(1893)上海寶善書局石印本　六册

110000－0143－0014155　PG313/43

歷代經濟文統編三十二卷　(清)顧炎武纂輯　(清)王緯校訂　清光緒二十八年(1902)上海廣益書局石印本　十二册

110000－0143－0014156　PG313/46

新鐫分類評註文武合編百子金丹十卷　(明)郭偉選註　(明)王星聚校訂　(明)郭中吉編次　清光緒二十年(1894)茹古軒影印本　二册

110000－0143－0014157　PG313/46－1

新鐫分類評註文武合編百子金丹十卷　(明)郭偉選註　(明)王星聚校訂　(明)郭中吉編次　清素位堂刻本　十册

110000－0143－0014158　PG313/47

新敩分類文編六卷　(清)江標評選　(清)唐才常等輯　清光緒二十四年(1898)勁草主人刻本　五冊

110000－0143－0014159　PG313/48
洋務新論六卷　(英國)李提摩太撰　(清)仲英輯　清光緒二十四年(1898)上海書局石印本　六冊

110000－0143－0014160　PG313/48
洋務新論六卷　(英國)李提摩太撰　(清)仲英輯　清光緒二十七年(1901)上海書局石印本　六冊

110000－0143－0014161　PG313/50
分類時務通纂三百卷　(清)陳昌紳編　清光緒二十八年(1902)上海文瀾書局石印本　四十八冊

110000－0143－0014162　PG313/50
分類時務通纂三百卷　(清)陳昌紳編　清光緒二十八年(1902)上海文瀾書局石印本　四十八冊

110000－0143－0014163　PG313/53
淵鑑類函四百五十卷目錄四卷　(清)張英等輯　清光緒十三年(1887)上海同文書局石印本　四十八冊

110000－0143－0014164　PG313/53
淵鑑類函四百五十卷目錄四卷　(清)張英等輯　清清吟堂刻本　一百四十冊

110000－0143－0014165　PG313/53
淵鑑類函四百五十卷目錄四卷　(清)張英等輯　清光緒十三年(1887)上海同文書局石印本　四十八冊

110000－0143－0014166　PG313/53－1
古香齋新刻袖珍淵鑑類函四百五十卷目錄四卷　(清)張英等輯　清刻本　二百冊

110000－0143－0014167　PG313/54
壹是紀始二十二卷補遺一卷　(清)魏崧撰　清道光二十二年(1842)刻本　六冊

110000－0143－0014168　PG313/55
漁洋說部精華十二卷　(清)王士禛撰　(清)劉堅輯　清光緒五年(1879)刻本　六冊

110000－0143－0014169　PG313/55－1
漁洋說部精華十二卷　(清)王士禛撰　(清)劉堅輯　清刻本　二冊

110000－0143－0014170　PG313/56
新輯時務滙通二百八卷　(清)李作棟輯　清光緒二十九年(1903)上海崇新書局石印本　三十二冊

110000－0143－0014171　PG313/57
增補事類統編九十三卷首一卷　(清)黄葆真增輯　清光緒十二年(1886)上海同文書局石印本　十二冊

110000－0143－0014172　PG313/58
時務策學備纂八十二卷　(清)陳驤編　清光緒二十三年(1897)湖南求賢書院刻本　二十四冊

110000－0143－0014173　PG313/61
事物紀原十卷　(宋)高承撰　(明)李果訂　(清)李錫齡校勘　清道光二十六年(1846)宏道書院刻本　十冊

110000－0143－0014174　PG313/62
五洲政藝撮要二十六卷　(清)蕭德驥編輯　清光緒二十八年(1902)石印本　六冊

110000－0143－0014175　PG313/64
喻林一葉二十四卷　(明)徐元太纂　(清)王蘇刪　清乾隆五十九年(1794)劉氏刻本　六冊

110000－0143－0014176　PG313/66
續廣博物志十六卷　(清)徐壽基編輯　清光緒十二年(1886)刻本　四冊

110000－0143－0014177　PG313/66－1
廣博物志五十卷　(明)董斯張撰　清光緒五年(1879)學海堂刻本　四十冊

110000－0143－0014178　PG313/68
龍筋鳳髓判四卷　(唐)張鷟撰　(明)劉允鵬注　(清)陳春補正　清嘉慶十六年(1811)蕭

山陳氏湖海樓刻本　二册

110000－0143－0014179　PG313/71

新學類纂十四卷　（清）廣益書屋主人編　清光緒二十七年（1901）上海廣益書室石印本　六册

110000－0143－0014180　PG313/72

事物異名錄四十卷　（清）厲荃輯　（清）關槐增纂　清乾隆粤東刻本　十二册

110000－0143－0014181　PG313/73

增補萬寶全書二十卷　（明）陳繼儒纂輯　清光緒九年（1883）兩儀堂刻本　四册

110000－0143－0014182　PG313/73－1

增補萬寶全書二十卷　（明）陳繼儒纂輯　清嘉慶十七年（1812）三讓堂刻本　四册

110000－0143－0014183　PG313/76

中西時務類攷九卷　（清）華金昆校　清光緒二十四年（1898）上海鴻文書局石印本　八册

110000－0143－0014184　PG313/77

泰西事物起原二十三章　（日本）澁江保編纂　（清）廣智書局譯述　清光緒二十八年（1902）上海廣智書局鉛印本　一册

110000－0143－0014185　PG313/79

東坡先生物類相感志十八卷　（宋）釋贊寧撰　清抄本　六册

110000－0143－0014186　PG313/84

宜堂類編十七種二十五卷　丁立中編　清光緒二十六年（1900）丁氏嘉惠堂刻本　八册

110000－0143－0014187　PG313/85

文家稽古編十卷　（清）劉旂錫　（清）程夢元纂定　清乾隆二十年（1755）江寧劉氏刻本　五册

110000－0143－0014188　PG313/87

玉譜類編四卷　（清）徐壽基編輯　清光緒十五年（1889）源陽官署刻本　四册

110000－0143－0014189　PG313/88

異聞益智叢錄三十四卷　（清）種蕉藝蘭生輯　清光緒二十六年（1900）江南書局鉛印本　八册

110000－0143－0014190　PG313/95

古今名論類編十二卷　（清）沈有壬輯　（清）王錫祺編　清光緒二十八年（1902）小方壺齋石印本　十二册

110000－0143－0014191　PG313/97

記聞類編十四卷　（清）上海印書局編　清光緒三年（1877）上海印書局鉛印本　十四册

110000－0143－0014192　PG313/97

記聞類編十四卷　（清）上海印書局編　清光緒三年（1877）上海印書局鉛印本　六册

110000－0143－0014193　PG313/99－1

省軒考古類編十二卷　（清）柴紹炳纂　（清）姚培謙評　清乾隆二十三年（1758）文盛堂刻本　六册

110000－0143－0014194　PG313/102

角山樓增補類腋六十七卷　（清）姚培謙輯　（清）趙克宜增輯　清咸豐八年至十年（1858－1860）角山樓刻本　二十四册

110000－0143－0014195　PG313/102

角山樓增補類腋六十七卷　（清）姚培謙輯　（清）趙克宜增輯　清咸豐八年至十年（1858－1860）角山樓刻本　二十册

110000－0143－0014196　PG313/103

蓺苑零珠六卷　（清）李象梓纂輯　（清）李家焯編校　清光緒十五年（1889）羊城芸香書屋刻本　四册

110000－0143－0014197　PG313/104

五洲政藝叢編一百六十卷　（清）何瀚洲編纂　清光緒二十八年（1902）上海鴻寶書局石印本　五十六册

110000－0143－0014198　PG313/108

熊鍾陵無何集十四卷　（清）熊伯龍撰　（清）熊正笏等重校　清乾隆五十九年（1794）刻本　六册

110000－0143－0014199　PG313/109

格致精華錄四卷附德國議院章程合盟紀事本

末 王仁俊述 (清)江標編 清光緒二十二年(1896)石印本 四冊

110000－0143－0014200 PG313/110
西法策學滙源初集十卷 (清)顧其義 (清)吳文藻輯 (清)沈維埼 (清)葛其恒校 清光緒二十三年(1897)上海鴻寶齋書局石印本 二十四冊

110000－0143－0014201 PG313/111
西學二十種萃菁二十卷 (清)張之品撰 清光緒二十三年(1897)上海鴻文書局石印本 八冊

110000－0143－0014202 PG313/112
最新經世文編一百三十卷 (清)鄒王賓編纂 清光緒二十八年(1902)上海寶善齋石印本 三十二冊

110000－0143－0014203 PG313/113
典林博覽十二卷 (清)鍾運堯輯 清光緒二年(1876)文富堂刻本 四冊

110000－0143－0014204 PG313/114
強學彙編十八卷補編一卷 (清)馬冠羣編 清光緒二十四年(1898)上海文瑞樓石印本 八冊

110000－0143－0014205 PG313/118
崑山玉六卷 (清)李道輯 清嘉慶十二年(1807)崇德堂刻本 六冊

110000－0143－0014206 PG32/1
困學紀聞二十卷 (宋)王應麟撰 清刻本 八冊

110000－0143－0014207 PG32/1
困學紀聞二十卷 (宋)王應麟撰 (清)汪垕校勘 清桐華書塾刻本 三冊

110000－0143－0014208 PG32/1
困學紀聞二十卷 (宋)王應麟撰 清同治九年(1870)揚州書局刻本 六冊

110000－0143－0014209 PG32/1
困學紀聞注二十卷首一卷 (宋)王應麟撰 清道光十二年(1832)長白鄂山刻本 八冊

110000－0143－0014210 PG32/1
困學紀聞注二十卷首一卷 (宋)王應麟撰 (清)翁元圻輯注 清末上海文瑞樓石印本 十六冊

110000－0143－0014211 PG32/1
校訂困學紀聞集證二十卷 (宋)王應麟撰 (清)屠繼序等校補 清刻本 六冊 缺八卷(一至八)

110000－0143－0014212 PG32/1
校訂困學紀聞集證二十卷 (宋)王應麟撰 (清)屠繼序等校補 清刻本 十二冊 缺一卷(一)

110000－0143－0014213 PG32/1－1
困學紀聞注二十卷首一卷 (宋)王應麟撰 (清)翁元圻輯注 清光緒十五年(1889)上海積山書局石印本 六冊

110000－0143－0014214 PG32/1－2
困學紀聞集證二十卷首一卷末一卷 (清)萬希槐輯 清嘉慶八年(1803)會友堂刻本 十冊

110000－0143－0014215 PG32/1－4
困學紀聞注二十卷首一卷 (宋)王應麟撰 (清)翁元圻輯注 清道光五年(1825)餘姚守福堂刻本 十四冊

110000－0143－0014216 PG32/1－5
困學紀聞注二十卷首一卷 (清)翁元圻輯 清咸豐元年(1851)小嫏嬛山館刻本 十一冊

110000－0143－0014217 PG32/1－6
困學紀聞注二十卷首一卷 (清)翁元圻輯 (清)廖玉湘校 清光緒八年(1882)新都廖氏家塾刻本 八冊

110000－0143－0014218 PG32/1－7
困學紀聞注二十卷首一卷 (宋)王應麟撰 (清)翁元圻輯注 清道光五年(1825)餘姚守福堂刻本 十二冊

110000－0143－0014219 PG32/1－7
困學紀聞注二十卷首一卷 (宋)王應麟撰

(清)翁元圻輯注　清道光五年(1825)餘姚守福堂刻本　七册　缺八卷(一至八)

110000－0143－0014220　PG32/1－7
困學紀聞注二十卷首一卷　(宋)王應麟撰　(清)翁元圻輯注　清道光五年(1825)餘姚守福堂刻本　十册

110000－0143－0014221　PG32/4
潛夫論十卷　(漢)王符撰　清光緒元年(1875)湖北崇文書局刻本　二册

110000－0143－0014222　PG32/4(1)
潛夫論十卷　(漢)王符撰　(清)汪繼培箋　清嘉慶二十二年(1817)蕭山陳氏湖海樓刻本　三册

110000－0143－0014223　PG32/4(2)
尸子二卷存疑一卷　(周)尸佼撰　(清)汪繼培輯　清嘉慶十七年(1812)蕭山陳氏湖海樓刻本　一册

110000－0143－0014224　PG32/4(3)
尹文子一卷　(周)尹文撰　(清)汪繼培校　清嘉慶十七年(1812)蕭山陳氏湖海樓刻本　一册

110000－0143－0014225　PG32/4(4)
學林十卷　(宋)王觀國撰　清嘉慶十四年(1809)蕭山陳氏湖海樓刻本　一册　存二卷(一至二)

110000－0143－0014226　PG32/5
新語二卷　(漢)陸賈著　清刻本　二册

110000－0143－0014227　PG32/6
新書十卷　(漢)賈誼撰　清刻本　一册

110000－0143－0014228　PG32/6
新書十卷　(漢)賈誼撰　(清)盧文弨校　清光緒元年(1875)浙江書局刻本　二册

110000－0143－0014229　PG32/7
顔氏家訓二卷　(北齊)顔之推撰　清光緒元年(1875)湖北崇文書局刻本　一册

110000－0143－0014230　PG32/7－1
顔氏家訓二卷　(北齊)顔之推撰　清光緒元年(1875)湖北崇文書局刻本　一册

110000－0143－0014231　PG32/7－3
參同契一卷　(漢)魏伯陽著　**顔氏家訓二卷**　(北齊)顔之推著　清乾隆五十六年(1791)金谿王氏刻本　二册

110000－0143－0014232　PG32/11
許文正公遺書十二卷首一卷末一卷　(元)許衡撰　清乾隆五十五年(1790)刻本　八册

110000－0143－0014233　PG32/11
許文正公遺書十二卷首一卷末一卷　(元)許衡撰　清乾隆五十五年(1790)刻本　八册

110000－0143－0014234　PG32/12
退菴隨筆二十二卷　(清)梁章鉅編　清道光十七年(1837)刻本　八册

110000－0143－0014235　PG32/12
普通學歌訣不分卷　張一鵬撰　清光緒二十七年(1901)杭州小學堂刻本　一册

110000－0143－0014236　PG32/12
退菴隨筆二十卷　(清)梁章鉅編　清刻本　六册

110000－0143－0014237　PG32/13
退庵隨筆二十二卷　(清)梁章鉅編　清道光十七年(1837)刻本　八册

110000－0143－0014238　PG32/15(A)
湖北叢書三十一種二百九十一卷　(清)趙尚輔輯　清光緒十七年(1891)三餘草堂刻本　九十七册

110000－0143－0014239　PG32/16
庸言四卷　(清)余元遴撰　清咸豐元年(1851)露蕭草堂刻本　二册

110000－0143－0014240　PG32/18
思辨錄輯要二十二卷後集十三卷　(清)陸世儀著　清光緒三年(1877)江蘇書局刻本　七册　缺五卷(十八至二十二)

110000－0143－0014241　PG32/19
丞相魏公譚訓十卷　(宋)蘇象先撰　清道光十年(1830)魏公祠刻本　二册

110000－0143－0014242　PG32/21
宋元學案一百卷首一卷附考略　（清）黄宗羲著　（清）全祖望修補　清光緒五年（1879）長沙寄廬刻本　三十二册

110000－0143－0014243　PG32/21－1
宋元學案一百卷首一卷附考略　（清）黄宗羲著　（清）全祖望修補　清光緒五年（1879）長沙寄廬刻本　四十册

110000－0143－0014244　PG32/21－1
宋元學案一百卷首一卷附考略　（清）黄宗羲著　（清）全祖望修補　清光緒五年（1879）長沙寄廬刻本　四十册

110000－0143－0014245　PG32/21－1
宋元學案一百卷首一卷附考略　（清）黄宗羲著　（清）全祖望修補　清光緒五年（1879）長沙寄廬刻本　三十六册

110000－0143－0014246　PG32/22
五種遺規十卷　（清）陳弘謀撰　清光緒十年（1884）培元堂刻本　五册　存四種八卷（養正遺規二卷、養正遺規補編一卷、教女遺規三卷、訓俗遺規三至四）

110000－0143－0014247　PG32/22－1
五種遺規五種十七卷　（清）陳弘謀編　清光緒五年（1879）江西書局刻本　十二册

110000－0143－0014248　PG32/23
述學内篇二卷　（清）汪中撰　（清）阮元敘錄　清刻本　一册

110000－0143－0014249　PG32/23
述學内篇三卷補遺一卷外篇一卷別錄一卷校勘記一卷　（清）汪中撰　清同治八年（1869）揚州書局刻本　二册

110000－0143－0014250　PG32/23
述學内篇二卷　（清）汪中撰　（清）阮元敘錄　清同治八年（1869）刻本　一册

110000－0143－0014251　PG32/23
述學内篇二卷　（清）汪中撰　（清）阮元敘錄　清同治八年（1869）刻本　二册

110000－0143－0014252　PG32/23－1
述學内篇三卷補遺一卷外篇一卷別錄一卷校勘記一卷　（清）汪中撰　清同治八年（1869）揚州書局刻本　二册

110000－0143－0014253　PG32/24
御纂性理精義十二卷　（清）李光地等修纂　清刻本　四册　存九卷（一至九）

110000－0143－0014254　PG32/26
西山先生真文忠公讀書記四十卷　（宋）真德秀撰　清同治三年（1864）真氏家祠刻本　三十册

110000－0143－0014255　PG32/27
勸學篇二卷　（清）張之洞撰　清光緒二十四年（1898）兩湖書院刻本　四册

110000－0143－0014256　PG32/27
勸學篇二卷　（清）張之洞撰　清光緒二十四年（1898）都門刻本　一册

110000－0143－0014257　PG32/27
勸學篇二卷　（清）張之洞撰　清光緒二十四年（1898）兩湖書院刻本　一册

110000－0143－0014258　PG32/27
勸學篇二卷　（清）張之洞撰　清光緒二十四年（1898）中江書院刻本　一册

110000－0143－0014259　PG32/27－1
勸學篇二卷　（清）張之洞撰　清光緒二十四年（1898）兩湖書院刻本　一册

110000－0143－0014260　PG32/27－3
勸學篇二卷　（清）張之洞撰　清光緒二十四年（1898）兩湖書院刻本　一册

110000－0143－0014261　PG32/28
古微堂集内集三卷外集七卷　（清）魏源著　清光緒四年（1878）淮南書局刻本　四册

110000－0143－0014262　PG32/28
古微堂集内集三卷外集七卷　（清）魏源著　清光緒四年（1878）淮南書局刻本　四册

110000－0143－0014263　PG32/28
古微堂集内集三卷外集七卷　（清）魏源著

清光緒四年(1878)淮南書局刻本　四冊

110000－0143－0014264　PG32/28
古微堂集内集三卷外集七卷　(清)魏源著　清光緒四年(1878)淮南書局刻本　四冊

110000－0143－0014265　PG32/28
古微堂集内集三卷外集七卷　(清)魏源著　清光緒四年(1878)淮南書局刻本　四冊

110000－0143－0014266　PG32/28－1
古微堂集外集七卷　(清)魏源著　清刻本　三冊

110000－0143－0014267　PG32/28－1
古微堂集内集三卷外集七卷　(清)魏源著　清光緒四年(1878)淮南書局刻本　四冊

110000－0143－0014268　PG32/28－2
古微堂集内集三卷外集七卷　(清)魏源著　清光緒四年(1878)淮南書局刻本　四冊

110000－0143－0014269　PG32/30
槐廳載筆二十卷　(清)法式善撰　清嘉慶四年(1799)刻本　六冊

110000－0143－0014270　PG32/30
槐廳載筆二十卷　(清)法式善撰　清嘉慶四年(1799)刻本　六冊

110000－0143－0014271　PG32/30
槐廳載筆二十卷　(清)法式善撰　清嘉慶四年(1799)刻本　六冊

110000－0143－0014272　PG32/30
槐廳載筆二十卷　(清)法式善撰　清嘉慶四年(1799)刻本　六冊

110000－0143－0014273　PG32/30
清秘述聞十六卷　(清)法式善編　清嘉慶四年(1799)刻本　三冊　缺七卷(一至三、七至八、十五至十六)

110000－0143－0014274　PG32/30
槐廳載筆二十卷　(清)法式善撰　清嘉慶四年(1799)刻本　六冊

110000－0143－0014275　PG32/30
槐廳載筆二十卷　(清)法式善撰　清嘉慶四年(1799)刻本　六冊

110000－0143－0014276　PG32/31
志學錄八卷　(清)方宗誠撰　**輔仁錄四卷**　(清)方宗誠撰　清光緒十二年(1886)桐城方氏志學堂鉛印本　二冊

110000－0143－0014277　PG32/31
志學錄八卷　(清)方宗誠撰　**輔仁錄四卷**　(清)方宗誠撰　清光緒十二年(1886)桐城方氏志學堂鉛印本　二冊

110000－0143－0014278　PG32/31
志學錄八卷　(清)方宗誠撰　**輔仁錄四卷**　(清)方宗誠撰　清光緒十二年(1886)桐城方氏志學堂鉛印本　二冊

110000－0143－0014279　PG32/33
邵氏危言二卷　(清)邵作舟著　清光緒二十四年(1898)上海商務印書館鉛印本　二冊

110000－0143－0014280　PG32/35
孫徵君日譜錄存三十六卷　(清)孫奇逢撰　清光緒兼山堂刻本　二十四冊

110000－0143－0014281　PG32/42
荆園小語集證四卷　(清)申涵光撰　(清)張子覺輯　(清)董元度訂　清咸豐七年(1857)平原張氏刻本　二冊

110000－0143－0014282　PG32/42
荆園小語集證四卷　(清)申涵光撰　(清)張子覺輯　(清)董元度訂　清同治八年(1869)刻本　二冊

110000－0143－0014283　PG32/43
程書五十一卷附程書拾遺一卷　(宋)程頤　(宋)程顥撰　清刻本　十冊　存四十五卷(二至三十一、三十八至五十一,程書拾遺一卷)

110000－0143－0014284　PG32/43－2
二程全書七種六十七卷　(宋)程頤　(宋)程顥撰　清光緒三十四年(1908)澹雅局重刻本　二十冊

110000－0143－0014285　PG32/44
大學衍義四十三卷　(宋)真德秀撰　清同治十三年(1874)金陵書局刻本　八冊

110000－0143－0014286　PG32/44
大學衍義輯要六卷　(宋)真德秀撰　(清)陳弘謀纂輯　清道光二十二年(1842)實恕堂刻本　六冊

110000－0143－0014287　PG32/44
大學衍義四十三卷　(宋)真德秀撰　(明)陳仁錫評閲　明崇禎五年(1632)尚德堂刻本　十冊

110000－0143－0014288　PG32/44
大學衍義四十三卷　(宋)真德秀撰　(明)陳仁錫評閲　清同治十三年(1874)夔州府雲邑郭氏家塾刻本　八冊　存十三卷(三至六、十五至十八、二十六至二十九、四十三)

110000－0143－0014289　PG32/44
大學衍義四十三卷　(宋)真德秀撰　(明)陳仁錫評閲　清同治十三年(1874)夔州府雲邑郭氏家塾刻本　一冊　存六卷(五至十)

110000－0143－0014290　PG32/44
大學衍義補一百六十卷　(明)邱濬著　(明)陳仁錫評閲　清同治十三年(1874)夔州府雲邑郭氏家塾刻本　三十八冊　存三十四卷(十二至十四、十七至十九、二十四至三十一、三十五至四十二、五十六至五十九、七十三至七十七、一百五十八至一百六十)

110000－0143－0014291　PG32/44
大學衍義四十三卷　(宋)真德秀撰　(明)陳仁錫評閲　清同治十三年(1874)夔州府雲邑郭氏家塾刻本　五冊　存十八卷(一至五、十二至二十四)

110000－0143－0014292　PG32/44－1
大學衍義四十三卷　(宋)真德秀撰　(明)陳仁錫評閲　清乾隆四年(1739)刻本　八冊

110000－0143－0014293　PG32/46
理學宗傳二十六卷　(清)孫奇逢輯　清康熙五年(1666)刻本　十二冊

110000－0143－0014294　PG32/46
理學宗傳二十六卷　(清)孫奇逢輯　清光緒六年(1880)浙江書局刻本　十二冊

110000－0143－0014295　PG32/47
中庸衍義十七卷　(明)夏良勝撰　清同治十年(1871)刻本　八冊

110000－0143－0014296　PG32/48
御纂性理經義十二卷　(清)李光地等撰　清刻本　六冊

110000－0143－0014297　PG32/48
御纂性理經義十二卷　(清)李光地等撰　清刻本　四冊

110000－0143－0014298　PG32/49
呻吟語六卷　(明)呂坤撰　清乾隆五十九年(1794)刻本　六冊

110000－0143－0014299　PG32/49
呻吟語六卷　(明)呂坤撰　清道光七年(1827)開封府署刻本　六冊

110000－0143－0014300　PG32/49
呻吟語六卷　(明)呂坤撰　清道光七年(1827)刻本　四冊　缺二卷(一至二)

110000－0143－0014301　PG32/49
呻吟語六卷　(明)呂坤撰　明萬曆二十一年(1593)刻本　六冊

110000－0143－0014302　PG32/50－1
文中子中説十卷　(隋)王通撰　清刻本　一冊

110000－0143－0014303　PG32/52
知新學源一卷　(日本)岡本監輔撰　清光緒二十八年(1902)北京興亞新書局刻本　一冊

110000－0143－0014304　PG32/53
經餘必讀三集四卷　(清)趙在翰纂　清光緒二年(1876)上海掃葉山房刻本　二冊

110000－0143－0014305　PG32/53
經餘必讀八卷　(清)錢樹棠　(清)雷琳輯　清嘉慶八年(1803)大中堂刻本　四冊

110000－0143－0014306　PG32/54
起黄二卷質顧一卷廣王二卷　吴光耀撰　清宣統元年(1909)刻本　五册

110000－0143－0014307　PG32/55
增補釋義經書便用通考雜字二卷釋義經書四民便用雜字通考全書一卷　(清)徐三省編輯　(清)戴啟達增訂　清同治八年(1869)北京文成堂刻本　二册

110000－0143－0014308　PG32/57
未信編二集六卷附補未信編四卷　(清)施宏稿　(清)潘杓燦選定　清康熙四十六年(1707)刻本　五册　缺二卷(未信編二集一、六)

110000－0143－0014309　PG32/58
采真彙稾四卷　(清)檀萃撰　(清)曾力行箋註　清乾隆四十二年(1777)致和堂刻本　四册

110000－0143－0014310　PG32/59
訓俗遺規四卷　(清)陳弘謀輯　清嘉慶八年(1803)知足齋刻本　四册

110000－0143－0014311　PG32/60
政學録初稿八卷　(清)陸言纂輯　清道光十二年(1832)無錫鄒鳴鶴刻本　八册

110000－0143－0014312　PG32/60
政學録初稿八卷　(清)陸言纂輯　清道光十二年(1832)無錫鄒鳴鶴刻本　八册

110000－0143－0014313　PG32/61
近思録十四卷附校勘記一卷考訂朱子世家一卷　(宋)朱熹撰　(清)江永集註　清光緒二十七年(1901)刻本　三册

110000－0143－0014314　PG32/61
近思録十四卷附校勘記一卷考訂朱子世家一卷　(宋)朱熹撰　(清)江永集註　清光緒十五年(1889)上海掃葉山房刻本　四册

110000－0143－0014315　PG32/61－1
朱子原訂近思録十四卷附考訂朱子世家一卷　(宋)朱熹撰　(清)江永集註　清嘉慶十九年(1814)江西藩署刻本　四册

110000－0143－0014316　PG32/61－1
朱子原訂近思録十四卷附考訂朱子世家一卷　(宋)朱熹撰　(清)江永集註　清光緒十四年(1888)廣雅書局刻本　五册

110000－0143－0014317　PG32/61－2
廣近思録十四卷　(清)張伯行輯　清同治五年(1866)福州正誼書院刻本　六册

110000－0143－0014318　PG32/61－2
廣近思録十四卷　(清)張伯行輯　清同治五年(1866)福州正誼書院刻本　四册

110000－0143－0014319　PG32/61－2
廣近思録十四卷　(清)張伯行集解　清同治九年(1870)福州正誼書院刻本　四册

110000－0143－0014320　PG32/61－3
續近思録十四卷附朱子言行　(清)鮑桂星　(清)何鴻器輯　清道光十四年(1834)金陵何流春堂刻本　四册

110000－0143－0014321　PG32/63(1)
王先生十七史蒙求十六卷　(宋)王令撰　(清)金三俊輯　清光緒五年(1879)粤東文雅齋刻本　四册

110000－0143－0014322　PG32/63(2)
李氏蒙求補注六卷　(宋)王令撰　(清)金三俊輯　清光緒五年(1879)粤東文雅齋刻本　二册

110000－0143－0014323　PG32/64
聖諭像解二十卷　(清)梁延年編　清咸豐六年(1856)刻本　八册

110000－0143－0014324　PG32/64
聖諭像解二十卷　(清)梁延年編　清光緒十三年(1887)湖南寶善堂刻本　十册

110000－0143－0014325　PG32/64
聖諭像解二十卷　(清)梁延年輯　清光緒二十八年(1902)江蘇撫署石印本　十册

110000－0143－0014326　PG32/64－1
聖諭像解二十卷　(清)梁延年輯　清光緒二

十八年(1902)江蘇撫署石印本　十冊

110000－0143－0014327　PG32/64－2
聖諭像解二十卷　(清)梁延年輯　清光緒二十九年(1903)北洋官報局石印本　十冊

110000－0143－0014328　PG32/65－1
大學衍義輯要六卷大學衍義補輯考十二卷首一卷　(宋)真德秀撰　(清)陳弘謀纂輯　清道光二十二年(1842)寶恕堂刻本　十六冊

110000－0143－0014329　PG32/67
孔學發微三卷　(清)方東樹撰　清光緒二十年(1894)傳經堂刻本　四冊

110000－0143－0014330　PG32/67－1
孔學發微三卷　(清)方東樹撰　清同治十年(1871)望三益齋刻本　四冊

110000－0143－0014331　PG32/68
内則衍義十六卷　(清)世祖福臨撰　清刻本　八冊

110000－0143－0014332　PG32/68
内則衍義十六卷　(清)世祖福臨撰　清刻本　八冊

110000－0143－0014333　PG32/68
内則衍義十六卷　(清)世祖福臨撰　清刻本　八冊

110000－0143－0014334　PG32/69
鹽鐵論二卷　(漢)桓寬撰　清光緒元年(1875)湖北崇文書局刻本　二冊

110000－0143－0014335　PG32/69－2
鹽鐵論二卷　(漢)桓寬撰　清末刻本　五冊

110000－0143－0014336　PG32/69－3
鹽鐵論十卷附校勘小識　(漢)桓寬撰　清光緒十七年(1891)長沙思賢講舍刻本　二冊

110000－0143－0014337　PG32/69－3
鹽鐵論十卷附校勘小識　(漢)桓寬撰　清光緒十七年(1891)長沙思賢講舍刻本　二冊

110000－0143－0014338　PG32/69－3
鹽鐵論十卷附校勘小識　(漢)桓寬撰　清光緒十七年(1891)長沙思賢講舍刻本　一冊

110000－0143－0014339　PG32/70
法言十卷　(漢)揚雄著　**潛夫論十卷**　(漢)王符著　**鹽鐵論十二卷**　(漢)桓寬著　**中論二卷**　(漢)徐幹撰　**申鑒五卷**　(漢)荀悦著　清刻本　七冊

110000－0143－0014340　PG32/70－1
申鑒五卷　(漢)荀悦著　**法言十卷**　(漢)揚雄著　清刻本　一冊

110000－0143－0014341　PG32/71
孔子集語二卷　(宋)薛據輯　**孔子家語十卷**　(三國魏)王肅注　清光緒元年(1875)湖北崇文書局刻本　二冊

110000－0143－0014342　PG32/71
孔子家語十卷　(三國魏)王肅注　清刻本　二冊　缺六卷(五至十)

110000－0143－0014343　PG32/71
孔子家語十卷　(三國魏)王肅注　清光緒元年(1875)湖北崇文書局刻本　二冊

110000－0143－0014344　PG32/71
孔子家語十卷　(三國魏)王肅注　清光緒元年(1875)湖北崇文書局刻本　二冊

110000－0143－0014345　PG32/71－2
孔子家語十卷　(三國魏)王肅撰　清乾隆四十六年(1781)書業堂刻本　四冊

110000－0143－0014346　PG32/72
人範六卷　(清)蔣元輯　清光緒二十七年(1901)廣雅書局刻本　一冊

110000－0143－0014347　PG32/72
人範六卷　(清)蔣元輯　清光緒二十七年(1901)廣雅書局刻本　一冊

110000－0143－0014348　PG32/74
庸行編八卷　(清)史典原輯　(清)牟允中彙補　清康熙三十年(1691)尚朝柱澹寧堂刻本　八冊

110000－0143－0014349　PG32/76
小學集註六卷　(宋)朱熹撰　(明)陳選集註

清刻本　二册

110000－0143－0014350　PG32/76

小學集註六卷附忠孝經不分卷　（宋）朱熹撰　（明）陳選集註　清光緒三十二年（1906）鴻寶齋石印本　四册

110000－0143－0014351　PG32/77－1

龍文鞭影四卷附訓蒙四字經讀本　（明）蕭良有纂　（清）楊臣諍增訂　（清）陳士龍編次　清刻本　四册　缺訓蒙四字經讀本初集

110000－0143－0014352　PG32/77－1

新增龍文鞭影四卷附訓蒙四字經讀本　（明）蕭良有纂　（清）楊臣諍增訂　（清）陳士龍編次　清同治七年（1868）刻本　四册

110000－0143－0014353　PG32/77－1

龍文鞭影四卷附訓蒙四字經讀本　（明）蕭良有纂　（清）楊臣諍增訂　（清）陳士龍編次　清刻本　四册

110000－0143－0014354　PG32/77－1

小學稽業五卷　（清）李塨纂　清光緒五年（1879）定州王氏謙德堂刻本　一册

110000－0143－0014355　PG32/78

小學集解六卷　（宋）朱熹撰　（清）張伯行集解　清同治六年（1867）湖北崇文書局刻本　三册

110000－0143－0014356　PG32/80（A1）

論衡三十卷　（漢）王充撰　清刻本　七册

110000－0143－0014357　PG32/80（A2）

潛夫論十卷　（漢）王符撰　清刻本　二册

110000－0143－0014358　PG32/80

論衡三十卷　（漢）王充撰　清刻本　九册

110000－0143－0014359　PG32/80

論衡三十卷　（漢）王充撰　清光緒元年（1875）湖北崇文書局刻本　六册

110000－0143－0014360　PG32/80（B1）

淮南子二十一卷　（漢）劉安撰　清嘉慶刻本　六册

110000－0143－0014361　PG32/80（B2）

申鑒五卷　（漢）荀悦著　清嘉慶刻本　一册

110000－0143－0014362　PG32/80（B3）

中論二卷　（漢）徐幹撰　清嘉慶刻本　一册

110000－0143－0014363　PG32/80（B4）

法言十卷　（漢）揚雄著　清嘉慶刻本　與110000－0143－0014362合册

110000－0143－0014364　PG32/80

潛夫論十卷　（漢）王符撰　明刻本　二册

110000－0143－0014365　PG32/80

論衡三十卷　（漢）王充撰　清光緒元年（1875）湖北崇文書局刻本　六册

110000－0143－0014366　PG32/81－2

讀書小記十七種　（清）范爾梅撰　清雍正七年（1729）敬恕堂刻本　一册　存二卷（毛詩劄記二卷）

110000－0143－0014367　PG32/82

求闕齋讀書錄十卷　（清）曾國藩著　（清）王啓原編輯　清光緒二年（1876）傳忠書局刻本　三册　缺二卷（三至四）

110000－0143－0014368　PG32/82

求闕齋讀書錄十卷　（清）曾國藩著　（清）王啓原編輯　清光緒二年（1876）傳忠書局刻本　四册

110000－0143－0014369　PG32/82－1

求闕齋讀書錄十卷　（清）曾國藩著　（清）王啓原編輯　清光緒十四年（1888）鴻文書局鉛印本　二册

110000－0143－0014370　PG32/83

人譜正篇一卷人譜續篇二卷人譜類記增訂六卷　（明）劉宗周著　清同治七年（1868）山東濟南吳興丁氏刻本　二册

110000－0143－0014371　PG32/84

無邪堂答問五卷　（清）朱一新撰　清光緒二十一年（1895）廣雅書局刻本　五册

110000－0143－0014372　PG32/84

無邪堂答問五卷　（清）朱一新撰　清光緒二

十一年(1895)廣雅書局刻本　五册

110000－0143－0014373　PG32/84
無邪堂答問五卷　(清)朱一新撰　清光緒二十一年(1895)廣雅書局刻本　五册

110000－0143－0014374　PG32/84
無邪堂答問五卷　(清)朱一新撰　清光緒二十一年(1895)廣雅書局刻本　五册

110000－0143－0014375　PG32/84
無邪堂答問五卷　(清)朱一新撰　清光緒二十一年(1895)廣雅書局刻本　五册

110000－0143－0014376　PG32/85
求闕齋讀書録十卷　(清)曾國藩著　(清)王定安編輯　清光緒二年(1876)北京刻本　四册

110000－0143－0014377　PG32/86
朱子讀書法四卷　(宋)張洪　(宋)齊熙編　清光緒二十三年(1897)八旗書館刻本　二册

110000－0143－0014378　PG32/88
程氏家塾讀書分年日程三卷綱領一卷　(元)程端禮撰　清光緒二十五年(1899)吉林探源書舫刻本　二册

110000－0143－0014379　PG32/88
程氏家塾讀書分年日程三卷綱領一卷　(元)程端禮撰　清同治七年(1868)湖北崇文書局刻本　二册

110000－0143－0014380　PG32/88
程氏家塾讀書分年日程三卷綱領一卷　(元)程端禮撰　清同治十年(1871)山東尚志堂刻本　一册

110000－0143－0014381　PG32/88
程氏家塾讀書分年日程三卷綱領一卷　(元)程端禮撰　清同治八年(1869)江蘇書局刻本　一册

110000－0143－0014382　PG32/88
養蒙金鑑二卷　(清)林之望編輯　(清)沈錫慶刪訂　清光緒元年(1875)皖北林之望鄂垣藩署刻本　二册

110000－0143－0014383　PG32/90
聖諭廣訓不分卷　(清)世宗胤禛撰　清同治十三年(1874)刻本　四册

110000－0143－0014384　PG32/91
聖諭廣訓四卷　(清)世宗胤禛撰　清末鉛印本　四册

110000－0143－0014385　PG32/95
思福堂筆記二卷　(清)英和撰　清刻本　一册

110000－0143－0014386　PG32/95
思福堂筆記二卷　(清)英和撰　清道光十七年(1837)刻本　一册

110000－0143－0014387　PG32/97
吹網録六卷　(清)葉廷琯撰　清同治八年(1869)刻本　六册

110000－0143－0014388　PG32/97
吹網録六卷　(清)葉廷琯撰　清同治八年(1869)刻本　三册

110000－0143－0014389　PG32/102
俗言不分卷　(清)劉沅著　清咸豐四年(1854)豫誠堂刻本　一册

110000－0143－0014390　PG32/105
鷗堂日記三卷　(清)周星譽撰　清光緒十二年(1886)江陰金氏刻本　一册

110000－0143－0014391　PG32/106－1
求闕齋弟子記三十二卷　(清)王定安撰　清光緒二年(1876)刻本　十六册

110000－0143－0014392　PG32/107
覺非盦筆記八卷　(清)顧堃撰　清光緒刻本　一册　存四卷(一至四)

110000－0143－0014393　PG32/108
朱子語類一百四十卷　(宋)朱熹撰　清同治十一年(1872)應元書院刻本　四十册

110000－0143－0014394　PG32/108
朱子語類一百四十卷　(宋)朱熹撰　清同治十一年(1872)應元書院刻本　四十六册　缺二十四卷(一百十七至一百四十)

110000－0143－0014395　PG32/108
朱子語類一百四十卷　(宋)朱熹撰　清同治十一年(1872)應元書院刻本　四十册

110000－0143－0014396　PG32/109
藥言補註四卷　(清)劉霞仙纂　(清)思補老人註　清宣統元年(1909)刻本　一册

110000－0143－0014397　PG32/110
有不為齋隨筆十卷　(清)光聰諧撰　清光緒十四年(1888)蘇州藩署刻本　二册

110000－0143－0014398　PG32/110
有不為齋隨筆十卷　(清)光聰諧撰　清光緒十四年(1888)蘇州藩署刻本　二册

110000－0143－0014399　PG32/110
有不為齋隨筆十卷　(清)光聰諧撰　清光緒十四年(1888)蘇州藩署刻本　二册

110000－0143－0014400　PG32/110
有不為齋隨筆十卷　(清)光聰諧撰　清光緒十四年(1888)蘇州藩署刻本　二册

110000－0143－0014401　PG32/117
人鏡集五十四卷　(清)孟雲峯輯　清咸豐元年(1851)鶴山堂刻本　二十册

110000－0143－0014402　PG32/118
人譜正篇一卷人譜續篇二卷人譜類記增訂六卷　(明)劉宗周撰　清光緒三年(1877)湖北崇文書局刻本　二册

110000－0143－0014403　PG32/118
人譜三篇　(明)劉宗周撰　清光緒三年(1877)湖北崇文書局刻本　一册

110000－0143－0014404　PG32/118
人譜三篇附人譜類記增訂六卷　(明)劉宗周撰　清同治七年(1868)吳興丁氏刻本　二册

110000－0143－0014405　PG32/119
義門讀書記五十八卷　(清)何焯撰　清光緒六年(1880)若溪吳氏刻本　十六册

110000－0143－0014406　PG32/120
紫泥日記一卷　(清)黄彭年撰　清光緒十五年(1889)貴陽黄氏陶樓刻本　一册

110000－0143－0014407　PG32/121
讀書偶記四卷　(清)趙紹祖撰　清道光四年(1824)古墨齋刻本　二册

110000－0143－0014408　PG32/128－1
書林揚觶二卷　(清)方東樹撰　清同治十年(1871)望三益齋刻本　二册

110000－0143－0014409　PG32/128－1
書林揚觶二卷　(清)方東樹撰　清同治十年(1871)望三益齋刻本　一册

110000－0143－0014410　PG32/129
鍾山札記四卷　(清)盧文弨撰　清乾隆五十五年(1790)餘姚盧氏抱經堂刻本　二册

110000－0143－0014411　PG32/129
鍾山札記四卷　(清)盧文弨撰　清乾隆五十五年(1790)餘姚盧氏抱經堂刻本　二册

110000－0143－0014412　PG32/130
文翠軒筆記四卷　(清)沈濤撰　清道光二十八年(1848)刻本　四册

110000－0143－0014413　PG32/133
孔子改制考二十一卷　康有爲撰　清光緒二十五年至三十四年(1899－1908)石印本　十册

110000－0143－0014414　PG32/133
孔子改制考二十一卷　康有爲撰　清光緒二十五年至三十四年(1899－1908)石印本　十册

110000－0143－0014415　PG32/134
格言聯璧一卷　(清)金纓輯　清同治十二年(1873)烏程顧壽松鉛印本　一册

110000－0143－0014416　PG32/135
高等小學修身教科書不分卷　杜芝庭編輯　清光緒三十三年(1907)上海會文學社石印本　二册

110000－0143－0014417　PG32/144
新書十卷　(漢)賈誼撰　(清)盧文弨校　清光緒元年(1875)浙江書局刻本　二册

110000－0143－0014418　PG32/144

新書十卷　(漢)賈誼撰　(清)盧文弨校　清光緒元年(1875)湖北崇文書局刻本　二册

110000-0143-0014419　PG32/144
新書十卷　(漢)賈誼撰　(清)盧文弨校　清光緒元年(1875)浙江書局刻本　一册

110000-0143-0014420　PG32/144
新書十卷　(漢)賈誼撰　(清)盧文弨校　清光緒元年(1875)浙江書局刻本　一册

110000-0143-0014421　PG32/144
新書十卷　(漢)賈誼撰　(清)盧文弨校　清光緒元年(1875)浙江書局刻本　二册

110000-0143-0014422　PG32/144-3
新書十卷　(漢)賈誼撰　清乾隆四十九年(1784)浙江杭州餘姚盧氏抱經堂刻本　四册

110000-0143-0014423　PG32/145
傅子不分卷　(晉)傅玄撰　**續孟子二卷**　(唐)林慎思撰　清光緒元年(1875)湖北崇文書局刻本　一册

110000-0143-0014424　PG32/145
傅子不分卷　(晉)傅玄撰　**續孟子二卷**　(唐)林慎思撰　清光緒元年(1875)湖北崇文書局刻本　一册

110000-0143-0014425　PG32/145
傅子不分卷　(晉)傅玄撰　**續孟子二卷**　(唐)林慎思撰　清光緒元年(1875)湖北崇文書局刻本　一册

110000-0143-0014426　PG32/145-1
傅子三卷　(晉)傅玄撰　葉德輝輯　清光緒二十八年(1902)長沙葉德輝刻本　一册

110000-0143-0014427　PG32/147
申鑒五卷　(漢)荀悦撰　**中論二卷**　(漢)徐幹撰　清光緒元年(1875)湖北崇文書局刻本　一册

110000-0143-0014428　PG32/149
伸蒙子二卷　(唐)林慎思撰　**素履子三卷**　(唐)張弧撰　清光緒元年(1875)湖北崇文書局刻本　一册

110000-0143-0014429　PG32/150
海樵子一卷　(明)王崇慶撰　**胡子知言六卷附胡子知言疑義一卷**　(宋)胡宏撰　**薛子道論三卷**　(明)薛瑄撰　清光緒元年(1875)湖北崇文書局刻本　一册

110000-0143-0014430　PG32/153
孔子集語二卷　(宋)薛據輯　清光緒元年(1875)湖北崇文書局刻本　一册

110000-0143-0014431　PG32/153-1
孔子集語十七卷　(清)孫星衍輯　清光緒三年(1877)浙江書局刻本　四册

110000-0143-0014432　PG32/153-1
孔子集語十七卷　(清)孫星衍輯　清光緒三年(1877)浙江書局刻本　四册

110000-0143-0014433　PG32/154
全謝山先生經史問答十卷　(清)全祖望撰　清上海王氏刻本　四册

110000-0143-0014434　PG32/158
五子近思錄發明十四卷　(清)施璜纂注　清光緒六年(1880)雲南書局刻本　八册

110000-0143-0014435　PG32/162
中州八先生凝道錄不分卷　(清)張承華纂輯　清咸豐四年(1854)河南許昌聚星書院刻本　二册

110000-0143-0014436　PG32/163
子問二卷附又問一卷　(清)劉沅著　清同治二年(1863)平遥李氏刻本　三册

110000-0143-0014437　PG32/164
俗言不分卷　(清)劉沅著　清同治元年(1862)平遥李氏刻本　一册

110000-0143-0014438　PG32/165
悔言辨正六卷　夏震武輯　**附悔言附記一卷**　夏鼎武撰　清光緒十六年(1890)富陽夏氏刻本　一册

110000-0143-0014439　PG32/166
切問齋集十六卷附切問齋文鈔三十卷　(清)陸燿著　清嘉慶元年(1796)蘇州刻本　二十

册

110000－0143－0014440　PG32/170
求可堂自記一卷　(清)廖冀亨撰　清光緒九年(1883)永定廖氏刻本　一册

110000－0143－0014441　PG32/170
求可堂自記一卷　(清)廖冀亨撰　清光緒九年(1883)永定廖氏刻本　一册

110000－0143－0014442　PG32/170
求可堂自記一卷　(清)廖冀亨撰　清光緒九年(1883)永定廖氏刻本　一册

110000－0143－0014443　PG32/170
求可堂自記一卷　(清)廖冀亨撰　清光緒九年(1883)永定廖氏刻本　一册

110000－0143－0014444　PG32/171
坊表録十六卷　(清)蘇宗經輯　清光緒十六年(1890)鬱林蘇氏刻本　四册

110000－0143－0014445　PG32/172
增訂廣日記故事詳註二卷　(清)王相增註　清光緒南京李光明莊刻本　二册

110000－0143－0014446　PG32/175
十家語録摘要二卷附詠梅軒搭記一卷詠梅軒搭記增訂一卷　(清)謝蘭生撰　清同治六年(1867)刻本　二册

110000－0143－0014447　PG32/175
十家語録摘要二卷附詠梅軒搭記一卷詠梅軒搭記增訂一卷　(清)謝蘭生撰　清光緒二年(1876)刻本　三册

110000－0143－0014448　PG32/177
廣惠編二卷　(清)朱軾纂　清康熙六十年至乾隆十年(1721－1745)刻本　一册

110000－0143－0014449　PG32/179
石泉先生識言三卷　(明)王九成撰　清嘉慶即墨王氏刻本　三册

110000－0143－0014450　PG32/182
格致古微六卷　王仁俊撰　清光緒二十二年(1896)吴縣王氏籀鄦誃刻本　四册

110000－0143－0014451　PG32/182
格致古微六卷　王仁俊撰　清光緒二十二年(1896)吴縣王氏籀鄦誃刻本　四册

110000－0143－0014452　PG32/183－1
朱子經濟文衡類編前集二十五卷後集二十五卷續集二十二卷　(宋)滕珙輯　清乾隆四年(1739)徽州府署刻本　十二册

110000－0143－0014453　PG32/185
經訓比義三卷　(清)黄以周撰　清光緒二十二年(1896)南菁講舍刻本　三册

110000－0143－0014454　PG32/185
經訓比義三卷　(清)黄以周撰　清光緒二十二年(1896)南菁講舍刻本　三册

110000－0143－0014455　PG32/186
文廟思源録攷不分卷　(清)葉慶禔輯　(清)麻兆慶攷　清光緒二十年(1894)北京昌平燕平書院刻本　二册

110000－0143－0014456　PG32/187
御製資政要覽三卷後序一卷　(清)世祖福臨撰　清光緒二十五年至三十四年(1899－1908)北京孫家鼐等刻本　四册

110000－0143－0014457　PG32/190
大清世宗憲皇帝聖訓三丨六卷　(清)世宗胤禛撰　清光緒二十年至三十四年(1894－1908)鉛印本　二十册

110000－0143－0014458　PG32/191
大清聖祖仁皇帝聖訓六十卷　(清)聖祖玄燁撰　清光緒二十年至三十四年(1894－1908)鉛印本　二十四册

110000－0143－0014459　PG32/191
大清聖祖仁皇帝聖訓六十卷　(清)聖祖玄燁撰　清光緒二十年至三十四年(1894－1908)鉛印本　二十四册

110000－0143－0014460　PG32/191
大清聖祖仁皇帝聖訓六十卷　(清)聖祖玄燁撰　清光緒二十年至三十四年(1894－1908)鉛印本　二十四册

110000－0143－0014461　PG32/192
大清高宗純皇帝聖訓三百卷　（清）仁宗顒琰輯　清光緒六年（1880）北京總理各國事務衙門鉛印本　一百六十册

110000－0143－0014462　PG32/192
大清高宗純皇帝聖訓三百卷　（清）仁宗顒琰輯　清嘉慶十二年（1807）北京武英殿刻本　一百册

110000－0143－0014463　PG32/193
大清文宗顯皇帝聖訓一百十卷首一卷　（清）□□輯　清光緒六年（1880）總理各國事務衙門鉛印本　四十册　存九十三卷（十八至一百十）

110000－0143－0014464　PG32/194
大清宣宗成皇帝聖訓一百三十卷首一卷　（清）□□輯　清光緒六年（1880）總理各國事務衙門鉛印本　一百册

110000－0143－0014465　PG32/195
大清仁宗睿皇帝聖訓一百十卷首一卷　（清）□□輯　清光緒六年（1880）總理各國事務衙門鉛印本　八十册

110000－0143－0014466　PG32/197
聖諭廣訓不分卷　（清）聖祖玄燁撰　（清）世宗胤禛廣訓　清宣統二年（1910）石印本　一册

110000－0143－0014467　PG32/201
儒門法語輯要不分卷　（清）彭定求原編　（清）湯金釗輯要　清光緒十六年（1890）浙江書局刻本　一册

110000－0143－0014468　PG32/202－1
性理三解八卷　（明）韓邦奇撰　清乾隆十六年（1751）刻本　八册　缺二卷（啓蒙意見三至四）

110000－0143－0014469　PG32/205
尋常語一卷　（清）劉沅撰　清光緒十七年（1891）平遙李氏刻本　一册

110000－0143－0014470　PG32/212
日省錄三卷補遺一卷　（清）梁文科輯　清光緒九年（1883）蓮道堂刻本　二册

110000－0143－0014471　PG32/213
内則衍義十六卷　（清）世祖福臨撰　清刻本　八册

110000－0143－0014472　PG32/213－1
内則衍義十六卷　（清）世祖福臨撰　清刻本　六册

110000－0143－0014473　PG32/215
存治篇一卷存人編四卷　（清）顔元著　清光緒五年（1879）刻本　一册

110000－0143－0014474　PG32/216－1
龍文鞭影初集二卷二集二卷三集三卷　（明）蕭良有纂　（清）楊臣諍增訂　（清）陳士龍編次　清同治七年（1868）刻本　六册

110000－0143－0014475　PG32/216－2
龍文鞭影四卷　（明）蕭良有纂　（清）楊臣諍增訂　（清）陳士龍編次　清光緒二十五年（1899）刻本　四册

110000－0143－0014476　PG32/217－1
嘐嘐言六卷　（清）郭柏蔭撰　清道光三十年（1850）刻本　一册

110000－0143－0014477　PG32/218
除嫌約一卷　（清）石成金訂集　清刻本　一册

110000－0143－0014478　PG32/229
佐治藥言一卷續佐治藥言一卷　（清）汪輝祖撰　清光緒九年（1883）刻本　一册

110000－0143－0014479　PG32/229
佐治藥言一卷續佐治藥言一卷　（清）汪輝祖纂　清光緒七年（1881）刻本　一册

110000－0143－0014480　PG32/232
理學逢源十二卷　（清）汪紱撰　清光緒二十三年（1897）刻本　十二册

110000－0143－0014481　PG32/234
小學義疏六卷小學或問不分卷小學後編不分卷小學攷證不分卷小學釋文不分卷　（清）尹

嘉銓疏　清乾隆四十年(1775)刻本　五册

110000－0143－0014482　PG32/235

四言閨鑑二卷　(清)馮樹森輯　清光緒三十四年(1908)刻本　二册

110000－0143－0014483　PG32/240

聖域述聞二十八卷　(清)黄本驥編　(清)黄宅中重訂　(清)王燕堂增刊　清咸豐二年(1852)刻本　四册

110000－0143－0014484　PG32/241

延平李先生師弟子答問一卷補錄一卷附楊羅李朱四先生年譜　(宋)朱熹編　清光緒五年(1879)刻本　四册

110000－0143－0014485　PG32/241

延平李先生師弟子答問一卷補錄一卷附楊羅李朱四先生年譜　(宋)朱熹編　清光緒五年(1879)刻本　四册

110000－0143－0014486　PG32/242－1

榕村語錄三十卷　(清)李光地撰　清乾隆元年(1736)李清植刻嘉慶六年(1801)補刻李文貞公全集本　十四册

110000－0143－0014487　PG32/242－2

榕村別集五卷　(清)李光地撰　清乾隆元年(1736)李清植刻嘉慶六年(1801)補刻李文貞公全集本　一册

110000－0143－0014488　PG32/243

五種遺規十卷　(清)陳弘謀編　清光緒十八年(1892)桂垣書局刻本　十四册

110000－0143－0014489　PG32/251

四語彙編四種　(清)詹守白輯　清光緒十八年(1892)揚州府學刻本　四册

110000－0143－0014490　PG32/255

續原教論二卷　(明)沈士榮撰　清光緒元年(1875)金陵刻經處刻本　一册

110000－0143－0014491　PG32/256

聖嘆秘書七種　(清)證歸社編　清光緒三十一年(1905)證歸社鉛印本　一册

110000－0143－0014492　PG32/257

正學編八卷　(清)潘世恩輯　(清)潘曾瑋疏解　清同治六年(1867)刻本　四册

110000－0143－0014493　PG32/265

顏氏學記十卷　(清)戴望撰　清同治八年(1869)刻本　四册

110000－0143－0014494　PG32/266

過庭筆記一卷附錄一卷　(清)童槐撰　清刻本　一册

110000－0143－0014495　PG32/267

古文近道集不分卷　(清)王贊元輯　清咸豐十年(1860)刻本　二册

110000－0143－0014496　PG32/271

曾子家語六卷　(清)王定安編輯　清光緒十六年(1890)金陵刻本　四册

110000－0143－0014497　PG32/273

潛室劄記二卷　(清)刁包撰　清道光二十三年(1843)順積樸刻本　一册

110000－0143－0014498　PG32/273

潛室劄記二卷刁氏歷科闈墨不分卷刁蒙吉先生崇祀鄉賢錄不分卷　(清)刁包撰　清道光二十二年(1843)順積樓刻本　四册

110000－0143－0014499　PG32/275

小學韻語不分卷　(清)羅澤南著　清刻本　二册

110000－0143－0014500　PG32/277

小學纂註六卷　(清)高愈纂註　清同治八年(1869)江蘇書局刻本　二册

110000－0143－0014501　PG32/278

文廟備考八卷　(清)趙映奎輯　清道光二十七年(1847)德聚堂刻本　四册

110000－0143－0014502　PG32/280

弟子箴言十六卷　(清)胡達源撰　清道光十五年(1835)胡氏聞妙香軒刻本　四册

110000－0143－0014503　PG32/283

宣講拾遺六卷首一卷　(清)莊跛仙輯　清光緒二十年(1894)上海文林書局石印本　二册

110000－0143－0014504　PG32/284
二論講義養正編十卷　(清)史可亭輯　清同治十年(1871)刻本　四冊

110000－0143－0014505　PG32/285
傳家寶全集三十二卷首一卷　(清)石成金撰　清乾隆四年(1739)又光堂刻本　三十二冊

110000－0143－0014506　PG32/286
習是編二編二十六卷　(清)屈成霖編　清光緒二年(1876)刻本　四冊

110000－0143－0014507　PG32/286－1
習是編二編二十六卷　(清)屈成霖編　清道光四年(1824)連城謝芝田刻本　四冊

110000－0143－0014508　PG32/289
少儀外傳二卷　(宋)呂祖謙撰　清同治九年(1870)永康胡氏退補齋刻本　一冊

110000－0143－0014509　PG32/292
黄氏塾課三卷　(清)黄式三撰　清同治二年(1863)刻本　一冊

110000－0143－0014510　PG32/293
暨陽答問錄四卷　(清)蔣彤輯　清光緒三年(1877)木活字印本　一冊

110000－0143－0014511　PG32/294
陸清獻公治嘉格言一卷　(清)陸隴其傳　清同治七年(1868)上海行署刻本　一冊

110000－0143－0014512　PG32/295
闕里述聞十四卷　(清)鄭曉如撰　清同治七年(1868)刻本　八冊

110000－0143－0014513　PG32/297
北溪字義二卷補遺一卷嚴陵講義一卷　(宋)陳淳撰　清道光二十年(1840)刻本　二冊

110000－0143－0014514　PG32/300
譚屑二卷　(朝鮮)金昌熙撰　清光緒十年(1884)刻本　一冊

110000－0143－0014515　PG32/301
警睡編二集十八卷　(清)華榮萱編輯　清光緒六年至十七年(1880－1891)鉛印本　六冊

110000－0143－0014516　PG32/302
平平錄十卷　(清)楊芳撰　清道光十三年(1833)刻本　二冊

110000－0143－0014517　PG32/302
平平錄十卷　(清)楊芳撰　清道光十三年(1833)刻本　四冊

110000－0143－0014518　PG32/304
思辨錄疑義一卷　(清)劉蓉撰　清光緒三年(1877)湖南思賢講舍刻本　一冊

110000－0143－0014519　PG32/305
詒謀隨筆二卷　(清)但明倫撰　清光緒四年(1878)刻本　一冊

110000－0143－0014520　PG32/310
求艾錄十卷　(清)楊以貞撰　清光緒二十七年(1901)刻本　二冊

110000－0143－0014521　PG32/312
簡通錄二卷　(清)馬煇述　清光緒五年(1879)王氏謙德堂刻本　一冊

110000－0143－0014522　PG32/308
朱子語類八卷　(清)張伯行輯訂　清同治五年(1866)正誼書院刻本　四冊

110000－0143－0014523　PG32/314
明本釋三卷　(宋)劉荀撰　清光緒十六年(1890)黄梅梅氏慎自愛軒刻本　一冊

110000－0143－0014524　PG32/315
真文忠公心政經二卷　(宋)真德秀著　清光緒元年(1875)述荆堂刻本　一冊

110000－0143－0014525　PG32/316
持志塾言二卷　(清)劉熙載撰　清同治六年(1867)刻本　二冊

110000－0143－0014526　PG32/317
婦學不分卷　(清)錢保塘編　清光緒二十一年(1895)清風室刻本　一冊

110000－0143－0014527　PG32/318
增訂願體集四卷首一卷　(清)李仲麟輯　清光緒二年(1876)盛京刻本　四冊

110000－0143－0014528　PG32/320
惠迪書六卷　（□）□□撰　清光緒十年(1884)刻本　二册

110000－0143－0014529　PG32/327
澍咬存愚二卷　（清）李清植著　清光緒十八年(1892)浙江書局刻本　一册

110000－0143－0014530　PG32/328
朱子晚年全論八卷　（清）李紱編　清末三省堂鉛印本　四册

110000－0143－0014531　PG32/329
約書十二卷　（清）謝階樹撰　清道光二十四年(1844)宜黄謝氏刻本　二册

110000－0143－0014532　PG32/334
正學續四卷　（清）陳遇夫撰　清康熙五十七年(1718)刻本　四册

110000－0143－0014533　PG32/335
孔子類攷十卷首一卷　（清）朱遠翼著　清道光九年(1829)刻本　二册

110000－0143－0014534　PG32/336
述朱質疑十六卷附釋字一卷　（清）夏炘學　（清）王煥奎釋字　清咸豐二年至三年(1852－1853)刻本　四册

110000－0143－0014535　PG32/366
過庭筆記一卷附錄一卷　（清）童槐撰　清咸豐刻本　一册

110000－0143－0014536　PG32/368
曹大家女誡不分卷　（漢）班昭撰　清光緒十五年(1889)榕垣怡怡堂刻本　一册

110000－0143－0014537　PG32/369
明夷待訪錄不分卷　（清）黄宗羲著　清末北洋官報局鉛印本　一册

110000－0143－0014538　PG32/372
還經錄一卷　（明）顧憲成撰　（明）高攀龍輯　**自反錄一卷**　（明）顧憲成撰　（明）丁元薦錄　清末刻本　一册

110000－0143－0014539　PG32/373
教女遺規三卷　（清）陳弘謀編輯　清光緒三十四年(1908)學部圖書局石印本　一册

110000－0143－0014540　PG32/375
家塾蒙求三卷　（清）唐仲冕撰　（清）徐朝俊旁注　清光緒十四年(1888)陸惇庸等桂林刻本　一册

110000－0143－0014541　PG32/377
明夷待訪錄不分卷　（清）黄宗羲撰　清光緒二十三年(1897)上海鴻文局石印本　一册

110000－0143－0014542　PG32/379
陸稼書先生問學錄四卷陸稼書先生松陽鈔存一卷　（清）陸隴其撰　（清）張伯行訂　清同治五年(1866)福州正誼書院刻本　一册

110000－0143－0014543　PG32/380
傅子不分卷　（晉）傅玄撰　**續孟子二卷**　（唐）林慎思撰　清光緒元年(1875)湖北崇文書局刻本　二册

110000－0143－0014544　PG32/381
勸學篇書後不分卷　何啟　胡禮垣撰　清光緒二十五年(1899)著易堂鉛印本　一册

110000－0143－0014545　PG32/382(1)
龍文鞭影二卷附訓蒙四字經龍文鞭影二卷　（明）蕭良有著　（清）楊臣諍增訂　清刻本　一册　存一卷(訓蒙四字經龍文鞭影下)

110000－0143－0014546　PG32/382(1)
龍文鞭影二卷附訓蒙四字經龍文鞭影二卷　（明）蕭良有著　（清）楊臣諍增訂　清刻本　一册　存一卷(訓蒙四字經龍文鞭影下)

110000－0143－0014547　PG32/382(2)
龍文鞭影二集二卷附訓蒙四字經龍文鞭影二集二卷　（清）李暉吉　（清）徐瀵輯　清刻本　一册　存一卷(訓蒙四字經龍文鞭影二集下)

110000－0143－0014548　PG32/382(2)
龍文鞭影二集二卷附訓蒙四字經龍文鞭影二集二卷　（清）李暉吉　（清）徐瀵輯　清刻本　一册　存一卷(訓蒙四字經龍文鞭影二集下)

110000－0143－0014549　PG32/383
家範典一百十六卷　(清)蔣廷錫　(清)陳夢雷等輯　清光緒十四年(1888)上海圖書集成印書局鉛印本　二十冊

110000－0143－0014550　PG32/390
儒志編一卷　(宋)王開祖撰　(清)童基輯　清乾隆十七年(1752)刻咸豐元年(1851)校補本　一冊

110000－0143－0014551　PG33/1
孫子十家註十三卷　(周)孫武撰　(清)孫星衍等校　**孫子遺說**　(宋)鄭友賢撰　**孫子敘錄一卷**　(清)畢以珣撰　清光緒三年(1877)浙江書局刻本　六冊

110000－0143－0014552　PG33/1
孫子十家註十三卷　(周)孫武撰　(清)孫星衍等校　**孫子遺說**　(宋)鄭友賢撰　**孫子敘錄一卷**　(清)畢以珣撰　清光緒三年(1877)浙江書局刻本　五冊　缺三卷(十一至十三)

110000－0143－0014553　PG33/1－1
孫子十家註十三卷　(周)孫武撰　(清)孫星衍等校　**孫子遺說**　(宋)鄭友賢撰　**孫子敘錄一卷**　(清)畢以珣撰　清光緒三年(1877)浙江書局刻本　六冊

110000－0143－0014554　PG33/2
得一山房詩集二卷　(清)唐懋功撰　**請纓日記十卷**　(清)唐景崧撰　清光緒十九年(1893)臺灣布政使署刻本　五冊

110000－0143－0014555　PG33/2
請纓日記十卷　(清)唐景崧撰　清光緒十九年(1893)臺灣布政使署刻本　四冊

110000－0143－0014556　PG33/3
紀效新書十八卷首一卷　(明)戚繼光撰　清道光二十一年(1841)仁和朱昌壽刻本　六冊

110000－0143－0014557　PG33/3
紀效新書十八卷首一卷　(明)戚繼光撰　(清)張海鵬訂　清嘉慶十年(1805)虞山張氏照曠閣刻本　四冊

110000－0143－0014558　PG33/3
紀效新書十八卷首一卷　(明)戚繼光撰　(清)許乃釗校　清光緒二十一年(1895)上海醉經廔石印本　四冊

110000－0143－0014559　PG33/3－1
紀效新書十八卷首一卷　(明)戚繼光撰　清末京都琉璃廠刻本　六冊

110000－0143－0014560　PG33/3－2
紀效新書十八卷首一卷　(明)戚繼光撰　清末刻本　八冊

110000－0143－0014561　PG33/3－2
紀效新書十八卷首一卷　(明)戚繼光撰　清道光二十一年(1841)西宗氏刻本　六冊

110000－0143－0014562　PG33/4
湘軍記二十卷　(清)王定安撰　清光緒十五年(1889)江南書局刻本　十二冊

110000－0143－0014563　PG33/4A
湘軍記二十卷　(清)王定安撰　清光緒十五年(1889)江南書局刻本　十二冊

110000－0143－0014564　PG33/4B
湘軍記二十卷　(清)王定安撰　清光緒十五年(1889)江南書局刻本　十二冊

110000－0143－0014565　PG33/4A
湘軍記二十卷　(清)王定安撰　清光緒十五年(1889)江南書局刻本　十二冊

110000－0143－0014566　PG33/4B
湘軍記二十卷　(清)王定安撰　清光緒十五年(1889)江南書局刻本　十二冊

110000－0143－0014567　PG33/4
湘軍記二十卷　(清)王定安撰　清末石印本　四冊

110000－0143－0014568　PG33/4B
湘軍記二十卷　(清)王定安撰　清光緒十五年(1889)江南書局刻本　十二冊

110000－0143－0014569　PG33/4
湘軍記二十卷　(清)王定安撰　清光緒十五年(1889)江南書局刻本　八冊

110000－0143－0014570　PG33/4A
湘軍記二十卷　(清)王定安撰　清光緒十五年(1889)江南書局刻本　三册

110000－0143－0014571　PG33/5
湘軍水陸戰紀十六卷　王闓運撰　清光緒十一年(1885)京都同文堂石印本　二册

110000－0143－0014572　PG33/5
湘軍水陸戰紀十六卷　王闓運撰　清光緒十一年(1885)京都同文堂石印本　二册

110000－0143－0014573　PG33/5－1
湘軍水陸戰紀十六卷　王闓運撰　清光緒十一年(1885)京都同文堂石印本　二册

110000－0143－0014574　PG33/7
湖防紀畧一卷附一卷　(清)吳思藻撰　清末刻本　一册

110000－0143－0014575　PG33/8
張公襄理軍務紀略八卷　(清)丁運樞等編　清宣統元年至二年(1909－1910)天津張炳石印本　六册

110000－0143－0014576　PG33/9
蕩平髮逆圖記二十二卷首一卷　(清)杜文瀾纂輯　(清)白雲山人繪圖　清光緒十七年(1891)上海書局石印本　四册

110000－0143－0014577　PG33/10
直東剿匪電存四卷首一卷　(清)林學瑊輯　清光緒三十二年(1906)石印本　四册

110000－0143－0014578　PG33/10
直東剿匪電存四卷首一卷　(清)林學瑊輯　清光緒三十二年(1906)石印本　四册

110000－0143－0014579　PG33/11
西寧軍務節略不分卷附圖説　(清)奎順等撰　清末石印本　一册

110000－0143－0014580　PG33/11
西寧軍務節略不分卷附圖説　(清)奎順等撰　清末石印本　一册

110000－0143－0014581　PG33/11
西寧軍務節略不分卷附圖説　(清)奎順等撰　清末石印本　一册

110000－0143－0014582　PG33/12
軍牘集要十二卷　(清)張卿雲輯　(清)莊秉衡編輯　清光緒二十一年(1895)鉛印本　六册

110000－0143－0014583　PG33/13
擬訂陸軍營制餉章膳具清單不分卷　奕劻等撰　清末鉛印本　一册

110000－0143－0014584　PG33/17
襄陽兵事略六卷　吳慶燾述　清光緒二十七年至三十四年(1901－1908)刻本　二册

110000－0143－0014585　PG33/18
風后握奇經不分卷　(漢)公孫宏解　**六韜三卷**　(周)吕望撰　清光緒元年(1875)湖北崇文書局刻本　一册

110000－0143－0014586　PG33/18
風后握奇經不分卷　(漢)公孫宏解　**六韜二卷**　(周)吕望撰　清光緒元年(1875)湖北崇文書局刻本　一册

110000－0143－0014587　PG33/19
孫子十家註十三卷　(周)孫武撰　(清)孫星衍等校　**孫子遺説**　(宋)鄭友賢撰　**孫子敘錄一卷**　(清)畢以珣撰　清光緒二十三年(1897)上海文瑞樓鉛印本　四册

110000－0143－0014588　PG33/19
孫子十家註十三卷　(周)孫武撰　(清)孫星衍等校　**孫子遺説**　(宋)鄭友賢撰　**孫子敘錄一卷**　(清)畢以珣撰　清光緒三年(1877)浙江書局刻本　六册

110000－0143－0014589　PG33/19
孫子十家註十三卷　(周)孫武撰　(清)孫星衍等校　**孫子遺説**　(宋)鄭友賢撰　**孫子敘錄一卷**　(清)畢以珣撰　清光緒三年(1877)浙江書局刻本　六册

110000－0143－0014590　PG33/19
孫子十家註十三卷　(周)孫武撰　(清)孫星衍等校　**孫子遺説**　(宋)鄭友賢撰　**孫子敘**

錄一卷 (清)畢以珣撰 清光緒三年(1877)浙江書局刻本 一册 缺十卷(一至十)

110000－0143－0014591 PG33/21
皇朝武功紀盛四卷 (清)趙翼撰 清末刻本 一册

110000－0143－0014592 PG33/21
皇朝武功紀盛四卷 (清)趙翼撰 清末刻本 二册

110000－0143－0014593 PG33/21
皇朝武功紀盛四卷 (清)趙翼撰 清末湛貽堂刻本 二册

110000－0143－0014594 PG33/21
皇朝武功紀盛四卷 (清)趙翼撰 清末壽考堂刻本 二册

110000－0143－0014595 PG33/21－1
皇朝武功紀盛四卷 (清)趙翼撰 清光緒滇南唐氏刻本 一册

110000－0143－0014596 PG33/22
太乙廟筭兵機捷法通龜便覽□□卷 (□)□□撰 清抄本 一册 存一卷(三)

110000－0143－0014597 PG33/23
剿賊圖記不分卷 (明)元默撰 清末至民國初石印本 一册

110000－0143－0014598 PG33/23
剿賊圖記不分卷 (明)元默撰 清末至民國初石印本 一册

110000－0143－0014599 PG33/24
霆軍紀略十六卷 (清)陳昌編輯 清光緒八年(1882)夔門刻本 六册

110000－0143－0014600 PG33/24
霆軍紀略十六卷 (清)陳昌編輯 清光緒八年(1882)夔門刻本 六册

110000－0143－0014601 PG33/25
重刊武經七書彙解七卷首一卷末一卷 (清)朱墉纂輯 (清)國英重訂 清光緒二年(1876)嶺南索綽洛氏國英刻本 十册

110000－0143－0014602 PG33/28
武經三子體註大全三卷附射法總說 (清)魯經纂 (清)洪宇較訂 清映旭齋刻本 四册

110000－0143－0014603 PG33/29
孫吴武經二種四卷 (清)荆州駐防繙譯總學編譯 清光緒三十二年(1906)荆州駐防繙譯總學刻本 四册

110000－0143－0014604 PG33/31
兵書三種七卷 (清)王鑫輯 清光緒元年(1875)湖北崇文書局刻本 一册

110000－0143－0014605 PG33/34
乾坤大畧二卷附四囊書一則 (清)王餘佑撰 清光緒三十三年(1907)寶興堂刻本 三册

110000－0143－0014606 PG33/36
歷代名將事略不分卷 (清)陳光憲編 清光緒三十年(1904)北洋陸軍教練處木活字印本 二册

110000－0143－0014607 PG33/36
歷代名將事略不分卷 (清)陳光憲編 清光緒三十二年(1906)北洋陸軍編譯局鉛印本 二册

110000－0143－0014608 PG33/37
火龍經四卷 (明)焦玉撰 清咸豐七年(1857)抱樸山房刻本 四册

110000－0143－0014609 PG33/39
平浙紀略十六卷 (清)秦緗業 (清)陳鍾英纂 清同治十二年(1873)浙江書局刻本 四册

110000－0143－0014610 PG33/39
平浙紀略十六卷 (清)秦緗業 (清)陳鍾英纂 清同治十二年(1873)浙江書局刻本 四册

110000－0143－0014611 PG33/39
平浙紀略十六卷 (清)秦緗業 (清)陳鍾英纂 清同治十二年(1873)浙江書局刻本 四册

110000－0143－0014612 PG33/39

平浙紀略十六卷　(清)秦緗業　(清)陳鍾英纂　清同治十二年(1873)浙江書局刻本　四冊

110000－0143－0014613　PG33/39－1
平浙紀略十六卷　(清)秦緗業　(清)陳鍾英纂　清光緒元年(1875)申報館鉛印本　四冊

110000－0143－0014614　PG33/39－1
平浙紀略十六卷　(清)秦緗業　(清)陳鍾英纂　清光緒元年(1875)申報館鉛印本　四冊

110000－0143－0014615　PG33/40
則克録三卷附圖一卷　(德國)湯若望授　(明)焦勗纂　(明)趙仲訂　清末刻本　三冊

110000－0143－0014616　PG33/41
衛公兵法輯本三卷附舊唐書李靖傳攷證一卷　(唐)李靖撰　清光緒二十年(1894)桐廬袁昶刻本　一冊

110000－0143－0014617　PG33/42
濂洛風雅六卷首一卷　(宋)金履祥選　(清)胡鳳丹校　清光緒三年(1877)永康胡氏退補齋刻本　二冊

110000－0143－0014618　PG33/43
司馬法古注三卷坿音義一卷　曹元忠注并學　清光緒二十年(1894)蘇城東吳曹氏箋經室刻本　一冊

110000－0143－0014619　PG33/44
何博士備論二卷　(宋)何去非撰　**宋丞相李忠定公輔政本末一卷**　(宋)□□撰　清光緒元年(1875)湖北崇文書局刻本　一冊

110000－0143－0014620　PG33/44－1
何博士備論一卷　(宋)何去非撰　清嘉慶十六年(1811)浦城祝氏留香室刻本　一冊

110000－0143－0014621　PG33/46－1
古香齋鑒賞袖珍初學記三十卷　(唐)徐堅等撰　清刻本　二十四冊

110000－0143－0014622　PG33/47
練兵實紀九卷練兵實紀雜集六卷　(明)戚繼光撰　(清)許乃釗校　清道光二十三年(1843)河南聚文齋刻本　六冊

110000－0143－0014623　PG33/47－1
練兵實紀九卷練兵實紀雜集六卷　(明)戚繼光撰　清京都琉璃廠刻本　六冊

110000－0143－0014624　PG33/47－1
練兵實紀九卷練兵實紀雜集六卷　(明)戚繼光撰　清京都琉璃廠刻本　六冊

110000－0143－0014625　PG33/48
練勇芻言五卷　(清)王鑫著　清光緒十七年(1891)金陵王氏刻本　一冊

110000－0143－0014626　PG33/50
武備輯要續編十卷　(清)徐乃釗編輯　清道光二十九年(1849)錢塘許氏刻本　二冊

110000－0143－0014627　PG33/51
虎鈐經二十卷　(宋)許洞撰　清刻本　四冊

110000－0143－0014628　PG33/53
兵法三策揭要全集三卷首一卷補遺一卷　(清)鍾文輯注　清同治七年(1868)稿本　五冊

110000－0143－0014629　PG33/54
九賢秘典一卷附校譌補校　(宋)□□撰　(清)胡珽校譌　(清)董金鑑補校　**角力記一卷附校譌續校**　(宋)調露子撰　(清)胡珽校譌　(清)董金鑑補校　清咸豐三年(1853)仁和胡氏木活字印本　一冊

110000－0143－0014630　PG33/60
西洋兵書五種六十四卷西洋兵書後五種十九卷　張香帥編　清光緒六年(1880)江南製造局石印本　十二冊

110000－0143－0014631　PG33/62
繪圖越法戰書不分卷　(清)□□撰　清光緒十年(1884)上海王氏刻本　四冊

110000－0143－0014632　PG33/65
誥授振威將軍敖公輔丞大總戎紀述二卷　(清)陳翼亮纂　清光緒二十年(1894)刻本　二冊

110000－0143－0014633　PG33/65－1

咸同敉大總戎從征紀述四卷　(清)陳翼亮纂　清末至民國初抄本　四冊

110000－0143－0014634　PG33/68
金湯借箸十二籌十二卷　(明)李盤撰　清咸豐五年(1855)淮南李氏刻本　八冊

110000－0143－0014635　PG33/68
金湯借箸十二籌十二卷　(明)李盤撰　清刻本　十四冊

110000－0143－0014636　PG33/68－1
金湯借箸十二籌十二卷　(明)李盤撰　清刻本　六冊

110000－0143－0014637　PG33/69
武備輯要六卷　(清)許學範撰　清同治八年(1869)廣州繡梓齋刻本　二冊

110000－0143－0014638　PG33/72
武經體註說約大全彙解合參三卷　(清)夏振翼　(清)湯綱等輯　(清)沈士衡增訂　清刻本　二冊

110000－0143－0014639　PG33/73
火攻心法二卷首一卷　(三國蜀)諸葛亮撰　清刻本　一冊　存一卷(首一卷)

110000－0143－0014640　PG33/74
韜鈐拾慧錄一卷　(清)恒矜輯錄　清同治二年(1863)刻本　一冊

110000－0143－0014641　PG33/75
草廬經略十二卷　(明)□□撰　清光緒申報館鉛印本　六冊

110000－0143－0014642　PG33/75－1
草廬經略十二卷　(明)□□撰　清光緒七年(1881)刻本　四冊

110000－0143－0014643　PG33/75－2
草廬經略十二卷　(□)□□撰　清道光三十年(1850)廣東粵雅堂刻本　四冊

110000－0143－0014644　PG33/77
火龍秘書不分卷　(清)□□撰　清稿本　一冊

110000－0143－0014645　PG33/79
武侯八陳兵法輯略一卷　(清)汪宗沂撰　清光緒五年(1879)漸西村舍刻本　一冊

110000－0143－0014646　PG33/80
新書不分卷　(三國蜀)諸葛亮撰　清抄本　一冊

110000－0143－0014647　PG33/81
兵鏡類編四十卷　(清)李蕊輯　清光緒九年(1883)刻本　十六冊

110000－0143－0014648　PG33/82
射書四卷　(清)顧煜撰　清光緒十四年(1888)貽經書屋刻本　三冊

110000－0143－0014649　PG33/83
礮法昂度子落高低遠近晝譜一卷　(清)丁乃文撰　清光緒十四年(1888)上海江南製造局鉛印本　一冊

110000－0143－0014650　PG33/86
戰略攷三十一卷　(明)茅元儀撰　(清)潘鐸評　清咸豐十年(1860)刻本　六冊

110000－0143－0014651　PG33/90
武備志二百四十卷　(明)茅元儀輯　清道光木活字印本　七十八冊

110000－0143－0014652　PG33/90－1
武備志二百四十卷　(明)茅元儀輯　清末刻本　十冊　存三十三卷(一至三十三)

110000－0143－0014653　PG33/90－1
武備志二百四十卷　(明)茅元儀輯　清末湖南刻本　十冊　存二十八卷(九十八至一百二十五)

110000－0143－0014654　PG34/1
重刊補註洗冤錄集證五卷　(清)阮其新補註　**續增洗冤錄辨正參考三卷**　(清)瞿中溶撰　清光緒三十二年(1906)上海通時書局石印本　五冊

110000－0143－0014655　PG34/1－1
洗冤錄集證五卷　(清)王又槐增輯　清刻本　四冊

110000－0143－0014656　PG34/1－1
洗冤錄補註全纂六卷　(清)李觀瀾補輯　(清)阮其新補註　清道光十五年(1835)刻本　六册

110000－0143－0014657　PG34/1－2
補註洗冤錄集證四卷附刊作吏要言不分卷　(清)王又槐集證　(清)阮其新補註　清道光二十三年(1843)刻本　二册

110000－0143－0014658　PG34/1－4
重刊補註洗冤錄集證四卷　(清)阮其新補註　**重刊洗冤錄彙纂補輯一卷**　(清)姚德豫撰　清同治四年(1865)粤東省署刻本　五册

110000－0143－0014659　PG34/1－5
重刊補註洗冤錄集證四卷重刊洗冤錄彙纂補輯一卷洗冤錄辨正一卷　(清)王又槐集證　(清)阮其新補註　清道光二十四年至二十七年(1844－1847)翰墨園刻本　五册

110000－0143－0014660　PG34/5－1
洗冤錄詳義四卷首一卷　(清)許槤編校　清光緒三年(1877)湖北藩署刻本　六册

110000－0143－0014661　PG34/5－1
洗冤錄詳義四卷首一卷　(清)許槤編　清光緒十六年(1890)湖北官書處刻本　六册

110000－0143－0014662　PG34/5－1
洗冤錄詳義四卷首一卷　(清)許槤編校　清光緒十三年(1887)京都琉璃廠榮錄堂刻本　六册

110000－0143－0014663　PG34/5－2
補註洗冤錄集證四卷　(清)王又槐集證　(清)阮其新補註　(清)鍾淮校訂　清道光二十三年(1843)刻本　二册

110000－0143－0014664　PG34/5－3
洗冤錄詳義四卷首一卷　(清)許槤編　清光緒十六年(1890)湖北官書處刻本　五册

110000－0143－0014665　PG34/8
棠陰比事不分卷　(宋)桂萬榮撰　清上元朱氏影印本　一册

110000－0143－0014666　PG34/8－2
棠陰比事不分卷　(宋)桂萬榮撰　清同治十三年(1874)海昌陳錫麒刻本　一册

110000－0143－0014667　PG34/9
折獄龜鑑八卷首一卷　(宋)鄭克撰　清道光十五年(1835)山陽李氏聞妙香室刻本　二册

110000－0143－0014668　PG34/9
折獄龜鑑八卷首一卷　(宋)鄭克撰　清光緒八年(1882)刻本　二册

110000－0143－0014669　PG34/9
折獄龜鑑八卷首一卷　(宋)鄭克撰　清光緒八年(1882)刻本　二册

110000－0143－0014670　PG34/9
折獄龜鑑八卷折獄龜鑑補六卷　(宋)鄭克撰　(清)胡文炳輯　清光緒四年(1878)蘭石齋刻本　八册

110000－0143－0014671　PG34/9－1
折獄龜鑑八卷折獄龜鑑補六卷　(宋)鄭克撰　(清)胡文炳輯　清光緒四年(1878)蘭石齋刻本　八册

110000－0143－0014672　PG34/9－2
折獄龜鑑八卷　(宋)鄭克撰　(清)胡文炳輯　清光緒四年(1878)湖北武昌府發審局刻本　四册

110000－0143－0014673　PG34/9－3(1)
折獄龜鑑八卷首一卷　(宋)鄭克撰　清光緒十六年(1890)廣州府讞局刻本　二册

110000－0143－0014674　PG34/9－3(2)
式敬編五卷　(清)楊景仁輯　清光緒十六年(1890)粤東撫署刻本　二册

110000－0143－0014675　PG34/9－4
折獄龜鑑八卷首一卷　(宋)鄭克撰　清同治十年(1871)存仁堂刻本　四册

110000－0143－0014676　PG34/9－5
折獄龜鑑八卷折獄龜鑑補六卷　(宋)鄭克撰　(清)胡文炳輯　清光緒四年(1878)蘭石齋刻本　八册

110000－0143－0014677　PG34/10
盛世危言六卷盛世危言續編四卷　鄭觀應撰　清光緒二十四年(1898)煥文書局石印本　十册

110000－0143－0014678　PG34/10
盛世危言五卷　鄭觀應撰　清光緒二十一年(1895)上海古香閣鉛印本　五册

110000－0143－0014679　PG34/10
盛世危言續編三卷盛世危言外編二卷　杞憂生　(清)馮桂芬輯著　清光緒二十一年(1895)上海賜書堂石印本　五册

110000－0143－0014680　PG34/10
盛世危言六卷盛世危言續編五卷　鄭觀應撰　清光緒二十四年(1898)上海六藝書局石印本　五册　缺三卷(盛世危言四、六,盛世危言續編二)

110000－0143－0014681　PG34/10
盛世危言五卷　鄭觀應撰　清光緒二十年(1894)宏道堂刻本　二册

110000－0143－0014682　PG34/10
盛世危言十四卷　鄭觀應撰　清光緒二十一年(1895)鉛印本　八册

110000－0143－0014683　PG34/10
盛世危言十四卷　鄭觀應撰　清光緒二十一年(1895)鉛印本　八册

110000－0143－0014684　PG34/11
寄簃文存八卷　(清)沈家本撰　清光緒三十三年(1907)修訂法律館鉛印本　一册

110000－0143－0014685　PG34/11
寄簃文存八卷　(清)沈家本撰　清光緒三十三年(1907)修訂法律館鉛印本　四册

110000－0143－0014686　PG34/11
寄簃文存八卷　(清)沈家本撰　清光緒三十三年(1907)修訂法律館鉛印本　二册

110000－0143－0014687　PG34/11－1
寄簃文存二編二卷　(清)沈家本撰　清末鉛印本　一册

110000－0143－0014688　PG34/30
俄羅斯刑法十二卷　薩蔭圖譯　清光緒三十一年(1905)修訂法律館鉛印本　二册

110000－0143－0014689　PG34/32
借箸雜俎四卷　(清)沈清旭著　清光緒十二年(1886)刻本　二册

110000－0143－0014690　PG34/36
審看擬式四卷首一卷末一卷　(清)剛毅撰　清光緒二十五年(1899)刻本　四册

110000－0143－0014691　PG34/36
審看擬式四卷首一卷末一卷　(清)剛毅撰　清光緒二十五年(1899)刻本　四册

110000－0143－0014692　PG34/36
審看擬式四卷首一卷末一卷　(清)剛毅撰　清光緒二十五年(1899)刻本　一册　存二卷(一、首一卷)

110000－0143－0014693　PG34/36－1
審看擬式四卷首一卷末一卷　(清)剛毅撰　清光緒十五年(1889)江蘇書局刻本　二册

110000－0143－0014694　PG34/36－1
審看擬式四卷首一卷末一卷　(清)剛毅編　清光緒十八年(1892)粵東書局刻本　一册

110000－0143－0014695　PG34/37
日本裁判所構成法四章　(日本)齋藤十一郎述　清宣統元年(1909)鉛印本　二册

110000－0143－0014696　PG34/38
刑部比照加減成案續編三十二卷　(清)許槤訂　清道光二十三年(1843)刻本　十六册

110000－0143－0014697　PG34/47
監懲錄不分卷　(明)殷士儋撰　清刻本　八册

110000－0143－0014698　PG34/49
弟子職一卷　(清)孫同元注　清嘉慶六年(1801)刻本　一册

110000－0143－0014699　PG35/1
齊民要術十卷雜說一卷　(北魏)賈思勰撰　清光緒元年(1875)湖北崇文書局刻本　四册

110000－0143－0014700　PG35/1－3
齊民要術十卷　(北魏)賈思勰撰　(清)袁昶輯　清光緒二十二年(1896)桐廬袁氏刻本　四冊

110000－0143－0014701　PG35/1－3
齊民要術十卷雜說一卷　(北魏)賈思勰撰　(清)袁昶輯　清光緒二十二年(1896)桐廬袁氏刻本　二冊

110000－0143－0014702　PG35/1－4
齊民要術十卷雜說一卷　(北魏)賈思勰撰　清光緒元年(1875)湖北崇文書局刻本　四冊

110000－0143－0014703　PG35/2
直隸農事試驗總場棉業研究會第二次報告書　(清)直隸農業講習所撰　清宣統三年(1911)鉛印本　一冊

110000－0143－0014704　PG35/2
直隸農事試驗總場棉業研究會第二次報告書　(清)直隸農業講習所撰　清宣統三年(1911)鉛印本　一冊

110000－0143－0014705　PG35/4
三農紀十卷　(清)張宗法著　清末桂林堂刻本　六冊

110000－0143－0014706　PG35/4
三農紀十卷　(清)張宗法著　清末桂林堂刻本　十冊

110000－0143－0014707　PG35/4－1
三農紀二十四卷　(清)張宗法撰　清藜照書屋刻本　六冊

110000－0143－0014708　PG35/4－1
三農紀二十四卷　(清)張宗法撰　清末刻本　八冊

110000－0143－0014709　PG35/4－1
三農紀二十四卷　(清)張宗法撰　清刻本　十二冊

110000－0143－0014710　PG35/5
蠶桑萃編十五卷　(清)衛傑編　清光緒二十六年(1900)浙江書局刻本　八冊

110000－0143－0014711　PG35/5
蠶桑萃編十五卷　(清)衛傑纂　清光緒二十四年(1898)刻本　八冊

110000－0143－0014712　PG35/5
蠶桑萃編十五卷　(清)衛傑纂　清光緒二十五年(1899)刻本　八冊

110000－0143－0014713　PG35/6
棉業圖說八卷首一卷　(清)農工商部輯　清宣統三年(1911)京師農工商部鉛印本　二冊

110000－0143－0014714　PG35/6
棉業圖說八卷首一卷　(清)農工商部輯　清宣統三年(1911)京師農工商部鉛印本　二冊

110000－0143－0014715　PG35/7－1
農桑輯要七卷　(元)司農司撰　清光緒二十一年(1895)桐廬袁氏刻本　二冊

110000－0143－0014716　PG35/8
奉天全省農業調查書五編　馬維垣等編　清宣統元年(1909)奉天農業試驗場鉛印本　四冊　缺第一編第一節

110000－0143－0014717　PG35/11
御製耕織圖二十三圖　(清)聖祖玄燁撰　清光緒五年(1879)點石齋影印本　二冊

110000－0143－0014718　PG35/19
蠶桑廣蔭不分卷　(清)馮樹銘等編　(清)順天古北蠶桑織布局校定　清光緒三十一年(1905)順天古北蠶桑織布局鉛印本　一冊

110000－0143－0014719　PG35/20
柞蠶雜誌不分卷　(清)增韞輯　清光緒三十二年(1906)浙江官書局刻本　一冊

110000－0143－0014720　PG35/22
蠶桑萃編十五卷　(清)衛傑編　清光緒二十六年(1900)浙江書局刻本　八冊

110000－0143－0014721　PG35/23
蠶桑輯要不分卷　(清)沈秉成編　清光緒二十二年(1896)江西書局刻本　一冊

110000－0143－0014722　PG35/23－1
蠶桑輯要合編不分卷略編不分卷　(清)河南

蠶桑局編　清光緒六年(1880)河南蠶桑局刻本　一册

110000－0143－0014723　PG35/23－2
蠶桑輯要不分卷　(清)沈秉成撰　清同治十年(1871)常鎮通海道刻本　一册

110000－0143－0014724　PG35/24
捕蝗要訣二十則圖說十二幅附除蝻八要　(清)錢炘和撰　清同治八年(1869)楚北崇文書局刻本　一册

110000－0143－0014725　PG35/26
增刻桑蠶須知不分卷　(清)葉世倬撰　清同治十二年(1873)刻本　一册

110000－0143－0014726　PG35/27
欽定授時通考七十八卷　(清)蔣溥等纂修　清光緒二十八年(1902)富文局石印本　五册　存六十二卷(一至六十二)

110000－0143－0014727　PG35/28
農政全書六十卷　(明)徐光啓撰　清宣統元年(1909)上海求學齋局石印本　八册

110000－0143－0014728　PG35/28
農政全書六十卷　(明)徐光啓撰　清道光二十三年(1843)曙海樓刻本　二十四册

110000－0143－0014729　PG35/29－1
農書三卷　(宋)陳旉撰　清光緒廣仁堂刻本　一册

110000－0143－0014730　PG35/30
柞蠶彙誌不分卷　(清)增韞輯　清宣統二年(1910)上海商務印書館刻本　一册

110000－0143－0014731　PG35/31
二如亭群芳譜二十九卷首一卷　(明)王象晉纂輯　(明)毛晉校　明天啓元年(1621)刻本　二十四册

110000－0143－0014732　PG35/32
士那補釋一卷　(清)張義澍撰　清光緒十八年(1892)金陵刻本　一册

110000－0143－0014733　PG35/33
繪圖蠶桑絡絲織綢說略不分卷　(清)吳嘉猷繪　清光緒十九年(1893)石印本　一册

110000－0143－0014734　PG35/35
農學叢書不分卷　(清)上海農學會譯　清光緒上海農學會石印本　一百二册

110000－0143－0014735　PG35/36
裨農最要三卷　陳開沚撰　清光緒二十三年(1897)潼川文明堂刻本　一册

110000－0143－0014736　PG35/36
農雅六卷　(清)倪倬撰　清嘉慶十九年(1814)我我書屋刻本　二册

110000－0143－0014737　PG35/37
箕田考不分卷　(朝鮮)韓百謙撰　清道光十七年(1837)海昌蔣氏刻本　三册

110000－0143－0014738　PG35/38
撫郡農產攷略二卷　(清)何剛德編　清光緒三十三年(1907)蘇省刷印局鉛印本　二册

110000－0143－0014739　PG35/40
閩產錄異六卷　(清)郭柏蒼撰　清光緒十二年(1886)刻本　五册

110000－0143－0014740　PG35/40
閩產錄異六卷　(清)郭柏蒼撰　清光緒十二年(1886)刻本　五册

110000－0143－0014741　PG35/40
閩產錄異六卷　(清)郭柏蒼撰　清光緒十二年(1886)刻本　五册

110000－0143－0014742　PG35/41
重訂增補陶朱公致富全書四卷　(周)范蠡撰　清光緒聚文堂刻本　四册

110000－0143－0014743　PG35/41－1
重訂增補陶朱公致富全書四卷　(周)范蠡撰　(清)石巖逸叟增訂　清尚德堂刻本　四册

110000－0143－0014744　PG35/43
湖雅九卷　(清)汪曰楨撰　清光緒六年(1880)刻本　三册

110000－0143－0014745　PG35/44
豳風廣義三卷　(清)楊屾編輯　清光緒八年

(1882)濟南刻本　二冊

110000－0143－0014746　PG35/46

裨農最要三卷　陳開沚述　清光緒二十三年(1897)潼川永儀和刻本　一冊

110000－0143－0014747　PG35/47(1)

寶訓八卷　(清)郝懿行撰　清光緒五年(1879)刻本　三冊

110000－0143－0014748　PG35/47(2)

蜂衙小記一卷　(清)郝懿行撰　清光緒五年(1879)郝氏刻本　一冊

110000－0143－0014749　PG35/47(3)

記海錯一卷　(清)郝懿行撰　清光緒五年(1879)郝氏刻本　一冊

110000－0143－0014750　PG35/47(4)

燕子春秋一卷　(清)郝懿行撰　清光緒五年(1879)郝氏刻本　一冊

110000－0143－0014751　PG35/49

補農書二卷　(清)張履祥等撰　(清)萬斛泉編　清光緒二十三年(1897)然藜閣木活字印本　一冊

110000－0143－0014752　PG35/50

農候雜占四卷　(清)梁章鉅撰　清同治十二年(1873)浙江書局刻本　二冊

110000－0143－0014753　PG35/51

種棉簡法不分卷　(清)徐瀾編　清宣統二年(1910)安徽勸業道署鉛印本　一冊

110000－0143－0014754　PG35/52

柞蠶簡法補遺不分卷　(清)徐瀾撰　清宣統二年(1910)安徽勸業道署鉛印本　一冊

110000－0143－0014755　PG35/53

農學初級十章　(英國)旦爾恒理著　(英國)秀耀春口譯　(清)范熙庸筆述　清光緒二十四年(1898)上海製造局刻本　一冊

110000－0143－0014756　PG35/55

農桑衣食撮要二卷　(元)魯明善撰　清光緒十五年(1889)黄梅梅氏慎自愛軒刻本　一冊

110000－0143－0014757　PG35/56

百獸圖說不分卷　(清)韋門道撰　清光緒八年(1882)益智書會刻本　一冊

110000－0143－0014758　PG35/59

桑蠶淺說不分卷　(清)□□撰　清光緒三十年(1904)鉛印本　一冊

110000－0143－0014759　PG35/60

區種五種五卷附一卷　(清)趙夢齡輯　清光緒四年(1878)蓮花池刻本　一冊

110000－0143－0014760　PG35/61

農學匯編二十卷　(清)上海譯書局編輯　清末北洋官報局石印本　三十冊

110000－0143－0014761　PG35/65

陳文恭公伐蛟說一卷　(清)魏廷珍撰　清道光二十八年(1848)瓶華書屋刻本　一冊

110000－0143－0014762　PG35/67

南高平物產記二卷　(清)鄒漢勛撰　清光緒八年(1882)鄒代鈞刻本　一冊

110000－0143－0014763　PG35/68

樗繭譜一卷　(清)鄭珍撰　(清)莫友芝注　清光緒七年(1881)遵義華氏瀘州刻本　一冊

110000－0143－0014764　PG35/70

新增華英食譜不分卷　(□)□□撰　清光緒二十三年(1897)上海理文軒石印本　一冊

110000－0143－0014765　PG36/2

新刊增補萬病回春八卷　(明)龔廷賢編　清大文堂刻本　四冊

110000－0143－0014766　PG36/4－1

重廣補註黄帝内經素問二十四卷黄帝内經靈樞十二卷素問遺編不分卷　(唐)王冰註　(宋)林億等校正　清光緒十年(1884)京口文成堂刻本　十冊

110000－0143－0014767　PG36/10

補註黄帝内經素問二十四卷素問遺篇一卷　(唐)王冰註　(宋)林億等校正　(宋)孫兆重改誤　清光緒三年(1877)浙江書局刻本　七冊

110000－0143－0014768　PG36/11
御纂醫宗金鑑外科六卷　(清)吳謙等撰　清刻本　六册

110000－0143－0014769　PG36/11
御纂醫宗金鑑九十卷　(清)吳謙等撰　清光緒二十九年(1903)有益堂刻本　六册　存十四卷(二十五至三十五、四十六至四十八)

110000－0143－0014770　PG36/12
傷寒瘟疫條辨六卷　(清)楊璿撰　清刻本　五册　缺一卷(一)

110000－0143－0014771　PG36/15
新增脈學本草醫方全書　(清)太醫院輯　清光緒寶興堂刻本　六册

110000－0143－0014772　PG36/16
針灸大成十二卷　(清)章廷珪重修　清上海錦章圖書局石印本　十册

110000－0143－0014773　PG36/16
針灸大成十二卷　(清)章廷珪重修　清石印本　六册

110000－0143－0014774　PG36/17
中西滙通醫書五種二十八卷　(清)唐宗海撰　清光緒三十二年(1906)善成堂刻本　十二册

110000－0143－0014775　PG36/18
本草綱目五十二卷圖三卷　(明)李時珍撰　清道光六年(1826)務本堂刻本　六册　存六卷(序例二卷、主治三上,圖三卷)

110000－0143－0014776　PG36/18
本草綱目五十二卷圖三卷藥品目一卷　(明)李時珍撰　清乾隆三十二年(1767)三樂齋刻本　二十四册　存二十六卷(一至十二、二十一至三十四)

110000－0143－0014777　PG36/18
本草綱目五十二卷　(明)李時珍撰　明末刻本　二十四册　缺二十二卷(一至七、十八至二十六、四十七至五十二)

110000－0143－0014778　PG36/18
本草綱目五十二卷首一卷本草綱目圖三卷　(明)李時珍撰　清同治十一年(1872)芥子園刻本　四十一册

110000－0143－0014779　PG36/18
本草綱目五十二卷附本草萬方鍼線八卷　(明)李時珍撰　清刻本　六册　存八卷(三十六、四十一、四十八、五十至五十一,本草萬方鍼線一至三)

110000－0143－0014780　PG36/19
素問靈樞類纂約註三卷　(清)汪昂纂輯　清咸豐十年(1860)恆盛堂刻本　二册

110000－0143－0014781　PG36/19－1
黄帝内經素問二十四卷遺篇一卷　(明)吳崐注　清刻本　六册

110000－0143－0014782　PG36/19－2(A1)
黄帝内經靈樞十二卷　(唐)王冰注　(宋)林億校正　清光緒三年(1877)浙江書局刻本　二册

110000－0143－0014783　PG36/19－2(A2)
補注黄帝内經素問二十四卷素問遺篇一卷　(唐)王冰注　(宋)林億等校正　(宋)孫兆重改誤　清光緒三年(1877)浙江書局刻本　八册

110000－0143－0014784　PG36/19－2(B)
補注黄帝内經素問二十四卷素問遺篇一卷　(唐)王冰注　(宋)林億等校正　(宋)孫兆重改誤　清光緒三年(1877)浙江書局刻本　七册

110000－0143－0014785　PG36/20
黄氏醫書八種　(清)黄元御撰　清七曲會刻本　八册　缺二種十三卷(四聖懸樞五卷、玉楸藥解八卷)

110000－0143－0014786　PG36/23
圖註難經脈訣四卷　(明)張世賢註　明懷德堂刻本　五册

110000－0143－0014787　PG36/24
刪註脈訣規正二卷　(清)沈鏡刪註　(清)徐

良臣參補　清大文堂刻本　四冊

110000－0143－0014788　PG36/24－1
刪註脈訣規正二卷　(清)沈鏡刪註　(清)徐良臣參補　清光緒二十年(1894)澹雅書局刻本　一冊

110000－0143－0014789　PG36/25
靈素提要淺註十二卷　(清)陳念祖集註　清同治五年(1866)南雅堂刻本　六冊

110000－0143－0014790　PG36/29
素靈微藴四卷　(清)黄元御撰　清光緒二十年(1894)上海圖書集成印書局鉛印本　四冊

110000－0143－0014791　PG36/30
圖註王叔和脈訣辨真四卷圖註八十一難經辨真四卷　(晋)王叔和撰　(明)張世賢圖　清光緒二十二年(1896)三義堂馮氏刻本　三冊

110000－0143－0014792　PG36/31
醫學心悟五卷外科十法一卷　(清)程國彭撰　清文奎堂刻本　四冊

110000－0143－0014793　PG36/32(1)
長沙方歌括六卷首一卷　(清)陳念祖撰　清刻本　二冊

110000－0143－0014794　PG36/32(2)
景岳新方砭四卷　(清)陳念祖撰　清刻本　一冊

110000－0143－0014795　PG36/32(3)
傷寒醫訣串解六卷　(清)陳念祖撰　清刻本　二冊

110000－0143－0014796　PG36/32(4)
十藥神書註解一卷　(元)葛可久著　(清)陳念祖註　清刻本　與110000－0143－0014795合冊

110000－0143－0014797　PG36/32－1
長沙方歌括六卷首一卷　(清)陳念祖撰　清光緒十八年(1892)上海圖書集成印書局鉛印本　一冊

110000－0143－0014798　PG36/33
新刊纂圖元亨療馬集六卷　(明)喻本元　(明)喻本亨著　清同治五年(1866)興文堂刻本　六冊

110000－0143－0014799　PG36/34
新刊纂圖元亨療馬集六卷　(明)喻本元　(明)喻本亨著　清光緒三年(1877)京都泰山堂刻本　六冊

110000－0143－0014800　PG36/35
女科二卷產後編二卷　(清)傅山撰　清光緒善成堂刻本　四冊

110000－0143－0014801　PG36/35－1
女科二卷產後編二卷　(清)傅山撰　清光緒三十一年(1905)義盛堂刻本　三冊

110000－0143－0014802　PG36/35－2
女科二卷產後編二卷　(清)傅山撰　清光緒元年(1875)湖北崇文書局刻本　二冊

110000－0143－0014803　PG36/36
銀海指南四卷　(清)顧錫撰　清文華書局石印本　三冊　缺一卷(三)

110000－0143－0014804　PG36/37
六科準繩不分卷　(明)王肯堂輯　清光緒十八年(1892)上海圖書集成印書局影印本　十七冊

110000－0143－0014805　PG36/38
幼科證治準繩九卷　(明)王肯堂撰　清刻本　四冊　存四卷(三至五、八)

110000－0143－0014806　PG36/40
新刊醫林狀元壽世保元十卷　(明)龔廷賢編　清刻本　一冊　存六卷(五至十)

110000－0143－0014807　PG36/42
景岳全書六十四卷　(明)張介賓著　清刻本　十六冊　存三十九卷(一至三十九)

110000－0143－0014808　PG36/42
景岳全書六十四卷　(明)張介賓著　清刻本　十五冊　存二十九卷(六至十二、十五至十八、二十一至三十二、五十至五十五)

110000－0143－0014809　PG36/43
丹臺玉案六卷　(明)孫文胤撰　清順治十七

年(1660)學餘堂刻本　六册

110000－0143－0014810　PG36/44
銀海精微四卷　(唐)孫思邈原輯　(清)周亮節較正　清金閶耕讀堂刻本　四册

110000－0143－0014811　PG36/44－1
銀海精微四卷　(唐)孫思邈原輯　(清)周亮節校正　清英華堂刻本　二册

110000－0143－0014812　PG36/46
嵩厓尊生書十五卷　(清)景日昣纂著　清乾隆五十五年(1790)古吳致和堂刻本　九册

110000－0143－0014813　PG36/47
玉機微義五十卷　(明)徐彦純撰　明正德元年(1506)刻本　十六册

110000－0143－0014814　PG36/49
濟陰綱目十四卷　(明)武之望著　(清)汪淇箋釋　清刻本　八册

110000－0143－0014815　PG36/50
產孕集二卷　(清)張曜孫撰　(清)包誠補遺　清同治七年(1868)涇縣包誠刻本　一册

110000－0143－0014816　PG36/51
男科二卷附瘟疫簡易奇方　(清)傅山撰　(清)王道平校字　清光緒十三年(1887)湖北官書處刻本　一册

110000－0143－0014817　PG36/52
王洪緒先生外科證治全生不分卷　(清)王維德撰　清咸豐十一年(1861)武昌節署刻本　八册

110000－0143－0014818　PG36/52
王洪緒先生外科證治全生不分卷　(清)王維德撰　清咸豐十一年(1861)武昌節署刻本　一册

110000－0143－0014819　PG36/53
神農本艸經三卷　(清)莫文泉校注　清光緒二十六年(1900)月河莫氏刻本　二册

110000－0143－0014820　PG36/54
軒轅碑記醫學祝由十三科二卷　(□)□□撰　清刻本　二册

110000－0143－0014821　PG36/55
神農本艸經三卷　(三國魏)吳普等述　清光緒三十二年(1906)善成堂刻本　二册

110000－0143－0014822　PG36/75
驗方摘要不分卷　(清)孫恩壽輯　清抄本　一册

110000－0143－0014823　PG36/62
張氏類經三十二卷圖翼十一卷附翼四卷　(明)張景岳類注　明天啓四年(1624)刻本　二十册

110000－0143－0014824　PG36/63
醫宗必讀十卷　(明)李中梓撰　清善成堂刻本　一册　存二卷(一至二)

110000－0143－0014825　PG36/66
古吳童氏重校醫宗必讀十卷　(明)李中梓著　清光緒三十三年(1907)上海集成圖書公司鉛印本　五册

110000－0143－0014826　PG36/69
瘟疫條辨摘要不分卷　(清)呂田集錄　清光緒十五年(1889)浙江書局刻本　一册

110000－0143－0014827　PG36/70
經驗簡便良方不分卷　(□)□□撰　清刻本　一册

110000－0143－0014828　PG36/71
時疫白喉捷要一卷　(清)張紹修著　清光緒三十年(1904)浙江官書局刻本　一册

110000－0143－0014829　PG36/77
產科心法二卷　(清)汪喆撰　清道光十四年(1834)刻本　一册

110000－0143－0014830　PG36/78
禁吸鴉片煙芻議不分卷　(清)蔣履曾撰　清光緒三十二年(1906)鉛印本　一册

110000－0143－0014831　PG36/81
金仙證論不分卷　(清)柳華陽撰　清光緒三年(1877)東甌寶文堂刻本　二册

110000－0143－0014832　PG36/83
藥品化義不分卷　(清)賈九如著　(清)李延

是補訂　清抄本　一冊

110000－0143－0014833　PG36/88

易筋經外經圖說不分卷附八段錦圖　(□)□□撰　清光緒三十年(1904)石印本　一冊

110000－0143－0014834　PG36/90

增訂敬信録四卷　(清)周鼎臣輯　清宜賓聚賢堂刻本　四冊

110000－0143－0014835　PG36/91

滇南本草圖註三卷　(明)蘭茂著　(清)管濬訂　清光緒十三年(1887)刻本　六冊

110000－0143－0014836　PG36/92

素問靈樞類纂約註三卷　(清)汪昂撰　清乾隆四十四年(1779)天德堂刻本　三冊

110000－0143－0014837　PG36/93

金匱心典三卷　(清)尤怡撰　清光緒七年(1881)刻本　三冊

110000－0143－0014838　PG36/96

丹溪心法附餘二十四卷首一卷　(明)方廣撰　明崇禎刻本　一冊　存一卷(首一卷)

110000－0143－0014839　PG36/97

引痘略不分卷　(清)邱熺輯　清同治元年(1862)邱氏耕堂刻本　一冊

110000－0143－0014840　PG36/100

重慶堂隨筆二卷　(清)王學權著　(清)王國祥注　清光緒三十一年(1905)上海書局石印本　二冊

110000－0143－0014841　PG36/101

寓意草一卷　(清)喻昌撰　清刻本　一冊

110000－0143－0014842　PG36/112

本草萬方鍼線八卷　(清)蔡烈先輯　清末鉛印本　一冊

110000－0143－0014843　PG36/113

洞主仙師白喉治法忌表抉微不分卷　(清)洞主仙師撰　(清)耐修子錄并注　清光緒二十六年(1900)會稽劉燿麟刻本　十一冊

110000－0143－0014844　PG36/113

洞主仙師白喉治法忌表抉微不分卷　(清)洞主仙師撰　(清)耐修子錄并注　清光緒二十六年(1900)會稽劉燿麟刻本　一冊

110000－0143－0014845　PG36/114

白喉治法忌表抉微不分卷附經驗救急諸方不分卷　(清)洞主仙師述　(清)耐修子編注　清光緒二十三年(1897)同心堂刻本　一冊

110000－0143－0014846　PG36/114－1

白喉治法忌表抉微不分卷　(清)洞主仙師述　(清)耐修子編注　清光緒二十六年(1900)會稽劉燿麟湖北省城刻本　一冊

110000－0143－0014847　PG36/114－1

白喉治法忌表抉微不分卷　(清)洞主仙師述　(清)耐修子編注　清光緒二十六年(1900)會稽劉燿麟湖北省城刻本　一冊

110000－0143－0014848　PG36/114－1

白喉治法忌表抉微不分卷　(清)洞主仙師述　(清)耐修子編注　清光緒二十六年(1900)會稽劉燿麟湖北省城刻本　一冊

110000－0143－0014849　PG36/114－1

白喉治法忌表抉微不分卷　(清)洞主仙師述　(清)耐修子編注　清光緒二十六年(1900)會稽劉燿麟湖北省城刻本　一冊

110000－0143－0014850　PG36/114－1

白喉治法忌表抉微不分卷　(清)洞主仙師述　(清)耐修子編注　清光緒二十六年(1900)會稽劉燿麟湖北省城刻本　一冊

110000－0143－0014851　PG36/115

醫學實在易八卷　(清)陳念祖著　(清)陳元犀參訂　清光緒十八年(1892)上海圖書集成印書局鉛印本　二冊

110000－0143－0014852　PG36/115

洞主仙師白喉治法忌表抉微不分卷　(清)洞主仙師撰　(清)耐修子錄并注　清光緒二十六年(1900)會稽劉燿麟刻本　五冊

110000－0143－0014853　PG36/119

內科理法前編六卷　(英國)虎伯撰　清末刻

本　四册

110000－0143－0014854　PG36/121

時方妙用四卷　(清)陳念祖著　清光緒十八年(1892)上海圖書集成書局鉛印本　一册

110000－0143－0014855　PG36/123

神農本艸經三卷　(三國魏)吳普等述　(清)孫星衍　(清)孫馮翼輯　清嘉慶孫馮翼問經堂江寧刻本　一册

110000－0143－0014856　PG36/126

新增驗方新編十八卷　(清)鮑相璈輯　清光緒二十二年(1896)粵東桂香街經史閣刻本　一册

110000－0143－0014857　PG36/127

醫林改錯二卷　(清)王清任著　(清)戚天保重訂　清同治五年(1866)海寧張士寬刻本　一册

110000－0143－0014858　PG36/128

醫學三字經四卷　(清)陳念祖著　(清)龍萬育訂　清光緒十八年(1892)上海圖書集成印書局鉛印本　一册

110000－0143－0014859　PG36/129

增訂敬信錄四卷　(清)周鼎臣輯　清道光元年(1821)刻本　四册

110000－0143－0014860　PG36/129

增訂敬信錄四卷　(清)周鼎臣輯　清道光元年(1821)刻本　四册

110000－0143－0014861　PG36/130

本草綱目拾遺十卷首一卷　(清)趙學敏輯　清末鉛印本　二册

110000－0143－0014862　PG36/132

沈氏尊生書五種　(清)沈金鰲撰　清同治十三年(1874)湖北崇文書局刻本　十五册

110000－0143－0014863　PG36/133

中外衛生要旨五卷　鄭官應輯　清光緒十六年(1890)鉛印本　五册

110000－0143－0014864　PG37/2

梅氏叢書輯要六十二卷　(清)梅文鼎撰　清光緒十四年(1888)上海龍文書局石印本　六册

110000－0143－0014865　PG37/3

四元玉鑑細艸三卷四象細艸假令之圖一卷附補增一卷　(元)朱世傑編述　(清)羅士琳補艸　清道光十六年(1836)甘泉易之瀚刻本　四册

110000－0143－0014866　PG37/4

白芙堂算學叢書二十三種　(清)丁取忠輯　清光緒二十二年(1896)上海文瀾書局石印本　八册

110000－0143－0014867　PG37/4

白芙堂算學叢書二十三種　(清)丁取忠輯　清光緒十七年(1891)上海鴻文書局石印本　八册

110000－0143－0014868　PG37/6

釋弧三卷　(清)焦循撰　清嘉慶四年(1799)江都焦氏雕菰樓刻本　一册

110000－0143－0014869　PG37/7

學算筆談十二卷　(清)華蘅芳著　清光緒二十二年(1896)袖海山房石印本　二册　存九卷(一至九)

110000－0143－0014870　PG37/8

筆算數學三卷二十四章　(美國)狄考文輯　(清)鄒立文述　清光緒三十年(1904)上海美華書館鉛印本　三册

110000－0143－0014871　PG37/8

筆算數學三卷二十四章　(美國)狄考文輯　(清)鄒立文述　清光緒鉛印本　九册　缺四章(一至四)

110000－0143－0014872　PG37/9

譯學館初等代數講義不分卷　丁福保編譯　清光緒三十年(1904)北京京師譯學館刻本　七册

110000－0143－0014873　PG37/9

譯學館初等代數講義不分卷　丁福保編譯　清光緒三十年(1904)北京京師譯學館刻本

七冊

110000－0143－0014874　PG37/9－1
新代數不分卷　（□）□□撰　清光緒刻本　六冊

110000－0143－0014875　PG37/9－1
新代數不分卷　（□）□□撰　清光緒刻本　一冊

110000－0143－0014876　PG37/10
幾何原本十五卷　（意大利）利瑪竇口譯　（明）徐光啓筆受　清光緒刻本　六冊　缺一卷（一）

110000－0143－0014877　PG37/11
代數備旨十三章　（美國）狄考文選譯　（清）鄒立文等筆述　清光緒二十九年（1903）上海特別書局石印本　六冊

110000－0143－0014878　PG37/11－1
代數備旨十三章　（美國）狄考文選譯　（清）鄒立文等筆述　清光緒二十四年（1898）上海美華書館石印本　一冊

110000－0143－0014879　PG37/13
中西算學大成一百卷　（清）陳維祺撰　清光緒二十七年（1901）石印本　十冊　缺二十四卷（一至二十四）

110000－0143－0014880　PG37/15
增刪演算法統宗十二卷附雜法　（明）程大位編輯　（清）梅瑴成增刪　清光緒刻本　五冊　存二卷（一至二）

110000－0143－0014881　PG37/15
增刪演算法統宗十二卷附雜法　（明）程大位編輯　（清）梅瑴成增刪　清刻本　五冊

110000－0143－0014882　PG37/16
算迪八卷　（清）何夢瑤撰　清道光二十五年（1845）南海伍氏粵雅堂刻本　八冊

110000－0143－0014883　PG37/25
大清光緒十一年時憲書一卷　（清）欽天監編　清光緒十一年（1885）北京欽天監刻本　一冊

110000－0143－0014884　PG37/26
新製靈臺儀象志十六卷　（比利時）南懷仁著　（清）劉蘊德筆授　清刻本　十四冊

110000－0143－0014885　PG37/28－1
御製曆象考成上編十六卷　（清）聖祖玄燁撰　（清）允祿等纂　清光緒二十一年（1895）湖北官書處刻本　十二冊

110000－0143－0014886　PG37/29
大唐開元占經一百二十卷　（唐）瞿曇悉達撰　清末恒德堂刻本　四冊

110000－0143－0014887　PG37/29
大唐開元占經一百二十卷　（唐）瞿曇悉達撰　清末刻本　四十八冊

110000－0143－0014888　PG37/29
大唐開元占經一百二十卷　（唐）瞿曇悉達撰　清末恒德堂刻本　十六冊

110000－0143－0014889　PG37/30
古籌算考釋六卷　勞乃宣撰　清光緒十二年（1886）完縣官舍刻本　六冊

110000－0143－0014890　PG37/30
古籌算考釋六卷　勞乃宣撰　清光緒十二年（1886）刻本　四冊　缺二卷（一至二）

110000－0143－0014891　PG37/31
算牖四卷　（清）許桂林撰　清道光十年（1830）刻本　四冊

110000－0143－0014892　PG37/31－1
算牖四卷　（清）許桂林撰　清光緒十三年（1887）刻本　一冊

110000－0143－0014893　PG37/38
管窺輯要八十卷　（清）黃鼎纂定　清順治十年（1653）刻本　三十六冊

110000－0143－0014894　PG37/39
釋輪二卷釋橢一卷　（清）焦循撰　清嘉慶四年（1799）江都焦氏雕菰樓刻本　一冊

110000－0143－0014895　PG37/42（1）
新製諸器圖說一卷　（明）王徵著　清光緒十五年（1889）上海鴻文書局影印本　一冊

110000－0143－0014896　PG37/42(2)
遠西奇器圖說錄最三卷　(德國)鄧玉函口授　(明)王徵譯繪　清光緒十五年(1889)上海鴻文書局影印本　三冊

110000－0143－0014897　PG37/45
禮記天算釋一卷　(清)孔廣牧撰　清光緒七年(1881)刻本　一冊

110000－0143－0014898　PG37/46
萬象一原演式九卷首一卷　(清)夏鸞翔撰　盧靖演式　清光緒二十七年(1901)鉛印本　一冊

110000－0143－0014899　PG37/47
諏吉述正二十五卷首一卷　(清)張祖同輯　清光緒二十三年(1897)湖南思賢書局刻本　十二冊

110000－0143－0014900　PG37/51
漸學叢書四十五卷　(清)胡祥鑅輯　清抄本　二十二冊　存十一種三十一卷(博物新編不分卷,割圜密率捷法一至二,勾股容三事拾遺三卷、附一卷,開方釋例不分卷,全體新論二卷,三角和較算例一卷,四元玉鑑細草上、中,新編算學啓蒙三卷,中算斠十三卷,補增諸例一卷,演元九式一卷)

110000－0143－0014901　PG37/51－1
新編筭學啓蒙三卷附總括後記望海島術識誤　(元)朱世傑撰　清同治十年(1871)江南製造局刻本　二冊

110000－0143－0014902　PG37/51－2
新編筭學啓蒙三卷附總括後記望海島術識誤　(元)朱世傑撰　清道光十九年(1839)刻本　三冊

110000－0143－0014903　PG37/52
皇極經世易知八卷首一卷　(清)何夢瑤輯釋　清道光十三年(1833)滾雪樓刻本　四冊

110000－0143－0014904　PG37/53
古經天象考十二卷圖說一卷緒說一卷　(清)雷學淇撰　清光緒十九年(1893)貴池劉氏刻本　七冊

110000－0143－0014905　PG37/63
經書算學天文攷二卷　(清)陳懋齡撰　(清)姜遂登參　清光緒八年(1882)花雨樓張氏刻本　二冊

110000－0143－0014906　PG371/1
測候叢談四卷　(美國)金楷理口譯　(清)華蘅芳筆述　清光緒二十三年(1897)上海璣衡堂石印本　一冊

110000－0143－0014907　PG371/1
測候叢談四卷　(美國)金楷理口譯　(清)華蘅芳筆述　清末江南製造總局刻本　二冊

110000－0143－0014908　PG371/6
談天十八卷首一卷附一卷　(英國)侯失勒著　(英國)偉烈亞力口譯　(清)李善蘭刪述　(清)徐建寅續述　清光緒刻本　一冊

110000－0143－0014909　PG371/6－1
談天十八卷首一卷附一卷　(英國)侯失勒著　(英國)偉烈亞力口譯　(清)李善蘭刪述　(清)徐建寅續述　清光緒刻本　一冊

110000－0143－0014910　PG371/7
天文地學歌略不分卷　葉瀾撰　清光緒二十三年(1897)周氏刻本　一冊

110000－0143－0014911　PG371/8
天文啟蒙七卷首一卷　(英國)艾約瑟譯　清光緒十二年(1886)總稅務司署刻本　一冊

110000－0143－0014912　PG371/8
天文啟蒙七卷首一卷　(英國)艾約瑟譯　清光緒十二年(1886)總稅務司署刻本　一冊

110000－0143－0014913　PG371/11
報風要則不分卷　(清)上海徐家滙天文臺著　清光緒二十三年(1897)徐家匯天文臺鉛印本　一冊

110000－0143－0014914　PG371/17
啟悟要津二十課　(美國)卜舫濟撰　清光緒十五年(1889)刻本　一冊　缺二課(十九至二十)

110000－0143－0014915　PG371/19

時憲輯要二卷　(清)陳希齡輯著　清同治五年(1866)北京陳氏刻本　一冊

110000－0143－0014916　PG371/26

天文步天歌不分卷　(清)何君藩撰　清光緒十六年(1890)刻本　一冊

110000－0143－0014917　PG371/27

通占大象曆星經二卷　(漢)甘公　(漢)石申撰　明汲古閣刻本　一冊

110000－0143－0014918　PG371/28

天文大象賦二卷　(隋)李播撰　(清)六嚴校　清咸豐六年(1856)刻本　二冊

110000－0143－0014919　PG372/1

欽定萬年書二卷　(清)鍾之模撰　清光緒刻本　四冊

110000－0143－0014920　PG372/1－1

欽定萬年書二卷　(清)鍾之模撰　清光緒刻本　一冊

110000－0143－0014921　SG372/2

大清宣統二年歲次庚戌時憲書一卷　(清)欽天監編　清宣統元年(1909)刻朱墨套印本　一冊

110000－0143－0014922　PG372/3

歷代長術輯要十卷附古今推步諸術攷二卷　(清)汪曰楨撰　清光緒四年(1878)烏程汪氏刻本　六冊

110000－0143－0014923　PG372/3

歷代長術輯要十卷附古今推步諸術攷二卷　(清)汪曰楨撰　清光緒四年(1878)烏程汪氏刻本　一冊　缺二卷(附古今推步諸術攷二卷)

110000－0143－0014924　PG372/4

大清光緒二十七年歲次辛丑時憲書一卷　(清)欽天監編　清光緒二十六年(1900)北京欽天監刻本　一冊

110000－0143－0014925　PG372/4－1

大清光緒三十一年歲次乙巳時憲書一卷　(清)欽天監編　清光緒三十年(1904)北京欽天監刻本　一冊

110000－0143－0014926　PG372/5

李氏遺書十一種十八卷　(清)李銳撰　清光緒十六年(1890)上海醉六堂刻本　六冊

110000－0143－0014927　PG372/5－1

李氏遺書十一種十八卷　(清)李銳撰　清道光三年(1823)儀徵阮氏刻本　六冊

110000－0143－0014928　SG372/7

大清道光二十年歲次庚子時憲書一卷　(清)欽天監編　清道光十九年(1839)刻朱墨套印本　一冊

110000－0143－0014929　SG372/7－1

大清道光四年歲次甲申時憲書一卷　(清)欽天監編　清道光三年(1823)刻朱墨套印本　一冊

110000－0143－0014930　SG372/7－2

大清道光二年歲次癸未時憲書一卷　(清)欽天監編　清道光二年(1822)刻朱墨套印本　一冊

110000－0143－0014931　SG372/7－3

大清道光十二年歲次壬辰時憲書一卷　(清)欽天監編　清道光十一年(1831)刻朱墨套印本　一冊

110000－0143－0014932　SG372/7－4

大清道光十年歲次庚寅時憲書一卷　(清)欽天監編　清道光九年(1829)刻朱墨套印本　一冊

110000－0143－0014933　SG372/7－5

大清道光六年歲次丙戌時憲書一卷　(清)欽天監編　清道光五年(1825)刻朱墨套印本　一冊

110000－0143－0014934　SG372/7－6

大清道光二十六年歲次丙午時憲書一卷　(清)欽天監編　清道光二十五年(1845)刻朱墨套印本　一冊

110000－0143－0014935　SG372/7－7

大清道光二十二年歲次壬寅時憲書一卷

(清)欽天監編　清道光二十一年(1841)刻朱墨套印本　一册

110000－0143－0014936　SG372/7－8
大清道光十九年歲次己亥時憲書一卷　(清)欽天監編　清道光十八年(1838)刻朱墨套印本　一册

110000－0143－0014937　SG372/7－9
大清道光十八年歲次戊戌時憲書一卷　(清)欽天監編　清道光十七年(1837)刻朱墨套印本　一册

110000－0143－0014938　SG372/7－10
大清道光十三年歲次癸巳時憲書一卷　(清)欽天監編　清道光十二年(1832)刻朱墨套印本　一册

110000－0143－0014939　SG372/7－11
大清道光二十七年歲次丁未時憲書一卷　(清)欽天監編　清道光二十六年(1846)刻朱墨套印本　一册

110000－0143－0014940　SG372/7－12
大清道光二十七年歲次丁未時憲書一卷　(清)欽天監編　清道光二十六年(1846)刻朱墨套印本　一册

110000－0143－0014941　SG372/7－13
大清道光二十四年歲次甲辰時憲書一卷　(清)欽天監編　清道光二十三年(1843)刻朱墨套印本　一册

110000－0143－0014942　SG372/7－14
大清道光二十五年歲次乙巳時憲書一卷　(清)欽天監編　清道光二十四年(1844)刻朱墨套印本　一册

110000－0143－0014943　SG372/7－15
大清道光二十八年歲次戊申時憲書一卷　(清)欽天監編　清道光二十七年(1847)刻朱墨套印本　一册

110000－0143－0014944　SG372/7－16
大清道光十一年歲次辛卯時憲書一卷　(清)欽天監編　清道光十年(1830)刻朱墨套印本　一册

110000－0143－0014945　SG372/7－17
大清道光十四年歲次甲午時憲書一卷　(清)欽天監編　清道光十三年(1833)刻朱墨套印本　一册

110000－0143－0014946　SG372/7－18
大清道光十五年歲次乙未時憲書一卷　(清)欽天監編　清道光十四年(1834)刻朱墨套印本　一册

110000－0143－0014947　SG372/7－19
大清道光十六年歲次丙申時憲書一卷　(清)欽天監編　清道光十五年(1835)刻朱墨套印本　一册

110000－0143－0014948　SG372/7－20
大清道光十七年歲次丁酉時憲書一卷　(清)欽天監編　清道光十六年(1836)刻朱墨套印本　一册

110000－0143－0014949　SG372/7－21
大清道光二十一年歲次辛丑時憲書一卷　(清)欽天監編　清道光二十年(1840)刻朱墨套印本　一册

110000－0143－0014950　SG372/7－22
大清道光二十三年歲次癸卯時憲書一卷　(清)欽天監編　清道光二十二年(1842)刻朱墨套印本　一册

110000－0143－0014951　SG372/7－25
大清道光元年歲次辛巳時憲書一卷　(清)欽天監編　清嘉慶二十五年(1820)刻朱墨套印本　一册

110000－0143－0014952　SG372/7－26
大清道光五年歲次乙酉時憲書一卷　(清)欽天監編　清道光四年(1824)刻朱墨套印本　一册

110000－0143－0014953　SG372/7－27
大清道光二年歲次壬午時憲書一卷　(清)欽天監編　清道光元年(1821)刻朱墨套印本　一册

110000－0143－0014954　SG372/7－28
大清道光七年歲次丁亥時憲書一卷　（清）欽天監編　清道光六年（1826）刻朱墨套印本　一册

110000－0143－0014955　SG372/7－29
大清道光八年歲次戊子時憲書一卷　（清）欽天監編　清道光七年（1827）刻朱墨套印本　一册

110000－0143－0014956　SG372/7－30
大清道光九年歲次己丑時憲書一卷　（清）欽天監編　清道光八年（1828）刻朱墨套印本　一册

110000－0143－0014957　SG372/8
大清同治六年歲次丁卯時憲書一卷　（清）欽天監編　清同治五年（1866）刻朱墨套印本　一册

110000－0143－0014958　SG372/8－1
大清同治七年歲次戊辰時憲書一卷　（清）欽天監編　清同治六年（1867）刻朱墨套印本　一册

110000－0143－0014959　SG372/8－2
大清同治八年歲次己巳時憲書一卷　（清）欽天監編　清同治七年（1868）刻朱墨套印本　一册

110000－0143－0014960　SG372/8－3
大清同治十年歲次辛未時憲書一卷　（清）欽天監編　清同治九年（1870）刻朱墨套印本　一册

110000－0143－0014961　SG372/8－4
大清同治十一年歲次壬申時憲書一卷　（清）欽天監編　清同治十年（1871）刻朱墨套印本　一册

110000－0143－0014962　SG372/8－5
大清同治十二年歲次癸酉時憲書一卷　（清）欽天監編　清同治十一年（1872）刻朱墨套印本　一册

110000－0143－0014963　SG372/8－6
大清同治十三年歲次甲戌時憲書一卷　（清）欽天監編　清同治十二年（1873）刻朱墨套印本　一册

110000－0143－0014964　SG372/8－7
大清同治十四年歲次乙亥時憲書一卷　（清）欽天監編　清同治十三年（1874）刻朱墨套印本　一册

110000－0143－0014965　SG372/8－8
大清同治四年歲次乙丑時憲書一卷　（清）欽天監編　清同治三年（1864）刻朱墨套印本　一册

110000－0143－0014966　SG372/8－9
大清同治九年歲次庚午時憲書一卷　（清）欽天監編　清同治八年（1869）刻朱墨套印本　一册

110000－0143－0014967　SG372/8－10
大清同治十年歲次辛未時憲書一卷　（清）欽天監編　清同治九年（1870）刻朱墨套印本　一册

110000－0143－0014968　SG372/8－11
大清同治二年歲次甲子時憲書一卷　（清）欽天監編　清同治二年（1863）刻朱墨套印本　一册

110000－0143－0014969　SG372/8－12
大清同治二年歲次癸亥時憲書一卷　（清）欽天監編　清同治元年（1862）刻朱墨套印本　一册

110000－0143－0014970　SG372/8－13
大清同治五年歲次丙寅時憲書一卷　（清）欽天監編　清同治四年（1865）刻朱墨套印本　一册

110000－0143－0014971　SG372/8－14
大清同治元年歲次壬戌時憲書一卷　（清）欽天監編　清咸豐十一年（1861）刻朱墨套印本　一册

110000－0143－0014972　SG372/9
大清宣統二年歲次庚戌時憲書一卷　（清）欽

天監編　清宣統元年(1909)刻朱墨套印本　一册

110000－0143－0014973　SG372/9
大清宣統三年歲次辛亥時憲書一卷　(清)欽天監編　清宣統二年(1910)刻朱墨套印本　一册

110000－0143－0014974　SG372/9
大清宣統四年歲次壬子時憲書一卷　(清)欽天監編　清宣統三年(1911)刻朱墨套印本　一册

110000－0143－0014975　PG372/10
大清光緒二十六年時憲書一卷　(清)欽天監編　清光緒二十五年(1899)北京欽天監刻本　一册

110000－0143－0014976　SG372/10
大清光緒三十三年歲次丁未時憲書一卷　(清)欽天監編　清光緒三十二年(1906)刻朱墨套印本　一册

110000－0143－0014977　SG372/10－1
大清光緒二十八年歲次壬寅時憲書一卷　(清)欽天監編　清光緒二十七年(1901)刻朱墨套印本　一册

110000－0143－0014978　SG372/10－2
大清光緒十五年歲次己丑時憲書一卷　(清)欽天監編　清光緒十四年(1888)刻朱墨套印本　一册

110000－0143－0014979　SG372/10－3
大清光緒三十四年歲次戊申時憲書一卷　(清)欽天監編　清光緒三十三年(1907)刻朱墨套印本　一册

110000－0143－0014980　SG372/10－4
大清光緒三十一年歲次乙巳時憲書一卷　(清)欽天監編　清光緒三十年(1904)刻朱墨套印本　一册

110000－0143－0014981　SG372/10－5
大清光緒二十年歲次甲午時憲書一卷　(清)欽天監編　清光緒十九年(1893)刻朱墨套印本　一册

110000－0143－0014982　SG372/10－6
大清光緒三十年歲次甲辰時憲書一卷　(清)欽天監編　清光緒二十九年(1903)刻朱墨套印本　一册

110000－0143－0014983　SG372/10－7
大清光緒二十六年歲次庚子時憲書一卷　(清)欽天監編　清光緒二十五年(1899)刻朱墨套印本　一册

110000－0143－0014984　SG372/10－8
大清光緒三十年歲次甲辰時憲書一卷　(清)欽天監編　清光緒二十九年(1903)刻朱墨套印本　一册

110000－0143－0014985　SG372/10－9
大清光緒三十二年歲次丙午時憲書一卷　(清)欽天監編　清光緒三十一年(1905)刻朱墨套印本　一册

110000－0143－0014986　SG372/10－11
大清光緒十三年歲次丁亥時憲書一卷　(清)欽天監編　清光緒十二年(1886)刻朱墨套印本　一册

110000－0143－0014987　SG372/10－12
大清光緒二十八年七政經緯躔度時憲書一卷　(清)欽天監編　清光緒二十七年(1901)刻朱墨套印本　一册

110000－0143－0014988　SG372/10－13
大清光緒二十七年歲次辛丑時憲書一卷　(清)欽天監編　清光緒二十六年(1900)刻朱墨套印本　一册

110000－0143－0014989　SG372/12
大清嘉慶二十三年歲次戊寅時憲書一卷　(清)欽天監編　清嘉慶二十二年(1817)刻朱墨套印本　一册

110000－0143－0014990　SG372/12－1
大清嘉慶十六年歲次辛未時憲書一卷　(清)欽天監編　清嘉慶十五年(1810)刻朱墨套印本　一册

110000－0143－0014991　SG372/12－2
大清嘉慶十九年歲次甲戌時憲書一卷　(清)欽天監編　清嘉慶十八年(1813)刻朱墨套印本　一册

110000－0143－0014992　SG372/12－3
大清嘉慶十八年歲次癸酉時憲書一卷　(清)欽天監編　清嘉慶十七年(1812)刻朱墨套印本　一册

110000－0143－0014993　SG372/12－4
大清嘉慶十三年歲次戊辰時憲書一卷　(清)欽天監編　清嘉慶十二年(1807)刻朱墨套印本　一册

110000－0143－0014994　SG372/12－5
大清嘉慶二十一年歲次丙子時憲書一卷　(清)欽天監編　清嘉慶二十年(1815)刻朱墨套印本　一册

110000－0143－0014995　SG372/12－6
大清嘉慶二十年歲次乙亥時憲書一卷　(清)欽天監編　清嘉慶十九年(1814)刻朱墨套印本　一册

110000－0143－0014996　SG372/12－7
大清嘉慶十二年歲次丁卯時憲書一卷　(清)欽天監編　清嘉慶十一年(1806)刻朱墨套印本　一册

110000－0143－0014997　SG372/12－8
大清嘉慶十五年歲次庚午時憲書一卷　(清)欽天監編　清嘉慶十四年(1809)刻朱墨套印本　一册

110000－0143－0014998　SG372/12－9
大清嘉慶二十五年歲次庚辰時憲書一卷　(清)欽天監編　清嘉慶二十四年(1819)刻朱墨套印本　一册

110000－0143－0014999　SG372/12－10
大清嘉慶二十二年歲次丁丑時憲書一卷　(清)欽天監編　清嘉慶二十一年(1816)刻朱墨套印本　一册

110000－0143－0015000　SG372/12－11
大清嘉慶二十四年歲次己卯時憲書一卷　(清)欽天監編　清嘉慶二十三年(1818)刻朱墨套印本　一册

110000－0143－0015001　SG372/12－12
大清嘉慶十年歲次己丑時憲書一卷　(清)欽天監編　清嘉慶九年(1804)刻朱墨套印本　一册

110000－0143－0015002　SG372/12－15
大清嘉慶七年歲次壬戌時憲書一卷　(清)欽天監編　清嘉慶六年(1801)刻朱墨套印本　一册

110000－0143－0015003　SG372/12－16
大清嘉慶八年歲次癸亥時憲書一卷　(清)欽天監編　清嘉慶七年(1802)刻朱墨套印本　一册

110000－0143－0015004　SG372/12－18
大清嘉慶五年歲次庚申時憲書一卷　(清)欽天監編　清嘉慶四年(1799)刻朱墨套印本　一册

110000－0143－0015005　SG372/12－19
大清嘉慶三年歲次戊午時憲書一卷　(清)欽天監編　清嘉慶二年(1797)刻朱墨套印本　一册

110000－0143－0015006　SG372/12－20
大清嘉慶六年歲次辛酉時憲書一卷　(清)欽天監編　清嘉慶五年(1800)刻朱墨套印本　一册

110000－0143－0015007　SG372/12－21
大清嘉慶十四年歲次己巳時憲書一卷　(清)欽天監編　清嘉慶十三年(1808)刻朱墨套印本　一册

110000－0143－0015008　SG372/12－22
大清嘉慶二年歲次丁巳時憲書一卷　(清)欽天監編　清嘉慶元年(1796)刻朱墨套印本　一册

110000－0143－0015009　SG372/12－23
大清嘉慶四年歲次己未時憲書一卷　(清)欽

天監編　清嘉慶三年(1798)刻朱墨套印本　一冊

110000－0143－0015010　SG372/12－24
大清嘉慶十一年歲次丙寅時憲書一卷　(清)欽天監編　清嘉慶十年(1805)刻朱墨套印本　一冊

110000－0143－0015011　SG372/13
大清咸豐二年歲次壬子時憲書一卷　(清)欽天監編　清咸豐元年(1851)刻朱墨套印本　一冊

110000－0143－0015012　SG372/13－1
大清咸豐三年歲次癸丑時憲書一卷　(清)欽天監編　清咸豐二年(1852)刻朱墨套印本　一冊

110000－0143－0015013　SG372/13－2
大清咸豐四年歲次甲寅時憲書一卷　(清)欽天監編　清咸豐三年(1853)刻朱墨套印本　一冊

110000－0143－0015014　SG372/13－3
大清咸豐五年歲次乙卯時憲書一卷　(清)欽天監編　清咸豐四年(1854)刻朱墨套印本　一冊

110000－0143－0015015　SG372/13－4
大清咸豐五年歲次乙卯時憲書一卷　(清)欽天監編　清咸豐四年(1854)刻朱墨套印本　一冊

110000－0143－0015016　SG372/13－5
大清咸豐六年歲次丙辰時憲書一卷　(清)欽天監編　清咸豐五年(1855)刻朱墨套印本　一冊

110000－0143－0015017　SG372/13－6
大清咸豐六年歲次丙辰時憲書一卷　(清)欽天監編　清咸豐五年(1855)刻朱墨套印本　一冊

110000－0143－0015018　SG372/13－7
大清咸豐七年歲次丁巳時憲書一卷　(清)欽天監編　清咸豐六年(1856)刻朱墨套印本　一冊

110000－0143－0015019　SG372/13－8
大清咸豐八年歲次戊午時憲書一卷　(清)欽天監編　清咸豐七年(1857)刻朱墨套印本　一冊

110000－0143－0015020　SG372/13－9
大清咸豐九年歲次己未時憲書一卷　(清)欽天監編　清咸豐八年(1858)刻朱墨套印本　一冊

110000－0143－0015021　SG372/13－10
大清咸豐十年歲次庚申時憲書一卷　(清)欽天監編　清咸豐九年(1859)刻朱墨套印本　一冊

110000－0143－0015022　SG372/13－11
大清咸豐十一年歲次辛酉時憲書一卷　(清)欽天監編　清咸豐十年(1860)刻朱墨套印本　一冊

110000－0143－0015023　SG372/13－12
大清咸豐元年歲次辛亥時憲書一卷　(清)欽天監編　清道光三十年(1850)刻朱墨套印本　一冊

110000－0143－0015024　PG372/16
中西四千年紀歷不分卷附正統改元　孔昭焱編　清光緒二十三年(1897)曼木草堂刻本　一冊

110000－0143－0015025　PG372/16
辯宜齋野乘一卷　(宋)吴枋著　(清)陳鍾英辯　**駁正朔考一卷**　(宋)魏了翁考　(清)陳鍾英輯　清道光四年(1824)歸禮堂刻本　一冊

110000－0143－0015026　PG372/18
春秋經傳日月考一卷　(清)鄒伯奇撰　清光緒二十七年(1901)兩湖書院刻本　一冊

110000－0143－0015027　PG372/22
精選長曆不分卷　(明)董德彰撰　清光緒二十年(1894)刻本　二冊

110000－0143－0015028　PG373/1

算數名義釋例三卷 (清)李固松著 (清)王德尚編 清光緒二十八年(1902)上海書局石印本 一册

110000－0143－0015029 PG373/1
算數名義釋例三卷 (清)李固松著 (清)王德尚編 清光緒二十八年(1902)上海書局石印本 一册

110000－0143－0015030 PG373/2
圓錐曲線不分卷 (美國)路密司撰 (美國)求德生選譯 (清)劉維師筆述 清光緒二十七年(1901)上洋美華書館鉛印本 一册

110000－0143－0015031 PG373/3
中西算學大成一百卷 (清)陳維祺撰 清光緒十五年(1889)上海同文書局石印本 十九册

110000－0143－0015032 PG373/4
算式集要四卷 (英國)哈司韋輯 (英國)傅蘭雅口譯 (清)江衡筆述 清光緒二十二年(1896)上海璣衡堂石印本 二册

110000－0143－0015033 PG373/4－1
算式集要四卷 (英國)哈司韋輯 (英國)傅蘭雅口譯 (清)江衡筆述 清末刻本 二册

110000－0143－0015034 PG373/4－1
算式集要四卷 (英國)哈司韋輯 (英國)傅蘭雅口譯 (清)江衡筆述 清末刻本 二册

110000－0143－0015035 PG373/5
中西算學九種二卷 (清)賀尹東編輯 清光緒二十八年(1902)上洋新學書局石印本 二册

110000－0143－0015036 PG373/6
增删演算法統宗十二卷附雜法 (明)程大位編輯 (清)梅瑴成增删 清光緒二十二年(1896)上海璣衡堂石印本 二册

110000－0143－0015037 PG373/9
御製數理精蘊四卷 (明)徐光啓譯 清光緒十九年(1893)江南製造局鉛印本 三册

110000－0143－0015038 PG373/10
則古昔齋算學十三種二十四卷 (清)李善蘭撰 清同治六年(1867)金陵刻本 一册

110000－0143－0015039 PG373/10
則古昔齋算學十三種二十四卷 (清)李善蘭撰 清同治六年(1867)金陵刻本 八册

110000－0143－0015040 PG373/12
重學二十卷附曲線說三卷 (英國)艾約瑟口譯 (清)李善蘭筆述 清同治五年(1866)刻本 三册 存十卷(重學一至十)

110000－0143－0015041 PG373/14
梅氏叢書輯要二十二種六十卷首一卷附錄二種二卷 (清)梅文鼎著 清同治十三年(1874)湖南宣城梅纘高頤園刻本 二十四册

110000－0143－0015042 PG373/14－1
籌算三卷 (清)梅文鼎著 (清)梅瑴成 (清)梅玕成重校輯 清末刻本 二册

110000－0143－0015043 PG373/15
心逸軒演算法四卷 (清)吳中順箸 清光緒二十七年(1901)太倉吳枕善堂刻本 四册

110000－0143－0015044 PG373/16
數學啟蒙二卷附對數表 (英國)偉烈亞力撰 清光緒二十二年(1896)經濟書堂刻本 二册

110000－0143－0015045 PG373/17
天算策學通纂十卷 (清)江衡輯 清光緒十四年(1888)上海書局石印本 二册

110000－0143－0015046 PG373/18(1)
數學上編十三卷答數不分卷 曹汝英學 清光緒二十九年(1903)羊城刻本 四册

110000－0143－0015047 PG373/18(2)
數學上編十三卷坿卷二卷 曹汝英學 清光緒三十年(1904)武昌刻本 二册

110000－0143－0015048 PG373/20
算學發蒙珠算五卷 (清)潘逢禧述 清末刻本 一册

110000－0143－0015049 PG373/22
靈憲書屋算草二卷 (清)張鴻勛學衍 清光

緒二十八年(1902)綿竹山房刻本　二册

110000－0143－0015050　PG373/23
算經十書十一種三十七卷　(清)孔繼涵輯　清光緒十六年(1890)滬上刻本　十二册

110000－0143－0015051　PG373/24
鄒徵君遺書八種附刻二種　(清)鄒伯奇撰　清同治十三年(1874)粤東鄒達泉拾芥園刻本　五册　缺二種(輿地全圖、赤道南北恒星圖)

110000－0143－0015052　PG373/24
鄒徵君遺書八種附刻二種　(清)鄒伯奇撰　清同治十三年(1874)粤東鄒達泉拾芥園刻本　五册　缺二種(輿地全圖、赤道南北恒星圖)

110000－0143－0015053　PG373/25
百硯齋算稿八種十九卷　(清)凌步芳著　清光緒二十八年至三十二年(1902－1906)番禺凌百硯齋刻並增刻本　四册

110000－0143－0015054　PG373/26
董方立遺書九種十六卷　(清)董祐誠撰　(清)董基誠輯　清道光十年(1830)京都陽湖董基誠刻本　四册

110000－0143－0015055　PG373/26
董方立遺書八種十四卷附移華館駢體文四卷　(清)董祐誠撰　(清)董基誠輯　清同治八年(1869)成都寓舍陽湖董貽清刻本　五册

110000－0143－0015056　PG373/26
文甲集二卷蘭石詞一卷　(清)董祐誠撰　清同治八年(1869)成都寓舍陽湖董貽清刻本　一册

110000－0143－0015057　PG373/26
董方立算書五種七卷　(清)董祐誠撰　清道光刻本　二册

110000－0143－0015058　PG373/28
四元玉鑑細艸三卷四象細艸假令之圖一卷附補增一卷　(元)朱世傑編述　(清)羅士琳補艸　清道光十七年(1837)甘泉易之瀚刻本　二册　存二卷(四元玉鑑細艸上之一至六、四象細艸假令之圖一卷)

110000－0143－0015059　PG373/29
尖錐曲綫考一卷尖錐術解一卷　(清)方克猷學　清光緒三十二年(1906)刻本　一册

110000－0143－0015060　PG373/31
衡齋算學遺書合刻二種十六卷　(清)汪萊箸　清咸豐四年(1854)夏燮鄱陽縣署刻本　二册

110000－0143－0015061　PG373/35
筭學啓蒙述義三卷　(元)朱世傑編撰　**附總括望海島術**　(清)王鑒學　清光緒十年(1884)刻本　六册

110000－0143－0015062　PG373/36
代數難題解法十六卷　(英國)倫德編輯　(英國)傅蘭雅口譯　(清)華蘅芳筆述　清光緒上海江南製造局刻本　六册

110000－0143－0015063　PG373/65
學算存略三卷　(清)安清翹撰　清嘉慶樹人堂刻本　一册

110000－0143－0015064　PG38/1
歷代畫史彙傳七十二卷首一卷總目三卷附錄二卷　(清)彭蘊璨編　清同治刻本　三十一册　缺二卷(三十五至三十六)

110000－0143－0015065　PG38/1－1
歷代畫史彙傳七十二卷首一卷總目三卷附錄二卷　(清)彭蘊璨編　清道光至咸豐刻本　三十二册

110000－0143－0015066　PG38/2
庚子銷夏記八卷　(清)孫承澤著　清宣統三年(1911)上海掃葉山房石印本　四册

110000－0143－0015067　PG38/2－1
庚子消夏錄碑帖攷一卷　(清)孫承澤著　**璞璧攷一卷**　(清)陳性撰　清光緒五年(1879)海霈刻本　一册

110000－0143－0015068　PG38/5
清河書畫舫十二卷附補遺　(明)張丑撰　清

刻本　六册

110000－0143－0015069　PG38/5

清河書畫舫十二卷附補遺　（明）張丑撰　清乾隆二十七年至二十八年（1762－1763）仁和吳長元池北草堂刻本　六册

110000－0143－0015070　PG38/6

揚州畫舫錄十八卷附題詞　（清）李斗著　清嘉慶自然盦刻道光增刻本　六册

110000－0143－0015071　PG38/6

揚州畫舫錄十八卷附題詞　（清）李斗著　清嘉慶自然盦刻道光增刻本　六册　存十三卷（一至十三）

110000－0143－0015072　PG38/6

揚州畫舫錄十八卷附題詞　（清）李斗著　清嘉慶自然盦刻道光增刻同治十一年（1872）方濬頤重刻本　六册

110000－0143－0015073　PG38/6　1

揚州畫舫錄十八卷附題詞　（清）李斗著　清宣統古今書室石印本　八册

110000－0143－0015074　PG38/8－1

佩文齋書畫譜一百卷　（清）孫岳頒等纂輯　清光緒九年（1883）上海同文書局石印本　十六册

110000－0143－0015075　PG38/10

書法正宗不分卷　（清）蔣和撰　清道光二十二年（1842）文錦堂刻本　一册

110000－0143－0015076　PG38/13

翁松禪手札不分卷　（清）翁同龢撰　（清）俞鍾鑾輯　清宣統元年（1909）石印本　十册

110000－0143－0015077　PG38/13

翁松禪手札不分卷　（清）翁同龢撰　（清）俞鍾鑾輯　清宣統元年（1909）石印本　十册

110000－0143－0015078　PG38/13

翁松禪手札不分卷　（清）翁同龢撰　（清）俞鍾鑾輯　清宣統元年（1909）石印本　十册

110000－0143－0015079　PG38/13

翁松禪手札不分卷　（清）翁同龢撰　（清）俞鍾鑾輯　清宣統元年（1909）石印本　十册

110000－0143－0015080　PG38/16

胡敬書畫攷三種八卷　（清）胡敬輯　清道光至同治刻本　四册

110000－0143－0015081　PG38/20

國朝畫徵錄三卷續錄二卷明人附錄不分卷（清）張庚著　清同治八年（1869）翰墨園刻本　二册

110000－0143－0015082　PG38/20

國朝畫徵錄三卷續錄二卷明人附錄不分卷（清）張庚著　清末刻本　二册

110000－0143－0015083　PG38/20

國朝畫徵錄三卷續錄二卷明人附錄不分卷（清）張庚著　清乾隆四年（1739）刻本　五册

110000－0143－0015084　PG38/23－1

墨林今話十八卷續編一卷　（清）蔣寶齡撰（清）蔣茝生續撰　清咸豐二年（1852）刻本　六册

110000－0143－0015085　PG38/23－1

墨林今話十八卷續編一卷　（清）蔣寶齡撰（清）蔣茝生續撰　清咸豐二年（1852）刻本　八册

110000－0143－0015086　PG38/23－1

墨林今話十八卷續編一卷　（清）蔣寶齡撰（清）蔣茝生續撰　清咸豐二年（1852）刻本　六册

110000－0143－0015087　PG38/23－2

墨林今話十八卷續編一卷　（清）蔣寶齡撰（清）蔣茝生續撰　清同治映雪艸廬刻本　六册

110000－0143－0015088　PG38/27

桐陰論畫二卷首一卷附錄一卷畫訣一卷續桐陰論畫一卷桐陰論畫三編二卷　（清）秦祖永撰　清同治三年至光緒八年（1864－1882）刻朱墨套印本　三册

110000－0143－0015089　PG38/27－1

桐陰論畫二卷　（清）秦祖永撰　清同治三年

(1864)刻朱墨套印本　十冊

110000－0143－0015090　PG38/27－1
畫學心印八卷　(清)秦祖永評輯　清光緒四年(1878)刻朱墨套印本　十冊

110000－0143－0015091　PG38/27－1
桐陰論畫二卷首一卷附錄一卷畫訣一卷續桐陰論畫一卷桐陰論畫二編二卷三編二卷　(清)秦祖永撰　清宣統二年(1910)上海中國書畫會石印本　六冊

110000－0143－0015092　PG38/32
南宋院畫錄八卷首一卷　(清)厲鶚輯　清光緒十年(1884)錢塘丁氏竹書堂邗上刻本　二冊

110000－0143－0015093　PG38/44
千甓亭磚錄六卷　(清)陸心源纂　清光緒七年(1881)吴興陸氏十萬卷樓刻本　二冊

110000－0143－0015094　PG38/44
千甓亭磚錄六卷　(清)陸心源纂　清光緒七年(1881)吴興陸氏十萬卷樓刻本　二冊

110000－0143－0015095　PG38/44－1
千甓亭磚續錄四卷　(清)陸心源纂　清光緒刻本　二冊

110000－0143－0015096　PG381/4
嶽雪樓書畫錄五卷　(清)孔廣陶編　清光緒十五年(1889)羊城三十有三萬卷堂刻本　五冊

110000－0143－0015097　PG381/4
嶽雪樓書畫錄五卷　(清)孔廣陶編　清光緒十五年(1889)羊城三十有三萬卷堂刻本　五冊

110000－0143－0015098　PG381/4
嶽雪樓書畫錄五卷　(清)孔廣陶編　清光緒十五年(1889)羊城三十有三萬卷堂刻本　五冊

110000－0143－0015099　PG381/5
松禪老人遺書不分卷　(清)翁同龢書　清光緒三十一年(1905)鄒王賓石印本　二冊

110000－0143－0015100　PG381/6
習苦齋畫絮十卷　(清)戴熙撰　(清)惠年編輯　清光緒十九年(1893)齊谷惠氏杭州鹺署刻本　六冊

110000－0143－0015101　PG381/6
習苦齋畫絮十卷　(清)戴熙撰　(清)惠年編輯　清光緒十九年(1893)齊谷惠氏杭州鹺署刻本　四冊

110000－0143－0015102　PG381/6
習苦齋畫絮十卷　(清)戴熙撰　(清)惠年編輯　清光緒十九年(1893)刻本　四冊

110000－0143－0015103　PG381/11－2
御刻三希堂石渠寶笈法帖釋文十六卷　(清)陳焯編　清末至民國影印本　六冊

110000－0143－0015104　PG381/11－2
御刻三希堂石渠寶笈法帖釋文十六卷　(清)陳焯編　清末至民國影印本　六冊

110000－0143－0015105　PG381/20
劉文清心畫帖　(清)楊振麟輯　清拓本　一冊

110000－0143－0015106　PG381/26
芥子園畫傳五卷　(清)王概摹輯　清刻本　四冊　存四卷(二至五)

110000－0143－0015107　PG381/26－1
芥子園畫傳三集六卷　(清)王概摹輯　清末石印本　四冊

110000－0143－0015108　PG381/26－2
芥子園畫傳三集六卷　(清)王概摹輯　清末石印本　四冊

110000－0143－0015109　PG381/26－2
芥子園畫傳六卷　(清)王概摹輯　清光緒十四年(1888)石印本　三冊

110000－0143－0015110　PG381/26－3
芥子園畫傳十卷　(清)王概摹輯　清光緒十四年(1888)石印本　四冊

110000－0143－0015111　PG381/26－3
芥子園畫傳十卷　(清)王概摹輯　清光緒十

四年(1888)石印本　四冊

110000－0143－0015112　PG381/26－3
芥子園畫傳十卷　(清)王概摹輯　清光緒十三年(1887)上海天寶書局石印本　四冊

110000－0143－0015113　PG381/26－10
芥子園畫傳初集序並卷一　(清)王概摹輯　清刻多色套印本　一冊

110000－0143－0015114　PG381/26－11
芥子園畫傳初集序並卷一　(清)王概摹輯　清刻多色套印本　一冊

110000－0143－0015115　PG381/26－12
芥子園畫傳初集卷三　(清)王概摹輯　清刻多色套印本　一冊

110000－0143－0015116　PG381/26－13
芥子園畫傳初集卷三　(清)王概摹輯　清刻多色套印本　一冊

110000－0143－0015117　PG381/26－14
芥子園畫傳初集序並卷一　(清)王概摹輯　清刻多色套印本　一冊

110000－0143－0015118　PG381/26－15
芥子園畫傳初集序並卷一　(清)王概摹輯　清刻多色套印本　一冊

110000－0143－0015119　PG381/26－16
芥子園畫傳二集梅譜二卷　(清)王概摹輯　清刻多色套印本　一冊

110000－0143－0015120　PG381/26－17
芥子園畫傳二集蘭譜二卷首一卷　(清)王概摹輯　清刻多色套印本　一冊

110000－0143－0015121　PG381/26－18
芥子園畫傳二集蘭譜二卷首一卷　(清)王概摹輯　清刻多色套印本　一冊

110000－0143－0015122　PG381/26－19
芥子園畫傳二集梅譜二卷　(清)王概摹輯　清刻多色套印本　一冊

110000－0143－0015123　PG381/26－20
芥子園畫傳二集梅譜二卷　(清)王概摹輯　清刻多色套印本　一冊

110000－0143－0015124　PG381/26－21
芥子園畫傳四集四卷附圖章會纂　(清)王概摹輯　清刻多色套印本　一冊　缺二卷(一至二)

110000－0143－0015125　PG381/26－22
芥子園畫傳四集卷四　(清)王概摹輯　清刻多色套印本　一冊

110000－0143－0015126　PG381/26－23
芥子園畫傳初集卷五　(清)王概摹輯　清刻多色套印本　一冊

110000－0143－0015127　PG381/26－24
芥子園畫傳四集卷三　(清)王概摹輯　清刻多色套印本　一冊

110000－0143－0015128　PG381/26－25
芥子園畫傳四集卷三　(清)王概摹輯　清刻多色套印本　一冊

110000－0143－0015129　PG381/26－26
芥子園畫傳四集卷四　(清)王概摹輯　清刻多色套印本　一冊

110000－0143－0015130　PG381/26－27
芥子園畫傳初集序並卷一　(清)王概摹輯　清刻多色套印本　一冊

110000－0143－0015131　PG381/26－28
芥子園畫傳初集序並卷一　(清)王概摹輯　清刻多色套印本　一冊

110000－0143－0015132　PG381/26－29
芥子園畫傳初集序並卷一　(清)王概摹輯　清刻多色套印本　一冊

110000－0143－0015133　PG381/26－30
芥子園畫傳初集卷二　(清)王概摹輯　清刻多色套印本　一冊

110000－0143－0015134　PG381/26－31
芥子園畫傳初集卷五　(清)王概摹輯　清刻多色套印本　一冊

110000－0143－0015135　PG381/26－32

芥子園畫傳二集蘭譜二卷首一卷　（清）王概摹輯　清刻多色套印本　一冊

110000－0143－0015136　PG381/26－33

芥子園畫傳二集梅譜二卷　（清）王概摹輯　清刻多色套印本　一冊

110000－0143－0015137　PG381/26－34

芥子園畫傳二集竹譜二卷　（清）王概摹輯　清刻多色套印本　一冊

110000－0143－0015138　PG381/26－35

芥子園畫傳二集蘭譜二卷首一卷　（清）王概摹輯　清刻多色套印本　一冊

110000－0143－0015139　PG381/26－36

芥子園畫傳二集蘭譜二卷首一卷　（清）王概摹輯　清刻多色套印本　一冊

110000－0143－0015140　PG381/26－37

芥子園畫傳二集蘭譜二卷首一卷　（清）王概摹輯　清刻多色套印本　一冊

110000－0143－0015141　PG381/26－38

芥子園畫傳三集草蟲花卉譜下冊　（清）王概摹輯　清刻多色套印本　一冊

110000－0143－0015142　PG381/26－39

芥子園畫傳三集草蟲花卉譜上冊　（清）王概摹輯　清刻多色套印本　一冊

110000－0143－0015143　PG381/26－40

芥子園畫傳二集墨蘭譜一卷　（清）王概摹輯　清刻多色套印本　一冊

110000－0143－0015144　PG381/26－41

芥子園畫傳二集墨蘭譜一卷　（清）王概摹輯　清刻多色套印本　一冊

110000－0143－0015145　PG381/26－42

芥子園畫傳四集寫真秘傳一卷　（清）王概摹輯　清刻多色套印本　一冊

110000－0143－0015146　PG381/26－43

芥子園畫傳四集寫真秘傳一卷圖章會纂一卷　（清）王概摹輯　清刻多色套印本　一冊

110000－0143－0015147　PG381/26－44

芥子園畫傳二集竹譜二卷　（清）王概摹輯　清刻多色套印本　一冊

110000－0143－0015148　PG381/26－45

芥子園畫傳二集竹譜二卷　（清）王概摹輯　清刻多色套印本　一冊

110000－0143－0015149　PG381/26－46

芥子園畫傳四集卷二附寫真秘傳一卷　（清）王概摹輯　清刻多色套印本　一冊

110000－0143－0015150　PG381/26－47

芥子園畫傳四集卷二　（清）王概摹輯　清刻多色套印本　一冊

110000－0143－0015151　PG381/26－48

芥子園畫傳四集卷二　（清）王概摹輯　清刻多色套印本　一冊

110000－0143－0015152　PG381/26－49

芥子園畫傳初集卷二　（清）王概摹輯　清刻多色套印本　一冊

110000－0143－0015153　PG381/26－50

芥子園畫傳初集卷二　（清）王概摹輯　清刻多色套印本　一冊

110000－0143－0015154　PG381/26－51

芥子園畫傳三集翎毛花卉譜上冊　（清）王概摹輯　清刻多色套印本　一冊

110000－0143－0015155　PG381/26－52

芥子園畫傳三集翎毛花卉譜下冊　（清）王概摹輯　清刻多色套印本　一冊

110000－0143－0015156　PG381/26－53

芥子園畫傳三集草蟲花卉譜下冊　（清）王概摹輯　清刻多色套印本　一冊

110000－0143－0015157　PG381/26－54

芥子園畫傳三集翎毛花卉譜上冊　（清）王概摹輯　清刻多色套印本　一冊

110000－0143－0015158　PG381/26－55

芥子園畫傳三集草蟲花卉譜上冊　（清）王概摹輯　清刻多色套印本　一冊

110000－0143－0015159　PG381/26－56

芥子園畫傳初集卷四　(清)王概摹輯　清刻多色套印本　一册

110000－0143－0015160　PG381/26－57
芥子園畫傳初集卷四　(清)王概摹輯　清刻多色套印本　一册

110000－0143－0015161　PG381/26－58
芥子園畫傳三集翎毛花卉譜上册　(清)王概摹輯　清刻多色套印本　一册

110000－0143－0015162　PG381/26－59
芥子園畫傳三集翎毛花卉譜下册　(清)王概摹輯　清刻多色套印本　一册

110000－0143－0015163　PG381/26－60
芥子園畫傳初集卷二　(清)王概摹輯　清刻多色套印本　一册

110000－0143－0015164　PG381/26－61
芥子園畫傳三集草蟲花卉譜上册　(清)王概摹輯　清刻多色套印本　一册

110000－0143－0015165　PG381/26－62
芥子園畫傳初集卷四　(清)王概摹輯　清刻多色套印本　一册

110000－0143－0015166　PG381/26－63
賞奇軒四種合編四卷　(清)陳旭撰　清石印本　二册

110000－0143－0015167　PG381/26－64
芥子園畫傳初集卷五　(清)王概摹輯　清刻多色套印本　一册

110000－0143－0015168　PG381/26－65
芥子園畫傳初集卷四　(清)王概摹輯　清刻多色套印本　一册

110000－0143－0015169　PG381/26－66
芥子園畫傳初集卷二　(清)王概摹輯　清刻多色套印本　一册

110000－0143－0015170　PG381/26－67
芥子園畫傳初集卷二　(清)王概摹輯　清刻多色套印本　一册

110000－0143－0015171　PG381/26－68
芥子園畫傳初集卷四　(清)王概摹輯　清刻多色套印本　一册

110000－0143－0015172　PG381/26－69
芥子園畫傳初集卷四　(清)王概摹輯　清刻多色套印本　一册

110000－0143－0015173　PG381/26－70
芥子園畫傳初集卷三　(清)王概摹輯　清刻多色套印本　一册

110000－0143－0015174　PG381/26－71
芥子園畫傳初集卷三　(清)王概摹輯　清刻多色套印本　一册

110000－0143－0015175　PG381/26－72
芥子園畫傳初集卷三　(清)王概摹輯　清刻多色套印本　一册

110000－0143－0015176　PG381/26－73
芥子園畫傳二集蘭譜二卷首一卷　(清)王概摹輯　清刻多色套印本　一册

110000－0143－0015177　PG381/26－74
芥子園畫傳初集卷三　(清)王概摹輯　清刻多色套印本　一册

110000－0143－0015178　PG381/26－75
芥子園畫傳初集卷三　(清)王概摹輯　清刻多色套印本　一册

110000－0143－0015179　PG381/34
昭代名人尺牘二十四卷尺牘小傳二十四卷　(清)吳修審定并采輯　清光緒三十四年(1908)上海積古齋石印本　十四册

110000－0143－0015180　PG381/35
太傅李文忠公墓志銘　(清)吳汝綸撰　于式枚書　清拓本　一册

110000－0143－0015181　PG381/36－2
積古齋鐘鼎彝器款識十卷　(清)阮元編錄　清光緒九年(1883)常熟鮑氏後知不足齋刻本　四册

110000－0143－0015182　PG381/37
御製平定準噶爾告成太學碑文　(清)高宗弘曆書　清拓本　二册

110000－0143－0015183　PG381/43
天香樓藏帖　(清)王望霖輯　清嘉慶至道光上虞王氏刻拓本　十册　缺一卷(六)

110000－0143－0015184　PG381/53
張勇烈公神道碑　(清)陳澧撰　清宣統二年(1910)湖北官刷印局石印本　一册

110000－0143－0015185　PG381/74
書畫鑑影二十四卷　(清)李佐賢撰　清同治十年(1871)利津李氏刻本　八册

110000－0143－0015186　PG381/74
書畫鑑影二十四卷　(清)李佐賢撰　清同治十年(1871)利津李氏刻本　八册

110000－0143－0015187　PG381/75
甌鉢羅室書畫過目攷四卷首一卷附卷一卷　(清)李玉棻輯　清宣統三年(1911)石印本　四册

110000－0143－0015188　PG381/75－1
甌鉢羅室書畫過目攷四卷首一卷附卷一卷　(清)李玉棻輯　清光緒上海朝記書莊依潞河李氏家刻本印行本　四册

110000－0143－0015189　PG381/75－1
甌鉢羅室書畫過目攷四卷首一卷附卷一卷　(清)李玉棻輯　清光緒二十三年(1897)京都隆福寺文奎堂刻本　四册

110000－0143－0015190　PG381/75－2
歐鉢羅室書畫過目攷四卷首一卷附錄一卷　(清)李玉棻輯　清光緒二十三年(1897)京都隆福寺文奎堂刻本　四册

110000－0143－0015191　PG381/77
敦煌石室真蹟錄不分卷　王仁俊輯　清宣統元年(1909)王氏影印寫本　一册

110000－0143－0015192　PG381/77－2
敦煌石室遺書不分卷　羅振玉輯　清宣統元年(1909)鉛印本　一册

110000－0143－0015193　PG381/78
點石齋畫報大全四十四集　(清)尊聞閣主人輯　清宣統二年(1910)上海集成圖書公司石印本　九十册

110000－0143－0015194　PG381/82
臨本郭有道碑　(清)曹培亨書　清宣統元年(1909)上海南洋官書局石印本　一册

110000－0143－0015195　PG381/96－1
畫禪室隨筆四卷　(明)董其昌著　清大魁堂刻本　二册

110000－0143－0015196　PG381/96－1
畫禪室隨筆四卷　(明)董其昌著　(明)楊補編次　清大魁堂刻本　二册

110000－0143－0015197　PG381/102
虚齋名畫錄十六卷　龐元濟編次　清宣統元年(1909)申江烏程龐氏刻本　十六册

110000－0143－0015198　PG381/103
畫家三昧八卷　(清)釋竹禪撰　清光緒十八年(1892)安禪堂刻本　八册

110000－0143－0015199　PG381/109
青霞舘論畫絕句一百首首一卷　(清)吳修撰　清光緒二年(1876)錢江莒氏嘯園刻本　一册

110000－0143－0015200　PG381/109
青霞舘論畫絕句一百首首一卷　(清)吳修撰　清光緒二年(1876)錢江莒氏嘯園刻本　一册

110000－0143－0015201　PG381/137
歷代名媛圖二卷　(清)羅文弨編　清石印本　四册

110000－0143－0015202　PG381/155
吳越所見書畫錄六卷　(清)陸時化輯　清光緒五年(1879)江標懷珠閣木活字印本　六册

110000－0143－0015203　PG381/164
新寧劉宮保七旬賜壽圖　(清)恩壽等輯　清光緒二十六年(1900)石印本　六册

110000－0143－0015204　PG381/174
庚子記念圖題詞不分卷　(清)黃宗仰著　清光緒二十七年(1901)鉛印本　一册

110000－0143－0015205　PG381/178

愛日吟廬書畫錄四卷補錄一卷續錄八卷別錄四卷　(清)葛金烺輯　葛嗣浵續輯　清宣統二年至民國二年(1910－1913)當湖葛氏刻本　六冊

110000－0143－0015206　PG381/183

古緣萃錄十八卷　邵松年輯　清光緒三十年(1904)澄蘭室石印本　六冊

110000－0143－0015207　PG381/198

練川名人畫像四卷附二卷續編三卷　(清)程祖慶編次　清道光二十九年(1849)刻本　二冊

110000－0143－0015208　PG381/198－1、PG381/198

練川名人畫像四卷附二卷續編三卷　(清)程祖慶編次　清道光二十九年(1849)刻本　二冊

110000－0143－0015209　PG381/198－1

練川名人畫像四卷附二卷續編三卷　(清)程祖慶編次　清道光二十九年(1849)刻本　四冊

110000－0143－0015210　PG381/201

楷法溯源不分卷　清光緒四年(1878)刻本　十五冊

110000－0143－0015211　PG381/204

繪圖典故　(□)□□撰　清繪本　一冊

110000－0143－0015212　PG381/208

漢溪書法通解八卷　(清)戈守智纂　清乾隆刻本　四冊

110000－0143－0015213　PG381/208

漢溪書法通解八卷　(清)戈守智纂　清乾隆刻本　四冊

110000－0143－0015214　PG381/209

辛丑銷夏記五卷　(清)吳榮光撰　(清)瞿樹辰等訂　清光緒三十一年(1905)長沙葉氏郎園刻本　三冊

110000－0143－0015215　PG381/210

南宋院畫錄八卷首一卷　(清)厲鶚輯　清光緒十年(1884)錢塘丁氏竹書堂刻本　四冊

110000－0143－0015216　PG381/213

蜀碑記補十卷　(清)李調元撰　清刻本　一冊

110000－0143－0015217　PG381/214

三品彙刊不分卷　(唐)司空圖等著　清刻本　一冊

110000－0143－0015218　PG381/217

古今名人畫稿不分卷　(清)劉海屏等輯　清光緒十六年(1890)上海鴻寶齋石印本　四冊

110000－0143－0015219　PG381/218

十竹齋書畫譜　(明)胡正言輯　清光緒五年(1879)刻本　八冊

110000－0143－0015220　PG381/222

每日古事畫(國朝名人政績圖)　(清)輿論時事報繪　清宣統元年(1909)石印本　二冊

110000－0143－0015221　PG381/224

衍極五卷　(元)鄭杓撰　(元)劉有定釋　清刻本　一冊

110000－0143－0015222　PG381/230

書譜一卷　(唐)孫過庭撰　清光緒五年(1879)校書堂刻本　一冊

110000－0143－0015223　PG381/231

雙雲閣帖不分卷　(清)馮雲鵬書　清摹古寫本　一冊

110000－0143－0015224　PG381/239

海上名人畫稿　(清)□□輯　清光緒十一年(1885)上海同文書局石印本　二冊

110000－0143－0015225　PG381/240

東橋先生蘭譜不分卷　(清)陳旭撰　清嘉慶刻本　四冊

110000－0143－0015226　PG381/240－1

墨蘭譜不分卷　(清)陳旭撰　清嘉慶刻本　四冊

110000－0143－0015227　PG381/242(1)

寶繪録十八卷　(明)張泰階撰　清刻本　七冊

110000－0143－0015228　PG381/242(2)
唐六如先生畫譜三卷　(明)唐寅撰　清刻本　一冊

110000－0143－0015229　PG381/249
桐陰畫訣不分卷　(清)秦祖永著　清末抄本　一冊

110000－0143－0015230　PG381/255
墨緣彙觀法書二卷　(清)安岐撰　清抄本　二冊

110000－0143－0015231　PG381/256
墨緣彙觀名畫二卷　(清)安岐撰　清抄本　二冊

110000－0143－0015232　PG381/258
懷古田舍梅統十三卷　(清)徐榮輯　清咸豐二年(1852)刻本　四冊

110000－0143－0015233　PG381/263
二百蘭亭齋溫虞公碑　(清)吳雲雙鉤　清同治二年(1863)刻本　一冊

110000－0143－0015234　PG381/290
須静齋雲煙過眼録　(清)潘世璜撰　(清)潘遵祁輯録　清宣統三年(1911)吳縣潘氏刻本　一冊

110000－0143－0015235　PG381/294
點石齋叢畫十卷　(清)點石齋編　清光緒十一年(1885)上海點石齋石印本　八冊

110000－0143－0015236　PG381/331
廟堂碑唐本存字　(清)翁方綱雙鉤　清道光十六年(1836)刻本　一冊

110000－0143－0015237　PG381/350
楷帖四十種　清宣統元年(1909)文明書局影印本　一冊

110000－0143－0015238　PG381/381
黄小松藏漢碑五種　(清)黄易藏　清末至民國初上海有正書局影印本　一冊

110000－0143－0015239　PG381/382
宋拓史晨前碑　清末至民國初上海有正書局影印本　一冊

110000－0143－0015240　PG381/387
漢小黄門譙君碑　(清)黄易藏　清末至民國初上海有正書局影印本　一冊

110000－0143－0015241　PG381/395
漢碑範八卷　(清)張祖翼選臨　清宣統三年(1911)上海文明書局石印本　一冊

110000－0143－0015242　PG381/691
孝經一卷　(清)吳大澂書　清光緒十一年(1885)上海同文書局石印本　一冊

110000－0143－0015243　PG381/776
御刻三希堂石渠寶笈法帖三十二冊　(清)梁詩正等排類　清末至民國影印本　十六冊

110000－0143－0015244　PG381/777
御刻三希堂石渠寶笈法帖三十二冊　(清)梁詩正等排類　清末至民國影印本　八冊　存十六冊(三至六、九至十、十三至十六、十九至二十二、二十九至三十)

110000－0143－0015245　PG381/778
御刻三希堂石渠寶笈法帖三十二冊　(清)梁詩正等排類　清末至民國影印本　一冊　存二冊(一至二)

110000－0143－0015246　PG381/806
國朝四十名家墨蹟不分卷　沈鈞纂輯　清光緒三十四年(1908)上海教育圖書館影印本　三冊

110000－0143－0015247　PG381/836
御刻三希堂石渠寶笈法帖三十二冊　(清)梁詩正等排類　清末至民國有正書局影印本　二冊　存二冊(三十一至三十二)

110000－0143－0015248　PG381/836
御刻三希堂石渠寶笈法帖三十二冊　(清)梁詩正等排類　清末至民國影印本　七冊　存七冊(一至五、八至九)

110000－0143－0015249　PG381/838

御刻三希堂石渠寶笈法帖三十二冊　(清)梁詩正等排類　清末至民國影印本　八冊　存八冊(二十、二十二至二十八)

110000 - 0143 - 0015250　PG381/839
御刻三希堂石渠寶笈法帖三十二冊　(清)梁詩正等排類　清末至民國影印本　八冊　存八冊(四、十二至十五、十七、十九及未知冊數一冊)

110000 - 0143 - 0015251　PG381/840
御刻三希堂石渠寶笈法帖三十二冊　(清)梁詩正等排類　清末至民國影印本　八冊　存八冊(十一、十三至十四、二十三至二十四、二十九、三十一至三十二)

110000 - 0143 - 0015252　PG381/842
漢碑範八卷　(清)張祖翼選臨　清宣統三年(1911)上海文明書局石印本　一冊　存五卷(一至五)

110000 - 0143 - 0015253　PG381/869
大佛頂首楞嚴經　清光緒三十四年(1908)杭州小萬柳堂影印本　一冊

110000 - 0143 - 0015254　PG381/910
飛影閣畫報　(清)吳友如繪　清光緒十八年(1892)石印本　一冊　存光緒十八年二月

110000 - 0143 - 0015255　PG382/6
封泥攷略十卷　(清)吳式芬　(清)陳介祺輯　清光緒三十年(1904)上海石印本　十冊

110000 - 0143 - 0015256　PG382/6
封泥攷略十卷　(清)吳式芬　(清)陳介祺輯　清光緒三十年(1904)上海石印本　十冊

110000 - 0143 - 0015257　PG382/6
封泥攷略十卷　(清)吳式芬　(清)陳介祺輯　清光緒三十年(1904)上海石印本　十冊

110000 - 0143 - 0015258　PG382/12
篆學瑣著四十卷　(清)顧湘輯　清道光二十三年(1843)海虞顧氏刻本　八冊

110000 - 0143 - 0015259　PG382/12 - 1
篆學瑣著三十種　(清)顧湘輯　清光緒十四年(1888)虞山飛鴻延年室刻本　四冊

110000 - 0143 - 0015260　PG382/17
淳化閣法帖十卷　(宋)王著編次　清拓本　五冊　存五卷(一至五)

110000 - 0143 - 0015261　PG382/19
缶廬印存三集不分卷　吳昌碩纂　清光緒十五年至民國三年(1889 - 1914)杭州西泠印社刻本　四冊　存二集(二至三)

110000 - 0143 - 0015262　PG382/27
兩罍軒印攷漫存九卷　(清)吳雲輯　清光緒七年(1881)刻本　四冊

110000 - 0143 - 0015263　PG382/40
鴻雪山房印譜不分卷　姚肇昌篆　清光緒二十八年(1902)刻本　二冊

110000 - 0143 - 0015264　PG382/47
印彙不分卷附小傳　(清)西泠印社輯　清宣統二年(1910)鈐印本　一百三十二冊

110000 - 0143 - 0015265　PG382/55
竹雪軒印集八卷　(清)蔡濬源輯　清光緒十三年(1887)刻本　四冊

110000 - 0143 - 0015266　PG382/57
西泠四家印譜不分卷附存四家　(清)丁丙輯　清光緒丁氏百石齋刻鈐印本　十二冊

110000 - 0143 - 0015267　PG382/66
孫氏養正樓印存六卷　(清)孟介臣鐫篆　(清)孫阜昌鑑藏　清道光二十一年(1841)孫氏養正樓鈐印本　六冊

110000 - 0143 - 0015268　PG384/2
重訂擬瑟譜一卷　(清)邵嗣堯撰　(清)段仔文　(清)張懋賞編　清光緒七年(1881)刻本　一冊

110000 - 0143 - 0015269　PG384/2
重訂擬瑟譜一卷　(清)邵嗣堯撰　(清)段仔文　(清)張懋賞編　清光緒七年(1881)刻本　一冊

110000 - 0143 - 0015270　PG384/2
重訂擬瑟譜一卷　(清)邵嗣堯撰　(清)段仔

文 （清）張懋賞編 清光緒七年（1881）刻本 一册

110000－0143－0015271 PG384/2－1

重訂擬瑟譜一卷 （清）邵嗣堯撰 清光緒七年（1881）刻本 一册

110000－0143－0015272 PG383/3

中外戲法圖説十二卷附中東戲法 （清）唐再豐著 清末上海廣益書局石印本 五册 缺二卷（十一至十二）

110000－0143－0015273 PG384/3

律呂新義四卷附錄一卷 （清）江永著 清光緒七年（1881）刻本 二册

110000－0143－0015274 PG384/5

律呂臆説一卷 （清）徐養原撰 清光緒刻本 一册

110000－0143－0015275 PG384/7

顧誤錄不分卷 （清）王德暉編 （清）徐沅澂編輯 清咸豐元年（1851）京都刻本 一册

110000－0143－0015276 PG384/8

聲律通考十卷 （清）陳澧撰 清咸豐十年（1860）大興殷保康廣州刻本 二册

110000－0143－0015277 PG384/8

聲律通考十卷 （清）陳澧撰 清咸豐十年（1860）刻本 一册 存五卷（一至五）

110000－0143－0015278 PG384/10

皇朝祭器樂舞錄二卷附關帝文昌樂舞譜 （清）徐暢達輯 清同治十年（1871）楚北崇文書局刻本 二册

110000－0143－0015279 PG384/11

遏雲閣曲譜初集不分卷 （清）王錫純輯 清光緒十九年（1893）鉛印本 八册

110000－0143－0015280 PG384/14

御製律呂正義四卷續編一卷 （清）允祿等撰 清刻本 五册

110000－0143－0015281 PG384/15

雙忽雷本事不分卷 劉世珩輯錄 清宣統三年（1911）天津貴池劉氏雙忽雷閣石印本 一册

110000－0143－0015282 PG39/1

增訂漢魏叢書 （清）王謨輯 清末刻本 九册 存十一種三十一卷（鼎錄一卷、古今刀劍錄一卷、伽藍記五卷、南方草木狀三卷、禽經一卷、水經二卷、天祿閣外史八卷、星經二卷、竹譜一卷、三輔黃圖六卷、荆楚歲時記一卷）

110000－0143－0015283 PG39/3

植物名實圖考三十八卷長編二十二卷 （清）吳其濬著 清道光二十八年（1848）蒙自陸應穀刻本 六十四册

110000－0143－0015284 PG39/3

植物名實圖考長編二十二卷 （清）吳其濬著 清末山西官書局刻本 六册 存六卷（一至六）

110000－0143－0015285 PG39/4

秘傳花鏡六卷附圖 （清）陳淏子輯 清刻本 四册

110000－0143－0015286 PG39/4

秘傳花鏡六卷 （清）陳淏子輯 清善成堂鐫刻本 四册

110000－0143－0015287 PG39/4－1

秘傳花鏡六卷附圖 （清）陳淏子輯 清刻本 三册

110000－0143－0015288 PG39/10

隨息居飲食譜一卷 （清）王士雄纂 清同治二年（1863）上海刻本 一册

110000－0143－0015289 PG39/11

蠕範八卷 （清）李元撰 清光緒十七年（1891）三餘草堂刻本 四册

110000－0143－0015290 PG39/12

海錯百一錄五卷 （清）郭柏蒼輯 清光緒十二年（1886）刻本 三册

110000－0143－0015291 PG39/13

王孫經補遺不分卷 （清）無悶道人著 清光緒十八年（1892）聽秋室木活字印本 一册

110000－0143－0015292 PG39/14

益部方物畧記一卷　(宋)宋祁撰　(明)胡震亨　(明)毛晉訂　明崇禎虞山毛氏汲古閣刻本　一冊

110000－0143－0015293　PG310/3－1
弘明集十四卷　(南朝梁)釋僧祐集　清光緒二十二年(1896)金陵刻經處刻本　四冊

110000－0143－0015294　PG310/3－1
弘明集十四卷　(南朝梁)釋僧祐集　清光緒二十二年(1896)金陵刻經處刻本　四冊

110000－0143－0015295　PG310/6
太玄經十卷　(漢)揚雄撰　(宋)司馬光集注　清光緒元年(1875)湖北崇文書局刻本　二冊

110000－0143－0015296　PG310/6
太玄經十卷　(漢)揚雄撰　(宋)司馬光集注　清光緒元年(1875)湖北崇文書局刻本　二冊

110000－0143－0015297　PG310/7
教務紀略四卷首一卷　李剛己輯　魏家驊校　清光緒三十年(1904)山東印書局鉛印本　五冊

110000－0143－0015298　PG310/8
願同集六卷　(清)願同社人輯　清同治二年(1863)刻八年(1869)北京重刻本　十二冊

110000－0143－0015299　PG310/10
敲蹻洞章二卷　(清)劉名瑞著　清光緒十八年(1892)京都刻本　四冊

110000－0143－0015300　PG310/12
大乘起信論直解二卷　(印度)馬鳴撰　(明)釋德清直解　清光緒十六年(1890)南京金陵刻經處刻本　一冊

110000－0143－0015301　PG310/12
大乘起信論直解二卷　(印度)馬鳴撰　(明)釋德清直解　清光緒十六年(1890)南京金陵刻經處刻本　一冊

110000－0143－0015302　PG310/12
大乘起信論直解二卷　(印度)馬鳴撰　(明)釋德清直解　清光緒十六年(1890)南京金陵刻經處刻本　一冊

110000－0143－0015303　PG310/15
因明入正理論疏八卷　(唐)釋窺基撰　清光緒二十二年(1896)南京金陵刻經處刻本　二冊

110000－0143－0015304　PG310/15
因明入正理論疏八卷　(唐)釋窺基撰　清光緒二十二年(1896)金陵刻經處刻本　一冊　存四卷(五至八)

110000－0143　0015305　PG310/15－2
因明入正理論疏八卷　(唐)釋窺基撰　清光緒二十二年(1896)南京金陵刻經處刻本　二冊

110000－0143－0015306　PG310/15－2
因明入正理論疏八卷　(唐)釋窺基撰　清光緒二十二年(1896)南京金陵刻經處刻本　二冊

110000－0143－0015307　PG310/16
欽定王氏羅經透解二卷　(清)王道亨等輯錄　清宣統元年(1909)善成堂刻本　四冊

110000－0143－0015308　PG310/18
觀禮堂三教真傳八編六十章附二種　(清)觀禮堂編　清宣統三年(1911)天津觀禮堂刻本　四冊

110000－0143－0015309　PG310/19(2)
修習止觀坐禪法要二卷六妙法門一卷　(隋)釋智顗述　清光緒二十九年(1903)南京金陵刻經處刻本　一冊

110000－0143－0015310　PG310/20
新刻黃掌綸先生評訂神仙鑑三集二十二卷附圖像　(清)徐道述　清步月樓刻本　二十四冊

110000－0143－0015311　PG310/20
新刻黃掌綸先生評訂神仙鑑三集二十二卷附圖像　(清)徐道述　清刻本　二十四冊

110000－0143－0015312　PG310/21

口鐸日抄八卷　(意大利)艾儒略等述　(明)李九標等編纂　清同治十一年(1872)上海慈母堂刻本　四冊

110000－0143－0015313　PG310/21
口鐸日抄八卷　(意大利)艾儒略等述　(明)李九標等編纂　清同治十一年(1872)上海慈母堂刻本　四冊

110000－0143－0015314　PG310/21
口鐸日抄八卷　(意大利)艾儒略等述　(明)李九標等編纂　清同治十一年(1872)上海慈母堂刻本　一冊

110000－0143－0015315　PG310/22
六壬神課金口訣三卷　(□)熊大木校正　(清)周儆弦重訂　清光緒十三年(1887)善成堂刻本　三冊

110000－0143－0015316　PG310/23
薰風瑤琴錄八集三十二卷　(清)□□撰　清宣統元年(1909)中州樂善局刻本　八冊

110000－0143－0015317　PG310/25
地理五訣八卷附陽宅三要四卷　(清)趙廷棟著　(清)王庸弼　(清)張含章衾著　清光緒上海廣益書局石印本　六冊

110000－0143－0015318　PG310/25－1
地理五訣八卷附陽宅三要四卷　(清)趙廷棟著　(清)王庸弼　(清)張含章衾著　清嘉慶十年(1805)崇文堂刻本　二冊

110000－0143－0015319　PG310/26(1)
雲棲大師遺稿三卷　(明)釋袾宏著　清光緒二十五年(1899)金陵刻經處刻本　二冊

110000－0143－0015320　PG310/26(2)
雲棲法彙山房雜錄二卷　(明)釋袾宏著　清光緒二十五年(1899)金陵刻經處刻本　二冊

110000－0143－0015321　PG310/26
雲棲法彙三十一種　(明)釋袾宏著　清光緒二十三年(1897)金陵刻經處刻本　七冊

110000－0143－0015322　PG310/27
增補地理直指原真三卷首一卷　(清)釋徹瑩著　清末善成堂刻本　八冊

110000－0143－0015323　PG310/29
新刻合併十八飛星策天紫微斗數全集六卷　(宋)陳摶著　清咸豐六年(1856)連元閣刻本　三冊

110000－0143－0015324　PG310/30
增補諏吉寶鏡圖不分卷八門九星陰陽二遁附滾盤珠　(清)梁立軒較錄　清光緒二十二年(1896)書業德刻本　三冊

110000－0143－0015325　PG310/31
新編日用涓吉奇門五總龜四卷煙波釣叟歌一卷　(明)池本理解注　清末善成堂刻本　三冊

110000－0143－0015326　PG310/32
新刻黃掌綸先生評訂神仙鑑三集二十二卷附圖像　(清)徐道述　(清)李理贊　清刻本　十二冊　存十二卷(六至十一、十七至二十二)

110000－0143－0015327　PG310/34
觀音靈感賦不分卷　(清)沈起潛撰　清光緒二年(1876)慧空經房刻本　一冊

110000－0143－0015328　PG310/35
刪定止觀三卷　(唐)梁肅撰　清宣統三年(1911)鉛印本　一冊

110000－0143－0015329　PG310/37
大乘起信論義記七卷大乘起信論別記一卷　(唐)釋法藏撰　清光緒二十四年(1898)金陵刻經處刻本　二冊

110000－0143－0015330　PG310/37
大乘起信論義記七卷大乘起信論別記一卷　(唐)釋法藏撰　清光緒二十四年(1898)金陵刻經處刻本　二冊

110000－0143－0015331　PG310/37
大乘起信論義記七卷大乘起信論別記一卷　(唐)釋法藏撰　清光緒二十四年(1898)金陵刻經處刻本　二冊

110000－0143－0015332　PG310/38

修真辨難二卷　(清)劉一明著　清光緒三年(1877)河南中和堂刻本　二册

110000－0143－0015333　PG310/39
西遊原旨讀法一卷西遊原旨詩結一卷　(清)劉一明注　清嘉慶六年(1801)夏復恒刻本　一册

110000－0143－0015334　PG310/40
通關文二卷　(清)劉一明著　清光緒六年(1880)刻本　二册

110000－0143－0015335　PG310/41
參同契經文直指三卷　(漢)魏伯陽撰　(清)劉一明解　清光緒六年(1880)河南中和堂刻本　二册

110000－0143－0015336　PG310/42
參同契直指箋註三卷參同契直指三相類二卷　(漢)徐景休撰　(清)劉一明解　清光緒六年(1880)河南中和堂刻本　二册

110000－0143－0015337　PG310/50
草木子四卷　(明)葉子奇著　清光緒元年(1875)浙江處州府署刻本　二册

110000－0143－0015338　PG310/50
草木子四卷　(明)葉子奇著　清光緒元年(1875)浙江處州府署刻本　二册

110000－0143－0015339　PG310/50
草木子四卷　(明)葉子奇著　清光緒元年(1875)浙江處州府署刻本　四册

110000－0143－0015340　PG310/54
集說詮真提要不分卷　(清)黄伯祿輯　清光緒五年(1879)上海慈母堂刻本　一册

110000－0143－0015341　PG310/54
集說詮真提要不分卷　(清)黄伯祿輯　清光緒十一年(1885)上海慈母堂刻本　一册

110000－0143－0015342　PG310/56
相在爾室彙刊六種附三種　(清)鍾傳益撰　清同治七年至八年(1868－1869)刻本　十四册

110000－0143－0015343　PG310/60
玉清首相血淚論一卷　(清)純一逸人錄　清宣統三年(1911)北京萬全堂刻本　一册

110000－0143－0015344　PG310/66
大佛頂首楞嚴經正脈疏四十卷　(明)釋真鑑撰　清光緒二十二年(1896)金陵刻經處刻本　十四册

110000－0143－0015345　PG310/66
大佛頂首楞嚴經正脈疏四十卷　(明)釋真鑑撰　清光緒二十二年(1896)金陵刻經處刻本　十四册

110000－0143－0015346　PG310/67
大方廣圓覺修多羅了義經直解二卷　(唐)釋佛陀多羅譯　(明)釋德清解　清光緒十年(1884)杭城昭慶寺慧空經房刻本　二册

110000－0143－0015347　PG310/69
大佛頂如來密因修證了義諸菩薩萬行首楞嚴經十卷　(明)曾鳳儀輯　清道光十年(1830)浙寧太白山天童寺刻本　十册

110000－0143－0015348　PG310/70
大方廣佛華嚴經疏鈔會本八十卷　(唐)釋澄觀撰　(唐)實叉難陀譯　清末金陵刻經處刻本　十三册

110000－0143－0015349　PC310/72
四教考略四卷　(英國)季理斐譯　清光緒二十六年(1900)上海商務印書館鉛印本　一册

110000－0143－0015350　PG310/73
地學真傳六卷附補遺　(清)查有新輯　清嘉慶九年(1804)懷日堂刻十九年(1814)懷日堂增補本　四册

110000－0143－0015351　PG310/74
馬太福音不分卷　馬太撰　清光緒二十三年(1897)上海大英聖書公會石印本　一册

110000－0143－0015352　PG310/75
馬可福音不分卷　馬可撰　清光緒二十三年(1897)上海大英聖書公會石印本　一册

110000－0143－0015353　PG310/81
馬太福音不分卷　馬太撰　清宣統三年(1911)

上海大英聖書公會鉛印本　二册

110000－0143－0015354　PG310/84
約翰福音不分卷　(□)□□撰　清光緒二十二年(1896)上海大英聖書公會石印本　一册

110000－0143－0015355　PG310/87
路加福音不分卷　(□)□□撰　清光緒二十二年(1896)上海大英聖書公會石印本　一册

110000－0143－0015356　PG310/89
二約釋義叢書十八種　(英國)韋廉臣著　(清)于染塵筆述　清光緒二十三年(1897)上海廣學會鉛印本　一册

110000－0143－0015357　PG310/90－1
古佛應驗明聖經三卷附關聖帝君訓孝文　(清)胡萬安注　清光緒刻本　一册

110000－0143－0015358　PG310/93
見道集十二卷補遺一卷附錄一卷　黄治基編　清光緒二十九年(1903)福州道學院刻本　二册

110000－0143－0015359　PG310/93
見道集十二卷補遺一卷附錄一卷　黄治基編　清光緒二十九年(1903)福州道學院刻本　四册

110000－0143－0015360　PG310/95
答客芻言一卷　(清)沈容齋撰　清光緒七年(1881)上海慈母堂刻本　一册

110000－0143－0015361　PG310/101
捷採列聖經五十八種六十二卷　(□)□□撰　清咸豐八年(1858)刻同治二年(1863)簡文氏重刻本　四册

110000－0143－0015362　PG310/111
雙惜錄不分卷　(清)沈松撰　清道光十九年(1839)心是佛菴刻本　一册

110000－0143－0015363　PG3101/1
大佛頂如來密因修證了義諸菩薩萬行首楞嚴經十卷　(清)吴芝瑛寫　清宣統元年(1909)文寶書局石版影印本　二册

110000－0143－0015364　PG3101/1
大佛頂如來密因修證了義諸菩薩萬行首楞嚴經十卷　(唐)般剌密帝　(唐)彌伽釋迦譯　(元)釋惟則會解　清同治八年(1869)金陵刻經處刻本　二册

110000－0143－0015365　PG3101/1－1
大佛頂如來密因修證了義諸菩薩萬行首楞嚴經十卷　(清)吴芝瑛寫　清宣統元年(1909)文寶書局石版影印本　二册

110000－0143－0015366　PG3101/2
大方廣佛華嚴經著述集要二十五種　(□)□□撰　清同治八年至光緒二十三年(1869－1897)金陵刻經處刻本　十二册

110000－0143－0015367　PG3101/4
玉樞經籥二十四卷首一卷　(清)姚燮撰　清道光二十五年(1845)洞梵閣木活字印本　六册

110000－0143－0015368　PG3101/6
金剛般若波羅蜜經一卷　(後秦)鳩摩羅什譯　清光緒三十年(1904)瀋城鐘樓南福陞厚刻本　二册

110000－0143－0015369　PG3101/8
覺世正宗省心經十卷　(清)曹鵬齡校　清光緒五年(1879)北京誼雲壇迪吉刻本　四册

110000－0143－0015370　PG3101/15
大佛頂首楞嚴經正脈疏十卷　(明)釋真鑑述　清嘉慶至道光智旨明通刻本　十二册

110000－0143－0015371　PG3101/20
維摩詰所説經註八卷　(後秦)鳩摩羅什譯　(晉)釋僧肇註　清光緒十三年(1887)金陵刻經處刻本　二册

110000－0143－0015372　PG3101/20－1
維摩詰所説經(不可思議解脱經)三卷　(後秦)鳩摩羅什譯　(晉)釋僧肇註　清同治九年(1870)金陵刻經處刻本　一册

110000－0143－0015373　PG3101/21
唯識二十論述記四卷　(唐)釋窺基撰　清宣統二年(1910)江西刻經處刻本　二册

110000－0143－0015374　PG3101/22
般若燈論十五卷　(唐)波羅頗密多羅譯　清光緒二十四年(1898)金陵刻經處刻本　三冊

110000－0143－0015375　PG3101/23
成唯識論十卷　(唐)釋玄奘譯　清光緒二十二年(1896)金陵刻經處刻本　二冊

110000－0143－0015376　PG3101/24
人譜三篇附類記六卷　(明)劉宗周著　清光緒二十九年(1903)滇官書局刻本　二冊

110000－0143－0015377　PG3101/25
地藏菩薩本願經二卷　(唐)實叉難陀譯　清光緒三十年(1904)金陵刻經處刻本　一冊

110000－0143－0015378　PG3101/35
念佛警策二卷　(清)彭紹升纂　清刻本　一冊

110000－0143－0015379　PG3101/36
法海觀瀾五卷　(明)釋智旭譯　清光緒二十三年(1897)揚州藏經院刻本　二冊

110000－0143－0015380　PG3101/37
佛說大乘同性經二卷　(北周)闍那耶舍共僧安譯　**佛說證契大乘經二卷**　(唐)地婆訶羅譯　清宣統元年(1909)刻本　一冊

110000－0143－0015381　PG3101/39
中心十四經十四卷　(晉)曇無蘭譯　清宣統二年(1910)常州天寧寺刻本　一冊

110000－0143－0015382　PG3101/40
大乘密嚴經三卷　(唐)釋不空譯　清光緒二十三年(1897)金陵刻經處刻本　一冊

110000－0143－0015383　PG3101/42
觀佛三昧海經十卷　(晉)釋佛陀跋陀羅譯　清光緒十七年(1891)金陵刻經處刻本　二冊

110000－0143－0015384　PG3101/48
坐禪三昧法門經二卷　(後秦)鳩摩羅什譯　清刻本　一冊

110000－0143－0015385　PG3101/49
楞伽阿跋多羅實經會譯四卷　(明)釋員珂譯　清光緒三十四年(1908)金陵刻經處刻本　四冊

110000－0143－0015386　PG3101/50
釋禪波羅密次第法門十卷　(隋)釋智顗說　(隋)釋法慎記　清光緒三十四年(1908)揚州藏經院刻本　四冊

110000－0143－0015387　PG3101/60
大慈恩寺三藏法師傳十卷　(唐)釋彥悰箋　清宣統元年(1909)常州天寧寺刻本　三冊

110000－0143－0015388　PG3101/60
大慈恩寺三藏法師傳十卷　(唐)釋彥悰箋　清宣統元年(1909)常州天寧寺刻本　三冊

110000－0143－0015389　PG3101/60
大慈恩寺三藏法師傳十卷　(唐)釋彥悰箋　清宣統元年(1909)常州天寧寺刻本　三冊

110000－0143－0015390　PG3101/61
天台四教儀集註十卷　(元)釋蒙潤集　清刻本　四冊

110000－0143－0015391　PG3101/64－1
百丈叢林清規證義記八卷首一卷　(唐)釋懷海集編　(清)釋儀潤證義　清同治刻本　四冊

110000－0143－0015392　PG3101/65
妙法蓮華經通義二十卷　(明)釋德清述　清光緒三十四年(1908)金陵刻經處刻本　五冊

110000－0143－0015393　PG3101/66
御錄宗鏡大綱二十卷　(清)世宗胤禛錄　清刻本　五冊

110000－0143－0015394　PG3101/67
琅嬛地理書四卷　(清)陳太初編　清嘉慶八年(1803)抱蘭軒木活字印本　四冊

110000－0143－0015395　PG3101/67
四教義六卷　(隋)釋智顗撰　清刻本　二冊

110000－0143－0015396　PG3101/70－1
一切經音義二十五卷增補新譯大方廣佛華嚴經音義二卷　(唐)釋元應撰　清同治八年(1869)仁和曹籀刻本　四冊

110000－0143－0015397　PG3101/70－1
一切經音義二十五卷增補新譯大方廣佛華嚴經音義二卷　（唐）釋元應撰　清同治八年（1869）仁和曹籀刻本　四册

110000－0143－0015398　PG3101/70－1
一切經音義二十五卷增補新譯大方廣佛華嚴經音義二卷　（唐）釋元應撰　清同治八年（1869）仁和曹籀刻本　四册

110000－0143－0015399　PG3101/70－1
一切經音義二十五卷增補新譯大方廣佛華嚴經音義二卷　（唐）釋元應撰　清同治八年（1869）仁和曹籀刻本　四册

110000－0143－0015400　PG3101/70－2
一切經音義二十五卷增補新譯大方廣佛華嚴經音義二卷　（唐）釋元應撰　清同治八年（1869）仁和曹籀刻本　四册

110000－0143－0015401　PG3101/73
占察義疏不分卷附行法　（明）釋智旭述　清同治七年（1868）清芬堂刻本　二册

110000－0143－0015402　PG3101/74
安樂集二卷　（唐）釋道綽撰　清光緒二十三年（1897）金陵刻經處刻本　一册

110000－0143－0015403　PG3101/75
大乘止觀法門釋要六卷　（明）釋智旭述　清光緒二十二年（1896）揚州刻經處刻本　二册

110000－0143－0015404　PG3101/77
龐居士語錄三卷　（清）于頔編　清咸豐元年（1851）刻本　一册

110000－0143－0015405　PG3101/78
維摩經玄疏六卷　（隋）釋智顗撰　清湖南刻經處刻本　二册

110000－0143－0015406　PG3101/81
妙法蓮華經立義節要二卷　（隋）釋智者說（明）釋智旭節要　清刻本　二册

110000－0143－0015407　PG3101/82
雲棲大師山房雜錄二卷雲棲大師遺稿三卷（清）張文嘉輯　清光緒二十五年（1899）金陵刻經處刻本　四册

110000－0143－0015408　PG3101/83
釋氏稽古略四卷釋鑑稽古略續集三卷　（明）釋覺岸編集　（明）釋幻輪彙編　清光緒十二年（1886）刻本　五册

110000－0143－0015409　PG3101/85
相宗八要直解八卷　（明）釋智旭述　清同治九年（1870）金陵刻經處刻本　二册

110000－0143－0015410　PG3101/86
唯識開蒙問答二卷　（元）釋雲峰集　清宣統三年（1911）揚州藏經禪院刻本　二册

110000－0143－0015411　PG3101/89
性相通說一卷　（明）釋德清述　清同治十二年（1873）金陵刻經處刻本　一册

110000－0143－0015412　PG3101/89
性相通說一卷　（明）釋德清述　清同治十二年（1873）金陵刻經處刻本　一册

110000－0143－0015413　PG3101/90
教觀綱宗一卷教觀綱宗釋義一卷　（明）釋智旭撰　清刻本　一册

110000－0143－0015414　PG3101/91
十二門論宗致義記四卷　（後秦）鳩摩羅什譯（唐）釋法藏記　清宣統三年（1911）江西刻經處刻本　二册

110000－0143－0015415　PG3101/93
禪關策進不分卷　（明）釋袾宏輯　清刻本　一册

110000－0143－0015416　PG3101/95
金光明最勝王經十卷　（唐）釋義淨譯　清同治十年（1871）常熟刻經處刻本　二册

110000－0143－0015417　PG3101/98
七俱胝佛母所說準提陀羅經會釋三卷　（唐）釋不空譯　（清）釋弘贊會釋　清刻本　一册

110000－0143－0015418　PG3101/105
慧日永明智覺壽禪師山居詩一卷　（宋）釋延壽撰　**福源石屋珙禪師山居詩一卷**　（元）釋至柔編　清光緒十一年（1885）江北刻經處刻

本　一册

110000－0143－0015419　PG3101/106－1(1)

大乘起信論一卷　(南朝梁)釋智愷撰　清光緒二十四年(1898)金陵刻經處刻本　一册

110000－0143－0015420　PG3101/106－1(2)

佛說阿彌陀經要解一卷　(後秦)鳩摩羅什譯　(明)釋智旭解　清光緒十一年(1885)金陵刻經處刻本　一册

110000－0143－0015421　PG3101/106－1

梁譯大乘起信論不分卷　(南朝梁)釋智愷作　清光緒二十四年(1898)金陵刻經處刻本　一册

110000－0143－0015422　PG3101/108

居士傳五十六卷　(清)彭紹升編撰　清刻本　四册

110000－0143－0015423　PG3101/112

阿毗達磨俱舍論三十卷　(唐)釋玄奘譯　清宣統三年(1911)常州天寧寺刻本　六册

110000－0143－0015424　PG3101/113

法界安立圖三卷　(明)釋仁潮集錄　清慧空經房刻本　二册

110000－0143－0015425　PG3101/113－1

法界安立圖三卷　(明)釋仁潮集錄　清刻本　二册

110000－0143－0015426　PG3101/114

高僧傳初集十五卷首一卷　(南朝梁)釋慧皎撰　清光緒十年(1884)金陵刻經處刻本　四册

110000－0143－0015427　PG3101/115

重刻佛祖道影四卷　(清)釋守一增編　清光緒六年(1880)蘇城瑪瑙經房善書局刻本　四册

110000－0143－0015428　PG3101/118

藏龍集六卷　(清)汪法如著　(清)釋妙空編輯　清同治十三年(1874)刻本　六册

110000－0143－0015429　PG3101/119

佛說觀彌勒菩薩上生兜率陀天經一卷　(南朝宋)沮渠京聲譯　**佛說觀彌勒菩薩下生經一卷**　(晉)釋法護譯　**佛說彌勒下生經一卷**　(後秦)鳩摩羅什譯　清光緒三年(1877)金陵刻經處刻本　一册

110000－0143－0015430　PG3101/122

毗尼日用切要一卷　(清)釋讀體集　**沙彌律儀要略一卷**　(明)釋袾弘輯　清光緒十八年(1892)金陵刻經處刻本　一册

110000－0143－0015431　PG3101/124

兜率龜鏡集三卷　(清)釋弘贊輯　清宣統三年(1911)常州天寧寺刻本　一册

110000－0143－0015432　PG3101/125

徑中徑又徑徵義三卷首一卷　(清)張師誠輯　(清)徐槐延徵義　清光緒二十五年(1899)刻本　一册

110000－0143－0015433　PG3101/129

勝果妙因五卷　(清)沈性子注　清光緒三十二年(1906)石印本　五册

110000－0143－0015434　PG3101/145(1)

入佛問答二卷　(清)江沅撰　清光緒十年(1884)北京佛經流通處刻本　一册

110000－0143－0015435　PG3101/145(2)

壇經一卷　(唐)釋慧能說　(唐)釋法海錄　清同治十一年(1872)如皋刻經處刻本　與110000－0143－0015434合册

110000－0143－0015436　PG3101/149

如如老祖化度衆生指往西方寶卷全集一卷　(□)□□撰　清光緒元年(1875)越郡剡氏刻本　一册

110000－0143－0015437　PG3101/149

如如老祖化度衆生指往西方寶卷全集一卷　(□)□□撰　清光緒元年(1875)越郡剡氏刻本　一册

110000－0143－0015438　PG3101/157

大方廣圓覺修多羅了義經二卷　(唐)釋佛陀

多羅譯　清同治八年(1869)金陵刻經處刻本　一冊

110000－0143－0015439　PG3101/158
壇經一卷　(唐)釋慧能說　(唐)釋法海錄　清同治十一年(1872)如皋刻經處刻本　一冊

110000－0143－0015440　PG3101/159
大乘入楞伽經七卷　(唐)實叉難陀譯　清光緒三十四年(1908)金陵刻經處刻本　二冊

110000－0143－0015441　PG3101/162
修習止觀坐禪法要二卷六妙法門一卷　(隋)釋智顗述　清光緒十八年(1892)金陵刻經處刻本　一冊

110000－0143－0015442　PG3101/163
流香一覽不分卷　(清)釋明開輯著　清光緒四年(1878)眠雲室主瑞真刻本　一冊

110000－0143－0015443　PG3101/165
大乘百法明門論纂註一卷大乘八識規矩頌纂註一卷　(明)釋廣益纂釋　清光緒四年(1878)慧空經房刻本　一冊

110000－0143－0015444　PG3101/167
佛遺教經解一卷佛遺教經註解一卷　(明)釋智旭述　清光緒四年(1878)刻本　一冊

110000－0143－0015445　PG3101/167(1)
佛說四十二章經解一卷　(明)釋智旭著　清光緒四年(1878)刻本　與110000－0143－0015444合冊

110000－0143－0015446　PG3101/167(2)
八大人覺經畧解一卷　(明)釋智旭解　清光緒四年(1878)刻本　與110000－0143－0015444合冊

110000－0143－0015447　PG3101/179
金剛般若波羅蜜如是經義一卷附禪宗指掌一卷　(清)季貞纂輯　清光緒十八年(1892)刻本　一冊

110000－0143－0015448　PG3101/184
醒悟人心不分卷　(□)□□撰　清光緒十九年(1893)敍府一洞天黄聚賢堂刻本　一冊

110000－0143－0015449　PG3101/186
醒世要言一卷　(□)□□撰　清咸豐十年(1860)刻本　一冊

110000－0143－0015450　PG3101/187
新訂醒聞編不分卷　(清)廖免驕編　清道光二十九年(1849)敍府一洞天聚賢堂刻本　一冊

110000－0143－0015451　PG3101/187
新訂醒聞編不分卷　(清)廖免驕編　清刻本　一冊

110000－0143－0015452　PG3101/188
御史洗心寶懺不分卷　(明)□□著　清光緒三十四年(1908)宜邑曾氏刻本　一冊

110000－0143－0015453　PG3101/189
新刻修真寶傳因果全部一卷　(□)□□撰　清咸豐十年(1860)刻本　一冊

110000－0143－0015454　PG3101/190
洗塵銘箴不分卷　(□)□□撰　清光緒二十九年(1903)刻本　一冊

110000－0143－0015455　PG3101/191
破迷真經二卷　(□)□□撰　清宣統元年(1909)東陽松雲山房刻本　一冊

110000－0143－0015456　PG3101/192
破迷寶懺全部不分卷　(□)□□撰　清宣統元年(1909)東陽松雲山房刻本　一冊

110000－0143－0015457　PG3101/193
破迷宗旨不分卷　(清)儒童老人著　清刻本　一冊

110000－0143－0015458　PG3101/194
悟性窮原不分卷　(明)涵穀子著　清宣統元年(1909)刻本　一冊

110000－0143－0015459　PG3101/195
挽回乾坤寶懺全部不分卷　(□)□□撰　清光緒二十二年(1896)聚賢堂刻本　一冊

110000－0143－0015460　PG3101/196
達摩寶傳不分卷　(□)□□撰　清敍府一洞天黄聚賢堂刻本　一冊

110000－0143－0015461　PG3101/197
關帝明聖經不分卷　(□)□□撰　清光緒二十四年(1898)敘郡刻本　一冊

110000－0143－0015462　PG3101/198
血盆救苦寶懺不分卷　(□)□□撰　清宣統二年(1910)宜邑刻本　一冊

110000－0143－0015463　PG3101/199
新刻衆真醒迷不分卷　(□)□□撰　清光緒三十年(1904)敘府一洞天聚賢堂刻本　一冊

110000－0143－0015464　PG3101/200
行善福報編一卷保福解冤經一卷　(□)□□撰　清光緒敘府一洞天刻本　一冊

110000－0143－0015465　PG3101/200
行善福報編一卷保福解冤經一卷　(□)□□撰　清光緒敘府一洞天刻本　一冊

110000－0143－0015466　PG3101/204
新訂口過俗歌不分卷　(清)廖免驕編輯　清光緒三十年(1904)敘府一洞天刻本　一冊

110000－0143－0015467　PG3101/205
三教同修不分卷　(清)隆吉氏撰　(清)簡文氏輯　清同治二年(1863)刻本　四冊

110000－0143－0015468　PG3101/207
新刻輪迴寶傳不分卷　(□)□□撰　清光緒二十九年(1903)刻本　一冊

110000－0143－0015469　PG3101/207
新刻輪迴寶傳不分卷　(□)□□撰　清光緒二十九年(1903)刻本　一冊

110000－0143－0015470　PG3101/208
太上感應篇俗解不分卷　(□)□□撰　清光緒十年(1884)敘府一洞天聚賢堂刻本　一冊

110000－0143－0015471　PG3101/210
玉府監定金剛經心經讀本不分卷　(□)□□撰　清咸豐九年(1859)刻本　一冊

110000－0143－0015472　PG3101/210
玉府監定金剛經心經讀本不分卷　(□)□□撰　清咸豐九年(1859)刻本　一冊

110000－0143－0015473　PG3101/211
佛說大藏正教啟信血盆妙經一卷　(□)□□撰　清宣統元年(1909)刻本　一冊

110000－0143－0015474　PG3101/211
佛說大藏正教啟信血盆妙經一卷　(□)□□撰　清宣統元年(1909)刻本　一冊

110000－0143－0015475　PG3101/212
呂祖指玄篇秘註不分卷　(唐)呂純陽撰　(清)滄海老人本誠子註　清刻本　一冊

110000－0143－0015476　PG3101/213
觀音濟度本願真經二卷　(清)□□撰　清末刻本　一冊

110000－0143－0015477　PG3101/213
觀音濟度本願真經二卷　(清)□□撰　清末刻本　一冊

110000－0143－0015478　PG3101/214
修真要言不分卷　(□)□□撰　清光緒三十一年(1905)敘府一洞天聚賢堂刻本　一冊

110000－0143－0015479　PG3101/215
呂祖因果說不分卷　(□)□□撰　清光緒三十年(1904)敘府一洞天聚賢堂刻本　一冊

110000－0143－0015480　PG3101/215
呂祖因果說不分卷　(□)□□撰　清光緒三十年(1904)敘府一洞天聚賢堂刻本　一冊

110000－0143－0015481　PG3101/216
新刻何仙寶傳全集不分卷　(清)清虛道人靜心子編輯　清末刻本　一冊

110000－0143－0015482　PG3101/217
玉歷鈔歌不分卷　(□)□□撰　清光緒二十年(1894)敘府一洞天刻本　一冊

110000－0143－0015483　PG3101/218
敬竈章八章　(□)□□撰　清道光二十八年(1848)敘府一洞天刻本　一冊

110000－0143－0015484　PG3101/219
玉露金盤二卷　(□)□□撰　清光緒二十一年(1895)刻本　二冊

110000－0143－0015485　PG3101/219
玉露金盤二卷　(□)□□撰　清光緒二十一年(1895)刻本　二册

110000－0143－0015486　PG3101/220
王母消劫救世經不分卷　(□)□□撰　清光緒二十六年(1900)敘府一洞天聚賢堂刻本　一册

110000－0143－0015487　PG3101/220
王母消劫救世經不分卷　(□)□□撰　清光緒二十六年(1900)敘府一洞天聚賢堂刻本　一册

110000－0143－0015488　PG3101/222
新刻救命船不分卷附蔣總督勸民惜錢歌　(□)□□撰　清光緒二十九年(1903)敘府一洞天聚賢堂刻本　一册

110000－0143－0015489　PG3101/223
新刻通仙橋不分卷　(□)□□撰　清光緒二十七年(1901)敘府一洞天聚賢堂刻本　一册

110000－0143－0015490　PG3101/225
救刼新諭不分卷　(□)□□撰　清光緒三十年(1904)敘府一洞天刻本　一册

110000－0143－0015491　PG3101/226
新刻救苦慈航不分卷　(□)□□撰　清光緒二十九年(1903)刻本　一册

110000－0143－0015492　PG3101/227
率性闡微不分卷　(清)玄洲老人素陽子著　(清)自然子註解　清道光二十九年(1849)刻本　一册

110000－0143－0015493　PG3101/228
採善集六卷　(清)正心氏等輯　清咸豐四年(1854)刻本　六册

110000－0143－0015494　PG3101/231
十二圓覺不分卷　(□)□□撰　清咸豐四年(1854)敘府一洞天聚賢堂刻本　一册

110000－0143－0015495　PG3101/241
敕封天后志二卷　(清)林清標輯　清道光二十三年(1843)刻本　二册

110000－0143－0015496　PG3101/243
石叟頌古一卷　(□)□□撰　清刻本　一册

110000－0143－0015497　PG3101/246
省庵法師語録二卷　(清)釋實賢撰　(清)彭紹升重訂　清刻本　二册

110000－0143－0015498　PG3101/247
佛説阿彌陀經疏鈔四卷　(明)釋袾宏述　(明)程應衢校　清乾隆十四年(1749)潭柘監院刻本　四册

110000－0143－0015499　PG3101/249
大藏妙珍集八卷　(清)釋心興集録　清嘉慶二十年(1815)拈花寺刻本　八册

110000－0143－0015500　PG3101/250
圓覺經析義疏四卷首大義一卷懸示一卷　(清)釋通理述　清道光十年(1830)拈花寺刻本　四册

110000－0143－0015501　PG3101/257
折疑論集註二卷　(元)釋子成撰　(明)釋師子集註　清道光十年(1830)京都琉璃廠復古齋刻本　一册

110000－0143－0015502　PG3101/262
淨土聖賢録九卷續録四卷附種蓮集　(清)彭紹升等輯　清光緒刻本　六册

110000－0143－0015503　PG3101/266
徹悟禪師遺稿二卷　(清)釋際醒撰　(清)釋了亮等集　清嘉慶二十四年(1819)刻本　一册

110000－0143－0015504　PG3101/268
唐大薦福寺故寺主翻經大德法藏和尚傳不分卷　(唐)崔致遠撰　清光緒二十三年(1897)金陵刻經處刻本　一册

110000－0143－0015505　PG3101/269
大方便佛報恩經七卷　(□)□□撰　清同治十年(1871)如皋刻經處刻本　二册

110000－0143－0015506　PG3101/270
夢東禪師遺集二卷　(清)釋際醒撰　(清)釋了亮　(清)釋了梅校刊　清嘉慶二十二年

(1817)刻本　二冊

110000－0143－0015507　PG3101/274

紫栢老人集二十九卷首一卷　(明)釋真可撰　(明)釋德清閱　清光緒四年(1878)許靈虛刻本　十冊

110000－0143－0015508　PG3101/277

西方發願文註一卷　(清)釋蓮池作　(清)釋實賢註　清刻本　一冊

110000－0143－0015509　PG3101/278

靈峰藕益大師宗論十卷首一卷　(明)釋智旭撰　(清)釋成時編輯　清光緒元年(1875)江北刻經處刻本　二冊

110000－0143－0015510　PG3101/282

瑪瑙經房叢書二百十七種　(□)□□撰　清末至民國初蘇城瑪瑙經房刻本　三十四冊

110000－0143－0015511　PG3101/282－1

觀世音菩薩本行經二卷　(宋)釋普明編集　清刻本　二冊

110000－0143－0015512　PG3101/283(1)

大華山紫金嶺兩世修行劉香寶卷全集中卷　(□)□□撰　清同治十二年(1873)杭州昭慶寺慧空經房刻本　一冊

110000－0143－0015513　PG3101/283(2)

三世修行黃氏寶卷二卷　(清)倪秀章　(清)倪之端訂　清末杭州昭慶寺慧空經房刻本　一冊

110000－0143－0015514　PG3101/283(3)

梁皇寶卷全集不分卷　(□)□□撰　清末杭州昭慶寺慧空經房刻本　一冊

110000－0143－0015515　PG3101/283(4)

悉達太子寶卷全集不分卷　(□)□□撰　清末杭州昭慶寺慧空經房刻本　一冊

110000－0143－0015516　PG3101/285

悟真篇四註三卷　(宋)張伯端著　(宋)薛道光等註　清道光五年(1825)刻本　三冊

110000－0143－0015517　PG3101/286

五燈會元五十七卷目錄三卷　(宋)釋普濟纂　清光緒三十四年(1908)長沙刻經處刻本　二十冊

110000－0143－0015518　PG3101/289

十二門論一卷　(印度)龍樹菩薩造　(後秦)鳩摩羅什譯　清光緒二十一年(1895)金陵刻經處刻本　一冊

110000－0143－0015519　PG3101/290

十二門論宗致義記三卷　(唐)釋法藏述　清光緒二十一年(1895)金陵刻經處刻本　一冊

110000－0143－0015520　PG3101/293

竹窗二筆一卷　(明)釋袾宏著　清光緒二十四年(1898)金陵刻經處刻本　一冊

110000－0143－0015521　PG3101/295

佛國記一卷　(晉)釋法顯撰　清光緒八年(1882)四明君業山房刻本　一冊

110000－0143－0015522　PG3101/298(1)

永嘉集一卷附永嘉證道歌一卷　(唐)釋玄覺撰　清北京賢良寺藏經館刻本　一冊

110000－0143－0015523　PG3101/298(2)

法顯傳一卷　(晉)釋法顯撰　清北京賢良寺藏經館刻本　一冊

110000－0143－0015524　PG3101/303

迪吉錄八卷首一卷　(明)顏茂猷輯著　(明)顧錫疇等評校　清初刻本　八冊

110000－0143－0015525　PG3101/305

般若波羅蜜多心經直指不分卷附真心直說一卷　(明)釋傳晟輯述　清刻本　一冊

110000－0143－0015526　PG3101/308

竹窗三筆一卷　(明)釋袾宏撰　清光緒二十四年(1898)金陵刻經處刻本　一冊

110000－0143－0015527　PG3101/308

竹窗三筆一卷　(明)釋袾宏撰　清末許門金氏刻本　一冊

110000－0143－0015528　PG3101/313

衛道編二卷　(清)劉紹攽編注　清光緒九年(1883)津河廣仁堂刻本　一冊

110000－0143－0015529　PG3101/318
揞黑豆集八卷首一卷　（清）心圓居士編撰　清末刻本　四册

110000－0143－0015530　SG3101/319
情意時景不分卷　（清）釋性晨選集　清康熙六十年(1721)胡庚抄本　一册

110000－0143－0015531　PG3101/324
修西定課一卷　（清）鄭澄德　（清）鄭澄源編注　清光緒二十四年(1898)金陵刻經處刻本　一册

110000－0143－0015532　PG3101/328
淨土指歸集二卷　（明）釋大祐集　清康熙刻本　二册

110000－0143－0015533　PG3101/335
閲藏知津四十四卷總目四卷　（明）釋智旭彙輯　清光緒十八年(1892)金陵刻經處刻本　十册

110000－0143－0015534　PG3101/352
七克真訓二卷　（□）□□撰　清宣統二年(1910)石印本　二册

110000－0143－0015535　PG3101/356
醒世修行經不分卷　（□）□□撰　清光緒十八年(1892)金璧齋刻本　一册

110000－0143－0015536　PG3101/360
釋摩訶衍論十卷　（後秦）釋波羅末陀等譯　清光緒金陵刻經處刻本　四册

110000－0143－0015537　PG3101/361
大乘起信論疏記會本六卷　（後秦）釋波羅末陀譯　（唐）釋元曉疏　清光緒二十五年(1899)金陵刻經處刻本　二册

110000－0143－0015538　PG3101/362
大乘起信論纂註二卷　（後秦）釋波羅末陀譯　（明）釋真界纂註　清光緒十一年(1885)金陵刻經處刻本　一册

110000－0143－0015539　PG3101/363
大乘起信論裂網疏六卷　（明）釋智旭述　清光緒金陵書局刻本　一册

110000－0143－0015540　PG3102/3
畜德録二十卷　（清）席啟圖纂輯　清末至民國初上海掃葉山房石印本　六册

110000－0143－0015541　PG3102/3－1
指月録三十二卷　（明）瞿汝稷撰　清同治十一年(1872)慧空經房刻本　十册

110000－0143－0015542　PG3102/5－1
道統大成不分卷　（清）汪啓濩輯　清光緒二十六年(1900)上海千頃堂書局刻本　十册

110000－0143－0015543　PG3102/6
象言破疑二卷　（清）劉一明著　清光緒六年(1880)刻本　一册

110000－0143－0015544　PG3102/7
孔易闡真二卷　（清）劉一明撰　清末刻本　一册

110000－0143－0015545　PG3102/10
神室八法一卷　（清）劉一明著　清光緒六年(1880)刻本　二册

110000－0143－0015546　PG3102/12
悟真直指四卷　（宋）張伯端著　（清）劉一明解註　清光緒六年(1880)河南中和堂刻本　二册

110000－0143－0015547　PG3102/13
悟道録二卷　（清）劉一明著　清光緒三年(1877)河南中和堂刻本　一册

110000－0143－0015548　PG3102/14
長春道教源流八卷　（清）陳銘珪撰　清光緒五年(1879)刻本　四册

110000－0143－0015549　PG3102/14
長春道教源流八卷　（清）陳銘珪撰　清光緒五年(1879)荔莊刻本　八册

110000－0143－0015550　PG3102/14
長春道教源流八卷　（清）陳銘珪撰　清光緒五年(1879)荔莊刻本　四册

110000－0143－0015551　PG3102/15
慧命經不分卷　（清）柳華陽撰　清宣統二年(1910)善成堂刻本　二册

110000－0143－0015552　PG3102/17
新語二卷　(漢)陸賈撰　**忠經一卷**　(漢)馬融撰　清光緒元年(1875)湖北崇文書局刻本　一册

110000－0143－0015553　PG3102/18
至遊子二卷　(宋)曾慥撰　清光緒元年(1875)湖北崇文書局刻本　一册

110000－0143－0015554　PG3102/18
至遊子二卷　(宋)曾慥撰　清光緒元年(1875)湖北崇文書局刻本　一册

110000－0143－0015555　PG3102/20
列子二卷　(周)列禦寇撰　清光緒元年(1875)湖北崇文書局刻本　一册

110000－0143－0015556　PG3102/20
列子二卷　(周)列禦寇撰　清光緒元年(1875)湖北崇文書局刻本　一册

110000－0143－0015557　PG3102/20
列子二卷　(周)列禦寇撰　清光緒元年(1875)湖北崇文書局刻本　一册

110000－0143－0015558　PG3102/20－1
列子八卷　(周)列禦寇撰　(晉)張湛注　(唐)殷敬順釋文　清光緒二年(1876)浙江書局刻本　二册

110000－0143－0015559　PG3102/20－1
列子八卷　(周)列禦寇撰　(晉)張湛注　(唐)殷敬順釋文　清光緒二年(1876)浙江書局刻本　二册

110000－0143－0015560　PG3102/20－2
列子八卷附列子沖虚至德真經釋文二卷　(周)列禦寇撰　(晉)張湛注　(唐)殷敬順釋文　(宋)陳景元補遺　清嘉慶十八年(1813)陳氏湖海樓刻本　二册

110000－0143－0015561　PG3102/20－3
列子八卷　(周)列禦寇撰　(唐)盧重元注　**附盧注攷證一卷**　(清)秦恩復輯　清嘉慶八年(1803)秦氏石研齋刻本　二册

110000－0143－0015562　PG3102/20－3
列子八卷　(周)列禦寇撰　(唐)盧重元注　**附盧注攷證一卷**　(清)秦恩復輯　清嘉慶八年(1803)秦氏石研齋刻本　二册　缺附盧注攷證一卷

110000－0143－0015563　PG3102/21
濟一子證道秘書十六種　(清)傅金銓輯　清蜀東善成堂刻本　十九册

110000－0143－0015564　PG3102/23
文子纘義十二卷　(元)杜道堅撰　清光緒三年(1877)浙江書局刻本　一册

110000－0143－0015565　PG3102/23
文子纘義十二卷　(元)杜道堅撰　清光緒三年(1877)浙江書局刻本　二册

110000－0143－0015566　PG3102/26
道書一貫不分卷　(清)鄧懷琨輯　清末刻本　十六册

110000－0143－0015567　PG3102/31
重刊道藏輯要二十八集五百七十二卷　(清)彭定求輯　清光緒三十二年(1906)成都二仙庵刻本　十二册　存十二集(参集五,井集三,鬼集一、七,柳集四、七,星集一、七,張集二,翼集四、七,軫集五)

110000－0143－0015568　PG3102/31(1)
續刊青城山記二卷　(清)彭洵撰　清光緒三十二年(1906)刻本　四册

110000－0143－0015569　PG3102/31(2)
雲笈七籤不分卷　(宋)張君房輯　清刻本　一册

110000－0143－0015570　PG3102/31－1
重刊道藏輯要二十八集五百七十二卷　(清)彭定求輯　清光緒三十二年(1906)成都二仙庵刻本　二百四十四册

110000－0143－0015571　PG3102/35
道書十二種二十五卷　(清)劉一明撰　清嘉慶二十四年(1819)刻本　二十四册

110000－0143－0015572　PG3102/37
呂祖全書六十四卷　(唐)呂嵓撰　(清)劉體

恕輯　清道光三十年(1850)刻本　二十二冊

110000－0143－0015573　PG3102/44
莊子釋意三篇　(明)歸有光原評　(清)高秋月集說　(清)曹同春論正　清康熙二十九年(1690)文粹堂刻本　三冊

110000－0143－0015574　PG3102/45
莊子雪三卷　(清)陸樹芝輯注　清嘉慶四年(1799)刻本　六冊

110000－0143－0015575　PG3102/46
雲水集不分卷　(清)高仁峒著　清光緒十一年(1885)刻本　一冊

110000－0143－0015576　PG3102/47
金蓋心燈八卷首一卷　(清)閔懶雲著　(清)鮑廷博注　(清)鮑昆評　清光緒二年(1876)刻本　六冊

110000－0143－0015577　PG3102/50
莊子約解四卷　(清)劉鴻典輯注　清同治五年(1866)刻本　四冊

110000－0143－0015578　PG3102/52
南華發覆八卷　(□)□□撰　(明)方應祥較訂　清乾隆十四年(1749)懷德堂刻本　四冊

110000－0143－0015579　PG3102/71
關尹子一卷　(周)尹喜撰　**陰符經一卷**　(漢)張良注　清光緒元年(1875)湖北崇文書局刻本　一冊

110000－0143－0015580　PG3102/76
亢倉子一卷　(周)庚桑楚撰　**胎息經一卷幻真先生注**　**無能子三卷**　(唐)□□撰　**玄真子一卷**　(唐)張志和撰　**天隱子一卷**　(唐)□□撰　**胎息經疏一卷**　(明)王文祿撰　清光緒元年(1875)湖北崇文書局刻本　二冊

110000－0143－0015581　PG3102/77
莊子集解八卷　王先謙撰　清宣統元年(1909)思賢書局刻本　三冊

110000－0143－0015582　PG3102/78
純陽公大事集八卷　(清)西銘子撰　(清)樂善子督　清刻本　八冊

110000－0143－0015583　PG3103/2
文王八卦不分卷　(□)□□撰　清抄滿漢合璧本　四冊

110000－0143－0015584　PG3103/3
新刻增定邵康節先生梅花觀梅拆字數全集五卷　(宋)邵雍著　清光緒十二年(1886)刻本　二冊

110000－0143－0015585　PG3103/4
皇極經世書傳八卷　(明)黄畿撰　清嘉慶十五年(1810)刻本　十六冊

110000－0143－0015586　PG3103/4
皇極經世書傳八卷　(明)黄畿撰　清嘉慶十五年(1810)刻本　八冊

110000－0143－0015587　PG3103/5
皇極經世緒言九卷首二卷　(宋)邵雍撰　(明)黄畿註釋　清嘉慶刻本　八冊　缺二卷(三、首上)

110000－0143－0015588　PG3103/7
卜筮正宗十四卷　(清)王維德著　清光緒三十二年(1906)上海掃葉山房石印本　四冊

110000－0143－0015589　PG3103/7
卜筮正宗十四卷　(清)王維德撰　清光緒十二年(1886)上海慶益書局石印本　四冊

110000－0143－0015590　PG3103/8
新刻搜集諸家卜筮源流斷易大全四卷　(清)余興國編輯　清善成堂刻本　四冊

110000－0143－0015591　PG3103/9
陽宅三要四卷　(清)趙廷棟著　清道光十四年(1834)刻本　二冊

110000－0143－0015592　PG3103/10
地理辨正疏四卷　(清)張心言著　清道光刻本　二冊

110000－0143－0015593　PG3103/11
增刪卜易六卷　野鶴老人著　清末善成堂刻本　四冊

110000－0143－0015594　PG3103/12
辨論篇一卷　(清)孟浩著　**雪心賦正解四卷**

(唐)卜應天著　(清)孟浩註　清文德堂刻本　二冊

110000－0143－0015595　PG3103/13
冰鑑七卷　(清)曾國藩著　清道光九年(1829)廣州拾芥園刻本　一冊

110000－0143－0015596　PG3103/15
神相金較剪不分卷　(清)棲霞山人授　清光緒十八年(1892)羊城鑑心齋刻本　一冊

110000－0143－0015597　PG3103/16
相門精義不分卷　(清)羅山道人撰　(清)紫雲居士輯　清光緒刻本　二冊

110000－0143－0015598　PG3103/18
指南針十二卷　(清)劉一明注　清光緒六年(1880)刻本　一冊　存三卷(一至三)

110000－0143－0015599　PG3103/20
龍經二種四卷　(唐)楊益著　(清)甘福校　清光緒刻本　一冊

110000－0143－0015600　PG3103/23
焦氏易林四卷　(漢)焦贛撰　清光緒元年(1875)湖北崇文書局刻本　四冊

110000－0143－0015601　PG3103/23
焦氏易林四卷　(漢)焦贛撰　清光緒元年(1875)湖北崇文書局刻本　四冊

110000－0143－0015602　PG3103/26
風角書八卷　(清)張爾岐著　清刻本　二冊

110000－0143－0015603　PG3103/29
性理易讀不分卷　(清)□□輯　清光緒二十一年(1895)吉林探源書舫刻本　二冊

110000－0143－0015604　PG3103/31
觀宅四十吉祥相一卷　(明)周文煒撰　清刻本　一冊

110000－0143－0015605　PG3103/33
稽瑞一卷　(唐)劉賡輯　(明)許光祚訂　清道光十四年(1834)刻本　一冊

110000－0143－0015606　PG3103/33－1
稽瑞一卷　(唐)劉賡輯　(明)許光祚訂　清道光十四年(1834)刻本　一冊

110000－0143－0015607　PG3103/34
瑞應圖記不分卷　(南朝梁)孫柔之撰　葉德輝輯　清光緒二十七年(1901)長沙葉氏刻本　一冊

110000－0143－0015608　PG3103/35
伏羲易義一卷歸藏易占一卷恒言三卷王元圃古大學石經合考定本一卷附論文理脈絡一卷　(清)王繩祖撰　**周子太極圖説註一卷**　(宋)周敦頤撰　(清)王繩祖註　清光緒刻本　二冊

110000－0143－0015609　PG3103/38
讀楊筆記五卷　(清)姜詩安著　清嘉慶刻本　一冊　存二卷(一至二)

110000－0143－0015610　PG3103/42
椿樹齋叢説不分卷　(□)□□撰　清光緒二年(1876)金陵溫氏刻本　八冊

110000－0143－0015611　PG3103/48
太乙陰陽七十二局　(□)□□撰　清抄本　四冊

110000－0143－0015612　PG3103/49
相理衡真十卷首一卷　(清)陳釗撰　清咸豐十一年(1861)刻本　七冊

110000－0143－0015613　PG3103/51
奇門捷徑不分卷　(□)□□撰　清道光十年(1830)壽芝賞綬刻本　四冊

110000－0143－0015614　PG3103/51
奇門捷徑不分卷　(□)□□撰　清道光二十年(1840)金筑子雍氏抄本　二冊

110000－0143－0015615　PG3103/53
新鐫曆法便覽家吉備要通書大全二十九卷　(清)魏鑑彙述　清刻本　十一冊　存二十四卷(一至二十四)

110000－0143－0015616　PG3103/54
地理圖説八卷　(清)杜奇英集　清光緒刻本　三冊

110000－0143－0015617　PG3103/55

河洛精蘊九卷 （清）江永撰　清小西山房刻本　四冊

110000－0143－0015618　PG3103/56
大六壬大全十三卷 （明）郭載騋撰　清刻本　十四冊

110000－0143－0015619　PG3103/57
六壬類聚四卷 （清）紀大奎撰　清刻本　八冊

110000－0143－0015620　PG3103/58
大六壬神應經二卷 （清）唐維經輯　清道光二十四年（1844）刻本　二冊

110000－0143－0015621　PG3103/59
地德五經 （清）理清和撰　清容忍堂刻本　四冊

110000－0143－0015622　PG3103/60
地理天玉經補註三卷 （清）凌龍光註　清嘉慶三年（1798）刻本　一冊

110000－0143－0015623　PG3103/62
大六壬心印賦五卷 （清）程起鸞删定　（清）陳良謨註增　（清）莊廣之校正　清嘉慶五年（1800）刻本　八冊

110000－0143－0015624　PG3103/63
奇門闡秘前編六卷行軍方便便方三卷 （清）羅世瑤編　清咸豐元年（1851）生白虛齋刻本　四冊

110000－0143－0015625　PG3103/64
易成二卷易成方二卷 （清）恩年撰　清光緒十三年（1887）都門後鐵廠積善堂刻本　一冊

110000－0143－0015626　PG3103/65
太乙統宗提要不分卷 （□）□□撰　清抄本　四冊

110000－0143－0015627　PG3103/66
皇極經世六十卷附觀物外篇二卷 （宋）邵雍撰　清光緒十九年（1893）刻本　十二冊

110000－0143－0015628　PG3103/68
譯古含奇三卷 （清）楊翼亮著　清光緒刻本　十二冊

110000－0143－0015629　PG3103/71
續畢法精義不分卷 （清）唐維經輯　（清）唐克銘校　清刻本　一冊

110000－0143－0015630　PG3103/72
董氏諏吉新書不分卷 （明）董德彰撰　清光緒二十年（1894）刻本　二冊

110000－0143－0015631　PG3103/77
管蠡滙占十卷 （清）周人甲編輯　清道光十九年（1839）刻本　六冊

110000－0143－0015632　PG3103/78
圖鑰二卷首一卷末一卷 （清）余朝楷著述　清道光刻本　三冊

110000－0143－0015633　PG3103/80
奇門遁甲不分卷 （清）□□輯　清末抄本　二冊

110000－0143－0015634　PG3103/80
奇門遁甲造化準則演義不分卷 （明）劉基撰　清末抄本　十二冊

110000－0143－0015635　PG3103/86
新鐫易數六卷 （明）喻有功著　（清）王通瑞删訂　（清）龔宜古校梓　清道光十年（1830）龔氏三槐堂京都刻本　二冊

110000－0143－0015636　PG3103/87
春樹齋叢説一卷附選時造命術 （清）溫葆深撰　清光緒二年（1876）金陵溫氏刻本　二冊

110000－0143－0015637　PG3103/91
占卜數則不分卷 （□）□□撰　清抄本　一冊

110000－0143－0015638　PG3103/100
新刻東海王先生纂輯陽宅十書四卷 （明）王君榮纂輯　清光緒八年（1882）善成堂刻本　四冊

110000－0143－0015639　PG3103/107
造化究源二卷 （清）丁守存撰　清同治二年（1863）曠視山房刻本　一冊

110000－0143－0015640　PG3103/117
忘筌書十卷 （宋）潘殖撰　（清）祝昌泰較刊

清嘉慶十六年(1811)浦城祝昌泰留香室刻本　四冊

110000－0143－0015641　PG3104/4
祈神奏格六卷　(明)程敏政原編　(清)戴天培等校梓　清刻本　一冊

110000－0143－0015642　PG3104/5
衛司理講道真詮五篇　(美國)林樂知選譯　清光緒二十三年(1897)上海美華書館鉛印本　一冊

110000－0143－0015643　PG3104/5
衛司理講道真詮五篇　(美國)林樂知選譯　清光緒二十二年(1896)上海美華書館鉛印本　一冊

110000－0143－0015644　PG3104/9
歷代仙史八卷　(清)王建章纂輯　清光緒七年(1881)常熟抱芳閣刻本　六冊

110000－0143－0015645　PG3104/9
歷代仙史八卷　(清)王建章纂輯　清光緒七年(1881)常熟抱芳閣刻本　六冊

110000－0143－0015646　PG3104/10
翼教覺民二卷　(清)汪桂林錄　清光緒二十九年(1903)南通州分司官舍刻本　二冊

110000－0143－0015647　PG3105/1
聖年廣益十二編　(法國)馮秉正譯述　(法國)宋君榮等校閱　清刻本　二十四冊

110000－0143－0015648　PG3105/3
教務紀略四卷首一卷　李剛己輯　魏家驊校　清光緒三十年(1904)山東印書局鉛印本　四冊

110000－0143－0015649　PG3105/3
教務紀略四卷首一卷　李剛己輯　魏家驊校　清光緒三十一年(1905)河南排印處鉛印本　五冊

110000－0143－0015650　PG3105/3
教務紀略四卷首一卷　李剛己輯　魏家驊校　清光緒三十年(1904)山東印書局鉛印本　五冊

110000－0143－0015651　PG3105/5
破邪詳辯四卷首一卷　(清)黄育楩撰　清光緒九年(1883)刻本　二冊

110000－0143－0015652　PG3105/6
説教不分卷　(清)容揆譯　清光緒十九年(1893)北京同文館書局鉛印本　一冊

110000－0143－0015653　PG3105/7
燕京開教畧三篇　(法國)樊國樑著　清光緒三十一年(1905)北京救世堂鉛印本　三冊

110000－0143－0015654　PG3105/7
燕京開教畧三篇　(法國)樊國樑著　清光緒三十一年(1905)北京救世堂鉛印本　三冊

110000－0143－0015655　PG3105/7
燕京開教畧三篇　(法國)樊國樑著　清光緒三十一年(1905)北京救世堂鉛印本　三冊

110000－0143－0015656　PG3105/8
支那教案論四篇　(英國)宓克　(英國)瑣米爾士撰　嚴復譯　鄭孝檉校　(日本)經濟雜誌社譯　(日本)古城貞吉重譯　孟森校訂　鄭孝柽覆校　清光緒南洋公學譯書院鉛印本　一冊

110000－0143－0015657　PG3105/8
支那教案論四篇　(英國)宓克　(英國)瑣米爾士撰　嚴復譯　鄭孝檉校　(日本)經濟雜誌社譯　(日本)古城貞吉重譯　孟森校訂　鄭孝柽覆校　**萬國通商史九章**　(英國)瑣米爾士撰　(日本)古城貞吉重譯　孟森校訂　鄭孝柽覆校　(日本)經濟雜誌社覆校　清光緒南洋公學譯書院鉛印本　一冊

110000－0143－0015658　PG3105/12
會心内集二卷　(清)劉一明著　清光緒三年(1877)唐海岳、張崇德刻本　一冊

110000－0143－0015659　PG3105/12－1
會心外集二卷　(清)劉一明著　清光緒三年(1877)唐海岳、張崇德刻本　一冊

110000－0143－0015660　PG3105/20
回回原來不分卷　(清)劉三傑撰　清光緒三

十年(1904)成都敬畏堂周氏刻本　一册

110000－0143－0015661　PG3105/21

古教彙參三卷　(英國)韋廉臣著　(清)董樹堂譯　清光緒二十五年(1899)上海廣學會刻本　三册

110000－0143－0015662　PG3105/21

古教彙參三卷　(英國)韋廉臣著　(清)董樹堂譯　清光緒二十五年(1899)上海廣學會刻本　三册

110000－0143－0015663　PG3105/23

聖母聖衣會恩諭不分卷　(西洋)那永福撰　清同治七年(1868)上海慈母堂刻本　一册

110000－0143－0015664　PG3105/24

西藏宗教源流考不分卷　張其勤編輯　陳錫民校訂　清宣統二年(1910)官印刷局鉛印本　一册

110000－0143－0015665　PG3105/26

路得改教紀略二十三章　(印度)廣學會原本　(美國)林樂知譯　清光緒二十五年(1899)上海廣學會鉛印本　一册

110000－0143－0015666　PG3105/28

不得已辯不分卷　(意大利)利類思著　清道光二十七年(1847)刻本　一册

110000－0143－0015667　PG3105/29

天主降生引義二卷　(意大利)艾儒略撰　清刻本　一册

110000－0143－0015668　PG3105/31

清真指南十卷　(清)馬注著　(清)劉三傑(清)古之瓚校閱　(清)馬之騏　(清)馬綏泰參訂　清同治八年(1869)刻本　二册

110000－0143－0015669　PG3105/31－1

清真指南十卷　(清)馬文炳著　清光緒十年(1884)刻本　十册

110000－0143－0015670　PG3105/34

官話常談二十四章　(英國)馬桃生撰　(清)金湘儒譯　清光緒十七年(1891)上海美華書館鉛印本　一册

110000－0143－0015671　PG3105/42

理窟九卷　(清)李杕著　清光緒二十七年(1901)上海慈母堂鉛印本　四册

110000－0143－0015672　PG3105/45

成唯識論述記六十卷　(唐)釋窺基撰　清光緒二十七年(1901)金陵刻經處刻本　四册

110000－0143－0015673　PG3105/46

十二門論宗致義記二卷　(唐)釋法藏述　清光緒二十一年(1895)金陵刻經處刻本　一册

110000－0143－0015674　PG3105/49

續訂教務紀略六卷　(清)鄭世焯編輯　(清)舒鳳儀參校　清光緒三十四年(1908)鉛印本　一册

110000－0143－0015675　PG3105/50

景教流行中國碑頌正詮不分卷　(葡萄牙)陽瑪諾注　清光緒四年(1878)刻本　一册

110000－0143－0015676　PG3105/52

天方至聖實錄二十卷首一卷　(清)劉智著述　清同治十一年(1872)寶真堂刻本　十册

110000－0143－0015677　PG3105/52

天方至聖實錄二十卷首一卷　(清)劉智著述　清同治十一年(1872)寶真堂刻本　十册

110000－0143－0015678　PG3105/55

羅馬教正誤六卷　耶穌教會編　清刻本　三册

110000－0143－0015679　PG3105/56

七克七卷　(西班牙)龐迪我譔述　清嘉慶三年(1798)京都始胎大堂刻本　四册

110000－0143－0015680　PG3105/67

教要解畧二卷　(意大利)高一志述　清同治八年(1869)上海慈母堂刻本　二册

110000－0143－0015681　PG3105/69

聖母院函稿不分卷　(□)□□撰　清末鉛印本　一册

110000－0143－0015682　PG3105/70

天神會課不分卷　(清)潘國光撰　清咸豐十一年(1861)上海慈母堂刻本　一册

110000－0143－0015683　PG3105/72
拯世略說不分卷　（明）朱宗元著　清同治十二年（1873）上海慈母堂刻本　一册

110000－0143－0015684　PG3105/73
萬物真原不分卷　（意大利）艾儒略述　（意大利）龍華民等訂　清勝世堂刻本　一册

110000－0143－0015685　PG3105/74
聖經廣益二卷首一卷　（法國）馮秉正譯　清光緒元年（1875）刻本　二册

110000－0143－0015686　PG3105/78
一目了然不分卷　（清）崇道主人撰　清光緒二十九年（1903）上海慈母堂印書館鉛印本　一册

110000－0143－0015687　PG3105/79
永福天衢二卷　（清）利安定著　清同治十二年（1873）上海慈母堂刻本　一册

110000－0143－0015688　PG3105/89
敬禮若瑟月三卷　（意大利）晁德蒞述　（清）沈則恭　（清）馬乾參訂　清同治十年（1871）上海慈母堂刻本　一册

110000－0143－0015689　PG3105/90
滌罪正規四卷　（意大利）艾儒略述　清道光二十九年（1849）刻本　一册

110000－0143－0015690　PG311./1
呂氏春秋二十六卷附攷一卷　（秦）呂不韋撰　（漢）高誘注　清刻本　三册　缺六卷（一至六）

110000－0143－0015691　PG311./1
呂氏春秋二十六卷附攷一卷　（秦）呂不韋撰　（漢）高誘注　清光緒元年（1875）浙江書局刻本　六册

110000－0143－0015692　PG311./1－2
呂氏春秋二十六卷附攷一卷　（秦）呂不韋撰　（漢）高誘注　清光緒元年（1875）浙江書局刻本　六册

110000－0143－0015693　PG311./1－3
呂氏春秋二十六卷附攷一卷　（秦）呂不韋撰　（漢）高誘注　清光緒元年（1875）湖北崇文書局刻本　四册

110000－0143－0015694　PG311./1－5
呂氏春秋二十六卷附攷一卷　（秦）呂不韋撰　（漢）高誘注　清光緒元年（1875）浙江書局刻本　六册

110000－0143－0015695　PG311./1－6
呂氏春秋二十六卷附攷一卷　（秦）呂不韋撰　（漢）高誘注　明末清初刻本　六册　存十三卷（一至十三）

110000－0143－0015696　PG311./2
抱朴子内篇四卷外篇四卷　（晉）葛洪撰　清光緒元年（1875）湖北崇文書局刻本　四册

110000－0143－0015697　PG311./2－1
抱朴子内篇二十卷　（晉）葛洪撰　清嘉慶十八年（1813）金陵道署刻本　十二册

110000－0143－0015698　PG311./2－2
抱朴子外篇四卷　（晉）葛洪撰　清光緒元年（1875）刻本　二册

110000－0143－0015699　PG311./2－3
抱朴子外篇五十卷　（晉）葛洪撰　清嘉慶二十四年（1819）冶城山館刻本　六册

110000　0143－0015700　PG311./3－2
玉芝堂談薈三十六卷　（明）徐應秋輯　清光緒元年（1875）刻本　三十四册

110000－0143－0015701　PG311./3－2
玉芝堂談薈三十六卷　（明）徐應秋輯　清光緒元年（1875）刻本　三十四册

110000－0143－0015702　PG311./3－2
玉芝堂談薈三十六卷　（明）徐應秋輯　清光緒元年（1875）刻本　三十二册

110000－0143－0015703　PG311./3－3
玉芝堂談薈三十六卷　（明）徐應秋輯　清康熙四十二年（1703）遼陽靳治荆熊封氏補刻本　十八册　缺九卷（一至九）

110000－0143－0015704　PG311./6
紙上談十二卷　（清）李揚華著　清同治十三

年(1874)滃江山館刻本　二册

110000－0143－0015705　PG311./7
問字堂集六卷　(清)孫星衍撰　清光緒十年(1884)四明是亦軒刻本　二册

110000－0143－0015706　PG311./8
白虎通德論四卷　(漢)班固纂　明末刻本　二册

110000－0143－0015707　PG311./8
□□叢書□□種□□卷　(□)□□撰　清刻本　三十二册

110000－0143－0015708　PG311./59－1
東萊呂紫微師友雜志一卷　(宋)呂本中撰　清光緒二年(1876)吳興陸氏十萬卷樓刻本　一册

110000－0143－0015709　PG311./59
東萊呂紫微師友雜志一卷　(宋)呂本中撰　清光緒三年(1877)吳興陸氏十萬卷樓刻本　一册

110000－0143－0015710　PG311./8－1
白虎通德論四卷　(漢)班固纂　清光緒元年(1875)湖北崇文書局刻本　二册

110000－0143－0015711　PG311./9
丹桂籍四卷首一卷末一卷　(明)顏正注釋　清光緒九年(1883)信述堂刻本　三册　缺二卷(一至二)

110000－0143－0015712　PG311./59－1
東萊呂紫微雜説一卷　(宋)呂本中撰　清光緒二年(1876)吳興陸氏十萬卷樓刻本　一册

110000－0143－0015713　PG311./10－1
鬼谷子陶宏景注三卷附錄一卷附篇目考　(南朝梁)陶宏景注　清嘉慶十年(1805)江都秦氏刻本　一册

110000－0143－0015714　PG311./10－1
世説新語六卷　(南朝宋)劉義慶撰　清光緒元年(1875)湖北崇文書局刻本　三册

110000－0143－0015715　PG311./11
人壽金鑑二十二卷　(清)程得齡輯　清光緒元年(1875)湖北崇文書局刻本　六册

110000－0143－0015716　PG311./11
人壽金鑑二十二卷　(清)程得齡輯　清嘉慶二十四年至二十五年(1819－1820)安東程氏刻本　六册

110000－0143－0015717　PG311./12－1
鶡冠子三卷　(周)鶡冠子撰　(宋)陸佃解　清光緒元年(1875)湖北崇文書局刻本　一册

110000－0143－0015718　PG311./13A
新刻奏對合編二種三卷　(清)□□輯　清光緒十九年(1893)京都榮錄堂刻本　二册

110000－0143－0015719　PG311./13B
新刻奏對合編二種三卷　(清)□□輯　清光緒十九年(1893)京都榮錄堂刻本　二册

110000－0143－0015720　PG311./13C
新刻奏對合編二種三卷　(清)□□輯　清光緒十九年(1893)京都榮錄堂刻本　二册

110000－0143－0015721　PG311./14
權衡一書四十一卷　(清)王植輯錄　清乾隆元年(1736)王氏崇雅堂刻本　二十四册

110000－0143－0015722　PG311./15
秘書廿一種九十四卷　(清)汪士漢考校　清康熙七年(1668)刻本　一册　存三種四卷(楚史檮杌一卷、晉史乘一卷、竹書紀年二卷)

110000－0143－0015723　PG311./15
秘書廿一種九十四卷　(清)汪士漢輯　清刻本　十册　存十六種四十八卷(博物志十卷、續博物志十卷、桂海虞衡志一卷、博異記一卷、高士傳三卷、劍俠傳四卷、集異記一卷、竹書紀年二卷、中華古今注三卷、古今注三卷、三墳一卷、風俗通義四卷、列仙傳二卷、楚史檮杌一卷、晉史乘一卷、續齊諧記一卷)

110000－0143－0015724　PG311./16
敦懷堂洋務叢鈔十一種十九卷　(清)張樹聲編定　清光緒十年至十一年(1884－1885)敦懷書屋等刻本　十五册　缺二卷(海防要覽一至二)

110000－0143－0015725　PG311./17
冷廬雜識八卷　（清）陸以湉撰　清咸豐六年(1856)刻本　八册

110000－0143－0015726　PG311./17
冷廬雜識八卷　（清）陸以湉撰　清咸豐六年(1856)刻本　八册

110000－0143－0015727　PG311./17
冷廬雜識八卷　（清）陸以湉撰　清咸豐六年(1856)刻本　八册

110000－0143－0015728　PG311./18(1)
新刻法筆驚天雷八卷　（□）□□撰　清末上海錦章圖書局石印本　一册

110000－0143－0015729　PG311./18(2)
新刻法家蕭曹兩造雪案鳴冤律四卷　管見子注釋　清末上海錦章圖書局石印本　一册

110000－0143－0015730　PG311./18(3)
新刻校正音釋詞家便覽蕭曹遺筆四卷　閒閒子訂注　清末上海錦章圖書局石印本　一册

110000－0143－0015731　PG311./20－2
風俗通義十卷　（漢）應劭撰　清光緒元年(1875)湖北崇文書局刻本　二册

110000－0143－0015732　PG311./20－2
風俗通義|卷　（漢）應劭撰　**人物志三卷**（三國魏）劉邵著　清刻本　一册　存四卷（七至十）

110000－0143－0015733　PG311./22
賔退錄十卷　（宋）趙與旹撰　清光緒江陰繆氏刻本　四册

110000－0143－0015734　PG311./22
賔退錄十卷　（宋）越與旹撰　清乾隆十七年(1752)存恕堂刻本　二册

110000－0143－0015735　PG311./24
太上感應篇圖說八卷首一卷　（清）黃正元撰　清光緒七年(1881)京都琉璃廠文會堂刻本　八册

110000－0143－0015736　PG311./24
太上感應篇圖說八卷首一卷　（清）黃正元撰　清光緒三年(1877)京都琉璃廠精華齋刻本　八册

110000－0143－0015737　PG311./25
太上感應篇集註四卷首一卷　（清）徐蘿元初纂　（清）夏綸重輯　清乾隆十年(1745)錢塘夏銘嶧刻本　四册

110000－0143－0015738　PG311./26
仙蹤接脈四卷　（宋）葛長庚著　清光緒十一年(1885)紫清宮敬信齋刻本　四册

110000－0143－0015739　PG311./27
集說詅真續編不分卷附歷代永統紀年表圖　（清）黃伯祿輯　清光緒三十二年(1906)上海慈母堂鉛印本　一册

110000－0143－0015740　PG311./27
集說詮真續編不分卷附歷代永統紀年表圖　（清）黃伯祿輯　清光緒三十二年(1906)上海慈母堂鉛印本　一册

110000－0143－0015741　PG311./27
集說詮真不分卷續編不分卷附歷代永統紀年表圖　（清）黃伯祿輯　清光緒八年(1882)上海慈母堂刻本　五册

110000－0143－0015742　PG311./27(C1)
集說詮真提要不分卷　（清）黃伯祿輯　清光緒五年(1879)上海慈母堂刻本　一册

110000－0143－0015743　PG311./27(C2)
集說詮真不分卷　（清）黃伯祿輯　清光緒五年(1879)上海慈母堂刻本　四册

110000－0143－0015744　PG311./27(A1)
集說詮真提要不分卷　（清）黃伯祿輯　清光緒八年(1882)上海慈母堂刻本　一册

110000－0143－0015745　PG311./27(A2)
集說詮真續編不分卷附歷代永統紀年表圖　（清）黃伯祿輯　清光緒六年(1880)上海慈母堂刻本　一册

110000－0143－0015746　PG311./27(A3)
集說詮真續編不分卷附歷代永統紀年表圖　（清）黃伯祿輯　清光緒十一年(1885)上海慈

母堂刻本　一冊

110000－0143－0015747　PG311./27(A4)
集說詮真不分卷　(清)黃伯祿輯　清光緒刻本　二冊　存二冊(三至四)

110000－0143－0015748　PG311./27(B1)
集說詮真提要不分卷　(清)黃伯祿輯　清光緒五年(1879)上海慈母堂刻本　四冊

110000－0143－0015749　PG311./27(B2)
集說詮真不分卷續編不分卷附歷代永統紀年表圖　(清)黃伯祿輯　清光緒五年(1879)上海慈母堂刻本　一冊

110000－0143－0015750　PG311./28
紀事約言二卷　(清)夏勤墉撰　清光緒七年(1881)湖北崇文書局刻本　一冊

110000－0143－0015751　PG311./28
風角書八卷　(清)張爾岐著　清光緒湖北崇文書局刻本　一冊　存四卷(一至四)

110000－0143－0015752　PG311./28
紀事約言二卷　(清)夏勤墉撰　清光緒七年(1881)湖北崇文書局刻本　一冊

110000－0143－0015753　PG311./28
酌中志餘二卷　(明)劉若愚輯　清光緒湖北崇文書局刻本　二冊

110000－0143－0015754　PG311./29
新編吏治懸鏡八卷　(清)徐文弼編輯　清刻本　八冊

110000－0143－0015755　PG311./29
新編吏治懸鏡八卷　(清)徐文弼編輯　清末五蔭山房刻本　八冊

110000－0143－0015756　PG311./30
叢書九種　(□)□□輯　清刻本　七冊

110000－0143－0015757　PG311./30－2
風俗通義十卷　(漢)應劭撰　清光緒元年(1875)湖北崇文書局刻本　二冊

110000－0143－0015758　PG311./30－3
風俗通義十卷　(漢)應劭撰　清末刻本　一冊

110000－0143－0015759　PG311./30－4
風俗通義十卷附人物志二卷　(漢)應劭撰　清末刻本　一冊　存六卷(一至六)

110000－0143－0015760　PG311./34
得一錄八卷　(清)余治輯　清刻本　五冊　缺二卷(一至二)

110000－0143－0015761　PG311./35
碑版文廣例十卷　(清)王芑孫輯　清道光二十一年(1841)刻本　四冊

110000－0143－0015762　PG311./35
碑版文廣例十卷　(清)王芑孫輯　清道光二十一年(1841)刻本　五冊

110000－0143－0015763　PG311./36
廣虞初新志四十卷　(清)黃承增輯　清嘉慶八年(1803)寄鷗閒舫刻本　二十冊

110000－0143－0015764　PG311./38
關帝寶訓像註四卷　(清)□□撰　清嘉慶元年(1796)富文堂刻本　四冊

110000－0143－0015765　PG311./39
家寶全集校訂百二十種　(清)石成金撰集　清末聚業堂刻本　三十二冊

110000－0143－0015766　PG311./39
家寶全集校訂百二十種　(清)石成金撰集　清末又光堂刻本　八冊　存七卷(初集一至三、五至八)

110000－0143－0015767　PG311./39
家寶全集校訂百二十種　(清)石成金撰集　清末同光堂刻本　二十一冊　缺十二卷(初集三,二集一至八,三集二,四集一、七)

110000－0143－0015768　PG311./39－1
重刻添補傳家寶俚言新本初集八卷首一卷二集八卷三集八卷四集八卷　(清)石成金撰　清聚業堂刻本　三十二冊

110000－0143－0015769　PG311./40(1)
淮南子二十一卷　(漢)劉安撰　(漢)高誘注　(清)莊逵吉校　清光緒二年(1876)浙江書

局刻本　五冊

110000－0143－0015770　PG311./40(2)
新書十卷　(漢)賈誼撰　(清)盧文弨校　清光緒元年(1875)浙江書局刻本　二冊

110000－0143－0015771　PG311./40－1
淮南鴻烈解二十一卷　(漢)劉安撰　(漢)高誘注　清光緒元年(1875)湖北崇文書局刻本　四冊

110000－0143－0015772　PG311./40－3
淮南子二十一卷　(漢)劉安撰　(漢)高誘注　(清)莊逵吉校　清光緒二年(1876)浙江書局刻本　二冊

110000－0143－0015773　PG311./40－3
淮南子二十一卷　(漢)劉安撰　(漢)高誘注　(清)莊逵吉校　清光緒二年(1876)浙江書局刻本　六冊

110000－0143－0015774　PG311./40－3
淮南子二十一卷　(漢)劉安撰　(漢)高誘注　(清)莊逵吉校　清光緒二年(1876)浙江書局刻本　六冊

110000－0143－0015775　PG311./40－4
淮南子二十一卷　(漢)劉安撰　(漢)高誘注　(清)莊逵吉校　清嘉慶九年(1804)姑蘇王氏聚文堂刻本　八冊

110000－0143－0015776　PG311./43
鴻苞節錄十卷　(明)屠隆著　(清)屠繼烈編　清咸豐七年(1857)章邱縣署刻本　十冊

110000－0143－0015777　PG311./43
鴻苞節錄十卷　(明)屠隆著　(清)屠繼烈編　清咸豐七年(1857)章邱縣署刻本　十冊

110000－0143－0015778　PG311./45
繙譯醒世要言四卷　(明)呂坤撰　(清)和素輯語　(清)孟保校譯　清末刻本　四冊

110000－0143－0015779　PG311./46－1
學林十卷　(宋)王觀國撰　清嘉慶十四年(1809)蕭山陳氏湖海樓刻本　十冊

110000－0143－0015780　PG311./46－1
學林十卷　(宋)王觀國撰　清嘉慶十四年(1809)蕭山陳氏湖海樓刻本　十冊

110000－0143－0015781　PG311./47
湘學新報　(□)□□撰　清光緒長沙刻本　十三冊　缺三冊(三、六、十四)

110000－0143－0015782　PG311./47－1
湘學報類編西政叢鈔六種　(□)□□撰　清光緒石印本　一冊　存二種(商學、交涉學)

110000－0143－0015783　PG311./47－1
湘學報類編西政叢鈔六種　(□)□□撰　清光緒石印本　六冊

110000－0143－0015784　PG311./47－2
湘學報不分卷　(清)江標等編　清光緒二十三年至二十四年(1897－1898)湖南刻本　十六冊

110000－0143－0015785　PG311./50
湛園札記四卷　(清)姜宸英著　(清)葉元塀重校　清光緒七年(1881)見山樓刻本　四冊

110000－0143－0015786　PG311./50
湛園札記四卷　(清)姜宸英著　(清)葉元塀重校　清光緒七年(1881)見山樓刻本　二冊

110000－0143－0015787　PG311./51
騙術奇談四卷　(清)雷君曜編　清宣統埽葉山房石印本　四冊

110000－0143－0015788　PG311./52
古今說海一百三十五種一百四十二卷　(明)陸楫輯　清道光元年(1821)苕溪邵氏西山堂刻本　五冊　存三十四種三十四卷(北征錄一卷、北征後錄一卷、北征記一卷、平夏錄一卷、江南別錄一卷、虎傳一卷、馬自然傳一卷、寶應錄一卷、白蛇記一卷、巴西侯傳一卷、柳歸舜傳一卷、求心錄一卷、知命錄一卷、山莊夜恠錄一卷、五真記一卷、小金傳一卷、林靈素傳一卷、海陵三仙傳一卷、瀟湘錄一卷、三水小牘一卷、談藪一卷、清尊錄一卷、睽車志一卷、話腴一卷、朝野僉載一卷、高齋漫錄一卷、桐陰舊話一卷、霏雪錄一卷、東園友聞一卷、拊掌錄一卷、江行雜錄一卷、行營雜錄一

卷、避暑漫抄一卷、養痾漫筆一卷）

110000－0143－0015789　PG311./52－1
古今說海一百三十五種一百四十二卷　（明）陸楫輯　清宣統元年（1909）上海集成圖書公司鉛印本　十二册

110000－0143－0015790　PG311./53
容齋隨筆十六卷續筆十六卷三筆十六卷四筆十六卷五筆十卷　（宋）洪邁撰　清乾隆五十九年（1794）上海掃葉山房刻本　十四册

110000－0143－0015791　PG311./53－1
容齋隨筆十六卷續筆十六卷三筆十六卷四筆十六卷五筆十卷　（宋）洪邁撰　清乾隆五十九年（1794）上海掃葉山房刻本　十六册

110000－0143－0015792　PG311./53－1
容齋隨筆十六卷續筆十六卷三筆十六卷四筆十六卷五筆十卷　（宋）洪邁撰　清乾隆五十九年（1794）上海掃葉山房刻本　十六册

110000－0143－0015793　PG311./53－2
容齋隨筆十六卷續筆十六卷三筆十六卷四筆十六卷五筆十卷　（宋）洪邁撰　清末新豐洪氏十三公祠刻本　十四册

110000－0143－0015794　PG311./53－3
容齋隨筆十六卷續筆十六卷三筆十六卷四筆十六卷五筆十卷　（宋）洪邁撰　清乾隆至嘉慶刻本　九册

110000－0143－0015795　PG311./53－4
容齋隨筆十六卷續筆十六卷三筆十六卷四筆十六卷五筆十卷　（宋）洪邁撰　清光緒九年（1883）新豐洪氏十三公祠刻本　七册　缺三十七卷（三筆六至十六、四筆十六卷、五筆十卷）

110000－0143－0015796　PG311./54
暗室燈四卷　（清）王崇實著　清道光二十四年（1844）致和堂刻本　三册　缺一卷（四）

110000－0143－0015797　PG311./55
錢神志七卷　（清）李世熊著　清同治十年（1871）劉培芬甯化縣署木活字印本　七册

110000－0143－0015798　PG311./55
錢神志七卷　（清）李世熊著　清同治十年（1871）劉培芬甯化縣署木活字印本　七册

110000－0143－0015799　PG311./55
錢神志七卷　（清）李世熊著　清光緒六年（1880）劉國光刻本　八册

110000－0143－0015800　PG311./57
池北偶談二十六卷　（清）王士禛著　清金谿李氏自怡草堂刻本　八册

110000－0143－0015801　PG311./57
池北偶談二十六卷　（清）王士禛著　清文粹堂刻本　八册

110000－0143－0015802　PG311./57
池北偶談二十六卷　（清）王士禛著　清文粹堂刻本　八册

110000－0143－0015803　PG311./62
日知錄集釋三十二卷附刊誤二卷續刊誤二卷　（清）顧炎武著　（清）黄汝成集釋　清同治十一年（1872）湖北崇文書局刻本　十五册

110000－0143－0015804　PG311./62
日知錄集釋三十二卷附刊誤二卷續刊誤二卷　（清）顧炎武著　（清）黄汝成集釋　清同治十一年（1872）湖北崇文書局刻本　十六册

110000－0143－0015805　PG311./62
日知錄集釋三十二卷附刊誤二卷續刊誤二卷　（清）顧炎武著　（清）黄汝成集釋　清同治十一年（1872）湖北崇文書局刻本　十六册

110000－0143－0015806　PG311./63
了凡四訓不分卷　（明）袁黄撰　清光緒十五年（1889）湖北官書處刻本　一册

110000－0143－0015807　PG311./64
淮南天文訓補注二卷　（清）錢塘撰　清光緒三年（1877）湖北崇文書局刻本　二册

110000－0143－0015808　PG311./64
淮南天文訓補注二卷　（清）錢塘撰　清光緒元年（1875）湖北崇文書局刻本　二册

110000－0143－0015809　PG311./65

雙節堂庸訓六卷 (清)汪輝祖纂 (清)閻敬銘輯 清光緒十四年(1888)山西解州書院刻本 一冊

110000－0143－0015810 PG311./66
輶軒語七卷 (清)張之洞撰 清光緒二十一年(1895)湖北官書處刻本 一冊

110000－0143－0015811 PG311./66－1
輶軒語七卷 (清)張之洞撰 清光緒五年(1879)刻本 二冊

110000－0143－0015812 PG311./66－2
輶軒語七卷 (清)張之洞撰 清光緒八年(1882)江西書局鉛印本 一冊

110000－0143－0015813 PG311./71
居易錄三十四卷 (清)王士禛撰 清康熙五十年至六十一年(1711－1722)博文堂刻本 十二冊

110000－0143－0015814 PG311./74
二十二史感應錄二卷 (清)彭希涑輯 清宣統元年(1909)成都榮恒江寧刻本 二冊

110000－0143－0015815 PG311./74－1
二十二史感應錄二卷 (清)彭希涑輯 清光緒二十七年(1901)善化瞿氏刻本 一冊

110000－0143－0015816 PG311./75
時務報三十冊 (清)時務報報館編 清光緒二十二年至二十四年(1896－1898)上海石印本 六冊

110000－0143－0015817 PG311./75
時務報三十冊 (清)時務報報館編 清光緒二十二年至二十四年(1896－1898)上海石印本 六冊

110000－0143－0015818 PG311./76
陔餘叢考四十三卷 (清)趙翼撰 清乾隆五十六年(1791)湛貽堂刻本 十冊

110000－0143－0015819 PG311./76
陔餘叢考四十三卷 (清)趙翼撰 清乾隆五十六年(1791)湛貽堂刻本 十二冊

110000－0143－0015820 PG311./76
陔餘叢考四十三卷 (清)趙翼撰 清乾隆五十六年(1791)壽考堂刻本 十一冊

110000－0143－0015821 PG311./76
陔餘叢考四十三卷 (清)趙翼撰 清嘉慶至道光刻本 十二冊

110000－0143－0015822 PG311./76
陔餘叢考四十三卷 (清)趙翼撰 清乾隆五十六年(1791)湛貽堂刻本 十三冊

110000－0143－0015823 PG311./76
陔餘叢考四十三卷 (清)趙翼撰 清乾隆五十六年(1791)湛貽堂刻本 十冊

110000－0143－0015824 PG311./76
陔餘叢考四十三卷 (清)趙翼撰 清乾隆五十五年(1790)湛貽堂刻本 十二冊

110000－0143－0015825 PG311./76
陔餘叢考四十三卷 (清)趙翼撰 清乾隆五十六年(1791)湛貽堂刻本 十六冊

110000－0143－0015826 PG311./76－1
陔餘叢考四十三卷 (清)趙翼撰 清乾隆五十五年(1790)湛貽堂刻嘉慶重印本 十冊

110000－0143－0015827 PG311./80
燕京歲時記不分卷 (清)富察敦崇編 清光緒三十二年(1906)北京刻本 一冊

110000－0143－0015828 PG311./81－1
物理小識十二卷首一卷 (清)方以智撰 清光緒十年(1884)寧靜堂刻本 六冊

110000－0143－0015829 PG311./82
庸盦筆記六卷 (清)薛福成撰 清光緒二十三年(1897)蕭山陳氏遺經樓刻本 六冊

110000－0143－0015830 PG311./83
隱居通議三十一卷 (元)劉壎著 (清)劉冠寰輯 清嘉慶六年(1801)劉烒愛餘堂刻本 四冊

110000－0143－0015831 PG311./86
浪跡叢談十一卷 (清)梁章鉅撰 清宣統三年(1911)上海掃葉山房石印本 三冊

110000－0143－0015832　PG311./86
浪跡三談六卷　(清)梁章鉅撰　清咸豐七年(1857)福州梁氏刻光緒十年(1884)杭縣鄭氏小琳琅館重印本　二冊

110000－0143－0015833　PG311./86
浪跡三談六卷　(清)梁章鉅撰　清咸豐七年(1857)福州梁氏刻光緒十年(1884)杭縣鄭氏小琳琅館重印本　四冊

110000－0143－0015834　PG311./86－1
浪跡續談八卷　(清)梁章鉅撰　清宣統三年(1911)上海掃葉山房石印本　三冊

110000－0143－0015835　PG311./86－1
浪跡續談八卷　(清)梁章鉅撰　清同治至光緒刻本　四冊

110000－0143－0015836　PG311./86－1
浪跡叢談十一卷續談八卷　(清)梁章鉅撰　清同治至光緒刻本　八冊

110000－0143－0015837　PG311./86－2、PG311./86－4
浪跡叢談十一卷續談八卷　(清)梁章鉅撰　清道光二十七年至二十八年(1847－1848)福州梁氏北東園刻本　五冊

110000－0143－0015838　PG311./86－3
浪跡三談六卷　(清)梁章鉅撰　清光緒十年(1884)福州梁氏刻本　二冊

110000－0143－0015839　PG311./90－1
分甘餘話四卷　(清)王士禛撰　清康熙四十八年至六十一年(1709－1722)刻本　四冊

110000－0143－0015840　PG311./91
格致彙編(第一年)不分卷　(英國)傅蘭雅輯　清光緒二年(1876)上海格致彙編館鉛印本　四冊

110000－0143－0015841　PG311./91
格致彙編(第二年)不分卷　(英國)傅蘭雅輯　清光緒三年(1877)上海格致書院鉛印本　四冊

110000－0143－0015842　PG311./91
格致彙編(第三年)不分卷　(英國)傅蘭雅輯　清光緒六年(1880)上海格致書院鉛印本　四冊

110000－0143－0015843　PG311./91
格致彙編(第四年)不分卷　(英國)傅蘭雅輯　清光緒七年(1881)上海格致書院鉛印本　四冊

110000－0143－0015844　PG311./91
格致彙編(第五年)不分卷　(英國)傅蘭雅輯　清光緒十六年(1890)上海格致書院鉛印本　四冊

110000－0143－0015845　PG311./91
格致彙編(第六年)不分卷　(英國)傅蘭雅輯　清光緒十七年(1891)上海格致書院鉛印本　四冊

110000－0143－0015846　PG311./91
格致彙編(第七年)不分卷　(英國)傅蘭雅輯　清光緒十八年(1892)上海格致書院鉛印本　四冊

110000－0143－0015847　PG311./92
共城從政錄不分卷　(清)周際華著　清道光十九年(1839)貴筑周氏家蔭堂刻本　一冊

110000－0143－0015848　PG311./93
野獲編三十卷補遺四卷　(明)沈德符著　(清)錢枋輯　清道光七年(1827)錢塘姚祖恩扶荔山房刻本　十六冊

110000－0143－0015849　PG311./93
野獲編三十卷補遺四卷　(明)沈德符著　(清)錢枋輯　清道光七年(1827)錢塘姚祖恩扶荔山房刻同治八年(1869)錢塘姚德恆補刻本　二十冊

110000－0143－0015850　PG311./93
野獲編三十卷補遺四卷　(明)沈德符著　(清)錢枋輯　清道光七年(1827)錢塘姚祖恩扶荔山房刻同治八年(1869)錢塘姚德恆補刻本　二十冊

110000－0143－0015851　PG311./96

札樸十卷 （清）桂馥撰 清光緒九年（1883）長洲蔣鳳藻心矩齋刻本 五冊

110000－0143－0015852 PG311./97
三岡識略十卷續識略一卷附蓴鄉贅客自述 （清）董含著 清光緒四年（1878）上海申報館鉛印本 四冊

110000－0143－0015853 PG311./97
三岡識略十卷續識略一卷附蓴鄉贅客自述 （清）董含著 清光緒四年（1878）上海申報館鉛印本 四冊

110000－0143－0015854 PG311./97
三岡識略十卷續識略一卷附蓴鄉贅客自述 （清）董含著 清光緒四年（1878）上海申報館鉛印本 六冊

110000－0143－0015855 PG311./98
北埜閒抄四卷 （清）婁謙著 （清）車瀛訂 清道光十年（1830）刻本 一冊 存一卷（一）

110000－0143－0015856 PG311./99
養吉齋叢錄二十六卷餘錄十卷 （清）吳振棫纂 清光緒二十二年至三十四年（1896－1908）刻本 八冊

110000－0143－0015857 PG311./99
養吉齋叢錄二十六卷餘錄十卷 （清）吳振棫纂 清光緒二十二年（1896）刻本 八冊

110000－0143－0015858 PG311./100－1
野客叢書三十卷附錄一卷 （宋）王楙撰 明萬曆二十年至四十八年（1592－1620）會稽商濬刻本 六冊

110000－0143－0015859 PG311./100－1
野客叢書三十卷附錄一卷 （宋）王楙撰 明萬曆二十年至四十八年（1592－1620）會稽商濬刻本 六冊

110000－0143－0015860 PG311./100－1
野客叢書三十卷附錄一卷 （宋）王楙撰 明萬曆二十年至四十八年（1592－1620）會稽商濬刻本 六冊

110000－0143－0015861 PG311./102
決事餘譚一卷補遺一卷 （清）冒澄著 （清）張麟定評 清光緒八年至二十年（1882－1894）刻本 一冊

110000－0143－0015862 PG311./106－1
白下瑣言十卷 （清）甘熙撰 清光緒十六年（1890）江寧傅繩祖築野堂刻本 三冊 缺三卷（八至十）

110000－0143－0015863 PG311./107
俟命錄十卷 （清）方宗誠撰 清光緒三年（1877）桐城方宗誠刻十一年（1885）桐城方宗誠重校本 二冊

110000－0143－0015864 PG311./108
南省公餘錄八卷 （清）梁章鉅撰 清嘉慶十年（1805）同文館刻本 二冊

110000－0143－0015865 PG311./108
南省公餘錄八卷 （清）梁章鉅撰 清嘉慶十年（1805）同文館刻本 二冊

110000－0143－0015866 PG311./108
南省公餘錄八卷 （清）梁章鉅撰 清嘉慶十年（1805）同文館刻本 二冊

110000－0143－0015867 PG311./109
稱謂錄三十二卷 （清）梁章鉅撰 （清）梁恭辰校 清光緒元年至十年（1875－1884）福州梁恭辰刻本 八冊

110000－0143－0015868 PG311./109
稱謂錄三十二卷 （清）梁章鉅撰 （清）梁恭辰校 清光緒元年至十年（1875－1884）福州梁恭辰刻本 八冊

110000－0143－0015869 PG311./111
策府統宗六十五卷 （清）劉昌齡編 清光緒十五年（1889）上海鴻文書局石印本 二十冊

110000－0143－0015870 PG311./111
中外時務策府統宗四十四卷附讀西學書法等不分卷 （清）上海文盛書局編 清光緒二十三年（1897）上海文盛堂石印本 二十冊

110000－0143－0015871 PG311./112
時務策論大觀四卷 （清）上泉守拙子輯 清

光緒二十四年(1898)上海書局石印本　四册

110000－0143－0015872　PG311./113

止園筆談八卷　(清)史夢蘭撰　清光緒四年(1878)刻本　四册

110000－0143－0015873　PG311./113

止園筆談八卷　(清)史夢蘭撰　清光緒四年(1878)刻本　四册

110000－0143－0015874　PG311./115

塵海妙品十四卷　陳琰編輯　清宣統三年(1911)上海六藝書局石印本　四册

110000－0143－0015875　PG311./115

塵海妙品十四卷　陳琰編輯　清宣統三年(1911)上海六藝書局石印本　四册

110000－0143－0015876　PG311./115

塵海妙品十四卷　陳琰編輯　清宣統三年(1911)上海六藝書局石印本　四册

110000－0143－0015877　PG311./115

塵海妙品十四卷　陳琰編輯　清宣統三年(1911)上海六藝書局石印本　四册

110000－0143－0015878　PG311./116

庸閒齋筆記八卷　(清)陳其元撰　清光緒上海申報館鉛印本　四册

110000－0143－0015879　PG311./116

庸閒齋筆記八卷　(清)陳其元撰　清光緒上海申報館鉛印本　四册

110000－0143－0015880　PG311./116

庸閒齋筆記十二卷　(清)陳其元撰　清光緒十五年(1889)上海檢古齋石印本　五册

110000－0143－0015881　PG311./116

庸閒齋筆記八卷　(清)陳其元撰　清光緒上海申報館鉛印本　四册

110000－0143－0015882　PG311./116－1

庸閒齋筆記十二卷　(清)陳其元撰　清光緒十五年(1889)上海檢古齋石印本　五册

110000－0143－0015883　PG311./118

竹裕園筆語集十五卷　(清)李曰滌著　清道光二年(1822)刻本　三册

110000－0143－0015884　PG311./119

太上感應篇箋注二卷　(清)惠棟箋注　(清)許乃普校刊　清道光十三年(1833)刻本　一册

110000－0143－0015885　PG311./119

太上感應篇箋注二卷　(清)惠棟箋注　(清)許乃普校刊　清道光十三年(1833)刻本　一册

110000－0143－0015886　PG311./120

古香齋鑒賞袖珍春明夢餘錄七十卷　(清)孫承澤著　清光緒九年(1883)廣州惜分陰館刻本　二十四册

110000－0143－0015887　PG311./120

古香齋鑒賞袖珍春明夢餘錄七十卷　(清)孫承澤著　清光緒九年(1883)廣州惜分陰館刻本　二册　存三卷(四十三至四十五)

110000－0143－0015888　PG311./120

古香齋鑒賞袖珍春明夢餘錄七十卷　(清)孫承澤著　清光緒七年至八年(1881－1882)南海孔氏嶽雪樓刻本　二十四册

110000－0143－0015889　PG311./120

古香齋鑒賞袖珍春明夢餘錄七十卷　(清)孫承澤著　清光緒九年(1883)廣州惜分陰館刻本　二十四册

110000－0143－0015890　PG311./120

古香齋鑒賞袖珍春明夢餘錄七十卷　(清)孫承澤著　清光緒九年(1883)廣州惜分陰館刻本　二十四册

110000－0143－0015891　PG311./121

浮邱子十二卷　(清)湯鵬著　清同治四年(1865)李桓刻本　四册

110000－0143－0015892　PG311./121

浮邱子十二卷　(清)湯鵬著　清同治四年(1865)李桓刻本　四册

110000－0143－0015893　PG311./123(A1)

禮記解四卷　(宋)葉夢得撰　葉德輝輯錄

清宣統元年(1909)葉德輝觀古堂刻本　二冊

110000－0143－0015894　PG311./123(A2)
石林燕語十卷石林燕語校不分卷　(宋)葉夢得　葉德輝撰　(宋)宇文紹奕攷異　清光緒三十四年(1908)葉德輝郎園刻本　二冊

110000－0143－0015895　PG311./123(A3)
石林燕語辨十卷　(宋)汪應辰撰　清光緒三十四年(1908)葉德輝觀古堂刻本　一冊

110000－0143－0015896　PG311./123(A4)
巖下放言三卷　(宋)葉夢得撰　清光緒三十年(1904)葉德輝觀古堂刻本　一冊

110000－0143－0015897　PG311./123(A5)
玉澗襍書不分卷　(宋)葉夢得撰　清宣統元年(1909)葉德輝觀古堂刻本　與110000－0143－0015896合冊

110000－0143－0015898　PG311./123
禮記解四卷玉澗雜書一卷　(宋)葉夢得撰　清宣統元年(1909)長沙葉德輝觀古堂刻本　二冊

110000－0143－0015899　PG311./124
麗濆薈錄十四卷附爽鳩要錄二卷　(清)蔣超伯著　清同治五年(1866)刻本　六冊

110000－0143－0015900　PG311./125
雲谷雜紀四卷首一卷末一卷　(宋)張淏撰　清乾隆三十九年(1774)武英殿木活字印本　二冊

110000－0143－0015901　PG311./125
雲谷雜紀四卷首一卷末一卷　(宋)張淏撰　清乾隆三十九年(1774)武英殿木活字印本　二冊

110000－0143－0015902　PG311./125
雲谷雜紀四卷首一卷末一卷　(宋)張淏撰　清乾隆三十九年(1774)武英殿木活字印本　二冊

110000－0143－0015903　PG311./125
雲谷雜紀四卷首一卷末一卷　(宋)張淏撰　清乾隆三十九年(1774)武英殿木活字印本　一冊

110000－0143－0015904　PG311./127
庭聞憶畧二卷竹坡先生遺文附刻一卷　(清)寶廷著　夏鼎武輯　清光緒刻本　二冊

110000－0143－0015905　PG311./128
康熙幾暇格物編二卷　(清)聖祖玄燁撰　(清)盛昱錄　清光緒石印本　二冊

110000－0143－0015906　PG311./128
康熙幾暇格物編二卷　(清)聖祖玄燁撰　(清)盛昱錄　清光緒石印本　二冊

110000－0143－0015907　PG311./128
康熙幾暇格物編二卷　(清)聖祖玄燁撰　(清)盛昱錄　清光緒石印本　二冊

110000－0143－0015908　PG311./128
康熙幾暇格物編二卷　(清)聖祖玄燁撰　(清)盛昱錄　清光緒石印本　二冊

110000－0143－0015909　PG311./128
康熙幾暇格物編二卷　(清)聖祖玄燁撰　(清)盛昱錄　清光緒石印本　二冊

110000－0143－0015910　PG311./130
民教相安不分卷　高步瀛　陳寶泉編　清光緒三十一年(1905)北洋官報局石印本　一冊

110000－0143－0015911　PG311./131
吏事識小錄四卷　(清)楊士達撰　清同治八年(1869)勤巽齋刻本　二冊

110000－0143－0015912　PG311./134
古學記問錄十五卷　(清)吳蔚文編輯　清末刻本　六冊

110000－0143－0015913　PG311./134
古學記問錄十五卷　(清)吳蔚文編輯　清末文瑞堂刻本　八冊

110000－0143－0015914　PG311./136
居易錄三十四卷　(清)王士禛撰　清雍正刻本　八冊

110000－0143－0015915　PG311./137
奇聞隨筆四卷　梁山居士撰　清光緒三十三

年(1907)石印本　四冊

110000－0143－0015916　PG311./139
文昌雜録六卷補遺一卷　(宋)龐元英撰　清乾隆二十一年(1756)德州盧見曾雅雨堂刻本　一冊

110000－0143－0015917　PG311./141
天咫偶聞十卷　震鈞撰　清光緒三十三年(1907)甘棠轉舍刻本　八冊

110000－0143－0015918　PG311./141
天咫偶聞十卷　震鈞撰　清光緒三十三年(1907)甘棠轉舍刻本　八冊

110000－0143－0015919　PG311./141
天咫偶聞十卷　震鈞撰　清光緒三十三年(1907)甘棠轉舍刻本　八冊

110000－0143－0015920　PG311./141
天咫偶聞十卷　震鈞撰　清光緒三十三年(1907)甘棠轉舍刻本　八冊

110000－0143－0015921　PG311./146
攷古質疑六卷　(宋)葉大慶撰　清光緒二十五年(1899)廣雅書局刻本　二冊

110000－0143－0015922　PG311./146
攷古質疑六卷　(宋)葉大慶撰　清光緒四年(1878)葛氏嘯園刻本　二冊

110000－0143－0015923　PG311./148－1
薈蕞編二十卷　(清)俞樾撰　清光緒七年(1881)上海申報館鉛印本　八冊

110000－0143－0015924　PG311./148－1
薈蕞編二十卷　(清)俞樾撰　清光緒七年(1881)上海申報館鉛印本　八冊

110000－0143－0015925　PG311./148－1
薈蕞編二十卷　(清)俞樾撰　清光緒七年(1881)上海申報館鉛印本　八冊

110000－0143－0015926　PG311./148－1
薈蕞編二十卷　(清)俞樾撰　清光緒七年(1881)上海申報館鉛印本　八冊

110000－0143－0015927　PG311./148－1
薈蕞編二十卷　(清)俞樾撰　清光緒七年(1881)上海申報館鉛印本　八冊

110000－0143－0015928　PG311./148－1
薈蕞編二十卷　(清)俞樾撰　清光緒七年(1881)上海申報館鉛印本　八冊

110000－0143－0015929　PG311./150－1
燕下鄉脞錄十六卷　(清)陳康祺撰　清光緒七年(1881)刻本　四冊

110000－0143－0015930　PG311./160
弦雪居重訂遵生八牋十九卷總目一卷　(明)高濂撰　清嘉慶十五年(1810)金閶多文堂刻本　八冊

110000－0143－0015931　PG311./161－1
年華錄四卷　(清)全祖望輯　清嘉慶二十年(1815)刻本　二冊

110000－0143－0015932　PG311./163
拾餘四種　(清)劉沅撰　清光緒元年(1875)刻本　二冊

110000－0143－0015933　PG311./165
萬國政教種族攷二卷　(清)湖南湘學報原本　清光緒二十八年(1902)上海書局石印本　二冊

110000－0143－0015934　PG311./170
天祿閣外史八卷　(漢)黃憲著　清嘉慶刻本　三冊

110000－0143－0015935　PG311./174
白虎通疏證十二卷　(清)陳立撰　清光緒元年(1875)淮南書局刻本　四冊

110000－0143－0015936　PG311./174
白虎通疏證十二卷　(清)陳立撰　清光緒元年(1875)淮南書局刻本　六冊

110000－0143－0015937　PG311./175
日知錄之餘四卷　(清)顧炎武著　清宣統二年(1910)鄒福保刻本　二冊

110000－0143－0015938　PG311./175
日知錄之餘四卷　(清)顧炎武撰　清宣統二年(1910)吳中刻本　二冊

110000－0143－0015939　PG311./180
公餘偶談四卷　（清）俞樹風著　清咸豐五年(1855)刻本　二册

110000－0143－0015940　PG311./182
聖教文稿集成六卷　（清）宣化文社增輯　清光緒宣化文社刻本　六册

110000－0143－0015941　PG311./185
五種遺規五種□□卷　（清）陳弘謀編輯　清陳氏培遠堂重印本　四册　存四種十卷（養正遺規二卷、養正遺規補編一卷、教女遺規三卷、訓俗遺規四卷）

110000－0143－0015942　PG311./185－1
五種遺規五種十七卷　（清）陳弘謀編　清同治七年(1868)金陵書局刻本　十二册

110000－0143－0015943　PG311./187
巵林十卷補遺一卷　（明）周嬰纂　清嘉慶二十年(1815)蕭山陳氏湖海樓刻本　五册

110000－0143－0015944　PG311./189
老老恒言五卷　（清）曹庭棟著　清末鉛印本　二册

110000－0143－0015945　PG311./190
小知録十二卷　（清）陸鳳藻輯　清同治十二年(1873)淮南書局刻本　四册

110000－0143－0015946　PG311./190
小知録十二卷　（清）陸鳳藻輯　清同治十二年(1873)淮南書局刻本　四册

110000－0143－0015947　PG311./190－1
小知録十二卷　（清）陸鳳藻輯　清光緒九年(1883)琴雅堂刻本　六册

110000－0143－0015948　PG311./191
中道全書六十二卷　（清）謝維岳輯　清宣統二年(1910)中道齋刻本　二十册

110000－0143－0015949　PG311./192
鬻子二卷　（周）鬻熊撰　葉德輝校　**郭氏玄中記一卷**　（□）郭氏撰　葉德輝校　清光緒十八年(1892)觀古堂刻本　一册

110000－0143－0015950　PG311./193
淮南鴻烈閒詁二卷　（漢）許慎撰　葉德輝輯　清光緒二十一年(1895)長沙葉氏郎園刻本　一册

110000－0143－0015951　PG311./194
淮安萬畢術二卷　（漢）劉安撰　葉德輝輯　清光緒二十一年(1895)長沙葉氏郎園刻本　一册

110000－0143－0015952　PG311./197
危言四卷　（清）湯震撰　清光緒二十一年(1895)石印本　四册

110000－0143－0015953　PG311./197－1
危言四卷　（清）湯震撰　清光緒十六年(1890)石印本　四册

110000－0143－0015954　PG311./198
麗濃薈録十四卷附爽鳩要録二卷　（清）蔣超伯輯　清同治五年(1866)刻本　八册

110000－0143－0015955　PG311./198－1
麗濃薈録十四卷　（清）蔣超伯輯　清末刻本　七册

110000－0143－0015956　PG311./199－1
敬齋古今黈八卷　（元）李冶撰　清同治刻本　二册

110000－0143－0015957　PG311./199－1
敬齋古今黈八卷　（元）李冶撰　清乾隆刻本　四册

110000－0143－0015958　PG311./202
清賢紀六卷　（明）尤鏜　張鈞衡輯　清宣統三年(1911)上海國學扶輪社鉛印本　二册

110000－0143－0015959　PG311./202
清賢紀六卷　（明）尤鏜　張鈞衡輯　清宣統三年(1911)上海國學扶輪社鉛印本　二册

110000－0143－0015960　PG311./212
筠廊偶筆二卷　（清）宋犖撰　清康熙刻本　一册

110000－0143－0015961　PG311./216
潛園集録十八卷　（清）屠倬輯　（清）葉景昌增輯　清道光十九年(1839)葉景昌刻本　八

冊

110000－0143－0015962　PG311./217

玉堂薈記二卷　(明)楊士聰撰　清嘉慶十三年(1808)張海鵬刻本　二冊

110000－0143－0015963　PG311./218

黃學廬雜述三卷　(清)陳士芑撰　清宣統元年(1909)鉛印本　一冊

110000－0143－0015964　PG311./220(1)

課藝雜選一卷　(清)張月亭等撰　(清)魏昌泰輯　清魏昌泰抄本　二冊

110000－0143－0015965　PG311./220(2)

香茗齋筆記一卷香雪齋筆記一卷　(清)魏昌泰編　清稿本　二冊

110000－0143－0015966　PG311./221

新刻京臺公餘勝覽國色天香十卷　(明)吳敬所編輯　(明)周文煒重梓　清乾隆至道光益善堂刻本　六冊

110000－0143－0015967　PG311./223

羣書校補九十八卷　(清)陸心源輯　清光緒刻本　二十四冊

110000－0143－0015968　PG311./226

西圃叢辨三十二卷　(清)田同之撰　清乾隆刻本　六冊

110000－0143－0015969　PG311./232

戒菴老人漫筆八卷　(明)李詡撰　清光緒二十二年(1896)武進盛氏刻本　二冊

110000－0143－0015970　PG311./242

白虎通四卷闕文一卷補遺一卷　(漢)班固等撰　(清)莊述祖輯　清乾隆四十九年(1784)餘姚盧氏抱經堂刻本　二冊

110000－0143－0015971　PG311./246

福壽全書六卷　(明)陳繼儒撰　清宣統鉛印本　一冊

110000－0143－0015972　PG311./247

婦科秘方一卷　(清)杜文瀾輯　清同治五年(1866)江南城李光明莊刻本　一冊

110000－0143－0015973　PG311./248

負暄閒語十二卷　周馥撰　清宣統元年(1909)濟南鉛印本　二冊

110000－0143－0015974　PG311./255

集思廣益編二卷　(清)陳還　(清)王家賓撰　清光緒刻本　一冊

110000－0143－0015975　PG311./256

曠視山房制藝四卷曠視山房小題二卷　(清)丁守存撰　清同治十一年(1872)丁氏刻本　十四冊

110000－0143－0015976　PG311./262

藝林彙考飲食篇七卷　(清)沈自南輯　清康熙刻本　一冊

110000－0143－0015977　PG311./266

趨庭瑣語八卷　(清)史澄著　清光緒十一年(1885)番禺史氏繼園刻本　二冊

110000－0143－0015978　PG311./268

元城語錄三卷　(宋)馬永卿輯　**附行錄一卷**　(明)崔銑撰　清光緒五年(1879)定州王氏謙德堂刻本　一冊

110000－0143－0015979　PG311./270

趙菁衫自選古文檢不分卷　(清)趙國華編　清宣統三年(1911)鉛印本　一冊

110000－0143－0015980　PG311./271

邇訓二十卷　(明)方學漸撰　清光緒九年(1883)鉛印本　三冊

110000－0143－0015981　PG311./273

白虎通德論四卷　(漢)班固纂　清光緒元年(1875)湖北崇文書局刻本　二冊

110000－0143－0015982　PG311./275

淮南內篇二十一卷　(清)王念孫撰　清同治九年(1870)金陵書局刻本　六冊

110000－0143－0015983　PG311./277

消暑隨筆四卷　(清)潘世恩輯　清宣統三年(1911)上海海左書局石印本　三冊

110000－0143－0015984　PG311.2/1

蛾術編八十二卷　(清)王鳴盛撰　清道光二

十一年至二十三年(1841－1843)世楷堂刻本　二十冊

110000－0143－0015985　PG311.2/1
蛾術編八十二卷　(清)王鳴盛撰　清道光二十一年至二十三年(1841－1843)世楷堂刻本　十六冊

110000－0143－0015986　PG311.2/1
蛾術編八十二卷　(清)王鳴盛撰　清道光二十一年(1841)世楷堂刻本　十二冊

110000－0143－0015987　PG311.2/1
蛾術編八十二卷　(清)王鳴盛撰　清道光二十一年(1841)世楷堂刻本　十二冊

110000－0143－0015988　PG311.2/1－1
葉友蛾術編二卷　(清)王筠撰　清咸豐十年(1860)安邱王氏刻本　一冊

110000－0143－0015989　PG311.2/2
匡謬正俗八卷　(唐)顔師古撰　清乾隆二十一年(1756)刻本　一冊

110000－0143－0015990　PG311.2/11
古愚老人消夏録十五種六十五卷　(清)汪汲撰　清嘉慶元年(1796)古愚山房刻本　十八冊

110000－0143－0015991　PG311.2/12
岫雲經説不分卷雜著不分卷　(□)□□撰　清嘉慶刻本　二冊

110000－0143－0015992　PG311.2/13
薑露盦雜記六卷　(清)施山撰　清宣統三年(1911)金陵刻本　二冊

110000－0143－0015993　PG311.2/13
薑露盦雜記六卷　(清)施山撰　清光緒申報館鉛印本　二冊

110000－0143－0015994　PG311.2/14
芝菴雜記四卷　(清)陸雲錦撰　清嘉慶八年(1803)婁東陸氏刻本　四冊

110000－0143－0015995　PG311.2/15
硯□緒録十六卷　(清)林昌彝撰　清同治四年(1865)廣州刻本　八冊

110000－0143－0015996　PG311.2/16
事物原會四十卷　(清)汪汲撰　清嘉慶元年(1796)二銘草堂刻本　十冊

110000－0143－0015997　PG311.2/16
事物原會四十卷　(清)汪汲撰　清嘉慶元年(1796)二銘草堂刻本　十冊

110000－0143－0015998　PG311.2/22
常談叢録九卷　(清)李元復撰　清道光二十八年(1848)味經堂刻本　六冊

110000－0143－0015999　PG311.2/23
讀書叢録二十四卷　(清)洪頤煊撰　清光緒十三年(1887)吴氏醉六堂刻本　八冊

110000－0143－0016000　PG311.2/25
漁舟記談二卷　(清)彭崧毓撰　清同治二年(1863)求是齋刻本　二冊

110000－0143－0016001　PG311.2/26
習學記言序目五十卷　(宋)葉適撰　清光緒十年(1884)瑞安黄體芳刻本　五冊

110000－0143－0016002　PG311.2/26
習學記言序目五十卷　(宋)葉適撰　清光緒十年(1884)瑞安黄體芳刻本　十冊

110000－0143－0016003　PG311.2/28
面城精舍襍文甲編一卷乙編一卷　羅振玉撰　清光緒刻本　二冊

110000－0143－0016004　PG311.2/29
謝梅莊先生雜著十二卷　(清)謝濟世著　清光緒十年(1884)寄生草堂刻本　四冊

110000－0143－0016005　PG311.2/30
菰中隨筆不分卷　(清)顧炎武著　清光緒十一年(1885)吴縣朱記榮孫谿槐廬家塾上海吴刻本　一冊

110000－0143－0016006　PG311.2/30－1
菰中隨筆不分卷　(清)顧炎武撰　清道光十二年(1832)長白鄂山刻本　一冊

110000－0143－0016007　PG311.2/31
朝野類要五卷　(宋)趙升撰　清刻本　一冊

110000－0143－0016008　PG311.2/33
事物考八卷　(明)王三聘輯　清乾隆十四年(1749)鄒儒刻本　四册

110000－0143－0016009　PG311.2/35
羣書疑辨十二卷　(清)萬斯同撰　(清)萬福同校　清末帆影樓抄本　四册

110000－0143－0016010　PG311.2/39
南省公餘錄八卷　(清)梁章鉅撰　清嘉慶十年(1805)同文館刻本　二册

110000－0143－0016011　PG311.2/39
南省公餘錄八卷　(清)梁章鉅撰　清嘉慶十年(1805)同文館刻本　二册

110000－0143－0016012　PG311.2/40
日損齋筆記一卷攷證一卷附錄一卷　(元)黄溍撰　(清)陳熙晉攷證　清同治九年(1870)永康胡鳳丹退補齋刻本　一册

110000－0143－0016013　PG311.2/41
甕牖閒評八卷　(宋)袁文撰　清刻本　二册

110000－0143－0016014　PG311.2/42
愈愚錄六卷　(清)劉寶楠撰　清光緒十四年(1888)廣雅書局刻本　二册

110000－0143－0016015　PG311.2/44
六九齋饌述稾四卷　(清)陳瑑學　清刻本　二册

110000－0143－0016016　PG311.2/48
攷辨隨筆二卷　(清)黄定宜著　清道光二十七年(1847)萍鄉文晟刻本　二册

110000－0143－0016017　PG311.2/48
攷辨隨筆二卷　(清)黄定宜著　清道光二十七年(1847)萍鄉文晟刻本　一册

110000－0143－0016018　PG311.2/49
猗覺寮雜記二卷　(宋)朱翌撰　清乾隆四十二年(1777)福建布政使署刻道光二十七年(1847)福建布政使署重刻本　二册

110000－0143－0016019　PG311.2/51
小坡識小錄四卷　(清)馬騰蛟編　清同治十三年(1874)大荔馬先登敦倫堂刻本　二册

110000－0143－0016020　PG311.2/52
東觀餘論二卷附錄一卷　(宋)黄伯思著　(清)徐榦校　清光緒邵武徐氏刻本　二册

110000－0143－0016021　PG311.2/53
陳司業遺書三卷　(清)陳祖范撰　清光緒十七年(1891)廣雅書局刻本　二册

110000－0143－0016022　PG311.2/53
掌錄二卷　(清)陳祖范撰　清光緒十七年(1891)廣雅書局刻本　一册

110000－0143－0016023　PG311.2/55
蟄妄七篇一卷　王樹枏撰　清光緒二十五年(1899)新城王氏刻本　一册

110000－0143－0016024　PG311.2/56－1
緯略十二卷　(宋)高似孫集　清嘉慶白鹿山房木活字印本　一册　存三卷(一至三)

110000－0143－0016025　PG311.2/57
懷小編二十卷　(清)沈濂箸　清咸豐四年(1854)秀水沈氏始言堂刻本　六册

110000－0143－0016026　PG311.2/59
濼源問答十二卷　(清)沈可培撰　清嘉慶二十年(1815)雪浪齋刻道光重刻本　四册

110000－0143－0016027　PG311.2/60
譚苑醍醐八卷　(明)楊慎撰　(清)李調元校定　清嘉慶十四年(1809)綿州李氏萬卷樓刻本　四册

110000－0143－0016028　PG311.2/62
勇盧閒詰不分卷　(清)趙之謙撰　清末至民國油印本　一册

110000－0143－0016029　PG311.2/63
儉德堂讀書隨筆二卷　(清)劉庠著　清宣統二年(1910)鉛印本　二册

110000－0143－0016030　PG311.2/64
螺江日記八卷續編四卷　(清)張文簌稿　清光緒八年(1882)會稽徐友蘭八杉齋刻本　四册

110000－0143－0016031　PG311.2/65
和林詩一卷　(清)李文田撰　**元耶律楚材西**

遊録一卷　(元)盛如梓刪略　(清)李文田注　清光緒二十三年(1897)會稽施世傑鄦鄭學廬刻本　一册

110000－0143－0016032　PG311.2/67
十種古逸書三十卷　(清)茆泮林輯　清道光十四年(1834)梅瑞軒刻本　十册

110000－0143－0016033　PG311.2/68
近事會元五卷附校勘記一卷　(宋)李上交撰　(清)錢熙祚校　清道光刻本　一册

110000－0143－0016034　PG311.2/69
寧陽雜存二卷　(清)趙天錫輯　清光緒二十六年(1900)廣州新甯明善社刻本　一册

110000－0143－0016035　PG311.2/73
誦芬堂雜鈔不分卷　(清)潘泉纂　清潘泉稿本　一册

110000－0143－0016036　PG311.2/75
羣書斠識十一種十一卷　(清)平步青纂　清光緒二年(1876)良月葑園刻本　三册

110000－0143－0016037　PG311.2/80
朝野類要五卷　(宋)趙升撰　清乾隆至道光歙縣鮑氏刻本　一册

110000－0143－0016038　PG311.2/83
湛淵遺稾三卷補一卷　(元)白珽撰　**灤京雜詠二卷**　(元)楊允孚撰　**趙待制遺稾一卷附録王國器詞一卷**　(元)趙雍撰　(元)王國器撰詞　清嘉慶八年(1803)長塘鮑氏刻道光元年(1821)長塘鮑氏重刻本　一册

110000－0143－0016039　PG311.2/84
冷齋夜話十卷　(宋)釋惠洪輯　清末刻本　一册

110000－0143－0016040　PG311.3/1
遣愁集十二卷　(清)張貴勝纂輯　清刻本　六册

110000－0143－0016041　PG311.3/1
遣愁集十二卷　(清)張貴勝纂輯　清刻本　六册

110000－0143－0016042　PG311.3/3
增廣智囊補二十八卷　(明)馮夢龍重輯　清光緒二十一年(1895)上海二酉山房石印本　六册

110000－0143－0016043　PG311.3/3
智囊補十二卷　(明)馮夢龍重輯　清刻本　六册

110000－0143－0016044　PG311.3/3
智囊補二十八卷　(明)馮夢龍重輯　明崇禎刻本　八册

110000－0143－0016045　PG311.3/3－1
智囊補二十八卷　(明)馮夢龍重輯　清同治三年(1864)立大堂刻本　八册

110000－0143－0016046　PG311.3/8
增訂一夕話新集六卷　(□)咄咄夫原本　(清)嗤嗤子增訂　清乾隆五十八年(1793)三德堂刻本　一册

110000－0143－0016047　PG311.3/8－1
荆楚歲時記不分卷　(南朝梁)宗懔著　清練江汪述古山莊刻本　一册

110000－0143－0016048　PG311.3/10
公門果報法録不分卷　(清)宋楚望輯　(清)徐廷珍增訂　清同治十年(1871)北京刻本　一册

110000－0143－0016049　PG311.3/11－1
印雪軒隨筆四卷　(清)俞鴻漸撰　清光緒二年(1876)申報館鉛印本　四册

110000－0143－0016050　PG311.3/13
歸田瑣記八卷　(清)梁章鉅撰　清道光二十五年(1845)梁氏北東園刻本　四册

110000－0143－0016051　PG311.3/13
歸田瑣記八卷　(清)梁章鉅撰　清同治九年(1870)粵東三元堂刻本　四册

110000－0143－0016052　PG311.3/15
靈檀碎金六十八卷附録一卷　(清)郎玉銘著　清光緒八年(1882)上海申報館鉛印本　四册

110000－0143－0016053　PG311.3/16－1

泊宅編三卷　(宋)方勺撰　清光緒三年(1877)仁和葛元煦上海刻本　一冊

110000－0143－0016054　PG311.3/18
獨斷一卷　(漢)蔡邕撰　清光緒元年(1875)湖北崇文書局刻本　一冊

110000－0143－0016055　PG311.3/19
述異記二卷　(南朝梁)任昉撰　清光緒元年(1875)湖北崇文書局刻本　一冊

110000－0143－0016056　PG311.3/19－1
述異記二卷　(南朝梁)任昉撰　清光緒三十四年(1908)南陵徐氏刻本　一冊

110000－0143－0016057　PG311.3/25
夢厂雜著十卷　(清)俞蛟撰　清同治九年(1870)刻本　四冊

110000－0143－0016058　PG311.3/26
屑玉叢譚初集六卷二集六卷三集六卷四集六卷　(清)錢徵　蔡爾康輯　清光緒四年至六年(1878－1880)上海申報館鉛印本　二十四冊

110000－0143－0016059　PG311.3/26
屑玉叢譚初集六卷二集六卷三集六卷四集六卷　(清)錢徵　蔡爾康輯　清光緒四年至六年(1878－1880)上海申報館鉛印本　十七冊　缺七卷(初集六,二集一、六,三集一至三、五)

110000－0143－0016060　PG311.3/26
屑玉叢譚初集六卷二集六卷三集六卷四集六卷　(清)錢徵　蔡爾康輯　清光緒四年至六年(1878－1880)上海申報館鉛印本　六冊　存六卷(四集六卷)

110000－0143－0016061　PG311.3/29
香祖筆記十二卷　(清)王士禛撰　清宣統二年(1910)上海掃葉山房石印本　四冊

110000－0143－0016062　PG311.3/30
增訂一夕話新集六卷　(□)咄咄夫原本　(清)嗤嗤子增訂　清立言堂刻本　四冊

110000－0143－0016063　PG311.3/32
增補一夕話六卷　(□)咄咄夫偶拈　清道光十二年(1832)刻本　四冊

110000－0143－0016064　PG311.3/32
夢溪筆談二十六卷續筆談一卷補筆談三卷附校字記一卷　(宋)沈括撰　清末至民國上海文瑞樓石印本　六冊

110000－0143－0016065　PG311.3/32－1
訂正荊楚歲時記一卷　(南朝梁)宗懔撰　(明)項琳之編次　**訂正羯鼓録一卷**　(唐)南卓撰　明末刻本　一冊

110000－0143－0016066　PG311.3/33
山居閒談五卷　(清)蕭智漢纂輯　(清)蕭秉信集註　清嘉慶七年至八年(1802－1803)蕭氏涉園刻本　五冊

110000－0143－0016067　PG311.3/33
山居閒談五卷　(清)蕭智漢纂輯　(清)蕭秉信集註　清嘉慶七年至八年(1802－1803)蕭氏涉園刻本　五冊

110000－0143－0016068　PG311.3/35
天則百話不分卷　(日本)加藤弘之述　(清)吳建常譯　清光緒二十八年(1902)上海廣智書局鉛印本　一冊

110000－0143－0016069　PG311.3/36
杭俗遺風不分卷　(清)范祖述著　清同治六年(1867)福建刻本　一冊

110000－0143－0016070　PG311.3/37
蕙櫋雜記一卷　(清)嚴元照著　(清)趙元益校　清光緒十一年(1885)新陽趙氏刻本　一冊

110000－0143－0016071　PG311.3/38
雞窗叢話一卷　(清)蔡澄著　(清)趙元益校　清光緒十二年(1886)新陽趙氏刻本　一冊

110000－0143－0016072　PG311.3/39
寒夜叢談三卷　(清)沈赤然撰　(清)趙元益校　清光緒十一年(1885)新陽趙氏刻本　一冊

110000－0143－0016073　PG311.3/39

寒夜叢談三卷　(清)沈赤然撰　(清)趙元益校　清光緒十一年(1885)新陽趙氏刻本　一冊

110000－0143－0016074　PG311.3/41
嘯亭雜錄十卷續錄三卷　(清)昭槤著　清光緒上海申報館鉛印本　九冊

110000－0143－0016075　PG311.3/41
嘯亭雜錄十卷續錄三卷　(清)昭槤著　清光緒申報館鉛印本　八冊

110000－0143－0016076　PG311.3/42
醒睡錄初集十卷　(清)鄧文濱纂輯　清光緒上海申報館鉛印本　五冊　缺二卷(五至六)

110000－0143－0016077　PG311.3/43
藝林伐山二十卷　(明)楊慎著　清光緒申報館鉛印本　四冊

110000－0143－0016078　PG311.3/56
九九銷夏錄十四卷　(清)俞樾撰　清光緒十八年(1892)刻本　二冊

110000－0143－0016079　PG311.3/56
九九銷夏錄十四卷　(清)俞樾撰　清光緒十八年(1892)刻本　二冊

110000－0143－0016080　PG311.3/56
九九銷夏錄十四卷　(清)俞樾撰　清光緒刻本　四冊

110000－0143－0016081　PG311.3/57
御製勸善要言不分卷　(清)世祖福臨撰　清内府刻本　一冊

110000－0143－0016082　PG311.3/57
御製勸善要言不分卷　(清)世祖福臨撰　清内府刻本　一冊

110000－0143－0016083　PG311.3/59
古格言十二卷　(清)梁章鉅輯　清光緒元年(1875)福州梁氏刻本　二冊

110000－0143－0016084　PG311.3/64
筠蘭閣瑣記不分卷　陶隆偰編　清宣統二年(1910)南京宜春閣鉛印本　一冊

110000－0143－0016085　PG311.3/65
丁晉公談錄一卷　(宋)丁謂撰　明末李際期宛委山堂刻本　一冊

110000－0143－0016086　PG311.3/65
楊文公談苑一卷　(宋)黃鑑錄　明末清初刻本　與110000－0143－0016085合冊

110000－0143－0016087　PG311.3/65
欒城先生遺言一卷　(宋)蘇籀記　明末清初刻本　與110000－0143－0016085合冊

110000－0143－0016088　PG311.3/65
孔氏雜說一卷　(宋)孔平仲撰　明末清初刻本　與110000－0143－0016085合冊

110000－0143－0016089　PG311.3/65
學齋佔嗶一卷　(宋)史繩祖撰　明末清初刻本　與110000－0143－0016085合冊

110000－0143－0016090　PG311.3/65
螢雪叢說二卷　(宋)俞成撰　明末清初刻本　與110000－0143－0016085合冊

110000－0143－0016091　PG311.3/65
墨客揮犀一卷　(宋)彭乘撰　明末清初刻本　一冊

110000－0143－0016092　PG311.3/65
師友談記一卷　(宋)李廌撰　明末清初刻本　與110000－0143－0016091合冊

110000－0143－0016093　PG311.3/65
臆乘一卷　(宋)楊伯嵒撰　明末清初刻本　與110000－0143－0016091合冊

110000－0143－0016094　PG311.3/65
芥隱筆記一卷　(宋)龔頤正撰　明末清初刻本　與110000－0143－0016091合冊

110000－0143－0016095　PG311.3/65
宜齋野乘一卷　(宋)吳枋撰　明末清初刻本　與110000－0143－0016091合冊

110000－0143－0016096　PG311.3/65
孫公談圃三卷　(宋)孫升述　(宋)劉延世錄　明末清初刻本　與110000－0143－0016091合冊

110000－0143－0016097　PG311.3/66(2)
續新齊諧十卷　(清)袁枚編　清光緒十八年(1892)勤裕堂鉛印本　一冊　存五卷(一至五)

110000－0143－0016098　PG311.3/67
蟾宮第一枝繡像全書四卷首一卷　(清)王真勤編　清光緒三年(1877)姑蘇吳溫恆刻本　四冊

110000－0143－0016099　PG311.3/69
寓簡十卷附錄一卷　(宋)沈作喆纂　(清)鮑廷博輯　清乾隆四十年(1775)刻本　四冊

110000－0143－0016100　PG311.3/71
增訂釋義經書便用通攷雜字二卷　(清)徐三省編輯　(清)戴啟達增訂　清光緒二十三年(1897)寶善堂刻本　二冊

110000－0143－0016101　PG311.3/72
試律大觀七卷　(清)王家相定　清道光二十七年(1847)鳳池亭刻本　六冊

110000－0143－0016102　PG311.3/75
信筆文存一卷　(清)□□輯　清光緒三十年(1904)刻本　一冊

110000－0143－0016103　PG311.3/78
蕉窗日記二卷　(清)王豫撰　清嘉慶九年(1804)桐川顧氏刻本　一冊

110000－0143－0016104　PG311.3/82
倖存錄二卷　(明)夏允彝述　**續倖存錄一卷**　(明)夏完淳著　清刻本　一冊

110000－0143－0016105　PG311.3/83
蜀報不分卷　朱山編輯　清宣統二年(1910)成都蜀報館刻本　一冊

110000－0143－0016106　PG311.3/85
澄懷園語四卷　(清)張廷玉撰　清光緒六年(1880)麗山刻本　一冊

110000－0143－0016107　PG311.3/85－1
澄懷園語四卷　(清)張廷玉撰　清光緒二年(1876)葛氏嘯園刻本　一冊

110000－0143－0016108　PG311.3/86
庭書平說四卷　(清)黄標著　清康熙刻乾隆十三年(1748)古吳三多齋印本　四冊　存三卷(一至三之學術門及處事門)

110000－0143－0016109　PG311.3/87
秘集十五種十一卷　(明)鍾惺撰　清光緒十八年(1892)石印本　三冊

110000－0143－0016110　PG311.3/90
詠梅軒搭記一卷詠梅軒搭記增訂一卷詠梅軒搭記存要一卷詠梅軒搭記賸稿一卷　(清)謝蘭生輯　清光緒刻本　一冊

110000－0143－0016111　PG311.3/100
科場異聞錄五種二十二卷坿三種三卷　(清)呂相燮輯　(清)俞增光校　清光緒二十四年(1898)順成書局石印本　四冊

110000－0143－0016112　PG311.3/102
此君軒漫筆八卷　(清)李心衡撰　清刻本　四冊

110000－0143－0016113　PG311.3/103
小豆棚十六卷　(清)曾衍東著　(清)項震新參校　清光緒六年(1880)申報館鉛印本　三冊

110000－0143－0016114　PG311.3/105
滬城備考六卷　(清)褚華撰　清光緒申報館鉛印本　一冊

110000－0143－0016115　PG311.3/105
滬城備考六卷　(清)褚華撰　清光緒申報館鉛印本　一冊

110000－0143－0016116　PG311.3/110
灤陽消夏錄十二卷　(清)紀昀撰　清在園草堂刻本　六冊

110000－0143－0016117　PG311.3/111
奇晉齋叢書十六種十九卷　(清)陸烜編　清乾隆平湖陸氏奇晉齋刻本　二冊　存二卷(北牕炙輠錄二卷)

110000－0143－0016118　PG311.3/113
呂祖年譜海山奇遇七卷　(清)火西月述　清道光刻本　五冊

110000－0143－0016119　PG311.3/128
古今長者錄八卷　(清)丁蓮侶撰　(清)彭士望評閱　清同治八年(1869)牛樹梅刻本　四冊

110000－0143－0016120　PG311.3/130
玩珠小記不分卷　劉名譽著　清光緒三十一年(1905)桂林刻本　一冊

110000－0143－0016121　PG311.3/132
鋤經書舍零墨四卷　(清)黄協塤撰　清光緒四年(1878)上海申報館刻本　二冊

110000－0143－0016122　PG311.3/134
吹網錄六卷　(清)葉廷琯撰　清同治八年(1869)刻本　二冊

110000－0143－0016123　PG311.3/136
養一齋劄記九卷　(清)潘德輿撰　清同治十一年(1872)山陽潘氏刻本　二冊

110000－0143－0016124　PG311.3/138
福壽金鑑初集二卷　(清)□□輯　清光緒十六年(1890)粟香別館刻本　二冊

110000－0143－0016125　PG311.3/139
魏塘署齋隨筆不分卷　江峯青撰　清刻本　一冊

110000－0143－0016126　PG311.3/140
常談四卷　(清)劉玉書著　(清)劉達斌校　清光緒二十五年(1899)劉達斌豫章鹺廨刻本　四冊

110000－0143－0016127　PG311.3/144
太白劍二卷　(明)姚康撰　清光緒二十一年(1895)桐城姚氏五桂堂木活字印本　二冊

110000－0143－0016128　PG311.3/161
惜抱軒筆記八卷　(清)姚鼐撰　清末刻本　二冊

110000－0143－0016129　PG311.4/1
時務報不分卷　梁啟超選　清石印本　五冊

110000－0143－0016130　PG311.4/2
譯林(一至十二期)　(清)譯林編行所編　清光緒二十七年(1901)上海商務印書館鉛印本　二冊　存十期(二至三、五至十二)

110000－0143－0016131　PG311.4/4
新民叢報彙編不分卷　梁啟超編　清宣統元年(1909)普新瑞記書局石印本　十六冊　存光緒三十年至三十一年彙編

110000－0143－0016132　PG311.4/4
新民叢報彙編不分卷　梁啟超編　清光緒三十三年(1907)普新瑞記書局石印本　十二冊　存光緒三十年彙編

110000－0143－0016133　PG311.4/4－1
新民叢報彙編不分卷　梁啟超編　清光緒三十二年(1906)文會書社石印本　六冊　存光緒三十年彙編

110000－0143－0016134　PG311.4/6
東城雜記二卷　(清)厲鶚撰　清光緒七年(1881)刻本　二冊

110000－0143－0016135　PG311.4/6
東城雜記二卷　(清)厲鶚撰　清光緒七年(1881)刻本　二冊

110000－0143－0016136　PG311.4/7
知新報不分卷　(清)知新報館編　清光緒二十三年(1897)鉛印本　三冊

110000－0143－0016137　PG311.4/8
圖畫新聞□□期　(□)□□撰　清宣統元年至二年(1909－1910)上海石印本　二十八冊

110000－0143－0016138　PG311.4/9
京報選錄不分卷　(□)□□撰　清光緒二十五年至二十六年(1899－1900)上海同文滬報館鉛印本　一冊

110000－0143－0016139　PG311.4/12
時事報不分卷　(□)□□撰　清光緒三十四年至宣統元年(1908－1909)石印本　一冊

110000－0143－0016140　PG311.4/14
暮鼓晨鐘□□卷　丁寶臣編　清光緒三十四年至宣統元年(1908－1909)北京正宗愛國報館鉛印本　三冊　存六卷(十一至十二、十五至十六、十九至二十)

110000－0143－0016141　PG312./1－1
重訂世說新語補二十卷　（南朝宋）劉義慶撰　（清）黄汝琳補訂　清乾隆二十七年（1762）江夏黄汝琳茂清書屋刻本　十册

110000－0143－0016142　PG312./1－2
世說新語六卷　（南朝宋）劉義慶撰　（南朝梁）劉孝標注　清光緒元年（1875）湖北崇文書局刻本　四册

110000－0143－0016143　PG312./2
右台仙館筆記十六卷　（清）俞樾撰　清光緒二十五年（1899）德清俞氏刻本　六册

110000－0143－0016144　PG312./2
右台仙館筆記十六卷　（清）俞樾撰　清光緒二十五年（1899）德清俞氏刻本　六册

110000－0143－0016145　PG312./2
右台仙館筆記十六卷　（清）俞樾撰　清光緒二十五年（1899）德清俞氏刻本　六册

110000－0143－0016146　PG312./3
增像全圖三國演義六十卷一百二十回　（明）羅本撰　（清）毛宗崗評　清光緒十七年（1891）赭山金鵝山民鉛印本　十册

110000－0143－0016147　PG312./3
第一才子書六十卷一百二十回　（明）羅本撰　（清）毛宗崗評　（清）杭永年定　清末善成堂刻本　十册　存五十七回（一至五十七）

110000－0143－0016148　PG312./3
三國志演義一百二十回　（明）羅本撰　（清）毛宗崗評　清末刻本　八册　缺二十九回（一至二十九）

110000－0143－0016149　PG312./3
四大奇書第一種十九卷一百二十回　（明）羅本撰　（清）毛宗崗評　（清）杭永年定　清末東昌善成堂刻本　二十册

110000－0143－0016150　PG312./3－1
增像全圖三國演義六十卷一百二十回　（明）羅本撰　（清）毛宗崗評　（清）杭永年定　清光緒十一年（1885）上海同文書局石印本　二十四册

110000－0143－0016151　PG312./4
增像全圖三國演義六十卷一百二十回　（明）羅本撰　（清）毛宗崗評　清光緒三十年（1904）上海商務印書館鉛印本　十二册

110000－0143－0016152　PG312./4
第一才子書六十卷一百二十回　（明）羅本撰　（清）毛宗崗評　（清）杭永年定　清末善成堂刻本　二十册

110000－0143－0016153　PG312./8－1
酉陽雜俎二十卷續十卷　（唐）段成式撰　清道光二十九年（1849）小瑯嬛山舘刻本　五册

110000－0143－0016154　PG312./9
北東園筆錄初編六卷續編六卷三編六卷四編六卷　（清）梁恭辰撰　清光緒二十一年（1895）京都善成堂刻本　八册

110000－0143－0016155　PG312./9
北東園筆錄初編六卷續編六卷三編六卷四編六卷　（清）梁恭辰撰　清同治五年（1866）汴城許義文齋刻本　八册

110000－0143－0016156　PG312./9－1
北東園筆錄初編六卷續編六卷三編六卷四編六卷　（清）梁恭辰撰　清同治五年（1866）汴城許義文齋刻本　八册

110000－0143－0016157　PG312./10
兩般秋雨盦隨筆八卷　（清）梁紹壬纂　清光緒十年（1884）錢塘許氏吉華室刻本　八册

110000－0143－0016158　PG312./10
兩般秋雨盦隨筆八卷　（清）梁紹壬纂　清光緒十年（1884）錢塘許氏吉華室刻本　八册

110000－0143－0016159　PG312./10
兩般秋雨盦隨筆八卷　（清）梁紹壬纂　清末文德堂刻本　八册

110000－0143－0016160　PG312./10－2
兩般秋雨盦隨筆八卷　（清）梁紹壬纂　清光緒十年（1884）錢塘許氏吉華室刻本　八册

110000－0143－0016161　PG312./12

新輯左公平西全傳四卷三十二回　(清)□□撰　清光緒三十年(1904)上海書局石印本　四册

110000－0143－0016162　PG312./13
太平廣記五百卷目錄十卷　(宋)李昉等編　清嘉慶十一年(1806)蘇州聚文堂刻本　四册　存二十八卷(四十七至五十五、一百五十八至一百六十五、二百二十五至二百三十,目錄一至五)

110000－0143－0016163　PG312./15
繡像今古奇觀十卷四十回　(明)抱甕老人輯　清同治六年(1867)刻本　七册

110000－0143－0016164　PG312./16
增評補像全圖金玉緣一百二十回首一卷　(清)曹霑撰　(清)高鶚續　(清)王希廉評　清光緒二十五年(1899)上海書局石印本　八册　缺六十四回(五十七至一百二十)

110000－0143－0016165　PG312./17
繪圖施公案全集五百三十八回　(清)□□撰　清光緒三十四年(1908)上海章福記石印本　十二册

110000－0143－0016166　PG312./18－1
增補齊省堂儒林外史六十回　(清)吳敬梓撰　清光緒十四年(1888)鴻寶齋石印本　四册

110000－0143－0016167　PG312./18－2
齊省堂增訂儒林外史五十六回　(清)吳敬梓撰　清同治十三年(1874)齊省堂刻本　十六册

110000－0143－0016168　PG312./19
詳註聊齋志異圖詠十六卷首一卷　(清)蒲松齡著　(清)呂湛恩註　清光緒十四年(1888)上海鴻寶齋石印本　八册

110000－0143－0016169　PG312./19－1
聊齋志異遺稿四卷附錄　(清)蒲松齡著　(清)劉瀛珍　(清)馮喜賡編　清光緒四年(1878)京都聚珍堂木活字印本　二册

110000－0143－0016170　PG312./19－2
聊齋志異新評十六卷　(清)蒲松齡著　(清)王士禛評　(清)但明倫新評　清道光二十二年(1842)廣順但氏刻本　十六册

110000－0143－0016171　PG312./19－2
聊齋志異新評十六卷　(清)蒲松齡著　(清)王士禛評　(清)但明倫新評　清道光二十二年(1842)廣順但氏刻本　八册　缺八卷(九至十六)

110000－0143－0016172　PG312./19－3
硃批增註聊齋志異八卷　(清)但明倫評　清同治八年(1869)羊城青雲樓刻本　十六册

110000－0143－0016173　PG312./19－4
真正後聊齋志異八卷　(清)徐昆撰　清光緒二十年(1894)石印本　八册

110000－0143－0016174　PG312./19－5
詳註聊齋志異圖詠十六卷首一卷　(清)蒲松齡著　(清)呂湛恩註　清光緒十二年(1886)上海同文書局石印本　八册

110000－0143－0016175　PG312./19－5
詳註聊齋志異圖志十六卷首一卷　(清)蒲松齡著　(清)呂湛恩註　清光緒十二年(1886)上海同文書局石印本　八册

110000－0143－0016176　PG312./20－1
西遊真詮一百回　(明)吳承恩撰　(清)陳士斌詮解　清光緒十年(1884)上海掃葉山房刻本　二十册

110000－0143－0016177　PG312./20－2
後西遊記四十回　(清)□□撰　清光緒上海申報館鉛印本　八册

110000－0143－0016178　PG312./20－2
西遊真詮一百回　(清)陳士斌詮解　清刻本　二十册

110000－0143－0016179　PG312./20－3
繪圖增像西遊記一百回　(明)吳承恩撰　(清)陳士斌詮解　清光緒十九年(1893)上海煥文書局石印本　八册

110000－0143－0016180　PG312./22

說鈴前集三十七種四十五卷後集十六種二十四卷 (清)吳震方輯 清嘉慶四年(1799)刻本 二十四册

110000－0143－0016181 PG312./22
說鈴前集三十八種四十七卷後集十七種二十六卷續集七種十卷 (清)吳震方輯 清康熙四十一年至五十一年(1702－1712)刻本 八册 缺十四種二十一卷(前集冬夜箋記一卷、隴蜀餘聞一卷、分甘餘話二卷、安南雜記一卷、奉使倭羅斯日記一卷、筠廊偶筆二卷、金鰲退食筆記二卷、扈從西巡日錄一卷、塞北小鈔一卷、松亭行紀二卷、天祿識餘二卷、西行紀略一卷、絕域紀略一卷,後集尊鄉贅筆三卷)

110000－0143－0016182 PG312./22
說鈴前集三十七種四十五卷後集十六種二十四卷 (清)吳震方輯 清道光五年(1825)聚秀堂刻本 三十二册

110000－0143－0016183 PG312./22－1
說鈴抄八卷 (清)吳震方輯 (清)曉樓主人刪訂 清乾隆十八年(1753)保元堂刻本 四册

110000－0143－0016184 PG312./22－1
說鈴抄八卷 (清)吳震方輯 (清)曉樓主人刪訂 清乾隆十八年(1753)保元堂刻本 四册

110000－0143－0016185 PG312./24
夢中緣四卷十五回 (清)李修行著 清光緒十一年(1885)有益堂刻本 四册

110000－0143－0016186 PG312./25
新鐫玉茗堂批點按鑑參補南宋志傳十卷五十回 (明)陳繼儒編次 (明)研石山樵訂正 (明)織里畸人校閱 清刻本 二册

110000－0143－0016187 PG312./25－1
新鐫玉茗堂批點按鑑參補南宋志傳十卷五十回 (明)陳繼儒編次 (明)研石山樵訂正 (明)織里畸人校閱 清刻本 十册

110000－0143－0016188 PG312./25－1
新鐫玉茗堂批點按鑑參補南宋志傳十卷五十回 (明)陳繼儒編次 (明)研石山樵訂正 (明)織里畸人校閱 清刻本 十册

110000－0143－0016189 PG312./26
精訂綱鑑廿四史通俗衍義六卷四十四回 (清)呂撫輯 (清)呂維城等校 清光緒十年(1884)善成堂刻本 八册

110000－0143－0016190 PG312./26－1
精訂綱鑑廿四史通俗演義六卷四十四回 (清)呂撫輯 (清)呂維城等校 清光緒二十一年(1895)珍藝書局鉛印本 六册

110000－0143－0016191 PG312./26－2
精訂綱鑑廿四史通俗衍義六卷四十四回 (清)呂撫輯 清末至民國初石印本 六册

110000－0143－0016192 PG312./27
醉茶志怪四卷 (清)李慶辰著 清光緒十八年(1892)津門刻本 四册

110000－0143－0016193 PG312./32
繡像京本雲合奇蹤全傳十卷八十回 (明)徐渭編 清嘉慶七年(1802)刻本 十册

110000－0143－0016194 PG312./33
鷗陂漁話六卷 (清)葉廷琯撰 清同治九年(1870)姑蘇謝文翰齋刻本 六册

110000－0143－0016195 PG312./33
鷗陂漁話六卷吹網錄六卷 (清)葉廷琯撰 清同治八年至九年(1869－1870)姑蘇謝文翰齋刻本 四册

110000－0143－0016196 PG312./33－1
鷗陂漁話六卷 (清)葉廷琯撰 清同治九年(1870)姑蘇謝文翰齋刻本 二册

110000－0143－0016197 PG312./34
快心編初集五卷十回二集五卷十四回三集六卷十二回 (清)天花才子編輯 (清)四橋居士評點 清道光二十年(1840)至宣統課花書屋刻本 八册 存三集六卷十二回

110000－0143－0016198 PG312./34－1
快心編初集十回二集十回三集十二回 (清)

天花才子編輯　(清)四橋居士評點　清光緒元年(1875)上海申報館鉛印本　十册

110000－0143－0016199　PG312./35－1
履園叢話二十四卷　(清)錢泳輯　清道光三年(1823)刻同治九年(1870)虞山錢氏述德堂重刻本　八册

110000－0143－0016200　PG312./35－1
履園叢話二十四卷　(清)錢泳輯　清道光十八年(1838)虞山錢氏述德堂刻本　二十四册

110000－0143－0016201　PG312./35－2
履園叢話二十四卷　(清)錢泳輯　清道光十八年(1838)虞山錢氏述德堂刻本　十二册

110000－0143－0016202　PG312./38
諧鐸十二卷　(清)沈起鳳著　清光緒十五年(1889)上海廣百宋齋鉛印本　二册

110000－0143－0016203　PG312./39
三水小牘二卷　(唐)皇甫枚撰　清乾隆五十七年(1792)餘姚盧氏抱經堂刻本　一册

110000－0143－0016204　PG312./40
磨盾餘談不分卷　(清)張炳撰　清末刻本　一册

110000－0143－0016205　PG312./40
磨盾餘談不分卷　(清)張炳撰　清咸豐四年(1854)刻本　二册

110000－0143－0016206　PG312./41
息影偶錄八卷　(清)張埏撰　清光緒八年(1882)翠筠山房刻本　八册

110000－0143－0016207　PG312./41
息影偶錄八卷　(清)張埏撰　清光緒八年(1882)翠筠山房刻本　八册

110000－0143－0016208　PG312./45
蟫史二十卷　(清)屠紳撰　清刻本　十一册

110000－0143－0016209　PG312./45
蟫史二十卷　(清)屠紳撰　清刻本　五册

110000－0143－0016210　PG312./46
新草三山藴玉錄六卷　(清)李復通纂輯　(清)朱小唐評論　清光緒十一年(1885)刻本　六册

110000－0143－0016211　PG312./49－1
新刻劍嘯閣批評西漢演義傳八卷新刻劍嘯閣批評東漢演義傳十卷　(明)甄偉撰　(明)謝詔編集　清刻本　十四册

110000－0143－0016212　PG312./55－1
繡像東西漢全傳十六卷　(明)甄偉等撰　(明)鍾惺批評　清善成堂刻本　十二册

110000－0143－0016213　PG312./56－2
四雪草堂重訂通俗隋唐演義二十卷一百回　(明)羅本撰　(明)林瀚纂輯　(清)褚人穫彙編　清同治三年(1864)奎璧堂刻本　十册　缺十卷(一至十)

110000－0143－0016214　PG312./62
東周列國全志二十三卷一百八回　(明)馮夢龍撰　(清)蔡界評點　清末善成堂刻本　四册　存十一卷(一至十一)

110000－0143－0016215　PG312./62
東周列國全志二十三卷一百八回　(明)馮夢龍撰　(清)蔡界評點　清同治五年(1866)緯文堂刻本　二十四册

110000－0143－0016216　PG312./62
東周列國全志二十三卷一百八回　(明)馮夢龍撰　(清)蔡界評點　清光緒十五年(1889)竹深山房一得軒刻本　二十四册

110000－0143－0016217　PG312./62
東周列國全志二十三卷一百八回　(明)馮夢龍撰　(清)蔡界評點　清末刻本　二十三册

110000－0143－0016218　PG312./62
東周列國全志二十三卷一百八回　(明)馮夢龍撰　(清)蔡界評點　清末刻本　十册　存十卷(二、十五至二十三)

110000－0143－0016219　PG312./63
繡像封神演義一百回　(明)許仲琳撰　清光緒十六年(1890)珍藝書局石印本　十册

110000－0143－0016220　PG312./63－1

新刻鍾伯敬先生批評封神演義二十一卷一百回　（明）許仲琳撰　（明）鍾惺評　清刻本　二十册

110000－0143－0016221　PG312./63－1
新刻鍾伯敬先生批評封神演義十九卷一百回　（明）許仲琳撰　（明）鍾惺評　清末善成堂刻本　十六册　缺四卷（十二至十三、十六、十九）

110000－0143－0016222　PG312./64－2
此宜閣增訂金批西廂四卷首一卷末一卷　（元）王德信撰　（清）金人瑞批評　（清）周昂增訂　清乾隆六十年（1795）昭文周氏此宜閣刻清末翻刻本　八册

110000－0143－0016223　PG312./65－4
續小五義一百二十四回　（清）石玉昆撰　清光緒十七年（1891）北京文光樓書坊刻本　二十四册

110000－0143－0016224　PG312./65－4
小五義一百二十四回　（清）石玉昆撰　清光緒十六年（1890）北京文光樓刻本　二十四册

110000－0143－0016225　PG312./66－1
閲微草堂筆記五種　（清）觀奕道人撰　清光緒三年（1877）刻本　四册　存三種十卷（灤陽消夏錄六卷、槐西雜志二卷、姑妄聽之三至四）

110000－0143－0016226　PG312./67
閲微草堂筆記二十四卷　（清）紀昀撰　清末蘇州懷德堂刻本　十二册

110000－0143－0016227　PG312./67－3
閲微草堂筆記二十四卷　（清）紀昀撰　清道光二十七年（1847）小蓬萊山館刻本　十册

110000－0143－0016228　PG312./67－4
閲微草堂筆記二十四卷　（清）紀昀撰　清末至民國蘇州振新書社刻本　十二册

110000－0143－0016229　PG312./67－4
閲微草堂筆記五種　（清）觀奕道人撰　清嘉慶五年（1800）刻本　十二册

110000－0143－0016230　PG312./67－4
閲微草堂筆記二十四卷　（清）紀昀撰　清道光十三年（1833）羊城刻本　十册

110000－0143－0016231　PG312./67－5
閲微草堂筆記二十四卷　（清）紀昀撰　清嘉慶二十一年（1816）北平盛氏刻本　十册

110000－0143－0016232　PG312./67－5
閲微草堂筆記二十四卷　（清）紀昀撰　清嘉慶二十一年（1816）北平盛氏刻本　十册

110000－0143－0016233　PG312./68
草木春秋演義三十二回　（清）江洪撰　（清）藥山人纂修　清刻本　五册

110000－0143－0016234　PG312./68
草木春秋演義三十二回　（清）江洪撰　（清）藥山人纂修　清山陰書屋刻本　四册

110000－0143－0016235　PG312./69
觚賸八卷續編四卷　（清）鈕琇輯　清宣統三年（1911）上海國學扶輪社鉛印本　五册　缺二卷（續編三至四）

110000－0143－0016236　PG312./70
耳食錄十二卷二編八卷　（清）樂鈞撰　清同治七年（1868）藏修堂刻本　十册

110000－0143－0016237　PG312./70
耳食錄十二卷二編八卷　（清）樂鈞撰　清同治七年（1868）藏修堂刻本　八册

110000－0143－0016238　PG312./70
耳食錄十二卷二編八卷　（清）樂鈞撰　清道光元年（1821）青芝山館刻本　八册

110000－0143－0016239　PG312./70－1
耳食錄十二卷二編八卷　（清）樂鈞撰　清同治十年（1871）味經堂刻本　十册

110000－0143－0016240　PG312./71
茶餘客話二十二卷　（清）阮葵生著　清光緒十四年（1888）鉛印本　四册

110000－0143－0016241　PG312./71
茶餘客話二十二卷　（清）阮葵生著　清光緒十四年（1888）鉛印本　四册

110000－0143－0016242　PG312./74
郎潛紀聞初筆七卷二筆八卷三筆六卷　(清)陳康祺著　清宣統二年(1910)上海掃葉山房石印本　十冊

110000－0143－0016243　PG312./74－1
郎潛紀聞初筆十四卷二筆十六卷三筆十二卷　(清)陳康祺著　清光緒六年至七年(1880－1881)重校刻本　十四冊　缺十二卷(三筆十二卷)

110000－0143－0016244　PG312./74－2
郎潛紀聞初筆十四卷　(清)陳康祺著　清光緒六年(1880)刻本　四冊

110000－0143－0016245　PG312./74－2
郎潛紀聞初筆十四卷　(清)陳康祺著　清光緒六年(1880)刻本　二冊

110000－0143－0016246　PG312./74－2
郎潛紀聞初筆十四卷　(清)陳康祺著　清光緒八年(1882)刻本　四冊

110000－0143－0016247　PG312./74－2
郎潛紀聞初筆十四卷　(清)陳康祺著　清光緒六年(1880)刻本　六冊

110000－0143－0016248　PG312./75
瀛壖雜志六卷　(清)王韜撰　清光緒元年(1875)刻本　二冊

110000－0143－0016249　PG312./75
瀛壖雜志六卷　(清)王韜撰　清光緒元年(1875)刻本　一冊　存三卷(一至三)

110000－0143－0016250　PG312./75
瀛壖雜志六卷　(清)王韜撰　清光緒元年(1875)刻本　二冊

110000－0143－0016251　PG312./75
瀛壖雜志六卷　(清)王韜撰　清光緒元年(1875)刻本　二冊

110000－0143－0016252　PG312./76
竹葉亭雜記八卷　(清)姚元之撰　清光緒十九年(1893)桐城姚穀刻本　二冊

110000－0143－0016253　PG312./76
竹葉亭雜記八卷　(清)姚元之撰　清光緒十九年(1893)桐城姚穀刻本　二冊

110000－0143－0016254　PG312./76
竹葉亭雜記八卷　(清)姚元之撰　清光緒十九年(1893)桐城姚穀刻本　二冊

110000－0143－0016255　PG312./76
竹葉亭雜記八卷　(清)姚元之撰　清光緒十九年(1893)桐城姚穀刻本　二冊

110000－0143－0016256　PG312./76
竹葉亭雜記八卷　(清)姚元之撰　清光緒十九年(1893)桐城姚穀刻本　二冊

110000－0143－0016257　PG312./76
竹葉亭雜記八卷　(清)姚元之撰　清光緒十九年(1893)桐城姚穀刻本　二冊

110000－0143－0016258　PG312./76
竹葉亭雜記八卷　(清)姚元之撰　清光緒十九年(1893)桐城姚穀刻本　二冊

110000－0143－0016259　PG312./76
竹葉亭雜記八卷　(清)姚元之撰　清光緒十九年(1893)桐城姚穀刻本　二冊

110000－0143－0016260　PG312./82
直道錄一卷竹窗隨筆一卷二筆一卷三筆一卷　(明)釋袾宏著　清光緒二十四年(1898)刻本　三冊

110000－0143－0016261　PG312./82－1
竹窗隨筆一卷　(明)釋袾宏著　清光緒二十四年(1898)金陵刻經處刻本　一冊

110000－0143－0016262　PG312./84
藤陰雜記十二卷　(清)戴璐撰　清咸豐二年(1852)石鼓齋刻本　四冊

110000－0143－0016263　PG312./84
藤陰雜記十二卷　(清)戴璐撰　清光緒三年(1877)刻本　四冊

110000－0143－0016264　PG312./84
藤陰雜記十二卷　(清)戴璐撰　清光緒三年(1877)刻本　一冊

110000－0143－0016265　PG312./84
藤陰雜記十二卷　(清)戴璐撰　清光緒三年(1877)刻本　二册

110000－0143－0016266　PG312./84－1
藤陰雜記十二卷　(清)戴璐撰　清光緒三年(1877)吴興會館刻本　二册

110000－0143－0016267　PG312./84－1
藤陰雜記十二卷　(清)戴璐撰　清光緒三年(1877)吴興會館刻本　二册

110000－0143－0016268　PG312./84－1
藤陰雜記十二卷　(清)戴璐撰　清光緒三年(1877)吴興會館刻本　二册

110000－0143－0016269　PG312./84－1
藤陰雜記十二卷　(清)戴璐撰　清光緒三年(1877)吴興會館刻本　二册

110000－0143－0016270　PG312./84－1
藤陰雜記十二卷　(清)戴璐撰　清光緒三年(1877)吴興會館刻本　二册

110000－0143－0016271　PG312./88
燼餘録二卷　(元)徐大焯撰　**平江記事一卷**　(元)高德基　**吴中舊事一卷**　(元)陸友仁撰　清光緒十七年(1891)刻本　一册

110000－0143－0016272　PG312./88
燼餘録甲編一卷乙編一卷　(元)徐大焯撰　清光緒十七年(1891)刻本　一册

110000－0143－0016273　PG312./89
吴中舊事一卷　(元)陸友仁撰　清光緒刻本　一册

110000－0143－0016274　PG312./90
拾遺記十卷　(晉)王嘉撰　(南朝梁)蕭綺録并輯　清光緒元年(1875)湖北崇文書局刻本　一册

110000－0143－0016275　PG312./90
拾遺記十卷　(晉)王嘉撰　(南朝梁)蕭綺録并輯　清光緒元年(1875)湖北崇文書局刻本　一册

110000－0143－0016276　PG312./90
拾遺記十卷　(晉)王嘉撰　(南朝梁)蕭綺録并輯　清康熙七年(1668)新安汪氏刻本　一册

110000－0143－0016277　PG312./90
拾遺記十卷　(晉)王嘉撰　(南朝梁)蕭綺録并輯　清光緒元年(1875)湖北崇文書局刻本　一册

110000－0143－0016278　PG312./91
御覽闕史二卷　(唐)高彦休撰　清光緒元年(1875)湖北崇文書局刻本　一册

110000－0143－0016279　PG312./94
消暑隨筆四卷　(清)潘世恩輯　清宣統三年(1911)上海海左書局鉛印本　三册

110000－0143－0016280　PG312./96
博物志十卷　(晉)張華撰　清光緒元年(1875)湖北崇文書局刻本　一册

110000－0143－0016281　PG312./96－1
續博物志十卷　(宋)李石撰　清光緒元年(1875)湖北崇文書局刻本　一册

110000－0143－0016282　PG312./96－1
博物志十卷　(晉)張華撰　(宋)周日用等注　清嘉慶九年(1804)士禮居刻本　一册

110000－0143－0016283　PG312./96－3
續博物志十卷　(宋)李石撰　清光緒元年(1875)湖北崇文書局刻本　一册

110000－0143－0016284　PG312./96－4
博物志十卷　(晉)張華撰　(清)汪士漢校　清康熙七年(1668)新安汪氏刻本　一册

110000－0143－0016285　PG312./96－4
博物志十卷續博物志十卷　(晉)張華　(宋)李石撰　(清)汪士漢校　明吴琯刻清重刻本　一册

110000－0143－0016286　PG312./96－4
博物志十卷　(晉)張華撰　(清)汪士漢校　清刻本　一册

110000－0143－0016287　PG312./97
顧氏明朝四十家小説不分卷　(明)顧元慶纂

清宣統三年(1911)上海國學扶輪社鉛印本　八册

110000－0143－0016288　PG312./98
藝苑叢話十六卷　陳琰編輯　清宣統三年(1911)上海六藝書局石印本　四册

110000－0143－0016289　PG312./100
燕山外史註釋八卷附燕山外史補註　(清)陳球著　(清)若駿子輯註　(清)項震新參校　清光緒五年(1879)刻本　二册

110000－0143－0016290　PG312./101
見聞隨筆二十六卷　(清)齊學裘撰　清同治十年(1871)天空海濶之居刻本　六册

110000－0143－0016291　PG312./102
莊諧選錄十二卷　醒醉生著　清光緒三十年(1904)上海吳雲記印書局鉛印本　十二册

110000－0143－0016292　PG312./103
守一齋筆記四卷客牕二筆一卷　(清)金捧閶著　(清)趙翼評　清光緒十六年(1890)江陰金氏刻本　二册

110000－0143－0016293　PG312./106
三借廬贅譚十二卷　鄒弢纂　清末申報館鉛印本　六册

110000－0143－0016294　PG312./108
對山書屋墨餘錄十六卷　(清)毛祥麟著　清同治九年(1870)上海亦可居毛氏刻本　八册

110000－0143－0016295　PG312./108
對山書屋墨餘錄十六卷　(清)毛祥麟著　清同治九年(1870)湖州吳氏醉六堂刻本　六册

110000－0143－0016296　PG312./108
對山書屋墨餘錄十六卷　(清)毛祥麟撰　清同治九年(1870)湖州吳氏醉六堂刻本　七册　缺二卷(十一至十二)

110000－0143－0016297　PG312./109
妙香室叢話十四卷　(清)張培仁編輯　清光緒十年(1884)申報館鉛印本　六册

110000－0143－0016298　PG312./109
妙香室叢話十四卷　(清)張培仁編輯　清光緒十年(1884)申報館鉛印本　六册

110000－0143－0016299　PG312./109
妙香室叢話十四卷　(清)張培仁編輯　清光緒十年(1884)申報館鉛印本　六册

110000－0143－0016300　PG312./109
妙香室叢話十四卷　(清)張培仁編輯　清光緒十年(1884)申報館鉛印本　六册

110000－0143－0016301　PG312./112
夢園叢說内篇八卷　(清)方濬頤撰　清光緒申報館鉛印本　二册

110000－0143－0016302　PG312./112
夢園叢說内篇八卷　(清)方濬頤撰　清光緒上海申報館鉛印本　二册

110000－0143－0016303　PG312./113
景船齋雜記二卷　(清)章有謨著　(清)陸明睿校　清光緒申報館鉛印本　二册

110000－0143－0016304　PG312./112
夢園叢說内篇八卷外篇八卷　(清)方濬頤撰　清同治十三年至光緒元年(1874－1875)刻本　四册

110000－0143－0016305　PG312./113
景船齋雜記二卷　(清)章有謨著　(清)陸明睿校　清光緒申報館鉛印本　二册

110000－0143－0016306　PG312./113
景船齋雜記二卷　(清)章有謨著　(清)陸明睿校　清光緒申報館鉛印本　二册

110000－0143－0016307　PG312./116
西青散記四卷　(清)史震林撰　清乾隆三年(1738)刻本　四册

110000－0143－0016308　PG312./119(1)
海外拾遺一卷　(清)赤山畸士編輯　清光緒十四年(1888)天津時報館鉛印本　一册

110000－0143－0016309　PG312./119(2)
海國妙喻一卷　(清)赤山畸士編輯　清光緒十四年(1888)天津時報館鉛印本　與110000－0143－0016308合册

110000－0143－0016310　PG312./120
還冤記一卷　(北齊)顔之推著　明末刻本　一册

110000－0143－0016311　PG312./121
搜神後記二卷　(晉)陶潛撰　明末刻本　一册

110000－0143－0016312　PG312./121－1
搜神記二十卷　(晉)干寶撰　清光緒元年(1875)湖北崇文書局刻本　二册

110000－0143－0016313　PG312./121－1
搜神記二十卷　(晉)干寶撰　清光緒元年(1875)湖北崇文書局刻本　二册

110000－0143－0016314　PG312./121－1
搜神記八卷　(晉)干寶撰　明末清初刻本　一册

110000－0143－0016315　PG312./124
增像校正全圖天雨花三十回　(清)陶貞懷撰　清光緒二十二年(1896)上海古香閣石印本　十二册

110000－0143－0016316　PG312./124
天雨花三十回　(清)陶貞懷撰　清道光二十一年(1841)大德堂刻本　三十册

110000－0143－0016317　PG312./125
甕牖餘談八卷　(清)王韜撰　清光緒元年(1875)鉛印本　四册

110000－0143－0016318　PG312./128
黑奴籲天錄四卷　(美國)斯土活著　林紓譯　清光緒二十七年(1901)武林魏氏刻本　四册

110000－0143－0016319　PG312./128
黑奴籲天錄四卷　(美國)斯土活著　林紓譯　清光緒二十七年(1901)鉛印本　一册

110000－0143－0016320　PG312./128
黑奴籲天錄四卷　(美國)斯土活著　林紓譯　清光緒二十七年(1901)武林魏氏刻本　四册

110000－0143－0016321　PG312./128－1
黑奴籲天錄四卷　(美國)斯土活著　林紓譯　清光緒二十七年(1901)武林魏氏刻三十年(1904)上海文明書局印本　四册

110000－0143－0016322　PG312./129
風月夢三十二回　(清)邗上蒙人撰　清光緒十二年(1886)刻本　六册

110000－0143－0016323　PG312./129
風月夢三十二回　(清)邗上蒙人撰　清光緒十二年(1886)刻本　六册

110000－0143－0016324　PG312./129
風月夢三十二回　(清)邗上蒙人撰　清光緒十二年(1886)刻本　四册

110000－0143－0016325　PG312./131
池上草堂筆記八卷　(清)梁恭辰著　清同治十二年(1873)豫章聽鸝館主人刻本　八册

110000－0143－0016326　PG312./131
池上草堂筆記八卷　(清)梁恭辰著　清同治十二年(1873)豫章聽鸝館主人刻本　八册

110000－0143－0016327　PG312./131
池上草堂筆記八卷　(清)梁恭辰著　清同治十二年(1873)豫章聽鸝館主人刻本　八册

110000－0143－0016328　PG312./131
池上草堂筆記八卷　(清)梁恭辰著　清同治十二年(1873)豫章聽鸝館主人刻本　八册

110000－0143－0016329　PG312./131
池上草堂筆記八卷　(清)梁恭辰著　清同治十二年(1873)豫章聽鸝館主人刻本　八册

110000－0143－0016330　PG312./131－1
池上草堂筆記八卷　(清)梁恭辰著　清同治九年(1870)求放心書屋刻本　八册

110000－0143－0016331　PG312./132
品花寶鑑六十回　(清)陳森撰　清末石印本　六册

110000－0143－0016332　PG312./132
品花寶鑑六十回　(清)陳森撰　清末刻本　三十册

110000－0143－0016333　PG312./135
李公案奇聞初集三十四回　(清)惜紅居士編纂　清光緒二十八年(1902)刻本　六册

110000－0143－0016334　PG312./136(1)
孫龐演義四卷二十回　(明)澹園主人編次　(明)清修居士參訂　清文秀堂刻本　四册

110000－0143－0016335　PG312./136(2)
新編批評繡像後七國樂田演義十八回　(清)煙水散人撰　清敬書堂刻本　四册

110000－0143－0016336　PG312./139
陳刻二種二十二卷　(清)陳世修輯　清光緒二年(1876)海昌陳氏庸閒齋刻本　四册

110000－0143－0016337　PG312./140
清波雜志三卷　(宋)周輝撰　明萬曆會稽商浚刻本　二册

110000－0143－0016338　PG312./141－2
庸閒齋筆記八卷　(清)陳其元撰　清光緒上海申報館鉛印本　二册　存四卷(一至四)

110000－0143－0016339　PG312./141－3
庸閒齋筆記八卷　(清)陳其元撰　清光緒申報館鉛印本　四册

110000－0143－0016340　PG312./141－4
庸閒齋筆記十二卷　(清)陳其元撰　清光緒十五年(1889)上海檢古齋石印本　五册

110000－0143－0016341　PG312./145
對山書屋墨餘錄十六卷　(清)毛祥麟著　清同治九年(1870)湖州吳氏醉六堂刻本　八册

110000－0143－0016342　PG312./147－1
螢窻異草三卷　(清)浩歌子著　(清)隨園老人(袁枚)評　清光緒二年(1876)申報舘鉛印本　四册

110000－0143－0016343　PG312./148
庸盦筆記六卷　(清)薛福成著　清宣統二年(1910)上海掃葉山房石印本　三册

110000－0143－0016344　PG312./149－1
金壺七墨十九卷　(清)黄鈞宰著　清同治十二年(1873)比玉樓刻本　八册

110000－0143－0016345　PG312./150
壺天錄三卷　(清)百一居士著　清光緒十一年(1885)上海申報館鉛印本　二册

110000－0143－0016346　PG312./150－1
壺天錄三卷　(清)百一居士著　清光緒七年(1881)上海申報館鉛印本　二册

110000－0143－0016347　PG312./153－1
夜譚隨錄四卷　(清)閑齋氏撰　清光緒十三年(1887)鴻寶齋石印本　二册

110000－0143－0016348　PG312./156
嘯亭雜錄十卷續錄三卷　(清)昭槤著　清光緒上海申報舘鉛印本　十册

110000－0143－0016349　PG312./157－1
香祖筆記十二卷　(清)王士禛撰　清光緒上海申報館鉛印本　四册

110000－0143－0016350　PG312./157－2
香祖筆記十二卷　(清)王士禛撰　清光緒上海申報館鉛印本　四册

110000－0143－0016351　PG312./159
廣陽雜記五卷　(清)劉獻廷著　清光緒五年(1879)定州王氏謙德堂刻本　四册

110000－0143－0016352　PG312./163
三笑新編十二卷四十八回　(清)吳信天撰　(清)周均批評　清光緒四年(1878)刻本　十二册

110000－0143－0016353　PG312./163
三笑新編十二卷四十八回　(清)吳信天撰　(清)周均批評　清光緒四年(1878)刻本　十二册

110000－0143－0016354　PG312./164
劍仙傳繡像演義前編四卷後編六卷　(清)一片有心人著　(清)東海寄魚評　清光緒玲瓏石齋刻本　十册

110000－0143－0016355　PG312./166－1
紅樓夢一百二十回　(清)曹霑　(清)高鶚撰　(清)程偉元刪定　清道光二年(1822)東觀閣刻本　二十四册

110000－0143－0016356　PG312./166－2
紅樓夢補四十八回　(清)歸鋤子撰　清光緒二年(1876)申報館鉛印本　十册

110000－0143－0016357　PG312./166－2
紅樓夢補四十八回　(清)歸鋤子撰　清光緒二年(1876)申報館鉛印本　十册

110000－0143－0016358　PG312./166－2
紅樓夢補四十八回　(清)歸鋤子撰　清光緒上海申報館鉛印本　八册

110000－0143－0016359　PG312./166－2
增評補圖石頭記一百二十卷首一卷　(清)曹霑撰　(清)王希廉評　(清)姚燮加評　清光緒上海廣百宋齋石印本　三十二册

110000－0143－0016360　PG312./166－8
紅樓夢一百二十回　(清)曹霑　(清)高鶚撰　(清)程偉元删定　清刻本　十二册　存六十回(六十一至一百二十)

110000－0143－0016361　PG312./166－9
增評補圖石頭記一百二十卷首一卷　(清)曹霑撰　(清)王希廉評　(清)姚燮加評　清光緒石印本　十六册

110000－0143－0016362　PG312./166－10
增評補圖石頭記一百二十卷首一卷　(清)曹霑撰　(清)王希廉評　(清)姚燮加評　清光緒鉛印本　十六册

110000－0143－0016363　PG312./167
聊齋志異新評十六卷　(清)蒲松齡著　(清)王士禛評　(清)但明倫新評　清道光二十二年(1842)廣順刻朱墨套印本　十六册

110000－0143－0016364　PG312./172
繪圖後聊齋志異十二卷　(清)王韜撰　清光緒二十九年(1903)上海點石齋石印本　六册

110000－0143－0016365　PG312./175
紅樓夢評贊不分卷　(清)王希廉等撰　清光緒二年(1876)顧為明鏡室主人上海刻本　四册

110000－0143－0016366　PG312./175
紅樓夢評贊不分卷　(清)王希廉等撰　清光緒二年(1876)顧為明鏡室主人上海刻本　四册

110000－0143－0016367　PG312./175
紅樓夢評贊不分卷　(清)王希廉等撰　清光緒二年(1876)刻本　四册

110000－0143－0016368　PG312./176
繡像義妖全傳二十八卷五十四回　(清)陳遇乾撰　(清)陳士奇評　(清)俞秀山參閱　(清)顧光祖校刊　清嘉慶十四年(1809)刻本　十二册

110000－0143－0016369　PG312./176
繡像義妖全傳二十八卷五十四回　(清)陳遇乾撰　(清)陳士奇　(清)俞秀山評　清光緒二年(1876)刻本　八册

110000－0143－0016370　PG312./178
野叟曝言二十卷一百五十四回　(清)夏敬渠撰　清光緒八年(1882)石印本　十九册　缺二卷(一、二之一至四回)

110000－0143－0016371　PG312./180
第五才子書施耐菴水滸傳七十五卷七十回　(元)施耐庵撰　(清)金人瑞評　清芥子園刻本　十六册

110000－0143－0016372　PG312./180－1
評論出像水滸傳二十卷二十七回　(元)施耐庵撰　(清)王望如評　清刻本　二十册

110000－0143－0016373　PG312./185
三燈叢話三種　(明)邵景詹撰　清二酉山房刻本　六册　缺二卷(剪燈餘話四至五)

110000－0143－0016374　PG312./186
增注繪圖官場現形記五編六十卷　(清)李寶嘉撰　清末石印本　十七册

110000－0143－0016375　PG312./186
增注繪圖官場現形記五編六十卷　(清)李寶嘉撰　清光緒三十年(1904)粵東書局石印本　十六册

110000－0143－0016376　PG312./187

京塵雜錄四卷　(清)楊懋建箸　清光緒十二年(1886)上海同文書局石印本　四册

110000－0143－0016377　PG312./187
夷堅志五十卷　(宋)洪邁撰　清宣統三年(1911)上海蘗光社初版石印本　十六册

110000－0143－0016378　PG312./187
夷堅志五十卷　(宋)洪邁撰　清宣統三年(1911)上海蘗光社初版石印本　十六册

110000－0143－0016379　PG312./187－2
夷堅甲志二十卷乙志二十卷丙志二十卷丁志二十卷　(宋)洪邁撰　清光緒五年(1879)吳興陸氏十萬卷樓刻本　十二册

110000－0143－0016380　PG312./187－2
重栞宋本夷堅志甲集二十卷乙集二十卷丙集二十卷丁集二十卷　(宋)洪邁編　清光緒五年(1879)歸安陸心源十萬卷樓刻本　十四册

110000－0143－0016381　PG312./188
西遊原旨二十四卷一百回　(明)吳承恩撰　(清)劉一明解　清嘉慶二十五年(1820)常德縣護國菴刻本　二十二册　缺二卷(一至二)

110000－0143－0016382　PG312./188
西遊原旨二十四卷一百回首一卷　(明)吳承恩撰　(清)劉一明解　清嘉慶二十五年(1820)常德縣護國菴刻本　二十八册

110000－0143－0016383　PG312./189
艷異新編五卷　(清)俞宗駿輯　清光緒九年(1883)上海王氏刻本　五册

110000－0143－0016384　PG312./201
粵屑八卷　(清)劉世馨輯　(清)許聯陞定　清光緒三年(1877)申報舘鉛印本　二册

110000－0143－0016385　PG312./202
聞見異辭四卷　(清)許秋垞撰　清光緒四年(1878)申報舘鉛印本　二册

110000－0143－0016386　PG312./202(1)
粵屑八卷　(清)劉世馨輯　(清)許聯陞定　清光緒三年(1877)申報舘鉛印本　二册

110000－0143－0016387　PG312./202(2)
聞見異辭四卷　(清)許秋垞撰　清光緒四年(1878)申報舘鉛印本　二册

110000－0143－0016388　PG312./204
新刻按鑑編纂開闢衍繹通俗志傳六卷八十回　(明)周遊集　(明)王黌釋　清道光十年(1830)刻本　六册

110000－0143－0016389　PG312./204
新刻按鑑編纂開闢衍繹通俗志傳六卷八十回　(明)周遊撰　(明)王黌釋　(明)鍾惺評　清道光十七年(1837)忠恕堂刻本　六册

110000－0143－0016390　PG312./204
新刻按鑑編纂開闢衍繹通俗志傳六卷八十回　(明)周遊撰　(明)王黌釋　(明)鍾惺評　清道光十年(1830)佛山三元堂刻本　六册

110000－0143－0016391　PG312./205
殘唐五代史演義傳六卷六十回　(明)羅本編輯　(明)李贄　(明)湯顯祖評　清萃精英閣刻本　六册

110000－0143－0016392　PG312./206
淞濱瑣話十二卷　(清)王韜著　清光緒十九年(1893)淞毫籟廬鉛印本　四册

110000－0143－0016393　PG312./207
巴黎茶花女遺事一卷　(法國)小仲馬撰　冷紅生(林紓)譯　清光緒二十七年(1901)玉情瑤怨舘石印本　一册

110000－0143－0016394　PG312./208
客牕偶筆四卷客牕二筆一卷　(清)金捧閶著　(清)趙學轍　(清)趙翼評　清同治十二年(1873)刻本　四册

110000－0143－0016395　PG312./211
新評龍圖神斷公案十卷　(□)□□撰　清同治七年(1868)維經堂刻本　六册

110000－0143－0016396　PG312./212
翼駉稗編八卷　(清)湯用中著　(清)徐廷華評　清同治八年(1869)刻本　八册

110000－0143－0016397　PG312./212
翼駉稗編八卷　(清)湯用中著　(清)徐廷華

評　清同治八年(1869)刻本　四冊

110000－0143－0016398　PG312./212
翼駉裨編八卷　(清)湯用中著　(清)徐廷華評　清同治八年(1869)刻本　八冊

110000－0143－0016399　PG312./213
綠野仙蹤八十回　(清)李百川撰　清道光十年(1830)刻本　二十冊

110000－0143－0016400　PG312./213
繡像綠野仙蹤八十回　(清)李百川撰　清道光十年(1830)刻本　四十冊

110000－0143－0016401　PG312./214
秋燈叢話十八卷　(清)王椷著　清同治十年(1871)文盛堂刻本　八冊

110000－0143－0016402　PG312./214
秋燈叢話十八卷　(清)王椷著　清同治十年(1871)文盛堂刻鎮江三星堂印本　四冊

110000－0143－0016403　PG312./214－1
秋燈叢話十八卷　(清)王椷著　清咸豐元年(1851)刻本　六冊

110000－0143－0016404　PG312./217(1)
剪燈餘話五卷　(明)李昌祺輯　清刻本　二冊

110000－0143－0016405　PG312./217(2)
覓燈因話二卷　(明)遙青閣纂　清刻本　二冊

110000－0143－0016406　PG312./218
挑燈新錄六卷　(清)吳荆園編次　清同治二年(1863)刻本　二冊

110000－0143－0016407　PG312./218
挑燈新錄六卷　(清)吳荆園編次　清同治二年(1863)刻本　四冊

110000－0143－0016408　PG312./220
快心編初集十回二集十回三集十二回　(清)天花才子編輯　(清)四橋居士評點　清光緒元年(1875)上海申報館鉛印本　十冊

110000－0143－0016409　PG312./220
快心編初集十回二集十回三集十二回　(清)天花才子編輯　(清)四橋居士評點　清光緒元年(1875)上海申報館鉛印本　十冊

110000－0143－0016410　PG312./222
坐花誌果八卷　(清)汪道鼎述　清光緒十九年(1893)溧陽隱濟道人江右刻本　四冊

110000－0143－0016411　PG312./222
坐花誌果八卷　(清)汪道鼎述　清光緒十九年(1893)刻本　四冊

110000－0143－0016412　PG312./222－1
圖詠音譯坐花誌果八卷　(清)汪道鼎述　清光緒十七年(1891)武林竹簡齋石印本　四冊

110000－0143－0016413　PG312./224
想當然耳八卷　(清)鄒鍾著　清同治十年(1871)聚興堂刻本　四冊

110000－0143－0016414　PG312./225
檮杌閒評五十卷五十回首一卷　(清)李清撰　清刻本　十二冊

110000－0143－0016415　PG312./225
檮杌閒評五十卷五十回首一卷　(清)李清撰　清末刻本　二十四冊

110000－0143－0016416　PG312./225
檮杌閒評五十卷五十回首一卷　(清)李清撰　清刻本　十二冊

110000－0143－0016417　PG312./226
閒談消夏錄十二卷　(清)朱翊清著　清光緒翠筠山房刻本　十二冊

110000－0143－0016418　PG312./227
里乘十卷　(清)許奉恩著　清光緒五年(1879)常熟抱芳閣刻本　十冊

110000－0143－0016419　PG312./227
里乘十卷　(清)許奉恩著　清光緒五年(1879)常熟抱芳閣刻本　十冊

110000－0143－0016420　PG312./227
里乘十卷　(清)許奉恩著　清光緒五年(1879)常熟抱芳閣刻本　十冊

110000－0143－0016421　PG312.／230
花月痕全書十六卷五十二回　(清)眠鶴主人編次　(清)棲霞居士評閱　清光緒十四年(1888)刻本　十六册

110000－0143－0016422　PG312.／230
花月痕全書十六卷五十二回　(清)眠鶴主人編次　(清)棲霞居士評閱　清光緒十四年(1888)刻本　十六册

110000－0143－0016423　PG312.／232
淞隱漫録十二卷　(清)王韜撰　清光緒十三年(1887)上海點石齋石印本　四册

110000－0143－0016424　PG312.／232
淞隱漫録十二卷　(清)王韜著　清光緒二十九年(1903)上海點石齋石印本　六册

110000－0143－0016425　PG312.／232
淞隱漫録十二卷　(清)王韜撰　清光緒十三年(1887)上海點石齋石印本　四册

110000－0143－0016426　PG312.／232－1
淞隱漫録十二卷　(清)王韜撰　清末石印本　十二册

110000－0143－0016427　PG312.／232－2
淞隱漫録十二卷　(清)王韜撰　清光緒十六年(1890)石印本　一册　存六卷(七至十二)

110000－0143－0016428　PG312.／233
綉像九美圖全傳十二卷七十五回　(清)曹春江編　清道光二十三年(1843)四友軒刻本　十二册

110000－0143－0016429　PG312.／233
綉像九美圖全傳十二卷七十五回　(清)曹春江編　清道光二十三年(1843)四友軒刻本　十二册

110000－0143－0016430　PG312.／235
繡像説唐前傳十卷六十八回後傳八卷五十八回　(清)如蓮居士編次　清光緒四年(1878)同文堂刻本　八册

110000－0143－0016431　PG312.／235
説唐前傳十卷六十八回繡像説唐後傳八卷五十八回　(清)如蓮居士編次　清至德堂刻本　十八册

110000－0143－0016432　PG312.／236
新刻逸田叟女仙外史大奇書一百回　(清)吕熊撰　清康熙五十年(1711)釣璜軒刻本　十册　缺五十回(五十一至一百)

110000－0143－0016433　PG312.／236－2
繪圖點評女僊外史八卷一百回　(清)吕熊撰　清宣統元年(1909)上海章福記石印本　八册

110000－0143－0016434　PG312.／241
繪圖新出雙剪髮寶卷二卷　(□)□□撰　清末至民國初上海文益書局石印本　一册

110000－0143－0016435　PG312.／246
桃花扇傳奇二卷四十齣　(清)孔尚任撰　清嘉慶刻本　四册

110000－0143－0016436　PG312.／246
桃花扇傳奇二卷四十齣　(清)孔尚任撰　清嘉慶刻本　四册

110000－0143－0016437　PG312.／246－1
桃花扇傳奇四卷四十二齣首一卷　(清)孔尚任纂　清光緒二十一年(1895)刻三十三年(1907)蘭雪堂重刻本　五册

110000－0143－0016438　PG312.／247
夢筆生花初編八卷二編八卷三編八卷四編八卷　(清)繆艮選　清光緒二十年(1894)上海積山書局石印本　八册

110000－0143－0016439　PG312.／260
雪山寶卷全集二卷　(□)□□撰　清末至民國石印本　二册

110000－0143－0016440　PG312.／262
新刻還金鐲寶卷不分卷　(□)□□撰　清末至民國石印本　一册

110000－0143－0016441　PG312.／269
新刻二度梅奇説全集六卷四十回　(清)惜陰堂主人編輯　(清)繡虎堂主人評閱　清同治十二年(1873)崇德堂刻本　一册

110000－0143－0016442　PG312./269－1
新註二度梅奇説全集四卷四十回　（清）惜陰堂主人編輯　（清）繡虎堂主人評閲　清道光至宣統經文堂刻本　四册

110000－0143－0016443　PG312./270
神州雜俎不分卷　（□）□□撰　清宣統二年（1910）神州日報社石印本　一册

110000－0143－0016444　PG312./271
繪圖小説不分卷　（□）□□撰　清末至民國初神州報社石印本　一册

110000－0143－0016445　PG312./272
韓湘寶卷十八回　（清）煙波釣徒風月主人撰述　清光緒十九年（1893）滌慮草堂刻本　一册　存十回（一至十）

110000－0143－0016446　PG312./273
繪圖秘本殺子報全傳四卷二十回　（□）□□撰　清光緒二十一年（1895）香港書局石印本　三册　缺五回（卷三之十一至十五）

110000－0143－0016447　PG312./275
白門新柳記一卷補記一卷白門衰柳附記一卷秦淮燈舫曲一卷秦淮艷品一卷　（清）許豫編　清光緒元年（1875）滬上刻本　一册

110000－0143－0016448　PG312./280
繡像醒世第二奇書十四卷十四回　（明）天然癡叟著　清光緒二十二年（1896）上海書局石印本　六册

110000－0143－0016449　PG312./281
新刻按鑑編纂開闢衍繹通俗志傳六卷八十回　（明）周遊撰　（明）王黌釋　（明）鍾惺評　清同治八年（1869）佛山三元堂刻本　六册

110000－0143－0016450　PG312./281
新刻按鑑編纂開闢衍繹通俗志傳六卷八十回　（明）周遊撰　（明）王黌釋　（明）鍾惺評　清道光十年（1830）佛山三元堂刻本　六册

110000－0143－0016451　PG312./281
新刻按鑑編纂開闢衍繹通俗志傳六卷八十回　（明）周遊集　（明）王黌釋　清道光十年（1830）刻本　六册

110000－0143－0016452　PG312./284
剪燈叢話三種七卷　（□）□□撰　清咸豐元年（1851）刻本　六册

110000－0143－0016453　PG312./285
好逑傳十八回　（清）名教中人編　清宣統三年（1911）鉛印本　一册

110000－0143－0016454　PG312./287
五使瀛環畧十八回　（清）愛東氏撰　清末鉛印本　一册

110000－0143－0016455　PG312./289
小瑯環閣讀餘錄一卷　（清）于荔榭著　清宣統三年（1911）天津社會報館鉛印本　一册

110000－0143－0016456　PG312./293
尼羅河同舟記事十章　（英國）康安道逸路氏著　清光緒三十四年（1908）天津大公報館鉛印本　一册

110000－0143－0016457　PG312./294
金陵瑣事四卷　（明）周暉著　（清）張潒補輯　清道光元年（1821）文浩堂刻本　四册

110000－0143－0016458　PG312./296
繡像繪圖勇士黄勳伯義勇可風全本不分卷　范渭濵編撰　王曉嵐繪圖　清光緒三十三年（1907）上海小説圖書舘石印本　一册

110000－0143－0016459　PG312./297
陰陽鏡不分卷　（清）湯承翼編輯　清刻本　十五册

110000－0143－0016460　PG312./299
繪圖平金川四卷三十二回　（清）小山居士編次　清光緒三十四年（1908）石印本　一册

110000－0143－0016461　PG312./300
新鐫後續繡像五虎平南狄青演傳四卷四十二回　（□）□□撰　清末刻本　四册

110000－0143－0016462　PG312./302
繪圖第二奇書八卷六十四回　（清）隨緣下士編輯　（清）寄旅山人批點　清光緒三十一年（1905）上海書局石印本　八册

110000－0143－0016463　PG312./305
斯陶說林十二卷　(清)王用臣輯　清光緒十八年(1892)深澤王氏刻本　十二册

110000－0143－0016464　PG312./308
說淵十集六十四卷　(明)陸楫輯　清道光元年(1821)苕溪邵氏酉山堂刻本　五册

110000－0143－0016465　PG312./310
金石緣全傳八卷二十四回首一卷　(清)省齋主人編　清咸豐三年(1853)刻本　四册

110000－0143－0016466　PG312./311
施案奇聞八卷九十七回　(□)□□撰　清嘉慶三年(1798)刻本　四册

110000－0143－0016467　PG312./313
繡像四遊合傳不分卷　(清)小蓬萊舘輯　清光緒二年(1876)小蓬萊舘刻本　八册

110000－0143－0016468　PG312./319
翠花記二卷三十二回　(□)□□撰　清末京都泰山堂刻本　二册

110000－0143－0016469　PG312./321
果報錄十二卷一百回　海蘭濤著　清木活字印本　十二冊

110000－0143－0016470　PG312./322
夢中緣四卷十五回　(清)李修行著　清末有益堂刻本　四册

110000－0143－0016471　PG312./322－1
夢中緣四卷十五回　(清)李修行著　清末崇德堂刻本　四册

110000－0143－0016472　PG312./324
女才子十二卷首一卷　(清)徐震著　清刻本　四册

110000－0143－0016473　PG312./325
說平話雌雄黃綾肚爿記八卷　(□)□□撰　清道光二十年(1840)刻本　二册

110000－0143－0016474　PG312./326
藍關九度十六卷　(□)□□撰　清光緒二十七年(1901)京都刻本　二册

110000－0143－0016475　PG312./328
嶺南逸史十卷二十八回　(清)花溪逸士編次　(清)醉園狂客評點　清咸豐七年(1857)慶雲樓刻本　四册　缺一回(二十八)

110000－0143－0016476　PG312./331
新輯繪圖彭公案全傳四卷一百回續彭公案四卷八十回　(清)貪夢道人撰　(□)□□續撰　清末至民國上海天寶書局石印本　八册

110000－0143－0016477　PG312./331－4
新刻續彭公案□□卷八十回　(□)□□撰　清光緒二十三年(1897)京都泰山堂刻本　六册　存六卷(一至六)

110000－0143－0016478　PG312./336
繪圖仙卜奇緣全傳八卷四十回　(清)吳毓恕撰　清光緒二十三年(1897)宏文書局石印本　六册

110000－0143－0016479　PG312./337
第九才子書捉鬼傳四卷十回　(□)□□撰　清末至民國上海錦章圖書局石印本　四册

110000－0143－0016480　PG312./337－1
第九才子書捉鬼傳四卷十回　(□)□□撰　清末至民國上海廣益書局石印本　四册

110000－0143－0016481　PG312./338
九蓮燈六卷　(□)□□撰　清抄本　二册　存二卷(四、六)

110000－0143－0016482　PG312./342
逸農筆記八卷又筆六卷三筆四卷　(清)黃鴻藻撰　清光緒十三年至十六年(1887－1890)退思書屋刻本　八册　缺二卷(逸農筆記三至四)

110000－0143－0016483　PG312./343
鋒劍春秋十卷六十回　(□)□□撰　清光緒十一年(1885)善成堂莘記刻本　十册

110000－0143－0016484　PG312./346
新鐫玉茗堂批點按鑑參補楊家將傳十卷五十回　(明)研石山樵訂正　(明)織里畸人校閱　清初刻本　四册

110000－0143－0016485　PG312./346
新鐫玉茗堂批點按鑑參補楊家將傳十卷五十回　(明)研石山樵訂正　(明)織里畸人校閱　清康熙刻本　四冊

110000－0143－0016486　PG312./347
結水滸全傳七十卷七十回末一卷一回　(清)俞萬春撰　(清)范辛來　(清)邵祖恩參評　清同治十年(1871)玉屏山館刻本　二十冊

110000－0143－0016487　PG312./347－1
結水滸全傳七十卷結子一卷　(清)俞萬春著　清光緒九年(1883)刻本　十七冊　缺四卷(八至十一)

110000－0143－0016488　PG312./348
新鐫重訂出像通俗演義東晉志傳八卷　(明)陳氏尺蠖齋評釋　清道光九年(1829)萬全書屋刻本　十二冊

110000－0143－0016489　PG312./348－1
新鍥重訂出像註釋通俗演義(東西兩晉志傳)西晉四卷東晉八卷　(明)陳氏尺蠖齋評釋　清慎德堂刻本　十二冊

110000－0143－0016490　PG312./349
未來戰國志十九回　(日本)東洋奇人著　(清)南支那老驥譯　清光緒二十九年(1903)上海廣益書局鉛印本　一冊

110000－0143－0016491　PG312./350－1
常言道四卷十六回　(清)落魄道人編　清光緒元年(1875)德成堂刻本　四冊

110000－0143－0016492　PG312./352
茗餘新話八卷　(清)王光甸著　清同治七年(1868)香雪草堂刻本　八冊

110000－0143－0016493　PG312./359
繡像小說七十二期　(□)□□撰　清光緒二十九年至三十二年(1903－1906)上海商務印書館鉛印本　七十二冊

110000－0143－0016494　PG312./360
孫公談圃三卷　(宋)孫升著　(宋)劉延世編　(明)商濬校　清康熙補刻本　一冊

110000－0143－0016495　PG312./361
林蘭香六十四回　(清)隨緣下士編輯　(清)寄旅散人批點　清光緒三年(1877)上海申報館鉛印本　八冊

110000－0143－0016496　PG312./362
青樓夢六十四回　(清)俞達著　(清)瀟湘館侍者(鄒弢)評　清光緒四年(1878)上海申報館鉛印本　十冊

110000－0143－0016497　PG312./363
桯史十五卷附錄一卷　(宋)岳珂著　(明)毛晉訂　清光緒四年(1878)上海申報館鉛印本　四冊

110000－0143－0016498　PG312./364
繪芳錄八十回　(清)西泠野樵著　清光緒四年(1878)申報館鉛印本　十六冊

110000－0143－0016499　PG312./365
十粒金丹六十六回　(□)□□撰　清光緒十四年(1888)上海申報館鉛印本　六冊

110000－0143－0016500　PG312./366－1
歸潛志十四卷　(元)劉祁著　清刻本　四冊

110000－0143－0016501　PG312./367
飛燕外傳一卷　(漢)伶玄撰　**漢雜事秘辛不分卷**　(漢)□□撰　清宣統元年(1909)夢梅仙館刻本　一冊

110000－0143－0016502　PG312./368
修真因果傳全本　(□)□□撰　清刻本　一冊

110000－0143－0016503　PG312./369
碧雨亭不分卷　(清)□□撰　清抄本　一冊

110000－0143－0016504　PG312./371
金閨傑十六回　(清)香葉閣主人刪改　清道光四年(1824)懷古堂刻本　十六冊

110000－0143－0016505　PG312./372
繡像漢宋奇書二種六十卷　(清)金人瑞評點　清興賢堂刻本　二十二冊

110000－0143－0016506　PG312./373
新刻雅調唱口平陽傳金臺全集十二卷六十回

（□）□□撰　清光緒三年（1877）靈蘭堂刻本　十二册

110000－0143－0016507　PG312./376
槐西雜志四卷　（清）紀昀撰　清粵東緯文堂刻本　二册

110000－0143－0016508　PG312./377
繡像夢影緣四十八回　（清）苕溪爨下生撰　清光緒二十一年（1895）竹簡齋石印本　十六册

110000－0143－0016509　PG312./378
錦香亭四卷十六回　（清）素庵主人編　（清）種花小史閲　清光緒二十五年（1899）益元書局刻本　二册

110000－0143－0016510　PG312./380
賓存四卷　（清）胡式鈺撰　清道光二十一年（1841）刻本　四册

110000－0143－0016511　PG312./383
新造乾隆君遊石蓮寺全歌十三卷　（□）□□撰　清末至民國初潮州李萬利刻本　二册

110000－0143－0016512　PG312./384
新造崔鳴鳳薦佛衣六卷　（□）□□撰　清末至民國初潮州李萬利刻本　一册

110000－0143－0016513　PG312./385
新造黄雙孝瓊花記六卷　（□）□□撰　清末至民國初潮州李萬利刻本　二册

110000－0143－0016514　PG312./386
錦香亭綾帕記四卷　（清）古吴素庵主人編　清末至民國初潮州李萬利刻本　二册

110000－0143－0016515　PG312./387
新造雙金龍六卷　（□）□□撰　清末至民國初潮州李萬利刻本　二册

110000－0143－0016516　PG312./391
新造雙鳳釵四卷　（□）□□撰　清末至民國初潮州李萬利刻本　二册

110000－0143－0016517　PG312./392
新造雙退婚鴛鳳圖二十二卷　（□）□□撰　清末至民國初潮州李萬利刻本　四册

110000－0143－0016518　PG312./394
新造鐵扇記下棚五卷　（□）□□撰　清末至民國初潮州李萬利刻本　二册

110000－0143－0016519　PG312./395
新造八仙圖十卷　（□）□□撰　清末至民國初潮州李萬利刻本　二册

110000－0143－0016520　PG312./396
新造雙鸚鵡五十卷　（□）□□撰　清末至民國初潮安友芝堂刻本　二十册

110000－0143－0016521　PG312./397
新造奉雪梅歌八卷　（□）□□撰　清末至民國初潮州王生記刻本　二册

110000－0143－0016522　PG312./398
新造五虎征北大破群仙陣六卷　（□）□□撰　清末至民國初潮州李萬利刻本　二册

110000－0143－0016523　PG312./389
新造雙溫涼盞五卷　（□）□□撰　清末至民國初潮州李萬利刻本　二册

110000－0143－0016524　PG312./390
新造再合鴛鴦二卷　（□）□□撰　清末至民國初潮州李萬利刻本　一册

110000－0143－0016525　PG312./401
新造三國劉皇叔取東川全歌八卷　（□）□□撰　清末至民國初潮州李萬利刻本　二册

110000－0143－0016526　PG312./402
湘子傳二十四回　（□）□□撰　清刻本　一册

110000－0143－0016527　PG312./405
蝴蝶媒四卷十六回　（清）南岳道人編　（清）青谿醉客評　清談惜軒刻本　二册

110000－0143－0016528　PG312./406
錦上花四十八回　（清）修目閣主人撰　清嘉慶十八年（1813）善成堂刻本　十册

110000－0143－0016529　PG312./407
新刻十二紅四卷二十四回　（□）□□撰　清光緒三十二年（1906）濰陽翰文齋刻本　一册

110000－0143－0016530　PG312./408
爭春園全傳六卷四十八回　(清)□□撰　清光緒十五年(1889)刻本　六册

110000－0143－0016531　PG312./410
義俠好逑傳四卷十八回　(清)名教中人編次　(清)游方外客批評　清集文堂刻本　四册

110000－0143－0016532　PG312./411
繡像綠牡丹全傳六卷六十四回　(□)□□撰　清道光二十七年(1847)經綸堂刻本　六册

110000－0143－0016533　PG312./412
圖像新撰大鬧四門喬前集四卷後集四卷四十回　(□)□□撰　清光緒三十年(1904)上海文宜書局石印本　三册

110000－0143－0016534　PG312./413
繪圖説唱秦英征西四卷四十八回　(□)□□撰　清末至民國初鑄記書局石印本　四册

110000－0143－0016535　PG312./414
繪圖第八才子書白圭志四卷十六回　(清)崔象川輯　清光緒三十四年(1908)上海廣益書局石印本　四册

110000－0143－0016536　PG312./418
雙鳳奇緣傳八十回　(□)□□撰　清經文堂刻本　六册

110000－0143－0016537　PG312./418－1
雙鳳奇緣傳八十回　(□)□□撰　清道光二十三年(1843)啟元松刻本　八册

110000－0143－0016538　PG312./419
安邦誌二十卷　(□)□□撰　清敦仁堂刻本　二十册

110000－0143－0016539　PG312./419
安邦誌二十卷　(□)□□撰　清刻本　二十册

110000－0143－0016540　PG312./420
咫聞錄十二卷　(清)慵訥居士輯　(清)冶根山人定　清道光九年(1829)刻本　六册

110000－0143－0016541　PG312./421
墨客揮犀十卷　(宋)彭乘撰　明萬曆會稽商氏半埜堂刻本　二册

110000－0143－0016542　PG312./422
清季名流豔史初編十二回　錢錫寶撰　清末至民國初新華日報鉛印本　二册

110000－0143－0016543　PG312./423
紅樓夢偶説二卷　(清)晶三蘆月草舍居士撰　清光緒二年(1876)簣覆山房刻本　四册

110000－0143－0016544　PG312./424
繡像雲外飄香四卷十一回　(□)□□撰　清光緒二十一年(1895)上海書局石印本　四册

110000－0143－0016545　PG312./425
繪圖筆生花十六卷三十二回　(清)邱心如著　清光緒二十年(1894)上海書局石印本　十六册

110000－0143－0016546　PG312./426
英雲夢傳八卷　(清)九容樓主人松雲氏撰　清聚錦堂刻本　四册

110000－0143－0016547　PG312./426－1
英雲夢傳八卷　(清)九容樓主人松雲氏撰　清寶華順刻本　八册

110000－0143－0016548　PG312./427
繡像花月痕全傳十五卷五十二回　(清)魏秀仁撰　(清)棲霞居士評閲　清末至民國石印本　四册

110000－0143－0016549　PG312./427
瓊林霏屑八卷　(清)望海樓主人編輯　清光緒三十二年(1906)上海鴻文書局石印本　四册

110000－0143－0016550　PG312./436
宋豔十二卷　(清)徐士鑾輯　清光緒十八年(1892)蝶園刻本　六册

110000－0143－0016551　PG312./438
新增第五才子書水滸全傳十卷　(元)施耐庵撰　清中勝堂刻本　六册

110000－0143－0016552　PG312./440
後紅樓夢三十回附刻二卷　(清)逍遙子撰　清刻本　八册

110000－0143－0016553　PG312./442
笑史四卷　(清)陳庚撰　(清)沈泰評　清光緒上海申報館鉛印本　二册

110000－0143－0016554　PG312./443(1)
小家語四卷　(清)黄本銓撰　清光緒二年(1876)上海申報館鉛印本　四册

110000－0143－0016555　PG312./443(2)
梟林小史一卷　(清)黄本銓撰　清光緒二年(1876)上海申報館鉛印本　與110000－0143－0016554合册

110000－0143－0016556　PG312./444
山中一夕話十二卷　(明)李贄原輯　(清)笑笑先生增訂　(清)哈哈道士校閲　清光緒四年(1878)上海申報館鉛印本　四册

110000－0143－0016557　PG312./445
蟲鳴漫録二卷　(清)採蘅子纂　清光緒三年(1877)上海申報館鉛印本　二册

110000－0143－0016558　PG312./446
語新二卷　(清)錢學綸撰　清光緒二年(1876)上海申報館鉛印本　二册

110000－0143－0016559　PG312./447
驚喜集二卷　(清)程畹撰　清光緒三年(1877)鉛印本　一册

110000－0143－0016560　PG312./448
香飲樓賓談二卷　(清)陸長春著　清光緒三年(1877)鉛印本　一册

110000－0143－0016561　PG312./448
香飲樓賓談二卷　(清)陸長春著　清光緒三年(1877)上海進步書局鉛印本　一册

110000－0143－0016562　PG312./449
潛庵漫筆八卷　(清)程畹撰　清光緒元年(1875)上海申報館鉛印本　二册

110000－0143－0016563　PG312./450
三輔黄圖六卷　(□)□□撰　(清)鄧傳安校　**别國洞冥記四卷**　(漢)郭憲著　**枕中書一卷**　(漢)□□撰　清刻本　一册　缺四卷(三輔黄圖二至五)

110000－0143－0016564　PG312./451
新刻三寶太監西洋記通俗演義二十卷一百回　(明)羅懋登編次　清光緒七年(1881)上海申報館鉛印本　十册

110000－0143－0016565　PG312./456
新刻書囊記十二卷　(□)□□撰　清萬元堂刻本　一册

110000－0143－0016566　PG312./461
于少保萃忠全傳十卷四十傳　(明)孫高亮纂述　清咸豐三年(1853)寶翰樓刻本　四册

110000－0143－0016567　PG312./464
忠烈俠義傳一百二十回　(清)石玉昆述撰　清光緒五年(1879)刻本　二十册

110000－0143－0016568　PG312./476
海鷗小譜一卷　(清)趙執信著　清光緒二十六年(1900)番禺沈宗畸刻本　一册

110000－0143－0016569　PG312./479
清波雜志十二卷清波别志三卷　(宋)周煇撰　清乾隆至道光長塘鮑氏刻本　三册

110000－0143－0016570　PG312./480(1)
愧郯錄十五卷　(清)鮑廷博輯　清乾隆至道光鮑氏刻本　四册

110000　0143－0016571　PG312./480(2)
碧雞漫志五卷　(宋)王灼撰　清乾隆至道光刻本　一册

110000－0143－0016572　PG312./480(3)
黄孝子紀程一卷　(清)黄向堅撰　清乾隆至道光刻本　一册

110000－0143－0016573　PG312./480(4)
清波别志三卷　(宋)周煇輯　清乾隆至道光鮑氏刻本　一册

110000－0143－0016574　PG312./480(5)
尋親紀程一卷　(清)黄向堅撰　清乾隆至道光刻本　與110000－0143－0016573合册

110000－0143－0016575　PG312./480(6)
滇還日記一卷　(清)黄向堅撰　清乾隆至道光刻本　與110000－0143－0016573合册

110000－0143－0016576　PG312./480(7)
虎口餘生記一卷　(□)□□撰　清乾隆至道光刻本　與110000－0143－0016573合册

110000－0143－0016577　PG312./480(8)
蜀難敘略一卷　(清)沈荀蔚撰　清乾隆至道光刻本　一册

110000－0143－0016578　PG312./481
正蒙山海經講義類聚敘存四卷　(□)□□撰　清末刻本　一册

110000－0143－0016579　PG312./483
虞初續志十卷　(清)鄭澍若編　清咸豐元年(1851)長沙小嫏嬛山館刻本　四册

110000－0143－0016580　PG312./484
龍圖公案六卷　(明)□□撰　清末善成堂刻本　四册

110000－0143－0016581　PG312./485
娱目醒心編十六卷　(清)杜綱編　(清)自怡軒主人評　清同治十二年(1873)大文堂刻本　四册

110000－0143－0016582　PG313./1
行軍鐵路工程二卷　(英國)傅蘭雅　汪振聲譯　清光緒十二年(1886)江南製造局鉛印本　一册

110000－0143－0016583　PG313./3
景德鎮陶錄十卷　(清)藍浦原著　(清)鄭廷桂補輯　清光緒十七年(1891)京都書業堂刻本　四册

110000－0143－0016584　PG313./3
景德鎮陶錄十卷　(清)藍浦原著　(清)鄭廷桂補輯　清光緒十七年(1891)京都書業堂刻本　四册

110000－0143－0016585　PG313./4
欽定武英殿聚珍版程式不分卷　(清)金簡撰　清乾隆三十九年(1774)刻本　二册

110000－0143－0016586　PG313./5
直隸工藝志初編八卷　(清)直隸工藝總局輯　清光緒三十三年(1907)北洋官報局鉛印本　三册　存三卷(章牘類下、誌表類上、叢錄類下)

110000－0143－0016587　PG313./5
直隸工藝志初編八卷　(清)直隸工藝總局輯　清光緒三十三年(1907)北洋官報局鉛印本　二册　存一卷(章牘類上)

110000－0143－0016588　PG313./5
直隸工藝志初編八卷　(清)直隸工藝總局輯　清光緒三十三年(1907)北洋官報局鉛印本　一册　存二卷(誌表類下、報告類下)

110000－0143－0016589　PG313./5－1
直隸工藝志初編八卷　(清)直隸工藝總局輯　清光緒三十三年(1907)工藝總局鉛印本　八册

110000－0143－0016590　PG313./28
輪輿私箋二卷　(清)鄭珍撰　清同治七年(1868)金陵獨山莫氏刻本　一册

110000－0143－0016591　PG313./29
陶公匱記不分卷　張榮澤等　清末鉛印本　一册

110000－0143－0016592　PG313./30
乙巳考察日本礦務日記不分卷　(清)許炳榛撰　清末鉛印本　一册

110000－0143－0016593　PG313.1/7
航海章程不分卷　(美國)弗蘭克林纂　(清)鳳儀口譯　徐家寶筆述　清光緒二十一年(1895)江南製造局刻本　一册

110000－0143－0016594　PG313.1/8
工程致富論略十三卷　(英國)瑪體生著　(英國)傅蘭雅譯　(清)鍾天緯同譯　清光緒二十四年(1898)江南製造局鉛印本　八册

110000－0143－0016595　PG313.1/9
正陽門樓工程奏稿不分卷　袁世凱　陳璧擬　清末工藝官局印書科鉛印本　四册

110000－0143－0016596　PG313.1/11
海塘輯要九卷首一卷　(英國)韋更斯撰　(英國)傅蘭雅口譯　(清)趙元益筆述　清光

緒江南製造局刻本　二冊

110000－0143－0016597　PG313.1/12
萬壽山頤和園東宮門外迤南馬廠牆內添修外邊各項值房圖樣　(□)□□撰　清手繪本　一冊

110000－0143－0016598　PG313.2/1
甲辰考察日本商務日記不分卷　(清)許炳榛纂　清光緒三十年(1904)鉛印本　一冊

110000－0143－0016599　PG313.2/3
國政貿易相關書二卷　(英國)法拉著　徐家寶筆述　清末刻本　一冊

110000－0143－0016600　PG313.2/3
國政貿易相關書二卷　(英國)法拉著　徐家寶筆述　清末刻本　一冊

110000－0143－0016601　PG313.2/3
國政貿易相關書二卷　(英國)法拉著　徐家寶筆述　清末刻本　二冊

110000－0143－0016602　PG313.2/7
萬國商業歷史三編　(英國)基賓斯原著　(日本)林曾登吉原譯　(清)商務印書館重譯　清光緒二十年(1894)上海商務印書館鉛印本　一冊

110000－0143－0016603　PG313.2/14
德國工商勃興史三章　(法國)伯羅德爾著　清光緒二十九年(1903)鉛印本　一冊

110000－0143－0016604　PG313.2/15
通商各關華洋貿易總冊不分卷　(清)上海通商海關造冊處譯　清光緒二十一年(1895)上海通商海關造冊處鉛印本　一冊

110000－0143－0016605　PG313.2/17
江西商務說略不分卷　傅春官撰　清末抄本　一冊

110000－0143－0016606　PG313.2/18
買賣法不分卷　宋壽恒撰　清光緒石印本　一冊

110000－0143－0016607　PG313.2/28
通商各關華洋貿易總冊不分卷　(清)上海通商海關造冊處譯　清光緒三十二年至宣統元年(1906－1909)上海通商海關造冊處鉛印本　二冊

110000－0143－0016608　PG314./1
地方自治淺說五章　孟森著　清宣統元年(1909)上海商務印書館石印本　一冊

110000－0143－0016609　PG314./4
鄭齋芻論不分卷　孫雄著　清光緒末石印本　一冊

110000－0143－0016610　PG314./4
鄭齋芻論不分卷　孫雄著　清光緒末石印本　二冊

110000－0143－0016611　PG314./5
路索民約論四編　(法國)盧梭著　楊廷棟譯　清光緒二十八年(1902)文明書局鉛印本　二冊

110000－0143－0016612　PG314./6
工業與國政相關論二卷　(英國)司旦離遮風司撰　(美國)衛理　(清)王汝駉譯　清光緒二十六年(1900)製造局鉛印本　二冊

110000－0143－0016613　PG314./9
扶桑述覽不分卷　(清)汪張黻著　清光緒三十三年(1907)農工商部鉛印本　一冊

110000－0143－0016614　PG314./10
經濟實學考八卷　(清)江標撰　清光緒二十六年(1900)上海博濟書局石印本　十二冊

110000－0143－0016615　PG314./10
經濟實學考八卷　(清)江標撰　清光緒二十六年(1900)上海博濟書局石印本　十二冊

110000－0143－0016616　PG314./10
經濟實學考八卷　(清)江標撰　清光緒二十六年(1900)上海博濟書局石印本　八冊

110000－0143－0016617　PG314./11
洋務經濟通考十六卷　應祖錫纂定　(清)徐毓洙　(清)沈維堉校正　清光緒二十八年(1902)鴻寶齋石印本　十二冊

110000－0143－0016618　PG314./11

洋務經濟通攷十六卷　應祖錫纂定　(清)徐毓洙　(清)沈維堉校正　清光緒二十八年(1902)鴻寶齋石印本　十二册

110000－0143－0016619　PG314./11
經濟通攷續集十六卷　應祖錫纂定　(清)沈維堉校正　清光緒二十九年(1903)鴻寶齋石印本　十二册

110000－0143－0016620　PG314./11
洋務經濟通攷十六卷　應祖錫纂定　(清)徐毓洙　(清)沈維堉校正　清光緒二十八年(1902)鴻寶齋石印本　十二册

110000－0143－0016621　PG314./12
天演論二卷　(英國)赫胥黎著　嚴復譯　清光緒二十七年(1901)富文書局石印本　二册

110000－0143－0016622　PG314./12
天演論二卷　(英國)赫胥黎著　嚴復譯　清末鉛印本　二册

110000－0143－0016623　PG314./12
天演論二卷　(英國)赫胥黎著　嚴復譯　清光緒二十七年(1901)富文書局石印本　一册

110000－0143－0016624　PG314./12
天演論二卷　(英國)赫胥黎著　嚴復譯　清光緒二十七年(1901)富文書局石印本　一册

110000－0143－0016625　PG314./12
天演論二卷　(英國)赫胥黎著　嚴復譯　清光緒二十七年(1901)富文書局石印本　一册

110000－0143－0016626　PG314./12－1
天演論二卷三十五篇　(英國)赫胥黎著　嚴復譯　清光緒二十四年(1898)石印本　一册

110000－0143－0016627　PG314./13
東瀛員警筆記三卷　舒鴻儀著　(清)章蘭蓀校　清光緒三十二年(1906)上海樂羣圖書編譯局石印本　一册

110000－0143－0016628　PG314./14－1
論理學綱要不分卷　(日本)十時彌原著　田吳炤譯述　清光緒三十一年(1905)上海商務印書館二版鉛印本　一册

110000－0143－0016629　PG314./15
西學通攷三十六卷　(清)胡兆鸞等輯　清光緒二十三年(1897)長沙刻本　十四册

110000－0143－0016630　PG314./17
西學輯存六種　(清)王韜輯　清光緒十六年(1890)鉛印本　六册

110000－0143－0016631　PG314./18
壬寅新民叢報全編　(清)新民叢報社編　清光緒二十九年(1903)維新室石印本　十六册

110000－0143－0016632　PG314./20
以新存舊論不分卷　(美國)李佳白著　清光緒二十三年(1897)尚賢堂鉛印本　一册

110000－0143－0016633　PG314./21
日本統計類表要論十二卷　楊道霖述　清宣統元年(1909)鉛印本　六册

110000－0143－0016634　PG314./24
中西錢幣攷略二卷中西度量權衡攷略　沈林一撰　清末鉛印本　一册

110000－0143－0016635　PG314./32
近世社會主義不分卷　(日本)福井準造著　趙必振譯　清光緒二十九年(1903)上海廣智書局鉛印本　二册

110000－0143－0016636　PG314./32
近世社會主義不分卷　(日本)福井準造著　趙必振譯　清光緒二十九年(1903)上海廣智書局鉛印本　一册　存一册(下)

110000－0143－0016637　PG314./33
通信要錄不分卷　(日本)阪野鐵次郎著　方兆鼇譯述　清宣統元年(1909)郵傳部圖書通譯局鉛印本　二册

110000－0143－0016638　PG314./41
強聒書社策論新選二卷　(清)陳祖虞撰　(清)強聒書社編選　清光緒二十八年(1902)上海廣智書局鉛印本　二册

110000－0143－0016639　PG314./61
皇朝經濟文編一百二十八卷　求自強齋主人編輯　清光緒二十七年(1901)慎記書莊石印

本　四十八册

110000－0143－0016640　PG314./62

皇朝經濟文新編六十卷　(清)宜今室主人輯　清光緒二十七年(1901)宜今室石印本　二十四册

110000－0143－0016641　PG314.1/1

羣學肄言不分卷　(英國)斯賓塞爾撰　嚴復譯　清光緒二十九年(1903)上海文明編譯書局鉛印本　四册

110000－0143－0016642　PG314.1/1

羣學肄言不分卷　(英國)斯賓塞爾撰　嚴復譯　清光緒二十九年(1903)上海文明編譯書局鉛印本　四册

110000－0143－0016643　PG314.1/2

中國魂二卷　梁啓超編輯　清光緒二十八年(1902)上海廣智書局鉛印本　二册

110000－0143－0016644　PG314.1/2

中國魂二卷　梁啓超編輯　清光緒二十八年(1902)上海廣智書局鉛印本　二册

110000－0143－0016645　PG314.1/2

中國魂二卷　梁啓超編輯　清光緒二十八年(1902)上海廣智書局鉛印本　二册

110000－0143－0016646　PG314.1/3

中國腦不分卷　(清)味新學社編　清光緒二十八年(1902)杭州味新學社刻本　一册

110000－0143－0016647　PG314.1/3

中國腦不分卷　(清)味新學社編　清光緒二十八年(1902)杭州味新學社刻本　一册

110000－0143－0016648　PG314.1/7

社會學二卷　(日本)岸本能武太　章炳麟譯　清光緒二十八年(1902)上海廣智書局鉛印本　二册

110000－0143－0016649　PG314.1/7

社會學二卷　(日本)岸本能武太　章炳麟譯　清光緒二十八年(1902)上海廣智書局鉛印本　二册

110000－0143－0016650　PG314.1/7

社會學二卷　(日本)岸本能武太　章炳麟譯　清光緒二十八年(1902)上海廣智書局鉛印本　二册

110000－0143－0016651　PG314.1/8

洋務新論六卷　(英國)李提摩太撰　(清)仲英輯　清光緒二十年(1894)長百吏毫籟僊館石印本　六册

110000－0143－0016652　PG314.1/8

洋務新論六卷　(英國)李提摩太撰　(清)仲英輯　清光緒二十四年(1898)上海書局石印本　六册

110000－0143－0016653　PG314.1/8

洋務新論六卷　(英國)李提摩太撰　(清)仲英輯　清光緒二十四年(1898)上海書局石印本　六册

110000－0143－0016654　PG314.1/8－1

洋務新論六卷　(英國)李提摩太撰　(清)仲英輯　清光緒二十年(1894)長百吏毫籟僊館石印本　六册

110000－0143－0016655　PG314.1/8－1

洋務新論六卷　(英國)李提摩太撰　(清)仲英輯　清光緒二十年(1894)長百吏毫籟僊館石印本　六册

110000－0143－0016656　PG314.1/8－1

洋務新論六卷　(英國)李提摩太撰　(清)仲英輯　清光緒二十年(1894)長百吏毫籟僊館石印本　六册

110000－0143－0016657　PG314.2/6

原富不分卷　(英國)斯密亞丹著　嚴復譯　清光緒二十八年(1902)南洋公學譯書院鉛印本　七册

110000－0143－0016658　PG314.2/6

原富不分卷　(英國)斯密亞丹著　嚴復譯　清末石印本　二册

110000－0143－0016659　PG314.2/6

原富不分卷　(英國)斯密亞丹著　嚴復譯　清光緒二十八年(1902)南洋公學譯書院鉛印

本　七册

110000－0143－0016660　PG314.2/17
兩浙宦遊紀略七種九卷　（清）戴槃著　清同治七年（1868）刻本　八册

110000－0143－0016661　PG314.2/18
清查運庫錢糧　（□）□□撰　清道光元年（1821）抄本　六册

110000－0143－0016662　PG314.2/24
理財攷鏡十卷　孫德全著　清宣統二年（1910）鉛印本　四册

110000－0143－0016663　PG314.2/24
理財攷鏡十卷　孫德全著　清宣統二年（1910）鉛印本　四册

110000－0143－0016664　PG314.2/24
理財攷鏡十卷　孫德全著　清宣統二年（1910）鉛印本　四册

110000－0143－0016665　PG314.2/25
貴州省財政沿革利弊說明書不分卷　（清）貴州清理財政局撰　清宣統三年（1911）貴州清理財政局石印本　六册

110000－0143－0016666　PG314.2/32
中國之金融四章　潘承鍔編譯　清光緒三十四年（1908）中國圖書公司鉛印本　二册

110000－0143－0016667　PG314.2/32
中國之金融四章　潘承鍔編譯　清光緒三十四年（1908）中國圖書公司鉛印本　二册

110000－0143－0016668　PG314.2/33
滿洲財力論不分卷　（日本）松本敬之著　（清）施爾常譯　清光緒三十二年（1906）京師學部編譯書局鉛印本　一册

110000－0143－0016669　PG314.2/35
日本貨幣制度考不分卷　（□）□□撰　清末抄本　一册

110000－0143－0016670　PG314.2/37
幣制問答不分卷　（清）賀璧理著　清光緒三十二年（1906）上海著易堂書局鉛印本　一册

110000－0143－0016671　PG314.2/41
錢物轉流原理不分卷　陳錦濤著　清光緒三十二年（1906）石印本　一册

110000－0143－0016672　PG314.2/55
幣制問答不分卷　（清）賀璧理著　清光緒三十二年（1906）上海著易堂書局鉛印本　一册

110000－0143－0016673　PG314.2/56
光緒朝海關大宗進出貨價表附說　張庸編　清宣統三年（1911）翰墨林書局鉛印本　一册

110000－0143－0016674　PG314.2/71
續修通商進口稅則善後章程不分卷　呂海寰等修　清光緒三十一年（1905）上海鏤青閣刻本　一册

110000－0143－0016675　PG314.2/76
紙幣論十章　（日本）於榮三郎講　唐宗愈筆述　清光緒三十二年（1906）京師仕學館鉛印本　一册

110000－0143－0016676　PG314.3/4
漢文教授法十二卷　（清）偉廬主人編譯　清光緒二十九年（1903）上海商務印書館鉛印本　二册

110000－0143－0016677　PG314.3/5
蒙學課本三編　（清）南洋公學編　清光緒二十七年（1901）南洋公學鉛印本　一册

110000－0143－0016678　PG314.3/10
州縣學校謀始不分卷　方旭著　清光緒二十九年（1903）鉛印本　一册

110000－0143－0016679　PG314.3/12
五種章程稿不分卷　（□）□□撰　清光緒三十一年（1905）抄本　一册

110000－0143－0016680　PG314.3/13
日本歷史教授法四卷　（日本）本莊太一郎（清）廣東學務公所譯　清光緒三十三年（1907）廣東學務公所印刷處鉛印本　一册

110000－0143－0016681　PG314.3/15
日遊彙編不分卷　繆荃孫編　清光緒二十九年（1903）刻本　一册

110000－0143－0016682　PG314.3/16

中等日本文典譯釋三編　（日本）三土忠造著　（清）丁福同譯釋　清光緒二十九年（1903）上海文明書局鉛印本　一冊

110000－0143－0016683　PG314.3/17

東遊紀事六卷　（清）關賡麟著　清光緒二十九年（1903）大新街漢石樓鉛印本　二冊

110000－0143－0016684　PG314.3/21

辨學啓蒙二十七章附考課諸問　（英國）哲分斯著　（英國）迪謹譯　清光緒二十四年（1898）上海圖書集成印書局鉛印本　一冊

110000－0143－0016685　PG314.3/21－1

辨學啓蒙二十七章附考課諸問　（英國）哲分斯著　（英國）迪謹譯　清光緒十二年（1886）總稅務司署刻本　一冊

110000－0143－0016686　PG314.3/21－1

辨學啓蒙二十七章附考課諸問　（英國）哲分斯著　（英國）迪謹譯　清光緒十二年（1886）總稅務司署刻本　一冊

110000－0143－0016687　PG314.3/21－1

辨學啓蒙二十七章附考課諸問　（英國）哲分斯著　（英國）迪謹譯　清光緒十二年（1886）總稅務司署刻本　一冊

110000－0143－0016688　PG314.3/25

鎮江府中學堂甲乙經營錄不分卷　（清）趙西彝撰　清光緒三十一年（1905）鎮江府中學堂鉛印本　一冊

110000－0143－0016689　PG314.3/26

兩江法政學堂章程十章　（清）兩江法政學堂擬定　清光緒三十四年（1908）南京印書館鉛印本　一冊

110000－0143－0016690　PG314.3/29

幼學分年課程不分卷　陳惟彦編　清末刻本　一冊

110000－0143－0016691　PG314.3/34

欽定學政全書八十六卷　（清）童璜總纂　（清）汪梅鼎等纂修　清嘉慶刻本　二十四冊

110000－0143－0016692　PG314.3/37

欽定學堂章程不分卷　（□）□□撰　清末鉛印本　一冊

110000－0143－0016693　PG314.3/40

甘肅優級師範學堂簡明章程不分卷　（清）甘肅優級師範學堂編　清末官報局木活字印本　一冊

110000－0143－0016694　PG314.3/41

東遊紀念二卷　李宗棠著　清光緒鉛印本　一冊

110000－0143－0016695　PG314.3/44

長興縣學文牘　（清）孫德祖撰　清光緒十六年（1890）山陰許純模刻本　一冊

110000－0143－0016696　PG314.3/51

創建豫南書院存略不分卷　（清）朱壽鏞修　清光緒十七年（1891）刻本　一冊

110000－0143－0016697　PG314.3/52

日本東京大學規制攷畧不分卷附學校聯絡圖說　（清）廖傑哉譯　（清）陳梅卿校　清光緒二十五年（1899）京師大學堂石印本　一冊

110000－0143－0016698　PG314.3/53

德國學校制度二編　（日本）加藤駒二纂著　（清）中國國民叢書社譯　清光緒二十九年（1903）上海商務印書館鉛印本　一冊

110000－0143－0016699　PG314.3/57

東瀛參觀學校記不分卷　呂珮芬撰　清光緒三十四年（1908）呂氏晚節香齋鉛印本　一冊

110000－0143－0016700　PG314.3/61

初等地理教科書三卷　（清）張相文輯　清光緒二十八年（1902）南洋公學石印本　一冊

110000－0143－0016701　PG314.3/62

德國教育用品簡明目錄冊不分卷　（□）□□撰　清光緒三十三年（1907）鉛印本　一冊

110000－0143－0016702　PG314.3/64

地志啟蒙四卷　（□）□□撰　清光緒十二年（1886）總稅務司署刻本　一冊

110000－0143－0016703　PG314.3/65

地文學十七課　(清)編譯處編纂　清末天津官報局鉛印本　一冊

110000－0143－0016704　PG314.3/66
大學堂章程不分卷　(□)□□撰　清末鉛印本　一冊

110000－0143－0016705　PG314.3/71
江蘇存古學堂綱要三種　王仁俊等撰　清光緒三十四年(1908)木活字印本　一冊

110000－0143－0016706　PG313/99－2
增訂策學考古類編十二卷　(清)柴紹炳纂　(清)姚培謙評　清刻巾箱本　一冊　存三卷(四至六)

110000－0143－0016707　PG314.3/77
桐城吴氏文法教科書二編　吴闓生編　清宣統元年(1909)上海文明書局鉛印本　一冊

110000－0143－0016708　PG314.4/7
秋審條款附案五卷　(清)沈家本編纂　清光緒三十二年(1906)刻本　四冊

110000－0143－0016709　PG314.4/8
萬國憲法比較不分卷　(日本)辰巳小二郎著　(清)戢翼翬譯　清光緒二十八年(1902)鉛印本　一冊

110000－0143－0016710　PG314.4/11
公法會通十卷　(瑞士)步倫著　(美國)丁韙良譯　清光緒二十五年(1899)上海美華書館鉛印本　一冊

110000－0143－0016711　PG314.4/11
公法會通十卷　(瑞士)步倫著　(美國)丁韙良譯　清光緒六年(1880)同文館鉛印本　五冊

110000－0143－0016712　PG314.4/12
憲政編查館會奏遵議憲法大綱暨議院選舉各法並逐年籌備事宜摺附清單二件　奕劻撰　清光緒三十四年(1908)官印刷局鉛印本　一冊

110000－0143－0016713　PG314.4/14
駁案續編七卷　(□)□□撰　清光緒十年(1884)刻本　七冊

110000－0143－0016714　PG314.4/15
秋審實緩比較彙案新編二卷　(清)梅園輯　(清)桑春榮校印　清光緒九年(1883)京都擷華書局鉛印本　一冊

110000－0143－0016715　PG314.4/15－1(1)
秋審比較實緩條款不分卷　(清)謝誠鈞編撰　清光緒十三年(1887)京都擷華書局鉛印本　一冊

110000－0143－0016716　PG314.4/15－1(2)
秋審實緩比較條欵不分卷　(清)謝誠鈞編撰　清光緒十三年(1887)京都擷華書局鉛印本　一冊

110000－0143－0016717　PG314.4/30
歷年通行不分卷　(□)□□撰　清末紅格抄本　一冊

110000－0143－0016718　PG314.4/31
各國刑律考不分卷　(□)□□撰　清光緒二十七年(1901)石印本　二冊

110000－0143－0016719　PG314.4/33
現行律例關於民事有效部分不分卷　(清)□□輯　清宣統鉛印本　一冊

110000－0143－0016720　PG314.4/37
瑞士刑法典案二編　(清)修訂法律大臣鑒定　清光緒三十三年(1907)法律館鉛印本　一冊

110000－0143－0016721　PG314.4/39
歐美日本審判廳編制法通義　潘承鍔編輯　清宣統元年(1909)北京中國圖書公司鉛印本　一冊

110000－0143－0016722　PG314.4/40
各國司法制度不分卷　金紹城　李方譯　王樹棠筆述　清末太原監獄石印本　一冊

110000－0143－0016723　PG314.4/41
美國刑律不分卷　(□)□□撰　清末修訂法律館鉛印本　一冊

110000－0143－0016724　PG314.4/42

德意志刑法不分卷　(□)□□撰　清光緒三十三年(1907)法律館鉛印本　一册

110000－0143－0016725　PG314.4/43
德國刑律不分卷　陳觀海編譯　清光緒三十二年(1906)上海廣學會鉛印本　一册

110000－0143－0016726　PG314.4/45
律法須知二卷　(清)呂芝田撰　清光緒九年(1883)貴州臬署刻本　二册

110000－0143－0016727　PG314.4/50
秋審比照彙案十六卷　(清)桑春榮輯　清光緒三十三年(1907)榮祿堂鉛印本　十八册

110000－0143－0016728　PG314.4/51
問心齋學治雜錄二卷問心齋學治續錄四卷延秋吟館詩鈔四卷　(清)張聯桂撰　清光緒十一年(1885)刻本　七册

110000－0143－0016729　PG314.4/52
疑獄集二卷　(五代)和凝編　清嘉慶二十一年(1816)刻本　二册

110000－0143－0016730　PG314.4/53
學案初模不分卷續編不分卷　(清)伊里布輯　清光緒七年(1881)甘肅臬署刻本　二十册

110000－0143－0016731　PG314.4/54
刑案滙覽續編三十二卷　(清)吳潮　(清)何錫儼彙編　(清)李方豫參訂　(清)藍佩青刪訂編目　清光緒十三年(1887)退思軒刻本　三十二册

110000－0143－0016732　PG314.4/56
律表三十八卷首一卷洗冤錄表四卷　(清)曾恒德編次　清刻本　六册

110000－0143－0016733　PG314.4/73
保定警務暫行章程不分卷　(□)□□撰　清光緒鉛印本　一册

110000－0143－0016734　PG314.4/84
民法債權各論講義七章　何基鴻編　清末至民國初鉛印本　一册

110000－0143－0016735　PG314.4/85
民法債權總則講義六章緒論四章　陳介編　清末至民國初鉛印本　一册

110000－0143－0016736　PG314.4/89
民事訴訟判例不分卷　(□)□□撰　清末至民國初油印本　四册

110000－0143－0016737　PG314.4/96
日本員警法概要六章　(□)□□撰　清末至民國初鉛印本　一册

110000－0143－0016738　PG314.4/102
性法學要四卷　(清)李杕譯　清光緒三十年(1904)徐家匯書館鉛印本　一册

110000－0143　0016739　PG314.5/4
陸操新義四卷　(德國)康貝著　(清)李鳳蒼譯　清光緒十年(1884)著易堂鉛印本　一册

110000－0143－0016740　PG314.5/6
長江礮臺芻議不分卷　姚錫光著　清光緒二十二年(1896)姚氏刻本　一册

110000－0143－0016741　PG314.5/7
訓練操法詳晰圖說二十二卷　袁世凱纂　清光緒二十九年(1903)刻本　十二册

110000－0143－0016742　PG314.5/7
訓練操法詳晰圖說二十二卷　袁世凱纂　清光緒二十九年(1903)刻本　十二册

110000－0143－0016743　PG314.5/12
防海新論十八卷　(德國)布理哈撰　(英國)傅蘭雅口譯　(清)華蘅芳筆述　清同治十二年(1873)江南製造總局刻本　六册

110000－0143－0016744　PG314.5/12
防海新論十八卷　(德國)布理哈撰　(英國)傅蘭雅口譯　(清)華蘅芳筆述　清同治十二年(1873)江南製造總局刻本　六册

110000－0143－0016745　PG314.5/13
行軍測繪十卷首一卷附圖一卷　(英國)連提撰　(英國)傅蘭雅口譯　(清)趙元益筆述　清末江南製造總局刻本　二册

110000－0143－0016746　PG314.5/15
俄日戰紀不分卷　(英國)陸軍參謀部編輯　(清)陸軍部編譯局譯　清光緒三十四年

(1908)陸軍部編譯局鉛印本　一冊

110000－0143－0016747　PG314.5/18

防海備覽十卷　(清)薛傳源撰　清嘉慶十六年(1811)望山堂刻本　四冊

110000－0143－0016748　PG314.5/26

日本師船考不分卷　沈敦和輯譯　清光緒二十年(1894)江南水師學堂石印本　一冊

110000－0143－0016749　PG314.5/27

臨陣管見九卷　(德國)斯拉弗司撰　(美國)金楷理口譯　(清)趙元益筆述　清末江南製造局刻本　四冊

110000－0143－0016750　PG314.5/27

臨陣管見九卷　(德國)斯拉弗司撰　(美國)金楷理口譯　(清)趙元益筆述　清末江南製造局刻本　四冊

110000－0143－0016751　PG314.6/1

中外政治策論彙編二十四卷　(清)何瀚洲編　清光緒二十七年(1901)鴻寶書局石印本　十二冊

110000－0143－0016752　PG314.6/2

中外政學五種　錢恂撰　清光緒二十九年(1903)石印本　六冊　缺一種(交涉類要表)

110000－0143－0016753　PG314.6/3

五大洲政治通考四十八卷　(清)急先務齋主人等撰　清光緒二十七年(1901)急先務齋主人石印本　十二冊

110000－0143－0016754　PG314.6/3

五大洲政治通考四十八卷　(清)急先務齋主人等撰　清光緒二十七年(1901)急先務齋主人石印本　六冊　存二十三卷(一至二十三)

110000－0143－0016755　PG314.6/5

歐美政體通覽五章　(日本)上野貞吉著　(清)出洋學生編輯所譯述　清光緒二十八年(1902)上海商務印書館鉛印本　一冊

110000－0143－0016756　PG314.6/3

五大洲政治通考四十八卷　(清)急先務齋主人等撰　清光緒二十七年(1901)急先務齋主人石印本　三冊　存十卷(十四至十九、二十八至三十一)

110000－0143－0016757　PG314.6/7

西政維新策六卷　(清)湘學報原本　(清)王德尚編次　清光緒二十八年(1902)上海書局石印本　四冊

110000－0143－0016758　PG314.6/8

中西政治輯要三卷　(清)湘學報原本　(清)王德尚編次　清光緒二十八年(1902)上海書局石印本　二冊

110000－0143－0016759　PG314.6/10

農安縣丁未年報告書五類　李澍恩撰　清光緒三十四年(1908)吉林官書局鉛印本　一冊

110000－0143－0016760　PG314.6/11

保甲事宜不分卷　(清)黄□□　(清)吕□□撰　清刻本　一冊

110000－0143－0016761　PG314.6/12

考察政治日記不分卷　載澤撰　清宣統元年(1909)上海商務印書館鉛印本　一冊

110000－0143－0016762　PG314.6/15

東方兵事紀略六卷　姚錫光撰　清光緒二十三年(1897)武昌刻本　二冊

110000－0143－0016763　PG314.6/15

東方兵事紀略六卷　姚錫光撰　清光緒二十四年(1898)京都得古歡室石印本　五冊

110000－0143－0016764　PG314.6/16

教務輯要四卷　(清)徐家榦編　清光緒二十四年(1898)湖北官書局刻本　四冊

110000－0143－0016765　PG314.6/22

新政真詮六編　何啟　胡禮垣撰　清光緒二十七年(1901)上海格致新報館鉛印本　八冊

110000－0143－0016766　PG314.6/28

國家學綱領五章　(德國)伯倫知理著　梁啟超譯　清光緒二十八年(1902)上海廣智書局鉛印本　一冊

110000－0143－0016767　PG314.6/37

和好要言不分卷　(美國)李佳白著　清光緒

三十二年(1906)上海商務印書館鉛印本　一冊

110000－0143－0016768　PG314.7/2
通州興辦實業章程不分卷　(□)□□撰　清光緒三十一年(1905)翰墨林書局鉛印本　一冊　存一冊(上)

110000－0143－0016769　PG314.7/4
乙巳玫察印錫茶土日記不分卷　(清)鄭世璜纂　清光緒三十一年(1905)木活字印本　一冊

110000－0143－0016770　PG314.7/12
銅政便覽八卷　(□)□□撰　清末刻本　六冊

110000－0143－0016771　PG314.7/14
蜀都礦務備覽不分卷　(清)周維綸纂　清光緒二十八年(1902)廣石山房刻本　一冊

110000－0143－0016772　PG314.7/15
奏辦廣東士敏土廠公文紀畧不分卷　(清)廣東士敏土廠編輯　清宣統二年(1910)廣東士敏土廠鉛印本　四冊

110000－0143－0016773　PG314.7/15
奏辦廣東士敏土廠公文紀畧不分卷　(清)廣東士敏土廠編輯　清宣統二年(1910)廣東士敏土廠鉛印本　四冊

110000－0143－0016774　PG314.7/16
奏辦廣東士敏土廠試辦章程八章　(清)沈曾桐　劉麟瑞編輯　清宣統元年(1909)廣東官紙印刷局鉛印本　一冊

110000－0143－0016775　PG314.7/17
廣東官紙印刷局廠試辦章程八章　(清)沈曾桐等編撰　清宣統元年(1909)廣東官紙印刷局鉛印本　一冊

110000－0143－0016776　PG314.7/18
廣東官紙印刷局廠公文紀畧不分卷　劉麟瑞等編輯　清宣統二年(1910)廣東官紙印刷局鉛印本　四冊

110000－0143－0016777　PG314.7/19
美國鐵路彙考十三卷　(美國)柯理集　(英國)傅蘭雅口譯　(清)潘松筆述　清光緒二十五年(1899)江南製造總局刻本　二冊

110000－0143－0016778　PG314.7/19
美國鐵路彙考十三卷　(美國)柯理集　(英國)傅蘭雅口譯　(清)潘松筆述　清光緒二十五年(1899)江南製造總局刻本　二冊

110000－0143－0016779　PG314.7/20
鐵路紀要三卷　(美國)柯理集　(清)潘松譯　清光緒二十年(1894)上海江南機器製造總局刻本　一冊

110000－0143－0016780　PG314.7/21
中法會訂滇越鐵路章程不分卷　(□)□□撰　清末鉛印本　二冊

110000－0143－0016781　PG314.7/22
江西農工商礦紀略二編不分卷　傅春官編　清宣統三年(1911)石印本　六冊

110000－0143－0016782　PG314.7/26
軌政紀要初編九卷　陳璧編　清末郵傳部圖書通譯局鉛印本　四冊

110000－0143－0016783　PG314.7/27
郵傳部第一次統計表(光緒三十三年)　(清)郵傳部統計處編輯　清宣統二年(1910)鉛印本　四冊　存五卷(總務統計表一卷、船政統計表一卷、郵政統計表一卷、電政統計表二卷)

110000－0143－0016784　PG314.7/27
郵傳部第二次統計表(光緒三十四年)八卷　(清)郵傳部統計處編輯　清宣統三年(1911)鉛印本　八冊

110000－0143－0016785　PG314.7/28
行海要術四卷　(美國)金楷理口譯　(清)李鳳苞筆述　清光緒江南製造總局刻本　三冊

110000－0143－0016786　PG314.7/30
航海簡法四卷　(英國)那麗撰　(美國)金楷理口譯　(清)王德均筆述　清光緒三十一年(1905)上海江南機器製造總局刻本　二冊

110000－0143－0016787　PG314.7/31(1)
大清光緒三十年歲次甲辰航海通書不分卷　(清)江南製造局譯改　(清)賈步緯　(清)火榮業算校　清末江南製造局鉛印本　一册

110000－0143－0016788　PG314.7/31(2)
大清同治十年歲次辛未航海通書不分卷　(清)江南製造局譯改　(清)賈步緯算校　清末江南製造局鉛印本　一册

110000－0143－0016789　PG314.7/31(3)
大清同治十一年歲次壬申航海通書不分卷　(清)江南製造局譯改　(清)賈步緯算校　清末江南製造局鉛印本　一册

110000－0143－0016790　PG314.7/35(1)
軌政紀要初編九卷　陳璧輯　**次編三卷**　陳毅編　清末郵傳部圖書通譯局鉛印本　六册

110000－0143－0016791　PG314.7/35(2)
鐵路運送論不分卷　(美國)安登哈特勒著　(日本)小板謙次郎譯述　陳宗蕃譯　清宣統元年(1909)鉛印本　二册

110000－0143－0016792　PG314.7/35(3)
通信要錄不分卷　(日本)阪野鐵次郎著　方兆鼇譯述　清宣統元年(1909)郵傳部圖書通譯局鉛印本　一册

110000－0143－0016793　PG314.7/35
軌政紀要初編九卷　陳璧編　**次編三卷**　陳毅編　清末郵傳部圖書通譯局鉛印本　四册　存八卷(軌政紀要初編一至三、八至九,次編三卷)

110000－0143－0016794　PG314.7/38
雲南礦廠工器圖畧不分卷　(清)吳其濬纂　(清)徐金生繪輯　清刻本　一册

110000－0143－0016795　PG314.7/40
大清通郵彙編初續不分卷　(□)□□撰　清光緒三十四年(1908)京華印書局鉛印本　一册

110000－0143－0016796　PG314.7/41
廓克利廠紀略不分卷　沈瑞麟撰　清光緒三十二年(1906)上海商務印書館鉛印本　一册

110000－0143－0016797　PG314.7/42
工業政策前編六章後編六章　王名烈編　清末鉛印本　一册

110000－0143－0016798　PG314.7/44
鐵路經營訪問錄七問　唐寶鍔質問　(日本)雨宮敬次郎解答　清宣統二年(1910)油印本　一册

110000－0143－0016799　PG314.7/45
銀行釋義二卷八章附奏定釐訂各種銀行則例摺　孫德全著　清宣統二年(1910)鉛印本　一册

110000－0143－0016800　PG314.7/45
銀行釋義二卷八章附奏定釐訂各種銀行則例摺　孫德全著　清宣統二年(1910)鉛印本　一册

110000－0143－0016801　PG314.7/47
明密碼電報書不分卷　(清)商務印書館編譯所編輯　清宣統元年(1909)上海商務印書館鉛印本　一册

110000－0143－0016802　PG314.7/47
明密碼電報書不分卷　(清)商務印書館編譯所編輯　清宣統元年(1909)上海商務印書館鉛印本　一册

110000－0143－0016803　PG314.7/48
粵路工程辯誣不分卷　(清)鄺孫謀撰　清宣統元年(1909)廣州省城十八甫文寶閣鉛印本　一册

110000－0143－0016804　PG314.8/1
時事采新彙選(光緒三十二年八月)六卷　(□)□□撰　清光緒三十二年(1906)京都擷華書局鉛印本　六册

110000－0143－0016805　PG314.8/1
時事采新彙選(光緒三十年七月)六卷　(□)□□撰　清光緒三十年(1904)鉛印本　六册

110000－0143－0016806　PG314.8/1
時事采新彙選(光緒三十年八月)六卷　(□)

□□撰　清光緒三十年(1904)鉛印本　六冊

110000－0143－0016807　PG314.8/1
時事采新彙選(光緒三十一年正月)六卷
(□)□□撰　清光緒三十一年(1905)鉛印本　六冊

110000－0143－0016808　PG314.8/1
時事采新彙選(光緒三十一年二月)六卷
(□)□□撰　清光緒三十一年(1905)鉛印本　六冊

110000－0143－0016809　PG314.8/1
時事采新彙選(光緒三十年十月)六卷　(□)□□撰　清光緒三十年(1904)鉛印本　六冊

110000－0143－0016810　PG314.8/1
時事采新彙選(光緒三十二年九月)六卷
(□)□□撰　清光緒三十二年(1906)京都擷華書局鉛印本　六冊

110000－0143－0016811　PG314.8/1
時事采新彙選(光緒三十一年五月)六卷
(□)□□撰　清光緒三十一年(1905)鉛印本　六冊

110000－0143－0016812　PG314.8/1
時事采新彙選(光緒三十一年六月)六卷
(□)□□撰　清光緒三十一年(1905)鉛印本　六冊

110000－0143－0016813　PG314.8/1
時事采新彙選(光緒三十二年七月)六卷
(□)□□撰　清光緒三十二年(1906)京都擷華書局鉛印本　六冊

110000－0143－0016814　PG314.8/1
時事采新彙選(光緒三十二年四月)六卷
(□)□□撰　清光緒三十二年(1906)京都擷華書局鉛印本　六冊

110000－0143－0016815　PG314.8/1
時事采新彙選(光緒三十年十二月)六卷
(□)□□撰　清光緒三十年(1904)鉛印本　六冊

110000－0143－0016816　PG314.8/1
時事采新彙選(光緒二十九年十一月)六卷
(□)□□撰　清光緒二十九年(1903)鉛印本　六冊

110000－0143－0016817　PG314.8/1
時事采新彙選(光緒三十一年十二月)六卷
(□)□□撰　清光緒三十一年(1905)京都擷華書局鉛印本　七冊

110000－0143－0016818　PG314.8/1
時事采新彙選(光緒三十一年三月)六卷
(□)□□撰　清光緒三十一年(1905)鉛印本　六冊

110000－0143－0016819　PG314.8/1
時事采新彙選(光緒三十一年四月)六卷
(□)□□撰　清光緒三十一年(1905)鉛印本　六冊

110000－0143－0016820　PG314.8/1
時事采新彙選(光緒三十年二月)六卷　(□)□□撰　清光緒三十年(1904)鉛印本　六冊

110000－0143－0016821　PG314.8/1
時事采新彙選(光緒三十年正月)六卷　(□)□□撰　清光緒三十年(1904)鉛印本　六冊

110000－0143－0016822　PG314.8/1
時事采新彙選(光緒三十一年十一月)六卷
(□)□□撰　清光緒三十一年(1905)鉛印本　六冊

110000－0143－0016823　PG314.8/1
時事采新彙選(光緒三十三年二月)六卷
(□)□□撰　清光緒三十三年(1907)鉛印本　六冊

110000－0143－0016824　PG314.8/1
時事采新彙選(光緒三十年十一月)六卷
(□)□□撰　清光緒三十年(1904)鉛印本　六冊

110000－0143－0016825　PG314.8/1
時事采新彙選(光緒三十一年八月)六卷
(□)□□撰　清光緒三十一年(1905)鉛印本　六冊

110000－0143－0016826　PG314.8/1
時事采新彙選(光緒三十年六月)六卷　(□)□□撰　清光緒三十年(1904)鉛印本　六册

110000－0143－0016827　PG314.8/1
時事采新彙選(光緒三十二年五月)六卷　(□)□□撰　清光緒三十二年(1906)鉛印本　六册

110000－0143－0016828　PG314.8/1
時事采新彙選(光緒三十一年十月)六卷　(□)□□撰　清光緒三十一年(1905)鉛印本　六册

110000－0143－0016829　PG314.8/1
時事采新彙選(光緒三十二年二月)六卷　(□)□□撰　清光緒三十二年(1906)鉛印本　六册

110000－0143－0016830　PG314.8/1
時事采新彙選(光緒三十三年正月)六卷　(□)□□撰　清光緒三十三年(1907)鉛印本　六册

110000－0143－0016831　PG314.8/1
時事采新彙選(光緒三十年四月)六卷　(□)□□撰　清光緒三十年(1904)鉛印本　六册

110000－0143－0016832　PG314.8/1
時事采新彙選(光緒三十三年五月)六卷　(□)□□撰　清光緒三十三年(1907)京都擷華書局鉛印本　六册

110000－0143－0016833　PG314.8/1
時事采新彙選(光緒三十二年三月)六卷　(□)□□撰　清光緒三十二年(1906)鉛印本　六册

110000－0143－0016834　PG314.8/1
時事采新彙選(光緒三十二年十二月)六卷　(□)□□撰　清光緒三十二年(1906)京都擷華書局鉛印本　六册

110000－0143－0016835　PG314.8/1
時事采新彙選(光緒三十年五月)六卷　(□)□□撰　清光緒三十年(1904)鉛印本　六册

110000－0143－0016836　PG314.8/1
時事采新彙選(光緒三十二年六月)六卷　(□)□□撰　清光緒三十二年(1906)鉛印本　六册

110000－0143－0016837　PG314.8/1
時事采新彙選(光緒三十三年七月)六卷　(□)□□撰　清光緒三十三年(1907)鉛印本　六册

110000－0143－0016838　PG314.8/1
時事采新彙選(光緒三十三年八月)六卷　(□)□□撰　清光緒三十三年(1907)鉛印本　六册

110000－0143－0016839　PG314.8/1
時事采新彙選(光緒三十一年七月)六卷　(□)□□撰　清光緒三十一年(1905)鉛印本　六册

110000－0143－0016840　PG314.8/1
時事采新彙選(光緒三十三年三月)六卷　(□)□□撰　清光緒三十三年(1907)鉛印本　六册

110000－0143－0016841　PG314.8/1
時事采新彙選(光緒三十二年十一月)六卷　(□)□□撰　清光緒三十二年(1906)鉛印本　六册

110000－0143－0016842　PG314.8/1
時事采新彙選(光緒三十二年十月)六卷　(□)□□撰　清光緒三十二年(1906)鉛印本　六册

110000－0143－0016843　PG314.8/1
時事采新彙選(光緒二十九年臘月)六卷　(□)□□撰　清光緒二十九年(1903)鉛印本　六册

110000－0143－0016844　PG314.8/1
時事采新彙選(光緒三十一年九月)六卷　(□)□□撰　清光緒三十一年(1905)鉛印本　六册

110000－0143－0016845　PG314.8/1

時事采新彙選(光緒二十九年十月)六卷　(□)□□撰　清光緒二十九年(1903)鉛印本　六冊

110000－0143－0016846　PG314.8/1
時事采新彙選(光緒三十年三月)六卷　(□)□□撰　清光緒三十年(1904)鉛印本　六冊

110000－0143－0016847　PG314.8/1
時事采新彙選(光緒三十二年閏四月)六卷　(□)□□撰　清光緒三十二年(1906)鉛印本　六冊

110000－0143－0016848　PG314.8/1
時事采新彙選(光緒三十三年四月)六卷　(□)□□撰　清光緒三十三年(1907)鉛印本　六冊

110000－0143－0016849　PG314.8/1
時事采新彙選(光緒三十三年六月)六卷　(□)□□撰　清光緒三十三年(1907)鉛印本　六冊

110000－0143－0016850　PG314.8/1
時事采新彙選(光緒三十年九月)六卷　(□)□□撰　清光緒三十年(1904)鉛印本　六冊

110000－0143－0016851　PG314.8/1
時事采新彙選(光緒三十二年正月)六卷　(□)□□撰　清光緒三十二年(1906)鉛印本　六冊

110000－0143－0016852　PG314.8/4
老申報新聞彙刊不分卷　(□)□□撰　清末至民國初石印本　一冊

110000－0143－0016853　PG314.8/7
北京新聞彙報　(□)□□撰　清光緒二十七年(1901)刻本　六冊

110000－0143－0016854　PG314.8/8
湘報類纂六集　(清)覺睡齋主人編輯　清光緒二十八年(1902)上海中華編譯印書館鉛印本　七冊

110000－0143－0016855　PG314.8/9
格致益聞滙報(一八九八年至一八九九年)　(清)上海滙報館　(清)覺睡齋主人編輯　清上海鉛印本　六冊

110000－0143－0016856　PG315./1
全體闡微三卷　(美國)格雷撰　(清)林鼎文編譯　(美國)柯爲良口譯　清光緒十五年(1889)福州聖醫舘石印本　二冊　缺一卷(三)

110000－0143－0016857　PG315./2
化學指南十卷　(法國)畢利幹著　清同治十二年(1873)鉛印本　八冊　存五卷(六至十)

110000－0143－0016858　PG315./3
化學三卷　(□)□□撰　清末刻本　一冊

110000－0143－0016859　PG315./3
兩湖書院化學課程□□卷　徐振清述　清木活字印本　三冊　存二卷(二至三)

110000－0143－0016860　PG315./4
格致啟蒙十六種　(英國)赫德輯　(英國)艾約瑟譯　清光緒二十二年(1896)上海著易堂鉛印本　十六冊

110000－0143－0016861　PG315./5
西藝知新二十二卷　(英國)諾格德撰　(英國)傅蘭雅　(美國)林樂知口譯　(清)徐壽　(清)鄭昌棪筆述　清光緒二十二年(1896)上海璣衡堂石印本　六冊

110000－0143－0016862　PG315./7
格物探原六卷　(英國)韋廉臣撰　清光緒六年(1880)刻本　四冊

110000－0143－0016863　PG315./9
重學圖說不分卷體性圖說不分卷　(英國)傅蘭雅著　清光緒十一年(1885)刻本　一冊

110000－0143－0016864　PG315./8
水學圖説二卷　(英國)傅蘭雅譯　清光緒十六年(1890)益智書會刻本　一冊

110000－0143－0016865　PG315./10
電學圖説五卷　(英國)傅蘭雅譯　清光緒十三年(1887)益智書會刻本　一冊

110000－0143－0016866　PG315./11

熱學圖説二卷　(英國)傅蘭雅譯　清光緒十六年(1890)益智書會刻本　一冊

110000－0143－0016867　PG315./12
冶金錄三卷　(美國)阿發滿撰　(清)趙元益筆述　清末刻本　二冊

110000－0143－0016868　PG315./14
更正天地學歌括二卷　葉瀾　葉瀚原本　吴嘉瑜更正　清末抄本　一冊

110000－0143－0016869　PG315./15(1)
合數述二卷　(清)林紹清撰　清光緒十四年(1888)刻本　二冊

110000－0143－0016870　PG315./15(2)
開煤要法十二卷　(英國)士密德輯　(英國)傅蘭雅口譯　(清)王德均筆述　清同治九年(1870)刻本　二冊

110000－0143－0016871　PG315./15(3)
運規約指三卷　(英國)白起德輯　(英國)傅蘭雅譯　(清)徐建寅筆述　清同治九年(1870)江南機器製造局刻本　一冊

110000－0143－0016872　PG315./15(4)
製火藥法三卷　(英國)利稼孫　(英國)華得斯輯　(英國)傅蘭雅口譯　(清)丁樹棠筆述　清同治九年(1870)江南機器製造局刻本　一冊

110000－0143－0016873　PG315./18
格致總學啟蒙三卷　(英國)艾約瑟譯　清光緒十二年(1886)總税務司署刻本　一冊

110000－0143－0016874　PG315./18
格致總學啟蒙三卷　(英國)艾約瑟譯　清光緒十二年(1886)總税務司署刻本　一冊

110000－0143－0016875　PG315./19
地理質學啟蒙七卷　(英國)赫德輯　(英國)艾約瑟譯　清光緒十二年(1886)總税務司署刻本　一冊

110000－0143－0016876　PG315./20
湖蠶述四卷　(清)汪曰楨撰　清光緒六年(1880)刻本　一冊

110000－0143－0016877　PG315./21
格致須知二十一種　(英國)傅蘭雅著　清光緒刻本　九冊　存九種(天文須知、地志須知、重學須知、力學須知、氣學須知、地理須知、地學須知、電學須知、聲學須知)

110000－0143－0016878　PG315./26
格致質學啓蒙十一章　(英國)艾約瑟譯撰　清光緒十二年(1886)刻本　一冊

110000－0143－0016879　PG315.1/1
族制進化論三部　(日本)有賀長雄著　(清)廣智書局譯　清光緒二十八年(1902)上海廣智書局鉛印本　一冊

110000－0143－0016880　PG315.1/2
民種學二卷　(德國)哈伯蘭原著　(英國)魯威原　林紓　魏易同譯　清光緒二十九年(1903)北京大學堂官局鉛印本　一冊

110000－0143－0016881　PG315.2/1
貓苑二卷　(清)黄漢輯　(清)丁杰訂　(清)陳杲校　清咸豐二年(1852)甕雲草堂刻本　二冊

110000－0143－0016882　PG315.3/1
化學考質八卷　(德國)富里西尼烏司著　(英國)傅蘭雅口譯　(清)徐壽筆述　清光緒九年(1883)江南製造總局刻本　六冊

110000－0143－0016883　PG315.3/1
化學考質八卷　(德國)富里西尼烏司著　(英國)傅蘭雅口譯　(清)徐壽筆述　清光緒九年(1883)江南製造總局刻本　六冊

110000－0143－0016884　PG315.3/2
格致質學啟蒙十一章　(英國)艾約瑟譯　清光緒十二年(1886)總税務司署刻本　一冊

110000－0143－0016885　PG315.3/3
電學四種四卷　(清)王西清　(清)盧梯青輯　清光緒二十一年(1895)上海醉六堂石印本　一冊

110000－0143－0016886　PG315.3/5
代數難題解法十六卷　(英國)倫德編輯

(英國)傅蘭雅口譯　(清)華蘅芳筆述　清末刻本　六册

110000－0143－0016887　PG315.3/5
代數難題解法十六卷　(英國)倫德編輯　(英國)傅蘭雅口譯　(清)華蘅芳筆述　清末刻本　六册

110000－0143－0016888　PG315.3/6
化學新編二卷　(美國)福開森撰　(清)吳仰曾譯　清光緒三十一年(1905)上海美華書館鉛印本　一册

110000－0143－0016889　PG315.3/7
增訂格物入門七卷　(美國)丁韙良著　清光緒十五年(1889)同文館鉛印本　七册

110000－0143－0016890　PG315.3/8
化學考質八卷　(德國)富里西尼烏司著　(英國)傅蘭雅口譯　(清)徐壽筆述　清末刻本　六册

110000－0143－0016891　PG315.3/8
化學考質八卷　(德國)富里西尼烏司著　(英國)傅蘭雅口譯　(清)徐壽筆述　清末刻本　六册

110000－0143－0016892　PG315.4/4
山西保晉礦務公司章程十六節　(清)趙國良等擬訂　清末京師京華書局鉛印本　一册

110000－0143－0016893　PG315.4/6
開礦器法圖説十卷　(美國)俺特累著　(英國)傅蘭雅口譯　(清)王樹善筆述　清光緒二十五年(1899)江南製造局石印本　六册

110000－0143－0016894　PG315.4/9
中國礦產志略附鐵路簡明表不分卷　(清)瞢篴室輯　清光緒鉛印本　一册

110000－0143－0016895　PG315.4/10
井礦工程三卷　(英國)白爾捺輯　(英國)傅蘭雅口譯　(清)趙元益筆述　清末刻本　二册

110000－0143－0016896　PG315.4/10(1)
井礦工程三卷　(英國)白爾捺輯　(英國)傅蘭雅口譯　(清)趙元益筆述　清末刻本　二册

110000－0143－0016897　PG315.4/10(2)
開煤要法十二卷　(英國)士密德輯　(英國)傅蘭雅口譯　(清)王德均筆述　清末刻本　一册

110000－0143－0016898　PG315.4/11
開煤要法十二卷　(英國)士密德輯　(英國)傅蘭雅口譯　(清)王德均筆述　清末刻本　二册

110000－0143－0016899　PG315.4/13
中國礦產志略不分卷　(清)瞢篴室輯　清光緒鉛印本　一册

110000－0143－0016900　PG315.4/14
天全石錄不分卷　陳矩著　清光緒二十九年(1903)錦城雪峰草堂刻本　一册

110000－0143－0016901　PG315.4/15
湘礦擴要不分卷　(清)劉鎮纂　清光緒三十二年(1906)刻本　一册

110000－0143－0016902　PG315.4/17
金石識別十二卷　(美國)代那撰　(美國)瑪高溫口譯　(清)華蘅芳筆述　清同治十一年(1872)江南機器製造總局刻本　六册

110000－0143－0016903　PG315.4/18
寶藏興焉十二卷　(英國)費而奔著　(英國)傅蘭雅口譯　(清)徐壽筆述　清光緒十年(1884)江南機器製造局刻本　十六册

110000－0143－0016904　PG315.4/18
寶藏興焉十二卷　(英國)費而奔著　(英國)傅蘭雅口譯　(清)徐壽筆述　清光緒二十四年(1898)上海書局石印本　六册　存五卷(一至五)

110000－0143－0016905　PG315.4/19
滇南礦廠輿程圖畧不分卷　(清)吳其濬纂　(清)徐金生繪輯　清末刻本　一册

110000－0143－0016906　PG315.6/1
動物學啟蒙八卷　(□)□□撰　清光緒十二

年(1886)總税務司署刻本　一册

110000－0143－0016907　PG315.6/2
動物學二十課　(清)北洋編譯處編纂　清末北洋官報局鉛印本　一册

110000－0143－0016908　PG315.7/1
植物學啟蒙三十章　(英國)艾約瑟譯　清光緒十二年(1886)總税務司署刻本　一册

110000－0143－0016909　PG315.7/1
植物學啟蒙三十章　(英國)艾約瑟譯　清光緒十二年(1886)總税務司署刻本　一册

110000－0143－0016910　PG315.7/1
植物學啟蒙三十章　(英國)艾約瑟譯　清光緒十二年(1886)總税務司署刻本　一册

110000－0143－0016911　PG315.7/1
植物學啟蒙三十章　(英國)艾約瑟譯　清光緒十二年(1886)總税務司署刻本　一册

110000－0143－0016912　PG315.7/1
植物學啟蒙三十章　(英國)艾約瑟譯　清光緒十二年(1886)總税務司署刻本　一册

110000－0143－0016913　PG315.7/1
植物學啟蒙三十章　(英國)艾約瑟譯　清光緒十二年(1886)總税務司署刻本　一册

110000－0143－0016914　PG316./3
穆勒名學不分卷　(英國)穆勒約翰原本　嚴復翻譯　清光緒二十八年(1902)金粟齋鉛印本　二册

110000－0143－0016915　PG316./10
道德法律進化之理二編不分卷　(日本)加藤弘之著　金壽康　楊殿玉譯　清光緒二十九年(1903)上海廣智書局鉛印本　一册

110000－0143－0016916　PG316./14
哲學提綱倫理學三卷　(□)□□撰　清宣統元年(1909)上海土山灣印書館鉛印本　一册

110000－0143－0016917　PG316./14－1
哲學提綱天宇學不分卷　(□)□□撰　清光緒三十四年(1908)上海土山灣印書館鉛印本　一册

110000－0143－0016918　PG316./14－1
哲學提綱名理學不分卷　(□)□□撰　清光緒三十四年(1908)上海土山灣印書館鉛印本　一册

110000－0143－0016919　PG316./18
名學三卷名學部首一卷　(英國)穆勒約翰原本　嚴復翻譯　清光緒三十一年(1905)金粟齋刻本　八册

110000－0143－0016920　PG316./34(1)
哲學提綱生理學不分卷　(清)李杕譯著　清光緒三十三年(1907)上海土山灣印書館鉛印本　一册

110000－0143－0016921　PG316./34(2)
哲學提綱靈性學不分卷　(清)李杕譯著　清光緒三十三年(1907)上海土山灣印書館鉛印本　一册

110000－0143－0016922　PG316./34
哲學提綱靈性學不分卷　(清)李杕譯著　清光緒三十三年(1907)上海土山灣印書館鉛印本　一册

110000－0143－0016923　PG316.2/1
心靈學不分卷　(美國)海文著　(清)顔永京譯　清光緒十五年(1889)益智書會刻本　一册

110000－0143－0016924　PG41/1
關中兩朝文鈔二十二卷文鈔補六卷詩鈔十二卷詩鈔補四卷詩鈔又補一卷賦鈔二卷　(清)李元春彙選　清道光十二年至十六年(1832－1836)蒙天庥守樸堂刻本　四十四册

110000－0143－0016925　PG41/1
關中兩朝文鈔二十二卷附關中兩朝詩文鈔人物考畧不分卷　(清)李元春彙選　清道光十二年(1832)蒙天庥守樸堂刻本　二十三册

110000－0143－0016926　PG41/1－1
關中兩朝文鈔二十二卷文鈔補六卷詩鈔十二卷詩鈔補四卷詩鈔又補一卷賦鈔二卷　(清)李元春彙選　清道光十二年至十六年(1832－1836)蒙天庥守樸堂刻本　四十四册

110000－0143－0016927　PG41/1
關中兩朝文鈔補六卷　（清）李元春評選　清道光十六年（1836）蒙天庥守樸堂刻本　六冊

110000－0143－0016928　PG41/3
忠正德文集十卷附錄一卷　（宋）趙鼎撰　清道光十一年（1831）吳傑刻光緒二年（1876）校刻本　八冊

110000－0143－0016929　PG41/7
唐人三家集二十六卷　（清）秦恩復撰　清宣統三年（1911）影印本　八冊

110000－0143－0016930　PG41/8
道古堂文集四十八卷詩集二十六卷集外詩一卷集外文一卷軼事一卷　（清）杭世駿撰　清乾隆四十一年（1776）汪氏振綺堂刻光緒十四年（1888）補刻本　十六冊

110000－0143－0016931　PG41/8
道古堂文集四十八卷詩集二十六卷集外詩一卷集外文一卷軼事一卷　（清）杭世駿撰　清乾隆四十一年（1776）汪氏振綺堂刻光緒十四年（1888）補刻本　十六冊

110000－0143－0016932　PG41/9
晉國垂棘一卷續垂棘編六卷二集十卷三集十卷四集十卷　（清）范鄗鼎撰　清康熙刻本　八冊　存十九卷（二集十卷，三集一至二、五至六、九至十，四集七至九）

110000－0143－0016933　PG41/10
羣書劄記十六卷　（清）朱亦棟撰　清光緒四年（1878）武林竹簡齋刻本　十六冊

110000－0143－0016934　PG41/10
羣書劄記十六卷　（清）朱亦棟撰　清光緒四年（1878）武林竹簡齋刻本　六冊

110000－0143－0016935　PG41/10
羣書劄記十六卷　（清）朱亦棟撰　清光緒四年（1878）武林竹簡齋刻本　八冊

110000－0143－0016936　PG41/10
羣書劄記十六卷　（清）朱亦棟撰　清光緒四年（1878）武林竹簡齋刻本　六冊

110000－0143－0016937　PG41/11
八家四六文鈔八種不分卷　（清）吳鼒編　清嘉慶較經堂刻本　四冊

110000－0143－0016938　PG41/16
皇朝文典七十四卷　（清）李兆洛編　（清）李淦校刊　清嘉慶二十年（1815）刻本　三十二冊

110000－0143－0016939　PG41/17
文章正宗復刻三十卷續十二卷　（宋）真德秀輯　清乾隆三十三年（1768）楊仲興刻本　二十四冊

110000－0143－0016940　PG41/18
國朝中州文徵五十四卷首一卷　（清）蘇源生編　清道光二十三年至二十五年（1843－1845）鄢陵蘇氏刻本　二十八冊

110000－0143－0016941　PG41/18
國朝中州文徵五十四卷首一卷　（清）蘇源生編　清道光二十三年至二十五年（1843－1845）鄢陵蘇氏刻本　二十八冊

110000－0143－0016942　PG41/19
制義叢話二十四卷　（清）梁章鉅撰　清咸豐九年（1859）知足知不足齋刻本　八冊

110000－0143－0016943　PG41/19
制義叢話二十四卷　（清）梁章鉅撰　清咸豐九年（1859）知足知不足齋刻本　八冊

110000－0143－0016944　PG41/19－1
制義叢話二十四卷　（清）梁章鉅撰　清咸豐九年（1859）知足知不足齋刻本　六冊

110000－0143－0016945　PG41/19－1
制義叢話二十四卷　（清）梁章鉅撰　清咸豐九年（1859）知足知不足齋刻本　八冊

110000－0143－0016946　PG41/19－1
制義叢話二十四卷　（清）梁章鉅撰　清咸豐九年（1859）知足知不足齋刻本　八冊

110000－0143－0016947　PG41/20
乾坤正氣集五百七十四卷　（清）姚瑩　（清）顧沅　（清）潘錫恩輯　清道光二十八年

(1848)涇縣潘氏袁江節署刻同治五年(1866)新建吳坤修皖江印本　二百册

110000－0143－0016948　PG41/20
乾坤正氣集五百七十四卷　(清)姚瑩　(清)顧沅　(清)潘錫恩輯　清道光二十八年(1848)涇縣潘氏袁江節署刻同治五年(1866)新建吳坤修皖江印本　一百六十册

110000－0143－0016949　PG41/20
乾坤正氣集五百七十四卷　(清)姚瑩　(清)顧沅　(清)潘錫恩輯　清道光二十八年(1848)涇縣潘氏袁江節署刻同治五年(1866)新建吳坤修皖江印本　二百册

110000－0143－0016950　PG41/20
乾坤正氣集五百七十四卷　(清)姚瑩　(清)顧沅　(清)潘錫恩輯　清道光二十八年(1848)涇縣潘氏袁江節署刻同治五年(1866)新建吳坤修皖江印本　一百五十八册

110000－0143－0016951　PG41/21－2
元文類七十卷目錄三卷　(元)蘇天爵輯　清光緒十五年(1889)江蘇書局刻本　十册

110000－0143－0016952　PG41/21－2
元文類七十卷目錄三卷　(元)蘇天爵輯　清光緒十五年(1889)江蘇書局刻本　十册

110000－0143－0016953　PG41/21－2
元文類七十卷目錄三卷　(元)蘇天爵輯　清光緒十五年(1889)江蘇書局刻本　十册

110000－0143－0016954　PG41/21－2
元文類七十卷目錄三卷　(元)蘇天爵輯　清光緒十五年(1889)江蘇書局刻本　十册

110000－0143－0016955　PG41/21－2
元文類七十卷目錄三卷　(元)蘇天爵輯　清光緒十五年(1889)江蘇書局刻本　十册

110000－0143－0016956　PG41/21－2
元文類七十卷目錄三卷　(元)蘇天爵輯　清光緒十五年(1889)江蘇書局刻本　十册

110000－0143－0016957　PG41/21－2
元文類七十卷目錄三卷　(元)蘇天爵輯　清光緒十五年(1889)江蘇書局刻本　十册

110000－0143－0016958　PG41/22
篷窗隨錄十四卷附錄二卷篷窗續錄二卷　(清)沈兆澐輯　清咸豐七年至九年(1857－1859)刻本　十四册

110000－0143－0016959　PG41/22
篷窗隨錄十四卷附錄二卷　(清)沈兆澐輯　清咸豐七年(1857)刻本　十二册

110000－0143－0016960　PG41/22－1
篷窗隨錄十四卷附錄二卷篷窗續錄二卷　(清)沈兆澐輯　清咸豐七年至九年(1857－1859)刻本　十六册

110000－0143－0016961　PG41/27
國朝文匯二百卷　(清)國學扶輪社輯　清宣統元年(1909)國學扶輪社石印本　一百册

110000－0143－0016962　PG41/27－1
國朝文匯二百卷　(清)國學扶輪社輯　清宣統元年(1909)國學扶輪社石印本　九十四册
缺十四卷(甲前集五至六、九至十二,甲集五十七至六十,丁集三至六)

110000－0143－0016963　PG41/27－1
國朝文匯二百卷總目錄一卷　(清)國學扶輪社輯　清宣統元年(1909)國學扶輪社石印本　一百一册

110000－0143－0016964　PG41/27－2
國朝文匯二百卷　(清)國學扶輪社輯　清宣統元年(1909)國學扶輪社石印本　二十一册
存四十卷(甲前集三至四、十一至十二、十九至二十,甲集一至二、五至六、十一至二十四、三十五至四十四、五十一至五十四、五十七至五十八)

110000－0143－0016965　PG41/29
半可集四卷　(明)戴廷栻撰　(清)劉霦輯　清光緒刻本　二册

110000－0143－0016966　PG41/29－1
半可集備存不分卷　(明)戴廷栻撰　(清)劉霦輯　清光緒雲文齋石印本　二册

110000－0143－0016967　PG41/29－1

半可集備存不分卷　(明)戴廷栻撰　(清)劉霦輯　清光緒雲文齋石印本　一册　存一册(上)

110000－0143－0016968　PG41/35

戴南山文鈔六卷　(清)戴名世撰　清宣統二年(1910)上海國學扶輪社鉛印本　三册

110000－0143－0016969　PG41/35

方望溪文鈔六卷　(清)方苞撰　清宣統二年(1910)上海國學扶輪社鉛印本　五册

110000－0143－0016970　PG41/36

課子隨筆節鈔六卷　(清)張師載輯　**課子隨筆續編**　(清)徐桐續編　清同治十二年(1873)刻本　四册

110000－0143－0016971　PG41/37－1

六朝文絜箋注十二卷　(清)許槤評選　(清)黎經誥箋注　清光緒十五年(1889)枕溢書屋刻本　四册

110000－0143－0016972　PG41/37－1

六朝文絜箋注十二卷　(清)許槤評選　(清)黎經誥箋注　清光緒十五年(1889)枕溢書屋刻本　四册

110000－0143－0016973　PG41/37－1

六朝文絜箋注十二卷　(清)許槤評選　(清)黎經誥箋注　清光緒十五年(1889)枕溢書屋刻本　四册

110000－0143－0016974　PG41/37－3

六朝文絜四卷　(清)許槤評選　清光緒三年(1877)鉛印本　二册

110000－0143－0016975　PG41/38

國朝元魁墨萃(順治二年至光緒十二年)　(清)朱炳麟編輯　(清)王保沂　(清)陶元斗參校　清光緒十三年(1887)上海點石齋石印本　六册

110000－0143－0016976　PG41/39－1

孟塗前集十卷後集二十二卷文集十卷駢體文二卷　(清)劉開撰　清道光六年(1826)桐城姚氏檗山草堂刻本　八册

110000－0143－0016977　PG41/39－1

孟塗前集十卷後集二十二卷文集十卷駢體文二卷　(清)劉開撰　清道光六年(1826)桐城姚氏檗山草堂刻本　四册

110000－0143－0016978　PG41/39－1

孟塗前集十卷後集二十二卷文集十卷駢體文二卷　(清)劉開撰　清道光六年(1826)桐城姚氏檗山草堂刻本　八册

110000－0143－0016979　PG41/39－1

孟塗前集十卷後集二十二卷文集十卷駢體文二卷　(清)劉開撰　清道光六年(1826)桐城姚氏檗山草堂刻本　八册

110000－0143－0016980　PG41/39－1

孟塗前集十卷後集二十二卷文集十卷駢體文二卷　(清)劉開撰　清道光六年(1826)桐城姚氏檗山草堂刻本　八册

110000－0143－0016981　PG41/42

唐宋八大家類選十四卷　(清)儲欣評　清光緒二十五年(1899)書業德刻本　六册　存八卷(一至八)

110000－0143－0016982　PG41/44

敬恕堂文集紀年十卷　(清)耿介撰　清同治三年(1864)敬恕堂刻本　十六册

110000－0143－0016983　PG41/45－1

國朝中州文徵五十四卷首一卷　(清)蘇源生編　清道光二十三年至二十五年(1843－1845)刻本　二十八册

110000－0143－0016984　PG41/47

南宋文錄錄二十四卷　(清)董兆熊輯　清光緒十七年(1891)蘇州書局刻本　六册

110000－0143－0016985　PG41/47

南宋文錄錄二十四卷　(清)董兆熊輯　清光緒十七年(1891)蘇州書局刻本　六册

110000－0143－0016986　PG41/47

南宋文錄錄二十四卷　(清)董兆熊輯　清光緒十七年(1891)蘇州書局刻本　六册

110000－0143－0016987　PG41/49
戴段合刻二種二十四卷　（清）張壽榮輯　清光緒十年（1884）鎮海張氏刻本　十二册

110000－0143－0016988　PG41/50
廣理學備攷不分卷　（清）范鄗鼎彙編　清五經堂刻本　八册

110000－0143－0016989　PG41/51
南宋文範七十卷外編四卷作者考二卷　（清）莊仲方編　（清）顧少卿鑒定　清光緒十四年（1888）江蘇書局刻本　十六册

110000－0143－0016990　PG41/51
南宋文範七十卷外編四卷作者考二卷　（清）莊仲方編　（清）顧少卿鑒定　清光緒十四年（1888）江蘇書局刻本　十六册

110000－0143－0016991　PG41/51
南宋文範七十卷外編四卷作者考二卷　（清）莊仲方編　（清）顧少卿鑒定　清光緒十四年（1888）江蘇書局刻本　十六册

110000－0143－0016992　PG41/51
南宋文範七十卷外編四卷作者考二卷　（清）莊仲方編　（清）顧少卿鑒定　清光緒十四年（1888）江蘇書局刻本　十六册

110000－0143－0016993　PG41/52
八旗文經五十六卷作者攷三卷敘錄一卷　（清）盛昱　楊鍾羲輯　清光緒二十七年（1901）刻本　十二册

110000－0143－0016994　PG41/52－1
八旗文經五十六卷作者攷三卷敘錄一卷　（清）盛昱　楊鍾羲輯　清光緒二十七年（1901）刻本　十二册

110000－0143－0016995　PG41/52－1
八旗文經五十六卷作者攷三卷敘錄一卷　（清）盛昱　楊鍾羲輯　清光緒二十七年（1901）刻本　十二册

110000－0143－0016996　PG41/52－1
八旗文經五十六卷作者攷三卷敘錄一卷　（清）盛昱　楊鍾羲輯　清光緒二十七年（1901）刻本　十二册

110000－0143－0016997　PG41/53
易堂九子文鈔十九卷　（清）彭玉雯輯　清道光十七年（1837）刻本　十二册

110000－0143－0016998　PG41/58
容城三賢文集三種十二卷　（清）張斐然等輯　清道光十六年（1836）正義書院刻本　十二册

110000－0143－0016999　PG41/59
常德文徵四十八卷首一卷　（清）應先烈　（清）許紹編纂　（清）陳楷記彙稿　清嘉慶十九年（1814）刻本　二十册

110000－0143－0017000　PG41/61－1
漢魏六朝百三家集一百三種　（明）張溥輯　明刻本　九十三册　缺七種九卷（蔡中郎集二卷、東漢王叔師集一卷、孔少府集一卷、諸葛丞相集一卷、魏武帝集二卷、牛奇章集一卷、薛司隸集一卷）

110000－0143－0017001　PG41/61－3
漢魏六朝百三家集一百三種　（明）張溥輯　清光緒五年（1879）彭懋謙信述堂刻本　一百册

110000－0143－0017002　PG41/62－1
全上古三代秦漢三國六朝文七百四十六卷　（清）嚴可均校輯　清光緒二十年（1894）刻本　一百册

110000－0143－0017003　PG41/62－2
全上古三代秦漢三國六朝文七百四十六卷　（清）嚴可均校輯　清光緒十三年至十九年（1887－1893）刻本　一百二十六册

110000－0143－0017004　PG41/62－2
全上古三代秦漢三國六朝文七百四十六卷　（清）嚴可均校輯　清光緒十三年至十九年（1887－1893）刻本　一百册

110000－0143－0017005　PG41/64
欽定全唐文一千卷總目三卷　（清）董誥等編　清嘉慶內府刻本　三百十二册

110000－0143－0017006　PG41/64
欽定全唐文一千卷總目三卷　（清）董誥等編　清嘉慶内府刻本　一千册

110000－0143－0017007　PG41/64
欽定全唐文一千卷總目三卷　（清）董誥等編　清嘉慶内府刻本　三百二十册

110000－0143－0017008　PG41/64
欽定全唐文一千卷總目三卷　（清）董誥等編　清嘉慶二十三年（1818）内府刻本　八册　存二十七卷（三百三十二至三百五十八）

110000－0143－0017009　PG41/64－1
欽定全唐文姓氏韻編不分卷　（清）董誥等編　清嘉慶内府刻本　一册

110000－0143－0017010　PG41/65
遼文存六卷附藝文志金石目　繆荃孫輯　清光緒二十二年（1896）來青閣影印本　二册

110000－0143－0017011　PG41/65
遼文存六卷附藝文志金石目　繆荃孫輯　清光緒二十二年（1896）來青閣影印本　二册

110000－0143－0017012　PG41/66
經史百家雜鈔二十六卷　（清）曾國藩纂　（清）李鴻章校刊　清光緒二十年（1894）金城刻本　二十四册

110000－0143－0017013　PG41/66
經史百家雜鈔二十六卷　（清）曾國藩纂　（清）李鴻章校刊　清光緒三十二年（1906）商務印書館鉛印本　十二册

110000－0143－0017014　PG41/69
東甌先正文錄十五卷補遺一卷　（清）陳遇春編輯　（清）金璋參訂　清道光十四年（1834）刻本　十六册

110000－0143－0017015　PG41/70
海豐吴氏文存四卷　吴重熹輯　清宣統二年（1910）刻本　四册

110000－0143－0017016　PG41/71
憑山閣增輯留青新集三十卷　（清）陳枚選　（清）張國泰訂　（清）陳德裕增輯　清康熙四十七年（1708）積秀堂刻本　二十四册

110000－0143－0017017　PG41/71
憑山閣增輯留青新集三十卷　（清）陳枚選　（清）張國泰訂　（清）陳德裕增輯　清康熙四十七年（1708）三讓堂刻本　二十四册

110000－0143－0017018　PG41/74－1
蛻翁所見詩錄前編十卷　（清）葉廷琯輯選　清光緒六年（1880）潘氏滂喜齋刻本　十册

110000－0143－0017019　PG41/74－1
感逝集四卷　（清）葉廷琯輯選　清光緒六年（1880）潘氏滂喜齋刻本　四册

110000－0143－0017020　PG41/74－1
感逝集四卷　（清）葉廷琯輯選　清光緒六年（1880）潘氏滂喜齋刻本　四册

110000－0143－0017021　PG41/76
當湖文繫初編二十八卷　（清）朱壬林纂輯　（清）顧廣譽參訂　清光緒十五年（1889）刻本　十二册

110000－0143－0017022　PG41/77
松陵文錄二十四卷　（清）凌淦輯　清同治十三年（1874）刻本　十二册

110000－0143－0017023　PG41/77
松陵文錄二十四卷　（清）凌淦輯　清同治十三年（1874）刻本　八册

110000－0143－0017024　PG41/77
松陵文錄二十四卷　（清）凌淦輯　清同治十三年（1874）刻本　十二册

110000－0143－0017025　PG41/79
明滇南五名臣遺集　李根源鈔輯　清宣統三年（1911）雲南叢書處刻本　四册

110000－0143－0017026　PG41/82
文章遊戲初編八卷二編八卷三編八卷四編八卷　（清）繆艮輯　清嘉慶二十一年至道光四年（1816－1824）刻本　十六册

110000－0143－0017027　PG41/83
家蔭堂彙刻不分卷　（清）周際華輯撰　清道光十九年（1839）周氏家蔭堂刻本　九册

110000－0143－0017028　PG41/85
徐州二遺民集十卷　馮煦輯　清光緒十九年(1893)臨川桂氏刻本　五冊

110000－0143－0017029　PG41/85
徐州二遺民集十卷　馮煦輯　清光緒十九年(1893)臨川桂氏刻本　五冊

110000－0143－0017030　PG41/85
徐州二遺民集十卷　馮煦輯　清光緒十九年(1893)臨川桂氏刻本　五冊

110000－0143－0017031　PG41/86
西泠五布衣遺著　(清)丁丙輯　清同治至光緒錢塘丁氏當歸草堂刻本　十冊

110000－0143－0017032　PG41/86
西泠五布衣遺著　(清)丁丙輯　清同治至光緒錢塘丁氏當歸草堂刻本　八冊

110000－0143－0017033　PG41/86
西泠五布衣遺著　(清)丁丙輯　清同治至光緒錢塘丁氏當歸草堂刻本　八冊

110000－0143－0017034　PG41/87
磁州張氏文徵二卷補遺一卷　(清)張榕端等撰　清光緒十五年(1889)磁州張氏刻本　二冊

110000－0143－0017035　PG41/88
金石文鈔八卷續鈔二卷附刻金薤琳琅原碑目　(清)趙紹祖撰　清光緒二年(1876)刻本　十冊

110000－0143－0017036　PG41/90
悅心集五卷　(清)世宗胤禛輯　清乾隆至嘉慶內府刻本　二冊

110000－0143－0017037　PG41/91
皇朝文典七十四卷　(清)李兆洛編　(清)李淦校刊　清嘉慶二十年(1815)刻本　十四冊

110000－0143－0017038　PG41/91
皇朝文典七十四卷　(清)李兆洛編　(清)李淦校刊　清嘉慶二十年(1815)刻本　十六冊

110000－0143－0017039　PG41/95－2
求實齋叢書十九種　蔣德鈞輯　清光緒湘鄉蔣氏求實齋刻本　十二冊

110000－0143－0017040　PG41/99－1
湘學報類編　(清)湘督學使署編印　清光緒二十四年(1898)湘督學使署刻本　十二冊

110000－0143－0017041　PG41/103
升菴全蜀秇文志六十四卷　(明)楊慎纂　(清)譚言藹等校　清嘉慶二十二年(1817)樂山張汝傑讀月草堂刻本　十六冊

110000－0143－0017042　PG41/107－1
十種古逸書　(清)茆泮林輯　清道光二十二年(1842)高郵茆氏梅瑞軒刻本　十冊

110000－0143－0017043　PG41/107－1
十種古逸書　(清)茆泮林輯　清道光二十二年(1842)高郵茆氏梅瑞軒刻本　八冊

110000－0143－0017044　PG41/107－1
十種古逸書　(清)茆泮林輯　清道光十四年(1834)高郵茆氏梅瑞軒刻本　一冊　存九卷(莊子注一卷、補遺一卷、音一卷、逸篇一卷、逸語一卷、逸篇注補遺一卷、音補遺一卷、注又補遺一卷、疑義一卷)

110000－0143－0017045　PG41/107－1
十種古逸書　(清)茆泮林輯　清道光十四年(1834)高郵茆氏梅瑞軒刻本　八冊

110000－0143－0017046　PG41/108
蜀秀集九卷　(清)譚宗浚編　清光緒五年(1879)成都試院刻本　八冊

110000－0143－0017047　PG41/108
蜀秀集九卷　(清)譚宗浚編　清光緒五年(1879)成都試院刻本　八冊

110000－0143－0017048　PG41/112
國朝文錄八十二卷　(清)姚椿輯　清光緒二十六年(1900)埽葉山房石印本　十六冊

110000－0143－0017049　PG41/112
國朝文錄八十二卷　(清)姚椿輯　清咸豐元年(1851)張祥河終南山館刻本　三十二冊

110000－0143－0017050　PG41/112－1
國朝文錄八十二卷　(清)李祖陶輯　清道光

十九年(1839)瑞州府鳳儀書院刻本　二十九冊

110000－0143－0017051　PG41/112－1
國朝文錄八十二卷　(清)姚椿輯　清咸豐元年(1851)張祥河終南山館刻本　三十二冊

110000－0143－0017052　PG41/112－1
國朝文錄續編六十五卷　(清)李祖陶輯　清同治七年(1868)敖陽李氏刻本　二十六冊

110000－0143－0017053　PG41/112－1
金元明八大家文選五十三卷　(清)李祖陶輯　清道光二十五年(1845)刻本　二十一冊

110000－0143－0017054　PG41/112－1
史論五種　(清)李祖陶撰　清同治十年(1871)刻本　四冊

110000－0143－0017055　PG41/114
國朝中州名賢集十卷首一卷末一卷　(清)黃舒昺編輯　清光緒十九年(1893)中州明道書院刻本　十二冊

110000－0143－0017056　PG41/117
月河精舍叢鈔五種　(清)丁寶書輯　清光緒六年(1880)苕溪丁氏刻本　二十冊

110000－0143－0017057　PG41/117
月河精舍叢鈔五種　(清)丁寶書輯　清光緒六年(1880)苕溪丁氏刻本　十九冊

110000－0143－0017058　PG41/120
重編留青新集二十四卷　(清)陳枚原輯　(清)伊□重編　清光緒十六年(1890)鉛印本　十二冊

110000－0143－0017059　PG41/121
粵十三家集十三種　(清)伍元薇輯　清道光二十年(1840)南海伍氏詩雪軒刻本　四十冊

110000－0143－0017060　PG41/121－1
粵十三家集十三種　(清)伍元薇輯　清道光二十年(1840)南海伍氏詩雪軒刻本　三十六冊

110000－0143－0017061　PG41/122
劒客叢譔　毛乃庸撰　清光緒至宣統刻本　一冊　存四種九卷(劒客駢文藁一卷、劒客詩藁五卷、劒客詞藁一卷、遼進士考二卷)

110000－0143－0017062　PG41/125
半樹齋文四卷　(清)戈襄撰　清嘉慶元和戈氏刻本　一冊

110000－0143－0017063　PG41/126
同人集十二卷　(清)冒襄輯　清咸豐九年(1859)冒溶木活字印本　十二冊

110000－0143－0017064　PG41/128
桃花潭文徵六卷　(清)翟大程編輯　清光緒三十年(1904)涇川翟氏刻本　六冊

110000－0143－0017065　PG41/129
經史百家簡編二卷　(清)曾國藩纂　(清)曾國荃審訂　清同治十三年(1874)傳忠書局刻本　二冊

110000－0143－0017066　PG41/129
經史百家簡編二卷　(清)曾國藩纂　(清)曾國荃審訂　清同治十三年(1874)傳忠書局刻本　二冊

110000－0143－0017067　PG41/134
宮閨文選二十六卷附宮閨姓氏小錄　(清)周壽昌輯訂　清道光二十六年(1846)小蓬萊山館刻本　四冊

110000－0143－0017068　PG41/134
宮閨文選二十六卷附宮閨姓氏小錄　(清)周壽昌輯訂　清道光二十六年(1846)小蓬萊山館刻本　八冊

110000－0143－0017069　PG41/135
錫山文集二十卷附姓名總目　(清)王史直初編　(清)王史鑑續編　(清)華湛恩重編　清道光二十年(1840)華湛恩刻本　十冊

110000－0143－0017070　PG41/135－1
錫山文集二十卷附姓名總目　(清)王史直初編　(清)王史鑑續編　(清)華湛恩重編　清道光二十年(1840)華湛恩刻本　八冊

110000－0143－0017071　PG41/136
先儒論說不分卷　(清)□□輯　清光緒二十

九年(1903)愛日堂刻本　四冊

110000－0143－0017072　PG41/139
普天忠憤全集十四卷　(清)孔廣德編定　清光緒二十四年(1898)石印本　八冊

110000－0143－0017073　PG41/139－1
普天忠憤全集十四卷　(清)孔廣德編定　清光緒二十一年(1895)石印本　十二冊

110000－0143－0017074　PG41/139－1
普天忠憤全集十四卷　(清)孔廣德編定　清光緒二十一年(1895)石印本　十二冊

110000－0143－0017075　PG41/139－1
普天忠憤全集十四卷　(清)孔廣德編定　清光緒二十一年(1895)石印本　十二冊

110000－0143－0017076　PG41/139－1
普天忠憤全集十四卷　(清)孔廣德編定　清光緒二十一年(1895)石印本　十二冊

110000－0143－0017077　PG41/141
原獻文錄四卷原獻詩錄三卷原故文錄一卷坿原故詩錄一卷　(清)賀瑞麟編輯　(清)焦雲龍鑒定　清光緒五年至六年(1879－1880)刻本　八冊

110000－0143－0017078　PG41/142
鄮峯真隱漫錄五十卷　(宋)史浩撰　(宋)周鑄編　清光緒二十六年(1900)刻本　九冊

110000－0143－0017079　PG41/144
三歸草二卷　(明)鹿善繼著　清同治至宣統刻本　二冊

110000－0143－0017080　PG41/145
開通中國第一哲學大家嚴侯官先生全集十四卷　嚴復著　中國願學子輯　清光緒元年至民國十五年(1875－1926)石印本　十六冊

110000－0143－0017081　PG41/150
蛟川先正文存二十卷附補遺　(清)陳繼聰等編輯　清光緒七年(1881)刻本　十冊

110000－0143－0017082　PG41/152
歸餘鈔四卷　(清)高塘集評　清乾隆五十三年(1788)廣郡永邑培元堂楊氏刻本　八冊

110000－0143－0017083　PG41/153
黃巖集三十二卷首一卷　(清)王子莊　(清)王子常輯　清光緒三年(1877)刻本　十四冊

110000－0143－0017084　PG41/153
黃巖集三十二卷首一卷　(清)王子莊　(清)王子常輯　清光緒三年(1877)刻本　十四冊

110000－0143－0017085　PG41/155
容城三賢文集三種十二卷　(清)張斐然等輯　清道光十六年(1836)正義書院刻本　十二冊

110000－0143－0017086　PG41/155
容城三賢文集三種十二卷　(清)張斐然等輯　清道光十六年(1836)正義書院刻本　十二冊

110000－0143－0017087　PG41/157
援鶉堂文集六卷　(清)姚範撰　清嘉慶十九年(1814)刻本　二冊

110000－0143－0017088　PG41/158
費邑藝文存三卷　(清)楊佑廷　(清)陳世昌等輯　清光緒二十五年至二十六年(1899－1900)趙漢圖等刻本　二冊

110000－0143－0017089　PG41/160
江右古文選四十卷　(清)應麟評定　清乾隆三十一年(1766)宜黃應麟屏山堂刻本　二十冊

110000－0143－0017090　PG41/163
淮安藝文志十卷　(清)□□輯　清同治十二年(1873)刻本　一冊　存二卷(一至二)

110000－0143－0017091　PG41/163
淮安藝文志十卷　(清)□□輯　清同治十二年(1873)刻本　八冊

110000－0143－0017092　PG41/163
淮安藝文志十卷　(清)□□輯　清同治十二年(1873)刻本　八冊

110000－0143－0017093　PG41/164
莆陽文輯五卷國朝莆陽詩輯四卷　(清)涂慶瀾編　清光緒二十五年(1899)涂慶瀾荔隱山

房刻本　五册　存五卷(莆陽文輯五卷)

110000 - 0143 - 0017094　PG41/164
莆陽文輯五卷國朝莆陽詩輯四卷　(清)涂慶瀾編　清光緒二十五年至二十七年(1899 - 1901)涂慶瀾荔隱山房刻本　七册

110000 - 0143 - 0017095　PG41/165
燼餘志過錄二卷　(清)馬先登輯　清同治九年(1870)馬氏敦倫堂刻本　二册

110000 - 0143 - 0017096　PG41/167
凌谿先生集十八卷附錄　(明)朱應登撰　清道光十五年(1835)宜祿堂刻本　二册

110000 - 0143 - 0017097　PG41/167
凌谿先生集十八卷附錄　(明)朱應登撰　清道光十五年(1835)宜祿堂刻本　四册

110000 - 0143 - 0017098　PG41/172
朱氏傳芳集八卷首三卷　(清)朱次琦　(清)朱宜城輯　清咸豐十一年(1861)南海朱氏刻本　五册

110000 - 0143 - 0017099　PG41/177
登壇必究四十卷　(明)王鳴鶴輯　清道光元年至同治十三年(1821 - 1874)刻本　三十四册

110000 - 0143 - 0017100　PG41/182
唐文粹一百卷附補遺二十六卷　(宋)姚鉉纂　清光緒十六年(1890)許氏榆園刻十八年(1892)增刻本　二十四册

110000 - 0143 - 0017101　PG41/182
五朝文錄九種　(宋)姚鉉等輯　清光緒九年至二十一年(1883 - 1895)江蘇書局刻本　一百六册

110000 - 0143 - 0017102　PG41/183 - 1
縉雲文徵二十卷補編　(清)湯成烈編錄　清道光三十年(1850)五雲書院刻本　八册

110000 - 0143 - 0017103　PG41/184
兩漢策要十二卷　(宋)陶叔獻輯　清光緒十三年(1887)同文書局石印本　八册　缺一卷(三)

110000 - 0143 - 0017104　PG41/184
兩漢策要十二卷　(宋)陶叔獻輯　清光緒十三年(1887)同文書局石印本　八册　缺一卷(三)

110000 - 0143 - 0017105　PG41/189
文通不分卷文通後編不分卷　(清)□□輯　清道光至光緒刻本　十四册

110000 - 0143 - 0017106　PG41/203
丁戊之間行卷十卷附湘絃詞　易順鼎撰　清光緒五年(1879)刻本　二册

110000 - 0143 - 0017107　PG41/212
續古文苑二十卷　(清)孫星衍撰　清嘉慶十七年(1812)冶城山館刻本　六册

110000 - 0143 - 0017108　PG41/214
風木盦圖題詠一卷　(清)丁丙輯　清光緒二十六年(1900)刻本　一册

110000 - 0143 - 0017109　PG41/220
中州名賢文表三十卷　(明)劉昌輯　清光緒三十年(1904)海虞邵氏石印本　六册

110000 - 0143 - 0017110　PG411/1 - 1
文章正宗復刻三十卷　(宋)真德秀編　清同治三年(1864)刻本　三十册

110000 - 0143 - 0017111　PG411/4
唐文粹一百卷　(宋)姚鉉輯　**唐文粹補遺二十六卷**　(清)郭麐補遺　清光緒九年至十一年(1883 - 1885)江蘇書局刻本　二十册

110000 - 0143 - 0017112　PG411/4
唐文粹一百卷　(宋)姚鉉輯　**唐文粹補遺二十六卷**　(清)郭麐補遺　清光緒九年至十一年(1883 - 1885)江蘇書局刻本　二十册

110000 - 0143 - 0017113　PG411/4 - 1
唐文粹一百卷　(宋)姚鉉輯　**唐文粹補遺二十六卷**　(清)郭麐補遺　清光緒九年至十一年(1883 - 1885)江蘇書局刻本　二十册

110000 - 0143 - 0017114　PG411/4 - 2
唐文粹一百卷　(宋)姚鉉輯　**唐文粹補遺二十六卷**　(清)郭麐補遺　清光緒九年至十一

年(1883－1885)江蘇書局刻本　十六冊　缺二十六卷(唐文粹補遺二十六卷)

110000－0143－0017115　PG411/4－3
唐文粹一百卷　(宋)姚鉉輯　**唐文粹補遺二十六卷**　(清)郭麐補遺　清光緒九年至十一年(1883－1885)江蘇書局刻本　二十冊

110000－0143－0017116　PG411/12
御選唐宋文醇五十八卷　(清)高宗弘曆輯　清同治武英殿刻四色套印本　二十四冊

110000－0143－0017117　PG411/12
御選唐宋文醇五十八卷　(清)高宗弘曆輯　清光緒三年(1877)浙江書局刻本　六冊　存十四卷(一至十四)

110000－0143－0017118　PG411/12－1
御選唐宋文醇五十八卷　(清)高宗弘曆輯　清光緒三年(1877)浙江書局刻本　二十四冊

110000－0143－0017119　PG411/12－1
御選唐宋文醇五十八卷　(清)高宗弘曆輯　清光緒三年(1877)浙江書局刻本　二十冊

110000－0143－0017120　PG411/13
文選六十卷考異十卷　(南朝梁)蕭統撰　(唐)李善注　清同治八年(1869)湖北崇文書局刻本　二十四冊

110000－0143－0017121　PG411/13
文選六十卷考異十卷　(南朝梁)蕭統撰　(唐)李善注　清同治八年(1869)湖北崇文書局刻本　二十四冊

110000－0143－0017122　PG411/13
文選六十卷考異十卷　(南朝梁)蕭統撰　(唐)李善注　清同治八年(1869)湖北崇文書局刻本　二十四冊

110000－0143－0017123　PG411/13
文選六十卷考異十卷　(南朝梁)蕭統撰　(唐)李善注　清同治八年(1869)湖北崇文書局刻本　二十四冊

110000－0143－0017124　PG411/14
文選六十卷考異十卷　(南朝梁)蕭統撰　(唐)李善注　清嘉慶十四年(1809)胡克家刻本　二十四冊

110000－0143－0017125　PG411/14
文選六十卷　(南朝梁)蕭統撰　(唐)李善注　清乾隆三十七年(1772)海錄軒刻朱墨套印本　十六冊

110000－0143－0017126　PG411/14－2
文選六十卷考異十卷　(南朝梁)蕭統撰　(唐)李善注　(清)胡克家校　清同治八年(1869)潯陽萬本儀刻本　二十四冊

110000－0143－0017127　PG411/14－2
文選六十卷考異十卷　(南朝梁)蕭統撰　(唐)李善注　(清)胡克家校　清同治八年(1869)潯陽萬本儀刻本　二十四冊

110000－0143－0017128　PG411/14－2
文選六十卷考異十卷　(南朝梁)蕭統撰　(唐)李善注　(清)胡克家校　清宣統三年(1911)會文堂粹記書局石印本　十六冊

110000－0143－0017129　PG411/14－4
文選六十卷考異十卷　(南朝梁)蕭統撰　(唐)李善注　(清)胡克家校　清宣統三年(1911)會文堂粹記書局石印本　十六冊

110000－0143－0017130　PG411/14－9
文選六十卷考異十卷　(南朝梁)蕭統撰　(唐)李善注　(清)胡克家校　清宣統三年(1911)上海會文堂書局石印本　十六冊　缺十卷(考異十卷)

110000－0143－0017131　PG411/14－9
文選六十卷考異十卷　(南朝梁)蕭統撰　(唐)李善注　(清)胡克家校　清宣統三年(1911)上海會文堂書局石印本　十六冊

110000－0143－0017132　PG411/14－9
文選六十卷考異十卷　(南朝梁)蕭統撰　(唐)李善注　(清)胡克家校　清宣統三年(1911)上海會文堂書局石印本　十六冊

110000－0143－0017133　PG411/14－11
文選六十卷　(南朝梁)蕭統撰　(唐)李善注

清光緒元年(1875)尊經書院刻本　十册

110000－0143－0017134　PG411/14－12
文選六十卷　(南朝梁)蕭統撰　(唐)李善注　清中期海錄軒刻本　十二册

110000－0143－0017135　PG411/14－12
文選六十卷考異十卷　(南朝梁)蕭統撰　(唐)李善注　清光緒十一年(1885)雙桂堂刻本　十二册

110000－0143－0017136　PG411/15
重訂文選集評十五卷首一卷末一卷　(清)于光華編次　清同治十一年(1872)江蘇書局刻本　十六册

110000－0143－0017137　PG411/17
三蘇策論文選六卷　(清)朱若旦編次　清康熙五十七年(1718)三義堂刻本　六册

110000－0143－0017138　PG411/18
御選唐宋文醇五十八卷　(清)高宗弘曆御選　清光緒三年(1877)湖南書局刻十八年(1892)重刻本　十六册

110000－0143－0017139　PG411/18
御選唐宋文醇五十八卷　(清)高宗弘曆御選　清光緒三年(1877)浙江書局刻本　二十册

110000－0143－0017140　PG411/20
唐文粹一百卷　(宋)姚鉉輯　**唐文粹補遺二十六卷**　(清)郭麐補遺　清光緒十六年(1890)許氏榆園刻十八年(1892)續刻本　二十册

110000－0143－0017141　PG411/20
唐文粹一百卷　(宋)姚鉉輯　**唐文粹補遺二十六卷**　(清)郭麐補遺　清光緒十六年(1890)許氏榆園刻十八年(1892)續刻本　二十册

110000－0143－0017142　PG411/20
唐文粹一百卷　(宋)姚鉉輯　**唐文粹補遺二十六卷**　(清)郭麐補遺　清光緒十六年(1890)許氏榆園刻十八年(1892)續刻本　二十册

110000－0143－0017143　PG411/20
唐文粹一百卷　(宋)姚鉉輯　**唐文粹補遺二十六卷**　(清)郭麐補遺　清光緒十六年(1890)許氏榆園刻十八年(1892)續刻本　二十册

110000－0143－0017144　PG411/20－1
唐文粹補遺二十六卷　(清)郭麐纂　清光緒十六年(1890)許氏榆園刻十七年(1891)續刻本　四册

110000－0143－0017145　PG411/22
明八大家集六十二卷　(清)張汝瑚輯　清康熙溫陵書林暨郢雪書林刻本　五册　存二種十八卷(劉文成集五卷、王文成集十三卷)

110000－0143－0017146　PG411/28
桐城吴氏古文讀本十三卷　(清)吳汝綸評選　清光緒三十四年(1908)上海文明書局鉛印本　四册

110000－0143－0017147　PG411/29
文章軌範七卷　(宋)謝枋得批點　清光緒三十四年(1908)志古堂刻本　二册

110000－0143－0017148　PG411/30
常郡八邑藝文志十二卷　(清)盧文弨纂定　(清)莊翊昆校補　清光緒十六年(1890)刻本　十六册

110000－0143－0017149　PG411/30
常郡八邑藝文志十二卷　(清)盧文弨纂定　(清)莊翊昆校補　清光緒十六年(1890)刻本　十六册

110000－0143－0017150　PG411/30
常郡八邑藝文志十二卷　(清)盧文弨纂定　(清)莊翊昆校補　清光緒十六年(1890)刻本　十六册

110000－0143－0017151　PG411/30
常郡八邑藝文志十二卷　(清)盧文弨纂定　(清)莊翊昆校補　清光緒十六年(1890)刻本　十六册

110000－0143－0017152　PG411/30

常郡八邑藝文志十二卷　(清)盧文弨纂定　(清)莊翊昆校補　清光緒十六年(1890)刻本　十六册

110000－0143－0017153　PG411/39
文選筆記八卷　(清)許巽行撰　清光緒五年至十年(1879－1884)杭州任有容齋刻本　六册

110000－0143－0017154　PG411/40
唐文粹補遺二十六卷　(清)郭麐纂　清光緒十一年(1885)江蘇書局刻本　四册

110000－0143－0017155　PG411/42
海陵文徵二十卷　(清)夏荃輯　清道光二十三年(1843)夏嘉謨刻光緒九年(1883)鄧清麟補刻本　十二册

110000－0143－0017156　PG411/42－1
海陵文徵二十卷　(清)夏荃輯　清道光二十三年(1843)夏嘉謨刻本　十册

110000－0143－0017157　PG411/42－1
海陵文徵二十卷　(清)夏荃輯　清道光二十三年(1843)夏嘉謨刻本　十册

110000－0143－0017158　PG411/44
文選理學權輿八卷補一卷附文選考異四卷文選李註補正四卷　(清)汪師韓撰　(清)孫志祖輯　清光緒十五年(1889)刻本　八册

110000－0143－0017159　PG411/44
文選理學權輿八卷補一卷附文選考異四卷文選李註補正四卷　(清)汪師韓撰　(清)孫志祖輯　清光緒十五年(1889)刻本　八册

110000－0143－0017160　PG411/47
屈辭精義六卷　(清)陳本禮箋訂　(清)陳逢衡校讀　清嘉慶十七年(1812)江都陳氏裛露軒刻本　六册

110000－0143－0017161　PG411/47
屈辭精義六卷　(清)陳本禮箋訂　(清)陳逢衡校讀　清嘉慶十七年(1812)江都陳氏裛露軒刻本　六册

110000－0143－0017162　PG411/48
文選旁證四十六卷　(清)梁章鉅撰　清光緒八年(1882)刻本　十二册

110000－0143－0017163　PG411/53
聖宋文選全集三十二卷　(宋)□□輯　清光緒八年(1882)郯城于氏刻本　三册

110000－0143－0017164　PG411/54
粵東近體聯章四卷　(清)施紹文選　清光緒五年(1879)刻本　四册

110000－0143－0017165　PG411/59
古今小品八卷　(明)陳天定評選　清光緒元年(1875)德生堂刻本　八册

110000－0143－0017166　PG411/60
聖宋文選全集三十二卷　(宋)□□輯　清嘉慶吳縣黄氏百宋一廛刻本　六册

110000－0143－0017167　PG411/67
古文精藻二卷　(清)李光地編　清抄本　二册

110000－0143－0017168　PG411/73
直墨采真(光緒癸卯)不分卷　(清)京都大西堂評選　清光緒三十年(1904)上海點石齋石印本　六册

110000－0143－0017169　PG411/74
二十家文稿不分卷　(清)朱為弼　(清)李涵編輯　清嘉慶二十四年(1819)經注經齋刻本　六册

110000－0143－0017170　PG411/76
持志編五卷首一卷　(清)楊錫齡　(清)蕭朗峯輯　清嘉慶二十年(1815)刻本　二册

110000－0143－0017171　PG411/78
文苑菁華不分卷　(清)蔣其章輯　清同治十二年(1873)申報館鉛印本　八册

110000－0143－0017172　PG411/79
國朝文徵纂五卷　(□)□□輯　清末抄本　一册

110000－0143－0017173　PG411/80
聞式堂古文選釋八卷　(清)臧岳編次　清三樂齋刻本　八册

110000－0143－0017174　PG411/81
古文雅正十四卷　(清)蔡世遠選評　清光緒二十二年(1896)上海圖書集成印書局鉛印本　四册

110000－0143－0017175　PG411/82
古文雅正十四卷　(清)蔡世遠選評　(清)周鼎銘校刊　清光緒二十一年(1895)周正誼堂刻本　八册

110000－0143－0017176　PG411/83
春明鄉會墨選二卷　(清)陳榮紹評選　清同治九年(1870)刻本　二册

110000－0143－0017177　PG411/84
漢魏六朝女子文選二卷　(清)張維學輯　清宣統三年(1911)海鹽朱昰刻本　一册

110000－0143－0017178　PG411/85
銅梁吴氏一家言集古三種　(清)吴氏輯　清光緒銅梁吴氏刻本　一册

110000－0143－0017179　PG411/86
國朝文才調集不分卷　(清)許振禕編集　(清)鄧輔綸參訂　清光緒十九年(1893)刻本　十四册

110000－0143－0017180　PG411/86
明文才調集不分卷　(清)許振禕編集　(清)鄧輔綸參訂　清光緒十九年(1893)刻本　十四册

110000－0143－0017181　PG411/88
天崇合編四卷　(清)吴懋政　(清)朱芬評選　清光緒十六年(1890)朝陽巷德裕棧刻本　八册

110000－0143－0017182　PG411/89
姚牧菴先生文選二卷首一卷　(元)姚燧撰　(清)李祖陶評點　清道光二十五年(1845)刻本　二册

110000－0143－0017183　PG411/90
本朝十二家精選十二種　(清)何飛鳳輯　(清)何忠相校訂　清乾隆三十六年(1771)刻本　六册

110000－0143－0017184　PG411/95
國朝儒林正論四卷　(清)汪正編　清道光二十年(1840)刻本　一册

110000－0143－0017185　PG411/97
硯北偶鈔十二種十七卷　(清)姚培謙　(清)張景星輯　清乾隆二十七年(1762)姚氏草草巢刻本　四册　缺六卷(佩觿二卷、書品一卷、古畫品錄一卷、後畫品錄一卷、端溪硯譜一卷)

110000－0143－0017186　PG411/99
皇朝古學類編十四卷首一卷　(清)姚燮選　(清)張壽榮校刊　清光緒二十一年(1895)玉軸山房石印本　八册

110000－0143－0017187　PG411/100
國朝名文春霆集不分卷附近科制藝春霆集不分卷　(清)李鳴謙　(清)吴承緒選輯　清光緒二十年(1894)李經楚經綸堂刻本　六册

110000－0143－0017188　PG411/105
顧學錄不分卷　(清)□□輯　清末抄本　四册

110000－0143－0017189　PG411/106
穆克登阿雜鈔不分卷　(清)穆克登阿輯　清乾隆至嘉慶抄本　八册

110000－0143－0017190　PG411/109
韓愈文鈔不分卷　(唐)韓愈撰　清乾隆至嘉慶抄本　二册

110000－0143－0017191　PG411/110
任氏述記四卷　(清)任兆麟述編　清光緒十年(1884)閒雲精舍刻本　四册

110000－0143－0017192　PG411/116
名雋初集六卷　(清)戴咸弼編　清光緒五年(1879)嘉善愛暉書屋刻本　四册

110000－0143－0017193　PG411/117
紗籠文選八卷　(清)釋含澈纂述　(清)釋融琢校刊　清光緒十一年(1885)新繁龍藏寺刻本　八册

110000－0143－0017194　PG411/119

類纂古文雲蒸六卷　(清)燕毅輯　清光緒三年(1877)南州亦政書齋刻本　六冊

110000－0143－0017195　PG411/119
國朝文述初編不分卷　(清)王鋆編　清道光二十二年(1842)藝海堂刻本　七冊　缺一類(闡道)

110000－0143－0017196　PG411/125
海峰先生精選八家文鈔附劉海峰稿惜抱軒稿　(清)劉大櫆輯　(清)曾紀雲　(清)歐陽霖同校　清光緒二年(1876)劉氏刻本　六冊

110000－0143－0017197　PG411/127
古歡堂選不分卷　(清)田雯輯　清山薑書屋抄本　四冊

110000－0143－0017198　PG411/128
逍遙遊室雜箸不分卷　(□)□□輯　清末至民國初抄本　二冊

110000－0143－0017199　PG411/129
遼文萃七卷附遼史藝文志補證一卷　王仁俊輯　清光緒三十年(1904)鉛印本　一冊

110000－0143－0017200　PG411/129
西夏文綴二卷附西夏藝文志一卷　王仁俊輯　清光緒三十年(1904)鉛印本　與110000－0143－0017199合冊

110000－0143－0017201　PG411/131
唐宋八大家文鈔十九卷首一卷　(清)張伯行輯　(清)楊浚重輯　清同治八年(1869)福州正誼書院重刻本　十冊

110000－0143－0017202　PG411/136
七家文鈔七卷　(清)陸繼輅　(清)薛玉堂輯　清道光元年(1821)刻本　二冊

110000－0143－0017203　PG411/141
滇南文畧四十七卷首一卷　(清)袁文揆輯　(清)張登瀛纂　清光緒二十六年(1900)五華書院重刻本　二十四冊

110000－0143－0017204　PG411/142
八代文粹四集二百二十卷目錄十八卷　(清)簡燊　(清)陳崇哲編　清光緒十一年(1885)富順考雋堂刻本　七十六冊

110000－0143－0017205　PG411/152
文選六十卷　(南朝梁)蕭統撰　(唐)李善注　清光緒九年(1883)尊經書院刻本　十二冊

110000－0143－0017206　PG411/153
陳太僕批選八家文鈔九卷　(清)陳兆崙輯　清光緒二十六年(1900)文美齋石印本　五冊

110000－0143－0017207　PG411/154
分類文腋八卷　(清)李楨選　(清)李煒批註　清道光二年(1822)拜經堂刻本　四冊

110000－0143－0017208　PG411/155
唐文續拾十六卷　(清)陸心源輯　清光緒十四年(1888)歸安陸氏刻本　六冊

110000－0143－0017209　PG412/1
古文淵鑒六十四卷　(清)徐乾學等編注　清同治十二年(1873)浙江書局刻本　三十二冊

110000－0143－0017210　PG412/1
古文淵鑒六十四卷　(清)徐乾學等編注　清康熙刻五色套印本　二十八冊　缺二十二卷(一至九、二十三至三十五)

110000－0143－0017211　PG412/1
古文淵鑒六十四卷　(清)徐乾學等編注　清刻本　四十八冊

110000－0143－0017212　PG412/1－1
古香齋新刻袖珍御選古文淵鑒六十四卷　(清)徐乾學等編注　清刻本　三十冊

110000－0143－0017213　PG412/1－2
古文淵鑒六十四卷　(清)徐乾學等編注　清刻本　二十四冊

110000－0143－0017214　PG412/1－2
古文淵鑒六十四卷　(清)徐乾學等編注　清刻本　三十二冊

110000－0143－0017215　PG412/1－2
古文淵鑒六十四卷　(清)徐乾學等編注　清刻本　三十二冊

110000－0143－0017216　PG412/2

古文辭類纂七十四卷 (清)姚鼐纂集 **續古文辭類纂三十四卷** 王先謙纂集 清光緒三十三年(1907)商務印書館鉛印本 八册 缺十七卷(古文辭類纂二十一至三十、六十八至七十四)

110000-0143-0017217 PG412/2
古文辭類纂七十四卷 (清)姚鼐纂集 **續古文辭類纂三十四卷** 王先謙纂集 清光緒三十三年(1907)商務印書館鉛印本 十二册

110000-0143-0017218 PG412/2
古文辭類纂七十四卷 (清)姚鼐纂集 **續古文辭類纂三十四卷** 王先謙纂集 清光緒三十三年(1907)商務印書館鉛印本 十二册

110000-0143-0017219 PG412/2
古文辭類纂七十四卷 (清)姚鼐纂集 **續古文辭類纂三十四卷** 王先謙纂集 清光緒三十三年(1907)商務印書館鉛印本 十册 缺十六卷(續古文辭類纂一至十六)

110000-0143-0017220 PG412/2-2
續古文辭類纂三十四卷 王先謙纂集 清光緒八年(1882)長沙王氏刻本 八册

110000-0143-0017221 PG412/3
晚邨先生八家古文精選不分卷 (清)呂留良輯 清康熙刻本 四册

110000-0143-0017222 PG412/6
古文辭類纂十五卷 (清)姚鼐纂集 清光緒十六年(1890)文瑞樓鉛印本 六册

110000-0143-0017223 PG412/6
古文辭類纂十五卷 (清)姚鼐 **續古文辭類纂十卷** 王先謙纂集 清光緒十六年(1890)文瑞樓鉛印本 十册

110000-0143-0017224 PG412/6-2
古文辭類纂七十四卷 (清)姚鼐纂集 清道光元年至三十年(1821-1850)合河康紹鏞刻本 十二册

110000-0143-0017225 PG412/6-3
古文辭類纂七十五卷 (清)姚鼐纂集 清光緒至宣統刻本 二十册

110000-0143-0017226 PG412/6-3
古文辭類纂七十四卷 (清)姚鼐纂集 清道光合河康紹鏞家塾刻本 六册 存三十卷(文三十卷)

110000-0143-0017227 PG412/6-6
古文辭類纂七十四卷 (清)姚鼐纂集 清同治八年(1869)江蘇書局鉛印本 十二册

110000-0143-0017228 PG412/6-8
古文辭類纂七十四卷 (清)姚鼐纂集 清光緒二十六年(1900)新化三味書室刻本 十六册

110000-0143-0017229 PG412/6-9
古文辭類纂七十五卷 (清)姚鼐纂集 清道光五年(1825)吳啟昌刻本 十二册

110000-0143-0017230 PG412/9
古文淵鑒六十四卷 (清)徐乾學等編注 清同治十二年(1873)浙江書局刻本 三十二册

110000-0143-0017231 PG412/13-1
精校古文析義合編 (清)林雲銘評注 清宣統元年(1909)石印本 十册

110000-0143-0017232 PG412/14
東西季漢文十五卷 (明)張運泰 (明)余元熹彙評 明末刻本 十册

110000-0143-0017233 PG412/15
書業堂重訂古文釋義新編八卷 (清)余誠評注 清道光八年(1828)書業元記刻本 四册

110000-0143-0017234 PG412/15-2
寶興堂重訂古文釋義新編八卷 (清)余誠評注 清光緒二十五年(1899)刻本 八册

110000-0143-0017235 PG412/16
文成堂重訂古文釋義新編八卷 (清)余誠評注 清光緒十七年(1891)京都文成堂刻本 八册

110000-0143-0017236 PG412/16
善成堂重訂古文釋義新編八卷 (清)余誠評注 清光緒十年(1884)善成堂刻本 八册

110000－0143－0017237　PG412/16
書業堂重訂古文釋義新編八卷　（清）余誠評注　清聚文堂刻本　八册

110000－0143－0017238　PG412/16－1
重訂古文釋義新編八卷　（清）余誠評注　清宣統三年（1911）上海書局鉛印本　八册

110000－0143－0017239　PG412/20
古文分編集評初集五卷二集五卷三集八卷四集四卷　（清）于在衡裁定　（清）于光華編次　清乾隆四十年（1775）友于堂刻本　二十册

110000－0143－0017240　PG412/20－1
古文分編集評三集八卷　（清）于在衡裁定　（清）于光華編次　清末刻本　六册　存六卷（一至六）

110000－0143－0017241　PG412/21
續古文苑二十卷　（清）孫星衍輯　清光緒九年（1883）刻本　六册

110000－0143－0017242　PG412/21
續古文苑二十卷　（清）孫星衍輯　清光緒九年（1883）刻本　六册

110000－0143－0017243　PG412/21
續古文苑二十卷　（清）孫星衍輯　清嘉慶十七年（1812）蘭陵孫氏刻本　八册

110000－0143－0017244　PG412/21
續古文苑二十卷　（清）孫星衍輯　清光緒九年（1883）刻本　六册

110000－0143－0017245　PG412/23
古文詞畧二十四卷　（清）梅曾亮編　清同治六年（1867）合肥李氏刻本　五册

110000－0143－0017246　PG412/24
古文苑二十一卷　（宋）章樵注　清光緒十二年（1886）江蘇書局刻本　四册

110000－0143－0017247　PG412/27－1
古文觀止十二卷　（清）吳乘權　（清）吳大職輯　清刻本　六册

110000－0143－0017248　PG412/27－2
古文觀止十二卷　（清）吳乘權　（清）吳大職輯　清光緒二十一年（1895）永康胡氏退補齋刻本　六册

110000－0143－0017249　PG412/31
存我軒偶錄不分卷　（清）陸鍾渭撰　清光緒二十九年（1903）崇實學社石印本　一册

110000－0143－0017250　PG412/33
古文筆法二十卷　（清）李扶九輯　（清）黄仁黼評　清末上海進步書局石印本　四册

110000－0143－0017251　PG412/35
古文摭逸八卷　（清）傅以成輯　清同治七年（1868）傅培梅刻本　四册

110000－0143－0017252　PG412/36
古文翼八卷　（清）唐德宜編　清光緒十九年（1893）湖南經國書局刻本　十册

110000－0143－0017253　PG412/37
七朝古文七種　（□）□□編　清光緒江蘇書局刻本　八十六册

110000－0143－0017254　PG412/40
十種古逸書三十卷　（清）茆泮林編　清道光十四年（1834）梅瑞軒刻本　三册

110000－0143－0017255　PG412/41
和文釋例不分卷　（清）吳啓孫輯解　清光緒二十八年（1902）上海文明書局鉛印本　二册

110000－0143－0017256　PG412/42
國朝古文彙鈔二集一百卷　（清）楊文蓀輯　清道光二十六年（1846）刻本　四十册

110000－0143－0017257　PG412/43
唐宋四選四種　（清）孫琮原選　（清）龔舜錫參訂　清康熙五十四年（1715）刻本　十册

110000－0143－0017258　PG412/45
古文喈鳳新編八卷　（清）汪基輯　清學庫山房刻本　八册

110000－0143－0017259　PG412/47
唐宋八家鈔八卷　（清）高嵣集評　清道光二十二年（1842）藜照書屋刻本　八册

110000－0143－0017260　PG412/46

唐宋八家文百篇不分卷 （清）劉大櫆輯 清道光三十年(1850)刻本 二册

110000－0143－0017261 PG412/48
國朝古文所見集十三卷 （清）陳兆麒撰 清道光二年(1822)一枝山房刻本 四册

110000－0143－0017262 PG412/49－1
東萊先生古文關鍵二卷 （宋）呂祖謙評（宋）蔡文子注 （清）徐樹屏考異 清光緒二十四年(1898)江蘇書局刻本 二册

110000－0143－0017263 PG412/50
古文選七種 （清）儲欣選評 清光緒九年(1883)静遠堂刻本 二十四册

110000－0143－0017264 PG412/51
古文雅正十四卷 （清）蔡世遠輯 清嘉慶九年(1804)陝甘學政康綸鈞刻本 四册

110000－0143－0017265 PG412/53
新鐫紹聞堂精選古文覺斯八卷 （清）過珙評選 清康熙十一年至三十年(1672－1691)敦化堂刻本 五册

110000－0143－0017266 PG412/54
津門古文所見錄四卷 （清）郭師泰編次 清光緒十八年(1892)華景安刻本 四册

110000－0143－0017267 PG412/62
集虚齋學古文十二卷 （清）方椉如撰 清光緒十年(1884)淳安縣署刻本 四册

110000－0143－0017268 PG412/63
文章軌範七卷 （宋）謝枋得評選 清刻本 四册

110000－0143－0017269 PG412/63
司馬溫公稽古錄二十卷 （宋）司馬光撰 清同治十一年(1872)湖北崇文書局刻本 四册

110000－0143－0017270 PG413/1
道咸同光四朝詩史乙集八卷 孫雄輯 清宣統三年(1911)刻本 九册

110000－0143－0017271 PG413/1
示樸齋駢體文六卷 （清）錢振倫撰 清同治六年(1867)袁浦崇實書院刻本 一册

110000－0143－0017272 PG413/1
示樸齋駢體文六卷 （清）錢振倫撰 清同治六年(1867)袁浦崇實書院刻本 二册

110000－0143－0017273 PG413/1
示樸齋駢體文六卷 （清）錢振倫撰 清同治六年(1867)袁浦崇實書院刻本 二册

110000－0143－0017274 PG413/2
青芝山館駢體文集二卷 （清）樂鈞撰 清光緒十六年(1890)刻本 一册

110000－0143－0017275 PG413/3
文莫室駢文一卷 王樹枏撰 清光緒十一年(1885)刻本 一册

110000－0143－0017276 PG413/4
有正味齋駢體文二十四卷 （清）吳錫麒撰 清嘉慶錢塘吳氏刻本 六册

110000－0143－0017277 PG413/5
國朝八家四六文鈔九卷 （清）吳鼒輯 清嘉慶三年(1798)刻光緒五年(1879)紫文閣補刻本 四册

110000－0143－0017278 PG413/7
國朝駢體正宗十二卷 （清）曾燠輯 清同治十三年(1874)刻本 六册

110000 0143－0017279 PG413/7
國朝駢體正宗十二卷 （清）曾燠輯 清嘉慶十一年(1806)刻本 六册

110000－0143－0017280 PG413/9
移華館駢體文四卷 （清）董基誠 （清）董祐誠撰 清咸豐九年(1859)刻本 二册

110000－0143－0017281 PG413/10
八家四六文註八卷附補註 （清）吳鼒輯（清）許貞幹註 清光緒十八年(1892)鉛印本 八册

110000－0143－0017282 PG413/10
八家四六文注八卷首一卷 （清）吳鼒輯（清）許貞幹注 清光緒十七年(1891)刻本 八册

110000－0143－0017283 PG413/10

八家四六文注八卷首一卷　(清)吴鼒輯　(清)許貞幹注　清光緒十七年(1891)刻本　八册

110000－0143－0017284　PG413/11－1
宋四六選二十四卷　(清)彭元瑞選　(清)曹振鏞編　清宣統二年(1910)南通州翰墨林書局鉛印本　十册

110000－0143－0017285　PG413/12
國朝常州駢體文錄三十一卷附結一宧駢體文一卷　屠寄輯　清光緒十六年(1890)刻本　八册

110000－0143－0017286　PG413/12
國朝常州駢體文錄三十一卷附結一宧駢體文一卷　屠寄輯　清光緒十六年(1890)刻本　十六册

110000－0143－0017287　PG413/12
國朝常州駢體文錄三十一卷附結一宧駢體文一卷　屠寄輯　清光緒十六年(1890)刻本　八册

110000－0143－0017288　PG413/13
四六叢話三十三卷　(清)孫梅輯　清光緒七年(1881)刻本　十二册

110000－0143－0017289　PG413/15
縵雅堂駢體文八卷　(清)王詒壽撰　清光緒六年(1880)許氏娛園刻本　二册

110000－0143－0017290　PG413/18
師鄭堂駢體文存二卷　孫同康撰　(清)李慈銘鑒定　清光緒二十一年(1895)刻本　一册

110000－0143－0017291　PG413/18
師鄭堂駢體文存二卷　孫同康撰　(清)李慈銘鑒定　清光緒二十一年(1895)刻本　一册

110000－0143－0017292　PG413/19
桂之華軒文集五卷　(清)朱銘盤撰　清光緒三十二年(1906)南通州翰墨林編譯印書局鉛印本　二册

110000－0143－0017293　PG413/22
忠雅堂評選四六法海八卷　(清)蔣士銓評選　清同治八年(1869)藏園刻本　八册

110000－0143－0017294　PG413/22
忠雅堂評選四六法海八卷　(清)蔣士銓評選　清同治八年(1869)蔣立昂刻本　八册

110000－0143－0017295　PG413/22－1
忠雅堂評選四六法海八卷　(清)蔣士銓評選　清光緒十年(1884)深柳讀書堂刻本　八册

110000－0143－0017296　PG413/23
駢文類纂四十六卷附序目撰人姓氏　王先謙纂集　清光緒二十八年(1902)思賢書局刻本　二十七册

110000－0143－0017297　PG413/25
國朝十家四六文鈔　王先謙輯　清光緒十五年(1889)長沙王氏刻本　四册

110000－0143－0017298　PG413/26
皇朝駢文類苑十四卷　(清)姚燮選　(清)張壽榮校刊　清光緒七年(1881)張氏刻本　二十四册

110000－0143－0017299　PG413/27
國朝駢體正宗評本十二卷　(清)曾燠選　(清)姚燮評　(清)張壽榮參　清末至民國初上海文瑞樓影印本　四册

110000－0143－0017300　PG413/28
復莊駢儷文榷二編八卷　(清)姚燮撰　清咸豐六年(1856)鎮海姚氏刻本　四册

110000－0143－0017301　PG413/29
宋四六話十二卷　(清)彭元瑞選　(清)曹振鏞編　清嘉慶八年(1803)刻本　六册

110000－0143－0017302　PG413/32
駢體南鍼十六卷　(清)汪傳懿編輯　清光緒十一年(1885)刻本　八册

110000－0143－0017303　PG413/35
國朝駢體正宗評本十二卷補編　(清)曾燠選　(清)姚燮評　(清)張壽榮參　清光緒十年(1884)蛟川張氏花雨樓刻朱墨套印本　十二册

110000－0143－0017304　PG413/37－1

陳檢討四六二十卷 （清）陳維崧撰 （清）程師恭注 清乾隆三十五年（1770）亦園刻本 八册

110000－0143－0017305 PG413/38
國朝十家四六文鈔 王先謙輯 清光緒十五年（1889）長沙王氏刻本 四册

110000－0143－0017306 PG413/41
越縵堂駢體文四卷附越縵堂散體文一卷 （清）李慈銘撰 清光緒二十三年（1897）常熟曾氏刻本 四册

110000－0143－0017307 PG413/41
越縵堂駢體文四卷附越縵堂散體文一卷 （清）李慈銘撰 清光緒二十三年（1897）常熟曾氏刻本 四册

110000－0143－0017308 PG413/42
結一宧駢體文二卷詩略三卷 屠寄撰 清光緒十六年（1890）廣州陶濬宣刻本 一册

110000－0143－0017309 PG413/43
湖唐林館駢體文二卷 （清）李慈銘著 清光緒十年（1884）刻本 一册

110000－0143－0017310 PG413/46
麗體金膏八卷 （清）馬俊良輯 清刻本 一册 存一卷（八）

110000－0143－0017311 PG413/55
隨園駢體文註十六卷 （清）袁枚著 （清）黎光地註 清光緒十二年（1886）楚潙堂刻本 六册

110000－0143－0017312 PG413/57
習靜駢齋駢文一卷 （清）譚大勳撰 清道光二十二年至三十年（1842－1850）長陽譚大勳刻本 一册

110000－0143－0017313 PG413/58
問湘樓駢文初稿四卷 （清）胡念修撰 清光緒二十三年（1897）刻本 二册

110000－0143－0017314 PG413/60
紫藤花室駢體文鈔四卷 （清）洪良品撰 清光緒十八年（1892）刻本 一册

110000－0143－0017315 PG413/61
邃懷堂駢文箋註十六卷 （清）袁翼著 （清）朱舲箋註 清光緒十四年（1888）刻本 八册

110000－0143－0017316 PG414/3
皇朝經世文續編一百二十卷 （清）葛士濬輯 清光緒二十四年（1898）宏文閣鉛印本 二十四册

110000－0143－0017317 PG414/3
皇朝經世文續編一百二十卷 （清）葛士濬輯 清光緒二十四年（1898）上海書局石印本 八册 缺七十六卷（五至二十、三十三至三十八、五十一至一百四）

110000－0143－0017318 PG414/3
皇朝經世文新增時務續編四十卷 （清）蘅華館逸史輯 清光緒二十三年（1897）埽葉山房鉛印本 六册

110000－0143－0017319 PG414/3
皇朝經世文續編一百二十卷 （清）葛士濬輯 清光緒二十七年（1901）久敬齋鉛印本 二十四册

110000－0143－0017320 PG414/3
皇朝經世文續編一百二十卷 （清）葛士濬輯 清光緒十七年（1891）廣百宋齋鉛印本 十八册 缺三十卷（二十六至三十五、七十一至九十）

110000－0143－0017321 PG414/3－1
皇朝經世文編一百二十卷附姓名總目二卷 （清）賀長齡輯 （清）魏源編次 清光緒十三年（1887）點石齋石印本 十二册

110000－0143－0017322 PG414/3－1
皇朝經世文編一百二十卷附姓名總目三卷 （清）賀長齡輯 （清）魏源編次 清光緒十二年（1886）思補樓石印本 六十册

110000－0143－0017323 PG414/3－1
皇朝經世文編一百二十卷附姓名總目三卷 （清）賀長齡輯 清光緒二十八年（1902）上海商務印書局石印本 二十四册

110000－0143－0017324　PG414/3－2
皇朝經世文新編二十一卷　麥仲華輯　清光緒二十七年(1901)上海日新社石印本　二十冊

110000－0143－0017325　PG414/3－2
皇朝經世文新編二十二卷　麥仲華輯　清光緒二十七年(1901)上海寶善書局石印本　九冊

110000－0143－0017326　PG414/3－2
皇朝經世文新編二十一卷　麥仲華輯　清光緒二十七年(1901)上海日新社石印本　十冊　存十二卷(一至十二)

110000－0143－0017327　PG414/3－4
皇朝經世文新編二十二卷　麥仲華輯　清光緒二十七年(1901)上海寶善書局石印本　十六冊

110000－0143－0017328　PG414/3－5
皇朝經世文三編八十卷　(清)陳忠倚輯　清光緒二十七年(1901)上海書局石印本　十六冊

110000－0143－0017329　PG414/3－6
皇朝經世文四編五十二卷　(清)何良棟編　清光緒二十八年(1902)上海書局石印本　十二冊

110000－0143－0017330　PG414/3－6
皇朝經世文四編五十二卷　(清)何良棟編　清光緒二十八年(1902)鴻寶書局石印本　十二冊

110000－0143－0017331　PG414/3－7
皇朝經世文編一百二十卷附姓名總目三卷　(清)賀長齡輯　(清)魏源編次　清光緒十二年(1886)思補樓石印本　六十冊

110000－0143－0017332　PG414/3－7
皇朝經世文續編一百二十卷　(清)葛士濬輯　清光緒二十七年(1901)上海久敬齋鉛印本　二十四冊

110000－0143－0017333　PG414/3－7
皇朝經世文三編八十卷　(清)陳忠倚輯　清光緒二十四年(1898)石印本　十六冊

110000－0143－0017334　PG414/3－7
皇朝經世文四編五十二卷　(清)何良棟編　清光緒二十八年(1902)鴻寶書局石印本　十二冊

110000－0143－0017335　PG414/3－7
皇朝經世文編一百二十卷　(清)賀長齡輯　清光緒二十八年(1902)上海煥文書局石印本　二十四冊

110000－0143－0017336　PG414/3－7
皇朝經世文編一百二十卷附姓名總目三卷　(清)賀長齡輯　(清)魏源編次　清光緒十二年(1886)思補樓石印本　六十冊

110000－0143－0017337　PG414/3－7
皇朝經世文續編一百二十卷　(清)葛士濬輯　清光緒二十七年(1901)上海久敬齋鉛印本　二十四冊

110000－0143－0017338　PG414/3－7
皇朝經世文三編八十卷　(清)陳忠倚輯　清光緒二十七年(1901)上海書局石印本　十六冊

110000－0143－0017339　PG414/3－7
皇朝經世文新編二十一卷　麥仲華輯　清光緒二十七年(1901)上海日新社石印本　二十冊

110000－0143－0017340　PG414/3－7
皇朝經世文新編二十一卷　麥仲華輯　清光緒二十七年(1901)上海日新社石印本　二十冊

110000－0143－0017341　PG414/3－8
皇朝經世文續編一百二十卷總目三卷　(清)盛康輯　清光緒二十三年(1897)武進盛氏思補樓刻本　八十冊

110000－0143－0017342　PG414/3－8
皇朝經世文新編續集二十一卷　(清)甘韓輯　(清)楊鳳藻校正　清光緒二十八年(1902)

商絳雪齋書局石印本　九冊

110000－0143－0017343　PG414/3－8
皇朝經世文五編二十六卷　(清)闕鑄編輯　清光緒二十八年(1902)中西譯書會石印本　八冊

110000－0143－0017344　PG414/3－8
皇朝經世文續編一百二十卷　(清)葛士濬輯　清光緒十七年(1891)廣百宋齋鉛印本　二十四冊

110000－0143－0017345　PG414/3－9
皇朝經世文編補一百二十卷總目二卷　(清)賀長齡輯　(清)張鵬飛補　清道光二十九年(1849)張氏來鹿堂刻本　八十七冊

110000－0143－0017346　PG414/3－10
皇朝經世文編一百二十卷附姓名總目二卷皇朝經世文編續集一百二十卷　(清)賀長齡輯　(清)饒玉成續輯　清同治十二年(1873)撫州饒氏雙峰書屋刻光緒八年(1882)增刻本　一百二十冊

110000－0143－0017347　PG414/3－11
皇朝經世文續編一百二十卷附姓名總目三卷　(清)盛康輯　清光緒二十三年(1897)盛氏思補樓刻本　八十冊

110000－0143－0017348　PG414/3－12
皇朝經世文續編一百二十卷　(清)葛士濬輯　清光緒十四年(1888)圖書集成局石印本　三十二冊

110000－0143－0017349　PG414/3－12
皇朝經世文續編一百二十卷　(清)葛士濬輯　清光緒十四年(1888)圖書集成局石印本　三十二冊

110000－0143－0017350　PG414/3－13
皇朝經世文編一百二十卷附姓名總目二卷　(清)賀長齡輯　(清)魏源編次　清道光七年(1827)刻本　八十冊

110000－0143－0017351　PG414/3－13
皇朝經世文編一百二十卷附姓名總目二卷　(清)賀長齡輯　(清)魏源編次　清道光七年(1827)刻本　六十二冊　缺三十一卷(五十八至七十二、九十至一百五)

110000－0143－0017352　PG414/3－15
皇朝經世文續編一百二十卷　(清)葛士濬輯　清光緒二十二年(1896)寶善書局石印本　二十冊

110000－0143－0017353　PG414/3－15
皇朝經世文續編一百二十卷　(清)葛士濬輯　清光緒二十二年(1896)寶善書局石印本　二十冊

110000－0143－0017354　PG414/3－15
皇朝經世文續編一百二十卷　(清)葛士濬輯　清光緒二十二年(1896)寶善書局石印本　十一冊

110000－0143－0017355　PG414/3－16
皇朝經世文編一百二十卷附姓名總目二卷　(清)賀長齡輯　(清)魏源編次　清光緒二十二年(1896)埽葉山房石印本　二十四冊

110000－0143－0017356　PG414/3－17
皇朝經世文三編八十卷　(清)陳忠倚輯　清光緒二十七年(1901)上海書局石印本　十六冊

110000－0143－0017357　PG414/3－18
皇朝經世文編一百二十卷　(清)賀長齡輯　清光緒二十八年(1902)上海商務印書局石印本　二十四冊

110000－0143－0017358　PG414/3－19
皇朝經世文三編八十卷　(清)陳忠倚輯　清光緒二十八年(1902)上海書局石印本　十六冊

110000－0143－0017359　PG414/3－20
皇朝經世文新編二十一卷　麥仲華輯　清光緒二十七年(1901)夢坡室石印本　二十冊

110000－0143－0017360　PG414/3－21
皇朝經世文新編三十二卷　麥仲華輯　清光緒二十八年(1902)上海書局石印本　十六冊

110000－0143－0017361　PG414/3－21
皇朝經世文四編五十二卷　(清)何良棟編　清光緒二十八年(1902)鴻寶書局石印本　十二册

110000－0143－0017362　PG414/3－22
皇朝經世文三編八十卷　(清)陳忠倚輯　清光緒二十四年(1898)石印本　十六册

110000－0143－0017363　PG414/5
皇朝蓄艾文編八十卷　(清)于寶軒輯　清光緒二十九年(1903)上海官書局鉛印本　四十册

110000－0143－0017364　PG414/5
皇朝蓄艾文編八十卷　(清)于寶軒輯　清光緒二十九年(1903)上海官書局鉛印本　四十册

110000－0143－0017365　PG414/5
皇朝蓄艾文編八十卷　(清)于寶軒輯　清光緒二十九年(1903)上海官書局鉛印本　三十册　缺十七卷(一至十七)

110000－0143－0017366　PG414/5
皇朝蓄艾文編八十卷　(清)于寶軒輯　清光緒二十九年(1903)上海官書局鉛印本　四十册

110000－0143－0017367　PG414/5
皇朝蓄艾文編八十卷　(清)于寶軒輯　清光緒二十九年(1903)上海官書局鉛印本　三十六册

110000－0143－0017368　PG414/6
中國宜改革新政論議二卷　何啟　胡禮垣撰　清光緒二十一年(1895)石印本　二册

110000－0143－0017369　PG414/7
順天鄉試硃卷(光緒甲午科)　清光緒二十年(1894)刻本　一册

110000－0143－0017370　PG414/7
會試硃卷(光緒乙未科)　清光緒二十一年(1895)刻本　一册

110000－0143－0017371　PG414/7
順天鄉試硃卷(光緒丁酉科)　清光緒二十三年(1897)刻本　一册

110000－0143－0017372　PG414/10
康有爲殿試策不分卷　康有爲撰　清光緒刻本　一册

110000－0143－0017373　PG414/11
光緒壬寅補行庚子辛丑恩正併科鄉墨不分卷　(清)急惘齋主人輯　清光緒二十八年(1902)華北書局鉛印本　六册

110000－0143－0017374　PG414/13
四書五經義策論續編不分卷　(清)崇實社主人編輯　清光緒二十九年(1903)崇實學社石印本　五册

110000－0143－0017375　PG414/15
求己錄三卷　(清)蘆涇遯士編　清光緒二十二年(1896)刻本　三册

110000－0143－0017376　PG414/15
求己錄三卷　(清)蘆涇遯士編　清光緒二十二年(1896)刻本　三册

110000－0143－0017377　PG414/15
求己錄三卷　(清)蘆涇遯士編　清光緒二十四年(1898)東河節署刻本　二册　缺一卷(中)

110000－0143－0017378　PG414/16
時事新論十二卷　(英國)李提摩太著　(清)上海廣學會編　清光緒二十四年(1898)上海廣學會鉛印本　二册

110000－0143－0017379　PG414/16
時事新論國説不分卷　(英國)李提摩太著　(清)上海廣學會編　清光緒二十年(1894)上海廣學會鉛印本　一册

110000－0143－0017380　PG414/17
昭代經濟言十四卷　(明)陳子壯撰　清道光三十年(1850)南海伍氏粤雅堂刻本　六册

110000－0143－0017381　PG414/18
畚塘芻論三卷　(清)孫鼎臣撰　清光緒二十七年(1901)雲間麗澤學會石印本　二册

110000－0143－0017382　PG414/20
明夷待訪錄不分卷　(清)黄宗羲撰　清光緒五年(1879)黄氏五桂樓刻本　一册

110000－0143－0017383　PG414/20
明夷待訪錄不分卷　(清)黄宗羲撰　清光緒五年(1879)黄氏五桂樓刻本　一册

110000－0143－0017384　PG414/21－1
庸書内篇二卷外篇二卷　(清)陳熾撰　清光緒二十二年(1896)文茂山房刻本　四册

110000－0143－0017385　PG414/22
經世文潮第四期第五期第六期　清光緒二十九年(1903)上海新世界學報館鉛印本　三册

110000－0143－0017386　PG414/22
經世文潮第一期　清光緒二十九年(1903)上海新世界學報館鉛印本　一册

110000－0143－0017387　PG414/24
文學興國策二卷　(美國)林樂知譯　蔡爾康輯　清光緒二十二年(1896)上海廣學會鉛印本　二册

110000－0143－0017388　PG414/24
文學興國策二卷附廣學會記　(美國)林樂知譯　蔡爾康輯　清光緒二十三年(1897)上海廣學會鉛印本　一册

110000－0143－0017389　PG414/26
歷代策論約編不分卷　(漢)賈誼撰　清光緒二十八年(1902)孫氏經潤樓刻本　三册

110000－0143－0017390　PG414/27
籌世芻議四卷　(清)鄒文柏撰　(清)鄒觀海等校正　清光緒三十四年(1908)蘋香書屋刻本　二册

110000－0143－0017391　PG414/29
芻論二卷　(清)孫鼎臣著　清咸豐十年(1860)武昌節署刻本　二册

110000－0143－0017392　PG414/29
芻論二卷　(清)孫鼎臣著　清咸豐十年(1860)武昌節署刻本　二册

110000－0143－0017393　PG414/31
永嘉先生八面鋒十三卷　(宋)陳傅良撰　清嘉慶十八年(1813)陳氏刻本　二册

110000－0143－0017394　PG414/36
甘肅鄉試闈墨(光緒己卯科)不分卷　(清)屈葆才等撰　清光緒衡鑑堂刻本　一册

110000－0143－0017395　PG414/37
補造化軒試帖十五卷　(清)蔡壽祺著　(清)蔡蔭椿編　清光緒八年(1882)蔡氏京師刻本　六册

110000－0143－0017396　PG414/38
狀元策不分卷　(清)謝蘭生輯　清道光十九年(1839)至清末京都琉璃廠文琳堂書坊刻本　十册

110000－0143－0017397　PG414/38
狀元策不分卷　(清)謝蘭生輯　清道光十九年(1839)至清末京都琉璃廠文琳堂書坊刻本　十册

110000－0143－0017398　PG414/38
狀元策不分卷　(清)謝蘭生輯　清道光二十年(1840)刻本　八册

110000－0143－0017399　PG414/38－1
殿試策不分卷　俞陛雲等撰　清光緒刻本　一册

110000－0143－0017400　PG414/39
順天鄉試第十一房同門硃卷(光緒癸巳恩科)不分卷　(清)馬鎮桐等撰　(清)張孜謙等批閱　清光緒刻本　一册

110000－0143－0017401　PG414/40
順天鄉試硃卷(嘉慶辛酉科)不分卷　(清)胡開益等撰　(清)蔡維鈺等批閱　清嘉慶刻本　一册

110000－0143－0017402　PG414/41
東三省試牘七卷首一卷　(清)恒泰等撰　(清)王家璧孜選　清光緒五年(1879)盛京試院邠雅堂刻本　一册　缺六卷(二至七)

110000－0143－0017403　PG414/42
鄉試硃卷(嘉慶丙子科)不分卷　(清)杜棠等

撰　清嘉慶刻本　一册

110000－0143－0017404　PG414/43
江西鄉試硃卷(光緒癸巳恩科)不分卷　(清)蕭敷政等撰　清光緒刻本　一册

110000－0143－0017405　PG414/44
江西鄉試硃卷(光緒辛卯正科)不分卷　(清)蕭敷德等撰　清光緒刻本　一册

110000－0143－0017406　PG414/45
江南春稿不分卷　(清)江璧著　清光緒元年(1875)刻本　二册

110000－0143－0017407　PG414/46
科名金鍼不分卷　(清)丁心齋輯　清光緒元年(1875)刻本　一册

110000－0143－0017408　PG414/47
鄭沅殿試策不分卷　(清)鄭沅撰　清光緒刻本　一册

110000－0143－0017409　PG414/47
鄭沅殿試策不分卷　(清)鄭沅撰　清光緒刻本　一册

110000－0143－0017410　PG414/48
攷卷雋快二編　(清)方世廉等撰　清刻本　一册

110000－0143－0017411　PG414/49
皇朝經世文約編一百二十卷生存姓名一卷姓名總目二卷　(清)賀長齡原輯　清光緒九年(1883)刻本　四十册

110000－0143－0017412　PG414/52
近科全題新策法程一卷補編一卷　(清)劉坦之輯評　清乾隆三十八年(1773)藜光閣刻本　二册

110000－0143－0017413　PG414/53
叩鉢齋纂不分卷　(清)李之澎　(清)汪建封同輯　(清)汪惟寵校閲　清康熙刻本　六册
存聯匾、宜仕、贈詩、賀集、壽詩、輓集、廣輿

110000－0143－0017414　PG414/54
浙江闈墨(癸卯恩科)不分卷　清光緒聚奎堂刻本　一册

110000－0143－0017415　PG414/55
墨選觀止不分卷附舉業要言三卷　(清)梁葆慶輯　清道光十二年至十五年(1832－1835)刻本　四册

110000－0143－0017416　PG414/57
宦鄉要則七卷　(清)張鑒瀛編輯　清光緒十二年(1886)一體閣刻本　四册

110000－0143－0017417　PG414/58
雲林別墅新輯酬世錦囊初集八卷二集七卷三集二卷四集二卷　(清)鄒景揚輯　清道光八年(1828)復順堂、英德堂刻本　八册

110000－0143－0017418　PG414/59
鄉黨應酬六卷　(清)鄧炳震輯　清光緒十七年(1891)善成堂刻本　三册

110000－0143－0017419　PG414/60
山左校士錄不分卷　(清)黄體芳輯　清光緒二年(1876)山東督學使署刻本　八册

110000－0143－0017420　PG414/61
婺學治事文編二卷　(清)繼良輯　清光緒二十四年(1898)金華府署刻本　二册

110000－0143－0017421　PG414/61－1
婺學治事文編五卷　(清)繼良輯　湯壽潛點定　清光緒二十七年(1901)目巧室刻本　一册

110000－0143－0017422　PG414/62
知味軒稾言四卷附知味軒啟事四卷　(清)陳毓靈撰　清咸豐十年(1860)刻本　八册

110000－0143－0017423　PG414/63
學步堂文稿不分卷　(清)方發祥著　(清)司兆芳輯　清同治七年(1868)刻本　四册

110000－0143－0017424　PG414/65
浙江鄉試硃卷彙訂不分卷　(清)黄以周等撰　清光緒刻本　一册

110000－0143－0017425　PG414/66
新鑰集四卷　(清)吳春叔輯　清光緒二十九年(1903)揚州益智社鉛印本　四册

110000－0143－0017426　PG414/66

新鑰集四卷　(清)吳春叔輯　清光緒二十九年(1903)揚州益智社鉛印本　四冊

110000－0143－0017427　PG414/67
墨守内篇不分卷墨守外篇不分卷　(清)王宗炎等選編　清嘉慶十二年(1807)杭州紫陽書院刻本　四冊

110000－0143－0017428　PG414/70
時務分類文編三十二卷　(清)求是齋校輯　清光緒二十三年(1897)香港宜今室石印本　十六冊

110000－0143－0017429　PG414/71
陸侍郎校士文集四卷　籍忠寅編輯評選　清光緒三十年(1904)北京華北書局鉛印本　四冊

110000－0143－0017430　PG414/74
古今經世策論舉隅八卷首一卷　(清)孫元蘭輯　清光緒三十年(1904)蘇州毛上珍木活字印本　四冊

110000－0143－0017431　PG414/75
小題宗海不分卷　清末刻本　一冊

110000－0143－0017432　PG414/75
翰苑分書臨文正宗六種　(清)王珊等撰　清光緒十一年至十二年(1885－1886)刻本　六冊

110000－0143－0017433　PG414/76
歷科名墨簡摩集不分卷　(清)□□輯　清道光二十六年(1846)東昌葉氏書林刻本　一冊

110000－0143－0017434　PG414/77
實學文導二卷　(清)傅雲龍輯　清光緒二十一年(1895)石印本　二冊

110000－0143－0017435　PG414/78
河南鄉試硃卷(光緒辛卯科)不分卷　(清)崇壽撰　清光緒十七年(1891)刻本　一冊

110000－0143－0017436　PG414/82
皇朝經世文三編八十卷　(清)陳忠倚輯　清光緒二十七年(1901)上海書局石印本　十六冊

110000－0143－0017437　PG414/80
應試詩法淺説詳解六卷　(清)葉葆評注　清道光元年(1821)書業成刻本　二冊

110000－0143－0017438　PG414/81
二百十一科鄉會文統不分卷　(清)□□輯　清光緒十八年至三十四年(1892－1908)石印本　十二冊

110000－0143－0017439　PG415/2
鳳翔紀事詩存不分卷　(清)張兆棟撰　清光緒四年(1878)刻本　一冊

110000－0143－0017440　PG415/2
守岐公牘彙存不分卷　(清)張兆棟撰　清光緒四年(1878)刻本　一冊

110000－0143－0017441　PG415/3
周文忠公尺牘二卷附雜文一卷　(清)周天爵撰　清同治七年(1868)蘇松太道署刻本　一冊

110000－0143－0017442　PG415/3
周文忠公尺牘二卷附雜文一卷　(清)周天爵撰　清同治七年(1868)蘇松太道署刻本　一冊

110000－0143－0017443　PG415/4
桂苑筆耕集二十卷　(唐)崔致遠撰　清道光二十七年(1847)番禺潘氏刻本　四冊

110000－0143－0017444　PG415/4
竹雲題跋四卷　(清)王澍著　(清)錢人龍訂　清道光二十七年(1847)番禺潘氏刻本　二冊

110000－0143－0017445　PG415/5
程中丞庚子函牘鈔略一卷　程德全撰　清宣統元年(1909)鉛印本　一冊

110000－0143－0017446　PG415/8
熊襄愍公書牘四卷　(明)熊廷弼撰　清光緒二十一年(1895)京師刻本　四冊

110000－0143－0017447　PG415/8
熊襄愍公書牘四卷　(明)熊廷弼撰　清光緒二十一年(1895)京師刻本　四冊

110000－0143－0017448　PG415/8－1
熊襄愍公書牘四卷　(明)熊廷弼撰　清光緒二十一年(1895)京師刻本　二册　存二卷(一至二)

110000－0143－0017449　PG415/8－1
熊襄愍公書牘四卷　(明)熊廷弼撰　清光緒三十四年(1908)武昌璞園刻本　四册

110000－0143－0017450　PG415/8－1
熊襄愍公書牘四卷　(明)熊廷弼撰　清光緒三十四年(1908)武昌璞園刻本　四册

110000－0143－0017451　PG415/10
尺度新鈔十二卷　(清)周亮工輯　清道光二十七年(1847)刻本　四册

110000－0143－0017452　PG415/12
許竹篔先生出使函稿十四卷　(清)許景澄撰　清光緒鉛印本　四册

110000－0143－0017453　PG415/12
許竹篔先生出使函稿十四卷　(清)許景澄撰　清光緒鉛印本　四册

110000－0143－0017454　PG415/14
音註小倉山房尺牘八卷補遺　(清)袁枚著　(清)胡光斗箋釋　清光緒十二年(1886)上海掃葉山房刻朱墨套印本　四册

110000－0143－0017455　PG415/14－3
小倉山房書牘輯註八卷　(清)袁枚著　(清)馬步元箋註　清光緒十八年(1892)馬丕承刻本　五册

110000－0143－0017456　PG415/14－3
小倉山房尺牘六卷　(清)袁枚撰　(清)金貢三輯註　清同治二年(1863)刻本　六册

110000－0143－0017457　PG415/14－4
音註小倉山房尺牘八卷補遺　(清)袁枚著　(清)胡光斗箋釋　清光緒十二年(1886)上海掃葉山房刻朱墨套印本　四册

110000－0143－0017458　PG415/20
顔氏家藏書牘四卷附姓氏攷　(清)顔光敏輯　清道光二十七年(1847)番禺潘氏刻本　二册　存二卷(一至二)

110000－0143－0017459　PG415/24
函牘舉隅碎錦註釋不分卷　(清)黄伯禄輯　清光緒二十八年(1902)上海慈母堂鉛印本　五册

110000－0143－0017460　PG415/25
巢睫庵駢散書牘撮存六卷　(清)吳廖撰　清光緒二十二年(1896)天津文美齋刻本　四册

110000－0143－0017461　PG415/25
巢睫庵駢散書牘撮存六卷　(清)吳廖撰　清光緒二十二年(1896)天津文美齋刻本　一册　存一卷(二)

110000－0143－0017462　PG415/27
朱文端公遺劄不分卷　(清)朱鳳標撰　**朱文端公遺像詩不分卷**　(清)殷兆鏞等撰　清光緒刻本　八册

110000－0143－0017463　PG415/28
蘇黄尺牘四卷　(清)黄始箋輯　清刻本　四册

110000－0143－0017464　PG415/28－1
蘇東坡尺牘八卷　(宋)蘇軾撰　清光緒三十四年(1908)掃葉山房石印本　四册

110000－0143－0017465　PG415/28－1
黄山谷尺牘十卷　(宋)黄庭堅撰　清光緒三十四年(1908)掃葉山房石印本　四册

110000－0143－0017466　PG415/33
惜裦先生尺牘八卷　(清)姚鼐撰　清宣統元年(1909)小萬柳堂刻本　四册

110000－0143－0017467　PG415/33－1
惜裦先生尺牘八卷　(清)姚鼐撰　清宣統元年(1909)小萬柳堂刻本　四册

110000－0143－0017468　PG415/33－3
惜裦先生尺牘八卷　(清)姚鼐撰　清宣統元年(1909)小萬柳堂刻本　二册

110000－0143－0017469　PG415/33－1
惜裦先生尺牘八卷　(清)姚鼐撰　清咸豐五年(1855)楊氏海源閣刻本　四册

110000－0143－0017470　PG415/35
國朝名人小簡二卷　吳增祺編輯　清宣統元年(1909)上海商務印書館鉛印本　二冊

110000－0143－0017471　PG415/35
國朝名人小簡二卷　吳增祺編輯　清宣統三年(1911)上海商務印書館鉛印本　一冊

110000－0143－0017472　PG415/38
雲臥山莊尺牘八卷　(清)郭昆燾撰　清咸豐六年(1856)清聞山舘刻本　四冊

110000－0143－0017473　PG415/40
端敏公函牘二卷　(清)袁甲三撰　清宣統三年(1911)清芬閣鉛印本　二冊

110000－0143－0017474　PG415/43
錢牧齋尺牘三卷補遺一卷　(清)錢謙益撰　清宣統二年(1910)風雨樓鉛印本　三冊

110000－0143－0017475　PG415/43
投筆集箋註二卷　(清)錢謙益撰　(清)錢曾箋註　清宣統二年(1910)風雨樓鉛印本　一冊

110000－0143－0017476　PG415/46
兩罍軒書牘十二卷　(清)吳雲撰　清同治八年(1869)刻本　六冊

110000－0143－0017477　PG415/46－1
兩罍軒書牘十二卷　(清)吳雲撰　清宣統二年(1910)上海時中書局石印本　四冊

110000－0143－0017478　PG415/50
重刻賴古堂尺牘新鈔三選結隣集十六卷　(清)周在浚等輯　清道光六年(1826)雷學淦刻本　八冊

110000－0143－0017479　PG415/50
重刻賴古堂尺牘新鈔三選結隣集十六卷　(清)周在浚等輯　清道光六年(1826)雷學淦刻本　八冊

110000－0143－0017480　PG415/51
賴古堂名賢尺牘新鈔十二卷　(清)高阜　(清)羅耀選　(清)周在浚　(清)周在梁鈔　清康熙賴古堂刻本　六冊

110000－0143－0017481　PG415/52
陳文恭公手劄節要三卷　(清)陳弘謀撰　清同治七年(1868)楚北崇文書局刻本　一冊

110000－0143－0017482　PG415/52
陳文恭公手劄節要三卷　(清)陳弘謀撰　清同治七年(1868)楚北崇文書局刻本　一冊

110000－0143－0017483　PG415/52
陳文恭公手劄節要三卷　(清)陳弘謀撰　清同治七年(1868)楚北崇文書局刻本　一冊

110000－0143－0017484　PG415/52－1
陳文恭公手劄節要三卷　(清)陳弘謀撰　清光緒三十一年(1905)京師刻本　一冊

110000－0143－0017485　PG415/73
名賢手劄不分卷　(清)郭慶藩輯　清光緒十一年(1885)上海同文書局石印本　四冊

110000－0143－0017486　PG415/73
名賢手劄不分卷　(清)郭慶藩輯　清光緒十一年(1885)上海同文書局石印本　四冊

110000－0143－0017487　PG415/77－1
昭代名人尺牘小傳二十四卷　(清)吳修編次　清光緒七年(1881)杭州亦鹵齋刻本　冊

110000－0143－0017488　PG415/77－2
昭代名人尺牘小傳二十四卷　(清)吳修編次　清光緒七年(1881)杭州亦鹵齋刻本　四冊

110000－0143－0017489　PG415/77－3
昭代名人尺牘小傳二十四卷　(清)吳修編次　清光緒七年(1881)杭州亦鹵齋刻本　二冊

110000－0143－0017490　PG415/79
有正味齋書牘二卷　(清)吳錫麒撰　清光緒三十四年(1908)上海埽葉山房石印本　二冊

110000－0143－0017491　PG415/81
賜福慶啓事四卷　程德全撰　清末至民國鉛印本　四冊

110000－0143－0017492　PG415/86
新增宦鄉要則啟稟要訣一卷　(清)榮錄堂主人撰　清宣統三年(1911)京都榮錄堂刻本　一冊

110000－0143－0017493　PG415/90
李文忠公朋僚函稿二十四卷　(清)李鴻章撰　(清)吳汝綸編輯　清光緒二十八年(1902)蓮池書社鉛印本　十二册

110000－0143－0017494　PG415/90
李文忠公朋僚函稿二十四卷　(清)李鴻章撰　(清)吳汝綸編輯　清光緒二十八年(1902)蓮池書社鉛印本　十二册

110000－0143－0017495　PG415/91
光緒八年制中來函照鈔不分卷　(□)□□輯　清光緒抄本　一册

110000－0143－0017496　PG415/92
明人尺牘四卷國朝尺牘六卷　(清)馮瑜原選　(清)鄧元鏸重録　清光緒十七年(1891)刻本　一册

110000－0143－0017497　PG415/94
獨學廬尺牘偶存二卷　(清)石韞玉撰　清道光三年(1823)吳縣石韞玉刻本　一册

110000－0143－0017498　PG415/97
國朝名人書劄三卷　(清)上海文明書局輯　清宣統三年(1911)文明書局鉛印本　三册

110000－0143－0017499　PG415/99
弢園尺牘十二卷　(清)王韜撰　清宣統二年(1910)鉛印本　四册

110000－0143－0017500　PG415/99
弢園尺牘十二卷　(清)王韜撰　清光緒十九年(1893)王韜淞隱廬鉛印本　四册

110000－0143－0017501　PG415/101
籌辦萍鄉鐵路公牘四卷附刊　顧家相撰　清光緒三十年(1904)會稽顧家相刻本　二册

110000－0143－0017502　PG415/104
思益堂日劄五卷　(清)周壽昌撰　清同治三年(1864)鉛印本　二册

110000－0143－0017503　PG415/104
蓬萊仙館尺牘六卷　(清)翟國棟編輯　清光緒十二年(1886)刻本　六册

110000－0143－0017504　PG415/106
培遠堂手劄節存不分卷　(清)陳弘謀撰　清光緒二十五年(1899)浙江官書局刻朱墨套印本　三册

110000－0143－0017505　PG415/107
李文忠公朋僚函稿二十四卷　(清)李鴻章撰　(清)吳汝綸編輯　清光緒二十八年(1902)蓮池書社鉛印本　十二册

110000－0143－0017506　PG415/107
李文忠公朋僚函稿二十四卷　(清)李鴻章撰　(清)吳汝綸編輯　清光緒二十八年(1902)蓮池書社鉛印本　十二册

110000－0143－0017507　PG415/107
李文忠公朋僚函稿二十四卷　(清)李鴻章撰　(清)吳汝綸編輯　清光緒二十八年(1902)蓮池書社鉛印本　六册

110000－0143－0017508　PG415/107
李文忠公朋僚函稿二十四卷　(清)李鴻章撰　(清)吳汝綸編輯　清光緒二十八年(1902)蓮池書社鉛印本　十二册

110000－0143－0017509　PG415/108
公言集二卷　沈同芳撰　清光緒三十四年(1908)中國圖書公司鉛印本　一册

110000－0143－0017510　PG415/108
公言集二卷　沈同芳撰　清光緒三十四年(1908)中國圖書公司鉛印本　一册

110000－0143－0017511　PG415/109
重訂增注知愧軒尺牘十六卷　(清)管斯駿著　(清)姚印詮注　清光緒十四年(1888)上海簡玉山房刻朱墨套印本　四册

110000－0143－0017512　PG415/112
書札燼存一卷　(明)陳第撰　明萬曆二十九年(1601)會山樓刻本　一册

110000－0143－0017513　PG415/113
朱蓉生侍御論學遺劄摭存不分卷　(清)朱蓉生撰　清光緒二十一年(1895)菁華閣刻本　一册

110000－0143－0017514　PG415/123

曾文正公家訓二卷　(清)曾國藩撰　清光緒三十二年(1906)商務印書館鉛印本　一册

110000－0143－0017515　PG415/142
出使公牘十卷　(清)薛福成撰　清光緒二十四年(1898)無錫薛氏刻本　八册

110000－0143－0017516　PG415/142
出使公牘十卷　(清)薛福成撰　清光緒二十四年(1898)無錫薛氏刻本　八册

110000－0143－0017517　PG415/142
出使公牘十卷　(清)薛福成撰　清光緒二十四年(1898)無錫薛氏刻本　八册

110000－0143－0017518　PG415/142
出使公牘十卷　(清)薛福成撰　清光緒二十四年(1898)無錫薛氏刻本　八册

110000－0143－0017519　PG415/143
息柯白牋八卷　(清)楊翰撰　清同治十二年(1873)羊城九曜山房刻本　一册　存二卷(三至四)

110000－0143－0017520　PG415/144
昭代名人尺牘續集小傳二十四卷　陶湘編　清宣統三年(1911)陽湖陶氏石印本　二十四册

110000－0143－0017521　PG415/145
歷代名賢手劄八卷　(明)蕭士珂輯　清光緒二十二年(1896)學古齋石印本　八册

110000－0143－0017522　PG415/147
歷朝名媛尺牘二卷　(清)陳韶輯　清同治十二年(1873)申江刻本　二册

110000－0143－0017523　PG415/148
歷代名媛尺牘二卷　(清)水鏡山房輯　清光緒三十一年(1905)成都志古堂刻本　一册

110000－0143－0017524　PG415/149
東坡先生翰墨尺牘八卷　(宋)蘇軾撰　清道光八年(1828)刻本　四册

110000－0143－0017525　PG415/150
曾文正公書劄三十三卷　(清)曾國藩撰　清光緒二年至三年(1876－1877)傳忠書局刻本　十六册

110000－0143－0017526　PG415/151
知味軒啟事四卷　(清)陳毓靈撰　清道光二十三年(1843)刻本　四册

110000－0143－0017527　PG415/152
詳註分類飲香尺牘四卷　(清)飲香居士原編　清乾隆五十二年(1787)敬文堂刻本　四册

110000－0143－0017528　PG415/154
李忠武公書牘二卷附錄　(清)李續賓撰　清光緒十七年(1891)甌江巡署刻本　二册

110000－0143－0017529　PG415/157
庚子剿辦涞水拳匪始末稟信摘要不分卷　(清)祝芾輯　清光緒末鉛印本　一册

110000－0143－0017530　PG415/157
庚子剿辦涞水拳匪始末稟信摘要不分卷　(清)祝芾輯　清光緒末鉛印本　一册

110000－0143－0017531　PG415/158
藏諫研齋疏稿不分卷　(清)何鑄著　清光緒三十三年(1907)江夏何氏石印本　一册

110000－0143－0017532　PG415/162
稟啓零紈四卷　(清)姜士堯輯　清光緒上海申報舘鉛印本　二册

110000－0143－0017533　PG415/162
稟啓零紈四卷　(清)姜士堯輯　清光緒上海申報舘鉛印本　二册

110000－0143－0017534　PG415/163
欣賞齋尺牘六卷　(清)曹仁鏡輯　清光緒十四年(1888)上海申報舘鉛印本　二册

110000－0143－0017535　PG415/164
息盦尺牘二卷附存一卷　(清)陳觀圻撰　清光緒十年(1884)上海申報舘鉛印本　二册

110000－0143－0017536　PG415/165
六梅書屋尺牘四卷　(清)凌丹陛撰　清光緒上海申報舘鉛印本　二册

110000－0143－0017537　PG415/166
翰海十二卷　(明)沈佳胤輯　(明)陳繼儒鑒

定　清光緒二年(1876)上海申報館鉛印本　四冊

110000－0143－0017538　PG415/169－1
知愧軒尺牘十六卷　(清)管士駿撰　清光緒十一年(1885)善成堂刻本　四冊

110000－0143－0017539　PG415/170
桐城吳先生尺牘五卷補遺一卷　吳闓生編　清光緒二十九年(1903)王恩紱等刻本　三冊

110000－0143－0017540　PG415/172
書牘句解初集三卷附尺牘句解帖式二集三卷附鷹洋定論　(清)桃花館主編　(清)味香居士校錄　清宣統元年(1909)上海廣益書局石印本　八冊

110000－0143－0017541　PG415/173
閒閒草堂尺牘四卷　(清)周德瑋撰　(清)周受熙　(清)周受龢校　清道光二十八年(1848)刻本　二冊

110000－0143－0017542　PG415/174
管註合刻春雲閣尺牘四卷　(清)龔蕚著　(清)管斯駿重訂　清光緒十年(1884)管斯駿可壽齋刻本　二冊

110000－0143－0017543　PG415/175
適軒尺牘八卷　(清)徐菊生著　清同治十三年(1874)刻本　六冊

110000－0143－0017544　PG415/176
新輯尺牘合璧四卷　(清)許思湄　(清)龔蕚著　(清)寄虹軒主人輯　清光緒十五年(1889)點石齋石印本　二冊

110000－0143－0017545　PG415/176－1
管注秋水軒尺牘四卷　(清)許思湄著　(清)婁世瑞注釋　(清)管斯駿補注　清光緒十一年(1885)上洋江左書林刻本　四冊

110000－0143－0017546　PG415/176－1
續刻秋水軒尺牘一卷　(清)管斯駿輯　清光緒十年至十二年(1884－1886)管斯駿可壽齋刻本　一冊

110000－0143－0017547　PG415/180
袁氏家書六卷　(清)袁世傳輯　清宣統三年(1911)清芬閣鉛印本　四冊

110000－0143－0017548　PG415/180
母德錄一卷　(清)袁世傳　(清)袁世威撰　清宣統三年(1911)清芬閣鉛印本　一冊

110000－0143－0017549　PG415/181
思貽堂書簡八卷　(清)黃文琛著　清同治十二年(1873)刻本　三冊

110000－0143－0017550　PG415/181
思貽堂書簡八卷　(清)黃文琛著　清同治十二年(1873)刻本　三冊

110000－0143－0017551　PG415/182
名人尺牘小品四卷　(清)王元勳　(清)程化騄輯　清光緒七年(1881)刻本　四冊

110000－0143－0017552　PG415/185
有明名賢遺翰二卷　(清)謝若農輯　清光緒七年(1881)漢臯文淵書局刻本　四冊

110000－0143－0017553　PG415/186
玉餘書牘附編八卷　(清)莊士敏撰　清光緒六年(1880)武林大亭山館刻本　四冊

110000－0143－0017554　PG415/192
虛受堂書劄二卷　王先謙撰　清光緒三十三年(1907)刻本　二冊

110000－0143－0017555　PG415/192
虛受堂書劄二卷　王先謙撰　清光緒三十三年(1907)刻本　二冊

110000－0143－0017556　PG415/194
湘綺樓箋啟六卷　王闓運著　清光緒三十三年(1907)刻本　四冊

110000－0143－0017557　PG415/195
稟啓禆諶不分卷　(清)羅萬華撰　清光緒末稿本　一冊

110000－0143－0017558　PG415/197
錦字箋四卷　(清)黃澐纂　清康熙二十八年(1689)維揚名山堂刻本　四冊

110000－0143－0017559　PG415/198

書牘不分卷　(□)□□撰　清抄本　一冊

110000－0143－0017560　PG415/199
道光河南稟啓稿不分卷　清道光抄本　二冊

110000－0143－0017561　PG415/201
八賢手劄不分卷　(清)郭慶藩輯　清石印本　一冊　存四種(左恪靖侯手劄、李肅伯手劄、曾威毅手劄、彭大司馬手劄)

110000－0143－0017562　PG415/202
徐氏家書不分卷　清刻本　一冊

110000－0143－0017563　PG415/203
枕善堂尺牘一隅二十卷　(清)陳大溶著　清道光十六年(1836)刻本　十二冊

110000－0143－0017564　PG415/205
二金蜨堂尺牘不分卷　(清)趙撝叔撰　清光緒三十一年(1905)嚴氏小長蘆館石印本　一冊

110000－0143－0017565　PG415/206
完白山民寄鶴書一卷　(清)鄧石如撰　清光緒二十年(1894)無錫鄧元鏸刻本　一冊

110000－0143－0017566　PG415/209
與舍弟書十六通　(清)鄭燮著　清乾隆十四年(1749)上元司徒文膏刻同治五年(1866)郭蓙之增刻本　一冊

110000－0143－0017567　PG415/211
稟啓各稿不分卷　(清)徐楷撰　清末抄本　一冊

110000－0143－0017568　PG415/212
閻學公書劄四卷書劄錄遺一卷　(清)袁保齡撰　清宣統三年(1911)清芬閣鉛印本　四冊

110000－0143－0017569　PG415/216
小式尺牘不分卷　清末抄本　一冊　存一冊

110000－0143－0017570　PG415/219
胡文忠公手翰二卷　(清)胡林翼撰　清光緒十九年(1893)江陰金氏刻本　二冊

110000－0143－0017571　PG415/220
王穉登尺牘解二卷　(明)王穉登撰　(日本)山世恭子顧等註解　清乾隆三十六年(1771)東都書肆刻本　二冊

110000－0143－0017572　PG415/221
賴古堂尺牘新鈔二選藏弆集十六卷　(清)周在梁　(清)周在浚輯　清道光十九年(1839)北平雷學淦刻本　八冊

110000－0143－0017573　PG415/226
名人尺牘小品四卷　(清)王元勳　(清)程化騄輯　清光緒七年(1881)常熟抱芳閣刻本　四冊

110000－0143－0017574　PG416/1
八銘塾鈔不分卷　(清)吳懋政輯　清抄本　二冊

110000－0143－0017575　PG416/2
批點詳註管稿時文初集不分卷二集不分卷三集不分卷　(清)管世銘著　(清)汪鳴鑾批註　清光緒二十年(1894)京都龍文閣刻本　八冊

110000－0143－0017576　PG416/2－1
韞山堂時文初集八卷　(清)管世銘著　清光緒十九年(1893)汲綆齋刻本　六冊

110000－0143－0017577　PG416/3
關中課士律賦箋註不分卷關中課士試帖詳註不分卷關中課士賦續編不分卷時藝引不分卷　(清)路德撰　清光緒十年(1884)上海江左書林刻本　八冊

110000－0143－0017578　PG416/4
敘異齋文草三卷　趙衡撰　清光緒三十四年(1908)北新書局鉛印本　二冊

110000－0143－0017579　PG416/5
成均課士錄第八集　(清)治麟選編　清光緒十四年(1888)盛昱刻本　六冊

110000－0143－0017580　PG416/6
蒙求三卷　(唐)李瀚撰　清光緒五年(1879)定州王氏謙德堂刻本　一冊　存一卷(上)

110000－0143－0017581　PG416/6－1
王先生十七史蒙求十六卷　(宋)王令撰　清

道光二十八年(1848)粵東文雅齋刻本　二冊

110000－0143－0017582　PG416/6－1

李氏蒙求補注六卷　(唐)李瀚撰　(清)金三俊輯　清道光二十八年(1848)粵東文雅齋刻本　二冊

110000－0143－0017583　PG416/6－2

李氏蒙求六卷附詩品　(唐)李瀚撰　(宋)徐子光注　清同治九年(1870)余氏明辨齋刻本　三冊　缺詩品

110000－0143－0017584　PG416/6－2

王先生十七史蒙求十六卷　(宋)王令撰　清光緒十五年(1889)文昌書局刻本　三冊

110000－0143－0017585　PG416/7

寄傲山房塾課新增幼學故事瓊林四卷首一卷　(明)程允升原本　(清)鄒聖脈增補　清光緒三義堂刻本　二冊

110000－0143－0017586　PG416/8

三才略不分卷　蔣德鈞輯　清末李光明莊刻本　一冊

110000－0143－0017587　PG416/8－1

三才略不分卷　蔣德鈞輯　清光緒二十八年(1902)上海古香閣石印本　一冊

110000－0143－0017588　PG416/9

紹興府學堂癸卯甲辰年課藝不分卷　(清)徐錫麟撰　清光緒三十年(1904)紹興府學堂石印本　一冊

110000－0143－0017589　PG416/10

詁經精舍第六集十二卷　(清)俞樾編　清光緒十一年(1885)刻本　四冊

110000－0143－0017590　PG416/10－1

詁經精舍文續集八卷　(清)羅文俊訂　清道光二十二年(1842)本衙刻本　四冊

110000－0143－0017591　PG416/10－1

詁經精舍三集(戊辰、己巳、庚午各年官師課合刻)六卷　(清)俞樾編　清同治七年至九年(1868－1870)刻本　八冊

110000－0143－0017592　PG416/10－1

詁經精舍三集六卷經解二卷辭賦三卷四集十六卷續選一卷五集八卷六集十二卷七集十二卷　(清)俞樾編　清同治至光緒刻本　二十八冊

110000－0143－0017593　PG416/10－1

詁經精舍文續集八卷　(清)羅文俊訂　清同治十二年(1873)刻本　四冊

110000－0143－0017594　PG416/11

麟臺遺稿二卷　(清)彭希涑撰　清光緒九年(1883)刻本　一冊

110000－0143－0017595　PG416/11

麟臺遺稿一卷附錄一卷續編一卷　(清)彭希涑撰　清光緒二年(1876)惠州郡齋刻本　一冊

110000－0143－0017596　PG416/11

芸暉小閣吟草一卷　(清)顧韞玉撰　清光緒二年(1876)惠州郡齋刻本　一冊

110000－0143－0017597　PG416/11

二十二史感應錄二卷　(清)彭希涑撰　清光緒八年(1882)刻本　一冊

110000－0143－0017598　PG416/12

龍城書院課藝不分卷　繆荃孫　(清)華世芳鑒定　清光緒二十七年(1901)木活字印本　十二冊

110000－0143－0017599　PG416/13

研經室課藝不分卷　(清)李周南撰　清嘉慶二十一年(1816)刻本　四冊

110000－0143－0017600　PG416/13

學海堂課藝不分卷　(清)楊昌濬選　清同治九年(1870)刻本　六冊

110000－0143－0017601　PG416/14

幼學初階不分卷　清同治至宣統文裕堂刻本　一冊

110000－0143－0017602　PG416/15

初學引機不分卷附虛字註釋備考六卷帖括枕中祕一卷　(清)曹伯榮輯　(清)張明德點定　清光緒十九年(1893)南州曹伯榮植齋刻本

二册

110000－0143－0017603　PG416/18

紫竹山房塾課文稿不分卷　（清）陳兆崙撰　清嘉慶二十四年（1819）陳桂生、陳桐生刻本　六册

110000－0143－0017604　PG416/19

目耕齋初刻一卷目耕齋二刻一卷目耕齋小題一卷　（清）徐楷評註　（清）沈叔眉輯　清光緒十四年（1888）寶華堂刻本　六册

110000－0143－0017605　PG416/20

塾課試律八集　（清）方俊輯　清同治六年（1867）宏運書院刻本　二册

110000－0143－0017606　PG416/22

成均課士錄第九集十六卷　（清）劉鉅輯　清光緒二十三年（1897）國子監刻本　八册

110000－0143－0017607　PG416/23

涇野子内篇二十七卷　（明）呂柟撰　（清）程維雍　（清）白遇道重訂　清光緒七年（1881）刻本　六册

110000－0143－0017608　PG416/24

中州課吏錄不分卷　（清）瑞良鑒定　（清）張守炎參閲　清光緒二十九年（1903）木活字印本　二册

110000－0143－0017609　PG416/25

輔仁課藝弍集　（清）楊光儀選評　（清）陳塏等校刊　清光緒二十年（1894）刻本　六册

110000－0143－0017610　PG416/26

如不及齋制藝不分卷　（清）吳鴻恩著　（清）吳鍾瀛等同校　清光緒二十三年（1897）刻本　四册

110000－0143－0017611　PG416/27

先遵化公制藝不分卷　（清）陸庭棨等撰　清抄本　四册

110000－0143－0017612　PG416/28

塾課小題正鵠三集　（清）李傳敏鑒定　**訓蒙草不分卷**　（清）李元度編輯　**養正草不分卷**　（清）路德撰　清光緒二十四年（1898）平江李氏懋德堂書室刻本　八册

110000－0143－0017613　PG416/29

信都書院刻集不分卷　（清）李諧韺等撰　（清）信都書院輯　清同治元年至光緒二十年（1862－1894）信都書院刻本　二册

110000－0143－0017614　PG416/30

兩浙校士錄不分卷　（清）潘衍桐輯　清光緒十七年（1891）浙江督學使署石印本　四册

110000－0143－0017615　PG416/31

啓蒙集不分卷　（清）吳毓春輯　清光緒十四年（1888）鑲黄旗官學刻本　二册

110000－0143－0017616　PG416/34

仁在堂時藝開十二卷　（清）路德選　清咸豐元年（1851）還讀我書室刻本　六册

110000－0143－0017617　PG416/35

格致課存不分卷　盛杏蓀等著　清光緒二十年（1894）刻本　二册

110000－0143－0017618　PG416/36

南菁講舍文集六卷　（清）黄以周編定　清光緒十五年（1889）刻本　四册

110000－0143－0017619　PG416/36

南菁文鈔二集六卷　（清）黄以周編定　（清）顧鴻闓等校刊　清光緒二十年（1894）刻本　四册

110000－0143－0017620　PG416/37

西河制藝錄二卷　（清）李元春輯　清道光十年（1830）西河書院刻本　二册

110000－0143－0017621　PG416/37

桐閣憶舊文存二卷　（清）李元春輯　清道光九年（1829）桐閣書屋刻本　二册

110000－0143－0017622　PG416/38

詞林分類次韻便讀三字錦九卷末一卷　（清）趙暄編　清道光二十二年（1842）刻本　六册

110000－0143－0017623　PG416/39

程氏家塾讀書分年日程三卷綱領一卷　（元）程端禮撰　清光緒二十三年（1897）柏經正堂刻本　一册

110000－0143－0017624　PG416/39－1
程氏家塾讀書分年日程三卷綱領一卷　（元）程端禮撰　清同治十年（1871）山東尚志堂刻本　一冊

110000－0143－0017625　PG416/40
時藝引階合編不分卷　（清）路潤生撰　（清）葉錫鳳編訂　清光緒五年（1879）刻本　八冊

110000－0143－0017626　PG416/41
初學行文語類四卷　（清）孫埏編輯　清刻本　四冊

110000－0143－0017627　PG416/42
百家姓考略不分卷　（清）王相纂　（清）徐士業校刊　清徐士業刻本　一冊

110000－0143－0017628　PG416/43
鐵網珊瑚集初集不分卷二集不分卷三集不分卷　（清）沈鏡堂輯　清光緒七年（1881）刻本　六冊

110000－0143－0017629　PG416/44
李氏蒙求八卷　（唐）李瀚撰　（清）楊迦集注　清光緒二十二年（1896）三味堂刻本　八冊

110000－0143－0017630　PG416/45
復菴遺書不分卷　（清）楊開基撰　清光緒十三年（1887）楊氏刻本　二冊

110000－0143－0017631　PG416/46
龍城書院課藝不分卷　繆荃孫　（清）華世芳鑒定　清光緒二十七年（1901）木活字印本　十六冊

110000－0143－0017632　PG416/47
養蒙針度五卷首一卷　（清）潘子聲編　清光緒六年（1880）京都文和堂刻本　二冊

110000－0143－0017633　PG416/48
雞鳴館課徒草不分卷　（清）束允升撰　清光緒十八年（1892）束允泰刻本　一冊

110000－0143－0017634　PG416/49
古文講授談二卷　尚秉和纂輯　清宣統二年（1910）行唐尚氏家塾鉛印本　二冊

110000－0143－0017635　PG416/50
幼學歌三卷　（清）王用臣編次　清光緒十一年（1885）王氏刻本　一冊

110000－0143－0017636　PG416/54
仁在堂全集　（清）路德選　清光緒十八年（1892）積山書局石印本　八冊

110000－0143－0017637　PG416/55
文藝金針不分卷　（清）路德選　清道光十年（1830）刻本　一冊

110000－0143－0017638　PG416/55
蒲編堂訓蒙草不分卷　（清）路德選　清同治二年（1863）刻本　一冊

110000－0143－0017639　PG416/55
試賦準繩不分卷　（清）路德選　清道光二十二年（1842）刻本　一冊

110000－0143－0017640　PG416/55
試賦準繩不分卷　（清）路德選　清道光二十一年（1841）刻本　三冊

110000－0143－0017641　PG416/56
朝仙坊家課不分卷　（清）劉鵬翔　（清）劉廷悳等撰　清抄本　十六冊

110000－0143－0017642　PG416/57
湘英文挹四卷　（清）朱逌然輯　清光緒五年（1879）湖南學院刻本　四冊

110000－0143－0017643　PG416/58
南菁講舍文集六卷　（清）黃以周編定　清光緒十五年（1889）刻本　四冊

110000－0143－0017644　PG416/59
經心書院續集十二卷　（清）譚獻編　清光緒二十一年（1895）湖北官書處刻本　五冊　存九卷（一至九）

110000－0143－0017645　PG417/2
唐宋詩本七十六卷目錄八卷　（清）戴第元纂輯　清乾隆三十八年（1773）大庾戴氏覽珠堂刻光緒三年至四年（1877－1878）戴仲和、許子玉重刻本　四十二冊

110000－0143－0017646　PG417/2－1
唐宋詩本七十六卷目錄八卷　（清）戴第元纂

輯　清乾隆三十八年(1773)大庾戴氏覽珠堂刻光緒三年至四年(1877－1878)戴仲和、許子玉重刻本　二十冊　缺三十九卷(一至三十九)

110000－0143－0017647　PG417/3
御選唐宋詩醇四十七卷目錄二卷　(清)高宗弘曆輯　清光緒十四年(1888)南海潘氏灌根書屋刻本　二十冊

110000－0143－0017648　PG417/3
御選唐宋詩醇四十七卷目錄二卷　(清)高宗弘曆輯　清光緒七年(1881)、十八年(1892)浙江巡撫譚鍾麟湖南書局刻本　二十四冊

110000－0143－0017649　PG417/3－2
御選唐宋詩醇四十七卷目錄二卷　(清)高宗弘曆輯　清乾隆二十五年(1760)江蘇巡撫陳弘謀刻道光兩儀堂重修本　二十二冊

110000－0143－0017650　PG417/4
明詩綜一百卷　(清)朱彝尊輯　(清)汪森輯評　清康熙刻乾隆西泠吴氏清來堂印本　三十二冊

110000－0143－0017651　PG417/4
明詩綜一百卷　(清)朱彝尊輯　(清)汪森輯評　清康熙刻乾隆西泠吴氏清來堂印本　四十冊

110000－0143－0017652　PG417/4
明詩綜一百卷　(清)朱彝尊輯　(清)汪森輯評　清康熙刻乾隆西泠吴氏清來堂印本　三十六冊

110000－0143－0017653　PG417/4
明詩綜一百卷　(清)朱彝尊輯　(清)汪森輯評　清康熙刻乾隆西泠吴氏清來堂印本　八冊　存二十九卷(七十二至一百)

110000－0143－0017654　PG417/7－1
才調集十卷　(五代)韋縠輯　清康熙宛委堂刻本　十冊

110000－0143－0017655　PG417/8
欒城集四十八卷後集二十四卷三集十卷欒城應詔集十二卷　(宋)蘇轍撰　清道光十二年(1832)眉州三蘇祠刻本　十六冊　存七十四卷(欒城集二十一至四十八、後集二十四卷、三集十卷、欒城應詔集十二卷)

110000－0143－0017656　PG417/8－1
欒城集四十八卷後集二十四卷三集十卷欒城應詔集十二卷　(宋)蘇轍撰　清道光十二年(1832)眉州三蘇祠刻本　二十八冊

110000－0143－0017657　PG417/8－1
欒城集四十八卷後集二十四卷　(宋)蘇轍撰　清道光十二年(1832)眉州三蘇祠刻本　二十四冊

110000－0143－0017658　PG417/8－2
欒城集四十八卷後集二十四卷三集十卷欒城應詔集十二卷　(宋)蘇轍撰　清道光十二年(1832)眉州弓氏刻本　二十六冊

110000－0143－0017659　PG417/9
樂府詩集一百卷目錄二卷　(宋)郭茂倩編次　清同治十三年(1874)湖北崇文書局刻本　十六冊

110000－0143－0017660　PG417/9
樂府詩集一百卷目錄二卷　(宋)郭茂倩編次　清同治十三年(1874)湖北崇文書局刻本　十五冊　缺一卷(目錄上)

110000－0143－0017661　PG417/9
樂府詩集一百卷目錄二卷　(宋)郭茂倩編次　明末毛氏汲古閣刻本　十五冊　缺九卷(四十至四十八)

110000－0143－0017662　PG417/9
樂府詩集一百卷目錄二卷　(宋)郭茂倩編次　清同治十三年(1874)湖北崇文書局刻本　十六冊

110000－0143－0017663　PG417/9－1
樂府詩集一百卷目錄二卷　(宋)郭茂倩編次　明末毛氏汲古閣刻本　二十冊

110000－0143－0017664　PG417/12

棗香書屋詩鈔一卷　(清)黄樂之撰　清同治元年(1862)棗香書屋刻本　一册

110000－0143－0017665　PG417/12
皇清誥授資政大夫浙江按察使愛廬黄公行狀一卷　(清)羅惇衍撰　清光緒六年(1880)刻本　一册

110000－0143－0017666　PG417/12
棗香書屋詩鈔一卷　(清)黄樂之撰　清同治元年(1862)棗香書屋刻本　一册

110000－0143－0017667　PG417/19－1
唐中興間氣集二卷　(唐)高仲武輯　清光緒十九年(1893)武進費氏影宋刻本　二册

110000－0143－0017668　PG417/19－1
新雕校證大字白氏諷諫一卷　(唐)李白撰　清光緒十九年(1893)武進費氏影宋刻本　一册

110000－0143－0017669　PG417/21
墨花吟館各體文鈔二十卷　(清)嚴辰撰　清光緒八年至十六年(1882－1890)刻本　八册

110000－0143－0017670　PG417/22－1
施注蘇詩四十二卷　(宋)蘇軾撰　(宋)施元之　(宋)顧禧注　(清)邵長蘅等删補　**蘇詩續補遺二卷**　(宋)蘇軾撰　(清)馮璟補注　**王注正譌一卷**　(清)邵長蘅撰　**東坡先生年譜一卷**　(宋)王宗稷撰　清刻本　十册

110000－0143－0017671　PG417/27－1
海藏樓詩八卷　鄭孝胥撰　清光緒二十八年(1902)刻本　一册　存一卷(一)

110000－0143－0017672　PG417/29
得一山房詩集二卷　(清)唐懋功撰　清光緒十九年(1893)灌陽唐景崧刻本　一册

110000－0143－0017673　PG417/31
歷朝古體近體詩箋評自知集十二卷　(清)柴友誠精選　清道光八年(1828)賨研齋刻本　八册

110000－0143－0017674　PG417/32
黄詩全集五十八卷　(宋)黄庭堅撰　清乾隆五十三年(1788)南康謝氏樹經堂刻本　二十册

110000－0143－0017675　PG417/32－1
黄詩全集五十八卷　(宋)黄庭堅撰　清乾隆五十三年(1788)南康謝氏樹經堂刻本　二十册

110000－0143－0017676　PG417/32－2
山谷詩集註二十卷外集詩註十七卷别集詩註二卷　(宋)黄庭堅撰　(宋)任淵等註　清光緒十九年至二十六年(1893－1900)義寧陳氏四覺草堂刻本　二十册

110000－0143－0017677　PG417/33
津門詩鈔三十卷　(清)梅成棟纂　清道光四年(1824)天津梅氏思誠書屋刻本　十册

110000－0143－0017678　PG417/34
欽定國朝詩别裁集三十二卷　(清)沈德潛纂評　清乾隆二十六年(1761)刻本　十六册

110000－0143－0017679　PG417/35
守硯齋試帖初集四卷守硯齋試帖二集二卷　(清)王祖光著　(清)張維楨編次　(清)周濂徽注　清光緒二十三年至二十四年(1897－1898)大興王氏鹿城東甌刻本　六册

110000－0143－0017680　PG417/38
古詩源十四卷　(清)沈德潛選　清康熙至雍正尊經閣刻本　四册

110000－0143－0017681　PG417/38－1
古詩源十四卷　(清)沈德潛選　清光緒二十二年(1896)新化三味堂刻本　四册

110000－0143－0017682　PG417/38－2
古詩源十四卷　(清)沈德潛選　清光緒十七年(1891)湖南經濟書局刻本　四册

110000－0143－0017683　PG417/38－4
古詩源十四卷　(清)沈德潛選　清光緒十七年(1891)湖南思賢書局刻本　四册

110000－0143－0017684　PG417/39
乾坤正氣集二十卷　(清)顧沅輯　清道光二十三年(1843)長洲顧氏藝海樓刻本　八册

110000－0143－0017685　PG417/40
蘇文忠公詩集五十卷目錄二卷　（宋）蘇軾撰　（清）紀昀評點　清道光十四年（1834）兩廣節署刻本　十二册

110000－0143－0017686　PG417/40
蘇文忠公詩集五十卷目錄二卷　（宋）蘇軾撰　（清）紀昀評點　清道光十四年（1834）兩廣節署刻本　六册　存三十卷（六至十、二十一至二十五、三十一至五十）

110000－0143－0017687　PG417/40
蘇文忠公詩集五十卷目錄二卷　（宋）蘇軾撰　（清）紀昀評點　清道光十四年（1834）兩廣節署刻本　六册　存三十卷（二十一至五十）

110000－0143－0017688　PG417/41
八代詩選二十卷　王闓運撰　清光緒十六年（1890）江蘇書局刻本　八册

110000－0143－0017689　PG417/41
八代詩選二十卷　王闓運撰　清光緒十六年（1890）江蘇書局刻本　八册

110000－0143－0017690　PG417/41
八代詩選二十卷　王闓運撰　清光緒十六年（1890）江蘇書局刻本　八册

110000－0143－0017691　PG417/41－1
八代詩選二十卷　王闓運撰　清光緒七年（1881）四川尊經書局刻本　六册

110000－0143－0017692　PG417/42
全唐詩九百卷　（清）聖祖玄燁定　（清）曹寅等編　清光緒元年（1875）撫州饒玉成雙峰書屋刻本　一百二十册

110000－0143－0017693　PG417/42－1
全唐詩九百卷　（清）聖祖玄燁定　（清）曹寅等編　清康熙末刻本　一百九册　缺九十五卷（第一函第一册十二卷、第一函第二册九卷、第二函第十册十一卷、第四函第四册杜甫十四至十九卷、第四函第五册五卷、第六函第八册元稹一至九卷、第六函第九册十至十九卷、第六函第十册二十至二十八卷、第七函第五册白居易二十一至二十四卷、第九函第五册十卷、第十一函第三册十卷）

110000－0143－0017694　PG417/42－1
全唐詩九百卷　（清）聖祖玄燁定　（清）曹寅等編　清末翻印本　一百册　缺第一、二函一百五十八卷

110000－0143－0017695　PG417/43
蘇文忠公詩合註五十卷首一卷　（宋）蘇軾撰　（清）馮應榴輯訂　清同治九年（1870）馮寶圻踵息齋刻本　二十四册

110000－0143－0017696　PG417/43－1
蘇文忠公詩編註集成四十五卷附諸家雜綴酌存不分卷蘇海識餘四卷　（宋）蘇軾撰　（清）王文誥輯訂　清道光三年（1823）刻本　八册

110000－0143－0017697　PG417/43－1
蘇文忠公詩編註集成四十五卷附諸家雜綴酌存不分卷蘇海識餘四卷　（宋）蘇軾撰　（清）王文誥輯訂　清道光三年（1823）刻本　七册　缺一卷（附諸家雜綴酌存不分卷）

110000－0143－0017698　PG417/43－1
蘇文忠公詩編註集成四十六卷蘇文忠公詩編註集成總案四十五卷　（宋）蘇軾撰　（清）王文誥輯訂　清嘉慶二十四年至道光三年（1819－1823）武林王氏韻山堂刻本　二十四册

110000－0143－0017699　PG417/43－3
蘇文忠公詩編註集成四十六卷蘇文忠公詩編註集成總案四十五卷　（宋）蘇軾撰　（清）王文誥輯訂　清光緒十四年（1888）浙江書局刻本　二十四册

110000－0143－0017700　PG417/43－3
蘇文忠公詩編註集成四十六卷蘇文忠公詩編註集成總案四十五卷　（宋）蘇軾撰　（清）王文誥輯訂　清光緒十四年（1888）浙江書局刻本　二十四册

110000－0143－0017701　PG417/43－3
蘇文忠公詩編註集成四十六卷蘇文忠公詩編註集成總案四十五卷　（宋）蘇軾撰　（清）王文誥輯訂　清光緒十四年（1888）浙江書局刻

本　二十四册

110000－0143－0017702　PG417/43－4
蘇文忠公詩合註五十卷首一卷　（宋）蘇軾撰　（清）馮應榴輯訂　清同治九年（1870）馮寶圻踵息齋刻本　二十四册

110000－0143－0017703　PG417/43－4
蘇文忠公詩合註五十卷首一卷　（宋）蘇軾撰　（清）馮應榴輯訂　清香雨齋刻本　二十册

110000－0143－0017704　PG417/44
梅村詩集箋注十八卷　（清）吴偉業撰　（清）吴翌鳳箋注　清嘉慶十九年（1814）滄浪吟榭刻光緒十年（1884）重刻本　十二册

110000－0143－0017705　PG417/44－1
梅村詩集箋注十八卷　（清）吴偉業撰　（清）吴翌鳳箋注　清嘉慶十九年（1814）滄浪吟榭刻本　十二册

110000－0143－0017706　PG417/45
御製詩集六卷　（清）穆宗載淳撰　清光緒元年至十五年（1875－1889）潘祖蔭等刻本　二册

110000－0143－0017707　PG417/45－1
御製詩三集一百卷目錄十二卷　（清）高宗弘曆撰　清光緒五年（1879）奕訢、沈桂芬等鉛印本　四十册

110000－0143－0017708　PG417/45－1
御製詩二集九十卷目錄十卷　（清）高宗弘曆撰　清光緒五年（1879）奕訢、沈桂芬等鉛印本　四十册

110000－0143－0017709　PG417/45－1
御製詩餘集二十卷目錄三卷　（清）高宗弘曆撰　清光緒五年（1879）奕訢、沈桂芬等鉛印本　十二册

110000－0143－0017710　PG417/45－1
御製詩五集一百卷目錄十二卷　（清）高宗弘曆撰　清光緒五年（1879）奕訢、沈桂芬等鉛印本　五十六册

110000－0143－0017711　PG417/45－1
御製詩四集一百卷目錄十二卷　（清）高宗弘曆撰　清光緒五年（1879）奕訢、沈桂芬等鉛印本　六十二册

110000－0143－0017712　PG417/45－1
御製詩初集四十四卷目錄四卷　（清）高宗弘曆撰　清光緒五年（1879）奕訢、沈桂芬等鉛印本　二十册

110000－0143－0017713　PG417/45－2
御製文集二卷御製詩集八卷　（清）文宗奕詝撰　清光緒五年（1879）奕訢、沈桂芬等鉛印本　六册

110000－0143－0017714　PG417/45－3
御製文餘集二卷御製詩餘集六卷　（清）仁宗顒琰撰　清光緒五年（1879）奕訢、沈桂芬等鉛印本　六册

110000－0143－0017715　PG417/45－4
御製詩二集六十四卷目錄八卷　（清）仁宗顒琰撰　清光緒五年（1879）奕訢、沈桂芬等鉛印本　三十六册

110000－0143－0017716　PG417/45－4
御製詩三集六十四卷目錄四卷　（清）仁宗顒琰撰　清光緒五年（1879）奕訢、沈桂芬等鉛印本　三十六册

110000－0143－0017717　PG417/45－4
御製詩初集四十八卷目錄六卷　（清）仁宗顒琰撰　清光緒五年（1879）奕訢、沈桂芬等鉛印本　三十册

110000－0143－0017718　PG417/45－5
御製詩初集二十四卷目錄四卷　（清）宣宗旻寧撰　清光緒五年（1879）奕訢、沈桂芬等鉛印本　十六册

110000－0143－0017719　PG417/45－5
御製詩餘集十二卷目錄二卷　（清）宣宗旻寧撰　清光緒五年（1879）奕訢、沈桂芬等鉛印本　四册

110000－0143－0017720　PG417/47
賭棋山莊詩集十四卷　（清）謝章鋌撰　清光

緒十四年(1888)刻本　四册

110000－0143－0017721　PG417/47－1
賭棋山莊集詞話十二卷續編五卷　(清)謝章鋌撰　清光緒十年(1884)閩縣陳寶璐南昌使廨刻本　五册　缺十卷(賭棋山莊集詞話一至十)

110000－0143－0017722　PG417/48－2
張文襄公詩集四卷　(清)張之洞撰　清宣統二年(1910)鉛印本　一册

110000－0143－0017723　PG417/49
杜工部集二十卷附錄一卷　(唐)杜甫撰　(清)錢謙益箋注　清宣統三年(1911)時中書局石印本　六册　缺七卷(四至六、十七至二十)

110000－0143－0017724　PG417/50
漁洋山人詩集二十二卷　(清)王士禛撰　清康熙八年(1669)吳郡沂詠堂刻雍正印本　四册

110000－0143－0017725　PG417/50－1
漁洋山人詩集二十二卷　(清)王士禛撰　清康熙八年(1669)吳郡沂詠堂刻雍正印本　四册

110000－0143－0017726　PG417/50－1
漁洋山人詩集續集十六卷　(清)王士禛撰　清康熙二十三年(1684)吳中刻雍正印本　四册

110000－0143－0017727　PG417/51
樂道堂詩鈔十卷　(清)奕訢著　清同治六年至光緒四年(1867－1878)奕訢遞刻本　十册

110000－0143－0017728　PG417/51
樂道堂詩鈔十卷　(清)奕訢著　清同治六年至光緒十二年(1867－1886)奕訢遞刻本　十册

110000－0143－0017729　PG417/51
樂道堂詩鈔十卷　(清)奕訢著　清同治六年至光緒十二年(1867－1886)奕訢遞刻本　十册

110000－0143－0017730　PG417/52
國朝閨閣詩鈔不分卷　(清)蔡殿齊等編輯　清道光二十四年(1844)嫏嬛別館刻本　十册

110000－0143－0017731　PG417/54
山谷詩集註二十卷外集詩註十七卷別集詩註二卷　(宋)黃庭堅撰　(宋)任淵等註　清光緒二十六年(1900)義寧陳三立影刻本　二十册

110000－0143－0017732　PG417/54
山谷詩集註二十卷外集詩註十七卷別集詩註二卷　(宋)黃庭堅撰　(宋)任淵等註　清光緒二十六年(1900)義寧陳三立影刻本　二十册

110000－0143－0017733　PG417/54－1
山谷詩集註二十卷外集詩註十七卷別集詩註二卷　(宋)黃庭堅撰　(宋)任淵等註　清光緒二十六年(1900)義寧陳三立刻宣統二年(1910)印本　十册　存二十卷(山谷詩集註三至四、十一至十二,外集詩註四至十七,別集詩註二卷)

110000－0143－0017734　PG417/54－2
山谷詩集註二十卷外集詩註十七卷別集詩註二卷　(宋)黃庭堅撰　(宋)任淵等註　清光緒二十六年(1900)義寧陳三立影刻本　二十册

110000－0143－0017735　PG417/56
吳詩集覽二十卷吳詩補註二十卷吳詩談藪二卷　(清)吳偉業撰　(清)靳榮藩輯　清刻本　十六册

110000－0143－0017736　PG417/56－2
吳詩集覽二十卷吳詩補註二十卷吳詩談藪二卷　(清)吳偉業撰　(清)靳榮藩輯　清刻本　十六册

110000－0143－0017737　PG417/56、PG417/72
吳詩集覽二十卷序目一卷　(清)吳偉業撰　(清)靳榮藩輯　清乾隆四十年(1775)刻道光七年(1827)印本　二十册

110000－0143－0017738　PG417/57
歷朝詩約選九十三卷　（清）劉大櫆纂　清光緒二十一年至二十三年(1895－1897)文徵閣刻本　二十二册

110000－0143－0017739　PG417/58
弘正四傑詩集七十八卷　（清）張祖同輯　清光緒二十一年(1895)張氏湘雨樓刻本　十六册

110000－0143－0017740　PG417/58
弘正四傑詩集七十八卷　（清）張祖同輯　清光緒二十一年(1895)張氏湘雨樓刻本　十六册

110000－0143－0017741　PG417/58
弘正四傑詩集七十八卷　（清）張祖同輯　清光緒二十一年(1895)張氏湘雨樓刻本　十六册

110000－0143－0017742　PG417/60
船山詩草二十卷船山詩草補遺六卷　（清）張問陶撰　清同治十三年(1874)刻本　八册

110000－0143－0017743　PG417/60
船山詩草二十卷　（清）張問陶撰　清嘉慶二十年(1815)刻本　八册

110000－0143－0017744　PG417/60
船山詩草二十卷　（清）張問陶撰　清嘉慶二十年(1815)刻本　八册

110000－0143－0017745　PG417/60
船山詩草二十卷　（清）張問陶撰　清嘉慶二十年(1815)刻本　八册

110000－0143－0017746　PG417/61
授堂遺書七種　（清）武億著　清道光二十三年(1843)偃師武氏小石山房刻本　二册　存一種八卷(授堂詩鈔八卷)

110000－0143－0017747　PG417/61
授堂遺書七種　（清）武億著　清道光二十三年(1843)偃師武氏小石山房刻本　七册　存四種二十八卷(授堂詩鈔八卷,授堂文鈔八卷、續集二卷、附讀畫山房文鈔二卷,授堂金石文字續跋九至十四,附錄二卷)

110000－0143－0017748　PG417/62
治經堂詩集十二卷　（清）朱錦琮撰　清道光四年(1824)刻本　四册

110000－0143－0017749　PG417/65－1
杜工部集二十卷附諸家詩話一卷杜工部集附錄一卷唱酬題詠附錄一卷　（唐）杜甫撰　清康熙六年(1667)季氏靜思堂刻本　十册

110000－0143－0017750　PG417/65－2
杜工部集二十卷　（唐）杜甫撰　清光緒二年(1876)刻五色套印本　十册

110000－0143－0017751　PG417/65－2
杜工部集二十卷　（唐）杜甫撰　清光緒二年(1876)刻五色套印本　十册

110000－0143－0017752　PG417/65－2
杜工部集二十卷　（唐）杜甫撰　清光緒二年(1876)刻五色套印本　十册

110000－0143－0017753　PG417/65－3
杜工部集二十卷諸家詩話一卷唱酬題詠一卷附錄一卷　（唐）杜甫撰　（清）錢謙益箋注　清宣統二年(1910)上海集成圖書公司鉛印本　四册

110000－0143－0017754　PG417/65－4
杜工部集二十卷諸家詩話一卷唱酬題詠一卷附錄一卷首一卷　（唐）杜甫撰　清末翻刻本　十册

110000－0143－0017755　PG417/65－5
杜工部集二十卷　（唐）杜甫撰　清光緒二年(1876)刻五色套印本　十册

110000－0143－0017756　PG417/67
十八家詩鈔二十八卷　（清）曾國藩纂　（清）李鴻章審訂　（清）王定安校　清光緒十四年(1888)鴻文書局鉛印本　八册

110000－0143－0017757　PG417/67－2
十八家詩鈔二十八卷　（清）曾國藩纂　（清）李鴻章審訂　（清）王定安校　清同治十三年(1874)傳忠書局刻本　二十三册

110000－0143－0017758　PG417/67－2
十八家詩鈔二十八卷　(清)曾國藩纂　(清)李鴻章審訂　(清)王定安校　清同治十三年(1874)傳忠書局刻本　二十八册

110000－0143－0017759　PG417/68
小重山房初稾詩十卷詞三卷賦二卷　(清)張祥河撰　清道光二年(1822)華亭張氏刻本　四册

110000－0143－0017760　PG417/68
霞閣小稿一卷　(清)張昌緒撰　(清)張祥河輯　清道光二年(1822)華亭張氏刻本　與110000－0143－0017759合册

110000－0143－0017761　PG417/69
四溟山人詩集十卷　(明)謝榛著　(明)盛以進選　清宣統元年(1909)胡思敬問影樓石印本　三册

110000－0143－0017762　PG417/70
國朝畿輔詩傳六十卷　(清)陶樑輯　(清)崔旭校　清道光十九年(1839)紅豆樹館刻本　二十册

110000－0143－0017763　PG417/72－2
吴詩集覽二十卷附吴詩談藪二卷　(清)吴偉業撰　(清)靳榮藩輯　清乾隆四十六年至嘉慶二十五年(1781－1820)凌雲亭刻本　二十册

110000－0143－0017764　PG417/74
海運紀事詩鈔一卷　(清)錢炘和編　清咸豐四年(1854)錢氏天津道署刻本　一册

110000－0143－0017765　PG417/75
燕南二俊詩鈔二卷　(清)陶樑編　清道光刻本　二册

110000－0143－0017766　PG417/76
擔峯詩四卷　(清)孫洤撰　清康熙刻本　四册

110000－0143－0017767　PG417/78
江左三大家詩鈔三種九卷　(清)錢謙益　(清)吴偉業　(清)龔鼎孳撰　(清)顧有孝　(清)趙澐輯　清康熙六年(1667)刻本　三册

110000－0143－0017768　PG417/79－1
國朝山左詩續鈔三十二卷　(清)張鵬展纂　清嘉慶十八年(1813)刻本　十六册

110000－0143－0017769　PG417/79－1
國朝山左詩續鈔三十二卷　(清)張鵬展纂　清嘉慶十八年(1813)刻本　十二册

110000－0143－0017770　PG417/80
兩浙輶軒續錄五十四卷兩浙輶軒錄補遺十卷　(清)潘衍桐輯　清光緒十七年(1891)浙江書局刻本　十册

110000－0143－0017771　PG417/80
兩浙輶軒續錄五十四卷兩浙輶軒續錄補遺六卷　(清)潘衍桐輯　清光緒十七年(1891)浙江書局刻本　四十册

110000－0143－0017772　PG417/80
兩浙輶軒續錄五十四卷　(清)潘衍桐輯　清光緒十七年(1891)浙江書局刻本　三十二册　存四十七卷(一至四十七)

110000－0143－0017773　PG417/80－1
兩浙輶軒錄四十卷兩浙輶軒錄補遺十卷　(清)阮元輯　清光緒十六年(1890)浙江書局刻本　三十二册

110000－0143－0017774　PG417/80－1
兩浙輶軒錄補遺十卷　(清)阮元輯　清嘉慶八年(1803)刻本　十二册

110000－0143－0017775　PG417/80－2
兩浙輶軒錄四十卷　(清)阮元輯　清嘉慶六年(1801)刻本　二十册

110000－0143－0017776　PG417/82
寄奩試律賸二卷附刻一卷　(清)王祖光著　(清)張維楨注　(清)周濂馨編次　清光緒二十六年(1900)鹿城巡署之且園刻本　二册

110000－0143－0017777　PG417/84
國朝山右詩存二十四卷補遺八卷　(清)李錫麟輯錄　清嘉慶六年(1801)刻本　八册　存

十六卷(一至十六)

110000－0143－0017778　PG417/84－1
國朝山右詩存二十四卷補遺八卷　(清)李錫麟輯錄　清嘉慶六年(1801)刻本　十六册

110000－0143－0017779　PG417/85
石室存稿二卷詩餘附　(清)沈裕雲撰　清道光十七年(1837)震澤沈氏蔭遠堂刻本　二册

110000－0143－0017780　PG417/86
白圭堂詩鈔八卷詩續鈔六卷　(清)江之紀撰　清同治三年(1864)刻本　二册

110000－0143－0017781　PG417/89
賞雨茅屋詩集二十二卷賞雨茅屋外集一卷　(清)曾燠撰　清道光刻本　六册

110000－0143－0017782　PG417/89
賞雨茅屋詩集二十二卷賞雨茅屋外集一卷　(清)曾燠撰　清道光刻本　七册

110000－0143－0017783　PG417/89－1
賞雨茅屋詩集九卷賞雨茅屋外集一卷　(清)曾燠撰　清嘉慶九年至十五年(1804－1810)刻本　六册

110000－0143－0017784　PG417/89－2
賞雨茅屋詩集十六卷賞雨茅屋外集一卷　(清)曾燠撰　清嘉慶二十四年至道光三年(1819－1823)刻本　五册

110000－0143－0017785　PG417/93
友松吟館詩鈔十五卷　(清)毓俊撰　清光緒二十五年(1899)歷下刻本　四册

110000－0143－0017786　PG417/93
友松吟館詩鈔十五卷　(清)毓俊撰　清光緒二十五年(1899)歷下刻本　四册

110000－0143－0017787　PG417/95－1
宋詩紀事一百卷　(清)厲鶚　(清)馬曰琯輯　清乾隆十一年(1746)刻本　三十二册

110000－0143－0017788　PG417/95－2
宋詩紀事補遺一百卷宋詩紀事小傳補正四卷　(清)陸心源輯　清光緒十九年(1893)刻本　十九册　缺三十卷(四十六至七十五)

110000－0143－0017789　PG417/97
青墅詩稿十卷　(清)李燧著　清道光十三年(1833)河南府署刻本　三册　缺二卷(一至二)

110000－0143－0017790　PG417/98
夢樓詩集二十四卷　(清)王文治撰　清乾隆六十年(1795)食舊堂刻本　六册

110000－0143－0017791　PG417/99
紀曉嵐詩註釋四卷　(清)紀昀著　(清)郭斌評註　清道光二十六年(1846)三益堂刻本　二册

110000－0143－0017792　PG417/100
返生香一卷附疏香閣附集一卷　(明)葉小鸞撰　**窈聞一卷續窈聞一卷**　(明)葉紹袁撰　清光緒二十二年(1896)羊城葉衍蘭秋夢盦石印本　四册

110000－0143－0017793　PG417/101
蕉窗囈語續集不分卷　(清)汪丙新著　清光緒九年(1883)汪氏汲古堂刻本　二册

110000－0143－0017794　PG417/102
聽園西疆雜述詩四卷　(清)蕭雄撰　清光緒二十一年(1895)元和江氏湖南提學署刻本　四册

110000－0143－0017795　PG417/102－1
西疆雜述詩四卷　(清)蕭雄撰　清光緒二十年至宣統三年(1894－1911)時用齋石印本　四册

110000－0143－0017796　PG417/102－1
西疆雜述詩四卷　(清)蕭雄撰　清光緒二十年至宣統三年(1894－1911)時用齋石印本　四册

110000－0143－0017797　PG417/103
甌北詩鈔二十卷　(清)趙翼撰　清刻本　五册　存十卷(絕句一至二,七言律一至二、六至七,五言律二,五言古三至四,七言古一)

110000－0143－0017798　PG417/108
宋詩鈔初集十七卷宋詩鈔二集二十三卷

(清)呂留良　(清)吳之振　(清)吳爾堯等同輯　清康熙十年(1671)吳氏鑑古堂刻本　十五冊　缺十七卷(宋詩鈔初集十七卷)

110000－0143－0017799　PG417/110
證嚮齋詩集八卷　(清)蔡鑾揚撰　清光緒六年(1880)刻本　四冊

110000－0143－0017800　PG417/111
西堂詩集三十卷　(清)尤侗撰　清刻本　五冊　存十七卷(看雲草堂集八卷、西堂剩稿一卷、西堂秋夢錄一卷、外國竹枝詞一卷、百末詞六卷)

110000－0143－0017801　PG417/112
笠翁全集十六卷　(清)李漁撰　清雍正八年(1730)芥子園刻本　十冊　存九卷(笠翁偶集一至四、笠翁文集二至三、笠翁詩集五至六、笠翁別集十)

110000－0143－0017802　PG417/114
讀杜心解六卷首二卷　(清)浦起龍講解　清雍正二年至三年(1724－1725)浦氏寧我齋刻本　八冊　存八卷(一之一至四,二,三之一至二、五至六,四,五之四至五,六;首二卷)

110000－0143－0017803　PG417/114
讀杜心解六卷首二卷　(清)浦起龍講解　清雍正二年至三年(1724－1725)浦氏寧我齋刻本　六冊　存四卷(三至六)

110000－0143－0017804　PG417/116
庚辰集五卷　(清)紀昀編　清乾隆至嘉慶積秀堂刻本　六冊

110000－0143－0017805　PG417/116
庚辰集五卷　(清)紀昀編　清乾隆二十七年(1762)太和堂刻本　五冊

110000－0143－0017806　PG417/116
庚辰集五卷　(清)紀昀編　清刻本　五冊

110000－0143－0017807　PG417/117
栘經廬詩集續編十三卷　(清)王軒撰　清同治至光緒刻本　四冊

110000－0143－0017808　PG417/117
栘經廬詩集續編十三卷　(清)王軒撰　清同治至光緒刻本　二冊　存六卷(四至九)

110000－0143－0017809　PG417/118
聊自娛齋詩草二卷硯農山房試帖編次一卷　(清)馮嘉謨著　清光緒八年(1882)洪洞董氏刻本　一冊

110000－0143－0017810　PG417/118
聊自娛齋詩草二卷硯農山房試帖編次一卷　(清)馮嘉謨著　清光緒八年(1882)洪洞董氏刻本　一冊

110000－0143－0017811　PG417/121
西泠閨詠十六卷　(清)陳文述著　清光緒刻本　一冊　缺四卷(一至四)

110000－0143－0017812　PG417/122
詠樓盍戠集十一卷　(清)沈秉成輯　清同治刻本　三冊　存六種八卷(海秋詩錄上、下,通父詩錄不分卷,顧齋詩錄上、下,沅青詩錄不分卷,緗芸詩錄不分卷,研樵詩錄不分卷)

110000－0143－0017813　PG417/123
散原精舍詩二卷　陳三立撰　清宣統二年(1910)鉛印本　二冊

110000－0143－0017814　PG417/123
散原精舍詩二卷　陳三立撰　清宣統二年(1910)商務印書館鉛印本　二冊

110000－0143－0017815　PG417/123－1
散原精舍詩二卷　陳三立撰　清宣統二年(1910)商務印書館鉛印本　二冊

110000－0143－0017816　PG417/124
杜工部草堂詩箋二十二卷　(宋)魯訔編次　(宋)蔡夢弼會箋　(清)方功惠校訂　清光緒二年(1876)巴陵方氏碧琳琅館刻本　五冊

110000－0143－0017817　PG417/125
紀曉嵐詩註釋四卷　(清)紀昀著　(清)郭斌評註　清嘉慶二十一年(1816)文富堂刻本　二冊

110000－0143－0017818　PG417/126
吳徵君蓮洋詩鈔不分卷　(清)吳雯著　(清)

蘇爾詒 (清)劉贊參訂 清乾隆三十二年(1767)止軒刻本 二册 存五言律、七言律、五排律、五言絕、七言絕

110000－0143－0017819 PG417/133
西堂詩集三十卷 (清)尤侗撰 清同治至宣統刻本 六册

110000－0143－0017820 PG417/135
豔雪堂詩集四卷 (清)張晉著 清道光十七年(1837)香雪庵刻本 四册

110000－0143－0017821 PG417/135－1
豔雪堂詩集四卷 (清)張晉著 清道光十七年(1837)香雪庵刻本 四册

110000－0143－0017822 PG417/136
承恩堂詩集十卷 (清)恩錫撰 清同治十三年(1874)袁江節署刻本 五册

110000－0143－0017823 PG417/138
國朝六家詩鈔八卷 (清)劉執玉選 清宣統二年(1910)澄衷學堂石印本 六册

110000－0143－0017824 PG417/138
國朝六家詩鈔八卷 (清)劉執玉選 清宣統二年(1910)澄衷學堂石印本 六册

110000－0143－0017825 PG417/138－1
國朝六家詩鈔八卷 (清)劉執玉選 清嘉慶八年(1803)刻本 八册

110000－0143－0017826 PG417/141
白香山詩長慶集二十卷附舊唐書本傳一卷白香山舊本一卷白香山詩後集十七卷白香山詩別集一卷白香山詩集補遺二卷 (唐)白居易撰 (清)汪立名編訂 **白香山[居易]年譜一卷** (清)汪立名撰 清康熙一隅草堂刻本 六册 缺十九卷(白香山詩後集十七卷、白香山詩集補遺二卷)

110000－0143－0017827 PG417/141－2
白香山詩長慶集二十卷附舊唐書本傳一卷白香山舊本一卷白香山詩後集十七卷白香山詩別集一卷白香山詩集補遺二卷 (唐)白居易撰 (清)汪立名編訂 **白香山[居易]年譜一卷** (清)汪立名撰 清康熙一隅草堂刻本 十二册

110000－0143－0017828 PG417/143
藏書紀事詩六卷補遺一卷 葉昌熾撰 清光緒二十三年(1897)元和江氏長沙學使署刻本 六册

110000－0143－0017829 PG417/143
藏書紀事詩六卷補遺一卷 葉昌熾撰 清光緒二十三年(1897)元和江氏長沙學使署刻本 十二册

110000－0143－0017830 PG417/143－1
藏書紀事詩七卷 葉昌熾撰 清宣統二年(1910)長洲葉氏刻本 六册

110000－0143－0017831 PG417/143－1
藏書紀事詩七卷 葉昌熾撰 清宣統二年(1910)長洲葉氏刻本 六册

110000－0143－0017832 PG417/143－1
藏書紀事詩七卷 葉昌熾撰 清宣統二年(1910)長洲葉氏刻本 六册

110000－0143－0017833 PG417/143－2
藏書紀事詩六卷補遺一卷 葉昌熾撰 清光緒二十三年(1897)元和江氏長沙學使署刻本 十二册

110000－0143－0017834 PG417/145
溫飛卿詩集七卷附溫飛卿詩別集一卷溫飛卿集外詩一卷 (唐)溫庭筠撰 (明)曾益注 (清)顧予咸補注 (清)顧嗣立續注 清宣統二年(1910)掃葉山房石印本 四册

110000－0143－0017835 PG417/145－1
溫飛卿詩集七卷附溫飛卿詩別集一卷溫飛卿集外詩一卷 (唐)溫庭筠撰 (明)曾益注 (清)顧予咸補注 (清)顧嗣立續注 清光緒八年(1882)錢塘汪氏刻本 三册

110000－0143－0017836 PG417/145－1
溫飛卿詩集七卷附溫飛卿詩別集一卷溫飛卿集外詩一卷 (唐)溫庭筠撰 (明)曾益注 (清)顧予咸補注 (清)顧嗣立續注 清康熙

三十六年(1697)長洲顧氏秀野草堂刻本　二冊

110000－0143－0017837　PG417/145－1

溫飛卿詩集七卷附溫飛卿詩別集一卷溫飛卿集外詩一卷　(唐)溫庭筠撰　(明)曾益注　(清)顧予咸補注　(清)顧嗣立續注　清光緒八年(1882)錢塘汪氏刻本　二冊

110000－0143－0017838　PG417/146

水流雲在館詩鈔十卷詞鈔四卷試帖二卷集唐詩鈔八卷集唐詞鈔一卷　(清)周天麟撰　清光緒二十一年至二十五年(1895－1899)刻本　七冊　缺二卷(集唐詩鈔四至五)

110000－0143－0017839　PG417/149

兩當軒詩鈔十四卷悔存詞鈔二卷　(清)黃景仁著　(清)趙希璜校　清嘉慶二十二年(1817)鄭炳文刻本　四冊

110000－0143－0017840　PG417/150

後山詩十二卷　(宋)陳師道撰　(宋)任淵注　清嘉慶刻本　六冊

110000－0143－0017841　PG417/150

後山詩十二卷　(宋)陳師道撰　(宋)任淵注　清末刻本　三冊

110000－0143－0017842　PG417/152

鈍吟集三卷　(清)馮班撰　胡思敬輯　清光緒三十四年(1908)胡思敬問影樓鉛印本　一冊

110000－0143－0017843　PG417/153

馮舍人遺詩六卷　(清)馮廷櫆著　清光緒三十四年(1908)胡思敬問影樓鉛印本　一冊

110000－0143－0017844　PG417/155

檉華館試帖彙鈔輯注十卷　(清)路德輯注　清道光十四年(1834)刻本　二冊　存二卷(七、十)

110000－0143－0017845　PG417/156－1

五言今體詩鈔九卷七言今體詩鈔九卷阮亭選古詩三十二卷　(清)姚鼐輯　(清)王士禛選　清同治五年(1866)金陵書局刻本　十冊

110000－0143－0017846　PG417/158

玉谿生詩詳註三卷補一卷樊南文集詳註八卷詩話一卷　(唐)李商隱撰　(清)馮浩編訂　**玉谿生[李商隱]年譜一卷**　(清)馮浩輯　清同治上海醉六堂刻本　八冊

110000－0143－0017847　PG417/159

韞山堂文集八卷詩集十六卷　(清)管世銘撰　清光緒二十年(1894)吳炳刻本　五冊

110000－0143－0017848　PG417/160－1

元遺山詩集箋註十四卷附錄一卷補載一卷　(金)元好問撰　(元)張德輝類次　(清)施國祁箋　**元遺山先生[好問]年譜一卷**　(清)施國祁編　清道光七年(1827)苕溪吳氏醉六堂刻本　三冊

110000－0143－0017849　PG417/160－1

元遺山詩集箋註十四卷附錄一卷補載一卷　(金)元好問撰　(元)張德輝類次　(清)施國祁箋　**元遺山先生[好問]年譜一卷**　(清)施國祁編　清道光七年(1827)苕溪吳氏醉六堂刻本　六冊

110000－0143－0017850　PG417/160－1

元遺山詩集箋註十四卷附錄一卷補載一卷　(金)元好問撰　(元)張德輝類次　(清)施國祁箋　**元遺山先生[好問]年譜一卷**　(清)施國祁編　清道光七年(1827)苕溪吳氏醉六堂刻本　三冊　缺三卷(九至十一)

110000－0143－0017851　PG417/161

峴嶕山房詩集初編八卷　(清)董文渙撰　清同治七年(1868)洪洞王軒刻本　四冊

110000－0143－0017852　PG417/162

有正味齋詩集十六卷詩續集八卷詩外集五卷詞集八卷詞續集三卷　(清)吳錫麒撰　清嘉慶刻本　十二冊

110000－0143－0017853　PG417/162

有正味齋詩續集八卷外集五卷詞集八卷　(清)吳錫麒撰　清刻本　六冊　存十七卷(有正味齋詩續集八卷、外集五卷、詞集一至四)

110000－0143－0017854　PG417/162－1
有正味齋詩集十二卷　(清)吴錫麒撰　清咸豐五年(1855)錢塘吴氏刻本　六册

110000－0143－0017855　PG417/163
聰山集十一卷　(清)申涵光著　(清)劉佑輯　清康熙二年(1663)刻道光二十七年(1847)彙印本　四册

110000－0143－0017856　PG417/163
聰山集十一卷　(清)申涵光著　(清)劉佑輯　清康熙二年(1663)刻道光二十七年(1847)彙印本　一册　存五卷(詩五卷)

110000－0143－0017857　PG417/163
忠裕堂詩集十卷　(清)申涵盼著　清道光二十七年(1847)刻本　一册　存二卷(一至二)

110000－0143－0017858　PG417/163
申鳧盟先生[涵光]年譜略一卷　(清)申涵煜　(清)申涵盼補輯　**申鳧盟傳一卷**　(清)魏裔介撰　**處士申鳧盟君墓誌銘一卷**　(清)魏象樞撰　**崇祀鄉賢錄一卷**　清康熙刻道光二十七年(1847)彙印本　一册

110000－0143－0017859　PG417/163
申鳧盟先生[涵光]年譜略一卷　(清)申涵煜　(清)申涵盼補輯　**申鳧盟傳一卷**　(清)魏裔介撰　**處士申鳧盟君墓誌銘一卷**　(清)魏象樞撰　**崇祀鄉賢錄一卷**　清康熙刻道光二十七年(1847)彙印本　一册

110000－0143－0017860　PG417/164－1
劍南詩鈔不分卷　(宋)陸游著　(清)楊大鶴選　清道光至宣統刻本　十二册

110000－0143－0017861　PG417/164－1
劍南詩鈔不分卷　(宋)陸游著　(清)楊大鶴選　清同治六年(1867)粤東金穀園刻本　八册

110000－0143－0017862　PG417/164－2
劒南詩鈔不分卷　(宋)陸游著　(清)楊大鶴選　清末淵海書局刻本　八册

110000－0143－0017863　PG417/164－3
劍南詩鈔不分卷　(宋)陸游著　(清)楊大鶴選　清光緒五年(1879)善成堂刻本　八册

110000－0143－0017864　PG417/166
有正味齋試帖詳註四卷　(清)吴錫麒撰　(清)吴掄　(清)吴敬恆註　清嘉慶八年(1803)一經堂刻本　四册

110000－0143－0017865　PG417/166
有正味齋試帖詩註八卷　(清)吴錫麒撰　(清)吴掄　(清)吴敬恆註　清道光二十七年(1847)書業德刻本　二册　存四卷(木天清課一至二,仿唐人詠史上、下)

110000－0143－0017866　PG417/168
關中書院課士詩四卷　(清)路德輯注　清道光二十三年(1843)經餘堂刻本　四册

110000－0143－0017867　PG417/170
七家試帖輯註彙鈔十二卷　(清)張熙宇評　劉鍾英　(清)劉培棠輯註　清同治至光緒刻本　十三册　缺三卷(澹香齋試帖輯註一卷、修竹齋試帖輯註下、桐雲閣試帖輯註下)

110000－0143－0017868　PG417/172
國朝正雅集九十九卷首一卷　(清)符葆森編輯　清咸豐七年(1857)京師半畝園刻本　三十二册

110000－0143－0017869　PG417/172
國朝正雅集九十九卷首一卷　(清)符葆森編輯　清咸豐七年(1857)京師半畝園刻本　三十二册

110000－0143－0017870　PG417/173－1
杜詩詳註二十五卷首一卷附編二卷　(唐)杜甫撰　(清)仇兆鰲輯註　清康熙三十二年(1693)刻康熙、雍正印本　二十八册

110000－0143－0017871　PG417/173－2
杜詩詳註二十五卷首一卷附編二卷　(唐)杜甫撰　(清)仇兆鰲輯註　清康熙五十二年(1713)刻雍正印本　四册　存八卷(二十至二十五、附編二卷)

110000－0143－0017872　PG417/173－3

杜詩註釋二十四卷首一卷　（唐）杜甫撰　（清）許寶善編輯　（清）曹洪志參訂　清嘉慶七年（1802）自怡軒刻光緒三年（1877）吳縣朱氏修補印本　十二册

110000－0143－0017873　PG417/175
李長吉歌詩四卷外集一卷首一卷　（唐）李賀撰　（清）王琦彙解　清光緒四年（1878）宏達堂刻本　三册

110000－0143－0017874　PG417/176
潞安詩鈔前編四卷潞安詩鈔後編十二卷　（清）程之玿彙輯　（清）常煜纂訂　清道光十九年（1839）寡過未能齋刻本　十册

110000－0143－0017875　PG417/178
湖北金石詩一卷　（清）嚴觀撰　清道光二十八年（1848）靈石楊氏刻連筠簃叢書本　一册

110000－0143－0017876　PG417/179
湖海詩傳四十六卷　（清）王昶輯　清嘉慶八年（1803）刻本　二十册

110000－0143－0017877　PG417/179
湖海詩傳四十六卷　（清）王昶輯　清嘉慶八年（1803）刻同治四年（1865）印本　八册　存二十五卷（一至二十五）

110000－0143－0017878　PG417/180
水流雲在館詩鈔十卷詞鈔八卷試帖二卷集杜詩鈔二卷集蘇詩鈔二卷　（清）周天麟撰　清光緒二十一年（1895）刻本　八册

110000－0143－0017879　PG417/183－1
十種唐詩選十九卷　（清）王士禛編輯　清康熙三十一年（1692）南芝堂刻王漁洋遺書本　十二册

110000－0143－0017880　PG417/183－2
唐賢三昧集三卷　（清）王士禛輯　（清）吳煊　（清）胡棠輯注　清乾隆五十二年（1787）聽雨齋刻本　三册

110000－0143－0017881　PG417/184
藍澗詩集六卷　（明）藍智撰　（清）程嗣祖編輯　清咸豐七年（1857）定海藍蔚雯刻光緒十六年（1890）金匱宣敬熙補刻本　四册

110000－0143－0017882　PG417/185
雪門詩草十四卷　（清）許瑤光著　清同治十三年（1874）刻本　六册

110000－0143－0017883　PG417/185
雪門詩草九卷　（清）許瑤光著　清同治十三年（1874）刻本　四册

110000－0143－0017884　PG417/187
沈觀齋詩二卷　周樹模著　清宣統二年（1910）龍江節署石印本　一册

110000－0143－0017885　PG417/187
沈觀齋詩二卷　周樹模著　清宣統二年（1910）龍江節署石印本　二册

110000－0143－0017886　PG417/191
國朝畿輔詩傳六十卷　（清）陶樑輯　（清）崔旭校　清道光十九年（1839）紅豆樹館刻本　十六册

110000－0143－0017887　PG417/191－1
國朝畿輔詩傳六十卷　（清）陶樑輯　（清）崔旭校　清道光十九年（1839）紅豆樹館刻本　十六册

110000－0143－0017888　PG417/192
妙吉祥室詩鈔十三卷壽閒齋吟草八卷詩餘一卷雜存一卷　（清）朱葵之著　清光緒十年（1884）古義安郡署刻本　八册

110000－0143－0017889　PG417/192
妙吉祥室詩鈔十三卷壽閒齋吟草八卷詩餘一卷雜存一卷　（清）朱葵之著　清光緒十年（1884）古義安郡署刻本　八册

110000－0143－0017890　PG417/194
江蘇詩徵一百八十三卷　（清）王豫輯　清嘉慶二十五年至道光元年（1820－1821）海西庵詩徵閣刻本　四十八册

110000－0143－0017891　PG417/197
淮海同聲集二十卷　（清）劉鳳誥編輯　清嘉慶二十二年（1817）刻本　六册

110000－0143－0017892　PG417/199

古唐詩合解十六卷　(清)王堯衢注　清道光二十一年(1841)蘇州桐石山房刻本　六冊

110000－0143－0017893　PG417/199－2、PG417/199－3

古唐詩合解十六卷　(清)王堯衢注　清末聚錦堂刻本　六冊

110000－0143－0017894　PG417/199－2

古唐詩合解十六卷　(清)王堯衢注　清末恆德堂刻本　六冊

110000－0143－0017895　PG417/199－2

古唐詩合解十六卷　(清)王堯衢注　清末恆德堂刻本　一冊　存四卷(古詩四卷)

110000－0143－0017896　PG417/199－3

古唐詩合解十六卷　(清)王堯衢注　清末刻本　一冊　存四卷(古詩四卷)

110000－0143－0017897　PG417/199－4

古唐詩合解十六卷　(清)王堯衢注　清光緒七年(1881)書業德刻本　五冊　存十二卷(唐詩古近體十二卷)

110000－0143－0017898　PG417/199－5

古唐詩合解十六卷　(清)王堯衢注　清末善成堂刻本　五冊　存十二卷(唐詩古近體十二卷)

110000－0143－0017899　PG417/199－6

古唐詩合解十六卷　(清)王堯衢注　清光緒書業德刻本　一冊　存四卷(古詩四卷)

110000－0143－0017900　PG417/199－7

古唐詩合解十六卷　(清)王堯衢注　清光緒十二年(1886)江左書林紫文閣刻本　八冊

110000－0143－0017901　PG417/199－8、PG417/199－9

古唐詩合解十六卷　(清)王堯衢注　清道光二十年(1840)崇順堂刻本　六冊　缺二卷(古詩三至四)

110000－0143－0017902　PG417/199－10

古唐詩合解十六卷　(清)王堯衢注　清末刻本　八冊

110000－0143－0017903　PG417/199－10

古唐詩合解十六卷　(清)王堯衢注　清末刻本　一冊　存四卷(古詩四卷)

110000－0143－0017904　PG417/199－11

古唐詩合解十六卷　(清)王堯衢注　清光緒十八年(1892)京都文成堂刻本　八冊

110000－0143－0017905　PG417/200

曝書亭集外詩五卷詞一卷文二卷　(清)朱彝尊撰　(清)馮登府　(清)朱墨林編輯　清道光二年至三年(1822－1823)刻本　四冊

110000－0143－0017906　PG417/201

璿璣碎錦二卷　(清)萬樹著　清光緒十四年(1888)似靜齋刻本　二冊

110000－0143－0017907　PG417/202

綿津山人詩集二十七卷　(清)宋犖著　清康熙末刻本　四冊

110000－0143－0017908　PG417/203－1

感舊集十六卷　(清)王士禛輯　(清)盧見曾補傳　清乾隆十七年(1752)刻本　八冊

110000－0143－0017909　PG417/204

忠雅堂詩集二十七卷補遺二卷詞集二卷　(清)蔣士銓著　清同治九年(1870)楊會元堂刻本　八冊

110000－0143－0017910　PG417/204－1

忠雅堂詩集二十七卷補遺二卷詞集二卷　(清)蔣士銓著　清敬書堂刻本　十二冊

110000－0143－0017911　PG417/207

三十家詩鈔六卷　(清)曾國藩纂　(清)王定安增輯　清同治十三年(1874)刻本　六冊

110000－0143－0017912　PG417/207－1

三十家詩鈔六卷首一卷末一卷　(清)曾國藩纂　(清)王定安增輯　清同治十三年(1874)傳忠書局刻本　六冊

110000－0143－0017913　PG417/209

石柏山房詩存八卷首一卷　(清)趙文楷著　清咸豐七年(1857)趙昀惠潮嘉道署刻本　四冊

110000－0143－0017914　PG417/210
虛受堂詩存十七卷　王先謙著　清光緒二十八年(1902)蘇氏刻本　四册

110000－0143－0017915　PG417/210
虛受堂詩存十七卷　王先謙著　清光緒二十八年(1902)蘇氏刻本　四册

110000－0143－0017916　PG417/211
詩賦標準不分卷　(清)張端卿輯　清光緒十一年(1885)刻本　一册

110000－0143－0017917　PG417/212
陶山詩錄二十八卷陶山詩前錄二卷　(清)唐仲冕著　清道光七年(1827)酌民言堂刻本　八册

110000－0143－0017918　PG417/212
陶山詩錄二十八卷陶山詩前錄二卷　(清)唐仲冕著　清道光七年(1827)酌民言堂刻本　九冊

110000－0143－0017919　PG417/213
雙藤書屋詩集十二卷試帖二卷　(清)何道生撰　清道光元年至同治十二年(1821－1873)刻靈石何氏彙印本　六册

110000－0143－0017920　PG417/213
雙藤書屋詩集十二卷試帖二卷　(清)何道生撰　清道光元年(1821)靈石何熙績、何耿繩刻本　四册

110000－0143－0017921　PG417/213
雙藤書屋詩集十二卷試帖二卷　(清)何道生撰　清道光元年(1821)靈石何熙績、何耿繩刻本　四册

110000－0143－0017922　PG417/213
雙藤書屋詩集十二卷試帖二卷　(清)何道生撰　清道光元年至同治十二年(1821－1873)刻靈石何氏彙印本　四册　缺二卷(試帖二卷)

110000－0143－0017923　PG417/214
石鼓硯齋詩鈔三十二卷試帖二卷直廬集八卷　(清)曹文埴著　清嘉慶四年至五年(1799－1800)新安曹琪、曹振鏞刻本　八册

110000－0143－0017924　PG417/217
通隱堂詩存四卷　(清)張京度著　清同治六年(1867)五百梅花草堂刻本　一册

110000－0143－0017925　PG417/217
梵隱堂詩存十卷通隱堂詩存四卷　(清)釋祖觀著　清同治五年(1866)通濟龕刻本　三册

110000－0143－0017926　PG417/218
醉山草堂詩集二卷醉山草堂文集二卷　(清)黃仲騏著　清光緒三年至六年(1877－1880)溈寧學署刻本　四册

110000－0143－0017927　PG417/219
退思軒詩集六卷補遺二卷　(清)張百熙著　清宣統三年(1911)鉛印本　一册

110000－0143－0017928　PG417/220
黔詩紀略三十三卷　(清)唐樹義審例　(清)黎兆勳採詩　(清)莫庭芝傳證　清同治十二年(1873)遵義唐氏夢研齋金陵刻本　八册

110000－0143－0017929　PG417/220
黔詩紀略三十三卷　(清)唐樹義審例　(清)黎兆勳採詩　(清)莫庭芝傳證　清同治十二年(1873)遵義唐氏夢研齋金陵刻本　八册

110000－0143－0017930　PG417/220
黔詩紀略三十三卷　(清)唐樹義審例　(清)黎兆勳採詩　(清)莫庭芝傳證　清同治十二年(1873)遵義唐氏夢研齋金陵刻本　八册

110000－0143－0017931　PG417/221
國朝閨秀正始集二十卷附錄一卷補遺一卷　(清)完顏惲珠輯　清道光十一年(1831)紅香館刻本　八册

110000－0143－0017932　PG417/221－1
國朝閨秀正始續集十卷附錄一卷國朝閨秀正始續集補遺一卷　(清)完顏惲珠選　清道光十六年(1836)紅香館刻本　四册

110000－0143－0017933　PG417/221－1
國朝閨秀正始集二十卷附錄一卷補遺一卷　(清)完顏惲珠輯　清道光十一年(1831)紅香

館刻本　六册

110000－0143－0017934　PG417/222
吴學士詩集五卷文集四卷　（清）吴鼒著　（清）梁肇煌　（清）薛時雨編訂　清光緒八年（1882）江寧藩署刻本　六册

110000－0143－0017935　PG417/223
唐人合集二十八卷　（清）□□輯　清光緒十年（1884）上海同文書局石印本　四册

110000－0143－0017936　PG417/226
隨俟書屋詩集十一卷　（清）劉錫五著　清嘉慶二十三年（1818）刻本　二册

110000－0143－0017937　PG417/228
知白齋詩鈔五卷詩草附存一卷雙橋小築詞存六卷集餘一卷　（清）江人鏡著　清光緒刻本　三册　缺三卷（雙橋小築詞存一至三）

110000－0143－0017938　PG417/229
石蘭堂詩刻九卷　（清）張德懋著　清道光七年（1827）張緡雲刻本　八册

110000－0143－0017939　PG417/231
近光集二十八卷　（清）汪士鋐編纂　清道光二十三年（1843）近光樓刻本　八册

110000－0143－0017940　PG417/231－2
近光集二十八卷　（清）汪士鋐編纂　清道光二十三年（1843）近光樓刻本　十二册

110000－0143－0017941　PG417/232
于湖小集六卷金陵褉事詩一卷　（清）袁昶著　清光緒水明樓刻本　三册

110000－0143－0017942　PG417/233
香雪齋詩鈔四卷　（清）嚴鈖著　清光緒十九年（1893）桐谿嚴氏刻本　四册

110000－0143－0017943　PG417/233
香雪齋詩鈔四卷　（清）嚴鈖著　清光緒十九年（1893）桐谿嚴氏刻本　二册

110000－0143－0017944　PG417/235
黄葉邨莊詩集八卷詩續集一卷詩後集一卷　（清）吴之振撰　清光緒四年（1878）吴康壽刻本　四册

110000－0143－0017945　PG417/236
松泉詩集二十六卷文集二十二卷　（清）汪由敦撰　（清）汪承霈編校　清乾隆四十三年（1778）休寧汪承霈刻本　四册　存二十六卷（松泉詩集二十六卷）

110000－0143－0017946　PG417/237
道咸同光四朝詩史一斑錄十編續編一編　孫雄輯　清光緒三十四年至宣統元年（1908－1909）昭文孫雄油印本　十四册　缺四編（一至三、四上）

110000－0143－0017947　PG417/240
勉行堂詩集二十四卷首一卷文集六卷　（清）程晉芳著　清嘉慶二十三年至二十五年（1818－1820）勉行堂刻本　十一册　缺一卷（文集一）

110000－0143－0017948　PG417/243
四照堂詩集十五卷　（清）譚溥撰　清同治三年（1864）越中刻本　四册

110000－0143－0017949　PG417/245
小學弦歌八卷　（清）李元度編輯　清光緒五年（1879）刻本　四册

110000－0143－0017950　PG417/252
我法集二卷　（清）紀昀撰　（清）紀樹馨編錄　清嘉慶元年（1796）河間紀氏定文苑堂刻本　二册

110000－0143－0017951　PG417/257
潛研堂文集五十卷詩集十卷詩續集十卷　（清）錢大昕撰　清嘉慶十一年（1806）嘉定黄鍾刻本　四册　缺五十卷（潛研堂文集五十卷）

110000－0143－0017952　PG417/258
雁門集六卷附卷一卷補遺一卷倡和錄一卷別錄一卷　（元）薩都剌著　清宣統二年（1910）薩嘉曦刻本　五册

110000－0143－0017953　PG417/258－1
雁門集十四卷附卷一卷倡和錄一卷別錄一卷　（元）薩都剌著　清嘉慶十二年（1807）薩龍光刻本　十二册

110000－0143－0017954　PG417/258－1
雁門集十四卷附卷一卷倡和錄一卷別錄一卷　(元)薩都剌著　清嘉慶十二年(1807)薩龍光刻本　六册

110000－0143－0017955　PG417/259
李文恭公遺集四十六卷　(清)李星沅著　清同治四年(1865)芋香山館刻本　四册　存八卷(詩集一至八)

110000－0143－0017956　PG417/261
分品試帖金繩集四卷　(清)朱鳳標評注　清道光三十年(1850)三益堂刻本　四册

110000－0143－0017957　PG417/262
彙纂詩法度鍼三十三卷首一卷　(清)徐文弼編輯　清乾隆刻本　二册　缺十五卷(一至三、十八至二十九)

110000－0143－0017958　PG417/264
南海先生詩集四卷　康有爲撰　梁啟超手寫　清宣統三年(1911)影印本　一册

110000－0143－0017959　PG417/265
欽定熙朝雅頌集一百六卷首集二十六卷餘集二卷首一卷目錄一卷　(清)鐵保等輯　清嘉慶九年(1804)阮元刻本　三十二册

110000－0143－0017960　PG417/265
欽定熙朝雅頌集一百六卷首集二十六卷餘集二卷首一卷目錄一卷　(清)鐵保等輯　清嘉慶九年(1804)阮元刻本　二十一册

110000－0143－0017961　PG417/267
東洲草堂詩鈔三十卷詩餘一卷　(清)何紹基撰　清同治六年(1867)長沙無園刻本　十二册

110000－0143－0017962　PG417/267
東洲草堂詩鈔三十卷詩餘一卷　(清)何紹基撰　清同治六年(1867)長沙無園刻本　八册

110000－0143－0017963　PG417/268
石遺室詩友詩錄六卷　陳衍輯　清光緒三十四年至宣統三年(1908－1911)國學萃編社鉛印本　三册

110000－0143－0017964　PG417/269
唐詩三百首註釋六卷唐詩三百首續選一卷　(清)蘅塘退士　(清)于慶元編　(清)章燮註　清光緒十五年(1889)文寶堂書坊刻本　八册

110000－0143－0017965　PG417/269－1
唐詩三百首註疏六卷　(清)蘅塘退士編　(清)章燮註　清同治十年(1871)天津文煥堂刻本　三册　缺三卷(三、五至六)

110000－0143－0017966　PG417/269－2
唐詩三百首註釋六卷唐詩三百首續選一卷　(清)蘅塘退士　(清)于慶元編　(清)章燮註　清光緒十六年(1890)石渠山房刻本　六册

110000－0143－0017967　PG417/269－3
唐詩三百首註釋六卷唐詩三百首續選一卷　(清)蘅塘退士　(清)于慶元編　(清)章燮註　清光緒二十年(1894)文成堂刻本　七册　缺一卷(六)

110000－0143－0017968　PG417/269－5
唐詩三百首註疏六卷　(清)蘅塘退士編　(清)章燮註　清道光二十一年(1841)桐石山房刻本　六册

110000－0143－0017969　PG417/273
揅經室詩錄五卷　(清)阮元著　清道光十三年(1833)刻本　二册

110000－0143－0017970　PG417/274
國朝杭郡詩續輯十六卷　(清)吳顥輯　(清)吳振棫重編　清嘉慶五年(1800)錢塘吳氏刻本　八册

110000－0143－0017971　PG417/274
國朝杭郡詩續輯二十四卷　(清)吳振棫編　清嘉慶刻本　十二册

110000－0143－0017972　PG417/274
國朝杭郡詩輯三十二卷國朝杭郡續輯二十四卷　(清)吳振棫重編　清同治十三年(1874)刻本　二十八册

110000－0143－0017973　PG417/281
禔飢亭後集十二卷　(清)祁寯藻著　清咸豐七年(1857)刻本　二册

110000－0143－0017974　PG417/281
禔飢亭後集十二卷　(清)祁寯藻著　清咸豐七年(1857)刻本　二册

110000－0143－0017975　PG417/282
補勤詩存二十四卷　(清)陳錦撰　清光緒三年(1877)山陰陳氏橘蔭軒刻本　八册

110000－0143－0017976　PG417/284
湘綺樓詩集八卷附夜雪集　王闓運撰　清光緒二十六年(1900)東洲講舍刻本　四册

110000－0143－0017977　PG417/284－3
湘綺樓詩集十四卷　王闓運撰　清光緒三十三年(1907)東洲講舍刻本　四册

110000－0143－0017978　PG417/286
庚子都門紀事詩補不分卷　延清撰　清宣統三年(1911)鉛印本　一册

110000－0143－0017979　PG417/286－1
庚子都門紀事詩六卷首一卷　延清撰　清光緒二十八年(1902)鉛印本　二册

110000－0143－0017980　PG417/286－1
庚子都門紀事詩六卷首一卷　延清撰　清光緒二十八年(1902)刻本　二册

110000－0143－0017981　PG417/286－1
庚子都門紀事詩六卷首一卷　延清撰　清光緒二十八年(1902)刻本　二册

110000－0143－0017982　PG417/287
沅湘耆舊集二百卷前編四十卷　(清)鄧顯鶴編　清道光二十四年(1844)新化鄧氏小九華山樓刻本　六十四册

110000－0143－0017983　PG417/288
蓼陔堂詩集三十四卷　(清)黃承吉撰　清道光十二年(1832)江都黃氏刻本　八册

110000－0143－0017984　PG417/289
聲調前譜一卷聲調後譜一卷聲調續譜一卷　(清)趙執信撰　清乾隆因園刻本　一册

110000－0143－0017985　PG417/296
漁洋山人古詩選三十二卷　(清)王士禛選　清同治五年(1866)金陵書局刻本　八册

110000－0143－0017986　PG417/296
漁洋山人古詩選三十二卷　(清)王士禛選　清同治五年(1866)金陵書局刻本　八册

110000－0143－0017987　PG417/305
長沙劉文恪公詩集五卷　(清)劉權之著　清光緒五年(1879)映藜書室刻本　二册　存二卷(進呈集二卷)

110000－0143－0017988　PG417/306
霜猨集一卷附校譌　(明)周同谷著　(清)胡珽校　清光緒十四年(1888)木活字印本　一册

110000－0143－0017989　PG417/312
東坡烏臺詩案一卷附錄　(宋)朋九萬撰　清嘉慶十四年(1809)綿州李鼎元重校印本　一册

110000－0143－0017990　PG417/313
秋笳集八卷補遺一卷　(清)吳兆騫著　清宣統三年(1911)順德鄧氏鉛印本　三册

110000－0143－0017991　PG417/314
不易介集詩稿六卷　(清)傅雲龍著　清光緒十五年(1889)德清傅氏鉛印本　一册　存三卷(四至六)

110000－0143－0017992　PG417/315
寫經齋初稾二卷　(清)葉大莊著　清光緒十九年(1893)閩縣葉氏刻本　一册

110000－0143－0017993　PG417/315
寫經齋續稾一卷　(清)葉大莊著　清光緒閩縣葉氏刻本　一册

110000－0143－0017994　PG417/318
陶廬雜憶一卷陶廬雜憶續詠一卷　金武祥著　清光緒十三年至二十五年(1887－1899)江陰金氏刻本　四册

110000－0143－0017995　PG417/322
詩比興箋四卷附簡學齋詩存一卷　(清)陳沆

撰　清咸豐五年(1855)蘄水陳氏刻本　三冊

110000－0143－0017996　PG417/322
詩比興箋四卷　(清)陳沆撰　清光緒九年(1883)長洲彭祖賢刻本　二冊

110000－0143－0017997　PG417/324
嶺上白雲集十二卷窳翁文鈔四卷　(清)陸懋修著　清光緒二十三年(1897)元和陸潤庠刻本　四冊

110000－0143－0017998　PG417/325
絳跗草堂詩集六卷　(清)陳壽祺撰　清道光福州陳氏刻本　二冊

110000－0143－0017999　PG417/326
津門徵獻詩八卷　(清)華鼎元輯　清光緒十二年(1886)刻本　四冊

110000－0143－0018000　PG417/331
見素抱樸之齋詩存六卷　(清)呂儁孫著　清同治十　年(1872)刻本　二冊

110000－0143－0018001　PG417/335
古歡室全集　(清)曾懿著　清光緒三十三年(1907)刻本　六冊

110000－0143－0018002　PG417/336
古謠諺一百卷　(清)杜文瀾輯　清咸豐十一年(1861)曼陀羅華閣刻本　十六冊

110000－0143－0018003　PG417/336
古謠諺一百卷　(清)杜文瀾輯　清咸豐十一年(1861)曼陀羅華閣刻本　十六冊

110000－0143－0018004　PG417/336
古謠諺一百卷　(清)杜文瀾輯　清咸豐十一年(1861)至清末掃葉山房翻刻本　二十冊

110000－0143－0018005　PG417/336
古謠諺一百卷　(清)杜文瀾輯　清咸豐十一年(1861)至清末掃葉山房翻刻本　二十冊

110000－0143－0018006　PG417/343
南宋雜事詩七卷　(清)沈嘉轍等輯　清光緒至宣統武漢森寶齋刻本　四冊

110000－0143－0018007　PG417/345
淵雲墨妙山房詩鈔二卷　(清)伍秉鏞著　清道光五年(1825)南海武氏刻本　二冊

110000－0143－0018008　PG417/346
鬱華閣遺集四卷　(清)盛昱著　清光緒三十一年(1905)精刻本　一冊

110000－0143－0018009　PG417/346
鬱華閣遺集四卷　(清)盛昱著　清光緒三十一年(1905)精刻本　一冊

110000－0143－0018010　PG417/347
借間生詩三卷借間生詞一卷　(清)汪遠孫著　清道光二十年(1840)錢塘振綺堂刻光緒元年(1875)潘介繁修補印本　一冊

110000－0143－0018011　PG417/347
借間生詩三卷借間生詞一卷　(清)汪遠孫著　清道光二十年(1840)錢塘振綺堂刻本　二冊

110000－0143－0018012　PG417/348
習苦齋詩集八卷習苦齋古文四卷　(清)戴熙撰　清同治五年至六年(1866－1867)張曜刻本　六冊

110000－0143－0018013　PG417/348
習苦齋詩集八卷習苦齋古文四卷　(清)戴熙撰　清同治五年至六年(1866－1867)張曜刻本　六冊

110000－0143－0018014　PG417/349
芳茂山人詩錄九卷　(清)孫星衍撰　清嘉慶二十三年(1818)蘭陵孫氏刻本　四冊　缺二卷(冶城遺集一卷、冶城集補遺一卷)

110000－0143－0018015　PG417/349
長離閣集一卷　(清)王采薇撰　清嘉慶二十三年(1818)蘭陵孫氏刻本　一冊

110000－0143－0018016　PG417/354
吴興詩存初集八卷二集十四卷三集六卷四集十二卷　(清)陸心源輯　清光緒十六年(1890)刻本　二十冊

110000－0143－0018017　PG417/359
小倉山房詩集三十七卷續補詩集二卷　(清)

袁枚著　清乾隆刻本　十册　存三十六卷(一至三十六)

110000－0143－0018018　PG417/359－1
小倉山房詩集三十七卷續補詩集二卷　(清)袁枚著　清道光隨園刻本　十三册

110000－0143－0018019　PG417/374
新安遊草二卷　(清)戴啟文著　清光緒二十一年(1895)丹徒戴氏刻本　一册

110000－0143－0018020　PG417/376
趙文敏公松雪齋全集十卷外集一卷續集一卷　(元)趙孟頫著　(清)曹培廉校　清康熙五十二年(1713)刻清末翻刻本　八册

110000－0143－0018021　PG417/378
增廣詩韻全璧五卷附初學檢韻總目一卷　(清)奕詢輯　清光緒二十一年(1895)鴻寶齋石印本　六册

110000－0143－0018022　PG417/381
楹聯叢話十二卷續話四卷　(清)梁章鉅輯　清道光二十六年(1846)宜稼堂刻本　六册

110000－0143－0018023　PG417/381
楹聯叢話十二卷續話四卷　(清)梁章鉅輯　**楹聯雜記一卷**　(清)吕恩湛續輯　清同治七年(1868)刻本　六册

110000－0143－0018024　PG417/388－1
會稽三賦不分卷　(宋)王十朋撰　清嘉慶十七年(1812)陳氏湖海樓刻本　一册

110000－0143－0018025　PG417/389
養正書屋全集定本四十卷目錄四卷　(清)宣宗旻寧撰　清光緒五年(1879)鉛印本　二十四册

110000－0143－0018026　PG417/390
高宗樂善堂全集定本三十卷目錄一卷首一卷　(清)高宗弘曆撰　清光緒五年(1879)鉛印本　十二册

110000－0143－0018027　PG417/392
唐音審體二十卷　(清)錢良擇編　清康熙四十三年至六十一年(1704－1722)刻道光印本　六册

110000－0143－0018028　PG417/395
細雲吟草二卷　(清)吳芳堪著　清道光二十八年(1848)守樸齋刻本　一册

110000－0143－0018029　PG417/397
兩當軒集二十二卷附錄四卷攷異二卷　(清)黃景仁著　(清)黃志述攷訂　清光緒二年(1876)武進黃氏家塾刻本　六册

110000－0143－0018030　PG417/397
兩當軒集二十二卷附錄四卷攷異二卷　(清)黃景仁著　(清)黃志述攷訂　清光緒二年(1876)武進黃氏家塾刻本　六册

110000－0143－0018031　PG417/397
兩當軒集二十二卷附錄四卷攷異二卷　(清)黃景仁著　(清)黃志述攷訂　清光緒二年(1876)武進黃氏家塾刻本　一册

110000－0143－0018032　PG417/398
句餘土音三卷甬上族望表二卷　(清)全祖望編輯　清嘉慶十九年(1814)刻本　二册

110000－0143－0018033　PG417/399
江椒山館詩抄四卷　(清)張興鏞著　清嘉慶四年(1799)刻本　一册

110000－0143－0018034　PG417/400
唐賢三昧集箋註三卷　(清)王士禛輯　(清)吳煊　(清)胡棠輯註　(清)黃培芳評　清末上海錦章圖書局石印本　六册

110000－0143－0018035　PG417/400－2
唐賢三昧集箋註三卷　(清)王士禛輯　(清)吳煊　(清)胡棠輯註　(清)黃培芳評　清光緒九年(1883)翰墨園刻朱墨套印本　三册

110000－0143－0018036　PG417/401
協律鉤元四卷外集一卷　(唐)李賀著　(清)陳本禮箋註　清嘉慶十三年(1808)裛露軒刻本　二册

110000－0143－0018037　PG417/401
協律鉤元四卷外集一卷　(唐)李賀著　(清)陳本禮箋註　清嘉慶十三年(1808)裛露軒刻

本　一册

110000－0143－0018038　PG417/401
協律鉤元四卷外集一卷　（唐）李賀著　（清）陳本禮箋註　清嘉慶十三年（1808）裛露軒刻本　四册

110000－0143－0018039　PG417/402
武林掌故叢編第九集　（清）丁丙輯　清光緒錢塘丁氏嘉惠堂刻本　一册　存三卷（山遊唱和詩一卷、聖宋錢塘賦一卷、西湖雜記一卷）

110000－0143－0018040　PG417/403
武林掌故叢編第二集　（清）丁丙輯　清光緒錢塘丁氏嘉惠堂刻本　一册　存三卷（吳山遺事詩一卷、南屏百詠一卷、崔府君祠錄一卷）

110000－0143－0018041　PG417/405
西湖百詠二卷　（宋）董嗣杲作　（明）陳贄和　清光緒七年（1881）錢塘丁氏嘉惠堂刻武林掌故叢編本　一册

110000－0143－0018042　PG417/405－1
武林掌故叢編第八集　（清）丁丙輯　清光緒錢塘丁氏嘉惠堂刻本　一册　存二卷（西湖百詠一卷、春草園小記一卷）

110000－0143－0018043　PG417/406
西湖雜詠一卷　（清）陳若蓮著　清光緒錢塘丁氏嘉惠堂刻武林掌故叢編本　一册

110000－0143－0018044　PG417/407
武林掌故叢編第九集　（清）丁丙輯　清光緒錢塘丁氏嘉惠堂刻本　四册　存十七卷（西泠閨詠十六卷、俞樓詩記一卷）

110000－0143－0018045　PG417/408
西溪百詠二卷　（明）釋大善著　清光緒八年（1882）錢塘丁氏嘉惠堂刻本　二册

110000－0143－0018046　PG417/411
怡怡舊廬試草不分卷　（清）□□輯　清末刻本　一册

110000－0143－0018047　PG417/412
湖山雜詠一卷附錄一卷　（清）王緯著　清光緒二十年（1894）錢塘丁氏嘉惠堂刻武林掌故叢編本　一册

110000－0143－0018048　PG417/413
蘭言集二種四卷　（唐）李商隱撰　（清）胡欽　王以敏輯　清光緒末刻本　一册

110000－0143－0018049　PG417/417
瀛奎律髓刊誤四十九卷　（元）方回編　（清）紀昀批點　清嘉慶五年（1800）侯官李光垣刻本　十二册

110000－0143－0018050　PG417/417－1
瀛奎律髓節抄不分卷　（元）方回編　（清）紀昀批點　清抄本　一册

110000－0143－0018051　PG417/421
紀齡詩覽十一卷　（清）李逢晶選集　（清）何祥垣等鑒定　清道光二十年（1840）上湘追昔樓刻本　六册

110000－0143－0018052　PG417/422
松心詩十集　（清）張維屏著　清道光二十年（1840）刻本　六册

110000－0143－0018053　PG417/425
如何是可齋外集二卷　（清）龔丞撰　清光緒二十二年（1896）沈祖洛刻本　二册

110000－0143－0018054　PG417/426
鄺海雪集箋十二卷　（明）鄺露著　（清）鄺廷瑤箋　清咸豐元年（1851）鄺氏綺錯樓刻本　四册

110000－0143－0018055　PG417/427
龍湖檇李題詞一卷　（清）李培增輯　清光緒二十八年（1902）刻本　一册

110000－0143－0018056　PG417/428
心安隱室詩集九卷心安隱室詞集四卷　（清）詹肇堂撰　清光緒十年（1884）成德堂刻本　四册

110000－0143－0018057　PG417/429
使黔草三卷東洲草堂詩鈔三卷　（清）何紹基撰　清咸豐刻本　二册

110000－0143－0018058　PG417/430
峽浮閣賦集一卷峽浮閣詩集十三卷　(明)溫日知著　清咸豐七年(1857)宏道書院刻本　二册

110000－0143－0018059　PG417/430
峽浮閣賦集一卷峽浮閣詩集十三卷　(明)溫日知著　清咸豐七年(1857)宏道書院刻本　二册

110000－0143－0018060　PG417/431
合肥李氏三世遺集三種二十四卷　(清)李國傑編輯　清光緒三十一年(1905)合肥李氏刻本　十二册

110000－0143－0018061　PG417/436
漢鐃歌釋文箋正一卷　王先謙著　清同治十一年(1872)長沙王氏虚受堂刻本　一册

110000－0143－0018062　PG417/436
漢鐃歌釋文箋正一卷　王先謙著　清同治十一年(1872)長沙王氏虚受堂刻本　一册

110000－0143－0018063　PG417/438
小萬卷齋經進稿四卷　(清)朱琦撰　清道光六年(1826)刻本　一册

110000－0143－0018064　PG417/440
試畯堂詩集十二卷賦鈔四卷　(清)王蘇著　清道光二年(1822)刻本　八册

110000－0143－0018065　PG417/442
嶠雅二卷　(明)鄺露撰　清光緒三十二年(1906)國學保存會影印本　二册

110000－0143－0018066　PG417/443
香籢集發微一卷附韓承旨年譜一卷　震鈞著　清宣統三年(1911)刻本　一册

110000－0143－0018067　PG417/445
江南試帖二卷　清光緒元年(1875)紅豆山莊刻本　二册

110000－0143－0018068　PG417/447
御訂全金詩增補中州集七十二卷首二卷　(金)元好問輯　(清)郭元釪補輯　清嘉慶十五年(1810)恭學堂刻本　二十四册

110000－0143－0018069　PG417/451
邗上題襟集選二卷　(清)曾燠輯　(清)孫星衍評定　清嘉慶六年(1801)兩淮官署刻本　二册

110000－0143－0018070　PG417/452
漁古軒詩韻五卷　(清)余照輯　(清)朱德蕃增訂　清道光十七年(1837)旌德朱氏新園刻本　五册

110000－0143－0018071　PG417/453
稷山古今體詩鈔不分卷　陶濬宣輯　清光緒二十六年(1900)抄本　一册

110000－0143－0018072　PG417/454
删正二馮評閱才調集二卷删正方虛谷瀛奎律髓四卷　(清)紀昀編　清嘉慶鏡煙堂刻本　三册

110000－0143－0018073　PG417/455
中晚唐詩叩彈集十二卷續集三卷　(清)杜詔　(清)杜庭珠輯　清末寶仁堂重刻本　六册

110000－0143－0018074　PG417/456
慎餘齋賸稿一卷　(清)鄒蕙貞著　清嘉慶二十一年至二十二年(1816－1817)溫雲皋刻本　一册

110000－0143－0018075　PG417/457
唐中興間氣集二卷　(唐)高仲武編　**新雕校證大字白氏諷諫一卷**　(唐)白居易撰　清光緒十九年(1893)武進費氏影印本　三册

110000－0143－0018076　PG417/457
唐中興間氣集二卷　(唐)高仲武編　**新雕校證大字白氏諷諫一卷**　(唐)白居易撰　清光緒十九年(1893)武進費氏影印本　一册

110000－0143－0018077　PG417/458
小鷗波館詩鈔十卷小鷗波館詞鈔一卷　(清)潘曾瑩撰　清道光二十五年(1845)刻本　二册

110000－0143－0018078　PG417/459
簡學齋詩存四卷詩删四卷館課賦存一卷館課試律存一卷試律續鈔一卷館課賦續鈔一卷

（清）陳沆撰　（清）陳廷經編校　清咸豐二年（1852）刻本　二冊

110000－0143－0018079　PG417/462
韋蘇州集十卷　（唐）韋應物撰　清宣統三年（1911）冰雪山房石印本　六冊

110000－0143－0018080　PG417/463
未學集一卷　（□）□□撰　清末抄本　一冊

110000－0143－0018081　PG417/467
翠螺閣詩稾四卷詞稾一卷　（清）凌祉媛著　清咸豐四年（1854）後任有容齋刻本　二冊

110000－0143－0018082　PG417/467
翠螺閣詩稾四卷詞稾一卷　（清）凌祉媛著　清咸豐四年（1854）錢塘丁氏延慶堂刻本　二冊

110000－0143－0018083　PG417/468
西沚居士集二十四卷　（清）王鳴盛著　清道光三年（1823）嘉定李氏刻本　六冊

110000－0143－0018084　PG417/469
鐵崖詩集三種二十六卷首一卷　（元）楊維禎著　（清）樓卜瀍註　清光緒十四年（1888）諸暨樓氏崇德堂刻本　六冊

110000－0143－0018085　PG417/474
仁在堂詩賦合刻　（清）路德輯　清光緒六年（1880）文成堂刻本　四冊

110000－0143－0018086　PG417/475（1）
顔延之集不分卷　（南朝宋）顔延之著　明萬曆至天啓汪士賢刻本　一冊

110000－0143－0018087　PG417/475（2）
謝惠連集不分卷　（南朝宋）謝惠連著　明萬曆至天啓汪士賢刻本　與110000－0143－0018086合冊

110000－0143－0018088　PG417/507
木蘭館詩鈔八卷雜著稿存一卷　（清）陳徵文著　清光緒二十五年（1899）刻本　四冊

110000－0143－0018089　PG4171/3
御選唐宋詩醇四十七卷　（清）高宗弘曆選　清刻本　五冊　存十二卷（三十六至四十七）

110000－0143－0018090　PG4171/3
御選唐宋詩醇四十七卷　（清）高宗弘曆選　清刻本　六冊　存十三卷（二十二至三十四）

110000－0143－0018091　PG4171/3
御選唐宋詩醇四十七卷　（清）高宗弘曆選　清乾隆二十五年（1760）刻本　二十四冊

110000－0143－0018092　PG4171/3
御選唐宋詩醇四十七卷　（清）高宗弘曆選　清刻本　六冊　存十三卷（十至二十二）

110000－0143－0018093　PG4171/3
御選唐宋詩醇四十七卷目錄二卷　（清）高宗弘曆選　清光緒七年（1881）刻本　二十冊

110000－0143－0018094　PG4171/3
御選唐宋詩醇四十七卷目錄二卷　（清）高宗弘曆選　清光緒七年（1881）浙江書局刻本　二十冊

110000－0143－0018095　PG4171/4
杜詩鏡銓二十卷讀書堂杜工部文集註解二卷　（唐）杜甫著　（清）張溍評註　（清）楊倫編輯　清光緒十八年（1892）上海著易堂鉛印本　六冊

110000－0143－0018096　PG4171/4
杜詩鏡銓二十卷讀書堂杜工部文集註解二卷　（唐）杜甫著　（清）張溍評註　（清）楊倫編輯　清同治十一年（1872）望三益齋刻本　十二冊

110000－0143－0018097　PG4171/4
杜詩鏡銓二十卷讀書堂杜工部文集註解二卷　（唐）杜甫著　（清）張溍評註　（清）楊倫編輯　清同治十一年（1872）望三益齋刻本　十二冊

110000－0143－0018098　PG4171/4
杜詩鏡銓二十卷讀書堂杜工部文集註解二卷　（唐）杜甫著　（清）張溍評註　（清）楊倫編輯　清同治十一年（1872）望三益齋刻本　八冊

110000－0143－0018099　PG4171/4

杜詩鏡銓二十卷讀書堂杜工部文集註解二卷 (唐)杜甫著 (清)張溍評註 (清)楊倫編輯 清同治十一年(1872)望三益齋刻本 九冊

110000－0143－0018100 PG4171/5
通甫詩存四卷詩存之餘二卷 (清)魯一同著 清咸豐九年(1859)刻本 三冊

110000－0143－0018101 PG4171/8－1
范伯子詩集十九卷 (清)范當世撰 **蘊素軒詩稿一卷** (清)姚倚雲著 清光緒三十四年(1908)刻本 四冊

110000－0143－0018102 PG4171/9
隨園女弟子詩選六卷 (清)袁枚編輯 清嘉慶元年(1796)隨園刻本 四冊

110000－0143－0018103 PG4171/10
吳摯甫詩集一卷 (清)吳汝綸著 清宣統二年(1910)國學扶輪社鉛印本 一冊

110000－0143－0018104 PG4171/12
全唐詩九百卷 (清)曹寅等編 清末翻刻本 一百二十冊

110000－0143－0018105 PG4171/13
茶山集八卷 (宋)曾幾撰 **拾遺一卷** (清)勞格輯目 (清)孫星華錄文 清光緒二十一年(1895)刻本 一冊

110000－0143－0018106 PG4171/13－1
茶山集八卷 (宋)曾幾撰 清翻刻武英殿聚珍版本 四冊

110000－0143－0018107 PG4171/18
塞垣集六卷 (清)王定安撰 清宣統三年(1911)王邕京師鉛印本 一冊

110000－0143－0018108 PG4171/18
塞垣集六卷 (清)王定安撰 清宣統三年(1911)王邕京師鉛印本 一冊

110000－0143－0018109 PG4171/19
唫秋閣詩草一卷 (清)繆寳娟撰 清光緒三十四年(1908)鉛印本 一冊

110000－0143－0018110 PG4171/20
撼山草堂遺稿三卷附補錄一卷 (清)陳起書撰 清同治五年(1866)刻本 一冊

110000－0143－0018111 PG4171/22
紅豆村人詩稿十四卷 (清)袁樹著 清末刻本 四冊

110000－0143－0018112 PG4171/22
紅豆村人詩稿十四卷 (清)袁樹著 清末刻本 四冊

110000－0143－0018113 PG4171/23
王夢樓絕句二卷 (清)王文治著 (日本)枕山大沼批閲 (日本)完戶逸郎編輯 清光緒九年(1883)刻本 一冊

110000－0143－0018114 PG4171/24
顧亭林先生詩箋注十七卷校補一卷首一卷 (清)顧炎武著 (清)徐嘉輯 清光緒二十三年(1897)山陽徐氏味靜齋刻本 六冊

110000－0143－0018115 PG4171/24
顧亭林先生詩箋注十七卷校補一卷首一卷 (清)顧炎武著 (清)徐嘉輯 清光緒二十三年(1897)山陽徐氏味靜齋刻本 六冊

110000－0143－0018116 PG4171/25
八指頭陀詩集十卷補遺一卷雜文一卷 (清)釋敬安著 清光緒二十四年(1898)湘潭葉德輝刻本 二冊

110000－0143－0018117 PG4171/28
春及園蟲鳴草四卷 (清)孔昭恢著 清道光二十五年(1845)刻本 二冊

110000－0143－0018118 PG4171/29
亦政堂續集二卷 (清)劉珊著 清道光二十九年(1849)閩學使署刻本 一冊

110000－0143－0018119 PG4171/31
蜕樵詩抄一卷 (清)趙鴻書著 (清)顧馮錄選 (清)鄒浚輯 清光緒九年至十年(1883－1884)興化鄒浚刻本 一冊

110000－0143－0018120 PG4171/37
苜園詩錄四卷 (清)程澍著 清宣統元年(1909)京師集成圖書公司鉛印本 一冊

110000－0143－0018121　PG4171/38
天遊閣集五卷詩補一卷附錄一卷　（清）顧春著　清宣統二年（1910）順德鄧實風雨樓鉛印本　一冊

110000－0143－0018122　PG4171/38
天遊閣集五卷詩補一卷附錄一卷　（清）顧春著　清宣統二年（1910）順德鄧實風雨樓鉛印本　一冊

110000－0143－0018123　PG4171/39
居東集二卷　蔣智由撰　清宣統二年（1910）文明書局鉛印本　一冊

110000－0143－0018124　PG4171/40
欣遇齋詩集十六卷　（清）沈峻著　清咸豐四年（1854）沈維璥刻本　六冊

110000－0143－0018125　PG4171/41
寂園叢書二十種二十八卷　陳瀏撰　清宣統二年（1910）鉛印本　一冊　存三種三卷（龞杯堂詩集一卷、杯隱堂詩集一卷、杯史一卷）

110000－0143－0018126　PG4171/41
寂園叢書二十種二十八卷　陳瀏撰　清宣統二年（1910）鉛印本　一冊　存三種三卷（龞杯堂詩集一卷、杯隱堂詩集一卷、杯史一卷）

110000－0143－0018127　PG4171/43
擔公遺詩不分卷　（清）釋普荷著　李根源輯　清宣統二年（1910）李根源鉛印本　一冊

110000－0143－0018128　PG4171/45
檍叟詩存不分卷　（清）言家駒著　清光緒三十四年（1908）常熟言氏鉛印本　一冊

110000－0143－0018129　PG4171/47
梅花館詩集不分卷　（清）汪韻梅著　清光緒三十四年（1908）常熟言氏鉛印本　一冊

110000－0143－0018130　PG4171/48
喁子館詩草二卷　言敦源　丁毓英著　清光緒三十四年（1908）常熟言氏鉛印本　一冊

110000－0143－0018131　PG4171/49
餐霞樓詩軼稿不分卷　（清）左白玉著　清光緒三十四年（1908）常熟言氏鉛印本　一冊

110000－0143－0018132　PG4171/49
餐霞樓詩軼稿不分卷　（清）左白玉著　清光緒三十四年（1908）常熟言氏鉛印本　一冊

110000－0143－0018133　PG4171/51
硯林詩集四卷　（清）丁敬著　清同治十年（1871）錢塘丁氏正修堂刻本　一冊

110000－0143－0018134　PG4171/52
習靜軒偶記二卷　（清）袁潔輯　清道光九年（1829）保定節署刻本　二冊

110000－0143－0018135　PG4171/53
西疆雜述詩四卷　（清）蕭雄撰　清光緒十八年（1892）石印本　四冊

110000－0143－0018136　PG4171/54
瀛仙閣詩集四卷　（清）釋敬宗著　清光緒二十三年（1897）刻本　一冊

110000－0143－0018137　PG4171/57
聽雨草堂詩存一卷　（清）吳安謙著　清光緒十六年（1890）南清河吳涑刻本　一冊

110000－0143－0018138　PG4171/58
家蔭堂詩鈔一卷　（清）周際華著　清咸豐八年（1858）貴筑周氏家蔭堂刻本　一冊

110000－0143－0018139　PG4171/62
雙溪醉隱集六卷　（元）耶律鑄著　（清）李文田箋　清光緒十八年（1892）順德龍氏刻本　四冊

110000－0143－0018140　PG4171/66
塞垣吟草四卷東歸途詠一卷　（清）陳庭學撰　清嘉慶十年（1805）宛平陳氏刻本　一冊　存二卷（塞垣吟草一至二）

110000－0143－0018141　PG4171/71
古藤書屋詩存一卷　（清）吳以誠著　清咸豐九年（1859）刻本　一冊

110000－0143－0018142　PG4171/75
李空同詩集三十二卷附錄一卷　（明）李夢陽撰　清宣統二年（1910）上海掃葉山房石印本　十冊

110000－0143－0018143　PG4171/76

依舊草堂遺稿一卷　(清)費丹旭撰　(清)汪鉽編　清同治七年(1868)錢塘汪氏振綺堂刻本　一册

110000－0143－0018144　PG4171/76
依舊草堂遺稿一卷　(清)費丹旭撰　(清)汪鉽編　清同治七年(1868)錢塘汪氏振綺堂刻本　一册

110000－0143－0018145　PG4171/78
樊川詩集四卷補遺一卷外集一卷別集一卷　(唐)杜牧撰　(清)馮集梧輯注　清光緒十六年(1890)湘南書局刻本　四册

110000－0143－0018146　PG4171/79
廣陵詩事十卷　(清)阮元撰　清光緒十六年(1890)京師揚州會館刻本　二册

110000－0143－0018147　PG4171/80
千山詩集二十卷　(明)釋函可撰　清刻本　四册

110000－0143－0018148　PG4171/81
夢綠草堂詩鈔續集四卷　(清)蔡壽祺撰　清同治五年(1866)京師鄉環別館刻本　二册

110000－0143－0018149　PG4171/81
夢綠草堂詩鈔續集四卷　(清)蔡壽祺撰　清同治五年(1866)京師鄉環別館刻本　一册　存二卷(一至二)

110000－0143－0018150　PG4171/81－1
夢綠草堂詩鈔二十卷附錄二卷　(清)蔡壽祺撰　清咸豐七年(1857)京師鄉環別館刻本　六册

110000－0143－0018151　PG4171/81－1
夢綠草堂詩鈔二十卷附錄二卷　(清)蔡壽祺撰　清咸豐七年(1857)京師鄉環別館刻本　六册

110000－0143－0018152　PG4171/84
袁氏家集十一卷　(清)袁鎮嵩輯　清光緒十四年(1888)寶山袁氏邃懷堂刻本　一册　缺三卷(蛾術山房詩鈔一卷、六芳草堂詩存一卷、柳枝唱和詞一卷)

110000－0143－0018153　PG4171/85
花宜館詩鈔十六卷續存一卷無腔村笛二卷　(清)吳振棫撰　清同治四年(1865)吳文堮京師刻本　六册

110000－0143－0018154　PG4171/85
花宜館詩鈔十六卷續存一卷無腔村笛二卷　(清)吳振棫撰　清同治四年(1865)吳文堮京師刻本　四册　存十二卷(一至十二)

110000－0143－0018155　PG4171/85－1
花宜館詩鈔不分卷　(清)吳振棫撰　清道光二十五年(1845)刻本　一册

110000－0143－0018156　PG4171/86
本事詩十二卷　(清)徐釚編輯　清光緒十四年(1888)邵武徐氏刻本　四册

110000－0143－0018157　PG4171/94
唐詩啓蒙二卷　(清)吳淦輯　清光緒十四年(1888)康勝齋刻本　一册

110000－0143－0018158　PG4171/95
禪月集十二卷　(唐)釋貫休撰　清同治八年(1869)永康胡氏退補齋刻本　二册

110000－0143－0018159　PG4171/105
嶺南三大家詩選二十四卷　(清)王隼選　清同治七年(1868)南海陳氏刻本　六册

110000－0143－0018160　PG4171/105
嶺南三大家詩選二十四卷　(清)王隼選　清同治七年(1868)南海陳氏刻本　六册

110000－0143－0018161　PG4171/105
嶺南三大家詩選二十四卷　(清)王隼選　清同治七年(1868)南海陳氏刻本　五册

110000－0143－0018162　PG4171/107
臺灣雜詠合刻三卷　(清)楊希閔輯　清光緒七年(1881)刻本　一册

110000－0143－0018163　PG4171/107
臺灣雜詠合刻三卷　(清)楊希閔輯　清光緒七年(1881)刻本　一册

110000－0143－0018164　PG4171/108－1
重訂唐詩別裁集二十卷　(清)沈德潛選　清

乾隆二十八年(1763)刻本　十冊

110000－0143－0018165　PG4171/108－2
重訂唐詩別裁集二十卷　(清)沈德潛選　清乾隆二十八年(1763)教忠堂刻本　八冊

110000－0143－0018166　PG4171/109
冬心先生續集一卷　(清)金農撰　清光緒三十一年(1905)有正書局石印本　一冊

110000－0143－0018167　PG4171/114
四憶堂詩集六卷遺稿一卷　(清)侯方域著　(清)賈開宗　(清)宋犖等選注　清同治十三年(1874)刻本　二冊

110000－0143－0018168　PG4171/114
四憶堂詩集六卷遺稿一卷　(清)侯方域著　(清)賈開宗　(清)宋犖等選注　清刻本　三冊

110000－0143－0018169　PG4171/114
四憶堂詩集六卷遺稿一卷　(清)侯方域著　(清)賈開宗　(清)宋犖等選注　清刻本　二冊

110000－0143－0018170　PG4171/114
四憶堂詩集六卷遺稿一卷　(清)侯方域著　(清)賈開宗　(清)宋犖等選注　清刻本　二冊

110000－0143－0018171　PG4171/117
宛雅初編八卷二編八卷三編二十四卷　(明)梅鼎祚輯　(清)施閏章等補輯　清光緒元年(1875)宛村劉氏樹本堂刻本　十二冊

110000－0143－0018172　PG4171/126
指南後錄三卷附一卷　(宋)文天祥著　清宣統二年(1910)東雅社鉛印本　一冊

110000－0143－0018173　PG4171/126－1
指南後錄三卷　(宋)文天祥著　清光緒六年(1880)刻本　一冊

110000－0143－0018174　PG4171/149
居易軒詩遺鈔一卷文遺鈔一卷　(清)趙炳龍著　清光緒十四年(1888)刻本　一冊

110000－0143－0018175　PG4171/163
明詩紀事甲籤三十卷乙籤二十二卷丙籤十二卷丁籤十七卷戊籤二十二卷己籤二十卷庚籤三十卷辛籤三十四卷　陳田輯　清光緒二十三年至宣統三年(1897－1911)貴陽陳氏聽詩齋刻本　三十八冊

110000－0143－0018176　PG4171/164
缾水齋詩集十七卷別集二卷　(清)舒位著　清光緒五年(1879)定州王灝謙德堂刻本　七冊

110000－0143－0018177　PG4171/174
嶺南三大家詩選二十四卷　(清)王隼選　清同治七年(1868)南海陳氏刻本　六冊

110000－0143－0018178　PG4171/177
忠烈詩草前集　(清)鄭昌運著　清光緒七年(1881)刻本　一冊

110000－0143－0018179　PG4171/181
吉林紀事詩四卷首一卷末一卷　(清)沈兆禔著　清宣統三年(1911)湯明林聚珍書局刻本　二冊

110000－0143－0018180　PG4171/181
蕉窗十則賦不分卷　(清)東皋甫著　清光緒二年(1876)刻本　一冊

110000－0143－0018181　PG4171/182
海國勝遊草不分卷　(清)斌椿著　清同治八年(1869)刻本　一冊

110000－0143－0018182　PG4171/182
海國勝遊草不分卷天外歸帆草不分卷　(清)斌椿著　清同治七年(1868)刻本　一冊

110000－0143－0018183　PG4171/182
海國勝遊草不分卷天外歸帆草不分卷　(清)斌椿著　清同治八年(1869)刻本　一冊

110000－0143－0018184　PG4171/183
天外歸帆草不分卷　(清)斌椿著　清同治八年(1869)刻本　一冊

110000－0143－0018185　PG4171/186
亭林文集六卷餘集一卷詩集五卷　(清)顧炎武著　清宣統二年(1910)上海掃葉山房石印

本　四册

110000－0143－0018186　PG4171/187
于湖小集四卷　（清）袁昶著　清光緒二十年(1894)水明樓刻本　二册

110000－0143－0018187　PG4171/189
遜學齋詩鈔十卷　（清）孫衣言著　清同治三年(1864)刻本　二册

110000－0143－0018188　PG4171/192
枬芝詩集二卷　（清）張九思著　清咸豐八年(1858)刻本　二册

110000－0143－0018189　PG4171/198
葦間詩集五卷　（清）姜宸英著　（清）唐執玉編輯　清道光四年(1824)葉元塏刻本　六册

110000－0143－0018190　PG4171/200
遵化詩存十卷補遺一卷　（清）孫贊元編輯（清）史恩培參校　清光緒十三年(1887)刻本　四册

110000－0143－0018191　PG4171/202
蜀遊詩鈔不分卷　（清）方鵬翼著　清道光六年(1826)方氏刻本　一册

110000－0143－0018192　PG4171/207
南宋雜詩七卷　（清）沈嘉轍等輯　清同治十一年(1872)淮南書局刻本　四册

110000－0143－0018193　PG4171/207
南宋雜詩七卷　（清）沈嘉轍等輯　清同治十一年(1872)淮南書局刻本　二册

110000－0143－0018194　PG4171/207
南宋雜詩七卷　（清）沈嘉轍等輯　清同治十一年(1872)淮南書局刻本　四册

110000－0143－0018195　PG4171/209
御製圓明園圖詠二卷　（清）高宗弘曆撰　清光緒十三年(1887)天津石印書屋石印本　二册

110000－0143－0018196　PG4171/209－1
御製圓明園圖詠二卷　（清）高宗弘曆撰　清光緒十三年(1887)天津石印書屋石印本　二册

110000－0143－0018197　PG4171/214
國朝閨秀香咳集十卷附録一卷　（清）許夔臣纂輯　清光緒申報館鉛印本　四册

110000－0143－0018198　PG4171/214－1
國朝閨秀香咳集十卷附録一卷　（清）許夔臣纂輯　清光緒申報館鉛印本　一册

110000－0143－0018199　PG4171/215
秦淮豔品一卷　（清）張曦照著　清光緒元年(1875)刻本　一册

110000－0143－0018200　PG4171/216
昌黎先生詩集注十一卷　（唐）韓愈撰　（清）顧嗣立删補　清光緒九年(1883)廣州翰墨園刻本　四册

110000－0143－0018201　PG4171/216
昌黎先生詩集注十一卷　（唐）韓愈撰　（清）顧嗣立删補　清光緒九年(1883)廣州翰墨園刻本　四册

110000－0143－0018202　PG4171/217
漁洋山人精華録訓纂十卷總目二卷金氏精華録箋註辯訛一卷漁洋山人自撰年譜二卷（清）惠棟撰　清光緒十七年(1891)南皮張氏刻本　十二册

110000－0143－0018203　PG4171/217
漁洋山人精華録訓纂十卷總目二卷　（清）惠棟撰　清乾隆東吴惠氏紅豆齋刻本　十一册

110000－0143－0018204　PG4171/217－2
漁洋山人精華録訓纂十卷總目二卷　（清）惠棟撰　清乾隆東吴惠氏紅豆齋刻本　五册　存四卷(一至二、總目二卷)

110000－0143－0018205　PG4171/218
粤詩蒐逸四卷　（清）黄子高撰　清道光三十年(1850)南海伍氏粤雅堂刻嶺南遺書本　二册

110000－0143－0018206　PG4171/219
花甲閒談十六卷圖三十二幅　（清）張維屏輯著　（清）葉夢草繪圖　清道光二十年(1840)刻本　四册

110000－0143－0018207　PG4171/219
花甲間談十六卷圖三十二幅　(清)張維屏輯著　(清)葉夢草繪圖　清道光二十年(1840)粵東省城富文齋刻本　四册

110000－0143－0018208　PG4171/219
花甲間談十六卷圖三十二幅　(清)張維屏輯著　(清)葉夢草繪圖　清道光二十年(1840)粵東省城富文齋刻本　四册

110000－0143－0018209　PG4171/219－1
花甲間談十六卷圖三十二幅　(清)張維屏輯著　(清)葉夢草繪圖　清道光二十年(1840)粵東省城富文齋刻本　四册

110000－0143－0018210　PG4171/220
藕航詩草十六卷　(清)張訓銘著　清咸豐三年至五年(1853－1855)桐城張氏刻本　四册

110000－0143－0018211　PG4171/221
味經書屋詩稿十二卷　(清)張夑著　清道光十一年(1831)常熟張定球等刻本　四册

110000－0143－0018212　PG4171/223
心知堂詩稿十八卷　(清)汪仲洋著　清咸豐三年(1853)聚文堂刻本　四册

110000－0143－0018213　PG4171/223－1
心知堂詩稿十八卷　(清)汪仲洋著　清道光六年至七年(1826－1827)刻本　四册

110000－0143－0018214　PG4171/227
金源紀事詩八卷　(清)湯運泰著　(清)湯顯業注　清嘉慶十八年(1813)青浦湯氏刻本　四册

110000－0143－0018215　PG4171/227－1
金源紀事詩八卷　(清)湯運泰著　清同治十二年(1873)淮南書局刻本　四册

110000－0143－0018216　PG4171/232
山谷詩集注二十卷外集詩注十七卷别集詩注二卷　(宋)黄庭堅撰　(宋)任淵　(宋)史容　(宋)史季溫注　清光緒二十一年至二十五年(1895－1899)義寧陳三立影刻本　二十册

110000－0143－0018217　PG4171/232
山谷詩集注二十卷外集詩注十七卷别集詩注二卷　(宋)黄庭堅撰　(宋)任淵　(宋)史容　(宋)史季溫注　清光緒二十一年至二十五年(1895－1899)義寧陳三立影刻本　二十册

110000－0143－0018218　PG4171/237
徑北草堂印須集初刻三卷　(清)□□撰　清道光至光緒刻本　一册

110000－0143－0018219　PG4171/238
羅浮待鶴山房詩集二卷羅浮待鶴山房外集一卷　鄭官應著　何卓勳校　清宣統元年(1909)鉛印本　二册

110000－0143－0018220　PG4171/240
緑蕉館詩鈔四卷　(清)陳景高撰　清同治十三年(1874)刻本　四册

110000－0143－0018221　PG4171/241
味餘書室全集定本四十卷附味餘書室隨筆二卷　(清)仁宗顒琰撰　清光緒五年(1879)木活字印本　三十二册

110000－0143－0018222　PG4171/244
吴詩集覽二十卷吴詩補註二十卷吴詩談藪二卷拾遺一卷　(清)吳偉業著　(清)靳榮藩輯　清刻本　一册　存二卷(吴詩集覽十五至十六)

110000－0143－0018223　PG4171/244
吴詩集覽二十卷吴詩補註二十卷吴詩談藪二卷拾遺一卷　(清)吳偉業著　(清)靳榮藩輯　清乾隆四十年至嘉慶七年(1775－1802)刻本　二十册

110000－0143－0018224　PG4171/246
唐四家詩集二十卷　(清)胡鳳丹輯　清光緒十三年(1887)湖北官書處刻本　五册

110000－0143－0018225　PG4171/248
蛟川耆舊詩六卷續集二卷　(清)張本均輯　(清)張錫申續輯　清咸豐七年(1857)荆溪張氏刻本　二册

110000－0143－0018226　PG4171/250
海沂詩集二十卷綠窗詩草一卷　（清）宋之韓　（清）王□□著　（清）宋潢校　清嘉慶二十五年（1820）海沂宋氏刻本　十冊

110000－0143－0018227　PG4171/252
明詩別裁集十二卷　（清）沈德潛　（清）周準輯　清乾隆四年（1739）刻本　四冊

110000－0143－0018228　PG4171/255
芑川先生合集　（清）劉家謀著　清道光二十八年至咸豐八年（1848－1858）東洋學署刻本　五冊　缺二卷（鶴場漫志二卷）

110000－0143－0018229　PG4171/258
秋潭詩集十卷　（清）彭淑著　清嘉慶八年（1803）太乙葉舫刻本　二冊

110000－0143－0018230　PG4171/259
侯鯖集十卷賞番圖百韻詩一卷　（清）李友棠著　清末靜香閣刻本　四冊　缺一卷（賞番圖百韻詩一卷）

110000－0143－0018231　PG4171/259
侯鯖集十卷賞番圖百韻詩一卷　（清）李友棠著　清末靜香閣刻本　二冊

110000－0143－0018232　PG4171/261
樂清軒詩鈔十二卷　（清）鄭祖芳著　清嘉慶二十五年（1820）刻本　二冊

110000－0143－0018233　PG4171/262
咸陟堂文集二十五卷文二集八卷賦集一卷詩集十七卷詩二集六卷　（清）釋跡刪鷲著　清道光二十五年（1845）重刻本　四冊　存十卷（詩集一至十）

110000－0143－0018234　PG4171/267
彭姥詩蒐十二卷　（清）倪勱編輯　清道光七年（1827）刻本　四冊

110000－0143－0018235　PG4171/268－1
壺山自吟稾三卷附錄一卷俟寧居偶詠一卷（清）朱休度撰　清嘉慶三年（1798）刻六年（1801）浙江嘉興校印本　四冊

110000－0143－0018236　PG4171/269
晚翠樓詩鈔四卷　（清）朱炳清著　清光緒十六年（1890）刻本　二冊

110000－0143－0018237　PG4171/272
慧文閣詩集二卷　（清）畢熙曾撰　清宣統三年（1911）鎮洋畢氏刻本　二冊

110000－0143－0018238　PG4171/274
萬綠草堂詩集二十卷　（清）管繩萊撰　清光緒十二年（1886）徑北書屋刻本　四冊

110000－0143－0018239　PG4171/276
小滄浪詩話四卷　（清）張燮承纂　清咸豐九年（1859）古汲郡賀氏刻本　二冊

110000－0143－0018240　PG4171/278
小西腴山館詩集八卷小西腴山館文集十二卷　（清）吳大廷撰　清光緒五年（1879）刻本　五冊

110000－0143－0018241　PG4171/279
雲左山房詩鈔八卷附雲左山房詩餘一卷雲左山房試帖一卷　（清）林則徐撰　清光緒十二年（1886）福州林氏刻本　二冊

110000－0143－0018242　PG4171/279
雲左山房詩鈔八卷附雲左山房詩餘一卷雲左山房試帖一卷　（清）林則徐撰　清光緒十二年（1886）福州林氏刻本　八冊

110000－0143－0018243　PG4171/281
白水紀勝二卷　（清）李雲奇輯　清光緒十七年（1891）刻本　一冊

110000－0143－0018244　PG4171/284
四持軒詩鈔二卷　（清）方士鼐著　清同治八年（1869）刻本　二冊

110000－0143－0018245　PG4171/285
西湖八社詩帖一卷　（明）祝時泰等輯　清光緒七年（1881）錢塘丁氏嘉惠堂刻本　一冊

110000－0143－0018246　PG4171/286
西湖遺事詩一卷　（清）朱彭撰　清光緒二十一年（1895）錢塘丁氏嘉惠堂刻本　一冊

110000－0143－0018247　PG4171/287
西湖雜詩一卷　（清）蔣坦撰　清光緒七年

(1881)錢塘丁氏嘉惠堂刻本　一册

110000－0143－0018248　PG4171/287
楊清祠志一卷　(清)丁午輯　清光緒七年(1881)錢塘丁氏嘉惠堂刻本　與110000－0143－0018247合册

110000－0143－0018249　PG4171/289
雪莊西湖漁唱七卷　(清)許承祖著　清光緒十年(1884)錢塘丁氏八千卷樓刻本　二册

110000－0143－0018250　PG4171/290
陶龕詩鈔八卷　(清)羅信南著　清光緒十八年(1892)刻本　四册

110000－0143－0018251　PG4171/293
銅梁山人詩集二十五卷詞四卷芸簏偶存二卷樓山詩集六卷　(清)王汝璧　(清)王恕著　清光緒二十年(1894)京師刻本　八册

110000－0143－0018252　PG4171/294
靈芬館詩初集四卷　(清)郭麐著　清嘉慶十二年(1807)仁和孫均刻本　四册

110000－0143－0018253　PG4171/295
郘亭詩鈔八卷　(清)莫友芝著　清咸豐二年(1852)遵義湘川講舍刻同治五年(1866)莫繩孫江寧補刻本　二册

110000－0143－0018254　PG4171/297
讀白華草堂詩初集九卷二集十二卷苜蓿集八卷　(清)黄釗著　清道光刻本　八册

110000－0143－0018255　PG4171/298
環天室古近體詩類選五卷後集一卷　曾廣鈞撰　清宣統元年至二年(1909－1910)湘鄉曾氏刻本　二册

110000－0143－0018256　PG4171/299
函樓詩鈔八卷因遇詩一卷詞鈔一卷　(清)易佩紳著　清光緒八年(1882)刻本　二册

110000－0143－0018257　PG4171/299－1
函樓詩鈔八卷因遇詩一卷詞鈔一卷　(清)易佩紳著　清光緒八年至二十二年(1882－1896)刻本　四册

110000－0143－0018258　PG4171/300
二吴先生唱於集七卷　(清)楊韡芳　(清)許汝賡輯　清光緒九年(1883)吳川吳氏家塾刻本　二册

110000－0143－0018259　PG4171/301
二瓦硯齋詩鈔十卷附一卷　(清)金玉麟著　清咸豐元年(1851)刻本　二册

110000－0143－0018260　PG4171/302
雲膚山房詩稿六卷　(清)黎光地著　(清)陶雲汀鑒定　清同治十二年(1873)鹿園刻本　二册

110000－0143－0018261　PG4171/304
太鶴山人集十三卷　(清)端木國瑚著　清道光二十年(1840)洪坤刻本　六册

110000－0143－0018262　PG4171/304
太鶴山人集十三卷　(清)端木國瑚著　清道光二十年(1840)洪坤刻本　六册

110000－0143－0018263　PG4171/304
太鶴山人集十三卷　(清)端木國瑚著　清道光二十年(1840)洪坤刻本　六册

110000－0143－0018264　PG4171/306
友石齋詩集八卷我盦遺槀二卷　(清)高錫恩　(清)高炳麟著　清光緒十五年(1889)刻本　四册

110000－0143－0018265　PG4171/306
友石齋詩集八卷我盦遺槀二卷　(清)高錫恩　(清)高炳麟著　清光緒十五年(1889)刻本　四册

110000－0143－0018266　PG4171/306
友石齋詩集八卷我盦遺槀二卷　(清)高錫恩　(清)高炳麟著　清光緒十五年(1889)刻本　四册

110000－0143－0018267　PG4171/307
養素園詩四卷　(清)王鈞撰　清光緒七年(1881)竹書堂刻本　一册

110000－0143－0018268　PG4171/308
黔詩紀略後編三十卷黔詩紀略補三卷　(清)莫庭芝　(清)黎汝謙　陳田補輯　清宣統三

年（1911）貴陽陳夔龍刻本　八冊

110000－0143－0018269　PG4171/309
湖墅雜詩二卷　（清）魏標撰　清光緒七年（1881）錢塘丁氏嘉惠堂刻本　一冊

110000－0143－0018270　PG4171/309
湖墅雜詩二卷　（清）魏標撰　清光緒七年（1881）錢塘丁氏嘉惠堂刻本　一冊

110000－0143－0018271　PG4171/310
寒山舊廬詩一卷　（清）陸森輯　清光緒二十一年（1895）錢塘丁氏嘉惠堂刻本　一冊

110000－0143－0018272　PG4171/310
橫橋吟館圖題詠一卷　（清）許乃穀輯　清光緒二十一年（1895）錢塘丁氏嘉惠堂刻本　一冊

110000－0143－0018273　PG4171/313
南湖倡和集一卷崇福寺志四卷續崇福寺志一卷　（清）章世豐　（清）朱文藻　（清）章庭棫輯錄　清光緒七年（1881）錢塘丁氏嘉惠堂刻本　一冊

110000－0143－0018274　PG4171/316
涉園張螺浮皜亭詩稿合刻二卷涉園題詠一卷　（清）張惟赤　（清）張皓等著　清嘉慶十一年（1806）刻本　一冊

110000－0143－0018275　PG4171/317
復園紅板橋詩一卷　（清）吳修輯　清光緒錢塘丁氏嘉惠堂刻本　一冊

110000－0143－0018276　PG4171/317
東郊土物詩一卷　（清）朱點輯　清光緒八年（1882）錢塘丁氏刻本　一冊

110000－0143－0018277　PG4171/317
江鄉節物詩一卷　（清）吳存楷著　清光緒八年（1882）錢塘丁氏刻本　一冊

110000－0143－0018278　PG4171/317
蘭因集二卷　（清）頤道居士輯　清光緒七年（1881）錢塘丁氏刻本　一冊

110000－0143－0018279　PG4171/318
梅莊遺草六卷　（清）翁白著　清嘉慶十七年（1812）留香室刻本　二冊

110000－0143－0018280　PG4171/319
橫橋吟館圖題詠一卷　（清）許乃穀輯　清光緒二十一年（1895）錢塘丁氏嘉惠堂刻本　一冊

110000－0143－0018281　PG4171/319
瓊英小錄一卷附錄一卷　（清）俞樾著　清光緒二十一年（1895）錢塘丁氏刻本　一冊

110000－0143－0018282　PG4171/319
廣陵曲江復對一卷　（清）張大昌撰　清光緒二十一年（1895）錢塘丁氏福州刻本　一冊

110000－0143－0018283　PG4171/319
孫花翁墓徵一卷　（清）張爾嘉輯　清光緒二十一年（1895）錢塘丁氏嘉惠堂刻本　一冊

110000－0143－0018284　PG4171/320
閩詩錄甲集六卷乙集四卷丙集二十三卷丁集一卷戊集七卷　（清）鄭杰輯　陳衍補訂　清宣統三年（1911）刻本　八冊

110000－0143－0018285　PG4171/321
武林新年雜詠一卷　（清）舒紹言等撰　清光緒七年（1881）錢塘丁氏嘉惠堂刻本　一冊

110000－0143－0018286　PG4171/324
皋橋今雨集二卷　（清）舒位　（清）王仲瞿著　（清）宋思仁選次　清嘉慶八年（1803）紅杏齋刻本　一冊

110000－0143－0018287　PG4171/325
留春草堂詩鈔七卷　（清）伊秉綬著　清光緒二十三年（1897）無錫鄧元鏸刻本　二冊

110000－0143－0018288　PG4171/325
留春草堂詩鈔七卷　（清）伊秉綬著　清光緒二十三年（1897）無錫鄧元鏸刻本　四冊

110000－0143－0018289　PG4171/328
甪齋文集八卷詩集四卷　（清）張穆撰　清咸豐八年（1858）刻本　二冊　存四卷（詩集四卷）

110000－0143－0018290　PG4171/330
琴隱園詩集三十六卷詞集四卷　（清）湯貽汾

著　清光緒元年(1875)上元宗氏心遠樓刻本　八册

110000－0143－0018291　PG4171/330－1
琴隱園詩集三十六卷詞集四卷　(清)湯貽汾著　清光緒元年(1875)刻本　八册

110000－0143－0018292　PG4171/333
䙰䘾亭集三十二卷後集十二卷　(清)祁寯藻撰　清咸豐六年至七年(1856－1857)壽陽祁氏刻本　八册

110000－0143－0018293　PG4171/333
䙰䘾亭集三十二卷後集十二卷　(清)祁寯藻撰　清咸豐六年至七年(1856－1857)壽陽祁氏刻本　八册

110000－0143－0018294　PG4171/333－1
䙰䘾亭集三十二卷後集十二卷　(清)祁寯藻撰　清咸豐六年至七年(1856－1857)壽陽祁氏刻本　六册

110000－0143－0018295　PG4171/341
應試唐詩類釋十九卷　(清)臧岳編次　清乾隆四十年(1775)三樂齋刻本　六册

110000－0143－0018296　PG4171/343
江西詩徵九十四卷附刻一卷補遺一卷　(清)曾燠編輯　清嘉慶九年(1804)南城曾氏賞雨茅屋刻本　六十四册

110000－0143－0018297　PG4171/345
絳雪山房詩鈔二十卷續鈔六卷試帖三卷　(清)楊慶琛撰　清道光二十八年至同治三年(1848－1864)福州楊氏刻本　十册

110000－0143－0018298　PG4171/345
絳雪山房詩鈔二十卷續鈔六卷試帖三卷　(清)楊慶琛撰　清道光二十八年(1848)福州楊氏刻本　三册

110000－0143－0018299　PG4171/346
養默山房詩藁三十一卷　(清)謝元淮撰　清道光十三年(1833)刻本　六册

110000－0143－0018300　PG4171/347
裒碧齋詩五卷裒碧齋詞一卷裒碧齋褋文一卷　(清)陳鋭撰　清光緒三十一年(1905)刻本　二册

110000－0143－0018301　PG4171/347
裒碧齋詩五卷裒碧齋詞一卷裒碧齋褋文一卷　(清)陳鋭撰　清光緒三十一年(1905)刻本　二册

110000－0143－0018302　PG4171/347－1
裒碧齋詩集不分卷附詞一卷　(清)陳鋭撰　清光緒十二年(1886)刻本　一册

110000－0143－0018303　PG4171/349
西河詩話一卷詞話一卷雜箋一卷　(清)毛奇齡著　清宣統三年(1911)石印本　一册

110000－0143－0018304　PG4171/349
西河詩話一卷詞話一卷雜箋一卷　(清)毛奇齡著　清宣統三年(1911)石印本　一册

110000－0143－0018305　PG4171/351
慕萊堂詩文徵存十一卷　(清)李維翰輯　清光緒刻本　四册

110000－0143－0018306　PG4171/351－1
慕萊堂詩文徵存十一卷　(清)李維翰輯　清光緒刻本　二册　存五卷(一至五)

110000－0143－0018307　PG4171/353
初學集二十卷　(清)錢謙益撰　(清)錢曾箋注　清宣統三年(1911)國學扶輪社石印本　十二册

110000－0143－0018308　PG4171/356
懷古田舍詩節鈔六卷附録一卷　(清)徐榮著　清同治三年(1864)刻本　六册　缺一卷(一)

110000－0143－0018309　PG4171/356－1
懷古田舍詩節鈔六卷懷古田舍梅統十二卷　(清)徐榮著　清同治三年(1864)刻本　十册

110000－0143－0018310　PG4171/357－1
轡泉集二十卷　(清)顧光旭著　清宣統二年(1910)無錫顧氏刻本　四册

110000－0143－0018311　PG4171/357－1
轡泉集二十卷　(清)顧光旭著　清宣統二年

(1910)無錫顧氏刻本　四册

110000－0143－0018312　PG4171/357－1
響泉集二十卷　(清)顧光旭著　清宣統二年(1910)無錫顧氏刻本　四册

110000－0143－0018313　PG4171/359
安洲詩錄八卷　(清)王魏勝輯　清道光二十二年(1842)天香樓刻本　三册

110000－0143－0018314　PG4171/360
聽花吟館詩稿五十二卷遊鑒華山詩草一卷　(清)李德揚著　清咸豐八年(1858)綿竹李氏刻本　二十四册

110000－0143－0018315　PG4171/363
詩句題解韻編六卷　(清)陳維屏纂輯　清道光十七年(1837)棠芬書屋刻本　八册

110000－0143－0018316　PG4171/367
竹瑞堂詩鈔十八卷　(清)黄德華著　清同治三年(1864)刻本　四册

110000－0143－0018317　PG4171/368
如不及齋詩鈔一卷　(清)陳坤著　清同治十一年(1872)錢塘陳氏粤東刻本　一册

110000－0143－0018318　PG4171/376
夢畹詩集二卷　(清)張節著　清末刻本　一册

110000－0143－0018319　PG4171/383
宛鄰書屋古詩錄十二卷　(清)張琦著　清同治八年(1869)刻本　六册

110000－0143－0018320　PG4171/383
宛鄰書屋古詩錄十二卷　(清)張琦著　清同治八年(1869)刻本　四册

110000－0143－0018321　PG4171/385
閑閑老人詩集十卷目錄二卷　(金)趙秉文著　**閑閑老人[趙秉文]年譜二卷**　王樹枏撰　清光緒十三年(1887)新城王氏文莫室刻本　五册

110000－0143－0018322　PG4171/386
消夏百一詩二卷　葉德輝撰　清光緒三十四年(1908)長沙葉氏觀古堂刻本　一册

110000－0143－0018323　PG4171/387
唐詩諧律二卷　(清)沈寶青選　清光緒十六年(1890)溧陽沈氏歸安官舍刻本　二册

110000－0143－0018324　PG4171/388
金陵百詠一卷嘉禾百詠一卷　(宋)曾極　(宋)張堯同撰　清光緒二十九年(1903)長沙葉氏刻本　一册

110000－0143－0018325　PG4171/393
三家詩補遺三卷　(清)阮元著　清光緒二十四年(1898)長沙葉氏刻本　一册

110000－0143－0018326　PG4171/394
靈巖山人詩集四十卷　(清)畢沅著　**弇山畢公[沅]年譜一卷**　(清)史善長編　清嘉慶四年(1799)經訓堂刻同治十一年(1872)重刻本　二十一册

110000－0143－0018327　PG4171/397
蘭言二集十二卷　(清)謝堃編輯　清道光三年至十三年(1823－1833)揚州藝古堂刻本　四册

110000－0143－0018328　PG4171/400－1
續尤西堂擬明史樂府一卷附倣元遺山論詩絶句一卷　(清)張晉撰　(清)楊履道注　清嘉慶十七年至十八年(1812－1813)湘潭周系英太原使院刻本　一册

110000－0143－0018329　PG4171/402
唐詩選十卷　王闓運輯　清光緒十二年(1886)尊經書局刻本　十册

110000－0143－0018330　PG4171/404
黃鵠山人詩初鈔十八卷　(清)林壽圖著　清光緒八年(1882)閩縣林壽圖刻本　六册

110000－0143－0018331　PG4171/406
七家試帖輯註彙鈔九卷　(清)張熙宇輯評　(清)王植桂輯註　清同治九年(1870)京師琉璃廠刻本　五册　缺三卷(桐雲閣試帖輯註二卷、樫花館試帖輯註一卷)

110000－0143－0018332　PG4171/408
御製圓明園詩二卷　(清)高宗弘曆撰　(清)

鄂爾泰等註　清光緒十三年(1887)天津石印書屋石印本　二册

110000－0143－0018333　PG4171/409
香南草廬詩稿一卷　(清)廖賡謨撰　清雍正六年至十三年(1728－1735)華亭廖氏刻本　一册

110000－0143－0018334　PG4171/411
田間詩學不分卷　(清)錢澄之著　清康熙二十八年(1689)刻本　十册

110000－0143－0018335　PG4171/412
景惠室詩存一卷　(清)易鼜撰　清光緒二十七年(1901)上湘鉛印本　一册

110000－0143－0018336　PG4171/415
方外詩選八卷　(清)釋含澈編次　清光緒三年(1877)龍藏寺緑天蘭若刻本　六册

110000－0143－0018337　PG4171/419
晴漪閣詩六卷紅豆簾琴意一卷　(清)陳克劬著　清光緒十三年(1887)丹徒陳氏刻本　四册

110000－0143－0018338　PG4171/420
都門紀變百詠不分卷　(清)謬西復儂氏　(清)青村杞盧氏著　清光緒二十六年(1900)石印本　一册

110000－0143－0018339　PG4171/422
韋廬詩内集四卷末一卷詩外集四卷末一卷　(清)李秉禮著　清光緒十三年(1887)江陽官舍刻本　四册

110000－0143－0018340　PG4171/422－1
韋廬初詩一卷續集一卷近集一卷　(清)李秉禮著　清嘉慶三年(1798)刻本　三册

110000－0143－0018341　PG4171/424
讀雪山房唐詩三十四卷　(清)管世銘輯　清光緒十二年(1886)湖北官書處刻本　十二册

110000－0143－0018342　PG4171/426
同懷倡和後集燕雲詩草一卷詞草一卷　(清)劉成垚　(清)劉成融撰　清抄本　四册

110000－0143－0018343　PG4171/427
篤舊集十八卷　(清)劉存仁編輯　清咸豐九年(1859)刻本　八册

110000－0143－0018344　PG4171/432
水流雲在館詩鈔六卷　(清)宋晉著　(清)宋頤編次　清光緒十二年(1886)杭州宋氏刻本　二册

110000－0143－0018345　PG4171/433
元詩選六卷補遺一卷　(清)顧奎光選輯　(清)陶翰　(清)陶玉禾枀評　清乾隆十六年至六十年(1751－1795)刻本　四册

110000－0143－0018346　PG4171/434
詠物類腋六卷　(清)江澂輯　清道光八年(1828)臨川江氏家塾刻本　六册

110000－0143－0018347　PG4171/437
五朝詩善鳴集十二卷　(清)陸次雲輯　清康熙二十六年(1687)蓉江懷古堂刻本　二册　存二卷(晚唐詩上、下)

110000－0143－0018348　PG4171/439
綺窗吟草一卷　(清)申志廉著　清光緒十八年(1892)錢塘申斗樞刻本　一册

110000－0143－0018349　PG4171/446
振綺堂詩存一卷　(清)汪憲著　清光緒十五年(1889)錢塘汪氏刻本　一册

110000－0143－0018350　PG4171/448
陳比部遺集三卷　(清)陳壽祺撰　清同治八年(1869)吴縣潘氏京師刻本　一册

110000－0143－0018351　PG4171/449
韻山堂詩集七卷附補遺　(清)王文誥撰　清光緒十四年(1888)淛江書局刻本　一册

110000－0143－0018352　PG4171/453
洗齋病學草擬存詩不分卷　(清)踵息道人(胡壽頤)著　(清)昨非居士編輯　清光緒十年(1884)淛江山陰胡氏刻本　一册

110000－0143－0018353　PG4171/454
秋水堂遺詩不分卷　(清)朱慶蕚著　清光緒元年(1875)山陰平安越堂刻本　一册

110000－0143－0018354　PG4171/456

師竹軒詩集四卷 (清)劉樹堂著 清光緒十五年(1889)天津書局石印本 一册

110000－0143－0018355 PG4171/457
有不為齋詩鈔四卷 (清)楊道生著 清咸豐五年(1855)槐蔭書屋刻本 一册

110000－0143－0018356 PG4171/460
林和靖詩集四卷拾遺一卷 (宋)林逋著 **附錄酬唱題詠一卷諸家詩話一卷** 朱孔彰等輯 清同治十二年(1873)長洲朱氏校刻本 二册

110000－0143－0018357 PG4171/460
林和靖詩集四卷拾遺一卷 (宋)林逋著 **附錄酬唱題詠一卷諸家詩話一卷** 朱孔彰等輯 清同治十二年(1873)長洲朱氏校刻本 一册

110000－0143－0018358 PG4171/460－1
林和靖先生詩集四卷附林和靖省心錄一卷林集詩話一卷 (宋)林逋著 清道光四年(1824)南海葉夢龍刻本 三册

110000－0143－0018359 PG4171/461
松聲池館詩存四卷 (清)汪璐著 清光緒十五年(1889)錢塘汪氏振綺堂刻本 一册

110000－0143－0018360 PG4171/463
世守拙齋詩存四卷 (清)范濂著 清光緒二十一年(1895)山陰范氏洪都寓廬刻本 二册

110000－0143－0018361 PG4171/469
恩暉堂詩集六卷 (清)王藻撰 清咸豐六年(1856)刻本 一册

110000－0143－0018362 PG4171/471
清足居集一卷附蕉窗詞一卷 (清)鄧瑜撰 清光緒二十二年(1896)錢塘諸可寶刻本 一册

110000－0143－0018363 PG4171/475
甌香館集十二卷補遺詩一卷補遺畫跋一卷附錄一卷 (清)惲格著 (清)蔣光煦輯 清光緒七年(1881)刻本 四册

110000－0143－0018364 PG4171/477
新安先集二十卷附錄一卷 (清)朱之榛輯 清同治十三年(1874)刻本 七册

110000－0143－0018365 PG4171/478
桃花山館吟稿十四卷 (清)郎葆辰著 清道光十一年(1831)刻本 四册

110000－0143－0018366 PG4171/480
寓真軒詩鈔十二卷 (清)蔡希邠著 清光緒十九年(1893)太平思順兵備道署刻本 六册

110000－0143－0018367 PG4171/481－1
陋軒詩十二卷詩續二卷 (清)吴嘉紀著 清道光二十年(1840)泰州夏嘉謨刻本 五册

110000－0143－0018368 PG4171/482
小重山房詩續錄十二卷 (清)張祥河著 清光緒元年(1875)華亭張氏刻本 四册

110000－0143－0018369 PG4171/485
埽葉亭詠史詩四卷 (清)來秀著 清同治十二年(1873)埽葉亭刻本 四册

110000－0143－0018370 PG4171/486
欎華閣遺集四卷 (清)盛昱撰 清光緒三十一年(1905)刻本 一册

110000－0143－0018371 PG4171/486
欎華閣遺集四卷 (清)盛昱撰 清光緒三十一年(1905)刻本 一册

110000－0143－0018372 PG4171/486
欎華閣遺集三卷詞一卷 (清)盛昱撰 清光緒三十四年(1908)楊鍾羲留垞武昌寫刻本 一册

110000－0143－0018373 PG4171/487
維周詩鈔十六卷 (清)程之楨著 清同治十一年(1872)確園刻本 四册

110000－0143－0018374 PG4171/488
綠天蘭臭集八卷 (清)釋含澈編次 清光緒十五年(1889)潛西精舍刻本 八册

110000－0143－0018375 PG4171/489
榕亭詩鈔四卷 (清)□□著 清抄本 一册

110000－0143－0018376 PG4171/490

秦川焚餘草六卷補遺一卷附刻一卷　（清）董平章著　清光緒二十七年（1901）閩縣董元亮容齋刻本　六册

110000－0143－0018377　PG4171/490
秦川焚餘草六卷補遺一卷附刻一卷　（清）董平章著　清光緒二十七年（1901）閩縣董元亮容齋刻本　六册

110000－0143－0018378　PG4171/491
海秋詩集二十六卷後集一卷　（清）湯鵬著　清道光十八年（1838）、同治十二年（1873）益陽湯氏刻本　十册

110000－0143－0018379　PG4171/491－1
海秋詩集二十六卷　（清）湯鵬著　清道光十八年（1838）益陽湯氏刻本　四册

110000－0143－0018380　PG4171/494
懷亭詩録六卷　（清）蔣學堅著　清光緒二十一年（1895）刻本　二册

110000－0143－0018381　PG4171/496
東武詩存十卷　（清）王賡言纂　清嘉慶二十五年（1820）化香閣刻本　十册

110000－0143－0018382　PG4171/496
東武詩存十卷　（清）王賡言纂　清嘉慶二十五年（1820）化香閣刻本　十册

110000－0143－0018383　PG4171/497
香杜草二卷二集四卷三集一卷　（清）任昌運著　清光緒二十一年（1895）海鹽任氏静讀宅刻本　四册

110000－0143－0018384　PG4171/500
謙菴詩鈔十一卷　（清）張禮撰　清道光九年（1829）刻本　八册

110000－0143－0018385　PG4171/503
順安詩草八卷　（清）張廷濟著　清道光二十八年（1848）嘉興張氏清儀閣刻本　三册

110000－0143－0018386　PG4171/505
韓五泉詩四卷附録二卷朝邑縣志二卷韓安人遺詩一卷　（明）韓邦靖撰　（明）屈氏著　清刻本　三册

110000－0143－0018387　PG4171/505
韓五泉詩四卷附録二卷朝邑縣志二卷韓安人遺詩一卷　（明）韓邦靖撰　（明）屈氏著　清刻本　三册

110000－0143－0018388　PG4171/506
盧黄州詩集六卷附一卷　（明）盧濬著　清光緒五年（1879）天台盧家錦木活字印本　二册

110000－0143－0018389　PG4171/508
九思堂詩稿續編十三卷　（清）奕譞著　清光緒刻本　十三册

110000－0143－0018390　PG4171/511
辟疆園遺集十卷　（清）顧敏恆等著　清光緒十八年（1892）無錫木活字印本　四册

110000－0143－0018391　PG4171/512
曇雲閣詩集八卷附録二卷外集一卷補遺一卷　（清）曹楙堅撰　清光緒三年（1877）曼陀羅館刻本　五册

110000－0143－0018392　PG4171/517
雲樣集八卷　（清）高陳謨編　清嘉慶五年（1800）刻本　二册

110000－0143－0018393　PG4171/520
白田風雅二十四卷　（清）朱彬輯　清光緒十二年（1886）金陵書局刻本　六册

110000－0143－0018394　PG4171/520－1
白田風雅二十四卷　（清）朱彬輯　清光緒十二年（1886）金陵書局刻本　四册

110000－0143－0018395　PG4171/531
看詩隨録八十八卷目録五卷　（清）高静選　（清）高棠恩　高賡恩編次　清光緒二十二年（1896）甯河高氏繼善堂刻本　四十三册

110000－0143－0018396　PG4171/534
翠微山房吟稿一卷詩稿八卷　（清）金璋著　清道光十五年至二十年（1835－1840）翠微山房、潄芳齋刻本　四册

110000－0143－0018397　PG4171/535
鴻蒙室詩鈔二十卷首一卷末一卷　（清）方玉潤著　清咸豐十一年至同治十三年（1861－

1874)刻本　八册

110000－0143－0018398　PG4171/538
遊石鼓詩錄一卷附詞　（清）謝章鋌輯　清咸豐十一年（1861）刻本　一册

110000－0143－0018399　PG4171/539
過存詩畧二卷　（清）謝章鋌輯　清同治二年（1863）吳玉田刻本　一册

110000－0143－0018400　PG4171/540
漸西村人初集十三卷附錄一卷　（清）袁昶著　清光緒二十年（1894）桐廬袁氏避舍蓋公堂刻本　二册　存十卷（一至九、附錄一卷）

110000－0143－0018401　PG4171/540
漸西村人初集十三卷附錄一卷　（清）袁昶著　清光緒二十年（1894）桐廬袁氏避舍蓋公堂刻本　三册

110000－0143－0018402　PG4171/541
洛間山人詩鈔十二卷　（清）薛寧廷著　清嘉慶十五年（1810）樹德堂刻本　二册

110000－0143－0018403　PG4171/542
甌餘詩鈔十六卷　（清）胡翔雲撰　清嘉慶七年（1802）婺源胡氏刻本　二册

110000－0143－0018404　PG4171/544－1
徐州詩徵八卷　（清）桂中行輯　清光緒十七年（1891）刻本　四册

110000－0143－0018405　PG4171/544－1
徐州詩徵八卷　（清）桂中行輯　清光緒十七年（1891）刻本　四册

110000－0143－0018406　PG4171/547
敦教堂詩鈔六卷續刻二卷　（清）官文著　清同治二年（1863）刻本　八册

110000－0143－0018407　PG4171/548
澹粹軒詩草二卷　（清）王志瀜著　清嘉慶二十五年（1820）少華王氏絳州守居刻本　二册

110000－0143－0018408　PG4171/549
硤川詩鈔二十卷詞鈔一卷續鈔十六卷詞續鈔一卷　（清）曹宗載輯　清光緒十八年至二十一年（1892－1895）雙山講舍刻本　十册

110000－0143－0018409　PG4171/551
白圭堂詩鈔六卷詩續鈔六卷　（清）江之紀著　清光緒十九年（1893）江人鏡刻本　四册

110000－0143－0018410　PG4171/553
滄江詩集十卷　（清）郭綏之著　（清）黎庶昌選　清同治八年（1869）木活字印本　四册

110000－0143－0018411　PG4171/553
滄江詩集十卷　（清）郭綏之著　（清）黎庶昌選　清同治八年（1869）木活字印本　四册

110000－0143－0018412　PG4171/554
秋坪詩存十四卷　（清）陳登龍著　清嘉慶二十二年（1817）丁錞刻本　四册

110000－0143－0018413　PG4171/557
即墨詩乘十二卷　（清）周翕鐄輯　（清）周掄文續輯　清道光二十一年（1841）刻本　六册

110000－0143－0018414　PG4171/560
杜詩集說二十卷末一卷　（唐）杜甫著　（清）江浩然纂輯　清本立堂刻本　十二册

110000－0143－0018415　PG4171/564
倚晴樓詩續集十二卷　（清）黃燮清撰　清咸豐七年（1857）海鹽黃氏拙宜園刻本　三册

110000－0143－0018416　PG4171/564
倚晴樓詩餘四卷　（清）黃燮清著　清同治六年至九年（1867－1870）錢塘宗景藩臥擔籟草堂刻本　一册

110000－0143－0018417　PG4171/570
得一山房四種二十五卷　（清）唐景崧輯　清光緒十九年（1893）灌陽唐氏刻本　六册　缺十卷（請纓日記一至十）

110000－0143－0018418　PG4171/573
二知軒詩鈔十四卷　（清）方濬頤著　清同治五年（1866）定遠方氏廣州刻本　八册

110000－0143－0018419　PG4171/578
綠杉野屋詩集四卷　（清）蕭元吉著　清光緒十八年（1892）春申浦石印本　四册

110000－0143－0018420　PG4171/578
享帚齋文鈔一卷賦鈔二卷試帖一卷　（清）周

恩綬著　清光緒十七年至十八年(1891－1892)石印本　二冊

110000－0143－0018421　PG4171/582
二知軒詩續鈔四卷　(清)方濬頤著　清同治刻本　二冊

110000－0143－0018422　PG4171/583
南海先生詩集四卷　康有爲著　梁啓超手寫　清宣統三年(1911)南海康氏影印本　一冊

110000－0143－0018423　PG4171/586
伏敔堂詩錄十五卷續錄四卷　(清)江湜著　清同治元年至二年(1862－1863)刻本　四冊

110000－0143－0018424　PG4171/586
伏敔堂詩錄十五卷續錄四卷　(清)江湜著　清同治元年至二年(1862－1863)刻本　四冊　缺二卷(續錄三至四)

110000－0143－0018425　PG4171/586
伏敔堂詩錄十五卷續錄四卷　(清)江湜著　清同治元年至二年(1862－1863)刻本　四冊　缺四卷(續錄四卷)

110000－0143－0018426　PG4171/592
因樹書屋詩稿十二卷　(清)沈寶森撰　清光緒二十三年(1897)刻本　八冊

110000－0143－0018427　PG4171/593
觀古閣叢刻八十五卷　(清)鮑康輯　清嘉慶至光緒刻本　二十四冊　存七十一卷(觀古閣詩鈔八卷,覺生詩鈔十卷、續鈔四卷、年譜一卷,覺生感舊詩鈔二卷,詠史詩鈔三卷,詠物詩鈔四卷,時文鈔一卷,試律鈔一卷,賦鈔一卷,進奉文鈔一卷,小巢壺詩二卷,壽藤齋詩一至七、九至十二、十五至三十五,壽藤齋時文一卷)

110000－0143－0018428　PG4171/594
卓峰草堂詩鈔二十卷文鈔三卷夢梨雲館詩外編四卷　(清)符兆綸著　清同治元年(1862)刻本　七冊

110000－0143－0018429　PG4171/598
明華西樓處士遺稿一卷　(明)華世禎撰　清嘉慶二十四年(1819)小綠天刻本　一冊

110000－0143－0018430　PG4171/599
頌言彙編二十二卷　(清)劉廣文編　(清)雷恒輯　清康熙二十六年(1687)刻本　五冊

110000－0143－0018431　PG4171/600
聊園詩存十卷詞存一卷　(清)王增祺撰　清光緒十六年至十七年(1890－1891)韓城刻本　二冊

110000－0143－0018432　PG4171/601
詩緣前編四卷正編十卷　(清)王增祺編　清光緒十六年(1890)韓城刻本　四冊

110000－0143－0018433　PG4171/603
嵇庵詩集八卷　(清)梅植之撰　清道光十六年至二十三年(1836－1843)王瓚華刻本　四冊　存六卷(一至六)

110000－0143－0018434　PG4171/603
嵇庵詩集八卷　(清)梅植之撰　清道光十六年至二十三年(1836－1843)王瓚華刻本　二冊

110000－0143－0018435　PG4171/604
讀騷樓詩初集四卷二集四卷　(清)陳逢衡撰　清道光九年至十三年(1829－1833)陳氏刻本　二冊

110000－0143－0018436　PG4171/608
大梅山館集四十七卷　(清)姚燮撰　清道光至咸豐鎮海姚氏刻本　十六冊　缺二卷(翦鐙夜語一卷、石雲唫雅一卷)

110000－0143－0018437　PG4171/610
西圃集十卷續集四卷補遺一卷詞續一卷詞三續一卷題畫詩一卷續一卷文集四卷補遺一卷　(清)潘遵祁撰　清光緒八年(1882)刻本　八冊

110000－0143－0018438　PG4171/610
西圃集十卷續集六卷文集四卷補遺一卷題畫詩一卷續一卷　(清)潘遵祁撰　清光緒二十三年(1897)刻本　六冊

110000－0143－0018439　PG4171/610

西圃集十卷續集六卷文集四卷補遺一卷題畫詩一卷續一卷　(清)潘遵祁撰　清光緒二十三年(1897)刻本　六册

110000 - 0143 - 0018440　PG4171/610
西圃集十卷續集四卷補遺一卷詞續一卷詞三續一卷題畫詩一卷續一卷文集四卷補遺一卷　(清)潘遵祁撰　清光緒二十三年(1897)刻本　六册

110000 - 0143 - 0018441　PG4171/613
通雅堂詩鈔十卷續二卷　(清)施山撰　清光緒元年(1875)荆州刻本　六册

110000 - 0143 - 0018442　PG4171/615
寸草園彙鈔八卷　(清)鮑文逵編　(清)郭琦編次　清道光八年(1828)刻本　四册

110000 - 0143 - 0018443　PG4171/619
國朝山左詩彙鈔後集三十卷　(清)余正酉輯録　清道光二十九年(1849)刻本　八册

110000 - 0143 - 0018444　PG4171/628
國朝詩鐸二十二卷首一卷　(清)張應昌選輯　清同治八年(1869)永康應氏秀芝堂刻本　十二册

110000 - 0143 - 0018445　PG4171/632
賜綺堂集二十八卷　(清)詹應甲撰　清道光八年(1828)刻本　十册

110000 - 0143 - 0018446　PG4171/632
賜綺堂集二十八卷　(清)詹應甲撰　清道光八年(1828)刻本　十册

110000 - 0143 - 0018447　PG4171/633
小萬卷齋經進稿四卷詩稿三十二卷詩續稿十二卷詩遺稿一卷　(清)朱琦撰　清光緒十一年(1885)朱臧成嘉樹山房刻本　十二册

110000 - 0143 - 0018448　PG4171/635
樂志簃筆記四卷詩録六卷詞録一卷味經堂詩録二卷樂志簃文録四卷　(清)沈祥龍撰　清光緒二十六年(1900)沈氏文墨齋刻本　四册

110000 - 0143 - 0018449　PG4171/636
朱竹垞先生杜詩評本二十四卷　(唐)杜甫撰　(清)朱彝尊評　清道光十一年(1831)刻本　八册

110000 - 0143 - 0018450　PG4171/637
詩萃初集九卷二集十二卷　(清)潘瑛　(清)高岑輯　清嘉慶九年(1804)懷寧潘氏晉希堂刻本　十册

110000 - 0143 - 0018451　PG4171/638
明紀事樂府四卷　(清)龍文彬撰　清光緒十一年(1885)永懷堂刻本　二册

110000 - 0143 - 0018452　PG4171/642
寄菴詩鈔十八卷　(清)劉大紳撰　清嘉慶八年(1803)刻道光王茂峻補刻本　六册

110000 - 0143 - 0018453　PG4171/645
報暉草堂詩集八卷續集二卷三集一卷　(清)黄維申撰　清同治十年至光緒三年(1871 - 1877)刻本　六册

110000 - 0143 - 0018454　PG4171/649
瀟唐詩集十五卷　(清)王瑋慶著　清嘉慶二十五年(1820)蕉葉山房刻光緒元年(1875)續刻本　六册

110000 - 0143 - 0018455　PG4171/651
焦山六上人詩六種十八卷　(清)陳任暘選　清道光九年(1829)刻光緒三十二年(1906)續刻本　六册

110000 - 0143 - 0018456　PG4171/651
焦山六上人詩六種十八卷　(清)陳任暘選　清道光九年(1829)刻光緒三十二年(1906)續刻本　三册

110000 - 0143 - 0018457　PG4171/653
國初十家詩鈔七十五卷　(清)王相輯　清道光十年(1830)信芳閣木活字印本　十六册

110000 - 0143 - 0018458　PG4171/655
黄勤敏公全集五十一卷　(清)黄鉞撰　清咸豐九年(1859)蕪湖許氏刻本　十一册

110000 - 0143 - 0018459　PG4171/655
禮部遺集九卷　(清)黄富民撰　清同治九年(1870)刻本　二册

110000－0143－0018460　PG4171/655－1
壹齋集四卷　（清）黄鉞撰　清咸豐九年（1859）蕪湖許氏刻本　一册

110000－0143－0018461　PG4171/657
二家詩選二卷　（清）王士禛選輯　清康熙三十八年（1699）刻本　一册

110000－0143－0018462　PG4171/657
華泉先生集選四卷　（明）邊貢著　（清）王士禛選　清康熙三十九年（1700）刻本　一册

110000－0143－0018463　PG4171/657
睡足軒詩選一卷　（明）邊習著　（清）王士禛（清）徐夜選　清康熙三十九年（1700）刻本　一册

110000－0143－0018464　PG4171/658
讀我書齋詩草二十五卷　（清）唐李杜撰　清咸豐十一年（1861）祁陽唐氏刻本　十二册

110000－0143－0018465　PG4171/661
檗隖詩存續集八卷　王以敏撰　清宣統二年（1910）刻本　四册

110000－0143－0018466　PG4171/662
聽蟬書屋詩錄十二卷文錄二卷駢文一卷尺牘一卷　（清）吳德純撰　清光緒十年（1884）味無味齋刻本　四册

110000－0143－0018467　PG4171/663
介坪詩鈔四卷　（清）楊懌曾撰　清道光十二年（1832）劉興樾刻本　二册

110000－0143－0018468　PG4171/664
顧雙溪集九卷　（清）顧奎光著　清光緒二十一年（1895）木活字印本　二册

110000－0143－0018469　PG4171/664
顧雙溪集九卷　（清）顧奎光著　清光緒二十一年（1895）木活字印本　二册

110000－0143－0018470　PG4171/666
補勤詩存二十四卷首一卷　（清）陳錦撰　清光緒三年（1877）山陰陳氏橘蔭軒刻橘蔭軒全集本　八册

110000－0143－0018471　PG4171/666
附綠雲山房詩草二卷首一卷終一卷　（清）勞蓉君撰　清光緒四年（1878）山陰陳氏橘蔭軒刻橘蔭軒全集本　二册

110000－0143－0018472　PG4171/667
鹿蕉山館詩鈔十卷　（清）胡傳釗撰　清光緒刻本　六册

110000－0143－0018473　PG4171/668
選夢樓詩鈔八卷　（清）豫本撰　清末寫刻本　四册

110000－0143－0018474　PG4171/670
心鐵石齋存稿四十卷附聯句詩一卷　（清）宋鳴琦撰　**心鐵石齋［宋鳴琦］年譜一卷**　（清）宋鳴琦手編　清道光十二年至二十年（1832－1840）奉新宋氏誦梅堂刻本　八册

110000－0143－0018475　PG4171/677
芬響閣初藁十卷續鄉程日記一卷　（清）王棨之撰　清咸豐九年至同治七年（1859－1868）繡水王氏刻本　二册

110000－0143－0018476　PG4171/677
芬響閣附存藳一卷　（清）陳瑤著　清咸豐九年至同治七年（1859－1868）繡水王氏刻本　與110000－0143－0018475合册

110000－0143－0018477　PG4171/679
陶詩彙評四卷　（晉）陶潛撰　（清）溫汝能纂訂　清嘉慶十二年（1807）聽松閣刻本　四册

110000－0143－0018478　PG4171/680
莆風清籟集六十卷　（清）鄭王臣輯選　清乾隆三十七年（1772）刻光緒二十六年（1900）莆田劉尚文印本　十六册

110000－0143－0018479　PG4171/683
六瑩堂集九卷二集八卷評詞一卷附錄一卷　（清）梁佩蘭著　清道光二十年（1840）南海伍元薇詩雪軒刻粵十三家集本　七册

110000－0143－0018480　PG4171/683
雲華閣詩畧六卷附錄一卷坡亭詞鈔一卷　（清）易宏著　清道光二十年（1840）南海伍元薇詩雪軒刻粵十三家集本　一册

110000－0143－0018481　PG4171/684
九梅村詩集二十卷　(清)魏燮均編著　(清)劉杞選訂　清光緒元年(1875)銘安刻本　六冊

110000－0143－0018482　PG4171/685
頤道堂詩選十四卷外集八卷補遺四卷　(清)陳文述撰　清嘉慶二十二年(1817)刻本　八冊

110000－0143－0018483　PG4171/691
擬寒山詩不分卷　(明)張守約追擬　(明)陸光祖訂正　明崇禎至清順治抄本　一冊

110000－0143－0018484　PG4171/694
淮海英靈集十集二十二卷　(清)阮元輯　清嘉慶三年(1798)儀徵阮氏小琅嬛館刻本　十冊

110000－0143－0018485　PG4171/697
陶靖節先生詩四卷　(晉)陶潛撰　清光緒十一年(1885)丁艮善陳州刻本　二冊

110000－0143－0018486　PG4171/698
百歲和鳴不分卷　(清)郝懿行　(清)王照圓撰　清末抄本　一冊

110000－0143－0018487　PG4171/698
百歲和鳴不分卷　(清)郝懿行　(清)王照圓撰　清嘉慶刻本　一冊

110000－0143－0018488　PG4171/703
東坡和陶合箋四卷　(宋)蘇軾撰　(清)溫汝能纂訂　清光緒十八年(1892)五彩公司石印本　二冊

110000－0143－0018489　PG4171/703
陶詩彙評四卷　(晉)陶潛撰　(清)溫汝能纂訂　清光緒十八年(1892)五彩公司石印本　二冊

110000－0143－0018490　PG4171/704
陶詩集註四卷　(晉)陶潛撰　(清)詹夔錫纂輯　清嘉慶元年至二十五年(1796－1820)得月樓刻本　二冊

110000－0143－0018491　PG4171/704
東坡和陶詩一卷　(宋)蘇軾撰　清嘉慶得月樓刻本　一冊

110000－0143－0018492　PG4171/705
筠心書屋詩鈔十二卷　(清)褚廷璋著　清嘉慶十一年(1806)晉江張祥雲刻本　四冊

110000－0143－0018493　PG4171/707
採輯歷朝詩話不分卷附王輞川辨譌考異不分卷　(清)胡鳳丹輯　清同治九年(1870)永康胡氏退補齋刻本　一冊

110000－0143－0018494　PG4171/708
淚墨草三卷　(清)鄧珏撰　清道光二十九年(1849)擁城書屋刻本　一冊

110000－0143－0018495　PG4171/710
望古遙集詩存不分卷　(清)王樸集古　(清)王福曾注　清光緒四年(1878)刻本　一冊

110000－0143－0018496　PG4171/714
缾水齋詩集十六卷別集二卷　(清)舒位撰　清光緒十二年(1886)刻本　六冊

110000－0143－0018497　PG4171/714
缾水齋詩集十七卷別集二卷詩話一卷附傳行狀　(清)舒位撰　清光緒十二年(1886)刻本　八冊

110000－0143－0018498　PG4171/714
缾水齋詩集十七卷別集二卷詩話一卷附傳行狀　(清)舒位撰　清光緒十二年(1886)刻本　八冊

110000－0143－0018499　PG4171/715
古靜軒四景詩不分卷古靜軒續詠四景詩不分卷　(清)廓達氏撰　清嘉慶十七年(1812)稿本　二冊

110000－0143－0018500　PG4171/725
海峯詩集古體詩五卷今體詩六卷　(清)劉大櫆撰　清乾隆縹碧軒刻本　二冊　存五卷(海峯詩集古體詩五卷)

110000－0143－0018501　PG4171/728
唐人試律說不分卷　(清)紀昀撰　清嘉慶八年(1803)太和堂刻本　一冊

110000－0143－0018502　PG4171/728
紅杏山房詩鈔十三卷　（清）宋湘撰　清道光刻本　四册

110000－0143－0018503　PG4171/731
重鋟璿璣圖詩不分卷　（前秦）蘇蕙著　清光緒六年（1880）昌樂偶山堂刻五色套印本　一册

110000－0143－0018504　PG4171/733
適齋居士集四卷　（清）覺羅舒敏撰　清道光二十二年（1842）刻本　二册

110000－0143－0018505　PG4171/735
分韻試帖青雲集合註四卷　（清）楊逢春輯　（清）沈品金　（清）葉祺昌等註　清光緒十四年（1888）刻本　四册

110000－0143－0018506　PG4171/735－1
分韻試帖青雲集合註四卷　（清）楊逢春輯　（清）沈品金　（清）葉祺昌等註　清光緒十五年（1889）書業德刻本　四册

110000－0143－0018507　PG4171/735－2
分韻試帖青雲集合註四卷　（清）楊逢春輯　（清）沈品金　（清）葉祺昌等註　清光緒四年（1878）刻本　四册

110000－0143－0018508　PG4171/736
青雲集補註六卷　（清）楊逢春輯　（清）蕭應櫆原本　（清）吳廷藻補註　清光緒十七年（1891）李光明莊刻本　六册

110000－0143－0018509　PG4171/737
香雪巢詩鈔十二卷續鈔一卷集句一卷　（清）徐兆豐撰　清光緒三十年（1904）龍津使署刻本　四册

110000－0143－0018510　PG4171/740
紅杏山房詩鈔十三卷　（清）宋湘撰　清道光刻本　四册

110000－0143－0018511　PG4171/742
巢經巢詩鈔九卷後集四卷　（清）鄭珍撰　清咸豐二年（1852）刻本　四册

110000－0143－0018512　PG4171/746
分韻青雲詩集四卷　（清）楊逢春　（清）蕭應櫆輯　清光緒海昌張維城刻本　四册

110000－0143－0018513　PG4171/746
分韻青雲詩集四卷　（清）楊逢春　（清）蕭應櫆輯　清光緒海昌張維城刻本　四册

110000－0143－0018514　PG4171/747
陸放翁劍南詩鈔六卷　（宋）陸游撰　（清）朱陖選定　清道光二年（1822）刻本　六册

110000－0143－0018515　PG4171/748
唐詩歸摘抄不分卷　（清）□□輯　清乾隆至嘉慶抄本　三册

110000－0143－0018516　PG4171/750
高季迪先生大全集十八卷　（明）高啟撰　清光緒十四年（1888）刻本　六册

110000－0143－0018517　PG4171/751
嶺南集八卷　（清）杭世駿撰　清光緒七年（1881）學海堂刻本　四册

110000－0143－0018518　PG4171/754
梅水詩傳十卷續三卷　（清）張煜南　（清）張鴻南輯　清光緒二十七年至宣統三年（1901－1911）刻本　十三册

110000－0143－0018519　PG4171/757
桐城吳先生詩集一卷　（清）吳汝綸撰　清光緒三十年（1904）刻本　一册

110000－0143－0018520　PG4171/758
芸館削存不分卷　李哲明撰　清末稿本　一册

110000－0143－0018521　PG4171/760
梅村詩集箋注十八卷　（清）吳偉業撰　（清）吳翌鳳箋注　清嘉慶十九年（1814）嚴榮滄浪吟榭刻本　八册

110000－0143－0018522　PG4171/761－1
陶淵明詩一卷　（晉）陶潛撰　清光緒元年（1875）影印本　一册

110000－0143－0018523　PG4171/762
知止齋詩集十六卷　（清）翁心存撰　清光緒三年（1877）刻本　四册

110000－0143－0018524　PG4171/765
漢詩統箋三卷　（清）陳本禮箋訂　清嘉慶十五年（1810）裛露軒刻本　二册

110000－0143－0018525　PG4171/765－1
漢詩統箋三卷　（清）陳本禮箋訂　清嘉慶十五年（1810）裛露軒刻本　一册

110000－0143－0018526　PG4171/767
煙霞萬古樓詩殘藁不分卷　（清）王曇撰　清光緒二十六年（1900）有正書局鉛印本　一册

110000－0143－0018527　PG4171/767－1
煙霞萬古樓詩選二卷　（清）王曇撰　清道光二十年（1840）刻本　一册

110000－0143－0018528　PG4171/768
啜茗集六卷　（清）張春農撰　清咸豐七年（1857）抄本　三册

110000－0143－0018529　PG4171/769
閒居偶草不分卷　（清）鄧玨撰　清道光二十九年（1849）擁城書屋刻本　一册

110000－0143－0018530　PG4171/771
閒燕齋詩彙存十四卷　（清）王標等撰　清嘉慶二十一年（1816）刻本　四册

110000－0143－0018531　PG4171/772
看詩隨錄三十九卷　（清）高靜選　（清）高棠恩　高賡恩編次　清光緒二十二年（1896）寧河高氏繼善堂刻本　十八册

110000－0143－0018532　PG4171/775
曾文正公詩鈔四卷　（清）曾國藩傳　清光緒二年（1876）上海醉六堂刻本　二册

110000－0143－0018533　PG4171/778
咏物詩選註釋八卷　（清）易開錙　（清）孫洊鳴註　清嘉慶十五年（1810）經國堂刻本　四册

110000－0143－0018534　PG4171/784
南陵無雙譜不分卷　（清）王言撰　清道光十七年（1837）食硯山房刻本　一册

110000－0143－0018535　PG4171/786
通父詩存之餘二卷　（清）魯一同撰　清咸豐九年（1859）刻本　一册

110000－0143－0018536　PG4171/789
補學齋詩鈔四卷　胡調元撰　清光緒三十三年（1907）鉛印本　一册

110000－0143－0018537　PG4171/790
湖海詩傳十六卷　（清）王昶輯　清道光十一年（1831）潘鵬程紅格稿紙抄本　十册

110000－0143－0018538　PG4171/792
廣齊音不分卷　（清）董芸撰　清嘉慶元年（1796）紅蕉館刻本　一册

110000－0143－0018539　PG4171/796
湖山類稾五卷附錄一卷　（宋）汪元量撰　（宋）劉辰翁批點　清乾隆三十年（1765）歙縣鮑廷博知不足齋刻本　一册

110000－0143－0018540　PG4171/797
仲實詩存二卷　（清）魯蕡撰　清光緒魯氏刻本　一册

110000－0143－0018541　PG4171/798
樂潛堂詩初集二卷二集六卷菊潛庵賸稿三卷飛鴻閣琴意二卷　（清）趙函撰　清道光刻咸豐七年（1857）、同治七年（1868）遞修本　五册

110000－0143－0018542　PG4171/801
菊譚詩鈔八卷　（清）沙增齡著　清咸豐十年（1860）如皋沙氏木活字印本　四册

110000－0143－0018543　PG4171/806
疏蘭僊館詩集四卷續集六卷再續集四卷　（清）朱錫綬撰　清同治十一年（1872）刻本　四册

110000－0143－0018544　PG4171/807
宋元明詩約鈔三百首二卷　（清）朱梓　（清）冷昌言編輯　清道光二十一年（1841）刻本　二册

110000－0143－0018545　PG4171/810
杜律通解四卷　（清）李文煒箋釋　清刻本　二册

110000－0143－0018546　PG4171/811

水西閒館詩二十卷　(清)程虞卿著　清嘉慶二十五年(1820)刻本　四冊

110000－0143－0018547　PG4171/812
湖山類稾五卷附錄一卷水雲集不分卷附錄三卷　(宋)汪元量著　清光緒二十三年(1897)刻本　二冊

110000－0143－0018548　PG4171/816
西菴集八卷首一卷　(明)孫蕡著　清道光十年(1830)刻本　四冊

110000－0143－0018549　PG4171/818
五百四峯堂詩鈔二十五卷　(清)黎簡撰　清同治十三年(1874)南海陳氏刻本　八冊

110000－0143－0018550　PG4171/822－1
人境廬詩草十一卷　(清)黃遵憲撰　清宣統三年(1911)黃氏鉛印本　四冊

110000－0143－0018551　PG4171/827
唐人九家詩集九種　(清)席啓禹編　清康熙四十一年(1702)洞庭席氏琴川書屋刻本　十冊　存二十九卷(渭南詩集二卷,喻鳧詩集一卷,唐姚鵠詩集一卷,會昌進士詩集一卷、補遺一卷,元英先生詩集三至十,顧逋翁詩集四卷,浣花集十卷,昌黎先生詩集一卷)

110000－0143－0018552　PG4171/832
蘇詩選評箋釋六卷　(清)汪師韓撰　清光緒十二年(1886)錢塘汪氏長沙刻本　三冊

110000－0143－0018553　PG4171/834
變雅堂詩集十卷附錄不分卷　(清)杜濬撰　清同治九年(1870)刻本　四冊

110000－0143－0018554　PG4171/834－1
變雅堂遺集十卷附錄二卷　(清)杜濬撰　清光緒二十年(1894)黃岡沈氏刻本　三冊

110000－0143－0018555　PG4171/836
鐵笛仙館從戎草不分卷　(清)柏春撰　清咸豐至同治刻本　一冊

110000－0143－0018556　PG4171/837
鬻字齋詩畧四卷　曹允源撰　清光緒二十二年(1896)刻本　一冊

110000－0143－0018557　PG4171/839
龔定盦別集不分卷詩集二卷詞集不分卷集外未刻詩詞不分卷　(清)龔自珍撰　清宣統二年(1910)鉛印本　二冊

110000－0143－0018558　PG4171/843
讀秋水齋詩十六卷　(清)陸黻恩撰　清同治七年(1868)刻本　四冊

110000－0143－0018559　PG4171/844
蘇詩選五卷　(宋)蘇軾撰　(清)方燾編　清抄本　一冊

110000－0143－0018560　PG4171/846
鐵瓶詩鈔五卷雜存二卷　(清)張岳齡撰　清光緒初刻本　四冊

110000－0143－0018561　PG4171/851
蓮湖吟社稿二卷　(清)楊高德　(清)朱庭珍同輯　清光緒十四年(1888)集翠軒刻本　二冊

110000－0143－0018562　PG4171/853
誦芬詩畧三卷　(清)黃炳垕撰　清同治八年(1869)餘姚黃氏刻本　一冊

110000－0143－0018563　PG4171/854
蓬萊閣詩錄四卷　(清)陳克家撰　清同治二年(1863)刻四年(1865)補刻本　一冊

110000－0143－0018564　PG4171/856
東坡先生編年詩五十卷　(宋)蘇軾撰　(清)查慎行補注　清乾隆二十六年(1761)查氏香雨齋刻本　四冊　存十六卷(三十五至五十)

110000－0143－0018565　PG4171/862
越詠二卷　(清)周調梅撰　清咸豐四年(1854)刻本　四冊

110000－0143－0018566　PG4171/867
琳齋詩稿七卷　(清)王景彝著　清光緒十六年(1890)寶善書屋刻本　六冊

110000－0143－0018567　PG4171/868
燹餘吟草十二卷　(清)張經贊著　清光緒二年(1876)刻本　六冊

110000－0143－0018568　PG4171/874

鶴泉集杜二卷續刻不分卷　(清)戚學標撰　清乾隆六十年(1795)涉縣縣署刻本　四册

110000－0143－0018569　PG4171/877
國朝金陵詩徵四十八卷　(清)朱緒曾編　清光緒十一年(1885)刻本　二十册

110000－0143－0018570　PG4171/877－1
續金陵詩徵六卷　(清)朱紹亭　陳作霖輯　清光緒二十年(1894)刻本　六册

110000－0143－0018571　PG4171/882
貞豐詩萃五卷　(清)陶煦輯　清咸豐十一年至同治三年(1861－1864)元和陶煦儀一堂刻本　二册

110000－0143－0018572　PG4171/888－1
宋元明詩三百首箋不分卷　(清)朱梓　(清)冷昌言纂評　(清)李松壽　(清)李筠壽箋并補傳　清光緒二十一年(1895)合肥李氏蘭雪堂刻本　二册

110000－0143－0018573　PG4171/889
紅心草八卷　(清)蔣坦撰　清道光二十七年(1847)城西草堂刻本　四册

110000－0143－0018574　PG4171/890
靈芝唱答集三卷首一卷　(清)戴肇辰輯　清同治七年(1868)刻本　一册

110000－0143－0018575　PG4171/894
春草堂詩集十卷詞集二卷四六一卷　(清)謝堃撰　清道光十年(1830)刻本　六册

110000－0143－0018576　PG4171/896
陶情樂府四卷　(明)楊慎撰　清宣統三年(1911)岷陽精舍刻本　一册

110000－0143－0018577　PG4171/897
同岑詩鈔五種十四卷　(清)曾燠輯　清道光九年(1829)刻本　六册

110000－0143－0018578　PG4171/898
知悔齋詩稿八卷詩續稿二卷　(清)張士寬撰　清咸豐七年(1857)刻同治十三年(1874)續刻本　二册

110000－0143－0018579　PG4171/899
鶴泉集唐三卷　(清)戚學標著　清嘉慶十年(1805)涉縣縣署刻本　二册

110000－0143－0018580　PG4171/903
飛香圃詩集四卷續編一卷　(清)安詩撰　清嘉慶二十四年(1819)刻本　二册

110000－0143－0018581　PG4171/904
缶廬詩四卷别存一卷　吳昌碩撰　清光緒十九年(1893)安吉吳氏刻本　四册

110000－0143－0018582　PG4171/905
鳴鶴堂詩集十一卷　(清)任源祥撰　清光緒十五年(1889)刻本　二册

110000－0143－0018583　PG4171/907
懶蠶居士遺稿七卷　(清)季步騆著　清光緒二十二年(1896)刻本　二册

110000－0143－0018584　PG4171/908
織簾書屋詩鈔十二卷　(清)沈兆澐撰　清咸豐二年(1852)天津沈氏刻本　四册

110000－0143－0018585　PG4171/910
題江南曾文正公祠百詠不分卷　朱孔彰撰　清光緒十三年(1887)刻本　二册

110000－0143－0018586　PG4171/913
鮑氏家集四十六卷　(清)鮑倚雲等撰　清嘉慶至光緒歙縣鮑氏刻本　十二册

110000－0143－0018587　PG4171/915
桐溪耆隱集一卷耆隱集補録一卷榆園雜興詩一卷　(清)袁炯輯　清光緒桐廬袁氏春藻堂刻本　一册

110000－0143－0018588　PG4171/915
國朝六家詩鈔八卷　(清)劉執玉輯　清乾隆三十二年(1767)刻本　八册

110000－0143－0018589　PG4171/917
醉芸窻試帖詳註四卷　(清)楊昌光著　(清)楊延亮註　清道光五年(1825)聚秀堂刻本　四册

110000－0143－0018590　PG4171/918
試律青雲集四卷　(清)楊逢春輯　(清)沈品金等注　清道光刻本　四册

110000 - 0143 - 0018591　PG4171/919
海粟樓詩階六卷　(清)郭恩第輯　清光緒十三年(1887)長白崧蕃四川刻本　四册

110000 - 0143 - 0018592　PG4171/919 - 1
海粟樓詩階六卷　(清)郭恩第輯　清光緒十一年(1885)天津郭氏刻本　四册

110000 - 0143 - 0018593　PG4171/923
白鶴堂晚年自訂詩稿二卷晚年詩續刻一卷白鶴堂詩戊戌草一卷雪夜詩談三卷　(清)彭端淑著　清乾隆至嘉慶刻本　二册

110000 - 0143 - 0018594　PG4171/924
石屏詩集十卷　(宋)戴復古撰　清嘉慶二十二年(1817)臨海宋氏刻台州叢書甲集本　四册

110000 - 0143 - 0018595　PG4171/925
五塘詩草六卷　(清)許印芳撰　清光緒十三年(1887)石屏許氏刻十八年(1892)增修本　三册

110000 - 0143 - 0018596　PG4171/927
增評寄嶽雲齋試體詩選四卷　(清)聶銑敏著　(清)張學蘇箋　(清)朱兆鳳評　清光緒四年(1878)二酉堂刻本　四册

110000 - 0143 - 0018597　PG4171/928
藜照堂臨池新編四卷　(清)劉昭選輯　清末刻本　二册

110000 - 0143 - 0018598　PG4171/929
渠風續集八卷　(清)劉芳曙原本　(清)張善恒重輯　清嘉慶十二年(1807)抄本　三册

110000 - 0143 - 0018599　PG4171/932
樹經堂詠史詩八卷附題辭　(清)謝啟昆撰　清嘉慶二年(1797)刻本　二册

110000 - 0143 - 0018600　PG4171/933
時藝清雅不分卷　(清)丁紹周撰評　清同治十二年(1873)舊雨堂刻本　四册

110000 - 0143 - 0018601　PG4171/934
五家全集二十六卷　(清)胡鳳丹輯　清同治永康胡氏退補齋刻本　六册

110000 - 0143 - 0018602　PG4171/937
日下聯吟集四卷　(清)簡南坪選　(清)宜垕編　清同治五年(1866)綏芬宜垕刻本　四册

110000 - 0143 - 0018603　PG4171/938
悔初廬詩稿十一卷明史雜詠二卷別集一卷　(清)柴文傑著　清光緒三年至二十一年(1877 - 1895)刻本　四册

110000 - 0143 - 0018604　PG4171/938 - 1
悔初廬詩稿十一卷明史雜詠二卷別集一卷　(清)柴文傑著　清光緒三年(1877)刻本　一册　存二卷(明史雜詠二卷)

110000 - 0143 - 0018605　PG4171/939
廣雅碎金四卷附錄一卷　(清)張之洞撰　清光緒二十三年(1897)桐廬袁昶水明樓刻本　二册

110000 - 0143 - 0018606　PG4171/939
廣雅碎金四卷附錄一卷　(清)張之洞撰　清光緒二十三年(1897)桐廬袁昶水明樓刻本　二册

110000 - 0143 - 0018607　PG4171/940
蘅華館詩錄六卷　(清)王韜撰　清光緒十六年(1890)長洲王氏鉛印本　二册

110000 - 0143 - 0018608　PG4171/943
窗課存稿二卷　(清)奕譞著　清同治十二年(1873)奕譞自刻本　二册

110000 - 0143 - 0018609　PG4171/946
鹿鳴雅詠四卷首一卷　(清)吳大澂等撰　清光緒二十一年(1895)綠蔭草堂長沙刻本　二册

110000 - 0143 - 0018610　PG4171/947
四時分韻試帖初編不分卷　延清輯　清光緒二十三年(1897)延清錦官堂石印本　四册

110000 - 0143 - 0018611　PG4171/949
曼陀羅花室詩三卷詞一卷　(清)吳翊寅撰　清光緒十九年至二十年(1893 - 1894)廣雅書局刻本　一册

110000 - 0143 - 0018612　PG4171/951

漸西村人詩十三卷　(清)袁昶撰　清光緒十六年(1890)鉛印本　二册　存八卷(一至八)

110000－0143－0018613　PG4171/954
靜宜吟館詩集不分卷　(清)于脩儒著　清同治十一年(1872)鐵嶺于氏刻本　一册

110000－0143－0018614　PG4171/955
汪氏家集十卷　(清)梁蘭漪等撰　清光緒二十一年(1895)上洋飛鴻閣書林石印本　七册

110000－0143－0018615　PG4171/957
復堂詩四卷詞一卷待堂文一卷　(清)譚獻　(清)吳懷珍撰　清咸豐九年(1859)刻同治四年(1865)補刻本　一册

110000－0143－0018616　PG4171/958
向湖邨舍詩初集十二卷　趙藩撰　清光緒十四年(1888)刻本　一册

110000－0143－0018617　PG4171/958
向湖邨舍詩初集十二卷　趙藩撰　清光緒十四年(1888)刻本　三册

110000－0143－0018618　PG4171/959
樂餘靜廉齋詩稿二卷　(清)顧復初箸　清光緒二年(1876)刻本　一册

110000－0143－0018619　PG4171/959
樂餘靜廉齋詩稿二卷　(清)顧復初箸　清光緒二年(1876)刻本　一册

110000－0143－0018620　PG4171/960
雲樵先生詩集四卷　(清)吳芳培著　清同治四年(1865)涇縣吳朝宗刻本　二册

110000－0143－0018621　PG4171/961
旅遊小草一卷附燹餘剩草一卷　(清)華振著　(清)華持撰　清光緒二年(1876)刻本　二册

110000－0143－0018622　PG4171/962
補學軒詩集十二卷　(清)鄭獻甫撰　清光緒五年(1879)侯官林肇元黔南節署刻本　六册

110000－0143－0018623　PG4171/963
銅似軒詩五卷拜雲閣樂府二卷　(清)吳震撰　清道光二十七年(1847)刻本　二册

110000－0143－0018624　PG4171/963
黃葉村居詩鈔一卷詞鈔一卷　(清)朱宮桂撰　清道光刻本　一册

110000－0143－0018625　PG4171/964
南湖詩集十一卷　(清)張雲驤撰　清光緒十四年(1888)文安張氏刻本　二册

110000－0143－0018626　PG4171/967
樂妙山居集二卷　(清)錢沃臣撰　清嘉慶二十二年(1817)刻本　二册

110000－0143－0018627　PG4171/968
偶山遺稿一卷附補遺　(清)錢塘撰　清光緒二十五年(1899)甘泉錢祥保刻本　一册

110000－0143－0018628　PG4171/969－1
呂半隱先生詩集三卷　(清)呂潛著　清光緒十五年(1889)遂寧歐陽紹刻本　一册

110000－0143－0018629　PG4171/972
乳初軒詩選四卷外集一卷附鶴汀遺草一卷莘田遺草一卷　(清)趙基著　(清)王芑孫　(清)石韞玉選　清道光四年(1824)刻本　二册

110000－0143－0018630　PG4171/974
秋江集註六卷　(清)黃任著　(清)王元麟註　清道光二十三年(1843)長樂王氏東山家塾刻本　六册

110000－0143－0018631　PG4171/974
秋江集註六卷　(清)黃任著　(清)王元麟註　清道光二十三年(1843)長樂王氏東山家塾刻本　六册

110000－0143－0018632　PG4171/975
桐華舸詩鈔八卷明季詠史詩鈔一卷　(清)鮑瑞駿撰　清同治三年至五年(1864－1866)歙縣鮑氏刻本　五册

110000－0143－0018633　PG4171/975－1
桐華舸詩續鈔八卷　(清)鮑瑞駿撰　清光緒三年(1877)歙縣鮑氏刻本　四册

110000－0143－0018634　PG4171/976
池陽吟草二卷　(清)余庚陽撰　清同治十年

(1871)三原劉升之傳經堂刻本　二冊

110000－0143－0018635　PG4171/977

葦間詩集五卷　(清)姜宸英著　(清)唐執玉編輯　清道光四年(1824)慈谿葉元塏刻本　二冊

110000－0143－0018636　PG4171/978

石樵先生遺詩晚翠軒集二卷　(清)張安保撰　清光緒二十五年(1899)儀徵張丙炎刻本　二冊

110000－0143－0018637　PG4171/982

復莊詩問三十四卷　(清)姚燮撰　清道光二十六年至二十八年(1846－1848)鎮海姚氏大梅山館刻本　十冊

110000－0143－0018638　PG4171/983

二南詩鈔二卷　(清)周樂著　(清)余正西評定　清道光九年(1829)紉香齋刻本　二冊

110000－0143－0018639　PG4171/985

湘鄉詩鈔四卷　(清)吳士真撰　清嘉慶十九年至二十五年(1814－1820)刻本　一冊

110000－0143－0018640　PG4171/986

歷朝二十五家詩錄三十七卷首一卷　(清)鄒湘倜編輯　(清)李桓參訂　清光緒元年(1875)新化鄒氏得頤堂刻本　三十冊

110000－0143－0018641　PG4171/987

傳研堂詩存八卷　(清)楊懋珩撰　清道光十一年(1831)清江楊懋玖刻本　二冊

110000－0143－0018642　PG4171/988

釃江詩草二十六卷　(清)蘇宗經著　清光緒十八年(1892)刻本　十冊

110000－0143－0018643　PG4171/989

南園前五先生詩選二卷　(清)李琯朗輯　清道光十三年(1833)南海伍元華寶硯齋刻本　二冊

110000－0143－0018644　PG4171/989－1

南園前五先生詩選二卷　(清)李琯朗輯　清道光十三年(1833)南海伍元華寶硯齋刻本　二冊

110000－0143－0018645　PG4171/989－1

南園前五先生詩五卷南園後五先生詩二十五卷附南園花信詩不分卷　(清)陳文藻輯　清同治九年(1870)南海陳氏樵山草堂刻本　六冊

110000－0143－0018646　PG4171/991

白下愚園集八卷首一卷　(清)胡光國編輯　清光緒二十年(1894)江寧胡光國刻本　六冊

110000－0143－0018647　PG4171/993

清芬集十卷　(清)劉寶楠編　清道光十八年(1838)寶應劉贊勳刻本　四冊

110000－0143－0018648　PG4171/993

清芬集十卷　(清)劉寶楠編　清道光十八年(1838)寶應劉贊勳刻本　四冊

110000－0143－0018649　PG4171/996

鄂渚同聲集初編七卷鄂渚同聲集二編二十卷　(清)胡鳳丹輯　清同治九年(1870)退補齋刻本　二冊

110000－0143－0018650　PG4171/998

坡門酬唱二十三卷　(宋)邵浩編　清宣統二年至三年(1910－1911)貴池劉世珩玉海堂刻本　八冊

110000－0143－0018651　PG4171/998

坡門酬唱二十三卷　(宋)邵浩編　清宣統二年至三年(1910－1911)貴池劉世珩玉海堂刻本　八冊

110000－0143－0018652　PG4171/1000

蠙廬詩鈔十卷　(清)王蔭槐撰　清光緒七年(1881)刻本　二冊

110000－0143－0018653　PG4171/1000

蠙廬詩鈔十卷　(清)王蔭槐撰　清光緒七年(1881)刻本　二冊

110000－0143－0018654　PG4171/1000

蠙廬詩鈔十卷　(清)王蔭槐撰　清光緒七年(1881)刻本　二冊

110000－0143－0018655　PG4171/1000

蠙廬詩鈔十卷　(清)王蔭槐撰　清光緒七年

(1881)刻本　二册

110000－0143－0018656　PG4171/1002
墨花吟館詩鈔十六卷憶雲集試帖一卷籲雲集試帖一卷　(清)嚴辰撰　清光緒八年(1882)桐鄉嚴氏刻本　五册

110000－0143－0018657　PG4171/1008
詩品唐律二卷　(清)福振選輯　清鐵嶺崇恩、崇光校刻本　二册

110000－0143－0018658　PG4171/1010
是程堂集十四卷是程堂二集四卷　(清)屠倬撰　清嘉慶十九年(1814)、道光元年(1821)錢塘屠氏潛園刻本　四册

110000－0143－0018659　PG4171/1013
董氏詩系十卷　(清)董調輯　清嘉慶二十五年(1820)刻本　四册

110000－0143－0018660　PG4171/1014
功甫小集十一卷　(清)潘曾沂撰　清同治八年(1869)吳縣潘儀鳳刻本　二册

110000－0143－0018661　PG4171/1015
測海集六卷　(清)彭紹升撰　清光緒二年(1876)長洲彭毓菜刻本　二册

110000－0143－0018662　PG4171/1015－1
測海集六卷　(清)彭紹升撰　清同治四年(1865)長洲彭恩高、彭鴻高刻本　二册

110000－0143－0018663　PG4171/1016－1
疑雨集四卷　(明)王彦泓著　清光緒三十一年(1905)長沙葉德輝刻本　二册

110000－0143－0018664　PG4171/1016－2
疑雨集四卷　(明)王彦泓著　清騷餘館刻本　四册

110000－0143－0018665　PG4171/1017
蓬亭偶存詩草十五卷　(清)陳王猷撰　清康熙海陽陳廣澤刻本　三册

110000－0143－0018666　PG4171/1017
小蓬亭詩草六卷　(清)陳學典著　清道光二十九年(1849)海陽陳廣澤刻本　一册

110000－0143－0018667　PG4171/1018
扶雅堂詩集十四卷　(清)楊炳春著　清同治至光緒刻本　四册

110000－0143－0018668　PG4171/1021
文靖公遺集十二卷補遺一卷　(清)寶鋆撰　(清)景澧　(清)孫蔭桓輯　清光緒二十一年(1895)景澧成都刻本　六册

110000－0143－0018669　PG4171/1022
曾太僕左夫人詩稿合刻十三卷　(清)曾光煦輯　清光緒十七年(1891)華陽曾氏定襄官署、晉昌署刻本　八册

110000－0143－0018670　PG4171/1023
棲碧先生黄楊集三卷補遺一卷附錄一卷　(元)華幼武撰　清嘉慶元年(1796)刻同治十三年(1874)重修本　二册

110000－0143－0018671　PG4171/1023－2
棲碧先生黄楊集三卷補遺一卷附錄一卷　(元)華幼武撰　清嘉慶元年(1796)刻同治十三年(1874)重修本　二册

110000－0143－0018672　PG4171/1023－1
黄楊集三卷　(元)華幼武著　(清)華堂重編　清光緒存裕堂木活字印本　二册

110000－0143－0018673　PG4171/1023－1
黄楊集三卷　(元)華幼武著　(清)華堂重編　清光緒存裕堂木活字印本　二册

110000－0143－0018674　PG4171/1027
青山詩選六卷　(清)桂超萬編　清同治十三年(1874)刻本　二册

110000－0143－0018675　PG4171/1027
青山詩選六卷　(清)桂超萬編　清光緒元年(1875)桐城徐宗亮皖城刻本　二册

110000－0143－0018676　PG4171/1028
太緩生詩稿二卷　(清)楊炳奎著　清咸豐四年(1854)抄本　二册

110000－0143－0018677　PG4171/1029
古歌不分卷　清末抄本　一册

110000－0143－0018678　PG4171/1030

蘭言詩鈔四卷 (清)李瑞等選 (清)李逢春 (清)李華春編 清同治十二年(1873)上洋務本堂刻本 四册

110000－0143－0018679 PG4171/1032
金淵集六卷 (元)仇遠撰 清同治十三年(1874)江西書局刻本 一册

110000－0143－0018680 PG4171/1034
新編翰林珠玉六卷 (元)虞集撰 清光緒七年(1881)刻本 二册

110000－0143－0018681 PG4171/1035
滇詩嗣音集二十卷補遺一卷 (清)黄琮輯 清咸豐元年(1851)五華書院刻本 六册

110000－0143－0018682 PG4171/1035－1
滇詩嗣音集二十卷補遺一卷 (清)黄琮輯 清光緒三十四年(1908)昆明陳刻本 八册

110000－0143－0018683 PG4171/1042
集聖教序四卷續集聖教序四卷 (清)馬慧裕集 清嘉慶刻本 四册

110000－0143－0018684 PG4171/1043
六一山房詩集十卷續集十卷 (清)董沛撰 清光緒五年至十年(1879－1884)鄞縣董氏刻本 四册

110000－0143－0018685 PG4171/1044
中山詩鈔四卷 (清)郝浴著 清康熙刻本 四册

110000－0143－0018686 PG4171/1047
永平詩存二十四卷詩存續編四卷 (清)史夢蘭編輯 清同治十年(1871)刻本 八册

110000－0143－0018687 PG4171/1051
醉雲樓詩草五卷 (清)余江著 (清)柯振岳評 清嘉慶十九年(1814)張寄山刻本 一册

110000－0143－0018688 PG4171/1052
瞎堂詩集二十卷首一卷 (清)釋函昰撰 清道光刻本 八册

110000－0143－0018689 PG4171/1053
西涯先生擬古樂府二卷 (明)李東陽撰 清康熙三十八年(1699)刻本 一册

110000－0143－0018690 PG4171/1054
御製圓明園詩二卷 (清)高宗弘曆撰 (清)鄂爾泰等註 清光緒十三年(1887)天津石印書屋石印本 二册

110000－0143－0018691 PG4171/1057
晁具茨先生詩集十五卷 (宋)晁沖之撰 清刻本 四册

110000－0143－0018692 PG4171/1060
定山堂詩集四十七卷附詩餘四卷 (清)龔鼎孳撰 清光緒九年(1883)刻本 十六册

110000－0143－0018693 PG4171/1060
定山堂詩集四十七卷附詩餘四卷 (清)龔鼎孳撰 清光緒九年(1883)刻本 十六册

110000－0143－0018694 PG4171/1064
師山詩存十卷 (清)茅炳文輯 清咸豐十年(1860)師山茅氏刻本 二册

110000－0143－0018695 PG4171/1064
師山詩存十卷 (清)茅炳文輯 清咸豐十年(1860)師山茅氏刻本 二册

110000－0143－0018696 PG4171/1066
萚亭詩草十六卷 (清)商嘉言撰 清道光二十一年(1841)刻本 四册

110000－0143－0018697 PG4171/1073
小羅浮山館詩鈔十五卷 (清)吳昇撰 清同治四年(1865)錢塘吳振棫刻本 四册

110000－0143－0018698 PG4171/1073
小羅浮山館詩鈔十五卷 (清)吳昇撰 清同治四年(1865)錢塘吳振棫刻本 四册

110000－0143－0018699 PG4171/1074
擁書堂詩集四卷 (清)張璿華撰 清光緒刻本 一册

110000－0143－0018700 PG4171/1078
自然好學齋詩鈔十卷 (清)汪端撰 清同治十三年(1874)刻本 三册

110000－0143－0018701 PG4171/1079
存誠堂詩集十卷 (清)張英撰 清乾隆刻後補印本 二册

110000－0143－0018702　PG4171/1081
無益有益齋論畫詩二卷　(清)李葆恂撰　清宣統元年(1909)義州李氏鉛印本　一册

110000－0143－0018703　PG4171/1084
疏野堂集十卷　(清)歸令瑜撰　清同治八年(1869)昭文歸兆豐、歸兆登刻本　二册

110000－0143－0018704　PG4171/1085
璞齋集詩六卷詞一卷清足居集一卷蕉窗詞一卷　(清)諸可寶　(清)鄧瑜撰　清光緒二十二年(1896)錢塘諸氏玉峰官舍刻本　四册

110000－0143－0018705　PG4171/1085
璞齋集詩七卷詞一卷清足居集一卷蕉窗詞一卷　(清)諸可寶　(清)鄧瑜撰　清光緒二十二年(1896)錢塘諸氏玉峰官舍刻本　四册

110000－0143－0018706　PG4171/1088
姚少監詩集十卷　(唐)姚合撰　清康熙刻本　四册

110000－0143－0018707　PG4171/1089
丁卯詩集二卷詩續集一卷詩續補一卷集外遺詩一卷　(唐)許渾撰　清康熙刻本　三册

110000－0143－0018708　PG4171/1091
笛漁小稾十卷　(清)朱昆田撰　清光緒十五年(1889)重刻本　一册

110000－0143－0018709　PG4171/1091－1
笛漁小稾十卷　(清)朱昆田撰　清康熙五十三年(1714)秀水朱稻孫刻本　一册

110000－0143－0018710　PG4171/1092
湘繭合藁五卷　(清)宗廷輔輯　清光緒六年(1880)常熟宗廷輔刻本　一册

110000－0143－0018711　PG4171/1092
夢湘樓稿三卷附二如齋古文一卷　(清)蕭瓚輯　清光緒九年(1883)常熟蕭瓚刻本　一册

110000－0143－0018712　PG4171/1093
鴛鴦湖櫂歌五卷　(清)朱芳衡輯　清光緒二年(1876)刻本　二册

110000－0143－0018713　PG4171/1095
都梁草二卷補遺一卷附都梁草題詞一卷　(清)于養源著　(清)于樹滋編　清光緒十九年(1893)儀徵于樹滋刻二十六年(1900)續刻三十二年(1906)三刻本　二册

110000－0143－0018714　PG4171/1096
南邨草堂詩鈔二十四卷　(清)鄧顯鶴撰　清道光三十年至咸豐元年(1850－1851)新化鄧氏刻本　六册

110000－0143－0018715　PG4171/1097
龍岡山人詩鈔十五卷　(清)洪良品撰　清光緒五年(1879)刻本　六册

110000－0143－0018716　PG4171/1097
龍岡山人詩鈔十八卷　(清)洪良品撰　清光緒五年(1879)刻本　六册

110000－0143－0018717　PG4171/1097
龍岡山人古今體詩鈔二卷　(清)洪良品撰　清光緒五年(1879)刻本　一册

110000－0143－0018718　PG4171/1098
東萊詩集二十卷　(宋)呂本中撰　清咸豐九年(1859)呂儁孫刻本　四册

110000－0143－0018719　PG4171/1100
候濤山房吟草十二卷　(清)謝佑琦撰　清道光二十二年(1842)四川洪雅縣署刻本　四册

110000－0143－0018720　PG4171/1103
浙西六家詩鈔六卷　(清)吳應和　(清)馬洵選　清道光七年(1827)紫微山館刻本　六册

110000－0143－0018721　PG4171/1104
蘭韻堂詩集八卷　(清)沈初撰　清嘉慶元年至二十五年(1796－1820)刻本　二册

110000－0143－0018722　PG4171/1105
梅龐詩鈔十八卷　(清)齊彦槐著　清光緒元年至二年(1875－1876)婺源齊學裘揚州随安室刻本　八册

110000－0143－0018723　PG4171/1109
詩舲詩錄六卷詩外四卷詞錄二卷　(清)張祥河撰　清道光十八年(1838)華亭張氏松風草堂刻本　五册

110000－0143－0018724　PG4171/1110

豐溪存稿一卷　(唐)吕從慶著　清嘉慶七年(1802)、十八年(1813)豐溪吕璽、吕培刻本　一册

110000－0143－0018725　PG4171/1111
浮湘訪學集十一卷　(清)朱克敬輯　清光緒三年(1877)刻本　一册

110000－0143－0018726　PG4171/1113
青溪詩選二卷　(清)蔣師轍撰　清光緒十六年(1890)刻本　一册

110000－0143－0018727　PG4171/1115
多歲堂古詩存八卷　(清)成書選評　清道光十一年(1831)刻本　四册

110000－0143－0018728　PG4171/1115
多歲堂古詩存八卷　(清)成書選評　清道光十一年(1831)刻本　四册

110000－0143－0018729　PG4171/1116
黔風演四卷　(清)傅汝懷選輯　清道光刻本　二册

110000－0143－0018730　PG4171/1122
晚香唱和集四卷附詩集六種　(清)陶樑編　清道光二十三年(1843)長洲梁氏刻本　四册

110000－0143－0018731　PG4171/1126
三李堂集十卷　(清)金學蓮撰　清嘉慶十一年(1806)刻本　六册

110000－0143－0018732　PG4171/1127
李舍人遺集一卷　(清)李結撰　清光緒二十二年(1896)廬陵李氏宗鄴堂刻本　一册

110000－0143－0018733　PG4171/1128
水屋賸稿二卷　(清)張道渥撰　清道光八年(1828)浮山張氏刻本　二册

110000－0143－0018734　PG4171/1129
芷衫吟草二卷　(清)高佩華著　清道光二十二年(1842)刻本　一册

110000－0143－0018735　PG4171/1130
白石道人詩集一卷白石先生詞集一卷　(宋)姜夔著　清抄本　一册

110000－0143－0018736　PG4171/1132
城北集八卷　(清)高士奇撰　清康熙刻本　二册

110000－0143－0018737　PG4171/1134
夜雪集　王闓運撰　清光緒九年(1883)刻本　一册

110000－0143－0018738　PG4171/1136
梅湖吟稿一卷　林棟撰　清宣統二年(1910)共和印刷局鉛印本　一册

110000－0143－0018739　PG4171/1138
香蘇山館古體詩鈔十七卷今體詩鈔十九卷　(清)吴嵩梁撰　清光緒二十三年(1897)三益文社刻本　八册

110000－0143－0018740　PG4171/1138
香蘇山館古體詩鈔十七卷今體詩鈔十九卷　(清)吴嵩梁撰　清光緒二十三年(1897)三益文社刻本　十册

110000－0143－0018741　PG4171/1151
大小雅堂詩鈔十卷　(清)邵堂撰　清道光十年(1830)鄒鳴鶴浚儀官署刻本　四册

110000－0143－0018742　PG4171/1153
苔岑集初刊七種十八卷續一種四卷　(清)蔣榮渭編　清道光三十年(1850)吴縣毛永柏刻咸豐七年(1857)續刻本　八册

110000－0143－0018743　PG4171/1154
通藝閣詩錄八卷詩續錄八卷詩三錄八卷　(清)姚椿撰　清道光至咸豐刻本　十二册

110000－0143－0018744　PG4171/1155
雲閑詩草四卷　(清)劉慈孚撰　清光緒二十三年(1897)鎮海劉氏木活字印本　二册

110000－0143－0018745　PG4171/1156
自鳴稿二卷　(清)王壽康著　清咸豐五年(1855)上海王氏刻本　一册

110000－0143－0018746　PG4171/1159
蓮飲集濠上吟稿不分卷　(清)程瑤田著　清末刻本　一册

110000－0143－0018747　PG4171/1161

春暉堂初稿八卷首一卷 (清)鄭維駒著 清光緒十九年(1893)豐谿鄭氏三起書屋刻本 二册

110000－0143－0018748 PG4171/1164
愛日齋集二卷附隨筆一卷 (清)綿愉著 清同治十年(1871)奕詳、奕詢刻本 二册

110000－0143－0018749 PG4171/1167
枕漁勻學二種二卷 (清)顧淳著 清光緒二十五年(1899)金匱顧景璐木活字印本 一册

110000－0143－0018750 PG4171/1167
枕漁勻學二種二卷 (清)顧淳著 清光緒二十五年(1899)金匱顧景璐木活字印本 一册

110000－0143－0018751 PG4171/1167
枕漁勻學二種二卷 (清)顧淳著 清光緒二十五年(1899)金匱顧景璐木活字印本 一册

110000－0143－0018752 PG4171/1168
蠡勺詩鈔二卷 (清)楊玉堂著 清咸豐三年(1853)蓬萊張香海刻本 二册

110000－0143－0018753 PG4171/1170
青村遺稿一卷附錄一卷 (元)金涓撰 清光緒二年(1876)永康胡鳳丹退補齋刻本 一册

110000－0143－0018754 PG4171/1171
求福居詩鈔不分卷 (清)汪清著 清光緒二十九年(1903)刻本 一册

110000－0143－0018755 PG4171/1172
蘭行草不分卷 (清)陳祁撰 清嘉慶九年(1804)刻本 一册

110000－0143－0018756 PG4171/1174
瀛海探驪集八卷 (清)朱埏之輯 (清)馮泉等注 清嘉慶十九年(1814)海鹽朱氏刻本 八册

110000－0143－0018757 PG4171/1175
詩料英華十四卷 (清)劉豹君原本 (清)張正旭校訂 清乾隆六十年(1795)聚錦堂刻本 四册

110000－0143－0018758 PG4171/1176
古春軒詩鈔二卷 (清)梁德繩撰 清道光二十九年(1849)刻本 二册

110000－0143－0018759 PG4171/1179
燼餘詩草四卷 (清)張景渠撰 清光緒十七年(1891)上饒張庭傑等金陵刻本 二册

110000－0143－0018760 PG4171/1179
燼餘詩草四卷 (清)張景渠撰 清光緒十七年(1891)上饒張庭傑等金陵刻本 二册

110000－0143－0018761 PG4171/1179
燼餘詩草四卷 (清)張景渠撰 清光緒十七年(1891)上饒張庭傑等金陵刻本 二册

110000－0143－0018762 PG4171/1182
北海亭詩集四卷 (明)鹿化麟著 (清)孫奇逢輯 清道光至同治刻本 一册

110000－0143－0018763 PG4171/1182
北海亭詩集四卷 (明)鹿化麟著 (清)孫奇逢輯 清道光至同治刻本 一册

110000－0143－0018764 PG4171/1183
小睡足寮詩錄四卷二友詩錄一卷詩續錄三卷詩補錄二卷 (清)秦敏樹撰 清光緒十三年(1887)吳縣秦氏刻二十三年(1897)續刻本 二册

110000－0143－0018765 PG4171/1186
紉芳齋稾二卷 (清)譚尚忠撰 清同治十三年(1874)刻本 一册

110000－0143－0018766 PG4171/1192
聲畫集八卷 (宋)孫紹遠輯 清康熙四十五年(1706)揚州使院刻本 二册

110000－0143－0018767 PG4171/1193
石城七子詩鈔十四卷 翁長森輯 清光緒十六年(1890)刻本 三册

110000－0143－0018768 PG4171/1197
神交集三卷 (清)趙潤等撰 清光緒三十三年(1907)金陵湯明林印書局木活字印本 一册

110000－0143－0018769 PG4171/1198
滄溟先生集十四卷附錄一卷 (明)李攀龍撰 清光緒二十一年(1895)長沙張氏湘雨樓刻

本　四冊

110000－0143－0018770　PG4171/1201
冬心先生集四卷　(清)金農撰　清宣統二年(1910)石印本　四冊

110000－0143－0018771　PG4171/1207
續蓮詩草二卷　(清)釋賢岩撰　清刻本　一冊

110000－0143－0018772　PG4171/1210
雪虛聲堂詩鈔三卷　(清)楊深秀撰　清光緒七年至八年(1881－1882)聞喜楊氏刻本　一冊

110000－0143－0018773　PG4171/1211
微尚齋詩集初編四卷詩續集一卷　(清)馮志沂撰　清同治三年(1864)代州馮氏廬州郡齋刻本　一冊

110000－0143－0018774　PG4171/1211
微尚齋詩集初編四卷詩續集一卷　(清)馮志沂撰　清同治三年(1864)代州馮氏廬州郡齋刻本　一冊

110000－0143－0018775　PG4171/1217
柳門遺稾二卷　(清)楊後撰　清光緒二十年(1894)丹陽束氏刻本　一冊

110000－0143－0018776　PG4171/1218
荻華堂詩存二卷　(清)蔡琳撰　清光緒十八年(1892)丹陽束氏刻本　一冊

110000－0143－0018777　PG4171/1220
瑀琈山房詩稿四卷　(清)王志湉撰　清嘉慶二十三年(1818)並門刻本　二冊

110000－0143－0018778　PG4171/1222
瑞芍軒詩鈔四卷瑞芍軒詞稿一卷　(清)許乃穀撰　清同治七年(1868)仁和許道身等刻本　二冊

110000－0143－0018779　PG4171/1223
三十二蘭亭室詩存八卷詩存續刻二卷　(清)劉淮年著　清光緒元年(1875)、五年(1879)大城劉氏刻本　二冊

110000－0143－0018780　PG4171/1224
野處類稿二卷附集外詩一卷　(宋)洪邁撰　清嘉慶元年(1796)徐葵抄本　一冊

110000－0143－0018781　PG4171/1227
芸香館遺詩二卷　(清)那遜蘭保著　清同治十三年(1874)盛昱刻本　一冊

110000－0143－0018782　PG4171/1227
芸香館遺詩二卷　(清)那遜蘭保著　清同治十三年(1874)盛昱刻本　一冊

110000－0143－0018783　PG4171/1228
金鈴集不分卷　清道光至宣統抄本　二冊

110000－0143－0018784　PG4171/1229
種竹山房稿五卷　(清)岳禮著　清精刻本　二冊

110000－0143－0018785　PG4171/1234
花縣留甘不分卷　(清)丁仙坡編　清嘉慶十七年(1812)石屏丁氏刻本　一冊

110000－0143－0018786　PG4171/1236
河陝遊草不分卷　(清)周斯盛著　清刻本　一冊

110000－0143－0018787　PG4171/1240
慊齋詩鈔二卷　(清)劉廷枚撰　清光緒十八年(1892)刻本　一冊

110000－0143－0018788　PG4171/1241
蓉川集四卷首一卷　(明)齊之鸞著　清光緒二十三年(1897)桐城徐宗亮刻本　二冊

110000－0143－0018789　PG4171/1243
古干亭詩集六卷文集二卷　(清)黄桐孫撰　清光緒十七年(1891)鄞縣黄家鼎補不足齋刻本　四冊

110000－0143－0018790　PG4171/1244
垂老讀書廬詩草二卷附文草一卷　(清)黄定齊著　清光緒四年(1878)鄞縣黄家鼎補不足齋刻本　二冊

110000－0143－0018791　PG4171/1247
固庵自定草二卷　(清)舒紹基著　清宣統元年(1909)曼陀羅花室鉛印本　一冊

110000－0143－0018792　PG4171/1248
滄江餘韻八卷閨雅一卷　(清)周煜　(清)陸煐等編輯　清道光二十一年(1841)澹志齋刻本　三册

110000－0143－0018793　PG4171/1249－1
吾炙集不分卷　(清)錢謙益輯　清光緒二十八年(1902)大關唐鴻學怡蘭堂刻本　一册

110000－0143－0018794　PG4171/1250
咳蘭書屋詩集六卷詩二集三卷詩補遺一卷　(清)潘曾綬撰　清同治刻本　二册

110000－0143－0018795　PG4171/1250
睡香花室詞一卷秋碧詞一卷同心室詞一卷憶佩居詞一卷蝶園詞一卷花好月圓室詞一卷　(清)潘曾綬撰　清同治七年(1868)刻本　一册

110000－0143－0018796　PG4171/1251
悟雪樓詩初集六卷二集六卷　(清)徐謙撰　清道光刻本　四册

110000－0143－0018797　PG4171/1253
王九溪詩鈔二十七卷　(清)王文清撰　清同治元年至光緒三十四年(1862－1908)梅伯紀抄本　九册

110000－0143－0018798　PG4171/1254
壎篪集十卷　(清)劉沅撰　清咸豐二年(1852)豫誠堂刻本　四册

110000－0143－0018799　PG4171/1257
香草齋詩註六卷　(清)黃任著　(清)陳應魁註　清嘉慶十九年(1814)永福陳氏刻本　六册

110000－0143－0018800　PG4171/1262
澤雅堂詩集六卷　(清)施補華撰　清同治十一年(1872)刻本　二册

110000－0143－0018801　PG4171/1263
秖芳園遺詩四卷遺詩別集二卷遺詩補遺一卷　(清)顔伯珣著　清嘉慶二十四年(1819)洪洞劉傑鳳鋤月軒刻本　二册

110000－0143－0018802　PG4171/1265
龔安節公野古集三卷附錄一卷　(明)龔詡著　清光緒二十八年(1902)新陽趙元益刻本　一册

110000－0143－0018803　PG4171/1271
滇南集古首一卷明滇南詩略十卷滇南明詩略續刻二卷國朝滇南詩略續刻八卷　(清)袁文典　(清)袁文揆纂輯　清光緒二十六年(1900)五華書院刻本　十册

110000－0143－0018804　PG4171/1272
觀劇絕句三卷　(清)金德瑛撰　清光緒三十四年(1908)葉氏觀古堂刻本　一册

110000－0143－0018805　PG4171/1278
子史試帖初集六卷　(清)屈宗談編　(清)鍾嘉猷註　清嘉慶二十四年(1819)懷永堂刻本　四册

110000－0143－0018806　PG4171/1281
薝蔔花館詩集二卷詩補遺一卷詞集一卷詞補遺一卷　(清)徐鴻謨撰　清光緒十一年(1885)仁和徐琪都門刻本　二册

110000－0143－0018807　PG4171/1280
題襟館倡和集四卷　(清)方濬頤輯　清同治十一年(1872)兩淮運署刻本　二册

110000－0143－0018808　PG4171/1283
汲古堂集二十八卷　(明)何白著　清道光十六年(1836)魯振彬、董登瀛刻本　八册

110000－0143－0018809　PG4171/1283
汲古堂集二十八卷　(明)何白著　清道光十六年(1836)魯振彬、董登瀛刻本　十二册

110000－0143－0018810　PG4171/1286
衡山集五卷　(清)桑調元撰　清乾隆修汲堂刻本　二册

110000－0143－0018811　PG4171/1288
濾月軒詩集二卷續集二卷　(清)趙棻撰　清同治十二年(1873)汪氏刻本　一册

110000－0143－0018812　PG4171/1296
明四子詩集一百二十六卷　嚴岳蓮輯　清光緒三十三年(1907)渭南嚴氏刻本　二十八册

110000－0143－0018813　PG4171/1297
國朝嚴州詩錄八卷　(清)宗源瀚輯　清光緒刻本　二冊

110000－0143－0018814　PG4171/1302
懺花盦詩存十一卷　(清)宋澤元著　清光緒三十二年(1906)刻本　三冊

110000－0143－0018815　PG4171/1303
養晦堂詩集二卷　(清)劉蓉著　清光緒三年(1877)思賢講舍刻本　一冊

110000－0143－0018816　PG4171/1305
通藝閣和陶集三卷白石鈍樵集褉帖詩一卷　(清)姚椿撰　清道光二十九年(1849)刻本　一冊

110000－0143－0018817　PG4171/1306
四家詩詞合刻四卷　(清)潘鍾瑞輯　清光緒九年至十年(1883－1884)潘氏香禪精舍刻本　二冊

110000－0143－0018818　PG4171/1308
西征集不分卷　(清)孟傳鑄撰　清咸豐刻本　一冊

110000－0143－0018819　PG4171/1311
飣餖吟十二卷　(清)石贊清集　(清)黄丙森等注釋　清咸豐十年(1860)刻本　四冊

110000－0143－0018820　PG4171/1311
飣餖吟十二卷　(清)石贊清集　(清)黄丙森等注釋　清咸豐十年(1860)刻本　四冊

110000－0143－0018821　PG4171/1311
飣餖吟十二卷　(清)石贊清集　(清)黄丙森等注釋　清咸豐十年(1860)刻本　四冊

110000－0143－0018822　PG4171/1313
李長吉詩不分卷　(唐)李賀撰　清抄本　一冊

110000－0143－0018823　PG4171/1317
荔村草堂詩續鈔一卷　(清)譚宗浚撰　清宣統二年(1910)南海譚祖任刻本　一冊

110000－0143－0018824　PG4171/1319
補蕉山館詩二卷　(清)郭柏蒼撰　清光緒七年(1881)刻本　一冊

110000－0143－0018825　PG4171/1320
藝林清賞一卷續刻一卷　(清)黄沅輯　清嘉慶至道光刻本　四冊

110000－0143－0018826　PG4171/1322
梅花字字香前集一卷後集一卷　(元)郭豫亨撰　清咸豐三年(1853)仁和胡珽木活字印本　一冊

110000－0143－0018827　PG4171/1324
謙齋續集一卷續集補一卷　(清)王尚辰撰　清光緒刻本　一冊

110000－0143－0018828　PG4171/1325
行有恆堂詩草不分卷　(清)載銓撰　清末抄本　一冊

110000－0143－0018829　PG4171/1327
囊翠樓詩稿二卷　(清)陳鴻逵撰　清光緒二十一年(1895)刻本　一冊

110000－0143－0018830　PG4171/1328
題蘭稾一卷　(清)繆公恩撰　清光緒十二年(1886)刻本　一冊

110000－0143－0018831　PG4171/1329
椒生詩草三卷　(清)王之春撰　清光緒十年(1884)上洋文藝齋刻本　一冊

110000－0143－0018832　PG4171/1330
松雲精舍詩錄四卷詩錄續編一卷　(唐)釋慧琳著　(清)張金鏞選錄　清同治刻本　一冊

110000－0143－0018833　PG4171/1335
餘癡初稿一卷　毓朗撰　清宣統三年(1911)鉛印本　一冊

110000－0143－0018834　PG4171/1339
二如亭羣芳譜詩選十四卷　(清)□□輯　清抄本　十冊

110000－0143－0018835　PG4171/1340
蟬腹草不分卷　(清)吳廷選著　(清)吳紹芳　(清)吳拱辰輯　清乾隆四十年(1775)涇上吳閬洲刻本　一冊

110000－0143－0018836　PG4171/1341
雁影齋詩存一卷　(清)李希聖著　清光緒三十一年(1905)湘潭韓樸存、善化張緝光刻本　一冊

110000－0143－0018837　PG4171/1343
夢筑堂詩初集不分卷　(清)單襄棨著　(清)李懷民選評　清乾隆五十七年(1792)高密單畢炬刻本　一冊

110000－0143－0018838　PG4171/1345
費氏詩鈔四卷　(清)費經虞等撰　(清)釋含澈輯　清咸豐六年(1856)繁江釋含澈綠天蘭若刻本　一冊

110000－0143－0018839　PG4171/1346
茶夢盦劫後詩稿十二卷　(清)高望曾撰　清同治九年(1870)刻光緒十六年(1890)補刻本　一冊　存四卷(一至四)

110000－0143－0018840　PG4171/1350
泝瀰集一卷　(清)葉名澧著　清道光二十八年(1848)漢陽葉氏刻本　一冊

110000－0143－0018841　PG4171/1356
金粟山房詩草三卷詩鈔二集六卷首一卷　(清)張培仁撰　清道光至同治刻本　四冊

110000－0143－0018842　PG4171/1357
虔共室遺集不分卷　(清)曾彥季撰　清光緒十七年(1891)受經堂刻本　一冊

110000－0143－0018843　PG4171/1358
唐詩貫珠六十卷　(唐)蘇頲等撰　(清)胡以梅箋　清素心堂刻本　十二冊　缺十九卷(三十六至四十三、四十七至五十七)

110000－0143－0018844　PG4171/1359
聽雨齋詩集二十卷詩集補編一卷詩別集一卷　(清)吳照撰　清嘉慶二年(1797)後刻本　二冊

110000－0143－0018845　PG4171/1362
淡如齋偶草不分卷　(清)鹿傳均著　清抄本　一冊

110000－0143－0018846　PG4171/1365
周莘仲廣文遺詩一卷　(清)周長庚撰　清光緒二十一年(1895)鉛印本　一冊

110000－0143－0018847　PG4171/1366
小樓詩集八卷　(清)王嵩高撰　清道光十六年(1836)揚州王嘉生刻本　四冊

110000－0143－0018848　PG4171/1372
明湖載酒二集一卷補遺一卷　(清)陳琪輯錄　清宣統二年(1910)片雲樓鉛印本　一冊

110000－0143－0018849　PG4171/1375
臥雲山館詩存一卷　(清)陳雲章著　清光緒十三年(1887)合肥陳以培刻本　一冊

110000－0143－0018850　PG4171/1379
且園賡唱集三卷　(清)且園主人手訂　清同治十三年(1874)且園精刻本　一冊

110000－0143－0018851　PG4171/1382
圭盦詩錄一卷　(清)吳觀禮撰　清光緒五年(1879)刻本　一冊

110000－0143－0018852　PG4171/1384
雲錦天衣集二卷　(清)鄒寶僡著　清光緒刻本　一冊

110000－0143－0018853　PG4171/1386
味鐙聽葉廬詩草二卷　(清)李振鈞著　清光緒十五年(1889)刻本　一冊

110000－0143－0018854　PG4171/1388
南海百詠一卷　(宋)方信孺撰　清道光刻本　一冊

110000－0143－0018855　PG4171/1391
鶴巢詩存不分卷　(清)顧淳慶撰　清光緒十二年(1886)刻本　一冊

110000－0143－0018856　PG4171/1392
陳比部遺集三卷　(清)陳壽祺撰　清同治潘祖蔭刻本　一冊

110000－0143－0018857　PG4171/1394
賦梅書屋詩三集二卷　(清)宋廷樑撰　清光緒二十三年(1897)刻本　一冊

110000－0143－0018858　PG4171/1398

省香齋詩集三卷　(清)孔慶鎁著　清光緒十七年(1891)闕里孔繁準青門寓廬刻本　一册

110000-0143-0018859　PG4171/1401
嗣雅堂詩存五卷　(清)王嘉祿撰　清道光二十六年(1846)長洲彭藴章刻本　一册

110000-0143-0018860　PG4171/1401
嗣雅堂詩存五卷　(清)王嘉祿撰　清道光二十六年(1846)長洲彭藴章刻本　一册

110000-0143-0018861　PG4171/1402
方泉先生詩集三卷　(宋)周文璞撰　清宣統元年(1909)國光社影印本　一册

110000-0143-0018862　PG4171/1402
方泉先生詩集三卷　(宋)周文璞撰　清宣統元年(1909)國光社影印本　一册

110000-0143-0018863　PG4171/1403
白鷺灣草堂詩存三卷　(清)羅信南撰　清同治十一年(1872)刻本　一册

110000-0143-0018864　PG4171/1406
眉韻樓詩三卷　孫雄著　清光緒三十年(1904)京師刻本　一册

110000-0143-0018865　PG4171/1407
損窔詩鈔二卷補遺一卷　(清)凌煥撰　清光緒十八年至三十三年(1892-1907)刻本　一册

110000-0143-0018866　PG4171/1408
味靈華館詩六卷　(清)商廷煥撰　清宣統二年(1910)瀋陽商氏刻本　一册

110000-0143-0018867　PG4171/1408
味靈華館詩六卷　(清)商廷煥撰　清宣統二年(1910)瀋陽商氏刻本　一册

110000-0143-0018868　PG4171/1409
璿璣碎錦二卷　(清)萬樹著　清光緒十四年(1888)似靜齋刻本　一册　存一卷(上)

110000-0143-0018869　PG4171/1410
九僧詩不分卷　(宋)釋希晝等撰　清道光十五年(1835)刻本　一册

110000-0143-0018870　PG4171/1415
珍埶宧詩鈔二卷　(清)莊述祖撰　清光緒十八年(1892)鉛印本　一册

110000-0143-0018871　PG4171/1418
澹餘詩略三卷　(清)汪暕撰　清咸豐八年(1858)許宗衡刻本　一册

110000-0143-0018872　PG4171/1419
九曾詩初集四卷　(清)龔紹仁撰　清咸豐八年(1858)莊受祺刻本　一册

110000-0143-0018873　PG4171/1421
澄懷書屋詩鈔四卷　(清)穆彰阿撰　清道光二十七年(1847)刻本　一册

110000-0143-0018874　PG4171/1422
靈石山房詩草一卷續吟草一卷　(清)貴成撰　清同治七年(1868)蒙古貴氏刻本　一册

110000-0143-0018875　PG4171/1424
分韻四景詩不分卷　(清)張之洞輯　清光緒季瞻氏抄本　二册

110000-0143-0018876　PG4171/1426
續東軒遺集三卷　(清)高均儒箸　清光緒七年(1881)刻本　一册　存一卷(詩一卷)

110000-0143-0018877　PG4171/1428
湘繭合藁五卷　(清)宗廷輔輯　清光緒六年(1880)常熟宗氏吳門書局刻本　一册

110000-0143-0018878　PG4171/1429
東圃詩鈔九卷　(清)蕭光第撰　清道光十年(1830)刻本　一册

110000-0143-0018879　PG4171/1430
梅里詩輯二十八卷　(清)許燦　(清)朱緒曾編　清道光三十年(1850)朱緒曾等嘉興縣齋刻本　八册

110000-0143-0018880　PG4171/1431
鞠隱居遺鈔二卷　(清)吳敦宗撰　清道光七年(1827)金山吳世球刻本　一册

110000-0143-0018881　PG4171/1433
如許齋詩稿不分卷　(清)旺都特那木濟勒撰　清光緒二十年(1894)如許齋鉛印本　一册

110000－0143－0018882　PG4171/1435
香草箋一卷　(清)黄任撰　清宣統二年(1910)鉛印本　一冊

110000－0143－0018883　PG4171/1436
知不可齋詠史詩不分卷　(清)汪鎣著　清宣統元年(1909)擷華書局鉛印本　一冊

110000－0143－0018884　PG4171/1437
冷吟仙館詩稿八卷詩餘一卷文存一卷附録一卷　(清)左錫嘉撰　清光緒華陽曾光煦刻本　六冊

110000－0143－0018885　PG4171/1438
鴿葉菴遺稿不分卷　(清)陳珍撰　清光緒二年(1876)刻本　一冊

110000－0143－0018886　PG4171/1439
詩法指南二卷　(明)王檟選著　清補生抄本　一冊

110000－0143－0018887　PG4171/1440
南野堂詩集六卷　(清)吴文溥撰　清乾隆五十九年(1794)刻本　二冊

110000－0143－0018888　PG4171/1442
梵隱堂詩存十卷　(清)釋祖觀著　清同治五年(1866)釋悦嚴刻本　二冊

110000－0143－0018889　PG4171/1445
冰壺山館詩鈔一百四卷首一卷　(清)王夢庚撰　清道光刻本　二十六冊

110000－0143－0018890　PG4171/1448
隨安廬詩集七卷附二卷　(清)亢樹滋撰　清光緒十五年(1889)刻本　二冊

110000－0143－0018891　PG4171/1449
聊園詩存再續二卷　(清)王增祺撰　清光緒二十四年(1898)刻本　一冊

110000－0143－0018892　PG4171/1451
芝庭先生集十八卷　(清)彭啓豐撰　清乾隆六十年(1795)長洲彭氏刻本　二冊　存六卷(一至六)

110000－0143－0018893　PG4171/1452
伏羌紀事詩一卷　(清)楊芳燦著　清光緒十六年(1890)巴州廖綸等刻本　一冊

110000－0143－0018894　PG4171/1455
香南居士集六卷　(清)覺羅崇恩撰　清道光二十二年(1842)寫刻本　二冊

110000－0143－0018895　PG4171/1456
千疊波餘一卷　(清)趙吉士撰　清康熙刻本　四冊

110000－0143－0018896　PG4171/1457
晉齋詩存二卷　(清)昇寅撰　清咸豐四年(1854)刻本　二冊

110000－0143－0018897　PG4171/1458
知足齋詩集二十卷詩續集四卷　(清)朱珪撰　清嘉慶九年至十年(1804－1805)揚州阮元刻本　十冊

110000－0143－0018898　PG4171/1459
寶鐵齋詩録一卷詩續録一卷　(清)韓崇著　清道光二十九年(1849)刻光緒七年(1881)補刻本　二冊

110000－0143－0018899　PG4171/1460
秋龕詩草一卷　(清)黄易著　清宣統二年(1910)李汝謙石印本　一冊

110000－0143－0018900　PG4171/1462
養拙齋詩十四卷桂隱詩存一卷　(清)王必達(清)王必蕃撰　清光緒十六年至十九年(1890－1893)臨桂王維翰等刻本　四冊

110000－0143－0018901　PG4171/1463
竹里詩萃十六卷　(清)李道悠編録　(清)蔣若濟等輯　清光緒二十一年(1895)宜興吴鋆等刻本　四冊

110000－0143－0018902　PG4171/1466
朐海詩存十六卷　(清)許喬林編　清道光十二年(1832)刻本　四冊

110000－0143－0018903　PG4171/1467
藍澗集六卷　(明)藍智撰　清光緒六年至十年(1880－1884)侯官郭氏枕石草堂刻本　二冊

110000－0143－0018904　PG4171/1474

國朝閨閣詩鈔一百卷　(清)蔡殿齊編次　(清)甘晉輯傳　清道光二十四年(1844)德化蔡氏娜嬛別館刻本　十册

110000－0143－0018905　PG4171/1476
海天萍寄賸草一卷　(清)徐彬撰　清光緒三年至四年(1877－1878)丹徒徐維城刻本　一册

110000－0143－0018906　PG4171/1476
三秀齋詩鈔二卷詞鈔一卷　(清)鮑之芬撰　清光緒三年至四年(1877－1878)丹徒徐維城刻本　與110000－0143－0018905合册

110000－0143－0018907　PG4171/1480
續騷堂集不分卷　(明)萬泰撰　清光緒十年(1884)慈谿趙家薫翰香居刻本　一册

110000－0143－0018908　PG4171/1484
益都先正詩叢鈔八卷補一卷附編一卷　(清)段松苓纂輯　(清)朱沅補　清光緒十年(1884)段氏古穆如堂刻本　九册

110000－0143－0018909　PG4171/1486
顧鳳翔遺集不分卷　(清)顧騄撰　清光緒三十二年(1906)刻本　一册

110000－0143－0018910　PG4171/1487
金陵四家詩詞存稿四種九卷　(清)馬毓華等撰　清光緒刻本　四册

110000－0143－0018911　PG4171/1488
一微塵集五卷　何震彝校錄　清宣統元年(1909)江陰何氏鞮芬室鉛印本　一册

110000－0143－0018912　PG4171/1488
一微塵集五卷　何震彝校錄　清宣統元年(1909)江陰何氏鞮芬室鉛印本　一册

110000－0143－0018913　PG4171/1489
來雲閣詩六卷　(清)金和撰　清光緒十八年(1892)丹陽束允泰刻本　二册

110000－0143－0018914　PG4171/1492
求是堂詩集二十二卷詩餘一卷　(清)胡承珙撰　清道光十三年(1833)刻本　六册

110000－0143－0018915　PG4171/1493
獨旦集八卷　(清)高士奇撰　清康熙三十一年(1692)刻本　一册

110000－0143－0018916　PG4171/1494
戴簡恪公遺集八卷　(清)戴敦元撰　清道光二十六年(1846)吳鍾駿刻本　四册

110000－0143－0018917　PG4171/1495
眉閣詩草五卷　(清)張烜撰　清道光十五年(1835)刻本　一册

110000－0143－0018918　PG4171/1496
高郵耆舊詩存初册一卷二册一卷別册一卷附册一卷詩餘一卷　(清)王敬之　(清)周敘　(清)夏崑林輯　清道光十四年至十六年(1834－1836)刻本　二册

110000－0143－0018919　PG4171/1497
唐詩六百編四卷　(清)某根居士輯　清同治十三年(1874)刻本　二册

110000－0143－0018920　PG4171/1502
佩蘭室詩集一卷附伯和公萊州攀轅圖詩彙鈔一卷　(清)杭佩蘭　(清)劉伯和著　清宣統二年(1910)江都杭積昌鉛印本　一册

110000－0143－0018921　PG4171/1504
石閭集不分卷　(清)蔣易著　清宣統二年(1910)刻本　一册

110000－0143－0018922　PG4171/1506
倚石吟不分卷　(清)吳浩著　清道光二十一年(1841)張福、薛衍精刻本　一册

110000－0143－0018923　PG4171/1508
齊太史移居倡訓集四卷首一卷末一卷　(清)齊毓川編輯　清宣統二年(1910)上海國學扶輪社石印本　一册

110000－0143－0018924　PG4171/1509
萬山草堂詩集六卷　(清)李登雲撰　清光緒三十三年(1907)武林刻本　二册

110000－0143－0018925　PG4171/1510
放猨集一卷桐江集一卷江山風月集一卷　(清)潘曾沂撰　清咸豐刻本　一册

110000－0143－0018926　PG4171/1513

醉吟草六卷　(清)劉大容著　(清)孫鍾選　清咸豐刻本　一冊

110000－0143－0018927　PG4171/1515
近科館課分韻詩鈔不分卷分韻詩句題解二卷　王先謙編輯　清光緒七年(1881)明道堂刻本　十六冊

110000－0143－0018928　PG4171/1516
松風閣詩鈔二十六卷　(清)彭蘊章撰　清同治刻本　六冊

110000－0143－0018929　PG4171/1517
春明詩課彙選八卷補遺一卷　(清)陳研薌原選　(清)胡俊章　(清)胡多禮　(清)李潤均增輯　清光緒七年(1881)北平胡俊章、胡多禮,太和李潤均刻本　四冊

110000－0143－0018930　PG4171/1518
分類詩腋八卷　(清)李楨編　清同治五年(1866)連元閣刻本　四冊

110000－0143－0018931　PG4171/1519
河間試律矩二卷　(清)紀昀著　(清)林昌評注　清道光十八年(1838)京都文寶堂刻本　二冊

110000－0143－0018932　PG4171/1521
洪度集不分卷　(唐)洪濤著　清光緒三十二年(1906)陳矩靈峯草堂刻本　一冊

110000－0143－0018933　PG4171/1523
宦豫草二卷錦城吟二卷　(清)張香海撰　清道光二十九年至咸豐六年(1849－1856)刻本　一冊

110000－0143－0018934　PG4171/1524
楚遊小草二卷燕遊小草二卷　(清)張香海撰　清道光二十四年至咸豐六年(1844－1856)刻本　一冊

110000－0143－0018935　PG4171/1525
小十誦寮詩存不分卷　(清)周南撰　清光緒十一年(1885)周福昌刻本　一冊

110000－0143－0018936　PG4171/1526
茶磨山人詩鈔八卷　(清)汪芑著　清光緒十年(1884)吳縣潘祖蔭刻本　二冊

110000－0143－0018937　PG4171/1528
海門詩鈔八卷外集四卷外集卷末一卷　(清)鮑臯撰　清光緒三十三年(1907)南徐鮑心增刻宣統三年(1911)鮑氏青郡增刻本　四冊

110000－0143－0018938　PG4171/1531
且甌集九卷　(清)項霽撰　清咸豐三年(1853)刻本　二冊

110000－0143－0018939　PG4171/1533
養餘齋初集四卷二集四卷三集六卷　(清)柳樹芳撰　清道光二十七年(1847)吳江柳氏勝谿草堂刻本　四冊

110000－0143－0018940　PG4171/1535
篁韻盦詩鈔六卷　(清)顧森書撰　清光緒三十二年(1906)金匱顧玉書刻本　二冊

110000－0143－0018941　PG4171/1536
養源山房詩鈔七卷詩餘一卷　(清)徐士霖撰　清光緒三十四年(1908)武林刻本　二冊

110000－0143－0018942　PG4171/1538
憶秋軒詩鈔一卷詩續鈔一卷附詩餘一卷尺牘偶存一卷補遺一卷　(清)范淑著　清光緒十七年(1891)九江范履福良鄉縣官廨刻本　一冊

110000－0143－0018943　PG4171/1541
唐詩名花集一卷　(明)楊肇祉輯　清康熙二十六年(1687)翻印明天啓元年(1621)閔一栻套印本　一冊

110000－0143－0018944　PG4171/1542
唐詩觀妓集一卷　(明)楊肇祉輯　清康熙二十六年(1687)翻印明天啓元年(1621)閔一栻套印本　一冊

110000－0143－0018945　PG4171/1543
山陽詩徵二十六卷　(清)丁晏　(清)王錫祺輯　**山陽詩徵續編四十四卷**　(清)王錫祺重編　清光緒鉛印本　二十八冊

110000－0143－0018946　PG4171/1544
一漚吟館選集二卷　(清)陳崇光撰　清宣統

二年(1910)王鑒懷荃室刻本　一册

110000－0143－0018947　PG4171/1545
黔風舊聞錄六卷　(清)傅玉書選輯　清嘉慶十五年(1810)文經堂刻本　二册

110000－0143－0018948　PG4171/1547
羣雅二集十六卷　(清)王豫選　清嘉慶刻本　四册

110000－0143－0018949　PG4171/1548
慕陵詩稿二卷補遺一卷大巖賸草一卷　(清)陳榮傑　(清)陳松齡著　清光緒二十三年(1897)刻本　二册

110000－0143－0018950　PG4171/1551
運甓齋詩稿八卷　(清)陳勵撰　清光緒十年(1884)刻本　一册

110000－0143－0018951　PG4171/1553
楚望閣集六卷　程頌萬著　清光緒二十一年(1895)長沙程氏竢園刻本　二册

110000－0143－0018952　PG4171/1554
赤堇遺稿六卷　(清)葉元堦撰　清道光二十五年(1845)慈溪葉金鑾刻本　二册

110000－0143－0018953　PG4171/1555
蜨庵詩鈔八卷　(清)楊棨撰　清道光十年(1830)丹徒楊氏刻本　二册

110000－0143－0018954　PG4171/1559
寶書堂詩鈔八卷水蜜桃譜一卷　(清)褚華著　清嘉慶刻本　四册

110000－0143－0018955　PG4171/1560
國朝滄州詩鈔十二卷滄州明詩鈔一卷　(清)王國均纂輯　(清)葉圭書編次　清道光二十六年(1846)滄州葉氏刻本　五册

110000－0143－0018956　PG4171/1562
朔風吟略十一卷　(清)劉秉琳著　清光緒二年(1876)津門道署刻本　二册

110000－0143－0018957　PG4171/1564
水流雲在館集四十一卷　(清)周天麟撰　清光緒二十七年(1901)刻本　十二册

110000－0143－0018958　PG4171/1565
南阮集二卷　(清)謝九錫著　清同治十二年(1873)謝穎刻本　一册

110000－0143－0018959　PG4171/1566
杏莊題詠四卷杏林莊杏花詩四卷杏莊題詠三集六卷　(清)鄧大林輯　清道光二十六年至咸豐三年(1846－1853)香山鄧氏刻本　三册

110000－0143－0018960　PG4171/1569
谿上詩輯十四卷詩輯續編二卷詩補編一卷　(清)尹元煒　(清)馮本懷輯　清道光二十九年(1849)、咸豐三年(1853)刻本　四册

110000－0143－0018961　PG4171/1570
白華樓焚餘稿不分卷　(清)薩玉衡著　清光緒二十九年(1903)刻本　一册

110000－0143－0018962　PG4171/1571
碧山舍詩集二十二卷　(清)陳子簡撰　清道光二十七年(1847)刻本　六册

110000－0143－0018963　PG4171/1572
白華山人詩集十六卷詩説二卷　(清)厲志著　清光緒九年(1883)定海厲學潮刻本　四册

110000－0143－0018964　PG4171/1573
蛩吟稿不分卷　(清)蛩吟主人撰　清咸豐至宣統稿本　一册

110000－0143－0018965　PG4171/1575
奉使車臣汗記程詩三卷　延清撰　清宣統元年(1909)鉛印本　一册

110000－0143－0018966　PG4171/1576
藤香館詩鈔四卷詩續鈔二卷　(清)薛時雨撰　清同治七年(1868)全椒薛氏刻十年(1871)續刻本　六册

110000－0143－0018967　PG4171/1577
湘潭郭氏閨秀集六卷梧笙唱和初集二卷　(清)郭潤玉　(清)李星沅輯　清道光十七年(1837)刻本　四册

110000－0143－0018968　PG4171/1577
湘潭郭氏閨秀集六卷梧笙唱和初集二卷　(清)郭潤玉　(清)李星沅輯　清道光十七年

(1837)刻本　四册

110000－0143－0018969　PG4171/1578
昌黎先生詩集注十一卷　(唐)韓愈撰　(清)顧嗣立删補　**昌黎先生[韓愈]年譜一卷**　(清)顧嗣立編　清道光十六年(1836)膺德堂刻本　二册

110000－0143－0018970　PG4171/1580
長真閣集七卷詩餘一卷　(清)席佩蘭撰　清嘉慶十七年至十八年(1812－1813)刻本　二册

110000－0143－0018971　PG4171/1581
山南詩選四卷　(清)嚴如熤輯　清光緒十三年(1887)城固高萬鵬順天府署刻本　四册

110000－0143－0018972　PG4171/1583
滌盦詩鈔四卷　(清)顧惺著　清咸豐七年(1857)刻本　二册

110000－0143－0018973　PG4171/1584
繞竹山房詩稿十卷詩餘一卷　(清)朱文治撰　清嘉慶二十三年(1818)刻本　四册

110000－0143－0018974　PG4171/1585
介白山人近體詩鈔一卷　(清)鄒諤撰　清道光五年(1825)許榻刻本　一册

110000－0143－0018975　PG4171/1586
綠陰山館吟稿二卷　(清)喬守敬著　清同治十一年(1872)王凱泰福建節署刻本　二册

110000－0143－0018976　PG4171/1591
天韻堂詩存八卷　(清)徐維城撰　清光緒四年(1878)燕山徐氏刻本　二册

110000－0143－0018977　PG4171/1592
聽松濤館詩鈔十卷　(清)阮文藻撰　清道光十一年(1831)刻本　八册

110000－0143－0018978　PG4171/1594
紅雪山房詩鈔十二卷　(清)吳嵰著　清嘉慶十九年(1814)常熟吳氏刻本　二册

110000－0143－0018979　PG4171/1595
小南海集詩鈔二卷　(清)徐同善撰　清同治五年(1866)徐氏刻本　二册

110000－0143－0018980　PG4171/1598
雙佩齋詩集八卷附補梅書屋詩草一卷　(清)王友亮撰　清嘉慶十年(1805)婺源王氏刻本　二册

110000－0143－0018981　PG4171/1598
附補梅書屋詩草一卷　(清)王麟生撰　清嘉慶十年(1805)婺源王氏刻本　與110000－0143－0018980合册

110000－0143－0018982　PG4171/1602
瓶山草堂詩鈔十一卷　(清)姚光晉撰　清咸豐刻本　二册

110000－0143－0018983　PG4171/1603
介白堂詩集二卷　(清)劉光第著　清光緒二十九年(1903)儷峯書屋刻本　二册

110000－0143－0018984　PG4171/1604
聽雨樓詩稿八卷　(清)潘奕藻撰　清嘉慶二十一年(1816)吳縣潘世榮刻本　四册

110000－0143－0018985　PG4171/1605
詩娱室詩集二十四卷　(清)黃安濤撰　清道光十四年(1834)嘉善黃氏刻本　六册

110000－0143－0018986　PG4171/1606
仙樵詩鈔十二卷補遺一卷　(清)劉文麟撰　清同治九年(1870)刻本　四册

110000－0143－0018987　PG4171/1607
藤花吟館詩鈔十卷　(清)梁章鉅撰　清道光五年(1825)刻本　二册

110000－0143－0018988　PG4171/1613
谷盦燹賸二卷續集一卷補遺一卷　(清)張鴻猷著　清光緒十九年(1893)無錫張慰刻本　一册

110000－0143－0018989　PG4171/1614
深柳堂詩草不分卷　(清)吳臺著　清嘉慶二年(1797)刻本　一册

110000－0143－0018990　PG4171/1618
漁洋山人秋柳詩箋一卷　(清)王士禛撰　(清)王祖源輯錄　清光緒五年(1879)王氏天壤閣刻本　一册

110000－0143－0018991　PG4171/1618
東古文存一卷　(朝鮮)金正喜輯　清光緒五年(1879)王氏天壤閣刻本　一冊

110000－0143－0018992　PG4171/1620
木庵居士詩四卷補遺一卷　(清)陳書撰　清光緒三十二年(1906)刻本　二冊

110000－0143－0018993　PG4171/1621
玉谿生詩詳註三卷首一卷　(唐)李商隱撰　(清)馮浩編註輯　清乾隆四十五年(1780)刻嘉慶元年(1796)重校本　四冊

110000－0143－0018994　PG4171/1621
玉谿生詩詳註三卷首一卷　(唐)李商隱撰　(清)馮浩編註輯　清乾隆四十五年(1780)刻嘉慶元年(1796)重校本　四冊

110000－0143－0018995　PG4171/1622
九家集注杜詩三十六卷　(唐)杜甫撰　(宋)郭知達編注　清嘉慶刻本　八冊

110000－0143－0018996　PG4171/1624
白羊山房詩鈔不分卷　(清)單可惠著　清道光高密單氏刻本　一冊

110000－0143－0018997　PG4171/1625
直庵詩稿不分卷　(清)王寧焯著　清王相鈐刻本　一冊

110000－0143－0018998　PG4171/1626
文莫室詩八卷　王樹枏撰　清光緒十三年(1887)新城王氏文莫室刻本　二冊

110000－0143－0018999　PG4171/1627
謙齋詩集八卷首一卷　(清)蔡仲光撰　(清)蔡震甲編　清咸豐三年(1853)蕭山蔡應鳳刻本　四冊

110000－0143－0019000　PG4171/1628
太華山人詩存五卷　(清)王益謙撰　清同治元年(1862)蒲城王增謙兩廣運署刻本　二冊

110000－0143－0019001　PG4171/1630
也儂詩草十卷　(清)王慶善著　清光緒二十七年(1901)王繼善、王以保木活字印本　四冊

110000－0143－0019002　PG4171/1631
慎葊古近體詩四卷　(清)高静著　清光緒六年(1880)寧河高棠恩、高賡恩刻本　二冊

110000－0143－0019003　PG4171/1631
慎葊試帖二卷　(清)高静著　清光緒二年(1876)苗如蘭、王汝梁刻本　一冊

110000－0143－0019004　PG4171/1631
慎葊詩餘一卷　(清)高静著　清光緒八年(1882)寧河高棠恩、高賡恩刻本　一冊

110000－0143－0019005　PG4171/1634
王摩詰詩集三卷　(唐)王維撰　(宋)劉辰翁評　清順治元年至康熙十年(1644－1671)抄本　一冊

110000－0143－0019006　PG4171/1637
蕉雨山房集唐酌存四卷集句附編一卷　(清)丁堯臣撰　清光緒七年(1881)會稽丁氏刻本　二冊

110000－0143－0019007　PG4171/1639
韞山詩稿六卷　(清)朱鳳森撰　清咸豐七年(1857)桂林朱琦刻本　二冊

110000－0143－0019008　PG4171/1640
怡志堂詩初編八卷　(清)朱琦撰　清咸豐七年(1857)桂林朱氏刻本　二冊

110000－0143－0019009　PG4171/1641
茹恨集不分卷　(清)吴春芳著　清宣統二年(1910)楊程祖鎮江鉛印本　一冊

110000－0143－0019010　PG4171/1643
問月樓詩鈔四卷　(清)趙敦彝著　清光緒二年至五年(1876－1879)刻本　四冊

110000－0143－0019011　PG4171/1651
御製圓明園詩二卷　(清)高宗弘曆撰　(清)鄂爾泰等註　清光緒十三年(1887)天津石印書屋石印本　二冊

110000－0143－0019012　PG4171/1652
静思堂初稿不分卷　(清)季爾慶撰　清嘉慶季氏刻本　一冊

110000－0143－0019013　PG4171/1659

函雅堂集四十卷　(清)王詠霓撰　清光緒刻本　四冊　存十六卷(一至十六)

110000－0143－0019014　PG4171/1660
一品集二卷使黔集一卷　(清)費錫章撰　清嘉慶刻本　二冊

110000－0143－0019015　PG4171/1662
陸次山集二卷　(清)陸璣著　清道光刻本　二冊

110000－0143－0019016　PG4171/1666
國朝滇南詩略二十二卷國朝滇南流寓詩略二卷　(清)袁文揆纂輯　清光緒二十六年(1900)五華書院刻本　十二冊

110000－0143－0019017　PG4171/1668
詩義標準百十四卷　(清)王錫光撰集　王先謙增輯　清宣統三年(1911)王先謙虛受堂刻本　三十冊

110000－0143－0019018　PG4171/1670
松寥山人詩初集十卷　(清)張際亮撰　清道光四年(1824)刻本　二冊

110000－0143－0019019　PG4171/1671
行有恆堂初集二卷　(清)載銓撰　清道光二十八年(1848)定郡王刻本　二冊

110000－0143－0019020　PG4171/1672
印雪軒詩鈔十六卷　(清)俞鴻漸撰　清同治十三年(1874)刻本　四冊

110000－0143－0019021　PG4171/1673
彝壽軒詩鈔十二卷　(清)張應昌撰　清同治刻本　三冊

110000－0143－0019022　PG4171/1674
叢笙齋集十四卷　(明)來臨著　清道光二十二年(1842)李錫齡惜陰軒刻本　四冊

110000－0143－0019023　PG4171/1675
遙集集前編六卷後編十卷　(清)許貞幹輯　清光緒二十八年(1902)、三十四年(1908)刻本　十六冊

110000－0143－0019024　PG4171/1676
意苕山館詩稿十六卷　(清)陸嵩著　清光緒十八年(1892)元和陸潤庠刻本　六冊

110000－0143－0019025　PG4171/1677
靜齋新集四卷　(清)何元普著　清光緒十七年(1891)繡川何氏篁溪山房刻本　四冊

110000－0143－0019026　PG4171/1685
栲栳山人詩集不分卷　(元)岑安卿著　清刻本　一冊

110000－0143－0019027　PG4171/1689
盤古山房詩集七卷　(清)陳治策著　清嘉慶十八年(1813)漢東書院刻本　四冊

110000－0143－0019028　PG4171/1694
率真集二卷　(清)黃圖南撰　清光緒五年(1879)永陽黃筱刻本　二冊

110000－0143－0019029　PG4171/1695
鐵篴僊館宦遊草六卷　(清)柏春撰　清咸豐十一年(1861)毓齋刻本　二冊

110000－0143－0019030　PG4171/1816
七家詩選七卷　(清)張熙宇評選　清同治九年(1870)大成堂刻朱墨套印本　二冊

110000－0143－0019031　PG4171/1819
宮閨百詠四卷　(清)陳其泰編次　(清)俞絜參校　清道光二十五年(1845)陳氏桐華鳳閣刻本　二冊

110000－0143－0019032　PG4171/1824
南征集不分卷　(清)舒夢蘭撰　清嘉慶至道光刻本　一冊

110000－0143－0019033　PG4171/1826
秋塍三州詩鈔四卷　(清)魯曾煜撰　清乾隆十一年(1746)刻本　二冊

110000－0143－0019034　PG4171/1827
增補重訂千家詩註解二卷　(宋)謝枋得選　(清)王相註　清光緒李光明莊刻本　一冊

110000－0143－0019035　PG4171/1827
諸名家百壽詩不分卷　(清)王相選輯　清光緒李光明莊刻本　與 110000－0143－0019034 合冊

110000－0143－0019036　PG4171/1829
確庵先生詩鈔八卷　（清）陳瑚撰　清光緒二年（1876）刻本　二冊

110000－0143－0019037　PG4171/1831
商於吟稿二卷　（清）陳祁撰　清嘉慶十年（1805）嘉善陳氏刻本　二冊

110000－0143－0019038　PG4171/1833
退思軒試帖二卷　（清）史澄著　清光緒十一年（1885）繼園刻本　二冊

110000－0143－0019039　PG4171/1834
退思軒詩存一卷附椒花第頌一卷　（清）史澄撰　清光緒九年（1883）刻本　一冊

110000－0143－0019040　PG4171/1836
唐詩三百首補註八卷　（清）陳婉俊輯　清光緒十一年（1885）四藤吟社主人刻本　四冊

110000－0143－0019041　PG4171/1837
聽秋軒詩集四卷　（清）駱綺蘭撰　清乾隆至嘉慶金陵龔氏刻本　一冊

110000－0143－0019042　PG4171/1839
五七言今體詩抄十八卷　（清）姚鼐輯　清嘉慶三年（1798）刻本　一冊　存九卷（五言今體詩抄九卷）

110000－0143－0019043　PG4171/1840
五七言今體詩鈔十八卷　（清）姚鼐輯　清嘉慶十三年（1808）績溪程邦瑞刻本　二冊　存九卷（五言今體詩鈔九卷）

110000－0143－0019044　PG4171/1841
學圃詩稾不分卷　（清）鄭德璜撰　清光緒二十六年（1900）遺經樓刻本　一冊

110000－0143－0019045　PG4171/1846
俞俞齋文稿初集四卷詩稿初集二卷　（清）史念祖撰　清光緒十八年（1892）刻本　六冊

110000－0143－0019046　PG4171/1848
曾文正公詩集三卷　（清）曾國藩撰　清光緒二年（1876）傳忠書局刻本　一冊

110000－0143－0019047　PG4171/1851
本事詩十二卷　（清）徐釚輯　（清）王士禛論定　清雍正刻本　四冊

110000－0143－0019048　PG4171/1851
砦溪詩話十卷　（宋）黄徹撰　清乾隆四十一年（1776）刻道光補修本　一冊

110000－0143－0019049　PG4171/1852
繪圖對韻千家詩詳註六卷　（清）京師書業公司重輯　清宣統元年（1909）石印本　二冊

110000－0143－0019050　PG4171/1853
甌北詩話十卷續二卷　（清）趙翼撰　清嘉慶七年（1802）刻本　二冊

110000－0143－0019051　PG4171/1854
御製詩集八卷御製文集二卷　（清）奕訢等編　清光緒五年（1879）内府鉛印本　六冊

110000－0143－0019052　PG4171/1854
御製詩餘集十二卷目錄二卷　（清）奕訢等編　清光緒五年（1879）内府鉛印本　四冊

110000－0143－0019053　PG4171/1855
刪訂唐詩解二十四卷　（明）唐汝詢選釋　（清）吴昌祺評定　清康熙四十年（1701）誦懿堂刻本　八冊

110000－0143－0019054　PG4171/1856
七家詩選七卷　（清）張熙宇輯評　清光緒六年（1880）掃葉山房刻朱墨套印本　四冊

110000－0143－0019055　PG4171/1858
甌北詩鈔二十卷　（清）趙翼撰　清光緒二年至三年（1876－1877）壽考堂刻本　七冊

110000－0143－0019056　PG4171/1859
元詩選癸集十六卷　（清）席世臣輯　清光緒十四年（1888）席氏掃葉山房刻本　十六冊

110000－0143－0019057　PG4171/1860
岡州遺稿六卷　（清）顧嗣協編集　清道光二十三年（1843）常熟言良鈺刻本　三冊

110000－0143－0019058　PG4171/1860
續岡州遺稿八卷　（清）言良鈺編集　清道光二十二年（1842）常熟言良鈺刻本　四冊

110000－0143－0019059　PG4172/1

雞蹠賦續刻二十八卷附擬古二卷　(清)應泰泉　(清)馮鏡清編輯　清光緒十一年(1885)文英堂刻本　十六册

110000－0143－0019060　PG4172/2
選註六朝唐賦不分卷　(清)馬傳庚輯註　清光緒二年(1876)清華齋刻本　二册

110000－0143－0019061　PG4172/2
選註六朝唐賦不分卷　(清)馬傳庚輯註　清光緒二年(1876)京都松竹齋刻本　二册

110000－0143－0019062　PG4172/2－1
選註六朝唐賦不分卷　(清)馬傳庚輯註　清同治十三年(1874)京都馬氏玉燕書巢刻本　二册

110000－0143－0019063　PG4172/2－2
選註六朝唐賦不分卷　(清)馬傳庚輯註　清光緒二年(1876)京都松竹齋刻本　二册

110000－0143－0019064　PG4172/3
七十家賦鈔六卷　(清)張惠言輯　清道光元年(1821)合河康氏刻本　四册

110000－0143－0019065　PG4172/3－1
七十家賦鈔六卷　(清)張惠言輯　清光緒四年(1878)宏達堂刻本　四册

110000－0143－0019066　PG4172/3－1
七十家賦鈔六卷　(清)張惠言輯　清光緒四年(1878)宏達堂刻本　四册

110000－0143－0019067　PG4172/71
賦學雞蹠集三十卷附擬古一卷　(清)張維城輯　清道光十七年(1837)葆生堂刻本　六册

110000－0143－0019068　PG4172/71－1
賦學雞蹠集三十卷附擬古一卷　(清)張維城輯　清道光十二年(1832)粲花吟館刻本　六册

110000－0143－0019069　PG4172/72
律賦孚新箋注不分卷　(清)顧鴻輯　清道光十年(1830)文德堂刻本　二册

110000－0143－0019070　PG4172/73
賦學正鵠集釋十一卷　(清)李元度輯　清同治十年(1871)善成堂刻本　四册

110000－0143－0019071　PG4172/74
賦學指南十六卷　(清)余紗山(余丙照)輯　清道光二十八年(1848)文質堂刻本　二册

110000－0143－0019072　PG4172/74－1
賦學指南十六卷　(清)余紗山(余丙照)輯　清光緒十九年(1893)書業德刻本　六册

110000－0143－0019073　PG4172/75
應試新賦備要初集六卷二集六卷　(清)謝我同評選　清嘉慶七年(1802)聚文堂刻本　六册

110000－0143－0019074　PG4172/77
御製盛京賦不分卷　(清)高宗弘曆撰　(清)鄂爾泰等注　清乾隆刻本　一册

110000－0143－0019075　PG4172/78
律賦標準四卷二集四卷　(清)葉祺昌編次　清光緒七年(1881)刻本　三册　缺二卷(二集三至四)

110000－0143－0019076　PG4172/79
唐律賦鈔不分卷　(清)潘遵祁輯　清道光二十八年(1848)刻本　一册

110000－0143－0019077　PG4172/79－1
唐律賦鈔不分卷　(清)潘遵祁輯　清道光二十八年(1848)三松堂刻本　一册

110000－0143－0019078　PG4172/82
律賦必以集二卷　(清)顧蒓輯　清嘉慶十八年(1813)菊坡精舍刻本　二册

110000－0143－0019079　PG4172/83
賦則四卷　(清)鮑桂星選　清道光二年(1822)刻本　二册

110000－0143－0019080　PG4172/84
考古必要賦四卷試賦分論不分卷擬題備覽不分卷　(清)江少牧　(清)邱麓人選定　清道光七年(1827)刻本　六册

110000－0143－0019081　PG4172/85
覺生賦鈔不分卷　(清)鮑桂星撰　清同治八年(1869)刻本　一册

110000－0143－0019082　PG4172/86
漢晉賦鈔不分卷　(清)張之萬編　清同治元年(1862)張之萬抄本　一册

110000－0143－0019083　PG4172/88
紅樓夢賦不分卷　(清)沈謙著　清道光二十六年(1846)刻本　一册

110000－0143－0019084　PG4172/89
鐸隱齋賦錄不分卷　(清)張寶森著　清光緒十五年(1889)鑾江鐸署刻本　二册

110000－0143－0019085　PG4172/173
賦鈔箋畧十五卷　(清)雷琳箋　清嘉慶二十二年(1817)刻本　六册

110000－0143－0019086　PG4172/178
國朝賦律匯海前集六卷後集二卷　(清)黃爵滋編輯　清咸豐元年(1851)仙屏吟榭刻本　八册

110000－0143－0019087　PG4172/178－1
國朝賦律匯海前集六卷後集四卷　(清)黃爵滋編輯　清中晚期刻本　二册

110000－0143－0019088　PG4172/183
律賦芳潤箋註四卷　(清)顧鷯輯　清道光十年(1830)崇錦堂刻本　四册

110000－0143－0019089　PG4172/184
館閣律賦雅正註釋六卷　(清)金甌鞏編輯　(清)吳錫麒註釋　清嘉慶二十四年(1819)務本堂刻本　四册

110000－0143－0019090　PG4172/182
註釋水竹居賦不分卷　(清)盛觀潮著　清道光二十三年(1843)刻本　四册

110000－0143－0019091　PG4172/245
虎邱綴英志略不分卷　(清)釋半自重輯　清嘉慶刻本　一册

110000－0143－0019092　PG4172/255
賦則四卷　(清)鮑桂星選　清道光二年(1822)刻本　二册

110000－0143－0019093　PG418/1
芹宮新譜二卷　(清)鄭一鵬著　清末刻本　二册

110000－0143－0019094　PG418/1－1
芹宮新譜二卷　(清)鄭一鵬著　清雍正三年(1725)刻本　四册

110000－0143－0019095　PG418/1－1
芹宮新譜二卷　(清)鄭一鵬著　清雍正三年(1725)刻本　四册

110000－0143－0019096　PG418/2－2
埅室錄感不分卷居易金箴二卷　(清)李顒撰　(清)潘奕雋輯　清同治八年(1869)蘇垣毋自欺齋刻本　一册

110000－0143－0019097　PG418/3
棣懷堂隨筆十一卷　(清)李象鵾撰　清道光華亭張祥河、金谿鄧應台等刻本　七册

110000－0143－0019098　PG418/3
附雲湖合編一卷　(清)李象鵾　(清)周作楫撰　(清)陳官俊編　清道光華亭張祥河、金谿鄧應台等刻本　一册

110000－0143－0019099　PG418/3
棣懷堂隨筆六卷　(清)李象鵾撰　清道光十六年(1836)華亭張祥河刻本　四册

110000－0143－0019100　PG418/3－1
棣懷堂隨筆十一卷　(清)李象鵾撰　清道光華亭張祥河、金谿鄧應台等刻本　七册

110000－0143－0019101　PG418/3－1
附雲湖合編一卷　(清)李象鵾　(清)周作楫撰　(清)陳官俊編　清道光華亭張祥河、金谿鄧應台等刻本　一册

110000－0143－0019102　PG418/6
息柯雜箸六卷　(清)楊翰撰　清同治十二年(1873)九曜山房刻本　二册

110000－0143－0019103　PG418/11
淮南褉箸二卷　曹允源撰　清光緒十七年(1891)刻本　一册

110000－0143－0019104　PG418/11
淮南褉箸二卷　曹允源撰　清光緒十七年(1891)刻本　一册

110000－0143－0019105　PG418/11
淮南禊箸二卷　曹允源撰　清光緒十七年(1891)刻本　一冊

110000－0143－0019106　PG418/12
食舊悳齋禊箸不分卷　劉嶽雲撰　清光緒八年(1882)刻本　二冊

110000－0143－0019107　PG418/12
食舊悳齋禊箸不分卷　劉嶽雲撰　清光緒八年(1882)刻本　四冊

110000－0143－0019108　PG418/12
食舊悳齋禊箸二卷　劉嶽雲撰　清光緒八年(1882)刻本　二冊

110000－0143－0019109　PG418/13
潛皖偶錄十一卷　(清)錢麟書撰　清宣統元年(1909)皖垣鉛印本　四冊

110000－0143－0019110　PG418/14
佩弦齋雜存二卷　(清)朱一新撰　清光緒二十二年(1896)葆真堂刻本　二冊

110000－0143－0019111　PG418/16
勉益齋偶存稿八卷　(清)裕謙撰　清道光十二年(1832)刻本　八冊

110000－0143－0019112　PG418/16
勉益齋偶存稿八卷續存稿十六卷　(清)裕謙撰　清道光十二年(1832)刻本　二十四冊

110000－0143－0019113　PG418/20
所至錄八卷附一卷　(清)虞戊原　(清)吳寅拜編次　清光緒十八年(1892)晚香堂刻本　四冊

110000－0143－0019114　PG418/23
適可齋記言四卷記行六卷　(清)馬建忠撰　清光緒二十二年(1896)刻本　四冊

110000－0143－0019115　PG418/24
天花亂墜八卷二集八卷三集八卷　寅半生選輯　清光緒二十九年(1903)崇寔齋刻本　八冊　缺八卷(三集八卷)

110000－0143－0019116　PG418/35
藝文類聚一百卷　(唐)歐陽詢撰　(明)王元貞校　清光緒五年(1879)華陽宏達堂刻本　三十二冊

110000－0143－0019117　PG418/36
險異錄二卷　(清)豫師撰　清光緒十四年(1888)石印本　二冊

110000－0143－0019118　PG418/38
政教進化論五章　(日本)加藤弘之著　楊廷棟譯　清光緒二十八年(1902)出洋學生編輯所鉛印本　一冊

110000－0143－0019119　PG418/38
政教進化論五章　(日本)加藤弘之著　楊廷棟譯　清光緒二十八年(1902)出洋學生編輯所鉛印本　一冊

110000－0143－0019120　PG418/40
徐州續命飲不分卷　郭愛棠箸　清光緒三十三年(1907)睢寧更生齋石印本　一冊

110000－0143－0019121　PG418/42－1
簷曝雜記六卷　(清)趙翼撰　清同治四年(1865)京都龍威閣刻本　二冊

110000－0143－0019122　PG418/45
使俄草八卷　(清)王之春撰　清光緒二十一年(1895)上海文藝齋石印本　六冊

110000－0143－0019123　PG418/45
使俄草八卷　(清)王之春撰　清光緒二十一年(1895)上海文藝齋石印本　六冊

110000－0143－0019124　PG418/46
弢園文錄外編十卷　(清)王韜撰　清光緒二十三年(1897)時務學社刻本　十冊

110000－0143－0019125　PG418/48
夢溪筆談二十六卷補筆談三卷續筆談一卷　(宋)沈括撰　清光緒三十二年(1906)番禺陶氏愛廬刻本　四冊

110000－0143－0019126　PG418/48
附夢溪筆談校字記一卷　(清)陶福祥訂　清光緒三十二年(1906)番禺陶氏愛廬刻本　與110000－0143－0019125合冊

110000－0143－0019127　PG418/49

定香亭筆談四卷 (清)阮元記 (清)吳文溥等錄 清光緒十年(1884)蛟川張壽榮花雨樓刻花雨樓續抄本 四冊

110000－0143－0019128 PG418/49
定香亭筆談四卷 (清)阮元記 (清)吳文溥等錄 清光緒二十五年(1899)浙江書局刻本 四冊

110000－0143－0019129 PG418/49
定香亭筆談四卷 (清)阮元記 (清)吳文溥等錄 清光緒二十五年(1899)浙江書局刻本 四冊

110000－0143－0019130 PG418/49
定香亭筆談四卷 (清)阮元記 (清)吳文溥等錄 清光緒二十五年(1899)浙江書局刻本 四冊

110000－0143－0019131 PG418/49
定香亭筆談四卷 (清)阮元記 (清)吳文溥等錄 清光緒二十五年(1899)浙江書局刻本 四冊

110000－0143－0019132 PG418/49－1
定香亭筆談四卷 (清)阮元記 (清)吳文溥等錄 清嘉慶刻本 二冊

110000－0143－0019133 PG418/51
梁谿漫志十卷 (宋)費袞撰 清乾隆四十一年(1776)長塘鮑氏刻本 二冊

110000－0143－0019134 PG418/58－1
默記三卷 (宋)王銍撰 清乾隆四十八年(1783)刻本 一冊

110000－0143－0019135 PG418/67－1
鶴林玉露十八卷 (宋)羅大經撰 明刻本 三冊

110000－0143－0019136 PG418/72
異號類編二十卷 (清)史夢蘭輯 清光緒鉛印本 四冊

110000－0143－0019137 PG418/72
異號類編二十卷 (清)史夢蘭輯 清光緒鉛印本 四冊

110000－0143－0019138 PG418/74
河海崑崙錄六卷 裴景福箸 清宣統元年(1909)官書局鉛印本 六冊

110000－0143－0019139 PG418/76
甦餘日記不分卷 (清)蔣階著 清道光刻本 一冊

110000－0143－0019140 PG418/81
隨園瑣記二卷 (清)袁祖志著 清光緒五年(1879)嘯園刻本 二冊

110000－0143－0019141 PG418/81
隨園瑣記二卷 (清)袁祖志著 清光緒五年(1879)嘯園刻本 一冊

110000－0143－0019142 PG418/83
讀書脞錄七卷 (清)孫志祖撰 清光緒十三年(1887)醉六堂刻本 四冊

110000－0143－0019143 PG418/83
讀書脞錄七卷 (清)孫志祖撰 清光緒十三年(1887)醉六堂刻本 四冊

110000－0143－0019144 PG418/83－1
讀書脞錄七卷 (清)孫志祖撰 清嘉慶四年(1799)刻本 二冊

110000－0143－0019145 PG418/84
考田詩話八卷 (清)喻文鏊撰 清道光四年(1824)掣筆山房刻本 二冊

110000－0143－0019146 PG418/88
松陽鈔存二卷 (清)陸隴其著 (清)楊開基編次 清同治九年(1870)劉氏傳經堂子部刻本 一冊

110000－0143－0019147 PG418/89
李恕谷遺書十二種六十五卷 (清)李塨撰 清末鉛印本 一冊 存十三卷(閱史郄視四卷、續一卷,擬太平策七卷,評乙古文一卷)

110000－0143－0019148 PG418/90
輶軒語一卷 (清)張之洞撰 清光緒三年(1877)濠上書齋刻本 一冊

110000－0143－0019149 PG418/90
書目答問四卷 (清)張之洞撰 清光緒三年

(1877)濠上書齋刻本　三冊

110000－0143－0019150　PG418/90－1
輶軒語一卷　(清)張之洞撰　清光緒五年(1879)刻本　一冊

110000－0143－0019151　PG418/92
人海記二卷　(清)查慎行編輯　(清)張士寬校刊　清咸豐元年(1851)海昌張士寬刻本　二冊

110000－0143－0019152　PG418/93
文章遊戲初編八卷二編八卷三編八卷　(清)繆艮輯　清嘉慶二十一年(1816)藕花館刻本　十二冊　缺八卷(文章遊戲初編八卷)

110000－0143－0019153　PG418/93－1
文章遊戲初編八卷二編八卷三編八卷　(清)繆艮輯　清光緒二年(1876)經綸堂刻本　八冊

110000－0143－0019154　PG418/95
小沖言事不分卷　黃壽袞撰　清光緒三十二年(1906)鉛印本　一冊

110000－0143－0019155　PG418/95
甕牖餘談八卷　(清)王韜撰　清光緒元年(1875)申報館鉛印本　一冊　存二卷(二至三)

110000－0143－0019156　PG418/97
章實齋乙卯劄記丙辰劄記合刻　(清)章學誠撰　清宣統鄧氏風雨樓鉛印本　二冊

110000－0143－0019157　PG418/97
章實齋乙卯劄記丙辰劄記合刻　(清)章學誠撰　清宣統鄧氏風雨樓鉛印本　二冊

110000－0143－0019158　PG418/100
明齋小識十二卷　(清)諸聯輯著　清嘉慶十八年(1813)刻本　四冊

110000－0143－0019159　PG418/100
明齋小識十二卷　(清)諸聯輯著　清道光十四年(1834)奎韻樓刻本　四冊

110000－0143－0019160　PG418/100
明齋小識十二卷　(清)諸聯輯著　清道光十四年(1834)刻本　四冊

110000－0143－0019161　PG418/101
浪跡叢談十一卷　(清)梁章鉅撰　清道光二十七年(1847)北東園刻本　四冊

110000－0143－0019162　PG418/104
片玉山房花箋錄二十卷　(清)孫兆淮輯　清咸豐元年(1851)刻本　八冊

110000－0143－0019163　PG418/105
豈有此理四卷　(清)□□撰　清嘉慶四年(1799)絳雪草廬刻本　四冊

110000－0143－0019164　PG418/105
豈有此理四卷　(清)□□撰　清嘉慶四年(1799)絳雪草廬刻本　四冊

110000－0143－0019165　PG418/106
蕉軒摭錄十二卷　(清)俞夢蕉撰　清光緒申報館鉛印本　四冊

110000－0143－0019166　PG418/107
鐵橋漫稿八卷　(清)嚴可均撰　清光緒十一年(1885)蔣氏心矩齋刻本　二冊

110000－0143－0019167　PG418/108
硯雲甲編八種十六卷乙編八種三十四卷　(清)金忠淳輯　清光緒申報館鉛印本　三冊　存四種十六卷(硯雲甲編耳新八卷、屏居十二課一卷、夢憶一卷,硯雲乙編長物志一至六)

110000－0143－0019168　PG418/108－1
硯雲甲編八種十六卷　(清)金忠淳輯　清光緒申報館鉛印本　六冊

110000－0143－0019169　PG418/108－2
硯雲乙編八種三十四卷　(清)金忠淳輯　清乾隆四十三年(1778)金氏硯雲書屋刻本　六冊

110000－0143－0019170　PG418/111
欠愁集一卷　(清)史震林撰　沈宗畸訂　清光緒二十六年(1900)番禺沈氏拜鴛樓刻拜鴛樓校刻四種本　一冊

110000－0143－0019171　PG418/112

影梅庵憶語一卷　(清)冒襄著　沈宗畸訂　清光緒二十六年(1900)番禺沈氏拜鴛樓刻拜鴛樓校刻四種本　一册

110000－0143－0019172　PG418/113
龍城劄記三卷　(清)盧文弨撰　清光緒刻本　一册

110000－0143－0019173　PG418/114
歸田瑣記八卷　(清)梁章鉅撰　清末刻本　四册

110000－0143－0019174　PG418/114
歸田瑣記八卷　(清)梁章鉅撰　清末刻本　一册

110000－0143－0019175　PG418/114
歸田瑣記八卷　(清)梁章鉅撰　清道光二十五年(1845)福州梁氏北東園刻本　二册

110000－0143－0019176　PG418/114
歸田瑣記八卷浪跡叢談十一卷續談八卷　(清)梁章鉅撰　清末刻本　十二册

110000－0143－0019177　PG418/114
歸田瑣記八卷　(清)梁章鉅撰　清道光二十五年(1845)福州梁氏北東園刻本　二册

110000－0143－0019178　PG418/116
懷豳雜俎十二種十七卷　徐乃昌輯　清光緒三十三年至宣統三年(1907－1911)南陵徐乃昌刻本　八册

110000－0143－0019179　PG418/116
懷豳雜俎十二種十七卷　徐乃昌輯　清光緒三十三年至宣統三年(1907－1911)南陵徐乃昌刻本　八册

110000－0143－0019180　PG418/120
仁恕堂筆記不分卷　(清)黎士弘撰　清道光十六年(1836)閩汀東壁軒木活字印本　一册

110000－0143－0019181　PG418/123
春融堂雜記八種八卷　(清)王昶撰　清嘉慶十三年(1808)青浦王氏塾南書舍刻本　三册　存四種(滇行日錄、征緬紀聞、征緬紀略、蜀徼紀聞)

110000－0143－0019182　PG418/123
述庵先生[王昶]年譜二卷　(清)嚴榮撰　清光緒十八年(1892)刻本　一册

110000－0143－0019183　PG418/123
春融堂雜記八種八卷　(清)王昶撰　清嘉慶十三年(1808)青浦王氏塾南書舍刻本　二册

110000－0143－0019184　PG418/123
春融堂雜記八種八卷　(清)王昶撰　清嘉慶十三年(1808)青浦王氏塾南書舍刻本　一册　存五種五卷(蜀徼紀聞一卷、商洛行程記一卷、雪鴻再錄一卷、使楚叢譚一卷、臺懷隨筆一卷)

110000－0143－0019185　PG418/124
搜采異聞五卷　(宋)永亨撰　清末抄本　二册

110000－0143－0019186　PG418/125
高辛硯齋雜著一卷雜稿一卷詩稿一卷　(清)俞承德撰　清咸豐六年(1856)平江三德堂刻本　四册

110000－0143－0019187　PG418/126
隨五草十卷　(清)何尹子撰　清乾隆四十年(1775)刻本　一册　存九卷(一至九)

110000－0143－0019188　PG418/127
哭盦叢書　易順鼎撰　清光緒二十二年(1896)刻本　四册　存三種十四卷(盾墨拾餘六卷、四魂集四卷、四魂外集四卷)

110000－0143－0019189　PG418/129
病榻夢痕錄二卷　(清)汪輝祖撰　清末松竹齋抄本　二册

110000－0143－0019190　PG418/129－1
夢痕錄餘一卷　(清)汪輝祖撰　清咸豐元年(1851)刻本　一册

110000－0143－0019191　PG418/129－1
夢痕錄餘一卷　(清)汪輝祖撰　清咸豐元年(1851)刻本　一册

110000－0143－0019192　PG418/130
鐵圍山叢譚三卷　(宋)蔡絛撰　清初抄本

一冊

110000－0143－0019193　PG418/131
金壺七墨六種十八卷　（清）黄鈞宰撰　清同治十二年（1873）刻本　八冊

110000－0143－0019194　PG418/133
思益堂日劄五卷　（清）周壽昌撰　清同治三年（1864）申報館鉛印本　二冊

110000－0143－0019195　PG418/133
思益堂日劄五卷　（清）周壽昌撰　清同治三年（1864）申報館鉛印本　二冊

110000－0143－0019196　PG418/133
思益堂日劄五卷　（清）周壽昌撰　清同治三年（1864）申報館鉛印本　二冊

110000－0143－0019197　PG418/134
嗇庵隨筆六卷末一卷　（清）陸文衡撰　清光緒二十三年（1897）刻本　二冊

110000－0143－0019198　PG418/134
嗇庵隨筆六卷末一卷　（清）陸文衡撰　清光緒二十三年（1897）刻本　二冊

110000－0143－0019199　PG418/134
嗇庵隨筆六卷末一卷　（清）陸文衡撰　清光緒二十三年（1897）刻本　二冊

110000－0143－0019200　PG418/134
天祿閣外史八卷　（漢）黄憲撰　（明）鍾惺評　明末清初刻本　一冊

110000－0143－0019201　PG418/134
嗇庵隨筆六卷末一卷　（清）陸文衡撰　清光緒二十三年（1897）刻本　二冊

110000－0143－0019202　PG418/135
行素齋雜記二卷　（清）繼昌撰　清光緒二十七年（1901）湖南臬署刻本　二冊

110000－0143－0019203　PG418/137
京塵雜錄四卷　（清）楊懋建箸　清光緒十二年（1886）上海同文書局石印本　二冊

110000－0143－0019204　PG418/137
京塵雜錄四卷　（清）楊懋建箸　清光緒十二年（1886）上海同文書局石印本　二冊

110000－0143－0019205　PG418/137
京塵雜錄四卷　（清）楊懋建箸　清光緒十二年（1886）上海同文書局石印本　二冊

110000－0143－0019206　PG418/138
食舊悳齋雜箸二卷　劉嶽雲撰　清光緒二十二年（1896）四川刻本　二冊

110000－0143－0019207　PG418/139
蘿藦亭劄記八卷　（清）喬松年鈔撮　清同治十二年（1873）刻本　八冊

110000－0143－0019208　PG418/139
蘿藦亭劄記八卷　（清）喬松年鈔撮　清同治十二年（1873）刻本　二冊

110000－0143－0019209　PG418/140
椒生隨筆八卷　（清）王之春撰　清光緒七年（1881）上洋文藝齋刻本　四冊

110000－0143－0019210　PG418/140
椒生隨筆八卷　（清）王之春撰　清光緒七年（1881）上洋文藝齋刻本　四冊

110000－0143－0019211　PG418/145
桐陰清話八卷　（清）倪鴻撰　清同治十三年（1874）申江刻本　四冊

110000－0143－0019212　PG418/145
桐陰清話八卷　（清）倪鴻撰　清同治十三年（1874）申江刻本　四冊

110000－0143－0019213　PG418/145
桐陰清話八卷　（清）倪鴻撰　清同治十三年（1874）申江刻本　四冊

110000－0143－0019214　PG418/147
蔡福州外紀二卷　（宋）蔡襄撰　（明）徐𤊹編次　清同治二年（1863）石經山房刻本　二冊

110000－0143－0019215　PG418/149
柳南隨筆六卷續筆四卷　（清）王應奎撰　清光緒四年（1878）申報館鉛印本　四冊

110000－0143－0019216　PG418/149
柳南隨筆六卷續筆四卷　（清）王應奎撰　清

光緒四年(1878)申報館鉛印本　二冊

110000－0143－0019217　PG418/149

柳南隨筆六卷續筆四卷　(清)王應奎撰　清光緒四年(1878)申報館鉛印本　一冊　存四卷(柳南隨筆一至四)

110000－0143－0019218　PG418/150

唐語林八卷　(宋)王讜撰　(清)錢熙祚校　清光緒十九年(1893)官書處刻本　四冊

110000－0143－0019219　PG418/151

漁磯漫鈔十卷　(清)雷琳等輯　清同治十年(1871)刻本　六冊

110000－0143－0019220　PG418/151

漁磯漫鈔十卷　(清)雷琳等輯　清同治十年(1871)刻本　六冊

110000－0143－0019221　PG418/152－1

板橋襍記不分卷　(清)余懷著　清光緒二十六年(1900)沈氏刻本　一冊

110000－0143－0019222　PG418/153

曲園雜纂五十卷　(清)俞樾撰　清光緒二十五年(1899)刻本　八冊

110000－0143－0019223　PG418/153

曲園雜纂五十卷　(清)俞樾撰　清光緒二十五年(1899)刻本　十三冊

110000－0143－0019224　PG418/154

海天餘話四卷　(清)芙蓉汫老漁編　清花韻軒刻本　四冊

110000－0143－0019225　PG418/155

更豈有此理四卷　(清)□□撰　清嘉慶五年(1800)絳雪艸廬刻本　四冊

110000－0143－0019226　PG418/155

更豈有此理四卷　(清)□□撰　清嘉慶五年(1800)絳雪艸廬刻本　四冊

110000－0143－0019227　PG418/155－1

更豈有此理四卷　(清)□□撰　清嘉慶十九年(1814)醒目齋刻本　四冊

110000－0143－0019228　PG418/156

寶樹堂遺書三種　(清)郭夢星撰　清光緒二十一年(1895)濰縣郭氏刻本　四冊

110000－0143－0019229　PG418/158

客窗閒話八卷續客窗閒話八卷　(清)吳熾昌著　清光緒十九年(1893)文盛堂刻本　八冊

110000－0143－0019230　PG418/158－1

客窗閒話八卷續客窗閒話八卷　(清)吳熾昌著　清光緒元年(1875)滋本堂刻本　八冊

110000－0143－0019231　PG418/158－2

客窗閒話八卷續客窗閒話八卷　(清)吳熾昌著　清光緒元年(1875)敦仁堂刻本　八冊

110000－0143－0019232　PG418/159

月河精舍叢鈔五種　(清)丁寶書輯　清光緒四年至十二年(1878－1886)苕溪丁氏刻本　二十二冊

110000－0143－0019233　PG418/160

西俗雜誌一卷　(清)袁祖志撰　清光緒十七年(1891)著易堂石印本　一冊

110000－0143－0019234　PG418/162－1

東原錄一卷　(宋)龔鼎臣撰　清光緒三年(1877)吳興陸氏十萬卷樓刻本　一冊

110000－0143－0019235　PG418/162－2

東原錄一卷　(宋)龔鼎臣撰　清乾隆至嘉慶刻本　一冊

110000－0143－0019236　PG418/162－2

冒縈錄一卷　(宋)趙叔向撰　清乾隆至嘉慶刻本　與110000－0143－0019235合冊

110000－0143－0019237　PG418/163

文莫書屋詹詹言二卷　(清)陳僅著　清道光二十五年(1845)四明繼雅堂刻本　一冊

110000－0143－0019238　PG418/165

趨庭記述二卷　(清)經緯撰　清光緒二十三年(1897)刻本　二冊

110000－0143－0019239　PG418/165

趨庭記述二卷　(清)經緯撰　清光緒二十三年(1897)刻本　二冊

110000－0143－0019240　PG418/166
忠誠書院日程不分卷　陳惟彥撰　清光緒二十五年(1899)刻本　一册

110000－0143－0019241　PG418/167
劄迻十二卷　(清)孫詒讓撰　清光緒二十年(1894)瑞安孫氏刻本　四册

110000－0143－0019242　PG418/167
劄迻十二卷　(清)孫詒讓撰　清光緒二十年(1894)瑞安孫氏刻本　四册

110000－0143－0019243　PG418/167
劄迻十二卷　(清)孫詒讓撰　清光緒二十年(1894)瑞安孫氏刻本　四册

110000－0143－0019244　PG418/167
劄迻十二卷　(清)孫詒讓撰　清光緒二十年(1894)瑞安孫氏刻本　二册

110000－0143－0019245　PG418/171－1
北隅掌錄二卷　(清)黄士珣述　清道光二十五年(1845)錢塘汪氏振綺堂刻本　二册

110000－0143－0019246　PG418/171－1
北隅掌錄二卷　(清)黄士珣述　清道光二十五年(1845)錢塘汪氏振綺堂刻本　二册

110000－0143－0019247　PG418/172
北隅綴錄二卷續錄二卷　(清)丁丙述　清光緒二十五年(1899)刻本　二册

110000－0143－0019248　PG418/173
北郭詩帳二卷　(清)丁丙撰　清光緒二十五年(1899)正修堂丁氏刻本　二册

110000－0143－0019249　PG418/174
東城記餘二卷　(清)楊文傑撰　清光緒二十六年(1900)錢塘丁氏刻本　二册

110000－0143－0019250　PG418/175
西子湖拾翠餘談三卷　(明)汪砢玉著　清光緒十九年(1893)武林丁氏刻本　一册

110000－0143－0019251　PG418/176
西谿梵隱志四卷　(清)吳本泰輯　清光緒七年(1881)武林丁氏八千卷樓刻本　二册

110000－0143－0019252　PG418/177
梅簃隨筆四卷　(清)張作楠撰　清嘉慶二十四年(1819)刻本　二册

110000－0143－0019253　PG418/178
金氏世德紀二卷　(清)金應麟輯　清光緒二十二年(1896)錢塘丁氏嘉惠堂刻本　二册

110000－0143－0019254　PG418/182－1
湖船錄一卷　(清)厲鶚輯　清道光二十七年(1847)錢塘汪氏振綺堂刻本　一册

110000－0143－0019255　PG418/183
湖壖雜記一卷　(清)陸次雲著　清光緒七年(1881)錢塘丁氏刻本　一册

110000－0143－0019256　PG418/183
西湖百詠一卷　(宋)董嗣杲撰　清光緒七年(1881)錢塘丁氏刻本　與110000－0143－0019255合册

110000－0143－0019257　PG418/184
武林舊事十卷附錄一卷　(宋)周密輯　清光緒三年(1877)正修堂丁氏刻本　三册

110000－0143－0019258　PG418/184
武林舊事十卷附錄一卷　(宋)周密輯　清光緒三年(1877)正修堂丁氏刻本　三册

110000－0143－0019259　PG418/186
錢塘遺事十卷　(元)劉一清撰　清光緒十三年(1887)錢塘丁氏嘉惠堂刻本　一册

110000－0143－0019260　PG418/186－1
錢塘遺事十卷　(元)劉一清撰　清嘉慶四年(1799)掃葉山房刻本　二册

110000－0143－0019261　PG418/186－1
錢塘遺事十卷　(元)劉一清撰　清嘉慶四年(1799)掃葉山房刻本　二册

110000－0143－0019262　PG418/187
攷古錄十卷　(清)孫璧文撰　清光緒十四年(1888)刻本　六册

110000－0143－0019263　PG418/188
南宋館閣錄十卷續錄十卷　(宋)陳騤撰　清光緒十二年(1886)武林丁氏嘉惠堂刻本(原

缺南宋館閣録一）　二册

110000－0143－0019264　PG418/190

避暑録話二卷　（宋）葉夢得撰　清宣統元年(1909)葉氏觀古堂刻本　二册

110000－0143－0019265　PG418/190－1

避暑録話二卷　（宋）葉夢得撰　清道光二十五年(1845)葉鍾葉元刻本　二册

110000－0143－0019266　PG418/190－1

避暑録話二卷　（宋）葉夢得撰　清道光二十五年(1845)葉鍾葉元刻本　二册

110000－0143－0019267　PG418/192

新安景物約編不分卷　（清）江忠儔輯　（清）江正心纂　清道光十年(1830)青雲堂刻本　二册

110000－0143－0019268　PG418/192

新安景物約編不分卷　（清）江忠儔輯　（清）江正心纂　清道光十年(1830)青雲堂刻本　四册

110000－0143－0019269　PG418/193

正學文要八卷道學文附三卷　（清）李元春評選　清道光二十九年(1849)守樸堂刻本　六册

110000－0143－0019270　PG418/193

正學文要八卷道學文附三卷　（清）李元春評選　清道光二十九年(1849)守樸堂刻本　六册

110000－0143－0019271　PG418/194

綺霞江館聯語偶存不分卷續存不分卷　（清）吴熙撰　清宣統二年(1910)刻本　二册

110000－0143－0019272　PG418/196

味餘書室隨筆二卷　（清）仁宗顒琰撰　（清）朱珪等編　清嘉慶十二年(1807)内府刻本　二册

110000－0143－0019273　PG418/198

此木軒雜著八卷　（清）焦袁熹撰　清光緒八年(1882)席氏埽葉山房刻本　四册

110000－0143－0019274　PG418/198

此木軒雜著八卷　（清）焦袁熹撰　清光緒八年(1882)席氏埽葉山房刻本　四册

110000－0143－0019275　PG418/203

咀華録四卷　（清）凝瑞堂主人輯　清道光二十年(1840)凝瑞堂刻本　四册

110000－0143－0019276　PG418/203

咀華録四卷　（清）凝瑞堂主人輯　清道光二十年(1840)凝瑞堂刻本　四册

110000－0143－0019277　PG418/206

橋西雜記一卷　（清）葉名灃撰　清宣統三年(1911)國學扶輪社鉛印本　一册

110000－0143－0019278　PG418/206

橋西雜記一卷　（清）葉名灃撰　清宣統三年(1911)國學扶輪社鉛印本　一册

110000－0143－0019279　PG418/206－1

橋西雜記一卷　（清）葉名灃撰　清同治十年(1871)吴縣潘祖蔭刻本　二册

110000－0143－0019280　PG418/213

雜鈔不分卷　（清）孫慶乃撰　清光緒九年(1883)抄本　一册

110000－0143－0019281　PG418/214

遯菴存稿不分卷　王瓘著　清末抄本　一册

110000－0143－0019282　PG418/215

敝帚千金　英斂之　劉孟揚編輯　清光緒三十一年(1905)鉛印本　五册

110000－0143－0019283　PG418/219

卷施閣文甲集八卷乙集八卷　（清）洪亮吉撰　清乾隆六十年(1795)刻本　四册

110000－0143－0019284　PG418/219－1

卷施閣文甲集十卷乙集八卷卷施閣詩二十卷附鮚軒詩集八卷　（清）洪亮吉撰　清乾隆六十年(1795)貴陽節署刻本　九册

110000－0143－0019285　PG418/219－2

卷施閣文乙集八卷續編一卷更生齋文乙集四卷　（清）洪亮吉撰　清光緒九年(1883)紫藤花館刻本　六册

110000－0143－0019286　PG418/221
合肥學舍劄記八卷　（清）陸繼輅撰　清道光十六年（1836）刻本　二册

110000－0143－0019287　PG418/222
中西聞見錄選編　（美國）丁韙良等編　清同治三年至五年（1864－1866）刻光緒三年（1877）印本　四册

110000－0143－0019288　PG418/224
江南善政前後彙錄　（清）陶熾昌撰　清光緒二十八年（1902）木活字印本　一册

110000－0143－0019289　PG418/226
見聞隨筆二卷　（清）馮甦著　清嘉慶二十年（1815）臨海宋氏刻本　二册

110000－0143－0019290　PG418/228
切問齋文鈔三十卷　（清）陸燿輯　清道光楊國楨刻本　十册

110000－0143－0019291　PG418/231
四奇合璧不分卷　（清）花下解人編　清光緒八年（1882）上海王氏刻本　一册

110000－0143－0019292　PG418/232
海陬冶遊錄三卷附錄三卷餘錄一卷　（清）王韜撰　清光緒四年（1878）長洲王韜鉛印本　二册

110000－0143－0019293　PG418/236
初月樓聞見錄十卷　（清）吳德旋著　清道光四年（1824）刻本　四册

110000－0143－0019294　PG418/238
陰晉異函三卷　（清）李汝榛編輯　清咸豐二年（1852）來紫堂刻本　三册

110000－0143－0019295　PG418/241
正學曹月川先生語錄一卷　（明）曹端撰（清）趙卯清輯　清順治十六年（1659）張璟刻嘉慶元年至道光三十年（1796－1850）印本　一册

110000－0143－0019296　PG418/242
餘墨偶談八卷　（清）孫樗編　清同治十年（1871）桂林楊體賢堂刻本　四册

110000－0143－0019297　PG418/243
六合内外瑣言二十卷　（清）黍餘裔孫編　清光緒二年（1876）申報館鉛印本　八册

110000－0143－0019298　PG418/247
翠巖雜稿三卷　（清）魯九皋自編　清光緒十七年（1891）蔡氏刻本　一册

110000－0143－0019299　PG418/248
退菴題跋二卷　（清）梁章鉅撰　清梁氏自刻本　二册

110000－0143－0019300　PG418/248－1
退菴金石書畫跋二十卷　（清）梁章鉅撰　清道光二十五年（1845）刻本　八册

110000－0143－0019301　PG418/249
西齋偶得三卷附錄一卷　（清）博明撰　清光緒二十六年（1900）杭州刻本　三册

110000－0143－0019302　PG418/249
西齋偶得三卷附錄一卷　（清）博明撰　清光緒二十六年（1900）杭州刻本　一册

110000－0143－0019303　PG418/250
耳郵四卷　（清）俞樾撰　清光緒四年（1878）申報館鉛印本　二册

110000－0143－0019304　PG418/250
耳郵四卷　（清）俞樾撰　清光緒四年（1878）申報館鉛印本　二册

110000－0143－0019305　PG418/251
壬癸藏劄記十二卷　（清）陳康祺著　清光緒十一年（1885）吳下刻本　四册

110000－0143－0019306　PG418/253
花間笑語五卷　（清）釀花使者纂著　清嘉慶二十三年（1818）粵東余氏刻本　四册

110000－0143－0019307　PG418/254
妄妄錄十二卷　（清）朱海著　清道光十年（1830）刻本　六册

110000－0143－0019308　PG418/255
甕牖餘談八卷　（清）王韜撰　清光緒元年（1875）申報館鉛印本　四册

110000－0143－0019309　PG418/255
甕牖餘談八卷　（清）王韜撰　清光緒元年（1875）申報館鉛印本　二册　存四卷（一至四）

110000－0143－0019310　PG418/255
甕牖餘談八卷　（清）王韜撰　清光緒元年（1875）申報館鉛印本　四册

110000－0143－0019311　PG418/256－1
秦淮畫舫錄二卷畫舫餘譚一卷三十六春小譜一卷　（清）捧花生撰　清同治十三年（1874）上海申報館鉛印本　三册

110000－0143－0019312　PG418/258
梡鞠錄二卷　朱祖謀編　清宣統元年（1909）小扶風館鉛印本　一册

110000－0143－0019313　PG418/258－1
梡鞠錄二卷　朱祖謀編　清小扶風館刻本　二册

110000－0143－0019314　PG418/263
古今風謠不分卷古今諺不分卷古今諺拾遺六卷古今風謠拾遺四卷　（明）楊慎纂　（清）史夢蘭補注　清同治十二年（1873）刻本　六册

110000－0143－0019315　PG418/266
零金碎玉四卷　（清）鄭錫祺著　清光緒申報館鉛印本　一册　存二卷（一至二）

110000－0143－0019316　PG418/267
試場異聞錄五種十九卷　（清）吕相燮輯　清同治九年（1870）味經堂刻本　十册

110000－0143－0019317　PG418/267－1
試場異聞錄五卷　（清）吕相燮輯　清光緒十二年（1886）刻本　四册

110000－0143－0019318　PG418/268
塗説四卷　（清）繆艮輯　清道光八年（1828）如此草堂刻本　六册

110000－0143－0019319　PG418/269
四夢彙譚四種四卷　（清）吳紹箕撰　清光緒五年（1879）申報館鉛印本　四册

110000－0143－0019320　PG418/269
四夢彙譚四種四卷　（清）吳紹箕撰　清光緒五年（1879）申報館鉛印本　二册

110000－0143－0019321　PG418/269
四夢彙譚四種四卷　（清）吳紹箕撰　清光緒五年（1879）申報館鉛印本　一册

110000－0143－0019322　PG418/270
東坡題跋二卷山谷題跋三卷　（宋）蘇軾　（宋）黄庭堅撰　清乾隆五十年（1785）又賞齋刻本　五册

110000－0143－0019323　PG418/272
丹泉海島錄四卷　（清）徐景福撰　清光緒四年（1878）遂昌徐氏家塾刻本　二册

110000－0143－0019324　PG418/273
清嘉錄十二卷　（清）顧祿撰　清光緒十七年（1891）上海樂善堂刻本　四册

110000－0143－0019325　PG418/276
酒令叢鈔四卷　（清）俞敦培輯　清光緒四年（1878）藝雲軒刻本　二册

110000－0143－0019326　PG418/276
酒令叢鈔四卷　（清）俞敦培輯　清光緒四年（1878）藝雲軒刻本　二册

110000－0143－0019327　PG418/276
酒令叢鈔四卷　（清）俞敦培輯　清光緒四年（1878）藝雲軒刻本　二册

110000－0143－0019328　PG418/279
猗覺寮雜記二卷　（宋）朱翌撰　清光緒二十一年（1895）刻本　四册

110000－0143－0019329　PG418/283
新鐫註釋故事白眉十卷　（明）許以忠纂集　清乾隆七年（1742）修文堂刻本　六册

110000－0143－0019330　PG418/284
著作林十九期　（清）著作林月刊社編　清光緒三十二年至三十四年（1906－1908）刻本暨鉛印本　九册　存九期（二至九、十一）

110000－0143－0019331　PG418/286
媿林漫錄不分卷　（明）瞿式耜纂　清光緒十六年（1890）江蘇書局刻本　三册

110000－0143－0019332　PG418/287
小兒語一卷女小兒語一卷　(明)呂得勝撰　清刻本　一冊

110000－0143－0019333　PG418/287
續小兒語三卷演小兒語一卷　(明)呂坤撰　清刻本　與110000－0143－0019332合冊

110000－0143－0019334　PG418/288
冰言十卷冰言補錄十卷　(清)李惺撰　清光緒三十三年(1907)江蘇提學署刻本　二冊

110000－0143－0019335　PG418/289
傳家至寶十卷　(清)陶士蓮重輯　清道光元年(1821)會稽陶氏寶善堂刻本　二冊

110000－0143－0019336　PG418/290
藥言四卷藥言賸稿四卷　(清)李惺撰　清光緒三十三年(1907)江蘇提學署刻本　二冊

110000－0143－0019337　PG418/291
尊聞錄初稿二卷　(清)王應昌著　清同治八年(1869)刻本　二冊

110000－0143－0019338　PG418/295
雙魚罌齋集古楹聯不分卷　(清)何紹基　(清)莫友芝等撰　清光緒刻本　四冊

110000－0143－0019339　PG418/296
對聯滙海十四卷　(清)邱日虹編輯　清同治七年(1868)刻本　六冊

110000－0143－0019340　PG418/297
談古偶錄二卷　(清)陳星瑞撰　清光緒二年(1876)申報館鉛印本　二冊

110000－0143－0019341　PG418/298
訂譌雜錄十卷　(清)胡鳴玉撰　清光緒申報館鉛印本　二冊

110000－0143－0019342　PG418/299
宮閨聯名譜二十二卷　(清)董恂撰　(清)陸纘補輯　清光緒二年(1876)申報館鉛印本　十冊

110000－0143－0019343　PG418/300
見聞隨筆二十六卷　(清)齊學裘撰　清同治十年(1871)天空海濶之居刻本　八冊

110000－0143－0019344　PG418/300
見聞續筆二十四卷　(清)齊學裘撰　清光緒二年(1876)天空海濶之居刻本　八冊

110000－0143－0019345　PG418/302
阮盦筆記五種八卷　況周頤撰　清光緒三十三年(1907)白門刻本　二冊

110000－0143－0019346　PG418/302
阮盦筆記五種八卷　況周頤撰　清光緒三十三年(1907)白門刻本　二冊

110000－0143－0019347　PG418/302
阮盦筆記五種八卷　況周頤撰　清光緒三十三年(1907)白門刻本　二冊

110000－0143－0019348　PG418/303
使琉球雜錄五卷　(清)汪楫撰　清康熙至雍正刻本　一冊　存一卷(使琉球雜錄之璿璣玉衡賦、平蜀頌)

110000－0143－0019349　PG418/304
善證類編二卷　(清)王憲章輯　清光緒二十二年(1896)刻本　一冊

110000－0143－0019350　PG418/305
楹聯續話四卷　(清)梁章鉅撰　清道光二十三年(1843)南浦厲齋刻本　二冊

110000－0143－0019351　PG418/305
醒園錄二卷　(清)李化楠撰　清刻本　一冊

110000－0143－0019352　PG418/307
新刻改良最新粵謳二卷　(清)壁經堂校選　清宣統二年(1910)壁經堂刻本　一冊

110000－0143－0019353　PG418/308－1
聰訓齋語二卷　(清)張英纂　清光緒九年(1883)寶硯齋刻本　一冊

110000－0143－0019354　PG418/310
燈謎叢錄不分卷　(清)蔡克仁輯　清咸豐十一年(1861)文元堂刻本　四冊

110000－0143－0019355　PG418/311
藤野儷言三十卷　徐世昌輯　清光緒二年(1876)退耕堂鉛印本　六冊

110000－0143－0019356　PG418/312
勞勞集不分卷　(清)陳樹華著　清抄本　一册

110000－0143－0019357　PG418/317
物詮八卷　(清)汪烜著　清康熙至乾隆稿本　八册

110000－0143－0019358　PG418/320
古今集聯不分卷　(清)張士準輯　清光緒十八年(1892)京都琉璃廠刻本　四册

110000－0143－0019359　PG418/321
罷讀樓彙刻贈言十卷　(清)陳登之輯　清道光十八年(1838)來可閣刻本　十册

110000－0143－0019360　PG418/323
述舊三卷　(清)李福祚輯　清咸豐七年(1857)刻本　六册

110000－0143－0019361　PG418/324
穰梨館過眼續錄十六卷　(清)陸心源編　清光緒十七年(1891)吴興陸氏家塾刻本　八册

110000－0143－0019362　PG418/324－1
穰梨館過眼錄四十卷　(清)陸心源編　清光緒十七年(1891)吴興陸氏家塾刻本　十册

110000－0143－0019363　PG418/325
十二硯齋隨錄四卷　(清)汪鋆錄　清同治十一年(1872)刻本　一册

110000－0143－0019364　PG418/327
曝書雜記三卷　(清)錢泰吉撰　清同治七年(1868)刻本　一册

110000－0143－0019365　PG418/327
曝書雜記三卷　(清)錢泰吉撰　清同治七年(1868)刻本　二册

110000－0143－0019366　PG418/327
曝書雜記三卷　(清)錢泰吉撰　清同治七年(1868)刻本　一册

110000－0143－0019367　PG418/329
家言隨記四卷　(清)王賢儀著　清同治九年(1870)刻本　四册

110000－0143－0019368　PG418/329
家言隨記四卷　(清)王賢儀著　清同治九年(1870)刻本　四册

110000－0143－0019369　PG418/331
安定言行錄二卷　(清)許正綬輯　清光緒六年(1880)苕溪丁氏刻本　一册

110000－0143－0019370　PG418/331
風水祛惑一卷　(清)丁芮樸著　清光緒六年(1880)苕溪丁氏刻本　與110000－0143－0019369合册

110000－0143－0019371　PG418/332
省言一卷　(清)劉友尚撰　清刻本　一册

110000－0143－0019372　PG418/334
爭坐位集字聯不分卷　(清)李載熙輯　清咸豐五年(1855)刻本　三册

110000－0143－0019373　PG418/336
閒窗類鈔二卷　(□)□□輯　清抄本　二册

110000－0143－0019374　PG418/337
璧合珠聯集十卷　(清)董恂等撰　清光緒二十三年(1897)京都翰緣齋刻本　六册

110000－0143－0019375　PG418/337
璧合珠聯集十卷　(清)董恂等撰　清光緒二十三年(1897)京都翰緣齋刻本　十册

110000－0143－0019376　PG418/338
花近樓叢書序跋記二卷　(清)管庭芬著　清宣統三年(1911)上海國學扶輪社鉛印本　一册

110000－0143－0019377　PG418/339
儷白妃黃册八卷　(清)董恂輯　清同治十二年(1873)刻本　一册

110000－0143－0019378　PG418/340
無欺錄二卷　(清)朱用純撰　清光緒二十六年(1900)玉山書院刻本　二册

110000－0143－0019379　PG418/340
無欺錄二卷　(清)朱用純撰　清光緒二十六年(1900)玉山書院刻本　二册

110000－0143－0019380　PG418/341
辯惑堂聯語不分卷　(清)□□輯　清乾隆抄本　一册

110000－0143－0019381　PG418/342
清賢紀六卷　(明)尤鏜撰　清宣統三年(1911)上海國學扶輪社鉛印本　二册

110000－0143－0019382　PG418/343
類聯集錦八卷　(清)張宗濤輯　清乾隆後翻刻本　四册

110000－0143－0019383　PG418/344
類聯集古二編十二卷　(清)劉麔䫮編輯　清乾隆後翻刻本　四册

110000－0143－0019384　PG418/349
中西聞見叢鈔三十四卷　(清)種蕉藝蘭生輯　清光緒二十四年(1898)山灣書館鉛印本　六册

110000－0143－0019385　PG418/350
吟香室雜鈔不分卷　(清)□□輯　清末抄本　五册

110000－0143－0019386　PG418/353
愼宜軒筆記十卷　姚永概撰　清同治五年(1866)木活字印本　二册

110000－0143－0019387　PG418/355
懷古錄三卷　(元)謝應芳撰　清光緒六年(1880)刻本　一册

110000－0143－0019388　PG418/358
雜抄不分卷　(清)□光陽輯　清末抄本　一册

110000－0143－0019389　PG418/359
對聯五卷　(清)□□輯　清末刻本　一册

110000－0143－0019390　PG418/360
公牘片腋不分卷雜錄片腋不分卷　(清)□□輯　清末抄本　一册

110000－0143－0019391　PG418/361
寄廬雜記四卷　(清)錢國珍撰　清光緒刻本　二册

110000－0143－0019392　PG418/361
寄廬雜記四卷　(清)錢國珍撰　清光緒刻本　一册

110000－0143－0019393　PG418/365
精言類纂不分卷　(清)□□輯　清光緒三十二年至三十四年(1906－1908)抄本　二册

110000－0143－0019394　PG418/366
玉杯唫室鈔不分卷　(清)林景綬輯　清光緒二十年(1894)抄本　一册

110000－0143－0019395　PG418/369
趙子言行錄二卷　(清)陳廷鈞纂述　清同治九年(1870)崇文書局刻本　一册

110000－0143－0019396　PG418/371
楹聯錄存五卷附錄一卷　(清)俞樾撰　清光緒二十五年(1899)刻本　二册

110000－0143－0019397　PG418/372
廣益叢報不分卷　(清)重慶廣益叢報社編　清宣統元年(1909)重慶廣益書局鉛印本　一册

110000－0143－0019398　PG418/374
讀海外奇書室雜著不分卷　姚文棟撰　清光緒十七年(1891)刻本　一册

110000－0143－0019399　PG418/377
蕭連州著述手蹟不分卷　(清)蕭榕年著　清乾隆稿本　八册

110000－0143－0019400　PG418/378
漁獵捷徑不分卷　(清)陳殿綸輯　清嘉慶十六年(1811)陳殿綸抄本　四册

110000－0143－0019401　PG418/379
懷古田舍雜鈔不分卷　徐受麇等輯　清末抄本　一册

110000－0143－0019402　PG418/380
明季諸公語錄不分卷　(清)□□輯　清末抄本　一册

110000－0143－0019403　PG418/382
□六軒叢抄不分卷　(清)□□輯　清末抄本　一册

110000－0143－0019404　PG418/385
雞肋編不分卷　(清)□□著　清乾隆五十四年(1789)抄本　六冊

110000－0143－0019405　PG418/386
雨堂偶筆五卷首一卷　(清)蔣慶黶撰　清光緒二十三年(1897)刻本　二冊

110000－0143－0019406　PG418/388
杜盦叢鈔不分卷　(清)□□輯　清末抄本　二冊

110000－0143－0019407　PG418/389
寸陰叢錄四卷　(清)姚瑩撰　清同治至光緒刻本　二冊

110000－0143－0019408　PG418/391
澄波樓文錄不分卷　(□)□□輯　清末抄本　一冊

110000－0143－0019409　PG418/392
雜抄不分卷　(清)程鴻詔等撰　(清)□□編　清末抄本　一冊

110000－0143－0019410　PG418/395
楊氏藝文存目不分卷楊氏藝文拾遺不分卷　(清)余一鼇輯　清光緒十三年(1887)楊應坦、楊念祖木活字印本　一冊

110000－0143－0019411　PG418/396
不薄今人愛古人不分卷　(清)□□輯　清抄本　一冊

110000－0143－0019412　PG418/398
退一步軒雜鈔三卷　(清)李元善撰　清光緒六年(1880)枝江李氏沅陵官舍刻本　一冊

110000－0143－0019413　PG418/399
潛西隨筆二卷　(清)釋含澈纂述　清光緒十九年(1893)刻本　一冊

110000－0143－0019414　PG418/406
翠岩偶集三卷　(清)李雍熙撰　清嘉慶六年(1801)刻本　一冊

110000－0143－0019415　PG418/408
蜀抱軒文雜鈔一卷　吳蔭培撰　清宣統三年(1911)鉛印本　一冊

110000－0143－0019416　PG418/411
柳子藏書九卷　(宋)柳棨撰　清刻本　四冊

110000－0143－0019417　PG418/412
榆園雜錄二卷　(清)郭榆壽輯　清咸豐七年(1857)刻本　二冊

110000－0143－0019418　PG418/415
面城精舍襍文甲編一卷乙編一卷　羅振玉撰　清光緒十八年(1892)刻本　一冊

110000－0143－0019419　PG418/417
鑑誡錄十卷　(五代)何光遠編　清光緒元年(1875)湖北崇文書局刻本　一冊

110000－0143－0019420　PG418/427
補筆談三卷續筆談不分卷　(宋)沈括撰　**附夢溪筆談補校不分卷**　(清)林思進補校　清末刻本　一冊

110000－0143－0019421　PG418/429
小琅嬛叢記二卷　(清)阮福撰　清道光刻本　一冊　存一卷(文筆考一卷)

110000－0143－0019422　PG42/1
楚辭十七卷　(周)屈原撰　(漢)劉向集　(漢)王逸章句　(宋)洪興祖補註　清初汲古閣刻天德堂印本　六冊

110000－0143－0019423　PG42/1
楚辭十七卷　(周)屈原撰　清刻本　二冊

110000－0143－0019424　PG42/1－1
楚辭十七卷　(周)屈原撰　(漢)劉向集　(漢)王逸章句　(宋)洪興祖補註　清同治十一年(1872)金陵書局刻本　四冊

110000－0143－0019425　PG42/1－1
楚辭十七卷　(周)屈原撰　(漢)劉向集　(漢)王逸章句　(宋)洪興祖補註　清同治十一年(1872)金陵書局刻本　四冊

110000－0143－0019426　PG42/1－1
楚辭十七卷　(周)屈原撰　(漢)劉向集　(漢)王逸章句　(宋)洪興祖補註　清同治十一年(1872)金陵書局刻本　四冊

110000－0143－0019427　PG42/1－1

楚辭十七卷　(周)屈原撰　(漢)劉向集　(漢)王逸章句　(宋)洪興祖補註　清同治十一年(1872)金陵書局刻本　四冊

110000－0143－0019428　PG42/1－3
楚辭集注八卷楚辭辯證二卷楚辭後語六卷　(宋)朱熹集注　清光緒八年(1882)江蘇書局刻本　四冊

110000－0143－0019429　PG42/4
楚辭集註八卷楚辭辯證二卷楚辭後語六卷　(宋)朱熹撰　清宣統三年(1911)掃葉山房石印本　四冊

110000－0143－0019430　PG42/4－1
楚辭集註八卷附總評　(宋)朱熹撰　清乾隆五十三年(1788)聽雨齋刻本　六冊

110000－0143－0019431　PG42/4－2
楚辭集註八卷楚辭辯證二卷楚辭後語六卷　(宋)朱熹撰　清光緒五年至十五年(1879－1889)遵義黎庶昌刻本　二冊

110000－0143－0019432　PG42/4－4
楚辭集注八卷　(宋)朱熹集注　清光緒元年(1875)湖北崇文書局刻本　二冊

110000－0143－0019433　PG42/7
楚辭補註十七卷　(宋)洪興祖補註　清光緒二十二年(1896)刻本　四冊

110000－0143－0019434　PG42/8
楚辭燈四卷　(清)林雲銘論述　清刻本　二冊

110000－0143－0019435　PG42/9
楚詞釋十一卷　王闓運注　清光緒二十七年(1901)衡陽刻本　二冊

110000－0143－0019436　PG42/9
楚詞釋十一卷　王闓運注　清光緒二十七年(1901)衡陽刻本　一冊

110000－0143－0019437　PG42/9
楚詞釋十一卷　王闓運注　清光緒二十七年(1901)衡陽刻本　一冊

110000－0143－0019438　PG42/10
離騷注一卷　王樹枏注　清光緒文莫室刻本　一冊

110000－0143－0019439　PG42/13
屈子正音三卷　(清)方績撰　清光緒六年(1880)網舊聞齋刻本　一冊

110000－0143－0019440　PG42/15
屈宋古音義三卷　(明)陳第著　清光緒六年(1880)武昌張氏刻本　二冊

110000－0143－0019441　PG42/18
離騷九歌釋不分卷　(清)畢大琛撰　清光緒十八年(1892)補學齋刻本　一冊

110000－0143－0019442　PG42/22
屈原賦註七卷屈原賦通釋二卷屈原賦音義三卷　(清)戴震撰　清光緒十七年(1891)廣雅書局刻本　一冊

110000－0143－0019443　PG42/22－1
屈原賦註七卷屈原賦通釋二卷屈原賦音義三卷　(清)戴震撰　清乾隆至嘉慶刻本　一冊

110000－0143－0019444　PG42/23
楚辭天問箋不分卷　(清)丁晏撰　清光緒廣雅書局刻本　一冊

110000－0143－0019445　PG42/24
離騷彙訂六帙附離騷讀本屈原傳　(清)王邦采彙訂　清光緒二十六年(1900)廣雅書局刻本　二冊

110000－0143－0019446　PG42/25
屈原賦二十五篇　(清)王仁堪等錄　清光緒十六年(1890)石印本　一冊

110000－0143－0019447　PG42/28
楚騷綺語六卷　(明)張之象輯　(明)凌迪知訂　清光緒六年(1880)八杉齋刻本　四冊

110000－0143－0019448　PG43/1
蔡中郎集十卷外集四卷附列傳年表　(漢)蔡邕撰　清光緒十六年(1890)陶氏刻本　五冊

110000－0143－0019449　PG43/1
蔡中郎集十卷外集四卷附列傳年表　(漢)蔡邕撰　清光緒十六年(1890)陶氏刻本　四冊

110000－0143－0019450　PG43/6
庾子山集十六卷　(北周)庾信撰　(清)倪璠注釋　清道光十九年(1839)善成堂刻本　十二冊

110000－0143－0019451　PG43/6
庾子山集十六卷　(北周)庾信撰　(清)倪璠注釋　清道光十九年(1839)善成堂刻本　十二冊

110000－0143－0019452　PG43/6－1
庾子山集十六卷　(北周)庾信撰　(清)倪璠注釋　清刻本　十二冊

110000－0143－0019453　PG43/6－1
庾子山集十六卷庾集總釋一卷　(北周)庾信撰　(清)倪璠注釋　**庾子山[信]年譜一卷**　(清)倪璠編　清道光十九年(1839)刻本　十四冊

110000－0143－0019454　PG43/6－1
庾子山集十六卷　(北周)庾信撰　(清)倪璠注釋　清刻本　十二冊

110000－0143－0019455　PG43/6－1
庾子山集十六卷　(北周)庾信撰　(清)倪璠注釋　清刻本　十二冊

110000－0143－0019456　PG43/6－1
庾子山集十六卷　(北周)庾信撰　(清)倪璠注釋　清刻本　八冊

110000－0143－0019457　PG43/6－2
庾子山集十六卷　(北周)庾信撰　(清)倪璠注釋　清娜嬛書室刻本　十二冊

110000－0143－0019458　PG43/11－1
徐孝穆全集六卷　(南朝陳)徐陵著　(清)吳兆宜箋注　清善化經濟堂刻本　六冊

110000－0143－0019459　PG43/11－2
徐孝穆全集六卷　(南朝陳)徐陵著　(清)吳兆宜箋注　清善化經濟堂刻本　六冊

110000－0143－0019460　PG43/13
陶淵明文集十卷　(晉)陶潛撰　清光緒五年(1879)番禺俞秀山刻本　三冊

110000－0143－0019461　PG43/13－1
陶淵明文集十卷　(晉)陶潛撰　清嘉慶十二年(1807)京江魯氏刻本　二冊

110000－0143－0019462　PG43/13－5
陶淵明文集十卷　(晉)陶潛撰　清光緒十四年(1888)會稽譚氏稷山樓刻本　二冊

110000－0143－0019463　PG43/15
陶園文集八卷詩集二十二卷詩餘二卷　(清)張九鉞著　清嘉慶二十年至二十三年(1815－1818)湘潭張家榀、張家樾、張家杖校刻本　十冊

110000－0143－0019464　PG43/15
陶園文集八卷詩集二十二卷詩餘二卷　(清)張九鉞著　清嘉慶二十年至二十三年(1815－1818)湘潭張家榀、張家樾、張家杖校刻本　八冊

110000－0143－0019465　PG43/17－1
陶淵明文集十卷　(晉)陶潛撰　清宣統元年(1909)著易堂石印本　四冊

110000－0143－0019466　PG43/17－2
陶淵明集十卷　(晉)陶潛撰　清道光二十一年(1841)溫陵李廷鈺刻本　二冊

110000－0143－0019467　PG43/17－3
陶淵明文集十卷　(晉)陶潛撰　清光緒五年(1879)番禺俞秀山刻本　三冊

110000－0143－0019468　PG43/18
諸葛忠武侯文集不分卷　(宋)張栻等撰　清末刻本　一冊

110000－0143－0019469　PG43/18
諸葛忠武侯文集四卷文集附錄二卷　(三國蜀)諸葛亮撰　**諸葛忠武侯[亮]年譜一卷**　(清)張澍編輯　**諸葛忠武侯故事五卷**　(清)張澍纂輯　清嘉慶十七年(1812)刻本　四冊

110000－0143－0019470　PG43/18－1
諸葛忠武侯全集二十卷首三卷　(三國蜀)諸葛亮撰　(清)胡昇猷纂　清光緒十四年(1888)灌縣胡氏岐山縣署刻本　十二冊

110000－0143－0019471　PG43/19－1
庾子山集十六卷庾集總釋一卷　(北周)庾信撰　(清)倪璠註釋　**庾子山[信]年譜一卷**　(清)倪璠編　清道光十九年(1839)善成堂刻本　十二册

110000－0143－0019472　PG43/19－1
庾子山集十六卷庾集總釋一卷　(北周)庾信撰　(清)倪璠註釋　**庾子山[信]年譜一卷**　(清)倪璠編　清道光十九年(1839)善成堂刻本　十二册

110000－0143－0019473　PG43/20
謝宣城集五卷　(南朝齊)謝朓撰　(明)張溥閱　明崇禎太倉張溥刻本　四册

110000－0143－0019474　PG43/21
梁丘司空集一卷　(南朝梁)丘遲著　(明)張溥閱　明崇禎太倉張溥刻本　一册

110000－0143－0019475　PG42/21
楚辭後語六卷　(宋)朱熹撰　明刻本　一册　存五卷(一至五)

110000－0143－0019476　PG43/22－1
傅鶉觚集一卷　(晉)傅玄著　(明)張溥閱　明崇禎太倉張溥刻本　二册

110000－0143－0019477　PG43/24
鄭氏佚書二十三種七十九卷　(漢)鄭玄撰　(清)袁鈞輯　清光緒十四年(1888)浙江書局刻本　十册

110000－0143－0019478　PG43/24
鄭氏佚書二十三種七十九卷　(漢)鄭玄撰　(清)袁鈞輯　清光緒十四年(1888)浙江書局刻本　十册

110000－0143－0019479　PG43/24
鄭氏佚書二十三種七十九卷　(漢)鄭玄撰　(清)袁鈞輯　清光緒十四年(1888)浙江書局刻本　十册

110000－0143－0019480　PG43/25
南北朝文鈔二卷　(清)彭兆蓀採輯　(清)徐達源參校　清光緒八年(1882)紫雲室刻本　二册

110000－0143－0019481　PG43/26
建安七子集七卷　(清)楊逢辰輯　清光緒十六年(1890)長沙楊氏坦園刻本　四册

110000－0143－0019482　PG43/27
晉司隸校尉傅玄集三卷　(晉)傅玄撰　葉德輝輯　清光緒二十八年(1902)長沙葉氏觀古堂刻本　一册

110000－0143－0019483　PG43/31
賈子十六卷　(漢)賈誼撰　(清)王耕心次詁　清光緒二十九年(1903)正定王氏刻本　二册

110000－0143－0019484　PG43/17－2
陶淵明集八卷末一卷　(晉)陶潛撰　清光緒五年(1879)番禺俞秀山刻本　四册

110000－0143－0019485　PG43/36
靖節先生集十卷首一卷　(晉)陶潛撰　(清)陶澍集注　**諸本評陶彙集一卷靖節先生[陶潛]年譜考異二卷**　(清)陶澍編撰　清光緒九年(1883)江蘇書局刻本　四册

110000－0143－0019486　PG43/39
陳思王集二卷　(三國魏)曹植撰　(明)張溥評閱　清宗書室木活字印本　二册

110000－0143－0019487　PG43/40
魏武帝集不分卷　(三國魏)曹植撰　(明)張溥評閱　明刻本　一册

110000－0143－0019488　PG43/42
漢魏六朝名家集初刻四十種一七八卷　丁福保輯　清宣統三年(1911)文明書局鉛印本　十六册

110000－0143－0019489　PG43/43
魏鍾司徒集不分卷　(三國魏)鍾會撰　(明)張溥評閱　清刻本　一册

110000－0143－0019490　PG43/47
曹集銓評十卷　(三國魏)曹植撰　(清)丁晏纂　清同治十一年(1872)金陵書局刻本　二册

110000－0143－0019491　PG43/47
曹集銓評十卷　（三國魏）曹植撰　（清）丁晏纂　清同治十一年（1872）金陵書局刻本　二冊

110000－0143－0019492　PG43/48
漢劉中壘集不分卷　（漢）劉向著　（明）張溥評閲　明婁東張氏刻本　四冊

110000－0143－0019493　PG43/56
陶淵明集八卷首一卷末一卷　（晉）陶潛撰　清光緒五年（1879）翰墨園刻本　二冊

110000－0143－0019494　PG43/57
述異記二卷　（南朝梁）任昉撰　清光緒元年（1875）崇文書局刻本　一冊

110000－0143－0019495　PG43/58
陶彭澤集六卷　（晉）陶潛撰　清同治九年（1870）胡氏退補齋刻本　一冊

110000－0143－0019496　PG43/60
庾子山全集十卷　（北周）庾信撰　（清）吳兆宜箋注　清寶翰樓刻本　四冊

110000－0143－0019497　PG44/5－2
司空表聖文集十卷　（唐）司空圖撰　清光緒三十一年（1905）仁和朱氏刻本　一冊

110000－0143－0019498　PG44/11－1
皇甫持正文集六卷補遺一卷　（唐）皇甫湜撰　清光緒二年（1876）南海馮氏讀有用書齋刻本　一冊

110000－0143－0019499　PG44/11－1
皇甫持正文集六卷補遺一卷　（唐）皇甫湜撰　清光緒二年（1876）南海馮氏讀有用書齋刻本　一冊

110000－0143－0019500　PG44/17
樊川文集二十卷外集一卷别集一卷　（唐）杜牧撰　清光緒二十二年（1896）刻本　四冊

110000－0143－0019501　PG44/17
樊川文集二十卷外集一卷别集一卷　（唐）杜牧撰　清光緒二十二年（1896）刻本　六冊

110000－0143－0019502　PG44/28－1
顔魯公文集十五卷　（唐）顔真卿撰　明末清初刻本　四冊

110000－0143－0019503　PG44/33
寒山子詩集不分卷　（唐）釋寒山子撰　清宣統二年（1910）程氏思賢堂刻本　二冊

110000－0143－0019504　PG44/39－2
昌黎先生集攷異十卷　（唐）韓愈撰　（宋）朱熹攷異　清光緒十一年（1885）新陽趙氏刻本　二冊

110000－0143－0019505　PG44/42
新刊權載之文集五十卷　（唐）權德輿撰　清嘉慶十一年（1806）朱氏刻本　八冊

110000－0143－0019506　PG44/45
唐陸宣公全集二十二卷　（唐）陸贄撰　清同治五年（1866）楊氏問竹軒刻本　八冊

110000－0143－0019507　PG44/45
唐陸宣公全集二十二卷　（唐）陸贄撰　（清）年羹堯重訂　清光緒二十四年（1898）著易堂影印本　四冊

110000－0143－0019508　PG44/45
唐陸宣公全集二十二卷　（唐）陸贄撰　（清）耆英重訂　清道光二十七年（1847）刻本　八冊

110000－0143－0019509　PG44/45－2
唐陸宣公全集二十二卷　（唐）陸贄撰　清同治五年（1866）楊氏問竹軒刻本　八冊

110000－0143－0019510　PG44/45－3
唐陸宣公全集二十二卷　（唐）陸贄撰　清光緒二十四年（1898）上海著易堂石印本　一冊

110000－0143－0019511　PG44/45－4
唐陸宣公全集二十二卷　（唐）陸贄撰　清嘉慶二十三年（1818）春暉堂刻本　二冊

110000－0143－0019512　PG44/45－4
唐陸宣公全集二十二卷　（唐）陸贄撰　清嘉慶二十三年（1818）春暉堂刻本　六冊

110000－0143－0019513　PG44/45－4
唐陸宣公全集二十二卷　（唐）陸贄撰　清嘉

慶二十三年(1818)春暉堂刻本　六冊

110000－0143－0019514　PG44/45－6
唐陸宣公全集二十二卷　(唐)陸贄撰　(清)耆英重訂　清道光二十七年(1847)刻本　八冊

110000－0143－0019515　PG44/45－7
唐陸宣公集二十二卷首一卷增輯一卷附錄一卷　(唐)陸贄撰　清光緒二年(1876)江蘇書局刻本　六冊

110000－0143－0019516　PG44/45－10
唐陸宣公集二十二卷　(唐)陸贄撰　**陸宣公[贄]年譜輯略一卷**　(清)江溶輯　清乾隆至嘉慶刻本　十六冊

110000－0143－0019517　PG44/48－2
李義山詩集三卷附諸家詩評一卷李義山詩譜一卷　(唐)李商隱撰　(清)朱鶴齡箋注　(清)沈厚塽輯評　清同治九年(1870)廣州倅署刻本　四冊

110000－0143－0019518　PG44/48－2
李義山詩集三卷附諸家詩評一卷李義山詩譜一卷　(唐)李商隱撰　(清)朱鶴齡箋注　(清)沈厚塽輯評　清同治九年(1870)廣州倅署刻本　四冊

110000－0143－0019519　PG44/48－2
李義山詩集三卷附諸家詩評一卷李義山詩譜一卷　(唐)李商隱撰　(清)朱鶴齡箋注　(清)沈厚塽輯評　清同治九年(1870)廣州倅署刻本　四冊

110000－0143－0019520　PG44/48－4
李義山詩集三卷　(唐)李商隱撰　(清)錢謙益校　清宣統元年(1909)神州國光社影印本　二冊

110000－0143－0019521　PG44/50－1
沈下賢文集十二卷　(唐)沈亞之撰　清光緒二十一年(1895)童氏刻本　四冊

110000－0143－0019522　PG44/50－2
沈下賢文集十二卷　(唐)沈亞之撰　清光緒二十一年(1895)童氏刻本　二冊

110000－0143－0019523　PG44/50－3
沈下賢文集十二卷　(唐)沈亞之撰　清末抄本　六冊

110000－0143－0019524　PG44/57
張說之文集二十五卷補遺五卷　(唐)張說撰　清光緒三十一年(1905)朱氏刻本　五冊

110000－0143－0019525　PG44/58－1
陳伯玉文集三卷詩集二卷附錄一卷首一卷　(唐)陳子昂撰　清咸豐四年(1854)鐵筆齋刻本　四冊

110000－0143－0019526　PG44/58－1
陳伯玉文集三卷詩集二卷附錄一卷首一卷　(唐)陳子昂撰　清咸豐四年(1854)鐵筆齋刻本　四冊

110000－0143－0019527　PG44/58－2
陳伯玉文集三卷詩集二卷附錄一卷首一卷　(唐)陳子昂撰　清道光十七年(1837)刻本　四冊

110000－0143－0019528　PG44/63
李長吉集四卷外卷一卷　(唐)李賀撰　(明)黃淳耀評本　清宣統元年(1909)埽葉山房朱墨套印本　二冊

110000－0143－0019529　PG44/64
重刊五百家註音辯昌黎先生文集四十卷　(唐)韓愈撰　(宋)魏仲舉輯註　清刻本　十二冊

110000－0143－0019530　PG44/64
重刊五百家註音辯昌黎先生文集四十卷　(唐)韓愈撰　(宋)魏仲舉輯註　清刻本　八冊

110000－0143－0019531　PG44/64－1
五百家註音辯昌黎先生文集四十卷　(唐)韓愈撰　(宋)魏仲舉輯註　清刻本　十冊

110000－0143－0019532　PG44/64－1
昌黎先生集四十卷外集十卷遺文四卷　(唐)韓愈撰　清宣統三年(1911)石印本　十冊

110000－0143－0019533　PG44/64－10
昌黎先生集四十卷外集十卷遺文一卷　(唐)韓愈撰　清同治八年(1869)江蘇書局刻本　十一冊

110000－0143－0019534　PG44/64－11
唐宋十大家全集錄四十四卷　(清)儲欣編　清光緒八年(1882)江蘇書局刻本　七冊　存八卷(昌黎先生全集錄八卷)

110000－0143－0019535　PG44/64－14
昌黎先生集四十卷外集十卷遺文一卷　(唐)韓愈撰　清宣統二年(1910)上海埽葉山房石印本　十二冊

110000－0143－0019536　PG44/65
劉賓客文集三十卷外集十卷　(唐)劉禹錫撰　清光緒三十一年(1905)朱氏刻本　五冊

110000－0143－0019537　PG44/65
劉賓客文集三十卷外集十卷　(唐)劉禹錫撰　清光緒三十一年(1905)朱氏刻本　五冊

110000－0143－0019538　PG44/66
李義山詩文全集箋註十七卷　(唐)李商隱撰　(清)馮浩註　清嘉慶十年(1805)後刻本　七冊　存四卷(李義山詩註三卷、附錄一卷)

110000－0143－0019539　PG44/66
樊南文集詳註八卷　(唐)李商隱撰　(清)馮浩註　清乾隆三十年(1765)刻本　八冊

110000－0143－0019540　PG44/67
李衛公會昌一品集二十卷别集十卷外集四卷補遺一卷　(唐)李德裕撰　(清)王用臣校　清光緒五年(1879)王氏謙德堂刻本　六冊

110000－0143－0019541　PG44/67
李衛公會昌一品集二十卷别集十卷外集四卷補遺一卷　(唐)李德裕撰　(清)王用臣校　清光緒五年(1879)王氏謙德堂刻本　三冊　缺十卷(别集十卷)

110000－0143－0019542　PG44/70
李太白文集三十六卷　(唐)李白撰　(清)王琦輯注　清乾隆二十四年(1759)聚錦堂刻本　六冊　缺七卷(九至十一、二十至二十三)

110000－0143－0019543　PG44/71
李太白文集三十六卷　(唐)李白撰　清刻本　四冊　缺十七卷(一至十七)

110000－0143－0019544　PG44/71
李太白文集三十六卷　(唐)李白撰　(清)王琦輯注　清乾隆二十三年(1758)寶笏樓刻本　二十冊

110000－0143－0019545　PG44/71
李太白文集三十六卷　(唐)李白撰　(清)王琦輯注　清乾隆二十二年(1758)寶笏樓刻本　十二冊

110000－0143－0019546　PG44/71－3
李太白文集三十六卷　(唐)李白撰　(清)王琦輯注　清乾隆二十四年(1759)聚錦堂刻本　十六冊

110000－0143－0019547　PG44/71－3
李太白文集三十六卷　(唐)李白撰　(清)王琦輯注　清乾隆二十四年(1759)刻本　十六冊

110000－0143－0019548　PG44/71－5
李太白文集三十卷　(唐)李白撰　清光緒元年(1875)刻本　四冊

110000－0143－0019549　PG44/71－5
李太白文集三十卷　(唐)李白撰　清光緒元年(1875)湖北崇文書局刻本　四冊

110000－0143－0019550　PG44/75－1
李翰林集三十卷　(唐)李白撰　清光緒三十二年(1906)吳毫籟刻本　六冊

110000－0143－0019551　PG44/77－1
張燕公集二十五卷　(唐)張說撰　清光緒二十一年(1895)刻本　五冊

110000－0143－0019552　PG44/78
樊南文集詳註八卷　(唐)李商隱撰　(清)馮浩註　清乾隆三十年(1765)德聚堂刻本　四冊

110000－0143－0019553　PG44/78

樊南文集詳註八卷 （唐）李商隱撰 （清）馮浩註 清乾隆三十年（1765）德聚堂刻本 四冊

110000－0143－0019554 PG44/80

河東先生文集六卷 （唐）柳宗元撰 清宣統二年（1910）會文堂粹記石印本 六冊

110000－0143－0019555 PG44/80－1

柳文惠公全集四十三卷別集二卷外集二卷附錄一卷 （唐）柳宗元撰 （唐）劉禹錫編 （宋）穆修訂 清同治七年（1868）刻本 十二冊

110000－0143－0019556 PG44/80－1

柳文惠公全集四十三卷別集二卷外集二卷附錄一卷 （唐）柳宗元撰 （唐）劉禹錫編 （宋）穆修訂 清同治七年（1868）刻本 六冊

110000－0143－0019557 PG44/80－1

柳文惠公全集四十三卷別集二卷外集二卷附錄一卷 （唐）柳宗元撰 （唐）劉禹錫編 （宋）穆修訂 清同治七年（1868）刻本 八冊

110000－0143－0019558 PG44/81

駱丞集四卷辨譌考異二卷 （唐）駱賓王撰 （清）胡鳳丹輯 清同治八年（1869）永康胡氏退補齋刻本 二冊

110000－0143－0019559 PG44/82

唐陸宣公翰苑集二十四卷 （唐）陸贄撰 （清）張佩芳注釋 清乾隆刻光緒平潭李慕端師竹堂印本 八冊

110000－0143－0019560 PG44/82

唐陸宣公翰苑集二十四卷 （唐）陸贄撰 （清）張佩芳注釋 清乾隆刻光緒七年（1881）山右張氏希音堂印本 八冊

110000－0143－0019561 PG44/84

李衛公文集二十卷別集十卷外集四卷補遺一卷 （唐）李德裕撰 清光緒十六年（1890）常慊慊齋刻本 八冊

110000－0143－0019562 PG44/84－1

李衛公會昌一品集二十卷別集十卷外集四卷補遺一卷 （唐）李德裕撰 （清）王用臣校 清光緒五年（1879）謙德堂刻畿輔叢書本 六冊

110000－0143－0019563 PG44/84－2

李衛公會昌一品集二十卷別集十卷外集四卷補遺一卷 （唐）李德裕撰 （清）王用臣校 清光緒五年（1879）謙德堂刻畿輔叢書本 六冊

110000－0143－0019564 PG44/84－3

李衛公文集二十卷別集十卷外集四卷補遺一卷 （唐）李德裕撰 清光緒十六年（1890）常慊慊齋刻本 四冊

110000－0143－0019565 PG44/90

隋煬帝集一卷 （隋）煬帝楊廣撰 （明）張溥閱 明崇禎太倉張溥刻本 一冊

110000－0143－0019566 PG44/91

王子安集註二十卷首一卷末一卷 （唐）王勃撰 （清）蔣清翊註 清光緒九年（1883）吳縣蔣氏雙唐碑館刻本 六冊

110000－0143－0019567 PG44/91

王子安集註二十卷首一卷末一卷 （唐）王勃撰 （清）蔣清翊註 清光緒九年（1883）吳縣蔣氏雙唐碑館刻本 六冊

110000－0143－0019568 PG44/92

楊盈川集十卷 （唐）楊炯撰 （清）項家達輯 清同治十二年（1873）鄒氏叢雅居刻本 二冊

110000－0143－0019569 PG44/92

初唐四傑集三十七卷 （清）項家達輯 清同治十二年（1873）鄒氏叢雅居刻本 八冊

110000－0143－0019570 PG44/100

唐人五十家小集 （清）江標輯 清光緒二十一年（1895）元和江氏靈鶼閣刻本 二十四冊

110000－0143－0019571 PG44/100－1

唐人五十家小集 （清）江標輯 清光緒二十一年（1895）元和江氏靈鶼閣刻本 十六冊

110000－0143－0019572 PG44/100－1

唐人五十家小集　(清)江標輯　清光緒二十一年(1895)元和江氏靈鶼閣刻本　十六冊

110000－0143－0019573　PG44/101
江醴陵集二卷　(南朝梁)江淹著　明末刻本　四冊

110000－0143－0019574　PG44/102
李元賓文集六卷　(唐)李觀撰　清嘉慶二十三年(1818)江都秦氏石研齋刻本　一冊

110000－0143－0019575　PG44/102－2
李元賓文集六卷　(唐)李觀撰　清光緒五年(1879)王氏謙德堂刻本　一冊

110000－0143－0019576　PG44/103
張中丞事實集錄三卷首一卷　(唐)張巡撰　清光緒九年(1883)刻本　二冊

110000－0143－0019577　PG44/104
樊南文集補編十二卷首一卷附錄一卷　(唐)李商隱撰　(清)錢振倫箋　(清)錢振常注　清同治五年(1866)望三益齋刻本　四冊

110000－0143－0019578　PG44/104
樊南文集補編十二卷首一卷附錄一卷　(唐)李商隱撰　(清)錢振倫箋　(清)錢振常注　清同治五年(1866)望三益齋刻本　四冊

110000－0143－0019579　PG44/104
樊南文集補編十二卷首一卷附錄一卷　(唐)李商隱撰　(清)錢振倫箋　(清)錢振常注　清同治五年(1866)望三益齋刻本　四冊

110000－0143－0019580　PG44/105
顧華陽集三卷補遺一卷　(唐)顧況撰　清咸豐五年(1855)顧氏雙峯堂刻本　二冊

110000－0143－0019581　PG44/107
莆陽黃御史集二卷別錄一卷附錄一卷　(唐)黃滔撰　清光緒十年(1884)刻本　四冊

110000－0143－0019582　PG44/107
麟角集一卷附錄一卷　(唐)王棨撰　清光緒十年(1884)刻本　二冊

110000－0143－0019583　PG44/108
習之先生全集錄二卷　(唐)李翱撰　(清)儲欣編　清光緒八年(1882)刻本　二冊

110000－0143－0019584　PG44/109
呂衡州文集十卷附考證一卷　(唐)呂溫撰　**考異**　(清)顧廣圻撰　清道光七年(1827)江都秦氏石研齋刻本　四冊

110000－0143－0019585　PG44/109
唐人三家集二十六卷　(清)秦恩復輯　清道光十年(1830)江都秦氏石研齋刻本　十冊

110000－0143－0019586　PG44/113
讀書堂杜工部文集註解二卷　(唐)杜甫撰　(清)張溍評註　清道光刻本　一冊

110000－0143－0019587　PG44/114
王無功集三卷東皋子集補遺二卷東皋子集校勘記一卷　(唐)王績撰　清光緒三十二年(1906)羅氏唐風廔刻本　一冊

110000－0143－0019588　PG44/115
王子安集十六卷　(唐)王勃撰　清光緒五年(1879)華陽醉經堂刻本　四冊

110000－0143－0019589　PG44/119
宋乾道永州本柳柳州外集一卷附錄一卷　(唐)柳宗元撰　清光緒四年(1878)合肥蒯氏刻本　一冊

110000－0143－0019590　PG44/119
宋乾道永州本柳柳州外集一卷附錄一卷　(唐)柳宗元撰　清光緒四年(1878)合肥蒯氏刻本　一冊

110000－0143－0019591　PG44/119
宋乾道永州本柳柳州外集一卷附錄一卷　(唐)柳宗元撰　清光緒四年(1878)合肥蒯氏刻本　一冊

110000－0143－0019592　PG44/121
孫可之文集十卷　(唐)孫樵撰　清光緒二年(1876)南海馮氏刻本　一冊

110000－0143－0019593　PG44/121
孫可之文集十卷　(唐)孫樵撰　清光緒二年(1876)南海馮氏刻本　一冊

110000－0143－0019594　PG44/122

魏鄭公文集三卷 (唐)魏徵撰　清光緒刻本　一冊

110000－0143－0019595　PG44/123

制詔集二十卷 (唐)常衮撰　(清)郭柏蒼校刊　清光緒七年(1881)沁泉山館刻本　四冊

110000－0143－0019596　PG44/124

唐林邵州遺集一卷附錄一卷 (唐)林蘊著　清嘉慶十八年(1813)麟後山房王氏刻本　二冊

110000－0143－0019597　PG44/126

韓集補註一卷 (清)沈欽韓撰　(清)胡承珙訂　清光緒十七年(1891)廣雅書局刻本　一冊

110000－0143－0019598　PG44/127

貴池唐人集十六卷 劉世珩輯　清光緒三十年至三十一年(1904－1905)貴池劉氏唐石簃刻本　三冊

110000－0143－0019599　PG44/127

劇談錄二卷逸文一卷 (唐)康駢述　清光緒三十年(1904)貴池劉氏唐石簃刻本　一冊

110000－0143－0019600　PG44/130

杜少陵全集詳註二十五卷首一卷附錄二卷 (唐)杜甫撰　(清)仇兆鰲輯註　清康熙三十二年(1693)刻本　十冊　缺六卷(二十至二十五)

110000－0143－0019601　PG44/131

李文公集十八卷補遺一卷附錄一卷 (唐)李翺撰　清光緒元年(1875)讀有用書齋刻本　四冊

110000－0143－0019602　PG44/133

駱丞集四卷 (唐)駱賓王撰　清同治十二年(1873)叢雅居刻本　一冊

110000－0143－0019603　PG44/138

李義山詩文集詳註十一卷 (唐)李商隱撰　(清)馮浩編　清同治七年(1868)德聚堂刻本　八冊

110000－0143－0019604　PG44/139

唐文拾遺七十二卷目錄八卷 (清)陸心源輯　清光緒十四年(1888)歸安陸氏刻本　二十冊

110000－0143－0019605　PG45/1

歐陽文忠公全集一百五十三卷附錄五卷 (宋)歐陽修撰　清乾隆五十七年(1792)惇敘堂刻本　七冊　存四十九卷(一至四、十四至二十二、三十八至四十七、五十六至七十六、一百三十四至一百三十八)

110000－0143－0019606　PG45/1

歐陽文忠公全集一百五十三卷附錄五卷 (宋)歐陽修撰　清嘉慶二十四年(1819)刻本　三十二冊

110000－0143－0019607　PG45/1

歐陽文忠公全集一百五十三卷附錄五卷 (宋)歐陽修撰　清乾隆十一年(1746)孝思堂刻本　十六冊　缺九十卷(一至九十)

110000－0143－0019608　PG45/1

歐陽文忠公居士集一百五卷 (宋)歐陽修撰　清康熙十二年(1673)吉水曾弘刻本　十七冊　缺十卷(一至三、十八至二十四)

110000－0143－0019609　PG45/1

歐陽文忠公全集一百五十三卷附錄五卷 (宋)歐陽修撰　清乾隆五十七年(1792)惇敘堂刻本　二十四冊

110000－0143－0019610　PG45/1－1

歐陽文忠公全集一百五十三卷首一卷附錄五卷 (宋)歐陽修撰　清嘉慶二十四年(1819)歐陽衡刻本　二十四冊

110000－0143－0019611　PG45/1－2

歐陽文忠公全集一百五十三卷首一卷附錄五卷 (宋)歐陽修撰　清嘉慶二十四年(1819)歐陽衡刻本　二十四冊

110000－0143－0019612　PG45/2

王臨川全集一百卷 (宋)王安石撰　清光緒九年(1883)溧陽繆氏小峴山館刻本　十六冊

110000－0143－0019613　PG45/2

王臨川全集一百卷　(宋)王安石撰　清光緒九年(1883)聽香館刻本　十六册

110000 - 0143 - 0019614　PG45/2
王臨川全集二十四卷　(宋)王安石撰　清宣統三年(1911)上海掃葉山房石印本　十二册

110000 - 0143 - 0019615　PG45/4
文信國公集二十卷首一卷　(宋)文天祥撰　清同治七年(1868)楚醴景萊書室刻本　十六册

110000 - 0143 - 0019616　PG45/8
陸象山先生文集三十六卷附錄一卷　(宋)陸九淵撰　(清)李紱點次　(清)周毓齡重校　清道光三年(1823)金谿陸邦瑞槐堂書屋刻本　十二册

110000 - 0143 - 0019617　PG45/8
陸象山先生文集三十六卷附錄一卷　(宋)陸九淵撰　(清)李紱點次　(清)周毓齡重校　清道光三年(1823)金谿陸邦瑞刻同治十年(1871)重刻光緒七年(1881)陸慕祖增刻本　十册

110000 - 0143 - 0019618　PG45/8 - 1
陸象山先生文集三十六卷附錄一卷　(宋)陸九淵撰　(清)李紱點次　(清)周毓齡重校　清道光三年(1823)金谿陸邦瑞刻同治十年(1871)重刻光緒七年(1881)陸慕祖增刻本　十一册　缺一卷(三十五)

110000 - 0143 - 0019619　PG45/8 - 1
陸象山先生文集三十六卷附錄一卷　(宋)陸九淵撰　(清)李紱點次　(清)周毓齡重校　清道光三年(1823)金谿陸邦瑞刻同治十年(1871)重刻光緒七年(1881)陸慕祖增刻本　十二册

110000 - 0143 - 0019620　PG45/8 - 2
陸象山先生文集三十六卷附錄一卷　(宋)陸九淵撰　(清)李紱點次　(清)周毓齡重校　清宣統二年(1910)江左書林鉛印本　八册

110000 - 0143 - 0019621　PG45/8 - 3
陸象山先生文集三十六卷附錄一卷　(宋)陸九淵撰　(清)李紱點次　(清)周毓齡重校　清道光三年(1823)金谿陸邦瑞刻本　八册　缺一卷(附錄一卷)

110000 - 0143 - 0019622　PG45/8 - 3
陸象山先生文集三十六卷附錄一卷　(宋)陸九淵撰　(清)李紱點次　(清)周毓齡重校　清道光三年(1823)金谿陸邦瑞槐堂書屋刻本　十二册

110000 - 0143 - 0019623　PG45/10 - 1
盤洲文集八十卷首一卷末一卷附校記　(宋)洪适撰　清同治刻光緒十年(1884)增刻本　十二册

110000 - 0143 - 0019624　PG45/10 - 1
盤洲文集八十卷首一卷末一卷附校記　(宋)洪适撰　清同治刻光緒十年(1884)增刻本　十二册

110000 - 0143 - 0019625　PG45/11
水心文集二十九卷　(宋)葉適撰　清乾隆二十年(1755)寧化雷鋐刻本　十六册

110000 - 0143 - 0019626　PG45/11
水心先生文集二十九卷補遺一卷　(宋)葉適撰　清光緒八年(1882)瑞安孫氏詒善祠塾刻本　六册

110000 - 0143 - 0019627　PG45/11
水心先生別集十六卷　(宋)葉適撰　清同治九年(1870)瑞安孫氏刻本　二册

110000 - 0143 - 0019628　PG45/11 - 1
水心文集二十九卷　(宋)葉適撰　清乾隆二十年(1755)寧化雷鋐刻本　八册

110000 - 0143 - 0019629　PG45/11 - 2
水心先生別集十六卷　(宋)葉適撰　清同治九年(1870)瑞安孫氏刻本　四册

110000 - 0143 - 0019630　PG45/11 - 2
水心先生別集十六卷　(宋)葉適撰　清同治九年(1870)瑞安孫氏刻本　四册

110000 - 0143 - 0019631　PG45/13 - 2
宛陵先生文集六十卷　(宋)梅堯臣撰　清宣

統二年(1910)上海石印本　十冊

110000－0143－0019632　PG45/13－2
宛陵先生文集六十卷　(宋)梅堯臣撰　清宣統二年(1910)上海石印本　十冊

110000－0143－0019633　PG45/13－2
宛陵先生文集六十卷　(宋)梅堯臣撰　清宣統二年(1910)上海石印本　十冊

110000－0143－0019634　PG45/17
止齋先生文集五十二卷附錄一卷　(宋)陳傅良撰　清光緒四年(1878)瑞安孫氏詒善祠塾刻本　八冊

110000－0143－0019635　PG45/28－2
元豐類稾五十卷首一卷　(宋)曾鞏撰　清光緒十六年(1890)慈利漁浦書院刻本　十冊

110000－0143－0019636　PG45/29－1
鶴山文鈔三十二卷　(宋)魏了翁撰　清宣統二年(1910)四川官印刷局刻本　十冊

110000－0143－0019637　PG45/29－1
鶴山文鈔三十二卷　(宋)魏了翁撰　清同治十三年(1874)吳氏望三益齋刻本　十四冊

110000－0143－0019638　PG45/32
嘉祐集二十卷　(宋)蘇洵撰　清道光十二年(1832)眉州三蘇祠刻本　四冊

110000－0143－0019639　PG45/32
何北山先生遺集四卷　(宋)何基撰　清光緒八年(1882)永康胡氏退補齋刻本　二冊

110000－0143－0019640　PG45/35－1
浮溪集三十二卷　(宋)汪藻撰　清抄本　八冊

110000－0143－0019641　PG45/36
河東先生全集錄六卷　(唐)柳宗元撰　清康熙遺清堂刻本　六冊

110000－0143－0019642　PG45/36
河東先生全集錄六卷　(唐)柳宗元撰　清光緒八年(1882)江蘇書局刻本　八冊

110000－0143－0019643　PG45/37
西山先生真文忠公讀書記四十卷　(宋)真德秀撰　清乾隆四年(1739)真鼎元、真元傑刻本　三十二冊

110000－0143－0019644　PG45/40－2
蘇學士文集十六卷　(宋)蘇舜欽撰　清宣統三年(1911)龍文閣書局石印本　六冊

110000－0143－0019645　PG45/41－1
河南先生文集二十七卷附錄一卷　(宋)尹洙撰　清宣統二年(1910)守政書局木活字印本　四冊

110000－0143－0019646　PG45/42
淮海集十七卷後集二卷詞一卷補遺一卷　(宋)秦觀著　(清)王敬之等纂　清道光二十一年(1841)王敬之補刻本　八冊

110000－0143－0019647　PG45/42
淮海集十七卷後集二卷詞一卷補遺一卷淮海集附纂攷證一卷附纂補攷證一卷附纂存影一卷淮海文集攷證一卷　(宋)秦觀著　(清)王敬之等纂　清道光二十一年(1841)王敬之補刻本　八冊

110000－0143－0019648　PG45/42－1
淮海集四十卷後集六卷後集長短句三卷詩餘一卷　(宋)秦觀著　(明)徐渭評　清同治十二年(1873)秦氏家塾刻本　六冊

110000－0143－0019649　PG45/42－3
淮海集十七卷後集二卷詞一卷補遺一卷淮海文集考證一卷　(宋)秦觀著　(清)王敬之等纂　清道光二十一年(1841)王敬之補刻本　六冊

110000－0143－0019650　PG45/43－1
伊川擊壤集二十卷　(宋)邵雍撰　明萬曆文靖書院刻本　八冊

110000－0143－0019651　PG45/43－3
伊川擊壤集二十卷補遺一卷　(宋)邵雍撰　清光緒三年(1877)述荆堂刻本　六冊

110000－0143－0019652　PG45/49
宋王忠文公文集五十卷　(宋)王十朋撰

(清)唐傳鉎重編　清光緒二年(1876)梅溪書院刻本　十六册

110000-0143-0019653　PG45/49
宋王忠文公文集五十卷　(宋)王十朋撰　(清)唐傳鉎重編　清道光十二年(1832)刻本　六册　存二十二卷(一至二十二)

110000-0143-0019654　PG45/49-2
宋王忠文公文集五十卷　(宋)王十朋撰　(清)唐傳鉎重編　清道光十二年(1832)刻本　十二册

110000-0143-0019655　PG45/50
司馬溫公文集八十二卷　(宋)司馬光撰　清同治四年(1865)戴氏刻本　二十四册

110000-0143-0019656　PG45/50-3
司馬溫公文集十四卷首一卷　(宋)司馬光撰　清光緒七年(1881)紅杏山房刻本　六册

110000-0143-0019657　PG45/51
司馬文正公集八十二卷首一卷目錄二卷　(宋)司馬光撰　清乾隆五十五年(1790)百祿堂刻本　十六册

110000-0143-0019658　PG45/52
朱子集一百四卷目錄二卷　(宋)朱熹撰　清咸豐十年(1860)紫霞洲祠堂刻本　四十册

110000-0143-0019659　PG45/52
朱子集一百四卷目錄二卷　(宋)朱熹撰　清咸豐十年(1860)紫霞洲祠堂刻本　四十册

110000-0143-0019660　PG45/52-1
朱子集一百四卷目錄二卷　(宋)朱熹撰　清咸豐十年(1860)紫霞洲祠堂刻本　四十册

110000-0143-0019661　PG45/52-2
朱子集一百四卷目錄二卷　(宋)朱熹撰　清咸豐十年(1860)紫霞洲祠堂刻本　四十册

110000-0143-0019662　PG45/52-2
朱子集一百四卷目錄二卷　(宋)朱熹撰　清咸豐十年(1860)紫霞洲祠堂刻本　四十册

110000-0143-0019663　PG45/53
晦庵先生朱文公文集一百卷續集五卷別集七卷　(宋)朱熹撰　(清)臧眉錫　(清)蔡方炳訂定　清康熙二十六年至二十八年(1687-1689)臧眉錫、蔡方炳刻本　四十册

110000-0143-0019664　PG45/53
晦庵先生朱文公文集五卷續集十一卷　(宋)朱熹撰　清同治至光緒初刻本　二册

110000-0143-0019665　PG45/53
朱子集一百四卷目錄二卷　(宋)朱熹撰　清咸豐十年(1860)紫霞洲祠堂刻本　四十册

110000-0143-0019666　PG45/53-1
淵鑒齋御纂朱子全書六十六卷　(宋)朱熹撰　(清)李光地　(清)熊賜履纂修　清道光元年至同治十三年(1821-1874)刻本　六册　缺四十七卷(一至九、十三至十九、二十一至二十三、二十六至二十九、三十三至四十四、四十九至六十)

110000-0143-0019667　PG45/53-1
淵鑒齋御纂朱子全書六十六卷　(宋)朱熹撰　(清)李光地　(清)熊賜履纂修　清道光元年至同治十三年(1821-1874)刻本　三十二册

110000-0143-0019668　PG45/53-2
朱子遺書十五種一百三卷　(宋)朱熹撰　清康熙禦兒呂氏寶誥堂刻本　十六册

110000-0143-0019669　PG45/53-4
朱子文集大全類編一百十卷　(宋)朱熹撰　清道光二十年(1840)考亭書院刻本　四十八册

110000-0143-0019670　PG45/54
范文正公文集九卷　(宋)范仲淹撰　(清)張伯行重訂　清同治八年(1869)福州正誼書院刻本　三册

110000-0143-0019671　PG45/54-1
范文正公文集九卷　(宋)范仲淹撰　(清)張伯行重訂　清同治八年(1869)福州正誼書院刻本　三册

110000-0143-0019672　PG45/54-1

續近思錄十四卷　(清)張伯行集解　清同治九年(1870)福州正誼書院刻本　三册

110000－0143－0019673　PG45/54－1
范文正公文集十卷　(宋)范仲淹撰　(清)張伯行重訂　清光緒三十年(1904)善成堂刻本　四册　缺一卷(一)

110000－0143－0019674　PG45/55
宋黄文節公文集三十二卷首四卷外集二十四卷别集十九卷伐檀集二卷　(宋)黄庭堅　(宋)黄庶撰　清乾隆三十年(1765)刻五十二年(1787)印本　二十四册

110000－0143－0019675　PG45/55－1
山谷詩集註二十卷外集詩註十七卷别集詩註二卷　(宋)黄庭堅撰　(宋)任淵等註　清光緒二十一年至二十五年(1895－1899)、宣統二年(1910)義寧陳氏刻本　二十册

110000－0143－0019676　PG45/55－2
山谷詩集註二十卷外集詩註十七卷别集詩註二卷　(宋)黄庭堅撰　(宋)任淵等註　清光緒二十一年至二十六年(1895－1900)義寧陳氏刻本　二十册

110000－0143－0019677　PG45/55－2
山谷詩集註二十卷外集詩註十七卷别集詩註二卷　(宋)黄庭堅撰　(宋)任淵等註　清光緒二十一年至二十五年(1895－1899)、宣統二年(1910)義寧陳氏刻本　二十册

110000－0143－0019678　PG45/56
劉忠肅集二十卷　(宋)劉摯撰　清中期抄本　八册

110000－0143－0019679　PG45/57
道鄉先生文集四十卷道鄉集補遺一卷附録一卷　(宋)鄒浩撰　清光緒六年至七年(1880－1881)刻二十八年(1902)修補印本　十二册

110000－0143－0019680　PG45/57
道鄉先生文集四十卷道鄉集補遺一卷附録一卷　(宋)鄒浩撰　清光緒二十五年(1899)刻本　六册

110000－0143－0019681　PG45/57－1
道鄉先生文集四十卷道鄉集補遺一卷附録一卷　(宋)鄒浩撰　清道光十一年(1831)鄒氏留餘堂刻本　八册

110000－0143－0019682　PG45/57－1
道鄉先生文集四十卷道鄉集補遺一卷附録一卷　(宋)鄒浩撰　清道光十一年(1831)鄒氏留餘堂刻本　八册

110000－0143－0019683　PG45/62－1
心史二卷　(宋)鄭思肖撰　清光緒二十年(1894)種竹書屋刻本　四册

110000－0143－0019684　PG45/63
廬陵周益國文忠全集二百卷首一卷附録五卷　(宋)周必大撰　清道光二十八年(1848)歐陽氏瀛塘别墅刻咸豐元年(1851)續刻本　四十册

110000－0143－0019685　PG45/64
宋謝文節公集六卷　(宋)謝枋得撰　清同治五年(1866)新建吴氏皖城刻本　二册

110000－0143－0019686　PG45/64
宋謝文節公集六卷　(宋)謝枋得撰　清同治五年(1866)新建吴氏皖城刻本　二册

110000－0143－0019687　PG45/65
艮齋先生薛常州浪語集三十五卷　(宋)薛季宣撰　清同治十一年(1872)金陵書局刻本　六册

110000－0143－0019688　PG45/66
真文忠公全集　(宋)真德秀撰　清康熙至乾隆刻本　九十八册

110000－0143－0019689　PG45/66－1
真西山全集七種一百八十三卷　(宋)真德秀撰　清同治三年(1864)真氏家祠刻本　五十八册　存二種九十五卷(西山先生真文忠公讀書記四十卷、西山先生真文忠公文集五十五卷)

110000－0143－0019690　PG45/68－1
東坡集四十卷後集二十卷奏議十五卷内制集

十卷樂語一卷外制集三卷應詔集十卷續集十二卷　(宋)蘇軾撰　清光緒三十四年至宣統元年(1908－1909)端方寶華盦刻本　四十八冊

110000－0143－0019691　PG45/69
魏公題跋一卷　(宋)蘇頌撰　(明)毛晉訂　明崇禎虞山毛氏汲古閣刻本　一冊

110000－0143－0019692　PG45/70
宛丘題跋一卷　(宋)張耒撰　(明)毛晉訂　明崇禎虞山毛氏汲古閣刻本　一冊

110000－0143－0019693　PG45/71
無咎題跋一卷　(宋)晁補之撰　(明)毛晉訂　明崇禎虞山毛氏汲古閣刻本　一冊

110000－0143－0019694　PG45/72
鶴山題跋七卷　(宋)魏了翁撰　(明)毛晉訂　明崇禎虞山毛氏汲古閣刻本　二冊

110000－0143－0019695　PG45/73
後邨題跋四卷　(宋)劉克莊撰　(明)毛晉訂　明崇禎虞山毛氏汲古閣刻本　二冊

110000－0143－0019696　PG45/73－1
後邨題跋四卷　(宋)劉克莊撰　(明)毛晉訂　明崇禎虞山毛氏汲古閣刻本　一冊

110000－0143－0019697　PG45/73－1
止齋題跋二卷　(宋)陳傅良撰　(明)毛晉訂　明崇禎虞山毛氏汲古閣刻本　一冊

110000－0143－0019698　PG45/74
淮海題跋一卷　(宋)秦觀撰　(明)毛晉訂　明崇禎虞山毛氏汲古閣刻本　一冊

110000－0143－0019699　PG45/77
龍川文集三十卷　(宋)陳亮撰　清道光二十九年(1849)義烏陳氏刻本　八冊

110000－0143－0019700　PG45/78
南澗甲乙稿二十二卷　(宋)韓元吉撰　清道光八年(1828)刻本　十冊

110000－0143－0019701　PG45/78
南澗甲乙稿二十二卷拾遺一卷　(宋)韓元吉撰　清光緒二十五年(1899)廣雅書局刻本　八冊

110000－0143－0019702　PG44/78－1
樊南文集補編十二卷附錄一卷　(唐)李商隱撰　(清)錢振倫箋　(清)錢振常注　清同治五年(1866)望三益齋刻本　四冊

110000－0143－0019703　PG45/79－1
岳忠武王文集八卷首一卷末一卷　(宋)岳飛撰　(清)何煟　(清)楊景素鑒定　(清)黄邦寧纂修　清乾隆三十五年(1770)刻本　八冊

110000－0143－0019704　PG45/79－1
岳忠武王文集八卷首一卷末一卷　(宋)岳飛撰　(清)何煟　(清)楊景素鑒定　(清)黄邦寧纂修　清乾隆三十五年(1770)刻本　四冊

110000－0143－0019705　PG45/79－1
岳忠武王文集八卷首一卷末一卷　(宋)岳飛撰　(清)何煟　(清)楊景素鑒定　(清)黄邦寧纂修　清乾隆三十五年(1770)刻本　四冊

110000－0143－0019706　PG45/79－1
岳忠武王文集八卷首一卷末一卷　(宋)岳飛撰　(清)何煟　(清)楊景素鑒定　(清)黄邦寧纂修　清光緒十二年(1886)上海簡玉山房刻本　四冊

110000－0143－0019707　PG45/79－3
岳忠武王文集八卷首一卷末一卷　(宋)岳飛撰　(清)何煟　(清)楊景素鑒定　(清)黄邦寧纂修　清末刻本　四冊

110000－0143－0019708　PG45/79－3
岳忠武王文集八卷首一卷末一卷　(宋)岳飛撰　(清)何煟　(清)楊景素鑒定　(清)黄邦寧纂修　清乾隆三十五年(1770)刻本　八冊

110000－0143－0019709　PG45/79－5
岳忠武王文集八卷　(宋)岳飛撰　清嘉慶十二年(1807)刻本　二冊

110000－0143－0019710　PG45/80
東萊博議四卷附增補虛字註釋　(宋)呂祖謙撰　(清)馮泰松點定　清光緒二十三年(1897)書業德刻本　四冊

110000－0143－0019711　PG45/80
東萊博議四卷附增補虛字註釋　(宋)呂祖謙撰　(清)馮泰松點定　清光緒二十三年(1897)書業德刻本　四冊

110000－0143－0019712　PG45/80
東萊博議四卷附增補虛字註釋　(宋)呂祖謙撰　(清)馮泰松點定　清末善成堂刻本　四冊

110000－0143－0019713　PG45/80
東萊博議四卷附增補虛字註釋　(宋)呂祖謙撰　(清)馮泰松點定　清光緒十五年(1889)善成堂刻本　四冊

110000－0143－0019714　PG45/80－1
東萊博議四卷附增補虛字註釋　(宋)呂祖謙撰　清光緒二十四年(1898)華文書局石印本　三冊　缺一卷(二)

110000－0143－0019715　PG45/80－2
東萊先生左氏博議二十五卷附虛字註釋備考六卷　(宋)呂祖謙撰　(清)張文炳點定　清道光十九年(1839)錢塘瞿世瑛清吟閣刻本　六冊

110000－0143－0019716　PG45/80－3
東萊博議四卷附增補虛字註釋　(宋)呂祖謙撰　(清)馮泰松點定　清光緒二十四年(1898)京都文成堂刻本　四冊

110000－0143－0019717　PG45/80－5
增批輯註東萊博議四卷附註釋　(宋)呂祖謙撰　劉鍾英輯註　清末至民國上海錦章圖書局石印本　四冊

110000－0143－0019718　PG45/80－6
加批輯註東萊博議四卷附增補虛字備考註釋　(宋)呂祖謙撰　劉鍾英輯註　清光緒三十一年(1905)鉛印本　一冊

110000－0143－0019719　PG45/80－7
東萊博議四卷附增補虛字註釋　(宋)呂祖謙撰　(清)馮泰松點定　清光緒十七年(1891)益元堂書局刻本　四冊

110000－0143－0019720　PG45/80－8
東萊博議四卷附增補虛字註釋　(宋)呂祖謙撰　(清)馮泰松點定　清光緒八年(1882)崇明馮泰松刻本　四冊

110000－0143－0019721　PG45/81－1
東坡集八十四卷　(宋)蘇軾撰　清道光十二年(1832)三蘇祠刻本　四十六冊

110000－0143－0019722　PG45/81－1
東坡集八十四卷　(宋)蘇軾撰　清道光十二年(1832)三蘇祠刻本　四十六冊　存目錄

110000－0143－0019723　PG45/86
恥堂存稿八卷　(宋)高斯得撰　清乾隆武英殿木活字印本　三冊

110000－0143－0019724　PG45/89
安陽集五十卷別錄三卷遺事一卷忠獻韓魏王家傳十卷　(宋)韓琦撰　清乾隆三十七年(1772)同安黃邦寧刻咸豐二年(1852)戴鸞翔增刻本　十冊

110000－0143－0019725　PG45/89
安陽集五十卷別錄三卷遺事一卷忠獻韓魏王家傳十卷　(宋)韓琦撰　清乾隆三十七年(1772)同安黃邦寧刻本　十冊

110000－0143－0019726　PG45/89
安陽集五十卷別錄三卷遺事一卷忠獻韓魏王家傳十卷　(宋)韓琦撰　清乾隆三十七年(1772)同安黃邦寧刻本　十冊

110000－0143－0019727　PG45/89
安陽集五十卷別錄三卷遺事一卷忠獻韓魏王家傳十卷　(宋)韓琦撰　清乾隆三十七年(1772)同安黃邦寧刻咸豐二年(1852)戴鸞翔增刻本　十冊

110000－0143－0019728　PG45/91
龍川文集三十卷　(宋)陳亮撰　明崇禎六年

(1633)鄒質士刻本　八冊

110000－0143－0019729　PG45/91

龍川文集三十卷附録二卷龍川文集辨譌考異二卷　(宋)陳亮撰　(清)胡鳳丹纂輯　清同治七年(1868)永康胡鳳丹退補齋刻本　八冊

110000－0143－0019730　PG45/91

龍川文集三十卷首一卷附録一卷　(宋)陳亮撰　清同治七年(1868)永康胡鳳丹退補齋刻本　十冊

110000－0143－0019731　PG45/91

龍川文集三十卷附録二卷龍川文集辨譌考異二卷　(宋)陳亮撰　(清)胡鳳丹纂輯　清同治七年(1868)永康胡鳳丹退補齋刻本　八冊

110000－0143－0019732　PG45/91－2

龍川文集三十卷附録二卷龍川文集辨譌考異二卷　(宋)陳亮撰　(清)胡鳳丹纂輯　清光緒元年(1875)湖北崇文書局刻本　十冊

110000－0143－0019733　PG45/91－2

龍川文集三十卷附録二卷龍川文集辨譌考異二卷　(宋)陳亮撰　(清)胡鳳丹纂輯　清光緒元年(1875)湖北崇文書局刻本　十冊

110000－0143－0019734　PG45/91－3

龍川文集三十卷附録二卷龍川文集辨譌考異二卷　(宋)陳亮撰　(清)胡鳳丹纂輯　清宣統三年(1911)掃葉山房石印本　八冊

110000－0143－0019735　PG45/91－4

龍川文集三十卷附録一卷　(宋)陳亮撰　清道光二十九年(1849)義烏陳坡刻本　十冊

110000－0143－0019736　PG45/92－1

盱江先生全集三十七卷外集三卷　(宋)李覯撰　(清)李化鵬校訂　**盱江先生[李覯]年譜一卷**　清雍正鶴城李氏刻本　八冊

110000－0143－0019737　PG45/94－1

范忠宣公遺文一卷附録一卷補編一卷　(宋)范純仁撰　清康熙四十六年(1707)范氏歲寒堂刻本　一冊

110000－0143－0019738　PG45/95－2

東坡先生全集録九卷　(宋)蘇軾撰　清光緒八年(1882)江蘇書局刻本　四冊

110000－0143－0019739　PG45/95－2

老泉先生全集録五卷　(宋)蘇洵撰　清光緒八年(1882)江蘇書局刻本　二冊

110000－0143－0019740　PG45/96

絜齋集二十四卷宋儒袁正獻公從祀録六卷　(宋)袁燮撰　清同治十一年(1872)四明袁氏進修堂刻本　六冊

110000－0143－0019741　PG45/97－1

宋大家王文公文鈔十六卷　(宋)王安石撰　(明)茅坤批評　明崇禎刻本　五冊　存十二卷(一至十二)

110000－0143－0019742　PG45/98

石守道先生集二卷　(宋)石介撰　清同治五年(1866)福州正誼書院刻本　四冊

110000－0143－0019743　PG45/101

後山先生集二十四卷　(宋)陳師道撰　清光緒十一年(1885)陶福祥刻本　四冊

110000－0143－0019744　PG45/103

杜清獻公集十九卷首一卷末一卷　(清)王棻撰　**杜清獻公集補遺一卷附録一卷杜清獻公[範]年譜一卷**　(清)王棻輯　**杜清獻公集校注一卷**　(清)王棻等撰　清同治九年(1870)孫氏九峰書院刻光緒六年(1880)重校本　八冊

110000－0143－0019745　PG45/111

野客叢書三十卷附録一卷　(宋)王楙撰　明萬曆二十年至四十八年(1592－1620)商濬刻本　二冊

110000－0143－0019746　PG45/112

古香齋新刻袖珍御纂朱子全書六十六卷　(宋)朱熹撰　清光緒九年至十年(1883－1884)孔氏三十有三萬卷堂刻本　三十六冊

110000－0143－0019747　PG45/113A

文信國公集二十卷首一卷　(宋)文天祥撰　清同治十年(1871)聚奎書閣刻本　六冊　缺

八卷(十三至二十)

110000－0143－0019748　PG45/113B
諸葛武侯集四卷　(三國蜀)諸葛亮撰　清同治十年(1871)聚奎書閣刻本　二册

110000－0143－0019749　PG45/113－1
文山先生文集二卷　(宋)文天祥撰　清同治五年(1866)正誼書院刻本　二册

110000－0143－0019750　PG45/114－2
蘇東坡集四十卷後集二十卷奏議十五卷内制集十卷附樂語一卷外制集三卷應詔集十卷續集十二卷　(宋)蘇軾撰　**東坡先生年譜一卷**　(宋)王宗稷編　**東坡先生墓誌銘一卷**　(宋)蘇轍撰　清宣統元年(1909)刻本　三十六册

110000－0143－0019751　PG45/114－2
蘇東坡集四十卷後集二十卷奏議十五卷内制集十卷附樂語一卷外制集三卷應詔集十卷續集十二卷　(宋)蘇軾撰　**東坡先生年譜一卷**　(宋)王宗稷編　**東坡先生墓誌銘一卷**　(宋)蘇轍撰　清宣統元年(1909)刻本　四十八册

110000－0143－0019752　PG45/117
翠微南征録十卷首一卷　(宋)華岳著　清光緒十五年(1889)文萃堂木活字印本　二册

110000－0143－0019753　PG45/121
斜川集六卷　(宋)蘇過撰　清道光七年(1827)眉州三蘇祠刻本　四册

110000－0143－0019754　PG45/121
斜川集六卷　(宋)蘇過撰　清道光七年(1827)眉州三蘇祠刻本　二册

110000－0143－0019755　PG45/121－1
斜川集六卷　(宋)蘇過撰　**附録二卷訂誤一卷**　清乾隆五十三年(1788)刻嘉慶十五年(1810)增刻本　四册

110000－0143－0019756　PG45/123
春渚紀聞十卷　(宋)何薳撰　明崇禎毛氏汲古閣刻本　二册

110000－0143－0019757　PG45/123
錦帶書一卷　(南朝梁)蕭統撰　明崇禎毛氏汲古閣刻本　一册

110000－0143－0019758　PG45/123－2
春渚紀聞十卷　(宋)何薳撰　清嘉慶十年(1805)虞山張氏照曠閣刻本　三册

110000－0143－0019759　PG45/124
東坡寓惠集註釋五卷　(宋)蘇軾撰　(清)邵長蘅　(清)顧嗣立補釋　清歸善黄敘園刻本　十二册

110000－0143－0019760　PG45/125
陶山集十六卷　(宋)陸佃撰　清乾隆四十二年(1777)福建刻道光至同治遞修光緒二十一年(1895)增刻本　三册

110000－0143－0019761　PG45/125
陶山集十六卷　(宋)陸佃撰　清刻本　四册

110000－0143－0019762　PG45/129
任山先生金文安公文集五卷　(宋)金履祥撰　清同治十三年(1874)永康胡氏退補齋刻本　二册

110000－0143－0019763　PG45/130
魯齋集十卷　(宋)王柏撰　清同治永康胡氏退補齋刻本　四册

110000－0143－0019764　PG45/131
吕東萊先生文集二十卷首一卷　(宋)吕祖謙撰　清同治七年(1868)永康胡氏退補齋刻本　十册

110000－0143－0019765　PG45/133
香溪集二十二卷　(宋)范浚撰　清光緒永康胡氏退補齋刻本　四册

110000－0143－0019766　PG45/134
北山集三十集　(宋)鄭剛中撰　清同治十二年(1873)永康胡氏退補齋刻本　八册

110000－0143－0019767　PG45/136－1
渭南文集四十二卷　(宋)陸游撰　清楚濖李氏森寶齋刻本　十册

110000－0143－0019768　PG45/138

隱居通議三十一卷 （元）劉壎著 （清）劉冠寰輯 清嘉慶六年（1801）愛餘堂刻本 四册 存二十二卷（一至二十二）

110000－0143－0019769 PG45/139
南宋羣賢小集七十二種一百二十五卷 （宋）陳起原輯 （清）顧修重輯 清嘉慶六年（1801）石門顧氏讀畫齋刻本 三十二册

110000－0143－0019770 PG45/140－1
張子全書十五卷 （宋）張載撰 （宋）朱熹注 清乾隆四十九年（1784）刻同治九年（1870）補刻本 八册

110000－0143－0019771 PG45/141－1
宋文鑑一百五十卷目録三卷 （宋）吕祖謙銓次 清光緒十二年（1886）江蘇書局刻本 二十四册

110000－0143－0019772 PG45/141－1
宋文鑑一百五十卷目録三卷 （宋）吕祖謙銓次 清光緒十二年（1886）江蘇書局刻本 二十三册 缺七卷（七十二至七十八）

110000－0143－0019773 PG45/141－1
宋文鑑一百五十卷目録三卷 （宋）吕祖謙銓次 清光緒十二年（1886）江蘇書局刻本 二十二册

110000－0143－0019774 PG45/141－1
宋文鑑一百五十卷目録三卷 （宋）吕祖謙銓次 清光緒十二年（1886）江蘇書局刻本 二十四册

110000－0143－0019775 PG45/146
山谷老人刀筆二十卷黃律巵言十卷 （宋）黃庭堅撰 清嘉慶十年至十三年（1805－1808）萬承鳳刻本 八册

110000－0143－0019776 PG45/146
山谷老人刀筆二十卷附山谷老人傳 （宋）黃庭堅撰 清嘉慶十年（1805）萬承鳳刻本 四册

110000－0143－0019777 PG45/147
李忠定公别集十卷 （宋）李綱撰 清光緒十年（1884）邵武徐氏刻本 二册

110000－0143－0019778 PG45/148
楊龜山先生集四十二卷 （宋）楊時撰 清光緒九年（1883）刻本 九册

110000－0143－0019779 PG45/148
楊龜山先生集四十二卷首一卷 （宋）楊時撰 清光緒九年（1883）古燕張國正延平府刻本 十册

110000－0143－0019780 PG45/148－1
楊龜山先生集六卷 （宋）楊時撰 清同治五年（1866）福州正誼書院刻本 五册

110000－0143－0019781 PG45/148－1
楊龜山先生集六卷 （宋）楊時撰 清同治五年（1866）福州正誼書院刻本 一册

110000－0143－0019782 PG45/148－2
楊龜山先生集四十二卷首一卷 （宋）楊時撰 清光緒五年（1879）夏子鐊、楊縉廷刻本 十册

110000－0143－0019783 PG45/148－2
楊龜山先生集四十二卷首一卷 （宋）楊時撰 清光緒五年至七年（1879－1881）夏子鐊、楊縉廷刻本 十册

110000－0143－0019784 PG45/148－3
楊龜山先生集六卷 （宋）楊時撰 清同治五年（1866）福州正誼書院刻本 二册

110000－0143－0019785 PG45/149
秋崖先生小藁文集四十五卷詩集三十八卷 （宋）方岳撰 明嘉靖五年（1526）、清光緒二十一年（1895）祁門方謙、清江黃澍芬刻本 十册

110000－0143－0019786 PG45/150
欒城第三集十卷 （宋）蘇轍著 清道光十二年（1832）眉州三蘇祠刻本 二册

110000－0143－0019787 PG45/150
嘉祐集二十卷 （宋）蘇洵撰 清道光十二年（1832）眉州三蘇祠刻本 四册

110000－0143－0019788 PG45/150

三蘇全集四種二百五卷　(宋)蘇洵　(宋)蘇軾　(宋)蘇轍撰　(清)弓翊清校　清道光七年至十二年(1827－1832)眉州三蘇祠刻本　八十册

110000－0143－0019789　PG45/150
三蘇全集四種二百五卷　(宋)蘇洵　(宋)蘇軾　(宋)蘇轍撰　(清)弓翊清校　清道光七年至十二年(1827－1832)眉州三蘇祠刻本　十六册　存四十六卷(嘉祐集二十卷、欒城集二十卷、斜川集六卷)

110000－0143－0019790　PG45/152
能改齋漫錄十八卷拾遺一卷　(宋)吳曾撰　(清)孫星華輯　清光緒二十年(1894)刻本　八册

110000－0143－0019791　PG45/156
胡澹庵先生文集三十卷首一卷補遺一卷　(宋)胡銓撰　(清)胡文恩攷訂　清道光十三年(1833)胡氏讀書堂刻本　八册

110000－0143－0019792　PG45/156－1
胡澹庵先生文集三十二卷　(宋)胡銓撰　清乾隆二十二年(1757)練月樓刻本　八册

110000－0143－0019793　PG45/157
艮齋先生薛常州浪語集三十五卷　(宋)薛季宣撰　清同治十一年(1872)金陵書局刻本　十册

110000－0143－0019794　PG45/160
山谷刀筆二十卷　(宋)黄庭堅撰　清乾隆刻本　六册

110000－0143－0019795　PG45/160
山谷老人刀筆二十卷題跋四卷　(宋)黄庭堅撰　清道光浦江周氏刻本　五册　缺二卷(題跋一至二)

110000－0143－0019796　PG45/161
二程全書六種六十五卷　(宋)程顥　(宋)程頤撰　(宋)朱熹輯　清光緒三十四年(1908)澹雅局刻本　十九册

110000－0143－0019797　PG45/165
南軒文集四十四卷南軒先生論語解十卷南軒先生孟子説七卷　(宋)張栻撰　清咸豐四年(1854)綿邑南軒祠刻本　十四册

110000－0143－0019798　PG45/167－1
宋宗忠簡公集七卷　(宋)宗澤撰　清同治四年(1865)新建吳氏皖城刻本　四册

110000－0143－0019799　PG45/167－2
宋宗忠簡公集八卷首一卷　(宋)宗澤撰　清光緒二十四年(1898)黄氏刻本　四册

110000－0143－0019800　PG45/167－3
宋宗忠簡公文集四卷補遺一卷首一卷遺事二卷　(宋)宗澤撰　清同治十二年(1873)三原劉氏述荆堂刻本　四册

110000－0143－0019801　PG45/169
三宋人集三種四十五卷　(清)方功惠輯　清光緒六年至七年(1880－1881)巴陵方氏碧琳琅館刻本　八册

110000－0143－0019802　PG45/173
丹陽集二十四卷　(宋)葛勝仲撰　清光緒二十六年(1900)盛氏思惠齋刻本　三册

110000－0143－0019803　PG45/175
方秋崖先生全集七十五卷　(宋)方岳撰　明嘉靖刻清光緒二十一年(1895)補刻本　十册

110000－0143－0019804　PG45/175
方秋崖先生全集七十五卷　(宋)方岳撰　明嘉靖刻清光緒二十一年(1895)補刻本　五册　缺三十卷(詩稿三十卷)

110000－0143－0019805　PG45/177
南豐先生全集錄二卷　(宋)曾鞏撰　清光緒八年(1882)江蘇書局刻本　一册

110000－0143－0019806　PG45/178
忠正德文集十卷附錄一卷　(宋)趙鼎撰　清道光十一年(1831)吳傑刻本　四册

110000－0143－0019807　PG45/178
忠正德文集十卷附錄一卷　(宋)趙鼎撰　清道光十一年(1831)吳傑刻本　四册

110000－0143－0019808　PG45/181

艮齋先生薛常州浪語集三十五卷　(宋)薛季宣撰　清同治十年(1871)金陵書局刻本　六冊

110000－0143－0019809　PG45/182
王荆公文集註八卷　(清)沈欽韓撰　清刻本　八冊

110000－0143－0019810　PG45/185
水心題跋一卷　(宋)葉適撰　(明)毛晉訂　明崇禎虞山毛氏汲古閣刻本　二冊

110000－0143－0019811　PG45/187
南陽集六卷　(宋)趙湘撰　清道光十二年(1832)胡氏刻本　二冊

110000－0143－0019812　PG45/187－1
南陽集六卷　(宋)趙湘撰　清乾隆武英殿木活字印本　一冊

110000－0143－0019813　PG45/188
務時敏齋存稿十卷　(清)洪昌燕撰　清光緒二十年(1894)洪氏家刻本　四冊

110000－0143－0019814　PG45/191－1
劉須谿先生記鈔四卷　(宋)劉辰翁著　清乾隆抄本　一冊

110000－0143－0019815　PG45/192
沈氏三先生文集三種八十二卷　(宋)□□輯　清光緒二十二年(1896)浙江書局刻本(原缺長興集四至十二、三十一、三十三、四十一)　十冊

110000－0143－0019816　PG45/193
東坡集四十卷後集二十卷奏議十五卷内制集十卷樂語一卷外制集三卷應詔集十卷續集十二卷　(宋)蘇軾撰　**校記二卷**　繆荃孫撰　清光緒三十四年至宣統元年(1908－1909)端方寶華盦刻本　四十八冊

110000－0143－0019817　PG45/195
二劉文集九卷　清同治十二年(1873)瑞安孫氏詒善祠塾刻永嘉叢書本　二冊

110000－0143－0019818　PG45/198
莆陽知稼翁集二卷　(宋)黄公度著　(宋)黄沃編　明天啓五年(1625)黄崇翰刻清道光九年(1829)重修本　二冊

110000－0143－0019819　PG45/200
學易集八卷　(宋)劉跂撰　清同治十三年(1874)江西書局刻武英殿聚珍版書本　三冊

110000－0143－0019820　PG45/200－1
學易集八卷　(宋)劉跂著　清光緒五年(1879)定州王氏謙德堂刻畿輔叢書本　二冊

110000－0143－0019821　PG45/201
羅鄂州小集六卷附羅郢州遺文一卷　(宋)羅願　(宋)羅頌撰　清光緒十九年(1893)黟縣李氏刻本　二冊

110000－0143－0019822　PG45/202
放翁題跋六卷放翁家訓一卷　(宋)陸游撰　清光緒四年(1878)仁和葛氏刻嘯園叢書本　四冊

110000－0143－0019823　PG45/203
河南先生文集二十七卷附錄一卷　(宋)尹洙撰　清嘉慶十三年(1808)長洲陳氏刻本　二冊

110000－0143－0019824　PG45/206－1
潛室陳先生木鍾集十一卷　(宋)陳埴撰　清同治六年(1867)東甌郡齋刻本　二冊

110000－0143－0019825　PG45/206－1
潛室陳先生木鍾集十一卷　(宋)陳埴撰　清同治六年(1867)東甌郡齋刻本　四冊

110000－0143－0019826　PG45/208
雙峰猥稿九卷首一卷末一卷　(宋)舒邦佐著　清道光二十九年(1849)裔孫舒化民等刻本　四冊

110000－0143－0019827　PG45/209
謝疊山先生評註四種十六卷　(宋)謝枋得撰　清光緒八年(1882)豫章別業刻本　四冊

110000－0143－0019828　PG45/210
横塘集二十卷　(宋)許景衡撰　清光緒二年(1876)孫氏詒善祠塾刻本　六冊

110000－0143－0019829　PG45/212

梁谿先生文集一百八十卷附錄六卷 (宋)李綱撰 清道光十四年(1834)刻本 三十八册 存七十一卷(一至七十一)

110000－0143－0019830 PG45/214
徐騎省集三十卷附補遺並校刊記 (宋)徐鉉撰 清光緒十九年(1893)李氏刻本 八册

110000－0143－0019831 PG45/214
徐騎省集三十卷附補遺並校刊記 (宋)徐鉉撰 清光緒十九年(1893)李氏刻本 八册

110000－0143－0019832 PG45/214
徐騎省集三十卷附補遺並校刊記 (宋)徐鉉撰 清光緒十九年(1893)李氏刻本 八册

110000－0143－0019833 PG45/217－2
廬陵宋丞相信國公文忠烈先生集十六卷附忠烈公從祀原案錄一卷 (宋)文天祥撰 清道光二十八年(1848)仕江周日新堂刻本 十册

110000－0143－0019834 PG45/217－3
廬陵宋丞相信國公文忠烈先生集十六卷附忠烈公從祀原案錄一卷 (宋)文天祥撰 清雍正三年(1725)文有焕、文從偉五桂堂刻本 十六册 缺一卷(附忠烈公從祀原案錄一卷)

110000－0143－0019835 PG45/218
莆陽知稼翁集二卷 (宋)黄公度撰 清道光九年(1829)刻本 二册

110000－0143－0019836 PG45/218
莆陽知稼翁集二卷 (宋)黄公度撰 清道光九年(1829)刻本 二册

110000－0143－0019837 PG45/219
深寧先生文鈔八卷 (宋)王應麟撰 **王深寧先生[應麟]年譜一卷** (清)陳僅 (清)張恕編 清道光九年(1829)紫藤花館刻本 四册

110000－0143－0019838 PG45/220
西山文鈔八卷 (宋)真德秀撰 (清)張伯行編次 清嘉慶十六年(1811)祝昌泰留香室刻本 四册

110000－0143－0019839 PG45/220
西山文鈔八卷 (宋)真德秀撰 (清)張伯行編次 清嘉慶十六年(1811)祝昌泰留香室刻本 三册 缺二卷(七至八)

110000－0143－0019840 PG45/221
歸雲別集七十四卷 (明)陳士元著 清道光十三年(1833)吳毓梅刻本 二十册

110000－0143－0019841 PG45/223
蘇子美文集十卷 (宋)蘇舜欽撰 清同治六年(1867)中江賓興會刻本 四册

110000－0143－0019842 PG45/223
蘇子美文集十卷 (宋)蘇舜欽撰 清同治六年(1867)中江賓興會刻本 四册

110000－0143－0019843 PG45/223－1
蘇子美文集十卷 (宋)蘇舜欽撰 清同治六年(1867)中江賓興會刻本 六册

110000－0143－0019844 PG45/224
後山先生集二十四卷首一卷 (宋)陳師道撰 清光緒十一年(1885)番禺陶福祥刻本 六册

110000－0143－0019845 PG45/225
苕溪集五十五卷 (宋)劉一止撰 清宣統三年(1911)刻本 四册

110000－0143－0019846 PG45/226
樵川二家詩六卷 (清)徐幹輯 清光緒七年(1881)邵武徐氏刻本 二册

110000－0143－0019847 PG45/226
樵川二家詩六卷 (清)徐幹輯 清光緒七年(1881)邵武徐氏刻本 四册

110000－0143－0019848 PG45/227
石林居士建康集八卷補遺一卷石林先生兩鎮建康紀年略一卷 (宋)葉夢得著 清道光二十四年(1844)、咸豐六年(1856)葉廷琯刻本 二册

110000－0143－0019849 PG45/228
少陽集十卷 (宋)陳東撰 清光緒十八年(1892)順德龍氏知服齋刻本 二册

110000－0143－0019850 PG45/229

雪山集十六卷　(宋)王質撰　清同治九年(1870)白雲山房木活字印本　六冊

110000－0143－0019851　PG45/230
黃青社先生伐檀集二卷　(宋)黃庶著　清乾隆三十年(1765)絹香堂刻本　二冊

110000－0143－0019852　PG45/230
黃青社先生伐檀集二卷　(宋)黃庶著　清乾隆三十年(1765)絹香堂刻本　二冊

110000－0143－0019853　PG45/231－1
羅豫章先生集十二卷首一卷末一卷　(宋)羅從彥撰　清光緒八年(1882)盱江謝甘棠刻本　四冊

110000－0143－0019854　PG45/233
高東溪先生遺集三卷　(宋)高登撰　清光緒二十三年(1897)刻本　三冊

110000－0143－0019855　PG45/236
公是集五十四卷拾遺一卷　(宋)劉敞撰　清光緒二十年(1894)刻本　十二冊

110000－0143－0019856　PG45/237
文定集二十四卷拾遺一卷　(宋)汪應辰撰　清光緒二十一年(1895)刻本　六冊

110000－0143－0019857　PG45/237－1
文定集二十四卷拾遺一卷　(宋)汪應辰撰　清光緒二十一年(1895)刻本　六冊

110000－0143－0019858　PG45/238
浮沚集九卷　(宋)周行己撰　清同治八年(1869)刻本　三冊

110000－0143－0019859　PG45/246
文恭集四十卷　(宋)胡宿撰　清同治十三年(1874)江西書局刻本　十二冊

110000－0143－0019860　PG45/246－1
文恭集四十卷　(宋)胡宿撰　清光緒二十一年(1895)武進盛宣懷刻本　十冊

110000－0143－0019861　PG45/247
蒙齋集二十卷　(宋)袁甫撰　清同治十三年(1874)江西書局刻本　八冊

110000－0143－0019862　PG45/247－2
蒙齋集二十卷　(宋)袁甫撰　清道光至光緒刻本　十冊

110000－0143－0019863　PG45/252
張南軒先生文集七卷　(宋)張栻撰　(清)張伯行重訂　清同治五年(1866)正誼書院刻本　二冊

110000－0143－0019864　PG45/255
元憲集三十六卷　(宋)宋庠撰　清光緒二十年(1894)刻本　八冊

110000－0143－0019865　PG45/261
祠部集三十五卷　(宋)強至撰　清乾隆四十六年(1781)武英殿木活字印本　十冊

110000－0143－0019866　PG45/262
何衡陽集　(南朝宋)何承天撰　(明)張溥輯　明崇禎刻本　一冊

110000－0143－0019867　PG45/262
傅光禄集　(南朝宋)傅亮撰　(明)張溥輯　明崇禎刻本　一冊

110000－0143－0019868　PG45/263
重雕徂徠石先生文集二十卷補遺一卷末一卷　(宋)石介撰　清光緒九年(1883)刻本　四冊

110000－0143－0019869　PG45/265
伊川文集八卷附錄二卷　(宋)程顥　(宋)程頤撰　清光緒十八年(1892)傳經堂刻本　一冊

110000－0143－0019870　PG45/266
陳少陽集十卷首一卷　(宋)陳東撰　清光緒十六年(1890)敦善堂刻本　四冊

110000－0143－0019871　PG45/266
陳少陽集十卷首一卷　(宋)陳東撰　清光緒十六年(1890)敦善堂刻本　四冊

110000－0143－0019872　PG45/267
雙峰猥稿九卷首一卷末一卷　(宋)舒邦佐撰　清道光二十九年(1849)刻本　四冊

110000－0143－0019873　PG45/267

雙峰猥稿九卷首一卷末一卷　(宋)舒邦佐撰　清道光二十九年(1849)刻本　二册

110000-0143-0019874　PG45/268

忠肅集二十卷拾遺一卷　(宋)劉摯撰　清乾隆四十六年(1781)武英殿木活字印本　六册　缺一卷(拾遺一卷)

110000-0143-0019875　PG45/269

崔舍人玉堂類藁二十卷西垣類藁二卷附錄一卷　(宋)崔敦詩撰　清光緒木活字印本　四册

110000-0143-0019876　PG45/273

羅鄂州小集六卷附錄　(宋)羅願撰　清光緒十九年(1893)黟縣李氏刻本　二册

110000-0143-0019877　PG45/275

鉅鹿東觀集十卷補遺一卷附錄一卷　(宋)魏野撰　清宣統三年(1911)新陽趙詒琛峭帆樓刻本　一册

110000-0143-0019878　PG45/278

鮑參軍集二卷　(南朝宋)鮑照撰　清同治九年(1870)永康胡氏退補齋刻本　一册

110000-0143-0019879　PG45/279

侍郎葛公歸愚集十卷補遺一卷　(宋)葛立方撰　清光緒二十二年(1896)武進盛氏思惠齋刻本　一册

110000-0143-0019880　PG45/280

游定夫先生集六卷首一卷末一卷　(宋)游酢撰　清同治六年(1867)和州官舍刻本　二册

110000-0143-0019881　PG45/282

吾汶藁十卷　(宋)王炎午撰　鄧實輯　清光緒三十四年(1908)上海國學保存會鉛印本　一册

110000-0143-0019882　PG45/283

姑溪居士文集五十卷後集二十卷附錄一卷校勘記一卷　(宋)李之儀撰　清宣統三年(1911)金陵督糧道署刻本　八册

110000-0143-0019883　PG45/284

燭湖集二十卷附編二卷　(宋)孫應時撰　清嘉慶八年(1803)餘姚孫景洛、孫元杏静遠軒刻本　六册

110000-0143-0019884　PG45/285

鄱陽先生文集不分卷　(宋)彭汝礪撰　清嘉慶十一年至二十五年(1806-1820)抄本　四册

110000-0143-0019885　PG45/293

平齋文集三十二卷拾遺一卷附錄一卷附空同詞一卷　(宋)洪咨夔　(宋)洪瑹撰　清同治十一年至十二年(1872-1873)皖南洪氏杉直樓清之館刻本　四册

110000-0143-0019886　PG45/301

蘋洲漁笛譜二卷　(宋)周密撰　清同治十一年(1872)嶺南蘇氏刻本　一册

110000-0143-0019887　PG45/302

邵子詩鈔三卷　(宋)邵雍撰　(清)蕭朗峯注　清嘉慶二十一年(1816)李晪仁厚堂刻本　二册

110000-0143-0019888　PG45/303

鐵圍山叢談六卷　(宋)蔡絛撰　清乾隆四十六年(1781)鮑廷博知不足齋刻本　二册

110000-0143-0019889　PG45/307

元憲集三十六卷　(宋)宋庠撰　清乾隆四十二年(1777)福建布政使署刻道光八年至同治十年(1828-1871)遞修光緒十八年至二十一年(1892-1895)增刻本　八册

110000-0143-0019890　PG45/310

欒城應詔集十二卷　(宋)蘇轍撰　清道光十二年(1832)眉州三蘇祠刻本　三册

110000-0143-0019891　PG46/6

清容居士集五十卷目錄二卷　(元)袁桷撰　清道光二十年(1840)上海郁松年刻本　十一册

110000-0143-0019892　PG46/7

道園學古錄五十卷　(元)虞集撰　清乾隆四十一年(1776)崇仁陳氏刻嘉慶二十年(1815)補刻本　十六册

110000－0143－0019893　PG46/9－1
牧庵集三十六卷附錄一卷　(元)姚燧撰　清末刻本　七冊

110000－0143－0019894　PG46/9－1
牧庵集三十六卷附錄一卷　(元)姚燧撰　清末廣州雙門底登雲閣刻本　十冊

110000－0143－0019895　PG46/9－1
牧庵集三十六卷附錄一卷　(元)姚燧撰　清末廣州雙門底登雲閣刻本　十冊

110000－0143－0019896　PG46/11－1
湛然居士文集十四卷　(元)耶律楚材著　清光緒二十一年(1895)桐廬袁昶漸西村舍刻本　四冊

110000－0143－0019897　PG46/11－1
湛然居士文集十四卷　(元)耶律楚材著　清光緒二十一年(1895)桐廬袁昶漸西村舍刻本　四冊

110000－0143－0019898　PG46/14－1
剡源集三十卷　(元)戴表元撰　**重刻清容居士集札記一卷**　(清)郁松年撰　清道光二十年(1840)上海郁氏刻宜稼堂叢書本　六冊

110000－0143－0019899　PG46/14－1
剡源集三十卷　(元)戴表元撰　**重刻清容居士集札記一卷**　(清)郁松年撰　清道光二十年(1840)上海郁氏刻宜稼堂叢書本　十冊　缺一卷(重刻清容居士集札記一卷)

110000－0143－0019900　PG46/16
閑閑老人滏水文集二十卷附錄一卷　(金)趙秉文撰　吳重熹輯　清光緒二十九年(1903)海豐吳氏刻朱印本　六冊

110000－0143－0019901　PG46/16－1
閑閑老人滏水文集二十卷滏水集校札記二卷附錄一卷　(金)趙秉文撰　吳重熹輯　清光緒二十九年(1903)海豐吳氏刻本　八冊

110000－0143－0019902　PG46/20－1
九靈山房集三十卷補編二卷　(元)戴良撰　清同治九年至十二年(1870－1873)永康胡氏退補齋刻本　八冊

110000－0143－0019903　PG46/20－2
九靈山房集三十卷　(元)戴良撰　清乾隆三十七年(1772)刻本　一冊　存七卷(一至七)

110000－0143－0019904　PG46/22
靜修先生文集十二卷　(元)劉因著　清光緒五年(1879)定州王氏謙德堂刻本　四冊

110000－0143－0019905　PG46/22－1
靜修先生文集十二卷　(元)劉因著　清光緒五年(1879)定州王氏謙德堂刻本　四冊

110000－0143－0019906　PG46/24
元遺山先生集四十卷首一卷　(金)元好問撰　(元)張德輝類次　**元遺山先生集附錄一卷**　(明)儲巏輯　**元遺山先生集補載一卷**　(清)施國祁輯　**續夷堅志四卷元遺山先生新樂府四卷元遺山先生考證三卷**　**元遺山先生[好問]年譜一卷**　(清)翁方綱編　**元遺山先生[好問]年譜一卷**　(清)施國祁編　**元遺山先生[好問]年譜一卷**　(清)凌廷堪編　清光緒七年(1881)讀書山房刻本　十七冊

110000－0143－0019907　PG46/24－1
元遺山先生集四十卷首一卷　(金)元好問撰　(元)張德輝類次　**元遺山先生集附錄一卷**　(明)儲巏輯　**元遺山先生集補載一卷**　(清)施國祁輯　**續夷堅志四卷元遺山先生新樂府四卷**　(清)華希閔校　**元遺山先生[好問]年譜一卷**　(清)翁方綱編　**元遺山先生[好問]年譜一卷**　(清)施國祁編　**元遺山先生[好問]年譜一卷**　(清)凌廷堪編　清道光二十六年至三十年(1846－1850)平定張穆陽泉山莊刻光緒八年(1882)京都翰文齋書坊印本　十六冊

110000－0143－0019908　PG46/24－1
元遺山先生集四十卷首一卷　(金)元好問撰　(元)張德輝類次　**元遺山先生集附錄一卷**　(明)儲巏輯　**元遺山先生集補載一卷**　(清)施國祁輯　**續夷堅志四卷元遺山先生新樂府四卷元遺山先生考證三卷**　**元遺山先生[好問]年譜一卷**　(清)翁方綱編　**元遺山先

生[好問]年譜一卷 (清)施國祁編 **元遺山先生[好問]年譜一卷** (清)凌廷堪編 清光緒七年(1881)讀書山房刻本 十七册

110000－0143－0019909 PG46/24－1
元遺山先生集四十卷首一卷 (金)元好問撰 (元)張德輝類次 **元遺山先生集附録一卷** (明)儲巏輯 **元遺山先生集補載一卷** (清)施國祁輯 **續夷堅志四卷元遺山先生新樂府四卷** (清)華希閔校 **元遺山先生[好問]年譜一卷** (清)翁方綱編 **元遺山先生[好問]年譜一卷** (清)施國祁編 **元遺山先生[好問]年譜一卷** (清)凌廷堪編 清道光二十六年至三十年(1846－1850)平定張穆陽泉山莊刻本 十六册

110000－0143－0019910 PG46/24－2
元遺山先生集四十卷首一卷 (金)元好問撰 (元)張德輝類次 **元遺山先生集附録一卷** (明)儲巏輯 **元遺山先生集補載一卷** (清)施國祁輯 **續夷堅志四卷元遺山先生新樂府四卷元遺山先生考證三卷** **元遺山先生[好問]年譜一卷** (清)翁方綱編 **元遺山先生[好問]年譜一卷** (清)施國祁編 **元遺山先生[好問]年譜一卷** (清)凌廷堪編 **廣元遺山[好問]年譜二卷** (清)李光廷編次 清光緒七年(1881)讀書山房刻本 十九册

110000－0143－0019911 PG46/25
至正集八十一卷 (元)許有壬著 清宣統三年(1911)河南教育總會石印本 十册

110000－0143－0019912 PG46/30
元遺山先生集四十卷首一卷 (金)元好問撰 (元)張德輝類次 **元遺山先生集附録一卷** (明)儲巏輯 **元遺山先生集補載一卷** (清)施國祁輯 **續夷堅志四卷元遺山先生新樂府四卷元遺山先生考證三卷** **元遺山先生[好問]年譜一卷** (清)翁方綱編 **元遺山先生[好問]年譜一卷** (清)施國祁編 **元遺山先生[好問]年譜一卷** (清)凌廷堪編 清光緒七年(1881)讀書山房刻本 八册 缺一種三十卷(一至二十九、首一卷)

110000－0143－0019913 PG46/31
水雲村泯稾二十二卷 (元)劉壎撰 清道光十七年(1837)愛餘堂刻本 六册

110000－0143－0019914 PG46/34
趙文敏公松雪齋全集十卷外集一卷續集一卷 (元)趙孟頫撰 (清)曹培廉校 清光緒八年(1882)洞庭楊氏刻本 六册

110000－0143－0019915 PG46/34
趙文敏公松雪齋全集十卷外集一卷續集一卷 (元)趙孟頫撰 (清)曹培廉校 清光緒八年(1882)洞庭楊氏刻本 八册

110000－0143－0019916 PG46/34－1
趙文敏公松雪齋全集十卷外集一卷續集一卷 (元)趙孟頫撰 (清)曹培廉校 清光緒八年(1882)洞庭楊氏刻本 四册

110000－0143－0019917 PG46/40
白雲集四卷首一卷 (元)許謙撰 清同治至光緒永康胡氏退補齋刻本 二册

110000－0143－0019918 PG46/41
九靈山房遺藁四卷遺藁又一卷補編一卷 (元)戴良著 清同治十二年(1873)永康胡氏退補齋刻本 二册

110000－0143－0019919 PG46/42
黄文獻公集十二卷首一卷 (元)黄溍撰 清光緒二年(1876)永康胡氏退補齋刻本 十二册

110000－0143－0019920 PG46/42－1
黄文獻公集十二卷首一卷 (元)黄溍撰 清光緒二年(1876)永康胡氏退補齋刻本 十二册

110000－0143－0019921 PG46/43
金文最六十卷 (清)張金吾輯 清光緒二十一年(1895)蘇州書局刻本 十六册

110000－0143－0019922 PG46/43
金文最六十卷 (清)張金吾輯 清光緒二十一年(1895)蘇州書局刻本 十六册

110000－0143－0019923 PG46/43

金文最六十卷 (清)張金吾輯　清光緒二十一年(1895)蘇州書局刻本　十六冊

110000－0143－0019924　PG46/47
金文雅十六卷附作者考 (清)莊仲方編述　清光緒十七年(1891)江蘇書局刻本　四冊

110000－0143－0019925　PG46/47
金文雅十六卷附作者考 (清)莊仲方編述　清光緒十七年(1891)江蘇書局刻本　四冊

110000－0143－0019926　PG46/47
金文雅十六卷附作者考 (清)莊仲方編述　清光緒十七年(1891)江蘇書局刻本　四冊

110000－0143－0019927　PG46/47
金文雅十六卷附作者考 (清)莊仲方編述　清光緒十七年(1891)江蘇書局刻本　四冊

110000－0143－0019928　PG46/47
金文雅十六卷附作者考 (清)莊仲方編述　清光緒十七年(1891)江蘇書局刻本　四冊

110000－0143－0019929　PG46/47
金文雅十六卷附作者考 (清)莊仲方編述　清光緒十七年(1891)江蘇書局刻本　四冊

110000－0143－0019930　PG46/48
還山遺稿二卷附錄一卷 (元)楊奐著　清乾隆五十一年至道光三十年(1786－1850)抄本　一冊

110000－0143－0019931　PG46/49
一山文集九卷 (元)李繼本撰　清嘉慶元年至同治十三年(1796－1874)抄本　二冊

110000－0143－0019932　PG46/52
松鄉先生文集十卷 (元)任士林撰　清光緒十六年(1890)任一聲刻本　四冊

110000－0143－0019933　PG46/53－1
余忠宣公青陽山房集五卷 (元)余闕撰　清嘉慶八年(1803)鑑湖亭刻本　一冊

110000－0143－0019934　PG46/53－1
余忠宣青陽山房集五卷附錄一卷 (元)余闕撰　清光緒元年(1875)合肥張氏毓秀堂刻本　一冊

110000－0143－0019935　PG46/60
湛然居士文集十四卷 (元)耶律楚材撰　清光緒二十一年(1895)桐廬袁氏漸西村舍刻本　四冊

110000－0143－0019936　PG46/60
湛然居士文集十四卷 (元)耶律楚材撰　清光緒二十一年(1895)桐廬袁氏漸西村舍刻本　四冊

110000－0143－0019937　PG46/65
莊靖先生遺集十卷 (金)李俊民撰　清光緒十六年(1890)海豐吳氏刻本　四冊

110000－0143－0019938　PG46/66
歐陽文公圭齋集十五卷首一卷附錄一卷 (元)歐陽玄撰　清道光十四年(1834)廬陵歐陽傑、歐陽棨校刻本　六冊

110000－0143－0019939　PG46/66
歐陽文公圭齋集十五卷首一卷附錄一卷 (元)歐陽玄撰　清道光十四年(1834)廬陵歐陽傑、歐陽棨校刻本　六冊

110000－0143－0019940　PG46/67
滹南遺老王先生文集四十五卷續編詩一卷 (金)王若虛撰　清光緒十二年(1886)海豐吳重熹刻本　四冊

110000－0143－0019941　PG46/70
所安遺集一卷附錄一卷 (元)陳泰撰　清光緒六年(1880)茶陵譚鍾麟武林節署刻本　一冊

110000－0143－0019942　PG46/73
楚國文憲公雪樓程先生文集三十卷附錄一卷 (元)程鉅夫撰　**楚國文憲公雪樓程先生[鉅夫]年譜一卷** (元)程世京編　清宣統二年至民國十四年(1910－1925)陽湖陶氏涉園刻本　十冊

110000－0143－0019943　PG46/73－1
楚國文憲公雪樓程先生文集三十卷附錄一卷 (元)程鉅夫撰　**楚國文憲公雪樓程先生[鉅夫]年譜一卷** (元)程世京編　清宣統二年至民國十四年(1910－1925)陽湖陶氏涉園

刻本　十冊

110000－0143－0019944　PG46/74
雲峯胡先生文集十卷　(元)胡炳文撰　清道光十一年(1831)胡積城刻本　二冊

110000－0143－0019945　PG46/77
湛淵遺稾三卷補一卷　(元)白珽撰　清嘉慶十年(1805)長塘鮑氏刻本　一冊

110000－0143－0019946　PG46/78
楊仲宏集八卷　(元)楊載撰　清嘉慶十五年(1810)浦城祝氏留香室刻本　四冊

110000－0143－0019947　PG46/86
張淮陽集一卷　(元)張弘範著　清光緒二十二年(1896)刻本　一冊

110000－0143－0019948　PG46/89
拙軒集六卷　(金)王寂撰　清乾隆四十一年(1776)武英殿木活字印本　二冊

110000－0143－0019949　PG47/2－2
王文成公全集十六卷目錄二卷　(明)王守仁撰　清道光六年(1826)湖南湘潭王文德刻本　十七冊

110000－0143－0019950　PG47/2－5
王文成公全集十六卷目錄二卷　(明)王守仁撰　清道光六年(1826)湖南湘潭王文德刻本　二十四冊

110000－0143－0019951　PG47/3－2
震川先生集三十卷別集十卷　(明)歸有光撰　清光緒六年(1880)常熟歸氏刻本　十八冊

110000－0143－0019952　PG47/8
方正學先生遜志齋集二十四卷拾補一卷外紀一卷校勘記一卷　(明)方孝孺撰　(明)張紹謙纂定　清同治十二年(1873)吳縣孫熹刻本　十六冊

110000－0143－0019953　PG47/8－1
方正學先生遜志齋集二十四卷拾補一卷補遺一卷外紀一卷校勘記一卷　(明)方孝孺撰　(明)張紹謙纂定　清同治十二年(1873)吳縣孫熹刻本　三十六冊

110000－0143－0019954　PG47/8－3
方正學先生遜志齋集二十四卷拾補一卷補遺一卷外紀一卷校勘記一卷　(明)方孝孺撰　(明)張紹謙纂定　清同治十二年(1873)吳縣孫熹刻本　十六冊

110000－0143－0019955　PG47/10
陽明先生集要三種十六卷　(明)王守仁撰　清宣統二年(1910)明明學社鉛印本　四冊

110000－0143－0019956　PG47/14－1
太師誠意伯劉文成公集二十卷　(明)劉基撰　清光緒二十六年(1900)浙江書局刻本　十冊

110000－0143－0019957　PG47/14－1
太師誠意伯劉文成公集二十卷　(明)劉基撰　清光緒二十六年(1900)浙江書局刻本　十冊

110000－0143－0019958　PG47/14－2
太師誠意伯劉文成公集二十卷　(明)劉基撰　清雍正八年(1730)刻本　十二冊

110000－0143－0019959　PG47/14－3
太師誠意伯劉文成公集二十卷　(明)劉基撰　清康熙刻雍正八年(1730)補刻乾隆印本　八冊

110000－0143－0019960　PG47/18
七修類藁五十一卷續藁七卷　(明)郎瑛撰　清乾隆四十年(1775)錢塘周氏耕煙草堂刻嘉慶元年至同治十三年(1796－1874)印本　十冊　存二十八卷(一至二十八)

110000－0143－0019961　PG47/18
七修類藁五十一卷續藁七卷　(明)郎瑛撰　清光緒六年(1880)翰墨園刻本　十六冊

110000－0143－0019962　PG47/19
新刻張太岳先生詩文集四十七卷附帝鑑圖說不分卷　(明)張居正撰　明萬曆四十年(1612)繡谷唐國達刻清咸豐至同治江陵鄧氏補刻本　二十冊

110000－0143－0019963　PG47/19

新刻張太岳先生詩文集四十七卷　(明)張居正撰　明萬曆四十年(1612)繡谷唐國達刻清乾隆至同治印本　十六冊

110000－0143－0019964　PG47/19
新刻張太岳先生詩文集四十七卷　(明)張居正撰　明萬曆四十年(1612)繡谷唐國達刻清乾隆至同治印本　十六冊

110000－0143－0019965　PG47/20
陸桴亭先生遺書四十卷　(清)陸世儀撰　清光緒二十五年(1899)太倉唐受祺刻本　二十冊

110000－0143－0019966　PG47/22
有學集五十卷有學集補遺二卷　(清)錢謙益撰　(清)錢曾箋註　清宣統二年(1910)邃漢齋鉛印本　十六冊

110000－0143－0019967　PG47/22
初學集一百十卷　(清)錢謙益撰　(清)錢曾箋注　清宣統二年(1910)邃漢齋鉛印本　二十四冊

110000－0143－0019968　PG47/24
涇野先生文集三十八卷　(明)吕柟撰　清刻本　六冊

110000－0143－0019969　PG47/23
續刻吕涇野先生文集八卷　(明)吕柟撰　清道光十二年(1832)富平楊氏刻本　八冊

110000－0143－0019970　PG47/23
續刻吕涇野先生文集八卷　(明)吕柟撰　清道光十二年(1832)富平楊氏刻本　八冊

110000－0143－0019971　PG47/24
蒼谷全集十二卷　(明)王尚絅撰　清乾隆二十三年(1758)密止堂刻宣統三年(1911)印本　四冊

110000－0143－0019972　PG47/25
太史升菴全集八十一卷　(明)楊慎撰　(明)楊有仁錄　**升菴先生[楊慎]年譜一卷**　(清)李調元編　清乾隆六十年(1795)周參元刻本　六冊　存三十卷(一至三十)

110000－0143－0019973　PG47/25
太史升菴全集八十一卷　(明)楊慎撰　(明)楊有仁錄　**升菴先生[楊慎]年譜一卷**　(清)李調元編　清乾隆六十年(1795)周參元刻本　二十四冊

110000－0143－0019974　PG47/25
升菴外集一百卷　(明)楊慎撰　清道光二十四年(1844)周參元刻本　十六冊

110000－0143－0019975　PG47/26－1
洹詞十二卷首一卷　(明)崔銑撰　清同治二年(1863)安陽知縣金寶符刻本　十二冊

110000－0143－0019976　PG47/27
新刻張太岳先生詩文集四十七卷　(明)張居正撰　明萬曆四十年(1612)繡谷唐國達刻清乾隆至同治漢口善成堂書局印本　十六冊

110000－0143－0019977　PG47/27
明張文忠公全集四十六卷附錄二卷　(明)張居正撰　清光緒二十七年(1901)紅藤碧樹山館刻本　十五冊

110000－0143－0019978　PG47/27
明張文忠公全集四十六卷附錄二卷　(明)張居正撰　清光緒二十七年(1901)紅藤碧樹山館刻本　十六冊

110000－0143－0019979　PG47/28
壯悔堂文集十卷四憶堂詩集六卷　(清)侯方域撰　清乾隆十四年(1749)陳履中、陳履平刻本　六冊

110000－0143－0019980　PG47/28
壯悔堂文集十卷四憶堂詩集六卷　(清)侯方域撰　(清)賈開宗　(清)宋犖評點　清乾隆元年至三十年(1736－1765)商邱侯必昌刻本　六冊

110000－0143－0019981　PG47/28
壯悔堂文集十卷四憶堂詩集六卷　(清)侯方域撰　(清)賈開宗　(清)宋犖評點　清同治十三年(1874)商丘侯氏刻本　八冊

110000－0143－0019982　PG47/29

鹿忠節公集二十一卷　(明)鹿善繼著　清乾隆刻本　六冊

110000－0143－0019983　PG47/29
鹿忠節公集二十一卷　(明)鹿善繼著　清乾隆刻本　六冊

110000－0143－0019984　PG47/30
呂子遺書三十四卷　(明)呂坤撰　清道光七年(1827)開封府署刻本　二十四冊

110000－0143－0019985　PG47/30
呂子遺書三十四卷　(明)呂坤撰　清道光七年(1827)開封府署刻本　二十四冊

110000－0143－0019986　PG47/30－2
呂新吾先生雜著□□卷　(明)呂坤撰　明萬曆刻本　六冊

110000－0143－0019987　PG47/30－3
呂子遺書三十四卷　(明)呂坤撰　清道光七年(1827)開封府署刻本　二十四冊

110000－0143－0019988　PG47/31
楊忠烈公文集十卷表忠錄一卷補遺一卷　(明)楊漣撰　清道光十三年(1833)世美堂刻本　十二冊

110000－0143－0019989　PG47/31
楊忠烈公文集十卷表忠錄一卷補遺一卷　(明)楊漣撰　清道光十三年(1833)世美堂刻本　十二冊

110000－0143－0019990　PG47/31
楊忠烈公文集十卷表忠錄一卷補遺一卷　(明)楊漣撰　清道光十三年(1833)世美堂刻本　十二冊

110000－0143－0019991　PG47/33
劉子全書四十卷　(明)劉宗周等撰　**劉宗周年譜二卷**　(清)劉汋編　清道光四年至十五年(1824－1835)刻本　二十四冊

110000－0143－0019992　PG47/33
劉子全書四十卷　(明)劉宗周等撰　**劉宗周年譜二卷**　(清)劉汋編　清道光四年至十五年(1824－1835)刻本　二十四冊

110000－0143－0019993　PG47/34－1
甫田集三十六卷附錄一卷　(明)文徵明撰　清宣統三年(1911)鉛印本　六冊　存十九卷(一至十九)

110000－0143－0019994　PG47/36
任勇烈公遺集一卷附二草堂遺稿一卷　(清)任舉撰　清嘉慶九年(1804)近文齋刻本　四冊

110000－0143－0019995　PG47/37
六如居士全集七卷外集六卷畫譜三卷制義一卷　(明)唐寅撰　清嘉慶六年(1801)廣益書局刻本　六冊

110000－0143－0019996　PG47/37
六如居士全集七卷外集六卷畫譜三卷制義一卷　(明)唐寅撰　清嘉慶六年(1801)廣益書局刻本　六冊

110000－0143－0019997　PG47/37
六如居士全集七卷外集六卷畫譜三卷制義一卷　(明)唐寅撰　清嘉慶六年(1801)廣益書局刻本　六冊

110000－0143－0019998　PG47/37－1
六如唐先生畫譜三卷　(明)唐寅撰　明刻本　一冊

110000－0143－0019999　PG47/37－1
袁中郎先生批評唐伯虎彙集四卷　(明)袁弘道批評　明刻本　二冊　缺一卷(一)

110000－0143－0020000　PG47/39
明大司馬盧公集十二卷首一卷　(明)盧象昇撰　清光緒元年(1875)施惠刻本　八冊

110000－0143－0020001　PG47/39
明大司馬盧公集十二卷首一卷　(明)盧象昇撰　清光緒元年(1875)施惠刻本　八冊

110000－0143－0020002　PG47/39
明大司馬盧公集十二卷首一卷　(明)盧象昇撰　清光緒元年(1875)施惠刻本　八冊

110000－0143－0020003　PG47/39
明大司馬盧公集十二卷首一卷　(明)盧象昇

撰　清光緒元年(1875)施惠刻本　八册

110000－0143－0020004　PG47/39－1
明大司馬盧公集十二卷首一卷　(明)盧象昇撰　清光緒三十四年(1908)施惠刻本　十册

110000－0143－0020005　PG47/41
王文成公全書三十八卷　(明)王守仁撰　清刻本　二十四册

110000－0143－0020006　PG47/41
王文成公全書三十八卷　(明)王守仁撰　清刻本　二十四册

110000－0143－0020007　PG47/41
王文成公全書三十八卷　(明)王守仁撰　清刻本　二十四册

110000－0143－0020008　PG47/41
王文成公全書三十八卷　(明)王守仁撰　清刻本　二十四册

110000－0143－0020009　PG47/41
王文成公全書三十八卷　(明)王守仁撰　清刻本　二十四册

110000－0143－0020010　PG47/42　1
歸震川先生文選六卷　(明)歸有光撰　清道光二十五年(1845)刻本　三册

110000－0143－0020011　PG47/45
震川先生集三十卷别集十卷附錄一卷　(明)歸有光撰　清光緒元年(1875)歸氏刻本　十二册

110000－0143－0020012　PG47/45
震川先生集三十卷别集十卷附錄一卷　(明)歸有光撰　清康熙十年至十四年(1671－1675)歸莊、歸玠等刻本　十一册

110000－0143－0020013　PG47/46
欽定四書文　(清)方苞等撰　清光緒二年(1876)崇文書局刻本　十六册

110000－0143－0020014　PG47/47
方正學先生集十三卷　(明)方孝孺撰　清康熙視古堂刻本　四册

110000－0143－0020015　PG47/47
汪南溟先生集九卷　(明)汪道昆撰　清康熙郢雪書林刻本　三册

110000－0143－0020016　PG47/47
李滄溟先生集六卷　(明)李攀龍撰　清康熙郢雪書林刻本　二册

110000－0143－0020017　PG47/48
錢牧齋文鈔不分卷　(清)錢謙益撰　清宣統元年(1909)國學扶輪社鉛印本　四册

110000－0143－0020018　PG47/50
徐文長集三十卷補遺一卷　(明)徐渭撰　清宣統元年(1909)石印本　八册

110000－0143－0020019　PG47/53－2
黄漳浦集五十卷首一卷目錄二卷　(明)黄道周撰　(清)陳壽祺重編　**漳浦黄先生[道周]年譜二卷**　(清)莊起儔編　清道光八年至十年(1828－1830)刻十四年(1834)增刻本　三十册

110000－0143－0020020　PG47/53－4
黄漳浦集五十卷首一卷目錄二卷　(明)黄道周撰　(清)陳壽祺重編　**漳浦黄先生[道周]年譜二卷**　(清)莊起儔編　清道光八年至十年(1828－1830)刻十四年(1834)增刻本　二十册

110000－0143－0020021　PG47/54
來禽館集二十九卷　(明)邢侗撰　清光緒十七年(1891)邢氏刻本　十二册

110000－0143－0020022　PG47/54－1
來禽館集二十九卷　(明)邢侗撰　清光緒十七年(1891)邢氏刻本　十二册

110000－0143－0020023　PG47/56
苑洛集二十二卷　(明)韓邦奇撰　清道光八年(1828)西河書院刻本　十册

110000－0143－0020024　PG47/56
苑洛集二十二卷　(明)韓邦奇撰　清道光八年(1828)西河書院刻本　十册

110000－0143－0020025　PG47/56－1

苑洛集二十二卷　（明）韓邦奇撰　清嘉慶七年（1802）刻本　十冊

110000－0143－0020026　PG47/56－2
苑洛集二十二卷　（明）韓邦奇撰　清道光八年（1828）西河書院刻本　十冊

110000－0143－0020027　PG47/57
葛端肅公集十八卷識闕一卷家訓二卷　（明）葛守禮撰　清嘉慶七年（1802）樹滋堂刻本　八冊

110000－0143－0020028　PG47/57
葛端肅公集十八卷識闕一卷家訓二卷　（明）葛守禮撰　清嘉慶七年（1802）樹滋堂刻本　八冊

110000－0143－0020029　PG47/60
唐荊川先生文集十八卷補遺一卷附録一卷　（明）唐順之撰　清光緒二十一年（1895）武進盛氏刻本　八冊

110000－0143－0020030　PG47/60－1
重刊校正唐荊川先生文集十二卷新刊荊川先生外集三卷荊川集補遺五卷　（明）唐順之撰　清光緒三十年（1904）江南書局刻本　十冊

110000－0143－0020031　PG47/61
白沙子全集十卷首一卷末一卷古詩教解二卷　（明）陳獻章撰　清乾隆三十六年（1771）刻本　十冊

110000－0143－0020032　PG47/62
高塘龍眠集不分卷　（明）李騰芳撰　清同治十三年（1874）李光瑩刻本　二冊

110000－0143－0020033　PG47/65
瞿忠宣公集十卷　（明）瞿式耜撰　清光緒十三年（1887）瞿廷韶刻本　四冊

110000－0143－0020034　PG47/65
瞿忠宣公集十卷　（明）瞿式耜撰　清光緒十三年（1887）瞿廷韶刻本　四冊

110000－0143－0020035　PG47/67
止止堂集五卷　（明）戚繼光撰　清光緒十四年（1888）山東書局刻本　三冊　存二種四卷（愚愚稿之上、下，横槊稿之中、下）

110000－0143－0020036　PG47/69－1
楊忠愍公全集四卷　（明）楊繼盛撰　清宣統二年（1910）守政書局木活字印本　四冊

110000－0143－0020037　PG47/69
楊忠愍公全集四卷　（明）楊繼盛撰　清光緒二年（1876）刻本　二冊

110000－0143－0020038　PG47/69－3
楊忠愍公遺書不分卷　（明）楊繼盛撰　清光緒十二年（1886）遐齡書舍刻本　一冊

110000－0143－0020039　PG47/70
貴池二妙集五十一卷　（明）吳應箕　（明）劉城撰　清光緒二十六年（1900）刻本　十二冊

110000－0143－0020040　PG47/70
貴池二妙集五十一卷　（明）吳應箕　（明）劉城撰　清光緒二十六年（1900）刻本　十冊

110000－0143－0020041　PG47/75
兩谿文集二十四卷　（明）劉球撰　清宣統二年（1910）守政書局木活字印本　四冊

110000－0143－0020042　PG47/75
兩谿文集二十四卷　（明）劉球撰　清宣統二年（1910）守政書局木活字印本　四冊

110000－0143－0020043　PG47/76－3
震澤長語二卷　（明）王鏊著　清乾隆四十九年（1784）刻本　一冊

110000－0143－0020044　PG47/82
史忠正公文集四卷首一卷　（明）史可法撰　清同治十二年（1873）三原劉氏述荆堂刻本　一冊

110000－0143－0020045　PG47/82
史忠正公文集四卷首一卷　（明）史可法撰　清同治十二年（1873）三原劉氏述荆堂刻本　二冊

110000－0143－0020046　PG47/82
史忠正公文集四卷首一卷末一卷　（明）史可法撰　清光緒五年（1879）刻本　一冊

110000－0143－0020047　PG47/82－1
史忠正公文集四卷首一卷末一卷　(明)史可法撰　清咸豐二年(1852)刻本　二冊

110000－0143－0020048　PG47/82－2
史忠正公文集四卷首一卷末一卷　(明)史可法撰　清咸豐六年(1856)追遠堂刻本　二冊

110000－0143－0020049　PG47/82－2
史忠正公文集四卷首一卷末一卷　(明)史可法撰　清咸豐六年(1856)追遠堂刻本　二冊

110000－0143－0020050　PG47/82－4
史忠正公文集四卷首一卷末一卷　(明)史可法撰　清同治七年(1868)楚醴景萊書室刻本　二冊

110000－0143－0020051　PG47/82－5
史忠正公文集四卷首一卷末一卷　(明)史可法撰　清乾隆五十三年(1788)刻本　二冊

110000－0143－0020052　PG47/83
從野堂存稿八卷首一卷末一卷外集一卷　(明)繆昌期著　清光緒二年(1876)繆焱森、繆之鎔刻本　四冊

110000－0143－0020053　PG47/83
從野堂存稿八卷首一卷末一卷外集一卷　(明)繆昌期著　清光緒二年(1876)繆焱森、繆之鎔刻本　四冊

110000－0143－0020054　PG47/83－1
從野堂存稿八卷首一卷末一卷外集一卷　(明)繆昌期著　清光緒二年(1876)繆焱森、繆之鎔刻本　四冊

110000－0143－0020055　PG47/84
鈐山堂集四十卷　(明)嚴嵩撰　清嘉慶十一年(1806)刻本　十六冊

110000－0143－0020056　PG47/84
鈐山堂集四十卷　(明)嚴嵩撰　清嘉慶十一年(1806)刻本　八冊

110000－0143－0020057　PG47/85
左忠毅公集三卷　(明)左光斗撰　**左侍御公集一卷**　(明)左光先撰　**左忠義公[光斗]年譜二卷**　(清)左宰編　清道光二十九年(1849)刻本　六冊

110000－0143－0020058　PG47/85
左忠毅公集三卷　(明)左光斗撰　**左侍御公集一卷**　(明)左光先撰　**左忠義公[光斗]年譜二卷**　(清)左宰編　清道光二十九年(1849)刻本　五冊

110000－0143－0020059　PG47/85－1
左忠毅公集三卷　(明)左光斗撰　**左侍御公集一卷**　(明)左光先撰　**左忠義公[光斗]年譜二卷**　(清)左宰編　清道光二十九年(1849)刻本　六冊

110000－0143－0020060　PG47/86
周忠介公燼餘集　(明)周順昌著　**周忠介公[順昌]年譜一卷周忠介公遺事一卷**　(明)殷獻臣輯　清光緒二十九年(1903)刻本　三冊

110000－0143－0020061　PG47/89
王文莊公集十卷附校勘記一卷　(明)王鴻儒撰　清同治四年(1865)河南官書局刻本　四冊

110000－0143－0020062　PG47/90
王太史遺稿十卷　(明)王邵撰　(清)孫恆輯　清乾隆後刻本　二冊

110000－0143－0020063　PG47/91
陳忠裕全集三十卷陳忠裕[子龍]年譜三卷首一卷末一卷　(明)陳子龍撰　(清)王昶輯　清嘉慶八年(1803)簳山草堂刻本　十二冊

110000－0143－0020064　PG47/91
陳忠裕全集三十卷陳忠裕[子龍]年譜三卷首一卷末一卷　(明)陳子龍撰　(清)王昶輯　清嘉慶八年(1803)簳山草堂刻本　十二冊

110000－0143－0020065　PG47/94
金忠節公文集八卷　(明)金聲撰　清光緒三年(1877)嘉魚孔國玉刻本　四冊

110000－0143－0020066　PG47/94－1
金忠節公文集八卷　(明)金聲撰　清道光七年(1827)嘉魚縣署刻本　四冊

110000－0143－0020067　PG47/94－1
金忠節公文集八卷　(明)金聲撰　清道光七年(1827)嘉魚縣署刻本　四册

110000－0143－0020068　PG47/94－1
金忠節公文集八卷　(明)金聲撰　清光緒十四年(1888)黟縣李宗煝刻本　四册

110000－0143－0020069　PG47/94－2
金忠節公文集八卷　(明)金聲撰　清光緒十四年(1888)、十七年(1891)黟縣李宗煝、閩縣王仁堪刻本　四册

110000－0143－0020070　PG47/94－2
金忠節公文集八卷　(明)金聲撰　清光緒十四年(1888)黟縣李宗煝刻本　四册

110000－0143－0020071　PG47/94－2
金忠節公文集八卷　(明)金聲撰　清光緒十四年(1888)、十七年(1891)黟縣李宗煝、閩縣王仁堪刻本　四册

110000－0143－0020072　PG47/95
青螺公遺書合編三十五卷首一卷　(明)郭子章撰　清光緒八年(1882)冠朝三樂堂刻本　十二册

110000－0143－0020073　PG47/96
明雷石庵尚書胡二峰侍郎遺集合刻不分卷　(明)雷一清　(明)胡璿撰　(清)黃膺　李根源輯刊　清宣統二年(1910)刻本　一册

110000－0143－0020074　PG47/98
陶庵集二十二卷　(明)黃淳耀撰　清光緒五年(1879)刻本　八册

110000－0143－0020075　PG47/98
陶庵集二十二卷　(明)黃淳耀撰　清光緒五年(1879)刻本　八册

110000－0143－0020076　PG47/99
山帶閣集三十三卷附録一卷　(明)朱曰藩撰　清道光十五年(1835)寶應朱士彦等宜禄堂刻本　四册

110000－0143－0020077　PG47/104
凝翠集五卷　(明)王元翰撰　清嘉慶五年(1800)寧州王氏樹德堂刻本　六册

110000－0143－0020078　PG47/107
馬文莊公集選十五卷附敘述一卷　(明)馬自強撰　清同治九年(1870)關中馬氏敦倫堂刻本　四册

110000－0143－0020079　PG47/107
馬文莊公集選十五卷附敘述一卷　(明)馬自強撰　清道光二十六年(1846)刻本　四册

110000－0143－0020080　PG47/107－1
馬文莊公集選十五卷附敘述一卷　(明)馬自強撰　清同治九年(1870)關中馬氏敦倫堂刻本　四册

110000－0143－0020081　PG47/108
熊襄愍公集十卷末一卷　(明)熊廷弼撰　清同治三年(1864)刻本　十册

110000－0143－0020082　PG47/108－1
熊襄愍公集十卷末一卷　(明)熊廷弼撰　清嘉慶十八年(1813)腴經堂刻本　十册

110000－0143－0020083　PG47/108－2
熊襄愍公集十卷首一卷末一卷　(明)熊廷弼撰　清嘉慶十八年(1813)退補齋刻本　十册

110000－0143－0020084　PG47/109
邊華泉集八卷補遺一卷附録一卷　(明)邊貢撰　清康熙四十四年(1705)、宣統三年(1911)歷城張氏刻本　四册

110000－0143－0020085　PG47/117
懷麓堂集首一卷詩稿二十卷文稿三十卷詩後稿十卷文後稿三十卷雜記十卷　(明)李東陽撰　清嘉慶刻本　四十八册

110000－0143－0020086　PG47/117
懷麓堂集詩稿二十卷文稿三十卷詩後稿十卷文後稿三十卷雜記十卷　(明)李東陽撰　**明李文正公[東陽]年譜七卷**　(清)法式善撰　(清)唐仲冕增補　清嘉慶十四年(1809)刻本　二十二册

110000－0143－0020087　PG47/119
劉文成公集二十卷　(明)劉基撰　清乾隆十

一年(1746)栝芝南田果育堂刻本　十二冊

110000－0143－0020088　PG47/120
張文忠公文集十一卷張文忠公詩集六卷　(明)張居正撰　清宣統三年(1911)醉古堂石印本　四冊

110000－0143－0020089　PG47/120
張文忠公文集十一卷張文忠公詩集六卷　(明)張居正撰　清宣統三年(1911)醉古堂石印本　四冊

110000－0143－0020090　PG47/120
張文忠公文集十一卷張文忠公詩集六卷　(明)張居正撰　清宣統三年(1911)醉古堂石印本　四冊

110000－0143－0020091　PG47/122
楓山章先生集九卷　(明)章懋撰　**實紀八卷**　(明)章接輯　**楓山章先生[懋]年譜二卷**　(明)阮鶚撰　清同治至光緒永康胡氏退補齋刻本　十二冊

110000－0143－0020092　PG47/123
漁石集四卷　(明)唐龍撰　清同治至光緒永康胡氏退補齋刻本　四冊

110000－0143－0020093　PG47/126
王文成公全書三十八卷　(明)王守仁撰　清刻本　二十四冊

110000－0143－0020094　PG47/126
王文成公全書三十八卷　(明)王守仁撰　清刻本　二十四冊

110000－0143－0020095　PG47/127
宋學士全集三十二卷補遺八卷附錄二卷　(明)宋濂撰　清同治十三年(1874)永康胡氏退補齋刻本　四十冊

110000－0143－0020096　PG47/128
胡仲子集十卷　(明)胡翰撰　清同治十二年(1873)永康胡氏退補齋刻本　四冊

110000－0143－0020097　PG47/130
壯悔堂文集十卷遺稿一卷　(清)侯方域撰　清光緒四年(1878)舊學山房刻本　十冊

110000－0143－0020098　PG47/132
犢山類稿六卷詩稿四卷　(清)周鎬撰　清嘉慶二十二年(1817)刻本　四冊

110000－0143－0020099　PG47/133
孫文恭公遺書四卷末一卷　(明)孫應鼇撰　清宣統二年(1910)南洋官書局鉛印本　二冊

110000－0143－0020100　PG47/133－1
孫文恭公遺書二十卷　(明)孫應鼇撰　清光緒六年(1880)獨山莫氏刻本　六冊

110000－0143－0020101　PG47/135－1
胡敬齋先生文集三卷　(明)胡居仁撰　清同治八年(1869)傳經堂刻本　二冊

110000－0143－0020102　PG47/135－1
胡敬齋先生文集三卷居業錄四卷　(明)胡居仁撰　清同治八年(1869)傳經堂刻本　六冊

110000－0143－0020103　PG47/135－1
胡敬齋先生居業錄四卷　(明)胡居仁撰　清同治八年(1869)傳經堂刻本　四冊

110000－0143－0020104　PG47/136－1
洨濱蔡先生文集十卷首一卷語錄二十卷　(明)蔡靉撰　清光緒四年(1878)刻本　四冊

110000－0143－0020105　PG47/137
居易軒詩遺鈔一卷文遺鈔一卷　(清)趙炳龍撰　清光緒十四年(1888)刻本　一冊

110000－0143－0020106　PG47/138－1
呂新吾全集六十卷　(明)呂坤撰　清同治至光緒修補刻本　三十六冊

110000－0143－0020107　PG47/143
執齋集二十卷　(明)劉玉著　清道光十年(1830)萬安劉氏孝友堂刻本　四冊

110000－0143－0020108　PG47/146
薛考功集十卷　(明)薛蕙著　清道光八年(1828)亳州何天衢刻本　八冊

110000－0143－0020109　PG47/147
二谷山人集十卷　(明)侯一元著　清光緒十七年(1891)浙甌樂東侯氏刻本　六冊

110000－0143－0020110　PG47/147
二谷山人近稿十卷　(明)侯一元撰　清光緒二十年(1894)浙甌樂東緱山侯氏刻本　六册

110000－0143－0020111　PG47/148
文敬胡先生集三卷　(明)胡居仁著　清乾隆二十二年(1757)同邑後學刻本　五册

110000－0143－0020112　PG47/149
重刻天傭子全集十卷首一卷末一卷　(明)艾南英著　(清)艾爲珖　(清)艾曰芬編輯　清光緒五年(1879)刻清末重刻本　十册

110000－0143－0020113　PG47/149－1
重刻天傭子全集十卷首一卷末一卷　(明)艾南英著　(清)艾爲珖　(清)艾曰芬編輯　清光緒五年(1879)梯雲書屋刻本　六册

110000－0143－0020114　PG47/150
六如居士全集七卷　(明)唐寅著　(清)唐仲冕編　清光緒十一年(1885)鎮江文成堂刻本　四册

110000－0143－0020115　PG47/151
方孩未先生集十六卷　(明)方震孺著　(清)李兆洛編輯　清同治七年(1868)壽春方長華等樹德堂刻本　六册

110000－0143－0020116　PG47/151
方孩未先生集十六卷　(明)方震孺著　(清)李兆洛編輯　清嘉慶二十二年(1817)壽春方肇嵊刻本　六册

110000－0143－0020117　PG47/154
明文在一百卷　(清)薛熙輯　清光緒十五年(1889)江蘇書局刻本　十册

110000－0143－0020118　PG47/158
落落齋遺集十卷附錄一卷　(明)李應昇撰　清光緒二十二年(1896)武進盛宣懷刻本　六册

110000－0143－0020119　PG47/160
東里文集二十五卷東里別集四卷　(明)楊士奇撰　清光緒二年(1876)西昌楊氏敦本堂刻本　八册

110000－0143－0020120　PG47/161
文肅公文集三十四卷　(明)何喬新撰　清咸豐元年(1851)廣昌二酉齋刻本　十六册

110000－0143－0020121　PG47/163
明德先生文集二十六卷制藝一卷附新安定變全城記一卷　(明)呂維祺　(清)張鼎延撰　清康熙二年(1663)、乾隆四十八年(1783)呂兆璜清畏堂、呂公溥刻本　十二册

110000－0143－0020122　PG47/166
濂溪志七卷附濂溪遺芳集一卷　(清)周誥撰　清道光十九年(1839)刻本　四册

110000－0143－0020123　PG47/167
蠛蠓集五卷　(明)盧柟撰　明萬曆三十年(1602),清乾隆十年(1745)、同治四年(1865)、光緒二十年(1894)張其忠、王梓刻本　五册

110000－0143－0020124　PG47/167
蠛蠓集五卷　(明)盧柟撰　明萬曆三十年(1602),清乾隆十年(1745)、同治四年(1865)、光緒二十年(1894)張其忠、王梓刻本　五册

110000－0143－0020125　PG47/167－1
蠛蠓集五卷　(明)盧柟撰　明萬曆三十年(1602),清乾隆十年(1745)、同治四年(1865)張其忠刻本　五册

110000－0143－0020126　PG47/170
檇李遺書二十六種八十五卷　(清)孫福清輯　清光緒四年(1878)嘉善孫氏望雲仙館刻本　二十四册

110000－0143－0020127　PG47/172
夢墨稿十卷首一卷　(明)時季照撰　清光緒十八年(1892)錢輔仁刻本　一册

110000－0143－0020128　PG47/174
木訥齋文集五卷附錄一卷　(元)王毅撰　清光緒二年(1876)刻本　一册

110000－0143－0020129　PG47/175
何大復先生集三十八卷　(明)何景明撰　清

光緒十九年(1893)刻本　十二冊

110000－0143－0020130　PG47/175－1
何大復先生集三十八卷　(明)何景明撰　清宣統元年(1909)厚生印書館石印本　八冊

110000－0143－0020131　PG47/175－2
何大復先生集三十八卷　(明)何景明撰　清咸豐二年(1852)刻本　八冊

110000－0143－0020132　PG47/177
危學士全集十四卷　(明)危素撰　清道光六年(1826)刻本　八冊

110000－0143－0020133　PG47/178
張忠敏公遺集十卷附錄六卷　(明)張國維撰　清光緒五年(1879)江蘇書局刻本　四冊

110000－0143－0020134　PG47/178
張忠敏公遺集十卷附錄六卷　(明)張國維撰　清光緒五年(1879)江蘇書局刻本　六冊

110000－0143－0020135　PG47/179
堵文忠公集十卷附錄一卷　(明)堵允錫撰　**堵文忠公[允錫]年譜一卷**　(清)周恭壽編　清光緒十三年(1887)刻本　六冊

110000－0143－0020136　PG47/179
堵文忠公集十卷附錄一卷　(明)堵允錫撰　**堵文忠公[允錫]年譜一卷**　(清)周恭壽編　清光緒十三年(1887)刻本　六冊

110000－0143－0020137　PG47/180
青湖先生文集十四卷首一卷末一卷　(明)汪應軫撰　清同治十三年(1874)刻本　六冊

110000－0143－0020138　PG47/180－1
青湖文集補編一卷　(明)汪應軫撰　清光緒刻本　一冊

110000－0143－0020139　PG47/181
東莆先生文集六卷　(明)林大欽撰　清光緒十年(1884)林氏家刻本　五冊

110000－0143－0020140　PG47/183
孫宗伯集十卷　(明)孫繼臯撰　清光緒十八年(1892)鼎元堂木活字印本　十二冊

110000－0143－0020141　PG47/184
賜誠堂文集十六卷　(明)管紹寧撰　清光緒三年(1877)刻本　二冊

110000－0143－0020142　PG47/184
賜誠堂文集十六卷　(明)管紹寧撰　清光緒三年(1877)刻本　四冊

110000－0143－0020143　PG47/184
賜誠堂文集十六卷　(明)管紹寧撰　清光緒三年(1877)刻本　四冊

110000－0143－0020144　PG47/184
賜誠堂文集十六卷　(明)管紹寧撰　清光緒三年(1877)刻本　四冊

110000－0143－0020145　PG47/188
明倪文貞公文集二十卷奏疏十二卷補遺一卷　(明)倪元璐撰　**倪文忠公[元璐]年譜四卷**　(明)倪會鼎等撰　清咸豐四年(1854)刻本　八冊

110000－0143－0020146　PG47/188
明倪文貞公文集二十卷奏疏十二卷補遺一卷　(明)倪元璐撰　**倪文忠公[元璐]年譜四卷**　(明)倪會鼎等撰　清咸豐四年(1854)刻本　四冊

110000－0143－0020147　PG47/192－1
毅齋查先生闡道集十卷　(明)查鐸撰　清光緒十六年(1890)刻本　四冊

110000－0143－0020148　PG47/193
涇皋藏稿二十二卷　(明)顧憲成撰　清光緒三年(1877)刻本　六冊

110000－0143－0020149　PG47/194
樓山堂集二十七卷　(明)吳應箕撰　清宣統二年(1910)鉛印本　六冊

110000－0143－0020150　PG47/199
明夏赤城先生文集二十三卷　(明)夏鍭撰　清光緒十五年至十九年(1889－1893)木活字印本　六冊

110000－0143－0020151　PG47/200
砥齋集十二卷待菴日劄一卷西歸日劄一卷北

行日劄一卷　(清)王弘撰撰　清康熙刻乾隆印本　九册

110000－0143－0020152　PG47/205
方孩未先生集十六卷　(明)方震孺撰　清嘉慶二十二年(1817)樹德堂刻本　三册

110000－0143－0020153　PG47/210
始豐藁十四卷補遺附錄一卷　(明)徐一夔撰　清光緒二十年(1894)丁氏嘉惠堂刻本　四册

110000－0143－0020154　PG47/211
增訂徐文定公集六卷首二卷　(明)徐光啓撰　(清)李杕輯　清宣統元年(1909)慈母堂鉛印本　四册

110000－0143－0020155　PG47/211
增訂徐文定公集六卷首二卷　(明)徐光啓撰　(清)李杕輯　清宣統元年(1909)慈母堂鉛印本　四册

110000－0143－0020156　PG47/212
明張忠烈公文集不分卷奇零草不分卷　(明)張煌言撰　清光緒十六年(1890)抄本　四册

110000－0143－0020157　PG47/214
四明水氏留碩稿二卷　(清)水賓璐輯　清光緒十八年(1892)水氏刻本　二册

110000－0143－0020158　PG47/215
周孟侯先生全書二十四卷　(清)周拱辰撰　清光緒元年(1875)刻本　十二册

110000－0143－0020159　PG47/216
夏節湣全集十卷首一卷末一卷補遺一卷續補遺一卷　(明)夏完淳撰　清嘉慶十二年至十三年(1807－1808)刻本　二册

110000－0143－0020160　PG47/217
徐康懿公餘力稿二卷徐鈍齋公文集不分卷蜀阜徐氏文獻錄不分卷蜀阜小志不分卷　(明)徐貫　(明)徐鑑　(明)胡拱辰撰　(明)徐楚編　清末徐氏木活字印本　五册

110000－0143－0020161　PG47/225
燮雅堂文集四卷　(清)杜濬撰　清咸豐十年(1860)刻本　四册

110000－0143－0020162　PG47/227
李文莊公全集十卷　(明)李騰芳撰　清光緒二年(1876)李氏刻本　十册

110000－0143－0020163　PG47/227
李文莊公全集十卷　(明)李騰芳撰　清光緒二年(1876)李氏刻本　十册

110000－0143－0020164　PG47/227
李文莊公全集十卷　(明)李騰芳撰　清光緒二年(1876)李氏刻本　十册

110000－0143－0020165　PG47/228
貴池二妙集五十一卷　(明)吳應箕　(明)劉城撰　清光緒二十六年(1900)刻本　十二册

110000－0143－0020166　PG47/237
凌谿先生集十八卷　(明)朱應登撰　清道光十五年(1835)宜祿堂刻本　四册

110000－0143－0020167　PG47/237
凌谿先生集十八卷　(明)朱應登撰　清道光十五年(1835)宜祿堂刻本　四册

110000－0143－0020168　PG47/238
重編瓊臺會稿詩文集二十四卷首一卷　(明)邱濬撰　清光緒五年(1879)雁峯書院刻本　十二册

110000－0143－0020169　PG47/242
憨山老人夢遊集五十五卷　(明)釋德清撰　清光緒五年(1879)江北刻經處刻本　二十册

110000－0143－0020170　PG47/243
日知錄集釋三十二卷　(清)顧炎武撰　(清)黄汝成集釋　清光緒十三年(1887)同文書局石印本　三册　存二十六卷(一至二十六)

110000－0143－0020171　PG47/243－1
日知錄集釋三十二卷附刊誤二卷續刊誤二卷　(清)顧炎武撰　(清)黄汝成集釋　清光緒元年(1875)湖北崇文書局刻本　十六册

110000－0143－0020172　PG47/243－1
日知錄集釋三十二卷附刊誤二卷續刊誤二卷　(清)顧炎武撰　(清)黄汝成集釋　清光緒

元年(1875)湖北崇文書局刻本　十六冊

110000－0143－0020173　PG47/243－1
日知錄集釋三十二卷附刊誤二卷續刊誤二卷　(清)顧炎武撰　(清)黃汝成集釋　清同治十一年(1872)湖北崇文書局刻本　十六冊

110000－0143－0020174　PG47/243－1
日知錄刊誤二卷續刊誤二卷　(清)黃汝成撰　清同治十一年(1872)湖北崇文書局刻本　一冊

110000－0143－0020175　PG47/243－1
日知錄刊誤二卷續刊誤二卷　(清)黃汝成撰　清同治十一年(1872)湖北崇文書局刻本　一冊

110000－0143－0020176　PG47/243－3
日知錄集釋三十二卷附刊誤二卷續刊誤二卷　(清)顧炎武撰　(清)黃汝成集釋　清咸豐十年(1860)東都樂善堂刻本　五冊

110000－0143－0020177　PG47/243－4
日知錄集釋三十二卷附刊誤二卷續刊誤二卷策學纂要正續編十六卷　(清)顧炎武撰　(清)萬南泉等輯正續編　清光緒十三年(1887)上海大同書局石印本　四冊

110000－0143－0020178　PG47/243－6
日知錄集釋三十二卷附刊誤二卷續刊誤二卷　(清)顧炎武撰　(清)黃汝成集釋　清道光十四年(1834)嘉定黃氏西谿草廬刻本　十一冊

110000－0143－0020179　PG47/244
孫忠靖公遺集八卷首一卷末一卷　(明)孫傳庭撰　清咸豐六年(1856)孫氏刻本　八冊

110000－0143－0020180　PG47/245
高拱集四種　(明)高拱撰　清康熙二十七年(1688)高氏籠春堂刻本　六冊　存八卷(程士集一至二、獻忱集一至二、綸扉稿二卷、南宮奏牘二卷)

110000－0143－0020181　PG47/246
定山堂古文小品二卷　(清)龔鼎孳撰　清宣統二年(1910)國學昌明社石印本　二冊

110000－0143－0020182　PG47/247
陽明先生集要三種十五卷　(明)王守仁撰　清宣統三年(1911)鉛印本　四冊

110000－0143－0020183　PG47/254
洞麓堂集十卷　(明)尹臺撰　清嘉慶五年(1800)刻本　六冊

110000－0143－0020184　PG47/255
嶧桐文集十卷嶧桐詩集十卷　(明)劉城撰　清光緒十九年(1893)養雲山莊刻本　八冊

110000－0143－0020185　PG47/258
華陽館文集十八卷續刻二卷　(明)宋儀望撰　清道光二十二年(1842)中和堂刻本　六冊

110000－0143－0020186　PG47/259
蔡忠烈公遺集六卷　(明)蔡道憲撰　清道光二十六年(1846)蔡氏刻本　六冊

110000－0143－0020187　PG47/260
休那遺稿十二卷詩集一卷貨殖傳評一卷外集三卷　(明)姚康撰　清光緒十五年(1889)姚氏五桂山房木活字印本　十冊

110000－0143－0020188　PG47/265
羅念庵先生文錄十八卷附錄不分卷續編二卷　(明)羅洪先撰　清光緒十二年(1886)刻本　十冊

110000－0143－0020189　PG47/269
酌中志二十四卷　(明)劉若愚撰　清道光二十五年(1845)刻本　六冊

110000－0143－0020190　PG47/272
餘姚黃忠端公集六卷　(明)黃尊素撰　清光緒十三年(1887)刻本　一冊

110000－0143－0020191　PG47/275
新喻梁石門先生集十卷首一卷末一卷　(明)梁寅撰　清光緒十五年(1889)鍾體志刻本　六冊

110000－0143－0020192　PG47/277
黃文貞公忠節紀略四卷首一卷　(明)黃觀撰　清光緒元年(1875)刻本　二冊

110000－0143－0020193　PG47/278
即山先生文鈔二卷詩鈔一卷　(明)沈承撰　清同治九年(1870)木活字印本　一册

110000－0143－0020194　PG47/285－1
讀書錄十一卷續錄十二卷　(明)薛瑄撰　清光緒二十年(1894)柏經正堂刻本　六册

110000－0143－0020195　PG47/286
邱海二公合集十六卷　(明)邱濬　(明)海瑞撰　清乾隆十八年(1753)刻嘉慶二十年(1815)修補印本　十册

110000－0143－0020196　PG47/287
高子遺書十二卷附錄一卷　(明)高攀龍撰　(明)陳龍正編定　**高忠憲公[攀龍]年譜一卷**　(明)華允誠述　清光緒二年(1876)無錫東林書院刻本　八册

110000－0143－0020197　PG47/290
枝山文集四卷　(明)祝允明著　(清)祝壽眉輯　清同治十三年(1874)刻光緒元年(1875)增刻本　二册

110000－0143－0020198　PG47/290
枝山文集四卷　(明)祝允明著　(清)祝壽眉輯　清同治十三年(1874)元和祝氏刻本　四册

110000－0143－0020199　PG47/291
憨山老人夢遊集五十五卷　(明)釋德清撰　(清)釋通炯編輯　清光緒五年(1879)江北揚州刻經處刻本　二十册

110000－0143－0020200　PG47/291
憨山老人夢遊集五十五卷　(明)釋德清撰　(清)釋通炯編輯　清光緒五年(1879)江北揚州刻經處刻本　二十册

110000－0143－0020201　PG47/292
邊華泉集稿六卷邊華泉集八卷　(明)邊貢撰　清康熙四十四年(1705)、嘉慶十年(1805)、咸豐元年(1851)刻本　六册

110000－0143－0020202　PG47/293
東田先生奏稿四卷首一卷　(明)張羽撰　清抄本　八册

110000－0143－0020203　PG47/294
蒿子先生遺稿不分卷　(清)芮長恤撰　清光緒二十三年(1897)木活字印本　一册

110000－0143－0020204　PG47/297
熊魚山文集二卷　(明)熊開元撰　清光緒十年(1884)鉛印本　二册

110000－0143－0020205　PG47/298
松圓浪淘集十八卷偈庵集二卷　(明)程嘉燧撰　清宣統鉛印本　六册

110000－0143－0020206　PG47/305
賀文忠公遺集四卷末一卷　(明)賀逢聖撰　清同治八年(1869)錦樹山房刻本　二册

110000－0143－0020207　PG47/306
陳臥子先生安雅堂稿十五卷附陳臥子先生兵垣奏議二卷　(明)陳子龍撰　清宣統元年(1909)時中書局鉛印本　八册

110000－0143－0020208　PG47/311
姚文敏公遺稿九卷姚文敏公奏議補缺一卷附校勘記　(明)姚夔撰　清光緒二十四年(1898)水明廔刻本　二册

110000－0143－0020209　PG47/312
松石齋文集二十五卷松石齋詩集六卷趙文毅公奏疏五卷遼事疏附錄　(明)趙用賢撰　清光緒二十二年至二十八年(1896－1902)常熟趙氏承啟堂刻本　十册

110000－0143－0020210　PG47/313
東湖集五卷首一卷　(明)吳廷舉撰　清光緒二年(1876)鉛印本　六册

110000－0143－0020211　PG47/318
蔡忠烈公遺集六卷　(明)蔡道憲撰　清光緒二十八年(1902)補刻本　六册

110000－0143－0020212　PG47/321
去僞齋集十卷闕疑一卷　(明)呂坤撰　清道光七年(1827)開封府署刻本　十一册

110000－0143－0020213　PG47/324
慮得集四卷附錄二卷　(明)華悰韡撰　清同

治十一年(1872)無錫華氏詒穀堂刻本　一冊

110000－0143－0020214　PG47/327
敬齋集三卷　(明)胡居仁撰　清刻本　一冊

110000－0143－0020215　PG47/329
味檗齋文集十五卷　(明)趙南星撰　清光緒五年(1879)定州王氏謙德堂刻本　八冊

110000－0143－0020216　PG47/329
味檗齋文集十五卷　(明)趙南星撰　清光緒五年(1879)定州王氏謙德堂刻本　五冊　存十卷(六至十五)

110000－0143－0020217　PG47/330
施忠愍公遺集七卷　(明)施邦曜撰　清光緒四年(1878)重刻本　二冊

110000－0143－0020218　PG47/331
蔡文莊公集八卷附太極圖說河洛私見艾菴密箴　(明)蔡清撰　清光緒二十三年(1897)刻本　六冊

110000－0143－0020219　PG47/343
蓮鬚閣集二十六卷首一卷　(明)黎遂球撰　清道光二十年(1840)南海伍氏詩雪軒刻本　七冊　缺一卷(首一卷)

110000－0143－0020220　PG47/344
葛中翰遺集十二卷首一卷　(明)葛麟撰　清光緒十六年(1890)敦本堂刻本　六冊

110000－0143－0020221　PG47/352
歸雲別集七十四卷　(明)陳士元撰　清道光十三年(1833)吳毓梅刻本　二十冊

110000－0143－0020222　PG47/362
羅司勳文集八卷外集一卷　(明)羅虞臣撰　清康熙三十八年(1699)刻本　三冊

110000－0143－0020223　PG47/368
左忠貞公集十一卷　(明)左懋第著　**左司馬傳**　(明)陳濟生撰　**明兵部侍郎左公暨配劉淑人墓志銘一卷**　(明)劉澤蓀代　**蘿石先生[左懋第]年譜一卷**　清道光二十七年(1847)刻本　四冊

110000－0143－0020224　PG47/381
尋親紀程滇還紀程黃孝子紀程虎口餘生　(清)黃向堅等撰　清乾隆刻本　一冊

110000－0143－0020225　PG47/383
愳菴遺集不分卷　(明)黃震象撰　清同治五年(1866)廬陵黃氏刻本　一冊

110000－0143－0020226　PG47/384
明大司馬盧公集十二卷首一卷　(明)盧象昇著　清光緒元年(1875)宜興知縣施惠刻本　八冊

110000－0143－0020227　PG47/385
渼陂集十六卷　(明)王九思撰　明嘉靖十年至崇禎十三年(1531－1640)刻本　八冊

110000－0143－0020228　PG47/430
綠雪堂遺集二十卷　(清)王衍梅撰　清道光二十年(1840)刻本　十冊

110000－0143－0020229　PG48/3
鮚埼亭集三十八卷集外編五十卷　(清)全祖望撰　清同治十一年(1872)刻本　十六冊

110000－0143－0020230　PG48/3
鮚埼亭集三十八卷首一卷全謝山先生經史問答十卷鮚埼亭集外編五十卷　(清)全祖望撰　(清)史夢蛟校　清同治十一年(1872)姚江借樹山房刻本　二十四冊

110000－0143－0020231　PG48/3
鮚埼亭集三十八卷首一卷全謝山先生經史問答十卷鮚埼亭集外編五十卷　(清)全祖望撰　(清)史夢蛟校　清同治十一年(1872)姚江借樹山房刻本　二十四冊

110000－0143－0020232　PG48/3
鮚埼亭集三十八卷首一卷全謝山先生經史問答十卷　(清)全祖望撰　(清)史夢蛟校　清同治十一年(1872)姚江借樹山房刻本　十六冊

110000－0143－0020233　PG48/3－1
鮚埼亭集三十八卷首一卷　(清)全祖望撰　(清)史夢蛟校　清嘉慶九年(1804)刻本　八冊　存二十三卷(一至二十三)

110000－0143－0020234　PG48/3－1
鮚埼亭集三十八卷首一卷　（清）全祖望撰　（清）史夢蛟校　清嘉慶九年（1804）姚江借樹山房刻本　二十一冊

110000－0143－0020235　PG48/3－1
鮚埼亭集三十八卷首一卷全謝山先生經史問答十卷　（清）全祖望撰　（清）史夢蛟校　清嘉慶九年（1804）姚江借樹山房刻本　十二冊

110000－0143－0020236　PG48/7－1
戴東原集十二卷覆校劄記一卷　（清）戴震撰　**戴東原先生［震］年譜一卷**　（清）段玉裁編　清宣統二年（1910）渭南嚴岳蓮孝義家塾成都刻本　四冊

110000－0143－0020237　PG48/8
樊榭山房集十卷續集十卷文集八卷集外詩三卷集外詞四卷集外文一卷　（清）厲鶚撰　清光緒十年（1884）錢塘汪氏振綺堂刻本　九冊　缺五卷（集外詞四卷、集外文一卷）

110000－0143－0020238　PG48/8－1
樊榭山房集十卷續集十卷文集八卷集外詩三卷集外詞四卷集外文一卷振綺堂詩存一卷松聲池館詩存四卷　（清）厲鶚撰　清光緒十年至十九年（1884－1893）錢塘汪氏振綺堂刻本　十二冊

110000－0143－0020239　PG48/8－1
樊榭山房集十卷續集十卷文集八卷集外詩三卷集外詞四卷集外文一卷　（清）厲鶚撰　清光緒十年（1884）錢塘汪氏振綺堂刻本　十冊

110000－0143－0020240　PG48/8－1
樊榭山房集十卷續集十卷文集八卷集外詩三卷集外詞四卷集外文一卷　（清）厲鶚撰　清光緒十年（1884）錢塘汪氏振綺堂刻本　十冊

110000－0143－0020241　PG48/10
梅村家藏藁五十八卷梅村詩補遺一卷梅村文補遺一卷　（清）吳偉業撰　**梅村先生世系一卷梅村先生［吳偉業］年譜四卷**　（清）顧師軾撰　清宣統三年（1911）武進董康誦芬室刻本　八冊

110000－0143－0020242　PG48/10
梅村家藏藁五十八卷梅村詩補遺一卷梅村文補遺一卷　（清）吳偉業撰　**梅村先生世系一卷梅村先生［吳偉業］年譜四卷**　（清）顧師軾撰　清宣統三年（1911）武進董康誦芬室刻本　七冊

110000－0143－0020243　PG48/10－1
梅村家藏藁五十八卷梅村詩補遺一卷梅村文補遺一卷　（清）吳偉業撰　**梅村先生世系一卷梅村先生［吳偉業］年譜四卷**　（清）顧師軾撰　清宣統三年（1911）武進董康誦芬室刻本　七冊

110000－0143－0020244　PG48/13－1
漁洋山人精華録箋注十二卷補一卷　（清）王士禛撰　（清）金榮箋注　（清）徐淮纂輯　清刻本　十二冊

110000－0143－0020245　PG48/13－3
漁洋山人精華録箋注十二卷補一卷　（清）王士禛撰　（清）金榮箋注　（清）徐淮纂輯　清光緒二十年（1894）上海寶文書局石印本　十冊

110000－0143－0020246　PG48/13－3
漁洋山人精華録箋注十二卷補一卷　（清）王士禛撰　（清）金榮箋注　（清）徐淮纂輯　清乾隆鳳翽堂刻本　十二冊

110000－0143－0020247　PG48/13－6
漁洋山人精華錄訓纂十卷總目二卷訓纂補十卷漁洋山人自撰年譜二卷金氏精華錄箋註辯訛一卷　（清）惠棟撰　清光緒十七年（1891）會稽徐氏述史樓刻本　十六冊

110000－0143－0020248　PG48/14
曝書亭集八十卷附錄一卷　（清）朱彝尊撰　**笛漁小藁十卷**　（清）朱昆田撰　清康熙五十三年（1714）刻本　二十冊

110000－0143－0020249　PG48/14
曝書亭集八十卷附錄一卷　（清）朱彝尊撰　**笛漁小藁十卷**　（清）朱昆田撰　清光緒十五年（1889）刻本　十一冊　存五十九卷（一至

五十九）

110000－0143－0020250　PG48/14－1
曝書亭集八十卷附録一卷　（清）朱彝尊撰　**笛漁小稾十卷**　（清）朱昆田撰　清刻本　十冊　存三十八卷（一至三十八）

110000－0143－0020251　PG48/14－2
曝書亭集箋註二十三卷　（清）朱彝尊撰　（清）孫銀槎輯註　清嘉慶五年（1800）刻本　六冊

110000－0143－0020252　PG48/14－2
曝書亭集箋註二十三卷　（清）朱彝尊撰　（清）孫銀槎輯註　清嘉慶五年（1800）刻本　十冊

110000－0143－0020253　PG48/14－2
曝書亭集八十卷附録一卷　（清）朱彝尊撰　**笛漁小稾十卷**　（清）朱昆田撰　清康熙五十三年（1714）朱稻孫刻本　二十冊

110000－0143－0020254　PG48/14－3
曝書亭集八十卷附録一卷　（清）朱彝尊撰　**笛漁小稾十卷**　（清）朱昆田撰　清刻本　二十冊

110000－0143－0020255　PG48/14－8
曝書亭詩録十二卷　（清）朱彝尊撰　（清）江浩然箋注　清乾隆三十年（1765）惇裕堂刻本　六冊

110000－0143－0020256　PG48/17
玉臺新詠十卷　（南朝陳）徐陵編　（清）吳兆宜原註　（清）程琰刪補　清光緒五年（1879）宏達堂刻本　三冊

110000－0143－0020257　PG48/17－1
玉臺新詠十卷　（南朝陳）徐陵編　（清）吳兆宜原註　（清）程琰刪補　清光緒五年（1879）宏達堂刻本　四冊

110000－0143－0020258　PG48/20－1
惜抱軒詩集十卷詩後集一卷外集一卷　（清）姚鼐輯　清嘉慶金陵書局刻本　一冊

110000－0143－0020259　PG48/20－1
惜抱軒詩集十卷詩後集一卷外集一卷　（清）姚鼐撰　清嘉慶刻本　四冊

110000－0143－0020260　PG48/20－2
惜抱軒五言今體詩鈔九卷七言今體詩鈔九卷　（清）姚鼐輯　清同治五年（1866）金陵書局刻本　四冊

110000－0143－0020261　PG48/20－3
惜抱軒全集十種八十八卷　（清）姚鼐撰　清同治五年（1866）省心閣刻本　十四冊　缺二種十八卷（五言今體詩鈔九卷、七言今體詩鈔九卷）

110000－0143－0020262　PG48/23
定盦文集三卷續集四卷文集補五卷　（清）龔自珍撰　清同治七年（1868）錢塘吳煦刻本　四冊

110000－0143－0020263　PG48/23
定盦文集三卷續集四卷文集補五卷　（清）龔自珍撰　清同治七年（1868）錢塘吳煦刻本（原缺文集補續錄文八首）　四冊

110000－0143－0020264　PG48/23－1
定盦文集三卷文集補編四卷續集四卷文集補六卷　（清）龔自珍撰　清光緒二十三年（1897）萬本書堂刻本　六冊

110000－0143－0020265　PG48/23－2
校訂定盦全集十卷　（清）龔自珍撰　**定盦年譜稿本**　薛鳳昌校訂　黄守恆撰　清宣統元年（1909）上海時中書局鉛印本　六冊

110000－0143－0020266　PG48/23－3
定盦文集三卷續集四卷文集補六卷文集補編四卷　（清）龔自珍撰　清光緒二十九年（1903）文瑞樓石印本　四冊

110000－0143－0020267　PG48/23－5
定盦文集三卷續集四卷文集補六卷文集補編四卷　（清）龔自珍撰　清光緒二十三年（1897）萬本書堂刻本　六冊

110000－0143－0020268　PG48/23－5
定盦文集三卷續集四卷文集補六卷文集補編四

卷　(清)龔自珍撰　清光緒二十三年(1897)萬本書堂刻本　六冊

110000－0143－0020269　PG48/23－7

定盦文集三卷續集四卷文集補六卷文集補編四卷文集佚文一卷　(清)龔自珍撰　清光緒三十四年(1908)成都官書局刻本　六冊

110000－0143－0020270　PG48/24－1

定盦文集三卷續集四卷文集補編四卷餘集附少作一卷集補續錄一卷詩集二卷詩續集一卷別集二卷　(清)龔自珍撰　清光緒二十四年(1898)浙省寶晉齋石印本　一冊

110000－0143－0020271　PG48/24－2

定盦文集補編四卷　(清)龔自珍撰　清光緒十二年(1886)平湖朱之榛刻二十八年(1902)重修刻本　二冊

110000－0143－0020272　PG48/24－3

定盦文集三卷文集補詞選一卷詞錄一卷附龔孝珙手鈔詞一卷　(清)龔自珍撰　清宣統元年(1909)上海國學扶輪社鉛印本　二冊

110000－0143－0020273　PG48/26

揅經室一集十四卷二集八卷三集五卷四集二卷四集詩十一卷外集五卷續集十一卷再續集六卷　(清)阮元撰　清道光儀徵阮氏文選樓刻本　二十四冊

110000－0143－0020274　PG48/26

揅經室一集十四卷二集八卷三集五卷四集二卷四集詩十一卷外集五卷續集九卷再續集六卷　(清)阮元撰　清道光儀徵阮氏文選樓刻本　二十四冊

110000－0143－0020275　PG48/28

大雲山房言事二卷　(清)惲敬著　清同治八年(1869)四川雷信述齋刻本　一冊

110000－0143－0020276　PG48/28

大雲山房文稾補編一卷　(清)惲敬著　清嘉慶二十一年(1816)長洲宋揚光刻本　一冊

110000－0143－0020277　PG48/28

大雲山房言事二卷　(清)惲敬著　清嘉慶二十一年(1816)長洲宋揚光刻本　一冊

110000－0143－0020278　PG48/28

大雲山房文稾初集四卷　(清)惲敬著　清嘉慶二十年(1815)武寧盧旬宣刻本　四冊

110000－0143－0020279　PG48/28

大雲山房文稾二集四卷　(清)惲敬著　清嘉慶二十一年(1816)長洲宋揚光刻本　四冊

110000－0143－0020280　PG48/28

大雲山房文稾初集四卷二集四卷大雲山房言事二卷　(清)惲敬著　清嘉慶二十年至二十一年(1815－1816)武寧盧旬宣、長洲宋揚光刻本　六冊

110000－0143－0020281　PG48/28－2

大雲山房文稾初集四卷二集四卷　(清)惲敬著　清光緒十四年(1888)官書處刻本　八冊

110000－0143－0020282　PG48/28－1

大雲山房文稾二集四卷　(清)惲敬著　清同治八年(1869)四川雷信述齋刻本　四冊

110000－0143－0020283　PG48/28－1

大雲山房文稾二集四卷　(清)惲敬著　清光緒十四年(1888)官書處刻本　四冊

110000－0143－0020284　PG48/28－2

大雲山房文稾初集四卷二集四卷　(清)惲敬著　清光緒十四年(1888)官書處刻本　八冊

110000－0143－0020285　PG48/28－2

大雲山房文稾初集四卷二集四卷　(清)惲敬著　清光緒十四年(1888)官書處刻本　八冊

110000－0143－0020286　PG48/28－2

大雲山房文稾初集四卷二集四卷　(清)惲敬著　清光緒十四年(1888)官書處刻本　八冊

110000－0143－0020287　PG48/28－2

大雲山房文稾初集四卷二集四卷　(清)惲敬著　清光緒十四年(1888)官書處刻本　八冊

110000－0143－0020288　PG48/28－3

大雲山房文稾初集四卷二集四卷大雲山房言事二卷　(清)惲敬著　清同治二年(1863)惲世臨刻本　十冊

110000－0143－0020289　PG48/28－3

大雲山房文稾初集四卷二集四卷大雲山房言事二卷　(清)惲敬著　清同治二年(1863)惲世臨刻本　八冊

110000－0143－0020290　PG48/28－3

大雲山房文稾初集四卷二集四卷大雲山房言事二卷　(清)惲敬著　清同治二年(1863)惲世臨刻本　十冊

110000－0143－0020291　PG48/29

容甫先生遺詩五卷補遺一卷　(清)汪中撰　清宣統二年(1910)鉛印本　一冊

110000－0143－0020292　PG48/29－1

容甫先生遺詩五卷補遺一卷　(清)汪中撰　清光緒十一年(1885)維揚述古齋木活字印本　一冊

110000－0143－0020293　PG48/29－1

容甫先生遺詩五卷補遺一卷　(清)汪中撰　清光緒十一年(1885)維揚述古齋木活字印本　一冊

110000－0143－0020294　PG48/30

孟晉齋文集五卷周烈士傳一卷　(清)顧壽楨撰　清同治五年(1866)見素抱樸齋校刻本　四冊

110000－0143－0020295　PG48/30

孟晉齋文集五卷周烈士傳一卷　(清)顧壽楨撰　清同治五年(1866)見素抱樸齋校刻本　三冊

110000－0143－0020296　PG48/32－1

茗柯文初編一卷二編二卷三編一卷四編一卷　(清)張惠言撰　清光緒七年(1881)武進張式曾刻本　二冊

110000－0143－0020297　PG48/32－1

茗柯文初編一卷二編二卷三編一卷四編一卷　(清)張惠言撰　清光緒七年(1881)武進張式曾刻本　二冊

110000－0143－0020298　PG48/32－1

茗柯文初編一卷二編二卷三編一卷四編一卷　(清)張惠言撰　清光緒七年(1881)武進張式曾刻本　二冊

110000－0143－0020299　PG48/34－1

抱經堂詩鈔七卷　(清)盧文弨撰　清道光十七年(1837)江蘇常州李兆洛刻本　二冊

110000－0143－0020300　PG48/35－1

紀文達公遺集文十六卷詩十六卷　(清)紀昀撰　(清)紀樹馨編校　清嘉慶十七年(1812)紀氏刻本　十六冊

110000－0143－0020301　PG48/35－1

紀文達公遺集文十六卷詩十六卷　(清)紀昀撰　(清)紀樹馨編校　清嘉慶十七年(1812)紀樹馨刻本　十六冊

110000－0143－0020302　PG48/35－1

紀文達公遺集文十六卷詩十六卷　(清)紀昀撰　(清)紀樹馨編校　清嘉慶十七年(1812)紀樹馨刻本　十冊　存十六卷(紀文達公遺集文十六卷)

110000－0143－0020303　PG48/35－1

紀文達公遺集文十六卷詩十六卷　(清)紀昀撰　(清)紀樹馨編校　清嘉慶十七年(1812)紀樹馨刻本　二十一冊　缺二卷(詩十五至十六)

110000－0143－0020304　PG48/35－2

紀文達公遺集文十六卷詩十六卷　(清)紀昀撰　(清)紀樹馨編校　清宣統二年(1910)保粹樓石印本　八冊　存十六卷(紀文達公遺集文十六卷)

110000－0143－0020305　PG48/35－3

紀文達公遺集文十六卷詩十六卷　(清)紀昀撰　(清)紀樹馨編校　清嘉慶十七年(1812)紀樹馨刻本　五冊　存十六卷(紀文達公遺集文十六卷)

110000－0143－0020306　PG48/36－2

孫淵如先生全集二十三卷　(清)孫星衍撰　清光緒十年至十一年(1884－1885)吳縣朱記榮槐廬家塾刻本　八冊

110000－0143－0020307　PG48/36－3
孫淵如先生全集二十三卷　(清)孫星衍撰　清光緒十一年(1885)長沙王先豫刻本　八冊

110000－0143－0020308　PG48/37
望溪先生文集十八卷集外文十卷集外文補遺二卷　(清)方苞撰　(清)戴鈞衡編　**方望溪先生[苞]年譜一卷年譜附錄一卷**　(清)蘇惇元輯　清末刻本　十六冊

110000－0143－0020309　PG48/37
望溪先生文集十八卷集外文十卷集外文補遺二卷　(清)方苞撰　(清)戴鈞衡編　**方望溪先生[苞]年譜一卷年譜附錄一卷**　(清)蘇惇元輯　清末刻本　十六冊

110000－0143－0020310　PG48/37
抗希堂十六種一百四十六卷　(清)方苞撰　清康熙至嘉慶桐城方氏抗希堂刻本　六十四冊

110000－0143－0020311　PG48/37－1
望溪先生文集十八卷集外文十卷集外文補遺二卷　(清)方苞撰　(清)戴鈞衡編　**方望溪先生[苞]年譜一卷年譜附錄一卷**　(清)蘇惇元輯　清咸豐元年至二年(1851－1852)桐城戴鈞衡刻本　十四冊

110000－0143－0020312　PG48/37－2
望溪先生文集十八卷集外文十卷集外文補遺二卷　(清)方苞撰　(清)戴鈞衡編　**方望溪先生[苞]年譜一卷年譜附錄一卷**　(清)蘇惇元輯　清咸豐元年至二年(1851－1852)桐城戴鈞衡刻本　十四冊

110000－0143－0020313　PG48/37－3
望溪先生文集十八卷集外文十卷集外文補遺二卷　(清)方苞撰　(清)戴鈞衡編　**方望溪先生[苞]年譜一卷年譜附錄一卷**　(清)蘇惇元輯　清末桐城戴鈞衡刻本　十二冊

110000－0143－0020314　PG48/37－5
望溪羣書　(清)方苞撰　(清)顧琮訂　清乾隆刻本　二冊　存五種(周官辨、喪禮或問、左傳義法舉要、離騷正義、史記補注)

110000－0143－0020315　PG48/39
梅花屋詩草一卷　(明)左懋第撰　(清)左光昺校錄　清乾隆十八年(1753)刻本　一冊

110000－0143－0020316　PG48/41
陳檢討四六二十卷　(清)陳維崧撰　(清)程師恭注　清乾隆三十五年(1770)亦園刻本　十六冊

110000－0143－0020317　PG48/42
庸盦海外文編四卷　(清)薛福成撰　清光緒二十一年(1895)無錫薛氏刻本　四冊

110000－0143－0020318　PG48/42
庸盦海外文編四卷　(清)薛福成撰　清光緒二十一年(1895)無錫薛氏刻本　四冊

110000－0143－0020319　PG48/42
庸盦海外文編四卷　(清)薛福成撰　清光緒二十一年(1895)無錫薛氏刻本　四冊

110000－0143－0020320　PG48/42
庸盦海外文編四卷　(清)薛福成撰　清光緒二十一年(1895)無錫薛氏刻本　四冊

110000－0143－0020321　PG48/42
庸盦海外文編四卷　(清)薛福成撰　清光緒二十一年(1895)無錫薛氏刻本　四冊

110000－0143－0020322　PG48/43
畿輔叢書　(清)王灝輯　清光緒五年(1879)定州王氏謙德堂刻本　二十二冊　存十五種七十八卷(顏習齋先生年譜二卷,顏習齋先生言行錄二卷、闢異錄二卷,習齋記餘十卷,四存編十一卷,李恕谷先生年譜五卷,聖經學規纂二卷,論學二卷,小學稽業五卷,大學辨業四卷,學禮五卷,學射錄二卷,閱史郄視四卷、續一卷,擬太平策七卷,評乙古文一卷,恕谷後集十三卷)

110000－0143－0020323　PG48/44
桐城吳先生全書五種　(清)吳汝綸撰　清光緒三十年(1904)王恩紱等刻本　二十二冊

110000－0143－0020324　PG48/44
桐城吳先生全書五種　(清)吳汝綸撰　清光

緒三十年(1904)王恩紱等刻本　十二冊　存二種十一卷(經說尚書故三卷、附錄一卷,桐城吳先生尺牘五卷、尺牘補遺一卷、諭兒書一卷)

110000－0143－0020325　PG48/44
桐城吳先生全書五種　(清)吳汝綸撰　清光緒三十年(1904)王恩紱等刻本　五冊　存二種四卷(桐城吳先生文集三至四、詩集一卷,桐城吳先生尺牘卷一前九十二首)

110000－0143－0020326　PG48/44
桐城吳先生全書五種　(清)吳汝綸撰　清光緒二十九年至三十年(1903－1904)王恩紱等刻本　二十冊　存四種十八卷(經說易說二卷,經說尚書故三卷、附錄一卷,桐城吳先生文集四卷、詩集一卷,桐城吳先生尺牘五卷、尺牘補遺一卷、諭兒書一卷)

110000－0143－0020327　PG48/44
桐城吳先生全書五種　(清)吳汝綸撰　清光緒三十年(1904)王恩紱等刻本　十五冊　存四種十四卷(經說易說二卷,經說尚書故三卷,桐城吳先生文集一至二,桐城吳先生尺牘五卷、尺牘補遺一卷、諭兒書一卷)

110000－0143－0020328　PG48/44－2
桐城吳先生全書五種　(清)吳汝綸撰　清光緒三十年(1904)王恩紱等刻本　五冊　存一種四卷(桐城吳先生文集四卷)

110000－0143－0020329　PG48/44－2
桐城吳先生全書五種　(清)吳汝綸撰　清光緒三十年(1904)王恩紱等刻本　六冊　存一種五卷(桐城吳先生文集四卷、詩集一卷)

110000－0143－0020330　PG48/44－2
桐城吳先生全書五種　(清)吳汝綸撰　清光緒三十年(1904)王恩紱等刻本　六冊　存二種六卷(桐城吳先生文集四卷、詩集一卷,吳先生行狀一卷)

110000－0143－0020331　PG48/45
鄭板橋集　(清)鄭燮著　清光緒石印本　四冊

110000－0143－0020332　PG48/45
板橋全集　(清)鄭燮著　清光緒十八年(1892)上海積山書局石印本　四冊

110000－0143－0020333　PG48/45－2
板橋集六編　(清)鄭燮著　清刻本　四冊

110000－0143－0020334　PG48/46
學海堂集十六卷二集二十二卷三集二十四卷　(清)阮元輯　(清)吳蘭修　(清)張維屏編　清道光五年至咸豐九年(1825－1859)啟秀山房刻本　二十四冊

110000－0143－0020335　PG48/46
學海堂集十六卷二集二十二卷三集二十四卷　(清)阮元輯　(清)吳蘭修　(清)張維屏編　清道光五年至咸豐九年(1825－1859)啟秀山房刻本　二十四冊

110000－0143－0020336　PG48/47
海國公餘輯錄六卷　(清)張煜南輯　清光緒二十四年(1898)嘉應張氏刻本　六冊

110000－0143－0020337　PG48/48
達亭老人遺稿三種四卷　(清)王棨華撰　清同治十三年(1874)刻本　四冊

110000－0143－0020338　PG48/49
曾文正公家書十卷大事記四卷家訓二卷榮哀錄一卷　(清)曾國藩撰　清末至民國初上海錦章圖書局石印本　六冊

110000－0143－0020339　PG48/49
曾文正公家書十卷大事記四卷家訓二卷榮哀錄一卷　(清)曾國藩撰　清末至民國初上海錦章圖書局石印本　六冊

110000－0143－0020340　PG48/49
曾文正公家書十卷家訓二卷　(清)曾國藩撰　清光緒十年(1884)申報館鉛印本　十二冊

110000－0143－0020341　PG48/49－2
曾文正公書劄三十三卷　(清)曾國藩撰　清光緒十三年(1887)申報館鉛印本　二十冊

110000－0143－0020342　PG48/49－3
曾文正公家書十卷　(清)曾國藩撰　清光緒

五年(1879)傳忠書局刻曾文正公全集本　十冊

110000－0143－0020343　PG48/51
曾文正公手書日記不分卷　(清)曾國藩撰　清宣統元年(1909)上海中國圖書公司石印本　四十冊

110000－0143－0020344　PG48/51－1
曾文正公手書日記不分卷　(清)曾國藩撰　清宣統元年(1909)上海中國圖書公司石印本　四十冊

110000－0143－0020345　PG48/51－1
曾文正公手書日記不分卷　(清)曾國藩撰　清宣統元年(1909)上海中國圖書公司石印本　四十冊

110000－0143－0020346　PG48/51－1
曾文正公手書日記不分卷　(清)曾國藩撰　清宣統元年(1909)上海中國圖書公司石印本　四十冊

110000－0143－0020347　PG48/52
曾文正公全集十四種一百六十八卷首一卷　(清)曾國藩撰　(清)李瀚章編輯　清同治十二年至光緒三年(1873－1877)傳忠書局刻本　一百二十冊　缺七卷(奏稿一至七)

110000－0143－0020348　PG48/52－1
曾文正公書劄三十三卷　(清)曾國藩撰　清光緒二年至三年(1876－1877)傳忠書局刻本　三十二冊

110000－0143－0020349　PG48/52－1
曾文正公全集十四種一百六十八卷首一卷　(清)曾國藩撰　(清)李瀚章編輯　清同治十二年至光緒三年(1873－1877)傳忠書局刻本(原缺奏稿九至十六、經史百家雜鈔一至十七)　八十二冊

110000－0143－0020350　PG48/52－1
曾文正公全集十四種一百六十八卷首一卷　(清)曾國藩撰　(清)李瀚章編輯　清同治十二年至光緒三年(1873－1877)傳忠書局刻本　一百二十八冊

110000－0143－0020351　PG48/52－1
曾文正公全集十四種一百六十八卷首一卷　(清)曾國藩撰　(清)李瀚章編輯　清同治十二年至光緒三年(1873－1877)傳忠書局刻本　一百六十冊

110000－0143－0020352　PG48/52－1
曾文正公全集十四種一百六十八卷首一卷　(清)曾國藩撰　清光緒二年至三年(1876－1877)傳忠書局刻本　四十一冊　存六十六卷(奏稿三十卷、詩集三卷、文集三卷、書劄二十四卷、批牘六卷)

110000－0143－0020353　PG48/52－1
曾文正公全集十四種一百六十八卷首一卷　(清)曾國藩撰　清光緒二年至三年(1876－1877)傳忠書局刻本　一百二十八冊

110000－0143－0020354　PG48/52－3
鳴原堂論文二卷　(清)曾國藩撰　清光緒十四年(1888)鴻文書局鉛印本　一冊

110000－0143－0020355　PG48/52－4
鳴原堂論文二卷　(清)曾國藩撰　清同治十二年(1873)刻本　二冊

110000－0143－0020356　PG48/52－3
曾文正公全集一百六十四卷　(清)曾國藩撰　(清)李瀚章編輯　清光緒十四年(1888)鴻文書局鉛印本　四十五冊

110000－0143－0020357　PG48/52－3
曾文正公全集十八種一百八十五卷首一卷　(清)曾國藩撰　(清)李瀚章編輯　清光緒十四年(1888)鴻文書局鉛印本　四十八冊

110000－0143－0020358　PG48/52－4
曾文正公全集十四種一百七十卷　(清)曾國藩撰　清同治十二年至光緒三年(1873－1877)傳忠書局刻本　一百二冊

110000－0143－0020359　PG48/52－4
曾文正公全集十四種一百六十四卷首一卷　(清)曾國藩撰　(清)李瀚章編輯　清同治十二年至光緒三年(1873－1877)傳忠書局刻本　一百二十八冊

110000－0143－0020360　PG48/52－4
曾文正公全集十四種一百六十四卷首一卷　(清)曾國藩撰　(清)李瀚章編輯　清同治十二年至光緒三年(1873－1877)傳忠書局刻本　一百二十一冊　缺七卷(奏稿一至七)

110000－0143－0020361　PG48/52－5
曾文正公書劄二十七卷　(清)曾國藩撰　清光緒二年(1876)傳忠書局刻本　二十冊

110000－0143－0020362　PG48/52－6
曾文正公全集　(清)曾國藩撰　清光緒十三年(1887)鴻文書局鉛印本　八冊　存大事記、家書、家訓、榮哀錄

110000－0143－0020363　PG48/53
養拙齋詩十四卷　(清)王必達撰　**桂隱詩存不分卷**　(清)王必蕃撰　清光緒十六年至十九年(1890－1893)王維翰等刻本　四冊

110000－0143－0020364　PG48/54
安吳四種三十六卷　(清)包世臣著　清同治十一年(1872)注經堂刻本　十六冊

110000－0143－0020365　PG48/54
安吳四種三十六卷　(清)包世臣著　清同治十一年(1872)注經堂刻本　十四冊

110000－0143－0020366　PG48/54
安吳四種三十六卷　(清)包世臣著　清同治十一年(1872)注經堂刻本　十六冊

110000－0143－0020367　PG48/54－2
安吳四種三十六卷　(清)包世臣著　清光緒十四年(1888)刻本　十六冊

110000－0143－0020368　PG48/54－2
安吳四種三十六卷　(清)包世臣著　清光緒十四年(1888)刻本　十冊

110000－0143－0020369　PG48/54－2
安吳四種三十六卷　(清)包世臣著　清光緒十四年(1888)刻本　十七冊

110000－0143－0020370　PG48/54－2
安吳四種三十六卷　(清)包世臣著　清光緒十四年(1888)刻本　十六冊

110000－0143－0020371　PG48/54－2
安吳四種三十六卷　(清)包世臣著　清光緒十四年(1888)刻本　十六冊

110000－0143－0020372　PG48/55
鹿洲全集八種四十二卷附一種一卷　(清)藍鼎元著　清光緒五年(1879)重刻本　二十四冊

110000－0143－0020373　PG48/55
鹿洲全集八種四十二卷附一種一卷　(清)藍鼎元著　清光緒五年(1879)重刻本　二十四冊

110000－0143－0020374　PG48/55－1
鹿洲全集八種四十三卷　(清)藍鼎元著　清雍正十年(1732)刻本　二十四冊

110000－0143－0020375　PG48/56
洪北江全集二十三種二百二十三卷　(清)洪亮吉撰　清光緒洪用懃授經堂刻本　四十一冊　存九種一百二卷(六書轉注錄十卷,弟子職箋釋一卷,史目表二卷,春秋左傳詁二十卷,漢魏音四卷、後敘一卷,比雅十卷,乾隆府德州縣圖志五十卷,補三國疆域志二卷,東晉疆域志一至二)

110000－0143－0020376　PG48/56
洪北江全集二十三種二百二十三卷　(清)洪亮吉撰　清光緒洪用懃授經堂刻本　八十四冊

110000－0143－0020377　PG48/56
洪北江全集二十三種二百二十三卷　(清)洪亮吉撰　清光緒洪用懃授經堂刻本　八十四冊

110000－0143－0020378　PG48/57
定盦文集三卷續集四卷文集補四卷文集補編四卷　(清)龔自珍撰　清光緒二十三年(1897)萬本書堂刻本　六冊

110000－0143－0020379　PG48/57－1
龔定盦全集十九卷　(清)龔自珍撰　清宣統元年(1909)上海國學扶輪社鉛印本　七冊

110000－0143－0020380　PG48/57－2
龔定盦全集十九卷　（清）龔自珍撰　清光緒三十年（1904）四川錦江書院、尊經書局刻本　四冊　存四種十卷（定盦文集三卷、定盦續集四卷、定盦文集補續錄一卷、定盦文集補今體詩二卷）

110000－0143－0020381　PG48/59
午亭文編五十卷　（清）陳廷敬撰　（清）林佶輯錄　清康熙四十七年（1708）林佶寫刻乾隆四十三年（1778）重印本　八冊　存二十四卷（二十七至五十）

110000－0143－0020382　PG48/59
午亭文編五十卷　（清）陳廷敬撰　（清）林佶輯錄　清康熙四十七年（1708）林佶寫刻本　二冊　存十三卷（十四至二十六）

110000－0143－0020383　PG48/59
午亭文編五十卷　（清）陳廷敬撰　（清）林佶輯錄　清康熙四十七年（1708）林佶寫刻本　八冊　存二十六卷（一至二十六）

110000－0143－0020384　PG48/59－1
午亭文編五十卷　（清）陳廷敬撰　（清）林佶輯錄　清康熙四十七年（1708）林佶寫刻本　九冊　存二十七卷（一至三、二十七至五十）

110000－0143－0020385　PG48/60
陳臥子先生安雅堂稿十五卷附陳臥子先生兵垣奏議二卷　（明）陳子龍撰　清宣統二年（1910）時中書局鉛印本　八冊

110000－0143－0020386　PG48/61－1
望溪先生文集十八卷集外文十卷集外文補遺二卷　（清）方苞撰　清咸豐元年至二年（1851－1852）戴鈞衡刻本　十二冊

110000－0143－0020387　PG48/63
石鼓硯齋文鈔二十卷附先文敏公行狀不分卷　（清）曹文埴撰　清嘉慶刻本　六冊

110000－0143－0020388　PG48/64
變雅堂遺集二十卷　（清）杜濬撰　清光緒二十年（1894）黄岡沈氏刻本　六冊

110000－0143－0020389　PG48/65
李文貞公全集三十九種一百五十九卷　（清）李光地撰編　清乾隆元年（1736）李清植刻嘉慶六年（1801）玄孫李維迪、李維翰補刻本　五十一冊

110000－0143－0020390　PG48/65－1
李榕村全集四十四種二百三十八卷　（清）李光地撰　清道光九年（1829）刻本　一百十六冊

110000－0143－0020391　PG48/66
鮚埼亭集外編五十卷　（清）全祖望撰　清嘉慶十六年（1811）刻本　十冊

110000－0143－0020392　PG48/66
鮚埼亭集外編五十卷　（清）全祖望撰　清嘉慶刻本　十六冊

110000－0143－0020393　PG48/66
鮚埼亭集外編五十卷　（清）全祖望撰　清刻本　六冊　存二十四卷（二十七至五十）

110000－0143－0020394　PG48/66－1
鮚埼亭集外編五十卷　（清）全祖望著　清末抄本　七冊

110000－0143－0020395　PG48/67
揅經室一集十四卷二集八卷三集五卷四集二卷四集詩十一卷外集五卷續集九卷再續集六卷　（清）阮元撰　清道光儀徵阮氏刻本　三十六冊　缺十四卷（外集五卷、續集九卷）

110000－0143－0020396　PG48/67
揅經室一集十四卷二集八卷三集五卷四集二卷四集詩十一卷外集五卷續集九卷再續集六卷　（清）阮元撰　清道光儀徵阮氏刻本　二十三冊　存五十五卷（揅經室一集十四卷，二集一至二、四至六，三集一至三，四集二卷，四集詩十一卷，外集五卷，續集九卷，再續集六卷）

110000－0143－0020397　PG48/68
復初齋文集三十五卷　（清）翁方綱撰　（清）李彥章校　清道光刻本　十冊

110000－0143－0020398　PG48/68
復初齋文集三十五卷　(清)翁方綱撰　(清)李彥章校　清道光刻本　十二冊

110000－0143－0020399　PG48/68－1
復初齋文集三十五卷　(清)翁方綱撰　(清)李彥章校　清光緒四年(1878)刻本　十六冊

110000－0143－0020400　PG48/69
笠翁一家言全集十六卷　(清)李漁著　清刻本　八冊　存八卷(文集一、詩集六至七、別集九至十、偶集一至三)

110000－0143　0020401　PG48/69
笠翁偶集六卷　(清)李漁著　清刻本　四冊　缺二卷(一、六)

110000－0143－0020402　PG48/69
道古堂全集文集四十八卷詩集二十六卷集外文一卷集外詩一卷軼事一卷　(清)杭世駿撰　清光緒十四年(1888)刻本　十六冊

110000－0143－0020403　PG48/70
樞垣記略二十八卷　(清)梁章鉅撰　清光緒元年(1875)木活字印本　七冊

110000－0143－0020404　PG48/70
樞垣記略二十八卷　(清)梁章鉅撰　清光緒元年(1875)木活字印本　六冊

110000－0143－0020405　PG48/70
樞垣記略二十八卷　(清)梁章鉅撰　清光緒元年(1875)木活字印本　六冊

110000－0143－0020406　PG48/71
義烏朱先生文鈔四卷　(清)朱一新撰　(清)平遠輯　清光緒二十三年(1897)趙宗壇刻本　二冊

110000－0143－0020407　PG48/72
倭文端公遺書八卷首二卷續刊四卷　(清)倭仁撰　清光緒元年(1875)求我齋刻本　六冊

110000－0143－0020408　PG48/72
倭文端公遺書十一卷首二卷　(清)倭仁撰　清同治元年至光緒三十四年(1862－1908)刻本　四冊

110000－0143－0020409　PG48/72－1
倭文端公遺書八卷首二卷末一卷　(清)倭仁撰　清光緒元年(1875)求我齋刻本　四冊

110000－0143－0020410　PG48/72－2
倭文端公遺書十卷首二卷　(清)倭仁撰　清光緒三年(1877)粵東翰元樓刻本　六冊

110000－0143－0020411　PG48/73
馬徵君遺集六卷首一卷　(清)馬三俊撰　清同治三年(1864)桐城馬復震刻本　四冊

110000－0143－0020412　PG48/73－1
馬徵君遺集六卷首一卷　(清)馬三俊撰　清同治三年(1864)桐城馬復震刻本　二冊

110000－0143－0020413　PG48/74
慎其餘齋文集二十卷　(清)王贈芳撰　清咸豐四年(1854)留香書屋刻本　六冊

110000－0143－0020414　PG48/75
半巖廬遺集二卷　(清)邵懿辰撰　清光緒三十四年(1908)仁和邵氏刻本　二冊

110000－0143－0020415　PG48/75
半巖廬遺集二卷　(清)邵懿辰撰　清光緒三十四年(1908)仁和邵氏刻本　二冊

110000－0143－0020416　PG48/75
半巖廬遺集二卷　(清)邵懿辰撰　清光緒三十四年(1908)刻本　一冊

110000－0143－0020417　PG48/77
夏峯先生集十四卷補遺二卷　(清)孫奇逢著　清道光二十五年(1845)大梁書院刻本　八冊

110000－0143－0020418　PG48/77
夏峯先生集十四卷補遺二卷　(清)孫奇逢著　清道光二十五年(1845)大梁書院刻本　十六冊

110000－0143－0020419　PG48/77
夏峯先生集十六卷　(清)孫奇逢著　清道光二十五年(1845)大梁書院刻本　十六冊

110000－0143－0020420　PG48/77－1
夏峯先生集十四卷　(清)孫奇逢著　清刻本

十二册

110000－0143－0020421　PG48/78－1
樊山集二十四卷續集二十八卷　樊增祥撰　清光緒十九年(1893)刻二十八年(1902)渭南縣署刻西安臬署續刻本　七册　存三十二卷(樊山集二十四卷、續集一至八)

110000－0143－0020422　PG48/78－1
樊山集二十四卷續集二十八卷　樊增祥撰　清光緒十九年(1893)刻二十八年至三十二年(1902－1906)渭南縣署刻西安臬署續刻本　十三册

110000－0143－0020423　PG48/79
蕉軒隨錄十二卷　(清)方濬師撰　清同治十一年(1872)定遠方氏退一步齋刻本　八册　存八卷(一至八)

110000－0143－0020424　PG48/79
蕉軒隨錄十二卷　(清)方濬師撰　清同治十一年(1872)定遠方氏退一步齋刻本　十二册

110000－0143－0020425　PG48/80
海峰文集八卷海峰詩集十一卷　(清)劉大櫆著　清同治十三年(1874)劉繼刻本　八册

110000－0143－0020426　PG48/80－1
海峰先生文十卷詩六卷　(清)劉大櫆著　(清)徐宗亮編校　清同治十三年(1874)滿洲英翰刻本　六册

110000－0143－0020427　PG48/81
笥河文集十六卷首一卷　(清)朱筠撰　清嘉慶二十年(1815)椒華唫舫刻本　六册

110000－0143－0020428　PG48/81－1
笥河文集十六卷首一卷　(清)朱筠撰　清嘉慶二十年(1815)椒華唫舫刻本　六册

110000－0143－0020429　PG48/81－1
笥河文集十六卷首一卷　(清)朱筠著　清光緒刻本　六册

110000－0143－0020430　PG48/81－2
笥河文鈔三卷　(清)朱筠撰　清乾隆刻本　四册

110000－0143－0020431　PG48/84
養素堂文集三十五卷首一卷　(清)張澍撰　清道光十七年(1837)至道光末棗花書屋刻本　十册

110000－0143－0020432　PG48/84
養素堂文集三十五卷首一卷　(清)張澍撰　清道光十七年(1837)至道光末棗花書屋刻本　十二册

110000－0143－0020433　PG48/84－1
惜抱軒遺書三種十二卷　(清)姚鼐撰　(清)徐宗亮輯　清光緒五年(1879)徐氏刻本　四册

110000－0143－0020434　PG48/85
尊聞居士集八卷　(清)羅有高著　(清)彭紹升錄　清光緒八年(1882)彭祖賢刻本　二册

110000－0143－0020435　PG48/85
尊聞居士集八卷　(清)羅有高著　(清)彭紹升錄　清光緒八年(1882)彭祖賢刻本　二册

110000－0143－0020436　PG48/86
思益堂詩鈔六卷詞鈔一卷古文二卷日劄十卷　(清)周壽昌撰　清光緒十四年(1888)長沙王先謙等刻本　六册

110000－0143－0020437　PG48/86－1
思益堂詩鈔六卷詞鈔一卷古文二卷日劄十卷　(清)周壽昌撰　清光緒十四年(1888)長沙王先謙等刻本　六册

110000－0143－0020438　PG48/86－1
思益堂詩鈔六卷詞鈔一卷古文二卷日劄十卷　(清)周壽昌撰　清光緒十四年(1888)長沙王先謙等刻本　六册

110000－0143－0020439　PG48/87
孫可之文集二卷　(唐)孫樵撰　清宣統二年(1910)守政書局木活字印本　二册

110000－0143－0020440　PG48/89
安陽集五十卷別錄三卷遺事一卷忠獻韓魏王家傳十卷　(宋)韓琦撰　清乾隆三十七年(1772)彰德郡黃邦寧刻本　十册

110000－0143－0020441　PG48/89

惜抱軒全集十種八十八卷　（清）姚鼐撰　清嘉慶至道光元年(1821)刻本　十六册

110000－0143－0020442　PG48/90

章圃文蜕八卷首一卷末一卷　（清）姜曾著　（清）姜應門編次　清同治三年(1864)南昌姜氏刻本　四册

110000－0143－0020443　PG48/91

葆淳閣集二十四卷易説二卷　（清）王杰撰

王文端公年譜一卷　（清）阮元撰　清嘉慶刻本　十二册

110000－0143－0020444　PG48/91

葆淳閣集二十四卷易説二卷　（清）王杰撰

王文端公年譜一卷　（清）阮元撰　清嘉慶刻本　八册

110000－0143－0020445　PG48/92

繆武烈公遺集六卷首一卷　（清）繆梓撰　清光緒七年(1881)溧陽繆德棻小岻山館刻本　四册

110000－0143－0020446　PG48/92－1

繆武烈公遺集六卷首一卷　（清）繆梓撰　清光緒七年(1881)溧陽繆德棻小岻山館刻本　四册

110000－0143－0020447　PG48/93－1

未灰齋文集八卷文外集一卷　（清）徐鼒撰　清咸豐十一年(1861)刻本　四册

110000－0143－0020448　PG48/93－1

未灰齋文集八卷文外集一卷　（清）徐鼒撰　清咸豐十一年(1861)刻本　四册

110000－0143－0020449　PG48/93－1

未灰齋文集八卷文外集一卷　（清）徐鼒撰　清咸豐十一年(1861)刻本　四册

110000－0143－0020450　PG48/94

庸書内篇二卷外篇二卷　（清）陳熾撰　清光緒二十二年(1896)刻本　四册

110000－0143－0020451　PG48/95

補學軒詩集十二卷文集四卷　（清）鄭獻甫撰　清光緒五年(1879)、八年(1882)黔南節署刻本　八册

110000－0143－0020452　PG48/95

補學軒散文集四卷駢體文集二卷　（清）鄭獻甫撰　清咸豐十一年(1861)刻本　六册

110000－0143－0020453　PG48/96

忠雅堂文集十二卷　（清）蔣士銓撰　清同治九年(1870)鉛山蔣志章益州薇署刻本　五册

110000－0143－0020454　PG48/96

忠雅堂集三十卷　（清）蔣士銓撰　清刻本　六册　存十四卷(十七至三十)

110000－0143－0020455　PG48/96－1

蔣氏四種六十四卷　（清）蔣士銓撰　清咸豐刻本　四十册

110000－0143－0020456　PG48/96－1

忠雅堂文集十二卷　（清）蔣士銓撰　清嘉慶二十一年(1816)刻本　六册

110000－0143－0020457　PG48/97

朱文端公集四卷　（清）朱軾撰　清乾隆刻本　四册

110000－0143－0020458　PG48/97

朱文端公集四卷　（清）朱軾撰　清乾隆刻本　四册

110000－0143－0020459　PG48/98－1

重編留青新集二十四卷　（清）陳枚原輯　（清）伊□重編　清光緒十六年(1890)鉛印本　十二册

110000－0143－0020460　PG48/98－2

憑山閣增輯留青新集三十卷　（清）陳枚選　（清）陳德裕增輯　清刻本　三十二册

110000－0143－0020461　PG48/100

惕甫未定藁十六卷讀賦危言一卷　（清）王芑孫撰　清嘉慶八年至九年(1803－1804)王芑孫刻本　十册

110000－0143－0020462　PG48/101

濂亭文集八卷遺文五卷遺詩二卷　（清）張裕釗撰　清光緒八年(1882)海寧查燕緒木漸齋

蘇州刻本　二册　存八卷(濂亭文集八卷)

110000－0143－0020463　PG48/101

濂亭文集八卷遺文五卷遺詩二卷　(清)張裕釗撰　清光緒八年至宣統二年(1882－1910)海寧查燕緒木漸齋蘇州、鄂城刻本　四册

110000－0143－0020464　PG48/101－1

濂亭文集八卷遺文五卷遺詩二卷　(清)張裕釗撰　清光緒八年至宣統二年(1882－1910)海寧查燕緒木漸齋蘇州、鄂城刻本　四册

110000－0143－0020465　PG48/101－1

濂亭文集八卷　(清)張裕釗撰　清光緒八年(1882)海寧查燕緒木漸齋蘇州刻本　一册

110000－0143－0020466　PG48/101－1

濂亭文集八卷　(清)張裕釗撰　清光緒八年(1882)海寧查燕緒木漸齋蘇州刻本　二册

110000－0143－0020467　PG48/101－1

濂亭文集八卷　(清)張裕釗撰　清光緒八年(1882)海寧查燕緒木漸齋蘇州刻本　二册

110000－0143－0020468　PG48/101－3

濂亭文集八卷　(清)張裕釗撰　清宣統三年(1911)上海埽葉山房石印本　二册

110000－0143－0020469　PG48/102－1

萬善花室文藁六卷續編一卷附錄一卷　(清)方履籛撰　清光緒九年至二十二年(1883－1896)江陰繆氏刻本　四册

110000－0143－0020470　PG48/102－1

萬善花室文藁六卷　(清)方履籛撰　清道光刻本　二册　存四卷(一至四)

110000－0143－0020471　PG48/102－3

萬善花室文藁六卷續編一卷附錄一卷　(清)方履籛箸　清光緒十二年至二十二年(1886－1896)溧陽繆德棻小岯山館刻本　二册

110000－0143－0020472　PG48/103

柈湖文集十二卷　(清)吳敏樹著　清光緒十九年(1893)思賢講舍刻本　四册

110000－0143－0020473　PG48/103

柈湖文集十二卷　(清)吳敏樹著　清光緒十九年(1893)思賢講舍刻本　四册

110000－0143－0020474　PG48/103－1

柈湖文集十二卷　(清)吳敏樹著　清光緒十九年(1893)思賢講舍刻本　四册

110000－0143－0020475　PG48/103－1

柈湖文集十二卷　(清)吳敏樹著　清光緒十九年(1893)思賢講舍刻本　四册

110000－0143－0020476　PG48/103－2

柈湖文錄八卷首一卷詩錄六卷釣者風一卷　(清)吳敏樹著　清同治八年(1869)巴陵吳敏樹刻本　八册

110000－0143－0020477　PG48/103－3

柈湖文集十二卷　(清)吳敏樹著　清光緒十九年(1893)思賢講舍刻本　四册

110000－0143－0020478　PG48/103－3

柈湖文集十二卷　(清)吳敏樹著　清光緒十九年(1893)思賢講舍刻本　四册

110000－0143－0020479　PG48/104－1

廬陵宋丞相信國公文忠烈先生集十六卷附廬陵文丞相從祀錄　(宋)文天祥撰　清道光二十四年至二十五年(1844－1845)文鳳翔、文鳳翀刻本　十册

110000－0143－0020480　PG48/106

受祺堂文集四卷續刻受祺堂文集四卷　(清)李因篤著　清道光七年至十年(1827－1830)馮雲杏、楊浚刻本　八册

110000－0143－0020481　PG48/106

受祺堂文集四卷續刻受祺堂文集四卷　(清)李因篤著　清道光七年至十年(1827－1830)馮雲杏、楊浚刻本　八册

110000－0143－0020482　PG48/106

受祺堂文集四卷續刻受祺堂文集四卷　(清)李因篤著　清道光七年至十年(1827－1830)馮雲杏、楊浚刻本　八册

110000－0143－0020483　PG48/106－1

受祺堂文集四卷續刻受祺堂文集四卷　(清)李因篤著　清道光七年(1827)馮雲杏刻本

四冊　缺四卷(續刻受祺堂文集四卷)

110000－0143－0020484　PG48/108

潛虛先生文集十四卷遺集一卷　(清)戴名世著　清道光二十一年(1841)木活字印本　七冊　缺三卷(十二至十四)

110000－0143－0020485　PG48/108

南山全集十六卷　(清)戴名世著　清光緒十九年(1893)印鴻堂木活字印本　八冊

110000－0143－0020486　PG48/108

南山全集十六卷　(清)戴名世著　清光緒十九年(1893)印鴻堂木活字印本　八冊

110000－0143－0020487　PG48/108－1

潛虛文鈔四卷詩鈔三卷附錄一卷　(清)翁咸封撰　清道光二十七年至二十九年(1847－1849)翁心存刻本　二冊

110000－0143－0020488　PG48/108－2

潛虛先生文集十四卷　(清)戴名世著　清末抄本　十冊

110000－0143－0020489　PG48/109

湖海文傳七十五卷　(清)王昶輯　清道光十七年(1837)經訓堂刻本　十六冊

110000－0143－0020490　PG48/109

湖海文傳七十五卷　(清)王昶輯　清道光十七年(1837)經訓堂刻本　十六冊

110000－0143－0020491　PG48/109－1

湖海文傳七十五卷　(清)王昶輯　清道光十七年(1837)經訓堂刻本　二十冊

110000－0143－0020492　PG48/109－1

湖海文傳七十五卷　(清)王昶輯　清道光十七年(1837)經訓堂刻本　二十冊

110000－0143－0020493　PG48/110

寒松堂全集十二卷　(清)魏象樞著　**寒松老人年譜不分卷**　(清)魏象樞口述　(清)魏學誠等錄　清嘉慶十五年(1810)魏煜刻本　十三冊

110000－0143－0020494　PG48/110

寒松堂全集十二卷　(清)魏象樞著　**寒松老人年譜不分卷**　(清)魏象樞口述　(清)魏學誠等錄　清嘉慶十六年(1811)魏煜刻本　十三冊

110000－0143－0020495　PG48/110

寒松堂全集十二卷　(清)魏象樞著　**寒松老人年譜不分卷**　(清)魏象樞口述　(清)魏學誠等錄　清嘉慶十五年(1810)魏煜刻本　四冊　存四卷(奏疏一至四)

110000－0143－0020496　PG48/110

寒松堂全集十二卷　(清)魏象樞著　**寒松老人年譜不分卷**　(清)魏象樞口述　(清)魏學誠等錄　清嘉慶十五年(1810)魏煜刻本　十三冊

110000－0143－0020497　PG48/110

寒松堂全集十二卷　(清)魏象樞著　**寒松老人年譜不分卷**　(清)魏象樞口述　(清)魏學誠等錄　清嘉慶十五年(1810)魏煜刻本　十三冊

110000－0143－0020498　PG48/110

寒松堂全集十二卷　(清)魏象樞著　**寒松老人年譜不分卷**　(清)魏象樞口述　(清)魏學誠等錄　清嘉慶十五年(1810)魏煜刻本　四冊　存四卷(奏疏一至四)

110000－0143－0020499　PG48/111

楊園先生全集五十四卷　(清)張履祥撰　**張楊園先生[履祥]年譜一卷**　(清)蘇惇元撰　清同治十年(1871)江蘇書局刻本　十六冊

110000－0143－0020500　PG48/112

更生齋文甲集四卷乙集四卷詩集八卷詩餘二卷　(清)洪亮吉著　清嘉慶七年(1802)洋川書院刻本　四冊

110000－0143－0020501　PG48/112

漢魏音四卷　(清)洪亮吉著　清乾隆五十年(1785)刻本　一冊

110000－0143－0020502　PG48/112

補三國疆域志二卷　(清)洪亮吉著　清乾隆四十六年(1781)刻本　一冊

110000－0143－0020503　PG48/112－1

更生齋文甲集四卷乙集四卷詩集八卷詩餘二卷　(清)洪亮吉著　清嘉慶七年(1802)洋川書院刻本　三册

110000－0143－0020504　PG48/112－2

更生齋文甲集四卷乙集四卷詩集八卷詩餘二卷　(清)洪亮吉著　清嘉慶七年(1802)洋川書院刻本　六册

110000－0143－0020505　PG48/112－2

更生齋詩續集十卷　(清)洪亮吉著　清道光二十九年(1849)刻本　四册

110000－0143－0020506　PG48/113

平津讀碑記八卷續記一卷　(清)洪頤煊撰　清光緒十二年(1886)吳縣朱氏家塾刻本　二册

110000－0143－0020507　PG48/113

平津讀碑記八卷續記一卷　(清)洪頤煊撰　清光緒十二年(1886)吳縣朱氏家塾刻本　三册

110000－0143－0020508　PG48/113－1

平津讀碑記八卷續記一卷再續一卷讀碑記三續二卷　(清)洪頤煊撰　清嘉慶至道光臨海洪氏刻本　四册

110000－0143－0020509　PG48/114

龍泉園集八種十二卷　(清)李江撰　清光緒二十年(1894)刻本　七册

110000－0143－0020510　PG48/114－1

龍泉園集八種十二卷　(清)李江撰　清光緒二十年(1894)刻本　四册　存三種(龍泉園語、尺牘、詩草)

110000－0143－0020511　PG48/116

楊忠愍公全集四卷　(明)楊繼盛撰　(清)章鈺輯　清道光二十五年(1845)王應柱等刻本　四册

110000－0143－0020512　PG48/116－1

楊忠愍公全集四卷　(明)楊繼盛撰　(清)章鈺輯　清道光八年(1828)于長鏗刻本　四册

110000－0143－0020513　PG48/117

靜志居詩話二十四卷　(清)朱彝尊著　(清)扶荔山房編輯　清嘉慶二十四年(1819)朱氏靜志居刻本　八册　存十三卷(一至十三)

110000－0143－0020514　PG48/119

銅鼓書堂遺稾三十二卷　(清)查禮輯　清乾隆五十七年(1792)查氏刻本　四册

110000－0143－0020515　PG48/119

銅鼓書堂遺稾三十二卷　(清)查禮輯　清乾隆五十七年(1792)查氏刻本　六册

110000－0143－0020516　PG48/119

銅鼓書堂遺稾三十二卷　(清)查禮輯　清乾隆五十七年(1792)查氏刻本　四册

110000－0143－0020517　PG48/120

楊氏全書十三種三十六卷　(清)楊名時撰　清乾隆五十七年至五十八年(1792－1793)葉遷甲水心草堂刻本　八册

110000－0143－0020518　PG48/121

西堂文集三種二十四卷詩集十二種二十五卷餘集四種六卷附一種六卷　(清)尤侗　(清)湯傳楹撰　清刻本　十九册　存十三種四十三卷(文集西堂雜組一集八卷、二集八卷、三集八卷,詩集西堂小草一卷、論語詩一卷、右北平集一卷、述祖詩一卷、于京集五卷、哀絃集一卷、擬明史樂府一卷,餘集性理吟一卷、後性理吟一卷,附湘中草六卷)

110000－0143－0020519　PG48/121

西堂文集三種二十四卷詩集十二種二十五卷附一種六卷　(清)尤侗　(清)湯傳楹撰　清文富堂刻本　六册　存六種二十八卷(文集西堂雜組一集八卷、二集八卷、三集八卷,詩集西堂剩稿二卷、西堂秋夢録一卷、西堂小草一卷)

110000－0143－0020520　PG48/121

西堂文集三種二十四卷詩集十二種二十五卷餘集四種六卷附一種六卷　(清)尤侗　(清)湯傳楹撰　清兩儀堂刻本　六册　存二種十四卷(文集西堂雜組一集八卷、二集一至六)

110000 - 0143 - 0020521　PG48/121
西堂文集三種二十四卷詩集十二種二十五卷　(清)尤侗　(清)湯傳楹撰　清刻本　十册　存六種二十八卷(文集西堂雜組一集八卷、二集八卷、三集八卷,詩集西堂剩稿二卷、西堂秋夢録一卷、西堂小草一卷)

110000 - 0143 - 0020522　PG48/121
西堂雜组八卷　(清)尤侗纂　清康熙刻本　二册

110000 - 0143 - 0020523　PG48/122
西堂文集三種二十四卷詩集十二種二十五卷附一種六卷　(清)尤侗　(清)湯傳楹撰　清文富堂刻本　二十四册

110000 - 0143 - 0020524　PG48/122
西堂全集十八種六十一卷　(清)尤侗撰　清刻本　二十三册　缺二卷(剩稿一至二)

110000 - 0143 - 0020525　PG48/122 - 1
西堂文集三種二十四卷詩集十二種二十五卷樂府六種六卷餘集十種七十二卷附一種六卷　(清)尤侗撰　清康熙刻本　八册　存三十五卷(詩集看雲草堂集八卷、述祖詩一卷、于京集五卷、哀絃集一卷、擬明史樂府一卷、外國竹枝詞一卷、百末詞六卷,西堂樂府六卷,附湘中草六卷)

110000 - 0143 - 0020526　PG48/122 - 1
西堂文集三種二十四卷詩集十二種二十五卷附一種六卷　(清)尤侗　(清)湯傳楹撰　清文富堂刻本　十六册

110000 - 0143 - 0020527　PG48/122 - 2
西堂文集三種二十四卷詩集十二種二十五卷餘集四種六卷附一種六卷　(清)尤侗　(清)湯傳楹撰　清刻本　十三册　存十種三十二卷(文集西堂雜組一集五至八、二集八卷、三集八卷,詩集西堂小草一卷、論語詩一卷、右北平集一卷、哀絃集一卷、擬明史樂府一卷、外國竹枝詞一卷、百末詞六卷)

110000 - 0143 - 0020528　PG48/122 - 2
西堂文集三種二十四卷詩集十二種二十五卷餘集四種六卷附一種六卷　(清)尤侗　(清)湯傳楹撰　清刻本　二十五册

110000 - 0143 - 0020529　PG48/122 - 2
西堂文集三種二十四卷詩集十二種二十五卷餘集四種六卷附一種六卷　(清)尤侗　(清)湯傳楹撰　清兩儀堂刻本　二十一册　缺二種十卷(詩集看雲草堂集八卷、附湘中草五至六)

110000 - 0143 - 0020530　PG48/122 - 3
西堂文集三種二十四卷詩集十二種二十五卷樂府六種六卷餘集十種七十二卷附一種六卷　(清)尤侗撰　清康熙刻乾隆印本　三十二册　缺五卷(餘集之藝文志五卷)

110000 - 0143 - 0020531　PG48/123
賴古堂尺牘新鈔二選藏弆集十六卷　(清)周在梁著　(清)周在浚　(清)周在延鈔　清末上海國學扶輪社石印本　四册　缺七卷(一至三、七至十)

110000 - 0143 - 0020532　PG48/123
施愚山先生學餘文集二十八卷　(清)施閏章撰　清末上海國學扶輪社石印本　四册　存五卷(十四至十八)

110000 - 0143 - 0020533　PG48/124 - 1
惜抱軒全集十種八十八卷　(清)姚鼐撰　清同治刻本　十册　缺一種三十六卷(惜抱軒文集十六卷、文後集十卷、詩集十卷)

110000 - 0143 - 0020534　PG48/124 - 2
惜抱軒全集十種八十八卷遺書三種十二卷　(清)姚鼐撰　清同治五年至光緒五年(1866 - 1879)省心閣刻本　二十二册

110000 - 0143 - 0020535　PG48/124 - 2
惜抱軒全集十種八十八卷　(清)姚鼐撰　清同治五年(1866)省心閣刻本　四册

110000 - 0143 - 0020536　PG48/124 - 2
惜抱軒全集十種八十八卷　(清)姚鼐撰　清同治五年(1866)省心閣刻本　十六册

110000 - 0143 - 0020537　PG48/124 - 3
惜抱軒全集十種八十八卷　(清)姚鼐撰　清嘉慶元年(1796)刻本　十二册

110000 - 0143 - 0020538　PG48/125

古微堂内集二卷外集八卷　(清)魏源著　清宣統元年(1909)上海國學扶輪社鉛印本　六冊

110000－0143－0020539　PG48/125
古微堂内集二卷外集八卷　(清)魏源著　清宣統元年(1909)上海國學扶輪社鉛印本　六冊

110000－0143－0020540　PG48/125－1
古微堂内集二卷外集八卷　(清)魏源著　清宣統元年(1909)上海國學扶輪社鉛印本　一冊　存一卷(外集八)

110000－0143－0020541　PG48/127
寶綸堂集十卷拾遺一卷　(明)陳洪綬著　清光緒十四年(1888)董氏取斯堂木活字印本　八冊

110000－0143－0020542　PG48/127
寶綸堂集十卷拾遺一卷　(明)陳洪綬著　清光緒十四年(1888)董氏取斯堂木活字印本　八冊

110000－0143－0020543　PG48/127
寶綸堂集十卷拾遺一卷　(明)陳洪綬著　清光緒十四年(1888)董氏取斯堂木活字印本　八冊

110000－0143－0020544　PG48/128
蘇盦文録二卷駢文録五卷詩録八卷詞録一卷　(清)楊葆光撰　清光緒九年(1883)杭州刻本　五冊

110000－0143－0020545　PG48/128
蘇盦文録二卷駢文録五卷詩録八卷詞録一卷　(清)楊葆光撰　清光緒九年(1883)杭州刻本　五冊

110000－0143－0020546　PG48/128
蘇盦文録二卷駢文録五卷詩録八卷詞録一卷　(清)楊葆光撰　清光緒九年(1883)杭州刻本　五冊

110000－0143－0020547　PG48/128
蘇盦文録二卷駢文録五卷詩録八卷詞録一卷　(清)楊葆光撰　清光緒九年(1883)杭州刻本　五冊

110000－0143－0020548　PG48/129
寶綸堂集十卷拾遺一卷　(明)陳洪綬著　清光緒十四年(1888)董氏取斯堂木活字印本　八冊

110000－0143－0020549　PG48/129
西堂雜組二集八卷西堂雜組三集八卷西堂剩稿二卷西堂秋夢録一卷　(清)尤侗撰　清康熙至清末刻本　六冊　缺六卷(西堂雜組二集一至六)

110000－0143－0020550　PG48/129
西堂剩稿二卷西堂秋夢録一卷　(清)尤侗撰　清康熙至清末刻本　一冊

110000－0143－0020551　PG418/129－1
夢痕録餘一卷　(清)汪輝祖撰　清咸豐元年(1851)汪性金刻本　一冊

110000－0143－0020552　PG48/130
邵子湘全集三種三十卷　(清)邵長蘅纂　清光緒二十二年(1896)青門艸堂刻本　十二冊

110000－0143－0020553　PG48/130－1
邵子湘全集三種三十卷　(清)邵長蘅纂　清康熙三十二年(1693)青門艸堂刻本　八冊　存十六卷(青門簏藁一至十六)

110000－0143－0020554　PG48/130－1
邵子湘全集三種三十卷　(清)邵長蘅纂　清康熙三十二年(1693)青門艸堂刻本　六冊　存十六卷(青門簏藁一至十六)

110000－0143－0020555　PG48/130－2
邵子湘全集三種三十卷　(清)邵長蘅纂　清光緒二十二年(1896)青門艸堂刻本　六冊

110000－0143－0020556　PG48/130
邵子湘全集三種三十卷　(清)邵長蘅纂　清光緒二十二年(1896)青門艸堂刻本　十二冊

110000－0143－0020557　PG48/131
蔭圃文鈔□□卷蔭圃小草續鈔□□卷　(清)趙亨鈐著　清刻本　二冊　存二卷(蔭圃文

鈔下、蔭圃小草續鈔下）

110000－0143－0020558　PG48/132
莘齋文鈔四卷詩鈔七卷詩餘一卷　（清）宦懋庸撰　清光緒二十年（1894）川東道署刻本　三冊

110000－0143－0020559　PG48/132
莘齋文鈔四卷詩鈔七卷詩餘一卷　（清）宦懋庸撰　清光緒二十年（1894）川東道署刻本　三冊

110000－0143－0020560　PG48/132
莘齋文鈔四卷詩鈔七卷詩餘一卷　（清）宦懋庸撰　清光緒二十年（1894）川東道署刻本　二冊　存九卷（莘齋文鈔三至四、詩鈔七卷）

110000－0143－0020561　PG48/134
西隃山房詩文合集八卷　（清）馮志沂撰　清咸豐十一年至同治八年（1861－1869）刻本　二冊

110000－0143－0020562　PG48/136
南畇文稾十二卷　（清）彭定求撰　清光緒六年（1880）刻本　十三冊

110000－0143－0020563　PG48/136
南畇詩稾十卷續藁十七卷　（清）彭定求撰　清光緒五年至七年（1879－1881）刻本　七冊　存十五卷（詩稾一至十，續藁乙酉二卷、丙戌二卷、丁亥一卷）

110000－0143－0020564　PG48/136
南畇詩稾十卷續藁十七卷文稾十二卷南畇老人自訂年譜一卷　（清）彭定求撰　清光緒五年至七年（1879－1881）刻本　十冊　存三十卷（詩稾一至十，續藁戊子集一卷、乙丑集一卷、庚寅集二卷、甲午集一卷、乙未集二卷，文稾十二卷，南畇老人自訂年譜一卷）

110000－0143－0020565　PG48/138
善思齋文鈔九卷文續鈔四卷詩鈔七卷詩續鈔二卷　（清）徐宗亮撰　清光緒徐氏刻本　四冊

110000－0143－0020566　PG48/139
康齋先生集十二卷首一卷　（明）吳與弼撰　清道光十五年（1835）山左王楷刻本　四冊　缺六卷（三至五、八至十）

110000－0143－0020567　PG48/140
全謝山文鈔十六卷　（清）全祖望撰　清宣統二年（1910）上海國學扶輪社鉛印本　八冊

110000－0143－0020568　PG48/140
全謝山文鈔十六卷　（清）全祖望撰　清宣統二年（1910）上海國學扶輪社鉛印本　八冊

110000－0143－0020569　PG48/141
二曲集二十八卷　（清）李顒撰　清末上海文瑞樓石印本　六冊

110000－0143－0020570　PG48/141
二曲集四十六卷　（清）李顒撰　清同治牛樹梅刻本　八冊　存二十三卷（二十四至四十六）

110000－0143－0020571　PG48/141－1
二曲集四十六卷　（清）李顒撰　清光緒三年（1877）刻本　十六冊

110000－0143－0020572　PG48/141－3
二曲集二十六卷　（清）李顒撰　清同治十二年（1873）寧朔瞿敬菴刻本　七冊

110000－0143－0020573　PG48/143
袁文箋正十六卷袁文補注一卷增訂袁文箋正四卷　（清）袁枚著　（清）石韞玉箋　（清）魏彭年補注　（清）魏太緡增訂　清光緒十四年（1888）蜚英館石印本　四冊

110000－0143－0020574　PG48/143
袁文箋正十六卷袁文補注一卷　（清）袁枚撰　（清）石韞玉箋　（清）魏彭年補注　清光緒八年（1882）汗青簃刻本　八冊

110000－0143－0020575　PG48/143
袁文箋正十六卷袁文補注一卷　（清）袁枚撰　（清）石韞玉箋　（清）魏彭年補注　清同治四年（1865）松壽山房刻本　八冊

110000－0143－0020576　PG48/143
袁文箋正十六卷袁文補注一卷　（清）袁枚撰

(清)石韞玉箋 (清)魏彭年補注 清光緒八年(1882)汗青簃刻本 十四册

110000－0143－0020577 PG48/143－3
袁文箋正十六卷袁文補注一卷 (清)袁枚撰 (清)石韞玉箋 (清)魏彭年補注 清道光至光緒刻本 六册

110000－0143－0020578 PG48/144
湘綺樓全集三十卷 王闓運撰 清宣統二年(1910)國學扶輪社石印本 十二册

110000－0143－0020579 PG48/144
湘綺樓全集三十卷 王闓運撰 清宣統二年(1910)國學扶輪社石印本 十二册

110000－0143－0020580 PG48/144
惲子居文鈔四卷 (清)惲敬撰 清宣統二年(1910)國學扶輪社石印本 四册

110000－0143－0020581 PG48/146
寒支初集十卷 (清)李世熊著 清同治十三年(1874)木活字印本 十册

110000－0143－0020582 PG48/146
寒支初集十卷二集六卷首一卷 (清)李世熊著 清道光七年至八年(1827－1828)餘姚陳塏木活字印本 十五册 缺一卷(二集五)

110000－0143－0020583 PG48/146－1
寒支二集四卷 (清)李世熊著 清同治十三年(1874)木活字印本 四册

110000－0143－0020584 PG48/146－2
寒支初集十卷二集六卷首一卷 (清)李世熊著 清道光七年至八年(1827－1828)餘姚陳塏木活字印本 十六册

110000－0143－0020585 PG48/146－2
寒支初集十卷二集六卷首一卷 (清)李世熊著 清道光七年至八年(1827－1828)、二十年(1840)餘姚陳塏、武陵徐茂林木活字印本 一册 存一卷(寒支初集一)

110000－0143－0020586 PG48/147
隨園隨筆二十八卷 (清)袁枚著 清嘉慶十三年(1808)刻本 六册

110000－0143－0020587 PG48/148
攜雪堂文集一卷詩集一卷對聯一卷罔極編一卷家訓一卷時文一卷試帖一卷 (清)吳可讀著 清光緒十九年(1893)吳之桓等刻本 五册

110000－0143－0020588 PG48/148
攜雪堂文集一卷詩集一卷對聯一卷罔極編一卷家訓一卷時文一卷試帖一卷 (清)吳可讀著 清光緒十九年(1893)吳之桓等刻本 五册

110000－0143－0020589 PG48/149
安雅堂詩不分卷文集二卷重刻文集二卷 (清)宋琬著 清順治十七年至康熙三十八年(1660－1699)刻本 五册

110000－0143－0020590 PG48/149
安雅堂詩不分卷文集二卷重刻文集二卷安雅堂書跋不分卷 (清)宋琬著 清順治十七年至康熙三十八年(1660－1699)刻本 六册

110000－0143－0020591 PG48/149
安雅堂詩不分卷文集二卷重刻文集二卷二鄉亭詞三卷 (清)宋琬著 清順治十七年至康熙三十八年(1660－1699)刻本 六册

110000－0143－0020592 PG48/149
安雅堂詩不分卷文集二卷重刻文集二卷 (清)宋琬著 清順治十七年至康熙三十八年(1660－1699)刻本 六册

110000－0143－0020593 PG48/150
玉井山館文略五卷文續二卷附西行日記一卷詩十五卷詩餘一卷 (清)許宗衡箸 清同治四年至九年(1865－1870)刻本 五册

110000－0143－0020594 PG48/151
憑山閣增定留青全集二十四卷 (清)陳枚選輯 清刻本 六册 存九卷(一至五、十四至十七)

110000－0143－0020595 PG48/152
施愚山先生學餘文集二十八卷學餘詩集五十卷施愚山先生別集四卷隨村先生遺集六卷 (清)施閏章 (清)施瑮著 清宣統三年

(1911)上海國學扶輪社石印本　十三册　缺九卷(施愚山先生學餘文集一至九)

110000－0143－0020596　PG48/153
粟香隨筆八卷二筆八卷三筆八卷四筆八卷五筆八卷篤慎堂燼餘詩稿二卷　金武祥撰　清光緒七年至二十一年(1881－1895)江陰金氏刻本　二十册

110000－0143－0020597　PG48/153
粟香隨筆八卷二筆八卷三筆八卷四筆八卷五筆八卷篤慎堂燼餘詩稿二卷　金武祥撰　清光緒七年至二十一年(1881－1895)江陰金氏刻本　十一册　缺三種二十卷(三筆五至八、四筆八卷、五筆八卷)

110000－0143－0020598　PG48/153
粟香隨筆八卷二筆八卷三筆八卷四筆八卷五筆八卷篤慎堂燼餘詩稿二卷　金武祥撰　清光緒七年至二十一年(1881－1895)江陰金氏刻本　十二册　缺二種十六卷(四筆八卷、五筆八卷)

110000－0143－0020599　PG48/154
明文在一百卷　(清)薛熙輯　清光緒十五年(1889)江蘇書局刻本　十册

110000－0143　0020600　PG47/154
明文在一百卷　(清)薛熙輯　清光緒十五年(1889)江蘇書局刻本　十册

110000－0143－0020601　PG47/154
明文在一百卷　(清)薛熙輯　清光緒十五年(1889)江蘇書局刻本　十册

110000－0143－0020602　PG48/154
湯文正公集五卷奏稿一卷　(清)湯斌撰　**湯文正公[斌]年譜定本一卷**　(清)方苞考訂　(清)楊椿重輯　清同治十二年(1873)刻本　六册

110000－0143－0020603　PG48/155
孝思堂集十卷　(清)侯七乘撰　清光緒二十八年(1902)西泠孫渭刻本　十册

110000－0143－0020604　PG48/156
俞俞齋文稿初集四卷詩稿初集二卷詩餘一卷　(清)史念祖撰　清光緒三十二年(1906)廣陵刻本　六册

110000－0143－0020605　PG48/156
俞俞齋文稿初集四卷　(清)史念祖撰　清光緒十八年(1892)滇南刻本　四册

110000－0143－0020606　PG48/157
百柱堂全集内集三十四卷外集十九卷彤雲閣遺稿不分卷　(清)王柏心　(清)王家仕撰　清光緒二十四年(1898)成山唐氏貴陽刻本　二十册

110000－0143－0020607　PG48/157
百柱堂全集内集三十四卷外集十九卷彤雲閣遺稿不分卷　(清)王柏心　(清)王家仕撰　清光緒二十四年(1898)成山唐氏貴陽刻本　十六册

110000－0143－0020608　PG48/157
百柱堂全集内集三十四卷外集十九卷彤雲閣遺稿不分卷　(清)王柏心　(清)王家仕撰　清光緒二十四年(1898)成山唐氏貴陽刻本　十六册

110000－0143－0020609　PG48/158
陸子全書　(清)陸隴其撰　清同治七年至九年(1868－1870)刻本　十一册　存五種四十二卷(日記十卷、賸言十二卷、年譜一卷、文集十二卷、外集六卷、附錄一卷)

110000－0143－0020610　PG48/158－1
陸子全集十八種一百一卷　(清)陸隴其撰　清光緒十六年(1890)宗培等刻本　三十六册

110000－0143－0020611　PG48/160－1
西陂類稿三卷　(清)宋犖撰　清末鉛印本　四册

110000－0143－0020612　PG48/161
求實齋類稾十二卷續編六卷　蔣德鈞撰　清光緒刻本　六册

110000－0143－0020613　PG48/161
求實齋類稾十二卷　蔣德鈞撰　清光緒刻本

四册

110000－0143－0020614　PG48/162
張太岳先生文集四十七卷　(明)張居正撰　清末至民國抄本　十九册

110000－0143－0020615　PG48/164
養正書屋全集定本四十卷目録四卷　(清)宣宗旻寧撰　(清)英和等編　清道光二年(1822)北京内府刻本　二十四册

110000－0143－0020616　PG48/165
唐確慎公集十卷首一卷末一卷　(清)唐鑑撰　清光緒元年(1875)善化賀瑗慈谿刻本　六册

110000－0143－0020617　PG48/165
唐確慎公集十卷首一卷末一卷　(清)唐鑑撰　清光緒元年(1875)善化賀瑗慈谿刻本　六册

110000－0143－0020618　PG48/166
白茅堂集四十六卷耳提録一卷　(清)顧景星撰　清康熙四十三年(1704)、乾隆二十年(1755)、光緒二十八年(1902)刻本　二十一册

110000－0143－0020619　PG48/167
二林居集二十四卷　(清)彭紹升撰　清光緒七年(1881)刻本　六册

110000－0143－0020620　PG48/166
白茅堂集四十六卷耳提録一卷　(清)顧景星撰　清康熙四十三年(1704)、乾隆二十年(1755)、光緒二十八年(1902)刻本　二十册

110000－0143－0020621　PG48/167
二林居集二十四卷　(清)彭紹升撰　清光緒七年(1881)刻本　六册

110000－0143－0020622　PG48/168
張文貞公集十二卷　(清)張玉書著　清乾隆五十七年(1792)松蔭堂刻本　六册

110000－0143－0020623　PG48/168
張文貞公集十二卷　(清)張玉書著　清光緒二十七年(1901)刻本　十二册

110000－0143－0020624　PG48/169－1
蓮洋集二十卷　(清)吳雯著　清末上海掃葉山房石印本　四册

110000－0143－0020625　PG48/169－1
㐆齋文集八卷詩集四卷　(清)張穆撰　(清)吳履敬　(清)吳式訓編次　清咸豐八年(1858)祁寯藻刻本　四册

110000－0143－0020626　PG48/170
樫華館文集六卷駢體文一卷詩集四卷雜録一卷　(清)路德撰　清光緒七年(1881)解梁書院正本堂刻本　六册

110000－0143－0020627　PG48/170－1
樫華館文集六卷駢體文一卷詩集四卷雜録一卷　(清)路德撰　清光緒七年(1881)解梁書院正本堂刻本　十册

110000－0143－0020628　PG48/170－1
樫華館文集六卷駢體文一卷詩集四卷雜録一卷　(清)路德撰　清光緒七年(1881)解梁書院正本堂刻本　十册

110000－0143－0020629　PG48/172
三魚堂文集十二卷附一卷外集六卷附録一卷　(清)陸隴其著　(清)侯銓編　清康熙嘉會堂刻本　五册

110000－0143－0020630　PG48/173
陳學士文集十八卷　(清)陳儀著　清乾隆十八年(1753)文安陳氏蘭雪齋刻本　八册

110000－0143－0020631　PG48/174
存悔齋集二十八卷外集四卷　(清)劉鳳誥撰　清道光十年至十七年(1830－1837)海寧楊文蓀刻本　八册

110000－0143－0020632　PG48/174－1
隨園隨筆二十八卷　(清)袁枚撰　清嘉慶十三年(1808)錢塘袁氏小倉山房刻本　六册

110000－0143－0020633　PG48/174－1
存悔齋集二十八卷外集四卷　(清)劉鳳誥撰　清道光十年至十七年(1830－1837)海寧楊文蓀刻本　八册

110000－0143－0020634　PG48/174－1
存悔齋集二十八卷外集四卷　(清)劉鳳誥撰　清道光十年至十七年(1830－1837)海寧楊文蓀刻本　六冊

110000－0143－0020635　PG48/176
晚學集八卷未谷詩集四卷　(清)桂馥著　清道光二十一年(1841)刻本　六冊

110000－0143－0020636　PG48/176
晚學集八卷未谷詩集四卷　(清)桂馥著　清道光二十一年(1841)刻本　二冊　缺一種四卷(未谷詩集四卷)

110000－0143－0020637　PG48/177
霜紅龕集四十卷　(清)傅山撰　**霜紅龕集附錄三卷傅青主先生[山]年譜不分卷**　丁寶銓輯　清宣統三年(1911)山陽丁氏刻本　十二冊

110000－0143－0020638　PG48/177－2
霜紅龕集四十卷　(清)傅山撰　(清)劉霦補輯　清咸豐四年(1854)壽陽劉霦、王行恕刻本　八冊

110000－0143－0020639　PG48/177－3
霜紅龕集四十卷　(清)傅山撰　**霜紅龕集附錄三卷傅青主先生[山]年譜不分卷**　丁寶銓輯　清宣統三年(1911)山陽丁氏刻本　十二冊

110000－0143－0020640　PG48/177－3
霜紅龕集四十卷　(清)傅山撰　**霜紅龕集附錄三卷傅青主先生[山]年譜不分卷**　丁寶銓輯　清宣統三年(1911)山陽丁氏刻本　十一冊　缺一種一卷(傅青主先生年譜不分卷)

110000－0143－0020641　PG48/179－1
鐵函齋書跋四卷　(清)楊賓著　(清)楊霈編　清道光二十七年(1847)筠石山房刻本　四冊

110000－0143－0020642　PG48/181
鑑止水齋集二十卷　(清)許宗彥撰　清咸豐八年(1858)許氏刻本　六冊

110000－0143－0020643　PG48/181
鑑止水齋集二十卷　(清)許宗彥撰　清咸豐八年(1858)許氏刻本　七冊

110000－0143－0020644　PG48/181
古春軒詩鈔二卷　(清)梁德繩撰　清咸豐二年(1852)刻本　一冊

110000－0143－0020645　PG48/182－2
飴山全集詩集二十卷聲調譜二卷文集十二卷　(清)趙執信撰　清乾隆三十九年(1774)趙氏因園刻本　四冊　缺二卷(聲調譜二卷)

110000－0143－0020646　PG48/184
桂馨堂集六種十三卷　(清)張廷濟撰　清道光十九年至二十八年(1839－1848)嘉興張氏清儀閣刻本　四冊

110000－0143－0020647　PG48/185
蒿菴集三卷拾遺一卷蒿菴閒話二卷　(清)張爾岐著　清光緒十五年(1889)山東書局刻本　三冊

110000－0143－0020648　PG48/185
蒿菴集三卷拾遺一卷蒿菴閒話二卷　(清)張爾岐著　清光緒十五年(1889)山東書局刻本　三冊

110000－0143－0020649　PG48/186
虛受堂文集十五卷　王先謙撰　清光緒二十六年(1900)湘鄉陳毅、平江蘇興敬刻本　四冊

110000－0143－0020650　PG48/187
影山草堂六種三十三卷　(清)莫友芝撰　清咸豐至光緒刻本　六冊

110000－0143－0020651　PG48/188
屺思堂文集六卷詩集二卷　(清)劉子壯撰　清道光二十八年(1848)宛平俞昌烈刻本　四冊

110000－0143－0020652　PG48/189
石笥山房文集六卷補遺一卷詩集十一卷詩餘一卷補遺二卷續補遺二卷　(清)胡天遊著　清咸豐二年(1852)胡鳴泰刻本　十冊

110000－0143－0020653　PG48/189－1
石笥山房文集六卷補遺一卷詩集十一卷詩餘一卷補遺二卷續補遺二卷　(清)胡天遊著　清末胡鳴泰刻本　十册

110000－0143－0020654　PG48/189－1
石笥山房文集六卷補遺一卷詩集十一卷詩餘一卷補遺二卷續補遺二卷　(清)胡天遊著　清咸豐二年(1852)刻本　十册

110000－0143－0020655　PG48/189－2
石笥山房文集五卷補遺一卷　(清)胡天遊著　清宣統元年(1909)國學扶輪社鉛印本　四册

110000－0143－0020656　PG48/191－2
湖海樓文集六卷儷體文集十二卷　(清)陳維崧著　清光緒十七年(1891)弁山鐸署刻本　六册

110000－0143－0020657　PG48/192
憺園全集三十六卷　(清)徐乾學撰　清光緒九年(1883)嘉興金吳瀾刻本　十二册

110000－0143－0020658　PG48/192－1
憺園全集三十六卷　(清)徐乾學撰　清光緒九年(1883)嘉興金吳瀾刻本　十二册

110000－0143－0020659　PG48/193
芙蓉山館文鈔不分卷　(清)楊芳燦撰　清嘉慶刻本　四册

110000－0143－0020660　PG48/193－1
芙蓉山館詩鈔八卷詩補鈔一卷詞鈔二卷詞附鈔一卷文鈔八卷　(清)楊芳燦撰　清光緒十七年(1891)木活字印本　八册

110000－0143－0020661　PG48/194
毘陵周氏三種六卷　(清)周騰虎撰　清光緒三十一年至民國二十四年(1905－1935)刻本　二册

110000－0143－0020662　PG48/194
餐芍華館隨筆二卷　(清)周騰虎撰　清光緒三十一年至民國二十四年(1905－1935)刻本　一册

110000－0143－0020663　PG48/194－1
毘陵周氏三種六卷　(清)周騰虎撰　清光緒三十一年至民國二十四年(1905－1935)刻本　二册

110000－0143－0020664　PG48/195
海峰文集八卷海峰詩集十一卷　(清)劉大櫆著　清同治十三年(1874)裔孫劉繼刻本　八册

110000－0143－0020665　PG48/198
雙白燕堂文集二卷外集八卷　(清)陸耀遹撰　清光緒四年(1878)陸祐勤興國州署刻本　四册

110000－0143－0020666　PG48/198
雙白燕堂文集二卷外集八卷　(清)陸耀遹撰　清光緒四年(1878)陸祐勤興國州署刻本　四册

110000－0143－0020667　PG48/199
王文直公遺集六卷首一卷　(清)王東槐撰　清光緒七年(1881)刻本　六册　存四卷(一至四)

110000－0143－0020668　PG48/199－1
芝庭先生集十八卷　(清)彭啓豐撰　清光緒二年(1876)惠州郡署刻本　二册　存六卷(一至六)

110000－0143－0020669　PG48/201－1
切問齋文鈔三十卷　(清)陸燿輯　清乾隆四十年(1775)吴江陸燿刻本　十册

110000－0143－0020670　PG48/201－3
切問齋集十二卷首一卷　(清)陸燿著　清光緒十八年(1892)江蘇書局刻本　四册

110000－0143－0020671　PG48/201－3
切問齋文鈔三十卷首一卷　(清)陸燿輯　清道光五年(1825)長白誠端刻本　八册

110000－0143－0020672　PG48/201－4
切問齋文鈔三十卷　(清)陸燿輯　清同治八年(1869)金陵錢氏刻本　十二册

110000－0143－0020673　PG48/202－1

有正味齋詩集十六卷詩續集八卷駢體文二十四卷駢體文續集八卷　(清)吴錫麒撰　清嘉慶二年至二十五年(1797－1820)刻本　十册　缺九卷(詩續集五至八、駢體文續集四至八)

110000－0143－0020674　PG48/202－2
有正味齋詩集十六卷詩續集八卷詞集八卷詞續集二卷駢體文二十四卷駢體文續集八卷外集五卷　(清)吴錫麒撰　清嘉慶刻本　二十四册

110000－0143－0020675　PG48/202－3
有正味齋十六卷補註不分卷　(清)吴錫麒著　(清)葉聯芬箋註　清道光二十年(1840)慈北葉氏刻本　八册

110000－0143－0020676　PG48/202－3
有正味齋十六卷補註不分卷　(清)吴錫麒著　(清)葉聯芬箋註　清道光二十年(1840)慈北葉氏刻本　八册

110000－0143－0020677　PG48/202－4
有正味齋駢體文二十四卷首一卷　(清)吴錫麒著　(清)王廣業箋　(清)葉聯芬註　(清)羅忠德合纂　清光緒十五年(1889)蜚英館石印本　四册

110000－0143－0020678　PG48/204
通甫類稾四卷續編二卷　(清)魯一同撰　清咸豐九年(1859)刻本　二册

110000－0143－0020679　PG48/204
通甫類稾四卷續編二卷　(清)魯一同撰　清咸豐九年(1859)刻本　三册

110000－0143－0020680　PG48/204
通甫類稾四卷續編二卷　(清)魯一同撰　清咸豐九年(1859)刻本　三册

110000－0143－0020681　PG48/204
通甫類稾四卷續編二卷通甫詩存四卷詩存之餘二卷　(清)魯一同撰　清咸豐九年(1859)刻本　五册　存二卷(續編二卷)

110000－0143－0020682　PG48/204－1
通甫類稾四卷續編二卷通甫詩存四卷詩存之餘二卷仲實類稿不分卷　(清)魯一同撰　清咸豐九年(1859)刻本　三册

110000－0143－0020683　PG48/204－1
通甫類稾四卷續編二卷通甫詩存四卷詩存之餘二卷　(清)魯一同撰　清咸豐九年(1859)刻本　六册　缺二卷(詩存之餘二卷)

110000－0143－0020684　PG48/204－1
通甫類稾四卷續編二卷通甫詩存四卷詩存之餘二卷　(清)魯一同撰　清咸豐九年(1859)刻本　四册

110000－0143－0020685　PG48/206
述古堂文集十二卷　(清)錢兆鵬著　清光緒七年(1881)刻本　四册

110000－0143－0020686　PG48/206
述古堂文集十二卷　(清)錢兆鵬著　清光緒七年(1881)刻本　四册

110000－0143－0020687　PG48/207－1
太乙舟文集八卷　(清)陳用光撰　清道光刻本　六册

110000　0143　0020688　PG48/207－1
太乙舟文集八卷　(清)陳用光撰　清光緒二十一年(1895)長沙刻本　七册

110000－0143－0020689　PG48/207－2
太乙舟文集八卷　(清)陳用光撰　清道光二十三年(1843)孝友堂刻本　六册

110000－0143－0020690　PG48/210
儀顧堂題跋十六卷　(清)陸心源撰　清光緒十六年(1890)歸安陸氏刻本　四册

110000－0143－0020691　PG48/210－1
儀顧堂續跋十六卷　(清)陸心源撰　清光緒十八年(1892)歸安陸氏刻本　四册

110000－0143－0020692　PG48/212
虚一齋集五卷　(清)莊培因撰　清光緒九年(1883)陽湖莊氏刻本　二册

110000－0143－0020693　PG48/212
虚一齋集五卷　(清)莊培因撰　清光緒九年

(1883)陽湖莊氏刻本　二冊

110000－0143－0020694　PG48/214
古伴柳亭初藁四卷　(清)田秫著　清道光二十二年(1842)陽城田秫刻本　四冊

110000－0143－0020695　PG48/214－1
古伴柳亭續藁六卷　(清)田秫著　清道光二十七年(1847)陽城田秫刻本　六冊

110000－0143－0020696　PG48/215
兼濟堂文集二十四卷　(清)魏裔介著　清康熙五十年(1711)龍江書院刻光緒十年(1884)柏鄉魏肇元重刻本　二十四冊

110000－0143－0020697　PG48/215
兼濟堂文集選二十卷　(清)魏裔介著　清康熙五十年(1711)龍江書院刻清末印本　十六冊

110000－0143－0020698　PG48/216
衎石齋記事續稾十卷　(清)錢儀吉撰　清咸豐四年(1854)海昌蔣光焴刻本　五冊

110000－0143－0020699　PG48/216
衎石齋記事稾十卷　(清)錢儀吉撰　清道光十四年(1834)刻本　五冊

110000－0143－0020700　PG48/216
衎石齋記事稾十卷　(清)錢儀吉撰　清道光十四年(1834)刻本　五冊

110000－0143－0020701　PG48/216
衎石齋記事稾十卷續稾十卷刻楮集四卷旅逸小稾二卷續良吏述不分卷　(清)錢儀吉撰　清光緒六年(1880)嘉興錢彝甫刻本　十一冊　缺三卷(續稾一至三)

110000－0143－0020702　PG48/216－1
衎石齋記事稾十卷續稾十卷刻楮集四卷旅逸小稾二卷續良吏述不分卷　(清)錢儀吉撰　清光緒六年(1880)嘉興錢彝甫刻本　十三冊

110000－0143－0020703　PG48/216－2
衎石齋記事稾十卷續稾十卷刻楮集四卷旅逸小稾二卷續良吏述不分卷　(清)錢儀吉撰　清光緒六年(1880)嘉興錢彝甫刻本　十三冊

110000－0143－0020704　PG48/219
守默齋詩稿不分卷雜著不分卷　(清)何應祺著　清同治十年(1871)善化何氏刻本　三冊

110000－0143－0020705　PG48/219
守默齋詩稿不分卷雜著不分卷　(清)何應祺著　清同治十年(1871)善化何氏刻本　四冊

110000－0143－0020706　PG48/221－1
集虛齋學古文十二卷　(清)方櫐如撰　清光緒十年(1884)淳安縣署刻本　四冊

110000－0143－0020707　PG48/222
初月樓文鈔十卷詩鈔四卷　(清)吳德旋著　(清)周家楣訂　清光緒九年至十年(1883－1884)宜興周氏刻本　四冊

110000－0143－0020708　PG48/222
初月樓文鈔十卷後一卷　(清)吳德旋著　(清)周家楣訂　清光緒九年(1883)木活字印本　四冊

110000－0143－0020709　PG48/222
初月樓詩鈔四卷　(清)吳德旋著　(清)周家楣訂　清光緒九年(1883)宜興周氏刻本　二冊

110000－0143－0020710　PG48/222－1
初月樓四種二十五卷　(清)吳德旋　(清)程德賚著　清光緒八年至九年(1882－1883)鎮海張壽榮花雨樓刻花雨樓叢抄本　六冊

110000－0143－0020711　PG48/223
潛穎詩十卷文四卷　(清)何維棣撰　清光緒二十七年(1901)刻本　四冊

110000－0143－0020712　PG48/227
養一齋文集二十卷李養一先生詩集四卷賦一卷詩餘一卷　(清)李兆洛撰　清光緒四年至八年(1878－1882)刻本　十二冊

110000－0143－0020713　PG48/228
陶文毅公全集六十四卷首一卷末一卷　(清)陶澍撰　清道光二十年(1840)淮北士民公刻本　二十四冊

110000－0143－0020714　PG48/228

陶文毅公全集六十四卷首一卷末一卷 (清)陶澍撰 清道光二十年(1840)淮北士民公刻本 二十四册

110000－0143－0020715 PG48/228
陶文毅公全集六十四卷首一卷末一卷 (清)陶澍撰 清道光二十年(1840)淮北士民公刻本 二十四册

110000－0143－0020716 PG48/228－1
印心石屋文鈔三十五卷詩鈔初集四卷二集三卷試律四卷蜀輶日記漕河禱水圖詩錄四卷首一卷 (清)陶澍撰 清嘉慶至道光刻本 七册

110000－0143－0020717 PG48/229
榮文忠公集四卷 (清)榮祿撰 清光緒三十四年(1908)刻本 一册

110000－0143－0020718 PG48/230
拙尊園叢稿六卷 (清)黎庶昌撰 清光緒二十三年(1897)石印本 六册

110000－0143－0020719 PG48/231
甘泉鄉人稿二十四卷 (清)錢泰吉撰 **邠農偶吟稿一卷** (清)錢炳森撰 **警石先生[錢泰吉]年譜一卷** (清)錢應溥述 清同治十一年(1872)刻本 六册

110000－0143－0020720 PG48/231
甘泉鄉人稿二十四卷 (清)錢泰吉撰 **邠農偶吟稿一卷** (清)錢炳森撰 **警石先生[錢泰吉]年譜一卷** (清)錢應溥述 清同治十一年(1872)刻本 六册

110000－0143－0020721 PG48/231－1
甘泉鄉人稿二十四卷 (清)錢泰吉撰 **四水子遺書一卷** (清)錢友泗撰 **邠農偶吟稿一卷** (清)錢炳森撰 **警石先生[錢泰吉]年譜一卷** (清)錢應溥述 清同治十一年(1872)刻光緒十一年(1885)增刻本 七册

110000－0143－0020722 PG48/231－1
甘泉鄉人稿二十四卷 (清)錢泰吉撰 **四水子遺書一卷** (清)錢友泗撰 **邠農偶吟稿一卷** (清)錢炳森撰 **警石先生[錢泰吉]年譜一卷** (清)錢應溥述 清同治十一年(1872)刻光緒十一年(1885)增刻本 七册

110000－0143－0020723 PG48/231－1
甘泉鄉人餘稿二卷 (清)錢泰吉撰 **警石先生[錢泰吉]年譜一卷** (清)錢應溥述 清同治三年(1864)刻本 一册

110000－0143－0020724 PG48/232
思補齋文集四卷 (清)劉星煒撰 清光緒二十年(1894)刻本 四册

110000－0143－0020725 PG48/232
思補齋文集四卷 (清)劉星煒撰 清光緒二十年(1894)刻本 四册

110000－0143－0020726 PG48/232
思補齋文集四卷 (清)劉星煒撰 清光緒二十年(1894)刻本 四册

110000－0143－0020727 PG48/232
思補齋文集四卷 (清)劉星煒撰 清光緒二十年(1894)刻本 四册

110000－0143－0020728 PG48/233
健餘先生文集十卷 (清)尹會一撰 (清)王聲璿編 清光緒五年(1879)刻本 二册

110000－0143－0020729 PG48/234
茮聲館文集八卷首一卷蕉聲館詩集二十卷詩集補遺四卷詩集續補一卷 (清)朱為弼撰 清咸豐二年至九年(1852－1859)朱景邁刻本 十二册

110000－0143－0020730 PG48/234
茮聲館文集八卷首一卷蕉聲館詩集二十卷詩集補遺四卷詩集續補一卷 (清)朱為弼撰 清咸豐二年至九年(1852－1859)朱景邁刻本 十二册

110000－0143－0020731 PG48/234－2
茮聲館集八卷首一卷 (清)朱為弼撰 清咸豐二年(1852)刻本 四册

110000－0143－0020732 PG48/235
存研樓文集十六卷 (清)儲大文著 清光緒元年(1875)儲沅刻本 八册

110000－0143－0020733　PG48/236
庸庵文編四卷文續編二卷文外編四卷　（清）薛福成撰　清光緒十三年至十九年（1887－1893）刻本　十册

110000－0143－0020734　PG48/236
庸庵文編四卷　（清）薛福成撰　清光緒十四年（1888）刻本　四册

110000－0143－0020735　PG48/236
庸庵文編四卷　（清）薛福成撰　清光緒十三年（1887）刻本　四册

110000－0143－0020736　PG48/237
樂志堂詩略四卷附録一卷　（清）譚瑩撰　清光緒元年（1875）南海譚宗浚刻本　四册

110000－0143－0020737　PG48/237
樂志堂文略四卷附録一卷　（清）譚瑩撰　清光緒元年（1875）南海譚宗浚刻本　二册

110000－0143－0020738　PG48/237
樂志堂文略四卷附録一卷　（清）譚瑩撰　清光緒元年（1875）南海譚宗浚刻本　二册

110000－0143－0020739　PG48/237－1
樂志堂詩集十二卷文集十八卷文續集二卷　（清）譚瑩撰　清咸豐十一年（1861）吏隱園刻本　十二册

110000－0143－0020740　PG48/237－2
樂志堂詩集十二卷文集十八卷文續集二卷　（清）譚瑩撰　清咸豐十一年（1861）吏隱園刻本　十二册

110000－0143－0020741　PG48/237－3
樂志堂詩略四卷附録一卷　（清）譚瑩撰　清光緒元年（1875）刻本　二册

110000－0143－0020742　PG48/238
二水樓文集二十卷首一卷詩集十八卷　（清）李茹旻撰　清光緒十七年（1891）味憩廬刻本　十册

110000－0143－0020743　PG48/239
怡志堂詩初編八卷文初編六卷　（清）朱琦撰　清咸豐七年至同治四年（1857－1865）朱氏刻本　四册

110000－0143－0020744　PG48/239－1
怡志堂詩初編八卷文初編六卷　（清）朱琦撰　清光緒十八年（1892）朱方達、朱德勝刻本　四册

110000－0143－0020745　PG48/243
重桂堂集十一卷　（清）許正綬撰　清光緒十年（1884）上虞許氏刻本　六册

110000－0143－0020746　PG48/244
李文清公遺書八卷首一卷志節編二卷　（清）李棠階撰　清光緒八年（1882）河北分守道署刻本　四册

110000－0143－0020747　PG48/244
李文清公遺書八卷首一卷志節編二卷　（清）李棠階撰　清光緒八年（1882）河北分守道署刻本　四册

110000－0143－0020748　PG48/246
陳澹然三種　陳澹然撰　清光緒二十八年（1902）刻本　六册

110000－0143－0020749　PG48/248
好雲樓初集二十八卷首一卷二集十六卷首一卷附臨川答問一卷　（清）李聯琇撰　清咸豐十一年（1861）恩養堂刻光緒八年（1882）續刻本　六册　存二十二卷（好雲樓初集一至二十一、首一卷）

110000－0143－0020750　PG48/248－1
好雲樓初集二十八卷首一卷二集十六卷首一卷附臨川答問一卷　（清）李聯琇撰　清咸豐十一年（1861）恩養堂刻光緒八年（1882）續刻本　十二册

110000－0143－0020751　PG48/249
遡園文集四卷杜少陵秋興八首偶論一卷　（清）賈開宗著　清道光八年（1828）賈洪信刻本　五册

110000－0143－0020752　PG48/252
左文襄公奏稿六十四卷　（清）左宗棠撰　清光緒十六年（1890）刻本　十册　存十卷（四

十一至五十）

110000－0143－0020753　PG48/252
左文襄公全集十一種一百三十四卷首一卷　(清)左宗棠撰　清光緒十六年至二十三年(1890－1897)湘省萃文堂刻刷局刻本　一百二十八册

110000－0143－0020754　PG48/252
左文襄公全集十一種一百三十四卷首一卷　(清)左宗棠撰　清光緒十六年至二十三年(1890－1897)湘省萃文堂刻刷局刻本　一百二十三册

110000－0143－0020755　PG48/252
左文襄公全集十一種一百三十四卷首一卷　(清)左宗棠撰　清光緒十六年至二十三年(1890－1897)湘省萃文堂刻刷局刻本　一百二十八册

110000－0143－0020756　PG48/255
也是集一卷　英華稿　清光緒三十三年(1907)大公報館鉛印本　一册

110000－0143－0020757　PG48/259
覺顛冥齋内言四卷　(清)唐才常撰　清光緒二十四年(1898)刻本　四册

110000－0143－0020758　PG48/260
天根文鈔四卷文法一卷文鈔續集一卷詩鈔二卷　(清)何家琪撰　清光緒三十二年(1906)萊陽王埣刻本　四册

110000－0143－0020759　PG48/260
天根文鈔四卷文法一卷文鈔續集一卷詩鈔二卷　(清)何家琪撰　清光緒三十二年(1906)萊陽王埣刻本　四册　缺二卷(詩鈔二卷)

110000－0143－0020760　PG48/262
錢南園先生遺集五卷　(清)錢灃撰　清同治十一年(1872)湖南書局刻本　二册

110000－0143－0020761　PG48/263
畏廬文集不分卷　林紓著　清宣統二年(1910)商務印書館鉛印本　一册

110000－0143－0020762　PG48/265
通雅齋叢稾八卷　(清)成本璞撰　清宣統元年(1909)武林刻本　四册

110000－0143－0020763　PG48/266
泰雲堂文集二卷駢體文集二卷詩集十八卷詞集三卷　(清)孫爾準撰　清同治九年(1870)蛟川周巨漣福建刻本　四册

110000－0143－0020764　PG48/266
泰雲堂文集二卷駢體文集二卷詩集十八卷詞集三卷　(清)孫爾準撰　清道光十三年(1833)刻本　二册

110000－0143－0020765　PG48/266－1
泰雲堂文集二卷駢體文集二卷詩集十八卷詞集三卷　(清)孫爾準撰　清同治九年(1870)蛟川周巨漣福建刻本　六册

110000－0143－0020766　PG48/267
還硯齋雜著四卷還硯齋古近體詩略一卷　(清)趙新著　清光緒八年(1882)黄樓刻本　四册

110000－0143－0020767　PG48/267
還硯齋雜著四卷還硯齋古近體詩略一卷　(清)趙新著　清光緒八年(1882)黄樓刻本　四册

110000－0143－0020768　PG48/268
意園文略二卷　(清)盛昱撰　楊鍾羲編次　清宣統二年(1910)遼陽楊氏刻本　一册

110000－0143－0020769　PG48/268
意園文略二卷　(清)盛昱撰　楊鍾羲編次　清宣統二年(1910)遼陽楊氏刻本　一册

110000－0143－0020770　PG48/269
求自得之室文鈔十二卷尚絅廬詩存二卷　(清)吴嘉賓撰　清同治五年(1866)南豐吴氏廣州刻本　六册

110000－0143－0020771　PG48/269
求自得之室文鈔十二卷尚絅廬詩存二卷　(清)吴嘉賓撰　清同治五年(1866)南豐吴氏廣州刻本　六册

110000－0143－0020772　PG48/271

謝亭集五種七卷　(清)謝綸撰　清光緒八年至十九年(1882－1893)江陰謝氏毓芝堂京師刻本　四冊

110000－0143－0020773　PG48/272
尚絅堂文集二卷詩集五十二卷詞集二卷　(清)劉嗣綰撰　清同治八年(1869)刻本　十冊

110000－0143－0020774　PG48/273－1
玉芝堂文集六卷　(清)邵齊燾撰　清光緒八年(1882)寧波羣玉山房刻本　一冊

110000－0143－0020775　PG48/274
小西腴山館文集十二卷　(清)吳大廷撰　清光緒刻本　五冊

110000－0143－0020776　PG48/275
榴實山莊試律二卷文稿一卷詩鈔六卷詞鈔一卷　(清)吳存義撰　清同治十年(1871)刻本　六冊

110000－0143－0020777　PG48/275
榴實山莊試律二卷文稿一卷詩鈔六卷詞鈔一卷　(清)吳存義撰　清同治十年(1871)刻本　二冊　缺二卷(榴實山莊試律二卷)

110000－0143－0020778　PG48/276
心白日齋集六卷　(清)尹耕雲著　清光緒十年(1884)刻二十一年(1895)增刻本　四冊

110000－0143－0020779　PG48/276
心白日齋集四卷　(清)尹耕雲著　清光緒十年(1884)刻本　二冊　存三卷(一、三至四)

110000－0143－0020780　PG48/276
心白日齋集六卷　(清)尹耕雲著　清光緒十年(1884)刻二十一年(1895)增刻本　十冊

110000－0143－0020781　PG48/278
樂餘靜廉齋文稿一卷詩稿初集一卷二集一卷三集二卷詩鈔續集一卷蜀桐絃詞一卷海風簫詞一卷絳河笙詞稿一卷梵天瑟詞一卷　(清)顧復初著　清咸豐六年至光緒六年(1856－1880)成都刻本　六冊

110000－0143－0020782　PG48/280
籀經堂類藁二十四卷齊陳氏韶舞樂譽通釋二卷　(清)陳慶鏞撰　清光緒九年(1883)刻本　十二冊

110000－0143－0020783　PG48/281
石雲山人詩集二十三卷文集五卷奏議六卷　(清)吳榮光撰　清道光二十一年(1841)吳氏筠清舘刻本　十四冊

110000－0143－0020784　PG48/283
退一步齋文集四卷　(清)方濬師著　清光緒十八年(1892)鉛印本　四冊

110000－0143－0020785　PG48/283－1
退一步齋詩集十六卷文集四卷　(清)方濬師著　清光緒三十年(1904)刻本　十冊

110000－0143－0020786　PG48/284
石遺室叢書十八種一百十六卷　陳衍撰輯　清光緒刻本　一冊　存四種四卷(道安室雜文一卷、平安室雜記一卷、蕭閒堂遺詩一卷、戴花平安室詞一卷)

110000－0143－0020787　PG48/285
拙修集十卷　(清)吳廷棟撰　清同治十年(1871)六安求我齋刻本　三冊　缺二卷(九至十)

110000－0143－0020788　PG48/286
顯志堂稿十二卷　(清)馮桂芬著　清光緒二年(1876)校邠廬刻本　四冊

110000－0143－0020789　PG48/286
顯志堂稿十二卷　(清)馮桂芬著　清光緒二年(1876)校邠廬刻本　六冊

110000－0143－0020790　PG48/286
顯志堂稿十二卷　(清)馮桂芬著　清光緒二年(1876)校邠廬刻本　四冊

110000－0143－0020791　PG48/286
顯志堂稿十二卷　(清)馮桂芬著　清光緒二年(1876)校邠廬刻本　七冊

110000－0143－0020792　PG48/286
顯志堂稿十二卷　(清)馮桂芬著　清光緒二年(1876)校邠廬刻本　四冊

110000－0143－0020793　PG48/287
漱六山房全集十一卷　（清）吳昆田撰　清光緒吳斯佐刻本　六冊

110000－0143－0020794　PG48/287
漱六山房全集十一卷　（清）吳昆田撰　清光緒吳斯佐刻本　六冊

110000－0143－0020795　PG48/289
東洲草堂文鈔二十卷附眠琴閣遺文一卷詩二卷浣月樓遺詩二卷　（清）何紹基撰　清光緒二十九年（1903）刻本　六冊

110000－0143－0020796　PG48/289
東洲草堂文鈔二十卷附眠琴閣遺文一卷詩二卷浣月樓遺詩二卷　（清）何紹基撰　清光緒二十九年（1903）刻本　六冊

110000－0143－0020797　PG48/290
拙尊園叢稿六卷　（清）黎庶昌撰　清光緒十九年（1893）醉六堂石印本　二冊

110000－0143－0020798　PG48/290
拙尊園叢稿六卷　（清）黎庶昌撰　清光緒十九年（1893）醉六堂石印本　四冊

110000－0143－0020799　PG48/291
榕園文鈔不分卷　（清）李彥章撰　清道光刻本　二冊

110000－0143－0020800　PG48/293
經義齋集十八卷　（清）熊賜履著　清道光張述古刻字店刻本　十冊

110000－0143－0020801　PG48/293
經義齋集十八卷　（清）熊賜履著　清道光刻本　十冊

110000－0143－0020802　PG48/294
夢硯齋遺稿八卷　（清）唐樹義撰　清同治四年（1865）遵義唐炯綏定郡齋刻本　三冊

110000－0143－0020803　PG48/295
崇百藥齋文集二十卷續集四卷三集十二卷合肥學舍札記十二卷　（清）陸繼輅撰　**五真閣吟稿一卷**　（清）陸錢惠尊撰　清光緒四年（1878）興國州署刻本　十二冊

110000－0143－0020804　PG48/295
崇百藥齋文集二十卷續集四卷三集十二卷合肥學舍札記十二卷　（清）陸繼輅撰　**五真閣吟稿一卷**　（清）陸錢惠尊撰　清嘉慶二十五年至道光八年（1820－1828）合肥學舍刻本　八冊

110000－0143－0020805　PG48/295－1
崇百藥齋文集二十卷續集四卷三集十二卷合肥學舍札記十二卷　（清）陸繼輅撰　**五真閣吟稿一卷**　（清）陸錢惠尊撰　清光緒四年（1878）興國州署刻本　十二冊

110000－0143－0020806　PG48/298
屺雲樓文鈔十二卷　（清）劉存仁箸　清光緒四年（1878）刻本　二冊　存六卷（一至六）

110000－0143－0020807　PG48/300
陳清端文集六卷　（清）陳瑸撰　清同治七年（1868）羊城刻本　六冊　存五卷（一至五）

110000－0143－0020808　PG48/301
清芬樓遺藁四卷　（清）任啟運撰　清嘉慶二十一年（1816）英和刻本　四冊

110000－0143－0020809　PG48/301
清芬樓遺藁四卷　（清）任啟運撰　清光緒十四年（1888）荊溪任氏家塾刻本　二冊

110000－0143－0020810　PG48/301－1
清芬樓遺藁四卷　（清）任啟運撰　清光緒十四年（1888）荊溪任氏家塾刻本　二冊

110000－0143－0020811　PG48/302
培遠堂偶存稿四十八卷　（清）陳弘謀著　清光緒二十二年（1896）鄂藩署鉛印本　二十四冊

110000－0143－0020812　PG48/303
退思詩存四卷文存一卷　（清）范志熙撰　清光緒十四年（1888）武昌范氏木犀香館刻本　三冊

110000－0143－0020813　PG48/304
左海文集十卷　（清）陳壽祺撰　清嘉慶至道光刻本　八冊

110000－0143－0020814　PG48/304
三山陳氏家刻左海全集十種三十四卷　(清)陳壽祺撰　清嘉慶至道光刻本　二十四冊

110000－0143－0020815　PG48/304
三山陳氏家刻左海全集十種三十四卷左海續集十種七十九卷　(清)陳壽祺撰　清嘉慶至光緒八年(1882)刻本　八十冊

110000－0143－0020816　PG48/304
三山陳氏家刻左海全集十種三十四卷　(清)陳壽祺撰　清嘉慶至道光刻本　二十冊

110000－0143－0020817　PG48/304
洪範五行傳三卷　(清)陳壽祺輯　清嘉慶至道光刻本　二冊

110000－0143－0020818　PG48/304
洪範五行傳三卷　(清)陳壽祺輯　清嘉慶至道光刻本　二冊

110000－0143－0020819　PG48/304－1
三山陳氏家刻左海全集十種三十四卷　(清)陳壽祺撰　清嘉慶至道光陳氏家刻本　二十六冊

110000－0143－0020820　PG48/304－1
三山陳氏家刻左海全集十種三十四卷　(清)陳壽祺撰　清嘉慶至道光刻本　二十四冊

110000－0143－0020821　PG48/307
藝風堂文集七卷外篇一卷　繆荃孫撰　清光緒二十七年(1901)刻本　四冊

110000－0143－0020822　PG48/308
世忠堂文集六卷　(清)鄒鳴鶴著　清同治二年(1863)錫山鄒寓刻本　六冊

110000－0143－0020823　PG48/308
世忠堂文集六卷　(清)鄒鳴鶴著　清同治二年(1863)錫山鄒寓刻本　六冊

110000－0143－0020824　PG48/309
儀衛軒文集十二卷文外集一卷儀衛軒詩集五卷　(清)方東樹撰　**方儀衛先生[東樹]年譜一卷**　(清)鄭福照輯　清同治七年至八年(1868－1869)方宗誠刻本　六冊

110000－0143－0020825　PG48/309
儀衛軒文集十二卷文外集一卷儀衛軒詩集五卷　(清)方東樹撰　**方儀衛先生[東樹]年譜一卷**　(清)鄭福照輯　清同治七年至八年(1868－1869)方宗誠刻本　六冊

110000－0143－0020826　PG48/311
南村草堂文鈔二十卷　(清)鄧顯鶴撰　清咸豐元年(1851)刻本　六冊

110000－0143－0020827　PG48/312
紅葉山房集十二卷　(清)鄭祖球撰　清道光元年(1821)刻本　六冊

110000－0143－0020828　PG48/313
儀顧堂集二十卷　(清)陸心源撰　清光緒二十四年(1898)刻本　四冊

110000－0143－0020829　PG48/313
儀顧堂集二十卷　(清)陸心源撰　清光緒二十四年(1898)刻本　四冊

110000－0143－0020830　PG48/316
春暉堂叢書十二種三十七卷　(清)徐渭仁輯　清道光至咸豐上海徐渭仁刻同治徐允臨增刻本　六冊　存六種二十五卷(思適齋集十八卷、儀鄭堂殘稾二卷、賜硯齋題畫偶錄一卷、陔南池館遺集二卷、雙樹生詩草一卷、紀半樵詩一卷)

110000－0143－0020831　PG48/316
思適齋集十八卷　(清)顧廣圻撰　清道光二十九年(1849)上海徐渭仁刻徐允臨增修春暉堂叢書本　三冊

110000－0143－0020832　PG48/318
拙盦叢稿九種二十卷首一卷　(清)朱一新撰　清光緒二十二年至宣統元年(1896－1909)葆真堂刻本　十六冊

110000－0143－0020833　PG48/318
拙盦叢稿九種二十卷首一卷　(清)朱一新撰　清光緒二十二年至宣統元年(1896－1909)葆真堂刻本　四冊　存八卷(佩弦齋文存二卷、駢文存一卷、詩存一卷、試帖存一卷、律賦存一卷、雜存二卷)

110000－0143－0020834　PG48/318
拙盦叢稿九種二十卷首一卷　(清)朱一新撰　清光緒二十二年至宣統元年(1896－1909)葆真堂刻本　四冊　存八卷(佩弦齋文存二卷、駢文存一卷、詩存一卷、試帖存一卷、律賦存一卷、雜存二卷)

110000－0143－0020835　PG48/318
拙盦叢稿九種二十卷首一卷　(清)朱一新撰　清光緒二十二年至宣統元年(1896－1909)葆真堂刻本　十六冊

110000－0143－0020836　PG48/319
歸樸龕叢稿十二卷續編四卷　(清)彭蘊章撰　清同治刻本　五冊

110000－0143－0020837　PG48/322
鳴鶴堂文集十卷詩集十一卷　(清)任源祥著　清光緒十五年(1889)陽羨任氏刻本　六冊

110000－0143－0020838　PG48/322
鳴鶴堂文集十卷　(清)任源祥著　清光緒十五年(1889)陽羨任氏刻本　四冊

110000－0143－0020839　PG48/322－1
鳴鶴堂文集二卷　(清)任源祥著　清同治十二年(1873)任重光校刻本　二冊

110000－0143－0020840　PG48/324
高陶堂遺集八卷　(清)高心夔著　清光緒八年(1882)平湖朱之榛經註經齋刻本　四冊

110000－0143－0020841　PG48/324
高陶堂遺集八卷　(清)高心夔著　清光緒八年(1882)平湖朱之榛經註經齋刻本　四冊

110000－0143－0020842　PG48/324
高陶堂遺集八卷　(清)高心夔著　清光緒八年(1882)平湖朱之榛經注經齋刻本　四冊

110000－0143－0020843　PG48/326
慎節齋文存二卷　(清)陳代卿著　清光緒三十一年(1905)江陰曹倜石印本　二冊

110000－0143－0020844　PG48/327
通齋文集二卷南行紀程一卷　(清)蔣超伯著　清同治三年(1864)高涼郡齋刻本　一冊

110000－0143－0020845　PG48/327
通齋文集二卷南行紀程一卷　(清)蔣超伯著　清同治三年(1864)高涼郡齋刻本　二冊

110000－0143－0020846　PG48/327
通齋詩集五卷外集一卷文集二卷南行紀程一卷　(清)蔣超伯著　**曉瀛遺稿二卷**　(清)蔣繼伯著　清同治三年(1864)高涼郡齋刻本　二冊

110000－0143－0020847　PG48/328
白雲文集五卷白雲詩集二卷白雲續集八卷　(清)陳斌撰　清嘉慶十二年至道光四年(1807－1824)德清陳氏、南豐劉斯嵋等刻本　六冊

110000－0143－0020848　PG48/328
白雲文集五卷白雲詩集二卷白雲續集八卷　(清)陳斌撰　清嘉慶十二年至道光四年(1807－1824)德清陳氏、南豐劉斯嵋等刻本　六冊

110000－0143－0020849　PG48/329
怡雲堂全集六種七卷　(清)沈保靖撰　清宣統元年(1909)江陰沈氏刻本　六冊

110000－0143－0020850　PG48/330
穆堂外稾六卷　(清)李紱撰　清乾隆刻本　二冊

110000－0143－0020851　PG48/332
田硯齋文集二卷　(清)褚榮槐著　清光緒刻本　一冊

110000－0143－0020852　PG48/333
慎盦文鈔二卷詩鈔二卷　(清)左宗植著　清光緒元年(1875)王加敏鄂中刻本　三冊　缺一卷(慎盦文鈔上)

110000－0143－0020853　PG48/333
慎盦文鈔二卷詩鈔二卷　(清)左宗植著　清光緒元年(1875)王加敏鄂中刻本　四冊

110000－0143－0020854　PG48/333
慎盦文鈔二卷詩鈔二卷　(清)左宗植著　清光緒元年(1875)王加敏鄂中刻本　二冊　缺

二卷(詩鈔二卷)

110000－0143－0020855　PG48/334

澄懷園文存十五卷　(清)張廷玉撰　清光緒十七年(1891)桐城張紹文雲間館舍刻本　八冊

110000－0143－0020856　PG48/337

味經山館文鈔四卷詩鈔六卷　(清)戴鈞衡著　清咸豐二年至三年(1852－1853)桐城戴氏刻本　三冊

110000－0143－0020857　PG48/338

葆愚軒詩集一卷文集一卷　(清)英啟撰　清光緒十四年(1888)刻本　六冊

110000－0143－0020858　PG48/339

汪梅村先生集十二卷文外集一卷　(清)汪士鐸撰　清光緒七年(1881)刻本　四冊

110000－0143－0020859　PG48/339

汪梅村先生集十二卷文外集一卷　(清)汪士鐸撰　清光緒七年(1881)刻本　四冊

110000－0143－0020860　PG48/340

朱九江先生集十卷首一卷　(清)朱次琦撰　清光緒二十三年(1897)簡朝亮讀書草堂刻本　四冊

110000－0143－0020861　PG48/340

朱九江先生集十卷首一卷　(清)朱次琦撰　清光緒二十三年(1897)簡朝亮讀書草堂刻本　四冊

110000－0143－0020862　PG48/340

朱九江先生集十卷首一卷　(清)朱次琦撰　清光緒二十三年(1897)簡朝亮讀書草堂刻本　四冊

110000－0143－0020863　PG48/340

朱九江先生集十卷首一卷　(清)朱次琦撰　清光緒二十三年(1897)簡朝亮讀書草堂刻本　四冊

110000－0143－0020864　PG48/341

隨園三十種　(清)袁枚著　清乾隆至嘉慶刻本　四十一冊　存一百十六卷(小倉山房文集一至十八、二十二至三十五,詩集三十七卷、續補詩集二卷,外集八卷,尺牘十卷、牘外餘言一卷,隨園詩話十六卷、詩話補遺十卷)

110000－0143－0020865　PG48/342

味雪齋詩鈔八卷文鈔甲集十卷文鈔二集八卷　(清)戴絅孫撰　清道光二十七年至二十九年(1847－1849)崑明戴氏京師刻本　六冊

110000－0143－0020866　PG48/343

躬恥齋文鈔二十卷文鈔後編六卷　(清)宗稷辰撰　清咸豐元年(1851)越峴山館刻本　二十四冊

110000－0143－0020867　PG48/351

盋山文錄八卷詩錄二卷　(清)顧雲撰　清光緒十五年(1889)刻本　四冊

110000－0143－0020868　PG48/352

左文襄公全集一百九卷　(清)左宗棠撰　**張大司馬奏稿四卷**　(清)張亮基撰　**駱文忠公奏稿十卷**　(清)駱秉章撰　清光緒十六年至十八年(1890－1892)刻本　六十五冊

110000－0143－0020869　PG48/354

漪香山館文集不分卷　吳曾祺著　清宣統二年(1910)商務印書館鉛印本　一冊

110000－0143－0020870　PG48/354

漪香山館文集不分卷　吳曾祺著　清宣統二年(1910)商務印書館鉛印本　一冊

110000－0143－0020871　PG48/354

漪香山館文集不分卷　吳曾祺著　清宣統三年(1911)商務印書館鉛印本　一冊

110000－0143－0020872　PG48/356

躬厚堂雜文八卷　(清)張金鏞撰　清光緒十四年(1888)刻本　二冊

110000－0143－0020873　PG48/357

趙文恪公遺集二卷　(清)趙光撰　清光緒十六年(1890)趙廷璜刻本　二冊

110000－0143－0020874　PG48/358

補讀書齋遺稾十卷　(清)沈維鐈撰　清同治十二年至光緒元年(1873－1875)嘉興沈宗濟

廣州刻本　四冊

110000－0143－0020875　PG48/359
賭棋山莊集詞話十二卷續編五卷　(清)謝章鋌撰　清光緒十年(1884)閩縣陳寶璐南昌使廨刻本　五冊　缺七卷(賭棋山莊集詞話十一至十二、續編五卷)

110000－0143－0020876　PG48/359
賭棋山莊八十壽言不分卷　(清)謝章鋌輯　清光緒二十八年(1902)福州刻本　一冊

110000－0143－0020877　PG48/359
賭棋山莊集文集七卷　(清)謝章鋌撰　清光緒十年(1884)南昌使廨刻本　四冊

110000－0143－0020878　PG48/359
賭棋山莊集詩集十四卷　(清)謝章鋌撰　清光緒十年(1884)福州刻本　四冊

110000－0143－0020879　PG48/359
賭棋山莊文續集二卷　(清)謝章鋌撰　清光緒十八年(1892)福州刻本　一冊

110000－0143－0020880　PG48/359
賭棋山莊文又續集二卷　(清)謝章鋌撰　清光緒二十四年(1898)刻本　一冊

110000－0143－0020881　PG48/359
賭棋山莊文續集二卷　(清)謝章鋌撰　清光緒十八年(1892)福州刻本　一冊

110000－0143－0020882　PG48/359
賭棋山莊集文集七卷　(清)謝章鋌撰　清光緒十年(1884)南昌使廨刻本　六冊

110000－0143－0020883　PG48/360
南岡草堂文存二卷　(清)秦際唐著　清光緒二十七年(1901)刻本　二冊

110000－0143－0020884　PG48/361
抱潤軒文集十卷　馬其昶撰　清宣統元年(1909)抄本　一冊

110000－0143－0020885　PG48/361
抱潤軒文集十卷　馬其昶撰　清宣統元年(1909)官紙印刷局石印本　一冊

110000－0143－0020886　PG48/361
抱潤軒文集十卷　馬其昶撰　清宣統元年(1909)官紙印刷局石印本　一冊

110000－0143－0020887　PG48/362
謫麐堂遺集文二卷詩二卷補遺一卷　(清)戴望撰　清宣統三年(1911)鄧氏風雨樓鉛印本　一冊

110000－0143－0020888　PG48/364
鐵橋漫稿八卷　(清)嚴可均撰　清光緒十一年(1885)蔣氏心矩齋刻本　四冊

110000－0143－0020889　PG48/364
鐵橋漫稿八卷　(清)嚴可均撰　清光緒十一年(1885)蔣氏心矩齋刻本　四冊

110000－0143－0020890　PG48/364－1
鐵橋漫稿八卷　(清)嚴可均撰　清光緒十一年(1885)蔣氏心矩齋刻本　四冊

110000－0143－0020891　PG48/364－1
鐵橋漫稿八卷　(清)嚴可均撰　清光緒十一年(1885)蔣氏心矩齋刻本　四冊

110000－0143－0020892　PG48/368
潛莊文鈔六卷　(清)卜起元撰　清光緒五年(1879)甬江刻本　四冊

110000－0143－0020893　PG48/368
潛莊文鈔六卷　(清)卜起元撰　清光緒五年(1879)甬江刻本　一冊

110000－0143－0020894　PG48/369
吞松閣集四十卷　(清)鄭虎文撰　(清)馮敏昌編次　清嘉慶十年至十三年(1805－1808)秀水楊氏刻本　二十四冊

110000－0143－0020895　PG48/371－2
慎宜軒文五卷　姚永概撰　清光緒三十四年(1908)陽湖惲毓齡靈護室鉛印本　一冊

110000－0143－0020896　PG48/372
問青園集十二種十三卷　(清)王晉之撰　清光緒二十二年(1896)李樹屏刻本　二冊

110000－0143－0020897　PG48/373
王芝堂文集六卷詩集三卷　(清)邵齊燾撰

清光緒五年(1879)湘南節署刻本　四冊

110000－0143－0020898　PG48/373
昭文邵氏聯珠集五種五卷　(清)邵齊烈等著　清光緒刻本　一冊

110000－0143－0020899　PG48/373
王芝堂文集六卷詩集三卷　(清)邵齊熹撰　清乾隆吳門穆大展局刻本　三冊

110000－0143－0020900　PG48/373－1
王芝堂文集六卷　(清)邵齊熹撰　清光緒八年(1882)甯波羣玉山房刻本　二冊

110000－0143－0020901　PG48/377
鈍翁文錄十六卷　(清)汪琬撰　(清)金吳瀾選刻　清光緒十三年(1887)鋤月種梅室木活字印本　六冊

110000－0143－0020902　PG48/377
鈍翁文錄十六卷　(清)汪琬撰　(清)金吳瀾選刻　清光緒十三年(1887)鋤月種梅室木活字印本　六冊

110000－0143－0020903　PG48/378
邃懷堂全集四十二卷　(清)袁翼撰　清光緒十三年至十四年(1887－1888)寶山袁氏彙刻本　二十二冊

110000－0143－0020904　PG48/381
渠亭山人半部稾不分卷　(清)張貞撰　清康熙安丘張氏刻本　四冊

110000－0143－0020905　PG48/382
文貞公集十二卷首一卷　(清)張玉書著　清光緒二十七年(1901)京口嚴良輔木活字印本　十二冊

110000－0143－0020906　PG48/383
青溪舊屋文集十卷詩集一卷　(清)劉文淇撰　清光緒九年(1883)儀徵劉良甫等刻本　二冊

110000－0143－0020907　PG48/383
青溪舊屋文集十卷詩集一卷　(清)劉文淇撰　清光緒九年(1883)儀徵劉良甫等刻本　二冊

110000－0143－0020908　PG48/387
李文忠公全集六種一百六十五卷首一卷　(清)李鴻章撰　(清)吳汝綸編錄　清光緒三十一年至三十四年(1905－1908)金陵刻本　一百冊

110000－0143－0020909　PG48/387
李文忠公全集六種一百六十五卷首一卷　(清)李鴻章撰　(清)吳汝綸編錄　清光緒三十一年至三十四年(1905－1908)金陵刻本　一百冊

110000－0143－0020910　PG48/387
李文忠公全集六種一百六十五卷首一卷　(清)李鴻章撰　(清)吳汝綸編錄　清光緒三十四年(1908)金陵刻本　一百冊

110000－0143－0020911　PG48/387
李文忠公全集六種一百六十五卷首一卷　(清)李鴻章撰　(清)吳汝綸編錄　清光緒三十一年至三十四年(1905－1908)金陵刻本　一百冊

110000－0143－0020912　PG48/387
李文忠公全集六種一百六十五卷首一卷　(清)李鴻章撰　(清)吳汝綸編錄　清光緒三十四年(1908)金陵刻本　一百冊

110000－0143－0020913　PG48/387
李文忠公全集六種一百六十五卷首一卷　(清)李鴻章撰　(清)吳汝綸編錄　清光緒三十四年(1908)金陵刻本　一百冊

110000－0143－0020914　PG48/387
李文忠公全集六種一百六十五卷首一卷　(清)李鴻章撰　(清)吳汝綸編錄　清光緒三十四年(1908)金陵刻本　九十九冊　缺二卷(奏稿一至二)

110000－0143－0020915　PG48/387
李文忠公全集六種一百六十五卷首一卷　(清)李鴻章撰　(清)吳汝綸編錄　清光緒三十四年(1908)金陵刻本　十冊　存二十卷(朋僚函稿二十卷)

110000－0143－0020916　PG48/388

劉禮部集十一卷　（清）劉逢祿撰　**麟石文鈔一卷**　（清）劉承寵撰　清光緒十八年（1892）延暉承慶堂刻本　六册

110000－0143－0020917　PG48/388
劉禮部集十一卷　（清）劉逢祿撰　**麟石文鈔一卷**　（清）劉承寵撰　清光緒十八年（1892）延暉承慶堂刻本　六册

110000－0143－0020918　PG48/388
劉禮部集十一卷　（清）劉逢祿撰　**麟石文鈔一卷**　（清）劉承寵撰　清道光十年（1830）思誤齋刻本　六册

110000－0143－0020919　PG48/389
魏稼孫先生全集五種五卷　（清）魏錫曾著　清光緒九年（1883）羊城刻本　六册

110000－0143－0020920　PG48/390
補籬遺稿八卷　（清）姚福均撰　清光緒三十一年（1905）殷樹森木活字印本　二册

110000－0143－0020921　PG48/390
補籬遺稿八卷　（清）姚福均撰　清光緒三十一年（1905）殷樹森木活字印本　四册

110000－0143－0020922　PG48/391
清麓文集二十三卷日記五卷　（清）賀瑞麟著　清光緒二十五年（1899）三原劉裀曾校刻本　二十二册

110000－0143－0020923　PG48/391
清麓文集二十三卷日記五卷　（清）賀瑞麟著　清光緒二十五年（1899）三原劉裀曾校刻本　二十册　缺五卷（日記五卷）

110000－0143－0020924　PG48/395
撰異遺文不分卷　（清）田曾撰　清光緒三十一年（1905）雙榴軒鉛印本　一册

110000－0143－0020925　PG48/398
綠溪全集五種九卷　（清）靳榮藩撰　清乾隆四十二年（1777）刻本　六册

110000－0143－0020926　PG48/402
笠翁一家言全集十六卷　（清）李漁著　清光緒二十三年（1897）宏道堂刻本　十六册

110000－0143－0020927　PG48/402
笠翁一家言全集十六卷　（清）李漁著　清末刻本　十六册

110000－0143－0020928　PG48/403
秋根書室詩文集十四卷西行紀程二卷西征集一卷　（清）孟傳鑄撰　清宣統二年（1910）章邱孟氏綠野堂鉛印本　八册

110000－0143－0020929　PG48/404
知止堂文集八卷補遺一卷詩錄十二卷詞錄三卷　（清）朱綬撰　清道光二十年至二十二年（1840－1842）董國華刻本　八册

110000－0143－0020930　PG48/404
知止堂文集八卷補遺一卷詩錄十二卷詞錄三卷　（清）朱綬撰　清道光二十年至二十二年（1840－1842）董國華刻本　八册

110000－0143－0020931　PG48/407
一勺集一卷遺補一卷　（清）施朝幹撰　清嘉慶儀徵施氏刻道光二十六年（1846）補刻本　一册

110000－0143－0020932　PG48/408
抱經室詩文初編八卷　（清）呂傳愷撰　清光緒三十一年（1905）刻本　三册

110000－0143－0020933　PG48/409
詒晉齋集八卷後集一卷隨筆一卷　（清）永瑆撰　清道光二十八年（1848）載銳刻本　四册

110000－0143－0020934　PG48/409A
詒晉齋集八卷後集一卷隨筆一卷　（清）永瑆撰　清道光二十八年（1848）載銳刻本　四册

110000－0143－0020935　PG48/410
香禪精舍集十一種二十九卷附四種四卷　（清）潘鍾瑞撰　清光緒長洲潘氏香禪精舍刻本　十六册

110000－0143－0020936　PG48/410
香禪精舍集十一種二十九卷附四種四卷　（清）潘鍾瑞撰　清光緒長洲潘氏香禪精舍刻本　十册

110000－0143－0020937　PG48/410

紀遊草四卷　(清)潘鍾瑞撰　清光緒長洲潘氏香禪精舍刻本　一册

110000－0143－0020938　PG48/414
篤素堂集鈔三卷　(清)張英撰　清光緒十四年(1888)湘鄉蔣德鈞求實齋龍安郡署刻本　一册

110000－0143－0020939　PG48/414－1
篤素堂文集四卷　(清)張英著　清光緒六年(1880)桐城張紹文刻本　一册

110000－0143－0020940　PG48/414－2
篤素堂文集四卷　(清)張英著　清光緒善化章恭斌經濟堂刻本　一册

110000－0143－0020941　PG48/415
棠谿文鈔八卷　(清)沈用增著　清光緒四年至五年(1878－1879)孝感丁宿章刻本　四册

110000－0143－0020942　PG48/415
棠谿文鈔八卷　(清)沈用增著　清光緒四年至五年(1878－1879)孝感丁宿章刻本　四册

110000－0143－0020943　PG48/416
好雲樓初集二十八卷首一卷二集十六卷首一卷附臨川答問一卷　(清)李聯琇著　清咸豐十一年(1861)恩養堂刻光緒八年(1882)順德黎兆棠續刻本　十二册

110000－0143－0020944　PG48/416
好雲樓初集二十八卷首一卷二集十六卷首一卷附臨川答問一卷　(清)李聯琇著　清咸豐十一年(1861)恩養堂刻光緒八年(1882)順德黎兆棠續刻本　十二册

110000－0143－0020945　PG48/417
豖華堂文鈔八卷　(清)金應麟撰　清光緒元年(1875)刻本　二册

110000－0143－0020946　PG48/417－1
豖華堂文鈔八卷文鈔甲部十二卷　(清)金應麟撰　清光緒元年(1875)刻本　六册

110000－0143－0020947　PG48/418
求益齋全集五種二十卷　(清)強汝詢撰　清光緒二十四年(1898)江蘇書局刻本　八册

110000－0143－0020948　PG48/418
求益齋全集五種二十卷　(清)強汝詢撰　清光緒二十四年(1898)江蘇書局刻本　八册

110000－0143－0020949　PG48/420
介亭全集十種三十一卷　(清)江濬源撰　清同治十三年(1874)刻本　六册

110000－0143－0020950　PG48/423
無近名齋文鈔四卷　(清)彭翊著　清道光二十二年(1842)蘇州彭氏刻本　一册

110000－0143－0020951　PG48/423
無近名齋文鈔四卷雜著二卷論文憶録一卷時文一卷　(清)彭翊著　清道光二十二年(1842)蘇州彭氏刻本　二册

110000－0143－0020952　PG48/423
無近名齋文鈔四卷雜著二卷論文憶録一卷時文一卷　(清)彭翊著　清光緒十年(1884)彭祖賢刻本　五册　存六卷(無近名齋文鈔四卷、雜著二卷)

110000－0143－0020953　PG48/423－1
無近名齋文鈔四卷文鈔二編二卷文鈔外編一卷雜著二卷雜著二編一卷　(清)彭翊著　清光緒十年(1884)彭祖賢刻本　四册

110000－0143－0020954　PG48/425
理堂文集十卷外集一卷附録一卷日記八卷詩集四卷　(清)韓夢周撰　清道光三年至四年(1823－1824)濰縣陳官俊刻本　八册

110000－0143－0020955　PG48/426
宦拾録十九卷　(清)王子音著　清嘉慶十一年(1806)刻嘉慶增刻本　八册

110000－0143－0020956　PG48/427
攜雪堂全集七種七卷　(清)吴可讀著　(清)郭嵐　(清)李崇洸編輯　清光緒十九年(1893)皋蘭吴之桓等校刻本　五册

110000－0143－0020957　PG48/429
爾爾書屋詩草八卷文鈔二卷　(清)史夢蘭撰　清光緒元年(1875)、十七年(1891)刻本　四册

110000－0143－0020958　PG48/441
惲子居文鈔四卷　(清)惲敬撰　清宣統二年(1910)上海國學扶輪社石印本　四冊

110000－0143－0020959　PG48/441
惲子居文鈔四卷　(清)惲敬撰　清宣統二年(1910)上海國學扶輪社石印本　四冊

110000－0143－0020960　PG48/442
澡雪堂文鈔十卷首一卷籌海蠡言一卷澡雪堂詩鈔一卷綿江別話一卷澡雪堂聯語一卷　(清)鍾體志著　清光緒二十年(1894)灌城、洪都刻本　六冊

110000－0143－0020961　PG48/442
澡雪堂文鈔十卷首一卷籌海蠡言一卷澡雪堂詩鈔一卷綿江別話一卷澡雪堂聯語一卷　(清)鍾體志著　清光緒二十年(1894)灌城、洪都刻本　六冊

110000－0143－0020962　PG48/443－1
龍壁山房詩草十七卷　(清)王拯撰　清咸豐九年(1859)楊博文堂刻本　四冊

110000－0143－0020963　PG48/443－1
龍壁山房文集五卷　(清)王拯撰　清光緒九年(1883)向萬鑅刻本　二冊

110000－0143－0020964　PG48/443－1
龍壁山房文集五卷　(清)王拯撰　清光緒九年(1883)向萬鑅刻本　二冊

110000－0143－0020965　PG48/443－1
龍壁山房文集五卷　(清)王拯撰　清光緒九年(1883)向萬鑅刻本　二冊

110000－0143－0020966　PG48/445
餐芍華館遺文三卷　(清)周騰虎撰　清光緒三十一年(1905)刻本　一冊

110000－0143－0020967　PG48/446
吳學士文集四卷詩集五卷　(清)吳鼒撰　清光緒八年(1882)番禺梁肇煌江寧藩署刻本　六冊

110000－0143－0020968　PG48/446
吳學士文集四卷詩集五卷　(清)吳鼒撰　清光緒八年(1882)番禺梁肇煌江寧藩署刻本　六冊

110000－0143－0020969　PG48/446
吳學士文集四卷詩集五卷　(清)吳鼒撰　清光緒八年(1882)番禺梁肇煌江寧藩署刻本　六冊

110000－0143－0020970　PG48/446
吳學士文集四卷詩集五卷　(清)吳鼒撰　清光緒八年(1882)番禺梁肇煌江寧藩署刻本　六冊

110000－0143－0020971　PG48/447－1
趙恭毅公賸藁八卷　(清)趙申喬撰　(清)趙侗斆編　清光緒十八年(1892)浙江書局刻本　四冊

110000－0143－0020972　PG48/449
養志居僅存稿十八卷首一卷　(清)陳宗起撰　清光緒十一年(1885)丹徒陳克劬刻本　八冊

110000－0143－0020973　PG48/449
悔廬全集二十卷　(清)張崇蘭著　清光緒二十三年(1897)丹徒陳克劬刻本　十一冊

110000－0143－0020974　PG48/449
養志居僅存稿丨八卷首一卷　(清)陳宗起撰　清光緒十一年(1885)丹徒陳克劬刻本　八冊

110000－0143－0020975　PG48/450
儲遯菴文集十二卷附錄一卷　(清)儲方慶著　清光緒二年(1876)宜興儲氏刻本　四冊

110000－0143－0020976　PG48/452
儒門語要六卷首一卷　(清)倪元坦輯著　清道光十四年至十八年(1834－1838)華亭倪頌堯刻本　二冊

110000－0143－0020977　PG48/452
畬香草存六卷續刻一卷　(清)倪元坦撰　清道光元年至十四年(1821－1834)華亭倪氏刻本　三冊

110000－0143－0020978　PG48/457

介石堂文鈔八卷附編一卷　(清)林芳春著　(清)林元英編輯　清道光五年(1825)錦江官署刻本　六册

110000－0143－0020979　PG48/458
盾墨拾餘十四卷　易順鼎撰　清光緒二十二年(1896)易氏幕皐廬刻本　四册

110000－0143－0020980　PG48/459
養知書屋文集二十八卷　(清)郭嵩燾著　清光緒十八年(1892)刻本　十二册

110000－0143－0020981　PG48/459
養知書屋文集二十八卷詩集十五卷　(清)郭嵩燾著　清光緒十八年(1892)刻本　十六册

110000－0143－0020982　PG48/459
養知書屋文集二十八卷　(清)郭嵩燾著　清光緒十八年(1892)刻本　十二册

110000－0143－0020983　PG48/461
亭林先生遺書彙輯二十三種六十二卷首一卷附録三種三卷　(清)顧炎武撰　清光緒十四年(1888)朱氏校經山房刻本　二十四册

110000－0143－0020984　PG48/461－1
亭林先生遺書彙輯二十三種六十二卷首一卷附録三種三卷　(清)顧炎武撰　清光緒十四年(1888)席氏埽葉山房刻本　十九册　缺一卷(明季實録一卷)

110000－0143－0020985　PG48/461－2
亭林遺書十種二十七卷　(清)顧炎武撰　清光緒蓬瀛閣刻本　十册

110000－0143－0020986　PG48/463
養一齋集二十六卷首一卷　(清)潘德輿撰　清道光至同治刻本　十六册

110000－0143－0020987　PG48/463
養一齋文集二十六卷養龠齋詩話十卷養一齋詞三卷養一齋劄記九卷　(清)李兆洛撰　清道光二十九年(1849)、咸豐三年(1853)、同治十一年(1872)刻本　十六册

110000－0143－0020988　PG48/463
養一齋文集二十六卷　(清)李兆洛撰　清道光二十九年(1849)刻本　十册

110000－0143－0020989　PG48/468
東塾集六卷申范一卷　(清)陳澧撰　清光緒十八年(1892)菊坡精舍刻本　三册

110000－0143－0020990　PG48/468
東塾集六卷申范一卷　(清)陳澧撰　清光緒十八年(1892)菊坡精舍刻本　四册

110000－0143－0020991　PG48/470
政餘書屋文鈔二十卷擬瑟譜一卷　(清)王泉之撰　清道光九年至十年(1829－1830)清泉王氏政餘書屋刻本　十册

110000－0143－0020992　PG48/471
十駕齋養新録二十卷養新餘録三卷　(清)錢大昕撰　清嘉慶十年至十六年(1805－1811)刻本　六册

110000－0143－0020993　PG48/471
十駕齋養新録二十卷養新餘録三卷　(清)錢大昕撰　清嘉慶十年至十六年(1805－1811)刻本　六册

110000－0143－0020994　PG48/471
十駕齋養新録二十卷　(清)錢大昕撰　**養新餘録三卷**　(清)錢師康輯　**錢辛楣先生年譜一卷竹汀居士年譜續編一卷**　(清)錢慶曾撰　清光緒二年(1876)浙江書局刻本　八册

110000－0143－0020995　PG48/471
十駕齋養新録二十卷　(清)錢大昕撰　**養新餘録三卷**　(清)錢師康輯　**錢辛楣先生年譜一卷竹汀居士年譜續編一卷**　(清)錢慶曾撰　清光緒二年(1876)浙江書局刻本　八册

110000－0143－0020996　PG48/471
十駕齋養新録二十卷　(清)錢大昕撰　**養新餘録三卷**　(清)錢師康輯　**錢辛楣先生年譜一卷竹汀居士年譜續編一卷**　(清)錢慶曾撰　清光緒二年(1876)浙江書局刻本　七册　缺五卷(養新餘録三卷、錢辛楣先生年譜一卷、竹汀居士年譜續編一卷)

110000－0143－0020997　PG48/471

十駕齋養新錄二十卷 （清）錢大昕撰 **養新餘錄三卷** （清）錢師康輯 **錢辛楣先生年譜一卷竹汀居士年譜續編一卷** （清）錢慶曾撰 清光緒二年（1876）浙江書局刻本 八册

110000－0143－0020998 PG48/472
養一齋文集二十卷 （清）李兆洛撰 清光緒四年（1878）刻本 八册

110000－0143－0020999 PG48/473
癸巳類稿十五卷 （清）俞正燮撰 清光緒五年（1879）會稽章氏刻本 六册

110000－0143－0021000 PG48/473
癸巳類稿十五卷 （清）俞正燮撰 清道光十三年（1833）王藻求日益齋刻本 六册

110000－0143－0021001 PG48/473
癸巳類稿十五卷 （清）俞正燮撰 清道光十三年（1833）王藻求日益齋刻本 八册

110000－0143－0021002 PG48/474
顧亭林先生遺書十種 （清）顧炎武撰 清光緒蓬瀛閣刻本 八册

110000－0143－0021003 PG48/474－1
亭林先生遺書彙輯二十六種 （清）顧炎武撰 清光緒十四年（1888）掃葉山房刻本 十册

110000－0143－0021004 PG48/474－1
亭林先生遺書彙輯二十六種 （清）顧炎武撰 清光緒十四年（1888）掃葉山房刻本 二十四册

110000－0143－0021005 PG48/476
趙甌北全集七種一百八十七卷 （清）趙翼撰 清光緒二年至宣統元年（1876－1909）刻本 六十册

110000－0143－0021006 PG48/476
甌北全集七種一百八十七卷 （清）趙翼撰 清光緒三年（1877）刻本 二十一册 存七十卷（廿二史劄記一至十七、三十四至三十六，補遺一卷；陔餘叢考四十三卷；簷曝雜記六卷）

110000－0143－0021007 PG48/477
柏堂遺書二十二種一百六十六卷附一種五卷 （清）方宗誠撰 清光緒元年至十二年（1875－1886）桐城方氏刻本 五十册

110000－0143－0021008 PG48/477
柏堂遺書二十二種一百六十六卷附一種五卷 （清）方宗誠撰 清光緒元年至十二年（1875－1886）桐城方氏刻本 五十册

110000－0143－0021009 PG48/477
柏堂遺書二十二種一百六十六卷附一種五卷 （清）方宗誠撰 清光緒元年至十二年（1875－1886）桐城方氏刻本 六十五册

110000－0143－0021010 PG48/478
江忠烈公遺集二卷首一卷附錄一卷江忠烈公行狀一卷 （清）江忠源撰 清光緒十二年（1886）青浦席威、吳縣朱記榮刻本 六册

110000－0143－0021011 PG48/478
江忠烈公遺集二卷首一卷附錄一卷江忠烈公行狀一卷 （清）江忠源撰 清同治十二年（1873）新寧江芾生長沙刻本 三册

110000－0143－0021012 PG48/478
江忠烈公遺集二卷 （清）江忠源撰 清同治三年（1864）新寧江忠濬四川藩署刻本 二册

110000－0143－0021013 PG48/478
江忠烈公遺集不分卷 （清）江忠源撰 清咸豐六年（1856）劍川陳徽言長沙刻本 一册

110000－0143－0021014 PG48/478－1
江忠烈公遺集不分卷 （清）江忠源撰 清咸豐六年（1856）新化鄧瑤、湘鄉彭洋中邵陽横舍刻本 一册

110000－0143－0021015 PG48/481
石泉書屋全集十三種一百六十五卷 （清）李佐賢撰 清咸豐八年至光緒元年（1858－1875）利津李氏刻本 五十二册 缺二卷（書史及見錄二卷）

110000－0143－0021016 PG48/485
遜學齋文鈔十卷首一卷末一卷 （清）孫衣言撰 清同治十二年（1873）刻本 四册

110000－0143－0021017　PG48/485
遜學齋文鈔十二卷首一卷末一卷詩鈔十卷文續鈔五卷詩續鈔五卷　(清)孫衣言撰　清同治三年至十二年(1864－1873)刻本　六册　存二十二卷(遜學齋文鈔十二卷、詩鈔十卷)

110000－0143－0021018　PG48/485－1
遜學齋文鈔十二卷首一卷末一卷詩鈔十卷文續鈔五卷詩續鈔五卷　(清)孫衣言撰　清同治三年至十二年(1864－1873)刻本　十二册

110000－0143－0021019　PG48/486
癸巳存稿十五卷　(清)俞正燮撰　清光緒刻本　八册

110000－0143－0021020　PG48/486
癸巳類稿十五卷　(清)俞正燮撰　清道光十三年(1833)求日益齋刻本　六册

110000－0143－0021021　PG48/486
癸巳存稿十五卷　(清)俞正燮撰　清光緒九年至十年(1883－1884)黟縣李宗煝刻本　八册

110000－0143－0021022　PG48/486
癸巳存稿十五卷　(清)俞正燮撰　清光緒九年至十年(1883－1884)黟縣李宗煝刻本　八册

110000－0143－0021023　PG48/486
癸巳存稿十五卷　(清)俞正燮撰　清光緒九年至十年(1883－1884)黟縣李宗煝刻本　八册

110000－0143－0021024　PG48/488
梨洲遺箸彙刊二十九種五十六卷首一卷　(清)黄宗羲著　清宣統二年(1910)上海時中書局鉛印本　二十册

110000－0143－0021025　PG48/490
李忠武公遺書書牘二卷附録一卷奏疏一卷褒節録一卷　(清)李續賓撰　清光緒十七年(1891)湘鄉李光久甌江巡署刻本　四册

110000－0143－0021026　PG48/491
七經樓文鈔六卷　(清)蔣湘南撰　清同治八年(1869)固始馬佩玖蜀中刻本　四册

110000－0143－0021027　PG48/492
弢園文録外編十二卷　(清)王韜撰　清光緒九年(1883)長洲王氏香海鉛印本　四册　存八卷(一至八)

110000－0143－0021028　PG48/492
弢園文録外編十二卷　(清)王韜撰　清光緒九年(1883)長洲王氏香海鉛印本　六册

110000－0143－0021029　PG48/493
十三峯書屋全集八卷　(清)李榕撰　清光緒二十五年(1899)神海山房石印本　四册

110000－0143－0021030　PG48/493
十三峯書屋全集八卷　(清)李榕撰　清光緒二十五年(1899)神海山房石印本　二册

110000－0143－0021031　PG48/493－1
十三峯書屋文稿一卷詩集二卷書劄四卷批牘二卷　(清)李榕撰　清光緒十六年至十八年(1890－1892)湘鄉蔣德鈞龍安書院刻本　八册

110000－0143－0021032　PG48/493－2
十三峯書屋全集八卷　(清)李榕撰　清光緒二十五年(1899)神海山房石印本　四册

110000－0143－0021033　PG48/493－2
十三峯書屋全集八卷　(清)李榕撰　清光緒二十五年(1899)神海山房石印本　四册

110000－0143－0021034　PG48/493－2
十三峯書屋全集八卷　(清)李榕撰　清光緒二十五年(1899)神海山房石印本　四册

110000－0143－0021035　PG48/493－3
十三峯書屋全集八卷　(清)李榕撰　清光緒二十五年(1899)神海山房石印本　四册

110000－0143－0021036　PG48/494
曾惠敏公全集十七卷　(清)曾紀澤撰　清光緒二十年(1894)石印本　四册

110000－0143－0021037　PG48/494
曾惠敏公全集十七卷　(清)曾紀澤撰　清光緒二十年(1894)石印本　四册

110000－0143－0021038　PG48/494
曾惠敏公全集十七卷　(清)曾紀澤撰　清光緒二十年(1894)石印本　四冊

110000－0143－0021039　PG48/494
曾惠敏公全集十七卷　(清)曾紀澤撰　清光緒二十年(1894)石印本　三冊　存十三卷(曾惠敏公奏疏六卷、文集五卷、曾惠敏公使西日記二卷)

110000－0143－0021040　PG48/496
周武壯公遺書九卷外集三卷别集一卷首一卷附録一卷　(清)周盛傳撰　清光緒三十一年(1905)合肥周家駒金陵刻本　十冊

110000－0143－0021041　PG48/496
周武壯公遺書九卷外集三卷别集一卷首一卷附録一卷　(清)周盛傳撰　清光緒三十一年(1905)合肥周家駒金陵刻本　十冊

110000－0143－0021042　PG48/498
期不負齋全集二種　(清)周家楣撰　清光緒二十一年(1895)宜興周志靖刻本　八冊

110000－0143－0021043　PG48/498
期不負齋全集二種　(清)周家楣撰　清光緒二十一年(1895)宜興周志靖刻本　八冊

110000－0143－0021044　PG48/499
吴文節公遺集八十卷　(清)吴文鎔著　清咸豐七年(1857)儀徵吴養原刻本　八冊　缺四十一卷(一至四十一)

110000－0143－0021045　PG48/499
吴文節公遺集八十卷　(清)吴文鎔著　清咸豐七年(1857)儀徵吴養原刻本　十六冊

110000－0143－0021046　PG48/500
潘方伯公遺稿六卷　(清)潘駿文撰　清光緒二十二年(1896)涇縣潘學祖等都門刻本　六冊

110000－0143－0021047　PG48/500
潘方伯公遺稿六卷　(清)潘駿文撰　清光緒二十二年(1896)潘學祖等刻本　六冊

110000－0143－0021048　PG48/501
劉武慎公遺書三十卷　(清)劉長佑撰　清光緒二十六年(1900)刻本　二十五冊

110000－0143－0021049　PG48/501
劉武慎公遺書三十卷　(清)劉長佑撰　清光緒二十六年(1900)刻本　二十四冊

110000－0143－0021050　PG48/501
劉武慎公遺書三十卷　(清)劉長佑撰　清光緒二十六年(1900)刻本　二十五冊

110000－0143－0021051　PG48/502
唐中丞遺集八種二十七卷首一卷　(清)唐訓方撰　清光緒十七年(1891)刻本　二十冊

110000－0143－0021052　PG48/505
亭林文集六卷餘集一卷　(清)顧炎武著　清光緒三十年(1904)山隱居刻本　四冊

110000－0143－0021053　PG48/507
濂墨軒文集不分卷　(清)崔炳炎著　清光緒二十四年(1908)學務公所印刷處鉛印本　一冊

110000－0143－0021054　PG48/509
鄭齋漢學文編六卷　孫雄撰　清光緒三十四年(1908)昭文孫氏鉛印本　五冊

110000－0143－0021055　PG48/509
鄭齋漢學文編六卷　孫雄撰　清光緒三十四年(1908)昭文孫氏鉛印本　二冊

110000－0143－0021056　PG48/511
同治辛未科文光會試硃卷不分卷　(清)文光撰　清同治十年(1871)刻本　一冊

110000－0143－0021057　PG48/513
板橋家書一卷小唱一卷　(清)鄭燮著　清末刻本　一冊　存一卷(板橋家書一卷)

110000－0143－0021058　PG48/513－1
板橋詩鈔一卷　(清)鄭燮著　清末清暉書屋刻本　一冊

110000－0143－0021059　PG48/513－1
板橋集五種七卷　(清)鄭燮著　清末西山堂刻本　四冊

110000－0143－0021060　PG48/513－2
板橋集五種七卷　(清)鄭燮著　清道光清暉書屋刻本　四冊

110000－0143－0021061　PG48/513－3
板橋集五種七卷　(清)鄭燮著　清乾隆十四年(1749)司徒文膏刻本　二冊　存四種(詞鈔不分卷、題書不分卷、詩鈔三、家書不分卷)

110000－0143－0021062　PG48/513－4
板橋集五種七卷　(清)鄭燮著　清末清暉書屋刻本　一冊

110000－0143－0021063　PG48/514
字雲巢文稿二十卷　(清)盛大謨著　清同治二年(1863)刻本　四冊

110000－0143－0021064　PG48/514
字雲巢文稿二十卷　(清)盛大謨著　清同治二年(1863)刻本　四冊

110000－0143－0021065　PG48/515
日損益齋古文八卷附一卷古今體詩十八卷　(清)馬疏著　清咸豐七年至八年(1857－1858)安定馬綸篤刻本　十冊

110000－0143－0021066　PG48/516
勿待軒文集存稾十卷詩集存稾四卷　(清)馬先登撰　清光緒二年(1876)大荔馬氏敦倫堂刻本　八冊

110000－0143－0021067　PG48/519
援鶉堂筆記五十卷琹誤一卷琹誤補遺一卷　(清)姚範撰　清道光刻本　十六冊

110000－0143－0021068　PG48/519
援鶉堂筆記五十卷　(清)姚範撰　清道光十五年(1835)桐城姚瑩淮南監製官署刻本　二十四冊

110000－0143－0021069　PG48/522
讀書堂綵衣全集四十六卷　(清)趙士麟撰　清光緒十九年(1893)保山劉樹堂浙江書局刻本　十二冊

110000－0143－0021070　PG48/523
方學博全集五種二十八卷附二種二卷　(清)方坰撰　清光緒元年(1875)武昌藩署刻本　八冊

110000－0143－0021071　PG48/526
馬中丞遺集十一卷首一卷　(清)馬丕瑤撰　清光緒二十四年至二十五年(1898－1899)馬氏家廟刻本　四冊　存四卷(一至四)

110000－0143－0021072　PG48/526－1
馬中丞遺集十一卷首一卷　(清)馬丕瑤撰　清光緒二十四年至二十五年(1898－1899)馬氏家廟刻本　十冊

110000－0143－0021073　PG48/528
寧都三魏全集八十三卷首一卷　(清)林時益輯　清道光二十五年(1845)謝庭綬紱園書塾刻本　五十冊

110000－0143－0021074　PG48/528
寧都三魏全集八十三卷首一卷　(清)林時益輯　清道光二十五年(1845)謝庭綬紱園書塾刻本　五十冊

110000－0143－0021075　PG48/528
寧都三魏全集八十三卷首一卷　(清)林時益輯　清道光二十五年(1845)謝庭綬紱園書塾刻本　五十冊

110000－0143－0021076　PG48/528
魏昭士文集十卷　(清)魏世傚著　清道光二十五年(1845)謝庭綬紱園書塾刻本　二冊　存三卷(一至三)

110000－0143－0021077　PG48/528
魏叔子文集外篇二十二卷日錄三卷詩集八卷　(清)魏禧撰　清道光二十五年(1845)謝庭綬紱園書塾刻本　十三冊　缺十七卷(魏叔子文集外篇一至二、九、十四至十六,日錄三卷,詩集八卷)

110000－0143－0021078　PG48/528－1
寧都三魏全集八十三卷首一卷　(清)林時益輯　清咸豐元年(1851)文奎堂刻本　三十三冊

110000－0143－0021079　PG48/528－1

寧都三魏全集八十三卷首一卷 （清）林時益輯 清嘉慶刻本 十五冊 存二十八卷（魏叔子日錄三卷、魏叔子詩集八卷、魏季子文集十六卷、魏昭士文集一）

110000－0143－0021080 PG48/530
耐菴文存六卷首一卷 （清）賀長齡著 清咸豐十一年（1861）善化賀中肅刻本 八冊

110000－0143－0021081 PG48/530
耐菴文存六卷首一卷詩存三卷 （清）賀長齡著 （清）羅汝懷編 清咸豐十一年（1861）至同治善化賀氏刻本 四冊

110000－0143－0021082 PG48/530
耐菴文存六卷詩存三卷 （清）賀長齡著 清末刻本 四冊

110000－0143－0021083 PG48/532
曬書堂集二十八卷 （清）郝懿行撰 清光緒十年（1884）東路廳署刻本 二十二冊

110000－0143－0021084 PG48/532
曬書堂集二十八卷 （清）郝懿行撰 清光緒十年（1884）東路廳署刻本 十六冊

110000－0143－0021085 PG48/533
陸桴亭先生遺書二十一種三十九卷附二卷 （清）陸世儀著 清光緒二十五年至二十六年（1899－1900）太倉唐受祺京師刻本 十九冊 缺一卷（文集五）

110000－0143－0021086 PG48/534
柏梘山房全集三十一卷 （清）梅曾亮撰 清咸豐六年至民國七年（1856－1918）聊城楊以增刻本 五冊

110000－0143－0021087 PG48/534－1
柏梘山房全集三十一卷 （清）梅曾亮撰 清咸豐六年（1856）聊城楊以增刻本 六冊

110000－0143－0021088 PG48/534－2
柏梘山房全集三十一卷 （清）梅曾亮撰 清咸豐六年至同治三年（1856－1864）聊城楊以增刻本 十冊

110000－0143－0021089 PG48/534－2
柏梘山房全集三十一卷 （清）梅曾亮撰 清咸豐六年至同治三年（1856－1864）聊城楊以增刻本 六冊

110000－0143－0021090 PG48/534－2
柏梘山房全集三十一卷 （清）梅曾亮撰 清咸豐六年至同治三年（1856－1864）聊城楊以增刻本 十冊

110000－0143－0021091 PG48/534－2
柏梘山房全集三十一卷 （清）梅曾亮撰 清咸豐六年至同治三年（1856－1864）聊城楊以增刻本 八冊

110000－0143－0021092 PG48/534－2
柏梘山房全集三十一卷 （清）梅曾亮撰 清咸豐六年至同治三年（1856－1864）聊城楊以增刻本 八冊

110000－0143－0021093 PG48/536
郝氏遺書二十九種一百九十一卷 （清）郝懿行撰 清光緒八年（1882）刻本 六十七冊

110000－0143－0021094 PG48/536
詩問七卷 （清）郝懿行撰 清光緒八年（1882）刻本 六冊

110000－0143－0021095 PG48/536
郝氏遺書二十九種一百九十一卷 （清）郝懿行撰 清光緒八年（1882）刻本 八十四冊

110000－0143－0021096 PG48/536
郝氏遺書二十九種一百九十一卷 （清）郝懿行撰 清光緒二十三年（1897）刻本 七冊 存四種（樊山批判十五卷、二家詠古詩、二家試帖、二家詞鈔五卷）

110000－0143－0021097 PG48/536
郝氏遺書二十九種一百九十一卷 （清）郝懿行撰 清光緒二十年（1894）刻本 八冊 存二種二十三卷（樊山公牘三卷、樊山續集九至二十八）

110000－0143－0021098 PG48/536
郝氏遺書二十九種一百九十一卷 （清）郝懿行撰 清光緒八年（1882）刻本 二冊 存二

卷(書説二卷)

110000－0143－0021099　PG48/536－1
郝氏遺書二十九種一百九十一卷　(清)郝懿行撰　清光緒八年(1882)刻本　八十三冊

110000－0143－0021100　PG48/540
壯悔堂全集十八卷　(清)侯方域著　清宣統二年(1910)上海埽葉山房石印本　六冊

110000－0143－0021101　PG48/540－1
壯悔堂全集十七卷　(清)侯方域著　清光緒四年(1878)舊學山房刻本　八冊

110000－0143－0021102　PG48/540－2
壯悔堂全集十九卷　(清)侯方域著　清宣統二年(1910)上海埽葉山房石印本　一冊

110000－0143－0021103　PG48/540－3
壯悔堂全集十八卷　(清)侯方域著　(清)賈開宗等評點　清宣統元年(1909)中國圖書公司上海鉛印本　四冊

110000－0143－0021104　PG48/546
錢南園先生遺集五卷　(清)錢灃撰　清同治十一年(1872)滇南劉崐刻本　二冊

110000－0143－0021105　PG48/548
項城袁氏家集七種　丁振鐸輯　清宣統三年(1911)清芬閣鉛印本　五十五冊

110000－0143－0021106　PG48/548
項城袁氏家集七種　丁振鐸輯　清宣統三年(1911)清芬閣鉛印本　五十六冊

110000－0143－0021107　PG48/548
項城袁氏家集七種　丁振鐸輯　清宣統三年(1911)清芬閣鉛印本　五十六冊

110000－0143－0021108　PG48/549
校邠廬抗議二卷　(清)馮桂芬著　清光緒二十三年(1897)吳縣王韜鉛印本　二冊

110000－0143－0021109　PG48/552
養一齋詩文集二十六卷　(清)李兆洛著　清光緒四年至八年(1878－1882)瑞安黄體芳江陰刻本　十冊　存二十卷(養一齋文集二十卷)

110000－0143－0021110　PG48/552－1
養一齋詩文集二十六卷　(清)李兆洛著　清光緒四年至八年(1878－1882)瑞安黄體芳江陰刻本　七冊　存十四卷(養一齋文集一至六、十一至十二、十五至二十)

110000－0143－0021111　PG48/552－1
養一齋詩文集二十六卷　(清)李兆洛著　清光緒四年至八年(1878－1882)瑞安黄體芳江陰刻本　十冊

110000－0143－0021112　PG48/560
劍虹居文集二卷詩集二卷　(清)秦焕著　清光緒三十一年(1905)山陽秦保愚等刻本　四冊

110000－0143－0021113　PG48/562
積石山房四書文三卷　(清)龔景瀚撰　清同治九年(1870)閩縣龔易圖刻本　三冊

110000－0143－0021114　PG48/563
澹静齋全集六種二十四卷　(清)龔景瀚著　清道光六年(1826)閩中龔式穀刻本　十二冊

110000－0143－0021115　PG48/563
澹静齋全集六種二十四卷　(清)龔景瀚著　清道光二十年(1840)閩中龔瑞穀刻本　十二冊

110000－0143－0021116　PG48/563
澹静齋全集六種二十四卷　(清)龔景瀚著　清道光六年(1826)閩中龔式穀刻本　十二冊

110000－0143－0021117　PG48/563
澹静齋全集六種二十四卷　(清)龔景瀚著　清道光六年(1826)閩中龔式穀刻本　十二冊

110000－0143－0021118　PG48/568
澤雅堂文集八卷　(清)施補華著　清光緒十九年(1893)刻本　二冊

110000－0143－0021119　PG48/568
澤雅堂文集十卷　(清)施補華著　清光緒十九年(1893)滎城孫葆田泮南刻本　二冊

110000－0143－0021120　PG48/569
澡雪山房文集二卷　(清)董毓蘭著　清光緒

三十四年(1908)宣城董繩燾江甯刻本　二冊

110000－0143－0021121　PG48/569
湪雪山房文集二卷　(清)董毓蘭著　清光緒三十四年(1908)宣城董繩燾江甯刻本　二冊

110000－0143－0021122　PG48/570
煙霞萬古樓文集六卷　(清)王曇撰　清道光二十年(1840)刻本　二冊

110000－0143－0021123　PG48/571
玉津閣文略九卷　(清)胡薇元撰　清光緒十四年(1888)刻本　二冊

110000－0143－0021124　PG48/573
合肥李氏三世遺集三種二十四卷　(清)李國傑編輯　清光緒三十年(1904)合肥李國傑刻本　十二冊

110000－0143－0021125　PG48/575
思兄樓文稿一卷爨餘稿一卷　(清)羅長椅撰　清光緒刻本　一冊

110000－0143－0021126　PG48/576
因寄軒文初集十卷文二集六卷文集補遺一卷　(清)管同著　清光緒五年(1879)合肥張士珩等刻本　四冊

110000－0143－0021127　PG48/576
因寄軒文初集十卷文二集六卷文集補遺一卷　(清)管同著　清光緒五年(1879)合肥張士珩等刻本　四冊

110000－0143－0021128　PG48/576
因寄軒文初集十卷文二集六卷文集補遺一卷　(清)管同著　清光緒五年至九年(1879－1883)合肥張士珩等刻本　四冊

110000－0143－0021129　PG48/576
因寄軒文二集六卷文集補遺一卷　(清)管同著　清光緒五年(1879)合肥張士珩等刻本　一冊　存六卷(因寄軒文二集六卷)

110000－0143－0021130　PG48/579
退一步齋文集四卷　(清)方濬師著　清光緒十八年(1892)鉛印本　四冊

110000－0143－0021131　PG48/580
誰與庵文鈔二卷孫氏先德傳一卷　(清)孫世均著　清光緒十五年(1889)歸安孫首恆堂刻本　一冊

110000－0143－0021132　PG48/581
嘯古堂文集八卷　(清)蔣敦復撰　清同治七年(1868)永康應寶時上海道署刻本　一冊

110000－0143－0021133　PG48/581
嘯古堂文集八卷　(清)蔣敦復撰　清同治七年(1868)永康應寶時上海道署刻本　二冊

110000－0143－0021134　PG48/582
楓南山館遺集七卷末一卷　(清)莊受祺撰　清同治十三年至光緒元年(1874－1875)陽湖莊怡孫刻本　二冊

110000－0143－0021135　PG48/582
楓南山館遺集四卷　(清)莊受祺撰　清同治十三年至光緒元年(1874－1875)陽湖莊怡孫刻本　一冊

110000－0143－0021136　PG48/584
銅官感舊圖題詠四卷　(清)章壽麟等撰　(清)章華等輯　清宣統二年(1910)長沙章華盋山舊館影印本　二冊

110000－0143－0021137　PG48/585
邁堂文畧四卷　(清)李祖陶撰　清同治七年(1868)敖陽尚友樓刻本　二冊

110000－0143－0021138　PG48/587
櫝山類稿五種十三卷　(清)周鎬撰　清光緒十年(1884)梁溪榮汝楫木活字印本　八冊

110000－0143－0021139　PG48/587－1
櫝山類稿五種十三卷　(清)周鎬撰　清末刻本　二冊　存五卷(類稿五至六、讀易存商一卷、讀書雜記一卷、隨筆雜記一卷)

110000－0143－0021140　PG48/589
濂亭文集八卷遺文五卷遺詩二卷　(清)張裕釗撰　清光緒八年(1882)海甯查燕緒木漸齋蘇州刻本　四冊

110000－0143－0021141　PG48/589
濂亭文集八卷　(清)張裕釗撰　清光緒八年

(1882)海甯查燕緒木漸齋蘇州刻本　二册

110000－0143－0021142　PG48/589
濂亭文集八卷　(清)張裕釗撰　清光緒八年(1882)海甯查燕緒木漸齋蘇州刻本　二册

110000－0143－0021143　PG48/590
獨善堂文集八卷　(清)王大經撰　清嘉慶二十二年(1817)春暉堂刻本　四册

110000－0143－0021144　PG48/593
魏稼孫先生全集五種五卷　(清)魏錫曾撰　清光緒九年(1883)羊城刻本　六册

110000－0143－0021145　PG48/594
尹少宰奏議十卷首一卷　(清)尹會一撰　(清)張受長編　清光緒刻本　四册

110000－0143－0021146　PG48/595
通齋全集　(清)蔣超伯撰　清同治三年(1864)高淳郡齋刻本　四册　存五種十一卷(通齋集五卷、通齋文集二卷、南行紀程一卷、通齋外集一卷、垂金蔭緑軒詩鈔二卷)

110000－0143－0021147　PG48/595
通齋集五卷外集一卷　(清)蔣超伯撰　清同治三年(1864)高淳郡齋刻本　二册

110000－0143－0021148　PG48/596
槐軒雜著四卷　(清)劉沅撰　清光緒二十七年(1901)刻本　四册

110000－0143－0021149　PG48/596
槐軒雜著四卷　(清)劉沅撰　清同治七年(1868)致福樓刻本　四册

110000－0143－0021150　PG48/597
詒晋齋集八集後集一卷隨筆一卷四書文不分卷　(清)永瑆撰　清道光二十八年(1848)刻本　六册

110000－0143－0021151　PG48/599－1
御製文一集四十卷目錄五卷　(清)聖祖玄燁撰　(清)奕訢等編　清光緒五年(1879)鉛印本　十册

110000－0143－0021152　PG48/599－1
御製文四集三十六卷目錄四卷　(清)聖祖玄燁撰　(清)奕訢等編　清光緒五年(1879)鉛印本　十册

110000－0143－0021153　PG48/599－1
御製文三集五十卷目錄六卷　(清)聖祖玄燁撰　(清)奕訢等編　清光緒五年(1879)鉛印本　十二册

110000－0143－0021154　PG48/599－1
御製文二集五十卷目錄六卷　(清)聖祖玄燁撰　(清)奕訢等編　清光緒五年(1879)鉛印本　十二册

110000－0143－0021155　PG48/599－2
世宗憲皇帝御製文集三十卷目錄四卷　(清)世宗胤禛撰　(清)奕訢等編　清光緒五年(1879)鉛印本　八册　缺十六卷(十五至三十)

110000－0143－0021156　PG48/599－3
御製文餘集六卷首一卷　(清)宣宗旻寧撰　(清)奕訢等編　清光緒五年(1879)鉛印本　四册

110000－0143－0021157　PG48/599－3
御製文初集十卷首一卷　(清)宣宗旻寧撰　(清)奕訢等編　清光緒五年(1879)鉛印本　四册

110000－0143－0021158　PG48/599－4
御製文二集十四卷首一卷　(清)仁宗顒琰撰　(清)奕訢等編　清光緒五年(1879)鉛印本　十二册

110000－0143－0021159　PG48/599－5
御製文三集十六卷首一卷　(清)高宗弘曆撰　(清)奕訢等編　清光緒五年(1879)鉛印本　八册

110000－0143－0021160　PG48/599－5
御製文二集四十四卷目錄二卷　(清)高宗弘曆撰　(清)奕訢等編　清光緒五年(1879)鉛印本　八册

110000－0143－0021161　PG48/599－5
御製文初集三十卷目錄二卷　(清)高宗弘曆

撰 (清)奕訢等編 清光緒五年(1879)鉛印本 八冊

110000－0143－0021162 PG48/600
歸樸龕叢稿十二卷 (清)彭蘊章撰 清道光二十八年(1848)長洲彭氏刻本 三冊

110000－0143－0021163 PG48/605
堅白齋集詩存三卷駢文存一卷雜稿存四卷 (清)龍汝霖著 清光緒七年(1881)攸縣龍汝霖等刻本 四冊

110000－0143－0021164 PG48/608
攜雪堂文集一卷詩集一卷對聯一卷罔極編一卷家訓一卷時文一卷試帖一卷 (清)吳可讀撰 清光緒十九年(1893)刻本 四冊 缺一卷(時文一卷)

110000－0143－0021165 PG48/610
養志居僅存稿十八卷首一卷 (清)陳宗起撰 清光緒十一年(1885)刻本 八冊

110000－0143－0021166 PG48/610
養志居僅存稿十八卷首一卷 (清)陳宗起撰 清光緒十一年(1885)刻本 八冊

110000－0143－0021167 PG48/611－1
蒙泉文集四卷 (清)張九思撰 清咸豐八年(1858)刻本 二冊

110000－0143－0021168 PG48/612
邃懷堂文集箋注十六卷 (清)袁翼著 (清)朱舲箋注 清咸豐八年(1858)刻本 六冊 存十二卷(一至十二)

110000－0143－0021169 PG48/612
邃雅堂集十卷 (清)姚文田撰 清道光元年(1821)刻本 四冊

110000－0143－0021170 PG48/612
邃雅堂集十卷文集續編一卷 (清)姚文田撰 清道光元年(1821)、八年(1828)振新書社刻本 八冊

110000－0143－0021171 PG48/615
義門先生集十二卷附錄一卷何義門先生家書四卷 (清)何焯撰 吳蔭培編 清宣統元年(1909)平江吳蔭培刻本 六冊

110000－0143－0021172 PG48/615
義門先生集十二卷附錄一卷何義門先生家書四卷 (清)何焯撰 吳蔭培編 清宣統元年(1909)平江吳蔭培刻本 六冊

110000－0143－0021173 PG48/616
蠶尾集十卷後集二卷續集二卷 (清)王士禛撰 清乾隆刻本 六冊

110000－0143－0021174 PG48/616－1
蠶尾集十卷後集二卷續集二卷 (清)王士禛撰 清宣統三年(1911)上海集成圖書公司石印本 四冊

110000－0143－0021175 PG48/616－1
蠶尾集十卷後集二卷續集二卷 (清)王士禛撰 清康熙三十五年至六十一年(1696－1722)刻本 四冊 缺四卷(後集二卷、續集二卷)

110000－0143－0021176 PG48/616－2
蠶尾續文集二十卷 (清)王士禛撰 清康熙四十九年至五十年(1710－1711)歙縣程哲七略書堂刻本 十二冊

110000－0143－0021177 PG48/618
楊園先生全集五十四卷 (清)張履祥撰 (清)姚璉輯 (清)萬斛泉編次 清同治十年(1871)永康應寶時江蘇書局刻本 十六冊

110000－0143－0021178 PG48/618
楊園先生全集五十四卷 (清)張履祥撰 (清)姚璉輯 (清)萬斛泉編次 清同治十年(1871)永康應寶時江蘇書局刻本 十六冊

110000－0143－0021179 PG48/620
陔南池館遺集二卷 (清)喬重禧撰 清咸豐元年(1851)上海徐渭仁刻本 一冊

110000－0143－0021180 PG48/622
秋根書室詩文集十四卷西行紀程二卷西征集一卷 (清)孟傳鑄撰 清宣統二年(1910)章邱孟氏綠野堂鉛印本 八冊

110000－0143－0021181 PG48/623

陸陳二先生詩文鈔二十九卷 （清）葉裕仁編次 清同治九年至光緒二年（1870－1876）合肥蒯德模安道書院刻本 八册 缺一卷（桴亭先生文續鈔一卷）

110000－0143－0021182 PG48/623
陸陳二先生詩文鈔二十九卷 （清）葉裕仁編次 清同治九年至光緒二年（1870－1876）合肥蒯德模安道書院刻本 八册

110000－0143－0021183 PG48/623
陸陳二先生詩文鈔二十九卷 （清）葉裕仁編次 清同治九年至光緒二年（1870－1876）合肥蒯德模安道書院刻本 八册 缺一卷（桴亭先生文續鈔一卷）

110000－0143－0021184 PG48/625
寶韋齋類稿四種八十二卷 （清）李桓撰 清光緒六年（1880）武林趙寶墨齋刻本 十四册

110000－0143－0021185 PG48/626
西漚全集十卷外集八卷 （清）李惺撰 （清）童棫 （清）宋寶械編輯 清同治六年至七年（1867－1868）眉州劉鴻典等刻本 十六册

110000－0143－0021186 PG48/626
西漚全集十卷外集八卷 （清）李惺撰 （清）童棫 （清）宋寶械編輯 清末渝城天瑞堂刻本 十八册

110000－0143－0021187 PG48/627
朱止泉先生文集八卷 （清）朱澤澐撰 （清）朱光進編輯 清光緒二十七年（1901）朱壽鏞、朱孫苐刻本 四册

110000－0143－0021188 PG48/628
吳學士文集四卷詩集五卷 （清）吳鼒撰 （清）梁肇煌 （清）薛時雨編訂 清光緒八年（1882）番禺梁肇煌江甯藩署刻本 六册

110000－0143－0021189 PG48/629
九水山房文存二卷 （清）畢亨著 清咸豐二年（1852）聊城楊以增海源閣刻本 二册

110000－0143－0021190 PG48/630
函樓文鈔九卷詞鈔四卷附奏稿一卷制義一卷 （清）易佩紳著 清光緒二十年（1894）龍陽易氏刻本 五册

110000－0143－0021191 PG48/632－1
魯巖所學集十五卷補遺一卷交遊記一卷餘事稿二卷 （清）張宗泰撰 清道光二十九年至三十年（1849－1850）魯山張氏刻本 六册

110000－0143－0021192 PG48/633
謫麐堂遺集四卷 （清）戴望撰 清光緒元年（1875）會稽趙之謙江西刻本 二册

110000－0143－0021193 PG48/633
謫麐堂遺集四卷 （清）戴望撰 清光緒元年（1875）會稽趙之謙江西刻本 二册

110000－0143－0021194 PG48/633
謫麐堂遺集四卷 （清）戴望撰 清光緒元年（1875）會稽趙之謙江西刻本 二册

110000－0143－0021195 PG48/633
謫麐堂遺集四卷 （清）戴望撰 清光緒元年（1875）會稽趙之謙江西刻本 二册

110000－0143－0021196 PG48/634
庸盦全集十種 （清）薛福成撰 清光緒十年至二十四年（1884－1898）無錫薛氏刻本 四十四册

110000－0143－0021197 PG48/634
庸盦全集十種 （清）薛福成撰 清光緒十年至二十四年（1884－1898）無錫薛氏刻本 三十五册

110000－0143－0021198 PG48/634
庸盦全集十種 （清）薛福成撰 清光緒十年至二十四年（1884－1898）無錫薛氏刻本 四十八册

110000－0143－0021199 PG48/634－1
庸盦全集十種 （清）薛福成撰 清光緒十年至二十四年（1884－1898）無錫薛氏刻本 十六册 存三種（庸庵文編、文續編、文外編）

110000－0143－0021200 PG48/634－1
庸盦全集十種 （清）薛福成撰 清光緒十年至二十四年（1884－1898）無錫薛氏刻本 十

七册　缺一種(庸庵文編)

110000－0143－0021201　PG48/634－1
庸盦全集六種　(清)薛福成撰　清光緒二十七年(1901)上海書局石印本　十二册

110000－0143－0021202　PG48/634－1
庸盦全集六種　(清)薛福成撰　清光緒二十三年(1897)上海醉六堂石印本　十二册

110000－0143－0021203　PG48/634－1
庸盦全集六種　(清)薛福成撰　清光緒二十三年(1897)上海醉六堂石印本　十二册

110000－0143－0021204　PG48/634－1
庸盦全集十種　(清)薛福成撰　清光緒十年至二十四年(1884－1898)無錫薛氏刻本　四册　存四卷(庸庵文外編四卷)

110000－0143－0021205　PG48/635
落帆樓文遺稿二卷　(清)沈垚撰　清光緒二十八年(1902)貴池劉世珩刻本　一册

110000－0143－0021206　PG48/638
思亭文鈔二卷詩鈔四卷賦鈔二卷　(清)顧堃撰　**嘯軒詩鈔一卷**　(清)顧大文撰　清同治九年(1870)顧鎮牛刻本　四册

110000－0143－0021207　PG48/640
國朝古文正的五卷附録二卷　(清)楊彝珍　(清)薛福辰纂輯　清光緒五年至七年(1879－1881)莫祥芝鉛印本　六册

110000－0143－0021208　PG48/641
養晦堂文集十卷詩集二卷　(清)劉蓉著　清光緒三年(1877)思賢講舍刻本　六册

110000－0143－0021209　PG48/641
養晦堂文集十卷詩集二卷　(清)劉蓉著　清光緒三年(1877)思賢講舍刻本　五册　存十卷(養晦堂文集十卷)

110000－0143－0021210　PG48/642
李文恭公遺集四種四十七卷附史傳家傳墓志銘神道碑銘一卷　(清)李星沅著　清同治四年(1865)李概等刻本　六册　存二種十六卷(文集二至十六,詩集序、總目不分卷)

110000－0143－0021211　PG48/642－1
李文恭公遺集四種四十七卷附史傳家傳墓志銘神道碑銘一卷　(清)李星沅著　清同治四年(1865)李概等刻本　四十八册

110000－0143－0021212　PG48/643
伊蒿室文集六卷詩集二卷詩餘一卷　(清)王效成撰　清咸豐五年(1855)望三益齋刻本　一册

110000－0143－0021213　PG48/644
朱見菴先生文集二卷　(清)朱文翰屬稾　清道光元年(1821)後刻本　二册

110000－0143－0021214　PG48/644
朱見菴先生文集二卷　(清)朱文翰屬稾　清道光元年(1821)後刻本　一册

110000－0143－0021215　PG48/646
玉磬山房詩集十卷文集四卷　(清)劉大觀撰　清道光刻本　八册

110000－0143－0021216　PG48/648
小隱山樵文存二卷　(清)王義祖箸　清光緒二十六年至二十七年(1900－1901)富陽王氏刻本　二册

110000－0143－0021217　PG48/649
思不辱齋文集四卷　(清)萬承風撰　清嘉慶二十一年(1816)萬氏古瓦山房刻本　四册

110000－0143－0021218　PG48/650
汪子文録十卷　(清)汪縉著　清光緒八年(1882)刻本　二册

110000－0143－0021219　PG48/650
汪子文録十卷　(清)汪縉著　清光緒八年(1882)刻本　六册

110000－0143－0021220　PG48/650
汪子文録十卷　(清)汪縉著　清光緒八年(1882)刻本　四册

110000－0143－0021221　PG48/651
兩彊勉齋古今體詩四卷文存二卷　(清)倪文蔚撰　清光緒九年(1883)、十一年(1885)羊城節署、桂林節署刻本　三册

110000－0143－0021222　PG48/652
雙桂堂稿十卷　(清)紀大奎撰　清嘉慶十三年(1808)刻本　十二册

110000－0143－0021223　PG48/652
雙桂堂稿十卷　(清)紀大奎撰　清嘉慶十三年(1808)刻本　六册

110000－0143－0021224　PG48/654
蓮溪先生文存二卷　(清)沈濂著　清光緒十七年(1891)秀水沈衛廣州刻本　一册

110000－0143－0021225　PG48/655
微尚齋文集不分卷　(清)馮志沂撰　清同治十三年(1874)李翰華刻本　一册

110000－0143－0021226　PG48/657
匪莪堂文集五卷　(清)劉巖箸　清光緒二年(1876)復廬刻本　一册

110000－0143－0021227　PG48/657
匪莪堂文集五卷　(清)劉巖箸　清光緒二年(1876)復廬刻本　一册

110000－0143－0021228　PG48/658
章實齋先生遺書六卷附錄一卷　(清)章學誠撰　清宣統二年(1910)霍邱王潛剛鉛印本　四册

110000－0143－0021229　PG48/658
章實齋先生遺書六卷附錄一卷　(清)章學誠撰　清宣統二年(1910)霍邱王潛剛鉛印本　四册

110000－0143－0021230　PG48/659
椒園居士集六卷　(清)王定柱箸　清光緒三十二年(1906)刻本　二册

110000－0143－0021231　PG48/660
炳燭齋文集初刻一卷續刻一卷　(明)顧大韶著　清宣統元年(1909)上海國學扶輪社鉛印本　二册

110000－0143－0021232　PG48/660
炳燭齋文集初刻一卷續刻一卷　(明)顧大韶著　清宣統元年(1909)上海國學扶輪社鉛印本　二册

110000－0143－0021233　PG48/660－1
炳燭齋文集續刻一卷　(明)顧大韶著　清宣統元年(1909)上海國學扶輪社鉛印本　一册

110000－0143－0021234　PG48/661
遊道堂集四卷　(清)朱彬著　清同治七年(1868)寶應朱壽鏞等袁浦刻本　二册

110000－0143－0021235　PG48/661
遊道堂集四卷　(清)朱彬著　清同治七年(1868)寶應朱壽鏞等袁浦刻本　二册

110000－0143－0021236　PG48/662
灌園未定稿二卷　(清)傅懷祖著　清光緒十三年(1887)刻本　二册

110000－0143－0021237　PG48/664
養素堂文集三十五卷首一卷　(清)張澍撰　清道光十五年至十七年(1835－1837)張氏棗華書屋刻本　十六册

110000－0143－0021238　PG48/664
養素堂文集三十五卷首一卷　(清)張澍撰　清道光十五年至十七年(1835－1837)張氏棗華書屋刻本　十六册

110000－0143－0021239　PG48/665
國朝名家文鈔不分卷　清嘉慶至咸豐抄本　六册

110000－0143－0021240　PG48/666
定山堂古文小品二卷古文補遺三卷小品續集一卷　(清)龔鼎孳撰　清光緒龔照瑗刻本　六册

110000－0143－0021241　PG48/666
定山堂詩集四十三卷附詩餘四卷　(清)龔鼎孳著　**龔端毅公手劄一卷芳草詞一卷**　(清)龔士稚著　清光緒九年至十一年(1883－1885)龔彥緒聽彝書屋刻本　十六册

110000－0143－0021242　PG48/672
蛾術堂集十四種　(清)沈豫撰　清道光十八年(1838)蕭山沈氏漢讀齋刻本　八册

110000－0143－0021243　PG48/673
武陵山人遺書十種十六卷續刊二種八卷

(清)顧觀光撰　清光緒九年至二十八年(1883－1902)金山高桂、高崧刻本　十二冊

110000－0143－0021244　PG48/673
武陵山人遺書十種十六卷續刊二種八卷　(清)顧觀光撰　清光緒九年至民國十四年(1883－1925)金山高桂、高崧，獨山莫祥芝刻本　十二冊

110000－0143－0021245　PG48/673
武陵山人遺書十種十六卷　(清)顧觀光撰　清光緒九年(1883)獨山莫祥芝刻本　八冊

110000－0143－0021246　PG48/673
武陵山人遺書十種十六卷　(清)顧觀光撰　清光緒九年(1883)獨山莫祥芝刻本　六冊

110000－0143－0021247　PG48/674
古桐書屋六種二十三卷　(清)劉熙載撰　清末刻本　八冊

110000－0143－0021248　PG48/677
鄒叔子遺書七種　(清)鄒漢勛撰　清光緒八年(1882)新化鄒代鈞刻本　十四冊

110000－0143－0021249　PG48/686
西亭文鈔十二卷首一卷末一卷　(清)王原著　清光緒十七年至十八年(1891－1892)不遠復齋刻本　四冊

110000－0143－0021250　PG48/687
介石山房遺文二卷介石山房遺詩一卷　(清)朱培源撰　清宣統二年(1910)新陽朱祖方刻本　二冊

110000－0143－0021251　PG48/689
鹿洲全集八種四十八卷　(清)藍鼎元撰　清雍正刻光緒五年(1879)藍謙補刻本　二十五冊

110000－0143－0021252　PG48/689－1
鹿洲全集八種四十八卷　(清)藍鼎元撰　清光緒五年(1879)後刻本　八冊　存二十三卷(初集二十卷、女學一至三)

110000－0143－0021253　PG48/690
歸愚文鈔十二卷歸愚文續十二卷　(清)沈德潛撰　(清)厲鶚評點　清乾隆元年至四十年(1736－1775)刻本　四冊　缺十二卷(歸愚文鈔一至三、七至九，歸愚文續四至六、十至十二)

110000－0143－0021254　PG48/691
笠翁一家言全集十六卷　(清)李漁著　(清)沈心友　(清)李將舒訂　清嘉慶元年至道光三十年(1796－1850)芥子園刻本　十六冊

110000－0143－0021255　PG48/693
說鈴三集五十二種七十卷　(清)吳震方輯　清康熙四十一年至五十一年(1702－1712)刻本　四十冊

110000－0143－0021256　PG48/694
平湖顧氏遺書五種五十一卷　(清)顧廣譽撰　清光緒三年至四年(1877－1878)平湖王大經、顧鴻昇刻本　二十八冊

110000－0143－0021257　PG48/694－1
悔過齋續集七卷補遺一卷　(清)顧廣譽撰　清光緒四年(1878)平湖王大經、顧鴻昇刻本　二冊

110000－0143－0021258　PG48/695
知耻齋詩集六卷　(清)謝振定著　(清)陶澍編次　(清)吳雲校訂　清嘉慶十九年(1814)湘鄉謝氏刻本　三冊

110000－0143－0021259　PG48/695
知耻齋文集二卷　(清)謝振定著　(清)陶澍編次　(清)吳雲校訂　清嘉慶十九年(1814)湘鄉謝氏刻本　二冊

110000－0143－0021260　PG48/696
天嶽山館文鈔四十卷　(清)李元度撰　清光緒六年(1880)爽谿精舍刻本　十六冊

110000－0143－0021261　PG48/696
天嶽山館文鈔四十卷　(清)李元度撰　清光緒六年(1880)爽谿精舍刻本　二十冊

110000－0143－0021262　PG48/696
天嶽山館文鈔四十卷　(清)李元度撰　清光緒六年(1880)爽谿精舍刻本　二十冊

110000－0143－0021263　PG48/697
東溟文集六卷文外集四卷　(清)姚瑩著　清道光十三年(1833)桐城姚氏刻本　一册

110000－0143－0021264　PG48/697
東溟文集六卷文外集四卷文後集十四卷奏稿四卷　(清)姚瑩著　清道光桐城姚氏刻本　十一册

110000－0143－0021265　PG48/697
東溟文集六卷文外集四卷文後集十四卷文外集二卷後湘詩集九卷二集五卷續集七卷　(清)姚瑩著　清末刻本　十二册

110000－0143－0021266　PG48/698
經韻樓集十二卷儀禮漢讀考一卷　(清)段玉裁撰　清道光元年(1821)金壇段氏七葉衍祥堂刻經韻樓叢書本　十二册

110000－0143－0021267　PG48/698
經韻樓集十二卷儀禮漢讀考一卷　(清)段玉裁撰　清道光元年(1821)金壇段氏七葉衍祥堂刻經韻樓叢書本　五册　存十一卷(一至十一)

110000－0143－0021268　PG48/700
亦園亭全集五種二十八卷　(清)孟超然撰　清嘉慶二十年(1815)陳壽祺、馮縉刻本　十六册

110000－0143－0021269　PG48/703
水田居激書二卷　(清)賀貽孫著　清咸豐三年(1853)勅書樓刻本　二册

110000－0143－0021270　PG48/703
水田居文集五卷　(清)賀貽孫著　清咸豐三年(1853)勅書樓刻本　六册

110000－0143－0021271　PG48/703
水田居文集五卷　(清)賀貽孫著　清咸豐三年(1853)勅書樓刻本　六册

110000－0143－0021272　PG48/706
鑑止水齋集二十卷　(清)許宗彦撰　清道光三年(1823)後刻本　五册

110000－0143－0021273　PG48/706
鑑止水齋集二十卷　(清)許宗彦撰　清道光三年(1823)後刻本　四册

110000－0143－0021274　PG48/708
成山廬稿十二卷　(清)唐烱著　清光緒三十四年(1908)刻本　六册

110000－0143－0021275　PG48/709
浙刻雙池遺書十二種三十八卷　(清)汪紱著　清光緒九年(1883)紫陽書院刻二十年至二十二年(1894－1896)遞修本　十八册

110000－0143－0021276　PG48/709
浙刻雙池遺書十二種三十八卷　(清)汪紱著　清光緒九年(1883)紫陽書院刻二十年至二十二年(1894－1896)遞修本　十四册　缺四種(讀陰符經、讀參同契、物詮、大凬集)

110000－0143－0021277　PG48/710
求是齋文存二卷　(清)彭崧毓撰　清同治十一年(1872)彭氏養園刻本　四册

110000－0143－0021278　PG48/711
沈文忠公集十卷沈文忠公自訂年譜一卷　(清)沈兆霖撰　清同治八年(1869)潘祖蔭等刻本　四册

110000－0143－0021279　PG48/711
沈文忠公集十卷沈文忠公自訂年譜一卷　(清)沈兆霖撰　清同治八年(1869)潘祖蔭等刻本　二册　存五卷(一至五)

110000－0143－0021280　PG48/713
東州草堂文鈔二十卷　(清)何紹基撰　清同治刻本　五册

110000－0143－0021281　PG48/713
眠琴閣遺文不分卷遺詩二卷附刻一卷　(清)何慶涵撰　清同治刻本　一册

110000－0143－0021282　PG48/714
陸桴亭先生遺書二十一種三十九卷附二卷　(清)陸世儀著　清光緒二十五年至二十六年(1899－1900)刻本　二十册

110000－0143－0021283　PG48/716
陳文肅公遺集一卷附清芬錄二卷　(清)陳大

受撰　(清)陳文騄輯　**陳文肅公[大受]年譜一卷**　(清)陳輝祖等輯　清光緒十六年(1890)陳文騄素園刻本　四冊

110000－0143－0021284　PG48/718
檥園四種九卷　(清)龔禮著　清咸豐五年(1855)刻本　七冊　缺一種一卷(汲古錄一卷)

110000－0143－0021285　PG48/719
李養一先生文集二十四卷石經攷一卷端溪硯坑記一卷　(清)李兆洛撰　清咸豐元年至三年(1851－1853)高承鈺刻本　八冊

110000－0143－0021286　PG48/719
養一齋文集二十卷　(清)李兆洛撰　清光緒四年(1878)刻本　八冊

110000－0143－0021287　PG48/720
左海全集十種三十四卷　(清)陳壽祺撰　清嘉慶至道光陳紹墉刻本　三十冊

110000－0143－0021288　PG48/720
左海全集十種三十四卷　(清)陳壽祺撰　清嘉慶至道光陳紹墉刻本　二十八冊

110000－0143－0021289　PG48/721
養一齋文集二十卷詩集四卷詩餘一卷　(清)李兆洛撰　清光緒四年至八年(1878－1882)刻本　十冊

110000－0143－0021290　PG48/722
茶香室叢鈔二十三卷續鈔二十五卷　(清)俞樾撰　清光緒九年(1883)、十一年(1885)刻本　十六冊

110000－0143－0021291　PG48/722
茶香室叢鈔二十三卷續鈔二十五卷三鈔二十九卷四鈔二十九卷　(清)俞樾撰　清光緒刻本　二十六冊

110000－0143－0021292　PG48/725
復盦類稿八卷續稿四卷外稿二卷公牘四卷蠹字齋詩畧四卷詩續一卷　曹允源撰　清光緒二十八年(1902)刻本　二冊　存八卷(復盦類稿八卷)

110000－0143－0021293　PG48/725－1
復盦類稿八卷續稿四卷外稿二卷公牘四卷蠹字齋詩畧四卷詩續一卷　曹允源撰　清光緒二十八年(1902)刻本　五冊　缺五卷(續稿四卷、詩續一卷)

110000－0143－0021294　PG48/725－1
復盦類稿八卷續稿四卷外稿二卷公牘四卷蠹字齋詩畧四卷詩續一卷　曹允源撰　清光緒二十八年(1902)刻本　五冊

110000－0143－0021295　PG48/725－2
復盦類稿八卷續稿四卷外稿二卷公牘四卷蠹字齋詩畧四卷詩續一卷　曹允源撰　清光緒二十八年(1902)刻本　二冊　存八卷(復盦類稿八卷)

110000－0143－0021296　PG48/726
韞山堂文集八卷詩集十六卷　(清)管世銘撰　清光緒二十年(1894)吳炳刻本　五冊

110000－0143－0021297　PG48/727
青門簏稾十六卷青門旅稾六卷青門賸稾八卷　(清)邵長蘅纂　清光緒二十二年(1896)合江李超瓊刻本　十二冊

110000－0143－0021298　PG48/728
悔餘菴集五種三十一卷　(清)何栻撰　清同治四年(1865)鳩江戎幄半畝園刻本　十二冊

110000－0143－0021299　PG48/728－1
悔餘菴集五種三十一卷　(清)何栻撰　清同治四年(1865)鳩江戎幄半畝園刻本　八冊　存三種二十卷(悔餘菴文稿六卷、詩稿十卷、樂府四卷)

110000－0143－0021300　PG48/729
煙嶼樓文集四十卷　(清)徐時棟撰　清光緒元年至三年(1875－1877)葛祥熊松竹居刻本　二十冊

110000－0143－0021301　PG48/729
煙嶼樓文集四十卷　(清)徐時棟撰　清光緒元年至三年(1875－1877)葛祥熊松竹居刻本　八冊

110000－0143－0021302　PG48/729
煙嶼樓文集四十卷　(清)徐時棟撰　清光緒元年至三年(1875－1877)葛祥熊松竹居刻本　八冊

110000－0143－0021303　PG48/729
煙嶼樓文集四十卷　(清)徐時棟撰　清光緒元年至三年(1875－1877)葛祥熊松竹居刻本　八冊

110000－0143－0021304　PG48/730
汪龍莊先生遺書四種十五卷　(清)汪輝祖纂　清光緒八年(1882)、十二年(1886)山東書局刻本　六冊

110000－0143－0021305　PG48/731
小謨觴館文注四卷續集二卷　(清)彭兆蓀撰　(清)孫元培　(清)孫長熙纂輯　清光緒二十年(1894)刻本　四冊

110000－0143－0021306　PG48/731
小謨觴館集十三卷　(清)彭兆蓀撰　(清)孫元培　(清)孫長熙輯注　清嘉慶十一年(1806)韓江寓舍刻本　八冊

110000－0143－0021307　PG48/731
小謨觴館詩集八卷詩續集二卷詩餘附錄一卷　(清)彭兆蓀撰　清同治十三年(1874)吳縣潘祖蔭刻本　四冊

110000－0143－0021308　PG48/731－3
小謨觴館詩集注八卷詩餘附錄一卷文集注四卷詩續集注二卷詩餘續附錄注一卷文續集注二卷　(清)彭兆蓀撰　(清)孫元培　(清)孫長熙輯注　清光緒泉唐汪氏刻本　八冊

110000－0143－0021309　PG48/732
儆居集二十二卷　(清)黃式三撰　清光緒十四年(1888)刻本　八冊

110000－0143－0021310　PG48/732
儆居集二十二卷　(清)黃式三撰　清光緒十四年(1888)刻本　八冊

110000－0143－0021311　PG48/733
式古訓齋文集二卷外集一卷　(清)閔萃祥撰　清光緒三十四年(1908)刻本　三冊

110000－0143－0021312　PG48/733
式古訓齋文集二卷　(清)閔萃祥撰　清光緒三十四年(1908)刻本　二冊

110000－0143－0021313　PG48/733
式古訓齋文集二卷外集一卷　(清)閔萃祥撰　清光緒三十四年(1908)刻本　三冊

110000－0143－0021314　PG48/734
趙裘萼公賸藁四卷　(清)趙熊詔撰　(清)趙侗斆編　清光緒二十三年(1897)浙江書局刻本　二冊

110000－0143－0021315　PG48/735
儆季襍箸五種二十一卷附二種四卷　(清)黃以周撰　清光緒二十年至二十一年(1894－1895)定海黃氏江蘇南菁講舍刻本　十冊

110000－0143－0021316　PG48/735
儆季襍箸五種二十一卷附二種四卷　(清)黃以周撰　清光緒二十年至二十一年(1894－1895)定海黃氏江蘇南菁講舍刻本　十冊

110000－0143－0021317　PG48/736
曾惠敏公遺集四種十七卷　(清)曾紀澤撰　清光緒十九年(1893)江南製造總局鉛印本　八冊

110000－0143－0021318　PG48/736
曾惠敏公遺集四種十七卷　(清)曾紀澤撰　清光緒十九年(1893)江南製造總局鉛印本　八冊

110000－0143－0021319　PG48/736
曾惠敏公遺集四種十七卷　(清)曾紀澤撰　清光緒二十年(1894)上海石印本　四冊

110000－0143－0021320　PG48/737
周牘山文稿一卷周牘山遺稿一卷　(清)周鎬著　清光緒十八年(1892)槐蔭山房刻本　四冊

110000－0143－0021321　PG48/738
劉端臨先生遺書八卷　(清)劉台拱撰　清光緒五年(1879)阮恩海刻本　四冊

110000－0143－0021322　PG48/738－1
劉端臨先生遺書四卷　(清)劉台拱撰　清嘉慶十三年(1808)阮常生刻本　二册

110000－0143－0021323　PG48/738－2
劉端臨先生遺書八卷　(清)劉台拱撰　清光緒五年(1879)阮恩海刻本　二册

110000－0143－0021324　PG48/739
藏山閣文存六卷　(清)錢秉鐙撰　清光緒三十四年(1908)鉛印本　一册

110000－0143－0021325　PG48/740
還硯齋全集十種二十八卷　(清)趙新著　清光緒八年(1882)黄樓刻本　三十二册

110000－0143－0021326　PG48/746
樂園文鈔八卷首一卷　(清)儼如熤撰　清道光二十四年(1844)刻本　四册

110000－0143－0021327　PG48/748
王湘綺先生全集八種　王闓運撰　清光緒二十六年(1900)刻本　三十三册

110000－0143－0021328　PG48/750
方植之全集十九種六十六卷　(清)方東樹撰　**方植之先生［東樹］年譜一卷崇祀鄉賢録一卷行略一卷**　(清)鄭福照輯　清光緒十五年至二十年(1889－1894)刻本　三十二册

110000－0143－0021329　PG48/751
鈍翁前後類稾二十八卷　(清)汪琬撰　清康熙十四年(1675)後刻本　十二册

110000－0143－0021330　PG48/751
鈍翁前後類稾二十八卷　(清)汪琬撰　清康熙十四年(1675)後刻本　八册

110000－0143－0021331　PG48/751
鈍翁前後類稾六十二卷續稾五十六卷　(清)汪琬撰　清康熙十四年(1675)後刻本　十册　存三十一卷(鈍翁前後類稾三十六至六十二、續稾一至四)

110000－0143－0021332　PG48/753
存素堂集文藁四卷補遺一卷詩藁十四卷續編奏疏四卷附壬癸志稿二十八卷頤壽老人年譜二卷　(清)錢寶琛撰　清同治九年至光緒六年(1870－1880)刻本　十三册

110000－0143－0021333　PG48/753－1
存素堂集續編奏疏四卷　(清)錢寶琛撰　清光緒六年(1880)刻本　一册　存三卷(一至三)

110000－0143－0021334　PG48/754
湘綺樓文集八卷　王闓運撰　清光緒二十六年(1900)刻本　一册

110000－0143－0021335　PG48/754－1
湘綺樓文集八卷　王闓運撰　清光緒三十四年(1908)湘靈文社鉛印本　四册

110000－0143－0021336　PG48/754－1
湘綺樓文集八卷　王闓運撰　清光緒三十四年(1908)湘靈文社鉛印本　四册

110000－0143－0021337　PG48/755
刪後文集十六卷詩存十卷　(清)陳梓撰　清嘉慶二十年(1815)刻本　十二册

110000－0143－0021338　PG48/756
有竹居集十六卷　(清)任兆麟撰　(清)任以治編　清嘉慶二十四年(1819)兩廣節署刻本　八册

110000－0143－0021339　PG48/757
姜先生全集三十三卷　(清)姜宸英撰　清光緒十五年(1889)慈谿馮氏毋自欺齋刻本　十八册

110000－0143－0021340　PG48/756
有竹居集十六卷　(清)任兆麟撰　(清)任以治編　清嘉慶二十四年(1819)兩廣節署刻本　四册

110000－0143－0021341　PG48/756
有竹居集十六卷　(清)任兆麟撰　(清)任以治編　清嘉慶二十四年(1819)兩廣節署刻本　八册

110000－0143－0021342　PG48/759
介雅集不分卷　(清)史夢蛟輯　清嘉慶十年(1805)史夢蛟刻本　一册

110000－0143－0021343　PG48/760
補學軒文集四卷補學軒詩集十二卷　（清）鄭獻甫撰　清光緒五年至八年（1879－1882）黔南節署刻本　八冊

110000－0143－0021344　PG48/761
西湖夢尋五卷　（清）張岱撰　清光緒九年（1883）刻本　二冊

110000－0143－0021345　PG48/762
少嵒全集三十三卷　（清）夏思恬撰　清同治三年（1864）文林堂刻本　十五冊

110000－0143－0021346　PG48/763
海虞三陶先生全集合刻五種二十四卷　（清）楊沂孫輯　清光緒七年（1881）海虞楊同福貴池縣署刻本　八冊

110000－0143－0021347　PG48/763－1
海虞三陶先生全集合刻五種二十四卷　（清）楊沂孫輯　清光緒七年（1881）海虞楊同福貴池縣署刻本　八冊

110000－0143－0021348　PG48/764、PG48/764－1
三松堂集二十卷文四卷續集六卷　（清）潘奕雋撰　清同治九年至十一年（1870－1872）刻本　十冊

110000－0143－0021349　PG48/765
古紅梅閣集八卷附紫藤花館詩餘二卷　（清）劉履芬撰　清光緒六年（1880）刻本　二冊

110000－0143－0021350　PG48/765－2
古紅梅閣集八卷　（清）劉履芬撰　清光緒六年（1880）刻本　一冊　存六卷（駢文二卷、古近體詩四卷）

110000－0143－0021351　PG48/767
介園遺集四卷　（清）黄倬撰　清光緒十五年（1889）刻本　四冊

110000－0143－0021352　PG48/768
都是春齋文集八卷　（清）張佑乾撰　清道光吾學園刻本　四冊

110000－0143－0021353　PG48/770
移芝室古文三卷移芝室詩鈔三卷　（清）楊彝珍著　清同治刻本　四冊

110000－0143－0021354　PG48/771
西泠懷古集十卷　（清）陳文述著　（清）朱綬（清）王嘉祿編　清光緒九年（1883）越中刻本　四冊

110000－0143－0021355　PG48/771
西泠懷古集十卷　（清）陳文述著　（清）朱綬（清）王嘉祿編　清光緒九年（1883）越中刻本　三冊

110000－0143－0021356　PG48/772
塗鴉集書問二卷雜錄一卷　（清）釋圓捷撰　清順治至康熙刻本　三冊

110000－0143－0021357　PG48/775
及時山房文草六卷　（清）王熙章著　清光緒二十六年（1900）及時山房刻本　四冊

110000－0143－0021358　PG48/776
尚志居集八卷補遺一卷讀書記四卷　（清）楊德亨撰　清光緒八年（1882）刻本　四冊

110000－0143－0021359　PG48/778
寶奎堂集十二卷　（清）陸錫熊撰　清道光二十九年（1849）陸成沅刻本　四冊

110000－0143－0021360　PG48/778
篁村集十二卷　（清）陸錫熊撰　清道光二十九年（1849）陸成沅刻本　四冊

110000－0143－0021361　PG48/779
三湖漁人全集八卷　（清）劉士璋撰　清道光二年（1822）江陵劉氏刻本　四冊

110000－0143－0021362　PG48/780
寒香館詩鈔四卷文鈔八卷崇祀鄉賢錄一卷（清）賀熙齡撰　清道光二十八年（1848）刻本　一冊

110000－0143－0021363　PG48/783
虹橋老屋遺集文三卷詩二卷　（清）秦緗業著　清光緒十五年（1889）湘煙閣刻本　四冊

110000－0143－0021364　PG48/783－1
虹橋老屋遺稿文三卷詩五卷　（清）秦緗業著

清光緒十五年(1889)刻本　三冊

110000－0143－0021365　PG48/783－1
虹橋老屋遺稿文四卷詩五卷　(清)秦緗業著　清光緒十五年(1889)刻本　四冊

110000－0143－0021366　PG48/784
京江耆舊集十三卷　(清)張學仁　(清)王豫輯　清宣統元年(1909)柳甡春刻本　八冊

110000－0143－0021367　PG48/784
京江耆舊集十三卷　(清)張學仁　(清)王豫輯　清宣統元年(1909)柳甡春刻本　八冊

110000－0143－0021368　PG48/785
寶綸堂文鈔八卷詩鈔六卷　(清)齊召南撰　清光緒十三年(1887)鄞縣郭傳璞金峨山館刻本　四冊

110000－0143－0021369　PG48/785
寶綸堂文鈔八卷詩鈔六卷　(清)齊召南撰　清光緒十三年(1887)鄞縣郭傳璞金峨山館刻本　四冊

110000－0143－0021370　PG48/785
寶綸堂文鈔八卷詩鈔六卷　(清)齊召南撰　清光緒十三年(1887)鄞縣郭傳璞金峨山館刻本　四冊

110000－0143－0021371　PG48/786
雙池文集十卷　(清)汪紱稿　清道光十四年(1834)一經堂刻本　六冊

110000－0143－0021372　PG48/788
揚芬集十卷續刻一卷　(清)陶欽編輯　清嘉慶十四年(1809)紹興陶氏經鋤山堂刻本　四冊

110000－0143－0021373　PG48/790
郭明經遺集四卷　(清)郭志正撰　清光緒三十三年(1907)門人王允猷刻本　二冊

110000－0143－0021374　PG48/790
郭明經遺集四卷　(清)郭志正撰　清光緒三十三年(1907)門人王允猷刻本　二冊

110000－0143－0021375　PG48/791
闇壇文稿三卷　(清)李德騫撰　清咸豐五年(1855)百果山房刻本　二冊

110000－0143－0021376　PG48/792
積石文稿十八卷詩存四卷南池唱和詩存一卷鱠餘編一卷　(清)張履撰　清光緒二十年(1894)刻本　八冊

110000－0143－0021377　PG48/792
積石文稿十八卷詩存四卷南池唱和詩存一卷鱠餘編一卷　(清)張履撰　清光緒二十年(1894)刻本　八冊

110000－0143－0021378　PG48/792－1
積石文稿十八卷詩存四卷南池唱和詩存一卷鱠餘編一卷　(清)張履撰　清光緒二十年(1894)刻本　七冊　缺一卷(鱠餘編一卷)

110000－0143－0021379　PG48/799
浙江拔貢卷(宣統己酉科)不分卷　(清)陳誾等撰　清宣統京師京華印書局石印本　一冊

110000－0143－0021380　PG48/800
容漆軒文稿七卷　(清)王榮商撰　清光緒二十一年(1895)京師刻本　一冊

110000－0143－0021381　PG48/802
滋樹室遺集六卷　(清)李經達撰　清光緒三十年(1904)刻本　四冊

110000－0143－0021382　PG48/803
滑疑集八卷　(清)韓錫胙著　清同治十三年(1874)浙江處州府署刻本　四冊

110000－0143－0021383　PG48/803－1
滑疑集八卷　(清)韓錫胙著　清光緒十六年(1890)鉛印本　二冊

110000－0143－0021384　PG48/803－1
滑疑集八卷　(清)韓錫胙著　清光緒十六年(1890)鉛印本　二冊

110000－0143－0021385　PG48/803－2
滑疑集八卷　(清)韓錫胙著　清咸豐五年(1855)刻本　四冊

110000－0143－0021386　PG48/805
授堂文鈔八卷　(清)武億撰　清嘉慶六年(1801)武穆淳刻本　四冊

110000－0143－0021387　PG48/805
授堂文鈔八卷經讀攷異八卷附翟晴江四書攷翼内句讀一卷　(清)武億撰　(清)武穆淳編　清乾隆至嘉慶小石山房刻本　六冊

110000－0143－0021388　PG48/807
雲菴遺稿不分卷　(清)顧森著　清道光三十年(1850)楊坊刻本　二冊

110000－0143－0021389　PG48/808
艮齋倦稿文集十五卷　(清)尤侗撰　清康熙刻本　四冊

110000－0143－0021390　PG48/809
安雅堂未刻稿八卷附入蜀集二卷　(清)宋琬撰　清乾隆三十一年(1766)萊陽宋永年刻本　六冊

110000－0143－0021391　PG48/809
安雅堂未刻稿八卷附入蜀集二卷　(清)宋琬撰　清乾隆三十一年(1766)萊陽宋永年刻本　九冊

110000－0143－0021392　PG48/814
頻羅庵遺集十六卷　(清)梁同書撰　清嘉慶二十二年(1817)仁和陸貞一刻本　四冊　缺三卷(直語補證一卷、日貫齋塗說一卷、筆史一卷)

110000－0143－0021393　PG48/814
頻羅庵遺集十六卷　(清)梁同書撰　清嘉慶二十二年(1817)仁和陸貞一刻本　六冊

110000－0143－0021394　PG48/814－1
頻羅庵遺集十六卷　(清)梁同書撰　清嘉慶二十二年(1817)仁和陸貞一刻本　六冊

110000－0143－0021395　PG48/816
損齋全書五種三十卷　(清)楊樹椿撰　清光緒十九年(1893)涇陽柏森經正堂刻本　六冊　缺十卷(西埜楊氏壬申譜一至十)

110000－0143－0021396　PG48/820
小雅樓詩集八卷遺文二卷　(清)鄧方著　清光緒二十六年(1900)順德鄧實刻本　五冊

110000－0143－0021397　PG48/822
梅氏遺書四卷附錄三卷　(清)梅鍾澍撰　清宣統三年(1911)莓田古屋刻本　三冊

110000－0143－0021398　PG48/822
梅氏遺書四卷附錄三卷　(清)梅鍾澍撰　清宣統三年(1911)莓田古屋刻本　二冊

110000－0143－0021399　PG48/824
存吾文稿四卷　(清)余廷燦撰　清咸豐五年(1855)刻本　四冊

110000－0143－0021400　PG48/827
廬菴集十八卷錄遺二卷　曾廉撰　清宣統三年(1911)曾氏會輔堂刻本　十七冊

110000－0143－0021401　PG48/827
廬菴集十八卷錄遺二卷　曾廉撰　清宣統三年(1911)曾氏會輔堂刻本　十二冊　缺二卷(錄遺二卷)

110000－0143－0021402　PG48/831
蒼莨初集二十一卷畚塘芻論二卷河防紀畧四卷　(清)孫鼎臣撰　清咸豐刻本　十冊

110000－0143－0021403　PG48/832
枕經堂金石書畫題跋三卷　(清)方朔撰　清同治三年(1864)懷寧方氏刻本　一冊

110000－0143－0021404　PG48/832
枕經堂詩鈔二卷　(清)方朔撰　清道光二十八年(1848)懷寧方氏刻本　一冊

110000－0143－0021405　PG48/832
枕經堂詩鈔二卷文鈔二卷金石書畫題跋三卷駢體文三卷　(清)方朔撰　清道光至同治懷寧方氏刻本　四冊

110000－0143－0021406　PG48/834
邃懷堂文集箋註十六卷　(清)袁翼著　(清)朱舲箋註　清咸豐八年(1858)古唐朱氏古懽齋刻本　六冊

110000－0143－0021407　PG48/835
蓮漪文鈔八卷　(清)汪曰楨輯　清咸豐八年(1858)烏程汪氏刻本　二冊

110000－0143－0021408　PG48/835－1
蓮漪文鈔八卷　(清)汪曰楨輯　清末精抄本

二册

110000－0143－0021409　PG48/836

水田居全集　(清)賀貽孫撰　清道光至同治敕書樓刻本　二十四册

110000－0143－0021410　PG48/838

崔翰林遺集二卷附録一卷　(清)崔舜球著　清光緒十四年(1888)刻本　一册

110000－0143－0021411　PG48/841

西江文稿三十二卷附編一卷　(清)王家振著　清光緒三十四年(1908)桓柳山館王氏木活字印本　六册

110000－0143－0021412　PG48/842

小羅浮草堂文集九卷首一卷　(清)馮敏昌撰　清道光二十六年(1846)刻本　八册

110000－0143－0021413　PG48/843

校禮堂文集三十六卷　(清)凌廷堪撰　清嘉慶十八年(1813)刻本　四册

110000－0143－0021414　PG48/844

桐閣先生文鈔十二卷　(清)李元春著　(清)賀瑞麟編輯　清光緒十年(1884)同義文會刻本　十二册

110000－0143－0021415　PG48/845

謝梅莊先生雜著十二卷　(清)謝濟世著　清光緒十年(1884)刻本　四册

110000－0143－0021416　PG48/847

鵬南文鈔十五卷首一卷末一卷　(清)胡嗣運撰　清光緒二十三年(1897)刻本　五册

110000－0143－0021417　PG48/848

滋樹堂文集四卷　(清)孫景烈著　(清)張孝友　(清)張寶樹編　清道光十一年(1831)刻本　二册

110000－0143－0021418　PG48/849－1

天開圖畫樓全集七種　(清)郭柏蔭撰　清光緒刻本　十册

110000－0143－0021419　PG48/851

徧行堂集十六卷　(清)釋今釋撰　(清)釋古止　(清)釋傳湧編　清宣統三年(1911)上海國學扶輪社鉛印本　八册

110000－0143－0021420　PG48/852

帶江園時文草一卷帶江園詩草六卷帶江園雜著草六卷帶江園小簡附草一卷　(清)黄體正撰　清光緒十八年(1892)刻本　八册

110000－0143－0021421　PG48/853

黄梨洲遺書十種四十三卷　(清)黄宗羲撰　清光緒三十一年(1905)杭州羣學社石印本　四册　存十七卷(南雷文定後集四卷、三集三卷、附録一卷,南雷詩歷四卷,南雷文案四卷、外卷一卷)

110000－0143－0021422　PG48/853

黄梨洲遺書十種四十三卷　(清)黄宗羲撰　清光緒三十一年(1905)杭州羣學社石印本　五册　存一種八卷(明儒學案八卷)

110000－0143－0021423　PG48/856

耐安類稿五種十卷　(清)陳偉撰　清光緒二十二年(1896)諸父瀚等刻本　六册

110000－0143－0021424　PG48/856

耐安類稿五種十卷　(清)陳偉撰　清光緒二十二年(1896)諸父瀚等刻本　六册

110000－0143－0021425　PG48/857

扁善齋文存二卷詩存一卷　(清)鄧嘉緝撰　清光緒二十七年(1901)刻本　三册

110000－0143－0021426　PG48/858

錢氏家集三十四卷　錢振鍠輯　清光緒三十三年(1907)木活字印本　八册

110000－0143－0021427　PG48/858

錢氏家集三十四卷附録二種二卷　錢振鍠輯　清光緒三十三年(1907)木活字印本　八册

110000－0143－0021428　PG48/859

種樹軒遺集四種　(清)郭長清撰　清光緒二十三年(1897)刻本　四册

110000－0143－0021429　PG48/861

虚直軒文集十卷外集六卷　(清)姚文然撰　清光緒十三年(1887)廣仁堂刻本　四册　存十卷(虚直軒文集十卷)

110000－0143－0021430　PG48/861－1
虛直軒文集十卷外集六卷　(清)姚文然撰　清光緒十三年(1887)廣仁堂刻本　六冊

110000－0143－0021431　PG48/862
楊氏先美錄存四卷首一卷　(清)楊基善編　清光緒十七年(1891)楊益清祠刻本　四冊

110000－0143－0021432　PG48/862
紀貞詩存一卷附不垂楊傳奇一卷　(清)楊兆李等撰　(清)楊基善編　清光緒十八年(1892)楊益清祠刻本　一冊

110000－0143－0021433　PG48/863
師鄭堂集六卷　孫同康撰　清光緒十七年(1891)木活字印本　四冊

110000－0143－0021434　PG48/863
師鄭堂集六卷　孫同康撰　清光緒十七年(1891)木活字印本　四冊

110000－0143－0021435　PG48/865
沈端恪公遺書　(清)沈曰富纂　清同治十二年(1873)浙江書局刻本　二冊

110000－0143－0021436　PG48/866
延綠閣集十二卷附贈詩一卷　(清)華希閔撰　清光緒二十二年(1896)吉水官廨刻本　六冊

110000－0143－0021437　PG48/866
延綠閣集十二卷　(清)華希閔撰　清光緒二十二年(1896)吉水官廨刻本　六冊

110000－0143－0021438　PG48/867
東海褰冥氏三十以前舊學四種七卷　(清)譚嗣同撰　清光緒二十三年(1897)刻本　四冊

110000－0143－0021439　PG48/870
木雞書屋文鈔四卷二集六卷三集八卷四集六卷五集六卷詩選六卷左國閒吟不分卷　(清)黄金臺撰　清道光八年至咸豐八年(1828－1858)刻本　十二冊

110000－0143－0021440　PG48/872
春融堂集六十八卷　(清)王昶撰　清嘉慶十二年(1807)刻光緒十八年(1892)重刻本　十六冊

110000－0143－0021441　PG48/872－1
春融堂集六十八卷春融堂雜記八種八卷　(清)王昶撰　**述庵先生[王昶]年譜二卷**　(清)嚴榮編　清嘉慶十二年(1807)刻光緒十八年(1892)重刻本　二十冊

110000－0143－0021442　PG48/872－1
春融堂集六十八卷春融堂雜記八種八卷　(清)王昶撰　**述庵先生[王昶]年譜二卷**　(清)嚴榮編　清嘉慶十二年至十三年(1807－1808)青浦王氏塾南書舍刻本　十二冊

110000－0143－0021443　PG48/873
兩大中丞詩文合刻　(清)陳中孚撰　(清)劉彬士著　清光緒三年(1877)誦清芬館刻本　四冊

110000－0143－0021444　PG48/874
覆瓿集十八種三十五卷　(清)張文虎撰　清同治至光緒刻本　十二冊

110000－0143－0021445　PG48/874－1
覆瓿集十八種三十五卷　(清)張文虎撰　清光緒十九年(1893)金陵書局刻本　十二冊

110000－0143－0021446　PG48/875
一行居集八卷　(清)彭紹升撰　清道光五年(1825)葆素堂彭氏刻本　二冊

110000－0143－0021447　PG48/876
姚境塘先生全集　(清)姚學塽撰　清道光七年(1827)刻本　八冊

110000－0143－0021448　PG48/877
來紫堂合集三卷　(清)李天秀著　(清)李祖望錄輯　清咸豐二年(1852)刻本　二冊

110000－0143－0021449　PG48/878
小萬卷齋文稿二十四卷　(清)朱琦撰　清光緒十一年(1885)刻本　二十四冊

110000－0143－0021450　PG48/880
繡水王氏家藏集　(清)王相輯　清光緒二年(1876)王褧之刻本　八冊

110000－0143－0021451　PG48/881

南雷文定前集十一卷後集四卷三集三卷四集四卷附錄一卷黎州先生世譜一卷 (清)黃宗羲撰　清黃氏家塾刻本　八冊

110000－0143－0021452　PG48/882
綠漪草堂文集三十卷外集二卷詩集二十卷首一卷研華館詞三卷 (清)羅汝懷撰　清光緒九年(1883)刻本　十六冊

110000－0143－0021453　PG48/884
謙齋遺集十二卷首一卷詩集八卷 (清)蔡仲光撰　清咸豐三年(1853)蔡應鳳刻本　十冊

110000－0143－0021454　PG48/886
懺花盦文存六卷 (清)宋澤元撰　清光緒三十四年(1908)刻本　五冊

110000－0143－0021455　PG48/885
小峴山人文集六卷續文集二卷詩集二十六卷 (清)秦瀛撰　清嘉慶二十二年(1817)刻本　十四冊

110000－0143－0021456　PG48/886
懺花盦文存六卷 (清)宋澤元撰　清光緒三十四年(1908)刻本　五冊

110000－0143－0021457　PG48/887
療饑草集十八卷 (清)胡兆爵撰　清嘉慶十八年(1813)刻本　六冊

110000－0143－0021458　PG48/890－1
醉白堂文集四卷續集不分卷 (清)謝良琦撰　清光緒十九年(1893)王鵬運刻本　二冊

110000－0143－0021459　PG48/891
誦芬詠烈編八十卷首二十五卷 (清)徐琪編　清光緒十六年(1890)刻本　二十冊

110000－0143－0021460　PG48/891
誦芬詠烈編八十卷首二十五卷 (清)徐琪編　清光緒十六年(1890)刻本　十冊

110000－0143－0021461　PG48/892
解春集文鈔十二卷補遺二卷詩鈔三卷 (清)馮景撰　清乾隆五十七年(1792)餘姚盧氏刻本　五冊

110000－0143－0021462　PG48/893
希陶軒遺著四卷附黃氏家乘八則 (清)黃圖成著　清宣統元年(1909)鉛印本　一冊

110000－0143－0021463　PG48/894
寄青齋遺集二卷附綠吟館遺集二卷 (清)徐虔復撰　清光緒十七年(1891)留餘堂刻本　二冊

110000－0143－0021464　PG48/894
綠雲館吟草不分卷賦鈔不分卷 (清)程芙亭撰　清道光二十六年(1846)刻本　一冊

110000－0143－0021465　PG48/895
曼志堂遺稿二卷 (清)曹壽銘撰　清同治九年(1870)甬上鐵耕齋刻本　一冊

110000－0143－0021466　PG48/897
莫宧草二卷 黃壽袞撰　清光緒三十四年(1908)石印本　十二冊

110000－0143－0021467　PG48/898
甌北集五十三卷 (清)趙翼撰　清嘉慶十七年(1812)刻本　十二冊

110000－0143－0021468　PG48/898
甌北集五十三卷 (清)趙翼撰　清嘉慶十七年(1812)刻本　十二冊

110000－0143－0021469　PG48/898
甌北集五十三卷 (清)趙翼撰　清嘉慶十七年(1812)刻本　十二冊

110000－0143－0021470　PG48/901
頤綵堂詩文集三十一卷 (清)沈叔埏撰　清光緒九年(1883)刻本　八冊　存二十八卷(文集十六卷、詩鈔十卷、劍舟律賦二卷)

110000－0143－0021471　PG48/901－1
頤綵堂詩文集三十一卷 (清)沈叔埏撰　清光緒九年(1883)刻本　十冊

110000－0143－0021472　PG48/902
郘亭詩鈔六卷 (清)莫友芝撰　清咸豐二年(1852)遵義湘川講舍刻同治五年(1866)莫繩孫江寧補刻本　一冊

110000－0143－0021473　PG48/902
郘亭遺詩八卷 (清)莫友芝撰　清光緒元年

(1875)獨山莫繩孫刻本　一冊

110000－0143－0021474　PG48/902
郘亭遺文八卷　(清)莫友芝撰　清同治元年至十三年(1862－1874)獨山莫繩孫刻本　一冊

110000－0143－0021475　PG48/906
敬孚類藁十六卷　(清)蕭穆撰　清光緒三十二年至三十三年(1906－1907)桐城蕭氏刻本　八冊

110000－0143－0021476　PG48/907
芳茂山人文集十二集　(清)孫星衍撰　清光緒十年(1884)吴縣朱氏槐廬家塾刻本　六冊

110000－0143－0021477　PG48/905
荻芬書屋文稾不分卷　(清)董恂著　清光緒甘泉董蓮刻本　一冊

110000－0143－0021478　PG48/908
藹園文鈔不分卷　(清)楊金監撰　清光緒十六年(1890)毗陵世承堂楊氏刻本　一冊

110000－0143－0021479　PG48/908
藹園文鈔不分卷　(清)楊金監撰　清光緒十六年(1890)毗陵世承堂楊氏刻本　一冊

110000－0143－0021480　PG48/912
景陸稡編八卷首一卷　(清)許仁沐纂錄　清光緒十五年(1889)刻本　六冊

110000－0143－0021481　PG48/914
敬亭集十卷姜貞毅先生自著年譜一卷敬亭集補遺一卷附錄一卷　(清)姜埰撰　**府君貞毅先生年譜續編一卷**　(清)姜安節編　清光緒十五年(1889)山東書局刻本　四冊

110000－0143－0021482　PG48/915
裘文達公文集六卷詩集六卷奏議一卷　(清)裘曰修撰　清嘉慶七年(1802)刻本　十冊

110000－0143－0021483　PG48/916
重訂楊園先生全集五十四卷　(清)張履祥撰　(清)姚璉輯　(清)萬斛泉編次　清同治十年(1871)江蘇書局刻本　十六冊

110000－0143－0021484　PG48/917
賜硯堂文集一卷賜硯堂詩集一卷進呈錄一卷賜硯堂進呈詩頌恭擬一卷萬壽詩冊一卷萬壽詩冊又一卷　(清)彭浚著　(清)彭兆松等編輯　清嘉慶至道光刻本　六冊

110000－0143－0021485　PG48/923
菽原堂初集十卷　(清)查初揆撰　清嘉慶八年(1803)刻本　四冊

110000－0143－0021486　PG48/925
齊莊中正堂集　(清)殷兆鏞撰　清光緒五年(1879)刻本　八冊

110000－0143－0021487　PG48/926
三魚堂文集十二卷外集六卷　(清)陸隴其著　**陸清獻公[隴其]年譜一卷**　(清)吴光酉編　清同治七年(1868)武林薇署刻本　六冊

110000－0143－0021488　PG48/927
石堂集十卷　(清)釋元玉撰　**石堂近稿不分卷**　(清)釋元玉撰　**金臺隨筆不分卷**　(清)釋元玉撰　(清)釋佛光記錄　清康熙五十二年至六十一年(1713－1722)刻光緒七年(1881)重刻本　四冊

110000－0143－0021489　PG48/928
樂道堂文鈔五卷　(清)奕訢著　清同治六年(1867)刻本　五冊

110000－0143－0021490　PG48/928
樂道堂文鈔五卷　(清)奕訢著　清同治六年(1867)刻本　六冊

110000－0143－0021491　PG48/930
天真閣集五十四卷外集六卷　(清)孫原湘撰　**長真閣集七卷詩餘一卷**　(清)席佩蘭撰　清光緒十七年(1891)強氏南皋草廬刻本　十二冊

110000－0143－0021492　PG48/930－1
天真閣集五十四卷外集六卷　(清)孫原湘撰　**長真閣集七卷詩餘一卷**　(清)席佩蘭撰　清光緒十七年(1891)強氏南皋草廬刻本　十六冊

110000－0143－0021493　PG48/931

西堂全集十八種六十一卷　(清)尤侗撰　清文富堂刻本　十六册

110000－0143－0021494　PG48/932

桐城吴先生文集四卷詩集一卷　(清)吴汝綸撰　**傳狀**　(清)賀濤等撰　清光緒三十年(1904)桐城吴氏家刻桐城吴先生全書本　四册

110000－0143－0021495　PG48/934

古桐書屋六種二十三卷　(清)劉熙載撰　清同治至光緒刻本　八册

110000－0143－0021496　PG48/935

崇百藥齋文集二十卷續集四卷三集十二卷合肥學舍札記十二卷　(清)陸繼輅撰　**五真閣吟稿一卷**　(清)陸錢惠尊撰　清光緒四年(1878)興國州署刻本　十六册

110000－0143－0021497　PG48/936

牧齋全集四種一百六十三卷　(清)錢謙益撰　清宣統二年(1910)邃漢齋鉛印本　四十册

110000－0143－0021498　PG48/936

林嚴文鈔四卷　林紓　嚴復撰　清宣統元年(1909)上海國學扶輪社鉛印本　四册

110000－0143－0021499　PG48/936

林嚴文鈔四卷　林紓　嚴復撰　清宣統元年(1909)上海國學扶輪社鉛印本　四册

110000－0143－0021500　PG48/938

牧齋全集四種一百六十三卷　(清)錢謙益撰　清宣統二年(1910)邃漢齋鉛印本　四十册

110000－0143－0021501　PG48/938

牧齋全集四種一百六十三卷　(清)錢謙益撰　清宣統二年(1910)邃漢齋鉛印本　四十册

110000－0143－0021502　PG48/939

桴亭先生文鈔六卷　(清)陸世儀撰　清同治九年(1870)安道書院刻本　二册

110000－0143－0021503　PG48/942

清尊集十六卷　(清)汪遠孫輯　清道光十九年(1839)振綺堂刻本　四册

110000－0143－0021504　PG48/942

清尊集十六卷　(清)汪遠孫輯　清道光十九年(1839)振綺堂刻本　四册

110000－0143－0021505　PG48/943

下學寮彙稿四卷　(清)羅鎮嵩撰　清光緒三十三年(1907)刻本　二册

110000－0143－0021506　PG48/944

橋水文集四卷　(清)李宏志撰　清道光十七年(1837)刻本　四册

110000－0143－0021507　PG48/946

運甓齋文稿六卷續編六卷詩稿八卷續編六卷贈言錄四卷　(清)陳勱撰　清光緒二十年(1894)刻本　五册

110000－0143－0021508　PG48/946

運甓齋文稿六卷續編六卷詩稿八卷續編六卷贈言錄四卷　(清)陳勱撰　清光緒二十年(1894)刻本　四册　缺八卷(詩稿八卷)

110000－0143－0021509　PG48/948

壯學齋文集十二卷　(清)周樹槐撰　清咸豐二年(1852)刻本　四册

110000－0143－0021510　PG48/949

自求集四卷　(清)思齋居士彙輯　清乾隆後刻本　四册

110000－0143－0021511　PG48/952

罔極錄二卷附記一卷　(清)許楹著　**喪葬雜説一卷**　(清)張朝晉著　清末抄本　四册

110000－0143－0021512　PG48/956

忠介公集十三卷首一卷附錄五卷末一卷　(明)楊爵撰　清光緒十九年(1893)張履誠刻本　六册

110000－0143－0021513　PG48/959

雙梧桐館集二十六卷　(清)楊揩撰　清嘉慶十八年(1813)金匱楊氏刻本　八册

110000－0143－0021514　PG48/960

小芋香館遺集十二卷　(清)李杭撰　清咸豐元年(1851)刻本　二册

110000－0143－0021515　PG48/960

小芋香館遺集十二卷　(清)李杭撰　清咸豐

元年(1851)刻本　四冊

110000－0143－0021516　PG48/961
梅麓詩鈔十八卷文鈔八卷賦鈔二卷試帖二卷　(清)齊彦槐著　清道光二十五年(1845)齊學裘刻本　八冊

110000－0143－0021517　PG48/962
姜西溟先生文鈔四卷　(清)姜宸英著　清末抄本　二冊

110000－0143－0021518　PG48/963
培園全集十三卷　(清)余錫椿著　(清)余芳編次　清光緒六年(1880)刻本　六冊

110000－0143－0021519　PG48/964
紫石泉山房文集十二卷詩集三卷　(清)吳定撰　清光緒十三年(1887)刻本　五冊

110000－0143－0021520　PG48/964
紫石泉山房文集十二卷詩集三卷　(清)吳定撰　清光緒十三年(1887)刻本　六冊　缺一卷(詩集三)

110000－0143－0021521　PG48/964
紫石泉山房文集十二卷詩集三卷　(清)吳定撰　清光緒十三年(1887)刻本　五冊

110000－0143－0021522　PG48/965
郭大理遺稿八卷　(清)郭尚先撰　清道光二十四年(1844)刻本　四冊

110000－0143－0021523　PG48/967
蟲瓜菴集十八卷　曾廉著　清宣統三年(1911)曾氏會輔堂刻本　十二冊

110000－0143－0021524　PG48/971
句溪雜著六卷　(清)陳立撰　清光緒十四年(1888)廣雅書局刻本　二冊

110000－0143－0021525　PG48/971
句溪雜著五卷　(清)陳立撰　清同治三年(1864)刻本　二冊

110000－0143－0021526　PG48/971－1
句溪雜著四卷　(清)陳立撰　清光緒十六年(1890)思賢講舍刻本　一冊

110000－0143－0021527　PG48/971－1
句溪雜著四卷　(清)陳立撰　清光緒十六年(1890)思賢講舍刻本　二冊

110000－0143－0021528　PG48/973
輟學堂初稿四卷　陳漢章撰　清光緒十九年(1893)刻本　二冊

110000－0143－0021529　PG48/974
南山集十四卷　(清)戴名世著　清光緒二十六年(1900)刻本　八冊

110000－0143－0021530　PG48/976
艮山文集八卷　(清)賈聲槐撰　清道光七年(1827)刻本　二冊

110000－0143－0021531　PG48/978
中復堂全集九十八卷　(清)姚瑩撰　清同治六年(1867)姚濬昌安福縣署刻本　二十四冊

110000－0143－0021532　PG48/979
秋室集十卷　(清)楊鳳苞著　清光緒九年(1883)刻本　六冊

110000－0143－0021533　PG48/980
竹石居文草四卷詩草四卷詞草不分卷川雲集不分卷　(清)童華撰　清光緒刻本　四冊

110000－0143－0021534　PG48/982
讀有用書齋襍著二卷　(清)韓應陛撰　清同治九年(1870)古婁韓氏刻本　一冊

110000－0143－0021535　PG48/983－1
湯文正公遺書六種三十三卷　(清)湯斌撰　清道光七年(1827)刻本　六冊　缺一種二十卷(潛菴先生擬明史稿二十卷)

110000－0143－0021536　PG48/985
徐石渠文鈔四卷　(清)徐校撰　清道光十二年(1832)刻本　二冊

110000－0143－0021537　PG48/987
彭文敬公全集　(清)彭蘊章撰　清同治刻本　十五冊

110000－0143－0021538　PG48/987
彭文敬公全集　(清)彭蘊章撰　清同治刻本　十五冊

110000－0143－0021539　PG48/988

清惠堂集文二卷詩六卷詞二卷　(清)金望欣撰　清道光二十年(1840)廣陵黄氏刻本　八册

110000－0143－0021540　PG48/989

蒼莨初集二十一卷　(清)孫鼎臣撰　清咸豐刻本　六册

110000－0143－0021541　PG48/990

香樹齋文集二十八卷詩集十八卷文集續鈔五卷詩續集三十六卷　(清)錢陳羣撰　**文端公[錢陳羣]年譜三卷**　(清)錢儀吉編　(清)錢志澄增訂　清同治九年(1870)刻光緒十一年至二十年(1885－1894)遞修本　二十六册

110000－0143－0021542　PG48/991

伯山文鈔一卷詩鈔一卷詩鈔癸巳集七卷愛日集一卷望雲集七卷由庚集一卷小海山房詩集一卷　(清)康發祥撰　清嘉慶至同治刻本　六册

110000－0143－0021543　PG48/991

伯山文鈔一卷詩鈔癸巳集七卷愛日集一卷望雲集七卷　(清)康發祥撰　清咸豐至同治刻本　四冊

110000－0143－0021544　PG48/994

穆堂初稿五十卷别稿五十卷　(清)李紱撰　清道光十一年(1831)珊城阜祺堂刻本　三十二册

110000－0143－0021545　PG48/995

止齋遺書十六卷　(清)黄俊苑著　清光緒元年(1875)刻本　八册

110000－0143－0021546　PG48/997

平園雜著内編十四卷　(清)林有席著　(清)林大佐編次　清道光六年(1826)刻本　六册

110000－0143－0021547　PG48/999

德蔭堂集十六卷首一卷　(清)阿克敦撰　清嘉慶二十一年(1816)曾孫那彦成刻本　四册

110000－0143－0021548　PG48/1000

求自立齋文稿八卷詩稿六卷　(清)羅信北撰　清光緒刻本　六册　缺二卷(七至八)

110000－0143－0021549　PG48/1001

平養堂文編十卷　王龍文撰　清宣統三年(1911)思賢書局刻本　四册

110000－0143－0021550　PG48/1001

平養堂文編十卷　王龍文撰　清宣統三年(1911)思賢書局刻本　四册

110000－0143－0021551　PG48/1003

松花菴全集三十一卷　(清)吳鎮撰　清乾隆五十五年至五十六年(1790－1791)蘭山書院刻本　十册　缺十卷(松花菴詩草二卷、蘭山詩草一卷、松花菴集古古詩一卷、松花菴集古絕句一卷、詩話三卷、稗珠一卷、松厓對聯一卷)

110000－0143－0021552　PG48/1009

春草堂文約不分卷　(清)謝為雯著　清道光至光緒刻本　一册

110000－0143－0021553　PG48/1010

定盦文集三卷續集四卷續錄一卷古今體詩二卷雜詩一卷詞選一卷詞錄一卷　(清)龔自珍撰　清同治七年(1868)仁和曹籀刻本　八册　缺三卷(定盦文集三卷)

110000－0143－0021554　PG48/1013

補竹軒文集六卷詩集三卷三天入直瑣記一卷補竹圖一卷　(清)鮑源深撰　清光緒刻本　五册

110000－0143－0021555　PG48/1014

藝風堂集四十四卷　繆荃孫撰　清光緒二十七年(1901)刻本　六册　存十六卷(文集七卷、集外篇一卷,藝風堂藏書記八卷)

110000－0143－0021556　PG48/1014

藝風堂集四十四卷　繆荃孫撰　清光緒至宣統刻本　十九册

110000－0143－0021557　PG48/1016

冷泉遺稿七卷　(朝鮮)樸宗輿撰　清咸豐九年(1859)刻本　三册

110000－0143－0021558　PG48/1017

求志居全集六十四卷附周易廓二十四卷 （清）陳世鎔撰　清道光至光緒獨秀山莊刻本　二十四冊　缺一種一卷（陳徵君行述一卷）

110000－0143－0021559　PG48/1017

求志居全集六十四卷　（清）陳世鎔撰　清道光二十五年（1845）獨秀山莊刻本　八冊　存三十七卷（求志居集三十六卷、外集一卷）

110000－0143－0021560　PG48/1018

恒齋文集十二卷　（清）李文炤撰　（清）李芳華評選　清乾隆刻本　六冊

110000－0143－0021561　PG48/1019

藻川堂譚藝四篇　（清）鄧繹撰　清光緒刻本　二冊

110000－0143－0021562　PG48/1019

藻川堂全集四種　（清）鄧繹撰　清光緒刻本　九冊

110000－0143－0021563　PG48/1020

樗壽山房輯稿六卷　（清）史致儼撰　清道光刻本　四冊

110000－0143－0021564　PG48/1021

經德堂文集五卷浣月山房詩集五卷漢南春柳詞鈔一卷經籍舉要一卷　（清）龍啟瑞撰　清光緒四年至七年（1878－1881）龍繼棟京師刻本　七冊

110000－0143－0021565　PG48/1022

劉文清公遺集十七卷應制詩三卷　（清）劉墉撰　清道光六年（1826）杭州劉氏味經書屋刻本　四冊

110000－0143－0021566　PG48/1022

劉文清公遺集十七卷應制詩三卷　（清）劉墉撰　清道光六年（1826）杭州劉氏味經書屋刻本　四冊

110000－0143－0021567　PG48/1024

介軒詩鈔十卷文鈔八卷外集二卷　（清）張振夔撰　清同治九年（1870）刻本　十二冊

110000－0143－0021568　PG48/1025

志遠堂文集十卷　（清）鄒鍾著　清光緒十二年（1886）山東省城德華堂王少南刻本　六冊

110000－0143－0021569　PG48/1026

空石齋文集不分卷詩賸不分卷　（清）汪國著　清道光二年（1822）刻本　五冊

110000－0143－0021570　PG48/1027

補讀書齋遺稾十卷　（清）沈維鐈撰　清光緒元年（1875）刻本　四冊

110000－0143－0021571　PG48/1028

東山草堂文集二十卷首一卷　（清）邱嘉穗撰　清光緒八年（1882）漢陽邱氏刻本　八冊

110000－0143－0021572　PG48/1030

遂寧張文端公全集七卷首一卷　（清）張鵬翮撰　清光緒八年（1882）刻本　八冊

110000－0143－0021573　PG48/1031－1

果堂集十二卷附墓誌銘　（清）沈彤撰　清乾隆十九年（1754）刻本　二冊

110000－0143－0021574　PG48/1033

晚聞居士遺集九卷首一卷　（清）王宗炎撰　清道光十年至十一年（1830－1831）杭州陸貞一刻本　四冊

110000－0143－0021575　PG48/1034

研六室文鈔十卷　（清）胡培翬撰　清光緒四年（1878）刻本　六冊

110000－0143－0021576　PG48/1035

寶綸堂集古錄十二卷　（清）齊召南撰　（清）齊川渭輯　清光緒十四年（1888）木活字印本　二冊

110000－0143－0021577　PG48/1036

小松石齋文集五卷詩集五卷　（清）趙允懷撰　清光緒十五年（1889）刻本　四冊

110000－0143－0021578　PG48/1036

小松石齋文集五卷詩集五卷　（清）趙允懷撰　清光緒十五年（1889）刻本　四冊

110000－0143－0021579　PG48/1037

哀生閣初稿四卷續稿三卷　（清）王大經撰　清光緒十一年（1885）姑蘇李氏金心芳齋刻本　六冊

110000－0143－0021580　PG48/1039
紅杏山房文稿五卷　(清)趙承恩著　清光緒十八年(1892)刻本　四册

110000－0143－0021581　PG48/1039
瑣語三種附說經粹語　(清)趙承恩著　清光緒九年(1883)紅杏山房刻本　二册

110000－0143－0021582　PG48/1046
國朝文録正編四十種四十九卷續編五十種六十七卷　(清)李祖陶輯　清道光十八年(1838)、同治七年(1868)敖陽李氏刻本　二十四册

110000－0143－0021583　PG48/1047
清綺詩堂題照集不分卷　(清)潘鎔輯　清嘉慶十八年(1813)綺詩堂刻本　一册

110000－0143－0021584　PG48/1048
受恆受漸齋集十二卷　(清)沈曰富撰　清光緒十三年(1887)刻本　四册

110000－0143－0021585　PG48/1048
受恆受漸齋集十二卷　(清)沈曰富撰　清光緒十三年(1887)刻本　四册

110000－0143－0021586　PG48/1052
晚香堂雜著鈔存不分卷　(清)許國年撰　清同治後抄本　一册

110000－0143－0021587　PG48/1053
乖庵文録二卷　秦樹聲撰　清光緒三十四年(1908)刻本　一册

110000－0143－0021588　PG48/1053
乖庵文録二卷　秦樹聲撰　清光緒三十四年(1908)刻本　一册

110000－0143－0021589　PG48/1053
乖庵文録二卷　秦樹聲撰　清光緒三十四年(1908)刻本　一册

110000－0143－0021590　PG48/1053
乖庵文録二卷　秦樹聲撰　清光緒三十四年(1908)刻本　一册

110000－0143－0021591　PG48/1055
聞妙香室文十九卷　(清)李宗昉撰　清道光十五年(1835)刻本　四册

110000－0143－0021592　PG48/1056
純甫古文鈔六卷　(清)戴棹撰著　清同治九年(1870)富文齋刻本　二册

110000－0143－0021593　PG48/1057
知足齋詩集二十卷詩續集四卷文集六卷進呈文稿二卷　(清)朱珪撰　清嘉慶十年(1805)刻本　十四册

110000－0143－0021594　PG48/1058－1
理堂文集十卷詩集四卷日記八卷外集一卷　(清)韓夢周撰　清道光三年(1823)静恆書屋刻本　九册

110000－0143－0021595　PG48/1058－1
理堂文集十卷詩集四卷日記八卷外集一卷　(清)韓夢周撰　清道光三年(1823)静恆書屋刻本　八册

110000－0143－0021596　PG48/1059
禮山園文集八卷　(清)李來章撰　清康熙二十七年(1688)刻本　二册　存四卷(一至四)

110000－0143－0021597　PG48/1060
玉井山館文略五卷文續二卷附西行日記一卷詩十五卷詩餘一卷　(清)許宗衡著　清同治四年(1865)刻本　五冊

110000－0143－0021598　PG48/1060－1
玉井山館文略五卷文續二卷附西行日記一卷詩十五卷詩餘一卷　(清)許宗衡著　清同治四年(1865)刻本　二册　存五卷(玉井山館文略五卷)

110000－0143－0021599　PG48/1061
介石文集一卷詩集一卷　(清)楊燾著　清道光二十五年(1845)非能園刻本　一册

110000－0143－0021600　PG48/1061
審巖文集二卷補遺一卷詩集一卷附一卷　(清)楊於果著　清道光二十五年(1845)非能園刻本　二册

110000－0143－0021601　PG48/1061
史漢箋論十卷　(清)楊於果著　清道光二十

五年(1845)非能園刻本　五冊

110000－0143－0021602　PG48/1062
黎文肅公遺書八種六十九卷　(清)黎培敬撰　清光緒十七年(1891)黎氏刻本　二十冊

110000－0143－0021603　PG48/1062
黎文肅公遺書八種六十九卷　(清)黎培敬撰　清光緒十七年(1891)黎氏刻本　二十冊

110000－0143－0021604　PG48/1063
國朝二十四家文鈔二十四卷　(清)徐斐然輯評　清乾隆六十年(1795)刻本　八冊

110000－0143－0021605　PG48/1064
七頌堂詩集十卷文集一卷尺牘一卷　(清)劉體仁著　清同治六年至七年(1867－1868)刻本　四冊

110000－0143－0021606　PG48/1065
朱杜溪先生集七卷遊歷記存一卷　(清)朱書著　清光緒十九年(1893)蔭六山莊刻本　四冊

110000－0143－0021607　PG48/1066
後永州集八卷　(清)黃文琛著　清同治九年(1870)刻本　六冊

110000－0143－0021608　PG48/1068
儀顧堂集十六卷　(清)陸心源撰　清同治十三年(1874)刻本　四冊

110000－0143－0021609　PG48/1068
儀顧堂題跋十六卷　(清)陸心源撰　清光緒十六年(1890)刻本　四冊

110000－0143－0021610　PG48/1068
儀顧堂題跋十六卷跋續十六卷　(清)陸心源撰　清光緒十六年(1890)刻本　十二冊

110000－0143－0021611　PG48/1069
思貽堂詩集十二卷詩續存八卷第三集四卷書簡八卷後錄州集八卷　(清)黃文琛撰　清咸豐元年至同治十二年(1851－1873)刻本　十二冊

110000－0143－0021612　PG48/1070
丹魁堂詩集四卷　(清)季芝昌撰　清同治四年(1865)紫琅寓館刻本　三冊

110000－0143－0021613　PG48/1070
丹魁堂外集四卷　(清)季芝昌撰　清咸豐十一年(1861)崇川寓館刻本　二冊

110000－0143－0021614　PG48/1070
丹魁堂自訂年譜一卷感遇錄一卷　(清)季芝昌撰　清咸豐十一年(1861)成文堂刻本　一冊

110000－0143－0021615　PG48/1071
徐履恭課作稿不分卷　(清)徐履恭撰　(清)劉丹廷批改　清光緒十七年(1891)徐履恭稿本　五冊

110000－0143－0021616　PG48/1071
養知書屋文集二十八卷詩集十五卷奏疏十二卷　(清)郭嵩燾著　清光緒十八年(1892)刻本　二十八冊

110000－0143－0021617　PG48/1072
躬恥齋文鈔十九卷後編六卷詩鈔十四卷後編七卷四書體味錄一卷制義不分卷　(清)宗稷辰撰　清咸豐元年(1851)越峴山館刻本　三十三冊

110000－0143－0021618　PG48/1074
密齋文集不分卷　(清)程同文著　清嘉慶後刻本　四冊

110000－0143－0021619　PG48/1075
薛庸盦文別集六卷　(清)薛福成著　清光緒二十九年(1903)石印本　六冊

110000－0143－0021620　PG48/1076
增訂馮夔颺稿不分卷　(清)馮夔颺著　清同治十一年(1872)文奎堂刻本　四冊

110000－0143－0021621　PG48/1077
惜道時齋集文編二卷詩編一卷　姚大榮撰　清宣統三年(1911)刻本　二冊

110000－0143－0021622　PG48/1079
晚學齋文集十二卷　(清)姚椿撰　清咸豐二年(1852)刻本　三冊

110000－0143－0021623　PG48/1079－1

晚學齋文集十二卷　(清)姚椿撰　清咸豐二年(1852)刻本　六册

110000－0143－0021624　PG48/1081
浣玉軒集四卷　(清)夏敬渠著　清光緒十六年(1890)刻本　二册

110000－0143－0021625　PG48/1083
悔廬文鈔五卷首一卷文補一卷詩鈔四卷　(清)張崇蘭著　清光緒二十三年(1897)刻本　六册

110000－0143－0021626　PG48/1085
賞雨茅屋外集一卷　(清)曾燠撰　清光緒十六年(1890)郭氏金峩山館刻本　一册

110000－0143－0021627　PG48/1086
寥天一閣文二卷　(清)譚嗣同撰　清光緒二十三年(1897)刻本　一册

110000－0143－0021628　PG48/1088
羅忠節公遺集八種十八卷　(清)羅澤南撰　清咸豐六年至同治二年(1856－1863)刻本　七册　存六卷(三至八)

110000－0143－0021629　PG48/1089
文乙集二卷　(清)董祐誠撰　清道光三年(1823)刻本　一册

110000－0143－0021630　PG48/1090
弢園著述總目八種八卷　(清)王韜著　清光緒十五年至十六年(1889－1890)弢園老民鉛印本　六册

110000－0143－0021631　PG48/1091
忠雅堂文集十二卷　(清)蔣士銓撰　清嘉慶二十一年(1816)藏園刻本　六册

110000－0143－0021632　PG48/1093
歸元恭先生文續鈔七卷附録一卷　(清)歸莊撰　清光緒三十四年(1908)國學保存會鉛印本　一册　存五卷(四至七、附録一卷)

110000－0143－0021633　PG48/1094
覆瓿集十三種　(清)張文虎撰　清同治十三年至光緒十五年(1874－1889)刻本　十册

110000－0143－0021634　PG48/1096
柏梘山房文集十六卷續集一卷駢體文二卷　(清)梅曾亮撰　清宣統三年(1911)上海國學扶輪社鉛印本　五册

110000－0143－0021635　PG48/1097
籀書内篇二卷外篇二卷　(清)曹金籀纂　清同治九年(1870)仁和曹氏刻本　二册

110000－0143－0021636　PG48/1099
張力臣先生遺集不分卷　(清)張弨著　清同治四年(1865)刻本　一册

110000－0143－0021637　PG48/1101
曾文正公文鈔四卷　(清)曾國藩撰　清同治十一年(1872)刻本　四册

110000－0143－0021638　PG48/1103
敦艮吉齋詩存二卷文存四卷　(清)徐子苓撰　清同治五年(1866)刻本　六册

110000－0143－0021639　PG48/1104
金陵張炳垣先生舉義文存一卷　(清)張繼庚撰　清同治十一年(1872)刻本　一册

110000－0143－0021640　PG48/1105
曾文正公雜著四卷　(清)曾國藩撰　清光緒十四年(1888)鴻文書局鉛印本　一册

110000－0143－0021641　PG48/1105
曾文正公雜著四卷　(清)曾國藩撰　清光緒十四年(1888)鴻文書局鉛印本　一册

110000－0143－0021642　PG48/1109
景詹闇遺文一卷　(清)姚諶撰　清光緒十二年(1886)刻本　一册

110000－0143－0021643　PG48/1110
一鐙精舍甲部藁五卷　(清)何秋濤撰　清光緒五年(1879)淮南書局刻本　一册

110000－0143－0021644　PG48/1110
一鐙精舍甲部藁五卷　(清)何秋濤撰　清光緒五年(1879)淮南書局刻本　一册

110000－0143－0021645　PG48/1110
一鐙精舍甲部藁五卷　(清)何秋濤撰　清光緒五年(1879)淮南書局刻本　一册

110000－0143－0021646　PG48/1111
仲實類稿一卷　(清)魯蕡撰　清光緒刻本　一册

110000－0143－0021647　PG48/1116
小窗遺稿二十七卷　(清)張漪撰　清嘉慶十九年(1814)惜陰書屋刻本　六册　缺二卷(詩傳題辭故一至二)

110000－0143－0021648　PG48/1118/B
十經齋文集四卷論語孔注辨僞二卷　(清)沈濤撰　清道光二十二年(1842)刻本　二册

110000－0143－0021649　PG48/1118/B
十經齋文集四卷論語孔注辨僞二卷　(清)沈濤撰　清道光二十四年(1844)刻本　二册

110000－0143－0021650　PG48/1120
玉山朱氏遺書二種三卷　(清)諸可寶輯　清光緒二十六年至民國十六年(1900－1927)玉山書院刻本　三册

110000－0143－0021651　PG48/1121
謝梅莊先生遺集八卷附西北域記一卷　(清)謝濟世著　清光緒三十四年(1908)全州趙炳麟鉛印本　二册

110000－0143－0021652　PG48/1121
謝梅莊先生遺集八卷附西北域記一卷　(清)謝濟世著　清光緒三十四年(1908)全州趙炳麟鉛印本　二册

110000－0143－0021653　PG48/1122
觀古閣叢刻七種十二卷　(清)鮑康輯　清同治十二年(1873)歙縣鮑康刻光緒二年(1876)續刻本　六册

110000－0143－0021654　PG48/1122
觀古閣叢稿三編二卷　(清)鮑康著　清光緒二年(1876)歙縣鮑康觀古閣刻本　一册

110000－0143－0021655　PG48/1122－1
觀古閣叢稿二卷　(清)鮑康著　清同治十二年(1873)歙縣鮑康觀古閣刻本　一册

110000－0143－0021656　PG48/1123
拙盦叢稿五種二十卷　(清)朱一新撰　清光緒二十二年(1896)順德龍氏葆真堂刻本　十三册

110000－0143－0021657　PG48/1125
端敏遺書四種四卷　(清)胡元直撰　清光緒二十年(1894)長沙胡氏刻本　一册

110000－0143－0021658　PG48/1126
賜葛堂文集六卷遺稿一卷　(清)岳震川撰　清光緒五年(1879)洋縣岳氏勉紹堂刻本　五册

110000－0143－0021659　PG48/1127
歸盦文槀八卷歸盦詩槀三卷　(清)葉裕仁撰　清光緒八年至九年(1882－1883)鎮洋葉氏刻本　五册

110000－0143－0021660　PG48/1128
享帚集十卷　(清)楊豫成撰　清同治三年(1864)陵川楊氏臥雲書屋刻本　四册

110000－0143－0021661　PG48/1129
釀蜜集四卷　(清)浦起龍著　清光緒二十七年(1901)金匱浦錫齡刻本　四册

110000－0143－0021662　PG48/1130
天愚山人詩集十二卷文集十六卷　(清)謝泰宗著　清光緒六年(1880)鎮海謝駿德靈蕤館刻本　八册

110000－0143－0021663　PG48/1130
天愚山人詩集十二卷文集十六卷　(清)謝泰宗著　清光緒六年(1880)鎮海謝駿德靈蕤館刻本　八册

110000－0143－0021664　PG48/1132
綠野齋文集四卷　(清)劉鴻翺撰　清道光七年(1827)同懷堂刻本　八册

110000－0143－0021665　PG48/1133
補籬遺稿八卷　(清)姚福均撰　清光緒三十一年(1905)木活字印本　二册

110000－0143－0021666　PG48/1134
審巖文集二卷詩集一卷　(清)楊於果著　清道光二十五年(1845)非能園刻本　三册

110000－0143－0021667　PG48/1136

瑯嬛文集六卷　(清)張岱著　清光緒三年(1877)刻本　六冊

110000－0143－0021668　PG48/1138
二南文集二卷　(清)周樂著　清道光二十二年(1842)枕湖書屋刻本　二冊

110000－0143－0021669　PG48/1139
汲庵文存六卷　(清)楊象濟撰　清光緒七年(1881)刻本　四冊

110000－0143－0021670　PG48/1141
劬書室遺集十六卷理學庸言二卷　(清)金錫齡撰　清光緒二十一年(1895)刻本　五冊

110000－0143－0021671　PG48/1141
劬書室遺集十六卷理學庸言二卷　(清)金錫齡撰　清光緒二十一年(1895)刻本　六冊

110000－0143－0021672　PG48/1141
劬書室遺集十六卷理學庸言二卷　(清)金錫齡撰　清光緒二十一年(1895)刻本　五冊

110000－0143－0021673　PG48/1142
蘧盦文鈔一卷詩鈔十一卷　(清)劉商賢撰　清光緒十五年(1889)閑存小舍刻本　六冊

110000－0143－0021674　PG48/1143－1
南畇文稾十二卷詩稾十卷詩續稾十七卷　(清)彭定求著　清光緒七年(1881)刻本　十二冊

110000－0143－0021675　PG48/1143－1
南畇文稾十二卷詩稾十卷詩續稾十七卷　(清)彭定求著　清光緒七年(1881)刻本　十二冊

110000－0143－0021676　PG48/1144
耻不逮齋集三卷附錄一卷補遺一卷　(清)熊純叔撰　清光緒十六年至十七年(1890－1891)五畝園刻本　四冊

110000－0143－0021677　PG48/1144
耻不逮齋集三卷附錄一卷補遺一卷　(清)熊純叔撰　清光緒十六年至十七年(1890－1891)五畝園刻本　四冊

110000－0143－0021678　PG48/1145
惺諟齋存稿十卷　喻長霖撰　清宣統鉛印本　六冊

110000－0143－0021679　PG48/1145
惺諟齋存稿十卷　喻長霖撰　清宣統鉛印本　五冊　缺二卷(一至二)

110000－0143－0021680　PG48/1145
甪齋文集八卷詩集四卷　(清)張穆撰　清咸豐八年(1858)刻本　一冊　存四卷(詩集四卷)

110000－0143－0021681　PG48/1146
閏榻先生集三十卷　(清)張望著　清同治三年(1864)刻本　十冊

110000－0143－0021682　PG48/1148
朱秋厓詩集四卷文集一卷　(清)朱克生著　清光緒八年(1882)刻本　四冊

110000－0143－0021683　PG48/1149
盾鼻餘瀋一卷　(清)左宗棠撰　清光緒七年(1881)柳葆元、易策謙刻本　二冊

110000－0143－0021684　PG48/1149
盾鼻餘瀋一卷　(清)左宗棠撰　清光緒七年(1881)柳葆元、易策謙刻本　一冊

110000－0143－0021685　PG48/1149
盾鼻餘瀋一卷　(清)左宗棠撰　清光緒七年(1881)柳葆元、易策謙刻本　一冊

110000－0143－0021686　PG48/1149
盾鼻餘瀋一卷　(清)左宗棠撰　清光緒七年(1881)柳葆元、易策謙刻本　一冊

110000－0143－0021687　PG48/1154
黃斤文鈔四卷　(清)黃良輝撰　清同治五年(1866)後刻本　一冊

110000－0143－0021688　PG48/1145
甪齋文集八卷詩集四卷　(清)張穆撰　清咸豐八年(1858)刻本　一冊　存一種三卷(甪齋文集一至三)

110000－0143－0021689　PG48/1155－1
甪齋文集八卷詩集四卷　(清)張穆撰　清咸豐八年(1858)刻本　四冊

110000－0143－0021690　PG48/1156
憲法治原四卷首一卷原人二編　陳澹然著　清光緒三十二年(1906)鉛印本　四册

110000－0143－0021691　PG48/1157
棣垞集四卷外集三卷　(清)朱啟連撰　清光緒二十六年(1900)刻本　二册

110000－0143－0021692　PG48/1157
棣垞集四卷外集三卷　(清)朱啟連撰　清光緒二十六年(1900)刻本　二册

110000－0143－0021693　PG48/1157
棣垞集四卷外集三卷　(清)朱啟連撰　清光緒二十六年(1900)刻本　二册

110000－0143－0021694　PG48/1158
葉忠節公遺稿十二卷　(清)葉映榴撰　清同治五年(1866)刻本　四册

110000－0143－0021695　PG48/1159
秋樹讀書樓遺集十六卷　(清)史善長著　清道光十五年(1835)勝溪草堂刻本　四册

110000－0143－0021696　PG48/1160
東山草堂邇言六卷　(清)邱嘉穗撰　清光緒七年(1881)漢陽邱氏刻本　二册

110000－0143－0021697　PG48/1161
東井詩鈔四卷文鈔二卷　(清)黄定文撰　清光緒十七年(1891)四明黄氏補不足齋刻本　四册

110000－0143－0021698　PG48/1162
艾廬遺稿六卷　(清)邵曾鑑撰　清光緒二十三年(1897)刻本　二册

110000－0143－0021699　PG48/1162
艾廬遺稿六卷　(清)邵曾鑑撰　清光緒二十三年(1897)刻本　二册

110000－0143－0021700　PG48/1165
孟亭居士文稿五卷　(清)馮浩撰　清嘉慶七年(1802)刻本　五册

110000－0143－0021701　PG48/1166
柏堂遺書八種附一種　(清)方宗誠撰　清光緒桐城方氏刻本　十六册　存一種七十一卷(柏堂集前編十四卷、次編十三卷、續編二十二卷、後編二十二卷)

110000－0143－0021702　PG48/1166
柏堂遺書八種附一種　(清)方宗誠撰　清光緒桐城方氏刻本　二十二册　存三種九十八卷(柏堂集前編十四卷、次編十三卷、續編二十二卷、後編二十二卷、外編十二卷,志學錄八卷,柏堂讀書筆記論文章本原三卷、讀文雜記一卷、說詩章義三卷)

110000－0143－0021703　PG48/1167
太霞山館文集四卷詩稿二卷　(清)董斿撰　清光緒二十四年(1898)刻本　四册

110000－0143－0021704　PG48/1167－1
太霞山館文集四卷詩稿二卷　(清)董斿撰　清光緒二十四年(1898)刻本　四册

110000－0143－0021705　PG48/1168
李中丞遺集三卷　(清)李發甲著　清同治八年(1869)雲南圖書館刻本　一册

110000－0143－0021706　PG48/1170
李憲暠遺集五種五卷　(清)李憲暠撰　清光緒二十五年(1899)刻本　三册

110000－0143－0021707　PG48/1171
芸香館遺詩二卷　(清)那遜蘭保著　清同治十三年(1874)盛昱刻本　一册

110000－0143－0021708　PG48/1171
曬書堂集三十六卷　(清)郝懿行撰　清光緒十年(1884)東路廳署刻本　十八册

110000－0143－0021709　PG48/1171
梅叟閒評四卷　(清)郝培元撰　清光緒十年(1884)東路廳署刻本　二册

110000－0143－0021710　PG48/1172
二知齋文鈔四卷詩鈔四卷　(清)易鏡清著　清光緒元年(1875)恩餘堂刻本　四册

110000－0143－0021711　PG48/1174
一規八棱硯齋詩鈔六卷類鈔一卷詞鈔一卷文鈔一卷時文一卷　(清)徐廷華著　清光緒九年(1883)武昌寓齋刻本　四册

110000－0143－0021712　PG48/1176
求聞過齋文集四卷　（清）朱方曾撰　清光緒二十年（1894）刻本　三冊

110000－0143－0021713　PG48/1176
求聞過齋詩集六卷　（清）朱方曾撰　清光緒十九年（1893）刻本　二冊

110000－0143－0021714　PG48/1176
四為堂焚餘草二卷附卷　（清）謝鵬飛撰　清宣統元年（1909）刻本　二冊

110000－0143－0021715　PG48/1178
補籬遺稿八卷　（清）姚福均撰　清光緒三十一年（1905）木活字印本　二冊

110000－0143－0021716　PG48/1178
補籬遺稿八卷　（清）姚福均撰　清光緒三十一年（1905）木活字印本　二冊

110000－0143－0021717　PG48/1178
補籬遺稿八卷　（清）姚福均撰　清光緒三十一年（1905）木活字印本　四冊

110000－0143－0021718　PG48/1178
補籬遺稿八卷　（清）姚福均撰　清光緒三十一年（1905）木活字印本　四冊

110000－0143－0021719　PG48/1178
補籬遺稿八卷　（清）姚福均撰　清光緒三十一年（1905）木活字印本　四冊

110000－0143－0021720　PG48/1179
文集十卷　（清）戴震撰　清乾隆四十三年（1778）刻本　四冊

110000－0143－0021721　PG48/1181
梅村文集二十卷　（清）吳偉業著　清宣統二年（1910）神州國光社鉛印本　四冊

110000－0143－0021722　PG48/1181
左海全集十種三十四卷　（清）陳壽祺撰　清嘉慶至道光陳氏刻本　二十四冊

110000－0143－0021723　PG48/1181
左海全集十種三十四卷　（清）陳壽祺撰　清嘉慶至道光陳氏刻本　二十四冊

110000－0143－0021724　PG48/1184
隴上鴻泥一卷食破硯齋賦草一卷　（清）程履豐撰　清光緒五年（1879）刻本　二冊

110000－0143－0021725　PG48/1186
西澗草堂集四卷　（清）閻循觀撰　清乾隆三十八年（1773）樹滋堂刻本　一冊

110000－0143－0021726　PG48/1187
葆真齋集六卷　（清）賈洪詔撰　清光緒十三年（1887）刻本　六冊

110000－0143－0021727　PG48/1188
黃梨洲先生南雷文約四卷　（清）黃宗羲撰　清乾隆刻本　三冊

110000－0143－0021728　PG48/1190
乾初先生文鈔二卷遺詩鈔一卷　（清）陳確著　清光緒十三年（1887）海昌羊氏刻本　一冊

110000－0143－0021729　PG48/1192
蒔古齋輯著五種七卷　（清）楊城書編著　清道光十三年（1833）上海楊氏刻本　二冊

110000－0143－0021730　PG48/1193
瞰蔗全集文八卷詩八卷附喪禮詳考一卷周官隨筆一卷　（清）張羲年撰　（清）錢大昕（清）陳以綱評輯　清光緒十九年（1893）曾孫錫恩鉛印本　五冊

110000－0143－0021731　PG48/1194
復堂文續五卷　（清）譚獻撰　清光緒二十七年（1901）建德胡念修刻本　四冊

110000－0143－0021732　PG48/1195
紫竹山房制義全稾八卷　（清）陳兆崙撰　清光緒十八年（1892）廣州經史閣刻本　八冊

110000－0143－0021733　PG48/1197
忼悔齋詩集一卷文集一卷　（清）施若霖撰　清末抄本　一冊

110000－0143－0021734　PG48/1198
壺庵詩二卷駢體文二卷　（清）吳清皋撰　清咸豐五年（1855）錢塘吳氏刻吳氏一家稿本　二冊

110000－0143－0021735　PG48/1199

文甲集二卷文乙集二卷 （清）董祐誠撰　清道光三年（1823）陽湖董氏刻董方立遺書本　二册

110000－0143－0021736　PG48/1200
省齋全集十二卷 （清）牛樹梅撰　清同治十三年（1874）刻本　八册

110000－0143－0021737　PG48/1202
萸江古文存四卷詩存三卷附朋舊詩 （清）陶必銓著 （清）陶澍 （清）陶溍編輯　清嘉慶二十一年（1816）愛吾廬刻本　二册

110000－0143－0021738　PG48/1202
印心石屋詩鈔初集四卷二集三卷試律四卷潛河禱冰圖詩錄四卷首一卷 （清）陶澍撰輯　清嘉慶至道光刻本　四册

110000－0143－0021739　PG48/1203
重訂述記八卷 （清）任兆麟述　清嘉慶十五年（1810）金閶濂溪閣刻本　八册

110000－0143－0021740　PG48/1206
二希堂緝齋文詩合編三種三十二卷 （清）蔡世遠 （清）蔡新撰　清光緒二十五年（1899）閩漳多藝齋刻本　十四册

110000－0143－0021741　PG48/1208
韞山堂時文全集不分卷 （清）管世銘撰　清光緒十六年（1890）三義堂刻本　四册

110000－0143－0021742　PG48/1208－1
韞山堂時文全集八卷 （清）管世銘撰　清光緒十九年（1893）甯郡汲綆齋刻本　八册

110000－0143－0021743　PG48/1209
趙忠節公遺墨一卷溫次言先生詩錄一卷 （清）趙景賢撰　清光緒八年（1882）刻本　一册

110000－0143－0021744　PG48/1209
趙忠節公遺墨一卷溫次言先生詩錄一卷 （清）趙景賢撰　清光緒八年（1882）刻本　一册

110000－0143－0021745　PG48/1211
青虛山房集十一卷 （清）王太岳著　清光緒十九年（1893）定興鹿氏刻本　二册

110000－0143－0021746　PG48/1213
陸陳二先生文鈔二種十二卷 （清）陸世儀 （清）陳瑚撰　清同治九年（1870）刻本　四册

110000－0143－0021747　PG48/1214
月山遺書七卷首一卷末一卷 （清）梁彣撰　清同治十二年（1873）建州丁氏式樂堂刻本　四册

110000－0143－0021748　PG48/1215
思亭詩鈔八卷文鈔二卷賦鈔二卷 （清）顧堃撰　清同治九年（1870）刻本　四册

110000－0143－0021749　PG48/1216
松花菴全集十二卷 （清）吳鎮撰　清宣統二年（1910）刻本　十二册

110000－0143－0021750　PG48/1216
松花菴全集十二卷 （清）吳鎮撰　清宣統二年（1910）刻本　六册

110000－0143－0021751　PG48/1218
公餘瑣言一卷附鄉會試硃卷一卷 （清）王懿德著　**王靖毅公年譜二卷先靖毅公行述一卷** （清）王家勤 （清）王文謙編 （清）王守愚撰　清同治元年至十三年（1862－1874）祥符王氏刻本　六册

110000－0143－0021752　PG48/1219
移芝室古文十三卷詩集三卷尺牘三卷律賦一卷思舊集一卷會試硃卷一卷朝攷卷一卷芰餘草一卷試帖一卷外集一卷 （清）楊彝珍撰　清光緒二十二年（1896）武陵楊世猷刻本　八册

110000－0143－0021753　PG48/1222－1
敦艮齋遺書十七卷 （清）徐潤第著　清道光二十八年（1848）五臺徐繼畬刻本　五册

110000－0143－0021754　PG48/1224
杏瓊齋詩集六卷杏瓊齋時文不分卷 （清）李廷儀著　清嘉慶元年至二年（1796－1797）灤陽李廷儀、懷寧潘瑛刻本　四册

110000－0143－0021755　PG48/1226

延桂山房吟稿八卷詞草一卷文集一卷别集一卷　(清)王惟成著　清光緒二十六年(1900)王繼善、王詒善刻本　四册

110000－0143－0021756　PG48/1228
悦軒文鈔二卷附史席閒話一卷　(清)鞠濂撰　清宣統二年(1910)黄縣丁樹楨海隅山館刻本　二册

110000－0143－0021757　PG48/1229
困學記三卷　(清)馮廷桂著　清光緒十四年(1888)刻本　二册

110000－0143－0021758　PG48/1230
希古堂文甲集二卷乙集六卷　(清)譚宗浚撰　清光緒十六年(1890)羊城刻本　四册

110000－0143－0021759　PG48/1230
希古堂文乙集一卷　(清)譚宗浚撰　清光緒十六年(1890)羊城刻本　一册

110000－0143－0021760　PG48/1231
張廉卿先生文集八卷　(清)張裕釗撰　(清)查燕緒編次　清宣統元年(1909)五色古文山房刻本　四册

110000－0143－0021761　PG48/1232
歸宫詹集四卷　(清)歸允肅著　清光緒十三年(1887)刻本　四册

110000－0143－0021762　PG48/1234
二水樓文集二十卷首一卷詩集十八卷　(清)李茹旻撰　清光緒十七年(1891)刻本　十册

110000－0143－0021763　PG48/1235
小倉山房外集七卷　(清)袁枚撰　清乾隆三十四年(1769)刻本　二册

110000－0143－0021764　PG48/1235－1
小倉山房四六八卷　(清)袁枚撰　清乾隆刻本　四册

110000－0143－0021765　PG48/1238
南山全集十六卷　(清)戴名世撰　清光緒十六年(1890)木活字印本　八册

110000－0143－0021766　PG48/1239
悔餘菴集五種三十一卷　(清)何栻撰　清同治四年(1865)鳩江戎幄半畝園刻本　十册
缺一種二卷(衲蘇集二卷)

110000－0143－0021767　PG48/1239－1
悔餘菴集五種三十一卷　(清)何栻撰　清同治四年(1865)鳩江戎幄半畝園刻本　十二册
缺一種一卷(悔餘菴詩稿十三)

110000－0143－0021768　PG48/1240
雅安書屋文集二卷　(清)汪嵏撰　清道光二十四年(1844)刻本　二册

110000－0143－0021769　PG48/1242
隨輦集十卷續集一卷　(清)高士奇撰　清康熙刻本　四册

110000－0143－0021770　PG48/1244
吉金樂石山房文集一卷續編一卷詩集二卷棗花書屋詩集一卷　(清)朱士端　(清)朱之璣著　清同治三年至四年(1864－1865)寶應朱氏刻本　一册

110000－0143－0021771　PG48/1246
端虚勉一居文集三卷初月樓論書隨筆一卷古文緒論一卷　(清)張成孫撰　清宣統二年至三年(1910－1911)武進盛氏刻本　一册

110000－0143－0021772　PG48/1246
端虚勉一居文集三卷　(清)張成孫撰　清宣統三年(1911)武進盛氏影印本　一册

110000－0143－0021773　PG48/1247
刖足集内篇一卷　(清)鍾天緯撰　清光緒二十七年(1901)華亭鍾鏡寰刻本　一册

110000－0143－0021774　PG48/1248
羅忠節公遺集八卷　(清)羅澤南撰　清咸豐七年至同治十三年(1857－1874)刻本　三册

110000－0143－0021775　PG48/1249
無為齋文集十二卷續集六卷　(清)張昭潛撰　清光緒二十六年(1900)郭恩孚刻本　一册
缺十二卷(無為齋文集十二卷)

110000－0143－0021776　PG48/1250
静菴文集四卷詩集六卷　(清)左眉撰　清同治十三年(1874)桐城方徵泰鉛印本　二册

110000－0143－0021777　PG48/1251
尺雲軒詩集四卷秋窗疊韻詩一卷尺雲軒文集二卷文集續編一卷　（清）朱實發撰　清道光十四年（1834）刻本　三册

110000－0143－0021778　PG48/1253
袁文合箋十六卷　（清）袁枚著　（清）王廣業集箋　清光緒八年（1882）海陵王廣業刻本　六册

110000－0143－0021779　PG48/1254
元穆文鈔一卷　杜俞撰　清光緒十四年（1888）刻本　一册

110000－0143－0021780　PG48/1256
昨夢齋文集四卷　（清）彭泰來著　清同治四年（1865）刻本　四册

110000－0143－0021781　PG48/1257
狎鷗軒集四卷甑塵紀略一卷　（清）姚齊宋撰　清道光十七年（1837）刻本　一册

110000－0143－0021782　PG48/1259
初學集雜鈔不分卷　（清）錢謙益撰　清抄本　一册

110000－0143－0021783　PG48/1261
式訓集十六卷　（清）張柏恒撰　清道光二十一年（1841）式訓堂刻本　四册

110000－0143－0021784　PG48/1262
何端簡公集十二卷　（清）何世璂撰　**何端簡公［世璂］年譜一卷**　（清）俞正燮編　清道光二十四年（1844）澹志堂刻本　五册

110000－0143－0021785　PG48/1262
何端簡公集十二卷　（清）何世璂撰　**何端簡公［世璂］年譜一卷**　（清）俞正燮編　清道光二十四年（1844）澹志堂刻本　六册

110000－0143－0021786　PG48/1262
何端簡公集十二卷　（清）何世璂撰　**何端簡公［世璂］年譜一卷**　（清）俞正燮編　清道光二十四年（1844）澹志堂刻本　六册

110000－0143－0021787　PG48/1263
拙尊園叢稿六卷　（清）黎庶昌撰　清光緒十九年（1893）上海醉六堂石印本　二册

110000－0143－0021788　PG48/1263
拙尊園叢稿六卷　（清）黎庶昌撰　清光緒十九年（1893）上海醉六堂石印本　二册

110000－0143－0021789　PG48/1263
拙尊園叢稿六卷　（清）黎庶昌撰　清光緒二十一年（1895）金陵狀元閣刻本　四册

110000－0143－0021790　PG48/1266
友竹草堂文集不分卷　（清）蔣慶第撰　清光緒刻本　一册

110000－0143－0021791　PG48/1267
習苦齋詩集八卷習苦齋古文四卷　（清）戴熙撰　清同治五年（1866）刻本　四册

110000－0143－0021792　PG48/1268
松翠小菟裘文集四卷　（清）王佩蘭撰　清嘉慶九年（1804）刻本　二册

110000－0143－0021793　PG48/1269
筠心堂文集十卷外集不分卷　（清）張岳崧撰　清道光二十四年（1844）刻本　五册

110000－0143－0021794　PG48/1274
小桃李園文鈔四卷詩鈔二十卷　（清）李霖撰　清光緒三年至四年（1877－1878）李氏染柳山房刻本　六册

110000－0143－0021795　PG48/1275
汪羅彭薛四家合鈔四種十五卷　（清）國學扶輪社輯　清宣統二年（1910）國學扶輪社鉛印本　六册

110000－0143－0021796　PG48/1275－1
汪羅彭薛四家合鈔四種十五卷　（清）國學扶輪社輯　清宣統二年（1910）國學扶輪社鉛印本　六册

110000－0143－0021797　PG48/1276
巢經巢遺文五卷　（清）鄭珍撰　清光緒十九年（1893）貴筑高氏資州官署刻本　四册

110000－0143－0021798　PG48/1276
巢經巢遺文五卷　（清）鄭珍撰　清光緒十九年（1893）貴筑高氏資州官署刻本　一册　缺

一卷（五）

110000－0143－0021799　PG48/1278
西廬文集四卷補錄七卷　（清）張雋撰　清宣統二年（1910）國學扶輪社鉛印本　二冊

110000－0143－0021800　PG48/1278
西廬文集四卷補錄七卷　（清）張雋撰　清宣統二年（1910）國學扶輪社鉛印本　二冊

110000－0143－0021801　PG48/1280
移芝室古文十三卷　（清）楊彝珍著　清光緒二年（1876）刻本　三冊

110000－0143－0021802　PG48/1282
茹古齋文鈔二卷補遺一卷詩鈔一卷　（清）張復撰　清道光二十三年（1843）刻本　一冊

110000－0143－0021803　PG48/1291
學詁齋文集二卷　（清）薛壽撰　清光緒六年（1880）冶城山館刻本　一冊

110000－0143－0021804　PG48/1291
學詁齋文集二卷　（清）薛壽撰　清光緒六年（1880）冶城山館刻本　一冊

110000－0143－0021805　PG48/1291－1
學詁齋文集二卷　（清）薛壽撰　清光緒十五年（1889）廣雅書局刻本　一冊

110000－0143－0021806　PG48/1291－1
學詁齋文集二卷　（清）薛壽撰　清光緒十五年（1889）廣雅書局刻本　一冊

110000－0143－0021807　PG48/1291－1
廣經室文鈔一卷　（清）劉恭冕撰　清光緒十五年（1889）廣雅書局刻本　與110000－0143－0021806合冊

110000－0143－0021808　PG48/1291－1
幼學堂文鈔一卷　（清）沈欽韓撰　清光緒十五年（1889）廣雅書局刻本　與110000－0143－0021806合冊

110000－0143－0021809　PG48/1292
仰蕭樓文集一卷國朝經學名儒記一卷　（清）張星鑑著　清光緒九年（1883）刻本　一冊

110000－0143－0021810　PG48/1292
仰蕭樓文集一卷國朝經學名儒記一卷　（清）張星鑑著　清光緒九年（1883）刻本　一冊

110000－0143－0021811　PG48/1292
仰蕭樓文集一卷國朝經學名儒記一卷　（清）張星鑑著　清光緒九年（1883）刻本　一冊

110000－0143－0021812　PG48/1294
楊徵君自擕前集一卷後集一卷續集一卷　（清）楊陳復撰　清光緒十一年（1885）、二十年（1894）屯溪茹古堂刻本　二冊

110000－0143－0021813　PG48/1295
東江全集詩文九卷附錄一卷詞曲九卷　（清）沈謙著　（清）沈保元輯　清道光九年（1829）仁和沈氏刻本　六冊

110000－0143－0021814　PG48/1298
復堂類集四種二十一卷　（清）譚獻撰　**待堂文一卷**　（清）吳懷珍箸　清光緒十三年（1887）刻本　六冊

110000－0143－0021815　PG48/1298
復堂類集四種二十一卷　（清）譚獻撰　**待堂文一卷**　（清）吳懷珍箸　清光緒十三年（1887）刻本　六冊

110000－0143－0021816　PG48/1299
尉山堂稿十四卷　（清）萬斛泉著　清光緒三十二年（1906）疊山書院刻本　四冊

110000－0143－0021817　PG48/1301
菘耘文鈔四卷　（清）季錫疇撰　清光緒五年（1879）褎弁閣刻本　一冊

110000－0143－0021818　PG48/1301
菘耘文鈔四卷　（清）季錫疇撰　清光緒五年（1879）褎弁閣刻本　一冊

110000－0143－0021819　PG48/1303
陶廬外篇一卷　王樹枏撰　清宣統二年（1910）新城王氏刻本　一冊

110000－0143－0021820　PG48/1304
校經廎文稾十八卷　（清）李富孫撰　清道光元年（1821）刻本　五冊

110000－0143－0021821　PG48/1307
馮山公文集十二卷　(清)馮景著　清康熙至雍正刻本　四冊

110000－0143－0021822　PG48/1309
瀏陽二傑文二卷　(清)譚嗣同　(清)唐才常撰　清末至民國初鉛印本　二冊

110000－0143－0021823　PG48/1310
牧齋晚年家乘文一卷　(清)錢謙益撰　清宣統三年(1911)上海國學扶輪社鉛印本　一冊

110000－0143－0021824　PG48/1311
正誼堂文集二十四卷　(清)董沛撰　清光緒二十七年(1901)刻本　六冊

110000－0143－0021825　PG48/1312
蜀中叢稿一卷附溫州送別詩存一卷　(清)蔡嘉玉撰　清同治四年(1865)刻本　一冊

110000－0143－0021826　PG48/1313
風希堂文集四卷　(清)戴殿泗撰　清道光八年(1828)九靈山房刻本　二冊

110000－0143－0021827　PG48/1315
慈谿文徵二種　(清)鄭溱著　清光緒十八年(1892)赭山楊氏經畬塾刻本　二冊

110000－0143－0021828　PG48/1316
寄思齋藏稿十四卷公孫龍子一卷　(清)辛從益撰　清咸豐元年(1851)刻本　十冊

110000－0143－0021829　PG48/1318
帥文毅公遺集五卷　(清)帥遠嶧撰　清光緒二十三年(1897)黃梅縣署刻本　二冊

110000－0143－0021830　PG48/1319
朱強甫集三卷　(清)朱克柔撰　清光緒三十二年(1906)心不滅齋刻本　一冊

110000－0143－0021831　PG48/1320
東塾集六卷申范一卷　(清)陳澧撰　清光緒十八年(1892)菊坡精舍刻本　三冊

110000－0143－0021832　PG48/1321
海日堂集七卷　(清)程可則著　清道光五年(1825)刻本　四冊

110000－0143－0021833　PG48/1322
茶香室四鈔二十九卷　(清)俞樾撰　清光緒二十五年(1899)刻本　七冊

110000－0143－0021834　PG48/1323
笠雲遺文一卷　(清)王心如撰　清宣統二年(1910)尊經堂刻本　一冊

110000－0143－0021835　PG48/1324
賴古齋文集八卷　(清)湯脩業著　清道光九年(1829)宛鄰書屋刻本　一冊　存二卷(一至二)

110000－0143－0021836　PG48/1326
南園文存一卷　(清)錢灃著　清道光十五年(1835)玉成書屋刻本　一冊

110000－0143－0021837　PG48/1330
靈峯草堂集四卷　陳矩著　清光緒貴陽陳氏刻本　一冊

110000－0143－0021838　PG48/1331
竢實齋文稿二卷　(清)秦寶璣著　清光緒十四年(1888)合肥張雲霖刻本　一冊

110000－0143－0021839　PG48/1333
望溪文鈔一卷　(清)方苞撰　清光緒六年(1880)李圭抄本　一冊

110000－0143－0021840　PG48/1335
退思文稿五種　(清)范志熙撰　清光緒十四年(1888)木犀香館刻本　一冊

110000－0143－0021841　PG48/1336
陶堂遺文一卷　(清)高心夔撰　清光緒八年(1882)平湖朱氏經註經齋刻本　一冊

110000－0143－0021842　PG48/1337
欠泉庵文集二卷　(清)周煥樞著　清光緒刻本　二冊

110000－0143－0021843　PG48/1338
遊六齋集二卷　(清)王鳴鐸撰　清乾隆三十一年(1766)刻本　一冊

110000－0143－0021844　PG48/1339
聽松樓遺稾四卷附錄不分卷　(清)陳爾士撰　清道光元年(1821)刻本　一冊

110000－0143－0021845　PG48/1340
用六集十二卷附錄一卷　(清)刁包撰　清道光二十三年(1843)順積樓刻本　七册

110000－0143－0021846　PG48/1341
儀鄭堂文二卷　(清)孔廣森撰　(清)阮元敘錄　清嘉慶至道光儀徵阮氏刻本　一册

110000－0143－0021847　PG48/1344
綠野齋文集四卷　(清)劉鴻翱撰　清道光七年(1827)同懷堂刻本　四册

110000－0143－0021848　PG48/1345
習是堂文集二卷附自序年譜一卷　(清)曾倬著　清光緒二十年(1894)常熟曾氏義莊木活字印本　一册

110000－0143－0021849　PG48/1347
十五弗齋詩存一卷文存一卷　(清)丁寶楨撰　清光緒二十年(1894)京師刻本　一册

110000－0143－0021850　PG48/1348
知退齋稿七卷　(清)張瑛撰　清光緒二十四年(1898)刻本　三册

110000－0143－0021851　PG48/1350
邃懷堂文集四卷詩集前編六卷詩集後編六卷詞鈔二卷駢文箋註十六卷補箋一卷哀忠集三卷　(清)袁翼撰　清光緒十三年至十四年(1887－1888)刻本　二十册

110000－0143－0021852　PG48/1352
餘園叢稿四種五卷　(清)汪坑等撰　清光緒二十九年(1903)刻本　二册

110000－0143－0021853　PG48/1355
谷艾園文稿四卷　(清)谷誠撰　(清)方棨如評閱　清光緒三年(1877)孫氏詒善祠塾刻本　二册

110000－0143－0021854　PG48/1356
二知軒文存三十四卷　(清)方濬頤撰　清光緒四年(1878)刻本　十二册

110000－0143－0021855　PG48/1358
小谷山房雜言四卷　(清)張光裕撰　清光緒二十二年(1896)湘霞仙館刻本　二册

110000－0143－0021856　PG48/1359
小言集十六種十六卷　(清)王敬之撰　清道光二十八年(1848)高郵王氏刻本　六册

110000－0143－0021857　PG48/1362
變雅堂文集八卷詩集十卷附錄一卷　(清)杜濬撰　清同治九年(1870)鄂垣刻本　八册

110000－0143－0021858　PG48/1363
斆壽廬詩集十卷遺集一卷　(清)吳恩熙撰　清光緒二十六年(1900)吳氏刻本　二册

110000－0143－0021859　PG48/1364
柳渠文集六卷詩集六卷　(清)胡豹變撰　清同治七年(1868)榆邑懷仁鎮燕翼樓刻本　四册

110000－0143－0021860　PG48/1366
仙心閣詩鈔八卷文鈔二卷　(清)彭慰高撰　清光緒三年(1877)、十四年(1888)羊城刻本　四册

110000－0143－0021861　PG48/1368
居業堂文集二十卷　(清)王源著　清光緒五年(1879)王氏謙德堂刻本　四册

110000－0143－0021862　PG48/1370
李光祿公遺集八卷　(清)李文安撰　(清)李國傑編輯　清光緒三十一年(1905)合肥李氏刻本　六册

110000－0143－0021863　PG48/1372
槐卿遺稾六卷附錄一卷　(清)沈衍慶著　清同治元年(1862)刻本　二册

110000－0143－0021864　PG48/1374
卓廬初草不分卷　(清)陳墉著　清道光十四年(1834)刻本　二册

110000－0143－0021865　PG48/1375
春星草堂集文二卷詩五卷　(清)沈丙瑩撰　清光緒十五年(1889)刻本　三册

110000－0143－0021866　PG48/1376
瑞芝山房詩鈔八卷文鈔八卷　(清)戴燮元輯　清光緒元年至三年(1875－1877)廣陵刻本　十册

110000－0143－0021867　PG48/1378
十五弗齋文存一卷　(清)丁寶楨撰　清光緒二十年(1894)京師刻本　一册

110000－0143－0021868　PG48/1379
吴赤溟先生文集一卷附録一卷　(清)吴炎著　清光緒三十二年(1906)上海國學保存會鉛印本　一册

110000－0143－0021869　PG48/1381
匏齋遺稾五卷　(清)李齡壽撰　清光緒二十二年(1896)刻本　二册

110000－0143－0021870　PG48/1382
明道書院鈔存五卷首一卷　(清)黄舒昺撰　清光緒刻本　二册

110000－0143－0021871　PG48/1387
庚星文稿録存一卷詩稿録存一卷　(清)陸咸清著　清光緒三十年(1904)刻本　一册

110000－0143－0021872　PG48/1388
李菊圃先生遺文不分卷　(清)李用清撰　(清)馮濟川編輯　清宣統三年(1911)孝義馮氏石印馮氏叢書本　一册

110000－0143－0021873　PG48/1389
曼陀羅花室詞一卷文三卷詩三卷　(清)吴翊寅撰　清光緒十九年至二十年(1893－1894)廣雅書局刻本　三册

110000－0143－0021874　PG48/1392
取斯堂遺稿三卷　(清)俞焜撰　清光緒五年(1879)沈桂芬刻本　一册

110000－0143－0021875　PG48/1393
百一山房集十卷　(清)應時良撰　清光緒十八年(1892)海寧鍾肇立刻本　四册

110000－0143－0021876　PG48/1394
阿字無禪師光宣臺集二十五卷　(清)釋今無撰　(清)釋古正　(清)釋古雲編　清嘉慶二十四年(1819)刻本　八册

110000－0143－0021877　PG48/1396
綠雪堂遺集二十卷　(清)王衍梅撰　清道光二十九年(1849)會稽王氏刻本　六册

110000－0143－0021878　PG48/1397
笠東草堂文稿二卷　(清)俞岳著　清光緒十七年(1891)烏程龐氏刻本　二册

110000－0143－0021879　PG48/1398
槐廳載筆二十卷　(清)法式善撰　清嘉慶四年(1799)刻本　六册

110000－0143－0021880　PG48/1398
清秘述聞十六卷　(清)法式善編　清嘉慶四年(1799)刻本　四册

110000－0143－0021881　PG48/1402
四知堂遺稿四卷　(清)奕誴著　清同治刻本　二册

110000－0143－0021882　PG48/1403
籜石齋詩集四十九卷文集二十六卷十國詞箋略一卷　(清)錢載撰　清光緒四年(1878)蘇州府署刻本　十册

110000－0143－0021883　PG48/1405
陶園文集八卷詩集二十四卷詩餘二卷　(清)張九鉞撰　清道光七年(1827)刻本　十五册

110000－0143－0021884　PG48/1406
青草堂集十二卷二集十六卷　(清)趙國華著　清同治十一年至光緒八年(1872－1882)濟南菁山氏刻本　十册

110000－0143－0021885　PG48/1408
不慊齋漫存六卷　(清)徐賡陛著　清宣統元年(1909)南洋官書局石印本　一册

110000－0143－0021886　PG48/1410
穆堂詩文鈔十一卷　(清)李紱著　清道光元年(1821)刻本　六册

110000－0143－0021887　PG48/1411
彊自寬齋外集詩二卷文二卷　(清)金石撰　清光緒二十九年(1903)刻本　一册

110000－0143－0021888　PG48/1412
伊蒿室文集六卷　(清)王效成撰　清咸豐五年(1855)望三益齋刻本　二册

110000－0143－0021889　PG48/1413
雲中集六卷　(清)劉淳撰　清光緒七年

(1881)岳口李綽堂刻本　四册　存四卷(文不分卷、詩耳三卷)

110000－0143－0021890　PG48/1414
食古齋文錄一卷詩錄四卷詩餘一卷　(清)柳以蕃撰　清光緒十八年(1892)刻本　二册

110000－0143－0021891　PG48/1415
嘉樹山房集二十卷外集二卷續集二卷　(清)張士元撰　清嘉慶二十四年(1819)刻道光六年(1826)續刻本　六册

110000－0143－0021892　PG48/1416
澤古齋文鈔三卷補遺一卷四書文鈔四卷賸稿一卷續編一卷詩鈔一卷詩經申義十卷語錄一卷　(清)吳士模著　清光緒十九年(1893)刻本　十册

110000－0143－0021893　PG48/1417
養靈根堂遺集一卷　(清)蔡鴻夔撰　清咸豐十年(1860)刻本　一册

110000－0143－0021894　PG48/1418
雙冷齋文集四卷　(清)張九章撰　清光緒二十一年(1895)刻本　四册

110000－0143－0021895　PG48/1419
燕遊集一卷留月軒文鈔一卷三冬宵夜詩一卷　(清)朱國華撰　清光緒二十八年(1902)朱國祥、王文炳等木活字印本　二册

110000－0143－0021896　PG48/1420
鉛刀集四卷首一卷　(清)徐台英撰　清光緒九年(1883)刻本　三册

110000－0143－0021897　PG48/1422
一松齋集八卷　(清)孫擴圖撰　清同治十年(1871)刻本　六册

110000－0143－0021898　PG48/1423
貽令堂雜俎一卷首一卷　(清)黃保康撰　清光緒三十二年(1906)刻本　一册

110000－0143－0021899　PG48/1424
珍埶宧遺書十一種三十三卷　(清)莊述祖撰　清嘉慶十四年至道光十七年(1809－1837)武進莊氏脊令舫刻本　二十册

110000－0143－0021900　PG48/1424
漢鼓吹鐃歌曲句解一卷　(清)莊述祖撰　清道光十四年(1834)武進莊氏脊令舫刻本　一册

110000－0143－0021901　PG48/1426
蘭韻堂文集五卷　(清)沈初撰　清乾隆五十九年(1794)刻本　四册

110000－0143－0021902　PG48/1427
紅豆樹館書畫記八卷詩稿十四卷逸稿一卷詞八卷　(清)陶樑編輯　清光緒八年(1882)吳越潘氏韡園刻本　十册

110000－0143－0021903　PG48/1428
薌林草堂詩鈔八卷文鈔四卷　(清)王玉樹撰　清道光十五年(1835)刻光緒元年(1875)補刻本　六册

110000－0143－0021904　PG48/1429
白雲山房詩集三卷文集六卷附刻三種　(清)張象津撰　清道光十六年(1836)刻本　五册

110000－0143－0021905　PG48/1430
縈清樓集四卷　(清)楊毓秀撰　清光緒二十三年(1897)東湖黃穀元刻本　四册

110000－0143－0021906　PG48/1431
記過齋藏書七種三十九卷　(清)蘇源生撰　清咸豐至光緒鄢陵蘇氏刻本　六册　存四種九卷(記過齋贈言一卷、附言行畧一卷,記過齋文稿二卷,貞壽堂贈言一卷,師友劄記四卷)

110000－0143－0021907　PG48/1432
澂潭山房古文存稿四卷詩集十七卷附楓谿公遺文一卷　(清)程襄龍撰　清嘉慶二年(1797)刻本　六册

110000－0143－0021908　PG48/1433
樂志書屋遺集四卷　(清)李瑩撰　清同治十二年(1873)李氏家刻本　二册

110000－0143－0021909　PG48/1434
古香山館文存十六卷詩存三卷　(清)彭洋中撰　清同治十三年(1874)湘鄉彭氏刻本　六

册

110000－0143－0021910　PG48/1438
亦有生齋集詩三十二卷文二十卷樂府二卷詞五卷　(清)趙懷玉撰　清嘉慶二十二年至道光元年(1817－1821)刻本　二十册　缺五卷(詞五卷)

110000－0143－0021911　PG48/1439
或語不分卷　(清)張貞撰　清康熙三十二年(1693)刻本　一册

110000－0143－0021912　PG48/1440
晉專宋瓦室類稿五卷　桂坫撰　清光緒二十四年(1898)刻本　一册

110000－0143－0021913　PG48/1442
高太史論鈔四卷　高熙喆撰　清宣統元年(1909)刻本　四册

110000－0143－0021914　PG48/1444
荔隱山房集五種十三卷　(清)涂慶瀾撰　清光緒三十一年(1905)刻本　五册

110000－0143－0021915　PG48/1445
結一廬遺文二卷　(清)朱學勤撰　清光緒三十四年(1908)刻本　一册

110000－0143－0021916　PG48/1447
有融齋遺稿四卷　(清)喬超五著　清光緒十五年(1889)刻本　四册

110000－0143－0021917　PG48/1448
六一堂文集三卷　(清)李煥然撰　清同治五年(1866)刻本　三册

110000－0143－0021918　PG48/1449
無爲齋文集十二卷續集六卷　(清)張昭潛撰　清光緒四年(1878)刻本　六册

110000－0143－0021919　PG48/1450
間壘襪線集二卷　(清)陳雲衢撰　清道光二年(1822)木活字印本　一册

110000－0143－0021920　PG48/1452
筠心堂存稿八卷　(清)張孝時撰　清光緒五年(1879)張振家刻本　四册

110000－0143－0021921　PG48/1455
揭子遺書四種三十二卷　(清)揭暄撰　清咸豐九年(1859)廣昌揭氏刻本　十二册

110000－0143－0021922　PG48/1456
安舟雜鈔三十六卷附安舟遺稿二卷附錄不分卷　(清)蘇珥撰　清嘉慶十九年(1814)順德蘇氏種德堂刻本　一册　缺三十六卷(安舟雜鈔三十六卷)

110000－0143－0021923　PG48/1458
寫韻軒小藳二卷　(清)曹貞秀撰　清嘉慶九年(1804)刻本　二册

110000－0143－0021924　PG48/1458
寫韻軒小藳二卷　(清)曹貞秀撰　清嘉慶九年(1804)刻本　一册

110000－0143－0021925　PG48/1459
藴愫閣詩集十二卷續集二卷文集八卷別集四卷琴竹山莊樂府二卷　(清)盛大士撰　**嘯雨草堂集十卷**　(清)盛徵璵撰　清道光元年至六年(1821－1826)盛大士刻本　十八册　缺一種十卷(嘯雨草堂集十卷)

110000－0143－0021926　PG48/1462
東里生燼餘集三卷附刻王木齋遺文一卷　(清)汪家禧撰　清道光元年(1821)武林愛日軒陸貞一刻本　一册

110000－0143－0021927　PG48/1463
安靜子集五種十四卷附綺樹閣詩槀一卷賦槀一卷　(清)安致遠撰　清同治二年(1863)壽光安氏自鉏園刻本　八册

110000－0143－0021928　PG48/1464
盋山文錄八卷詩錄二卷　(清)顧雲撰　清光緒十五年(1889)上元顧氏刻本　四册

110000－0143－0021929　PG48/1466
綠漪草堂文集三十卷首一卷別集二卷外集二卷詩集二十卷首一卷研華館詞三卷首一卷　(清)羅汝懷著　清光緒九年(1883)湘潭羅式常刻本　十六册

110000－0143－0021930　PG48/1467

聊齋先生文集二卷 （清）蒲松齡撰 清宣統三年（1911）清白堂刻本 二册

110000－0143－0021931 PG48/1468
鋤月山房文鈔二卷 （清）何仁山撰 清光緒十六年（1890）鄧蓉鏡刻本 二册

110000－0143－0021932 PG48/1469
常惺惺齋文集十卷 （清）錢世瑞著 清道光三十年（1850）平湖錢福昌刻本 十册

110000－0143－0021933 PG48/1473
補讀樓詩稿六卷 （清）張濤著 清同治七年（1868）刻本 一册

110000－0143－0021934 PG48/1474
艸艸艸堂詩艸二卷 （清）何仁山撰 （清）何壽泉箋注 清光緒十一年（1885）刻本 二册

110000－0143－0021935 PG48/1476
從戎草三卷 （清）陳祁撰 清嘉慶九年（1804）嘉善陳氏刻本 一册

110000－0143－0021936 PG48/1477
讀書延年堂文鈔十卷 （清）熊少牧撰 清同治五年（1866）長沙熊氏洞泉艸堂刻本 二册

110000－0143－0021937 PG48/1477
讀書延年堂古今體詩三十卷 （清）熊少牧撰 清咸豐七年（1857）長沙熊氏洞泉艸堂刻本 十五册

110000－0143－0021938 PG48/1477
小影珠吟館詩餘一卷 （清）熊少牧撰 清咸豐十年（1860）洞泉草堂刻本 一册

110000－0143－0021939 PG48/1479
讀左雜詠一卷 （清）蔣廷黻著 清末刻本 一册

110000－0143－0021940 PG48/1480
徵香堂經史論不分卷 鄒福保著 清宣統元年（1909）江蘇存古學堂鉛印本 一册

110000－0143－0021941 PG48/1483
龔定盦别集一卷 （清）龔自珍撰 清宣統二年（1910）順德鄧實鉛印本 一册

110000－0143－0021942 PG48/1486
蝴蝶詩不分卷 （清）金文櫟著 清末至民國初刻本 二册

110000－0143－0021943 PG48/1490
蘭石齋文稿八卷 （清）吴績凝撰 清宣統元年（1909）湖北官報局鉛印本 二册

110000－0143－0021944 PG48/1491
濂亭遺文五卷 （清）張裕釗撰 清光緒二十一年（1895）遵義黎氏刻本 一册

110000－0143－0021945 PG48/1492
濂亭遺詩二卷 （清）張裕釗撰 清光緒二十一年（1895）遵義黎氏刻本 一册

110000－0143－0021946 PG48/1493
旅窗懷舊詩不分卷附録不分卷鷗夢詞一卷附録不分卷紫藤花館詩餘一卷 （清）劉履芬撰 清同治莫友芝刻本 一册

110000－0143－0021947 PG48/1494
輪臺雜記二卷 （清）史善長撰 清光緒刻本 一册

110000－0143－0021948 PG48/1495
南園雜詠不分卷 （清）陳祁撰 清嘉慶九年（1804）嘉善陳氏刻本 一册

110000－0143－0021949 PG48/1496
南雷餘集不分卷 （清）黄宗羲撰 清宣統三年（1911）順德鄧氏鉛印本 一册

110000－0143－0021950 PG48/1498
清暉閣贈貽尺牘二卷 （清）王翬撰 清宣統三年（1911）順德鄧氏鉛印本 一册

110000－0143－0021951 PG48/1501
思伯子堂詩集三十二卷 （清）張際亮撰 清同治八年（1869）桐城姚濬昌刻本 十册

110000－0143－0021952 PG48/1502
東塾遺書四種九卷 （清）陳澧撰 清光緒刻本 二册

110000－0143－0021953 PG48/1503
逃虚閣詩集六卷 （清）張錦芳撰 清光緒十年（1884）張嘉彝、張承斌等刻本 二册

110000－0143－0021954　PG48/1504
宛湄書屋文鈔十一卷　（清）李光廷輯　清光緒四年（1878）端溪書院刻本　四册

110000－0143－0021955　PG48/1505
卍蓮詩鈔　（清）衲卍蓮著　清光緒二年（1876）刻本　一册

110000－0143－0021956　PG48/1506
湯子遺書節要八卷　（清）湯斌撰　（清）彭定求編輯　清道光八年（1828）休陽程氏刻本　四册

110000－0143－0021957　PG48/1509
晚學集八卷　（清）桂馥撰　清光緒三十年（1904）刻本　二册

110000－0143－0021958　PG48/1510
曉庵先生文集三卷詩集二卷　（清）王錫闡撰　清光緒九年（1883）刻本　三册

110000－0143－0021959　PG48/1511
緯青遺稿不分卷　（清）張綳英著　清道光九年（1829）張氏宛鄰書屋刻本　一册

110000－0143－0021960　PG48/1513
璿璣碎錦二卷　（清）萬樹著　清光緒十三年（1887）漱霞仙館刻本　二册

110000－0143－0021961　PG48/1514
秀野山房雜著不分卷　（清）張世煒撰　清康熙四十年（1701）刻本　一册

110000－0143－0021962　PG48/1518
影梅庵憶語一卷　（清）冒襄撰　清光緒二十六年（1900）番禺沈氏刻本　一册

110000－0143－0021963　PG48/1523
雲逗樓集二卷　（清）楊度汪撰　清光緒六年（1880）刻本　二册

110000－0143－0021964　PG48/1524
曾文正公文集三卷　（清）曾國藩撰　（清）李瀚章編輯　清光緒二年（1876）傳忠書局刻曾文正公全集本　三册

110000－0143－0021965　PG48/1525
謫麐堂遺集文二卷詩二卷　（清）戴望撰　清光緒元年（1875）會稽趙之謙刻本　一册

110000－0143－0021966　PG48/1528
自怡軒對聯綴語二卷　（清）王堃撰　清光緒十二年（1886）同文書局石印本　二册

110000－0143－0021967　PG48/1529
揭文安公文粹六卷　（元）揭傒斯撰　清同治十一年（1872）新建吳氏刻半畝園叢書本　一册

110000－0143－0021968　PG48/1531
綠蘿書屋遺集四卷附錄一卷　（清）羅文俊撰　**誦芬堂詩草一卷**　（清）羅廷琛撰　清光緒二十三年（1897）刻本　四册

110000－0143－0021969　PG48/1532
月齋文集八卷詩集四卷　（清）張穆撰　（清）吳履敬　（清）吳式訓編次　清咸豐八年（1858）祁氏刻本　四册

110000－0143－0021970　PG48/1533
香蘇山館今體詩鈔十九卷古體詩鈔十七卷　（清）吳嵩梁撰　清同治木犀軒漢皋榷署刻本　十二册

110000－0143－0021971　PG48/1534
稾啓零紈四卷　（清）姜士堯輯　清光緒著易堂鉛印本　二册

110000－0143－0021972　PG48/1535
夢春廬詞不分卷附早花集不分卷攬青閣詩鈔二卷春秋左氏傳賈服註輯述二十卷附傳墓誌銘不分卷　（清）李貽德撰　清同治五年至六年（1866－1867）刻本　八册

110000－0143－0021973　PG48/1536
左文襄公文集五卷左文襄公詩集一卷左文襄公聯語一卷　（清）左宗棠撰　清光緒十八年（1892）刻本　二册

110000－0143－0021974　PG49/12
飲冰室壬寅文集十八卷　梁啟超撰　清光緒二十九年（1903）上海維新學社石印本　十六册

110000－0143－0021975　PG49/14

飲冰室文集壬寅文集十六卷癸卯文集四卷 梁啟超撰 清光緒石印本 九冊 存十卷(十一至十六、癸卯文集四卷)

110000－0143－0021976 PG49/14
飲冰室癸卯文集六卷 梁啟超撰 清光緒上海錦章圖書局石印本 五冊

110000－0143－0021977 PG49/68－1
學海堂集初集十六卷二集二十二卷三集二十四卷四集二十八卷 (清)阮元等撰 清道光五年至光緒十二年(1825－1886)啟秀山房刻本 四十冊

110000－0143－0021978 PG49/68－1
學海堂集初集十六卷二集二十二卷三集二十四卷四集二十八卷 (清)阮元等撰 清道光五年至光緒十二年(1825－1886)啟秀山房刻本 四十冊

110000－0143－0021979 PG49/129
石遺室叢書十八種一百十六卷 陳衍撰輯 清光緒三十一年(1905)至民國刻本 十冊 存三種三十卷(石遺室詩集十卷、詩續二卷、補遺一卷,朱絲詞二卷,文集十二卷、續集一卷、三集一卷、四集一卷)

110000－0143－0021980 PG49/129
石遺室叢書十八種一百十六卷 陳衍撰輯 清光緒三十一年(1905)至民國刻本 八冊 存三種二十七卷(石遺室詩集十卷、補遺一卷,朱絲詞二卷,文集十二卷、續集一卷、三集一卷)

110000－0143－0021981 PG49/155
醒世粹言續編不分卷 (清)黄康伯著 清宣統元年(1909)石印本 一冊

110000－0143－0021982 PG49/173
入蜀文稿不分卷 陳矩撰 清宣統元年(1909)貴陽陳氏鉛印本 一冊

110000－0143－0021983 PG49/183
靜庵文集不分卷 王國維撰 清光緒三十一年(1905)鉛印本 一冊

110000－0143－0021984 PG49/204
錦瑟集不分卷 徐乃昌撰 清光緒十七年(1891)刻本 一冊

110000－0143－0021985 PG49/293
新豐吟稿不分卷 (清)陳祁紅著 清嘉慶十一年(1806)刻本 一冊

110000－0143－0021986 PG49/298
張文襄公手劄不分卷 (清)張之洞撰 清宣統二年(1910)敦藝廬影印本 二冊

110000－0143－0021987 PG410/1
文心雕龍十卷 (南朝梁)劉勰撰 (清)黄叔琳注 (清)紀昀評 清道光十三年(1833)兩廣節署刻本 四冊

110000－0143－0021988 PG410/1
文心雕龍十卷 (南朝梁)劉勰撰 (清)黄叔琳注 (清)紀昀評 清道光十三年(1833)兩廣節署刻本 八冊

110000－0143－0021989 PG410/1
文心雕龍十卷 (南朝梁)劉勰撰 (清)黄叔琳注 (清)紀昀評 清光緒二十年(1894)麟書閣刻本 四冊

110000－0143－0021990 PG410/1－3
文心雕龍十卷 (南朝梁)劉勰撰 (清)黄叔琳輯注 清乾隆六年(1741)北平黄氏養素堂刻本 二冊

110000－0143－0021991 PG410/1－7
文心雕龍十卷 (南朝梁)劉勰撰 (清)黄叔琳注 (清)紀昀評 清道光十三年(1833)兩廣節署刻本 四冊

110000－0143－0021992 PG410/1－8
文心雕龍十卷 (南朝梁)劉勰撰 (清)黄叔琳注 (清)紀昀評 清光緒十九年(1893)思賢講舍刻本 四冊

110000－0143－0021993 PG410/5
北江詩話六卷 (清)洪亮吉撰 清宣統元年(1909)上海掃葉山房石印本 二冊

110000－0143－0021994 PG410/5

北江詩話六卷 (清)洪亮吉撰 清宣統元年(1909)上海掃葉山房石印本 二册

110000-0143-0021995 PG410/12
隨園詩話十六卷補遺十卷 (清)袁枚撰 清道光四年(1824)刻本 十二册

110000-0143-0021996 PG410/12-1
隨園詩話十六卷補遺十卷 (清)袁枚著 清乾隆至嘉慶刻本 六册

110000-0143-0021997 PG410/15
帶經堂詩話三十卷首一卷 (清)王士禛撰 清同治十二年(1873)廣州藏脩堂刻本 十册

110000-0143-0021998 PG410/15
帶經堂詩話三十卷首一卷 (清)王士禛撰 清同治十二年(1873)廣州藏脩堂刻本 十二册

110000-0143-0021999 PG410/15
帶經堂詩話三十卷首一卷 (清)王士禛撰 清同治十二年(1873)廣州藏脩堂刻本 十册

110000-0143-0022000 PG410/15
帶經堂詩話三十卷首一卷 (清)王士禛撰 清同治十二年(1873)廣州藏脩堂刻本 十册

110000-0143-0022001 PG410/15
帶經堂詩話三十卷首一卷 (清)王士禛撰 清同治十二年(1873)廣州藏脩堂刻本 十册

110000-0143-0022002 PG410/16
漁洋詩話三卷 (清)王士禛撰 清抄本 三册

110000-0143-0022003 PG410/16-1
漁洋詩話三卷 (清)王士禛撰 清乾隆二十三年(1758)竹西書屋刻本 一册

110000-0143-0022004 PG410/16-2
漁洋詩話三卷 (清)王士禛撰 清乾隆十三年(1748)刻本 二册

110000-0143-0022005 PG410/24-1
靜志居詩話二十四卷 (清)朱彝尊撰 清嘉慶二十四年(1819)扶荔山房刻本 二十四册

110000-0143-0022006 PG410/27
浩然齋雅談三卷 (宋)周密撰 清乾隆武英殿木活字印本 一册

110000-0143-0022007 PG410/27
浩然齋雅談三卷 (宋)周密撰 清乾隆武英殿木活字印本 一册

110000-0143-0022008 PG410/29
眉韻樓詩話八卷 孫雄撰 清光緒三十四年(1908)鉛印本 二册

110000-0143-0022009 PG410/30
四溟詩話四卷 (明)謝榛撰 清道光二十五年(1845)刻本 二册

110000-0143-0022010 PG410/31-1
全唐詩話六卷 (宋)王褒撰 清宣統三年(1911)三樂堂石印本 六册

110000-0143-0022011 PG410/31-1
全唐詩話六卷 (宋)王褒撰 清宣統三年(1911)三樂堂石印本 六册

110000-0143-0022012 PG410/35
制義叢話二十一卷 (清)梁章鉅撰 清道光二十三年(1843)刻本 八册

110000-0143-0022013 PG410/37
義門讀書記五十八卷 (清)何焯撰 清乾隆三十四年(1769)石香齋刻本 十六册

110000-0143-0022014 PG410/37
義門讀書記五十八卷 (清)何焯撰 清乾隆三十四年(1769)石香齋刻本 十册

110000-0143-0022015 PG410/37
義門讀書記五十八卷 (清)何焯撰 清乾隆三十四年(1769)石香齋刻本 十六册

110000-0143-0022016 PG410/37
義門讀書記五十八卷 (清)何焯撰 清乾隆三十四年(1769)石香齋刻本 十六册

110000-0143-0022017 PG410/38
過庭錄十六卷 (清)宋翔鳳撰 清光緒七年(1881)會稽章氏刻本 四册

110000－0143－0022018　PG410/39
詩人玉屑二十卷　(宋)魏慶之編　清古松堂刻本　八冊

110000－0143－0022019　PG410/39
詩人玉屑二十卷　(宋)魏慶之編　清刻本　六冊

110000－0143－0022020　PG410/42
蓮子居詞話四卷　(清)吳衡照輯　清道光十二年(1832)錢塘汪氏振綺堂刻同治六年(1867)重刻本　二冊

110000－0143－0022021　PG410/43
全浙詩話五十四卷　(清)陶元藻輯　清嘉慶元年(1796)刻本　二十四冊

110000－0143－0022022　PG410/46
石林詩話三卷拾遺一卷附錄一卷附補遺一卷　(宋)葉夢得撰　清光緒三十四年(1908)長沙葉氏觀古堂刻本　一冊

110000－0143－0022023　PG410/46
石林燕語辨十卷　(宋)汪應辰撰　清光緒三十四年(1908)長沙葉氏觀古堂刻本　二冊

110000－0143－0022024　PG410/47
花薰閣詩述十卷　(清)張雪樵輯　清嘉慶二十二年(1817)刻本　十六冊

110000－0143－0022025　PG410/49
文則一卷附江表遺事二卷王氏雙忠錄一卷　(宋)陳騤撰　清咸豐十一年(1861)刻本　一冊

110000－0143－0022026　PG410/50
歸愚詩鈔十一種　(清)沈德潛撰　清乾隆二十三年(1758)刻本　一冊　存三種四卷(說詩晬語二卷、浙江通省志圖說一卷、歸田集一卷)

110000－0143－0022027　PG410/1
文心雕龍十卷　(南朝梁)劉勰撰　(清)黃叔琳注　(清)紀昀評　清道光十三年(1833)兩廣節署刻朱墨套印本　四冊

110000－0143－0022028　PG410/52
讀風臆補二卷　(清)陳繼揆輯　清光緒六年(1880)述古堂刻本　二冊

110000－0143－0022029　PG410/54
桐雲閣試帖輯註二卷　(清)楊庚撰　(清)張熙宇輯評　(清)王槙桂輯註　清刻本　二冊

110000－0143－0022030　PG410/56
射鷹樓詩話二十四卷　(清)林昌彝撰　清咸豐元年(1851)林氏刻本　四冊　存十二卷(一至十二)

110000－0143－0022031　PG410/59
養一齋詩話十卷李杜詩話三卷　(清)潘德輿撰　清道光十六年(1836)刻本　四冊

110000－0143－0022032　PG410/60
海天琴思錄八卷續錄八卷　(清)林昌彝輯　清同治三年至八年(1864－1869)刻本　八冊

110000－0143－0022033　PG410/60
海天琴思續錄八卷　(清)林昌彝輯　清同治八年(1869)刻本　四冊

110000－0143－0022034　PG410/61
蘇亭詩話六卷　(清)張道撰　清光緒十九年(1893)長沙學院刻本　三冊

110000－0143－0022035　PG410/61
等閒集詩鈔不分卷　(清)張敬謂撰　清光緒十九年(1893)長沙學院刻本　一冊

110000－0143－0022036　PG410/62
春草堂詩話十卷　(清)謝堃撰　清道光元年至三十年(1821－1850)刻本　二冊

110000－0143－0022037　PG410/63
伯山詩話後集四卷續集二卷再續集二卷三續集二卷四續集二卷　(清)康發祥輯　(清)王鴻業校勘　清道光二十九年(1849),咸豐元年(1851)、十年(1860)泰州康氏刻本　六冊

110000－0143－0022038　PG410/64
停雲閣詩話十六卷　(清)李家瑞撰　清咸豐五年(1855)刻本　四冊

110000－0143－0022039　PG410/65
而菴說唐詩二十二卷首一卷　(清)徐增撰

清乾隆二十三年(1758)刻本　一册　存三卷(一至二、首一卷)

110000－0143－0022040　PG410/66
退菴詩話十二卷　(清)何日愈撰　清光緒九年(1883)刻本　二册

110000－0143－0022041　PG410/68
湘上詩緣録四卷附新安詩萃一卷　(清)張修府撰　清光緒十四年(1888)刻本　四册

110000－0143－0022042　PG410/68
湘上詩緣録四卷附新安詩萃一卷　(清)張修府撰　清光緒十四年(1888)刻本　四册

110000－0143－0022043　PG410/70
白雨齋詞話八卷詩鈔一卷詞存一卷　(清)陳廷焯撰　清光緒二十年(1894)刻本　二册

110000－0143－0022044　PG410/72
尊西詩話二卷　(清)張日斑撰　清道光十五年(1835)刻本　二册

110000－0143－0022045　PG410/75
楚辭滙鈔　(清)□□輯　清抄本　三册

110000－0143－0022046　PG410/76
尚詩徵名二卷附覺華龕詩存一卷　(清)王蔭祜撰　清光緒三十四年(1908)刻本　一册

110000－0143－0022047　PG410/79
柳亭詩話三十卷　(清)宋長白撰　清光緒八年(1882)山陰宋氏刻本　十六册

110000－0143－0022048　PG410/81
試帖仙樣集裁詩十法三卷　(清)麓峰居士輯評　清道光二十一年(1841)刻本　三册

110000－0143－0022049　PG410/85
諸家詠杜二卷　(清)仇兆鰲編注　清光緒十九年(1893)刻本　二册

110000－0143－0022050　PG410/88
讀詩韻新訣二卷附録一卷　(清)徐鍾郎撰　清嘉慶十二年(1807)刻本　四册

110000－0143－0022051　PG410/93
筠石山房詩話鈔六卷　(清)楊霈撰　清道光二十七年(1847)十芝堂刻本　六册

110000－0143－0022052　PG410/94
律詩四辨四卷　(清)李崇文撰　清嘉慶十九年(1814)李氏家刻本　一册

110000－0143－0022053　PG410/96
聲調三譜十一卷　(清)王祖源輯　清光緒八年(1882)福山王氏刻本　二册

110000－0143－0022054　PG410/98
歲寒堂詩話二卷　(宋)張戒撰　清刻本　一册

110000－0143－0022055　PG410/98
歲寒堂詩話二卷　(宋)張戒撰　清刻本　一册

110000－0143－0022056　PG410/102
姑溪題跋二卷　(宋)李之儀撰　明崇禎虞山毛氏汲古閣刻本　二册

110000－0143－0022057　PG410/102
宛丘題跋一卷　(宋)張耒撰　(明)毛晉訂　明崇禎虞山毛氏汲古閣刻本　一册

110000－0143－0022058　PG410/103
淮海題跋一卷　(宋)秦觀撰　(明)毛晉訂　明崇禎虞山毛氏汲古閣刻本　一册

110000－0143－0022059　PG410/103
無咎題跋一卷　(宋)晁補之撰　(明)毛晉訂　明崇禎虞山毛氏汲古閣刻本　一册

110000－0143－0022060　PG410/105
玉溪生詩說二卷　(清)紀昀編　清光緒十四年(1888)鉛印本　二册

110000－0143－0022061　PG410/108
試帖金鍼八卷　(清)陸文彬編注　清嘉慶二十三年(1818)刻本　四册

110000－0143－0022062　PG410/109
藝槩六卷　(清)劉熙載撰　清同治十二年(1873)刻本　二册

110000－0143－0022063　PG410/109
藝槩六卷　(清)劉熙載撰　清同治十二年

(1873)刻本　二冊

110000－0143－0022064　PG410/110
詩藪内編六卷附石羊生傳　(明)胡應麟撰　清光緒刻本　一冊　存三卷(一至三)

110000－0143－0022065　PG410/112
閩川閨秀詩話四卷　(清)梁章鉅撰　清道光二十九年(1849)梅氏師古齋刻本　二冊

110000－0143－0022066　PG410/113
眉山詩案廣證六卷　(清)張鑑撰　清光緒十年(1884)江蘇書局刻本　二冊

110000　0143　0022067　PG410/116
樗寮詩話三卷　(清)姚椿撰　清咸豐二年(1852)刻本　一冊

110000－0143－0022068　PG410/117
蘇詩查註補正四卷　(清)沈欽韓撰　清光緒十四年(1888)蔣氏心矩齋刻本　二冊

110000－0143－0022069　PG410/119
緝雅堂詩話二卷　(清)潘衍桐撰　清光緒十七年(1891)刻本　一冊

110000－0143－0022070　PG410/122
南野堂筆記十二卷　(清)吳文溥撰　清嘉慶元年(1796)刻本　二冊　存六卷(一至六)

110000－0143－0022071　PG410/123
詩倫二卷　(清)汪薇輯　清乾隆武英殿木活字印本　四冊

110000－0143－0022072　PG410/125
重刻主客圖二卷　(清)李懷民選輯　清嘉慶十七年(1812)刻本　四冊

110000－0143－0022073　PG410/128
雅歌堂甃坪詩話二卷　(清)徐經撰　清光緒二年(1876)潭陽徐氏刻本　二冊

110000－0143－0022074　PG410/130
三管詩話三卷　(清)梁章鉅輯　清道光二十一年(1841)刻本　一冊

110000－0143－0022075　PG410/131
煮藥漫鈔二卷　(清)葉煒撰　清光緒十七年(1891)刻本　一冊

110000－0143－0022076　PG410/131
煮藥漫鈔二卷　(清)葉煒撰　清光緒十七年(1891)刻本　一冊

110000－0143－0022077　PG410/136
遼詩話二卷　(清)周春輯　清光緒十六年(1890)新會劉氏藏修書屋刻本　二冊

110000－0143－0022078　PG410/137
甌北詩話十卷甌北續詩話二卷　(清)趙翼撰　清嘉慶七年(1802)湛貽堂刻本　二冊

110000－0143－0022079　PG410/142
西山題跋三卷　(宋)真德秀撰　(明)毛晉訂　明崇禎海虞毛氏汲古閣刻本　三冊

110000－0143－0022080　PG410/146
吟窗小會前卷一卷　(明)沈周撰　清乾隆三十四年(1769)張載抄本　一冊

110000－0143－0022081　PG410/149
曝書亭集詩註二十二卷　(清)朱彝尊撰　(清)楊謙纂　(清)李集參　**附朱竹垞[彝尊]年譜一卷**　(清)楊謙纂　**墓誌銘不分卷**　(清)陳廷敬撰　清乾隆嘉興楊氏木山閣刻本　十冊

110000－0143－0022082　PG411./7
詞苑叢談十二卷　(清)徐釚編輯　清道光二十七年(1847)番禺潘氏刻海山仙館叢書本　四冊

110000－0143－0022083　PG411./7
漁隱叢話後集四十卷　(宋)胡仔撰　清道光二十六年(1846)番禺潘氏刻海山仙館叢書本　一冊　存六卷(三十五至四十)

110000－0143－0022084　PG411./8－3
絕妙好詞箋七卷絕妙好詞續鈔二卷　(宋)周密原輯　(清)查為仁　(清)厲鶚箋　清道光八年(1828)杭州愛日軒刻本　六冊

110000－0143－0022085　PG411./10
本事詞二卷　(清)葉申薌輯　清道光十二年(1832)刻本　二冊

110000－0143－0022086　PG411./11
宋六十一家詞選十二卷　馮煦輯　清光緒十三年(1887)冶城山館刻本　四冊

110000－0143－0022087　PG411./11
宋六十一家詞選十二卷　馮煦輯　清宣統二年(1910)掃葉山房石印本　四冊

110000－0143－0022088　PG411./11
宋六十一家詞選十二卷　馮煦輯　清宣統二年(1910)掃葉山房石印本　四冊

110000－0143－0022089　PG411./11
宋七家詞選七卷　(清)戈載輯　(清)杜文瀾校注　清光緒十一年(1885)曼陀羅華閣刻本　三冊

110000－0143－0022090　PG411./11－1
宋七家詞選七卷　(清)戈載輯　(清)杜文瀾校注　清光緒十一年(1885)刻本　三冊

110000－0143－0022091　PG411./13
新鐫綴白裘合集二十卷　清刻本　二十冊

110000－0143－0022092　PG411./14
文館詞林一千卷　(唐)許敬宗等編　清光緒十九年(1893)影蘇園校刻本　二冊　存五卷(一百五十二、三百四十六、四百十四、六百六十五、六百六十九)

110000－0143－0022093　PG411./14－1
文館詞林一千卷　(唐)許敬宗等輯　清光緒十年(1884)黎氏影刻本　一冊　存七卷(一百五十六至一百五十八、三百四十七、三百五十二、四百五十三、四百五十七)

110000－0143－0022094　PG411./15
夢窗甲乙丙丁稿四卷補遺一卷　(宋)吳文英撰　**校勘夢窗詞札記一卷**　(清)王鵬運撰　清光緒三十年(1904)臨川王氏刻本　二冊

110000－0143－0022095　PG411./15
夢窗甲乙丙丁稿四卷補遺一卷　(宋)吳文英撰　**校勘夢窗詞札記一卷**　(清)王鵬運撰　清光緒三十年(1904)臨川王氏刻本　二冊

110000－0143－0022096　PG411./16
小檀欒室彙刻閨秀詞十集一百二十七卷　徐乃昌輯　清光緒二十一年至二十二年(1895－1896)南陵徐乃昌刻本　三十冊

110000－0143－0022097　PG411./16
小檀欒室彙刻閨秀詞十集一百二十七卷　徐乃昌輯　清光緒二十一年至二十二年(1895－1896)南陵徐乃昌刻本　三十冊

110000－0143－0022098　PG411./16
小檀欒室彙刻閨秀詞十集一百二十七卷　徐乃昌輯　清光緒二十一年至二十二年(1895－1896)南陵徐乃昌刻本　二十冊

110000－0143－0022099　PG411./16
小檀欒室彙刻閨秀詞十集一百二十七卷　徐乃昌輯　清光緒二十一年至二十二年(1895－1896)南陵徐乃昌刻本　十二冊　缺四集(七至十)

110000－0143－0022100　PG411./16
小檀欒室彙刻閨秀詞十集一百二十七卷　徐乃昌輯　清光緒二十一年至二十二年(1895－1896)南陵徐乃昌刻本　二十冊

110000－0143－0022101　PG411./16
小檀欒室彙刻閨秀詞十集一百二十七卷　徐乃昌輯　清光緒二十一年至二十二年(1895－1896)南陵徐乃昌刻本　二十八冊

110000－0143－0022102　PG411./19
廿一史彈詞註十卷　(明)楊慎編著　(清)張三異增定　(清)張仲璜註　清乾隆五十一年(1786)漢陽張氏刻本　一冊　存二卷(九至十)

110000－0143－0022103　PG411./19－1
廿一史彈詞註十卷明紀彈詞註一卷　(明)楊慎編著　(清)張三異增定　(清)張仲璜註　清道光十二年(1832)富平楊浚刻本　八冊

110000－0143－0022104　PG411./28
香銷酒醒詞一卷附曲一卷　(清)趙慶熺撰　清同治七年(1868)西泠王氏刻本　二冊

110000－0143－0022105　PG411./30

周氏詞辨二卷附介存齋論詞雜著一卷 (清)周濟撰 清光緒四年(1878)刻本 一册

110000－0143－0022106 PG411./31－2
詞綜三十八卷 (清)朱彝尊輯 清光緒二十八年(1902)金匱浦氏刻本 十册

110000－0143－0022107 PG411./36
雪中人一卷 (清)蔣士銓填詞 清乾隆紅雪樓刻本 二册

110000－0143－0022108 PG411./46
東廂記四卷首一卷 (清)湯世瀠填詞 (清)胡來照評點 清光緒上海申報館鉛印本 一册

110000－0143－0022109 PG411./51
揚州夢不分卷 (清)嵇永仁填詞 清同治十一年(1872)刻本 二册

110000－0143－0022110 PG411./51
揚州夢不分卷 (清)嵇永仁填詞 清同治十一年(1872)刻本 二册

110000－0143－0022111 PG411./56
樂府傳聲二卷 (清)徐大椿著 清光緒七年(1881)崇文書局刻本 一册

110000－0143－0022112 PG411./56
樂府傳聲二卷 (清)徐大椿著 清光緒七年(1881)崇文書局刻本 一册

110000－0143－0022113 PG411./57
二如居贈答詞一卷詩二卷 (清)汪鉽撰 清光緒十七年(1891)錢塘振綺堂刻本 一册

110000－0143－0022114 PG411./62
寄龕詞問六卷 (清)孫德祖撰 清光緒二十六年(1900)古綏述廬王氏刻本 一册

110000－0143－0022115 PG411./65
閒情偶寄十六卷 (清)李漁著 清康熙刻本 六册

110000－0143－0022116 PG411./74
詞選二卷附錄一卷 (清)張惠言輯 (清)鄭善長續輯 清道光十年(1830)宛鄰書屋刻本 一册

110000－0143－0022117 PG411./77
倚晴樓七種曲 (清)黃燮清著 清同治至光緒刻本 十册

110000－0143－0022118 PG411./78
玉燕堂四種曲 (清)張堅撰 清乾隆刻本 十五册

110000－0143－0022119 PG411.1/1
宋六十名家詞八十九卷 (明)毛晉輯 清光緒十四年(1888)錢塘汪氏刻本 一册 存四卷(酒邊詞二卷、溪堂詞一卷、樵隱詞一卷)

110000－0143－0022120 PG411.1/1
宋六十名家詞八十九卷 (明)毛晉輯 清光緒十四年(1888)錢塘汪氏刻本 二册 存十一卷(坦庵詞一卷、惜香樂府十卷)

110000－0143－0022121 PG411.1/1
宋六十名家詞八十九卷 (明)毛晉輯 清光緒十四年(1888)錢塘汪氏刻本 一册 存六卷(壽域詞一卷、審齋詞一卷、東浦詞一卷、知稼翁詞一卷、無住詞一卷、後山詞一卷)

110000－0143－0022122 PG411.1/1
宋六十名家詞八十九卷 (明)毛晉輯 清光緒十四年(1888)錢塘汪氏刻本 二十八册

110000－0143－0022123 PG411.1/1
宋六十名家詞八十九卷 (明)毛晉輯 清光緒十四年(1888)錢塘汪氏刻本 二十八册

110000－0143－0022124 PG411.1/4
歷朝詞綜一百六卷 (清)朱彝尊 (清)王昶輯 清光緒二十八年(1902)金匱浦氏刻本 二十四册

110000－0143－0022125 PG411.1/7
徐氏一家詞七卷 (清)徐琪輯 清光緒三十四年(1908)刻本 四册

110000－0143－0022126 PG411.1/11
寒松閣集五種二十卷 (清)張鳴珂撰 清光緒嘉興張氏刻本 二册 存八卷(寒松閣詞一至三、寒松閣駢體文一卷、說文佚字攷四卷)

110000－0143－0022127　PG411.1/11
寒松閣集五種二十卷　(清)張鳴珂撰　清光緒嘉興張氏刻本　十册

110000－0143－0022128　PG411.1/12
全史宮詞二十卷　(清)史夢蘭撰　清咸豐六年(1856)樂亭史氏刻止園叢書本　六册

110000－0143－0022129　PG411.1/12
全史宮詞二十卷　(清)史夢蘭撰　清咸豐六年(1856)樂亭史氏刻止園叢書本　六册

110000－0143－0022130　PG411.1/12
全史宮詞二十卷　(清)史夢蘭撰　清咸豐六年(1856)樂亭史氏刻止園叢書本　四册

110000－0143－0022131　PG411.1/15－1
詞律拾遺八卷　(清)徐本立纂　清同治十二年(1873)刻本　四册

110000－0143－0022132　PG411.1/15－2
詞律拾遺八卷　(清)徐本立纂　清同治十二年(1873)荔園刻本　十册

110000－0143－0022133　PG411.1/15－3
詞律二十卷　(清)萬樹論次　**拾遺八卷**　(清)徐本立纂　**補遺一卷**　(清)杜文瀾編　清同治十二年至光緒二年(1873－1876)刻本　十六册

110000－0143－0022134　PG411.1/45
啓禎宮詞合刻二卷　(清)瞿紹基輯　清嘉慶十六年(1811)海隅瞿氏鐵琴銅劍樓刻本　四册

110000－0143－0022135　PG411.1/45
啓禎宮詞合刻二卷　(清)瞿紹基輯　清嘉慶十六年(1811)海隅瞿氏鐵琴銅劍樓刻本　一册

110000－0143－0022136　PG411.1/47－1
宋四家詞選一卷　(清)周濟輯　清光緒三十四年(1908)歸安金紹城鉛印本　一册

110000－0143－0022137　PG411.1/55
宋元名家詞十五種十七卷　(清)江標輯　清光緒二十一年(1895)湖南思賢書局刻本　四册

110000－0143－0022138　PG411.1/55
宋元名家詞十五種十七卷　(清)江標輯　清光緒二十一年(1895)湖南思賢書局刻本　四册

110000－0143－0022139　PG411.1/55
宋元名家詞十五種十七卷　(清)江標輯　清光緒二十一年(1895)湖南思賢書局刻本　四册

110000－0143－0022140　PG411.1/55－1
宋元名家詞十五種十七卷　(清)江標輯　清光緒二十一年(1895)湖南思賢書局刻本　六册

110000－0143－0022141　PG411.1/56
彊村詞四卷　朱祖謀撰　清光緒三十一年(1905)刻本　一册

110000－0143－0022142　PG411.1/58
曝書亭集詞註七卷　(清)朱彝尊撰　(清)李富孫註　清道光九年(1829)校經廎刻本　四册

110000－0143－0022143　PG411.1/59
蟻術詞選四卷　(元)邵亨貞撰　清光緒十七年(1891)況周頤刻本　一册

110000－0143－0022144　PG411.1/60
宋七家詞選七卷　(清)戈載輯　(清)杜文瀾校注　清光緒十一年(1885)曼陀羅華閣刻本　四册

110000－0143－0022145　PG411.1/64
太素齋詞鈔二卷　(清)勒方錡撰　清光緒十年(1884)刻本　一册

110000－0143－0022146　PG411.1/67
歷朝詞綜一百六卷　(清)朱彝尊　(清)王昶撰　清同治四年(1865)亦西齋刻本　十四册　存六十八卷(明詞綜十二卷,國朝詞綜四十八卷、二集八卷)

110000－0143－0022147　PG411.1/67－1
明詞綜十二卷　(清)王昶撰　清光緒二十八

年(1902)金匱浦氏刻本　二册

110000－0143－0022148　PG411.1/68
水雲笛譜不分卷　(清)潘奕雋撰　清光緒十三年(1887)刻本　一册

110000－0143－0022149　PG411.1/69
詞學叢書六種二十三卷　(清)秦恩復輯　清嘉慶至道光江都秦氏享帚精舍刻本　二十册

110000－0143－0022150　PG411.1/69
詞學叢書六種二十三卷　(清)秦恩復輯　清嘉慶至道光江都秦氏享帚精舍刻本　十二册

110000－0143－0022151　PG411.1/69
詞學叢書六種二十三卷　(清)秦恩復輯　清嘉慶至道光江都秦氏享帚精舍刻本　十二册

110000－0143－0022152　PG411.1/73
國朝常州詞録三十一卷　繆荃孫輯　清光緒二十二年(1896)雲自在龕刻本　十册

110000－0143－0022153　PG411.1/73
國朝常州詞録三十一卷　繆荃孫輯　清光緒二十二年(1896)雲自在龕刻本　十二册

110000－0143－0022154　PG411.1/74
粤東詞鈔不分卷　(清)許玉彬　(清)沈世良輯　清道光二十九年(1849)藝芳齋刻本　七册

110000－0143－0022155　PG411.1/76
金粱夢月詞二卷附懷夢詞一卷　(清)周之琦撰　清道光杭州愛日軒刻本　一册

110000－0143－0022156　PG411.1/77
花間集十卷　(五代)趙崇祚撰　清光緒十九年(1893)刻本　一册

110000－0143－0022157　PG411.1/77
天籟集二卷　(元)白樸撰　清光緒十九年(1893)刻本　一册

110000－0143－0022158　PG411.1/77
蟻術詞選四卷　(元)邵亨貞撰　清光緒十八年(1892)刻本　與110000－0143－0022157合册

110000－0143－0022159　PG411.1/77
漱玉詞一卷　(宋)李清照撰　清光緒七年(1881)刻本　一册

110000－0143－0022160　PG411.1/77
斷腸詞一卷　(宋)朱淑真撰　清光緒十五年(1889)刻本　與110000－0143－0022159合册

110000－0143－0022161　PG411.1/77
陽春集一卷　(五代)馮延已撰　清光緒十五年(1889)刻本　一册

110000－0143－0022162　PG411.1/77
東山寓聲樂府一卷補鈔一卷　(宋)賀鑄撰　清光緒十五年(1889)刻本　與110000－0143－0022161合册

110000－0143－0022163　PG411.1/77
白石道人詞集八卷山中白雲詞續補一卷詞旨一卷　(宋)姜夔撰　清光緒七年(1881)刻本　一册

110000－0143－0022164　PG411.1/77－1
東山寓聲樂府一卷　(宋)賀鑄撰　清光緒十五年(1889)刻本　一册

110000－0143－0022165　PG411.1/77－2
東坡樂府二卷　(宋)蘇軾撰　清光緒十四年(1888)刻本　一册

110000－0143－0022166　PG411.1/77－2
東坡樂府二卷　(宋)蘇軾撰　清光緒十四年(1888)刻本　一册

110000－0143－0022167　PG411.1/79
曝書亭詞拾遺三卷志異一卷　(清)朱彝尊撰　(清)翁之潤輯　清光緒二十二年(1896)常熟翁氏刻本　一册

110000－0143－0022168　PG411.1/79
曝書亭詞拾遺三卷志異一卷　(清)朱彝尊撰　(清)翁之潤輯　清光緒二十二年(1896)常熟翁氏刻本　二册

110000－0143－0022169　PG411.1/80
三塘漁唱三卷　(清)丁丙撰　清光緒二十四

年(1898)錢塘丁氏嘉惠堂刻本　一册

110000－0143－0022170　PG411.1/81
劫餘存稿一卷　(清)吴受藻撰　清同治七年(1868)錢塘汪氏振綺堂刻本　一册

110000－0143－0022171　PG411.1/83
詞學八種十八卷　(清)汪汲撰　清乾隆至嘉慶古愚山房刻本　五册　存十七卷(詞名集解六卷、續編二卷,樂府標源二卷,樂府遺聲一卷,南北詞名宫調彙録二卷,琴曲萃覽一卷,宋樂類編一卷,院本名目一卷,雜劇待攷一卷)

110000－0143－0022172　PG411.1/85
東畬雜記一卷附幽湖百詠　(清)沈廷瑞撰　清光緒十三年(1887)刻本　二册

110000－0143－0022173　PG411.1/86
翠薇花館詞三十四卷　(清)戈載撰　清嘉慶至道光刻本　十六册

110000－0143－0022174　PG411.1/87
情田詞三卷　(清)邵瓊撰　清道光二十二年(1842)石帆花屋刻本　二册

110000－0143－0022175　PG411.1/87－1
情田詞三卷　(清)邵瓊撰　清咸豐六年(1856)石帆花屋刻本　一册

110000－0143－0022176　PG411.1/90
心日齋詞集六卷　(清)周之琦撰　清道光刻本　四册

110000－0143－0022177　PG411.1/91－1
蒼梧詞不分卷　(清)董元愷撰　清抄本　一册

110000－0143－0022178　PG411.1/92
詞辨二卷附介存齋論詞雜著一卷　(清)周濟撰　清光緒四年(1878)刻本　一册

110000－0143－0022179　PG411.1/94
曝書亭删餘詞一卷曝書亭詞手稿原目一卷附校勘記一卷　(清)朱彝尊撰　清光緒二十九年(1903)長沙葉氏刻本　一册

110000－0143－0022180　PG411.1/97
遏雲閣曲譜初集不分卷　(清)王錫純輯　清光緒十九年(1893)上海著易堂書局鉛印本　十二册

110000－0143－0022181　PG411.1/98
娛萱草彈詞三十二卷　(清)橘道人撰　清光緒二十年(1894)木活字印本　六册

110000－0143－0022182　PG411.1/100
篋中詞六卷續四卷　(清)譚獻纂録　清光緒八年(1882)仁和譚氏刻本　四册

110000－0143－0022183　PG411.1/101
小湖田樂府十卷　(清)吴蔚光撰　清嘉慶二年(1797)素修堂刻本　四册

110000－0143－0022184　PG411.1/104
養一齋詞三卷　(清)潘德輿撰　清咸豐三年(1853)刻本　一册

110000－0143－0022185　PG411.1/107
原本招子庸正粵謳解心不分卷　(清)招子庸輯　清末刻本　一册

110000－0143－0022186　PG411.1/114
國朝常州詞録三十卷　繆荃孫輯　清光緒二十二年(1896)雲自在龕刻本　十册

110000－0143－0022187　PG411.1/120
倚晴樓七種曲　(清)黄燮清撰　清光緒七年(1881)海鹽黄氏拙宜園刻本　六册

110000－0143－0022188　PG411.1/122
皖詞紀勝一卷　徐乃昌撰　清光緒三十年(1904)南陵徐氏小檀欒室刻本　一册

110000－0143－0022189　PG411.1/124
陳檢討詞鈔十二卷　(清)陳維崧撰　清康熙二十二年(1683)天藜閣刻本　四册

110000－0143－0022190　PG411.1/125
廿一史彈詞註十一卷　(明)楊慎編著　(清)張三異增定　(清)張仲璜註　清乾隆五十一年(1786)刻本　八册

110000－0143－0022191　PG411.1/125
廿一史彈詞註十一卷　(明)楊慎編著　(清)張三異增定　(清)張仲璜註　清乾隆五十一

年(1786)刻本　八冊

110000－0143－0022192　PG411.1/128
聚紅榭雅集詞六卷　(清)高思齊等撰　清咸豐六年至同治二年(1856－1863)刻本　三冊

110000－0143－0022193　PG411.1/130
西泠詞萃八卷　(清)丁丙輯　清光緒錢塘丁氏刻本　四冊

110000－0143－0022194　PG411.1/132
稼軒集鈔存四卷雜錄詩一卷稼軒詞四卷補遺一卷　(宋)辛棄疾著　(清)辛啟泰編　清嘉慶十六年(1811)春草閣刻本　六冊

110000－0143－0022195　PG411.1/132－1
稼軒詞四卷稼軒詞補遺不分卷　(宋)辛棄疾撰　(清)辛啟泰編　清嘉慶十六年(1811)萬載辛氏刻本　二冊

110000－0143－0022196　PG411.1/133
碎金詞譜六卷附錄一卷　(清)謝元淮輯　清道光二十四年(1844)刻朱墨套印本　六冊

110000－0143－0022197　PG411.1/134
新蘅詞六卷外集一卷　(清)張景祁撰　清光緒九年(1883)百億梅花仙館刻本　六冊

110000－0143－0022198　PG411.1/135
詞鈔十種三十一卷　(清)顧翰等撰　清末抄本　七冊

110000－0143－0022199　PG411.1/142
留雲借月盦詞續一卷　劉炳照撰　清光緒二十五年(1899)刻本　一冊

110000－0143－0022200　PG411.1/143
詞林片玉不分卷　(明)王世貞評選　清末抄本　一冊

110000－0143－0022201　PG411.1/144
漢鼓吹鐃歌十八曲集解一卷　(清)譚儀撰　清光緒中元和江氏湖南使院刻本　一冊

110000－0143－0022202　PG411.1/145
續詞選二卷　(清)董毅輯　清道光十年(1830)張琦刻本　一冊

110000－0143－0022203　PG411.1/146
薇省同聲集五卷　(清)彭鑾輯　清光緒十六年(1890)刻本　一冊

110000－0143－0022204　PG411.1/147
長岔脆岔合鈔　清抄本　二冊

110000－0143－0022205　PG411.1/148
長安宮詞一卷　(清)胡延撰　清光緒二十八年(1902)刻本　一冊

110000－0143－0022206　PG411.1/154
唐五代詞選三卷　(清)成肇麐輯　清光緒十三年(1887)刻蒙香室叢書本　一冊

110000－0143－0022207　PG411.1/154
唐宋詞選八種十三卷　清同治至光緒刻本　四冊

110000－0143－0022208　PG411.1/155
國朝詞綜四十八卷二集八卷　(清)王昶纂　清光緒二十八年(1902)金匱浦氏刻本　十二冊

110000－0143－0022209　PG411.1/155－1
國朝詞綜續編二十四卷　(清)黃燮清編纂　清同治十二年(1873)刻本　八冊

110000－0143－0022210　PG411.1/162
水雲樓詞二卷　(清)蔣春霖撰　清咸豐十一年(1861)江陰蔣氏曼陀羅閣刻本　一冊

110000－0143－0022211　PG411.1/165
白石道人歌曲四卷別集一卷附白石道人詩詞評論不分卷補遺不分卷　(宋)姜夔撰　清光緒十年(1884)仁和許增刻本　一冊

110000－0143－0022212　PG411.1/165
白石道人歌曲六卷歌詞別集一卷附音樂舉要一卷樂星圖譜一卷　(宋)姜夔撰　清宣統二年(1910)遜齋影印本　二冊

110000－0143－0022213　PG411.1/170
漱玉詞一卷　(宋)李清照撰　明天啓至崇禎海虞毛氏汲古閣刻本　一冊

110000－0143－0022214　PG411.1/170
龍輔女紅餘志二卷　(元)龍輔撰　明天啓至

崇禎海虞毛氏汲古閣刻本　與110000－0143－0022213合冊

110000－0143－0022215　PG411.1/170
吴氏石蓮庵刻山左人詞十八種五十卷　吳重熹輯　清光緒二十七年(1901)海豐吳氏刻本　十冊

110000－0143－0022216　PG411.1/170
漱玉詞一卷　(宋)李清照撰　明天啓至崇禎海虞毛氏汲古閣刻本　一冊

110000－0143－0022217　PG411.1/170
龍輔女紅餘志二卷　(元)龍輔撰　明天啓至崇禎海虞毛氏汲古閣刻本　與110000－0143－0022216合冊

110000－0143－0022218　PG411.1/170
吴氏石蓮庵刻山左人詞十八種五十卷　吳重熹輯　清光緒二十七年(1901)海豐吳氏刻本　五冊　存五種十二卷(孏窟詞一卷、拙庵詞一卷、琴趣外篇六卷、審齋詞一卷、姑溪詞三卷)

110000－0143－0022219　PG411.1/172
詞名集解六卷續編二卷　(清)汪汲撰　清乾隆至嘉慶古愚山房刻本　四冊

110000－0143－0022220　PG411.1/173
薇省詞鈔十卷附錄一卷　況周頤撰　清光緒二十四年(1898)刻本　四冊

110000－0143－0022221　PG411.1/174
詞學集成八卷　(清)江順詒纂輯　清光緒七年(1881)刻本　四冊

110000－0143－0022222　PG411.1/174
詞學集成八卷　(清)江順詒纂輯　清光緒七年(1881)刻本　一冊

110000－0143－0022223　PG411.1/175
明宮雜詠二十卷　(清)饒智元撰　清光緒十九年(1893)刻本　八冊

110000－0143－0022224　PG411.1/175
明宮雜詠二十卷　(清)饒智元撰　清光緒十九年(1893)刻本　六冊

110000－0143－0022225　PG411.1/179
歷代詞腴二卷附眠鷗集遺詞一卷　(清)黃承勳輯　清光緒十一年(1885)刻本　二冊

110000－0143－0022226　PG411.1/180
精選名儒草堂詩餘三卷　(元)鳳林書院輯　清嘉慶十六年(1811)享帚精舍刻本　一冊

110000－0143－0022227　PG411.1/181
庚子國變彈詞四十回　(清)李寶嘉撰　清光緒二十九年(1903)上海世界繁華報館鉛印本　六冊

110000－0143－0022228　PG411.1/183
雙橋小築詞存五卷集餘一卷　(清)江人鏡撰　清光緒二十三年(1897)刻本　四冊

110000－0143－0022229　PG411.1/185
坦菴詞一卷　(宋)趙師俠撰　明末海虞毛氏汲古閣刻本　一冊

110000－0143－0022230　PG411.1/186
樂府標源二卷樂府遺聲一卷　(清)汪汲撰　清乾隆至嘉慶汪氏古愚山房刻本　一冊

110000－0143－0022231　PG411.1/188
眉綠樓詞不分卷　(清)顧文彬撰　清光緒十年(1884)吳下刻本　四冊

110000－0143－0022232　PG411.1/190
南北詞名宮調彙錄二卷　(清)汪汲撰　清乾隆至嘉慶古愚山房刻本　一冊

110000－0143－0022233　PG411.1/192
蒙香室叢書二十四卷　馮煦輯　清光緒刻本　九冊

110000－0143－0022234　PG411.1/193
閩詞鈔四卷　(清)葉申薌輯　清道光十四年(1834)葉氏刻本　四冊

110000－0143－0022235　PG411.1/194
歗龕詞五卷　夏仁虎撰　清宣統三年(1911)刻本　二冊

110000－0143－0022236　PG411.1/195
苾芻館詞集六卷　(清)胡延撰　清光緒二十九年(1903)金陵糧儲道廨刻朱印本　四冊

110000－0143－0022237　PG411.1/197
歸愚詞一卷　（宋）葛立方撰　清光緒刻本　一册

110000－0143－0022238　PG411.1/197
龍洲詞一卷　（宋）劉過撰　清光緒刻本　與110000－0143－0022237合册

110000－0143－0022239　PG411.1/197
初寮詞一卷　（宋）王安中撰　清光緒刻本　與110000－0143－0022237合册

110000－0143－0022240　PG411.1/197
龍川詞一卷龍川詞補一卷　（宋）陳亮撰　清光緒刻本　與110000－0143－0022237合册

110000－0143－0022241　PG411.1/197
花影響笙詞鈔二卷附小遊仙詞一百首　（清）葉華撰　清光緒三年(1877)羊城刻本　一册

110000－0143－0022242　PG411.1/200
甌江竹枝詞一卷　（清）戴文儁撰　清同治十三年(1874)東甌郭氏博古齋刻本　一册

110000－0143－0022243　PG411.1/203
粤謳一卷　（清）明珊居士撰　清道光八年(1828)刻本　一册

110000－0143－0022244　PG411.1/203
粤謳一卷　（清）明珊居士撰　清道光八年(1828)刻本　一册

110000－0143－0022245　PG411.1/204
二鄉亭詞三卷祭臯陶一卷　（清）宋琬撰　清康熙刻本　二册

110000－0143－0022246　PG411.1/213
桐花閣詞一卷補遺一卷　（清）吳蘭修撰　清宣統三年(1911)番禺汪氏微尚齋刻本　一册

110000－0143－0022247　PG411.1/213
桐花閣詞一卷補遺一卷　（清）吳蘭修撰　清宣統三年(1911)番禺汪氏微尚齋刻本　一册

110000－0143－0022248　PG411.1/216
憶雲詞甲乙丙丁稿四卷删存一卷　（清）項廷紀撰　清光緒十九年(1893)刻本　一册

110000－0143－0022249　PG411.1/217
麐棱詞一卷　（清）劉恩黻撰　清光緒三十二年(1906)吳氏雙照樓刻本　一册

110000－0143－0022250　PG411.1/225
三影閣箏語三卷　（清）張雲璈撰　清嘉慶二十四年(1819)刻本　一册

110000－0143－0022251　PG411.1/226
蜀桐弦詞一卷　（清）顧復初撰　清咸豐刻本　一册

110000－0143－0022252　PG411.1/228
濯絳宧存稾一卷　劉毓盤撰　清宣統元年(1909)刻本　一册

110000－0143－0022253　PG411.1/229
崇睦山房詞一卷　（清）汪全德撰　清光緒刻本　一册

110000－0143－0022254　PG411.1/229
箏船詞一卷　（清）劉嗣綰撰　清光緒刻本　與110000－0143－0022253合册

110000－0143－0022255　PG411.1/229
玉山堂詞一卷　（清）汪度撰　清光緒刻本　與110000－0143－0022253合册

110000－0143－0022256　PG411.1/229
南園詩選二卷　（清）何士顒撰　清光緒刻本　與110000－0143－0022253合册

110000－0143－0022257　PG411.1/237
海風簫詞一卷　（清）顧復初撰　清同治四年(1865)刻本　一册

110000－0143－0022258　PG411.1/238
夢春廬詞一卷附早春集一卷　（清）李貽德撰　清同治六年(1867)刻本　一册

110000－0143－0022259　PG411.1/239
秋林琴雅四卷　（清）厲鶚撰　清光緒九年(1883)刻本　一册

110000－0143－0022260　PG411.1/241
六觀樓北曲六種六卷　（清）許鴻磐撰　清道光二十六年(1846)刻本　六册

110000－0143－0022261　PG411.1/243
柯家山館詞三卷　(清)嚴元照撰　清光緒三年(1877)刻本　一册

110000－0143－0022262　PG411.1/246
蕢華屋蛻稿詞三卷曲二卷聯句一卷　(清)吳卿弼撰　清光緒十六年(1890)刻本　一册

110000－0143－0022263　PG411.1/247
飲瓊漿館詞一卷　潘飛聲撰　清宣統元年(1909)國學萃編社鉛印本　一册

110000－0143－0022264　PG411.1/249
外國竹枝詞一卷　(清)尤侗撰　(清)尤珍注　清康熙刻本　一册

110000－0143－0022265　PG411.1/254
四印齋彙刻宋元三十一家詞三十一卷　(清)王鵬運輯　清光緒十九年(1893)臨桂王氏家塾刻本　四册

110000－0143－0022266　PG411.1/255
擬古樂府二卷　(明)李東陽撰　(明)何孟春注釋　清乾隆刻光緒六年(1880)修補印本　二册

110000－0143－0022267　PG411.1/257
紅雪詞甲集二卷乙集二卷詞餘一卷　(清)馮雲鵬填詞　清嘉慶刻本　四册

110000－0143－0022268　PG411.1/258
伽厂詞四卷　(清)左運奎撰　清宣統二年(1910)鉛印本　一册

110000－0143－0022269　PG411.1/260
小檀欒室彙刻閨秀詞十集一百二十七卷　徐乃昌輯　清光緒二十一年至二十二年(1895－1896)南陵徐氏刻本　二十八册

110000－0143－0022270　PG411.1/262
采香詞不分卷　(清)杜文瀾撰　清光緒元年(1875)秀水杜文瀾抄本　一册

110000－0143－0022271　PG411.1/263
詩詞集不分卷　(清)□恩錫撰　清同治元年至七年(1862－1868)□恩錫稿本　一册

110000－0143－0022272　PG411.1/264
宋元十二家詞選十二卷　(清)張祖同輯　清同治元年至光緒二十年(1862－1894)長沙張祖同抄本　三册

110000－0143－0022273　PG411.1/269
國朝詞雅二十四卷　(清)姚階撰　清嘉慶三年(1798)刻本　十册

110000－0143－0022274　PG411.1/271
心日齋十六家詞錄二卷　(清)周之琦輯　清道光二十四年(1844)刻本　四册

110000－0143－0022275　PG411.1/273
詞苑萃編二十四卷　(清)馮金伯輯　清嘉慶十一年(1806)刻本　五册

110000－0143－0022276　PG411.1/284
和清眞詞一卷　(宋)方千里撰　清光緒十四年(1888)錢塘汪氏刻本　一册

110000－0143－0022277　PG411.1/284
後村別調一卷　(宋)劉克莊撰　清光緒十四年(1888)錢塘汪氏刻本　與110000－0143－0022276合册

110000－0143－0022278　PG411.1/288
樂府補題一卷　(元)陳恕可輯　清道光元年至三十年(1821－1850)長塘鮑氏刻本　一册

110000－0143－0022279　PG411.1/288
蛻巖詞二卷　(元)張翥撰　清道光長塘鮑氏刻本　與110000－0143－0022278合册

110000－0143－0022280　PG411.1/293
片玉詞二卷補遺一卷　(宋)周邦彥撰　(明)毛晉編　清光緒十四年(1888)汪氏刻本　一册

110000－0143－0022281　PG411.1/301
洺水詞一卷　(宋)張孝祥撰　清光緒十四年(1888)錢塘汪氏刻本　一册

110000－0143－0022282　PG411.1/301
于湖詞三卷　(宋)張孝祥撰　清光緒十四年(1888)錢塘汪氏刻本　與110000－0143－0022281合册

110000－0143－0022283　PG411.2/3－1

紅樓夢傳奇八卷　(清)陳鍾麟撰　清道光十五年(1835)廣州汗青齋刻本　八冊

110000 - 0143 - 0022284　PG411.2/4
香雪亭新編耆英會記二卷　(清)喬萊撰　清康熙至光緒刻本　二冊

110000 - 0143 - 0022285　PG411.2/5
紅雪樓九種曲十三卷　(清)蔣士銓撰　清乾隆蔣士銓紅雪樓刻本　十二冊

110000 - 0143 - 0022286　PG411.2/7 - 1
牡丹亭還魂記八卷　(明)湯顯祖編　清宣統芥子園刻本　八冊

110000 - 0143 - 0022287　PG411.2/7 - 2
牡丹亭還魂記二卷　(明)湯顯祖編　清刻本　二冊

110000 - 0143 - 0022288　PG411.2/12
梨園娛老集　(清)胡翼南撰　清宣統二年(1910)大公報館鉛印本　二冊

110000 - 0143 - 0022289　PG411.2/16
紅雪樓九種曲十三卷　(清)蔣士銓撰　清刻本　十冊

110000 - 0143 - 0022290　PG411.2/18
梨花雪十二折首折尾折　(清)徐鄂填詞　(清)秦本楨評校　清光緒三十二年(1906)上海煥文書局石印本　四冊

110000 - 0143 - 0022291　PG411.2/20
玉師堂十種曲十五卷　(清)陳烺撰　清光緒十一年至十七年(1885 - 1891)徐光瑩等刻本　十冊

110000 - 0143 - 0022292　PG411.2/20
玉師堂十種曲十五卷　(清)陳烺撰　清光緒十一年至十七年(1885 - 1891)徐光瑩等刻本　五冊　存五種十卷(仙緣記傳奇二卷、蜀錦袍傳奇二卷、燕子樓傳奇二卷、海虬記傳奇二卷、梅喜緣傳奇二卷)

110000 - 0143 - 0022293　PG411.2/20 - 1
玉師堂四種曲八卷　(清)陳烺撰　清光緒十一年(1885)武林刻本　四冊

110000 - 0143 - 0022294　PG411.2/21
芝龕記六卷　(清)董榕撰　清光緒十五年(1889)刻本　六冊

110000 - 0143 - 0022295　PG411.2/21 - 1
芝龕記六卷　(清)董榕撰　清乾隆十六年(1751)刻道光二年(1822)補刻本　十四冊

110000 - 0143 - 0022296　PG411.2/22
繡像雙珠鳳全傳十二卷　(清)一葉道人撰　清同治二年(1863)淨雅書屋刻本　十二冊

110000 - 0143 - 0022297　PG411.2/24
長生殿傳奇二卷　(清)洪昇填詞　清光緒十三年(1887)蜚英館石印本　二冊

110000 - 0143 - 0022298　PG411.2/24 - 1
長生殿傳奇四卷　(清)洪昇填詞　清小嫏嬛山館刻本　四冊

110000 - 0143 - 0022299　PG411.2/31
石榴記傳奇四卷　(清)黄振撰　清嘉慶四年(1799)柴灣村舍刻本　五冊

110000 - 0143 - 0022300　PG411.2/32
戲曲六種　清刻本　一冊

110000 - 0143 - 0022301　PG411.2/33
繪圖綴白裘十二集四十八卷　(清)玩花主人輯　(清)錢德蒼增輯　清光緒二十一年(1895)上海周月記機器印書處影印本　十二冊

110000 - 0143 - 0022302　PG411.2/35
長生殿時劇八齣　(清)四樂齋主人撰　清光緒二十三年(1897)亦囂囂齋鉛印本　一冊

110000 - 0143 - 0022303　PG411.2/36
明珠記二卷　(明)陸采撰　明末毛氏汲古閣刻本　二冊

110000 - 0143 - 0022304　PG411.2/40
四喜記二卷　(明)謝讜撰　明毛氏汲古閣刻本　二冊

110000 - 0143 - 0022305　PG411.2/41
滄桑豔二卷　丁傳靖填詞　清光緒三十四年(1908)豹隱廬刻本　一冊

110000－0143－0022306　PG411.2/44
補天石傳奇八種八卷　(清)周樂清填詞　清道光十年(1830)靜遠草堂刻本　八册

110000－0143－0022307　PG411.2/48
梅花夢二卷　(清)張道填詞　清光緒二十年(1894)刻本　六册

110000－0143－0022308　PG411.2/48
梅花夢二卷　(清)張道填詞　清光緒二十年(1894)刻本　二册

110000－0143－0022309　PG411.2/49
桃谿雪二卷　(清)黄燮清填詞　(清)吳廷康采輯　清光緒元年(1875)雲鶴仙館刻本　二册

110000－0143－0022310　PG411.2/51
新造玉針記六卷　清末潮州李萬利書坊刻本　二册

110000－0143－0022311　PG411.2/52
新造雙如意六卷　清末潮州李萬利書坊刻本　一册

110000－0143－0022312　PG411.2/53
碧聲吟館叢書十一種十六卷　(清)許善長撰　清光緒三年至十一年(1877－1885)許氏刻本　十册

110000－0143－0022313　PG411.2/55
繡像十五貫十六卷　(清)張熊撰　清末刻本　四册

110000－0143－0022314　PG411.2/56
新造金燕媒十二卷新造金燕媒下觀花八卷　清末潮州李萬利書坊刻本　五册

110000－0143－0022315　PG411.2/59
儒酸福傳奇二卷　(清)魏熙元填詞　清光緒十年(1884)玉玲瓏館刻本　一册

110000－0143－0022316　PG411.2/59
儒酸福傳奇二卷　(清)魏熙元填詞　清光緒十年(1884)玉玲瓏館刻本　一册

110000－0143－0022317　PG411.2/64
南陽樂傳奇二卷三十二齣　(清)夏綸撰　(清)徐夢元評　清乾隆十六年(1751)世光堂刻惺齋五種續編一種本　二册

110000－0143－0022318　PG411.2/66
新刻唱白時調沉香閣二十四集　清合州閔忠恕堂刻本　六册

110000－0143－0022319　PG411.2/67
繡像文武香球十二卷七十二回　(清)申江逸史改編　清同治二年(1863)刻本　十二册

110000－0143－0022320　PG411.2/68
新編繡像福壽大紅袍十四卷一百回　(清)廢閑主人改編　清道光元年(1821)刻本　十四册

110000－0143－0022321　PG411.2/69
風雲會傳奇二卷三十齣　(清)許善長撰　(清)梅谿逸叟訂譜　清光緒三年(1877)仁和許氏刻碧聲吟館叢書本　二册

110000－0143－0022322　PG411.2/75
梨園集成　(清)李世恩輯　(清)王賀成校訂　清光緒懷邑王氏刻本　一册　存六種(新著藥王傳全曲、新著蘆花河全曲、新著桃花洞全曲、新著薛仁貴回窰全曲、新著薛蛟观畫曲文全本、新著天開榜全本)

110000－0143－0022323　PG411.2/77
庶幾堂今樂初集十六卷二集十二卷　(清)余治撰　清光緒六年(1880)元妙觀得見齋刻本　八册

110000－0143－0022324　PG411.2/80
風箏誤傳奇一卷　(清)李漁撰　**乘龍佳話一卷**　(清)寒食生撰　清光緒石印本　一册

110000－0143－0022325　PG411.2/83
桂林霜二卷　(清)蔣士銓撰　清乾隆後刻本　一册

110000－0143－0022326　PG411.2/85
芙蓉碣傳奇二卷　(清)張雲驤撰　清光緒九年(1883)刻本　一册

110000－0143－0022327　PG411.2/88
空山夢不分卷　(清)范元亨撰　清光緒十七

年(1891)良鄉縣官廨刻本　一册

110000－0143－0022328　PG411.2/90
香祖樓二卷　(清)蔣士銓撰　清乾隆後刻本　二册

110000－0143－0022329　PG411.2/92
鶴歸來傳奇二卷　(清)瞿頡著　(清)周昂評點　清抄本　一册　缺一卷(下)

110000－0143－0022330　PG411.2/92－1
鶴歸來傳奇二卷　(清)瞿頡著　(清)周昂評點　清末湖北官書處刻本　二册

110000－0143－0022331　PG411.2/95
六如亭傳奇二卷　(清)張度西著　清賜錦樓刻本　二册

110000－0143－0022332　PG411.2/99
小蓬萊傳奇十卷　(清)劉清韻填詞　清光緒二十六年(1900)石印本　六册

110000－0143－0022333　PG411.2/100
漁邨記二卷　(清)韓錫胙撰　清咸豐五年(1855)石門山房刻本　四册

110000－0143－0022334　PG411.2/102
生佛碑傳奇不分卷　(清)陳學震填詞　(清)史雲煥點校　清同治八年(1869)刻本　二册

110000－0143－0022335　PG411.2/114
新曲六種十二卷　(清)夏綸撰　清乾隆十八年(1753)世光堂刻本　一册　存一種二卷(無瑕璧傳奇二卷)

110000－0143－0022336　PG411.3/2
周氏止庵詞辨二卷附周氏止庵介存齋論詞雜著一卷　(清)周濟撰　(清)譚獻評　清末刻本　一册

110000－0143－0022337　PG411.4/11
飛影閣畫報　(清)吴嘉猷繪　清光緒十七年(1891)石印本　三册　存八册

110000－0143－0022338　PG412./5
新學彙編四卷　蔡爾康編輯　清光緒二十四年(1898)上海廣學會鉛印本　四册

110000－0143－0022339　PG412./7
愛國精神談十二章　(法國)愛彌兒拉著　清光緒二十八年(1902)上海廣智書局鉛印本　一册

110000－0143－0022340　PG51/2
雅雨堂叢書十三種一百三十八卷　(清)盧見曾輯　清乾隆二十一年(1756)德州盧氏刻本　二十八册

110000－0143－0022341　PG51/3
守山閣叢書一百十六種六百五十二卷　(清)錢熙祚輯　清光緒十五年(1889)上海鴻文書局石印本　九十册　缺十二種六十三卷(少儀外傳二卷,東南紀聞三卷,菽園雜記十五卷,漢武帝内傳一卷、附錄一卷、附校勘記一卷,大方廣佛華嚴經音義四卷,文子二卷、附校勘記一卷,文始真經言外經旨三卷,周易參同契考異一卷,古文苑二十一卷、附校勘記一卷,觀林詩話一卷,餘師錄四卷,詞源二卷)

110000－0143－0022342　PG51/3
守山閣叢書一百十六種六百五十二卷　(清)錢熙祚輯　清光緒十五年(1889)上海鴻文書局石印本　一百册

110000－0143－0022343　PG51/4
嶺南遺書六十種二百四十四卷　(清)伍元薇　(清)伍崇曜輯　清道光十一年至同治二年(1831－1863)南海伍氏粤雅堂刻本　九十一册

110000－0143－0022344　PG51/4
嶺南遺書六十種三百四十四卷　(清)伍元薇　(清)伍崇曜輯　清道光十一年至同治二年(1831－1863)南海伍氏粤雅堂刻本　九十册

110000－0143－0022345　PG51/4
嶺南遺書六十種三百四十四卷　(清)伍元薇　(清)伍崇曜輯　清道光十一年至同治二年(1831－1863)南海伍氏粤雅堂刻本　八十册

110000－0143－0022346　PG51/4
嶺南遺書六十種三百四十四卷　(清)伍元薇　(清)伍崇曜輯　清道光十一年至同治二年

(1831－1863)南海伍氏粤雅堂刻本　八十三冊　缺五種十一卷(楊議郎著書一卷、異物志一卷、始興記一卷、潛虚述義四卷、五山志林之前四卷)

110000－0143－0022347　PG51/4－1
三家詩拾遺十卷　(清)范家相輯　清嘉慶十五年(1810)會稽范氏古趣亭刻光緒十三年(1887)墨潤堂重刻本　三冊

110000－0143－0022348　PG51/5
文館詞林殘四卷　(唐)許敬宗輯　清道光三十年至光緒十一年(1850－1885)南海伍氏粤雅堂刻本　一冊

110000－0143－0022349　PG51/5
粤雅堂叢書一百八十五種一千三百六卷　(清)伍崇曜輯　清道光三十年至光緒十一年(1850－1885)南海伍氏粤雅堂刻本　三百三十七冊　缺二種二十六卷(漢書地理志稽疑六卷、國策地名考二十卷)

110000－0143－0022350　PG51/5
粤雅堂叢書一百八十五種一千三百六卷　(清)伍崇曜輯　清道光三十年至光緒十一年(1850－1885)南海伍氏粤雅堂刻本　三百四十冊

110000－0143－0022351　PG51/5
粤雅堂叢書一百八十五種一千三百六卷　(清)伍崇曜輯　清咸豐三年至四年(1853－1854)南海伍氏粤雅堂刻本　七冊　存三種二十八卷(爾雅新義七至二十、孫氏周易集解十卷、春秋穀梁傳時月日書法釋例四卷)

110000－0143－0022352　PG51/5
鄭志三卷附録一卷　(三國魏)鄭小同撰　(清)錢東垣按　清咸豐三年(1853)南海伍氏粤雅堂刻本　一冊

110000－0143－0022353　PG51/5
粤雅堂叢書一百八十五種一千三百六卷　(清)伍崇曜輯　清咸豐四年(1854)南海伍氏粤雅堂刻本　二冊　存二種五卷(秋園雜佩一卷、倪文正公年譜四卷)

110000－0143－0022354　PG51/5
粤雅堂叢書一百九十一種一千三百七卷　(清)伍崇曜輯　清道光三十年至光緒十一年(1850－1885)南海伍氏粤雅堂刻本　六百六十六冊

110000－0143－0022355　PG51/5
粤雅堂叢書一百九十一種一千三百七卷　(清)伍崇曜輯　清道光三十年至光緒十一年(1850－1885)南海伍氏粤雅堂刻本　四百二十二冊

110000－0143－0022356　PG51/5
粤雅堂叢書一百九十一種一千三百七卷　(清)伍崇曜輯　清道光三十年至光緒十一年(1850－1885)南海伍氏粤雅堂刻本　一百九十冊　缺四十四種二百四十一卷(南部新書十卷,東城雜記二卷,焦氏筆乘四至六、續八卷,奉天録四卷,咸淳遺事二卷,昭忠録一卷,月泉吟社一卷,谷音二卷,河汾諸老詩集八卷,揭文安公文粹二卷,絳雲樓書目四卷,述古堂藏書目四卷、宋版書目一卷,韓柳年譜八卷,韓文類譜七卷,韓吏部文公集年譜一卷,韓文公歷官記一卷,韓子年譜五卷,柳先生年譜一卷,疑年録四卷,續疑年録四卷,米海岳年譜一卷,元遺山先生年譜三卷、附墓圖記略一卷,崇文總目五卷、補遺一卷、附録一卷,菉竹堂書目六卷,菉竹堂碑目六卷,寒山堂金石林時地考二卷,勝飲編十八卷,采硫日記三卷,嵩洛訪碑日記一卷,通志堂經解目録一卷,蘇米齋蘭亭考八卷,爾雅新義六至二十,孫氏周易集解十卷,春秋穀梁傳時月日書法釋例四卷,羣經音辯七卷,相臺書塾刊正九經三卷、沿革例一卷,九經補韻一卷、附録一卷,詞林韻釋二卷,漢書地理志稽疑六卷,國策地名考六至二十,秋園雜佩一卷,倪文正公年譜四卷,南雷文定前集十一卷、後集四卷、三集三卷、詩歷四卷、世譜一卷、附録一卷,程侍郎遺集一至七)

110000－0143－0022357　PG51/5
粤雅堂叢書一百九十一種一千三百七卷　(清)伍崇曜輯　清道光三十年至光緒十一年

(1850－1885)南海伍氏粤雅堂刻本　二十六册　存十八種一百二十四卷(菉竹堂書目四至六,菉竹堂碑目六卷,寒山堂金石林時地考二卷,勝飲編十八卷,采硫日記三卷,嵩洛訪碑日記一卷,通志堂經解目錄一卷,蘇米齋蘭亭考八卷,石渠隨筆八卷,周官新義十六卷、附考工記解二卷,爾雅心義二十卷、附敘錄一卷,孫氏周易集解十卷,春秋穀梁傳時月日書法釋例四卷,羣經音辯七卷,相臺書塾刊正九經三卷、沿革例一卷,九經補韻一卷、附錄一卷,詞林韻釋二卷,漢書地理志稽疑六卷)

110000－0143－0022358　PG51/5－2
粤雅堂叢書續編五十種二百六十八卷　(清)伍崇曜輯　清道光三十年至光緒十一年(1850－1885)南海伍氏粤雅堂刻本　九十七册

110000－0143－0022359　PG51/6
古今律曆考七十二卷　(明)邢雲路撰　清光緒五年(1879)定州王氏謙德堂刻本　二册　存十四卷(一至十四)

110000－0143－0022360　PG51/6
畿輔叢書一百七十九種一千五百二十四卷　(清)王灝輯　清光緒五年(1879)定州王氏謙德堂刻本　四册　存二種十八卷(認真草十六卷、鹿忠節公年譜二卷)

110000－0143－0022361　PG51/6
畿輔叢書一百七十九種一千五百二十四卷　(清)王灝輯　清光緒五年(1879)定州王氏謙德堂刻本　十三册　存十一種六十卷(恕谷後集十三卷,小學稽業五卷,閱史郤視四卷、續一卷,評乙古文一卷,擬太平策七卷,聖經學規纂二卷,論學二卷,平書訂十四卷,大學辨業四卷,學禮五卷,學射錄二卷)

110000－0143－0022362　PG51/6
春秋繁露十七卷附凌注校正十七卷　(漢)董仲舒撰　(清)凌曙注　(清)張駒賢校正　清光緒五年(1879)定州王氏謙德堂刻本　四册

110000－0143－0022363　PG51/6
畿輔叢書一百七十九種一千五百二十四卷　(清)王灝輯　清光緒五年(1879)定州王氏謙德堂刻本　一册　存二種四卷(顏習齋先生言行錄二卷、顏習齋先生闢異錄二卷)

110000－0143－0022364　PG51/6
畿輔叢書一百七十九種一千五百二十四卷　(清)王灝輯　清光緒五年(1879)定州王氏謙德堂刻本　四百一册

110000－0143－0022365　PG51/6－1
典故紀聞十八卷　(明)余繼登撰　清光緒五年(1879)定州王氏謙德堂刻本　六册

110000－0143－0022366　PG51/6－3
聰山文集三卷　(清)申涵光撰　清康熙二年(1663)刻道光至同治曲周劉佑印本　一册　存一卷(一)

110000－0143－0022367　PG51/7
十萬卷樓叢書三編五十二種三百八十三卷　(清)陸心源輯　清光緒二年至十八年(1876－1892)歸安陸氏刻本　七十六册　存二編(初編、二編)

110000－0143－0022368　PG51/7－1
十萬卷樓叢書三編五十二種三百八十三卷　(清)陸心源輯　清光緒二年至十八年(1876－1892)歸安陸氏刻本　一百十一册

110000－0143－0022369　PG51/7－1
十萬卷樓叢書三編五十二種三百八十三卷　(清)陸心源輯　清光緒二年至十八年(1876－1892)歸安陸氏刻本　八十八册　存二編(初編、三編)

110000－0143－0022370　PG51/8
海山仙館叢書五十六種四百九十二卷　(清)潘仕成輯　清道光二十五年至咸豐元年(1845－1851)番禺潘氏刻本　二十四册　存十二種(漁隱叢話一至五十,揭曼碩詩集三卷,四溟詩話四卷,酒顛補三卷,晁具茨先生詩集十五卷,調燮類編四卷,菰中隨筆一卷,火攻挈要三卷、圖一卷,明夷待訪錄一卷,龍筋鳳髓判四卷,宋四六話十二卷,徐文長集□□卷)

110000－0143－0022371　PG51/8
海山仙館叢書五十六種四百九十二卷　（清）潘仕成輯　清道光二十五年至咸豐元年(1845－1851)番禺潘氏刻本　六册　存三種二十六卷（敬齋古今黈八卷、晁具茨先生詩集十五卷、揭曼碩詩集三卷）

110000－0143－0022372　PG51/8
海山仙館叢書五十六種四百九十二卷　（清）潘仕成輯　清道光二十五年至咸豐元年(1845－1851)番禺潘氏刻本　五册　存五種三十五卷（雲谷雜紀四卷、首一卷、末一卷，龍筋鳳髓判四卷，洞天清祿集一卷，調燮類編四卷，桂苑筆耕集二十卷）

110000－0143－0022373　PG51/8
海山仙館叢書五十六種四百九十二卷　（清）潘仕成輯　清道光二十七年(1847)番禺潘氏刻本　三册　存六種十二卷（調燮類編四卷、讀畫録四卷、續三十五舉一卷、易大義一卷、尚書註考一卷、讀詩拙言一卷）

110000－0143－0022374　PG51/8
海山仙館叢書五十六種四百九十二卷　（清）潘仕成輯　清道光二十五年至咸豐元年(1845－1851)番禺潘氏刻本　一百二十册

110000－0143－0022375　PG51/8
海山仙館叢書五十六種四百九十二卷　（清）潘仕成輯　清道光二十五年至咸豐元年(1845－1851)番禺潘氏刻本　一百二十册

110000－0143－0022376　PG51/8
海山仙館叢書五十六種四百九十二卷　（清）潘仕成輯　清道光二十五年至咸豐元年(1845－1851)番禺潘氏刻本　一百一册

110000－0143－0022377　PG51/8
海山仙館叢書五十六種四百九十二卷　（清）潘仕成輯　清道光二十五年至咸豐元年(1845－1851)番禺潘氏刻本　一百十七册

110000－0143－0022378　PG51/8
海山仙館叢書五十六種四百九十二卷　（清）潘仕成輯　清道光二十五年至咸豐元年(1845－1851)番禺潘氏刻本　一百二十册

110000－0143－0022379　PG51/9
重刊拜經樓叢書七種二十三卷　（清）吳騫輯　清光緒十一年(1885)會稽章氏鄂渚刻本　八册

110000－0143－0022380　PG51/9－1
重刊拜經樓叢書七種二十三卷　（清）吳騫輯　清光緒十一年(1885)會稽章氏鄂渚刻本　十二册

110000－0143－0022381　PG51/9－1
重刊拜經樓叢書七種二十三卷　（清）吳騫輯　清光緒二十年(1894)吳縣朱氏校經堂刻本　十册

110000－0143－0022382　PG51/9－1
重刊拜經樓叢書七種二十三卷　（清）吳騫輯　清光緒十一年(1885)會稽章氏鄂渚刻本　八册

110000－0143－0022383　PG51/10
經苑二十五種二百九十五卷　（清）錢儀吉輯　清道光至咸豐大梁書院刻同治七年(1868)王儒行印本　五十七册

110000－0143－0022384　PG51/11
平津館叢書三十八種二百五十四卷　（清）孫星衍輯　清嘉慶五年至二十三年(1800－1818)蘭陵孫氏刻本　五十二册

110000－0143－0022385　PG51/11－1
平津館叢書三十八種二百五十四卷　（清）孫星衍輯　清光緒十一年(1885)吳縣朱氏槐廬家塾刻本　四十八册

110000－0143－0022386　PG51/11－1
平津館叢書三十八種二百五十四卷　（清）孫星衍輯　清光緒十一年(1885)吳縣朱氏槐廬家塾刻本　四十八册

110000－0143－0022387　PG51/13
張氏適園叢書初集七種三十三卷　張鈞衡輯　清宣統三年(1911)上海國學扶輪社鉛印本　十册

110000－0143－0022388　PG51/13

張氏適園叢書初集七種三十三卷　張鈞衡輯　清宣統三年(1911)上海國學扶輪社鉛印本　十冊

110000－0143－0022389　PG51/14

三長物齋叢書二十七種二百六十四卷　(清)黃本驥輯　清道光二十四年至二十八年(1844－1848)湘陰蔣瓌刻光緒四年(1878)古香書閣印本　七十四冊

110000－0143－0022390　PG51/16

增訂漢魏叢書九十七種四百六十八卷　(清)王謨輯　清乾隆五十六年(1791)金谿王氏刻本　六十冊　缺四十種一百八十五卷(西京雜記六卷、漢武帝內傳一卷、飛燕外傳一卷、雜事祕辛一卷、華陽國志十四卷、十六國春秋十六卷、三國志辨誤一卷、元經薛氏傳十卷、羣輔錄一卷、英雄記鈔一卷、淮南鴻烈解二十一卷、鹽鐵論十二卷、法言十卷、申鑒五卷、論衡一至十八、孫子二卷、列子八卷、傅子一卷、道德經評注二卷、中華古今注三卷、詩品三卷、書品一卷、尤射一卷、拾遺記十卷、佛國記一卷、伽藍記五卷、三輔黃圖六卷、水經二卷、星經二卷、荊楚歲時記一卷、南方草木狀三卷、竹譜一卷、禽經一卷、古今刀劍錄一卷、鼎錄一卷、天祿閣外史八卷、輶軒絕代語一卷、鄴中記一卷、博異記一卷、世本一卷)

110000－0143－0022391　PG51/16

增訂漢魏叢書九十七種四百六十八卷　(清)王謨輯　清光緒六年(1880)三餘堂刻本　六冊　存四種四十二卷(韓詩外傳十卷、毛詩草木鳥獸蟲魚疏二卷、大戴禮記十三卷、春秋繁露十七卷)

110000－0143－0022392　PG51/16

增訂漢魏叢書九十七種四百六十八卷　(清)王謨輯　清光緒六年(1880)三餘堂刻本　八冊　存十種五十四卷(獨斷一卷、忠經一卷、孝傳一卷、小爾雅一卷、方言十三卷、博雅十卷、釋名篇四卷、竹書紀年二卷、穆天子傳六卷、越絕書十五卷)

110000－0143－0022393　PG51/16

增訂漢魏叢書九十七種四百六十八卷　(清)王謨輯　清光緒六年(1880)三餘堂刻本　十七冊　存六種六十四卷(新語二卷、新書十卷、新序十卷、說苑二十卷、淮南鴻烈解二十一卷、陰符經一卷)

110000－0143－0022394　PG51/16

增訂漢魏叢書九十七種四百六十八卷　(清)王謨輯　清光緒六年(1880)三餘堂刻本　八冊　存十五種五十八卷(古今注三卷、博物志十卷、文心雕龍十卷、詩品三卷、尤射一卷、拾遺記十卷、還冤記　卷、海內十洲記　卷、別國洞冥記四卷、西秦錄一卷、枕中書一卷、佛國記一卷、述異記二卷、搜神記八卷、搜神後記二卷)

110000－0143－0022395　PG51/16－1

增訂漢魏叢書九十七種四百六十八卷　(清)王謨輯　清光緒六年(1880)三餘堂刻本　八冊　存七種二十八卷(神僊傳十卷、孔叢二卷、羣輔錄一卷、英雄記鈔一卷、元經薛氏傳十卷、高士傳三卷、蓮社高賢傳一卷)

110000－0143－0022396　PG51/16－1

增訂漢魏叢書九十七種四百六十八卷　(清)王謨輯　清乾隆五十六年(1791)金谿王氏刻本　六十四冊

110000－0143－0022397　PG51/16－3

廣漢魏叢書八十種四百五十五卷　(明)何允中輯　清嘉慶刻本　八十冊

110000－0143－0022398　PG51/16(2)

增訂漢魏叢書九十七種四百六十八卷　(清)王謨輯　(清)黃元壽補輯　清光緒二十一年(1895)古越黃元壽石印本　十一冊　缺三十種一百六十四卷(易傳三卷、關氏易傳一卷、周易略例一卷、古三墳一卷、汲冢周書十卷、詩傳孔氏傳一卷、詩說一卷、韓詩外傳十卷、毛詩草木鳥獸蟲魚疏二卷、大戴禮記十三卷、春秋繁露十七卷、白虎通德論四卷、獨斷一卷、忠經一卷、孝傳一卷、小爾雅一卷、方言十三卷、博雅十卷、釋名四卷、竹書紀年二卷、穆天子傳六卷、越絕書十五卷、吳越春秋六卷、西京雜記六卷、漢武帝內傳一卷、飛燕外傳一卷、雜事祕辛一卷、華陽國志十四卷、十六國春秋十六卷、三國志辨誤一卷）

110000－0143－0022399　PG51/17
增訂漢魏叢書九十七種四百六十八卷　（清）王謨輯　清宣統三年（1911）上海大通書局石印本　二十四冊　缺十五種一百十四卷（華陽國志十四卷，十六國春秋十六卷，三國志辨誤一卷，元經薛氏傳十卷，羣輔錄一卷，英雄記鈔一卷，高士傳三卷，蓮社高賢傳一卷，神僊傳十卷，孔叢二卷、附詰墨一卷，新語二卷，新書十卷，新序十卷，說苑二十卷，鹽鐵論十二卷）

110000－0143－0022400　PG51/19
知不足齋叢書三十集七百八十七卷　（清）鮑廷博輯　（清）鮑志祖續輯　清乾隆三十四年至道光三年（1769－1823）長塘鮑氏知不足齋刻光緒八年（1882）嶺南芸林仙館印本　二百二十八冊　缺二十三集十二種三十六卷（讀易別錄三卷，古今僞書考一卷，澠水燕談錄十卷，石湖紀行三錄二卷、附桂海虞衡志一卷，北行日錄二卷，放翁家訓一卷，庶齋老學叢談三卷，湛淵遺藁三卷、補一卷，趙待制遺藁一卷、附王國器詞一卷，灤京雜詠二卷，陽春集一卷，草窗詞二卷、補二卷）

110000－0143－0022401　PG51/19
知不足齋叢書三十集七百八十七卷　（清）鮑廷博輯　（清）鮑志祖續輯　清乾隆三十四年至道光三年（1769－1823）長塘鮑氏知不足齋刻光緒八年（1882）嶺南芸林仙館印本　一百四十冊

110000－0143－0022402　PG51/19－2
知不足齋叢書三十集七百八十七卷　（清）鮑廷博輯　（清）鮑志祖續輯　清乾隆三十四年至道光三年（1769－1823）長塘鮑氏知不足齋刻光緒八年（1882）嶺南芸林仙館印本　二百三十六冊

110000－0143－0022403　PG51/19
知不足齋叢書三十集七百八十七卷　（清）鮑廷博輯　（清）鮑志祖續輯　清乾隆三十四年至道光三年（1769－1823）長塘鮑氏知不足齋刻光緒八年（1882）嶺南芸林仙館印本　四十冊　存五集（一至二、九、十七、二十）

110000－0143－0022404　PG51/19
知不足齋叢書三十集七百八十七卷　（清）鮑廷博輯　（清）鮑志祖續輯　清乾隆三十四年至道光三年（1769－1823）長塘鮑氏知不足齋刻光緒八年（1882）嶺南芸林仙館印本　四冊　存三種十六卷（獨醒雜誌十卷、附錄一卷，廣釋名一卷，尊德性齋集三卷、補遺一卷）

110000－0143－0022405　PG51/19
粵行紀事三卷　（清）瞿昌文著　**滇黔土司婚禮記一卷**　（清）陳鼎著　清嘉慶長塘鮑氏知不足齋刻本　一冊

110000－0143－0022406　PG51/19－2
益古演段三卷　（元）李冶撰　**弧矢算術細草一卷**　（清）李銳撰　清嘉慶二年（1797）長塘鮑氏知不足齋刻本　二冊

110000－0143－0022407　PG51/19
補漢兵志一卷　（宋）錢文子撰　清乾隆三十四年至道光三年（1769－1823）長塘鮑氏知不足齋刻光緒八年（1882）嶺南芸林仙館印本　一冊

110000－0143－0022408　PG51/21
貸園叢書初集十二種四十九卷　（清）周永年輯　清乾隆三十六年至四十年（1771－1775）益都李文藻刻五十四年（1789）歷城周氏竹西書屋彙印本　八冊　存四種二十七卷（九經古義十六卷、易例二卷、春秋左傳補註六卷、左傳評三卷）

110000－0143－0022409　PG51/21－1
貸園叢書初集十二種四十九卷　（清）周永年輯　清乾隆三十六年至四十年（1771－1775）益都李文藻刻五十四年（1789）歷城周氏竹西書屋彙印本　十六冊

110000－0143－0022410　PG51/21－1

貸園叢書初集十二種四十九卷　（清）周永年輯　清乾隆三十六年至四十年（1771－1775）益都李文藻刻五十四年（1789）歷城周氏竹西書屋彙印本　十六冊

110000－0143－0022411　PG51/23
檀几叢書五十卷二集五十卷餘集二卷　（清）王晫　（清）張潮輯　清康熙三十四年至三十六年（1695－1697）新安張氏霞舉堂刻本　十六冊

110000－0143－0022412　PG51/24
湖海樓叢書十三種一百十卷　（清）陳春輯　清嘉慶十四年至二十四年（1809－1819）蕭山陳氏湖海樓刻本　三十冊

110000－0143－0022413　PG51/24－1
湖海樓叢書十三種一百十卷　（清）陳春輯　清嘉慶十四年至二十四年（1809－1819）蕭山陳氏湖海樓刻光緒八年（1882）補刻本　三十二冊

110000－0143－0022414　PG51/24－2
湖海樓叢書十三種一百十卷　（清）陳春輯　清嘉慶十四年至二十四年（1809－1819）蕭山陳氏湖海樓刻光緒八年（1882）補刻本　二十四冊

110000－0143－0022415　PG51/24－2
湖海樓叢書十三種一百十卷　（清）陳春輯　清嘉慶十四年至二十四年（1809－1819）蕭山陳氏湖海樓刻本　三十二冊

110000－0143－0022416　PG51/24－2
湖海樓叢書十三種一百十卷　（清）陳春輯　清嘉慶十四年至二十四年（1809－1819）蕭山陳氏湖海樓刻本　二十六冊

110000－0143－0022417　PG51/25
娛園叢刻十二種十五卷　（清）許增輯　清光緒十五年（1889）仁和許增刻本　一冊　存二種二卷（藏書記要一卷、閒者軒帖考一卷）

110000－0143－0022418　PG51/25－1
娛園叢刻十二種十五卷　（清）許增輯　清光緒十五年（1889）仁和許增刻本　六冊

110000－0143－0022419　PG51/27
二十二子二十二種三百三十九卷　（清）浙江書局輯　清光緒二年至三年（1876－1877）浙江書局刻本　十冊　存六種四十六卷（列子八卷、淮南子四至八、荀子十一至十六、晏子春秋音義下、山海經十八卷、黃帝內經靈樞五至十二）

110000－0143－0022420　PG51/30－1
正誼堂全書六十三種四百七十一卷續刻三種四十二卷　（清）張伯行輯　（清）楊浚重輯　清同治五年（1866）福州正誼書院刻八年至九年（1869－1870）續刻本　九十冊　缺二十八種二百六十六卷（正誼堂全書楊龜山集六卷、尹和靖先生集一卷、羅豫章先生文集十卷、許魯齋先生集六卷、薛敬軒先生文集四至十、韓魏公集二十卷、司馬溫公文集三至十四、文山先生文集二卷、謝疊山先生文集二卷、方正學先生文集七卷、陳清瀾先生學蔀通辯十二卷、薛文清公讀書錄八卷、羅整庵先生困知記四卷、陸桴亭思辨輯要二十二卷、石守道先生集二卷、高東溪先生遺集二卷、真西山先生集八卷、二程語錄十六至十八、朱子語類輯略八卷、濂洛關閩書十九卷、近思錄十四卷、學規類編二十七卷、養正類編十三卷、居濟一得八卷、正誼堂文集十二卷、正誼堂續集八卷，續刻范文正公集九卷、續近思錄十四卷）

110000－0143－0022421　PG51/30
正誼堂全書六十三種四百七十一卷續刻三種四十二卷　（清）張伯行輯　（清）楊浚重輯　清同治五年（1866）福州正誼書院刻八年至九年（1869－1870）續刻本　二百二十冊

110000－0143－0022422　PG51/30
正誼堂全書六十三種四百七十一卷續刻五種四十六卷　（清）張伯行輯　（清）楊浚重輯　清同治五年（1866）福州正誼書院刻八年至九年（1869－1870）續刻本　一百六十冊

110000－0143－0022423　PG51/30－1
正誼堂全書六十三種四百七十一卷續刻三種四十二卷　（清）張伯行輯　清同治五年（1866）福州正誼書院刻八年至九年（1869－

1870)續刻本　一百七十一冊　缺四種五十一卷(正誼堂全書朱子文集十八卷、朱子語類輯略八卷、小學集解六卷,續刻唐宋八大家文鈔十九卷)

110000－0143－0022424　PG51/30
正誼堂全書六十三種四百七十一卷續刻三種四十二卷　(清)張伯行輯　(清)楊浚重輯　清同治五年(1866)福州正誼書院刻八年至九年(1869－1870)續刻本　一百六十冊

110000－0143－0022425　PG51/30
正誼堂文集十二卷　(清)張伯行輯　清同治五年(1866)福州正誼書院刻本　一冊　存七卷(六至十二)

110000－0143－0022426　PG51/30
石守道先生集二卷　(宋)石介撰　清同治五年(1866)福州正誼書院刻本　一冊　存一卷(下)

110000－0143－0022427　PG51/30
方正學先生集七卷　(明)方孝孺撰　清同治五年(1866)福州正誼書院刻本　一冊　存四卷(四至七)

110000－0143－0022428　PG51/30
續近思錄十四卷　(清)張伯行集解　清同治五年(1866)福州正誼書院刻本　三冊

110000－0143－0022429　PG51/30
上蔡先生語錄三卷　(宋)謝良佐撰　清同治五年(1866)福州正誼書院刻本　一冊

110000－0143－0022430　PG51/31－1
小學彙函十四種一百五十三卷　(清)鍾謙鈞輯　清同治十二年(1873)廣州粵東書局刻本　三十冊

110000－0143－0022431　PG51/32－1
唐人說薈一百六十四種一百七十卷　(清)陳世熙輯　清嘉慶至道光刻本　十九冊　缺九種九卷(諸臯記一卷、支諸臯一卷、壠上記一卷、前定錄一卷、卓異記一卷、摭異記一卷、志怪錄一卷、集異記一卷、集異志一卷)

110000－0143－0022432　PG51/32－1
唐人說薈一百六十四種一百七十卷　(清)陳世熙輯　清同治三年(1864)緯文堂刻本　二十冊

110000－0143－0022433　PG51/36
石齋先生經傳九種五十六卷　(明)黃道周撰　清康熙三十二年(1693)晉安鄭肇刻道光二十八年(1848)長洲彭蘊章補刻彙印本　十二冊　存五種二十四卷(三易洞璣十六卷、坊記集傳二卷、春秋坊記問業一卷、月令明義四卷、緇衣集傳一卷)

110000－0143－0022434　PG51/37－1
明儒學案六十二卷　(清)黃宗羲撰　清末上海文瑞樓石印本　八冊　缺三十三卷(一至三十三)

110000－0143－0022435　PG51/37－2
春秋左傳詁二十卷　(清)洪亮吉撰　清光緒四年(1878)洪用懃授經堂刻本　十冊

110000－0143－0022436　PG51/38
湘綺樓全書十八種二百四十三卷　王闓運撰　清光緒二十二年至宣統三年(1896－1911)刻本　一百冊

110000－0143－0022437　PG51/38
邵武徐氏叢書初刻十五種八十六卷二集八種六十卷　(清)徐榦輯　清光緒七年至十四年(1881－1888)邵武徐氏刻本　二十冊

110000－0143－0022438　PG51/38
湘綺樓全書十八種二百四十三卷　王闓運撰　清光緒二十二年至宣統三年(1896－1911)刻本　五冊　存五種十一卷(論語訓二卷、周易說五至六、禮記箋五至八、詩經補箋十七至十八、唐詩選六)

110000－0143－0022439　PG51/39
槐廬叢書四十八種二百三十卷　(清)朱記榮輯　清光緒三年至十四年(1877－1888)吳縣朱氏槐廬家塾刻本　八十冊

110000－0143－0022440　PG51/39
槐廬叢書四十八種二百三十卷　(清)朱記榮

輯　清光緒三年至十五年(1877－1889)吴縣朱氏槐廬家塾刻本　四册　存三種十二卷(京畿金石考二卷、求古録一卷、集古録跋尾二至十)

110000－0143－0022441　PG51/40
漸學廬叢書第一集十五種四十五卷　(清)胡祥鑅輯　清光緒二十三年至二十五年(1897－1899)元和胡氏石印本　一册　存四種四卷(塞北紀行一卷、西北域記一卷、寧古塔紀略一卷、西遊記金山以東釋一卷)

110000－0143－0022442　PG51/40
漸學廬叢書第一集十五種四十五卷　(清)胡祥鑅輯　清光緒二十三年至二十五年(1897－1899)元和胡氏石印本　一册　存四種四卷(塞北紀行一卷、西北域記一卷、寧古塔紀略一卷、西遊記金山以東釋一卷)

110000－0143－0022443　PG51/44
寶顏堂訂正丙丁龜鑑五卷續録一卷　(宋)柴望輯　(明)顧雲鵬等校　明萬曆四十三年(1615)秀水沈氏刻本　四册

110000－0143－0022444　PG51/47
半厂叢書初編十種八十四卷　(清)譚獻纂輯　清光緒十一年至十五年(1885－1889)仁和譚氏刻本　二十四册

110000－0143－0022445　PG51/47
半厂叢書初編十種八十四卷　(清)譚獻纂輯　清光緒十一年至十五年(1885－1889)仁和譚氏刻本　二十册

110000－0143－0022446　PG51/47－1
詩本誼一卷　(清)龔橙撰　清光緒十五年(1889)仁和譚獻刻本　一册

110000－0143－0022447　PG51/51
枕碧樓叢書十三種四十三卷　(清)沈家本輯　清宣統元年至民國二年(1909－1913)歸安沈氏枕碧樓刻本　十六册

110000－0143－0022448　PG51/51
枕碧樓叢書十三種四十三卷　(清)沈家本輯　清宣統元年至民國二年(1909－1913)歸安沈氏枕碧樓刻本　十八册

110000－0143－0022449　PG51/55
汗簡七卷目録一卷　(宋)郭忠恕撰　(清)鄭珍箋正　清光緒十五年(1889)廣州廣雅書局刻本　三册

110000－0143－0022450　PG51/55
掌録二卷　(清)陳祖范撰　清光緒十七年(1891)廣州廣雅書局刻本　一册

110000－0143－0022451　PG51/55
經咫一卷　(清)陳祖范撰　清光緒十七年(1891)廣州廣雅書局刻本　一册

110000－0143－0022452　PG51/55
説文本經答問二卷　(清)鄭知同撰　清光緒十六年(1890)廣州廣雅書局刻本　一册

110000－0143－0022453　PG51/56
崇文書局彙刻書三十一種二百八十五卷　(清)湖北崇文書局輯　清光緒三年(1877)湖北崇文書局刻本　八十册

110000－0143－0022454　PG51/56
在官法戒録摘鈔四卷　(清)陳弘謀編輯　清同治七年(1868)湖北崇文書局刻本　二册

110000－0143－0022455　PG51/56
管子二十四卷　(周)管仲撰　(唐)房玄齡注　清光緒元年(1875)湖北崇文書局刻本　四册

110000－0143－0022456　PG51/56
左傳舊疏考正八卷　(清)劉文淇撰　清光緒三年(1877)湖北崇文書局刻本　四册

110000－0143－0022457　PG51/56
離騷箋二卷　(清)龔景瀚撰　清光緒元年(1875)湖北崇文書局刻本　一册

110000－0143－0022458　PG51/56
尚書大傳四卷補遺一卷續補遺一卷考異一卷　(漢)伏勝撰　(漢)鄭玄注　(清)盧文弨考異　清光緒元年(1875)湖北崇文書局刻本　一册

110000－0143－0022459　PG51/56

小學集解六卷 （清）張伯行輯註 （清）李蘭汀校訂 清光緒元年（1875）湖北崇文書局刻本 三冊

110000－0143－0022460 PG51/56
讀律心得三卷 （清）劉衡纂輯 清同治七年（1868）湖北崇文書局刻本 一冊

110000－0143－0022461 PG51/56
蜀僚問答二卷 （清）劉衡撰 清同治七年（1868）湖北崇文書局刻本 一冊

110000－0143－0022462 PG51/56
手鏡一卷 （清）王士禛撰 清同治七年（1868）湖北崇文書局刻本 與110000－0143－0022461合冊

110000－0143－0022463 PG51/56
代直隸總督勸諭牧令文一卷 （清）黃輔辰撰 清同治七年（1868）湖北崇文書局刻本 與110000－0143－0022461合冊

110000－0143－0022464 PG51/56
養正遺規摘鈔一卷 （清）陳弘謀纂輯 清同治七年（1868）湖北崇文書局刻本 一冊

110000－0143－0022465 PG51/56
佐治藥言一卷續一卷 （清）汪輝祖纂 清同治七年（1868）湖北崇文書局刻本 一冊

110000－0143－0022466 PG51/56
離騷草木疏四卷 （宋）吴仁傑撰 清光緒元年（1875）湖北崇文書局刻本 一冊

110000－0143－0022467 PG51/56
傅子一卷 （晉）傅玄撰 清光緒元年（1875）湖北崇文書局刻本 一冊

110000－0143－0022468 PG51/56
續孟子二卷 （唐）林慎思撰 清光緒元年（1875）湖北崇文書局刻本 與110000－0143－0022467合冊

110000－0143－0022469 PG51/56
鬻子一卷補一卷 （周）鬻熊撰 （唐）逄行珪注 （明）楊之森輯 清光緒元年（1875）湖北崇文書局刻本 一冊

110000－0143－0022470 PG51/56
計倪子一卷 （周）計然撰 清光緒元年（1875）湖北崇文書局刻本 與110000－0143－0022469合冊

110000－0143－0022471 PG51/56
於陵子一卷 （周）田仲撰 清光緒元年（1875）湖北崇文書局刻本 與110000－0143－0022469合冊

110000－0143－0022472 PG51/56
子華子二卷 （周）程本撰 清光緒元年（1875）湖北崇文書局刻本 與110000－0143－0022469合冊

110000－0143－0022473 PG51/56
儀禮十七卷附嚴本儀禮鄭氏注校錄一卷續校一卷 （漢）鄭玄注 （清）黃丕烈校 清同治九年（1870）湖北崇文書局刻本 二冊

110000－0143－0022474 PG51/56
楚辭辯證二卷 （宋）朱熹撰 清光緒元年（1875）湖北崇文書局刻本 一冊

110000－0143－0022475 PG51/56
墨子十六卷附篇目考一卷 （周）墨翟撰 （清）畢沅注 清光緒元年（1875）湖北崇文書局刻本 四冊

110000－0143－0022476 PG51/56
胡子知言六卷附錄一卷疑義一卷 （宋）胡宏撰 清光緒元年（1875）湖北崇文書局刻本 一冊

110000－0143－0022477 PG51/56
薛子道論三卷 （明）薛瑄撰 清光緒元年（1875）湖北崇文書局刻本 與110000－0143－0022476合冊

110000－0143－0022478 PG51/56
海樵子一卷 （明）王崇慶撰 **胡子知言六卷附胡子知言疑義一卷** （宋）胡宏撰 清光緒元年（1875）湖北崇文書局刻本 一冊

110000－0143－0022479 PG51/56
訓俗遺規摘鈔四卷 （清）陳弘謀纂輯 清同

治七年(1868)湖北崇文書局刻本　二冊

110000－0143－0022480　PG51/56

從政遺規摘鈔二卷　(清)陳弘謀纂輯　清同治七年(1868)湖北崇文書局刻本　二冊

110000－0143－0022481　PG51/56

牟子一卷　(漢)牟融撰　清光緒元年(1875)湖北崇文書局刻本　一冊

110000－0143－0022482　PG51/56

古今注三卷　(晉)崔豹撰　清光緒元年(1875)湖北崇文書局刻本　與110000－0143－0022481合冊

110000－0143－0022483　PG51/56

酉陽雜俎續集十卷　(唐)段成式撰　清光緒元年(1875)湖北崇文書局刻本　一冊

110000－0143－0022484　PG51/56

春秋繁露十七卷　(漢)董仲舒撰　清光緒元年(1875)湖北崇文書局刻本　二冊

110000－0143－0022485　PG51/56

儀禮古今文疏義十七卷　(清)胡承珙撰　清光緒元年(1875)湖北崇文書局刻本　二冊

110000－0143－0022486　PG51/56

重修名法指掌圖四卷　(清)沈辛田輯　(清)鈕大煒增訂　清同治九年(1870)湖北崇文書局刻本　四冊

110000－0143－0022487　PG51/56

周書十卷周書逸文一卷　(清)朱右曾集訓校釋　清光緒元年(1875)湖北崇文書局刻本　二冊

110000－0143－0022488　PG51/56

教女遺規摘鈔不分卷　(清)陳弘謀纂　清同治七年(1868)湖北崇文書局刻本　一冊

110000－0143－0022489　PG51/56

周易姚氏學十六卷　(清)姚配中撰　清光緒元年(1875)湖北崇文書局刻本　二冊　缺九卷(五至十三)

110000－0143－0022490　PG51/56

刊謬正俗八卷　(唐)顔師古撰　清光緒元年(1875)湖北崇文書局刻本　一冊

110000－0143－0022491　PG51/56

楚辭集注八卷　(宋)朱熹集注　清光緒元年(1875)湖北崇文書局刻本　二冊

110000－0143－0022492　PG51/56

離騷集傳一卷　(宋)錢杲之撰　清光緒元年(1875)湖北崇文書局刻本　一冊

110000－0143－0022493　PG51/56

學治臆説二卷　(清)汪輝祖纂　清同治七年(1868)湖北崇文書局刻本　一冊

110000－0143－0022494　PG51/56

武功縣志三卷　(明)康海撰　(清)孫景烈評註　清同治十二年(1873)湖北崇文書局刻本　一冊

110000－0143－0022495　PG51/56

學治續説一卷説贅一卷　(清)汪輝祖撰　清同治七年(1868)湖北崇文書局刻本　一冊

110000－0143－0022496　PG51/56

字典考證不分卷　(清)王引之撰　清光緒二年(1876)湖北崇文書局刻本　六冊

110000－0143－0022497　PG51/56

子書百家一百一種五百十一卷　(清)崇文書局輯　清光緒元年(1875)湖北崇文書局刻本　二十六冊　存二十二種一百十八卷(叔苴子八卷、慎子一卷、尹文子一卷、公孫龍子一卷、鬼谷子一卷、顔氏家訓二卷、商子一卷、鄧子一卷、尸子二卷、郁離子一卷、空同子一卷、海沂子五卷、論衡三十卷、申鑒五卷、中論二卷、劉子二卷、金樓子六卷、韓非子二十卷、聱隅子二卷、嬾真子五卷、廣成子解一卷、説苑二十卷)

110000－0143－0022498　PG51/56－1

湖北叢書三十一種二百九十一卷　(清)趙尚輔輯　清光緒十七年(1891)三餘草堂刻本　一百冊

110000－0143－0022499　PG51/58

武林往哲遺著二編六十六種四百四十九卷

(清)丁丙輯　清光緒二十一年至二十六年(1895－1900)錢塘丁氏嘉惠堂刻本　九十六冊

110000－0143－0022500　PG51/64
金華叢書六十九種七百三十五卷書目提要八卷　(清)胡鳳丹輯　清同治八年至光緒三年(1869－1877)永康胡氏退補齋刻本　三百二十冊

110000－0143－0022501　PG51/64
東萊呂太史文集十五卷　(宋)呂祖謙撰　明嘉靖刻本　一冊　存三卷(三至五)

110000－0143－0022502　PG51/65
硃批諭旨不分卷　(清)世宗胤禛撰　清光緒十三年(1887)上海點石齋石印本　六十冊

110000－0143－0022503　PG51/69
故城賈氏躬自厚齋叢書十二種二十八卷　(清)賈臻輯　清道光至咸豐故城賈氏躬自厚齋刻本　十二冊

110000－0143－0022504　PG51/69
故城賈氏躬自厚齋叢書十二種二十八卷　(清)賈臻輯　清道光至咸豐故城賈氏躬自厚齋刻本　十二冊

110000－0143－0022505　PG51/69
賈氏叢書甲集九種二十四卷　(清)賈臻輯　清道光至咸豐故城賈氏躬自厚齋刻本　十二冊

110000－0143－0022506　PG51/72
暢園叢書甲函六種二十卷　(清)張邁輯　清光緒二十年(1894)始豐張氏四明刻本　四冊　缺一種一卷(南遊記一卷)

110000－0143－0022507　PG51/72
暢園叢書甲函六種二十卷　(清)張邁輯　清光緒二十年(1894)始豐張氏四明刻本　四冊　缺一種一卷(南遊記一卷)

110000－0143－0022508　PG51/72
暢園叢書甲函六種二十卷　(清)張邁輯　清光緒二十年(1894)始豐張氏四明刻本　四冊　缺一種一卷(南遊記一卷)

110000－0143－0022509　PG51/72
暢園叢書甲函六種二十卷　(清)張邁輯　清光緒二十年(1894)始豐張氏四明刻本　四冊　缺一種一卷(南遊記一卷)

110000－0143－0022510　PG51/72
暢園叢書甲函六種二十卷　(清)張邁輯　清光緒二十年(1894)始豐張氏四明刻本　三冊　缺三種三卷(止焚稿一卷、雌雄淵一卷、南遊記一卷)

110000－0143－0022511　PG51/72
暢園叢書甲函六種二十卷　(清)張邁輯　清光緒二十年(1894)始豐張氏四明刻本　一冊　存二種二卷(止焚稿一卷、雌雄淵一卷)

110000－0143－0022512　PG51/73－1
奇晉齋叢書十六種十九卷　(清)陸烜編　清乾隆三十四年(1769)平湖陸氏奇晉齋刻本　四冊

110000－0143－0022513　PG51/73－1
奇晉齋叢書十六種十九卷　(清)陸烜編　清乾隆三十四年(1769)平湖陸氏奇晉齋刻本　五冊　缺六種九卷(采石瓜洲斃亮記一卷、鶴山筆錄一卷、臨溪隱居詩話一卷、北牕炙輠錄二卷、雲間雜誌三卷、雲南山川志一卷)

110000－0143－0022514　PG51/77
觀自得齋叢書二十九種七十八卷　(清)徐士愷輯　清光緒十三年至二十年(1887－1894)石埭徐氏觀自得齋刻本　二十四冊

110000－0143－0022515　PG51/78
小石山房叢書三十八種六百四卷　(清)顧湘輯　清道光刻同治十三年(1874)虞山顧氏補刻本　十六冊

110000－0143－0022516　PG51/78
小石山房叢書三十八種六百四卷　(清)顧湘輯　清道光刻同治十三年(1874)虞山顧氏補刻本　十四冊

110000－0143－0022517　PG51/80

鄦齋叢書二十一種四十七卷　徐乃昌輯　清光緒二十六年(1900)南陵徐氏刻本　十六册

110000－0143－0022518　PG51/80
鄦齋叢書二十一種四十七卷　徐乃昌輯　清光緒二十六年(1900)南陵徐氏刻本　九册

110000－0143－0022519　PG51/83
惜陰軒叢書四十二種三百二十四卷　(清)李錫齡輯　清道光二十六年(1846)宏道書院刻咸豐八年(1858)補刻本　一百十四册

110000－0143－0022520　PG51/83
清異錄二卷　(宋)陶穀撰　清道光二十六年(1846)宏道書院刻本　三册

110000－0143－0022521　PG51/84
永嘉叢書十三種一百九十一卷　(清)孫衣言輯　清咸豐至光緒瑞安孫氏詒善祠塾刻本　八十册

110000－0143－0022522　PG51/86　2
昭代叢書十集四百九十九種五百六十卷　(清)張潮　(清)張漸輯　(清)楊復吉　(清)沈楙悳續輯　清道光十三年至二十九年(1833－1849)吳江沈楙悳世楷堂刻本　一百二十册

110000－0143－0022523　PG51/86－2
昭代叢書十集四百九十九種五百六十卷　(清)張潮　(清)張漸輯　(清)楊復吉　(清)沈楙悳續輯　清道光十三年至二十九年(1833－1849)吳江沈楙悳世楷堂刻本　一百七十二册

110000－0143－0022524　PG51/87
掌故叢編四種十七卷　清光緒二十九年(1903)上海掃葉山房石印本　六册

110000－0143－0022525　PG51/88
咫進齋叢書三集四十三種九十三卷　(清)姚覲元輯　清同治十三年至光緒九年(1874－1883)歸安姚氏刻本　三十册

110000－0143－0022526　PG51/90
靈鶼閣叢書六集五十六種一百卷　(清)江標輯　清光緒二十一年至二十三年(1895－1897)元和江氏湖南使院刻本　四十八册

110000－0143－0022527　PG51/90
靈鶼閣叢書六集五十六種一百卷　(清)江標輯　清光緒二十一年至二十三年(1895－1897)元和江氏湖南使院刻本　二十册

110000－0143－0022528　PG51/90
靈鶼閣叢書六集五十六種一百卷　(清)江標輯　清光緒二十一年至二十三年(1895－1897)元和江氏湖南使院刻本　四十八册

110000－0143－0022529　PG51/90
靈鶼閣叢書六集五十六種一百卷　(清)江標輯　清光緒二十一年至二十三年(1895－1897)元和江氏湖南使院刻本　二十四册　存三集(一至三)

110000－0143－0022530　PG51/97－1
豫章叢書三集二十六種四十八卷　(清)陶福履輯　清光緒十九年至二十一年(1893－1895)新建陶福履刻本　十二册　缺十種十一卷(易圖存是二卷、張氏詩說一卷、唐石經考正一卷、江變紀略一卷、南中雜說一卷、稼軒紀事一卷、需次燕語一卷、聚星札記一卷、公孫龍子注一卷、計有餘齋文稿一卷)

110000－0143－0022531　PG51/99
晨風閣叢書二十三種四十八卷　沈宗畸輯　清宣統元年(1909)番禺沈氏晨風閣刻本　十六册

110000－0143－0022532　PG51/99
晨風閣叢書二十三種四十八卷　沈宗畸輯　清宣統元年(1909)番禺沈氏晨風閣刻本　十六册

110000－0143－0022533　PG51/99
晨風閣叢書二十三種四十八卷　沈宗畸輯　清宣統元年(1909)番禺沈氏晨風閣刻本　十六册

110000－0143－0022534　PG51/99
晨風閣叢書第一集五十二種一百六卷　沈宗畸等輯　清光緒三十四年至宣統三年(1908－

1911)北京國學萃編社鉛印本　八冊　存八期(一、三至六、八至九、四十七)

110000－0143－0022535　PG51/99－1
晨風閣叢書第一集五十二種一百六卷　沈宗畸等輯　清光緒三十四年至宣統三年(1908－1911)北京國學萃編社鉛印本　一冊　存三種十卷(實獲齋文鈔四卷、湖海同聲集四卷、諸華香室閨秀詩鈔二卷)

110000－0143－0022536　PG51/99－1
晨風閣叢書第一集五十二種一百六卷　沈宗畸等輯　清光緒三十四年至宣統三年(1908－1911)北京國學萃編社鉛印本　一冊　存四種六卷(勉憙集詞一卷、鷗夢詞一卷、今詞綜三卷、怡情小品一卷)

110000－0143－0022537　PG51/99－1
晨風閣叢書第一集五十二種一百六卷　沈宗畸等輯　清光緒三十四年至宣統三年(1908－1911)北京國學萃編社鉛印本　一冊　存四種十一卷(江鄉漁話一卷、掣鯨堂集一卷、幕巢館劄記一卷、眉韻樓詩話八卷)

110000－0143－0022538　PG51/99－1
晨風閣叢書第一集五十二種一百六卷　沈宗畸等輯　清光緒三十四年至宣統三年(1908－1911)北京國學萃編社鉛印本　一冊　存七種七卷(蘿菴遊賞小志一卷、羅浮紀遊一卷、湖船錄一卷、五湖遊稿一卷、石間集一卷、夢玉詞一卷、韻糜詞一卷)

110000－0143－0022539　PG51/99－1
晨風閣叢書第一集五十二種一百六卷　沈宗畸等輯　清光緒三十四年至宣統三年(1908－1911)北京國學萃編社鉛印本　一冊　存七種九卷(望夫石一卷、盂蘭夢一卷、嫓嫱封一卷、謎話二卷、懷瑨精舍金石跋一卷、毛詩草木鳥獸蟲魚疏二卷、毛鄭詩斠議一卷)

110000－0143－0022540　PG51/99－1
晨風閣叢書第一集五十二種一百六卷　沈宗畸等輯　清光緒三十四年至宣統三年(1908－1911)北京國學萃編社鉛印本　一冊　存四種八卷(駢花閣文選四卷、漁洋山人感舊集小傳一卷、續詩人徵略後集二卷、今齊諧一卷)

110000－0143－0022541　PG51/99－1
晨風閣叢書第一集五十二種一百六卷　沈宗畸等輯　清光緒三十四年至宣統三年(1908－1911)北京國學萃編社鉛印本　一冊　存四種九卷(說林二卷、小三吾亭詞話五卷、瓊花夢一卷、綠天香雪簃詩話七)

110000－0143－0022542　PG51/99－1
晨風閣叢書第一集五十二種一百六卷　沈宗畸等輯　清光緒三十四年至宣統三年(1908－1911)北京國學萃編社鉛印本　一冊　存三種九卷(湖海樓集拾遺一卷、謀野集刪二卷、石遺室師友詩錄六卷)

110000－0143－0022543　PG51/99－1
詩羣六卷　沈宗畸輯　清宣統三年(1911)北京國學萃編社鉛印本　一冊

110000－0143－0022544　PG51/102
常州先哲遺書七十八種七百四十三卷　盛宣懷輯　清光緒二十一年至二十四年(1895－1898)武進盛宣懷刻本　三冊　存七種十卷(崇禎朝記事四卷、秋園雜佩一卷、山陽錄一卷、書事七則一卷、吳中水利書一卷、遂初堂書目一卷、江陰李氏得月樓書目摘錄一卷)

110000－0143－0022545　PG51/102
常州先哲遺書七十八種七百四十三卷　盛宣懷輯　清光緒二十一年至二十四年(1895－1898)武進盛宣懷刻本　四冊　存八種二十八卷(景仰撮書一卷、宜齋野乘一卷、梁谿漫志十卷、萬柳溪邊舊話一卷、陽羨茗壺系一卷、洞山岕茶系一卷、五行大義五卷、戒菴老人漫筆八卷)

110000－0143－0022546　PG51/102
常州先哲遺書七十八種七百四十三卷　盛宣懷輯　清光緒二十一年至二十四年(1895－1898)武進盛宣懷刻本　五冊　存六種五十二卷(梁昭明太子文集五卷、補遺一卷,文選攷異一卷,蕭茂挺集一卷,文恭集四十卷,春卿遺稿一卷、續編一卷、補遺一卷,蔣之翰之奇遺稿一卷)

110000－0143－0022547　PG51/102
常州先哲遺書七十八種七百四十三卷　盛宣懷輯　清光緒二十一年至二十四年（1895－1898）武進盛宣懷刻本　七册　存二種三十二卷（清閟閣全集十二卷，唐荆川先生文集十八卷、補遺一卷、附錄一卷）

110000－0143－0022548　PG51/102
常州先哲遺書七十八種七百四十三卷　盛宣懷輯　清光緒二十一年至二十四年（1895－1898）武進盛宣懷刻本　一册　存三種十六卷（梁谿遺稾二卷、補遺一卷、附錄一卷，侍郎葛公歸愚集十卷、補遺一卷，信齋詞一卷）

110000－0143－0022549　PG51/102
常州先哲遺書七十八種七百四十三卷　盛宣懷輯　清光緒二十一年至二十四年（1895－1898）武進盛宣懷刻本　一册　存六種十五卷（景仰撮書一卷、宜齋野乘一卷、梁谿漫志十卷、萬柳溪邊舊話一卷、陽羡茗壺系一卷、洞山岕茶系一卷）

110000－0143－0022550　PG51/102
常州先哲遺書七十八種七百四十三卷　盛宣懷輯　清光緒二十一年至二十四年（1895－1898）武進盛宣懷刻本　二册　存一種四卷（崇禎朝記事四卷）

110000－0143－0022551　PG51/102
常州先哲遺書七十八種七百四十三卷　盛宣懷輯　清光緒二十一年至二十四年（1895－1898）武進盛宣懷刻本　二册　存二種十六卷（詩傳旁通十五卷、三續千字文注一卷）

110000－0143－0022552　PG51/102
常州先哲遺書七十八種七百四十三卷　盛宣懷輯　清光緒二十一年至二十四年（1895－1898）武進盛宣懷刻本　八册　存四種五十五卷（摛文堂集十五卷、附錄一卷，宋孫仲益内簡尺牘十卷，牆東類稾二十卷、補遺一卷、附校勘記一卷，滄螺集六卷、補遺一卷）

110000－0143－0022553　PG51/102
常州先哲遺書七十八種七百四十三卷　盛宣懷輯　清光緒二十一年至二十四年（1895－1898）武進盛宣懷刻本　四册　存二種四十三卷（文恭集四十卷，春卿遺稿一卷、續編一卷、補遺一卷）

110000－0143－0022554　PG51/102
常州先哲遺書七十八種七百四十三卷　盛宣懷輯　清光緒二十一年至二十四年（1895－1898）武進盛宣懷刻本　八册　存四種四十卷（毘陵集十六卷、補遺一卷、附錄一卷，從野堂存稿八卷、補遺一卷、附錄一卷，文貞公年譜一卷，落落齋遺集十卷、附錄一卷）

110000－0143－0022555　PG51/102
常州先哲遺書七十八種七百四十三卷　盛宣懷輯　清光緒二十一年至二十四年（1895－1898）武進盛宣懷刻本　八册　存二種六十卷（留溪外傳十八卷、鴻慶居士文集四十二卷）

110000－0143－0022556　PG51/102
常州先哲遺書七十八種七百四十三卷　盛宣懷輯　清光緒二十一年至二十四年（1895－1898）武進盛宣懷刻本　六册　存五種六十卷（丹陽集二十四卷，梁谿遺稾二卷、補遺一卷、附錄一卷，侍郎葛公歸愚集十卷、補遺一卷，信齋詞一卷，定齋集二十卷）

110000－0143－0022557　PG51/102
常州先哲遺書七十八種七百四十三卷　盛宣懷輯　清光緒二十一年至二十四年（1895－1898）武進盛宣懷刻本　七册　存六種（小辨齋偶存八卷、附錄一卷，金忠潔公文集二卷，堆山先生前集鈔一卷，韻語陽秋二十卷，存餘堂詩話一卷、附錄一卷，邵青門全集三十卷、附邵氏家錄二卷）

110000－0143－0022558　PG51/102
常州先哲遺書七十八種七百四十三卷　盛宣懷輯　清光緒二十一年至二十四年（1895－1898）武進盛宣懷刻本　一册　存三種八卷（梁昭明太子文集五卷、補遺一卷，文選攷異一卷，蕭茂挺集一卷）

110000－0143－0022559　PG51/102
常州先哲遺書七十八種七百四十三卷　盛宣

懷輯　清光緒二十一年至二十四年(1895－1898)武進盛宣懷刻本　一冊　存二種二十二卷(韻語陽秋二十卷,存餘堂詩話一卷、附錄一卷)

110000－0143－0022560　PG51/102
常州先哲遺書七十八種七百四十三卷　盛宣懷輯　清光緒二十一年至二十四年(1895－1898)武進盛宣懷刻本　一冊　存六種六卷(陳定生先生遺書三種三卷、吳中水利書一卷、遂初堂書目一卷、江陰李氏得月樓書目摘錄一卷)

110000－0143－0022561　PG51/102
常州先哲遺書七十八種七百四十三卷　盛宣懷輯　清光緒二十一年至二十四年(1895－1898)武進盛宣懷刻本　六冊　存三種二十二卷(從野堂存稿八卷、補遺一卷、附錄一卷,文貞公年譜一卷,落落齋遺集十卷、附錄一卷)

110000－0143－0022562　PG51/102
常州先哲遺書七十八種七百四十三卷　盛宣懷輯　清光緒二十一年至二十四年(1895－1898)武進盛宣懷刻本　一冊　存二種八卷(詩傳旁通九至十五、三續千字文注一卷)

110000－0143－0022563　PG51/102
常州先哲遺書七十八種七百四十三卷　盛宣懷輯　清光緒二十一年至二十四年(1895－1898)武進盛宣懷刻本　六十四冊

110000－0143－0022564　PG51/102
牆東類稾二十卷補遺一卷　(元)陸文圭撰　**附校勘記一卷**　金武祥校勘　清光緒二十二年(1896)武進盛宣懷刻本　三冊

110000－0143－0022565　PG51/102
學文堂文集十六卷學文堂詩集五卷學文堂詩餘三卷　(清)陳玉璂撰　清光緒二十三年(1897)武進盛宣懷刻本　六冊

110000－0143－0022566　PG51/102
丹陽集二十四卷　(宋)葛勝仲撰　清光緒二十二年(1896)武進盛宣懷刻本　三冊

110000－0143－0022567　PG51/102
鴻慶居士文集四十二卷　(宋)孫覿撰　清光緒二十一年(1895)武進盛宣懷刻本　四冊

110000－0143－0022568　PG51/102
常州先哲遺書七十八種七百四十三卷　盛宣懷輯　清光緒二十一年至二十四年(1895－1898)武進盛宣懷刻本　一冊　存二種三卷(金忠潔公文集二卷、堆山先生前集鈔一卷)

110000－0143－0022569　PG51/102
毘陵集十六卷補遺一卷附錄一卷　(宋)張守撰　清光緒二十一年(1895)武進盛宣懷刻本　二冊

110000－0143－0022570　PG51/102
青門簏稾十六卷青門旅稾六卷青門賸稾八卷　(清)邵長蘅撰　清光緒二十三年(1897)武進盛宣懷刻本　四冊

110000－0143－0022571　PG51/102
學文堂文集十六卷學文堂詩集五卷學文堂詩餘三卷　(清)陳玉璂撰　清光緒二十三年(1897)武進盛宣懷刻本　六冊

110000－0143－0022572　PG51/102
留溪外傳十八卷　(清)陳鼎撰　清光緒二十四年(1898)武進盛宣懷刻本　四冊

110000－0143－0022573　PG51/102
戒菴老人漫筆八卷　(明)李詡撰　清光緒二十二年(1896)武進盛宣懷刻本　二冊

110000－0143－0022574　PG51/102
詩傳旁通十五卷　(元)梁益撰　清光緒二十三年(1897)武進盛宣懷刻本　一冊　缺七卷(九至十五)

110000－0143－0022575　PG51/102
清閟閣全集十二卷　(元)倪瓚撰　清光緒二十一年(1895)武進盛宣懷刻本　三冊

110000－0143－0022576　PG51/102
摛文堂集十五卷附錄一卷　(宋)慕容彥逢撰　清光緒二十三年(1897)武進盛宣懷刻本　二冊

110000－0143－0022577　PG51/102
定齋集二十卷　(宋)蔡戡撰　清光緒二十二年(1896)武進盛宣懷刻本　二册

110000－0143－0022578　PG51/102
滄螺集六卷補遺一卷　(明)孫作撰　清光緒二十二年(1896)武進盛宣懷刻本　一册

110000－0143－0022579　PG51/102
小辨齋偶存八卷附錄一卷　(明)顧允成撰　清光緒二十二年(1896)武進盛宣懷刻本　一册

110000－0143－0022580　PG51/102
五行大義五卷　(隋)蕭吉撰　清光緒二十三年(1897)武進盛宣懷刻本　一册

110000－0143－0022581　PG51/102
宋孫仲益內簡尺牘十卷　(宋)孫覿撰　(宋)李祖堯編注　(清)蔡焯增訂　清光緒二十二年(1896)武進盛宣懷刻本　二册

110000－0143－0022582　PG51/105
玉函山房輯佚書六百三種七百五十九卷　(清)馬國翰輯　(清)李元琟續輯　清同治十年(1871)濟南皇華館書局刻光緒十五年(1889)繡江李氏重刻本　八十四册

110000－0143－0022583　PG51/105
玉函山房輯佚書六百三種七百四十一卷　(清)馬國翰輯　清光緒九年(1883)長沙嫏嬛館刻本　一百册

110000－0143－0022584　PG51/105
玉函山房輯佚書六百三種七百四十一卷　(清)馬國翰輯　清光緒九年(1883)長沙嫏嬛館刻本　一百二册

110000－0143－0022585　PG51/108
麗廔叢書九種二十四卷　葉德輝輯　清光緒三十二年至宣統元年(1906－1909)長沙葉氏影刻本　七册

110000－0143－0022586　PG51/108
麗廔叢書九種二十四卷　葉德輝輯　清光緒三十二年至宣統元年(1906－1909)長沙葉氏影刻本　三册

110000－0143－0022587　PG51/112
潘刻五種十五卷　(清)恩壽輯　清光緒二十九年(1903)京都翰文齋編印本　六册

110000－0143－0022588　PG51/113
當歸草堂叢書八種十六卷　(清)丁丙輯　清同治二年至五年(1863－1866)錢塘丁丙刻本　八册

110000－0143－0022589　PG51/118
邵武徐氏叢書二十三種一百五十一卷　(清)徐榦輯　清光緒七年至十四年(1881－1888)邵武徐氏刻本　三十二册

110000－0143－0022590　PG51/118
邵武徐氏叢書初刻十四種八十三卷　(清)徐榦輯　清光緒七年至十四年(1881－1888)邵武徐氏刻本　二十册

110000－0143－0022591　PG51/121
岱南閣叢書十九種一百七十一卷　(清)孫星衍輯　清乾隆至嘉慶蘭陵孫氏問字堂刻本　五十四册

110000－0143－0022592　PG51/121
周易集解十卷　(清)孫星衍撰　清嘉慶三年(1798)蘭陵孫星衍刻本　五册

110000－0143－0022593　PG51/122
東京夢華錄十卷　(宋)孟元老撰　(明)胡震亨　(明)毛晉訂　明末毛氏汲古閣刻本　二册

110000－0143－0022594　PG51/128
振綺堂叢書初集十四種二十一卷　(清)汪康年輯　清宣統二年(1910)泉唐汪氏振綺堂刻本暨鉛印本　六册

110000－0143－0022595　PG51/128
振綺堂叢書初集十四種二十一卷　(清)汪康年輯　清宣統二年(1910)泉唐汪氏振綺堂刻本暨鉛印本　五册　缺一種五卷(漢官答問五卷)

110000－0143－0022596　PG51/128PG51/

128－1
振綺堂叢書二集二十二種四十四卷　(清)汪康年輯　清光緒二十年(1894)泉唐汪氏振綺堂刻宣統二年(1910)印本　十四册

110000－0143－0022597　PG51/128PG51/128－1
振綺堂叢書二集二十二種四十四卷　(清)汪康年輯　清光緒二十年(1894)泉唐汪氏振綺堂刻宣統二年(1910)印本　十四册

110000－0143－0022598　PG51/135
粟香室叢書五百十七種一百二十九卷　金武祥輯　清光緒至民國江陰金氏刻本　四十册

110000－0143－0022599　PG51/137－1
唐代叢書六集一百六十四種一百七十卷　(清)王文誥　(清)邵希曾輯　清嘉慶十一年(1806)弁山樓刻本　三十六册

110000－0143－0022600　PG51/137－2
唐代叢書十二集一百六十四種一百七十卷　(清)王文誥　(清)邵希曾輯　清宣統三年(1911)銅琴鐵劒書室石印本　六册

110000－0143－0022601　PG51/138
武英殿聚珍版書五十三種四百二十二卷　(清)紀昀總纂　清同治十三年(1874)江西書局刻本　一百二十八册

110000－0143－0022602　PG51/138
武英殿聚珍版叢書三十八種二百四十一卷　(清)紀昀總纂　清道光至宣統刻本　一百八十册

110000－0143－0022603　PG51/138
武英殿聚珍版叢書五十三種四百二十二卷　(清)紀昀總纂　清同治十三年(1874)江西書局刻本　一百二十八册

110000－0143－0022604　PG51/140－1
富強齋叢書全集十五類七十七種四百三卷　(清)張蔭桓輯　清光緒二十三年(1897)上海鴻文書局石印本　六十四册

110000－0143－0022605　PG51/140－1
富強齋叢書全集十五類七十七種四百三卷　(清)張蔭桓輯　清光緒二十五年(1899)小倉山房石印本　六十四册

110000－0143－0022606　PG51/143
半厂叢書初編十種八十四卷　(清)譚獻輯　清同治至光緒仁和譚氏刻本　二十册

110000－0143－0022607　PG51/150
祕書二十八種一百三十五卷　(清)汪士漢等輯　清道光二十六年(1846)重刻本　二十册

110000－0143－0022608　PG51/151
士禮居黄氏叢書二十種　(清)黄丕烈輯　清光緒十三年(1887)上海蜚英館影印本　三十册

110000－0143－0022609　PG51/152
雙蔭書屋叢書五十種九十三卷　(清)□□輯　清末雙蔭書屋抄本　十八册

110000－0143－0022610　PG51/154
武英殿聚珍版書一百五十種二千九百四十卷　(清)紀昀總纂　清乾隆四十二年(1777)福建布政使署刻道光八年至同治十年(1828－1871)遞修光緒十八年至二十一年(1892－1895)增刻本　一千四十二册

110000－0143－0022611　PG51/154－1
唐史論斷三卷　(宋)孫甫著　清抄本　一册　缺一卷(三)

110000－0143－0022612　PG51/154－2
武英殿聚珍版書三十九種二百八十六卷　(清)紀昀總纂　清乾隆浙江布政使署刻本　一百二十四册

110000－0143－0022613　PG51/155
花雨樓叢鈔二十八種一百四卷　(清)張壽榮輯　清光緒八年至十四年(1882－1888)鎮海張氏花雨樓刻本　四十册

110000－0143－0022614　PG51/155
花雨樓叢鈔二十八種一百四卷　(清)張壽榮輯　清光緒八年至十四年(1882－1888)鎮海張氏花雨樓刻本　四十八册

110000－0143－0022615　PG51/155
花雨樓叢鈔二十八種一百四卷　(清)張壽榮輯　清光緒八年至十四年(1882－1888)鎮海張氏花雨樓刻本　四十八册

110000－0143－0022616　PG51/155
花雨樓叢鈔二十八種一百四卷　(清)張壽榮輯　清光緒八年至十四年(1882－1888)鎮海張氏花雨樓刻本　二十五册　存八種四十四卷(鄭氏詩譜攷正一卷,茗柯文初編一卷、二編二卷、三編一卷、四編一卷,茗柯詞一卷,初月樓四種二十五卷,尚絅堂駢體文二卷,確山駢體文四卷,定香亭筆談四卷,靈芬館雜著二卷)

110000－0143－0022617　PG51/156
叢睦汪氏遺書十九種一百四卷　(清)汪篯輯　清光緒十二年(1886)錢塘汪氏刻本　三十二册

110000－0143－0022618　PG51/157
藝海珠塵八集一百六十四種三百十六卷　(清)吳省蘭輯　(清)錢熙輔增輯　清嘉慶南滙吳氏聽彝堂刻道光三十年(1850)金山錢氏漱石軒增刻本　三十六册

110000－0143－0022619　PG51/157－1
藝海珠塵八集一百六十四種三百十六卷　(清)吳省蘭輯　(清)錢熙輔增輯　清嘉慶南滙吳氏聽彝堂刻道光三十年(1850)金山錢氏漱石軒增刻本　五十六册

110000－0143－0022620　PG51/157－1
藝海珠塵二百十一種三百九十八卷　(清)吳省蘭輯　(清)錢熙輔增輯　清嘉慶南滙吳氏聽彝堂刻道光三十年(1850)金山錢氏漱石軒增刻本　八册　存匏集二十一種三十八卷(北郊配位尊西嚮議一卷,昏禮辨正一卷,大小宗通繹一卷,四書索解四卷,紀元要略二卷、附録一卷,山海經補註一卷,海潮輯説二卷,吾師録一卷,聰訓齋語二卷,恆產瑣言一卷,中星表一卷,木棉譜一卷,宜齋野乘一卷,東原録一卷,文録一卷,呵凍漫筆二卷,墨畬錢鎛一卷,瓠里子筆談一卷,洗硯新録一卷,蓉塘記聞一卷,夏内史集九卷、附録一卷)

110000－0143－0022621　PG51/158
述古叢鈔四集二十三種一百五十八卷　(清)劉晚榮輯　清同治九年至光緒五年(1870－1879)羊城翠琅玕館刻本　四十册

110000－0143－0022622　PG51/159
翠琅玕館叢書四集五十一種一百三十七卷　(清)馮兆年輯　清光緒十一年至十七年(1885－1891)羊城馮氏刻本　四十册

110000－0143－0022623　PG51/161
鐵華館叢書六種四十五卷　(清)蔣鳳藻輯　清光緒九年至十年(1883－1884)長洲蔣氏影刻本　六册

110000－0143－0022624　PG51/161
鐵華館叢書六種四十五卷　(清)蔣鳳藻輯　清光緒九年至十年(1883－1884)長洲蔣氏影刻本　六册

110000－0143－0022625　PG51/161
鐵華館叢書六種四十五卷　(清)蔣鳳藻輯　清光緒九年至十年(1883－1884)長洲蔣氏影刻本　六册

110000－0143－0022626　PG51/161
鐵華館叢書六種四十五卷　(清)蔣鳳藻輯　清光緒九年至十年(1883－1884)長洲蔣氏影刻本　六册

110000－0143－0022627　PG51/162
學古齋金石叢書十二種七十二卷　(清)葛元煦輯　清光緒四年至九年(1878－1883)會稽董氏取斯堂刻本　五册　存四種十三卷(亭林文集六卷、亭林餘集一卷、識小編二卷、金石續録四卷)

110000－0143－0022628　PG51/162－1
學古齋金石叢書十二種七十二卷　(清)葛元煦輯　清光緒四年至九年(1878－1883)崇川葛氏學古齋刻本　三十册

110000－0143－0022629　PG51/164
香艷叢書二十集三百二十七種三百九十七卷

（清）蟲天子輯　清宣統元年至民國三年（1909－1914）上海國學扶輪社鉛印本　八十冊

110000－0143－0022630　PG51/168
自彊齋時務叢書十六種三十九卷　（清）振興新學書局輯　清光緒二十四年（1898）振興新學書局刻本　二十八冊

110000－0143－0022631　PG51/171
玉簡齋叢書二集二十二種七十五卷　羅振玉輯　清宣統二年（1910）上虞羅氏刻本　二十冊

110000－0143－0022632　PG51/171
玉簡齋叢書二集二十二種七十五卷　羅振玉輯　清宣統二年（1910）上虞羅氏刻本　八冊

110000－0143－0022633　PG51/171
玉簡齋叢書二集二十二種七十五卷　羅振玉輯　清宣統二年（1910）上虞羅氏刻本　八冊　缺八種二十四卷（濮陽蒲汀李先生家藏目錄一卷、萬卷堂書目四卷、脈望館書目一卷、近古堂書目二卷、四明天一閣藏書目錄一卷、也是園藏書目十卷、傳是樓宋元本書目一卷、知聖道齋書目四卷）

110000－0143－0022634　PG51/172
經世齋時務叢書六種二十六卷　（清）賜書堂輯　清光緒刻上海賜書堂彙印本　六冊

110000－0143－0022635　PG51/173
校刻西學八種十一卷西學格致啓蒙四種四卷　（清）可閱山房輯　清光緒二十三年（1897）可閱山房刻本（原缺一集山中聞見錄三至五）　十二冊

110000－0143－0022636　PG51/178
滂喜齋叢書五十五種九十五卷　（清）潘祖蔭輯　清同治六年至光緒四年（1867－1878）吳縣潘祖蔭刻本　十六冊　缺三種五卷（陳比部遺集三卷、癸酉消夏詩一卷、南苑唱和詩一卷）

110000－0143－0022637　PG51/178
滂喜齋叢書五十五種九十五卷　（清）潘祖蔭輯　清同治六年至光緒四年（1867－1878）吳縣潘祖蔭刻本　三十二冊

110000－0143－0022638　PG51/178－1
別雅訂五卷　（清）吳玉搢撰　（清）許瀚訂　清光緒三年（1877）吳縣潘氏八囍齋刻本　一冊

110000－0143－0022639　PG51/180
粵西五家文鈔五種二十四卷　（清）謝元福輯　清光緒二十四年（1898）刻本　八冊

110000－0143－0022640　PG51/188
海嶽軒叢刻十一種十七卷　杜俞撰　劉焱羲編　清光緒二十六年（1900）湘鄉劉氏鉛印本　十冊

110000－0143－0022641　PG51/189
呂氏春秋二十六卷附攷一卷　（秦）呂不韋撰　（漢）高誘注　清乾隆五十三年（1788）鎮洋畢氏刻本　六冊

110000－0143－0022642　PG51/189
經訓堂叢書二十一種一百六十九卷　（清）畢沅輯　清乾隆四十六年至五十五年（1781－1790）鎮洋畢沅經訓堂刻本　四十七冊

110000－0143－0022643　PG51/189
經訓堂叢書二十一種一百六十八卷　（清）畢沅輯　清乾隆四十六年至五十五年（1781－1790）鎮洋畢沅經訓堂刻本　二十四冊

110000－0143－0022644　PG51/189
呂氏春秋二十六卷　（秦）呂不韋撰　（漢）高誘注　（清）畢沅輯　清乾隆五十三年（1788）靈巖山館刻本　四冊

110000－0143－0022645　PG51/189－1
經訓堂叢書二十一種一百六十八卷　（清）畢沅輯　清光緒十三年（1887）上海大同書局影印本　十六冊

110000－0143－0022646　PG51/189－1
經訓堂叢書二十一種一百六十七卷　（清）畢沅輯　清光緒十三年（1887）上海大同書局影印本　十六冊

110000－0143－0022647　PG51/189－2
經訓堂叢書二十一種一百六十九卷　(清)畢沅輯　清乾隆四十六年至五十五年(1781－1790)鎮洋畢沅經訓堂刻本　四十八册

110000－0143－0022648　PG51/190
隨盦徐氏叢書二十種九十三卷　徐乃昌輯　清光緒二十九年至民國五年(1903－1916)南陵徐氏影刻本　二十四册

110000－0143－0022649　PG51/190
隨盦徐氏叢書二十種九十三卷　徐乃昌輯　清光緒二十九年至民國五年(1903－1916)南陵徐氏影刻本　二十四册

110000－0143－0022650　PG51/190
隨盦徐氏叢書二十種九十三卷　徐乃昌輯　清光緒二十九年至民國五年(1903－1916)南陵徐氏影刻本　十二册

110000－0143－0022651　PG51/190
隨盦徐氏叢書十種五十二卷　徐乃昌輯　清光緒二十九年至三十二年(1903－1906)南陵徐氏影刻本　十二册

110000－0143－0022652　PG51/190(A)
隨盦徐氏叢書十種五十二卷　徐乃昌輯　清光緒二十九年至三十二年(1903－1906)南陵徐氏影刻本　六册　缺六種十六卷(中朝故事一卷,述異記二卷,離騷集傳一卷,唐女郎魚玄機詩一卷,篋中集一卷,樂府新編陽春白雪前集五卷、後集五卷)

110000－0143－0022653　PG51/193
別下齋叢書二十七種九十一卷　(清)蔣光煦輯　清道光海昌蔣光煦刻本　二十四册

110000－0143－0022654　PG51/195
集虛草堂叢書甲集九種七十卷　李國松輯　清光緒三十年至三十二年(1904－1906)合肥李氏集虛草堂刻本　二十四册

110000－0143－0022655　PG51/196
二酉堂叢書二十一種三十一卷　(清)張澍輯　清道光元年(1821)武威張氏二酉堂刻本　十册

110000－0143－0022656　PG51/196
二酉堂叢書二十一種三十一卷　(清)張澍輯　清道光元年(1821)武威張氏二酉堂刻本　六册

110000－0143－0022657　PG51/199
連筠簃叢書十五種二百二十三卷　(清)楊尚文輯　清道光二十七年至二十九年(1847－1849)靈石楊氏刻本(原缺三卷)　三十二册

110000－0143－0022658　PG51/199
連筠簃叢書十五種二百二十三卷　(清)楊尚文輯　清道光二十七年至二十九年(1847－1849)靈石楊氏刻本(原缺三卷)　三十册

110000－0143－0022659　PG51/199
連筠簃叢書十五種二百二十三卷　(清)楊尚文輯　清道光二十七年至二十九年(1847－1849)靈石楊氏刻本(原缺三卷)　三十册

110000－0143－0022660　PG51/200
大亭山館叢書十八種三十九卷附編三種三卷　(清)楊葆彝輯　清光緒六年至十五年(1880－1889)陽湖楊氏大亭山館刻本　四册

110000－0143－0022661　PG51/200
大亭山館叢書十八種三十九卷附編三種三卷　(清)楊葆彝輯　清光緒六年至十五年(1880－1889)陽湖楊氏大亭山館刻本　四册

110000－0143－0022662　PG51/202
荔牆叢刻十三種四十卷　(清)汪曰楨輯　清同治六年至光緒四年(1867－1878)烏程汪氏刻本　十二册

110000－0143－0022663　PG51/203
聚學軒叢書五集六十一種三百六十三卷　劉世珩輯　清光緒十九年至二十八年(1893－1902)貴池劉氏刻本　一百册

110000－0143－0022664　PG51/203
聚學軒叢書五集六十一種三百六十三卷　劉世珩輯　清光緒十九年至二十八年(1893－1902)貴池劉氏刻本　九十八册　缺二種十一卷(尚書隸古定釋文八卷、附隸古定經文二卷,春秋三家異文覈一卷)

110000－0143－0022665　PG51/205

宜稼堂叢書七種二百五十六卷　（清）郁松年輯　清道光二十年至二十二年（1840－1842）上海郁氏刻本　六十四冊

110000－0143－0022666　PG51/205

宜稼堂叢書七種二百五十六卷　（清）郁松年輯　清道光二十年至二十二年（1840－1842）上海郁氏刻本　十冊　存三十六卷（續後漢書五十二上至八十七中下）

110000－0143－0022667　PG51/206

朱文端公藏書十三種一百八十三卷　（清）朱軾輯　清光緒二十三年（1897）高安朱衡等刻本　六十冊　缺三十卷（儀禮節略五至二十、禮記纂言一至十四上）

110000－0143－0022668　PG51/206

朱文端公藏書十三種一百八十三卷　（清）朱軾輯　清光緒二十三年（1897）高安朱衡等刻本　七十三冊　缺十一卷（孝經一卷、附孝經三本管窺三卷，儀禮節略一至七）

110000－0143－0022669　PG51/206

朱文端公藏書十三種九十八卷　（清）朱軾輯　清康熙至嘉慶刻本　四十冊

110000－0143－0022670　PG51/207

守約篇叢書六十三種一百七十三卷　（清）李光廷輯　清同治十三年（1874）番禺李氏刻本　四十七冊　缺二種三卷（丙集樂府古題要解二卷、主客圖一卷）

110000－0143－0022671　PG51/208

古今說海一百三十五種一百四十二卷　（明）陸楫輯　清道光元年（1821）苕谿邵氏酉山堂刻本　二十四冊

110000－0143－0022672　PG51/208

古今說海一百三十五種一百四十二卷　（明）陸楫輯　清道光元年（1821）苕谿邵氏酉山堂刻本　三十二冊

110000－0143－0022673　PG51/209

嘯園叢書五十九種一百九十卷　（清）葛元煦輯　清光緒二年至七年（1876－1881）仁和葛元煦刻本　三十六冊

110000－0143－0022674　PG51/209

嘯園叢書五十九種一百九十卷　（清）葛元煦輯　清光緒二年至七年（1876－1881）仁和葛元煦刻本　三冊　存八種十三卷（論印絕句一卷、醉盦硯銘一卷、曼盦壺盧銘一卷、香研居詞麈五卷、漁洋書籍跋尾二卷、南田畫跋一卷、賜硯齋題畫偶錄一卷、嘉應平寇紀略一卷）

110000－0143－0022675　PG51/209

嘯園叢書五十九種一百九十卷　（清）葛元煦輯　清光緒二年至七年（1876－1881）仁和葛元煦刻本　四十八冊

110000－0143－0022676　PG51/212

函海一百六十五種八百三十八卷　（清）李調元輯　清乾隆綿州李調元萬卷樓刻嘉慶十四年（1809）綿州李鼎元重印本　一百八十四冊　缺四種十卷（華陽國志三至六、郭子翼莊一卷、古今同姓名錄二卷、素履子三卷）

110000－0143－0022677　PG51/213

懺花盦叢書三十五種二百二十五卷　（清）宋澤元輯　清光緒六年至十三年（1880－1887）山陰宋氏彙印本　六十四冊

110000－0143－0022678　PG51/214

式訓堂叢書四十一種一百六十七卷　（清）章壽康輯　清光緒四年至十一年（1878－1885）會稽章壽康刻本　二十六冊　缺十一種五十一卷（第三集字林考逸八卷、毛詩重言一卷、毛詩雙聲疊韻說一卷、弟子職正音一卷、戰國策釋地二卷、南江札記四卷、過庭錄十六卷、金石例十卷、讒書五卷、兩同書二卷、陶邕州小集一卷）

110000－0143－0022679　PG51/214

式訓堂叢書四十一種一百六十七卷　（清）章壽康輯　清光緒四年至十一年（1878－1885）會稽章壽康刻本　二十三冊　缺十九種七十七卷（初集對策六卷，拜經樓藏書題跋記五卷、附錄一卷，曝書雜記三卷，溉亭述古錄二卷，誌銘廣例二卷，金石例補二卷；第二集晚學集五至八、元魏滎陽鄭文公摩崖碑跋一卷;第三集字林考逸八卷、毛詩重言一卷、毛詩雙聲疊韻說一卷、弟子職正音一卷、戰國策釋地二卷、南江札記四卷、過庭錄十六卷、金石例十卷、讒書五卷、兩同書二卷、陶邕州小集一卷)

110000－0143－0022680　PG51/214－2
式訓堂叢書四十一種一百六十七卷　(清)章壽康輯　清光緒四年至十一年(1878－1885)會稽章壽康刻本　十六册　存十一種四十六卷(第二集春秋夏正二卷,家語疏證六卷,鍾山札記四卷,龍城札記三卷,知聖道齋讀書跋二卷,銅熨斗齋隨筆八卷,癖談六卷,疑年表一卷、太歲超辰表三卷,後甲集二卷,晚學集八卷,元魏滎陽鄭文公摩崖碑跋一卷)

110000－0143－0022681　PG51/215
峭帆樓叢書十八種五十四卷　趙詒琛輯　清宣統至民國崑山趙氏峭帆樓刻本　二十册

110000－0143－0022682　PG51/215
峭帆樓叢書十八種五十四卷　趙詒琛輯　清宣統至民國崑山趙氏峭帆樓刻本　二十册

110000－0143－0022683　PG51/216
龍威祕書十集一百六十九種三百二十六卷　(清)馬俊良輯　清乾隆四十七年(1782)世德堂刻本　八十册

110000－0143－0022684　PG51/216
龍威祕書十集一百六十九種三百二十六卷　(清)馬俊良輯　清乾隆五十九年(1794)石門馬氏大酉山房刻本　八十册

110000－0143－0022685　PG51/216
龍威祕書十集一百六十九種三百二十六卷　(清)馬俊良輯　清乾隆五十九年(1794)石門馬氏大酉山房刻本　八册　存三種(西藏記、西番譯語、外國竹枝詞)

110000－0143－0022686　PG51/216－1
龍威祕書十集一百六十九種三百二十六卷　(清)馬俊良輯　清乾隆四十七年(1782)世德堂刻本　七十一册　缺一種五卷(神仙傳一至五)

110000－0143－0022687　PG51/217
崇文書局彙刻書三十一種二百八十四卷　(清)崇文書局輯　清光緒三年(1877)湖北崇文書局刻本　四十八册

110000－0143－0022688　PG51/218
玉函山房輯佚書五百九十三種七百十卷　(清)馬國翰輯　清光緒十年(1884)楚南書局重刻本　一百册

110000－0143－0022689　PG51/219
小萬卷樓叢書十七種七十四卷　(清)錢培名輯　清光緒四年(1878)金山錢氏刻本　十一册

110000－0143－0022690　PG51/220
二酉堂叢書二十一種三十一卷　(清)張澍輯　清道光元年(1821)武威張氏二酉堂刻本　十册

110000－0143－0022691　PG51/221
台州叢書二集九種九十二卷　(清)宋世犖輯　清嘉慶至道光臨海宋氏刻本　十六册　存四種六十三卷(見聞隨筆二卷,文則二卷、附錄一卷,赤城集十八卷,赤城志四十卷)

110000－0143－0022692　PG51/222
天壤閣叢書二十種六十二卷　(清)王懿榮輯　清同治元年至光緒十年(1862－1884)福山王氏刻本　二十册

110000－0143－0022693　PG51/222
天壤閣叢書二十種六十二卷　(清)王懿榮輯　清同治元年至光緒十年(1862－1884)福山王氏刻本　二十册

110000－0143－0022694　PG51/222－1
天壤閣叢書三十三種八十卷　(清)王懿榮輯　清同治元年至光緒十年(1862－1884)福山王氏刻本　三册　存五種十一卷(然鐙記聞一卷,律詩定體一卷,小石帆亭著錄五卷,聲調前譜一卷、後譜一卷、續譜一卷,談龍錄一卷)

110000－0143－0022695　PG51/224
琳琅秘室叢書四集三十種一百五十七卷　(清)胡珽輯　清光緒十四年(1888)會稽董金鑑取斯堂木活字印本　二十四册

110000－0143－0022696　PG51/226
南菁書院叢書八集四十一種四十五卷　王先謙　繆荃孫輯　清光緒十四年(1888)江陰南菁書院刻本　三十二册

110000－0143－0022697　PG51/226
南菁書院叢書八集四十一種四十五卷　王先謙　繆荃孫輯　清光緒十四年(1888)江陰南菁書院刻本　四十册

110000－0143－0022698　PG51/230
止園叢書二十四種一百五十卷　(清)史夢蘭輯　清道光至光緒刻本　四十七册　存十五種一百三十一卷(爾爾書屋詩草八卷、文鈔二卷,全史宫詞二十卷,疊雅十三卷,異號類編二十卷,古今風謠一卷、古今諺一卷,古今風謠拾遺四卷、古今諺拾遺六卷,燕說四卷,止園筆談八卷,放言百首一卷,永平三子遺書四卷,永平詩存二十四卷、續編四卷,樂亭四書文鈔一卷、續編二卷,硯農制義一卷,蕙庭壽言一卷,樗壽贈言六卷)

110000－0143－0022699　PG51/231
怡蘭堂叢書七種二十七卷　(清)唐鴻學輯　清光緒至民國成都大關唐氏怡蘭堂刻本(原缺六卷)　十册

110000－0143－0022700　PG51/232
獨悟庵叢鈔四種十三卷　(清)楊引傳輯　清光緒四年(1878)上海申報館鉛印本　四册

110000－0143－0022701　PG51/233
畿輔河道水利叢書八種十四卷　(清)吳邦慶輯　清道光四年(1824)益津吳氏刻本　十册

110000－0143－0022702　PG51/233
畿輔河道水利叢書八種十四卷　(清)吳邦慶輯　清道光四年(1824)益津吳氏刻本　十册

110000－0143－0022703　PG51/236
春暉堂叢書十二種三十七卷　(清)徐渭仁輯　(清)徐大有續輯　清道光至咸豐上海徐氏刻同治九年至十年(1870－1871)補刻本　十二册

110000－0143－0022704　PG51/237
春雨樓叢書六種三十三卷　(清)朱士端撰　清同治元年至四年(1862－1865)寶應朱氏刻本　六册

110000－0143－0022705　PG51/237
春雨樓叢書六種三十三卷　(清)朱士端撰　清同治元年至四年(1862－1865)寶應朱氏刻本　六册

110000－0143－0022706　PG51/237
春雨樓叢書六種三十三卷　(清)朱士端撰　清同治元年至四年(1862－1865)寶應朱氏刻本　六册

110000－0143－0022707　PG51/237
春雨樓叢書六種三十三卷　(清)朱士端撰　清同治元年至四年(1862－1865)寶應朱氏刻本　六册

110000－0143－0022708　PG51/239
蓟園叢書十一種二十一卷　(清)平步青輯　清同治至光緒山陰平氏安越堂刻本　九册

110000－0143－0022709　PG51/242
心齋十種二十一卷　(清)任兆麟輯　清乾隆五十年至五十三年(1785－1788)震澤任氏忠敏家塾刻本　八册

110000－0143－0022710　PG51/244
小萬卷樓叢書十八種七十五卷　(清)錢培名輯　清光緒四年(1878)金山錢氏刻本　十六册

110000－0143－0022711　PG51/245
修本堂叢書十種九十三卷　(清)林伯桐撰　清道光二十四年(1844)番禺林世懋刻本　二十册

110000－0143－0022712　PG51/247
觀象廬叢書十九種一百六卷　(清)呂調陽撰　清光緒十四年(1888)葉長高刻本　六十册

110000－0143－0022713　PG51/248
崇文書局彙刻書三十一種二百八十三卷　(清)崇文書局輯　清光緒三年(1877)湖北崇文書局刻本　八十冊　缺一種八卷(刊謬正俗八卷)

110000－0143－0022714　PG51/248
一經廬叢書三十種二百七十四卷　(清)姚配中輯　清光緒三年(1877)湖北崇文書局刻本　五十五冊

110000－0143－0022715　PG51/249
求實齋叢書十五種二十五卷　蔣德鈞輯　清光緒十七年(1891)湘鄉蔣氏刻本　十冊

110000－0143－0022716　PG51/249
求實齋叢書十五種二十五卷　蔣德鈞輯　清光緒十七年(1891)湘鄉蔣氏刻本　十冊

110000－0143－0022717　PG51/250
行素草堂金石叢書十六種一百五十四卷　(清)朱記榮輯　清光緒三年至十四年(1877－1888)吳縣朱氏槐廬家塾刻本(原缺顧氏求古錄一卷)　四十冊

110000－0143－0022718　PG51/251
結一廬朱氏賸餘叢書四種一百十二卷　(清)朱澂輯　清光緒三十年至三十二年(1904－1906)仁和朱氏刻本　十四冊

110000－0143－0022719　PG51/252
長恩書室叢書甲集十種四十卷　(清)莊肇麟輯　清咸豐四年(1854)新昌莊氏過客軒刻本　十二冊

110000－0143－0022720　PG51/253
榆園叢刻十八種八十五卷　(清)許增輯　清同治十一年至光緒十九年(1872－1893)仁和許氏刻本　十六冊

110000－0143－0022721　PG51/253
榆園叢刻十八種八十五卷　(清)許增輯　清同治十一年至光緒十九年(1872－1893)仁和許氏刻本　十六冊

110000－0143－0022722　PG51/255
積學齋叢書二十種六十三卷　徐乃昌輯　清光緒十五年至十九年(1889－1893)南陵徐氏刻本　十六冊

110000－0143－0022723　PG51/255
積學齋叢書二十種六十三卷　徐乃昌輯　清光緒十五年至十九年(1889－1893)南陵徐氏刻本　十六冊

110000－0143－0022724　PG51/255
積學齋叢書二十種六十三卷　徐乃昌輯　清光緒十五年至十九年(1889－1893)南陵徐氏刻本　十六冊

110000－0143－0022725　PG51/259
詁經精舍第三集六卷　(清)俞樾編　清同治七年(1868)刻本　一冊　存三卷(一至三)

110000－0143－0022726　PG51/259
詁經精舍文集十四卷　(清)阮元輯　清嘉慶六年(1801)揚州阮氏琅嬛僊館刻本　六冊

110000－0143－0022727　PG51/259
詁經精舍文續集八卷　(清)羅文俊輯　清同治十二年(1873)盱眙吳棠錦江書院刻本　三冊

110000－0143－0022728　PG51/261
風雨樓秘笈留真十種十一卷　鄧實輯　清宣統元年至民國六年(1909－1917)順德鄧氏風雨樓影印本　十冊

110000－0143－0022729　PG51/264
有福讀書堂叢刻四種六卷　吳引孫輯　清光緒二十三年至二十七年(1897－1901)儀徵吳氏有福讀書堂刻二十八年(1902)彙印本　二冊

110000－0143－0022730　PG51/264/1PG51/264/2PG51/264－1
有福讀書堂叢刻前編八種十五卷後編八種二十一卷續編九種二十六卷　吳引孫輯　清光緒二十三年至二十八年(1897－1902)儀徵吳氏有福讀書堂刻本　二十四冊

110000－0143－0022731　PG51/264－1PG51/

264－2PG51/264－3

有福讀書堂叢刻前編八種十五卷後編八種二十一卷續編九種二十六卷　吳引孫輯　清光緒二十三年至二十八年(1897－1902)儀徵吳氏有福讀書堂刻本　二十四冊

110000－0143－0022732　PG51/265

孫谿朱氏經學叢書初編十三種三十八卷　(清)朱記榮輯　清光緒十一年至十三年(1885－1887)吳縣朱氏槐廬刻本　十二冊

110000－0143－0022733　PG51/267

雙楳景闇叢書十七種二十六卷　葉德輝輯　清光緒二十九年至宣統三年(1903－1911)長沙葉氏郎園刻本　四冊　缺五種六卷(素女經一卷,素女方一卷,玉房祕訣一卷、指要一卷,洞玄子一卷,天地陰陽交歡大樂賦一卷)

110000－0143－0022734　PG51/267

雙楳景闇叢書十七種二十六卷　葉德輝輯　清光緒二十九年至宣統三年(1903－1911)長沙葉氏郎園刻本　四冊　缺七種八卷(素女經一卷,素女方一卷,玉房祕訣一卷、指要一卷,洞玄子一卷,天地陰陽交歡大樂賦一卷,青樓集一卷,秦雲擷英小譜一卷)

110000－0143－0022735　PG51/267

雙楳景闇叢書十七種二十六卷　葉德輝輯　清光緒二十九年至宣統三年(1903－1911)長沙葉氏郎園刻本　五冊

110000－0143－0022736　PG51/267

板橋雜記三卷　(清)余懷撰　清光緒三十四年(1908)長沙葉德輝刻本　一冊

110000－0143－0022737　PG51/267

吳門畫舫錄一卷　(清)西溪山人撰　清光緒三十四年(1908)長沙葉德輝刻本　與110000－0143－0022736合冊

110000－0143－0022738　PG51/268

清隱山房叢書七種十卷續編六種七卷　(清)華陽逸叟編　(清)沈汝翰續編　清光緒九年至十年(1883－1884)退補主人刻本　十六冊

110000－0143－0022739　PG51/269

粟香室叢書五十八種一百三十卷　金武祥輯　清光緒至民國江陰金氏刻本　三十八冊

110000－0143－0022740　PG51/270

崇正叢書十二種二十六卷　(清)葉晴峰輯　清道光二十四年(1844)品石山房木活字印本　十二冊

110000－0143－0022741　PG51/273

行素草堂金石叢書十六種一百五十四卷　(清)朱記榮輯　清光緒中吳縣朱氏槐廬刻十四年(1888)彙印本(原缺顧氏求古錄一卷)　四十冊

110000－0143－0022742　PG51/274

朱氏羣書六種二十五卷　(清)朱駿聲撰　清光緒八年(1882)元和朱孔彰臨嘯閣刻本　六冊

110000－0143－0022743　PG51/278

政藝通報二篇六十四卷　鄧實編　清光緒三十二年(1906)上海政藝通報社鉛印本　二十冊

110000－0143－0022744　PG51/278－1

政藝叢書三篇六十四卷　鄧實等編　清光緒二十八年(1902)上海政藝通報社鉛印本　二十冊

110000－0143－0022745　PG51/281

東倉書庫叢刻初編十一種三十一卷　繆朝荃輯　清光緒十二年至二十八年(1886－1902)太倉繆氏刻本　十二冊

110000－0143－0022746　PG51/282

域外叢書九種九卷　(清)王蘊香輯　清道光二十二年(1842)王氏靜觀齋刻本　一冊

110000－0143－0022747　PG51/283

觀古堂叢刊二十五種七十一卷　葉德輝輯　清光緒長沙葉氏刻本　二十一冊

110000－0143－0022748　PG51/286

婁東雜著八集五十六種五十九卷　(清)邵廷烈輯　清道光十三年(1833)太倉邵氏刻本　八冊

110000－0143－0022749　PG51/289
學海堂叢刻十三種二十九卷　（清）□□輯　清光緒三年至十二年（1877－1886）刻本　十冊

110000－0143－0022750　PG51/290
香雪崦叢書十一種二十九卷　（清）平步青撰　清同治至光緒山陰平氏安越堂刻本　十冊

110000－0143－0022751　PG51/290
重刊拜經樓叢書七種二十五卷　（清）吳騫輯　清光緒十一年（1885）會稽章氏鄂渚刻本　六冊

110000－0143－0022752　PG51/292
玲瓏山館叢書六十九種一百七十八卷　（清）□□輯　清光緒十五年（1889）文選樓刻本　四十八冊

110000－0143－0022753　PG51/293
問經堂叢書二十五種一百二卷　（清）孫馮翼輯　清嘉慶承德孫氏刻本　十冊　存八種十二卷（尸子二卷、逸子書七種十卷）

110000－0143－0022754　PG51/294
對雨樓叢書五種三十五卷　繆荃孫輯　清光緒江陰繆氏影刻本　十冊

110000－0143－0022755　PG51/295
後知不足齋叢書五十六種一百七十六卷（清）鮑廷爵輯　清光緒五年至十六年（1879－1890）常熟鮑氏刻本　六十四冊

110000－0143－0022756　PG51/295
後知不足齋叢書五十六種一百七十六卷（清）鮑廷爵輯　清光緒五年至十六年（1879－1890）常熟鮑氏刻本　三十二冊

110000－0143－0022757　PG51/295
後知不足齋叢書五十六種一百七十六卷（清）鮑廷爵輯　清光緒五年至十六年（1879－1890）常熟鮑氏刻本　六十四冊

110000－0143－0022758　PG51/296
惜陰軒叢書三十四種三百二卷續編五種二十一卷　（清）李錫齡輯　清道光二十六年（1846）三原李錫齡刻咸豐八年（1858）補刻本　一百二十四冊

110000－0143－0022759　PG51/296
惜陰軒叢書三十四種三百二卷續編五種二十一卷　（清）李錫齡輯　清道光二十六年（1846）三原李錫齡刻咸豐八年（1858）補刻本　一百二十四冊

110000－0143－0022760　PG51/296
惜陰軒叢書續編五種二十一卷　（清）李錫齡輯　清咸豐八年（1858）三原李錫齡刻本　六冊　缺三種十卷（毛詩說序四至六、春秋說志一至五、禮問一至二）

110000－0143－0022761　PG51/300
西京清麓叢書一百六十五種二千七十九卷（清）賀瑞麟等輯　清同治至民國傳經堂刻本　四百七十二冊　存一千二百六十八卷

110000－0143－0022762　PG51/302
正覺樓叢刻二十九種七十九卷　（清）崇文書局輯　清光緒崇文書局刻本　三十六冊

110000－0143－0022763　PG51/302
正覺樓叢刻二十九種七十九卷　（清）崇文書局輯　清光緒崇文書局刻本　三十六冊

110000－0143－0022764　PG51/302－1
正覺樓叢刻二十九種七十九卷　（清）崇文書局輯　清光緒崇文書局刻本　三十六冊

110000－0143－0022765　PG51/305
藝苑捃華四十八種九十七卷　（清）顧之逵輯　清同治七年（1868）元和顧氏刻本　二十四冊

110000－0143－0022766　PG51/305
藝苑捃華四十八種九十七卷　（清）顧之逵輯　清同治七年（1868）元和顧氏刻本　二十四冊

110000－0143－0022767　PG51/306
雲自在龕叢書五集十九種一百十九卷　繆荃孫輯　清光緒江陰繆氏刻本　二十二冊

110000－0143－0022768　PG51/306

雲自在龕叢書五集十九種一百十九卷　繆荃孫輯　清光緒江陰繆氏刻本　二十二册

110000－0143－0022769　PG51/309
巴山七種二十三卷　(清)王侃撰　清同治四年(1865)光裕堂刻本　八册

110000－0143－0022770　PG51/310
大戴禮記解詁十三卷目録一卷　(清)王聘珍撰　清光緒十九年(1893)盱江書院刻本　四册

110000－0143－0022771　PG51/311
嚴陵集九卷　(宋)董弅輯　清光緒二十三年(1897)桐廬袁氏漸西村舍刻本　二册

110000－0143－0022772　PG51/317
清頌堂叢書八種六十二卷　(清)黄奭輯　清道光甘泉黄氏刻本　二十册

110000－0143－0022773　PG51/319
粟香室叢書五十八種一百三十卷　金武祥輯　清光緒至民國江陰金氏刻本　十一册

110000－0143－0022774　PG51/320
汗筠齋叢書第一集四種二十一卷　(清)秦鑑輯　清嘉慶三年至四年(1798－1799)嘉定秦氏刻本　十册

110000－0143－0022775　PG51/323
二酉堂叢書二十一種三十一卷　(清)張澍輯　清道光元年(1821)武威張氏二酉堂刻本　十册

110000－0143－0022776　PG51/323
二酉堂叢書二十一種三十一卷　(清)張澍輯　清道光元年(1821)武威張氏二酉堂刻本　十册

110000－0143－0022777　PG51/324
二程全書六種六十六卷　(宋)程顥　(宋)程頤撰　(宋)朱熹輯　清光緒十八年(1892)傳經堂刻本　十六册　缺一種四卷(周易程氏傳四卷)

110000－0143－0022778　PG51/326
富強齋叢書全集十五類七十七種四百三卷　(清)張蔭桓輯　清光緒二十五年(1899)小倉山房石印本　六十四册

110000－0143－0022779　PG51/327
率祖堂叢書八種五十四卷附六種二十九卷　(宋)金履祥撰　清光緒十三年(1887)鎮海謝駿德刻本　二十一册　存四種十四卷(宋仁山金先生年譜一卷、尚書表註二卷、宋金仁山先生選輯濂洛風雅六卷、仁山先生金文安公文集五卷)

110000－0143－0022780　PG51/332
昭代叢書別集六十種六十卷附一種一卷　(清)張潮　(清)楊復吉輯　(清)沈楙悳續輯　清道光二十九年(1849)吳江沈楙悳世楷堂刻本　八册

110000－0143－0022781　PG51/335
益雅堂叢書六十六種一百七十二卷　(清)□□輯　清光緒十五年(1889)文選樓刻本　四十四册

110000－0143－0022782　PG51/336
杭大宗七種叢書十八卷　(清)杭世駿撰　清乾隆杭賓仁廣州刻本　六册

110000－0143－0022783　PG51/336－1
杭氏七種叢書十八卷　(清)杭世駿撰　清咸豐元年(1851)長沙小嫏嬛山館刻本　六册

110000－0143－0022784　PG51/336－1
杭氏七種叢書十八卷　(清)杭世駿撰　清咸豐元年(1851)長沙小嫏嬛山館刻本　六册

110000－0143－0022785　PG51/337
湘學新報四十三期　清光緒二十三年(1897)刻本　十二册

110000－0143－0022786　PG51/341
教育叢書第二集十五種　清末教育世界社石印本　四册　存八種八卷(教育學教科書一卷、家庭教育法一卷、簡便國民教育法一卷、社會教育法一卷、實業教育一卷、孔門之德育一卷、讀書法一卷、二十世紀之家庭一卷)

110000－0143－0022787　PG51/342

洋務時事彙編八卷 (清)葛子源輯 清光緒二十四年(1898)上海書局石印本 十二冊

110000-0143-0022788 PG51/343
湘報類纂十四卷 (清)覺睡齋主人編輯 清光緒二十八年(1902)上海中華編譯印書館鉛印本 八冊

110000-0143-0022789 PG51/346
江南製造局所譯書三十一種三百八卷 (清)□□輯 清末刻本 一百四十二冊

110000-0143-0022790 PG51/347
秋浦雙忠録四十卷 劉世珩輯 清光緒二十六年至二十八年(1900-1902)貴池劉氏唐石簃刻本 六冊

110000-0143-0022791 PG51/349
漢學堂叢書二百九十三種三百一卷 (清)黄奭輯 清光緒十九年(1893)甘泉黄澧刻本 八十冊

110000-0143-0022792 PG51/350
小方壺叢書四集三十六種七十一卷 (清)王錫祺輯 清光緒十二年至二十一年(1886-1895)南清河王氏小方壺齋鉛印本 十二冊

110000-0143-0022793 PG51/352
申報館叢書三百二十二種 (清)尊聞閣主人輯 蔡爾康續輯 清光緒上海申報館鉛印本 六百五十九冊 存一百三十種

110000-0143-0022794 PG51/355
新刻諸葛宗岳史四公文集三十卷 (清)劉質慧輯 清同治十二年(1873)三原劉氏述荆堂刻本 十四冊

110000-0143-0022795 PG51/355
新刻諸葛宗岳史四公文集三十卷 (清)劉質慧輯 清同治十二年(1873)三原劉氏述荆堂刻本 十四冊

110000-0143-0022796 PG51/355-1(1)
宋岳忠武王文集八卷首一卷末一卷 (宋)岳飛撰 清同治四年(1865)新建吳氏刻本 四冊

110000-0143-0022797 PG51/355-1(2)
宋宗忠簡公集七卷 (宋)宗澤撰 清同治四年(1865)新建吳氏刻本 與110000-0143-0022796合冊

110000-0143-0022798 PG51/360
古今史學萃珍七種十七卷 (清)余肇鈞輯 清同治八年(1869)長沙余氏明辨齋刻本 一冊 存四種四卷(歷代紀元表一卷、年號分韻録一卷、讀史論畧一卷、歷代通論一卷)

110000-0143-0022799 PG51/362
麗廔叢書九種二十三卷 葉德輝輯 清光緒三十二年至宣統元年(1906-1909)長沙葉氏影刻本 九冊

110000-0143-0022800 PG51/362
石林遺書十三種五十四卷 (宋)葉夢得撰 葉德輝輯 清光緒三十年至宣統三年(1904-1911)長沙葉氏觀古堂刻本 十四冊

110000-0143-0022801 PG51/362
唐開元小説六種十一卷 葉德輝輯 清宣統三年(1911)長沙葉氏觀古堂刻本 二冊

110000-0143-0022802 PG51/362
辛丑銷夏記五卷 (清)吳榮光撰 (清)瞿樹辰等訂 清光緒三十一年(1905)長沙葉氏郎園刻本 五冊

110000-0143-0022803 PG51/362
宋趙忠定奏議四卷 (宋)趙汝愚撰 葉德輝編輯 清宣統二年(1910)長沙葉氏觀古堂刻本 二冊

110000-0143-0022804 PG51/362-1
唐人小説六種十一卷 葉德輝輯 清末上海廣益書局石印本 一冊 存四種五卷(楊太真外傳二卷、梅妃傳一卷、李林甫外傳一卷、高力士外傳一卷)

110000-0143-0022805 PG51/364
金陵叢刻十七種四十卷 傅春官輯 清光緒二十三年至三十年(1897-1904)江寧傅春官晦齋刻本 一冊 存六種六卷(金闕攀松集一卷、玉井搴蓮集一卷、禮記義疏算法解一

卷、王制里畝算法解一卷、王制井田算法解一卷、養穌軒隨筆一卷）

110000－0143－0022806　PG51/367

小嫏嬛山館彙刊類書十二種二十三卷　（清）小嫏嬛山館纂輯　清咸豐元年（1851）刻本　八冊

110000－0143－0022807　PG51/367－1

小嫏嬛山館彙刊類書十二種二十三卷　（清）小嫏嬛山館纂輯　清同治九年（1870）聚錦堂刻本　十二冊

110000－0143－0022808　PG51/368

繡水王氏家藏集　（清）王相輯　清咸豐五年（1855）繡水王氏刻本　二冊　存六種十二卷（清貽堂賸稿一卷、清貽堂賸稿一卷、倫閒集賸稿一卷、安流舫存稿二卷、復初集賸稿一卷、鷰溪草堂存藁六卷）

110000－0143－0022809　PG51/370

務滋堂集七種四十四卷　（清）□□輯　清嘉慶二十二年（1817）同川金氏刻道光二年至十年（1822－1830）補刻本　四冊

110000－0143－0022810　PG51/370

務滋堂集七種四十四卷　（清）□□輯　清嘉慶二十二年（1817）同川金氏刻道光二年至十年（1822－1830）補刻本　四冊

110000－0143－0022811　PG51/371

懷豳雜俎十二種十七卷　徐乃昌輯　清光緒三十三年至宣統二年（1907－1910）南陵徐氏刻本　六冊　缺三種四卷（崔府君祠錄一卷、張家口至烏里雅蘇台竹枝詞一卷、無益有益齋論畫詩二卷）

110000－0143－0022812　PG51/374

倪氏叢書十種二十二卷　（清）倪望重輯　清光緒十六年（1890）倪望重刻本　七冊

110000－0143－0022813　PG51/379

科學叢書第二集六種十卷　（清）徐永清輯　清光緒二十九年（1903）教育世界出版所石印本　六冊

110000－0143－0022814　PG51/380

中西時務策學大全十九卷　（清）求志齋主人纂輯　清光緒二十三年（1897）上海鴻文書局石印本　二十四冊

110000－0143－0022815　PG51/381

西學大成十二編五十六種一百三十六卷　（清）盧梯青　（清）王西清輯　清光緒二十一年（1895）上海醉六堂書坊石印本　十二冊

110000－0143－0022816　PG51/382

高平祁氏三世遺稾四卷　（清）祁恩元輯　清光緒十七年至十八年（1891－1892）高平祁氏石印本　四冊

110000－0143－0022817　PG51/384

朱文端公藏書十三種一百八十三卷　（清）朱軾輯　清光緒二十三年（1897）高安朱衡刻本　七十冊

110000－0143－0022818　PG51/388

挹秀山房叢書十一種四十五卷　（清）朱克敬輯撰　清同治至光緒蘭州朱氏長沙刻本　十三冊　存七種三十一卷（儒林瑣記三卷、附一卷，浮湘訪學集十一卷，暝庵雜識四卷、二識二卷，柔遠新書四卷，雨窗消意錄甲部四卷，暝庵學詩一卷，暝庵叢稿一卷）

110000－0143－0022819　PG51/389

微波榭叢書十七種一百八十二卷　（清）孔繼涵輯　清乾隆曲阜孔氏刻本　五十四冊

110000－0143－0022820　PG51/390

學古堂日記四十種五十四卷　（清）雷浚　（清）汪之昌輯　清光緒十六年（1890）刻二十二年（1896）續刻本　二十六冊

110000－0143－0022821　PG51/393

誦芬室叢刊二編二十二種三百九十一卷　董康輯　清光緒至民國武進董氏誦芬室影刻本　一百十冊

110000－0143－0022822　PG51/394

五經歲徧齋校書三種三十二卷　（清）翟云升輯　清道光十二年（1832）東萊翟氏刻本　六冊

110000－0143－0022823　PG51/406

三才紀要四種　(清)□□輯　清末刻本　一冊

110000－0143－0022824　PG51/407

黄石公素書不分卷素書三卷留侯世家不分卷　(清)賀仲瑊輯　清道光十九年(1839)刻本　一冊

110000－0143－0022825　PG51－6/27

補注黄帝内經素問二十四卷素問遺篇一卷靈樞十二卷　(唐)王冰注　(宋)林億校正　清光緒三年(1877)浙江書局刻本　三冊

110000－0143－0022826　PG511/3

小學彙函十四種一百五十三卷　(清)鍾謙鈞輯　清同治十二年(1873)廣州粵東書局刻本　二十六冊　缺五種四十三卷(輶軒使者絕代語釋別國方言十三卷、釋名八卷、廣雅十卷、匡謬正俗八卷、急就篇四卷)

110000－0143－0022827　PG511/3

古經解彙函三十種二百七十六卷　(清)鍾謙鈞等輯　清光緒十四年(1888)上海蜚英舘石印本　二冊　存二種(易緯八種、尚書大傳)

110000－0143－0022828　PG511/3

古經解彙函三十種二百七十六卷　(清)鍾謙鈞等輯　清光緒十四年(1888)上海蜚英舘石印本　二十冊

110000－0143－0022829　PG511/3

古經解彙函三十種二百七十六卷　(清)鍾謙鈞等輯　清光緒十四年(1888)上海蜚英舘石印本　二十冊

110000－0143－0022830　PG511/3

古經解彙函三十種二百七十六卷　(清)鍾謙鈞等輯　清光緒十四年(1888)上海蜚英舘石印本　二十冊

110000－0143－0022831　PG511/3－1

古經解彙函三十種二百七十六卷　(清)鍾謙鈞等輯　清同治十二年(1873)廣州粵東書局刻本　二十四冊　缺二十種一百九十二卷(春秋啖趙集傳纂例十卷,春秋微旨三卷,春秋啖趙二先生集傳辯疑十卷,論語集解義疏十卷,論語筆解二卷,鄭志三卷、補遺一卷,輶軒使者絕代語釋別國方言十三卷、校正補遺一卷,釋名八卷,廣雅十卷,匡謬正俗八卷,急就篇四卷,說文解字十五卷,說文解字繫傳四十卷、附校勘記三卷,說文解字篆韻譜五卷、附錄一卷,大廣益會玉篇三十卷,干禄字書一卷,五經文字三卷,新加九經字樣一卷,大宋重修廣韻五卷,廣韻五卷)

110000－0143－0022832　PG511/3－1

古經解彙函三十種二百七十六卷　(清)鍾謙鈞等輯　清同治十二年(1873)廣州粵東書局刻本　六十八冊

110000－0143－0022833　PG511/5－1

史學叢書四十三種二百九十三卷　(清)□□輯　清光緒十九年(1893)武林有三長齋石印本　二十四冊

110000－0143－0022834　PG511/5　2

史學叢書四十三種二百九十三卷　(清)□□輯　清光緒二十八年(1902)上海煥文書局、點石齋石印本　三十二冊

110000－0143－0022835　PG511/5－3

史學叢書四十三種二百九十三卷　(清)□□輯　清光緒二十五年(1899)上海文瀾書局石印本　三十二冊

110000－0143－0022836　PG511/6

史論彙函甲編二十六種四十九卷　述古齋主人編輯　清光緒二十九年(1903)上海申江開文書局石印本　十六冊

110000－0143－0022837　PG511/9

演算法捷訣八種九卷　(清)江衡輯　清光緒二十三年至二十四年(1897－1898)振興新學書局刻本　四冊

110000－0143－0022838　PG511/10

遊記彙刊八種十四卷　(清)□□輯　清光緒二十三年(1897)湖南新學書局刻本　十四冊

110000－0143－0022839　PG511/11

徐氏算學叢書三十四種一百二十三卷　徐樹勳

編輯　清光緒二十五年至二十八年(1899－1902)烏程徐樹勳刻本　四十八册

110000－0143－0022840　PG511/14
不遠復齋遺書六種十九卷　(清)潘世璜撰　清光緒六年(1880)吴縣潘遵祁刻本　六册

110000－0143－0022841　PG511/16
唐宋叢書六十八種一百十一卷　(明)鍾人傑　(明)張遂辰輯　明末清初刻本(原缺二十一種)　二十四册

110000－0143－0022842　PG512/10
湖南文徵一百九十卷姓氏傳四卷目錄六卷　(清)羅汝懷輯　清同治八年至十年(1869－1871)刻本　一百册

110000－0143－0022843　PG512/12
武林掌故叢編二十六集二百十種六百三十六卷　(清)丁丙輯　清光緒三年至二十六年(1877－1900)錢塘丁氏嘉惠堂刻本　二百八册

110000－0143－0022844　PG512/14
浦城宋元明儒遺書十四種一百七卷　(清)祝昌泰等輯　清嘉慶十六年至十九年(1811－1814)浦城祝氏留香室刻本　十八册

110000－0143－0022845　PG512/17
容城三賢文集三種十二卷　(清)張斐然等輯　清光緒二十四年(1898)臨安俞廷獻刻本　十二册

110000－0143－0022846　PG512/20
紹興先正遺書四集十九種一百七十七卷　(清)徐友蘭輯　清光緒十三年至十九年(1887－1893)會稽徐氏鑄學齋刻本　五十二册

110000－0143－0022847　PG512/20
思復堂文集十卷附錄一卷末一卷　(清)邵廷采撰　清光緒十九年(1893)會稽徐友蘭刻本　七册

110000－0143－0022848　PG512/21
鸚鵡洲小志四卷首一卷　(清)胡鳳丹編纂　清同治十三年(1874)永康胡氏退補齋刻本　二册

110000－0143－0022849　PG512/22
浙江採集遺書總錄十一卷　(清)沈初等輯　清乾隆三十九年(1774)刻本　二册

110000－0143－0022850　PG512/24
西湖集覽二十六種四十五卷　(清)丁丙輯　清光緒九年(1883)錢塘丁氏嘉惠堂刻本　十册

110000－0143－0022851　PG512/29
檇李遺書二十六種八十五卷　(清)孫福清輯　清光緒四年(1878)秀水孫氏望雲仙館刻本　十六册　缺六種二十七卷(楊園先生未刻稿十二卷、漫遊小鈔一卷、老老恒言五卷、瓜田畫論一卷、山静居畫論二卷、賢己編六卷)

110000－0143－0022852　PG512/30
潮州耆舊集二十種三十六卷　(清)馮奉初輯　清光緒三十四年(1908)刻本　十六册

110000－0143－0022853　PG512/31
隴右軼餘集二種二卷　劉爾炘輯　清宣統元年(1909)隴右樂善書局刻本　一册

110000－0143－0022854　PG513/1
影山草堂六種三十二卷　(清)莫友芝撰　清咸豐二年至光緒元年(1852－1875)獨山莫氏刻本　五册　缺一種一卷(唐寫本說文解字木部箋異一卷)

110000－0143－0022855　PG513/2
祖氏遺編十卷　(清)祖之望編次　清乾隆至嘉慶浦城祖氏皆山草堂刻本　四册

110000－0143－0022856　PG513/5PG513/6
邵武徐氏叢書二集二十三種一百五十卷　(清)徐榦輯　清光緒邵武徐氏刻本　四十册

110000－0143－0022857　PG513/10
半帆樓叢書二十七種四十九卷　鄔慶時輯　清光緒三十四年至民國十九年(1908－1930)番禺鄔氏刻本(原缺番禺隱語解一卷、南村草堂筆記一至四、窮忙小記一卷、番禺末業志一

至四、自然略說一至四、王制通論一卷、王制義按一至三、無終始齋詩文集一至三、古今僞書攷書後一卷）　十八册

110000 - 0143 - 0022858　PG513/11
董氏叢書十六種五十四卷　（清）董金鑑輯　清光緒三十二年（1906）會稽董氏取斯家塾刻本　十二册

110000 - 0143 - 0022859　PG513/12
毘陵謝氏叢書十六種七十三卷　（清）謝蘭生輯　清光緒武進謝氏刻本暨木活字印本　十二册

110000 - 0143 - 0022860　PG513/12
毘陵謝氏叢書十六種七十三卷　（清）謝蘭生輯　清光緒武進謝氏刻本暨木活字印本　十二册

110000 - 0143 - 0022861　PG513/16
海鹽張氏涉園叢刻七種十五卷　張元濟輯　清宣統三年（1911）海鹽張氏鉛印本　八册

110000 - 0143 - 0022862　PG515/52 - 1
陳文恭公手劄節要三卷　（清）陳弘謀輯　清光緒三十一年（1905）京師廣西老舘刻本　一册

110000 - 0143 - 0022863　PG52/2
功順堂叢書十八種八十一卷　（清）潘祖蔭輯　清光緒十年（1884）吴縣潘氏刻本　二十四册

110000 - 0143 - 0022864　PG52/2
功順堂叢書十八種八十一卷　（清）潘祖蔭輯　清光緒十年（1884）吴縣潘氏刻本　二十四册

110000 - 0143 - 0022865　PG52/2
功順堂叢書十八種八十一卷　（清）潘祖蔭輯　清光緒十年（1884）吴縣潘氏刻本　十六册

110000 - 0143 - 0022866　PG52/3
孫谿朱氏經學叢書初編十三種三十八卷　（清）朱記榮輯　清光緒十一年至十三年（1885 - 1887）吴縣朱記榮槐廬刻本　十二册

110000 - 0143 - 0022867　PG52/3 - 1
璜川吴氏經學叢書十五種八十五卷　（清）吴志忠等輯　清道光十年（1830）寶仁堂刻本　三十八册

110000 - 0143 - 0022868　PG52/4
讀畫齋叢書四十六種二百二卷　（清）顧修輯　清嘉慶四年（1799）桐川顧氏刻本　六十四册

110000 - 0143 - 0022869　PG52/4
讀畫齋叢書四十六種二百二卷　（清）顧修輯　清嘉慶四年（1799）桐川顧修刻本　八册　存五種二十七卷（乙集李氏易解賸義三卷，錦里耆舊傳八卷，明畫錄八卷，好古堂書畫記二卷、續記一卷，香研居詞麈五卷）

110000 - 0143 - 0022870　PG52/5
船山遺書六十八種三百六十一卷　（清）王夫之撰　清同治四年（1865）湘鄉曾國荃金陵刻本　一百十二册

110000 - 0143 - 0022871　PG52/5
船山遺書六十八種三百八十一卷　（清）王夫之撰　清同治四年（1865）湘鄉曾國荃金陵刻本　一百册

110000 - 0143 - 0022872　PG52/5
船山遺書六十八種三百六十一卷　（清）王夫之撰　清同治四年（1865）湘鄉曾國荃金陵刻本　六册　存三種十四卷（周易内傳十二卷、周易内傳發例一卷、周易大象解一卷）

110000 - 0143 - 0022873　PG52/5
船山遺書六十八種三百六十一卷　（清）王夫之撰　清同治四年（1865）湘鄉曾國荃金陵刻本　五册　存四種二十九卷（永曆實錄二十六卷、鼓棹初集一卷、鼓棹二集一卷、瀟湘怨詞一卷）

110000 - 0143 - 0022874　PG52/5 - 1
船山遺書六十八種三百八十一卷　（清）王夫之撰　清同治四年（1865）湘鄉曾國荃金陵刻本　一百册

110000 - 0143 - 0022875　PG52/5 - 1

船山遺書六十八種三百六十一卷 (清)王夫之撰 清同治四年(1865)湘鄉曾國荃金陵刻本 七冊 存三種二十六卷(愚鼓詞一卷,楚辭通釋十四卷、末一卷,薑齋文集十卷)

110000-0143-0022876 PG52/5-1

船山遺書六十八種三百六十一卷 (清)王夫之撰 清同治四年(1865)湘鄉曾國荃金陵刻本 一冊 存三種四卷(詩譯一卷,夕堂永日緒論内編一卷、外編一卷,南窗漫記一卷)

110000-0143-0022877 PG52/5-1

禮記章句四十九卷 (清)王夫之撰 清同治四年(1865)湘鄉曾國荃金陵刻本 二十四冊

110000-0143-0022878 PG52/5-1

詩廣傳五卷 (清)王夫之撰 清同治四年(1865)湘鄉曾國荃金陵刻本 四冊

110000-0143-0022879 PG52/5-1

周易外傳七卷 (清)王夫之撰 清同治四年(1865)湘鄉曾國荃金陵刻本 七冊

110000-0143-0022880 PG52/5-1

春秋家說七卷 (清)王夫之撰 清同治四年(1865)湘鄉曾國荃金陵刻本 六冊

110000-0143-0022881 PG52/5-1

春秋世論五卷 (清)王夫之撰 清同治四年(1865)湘鄉曾國荃金陵刻本 三冊

110000-0143-0022882 PG52/5-1

周易大象解一卷 (清)王夫之撰 清同治四年(1865)湘鄉曾國荃金陵刻本 一冊

110000-0143-0022883 PG52/5-1

經義一卷 (清)王夫之撰 清同治四年(1865)湘鄉曾國荃金陵刻本 一冊

110000-0143-0022884 PG52/5-1

周易稗疏二卷 (清)王夫之撰 清同治四年(1865)湘鄉曾國荃金陵刻本 一冊

110000-0143-0022885 PG52/5-1

說文廣義三卷 (清)王夫之撰 清同治四年(1865)湘鄉曾國荃金陵刻本 二冊 缺一卷(一)

110000-0143-0022886 PG52/5-1

讀通鑑論三十卷末一卷 (清)王夫之撰 清同治四年(1865)湘鄉曾國荃金陵刻本 六冊

110000-0143-0022887 PG52/5-1

王船山叢書校勘記二卷 (清)劉毓崧撰 清同治四年(1865)湘鄉曾國荃金陵刻本 一冊

110000-0143-0022888 PG52/5-1

老子衍不分卷 (清)王夫之撰 清同治四年(1865)湘鄉曾國荃金陵刻本 一冊

110000-0143-0022889 PG52/5-1

春秋稗疏二卷 (清)王夫之撰 清同治四年(1865)湘鄉曾國荃金陵刻本 一冊

110000-0143-0022890 PG52/5-1

莊子解三十三卷 (清)王夫之撰 (清)王敔增注 清同治四年(1865)湘鄉曾國荃金陵刻本 七冊

110000-0143-0022891 PG52/5-1

周易内傳十二卷周易内傳發例一卷 (清)王夫之撰 清同治四年(1865)湘鄉曾國荃金陵刻本 十三冊

110000-0143-0022892 PG52/5-1

蓮峰志五卷 (清)王夫之撰 清同治四年(1865)湘鄉曾國荃金陵刻本 一冊

110000-0143-0022893 PG52/5-1

宋論十五卷 (清)王夫之撰 清同治四年(1865)湘鄉曾國荃金陵刻本 四冊

110000-0143-0022894 PG52/5-1

永曆實錄二十六卷 (清)王夫之撰 清同治四年(1865)湘鄉曾國荃金陵刻本 三冊 缺六卷(一至六)

110000-0143-0022895 PG52/5-1

識小錄一卷 (清)王夫之撰 清同治四年(1865)湘鄉曾國荃金陵刻本 一冊

110000-0143-0022896 PG52/5-1

俟解一卷 (清)王夫之撰 清同治四年(1865)湘鄉曾國荃金陵刻本 一冊

110000-0143-0022897 PG52/5-1

噩夢一卷　(清)王夫之撰　清同治四年(1865)湘鄉曾國荃金陵刻本　一冊

110000－0143－0022898　PG52/5－1
黄書一卷　(清)王夫之撰　清同治四年(1865)湘鄉曾國荃金陵刻本　一冊

110000－0143－0022899　PG52/5－1
莊子通一卷　(清)王夫之撰　清同治四年(1865)湘鄉曾國荃金陵刻本　一冊

110000－0143－0022900　PG52/5－1
續春秋左氏傳博議二卷　(清)王夫之撰　清同治四年(1865)湘鄉曾國荃金陵刻本　一冊

110000－0143－0022901　PG52/5－1
船山遺書六十八種三百六十一卷　(清)王夫之撰　清同治四年(1865)湘鄉曾國荃金陵刻本　七冊　存十五種二十一卷(永曆實錄一至六,五十自定稿一卷,六十自定稿一卷,七十自定稿一卷,柳岸吟一卷,落花詩一卷,遣興詩一卷,和梅花百詠詩一卷,洞庭秋詩一卷,雁字詩一卷,倣體詩一卷,嶽餘集一卷,薑齋詩賸稿一卷,鼓棹初集一卷、二集一卷,瀟湘怨詞一卷)

110000－0143－0022902　PG52/5－1
思問錄内篇一卷外篇一卷　(清)王夫之撰　清同治四年(1865)湘鄉曾國荃金陵刻本　二冊

110000－0143－0022903　PG52/5－1
尚書引義六卷　(清)王夫之撰　清同治四年(1865)湘鄉曾國荃金陵刻本　五冊

110000－0143－0022904　PG52/5－1
龍舟會雜劇一卷　(清)王夫之撰　清同治四年(1865)湘鄉曾國荃金陵刻本　一冊

110000－0143－0022905　PG52/5－1
書經稗疏四卷　(清)王夫之撰　清同治四年(1865)湘鄉曾國荃金陵刻本　四冊

110000－0143－0022906　PG52/5－1
讀四書大全説十卷　(清)王夫之撰　清同治四年(1865)湘鄉曾國荃金陵刻本　四冊　缺六卷(三至八)

110000－0143－0022907　PG52/5－2
宋論十五卷　(清)王夫之撰　清光緒二十五年(1899)武昌黄慶曾、董昌達刻本　三冊　缺五卷(十一至十五)

110000－0143－0022908　PG52/5－2
永曆實錄二十六卷　(清)王夫之撰　清同治四年(1865)湘鄉曾國荃金陵刻本　二冊　缺十一卷(一至十一)

110000－0143－0022909　PG52/5－2
船山遺書六十八種三百八十一卷　(清)王夫之撰　清同治四年(1865)湘鄉曾國荃金陵刻本　一百十二冊

110000－0143－0022910　PG52/5－2
船山遺書六十八種三百八十一卷　(清)王夫之撰　清光緒十九年(1893)刻本　一百二冊

110000－0143－0022911　PG52/5－2
船山遺書六十八種三百六十一卷　(清)王夫之撰　清同治四年(1865)湘鄉曾國荃金陵刻本　一百十六冊

110000－0143－0022912　PG52/6
西河合集一百十八種四百九十七卷　(清)毛奇齡撰　清乾隆三十五年(1770)陸體元據康熙李塨刻本修補重印本　八十冊　缺十八種四十七卷(何御史孝子祠主復位錄一卷、湘湖水利志三卷、蕭山縣志刊誤三卷、杭志三詰三誤辨一卷、天問補注一卷、館課擬文一卷、折客辨學文一卷、答三辨文一卷、釋二辨文一卷、辨聖學非道學文一卷、辨忠臣不徒死文一卷、古禮今律無繼嗣文一卷、古今無慶生日文一卷、禁室女守志殉死文一卷、勝朝彤史拾遺記六卷、武宗外紀一卷、後鑒錄七卷、蠻司合誌十五卷)

110000－0143－0022913　PG52/6
西河合集一百十八種四百九十七卷　(清)毛奇齡撰　清乾隆三十五年(1770)陸體元據康熙李塨刻本修補重印本　六冊　存四種八卷(河圖洛書原舛編一卷、太極圖說遺議一卷、

尚書廣聽錄五卷、國風省篇一卷）

110000－0143－0022914　PG52/6

西和合集一百十八種四百九十七卷　（清）毛奇齡撰　清乾隆三十五年（1770）陸體元據康熙李塨刻本修補重印本　三冊　存四種二十卷（春秋屬辭比事記四卷、春秋條貫篇十一卷、春秋占筮書三卷、春秋簡書刊誤二卷）

110000－0143－0022915　PG52/8

聚學軒叢書五集六十一種二百五十五卷　劉世珩輯　清光緒十九年至二十八年（1893－1902）貴池劉世珩刻本　十冊　存十五種四十七卷（第三集周易通論月令二卷、尚書義考二卷、晚書訂疑三卷、宮室攷一卷、四書是訓十五卷、四書拾義五卷、竹書紀年二卷、鐵橋金石跋四卷、金石萃編補目三卷、元碑存目一卷、弧矢算術細草圖解一卷、經史質疑錄一卷、松崖筆記三卷、九曜齋筆記三卷、丙辰劄記一卷）

110000－0143－0022916　PG52/8－1

聚學軒叢書五集六十一種二百五十五卷　劉世珩輯　清光緒十九年至二十八年（1893－1902）貴池劉世珩刻本　六冊　存五種二十二卷（說文解字通正十四卷，周易虞氏略例一卷，周易倚數錄二卷、附圖一卷，說文管見三卷，隋唐石刻拾遺上）

110000－0143－0022917　PG52/8－1

聚學軒叢書五集六十一種二百五十五卷　劉世珩輯　清光緒十九年至二十八年（1893－1902）貴池劉世珩刻本　一冊　存二種二卷（讀易漢學私記一卷、春秋亂賊考一卷）

110000－0143－0022918　PG52/8－1

聚學軒叢書五集六十一種二百五十五卷　劉世珩輯　清光緒十九年至二十八年（1893－1902）貴池劉世珩刻本　二冊　存三種四卷（說文解字述誼二卷、說文辨疑一卷、周秦名字解故補一卷）

110000－0143－0022919　PG52/8－1

周禮補注六卷　（清）呂飛鵬撰　清光緒十九年至二十八年（1893－1902）貴池劉世珩刻本　四冊

110000－0143－0022920　PG52/8－1

南江書錄一卷　（清）邵晉涵撰　清光緒二十七年至二十八年（1901－1902）貴池劉世珩刻本　一冊

110000－0143－0022921　PG52/8－1

盛京疆域考六卷　（清）楊同桂　（清）孫宗翰輯　清光緒二十七年至二十八年（1901－1902）貴池劉世珩刻本　一冊

110000－0143－0022922　PG52/9

高郵王氏四種一百三十八卷　（清）王念孫（清）王引之撰　清光緒二十一年（1895）高郵王氏刻本　一冊　存二種十二卷（荀子雜志四至八、補遺一卷，淮南子內篇雜志一至六）

110000－0143－0022923　PG52/9

讀書雜志十種八十二卷餘編二卷　（清）王念孫撰　清道光十二年（1832）高郵王引之刻本　二十三冊　缺一種四卷（逸周書雜志四卷）

110000－0143－0022924　PG52/9－1

讀書雜志十種八十二卷餘編二卷　（清）王念孫撰　清道光十二年（1832）高郵王引之刻本　二十四冊

110000－0143－0022925　PG52/9－1

讀書雜志十種八十二卷餘編二卷　（清）王念孫撰　清同治九年（1870）金陵書局刻本　二十四冊

110000－0143－0022926　PG52/9－1

讀書雜志十種八十二卷餘編二卷　（清）王念孫撰　清同治九年（1870）金陵書局刻本　十二冊

110000－0143－0022927　PG52/9－1

讀書雜志十種八十二卷餘編二卷　（清）王念孫撰　清同治九年（1870）金陵書局刻本　二十四冊

110000－0143－0022928　PG52/9－1

讀書雜志十種八十二卷餘編二卷　（清）王念孫撰　清道光十二年（1832）高郵王引之刻本

二十四册

110000－0143－0022929　PG52/9－1
讀書雜志十種八十二卷餘編二卷　(清)王念孫撰　清道光十二年(1832)高郵王引之刻本　二十四册

110000－0143－0022930　PG52/9－1
讀書雜志十種八十二卷餘編二卷　(清)王念孫撰　清道光十二年(1832)高郵王引之刻本　二册　存一種八卷(荀子八卷)

110000－0143－0022931　PG52/9－1
讀書雜志十種八十二卷餘編二卷　(清)王念孫撰　清光緒二十年(1894)上海醉六堂鉛印本　八册

110000－0143－0022932　PG52/9－2
讀書雜志十種八十二卷餘編二卷　(清)王念孫撰　清道光十二年(1832)高郵王引之刻本　二十四册

110000－0143－0022933　PG52/9－2
讀書雜志餘編二卷　(清)王念孫撰　清道光十二年(1832)高郵王引之刻本　一册

110000－0143－0022934　PG52/10
東塾讀書記二十五卷　(清)陳澧撰　清光緒刻本(原缺十四、十七至二十、二十二至二十五)　五册

110000－0143－0022935　PG52/12
榕村全書四十四種二百三十八卷　(清)李光地撰　清道光九年(1829)安溪李維迪刻本　一百二十册

110000－0143－0022936　PG52/12
榕村全書四十四種二百三十八卷　(清)李光地撰　清道光九年(1829)安溪李維迪刻本　一百十九册

110000－0143－0022937　PG52/12
榕村續集七卷　(清)李光地撰　(清)李維迪校梓　清道光七年(1827)二酉堂刻本　二册

110000－0143－0022938　PG52/13
嘉定錢氏潛研堂全書二十一種二百七十一卷　(清)錢大昕撰　清光緒十年(1884)長沙龍氏家塾刻本　六册　存二種十七卷(潛研堂金石文字目錄五至八、潛研堂金石文跋尾六至十八)

110000－0143－0022939　PG52/13
潛研堂文集五十卷詩集十卷詩續集十卷　(清)錢大昕撰　清光緒十年(1884)長沙龍氏家塾刻本　三册　存十三卷(十至二十二)

110000－0143－0022940　PG52/13
三統術衍三卷三統術鈐一卷　(清)錢大昕撰　清光緒十年(1884)長沙龍氏家塾刻本　二册

110000－0143－0022941　PG52/13
十駕齋養新錄二十卷養新餘錄三卷　(清)錢大昕撰　(清)錢師康輯　清光緒十年(1884)長沙龍氏家塾刻本　八册　缺二卷(十駕齋養新錄一至二)

110000－0143－0022942　PG52/19
考信錄前編十種五十六卷後編九種十七卷　(清)崔述撰　清嘉慶二十二年至道光六年(1817－1826)石屏陳履和刻本　二十六册

110000－0143－0022943　PG52/20
木犀軒叢書三十三種一百五十八卷　李盛鐸輯　清光緒八年至十四年(1882－1888)德化李氏木犀軒刻本　四十册

110000－0143－0022944　PG52/20
木犀軒叢書三十三種一百五十八卷　李盛鐸輯　清光緒八年至十四年(1882－1888)德化李氏木犀軒刻本　四十册

110000－0143－0022945　PG52/20
木犀軒叢書三十三種一百五十八卷　李盛鐸輯　清光緒八年至十四年(1882－1888)德化李氏木犀軒刻本　四十册

110000－0143－0022946　PG52/21
元城語錄解三卷附行錄解一卷　(宋)馬永卿撰　(明)王崇慶注　清道光二十六年(1846)宏道書院刻本　二册

110000－0143－0022947　PG52/21－1
元城語錄解三卷附行錄解一卷　（宋）馬永卿撰　（明）王崇慶注　清光緒五年（1879）定州王氏謙德堂刻本　一册

110000－0143－0022948　PG52/22
句餘土音三卷　（清）全祖望撰　清宣統三年（1911）上海國學扶輪社鉛印本　一册

110000－0143－0022949　PG52/23－1
湯文正公全集四種三十九卷　（清）湯斌撰　清同治九年（1870）蘇廷魁等刻本　三十二册

110000－0143－0022950　PG52/23－1
湯文正公全集四種三十九卷　（清）湯斌撰　清同治九年（1870）蘇廷魁等刻本　三十二册

110000－0143－0022951　PG52/23－1
湯文正公全集四種三十九卷　（清）湯斌撰　清同治九年（1870）蘇廷魁等刻本　十九册

110000－0143－0022952　PG52/23－2
湯子遺書十卷附錄一卷　（清）湯斌撰　清康熙四十二年（1703）蘇州王廷燦刻本　二册　存二卷（一至二）

110000－0143－0022953　PG52/25
陶廬叢刻二十二種一百三十三卷　王樹枏撰　清光緒十七年至民國八年（1891－1919）新城王樹枏刻本　四册　存三種十卷（尚書商誼三卷、校正孔氏大戴禮記補注一至三、學記箋證四卷）

110000－0143－0022954　PG52/25
爾雅郭注佚存補訂二十卷　王樹枏撰　清光緒十八年（1892）新城王樹枏文莫室刻本　六册

110000－0143－0022955　PG52/25－2
陶廬叢刻第二集九種三十五卷　王樹枏撰　清光緒九年至民國十四年（1883－1925）新城王樹枏鉛印本　二册　存三種四卷（新疆小正一卷、新疆禮俗志一卷、新疆訪古錄二卷）

110000－0143－0022956　PG52/26
洪北江全集二十三種二百二十三卷　（清）洪亮吉撰　清光緒三年至五年（1877－1879）陽湖洪氏授經堂刻本　十册　存五種三十二卷（擬兩晉南北史樂府二卷，北江詩話六卷，傳經表二卷、通經表二卷，六書轉注錄十卷，比雅十卷）

110000－0143－0022957　PG52/27
微波榭叢書三十八種一百四十三卷　（清）孔繼涵輯　清乾隆三十八年至四十四年（1773－1779）曲阜孔氏微波榭刻本　二十三册　存九種六十二卷（算經十書三十七卷、春秋地名一卷、春秋長歷一卷、春秋金鎖匙一卷、國語補音三卷、孟子十四卷、五經文字三卷、五經文字疑一卷、新加九經字樣一卷）

110000－0143－0022958　PG52/27
戴氏遺書十二種五十六卷　（清）戴震撰　清乾隆四十二年至四十四年（1777－1779）曲阜孔繼涵微波榭刻本　十八册　缺四十卷（水經注四十卷）

110000－0143－0022959　PG52/27－1
戴氏遺書十二種五十六卷　（清）戴震撰　清乾隆四十二年至四十四年（1777－1779）曲阜孔繼涵微波榭刻本　六十四册

110000－0143－0022960　PG52/27－1
戴氏遺書十二種五十六卷　（清）戴震撰　清乾隆四十二年至四十四年（1777－1779）曲阜孔繼涵微波榭刻本　四十册

110000－0143－0022961　PG52/28
授堂遺書九種七十九卷　（清）武億撰　清道光二十三年（1843）偃師武耒刻本　十四册

110000－0143－0022962　PG52/28
授堂遺書九種七十九卷　（清）武億撰　清道光二十三年（1843）偃師武耒刻本　十六册

110000－0143－0022963　PG52/28
授堂遺書九種七十九卷　（清）武億撰　清道光二十三年（1843）偃師武耒刻本　十六册

110000－0143－0022964　PG52/28－1
授堂遺書九種七十九卷　（清）武億撰　清道光二十三年（1843）偃師武耒刻本　十六册

110000－0143－0022965　PG52/28－1
授堂遺書九種七十九卷　(清)武億撰　清道光二十三年(1843)偃師武耒刻本　十六册

110000－0143－0022966　PG52/28－1
授堂遺書九種七十九卷　(清)武億撰　清道光二十三年(1843)偃師武耒刻本　十六册

110000－0143－0022967　PG52/29
脩本堂叢書十種九十三卷　(清)林伯桐撰　清道光五年至二十四年(1825－1844)番禺林世懋刻本　十四册

110000－0143－0022968　PG52/30
春在堂全書一百六十九種四百九十卷　(清)俞樾撰　清光緒二十五年(1899)刻本　八十册

110000－0143－0022969　PG52/30
春在堂全書一百六十九種四百九十卷　(清)俞樾撰　清光緒二十五年(1899)刻本　二十三册　缺五種一百二十一卷(諸子平議三十五卷、曲園雜纂五十卷、春在堂詩編二十三卷、春在堂詞錄三卷、春在堂隨筆十卷)

110000－0143－0022970　PG52/30
春在堂全書三十種四百八十二卷　(清)俞樾撰　清光緒二十五年(1899)刻本　八十册

110000－0143－0022971　PG52/30
春在堂全書三十種四百八十二卷　(清)俞樾撰　清光緒二十五年(1899)刻本　一百六十册

110000－0143－0022972　PG52/32
授經堂重刊遺集三十三種二百二十三卷　(清)洪亮吉撰　清光緒三年至五年(1877－1879)洪用懃授經堂刻本　七十八册

110000－0143－0022973　PG52/32
授經堂重刊遺集三十三種二百二十三卷　(清)洪亮吉撰　清光緒三年至五年(1877－1879)洪用懃授經堂刻本　六十四册

110000－0143－0022974　PG52/39
少室山房集六十四卷　(明)胡應麟撰　清光緒二十二年(1896)廣州廣雅書局刻本　十册

110000－0143－0022975　PG52/39
少室山房集六十四卷　(明)胡應麟撰　清光緒二十二年(1896)廣州廣雅書局刻本　十二册

110000－0143－0022976　PG52/39
少室山房集六十四卷　(明)胡應麟撰　清光緒二十二年(1896)廣州廣雅書局刻本　十册

110000－0143－0022977　PG52/39
少室山房集六十四卷　(明)胡應麟撰　清光緒二十二年(1896)廣州廣雅書局刻本　八册

110000－0143－0022978　PG52/40
新方言十一卷附嶺外三州語不分卷　章炳麟撰　清宣統三年(1911)文學會社石印本　二册

110000－0143－0022979　PG52/42
頤志齋叢書二十一種四十二卷　(清)丁晏撰　清道光二十三年至同治元年(1843－1862)山陽丁氏六藝堂刻本　二十册

110000－0143－0022980　PG52/43
羅忠節公遺集八種十八卷　(清)羅澤南撰　清咸豐至同治刻本　八册

110000－0143－0022981　PG52/43
羅忠節公遺集八種十八卷　(清)羅澤南撰　清咸豐至同治刻本　八册

110000－0143－0022982　PG52/46
顧端文公遺書十五種七十三卷　(明)顧憲成撰　清光緒三年(1877)涇里顧氏宗祠刻本　十八册

110000－0143－0022983　PG52/46
顧端文公遺書十五種七十三卷　(明)顧憲成撰　清光緒三年(1877)涇里顧氏宗祠刻本　十八册

110000－0143－0022984　PG52/47
柏堂遺書二十三種一百六十九卷　(清)方宗誠撰　清光緒元年至十二年(1875－1886)桐城方氏刻本　三十册　存三種三十卷(春秋

傳正誼四卷、春秋集義十二卷、柏堂集前編十四卷)

110000－0143－0022985　PG52/48
侯官嚴氏叢刻五卷　嚴復輯　清光緒二十八年(1902)上海書局石印本　四册

110000－0143－0022986　PG52/50
中復堂全集九十八卷　(清)姚瑩撰　清同治六年(1867)姚濬昌安福縣署刻本　二十八册

110000－0143－0022987　PG52/52
文道十書四種十二卷　(清)陳景雲撰　清乾隆十九年(1754)陳黄中樸茂齋刻本　六册

110000－0143－0022988　PG52/53
汪龍莊先生遺書四種十五卷　(清)汪輝祖撰　清光緒八年(1882)山東書局刻本　六册

110000－0143－0022989　PG52/53
汪龍莊先生遺書四種十五卷　(清)汪輝祖撰　清同治元年(1862)望三益齋刻本　六册

110000－0143－0022990　PG52/53－1
汪龍莊先生遺書四種十五卷　(清)汪輝祖撰　清同治十一年(1872)溫陵郡齋刻本　六册

110000－0143－0022991　PG52/53－2
汪龍莊先生遺書四種十五卷　(清)汪輝祖撰　清同治十年(1871)慎閒堂刻本　五册　缺一種二卷(佐治藥言一卷、續一卷)

110000－0143－0022992　PG52/53－2
龍莊遺書四種十五卷　(清)汪輝祖撰　清光緒元年至十年(1875－1884)江蘇書局刻本　六册

110000－0143－0022993　PG52/54
石林遺書十三種五十四卷　(宋)葉夢得撰　葉德輝輯　清光緒三十年至宣統三年(1904－1911)長沙葉氏觀古堂刻本　六册　存六種二十七卷(石林家訓一卷、石林治生家訓要略一卷、禮記解四卷、石林燕語十卷、石林燕語校一卷、石林燕語辨十卷)

110000－0143－0022994　PG52/54(1)
石林家訓一卷石林治生家訓要略一卷　(宋)葉夢得撰　清宣統三年(1911)長沙葉氏觀古堂刻本　一册

110000－0143－0022995　PG52/54(2)
禮記解四卷　(宋)葉夢得撰　清宣統三年(1911)長沙葉氏觀古堂刻本　二册

110000－0143－0022996　PG52/54(3)
石林燕語十卷　(宋)葉夢得撰　(宋)宇文紹奕考異　葉德輝校　清光緒三十四年(1908)長沙葉氏觀古堂刻本　二册

110000－0143－0022997　PG52/54(4)
石林燕語辨十卷　(宋)汪應辰撰　清光緒三十四年(1908)長沙葉氏觀古堂刻本　一册

110000－0143－0022998　PG52/55
皮氏經學叢書十種二十四卷　(清)皮錫瑞撰　清光緒二十二年至三十四年(1896－1908)思賢書局刻本　十四册

110000－0143－0022999　PG52/57
蜚雲閣凌氏叢書六種四十卷　(清)凌曙撰　清嘉慶十三年至道光六年(1808－1826)江都凌氏蜚雲閣刻本　十六册

110000－0143－0023000　PG52/57
蜚雲閣凌氏叢書六種四十卷　(清)凌曙撰　清嘉慶十三年至道光六年(1808－1826)江都凌氏蜚雲閣刻本　十二册

110000－0143－0023001　PG52/62
番禺陳氏東塾叢書五種三十四卷　(清)陳澧撰　清咸豐至光緒番禺陳氏刻本　九册

110000－0143－0023002　PG52/62
番禺陳氏東塾叢書五種三十四卷　(清)陳澧撰　清咸豐至光緒番禺陳氏刻本　九册

110000－0143－0023003　PG52/62
番禺陳氏東塾叢書五種三十四卷　(清)陳澧撰　清咸豐至光緒番禺陳氏刻本　八册

110000－0143－0023004　PG52/65
玉海二百四卷　(宋)王應麟撰　清光緒九年(1883)浙江書局刻本　八十册　缺四十卷(一百三至一百四十二)

110000－0143－0023005　PG52/67
章氏遺書二種十一卷　(清)章學誠撰　清光緒三年(1877)貴陽章氏刻本　五冊

110000－0143－0023006　PG52/68
嘉定錢氏潛研堂全書二十一種二百七十一卷　(清)錢大昕撰　清光緒十年(1884)長沙龍氏家塾刻本　八十冊

110000－0143－0023007　PG52/68
嘉定錢氏潛研堂全書二十一種二百七十一卷　(清)錢大昕撰　清光緒十年(1884)長沙龍氏家塾刻本　二十八冊

110000－0143－0023008　PG52/68
嘉定錢氏潛研堂全書二十一種二百七十一卷　(清)錢大昕撰　清光緒十年(1884)長沙龍氏家塾刻本　六十四冊

110000－0143－0023009　PG52/72
見蓴錦官錄四種十六卷　(清)李錫書撰　清嘉慶停雲館刻本　四冊

110000－0143－0023010　PG52/72
見蓴錦官錄八種三十三卷　(清)李錫書撰　清道光蘂石山房刻本　十二冊

110000－0143－0023011　PG52/73
焦氏叢書十種一白十四卷　(清)焦循撰　清嘉慶至道光江都焦氏雕菰樓刻本　四十二冊

110000－0143－0023012　PG52/73
禹貢鄭注釋二卷　(清)焦循撰　清道光八年(1828)江都焦氏刻本　一冊

110000－0143－0023013　PG52/74
二思堂叢書六種五十一卷　(清)梁章鉅撰　清光緒元年(1875)福州梁氏刻本　十六冊

110000－0143－0023014　PG52/74
二思堂叢書六種五十一卷　(清)梁章鉅撰　清光緒元年(1875)福州梁氏刻本　十六冊

110000－0143－0023015　PG52/74
二思堂叢書六種五十一卷　(清)梁章鉅撰　清光緒元年(1875)福州梁氏刻本　八冊　存二種二十三卷(退盦自訂年譜一卷、退盦隨筆二十二卷)

110000－0143－0023016　PG52/75
經韻樓叢書九種一百十二卷　(清)段玉裁撰　清乾隆四十一年至道光元年(1776－1821)金壇段氏刻本　五冊　存四種十五卷(戴東原集十二卷、戴東原先生年譜一卷、經韻樓集十二、儀禮漢讀考一卷)

110000－0143－0023017　PG52/75
經韻樓叢書十種一百十二卷　(清)段玉裁撰　清乾隆四十一年至道光元年(1776－1821)金壇段氏刻本　二十四冊

110000－0143－0023018　PG52/77
如皋冒氏叢書三十八種一百四十九卷　冒廣生輯　清光緒至民國如皋冒氏刻本　十冊　存五種三十七卷(駁交記十二卷,永嘉高僧碑傳集八卷,謝康樂集拾遺一卷,和謝康樂詩一卷,如皋冒氏詩略十四卷、詞略一卷)

110000－0143－0023019　PG52/78
德清俞蔭甫所著書二十二種一百四十四卷　(清)俞樾撰　清同治十年(1871)德清俞氏刻本　三十九冊　存十四種一百十三卷(岻書羣經平議三十五卷、諸子平議三十五卷,第一樓叢書古書疑義舉例七卷、兒苦錄四卷、讀書餘錄二卷、訓詁精舍自課文二卷、湖樓筆談一至四,詩文類稿賓萌集五卷、賓萌外集四卷、春在堂襍文二卷、春在堂尺牘三卷、楹聯錄存二卷,春在堂外書袖中書二卷、遊藝錄六卷)

110000－0143－0023020　PG52/81
竹柏山房十五種附刻四種八十九卷　(清)林春溥撰　清嘉慶二十一年至咸豐四年(1816－1854)閩縣林氏竹柏山房刻本　四十冊

110000－0143－0023021　PG52/81
竹柏山房十五種附刻四種八十九卷　(清)林春溥撰　清嘉慶二十一年至咸豐四年(1816－1854)閩縣林氏竹柏山房刻本　四十冊

110000－0143－0023022　PG52/81－1
竹柏山房十五種附刻四種八十九卷　(清)林春溥撰　清嘉慶二十一年至咸豐四年(1816－

1854)閩縣林氏竹柏山房刻本　四十冊

110000－0143－0023023　PG52/82
番禺陳氏東塾叢書五種三十四卷　(清)陳澧撰　清咸豐八年至光緒八年(1858－1882)番禺陳氏刻本　九冊

110000－0143－0023024　PG52/82－1
番禺陳氏東塾叢書五種三十四卷　(清)陳澧撰　清咸豐八年至光緒八年(1858－1882)番禺陳氏刻本　十冊

110000－0143－0023025　PG52/83
空山堂全集八種一百一卷　(清)牛運震撰　清嘉慶二十三年(1818)空山堂刻本　五十四冊

110000－0143－0023026　PG52/84
有恆心齋集六種四十二卷　(清)程鴻詔撰　清同治十一年至十三年(1872－1874)黟縣程氏刻本　八冊　存四種二十五卷(有恆心齋前集一卷、有恆心齋文十一卷、有恆心齋詩七卷、有恆心齋駢體文六卷)

110000－0143－0023027　PG52/84
有恆心齋集六種四十二卷　(清)程鴻詔撰　清同治十一年至十三年(1872－1874)黟縣陳氏刻本　十一冊

110000－0143－0023028　PG52/84
有恆心齋集六種四十二卷　(清)程鴻詔撰　清同治十一年至十三年(1872－1874)黟縣程氏刻本　十二冊

110000－0143－0023029　PG52/88
松厓全集十二種六十六卷　(清)管榦珍撰　清乾隆大觀樓、錫福樓刻本　六冊　存六種二十卷(讀易一隅四卷、說文辨異二卷、玉書三卷、書經一隅二卷、問禮一隅六卷、歸左一隅三卷)

110000－0143－0023030　PG52/89
茹氏經學十二種二十二卷　(清)茹敦和撰　清乾隆刻本　十二冊

110000－0143－0023031　PG52/90
青照堂叢書三編四十五種八十六卷　(清)李元春輯　清道光十五年(1835)朝邑劉際清等刻本　三十冊　缺一種一卷(四書文法摘要一卷)

110000－0143－0023032　PG52/91
歸查叢刻二集十一種十一卷　(清)謝希傅撰　清光緒二十四年(1898)東山草堂石印本　四冊　存七種七卷(第一集皇華擎要一卷、秘魯出使章程一卷、秘意交犯條款一卷、檀香山羣島志一卷、墨西哥述略一卷、德國新制紀要一卷、文牘偶存一卷)

110000－0143－0023033　PG52/97
抗希堂十六種一百四十六卷　(清)方苞撰　清康熙至嘉慶桐城方氏抗希堂刻本　五十六冊

110000－0143－0023034　PG52/99
第一樓叢書九種三十卷　(清)俞樾撰　清光緒二十五年(1899)刻本　九冊

110000－0143－0023035　PG52/102
十髮盦叢書四種二十五卷　程頌萬輯撰　清光緒二十六年至二十七年(1900－1901)寧鄉程氏刻本　八冊

110000－0143－0023036　PG52/103
鄭小谷先生全集六種四十三卷　(清)鄭獻甫著　清光緒五年(1879)象州鄭氏黔南節署刻本　二十九冊

110000－0143－0023037　PG52/104
焦氏遺書二十種一百二十二卷　(清)焦循撰　清光緒二年(1876)衡陽魏氏刻本　四十八冊

110000－0143－0023038　PG52/104
焦氏遺書二十種一百二十二卷　(清)焦循撰　清光緒二年(1876)衡陽魏氏刻本　四十冊

110000－0143－0023039　PG52/105
希鄭堂叢書七種十二卷　(清)潘任撰　清光緒二十年(1894)木活字印本　三冊

110000－0143－0023040　PG52/106

輿圖總論註釋一卷 （清）謝蘭生撰　清道光至光緒刻本　一冊

110000－0143－0023041　PG52/106(1)
十家語錄摘要二卷 （清）謝蘭生輯　清光緒二年(1876)刻本　二冊

110000－0143－0023042　PG52/106(2)
詠梅軒劄記一卷劄記增訂一卷賸稿一卷存要一卷 （清）謝蘭生撰　清光緒二年(1876)刻本　一冊

110000－0143－0023043　PG52/106(3)
詠梅軒仰觀錄二卷 （清）謝蘭生撰　清咸豐至光緒刻本　一冊

110000－0143－0023044　PG52/106(4)
輿圖總論註釋一卷 （清）謝蘭生撰　清道光至光緒刻本　一冊

110000－0143－0023045　PG52/110
謝程山全書十二種五十八卷 （清）謝文洊撰　清道光三十年(1850)劉煜刻本　二十四冊

110000－0143－0023046　PG52/111
鄭子尹遺書五種二十五卷 （清）鄭珍撰　清咸豐二年至同治五年(1852－1866)刻本　十一冊

110000－0143－0023047　PG52/111
巢經巢詩鈔九卷 （清）鄭珍撰　清咸豐二年(1852)遵義鄭氏刻本　二冊

110000－0143－0023048　PG52/117
訥盦叢稿八種十二卷 顧鳴鳳撰　清宣統三年(1911)木活字印本　六冊

110000－0143－0023049　PG52/119
求益齋全集五種二十卷 （清）強汝詢撰　清光緒二十四年(1898)江蘇書局刻本　八冊

110000－0143－0023050　PG52/123
靜菴遺集二種十六卷 （清）左眉撰　清道光十九年(1839)桐城方徵泰刻本　六冊

110000－0143－0023051　PG52/123
望炊樓叢書七種十三卷 （清）謝家福輯　清光緒吳縣謝氏刻本　四冊

110000－0143－0023052　PG52/124(1)
郭侍郎奏疏十二卷 （清）郭嵩燾撰　清光緒十八年(1892)湘陰郭氏刻本　十二冊

110000－0143－0023053　PG52/124(2)
養知書屋詩集十五卷文集二十八卷 （清）郭嵩燾撰　清光緒十八年(1892)湘陰郭氏刻本　十六冊

110000－0143－0023054　PG52/125
蘿華山館遺集五卷 （清）郭崙燾著　清光緒十年(1884)湘陰郭氏刻本　四冊

110000－0143－0023055　PG52/126
今白華堂集七種四十五卷 （清）童槐撰　清同治寧波童氏刻本　八冊　缺一種一卷(過庭應筆記一卷)

110000－0143－0023056　PG52/127
何文貞公遺書三種七卷 （清）何桂珍撰　清光緒十年(1884)六安求我齋刻本　三冊

110000－0143－0023057　PG52/129
遡園全集三種七卷 （清）賈開宗著　清道光九年(1829)賈洪信刻本　八冊

110000－0143－0023058　PG52/130
斯未信齋集六種二十六卷 （清）徐宗幹撰　清咸豐五年(1855)刻本　七冊　存四種十七卷(斯未信齋文編官牘七卷、軍書四卷、語錄三卷、斯未信齋雜錄一至三)

110000－0143－0023059　PG52/131
木屑集十種二十六卷 （清）伍兆鼇撰　清光緒二十四年至三十四年(1898－1908)安福伍氏刻本　八冊

110000－0143－0023060　PG52/136
蔣氏四種六十四卷 （清）蔣士銓撰　清同治十年(1871)紅雪樓刻本　四十冊

110000－0143－0023061　PG52/139
楊園先生全集二十一種五十六卷 （清）張履祥撰　（清）姚璉輯　清同治十年(1871)江蘇書局刻本　十六冊

110000－0143－0023062　PG52/139－1

楊園先生全集二十一種五十六卷 （清）張履祥撰 （清）姚璉輯 清同治十年（1871）江蘇書局刻本 十六冊

110000－0143－0023063 PG52/139－2
楊園先生全集十六種二十八卷 （清）張履祥撰 清乾隆十三年至四十七年（1748－1782）刻嘉慶二十三年（1818）補刻本 十二冊

110000－0143－0023064 PG52/139－2
楊園先生全集二十一種五十六卷 （清）張履祥撰 （清）姚璉輯 清同治十年（1871）江蘇書局刻本 十六冊

110000－0143－0023065 PG52/139－3
楊園先生全集十六種二十八卷 （清）張履祥撰 清同治九年（1870）山東尚志堂刻本 六冊

110000－0143－0023066 PG52/140
龍莊遺書四種十五卷 （清）汪輝祖撰 清光緒江蘇書局刻本 六冊

110000－0143－0023067 PG52/141
陶樓雜著四種五卷 （清）黄彭年撰 清光緒十五年（1889）貴筑黄彭年陶樓刻本 二冊

110000－0143－0023068 PG52/141
陶樓雜著四種五卷 （清）黄彭年撰 清光緒十五年（1889）貴筑黄彭年陶樓刻本 一冊 缺一種一卷（紫泥日記一卷）

110000－0143－0023069 PG52/143
紀慎齋先生全集二十二種九十一卷 （清）紀大奎撰 清嘉慶十三年至咸豐二年（1808－1852）臨川紀氏刻本 四十四冊

110000－0143－0023070 PG52/144（1）
舒蓺室詩存七卷索笑詞二卷 （清）張文虎撰 清光緒七年（1881）刻本 二冊

110000－0143－0023071 PG52/144（2）
舒蓺室隨筆六卷續筆一卷餘筆三卷 （清）張文虎撰 清同治十三年（1874）刻光緒五年至七年（1879－1881）續刻本 三冊

110000－0143－0023072 PG52/144（3）
舒蓺室雜著甲編二卷乙編二卷賸稿一卷 （清）張文虎撰 清光緒五年至七年（1879－1881）刻本 三冊

110000－0143－0023073 PG52/145
鄭小谷先生全集六種四十七卷 （清）鄭獻甫撰 清同治八年至光緒八年（1869－1882）黔南節署刻本 十八冊 缺一種十二卷（四書翼註論文十二卷）

110000－0143－0023074 PG52/146
毋不敬齋全書十八種四十三卷 （清）方濬撰 清光緒十五年（1889）桐城方敦吉刻本 八冊 存三種十三卷（辨心性書二卷、心述三卷、性述八卷）

110000－0143－0023075 PG52/146
毋不敬齋全書十八種四十三卷 （清）方濬撰 清光緒十五年（1889）桐城方敦吉刻本 十七冊

110000－0143－0023076 PG52/147
劉氏遺書八種八卷 （清）劉台拱撰 清光緒十五年（1889）廣州廣雅書局刻本 二冊

110000－0143－0023077 PG52/147
劉氏遺書八種八卷 （清）劉台拱撰 清光緒十五年（1889）廣州廣雅書局刻本 二冊

110000－0143－0023078 PG52/149
耐安類稿五種十卷 （清）陳偉撰 清光緒二十二年（1896）刻本 六冊

110000－0143－0023079 PG52/151
楊仁山居士遺著十四種二十五卷 （清）楊文會撰 清光緒三十二年至民國十二年（1906－1923）金陵刻經處、北京臥佛寺佛經流通處刻本 十一冊

110000－0143－0023080 PG52/152（1）
樓山詩集六卷 （清）王怹撰 清光緒二十年（1894）王氏北京刻本 三冊

110000－0143－0023081 PG52/152（2）
省身錄六卷 （清）王怹撰 清宣統三年（1911）王氏金陵鉛印本 與110000－0143－

0023080 合册

110000－0143－0023082　PG52/154
隨園三十八種二百七十六卷　(清)袁枚撰輯　清光緒十八年(1892)勤裕堂鉛印本　四十冊

110000－0143－0023083　PG52/154－1
隨園三十八種二百七十六卷　(清)袁枚撰輯　清光緒十九年(1893)倉山舊主石印本(原缺繡餘吟稿一卷、閩南雜詠一卷、紅豆村人續稿四卷、諸子詹詹錄二卷)　二十四冊

110000－0143－0023084　PG52/156
師伏堂叢書十七種八十六卷　(清)皮錫瑞撰　清光緒十九年至三十三年(1893－1907)善化皮氏刻本　三十八冊

110000－0143－0023085　PG52/157
李二曲先生全集四種三十七卷附司牧寶鑑一卷盩厔三義傳一卷惡室錄感一卷　(清)李顒撰　清康熙刻本　八冊　缺一種二十六卷(二曲全集二十六卷)

110000－0143－0023086　PG52/159
天台三高士遺集五種五卷　(清)張廷琛輯　清宣統三年(1911)木活字印本　一冊

110000－0143－0023087　PG52/160
賴古堂集二十四卷附錄一卷　(清)周亮工撰　清康熙十四年(1675)周在浚刻本　四冊　存三種十一卷(閩小紀四卷、讀畫錄四卷、賴古堂別集印人傳三卷)

110000－0143－0023088　PG52/161
卷施閣墨餘四種四卷　(清)洪亮吉撰　清咸豐五年(1855)陽湖洪飴孫刻本　二冊

110000－0143－0023089　PG52/162
雷刻六種三十一卷附刻二種二卷續刻二種二卷　(清)雷浚撰　清光緒八年至二十一年(1882－1895)吳縣雷氏刻本　十八冊

110000－0143－0023090　PG52/162
雷刻六種三十一卷附刻二種二卷續刻二種二卷　(清)雷浚撰　清光緒八年至二十一年(1882－1895)吳縣雷氏刻本　十二冊

110000－0143－0023091　PG52/164
養晦堂集七種三十七卷　(清)劉蓉著　清光緒三年至十一年(1877－1885)思賢講舍刻本　十七冊　存四種三十三卷(劉中丞奏議二十卷、思辨錄疑義一卷、養晦堂文集十卷、養晦堂詩集二卷)

110000－0143－0023092　PG52/164
養晦堂集七種三十七卷　(清)劉蓉著　清光緒三年至十一年(1877－1885)思賢講舍刻本　九冊　存四種三十三卷(劉中丞奏議二十卷、思辨錄疑義一卷、養晦堂文集十卷、養晦堂詩集二卷)

110000－0143－0023093　PG52/166
適園叢稿十四卷十二卷　(清)袁學瀾撰　清同治十一年(1872)香溪草堂刻本　六冊

110000－0143－0023094　PG52/172
庸庵全集七種二十一卷　(清)薛福成撰　清光緒二十三年(1897)湖南新學書局刻本　二十冊

110000　0143　0023095　PG52/174
女英傳四卷　(清)錢保塘編　清同治十年(1871)海寧錢氏清風室刻本　一冊

110000－0143－0023096　PG52/176
鄭氏遺書五種九卷　(漢)鄭玄撰　(清)王復輯　(清)武億校　清嘉慶二年(1797)承德孫氏刻本　一冊

110000－0143－0023097　PG52/177
求志堂存稿彙編八種十六卷　(清)周濟撰　清光緒十八年(1892)周恭壽刻本　五冊

110000－0143－0023098　PG52/178
王小寅四種四卷　(清)王孝儒撰　清光緒二十六年至二十八年(1900－1902)鉛印本　四冊

110000－0143－0023099　PG52/179
寄龕雜著四種十六卷　(清)宛委山民撰　清光緒四年至二十二年(1878－1896)刻本　八

冊

110000－0143－0023100　PG52/180
六如居士全集六種二十三卷　(明)唐寅撰　(清)唐仲冕輯　清嘉慶六年(1801)長沙唐仲冕刻本　六冊　存三種十一卷(六如居士外集六卷、墨亭新賦一卷、花隖聯吟四卷)

110000－0143－0023101　PG52/181－1
范白舫所刊書十三種十八卷　(清)范鍇輯　清道光烏程范氏刻本　三冊　缺三種五卷(苕谿漁隱詩藁二卷、苕谿漁隱詞二卷、蜀産吟一卷)

110000－0143－0023102　PG52/183
石遺室叢書十八種一百十六卷　陳衍撰輯　清光緒三十一年至民國八年(1905－1919)侯官陳氏刻本　一冊　存五種六卷(平安室雜記一卷、道安室雜文一卷、蕭閒堂遺詩一卷、戴花平安室詞一卷、朱絲詞二卷)

110000－0143－0023103　PG52/184
鄂宰四稿四種七卷　(清)王筠撰　清咸豐二年(1852)寧鄉賀氏刻本　二冊

110000－0143－0023104　PG52/184
王菉友先生著書四種四卷　(清)王筠撰　清咸豐二年(1852)寧鄉賀氏刻本　二冊

110000－0143－0023105　PG52/184
王菉友先生著書四種四卷　(清)王筠撰　清咸豐二年(1852)寧鄉賀氏刻本　二冊

110000－0143－0023106　PG52/186
冠豸山堂全集六種十六卷　(清)童能靈著　清光緒二十三年(1897)連城童氏木活字印本　九冊

110000－0143－0023107　PG52/187
西學啓蒙十六種一百四十六卷　(英國)艾約瑟編譯　清光緒二十二年(1896)上海著易堂書局鉛印本　十六冊

110000－0143－0023108　PG52/188
笙雅堂全集四種二十一卷　(清)張九鐔著　清嘉慶十七年(1812)張世濂等刻本　十冊

110000－0143－0023109　PG52/190
槐軒全書三十種一百八十四卷　(清)劉沅撰　清咸豐四年至民國二十二年(1854－1933)雙流劉氏刻本　一百六冊

110000－0143－0023110　PG52/192
澹齋集七種七卷　(清)傅為霖著　清宣統二年(1910)刻本　三冊

110000－0143－0023111　PG52/193
王仁俊著述六種九卷　王仁俊撰　清光緒三十三年至三十四年(1907－1908)存古學堂鉛印本　六冊

110000－0143－0023112　PG52/198
清白士集六種二十九卷　(清)梁玉繩撰　清嘉慶刻本　八冊

110000－0143－0023113　PG52/199
倚晴樓集九種五十六卷　(清)黄燮清撰　清咸豐七年至同治十二年(1857－1873)海鹽黄氏拙宜園刻本　十六冊

110000－0143－0023114　PG52/200
話山草堂遺集六種十三卷　(清)沈道寬著　清光緒三年(1877)大興沈氏潤州榷署刻本　八冊

110000－0143－0023115　PG52/202
周松靄先生遺書九種三十五卷　(清)周春撰　清乾隆至嘉慶刻本　五冊

110000－0143－0023116　PG52/204
樸庵叢稿四種五卷　(清)奕譞著　清光緒刻本　五冊

110000－0143－0023117　PG52/205
顨軒孔氏所著書七種六十卷　(清)孔廣森撰　清乾隆五十七年至嘉慶二十二年(1792－1817)曲阜孔氏刻本　十冊

110000－0143－0023118　PG52/206
啖蔗軒全集四種六卷附二種二卷　(清)方士淦撰　清同治十一年(1872)定遠方氏兩淮運署刻本　四冊

110000－0143－0023119　PG52/228

孫子遺書　(清)□□撰　清嘉慶至道光刻本　二册　存三種四卷(語錄二卷、答問上、答問補遺下)

110000－0143－0023120　PG52/229

蘭韻堂御覽集六卷經進文稿二卷詩集十二卷詩續集一卷文集五卷文續集一卷西清筆記二卷　(清)沈初撰　清乾隆五十九年至嘉慶二十五年(1794－1820)平湖沈氏刻本　十一册

110000－0143－0023121　PG52/230

徐氏醫書六種十六卷　(清)徐大椿撰　清同治十二年(1873)湖北崇文書局刻本　十册

110000－0143－0023122　SG418/27

海錄碎事二十二卷　(宋)葉廷珪輯　(明)劉鳳校　明萬曆二十六年(1598)劉鳳刻本　三十六册

中國人民大學圖書館古籍普查登記目録

（下）

索引

全國古籍普查登記目録

國家圖書館出版社
National Library of China Publishing House

書名筆畫字頭索引

一畫

一…… 27
乙…… 27

二畫

二…… 27
十…… 28
丁…… 30
七…… 30
卜…… 30
八…… 30
人…… 31
入…… 31
九…… 31
了…… 32

三畫

三…… 32
于…… 34
工…… 34
士…… 34
土…… 34
下…… 34
大…… 34
才…… 43
寸…… 43
上…… 43
口…… 44
巾…… 44
山…… 44
千…… 47
川…… 47
及…… 47
亡…… 47
尸…… 47
己…… 47
已…… 47
也…… 47
女…… 47
小…… 47
子…… 49
孑…… 49

四畫

王…… 49
井…… 51
天…… 51
元…… 52
廿…… 54
木…… 55
五…… 55
支…… 56
不…… 57
太…… 57
友…… 58
比…… 58
切…… 58
止…… 59
少…… 59
日…… 59
中…… 61
内…… 64
午…… 64
毛…… 65
手…… 65
壬…… 65
升…… 65
仁…… 65
什…… 65

片……65
仇……65
化……65
爪……65
介……65
今……66
分……66
公……66
月……66
戶……66
勿……67
欠……67
丹……67
卞……67
六……67
文……68
亢……71
方……71
火……71
心……71
尹……72
尺……72
引……72
卍……72
巴……72
以……72
孔……72
毋……72
水……72

五畫

玉……73
刊……75
未……75
邗……75
示……75
正……75
邛……75
功……75
去……75
甘……75
世……76
艾……76
古……76
本……80
札……80
可……80
丙……80
左……80
石……82
右……83
布……83
戊……83
平……83
北……84
占……85
目……85
且……85
甲……85
申……85
叶……85
田……85
由……85
冊……85
史……85
叩……87
四……87
生……90
矢……90
乍……90
代……90
仙……90
白……90
用……92
印……92
句……92
外……92
冬……92
包……92
立……92
玄……92

半……92
永……93
司……93
尼……94
民……94
弘……94
出……94
加……94
皮……94
台……94
母……94
幼……94

六畫

匡……94
未……94
式……94
刑……94
邢……95
迂……95
圭……95
吉……95
考……95
老……95
地……96
耳……96
共……96
芝……96
芑……96
臣……96
吏……96
再……96
西……96
在……100
百……100
有……101
而……101
存……101
列……101
成……102
夷……102
攷……102
至……102
此……102
尖……102
光……102
曲……104
同……104
因……104
回……104
屺……104
年……104
朱……104
缶……106
先……106
廷……106
舌……106
竹……106
肙……107
休……107
伏……107
伐……107
延……107
仲……107
任……107
仰……107
仿……107
自……107
伊……107
血……108
向……108
行……108
甪……108
舟……108
全……108
合……109
郃……109
刖……109
危……109
旭……109
各……109

名 …… 110
多 …… 110
交 …… 110
亦 …… 110
充 …… 110
妄 …… 110
羊 …… 110
米 …… 111
州 …… 111
汗 …… 111
江 …… 111
汲 …… 114
池 …… 114
汝 …… 114
守 …… 114
安 …… 114
冰 …… 116
字 …… 116
祁 …… 117
冐 …… 117
艮 …… 117
阮 …… 117
艸 …… 117
防 …… 117
那 …… 117
如 …… 117
好 …… 118
牟 …… 118
丞 …… 118

七畫

形 …… 118
戒 …… 118
吞 …… 118
赤 …… 118
均 …… 118
孝 …… 118
坊 …… 118
志 …… 118
劫 …… 118
芙 …… 119
邯 …… 119
芸 …… 119
芷 …… 119
花 …… 119
芹 …… 119
芥 …… 119
芬 …… 120
芳 …… 120
克 …… 120
杜 …… 120
杏 …… 121
杞 …… 121
李 …… 121
車 …… 123
甫 …… 123
更 …… 123
束 …… 123
吾 …… 124
豆 …… 124
酉 …… 124
辰 …… 124
邳 …… 124
夾 …… 124
豕 …… 124
扶 …… 124
批 …… 124
折 …… 124
投 …… 124
抗 …… 124
求 …… 124
里 …… 125
見 …… 125
助 …… 125
呆 …… 125
男 …… 125
廸 …… 125
困 …… 125
吕 …… 125
吟 …… 126
別 …… 126

吹 …… 126
吳 …… 126
岐 …… 127
刪 …… 127
岑 …… 127
牡 …… 127
利 …… 127
秀 …… 127
私 …… 127
我 …… 127
每 …… 127
兵 …… 127
邱 …… 128
何 …… 128
佐 …… 128
伸 …… 128
伯 …… 128
佛 …… 128
伽 …… 128
近 …… 128
卮 …… 128
返 …… 128
余 …… 128
希 …… 128
坐 …… 129
谷 …… 129
含 …… 129
邸 …… 129
劬 …… 129
狄 …… 129
角 …… 129
彤 …… 129
言 …… 129
辛 …… 129
忘 …… 129
忻 …… 129
忼 …… 129
快 …… 129
判 …… 129
灼 …… 129
弟 …… 129
冷 …… 129
汪 …… 129
汧 …… 130
沅 …… 130
汭 …… 130
沙 …… 130
沖 …… 130
沂 …… 130
汾 …… 130
泛 …… 130
沈 …… 130
沁 …… 130
決 …… 130
完 …… 130
宋 …… 130
冶 …… 133
良 …… 133
初 …… 133
社 …… 133
君 …… 133
即 …… 133
壯 …… 133
改 …… 134
阿 …… 134
妙 …… 134
邵 …… 134
忍 …… 134
甬 …… 134

八畫

奉 …… 134
玩 …… 135
武 …… 135
青 …… 136
表 …… 137
長 …… 137
坦 …… 137
坤 …… 137
幸 …… 137
坡 …… 138

亞 …… 138
取 …… 138
苷 …… 138
苦 …… 138
茂 …… 138
苗 …… 138
英 …… 138
荏 …… 138
苑 …… 138
范 …… 138
苾 …… 138
直 …… 138
苕 …… 140
苔 …… 140
茅 …… 140
林 …… 140
枝 …… 140
板 …… 140
來 …… 140
松 …… 140
杭 …… 141
述 …… 141
枕 …… 141
東 …… 141
或 …… 145
臥 …… 145
事 …… 145
兩 …… 146
雨 …… 146
協 …… 146
郁 …… 146
奈 …… 147
奇 …… 147
抱 …… 147
拙 …… 147
招 …… 147
非 …… 147
叔 …… 147
卓 …… 147
虎 …… 147
尚 …… 147
盱 …… 148
具 …… 148
果 …… 148
味 …… 148
杲 …… 148
昆 …… 148
昌 …… 148
明 …… 149
易 …… 151
迪 …… 152
典 …… 152
固 …… 152
忠 …… 152
咀 …… 152
呻 …… 152
邵 …… 153
狀 …… 153
咏 …… 153
岫 …… 153
岣 …… 153
廻 …… 153
岡 …… 153
罔 …… 153
垂 …… 153
制 …… 153
知 …… 153
牧 …… 153
物 …… 154
乖 …… 154
和 …… 154
秇 …… 154
委 …… 154
季 …… 154
佳 …… 154
侍 …… 154
岳 …… 154
使 …… 154
例 …… 154
岱 …… 154
佩 …… 154
依 …… 155

皁 …… 155
欣 …… 155
征 …… 155
徂 …… 155
彼 …… 155
所 …… 155
金 …… 155
郤 …… 157
采 …… 157
受 …… 157
爭 …… 157
乳 …… 157
念 …… 157
股 …… 158
肥 …… 158
周 …… 158
匋 …… 160
狎 …… 160
卶 …… 160
京 …… 160
享 …… 160
夜 …… 160
府 …… 160
庚 …… 161
放 …… 161
刻 …… 161
於 …… 161
性 …… 161
怡 …… 161
卷 …… 161
炊 …… 161
炎 …… 161
法 …… 161
沽 …… 162
河 …… 162
沮 …… 163
泗 …… 163
泊 …… 163
泝 …… 163
泌 …… 163
波 …… 163
治 …… 163
宗 …… 163
定 …… 163
宜 …… 164
官 …… 164
空 …… 164
宛 …… 164
郎 …… 165
房 …… 165
祈 …… 165
建 …… 165
居 …… 165
屈 …… 165
弧 …… 165
弦 …… 165
弢 …… 165
陋 …… 165
陔 …… 165
姑 …… 166
姓 …… 166
始 …… 166
承 …… 166
孟 …… 166
孤 …… 166
函 …… 166

九畫

契 …… 166
奏 …… 166
春 …… 167
珂 …… 170
珍 …… 170
玲 …… 170
封 …… 170
城 …… 170
政 …… 170
郝 …… 171
荆 …… 171
茱 …… 171
草 …… 171

莒 …… 172
茶 …… 172
苟 …… 172
茗 …… 172
荒 …… 172
故 …… 172
胡 …… 172
茹 …… 173
荔 …… 173
南 …… 173
栟 …… 176
柯 …… 176
柘 …… 176
相 …… 176
柞 …… 176
柏 …… 176
柳 …… 176
柈 …… 176
軌 …… 176
勅 …… 176
柬 …… 177
咸 …… 177
威 …… 177
研 …… 177
面 …… 177
耐 …… 177
奎 …… 177
郟 …… 177
持 …… 177
括 …… 177
拾 …… 177
挑 …… 177
指 …… 177
拯 …… 177
貞 …… 177
省 …… 177
是 …… 177
則 …… 177
冒 …… 178
禺 …… 178
星 …… 178
昨 …… 178
昭 …… 178
畏 …… 178
毗 …… 178
昆 …… 178
虹 …… 178
思 …… 178
韋 …… 179
品 …… 179
峒 …… 179
迴 …… 179
拜 …… 179
看 …… 179
香 …… 179
秋 …… 180
科 …… 180
重 …… 180
段 …… 184
便 …… 184
修 …… 184
保 …… 184
俄 …… 184
俗 …… 185
信 …… 185
皇 …… 185
鬼 …… 188
泉 …… 188
禹 …… 188
侯 …… 189
帥 …… 189
追 …… 189
俟 …… 189
盾 …… 189
衎 …… 189
待 …… 189
衍 …… 189
律 …… 189
後 …… 189
俞 …… 190
弇 …… 190
食 …… 190

逃 …… 190
胙 …… 190
朐 …… 190
胎 …… 190
負 …… 190
勉 …… 190
風 …… 190
急 …… 191
計 …… 191
訂 …… 191
哀 …… 191
亭 …… 191
度 …… 191
庭 …… 191
兗 …… 191
施 …… 191
音 …… 191
帝 …… 192
恒 …… 192
美 …… 192
姜 …… 192
前 …… 192
逆 …… 192
炳 …… 192
洪 …… 192
洹 …… 193
洞 …… 193
洗 …… 193
洛 …… 193
洺 …… 193
洨 …… 193
洋 …… 193
津 …… 193
宣 …… 193
宦 …… 194
客 …… 194
冠 …… 194
軍 …… 194
扁 …… 194
祖 …… 194
神 …… 194
祠 …… 194
為 …… 194
退 …… 194
咫 …… 194
屏 …… 194
眉 …… 194
陝 …… 194
除 …… 195
姚 …… 195
飛 …… 195
臬 …… 195
勇 …… 195
癸 …… 195
柔 …… 195
紅 …… 195
約 …… 196
紀 …… 196
紉 …… 196

十畫

耕 …… 196
馬 …… 196
秦 …… 196
泰 …… 197
班 …… 197
素 …… 198
匪 …… 198
起 …… 198
袁 …… 198
都 …… 198
埃 …… 198
耿 …… 198
恥 …… 198
華 …… 198
莆 …… 199
莫 …… 199
莊 …… 199
荷 …… 199
荻 …… 199
莘 …… 199

真 …… 199
桂 …… 199
栲 …… 200
梆 …… 200
栖 …… 200
桐 …… 200
栝 …… 200
桃 …… 200
格 …… 200
移 …… 201
校 …… 201
核 …… 201
軒 …… 201
連 …… 201
哥 …… 201
栗 …… 201
酌 …… 201
夏 …… 201
砥 …… 202
破 …… 202
原 …… 202
盇 …… 202
捕 …… 202
振 …… 202
捍 …… 202
挹 …… 202
哲 …… 202
挽 …… 202
致 …… 202
晉 …… 202
柴 …… 202
虔 …… 203
逍 …… 203
時 …… 203
財 …… 204
眠 …… 204
晁 …… 204
剔 …… 204
晏 …… 204
哭 …… 204
恩 …… 204
豈 …… 204
峽 …… 204
峭 …… 205
峴 …… 205
峨 …… 205
峩 …… 205
剛 …… 205
郵 …… 205
造 …… 205
乘 …… 205
秣 …… 205
秖 …… 205
秘 …… 205
笑 …… 206
倖 …… 206
借 …… 206
倚 …… 206
倘 …… 206
候 …… 206
倭 …… 206
倪 …… 206
倫 …… 206
倦 …… 206
健 …… 206
射 …… 206
臯 …… 206
躬 …… 206
息 …… 206
郫 …… 206
師 …… 206
徑 …… 206
徐 …… 206
殷 …… 207
般 …… 207
航 …… 207
針 …… 207
拿 …… 207
奚 …… 207
倉 …… 207
飣 …… 207
翁 …… 207

脩 …… 207
烏 …… 207
留 …… 207
芻 …… 207
託 …… 207
訓 …… 207
記 …… 207
高 …… 207
郭 …… 208
庴 …… 208
病 …… 208
唐 …… 208
旅 …… 211
畜 …… 211
悟 …… 211
悔 …… 211
悅 …… 211
敉 …… 211
瓶 …… 211
拳 …… 211
益 …… 211
兼 …… 211
朔 …… 211
剡 …… 212
凌 …… 212
浦 …… 212
涑 …… 212
浯 …… 212
酒 …… 212
浙 …… 212
涇 …… 214
涉 …… 214
消 …… 214
浩 …… 214
海 …… 214
浮 …… 216
流 …… 216
涗 …… 216
浪 …… 216
宸 …… 216
家 …… 216
宮 …… 216
容 …… 216
窈 …… 216
案 …… 216
袖 …… 216
祕 …… 216
祥 …… 216
書 …… 217
屑 …… 217
陸 …… 217
陵 …… 218
陳 …… 218
陰 …… 219
陶 …… 219
娛 …… 220
畚 …… 220
通 …… 220
能 …… 221
桑 …… 221
務 …… 221
孫 …… 222
純 …… 222
紗 …… 222
納 …… 222
紙 …… 222
紡 …… 223

十一畫

理 …… 223
現 …… 223
琉 …… 223
琅 …… 223
貳 …… 223
堵 …… 223
域 …… 223
埤 …… 223
赦 …… 223
教 …… 223
培 …… 223
執 …… 223

埽 …… 223
砮 …… 223
堊 …… 223
勘 …… 223
聊 …… 223
著 …… 223
菱 …… 224
萊 …… 224
菘 …… 224
菽 …… 224
葛 …… 224
萸 …… 224
菊 …… 224
菩 …… 224
菏 …… 224
萍 …… 224
乾 …… 224
菉 …… 224
菰 …… 224
梵 …… 224
桯 …… 224
梅 …… 224
桴 …… 225
梓 …… 225
梡 …… 225
郾 …… 225
曹 …… 225
敕 …… 225
區 …… 225
堅 …… 225
票 …… 225
戚 …… 225
帶 …… 225
硃 …… 225
匏 …… 225
盛 …… 225
雪 …… 226
捷 …… 226
排 …… 226
捫 …… 226
揭 …… 226
採 …… 226
授 …… 226
掖 …… 226
救 …… 226
處 …… 226
敝 …… 226
堂 …… 226
常 …… 226
野 …… 227
晨 …… 228
問 …… 228
曼 …… 228
晦 …… 228
晞 …… 228
晚 …… 228
異 …… 228
蛉 …… 228
鄂 …… 228
唱 …… 229
婁 …… 229
國 …… 229
唯 …… 232
唫 …… 232
啖 …… 232
啜 …… 232
眾 …… 232
崑 …… 232
崔 …… 232
崇 …… 232
崆 …… 233
過 …… 233
梨 …… 233
移 …… 233
動 …… 233
笛 …… 233
笙 …… 233
笠 …… 233
笥 …… 233
第 …… 233
敏 …… 233
偃 …… 233

偶 …… 233
進 …… 233
停 …… 234
偏 …… 234
偽 …… 234
兜 …… 234
得 …… 234
從 …… 234
船 …… 234
釣 …… 234
敍 …… 234
敘 …… 234
斜 …… 234
悉 …… 234
覓 …… 234
梟 …… 234
鳥 …… 234
魚 …… 234
象 …… 234
逸 …… 234
猗 …… 234
訥 …… 234
許 …… 234
訟 …… 235
庶 …… 235
庾 …… 235
產 …… 235
庸 …… 235
康 …… 236
鹿 …… 236
旌 …… 237
族 …… 237
裒 …… 237
章 …… 237
商 …… 237
望 …… 237
率 …… 237
情 …… 238
惜 …… 238
惕 …… 238
剪 …… 238
清 …… 238
淇 …… 239
淶 …… 239
淞 …… 239
涿 …… 239
渠 …… 239
淛 …… 240
淮 …… 240
淨 …… 240
淳 …… 240
淡 …… 241
淚 …… 241
深 …… 241
婆 …… 241
梁 …… 241
淄 …… 241
寄 …… 241
寂 …… 241
宿 …… 241
密 …… 241
啟 …… 241
啓 …… 241
尉 …… 241
張 …… 241
強 …… 242
隋 …… 242
陽 …… 242
隅 …… 243
隆 …… 243
婦 …… 243
習 …… 243
參 …… 243
貫 …… 243
鄉 …… 243
細 …… 243
紹 …… 243
巢 …… 243

十二畫

貳 …… 243

絜 …… 243
琴 …… 243
琳 …… 244
琦 …… 244
琊 …… 244
堯 …… 244
黄 …… 244
塔 …… 245
項 …… 245
越 …… 245
博 …… 245
彭 …… 245
煮 …… 245
蛩 …… 245
裁 …… 245
報 …… 245
達 …… 245
壹 …… 245
壺 …… 246
罶 …… 246
斯 …… 246
期 …… 246
葉 …… 246
散 …… 246
葬 …… 246
萬 …… 246
葛 …… 247
董 …… 247
葆 …… 247
葡 …… 247
敬 …… 247
落 …… 247
葦 …… 247
葬 …… 247
朝 …… 247
葭 …… 248
喪 …… 248
楮 …… 248
植 …… 248
椒 …… 248
棲 …… 248
棉 …… 248
棣 …… 248
軺 …… 248
惠 …… 248
甦 …… 248
粟 …… 248
棗 …… 248
棘 …… 248
皕 …… 248
硤 …… 248
硯 …… 249
雁 …… 249
殘 …… 249
雄 …… 249
雲 …… 249
揚 …… 250
揭 …… 250
搜 …… 250
援 …… 250
揞 …… 250
揮 …… 250
雅 …… 250
紫 …… 250
虛 …… 250
棠 …… 250
掌 …… 250
晴 …… 251
最 …… 251
貽 …… 251
鼎 …… 251
閏 …… 251
開 …… 251
閑 …… 251
間 …… 251
閒 …… 251
遇 …… 251
遏 …… 251
景 …… 251
貴 …… 252
敭 …… 252
蛟 …… 252

鄖 …… 252
喁 …… 252
違 …… 252
喻 …… 252
買 …… 252
黑 …… 252
無 …… 252
掣 …… 253
鉼 …… 253
智 …… 253
犍 …… 253
嵇 …… 253
程 …… 253
稅 …… 253
喬 …… 253
等 …… 253
策 …… 253
答 …… 253
筆 …… 253
傅 …… 253
貸 …… 253
傷 …… 253
順 …… 253
集 …… 254
焦 …… 254
皐 …… 254
皖 …… 254
御 …… 255
復 …… 257
循 …… 257
徧 …… 257
須 …… 257
舒 …… 257
鉅 …… 257
鈍 …… 257
鈐 …… 258
欽 …… 258
畬 …… 261
番 …… 261
爲 …… 261
舜 …… 261
創 …… 261
飲 …… 261
勝 …… 262
猶 …… 262
觚 …… 262
鄒 …… 262
詁 …… 262
評 …… 262
註 …… 262
詠 …… 262
詞 …… 262
詒 …… 263
敦 …… 263
斌 …… 263
痛 …… 263
遊 …… 263
瓿 …… 263
竢 …… 263
惺 …… 263
愧 …… 263
惲 …… 263
善 …… 263
普 …… 263
尊 …… 263
道 …… 264
遂 …… 264
曾 …… 264
勞 …… 265
馮 …… 265
湛 …… 266
湖 …… 266
湘 …… 267
湯 …… 268
測 …… 268
渭 …… 268
滑 …… 268
淵 …… 268
湟 …… 268
盜 …… 268
游 …… 268
渼 …… 268

滋 …… 268
渾 …… 268
溉 …… 269
滁 …… 269
湧 …… 269
寒 …… 269
富 …… 269
寓 …… 269
窗 …… 269
甯 …… 269
運 …… 269
補 …… 269
尋 …… 270
畫 …… 270
費 …… 271
疏 …… 271
媚 …… 271
賀 …… 271
登 …… 271
發 …… 271
婺 …… 271
結 …… 271
絳 …… 271
絕 …… 271
幾 …… 271

十三畫

瑞 …… 271
載 …… 271
鄢 …… 271
遠 …… 271
鼓 …… 271
塚 …… 271
聖 …… 271
戡 …… 272
鄞 …… 272
蓮 …… 272
靳 …… 272
蒔 …… 272
墓 …… 272
夢 …… 272
蒼 …… 273
蓬 …… 273
蒿 …… 273
蒲 …… 273
蒞 …… 273
蓉 …… 273
蒙 …… 273
蔭 …… 274
蒸 …… 274
椿 …… 274
禁 …… 274
楚 …… 274
楝 …… 274
楷 …… 274
楊 …… 274
想 …… 275
楞 …… 275
槐 …… 275
榆 …… 275
嗇 …… 276
楓 …… 276
槎 …… 276
楹 …… 276
較 …… 276
賈 …… 276
蜃 …… 276
感 …… 276
揅 …… 276
碑 …… 276
碎 …… 276
雹 …… 276
雷 …… 276
零 …… 276
損 …… 276
搞 …… 276
裘 …… 276
督 …… 276
歲 …… 277
虞 …… 277
當 …… 277

睡 …… 277
睢 …… 277
愚 …… 277
歇 …… 277
暗 …… 277
路 …… 277
遣 …… 277
蛾 …… 277
蜕 …… 277
蜂 …… 277
農 …… 277
嗣 …… 277
署 …… 277
罪 …… 278
蜀 …… 278
嵊 …… 278
嵩 …… 278
圓 …… 278
稗 …… 278
筭 …… 278
筠 …… 278
筱 …… 278
節 …… 278
與 …… 279
傳 …… 279
鼠 …… 279
傷 …… 279
像 …… 279
傭 …… 279
粵 …… 279
奧 …… 279
微 …… 279
鉛 …… 279
愈 …… 279
會 …… 279
愛 …… 280
飴 …… 280
頌 …… 280
解 …… 280
遙 …… 280
試 …… 280
詩 …… 280
誠 …… 282
話 …… 282
詳 …… 282
稟 …… 282
廈 …… 282
廓 …… 282
廉 …… 282
靖 …… 282
新 …… 282
意 …… 288
雍 …… 288
慎 …… 288
愼 …… 288
慊 …… 288
義 …… 288
遡 …… 288
慈 …… 288
煙 …… 289
資 …… 289
滇 …… 289
溧 …… 290
溫 …… 290
滌 …… 290
準 …… 290
塗 …… 290
溪 …… 290
滄 …… 290
滂 …… 290
溯 …… 290
塞 …… 290
褚 …… 290
裨 …… 290
福 …… 290
禘 …… 291
肅 …… 291
群 …… 291
羣 …… 291
殿 …… 291
辟 …… 291
媿 …… 291

遜 …… 291
經 …… 291
綉 …… 293
綏 …… 293
彙 …… 293
剿 …… 293

十四畫

駁 …… 293
瑪 …… 293
瑣 …… 293
碧 …… 293
瑤 …… 293
壽 …… 293
趙 …… 293
嘉 …… 294
塾 …… 294
臺 …… 294
壽 …… 294
聚 …… 294
蓺 …… 295
暮 …… 295
摹 …… 295
慕 …… 295
蔣 …… 295
薖 …… 295
蔡 …… 295
蔗 …… 295
熙 …… 295
蔚 …… 296
薌 …… 296
槈 …… 296
榿 …… 296
榴 …… 296
榕 …… 296
輔 …… 296
輶 …… 296
歌 …… 296
監 …… 296
歷 …… 296
厤 …… 297
碩 …… 297
碭 …… 297
磁 …… 297
奩 …… 297
爾 …… 297
需 …… 297
霆 …… 297
摭 …… 298
蜚 …… 298
對 …… 298
幣 …… 298
愳 …… 298
暢 …… 298
聞 …… 298
閩 …… 298
閣 …… 298
蜨 …… 298
鳴 …… 298
噉 …… 299
嘐 …… 299
幔 …… 299
圖 …… 299
鄦 …… 299
舞 …… 299
製 …… 299
種 …… 299
稱 …… 299
箕 …… 299
箋 …… 299
算 …… 299
劄 …… 299
箏 …… 299
管 …… 299
毓 …… 299
儆 …… 300
僊 …… 300
銅 …… 300
銀 …… 300
鄱 …… 300
遯 …… 300

鳯 …… 300
疑 …… 300
鄮 …… 300
誌 …… 300
語 …… 300
誥 …… 300
說 …… 300
説 …… 303
誦 …… 303
敲 …… 304
塾 …… 304
廣 …… 304
瘟 …… 306
麈 …… 306
彰 …… 306
韶 …… 306
端 …… 306
適 …… 306
齊 …… 306
養 …… 306
精 …… 307
鄭 …… 307
歉 …… 307
滎 …… 307
漢 …… 307
滿 …… 309
漆 …… 309
漸 …… 309
漕 …… 309
潄 …… 309
滹 …… 309
漁 …… 309
漪 …… 310
漳 …… 310
演 …… 310
滬 …… 310
賓 …… 310
寧 …… 310
寘 …… 310
寥 …… 311
實 …… 311
肇 …… 311
盡 …… 311
暨 …… 311
隨 …… 311
熊 …… 311
鄧 …… 311
翠 …… 311
綺 …… 311
綱 …… 311
維 …… 311
綿 …… 312
綠 …… 312

十五畫

慧 …… 312
璜 …… 312
璊 …… 312
駐 …… 312
熱 …… 312
增 …… 312
穀 …… 314
蕙 …… 314
蕺 …… 314
邁 …… 314
蕉 …… 314
蕩 …… 314
樞 …… 314
樗 …… 314
樓 …… 314
樊 …… 314
輪 …… 315
輟 …… 315
甌 …… 315
歐 …… 315
遷 …… 316
醇 …… 316
醉 …… 316
遼 …… 316
確 …… 316
震 …… 316

撫 …… 317
播 …… 317
撰 …… 317
撥 …… 317
劇 …… 317
慮 …… 317
輝 …… 317
賞 …… 317
賦 …… 317
賭 …… 317
賜 …… 317
瞎 …… 318
閱 …… 318
闇 …… 318
閬 …… 318
遲 …… 318
影 …… 318
遺 …… 318
蝴 …… 318
數 …… 318
罷 …… 318
嶠 …… 318
墨 …… 318
稽 …… 319
稷 …… 319
黎 …… 319
稼 …… 319
篋 …… 319
篁 …… 319
篇 …… 319
篆 …… 319
儉 …… 319
儀 …… 319
質 …… 320
德 …… 320
衛 …… 320
徵 …… 320
徹 …… 320
盤 …… 320
銷 …… 321
鋤 …… 321
鋒 …… 321
劍 …… 321
貓 …… 321
餘 …… 321
滕 …… 321
膠 …… 321
魯 …… 321
劉 …… 321
穎 …… 322
請 …… 322
諸 …… 322
諏 …… 322
課 …… 322
誰 …… 322
論 …… 322
調 …… 323
談 …… 323
廟 …… 323
摩 …… 323
瘞 …… 323
慶 …… 323
毅 …… 323
遵 …… 323
潔 …… 323
潮 …… 323
潭 …… 323
潛 …… 323
澗 …… 324
澂 …… 324
澳 …… 324
潘 …… 324
潼 …… 324
澄 …… 324
寫 …… 325
審 …… 325
憨 …… 325
履 …… 325
彈 …… 325
選 …… 325
險 …… 325
豫 …… 325

樂 …………………………………………… 325
練 …………………………………………… 326
緬 …………………………………………… 326
緝 …………………………………………… 326
緯 …………………………………………… 326
緱 …………………………………………… 326
编 …………………………………………… 326
畿 …………………………………………… 326

十六畫

璞 …………………………………………… 327
靜 …………………………………………… 327
隷 …………………………………………… 327
駱 …………………………………………… 327
駢 …………………………………………… 327
撼 …………………………………………… 327
據 …………………………………………… 327
擇 …………………………………………… 327
擔 …………………………………………… 327
壇 …………………………………………… 327
擁 …………………………………………… 327
燕 …………………………………………… 327
薑 …………………………………………… 328
薛 …………………………………………… 328
薇 …………………………………………… 328
薈 …………………………………………… 328
薊 …………………………………………… 328
薝 …………………………………………… 328
蕭 …………………………………………… 328
翰 …………………………………………… 328
頤 …………………………………………… 328
噩 …………………………………………… 328
鴣 …………………………………………… 328
樹 …………………………………………… 328
横 …………………………………………… 328
樸 …………………………………………… 328
橋 …………………………………………… 328
檇 …………………………………………… 328
樵 …………………………………………… 328
輶 …………………………………………… 328
賴 …………………………………………… 328
頼 …………………………………………… 328
融 …………………………………………… 329
醒 …………………………………………… 329
勵 …………………………………………… 329
歷 …………………………………………… 329
曆 …………………………………………… 331
頻 …………………………………………… 331
餐 …………………………………………… 331
盧 …………………………………………… 331
曉 …………………………………………… 331
曇 …………………………………………… 331
戰 …………………………………………… 331
還 …………………………………………… 331
嘯 …………………………………………… 332
蟦 …………………………………………… 332
嶧 …………………………………………… 332
嶼 …………………………………………… 332
圜 …………………………………………… 332
默 …………………………………………… 332
黔 …………………………………………… 332
積 …………………………………………… 332
穆 …………………………………………… 332
篤 …………………………………………… 332
篷 …………………………………………… 332
舉 …………………………………………… 333
興 …………………………………………… 333
學 …………………………………………… 333
儒 …………………………………………… 333
衡 …………………………………………… 334
錢 …………………………………………… 334
錫 …………………………………………… 334
錦 …………………………………………… 334
劒 …………………………………………… 335
劔 …………………………………………… 335
歙 …………………………………………… 335
墾 …………………………………………… 335
館 …………………………………………… 335
雕 …………………………………………… 335
鮑 …………………………………………… 335
獲 …………………………………………… 335

獨 ………… 335
鴛 ………… 335
諧 ………… 335
諭 ………… 335
諮 ………… 338
憑 ………… 338
凝 ………… 338
鄺 ………… 338
磨 ………… 338
辨 ………… 338
龍 ………… 338
劑 ………… 339
憺 ………… 339
憶 ………… 339
螢 ………… 339
縈 ………… 339
燈 ………… 339
澫 ………… 339
澠 ………… 339
潞 ………… 339
澡 ………… 339
澤 ………… 339
濁 ………… 340
澮 ………… 340
濂 ………… 340
憲 ………… 340
寰 ………… 340
禪 ………… 340
閿 ………… 340
閻 ………… 340
避 ………… 341
彊 ………… 341
隱 ………… 341
嫫 ………… 341
彝 ………… 341
縉 ………… 341

十七畫

麓 ………… 341
環 ………… 341
趨 ………… 341
戴 ………… 341
壥 ………… 341
蟄 ………… 341
聲 ………… 341
聰 ………… 341
聯 ………… 342
鞠 ………… 342
藍 ………… 342
藏 ………… 342
薰 ………… 342
舊 ………… 342
藁 ………… 342
蕢 ………… 342
韓 ………… 342
隸 ………… 343
檉 ………… 343
檢 ………… 343
檀 ………… 343
懋 ………… 343
臨 ………… 343
邇 ………… 344
霜 ………… 344
霞 ………… 344
擬 ………… 344
豳 ………… 344
戲 ………… 344
螺 ………… 344
牆 ………… 344
嶺 ………… 344
嶽 ………… 344
點 ………… 344
魏 ………… 344
輿 ………… 344
儲 ………… 345
龜 ………… 345
徽 ………… 345
鍾 ………… 345
爵 ………… 345
谿 ………… 346
膽 ………… 346

臆 …………………………………… 346
鮚 …………………………………… 346
薈 …………………………………… 346
謝 …………………………………… 346
謙 …………………………………… 346
襄 …………………………………… 346
應 …………………………………… 347
療 …………………………………… 347
齋 …………………………………… 347
甕 …………………………………… 347
燭 …………………………………… 347
鴻 …………………………………… 347
濤 …………………………………… 347
濬 …………………………………… 347
濟 …………………………………… 347
濱 …………………………………… 347
濯 …………………………………… 347
濰 …………………………………… 347
蹇 …………………………………… 347
邃 …………………………………… 347
禮 …………………………………… 347
歗 …………………………………… 348
檗 …………………………………… 348
翼 …………………………………… 348
縵 …………………………………… 348
總 …………………………………… 348
繡 …………………………………… 348
繆 …………………………………… 348

十八畫

璿 …………………………………… 349
瓊 …………………………………… 349
藕 …………………………………… 349
職 …………………………………… 349
藝 …………………………………… 349
藜 …………………………………… 349
藤 …………………………………… 349
藥 …………………………………… 349
檮 …………………………………… 349
轉 …………………………………… 349
覆 …………………………………… 349
醫 …………………………………… 349
麗 …………………………………… 349
燹 …………………………………… 349
擷 …………………………………… 349
豐 …………………………………… 349
叢 …………………………………… 350
題 …………………………………… 350
瞿 …………………………………… 350
闕 …………………………………… 350
曠 …………………………………… 350
蟫 …………………………………… 350
蟲 …………………………………… 350
蟬 …………………………………… 350
鵑 …………………………………… 350
韞 …………………………………… 350
黟 …………………………………… 350
簡 …………………………………… 350
簣 …………………………………… 350
鵝 …………………………………… 350
雙 …………………………………… 350
邊 …………………………………… 351
歸 …………………………………… 351
鎮 …………………………………… 351
雞 …………………………………… 351
禝 …………………………………… 352
謹 …………………………………… 352
謫 …………………………………… 352
顏 …………………………………… 352
雜 …………………………………… 352
離 …………………………………… 352
麐 …………………………………… 352
燼 …………………………………… 352
濾 …………………………………… 352
瀏 …………………………………… 352
濼 …………………………………… 352
璧 …………………………………… 352
隴 …………………………………… 352
繞 …………………………………… 352

繙 …… 352
織 …… 352
斷 …… 352

十九畫

騙 …… 352
薛 …… 352
蘋 …… 353
蘧 …… 353
勸 …… 353
蘅 …… 353
蘇 …… 353
警 …… 354
藻 …… 354
蘊 …… 354
攀 …… 354
麗 …… 354
願 …… 354
擴 …… 354
曝 …… 354
疊 …… 354
關 …… 354
疇 …… 355
蟾 …… 355
蟻 …… 355
艷 …… 355
嚴 …… 355
韜 …… 355
羅 …… 355
犢 …… 356
贊 …… 356
籀 …… 356
簷 …… 356
簾 …… 356
鏡 …… 356
辭 …… 356
鵬 …… 356
譚 …… 356
識 …… 356
證 …… 356
廬 …… 356
韻 …… 356
懶 …… 357
懷 …… 357
類 …… 357
瀟 …… 357
瀛 …… 357
寶 …… 358
聽 …… 358
嬾 …… 358
繹 …… 358
繪 …… 358
繡 …… 358

二十畫

蘭 …… 358
薔 …… 359
醴 …… 359
酆 …… 359
鹺 …… 359
獻 …… 359
闡 …… 359
鶡 …… 359
蠖 …… 359
蠙 …… 359
蠕 …… 359
巍 …… 359
籌 …… 359
纂 …… 360
覺 …… 360
鐵 …… 360
鐫 …… 360
鐘 …… 360
釋 …… 360
饒 …… 360
騰 …… 360
護 …… 360
譯 …… 360

議 …………………………………… 360
懺 …………………………………… 360
灌 …………………………………… 360
寶 …………………………………… 360
竇 …………………………………… 361
響 …………………………………… 361
繼 …………………………………… 361

二十一畫

驁 …………………………………… 361
權 …………………………………… 361
贒 …………………………………… 361
礉 …………………………………… 361
顨 …………………………………… 361
露 …………………………………… 361
攝 …………………………………… 361
攜 …………………………………… 361
儷 …………………………………… 361
鐵 …………………………………… 361
鐸 …………………………………… 362
辯 …………………………………… 362
夔 …………………………………… 362
爛 …………………………………… 362
顧 …………………………………… 362
鶴 …………………………………… 362
蠡 …………………………………… 362
續 …………………………………… 362

二十二畫

聽 …………………………………… 366
蘿 …………………………………… 366
驚 …………………………………… 366
鷗 …………………………………… 366
囊 …………………………………… 366
巖 …………………………………… 366
穰 …………………………………… 366
鑑 …………………………………… 366
讀 …………………………………… 366
龔 …………………………………… 368
鬻 …………………………………… 368
孿 …………………………………… 368

二十三畫

驗 …………………………………… 368
曬 …………………………………… 368
顯 …………………………………… 368
籥 …………………………………… 368
鱗 …………………………………… 368
欒 …………………………………… 368
變 …………………………………… 369

二十四畫

觀 …………………………………… 369
蠹 …………………………………… 369
鹽 …………………………………… 369
釀 …………………………………… 369
靈 …………………………………… 369
蠶 …………………………………… 370
衢 …………………………………… 370
贛 …………………………………… 370

二十五畫

欝 …………………………………… 370
鑲 …………………………………… 370

二十六畫

釃 …………………………………… 370
灤 …………………………………… 370
[illegible] …………………………………… 370

二十八畫

鸚 …………………………………… 370
豔 …………………………………… 370

二十九畫

鬱 ………………………………………… 370

其他

□ ………………………………………… 370

書名筆畫索引

一畫

一山文集九卷 …… 2－415
一勺集一卷遺補一卷 …… 2－465
一切經音義二十五卷增補新譯大方廣佛華嚴經音義二卷 …… 2－201
一切經音義二十五卷增補新譯大方廣佛華嚴經音義二卷 …… 2－202
一切經音義二十五卷增補新譯大方廣佛華嚴經音義二卷 …… 2－202
一切經音義二十五卷增補新譯大方廣佛華嚴經音義二卷 …… 2－202
一切經音義二十五卷增補新譯大方廣佛華嚴經音義二卷 …… 2－202
一目了然不分卷 …… 2－215
一半勾留集二卷 …… 1－103
一行居集八卷 …… 2－490
一松齋集八卷 …… 2－511
一品集二卷使黔集一卷 …… 2－372
一規八棱硯齋詩鈔六卷類鈔一卷詞鈔一卷文鈔一卷時文一卷 …… 2－502
一笠菴北詞廣正譜十八卷附南戲北詞正謬一卷 …… 1－165
一笠菴北詞廣正譜十八卷附南戲北詞正謬一卷 …… 1－165
一笠菴北詞廣正譜十八卷附南戲北詞正謬一卷 …… 1－165
一統志案說十六卷 …… 1－33
一微塵集五卷 …… 2－367
一微塵集五卷 …… 2－367
一經廬叢書三十種二百七十四卷 …… 2－555
一漚吟館選集二卷 …… 2－368
一瞥錄三卷 …… 1－552
一鐙精舍甲部藁五卷 …… 2－499
一鐙精舍甲部藁五卷 …… 2－499
一鐙精舍甲部藁五卷 …… 2－499
乙巳考察日本礦務日記不分卷 …… 2－256
乙巳攷察印錫茶土日記不分卷 …… 2－265
乙巳東瀛游記不分卷 …… 1－512
乙巳東瀛游記不分卷 …… 1－512
[道光]乙酉拔貢知縣分發各省錄不分卷 …… 2－92

二畫

二十一史文鈔五十八卷 …… 1－16
二十一史四譜五十四卷 …… 2－119
二十一史四譜五十四卷 …… 2－119
二十一史論贊輯要三十六卷 …… 1－17
二十二子二十二種 …… 2－132
二十二子二十二種 …… 2－132
二十二子二十二種 …… 2－138
二十二子二十二種 …… 2－138
二十二子二十二種三百三十九卷 …… 2－537
二十二子全書二十八卷 …… 2－132
二十二史感應錄二卷 …… 2－221
二十二史感應錄二卷 …… 2－221
二十二史感應錄二卷 …… 2－304
二十八經同函一百四十七卷 …… 1－70
二十八經同函一百四十七卷 …… 1－70
二十五子彙函三百四十四卷 …… 2－131
二十五子彙函三百四十四卷 …… 2－132
二十四史 …… 1－258
二十四史 …… 1－258
二十四史 …… 1－258
二十四史 …… 1－258
二十四史 …… 1－258
二十四史 …… 1－258
二十四史 …… 1－259
二十四史 …… 1－259
二十四史 …… 1－259
二十四史 …… 1－259
二十四史 …… 1－260

二十四史……………………………… 1－260
二十四史……………………………… 1－261
二十四史……………………………… 1－262
二十四史……………………………… 1－262
二十四史……………………………… 1－263
二十四史……………………………… 1－263
二十四史人物類考四十六卷………… 2－116
二十四史九通政典類要合編三百二
十卷……………………………… 1－257
二十四史九通政典類要合編三百二
十卷……………………………… 1－261
二十四史文鈔一百九卷……………… 2－105
二十四史提綱二十卷………………… 1－261
二十四史(殿板二十四史) ………… 1－259
二十四史論贊七十八卷……………… 2－106
二十家子書二十九卷 ……………… 1－55
二十家文稿不分卷…………………… 2－284
二太史樂府聯璧四卷………………… 1－139
二瓦硯齋詩鈔十卷附一卷…………… 2－337
二水樓文集二十卷首一卷詩集十八
卷………………………………… 2－456
二水樓文集二十卷首一卷詩集十八
卷………………………………… 2－505
二申野錄八卷………………………… 1－301
二申野錄八卷………………………… 1－301
二申野錄八卷………………………… 1－301
二申野錄八卷………………………… 1－301
二百十一科鄉會文統不分卷………… 2－297
二百蘭亭齋溫虞公碑………………… 2－194
二曲集二十八卷……………………… 2－447
二曲集二十六卷……………………… 2－447
二曲集四十六卷……………………… 2－447
二曲集四十六卷……………………… 2－447
二如居贈答詞一卷詩二卷…………… 2－521
二如亭群芳譜二十九卷首一卷 ……… 1－65
二如亭群芳譜二十九卷首一卷……… 2－170
二如亭羣芳譜詩選十四卷…………… 2－363
二酉堂叢書二十一種三十一卷……… 1－385
二酉堂叢書二十一種三十一卷……… 2－551
二酉堂叢書二十一種三十一卷……… 2－551
二酉堂叢書二十一種三十一卷……… 2－553
二酉堂叢書二十一種三十一卷……… 2－558
二酉堂叢書二十一種三十一卷……… 2－558
二酉園詩集十二卷…………………… 1－114
二吳先生唱於集七卷………………… 2－337
二希堂緝齋文詩合編三種三十二卷
……………………………… 2－504
二谷山人近稿十卷…………………… 2－424
二谷山人集十卷……………………… 2－423
二林居集二十四卷…………………… 1－331
二林居集二十四卷…………………… 1－332
二林居集二十四卷…………………… 1－332
二林居集二十四卷…………………… 2－450
二林居集二十四卷…………………… 2－450
二知軒文存三十四卷………………… 2－509
二知軒詩鈔十四卷…………………… 2－344
二知軒詩續鈔四卷…………………… 2－345
二知齋文鈔四卷詩鈔四卷…………… 2－502
二金蜨堂尺牘不分卷………………… 2－303
二南文集二卷………………………… 2－501
二南詩鈔二卷………………………… 2－355
二南遺音四卷………………………… 1－110
二思堂叢書六種五十一卷…………… 2－571
二思堂叢書六種五十一卷…………… 2－571
二思堂叢書六種五十一卷…………… 2－571
二約釋義叢書十八種………………… 2－200
二家宮詞二卷………………………… 1－165
二家詩鈔二種二十卷………………… 1－106
二家詩鈔二種二十卷………………… 1－117
二家詩選二卷………………………… 2－347
二鄉亭詞三卷祭臯陶一卷…………… 2－527
二程全書七種六十七卷……………… 2－149
二程全書六十八卷 ………………… 1－60
二程全書六種六十五卷……………… 2－408
二程全書六種六十六卷……………… 2－558
二損軒筆錄不分卷…………………… 1－519
二銘草堂金石聚十六卷……………… 2－100
二劉文集九卷………………………… 2－409
二論講義養正編十卷………………… 2－160
十一朝東華錄一百九十四卷東華續
錄三百九十七卷………………… 1－272
十一朝東華錄五百九十三卷………… 1－271

十一經音訓二十六卷…………………… 1－175
十二門論一卷………………………… 2－207
十二門論宗致義記二卷……………… 2－214
十二門論宗致義記三卷……………… 2－207
十二門論宗致義記四卷……………… 2－202
十二家唐詩二十四卷………………… 1－112
十二硯齋隨錄四卷…………………… 2－387
十二圓覺不分卷……………………… 2－206
十七史商榷一百卷…………………… 2－114
十七史商榷一百卷…………………… 2－114
十七史商榷一百卷…………………… 2－114
十七史商榷一百卷…………………… 2－114
十七史商榷一百卷…………………… 2－114
十七史商榷一百卷…………………… 2－114
十七史商榷一百卷…………………… 2－114
十七史商榷一百卷…………………… 2－114
十七史商榷一百卷…………………… 2－114
十七史詳節二百七十四卷…………… 1－260
十八省正副榜同年全錄(光緒丁酉
科鄉試)………………………………… 1－349
十八省選拔貢同年全錄(光緒丁酉
科)不分卷……………………………… 1－350
十八家詩鈔二十八卷………………… 2－312
十八家詩鈔二十八卷………………… 2－312
十八家詩鈔二十八卷………………… 2－313
十九世紀大勢略論不分卷…………… 2－128
十九世紀外交史十七章……………… 2－118
十九世紀外交史十七章……………… 2－118
十九世紀列國政治文編十二卷……… 1－553
十三峯書屋文稿一卷詩集二卷書劄
四卷批牘二卷………………………… 2－470
十三峯書屋全集八卷………………… 2－470
十三峯書屋全集八卷………………… 2－470
十三峯書屋全集八卷………………… 2－470
十三峯書屋全集八卷………………… 2－470
十三峯書屋全集八卷………………… 2－470
十三峯書屋全集八卷………………… 2－470
十三經不貳字不分卷………………… 1－172
十三經分類政要十卷………………… 1－172
十三經文字偏旁考略二卷…………… 1－229
十三經古註二百九十卷……………… 1－171
十三經古註二百九十卷……………… 1－171
十三經札記二十二卷………………… 1－171
十三經札記二十二卷附群書札記十
六卷…………………………………… 1－171
十三經注疏三百三十三卷…………… 1－169
十三經注疏三百四十六卷略例一卷
附考證………………………………… 1－170
十三經注疏三百四十六卷略例一卷
附考證………………………………… 1－170
十三經注疏附校勘記五十八卷……… 1－170
十三經注疏附校勘記四百十六卷…… 1－169
十三經策案二十二卷首一卷………… 1－177
十三經集字摹本四卷………………… 1－247
十三經讀本一百二十九卷附校刊記
十四卷………………………………… 1－171
十子全書十種………………………… 2－131
十五弗齋文存一卷…………………… 2－510
十五弗齋詩存一卷…………………… 1－378
十五弗齋詩存一卷文存一卷………… 2－509
十六國春秋一百卷…………………… 1－265
十六國春秋一百卷…………………… 1－265
十六國春秋十六卷…………………… 1－297
十六國春秋輯補一百卷年表一卷…… 1－266
十六國疆域志十六卷………………… 1－401
十六國疆域志十六卷………………… 1－401
十六國疆域志十六卷………………… 1－401
十六國疆域志十六卷………………… 1－401
十六國疆域志十六卷………………… 1－401
十年讀書之廬主人自敘年譜一卷…… 1－339
十竹齋書畫譜………………………… 2－193
十竹齋書畫譜十六卷………………… 1－68
十科策畧箋釋十卷…………………… 1－95
十科策畧箋釋十卷…………………… 1－96
十笏草堂詩選十一卷………………… 1－100
十家語錄摘要二卷…………………… 2－573
十家語錄摘要二卷附詠梅軒搭記一
卷詠梅軒搭記增訂一卷……………… 2－157
十家語錄摘要二卷附詠梅軒搭記一
卷詠梅軒搭記增訂一卷……………… 2－157
十國春秋一百十六卷………………… 1－285
十國春秋一百十六卷………………… 1－285

十國春秋一百十六卷…………………… 1－285
十國春秋一百十六卷…………………… 1－285
十國春秋一百十四卷 ………………… 1－18
十國春秋一百十四卷 ………………… 1－23
十國雜事詩十七卷敍目二卷………… 2－118
十粒金丹六十六回…………………… 2－252
十萬卷樓叢書三編五十二種三百八
十三卷……………………………… 2－533
十萬卷樓叢書三編五十二種三百八
十三卷……………………………… 2－533
十萬卷樓叢書三編五十二種三百八
十三卷……………………………… 2－533
十朝東華錄五百四十二卷…………… 1－271
十朝東華錄四百二十五卷…………… 1－288
十朝聖訓十種九百二十二卷………… 1－536
十經齋文集四卷論語孔注辨僞二卷
…………………………………………… 2－500
十經齋文集四卷論語孔注辨僞二卷
…………………………………………… 2－500
十種古逸書…………………………… 2－278
十種古逸書…………………………… 2－278
十種古逸書…………………………… 2－278
十種古逸書…………………………… 2－278
十種古逸書三十卷…………………… 2－231
十種古逸書三十卷…………………… 2－288
十種唐詩選十九卷…………………… 2－319
十髮盦叢書四種二十五卷…………… 2－572
十駕齋養新錄二十卷………………… 2－468
十駕齋養新錄二十卷………………… 2－468
十駕齋養新錄二十卷………………… 2－468
十駕齋養新錄二十卷………………… 2－469
十駕齋養新錄二十卷養新餘錄三卷
…………………………………………… 2－468
十駕齋養新錄二十卷養新餘錄三卷
…………………………………………… 2－468
十駕齋養新錄二十卷養新餘錄三卷
…………………………………………… 2－567
十藥神書註解一卷…………………… 2－173
丁文誠公奏稿二十六卷……………… 1－378
丁文誠公奏稿二十六卷附十五弗齋
詩存一卷丁文誠文存一卷………… 1－370
丁文誠公洋務奏稿不分卷…………… 1－375
丁未和會類要四卷 ………………… 2－25
丁戊之間行卷十卷附湘絃詞………… 2－281
丁卯詩集二卷詩續集一卷詩續補一
卷集外遺詩一卷…………………… 2－358
丁酉圖叢書三種十九卷……………… 1－254
丁晉公談錄一卷……………………… 2－233
七十二峰足徵集二十四卷…………… 1－120
七十家賦鈔六卷……………………… 2－374
七十家賦鈔六卷……………………… 2－374
七十家賦鈔六卷……………………… 2－374
七克七卷……………………………… 2－214
七克真訓二卷………………………… 2－208
七修類藁五十一卷續藁七卷………… 1－139
七修類藁五十一卷續藁七卷………… 1－140
七修類藁五十一卷續藁七卷………… 2－416
七修類藁五十一卷續藁七卷………… 2－416
七俱胝佛母所說準提陀羅經會釋三
卷…………………………………… 2－202
七家文鈔七卷………………………… 2－286
七家後漢書二十一卷………………… 1－265
七家試帖輯註彙鈔十二卷…………… 2－318
七家試帖輯註彙鈔九卷……………… 2－340
七家詩選七卷………………………… 2－372
七家詩選七卷………………………… 2－373
七國考十四卷………………………… 2－117
七朝古文七種………………………… 2－288
七頌堂詩集十卷文集一卷尺牘一卷
…………………………………………… 2－498
七經孟子考文並補遺二百卷………… 1－176
七經精義三十九卷…………………… 1－175
七經樓文鈔六卷……………………… 2－470
七緯三十八卷………………………… 1－178
七緯三十八卷………………………… 1－178
七錄齋集六卷七錄齋論略一卷……… 1－148
卜筮正宗十四卷……………………… 2－210
卜筮正宗十四卷……………………… 2－210
八大人覺經畧解一卷………………… 2－204
八史經籍志十種 …………………… 2－67
八史經籍志十種 …………………… 2－67
八史經籍志十種 …………………… 2－67

八史經籍志十種三十卷 1－289
八代文鈔一百六種一百六卷 1－92
八代文鈔一百六種一百六卷 1－92
八代文粹四集二百二十卷目錄十八卷 2－286
八代四六全書十六卷 1－94
八代詩洵四十一卷目錄一卷 1－119
八代詩選二十卷 2－309
八代詩選二十卷 2－309
八代詩選二十卷 2－309
八代詩選二十卷 2－309
八述奇二十卷 1－505
八述奇二十卷 1－506
八指頭陀詩集十卷補遺一卷雜文一卷 2－330
八家四六文注八卷首一卷 2－289
八家四六文注八卷首一卷 2－290
八家四六文鈔八種不分卷 2－273
八家四六文註八卷附補註 2－289
八銘塾鈔不分卷 2－303
八旗文經五十六卷作者攷三卷敘錄一卷 2－276
八旗文經五十六卷作者攷三卷敘錄一卷 2－276
八旗文經五十六卷作者攷三卷敘錄一卷 2－276
八旗文經五十六卷作者攷三卷敘錄一卷 2－276
八旗奉直同鄉齒錄不分卷 2－91
八旗滿洲氏族通譜八十卷目錄二卷 1－47
八賢手劄不分卷 2－303
八編類纂二百八十五卷 1－60
人表攷九卷 1－351
人表攷九卷 1－351
人物志三卷 2－217
人海記二卷 2－378
人海記三卷 1－122
人境廬詩草十一卷 2－351
人壽金鑑二十二卷 2－216
人壽金鑑二十二卷 2－216
人範六卷 2－152
人範六卷 2－152
人鏡集五十四卷 2－155
人譜三篇 2－155
人譜三篇附人譜類記增訂六卷 2－155
人譜三篇附類記六卷 2－201
人譜正篇一卷人譜續篇二卷人譜類記增訂六卷 2－153
人譜正篇一卷人譜續篇二卷人譜類記增訂六卷 2－155
入告編三卷遺編一卷 1－377
入佛問答二卷 2－203
入幕須知五種 2－64
入幕須知五種 2－64
入幕須知五種 2－65
入幕須知五種 2－65
入幕須知五種 2－65
入蜀文稿不分卷 2－515
九九銷夏錄十四卷 2－233
九九銷夏錄十四卷 2－233
九九銷夏錄十四卷 2－233
九水山房文存二卷 2－478
九思堂詩稿續編十三卷 2－343
九華山志十二卷 1－41
九華山志十卷首一卷末一卷 1－499
九華紀勝二十三卷 1－502
九卿議定物料價值八卷 2－22
九卿議定物料價值八卷 2－22
九卿議定物料價值八卷 2－22
九家集注杜詩三十六卷 2－371
九通二千三百十八卷 1－548
九通二千三百十八卷 1－548
九通分類總纂二百四十卷 1－548
九通分類總纂二百四十卷 1－548
九通分類總纂二百四十卷 1－548
九通全書二千三百十四卷附欽定三通考證 1－548
九通通二百四十八卷首一卷 1－548
九通提要十二卷 1－543
九通提要十二卷 1－543
九梅村詩集二十卷 2－348

九朝東華錄一百二十卷 …………………… 1－271
九朝東華錄四百二十五卷 ………………… 1－288
九朝野記二卷 ……………………………… 1－306
九曾詩初集四卷 …………………………… 2－365
九蓮燈六卷 ………………………………… 2－251
九畹續集二卷 ……………………………… 1－158
九頌經義論二卷 …………………………… 1－71
九經今義二十八卷 ………………………… 1－176
九歌圖一卷 ………………………………… 1－124
九僧詩不分卷 ……………………………… 2－365
九疑山志四卷 ……………………………… 1－503
九旗古義述一卷 …………………………… 2－3
九賢秘典一卷附校譌補校 ………………… 2－165
九靈山房集三十卷 ………………………… 2－413
九靈山房集三十卷補編二卷 ……………… 2－413
九靈山房遺藁四卷遺藁又一卷補編
　一卷 ……………………………………… 2－414
了凡四訓不分卷 …………………………… 2－220
了心錄二卷 ………………………………… 1－72
了庵詩十卷像讚一卷 ……………………… 1－118

三畫

三十二蘭亭室詩存八卷詩存續刻二
　卷 ………………………………………… 2－361
三十六春小譜一卷 ………………………… 1－325
三十家詩鈔六卷 …………………………… 2－320
三十家詩鈔六卷首一卷末一卷 …………… 2－320
三才紀要四種 ……………………………… 2－561
三才略不分卷 ……………………………… 2－304
三才略不分卷 ……………………………… 2－304
三山陳氏家刻左海全集十種三十四
　卷 ………………………………………… 2－460
三山陳氏家刻左海全集十種三十四
　卷 ………………………………………… 2－460
三山陳氏家刻左海全集十種三十四
　卷 ………………………………………… 2－460
三山陳氏家刻左海全集十種三十四
　卷 ………………………………………… 2－460
三山陳氏家刻左海全集十種三十四
　卷左海續集十種七十九卷 ……………… 2－460
三子合刊十三卷 …………………………… 1－55
三子新詩合稿九卷 ………………………… 1－120
三元溝始末二卷附存一卷 ………………… 1－496
三公奏議二十一卷 ………………………… 1－369
三公奏議二十一卷 ………………………… 1－369
三水小牘二卷 ……………………………… 2－239
三正異同通考一卷 ………………………… 1－196
三世修行黃氏寶卷二卷 …………………… 2－207
三史同名錄四十卷 ………………………… 1－265
三史拾遺五卷 ……………………………… 1－261
三代古陶軒瓦器文字不分卷 ……………… 1－52
三立祠傳二卷 ……………………………… 1－27
三立祠傳二卷 ……………………………… 1－28
三立祠傳二卷 ……………………………… 1－316
三立閣史鈔二卷 …………………………… 2－105
三百篇原聲七卷 …………………………… 1－255
三合便覽不分卷 …………………………… 1－243
三合便覽不分卷 …………………………… 1－243
三合便覽不分卷 …………………………… 1－243
三江水利紀略四卷 ………………………… 1－40
三志合編七卷 ……………………………… 1－430
三志合編七卷 ……………………………… 1－430
三李堂集十卷 ……………………………… 2－359
三秀齋詩鈔二卷詞鈔一卷 ………………… 2－367
三宋人集三種四十五卷 …………………… 2－408
三長物齋叢書二十七種二百六十四
　卷 ………………………………………… 2－535
三松堂集二十卷文四卷續集六卷 ………… 2－486
三易集二十卷 ……………………………… 1－149
三岡識略十卷續識略一卷附蓴鄉贅
　客自述 …………………………………… 2－223
三岡識略十卷續識略一卷附蓴鄉贅
　客自述 …………………………………… 2－223
三岡識略十卷續識略一卷附蓴鄉贅
　客自述 …………………………………… 2－223
[乾隆]三河縣志十六卷首一卷 …………… 1－441
三省邊防備覽十八卷 ……………………… 1－504
三省邊防備覽十四卷 ……………………… 1－504
三省邊防備覽十四卷 ……………………… 1－504
三省邊防備覽十四卷 ……………………… 1－504
三省邊防備覽十四卷 ……………………… 1－504

三省邊防備覽十四卷…………………… 1－504
三省邊防備覽十四卷…………………… 1－504
三品彙刊不分卷………………………… 2－193
三洲日記八卷…………………………… 1－509
三祠傳輯十卷貞節闡幽錄二卷首一
卷………………………………………… 1－327
［光緒］三原縣新志八卷 …………… 1－423
［光緒］三原縣新志八卷 …………… 1－423
［光緒］三原縣新志八卷 …………… 1－423
［光緒］三原縣新志八卷 …………… 1－423
［光緒］三原縣新志八卷 …………… 1－423
三笑新編十二卷四十八回…………… 2－245
三笑新編十二卷四十八回…………… 2－245
三借廬贅譚十二卷…………………… 2－243
三流道里表不分卷……………………… 2－7
三流道里表不分卷 …………………… 2－18
三流道里表不分卷 …………………… 2－18
三流道里表不分卷五軍道里表不分
卷………………………………………… 2－5
三家宮詞三卷………………………… 1－165
三家詩拾遺十卷……………………… 2－532
三家詩補遺三卷……………………… 2－340
三通七百四十八卷…………………… 1－546
三通考序不分卷……………………… 1－540
三通考輯要三種七十六卷…………… 1－542
三通考輯要三種七十六卷…………… 1－542
三通考輯要三種七十六卷…………… 1－543
三通序一卷…………………………… 1－542
三通序不分卷………………………… 1－542
三通序不分卷………………………… 1－542
三通序不分卷………………………… 1－542
三通序不分卷………………………… 1－542
三通序不分卷………………………… 1－542
三教同修不分卷……………………… 2－205
三國文二十卷………………………… 1－168
三國志六十五卷……………………… 1－257
三國志注鈔八卷 ……………………… 1－53
三國志注證遺四卷附三國志注證遺
補……………………………………… 2－117
三國志旁證三十卷…………………… 1－265
三國志演義一百二十回 ……………… 1－69
三國志演義一百二十回 ……………… 1－69
三國志演義一百二十回……………… 2－236
三國志辨疑三卷……………………… 2－112
三國志證聞三卷……………………… 2－117
三國志證聞三卷……………………… 2－117
三國志證聞三卷……………………… 2－117
三國郡縣表八卷……………………… 1－478
三國郡縣表八卷……………………… 1－478
三國郡縣表補正八卷………………… 1－403
三國郡縣表補正八卷………………… 1－403
三國紀年一卷………………………… 1－327
三國紀年表一卷五代紀年表一卷…… 1－274
三國紀年表一卷五代紀年表一卷…… 2－121
三國疆域志補注十九卷首一卷……… 1－393
三國疆域志補注十九卷首一卷……… 1－393
三國疆域志補注十九卷首一卷……… 1－393
三國會要二十二卷首一卷…………… 2－114
三國職官表三卷 ……………………… 2－63
三國雜事二卷………………………… 1－327
三魚堂文集十二卷外集六卷………… 2－492
三魚堂文集十二卷外集六卷附錄二
卷……………………………………… 1－153
三魚堂文集十二卷附一卷外集六卷
附錄一卷……………………………… 2－450
三朝北盟會編二百五十卷首一卷…… 1－280
三朝北盟會編二百五十卷首一卷…… 1－280
三朝野記七卷 ………………………… 1－26
三雁紀遊五卷………………………… 1－516
三雁紀遊不分卷……………………… 1－514
三湖漁人全集八卷…………………… 2－486
三湘從事錄不分卷 …………………… 2－21
三統術衍三卷三統術鈐一卷………… 2－567
三塘漁唱三卷………………………… 2－523
三農紀二十四卷……………………… 2－169
三農紀二十四卷……………………… 2－169
三農紀二十四卷……………………… 2－169
三農紀十卷…………………………… 2－169
三農紀十卷…………………………… 2－169
三義堂字典四書十九卷……………… 1－215
三經評註六卷…………………………… 1－5
三經評註六卷…………………………… 1－8

[嘉慶]三臺縣志八卷 ………………… 1－419
三輔黃圖六卷……………………………… 2－255
三輔黃圖六卷補遺一卷………………… 1－396
三管詩話三卷……………………………… 2－519
三遷志十二卷 ………………………… 1－26
三遷志十二卷 ………………………… 1－26
三影閣箏語三卷………………………… 2－527
三燈叢話三種…………………………… 2－246
三禮目錄一卷…………………………… 1－178
三禮約編二十卷………………………… 1－195
三禮約編二十卷………………………… 1－195
三禮陳數求義三十卷………………… 1－5
三禮通釋二百八十卷首一卷目錄四
　卷…………………………………………… 1－201
三藩紀事本末二十二卷……………… 1－280
三藩紀事本末二十二卷……………… 1－280
三藩紀事本末二十二卷……………… 1－281
三藩紀事本末二十二卷……………… 1－281
三藩紀事本末四卷 ………………… 1－22
三藩紀事本末四卷 ………………… 1－22
三歸草二卷……………………………… 2－280
三蘇先生文粹七十卷 ……………… 1－92
三蘇全集四種二百五卷……………… 2－408
三蘇全集四種二百五卷……………… 2－408
三蘇策論文選六卷…………………… 2－283
三續千字文注一卷…………………… 2－113
[光緒]三續掖縣志四卷首一卷 …… 1－488
三續疑年錄十卷 …………………… 2－89
三續疑年錄十卷 …………………… 2－89
三續疑年錄十卷 …………………… 2－89
三續疑年錄十卷 …………………… 2－89
三續疑年錄十卷 …………………… 2－89
三續疑年錄十卷 …………………… 2－89
三體摭韻不分卷續集不分卷 ………… 1－16
于少保萃忠全傳十卷四十傳………… 2－255
于清端公政書八卷首編一卷外集一
　卷 ………………………………………… 1－44
于清端公政書八卷首編一卷外集一
　卷 ………………………………………… 1－44
于清端公政書八卷首編一卷外集一
　卷 ………………………………………… 1－45
于湖小集六卷金陵襍事詩一卷……… 2－322
于湖小集四卷…………………………… 2－334
于湖詞三卷……………………………… 2－528
工程致富論略十三卷………………… 2－256
工程做法則例七十四卷附城垣做法
　冊式一卷 …………………………… 2－17
工業政策前編六章後編六章………… 2－266
工業與國政相關論二卷……………… 2－257
土那補釋一卷…………………………… 2－170
士禮居黃氏叢書二十種……………… 1－168
士禮居黃氏叢書二十種……………… 2－548
士禮居藏書題跋記六卷 …………… 2－69
士禮居藏書題跋記六卷 …………… 2－69
士禮居藏書題跋記六卷 …………… 2－69
士禮居藏書題跋記六卷 …………… 2－70
士禮居藏書題跋記六卷 …………… 2－70
士禮居藏書題跋記六卷 …………… 2－70
士禮居藏書題跋記六卷 …………… 2－70
士禮居藏書題跋記六卷 …………… 2－70
士禮居藏書題跋記六卷 …………… 2－70
士禮居藏書題跋記六卷 …………… 2－70
士禮居藏書題跋記續二卷 ………… 2－70
[光緒]土默特旗志十卷 ………… 1－421
下學堂劄記三卷附下學堂規 ………… 1－63
下學寮彙稿四卷………………………… 2－493
大小雅堂詩鈔十卷…………………… 2－359
大元聖政典章新集至治條例不分卷
　……………………………………………… 2－10
大比丘三千威儀二卷 ……………… 1－72
大日本中興先覺志二卷……………… 2－128
大六壬大全十三卷…………………… 2－212
大六壬心印賦五卷…………………… 2－212
大六壬兵帳勾玄一卷 ……………… 1－74
大六壬神應經二卷…………………… 2－212
大方便佛報恩經七卷………………… 2－206
大方廣佛華嚴經著述集要二十五種
　……………………………………………… 2－200
大方廣佛華嚴經疏鈔會本八十卷…… 2－199
大方廣圓覺修多羅了義經二卷……… 2－203
大方廣圓覺修多羅了義經直解二卷
　……………………………………………… 2－199

[乾隆]大同府志三十二卷首一卷 …… 1－480
[道光]大竹縣志四十卷 …… 1－469
[乾隆]大名縣志四十卷首一卷 …… 1－459
[乾隆]大名縣志四十卷首一卷 …… 1－459
大別山志十卷首一卷 …… 1－501
[同治]大邑縣志二十卷 …… 1－424
大佛頂如來密因修證了義諸菩薩萬行首楞嚴經十卷 …… 2－199
大佛頂如來密因修證了義諸菩薩萬行首楞嚴經十卷 …… 1－70
大佛頂如來密因修證了義諸菩薩萬行首楞嚴經十卷 …… 1－70
大佛頂如來密因修證了義諸菩薩萬行首楞嚴經十卷 …… 1－70
大佛頂如來密因修證了義諸菩薩萬行首楞嚴經十卷 …… 2－200
大佛頂如來密因修證了義諸菩薩萬行首楞嚴經十卷 …… 2－200
大佛頂如來密因修證了義諸菩薩萬行首楞嚴經十卷 …… 2－200
大佛頂如來密因修證了義諸菩薩萬行首楞嚴經會歸十卷 …… 1－70
大佛頂首楞嚴經 …… 2－195
大佛頂首楞嚴經正脈疏十卷 …… 2－200
大佛頂首楞嚴經正脈疏四十卷 …… 2－199
大佛頂首楞嚴經正脈疏四十卷 …… 2－199
大佛頂首楞嚴經寶鏡疏十卷大佛頂首楞嚴經寶鏡疏懸談一卷大佛頂首楞嚴經寶鏡疏科一卷 …… 1－70
大谷山堂集六卷 …… 1－117
大宋重修廣韻五卷 …… 1－249
[同治]大冶縣志十八卷首一卷 …… 1－468
大英國志八卷 …… 1－532
大英國志八卷 …… 1－532
大英國志八卷 …… 1－532
大英國志八卷續刻一卷 …… 1－532
大英國志四卷 …… 1－532
大東合邦新義不分卷 …… 1－518
大事記十二卷大事記通釋三卷大事記解題十二卷 …… 2－120
大事記十二卷大事記通釋三卷大事記解題十二卷 …… 2－120
大明一統志九十卷 …… 1－33
大明一統志九十卷 …… 1－398
大明天元玉曆祥異圖説七卷 …… 1－66
大明成化丁亥重刊改併五音類聚四聲篇十五卷 …… 1－15
大明會典二百二十八卷 …… 1－45
大明會典二百二十八卷 …… 1－45
大明會典二百二十八卷 …… 1－47
大金國志四十卷 …… 1－290
大金國志四十卷 …… 1－290
大金國志四十卷 …… 1－291
大金集禮四十卷 …… 1－544
[道光]大荔縣志十六卷首一卷附足徵錄四卷 …… 1－483
[道光]大荔縣志十六卷首一卷附足徵錄四卷 …… 1－483
大昭慶律寺志十卷 …… 1－521
大昭慶律寺志十卷 …… 1－524
大亭山館叢書十八種三十九卷附編三種三卷 …… 2－551
大亭山館叢書十八種三十九卷附編三種三卷 …… 2－551
大美欽命會議銀價大臣續議不分卷附新圜法釋疑 …… 2－27
大姚任公事稟啓稿不分卷 …… 2－52
[道光]大姚縣志十六卷圖一卷 …… 1－454
大華山紫金嶺兩世修行劉香寶卷全集中卷 …… 2－207
大莊嚴經論十五卷 …… 1－71
大乘入楞伽經七卷 …… 2－204
大乘止觀法門釋要六卷 …… 2－202
大乘百法明門論纂註一卷大乘八識規矩頌纂註一卷 …… 2－204
大乘起信論一卷 …… 2－203
大乘起信論直解二卷 …… 2－197
大乘起信論直解二卷 …… 2－197
大乘起信論直解二卷 …… 2－197
大乘起信論裂網疏六卷 …… 2－208
大乘起信論疏記會本六卷 …… 2－208
大乘起信論疏略二卷 …… 1－74

大乘起信論義記七卷大乘起信論別記一卷…… 2-198
大乘起信論義記七卷大乘起信論別記一卷…… 2-198
大乘起信論義記七卷大乘起信論別記一卷…… 2-198
大乘起信論纂註二卷…… 2-208
大乘密嚴經三卷…… 2-201
大乘緣生論一卷 …… 1-71
大唐西域記十二卷…… 1-506
大唐西域記十二卷…… 1-506
大唐西域記十二卷…… 1-506
大唐西域記十二卷…… 1-506
大唐開元占經一百二十卷…… 2-177
大唐開元占經一百二十卷…… 2-177
大唐開元占經一百二十卷…… 2-177
大唐新語十三卷 …… 1-83
大梅山館集四十七卷…… 2-345
大清一統志三百五十六卷首一卷 …… 1-33
大清一統志五百卷…… 1-398
大清一統志五百卷…… 1-398
大清一統志五百卷…… 1-398
大清一統志表不分卷…… 2-120
大清一統志表不分卷…… 2-120
大清太宗文皇帝聖訓六卷…… 1-536
大清太祖高皇帝聖訓四卷…… 1-536
大清中樞備覽不分卷…… 1-560
大清中樞備覽不分卷…… 1-560
大清中樞備覽(光緒乙巳冬季)二卷…… 2-59
大清中樞備覽(光緒乙巳春季)二卷…… 2-59
大清中樞備覽(光緒乙巳夏季)二卷…… 2-58
大清中樞備覽(光緒乙未秋季)二卷…… 2-57
大清中樞備覽(光緒丁未秋季)不分卷 …… 2-61
大清中樞備覽(光緒丁未夏季)二卷…… 2-55
大清中樞備覽(光緒丁酉夏季)二卷…… 2-59
大清中樞備覽(光緒己丑秋季)不分卷 …… 2-56
大清中樞備覽(光緒己亥春季)二卷…… 2-59
大清中樞備覽(光緒己亥秋季)二卷…… 2-58
大清中樞備覽(光緒己亥夏季)二卷…… 2-58
大清中樞備覽(光緒己亥夏季)二卷…… 2-59
大清中樞備覽(光緒壬辰秋季)不分卷 …… 2-57
大清中樞備覽(光緒戊戌秋季)二卷…… 2-59
大清中樞備覽(光緒甲辰冬季)不分卷 …… 2-61
大清中樞備覽(光緒辛卯)不分卷 …… 2-61
大清中樞備覽(光緒辛卯秋季)不分卷 …… 2-59
大清中樞備覽(光緒庚寅夏季)不分卷 …… 2-59
大清中樞備覽(光緒癸卯冬季)二卷…… 2-58
大清中樞備覽(光緒癸卯冬季)不分卷 …… 2-60
大清中樞備覽(光緒癸卯秋季)不分卷 …… 2-61
大清仁宗睿皇帝聖訓一百十卷…… 1-361
大清仁宗睿皇帝聖訓一百十卷…… 1-536
大清仁宗睿皇帝聖訓一百十卷首一卷…… 2-158
大清文宗顯皇帝聖訓一百十卷…… 1-536
大清文宗顯皇帝聖訓一百十卷首一卷…… 2-158
大清世宗憲皇帝聖訓三十六卷…… 1-536
大清世宗憲皇帝聖訓三十六卷…… 2-157
大清世祖章皇帝聖訓六卷…… 1-536
大清刑律分則草案不分卷 …… 2-18
大清刑律草案第一編十七章…… 2-8

大清光緒二十七年歲次辛丑時憲書一卷…… 2－179
大清光緒二十七年歲次辛丑時憲書一卷…… 2－182
大清光緒二十八年七政經緯躔度時憲書一卷…… 2－182
大清光緒二十八年歲次壬寅時憲書一卷…… 2－182
大清光緒二十六年時憲書一卷…… 2－182
大清光緒二十六年歲次庚子時憲書一卷…… 2－182
大清光緒二十年歲次甲午時憲書一卷…… 2－182
大清光緒十一年時憲書一卷…… 2－177
大清光緒十三年歲次丁亥時憲書一卷…… 2－182
大清光緒十五年歲次己丑時憲書一卷…… 2－182
大清光緒三十一年歲次乙巳時憲書一卷…… 2－179
大清光緒三十一年歲次乙巳時憲書一卷…… 2－182
大清光緒三十二年歲次丙午時憲書一卷…… 2－182
大清光緒三十三年歲次丁未時憲書一卷…… 2－182
大清光緒三十四年歲次戊申時憲書一卷…… 2－182
大清光緒三十年歲次甲辰時憲書一卷…… 2－182
大清光緒三十年歲次甲辰時憲書一卷…… 2－182
大清光緒三十年歲次甲辰航海通書不分卷…… 2－266
大清光緒新法令不分卷…… 2－9
大清光緒新法令不分卷…… 2－9
大清光緒新法令不分卷…… 2－9
大清光緒新法令不分卷…… 2－9
大清光緒新法令不分卷…… 2－10
大清光緒新法令不分卷…… 2－10
大清同治二年歲次癸亥時憲書一卷…… 2－181
大清同治十一年歲次壬申時憲書一卷…… 2－181
大清同治十一年歲次壬申航海通書不分卷…… 2－266
大清同治十二年歲次癸酉時憲書一卷…… 2－181
大清同治十三年歲次甲戌時憲書一卷…… 2－181
大清同治十四年歲次乙亥時憲書一卷…… 2－181
大清同治十年歲次辛未時憲書一卷…… 2－181
大清同治十年歲次辛未時憲書一卷…… 2－181
大清同治十年歲次辛未航海通書不分卷…… 2－266
大清同治七年歲次戊辰時憲書一卷…… 2－181
大清同治八年歲次己巳時憲書一卷…… 2－181
大清同治九年歲次庚午時憲書一卷…… 2－181
大清同治三年歲次甲子時憲書一卷…… 2－181
大清同治元年歲次壬戌時憲書一卷…… 2－181
大清同治五年歲次丙寅時憲書一卷…… 2－181
大清同治六年歲次丁卯時憲書一卷…… 2－181
大清同治四年歲次乙丑時憲書一卷…… 2－181
大清法規大全□□卷…… 2－10
大清法規大全旗藩部正編二卷首一卷交通部正編五卷首一卷…… 2－10
大清法規大全續編外交部十卷…… 2－10
大清法規大全續編吏政部十七卷首一卷…… 2－10
大清法規大全續編□□卷…… 2－10

大清咸豐二年歲次壬子時憲書一卷
…………………………………… 2－184
大清咸豐十一年歲次辛酉時憲書一卷…………………………………… 2－184
大清咸豐十年歲次庚申時憲書一卷
…………………………………… 2－184
大清咸豐七年歲次丁巳時憲書一卷
…………………………………… 2－184
大清咸豐八年歲次戊午時憲書一卷
…………………………………… 2－184
大清咸豐九年歲次己未時憲書一卷
…………………………………… 2－184
大清咸豐三年歲次癸丑時憲書一卷
…………………………………… 2－184
大清咸豐元年歲次辛亥時憲書一卷
…………………………………… 2－184
大清咸豐五年歲次乙卯時憲書一卷
…………………………………… 2－184
大清咸豐五年歲次乙卯時憲書一卷
…………………………………… 2－184
大清咸豐六年歲次丙辰時憲書一卷
…………………………………… 2－184
大清咸豐六年歲次丙辰時憲書一卷
…………………………………… 2－184
大清咸豐四年歲次甲寅時憲書一卷
…………………………………… 2－184
大清律三十卷 …………………………… 2－18
大清律例三十九卷……………………… 2－7
大清律例四十七卷……………………… 2－7
大清律例按語一百四卷 ……………… 2－19
大清律例根原一百二十卷附督捕則例四卷 ……………………………… 2－18
大清律例根原一百二十卷附督捕則例四卷 ……………………………… 2－18
大清律例通考四十卷 ………………… 2－18
大清律例統纂集成四十卷……………… 2－6
大清律例彙纂大成四十卷……………… 2－6
大清律例彙編三十五卷首一卷………… 2－8
大清律例彙輯便覽四十卷附督捕則例二卷五軍道里表三流道里表……… 2－5
大清律例彙輯便覽四十卷附督捕則例二卷五軍道里表三流道里表……… 2－5
大清律例彙輯便覽四十卷附督捕則例二卷五軍道里表三流道里表……… 2－5
大清律例彙輯便覽四十卷附督捕則例二卷五軍道里表三流道里表……… 2－5
大清律例彙輯便覽四十卷附督捕則例二卷五軍道里表三流道里表……… 2－5
大清律例彙輯便覽四十卷附督捕則例二卷五軍道里表三流道里表……… 2－5
大清律例增修統纂集成四十卷………… 2－5
大清律例增修統纂集成四十卷督捕則例附纂二卷………………………… 2－3
大清律例增修統纂集成四十卷督捕則例附纂二卷………………………… 2－6
大清律例增修統纂集成四十卷督捕則例附纂二卷………………………… 2－6
大清律例增修統纂集成四十卷督捕則例附纂二卷………………………… 2－6
大清律例增修統纂集成四十卷督捕則例附纂二卷………………………… 2－6
大清律例增修統纂集成四十卷督捕則例附纂二卷………………………… 2－6
大清律例增修統纂集成四十卷督捕則例附纂二卷………………………… 2－6
大清律例增修統纂集成四十卷督捕則例附纂二卷 ……………………… 2－19
大清律歷次纂修條例不分卷…………… 2－6
大清律纂修條例二卷…………………… 2－5
大清律纂修條例不分卷………………… 2－5
大清宣宗成皇帝聖訓一百三十卷…… 1－536
大清宣宗成皇帝聖訓一百三十卷首一卷…………………………………… 2－158
大清宣宗成皇帝實錄四百七十六卷首一卷 ………………………………… 1－26
大清宣統二年歲次庚戌時憲書一卷
…………………………………… 2－179
大清宣統二年歲次庚戌時憲書一卷
…………………………………… 2－181

大清宣統三年歲次辛亥時憲書一卷 …… 2－182
大清宣統四年歲次壬子時憲書一卷 …… 2－182
大清宣統新法令不分卷 …… 2－10
大清高宗純皇帝聖訓三百卷 …… 1－361
大清高宗純皇帝聖訓三百卷 …… 1－536
大清高宗純皇帝聖訓三百卷 …… 2－158
大清高宗純皇帝聖訓三百卷 …… 2－158
大清通郵彙編初續不分卷 …… 2－266
大清通禮五十四卷 …… 2－1
大清通禮五十四卷 …… 2－2
大清通禮五十卷 …… 1－45
大清通禮五十卷 …… 1－45
大清通禮品官士庶儀纂六卷 …… 2－3
大清現行刑律案語不分卷 …… 2－18
大清教育新法令十三編 …… 2－10
大清乾隆二十七年歲次壬午時憲書一卷 …… 1－66
大清乾隆二十五年歲次庚辰時憲書一卷 …… 1－66
大清國大日本國條規章程不分卷附稅則一卷 …… 2－15
大清國大日本國條規章程不分卷附稅則一卷 …… 2－15
大清國大巴西國會訂和好通商條約不分卷 …… 2－37
大清國大英國會議條款不分卷 …… 2－35
大清國大英國會議條款不分卷 …… 2－35
大清國大英國會議條款不分卷 …… 2－35
大清國大英國會議條款不分卷 …… 2－36
大清國大英國會議條款不分卷 …… 2－36
大清國大英國會議條款不分卷 …… 2－36
大清國大英國會議條款不分卷 …… 2－36
大清國大英國會議條款不分卷 …… 2－36
大清國大英國會議條款不分卷 …… 2－36
大清國大英國會議條款不分卷 …… 2－36
大清國大英國會議條款不分卷 …… 2－36
大清國大英國會議條款不分卷 …… 2－36
大清國大英國會議條款不分卷 …… 2－36
大清國大英國會議條款不分卷 …… 2－37
大清國大英國會議條款不分卷 …… 2－37
大清國大英國會議條款不分卷 …… 2－37
大清國大英國會議條款不分卷 …… 2－37
大清國大英國會議條款不分卷 …… 2－37
大清國大英國會議條款不分卷 …… 2－37
大清國大英國會議條款不分卷 …… 2－37
大清最新百官錄(宣統己酉春季)不分卷 …… 2－60
大清最新百官錄(宣統元年秋季)不分卷附增補直省同寅錄 …… 2－55
大清最新搢紳全書(宣統庚戌冬季)不分卷 …… 2－62
大清最新搢紳錄(光緒戊申冬季)不分卷 …… 2－62
大清最新搢紳錄(光緒戊申秋季)不分卷 …… 2－62
大清道光二十一年歲次辛丑時憲書一卷 …… 2－180
大清道光二十二年歲次壬寅時憲書一卷 …… 2－179
大清道光二十七年歲次丁未時憲書一卷 …… 2－180
大清道光二十七年歲次丁未時憲書一卷 …… 2－180
大清道光二十八年歲次戊申時憲書一卷 …… 2－180
大清道光二十三年歲次癸卯時憲書一卷 …… 2－180
大清道光二十五年歲次乙巳時憲書一卷 …… 2－180
大清道光二十六年歲次丙午時憲書一卷 …… 2－179
大清道光二十四年歲次甲辰時憲書一卷 …… 2－180
大清道光二十年歲次庚子時憲書一卷 …… 2－179
大清道光二年歲次壬午時憲書一卷 …… 2－180
大清道光十一年歲次辛卯時憲書一卷 …… 2－180
大清道光十二年歲次壬辰時憲書一

卷…………………………………… 2－179
大清道光十七年歲次丁酉時憲書一卷…………………………………… 2－180
大清道光十八年歲次戊戌時憲書一卷…………………………………… 2－180
大清道光十九年歲次己亥時憲書一卷…………………………………… 2－180
大清道光十三年歲次癸巳時憲書一卷…………………………………… 2－180
大清道光十五年歲次乙未時憲書一卷…………………………………… 2－180
大清道光十六年歲次丙申時憲書一卷…………………………………… 2－180
大清道光十四年歲次甲午時憲書一卷…………………………………… 2－180
大清道光十年歲次庚寅時憲書一卷…………………………………… 2－179
大清道光七年歲次丁亥時憲書一卷…………………………………… 2－181
大清道光八年歲次戊子時憲書一卷…………………………………… 2－181
大清道光九年歲次己丑時憲書一卷…………………………………… 2－181
大清道光三年歲次癸未時憲書一卷…………………………………… 2－179
大清道光元年歲次辛巳時憲書一卷…………………………………… 2－180
大清道光五年歲次乙酉時憲書一卷…………………………………… 2－180
大清道光六年歲次丙戌時憲書一卷…………………………………… 2－179
大清道光四年歲次甲申時憲書一卷…………………………………… 2－179
大清聖祖仁皇帝聖訓六十卷………… 1－536
大清聖祖仁皇帝聖訓六十卷………… 2－157
大清聖祖仁皇帝聖訓六十卷………… 2－157
大清聖祖仁皇帝聖訓六十卷………… 2－157
大清搢紳全書(光緒乙巳冬季)不分卷 …………………………………… 2－59
大清搢紳全書(光緒乙巳冬季)不分卷 …………………………………… 2－62
大清搢紳全書(光緒乙巳春季)不分卷 …………………………………… 2－59
大清搢紳全書(光緒乙巳秋季)不分卷 …………………………………… 2－62
大清搢紳全書(光緒乙巳夏季)不分卷 …………………………………… 2－58
大清搢紳全書(光緒乙未秋季)不分卷 …………………………………… 2－57
大清搢紳全書(光緒乙酉夏季)不分卷 …………………………………… 2－59
大清搢紳全書(光緒丁未冬季)不分卷 …………………………………… 2－63
大清搢紳全書(光緒丁未春季)不分卷 …………………………………… 2－62
大清搢紳全書(光緒丁未秋季)不分卷 …………………………………… 2－61
大清搢紳全書(光緒丁酉冬季)不分卷 …………………………………… 2－57
大清搢紳全書(光緒丁酉夏季)不分卷 …………………………………… 2－59
大清搢紳全書(光緒己卯)不分卷 …… 2－63
大清搢紳全書(光緒己亥冬季)不分卷 …………………………………… 2－60
大清搢紳全書(光緒己亥春季)不分卷 …………………………………… 2－59
大清搢紳全書(光緒己亥秋季)不分卷 …………………………………… 2－58
大清搢紳全書(光緒己亥夏季)不分卷 …………………………………… 2－58
大清搢紳全書(光緒己亥夏季)不分卷 …………………………………… 2－58
大清搢紳全書(光緒壬午秋季)不分卷 …………………………………… 2－55
大清搢紳全書(光緒壬午秋季)不分卷 …………………………………… 2－61
大清搢紳全書(光緒壬辰)不分卷 …… 2－61
大清搢紳全書(光緒壬辰春季)不分卷 …………………………………… 2－61
大清搢紳全書(光緒壬辰秋季)不分卷 …………………………………… 2－57
大清搢紳全書(光緒壬寅春季)不分

卷 ·· 2－60
大清搢紳全書（光緒壬寅夏季）不分
卷 ·· 2－54
大清搢紳全書（光緒丙午冬季）不分
卷 ·· 2－55
大清搢紳全書（光緒丙午冬季）不分
卷 ·· 2－62
大清搢紳全書（光緒丙午春季）不分
卷 ·· 2－60
大清搢紳全書（光緒丙午春季）不分
卷 ·· 2－60
大清搢紳全書（光緒丙午秋季）不分
卷 ·· 2－62
大清搢紳全書（光緒丙戌秋季）不分
卷 ·· 2－62
大清搢紳全書（光緒戊子秋季）不分
卷 ·· 2－60
大清搢紳全書（光緒戊申）不分卷 ······ 2－55
大清搢紳全書（光緒戊戌春季）不分
卷 ·· 2－58
大清搢紳全書（光緒戊戌秋季）不分
卷 ·· 2－59
大清搢紳全書（光緒戊戌夏季）不分
卷 ·· 2－60
大清搢紳全書（光緒甲午夏季）不分
卷 ·· 2－54
大清搢紳全書（光緒甲午夏季）不分
卷 ·· 2－62
大清搢紳全書（光緒甲辰冬季）不分
卷 ·· 2－61
大清搢紳全書（光緒甲辰夏季）不分
卷 ·· 2－60
大清搢紳全書（光緒辛卯）不分卷 ······ 2－61
大清搢紳全書（光緒辛卯冬季）不分
卷 ·· 2－60
大清搢紳全書（光緒辛卯冬季）不分
卷 ·· 2－62
大清搢紳全書（光緒辛卯秋季）不分
卷 ·· 2－59
大清搢紳全書（光緒庚子春季）不分
卷 ·· 2－57
大清搢紳全書（光緒庚子夏季）不分
卷 ·· 2－61
大清搢紳全書（光緒庚辰秋季）不分
卷 ·· 2－63
大清搢紳全書（光緒庚寅秋季）不分
卷 ·· 2－57
大清搢紳全書（光緒庚寅秋季）不分
卷 ·· 2－57
大清搢紳全書（光緒庚寅夏季）不分
卷 ·· 2－57
大清搢紳全書（光緒癸巳秋季）不分
卷 ·· 2－61
大清搢紳全書（光緒癸巳夏季）不分
卷 ·· 2－57
大清搢紳全書（光緒癸未冬季）不分
卷 ·· 2－57
大清搢紳全書（光緒癸卯）不分卷 ······ 2－61
大清搢紳全書（光緒癸卯冬季）不分
卷 ·· 2－60
大清搢紳全書（光緒癸卯冬季）不分
卷 ·· 2－62
大清搢紳全書（光緒癸卯冬季）不分
卷 ·· 2－62
大清搢紳全書（光緒癸卯春季）不分
卷 ·· 2－62
大清搢紳全書（光緒癸卯秋季）不分
卷 ·· 2－61
大清搢紳全書（同治戊辰）不分卷 ······ 2－61
大清搢紳全書（同治庚午夏季）不分
卷 ·· 2－63
大清搢紳全書（宣統己酉春季）不分
卷 ·· 2－58
大清搢紳全書（宣統己酉秋季）不分
卷 ·· 2－58
大清搢紳全書（宣統辛亥秋季）不分
卷 ·· 2－61
大清搢紳全書（宣統辛亥夏季）不分
卷 ·· 2－62
大清搢紳全書（宣統庚戌春季）不分
卷 ·· 2－60
大清搢紳全書（宣統庚戌秋季）不分

卷 ………………………………… 2－57
大清搢紳全書(宣統庚戌夏季)不分
卷 ………………………………… 2－60
大清搢紳全書(道光戊申夏季)不分
卷 ………………………………… 2－62
大清會典一百六十二卷 ……………… 1－43
大清會典四卷………………………… 1－535
大清嘉慶二十一年歲次丙子時憲書
一卷………………………………… 2－183
大清嘉慶二十二年歲次丁丑時憲書
一卷………………………………… 2－183
大清嘉慶二十三年歲次戊寅時憲書
一卷………………………………… 2－182
大清嘉慶二十五年歲次庚辰時憲書
一卷………………………………… 2－183
大清嘉慶二十四年歲次己卯時憲書
一卷………………………………… 2－183
大清嘉慶二十年歲次乙亥時憲書一
卷…………………………………… 2－183
大清嘉慶二年歲次丁巳時憲書一卷
………………………………… 2－183
大清嘉慶十一年歲次丙寅時憲書一
卷…………………………………… 2－184
大清嘉慶十二年歲次丁卯時憲書一
卷…………………………………… 2－183
大清嘉慶十八年歲次癸酉時憲書一
卷…………………………………… 2－183
大清嘉慶十九年歲次甲戌時憲書一
卷…………………………………… 2－183
大清嘉慶十三年歲次戊辰時憲書一
卷…………………………………… 2－183
大清嘉慶十五年歲次庚午時憲書一
卷…………………………………… 2－183
大清嘉慶十六年歲次辛未時憲書一
卷…………………………………… 2－182
大清嘉慶十四年歲次己巳時憲書一
卷…………………………………… 2－183
大清嘉慶十年歲次己丑時憲書一卷
………………………………… 2－183
大清嘉慶七年歲次壬戌時憲書一卷
………………………………… 2－183
大清嘉慶八年歲次癸亥時憲書一卷
………………………………… 2－183
大清嘉慶三年歲次戊午時憲書一卷
………………………………… 2－183
大清嘉慶元年歲次丙辰時憲書一卷
………………………………… 1－66
大清嘉慶五年歲次庚申時憲書一卷
………………………………… 2－183
大清嘉慶六年歲次辛酉時憲書一卷
………………………………… 2－183
大清嘉慶四年歲次己未時憲書一卷
………………………………… 2－183
大清穆宗毅皇帝聖訓一百六十卷…… 1－536
大清穆宗毅皇帝聖訓一百六十卷…… 1－536
大清縉紳全書(宣統己酉秋季)不分
卷 ………………………………… 2－57
大清礦務章程正章不分卷大清礦務
章程附章不分卷 …………………… 2－15
大清鑛務止章十四章附章九章………… 2－8
大雲山房文稾二集四卷……………… 2－432
大雲山房文稾初集四卷二集四卷…… 2－432
大雲山房文稾初集四卷二集四卷…… 2－432
大雲山房文稾初集四卷二集四卷…… 2－432
大雲山房文稾初集四卷二集四卷…… 2－432
大雲山房文稾初集四卷二集四卷…… 2－432
大雲山房文稾二集四卷……………… 2－432
大雲山房文稾二集四卷……………… 2－432
大雲山房文稾初集四卷……………… 2－432
大雲山房文稾初集四卷二集四卷大
雲山房言事二卷…………………… 2－432
大雲山房文稾初集四卷二集四卷大
雲山房言事二卷…………………… 2－432
大雲山房文稾初集四卷二集四卷大
雲山房言事二卷…………………… 2－433
大雲山房文稾初集四卷二集四卷大
雲山房言事二卷…………………… 2－433
大雲山房文稾補編一卷……………… 2－432
大雲山房言事二卷…………………… 2－432
大雲山房言事二卷…………………… 2－432
[光緒]大甯縣志八卷首一卷 ……… 1－432
大義覺迷錄四卷……………………… 1－294

大義覺迷錄四卷 ……………………… 1－294
大慈恩寺三藏法師傳十卷 …………… 2－201
大慈恩寺三藏法師傳十卷 …………… 2－201
大慈恩寺三藏法師傳十卷 …………… 2－201
大廣益會玉篇三十卷 ………………… 1－12
大廣益會玉篇三十卷 ………………… 1－12
大廣益會玉篇三十卷 ………………… 1－12
大廣益會玉篇三十卷 ………………… 1－12
大廣益會玉篇三十卷 ………………… 1－244
大廣益會玉篇三十卷廣韻五卷 ……… 1－12
大慧普覺禪師年譜一卷 ……………… 1－71
大慧普覺禪師宗門武庫一卷 ………… 1－71
大慧普覺禪師語錄三十卷 …………… 1－71
大興徐氏三種八卷 …………………… 1－386
大興徐氏三種八卷 …………………… 1－386
大興徐氏三種八卷 …………………… 1－387
大興徐氏三種八卷 …………………… 1－493
大學衍義四十三卷 …………………… 1－60
大學衍義四十三卷 …………………… 2－150
大學衍義四十三卷 …………………… 2－150
大學衍義四十三卷 …………………… 2－150
大學衍義四十三卷 …………………… 2－150
大學衍義四十三卷 …………………… 2－150
大學衍義四十三卷 …………………… 2－150
大學衍義通畧三十一卷 ……………… 1－63
大學衍義補一百六十卷 ……………… 2－150
大學衍義補一百六十卷首一卷 ……… 1－60
大學衍義輯要六卷 …………………… 2－150
大學衍義輯要六卷大學衍義補輯考
十二卷首一卷 ……………………… 2－152
大學堂章程不分卷 …………………… 2－262
大學疏義一卷 ………………………… 1－221
大戴禮注補十三卷解詁目錄一卷附
錄一卷大戴禮注補校增十三卷解
詁校增一卷附錄校增一卷大戴禮
夏小正注補一卷 …………………… 1－200
大戴禮記十三卷 ……………………… 1－6
大戴禮記補注十三卷 ………………… 1－200
大戴禮記補注十三卷 ………………… 1－200
大戴禮記補注十三卷 ………………… 1－200
大戴禮記解詁十三卷目錄一卷 ……… 2－558
大藏一覽集十卷 ……………………… 1－71
大藏妙珍集八卷 ……………………… 2－206
大觀堂文集二十二卷首一卷 ………… 1－161
才調集十卷 …………………………… 1－97
才調集十卷 …………………………… 2－307
才調集補註十卷 ……………………… 1－97
寸草園彙鈔八卷 ……………………… 2－346
寸陰叢錄四卷 ………………………… 2－389
[宣統]上元江甯鄉土合志六卷 …… 1－388
[同治]上元江寧兩縣志二十八卷首
一卷敘錄一卷 ……………………… 1－438
[同治]上元江寧兩縣志二十八卷首
一卷敘錄一卷 ……………………… 1－438
[同治]上元江寧兩縣志二十八卷首
一卷敘錄一卷 ……………………… 1－486
[同治]上元江寧兩縣志二十八卷首
一卷敘錄一卷 ……………………… 1－486
[乾隆]上杭縣志十二卷首一卷末一
卷 …………………………………… 1－483
上海城自治公所訂定各項規則規約
章程三編 …………………………… 2－12
上海城自治公所宣統三年預算冊不
分卷 ………………………………… 2－26
上海城自治公所議事會宣統二年報
告不分卷 …………………………… 1－552
上海浦東塘工善後局案不分卷附建
築置器冊報 ………………………… 2－29
[同治]上海縣志三十二卷首一卷末
一卷附補遺 ………………………… 1－441
[同治]上海縣志三十二卷首一卷末
一卷附補遺 ………………………… 1－442
[同治]上海縣志三十二卷首一卷末
一卷附補遺 ………………………… 1－442
[同治]上海縣志三十二卷首一卷末
一卷附補遺 ………………………… 1－442
[同治]上海縣志三十二卷首一卷末
一卷附補遺 ………………………… 1－442
上虞五鄉水利紀實不分卷 …………… 1－497
上虞塘工紀略二卷續紀略一卷三續
紀略一卷 …………………………… 1－496
上虞塘工紀略二卷續紀略一卷三續

紀略一卷 …………………………… 1－526
上虞縣五鄉水利本末二卷 …………… 1－495
［嘉慶］上虞縣志十四卷首一卷 …… 1－465
［光緒］上虞縣志四十八卷首一卷末一卷 ……………………………… 1－465
［光緒］上虞縣志四十八卷首一卷末一卷 ……………………………… 1－465
［光緒］上虞縣志四十八卷首一卷末一卷附錄一卷 …………………… 1－465
［光緒］上虞縣志四十八卷首一卷末一卷附錄一卷 …………………… 1－465
［光緒］上虞縣志四十八卷首一卷末一卷附錄一卷 …………………… 1－465
［光緒］上虞縣志校續五十卷首一卷末一卷 ………………………… 1－465
上蔡先生語錄三卷 ………………… 2－538
上諭內閣一百五十九卷 …………… 1－360
上諭內閣一百五十九卷 …………… 1－360
上諭內閣一百五十九卷 …………… 1－360
上諭行軍紀律條例十條 ……………… 2－7
上諭條例（道光二年分）不分卷 …… 1－374
上諭條例（道光四年分）不分卷 …… 1－374
上諭條奏 ………………………… 1－372
上諭條奏（光緒十九年冬季至二十年吏例）（光緒二十年秋季刑例） ……………………………… 1－373
上諭（乾隆二十一年）四卷 ………… 1－374
上諭（乾隆十八年、二十年、二十一年） ………………………… 1－374
上諭（乾隆十三年）四卷 ………… 1－374
上諭（乾隆十五年、十七年） ……… 1－374
上諭（乾隆十四年）四卷 ………… 1－374
上諭（乾隆七年）四卷 …………… 1－374
上諭（乾隆八年）四卷 …………… 1－374
上諭（乾隆九年、十年、十二年） …… 1－374
上諭（雍正元年十一年、十二年） …… 1－374
上諭（雍正五年二月至閏三月） …… 1－361
上諭旗務議覆十二卷 ……………… 1－31
上諭旗務議覆十二卷 ……………… 1－31
［同治］上饒縣志二十六卷首一卷 … 1－488
［乾隆］口北三廳志十六卷首一卷 … 1－434
口鐸日抄八卷 ……………………… 2－198
口鐸日抄八卷 ……………………… 2－198
口鐸日抄八卷 ……………………… 2－198
巾經纂二十卷 ……………………… 2－112
巾經纂二十卷 ……………………… 2－112
山木居士外集四卷附一卷 ………… 1－154
山木居士外集四卷附一卷 ………… 1－154
山中一夕話十二卷 ………………… 2－255
山中白雲詞八卷 …………………… 1－164
山公啟事一卷山公佚事一卷 ……… 2－64
山水隣新鐫出像四大癡傳奇不分卷 ……………………………… 1－166
山左金石志二十四卷 ……………… 2－97
山左校士錄不分卷 ………………… 2－296
山左訪碑錄十三卷 ………………… 2－102
山右石刻叢編四十卷 ……………… 2－95
山右石刻叢編四十卷 ……………… 2－95
山右金石記十卷 …………………… 2－100
山右金石錄一卷跋尾一卷 ………… 2－101
山右讞獄記不分卷 ………………… 2－19
［山西介休］定陽張氏族譜四卷 …… 2－84
［山西平定］晉氏族譜不分卷 ……… 2－86
［山西平定］張氏族譜不分卷 ……… 2－84
［山西平定］董氏族譜四卷附錄一卷 ……………………………… 2－87
［山西平定］蔡氏族譜不分卷附錄不分卷 ………………………… 2－88
［山西平定］潘氏族譜一卷潘族合譜一卷潘氏家話一卷 …………… 2－88
［山西平定］竇氏族譜不分卷 ……… 2－88
［山西平定］竇氏族譜不分卷 ……… 2－88
［乾隆］山西志輯要十卷首一卷 …… 1－397
山西保晉礦務公司章程十六節 …… 2－271
［山西洪洞］洪洞劉氏宗譜八卷首一卷 …………………………… 1－49
［山西洪洞］洪洞劉氏宗譜六卷首一卷 …………………………… 2－80
［山西洪洞］洪洞韓氏家譜二卷 …… 2－87
［光緒］山西通志一百八十四卷 …… 1－396
［光緒］山西通志一百八十四卷 …… 1－397
［光緒］山西通志一百八十四卷 …… 1－397

[雍正]山西通志二百三十卷 ………… 1-33
[雍正]山西通志二百三十卷 ……… 1-397
[山西運城]河東安邑郇城路氏族譜
不分卷 ……………………………… 2-88
山西疆域沿革圖譜五卷 ……………… 1-528
[山西靈石]何氏族譜十卷首一卷末
一卷 …………………………………… 2-83
[山西靈石]陳氏家譜不分卷 ………… 2-84
山志十卷 ……………………………… 1-123
山谷刀筆二十卷 ……………………… 2-408
山谷老人刀筆二十卷附山谷老人傳
…………………………………………… 2-407
山谷老人刀筆二十卷黄律巵言十卷
…………………………………………… 2-407
山谷老人刀筆二十卷題跋四卷 ……… 2-408
山谷詩集注二十卷外集詩注十七卷
別集詩注二卷 ……………………… 2-335
山谷詩集注二十卷外集詩注十七卷
別集詩注二卷 ……………………… 2-335
山谷詩集註二十卷外集詩註十七卷
別集詩註二卷 ……………………… 2-308
山谷詩集註二十卷外集詩註十七卷
別集詩註二卷 ……………………… 2-311
山谷詩集註二十卷外集詩註十七卷
別集詩註二卷 ……………………… 2-311
山谷詩集註二十卷外集詩註十七卷
別集詩註二卷 ……………………… 2-311
山谷詩集註二十卷外集詩註十七卷
別集詩註二卷 ……………………… 2-311
山谷詩集註二十卷外集詩註十七卷
別集詩註二卷 ……………………… 2-402
山谷詩集註二十卷外集詩註十七卷
別集詩註二卷 ……………………… 2-402
山谷詩集註二十卷外集詩註十七卷
別集詩註二卷 ……………………… 2-402
山東考古錄不分卷 …………………… 1-390
山東考古錄不分卷續山東考古錄三
十二卷首不分卷 …………………… 1-390
[山東曲阜]孔子世家譜二十二卷首
一卷 …………………………………… 1-48
[山東曲阜]孔子世家譜纂要一卷首
一卷 …………………………………… 1-48
山東全河備考四卷 …………………… 1-496
[山東青州]顔山孫氏族譜二卷 ……… 2-81
山東直隸河南三省黄河全圖 ………… 1-528
山東省外務行政沿習利弊報告清冊
不分卷 ……………………………… 2-48
山東省單行法行政規章第二次報告
書不分卷 …………………………… 2-17
山東兗州府鄒縣現行簡明賦役全書
不分卷 ……………………………… 1-555
山東軍興紀略二十二卷 ……………… 2-21
山東郡縣圖考不分卷 ………………… 1-394
[山東泰安]汶陽汪氏族譜四卷附汪
氏文獻考四卷 ……………………… 2-83
[山東高密]高密李氏家譜四卷首一
卷末一卷 …………………………… 2-82
[山東高密]高密單氏家乘五卷 ……… 2-85
[山東高密]高密單氏家乘六卷 ……… 2-85
[山東高密]高密傅氏族譜不分卷 …… 2-88
[山東高密]綦氏家乘四卷 …………… 2-88
[雍正]山東通志三十六卷首一卷 … 1-440
[康熙]山東通志六十四卷 …………… 1-35
[山東聊城]東郡任氏族譜五卷首一
卷 ……………………………………… 2-80
[山東章丘]焦氏家譜不分卷 ………… 1-50
[山東商河]馬氏族譜不分卷 ………… 2-79
山東清理財政局編訂全省財政説明
書不分卷 …………………………… 2-30
[山東淄博]淄川畢氏世譜一卷首一
卷附録一卷 ………………………… 2-80
[山東淄博]淄川縣孝義鄉高氏族譜
不分卷 ……………………………… 2-86
[山東淄博]淄川縣豐泉鄉王氏世譜
不分卷附録 ………………………… 2-79
[山東淄博]張氏宗譜不分卷 ………… 2-84
山東鄉試硃卷(同治壬戌恩科併咸豐
辛酉正科)不分卷附山東鄉試第伍
房同門姓氏 ………………………… 2-94
山東鄉試題名錄(光緒二十九年癸卯
恩科)不分卷 ……………………… 2-92
山東黄河南岸十三州縣遷民圖説一

卷 ………………………………… 1-526
山東黃河南岸十三州縣遷民圖說一
卷總圖一卷 ………………………… 1-556
[山東棗莊]孫氏族譜不分卷 ………… 2-81
山東運河備覽十二卷圖一卷 ………… 1-493
山東運河備覽十二卷圖一卷 ………… 1-493
山東登州府榮成縣收併成靖弍衛現
行簡明賦役全書不分卷 …………… 1-556
山東登州府榮成縣現行簡明賦役全
書不分卷 …………………………… 1-556
[山東蓬萊]戚氏族譜不分卷 ………… 2-87
山東署理布政使司督糧道遵飭查造
光緒貳拾玖年有漕各州縣漕倉孤
貧等項米石照章折收正耗錢文數
目簡明表册 ………………………… 1-555
山東試辦大學堂暫行章程摺稿不分
卷 ………………………………… 2-11
[山東齊河]劉氏族譜二卷 ………… 2-80
[山東寧陽]劉氏家譜二卷 ………… 2-80
[山東寧陽]劉氏家譜不分卷 ………… 2-81
[山東德州]魏氏家譜四卷 ………… 1-50
[山東諸城]王氏家譜五卷 ………… 1-48
[山東諸城]李氏族譜不分卷 ………… 1-48
[山東諸城]李氏族譜不分卷 ………… 1-48
[山東樂陵]史氏家譜不分卷 ………… 1-49
[山東樂陵]史氏家譜不分卷 ………… 2-80
[山東霑化]霑化吳氏族譜三卷霑化
吳氏家傳四卷首一卷 ……………… 2-82
[山東龍口]丁氏族譜十二卷首一卷
…………………………………… 2-79
[山東龍口]黃縣太原王氏族譜八卷
…………………………………… 2-79
山東濟南府禹城縣現行簡明賦役全
書不分卷 …………………………… 1-556
山東濟甯直隸州現行賦役全書不分
卷 ………………………………… 1-556
山東鹽法志二十二卷附編十卷 ……… 1-544
山東鹽法志二十二卷附編十卷 ……… 1-544
山東鹽法志二十二卷附編十卷 ……… 1-544
山東鹽法志十四卷 ………………… 1-44
山東鹽法志十四卷 ………………… 1-544
山東鹽法續增備考六卷 …………… 1-544
山東鹽法續增備考六卷 …………… 1-544
山居閒談五卷 ……………………… 2-232
山居閒談五卷 ……………………… 2-232
山南詩選四卷 ……………………… 2-370
山海經十八卷 ……………………… 1-23
山海經十八卷 ……………………… 1-283
山海經十八卷 ……………………… 1-284
山海經十八卷 ……………………… 1-284
山海經十八卷山海經圖讚一卷山海
經補註一卷 ………………………… 1-283
山海經十八卷山海經圖讚一卷山海
經補註一卷 ………………………… 1-284
山海經存九卷首一卷 ……………… 1-286
山海經箋疏十八卷山海經圖讚一卷
山海經訂譌一卷 …………………… 1-283
山海經箋疏十八卷山海經圖讚一卷
山海經訂譌一卷 …………………… 1-283
山海經箋疏十八卷山海經圖讚一卷
山海經訂譌一卷 …………………… 1-283
山海經箋疏十八卷山海經圖讚一卷
山海經訂譌一卷 …………………… 1-283
山海經箋疏十八卷山海經圖讚一卷
山海經訂譌一卷 …………………… 1-284
山海經廣註十八卷山海經圖五卷 …… 1-283
山海經廣註十八卷山海經圖五卷 …… 1-284
山海經廣註十八卷山海經圖五卷 …… 1-284
山海經類對賦十四卷 ……………… 1-286
[嘉慶]山陰縣志三十卷首一卷 …… 1-468
[嘉慶]山陰縣志三十卷首一卷 …… 1-468
山帶閣集三十三卷附錄一卷 ………… 2-422
山帶閣註楚辭六卷首一卷餘論二卷
說韻一卷 …………………………… 1-124
山堂肆考二百四十卷 ……………… 1-58
[乾隆]山陽志遺四卷 ……………… 1-484
山陽詩徵二十六卷 ………………… 2-368
山陽詩徵續編四十四卷 …………… 2-368
[同治]山陽縣志二十一卷圖一卷 … 1-432
[同治]山陽縣志二十一卷圖一卷 … 1-432
[同治]山陽縣志二十一卷圖一卷 … 1-432
[同治]山陽縣志二十一卷圖一卷 … 1-432

山樵書外紀 …………………………… 2－97
山響齋別集飲騷十卷………………… 1－124
千九百零五年法國出入歲計考不分
　卷 ……………………………………… 2－28
千山詩集二十卷……………………… 2－332
千文同音字不分卷…………………… 1－254
千百年眼十二卷……………………… 1－308
千百年眼十二卷……………………… 1－308
千金裘二十七卷二集二十六卷……… 1－246
千叟宴詩三十四卷首二卷 …………… 1－98
千叟宴詩三十四卷首二卷 …………… 1－98
千叟宴詩三十四卷首二卷 …………… 1－98
千甓亭磚錄六卷……………………… 2－188
千甓亭磚錄六卷……………………… 2－188
千甓亭磚續錄四卷…………………… 2－188
千疊波餘一卷………………………… 2－366
［光緒］川沙廳志十四卷首一卷末一
　卷……………………………………… 1－414
［光緒］川沙廳志十四卷首一卷末一
　卷……………………………………… 1－414
［光緒］川沙廳志十四卷首一卷末一
　卷……………………………………… 1－414
及幼草三卷…………………………… 1－146
及時山房文草六卷…………………… 2－486
亡妻姚孺人行述……………………… 1－347
尸子二卷存疑一卷…………………… 2－130
尸子二卷存疑一卷…………………… 2－133
尸子二卷存疑一卷…………………… 2－133
尸子二卷存疑一卷…………………… 2－147
尸子二卷存疑一卷尹文子一卷……… 2－138
己丑使滇日記 ………………………… 1－30
己酉甘肅賑務往來電稿不分卷 ……… 2－28
已山先生文集十卷別集四卷………… 1－161
也是集一卷…………………………… 2－457
也儂詩草十卷………………………… 2－371
女才子十二卷首一卷………………… 2－251
女才子傳十卷首一卷 ………………… 1－84
女英傳四卷…………………………… 1－330
女英傳四卷…………………………… 2－575
女科二卷產後編二卷………………… 2－173
女科二卷產後編二卷………………… 2－173
女科二卷產後編二卷………………… 2－173
女學六卷 ……………………………… 1－63
小十誦寮詩存不分卷………………… 2－368
小五義一百二十四回………………… 2－240
小方壺齋輿地叢鈔十二帙…………… 1－517
小方壺齋輿地叢鈔十二帙…………… 1－517
小方壺齋輿地叢鈔十二帙…………… 1－517
小方壺齋輿地叢鈔十二帙…………… 1－518
小方壺齋輿地叢鈔十二帙補編十二
　帙再補編十二帙…………………… 1－517
小方壺齋輿地叢鈔十二帙補編十二
　帙再補編十二帙…………………… 1－518
小方壺齋輿地叢鈔補編十二帙再補
　編十二帙…………………………… 1－518
小方壺叢書四集三十六種七十一卷
　…………………………………… 2－559
小石山房叢書三十八種六百四卷…… 2－542
小石山房叢書三十八種六百四卷…… 2－542
小石帆亭著錄六卷…………………… 1－163
小式尺牘不分卷……………………… 2－303
小芋香館遺集十二卷………………… 2－493
小芋香館遺集十二卷………………… 2－493
小豆棚十六卷………………………… 2－234
小西腴山館文集十二卷……………… 2－458
小西腴山館詩集八卷小西腴山館文
　集十二卷…………………………… 2－336
小谷山房雜言四卷…………………… 2－509
小言集十六種十六卷………………… 2－509
小沙子史略一卷……………………… 1－260
小沙子史略一卷……………………… 1－260
小沙子史略一卷……………………… 1－260
小沙子史略一卷……………………… 1－260
小沖言事不分卷……………………… 2－378
小坡識小錄四卷……………………… 2－230
小松石齋文集五卷詩集五卷………… 2－496
小松石齋文集五卷詩集五卷………… 2－496
小知錄十二卷………………………… 2－227
小知錄十二卷………………………… 2－227
小知錄十二卷………………………… 2－227
小兒語一卷女小兒語一卷…………… 2－386
小南海集詩鈔二卷…………………… 2－370

小重山房初稾詩十卷詞三卷賦二卷 ……………………………………… 2－313
小重山房詩續錄十二卷 ……………… 2－342
小桃李園文鈔四卷詩鈔二十卷 ……… 2－506
小峴山人文集六卷續文集二卷詩集二十六卷 …………………………… 2－491
小倉山房尺牘六卷 …………………… 2－298
小倉山房四六八卷 …………………… 2－505
小倉山房外集七卷 …………………… 2－505
小倉山房書牘輯註八卷 ……………… 2－298
小倉山房詩集三十七卷續補詩集二卷 …………………………………… 2－325
小倉山房詩集三十七卷續補詩集二卷 …………………………………… 2－326
小浮山人手訂年譜一卷 ……………… 1－343
小家語四卷 …………………………… 2－255
小琅嬛仙館敘錄書三種六卷 ………… 1－91
小琅嬛叢記二卷 ……………………… 2－389
小嫏嬛山館彙刊類書十二種二十三卷 …………………………………… 2－560
小嫏嬛山館彙刊類書十二種二十三卷 …………………………………… 2－560
小瑯環閣讀餘錄一卷 ………………… 2－250
小萬卷樓叢書十七種七十四卷 ……… 2－553
小萬卷樓叢書十八種七十五卷 ……… 2－554
小萬卷齋文稿二十四卷 ……………… 2－490
小萬卷齋經進稿四卷 ………………… 2－328
小萬卷齋經進稿四卷詩稿三十二卷詩續稿十二卷詩遺稿一卷 ………… 2－346
小雲棲放生錄一卷 …………………… 1－477
小雅樓詩集八卷遺文二卷 …………… 2－488
小腆紀年坿攷二十卷 ………………… 1－272
小腆紀年坿攷二十卷 ………………… 1－272
小腆紀年坿攷二十卷 ………………… 1－272
小腆紀年坿攷二十卷 ………………… 1－273
小腆紀年坿攷二十卷 ………………… 1－304
小腆紀傳六十五卷小腆紀傳補遺六卷 …………………………………… 1－274
小腆紀傳六十五卷小腆紀傳補遺六卷 …………………………………… 1－323
小湖田樂府十卷 ……………………… 2－524
小窗自紀四卷別紀四卷清紀不分卷艷紀不分卷 ………………………… 1－84
小窗自紀四卷別紀四卷清紀不分卷艷紀不分卷 ………………………… 1－88
小窗自紀四卷別紀四卷清紀不分卷艷紀不分卷 ………………………… 1－89
小蓬亭詩草六卷 ……………………… 2－356
小蓬萊傳奇十卷 ……………………… 2－531
小蓬萊閣金石文字不分卷 …………… 2－100
小睡足寮詩錄四卷二友詩錄一卷詩續錄三卷詩補錄二卷 ……………… 2－360
小滄浪筆談四卷 ……………………… 1－515
小滄浪筆談四卷 ……………………… 1－515
小滄浪詩話四卷 ……………………… 2－336
小樓詩集八卷 ………………………… 2－364
小影珠吟館詩餘一卷 ………………… 2－513
小影圖贊一卷 ………………………… 1－29
小學六卷 ……………………………… 1－45
小學句讀六卷 ………………………… 1－61
小學弦歌八卷 ………………………… 2－322
小學考五十卷 ………………………… 1－228
小學考五十卷 ………………………… 1－228
小學考五十卷 ………………………… 1－228
小學考五十卷 ………………………… 1－228
小學書註解十卷 ……………………… 1－96
小學紺珠十卷 ………………………… 1－58
小學紺珠十卷 ………………………… 1－58
小學答問一卷 ………………………… 1－227
小學答問一卷 ………………………… 1－227
小學集註六卷 ………………………… 2－152
小學集註六卷附忠孝經不分卷 ……… 2－153
小學集解六卷 ………………………… 2－153
小學集解六卷 ………………………… 2－540
小學鉤沈十九卷 ……………………… 1－227
小學鉤沈十九卷 ……………………… 1－228
小學鉤沈十九卷 ……………………… 1－228
小學鉤沈續編八卷 …………………… 1－229
小學義疏六卷小學或問不分卷小學後編不分卷小學攷證不分卷小學釋文不分卷 ……………………… 2－158
小學彙函十四種一百五十三卷 ……… 1－227

小學彙函十四種一百五十三卷……… 2－538
小學彙函十四種一百五十三卷……… 2－561
小學稽業五卷……………………………… 2－153
小學盦遺書四卷………………………… 1－229
小學韻語不分卷………………………… 2－159
小學類編七種三十六卷……………… 1－228
小學類編七種三十六卷……………… 1－228
小學類編七種三十六卷……………… 1－228
小學纂註六卷…………………………… 2－159
小辨齋偶存八卷附錄一卷…………… 2－547
小窻遺稿二十七卷……………………… 2－500
小隱山樵文存二卷……………………… 2－479
小檀欒室彙刻閨秀詞十集一百二十
七卷…………………………………… 2－520
小檀欒室彙刻閨秀詞十集一百二十
七卷…………………………………… 2－520
小檀欒室彙刻閨秀詞十集一百二十
七卷…………………………………… 2－520
小檀欒室彙刻閨秀詞十集一百二十
七卷…………………………………… 2－520
小檀欒室彙刻閨秀詞十集一百二十
七卷…………………………………… 2－520
小檀欒室彙刻閨秀詞十集一百二十
七卷…………………………………… 2－520
小檀欒室彙刻閨秀詞十集一百二十
七卷…………………………………… 2－528
小謨觴館文注四卷續集二卷………… 2－484
小謨觴館集十三卷……………………… 2－484
小謨觴館詩集八卷詩續集二卷詩餘
附錄一卷……………………………… 2－484
小謨觴館詩集注八卷詩餘附錄一卷
文集注四卷詩續集注二卷詩餘續
附錄注一卷文續集注二卷………… 2－484
小題宗海不分卷………………………… 2－297
小羅浮山館詩鈔十五卷……………… 2－357
小羅浮山館詩鈔十五卷……………… 2－357
小羅浮草堂文集九卷首一卷………… 2－489
小鷗波館詩鈔十卷小鷗波館詞鈔一
卷……………………………………… 2－328
子史試帖初集六卷……………………… 2－362
子史精華一百六十卷…………………… 2－140
子史精華一百六十卷…………………… 2－140
子史精華一百六十卷…………………… 2－140
子史精華一百六十卷…………………… 2－140
子史精華一百六十卷…………………… 2－140
子史精華一百六十卷…………………… 2－140
子史精華一百六十卷…………………… 2－141
子史類語二十四卷 ……………………… 1－58
子仙文鈔二卷詩鈔八卷拜玉詞二卷
……………………………………… 1－160
子華子二卷……………………………… 2－137
子華子二卷……………………………… 2－540
子書二十八種…………………………… 2－130
子書二十八種…………………………… 2－130
子書二十八種…………………………… 2－130
子書二十八種…………………………… 2－130
子書百家一百一種……………………… 2－130
子書百家一百一種五百十一卷……… 2－541
子問二卷附又問一卷…………………… 2－156
子彙二十四種三十四卷 ……………… 1－58
孑遺錄一卷 ……………………………… 1－22

四畫

王九溪詩鈔二十七卷…………………… 2－362
王小寅四種四卷………………………… 2－575
王子安集十六卷………………………… 2－397
王子安集註二十卷首一卷末一卷…… 2－396
王子安集註二十卷首一卷末一卷…… 2－396
王元美先生文選二十六卷…………… 1－145
王太史遺稿十卷………………………… 2－421
王仁俊著述六種九卷…………………… 2－576
王氏音略一卷…………………………… 1－226
王文成公文選八卷 …………………… 1－91
王文成公全書三十八卷……………… 2－419
王文成公全書三十八卷……………… 2－419
王文成公全書三十八卷……………… 2－419
王文成公全書三十八卷……………… 2－419
王文成公全書三十八卷……………… 2－419
王文成公全書三十八卷……………… 2－423
王文成公全書三十八卷……………… 2－423
王文成公全集十六卷目錄二卷……… 2－416

王文成公全集十六卷目錄二卷……… 2－416
王文直公遺集六卷首一卷…………… 2－452
王文恪公集三十六卷………………… 1－142
王文恪公集三十六卷………………… 1－142
王文恪公集三十六卷………………… 1－142
王文莊公集十卷附校勘記一卷……… 2－421
王文敏公奏疏不分卷………………… 1－372
王文敏公奏疏不分卷………………… 1－372
王文敏公奏疏不分卷………………… 1－372
王文敏公奏疏不分卷………………… 1－372
王文敏公經進稿二卷………………… 1－371
王文肅公文草十四卷………………… 1－142
王文肅公[錫爵]年譜不分卷　……… 1－343
王文肅公牘草十八卷………………… 1－142
王文端公年譜一卷…………………… 1－161
王文端公年譜一卷…………………… 2－441
王文端公年譜一卷…………………… 2－441
王文簡公論七言古體平仄一卷……… 1－163
王石和文七卷………………………… 1－161
王右丞集二十八卷首一卷末一卷…… 1－128
王右丞集二十八卷首一卷末一卷…… 1－128
王母消劫救世經不分卷……………… 2－206
王母消劫救世經不分卷……………… 2－206
王芝堂文集六卷……………………… 2－464
王芝堂文集六卷詩集三卷…………… 2－463
王芝堂文集六卷詩集三卷…………… 2－464
王百穀先生謀野集四卷　…………… 1－95
王先生十七史蒙求十六卷　………… 1－53
王先生十七史蒙求十六卷　………… 1－53
王先生十七史蒙求十六卷…………… 2－151
王先生十七史蒙求十六卷…………… 2－303
王先生十七史蒙求十六卷…………… 2－304
王先謙自定年譜三卷………………… 1－336
王先謙自定年譜三卷………………… 1－337
王先謙自定年譜三卷………………… 1－344
王壯武公[鑫]年譜二卷　…………… 1－343
王奉常書畫題跋二卷　……………… 2－94
王奉常書畫題跋二卷　……………… 2－94
王季重時文敘雜序不分卷…………… 1－146
王注正譌一卷………………………… 2－308
王陌菴詩集二卷……………………… 1－106
王荆公文集註八卷…………………… 2－409
王荆公唐百家詩選二十卷…………… 1－104
王荆文公詩五十卷…………………… 1－104
王荆文公詩五十卷…………………… 1－137
王弇州集二十卷附王弇州傳………… 1－145
王洪緒先生外科證治全生不分卷…… 2－174
王洪緒先生外科證治全生不分卷…… 2－174
王益吾所刻書十一種十九卷………… 1－322
王益吾所刻書十一種十九卷………… 1－554
王孫經補遺不分卷…………………… 2－196
王菉友先生著書四種四卷…………… 2－576
王菉友先生著書四種四卷…………… 2－576
王梅溪先生會稽三賦四卷…………… 1－104
王船山先生[夫之]年譜二卷　……… 1－322
王船山先生[夫之]年譜二卷　……… 1－322
王船山叢書校勘記二卷……………… 2－564
王深寧先生[應麟]年譜一卷　……… 2－410
王陽明先生文集十六卷……………… 1－343
工陽明先生文鈔二十卷……………… 1－142
王陽明先生全集二十二卷…………… 1－139
王陽明先生全集二十卷首一卷……… 1－139
王陽明先生傳習錄五卷　…………… 1－60
王萬選日記不分卷…………………… 1－353
王景覽幕府文移章程雜錄　………… 2－18
王無功集三卷東皋子集補遺二卷東皋子集校勘記一卷………………… 2－397
王註正譌一卷　……………………… 1－97
王註正譌一卷　……………………… 1－97
王註正譌一卷　……………………… 1－97
王惺所先生文集十卷………………… 1－149
王湘綺先生全集八種………………… 2－485
王夢樓絕句二卷……………………… 2－330
王槐溪先生文集五卷………………… 1－140
王筠說文四種百三十卷……………… 1－240
王靖毅公年譜二卷先靖毅公行述一卷………………………………… 2－504
王靖毅公[懿德]年譜二卷附錄三種………………………………… 1－317
王靖毅公[懿德]年譜二卷附錄三種………………………………… 2－66

王靖毅公[懿德]年譜二卷附錄四種
…………………………………… 1－317
王鳳洲先生綱鑑正史全編二十四卷
…………………………………… 1－54
王輔嗣論易一卷………………………… 1－2
王漁洋遺書三十八種二百七十三卷
…………………………………… 1－169
王漁洋遺書三十八種二百七十三卷
…………………………………… 1－169
王儀部先生箋釋三十卷首一卷 ……… 1－45
王摩詰詩集七卷……………………… 1－119
王摩詰詩集七卷……………………… 1－119
王摩詰詩集三卷……………………… 2－371
王篠泉先生[用誥]年譜一卷附行狀
…………………………………… 1－338
王隱晉書地道記一卷………………… 1－518
王隱晉書地道記一卷………………… 1－518
王臨川全集一百卷…………………… 2－398
王臨川全集一百卷…………………… 2－399
王臨川全集二十四卷………………… 2－399
王稺登尺牘解二卷…………………… 2－303
王顧齋先生行狀不分卷……………… 1－315
井田圖攷二卷………………………… 1－553
[光緒]井研志四十二卷首一卷 …… 1－471
[光緒]井研志四十二卷首一卷 …… 1－471
[光緒]井研志四十二卷首一卷 …… 1－471
井福堂文稿十卷……………………… 1－158
井礦工程三卷………………………… 2－271
井礦工程三卷………………………… 2－271
天一閣見存書目四卷首一卷末一卷
…………………………………… 2－72
天一閣書目四卷附碑目 …………… 2－76
天下一統志九十卷 ………………… 1－33
天下山河兩戒考十四卷……………… 1－393
天下山河兩戒考十四卷……………… 1－393
天下山河兩戒考十四卷首一卷……… 1－393
天下名山圖詠四卷…………………… 1－503
天下郡國利病書一百二十卷………… 1－378
天下郡國利病書一百二十卷………… 1－378
天下郡國利病書一百二十卷………… 1－379
天下郡國利病書一百二十卷………… 1－379
天下郡國利病書一百二十卷………… 1－379
天下郡國利病書一百二十卷………… 1－379
天下郡國利病書一百二十卷………… 1－379
天下郡國利病書一百二十卷………… 1－379
天下郡國利病書一百二十卷………… 1－379
天山客話不分卷……………………… 1－352
天子肆獻祼饋食禮纂四卷天賦考一
卷…………………………………… 2－2
天元玉曆祥異賦不分卷 …………… 1－73
天中記六十卷………………………… 2－141
天中許子政學合一集三卷續集二卷
讀禮偶見二卷……………………… 1－160
天文大象賦二卷……………………… 2－179
天文本單經論語校勘記一卷孟子章
句一卷附劉熙事蹟攷一卷………… 1－218
天文地學歌略不分卷………………… 2－178
天文步天歌不分卷…………………… 2－179
天文啟蒙七卷首一卷………………… 2－178
天文啟蒙七卷首一卷………………… 2－178
天方至聖實錄二十卷首一卷………… 2－214
天方至聖實錄二十卷首一卷………… 2－214
天方性理五卷首一卷 ……………… 1－80
天外歸帆草不分卷…………………… 2－333
天主降生引義二卷…………………… 2－214
天台三高士遺集五種五卷…………… 2－575
天台山方外志三十卷 ……………… 1－41
天台四教儀集註十卷………………… 2－201
天地冥陽水陸雜文三卷 …………… 1－71
天全石錄不分卷……………………… 2－271
天花亂墜八卷二集八卷三集八卷…… 2－376
天雨花三十回………………………… 2－244
天則百話不分卷……………………… 2－232
天界覺浪盛禪師全錄三十三卷別錄
二卷 ……………………………… 1－70
天香樓藏帖…………………………… 2－192
天津府自治局文件錄要初編不分卷
二編不分卷 ……………………… 2－50
天津府屬試辦審判廳章程不分卷 …… 2－11
天津指南八卷………………………… 1－420
[乾隆]天津縣志二十四卷 ………… 1－433
[乾隆]天津縣志二十四卷 ………… 1－433

[乾隆]天津縣志二十四卷 ………… 1－433
[天津寶坻]方氏族譜不分卷 ………… 2－80
天神會課不分卷………………………… 2－214
天咫偶聞十卷…………………………… 2－226
天咫偶聞十卷…………………………… 2－226
天咫偶聞十卷…………………………… 2－226
天咫偶聞十卷…………………………… 2－226
天真閣集五十四卷外集六卷………… 2－492
天真閣集五十四卷外集六卷………… 2－492
天根文鈔四卷文法一卷文鈔續集一
卷詩鈔二卷………………………… 2－457
天根文鈔四卷文法一卷文鈔續集一
卷詩鈔二卷………………………… 2－457
天問閣文集□□卷…………………… 1－161
天崇合編四卷………………………… 2－285
天啟宮詞一卷………………………… 2－118
天開圖畫樓全集七種………………… 2－489
天遊閣集五卷詩補一卷附錄一卷…… 2－331
天遊閣集五卷詩補一卷附錄一卷…… 2－331
天童寺志十卷首一卷 ………………… 1－42
天童寺志十卷首一卷………………… 1－526
天祿閣外史八卷 ……………………… 1－26
天祿閣外史八卷 ……………………… 1－26
天祿閣外史八卷 ……………………… 1－77
天祿閣外史八卷……………………… 1－309
天祿閣外史八卷……………………… 2－226
天祿閣外史八卷……………………… 2－380
天愚山人詩集十二卷文集十六卷…… 2－500
天愚山人詩集十二卷文集十六卷…… 2－500
天隱子一卷…………………………… 2－137
天隱子一卷…………………………… 2－137
天隱子一卷…………………………… 2－137
天隱子一卷…………………………… 2－210
天算策學通纂十卷…………………… 2－185
天演論二卷…………………………… 2－258
天演論二卷…………………………… 2－258
天演論二卷…………………………… 2－258
天演論二卷…………………………… 2－258
天演論二卷…………………………… 2－258
天演論二卷三十五篇………………… 2－258
天學初函五十二卷 …………………… 1－67
天隱子遺稿十七卷…………………… 1－144
天嶽山館文鈔四十卷………………… 2－481
天嶽山館文鈔四十卷………………… 2－481
天嶽山館文鈔四十卷………………… 2－481
天韻堂詩存八卷……………………… 2－370
天壤閣叢書二十種六十二卷………… 2－553
天壤閣叢書二十種六十二卷………… 2－553
天壤閣叢書三十三種八十卷………… 2－553
天籟集二卷…………………………… 2－523
天籟新韻不分卷……………………… 1－254
元人集十種五十四卷………………… 1－103
元氏長慶集六十卷集外文章一卷…… 1－127
元氏長慶集六十卷補遺六卷附錄一
卷…………………………………… 1－127
[同治]元氏縣志十四卷首一卷末一
卷…………………………………… 1－403
[同治]元氏縣志十四卷首一卷末一
卷…………………………………… 1－404
[同治]元氏縣志十四卷首一卷末一
卷…………………………………… 1－404
[同治]元氏縣志十四卷首一卷末一
卷…………………………………… 1－404
元文類七十卷目錄三卷 ……………… 1－86
元文類七十卷目錄三卷……………… 2－274
元文類七十卷目錄三卷……………… 2－274
元文類七十卷目錄三卷……………… 2－274
元文類七十卷目錄三卷……………… 2－274
元文類七十卷目錄三卷……………… 2－274
元文類七十卷目錄三卷……………… 2－274
元文類七十卷目錄三卷……………… 2－274
元史二百十卷………………………… 1－289
元史二百十卷目錄二卷 ……………… 1－18
元史氏族表三卷 ……………………… 2－76
元史氏族表三卷 ……………………… 2－76
元史氏族表三卷 ……………………… 2－77
元史氏族表三卷 ……………………… 2－77
元史氏族表三卷 ……………………… 2－77
元史氏族表三卷 ……………………… 2－77
元史氏族表三卷 ……………………… 2－77
元史紀事本末二十七卷……………… 1－275
元史紀事本末二十七卷……………… 1－275

元史紀事本末二十七卷………………1－275
元史紀事本末二十七卷………………1－275
元史紀事本末二十七卷………………1－275
元史紀事本末二十七卷………………1－275
元史紀事本末二十七卷………………1－275
元史紀事本末二十七卷………………1－275
元史紀事本末二十七卷………………1－281
元史紀事本末二十七卷………………1－281
元史紀事本末二十七卷………………1－282
元史紀事本末四卷 ………………1－21
元史紀事本末四卷 ………………1－22
元史節要十四卷 ………………1－17
元史新編九十五卷………………1－263
元史新編九十五卷………………1－263
元史新編九十五卷………………1－263
元史新編九十五卷………………1－263
元史新編九十五卷………………1－264
元史論一卷………………2－109
元史論一卷………………2－110
元史論一卷………………2－110
元史論一卷………………2－110
元史論一卷………………2－110
元史論一卷………………2－110
元史論一卷………………2－111
元史藝文志四卷 ………………2－67
元史藝文志四卷 ………………2－67
元史藝文志四卷 ………………2－67
元史藝文志四卷 ………………2－67
元史藝文志四卷 ………………2－67
元史類編四十二卷………………1－264
元史類編四十二卷………………1－292
元史譯文證補三十卷………………1－262
元史譯文證補三十卷………………1－262
元史譯文證補三十卷………………1－263
元史譯文證補三十卷………………1－263
元史譯文證補三十卷………………1－263
元史譯文證補三十卷………………1－263
元包經傳五卷 ………………1－74
元刑法志四卷………………2－4
元耶律楚材西遊錄一卷………………2－230
元明清史略五卷………………1－265
元典章前集六十卷附新集二卷 ………2－67
元和姓纂十卷………………2－141
元和姓纂十卷………………2－141
元和姓纂十卷………………2－141
元和姓纂十卷………………2－141
元和姓纂十卷………………2－141
［道光］元和郡縣志四十卷 ………1－405
元和郡縣志闕卷逸文三卷………………2－104
［光緒］元和郡縣補志九卷 ………1－405
［光緒］元和郡縣補志九卷 ………1－405
［光緒］元和郡縣補志九卷 ………1－405
［光緒］元和郡縣圖志四十卷附闕卷
逸文一卷………………1－405
［光緒］元和郡縣圖志四十卷附闕卷
逸文一卷………………1－405
［光緒］元和郡縣圖志四十卷附闕卷
逸文一卷攷證三十四卷………………1－405
元和郡縣圖志攷證四十卷………………1－477
元和蔡氏所著書三種十六卷 ………1－51
元城語錄三卷………………2－228
元城語錄解三卷附行錄解一卷………2－567
元城語錄解三卷附行錄解一卷………2－568
元祐黨人傳十卷………………1－331
元祐黨人傳十卷………………1－331
元祕史山川地名攷十二卷………………1－384
元祕史山川地名攷十二卷………………1－384
元祕史山川地名攷十二卷………………1－384
元祕史李注補正十五卷………………1－290
元書一百二卷首一卷………………1－280
元書一百二卷首一卷………………1－280
元書一百二卷首一卷………………1－280
元書一百二卷首一卷………………1－280
元朝名臣事略十五卷………………1－318
元朝名臣事略十五卷………………1－318
元朝名臣事略十五卷………………1－318
元朝祕史十五卷………………1－289
元朝祕史十五卷………………1－289
元朝祕史十五卷………………1－289
元朝祕史十五卷………………1－289
元朝祕史十五卷………………1－290
元朝秘史十五卷………………1－311

元朝秘史十卷續集二卷 ………………… 1－289
元朝秘史十卷續集二卷 ………………… 1－289
元朝秘史十卷續集二卷 ………………… 1－289
元朝秘史注十五卷 ……………………… 1－292
元詩選二集八集 ………………………… 1－117
元詩選六卷補遺一卷 …………………… 1－103
元詩選六卷補遺一卷 …………………… 2－341
元詩選初集十集二集八集三集八集
……………………………………………… 1－117
元詩選癸集十六卷 ……………………… 2－373
元經薛氏傳十卷 ………………………… 1－274
元經薛氏傳十卷 ………………………… 1－274
元經薛氏傳十卷 ………………………… 1－274
元經薛氏傳十卷 ………………………… 1－288
元遺山先生[好問]年譜一卷 ……… 2－317
元遺山先生[好問]年譜一卷 ……… 2－317
元遺山先生[好問]年譜一卷 ……… 2－317
元遺山先生[好問]年譜一卷 ……… 2－413
元遺山先生[好問]年譜一卷 ……… 2－413
元遺山先生[好問]年譜一卷 ……… 2－413
元遺山先生[好問]年譜一卷 ……… 2－413
元遺山先生[好問]年譜一卷 ……… 2－413
元遺山先生[好問]年譜一卷 ……… 2－413
元遺山先生[好問]年譜一卷 ……… 2－414
元遺山先生[好問]年譜一卷 ……… 2－414
元遺山先生[好問]年譜一卷 ……… 2－414
元遺山先生[好問]年譜一卷 ……… 2－414
元遺山先生[好問]年譜一卷 ……… 2－414
元遺山先生[好問]年譜一卷 ……… 2－414
元遺山先生[好問]年譜一卷 ……… 2－414
元遺山先生[好問]年譜一卷 ……… 2－414
元遺山先生[好問]年譜三卷附墓
圖記略一卷 ………………………… 1－319
元遺山先生[好問]年譜三卷附墓
圖記略一卷 ………………………… 1－319
元遺山先生[好問]年譜不分卷 …… 1－343
元遺山先生集四十卷首一卷 ………… 2－413
元遺山先生集四十卷首一卷 ………… 2－413
元遺山先生集四十卷首一卷 ………… 2－413
元遺山先生集四十卷首一卷 ………… 2－414
元遺山先生集四十卷首一卷 ………… 2－414
元遺山先生集四十卷首一卷 ………… 2－414
元遺山先生集附錄一卷 ……………… 2－413
元遺山先生集附錄一卷 ……………… 2－413
元遺山先生集附錄一卷 ……………… 2－413
元遺山先生集附錄一卷 ……………… 2－414
元遺山先生集附錄一卷 ……………… 2－414
元遺山先生集附錄一卷 ……………… 2－414
元遺山先生集補載一卷 ……………… 2－413
元遺山先生集補載一卷 ……………… 2－413
元遺山先生集補載一卷 ……………… 2－413
元遺山先生集補載一卷 ……………… 2－414
元遺山先生集補載一卷 ……………… 2－414
元遺山先生集補載一卷 ……………… 2－414
元遺山詩集箋註十四卷附錄一卷補
載一卷 ……………………………… 2－317
元遺山詩集箋註十四卷附錄一卷補
載一卷 ……………………………… 2－317
元遺山詩集箋註十四卷附錄一卷補
載一卷 ……………………………… 2－317
元穆文鈔一卷 ………………………… 2－506
元龍雜字不分卷 ……………………… 1－13
元憲集三十六卷 ……………………… 2－411
元憲集三十六卷 ……………………… 2－412
元豐九域志十卷 ……………………… 1－33
元豐九域志十卷 ……………………… 1－399
元豐九域志十卷 ……………………… 1－399
元豐九域志十卷 ……………………… 1－399
元豐九域志十卷 ……………………… 1－399
元豐九域志十卷 ……………………… 1－399
元豐題跋一卷 ………………………… 1－123
元豐題跋一卷 ………………………… 1－123
元豐類稾五十卷首一卷 ……………… 2－400
廿一史文鈔三百三十二卷 ………… 1－53
廿一史四譜五十四卷 ………………… 1－260
廿一史四譜五十四卷 ………………… 1－260
廿一史四譜五十四卷 ………………… 1－260
廿一史四譜五十四卷 ………………… 1－260
廿一史四譜五十四卷 ………………… 1－261
廿一史約編八卷首一卷 ……………… 1－261
廿一史約編八卷首一卷 ……………… 1－261
廿一史約編八卷首一卷 ……………… 1－261

廿一史詩箋集解四卷…………………… 2－118
廿一史彈詞註十一卷…………………… 2－524
廿一史彈詞註十一卷…………………… 2－524
廿一史彈詞註十卷……………………… 2－520
廿一史彈詞註十卷明紀彈詞註一卷
……………………………………… 2－520
廿二史攷異一百卷……………………… 2－114
廿二史攷異一百卷……………………… 2－114
廿二史攷異二十三卷…………………… 2－114
廿二史言行略四十二卷………………… 1－260
廿二史言行略四十二卷………………… 2－106
廿二史劄記三十六卷…………………… 2－107
廿二史劄記三十六卷…………………… 2－113
廿二史劄記三十六卷…………………… 2－113
廿二史劄記三十六卷劄記補遺一卷
……………………………………… 2－113
廿二史劄記三十六卷劄記補遺一卷
……………………………………… 2－113
廿二史劄記三十六卷劄記補遺一卷
……………………………………… 2－113
廿二史劄記三十六卷劄記補遺一卷
……………………………………… 2－113
廿二史劄記三十六卷劄記補遺一卷
……………………………………… 2－114
廿四史約編八卷首一卷………………… 1－260
木屑集十種二十六卷…………………… 2－573
木訥先生春秋經筌十六卷……………… 1－7
木訥齋文集五卷附錄一卷……………… 2－424
木庵居士詩四卷補遺一卷……………… 2－371
木犀軒叢書三十三種一百五十八卷
……………………………………… 1－173
木犀軒叢書三十三種一百五十八卷
……………………………………… 2－567
木犀軒叢書三十三種一百五十八卷
……………………………………… 2－567
木犀軒叢書三十三種一百五十八卷
……………………………………… 2－567
木雞書屋文鈔四卷二集六卷三集八卷四集六卷五集六卷詩選六卷左國閒吟不分卷…………………… 2－490
木蘭陂集節要十卷……………………… 1－558
木蘭陂集節要八卷……………………… 1－558
木蘭館詩鈔八卷雜著稿存一卷………… 2－329
五七言今體詩抄十八卷………………… 2－373
五七言今體詩鈔十八卷………………… 2－373
五大洲政治通考四十八卷……………… 2－264
五大洲政治通考四十八卷……………… 2－264
五大洲政治通考四十八卷……………… 2－264
五大部直音三卷………………………… 1－246
五千年中外交涉史九十七卷…………… 2－119
五子近思錄發明十四卷………………… 2－156
五公山人集十六卷……………………… 1－146
五公山人集十六卷……………………… 1－161
五方元音二卷附韻釋韻略……………… 1－251
五方元音二卷附韻釋韻略……………… 1－251
五方元音二卷附韻釋韻略……………… 1－251
五方元音二卷附韻釋韻略……………… 1－251
五方元音二卷附韻釋韻略……………… 1－253
五代史記七十四卷……………………… 1－261
五代史記七十四卷……………………… 1－261
五代史記七十四卷……………………… 1－261
五代史記七十四卷……………………… 1－261
五代史記七十四卷……………………… 1－261
五代史記七十四卷……………………… 1－267
五代史記纂誤續補六卷………………… 1－261
五代史補五卷…………………………… 1－309
五代史纂誤三卷………………………… 1－261
五代春秋二卷…………………………… 1－309
五代會要三十卷 ……………………… 1－44
五代會要三十卷………………………… 1－547
五代會要三十卷………………………… 1－547
五代會要三十卷………………………… 1－547
五代詩話十卷…………………………… 1－162
五百四峯堂詩鈔二十五卷……………… 2－351
五百家註音辯昌黎先生文集四十卷
……………………………………… 2－394
五行大義五卷…………………………… 2－547
五色線二卷……………………………… 1－122
五次問答節略不分卷 ………………… 2－32
五車韻府十卷 ………………………… 1－16
五車韻瑞一百六十卷 ………………… 1－57
五車韻瑞一百六十卷 ………………… 1－57

五車韻瑞一百六十卷 …………………… 1－57
五言今體詩鈔九卷七言今體詩鈔九卷阮亭選古詩三十二卷…………… 2－317
五言排律依永集八卷………………… 1－117
五使瀛環畧十八回…………………… 2－250
五服釋例二十卷……………………… 2－3
五省溝洫圖説不分卷………………… 1－495
五美錄不分卷 ……………………… 2－52
五美錄不分卷 ……………………… 2－52
五洲地理志略三十六卷首不分卷…… 1－382
五洲地理志略三十六卷首不分卷…… 1－382
五洲地理志略三十六卷首不分卷…… 1－382
五洲列國志彙不分卷………………… 2－129
五洲述略四卷………………………… 1－381
五洲政藝撮要二十六卷……………… 2－144
五洲政藝叢編一百六十卷…………… 2－145
五洲圖考不分卷……………………… 1－528
五洲圖考不分卷……………………… 1－529
五軍道里表不分卷…………………… 2－5
五軍道里表不分卷 ………………… 2－18
五華纂訂四書大全十四卷…………… 1－214
五真閣吟稿一卷……………………… 2－459
五真閣吟稿一卷……………………… 2－459
五真閣吟稿一卷……………………… 2－459
五真閣吟稿一卷……………………… 2－493
五峰山志二卷………………………… 1－503
五倫書六十二卷 …………………… 1－64
五畝園小志一卷五畝園志餘一卷…… 1－526
五家全集二十六卷…………………… 2－353
五國故事二卷………………………… 1－292
五國故事二卷………………………… 1－309
五國故事二卷………………………… 1－328
五朝文錄九種………………………… 2－281
五朝名臣言行錄十卷………………… 1－311
五朝名臣言行錄前集十卷後集十四卷 ……………………………………… 1－27
五朝名臣言行錄續集八卷別集二十六卷外集十七卷 ………………… 1－27
五朝詩善鳴集十二卷………………… 2－341
五雅五種四十一卷 ………………… 1－10
五雅全書三十七卷…………………… 1－227
五塘詩草六卷………………………… 2－353
五蓮山志五卷 ……………………… 1－42
五蓮山志五卷 ……………………… 1－42
五經一百八卷………………………… 1－8
五經八十二卷………………………… 1－1
五經小學述二卷……………………… 1－213
五經小學述二卷附校勘記…………… 1－213
五經文字三卷 ……………………… 1－13
五經文字三卷 ……………………… 1－13
五經文字三卷 ……………………… 1－13
五經文藪新編寄傲山房塾課纂輯書經備旨蔡註捷錄七卷……………… 1－212
五經文藪新編御案詩經備旨八卷…… 1－212
五經合纂大成五種四十四卷………… 1－212
五經孝語一卷四書孝語一卷………… 1－9
五經異義疏證三卷…………………… 1－213
五經備旨四十五卷…………………… 1－176
五經歲徧齋校書三種三十二卷……… 2－560
五經圖十二卷………………………… 1－8
五經算術疏義二卷…………………… 1－213
五經類編二十八卷…………………… 1－8
五經繹十五卷………………………… 1－213
五經纂不分卷………………………… 1－8
[光緒]五臺新志四卷首一卷 ……… 1－420
[乾隆]五臺縣志八卷 ……………… 1－420
五種章程稿不分卷…………………… 2－260
五種遺規十卷………………………… 2－148
五種遺規十卷………………………… 2－159
五種遺規五種十七卷………………… 2－148
五種遺規五種十七卷………………… 2－227
五種遺規五種□□卷………………… 2－227
[嘉慶]五寨縣志二卷 ……………… 1－38
五燈會元五十七卷目錄三卷………… 2－207
五嶽遊草不分卷……………………… 1－514
五禮通考二百六十二卷首四卷……… 1－195
五禮通考二百六十二卷首四卷……… 1－195
支那文明史論十章…………………… 2－118
支那通史七卷………………………… 1－257
支那通史七卷………………………… 1－257
支那通史七卷………………………… 1－257
支那教案論四篇……………………… 2－213

支那教案論四篇 …………………… 2－213
支那新史攬要六卷 ………………… 1－301
支那疆域沿革略說不分卷 ………… 1－519
不自棄亭文集八卷 ………………… 1－160
不易介集詩稿六卷 ………………… 2－324
不得已辯不分卷 …………………… 2－214
不遠復齋遺書六種十九卷 ………… 2－562
不慊齋漫存十二卷 ………………… 1－551
不慊齋漫存六卷 …………………… 2－510
不慊齋漫存六卷附一卷 …………… 1－550
不慊齋漫存六卷附一卷 …………… 1－550
不薄今人愛古人不分卷 …………… 2－389
太乙舟文集八卷 …………………… 2－453
太乙舟文集八卷 …………………… 2－453
太乙舟文集八卷 …………………… 2－453
太乙陰陽七十二局 ………………… 2－211
太乙統宗提要不分卷 ……………… 2－212
太乙統宗寶鑑二十四卷 ……………… 1－66
太乙統宗寶鑑二十卷 ………………… 1－66
太乙廟筭兵機捷法通龜便覽□□卷
……………………………………… 2－164
太上感應篇俗解不分卷 …………… 2－205
太上感應篇集註四卷首一卷 ……… 2－217
太上感應篇圖說八卷首一卷 ……… 2－217
太上感應篇圖說八卷首一卷 ……… 2－217
太上感應篇箋注二卷 ……………… 2－224
太上感應篇箋注二卷 ……………… 2－224
太子太保協辦大學士湖廣總督一等
　肅毅伯臣李鴻章片 ……………… 1－374
太子太傅先莊毅公東巖府君［裕泰］
　年譜不分卷 ……………………… 1－344
太子少保江南提督福壯敏公列傳等
　不分卷 …………………………… 1－336
太古山房詩集一卷 ………………… 1－119
太古園詩集一卷 …………………… 1－119
［康熙］太平府志四十卷 ………… 1－491
太平御覽一千卷目録十五卷 ……… 2－141
太平御覽一千卷目録十五卷 ……… 2－141
太平御覽一千卷目録十五卷 ……… 2－141
太平廣記五百卷目錄十卷 ………… 2－237
［嘉慶］太平縣志十八卷 ………… 1－437
［嘉慶］太平縣志十八卷 ………… 1－437
［嘉慶］太平縣志十八卷 ………… 1－437
［道光］太平縣志十六卷首一卷 …… 1－437
［道光］太平縣志十六卷首一卷 …… 1－437
［光緒］太平縣志十四卷首一卷 …… 1－437
［光緒］太平縣志十卷首一卷 ……… 1－437
太平寰宇記二百卷補闕八卷目錄二
　卷 ………………………………… 1－382
太平寰宇記二百卷補闕八卷目錄二
　卷 ………………………………… 1－383
太平寰宇記二百卷補闕八卷目錄二
　卷 ………………………………… 1－383
太平寰宇記二百卷補闕八卷目錄二
　卷 ………………………………… 1－383
［光緒］太平續志十八卷首一卷 …… 1－437
［光緒］太平續志十八卷首一卷 …… 1－437
太史升菴文集八十一卷 …………… 1－144
太史升菴全集八十一卷 …………… 2－417
太史升菴全集八十一卷 …………… 2－417
太史升菴遺集二十六卷 …………… 1－140
太史華句八卷 ………………………… 1－53
太史華句八卷 ………………………… 1－53
太史張天如詳節春秋綱目左傳句解
　六卷 ……………………………… 1－206
太史張天如詳節春秋綱目左傳句解
　六卷 ……………………………… 1－206
太史張天如詳節春秋綱目左傳句解
　六卷 ……………………………… 1－209
太白劍二卷 ………………………… 2－235
太玄經十卷 ………………………… 1－180
太玄經十卷 ………………………… 2－197
太玄經十卷 ………………………… 2－197
［乾隆］太谷縣志八卷 …………… 1－456
［光緒］太谷縣志八卷首一卷末一卷
……………………………………… 1－456
［咸豐］太谷縣志八卷首一卷末一卷
……………………………………… 1－456
太素齋詞鈔二卷 …………………… 2－522
太華山人詩存五卷 ………………… 2－371
太華小志六卷 ……………………… 1－502
［道光］太原縣志十八卷 ………… 1－403

[道光]太原縣志十八卷 …………… 1－440
太師王端毅公奏議六卷………………… 1－377
太師誠意伯劉文成公集二十卷……… 2－416
太師誠意伯劉文成公集二十卷……… 2－416
太師誠意伯劉文成公集二十卷……… 2－416
太師誠意伯劉文成公集二十卷……… 2－416
太常公奏略二卷附不分卷…………… 1－377
太常因革禮一百卷 …………………… 1－45
[道光]太康縣志八卷 ……………… 1－456
太傅李文忠公墓志銘………………… 2－191
太傅孫文正公手書遺摺稿不分卷…… 1－377
太湖竹枝詞二卷五湖漁莊題詞四卷
…………………………………… 1－528
太湖備考十六卷首一卷 …………… 1－40
太湖備考十六卷首一卷……………… 1－493
太湖備考十六卷首一卷……………… 1－493
太湖備考十六卷首一卷附湖程紀略
一卷……………………………… 1－493
太湖備考十六卷首一卷附湖程紀略
一卷太湖備考續編四卷………… 1－493
太湖備考十六卷首一卷附湖程紀略
一卷太湖備考續編四卷………… 1－493
太湖備考續編四卷…………………… 1－493
太湖備考續編四卷…………………… 1－493
太湖備考續編四卷…………………… 1－493
太僕公奏略二卷……………………… 1－372
太綏生詩稿二卷……………………… 2－356
太霞山館文集四卷詩稿二卷………… 2－502
太霞山館文集四卷詩稿二卷………… 2－502
太鶴山人集十三卷…………………… 2－337
太鶴山人集十三卷…………………… 2－337
太鶴山人集十三卷…………………… 2－337
友石齋詩集八卷我盦遺稾二卷……… 2－337
友石齋詩集八卷我盦遺稾二卷……… 2－337
友石齋詩集八卷我盦遺稾二卷……… 2－337
友竹草堂文集不分卷………………… 2－506
友松吟館詩鈔十五卷………………… 2－314
友松吟館詩鈔十五卷………………… 2－314
友聲初集五卷後集五卷新集五卷 …… 1－96
比利時西班牙瑞典哪嘁國和約不分
卷 ………………………………… 2－41
比利時西班牙瑞典哪嘁國和約不分
卷 ………………………………… 2－41
比利時西班牙瑞典哪嘁國和約不分
卷 ………………………………… 2－41
比利時西班牙瑞典哪嘁國和約不分
卷 ………………………………… 2－41
比利時西班牙瑞典哪嘁國和約不分
卷 ………………………………… 2－41
比利時西班牙瑞典哪嘁國和約不分
卷 ………………………………… 2－41
比利時西班牙瑞典哪嘁國和約不分
卷 ………………………………… 2－41
比利時西班牙瑞典哪嘁國和約不分
卷 ………………………………… 2－41
比利時西班牙瑞典哪嘁國和約不分
卷 ………………………………… 2－41
比利時西班牙瑞典哪嘁國和約不分
卷 ………………………………… 2－41
比利時西班牙瑞典哪嘁國和約不分
卷 ………………………………… 2－41
比利時西班牙瑞典哪嘁國和約不分
卷 ………………………………… 2－41
比利時西班牙瑞典哪嘁國和約不分
卷 ………………………………… 2－41
比利時西班牙瑞典哪嘁國和約不分
卷 ………………………………… 2－41
比利時西班牙瑞典哪嘁國和約不分
卷 ………………………………… 2－41
比利時西班牙瑞典哪嘁國和約不分
卷 ………………………………… 2－42
比利時西班牙瑞典哪嘁國和約不分
卷 ………………………………… 2－42
比利時西班牙瑞典哪嘁國和約不分
卷 ………………………………… 2－48
比利時西班牙瑞典哪嘁國和約不分
卷 ………………………………… 2－48
比例摘要便覽不分卷 ……………… 2－20
切音捷訣一卷幼學切音便讀一卷…… 1－254
切音捷訣一卷幼學切音便讀一卷…… 1－254

切問齋文鈔三十卷……………………… 2－384
切問齋文鈔三十卷……………………… 2－452
切問齋文鈔三十卷……………………… 2－452
切問齋文鈔三十卷首一卷……………… 2－452
切問齋集十二卷首一卷………………… 2－452
切問齋集十六卷 ………………………… 1－61
切問齋集十六卷附切問齋文鈔三十
　卷………………………………………… 2－156
切韻考六卷外篇三卷…………………… 1－256
切韻考六卷外篇三卷…………………… 1－256
切韻考六卷外篇三卷…………………… 1－256
止止堂集五卷…………………………… 2－420
止堂集十八卷…………………………… 1－136
止園筆談八卷…………………………… 2－224
止園筆談八卷…………………………… 2－224
止園叢書二十四種一百五十卷……… 2－554
止齋先生文集五十二卷附錄一卷…… 2－400
止齋先生奥論七卷首一卷…………… 1－136
止齋遺書十六卷………………………… 2－495
止齋題跋二卷…………………………… 1－123
止齋題跋二卷…………………………… 1－123
止齋題跋二卷…………………………… 2－403
少村漫稿詩二卷文二卷……………… 1－147
少室山房集六十四卷………………… 2－569
少室山房集六十四卷………………… 2－569
少室山房集六十四卷………………… 2－569
少室山房集六十四卷………………… 2－569
少陽集十卷……………………………… 2－410
少嵒全集三十三卷…………………… 2－486
少微通鑑節要五十卷外紀四卷 ……… 1－21
少儀外傳二卷…………………………… 1－196
少儀外傳二卷…………………………… 2－160
日下尊聞錄五卷………………………… 1－520
日下尊聞錄五卷………………………… 1－527
日下尊聞錄五卷………………………… 1－527
日下尊聞錄五卷………………………… 1－527
日下尊聞錄五卷 ………………………… 2－50
日下聯吟集四卷………………………… 2－353
日下舊聞四十二卷 ……………………… 1－32
日下舊聞四十二卷 ……………………… 1－32
日下舊聞四十二卷 ……………………… 1－32
日下舊聞四十二卷 ……………………… 1－32
日下舊聞四十二卷附補遺…………… 1－380
日下舊聞四十二卷附補遺…………… 1－380
日下舊聞四十二卷附補遺…………… 1－380
日本文部省沿革略不分卷…………… 2－129
日本文部省沿革略不分卷…………… 2－129
日本地理志不分卷……………………… 1－533
日本改正刑法二編………………………… 2－4
日本東京大學規制攷畧不分卷附學
　校聯絡圖說……………………………… 2－261
日本法規大全二十五類…………………… 2－3
日本法規大全二十五類附日本法規
　解字……………………………………… 2－3
日本法規大全二十五類附日本法規
　解字……………………………………… 2－3
日本法規解字…………………………… 1－245
日本政治地理不分卷………………… 1－533
日本政治要覽十編……………………… 1－540
日本帝國憲法義解不分卷…………… 2－127
日本條規章程稅則不分卷 …………… 2－38
日本條規章程稅則不分卷 …………… 2－38
日本條規章程稅則不分卷 …………… 2－38
日本財務行政述要五篇附民業補助
　方法財務規程輯要…………………… 1－555
日本員警法概要六章………………… 2－263
日本師船考不分卷……………………… 2－264
日本國志四十卷首一卷……………… 2－123
日本國志四十卷首一卷……………… 2－123
日本國志四十卷首一卷……………… 2－123
日本國志四十卷首一卷……………… 2－123
日本國志四十卷首一卷……………… 2－123
日本國志四十卷首一卷……………… 2－123
日本國志四十卷首一卷……………… 2－123
日本國志四十卷首一卷……………… 2－123
日本國志四十卷首一卷……………… 2－123
日本國通商行船條約不分卷 ………… 2－37
日本國通商行船條約不分卷 ………… 2－37
日本國通商行船條約不分卷 ………… 2－37
日本國通商行船條約不分卷 ………… 2－37
日本國通商行船條約不分卷 ………… 2－37
日本國通商行船條約不分卷 ………… 2－38

日本國通商行船條約不分卷 ………… 2－38
日本國通商行船條約不分卷 ………… 2－38
日本國通商行船條約不分卷 ………… 2－38
日本國通商行船條約不分卷 ………… 2－39
日本國通商行船條約不分卷 ………… 2－39
日本國通商行船條約不分卷 ………… 2－39
日本國通商行船條約不分卷 ………… 2－39
日本國通商行船條約不分卷 ………… 2－39
日本國通商行船條約不分卷 ………… 2－39
日本國通商行船條約不分卷 ………… 2－39
日本國通商行船條約不分卷 ………… 2－39
日本國通商行船條約不分卷 ………… 2－39
日本國通商行船條約不分卷 ………… 2－39
日本國通商行船條約不分卷 ………… 2－39
日本貨幣制度考不分卷 ……………… 2－260
日本訪書志十七卷 …………………… 2－72
日本訪書志十七卷 …………………… 2－72
日本裁判所構成法四章 ……………… 2－168
日本統計類表要論十二卷 …………… 2－258
日本統計釋例六卷 …………………… 2－49
日本新史攬要七卷 …………………… 2－124
日本源流考二十二卷 ………………… 2－123
日本監獄法不分卷 …………………… 2－20
日本維新三十年史十二編附表 ……… 2－124
日本維新三十年史十二編附表 ……… 2－124
日本維新三十年史十二編附表 ……… 2－124
日本維新三十年史十二編附表 ……… 2－124
日本維新三十年史十二編附表 ……… 2－124
日本維新三十年史十二編附表 ……… 2－124
日本維新三十年史十二編附表 ……… 2－124
日本維新三十年史十二編附表 ……… 2－124
日本維新三十年史十二編附表 ……… 2－124
日本歷史二卷 ………………………… 2－124
日本歷史教授法四卷 ………………… 2－260
日本議會史七期 ……………………… 2－127
日本變法次第類攷三集 ……………… 2－126
日本變法次第類攷三集 ……………… 2－127
日耳曼史二十章附大事紀年表 ……… 2－128
日知薈說四卷 ………………………… 1－62
日知薈說四卷 ………………………… 1－62
日知薈說四卷 ………………………… 1－62
日知錄三十二卷 ……………………… 1－78
日知錄之餘四卷 ……………………… 2－226
日知錄之餘四卷 ……………………… 2－226
日知錄刊誤二卷續刊誤二卷 ………… 2－427
日知錄刊誤二卷續刊誤二卷 ………… 2－427
日知錄集釋三十二卷 ………………… 2－426
日知錄集釋三十二卷附刊誤二卷續刊誤二卷 ………… 2－220
日知錄集釋三十二卷附刊誤二卷續刊誤二卷 ………… 2－220
日知錄集釋三十二卷附刊誤二卷續刊誤二卷 ………… 2－220
日知錄集釋三十二卷附刊誤二卷續刊誤二卷 ………… 2－426
日知錄集釋三十二卷附刊誤二卷續刊誤二卷 ………… 2－426
日知錄集釋三十二卷附刊誤二卷續刊誤二卷 ………… 2－427
日知錄集釋三十二卷附刊誤二卷續刊誤二卷 ………… 2－427
日知錄集釋三十二卷附刊誤二卷續刊誤二卷 ………… 2－427
日知錄集釋三十二卷附刊誤二卷續刊誤二卷策學纂要正續編十六卷 ………… 2－427
日省吾齋讀曲禮不分卷日省吾齋讀內則不分卷 ………… 1－224
日省錄三卷補遺一卷 ………………… 2－158
日俄交涉戰紀初編九卷續編九卷 …… 2－125
日俄戰紀二卷附圖 …………………… 2－123
日記不分卷 …………………………… 1－353
日涉編十二卷 ………………………… 1－32
日涉編十二卷 ………………………… 1－32
日遊彙編不分卷 ……………………… 2－260
日遊瑣識不分卷 ……………………… 1－512
日遊瑣識不分卷 ……………………… 1－512
日游筆記不分卷 ……………………… 1－510
日損益齋古文八卷附一卷古今體詩十八卷 ………… 2－472
日損齋筆記一卷攷證一卷附錄一卷 ………… 2－230

日講四書解義二十六卷……………… 1-215
日講四書解義二十六卷……………… 1-219
日講四書解義二十六卷……………… 1-219
日講書經解義十三卷………………… 1-189
中山郝中丞全集十四卷……………… 1-152
中山詩鈔四卷………………………… 2-357
中山詩話一卷………………………… 1-162
中日馬關新約不分卷 ……………… 2-37
中日馬關新約不分卷 ……………… 2-37
中日馬關新約不分卷 ……………… 2-37
中日馬關新約不分卷 ……………… 2-37
中日馬關新約不分卷 ……………… 2-37
中日馬關新約不分卷 ……………… 2-38
中日馬關新約不分卷 ……………… 2-38
中日馬關新約不分卷 ……………… 2-38
中日馬關新約不分卷 ……………… 2-38
中日馬關新約不分卷 ……………… 2-38
中日馬關新約不分卷 ……………… 2-38
中日馬關新約不分卷 ……………… 2-38
中日馬關新約不分卷 ……………… 2-38
中日馬關新約不分卷 ……………… 2-38
中日馬關新約不分卷 ……………… 2-38
中日馬關新約不分卷 ……………… 2-38
中日馬關新約不分卷 ……………… 2-38
中日馬關新約不分卷 ……………… 2-38
中日通商行船條約續約一卷 ……… 2-48
中日戰輯六卷 ……………………… 2-21
中心十四經十四卷…………………… 2-201
中外大事彙記二十九卷……………… 1-559
中外大畧四十八卷…………………… 2-127
中外地輿圖說集成一百三十卷首三
　卷皇輿全圖一卷…………………… 1-394
中外地輿圖說集成一百三十卷首三
　卷皇輿全圖一卷…………………… 1-517
中外地輿圖說集成一百三十卷首三
　卷皇輿全圖一卷…………………… 1-517
中外交涉類要表四卷光緒通商綜覈
　表十六卷 ………………………… 2-35
中外交涉類要表四卷光緒通商綜覈
　表十六卷 ………………………… 2-35
中外交涉類要表四卷光緒通商綜覈
　表十六卷 ………………………… 2-35
中外政治策論彙編二十四卷………… 2-264
中外政治新章程彙編八卷…………… 1-559
中外政俗異同攷二卷………………… 1-559
中外政學五種………………………… 2-264
中外約章纂新十卷 ………………… 2-35
中外約章纂新十卷 ………………… 2-35
中外條約彙編十六種 ……………… 2-31
中外條約彙編十六種 ……………… 2-31
中外條約彙編不分卷 ……………… 2-10
中外條約彙編不分卷 ……………… 2-16
中外時務策府統宗四十四卷附讀西
　學書法等不分卷…………………… 2-223
中外時務經濟統宗十八卷…………… 2-126
中外通商始末記二十卷 …………… 2-22
中外聖賢事蹟叢談不分卷…………… 1-330
中外經世策論合纂六十三卷………… 1-554
中外衛生要旨五卷…………………… 2-176
中外戲法圖說十二卷附中東戲法…… 2-196
中外輿地通考不分卷………………… 1-517
中立四子集六十四卷 ……………… 1-77
中西人物通攷一百卷………………… 1-328
中西四千年紀歷不分卷附正統改元
　…………………………………… 2-184
中西事務紀要二十四卷……………… 1-553
中西政治輯要三卷…………………… 2-264
中西度量權衡表一卷………………… 1-531
中西紀事二十四卷 ………………… 2-32
中西紀事二十四卷 ………………… 2-32
中西紀事二十四卷 ………………… 2-32
中西紀事二十四卷 ………………… 2-32
中西紀事二十四卷首一卷 ………… 2-32
中西紀事二十四卷首一卷 ………… 2-32
中西紀事二十四卷首一卷 ………… 2-32
中西紀事二十四卷首一卷 ………… 2-32
中西紀事二十四卷首一卷 ………… 2-32
中西紀事二十四卷首一卷 ………… 2-32
中西紀事二十四卷首一卷 ………… 2-32
中西時務策學大全十九卷…………… 2-560
中西時務類攷九卷…………………… 2-145
中西滙通醫書五種二十八卷………… 2-172

中西聞見錄選編 …………………………… 2－384
中西聞見叢鈔三十四卷 ………………… 2－388
中西算學九種二卷 ……………………… 2－185
中西算學大成一百卷 …………………… 2－177
中西算學大成一百卷 …………………… 2－185
中西錢幣攷略二卷中西度量權衡攷
略 ………………………………………… 2－258
中西關繫略論四卷 ……………………… 2－48
中州八先生凝道錄不分卷 ……………… 2－156
中州人物考八卷 ………………………… 1－316
中州人物考八卷 ………………………… 1－316
中州人物考八卷 ………………………… 1－316
中州同官錄三卷 ………………………… 2－91
中州同官錄不分卷 ……………………… 1－352
中州全韻二十二卷 ……………………… 1－15
中州名賢文表三十卷 …………………… 1－88
中州名賢文表三十卷 …………………… 1－88
中州名賢文表三十卷 …………………… 2－281
中州金石記五卷 ………………………… 2－100
中州集十卷首一卷中州樂府一卷 ……… 1－137
中州集十卷首一卷中州樂府一卷 ……… 1－137
中州課吏錄不分卷 ……………………… 2－305
[道光]中江縣新志八卷首一卷 ……… 1－411
[同治]中牟縣志十二卷首一卷末一
卷 ………………………………………… 1－461
中亞洲俄屬游記二卷 …………………… 1－515
中亞洲俄屬游記二卷 …………………… 1－533
中英續訂藏印條約附中英修訂藏印
通商章程不分卷 ……………………… 2－33
中東兩路高等小學堂一覽不分卷 ……… 2－12
中東戰紀一卷 …………………………… 1－279
中東戰紀一卷 …………………………… 1－279
中東戰紀一卷 …………………………… 1－279
中東戰紀本末八卷中東戰紀本末續
編四卷文學興國策二卷 ……………… 1－279
中東戰紀本末八卷中東戰紀本末續
編四卷文學興國策二卷 ……………… 1－279
中東戰紀本末八卷首一卷末一卷 ……… 1－279
中東戰紀本末三編四卷 ………………… 1－309
中東戰紀本末三編四卷 ………………… 1－309
中法會訂越南新約不分卷 ……………… 2－36
中法會訂越南新約不分卷 ……………… 2－36
中法會訂越南新約不分卷 ……………… 2－36
中法會訂越南新約不分卷 ……………… 2－36
中法會訂越南新約不分卷 ……………… 2－36
中法會訂越南新約不分卷 ……………… 2－36
中法會訂越南新約不分卷 ……………… 2－36
中法會訂越南新約不分卷 ……………… 2－36
中法會訂越南新約不分卷 ……………… 2－36
中法會訂越南新約不分卷 ……………… 2－36
中法會訂越南新約不分卷 ……………… 2－36
中法會訂越南新約不分卷 ……………… 2－36
中法會訂越南新約不分卷 ……………… 2－36
中法會訂越南新約不分卷 ……………… 2－36
中法會訂越南新約不分卷 ……………… 2－37
中法會訂越南新約不分卷 ……………… 2－37
中法會訂滇越鐵路章程不分卷 ………… 2－265
中法會議越南邊界通商章程不分卷
………………………………………… 2－14
中法會議越南邊界通商章程不分卷
………………………………………… 2－14
中法會議越南邊界通商章程不分卷
………………………………………… 2－14
中法會議越南邊界通商章程不分卷
………………………………………… 2－14
中法會議越南邊界通商章程不分卷
………………………………………… 2－14
中法會議越南邊界通商章程不分卷
………………………………………… 2－14
中法會議越南邊界通商章程不分卷
………………………………………… 2－14
中法會議越南邊界通商章程不分卷
………………………………………… 2－14
中法會議越南邊界通商章程不分卷
………………………………………… 2－14
中法會議越南邊界通商章程不分卷
………………………………………… 2－14
中法會議越南邊界通商章程不分卷
………………………………………… 2－14
中法會議越南邊界通商章程不分卷
………………………………………… 2－14

中法會議越南邊界通商章程不分卷 …… 2－14
中法會議越南邊界通商章程不分卷 …… 2－14
中法會議越南邊界通商章程不分卷 …… 2－14
中法會議越南邊界通商章程不分卷 …… 2－14
中法會議越南邊界通商章程不分卷 …… 2－14
中法會議越南邊界通商章程不分卷 …… 2－14
中法會議越南邊界通商章程不分卷 …… 2－15
中法會議越南邊界通商章程不分卷 …… 2－15
中法會議越南邊界通商章程不分卷 …… 2－15
中法會議越南邊界通商章程不分卷 …… 2－15
中法會議越南邊界通商章程不分卷 …… 2－15
中法會議越南邊界通商章程不分卷 …… 2－15
中法會議越南邊界通商章程不分卷 …… 2－15
中法會議越南邊界通商章程不分卷 …… 2－15
中法會議越南邊界通商章程不分卷 …… 2－15
中法會議越南邊界通商章程不分卷 …… 2－15
中法新約不分卷 …… 2－18
中俄交涉記四卷 …… 2－35
中俄界約斠注七卷 …… 2－31
中俄界約斠注七卷 …… 2－31
中俄界記二編 …… 1－524
中俄約章會要三卷中俄約章續編一卷 …… 2－48
中美續議通商行船條約一卷 …… 2－48
中原音韻二卷 …… 1－252
中晚唐詩叩彈集十二卷續集三卷 …… 1－105
中晚唐詩叩彈集十二卷續集三卷 …… 2－328
中國之金融四章 …… 2－260
中國之金融四章 …… 2－260
中國六十年戰史十三章 …… 1－297
中國六十年戰史十三章 …… 1－297
中國四千年開化史九章附歷代大事年表 …… 1－257
中國江海險要圖志二十二卷補編五卷圖五卷 …… 1－492
中國江海險要圖志二十二卷補編五卷圖五卷 …… 1－492
中國江海險要圖志二十二卷補編五卷圖五卷 …… 1－529
中國宜改革新政論議二卷 …… 2－294
中國度支考不分卷 …… 2－115
中國度支考不分卷 …… 2－115
中國度支考附印度鹽法考 …… 2－115
中國約章討論第一編均惠篇四章 …… 1－553
中國現勢論四篇 …… 1－558
中國現勢論四篇 …… 2－51
中國朝鮮商民水陸貿易章程不分卷 …… 2－13
中國朝鮮商民水陸貿易章程不分卷 …… 2－13
中國朝鮮商民水陸貿易章程不分卷 …… 2－13
中國朝鮮商民水陸貿易章程不分卷 …… 2－13
中國朝鮮商民水陸貿易章程不分卷 …… 2－13
中國朝鮮商民水陸貿易章程不分卷 …… 2－13
中國朝鮮商民水陸貿易章程不分卷 …… 2－13
中國朝鮮商民水陸貿易章程不分卷 …… 2－13
中國朝鮮商民水陸貿易章程不分卷 …… 2－13
中國朝鮮商民水陸貿易章程不分卷 …… 2－13

中國朝鮮商民水陸貿易章程不分卷
…………………………………… 2－13
中國朝鮮商民水陸貿易章程不分卷
…………………………………… 2－13
中國朝鮮商民水陸貿易章程不分卷
…………………………………… 2－13
中國朝鮮商民水陸貿易章程不分卷
…………………………………… 2－13
中國朝鮮商民水陸貿易章程不分卷
…………………………………… 2－13
中國朝鮮商民水陸貿易章程不分卷
…………………………………… 2－13
中國朝鮮商民水陸貿易章程不分卷
…………………………………… 2－13
中國朝鮮商民水陸貿易章程不分卷
…………………………………… 2－13
中國朝鮮商民水陸貿易章程不分卷
…………………………………… 2－14
中國魂二卷 ………………………… 2－259
中國魂二卷 ………………………… 2－259
中國魂二卷 ………………………… 2－259
中國腦不分卷 ……………………… 2－259
中國腦不分卷 ……………………… 2－259
中國歷史六卷 ……………………… 1－257
中國歷代疆域沿革考不分卷 ………… 1－395
中國歷史戰爭形勢圖說附論二卷 …… 2－119
中國礦產志略不分卷 ……………… 2－271
中國礦產志略附鐵路簡明表不分卷
…………………………………… 2－271
中庸衍義十七卷 …………………… 2－150
中等日本文典譯釋三編 …………… 2－261
中復堂全集九十八卷 ……………… 2－494
中復堂全集九十八卷 ……………… 2－570
中道全書六十二卷 ………………… 2－227
中說二卷 …………………………… 2－135
中說十卷 ………………………… 1－56
中說十卷 ………………………… 1－56
中說十卷 ………………………… 1－56
中說十卷 …………………………… 2－134
中說十卷 …………………………… 2－135
中說十卷 …………………………… 2－139
中論二卷 …………………………… 2－152
中論二卷 …………………………… 2－153
中論二卷 …………………………… 2－156
中興小紀四十卷 …………………… 1－274
中興名臣事略八卷 ………………… 1－332
中興名臣事略八卷 ………………… 1－332
中興名臣事略八卷 ………………… 1－332
中興名臣事略八卷 ………………… 1－332
中興別記六十一卷末一卷 ………… 1－271
中興將帥別傳三十卷 ……………… 1－313
中興將帥別傳三十卷 ……………… 1－313
中興將帥別傳三十卷 ……………… 1－313
中藏集一卷拒偽歷案白語一卷 ……… 1－88
中議公自訂年譜八卷附吹蘆小草 …… 1－321
中議公自訂年譜八卷附吹蘆小草 …… 1－337
中衢一勺三卷附錄宣南答問一卷小
倦遊閣雜說三卷 ………………… 2－30
［光緒］內江縣志十五卷首一卷 …… 1－431
［同治］內江縣志十五卷首一卷 …… 1－431
內制集八卷 ………………………… 1－558
內則衍義十六卷 …………………… 2－152
內則衍義十六卷 …………………… 2－152
內則衍義十六卷 …………………… 2－152
內則衍義十六卷 …………………… 2－158
內則衍義十六卷 …………………… 2－158
內科理法前編六卷 ………………… 2－175
內務府慶典成案三卷 ……………… 2－2
內閣制度芻議不分卷 ……………… 1－550
內閣官報(宣統三年七月一日至二十
九日) …………………………… 1－361
內閣漢票簽中書舍人題名一卷 …… 1－349
內閣漢票簽中書舍人題名一卷 …… 1－350
內閣撰擬文字二卷 ………………… 1－361
午亭文編五十卷 …………………… 1－151
午亭文編五十卷 …………………… 1－151
午亭文編五十卷 …………………… 1－151
午亭文編五十卷 …………………… 1－151
午亭文編五十卷 …………………… 2－438
午亭文編五十卷 …………………… 2－438
午亭文編五十卷 …………………… 2－438
午亭文編五十卷 …………………… 2－438

午夢堂集十二種二十三卷…………… 1－169
毛詩二十卷詩譜一卷音義三卷……… 1－190
毛詩三十卷首一卷…………………… 1－190
毛詩古音攷四卷 …………………… 1－16
毛詩古音攷四卷附讀詩拙言一卷…… 1－192
毛詩名物圖説九卷……………………… 1－5
毛詩注疏七十卷……………………… 1－192
毛詩草木鳥獸蟲魚疏二卷…………… 1－192
毛詩故訓傳定本小箋三十卷………… 1－193
毛詩故訓傳定本小箋三十卷………… 1－193
毛詩要義二十卷毛詩序要義譜一卷
………………………………………… 1－190
毛詩重言一卷毛詩雙聲疊韻説一卷
………………………………………… 1－193
毛詩後箋三十卷……………………… 1－192
毛詩訂詁八卷附録二卷……………… 1－194
毛詩音韻攷四卷畧言一卷…………… 1－193
毛詩復古録十二卷首一卷…………… 1－190
毛詩復古録十二卷首一卷…………… 1－190
毛詩復古録十二卷首一卷…………… 1－190
毛詩詁訓傳二十卷…………………… 1－194
毛詩註疏二十卷………………………… 1－5
毛詩補禮六卷………………………… 1－193
毛詩傳箋通釋三十二卷……………… 1－192
毛詩傳箋通釋三十二卷……………… 1－192
毛詩鄭箋改字説四卷………………… 1－194
毛詩稽古編三十卷……………………… 1－5
毛詩辨韻五卷………………………… 1－193
毛詩禮徵十卷………………………… 1－192
毛詩讀三十卷………………………… 1－194
毛鄭詩斠議一卷……………………… 1－192
毛鄭詩釋三卷續録一卷……………… 1－194
毛稺澥詩集三卷……………………… 1－106
手鏡一卷……………………………… 2－540
壬戌科大挑十八省年譜不分卷……… 1－339
壬癸志稿二十八卷…………………… 1－327
壬癸志稿二十八卷…………………… 1－327
壬癸藏劄記十二卷…………………… 2－384
壬寅新民叢報全編…………………… 2－258
升恒編十二卷………………………… 1－105
升菴外集一百卷……………………… 2－417
升菴先生[楊慎]年譜一卷 ………… 2－417
升菴先生[楊慎]年譜一卷 ………… 2－417
升菴全蜀秇文志六十四卷…………… 2－278
仁山金先生文集四卷………………… 1－138
仁山金先生文集附録一卷…………… 1－138
仁在堂全集…………………………… 2－306
仁在堂時藝開十二卷………………… 2－305
仁在堂詩賦合刻……………………… 2－329
[嘉靖]仁和縣志十四卷 …………… 1－428
[嘉靖]仁和縣志十四卷 …………… 1－428
[嘉靖]仁和縣志十四卷 …………… 1－428
[嘉靖]仁和縣志十四卷 …………… 1－428
仁恕堂筆記不分卷…………………… 2－379
[道光]仁壽縣新志八卷 …………… 1－442
[嘉慶]什邡縣志五十四卷 ………… 1－428
片玉山房花箋錄二十卷……………… 2－378
片玉詞二卷補遺一卷………………… 2－528
仇竹屏府君行述……………………… 1－346
仇滄柱先生增補詩經備旨四卷……… 1－195
化學三卷……………………………… 2－269
化學考質八卷………………………… 2－270
化學考質八卷………………………… 2－270
化學考質八卷………………………… 2－271
化學考質八卷………………………… 2－271
化學指南十卷………………………… 2－269
化學新編二卷………………………… 2－271
爪哇志不分卷附新志………………… 1－533
介石山房遺文二卷介石山房遺詩一
卷…………………………………… 2－481
介石文集一卷詩集一卷……………… 2－497
介石堂文鈔八卷附編一卷…………… 2－468
介白山人近體詩鈔一卷……………… 2－370
介白堂詩集二卷……………………… 2－370
[乾隆]介休縣志十四卷 ……………… 1－34
[嘉慶]介休縣志十四卷 …………… 1－427
[嘉慶]介休縣志十四卷 …………… 1－427
[嘉慶]介休縣志十四卷 …………… 1－427
[嘉慶]介休縣志十四卷 …………… 1－427
[嘉慶]介休縣志十四卷 …………… 1－427
[康熙]介休縣志八卷 ………………… 1－34
介坪詩鈔四卷………………………… 2－347

介亭全集十種三十一卷…………………2－466
介軒詩鈔十卷文鈔八卷外集二卷……2－496
介雅集不分卷……………………………2－485
介園遺集四卷……………………………2－486
今文尚書攷證三十卷……………………1－188
今水經一卷表一卷………………………1－492
今水經一卷表一卷………………………1－492
今古地理述十八卷首三卷末一卷……1－387
今古奇觀四十卷 …………………………1－81
今古學攷二卷……………………………1－177
今古學攷二卷……………………………1－177
今白華堂集七種四十五卷………………2－573
今有堂詩集四卷…………………………1－110
［光緒］分水縣志十卷首一卷末一卷
…………………………………………1－482
分甘餘話四卷 ……………………………1－76
分甘餘話四卷……………………………2－222
［同治］分宜縣志十卷首一卷 ………1－464
分品試帖金繩集四卷……………………2－323
分湖小識六卷……………………………1－522
分湖小識六卷……………………………1－522
分湖小識六卷……………………………1－522
分湖小識六卷……………………………1－522
分韻四景詩不分卷………………………2－365
分韻青雲詩集四卷………………………2－349
分韻青雲詩集四卷………………………2－349
分韻註釋詩賦權輿大全四卷……………1－121
分韻試帖青雲集合註四卷………………2－349
分韻試帖青雲集合註四卷………………2－349
分韻試帖青雲集合註四卷………………2－349
分類文腋八卷……………………………2－286
分類字錦六十四卷 ………………………1－58
分類字錦六十四卷………………………2－142
分類時務通纂三百卷……………………2－144
分類時務通纂三百卷……………………2－144
分類補註李太白詩二十五卷……………1－128
分類補註李太白詩二十五卷……………1－128
分類補註李太白詩二十五卷……………1－128
分類詩腋八卷……………………………2－368
分類編次李太白文五卷…………………1－128
分類編次李太白文五卷…………………1－128
分類韻錦十二卷…………………………1－250
分疆錄十二卷首一卷……………………1－523
公羊探勝不分卷…………………………1－212
公羊逸禮攷徵一卷………………………1－212
［同治］公安縣志八卷首一卷 ………1－455
［同治］公安縣志八卷首一卷 ………1－455
［同治］公安縣志八卷首一卷 ………1－455
公車上書記一卷…………………………1－302
公車上書記一卷…………………………1－302
公車上書記一卷…………………………1－302
公車上書記一卷…………………………1－302
公言集二卷………………………………2－300
公言集二卷………………………………2－300
公門果報法錄不分卷……………………2－231
公法便覽四卷總論一卷續卷一卷………2－8
公法便覽四卷總論一卷續卷一卷………2－8
公法會通十卷……………………………2－262
公法會通十卷……………………………2－262
公是先生七經小傳三卷…………………1－1
公是先生遺書三十七卷首一卷…………1－177
公是集五十四卷…………………………1－136
公是集五十四卷拾遺一卷………………2－411
公孫龍子一卷……………………………2－138
公餘紀事一卷……………………………1－389
公餘偶談四卷……………………………2－227
公餘瑣言一卷附鄉會試硃卷一卷……2－504
公牘片腋不分卷雜錄片腋不分卷……2－388
月山遺書七卷首一卷末一卷……………2－504
月日紀古十二卷 …………………………1－32
月日紀古十二卷 …………………………1－32
月令廣義二十四卷首一卷附錄一卷
…………………………………………1－66
月令粹編二十四卷圖說不分卷…………1－378
月令粹編二十四卷圖說不分卷…………1－378
月河精舍叢鈔五種………………………2－279
月河精舍叢鈔五種………………………2－279
月河精舍叢鈔五種………………………2－381
戶部井田科奏咨輯要二卷首一卷……1－555
戶部附片具奏湖南設局捐輸例不分
卷…………………………………………2－1
戶部則例摘要十一卷 ……………………1－45

戶部籌餉海防新章捐例不分卷………… 2－7
戶部籌餉海防新章捐例不分卷………… 2－7
勿待軒文集存稾十卷詩集存稾四卷
……………………………………… 2－472
欠泉庵文集二卷……………………… 2－508
欠愁集一卷…………………………… 2－378
丹泉海島錄四卷……………………… 2－385
丹桂籍四卷首一卷末一卷…………… 2－216
［光緒］丹徒縣志六十卷首四卷 …… 1－475
［光緒］丹徒縣志六十卷首四卷 …… 1－475
［光緒］丹徒縣志六十卷首四卷 …… 1－475
［嘉慶］丹徒縣志四十七卷首四卷 … 1－475
［宣統］丹徒縣志續志十卷 ………… 1－475
丹陽集二十四卷……………………… 2－408
丹陽集二十四卷……………………… 2－546
［光緒］丹陽縣志三十六卷首一卷 … 1－464
［光緒］丹陽縣志三十六卷首一卷 … 1－464
［光緒］丹陽縣志三十六卷首一卷 … 1－464
［光緒］丹稜縣志十卷首一卷 ……… 1－432
丹魁堂外集四卷……………………… 2－498
丹魁堂自訂年譜一卷附遺愛錄……… 1－340
丹魁堂自訂年譜一卷感遇錄一卷…… 2－498
丹魁堂詩集四卷……………………… 2－498
丹鉛總錄二十七卷 ………………… 1－77
丹鉛總錄二十七卷 ………………… 1－77
丹溪心法附餘二十四卷首一卷……… 2－175
丹臺玉案六卷………………………… 2－173
丹橘林詩二卷………………………… 1－118
卞制軍奏議十二卷附卞制軍政書四
卷…………………………………… 1－369
卞制軍奏議十二卷附卞制軍政書四
卷…………………………………… 1－369
卞制軍政書四卷 …………………… 2－20
六一山房詩集十卷續集十卷………… 2－357
六一堂文集三卷……………………… 2－512
六一題跋十一卷……………………… 1－123
六十自壽……………………………… 1－347
六十種曲一百二十卷………………… 1－166
六九齋饌述稾四卷…………………… 2－230
六子書六十二卷 …………………… 1－55
六子書六十卷 ……………………… 1－56
六子書六十卷 ……………………… 1－56
六壬神課金口訣三卷………………… 2－198
六壬類聚四卷………………………… 2－212
六臣注文選六十卷 ………………… 1－90
六合內外瑣言二十卷………………… 2－384
六合紀事四卷附記一卷……………… 1－388
［光緒］六合縣志八卷圖說一卷附錄
一卷………………………………… 1－453
［光緒］六合縣志八卷圖說一卷附錄
一卷………………………………… 1－453
［光緒］六合縣志八卷圖說一卷附錄
一卷………………………………… 1－453
［乾隆］六安州志二十四卷首一卷 …… 1－36
［同治］六安州志六十卷首一卷 …… 1－454
六如居士全集七卷…………………… 2－424
六如居士全集七卷外集六卷畫譜三
卷制義一卷………………………… 2－418
六如居士全集七卷外集六卷畫譜三
卷制義一卷………………………… 2－418
六如居士全集七卷外集六卷畫譜三
卷制義一卷………………………… 2－418
六如居士全集六種二十三卷………… 2－576
六如亭傳奇二卷……………………… 2－531
六如唐先生畫譜三卷………………… 2－418
六河總圖說不分卷…………………… 1－529
六官騈萃四卷………………………… 1－545
六科準繩不分卷……………………… 2－173
六祖大師法寶壇經一卷 …………… 1－72
六峰閣詩稾四卷……………………… 1－101
六家詩名物疏五十五卷……………… 1－5
六書十二聲傳十二卷古律呂攷一卷
解字贅言一卷……………………… 1－228
六書分類十二卷首一卷……………… 1－242
六書分類十二卷首一卷……………… 1－242
六書分類十二卷首一卷……………… 1－242
六書分類十二卷首一卷……………… 1－242
六書分類十二卷首一卷……………… 1－242
六書正譌五卷 ……………………… 1－12
六書正譌五卷………………………… 1－228
六書系韻二十四卷首一卷檢字二卷
……………………………………… 1－228

六書故三十三卷附六書通釋一卷 …… 1－14
六書約言二卷………………………… 1－244
六書約言二卷………………………… 1－245
六書索隱五卷 ……………………… 1－12
六書通十卷 ………………………… 1－11
六書通十卷…………………………… 1－242
六書通十卷…………………………… 1－242
六書通十卷…………………………… 1－242
六書通摭遺十卷……………………… 1－246
六書統二十卷 ……………………… 1－11
六書統溯源十三卷 ………………… 1－11
六書準不分卷 ……………………… 1－11
六書精蘊六卷 ……………………… 1－14
六書精蘊音釋舉要一卷 …………… 1－14
六書賦音義二十卷賦一卷 ………… 1－15
六書襍說一卷篆學三書一卷八分書
辨一卷六書例解一卷六書辨通五
卷補一卷續補一卷………………… 1－229
六梅書屋尺牘四卷…………………… 2－301
六朝文絜四卷 ……………………… 1－86
六朝文絜四卷………………………… 2－275
六朝文絜箋注十二卷………………… 2－275
六朝文絜箋注十二卷………………… 2－275
六朝文絜箋注十二卷………………… 2－275
六朝事蹟編類十四卷………………… 1－293
六朝事蹟編類十四卷………………… 1－293
六朝事蹟編類十四卷………………… 1－293
六朝詩集二十四種五十五卷………… 1－120
六朝選詩定論十八卷………………… 1－163
六義齋詩集四卷……………………… 1－107
六經類雅五卷 ……………………… 1－59
六瑩堂集九卷二集八卷評詞一卷附
錄一卷…………………………… 2－347
六藝綱目二卷………………………… 1－227
六藝綱目二卷………………………… 1－227
六藝綱目二卷………………………… 1－227
六藝綱目二卷………………………… 1－227
六藝論一卷…………………………… 1－178
六韜三卷……………………………… 2－131
六韜三卷……………………………… 2－163
六韜三卷……………………………… 2－163
六觀樓北曲六種六卷………………… 2－527
文乙集二卷…………………………… 2－499
文山先生文集二卷…………………… 2－406
文山先生全集二十卷………………… 1－130
文子纘義十二卷……………………… 2－130
文子纘義十二卷……………………… 2－130
文子纘義十二卷……………………… 2－134
文子纘義十二卷……………………… 2－209
文子纘義十二卷……………………… 2－209
文王八卦不分卷……………………… 2－210
文中子中說十卷……………………… 2－134
文中子中說十卷……………………… 2－134
文中子中說十卷……………………… 2－134
文中子中說十卷……………………… 2－134
文中子中說十卷……………………… 2－135
文中子中說十卷……………………… 2－150
文中子中說七卷……………………… 2－135
文公朱夫子[熹]年譜一卷 ………… 1－338
文公家禮儀節八卷…………………… 1－6
文公家禮儀節八卷…………………… 2－1
文文忠公事略四卷…………………… 1－323
文心雕龍十卷………………………… 1－162
文心雕龍十卷………………………… 1－162
文心雕龍十卷………………………… 1－163
文心雕龍十卷………………………… 2－515
文心雕龍十卷………………………… 2－515
文心雕龍十卷………………………… 2－515
文心雕龍十卷………………………… 2－515
文心雕龍十卷………………………… 2－515
文心雕龍十卷………………………… 2－515
文心雕龍十卷………………………… 2－517
文心雕龍訓故十卷…………………… 1－163
文甲集二卷文乙集二卷……………… 2－504
文甲集二卷蘭石詞一卷……………… 2－186
文史通義八卷校讐通義三卷………… 2－107
文史通義八卷校讐通義三卷文史通
義補編一卷……………………… 2－107
文成堂重訂古文釋義新編八卷……… 2－287
文光堂四書遵註合講不分卷………… 1－213
文字蒙求四卷………………………… 1－244
文字蒙求四卷………………………… 1－244

文字蒙求四卷…………………………1－244
文字蒙求四卷…………………………1－244
文字蒙求四卷…………………………1－244
文字會寶不分卷 ……………………1－89
文苑英華一千卷 ……………………1－87
文苑英華一千卷 ……………………1－87
文苑英華鈔十卷 ……………………1－87
文苑英華選六十卷 …………………1－89
文苑菁華不分卷………………………2－284
文苑彙雋二十四卷 …………………1－59
文直行書詩十三卷文選十七卷首一
卷……………………………………1－142
文昌孝經註不分卷……………………1－224
文昌雜録六卷補遺一卷 ……………1－76
文昌雜録六卷補遺一卷………………2－226
文定集二十四卷拾遺一卷……………2－411
文定集二十四卷拾遺一卷……………2－411
文房肆考圖說八卷 …………………1－67
文房肆考圖說八卷 …………………1－67
文房肆考圖說八卷 …………………1－67
文始真經言外經旨三卷 ……………1－73
文始經釋辭九卷 ……………………1－73
文貞公集十二卷………………………1－156
文貞公集十二卷首一卷………………2－464
文則一卷附江表遺事二卷王氏雙忠
錄一卷………………………………2－517
文科大辭典十二集……………………1－242
文竽彙氏二十四卷 …………………1－29
文信國公集二十卷首一卷……………2－399
文信國公集二十卷首一卷……………2－405
文美齋詩箋譜不分卷 ………………1－69
文恭集四十卷…………………………2－411
文恭集四十卷…………………………2－411
文莫室詩八卷…………………………2－371
文莫室駢文一卷………………………2－289
文莫書屋詹詹言二卷…………………2－381
文致不分卷 …………………………1－88
文致不分卷 …………………………1－88
文致不分卷 …………………………1－92
文家稽古編十卷………………………2－145
文通十卷………………………………1－229
文通十卷………………………………1－246
文通十卷………………………………1－246
文通不分卷文通後編不分卷…………2－281
文章正宗復刻三十卷…………………2－281
文章正宗復刻三十卷續十二卷………2－273
文章軌範七卷…………………………2－283
文章軌範七卷…………………………2－289
文章遊戲初編八卷二編八卷三編八
卷……………………………………2－378
文章遊戲初編八卷二編八卷三編八
卷……………………………………2－378
文章遊戲初編八卷二編八卷三編八
卷四編八卷…………………………2－277
文章鼻祖六卷 ………………………1－91
文章練要左傳評十卷…………………1－163
文章辨體五十卷外集五卷總論一卷
目一卷 ……………………………1－89
文清公薛先生文集二十四卷…………1－141
文清公薛先生文集二十四卷…………1－141
文清公薛先生文集二十四卷薛文清
公手稿一卷…………………………1－141
文敬胡先生集三卷……………………1－143
文敬胡先生集三卷……………………2－424
文集十卷………………………………2－503
文道十書四種十二卷…………………2－570
[道光]文登縣志十卷 ………………1－469
[道光]文登縣志十卷 ………………1－469
文瑞公[錢陳羣]年譜三卷 …………1－322
文瑞公[錢陳羣]年譜三卷 …………1－322
文瑞樓匯刻書三十二卷………………1－108
文節公奏疏二卷………………………1－365
文節公奏疏二卷………………………1－365
文節公殉難事蹟一卷…………………1－326
文誠公奏議四卷首一卷………………1－375
文靖公遺集十二卷補遺一卷…………2－356
文肅公文集三十四卷…………………2－424
文端公[錢陳羣]年譜三卷 …………1－338
文端公[錢陳羣]年譜三卷 …………1－338
文端公[錢陳羣]年譜三卷 …………2－495
文翠軒筆記四卷………………………2－155
文廟丁祭譜四卷………………………1－195

文廟丁祭譜四卷…………………… 1－196
文廟史典二十一卷…………………… 1－328
文廟思源錄攷不分卷………………… 1－328
文廟思源錄攷不分卷………………… 2－157
文廟通考六卷首一卷………………… 1－523
文廟備考八卷………………………… 2－159
文廟賢儒功德錄三卷………………… 1－334
文選二十四卷 ………………………… 1－90
文選十二卷 …………………………… 1－92
文選尤十四卷 ………………………… 1－90
文選六十卷 …………………………… 1－86
文選六十卷 …………………………… 1－90
文選六十卷 …………………………… 1－90
文選六十卷 …………………………… 1－92
文選六十卷…………………………… 2－282
文選六十卷…………………………… 2－282
文選六十卷…………………………… 2－283
文選六十卷…………………………… 2－286
文選六十卷考異十卷………………… 2－282
文選六十卷考異十卷………………… 2－282
文選六十卷考異十卷………………… 2－282
文選六十卷考異十卷………………… 2－282
文選六十卷考異十卷………………… 2－282
文選六十卷考異十卷………………… 2－282
文選六十卷考異十卷………………… 2－282
文選六十卷考異十卷………………… 2－282
文選六十卷考異十卷………………… 2－282
文選六十卷考異十卷………………… 2－282
文選六十卷考異十卷………………… 2－282
文選六十卷考異十卷………………… 2－282
文選六十卷考異十卷………………… 2－283
文選古字通補訓四卷拾遺一卷……… 1－245
文選古字通補訓四卷拾遺一卷……… 1－246
文選古字通補訓拾遺一卷…………… 1－228
文選古字通疏證六卷………………… 1－245
文選考異十卷 ………………………… 1－86
文選考異十卷 ………………………… 1－90
文選刪十二卷 ………………………… 1－90
文選後集五卷 ………………………… 1－91
文選音義八卷 ………………………… 1－91
文選音義八卷 ………………………… 1－91
文選旁證四十六卷…………………… 2－284
文選通叚字會四卷…………………… 1－245
文選理學權輿八卷補一卷附文選考
　異四卷文選李註補正四卷………… 2－284
文選理學權輿八卷補一卷附文選考
　異四卷文選李註補正四卷………… 2－284
文選章句二十八卷 …………………… 1－90
文選筆記八卷………………………… 2－284
文編六十四卷 ………………………… 1－90
文編六十四卷 ………………………… 1－90
文編六十四卷 ………………………… 1－90
文學興國策二卷……………………… 2－295
文學興國策二卷附廣學會記………… 2－295
文館詞林一千卷……………………… 2－520
文館詞林一千卷……………………… 2－520
文館詞林殘四卷……………………… 2－532
文藝金針不分卷……………………… 2－306
文韻集十二卷 ………………………… 1－89
文獻通考二十四卷…………………… 1－534
文獻通考二十四卷…………………… 1－534
文獻通考二十四卷…………………… 1－534
文獻通考三百四十八卷……………… 1－534
文獻通考三百四十八卷……………… 1－535
文獻通考三百四十八卷附考證三卷
　…………………………………… 1－534
文獻通考三百四十八卷附考證三卷
　…………………………………… 1－545
文獻通考三百四十八卷首一卷 ……… 1－43
文獻通考三百四十八卷首一卷 ……… 1－43
文獻通考三百四十八卷首一卷 ……… 1－43
文獻通考三百四十八卷首一卷 ……… 1－43
文獻通考三百四十八卷首一卷 ……… 1－43
文獻通考正續合編三十二卷………… 1－543
文獻通考紀要二卷 …………………… 1－44
文獻通考紀要二卷…………………… 1－543
文獻通考鈔二十四卷 ………………… 1－43
文獻通考詳節二十四卷 ……………… 1－43
文獻通考詳節二十四卷……………… 1－543
文獻通考詳節二十四卷……………… 1－543
文獻通考詳節二十四卷……………… 1－543
文獻徵存錄十卷……………………… 1－317

文獻徵存錄十卷 ………………………… 1－317
文獻徵存錄十卷 ………………………… 1－317
文獻徵存錄十卷 ………………………… 1－317
文獻徵存錄十卷 ………………………… 1－317
文獻徵存錄十卷 ………………………… 1－317
文獻徵存錄十卷 ………………………… 1－317
文獻徵存錄十卷 ………………………… 1－317
文瀾閣志二卷首一卷附錄一卷 ……… 1－524
文瀾閣志二卷首一卷附錄一卷 ……… 1－524
文瀾閣志二卷首一卷附錄一卷 ……… 1－524
文瀾閣志二卷首一卷附錄一卷 ……… 1－524
亢倉子一卷 ……………………………… 2－137
亢倉子一卷 ……………………………… 2－137
亢倉子一卷 ……………………………… 2－137
亢倉子一卷 ……………………………… 2－210
方正學先生[孝孺]年譜一卷 ……… 1－342
方正學先生[孝孺]年譜不分卷附年譜辯正十六則方氏本末記畧一卷 ……………………………… 1－30
方正學先生集十三卷 ………………… 2－419
方正學先生集七卷 …………………… 2－538
方正學先生遜志齋集二十四卷拾補一卷外紀一卷校勘記一卷 ………… 2－416
方正學先生遜志齋集二十四卷拾補一卷補遺一卷外紀一卷校勘記一卷 ……………………………… 2－416
方正學先生遜志齋集二十四卷拾補一卷補遺一卷外紀一卷校勘記一卷 ……………………………… 2－416
方外詩選八卷 …………………………… 2－341
方言十三卷 ……………………………… 2－137
方岳采風錄二卷 ………………………… 1－393
方城遺獻八卷續刻一卷 ……………… 1－109
方秋崖先生全集七十五卷 …………… 2－408
方秋崖先生全集七十五卷 …………… 2－408
方泉先生詩集三卷 …………………… 2－365
方泉先生詩集三卷 …………………… 2－365
方孩未先生集十六卷 ………………… 2－424
方孩未先生集十六卷 ………………… 2－424
方孩未先生集十六卷 ………………… 2－426
方望溪文鈔六卷 ………………………… 2－275
方望溪先生[苞]年譜一卷年譜附錄一卷 ……………………………… 2－434
方望溪先生[苞]年譜一卷年譜附錄一卷 ……………………………… 2－434
方望溪先生[苞]年譜一卷年譜附錄一卷 ……………………………… 2－434
方望溪先生[苞]年譜一卷年譜附錄一卷 ……………………………… 2－434
方望溪先生[苞]年譜一卷年譜附錄一卷 ……………………………… 2－434
方植之先生[東樹]年譜一卷崇祀鄉賢錄一卷行略一卷 ……………… 2－485
方植之全集十九種六十六卷 ………… 2－485
方儀衛先生[東樹]年譜一卷 ……… 2－460
方儀衛先生[東樹]年譜一卷 ……… 2－460
方學博全集五種二十八卷附二種二卷 ……………………………… 2－472
方輿全圖總說五卷 …………………… 1－379
方輿紀要簡覽三十四卷 ……………… 1－396
方輿類聚十六卷 ………………………… 1－518
火攻心法二卷首一卷 ………………… 2－166
火龍秘書不分卷 ………………………… 2－166
火龍經四卷 ……………………………… 2－164
心日齋十六家詞錄二卷 ……………… 2－528
心日齋詞集六卷 ………………………… 2－524
心史二卷 ………………………………… 2－402
心白日齋集六卷 ………………………… 2－458
心白日齋集六卷 ………………………… 2－458
心白日齋集四卷 ………………………… 2－458
心安隱室詩集九卷心安隱室詞集四卷 ……………………………… 2－327
心知堂詩稿十八卷 …………………… 2－335
心知堂詩稿十八卷 …………………… 2－335
心師竹齋章牘存稿三卷附崇祀鄉賢錄不分卷行述墓表不分卷 ………… 1－554
心書一卷 ………………………………… 2－131
心書一卷 ………………………………… 2－137
心逸軒演算法四卷 …………………… 2－185
心學宗四卷 ……………………………… 1－64
心齋十種二十一卷 …………………… 2－554

心鐵石齋存稿四十卷附聯句詩一卷
…………………………………………… 2－347
心鐵石齋[宋鳴琦]年譜一卷 ……… 2－347
心靈學不分卷…………………………… 2－272
尹少宰奏議十卷………………………… 1－376
尹少宰奏議十卷首一卷………………… 2－476
尹文子一卷……………………………… 2－138
尹文子一卷……………………………… 2－147
尺度新鈔十二卷………………………… 2－298
尺雲軒詩集四卷秋窗疊韻詩一卷尺
雲軒文集二卷文集續編一卷……… 2－506
尺牘爭奇八卷 ………………………… 1－96
尺牘偶存十一卷 ……………………… 1－96
尺牘清裁二十八卷 …………………… 1－95
尺牘清裁六十卷補遺一卷 …………… 1－96
尺牘雋言十二卷 ……………………… 1－96
引痘略不分卷…………………………… 2－175
卍蓮詩鈔………………………………… 2－514
巴山七種二十三卷……………………… 2－558
巴西文集不分卷………………………… 1－138
[同治]巴東縣志十六卷首一卷 …… 1－463
巴陵人物志十五卷……………………… 1－335
巴黎茶花女遺事一卷…………………… 2－247
[乾隆]巴縣志十七卷首一卷 ……… 1－471
[乾隆]巴縣志十七卷首一卷 ……… 1－471
以新存舊論不分卷……………………… 2－258
孔子年譜綱目一卷……………………… 1－338
孔子年譜輯註一卷……………………… 1－342
孔子年譜輯註一卷……………………… 1－342
孔子改制考二十一卷…………………… 2－155
孔子改制考二十一卷…………………… 2－155
孔子門人考一卷補遺一卷存疑一卷
正誤一卷……………………………… 1－328
孔子家語十卷…………………………… 2－152
孔子家語十卷…………………………… 2－152
孔子家語十卷…………………………… 2－152
孔子家語十卷…………………………… 2－152
孔子家語十卷…………………………… 2－152
孔子家語八卷 ………………………… 1－61
孔子集語二卷…………………………… 2－152
孔子集語二卷…………………………… 2－156
孔子集語十七卷………………………… 1－312
孔子集語十七卷………………………… 1－312
孔子集語十七卷………………………… 2－156
孔子集語十七卷………………………… 2－156
孔子編年五卷…………………………… 1－318
孔子編年五卷…………………………… 1－318
孔子編年五卷…………………………… 1－318
孔子編年四卷…………………………… 1－318
孔子編年四卷…………………………… 1－318
孔子類攷十卷首一卷…………………… 2－161
孔氏家語十卷 ………………………… 1－61
孔氏家語十卷 ………………………… 1－61
孔氏雜說一卷…………………………… 2－233
孔門弟子傳略二卷 …………………… 1－28
孔易註畧十二卷首一卷………………… 1－184
孔易闡真二卷…………………………… 2－208
孔孟事蹟圖譜四卷 …………………… 1－30
孔學發微三卷…………………………… 2－152
孔學發微三卷…………………………… 2－152
孔叢子七卷……………………………… 2－135
孔叢子七卷……………………………… 2－135
孔叢子三卷……………………………… 2－135
毋不敬齋全書十八種四十三卷……… 2－574
毋不敬齋全書十八種四十三卷……… 2－574
水心文集二十九卷……………………… 1－130
水心文集二十九卷……………………… 1－130
水心文集二十九卷……………………… 2－399
水心文集二十九卷……………………… 2－399
水心先生文集二十九卷補遺一卷…… 2－399
水心先生別集十六卷…………………… 2－399
水心先生別集十六卷…………………… 2－399
水心先生別集十六卷…………………… 2－399
水心題跋一卷…………………………… 1－123
水心題跋一卷…………………………… 1－123
水心題跋一卷…………………………… 2－409
水田居文集五卷………………………… 2－482
水田居文集五卷………………………… 2－482
水田居全集……………………………… 2－489
水田居激書二卷………………………… 2－482
水西閒館詩二十卷……………………… 2－351
水東日記四十卷 ……………………… 1－76

水屋賸稿二卷 ………………………… 2－359
水流雲在館奏議二卷 ………………… 1－372
水流雲在館集四十一卷 ……………… 2－369
水流雲在館詩鈔十卷詞鈔八卷試帖
二卷集杜詩鈔二卷集蘇詩鈔二卷
……………………………………… 2－319
水流雲在館詩鈔十卷詞鈔四卷試帖
二卷集唐詩鈔八卷集唐詞鈔一卷
……………………………………… 2－317
水流雲在館詩鈔六卷 ………………… 2－341
水雲村泯稾二十二卷 ………………… 2－414
水雲笛譜不分卷 ……………………… 2－523
水雲樓詞二卷 ………………………… 2－525
水道提綱二十八卷 …………………… 1－43
水道提綱二十八卷 …………………… 1－383
水道提綱二十八卷 …………………… 1－383
水道提綱二十八卷 …………………… 1－383
水道提綱二十八卷 …………………… 1－383
水道提綱二十八卷 …………………… 1－383
水運六章 ……………………………… 2－26
水運六章 ……………………………… 2－26
水經二卷 ……………………………… 1－383
水經二卷 ……………………………… 1－383
水經四十卷 …………………………… 1－383
水經注四十卷 ………………………… 1－32
水經注四十卷 ………………………… 1－32
水經注四十卷 ………………………… 1－379
水經注四十卷首一卷 ………………… 1－32
水經注四十卷首一卷附錄二卷 ……… 1－379
水經注四十卷首一卷附錄二卷 ……… 1－379
水經注西南諸水考三卷 ……………… 1－495
水經注匯校四十卷首一卷水經注釋
附錄二卷 …………………………… 1－496
水經注匯校四十卷首一卷水經注釋
附錄二卷 …………………………… 1－496
水經注釋四十卷首一卷附錄二卷水
經注箋刊誤十二卷 ………………… 1－382
水經注釋四十卷首一卷附錄二卷水
經注箋刊誤十二卷 ………………… 1－382
水經注釋四十卷首一卷附錄二卷水
經注箋刊誤十二卷 ………………… 1－382
水經註疏要刪四十卷補遺一卷 ……… 1－391
水經註圖一卷附錄一卷 ……………… 1－381
水經註圖一卷附錄一卷 ……………… 1－381
水經註圖四十卷補一卷 ……………… 1－289
水經註圖四十卷補一卷 ……………… 1－381
水經註圖四十卷補一卷 ……………… 1－381
水經註圖四十卷補一卷 ……………… 1－381
水滸後傳八卷四十回 ………………… 1－84
水學圖説二卷 ………………………… 2－269

五畫

玉山朱氏遺書二種三卷 ……………… 2－500
玉山草堂集二卷顧玉山集外詩一卷
……………………………………… 1－139
玉山堂詞一卷 ………………………… 2－527
玉井山館文略五卷文續二卷附西行
日記一卷詩十五卷詩餘一卷 ……… 2－448
玉井山館文略五卷文續二卷附西行
日記一卷詩十五卷詩餘一卷 ……… 2－497
玉井山館文略五卷文續二卷附西行
日記一卷詩十五卷詩餘一卷 ……… 2－497
[光緒]玉田縣志三十卷首一卷 …… 1－487
玉芝堂文集六卷 ……………………… 2－458
玉芝堂談薈三十六卷 ………………… 1－74
玉芝堂談薈三十六卷 ………………… 1－74
玉芝堂談薈三十六卷 ………………… 2－215
玉芝堂談薈三十六卷 ………………… 2－215
玉芝堂談薈三十六卷 ………………… 2－215
玉芝堂談薈三十六卷 ………………… 2－215
玉池生稿二卷 ………………………… 1－118
玉池生稿五卷 ………………………… 1－112
玉池老人自敘不分卷 ………………… 1－320
玉池老人自敘不分卷 ………………… 1－320
玉池老人自敘不分卷 ………………… 1－324
玉杯唫室鈔不分卷 …………………… 2－388
玉府鑒定金剛經心經讀本不分卷 …… 2－205
玉府鑒定金剛經心經讀本不分卷 …… 2－205
玉函山房輯佚書五百九十三種七百
十卷 ………………………………… 2－553
玉函山房輯佚書六百三種七百五十

九卷 …………………………………… 2－547
玉函山房輯佚書六百三種七百四十一卷 …………………………………… 2－547
玉函山房輯佚書六百三種七百四十一卷 …………………………………… 2－547
玉函山房輯佚書目耕帖續補十六卷附二卷 …………………………………… 2－75
玉函經三卷 …………………………………… 1－65
玉茗堂全集四十六卷 …………………… 1－142
玉茗堂全集四十六卷 …………………… 1－142
玉泉山寺志二卷 ………………………… 1－521
玉泉子一卷 ……………………………… 2－137
玉泉子一卷 ……………………………… 2－137
玉泉子一卷 ……………………………… 2－137
玉泉寺志六卷首一卷 …………………… 1－527
玉津閣文略九卷 ………………………… 2－475
[淳祐]玉峯志三卷 ……………………… 1－39
[咸淳]玉峯續志一卷 …………………… 1－39
玉師堂十種曲十五卷 …………………… 2－529
玉師堂十種曲十五卷 …………………… 2－529
玉師堂四種曲八卷 ……………………… 2－529
玉海二百四卷 …………………………… 2－570
玉海二百卷玉海校補瑣記二卷辭學指南四卷 ……………………………… 2－139
玉海二百卷玉海校補瑣記二卷辭學指南四卷附刻十三種 ………………… 2－139
玉海二百卷玉海校補瑣記二卷辭學指南四卷附刻十三種 ………………… 2－139
玉海二百卷附辭學指南四卷詩考一卷詩地考六卷漢藝文志考證十卷通鑑地理通釋十四卷漢制考四卷踐祚篇集解一卷周易鄭康成注一卷姓氏急就篇二卷急就篇補注四卷周書王會補注一卷小學紺珠十卷六經天文篇二卷通鑑答問五卷 …………………………………… 1－56
玉海二百卷附辭學指南四卷詩考一卷詩地考六卷漢藝文志考證十卷通鑑地理通釋十四卷漢制考四卷踐祚篇集解一卷周易鄭康成注一卷姓氏急就篇二卷急就篇補注四卷周書王會補注一卷小學紺珠十卷六經天文篇二卷通鑑答問五卷 …………………………………… 1－56
玉海二百卷辭學指南四卷附刻十三種 …………………………………… 2－139
玉海二百卷辭學指南四卷附刻十三種 …………………………………… 2－139
玉海纂二十二卷 ………………………… 1－57
玉堂校傳如崗陳先生二經精解全編九卷 …………………………………… 1－55
玉堂集不分卷 …………………………… 1－105
玉堂薈記二卷 …………………………… 2－228
玉清首相血淚論一卷 …………………… 2－199
玉壺清話十卷 …………………………… 1－311
玉搔頭傳奇二卷 ………………………… 1－166
玉溪生詩說二卷 ………………………… 2－518
玉臺文菀八卷 …………………………… 1－89
玉臺新詠十卷 …………………………… 1－150
玉臺新詠十卷 …………………………… 1－150
玉臺新詠十卷 …………………………… 2－431
玉臺新詠十卷 …………………………… 2－431
玉歷鈔歌不分卷 ………………………… 2－205
玉樞經籥二十四卷首一卷 ……………… 2－200
玉劍尊聞十卷 …………………………… 1－82
玉餘書牘附編八卷 ……………………… 2－302
玉澗襍書不分卷 ………………………… 2－225
玉磐山房詩集十卷文集四卷 …………… 2－479
玉燕堂四種曲 …………………………… 2－521
玉機微義五十卷 ………………………… 2－174
[光緒]玉環廳志十六卷首一卷 ……… 1－416
[光緒]玉環廳志十六卷首一卷 ……… 1－416
[光緒]玉環廳志十四卷首一卷 ……… 1－416
玉谿生[李商隱]年譜一卷 …………… 2－317
玉谿生詩詳註三卷首一卷 ……………… 2－371
玉谿生詩詳註三卷首一卷 ……………… 2－371
玉谿生詩詳註三卷補一卷樊南文集詳註八卷詩話一卷 …………………… 2－317
玉簡齋叢書二集二十二種七十五卷 …………………………………… 2－550
玉簡齋叢書二集二十二種七十五卷 …………………………………… 2－550

玉簡齋叢書二集二十二種七十五卷
…………………………………… 2－550
玉譜類編四卷………………………… 2－145
玉瀾集一卷…………………………… 1－136
玉瀾集一卷…………………………… 1－136
玉露金盤二卷………………………… 2－205
玉露金盤二卷………………………… 2－206
刊謬正俗八卷………………………… 2－541
未灰齋文集八卷文外集一卷………… 2－441
未灰齋文集八卷文外集一卷………… 2－441
未灰齋文集八卷文外集一卷………… 2－441
未來戰國志十九回…………………… 2－252
未信編二集六卷附補未信編四卷…… 2－151
未學集一卷…………………………… 2－329
邗上題襟集選二卷…………………… 2－328
示我周行三卷………………………… 1－390
示我周行六卷………………………… 1－390
示樸齋駢體文六卷…………………… 2－289
示樸齋駢體文六卷…………………… 2－289
示樸齋駢體文六卷…………………… 2－289
正字通十二卷 ……………………… 1－13
正字略一卷…………………………… 1－243
正字略定本一卷……………………… 1－245
正定王氏家傳六卷…………………… 1－321
[乾隆]正定府志五十卷首一卷 …… 1－403
[光緒]正定縣志四十六卷首一卷末
一卷……………………………… 1－404
[光緒]正定縣志四十六卷首一卷末
一卷……………………………… 1－404
正俗備用字解四卷附一卷補遺一卷
…………………………………… 1－246
正音咀華三卷續編不分卷…………… 1－229
正音新纂二卷………………………… 1－245
正音攟言四卷 ……………………… 1－59
正音攟言四卷 ……………………… 1－59
正氣集十卷 ………………………… 2－90
正陽門樓工程奏稿不分卷…………… 2－256
[嘉慶]正陽縣志十卷 ……………… 1－416
正蒙山海經講義類聚敘存四卷……… 2－256
正蒙字義二卷………………………… 1－246
正誼堂文集二十四卷………………… 2－508
正誼堂文集十二卷…………………… 2－538
正誼堂全書六十三種四百七十一卷
續刻三種四十二卷………………… 2－537
正誼堂全書六十三種四百七十一卷
續刻三種四十二卷………………… 2－537
正誼堂全書六十三種四百七十一卷
續刻三種四十二卷………………… 2－537
正誼堂全書六十三種四百七十一卷
續刻三種四十二卷………………… 2－538
正誼堂全書六十三種四百七十一卷
續刻五種四十六卷………………… 2－537
正學文要八卷道學文附三卷………… 2－383
正學文要八卷道學文附三卷………… 2－383
正學曹月川先生語錄一卷…………… 2－384
正學編八卷…………………………… 2－159
正學續四卷…………………………… 2－161
[正藍旗滿洲]博爾濟吉特氏支譜不
分卷 ……………………………… 2－66
正覺樓叢刻二十九種七十九卷……… 2－557
正覺樓叢刻二十九種七十九卷……… 2－557
正覺樓叢刻二十九種七十九卷……… 2－557
正續三才讀史論略不分卷…………… 2－111
正續名世文宗十六卷 ……………… 1－88
正續名世文宗十六卷 ……………… 1－88
正續資治通鑑纂要二十七卷………… 1－268
[嘉慶]邛州直隸州志四十六卷首一
卷………………………………… 1－423
[嘉慶]邛州直隸州志四十六卷首一
卷………………………………… 1－423
功甫小集十一卷……………………… 2－356
功順堂叢書十八種八十一卷………… 2－563
功順堂叢書十八種八十一卷………… 2－563
功順堂叢書十八種八十一卷………… 2－563
去僞齋集十卷闕疑一卷……………… 2－428
去傲齋四書存十六卷………………… 1－219
[乾隆]甘州府志十六卷首一卷 …… 1－487
甘泉鄉人稿二十四卷………………… 2－455
甘泉鄉人稿二十四卷………………… 2－455
甘泉鄉人稿二十四卷………………… 2－455
甘泉鄉人稿二十四卷………………… 2－455
甘泉鄉人餘稿二卷…………………… 2－455

甘莊恪公全集十六卷附一卷………… 1－157
［咸豐］甘棠小志四卷首一卷末一卷
…………………………………… 1－428
［咸豐］甘棠小志四卷首一卷末一卷
…………………………………… 1－428
［咸豐］甘棠小志四卷首一卷末一卷
…………………………………… 1－428
［咸豐］甘棠小志四卷首一卷末一卷
…………………………………… 1－428
甘肅同官錄不分卷 …………………… 2－93
甘肅全省同官錄 ……………………… 2－94
甘肅省財政說明書三卷……………… 1－555
甘肅陞官圖 …………………………… 2－94
［乾隆］甘肅通志五十卷首一卷 ……… 1－38
甘肅商務總會簡明章程不分卷 ……… 2－16
甘肅清理財政說明書四編 …………… 2－27
甘肅鄉試同年齒錄（光緒乙酉科）不
分卷 ……………………………… 2－91
甘肅鄉試闈墨（光緒己卯科）不分卷
…………………………………… 2－295
甘肅鄉試題名錄（光緒乙酉科）不分
卷 ………………………………… 2－92
甘肅調查局法制科調查各項子目不
分卷……………………………… 1－554
甘肅優級師範學堂簡明章程不分卷
…………………………………… 2－261
甘露園短書十一卷 …………………… 1－80
世本十卷 ……………………………… 1－24
世守拙齋詩存四卷…………………… 2－342
世忠堂文集六卷……………………… 2－460
世忠堂文集六卷……………………… 2－460
世忠錄一卷繼忠錄一卷……………… 1－348
世宗憲皇帝御製文集三十卷目錄四
卷………………………………… 2－476
世界地理志不分卷…………………… 1－533
世界地理統計表二卷………………… 1－533
世界各國險要維新輿圖不分卷……… 1－530
世界近世史五編……………………… 2－129
世界海軍現狀七章…………………… 2－123
世說新語八卷 ………………………… 1－81
世說新語三卷 ………………………… 1－81
世說新語三卷 ………………………… 1－81
世說新語六卷 ………………………… 1－81
世說新語六卷………………………… 2－216
世說新語六卷………………………… 2－236
世說新語補二十卷附釋名一卷 ……… 1－81
世說新語補八卷 ……………………… 1－81
世篤忠貞錄不分卷…………………… 1－320
艾陵文鈔十六卷詩鈔二卷…………… 1－161
艾廬遺稿六卷………………………… 2－502
艾廬遺稿六卷………………………… 2－502
古干亭詩集六卷文集二卷…………… 2－361
古今小品八卷………………………… 2－284
古今中外音韻通例不分卷…………… 1－255
古今文字通釋十四卷………………… 1－245
古今文字通釋十四卷………………… 1－245
古今史學萃珍七種十七卷…………… 2－559
古今名人畫稿不分卷………………… 2－193
古今名論類編十二卷………………… 2－145
古今字考六卷 ………………………… 1－12
古今孝子所見錄十二卷……………… 1－224
古今長者錄八卷……………………… 2－235
古今明堂記六卷 ……………………… 1－30
古今注三卷…………………………… 2－541
古今治統二十卷 ……………………… 1－25
古今姓氏書辯證四十卷目錄三卷…… 2－116
古今律曆考七十二卷………………… 2－533
古今風謠不分卷古今諺不分卷古今
諺拾遺六卷古今風謠拾遺四卷…… 2－385
古今僞書考 …………………………… 2－67
古今僞書考 …………………………… 2－67
古今僞書考 …………………………… 2－67
古今將畧四卷 ………………………… 1－64
古今萬姓統譜一百四十卷歷代帝王
姓氏系統譜六卷氏族博考十四卷
…………………………………… 1－28
古今萬姓統譜一百四十卷歷代帝王
姓氏系統譜六卷氏族博考十四卷
…………………………………… 1－28
古今萬姓統譜一百四十卷歷代帝王
姓氏系統譜六卷氏族博考十四卷
…………………………………… 1－48

古今集聯不分卷…………………………2－387
古今註三卷…………………………………2－138
古今楹聯彙刻小傳不分卷……………1－316
古今楹聯彙刻小傳不分卷……………1－316
古今詩刪三十四卷目錄二卷…………1－112
古今詩話選雋二卷………………………1－163
古今廉鑑八卷 …………………………1－29
古今經世策論舉隅八卷首一卷………2－297
古今圖書集成(閨媛典・禮儀典・職
方典・考工典) ……………………2－142
古今圖書集成職方典附目錄四十卷
………………………………………………2－142
古今說海一百三十五種一百四十二
卷 …………………………………………1－75
古今說海一百三十五種一百四十二
卷……………………………………………1－296
古今說海一百三十五種一百四十二
卷……………………………………………2－219
古今說海一百三十五種一百四十二
卷……………………………………………2－220
古今說海一百三十五種一百四十二
卷……………………………………………2－552
古今說海一百三十五種一百四十二
卷……………………………………………2－552
古今賦畧續編補遺不分卷……………1－122
古今錢略三十二卷首一卷末一卷……2－104
古今錢略三十二卷首一卷末一卷……2－104
古今濡削選章四十卷 …………………1－95
古今韻略五卷 …………………………1－15
古今韻略五卷……………………………1－252
古今韻會舉要三十卷…………………1－254
古今韻會舉要三十卷附禮部韻略七
音三十六母通考一卷 ……………1－15
古今韻會舉要三十卷附禮部韻略七
音三十六母通考一卷 ……………1－15
古今韻會舉要三十卷附禮部韻略七
音三十六母通考一卷………………1－250
古今韻會舉要三十卷附禮部韻略七
音三十六母通考一卷………………1－250
古今韻會舉要小補三十卷 ……………1－15
古今韻會舉要小補三十卷 ……………1－15
古今韻會舉要小補三十卷 ……………1－16
古今類書纂要增刪十二卷 ……………1－60
古今釋疑十八卷 ………………………1－79
古今鑑略韻史策要二卷 ………………1－53
古文八大家公暇錄六卷 ………………1－86
古文分編集評三集八卷………………2－288
古文分編集評初集五卷二集五卷三
集八卷四集四卷……………………2－288
古文合鈔十六卷 ………………………1－93
古文近道集不分卷……………………2－159
古文苑二十一卷 ………………………1－93
古文苑二十一卷 ………………………1－93
古文苑二十一卷 ………………………1－93
古文苑二十一卷 ………………………1－93
古文苑二十一卷………………………2－288
古文奇賞二十二卷續古文奇賞三十
四卷奇賞齋廣文苑英華二十六卷
四續古文奇賞五十三卷明文奇賞
四十卷 ……………………………1－91
古文披金二十四卷 ……………………1－93
古文尚書不分卷附書序不分卷………1－189
古文尚書正辭三十三卷………………1－188
古文尚書攷二卷………………………1－177
古文尚書攷二卷………………………1－177
古文尚書撰異三十二卷………………1－185
古文尚書辨僞二卷……………………1－187
古文周易參同契註八卷………………1－180
古文品外錄二十四卷 …………………1－93
古文品外錄二十四卷 …………………1－93
古文品外錄二十四卷 …………………1－93
古文眉詮七十九卷首一卷 ……………1－93
古文眉詮七十九卷首一卷 ……………1－93
古文約選不分卷 ………………………1－92
古文約選不分卷 ………………………1－92
古文雅正十四卷………………………2－285
古文雅正十四卷………………………2－285
古文雅正十四卷………………………2－289
古文喈鳳新編八卷……………………2－288
古文筆法二十卷………………………2－288
古文詞畧二十四卷……………………2－288
古文淵鑒六十四卷 ……………………1－92

古文淵鑒六十四卷 …………………… 1－92
古文淵鑒六十四卷 …………………… 1－92
古文淵鑒六十四卷……………………… 2－286
古文淵鑒六十四卷……………………… 2－286
古文淵鑒六十四卷……………………… 2－286
古文淵鑒六十四卷……………………… 2－286
古文淵鑒六十四卷……………………… 2－286
古文淵鑒六十四卷……………………… 2－286
古文淵鑒六十四卷……………………… 2－287
古文彙鈔十卷 ………………………… 1－93
古文摭逸八卷…………………………… 2－288
古文精藻二卷…………………………… 2－284
古文審八卷首一卷……………………… 2－103
古文審八卷首一卷……………………… 2－103
古文審八卷首一卷……………………… 2－103
古文選七種……………………………… 2－289
古文選不分卷 ………………………… 1－92
古文講授談二卷………………………… 2－306
古文翼八卷……………………………… 2－288
古文辭類篹七十五卷…………………… 2－287
古文辭類纂十五卷……………………… 2－287
古文辭類纂十五卷……………………… 2－287
古文辭類纂七十五卷…………………… 2－287
古文辭類纂七十四卷…………………… 2－287
古文辭類纂七十四卷…………………… 2－287
古文辭類纂七十四卷…………………… 2－287
古文辭類纂七十四卷…………………… 2－287
古文辭類纂七十四卷…………………… 2－287
古文辭類纂七十四卷…………………… 2－287
古文辭類纂七十四卷…………………… 2－287
古文辭類纂七十四卷…………………… 2－287
古文觀止十二卷………………………… 2－288
古文觀止十二卷………………………… 2－288
古巴雜記不分卷………………………… 1－531
古巴雜記不分卷………………………… 1－531
古史六十卷 …………………………… 1－23
古史六十卷 …………………………… 1－23
古史六十卷……………………………… 1－286
古史探源二卷附廣學會書目…………… 2－126
古史輯要六卷首一卷…………………… 1－257
古吳童氏重校醫宗必讀十卷…………… 2－174
古伴柳亭初藁四卷……………………… 2－454
古伴柳亭續藁六卷……………………… 2－454
古佛應驗明聖經三卷附關聖帝君訓
　孝文…………………………………… 2－200
古事比五十二卷………………………… 2－143
古金石磚瓦文字集不分卷 …………… 1－51
古金待問錄四卷錄餘一卷補遺一卷
　……………………………………… 2－103
古金待問錄四卷錄餘一卷補遺一卷
　……………………………………… 2－103
古刻叢鈔一卷…………………………… 1－329
古刻叢鈔一卷 ………………………… 2－96
古刻叢鈔一卷 ………………………… 2－96
古春軒詩鈔二卷………………………… 2－360
古春軒詩鈔二卷………………………… 2－451
古品節錄六卷…………………………… 1－335
古香山館文存十六卷詩存三卷………… 2－511
古香齋新刻袖珍御選古文淵鑒六十
　四卷…………………………………… 2－286
古香齋新刻袖珍御纂朱子全書六十
　六卷…………………………………… 2－405
古香齋新刻袖珍淵鑑類函四百五十
　卷目錄四卷…………………………… 2－144
古香齋鑒賞袖珍五經八卷……………… 1－7
古香齋鑒賞袖珍初學記三十卷………… 2－165
古香齋鑒賞袖珍春明夢餘錄七十卷
　……………………………………… 1－33
古香齋鑒賞袖珍春明夢餘錄七十卷
　……………………………………… 1－392
古香齋鑒賞袖珍春明夢餘錄七十卷
　……………………………………… 2－224
古香齋鑒賞袖珍春明夢餘錄七十卷
　……………………………………… 2－224
古香齋鑒賞袖珍春明夢餘錄七十卷
　……………………………………… 2－224
古香齋鑒賞袖珍春明夢餘錄七十卷
　……………………………………… 2－224
古香齋鑒賞袖珍春明夢餘錄七十卷
　……………………………………… 2－224
古泉日新錄不分卷 …………………… 1－52
古泉匯首集四卷元集十四卷 ………… 2－97

古泉匯首集四卷元集十四卷亨集十
四卷利集十八卷貞集十四卷 ……… 2－97
古泉匯首集四卷元集十四卷亨集十
四卷利集十八卷貞集十四卷續泉
匯首集一卷元集三卷亨集三卷利
集二卷貞集三卷補遺二卷 ………… 2－97
古泉藪 ………………………………… 1－51
古音餘五卷古音附錄一卷 …………… 1－13
古音叢目五卷轉注古音略五卷奇字
韻四卷 ……………………………… 1－13
古紅梅閣集八卷……………………… 2－486
古紅梅閣集八卷附紫藤花館詩餘二
卷…………………………………… 2－486
古桐書屋六種二十三卷……………… 2－481
古桐書屋六種二十三卷……………… 2－493
古格言十二卷………………………… 2－233
古唐詩合解十六卷…………………… 2－320
古唐詩合解十六卷…………………… 2－320
古唐詩合解十六卷…………………… 2－320
古唐詩合解十六卷…………………… 2－320
古唐詩合解十六卷…………………… 2－320
古唐詩合解十六卷…………………… 2－320
古唐詩合解十六卷…………………… 2－320
古唐詩合解十六卷…………………… 2－320
古唐詩合解十六卷…………………… 2－320
古唐詩合解十六卷…………………… 2－320
古唐詩合解十六卷…………………… 2－320
古唐詩合解十六卷…………………… 2－320
古唐詩合解十六卷…………………… 2－320
［乾隆］古浪縣誌一卷 …………… 1－489
古教彙參三卷………………………… 2－214
古教彙參三卷………………………… 2－214
古逸書三十卷首一卷後一卷 ……… 1－87
古雋考略六卷 ……………………… 1－13
古聖賢像傳略十六卷………………… 1－330
古愚心言八卷 ……………………… 1－88
古愚老人消夏錄十五種六十五卷…… 2－229
古照堂詩稿一卷 …………………… 1－95
古照堂彙纂四六章甫十卷首一卷 …… 1－93
古微書三十六卷……………………… 1－212
古微書三十六卷……………………… 1－212
古微書三十六卷……………………… 1－212
古微書三十六卷……………………… 1－212
古微堂内集二卷外集八卷…………… 2－446
古微堂内集二卷外集八卷…………… 2－446
古微堂内集二卷外集八卷…………… 2－446
古微堂集内集三卷外集七卷………… 2－148
古微堂集内集三卷外集七卷………… 2－148
古微堂集内集三卷外集七卷………… 2－148
古微堂集内集三卷外集七卷………… 2－149
古微堂集内集三卷外集七卷………… 2－149
古微堂集内集三卷外集七卷………… 2－149
古微堂集内集三卷外集七卷………… 2－149
古微堂集外集七卷…………………… 2－149
古詩源十四卷………………………… 2－308
古詩源十四卷………………………… 2－308
古詩源十四卷………………………… 2－308
古詩源十四卷………………………… 2－308
古詩箋十三卷………………………… 1－107
古詩賞析二十二卷附古韻目例一卷
論古詩一卷………………………… 1－107
古經天象考十二卷圖說一卷緒說一
卷…………………………………… 2－178
古經解鉤沉三十卷…………………… 1－213
古經解彙函三十種二百七十六卷…… 2－561
古經解彙函三十種二百七十六卷…… 2－561
古經解彙函三十種二百七十六卷…… 2－561
古經解彙函三十種二百七十六卷…… 2－561
古經解彙函三十種二百七十六卷…… 2－561
古經解彙函三十種二百七十六卷…… 2－561
古歌不分卷…………………………… 2－356
古誌石華三十卷……………………… 1－329
古誌石華三十卷……………………… 1－329
古賦辯體十卷………………………… 1－122
古劍書屋詩鈔八卷文鈔二卷………… 1－105
古樂經傳五卷………………………… 1－223
古緣萃錄十八卷……………………… 2－193
古靜軒四景詩不分卷古靜軒續詠四
景詩不分卷………………………… 2－348
古學記問錄十五卷…………………… 2－225
古學記問錄十五卷…………………… 2－225
古學彙纂十卷 ……………………… 1－88

古錢拓本不分卷 …… 2－104
古謠諺一百卷 …… 2－325
古謠諺一百卷 …… 2－325
古謠諺一百卷 …… 2－325
古謠諺一百卷 …… 2－325
古藤書屋詩存一卷 …… 2－331
古韻通說二十卷 …… 1－250
古韻通說二十卷 …… 1－250
古韻通說二十卷 …… 1－250
古韻通說二十卷 …… 1－250
古韻通說二十卷 …… 1－250
古韻通說二十卷附總論 …… 1－250
古韻發明不分卷切字肆攷不分卷 …… 1－256
古韻發明不分卷切字肆攷不分卷 …… 1－256
古韻發明不分卷切字肆攷不分卷 …… 1－256
古韻溯原八卷 …… 1－253
古韻標準四卷詩韻舉例一卷 …… 1－253
古韻標準四卷詩韻舉例一卷例言一卷 …… 1－251
古籌算考釋六卷 …… 2－177
古籌算考釋六卷 …… 2－177
古歡室全集 …… 2－325
古歡堂集三十六卷 …… 1－151
古歡堂選不分卷 …… 2－286
古籒拾遺三卷宋政和禮器文字攷一卷 …… 2－97
古籒拾遺三卷宋政和禮器文字攷一卷 …… 2－97
古籒拾遺三卷宋政和禮器文字攷一卷 …… 2－97
本事詞二卷 …… 2－519
本事詩十二卷 …… 1－106
本事詩十二卷 …… 1－107
本事詩十二卷 …… 2－332
本事詩十二卷 …… 2－373
本草萬方鍼線八卷 …… 2－175
本草綱目五十二卷 …… 2－172
本草綱目五十二卷附本草萬方鍼線八卷 …… 2－172
本草綱目五十二卷首一卷本草綱目圖三卷 …… 2－172
本草綱目五十二卷圖三卷 …… 2－172
本草綱目五十二卷圖三卷藥品目一卷 …… 2－172
本草綱目拾遺十卷首一卷 …… 2－176
本朝十二家精選十二種 …… 2－285
本朝五言近體瓣香集十六卷 …… 1－110
本朝名媛詩鈔六卷 …… 1－106
本朝名媛詩鈔六卷 …… 1－106
本朝政治全書二卷 …… 1－553
本朝館閣詩二十卷附錄一卷續附錄一卷 …… 1－115
本朝應制和聲集六卷首三卷和聲二集三卷首一卷補編一卷 …… 1－104
本朝應制琳琅集十卷首一卷 …… 1－94
札樸十卷 …… 1－249
札樸十卷 …… 1－249
札樸十卷 …… 1－249
札樸十卷 …… 1－249
札樸十卷 …… 1－249
札樸十卷 …… 2－223
可恨人五卷人義二卷不義人一卷 …… 1－29
可儀堂一百二十名家制義四十八卷 …… 1－95
丙午日本游記一卷附錄一卷附山西興革事宜條陳一卷 …… 1－510
丙午日本游記一卷附錄一卷附山西興革事宜條陳一卷 …… 1－510
丙午日本游記一卷附錄一卷附山西興革事宜條陳一卷 …… 1－510
左氏傳説二十卷首一卷 …… 1－211
左文襄公文集五卷左文襄公詩集一卷左文襄公聯語一卷 …… 2－514
左文襄公全集一百九卷 …… 2－462
左文襄公全集十一種一百三十四卷首一卷 …… 2－457
左文襄公全集十一種一百三十四卷首一卷 …… 2－457
左文襄公全集十一種一百三十四卷首一卷 …… 2－457
左文襄公[宗棠]年譜十卷 …… 1－338
左文襄公[宗棠]年譜十卷 …… 1－338

左文襄公[宗棠]年譜十卷 …………… 1－344
左文襄公奏疏初編三十八卷………… 1－363
左文襄公奏疏初編三十八卷續編七
十六卷三編六卷……………………… 1－363
左文襄公奏疏初編三十八卷續編七
十六卷三編六卷……………………… 1－363
左文襄公奏稿六十四卷……………… 2－456
左文襄公奏稿初編三十八卷續編七
十六卷三編六卷……………………… 1－363
左文襄公實錄不分卷………………… 1－333
左司馬傳……………………………… 2－429
左忠貞公剩藁四卷…………………… 1－150
左忠貞公集十一卷…………………… 2－429
左忠義公[光斗]年譜二卷 ………… 2－421
左忠義公[光斗]年譜二卷 ………… 2－421
左忠義公[光斗]年譜二卷 ………… 2－421
左忠毅公集三卷……………………… 2－421
左忠毅公集三卷……………………… 2－421
左忠毅公集三卷……………………… 2－421
左侍御公集一卷……………………… 2－421
左侍御公集一卷……………………… 2－421
左侍御公集一卷……………………… 2－421
左恪靖伯奏稿一百二十卷…………… 1－374
左恪靖伯奏稿三十八卷……………… 1－374
左恪靖侯奏稿初編三十八卷續編七
十六卷………………………………… 1－371
左恪靖侯奏稿初編三十八卷續編七
十六卷………………………………… 1－371
左恪靖侯奏稿初編三十八卷續編七
十六卷三編六卷……………………… 1－363
左恪靖侯奏稿初編三十八卷續編七
十六卷三編六卷……………………… 1－363
左恪靖侯奏稿初編三十八卷續編七
十六卷三編六卷……………………… 1－363
左海文集十卷………………………… 2－459
左海全集十種三十四卷……………… 2－483
左海全集十種三十四卷……………… 2－483
左海全集十種三十四卷……………… 2－503
左海全集十種三十四卷……………… 2－503
左通補釋三十二卷…………………… 1－209
左通補釋三十二卷…………………… 1－209
左通補釋三十二卷…………………… 1－210
左策史漢約選八卷 ………………… 1－17
左傳文法讀本十二卷………………… 1－211
左傳文法讀本十二卷………………… 1－212
左傳札記七卷………………………… 1－261
左傳史論二卷………………………… 2－109
左傳史論二卷………………………… 2－110
左傳史論二卷………………………… 2－110
左傳史論二卷………………………… 2－110
左傳史論二卷………………………… 2－111
左傳史論二卷………………………… 2－111
左傳史論二卷………………………… 2－111
左傳句解彙雋六卷…………………… 1－206
左傳事緯十二卷左傳字釋一卷……… 1－209
左傳事緯十二卷左傳字釋一卷……… 1－211
左傳事緯十二卷左傳字釋一卷……… 1－211
左傳事緯十二卷左傳字釋一卷……… 1－211
左傳事緯十二卷左傳字釋一卷……… 1－211
左傳事緯十二卷前書八卷…………… 1－7
左傳官名考二卷……………………… 1－212
左傳紀事本末五十三卷……………… 1－277
左傳紀事本末五十三卷……………… 1－277
左傳紀事本末五十三卷……………… 1－277
左傳紀事本末五十三卷……………… 1－277
左傳紀事本末五十三卷……………… 1－277
左傳紀事本末五十三卷……………… 1－277
左傳紀事本末五十三卷……………… 1－277
左傳紀事本末五十三卷……………… 1－278
左傳紀事本末五十三卷……………… 1－280
左傳紀事本末五十三卷……………… 1－282
左傳紺珠二卷………………………… 1－211
左傳紺珠八卷首一卷………………… 1－211
左傳統箋三十五卷…………………… 1－7
左傳義法舉要一卷附方氏左傳評點
二卷…………………………………… 1－211
左傳舊疏考正八卷…………………… 1－210
左傳舊疏考正八卷…………………… 1－212
左傳舊疏考正八卷…………………… 2－539
左傳翼三十八卷……………………… 1－210
左傳翼三十八卷……………………… 1－210
左繡三十卷首一卷…………………… 1－206

左繡三十卷首一卷……………………… 1－206
左繡三十卷首一卷……………………… 1－206
左繡三十卷首一卷……………………… 1－206
左繡三十卷首一卷……………………… 1－206
左繡三十卷首一卷……………………… 1－206
左繡三十卷首一卷……………………… 1－210
左繡三十卷首一卷……………………… 1－210
左繡三十卷首一卷……………………… 1－210
左繡三十卷首一卷……………………… 1－210
石臼前集九卷後集七卷………………… 1－102
石臼前集九卷後集七卷………………… 1－102
石守道先生集二卷……………………… 2－405
石守道先生集二卷……………………… 2－538
石村詩集三卷石村文集三卷………… 1－100
石林居士建康集八卷補遺一卷石林先生兩鎮建康紀年略一卷………… 2－410
石林奏議十五卷………………………… 1－370
石林奏議十五卷………………………… 1－370
石林家訓一卷石林治生家訓要略一卷………………………………… 2－570
石林詩話三卷拾遺一卷附錄一卷附補遺一卷……………………………… 2－517
石林遺事三卷附一卷…………………… 1－334
石林遺書十三種五十四卷……………… 2－559
石林遺書十三種五十四卷……………… 2－570
石林燕語十卷 ………………………… 1－79
石林燕語十卷…………………………… 2－570
石林燕語十卷石林燕語校不分卷…… 2－225
石林燕語辨十卷………………………… 2－225
石林燕語辨十卷………………………… 2－517
石林燕語辨十卷………………………… 2－570
[光緒]石門縣志十一卷首一卷 …… 1－441
石城七子詩鈔十四卷…………………… 2－360
石柏山房詩存八卷首一卷…………… 2－320
石柱記五卷……………………………… 1－388
石叟頌古一卷…………………………… 2－206
石泉先生識言三卷……………………… 2－157
石泉書屋全集十三種一百六十五卷………………………………………… 2－469
[道光]石泉縣志十卷 ………………… 1－481
[同治]石首縣志八卷 ………………… 1－468
[同治]石首縣志八卷 ………………… 1－468
石室存稿二卷詩餘附…………………… 2－314
石屋詩鈔八卷 ………………………… 1－99
石屋詩鈔補一卷 ……………………… 1－99
石屏詩集十卷…………………………… 2－353
石莊初集六卷…………………………… 1－155
石堂近稿不分卷………………………… 2－492
石堂集十卷……………………………… 2－492
石笥山房文集五卷補遺一卷………… 2－452
石笥山房文集六卷補遺一卷詩集十一卷詩餘一卷補遺二卷續補遺二卷……………………………………… 2－451
石笥山房文集六卷補遺一卷詩集十一卷詩餘一卷補遺二卷續補遺二卷……………………………………… 2－452
石笥山房文集六卷補遺一卷詩集十一卷詩餘一卷補遺二卷續補遺二卷……………………………………… 2－452
石渠先生王公履歷不分卷 …………… 1－30
石渠閣評輯鋪茵古集八卷 …………… 1－59
石渠餘紀六卷…………………………… 1－546
石渠餘紀六卷…………………………… 1－546
石渠餘紀六卷…………………………… 1－546
石渠餘紀六卷…………………………… 1－546
石渠餘紀六卷…………………………… 1－546
石渠餘紀六卷…………………………… 1－546
石雲山人詩集二十三卷文集五卷奏議六卷……………………………… 2－458
石湖居士詩集三十四卷………………… 1－116
石鼓文定本五種………………………… 2－102
石鼓文定本五種………………………… 2－102
石鼓文鈔不分卷 ……………………… 1－52
石鼓硯齋文鈔二十卷附先文敏公行狀不分卷……………………………… 2－438
石鼓硯齋詩鈔三十二卷試帖二卷直廬集八卷……………………………… 2－321
石經考文提要十三卷…………………… 1－213
石經考異三卷續方言二卷……………… 1－178
石經補攷十二卷………………………… 1－1
石經彙函十種四十五卷………………… 1－172
石經彙函十種四十五卷………………… 1－172

石經彙函十種四十五卷………………… 1－172
石經閣金石跋文一卷 ………………… 2－98
石榴記傳奇四卷……………………… 2－529
石閭集不分卷………………………… 2－367
石遺室詩友詩錄六卷………………… 2－323
石遺室叢書十八種一百十六卷……… 2－458
石遺室叢書十八種一百十六卷……… 2－515
石遺室叢書十八種一百十六卷……… 2－515
石遺室叢書十八種一百十六卷……… 2－576
石墨鐫華八卷 ……………………… 1－51
石樵先生遺詩晚翠軒集二卷………… 2－355
石齋先生經傳九種五十六卷………… 2－538
石鏡山房四書說統□□卷…………… 1－9
石鏡山房增訂周易說統二十五卷…… 1－3
石蘭堂詩刻九卷……………………… 2－322
石鐘山志十六卷首一卷……………… 1－500
石鐘山志十六卷首一卷……………… 1－500
石鐘山志十六卷首一卷附補遺……… 1－500
右台仙館筆記十六卷………………… 2－236
右台仙館筆記十六卷………………… 2－236
右台仙館筆記十六卷………………… 2－236
右軍［王羲之］年譜一卷附叢談一卷
…………………………………… 1－319
右軍［王羲之］年譜一卷附叢談一卷
…………………………………… 1－319
布哈爾志不分卷……………………… 1－533
布匿第二次戰紀五卷………………… 2－124
戊戌遊記不分卷……………………… 1－513
平山堂圖志十卷首一卷……………… 1－520
平山堂圖志十卷首一卷……………… 1－520
平山堂圖志十卷首一卷……………… 1－520
平山堂圖志十卷首一卷……………… 1－520
平山堂圖志十卷首一卷……………… 1－520
平山堂圖志十卷首一卷……………… 1－520
［咸豐］平山縣志八卷 ……………… 1－443
平平言四卷 ………………………… 2－64
平平錄十卷…………………………… 2－160
平平錄十卷…………………………… 2－160
平江記事一卷………………………… 2－242
［同治］平江縣志五十五卷首二卷末
一卷………………………………… 1－451
平苗紀略不分卷……………………… 1－304
［康熙］平和縣志十二卷首一卷 …… 1－489
［光緒］平定州志十六卷首一卷 …… 1－441
平定粵匪紀略十八卷附記四卷……… 1－299
平定粵匪紀略十八卷附記四卷……… 1－299
平定粵匪紀略十八卷附記四卷……… 1－299
平定粵匪紀略十八卷附記四卷……… 1－299
平定粵匪紀略十八卷附記四卷……… 1－299
平定粵匪紀略十八卷附記四卷……… 1－299
平定粵匪紀略十八卷附記四卷……… 1－299
平定粵匪紀略十八卷附記四卷……… 1－299
平定粵匪紀略十八卷附記四卷……… 1－299
平定粵匪紀略十八卷附記四卷……… 1－299
平定關隴紀略十三卷………………… 1－281
平定關隴紀略十三卷………………… 1－281
平定關隴紀略十三卷………………… 1－281
平定羅剎方略四卷…………………… 1－280
平定羅剎方略四卷…………………… 1－305
平南王元功垂範二卷 ……………… 1－26
平叛記二卷 ………………………… 1－64
平叛記二卷 ………………………… 1－64
平叛記二卷 ………………………… 1－64
平津館叢書三十八種二百五十四卷
…………………………………… 2－534
平津館叢書三十八種二百五十四卷
…………………………………… 2－534
平津館叢書三十八種二百五十四卷
…………………………………… 2－534
平津館鑒藏書籍記三卷續編一卷補
遺一卷 …………………………… 2－72
平津讀碑記八卷續記一卷…………… 2－444
平津讀碑記八卷續記一卷…………… 2－444
平津讀碑記八卷續記一卷再續一卷
讀碑記三續二卷…………………… 2－444
平桂紀畧四卷………………………… 1－311
［乾隆］平原縣志十卷首一卷 ……… 1－424
［乾隆］平原縣志十卷首一卷 ……… 1－424
［乾隆］平原縣志十卷首一卷 ……… 1－424
平浙紀略十六卷……………………… 2－164
平浙紀略十六卷……………………… 2－164
平浙紀略十六卷……………………… 2－164

平浙紀略十六卷 …… 2－165
平浙紀略十六卷 …… 2－165
平浙紀略十六卷 …… 2－165
［道光］平望志十八卷首一卷 …… 1－481
［雍正］平陽府志三十六卷 …… 1－409
［雍正］平陽府志三十六卷附憲綱一卷 …… 1－34
［乾隆］平番縣誌一卷 …… 1－489
［光緒］平湖縣志二十五卷首一卷末一卷 …… 1－453
［光緒］平湖縣志二十五卷首一卷末一卷 …… 1－453
［光緒］平湖縣志二十五卷首一卷末一卷 …… 1－453
［光緒］平湖縣志二十五卷首一卷末一卷 …… 1－453
［光緒］平湖縣志二十五卷首一卷末一卷 …… 1－453
平湖顧氏遺書五種五十一卷 …… 1－194
平湖顧氏遺書五種五十一卷 …… 2－481
平園雜著内編十四卷 …… 2－495
［光緒］平遙縣志十二卷 …… 1－451
［光緒］平遙縣志十二卷 …… 1－451
［光緒］平遙縣志十二卷 …… 1－451
［光緒］平遙縣志十二卷 …… 1－451
平臺紀畧一卷 …… 1－22
平臺紀畧一卷 …… 1－22
平播全書十五卷 …… 1－300
平播全書十五卷 …… 1－300
平養堂文編十卷 …… 2－495
平養堂文編十卷 …… 2－495
平齋文集三十二卷拾遺一卷附錄一卷附空同詞一卷 …… 2－412
北山集三十集 …… 2－406
北史一百卷 …… 1－18
北史一百卷 …… 1－259
北行日記一卷征途隨筆一卷 …… 1－353
北行日錄二卷 …… 1－516
北江詩話六卷 …… 2－515
北江詩話六卷 …… 2－516
北宋經撫年表二卷 …… 2－120
北東園筆錄初編六卷續編六卷三編六卷四編六卷 …… 2－236
北東園筆錄初編六卷續編六卷三編六卷四編六卷 …… 2－236
北東園筆錄初編六卷續編六卷三編六卷四編六卷 …… 2－236
北固山志十四卷首一卷 …… 1－500
北固山志十四卷首一卷 …… 1－500
北固山志十四卷首一卷 …… 1－502
北征詩集一卷北征錄三卷 …… 2－20
［北京］李氏近房宗譜不分卷 …… 2－81
［北京］張氏宗譜一卷 …… 2－84
［北京順天］張氏家譜三十四卷 …… 1－49
北京新聞彙報 …… 2－269
［北京豐臺］宛平王氏族譜不分卷 …… 1－48
北洋公牘類纂二十五卷 …… 1－535
北洋公牘類纂二十五卷 …… 1－535
北洋公牘類纂二十五卷 …… 1－549
北洋公牘類纂二十五卷 …… 1－549
北洋公牘類纂二十五卷 …… 1－549
北洋公牘類纂二十五卷 …… 1－558
北洋公牘類纂續編二十四卷 …… 1－545
北洋公牘類纂續編二十四卷 …… 1－545
北洋公牘類纂續編二十四卷 …… 1－545
北洋公牘類纂續編二十四卷 …… 1－549
北洋巡警學堂重訂現行章程二十節 …… 2－16
北洋陳制軍奏摺不分卷 …… 2－32
北郭詩帳二卷 …… 2－382
北海亭詩集四卷 …… 2－360
北海亭詩集四卷 …… 2－360
北海道拓殖概觀一卷 …… 1－387
北海道拓殖概觀一卷 …… 1－387
［光緒］北流縣志二十四卷 …… 1－461
北埜開抄四卷 …… 2－223
北堂書鈔一百六十卷 …… 2－142
北堂書鈔一百六十卷 …… 2－142
北堂書鈔一百六十卷 …… 2－142
北堂書鈔一百六十卷 …… 2－143
北隅掌錄二卷 …… 2－382
北隅掌錄二卷 …… 2－382

北隅綴錄二卷續錄二卷……………… 2－382
北道刊誤志不分卷………………… 1－393
北湖小志六卷……………………… 1－522
北湖小志六卷……………………… 1－522
北窗偶談三卷 …………………… 1－13
北夢瑣言二十卷 ………………… 1－83
北夢瑣言二十卷 ………………… 1－83
北溪先生字義二卷 ……………… 1－63
北溪字義二卷補遺一卷嚴陵講義一
　卷………………………………… 2－160
北溪先生字義補遺一卷嚴陵講義一
　卷北溪先生傳畧一卷 ………… 1－63
北齊書五十卷 …………………… 1－17
北齊書五十卷……………………… 1－259
北齊書五十卷附考證……………… 1－262
北學編四卷………………………… 1－335
北學編四卷………………………… 1－335
北學編四卷………………………… 1－335
北徽彙編十九種…………………… 2－115
北徽彙編十九種…………………… 2－115
北徽彙編十九種…………………… 2－115
北鹽挽疲芻議不分卷 …………… 2－27
占卜數則不分卷…………………… 2－212
占察義疏不分卷附行法…………… 2－202
目耕帖三十一卷…………………… 1－172
目耕帖三十一卷…………………… 1－172
目耕齋初刻一卷目耕齋二刻一卷目
　耕齋小題一卷…………………… 2－305
目耕齋讀本一卷目耕齋二刻一卷目
　耕小題偶編一卷………………… 1－218
且園賡唱集三卷…………………… 2－364
且甌集九卷………………………… 2－368
甲子會紀一卷 …………………… 1－55
甲子會紀五卷 …………………… 1－23
甲子會紀五卷 …………………… 1－23
甲午科十八省正副榜同年全錄不分
　卷 ……………………………… 2－90
甲午科十八省正副榜同年全錄不分
　卷 ……………………………… 2－90
甲申傳信錄十卷…………………… 1－310
甲申傳信錄十卷…………………… 1－310
甲辰攷察日本商務日記不分卷……… 2－257
甲辰科狀元策不分卷……………… 1－554
申公詩說一卷……………………… 1－5
申報評論不分卷…………………… 2－107
申報館書目不分卷 ……………… 2－76
申報館叢書三百二十二種………… 2－559
申鳧盟先生[涵光]年譜略一卷 …… 1－156
申鳧盟先生[涵光]年譜略一卷 …… 2－318
申鳧盟先生[涵光]年譜略一卷 …… 2－318
申鳧盟傳一卷……………………… 1－156
申鳧盟傳一卷……………………… 2－318
申鳧盟傳一卷……………………… 2－318
申鑒五卷 ………………………… 1－61
申鑒五卷…………………………… 2－152
申鑒五卷…………………………… 2－152
申鑒五卷…………………………… 2－153
申鑒五卷…………………………… 2－156
叶韻攷正十六卷…………………… 1－255
田文鏡河東文檄不分卷 ………… 1－44
田硯齋文集二卷…………………… 2－461
田間易學不分卷…………………… 1－3
田間詩學不分卷…………………… 2－341
由拳集二十三卷…………………… 1－148
冊府元龜一千卷目錄十卷 ……… 1－57
史目表二卷………………………… 2－121
史目表二卷………………………… 2－121
史目表二卷………………………… 2－121
史外八卷…………………………… 1－318
史外八卷…………………………… 1－318
史外八卷…………………………… 1－318
史外三十二卷 …………………… 1－27
史外三十二卷 …………………… 1－27
史外三十二卷 …………………… 1－27
史存三十卷………………………… 1－273
史系簡鈔八卷……………………… 2－105
史表功比說一卷…………………… 1－266
史表功比說一卷…………………… 1－266
史表功比說一卷…………………… 1－266
史林測義三十八卷………………… 2－107
史事新編十二卷…………………… 2－113
史事論甲編十卷乙編六卷丙編四卷

丁編四卷戊編十卷…………………… 2－109
史事論甲編十卷乙編六卷丙編四卷
丁編四卷戊編十卷…………………… 2－109
史事論甲編十卷乙編六卷丙編四卷
丁編四卷戊編十卷…………………… 2－109
史事論甲編十卷乙編六卷丙編四卷
丁編四卷戊編十卷…………………… 2－109
史事論甲編十卷乙編六卷丙編四卷
丁編四卷戊編十卷…………………… 2－109
史事論新編十卷………………………… 2－109
史忠正公文集四卷首一卷……………… 2－420
史忠正公文集四卷首一卷……………… 2－420
史忠正公文集四卷首一卷末一卷…… 2－420
史忠正公文集四卷首一卷末一卷…… 2－421
史忠正公文集四卷首一卷末一卷…… 2－421
史忠正公文集四卷首一卷末一卷…… 2－421
史忠正公文集四卷首一卷末一卷…… 2－421
史忠正公文集四卷首一卷末一卷…… 2－421
史姓韻編二十四卷……………………… 1－256
史姓韻編六十四卷……………………… 1－252
史姓韻編六十四卷……………………… 1－351
史記一百三十卷 ……………………… 1－16
史記一百三十卷 ……………………… 1－16
史記一百三十卷………………………… 1－258
史記一百三十卷附一卷（仿刊王本史
記）………………………………… 1－258
史記一百三十卷附一卷（仿刊王本史
記）………………………………… 1－258
史記一百三十卷附一卷（仿刊王本史
記）………………………………… 1－259
史記一百三十卷附史記補一卷 ……… 1－16
史記一百三十卷附史記補一卷 ……… 1－16
史記一百三十卷首一卷………………… 1－257
史記一百三十卷首一卷………………… 1－258
史記天官書補目一卷…………………… 1－266
史記天官書補目一卷史漢駢枝一卷
宋州郡校勘記一卷…………………… 1－261
史記志疑三十六卷附錄三卷………… 2－116
史記志疑三十六卷附錄三卷………… 2－116
史記別鈔二卷…………………………… 2－106
史記索隱三十卷 ……………………… 1－18
史記索隱三十卷 ……………………… 1－18
史記菁華錄六卷………………………… 1－260
史記菁華錄六卷………………………… 2－104
史記菁華錄六卷………………………… 2－104
史記菁華錄六卷………………………… 2－104
史記菁華錄六卷………………………… 2－104
史記探源八卷…………………………… 1－260
史記短長說二卷………………………… 2－107
史記鈔九十一卷 ……………………… 1－53
史記評林一百三十卷 ………………… 2－66
史記評林一百三十卷附補史記……… 2－107
史記評林一百三十卷首一卷 ………… 1－53
史記評林一百三十卷首一卷 ………… 1－53
史記評林一百三十卷首一卷 ………… 1－54
史記精華錄六卷………………………… 2－105
史記論文一百三十卷 ………………… 1－16
史記論文一百三十卷…………………… 1－260
史記纂二十四卷 ……………………… 1－17
史記纂二十四卷 ……………………… 1－17
史案二十卷首一卷……………………… 1－308
史書大紀不分卷 ……………………… 1－17
史通二十卷 …………………………… 1－54
史通二十卷 …………………………… 1－54
史通削繁四卷…………………………… 2－109
史通削繁四卷…………………………… 2－109
史通訓故補二十卷 …………………… 1－53
史通訓故補二十卷 …………………… 1－54
史通訓故補二十卷 …………………… 1－54
史通訓故補二十卷 …………………… 1－54
史通通釋二十卷………………………… 2－106
史通通釋二十卷………………………… 2－106
史通通釋二十卷………………………… 2－106
史通通釋二十卷………………………… 2－106
史通通釋二十卷………………………… 2－106
史通通釋二十卷………………………… 2－106
史通通釋二十卷………………………… 2－107
史通通釋二十卷………………………… 2－107
史通通釋二十卷附錄一卷 …………… 1－53
史通通釋二十卷附錄一卷 …………… 1－53
史略八十七卷…………………………… 1－260
史略八十七卷…………………………… 2－105

史略八十七卷…………………………… 2－105
史略八十七卷…………………………… 2－105
史略六卷………………………………… 2－105
史筌五卷首一卷………………………… 2－106
史鈔……………………………………… 2－105
史傳三編五十六卷……………………… 1－329
史傳三編五十六卷……………………… 1－333
史傳三編五十六卷……………………… 1－334
史義拾遺二卷 ………………………… 1－54
史漢箋論十卷…………………………… 2－497
史漢駢枝一卷…………………………… 1－266
史餘二十卷補錄一卷補註一卷……… 1－291
史餘二十卷補錄一卷補註一卷……… 1－291
史餘萃覽四卷…………………………… 1－311
史論五種………………………………… 2－111
史論五種………………………………… 2－279
史論正鵠三集十六卷…………………… 2－113
史論存藁一卷…………………………… 2－113
史論彙函甲編二十六種四十九卷…… 2－561
史緯三百三十卷首一卷………………… 1－261
史學提要二卷…………………………… 1－291
史學叢書四十三種二百九十三卷…… 2－561
史學叢書四十三種二百九十三卷…… 2－561
史學叢書四十三種二百九十三卷…… 2－561
史學叢鈔不分卷………………………… 2－106
史學驪珠四卷首一卷…………………… 1－273
史闕十四卷……………………………… 2－104
史闕十四卷……………………………… 2－104
史懷二十卷……………………………… 2－108
史鑑節要便讀六卷……………………… 1－269
史鑑節要便讀六卷……………………… 1－269
史鑑節要便讀六卷……………………… 1－269
史鑑節要便讀六卷……………………… 1－269
史鑑節要便讀六卷……………………… 1－269
史鑑節要便讀六卷……………………… 1－269
叩鉢齋四六春華十二卷 ……………… 1－94
叩鉢齋纂不分卷………………………… 2－296
四十日萬八千里之游記不分卷……… 1－510
四十日萬八千里之游記不分卷……… 1－510
四大奇書第一種十九卷一百二十回
 ……………………………………… 2－236
四大奇書第一種十九卷一百二十回
 首一卷 ……………………………… 1－85
四大奇書第一種五十一卷一百二十
 回 …………………………………… 1－81
四大奇書第四種五十卷一百回 ……… 1－83
四川官運鹽案類編二十八卷………… 1－556
四川官運鹽案類編八十卷首一卷…… 1－556
四川派赴東瀛遊歷閱操日記二卷…… 1－510
［嘉慶］四川通志二百四卷首二十二
 卷……………………………………… 1－400
［嘉慶］四川通志二百四卷首二十二
 卷……………………………………… 1－400
［嘉慶］四川通志二百四卷首二十二
 卷……………………………………… 1－400
［嘉慶］四川通志二百四卷首二十二
 卷……………………………………… 1－518
［雍正］四川通志四十七卷首一卷 … 1－400
四川鄉試(光緒戊子科)不分卷 ……… 2－92
四川新設鑪霍屯志畧不分卷附登開
 辦鑪霍屯務公牘不分卷附錄不分
 卷……………………………………… 1－388
四川新設鑪霍屯志畧不分卷附登開
 辦鑪霍屯務公牘不分卷附錄不分
 卷……………………………………… 1－388
四川新設鑪霍屯志畧不分卷附登開
 辦鑪霍屯務公牘不分卷附錄不分
 卷……………………………………… 1－388
四川諮議局籌辦處第一次報告書不
 分卷 ………………………………… 2－50
［四川瀘州］瀘州南門高氏族譜六卷
 首一卷 ……………………………… 2－86
四川鹽法志四十卷首一卷…………… 1－524
四川鹽道計岸官運鹽案彙輯十卷附
 康濟說一卷………………………… 1－555
四子全書九卷 ……………………… 1－55
四王合傳一卷………………………… 1－327
四元玉鑑細艸三卷四象細艸假令之
 圖一卷附補增一卷………………… 2－176
四元玉鑑細艸三卷四象細艸假令之
 圖一卷附補增一卷………………… 2－186
四六初徵二十卷 …………………… 1－94

四六初徵二十卷 …………………………… 1－94
四六金桴十二卷 …………………………… 1－94
四六法海十二卷 …………………………… 1－93
四六法海十二卷 …………………………… 1－93
四六琯朗集八卷 …………………………… 1－93
四六霞肆十六卷 …………………………… 1－59
四六叢話三十三卷………………………… 2－290
四水子遺書一卷…………………………… 2－455
四水子遺書一卷…………………………… 2－455
四水子遺著一卷…………………………… 1－340
四水子遺著一卷…………………………… 1－340
四本堂座右編二十四卷二集二十四
卷 ……………………………………… 1－62
四史發伏十卷……………………………… 2－117
四史發伏十卷……………………………… 2－117
四史勦說十六卷 …………………………… 1－16
四印齋彙刻宋元三十一家詞三十一
卷………………………………………… 2－528
四玄圖書不分卷 …………………………… 1－70
四此堂稿十卷 ……………………………… 2－49
四此堂稿十卷 ……………………………… 2－49
四先生年譜 ………………………………… 1－62
四言史徵十二卷 …………………………… 1－54
四言閨鑑二卷……………………………… 2－159
四述奇十六卷……………………………… 1－511
四述奇十六卷……………………………… 1－511
四奇合璧不分卷…………………………… 2－384
四明人鑑不分卷…………………………… 1－326
四明人鑑不分卷…………………………… 1－326
四明水氏留碩稿二卷……………………… 2－426
四明四友詩六種六卷……………………… 1－120
四明它山誌四卷續補四卷圖經不分
卷 ……………………………………… 1－41
［寶慶］四明志二十一卷 ………………… 1－34
四明近體樂府十四卷附一卷……………… 1－166
四知堂文集三十六卷……………………… 1－155
四知堂遺稿四卷…………………………… 2－510
四持軒詩鈔二卷…………………………… 2－336
四音定切四卷首一卷……………………… 1－229
四音釋義十二卷…………………………… 1－256
四洪［洪皓］［洪适］［洪遵］［洪邁］
年譜四卷………………………………… 1－321
四為堂焚餘草二卷附卷…………………… 2－503
四時分韻試帖初編不分卷………………… 2－353
四庫全書辨正通俗文字一卷附決科
要語二則………………………………… 1－245
四庫書目略二十卷附錄一卷 …………… 2－75
四庫簡明目錄標註二十卷附錄一卷
……………………………………… 2－70
四家奏議合鈔八卷首一卷………………… 1－366
四家奏議合鈔八卷首一卷………………… 1－366
四家詩詞合刻四卷………………………… 2－363
四書十九卷………………………………… 1－214
四書十九卷………………………………… 1－214
四書人名攷十卷…………………………… 1－215
四書人物考四十卷………………………… 1－8
四書人物類典串珠四十卷………………… 1－216
四書大全三十六卷………………………… 1－213
四書大全引解七卷………………………… 1－214
四書大全摘要四種………………………… 1－216
四書大全摘要四種………………………… 1－216
四書大全摘要孟子七卷…………………… 1－215
四書小參一卷四書問答一卷……………… 1－219
四書五經字辨五卷………………………… 1－245
四書五經義策論續編不分卷……………… 2－294
四書不分卷………………………………… 1－219
四書反身錄八卷…………………………… 1－217
四書反身錄六卷…………………………… 1－217
四書反身錄六卷續補一卷………………… 1－8
四書引解二十六卷………………………… 1－216
四書正事括略七卷附錄不分卷…………… 1－219
四書古註羣義彙解十種九十四卷………… 1－215
四書左國彙纂四卷………………………… 1－220
四書句讀釋義十九卷……………………… 1－8
四書考異七十二卷………………………… 1－8
四書考異七十二卷………………………… 1－213
四書考輯要二十卷………………………… 1－9
四書攷異一卷……………………………… 1－233
四書朱子本義匯參不分卷………………… 1－218
四書朱子本義匯參四十七卷……………… 1－218
四書朱子本義匯參四十七卷……………… 1－218
四書朱子異同條辨四十卷………………… 1－9

四書朱子集注古義箋六卷…………… 1－219
四書朱子集注古義箋六卷…………… 1－219
四書朱註大全原解三十七卷………… 1－216
四書合糸析疑孟子七卷……………… 1－223
四書字詁七十八卷檢字一卷目錄一
卷……………………………………… 1－246
四書字詁七十八卷檢字一卷目錄一
卷……………………………………… 1－246
四書近指二十卷……………………… 1－217
四書近指十七卷……………………… 1－217
四書改錯二十二卷…………………… 1－219
四書改錯平十四卷…………………… 1－219
四書玩註詳說三十六卷……………… 1－216
四書述十九卷………………………… 1－8
四書或問語類集解釋註大全四十一
卷……………………………………… 1－9
四書味根錄三十八卷………………… 1－213
四書味根錄三十八卷………………… 1－213
四書典林三十卷四書古人典林十二
卷……………………………………… 1－215
四書典制類聯十八卷………………… 1－215
四書典故辨正二十卷附錄一卷……… 1－217
四書典故辨正二十卷附錄一卷……… 1－217
四書要旨十卷………………………… 1－220
四書便蒙十九卷……………………… 1－216
四書便蒙十九卷……………………… 1－216
四書便蒙十九卷……………………… 1－218
四書便蒙十九卷……………………… 1－218
四書便蒙十九卷……………………… 1－218
四書恆解十一卷……………………… 1－218
四書約旨十九卷……………………… 1－217
四書訓義三十八卷…………………… 1－215
四書旁訓八卷………………………… 1－220
四書家塾讀本句讀不分卷…………… 1－8
四書教子尊經求通錄四卷…………… 1－218
四書異同商六卷……………………… 1－219
四書章句附攷四卷…………………… 1－8
四書章句附攷四卷…………………… 1－215
四書章句附攷四卷…………………… 1－217
四書章句集注二十六卷……………… 1－8
四書章句集注二十六卷……………… 1－215
四書章句集注二十六卷……………… 1－215
四書章句集注十七卷………………… 1－215
四書章句集注十九卷………………… 1－215
四書章句集注十九卷………………… 1－216
四書章句集注定本辨一卷四書家塾
讀本句讀一卷………………………… 1－215
四書章句集注定本辨不分卷………… 1－8
四書參十九卷………………………… 1－9
四書備考二十八卷四書考異一卷…… 1－9
四書集注十九卷……………………… 1－218
四書集注大學一卷中庸一卷………… 1－221
四書集註十九卷……………………… 1－217
四書集註十九卷……………………… 1－217
四書集註十九卷附四書圖一卷附四
書句辨一卷…………………………… 1－217
四書集註三十一卷…………………… 1－9
四書集註正蒙十九卷附四書集字音
義辨…………………………………… 1－217
四書集註直解說約二十七卷………… 1－218
四書集註直解說約二十七卷………… 1－218
四書集編三十九卷…………………… 1－220
四書評本十九卷……………………… 1－220
四書蒙讀淺解十九卷………………… 1－215
四書溫故錄十卷附孟子章指一卷…… 1－215
四書彙解四十卷……………………… 1－213
四書摭餘說七卷……………………… 1－219
四書圖考十三卷……………………… 1－215
四書圖考十三卷……………………… 1－215
四書圖說六卷………………………… 1－217
四書箋義十二卷補遺一卷續遺一卷
……………………………………… 1－219
四書說略四卷附教童子法一卷……… 1－218
四書緯四卷…………………………… 1－213
四書聯璧不分卷……………………… 1－220
四書講義困勉錄三十七卷續六卷…… 1－219
四書講義尊聞錄二十卷……………… 1－8
四書翼註論文三十八卷……………… 1－217
四書題鏡三十六卷…………………… 1－220
四書纂言四十卷……………………… 1－218
四書纂言四十卷……………………… 1－219
四書釋地一卷續一卷又續一卷三續

一卷 …………………………… 1 – 219
四書釋地一卷續一卷又續一卷三續
一卷孟子生卒年月考一卷………… 1 – 215
四書釋地補一卷續補一卷又續補一
卷三續補一卷……………………… 1 – 216
四書讀本十九卷…………………… 1 – 214
四書讀本十九卷…………………… 1 – 214
四教考略四卷……………………… 2 – 199
四教義六卷………………………… 2 – 201
四雪草堂重訂通俗隋唐演義二十卷
一百回 …………………………… 1 – 82
四雪草堂重訂通俗隋唐演義二十卷
一百回 …………………………… 1 – 82
四雪草堂重訂通俗隋唐演義二十卷
一百回……………………………… 2 – 239
四喜記二卷………………………… 2 – 529
四朝成仁錄不分卷………………… 1 – 336
四夢彙譚四種四卷………………… 2 – 385
四夢彙譚四種四卷………………… 2 – 385
四夢彙譚四種四卷………………… 2 – 385
四照堂文集五卷…………………… 1 – 160
四照堂詩集十五卷………………… 2 – 322
四裔編年表四卷…………………… 1 – 272
四裔編年表四卷…………………… 1 – 272
四裔編年表四卷…………………… 1 – 272
四裔編年表四卷…………………… 1 – 272
四裔編年表四卷…………………… 1 – 272
四裔編年表四卷…………………… 1 – 272
四裔編年表四卷…………………… 1 – 272
四裔編年表四卷…………………… 1 – 272
四溟山人全集二十四卷…………… 1 – 115
四溟山人詩集十卷………………… 2 – 313
四溟詩話四卷……………………… 2 – 516
四經鈔九卷………………………… 1 – 197
四語彙編四種……………………… 2 – 159
四憶堂詩集六卷遺稿一卷………… 2 – 333
四憶堂詩集六卷遺稿一卷………… 2 – 333
四憶堂詩集六卷遺稿一卷………… 2 – 333
四憶堂詩集六卷遺稿一卷………… 2 – 333
四聲切韻表一卷凡例一卷………… 1 – 255
四聲切韻表一卷凡例一卷………… 1 – 255
四聲切韻表一卷凡例一卷………… 1 – 255
四聲切韻表不分卷 ……………… 1 – 15
四聲易知錄四卷…………………… 1 – 244
四聲易知錄四卷偏旁舉略一卷…… 1 – 244
四聲猿四卷………………………… 1 – 167
四禮翼一卷………………………… 1 – 195
四體合璧文鑑三十二卷總綱八卷… 1 – 242
四體合璧文鑑三十二卷總綱八卷… 1 – 243
生佛碑傳奇不分卷………………… 2 – 531
生香書屋詩集七卷文集四卷恩光集
一卷………………………………… 1 – 159
矢音集十卷………………………… 1 – 115
[乾隆]乍浦志六卷首一卷末一卷續
纂一卷乍川題詠續纂一卷 ……… 1 – 38
[光緒]代州志十二卷首一卷 ……… 1 – 409
[光緒]代州志十二卷首一卷 ……… 1 – 409
[光緒]代州志十二卷首一卷 ……… 1 – 409
[光緒]代州志十二卷首一卷 ……… 1 – 409
代直隸總督勸諭牧令文一卷……… 2 – 540
代數備旨十三章…………………… 2 – 177
代數備旨十三章…………………… 2 – 177
代數難題解法十六卷……………… 2 – 186
代數難題解法十六卷……………… 2 – 270
代數難題解法十六卷……………… 2 – 271
仙心閣詩鈔八卷文鈔二卷………… 2 – 509
仙佛奇蹤八卷長生詮一卷無生訣一
卷 ………………………………… 1 – 71
仙源書院書目四卷附仙源書院經古
課章程 …………………………… 2 – 76
仙樵詩鈔十二卷補遺一卷………… 2 – 370
仙蹤接脈四卷……………………… 2 – 217
白下從戎日記不分卷……………… 1 – 353
白下愚園集八卷首一卷…………… 2 – 355
白下瑣言十卷……………………… 2 – 223
白氏文集七十一卷………………… 1 – 126
白水紀勝二卷……………………… 2 – 336
白石道人詞集八卷山中白雲詞續補
一卷詞旨一卷……………………… 2 – 523
白石道人詩集一卷白石先生詞集一
卷…………………………………… 2 – 359
白石道人詩集二卷集外詩一卷附錄

諸賢酬贈詩一卷詩說一卷歌曲四
卷歌曲別集一卷 ……………………… 1－117
白石道人詩集二卷集外詩一卷附錄
諸賢酬贈詩一卷詩說一卷歌曲四
卷歌曲別集一卷 ……………………… 1－117
白石道人詩集二卷集外詩一卷附錄
諸賢酬贈詩一卷詩說一卷歌曲四
卷歌曲別集一卷 ……………………… 1－130
白石道人詩集二卷集外詩一卷附錄
諸賢酬贈詩一卷詩說一卷歌曲四
卷歌曲別集一卷 ……………………… 1－130
白石道人詩集二卷集外詩一卷附錄
諸賢酬贈詩一卷詩說一卷歌曲四
卷歌曲別集一卷 ……………………… 1－130
白石道人歌曲六卷歌詞別集一卷附
音樂舉要一卷樂星圖譜一卷 ……… 2－525
白石道人歌曲四卷別集一卷附白石
道人詩詞評論不分卷補遺不分卷
…………………………………………… 2－525
白田草堂存稿二十四卷附崇祀鄉賢
祠録一卷行狀一卷 …………………… 1－151
白田草堂存稿二十四卷附崇祀鄉賢
祠録一卷行狀一卷 …………………… 1－151
白田草堂存稿二十四卷附崇祀鄉賢
祠録一卷行狀一卷 …………………… 1－152
白田草堂存稿二十四卷附崇祀鄉賢
祠録一卷行狀一卷 …………………… 1－152
白田風雅二十四卷 …………………… 2－343
白田風雅二十四卷 …………………… 2－343
白圭堂詩鈔八卷詩續鈔六卷 ………… 2－314
白圭堂詩鈔六卷詩續鈔六卷 ………… 2－344
白羊山房詩鈔不分卷 ………………… 2－371
白芙堂算學叢書二十三種 …………… 2－176
白芙堂算學叢書二十三種 …………… 2－176
白沙子八卷 …………………………… 1－141
白沙子全集十卷首一卷末一卷古詩
教解二卷 ……………………………… 2－420
白沙子全集九卷附錄白沙先生行狀
銘表一卷 ……………………………… 1－141
白沙子全集九卷附錄白沙先生行狀
銘表一卷 ……………………………… 1－141
白沙先生文集十二卷詩教解十五卷
附錄行狀銘表一卷 ………………… 1－141
白沙風雅八卷 ………………………… 1－115
白茅堂集四十六卷耳提錄一卷 ……… 2－450
白茅堂集四十六卷耳提錄一卷 ……… 2－450
白雨齋詞話八卷詩鈔一卷詞存一卷
…………………………………………… 2－518
白虎通四卷闕文一卷補遺一卷 ……… 2－228
白虎通疏證十二卷 …………………… 2－226
白虎通疏證十二卷 …………………… 2－226
白虎通德論二卷 ……………………… 1－75
白虎通德論四卷 ……………………… 2－216
白虎通德論四卷 ……………………… 2－216
白虎通德論四卷 ……………………… 2－228
白門新柳記一卷補記一卷白門衰柳
附記一卷秦淮燈舫曲一卷秦淮艷
品一卷 ………………………………… 2－250
[光緒]白河縣志十三卷 …………… 1－483
白香山[居易]年譜一卷 …………… 2－316
白香山[居易]年譜一卷 …………… 2－316
白香山詩長慶集二十卷附舊唐書本
傳一卷白香山舊本一卷白香山詩
後集十七卷白香山詩別集一卷白
香山詩集補遺二卷 ………………… 2－316
白香山詩長慶集二十卷附舊唐書本
傳一卷白香山舊本一卷白香山詩
後集十七卷白香山詩別集一卷白
香山詩集補遺二卷 ………………… 2－316
白香山詩集長慶集二十卷後集十七
卷別集一卷補遺二卷 ……………… 1－98
白香山詩集長慶集二十卷後集十七
卷別集一卷補遺二卷 ……………… 1－101
白香山詩集長慶集二十卷後集十七
卷別集一卷補遺二卷 ……………… 1－101
白香山詩集長慶集二十卷後集十七
卷別集一卷補遺二卷 ……………… 1－101
白香山詩集長慶集二十卷後集十七
卷別集一卷補遺二卷 ……………… 1－101
白華山人詩集十六卷詩說二卷 ……… 2－369
白華前稿六十卷 ……………………… 1－158
白華前稿六十卷 ……………………… 1－158

白華樓焚餘稿不分卷…………………… 2－369
白雪樓詩集十卷…………………………… 1－119
白鹿書院志十九卷 ……………………… 1－42
白鹿書院志十九卷首一卷……………… 1－524
白雲山房詩集三卷文集六卷附刻三
種…………………………………………… 2－511
白雲文集五卷白雲詩集二卷白雲續
集八卷……………………………………… 2－461
白雲文集五卷白雲詩集二卷白雲續
集八卷……………………………………… 2－461
白雲洞志五卷…………………………… 1－526
白雲洞志五卷…………………………… 1－526
白雲集四卷首一卷……………………… 2－414
白喉治法忌表抉微不分卷……………… 2－175
白喉治法忌表抉微不分卷……………… 2－175
白喉治法忌表抉微不分卷……………… 2－175
白喉治法忌表抉微不分卷……………… 2－175
白喉治法忌表抉微不分卷……………… 2－175
白喉治法忌表抉微不分卷附經驗救
急諸方不分卷………………………… 2－175
白蕉詩集十六卷附海嶽遊人酬贈集
一卷………………………………………… 1－112
白榆集二十八卷………………………… 1－148
白鶴堂晚年自訂詩稿二卷晚年詩續
刻一卷白鶴堂詩戊戌草一卷雪夜
詩談三卷………………………………… 2－353
白鷺洲書院志八卷首一卷……………… 1－524
白鷺灣草堂詩存三卷…………………… 2－365
用六集十二卷附錄一卷………………… 2－509
印心石屋文鈔三十五卷詩鈔初集四
卷二集三卷試律四卷蜀輶日記漕
河禱水圖詩錄四卷首一卷…………… 2－455
印心石屋詩鈔初集四卷二集三卷試
律四卷漕河禱冰圖詩錄四卷首一
卷………………………………………… 2－504
印典八卷 ………………………………… 1－67
印典八卷 ………………………………… 1－67
印典八卷 ………………………………… 1－67
印度史攬要三卷十五章………………… 2－129
印度新志不分卷………………………… 1－533
印度新志不分卷………………………… 1－533
印度劄記二卷…………………………… 1－531
印雪軒詩鈔十六卷……………………… 2－372
印雪軒隨筆四卷………………………… 2－231
印彙不分卷附小傳……………………… 2－195
句股引蒙一卷附象限線度一卷 ……… 1－67
句溪雜著五卷…………………………… 2－494
句溪雜著六卷…………………………… 2－494
句溪雜著四卷…………………………… 2－494
句溪雜著四卷…………………………… 2－494
句餘土音三卷…………………………… 2－568
句餘土音三卷甬上族望表二卷……… 2－326
外史蒙求二十章………………………… 2－128
外海紀要不分卷………………………… 1－392
外家紀聞不分卷………………………… 1－352
外國人物論正集三卷…………………… 2－118
外國竹枝詞一卷………………………… 2－528
外國師船圖表十二卷 ………………… 2－66
外國傳八卷……………………………… 2－124
冬心先生集四卷………………………… 2－361
冬心先生續集一卷……………………… 2－333
冬青館甲集六卷………………………… 1－156
冬集紀程一卷附詩一卷………………… 1－515
包孝肅奏議十卷附錄一卷……………… 1－370
包孝肅奏議十卷附錄一卷……………… 1－370
立峯書室叢鈔不分卷 ………………… 2－19
立憲綱要不分卷………………………… 2－7
玄真子一卷……………………………… 2－137
玄真子一卷……………………………… 2－137
玄真子一卷……………………………… 2－137
玄真子一卷……………………………… 2－210
半广叢書初編十種八十四卷…………… 2－539
半广叢書初編十種八十四卷…………… 2－539
半广叢書初編十種八十四卷…………… 2－548
半可集四卷……………………………… 2－274
半可集備存不分卷……………………… 2－274
半可集備存不分卷……………………… 2－275
半帆樓叢書二十七種四十九卷………… 2－562
半夜雷轟薦福碑雜劇一卷……………… 1－166
半研居題詠一卷………………………… 1－119
半舫齋古文八卷………………………… 1－161
半農先生易說六卷……………………… 1－172

半農先生春秋說十五卷……………… 1－172
半農先生春秋說十五卷……………… 1－204
半農先生禮說十四卷附大學說一卷
……………………………………… 1－172
半樹齋文四卷………………………… 2－279
半巖廬遺集二卷……………………… 2－439
半巖廬遺集二卷……………………… 2－439
半巖廬遺集二卷……………………… 2－439
永川公牘十卷………………………… 1－553
［光緒］永平府志七十二卷首一卷末
一卷……………………………… 1－417
［光緒］永平府志七十二卷首一卷末
一卷……………………………… 1－417
［光緒］永平府志七十二卷首一卷末
一卷……………………………… 1－417
永平詩存二十四卷詩存續編四卷…… 2－357
［光緒］永年縣志四十卷首一卷 …… 1－418
［光緒］永年縣志四十卷首一卷 …… 1－418
［光緒］永年縣志四十卷首一卷 …… 1－418
［光緒］永年縣志四十卷首一卷 …… 1－418
［光緒］永年縣志四十卷首一卷 …… 1－418
［光緒］永昌府志六十六卷首一卷 … 1－485
［光緒］永昌府志六十六卷首一卷 … 1－485
［光緒］永昌府志六十六卷首一卷 … 1－485
［乾隆］永昌縣誌一卷 ……………… 1－489
永定河志三十二卷諭旨一卷宸章一
卷治河摘要一卷…………………… 1－494
永定河續志十六卷首一卷附刻一卷
補錄一卷附錄一卷原編序例一卷
……………………………………… 1－494
［光緒］永城縣志三十八卷首一卷 … 1－454
［光緒］永康縣志十六卷首一卷 …… 1－438
［光緒］永康縣志十六卷首一卷 …… 1－438
［正德］永康縣志八卷 ……………… 1－440
［乾隆］永清縣志不分卷 …………… 1－34
［乾隆］永清縣志不分卷 …………… 1－34
永善堂紀事二卷……………………… 1－526
永甯祇謁筆記不分卷………………… 1－392
永福天衢二卷………………………… 2－215
［宣統］永綏廳志三十卷首一卷 …… 1－492
永嘉先生八面鋒十三卷……………… 2－295
永嘉郡記一卷………………………… 1－491
永嘉集一卷附永嘉證道歌一卷……… 2－207
永嘉聞見錄二卷……………………… 1－389
［光緒］永嘉縣志三十八卷首一卷 … 1－458
［光緒］永嘉縣志三十八卷首一卷 … 1－458
［光緒］永嘉縣志三十八卷首一卷 … 1－458
［光緒］永嘉縣志三十八卷首一卷 … 1－458
永嘉叢書十三種一百九十一卷……… 2－543
［光緒］永壽縣重修新志十卷首一卷
……………………………………… 1－481
永曆實錄二十六卷…………………… 1－291
永曆實錄二十六卷…………………… 2－564
永曆實錄二十六卷…………………… 2－565
［光緒］永濟縣志二十四卷 ………… 1－412
司空表聖文集十卷…………………… 2－393
司馬氏書儀十卷……………………… 1－6
司馬氏書儀十卷 …………………… 1－45
司馬氏書儀十卷 …………………… 1－45
司馬氏書儀十卷……………………… 2－3
司馬文正公集八十二卷首一卷目錄
二卷……………………………… 2－401
司馬文正公傳家集八十二卷目錄二
卷………………………………… 1－133
司馬文正公傳家集八十二卷目錄二
卷………………………………… 1－133
司馬文正公傳家集八十二卷目錄二
卷………………………………… 1－133
司馬法不分卷………………………… 2－131
司馬法不分卷………………………… 2－138
司馬法古注三卷坿音義一卷………… 2－165
司馬溫公文集十四卷首一卷………… 2－401
司馬溫公文集八十二卷……………… 2－401
司馬溫公文集八十二卷目錄一卷…… 1－131
司馬溫公文集八十二卷目錄一卷…… 1－131
司馬溫公文集八十二卷目錄一卷…… 1－131
司馬溫公文集八十二卷目錄一卷…… 1－131
司馬溫公［光］年譜六卷 …………… 1－133
司馬溫公稽古錄二十卷……………… 1－270
司馬溫公稽古錄二十卷……………… 1－270
司馬溫公稽古錄二十卷……………… 1－270
司馬溫公稽古錄二十卷……………… 2－289

尼羅河同舟記事十章…………………… 2－250
尼羅海戰史十七章……………………… 2－119
民事訴訟判例不分卷…………………… 2－263
民法債權各論講義七章………………… 2－263
民法債權總則講義六章緒論四章…… 2－263
民教相安不分卷………………………… 2－225
民種學二卷……………………………… 2－270
弘正四傑詩集七十八卷………………… 2－312
弘正四傑詩集七十八卷………………… 2－312
弘正四傑詩集七十八卷………………… 2－312
弘明集十四卷…………………………… 2－197
弘明集十四卷…………………………… 2－197
弘簡錄二百五十四卷…………………… 1－289
弘簡錄二百五十四卷…………………… 1－291
弘簡錄二百五十四卷首一卷 ………… 1－24
弘簡錄二百五十四卷首一卷 ………… 1－25
弘簡錄二百五十四卷首一卷 ………… 1－25
出山草譜四卷 ………………………… 2－52
出使日記續刻十卷……………………… 1－514
出使日記續刻十卷……………………… 1－514
出使日記續刻十卷……………………… 1－514
出使日記續刻十卷……………………… 1－514
出使日記續刻十卷……………………… 1－514
出使日記續刻十卷……………………… 1－514
出使公牘十卷…………………………… 1－364
出使公牘十卷…………………………… 2－301
出使公牘十卷…………………………… 2－301
出使公牘十卷…………………………… 2－301
出使公牘十卷…………………………… 2－301
出使英法義比四國日記八卷………… 1－508
出使英法義比四國日記六卷………… 1－507
出使英法義比四國日記六卷………… 1－507
出使英法義比四國日記六卷………… 1－507
出使英法義比四國日記六卷………… 1－507
出使英法義比四國日記六卷………… 1－507
出使英法義比四國日記六卷………… 1－507
出使英法義比四國日記六卷………… 1－507
出使英法義比四國日記六卷………… 1－507
出使英法義比四國日記六卷………… 1－508
出使英法義比四國日記六卷………… 1－508
出使英法義比四國日記六卷………… 1－508
出使奏疏二卷…………………………… 1－364
出使奏疏二卷…………………………… 1－366
出使奏疏二卷…………………………… 1－366
出使奏疏二卷…………………………… 1－366
出使奏疏二卷…………………………… 1－366
出使美日祕崔日記十六卷……………… 1－512
出使美日祕崔日記十六卷……………… 1－512
出使美日祕崔日記十六卷……………… 1－513
出蜀記不分卷…………………………… 1－515
出塞紀畧不分卷………………………… 1－516
加批輯註東萊博議四卷附增補虛字
　備考註釋……………………………… 2－404
皮氏經學叢書十種二十四卷………… 1－213
皮氏經學叢書十種二十四卷………… 2－570
[康熙]台州府志十八卷首一卷 …… 1－417
台州叢書二集九種九十二卷………… 2－553
母德錄一卷……………………………… 2－302
幼科證治準繩九卷……………………… 2－173
幼學分年課程不分卷…………………… 2－261
幼學初階不分卷………………………… 2－304
幼學堂文鈔一卷………………………… 2－507
幼學歌三卷……………………………… 2－306

六畫

匡謬正俗八卷…………………………… 2－229
[光緒]耒陽縣志八卷首一卷 ……… 1－461
式古訓齋文集二卷……………………… 2－484
式古訓齋文集二卷外集一卷………… 2－484
式古訓齋文集二卷外集一卷………… 2－484
式訓堂叢書四十一種一百六十七卷
　……………………………………… 2－552
式訓堂叢書四十一種一百六十七卷
　……………………………………… 2－552
式訓堂叢書四十一種一百六十七卷
　……………………………………… 2－553
式訓集十六卷…………………………… 2－506
式敬編五卷……………………………… 2－167
刑部比照加減成案續編三十二卷…… 2－168
刑部通行章程二卷新續通行章程二
　卷 …………………………………… 2－11

刑部通行章程二卷新續通行章程二卷遵行章程一卷 …………………… 2－11
刑部說帖不分卷 ……………………… 2－51
刑部議覆御史王德固奏請將服制案內毆死期功尊長夾簽之案分別辦理條例不分卷……………………… 2－1
刑案不分卷 ……………………… 2－51
刑案匯覧六十卷首一卷末一卷拾遺備考一卷續增刑案匯覧十六卷 …… 2－10
刑案匯覧六十卷首一卷末一卷拾遺備考一卷續增刑案匯覧十六卷新增刑案匯覧十六卷 ………………… 2－10
刑案匯覧六十卷首一卷末一卷拾遺備考一卷續增刑案匯覧十六卷新增刑案匯覧十六卷 ………………… 2－10
刑案匯覽六十卷首一卷末一卷拾遺備考一卷……………………………… 2－3
刑案匯覽六十卷首一卷末一卷拾遺備考一卷續增邢案匯覧十六卷…… 1－549
刑案滙覽續編三十二卷……………… 2－263
［嘉慶］邢臺縣志十卷 …………… 1－406
［嘉慶］邢臺縣志十卷首一卷 ……… 1－406
［光緒］邢臺縣志八卷首一卷 ……… 1－404
［光緒］邢臺縣志八卷首一卷 ……… 1－406
［光緒］邢臺縣志八卷首一卷 ……… 1－406
［光緒］邢臺縣志八卷首一卷 ……… 1－406
［光緒］邢臺縣志八卷首一卷 ……… 1－406
迂齋學古編四卷……………………… 1－159
圭盦詩錄一卷………………………… 2－364
［乾隆］吉水縣志三十六卷 ………… 1－38
［光緒］吉安府志五十三卷首一卷 … 1－490
吉林外記十卷………………………… 1－505
吉林外記十卷………………………… 1－505
吉林外記十卷………………………… 1－505
吉林行省財政各種說明書不分卷 …… 2－29
吉林東甯廳屯墾報告不分卷附營業殖務章程 ……………………… 2－29
吉林東甯廳屯墾報告不分卷附營業殖務章程 ……………………… 2－29
吉林東甯廳屯墾報告不分卷附營業殖務章程 ……………………… 2－29
吉林官運局第一次報告書不分卷…… 1－555
吉林度支司光緒戊申年收支款目報告書不分卷 ……………………… 2－28
吉林紀事詩四卷首一卷末一卷……… 2－333
［光緒］吉林通志一百二十二卷圖一卷………………………………… 1－456
吉林調查局文報初編不分卷………… 1－552
吉林勸業道報告書不分卷 ………… 2－49
吉金志存四卷 ……………………… 2－99
吉金所見錄十六卷首一卷末一卷…… 2－104
吉金所見錄十六卷首一卷末一卷…… 2－104
吉金樂石山房文集一卷續編一卷詩集二卷棗花書屋詩集一卷………… 2－505
吉堂文稿十二卷……………………… 1－151
考工記析疑四卷……………………… 1－196
考工記析疑四卷……………………… 1－198
考工記補疏一卷……………………… 1－198
考正德清胡氏禹貢圖 ……………… 1－40
考正德清胡氏禹貢圖一卷…………… 1－516
考古必要賦四卷試賦分論不分卷擬題備覽不分卷……………………… 2－374
考古畧八卷…………………………… 2－141
考田詩話八卷………………………… 2－377
考查北海道農務日一卷……………… 1－512
考信錄前編十種五十六卷後編九種十七卷……………………………… 2－567
考察英國議院問答不分卷…………… 1－558
考察政治日記不分卷 ……………… 2－31
考察政治日記不分卷………………… 2－264
老子元翼二卷考異一卷附錄一卷 …… 1－72
老子平議一卷………………………… 2－136
老子衍不分卷………………………… 2－136
老子衍不分卷………………………… 2－564
老子道德經二卷 …………………… 1－56
老子道德經二卷……………………… 2－131
老子道德經二卷……………………… 2－131
老子道德經二卷……………………… 2－131
老子道德經二卷……………………… 2－135
老子道德經二卷……………………… 2－138
老子道德經二卷附音義一卷………… 2－129
老子道德經二卷附音義一卷………… 2－130

老子道德經二卷附音義一卷………… 2－135
老子道德經攷異二卷…………………… 2－136
老子解不分卷…………………………… 2－136
老子翼八卷……………………………… 2－139
老子翼八卷……………………………… 2－139
老子翼三卷 ……………………………… 1－56
老申報新聞彙刊不分卷………………… 2－269
老老恒言五卷…………………………… 2－227
老泉先生全集錄五卷…………………… 2－405
地文學十七課…………………………… 2－262
地方自治財政論五編…………………… 1－558
地方自治章程八章 …………………… 2－17
地方自治淺說五章……………………… 2－257
地志便覽二卷附錄二卷地理圖便覽
一卷…………………………………… 1－396
地志啟蒙四卷…………………………… 1－394
地志啟蒙四卷…………………………… 1－394
地志啟蒙四卷…………………………… 2－261
地球五帶寒暑不同淺言不分卷………… 1－559
地理天玉經補註三卷…………………… 2－212
地理五訣八卷附陽宅三要四卷………… 2－198
地理五訣八卷附陽宅三要四卷………… 2－198
地理全志不分卷………………………… 1－384
地理全志四卷…………………………… 1－384
地理真傳三卷…………………………… 1－395
地理參贊玄機仙婆集十三卷 ………… 1－73
地理圖說八卷…………………………… 2－211
地理質學啟蒙七卷……………………… 2－270
地理學講義不分卷附地理學名義…… 1－388
地理辨正疏四卷………………………… 2－210
地德五經………………………………… 2－212
地學真傳六卷附補遺…………………… 2－199
地學淺釋三十八卷……………………… 1－393
地藏菩薩本願經二卷…………………… 2－201
地輿圖考四卷…………………………… 1－519
耳食錄十二卷二編八卷………………… 2－240
耳食錄十二卷二編八卷………………… 2－240
耳食錄十二卷二編八卷………………… 2－240
耳食錄十二卷二編八卷………………… 2－240
耳郵四卷………………………………… 2－384
耳郵四卷………………………………… 2－384
共城從政錄不分卷……………………… 2－222
共讀樓書目十卷 ……………………… 2－72
共讀樓書目十卷 ……………………… 2－72
芝庭先生集十八卷……………………… 2－366
芝庭先生集十八卷……………………… 2－452
芝庭先生集十八卷附錄一卷…………… 1－154
芝庭詩稾八卷…………………………… 1－114
芝菴雜記四卷…………………………… 2－229
芝龕記六卷……………………………… 2－529
芝龕記六卷……………………………… 2－529
芑川先生合集…………………………… 2－336
臣鑒錄二十卷 ………………………… 1－77
吏考新章不分卷………………………… 1－367
吏事識小錄四卷………………………… 2－225
吏治因循亟宜綜核名實條例不分卷…… 2－1
吏治指南二十一卷 …………………… 2－51
吏皖存牘三卷…………………………… 1－536
再增摭古遺文一卷 …………………… 1－12
［光緒］再續高郵州志八卷首一卷 … 1－453
［道光］再續掖縣志二卷 …………… 1－488
西山文鈔八卷…………………………… 2－410
西山文鈔八卷…………………………… 2－410
西山先生真文忠公文章正宗二十四
卷續二十卷 ………………………… 1－89
西山先生真文忠公文章正宗二十四
卷續二十卷 ………………………… 1－89
西山先生真文忠公文章正宗二十四
卷續二十卷 ………………………… 1－89
西山先生真文忠公文章正宗二十四
卷續二十卷…………………………… 1－136
西山先生真文忠公文集五十五卷目
錄二卷………………………………… 1－137
西山先生真文忠公讀書記四十卷…… 2－148
西山先生真文忠公讀書記四十卷…… 2－400
西山真文忠公［德秀］年譜一卷附心
經一卷政經一卷……………………… 1－341
西山題跋三卷…………………………… 2－519
西子湖拾翠餘談三卷…………………… 2－382
西天目祖山志八卷首一卷末一卷補
遺……………………………………… 1－502
西方發願文註一卷……………………… 2－207

西石城風俗志不分卷…………………… 1－389
西石城風俗志不分卷…………………… 1－389
西石城風俗志不分卷…………………… 1－389
西石城風俗志不分卷…………………… 1－389
西石城風俗志不分卷…………………… 1－389
西北水利議不分卷 ……………………… 2－28
西北邊界圖地名譯漢攷證二卷……… 1－389
西史彙函四種…………………………… 2－125
西史彙函四種…………………………… 2－125
西史彙函四種…………………………… 2－125
西史彙函續編五種……………………… 2－125
西史彙函續編五種……………………… 2－125
西史彙函續編五種……………………… 2－125
西史綱目三十五卷……………………… 2－126
西行日記二卷…………………………… 1－509
西行日記二卷…………………………… 1－509
西行日記不分卷………………………… 1－352
西江文稿三十二卷附編一卷………… 2－489
[康熙]西江志二百六卷 …………… 1－36
西江政要□□卷………………………… 1－548
西江觀政録不分卷 ……………………… 2－50
西安府長安縣紳議關中書院育嬰堂
及種豆局義學等處膏火經費地畝
章程不分卷 …………………………… 2－24
[嘉慶]西安縣志四十八卷首一卷 … 1－438
[嘉慶]西安縣志四十八卷首一卷 … 1－438
[宣統]西安縣志略十三卷 ………… 1－450
[宣統]西安縣志略十三卷 ………… 1－450
西巡迴鑾始末記六卷…………………… 1－302
西巡迴鑾始末記六卷…………………… 1－302
西村集八卷首一卷……………………… 1－144
西沚居士集二十四卷…………………… 2－329
西陂類稿三卷…………………………… 2－449
西陂類稿五十卷………………………… 1－153
西陂類稿五十卷………………………… 1－153
西青文略附不分卷附錄不分卷……… 2－138
西青散記二卷 …………………………… 1－82
西青散記四卷…………………………… 2－243
西事類編十六卷………………………… 1－531
西事類編十六卷………………………… 1－531
西事類編十六卷………………………… 1－531
西招圖略一卷…………………………… 1－503
西招圖略一卷…………………………… 1－504
西招圖略一卷圖說一卷附錄成都府
至後藏路程前藏至西寧路程……… 1－503
西招圖略一卷圖說一卷附錄前藏至
西寧路程……………………………… 1－503
西和合集一百十八種四百九十七卷
……………………………………… 2－565
西和合集一百十八種四百九十七卷
……………………………………… 2－565
西和合集一百十八種四百九十七卷
……………………………………… 2－566
[乾隆]西和縣志四卷 ……………… 1－465
西使記一卷……………………………… 1－310
西征日記不分卷………………………… 1－508
西征紀程四卷…………………………… 1－512
西征紀程四卷…………………………… 1－512
西征集不分卷…………………………… 2－363
西京清麓叢書一百六十五種二千七
十九卷………………………………… 2－557
西京雜記二卷…………………………… 1－297
西京雜記二卷…………………………… 1－297
西京雜記二卷…………………………… 1－297
西京雜記六卷 …………………………… 1－26
西京雜記六卷…………………………… 1－296
西京雜記六卷…………………………… 1－297
西京雜記六卷…………………………… 1－297
西法策學滙源初集十卷………………… 2－146
西河合集一百二十種四百九十七卷
……………………………………… 1－151
西河合集一百二十種四百九十七卷
……………………………………… 1－168
西河制藝錄二卷………………………… 2－305
西河詩話一卷詞話一卷雜箋一卷…… 2－339
西河詩話一卷詞話一卷雜箋一卷…… 2－339
西泠五布衣遺著………………………… 2－278
西泠五布衣遺著………………………… 2－278
西泠五布衣遺著………………………… 2－278
西泠四家印譜不分卷附存四家……… 2－195
西泠仙詠三卷…………………………… 1－516
西泠詞萃八卷…………………………… 2－525

西泠閨詠十六卷…………………………2－315
西泠懷古集十卷…………………………2－486
西泠懷古集十卷…………………………2－486
西政挈要六卷……………………………2－124
西政維新策六卷…………………………2－264
西政叢書三十二種………………………1－537
西政叢書三十二種………………………1－537
西南紀事十二卷…………………………1－323
西俗雜誌一卷……………………………2－381
西亭文鈔十二卷首一卷末一卷………2－481
西洋史要四卷首一卷……………………2－128
西洋兵書五種六十四卷西洋兵書後
五種十九卷…………………………2－165
西洋細君氣質不分卷……………………2－128
西洋朝貢典錄三卷………………………1－531
西夏文綴二卷附西夏藝文志一卷……2－286
西夏紀事本末三十六卷…………………1－280
西夏紀事本末三十六卷首二卷………1－280
西夏紀事本末三十六卷首二卷………1－280
西夏紀事本末三十六卷首二卷………1－280
西夏紀事本末三十六卷首二卷………1－280
西夏紀事本末三十六卷首二卷………1－281
西夏紀事本末三十六卷首二卷………1－282
西晉文二十卷……………………………1－125
西圃草堂詩集四卷………………………1－120
西圃集十卷續集六卷文集四卷補遺
一卷題畫詩一卷續一卷……………2－345
西圃集十卷續集六卷文集四卷補遺
一卷題畫詩一卷續一卷……………2－346
西圃集十卷續集四卷補遺一卷詞續
一卷詞三續一卷題畫詩一卷續一
卷文集四卷補遺一卷………………2－345
西圃集十卷續集四卷補遺一卷詞續
一卷詞三續一卷題畫詩一卷續一
卷文集四卷補遺一卷………………2－346
西圃叢辨三十二卷………………………2－228
西海紀行卷一卷天外歸槎錄一卷……1－509
西陲要略四卷……………………………1－387
西域三記不分卷…………………………1－387
西域水道記五卷…………………………1－493
西域水道記五卷…………………………1－493
西域水道記五卷…………………………1－493
西域記八卷………………………………1－387
西域聞見錄八卷首一卷…………………1－506
西域輿地三種彙刻三卷…………………1－517
西菴集八卷首一卷………………………2－351
西堂文集三種二十四卷詩集十二種
二十五卷……………………………2－445
西堂文集三種二十四卷詩集十二種
二十五卷附一種六卷………………2－444
西堂文集三種二十四卷詩集十二種
二十五卷附一種六卷………………2－445
西堂文集三種二十四卷詩集十二種
二十五卷附一種六卷………………2－445
西堂文集三種二十四卷詩集十二種
二十五卷餘集四種六卷附一種六
卷……………………………………2－444
西堂文集三種二十四卷詩集十二種
二十五卷餘集四種六卷附一種六
卷……………………………………2－444
西堂文集三種二十四卷詩集十二種
二十五卷餘集四種六卷附一種六
卷……………………………………2－445
西堂文集三種二十四卷詩集十二種
二十五卷餘集四種六卷附一種六
卷……………………………………2－445
西堂文集三種二十四卷詩集十二種
二十五卷餘集四種六卷附一種六
卷……………………………………2－445
西堂文集三種二十四卷詩集十二種
二十五卷樂府六種六卷餘集十種
七十二卷附一種六卷………………2－445
西堂文集三種二十四卷詩集十二種
二十五卷樂府六種六卷餘集十種
七十二卷附一種六卷………………2－445
西堂全集十八種六十一卷………………2－445
西堂全集十八種六十一卷………………2－493
西堂全集四種一百三十三卷附一種
六卷…………………………………1－159
西堂剩稿二卷西堂秋夢錄一卷………2－446
西堂詩集三十卷…………………………2－315
西堂詩集三十卷…………………………2－316
西堂雜組八卷……………………………2－445
西堂雜組二集八卷西堂雜組三集八

卷西堂剩稿二卷西堂秋夢錄一卷 …… 2-446
西國近事彙編九年(清同治十二年至光緒七年)九卷 …… 1-505
西國近事彙編(光緒丁亥)四卷 …… 2-128
西國近事彙編(光緒己丑)四卷 …… 2-126
西國近事彙編(光緒壬辰)四卷 …… 2-126
西國近事彙編(光緒庚辰)四卷 …… 2-126
西國近事彙編(光緒癸未春季夏季)二卷 …… 2-126
西國律例便覽五卷 …… 2-18
西清古鑑四十卷附錢錄十六卷 …… 2-103
西清古鑑四十卷附錢錄十六卷 …… 2-103
西清續鑑甲編二十卷附錄一卷 …… 2-103
西涯先生擬古樂府二卷 …… 2-357
西隃山房詩文合集八卷 …… 2-447
西遊日記一卷附東遊日記一卷附論一卷 …… 1-509
西遊真詮一百回 …… 2 237
西遊真詮一百回 …… 2-237
西遊原旨二十四卷一百回 …… 2-247
西遊原旨二十四卷一百回首一卷 …… 2-247
西遊原旨讀法 ·卷西遊原旨詩結一卷 …… 2-199
西遊筆略三卷 …… 1-509
西道紀略不分卷 …… 1-394
西湖八社詩帖一卷 …… 2-336
西湖三祠名賢攷略三卷 …… 1-324
西湖三祠名賢攷略三卷 …… 1-324
西湖三祠名賢攷略三卷 …… 1-324
西湖水利考一卷續考一卷 …… 1-495
西湖百詠一卷 …… 2-382
西湖百詠二卷 …… 2-327
西湖竹枝集一卷 …… 1-326
西湖竹枝集一卷 …… 1-326
西湖志四十八卷 …… 1-33
西湖志四十八卷 …… 1-33
西湖志四十八卷 …… 1-386
西湖志四十八卷 …… 1-386
西湖志四十八卷 …… 1-386
西湖志四十八卷 …… 1-386
西湖志四十八卷 …… 1-386
西湖志四十八卷 …… 1-386
[光緒]西湖志四十八卷 …… 1-450
西湖志餘十八卷 …… 1-439
西湖志纂十五卷 …… 1-42
西湖志纂十五卷首一卷 …… 1-526
西湖志纂十五卷首一卷 …… 1-526
西湖佳話古今遺蹟十六卷 …… 1-517
西湖佳話古今遺蹟十六卷 …… 1-517
西湖秋柳詞一卷 …… 1-477
西湖修禊詩一卷 …… 2-99
西湖紀遊一卷 …… 1-326
西湖高僧事略一卷 …… 1-326
西湖高僧事略一卷 …… 1-326
西湖集覽二十六種四十五卷 …… 2-562
西湖遊覽志二十四卷志餘二十六卷 …… 1-33
西湖遊覽志二十四卷志餘二十六卷 …… 1-391
西湖遊覽志二十四卷志餘二十六卷 …… 1-391
西湖遊覽志二十四卷志餘二十六卷 …… 1-391
西湖遊覽志二十四卷志餘二十六卷 …… 1-391
西湖夢尋五卷 …… 2-486
西湖遺事詩一卷 …… 2-336
西湖雜詠一卷 …… 2-327
西湖雜詩一卷 …… 2-336
西湖蘇文忠公祠從祀議一卷 …… 1-325
西塘先生文集十卷新增附錄一卷 …… 1-134
西畺交涉志要六卷 …… 2-33
西畺交涉志要六卷 …… 2-33
西溪百詠二卷 …… 2-327
西銘彙纂二卷 …… 1-62
西漢年紀三十卷 …… 1-273
西漢年紀三十卷 …… 1-273
西漢年紀三十卷 …… 1-273
西漢節義傳論二卷 …… 2-107
西漢會要七十卷 …… 1-266
西漢會要七十卷 …… 1-266

西漢會要七十卷 …………………… 1－266
西漢會要七十卷 …………………… 1－266
西漚全集十卷外集八卷 …………… 2－478
西漚全集十卷外集八卷 …………… 2－478
［乾隆］西寧府新志四十卷 ………… 1－485
［乾隆］西寧府新志四十卷 ………… 1－485
［乾隆］西寧府新志四十卷 ………… 1－485
［乾隆］西寧府新志四十卷 ………… 1－485
西寧軍務節略不分卷附圖說 ……… 2－163
西寧軍務節略不分卷附圖說 ……… 2－163
西寧軍務節略不分卷附圖說 ……… 2－163
西寧等處軍務不分卷 ……………… 2－20
［同治］西寧新志十卷首一卷 ……… 1－488
西樓易說十八卷 …………………… 1－181
西澗草堂全集十六卷 ……………… 1－160
西澗草堂集四卷 …………………… 2－503
西輶日記四卷 ……………………… 1－507
西學二十種萃菁二十卷 …………… 2－146
西學大成十二編五十六種一百三十六卷 …………………………… 2－560
西學考略二卷 ……………………… 1－515
西學書目表三卷附卷一卷 ………… 2－76
西學通攷三十六卷 ………………… 2－258
西學啓蒙十六種一百四十六卷 …… 2－576
西學輯存六種 ……………………… 2－258
西藏攷一卷 ………………………… 1－395
西藏宗教源流考不分卷 …………… 2－214
西藏記二卷 ………………………… 1－402
西藏通覽二編 ……………………… 1－388
西藏通覽二編 ……………………… 1－388
西藏通覽二編 ……………………… 1－388
西藏通覽二編 ……………………… 1－389
西藏圖考八卷首一卷 ……………… 1－528
西藏圖考八卷首一卷 ……………… 1－528
西藏圖考八卷首一卷 ……………… 1－528
西藏圖考八卷首一卷 ……………… 1－528
西霞文鈔二卷 ……………………… 1－155
西魏書二十四卷附錄一卷 ………… 1－28
西魏書二十四卷附錄一卷 ………… 1－28
西魏書二十四卷附錄一卷 ………… 1－28
西魏書二十四卷附錄一卷 ………… 1－325
西谿梵隱志四卷 …………………… 2－382
西齋偶得三卷附錄一卷 …………… 2－384
西齋偶得三卷附錄一卷 …………… 2－384
西藝知新二十二卷 ………………… 2－269
西藩總統事略十二卷 ……………… 1－506
西藩總統事略十二卷 ……………… 1－506
西藩總統事略十二卷 ……………… 1－506
西歸日札一卷 ……………………… 1－123
西廬文集四卷補錄七卷 …………… 2－507
西廬文集四卷補錄七卷 …………… 2－507
西疆交涉志要六卷 ………………… 2－47
西疆雜述詩四卷 …………………… 2－314
西疆雜述詩四卷 …………………… 2－314
西疆雜述詩四卷 …………………… 2－331
西鐸九卷 …………………………… 1－553
西巖詩集一卷附琴譜一卷 ………… 1－119
在官法戒錄四卷 …………………… 2－53
在官法戒錄四卷 …………………… 2－53
在官法戒錄摘鈔四卷 ……………… 2－53
在官法戒錄摘鈔四卷 ……………… 2－539
在陸草堂文集六卷 ………………… 1－159
百一山房集十卷 …………………… 2－510
百一草堂附刻二編二卷 …………… 1－117
百丈叢林清規證義記八卷首一卷 … 2－201
百川學海一百種一百七十九卷 …… 1－168
百尺梧桐閣集十六卷錦瑟詞一卷文一卷 …………………………… 1－160
百宋一廛賦一卷 …………………… 2－71
百宋一廛賦一卷 …………………… 2－71
百柱堂全集內集三十四卷外集十九卷彤雲閣遺稿不分卷 ………… 2－449
百柱堂全集內集三十四卷外集十九卷彤雲閣遺稿不分卷 ………… 2－449
百柱堂全集內集三十四卷外集十九卷彤雲閣遺稿不分卷 ………… 2－449
百研銘一卷弱水集對聯一卷王漁洋秋柳詩四首解一卷 …………… 1－118
百美新詠一卷圖傳一卷集詠一卷 … 1－89
百家姓考略不分卷 ………………… 2－306
百將圖傳二卷 ……………………… 1－327
百將圖傳二卷 ……………………… 1－327

百將圖傳二卷…………………………… 1－327
百硯齋算稿八種十九卷……………… 2－186
百歲和鳴不分卷……………………… 2－348
百歲和鳴不分卷……………………… 2－348
百獸圖說不分卷……………………… 2－171
有不為齋詩鈔四卷…………………… 2－342
有不為齋隨筆十卷…………………… 2－155
有不為齋隨筆十卷…………………… 2－155
有不為齋隨筆十卷…………………… 2－155
有不為齋隨筆十卷…………………… 2－155
有正味齋十六卷補註不分卷………… 2－453
有正味齋十六卷補註不分卷………… 2－453
有正味齋書牘二卷…………………… 2－299
有正味齋試帖詩註八卷……………… 2－318
有正味齋試帖詳註四卷……………… 2－318
有正味齋詩集十二卷………………… 2－318
有正味齋詩集十六卷詩續集八卷詞集八卷詞續集二卷駢體文二十四卷駢體文續集八卷外集五卷……… 2－453
有正味齋詩集十六卷詩續集八卷詩外集五卷詞集八卷詞續集三卷…… 2－317
有正味齋詩集十六卷詩續集八卷駢體文二十四卷駢體文續集八卷…… 2－453
有正味齋詩續集八卷外集五卷詞集八卷…………………………………… 2－317
有正味齋駢體文二十四卷…………… 2－289
有正味齋駢體文二十四卷首一卷…… 2－453
有竹居集十六卷……………………… 2－485
有竹居集十六卷……………………… 2－485
有竹居集十六卷……………………… 2－485
有明名賢遺翰二卷…………………… 2－302
有恆心齋集六種四十二卷…………… 2－572
有恆心齋集六種四十二卷…………… 2－572
有恆心齋集六種四十二卷…………… 2－572
有賀博士日清戰役中之國際法論不分卷 ………………………………… 2－48
有福讀書堂叢刻四種六卷…………… 2－555
有福讀書堂叢刻前編八種十五卷後編八種二十一卷續編九種二十六卷……………………………………… 2－555
有福讀書堂叢刻前編八種十五卷後編八種二十一卷續編九種二十六卷……………………………………… 2－556
有融齋遺稿四卷……………………… 2－512
有學集五十卷有學集補遺二卷……… 2－417
有懷堂文稿二十二卷詩稿六卷……… 1－157
有懷堂文稿二十二卷詩稿六卷……… 1－157
而菴說唐詩二十二卷首一卷………… 1－163
而菴說唐詩二十二卷首一卷………… 2－517
存吾文稿四卷………………………… 2－488
存我軒偶錄不分卷…………………… 2－288
存治篇一卷存人編四卷……………… 2－158
存研樓文集十六卷…………………… 2－455
存研樓文集十六卷二編二卷………… 1－154
存素堂文集四卷……………………… 1－160
存素堂文續集三卷…………………… 1－160
存素堂集文藁四卷補遺一卷詩藁十四卷續編奏疏四卷附壬癸志稿二十八卷頤壽老人年譜二卷………… 2－485
存素堂集續編奏疏四卷……………… 2－485
存素堂詩文集四卷存素堂文續集二卷……………………………………… 1－161
存素堂詩初集錄存二十四卷二集八卷續集一卷詩稿二卷……………… 1－161
存素堂詩稿二卷……………………… 1－161
存悔齋集二十八卷外集四卷………… 2－450
存悔齋集二十八卷外集四卷………… 2－450
存悔齋集二十八卷外集四卷………… 2－451
存誠堂詩集十卷……………………… 2－357
列女傳二卷…………………………… 1－284
列女傳二卷…………………………… 1－284
列女傳八卷…………………………… 1－284
列女傳八卷…………………………… 1－284
列女傳補注八卷……………………… 1－328
列女傳補注八卷敘錄一卷校正一卷列仙傳校正本二卷仙讃一卷夢書一卷…………………………………… 1－328
列子二卷……………………………… 2－209
列子二卷……………………………… 2－209
列子二卷……………………………… 2－209
列子八卷……………………………… 2－130
列子八卷……………………………… 2－136

列子八卷 …………………………………… 2－209
列子八卷 …………………………………… 2－209
列子八卷 …………………………………… 2－209
列子八卷 …………………………………… 2－209
列子八卷附列子沖虛至德真經釋文
　二卷 …………………………………… 2－209
列子沖虛真經八卷 ……………………… 1－73
列代建元表十卷附建元類聚考二卷
　…………………………………………… 1－21
列國政要一百三十二卷首一卷附譯
　名對照表 ……………………………… 1－559
列國政要一百三十三卷首一卷 ……… 1－536
列國政要一百三十三卷首一卷 ……… 1－536
列國政要續編九十四卷首一卷 ……… 1－536
列國政要續編九十四卷首一卷 ……… 1－559
列國陸軍制不分卷 ……………………… 2－20
列國歲計政要十二卷首一卷 ………… 2－24
列國歲計政要十二卷首一卷 ………… 2－24
列國歲計政要十二卷首一卷 ………… 2－24
列國變通興盛記四卷 ………………… 2－123
列國變通興盛記四卷 ………………… 2－123
列朝詩集乾集二卷甲集前編十一卷
　甲集二十二卷乙集八卷丙集十六
　卷丁集十六卷閏集六卷 …………… 1－119
成山老人自撰年譜六卷 ……………… 1－337
成山廬稿十二卷 ……………………… 2－482
[康熙]成安縣志十二卷 ……………… 1－39
成均課士錄第八集 …………………… 2－303
成均課士錄第九集十六卷 …………… 2－305
成都通覽不分卷 ……………………… 1－476
[嘉慶]成都縣志六卷首一卷 ……… 1－476
成華節孝錄四卷首一卷末一卷 ……… 1－349
成案備考不分卷 ……………………… 2－19
成案彙存不分卷 ……………………… 1－46
成規足式不分卷 ……………………… 2－51
成唯識論十卷 ………………………… 2－201
成唯識論述記六十卷 ………………… 2－214
成裕堂繪像第七才子書六卷 ………… 1－166
夷俗考一卷 …………………………… 1－519
夷夏用兵鑒古錄四十卷 ……………… 2－20
夷夏用兵鑒古錄四十卷 ……………… 2－106
夷堅甲志二十卷乙志二十卷丙志二
　十卷丁志二十卷 …………………… 2－247
夷堅志五十卷 ………………………… 2－247
夷堅志五十卷 ………………………… 2－247
攷古質疑六卷 ………………………… 2－226
攷古質疑六卷 ………………………… 2－226
攷古錄十卷 …………………………… 2－382
攷卷雋快二編 ………………………… 2－296
攷查臺灣行政事件報告 ……………… 1－392
攷辨隨筆二卷 ………………………… 2－230
攷辨隨筆二卷 ………………………… 2－230
至正集八十一卷 ……………………… 2－414
至遊子二卷 …………………………… 2－209
至遊子二卷 …………………………… 2－209
至聖先師世系考不分卷 ……………… 1－351
此木軒雜著八卷 ……………………… 2－383
此木軒雜著八卷 ……………………… 2－383
此君軒漫筆八卷 ……………………… 2－234
此宜閣增訂金批西廂四卷首一卷末
　一卷 …………………………………… 2－240
尖錐曲綫考一卷尖錐術解一卷 ……… 2－186
[乾隆]光山縣志三十二卷首一卷末
　一卷 …………………………………… 1－486
[光緒]光化縣志八卷首一卷 ……… 1－440
[光緒]光化縣志八卷首一卷 ……… 1－440
[光緒]光化縣志八卷首一卷 ……… 1－440
[光緒]光州志十二卷首一卷 ……… 1－488
[光緒]光州志十二卷首一卷 ……… 1－488
[光緒]光福志十二卷 ……………… 1－34
光緒乙巳年交涉要覽八卷 ………… 2－30
光緒乙巳年交涉要覽八卷 ………… 2－30
光緒乙巳年交涉要覽八卷 ………… 2－31
光緒乙巳年交涉要覽八卷 ………… 2－31
光緒乙巳年交涉要覽八卷 ………… 2－31
光緒乙巳年交涉要覽八卷 ………… 2－31
光緒乙巳年交涉要覽五卷 ………… 2－30
光緒乙巳年交涉要覽五卷 ………… 2－30
光緒乙巳年交涉要覽五卷 ………… 2－30
光緒乙巳年交涉要覽五卷 ………… 2－30
光緒乙巳年交涉要覽五卷 ………… 2－30
光緒乙巳年交涉要覽五卷 ………… 2－30

光緒乙酉科優貢同年齒錄不分卷 …… 2－92
光緒二十一年乙未科會試錄不分卷 …… 2－93
光緒二十八年壬寅補行庚子辛丑恩正併科湖北鄉試錄不分卷 …… 2－91
光緒二年丙子恩科會試同年錄不分卷 …… 2－93
光緒十五年海關貿易冊書後不分卷 …… 2－27
光緒十四年奏稿抄錄不分卷 …… 1－376
光緒丁未年交涉要覽五卷 …… 2－31
光緒丁酉科十八省選拔貢同年全錄不分卷 …… 2－92
光緒丁酉科浙江鄉試硃卷不分卷 …… 2－95
光緒八年山西裁減公費章程不分卷 …… 2－16
光緒八年壬午科鄉試同年錄不分卷 …… 1－349
光緒八年壬午科鄉試同年錄不分卷 …… 2－67
光緒八年制中來函照鈔不分卷 …… 2－300
光緒九年癸未科會試同年齒錄不分卷 …… 2－93
光緒九年進士登科錄不分卷履歷不分卷 …… 2－89
光緒三十一年夏季分湖南候補文職官冊不分卷 …… 2－91
光緒三年至九年奏議 …… 1－373
光緒三拾壹年冬撥估餉清冊不分卷 …… 1－558
光緒己丑科會試同年齒錄不分卷 …… 2－89
光緒壬寅補行庚子辛丑恩正併科鄉墨不分卷 …… 2－294
光緒丙子清河縣志二十六卷 …… 1－403
光緒丙子清河縣志二十六卷 …… 1－403
光緒丙午年交涉要覽八卷 …… 2－30
光緒丙午年交涉要覽八卷 …… 2－30
光緒丙午年交涉要覽八卷 …… 2－30
光緒丙午年交涉要覽八卷 …… 2－30
光緒丙午年交涉要覽八卷 …… 2－30
光緒丙午年交涉要覽八卷 …… 2－30
光緒戊戌科會試齒錄不分卷 …… 2－93
光緒戊戌科廣東省大挑一等齒錄不分卷 …… 2－92
光緒甲午科十八省優貢同年全錄不分卷 …… 2－92
光緒四會縣志十編首三編末一編 …… 1－490
光緒辛丑科補行庚子恩科各省鄉試同年全錄不分卷 …… 2－92
光緒庚子科十八省優貢同年全錄不分卷 …… 2－92
光緒建元以來巡撫年表初稿不分卷 …… 2－120
光緒建元以來督撫年表初稿不分卷 …… 2－120
光緒政要三十四卷 …… 1－273
光緒政要三十四卷 …… 1－287
光緒政要三十四卷 …… 1－290
光緒政務要錄不分卷 …… 1－559
光緒癸巳恩科雲南題名錄不分卷 …… 2－93
光緒桐鄉縣志二十四卷首四卷 …… 1－434
光緒桐鄉縣志二十四卷首四卷 …… 1－434
光緒財政通纂五十四卷 …… 2－29
光緒通商列表不分卷 …… 2－33
光緒通商列表不分卷 …… 2－35
光緒清廷內府來往行文 …… 1－46
光緒貳年舉行丙子正科浙江鄉試題名錄不分卷 …… 2－92
光緒貳年舉行丙子科廣西鄉試題名錄不分卷 …… 2－93
光緒朝海關大宗進出貨價表附說 …… 2－260
光緒順天府志一百三十卷附錄一卷 …… 1－415
光緒順天府志一百三十卷附錄一卷 …… 1－415
光緒順天府志一百三十卷附錄一卷 …… 1－415
光緒順天府志一百三十卷附錄一卷 …… 1－416
光緒順天府志一百三十卷附錄一卷 …… 1－416
光緒湖北輿地記二十四卷 …… 1－517

光緒湖北輿地記二十四卷…………… 1-529
光緒睢甯縣志稾十八卷……………… 1-462
光緒睢甯縣志稾十八卷……………… 1-462
光緒會計表四卷 ……………………… 2-22
光緒會計表四卷 ……………………… 2-22
光緒會計錄三卷 ……………………… 2-22
光緒會計錄三卷 ……………………… 2-22
光緒嘉應州志三十二卷首一卷……… 1-490
光緒臨朐縣志十六卷首一卷………… 1-470
光緒臨朐縣志十六卷首一卷………… 1-470
曲江書屋新訂批註左傳快讀十八卷
首一卷……………………………… 1-210
曲江書屋新訂批註左傳快讀十八卷
首一卷……………………………… 1-210
曲江書屋新訂批註左傳快讀十八卷
首一卷……………………………… 1-210
[光緒]曲江縣志十六卷 …………… 1-450
[光緒]曲江縣志十六卷 …………… 1-450
[乾隆]曲阜縣志一百卷 …………… 1-469
[乾隆]曲阜縣志一百卷 …………… 1-469
[同治]曲周縣志二十卷首一卷 …… 1-416
曲洧新聞四卷 ………………………… 1-78
曲園雜纂五十卷……………………… 2-381
曲園雜纂五十卷……………………… 2-381
同人集十二卷………………………… 2-279
同文千字文二卷……………………… 1-247
同年全錄(辛卯科鄉試十八省)不分
卷…………………………………… 1-351
[咸豐]同州府志三十四卷首二卷附
文徵錄三卷………………………… 1-455
[光緒]同州府續志十五卷首一卷 … 1-455
[嘉慶]同里志二十四卷首一卷 …… 1-477
[嘉慶]同里志二十四卷首一卷 …… 1-477
同岑詩鈔五種十四卷………………… 2-352
同治三年冬季條例不分卷…………… 2-8
同治中興京外奏議約編八卷………… 1-365
同治中興京外奏議約編八卷………… 1-365
同治中興京外奏議約編八卷………… 1-365
同治中興京外奏議約編八卷………… 1-365
同治中興京外奏議約編八卷………… 1-365
同治中興京外奏議約編八卷………… 1-365
同治中興京外奏議約編八卷………… 1-365
同治六年補行甲子竝丁卯科浙江鄉
試題名錄不分卷 ………………… 2-92
同治四年(春季、夏季、秋季、冬季)
條例不分卷………………………… 2-8
同治州縣釋名類編十卷……………… 1-492
同治辛未科文光會試硃卷不分卷…… 2-471
同治庚午科大同年齒錄不分卷 ……… 2-94
同音字彙不分卷……………………… 1-245
同菴史彙十卷 ………………………… 1-16
同館試律彙鈔二十四卷……………… 1-115
同懷倡和後集燕雲詩草一卷詞草一
卷…………………………………… 2-341
因果錄三卷 …………………………… 1-72
因明入正理論疏八卷………………… 2-197
因明入正理論疏八卷………………… 2-197
因明入正理論疏八卷………………… 2-197
因明入正理論疏八卷………………… 2-197
因寄軒文二集六卷文集補遺一卷…… 2-475
因寄軒文初集十卷文二集六卷文集
補遺一卷…………………………… 2-475
因寄軒文初集十卷文二集六卷文集
補遺一卷…………………………… 2-475
因寄軒文初集十卷文二集六卷文集
補遺一卷…………………………… 2-475
因樹屋書影十卷 ……………………… 1-79
因樹屋書影十卷 ……………………… 1-79
因樹書屋詩稿十二卷………………… 2-345
回文類聚四卷………………………… 1-103
回文類聚四卷………………………… 1-103
回回原來不分卷……………………… 2-213
屺思堂文集六卷詩集二卷…………… 2-451
屺雲樓文鈔十二卷…………………… 2-459
年華錄四卷…………………………… 2-226
朱九江先生集十卷首一卷…………… 2-462
朱九江先生集十卷首一卷…………… 2-462
朱九江先生集十卷首一卷…………… 2-462
朱九江先生集十卷首一卷…………… 2-462
朱子五經語類八十卷………………… 1-8
朱子文集大全類編一百十卷………… 2-401
朱子古文書疑不分卷………………… 1-4

朱子孝經刊誤一卷…………………………… 1－9
朱子周易五贊一卷筮儀一卷…………… 1－3
朱子校昌黎先生集傳一卷…………… 1－127
朱子校昌黎先生集傳一卷…………… 1－127
朱子校昌黎先生集傳一卷…………… 1－128
朱子原訂近思錄十四卷附考訂朱子
世家一卷………………………………… 2－151
朱子原訂近思錄十四卷附考訂朱子
世家一卷………………………………… 2－151
朱子晚年全論八卷…………………… 2－161
朱子集一百四卷目錄二卷…………… 2－401
朱子集一百四卷目錄二卷…………… 2－401
朱子集一百四卷目錄二卷…………… 2－401
朱子集一百四卷目錄二卷…………… 2－401
朱子集一百四卷目錄二卷…………… 2－401
朱子集一百四卷目錄二卷…………… 2－401
朱子詩義補正八卷…………………… 1－193
朱子經濟文衡類編前集二十五卷後
集二十五卷續集二十二卷………… 2－157
朱子語類一百四十卷………………… 2－154
朱子語類一百四十卷………………… 2－154
朱子語類一百四十卷………………… 2－155
朱子語類八卷………………………… 2－160
朱子說書綱領一卷…………………………… 1－4
朱子遺書十五種一百三卷…………… 2－401
朱子儀禮經傳通解六十九卷………… 1－199
朱子儀禮經傳通解六十九卷………… 1－199
朱子論語集注訓詁攷二卷…………… 1－249
朱子論語集注訓詁攷二卷…………… 1－249
朱子論語集注訓詁攷二卷…………… 1－249
朱子［熹］年譜一卷　………………… 1－341
朱子［熹］年譜一卷　………………… 1－341
朱子［熹］年譜四卷考異四卷朱子論
學切要語二卷……………………… 1－341
朱子［熹］年譜四卷考異四卷朱子論
學切要語二卷校勘記二卷………… 1－318
朱子［熹］年譜四卷考異四卷朱子論
學切要語二卷校勘記二卷………… 1－318
朱子［熹］年譜四卷考異四卷朱子論
學切要語二卷校勘記二卷………… 1－318
朱子［熹］年譜四卷考異四卷朱子論
學切要語二卷校勘記二卷………… 1－318
朱子［熹］年譜四卷考異四卷朱子論
學切要語二卷校勘記二卷………… 1－318
朱子［熹］年譜四卷考異四卷朱子論
學切要語二卷校勘記二卷………… 1－318
朱子闕里誌不分卷　……………………… 1－30
朱子讀書法四卷……………………… 2－154
朱止泉先生文集八卷………………… 2－478
朱止泉先生朱子聖學考畧十卷提要
一卷正訛一卷　……………………… 1－64
朱氏傳芳集八卷首三卷……………… 2－281
朱氏羣書六種二十五卷……………… 2－556
朱文公校昌黎先生文集四十卷外集
十卷遺文一卷……………………… 1－127
朱文公校昌黎先生文集四十卷外集
十卷遺文一卷傳一卷　……………… 1－86
朱文公校昌黎先生文集四十卷外集
十卷遺文一卷傳一卷……………… 1－126
朱文公校昌黎先生文集四十卷外集
十卷遺文一卷傳一卷……………… 1－127
朱文公語錄類要述十八卷　…………… 1－64
朱文端公集四卷……………………… 2－441
朱文端公集四卷……………………… 2－441
朱文端公［軾］年譜一卷　…………… 1－342
朱文端公遺像詩不分卷……………… 2－298
朱文端公遺劄不分卷………………… 2－298
朱文端公藏書十三種一百八十三卷
…………………………………………… 2－552
朱文端公藏書十三種一百八十三卷
…………………………………………… 2－552
朱文端公藏書十三種一百八十三卷
…………………………………………… 2－560
朱文端公藏書十三種九十八卷……… 2－552
朱竹垞先生杜詩評本二十四卷……… 2－346
朱竹垞［彝尊］年譜一卷　…………… 2－519
朱杜溪先生集七卷遊歷記存一卷…… 2－498
朱見菴先生文集二卷………………… 2－479
朱見菴先生文集二卷………………… 2－479
朱柏廬先生編年毋欺錄三卷補遺一
卷附一卷……………………………… 1－337
朱秋厓詩集四卷文集一卷…………… 2－501

朱強甫集三卷 …… 2－508
朱飲山千金譜二十九卷 …… 1－105
朱蓉生侍御論學遺劄摭存不分卷 …… 2－300
朱楓林集十卷 …… 1－147
缶廬印存三集不分卷 …… 2－195
缶廬詩四卷別存一卷 …… 2－352
先三鄉賢［黃瑜］［黃畿］［黃佐］年譜 …… 1－343
先文恭公自訂年譜一卷 …… 1－340
先文端公［翁心存］年譜一卷 …… 1－341
先正讀書訣不分卷 …… 2－73
先正讀書訣不分卷 …… 2－74
先正讀書訣不分卷 …… 2－74
先正讀書訣不分卷 …… 2－74
先妣李太孺人行述 …… 1－347
先府君［王筱泉］年譜一卷附行狀一卷 …… 1－341
先府君行略一卷先妣行略一卷 …… 1－347
先恭勤公［徐澤醇］年譜四卷附誄詞一卷 …… 1－341
先船山公［王夫之］年譜前編一卷後編一卷 …… 1－322
先聖大訓六卷 …… 1－61
先聖大訓六卷 …… 1－64
先聖生卒年月日考二卷 …… 2－116
先聖生卒年月日考二卷 …… 2－116
先聖生卒年月日考二卷 …… 2－116
先聖生卒年月日考二卷 …… 2－116
先聖生卒年月日考二卷 …… 2－116
先賢贊文不分卷 …… 1－330
先撥志始二卷 …… 1－311
先遵化公制藝不分卷 …… 2－305
先儒正修齊治錄六卷 …… 1－63
先儒正修齊治錄六卷 …… 1－63
先儒論說不分卷 …… 2－279
廷寄檔不分卷 …… 1－362
舌華錄九卷 …… 1－78
［同治］竹山縣志二十九卷 …… 1－468
竹石居文草四卷詩草四卷詞草不分卷川雲集不分卷 …… 2－494
竹汀先生日記鈔三卷 …… 2－75
竹里詩萃十六卷 …… 2－366
竹坡侍郎奏議二卷 …… 1－375
竹坡侍郎奏議二卷 …… 1－375
竹坡侍郎奏議二卷 …… 1－375
竹坡詩話一卷 …… 1－162
竹林答問一卷 …… 2－107
竹柏山房十五種附刻四種八十九卷 …… 2－571
竹柏山房十五種附刻四種八十九卷 …… 2－571
竹柏山房十五種附刻四種八十九卷 …… 2－571
竹書紀年二卷 …… 1－20
竹書紀年二卷 …… 1－282
竹書紀年統箋十二卷 …… 1－282
竹書紀年統箋十二卷 …… 1－284
竹書紀年統箋十二卷前編一卷雜述一卷 …… 1－270
竹書紀年統箋十二卷前編一卷雜述一卷 …… 1－270
竹書紀年統箋十二卷前編一卷雜述一卷 …… 1－286
竹書紀年統箋十二卷前編一卷雜述一卷 …… 1－286
竹書紀年統箋十二卷前編一卷雜述一卷 …… 1－286
竹書紀年統箋十二卷前編一卷雜述一卷 …… 1－286
竹雪軒印集八卷 …… 2－195
竹堂寺志一卷附陽山景福庵紀略 …… 1－528
竹崦盦金石目錄五卷 …… 2－75
竹葉亭雜記八卷 …… 2－241
竹葉亭雜記八卷 …… 2－241
竹葉亭雜記八卷 …… 2－241
竹葉亭雜記八卷 …… 2－241
竹葉亭雜記八卷 …… 2－241
竹葉亭雜記八卷 …… 2－241
竹葉亭雜記八卷 …… 2－241
竹葉亭雜記八卷 …… 2－241
竹雲題跋四卷 …… 2－101
竹雲題跋四卷 …… 2－297

竹窗二筆一卷 2-207
竹窗三筆一卷 2-207
竹窗三筆一卷 2-207
竹窗隨筆一卷 2-241
竹裕園筆語集十五卷 2-224
竹瑞堂詩鈔十八卷 2-340
月齋文集八卷詩集四卷 2-450
月齋文集八卷詩集四卷 2-514
休那遺稿十二卷詩集一卷貨殖傳評
　一卷外集三卷 2-427
[康熙]休寧縣志八卷 1-38
伏羌紀事詩一卷 2-366
[乾隆]伏羌縣志十四卷 1-490
伏敔堂詩錄十五卷續錄四卷 2-345
伏敔堂詩錄十五卷續錄四卷 2-345
伏敔堂詩錄十五卷續錄四卷 2-345
伏羲易義一卷歸藏易占一卷恒言三
　卷王元圃古大學石經合考定本一
　卷附論文理脈絡一卷 2-211
伐檀集二卷 1-131
延平李先生師弟子答問一卷補錄一
　卷附楊羅李朱四先生年譜 2-159
延平李先生師弟子答問一卷補錄一
　卷附楊羅李朱四先生年譜 2-159
延平李先生答問二卷 1-62
[乾隆]延平府志四十六卷首一卷 1-480
延平楊[時]羅[從彦]李[侗]朱[熹]
　四先生年譜 1-337
延平楊[時]羅[從彦]李[侗]朱[熹]
　四先生年譜 1-340
延平楊[時]羅[從彦]李[侗]朱[熹]
　四先生年譜 1-340
延令宋板書目一卷 2-73
延令宋板書目一卷 2-76
延吉廳一帶森林調查報告書七章附
　延吉廳森林區域圖 2-29
延州筆記四卷 2-105
[康熙]延津縣志十卷 1-469
延桂山房吟稿八卷詞草一卷文集一
　卷別集一卷 2-505
[康熙]延綏鎮志六卷 1-42
延壽集四卷 1-347
延綠閣集十二卷 2-490
延綠閣集十二卷附贈詩一卷 2-490
延禧堂壽言六卷首一卷 1-347
仲升自訂年譜一卷 1-338
仲實詩存二卷 2-350
仲實類稿一卷 2-500
任山先生金文安公文集五卷 2-406
任氏述記四卷 2-285
[乾隆]任丘縣志十二卷首一卷 1-423
[乾隆]任丘縣志十二卷首一卷 1-423
[乾隆]任丘縣志十二卷首一卷 1-423
[道光]任丘縣志續編二卷 1-423
[道光]任丘縣志續編二卷 1-423
任勇烈公遺集一卷附二草堂遺稿一
　卷 2-418
仰止編三卷 2-116
仰蕭樓文集一卷國朝經學名儒記一
　卷 2-507
仰蕭樓文集一卷國朝經學名儒記一
　卷 2-507
仰蕭樓文集一卷國朝經學名儒記一
　卷 2-507
仿宋相臺五經附攷證九十六卷 1-171
仿宋相臺五經附攷證九十六卷 1-171
仿唐寫本說文解字木部箋異一卷 1-236
仿唐寫本說文解字木部箋異一卷附
　仿唐寫本說文解字木部一卷 1-236
仿唐寫本說文解字木部箋異一卷附
　仿唐寫本說文解字木部一卷 1-236
自反錄一卷 2-161
自求集四卷 2-493
自怡軒對聯綴語二卷 2-514
自然好學齋詩鈔十卷 2-357
自號錄不分卷 2-90
自鳴稿二卷 2-359
自歷言不分卷 2-64
自彊齋時務叢書十六種三十九卷 2-550
自警編九卷 1-78
伊川文集八卷附錄二卷 2-411
伊川易傳四卷 1-178

伊川擊壤集二十卷 …… 1-131
伊川擊壤集二十卷 …… 1-131
伊川擊壤集二十卷 …… 2-400
伊川擊壤集二十卷補遺一卷 …… 2-400
伊蒿室文集六卷 …… 2-510
伊蒿室文集六卷詩集二卷詩餘一卷 …… 2-479
血盆救苦寶懺不分卷 …… 2-205
向張二公傳忠錄不分卷 …… 1-332
向湖邨舍詩初集十二卷 …… 2-354
向湖邨舍詩初集十二卷 …… 2-354
行川必要不分卷 …… 1-515
行水金鑑一百七十五卷首一卷 …… 1-40
行水金鑑一百七十五卷首一卷 …… 1-40
行水金鑑一百七十五卷首一卷 …… 1-492
行有恆堂初集二卷 …… 2-372
行有恆堂詩草不分卷 …… 2-363
行政綱目不分卷 …… 1-541
行軍帳棚說一卷 …… 2-21
行軍測繪十卷首一卷附圖一卷 …… 2-263
行軍鐵路工程二卷 …… 2-256
行素草堂目覩書錄十編附汲古閣珍藏秘本書目 …… 2-72
行素草堂目覩書錄十編附汲古閣珍藏秘本書目 …… 2-75
行素草堂金石叢書十六種一百五十四卷 …… 2-555
行素草堂金石叢書十六種一百五十四卷 …… 2-556
行素齋雜記二卷 …… 1-305
行素齋雜記二卷 …… 2-380
[乾隆]行唐縣新志十六卷 …… 1-470
行海要術四卷 …… 2-265
行朝錄六卷 …… 1-307
行善福報編一卷保福解冤經一卷 …… 2-205
行善福報編一卷保福解冤經一卷 …… 2-205
甪齋文集八卷詩集四卷 …… 2-338
甪齋文集八卷詩集四卷 …… 2-501
甪齋文集八卷詩集四卷 …… 2-501
甪齋文集八卷詩集四卷 …… 2-501
舟車所至十八種 …… 1-508
全上古三代秦漢三國六朝文七百四十六卷 …… 2-276
全上古三代秦漢三國六朝文七百四十六卷 …… 2-276
全上古三代秦漢三國六朝文七百四十六卷 …… 2-276
全上古三代秦漢三國晉南北朝文編目一百三卷 …… 2-74
全本禮記體註十卷 …… 1-202
全史紀要不分卷 …… 2-106
全史宮詞二十卷 …… 2-522
全史宮詞二十卷 …… 2-522
全史宮詞二十卷 …… 2-522
全地五大洲女俗通考十集二十一卷首一卷 …… 1-506
全唐五言八韻詩四卷律詩合譜一卷 …… 1-115
全唐文紀事一百二十二卷首一卷 …… 1-304
全唐文紀事一百二十二卷首一卷 …… 1-304
全唐詩九百卷 …… 2-309
全唐詩九百卷 …… 2-309
全唐詩九百卷 …… 2-309
全唐詩九百卷 …… 2-330
全唐詩九百卷目錄十二卷 …… 1-97
全唐詩九百卷目錄十二卷 …… 1-98
全唐詩九百卷目錄十二卷 …… 2-81
全唐詩鈔八十卷補十六卷 …… 1-102
全唐詩話八卷 …… 1-162
全唐詩話六卷 …… 2-516
全唐詩話六卷 …… 2-516
全浙詩話五十四卷 …… 2-517
[全國]屠氏族譜二十二卷續編三卷 …… 2-87
[光緒]全滇紀要不分卷 …… 1-401
[光緒]全滇紀要不分卷 …… 1-401
[光緒]全滇紀要不分卷 …… 1-401
[光緒]全滇紀要不分卷 …… 1-401
全謝山文鈔十六卷 …… 2-447
全謝山文鈔十六卷 …… 2-447
全謝山先生經史問答十卷 …… 2-156
全體闡微三卷 …… 2-269

［同治］合江縣志五十四卷首一卷 … 1－411
合抄先太師摘選舉業切用捷學奇英四卷 …… 2－106
合肥李氏三世遺集三種二十四卷 …… 2－328
合肥李氏三世遺集三種二十四卷 …… 2－475
合肥李勤恪公政書十卷 …… 1－361
合肥李勤恪公政書十卷 …… 1－361
合肥李勤恪公政書十卷首一卷 …… 2－51
合肥李勤恪公政書十卷首一卷 …… 2－51
合肥李勤恪公政書十卷首一卷 …… 2－51
合肥李勤恪公政書十卷首一卷 …… 2－51
合肥李勤恪公政書十卷首一卷 …… 2－51
合肥相國七十賜壽圖附壽言不分卷 …… 1－325
合肥相國七十賜壽圖附壽言不分卷 …… 1－325
合肥相國七十賜壽圖附壽言不分卷 …… 1－325
合肥相國壽言一卷 …… 1－328
合肥學舍劄記八卷 …… 2－384
合刻三先生老泉文匯十卷 …… 1－134
合刻西崐集不分卷 …… 1－107
合刻范文正公忠宣公全集二十九卷 …… 1－131
合刻范文正公忠宣公全集二十九卷 …… 1－131
合河紀聞十卷 …… 1－33
合校水經注四十卷首一卷附錄二卷 …… 1－379
合校水經注四十卷首一卷附錄二卷 …… 1－379
合數述二卷 …… 2－270
合諸名家評註三蘇文定十八卷 …… 1－164
合聲易字不分卷附補訂傳音快字不分卷 …… 1－13
邠農偶吟稿一卷 …… 2－455
邠農偶吟稿一卷 …… 2－455
邠農偶吟稿一卷 …… 2－455
邠農偶吟稿一卷 …… 2－455
邠農偶吟稿不分卷 …… 1－340
邠農偶吟稿不分卷 …… 1－340
刖足集內篇一卷 …… 2－505
危言四卷 …… 2－227
危言四卷 …… 2－227
危學士全集十四卷 …… 2－425
旭華堂文集十四卷補遺一卷續編一卷 …… 1－159
各省出入款項不分卷 …… 2－28
各省拔貢同年錄（光緒丁酉科）不分卷 …… 2－92
各省拔貢優貢同年錄（道光己酉科）不分卷 …… 2－93
各省將軍都統摺子副都統摺子不分卷 …… 1－50
各省鄉試同年全錄（光緒壬寅補行庚子辛丑恩正併科） …… 1－349
各省鄉試同年鄉試錄（咸豐五年乙卯科）不分卷 …… 2－93
各省鄉試同年鄉試錄（咸豐五年乙卯科）不分卷 …… 2－93
各省督撫籌議開源節流奏稿不分卷 …… 1－365
各省諮議局應一律辦理事件通告書附各省法令公佈規草案 …… 2－12
各國立約始末記三十卷首二卷 …… 2－47
各國司法制度不分卷 …… 2－262
各國刑律考不分卷 …… 2－262
各國交涉公法論十六卷 …… 2－31
各國交涉公法論十六卷 …… 2－31
各國交涉公法論十六卷 …… 2－31
各國交涉公法論十六卷 …… 2－32
各國交涉公法論十六卷 …… 2－32
各國交涉公法論十六卷末一卷 …… 2－31
各國和約新編八卷首一卷 …… 2－25
各國政治史事攷六卷 …… 2－112
各國約章纂要六卷首一卷附錄一卷 …… 2－31
各國約章纂要六卷首一卷附錄一卷 …… 2－31
各國約章纂要六卷首一卷附錄一卷 …… 2－31

各國約章纂要六卷首一卷附錄一卷 …… 2－31
各國約章纂要六卷首一卷附錄一卷 …… 2－48
各國通商條約不分卷 …… 2－34
各國通商稅則條約不分卷 …… 1－555
各國稅則及通商章程善後條約附照會不分卷 …… 2－16
各國憲法源泉三種合編三編 …… 2－8
各國憲法源泉三種合編三編 …… 2－8
各國關於中國所訂協約不分卷 …… 2－47
名人尺牘小品四卷 …… 2－302
名人尺牘小品四卷 …… 2－303
名人信札不分卷 …… 1－96
名人信札不分卷 …… 1－96
名山勝槩記不分卷 …… 1－41
名山勝槩記四十六卷名山圖一卷 …… 1－41
名山遊覽二卷 …… 1－516
名文冰鑒八卷 …… 1－92
名世文宗二十二卷 …… 1－88
名物雜鈔不分卷 …… 1－60
名法指掌新例增訂四卷 …… 2－4
名法指掌新纂四卷 …… 2－4
名法指掌增訂二卷附便覽一卷 …… 2－4
名法指掌增訂二卷附便覽一卷 …… 2－4
名宦鄉賢錄一卷江夏陳氏義莊條規一卷 …… 1－321
名宦傳二卷 …… 1－329
名原二卷 …… 1－236
名雋初集六卷 …… 2－285
名媛詩歸三十六卷 …… 1－114
名媛詩歸三十六卷 …… 1－115
名義考十二卷 …… 1－79
名賢手劄不分卷 …… 2－299
名賢手劄不分卷 …… 2－299
名賢集選□□卷 …… 1－135
名學三卷名學部首一卷 …… 2－272
多忠勇公勤勞錄四卷 …… 1－331
多忠勇公勤勞錄四卷 …… 1－331
多歲堂古詩存八卷 …… 2－359
多歲堂古詩存八卷 …… 2－359
多識錄四卷 …… 1－351
交泰韻一卷 …… 1－144
交涉要覽類編二集二卷 …… 2－33
交涉要覽類編四卷 …… 2－47
交還奉天條約不分卷 …… 2－45
交還奉天條約不分卷 …… 2－45
交還奉天條約不分卷 …… 2－45
交還奉天條約不分卷 …… 2－45
交還奉天條約不分卷 …… 2－45
交還奉天條約不分卷 …… 2－45
交還奉天條約不分卷 …… 2－45
交還奉天條約不分卷 …… 2－45
交還奉天條約不分卷 …… 2－45
交還奉天條約不分卷 …… 2－45
交還奉天條約不分卷 …… 2－45
交還奉天條約不分卷 …… 2－45
交還奉天條約不分卷 …… 2－45
交還奉天條約不分卷 …… 2－46
交還奉天條約不分卷 …… 2－46
交還奉天條約不分卷 …… 2－46
交還奉天條約不分卷 …… 2－46
交還奉天條約不分卷 …… 2－46
交還奉天條約不分卷 …… 2－46
交還奉天條約不分卷 …… 2－46
交還奉天條約不分卷 …… 2－46
亦玉堂稿十卷 …… 1－140
亦有生齋集詩三十二卷文二十卷樂府二卷詞五卷 …… 2－512
亦政堂重考古玉圖二卷 …… 1－47
亦政堂重考古玉圖二卷 …… 1－47
亦政堂重修考古圖十卷 …… 1－47
亦政堂重修考古圖十卷 …… 1－47
亦政堂重修宣和博古圖錄三十卷 …… 1－47
亦政堂重修宣和博古圖錄三十卷 …… 1－47
亦政堂重修宣和博古圖錄三十卷 …… 2－66
亦政堂續集二卷 …… 2－330
亦園亭全集五種二十八卷 …… 2－482
充然子集二卷 …… 1－148
妄妄錄十二卷 …… 2－384
羊城古鈔八卷首一卷 …… 1－389
羊城古鈔八卷首一卷 …… 1－389

羊城古鈔八卷首一卷…… 1－389
羊城古鈔八卷首一卷…… 1－389
羊城古鈔八卷首一卷…… 1－389
羊城古鈔八卷首一卷…… 1－389
羊城古鈔八卷首一卷…… 1－389
［光緒］米脂縣志十二卷 …… 1－412
［光緒］米脂縣志十二卷 …… 1－412
米海岳［芾］年譜一卷 …… 1－319
米海岳［芾］年譜一卷 …… 1－319
米堆山人文鈔□□卷…… 2－107
州縣須知摘要四卷…… 1－553
州縣學校謀始不分卷…… 2－260
汗筠齋叢書第一集四種二十一卷…… 2－558
汗簡七卷…… 1－244
汗簡七卷目錄一卷…… 2－539
汗簡箋正八卷…… 1－245
江上孤忠錄一卷…… 1－307
江口巡船章程不分卷 …… 2－12
［同治］江山縣志十二卷首一卷末一卷…… 1－458
［同治］江山縣志十二卷首一卷末一卷…… 1－459
［同治］江山縣志十二卷首一卷末一卷…… 1－459
［同治］江山縣志十二卷首一卷末一卷…… 1－459
江止庵遺集八卷首一卷…… 1－146
江文通文集十卷…… 1－125
江文通集四卷…… 1－125
江左十五子詩選十五卷…… 1－111
江左十五子詩選十五卷…… 1－114
江左十五子詩選十五卷…… 1－114
江左三大家詩鈔三種九卷 …… 1－89
江左三大家詩鈔三種九卷…… 2－313
江右古文選四十卷…… 2－280
江北初級師範學堂章程不分卷 …… 2－12
江北初級師範學堂章程不分卷 …… 2－12
江北運程四十卷首一卷…… 1－494
江北運程四十卷首一卷…… 1－494
江北運程四十卷首一卷…… 1－494
［道光］江北廳志八卷首一卷 …… 1－410
［江西九江］李氏家譜四卷首不分卷…… 2－82
江西考古錄十卷…… 1－390
江西全省輿圖十四卷…… 1－392
江西全省輿圖十四卷首一卷…… 1－392
江西全省輿圖十四卷首一卷…… 1－392
江西全省輿圖十四卷首一卷…… 1－392
江西全省輿圖十四卷首一卷…… 1－392
江西全省輿圖十四卷首一卷…… 1－392
江西各項財政說明書十六章…… 1－555
［江西南昌］口湖北山豫章蔣氏重修族譜二卷 …… 2－78
［光緒］江西通志一百八十卷首五卷…… 1－400
［光緒］江西通志一百八十卷首五卷…… 1－400
［雍正］江西通志一百六十二卷首三卷…… 1－442
［雍正］江西通志一百六十二卷首三卷…… 1－442
江西商務說略不分卷…… 2－257
江西清理全省田賦稅契總局詳訂稅契章程不分卷附告示民間官契紙契根教堂官契紙契各條款不分卷…… 2－19
江西鄉試硃卷（光緒辛卯正科）不分卷…… 2－296
江西鄉試硃卷（光緒癸巳恩科）不分卷…… 2－296
江西鄉試錄（道光十四年甲午科）不分卷 …… 2－93
［江西婺源］考川明經胡氏宗譜四卷前編一卷 …… 1－49
［江西婺源］考川明經胡氏家乘不分卷 …… 2－86
［江西婺源］新安洪氏統宗譜不分卷…… 1－49
［江西婺源］新安詹氏家譜四卷 …… 1－50
江西農工商礦紀畧不分卷二編不分卷 …… 2－24
江西農工商礦紀畧不分卷二編不分

卷 …………………………………… 2－24
江西農工商礦紀略二編不分卷……… 2－265
江西詩徵九十四卷附刻一卷補遺一
卷………………………………………… 2－339
[江西新建]夏氏家乘二卷 …………… 2－86
江西賦役經制全書不分卷…………… 1－556
江西課吏館日記不分卷 …………… 2－19
[江西臨川]紀氏敬義堂世次錄十卷
首二卷 …………………………………… 2－81
江西藩庫收放各款四柱清冊不分卷
……………………………………………… 2－28
江郇銷夏錄三卷 ………………………… 1－68
江郇銷夏錄三卷 ………………………… 1－68
[嘉慶]江安縣志六卷 ……………… 1－424
江表忠略二十卷………………………… 1－318
江表忠略二十卷………………………… 1－318
江忠烈公遺集二卷……………………… 2－469
江忠烈公遺集二卷首一卷附錄一卷
江忠烈公行狀一卷…………………… 2－469
江忠烈公遺集二卷首一卷附錄一卷
江忠烈公行狀一卷…………………… 2－469
江忠烈公遺集不分卷…………………… 2－469
江忠烈公遺集不分卷…………………… 2－469
[光緒]江油縣志二十四卷 ………… 1－410
江南中等商業學堂章程不分卷江南
中等商業學堂規則不分卷 ………… 2－12
江南安徽全圖…………………………… 1－528
江南安徽全圖…………………………… 1－529
江南春稿不分卷………………………… 2－296
[乾隆]江南通志二百卷首四卷序目
一卷………………………………………… 1－400
江南野史十卷…………………………… 1－293
江南將弁學堂學案不分卷 ………… 2－21
江南鄉試同年齒錄(光緒己丑恩科)
不分卷 ………………………………… 2－93
江南鄉試同年齒錄(光緒癸巳恩科)
不分卷 ………………………………… 2－93
江南善政前後彙錄……………………… 2－384
江南試帖二卷…………………………… 2－328
江南製造局所譯書三十一種三百八
卷………………………………………… 2－559
[嘉慶]江津縣志二十二卷 …………… 1－39
[光緒]江都縣續志三十卷首一卷 … 1－448
[乾隆]江夏縣志十五卷首一卷 ……… 1－38
[同治]江夏縣志八卷首一卷 ……… 1－465
[光緒]江浦埤乘四十卷首一卷 …… 1－489
[乾隆]江陵縣志五十八卷首一卷 … 1－447
[光緒]江陵縣志六十五卷首一卷 … 1－446
[光緒]江陵縣志六十五卷首一卷 … 1－446
江陰李氏得月樓書目摘錄一卷 ……… 2－75
江陰忠義恩旌錄六卷………………… 1－333
[光緒]江陰縣志三十卷首一卷 …… 1－459
[光緒]江陰縣志三十卷首一卷 …… 1－459
江陰縣忠義錄不分卷………………… 1－350
江陰縣忠義錄不分卷………………… 1－350
江陰縣忠義錄不分卷………………… 1－350
江陰縣忠義錄不分卷………………… 1－350
江鄉節物詩一卷……………………… 2－338
江椒山館詩抄四卷…………………… 2－326
江湖長翁文集四十卷………………… 1－129
江甯府七縣地形攷畧附圖不分卷…… 1－393
江甯府七縣地形攷畧附圖不分卷…… 1－393
江甯府七縣地形攷畧附圖不分卷…… 1－393
江楚會奏變法三摺不分卷…………… 1－368
江楚會奏變法三摺不分卷…………… 1－368
江楚會奏變法三摺不分卷…………… 1－368
江楚會奏變法三摺不分卷…………… 1－368
江楚會奏變法三摺不分卷…………… 1－368
江慎修先生讀書隨筆二種十二卷……… 1－1
江寧和約不分卷 …………………… 2－35
江寧金石記八卷江寧金石待訪目二
卷 ………………………………………… 2－96
[江蘇]尤氏蘇常鎮宗譜二十八卷 …… 2－79
[江蘇丹徒]京江郭氏家乘八卷首一
卷 ………………………………………… 2－86
[江蘇丹陽]皇塘荆氏元一公譜稿外
編八卷…………………………………… 2－85
江蘇水利圖說不分卷………………… 1－496
江蘇水師奏稿不分卷江蘇水師部議
不分卷…………………………………… 1－375
江蘇存古學堂綱要三種……………… 2－262
江蘇同官錄不分卷 ………………… 2－64

江蘇全省輿圖 …………………………… 2－120
江蘇全省輿圖 …………………………… 2－120
江蘇全省輿圖 …………………………… 2－120
［江蘇江陰］澄江馮氏宗譜八卷 ……… 2－80
［江蘇吳縣］大阜潘氏支譜二十四卷
首一卷 ………………………………… 2－88
［江蘇吳縣］吳趨汪氏支譜二十卷首
一卷 …………………………………… 2－83
［江蘇吳縣］沈氏族譜不分卷 ………… 2－83
［江蘇吳縣］范氏家乘左編二十四卷
首一卷末一卷右編十六卷 ………… 2－84
［江蘇吳縣］東山鄭氏世譜八卷首不
分卷 …………………………………… 2－79
［江蘇吳縣］洞庭沈氏宗譜六卷 ……… 2－83
［江蘇吳縣］洞庭東山翁氏宗譜十二
卷首一卷附翁氏廣族名賢譜合鐫
二卷 …………………………………… 1－50
［江蘇吳縣］［浙江湖州］洞庭吳氏家
譜六卷 ………………………………… 2－78
［江蘇吳縣］陳氏家譜不分卷 ………… 2－84
［江蘇吳縣］彭氏宗譜十二卷首一卷
……………………………………… 2－77
［江蘇吳縣］彭氏宗譜三卷 …………… 2－78
［江蘇武進］小留徐氏八修宗譜十卷
……………………………………… 1－49
［江蘇武進］芳田高氏宗譜十四卷 …… 2－77
［江蘇武進］武進鄒氏家乘四十八卷
……………………………………… 2－83
［江蘇武進］毘陵孟氏宗譜十二卷首
一卷末一卷 ………………………… 2－85
［江蘇武進］毘陵城南張氏宗譜十卷
附存不分卷 ………………………… 2－77
［江蘇武進］毘陵新安劉氏宗譜二十
卷 ……………………………………… 2－80
［江蘇武進］毘陵薛氏南河分汝雍公
支譜五卷附一卷 …………………… 2－88
［江蘇金壇］于氏宗譜二十八卷附于
氏中説二卷契元公論草一卷 ……… 2－77
［江蘇金壇］王氏族譜十二卷 ………… 2－77
江蘇沿海圖説不分卷附江蘇海島表
不分卷 ……………………………… 1－395
江蘇沿海圖説不分卷附江蘇海島表
不分卷 ……………………………… 1－526
［江蘇宜興］波洋里宋氏宗譜十卷首
一卷末一卷 ………………………… 2－77
江蘇省全圖一幅五帖 ………………… 1－530
江蘇省例不分卷續編不分卷三編不
分卷四編不分卷 …………………… 2－11
江蘇省例不分卷續編不分卷三編不
分卷四編不分卷 …………………… 2－11
江蘇省例不分卷續編不分卷三編不
分卷四編不分卷 …………………… 2－11
江蘇省揚州府甘泉縣光緒拾捌年熟
田併緩民欠錢糧未完花戶銀數徵
信册不分卷 ………………………… 2－66
江蘇省減賦全案八卷 ………………… 2－26
江蘇省減賦全案八卷 ………………… 2－26
江蘇省屬府總賦役全書不分卷 ……… 2－27
江蘇海運全案十二卷 ………………… 2－23
江蘇海運全案十二卷 ………………… 2－23
江蘇海運全案十二卷 ………………… 2－23
江蘇海運全案十二卷 ………………… 2－23
江蘇海塘新志八卷 …………………… 1－494
江蘇海塘新志八卷 …………………… 1－494
［江蘇通州］南通州西亭竈李氏宗譜
六卷首一卷末一卷 ………………… 2－82
［江蘇常州］毘陵張氏族譜四卷 ……… 2－84
［江蘇常州］陶氏遷常支譜五卷首一
卷 ……………………………………… 2－87
［江蘇常州］常州左氏宗譜六卷 ……… 2－80
［江蘇常熟］京兆歸氏世譜二十卷 …… 2－77
［江蘇揚州］浦頭張氏五修族譜不分
卷 ……………………………………… 2－84
［江蘇無錫］陳氏君實公支宗譜首編
三卷前編七卷今編二十三卷續編
一卷 …………………………………… 2－84
［江蘇無錫］榮氏宗譜十六卷 ………… 2－85
［江蘇無錫］錫山五牧周氏宗譜十二
卷 ……………………………………… 2－85
［江蘇無錫］錫山周氏世譜九卷首三
卷 ……………………………………… 2－85
［江蘇無錫］錫山周氏世譜祠祀全編

十六卷 ………………………………… 2－78
[江蘇無錫]錫山蔣氏宗譜二十四卷
首一卷 ………………………………… 2－87
[江蘇無錫]謝氏宗譜二十二卷 ……… 2－77
江蘇詩徵一百八十三卷 ……………… 2－319
[江蘇靖江]劉氏宗譜二十八卷 ……… 2－81
[江蘇溧陽]芮氏族譜不分卷 ………… 2－78
[江蘇錫山]梁溪沈氏宗譜十二卷 …… 2－83
[江蘇錫山]錫山施氏宗譜不分卷 …… 2－86
[江蘇錫山]錫山秦氏宗譜十二卷首
一卷 …………………………………… 2－86
[江蘇錫山]錫山楊氏宗譜三十二卷
首一卷 ………………………………… 2－82
[江蘇鎮江]韋氏族譜四卷 …………… 2－79
[江蘇鎮江]道氏重修宗譜四卷 ……… 1－50
[江蘇鎮江]潤東朱氏族譜十二卷 …… 2－78
[江蘇蘇州]陳氏宗譜不分卷 ………… 2－84
[江蘇蘇州]彭氏宗譜八卷 …………… 2－77
江醴陵集二卷 ………………………… 2－397
汲古堂集二十八卷 …………………… 2－362
汲古堂集二十八卷 …………………… 2－362
汲古閣珍藏秘本書目不分卷 ………… 2－75
汲古閣珍藏秘本書目不分卷 ………… 2－76
汲古閣校刻書目一卷補遺一卷刻板
存亡考一卷 …………………………… 1－339
汲古閣詞四種四卷 …………………… 1－165
汲古閣說文訂一卷 …………………… 1－229
汲古閣說文訂一卷 …………………… 1－230
汲古閣說文訂一卷 …………………… 1－235
汲古閣說文訂一卷 …………………… 1－235
汲古閣說文訂一卷 …………………… 1－235
汲古閣輯宋二十家題跋七十六卷 …… 1－123
汲庵文存六卷 ………………………… 2－501
[乾隆]汲縣志十四卷首一卷末一卷
……………………………………… 1－421
[乾隆]汲縣志十四卷首一卷末一卷
……………………………………… 1－421
池上草堂筆記八卷 …………………… 2－244
池上草堂筆記八卷 …………………… 2－244
池上草堂筆記八卷 …………………… 2－244
池上草堂筆記八卷 …………………… 2－244
池上草堂筆記八卷 …………………… 2－244
池上草堂筆記八卷 …………………… 2－244
池北偶談二十六卷 …………………… 1－83
池北偶談二十六卷 …………………… 2－220
池北偶談二十六卷 …………………… 2－220
池北偶談二十六卷 …………………… 2－220
池陽吟草二卷 ………………………… 2－354
[乾隆]汝州續志八卷 ………………… 1－40
守一齋筆記四卷客牕二筆一卷 ……… 2－243
守山閣叢書一百十六種六百五十二
卷 ……………………………………… 2－531
守山閣叢書一百十六種六百五十二
卷 ……………………………………… 2－531
守己草廬日記五卷 …………………… 1－353
守岐公牘彙存不分卷 ………………… 2－297
守汴日志一卷 ………………………… 1－306
守汴日志一卷 ………………………… 1－306
守汴日志一卷 ………………………… 1－306
守城事宜不分卷 ……………………… 1－520
守約篇叢書六十三種一百七十三卷
……………………………………… 2－552
守硯齋試帖初集四卷守硯齋試帖二
集二卷 ………………………………… 2－308
守默齋詩稿不分卷雜著不分卷 ……… 2－454
守默齋詩稿不分卷雜著不分卷 ……… 2－454
守默齋雜著不分卷 …………………… 1－327
安邦誌二十卷 ………………………… 2－254
安邦誌二十卷 ………………………… 2－254
[同治]安吉縣志十八卷首一卷 …… 1－490
安舟雜鈔三十六卷附安舟遺稿二卷
附錄不分卷 …………………………… 2－512
安危注四卷 …………………………… 1－44
安吳四種三十六卷 …………………… 2－437
安吳四種三十六卷 …………………… 2－437
安吳四種三十六卷 …………………… 2－437
安吳四種三十六卷 …………………… 2－437
安吳四種三十六卷 …………………… 2－437
安吳四種三十六卷 …………………… 2－437
安吳四種三十六卷 …………………… 2－437
安吳四種三十六卷 …………………… 2－437
安序堂文鈔三十卷 …………………… 1－160

[光緒]安東縣志十五卷首一卷 …… 1－434
[道光]安岳縣志十六卷首一卷 …… 1－425
安定言行錄二卷 …… 2－387
安南史四卷 …… 2－126
安南志略十九卷首一卷 …… 1－506
安省奏辦清賦查報田糧總冊不分卷附奏稿 …… 1－555
安洲詩錄八卷 …… 2－340
安陸集一卷 …… 1－11
[道光]安陸縣志四十卷首一卷 …… 1－438
安陽集五十卷別錄三卷遺事一卷忠獻韓魏王家傳十卷 …… 1－133
安陽集五十卷別錄三卷遺事一卷忠獻韓魏王家傳十卷 …… 2－404
安陽集五十卷別錄三卷遺事一卷忠獻韓魏王家傳十卷 …… 2－404
安陽集五十卷別錄三卷遺事一卷忠獻韓魏王家傳十卷 …… 2－404
安陽集五十卷別錄三卷遺事一卷忠獻韓魏王家傳十卷 …… 2－404
安陽集五十卷別錄三卷遺事一卷忠獻韓魏王家傳十卷 …… 2－440
[嘉慶]安陽縣志二十八卷首一卷 … 1－409
[嘉慶]安陽縣志二十八卷首一卷 … 1－409
[嘉慶]安陽縣志二十八卷首一卷 … 1－409
安雅堂未刻稿八卷附入蜀集二卷 …… 2－488
安雅堂未刻稿八卷附入蜀集二卷 …… 2－488
安雅堂詩不分卷文集二卷重刻文集二卷 …… 2－448
安雅堂詩不分卷文集二卷重刻文集二卷 …… 2－448
安雅堂詩不分卷文集二卷重刻文集二卷二鄉亭詞三卷 …… 2－448
安雅堂詩不分卷文集二卷重刻文集二卷安雅堂書跋不分卷 …… 2－448
安道公[陳瑚]年譜二卷 …… 1－340
安道公[陳瑚]年譜二卷 …… 1－340
[同治]安義縣志十六卷首一卷末一卷 …… 1－483
[乾隆]安肅縣志十六卷 …… 1－478
安樂集二卷 …… 2－202
安靜子集五種十四卷附綺樹閣詩稾一卷賦稾一卷 …… 2－512
安徽同官錄 …… 1－349
[安徽休寧]南圩吳氏族譜不分卷 …… 2－83
[安徽休寧]徐氏族譜八卷 …… 1－49
[安徽安慶]河間凌氏族譜十四卷首二卷末一卷 …… 2－87
[安徽安慶]雷氏宗譜二十八卷首二卷末一卷 …… 2－88
[安徽祁門]韓楚二溪汪氏家乘十卷首一卷 …… 2－83
[安徽]汪氏統宗譜一百七十二卷 …… 1－49
安徽金石畧十卷 …… 2－99
[安徽定遠]重修鑪橋方氏家譜四卷首二卷 …… 2－80
[安徽桐城]王氏重修宗譜十卷 …… 2－79
[安徽桐城]王氏重修宗譜十卷 …… 2－79
[安徽桐城]弘農楊氏宗譜六卷 …… 2－82
[安徽桐城]全城章氏支譜十二卷末一卷 …… 2－87
[安徽桐城]江氏宗譜四十九卷末三卷 …… 2－81
[安徽桐城]李氏宗譜十一卷末不分卷 …… 2－82
[安徽桐城]金氏宗譜十四卷 …… 2－85
[安徽桐城]胡氏宗譜五卷首不分卷 …… 2－86
[安徽桐城]重修麻溪吳氏族譜一百三十八卷首一卷 …… 2－82
[安徽桐城]桂林方氏支譜十八卷首一卷末一卷 …… 2－80
[安徽桐城]桐西周氏支譜七卷末二卷 …… 2－85
[安徽桐城]桐陂趙氏宗譜二十八卷首一卷 …… 2－85
[安徽桐城]桐城川門胡氏宗譜二十八卷 …… 2－86
[安徽桐城]桐城汪氏宗譜八卷末一卷 …… 2－83
[安徽桐城]桐城璩氏宗譜四卷 …… 1－50
[安徽桐城]殷氏宗譜六卷 …… 2－86

[安徽桐城]高陽許氏纂修宗譜六卷
首一卷末一卷 ………………………… 2-81
[安徽桐城]梓溪劉氏支譜六卷 ……… 2-80
[安徽桐城]許楊支譜十卷 …………… 2-81
[安徽桐城]彭氏世譜四十二卷末一
卷 …………………………………… 2-87
[安徽桐城]皖桐王氏支譜六卷 ……… 2-79
[安徽桐城]皖桐曲水村程氏宗譜十
四卷首一卷末一卷 ………………… 2-87
[安徽桐城]皖桐芮氏續修宗譜二十
四卷 ………………………………… 2-81
[安徽桐城]皖桐吳氏續修宗譜三十
二卷末二卷 ………………………… 2-83
[安徽桐城]皖桐高氏宗譜十五卷 …… 2-86
[安徽桐城]皖桐璩氏族譜三十八卷
首二卷末二卷 ……………………… 2-88
[安徽桐城]皖桐魏氏宗譜十八卷首
一卷末二卷 ………………………… 2-88
[安徽桐城]楊王氏宗譜八卷 ………… 2-82
[安徽桐城]楊氏宗譜十卷 …………… 2-82
[安徽桐城]趙氏支譜十二卷末一卷
……………………………………… 2-85
[安徽桐城]鳳凰山汪氏宗譜二十二
卷 …………………………………… 2-83
[安徽桐城]鄭氏宗譜十三卷 ………… 2-85
[安徽桐城]樅川楊氏宗譜九十六卷
首二卷 ……………………………… 2-82
[安徽桐城]黎陽都氏四修宗譜二十
卷 …………………………………… 2-86
[安徽桐城]豫章羅氏宗譜十六卷首
一卷末一卷 ………………………… 2-85
[安徽桐城]龍眠李氏宗譜十三卷末
一卷 ………………………………… 2-81
[安徽桐城]謝河黃氏宗譜二十八卷
末一卷 ……………………………… 2-87
[道光]安徽通志二百六十卷首六卷
……………………………………… 1-400
[安徽旌德、涇縣]續修嚴氏統宗世譜
五卷首一卷末一卷 ………………… 2-79
安徽清釐田賦條議酌存續編二卷…… 1-555
[安徽舒城]龍舒余氏宗譜十二卷 …… 2-83
安徽撫院轅門官鈔(光緒三十年、三
十二年、三十四年,宣統元年、二年)
……………………………………… 1-551
[安徽灊山]朱氏宗譜十二卷首一卷
末一卷 ……………………………… 2-80
[安徽灊山]陸葉氏宗譜十九卷首不
分卷 ………………………………… 2-84
[安徽灊山]葛氏族譜四十五卷首一
卷末一卷 …………………………… 2-87
[安徽灊山]新安郡灊陽余氏宗譜四
十三卷 ……………………………… 2-83
[安徽霍山]灊陽李氏支譜十一卷首
一卷末一卷 ………………………… 2-82
[安徽歙縣]方氏世譜不分卷 ………… 1-48
[安徽歙縣]休寧洪源洪氏家乘三卷
首一卷 ……………………………… 1-49
[安徽歙縣]桂岩項氏分宗錄不分卷
……………………………………… 1-47
[安徽歙縣]徐氏族譜十二卷 ………… 1-49
[安徽歙縣]鮑氏宣忠堂支譜二十二
卷首一卷末一卷 …………………… 1-48
安徽輿圖表說十卷…………………… 1-529
安徽輿圖表說十卷…………………… 1-529
[安徽廬江]陳氏四修宗譜十卷 ……… 1-49
[安徽懷寧]丁氏族譜七卷首三卷末
一卷 ………………………………… 2-79
安瀾紀要二卷………………………… 1-393
安瀾紀要二卷迴瀾紀要二卷………… 1-392
安瀾紀要二卷迴瀾紀要二卷………… 1-392
安瀾紀要二卷迴瀾紀要二卷………… 1-393
安瀾紀要二卷迴瀾紀要二卷………… 1-492
冰言十卷冰言補錄十卷……………… 2-386
冰梅詞不分卷………………………… 1-348
冰雪集五卷…………………………… 1-116
冰壺山館詩鈔一百四卷首一卷……… 2-366
冰嶺紀程一卷附度嶺吟一卷………… 1-508
冰鑑七卷……………………………… 2-211
字林古今正俗異同通攷四卷六書辨
異二卷補遺一卷…………………… 1-229
字林考逸八卷………………………… 1-241
字林考逸八卷………………………… 1-242

字典考證十二集…………………………1－244
字典考證不分卷…………………………1－174
字典考證不分卷…………………………2－541
字典校錄首不分卷………………………1－244
字音正謬二卷首一卷 ……………………1－13
字音攷異不分卷…………………………1－247
字雲巢文稿二十卷………………………2－472
字雲巢文稿二十卷………………………2－472
字詁一卷…………………………………1－240
字彙十二卷首一卷末一卷 ………………1－12
字彙十二卷首一卷末一卷 ………………1－12
字彙十二卷首一卷末一卷………………1－243
字彙十二卷首一卷末一卷………………1－243
字說一卷…………………………………1－244
字說一卷…………………………………1－244
字學七種二卷……………………………1－245
字學正本五卷 ……………………………1－13
字學匯海八種十卷………………………1－247
字學舉隅三卷……………………………1－242
字學舉隅三卷……………………………1－242
字學舉隅不分卷…………………………1－230
字學舉隅不分卷…………………………1－231
字學舉隅不分卷…………………………1－242
字學舉隅不分卷…………………………1－242
字學舉隅續編不分卷……………………1－231
字辨證篆十七卷…………………………1－246
字辨證篆十七卷…………………………1－246
字類標韻六卷……………………………1－244
字類標韻六卷……………………………1－244
字類標韻六卷……………………………1－251
字類標韻六卷……………………………1－252
字類標韻六卷……………………………1－252
[乾隆]祁州志八卷 ………………………1－477
[光緒]祁州續志四卷 ……………………1－477
[同治]祁門縣志三十六卷首一卷 ………1－462
[同治]祁門縣志三十六卷首一卷 ………1－462
[道光]祁門縣志三十六卷首一卷 ………1－462
[乾隆]祁縣志十六卷 ……………………1－36
[光緒]祁縣志十六卷 ……………………1－451
冐綮錄一卷………………………………2－381
艮山文集八卷……………………………2－494
艮齋文選一卷賦集一卷文集一卷滇
南集一卷臥象山房詩集□□卷滇
行日紀二卷附錄一卷 …………………1－156
艮齋先生薛常州浪語集三十五卷……2－402
艮齋先生薛常州浪語集三十五卷……2－408
艮齋先生薛常州浪語集三十五卷……2－409
艮齋倦稿文集十五卷…………………2－488
阮亭選古詩三十二卷 …………………1－89
阮亭選古詩三十二卷 …………………1－89
阮盦筆記五種八卷……………………2－386
阮盦筆記五種八卷……………………2－386
阮盦筆記五種八卷……………………2－386
艸艸艸堂詩艸二卷……………………2－513
防海紀略二卷…………………………1－504
防海紀略二卷…………………………1－504
防海備覽十卷…………………………2－264
防海新論十八卷………………………2－263
防海新論十八卷………………………2－263
防海輯要十八卷首一卷附約言………1－505
那文毅公平番奏議四卷………………1－370
那文毅公奏議八十卷…………………1－369
如山于公[成龍]年譜二卷 ……………1－344
如不及齋制藝不分卷…………………2－305
如不及齋詩鈔一卷……………………2－340
如如老祖化度衆生指往西方寶卷全
集一卷………………………………2－203
如如老祖化度衆生指往西方寶卷全
集一卷………………………………2－203
如何是可齋外集二卷…………………2－327
如面談十六卷…………………………1－122
如許齋詩稿不分卷……………………2－365
如臯冒氏叢書三十八種一百四十九
卷……………………………………2－571
[嘉慶]如臯縣志二十四卷 ……………1－451
[嘉慶]如臯縣志二十四卷 ……………1－451
[道光]如臯縣續志十二卷 ……………1－451
[道光]如臯縣續志十二卷 ……………1－481
[同治]如臯縣續志十六卷 ……………1－451
[同治]如臯縣續志十六卷 ……………1－481
如登樓遵註四書揭要不分卷……………1－9
如諫果室叢刊四種……………………2－115

如蘭集二十卷…………………………… 1－120
如蘭集源不分卷………………………… 1－311
好逑傳十八回…………………………… 2－250
好雲樓初集二十八卷首一卷二集十
　六卷首一卷附臨川答問一卷……… 2－456
好雲樓初集二十八卷首一卷二集十
　六卷首一卷附臨川答問一卷……… 2－456
好雲樓初集二十八卷首一卷二集十
　六卷首一卷附臨川答問一卷……… 2－466
好雲樓初集二十八卷首一卷二集十
　六卷首一卷附臨川答問一卷……… 2－466
牟山湖志不分卷………………………… 1－527
牟子一卷………………………………… 2－138
牟子一卷………………………………… 2－541
丞相魏公譚訓十卷……………………… 2－147

七畫

形氣元珠六卷 ………………………… 1－73
形聲類篇五卷…………………………… 1－228
形聲類篇五卷…………………………… 1－228
戒菴老人漫筆八卷……………………… 2－228
戒菴老人漫筆八卷……………………… 2－546
戒菴詩草六卷律陶一卷集杜一卷琵
　琶十七變一卷………………………… 1－110
吞松閣集四十卷………………………… 2－463
[嘉定]赤城志四十卷 ………………… 1－460
[嘉定]赤城志四十卷 ………………… 1－460
[嘉定]赤城志四十卷 ………………… 1－460
赤城集十八卷…………………………… 1－460
[弘治]赤城新志二十三卷 …………… 1－460
[乾隆]赤城縣志八卷首一卷 ………… 1－487
[同治]赤城縣續志十卷 ……………… 1－487
赤堇遺稿六卷…………………………… 2－369
赤雅三卷………………………………… 1－396
赤雅三卷………………………………… 1－396
赤溪雜志二卷…………………………… 1－396
均藻四卷 ……………………………… 1－15
孝行錄不分卷…………………………… 1－345
孝行錄不分卷…………………………… 1－345
孝思堂集十卷…………………………… 2－449
[光緒]孝感縣志二十四卷續補志一
　卷……………………………………… 1－442
[光緒]孝感縣志二十四卷續補志一
　卷……………………………………… 1－442
[光緒]孝感縣志二十四卷續補志一
　卷……………………………………… 1－442
[光緒]孝感縣志二十四卷續補志一
　卷……………………………………… 1－442
孝義詩一卷……………………………… 1－115
[乾隆]孝義縣志二十卷 ……………… 1－490
孝義贈言六集…………………………… 1－347
孝肅包公奏議十卷 …………………… 1－31
孝肅奏議十卷…………………………… 1－370
孝肅奏議十卷…………………………… 1－370
孝經一卷………………………………… 2－194
孝經一卷附校勘記一卷………………… 1－180
孝經小學綂疏十一卷 ………………… 1－14
孝經不分卷……………………………… 1－224
孝經不分卷……………………………… 1－224
孝經注疏九卷附考證…………………… 1－171
孝經衍義一百卷首二卷………………… 1－9
孝經音訓不分卷爾雅音訓不分卷…… 1－175
孝經通釋十卷…………………………… 1－9
孝經集傳四卷…………………………… 1－224
孝經註釋不分卷………………………… 1－139
孝經義疏補九卷首一卷 ……………… 1－10
孝經精義一卷後錄一卷或問一卷原
　孝一卷餘論一卷 …………………… 1－10
孝經鄭注疏二卷………………………… 1－224
孝經學七卷……………………………… 1－224
[同治]孝豐縣志十卷首一卷 ………… 1－426
[同治]孝豐縣志十卷首一卷 ………… 1－427
[同治]孝豐縣志十卷首一卷 ………… 1－427
坊表錄十六卷…………………………… 2－157
志林記游二卷 ………………………… 1－83
志遠堂文集十卷………………………… 2－496
志學錄八卷……………………………… 2－149
志學錄八卷……………………………… 2－149
志學錄八卷……………………………… 2－149
劫火紀焚一卷…………………………… 1－298
劫火紀焚一卷…………………………… 1－298

劫餘存稿一卷 ………………………… 2－524
劫餘雜抄不分卷 ……………………… 2－51
芙蓉山館文鈔不分卷 ………………… 2－452
芙蓉山館詩鈔八卷詩補鈔一卷詞鈔
　二卷詞附鈔一卷文鈔八卷 ………… 2－452
芙蓉山館詩稿六卷詞稿二卷 ………… 1－99
芙蓉碣傳奇二卷 ……………………… 2－530
[乾隆]邯鄲縣志十二卷首一卷 …… 1－407
[乾隆]邯鄲縣志十二卷首一卷 …… 1－407
芸香館重刊正字略一卷 ……………… 1－245
芸香館遺詩二卷 ……………………… 2－361
芸香館遺詩二卷 ……………………… 2－361
芸香館遺詩二卷 ……………………… 2－502
芸窓日錄不分卷 ……………………… 2－105
芸暉小閣吟草一卷 …………………… 2－304
芸館削存不分卷 ……………………… 2－349
芷衫吟草二卷 ………………………… 2－359
花月痕全書十六卷五十二回 ………… 2－249
花月痕全書十六卷五十二回 ………… 2－249
花甲閒談十六卷圖三十二幅 ………… 2－334
花甲閒談十六卷圖三十二幅 ………… 2－335
花甲閒談十六卷圖三十二幅 ………… 2－335
花甲閒談十六卷圖三十二幅 ………… 2－335
花近樓叢書序跋記二卷 ……………… 2－387
花雨樓叢鈔二十八種一百四卷 ……… 2－548
花雨樓叢鈔二十八種一百四卷 ……… 2－548
花雨樓叢鈔二十八種一百四卷 ……… 2－549
花雨樓叢鈔二十八種一百四卷 ……… 2－549
花宜館詩鈔十六卷續存一卷無腔村
　笛二卷 ……………………………… 2－332
花宜館詩鈔十六卷續存一卷無腔村
　笛二卷 ……………………………… 2－332
花宜館詩鈔不分卷 …………………… 2－332
花菴絕妙詞選十卷 …………………… 1－164
花間笑語五卷 ………………………… 2－384
花間集十卷 …………………………… 2－523
花影響笙詞鈔二卷附小遊仙詞一百
　首 …………………………………… 2－527
[康熙]花縣志四卷 ………………… 1－480
花縣留甘不分卷 ……………………… 2－361
花薰閣詩述十卷 ……………………… 2－517
芹宮新譜二卷 ………………………… 2－375
芹宮新譜二卷 ………………………… 2－375
芹宮新譜二卷 ………………………… 2－375
芥子園畫傳二集八卷 ………………… 1－68
芥子園畫傳二集八卷 ………………… 1－68
芥子園畫傳二集八卷 ………………… 1－68
芥子園畫傳二集竹譜二卷 …………… 2－190
芥子園畫傳二集竹譜二卷 …………… 2－190
芥子園畫傳二集竹譜二卷 …………… 2－190
芥子園畫傳二集梅譜二卷 …………… 2－189
芥子園畫傳二集梅譜二卷 …………… 2－189
芥子園畫傳二集梅譜二卷 …………… 2－189
芥子園畫傳二集梅譜二卷 …………… 2－190
芥子園畫傳二集墨蘭譜一卷 ………… 2－190
芥子園畫傳二集墨蘭譜一卷 ………… 2－190
芥子園畫傳二集蘭譜二卷首一卷 …… 2－189
芥子園畫傳二集蘭譜二卷首一卷 …… 2－189
芥子園畫傳二集蘭譜二卷首一卷 …… 2－190
芥子園畫傳二集蘭譜二卷首一卷 …… 2－190
芥子園畫傳二集蘭譜二卷首一卷 …… 2－190
芥子園畫傳二集蘭譜二卷首一卷 …… 2－190
芥子園畫傳二集蘭譜二卷首一卷 …… 2－191
芥子園畫傳十卷 ……………………… 2－188
芥子園畫傳十卷 ……………………… 2－188
芥子園畫傳十卷 ……………………… 2－189
芥子園畫傳三集六卷 ………………… 2－188
芥子園畫傳三集六卷 ………………… 2－188
芥子園畫傳三集草蟲花卉譜下冊 …… 2－190
芥子園畫傳三集草蟲花卉譜下冊 …… 2－190
芥子園畫傳三集草蟲花卉譜上冊 …… 2－190
芥子園畫傳三集草蟲花卉譜上冊 …… 2－190
芥子園畫傳三集草蟲花卉譜上冊 …… 2－191
芥子園畫傳三集翎毛花卉譜下冊 …… 2－190
芥子園畫傳三集翎毛花卉譜下冊 …… 2－191
芥子園畫傳三集翎毛花卉譜上冊 …… 2－190
芥子園畫傳三集翎毛花卉譜上冊 …… 2－190
芥子園畫傳三集翎毛花卉譜上冊 …… 2－191
芥子園畫傳五卷 ……………………… 2－188
芥子園畫傳六卷 ……………………… 2－188
芥子園畫傳四集四卷附圖章會纂 …… 2－189
芥子園畫傳四集卷二 ………………… 2－190

芥子園畫傳四集卷二…………………… 2－190
芥子園畫傳四集卷二附寫真秘傳一卷…………………………………… 2－190
芥子園畫傳四集卷三…………………… 2－189
芥子園畫傳四集卷三…………………… 2－189
芥子園畫傳四集卷四…………………… 2－189
芥子園畫傳四集卷四…………………… 2－189
芥子園畫傳四集寫真秘傳一卷……… 2－190
芥子園畫傳四集寫真秘傳一卷圖章會纂一卷…………………………… 2－190
芥子園畫傳初集序並卷一…………… 2－189
芥子園畫傳初集序並卷一…………… 2－189
芥子園畫傳初集序並卷一…………… 2－189
芥子園畫傳初集序並卷一…………… 2－189
芥子園畫傳初集序並卷一…………… 2－189
芥子園畫傳初集序並卷一…………… 2－189
芥子園畫傳初集序並卷一…………… 2－189
芥子園畫傳初集卷二…………………… 2－189
芥子園畫傳初集卷二…………………… 2－190
芥子園畫傳初集卷二…………………… 2－190
芥子園畫傳初集卷二…………………… 2－191
芥子園畫傳初集卷二…………………… 2－191
芥子園畫傳初集卷二…………………… 2－191
芥子園畫傳初集卷三…………………… 2－189
芥子園畫傳初集卷三…………………… 2－189
芥子園畫傳初集卷三…………………… 2－191
芥子園畫傳初集卷三…………………… 2－191
芥子園畫傳初集卷三…………………… 2－191
芥子園畫傳初集卷三…………………… 2－191
芥子園畫傳初集卷三…………………… 2－191
芥子園畫傳初集卷五…………………… 2－189
芥子園畫傳初集卷五…………………… 2－189
芥子園畫傳初集卷五…………………… 2－191
芥子園畫傳初集卷四…………………… 2－191
芥子園畫傳初集卷四…………………… 2－191
芥子園畫傳初集卷四…………………… 2－191
芥子園畫傳初集卷四…………………… 2－191
芥子園畫傳初集卷四…………………… 2－191
芥子園畫傳初集卷四…………………… 2－191
芥隱筆記一卷………………………… 2－233
芬響閣初藁十卷續鄉程日記一卷…… 2－347
芬響閣附存稾一卷…………………… 2－347
芳茂山人文集十二集………………… 2－492
芳茂山人詩錄九卷…………………… 2－325
克勤齋新刊古本少微先生資治通鑑節要五十卷外紀節要五卷首一卷………………………………………… 1－20
克勤齋新刊四明先生續資治通鑑節要三十卷 ………………………………… 1－20
杜工部五言詩選直解三卷七言詩選直解二卷……………………………… 1－112
杜工部年譜一卷……………………… 1－114
杜工部年譜一卷……………………… 1－114
杜工部草堂詩箋二十二卷…………… 2－315
杜工部集二十卷……………………… 2－312
杜工部集二十卷……………………… 2－312
杜工部集二十卷……………………… 2－312
杜工部集二十卷……………………… 2－312
杜工部集二十卷附諸家詩話一卷杜工部集附錄一卷唱酬題詠附錄一卷 ……………………………… 1－98
杜工部集二十卷附諸家詩話一卷杜工部集附錄一卷唱酬題詠附錄一卷 ……………………………… 1－98
杜工部集二十卷附諸家詩話一卷杜工部集附錄一卷唱酬題詠附錄一卷 ……………………………… 1－99
杜工部集二十卷附諸家詩話一卷杜工部集附錄一卷唱酬題詠附錄一卷 ……………………………… 1－99
杜工部集二十卷附諸家詩話一卷杜工部集附錄一卷唱酬題詠附錄一卷………………………………… 2－312
杜工部集二十卷附錄一卷…………… 2－311
杜工部集二十卷首一卷 ……………… 1－99
杜工部集二十卷諸家詩話一卷唱酬題詠一卷附錄一卷………………… 2－312
杜工部集二十卷諸家詩話一卷唱酬題詠一卷附錄一卷首一卷………… 2－312
杜工部詩集二十卷集外詩一卷杜詩補注一卷文集二卷………………… 1－114
杜工部詩集二十卷集外詩一卷杜詩

補注一卷文集二卷…………………… 1－114
杜工部詩說十二卷…………………… 1－119
杜子美詩集二十卷…………………… 1－121
杜少陵全集詳註二十五卷首一卷附
錄二卷………………………………… 2－398
杜少陵集十卷………………………… 1－128
杜氏通典二百卷 …………………… 1－43
杜白二湖全書不分卷………………… 1－495
杜白二湖全書不分卷………………… 1－496
杜律通解四卷………………………… 1－113
杜律通解四卷………………………… 1－113
杜律通解四卷………………………… 2－350
杜律啓蒙十二卷……………………… 1－163
杜律啓蒙十二卷……………………… 1－163
杜清獻公集十九卷首一卷末一卷…… 2－405
杜清獻公集校注一卷………………… 2－405
杜清獻公集補遺一卷附錄一卷杜清
獻公[範]年譜一卷 ………………… 2－405
杜註春秋左傳三十卷………………… 1－209
杜詩偶評四卷………………………… 1－109
杜詩提要十四卷……………………… 1－110
杜詩集說二十卷末一卷……………… 1－110
杜詩集說二十卷末一卷……………… 2－344
杜詩註釋二十四卷首一卷…………… 2－319
杜詩會粹二十四卷…………………… 1－105
杜詩詳註二十五卷首一卷…………… 1－101
杜詩詳註二十五卷首一卷…………… 1－113
杜詩詳註二十五卷首一卷附編二卷
……………………………………… 1－101
杜詩詳註二十五卷首一卷附編二卷
……………………………………… 1－101
杜詩詳註二十五卷首一卷附編二卷
……………………………………… 1－128
杜詩詳註二十五卷首一卷附編二卷
……………………………………… 1－128
杜詩詳註二十五卷首一卷附編二卷
……………………………………… 2－318
杜詩詳註二十五卷首一卷附編二卷
……………………………………… 2－318
杜詩論文五十六卷…………………… 1－112
杜詩論文五十六卷…………………… 1－113
杜詩鏡銓二十卷讀書堂杜工部文集
註解二卷……………………………… 2－329
杜詩鏡銓二十卷讀書堂杜工部文集
註解二卷……………………………… 2－329
杜詩鏡銓二十卷讀書堂杜工部文集
註解二卷……………………………… 2－329
杜詩鏡銓二十卷讀書堂杜工部文集
註解二卷……………………………… 2－329
杜詩鏡銓二十卷讀書堂杜工部文集
註解二卷……………………………… 2－330
杜龕叢鈔不分卷……………………… 2－389
杜韓詩句集韻三卷…………………… 1－112
杜韓詩句集韻三卷…………………… 1－112
杏莊題詠四卷杏林莊杏花詩四卷杏
莊題詠三集六卷……………………… 2－369
杏壇聖蹟四卷 ……………………… 1－30
杏瓊齋詩集六卷杏瓊齋時文不分卷
……………………………………… 2－504
[乾隆]杞縣志二十四卷 …………… 1－436
李二曲先生全集四種三十七卷附司
牧寶鑑一卷盩厔三義傳一卷惡室
錄感一卷……………………………… 2－575
李于鱗唐詩廣選七卷………………… 1－107
李及泉先生奏議二卷首一卷末一卷
……………………………………… 1－374
李元賓文集六卷……………………… 2－397
李元賓文集六卷……………………… 2－397
李太白文集三十六卷………………… 1－128
李太白文集三十六卷………………… 1－128
李太白文集三十六卷………………… 2－395
李太白文集三十六卷………………… 2－395
李太白文集三十六卷………………… 2－395
李太白文集三十六卷………………… 2－395
李太白文集三十六卷………………… 2－395
李太白文集三十六卷………………… 2－395
李太白文集三十卷…………………… 2－395
李太白文集三十卷…………………… 2－395
李中丞遺集三卷……………………… 2－502
李公案奇聞初集三十四回…………… 2－245
李氏五種合刊二十八卷……………… 1－390
李氏五種合刊二十八卷……………… 1－390

李氏五種合刊二十八卷…………………… 1－390
李氏五種合刊二十八卷…………………… 1－390
李氏五種合刊二十八卷…………………… 1－390
李氏先賢紀年集覽不分卷………………… 1－348
李氏易傳十七卷…………………………… 1－182
李氏易傳十七卷…………………………… 1－182
李氏音鑑六卷……………………………… 1－252
李氏音鑑六卷首一卷……………………… 1－243
李氏蒙求八卷……………………………… 2－306
李氏蒙求六卷附詩品……………………… 2－304
李氏蒙求補注六卷………………………… 2－151
李氏蒙求補注六卷………………………… 2－304
李氏遺書十一種十八卷…………………… 2－179
李氏遺書十一種十八卷…………………… 2－179
李文公集十八卷補遺一卷附録一卷
……………………………………………… 2－398
李文忠公外部函稿二十八卷 ………… 2－48
李文忠公全集六種一百六十五卷首
一卷………………………………………… 2－464
李文忠公全集六種一百六十五卷首
一卷………………………………………… 2－464
李文忠公全集六種一百六十五卷首
一卷………………………………………… 2－464
李文忠公全集六種一百六十五卷首
一卷………………………………………… 2－464
李文忠公全集六種一百六十五卷首
一卷………………………………………… 2－464
李文忠公全集六種一百六十五卷首
一卷………………………………………… 2－464
李文忠公全集六種一百六十五卷首
一卷………………………………………… 2－464
李文忠公全集六種一百六十五卷首
一卷………………………………………… 2－464
李文忠公朋僚函稿二十四卷…………… 2－300
李文忠公朋僚函稿二十四卷…………… 2－300
李文忠公朋僚函稿二十四卷…………… 2－300
李文忠公朋僚函稿二十四卷…………… 2－300
李文忠公朋僚函稿二十四卷…………… 2－300
李文忠公朋僚函稿二十四卷…………… 2－300
李文忠公榮哀録不分卷………………… 1－349
李文貞公全集三十九種一百五十九
卷………………………………………… 2－438
李文恭公行述一卷……………………… 1－335
李文恭公遺集四十六卷………………… 2－323
李文恭公遺集四種四十七卷附史傳
家傳墓志銘神道碑銘一卷…………… 2－479
李文恭公遺集四種四十七卷附史傳
家傳墓志銘神道碑銘一卷…………… 2－479
李文莊公全集十卷……………………… 2－426
李文莊公全集十卷……………………… 2－426
李文莊公全集十卷……………………… 2－426
李文清公遺書八卷首一卷志節編二
卷………………………………………… 2－456
李文清公遺書八卷首一卷志節編二
卷………………………………………… 2－456
李文襄公[之芳]年譜一卷 ………… 1－367
李文襄公[之芳]年譜一卷 ………… 1－367
李文襄公奏議二卷奏疏十卷别録六
卷………………………………………… 1－367
李文襄公奏議二卷奏疏十卷别録六
卷………………………………………… 1－367
李光禄公遺集八卷……………………… 2－509
李杜全集四十八卷……………………… 1－111
李杜全集四十八卷……………………… 1－114
李秀成供不分卷………………………… 1－298
李秀成供不分卷………………………… 1－307
李長吉昌谷集句解定本四卷 ………… 1－99
李長吉昌谷集句解定本四卷 ………… 1－99
李長吉昌谷集句解定本四卷…………… 1－115
李長吉集四卷外卷一卷………………… 2－394
李長吉詩不分卷………………………… 2－363
李長吉歌詩四卷外集一卷首一卷…… 2－319
李卓吾批點世説新語補二十卷附釋
名一卷 ………………………………… 1－81
李忠武公書牘二卷附録………………… 2－301
李忠武公遺書書牘二卷附録一卷奏
疏一卷褒節録一卷…………………… 2－470
李忠定公别集十卷……………………… 1－300
李忠定公别集十卷……………………… 1－300
李忠定公别集十卷……………………… 1－300
李忠定公别集十卷……………………… 2－407
李舍人遺集一卷………………………… 2－359

李空同詩集三十二卷附錄一卷……… 2－331
李相國論事集六卷遺文一卷………… 1－550
李剛介公傳忠錄不分卷………………… 1－336
李剛烈公碧血錄二卷…………………… 1－327
李恕谷先生[塨]年譜五卷 ………… 1－316
李恕谷先生[塨]年譜五卷 ………… 1－316
李恕谷先生[塨]年譜五卷 ………… 1－316
李恕谷遺書十二種六十五卷………… 2－377
李菊圃先生遺文不分卷……………… 2－510
李淮事蹟一卷…………………………… 1－324
李傅相奏稿不分卷……………………… 1－372
李傅相歷聘歐美記二卷 ……………… 2－34
李遐叔文集不分卷……………………… 1－129
李義山文集十集 ……………………… 1－127
李義山詩文全集箋註十七卷………… 2－395
李義山詩文集詳註十一卷…………… 2－398
李義山詩集十六卷……………………… 1－127
李義山詩集三卷………………………… 1－127
李義山詩集二卷………………………… 1－127
李義山詩集三卷………………………… 2－394
李義山詩集三卷附諸家詩評一卷李
義山詩譜一卷………………………… 2－394
李義山詩集三卷附諸家詩評一卷李
義山詩譜一卷………………………… 2－394
李義山詩集三卷附諸家詩評一卷李
義山詩譜一卷………………………… 2－394
李義山詩譜一卷諸家詩評一卷……… 1－127
李義山詩譜一卷諸家詩評一卷……… 1－127
李滄溟先生集六卷……………………… 2－419
李肅毅伯奏議二十卷………………… 1－369
李肅毅伯奏議二十卷………………… 1－370
李肅毅伯奏議二十卷………………… 1－370
李肅毅伯奏議二十卷………………… 1－376
李肅毅伯奏議二十卷………………… 1－377
李肅毅伯奏議十三卷………………… 1－370
李榕村全集四十四種二百三十八卷
……………………………………… 2－438
李嶠雜詠二卷…………………………… 1－304
李衛公文集二十卷別集十卷外集四
卷補遺一卷………………………… 2－396
李衛公文集二十卷別集十卷外集四
卷補遺一卷………………………… 2－396
李衛公會昌一品集二十卷別集十卷
外集四卷補遺一卷………………… 2－395
李衛公會昌一品集二十卷別集十卷
外集四卷補遺一卷………………… 2－395
李衛公會昌一品集二十卷別集十卷
外集四卷補遺一卷………………… 2－396
李衛公會昌一品集二十卷別集十卷
外集四卷補遺一卷………………… 2－396
李養一先生文集二十四卷石經攷一
卷端溪硯坑記一卷………………… 2－483
李翰林集二十五卷……………………… 1－128
李翰林集三十卷………………………… 2－395
李憲暠遺集五種五卷………………… 2－502
李鴻章十二章(中國四十年來大事
記) ……………………………………… 1－332
李鴻章(中國四十年來大事記) …… 1－323
李鴻章(中國四十年來大事記) …… 1－323
李鴻章(中國四十年來大事記) …… 1－323
李鴻章(中國四十年來大事記) …… 1－323
李鴻章(中國四十年來大事記) …… 1－323
李鴻章(中國四十年來大事記) …… 1－323
李鴻章(中國四十年來大事記) …… 1－323
李鴻章(中國四十年來大事記) …… 1－323
李鴻章(中國四十年來大事記) …… 1－323
車書樓彙輯各名公四六爭奇八卷 …… 1－94
甫田集三十六卷………………………… 1－140
甫田集三十六卷附錄一卷…………… 2－418
更正天地學歌括二卷………………… 2－270
更生齋文甲集四卷乙集四卷詩集八
卷詩餘二卷………………………… 2－443
更生齋文甲集四卷乙集四卷詩集八
卷詩餘二卷………………………… 2－444
更生齋文甲集四卷乙集四卷詩集八
卷詩餘二卷………………………… 2－444
更生齋詩續集十卷…………………… 2－444
更豈有此理四卷……………………… 2－381
更豈有此理四卷……………………… 2－381
更豈有此理四卷……………………… 2－381
[嘉慶]束鹿縣志十卷 ……………… 1－435
[嘉慶]束鹿縣志十卷 ……………… 1－435

吾汶藁十卷…………………………… 2－412
吾炙集不分卷………………………… 2－362
吾學編十四篇六十九卷……………… 1－169
吾學錄初編二十四卷………………… 1－543
吾學錄初編二十四卷………………… 1－543
吾學錄初編二十四卷………………… 1－543
吾學錄初編二十四卷………………… 1－543
吾學錄初編二十四卷………………… 1－543
吾學錄初編二十四卷………………… 1－543
吾學錄初編二十四卷………………… 1－543
吾學錄初編二十四卷………………… 1－543
豆棚閒話十二卷 ……………………… 1－85
酉陽雜俎二十卷 ……………………… 1－81
酉陽雜俎二十卷 ……………………… 1－81
酉陽雜俎二十卷續十卷……………… 2－236
酉陽雜俎續集十卷…………………… 2－541
[乾隆]辰州府志五十卷首一卷 …… 1－480
辰州府義田總記二卷………………… 1－557
辰州府義田總記二卷………………… 1－557
辰防水師總記不分卷 ……………… 2－22
[咸豐]邳州志二十卷首一卷 ……… 1－419
[咸豐]邳州志二十卷首一卷 ……… 1－420
[咸豐]邳州志二十卷首一卷 ……… 1－420
[咸豐]邳州志二十卷首一卷 ……… 1－420
[咸豐]邳州志二十卷首一卷 ……… 1－420
[咸豐]邳州志二十卷首一卷 ……… 1－420
[嘉慶]夾江縣志十二卷首一卷 …… 1－429
豕華堂文鈔八卷……………………… 2－466
豕華堂文鈔八卷文鈔甲部十二卷…… 2－466
[乾隆]扶風縣志十八卷首一卷 ……… 1－36
[嘉慶]扶風縣志十八卷首一卷 …… 1－458
扶桑述覽不分卷……………………… 2－257
扶雅堂詩集十四卷…………………… 2－356
扶溝縣舞陽縣厚俗告示不分卷……… 1－224
批選六大家論二卷 ………………… 1－88
批點詳註管稿時文初集不分卷二集
不分卷三集不分卷………………… 1－219
批點詳註管稿時文初集不分卷二集
不分卷三集不分卷………………… 2－303
折疑論集註二卷……………………… 2－206
折獄龜鑑八卷………………………… 2－167
折獄龜鑑八卷折獄龜鑑補六卷……… 2－167
折獄龜鑑八卷折獄龜鑑補六卷……… 2－167
折獄龜鑑八卷折獄龜鑑補六卷……… 2－167
折獄龜鑑八卷首一卷………………… 2－167
折獄龜鑑八卷首一卷………………… 2－167
折獄龜鑑八卷首一卷………………… 2－167
折獄龜鑑八卷首一卷………………… 2－167
折獄龜鑑八卷首一卷………………… 2－167
投筆集箋註二卷……………………… 2－299
抗希堂十六種一百四十六卷………… 2－434
抗希堂十六種一百四十六卷………… 2－572
求己錄三卷…………………………… 2－294
求己錄三卷…………………………… 2－294
求己錄三卷…………………………… 2－294
求艾錄十卷…………………………… 2－160
求古精舍金石圖四卷 ……………… 2－99
求古錄禮說十六卷補遺一卷………… 1－196
求可堂自記一卷……………………… 2－157
求可堂自記一卷……………………… 2－157
求可堂自記一卷……………………… 2－157
求可堂自記一卷……………………… 2－157
求自立齋文稿八卷詩稿六卷………… 2－495
求自得之室文鈔十二卷尚絅盧詩存
二卷……………………………… 2－457
求自得之室文鈔十二卷尚絅盧詩存
二卷……………………………… 2－457
求志居全集六十四卷………………… 2－496
求志居全集六十四卷附周易廓二十
四卷……………………………… 2－496
求志堂存稿彙編八種十六卷………… 2－575
求治管見一卷續增求治管見一卷 …… 2－66
求是堂詩集二十二卷詩餘一卷……… 2－367
求是齋公牘彙存八卷………………… 1－552
求是齋文存二卷……………………… 2－482
求益齋全集五種二十卷……………… 2－466
求益齋全集五種二十卷……………… 2－466
求益齋全集五種二十卷……………… 2－573
求福居詩鈔不分卷…………………… 2－360
求聞過齋文集四卷…………………… 2－503
求聞過齋詩集六卷…………………… 2－503
求實齋叢書十九種…………………… 2－278

求實齋叢書十五種二十五卷………… 2－555
求實齋叢書十五種二十五卷………… 2－555
求實齋類稾十二卷…………………… 2－449
求實齋類稾十二卷續編六卷………… 2－449
求闕齋日記類鈔二卷………………… 1－353
求闕齋日記類鈔二卷………………… 1－353
求闕齋日記類鈔二卷………………… 1－353
求闕齋日記類鈔二卷………………… 1－353
求闕齋日記類鈔二卷………………… 1－353
求闕齋日記類鈔十卷………………… 1－353
求闕齋弟子記三十二卷……………… 1－324
求闕齋弟子記三十二卷……………… 1－324
求闕齋弟子記三十二卷……………… 2－154
求闕齋讀書錄十卷…………………… 2－153
求闕齋讀書錄十卷…………………… 2－153
求闕齋讀書錄十卷…………………… 2－153
求闕齋讀書錄十卷…………………… 2－154
里乘十卷……………………………… 2－248
里乘十卷……………………………… 2－248
里乘十卷……………………………… 2－248
見亭府君行述一卷…………………… 1－321
見素抱樸之齋詩存六卷……………… 2－325
見蕣錦官錄八種三十二卷…………… 2－571
見蕣錦官錄四種十六卷……………… 2－571
見道集十二卷補遺一卷附錄一卷…… 2－200
見道集十二卷補遺一卷附錄一卷…… 2－200
見聞紀訓一卷 ……………………… 1－82
見聞隨筆二十六卷…………………… 2－243
見聞隨筆二十六卷…………………… 2－386
見聞隨筆二卷………………………… 2－384
見聞雜紀九卷續二卷 ……………… 1－86
見聞續筆二十四卷…………………… 2－386
助字辨略五卷………………………… 1－243
呆齋公年譜一卷 …………………… 1－96
男科二卷附瘟疫簡易奇方…………… 2－174
廸吉錄八卷首一卷…………………… 2－207
困知記二卷續二卷三續一卷四續一卷續補一卷附錄一卷 ……………… 1－63
困知記二卷續二卷三續一卷四續一卷續補一卷附錄一卷 ……………… 1－63
困學紀聞二十卷 …………………… 1－60
困學紀聞二十卷 …………………… 1－60
困學紀聞二十卷……………………… 2－146
困學紀聞二十卷……………………… 2－146
困學紀聞二十卷……………………… 2－146
困學紀聞注二十卷首一卷…………… 2－146
困學紀聞注二十卷首一卷…………… 2－146
困學紀聞注二十卷首一卷…………… 2－146
困學紀聞注二十卷首一卷…………… 2－146
困學紀聞注二十卷首一卷…………… 2－146
困學紀聞注二十卷首一卷…………… 2－146
困學紀聞注二十卷首一卷…………… 2－146
困學紀聞注二十卷首一卷…………… 2－146
困學紀聞注二十卷首一卷…………… 2－147
困學紀聞集證二十卷首一卷末一卷 ………………………………………… 2－146
困學記三卷…………………………… 2－505
困學蒙證六卷………………………… 1－177
困學錄二卷 ………………………… 1－63
困學錄集粹八卷 …………………… 1－60
呂子遺書三十四卷…………………… 2－418
呂子遺書三十四卷…………………… 2－418
呂子遺書三十四卷…………………… 2－418
呂氏春秋二十六卷 ………………… 1－74
呂氏春秋二十六卷…………………… 2－550
呂氏春秋二十六卷附攷一卷………… 2－215
呂氏春秋二十六卷附攷一卷………… 2－215
呂氏春秋二十六卷附攷一卷………… 2－215
呂氏春秋二十六卷附攷一卷………… 2－215
呂氏春秋二十六卷附攷一卷………… 2－215
呂氏春秋二十六卷附攷一卷………… 2－215
呂氏春秋二十六卷附攷一卷………… 2－550
呂氏家塾讀詩記三十二卷…………… 1－4
呂氏家塾讀詩記三十二卷…………… 1－5
呂氏家塾讀詩記三十二卷…………… 1－189
呂氏家塾讀詩記三十二卷…………… 1－189
呂半隱先生詩集三卷………………… 2－354
呂東萊先生文集二十卷首一卷……… 2－406
呂祖因果說不分卷…………………… 2－205
呂祖因果說不分卷…………………… 2－205
呂祖年譜海山奇遇七卷……………… 2－234
呂祖全書六十四卷…………………… 2－209

呂祖指玄篇秘註不分卷…………………… 2－205
呂晚邨先生四書講義四十三卷………… 1－9
呂新吾先生去偽齋文集十卷………… 1－140
呂新吾先生去偽齋文集十卷………… 1－140
呂新吾先生全集二十種……………… 1－140
呂新吾先生實政録七卷 ……………… 2－66
呂新吾先生雜著□□卷……………… 2－418
呂新吾全集六十卷…………………… 2－423
呂新吾集二十三種六十卷 …………… 1－75
呂新吾集二十六種七十卷…………… 1－144
呂衡州文集十卷附考證一卷………… 2－397
吟香室雜鈔不分卷…………………… 2－388
吟窗小會前卷一卷…………………… 2－519
別下齋叢書二十七種九十一卷……… 2－551
別國洞冥記四卷……………………… 2－139
別國洞冥記四卷……………………… 2－255
別雅五卷 …………………………… 1－10
別雅訂五卷…………………………… 2－550
吹萬閣集二十一卷…………………… 1－117
吹網録六卷…………………………… 2－154
吹網録六卷…………………………… 2－154
吹網録六卷…………………………… 2－235
吳下方言考十二卷…………………… 1－229
吳山伍公廟志六卷首一卷…………… 1－521
吳山伍公廟志六卷首一卷…………… 1－521
吳山汪王廟志略不分卷……………… 1－348
吳山汪王廟志略不分卷……………… 1－348
吳山城隍廟志八卷…………………… 1－524
吳山紀游一卷附游吳山詩一卷……… 1－516
［道光］吳川縣志十卷 ……………… 1－471
吳子一卷……………………………… 2－131
吳子二卷……………………………… 2－138
吳太夫人年譜三卷續一卷…………… 1－343
吳中女士詩鈔十三卷………………… 1－116
吳中平寇記八卷……………………… 1－305
吳中平寇記八卷……………………… 1－305
吳中平寇記八卷……………………… 1－305
吳中平寇記八卷……………………… 1－305
吳中平寇記八卷……………………… 1－305
吳中舊事一卷………………………… 2－242
吳中舊事一卷………………………… 2－242
吳氏石蓮庵刻山左人詞十八種五十
　卷…………………………………… 2－526
吳氏石蓮庵刻山左人詞十八種五十
　卷…………………………………… 2－526
吳文節公遺集八十卷………………… 2－471
吳文節公遺集八十卷………………… 2－471
吳地記一卷…………………………… 1－519
吳地記一卷…………………………… 1－519
吳地記一卷…………………………… 1－519
吳竹如先生［廷棟］年譜一卷 ……… 1－340
吳江水考五卷圖一卷………………… 1－497
［光緒］吳江縣續志四十卷首一卷 … 1－466
［光緒］吳江縣續志四十卷首一卷 … 1－469
［光緒］吳江縣續志四十卷首一卷 … 1－469
吳赤溟先生文集一卷附錄一卷……… 2－510
吳吳山三婦合評牡丹亭還魂記二卷
　附録一卷…………………………… 1－166
吳門畫舫録一卷……………………… 2－556
吳柳堂先生誄文正續合編不分卷…… 1－347
吳柳堂先賢秘策不分卷……………… 1－305
吳風二卷 …………………………… 1－42
吳郡名賢圖傳贊二十卷……………… 1－324
吳郡名賢圖傳贊二十卷……………… 1－324
吳郡名賢圖傳贊二十卷……………… 1－324
吳郡名賢圖傳贊二十卷……………… 1－346
吳郡圖經續記三卷附校勘記一卷…… 1－519
吳都文粹十卷 ……………………… 1－87
吳梅村先生［偉業］年譜四卷附世系
　不分卷……………………………… 1－343
吳梅村詩集箋注十八卷 …………… 1－98
吳梅村詩集箋注十八卷……………… 1－106
吳越所見書畫録六卷………………… 2－192
吳越春秋六卷………………………… 1－296
吳越春秋六卷………………………… 1－297
吳越春秋校勘記不分卷……………… 1－285
吳越備史四卷首一卷………………… 1－307
吳越備史四卷首一卷………………… 1－307
吳越備史四卷首一卷………………… 1－328
吳越備史四卷補遺一卷雜考一卷…… 1－307
吳淵穎先生集十二卷………………… 1－137
吳淵穎先生集十二卷………………… 1－137

吳淵穎先生集十二卷 …………………… 1－137
吳園周易解九卷附錄一卷 …………… 1－184
吳歈萃雅四卷 ……………………………… 1－166
吳會英才集二十四卷 ………………… 1－109
吳詩集覽二十卷吳詩補註二十卷 …… 1－98
吳詩集覽二十卷吳詩補註二十卷 …… 1－99
吳詩集覽二十卷吳詩補註二十卷吳
詩談藪二卷 ………………………… 2－311
吳詩集覽二十卷吳詩補註二十卷吳
詩談藪二卷 ………………………… 2－311
吳詩集覽二十卷吳詩補註二十卷吳
詩談藪二卷拾遺一卷 ………………… 2－335
吳詩集覽二十卷吳詩補註二十卷吳
詩談藪二卷拾遺一卷 ………………… 2－335
吳詩集覽二十卷序目一卷 …………… 2－311
吳詩集覽二十卷附吳詩談藪二卷 …… 2－313
吳詩談藪二卷吳詩談藪拾遺一卷 …… 1－98
吳詩談藪二卷吳詩談藪拾遺一卷 …… 1－99
吳摯甫詩集一卷 ……………………… 2－330
吳徵君蓮洋詩鈔不分卷 ……………… 1－161
吳徵君蓮洋詩鈔不分卷 ……………… 2－315
[光緒]吳橋縣志十二卷 ……………… 1－452
吳縣畐圖不分卷 ……………………… 1－529
吳興合璧四卷首不分卷 ……………… 1－394
吳興合璧四卷首不分卷 ……………… 1－395
吳興金石記十六卷 …………………… 2－96
吳興金石記十六卷 …………………… 2－96
吳興科第表不分卷 …………………… 1－351
吳興科第表不分卷 …………………… 2－90
吳興科第表不分卷 …………………… 2－90
吳興詩存初集八卷二集十四卷三集
六卷四集十二卷 …………………… 2－325
吳學士文集四卷詩集五卷 …………… 2－467
吳學士文集四卷詩集五卷 …………… 2－467
吳學士文集四卷詩集五卷 …………… 2－467
吳學士文集四卷詩集五卷 …………… 2－467
吳學士文集四卷詩集五卷 …………… 2－478
吳學士詩集五卷文集四卷 …………… 2－322
[光緒]岐山縣志八卷 ………………… 1－484
[光緒]岐山縣志八卷 ………………… 1－491
刪正二馮評閱才調集二卷刪正方虛
谷瀛奎律髓四卷 …………………… 2－328
刪定止觀三卷 ………………………… 2－198
刪定管荀不分卷 ……………………… 2－130
刪後文集十六卷詩存十卷 …………… 2－485
刪訂來氏易註象數圖說二卷 ………… 1－184
刪訂唐詩解二十四卷 ………………… 1－107
刪訂唐詩解二十四卷 ………………… 2－373
刪註脈訣規正二卷 …………………… 2－172
刪註脈訣規正二卷 …………………… 2－173
刪補古今文致十卷 …………………… 1－91
岑毓英行狀一卷 ……………………… 1－335
岑襄勤公奏稿三十卷首一卷 ………… 1－375
岑襄勤公奏稿三十卷首一卷 ………… 1－375
岑襄勤公勛德介福圖不分卷 ………… 2－89
岑襄勤公勛德介福圖不分卷 ………… 2－89
岑襄勤公[毓英]年譜十卷 …………… 1－337
岑襄勤公勳德介福圖不分卷 ………… 1－332
牡丹亭還魂記二卷 …………………… 2－529
牡丹亭還魂記八卷 …………………… 2－529
[光緒]利津縣志十卷附利津文徵五
卷 …………………………………… 1－466
[乾隆]利津縣志補六卷 ……………… 1－466
秀山公牘五卷 ………………………… 2－50
秀山公牘五卷 ………………………… 2－50
[光緒]秀山縣志十四卷首一卷 ……… 1－426
[光緒]秀山縣志十四卷首一卷 ……… 1－463
[光緒]秀山縣志十四卷首一卷 ……… 1－463
秀埜公自訂年譜不分卷 ……………… 1－340
秀野山房雜著不分卷 ………………… 2－514
私塾改良會章程不分卷 ……………… 2－12
我法集二卷 …………………………… 1－103
我法集二卷 …………………………… 2－322
每日古事畫(國朝名人政績圖) …… 2－193
兵法三策揭要全集三卷首一卷補遺
一卷 ………………………………… 2－165
兵垣奏議不分卷 ……………………… 1－376
兵垣奏議不分卷 ……………………… 1－376
兵部奏稿不分卷 ……………………… 1－376
兵部處分則例不分卷 ………………… 2－20
兵書三種七卷 ………………………… 2－164
兵經百篇三卷 ………………………… 1－65

兵鏡類編四十卷 …… 2-166
邱海二公合集十六卷 …… 2-428
何大復先生集三十八卷 …… 2-424
何大復先生集三十八卷 …… 2-425
何大復先生集三十八卷 …… 2-425
何氏語林三十卷 …… 1-79
何文定公文集十一卷 …… 1-143
何文定公文集十一卷 …… 1-143
何文貞公遺書三種七卷 …… 2-573
何心隱先生爨桐集四卷 …… 1-148
何北山先生遺集四卷 …… 2-400
何博士備論一卷 …… 2-165
何博士備論二卷 …… 2-131
何博士備論二卷 …… 2-165
何端簡公[世瑾]年譜一卷 …… 2-506
何端簡公[世瑾]年譜一卷 …… 2-506
何端簡公[世瑾]年譜一卷 …… 2-506
何端簡公集十二卷 …… 2-506
何端簡公集十二卷 …… 2-506
何端簡公集十二卷 …… 2-506
何衡陽集 …… 2-411
佐治藥言一卷續一卷 …… 2-540
佐治藥言一卷續佐治藥言一卷 …… 2-158
佐治藥言一卷續佐治藥言一卷 …… 2-158
伸蒙子二卷 …… 2-136
伸蒙子二卷 …… 2-156
伯山文鈔一卷詩鈔一卷詩鈔癸巳集七卷愛日集一卷望雲集七卷由庚集一卷小海山房詩集一卷 …… 2-495
伯山文鈔一卷詩鈔癸巳集七卷愛日集一卷望雲集七卷 …… 2-495
伯山詩話後集四卷續集二卷再續集二卷三續集二卷四續集二卷 …… 2-517
[乾隆]佛山忠義鄉志十一卷 …… 1-35
[道光]佛山忠義鄉志十四卷 …… 1-439
[光緒]佛坪廳志二卷首一卷 …… 1-477
佛果圜悟禪師碧巖集十卷 …… 1-74
佛祖統紀五十四卷 …… 1-70
佛祖歷代通載三十六卷 …… 2-119
佛國記一卷 …… 2-207
佛說大乘同性經二卷 …… 2-201
佛說大藏正教敵信血盆妙經一卷 …… 2-205
佛說大藏正教敵信血盆妙經一卷 …… 2-205
佛說四十二章經解一卷 …… 2-204
佛說阿彌陀經要解一卷 …… 2-203
佛說阿彌陀經疏鈔四卷 …… 2-206
佛說彌勒下生經一卷 …… 2-203
佛說證契大乘經二卷 …… 2-201
佛說觀彌勒菩薩下生經一卷 …… 2-203
佛說觀彌勒菩薩上生兜率陀天經一卷 …… 2-203
佛遺教經解一卷佛遺教經註解一卷 …… 2-204
伽厂詞四卷 …… 2-528
伽藍記五卷 …… 1-523
近世社會主義不分卷 …… 2-258
近世社會主義不分卷 …… 2-258
近世陸軍二編 …… 2-21
近世陸軍二編 …… 2-21
近光集二十八卷 …… 1-103
近光集二十八卷 …… 2-322
近光集二十八卷 …… 2-322
近事會元五卷附校勘記一卷 …… 2-231
近思錄十四卷附校勘記一卷考訂朱子世家一卷 …… 2-151
近思錄十四卷附校勘記一卷考訂朱子世家一卷 …… 2-151
近科全題新策法程一卷補編一卷 …… 2-296
近科館課分韻詩鈔不分卷分韻詩句題解二卷 …… 2-368
巵林十卷補遺一卷 …… 2-227
返生香一卷附疏香閣附集一卷 …… 2-314
余忠宣公青陽山房集五卷 …… 2-415
余忠宣青陽山房集五卷附錄一卷 …… 2-415
余忠宣集六卷 …… 1-138
希古堂文乙集一卷 …… 2-505
希古堂文甲集二卷乙集六卷 …… 2-505
希陶軒遺著四卷附黄氏家乘八則 …… 2-491
希鄭堂叢書七種十二卷 …… 2-572
希賢錄十卷 …… 1-77
希臘志畧七卷 …… 1-531
希臘志畧七卷 …… 1-531

希臘志畧七卷…………………………1－531
希臘志畧七卷…………………………1－531
希臘志畧七卷…………………………1－531
希臘志畧七卷…………………………1－531
希臘志畧七卷…………………………1－532
希臘志畧七卷…………………………1－532
希臘志略七卷…………………………2－125
希臘春秋八卷…………………………2－129
希臘獨立史四編………………………2－128
坐花誌果八卷…………………………2－248
坐花誌果八卷…………………………2－248
坐禪三昧法門經二卷…………………2－201
谷艾園文稿四卷………………………2－509
谷園印譜五卷 ………………………1－69
谷盦甃賸二卷續集一卷補遺一卷……2－370
谷簾學吟一卷…………………………1－152
［乾隆］含山縣志十六卷 ……………1－39
邸鈔全覽不分卷………………………1－371
邸鈔彙錄不分卷………………………1－372
劬書室遺集十六卷理學庸言二卷……2－501
劬書室遺集十六卷理學庸言二卷……2－501
劬書室遺集十六卷理學庸言二卷……2－501
［乾隆］狄道州志十六卷 ……………1－491
［乾隆］狄道州志十六卷 ……………1－491
角力記一卷附校譌續校………………2－165
角山樓增補類腋不分卷………………2－143
角山樓增補類腋六十七卷……………2－145
角山樓增補類腋六十七卷……………2－145
彤管清芬錄海外奇談不分卷…………2－121
彤管清芬錄海外奇談不分卷…………2－121
言行彙纂十卷 ………………………1－64
辛丑三議不分卷………………………1－377
辛丑各國和約不分卷 ………………2－47
辛丑各國和約不分卷 ………………2－48
辛丑銷夏記五卷………………………2－193
辛丑銷夏記五卷………………………2－559
辛卯侍行記六卷………………………1－507
辛卯侍行記六卷………………………1－507
辛卯侍行記六卷………………………1－507
辛亥撫新記程二卷……………………1－510
辛亥撫新記程二卷……………………1－510
忘筌書十卷……………………………2－212
［乾隆］忻州志六卷 …………………1－35
［光緒］忻州志四十二卷 ……………1－440
忼悔齋詩集一卷文集一卷……………2－503
快心編初集十回二集十回三集十二
回……………………………………2－238
快心編初集十回二集十回三集十二
回……………………………………2－248
快心編初集十回二集十回三集十二
回……………………………………2－248
快心編初集五卷十回二集五卷十四
回三集六卷十二回…………………2－238
快書五十種五十卷 …………………1－79
判選不分卷 …………………………2－20
灼艾集二卷續集二卷餘集二卷別集
二卷 ………………………………1－80
弟子箴言十六卷………………………2－159
弟子職一卷……………………………2－168
冷吟仙館詩稿八卷詩餘一卷文存一
卷附錄一卷…………………………2－366
冷泉遺稿七卷…………………………2－495
冷齋夜話十卷…………………………2－231
冷廬雜識八卷…………………………2－217
冷廬雜識八卷…………………………2－217
冷廬雜識八卷…………………………2－217
汪子文錄十卷…………………………2－479
汪子文錄十卷…………………………2－479
汪子文錄十卷…………………………2－479
汪氏家集十卷…………………………2－354
汪氏傳家集一百二十三卷……………1－157
汪氏傳家集一百二十三卷……………1－157
汪氏傳家集一百二十三卷……………1－158
汪伯玉先生太函集三十二卷…………1－145
汪南溟先生集九卷……………………2－419
汪梅村先生集十二卷文外集一卷……2－462
汪梅村先生集十二卷文外集一卷……2－462
汪龍莊先生遺書四種十五卷…………2－484
汪龍莊先生遺書四種十五卷…………2－570
汪龍莊先生遺書四種十五卷…………2－570
汪龍莊先生遺書四種十五卷…………2－570
汪龍莊先生遺書四種十五卷…………2－570

汪羅彭薛四家合鈔四種十五卷……… 2－506
汪羅彭薛四家合鈔四種十五卷……… 2－506
汧陽述古編二卷……………………… 1－384
沅湘耆舊集二百卷前編四十卷……… 2－324
[嘉靖]沔陽州志十八卷 ………………… 1－36
[光緒]沔縣志四卷 …………………… 1－416
[光緒]沔縣志四卷 …………………… 1－416
沙州文錄不分卷……………………… 1－390
[乾隆]沙河縣志十卷首一卷末一卷
……………………………………… 1－475
沙彌律儀要略一卷…………………… 2－203
沖虛至德真經八卷 …………………… 1－56
沖虛至德真經八卷…………………… 2－139
[乾隆]沂州府志三十六卷首一卷 … 1－421
[乾隆]沂州府志三十六卷首一卷 … 1－421
[乾隆]沂州府志三十六卷首一卷 … 1－421
[乾隆]汾州府志三十四卷首一卷 …… 1－35
[乾隆]汾州府志三十四卷首一卷 … 1－436
[乾隆]汾州府志三十四卷首一卷 … 1－436
[乾隆]汾州府志三十四卷首一卷 … 1－436
[咸豐]汾陽縣志十四卷首一卷 …… 1－412
[咸豐]汾陽縣志十四卷首一卷 …… 1－412
[乾隆]汾陽縣志十四卷首一卷 …… 1－412
[乾隆]汾陽縣志十四卷首一卷 …… 1－412
[乾隆]汾陽縣志十四卷首一卷 …… 1－412
[光緒]汾陽縣志十四卷首一卷 …… 1－413
泛槎圖一卷續泛槎圖一卷續泛槎圖
三集一卷艤槎圖四集一卷 ………… 1－69
泛槎圖一卷續泛槎圖一卷續泛槎圖
三集一卷艤槎圖四集一卷灕江泛
棹圖五集一卷續泛槎圖六集一卷
……………………………………… 1－516
沈下賢文集十二卷…………………… 2－394
沈下賢文集十二卷…………………… 2－394
沈下賢文集十二卷…………………… 2－394
沈氏三先生文集三種六十二卷……… 2－409
沈氏弋說六卷 ………………………… 1－88
沈氏尊生書五種……………………… 2－176
沈文忠公集十卷沈文忠公自訂年譜
一卷……………………………… 2－482
沈文忠公集十卷沈文忠公自訂年譜
一卷……………………………… 2－482
沈文定公公牘三種不分卷 …………… 1－45
沈文節公事實不分卷………………… 1－332
沈文節公事實不分卷………………… 1－332
沈文肅公政書七卷首一卷…………… 1－371
沈文肅公政書七卷首一卷…………… 1－547
沈文肅公政書七卷首一卷…………… 1－547
沈文肅公政書七卷首一卷…………… 1－547
沈文肅公政書七卷首一卷…………… 1－547
沈文肅公政書七卷首一卷…………… 1－547
沈文肅公政書七卷首一卷…………… 1－547
[乾隆]沈邱縣志十二卷 …………… 1－459
沈南疑先生檇李詩繫四十二卷……… 1－119
沈約齋家傳不分卷…………………… 1－347
沈端恪公遺書………………………… 1－337
沈端恪公遺書………………………… 1－337
沈端恪公遺書………………………… 2－490
沈德潛自訂年譜不分卷……………… 1－343
沈歸愚詩文全集七十四卷…………… 1－157
沈歸愚詩文全集七十四卷…………… 1－157
沈歸愚詩文全集七十四卷…………… 1－158
沈歸愚詩文全集七十四卷…………… 1－158
沈歸愚詩文合集五種四十三卷……… 1－157
沈觀齋詩二卷………………………… 2－319
沈觀齋詩二卷………………………… 2－319
[雍正]沁源縣志十卷首一卷 ……… 1－438
[光緒]沁源縣續志四卷 …………… 1－438
決事餘譚一卷補遺一卷……………… 2－223
決定名義論一卷 ……………………… 1－71
完白山民寄鶴書一卷………………… 2－303
宋十五家詩選十六卷………………… 1－106
宋十五家詩選十六卷………………… 1－106
宋七家詞選七卷……………………… 2－520
宋七家詞選七卷……………………… 2－520
宋七家詞選七卷……………………… 2－522
宋人百家小說一百五十二卷 ………… 1－85
宋大家王文公文鈔十六卷…………… 1－133
宋大家王文公文鈔十六卷…………… 2－405
宋大家曾文定公文抄十卷…………… 1－134
宋大家蘇文公文抄十卷……………… 1－133
宋大家蘇文公文抄十卷……………… 1－133

宋大家蘇文忠公文鈔二十八卷……… 1－132
宋大家蘇文忠公文選十六卷………… 1－135
宋王忠文公文集五十卷……………… 2－400
宋王忠文公文集五十卷……………… 2－401
宋王忠文公文集五十卷……………… 2－401
宋王忠文公文集五十卷目錄四卷…… 1－131
宋王忠文公文集五十卷目錄四卷…… 1－143
宋王忠文公文集五十卷目錄四卷…… 1－143
宋王復齋鐘鼎款識一卷……………… 2－103
宋元十二家詞選十二卷……………… 2－528
宋元名家詞十五種十七卷…………… 2－522
宋元名家詞十五種十七卷…………… 2－522
宋元名家詞十五種十七卷…………… 2－522
宋元名家詞十五種十七卷…………… 2－522
宋元明詩三百首箋不分卷…………… 2－352
宋元明詩約鈔三百首二卷…………… 2－350
宋元書影不分卷 …………………… 2－70
宋元通鑑一百五十七卷 …………… 1－20
宋元通鑑一百五十七卷 …………… 1－20
宋元通鑑一百五十七卷 …………… 1－20
宋元學案一百卷首一卷附考略……… 2－130
宋元學案一百卷首一卷附考略……… 2－148
宋元學案一百卷首一卷附考略……… 2－148
宋元學案一百卷首一卷附考略……… 2－148
宋元學案一百卷首一卷附考略……… 2－148
宋元舊本書經眼錄三卷附錄二卷 …… 2－71
宋元舊本書經眼錄三卷附錄二卷 …… 2－71
宋元舊本書經眼錄三卷附錄二卷 …… 2－71
宋元舊本書經眼錄三卷附錄二卷 …… 2－71
宋元舊本書經眼錄三卷附錄二卷 …… 2－76
宋氏綿津詩鈔八卷…………………… 1－103
宋六十一家詞選十二卷……………… 2－520
宋六十一家詞選十二卷……………… 2－520
宋六十一家詞選十二卷……………… 2－520
宋六十名家詞八十九卷……………… 2－521
宋六十名家詞八十九卷……………… 2－521
宋六十名家詞八十九卷……………… 2－521
宋六十名家詞八十九卷……………… 2－521
宋六十名家詞八十九卷……………… 2－521
宋文鑑一百五十卷目錄三卷………… 1－134
宋文鑑一百五十卷目錄三卷………… 2－407
宋文鑑一百五十卷目錄三卷………… 2－407
宋文鑑一百五十卷目錄三卷………… 2－407
宋文鑑一百五十卷目錄三卷………… 2－407
宋文鑑刪十二卷 …………………… 1－92
宋本十三經注疏附校勘記四百十六
卷…………………………………… 1－169
宋本十三經注疏附校勘記四百十六
卷…………………………………… 1－169
宋本十三經注疏附校勘記四百十六
卷…………………………………… 1－170
宋本十三經注疏附校勘記四百十六
卷…………………………………… 1－170
宋本十三經注疏附校勘記四百十六
卷…………………………………… 1－170
宋本十三經注疏附校勘記四百十六
卷…………………………………… 1－170
宋本十三經注疏附校勘記四百十六
卷…………………………………… 1－170
宋本十三經注疏附校勘記四百十六
卷…………………………………… 1－170
宋本十三經注疏附校勘記四百十六
卷…………………………………… 1－170
宋本十三經注疏附校勘記四百十六
卷…………………………………… 1－170
宋本十三經注疏併經典釋文校勘記
二百四十五卷……………………… 1－169
宋本十三經注疏併經典釋文校勘記
二百四十五卷……………………… 1－169
宋本韓[愈]柳[宗元]二先生年譜八
卷 ………………………………… 1－30
宋本韓[愈]柳[宗元]二先生年譜八
卷…………………………………… 1－338
宋左丞相陸公全書八卷…………… 1－323
宋布衣集三卷……………………… 1－147
宋史本傳一卷……………………… 1－132
宋史本傳一卷……………………… 1－132
宋史本傳一卷……………………… 1－132
宋史四百九十六卷目錄三卷 ……… 1－19
宋史河渠七卷……………………… 1－497
宋史紀事本末一百九卷 …………… 1－22
宋史紀事本末一百九卷…………… 1－276

宋史紀事本末一百九卷 1-276
宋史紀事本末一百九卷 1-276
宋史紀事本末一百九卷 1-277
宋史紀事本末一百九卷 1-280
宋史紀事本末一百九卷 1-281
宋史紀事本末一百九卷 1-281
宋史紀事本末十卷 1-21
宋史論三卷 2-109
宋史論三卷 2-110
宋史論三卷 2-110
宋史論三卷 2-110
宋史論三卷 2-110
宋史論三卷 2-110
宋史論三卷 2-111
宋史翼四十卷 1-335
宋史藝文志補一卷 2-74
宋史藝文志補一卷 2-74
宋史藝文志補一卷 2-74
宋四六話十二卷 2-290
宋四六選二十四卷 1-93
宋四六選二十四卷 2-290
宋四名家詩二十七卷 1-113
宋四明六志八種九十六卷 1-396
宋四家詞選一卷 2-71
宋四家詞選一卷 2-522
宋包孝肅公奏議十卷 1-375
宋百家詩存二十卷 1-120
宋名臣狄武襄公功行錄三卷增補一卷 1-332
宋名臣言行錄七十五卷 1-312
宋名臣言行錄七十五卷 1-313
宋名臣言行錄前集十卷後集十四卷 1-27
宋名臣言行錄前集十卷後集十四卷 1-27
宋名臣言行錄續集八卷別集二十六卷外集十七卷附一卷 1-27
宋名臣言行錄續集八卷別集二十六卷外集十七卷附一卷 1-27
宋名家詞六十一種九十卷 1-164
宋名家詞六十一種九十卷 1-165
宋州郡志校勘記一卷 1-261
宋丞相李忠定公奏議六十九卷附錄九卷 1-374
宋丞相李忠定公輔政本末一卷 2-131
宋丞相李忠定公輔政本末一卷 2-165
宋李忠定公奏議選十五卷 1-371
宋李忠定公奏議選十五卷文集選二十九卷首四卷 1-134
宋李忠定公奏議選十五卷文集選二十九卷首四卷 1-135
宋李忠定奏議六十九卷首一卷附宋李忠定擬撰文字四卷 1-371
宋邵康節先生伊川擊壤集十卷 1-131
宋東京考二十卷 1-42
宋拓史晨前碑 2-194
宋岳忠武王文集八卷首一卷末一卷 2-559
宋岳鄂王[飛]年譜六卷首一卷末一卷 1-337
宋金元詩永二十卷 1-104
宋金元詩選六卷 1-121
宋宗忠簡公文集四卷補遺一卷首一卷遺事二卷 2-408
宋宗忠簡公集七卷 2-408
宋宗忠簡公集七卷 2-559
宋宗忠簡公集八卷首一卷 2-408
宋書一百卷 1-19
宋書一百卷 1-19
宋孫仲益內簡尺牘十卷 2-547
宋孫仲益內簡尺牘十卷首一卷 1-95
宋孫仲益內簡尺牘十卷首一卷 1-137
宋孫莘老先生[覺]年譜一卷 1-344
宋乾道永州本柳柳州外集一卷附錄一卷 2-397
宋乾道永州本柳柳州外集一卷附錄一卷 2-397
宋乾道永州本柳柳州外集一卷附錄一卷 2-397
宋淳熙敕編古玉圖譜一百卷 1-51
宋淳熙敕編古玉圖譜一百卷 1-51
宋黃文節公文集三十二卷首四卷外

集二十四卷别集十九卷 …………… 1－132
宋黃文節公文集三十二卷首四卷外
集二十四卷别集十九卷伐檀集二
卷 ………………………………… 2－402
宋提刑洗冤集錄五卷 ………………… 2－4
宋提刑洗冤集錄五卷 ………………… 2－4
宋提刑洗冤集錄五卷 ………………… 2－4
宋景文公筆記三卷 …………………… 1－79
宋楊文靖公集四十卷 ……………… 1－133
宋楊文靖公龜山先生[時]年譜 …… 1－133
宋稗類鈔八卷 ………………………… 1－59
宋詩紀事一百卷 ……………………… 1－99
宋詩紀事一百卷 …………………… 1－100
宋詩紀事一百卷 …………………… 2－314
宋詩紀事補遺一百卷宋詩紀事小傳
補正四卷 ………………………… 2－314
宋詩畧十八卷 ……………………… 1－107
宋詩畧十八卷 ……………………… 1－107
宋詩鈔初集十七卷宋詩鈔二集二十
三卷 ……………………………… 2－314
宋詩鈔初集九十五卷 ……………… 1－102
宋詩隨意鈔六卷續鈔四卷 ………… 1－117
宋瑣語不分卷 ……………………… 1－292
宋瑣語不分卷 ……………………… 2－115
宋趙忠定奏議四卷 ………………… 2－559
宋蔡忠惠公别紀補遺二卷 ………… 1－135
宋端明殿學士蔡忠惠公文集三十六
卷首一卷 ………………………… 1－135
宋賢事彙二卷 ………………………… 1－29
宋遼金元别史三百七卷 …………… 1－291
宋論十五卷 ………………………… 2－564
宋論十五卷 ………………………… 2－565
宋論五卷 …………………………… 2－111
宋學士全集三十二卷補遺八卷附錄
二卷 ……………………………… 2－423
宋儒龜山楊先生[時]年譜一卷 …… 1－342
宋謝文節公集六卷 ………………… 2－402
宋謝文節公集六卷 ………………… 2－402
宋豔十二卷 ………………………… 2－254
冶金錄三卷 ………………………… 2－270
良貴錄四卷 ………………………… 1－328
初月樓文鈔十卷後一卷 …………… 2－454
初月樓文鈔十卷詩鈔四卷 ………… 2－454
初月樓四種二十五卷 ……………… 2－454
初月樓詩鈔四卷 …………………… 2－454
初月樓聞見錄十卷 ………………… 2－384
初使泰西紀要四卷 ………………… 1－509
初使泰西紀要四卷 ………………… 1－509
初使泰西紀要四卷 ………………… 1－509
初使泰西記四卷 …………………… 1－509
初使泰西記四卷 …………………… 1－509
初使泰西記四卷 …………………… 1－509
初唐四傑集三十七卷 ……………… 2－396
初等地理教科書三卷 ……………… 2－261
初潭集十二卷 ………………………… 1－76
初潭集三十卷 ………………………… 1－76
初寮詞一卷 ………………………… 2－527
初學引機不分卷附虛字註釋備考六
卷帖括枕中祕一卷 ……………… 2－304
初學行文語類四卷 ………………… 2－306
初學記三十卷 ………………………… 1－64
初學記三十卷 ………………………… 1－64
初學記三十卷 ………………………… 1－64
初學集一百十卷 …………………… 2－417
初學集二十卷 ……………………… 2－339
初學集雜鈔不分卷 ………………… 2－506
社會學二卷 ………………………… 2－259
社會學二卷 ………………………… 2－259
社會學二卷 ………………………… 2－259
社會黨不分卷 ……………………… 1－558
君鑑錄四卷 ………………………… 1－275
即山先生文鈔二卷詩鈔一卷 ……… 2－428
即墨詩乘十二卷 …………………… 2－344
[同治]即墨縣志十二卷 ………… 1－443
[同治]即墨縣志十二卷 ………… 1－443
[乾隆]即墨縣志十二卷首一卷 …… 1－443
壯悔堂文集十卷四憶堂詩集六卷 …… 2－417
壯悔堂文集十卷四憶堂詩集六卷 …… 2－417
壯悔堂文集十卷四憶堂詩集六卷 …… 2－417
壯悔堂文集十卷遺稿一卷 ………… 2－423
壯悔堂文集十卷遺稿一卷四憶堂詩
集六卷遺稿一卷 ………………… 1－140

壯悔堂全集十七卷 …………………… 2－474
壯悔堂全集十八卷 …………………… 2－474
壯悔堂全集十八卷 …………………… 2－474
壯悔堂全集十九卷 …………………… 2－474
壯學齋文集十二卷 …………………… 2－493
改良私塾淺說四章 …………………… 1－557
改亭集十六卷改亭詩集六卷 ………… 1－159
阿文成公[桂]年譜三十四卷 ……… 1－338
阿字無禪師光宣臺集二十五卷 ……… 2－510
阿毗達磨俱舍論三十卷 ……………… 2－203
阿達曼羣島志一卷附新志 …………… 1－532
附釋文互註禮部韻略五卷 …………… 1－255
附釋音毛詩注疏七十卷附校勘記七十卷 …………………………………… 1－192
附釋音尚書注疏二十卷附校勘記二十卷 …………………………………… 1－186
附釋音周禮注疏四十二卷附校勘記四十二卷 ……………………………… 1－198
附釋音周禮注疏四十二卷附校勘記四十二卷 ……………………………… 1－198
附釋音春秋左傳注疏六十卷 ………… 1－207
附釋音春秋左傳注疏六十卷附校勘記六十卷 ……………………………… 1－211
附釋音春秋左傳注疏六十卷附校勘記六十卷 ……………………………… 1－212
附釋音禮記注疏六十三卷附校勘記六十三卷 ……………………………… 1－203
妙吉祥室詩鈔十三卷壽閒齋吟草八卷詩餘一卷雜存一卷 ……………… 2－319
妙吉祥室詩鈔十三卷壽閒齋吟草八卷詩餘一卷雜存一卷 ……………… 2－319
妙法蓮華經七卷附大乘妙法蓮華經要解科文不分卷 …………………… 1－72
妙法蓮華經立義節要二卷 …………… 2－202
妙法蓮華經通義二十卷 ……………… 2－201
妙香室叢話十四卷 …………………… 2－243
妙香室叢話十四卷 …………………… 2－243
妙香室叢話十四卷 …………………… 2－243
妙香室叢話十四卷 …………………… 2－243
妙峰山問答四卷 ……………………… 1－70
妙絕古今四卷 ………………………… 1－91
邵子湘全集三十卷附邵氏家錄二卷 …………………………………… 1－152
邵子湘全集三十卷附邵氏家錄二卷 …………………………………… 1－152
邵子湘全集三十卷附邵氏家錄二卷 …………………………………… 1－155
邵子湘全集三種三十卷 ……………… 2－446
邵子湘全集三種三十卷 ……………… 2－446
邵子湘全集三種三十卷 ……………… 2－446
邵子湘全集三種三十卷 ……………… 2－446
邵子湘全集三種三十卷 ……………… 2－446
邵子詩鈔三卷 ………………………… 2－412
邵氏危言二卷 ………………………… 2－149
邵武徐氏叢書二十三種一百五十一卷 …………………………………… 2－547
邵武徐氏叢書二集二十三種一百五十卷 ………………………………… 2－562
邵武徐氏叢書初刻十五種八十六卷二集八種六十卷 …………………… 2－538
邵武徐氏叢書初刻十四種八十三卷 …………………………………… 2－547
邵陽魏府君事略一卷 ………………… 1－331
忍草菴志四卷 ………………………… 1－528
甬上耆舊詩三十卷 …………………… 1－89
甬上族望表二卷 ……………………… 1－351

八畫

奉天吉林黑龍江等省宣統三年預算歲入歲出總表 ………………………… 2－27
奉天光緒三十四年全省行情表不分卷 …………………………………… 2－29
奉天全省地輿圖說圖表不分卷 ……… 1－530
奉天全省地輿圖說圖表不分卷 ……… 1－530
奉天全省農業調查書五編 …………… 2－30
奉天全省農業調查書五編 …………… 2－169
奉天全省輿圖總說分表不分卷 ……… 1－402
奉天省旗屬光緒三十四年款項說明書不分卷 ……………………………… 1－555
奉天提學司直轄各學校館所經費預算修正總表 …………………………… 2－27

奉天旗制變通案甲乙二類不分卷 …… 2－29
奉天錄四卷附一卷……………………… 1－307
奉天錄四卷附一卷……………………… 1－307
[乾隆]奉化縣志十四卷首一卷 …… 1－429
[乾隆]奉化縣志十四卷首一卷 …… 1－429
[光緒]奉化縣志四十卷首一卷 …… 1－429
[光緒]奉化縣志四十卷首一卷 …… 1－429
奉使車臣汗記程詩三卷……………… 2－369
[光緒]奉節縣志三十六卷首一卷 … 1－460
[同治]奉新縣志十六卷首一卷末一
卷………………………………… 1－468
[乾隆]奉賢縣志十卷首一卷 ………… 1－35
奉饌圖詩一卷………………………… 1－115
玩易意見十六卷……………………… 1－183
玩珠小記不分卷……………………… 2－235
武功縣志三卷………………………… 2－541
[正德]武功縣志三卷附錄一卷勘證
一卷……………………………… 1－419
[正德]武功縣志三卷首一卷 ……… 1－418
[正德]武功縣志三卷首一卷 ……… 1－418
[正德]武功縣志三卷首一卷 ……… 1－418
[正德]武功縣志三卷首一卷 ……… 1－418
[正德]武功縣志三卷首一卷 ……… 1－419
[正德]武功縣志三卷首一卷 ……… 1－419
[正德]武功縣志三卷首一卷 ……… 1－419
[正德]武功縣志三卷首一卷 ……… 1－419
[正德]武功縣志三卷首一卷 ……… 1－419
[正德]武功縣志三卷首一卷 ……… 1－419
武夷山志二十四卷首一卷…………… 1－500
武夷山志二十四卷首一卷…………… 1－500
武夷山志二十四卷首一卷…………… 1－501
武夷山志二十四卷首一卷…………… 1－501
武夷志畧四卷 ………………………… 1－41
武夷志畧四卷 ………………………… 1－41
[乾隆]武安縣志二十卷圖一卷 …… 1－455
武英殿聚珍版書一百五十種二千九
百四十卷………………………… 2－548
武英殿聚珍版書三十九種二百八十
六卷……………………………… 2－548
武英殿聚珍版書五十三種四百二十
二卷……………………………… 2－548
武英殿聚珍版叢書三十八種二百四
十一卷…………………………… 2－548
武英殿聚珍版叢書五十三種四百二
十二卷…………………………… 2－548
武林西湖高僧事略一卷 ……………… 1－28
武林往哲遺著二編六十六種四百四
十九卷…………………………… 2－541
武林第宅攷一卷……………………… 1－552
武林掌故叢編二十六集二百十種六
百三十六卷……………………… 2－562
武林掌故叢編第二集………………… 2－327
武林掌故叢編第八集………………… 2－327
武林掌故叢編第九集………………… 2－327
武林掌故叢編第九集………………… 2－327
武林新年雜詠一卷…………………… 2－338
武林藏書錄三卷首一卷末一卷 ……… 2－74
武林舊事十卷附錄一卷……………… 2－382
武林舊事十卷附錄一卷……………… 2－382
武林靈隱寺誌八卷…………………… 1－525
[光緒]武昌縣志二十六卷首一卷末
一卷……………………………… 1－454
[光緒]武昌縣志二十六卷首一卷末
一卷……………………………… 1－454
[光緒]武昌縣志二十六卷首一卷末
一卷……………………………… 1－454
[乾隆]武威縣誌一卷 ……………… 1－489
武侯八陳兵法輯略一卷……………… 2－166
武侯全書二十卷首一卷 ……………… 2－21
武侯奇門遁甲全書六卷首一卷 ……… 1－65
[道光]武陟縣志三十六卷 ………… 1－477
武陵山人遺書十種十六卷…………… 2－481
武陵山人遺書十種十六卷…………… 2－481
武陵山人遺書十種十六卷續刊二種
八卷……………………………… 2－480
武陵山人遺書十種十六卷續刊二種
八卷……………………………… 2－481
[同治]武陵縣志四十八卷 ………… 1－469
[道光]武進陽湖縣合志三十六卷首
一卷……………………………… 1－483
[光緒]武進陽湖縣志三十卷首一卷
………………………………… 1－426

[光緒]武進陽湖縣志三十卷首一卷 …… 1-459
[光緒]武進陽湖縣志三十卷首一卷 …… 1-459
[光緒]武進陽湖縣志三十卷首一卷 …… 1-459
[乾隆]武清縣志十二卷首一卷末一卷 …… 1-470
[光緒]武陽志餘十二卷首一卷 …… 1-489
武陽庚申殉難忠義錄正編一卷武進縣庚申忠義錄總編一卷武陽庚申義貞節烈錄正編一卷武進縣庚申殉難義節貞烈錄總編一卷陽湖縣庚申殉難義節貞烈錄一卷 …… 1-333
[乾隆]武鄉縣志六卷首一卷 …… 1-445
武備志二百四十卷 …… 2-166
武備志二百四十卷 …… 2-166
武備志二百四十卷 …… 2-166
武備輯要六卷 …… 2-166
武備輯要續編十卷 …… 2-165
武經七書彙解七卷首一卷末一卷 …… 1-64
武經三子體註大全三卷附射法總說 …… 2-164
武經三書匯解三卷末一卷 …… 1-65
武經體註說約大全彙解合參三卷 …… 2-166
武闈三子集註詳解不分卷 …… 1-64
青山詩選六卷 …… 2-356
青山詩選六卷 …… 2-356
[光緒]青田縣志十八卷首一卷 …… 1-459
青芝山館駢體文集二卷 …… 2-289
[康熙]青州府志二十二卷 …… 1-36
[康熙]青州府志二十二卷 …… 1-448
[咸豐]青州府志六十四卷 …… 1-448
青村遺稿一卷附錄一卷 …… 2-360
青岑遺稿一卷 …… 1-110
青岑遺稿一卷 …… 1-110
青邱高季迪先生詩集十八卷附鳧藻集五卷遺詩一卷扣舷集一卷 …… 1-118
青邱高季迪先生詩集十八卷首一卷補遺一卷詩餘一卷附錄一卷附鳧藻集五卷 …… 1-109
青門簏稾十六卷青門旅稾六卷青門賸稾八卷 …… 2-546
青門簏稾十六卷青門旅稾六卷青門賸稾八卷 …… 2-483
[乾隆]青城縣志十二卷 …… 1-445
青草堂集十二卷二集十六卷 …… 2-510
青原志略十三卷 …… 1-502
青浦詩傳三十四卷 …… 1-121
[光緒]青浦縣志三十卷首二卷末一卷 …… 1-445
[光緒]青浦縣志三十卷首二卷末一卷 …… 1-445
[光緒]青浦縣志三十卷首二卷末一卷 …… 1-445
[光緒]青浦縣志三十卷首二卷末一卷 …… 1-445
[光緒]青浦縣志三十卷首二卷末一卷 …… 1-445
[光緒]青浦縣志三十卷首二卷末一卷 …… 1-484
青冢志十二卷 …… 1-526
青萊續史十八卷 …… 1-28
青雲集補註六卷 …… 2-349
青虛山房集十一卷 …… 2-504
青湖文集補編一卷 …… 2-425
青湖先生文集十四卷首一卷末一卷 …… 2-425
青照堂叢書三編四十五種八十六卷 …… 2-572
青溪詩選二卷 …… 2-359
青溪舊屋文集十卷詩集一卷 …… 2-464
青溪舊屋文集十卷詩集一卷 …… 2-464
青墅詩稿十卷 …… 2-314
青樓小名錄八卷 …… 1-351
青樓集不分卷 …… 1-330
青樓夢六十四回 …… 2-252
青箱堂文集十二卷遺稿續刻一卷附自撰年譜一卷 …… 1-157
青箱堂詩集三十三卷文集十二卷遺稿續刻一卷年譜一卷 …… 1-109
青箱堂詩集三十三卷文集十二卷遺

稿續刻一卷年譜一卷……………… 1－158
青錢書屋史鈔不分卷………………… 2－105
青霞沈公遺集十六卷………………… 1－145
青霞舘論畫絕句一百首首一卷……… 2－192
青霞舘論畫絕句一百首首一卷……… 2－192
青螺公遺書合編三十五卷首一卷…… 2－422
表忠芻議二卷………………………… 1－305
表記集傳二卷春秋表記問業一卷…… 1－186
表異錄二十卷 ……………………… 1－58
表異錄二十卷 ……………………… 1－58
表異錄二十卷 ……………………… 1－83
表異錄二十卷………………………… 2－143
［嘉慶］長山縣志十六卷首一卷 …… 1－422
［嘉慶］長山縣志十六卷首一卷 …… 1－422
［嘉慶］長山縣志十六卷首一卷 …… 1－422
［嘉慶］長山縣志十六卷首一卷 …… 1－423
長生殿時劇八齣……………………… 2－529
長生殿傳奇二卷……………………… 2－529
長生殿傳奇四卷……………………… 2 529
長白山錄一卷補遺一卷……………… 1－527
［宣統］長白彙徵錄八卷首一卷 …… 1－388
［宣統］長白彙徵錄八卷首一卷 …… 1－388
［光緒］長汀縣志三十三卷首一卷末
一卷…………………………………… 1－491
長江水師全案三卷 ………………… 2－21
長江水師章程□□卷 ……………… 2－16
長江圖說十二卷首一卷……………… 2－120
長江礮臺芻議不分卷 ……………… 2－21
長江礮臺芻議不分卷………………… 2－263
［光緒］長安志二十卷圖三卷 ……… 1－404
［光緒］長安志二十卷圖三卷 ……… 1－404
［乾隆］長安志二十卷圖三卷 ……… 1－404
長安宮詞一卷………………………… 2－525
［嘉慶］長安縣志三十六卷 ………… 1－404
［嘉慶］長安縣志三十六卷 ………… 1－405
長岔脆岔合鈔………………………… 2－525
長沙方歌括六卷首一卷……………… 2－173
長沙方歌括六卷首一卷……………… 2－173
［乾隆］長沙府志五十卷首一卷 …… 1－454
長沙張文達公榮哀錄四卷…………… 1－347
長沙張文達公榮哀錄四卷…………… 1－347
長沙劉文恪公詩集五卷……………… 2－324
［同治］長沙縣志三十六卷首一卷 … 1－477
［乾隆］長武縣志十二卷續刻一卷 … 1－417
［光緒］長治縣志八卷首一卷 ……… 1－403
［光緒］長治縣志八卷首一卷 ……… 1－403
長春道教源流八卷…………………… 2－208
長春道教源流八卷…………………… 2－208
長春道教源流八卷…………………… 2－208
［嘉慶］長垣縣志十六卷 ………… 1－465
長城金竟六卷………………………… 1－350
［乾隆］長洲縣志三十四卷首一卷 …… 1－36
長真閣集七卷詩餘一卷……………… 2－370
長真閣集七卷詩餘一卷……………… 2－492
長真閣集七卷詩餘一卷……………… 2－492
長恩書室叢書甲集十種四十卷……… 2－555
［道光］長清縣志十六卷首四卷末二
卷……………………………………… 1－425
［道光］長清縣志十六卷首四卷末二
卷……………………………………… 1－425
［道光］長壽縣志五卷 …………… 1－34
長隨須知不分卷 ………………… 2－51
［同治］長樂縣志二十卷首一卷 …… 1－489
［光緒］長樂縣志十六卷首一卷末一
卷……………………………………… 1－468
長編總檔（同治十三年正月至六月）
……………………………………… 1－361
［同治］長興縣志三十二卷 ………… 1－458
［同治］長興縣志三十二卷 ………… 1－458
長興縣學文牘………………………… 2－261
長興學記一卷 …………………… 2－72
長離閣集一卷………………………… 2－325
長蘆鹽法志二十卷首一卷附編十卷
……………………………………… 1－544
長蘆鹽法志二十卷首一卷附編十卷
……………………………………… 1－544
長蘆鹽務議略不分卷………………… 1－548
坦菴詞一卷…………………………… 2－526
坤輿撮要問答四卷附編一卷………… 1－387
坤輿撮要問答四卷附編一卷………… 1－387
坤輿撮要問答四卷附編一卷………… 1－387
幸魯盛典四十卷 ………………… 1－44

幸魯盛典四十卷 …………………… 1-44
幸魯盛典四十卷…………………… 1-553
坡仙集十六卷……………………… 1-131
坡仙集十六卷……………………… 1-132
坡仙集十六卷……………………… 1-132
坡仙集十六卷……………………… 1-132
坡仙集十六卷……………………… 1-132
坡門酬唱二十三卷………………… 2-355
坡門酬唱二十三卷………………… 2-355
亞東各國約章不分卷 ……………… 2-34
亞東各國約章不分卷 ……………… 2-34
亞東各國約章不分卷 ……………… 2-34
亞美利加洲通史十編……………… 2-129
取斯堂遺稿三卷…………………… 2-510
苷園詩錄四卷……………………… 2-330
苦功悟道卷一卷 …………………… 1-72
[道光]茂州志四卷首一卷 ………… 1-421
[道光]茂州志四卷首一卷 ………… 1-421
苗氏說文四種四十六卷…………… 1-231
苗氏說文四種四十六卷…………… 1-231
苗氏說文四種四十六卷…………… 1-231
苗氏說文四種四十六卷…………… 1-231
苗氏說文四種四十六卷…………… 1-231
苗氏說文四種四十六卷…………… 1-231
苗防備覽二十二卷………………… 1-504
苗防備覽二十二卷………………… 1-504
苗防備覽二十二卷………………… 1-505
苗防備覽二十二卷………………… 1-505
苗疆聞見錄不分卷………………… 1-505
英果敏公行狀一卷………………… 1-321
英果敏公事蹟不分卷……………… 1-321
英例全書一百八十一篇 …………… 2-17
英俄印度交涉書不分卷續編不分卷
…………………………………… 2-125
英國水師律例四卷 ………………… 2-20
英國和約不分卷 …………………… 2-18
英國和約不分卷 …………………… 2-40
英國和約不分卷 …………………… 2-41
英國和約不分卷 …………………… 2-41
英國和約不分卷 …………………… 2-41
英國和約不分卷 …………………… 2-41
英國和約不分卷 …………………… 2-41
英國和約不分卷 …………………… 2-41
英國和約不分卷 …………………… 2-41
英國和約不分卷 …………………… 2-41
英國續修通商行船條約 …………… 2-48
英軺日記十二卷…………………… 1-353
英軺日記十二卷…………………… 1-353
英軺私記一卷……………………… 1-531
英雄記鈔一卷……………………… 1-287
英雄記鈔一卷……………………… 1-330
英雲夢傳八卷……………………… 2-254
英雲夢傳八卷……………………… 2-254
英領緬甸志不分卷………………… 1-534
[康熙]茌平縣志五卷 ……………… 1-467
苑西集十二卷……………………… 1-115
苑洛集二十二卷…………………… 2-419
苑洛集二十二卷…………………… 2-419
苑洛集二十二卷…………………… 2-420
苑洛集二十二卷…………………… 2-420
范氏三種三十四卷………………… 1-193
范文正公文集十卷………………… 2-402
范文正公文集九卷………………… 2-401
范文正公文集九卷………………… 2-401
范文正公忠宣公全集七十三卷…… 1-135
范文正公忠宣公全集七十三卷…… 1-135
范文正公政府奏議二卷續集二卷書
牘一卷 …………………………… 1-32
范文忠公年譜一卷………………… 1-144
范文忠公年譜一卷………………… 1-144
范文忠公初集十二卷……………… 1-144
范文忠公初集十二卷……………… 1-144
范白舫所刊書十三種十八卷……… 2-576
范伯子詩集十九卷………………… 2-330
范忠貞公文集五卷首一卷………… 1-154
范忠貞公文集五卷首一卷………… 1-154
范忠貞[承謨]年譜一卷 …………… 1-339
范忠宣公遺文一卷附錄一卷補編一
卷………………………………… 2-405
苾芻館詞集六卷…………………… 2-526
直東剿匪電存四卷首一卷………… 2-163
直東剿匪電存四卷首一卷………… 2-163

直省同年全錄(道光二十三年癸卯科) …… 1－350
直省同年齒錄(光緒己卯科)不分卷 …… 2－93
直省選優貢同年齒錄(同治癸酉科)不分卷 …… 2－91
直省諮議局議員聯合會奏稿彙刊 …… 1－372
直省釋奠禮樂記六卷首一卷 …… 2－2
直庵詩稿不分卷 …… 2－371
直道録一卷竹窗隨筆一卷二筆一卷三筆一卷 …… 2－241
直閣朱公祠墓錄二卷附刻一卷郭孝童墓記略一卷 …… 2－98
直墨采真(光緒癸卯)不分卷 …… 2－284
直養書屋文集一卷續集一卷 …… 1－161
直隸工藝志初編八卷 …… 2－256
直隸工藝志初編八卷 …… 2－256
直隸工藝志初編八卷 …… 2－256
直隸工藝志初編八卷 …… 2－256
[乾隆]直隸代州志六卷 …… 1－408
[乾隆]直隸代州志六卷 …… 1－408
[乾隆]直隸邠州志二十五卷 …… 1－466
[乾隆]直隸易州志十八卷首一卷 …… 1－467
[乾隆]直隸易州志十八卷首一卷 …… 1－468
[道光]直隸定州志二十二卷首一卷 …… 1－408
[道光]直隸定州志二十二卷首一卷 …… 1－408
[道光]直隸定州志二十二卷首一卷 …… 1－408
[道光]直隸定州志二十二卷首一卷 …… 1－408
[道光]直隸定州志二十二卷首一卷 …… 1－408
[道光]直隸定州志二十二卷首一卷 …… 1－408
[乾隆]直隸秦州新志十二卷首一卷末一卷 …… 1－473
[乾隆]直隸秦州新志十二卷首一卷末一卷 …… 1－473
[乾隆]直隸通州志二十二卷 …… 1－449
[乾隆]直隸商州志十四卷首一卷 …… 1－458
[乾隆]直隸絳州志二十卷圖考一卷 …… 1－470
直隸農事試驗總場棉業研究會第二次報告書 …… 2－169
直隸農事試驗總場棉業研究會第二次報告書 …… 2－169
[光緒]直隸趙州志十六卷首一卷末一卷 …… 1－405
[光緒]直隸趙州志十六卷首一卷末一卷 …… 1－406
[乾隆]直隸遵化州志二十卷 …… 1－434
[乾隆]直隸遵化州志二十卷 …… 1－434
[乾隆]直隸遵化州志二十卷 …… 1－434
[道光]直隸霍州志二十五卷首一卷 …… 1－488
直隸五道成規五卷 …… 1－85
[道光]直隸南雄州志三十四卷首一卷 …… 1－441
[道光]直隸南雄州志三十四卷首一卷 …… 1－441
[道光]直隸南雄州志三十四卷首一卷 …… 1－441
直隸保定府定興縣地糧旂產徵收數目清摺不分卷 …… 2－24
[同治]直隸理番廳志六卷首一卷 …… 1－413
直隸現行通飭章程三卷 …… 2－10
直隸清理財政局説明書七編 …… 2－26
直隸提學使司戊申全年通飭不分卷 …… 1－553
直隸順天府昌平州賦役全書不分卷 …… 2－23
直隸隔境緝匪章程不分卷 …… 2－16
直隸旗地述略不分卷 …… 1－395
直齋書錄解題二十二卷 …… 1－48
直齋書錄解題二十二卷 …… 2－68
直齋書錄解題二十二卷 …… 2－68
直齋書錄解題二十二卷 …… 2－69
直齋書錄解題二十二卷 …… 2－69
直齋書錄解題二十二卷 …… 2－69
直齋書錄解題二十二卷 …… 2－69

直齋書錄解題二十二卷 ……………… 2－69
直齋書錄解題二十二卷 ……………… 2－69
苕溪集五十五卷……………………… 2－410
苔岑集初刊七種十八卷續一種四卷
……………………………………… 2－359
茅山志十四卷 ……………………… 1－40
茅山志十四卷附道秩考一卷………… 1－498
茅亭客話十卷………………………… 1－122
茅鹿門先生文集三十六卷…………… 1－144
茅鹿門集八卷………………………… 1－144
林太史集十四卷附存不分卷………… 1－155
林文忠公政書三集三十七卷………… 1－371
林文忠公政書三集三十七卷………… 1－371
林文忠公政書三集三十七卷………… 1－371
林文忠公政書三集三十七卷………… 1－371
林文忠公政書三集三十七卷………… 1－371
林文忠公政書三集三十七卷………… 1－371
林文忠公政書三集三十七卷………… 1－371
林文忠公政書三集三十七卷………… 1－371
林文忠公政書三集三十七卷………… 1－371
林文忠公政書三集三十七卷………… 1－548
林文忠公政書五種…………………… 1－370
林文忠公遺集四十一卷 …………… 2－26
林文忠公遺集四十一卷 …………… 2－26
林文忠公遺集四十一卷 …………… 2－26
林和靖先生詩集四卷附林和靖省心
錄一卷林集詩話一卷……………… 2－342
林和靖詩集四卷拾遺一卷…………… 2－342
林和靖詩集四卷拾遺一卷…………… 2－342
林泉老人評唱丹霞淳禪師頌古虛堂
習聽錄三卷 ……………………… 1－72
林登州遺集二十三卷附錄一卷……… 1－149
林蕙堂全集二十六卷………………… 1－150
林蕙堂全集二十六卷………………… 1－150
林蕙堂全集二十六卷………………… 1－150
［乾隆］林縣志十卷首一卷末一卷 … 1－472
［乾隆］林縣志十卷首一卷末一卷 … 1－472
林嚴文鈔四卷………………………… 2－493
林嚴文鈔四卷………………………… 2－493
林蘭香六十四回……………………… 2－252
枝山文集四卷………………………… 2－428
枝山文集四卷………………………… 2－428
枝江公牘不分卷 …………………… 2－50
［同治］枝江縣志二十卷首一卷 …… 1－488
板橋全集……………………………… 2－435
板橋家書一卷小唱一卷……………… 2－471
板橋集五種七卷……………………… 2－471
板橋集五種七卷……………………… 2－472
板橋集五種七卷……………………… 2－472
板橋集五種七卷……………………… 2－472
板橋集六編…………………………… 2－435
板橋詩鈔一卷………………………… 2－471
板橋襍記不分卷……………………… 2－381
板橋雜記三卷………………………… 2－556
來雲閣詩六卷………………………… 2－367
來紫堂合集三卷……………………… 2－490
來禽館集二十九卷…………………… 2－419
來禽館集二十九卷…………………… 2－419
來燕室文鈔不分卷…………………… 1－551
來瞿唐先生易註十五卷首一卷末一
卷………………………………… 1－179
松心詩十集…………………………… 2－327
松石齋文集二十五卷松石齋詩集六
卷趙文毅公奏疏五卷遼事疏附錄
……………………………………… 2－428
［嘉慶］松江府志八十四卷首二卷圖
一卷……………………………… 1－415
［嘉慶］松江府志八十四卷首二卷圖
一卷……………………………… 1－415
松江府屬府總賦役全書不分卷……… 1－554
松江府屬歷科采芹錄四編 ………… 2－95
［光緒］松江府續志四十卷首一卷圖
一卷……………………………… 1－415
［光緒］松江府續志四十卷首一卷圖
一卷……………………………… 1－415
［光緒］松江府續志四十卷首一卷圖
一卷……………………………… 1－415
［光緒］松江府續志四十卷首一卷圖
一卷……………………………… 1－415
松花菴全集十二卷…………………… 2－504
松花菴全集十二卷…………………… 2－504
松花菴全集三十一卷………………… 2－495

松厓全集十二種六十六卷…………… 2－572
松泉詩集二十六卷文集二十二卷…… 1－160
松泉詩集二十六卷文集二十二卷…… 2－322
松風閣琴譜二卷附抒懷操一卷 ……… 1－67
松風閣詩鈔二十六卷………………… 2－368
松風餘韻五十卷末一卷……………… 1－114
松郡婁縣均役要略文集一卷行集一
卷忠集一卷信集一卷 ……………… 1－44
松陵文錄二十四卷…………………… 2－277
松陵文錄二十四卷…………………… 2－277
松陵文錄二十四卷…………………… 2－277
松陵文獻十五卷……………………… 1－328
松陵集十卷…………………………… 1－120
松崕筆記三卷………………………… 1－122
松陽鈔存二卷………………………… 2－377
松陽講義十二卷……………………… 1－218
松鄉先生文集十卷…………………… 1－135
松鄉先生文集十卷…………………… 2－415
松雲精舍詩錄四卷詩錄續編一卷…… 2－363
松皐文集十二卷……………………… 1－159
松園印譜不分卷 …………………… 1－69
松圓浪淘集十八卷偈庵集二卷……… 2－428
松漠紀聞一卷續一卷補遺一卷……… 1－302
松漠紀聞一卷續一卷補遺一卷松漠
紀聞攷異一卷……………………… 1－303
松寥山人詩初集十卷………………… 2－372
松翠小菟裘文集四卷………………… 2－506
松禪老人遺書不分卷………………… 2－188
松聲池館詩存四卷…………………… 2－342
杭大宗七種叢書十八卷……………… 2－558
杭女表微錄十六卷首一卷 ………… 2－90
杭女表微錄十六卷首一卷 ………… 2－90
杭氏七種叢書十八卷………………… 2－558
杭氏七種叢書十八卷………………… 2－558
杭州八旗駐防營志略二十五卷……… 1－388
杭州上天竺講寺志十五卷…………… 1－525
杭州瓜爾佳氏節孝忠義合傳附述德
記…………………………………… 1－348
杭州藝文志十卷 …………………… 2－73
杭州藝文志十卷 …………………… 2－73
杭防大事記第一編不分卷…………… 1－373
杭府仁錢三學灑埽職一卷附錄一卷
………………………………… 1－552
杭俗遺風不分卷……………………… 2－232
杭郡庠得表忠觀碑記事一卷 ……… 2－99
述古堂文集十二卷…………………… 2－453
述古堂文集十二卷…………………… 2－453
述古堂藏書目四卷 ………………… 2－75
述古叢鈔四集二十三種一百五十八
卷………………………………… 2－549
述本堂詩集十八卷…………………… 1－100
述朱質疑十六卷附釋字一卷………… 2－161
述均十卷……………………………… 1－252
述異記二卷…………………………… 2－232
述異記二卷…………………………… 2－232
述異記二卷…………………………… 2－393
述庵先生[王昶]年譜二卷 ………… 2－379
述庵先生[王昶]年譜二卷 ………… 2－490
述庵先生[王昶]年譜二卷 ………… 2－490
述學內篇二卷………………………… 2－148
述學內篇二卷………………………… 2－148
述學內篇二卷………………………… 2－148
述學內篇三卷補遺一卷外篇一卷別
錄一卷校勘記一卷………………… 2－148
述學內篇三卷補遺一卷外篇一卷別
錄一卷校勘記一卷………………… 2－148
述舊三卷……………………………… 2－387
枕中書一卷…………………………… 2－255
枕善堂尺牘一隅二十卷……………… 2－303
枕湖樓藏書記不分卷………………… 1－526
枕經堂金石書畫題跋三卷…………… 2－488
枕經堂詩鈔二卷……………………… 2－488
枕經堂詩鈔二卷文鈔二卷金石書畫
題跋三卷駢體文三卷……………… 2－488
枕碧樓叢書十三種四十三卷………… 2－539
枕碧樓叢書十三種四十三卷………… 2－539
枕漁匀學二種二卷…………………… 2－360
枕漁匀學二種二卷…………………… 2－360
枕漁匀學二種二卷…………………… 2－360
東三省吉林全省出入款項目月報冊
不分卷 …………………………… 2－28
東三省交涉輯要十二卷……………… 1－505

東三省奉天全省試辦宣統三年預算
比較表不分卷 …………………… 2－27
東三省奉天全省試辦宣統三年預算
分冊不分卷 …………………… 2－27
東三省沿革表六卷 ………………… 1－528
東三省沿革表六卷 ………………… 1－528
東三省政畧不分卷 ………………… 1－546
東三省政略十二卷附圖七十二種 …… 1－545
東三省政略十二卷附圖七十二種 …… 1－545
東三省政略十二卷附圖七十二種 …… 1－546
東三省移民開墾意見書不分卷 ……… 2－24
東三省移民開墾意見書不分卷 ……… 2－24
東三省蒙務公牘彙編五卷 …………… 1－553
東三省試牘七卷首一卷 ……………… 2－295
東三省輿圖說一卷 ………………… 1－528
東三省鹽法志十四卷 ……………… 1－544
東三省鹽法志十四卷 ……………… 1－544
東山草堂文集二十卷首一卷 ………… 2－496
東山草堂邇言六卷 ………………… 2－502
東山書院志略不分卷 ……………… 1－526
東山寓聲樂府一卷 ………………… 2－523
東山寓聲樂府一卷補鈔一卷 ………… 2－523
東井詩鈔四卷文鈔二卷 ……………… 2－502
東方先生集一卷 …………………… 1－126
東方兵事紀略五卷 ………………… 1－302
東方兵事紀略五卷 ………………… 1－302
東方兵事紀略六卷 ………………… 2－264
東方兵事紀略六卷 ………………… 2－264
東方時局論略三章 ………………… 1－558
東古文存一卷 ……………………… 2－371
[光緒]東平州志二十七卷首一卷 … 1－424
[光緒]東平州志二十七卷首一卷 … 1－424
[道光]東平州志三十卷首二卷 …… 1－424
東田先生奏稿四卷首一卷 …………… 2－428
東西年表不分卷 …………………… 2－120
東西交涉文移稿簿不分卷 …………… 2－48
東西季漢文十五卷 ………………… 2－287
東西洋考十二卷 …………………… 1－533
東西洋考十二卷 …………………… 1－533
[光緒]東光縣志十二卷首一卷末一
卷 ………………………………… 1－452
[光緒]東光縣志十二卷首一卷末一
卷 ………………………………… 1－452
[光緒]東光縣志十二卷首一卷末一
卷 ………………………………… 1－452
[光緒]東光縣志十二卷首一卷末一
卷 ………………………………… 1－452
[光緒]東光縣志十二卷首一卷末一
卷 ………………………………… 1－452
東州草堂文鈔二十卷 ……………… 2－482
東江全集詩文九卷附錄一卷詞曲九
卷 ………………………………… 2－507
東牟守城紀畧一卷東牟守城詩一卷
…………………………………… 1－298
東牟守城紀畧一卷東牟守城詩一卷
…………………………………… 1－298
東里文集二十五卷東里別集四卷 …… 2－424
東里生燼餘集三卷附刻王木齋遺文
一卷 ……………………………… 2－512
東社讀史隨筆二卷 ………………… 2－113
[道光]東阿縣志二十四卷首一卷 … 1－436
東武詩存十卷 ……………………… 2－343
東武詩存十卷 ……………………… 2－343
東坡文選二十卷 …………………… 1－132
東坡文選二十卷 …………………… 1－132
東坡先生年譜一卷 ………………… 1－100
東坡先生年譜一卷 ………………… 1－132
東坡先生年譜一卷 ………………… 1－132
東坡先生年譜一卷 ………………… 1－132
東坡先生年譜一卷 ………………… 2－308
東坡先生年譜一卷 ………………… 2－406
東坡先生年譜一卷 ………………… 2－406
東坡先生全集錄九卷 ……………… 2－405
東坡先生物類相感志十八卷 ………… 2－145
東坡先生書傳二十卷 ……………… 1－4
東坡先生墓誌銘一卷 ……………… 1－132
東坡先生墓誌銘一卷 ……………… 1－132
東坡先生墓誌銘一卷 ……………… 1－132
東坡先生墓誌銘一卷 ……………… 2－406
東坡先生墓誌銘一卷 ……………… 2－406
東坡先生編年詩五十卷 …………… 2－351
東坡先生翰墨尺牘八卷 …………… 2－301

東坡先生[蘇軾]年譜一卷 …………… 1－97
東坡先生[蘇軾]年譜一卷 …………… 1－97
東坡先生[蘇軾]年譜一卷 …………… 1－97
東坡全集一百十五卷目録七卷……… 1－132
東坡全集一百十五卷目録七卷……… 1－132
東坡全集七十五卷……………………… 1－132
東坡事類二十二卷……………………… 1－334
東坡事類二十二卷……………………… 1－334
東坡事類二十二卷……………………… 1－334
東坡和陶合箋四卷……………………… 2－348
東坡和陶詩一卷………………………… 1－111
東坡和陶詩一卷………………………… 2－348
東坡烏臺詩案一卷附録……………… 2－324
東坡書傳二十卷………………………… 1－4
東坡集八十四卷………………………… 2－404
東坡集八十四卷………………………… 2－404
東坡集四十卷後集二十卷奏議十五卷内制集十卷樂語一卷外制集三卷應詔集十卷續集十二卷………… 2－402
東坡集四十卷後集二十卷奏議十五卷内制集十卷樂語一卷外制集三卷應詔集十卷續集十二卷………… 2－409
東坡寓惠集註釋五卷………………… 2－406
東坡樂府二卷…………………………… 2－523
東坡樂府二卷…………………………… 2－523
東坡禪喜集十四卷……………………… 1－135
東坡題跋二卷山谷題跋三卷……… 2－385
東亞各港口岸志八篇………………… 1－532
東亞各港口岸志八篇………………… 1－532
東亞各港口岸志不分卷……………… 1－527
東苑文鈔二卷詩鈔一卷……………… 1－121
東林本末三卷…………………………… 1－281
東林列傳二十四卷末二卷 ………… 1－29
東林書院志二十二卷………………… 1－522
東林書院志二十二卷………………… 1－522
東林書院志二十二卷………………… 1－522
東林書院志二十二卷………………… 1－525
東林點將録一卷 ……………………… 2－91
[嘉慶]東昌府志五十卷首三卷 …… 1－428
[乾隆]東明縣志八卷 ……………… 1－36
東征集六卷 …………………………… 1－65
東周列國全志二十三卷一百八回…… 2－239
東周列國全志二十三卷一百八回…… 2－239
東周列國全志二十三卷一百八回…… 2－239
東周列國全志二十三卷一百八回…… 2－239
東周列國全志二十三卷一百八回…… 2－239
東京夢華録十卷………………………… 1－518
東京夢華録十卷………………………… 2－547
東郊土物詩一卷………………………… 2－338
東城記餘二卷…………………………… 2－382
東城雜記二卷…………………………… 2－235
東城雜記二卷…………………………… 2－235
東南水利略六卷………………………… 1－497
東南海島圖經十卷……………………… 1－532
東洋史要二卷…………………………… 2－122
東洋史要二卷…………………………… 2－122
東洋史要二卷…………………………… 2－122
東洋史要二卷…………………………… 2－122
東洋史要二卷…………………………… 2－123
東洋史要四卷…………………………… 2－123
東洋史要四卷…………………………… 2－123
東洲草堂文鈔二十卷附眠琴閣遺文一卷詩二卷浣月樓遺詩二卷……… 2－459
東洲草堂文鈔二十卷附眠琴閣遺文一卷詩二卷浣月樓遺詩二卷……… 2－459
東洲草堂詩鈔三十卷詩餘一卷…… 2－323
東洲草堂詩鈔三十卷詩餘一卷…… 2－323
東都事略一百三十卷 ……………… 1－26
東都事略一百三十卷………………… 1－289
東都事略一百三十卷………………… 1－289
東都事略一百三十卷………………… 1－309
東華録一百九十四卷………………… 1－271
東華録十六卷 ………………………… 1－19
東華録三十二卷………………………… 1－265
東華録三十二卷………………………… 1－288
東華録(天命朝)四卷(天聰朝)十一卷(崇德朝)八卷 …………… 1－287
東華録(天命朝)四卷(天聰朝)十一卷(崇德朝)八卷 …………… 1－287
東華録(康熙朝)一百十卷 ………… 1－286
東華録(康熙朝)一百十卷 ………… 1－288
東華録(順治朝)三十六卷 ………… 1－287

東華錄(順治朝)三十六卷 ………… 1－287
東華錄(道光朝)六十卷 ………… 1－275
東華錄詳節二十四卷………………… 1－288
東華錄詳節二十四卷………………… 1－288
東華錄詳節二十四卷………………… 1－288
東華錄(雍正朝)二十六卷 ………… 1－271
東華錄(雍正朝)二十六卷 ………… 1－287
東華錄(雍正朝)二十六卷 ………… 1－288
東華續錄(光緒朝)二十二卷 ……… 1－271
東華續錄(光緒朝)二百二十卷 …… 1－271
東華續錄(光緒朝)二百二十卷 …… 1－272
東華續錄(光緒朝)二百二十卷 …… 1－286
東華續錄(光緒朝)二百二十卷 …… 1－287
東華續錄(同治朝)一百卷 ………… 1－271
東華續錄(同治朝)一百卷 ………… 1－272
東華續錄(同治朝)一百卷 ………… 1－272
東華續錄(同治朝)一百卷 ………… 1－272
東華續錄(同治朝)一百卷 ………… 1－272
東華續錄(同治朝)一百卷 ………… 1－286
東華續錄(同治朝)一百卷 ………… 1－287
東華續錄(同治朝)一百卷 ………… 1－287
東華續錄(咸豐朝)一百卷 ………… 1－271
東華續錄(咸豐朝)一百卷 ………… 1－272
東華續錄(咸豐朝)一百卷東華續錄(同治朝)一百卷 ………… 1－270
東華續錄(咸豐朝)六十九卷 ……… 1－287
東華續錄(乾隆朝)一百二十卷 …… 1－271
東華續錄(乾隆朝)一百二十卷 …… 1－272
東華續錄(乾隆朝)一百二十卷 …… 1－287
東華續錄(乾隆朝)一百二十卷 …… 1－287
東華續錄(乾隆朝)一百二十卷 …… 1－287
東華續錄(康熙朝)一百十卷 ……… 1－271
東華續錄(道光朝)六十卷 ………… 1－287
東華續錄(道光朝)六十卷 ………… 1－287
東華續錄(嘉慶朝)五十卷 ………… 1－287
東華續錄(嘉慶朝)五十卷 ………… 1－287
東莆先生文集六卷………………… 2－425
東軒吟社畫像一卷附記一卷小傳一卷題詠一卷跋語一卷………… 1－333
東原錄一卷………………………… 2－381
東原錄一卷………………………… 2－381
東晉南北朝輿地表二十七卷………… 1－519
東晉疆域志四卷…………………… 1－385
東晉疆域志四卷…………………… 1－385
東晉疆域志四卷…………………… 1－401
東圃詩鈔九卷……………………… 2－365
東航紀遊不分卷…………………… 1－512
東航紀遊不分卷…………………… 1－512
東倉書庫叢刻初編十一種三十一卷 ………………………………… 2－556
東海更言不分卷…………………… 1－516
東海褰冥氏三十以前舊學四種七卷 ………………………………… 2－490
東陲紀行不分卷…………………… 1－511
東陲紀行不分卷…………………… 1－511
東萊先生古文關鍵二卷 ………………… 1－93
東萊先生古文關鍵二卷……………… 2－289
東萊先生左氏博議二十五卷………… 1－211
東萊先生左氏博議二十五卷附虛字註釋備考六卷………………… 2－404
東萊先生音註唐鑑二十四卷 ………… 1－54
東萊先生音註唐鑑二十四卷 ………… 1－54
東萊先生音註唐鑑二十四卷 ………… 1－54
東萊先生詩律武庫十五卷後集十五卷…………………………… 1－119
東萊呂太史文集十五卷……………… 2－542
東萊呂氏古易一卷…………………… 1－180
東萊呂紫微師友雜志一卷…………… 2－216
東萊呂紫微師友雜志一卷…………… 2－216
東萊呂紫微雜說一卷………………… 2－216
東萊博議四卷附增補虛字註釋……… 2－404
東萊博議四卷附增補虛字註釋……… 2－404
東萊博議四卷附增補虛字註釋……… 2－404
東萊博議四卷附增補虛字註釋……… 2－404
東萊博議四卷附增補虛字註釋……… 2－404
東萊博議四卷附增補虛字註釋……… 2－404
東萊博議四卷附增補虛字註釋……… 2－404
東萊博議四卷附增補虛字註釋……… 2－404
東萊博議四卷增補虛字註釋總目一卷………………………………… 1－211
東萊博議纂不分卷…………………… 1－212
東萊詩集二十卷……………………… 2－358

東國史略六卷……………………………… 2－128
［道光］東陽縣志二十八卷首一卷附
　補遺…………………………………… 1－451
［道光］東陽縣志二十八卷首一卷附
　補遺…………………………………… 1－451
東隅瑣記不分卷………………………… 1－509
［光緒］東鄉縣志十二卷首一卷附典
　禮備考二卷…………………………… 1－410
東越文苑六卷…………………………… 1－328
東越文苑六卷…………………………… 1－334
東越文苑傳一卷………………………… 1－334
東越儒林傳一卷………………………… 1－334
東嵒艸堂評訂唐詩鼓吹十卷………… 1－102
東嵒艸堂評訂唐詩鼓吹十卷………… 1－103
東畬雜記一卷附幽湖百詠…………… 2－524
東廂記四卷首一卷……………………… 2－521
東遊日記不分卷………………………… 1－352
東遊日記不分卷………………………… 1－508
東遊日記不分卷………………………… 1　508
東遊日記不分卷………………………… 1－508
東遊日記首編不分卷…………………… 1－509
東遊考政錄不分卷……………………… 1－512
東遊自治譯聞二編 ……………………… 2－28
東遊紀事六卷…………………………… 2－261
東遊紀念二卷…………………………… 2－261
東道紀略不分卷………………………… 1－385
東湖集五卷首一卷……………………… 2－428
東游日記不分卷………………………… 1－507
東游日記不分卷………………………… 1－509
東槎紀略五卷…………………………… 1－300
東槎紀略五卷…………………………… 1－300
東粤藩儲攷十二卷……………………… 1－555
東溟文集六卷文外集四卷……………… 2－482
東溟文集六卷文外集四卷文後集十
　四卷文外集二卷後湘詩集九卷二
　集五卷續集七卷……………………… 2－482
東溟文集六卷文外集四卷文後集十
　四卷奏稿四卷………………………… 2－482
［嘉慶］東臺縣志四十卷 ……………… 1－468
［嘉慶］東臺縣志四十卷 ……………… 1－480
［嘉慶］東臺縣志四十卷 ……………… 1－480
東塾集六卷申范一卷…………………… 2－468
東塾集六卷申范一卷…………………… 2－468
東塾集六卷申范一卷…………………… 2－508
東塾遺書四種九卷……………………… 2－513
東塾讀書記二十五卷…………………… 2－567
東漢文二十卷…………………………… 1－125
東漢會要四十卷………………………… 1－266
東漢會要四十卷………………………… 1－548
東漢會要四十卷………………………… 1－548
東漢會要四十卷………………………… 1－548
東甌先正文錄十五卷補遺一卷……… 2－277
東甌孤嶼志八卷………………………… 1－525
東甌記畧一卷附刻一卷 ……………… 2－66
東橋先生蘭譜不分卷…………………… 2－193
東還紀畧一卷…………………………… 1－516
東徼紀行不分卷………………………… 1－510
東藩紀要十二卷補錄一卷…………… 1－534
東瀛員警筆記三卷……………………… 2－258
東瀛参觀學校記不分卷………………… 2－261
東瀛識略八卷…………………………… 1－519
東巖周禮訂義八十卷…………………… 1－6
東觀奏記三卷…………………………… 1－329
東觀餘論二卷附錄一卷………………… 2－230
或問一卷………………………………… 1－166
或語不分卷……………………………… 2－512
臥象山房詩正集七卷白雲村文集四
　卷……………………………………… 1－156
臥雲山館詩存一卷……………………… 2－364
臥龍崗志二卷 …………………………… 1－42
臥龍崗志二卷 …………………………… 1－42
臥龍崗志二卷…………………………… 1－521
事物考八卷……………………………… 2－230
事物紀原十卷…………………………… 2－144
事物紀原集類十卷 ……………………… 1－58
事物紀原補十卷目錄二卷 …………… 1－60
事物原會四十卷………………………… 2－229
事物原會四十卷………………………… 2－229
事物異名錄四十卷 ……………………… 1－13
事物異名錄四十卷 ……………………… 2－66
事物異名錄四十卷……………………… 2－145
事類賦三十卷…………………………… 1－104

事類賦三十卷…………………………2－142
事類賦三十卷…………………………2－142
兩大中丞詩文合刻……………………2－490
兩江法政學堂章程十章………………2－261
兩京新記一卷…………………………1－304
兩京遺編十二種七十三卷……………1－168
兩河奏疏(道光元年至十一年)不分
　卷……………………………………1－373
兩晉南北合纂四十卷 …………………1－25
兩般秋雨盦隨筆八卷…………………2－236
兩般秋雨盦隨筆八卷…………………2－236
兩般秋雨盦隨筆八卷…………………2－236
兩般秋雨盦隨筆八卷…………………2－236
兩浙令長攷三卷………………………1－351
兩浙令長攷三卷………………………1－351
兩浙名賢錄五十四卷外錄八卷………1－333
兩浙防護錄不分卷……………………1－362
兩浙防護錄不分卷……………………1－362
兩浙防護錄不分卷……………………1－524
兩浙金石志十八卷補遺一卷 …………2－96
兩浙金石志十八卷補遺一卷 …………2－96
兩浙宦遊紀略七種九卷………………1－554
兩浙宦遊紀略七種九卷………………1－554
兩浙宦遊紀略七種九卷………………2－260
兩浙宦遊記略七種九卷………………1－549
兩浙校士錄不分卷……………………2－305
兩浙輶軒錄四十卷……………………2－313
兩浙輶軒錄四十卷兩浙輶軒錄補遺
　十卷…………………………………2－313
兩浙輶軒錄補遺十卷…………………2－313
兩浙輶軒續錄五十四卷………………2－313
兩浙輶軒續錄五十四卷兩浙輶軒錄
　補遺十卷……………………………2－313
兩浙輶軒續錄五十四卷兩浙輶軒續
　錄補遺六卷…………………………2－313
兩宮鼎建記二卷 ………………………2－28
兩淮案牘鈔存不分卷…………………1－559
兩淮歲計志略不分卷 …………………2－27
兩淮戡亂記一卷………………………1－303
兩淮鹽法志五十六卷首四卷…………1－536
兩淮鹽法志五十六卷首四卷…………1－537
兩淮鹽法志四十卷首一卷 ……………1－43
兩淮鹽法志四十卷首一卷 ……………1－43
兩淮鹽法撰要二卷 ……………………2－24
兩淮鹽法撰要二卷 ……………………2－25
兩朝史事一卷…………………………2－113
兩朝剝復錄六卷 ………………………2－65
兩朝剝復錄六卷 ………………………2－65
兩湖書院化學課程□□卷……………2－269
兩當軒集二十二卷附錄四卷攷異二
　卷……………………………………2－326
兩當軒集二十二卷附錄四卷攷異二
　卷……………………………………2－326
兩當軒集二十二卷附錄四卷攷異二
　卷……………………………………2－326
兩當軒詩鈔十四卷悔存詞鈔二卷……2－317
兩粵賑捐章程十二條附奏案 …………2－17
兩漢文四十卷 …………………………1－89
兩漢刊誤補遺十卷附錄………………1－291
兩漢刊誤補遺十卷附錄………………1－291
兩漢刊誤補遺十卷附錄………………1－291
兩漢紀六十卷附字句異同考一卷 ……1－17
兩漢紀六十卷附字句異同考一卷 ……1－18
兩漢紀六十卷附字句異同考一卷……1－168
兩漢策要十二卷 ………………………1－89
兩漢策要十二卷………………………2－281
兩漢策要十二卷………………………2－281
兩漢雋言十六卷 ………………………1－60
兩漢雋言十六卷 ………………………1－60
兩漢碎金一卷…………………………2－105
兩彊勉齋古今體詩四卷文存二卷……2－479
兩谿文集二十四卷……………………2－420
兩谿文集二十四卷……………………2－420
兩罍軒印攷漫存九卷…………………2－195
兩罍軒書牘十二卷……………………2－299
兩罍軒書牘十二卷……………………2－299
兩罍軒彝器圖釋十二卷………………2－103
雨堂偶筆五卷首一卷…………………2－389
協律鉤元四卷外集一卷………………2－326
協律鉤元四卷外集一卷………………2－326
協律鉤元四卷外集一卷………………2－327
郁離子一卷……………………………2－137

奈何天傳奇二卷 ……………………… 1－167
奈端別傳一卷附楊之培傳一卷 ……… 1－335
奇門捷徑不分卷 ……………………… 2－211
奇門捷徑不分卷 ……………………… 2－211
奇門遁甲不分卷 ……………………… 2－212
奇門遁甲造化準則演義不分卷 ……… 2－212
奇門闡秘前編六卷行軍方便便方三卷 ……………………………… 2－212
奇晉齋叢書十六種十九卷 …………… 2－234
奇晉齋叢書十六種十九卷 …………… 2－542
奇晉齋叢書十六種十九卷 …………… 2－542
奇觚室吉金文述二十卷 ……………… 2－102
奇觚室吉金文述二十卷 ……………… 2－102
奇聞隨筆四卷 ………………………… 2－225
奇賞齋古文彙編二百三十六卷 ……… 1－93
抱朴子內篇二十卷 …………………… 2－215
抱朴子內篇四卷外篇四卷 …………… 2－215
抱朴子外篇五十卷 …………………… 2－215
抱朴子外篇四卷 ……………………… 2－215
抱經室詩文初編八卷 ………………… 2－465
抱經堂文集三十四卷 ………………… 1－150
抱經堂詩鈔七卷 ……………………… 2－433
抱潤軒文集十卷 ……………………… 2－463
抱潤軒文集十卷 ……………………… 2－463
抱潤軒文集十卷 ……………………… 2－463
拙修集十卷 …………………………… 2－458
拙軒集六卷 …………………………… 2－416
拙尊園叢稿六卷 ……………………… 2－455
拙尊園叢稿六卷 ……………………… 2－459
拙尊園叢稿六卷 ……………………… 2－459
拙尊園叢稿六卷 ……………………… 2－506
拙尊園叢稿六卷 ……………………… 2－506
拙尊園叢稿六卷 ……………………… 2－506
拙盦叢稿九種二十卷首一卷 ………… 2－460
拙盦叢稿九種二十卷首一卷 ………… 2－460
拙盦叢稿九種二十卷首一卷 ………… 2－461
拙盦叢稿九種二十卷首一卷 ………… 2－461
拙盦叢稿五種二十卷 ………………… 2－500
[道光]招遠縣續志四卷 ……………… 1－472
招隱山志十二卷首一卷 ……………… 1－502
非石日記鈔不分卷 …………………… 1－352
非園中外地輿歌不分卷 ……………… 1－396
叔苴子內篇五卷叔苴子外編二卷 …… 2－137
卓峰草堂詩鈔二十卷文鈔三卷夢梨雲館詩外編四卷 ……………… 2－345
卓欽奏事檔不分卷 …………………… 1－377
卓廬初草不分卷 ……………………… 2－509
虎口日記不分卷 ……………………… 1－343
虎口餘生記一卷 ……………………… 2－256
虎邱山志十卷首一卷 ………………… 1－501
虎邱綴英志略不分卷 ………………… 2－375
虎阜志十卷首一卷 …………………… 1－501
虎鈐經二十卷 ………………………… 2－165
尚友錄二十二卷 ……………………… 1－50
尚友錄二十二卷附補遺 ……………… 2－89
尚友錄二十二卷附補遺 ……………… 2－89
尚友錄二十二卷續集二十二卷 ……… 2－89
尚友錄二十二卷續集二十二卷 ……… 2－89
尚史七十卷 …………………………… 1－24
尚白齋鐫陳眉公訂正秘笈二十一種四十九卷 ………………………… 1－167
尚白齋鐫陳眉公寶顏堂秘笈十七種四十九卷 ………………………… 1－169
尚志居集八卷補遺一卷讀書記四卷 ……………………………… 2－486
尚志錄八卷 …………………………… 1－335
尚書大傳四卷補遺一卷 ……………… 1－187
尚書大傳四卷補遺一卷續補遺一卷考異一卷 ………………………… 2－539
尚書日記十六卷 ……………………… 1－4
尚書今古文注三十卷 ………………… 1－189
尚書今古文注疏三十卷 ……………… 1－188
尚書今古文注疏三十卷 ……………… 1－188
尚書引義六卷 ………………………… 2－565
尚書孔傳參正三十六卷序例一卷異同表一卷 ………………………… 1－188
尚書古文疏證八卷 …………………… 1－4
尚書古文疏證八卷附朱子古文書疑一卷 ……………………………… 1－187
尚書考六卷 …………………………… 1－188
尚書考異六卷 ………………………… 1－187
尚書考異六卷 ………………………… 1－187

尚書考異六卷 ………………………… 1－187
尚書後案三十卷附尚書後辨一卷……… 1－3
尚書後案三十卷附尚書後辨一卷……… 1－3
尚書約旨六卷尚書通典略二卷………… 1－4
尚書涉傳四卷 ………………………… 1－4
尚書集注述疏三十二卷首一卷末二
　卷附讀書堂答問一卷 ……………… 1－185
尚書集注音疏十二卷附尚書經師系
　表一卷 ……………………………… 1－189
尚書箋三十卷 ………………………… 1－188
尚書箋三十卷 ………………………… 1－188
尚書精義五十卷 ……………………… 1－185
尚書篇第一卷首一卷附書經補篇一
　卷 …………………………………… 1－188
尚書離句六卷 ………………………… 1－185
尚書離句六卷 ………………………… 1－187
尚書釋天六卷 ………………………… 1－66
尚書釋音二卷 ………………………… 1－188
尚絅堂文集二卷詩集五十二卷詞集
　二卷 ………………………………… 2－458
尚詩徵名二卷附覺華龕詩存一卷…… 2－518
尚賢堂報告書不分卷 ………………… 1－553
尚論編二十卷 ………………………… 1－29
盱江先生全集三十七卷外集三卷…… 2－405
盱江先生全集三十七卷外集三卷附
　三夏享元侯賦一卷盱江先生[李
　覯]年譜一卷 ……………………… 1－133
盱江先生[李覯]年譜一卷 ………… 2－405
[光緒]盱眙縣志稾十七卷首一卷 … 1－471
[光緒]盱眙縣志稾十七卷首一卷 … 1－471
[光緒]盱眙縣志稾十七卷首一卷 … 1－471
[康熙]具區志十六卷 ……………… 1－433
[康熙]具區志十六卷 ……………… 1－433
[康熙]具區志十六卷 ……………… 1－433
果堂集十二卷附墓誌銘……………… 2－496
果堂集十二卷附録一卷……………… 1－159
果報錄十二卷一百回………………… 2－251
味雪齋詩鈔八卷文鈔甲集十卷文鈔
　二集八卷 …………………………… 2－462
味經山館文鈔四卷詩鈔六卷………… 2－462
味經書屋詩稿十二卷………………… 2－335
味經齋遺書四十一卷………………… 1－177
味經齋遺書四十一卷………………… 1－177
味經齋遺書四十一卷………………… 1－177
味蓼初藁一卷 ………………………… 1－159
味餘書室全集定本四十卷附味餘書
　室隨筆二卷 ………………………… 2－335
味餘書室隨筆二卷…………………… 2－383
味檗齋文集十五卷…………………… 2－429
味檗齋文集十五卷…………………… 2－429
味檗齋遺筆不分卷…………………… 2－108
味鐙聽葉廬詩草二卷………………… 2－364
味靈華館詩六卷……………………… 2－365
味靈華館詩六卷……………………… 2－365
杲堂文鈔六卷詩鈔七卷……………… 1－161
杲溪詩經補注二卷…………………… 1－5
[道光]昆明縣志十卷 ……………… 1－470
[道光]昆明縣志十卷 ……………… 1－470
昌平山水記二卷……………………… 1－487
[乾隆]昌邑縣志八卷 ……………… 1－488
昌谷集四卷…………………………… 1－115
昌瑞山萬年統志十六卷……………… 1－394
[宣統]昌圖府志六章 ……………… 1－480
昌黎先生集四十卷外集十卷遺文一
　卷 …………………………………… 1－127
昌黎先生集四十卷外集十卷遺文一
　卷 …………………………………… 1－127
昌黎先生集四十卷外集十卷遺文一
　卷 …………………………………… 1－128
昌黎先生集四十卷外集十卷遺文一
　卷 …………………………………… 2－395
昌黎先生集四十卷外集十卷遺文一
　卷 …………………………………… 2－395
昌黎先生集四十卷外集十卷遺文四
　卷 …………………………………… 2－394
昌黎先生集攷異十卷………………… 2－393
昌黎先生詩集注十一卷……………… 1－128
昌黎先生詩集注十一卷……………… 1－128
昌黎先生詩集注十一卷……………… 2－334
昌黎先生詩集注十一卷……………… 2－334
昌黎先生詩集注十一卷……………… 2－370
昌黎先生[韓愈]年譜一卷 ………… 1－128

昌黎先生[韓愈]年譜一卷 ………… 1－128
昌黎先生[韓愈]年譜一卷 ………… 2－370
[同治]昌黎縣志十卷 ………………… 1－421
[同治]昌黎縣志十卷 ………………… 1－421
[嘉慶]昌樂縣志三十二卷首一卷 … 1－427
[嘉慶]昌樂縣志三十二卷首一卷 … 1－427
[嘉慶]昌樂縣志三十二卷首一卷 … 1－427
[嘉慶]昌樂縣志三十二卷首一卷 … 1－442
[嘉慶]昌樂縣志三十二卷首一卷 … 1－442
明八大家集六十二卷 ……………… 1－92
明八大家集六十二卷……………… 2－283
明人尺牘四卷國朝尺牘六卷………… 2－300
明人詩鈔正集十四卷續集十四卷…… 1－111
明三十家詩選初集八卷明三十家詩
選二集八卷……………………… 1－115
明大司馬盧公奏議十卷…………… 1－365
明大司馬盧公奏議十卷…………… 1－371
明大司馬盧公奏議十卷…………… 1－371
明大司馬盧公集十二卷首一卷……… 2－418
明大司馬盧公集十二卷首一卷……… 2－418
明大司馬盧公集十二卷首一卷……… 2－418
明大司馬盧公集十二卷首一卷……… 2－418
明大司馬盧公集十二卷首一卷……… 2－419
明大司馬盧公集十二卷首一卷……… 2－429
明月篇二卷……………………… 1－148
明六大家集六十三卷 ……………… 1－86
明文才調集不分卷……………… 2－285
明文在一百卷…………………… 2－424
明文在一百卷…………………… 2－449
明文在一百卷…………………… 2－449
明文在一百卷…………………… 2－449
明文奇賞四十卷 ………………… 1－86
明文奇賞四十卷 ………………… 1－86
明文鈔六編 ……………………… 1－94
明末野史五種七卷 ……………… 1－26
明本排字九經直音二卷…………… 1－245
明本釋三卷……………………… 2－160
明史三百三十六卷目錄四卷 ……… 1－17
明史小樂府一卷………………… 1－310
明史本傳前明忠義別傳不分卷 …… 1－30
明史列傳稿二百八卷目錄二卷 …… 1－24
明史紀事本末八十卷 …………… 1－22
明史紀事本末八十卷 …………… 1－22
明史紀事本末八十卷……………… 1－276
明史紀事本末八十卷……………… 1－276
明史紀事本末八十卷……………… 1－276
明史紀事本末八十卷……………… 1－276
明史紀事本末八十卷……………… 1－276
明史紀事本末八十卷……………… 1－280
明史紀事本末八十卷……………… 1－281
明史紀事本末八十卷……………… 1－282
明史紀事本末詳節六卷…………… 1－280
明史稿三百十卷………………… 1－289
明史稿三百十卷………………… 1－289
明史稿三百十卷………………… 1－289
明史稿三百十卷………………… 1－289
明史稿三百十卷目錄三卷 ……… 1－24
明史稿三百十卷目錄三卷 ……… 1－24
明史論四卷……………………… 2－109
明史論四卷……………………… 2－110
明史論四卷……………………… 2－110
明史論四卷……………………… 2－110
明史論四卷……………………… 2－110
明史論四卷……………………… 2－110
明史論四卷……………………… 2－111
明史擬稿六卷 …………………… 1－24
明史擬稿六卷…………………… 1－330
明史擘要八卷…………………… 1－291
明史竊一百五卷………………… 1－265
明四子詩集一百二十六卷………… 2－362
明刑管見錄一卷………………… 1－546
明臣奏議十二卷………………… 1－375
明夷待訪錄不分卷……………… 1－549
明夷待訪錄不分卷……………… 1－549
明夷待訪錄不分卷……………… 2－109
明夷待訪錄不分卷……………… 2－109
明夷待訪錄不分卷……………… 2－161
明夷待訪錄不分卷……………… 2－161
明夷待訪錄不分卷……………… 2－295
明夷待訪錄不分卷……………… 2－295
明名臣奏議選八卷……………… 1－377
明州阿育王山志十卷 …………… 1－40

明州阿育王山志十卷 …………………… 1－40
明州阿育王山志十卷 …………………… 1－40
明州阿育王山志十卷 …………………… 1－40
明州繫年錄七卷 ………………………… 1－274
明李文正公[東陽]年譜七卷 ……… 1－338
明李文正公[東陽]年譜七卷 ……… 2－422
明兵部侍郎左公暨配劉淑人墓志銘
　一卷 ………………………………… 2－429
明狀元圖考三卷 ………………………… 1－30
明季三朝野史四卷 ……………………… 1－311
明季北略二十四卷 ……………………… 1－290
明季北略二十四卷 ……………………… 1－290
明季北略二十四卷 ……………………… 1－290
明季北略二十四卷 ……………………… 1－290
明季北略二十四卷明季南略十八卷
　………………………………………… 1－290
明季北略二十四卷明季南略十八卷
　………………………………………… 1－290
明季北略二十四卷明季南略十八卷
　………………………………………… 1－290
明季北略二十四卷明季南略十八卷
　………………………………………… 1－290
明季南略十八卷 ………………………… 1－290
明季南略十八卷 ………………………… 1－290
明季南略十八卷明季北略二十四卷
　………………………………………… 1－290
明季南略十八卷明季北略二十四卷
　………………………………………… 1－290
明季稗史彙編十六種二十七卷……… 1－295
明季稗史彙編十六種二十七卷……… 1－295
明季稗史彙編十六種二十七卷……… 1－296
明季稗史彙編十六種二十七卷……… 1－296
明季稗史彙編十六種二十七卷……… 1－296
明季稗史彙編十六種二十七卷……… 1－296
明季稗史彙編十六種二十七卷……… 1－296
明季稗史彙編十六種二十七卷……… 1－296
明季稗史彙編十六種二十七卷……… 1－296
明季諸公語錄不分卷 …………………… 2－388
明況太守龍岡公治蘇政績全集十六
　卷首一卷 …………………………… 1－44
明治法制史三編 ………………………… 2－119
明治政黨小史不分卷 …………………… 1－505
明郝太僕褒忠錄六卷附蕭氏旌孝錄
　一卷 ………………………………… 1－334
明胡端敏公奏議十卷 …………………… 1－366
明紀六十卷 ……………………………… 1－273
明紀六十卷 ……………………………… 1－273
明紀事樂府四卷 ………………………… 2－346
明珠記二卷 ……………………………… 2－529
明華西樓處士遺稿一卷 ………………… 2－345
明夏赤城先生文集二十三卷 ………… 2－425
明倪文貞公文集二十卷奏疏十二卷
　補遺一卷 …………………………… 2－425
明倪文貞公文集二十卷奏疏十二卷
　補遺一卷 …………………………… 2－425
明高僧傳六卷 …………………………… 1－71
明宮史八卷 ……………………………… 1－300
明宮史八卷 ……………………………… 1－300
明宮史八卷 ……………………………… 1－300
明宮史八卷 ……………………………… 1－300
明宮史五卷 ……………………………… 1－300
明宮雜詠二十卷 ………………………… 2－526
明宮雜詠二十卷 ………………………… 2－526
明通鑑九十卷首一卷目錄二十卷前
　編四卷附編六卷 …………………… 1－270
明通鑑九十卷首一卷目錄二十卷前
　編四卷附編六卷 …………………… 1－271
明通鑑九十卷首一卷目錄二十卷前
　編四卷附編六卷 …………………… 1－271
明通鑑九十卷首一卷前編四卷附編
　六卷 ………………………………… 1－270
明通鑑九十卷首一卷前編四卷附編
　六卷 ………………………………… 1－270
明通鑑九十卷首一卷前編四卷附編
　六卷 ………………………………… 1－271
明通鑑九十卷首一卷前編四卷附編
　六卷 ………………………………… 1－271
明堂大道錄八卷 ………………………… 1－203
明堂陰陽夏小正經傳攷釋十卷夏時
　等列說一卷 ………………………… 1－249
明清兩朝歷科題名碑錄不分卷……… 1－350
明清兩朝歷科題名碑錄不分卷……… 1－350

明密碼電報書不分卷…………………… 2－266
明密碼電報書不分卷…………………… 2－266
明張文忠公全集四十六卷附錄二卷
……………………………………… 2－417
明張文忠公全集四十六卷附錄二卷
……………………………………… 2－417
明張忠烈公文集不分卷奇零草不分
卷……………………………………… 2－426
明朝紀事本末八十卷…………………… 1－276
明朝國初事蹟一卷……………………… 1－303
明詞綜十二卷…………………………… 2－522
明善堂詩集十二卷 …………………… 1－99
明善堂詩集四十二卷詩餘一卷詞餘
一卷文集四卷 ………………………… 1－99
明善編二卷 …………………………… 1－63
明道書院鈔存五卷首一卷……………… 2－510
明湖載酒二集一卷補遺一卷…………… 2－364
明雷石庵尚書胡二峰侍郎遺集合刻
不分卷………………………………… 2－422
明詩別裁集十二卷……………………… 1－107
明詩別裁集十二卷……………………… 1－107
明詩別裁集十二卷……………………… 1－107
明詩別裁集十二卷……………………… 2－336
明詩紀事甲籤三十卷乙籤二十二卷
丙籤十二卷丁籤十七卷戊籤二十
二卷己籤二十卷庚籤三十卷辛籤
三十四卷……………………………… 2－333
明詩綜一百卷 ………………………… 1－97
明詩綜一百卷 ………………………… 1－97
明詩綜一百卷 ………………………… 1－97
明詩綜一百卷 ………………………… 1－97
明詩綜一百卷 ………………………… 1－97
明詩綜一百卷…………………………… 2－307
明詩綜一百卷…………………………… 2－307
明詩綜一百卷…………………………… 2－307
明詩綜一百卷…………………………… 2－307
明詩選十二卷…………………………… 1－118
明詩穆如集八卷………………………… 1－112
明滇南五名臣遺集……………………… 2－277
明德先生文集二十六卷制藝一卷附
新安定變全城記一卷………………… 2－424
明練音續集十卷首一卷末一卷……… 1－121
明儒學案六十二卷……………………… 1－314
明儒學案六十二卷……………………… 1－314
明儒學案六十二卷……………………… 1－314
明儒學案六十二卷……………………… 2－130
明儒學案六十二卷……………………… 2－538
明儒學案六十二卷附師說一卷 ……… 1－27
明辨錄一卷 …………………………… 1－62
明齋小識十二卷………………………… 2－378
明齋小識十二卷………………………… 2－378
明齋小識十二卷………………………… 2－378
明職一卷 ……………………………… 1－47
明鑑前紀二卷…………………………… 1－282
易考二卷………………………………… 1－183
易成二卷易成方二卷…………………… 2－212
易林元篇十測一卷 …………………… 1－74
易林元篇四卷 ………………………… 1－74
易拇十五卷……………………………… 1－183
易知摘要類編十二卷…………………… 2－141
易知摘要類編十二卷…………………… 2－141
易知摘要類編十二卷…………………… 2－141
易冒十卷………………………………… 1－3
易酌十四卷雜卦圖一卷諸圖附攷一
卷……………………………………… 1－181
易酌十四卷雜卦圖一卷諸圖附攷一
卷……………………………………… 1－181
易堂九子文鈔十九卷…………………… 2－276
易象大旨八卷…………………………… 1－2
易象集解十卷…………………………… 1－183
易象意言一卷…………………………… 1－180
易貫十四卷首二卷……………………… 1－183
易筋經外經圖說不分卷附八段錦圖
……………………………………… 2－175
易傳十卷………………………………… 1－3
易傳三卷………………………………… 1－185
易解拾遺七卷附周易讀本四卷……… 1－182
易解經傳證五卷首一卷………………… 1－184
易經十二卷……………………………… 1－185
易經八卷………………………………… 1－180
易經八卷………………………………… 1－180
易經八卷………………………………… 1－180

易經音訓二卷……………………… 1－175
易經音訓不分卷……………………… 1－185
易經音訓不分卷……………………… 1－191
易經旁訓四卷……………………… 1－3
易經揆一十四卷易學啟蒙補二卷……… 1－2
易經精華六卷末一卷……………… 1－179
易經精華六卷末一卷……………… 1－180
易經精華六卷末一卷……………… 1－180
易經增刪來註八卷首一卷 ………… 1－73
易經增註十卷考一卷……………… 1－184
易經增註十卷考一卷……………… 1－184
易經繹五卷……………………… 1－2
易圖明辨十卷……………………… 1－2
易圖明辨十卷……………………… 1－180
易說十二卷附易說便錄一卷………… 1－184
易說醒四卷……………………… 1－184
易漢學八卷……………………… 1－183
易漢學攷二卷易漢學師承表一卷…… 1－181
易確二十卷首一卷……………… 1－183
易緯八種十二卷………………… 1－181
易學象數論六卷………………… 1－2
易憲四卷附易憲卦歌易憲圖說一卷
……………………………… 1－3
易憲四卷附易憲卦歌易憲圖說一卷
……………………………… 1－183
易隱八卷……………………… 1－3
易隱八卷首一卷………………… 1－182
易釋五卷附易表一卷……………… 1－183
迪吉錄八卷首一卷 ……………… 1－74
典林博覽十二卷………………… 2－146
典故紀聞十八卷………………… 2－533
固哉草亭文集二卷補遺一卷詩集四
卷……………………………… 1－159
固庵自定草二卷………………… 2－361
忠介公集十三卷首一卷附錄五卷末
一卷…………………………… 2－493
忠正德文集十卷附錄一卷………… 2－273
忠正德文集十卷附錄一卷………… 2－408
忠正德文集十卷附錄一卷………… 2－408
［同治］忠州直隸州志十二卷首一卷
……………………………… 1－433
忠孝全書十卷附集帖一卷集史一卷
道學世家一卷 ………………… 1－72
忠孝誥五卷 …………………… 1－73
忠孝錄不分卷…………………… 1－346
忠武公［楊遇春］年譜不分卷 ……… 1－312
忠武祠墓志七卷首一卷末一卷……… 1－520
忠武誌十卷……………………… 1－345
忠武誌八卷 …………………… 1－30
忠武誌八卷 …………………… 1－30
忠烈俠義傳一百二十回…………… 2－255
忠烈詩草前集…………………… 2－333
忠雅堂文集十二卷……………… 2－441
忠雅堂文集十二卷……………… 2－441
忠雅堂文集十二卷……………… 2－499
忠雅堂文集三十卷……………… 1－159
忠雅堂集三十卷………………… 2－441
忠雅堂評選四六法海八卷………… 2－290
忠雅堂評選四六法海八卷………… 2－290
忠雅堂評選四六法海八卷………… 2－290
忠雅堂詩集二十七卷補遺二卷詞集
二卷…………………………… 2－320
忠雅堂詩集二十七卷補遺二卷詞集
二卷…………………………… 2－320
忠裕堂詩集十卷………………… 2－318
忠節吳次尾先生［應箕］年譜一卷附
樓山遺事一卷………………… 1－337
忠節紀略八卷續編一卷…………… 1－347
忠誠書院日程不分卷……………… 2－382
忠義紀聞錄三十卷……………… 1－332
忠義錄不分卷…………………… 1－321
忠肅集二十卷…………………… 1－137
忠肅集二十卷拾遺一卷…………… 2－412
忠經一卷……………………… 2－209
忠經不分卷……………………… 1－224
忠獻韓魏王君臣相遇別錄三卷 ……… 1－29
忠獻韓魏王君臣相遇傳十卷 ……… 1－29
咀華錄四卷……………………… 2－383
咀華錄四卷……………………… 2－383
呻吟語六卷 …………………… 1－61
呻吟語六卷……………………… 2－150
呻吟語六卷……………………… 2－150

呻吟語六卷…………………………… 2－150
呻吟語六卷…………………………… 2－150
邵亭詩鈔八卷………………………… 2－337
邵亭詩鈔六卷………………………… 2－491
邵亭遺文八卷………………………… 2－492
邵亭遺詩八卷………………………… 2－491
狀元策不分卷………………………… 2－295
狀元策不分卷………………………… 2－295
狀元策不分卷………………………… 2－295
咏物詩選註釋八卷…………………… 2－350
岫雲經說不分卷雜著不分卷………… 2－229
岣嶁鑑撮四卷首一卷附讀史論略一
卷………………………………… 1－273
岣嶁鑑撮四卷首一卷附讀史論略一
卷………………………………… 1－273
廻文傳十六卷 ………………………… 1－84
岡州遺稿六卷………………………… 2－373
罔極錄二卷附記一卷………………… 2－493
垂老讀書廬詩草二卷附文草一卷…… 2－361
制詔集二十卷………………………… 2－398
制義約鈔……………………………… 1－220
制義叢話二十一卷…………………… 2－516
制義叢話二十四卷…………………… 2－273
制義叢話二十四卷…………………… 2－273
制義叢話二十四卷…………………… 2－273
制義叢話二十四卷…………………… 2－273
制義叢話二十四卷…………………… 2－273
知不可齋詠史詩不分卷……………… 2－366
知不足齋叢書三十集七百八十七卷
……………………………………… 2－536
知不足齋叢書三十集七百八十七卷
……………………………………… 2－536
知不足齋叢書三十集七百八十七卷
……………………………………… 2－536
知不足齋叢書三十集七百八十七卷
……………………………………… 2－536
知不足齋叢書三十集七百八十七卷
……………………………………… 2－536
知止堂文集八卷補遺一卷詩錄十二
卷詞錄三卷………………………… 2－465
知止堂文集八卷補遺一卷詩錄十二
卷詞錄三卷………………………… 2－465
知止齋詩集十六卷…………………… 2－349
知白齋詩鈔五卷詩草附存一卷雙橋
小築詞存六卷集餘一卷…………… 2－322
知自主齋詩稿不分卷………………… 1－106
知足知不足齋詞存不分卷…………… 1－164
知足知止之齋詩四卷………………… 1－115
知足齋詩集二十卷詩續集四卷……… 2－366
知足齋詩集二十卷詩續集四卷文集
六卷進呈文稿二卷………………… 2－497
知味軒敁事四卷……………………… 2－301
知味軒稟言四卷附知味軒敁事四卷
……………………………………… 2－296
知退齋稿七卷………………………… 2－509
知恥齋文集二卷……………………… 2－481
知恥齋詩集六卷……………………… 2－481
知悔齋詩稿八卷詩續稿二卷………… 2－352
知愧軒尺牘十六卷…………………… 2－302
知新報不分卷………………………… 2－235
知新學源一卷………………………… 2－150
知新錄三十二卷 ……………………… 1－77
知稼軒詩不分卷……………………… 1－105
牧令全書四種 ………………………… 2－62
牧令要訣一卷 ………………………… 2－66
牧令書二十三卷末一卷保甲書四卷
……………………………………… 2－53
牧令書二十三卷末一卷保甲書四卷
……………………………………… 2－53
牧令書二十三卷末一卷保甲書四卷
……………………………………… 2－53
牧令書輯要十卷 ……………………… 2－61
牧令書輯要十卷 ……………………… 2－61
牧令書輯要十卷 ……………………… 2－62
牧令書輯要十卷 ……………………… 2－62
牧令書輯要十卷 ……………………… 2－63
牧令須知六卷 ………………………… 2－64
牧民忠告二卷 ………………………… 2－63
牧民忠告二卷經進風憲忠告二卷廟
堂忠告一卷 ………………………… 1－47
牧庵集三十六卷附錄一卷…………… 2－413
牧庵集三十六卷附錄一卷…………… 2－413

牧庵集三十六卷附錄一卷…………… 2－413
牧齋有學集詩註十四卷………………… 1－118
牧齋全集四種一百六十三卷………… 2－493
牧齋全集四種一百六十三卷………… 2－493
牧齋全集四種一百六十三卷………… 2－493
牧齋初學集一百十卷……………………… 1－139
牧齋初學集一百十卷……………………… 1－139
牧齋初學集詩註二十卷………………… 1－118
牧齋晚年家乘文一卷…………………… 2－508
物料價值則例二十四卷 ……………… 2－22
物料價值則例十五卷 ………………… 1－86
物理小識十二卷首一卷………………… 2－221
物詮八卷……………………………………… 2－387
乖庵文錄二卷……………………………… 2－497
乖庵文錄二卷……………………………… 2－497
乖庵文錄二卷……………………………… 2－497
乖庵文錄二卷……………………………… 2－497
和文釋例不分卷…………………………… 2－288
和好要言不分卷…………………………… 2－264
和林詩一卷………………………………… 2－230
和約彙抄六卷首一卷 ………………… 2－48
和約彙抄六卷首一卷 ………………… 2－48
和卿府君行述一卷……………………… 1－321
和清眞詞一卷……………………………… 2－528
和蘭刑法三編……………………………… 2－8
和蘭刑法三編……………………………… 2－8
秇林伐山二十卷…………………………… 1－122
委羽山志六卷續志六卷………………… 1－502
委事公札不分卷…………………………… 1－552
季漢五志十二卷 ……………………… 1－25
季漢書六十卷正論一卷答問一卷 …… 1－24
季漢書六十卷正論一卷答問一卷 …… 1－24
佳山堂詩集十卷二集九卷……………… 1－109
侍兒小名錄拾遺一卷 ………………… 1－76
侍郎葛公歸愚集十卷補遺一卷……… 2－412
岳石帆先生鑒定四六宙函三十卷 …… 1－87
岳石帆先生鑒定四六宙函三十卷 …… 1－87
岳州救生局志八卷………………………… 1－557
岳武穆精忠傳六卷六十八回 ………… 1－83
岳忠武王文集八卷………………………… 2－403
岳忠武王文集八卷首一卷末一卷…… 1－132
岳忠武王文集八卷首一卷末一卷…… 2－403
岳忠武王文集八卷首一卷末一卷…… 2－403
岳忠武王文集八卷首一卷末一卷…… 2－403
岳忠武王文集八卷首一卷末一卷…… 2－403
岳忠武王文集八卷首一卷末一卷…… 2－403
岳忠武王文集八卷首一卷末一卷…… 2－403
岳鄂王金佗稡編二十卷首一卷末一卷續編八卷新增王昭忠錄拾遺二卷……………………………………… 1－303
岳廟志略十卷首一卷…………………… 1－523
岳廟志略十卷首一卷…………………… 1－523
岳廟志略十卷首一卷…………………… 1－523
使西紀程二卷……………………………… 1－511
使西紀程不分卷…………………………… 1－511
使西紀程不分卷…………………………… 1－511
使西紀程不分卷…………………………… 1－511
使俄草八卷 ……………………………… 2－34
使俄草八卷………………………………… 2－376
使俄草八卷………………………………… 2－376
使美記略不分卷 ……………………… 2－34
使琉球記六卷……………………………… 1－506
使琉球雜錄五卷…………………………… 2－386
使德述略不分卷…………………………… 2－119
使黔草三卷東洲草堂詩鈔三卷……… 2－327
例案輯存 ………………………………… 1－86
例授修職郎生芝府君行述一卷……… 1－335
例義不分卷 ……………………………… 2－51
岱史十八卷………………………………… 1－497
岱南閣叢書十九種一百七十一卷…… 2－547
岱覽三十二卷首編七卷附錄一卷…… 1－503
佩文詩韻五卷……………………………… 1－254
佩文詩韻釋要五卷……………………… 1－251
佩文詩韻釋要五卷……………………… 1－251
佩文詩韻釋要五卷……………………… 1－251
佩文詩韻釋要五卷……………………… 1－251
佩文詩韻釋要五卷……………………… 1－251
佩文詩韻釋要五卷……………………… 1－251
佩文詩韻釋要五卷……………………… 1－251
佩文廣韻匯編五卷……………………… 1－251
佩文廣韻匯編五卷……………………… 1－251
佩文齋書畫譜一百卷 ………………… 1－28

佩文齋書畫譜一百卷 …………………… 1－28
佩文齋書畫譜一百卷 …………………… 1－67
佩文齋書畫譜一百卷………………… 2－187
佩文齋廣羣芳譜一百卷目錄二卷 …… 1－69
佩文齋廣羣芳譜一百卷目錄二卷 …… 1－69
佩文韻府一百六卷韻府拾遺一百六
　卷…………………………………… 2－140
佩文韻府一百六卷韻府拾遺一百六
　卷…………………………………… 2－140
佩文韻府一百六卷韻府拾遺一百六
　卷…………………………………… 2－140
佩文韻府一百六卷韻府拾遺一百六
　卷…………………………………… 2－140
佩文韻府一百六卷韻府拾遺一百六
　卷…………………………………… 2－140
佩文韻府一百六卷韻府拾遺一百六
　卷…………………………………… 2－140
佩文韻府一百六卷韻府拾遺一百六
　卷…………………………………… 2－140
佩文韻府一百六卷韻府拾遺一百六
　卷…………………………………… 2－140
佩弦齋雜存二卷…………………… 2－376
佩蘅府君行述一卷………………… 1－342
佩蘭室詩集一卷附伯和公萊州攀轅
　圖詩彙鈔一卷…………………… 2－367
依舊草堂遺稿一卷………………… 2－332
依舊草堂遺稿一卷………………… 2－332
［光緒］阜寧縣志二十四卷首一卷 … 1－469
［光緒］阜寧縣志二十四卷首一卷 … 1－469
欣遇齋詩集十六卷………………… 2－331
欣然堂集十卷……………………… 1－161
欣賞編十種十四卷 ………………… 1－67
欣賞齋尺牘六卷…………………… 2－301
征西紀略四卷……………………… 1－302
征西紀略四卷……………………… 1－302
征剿記畧四卷十陣圖一卷………… 1－301
徂徠石先生全集二十卷附錄一卷…… 1－134
彼得興俄記一卷…………………… 2－129
所至錄八卷附一卷………………… 2－376
所安遺集一卷附錄一卷…………… 2－415
所見集三十七卷二集十九卷三集二
　十一卷四集十八卷目錄二卷 ……… 1－45
所知錄六卷………………………… 1－311
所願學齋書鈔四種六卷…………… 1－172
金山志二十卷首二卷……………… 1－500
金山志二十卷首二卷……………… 1－501
金山志十卷首一卷續金山志二卷…… 1－501
金山志十卷首一卷續金山志二卷…… 1－501
金山志十卷首一卷續金山志二卷…… 1－501
金山衛佚史一卷…………………… 1－327
［光緒］金山縣志三十卷首一卷 …… 1－451
［光緒］金山縣志三十卷首一卷 …… 1－451
金元明八大家文選五十三卷……… 2－279
金氏世德紀二卷…………………… 2－382
金氏精華錄箋註辯訛一卷………… 1－343
金文雅十六卷附作者考…………… 2－415
金文雅十六卷附作者考…………… 2－415
金文雅十六卷附作者考…………… 2－415
金文雅十六卷附作者考…………… 2－415
金文雅十六卷附作者考…………… 2－415
金文雅十六卷附作者考…………… 2－415
金文最六十卷……………………… 2－414
金文最六十卷……………………… 2－414
金文最六十卷……………………… 2－415
金正希先生［聲］年譜一卷 ……… 1－344
金石三例十五卷 …………………… 1－51
金石三例十五卷 …………………… 1－76
金石三例十五卷 …………………… 2－95
金石文鈔八卷續鈔二卷附刻金薤琳
　琅原碑目………………………… 2－278
金石存十五卷 ……………………… 1－51
金石存十五卷……………………… 2－100
金石苑三巴漢石紀存不分卷 ……… 1－51
金石苑三巴漢石紀存不分卷 ……… 1－51
金石例十卷 ………………………… 2－95
金石例補二卷 ……………………… 2－98
金石契不分卷 ……………………… 1－51
金石要例一卷 ……………………… 2－95
金石索十二卷……………………… 2－104
金石索十二卷首不分卷 …………… 2－97
金石索六卷首一卷………………… 2－100
金石屑不分卷……………………… 2－104

金石萃編一百六十卷 …………………… 2－95
金石萃編一百六十卷 …………………… 2－96
金石萃編一百六十卷 …………………… 2－96
金石萃編一百六十卷 …………………… 2－96
金石摘十四卷…………………………… 2－100
金石圖不分卷 ………………………… 1－52
金石圖不分卷 ………………………… 1－52
金石圖說四卷 ………………………… 2－97
金石圖錄不分卷 ……………………… 1－52
金石稱例四卷續一卷 ………………… 2－98
金石綜例四卷 ………………………… 2－98
金石緣全傳八卷二十四回首一卷…… 2－251
金石學錄四卷………………………… 2－103
金石學錄補四卷……………………… 2－103
金石錄三十卷………………………… 2－100
金石錄三十卷………………………… 2－100
金石錄三十卷………………………… 2－100
金石錄補二十七卷…………………… 2－100
金石錄補二十七卷續跋七卷 ……… 2－98
金石錄補續跋七卷…………………… 2－101
金石識別十二卷……………………… 2－271
金史一百三十五卷…………………… 1－262
金史紀事本末五十二卷……………… 1－282
金史紀事本末五十二卷……………… 1－282
金史紀事本末五十二卷首一卷……… 1－278
金史紀事本末五十二卷首一卷……… 1－281
金史紀事本末五十二卷首一卷末一
卷……………………………………… 1－276
金史紀事本末五十二卷首一卷末一
卷……………………………………… 1－276
金史紀事本末五十二卷首一卷末一
卷……………………………………… 1－282
金仙證論不分卷……………………… 2－174
金光明最勝王經十卷………………… 2－202
金吾事例章程六卷緝捕二卷歲入一
卷高官二卷…………………………… 1－553
金吾事宜四卷………………………… 1－293
金昌集四卷…………………………… 1－148
金忠節公文集八卷…………………… 2－421
金忠節公文集八卷…………………… 2－421
金忠節公文集八卷…………………… 2－422
金忠節公文集八卷…………………… 2－422
金忠節公文集八卷…………………… 2－422
金忠節公文集八卷…………………… 2－422
金忠節公文集八卷…………………… 2－422
金科玉律不分卷 …………………… 2－19
金華子雜編二卷……………………… 2－137
金華子雜編二卷……………………… 2－137
金華子雜編二卷……………………… 2－137
金華文畧二十卷 …………………… 1－88
［康熙］金華府志三十卷首一卷 ……… 1－35
金華詩錄六十卷外集六卷別集四卷
書後一卷……………………………… 1－116
金華徵獻畧二十卷…………………… 1－333
［道光］金華縣志十二卷首一卷 …… 1－453
金華叢書六十九種七百三十五卷書
目提要八卷…………………………… 2－542
金剛般若波羅蜜如是經義一卷附禪
宗指掌一卷…………………………… 2－204
金剛般若波羅蜜經一卷……………… 2－200
金陵古今圖考一卷 ………………… 1－39
金陵四家詩詞存稿四種九卷………… 2－367
金陵百詠一卷嘉禾百詠一卷………… 2－340
金陵先正言行錄六卷………………… 1－328
金陵名勝詩鈔四卷秦淮詩鈔二卷…… 1－113
金陵兵事彙畧四卷…………………… 1－298
金陵省難紀略不分卷………………… 1－311
金陵待徵錄十卷……………………… 1－395
金陵待徵錄十卷……………………… 1－395
金陵祠祀鄉賢彙傳畧二卷…………… 1－346
金陵癸甲摭談一卷…………………… 1－309
金陵通傳四十五卷通傳補遺四卷…… 1－331
金陵張炳垣先生舉義文存一卷……… 2－499
金陵雅游編一卷 …………………… 1－39
金陵瑣志三種六卷…………………… 1－523
金陵瑣事四卷………………………… 2－250
金陵瑣事四卷續二卷二續二卷 ……… 1－80
金陵圖詠一卷 ……………………… 1－39
金陵歷代建置表不分卷……………… 1－527
金陵叢刻十七種四十卷……………… 2－559
［嘉慶］金堂縣志九卷首一卷末一卷
……………………………………… 1－422

[嘉慶]金堂縣志九卷首一卷末一卷……1－422
金粱夢月詞二卷附懷夢詞一卷……2－523
[咸豐]金鄉縣志略十二卷……1－424
[咸豐]金鄉縣志略十二卷……1－424
[咸豐]金鄉縣志略十二卷……1－424
金壺七墨十九卷……2－245
金壺字考二集二十一卷補錄一卷補注一卷……1－11
金壺字考二集二十一卷補錄一卷補注一卷……1－245
金軺籌筆四卷……2－33
金粟山房詩草三卷詩鈔二集六卷首一卷……2－364
金湯借箸十二籌十二卷……2－166
金湯借箸十二籌十二卷……2－166
金湯借箸十二籌十二卷……2－166
金淵集六卷……1－116
金淵集六卷……2－357
金鼓洞志八卷首一卷……1－525
金壺七墨六種十八卷……2－380
金壺精粹不分卷……1－246
金蓋山志四卷首一卷附閔小艮先生金蓋志略……1－503
金蓋山志四卷首一卷附閔小艮先生金蓋志略……1－503
金蓋心燈八卷首一卷……2－210
金鈴集不分卷……2－361
金詩選四卷……1－102
金詩選四卷……1－102
金詩選四卷……1－103
金源紀事詩八卷……2－335
金源紀事詩八卷……2－335
金源劄記二卷……2－115
金源劄記二卷……2－115
金源劄記二卷附金源又劄一卷史論五答一卷吉貝居暇唱一卷……2－113
金臺隨筆不分卷……2－492
金匱心典三卷……2－175
金匱要畧直解三卷……1－65
金匱縣斗則簡明冊二卷……1－395
金匱縣輿地全圖不分卷……1－518
金匱縣輿地全圖不分卷附錄金匱縣斗則簡明冊二卷……1－518
金閨傑十六回……2－252
金樓子六卷……2－137
金壇守城日記一卷……1－302
金壇見聞記二卷……1－301
金薤琳琅二十卷……1－52
金薤琳琅補遺不分卷……1－52
金鷄談薈十四卷首一卷……2－21
[乾隆]郃陽縣全志四卷……1－407
[乾隆]郃陽縣全志四卷……1－407
[乾隆]郃陽縣全志四卷……1－407
[乾隆]郃陽縣全志四卷……1－407
[乾隆]郃陽縣全志四卷……1－407
[乾隆]郃陽縣全志四卷……1－407
采香詞不分卷……2－528
采風記五卷附時務論一卷紀程感事詩一卷……1－505
采風記五卷附時務論一卷紀程感事詩一卷……2－126
采風記五卷附時務論一卷紀程感事詩一卷……2－126
采真彙藁四卷……2－151
采菽堂古詩選三十八卷補遺四卷……1－111
受恆受漸齋集十二卷……2－497
受恆受漸齋集十二卷……2－497
受祺堂文集四卷續刻受祺堂文集四卷……2－442
受祺堂文集四卷續刻受祺堂文集四卷……2－442
受祺堂文集四卷續刻受祺堂文集四卷……2－442
受祺堂文集四卷續刻受祺堂文集四卷……2－442
受祺堂詩三十五卷……1－120
爭坐位集字聯不分卷……2－387
爭春園全傳六卷四十八回……2－254
乳初軒詩選四卷外集一卷附鶴汀遺草一卷莘田遺草一卷……2－354
念八翻傳奇二卷……1－167

念佛警策二卷 …… 2－201
股匪總錄三卷 …… 1－311
[光緒]肥城縣志十卷首一卷 …… 1－480
[光緒]肥城縣鄉土志九卷 …… 1－487
[同治]肥鄉縣志三十六卷 …… 1－470
周子太極圖說註一卷 …… 2－211
周中丞撫江奏稿四卷 …… 1－364
周中丞撫江奏稿四卷 …… 1－364
周氏止庵詞辨二卷附周氏止庵介存齋論詞雜著一卷 …… 2－531
周氏詞辨二卷附介存齋論詞雜著一卷 …… 2－521
周文忠公尺牘二卷附雜文一卷 …… 2－297
周文忠公尺牘二卷附雜文一卷 …… 2－297
周文襄公[忱]年譜一卷附錄一卷 …… 1－340
周文歸二十卷 …… 1－92
周玉泉先生孝廉贈錄七卷 …… 1－347
周武壯公遺書九卷外集三卷別集一卷首一卷附錄一卷 …… 2－471
周武壯公遺書九卷外集三卷別集一卷首一卷附錄一卷 …… 2－471
周松靄先生遺書九種三十五卷 …… 2－576
周易十一卷 …… 1－181
周易八卷 …… 1－2
周易九卷略例一卷 …… 1－3
周易三極圖貫八卷易經爻辰貫二卷 …… 1－181
周易三極圖貫八卷易經爻辰貫二卷 …… 1－181
周易大象解一卷 …… 2－564
周易上下經程朱先生傳義十五卷周易繫辭程朱二先生傳義二卷周易說卦程朱先生傳義一卷周易序卦程朱二先生傳義一卷周易雜卦一卷 …… 1－3
周易口訣義六卷 …… 1－181
周易內傳十二卷周易內傳發例一卷 …… 2－564
周易引經通釋十卷 …… 1－183
周易孔義集說二十卷 …… 1－178
周易孔義集說二十卷 …… 1－178
周易古本十二篇附音訓二卷 …… 1－184
周易本義十二卷易圖一卷周易五贊一卷筮儀一卷 …… 1－2
周易本義十二卷易圖一卷周易五贊一卷筮儀一卷 …… 1－2
周易本義引蒙十二卷首一卷 …… 1－182
周易本義四卷附卦歌一卷圖說一卷筮儀一卷 …… 1－3
周易本義闡旨八卷 …… 1－183
周易四卷 …… 1－180
周易四卷 …… 1－180
周易四卷 …… 1－180
周易四卷 …… 1－185
周易四卷附校勘記一卷 …… 1－180
周易四卷首一卷 …… 1－180
周易四卷首一卷 …… 1－180
周易外傳七卷 …… 2－564
周易卦象六卷附占易秘解一卷 …… 1－181
周易述傳十卷易圖一卷 …… 1－180
周易注疏校勘記九卷周易釋文校勘記一卷 …… 1－179
周易注疏校勘記九卷周易釋文校勘記一卷 …… 1－179
周易函書約存十五卷首三卷 …… 1－181
周易函書約存十五卷首三卷約註十八卷別集十六卷 …… 1－2
周易函書約存十五卷首三卷約註十八卷別集十六卷 …… 1－2
周易指三十八卷例一卷圖五卷斷辭一卷往來掛一篇八卦世位一篇卦侯一篇六日七分六十卦一篇逸象一篇 …… 1－182
周易指三十八卷例一卷圖五卷斷辭一卷往來掛一篇八卦世位一篇卦侯一篇六日七分六十卦一篇逸象一篇 …… 1－182
周易指三十八卷例一卷圖五卷斷辭一卷往來掛一篇八卦世位一篇卦侯一篇六日七分六十卦一篇逸象一篇 …… 1－182

周易音義一卷……………………… 1－178
周易音義一卷……………………… 1－179
周易音義一卷……………………… 1－179
周易音義一卷……………………… 1－182
周易音義一卷……………………… 1－182
周易姚氏學十六卷…………………… 2－541
周易索詁十二卷首一卷…………… 1－182
周易索詁十二卷首一卷…………… 1－182
周易訓義七卷首一卷……………… 1－184
周易衷孔十二卷首一卷…………… 1－181
周易衷翼集解二十卷筮儀一卷……… 1－181
周易衷翼集解二十卷筮儀一卷……… 1－181
周易兼義九卷……………………… 1－179
周易兼義九卷……………………… 1－179
周易通義二十二卷首一卷………… 1－181
周易通義十六卷…………………… 1－183
周易通論四卷……………………… 1－180
周易乾鑿度二卷…………………… 1－184
周易象義集成不分卷……………… 1－183
周易参同契測疏一卷………………… 1－2
周易集傳八卷………………………… 1－2
周易集傳八卷……………………… 1－184
周易集解十卷……………………… 1－181
周易集解十卷……………………… 2－547
周易集解略例不分卷……………… 1－185
周易尊翼五卷……………………… 1－183
周易費氏學八卷敍錄一卷………… 1－181
周易虞氏消息二卷………………… 1－182
周易虞氏消息二卷………………… 1－182
周易虞氏義九卷…………………… 1－182
周易虞氏義九卷…………………… 1－182
周易稗疏二卷……………………… 2－564
周易傳註七卷筮考一卷…………… 1－184
周易傳義二十四卷…………………… 1－3
周易傳義合訂十二卷………………… 1－3
周易傳義音訓八卷首一卷末一卷…… 1－180
周易傳義音訓八卷首一卷末一卷…… 1－180
周易傳義音訓八卷首一卷末一卷…… 1－181
周易詮義十四卷首一卷…………… 1－178
周易詳說十八卷…………………… 1－184
周易廓二十四卷…………………… 1－183
周易說略四卷……………………… 1－184
周易說略四卷……………………… 1－184
周易廣義六卷………………………… 1－3
周易審鵠要解四卷………………… 1－179
周易臆解四卷圖說二卷…………… 1－184
周易豁解六卷首一卷……………… 1－182
周易闡真四卷首一卷……………… 1－180
周易露研四卷………………………… 1－2
周易露研四卷………………………… 1－2
周易辯二十四卷首四卷……………… 1－2
周易觀象十二卷…………………… 1－179
周易觀象十二卷…………………… 1－179
周易觀象通論大指合刻十八卷……… 1－182
周忠介公[順昌]年譜一卷周忠介公
遺事一卷………………………… 2－421
周忠介公燼餘集…………………… 2－421
周季編略九卷……………………… 2－111
周季編略九卷……………………… 2－112
周季編略九卷……………………… 2－112
周季編略九卷……………………… 2－112
周季編略九卷……………………… 2－112
周季編略九卷……………………… 2－112
周官析疑三十六卷………………… 1－196
周官析疑三十六卷………………… 1－198
周官析疑三十六卷………………… 1－198
周官故書攷四卷附論語魯讀攷一卷
……………………………………… 1－198
周官指掌五卷……………………… 1－197
周官指掌五卷……………………… 1－197
周官集注十二卷…………………… 1－196
周官祿田考三卷……………………… 1－4
周官新義十六卷附二卷…………… 1－197
周官新義十六卷附二卷…………… 1－197
周官箋六卷………………………… 1－195
周官精義十二卷…………………… 1－197
周官精義十二卷…………………… 1－197
周孟侯先生全書二十四卷………… 2－426
[光緒]周莊鎮志六卷首一卷附貞豐
里庚甲見聞錄二卷……………… 1－481
[光緒]周莊鎮志六卷首一卷附貞豐
里庚甲見聞錄二卷……………… 1－481

周莘仲廣文遺詩一卷 …………………… 2－364
周書十卷周書逸文一卷 ………………… 2－541
周書斠補四卷 ………………………… 1－188
周書斠補四卷 ………………………… 1－188
周給事垂光集一卷附錄一卷 ………… 1－376
周給事垂光集一卷附錄一卷 ………… 1－376
周濂溪先生全集十三卷 ……………… 1－133
周禮十二卷 …………………………… 1－197
周禮十二卷 …………………………… 1－198
周禮六卷 ……………………………… 1－197
周禮六卷 ……………………………… 1－197
周禮六卷 ……………………………… 1－197
周禮六卷 ……………………………… 1－198
周禮文略不分卷 ……………………… 1－198
周禮古學攷十一卷 …………………… 1－198
周禮古學攷十一卷 …………………… 1－198
周禮述註二十四卷 …………………… 1－197
周禮政要二卷 ………………………… 1－198
周禮政要二卷 ………………………… 1－198
周禮政要四卷 ………………………… 1－197
周禮政要四卷 ………………………… 1－198
周禮故書疏證六卷 …………………… 1－198
周禮音訓不分卷 ……………………… 1－198
周禮音訓不分卷 ……………………… 1－201
周禮軍賦說四卷 ……………………… 2－21
周禮註疏十八卷首一卷 ……………… 1－5
周禮註疏四十二卷 …………………… 1－5
周禮註疏刪翼三十卷 ………………… 1－197
周禮補注六卷 ………………………… 2－566
周禮精華六卷 ………………………… 1－198
周禮輯義十二卷 ……………………… 1－197
周禮讀本六卷 ………………………… 1－198
周櫝山文稿一卷周櫝山遺稿一卷 …… 2－484
周廬井觀不分卷 ……………………… 1－554
匋雅二卷 ……………………………… 2－96
匋雅二卷 ……………………………… 2－96
狎鷗軒集四卷甑塵紀略一卷 ………… 2－506
匊菴訂定譚子詩歸十卷 ……………… 1－113
京口三山志三種六十八卷 …………… 1－500
京口山水志十八卷首一卷末一卷 …… 1－492
京口山水志十八卷首一卷末一卷 …… 1－502
京口山水志十八卷首一卷末一卷 …… 1－502
京口山水志十八卷首一卷末一卷 …… 1－502
京口掌故叢編初集六種七卷 ………… 1－306
京口掌故叢編初集六種七卷 ………… 1－306
[光緒]京山縣志二十七卷首一卷 … 1－461
京西天寶礦務公司開辦簡章不分卷 ………………………………………… 2－18
京江丁氏傳略彙錄不分卷 …………… 1－334
京江耆舊集十三卷 …………………… 2－487
京江耆舊集十三卷 …………………… 2－487
京音字彙不分卷 ……………………… 1－244
京津拳匪紀略八卷前編二卷後編二卷 ……………………………………… 1－309
京津拳匪紀略八卷前編二卷後編二卷 ……………………………………… 1－309
京津拳匪紀略八卷前編二卷後編二卷 ……………………………………… 1－309
京師大學堂中國史講義不分卷 ……… 2－118
京師大學堂中國地理講義不分卷 …… 2－118
京師大學堂中國地理講義不分卷 …… 2－118
京師大學堂史學科講義不分卷 ……… 2－118
京師大學堂倫理學講義不分卷 ……… 2－119
京師大學堂萬國史講義不分卷 ……… 2－118
京師大學堂萬國史講義不分卷 ……… 2－118
京師大學堂經學科講義不分卷 ……… 2－119
京師大學堂經濟各論講義不分卷 …… 2－118
京師大學堂經濟各論講義不分卷 …… 2－119
京師坊巷志稿二卷 …………………… 1－491
京師譯學館規章不分卷 ……………… 2－11
京報選錄不分卷 ……………………… 2－235
京塵雜錄四卷 ………………………… 2－247
京塵雜錄四卷 ………………………… 2－380
京塵雜錄四卷 ………………………… 2－380
京塵雜錄四卷 ………………………… 2－380
京畿金石考二卷 ……………………… 2－98
享帚集十卷 …………………………… 2－500
享帚齋文鈔一卷賦鈔二卷試帖一卷 ………………………………………… 2－344
夜雪集 ………………………………… 2－359
夜譚隨錄四卷 ………………………… 2－245
府君貞毅先生年譜續編一卷 ………… 2－492

府廳州縣城鎮鄉自治章程淺說咨議局章程淺說 …………………………… 2－12
庚子日記四卷………………………………… 1－310
庚子北京事變紀略一卷…………………… 1－295
庚子交涉隅錄不分卷 …………………… 2－48
庚子京津拳匪紀略八卷前編二卷後編二卷………………………………… 1－306
庚子都門紀事詩六卷首一卷………… 2－324
庚子都門紀事詩六卷首一卷………… 2－324
庚子都門紀事詩六卷首一卷………… 2－324
庚子都門紀事詩補不分卷…………… 2－324
庚子記念圖題詞不分卷……………… 2－192
庚子消夏錄碑帖攷一卷……………… 2－186
庚子海外紀事四卷 …………………… 2－33
庚子海外紀事四卷 …………………… 2－33
庚子教會華人流血史不分卷………… 1－308
庚子教會華人流血史不分卷………… 1－308
庚子國變彈詞四十回………………… 2－526
庚子剿辦淶水拳匪始末稟信摘要不分卷………………………………… 2－301
庚子剿辦淶水拳匪始末稟信摘要不分卷………………………………… 2－301
庚子銷夏記八卷 ……………………… 1－68
庚子銷夏記八卷……………………… 2－186
庚申外史一卷………………………… 1－310
庚辰集五卷…………………………… 2－315
庚辰集五卷…………………………… 2－315
庚辰集五卷…………………………… 2－315
庚辛之際月表不分卷………………… 2－121
庚辛之際月表不分卷………………… 2－121
庚辛泣杭錄十六卷 …………………… 2－51
庚星文稿錄存一卷詩稿錄存一卷…… 2－510
庚訂箋釋批評古詩直解十二卷首一卷………………………………… 1－120
放翁家訓一卷………………………… 1－516
放翁題跋六卷………………………… 1－136
放翁題跋六卷放翁家訓一卷………… 2－409
放猨集一卷桐江集一卷江山風月集一卷………………………………… 2－367
刻毅齋查先生闡道集十卷附一卷…… 1－145
於陵子一卷…………………………… 2－137
於陵子一卷…………………………… 2－540
於越先賢像傳贊二卷………………… 1－319
於越先賢像傳贊二卷………………… 1－334
[嘉慶]於潛縣志十六卷首一卷末一卷………………………………… 1－454
[嘉慶]於潛縣志十六卷首一卷末一卷附耕織圖一卷………………… 1－454
性法學要四卷………………………… 2－263
性相通說一卷………………………… 2－202
性相通說一卷………………………… 2－202
性理三解七卷 ………………………… 1－62
性理三解八卷………………………… 2－158
性理大全書七十卷 …………………… 1－61
性理大全書七十卷 …………………… 1－61
性理易讀不分卷……………………… 2－211
性理標題綜要二十二卷 ……………… 1－61
性理標題綜要二十二卷 ……………… 1－62
怡志堂詩初編八卷…………………… 2－371
怡志堂詩初編八卷文初編六卷……… 2－456
怡志堂詩初編八卷文初編六卷……… 2－456
怡怡舊廬試草不分卷………………… 2－327
怡雲堂全集六種七卷………………… 2－461
怡蘭堂叢書七種二十七卷…………… 2－554
卷施閣文乙集八卷續編一卷更生齋文乙集四卷………………………… 2－383
卷施閣文甲集十卷乙集八卷卷施閣詩二十卷附鮚軒詩集八卷………… 2－383
卷施閣文甲集八卷乙集八卷………… 2－383
卷施閣墨餘四種四卷………………… 2－575
炊聞詞二卷…………………………… 1－100
炎徼紀聞四卷………………………… 1－282
法言十卷……………………………… 1－226
法言十卷……………………………… 2－152
法言十卷……………………………… 2－152
法言十卷……………………………… 2－153
法界安立圖三卷……………………… 2－203
法界安立圖三卷……………………… 2－203
法美國和約不分卷 …………………… 2－46
法美國和約不分卷 …………………… 2－46
法美國和約不分卷 …………………… 2－46
法美國和約不分卷 …………………… 2－46

法美國和約不分卷 …………………… 2－46
法美國和約不分卷 …………………… 2－46
法美國和約不分卷 …………………… 2－46
法美國和約不分卷 …………………… 2－46
法美國和約不分卷 …………………… 2－46
法美國和約不分卷 …………………… 2－46
法美國和約不分卷 …………………… 2－46
法美國和約不分卷 …………………… 2－46
法美國和約不分卷 …………………… 2－46
法美國和約不分卷 …………………… 2－47
法美國和約不分卷 …………………… 2－47
法美國和約不分卷 …………………… 2－47
法美國和約不分卷 …………………… 2－47
法美國和約不分卷 …………………… 2－47
法美國和約不分卷 …………………… 2－47
法美國和約不分卷 …………………… 2－47
法美國和約不分卷 …………………… 2－47
法美國和約不分卷 …………………… 2－47
法美國和約不分卷 …………………… 2－47
法美國和約不分卷 …………………… 2－47
法部奏定考試法官主要科應用法律
章程不分卷 ………………………… 2－17
法部議覆禁革官媒原摺不分卷……… 1－372
法海觀瀾五卷……………………… 2－201
法國政教考略四卷 ………………… 2－49
法國新志四卷……………………… 1－533
法喜志四卷 ………………………… 1－70
法蘭西史五卷……………………… 2－128
法顯傳一卷………………………… 2－207
沽上題襟集八卷…………………… 1－112
沽上題襟集八卷…………………… 1－118
河工器具圖説四卷………………… 1－496
河工器具圖説四卷………………… 1－496
河上易註八卷圖說二卷…………… 1－181
河上易註八卷圖說二卷…………… 1－181
［道光］河內縣志三十六卷 ………… 1－452
［道光］河內縣志三十六卷 ………… 1－452
［道光］河內縣志三十六卷 ………… 1－452
［道光］河內縣志三十六卷 ………… 1－452
［河北東光］東光霍氏家乘不分卷 …… 2－88
［河北東光］馬氏家乘不分卷 ………… 2－79
［河北定州］郝氏家譜不分卷 ………… 2－85
［河北定興］定興鹿氏二續譜十五卷
…………………………………… 2－78
［河北定興］定興鹿氏續譜十五卷 …… 2－78
［河北南皮］張氏族譜十二卷 ………… 1－49
［河北博野］博陵尹氏家譜不分卷 …… 1－48
［河北博野］蔣氏家譜八卷 ………… 2－87
［河北景縣］張氏族譜不分卷 ………… 2－84
［河北滄州］劉氏家譜三卷首一卷 …… 1－49
［河北］鑑湖孫氏譜略不分卷 ………… 2－81
［康熙］河州志六卷 ………………… 1－39
河防一覽十四卷 …………………… 1－40
河防一覽榷十二卷 ………………… 1－40
河防志十二卷……………………… 1－496
河防芻議不分卷…………………… 1－494
河東先生文集六卷………………… 2－396
河東先生全集錄六卷……………… 2－400
河東先生全集錄六卷……………… 2－400
河東先生集四十五卷外集二卷龍城
錄二卷附錄二卷傳一卷…………… 1－129
河東鹽法備覽十二卷 ……………… 1－42
河南二程全書六十七卷 …………… 1－60
［河南太康］重修蘇氏家乘二卷 ……… 2－81
河南先生文集二十七卷附錄一卷…… 2－400
河南先生文集二十七卷附錄一卷…… 2－409
［河南安陽］安陽蔣郇馬氏宗譜八卷
…………………………………… 2－79
河南巡撫嚴樹森咸豐十一年五月摺
稿不分卷…………………………… 1－377
河南邵氏聞見前錄二十卷後錄三十
卷…………………………………… 1－309
［河南林州］林慮閻氏族譜三卷首一
卷 ………………………………… 2－87
［雍正］河南通志八十卷 …………… 1－447
［雍正］河南通志八十卷 …………… 1－447
［河南許昌］許昌蘇氏家譜二卷 ……… 2－81
［河南商丘］宋氏家乘二十卷 ………… 1－48
河南鄉試同年齒錄（光緒乙亥恩科）
不分卷 …………………………… 2－92
河南鄉試硃卷（光緒辛卯科）不分卷
…………………………………… 2－297

[河南鄢陵許昌太康]蘇氏家乘六卷 ······ 2－81
[河南新鄉]杜氏族譜四卷 ······ 2－78
[河南新鄉]張氏族譜不分卷 ······ 2－84
河南廳州縣契稅明細表不分卷 ······ 2－16
河洛精蘊九卷 ······ 2－212
河陝遊草不分卷 ······ 2－361
河套圖考不分卷 ······ 1－494
河朔訪古記三卷 ······ 1－401
河海崑崙錄六卷 ······ 2－377
河海崑崙錄四卷 ······ 1－507
河海崑崙錄四卷 ······ 1－507
河海崑崙錄四卷 ······ 1－507
河海崑崙錄四卷 ······ 1－507
河間先賢備覽不分卷 ······ 1－335
[乾隆]河間府新志二十卷首一卷 ······ 1－470
河間試律矩二卷 ······ 2－368
[乾隆]河間縣志六卷 ······ 1－470
沮江隨筆二卷 ······ 1－524
[順治]泗水縣志十二卷附續志 ······ 1－39
[順治]泗水縣志十二卷附續志 ······ 1－39
[光緒]泗虹合志十九卷 ······ 1－446
[光緒]泗虹合志十九卷 ······ 1－446
[光緒]泗虹合志十九卷 ······ 1－446
泊宅編三卷 ······ 2－232
泝洄集一卷 ······ 2－364
[道光]泌陽縣志十二卷首一卷 ······ 1－409
波斯史四章 ······ 1－311
治平全書三十三卷 ······ 1－553
治河方略十卷首一卷 ······ 1－492
治河方略十卷首一卷 ······ 1－492
治河書不分卷 ······ 2－29
治河滙覽八卷 ······ 1－496
治浙成規八卷 ······ 1－547
治浙成規八卷 ······ 1－547
治浙成規八卷 ······ 1－547
治浙成規八卷 ······ 1－549
治浙成規四卷 ······ 1－548
治浙成規四卷 ······ 1－548
治經堂詩集十二卷 ······ 2－312
治臺必告錄八卷 ······ 1－553
治蝗全法四卷 ······ 2－29
宗伯集八十一卷 ······ 1－145
宗室王公功績表傳不分卷 ······ 1－47
宗室王公世系襲職表 ······ 1－47
宗室王公世職章京爵秩襲次全表十卷 ······ 2－90
宗室王公世職章京爵秩襲次全表十卷 ······ 2－90
宗室王公章京世襲爵秩冊四卷 ······ 1－47
宗室貢舉備攷不分卷 ······ 2－94
宗鏡錄一百卷 ······ 1－71
定山堂古文小品二卷 ······ 2－427
定山堂古文小品二卷古文補遺三卷小品續集一卷 ······ 2－480
定山堂詩集四十七卷附詩餘四卷 ······ 2－357
定山堂詩集四十七卷附詩餘四卷 ······ 2－357
定山堂詩集四十三卷附詩餘四卷 ······ 2－480
定王臺志二卷 ······ 1－527
定例彙編七十四卷 ······ 2－18
定香亭筆談四卷 ······ 2－377
定香亭筆談四卷 ······ 2－377
定香亭筆談四卷 ······ 2－377
定香亭筆談四卷 ······ 2－377
定香亭筆談四卷 ······ 2－377
定香亭筆談四卷 ······ 2－377
定峰樂府十卷甲子年定峰山左雜詠一卷附諸公論樂府書一卷 ······ 1－165
定峰樂府十卷甲子年定峰山左雜詠一卷附諸公論樂府書一卷 ······ 1－165
[康熙]定海縣志八卷 ······ 1－472
[光緒]定海廳志三十卷首一卷 ······ 1－434
[光緒]定海廳志三十卷首一卷 ······ 1－434
[光緒]定海廳志三十卷首一卷 ······ 1－434
[光緒]定海廳志三十卷首一卷 ······ 1－434
[乾隆]定陶縣志十卷首一卷 ······ 1－435
定鄉小識十六卷 ······ 1－394
定鄉雜箸二卷 ······ 1－394
[光緒]定遠廳志二十六卷首一卷末一卷 ······ 1－452
定盦文集三卷文集補編四卷續集四卷文集補六卷 ······ 2－431

定盦文集三卷續集四卷文集補五卷
……………………………………… 2－431
定盦文集三卷續集四卷文集補五卷
……………………………………… 2－431
定盦文集三卷續集四卷文集補六卷
文集補編四卷……………………… 2－431
定盦文集三卷續集四卷文集補六卷
文集補編四卷……………………… 2－431
定盦文集三卷續集四卷文集補六卷
文集補編四卷文集佚文一卷……… 2－432
定盦文集三卷續集四卷文集補四卷
文集補編四卷……………………… 2－437
定盦文集三卷續集四卷文集補編四
卷餘集附少作一卷集補續錄一卷
詩集二卷詩續集一卷別集二卷…… 2－432
定盦文集三卷續集四卷續錄一卷古
今體詩二卷雜詩一卷詞選一卷詞
錄一卷……………………………… 2－495
定盦文集補編四卷………………… 2－432
定盦年譜稿本……………………… 2－431
定盦先生[龔自珍]年譜一卷 ……… 1－336
定盦先生[龔自珍]年譜一卷 ……… 1－336
定齋集二十卷……………………… 2－547
定盦文集三卷文集補詞選一卷詞錄
一卷附龔孝珙手鈔詞一卷………… 2－432
定盦文集三卷續集四卷文集補六卷
文集補編四卷……………………… 2－431
宜邑丁卯死事略不分卷…………… 1－347
[雍正]宜君縣志不分卷 ………………1－37
[同治]宜昌府志十六卷首一卷 …… 1－451
[同治]宜春縣志十卷首一卷 ……… 1－487
[同治]宜城縣志十卷 ……………… 1－474
[同治]宜都縣志四卷首一卷末一卷
……………………………………… 1－462
[同治]宜都縣志四卷首一卷末一卷
……………………………………… 1－462
[同治]宜黃縣志五十卷首一卷 …… 1－468
宜堂類編十七種二十五卷………… 2－145
宜稼堂叢書七種二百五十六卷…… 2－552
宜稼堂叢書七種二百五十六卷…… 2－552
[光緒]宜興荆溪縣新志十卷首一卷
末一卷……………………………… 1－473
[光緒]宜興荊谿縣新志十卷首一卷
末一卷……………………………… 1－444
宜齋野乘一卷……………………… 1－345
宜齋野乘一卷……………………… 1－394
宜齋野乘一卷……………………… 2－233
官子譜三卷 …………………………… 1－69
官制備攷二卷 ………………………… 1－47
官制雜鈔不分卷 ……………………… 2－65
官書局彙報不分卷………………… 1－554
官話常談二十四章………………… 2－214
官銜名目一卷衙署名目一卷摺奏成
語一卷公文成語一卷 ………………… 2－54
官銜名目一卷衙署名目一卷摺奏成
語一卷公文成語一卷 ………………… 2－54
官銜名目一卷衙署名目一卷摺奏成
語一卷公文成語一卷 ………………… 2－64
官韻考異不分卷…………………… 1－256
空山堂史記評註十二卷…………… 1－258
空山堂全集八種一百一卷………… 2－572
空山夢不分卷……………………… 2－530
空石齋文集不分卷詩賸不分卷…… 2－496
空同子一卷………………………… 2－137
空同子集六十六卷總目三卷附録二
卷…………………………………… 1－141
空同子集六十六卷總目三卷附録二
卷…………………………………… 1－141
空同集六十三卷…………………… 1－141
空同詩鈔十六卷空同詩鈔附錄不分
卷…………………………………… 1－116
空同詩選一卷……………………… 1－118
宛丘先生文粹二十二卷…………… 1－135
宛丘題跋一卷……………………… 2－403
宛丘題跋一卷……………………… 2－518
宛陵先生文集六十卷……………… 1－130
宛陵先生文集六十卷……………… 2－399
宛陵先生文集六十卷……………… 2－400
宛陵先生文集六十卷……………… 2－400
宛陵先生集六十卷拾遺一卷附錄三
卷…………………………………… 1－130
宛雅初編八卷二編八卷三編二十四

卷 …………………………………… 2－333
宛湄書屋文鈔十一卷………………… 2－514
宛鄰書屋古詩録十二卷……………… 2－340
宛鄰書屋古詩録十二卷……………… 2－340
郎潛紀聞初筆十四卷………………… 2－241
郎潛紀聞初筆十四卷………………… 2－241
郎潛紀聞初筆十四卷………………… 2－241
郎潛紀聞初筆十四卷………………… 2－241
郎潛紀聞初筆十四卷二筆十六卷三
筆十二卷………………………… 2－241
郎潛紀聞初筆七卷二筆八卷三筆六
卷 …………………………………… 2－241
[同治]房縣志十二卷首一卷 ……… 1－486
祈神奏格六卷………………………… 2－213
祈禱祛治大法不分卷 ……………… 1－73
建文[朱允炆]年譜四卷 …………… 1－338
建文書法儗前編一卷正編二卷附編
二卷 ………………………………… 1－25
建安七子集七卷……………………… 2－392
[康熙]建安縣志十卷 ……………… 1－34
建炎以來朝野襍記甲集二十卷乙集
二十卷…………………………… 1－302
建炎以來朝野雜記甲集二十卷乙集
二十卷…………………………… 1－304
建炎以來朝野雜記甲集二十卷乙集
二十卷…………………………… 1－304
建炎以來繫年要録二百卷…………… 1－306
建炎以來繫年要録二百卷…………… 1－306
建炎復辟記一卷……………………… 1－306
建昭鴈足鐙考二卷 ………………… 1－52
建康實録二十卷……………………… 1－288
[宣統]建德縣志二十卷首一卷 …… 1－492
[宣統]建德縣志二十卷首一卷 …… 1－492
居士傳五十六卷……………………… 2－203
居東集二卷…………………………… 2－331
居易軒詩遺鈔一卷文遺鈔一卷……… 2－333
居易軒詩遺鈔一卷文遺鈔一卷……… 2－423
居易録三十四卷 …………………… 1－76
居易録三十四卷……………………… 2－221
居易録三十四卷……………………… 2－225
居官必閲録不分卷 ………………… 1－46
居官圭臬二卷 ……………………… 2－65
居敬軒篋中秘不分卷 ……………… 1－87
居業堂文集二十卷…………………… 2－509
居業録四卷…………………………… 1－123
居濟一得八卷………………………… 1－497
居濟一得八卷………………………… 1－497
屈子正音三卷………………………… 2－390
屈宋古音義三卷……………………… 2－390
屈原列傳一卷………………………… 1－124
屈原列傳一卷………………………… 1－124
屈原賦二十五篇……………………… 2－390
屈原賦註七卷屈原賦通釋二卷屈原
賦音義三卷……………………… 2－390
屈原賦註七卷屈原賦通釋二卷屈原
賦音義三卷……………………… 2－390
屈翁山詩集八卷附詞一卷…………… 1－109
屈騷心印五卷首一卷………………… 1－124
屈辭精義六卷………………………… 2－284
屈辭精義六卷………………………… 2－284
弧三角平視法不分卷………………… 1－495
弧矢算術細草一卷…………………… 2－536
弦雪居重訂遵生八牋十九卷總目一
卷…………………………………… 2－226
弢甫五嶽集二十卷…………………… 1－111
弢園文録外編十二卷………………… 2－470
弢園文録外編十二卷………………… 2－470
弢園文録外編十卷…………………… 2－376
弢園尺牘十二卷……………………… 2－300
弢園尺牘十二卷……………………… 2－300
弢園著述總目八種八卷……………… 2－499
弢園經學輯存三種五卷 …………… 2－74
弢園箸述總目不分卷 ……………… 2－74
陋軒詩十二卷詩續二卷……………… 2－342
陔南池館遺集二卷…………………… 2－477
陔餘叢考四十三卷…………………… 2－221
陔餘叢考四十三卷…………………… 2－221
陔餘叢考四十三卷…………………… 2－221
陔餘叢考四十三卷…………………… 2－221
陔餘叢考四十三卷…………………… 2－221
陔餘叢考四十三卷…………………… 2－221
陔餘叢考四十三卷…………………… 2－221

陔餘叢考四十三卷……………………… 2－221
陔餘叢考四十三卷……………………… 2－221
陔蘭書屋詩集六卷詩二集三卷詩補
遺一卷……………………………… 2－362
姑溪居士文集五十卷後集二十卷附
錄一卷校勘記一卷…………………… 2－412
姑溪題跋二卷…………………………… 2－518
姑蘇名賢小記二卷……………………… 1－333
姑蘇名賢小記二卷……………………… 1－333
姓氏新編五卷 ………………………… 2－66
姓氏辯誤三十卷 ……………………… 2－66
[光緒]始興縣鄉土志不分卷 ……… 1－486
始豐藁十四卷補遺附錄一卷………… 2－426
承恩堂詩集十卷……………………… 2－316
[道光]承德府志六十卷首二十六卷
……………………………………… 1－421
[宣統]承德縣志書不分卷 ………… 1－465
孟子十四卷…………………………… 1－216
孟子七卷……………………………… 1－8
孟子文評一卷………………………… 1－223
孟子本義官話七卷…………………… 1－223
孟子四考四卷………………………… 1－9
孟子外書四卷………………………… 1－223
孟子要略五卷………………………… 1－353
孟子音義二卷………………………… 1－8
孟子音義二卷………………………… 1－223
孟子音義二卷………………………… 1－223
孟子音義二卷………………………… 1－223
孟子時事略一卷……………………… 1－329
孟子師說七卷………………………… 1－223
孟子集注十四卷……………………… 1－223
孟子集註攷證七卷首一卷…………… 1－215
孟子集註箋正十四卷………………… 1－223
孟子集疏十四卷……………………… 1－9
孟子註疏解經十四卷………………… 1－8
孟子趙氏注十四卷…………………… 1－8
孟子趙氏注十四卷…………………… 1－223
孟子編年四卷………………………… 1－326
孟子編年四卷………………………… 1－326
孟子編年四卷………………………… 1－326
孟子講義十二卷……………………… 1－217
孟子雜記四卷………………………… 1－223
孟子讀法附記十四卷………………… 1－217
孟志編略五卷末一卷………………… 1－346
孟東野詩集十卷……………………… 1－126
孟東野詩集十卷……………………… 1－126
孟亭居士文稿五卷…………………… 2－502
孟晉齋文集五卷周烈士傳一卷……… 2－433
孟晉齋文集五卷周烈士傳一卷……… 2－433
孟浩然詩集二卷……………………… 1－126
孟塗前集十卷後集二十二卷文集十
卷駢體文二卷………………………… 2－275
孟塗前集十卷後集二十二卷文集十
卷駢體文二卷………………………… 2－275
孟塗前集十卷後集二十二卷文集十
卷駢體文二卷………………………… 2－275
孟塗前集十卷後集二十二卷文集十
卷駢體文二卷………………………… 2－275
孟塗前集十卷後集二十二卷文集十
卷駢體文二卷………………………… 2－275
[光緒]孟縣志二十二卷首一卷末一
卷……………………………………… 1－442
[乾隆]孟縣志十卷 ………………… 1－427
[乾隆]孟縣志十卷 ………………… 1－443
孤忠錄二卷附錄一卷………………… 1－324
孤忠錄二卷附錄一卷………………… 1－324
函海一百六十五種八百三十八卷…… 2－552
函雅堂集四十卷……………………… 2－372
函樓文鈔九卷詞鈔四卷附奏稿一卷
制義一卷……………………………… 2－478
函樓詩鈔八卷因遇詩一卷詞鈔一卷
……………………………………… 2－337
函樓詩鈔八卷因遇詩一卷詞鈔一卷
……………………………………… 2－337
函牘舉隅碎錦註釋不分卷…………… 2－298

九畫

契丹國志二十七卷…………………… 1－291
契丹國志二十七卷…………………… 1－291
奏底不分卷…………………………… 1－374
奏定出使章程不分卷 ……………… 2－47

奏定出使章程不分卷 …………………… 2－47
奏定度量權衡畫一制度圖說總表推
　行章程不分卷 ……………………… 2－11
奏定度量權衡畫一制度圖說總表推
　行章程不分卷 ……………………… 2－11
奏定商會簡明章程二十六條 ………… 2－17
奏定學堂章程不分卷 ………………… 2－11
奏定學堂章程不分卷 ………………… 2－11
奏定學堂章程不分卷 ………………… 2－11
奏定學堂章程不分卷 ………………… 2－11
奏定續擬禁煙章程不分卷…………… 1－373
奏定鹽務章程十五條………………… 1－370
奏設外務部章程不分卷……………… 1－376
奏摺不分卷…………………………… 1－369
奏摺不分卷…………………………… 1－375
奏摺譜………………………………… 1－368
奏摺譜………………………………… 1－368
奏摺譜………………………………… 1－368
奏摺譜………………………………… 1－368
奏摺譜………………………………… 1－368
奏摺譜………………………………… 1－368
奏摺譜………………………………… 1－368
奏摺譜………………………………… 1－368
奏摺譜………………………………… 1－368
奏稿不分卷…………………………… 1－373
奏辦廣東士敏土廠公文紀畧不分卷
　…………………………………… 2－265
奏辦廣東士敏土廠公文紀畧不分卷
　…………………………………… 2－265
奏辦廣東士敏土廠試辦章程八章…… 2－265
奏禮學開館酌擬凡例摺不分卷……… 1－373
奏議抄錄不分卷……………………… 1－375
春及園蟲鳴草四卷…………………… 2－330
春在堂全書一百六十九種四百九十
　卷…………………………………… 2－569
春在堂全書一百六十九種四百九十
　卷…………………………………… 2－569
春在堂全書三十種四百八十二卷…… 2－569
春在堂全書三十種四百八十二卷…… 2－569
春在堂全書錄要一卷 ………………… 2－75
春雨樓叢書六種三十三卷…………… 2－554
春雨樓叢書六種三十三卷…………… 2－554
春雨樓叢書六種三十三卷…………… 2－554
春雨樓叢書六種三十三卷…………… 2－554
春明鄉會墨選二卷…………………… 2－285
春明夢餘錄七十卷…………………… 1－491
春明詩課彙選八卷補遺一卷………… 2－368
春草堂文約不分卷…………………… 2－495
春草堂詩集十卷詞集二卷四六一卷
　…………………………………… 2－352
春草堂詩話十卷……………………… 2－517
春草齋文集選不分卷詩集選不分卷
　詩集選附錄不分卷春草齋集附錄
　不分卷……………………………… 1－146
春草齋文集選不分卷詩集選不分卷
　詩集選附錄不分卷春草齋集附錄
　不分卷……………………………… 1－146
春星草堂集文二卷詩五卷…………… 2－509
春秋十六卷首一卷附陸氏三傳釋文
　音義十六卷………………………… 1－203
春秋十六卷首一卷附陸氏三傳釋文
　音義十六卷………………………… 1－204
春秋三十卷…………………………… 1－206
春秋三十卷…………………………… 1－206
春秋三傳異文考一卷………………… 1－207
春秋三傳異文考一卷………………… 1－208
春秋大事表五十卷輿圖一卷附錄一
　卷…………………………………… 1－6
春秋大事表五十卷輿圖一卷附錄一
　卷…………………………………… 1－7
春秋大事表五十卷輿圖一卷附錄一
　卷…………………………………… 1－7
春秋大事表五十卷輿圖一卷附錄一
　卷…………………………………… 1－7
春秋大事表五十卷輿圖一卷附錄一
　卷…………………………………… 1－207
春秋大事表五十卷輿圖一卷附錄一
　卷…………………………………… 1－207
春秋女譜一卷 ………………………… 2－78
春秋五傳十七卷首一卷……………… 1－209
春秋五禮例宗十卷 …………………… 2－77
春秋比二卷…………………………… 1－204

春秋比事參義十六卷…………………… 1－205
春秋中國夷狄辨一卷…………………… 2－114
春秋中國夷狄辨三卷…………………… 2－114
春秋公羊傳十一卷……………………… 1－208
春秋公羊傳十一卷……………………… 1－208
春秋公羊傳十一卷……………………… 1－212
春秋公羊傳音訓不分卷………………… 1－175
春秋公羊傳箋十一卷…………………… 1－204
春秋公羊經何氏釋例十卷春秋公羊
釋例後錄六卷禘䄍一卷…………… 1－209
春秋公羊經傳解詁十二卷……………… 1－208
春秋公羊經傳解詁十二卷……………… 1－208
春秋公羊經傳解詁十二卷……………… 1－208
春秋公羊穀梁二傳十二卷……………… 1－208
春秋公羊禮疏十一卷…………………… 1－212
春秋公法比義發微六卷………………… 1－307
春秋正傳三十七卷末一卷……………… 1－204
春秋世次圖一卷………………………… 1－351
春秋世族譜一卷………………………… 1－350
春秋世族譜一卷………………………… 1－350
春秋世論五卷…………………………… 2－564
春秋左氏古義六卷……………………… 1－209
春秋左氏古經十二卷五十凡一卷聲
韻考四卷…………………………… 1－212
春秋左氏古經說十二卷………………… 1－211
春秋左氏傳補注十卷…………………… 1－209
春秋左氏傳賈服註輯述二十卷………… 1－211
春秋左氏傳賈服註輯述二十卷………… 1－211
春秋左氏傳賈服註輯述二十卷………… 1－211
春秋左氏經傳集解三十卷………………… 1－7
春秋左傳十八卷………………………… 1－206
春秋左傳十五卷…………………………… 1－6
春秋左傳三十卷………………………… 1－207
春秋左傳五十卷………………………… 1－207
春秋左傳五十卷………………………… 1－207
春秋左傳五十卷………………………… 1－207
春秋左傳五十卷………………………… 1－210
春秋左傳五十卷………………………… 1－210
春秋左傳五十卷………………………… 1－210
春秋左傳分類賦四卷說左約箋二卷
……………………………………… 1－206
春秋左傳杜林全解五十卷……………… 1－206
春秋左傳杜注三十卷首一卷…………… 1－203
春秋左傳杜注三十卷首一卷…………… 1－203
春秋左傳杜注三十卷首一卷…………… 1－203
春秋左傳杜注三十卷首一卷…………… 1－203
春秋左傳杜注三十卷首一卷…………… 1－203
春秋左傳杜注三十卷首一卷…………… 1－203
春秋左傳杜注三十卷首一卷…………… 1－203
春秋左傳杜注三十卷首一卷…………… 1－203
春秋左傳杜注三十卷首一卷…………… 1－203
春秋左傳杜注三十卷首一卷…………… 1－203
春秋左傳杜注三十卷首一卷…………… 1－207
春秋左傳杜注三十卷首一卷…………… 1－207
春秋左傳杜注三十卷首一卷…………… 1－207
春秋左傳音訓不分卷…………………… 1－175
春秋左傳詁二十卷……………………… 2－538
春秋左傳補註六卷……………………… 1－209
春秋左傳節文十五卷附音義……………… 1－7
春秋左傳屬事二十卷古字奇字音釋
一卷春秋左傳注解辨誤二卷補遺
一卷古器圖一卷……………………… 1－7
春秋左傳讀九卷春秋左傳讀敘錄一
卷…………………………………… 1－209
春秋四家五傳平文四十一卷首一卷
春秋五傳綱領一卷春秋諸國興廢
說一卷春秋筆削發微圖一卷春秋
名號歸一圖二卷春秋二十國年表
一卷…………………………………… 1－7
春秋四傳三十八卷綱領一卷提要一
卷東坡地理圖說一卷春秋二十國
年表一卷諸國興廢說一卷…………… 1－7
春秋地名攷略十四卷 ………………… 1－33
春秋臣傳三十卷………………………… 1－312
春秋列國論二十四卷…………………… 2－107
春秋名號歸一圖二卷……………………… 1－7
春秋困學錄十二卷……………………… 1－205
春秋例表不分卷………………………… 1－209
春秋宗朱辨義十二卷首一卷…………… 1－204
春秋宗朱辨義十二卷首一卷…………… 1－204
春秋胡傳三十卷附春秋胡傳綱領一
卷春秋列國東坡圖說一卷諸國興

廢一卷春秋正經音訓一卷春秋提
要一卷…………………………………… 1－6
春秋胡傳三十卷附春秋胡傳綱領一
卷春秋列國東坡圖説一卷諸國興
廢一卷春秋正經音訓一卷春秋提
要一卷…………………………………… 1－6
春秋紀傳五十一卷…………………… 1－6
春秋紀傳五十一卷…………………… 1－6
春秋師説三卷附錄二卷……………… 1－209
春秋家説七卷………………………… 2－564
春秋通論四卷………………………… 1－198
春秋國都爵姓考一卷附補一卷 ……… 2－77
春秋啖趙二先生集傳辨疑十卷……… 1－205
春秋啖趙二先生集傳辨疑十卷……… 1－205
春秋啖趙集纂例十卷………………… 1－204
春秋啖趙集纂例十卷春秋微旨三卷
…………………………………… 1－204
春秋董氏學八卷附傳不分卷………… 1－208
春秋董氏學八卷附傳不分卷………… 1－208
春秋董氏學八卷附漢書董仲舒傳一
卷…………………………………… 1－208
春秋董氏學八卷附漢書董仲舒傳一
卷…………………………………… 1－208
春秋提要一卷………………………… 1－7
春秋提要一卷………………………… 1－7
春秋筆削微旨二十六卷……………… 1－209
春秋集古傳註二十六卷首一卷春秋
或問六卷…………………………… 1－209
春秋集傳大全三十七卷……………… 1－7
春秋集解十二卷……………………… 1－204
春秋集解十二卷……………………… 1－204
春秋集義五十八卷首一卷末二卷……… 1－7
春秋集義五十八卷首一卷末二卷……… 1－7
春秋稗疏二卷………………………… 2－564
春秋傳註四卷………………………… 1－204
春秋傳註四卷………………………… 1－204
春秋傳義十二卷……………………… 1－204
春秋傳説例一卷……………………… 1－352
春秋傳質疑六卷附録一卷…………… 1－7
春秋微旨三卷………………………… 1－205
春秋微旨三卷………………………… 1－205
春秋會義二十六卷…………………… 1－204
春秋會義二十六卷…………………… 1－204
春秋會義二十六卷…………………… 1－204
春秋會義二十六卷…………………… 1－204
春秋經傳日月考一卷………………… 2－184
春秋經傳集解三十卷………………… 1－204
春秋經傳集解三十卷附春秋年表一
卷春秋名號歸一圖二卷…………… 1－207
春秋經傳解詁十一卷………………… 1－209
春秋經傳解詁十一卷………………… 1－209
春秋經傳類求十二卷………………… 1－7
春秋箋例三十卷首一卷……………… 1－208
春秋説畧十二卷……………………… 1－204
春秋穀梁傳十二卷…………………… 1－205
春秋穀梁傳十二卷…………………… 1－205
春秋穀梁傳十二卷…………………… 1－205
春秋穀梁傳十二卷…………………… 1－208
春秋穀梁傳十二卷…………………… 1－208
春秋穀梁傳十二卷…………………… 1－208
春秋穀梁傳十二卷附校刊記一卷…… 1－205
春秋穀梁經傳補注二十四卷首一卷
末一卷……………………………… 1－205
春秋穀梁經傳補注二十四卷首一卷
末一卷……………………………… 1－205
春秋穀梁經傳補注二十四卷首一卷
末一卷……………………………… 1－205
春秋諸家解十二卷總論一卷………… 1－209
春秋憶備十四卷 …………………… 1－50
春秋繁露十七卷……………………… 1－6
春秋繁露十七卷……………………… 1－207
春秋繁露十七卷……………………… 1－207
春秋繁露十七卷……………………… 1－207
春秋繁露十七卷……………………… 1－207
春秋繁露十七卷……………………… 2－541
春秋繁露十七卷附凌注校正十七卷
…………………………………… 2－533
春秋繁露十七卷附錄一卷漢廣川董
子集一卷下馬陵詩文集二卷……… 1－206
春秋繁露義證十七卷首一卷攷證一
卷…………………………………… 1－207
春秋繁露義證十七卷首一卷攷證一

卷 ………………………………… 1-207
春秋謚法表不分卷 …………………… 2-119
春秋釋地韻編五卷首一卷 ……………… 1-209
春秋釋例十五卷 ……………………… 1-209
春秋屬辭辯例編六十卷首二卷 ……… 1-204
春渚紀聞十卷 ………………………… 2-406
春渚紀聞十卷 ………………………… 2-406
春暉堂初稿八卷首一卷 ……………… 2-360
春暉堂叢書十二種三十七卷 ………… 2-460
春暉堂叢書十二種三十七卷 ………… 2-554
春樹齋叢說一卷附選時造命術 ……… 2-212
春融堂集六十八卷 …………………… 2-490
春融堂集六十八卷春融堂雜記八種
八卷 ………………………………… 2-490
春融堂集六十八卷春融堂雜記八種
八卷 ………………………………… 2-490
春融堂雜記八種八卷 ………………… 1-510
春融堂雜記八種八卷 ………………… 2-379
春融堂雜記八種八卷 ………………… 2-379
春融堂雜記八種八卷 ………………… 2-379
珂雪亝前集二十四卷 ………………… 1-120
珂雪詞二卷補遺一卷 ………………… 1-164
珍執宧詩鈔二卷 ……………………… 2-365
珍執宧遺書十一種三十三卷 ………… 2-511
玲瓏山館叢書六十九種一百七十八
卷 ………………………………… 2-557
封氏聞見記十卷 …………………… 1-80
封泥攷略十卷 ………………………… 2-195
封泥攷略十卷 ………………………… 2-195
封泥攷略十卷 ………………………… 2-195
封疆譜不分卷 ………………………… 1-373
城北天后宮志一卷 …………………… 1-524
城北集八卷 …………………………… 2-359
［康熙］城固縣志十卷 ……………… 1-483
城鎮鄉地方自治宣講書十三章 ……… 1-557
政治泛論四卷 ………………………… 1-558
政治官報(光緒三十四年二月) …… 1-540
政治官報(光緒三十四年十一月) … 1-537
政治官報(光緒三十四年十二月) … 1-537
政治官報(光緒三十四年十二月) … 1-537
政治官報(光緒三十四年十月) …… 1-540
政治官報(光緒三十四年十月) …… 1-540
政治官報(光緒三十四年十月十一
月十二月) ………………………… 1-540
政治官報(光緒三十四年七月) …… 1-537
政治官報(光緒三十四年八月) …… 1-537
政治官報(光緒三十四年八月) …… 1-540
政治官報(光緒三十四年九月) …… 1-540
政治官報(光緒三十四年九月) …… 1-540
政治官報(光緒三十四年三月) …… 1-540
政治官報(光緒三十四年五月) …… 1-540
政治官報(光緒三十四年四月) …… 1-540
政治官報(宣統二年二月) ………… 1-538
政治官報(宣統二年二月) ………… 1-538
政治官報(宣統二年十二月) ……… 1-539
政治官報(宣統二年十月) ………… 1-539
政治官報(宣統二年十月) ………… 1-539
政治官報(宣統二年十月) ………… 1-539
政治官報(宣統二年七月) ………… 1-539
政治官報(宣統二年八月) ………… 1-539
政治官報(宣統二年九月) ………… 1-539
政治官報(宣統二年九月) ………… 1-539
政治官報(宣統二年五月) ………… 1-540
政治官報(宣統二年六月) ………… 1-540
政治官報(宣統二年四月) ………… 1-539
政治官報(宣統二年四月) ………… 1-539
政治官報(宣統三年一月) ………… 1-539
政治官報(宣統三年二月) ………… 1-539
政治官報(宣統三年三月) ………… 1-539
政治官報(宣統三年三月) ………… 1-540
政治官報(宣統三年六月) ………… 1-539
政治官報(宣統三年六月) ………… 1-539
政治官報(宣統三年四月) ………… 1-540
政治官報(宣統元年一月二月閏二
月) ………………………………… 1-540
政治官報(宣統元年二月) ………… 1-537
政治官報(宣統元年二月) ………… 1-537
政治官報(宣統元年二月) ………… 1-538
政治官報(宣統元年十一月) ……… 1-538
政治官報(宣統元年十一月) ……… 1-539
政治官報(宣統元年十二月) ……… 1-538
政治官報(宣統元年十二月) ……… 1-538

政治官報(宣統元年十月) ………… 1－538
政治官報(宣統元年十月) ………… 1－539
政治官報(宣統元年七月) ………… 1－538
政治官報(宣統元年七月) ………… 1－538
政治官報(宣統元年八月) ………… 1－538
政治官報(宣統元年八月) ………… 1－539
政治官報(宣統元年九月) ………… 1－538
政治官報(宣統元年九月) ………… 1－538
政治官報(宣統元年三月) ………… 1－538
政治官報(宣統元年三月) ………… 1－538
政治官報(宣統元年五月) ………… 1－538
政治官報(宣統元年六月) ………… 1－538
政治官報(宣統元年六月) ………… 1－538
政治官報(宣統元年正月) ………… 1－537
政治官報(宣統元年正月) ………… 1－537
政治官報(宣統元年四月) ………… 1－538
政治官報(宣統元年四月) ………… 1－538
政教進化論五章 ………… 2－376
政教進化論五章 ………… 2－376
政略彙鈔不分卷 ………… 1－46
政餘書屋文鈔二十卷擬瑟譜一卷 …… 2－468
政學錄初稿八卷 ………… 2－151
政學錄初稿八卷 ………… 2－151
政藝通報二篇六十四卷 ………… 2－556
政藝叢書二篇六十四卷 ………… 2－556
郝氏遺書二十九種一百九十一卷 …… 2－473
郝氏遺書二十九種一百九十一卷 …… 2－473
郝氏遺書二十九種一百九十一卷 …… 2－473
郝氏遺書二十九種一百九十一卷 …… 2－473
郝氏遺書二十九種一百九十一卷 …… 2－473
郝氏遺書二十九種一百九十一卷 …… 2－474
郝文忠公年譜一卷 ………… 1－138
郝文忠公年譜一卷 ………… 1－138
郝文忠公陵川文集三十九卷附錄一卷 ………… 1－138
郝文忠公陵川文集三十九卷附錄一卷 ………… 1－138
郝文忠公陵川文集三十九卷附錄一卷 ………… 1－138
郝文忠公陵川文集三十九卷附錄一卷 ………… 1－138
[光緒]荆州府志八十卷首一卷 …… 1－452
[光緒]荆州府志八十卷首一卷 …… 1－452
[光緒]荆州府志八十卷首一卷 …… 1－452
[光緒]荆州府志八十卷首一卷 …… 1－452
荆州記三卷 ………… 1－392
荆州記三卷 ………… 1－392
荆州萬城隄志十卷首一卷末一卷 …… 1－521
荆州萬城隄續志十卷首一卷末一卷 ………… 1－521
荆州萬城隄續志十卷首一卷末一卷 ………… 1－521
[同治]荆門直隸州志十二卷首一卷 ………… 1－466
荆南萃古編不分卷 ………… 2－102
荆楚修疏指要二卷首一卷水道參考三卷首一卷 ………… 1－496
荆楚修疏指要水道參考三卷首一卷 ………… 1－496
荆楚歲時記不分卷 ………… 2－231
荆園小語集證四卷 ………… 2－149
荆園小語集證四卷 ………… 2－149
荆駝逸史五十八種 ………… 1－298
荆駝逸史五十八種 ………… 1－298
荆駝逸史五十八種 ………… 1－298
荆川文集十八卷 ………… 1－141
荆園小語一卷荊園進語一卷 ………… 1－156
茶聲館文集八卷首一卷蕉聲館詩集二十卷詩集補遺四卷詩集續補一卷 ………… 2－455
茶聲館文集八卷首一卷蕉聲館詩集二十卷詩集補遺四卷詩集續補一卷 ………… 2－455
茶聲館集八卷首一卷 ………… 2－455
草木子四卷 ………… 2－199
草木子四卷 ………… 2－199
草木子四卷 ………… 2－199
草木春秋演義三十二回 ………… 2－240
草木春秋演義三十二回 ………… 2－240
草木疏校正二卷 ………… 1－191
草木疏校正二卷 ………… 1－193
草木疏校正二卷 ………… 1－193

草字彙十二集附補 …………………… 1－243
草字彙十二集附補 …………………… 1－243
草字彙十二集附補 …………………… 1－243
草字彙十二集附補 …………………… 1－243
草莽私乘一卷 ………………………… 1－328
草堂詩餘四卷 ………………………… 1－166
草聖彙辯不分卷 ……………………… 1－69
草廬吳文正公集四十九卷首一卷外集三卷 ………………………………… 1－139
草廬經略十二卷 ……………………… 2－166
草廬經略十二卷 ……………………… 2－166
草廬經略十二卷 ……………………… 2－166
草韻彙編二十六卷 …………………… 1－12
[嘉慶]莒州志十六卷首一卷 ……… 1－435
茶山集八卷 …………………………… 2－330
茶山集八卷 …………………………… 2－330
茶香室四鈔二十九卷 ………………… 2－508
茶香室經說十六卷 …………………… 1－178
茶香室經說十六卷 …………………… 1－178
茶香室叢鈔二十三卷續鈔二十五卷 ………………………………………… 2－483
茶香室叢鈔二十三卷續鈔二十五卷三鈔二十九卷四鈔二十九卷 ……… 2－483
茶夢盦劫後詩稿十二卷 ……………… 2－364
茶餘客話二十二卷 …………………… 2－240
茶餘客話二十二卷 …………………… 2－240
茶磨山人詩鈔八卷 …………………… 2－368
荀子二十卷附校勘補遺一卷 ………… 2－132
荀子二十卷附校勘補遺一卷 ………… 2－132
荀子二十卷附校勘補遺一卷 ………… 2－133
荀子二十卷附校勘補遺一卷 ………… 2－133
荀子二十卷附校勘補遺一卷 ………… 2－133
荀子二十卷附校勘補遺一卷 ………… 2－133
荀子二十卷附校勘補遺一卷 ………… 2－133
荀子三卷 ……………………………… 2－133
荀子三卷 ……………………………… 2－133
荀子集解二十卷附攷證一卷 ………… 2－132
荀子集解二十卷附攷證一卷 ………… 2－132
荀子補注二卷 ………………………… 2－115
茗柯文初編一卷二編二卷三編一卷四編一卷 ………………………………… 2－433
茗柯文初編一卷二編二卷三編一卷四編一卷 ………………………………… 2－433
茗柯文初編一卷二編二卷三編一卷四編一卷 ………………………………… 2－433
茗餘新話八卷 ………………………… 2－252
荒政摘要不分卷 ……………………… 2－24
荒政輯要九卷首一卷 ………………… 2－23
荒政輯要九卷首一卷 ………………… 2－23
荒政輯要九卷首一卷 ………………… 2－23
荒政輯要九卷首一卷 ………………… 2－23
荒政輯要九卷首一卷 ………………… 2－23
荒政輯要九卷首一卷 ………………… 2－23
荒政輯要九卷首一卷 ………………… 2－23
荒政叢書十卷附錄二卷 ……………… 1－557
故城賈氏躬自厚齋叢書十二種二十八卷 ……………………………………… 2－542
故城賈氏躬自厚齋叢書十二種二十八卷 ……………………………………… 2－542
故唐律疏議三十卷 …………………… 2－4
故唐律疏議三十卷 …………………… 2－4
故唐律疏議三十卷附律音義一卷 …… 2－4
故唐律疏議三十卷附律音義一卷 …… 2－4
故唐律疏議三十卷附律音義一卷 …… 2－4
胡子知言六卷附胡子知言疑義一卷 ………………………………………… 2－156
胡子知言六卷附胡子知言疑義一卷 ………………………………………… 2－540
胡子知言六卷附錄一卷疑義一卷 …… 2－540
胡文忠公手翰二卷 …………………… 2－303
胡文忠公政書十四卷首一卷 ………… 1－557
胡文忠公遺集十卷首一卷 …………… 1－362
胡文忠公遺集十卷首不分卷 ………… 1－362
胡文忠公遺集十卷首不分卷 ………… 1－362
胡文忠公遺集十卷首不分卷 ………… 1－362
胡文忠公遺集十卷首不分卷 ………… 1－363
胡文忠公遺集八十六卷首不分卷 …… 1－362
胡文忠公遺集八十六卷首不分卷 …… 1－362
胡文忠公遺集八十六卷首不分卷 …… 1－362
胡文忠公遺集八十六卷首不分卷 …… 1－362
胡文忠公遺集八十六卷首不分卷 …… 1－362
胡文忠公遺集八十六卷首不分卷 …… 1－362

胡文忠公遺集八十六卷首不分卷…… 1－362
胡文忠公遺集八十六卷首不分卷…… 1－362
胡仲子集十卷…………………………… 2－423
胡敬書畫攷三種八卷…………………… 2－187
胡敬齋先生文集三卷…………………… 2－423
胡敬齋先生文集三卷居業錄四卷…… 2－423
胡敬齋先生居業錄十二卷…………… 1－143
胡敬齋先生居業錄四卷……………… 2－423
胡澹庵先生文集三十二卷…………… 2－408
胡澹庵先生文集三十卷首一卷補遺一卷…………………………………… 2－408
茹氏經學十二種二十二卷…………… 2－572
茹古齋文鈔二卷補遺一卷詩鈔一卷…………………………………… 2－507
茹恨集不分卷………………………… 2－371
荔村草堂詩續鈔一卷………………… 2－363
荔原保賑事略不分卷………………… 1－557
荔隱山房集五種十三卷……………… 2－512
荔牆叢刻十三種四十卷……………… 2－551
南工廟祠祀典四卷…………………… 2－2
南山全集十六卷……………………… 2－443
南山全集十六卷……………………… 2－443
南山全集十六卷……………………… 2－505
南山佳話不分卷……………………… 1－347
南山集十四卷………………………… 2－494
［光緒］南川縣志十二卷首一卷 …… 1－421
南天痕二十六卷附錄………………… 1－295
南天痕二十六卷附錄………………… 1－295
南天痕二十六卷附錄………………… 1－295
南天痕二十六卷附錄………………… 1－295
南北史表七卷………………………… 1－351
南北史表七卷………………………… 1－351
南北史捃華八卷……………………… 1－308
南北史捃華八卷……………………… 1－308
南北史捃華八卷……………………… 1－308
南北史捃華八卷……………………… 1－308
南北史補志十四卷附贊一卷………… 1－265
南北史補志十四卷附贊一卷………… 1－265
南北朝文鈔二卷……………………… 2－392
南北詞名宮調彙錄二卷……………… 2－526
南史八十卷 ………………………… 1－17
南史演義三十二卷 ………………… 1－84
南史識小錄十四卷北史識小錄十四卷………………………………… 2－105
南史識小錄十四卷北史識小錄十四卷………………………………… 2－105
南史識小錄十四卷北史識小錄十四卷………………………………… 2－105
南史識小錄十四卷北史識小錄十四卷………………………………… 2－105
南史識小錄十四卷北史識小錄十四卷………………………………… 2－105
［乾隆］南召縣志四卷 ……………… 1－456
南皮張宮保政書十二卷……………… 1－547
南皮張宮保政書十二卷……………… 1－547
南皮張宮保政書十二卷……………… 1－547
南皮張宮保政書奏議初編十二卷…… 1－372
［光緒］南皮縣志十五卷首一卷末一卷………………………………… 1－463
南皮縣署出入各款數目清摺不分卷………………………………… 2－24
南邨草堂詩鈔二十四卷……………… 2－358
南江書錄一卷………………………… 2－566
南江劄記四卷………………………… 1－244
［同治］南安府志三十二卷首一卷 … 1－479
南阮集二卷…………………………… 2－369
南巡盛典一百二十卷 ……………… 1－26
南巡盛典一百二十卷………………… 1－293
南巡盛典一百二十卷………………… 1－293
南巡盛典一百二十卷………………… 1－293
南巡盛典一百二十卷………………… 1－293
南村草堂文鈔二十卷………………… 2－460
南村隨筆六卷 ……………………… 1－81
南宋文範七十卷外編四卷作者考二卷………………………………… 2－276
南宋文範七十卷外編四卷作者考二卷………………………………… 2－276
南宋文範七十卷外編四卷作者考二卷………………………………… 2－276
南宋文範七十卷外編四卷作者考二卷………………………………… 2－276
南宋文錄錄二十四卷………………… 2－275

南宋文錄錄二十四卷…………………… 2－275
南宋文錄錄二十四卷…………………… 2－275
南宋古蹟攷二卷………………………… 2－116
南宋古蹟攷二卷………………………… 2－116
南宋院畫錄八卷首一卷………………… 2－188
南宋院畫錄八卷首一卷………………… 2－193
南宋書六十八卷………………………… 1－265
南宋書六十八卷………………………… 1－265
南宋羣賢小集七十二種一百二十五
　卷……………………………………… 2－407
南宋羣賢詩選十二卷…………………… 1－107
南宋館閣錄十卷續錄十卷……………… 2－382
南宋襍事詩七卷………………………… 1－107
南宋雜事詩七卷………………………… 2－325
南宋雜詩七卷…………………………… 2－334
南宋雜詩七卷…………………………… 2－334
南宋雜詩七卷…………………………… 2－334
南坪詩鈔八卷…………………………… 1－111
南厓府君［朱珪］年譜三卷　………… 1－320
［同治］南昌府志六十六卷首一卷末
　一卷…………………………………… 1－481
南岡草堂文存二卷……………………… 2－463
南征集不分卷…………………………… 2－372
南省公餘錄八卷………………………… 2－223
南省公餘錄八卷………………………… 2－223
南省公餘錄八卷………………………… 2－223
南省公餘錄八卷………………………… 2－230
南省公餘錄八卷………………………… 2－230
南昀文稾十二卷………………………… 2－447
南昀文稾十二卷詩稾十卷詩續稾十
　七卷…………………………………… 2－501
南昀文稾十二卷詩稾十卷詩續稾十
　七卷…………………………………… 2－501
南昀詩稾十卷續藁十七卷……………… 2－447
南昀詩稾十卷續藁十七卷文稾十二
　卷南昀老人自訂年譜一卷…………… 2－447
南華山房詩鈔十六卷…………………… 1－112
南華山房詩鈔六卷續集二卷賦一卷
　南華山人詩鈔十五卷續集二卷…… 1－112
南華真經十卷…………………………… 2－135
南華真經十卷…………………………… 2－139
南華真經正義不分卷附識餘………… 2－135
南華真經正義不分卷附識餘………… 2－135
南華真經注疏十卷…………………… 2－138
南華真經副墨八卷附讀南華真經雜
　說一卷 ……………………………… 1－72
南華真經副墨八卷附讀南華真經雜
　說一卷 ……………………………… 1－72
南華真經評注五卷 ………………… 1－56
南華真經解不分卷 ………………… 1－72
南華發覆八卷………………………… 2－210
南華經十六卷 ……………………… 1－56
南軒文集四十四卷南軒先生論語解
　十卷南軒先生孟子說七卷………… 2－408
南軒先生文集四十四卷……………… 1－135
南高平物產記二卷…………………… 2－171
南唐近事三卷………………………… 1－167
南唐書三十卷………………………… 1－167
南唐書三十卷………………………… 1－293
南唐書合刻四十九卷 ……………… 1－25
南唐書合刻四十九卷 ……………… 1－26
［道光］南部縣志三十卷首一卷　…… 1－480
南海百詠一卷………………………… 2－364
南海先生戊戌奏稿不分卷…………… 1－366
南海先生戊戌奏稿不分卷…………… 1－366
南海先生戊戌奏稿不分卷…………… 1－366
南海先生戊戌奏稿不分卷…………… 1－366
南海先生戊戌奏稿不分卷…………… 1－367
南海先生戊戌奏稿不分卷…………… 1－367
南海先生戊戌奏稿不分卷…………… 1－367
南海先生戊戌奏稿不分卷…………… 1－367
南海先生詩集四卷…………………… 2－323
南海先生詩集四卷…………………… 2－345
南海普陀山志十五卷 ……………… 1－41
［宣統］南海縣志二十六卷末一卷　… 1－475
［同治］南海縣志二十六卷首一卷　… 1－475
［道光］南宮縣志十六卷　…………… 1－406
［道光］南宮縣志十六卷首一卷　…… 1－406
［道光］南宮縣志十六卷首一卷　…… 1－406
［道光］南宮縣志十六卷首一卷　…… 1－406
南陵無雙譜不分卷…………………… 2－350
南菁文鈔二集六卷…………………… 2－305

南菁書院叢書八集四十一種四十五卷…… 2－554
南菁書院叢書八集四十一種四十五卷…… 2－554
南菁講舍文集六卷…… 2－305
南菁講舍文集六卷…… 2－306
南野堂筆記十二卷…… 2－519
南野堂詩集六卷…… 2－366
南陽人物志十卷…… 1－346
南陽人物志十卷明代南陽人物志八卷…… 1－345
［嘉慶］南陽府志六卷…… 1－472
南陽集六卷…… 1－135
南陽集六卷…… 2－409
南陽集六卷…… 2－409
南陽樂傳奇二卷三十二齣…… 2－530
［光緒］南陽縣志十二卷首一卷…… 1－481
［康熙］南陽縣志六卷首一卷…… 1－38
南朝佛寺志二卷…… 1－522
南遊記不分卷…… 1－516
南湖攷不分卷…… 1－495
南湖倡和集一卷崇福寺志四卷續崇福寺志一卷…… 2－338
南湖詩集十一卷…… 2－354
南渡錄五卷…… 1－26
南渡錄四卷…… 1－303
南雷文定前集十一卷後集四卷三集三卷四集四卷附錄一卷黎州先生世譜一卷…… 2－491
南雷文定前集十一卷後集四卷三集三卷附錄一卷…… 1－158
南雷餘集不分卷…… 2－513
南園文存一卷…… 2－508
南園前五先生詩五卷南園後五先生詩二十五卷附南園花信詩不分卷…… 2－355
南園前五先生詩選二卷…… 2－355
南園前五先生詩選二卷…… 2－355
南園詩選二卷…… 2－527
南園雜詠不分卷…… 2－513
［光緒］南滙縣志二十二卷首一卷末一卷…… 1－445
［光緒］南滙縣志二十二卷首一卷末一卷…… 1－446
［嘉慶］南溪縣志十卷…… 1－39
南漢春秋十三卷…… 1－301
南漢書十八卷南漢書攷異十八卷南漢叢錄二卷南漢文字略四卷…… 1－265
南漢書十八卷南漢書攷異十八卷南漢叢錄二卷南漢文字略四卷…… 1－265
南漢書十八卷南漢書攷異十八卷南漢叢錄二卷南漢文字略四卷…… 1－265
南漢書十八卷南漢書攷異十八卷南漢叢錄二卷南漢文字略四卷…… 1－265
南漳子二卷…… 1－525
［同治］南漳縣志集鈔二十六卷首一卷…… 1－471
［同治］南漳縣志集鈔二十六卷首一卷…… 1－474
南澗甲乙稿二十二卷…… 2－403
南澗甲乙稿二十二卷拾遺一卷…… 2－403
［咸豐］南潯鎮志四十卷首一卷…… 1－422
［咸豐］南潯鎮志四十卷首一卷…… 1－422
［咸豐］南潯鎮志四十卷首一卷…… 1－422
［光緒］南樂縣志十卷首一卷補遺一卷…… 1－458
南嶽志八卷…… 1－499
南嶽志八卷…… 1－499
南嶽志八卷…… 1－499
南嶽總勝集三卷…… 1－503
南嶽總勝集三卷…… 1－503
南嶽總勝集三卷…… 1－503
南谿偶刊五卷…… 1－160
南谿偶刊四卷…… 1－159
南豐先生元豐類藁五十卷南豐先生集外文二卷附南豐先生行狀碑誌哀挽一卷…… 1－130
南豐先生全集錄二卷…… 2－408
南燼紀聞一卷…… 1－26
南疆繹史三十卷…… 1－292
南廱志經籍考二卷…… 2－74
南廱志經籍考二卷…… 2－76

枡芝詩集二卷 …… 2－334
柯亭子文集八卷駢體文集八卷詩初集八卷詩二集十卷詩三集三卷 …… 1－155
柯家山館詞三卷 …… 2－528
[光緒]柘城縣志十卷首一卷 …… 1－448
相在爾室彙刊六種附三種 …… 2－199
相門精義不分卷 …… 2－211
相宗八要直解八卷 …… 2－202
相理衡真十卷首一卷 …… 2－211
相臺書塾刊正九經三傳沿革例一卷 …… 1－172
相臺書塾刊正九經三傳沿革例一卷 …… 1－173
相臺書塾刊正九經三傳沿革例一卷 …… 1－173
柞蠶彙誌不分卷 …… 2－170
柞蠶簡法補遺不分卷 …… 2－171
柞蠶雜誌不分卷 …… 2－169
柏子俊先生行狀一卷 …… 1－334
柏垣瑣志不分卷 …… 2－20
柏梘山房文集十六卷續集一卷駢體文二卷 …… 2－499
柏梘山房全集三十一卷 …… 2－473
柏梘山房全集三十一卷 …… 2－473
柏梘山房全集三十一卷 …… 2－473
柏梘山房全集三十一卷 …… 2－473
柏梘山房全集三十一卷 …… 2－473
柏梘山房全集三十一卷 …… 2－473
柏梘山房全集三十一卷 …… 2－473
柏堂遺書二十二種一百六十六卷附一種五卷 …… 2－469
柏堂遺書二十二種一百六十六卷附一種五卷 …… 2－469
柏堂遺書二十二種一百六十六卷附一種五卷 …… 2－469
柏堂遺書二十三種一百六十九卷 …… 2－569
柏堂遺書八種附一種 …… 2－502
柏堂遺書八種附一種 …… 2－502
[乾隆]柏鄉縣志十卷首一卷 …… 1－406
[乾隆]柏鄉縣志十卷首一卷 …… 1－406
柳子藏書九卷 …… 2－389
柳文二十二卷 …… 1－128
柳文四十三卷別集二卷外集二卷附錄一卷 …… 1－129
柳文惠公全集四十三卷別集二卷外集二卷附錄一卷 …… 2－396
柳文惠公全集四十三卷別集二卷外集二卷附錄一卷 …… 2－396
柳文惠公全集四十三卷別集二卷外集二卷附錄一卷 …… 2－396
柳先生[宗元]年譜一卷 …… 1－339
柳州文牘二卷 …… 1－377
柳門遺稾二卷 …… 2－361
柳弧六卷 …… 1－80
柳南文鈔六卷詩鈔十卷 …… 1－156
柳南文鈔六卷詩鈔十卷 …… 1－156
柳南詩鈔十卷柳南文鈔六卷 …… 1－108
柳南隨筆六卷 …… 1－122
柳南隨筆六卷續筆四卷 …… 2－380
柳南隨筆六卷續筆四卷 …… 2－380
柳南隨筆六卷續筆四卷 …… 2－381
柳亭詩話三十卷 …… 1－162
柳亭詩話三十卷 …… 1－162
柳亭詩話三十卷 …… 2－518
柳崖外編十六卷首一卷 …… 1－84
柳渠文集六卷詩集六卷 …… 2－509
柳漁詩鈔十二卷 …… 1－113
柈湖文集十二卷 …… 2－442
柈湖文集十二卷 …… 2－442
柈湖文集十二卷 …… 2－442
柈湖文集十二卷 …… 2－442
柈湖文集十二卷 …… 2－442
柈湖文集十二卷 …… 2－442
柈湖文錄八卷首一卷詩錄六卷釣者風一卷 …… 2－442
軌政紀要初編九卷 …… 2－265
軌政紀要初編九卷 …… 2－266
軌政紀要初編九卷 …… 2－266
勅建淨慈寺志二十八卷首二卷末一卷 …… 1－525
勅修兩浙海塘通志二十卷首不分卷 …… 1－390

勑修兩浙海塘通志二十卷首不分卷 …… 1－390
勑修兩浙海塘通志二十卷首不分卷 …… 1－490
勑授文林郎徵君顯考子尹府行述一卷 …… 1－334
柬埔寨以北探路記十五卷 …… 1－391
咸同敉大總戎從征紀述四卷 …… 2－166
咸陟堂文集二十五卷文二集八卷賦集一卷詩集十七卷詩二集六卷 …… 2－336
［乾隆］咸陽縣志二十二卷首一卷 …… 1－417
［嘉慶］咸寧縣志二十六卷首一卷 …… 1－457
［嘉慶］咸寧縣志二十六卷首一卷 …… 1－457
［嘉慶］咸寧縣志二十六卷首一卷 …… 1－457
咸豐十一年辛酉科選十八省拔貢同年錄不分卷 …… 2－92
咸豐八年(春季、夏季、冬季)條例不分卷 …… 2－8
咸豐九年已未科會試同年齒錄不分卷 …… 2－95
咸豐三年京口士民討賊檄 …… 1－305
咸豐已未恩科湖北鄉試同年錄不分卷 …… 2－92
咸豐元年畫像路程其他方針一覽表記不分卷 …… 1－516
咸豐以來功臣别傳三十卷 …… 1－323
咸豐以來功臣别傳三十卷 …… 1－323
咸豐以來功臣别傳三十卷 …… 1－323
［乾隆］威遠縣志八卷首一卷 …… 1－432
［光緒］威遠縣志三編四卷 …… 1－432
［嘉慶］威遠縣志六卷 …… 1－432
威縣軍務奏檔不分卷 …… 1－366
研六室文鈔十卷 …… 2－496
研經室課藝不分卷 …… 2－304
研谿先生詩集七卷 …… 1－109
面城精舍襍文甲編一卷乙編一卷 …… 2－229
面城精舍襍文甲編一卷乙編一卷 …… 2－389
耐安類稿五種十卷 …… 2－489
耐安類稿五種十卷 …… 2－489
耐安類稿五種十卷 …… 2－574
耐菴文存六卷首一卷 …… 2－473
耐菴文存六卷首一卷詩存三卷 …… 2－473
耐菴文存六卷詩存三卷 …… 2－473
耐菴奏議存稿十二卷首一卷耐菴公牘存稿四卷耐菴詩存三卷 …… 1－372
奎壁詩經八卷 …… 1－190
奎壁詩經八卷 …… 1－190
［咸豐］郟縣志十二卷 …… 1－458
持志塾言二卷 …… 2－160
持志編五卷首一卷 …… 2－284
括地志八卷 …… 1－401
括地志八卷 …… 1－401
拾雅二十卷 …… 1－226
拾遺記十卷 …… 2－242
拾遺記十卷 …… 2－242
拾遺記十卷 …… 2－242
拾遺記十卷 …… 2－242
拾餘四種 …… 2－226
挑燈新錄六卷 …… 2－248
挑燈新錄六卷 …… 2－248
指月錄三十二卷 …… 1－72
指月錄三十二卷 …… 2－208
指南後錄三卷 …… 2－333
指南後錄三卷附一卷 …… 2－333
指南針十二卷 …… 2－211
拯世略說不分卷 …… 2－215
貞豐詩萃五卷 …… 2－352
省志摘攬二卷 …… 1－402
省吾堂四種二十五卷 …… 1－177
省身錄六卷 …… 2－574
省言一卷 …… 2－387
省香齋詩集三卷 …… 2－365
省軒考古類編十二卷 …… 1－4
省軒考古類編十二卷 …… 2－145
省庵法師語錄二卷 …… 2－206
省齋全集十二卷 …… 2－504
是程堂集十四卷是程堂二集四卷 …… 2－356
則古昔齋算學十三種二十四卷 …… 2－185
則古昔齋算學十三種二十四卷 …… 2－185
則克錄三卷附圖一卷 …… 2－165
則例圖要便覽四十九卷 …… 2－64
則堂先生春秋集傳詳說三十卷春秋

詳說綱領一卷……………………… 1－205
冒巢民先生［襄］年譜一卷　………… 1－342
冒巢民先生［襄］年譜一卷　………… 1－342
禹峽山志四卷首一卷………………… 1－502
星泉吟草不分卷……………………… 1－107
星軺日記不分卷……………………… 1－352
星軺日記不分卷……………………… 1－352
星軺日記不分卷……………………… 1－352
星軺指掌三卷續卷一卷　……………… 2－35
星軺指掌三卷續卷一卷　……………… 2－35
星軺籌筆四卷　………………………… 2－35
星軺籌筆四卷　………………………… 2－35
星經二卷……………………………… 1－383
星經二卷……………………………… 1－384
昨非菴日纂二十卷二集二十卷三集
　二十卷　……………………………… 1－76
昨夢齋文集四卷……………………… 2－506
昭文邵氏聯珠集五種五卷…………… 2－464
［雍正］昭文縣志十卷首一卷　………… 1－37
昭代名人尺牘二十四卷尺牘小傳二
　十四卷……………………………… 2－191
昭代名人尺牘小傳二十四卷………… 2－299
昭代名人尺牘小傳二十四卷………… 2－299
昭代名人尺牘小傳二十四卷………… 2－299
昭代名人尺牘續集小傳二十四卷…… 2－301
昭代經濟言十四卷…………………… 2－294
昭代叢書十集四百九十九種五百六
　十卷………………………………… 2－543
昭代叢書十集四百九十九種五百六
　十卷………………………………… 2－543
昭代叢書甲集五十卷乙集四十卷…… 1－167
昭代叢書別集六十種六十卷附一種
　一卷………………………………… 2－558
昭如女子詩鈔一卷…………………… 1－327
昭忠錄九十卷前編六卷……………… 1－348
昭忠錄五卷附錄一卷………………… 1－348
昭烈忠武陵廟志十卷首一卷………… 1－523
昭陽從政錄不分卷　…………………… 2－51
昭德先生郡齋讀書志二十卷附攷證
　…………………………………… 2－69
昭德先生郡齋讀書志二十卷附攷證
　…………………………………… 2－69
昭德先生郡齋讀書志二十卷附攷證
　…………………………………… 2－69
畏廬文集不分卷……………………… 2－457
毗尼日用切要一卷…………………… 2－203
昆陵周氏三種六卷…………………… 2－452
昆陵周氏三種六卷…………………… 2－452
昆陵科第攷八卷……………………… 1－559
昆陵科第攷八卷　……………………… 2－91
昆陵集二十卷補遺一卷附錄一卷…… 1－126
昆陵集十六卷補遺一卷附錄一卷…… 2－546
昆陵謝氏叢書十六種七十三卷……… 2－563
昆陵謝氏叢書十六種七十三卷……… 2－563
虹橋老屋遺集文三卷詩二卷………… 2－486
虹橋老屋遺稿文三卷詩五卷………… 2－486
虹橋老屋遺稿文四卷詩五卷………… 2－487
思不辱齋文集四卷…………………… 2－479
思兄樓文稿一卷爨餘稿一卷………… 2－475
思伯子堂詩集三十二卷……………… 2－513
思亭文鈔二卷詩鈔四卷賦鈔二卷…… 2－479
思亭詩鈔八卷文鈔二卷賦鈔二卷…… 2－504
思益堂日劄五卷……………………… 2－300
思益堂日劄五卷……………………… 2－380
思益堂日劄五卷……………………… 2－380
思益堂日劄五卷……………………… 2－380
思益堂詩鈔六卷詞鈔一卷古文二卷
　日劄十卷…………………………… 2－440
思益堂詩鈔六卷詞鈔一卷古文二卷
　日劄十卷…………………………… 2－440
思益堂詩鈔六卷詞鈔一卷古文二卷
　日劄十卷…………………………… 2－440
思問錄內篇一卷外篇一卷…………… 2－565
思貽堂書簡八卷……………………… 2－302
思貽堂書簡八卷……………………… 2－302
思貽堂詩集十二卷詩續存八卷第三
　集四卷書簡八卷後錄州集八卷…… 2－498
思無邪齋集二十卷…………………… 1－160
思復堂文集十卷附錄一卷末一卷…… 2－562
思痛記二卷…………………………… 1－304
思補齋文集四卷……………………… 1－154

思補齋文集四卷…………………………2－455
思補齋文集四卷…………………………2－455
思補齋文集四卷…………………………2－455
思補齋文集四卷…………………………2－455
思補齋奏摺不分卷………………………1－376
思補齋奏摺不分卷………………………1－376
思補齋筆記八卷 ……………………………2－52
思福堂筆記二卷…………………………2－154
思福堂筆記二卷…………………………2－154
思適齋集十八卷…………………………2－460
思綺堂文集十卷 ……………………………1－93
思綺堂文集十卷…………………………1－157
思辨錄疑義一卷…………………………2－160
思辨錄輯要二十二卷後集十三卷……2－147
思舊錄一卷………………………………1－347
韋齋集十二卷首一卷……………………1－136
韋齋集十二卷首一卷……………………1－136
韋蘇州集十卷……………………………1－105
韋蘇州集十卷……………………………2－329
韋蘇州詩集二卷…………………………1－130
韋廬初詩一卷續集一卷近集一卷……2－341
韋廬詩内集四卷末一卷詩外集四卷
　末一卷…………………………………2－341
品花寶鑑六十回…………………………2－244
品花寶鑑六十回…………………………2－244
峒谿纖志三卷……………………………1－303
峒谿纖志三卷……………………………1－388
峒谿纖志不分卷…………………………1－303
迴瀾紀要二卷……………………………1－492
拜經樓藏書題跋記五卷附經籍跋文
　一卷 ………………………………………2－70
拜經樓藏書題跋記五卷附經籍跋文
　一卷 ………………………………………2－70
拜經樓藏書題跋記五卷附録一卷 ……2－70
看詩隨録八十八卷目録五卷…………2－343
看詩隨録三十九卷………………………2－350
看鑑偶評四卷補評一卷………………2－113
[光緒]香山縣志二十二卷 …………1－480
香杜草二卷二集四卷三集一卷………2－343
香草箋一卷………………………………2－366
香草齋詩註六卷…………………………2－362
香茗齋筆記一卷香雪齋筆記一卷……2－228
香南居士集六卷…………………………2－366
香南草廬詩稿一卷………………………2－341
香亭文稿十二卷…………………………1－155
香祖筆記十二卷…………………………2－232
香祖筆記十二卷…………………………2－245
香祖筆記十二卷…………………………2－245
香祖樓二卷………………………………2－531
香乘二十八卷 ………………………………1－79
香案牘一卷 …………………………………1－80
香屑集十八卷首一卷末一卷…………1－108
香雪亭新編耆英會記二卷……………2－529
香雪崦叢書十一種二十九卷…………2－557
香雪巢詩鈔十二卷續鈔一卷集句一
　卷…………………………………………2－349
香雪齋詩鈔四卷…………………………2－322
香雪齋詩鈔四卷…………………………2－322
香飲樓賓談二卷…………………………2－255
香飲樓賓談二卷…………………………2－255
香溪集二十二卷…………………………2－406
香銷酒醒詞一卷附曲一卷……………2－520
香樹齋文集二十八卷詩集十八卷文
　集續鈔五卷詩續集三十六卷………2－495
香樹齋詩集十八卷………………………1－103
香樹齋詩續集十二卷……………………1－103
香樹齋詩續集三十六卷…………………1－103
香禪精舍集十一種二十九卷附四種
　四卷………………………………………2－465
香禪精舍集十一種二十九卷附四種
　四卷………………………………………2－465
香蘇山館今體詩鈔十九卷古體詩鈔
　十七卷……………………………………2－514
香蘇山館古體詩鈔十七卷今體詩鈔
　十九卷……………………………………2－359
香蘇山館古體詩鈔十七卷今體詩鈔
　十九卷……………………………………2－359
香嚴老人壽言一卷………………………1－328
香奩集發微一卷附韓承旨年譜一卷
　……………………………………………2－328
香艷叢書二十集三百二十七種三百
　九十七卷…………………………………2－549

秋水菴花影集五卷……………………… 1－105
秋水菴花影集五卷……………………… 1－105
秋水堂遺詩不分卷……………………… 2－341
秋水閒房集二卷………………………… 1－105
秋水集十六卷…………………………… 1－159
秋江集註六卷…………………………… 2－354
秋江集註六卷…………………………… 2－354
秋坪詩存十四卷………………………… 2－344
秋坪新語十二卷 ……………………… 1－84
秋林琴雅四卷…………………………… 2－527
秋室集十卷……………………………… 2－494
秋根書室詩文集十四卷西行紀程二
　卷西征集一卷………………………… 2－465
秋根書室詩文集十四卷西行紀程二
　卷西征集一卷………………………… 2－477
秋浦雙忠錄四十卷……………………… 2－559
秋崖先生小藁文集四十五卷詩集三
　十八卷………………………………… 2－407
秋笳集八卷補遺一卷…………………… 2－324
秋塍三州詩鈔四卷……………………… 2－372
秋潭詩集十卷…………………………… 2－336
秋審比較七卷 ………………………… 2－19
秋審比較條款五卷……………………… 2－7
秋審比較條款五卷……………………… 2－7
秋審比較彙案二卷……………………… 2－9
秋審比較彙案二卷……………………… 2－9
秋審比較實緩條款不分卷……………… 2－262
秋審比照彙案十六卷…………………… 2－263
秋審條款附案五卷……………………… 2－262
秋審實緩比較成案□□卷 …………… 2－19
秋審實緩比較條欵不分卷……………… 2－262
秋審實緩比較彙案新編二卷…………… 2－262
秋樹讀書樓遺集十六卷………………… 2－502
秋錦山房集二十二卷目錄二卷………… 1－158
秋盦詩草一卷…………………………… 2－366
秋燈叢話十八卷………………………… 2－248
秋燈叢話十八卷………………………… 2－248
秋燈叢話十八卷………………………… 2－248
秋聲閣尺牘二卷 ……………………… 1－95
秋讞輯要六卷 ………………………… 2－19
科名金鍼不分卷………………………… 2－296
科場異聞錄五種二十二卷坿三種三
　卷……………………………………… 2－234
科學叢書第二集六種十卷……………… 2－560
重文二卷補遺一卷……………………… 1－237
重刊人子須知資孝地理心學統宗三
　十九卷 ……………………………… 1－74
重刊五百家註音辯昌黎先生文集四
　十卷…………………………………… 2－394
重刊五百家註音辯昌黎先生文集四
　十卷…………………………………… 2－394
[嘉慶]重刊江寧府志五十六卷附校
　勘記一卷……………………………… 1－444
[嘉慶]重刊江寧府志五十六卷附校
　勘記一卷……………………………… 1－444
重刊宋文憲公集三十卷………………… 1－142
重刊宋本十三經註疏附校勘記四百
　十六卷………………………………… 1－170
重刊宋本尚書注疏二十卷附校勘記
　二十卷………………………………… 1－170
重刊宋紹熙公羊傳注附音本校記一
　卷……………………………………… 1－208
重刊宋紹熙公羊傳注附音本校記一
　卷……………………………………… 1－208
重刊宋紹熙公羊傳注附音本校記一
　卷……………………………………… 1－208
重刊武經七書彙解七卷首一卷末一
　卷……………………………………… 2－164
[嘉慶]重刊宜興縣志四卷首一卷 … 1－473
[嘉慶]重刊宜興縣志四卷首一卷 … 1－473
[嘉慶]重刊宜興縣舊志十卷首一卷
　末一卷………………………………… 1－473
[嘉慶]重刊宜興縣舊志十卷首一卷
　末一卷………………………………… 1－473
重刊居官必要八卷 …………………… 1－46
[嘉慶]重刊荆溪縣志四卷首一卷 … 1－473
[嘉慶]重刊荆溪縣志四卷首一卷 … 1－491
[嘉慶]重刊荆溪縣志四卷首一卷 … 1－491
重刊荆川先生文集十七卷附録一卷
　新刊荆川先生外集三卷……………… 1－139
重刊荆川先生文集十七卷附録一卷
　新刊荆川先生外集三卷……………… 1－141

重刊拜經樓叢書七種二十三卷……… 2－534
重刊拜經樓叢書七種二十三卷……… 2－534
重刊拜經樓叢書七種二十三卷……… 2－534
重刊拜經樓叢書七種二十三卷……… 2－534
重刊拜經樓叢書七種二十五卷……… 2－557
重刊洗冤録彙纂補輯一卷…………… 2－167
重刊校正唐荆川先生文集十二卷新刊荆川先生外集三卷荆川集補遺五卷………………………………… 2－420
重刊校正笠澤叢書四卷補遺一卷續補遺一卷…………………………… 1－129
重刊校正笠澤叢書四卷補遺一卷續補遺一卷…………………………… 1－129
重刊救荒補遺書二卷………………… 1－297
重刊麻姑山志十二卷………………… 1－521
重刊道藏輯要二十八集五百七十二卷………………………………… 2－209
重刊道藏輯要二十八集五百七十二卷………………………………… 2－209
重刊補註洗冤録集證五卷…………… 2－166
重刊補註洗冤録集證四卷…………… 2－167
重刊補註洗冤録集證四卷重刊洗冤録彙纂補輯一卷洗冤録辨正一卷………………………………… 2－167
重刊詳校篇海五卷 …………………… 1－13
重刊嘉祐集十五卷…………………… 1－130
［弘治］重刊興化府志五十四卷 …… 1－484
［道光］重刊續纂宜荆縣志十卷首一卷………………………………… 1－473
［道光］重刊續纂宜荆縣志十卷首一卷………………………………… 1－473
［道光］重刊續纂宜荆縣志十卷首一卷………………………………… 1－473
［道光］重刊續纂宜荆縣志十卷首一卷………………………………… 1－473
重刊讀史論略不分卷………………… 2－112
重刻天傭子全集十卷首一卷末一卷………………………………… 2－424
重刻天傭子全集十卷首一卷末一卷………………………………… 2－424
重刻右海先生疏稿不分卷…………… 1－373
重刻主客圖二卷……………………… 2－519
重刻足本詩壇點將録一卷 …………… 2－91
重刻吳淵穎集十二卷附録一卷……… 1－138
重刻佛祖道影四卷…………………… 2－203
重刻勁節樓圖記三卷首一卷末一卷………………………………… 1－330
重刻剡川姚氏本戰國策札記三卷 …… 1－22
重刻剡川姚氏本戰國策札記三卷…… 1－285
重刻剡川姚氏本戰國策札記三卷…… 1－285
重刻剡川姚氏本戰國策札記三卷…… 1－285
重刻剡川姚氏本戰國策札記三卷…… 1－285
重刻剡川姚氏本戰國策札記三卷…… 1－285
重刻剡川姚氏本戰國策札記三卷…… 1－285
重刻剡川姚氏本戰國策札記三卷…… 1－285
重刻剡川姚氏本戰國策札記三卷…… 1－285
重刻剡川姚氏本戰國策札記三卷…… 1－285
重刻黄文節山谷先生文集三十卷外集十四卷別集二十卷……………… 1－131
重刻黄文節山谷先生文集三十卷外集十四卷別集二十卷……………… 1－131
重刻黄文節山谷先生文集三十卷外集十四卷別集二十卷……………… 1－132
重刻清容居士集札記一卷…………… 2－413
重刻清容居士集札記一卷…………… 2－413
重刻添補傳家寶俚言新本初集八卷首一卷二集八卷三集八卷四集八卷………………………………… 2－218
重刻張來儀靜居集四卷……………… 1－111
重刻萬卷讀餘六卷…………………… 2－108
重刻渼陂王太史先生全集二十七卷渼陂續集三卷…………………… 1－142
重刻渼陂王太史先生全集二十七卷渼陂續集三卷…………………… 1－142
重刻賴古堂尺牘新鈔三選結隣集十六卷………………………………… 2－299
重刻賴古堂尺牘新鈔三選結隣集十六卷………………………………… 2－299
重刻歷朝捷録四卷 …………………… 1－22
重刻歷朝捷録四卷 …………………… 1－22
重建豐濟倉圖案不分卷 ……………… 2－25
重建豐濟倉圖案不分卷 ……………… 2－51

重建豐濟倉圖案不分卷 ………………… 2－51
[光緒]重修天津府志五十四卷首一卷末一卷……………………………… 1－421
[光緒]重修天津府志五十四卷首一卷末一卷……………………………… 1－421
[光緒]重修五河縣志二十卷首一卷末一卷……………………………… 1－481
[雍正]重修太原縣志十六卷 ………… 1－35
[道光]重修平度州志二十七卷 …… 1－466
[道光]重修平度州志二十七卷 …… 1－466
[道光]重修平度州志二十七卷 …… 1－466
[道光]重修平度州志二十七卷 …… 1－466
[道光]重修平度州志二十七卷 …… 1－466
[光緒]重修曲陽志二十卷 ………… 1－472
[道光]重修伊陽縣志六卷首一卷末一卷……………………………… 1－479
重修名法指掌四卷……………………… 2－8
重修名法指掌圖四卷………………… 2－541
[光緒]重修安徽通志三百五十卷補遺十卷……………………………… 1－400
[光緒]重修安徽通志三百五十卷補遺十卷……………………………… 1－400
[道光]重修汧陽縣志十二卷首一卷……………………………… 1－482
[光緒]重修奉賢縣志二十卷首一卷末一卷……………………………… 1－446
[光緒]重修奉賢縣志二十卷首一卷末一卷……………………………… 1－446
[光緒]重修奉賢縣志二十卷首一卷末一卷……………………………… 1－446
重修南海普陀山志二十卷首一卷…… 1－498
重修南海普陀山志二十卷首一卷…… 1－498
重修南嶽志二十六卷………………… 1－499
重修昭覺寺志八卷首一卷…………… 1－521
[光緒]重修華亭縣志二十四卷首一卷末一卷……………………………… 1－450
[光緒]重修華亭縣志二十四卷首一卷末一卷……………………………… 1－450
[光緒]重修華亭縣志二十四卷首一卷末一卷……………………………… 1－450
[光緒]重修華亭縣志二十四卷首一卷末一卷……………………………… 1－450
[光緒]重修華亭縣志二十四卷首一卷末一卷……………………………… 1－450
[宣統]重修恩縣志十卷首一卷 …… 1－403
[咸豐]重修梓潼縣志六卷 ………… 1－491
[咸豐]重修梓潼縣志六卷 ………… 1－491
[光緒]重修望都縣新志十卷補遺一卷……………………………… 1－433
[同治]重修涪州志十六卷首一卷 … 1－422
[光緒]重修彭縣志十三卷首一卷末一卷補遺一卷……………………… 1－409
[光緒]重修彭縣志十三卷首一卷末一卷補遺一卷……………………… 1－409
[光緒]重修彭縣志十三卷首一卷末一卷補遺一卷……………………… 1－409
[嘉慶]重修揚州府志七十二卷首一卷……………………………… 1－415
[嘉慶]重修揚州府志七十二卷首一卷……………………………… 1－415
[嘉慶]重修揚州府志七十二卷首一卷……………………………… 1－415
[嘉慶]重修揚州府志七十二卷首一卷……………………………… 1－415
[嘉慶]重修揚州府志七十二卷首一卷……………………………… 1－415
[康熙]重修富陽縣志十卷 …………… 1－35
[道光]重修蓬萊縣志十四卷 ……… 1－443
[道光]重修蓬萊縣志十四卷 ……… 1－443
[光緒]重修嘉善縣志三十六卷首一卷……………………………… 1－440
[光緒]重修嘉善縣志三十六卷首一卷……………………………… 1－440
[康熙]重修嘉善縣志六卷 …………… 1－35
[光緒]重修廣平府志六十三卷首一卷……………………………… 1－454
[光緒]重修廣平府志六十三卷首一卷……………………………… 1－454
重修滬游雜記四卷…………………… 1－508
[光緒]重修寧羌州志五卷 ………… 1－457
[光緒]重修寧羌州志五卷 ………… 1－457
[光緒]重修寧羌州志五卷 ………… 1－475

［光緒］重修寧羌州志五卷 ………… 1－491
［同治］重修寧海州志二十六卷 …… 1－482
重修輞川志六卷…………………… 1－384
［道光］重修膠州志四十卷 ………… 1－427
［乾隆］重修諸城縣志四十六卷 …… 1－426
［乾隆］重修諸城縣志四十六卷 …… 1－426
［乾隆］重修諸城縣志四十六卷 …… 1－426
［咸豐］重修興化縣志十卷 ………… 1－466
［咸豐］重修興化縣志十卷附一卷 … 1－450
［道光］重修寶應縣志二十八卷首一
卷………………………………… 1－462
［光緒］重修靈寶縣志八卷 ………… 1－460
重訂山西公局結費章程不分卷 ……… 2－17
重訂王鳳洲先生綱鑑會纂六十九卷
………………………………… 2－109
重訂王鳳洲先生綱鑑會纂六十九卷
………………………………… 2－109
重訂文選集評十五卷首一卷末一卷
……………………………… 1－90
重訂文選集評十五卷首一卷末一卷
………………………………… 2－283
重訂世說新語補二十卷……………… 2－236
重訂古文釋義新編八卷……………… 2－288
重訂四六全書剩技連珠二種二十卷
……………………………… 1－94
重訂四書疑問十一卷………………… 1－8
重訂合聲簡字譜…………………… 1－256
重訂李義山詩集箋注三卷集外詩箋
注一卷…………………………… 1－113
重訂批點春秋左傳詳節句解三十五
卷………………………………… 1－206
重訂述記八卷……………………… 2－504
重訂事類賦三十卷………………… 2－142
重訂事類賦三十卷………………… 2－142
重訂周恭肅公奏疏一卷……………… 1－376
重訂法國志略二十四卷……………… 2－128
重訂法國志略二十四卷……………… 2－128
重訂空谷傳聲不分卷………………… 1－256
重訂春秋左傳句解六卷……………… 1－206
重訂相宅造福全書二卷附擇日記全
一卷 …………………………… 1－73
重訂唐詩別裁集二十卷……………… 1－121
重訂唐詩別裁集二十卷……………… 2－332
重訂唐詩別裁集二十卷……………… 2－333
重訂楊園先生全集五十四卷………… 2－492
重訂路史十六卷…………………… 1－289
重訂路史全本四十七卷 …………… 1－24
重訂路史全本四十七卷 …………… 1－24
重訂廣事類賦四十卷……………… 2－142
重訂廣事類賦四十卷……………… 2－142
重訂增注知愧軒尺牘十六卷………… 2－300
重訂增補陶朱公致富全書四卷……… 2－170
重訂增補陶朱公致富全書四卷……… 2－170
重訂駱丞集六卷…………………… 1－129
重訂擬瑟譜一卷…………………… 2－195
重訂擬瑟譜一卷…………………… 2－195
重訂擬瑟譜一卷…………………… 2－195
重訂擬瑟譜一卷…………………… 2－196
重訂蘇省水卡捐章不分卷…………… 1－555
重栞宋本夷堅志甲集二十卷乙集二
十卷丙集二十卷丁集二十卷……… 2－247
重栞宋本孝經註疏附校勘記九卷…… 1－224
重桂堂集十一卷…………………… 2－456
重校正唐文粹一百卷 ……………… 1－90
重校正唐文粹一百卷 ……………… 1－90
重較唐詩類苑選三十四卷…………… 1－120
重廣補註黃帝內經素問二十四卷黃
帝內經靈樞十二卷素問遺編不分
卷………………………………… 2－171
重鋟文公先生奏議十五卷 ………… 1－31
重鋟合併評註我朝元朝捷錄二十二
卷 ……………………………… 1－19
重鋟璿璣圖詩不分卷………………… 2－349
［道光］重慶府志九卷 …………… 1－431
重慶堂隨筆二卷…………………… 2－175
重編朱子學的二卷 ………………… 1－62
重編留青新集二十四卷……………… 2－279
重編留青新集二十四卷……………… 2－441
重編瓊臺會稿詩文集二十四卷首一
卷………………………………… 2－426
重學二十卷附曲線說三卷…………… 2－185
重學圖說不分卷體性圖說不分卷…… 2－269

重雕徂徠石先生文集二十卷補遺一
卷末一卷…………………………… 2－411
重纂三遷志十卷首一卷……………… 1－296
重纂三遷志十卷首一卷……………… 1－296
[光緒]重纂秦州直隸州新志二十四
卷首一卷…………………………… 1－473
[道光]重纂福建通志二百七十八卷
圖一卷首六卷附續採列女志一卷
…………………………………… 1－400
[道光]重纂福建通志二百七十八卷
圖一卷首六卷附續採列女志一卷
…………………………………… 1－400
重鐫朱青巖先生擬編明紀輯畧十六
卷 ……………………………………… 1－19
重續歙縣會館錄不分卷……………… 1－526
段氏說文註訂八卷…………………… 1－231
段氏說文註訂八卷…………………… 1－231
段氏說文註訂八卷…………………… 1－231
段氏說文註訂八卷…………………… 1－231
段氏說文註訂八卷…………………… 1－231
段氏說文註訂八卷…………………… 1－231
段容思先生[堅]年譜紀略一卷 …… 1－342
便宜小效畧存二卷…………………… 1－304
修正現行刑律不分卷……………………… 2－8
修本堂叢書十種九十三卷…………… 2－554
修西定課一卷………………………… 2－208
[道光]修武縣志十二卷首一卷 …… 1－428
[道光]修武縣志十二卷首一卷 …… 1－428
修建虎門城寨工費准照成案獎敘奏
稿不分卷…………………………………… 2－1
修真因果傳全本……………………… 2－252
修真要言不分卷……………………… 2－205
修真辨難二卷………………………… 2－199
修習止觀坐禪法要二卷六妙法門一
卷……………………………………… 2－197
修習止觀坐禪法要二卷六妙法門一
卷……………………………………… 2－204
修辭指南二十卷 ……………………… 1－59
保甲事宜不分卷……………………… 2－264
保甲書輯要四卷 ……………………… 2－19
保甲書輯要四卷 ……………………… 2－63
[道光]保安州志八卷首一卷 ……… 1－478
[道光]保安州志八卷首一卷 ……… 1－478
[光緒]保安州續志四卷 …………… 1－478
[光緒]保安州續志四卷 …………… 1－478
保定府札不分卷 ……………………… 2－49
[光緒]保定府志七十九卷首一卷 … 1－453
保定警務暫行章程不分卷…………… 2－263
保富述要不分卷 ……………………… 2－27
保富述要不分卷 ……………………… 2－27
[道光]保寧府志六十二卷 ………… 1－431
俄土戰紀六卷………………………… 2－123
俄土戰紀六卷………………………… 2－123
俄日戰紀不分卷……………………… 2－263
俄布丹荷國和約不分卷 ……………… 2－39
俄布丹荷國和約不分卷 ……………… 2－39
俄布丹荷國和約不分卷 ……………… 2－39
俄布丹荷國和約不分卷 ……………… 2－39
俄布丹荷國和約不分卷 ……………… 2－39
俄布丹荷國和約不分卷 ……………… 2－39
俄布丹荷國和約不分卷 ……………… 2－39
俄布丹荷國和約不分卷 ……………… 2－40
俄布丹荷國和約不分卷 ……………… 2－40
俄布丹荷國和約不分卷 ……………… 2－40
俄布丹荷國和約不分卷 ……………… 2－40
俄布丹荷國和約不分卷 ……………… 2－40
俄布丹荷國和約不分卷 ……………… 2－40
俄布丹荷國和約不分卷 ……………… 2－40
俄布丹荷國和約不分卷 ……………… 2－40
俄布丹荷國和約不分卷 ……………… 2－40
俄布丹荷國和約不分卷 ……………… 2－40
俄布丹荷國和約不分卷 ……………… 2－40
俄布丹荷國和約不分卷 ……………… 2－40
俄布丹荷國和約不分卷 ……………… 2－40
俄布丹荷國和約不分卷 ……………… 2－40
俄布丹荷國和約不分卷 ……………… 2－40
俄布丹荷國和約不分卷 ……………… 2－40
俄布丹荷國和約不分卷 ……………… 2－40
俄布丹荷國和約不分卷 ……………… 2－40
俄布丹荷國和約不分卷 ……………… 2－48
俄史輯譯四卷………………………… 2－121
俄史輯譯四卷………………………… 2－126

俄史輯譯四卷……………………………… 2－126
俄史輯譯四卷……………………………… 2－126
俄國西伯利東偏紀要不分卷………… 1－531
俄國政俗通考三卷……………………… 2－129
俄國政俗通考續編不分卷…………… 2－129
俄國條款不分卷 ……………………… 2－47
俄國條款不分卷 ……………………… 2－47
俄國新志八卷十六章…………………… 2－126
俄國新志八卷十六章…………………… 2－126
俄國疆界風俗誌三種…………………… 2－129
俄國蠶食亞洲史畧二篇……………… 2－129
俄清之外交問題不分卷 …………… 2－47
俄游日記二卷……………………………… 1－506
俄游日記二卷……………………………… 1－506
俄游彙編十二卷………………………… 1－508
俄游彙編八卷……………………………… 1－508
俄游彙編八卷……………………………… 1－508
俄羅斯史十六章附錄俄羅斯史大事
年譜 ………………………………………… 2－127
俄羅斯刑法十二卷………………………… 2－6
俄羅斯刑法十二卷………………………… 2－6
俄羅斯刑法十二卷……………………… 2－168
俗言不分卷………………………………… 2－154
俗言不分卷………………………………… 2－156
信成銀行公牘章程規條不分卷 ……… 2－12
信都書院刻集不分卷…………………… 2－305
信陽子卓錄八卷 ………………………… 1－62
信筆文存一卷……………………………… 2－234
皇十四子多羅恂勤郡王奏稿八卷…… 1－369
皇甫持正文集六卷補遺一卷………… 2－393
皇甫持正文集六卷補遺一卷………… 2－393
皇明十六家小品十六種三十二卷…… 1－143
皇明十六家小品十六種三十二卷…… 1－146
皇明大訓記十六卷 …………………… 1－44
皇明大訓記十六卷 …………………… 1－44
皇明文範六十八卷目錄二卷 ……… 1－91
皇明文衡一百卷目錄二卷 ………… 1－90
皇明世法錄九十二卷 ………………… 1－19
皇明史概五種一百二十一卷………… 1－257
皇明百官述二卷 ………………………… 1－47
皇明名臣經濟錄十八卷 …………… 1－86
皇明典故紀聞十八卷 ……………… 1－26
皇明法傳錄嘉隆紀六卷續紀三朝法
傳全錄十六卷 ………………………… 1－18
皇明通紀二十七卷 ………………… 1－20
皇明通紀法傳全錄二十八卷 ……… 1－18
皇明異姓諸侯傳二卷表一卷 ……… 1－28
皇明從信錄四十卷 ………………… 1－19
皇明從信錄四十卷 ………………… 1－19
皇明從信錄四十卷 ………………… 1－19
皇明從扈安攘錄四卷………………… 1－266
皇明開國功臣錄三十一卷續編一卷
………………………………………………… 1－29
皇明詞林人物考十二卷 …………… 1－28
皇明疏議輯畧三十七卷 …………… 1－31
皇明經世實用編二十八卷首一卷 …… 1－46
皇明經濟文輯二十三卷 …………… 1－91
皇明翰閣文宗十二卷 ……………… 1－91
皇華紀聞四卷…………………………… 1－123
皇清文穎一百卷首二十四卷目錄六
卷 ……………………………………………… 1－88
皇清地理圖不分卷…………………… 1－528
皇清地理圖不分卷…………………… 1－528
皇清奏議不分卷 ……………………… 1－31
皇清奏議六十八卷首一卷………… 1－369
皇清奏議六十八卷首一卷………… 1－369
皇清奏議六十八卷首一卷………… 1－369
皇清奏議四十四卷 ………………… 1－31
皇清政治學問答初編二編二卷 …… 2－21
皇清敕授修職郎誥封朝議大夫顯考
警石府君年譜不分卷……………… 1－340
皇清敕授修職郎誥封朝議大夫顯考
警石府君年譜不分卷……………… 1－340
皇清敕授修職郎誥封朝議大夫顯考
警石府君年譜不分卷……………… 1－340
皇清開國方略三十二卷…………… 1－282
皇清開國方略三十二卷首一卷…… 1－291
皇清開國方略三十二卷首一卷…… 1－552
皇清開國方略三十二卷首一卷附皇
清開國方略書成聯句一卷……… 1－270
皇清開國方略三十二卷首一卷附皇
清開國方略書成聯句一卷……… 1－270

皇清詩選三十卷首一卷 ……………… 1－114
皇清經解一千四百八卷 ……………… 1－173
皇清經解一千四百八卷 ……………… 1－173
皇清經解一千四百八卷 ……………… 1－173
皇清經解一千四百八卷 ……………… 1－173
皇清經解一百八十種 ………………… 1－173
皇清經解一百九十卷 ………………… 1－173
皇清經解依經分訂十六卷 …………… 1－173
皇清經解敬修堂編目十六卷 ………… 1－178
皇清經解續編一千四百三十卷 ……… 1－173
皇清經解續編一千四百三十卷 ……… 1－173
皇清經解續編一千四百三十卷 ……… 1－173
皇清經解續編一千四百三十卷 ……… 1－176
皇清經解續編二百九卷 ……………… 1－173
皇清經解續編二百九卷 ……………… 1－173
皇清誥授光祿大夫頭品頂戴兵部侍
　郎兼都察院右副都御史廣東巡撫
　馬公神道碑銘 ……………………… 1－330
皇清誥授資政大夫浙江按察使愛廬
　黃公行狀一卷 ……………………… 2－308
皇清誥授榮祿大夫二品銜總理各國
　事務大臣太常寺卿顯考爽秋府君
　行略一卷 …………………………… 1－334
皇朝一統直省府廳州縣全圖不分卷
　……………………………………… 1－398
皇朝大事紀年二卷 ………………… 1－274
皇朝五經彙解二百七十卷 ………… 1－213
皇朝中外壹統輿圖首一卷中一卷南
　十卷北二十卷 ……………………… 1－386
皇朝中外壹統輿圖首一卷中一卷南
　十卷北二十卷 ……………………… 1－386
皇朝中外壹統輿圖首一卷中一卷南
　十卷北二十卷 ……………………… 1－386
皇朝中外壹統輿圖首一卷中一卷南
　十卷北二十卷 ……………………… 1－386
皇朝中外壹統輿圖首一卷中一卷南
　十卷北二十卷 ……………………… 1－386
皇朝中外壹統輿圖首一卷中一卷南
　十卷北二十卷 ……………………… 1－386
皇朝文典七十四卷 ………………… 2－273
皇朝文典七十四卷 ………………… 2－278
皇朝文典七十四卷 ………………… 2－278
皇朝文獻通考三百卷 ……………… 1－534
皇朝文獻通考三百卷 ……………… 1－534
皇朝古學類編十四卷首一卷 ……… 2－285
皇朝名臣言行外錄十七卷 ………… 1－315
皇朝武功紀盛四卷 ………………… 2－164
皇朝武功紀盛四卷 ………………… 2－164
皇朝武功紀盛四卷 ………………… 2－164
皇朝武功紀盛四卷 ………………… 2－164
皇朝武功紀盛四卷 ………………… 2－164
皇朝直省府廳州縣歌括不分卷 …… 1－397
皇朝直省府廳州縣歌括不分卷 …… 1－397
皇朝直省府廳州縣歌括不分卷 …… 1－397
皇朝直省府廳州縣歌括不分卷 …… 1－397
皇朝直省府廳州縣歌括不分卷 …… 1－397
皇朝直省府廳州縣歌括不分卷 …… 1－397
皇朝直省府廳州縣歌括不分卷 …… 1－397
皇朝直省府廳州縣歌括不分卷 …… 1－397
皇朝直省府廳州縣歌括不分卷 …… 1－397
皇朝直省府廳州縣歌括不分卷 …… 1－397
皇朝直省府廳州縣歌括不分卷 …… 1－397
皇朝直省府廳州縣歌括不分卷 …… 1－397
皇朝直省府廳州縣歌括不分卷 …… 1－397
皇朝直省府廳州縣歌括不分卷 …… 1－397
皇朝直省府廳州縣歌括不分卷 …… 1－397
皇朝直省輿地全圖不分卷 ………… 2－120
皇朝政典挈要八卷 ………………… 1－292
皇朝政典挈要八卷 ………………… 1－301
皇朝政典挈要八卷 ………………… 1－304
皇朝政典挈要八卷 ………………… 1－304
皇朝政典舉要八卷 ………………… 1－304
皇朝政典舉要八卷 ………………… 1－304
皇朝紀略不分卷 …………………… 1－308
皇朝通志一百二十六卷 …………… 1－548
皇朝通志一百二十六卷 …………… 1－559
皇朝通志一百二十六卷 …………… 1－559
皇朝通志一百二十六卷 …………… 1－559
皇朝通典一百卷 …………………… 1－535
皇朝通典一百卷 …………………… 1－548
皇朝國史儒林華徐四君子列傳不分
　卷 …………………………………… 1－332

皇朝祭器樂舞錄二卷附關帝文昌樂
舞譜…………………………………… 2－196
皇朝壹統輿地全圖不分卷…………… 1－530
皇朝掌故彙編內編六十卷首一卷…… 1－545
皇朝掌故彙編內編六十卷首一卷外
編四十卷首一卷…………………… 1－545
皇朝掌故彙編內編六十卷首一卷外
編四十卷首一卷…………………… 1－545
皇朝掌故彙編內編六十卷首一卷外
編四十卷首一卷…………………… 1－545
皇朝詞林典故六十四卷首一卷 ……… 2－53
皇朝詞林典故六十四卷首一卷 ……… 2－53
皇朝詞林典故六十四卷首一卷 ……… 2－53
皇朝詞林典故六十四卷首一卷 ……… 2－53
皇朝詞林典故六十四卷首一卷 ……… 2－53
皇朝詞林典故六十四卷首一卷 ……… 2－53
皇朝道咸同光奏議六十四卷………… 1－377
皇朝聖師考七卷……………………… 2－117
皇朝蓄艾文編八十卷………………… 2－294
皇朝蓄艾文編八十卷………………… 2－294
皇朝蓄艾文編八十卷………………… 2－294
皇朝蓄艾文編八十卷………………… 2－294
皇朝蓄艾文編八十卷………………… 2－294
皇朝經世文三編八十卷……………… 2－292
皇朝經世文三編八十卷……………… 2－292
皇朝經世文三編八十卷……………… 2－292
皇朝經世文三編八十卷……………… 2－293
皇朝經世文三編八十卷……………… 2－293
皇朝經世文三編八十卷……………… 2－294
皇朝經世文三編八十卷……………… 2－297
皇朝經世文五編二十六卷…………… 2－293
皇朝經世文四編五十二卷…………… 2－292
皇朝經世文四編五十二卷…………… 2－292
皇朝經世文四編五十二卷…………… 2－292
皇朝經世文四編五十二卷…………… 2－294
皇朝經世文約編一百二十卷生存姓
名一卷姓名總目二卷……………… 2－296
皇朝經世文新增時務續編四十卷…… 2－291
皇朝經世文新編二十一卷…………… 2－292
皇朝經世文新編二十一卷…………… 2－292
皇朝經世文新編二十一卷…………… 2－292
皇朝經世文新編二十一卷…………… 2－292
皇朝經世文新編二十一卷…………… 2－293
皇朝經世文新編二十二卷…………… 2－292
皇朝經世文新編二十二卷…………… 2－292
皇朝經世文新編三十二卷…………… 2－293
皇朝經世文新編續集二十一卷……… 2－292
皇朝經世文編一百二十卷…………… 2－292
皇朝經世文編一百二十卷…………… 2－293
皇朝經世文編一百二十卷附姓名總
目二卷……………………………… 2－291
皇朝經世文編一百二十卷附姓名總
目二卷……………………………… 2－293
皇朝經世文編一百二十卷附姓名總
目二卷……………………………… 2－293
皇朝經世文編一百二十卷附姓名總
目二卷……………………………… 2－293
皇朝經世文編一百二十卷附姓名總
目二卷皇朝經世文編續集一百二
十卷………………………………… 2－293
皇朝經世文編一百二十卷附姓名總
目三卷……………………………… 2－291
皇朝經世文編一百二十卷附姓名總
目三卷……………………………… 2－291
皇朝經世文編一百二十卷附姓名總
目三卷……………………………… 2－292
皇朝經世文編一百二十卷附姓名總
目三卷……………………………… 2－292
皇朝經世文編補一百二十卷總目二
卷…………………………………… 2－293
皇朝經世文續編一百二十卷………… 2－291
皇朝經世文續編一百二十卷………… 2－291
皇朝經世文續編一百二十卷………… 2－291
皇朝經世文續編一百二十卷………… 2－291
皇朝經世文續編一百二十卷………… 2－292
皇朝經世文續編一百二十卷………… 2－292
皇朝經世文續編一百二十卷………… 2－293
皇朝經世文續編一百二十卷………… 2－293
皇朝經世文續編一百二十卷………… 2－293
皇朝經世文續編一百二十卷………… 2－293
皇朝經世文續編一百二十卷………… 2－293
皇朝經世文續編一百二十卷………… 2－293

皇朝經世文續編一百二十卷附姓名
總目三卷 …………………………… 2－293
皇朝經世文續編一百二十卷總目三
卷 ………………………………………… 2－292
皇朝經濟文新編六十卷 ……………… 2－259
皇朝經濟文編一百二十八卷 ………… 2－258
皇朝經籍志六卷 …………………………… 2－73
皇朝駢文類苑十四卷 ………………… 2－290
皇朝輿地水道源流五卷 ……………… 1－494
皇朝輿地水道源流五卷 ……………… 1－494
皇朝輿地水道源流五卷 ……………… 1－494
皇朝輿地水道源流五卷 ……………… 1－494
皇朝輿地水道源流五卷 ……………… 1－496
皇朝輿地四言便蒙三十五卷首一卷
……………………………………………… 1－517
皇朝輿地通考二十三卷 ……………… 1－518
皇朝輿地畧不分卷 …………………… 1－387
皇朝輿地畧不分卷 …………………… 1－387
皇朝輿地畧不分卷 …………………… 1－387
皇朝輿地畧不分卷 …………………… 1－387
皇朝輿地畧不分卷 …………………… 1－387
皇朝輿地畧不分卷 …………………… 1－387
皇朝輿地畧不分卷 …………………… 1－395
皇朝輿地韻編二卷 …………………… 1－387
皇朝輿地韻編二卷 …………………… 1－387
皇朝輿地韻編二卷 …………………… 1－517
皇朝輿地韻編不分卷 ………………… 1－395
皇朝謚法考五卷附續編一卷補編一
卷 ………………………………………… 2－115
皇朝謚法考五卷附續編一卷補編一
卷續補編一卷 ………………………… 2－3
皇朝謚法考五卷附續編一卷補編一
卷續補編一卷 ………………………… 2－115
皇朝謚法考五卷附續編一卷補編一
卷續補編一卷 ………………………… 2－115
皇朝謚法表十卷 ……………………… 2－121
皇朝謚彙攷十卷 ……………………… 2－2
皇朝謚彙攷十卷 ……………………… 2－3
皇朝藩部要略十八卷皇朝藩部世系
表四卷 ………………………………… 1－504
皇朝藩部要略十八卷皇朝藩部世系
表四卷 ………………………………… 1－504
皇朝藩部要略十八卷皇朝藩部世系
表四卷 ………………………………… 1－504
皇朝藩部要略十八卷皇朝藩部世系
表四卷 ………………………………… 1－504
皇朝藩部要略十八卷皇朝藩部世系
表四卷 ………………………………… 1－504
皇朝藩部要略十八卷皇朝藩部世系
表四卷 ………………………………… 1－504
皇朝藩屬輿地叢書一百三十八卷 …… 1－518
皇朝續文獻通考三百二十卷 ………… 1－543
皇朝續文獻通考三百二十卷 ………… 1－543
皇朝續文獻通考三百二十卷 ………… 1－544
皇極經世六十卷附觀物外篇二卷 …… 2－212
皇極經世易知八卷首一卷 …………… 2－178
皇極經世書發明十二卷首一卷 ……… 1－74
皇極經世書傳八卷 …………………… 2－210
皇極經世書傳八卷 …………………… 2－210
皇極經世緒言九卷首二卷 …………… 2－210
鬼谷子一卷 …………………………… 2－130
鬼谷子一卷 …………………………… 2－138
鬼谷子陶宏景注三卷附録一卷附篇
目考 …………………………………… 2－216
泉布統志九卷首一卷附録一卷 ……… 2－97
泉志十五卷 ……………………………… 1－46
泉幣彙考十六卷 ………………………… 2－99
泉幣圖說六卷 …………………………… 1－51
泉漳治法論不分卷治南獄事論不分
卷 ………………………………………… 2－20
[道光]禹州志二十六卷 ……………… 1－408
[嘉慶]禹城縣志十二卷 ……………… 1－421
[嘉慶]禹城縣志十二卷 ……………… 1－421
禹貢川澤考二卷 ……………………… 1－188
禹貢川澤考二卷 ……………………… 1－188
禹貢川澤考二卷 ……………………… 1－188
禹貢今註不分卷 ……………………… 1－188
禹貢水道考異南條五卷首一卷北條
五卷 …………………………………… 1－496
禹貢班義述三卷 ……………………… 1－187
禹貢班義述三卷 ……………………… 1－187
禹貢集解二卷 ………………………… 1－187

禹貢集釋三卷附禹貢蔡傳正誤一卷
禹貢錐指正誤一卷 …………………… 1－187
禹貢匯疏十二卷圖經二卷神禹别録
一卷 …………………………………… 1－4
禹貢新圖説二卷附敘録 ……………… 1－189
禹貢彙覽四卷 ………………………… 1－4
禹貢説斷四卷 ………………………… 1－3
禹貢説斷四卷首一卷 ………………… 1－187
禹貢鄭注釋二卷 ……………………… 2－571
禹貢錐指二十卷圖一卷 ……………… 1－3
禹貢錐指二十卷圖一卷 ……………… 1－4
禹貢錐指二十卷圖一卷 ……………… 1－4
禹貢譜二卷 …………………………… 1－4
［光緒］侯官縣鄉土志八卷 ………… 1－481
侯官嚴氏叢刻五卷 …………………… 2－570
侯鯖集十卷賞番圖百韻詩一卷 ……… 2－336
侯鯖集十卷賞番圖百韻詩一卷 ……… 2－336
侯鯖録八卷 …………………………… 1－85
帥文毅公遺集五卷 …………………… 2－508
追贈朝議大夫誥封光禄大夫建威將
軍文公魯齋陽穀殉難事實一卷 …… 1－332
俟命録十卷 …………………………… 2－223
俟解一卷 ……………………………… 2－564
盾鼻隨聞録八卷 ……………………… 1－309
盾鼻隨聞録八卷 ……………………… 1－309
盾鼻餘瀋一卷 ………………………… 2－501
盾鼻餘瀋一卷 ………………………… 2－501
盾鼻餘瀋一卷 ………………………… 2－501
盾鼻餘瀋一卷 ………………………… 2－501
盾墨拾餘十四卷 ……………………… 2－468
衎石齋記事稾十卷 …………………… 2－454
衎石齋記事稾十卷 …………………… 2－454
衎石齋記事稾十卷續稾十卷刻楮集
四卷旅逸小稾二卷續良吏述不分
卷 ……………………………………… 2－454
衎石齋記事稾十卷續稾十卷刻楮集
四卷旅逸小稾二卷續良吏述不分
卷 ……………………………………… 2－454
衎石齋記事稾十卷續稾十卷刻楮集
四卷旅逸小稾二卷續良吏述不分
卷 ……………………………………… 2－454
衎石齋記事續稾十卷 ………………… 2－454
待采篇二卷 …………………………… 1－311
待堂文一卷 …………………………… 2－507
待堂文一卷 …………………………… 2－507
衍極五卷 ……………………………… 2－193
衍慶録十卷 …………………………… 1－29
律吕新義四卷附録一卷 ……………… 1－9
律吕新義四卷附録一卷 ……………… 2－196
律吕臆説一卷 ………………………… 2－196
律表三十八卷首一卷洗冤録表四卷
……………………………………… 2－263
律例全編六卷 ………………………… 1－46
律例便覽八卷 ………………………… 2－18
律例便覽八卷 ………………………… 2－18
律例館校正洗冤録四卷 ……………… 2－7
律例館校正洗冤録四卷附驗骨骼一
卷三流道里表督捕則例 …………… 2－7
律例雜鈔不分卷 ……………………… 2－20
律法須知二卷 ………………………… 2－263
律詩四辨四卷 ………………………… 2－518
律話三卷 ……………………………… 1－224
律賦必以集二卷 ……………………… 2－374
律賦芳潤箋註四卷 …………………… 2－375
律賦孚新箋注不分卷 ………………… 2－374
律賦標準四卷二集四卷 ……………… 2－374
後山先生集二十四卷 ………………… 2－405
後山先生集二十四卷首一卷 ………… 2－410
後山詩十二卷 ………………………… 2－317
後山詩十二卷 ………………………… 2－317
後山詩話一卷 ………………………… 1－101
後山叢談四卷 ………………………… 1－310
後永州集八卷 ………………………… 2－498
後西遊記四十回 ……………………… 2－237
後邨題跋四卷 ………………………… 2－403
後邨題跋四卷 ………………………… 2－403
後守寶録二十卷 ……………………… 2－50
後村别調一卷 ………………………… 2－528
後村題跋四卷 ………………………… 1－123
後村題跋四卷 ………………………… 1－123
後村雜著三卷 ………………………… 1－158
後知不足齋叢書五十六種一百七十

六卷……………………………… 2－557
後知不足齋叢書五十六種一百七十
六卷……………………………… 2－557
後知不足齋叢書五十六種一百七十
六卷……………………………… 2－557
後紅樓夢三十回附刻二卷………… 2－254
後漢郡國令長攷一卷 ……………… 2－64
後漢郡國令長攷一卷……………… 2－114
後漢郡國令長攷一卷……………… 2－114
後漢紀三十卷……………………… 1－262
後漢書一百二十卷 ………………… 1－18
後漢書一百二十卷附考證………… 1－263
後漢書九十卷 ……………………… 1－17
後漢書九十卷後漢志三十卷……… 1－263
後漢書注又補一卷………………… 1－264
後漢書注補正八卷………………… 1－264
後漢書注補正八卷………………… 1－264
後漢書補表八卷…………………… 1－292
後漢書補注二十四卷 ……………… 1－19
後漢書補注二十四卷……………… 1－266
後漢書補注續一卷………………… 1－264
後漢書補逸二十一卷 ……………… 1－19
後漢書疏證三十卷………………… 1－291
後漢書辨疑十一卷………………… 1－266
後漢書辨疑十一卷………………… 1－266
後漢書辨疑十一卷………………… 2－114
俞俞齋文稿初集四卷……………… 2－449
俞俞齋文稿初集四卷詩稿初集二卷
……………………………… 2－373
俞俞齋文稿初集四卷詩稿初集二卷
詩餘一卷………………………… 2－449
弇山畢公[沅]年譜一卷 ………… 2－340
弇山畢公[沅]年譜不分卷 ……… 1－339
弇山畢公[沅]年譜不分卷 ……… 1－339
弇山畢公[沅]年譜不分卷 ……… 1－340
弇山堂別集一百卷 ………………… 1－26
弇山堂別集一百卷 ………………… 1－26
弇山堂別集一百卷………………… 1－299
弇山堂別集一百卷………………… 1－299
弇州山人四部稿一百七十四卷目錄
十二卷…………………………… 1－143
弇州山人四部稿一百七十四卷目錄
十二卷…………………………… 1－143
弇州山人四部稿選十六卷………… 1－122
弇州山人四部稿選十六卷………… 1－145
弇州山人續稿二百七卷目錄十卷…… 1－142
弇州山人續稿二百七卷目錄十卷…… 1－142
弇州山人續稿二百七卷目錄十卷…… 1－143
弇州史料前集三十卷後集七十卷 …… 1－27
弇州史料前集三十卷後集七十卷 …… 1－27
弇州史料前集三十卷後集七十卷 …… 1－28
食古齋文錄一卷詩錄四卷詩餘一卷
……………………………… 2－511
食舊悳齋襍箸二卷………………… 2－376
食舊悳齋襍箸不分卷……………… 2－376
食舊悳齋襍箸不分卷……………… 2－376
食舊悳齋雜箸二卷………………… 2－380
逃虛閣詩集六卷…………………… 2－513
[順治]胙城縣志四卷 …………… 1－460
[順治]胙城縣志四卷 …………… 1－460
胸海詩存十六卷…………………… 2－366
胎息經一卷幻真先生注無能子三卷
……………………………… 2－137
胎息經一卷幻真先生注無能子三卷
……………………………… 2－137
胎息經一卷幻真先生注無能子三卷
……………………………… 2－137
胎息經一卷幻真先生注無能子三卷
……………………………… 2－210
胎息經疏一卷……………………… 2－210
負暄閒語十二卷…………………… 2－228
勉行堂詩集二十四卷首一卷文集六
卷………………………………… 2－322
勉益齋偶存稿八卷………………… 2－376
勉益齋偶存稿八卷續存稿十六卷…… 2－376
勉益齋續存稿十六卷……………… 1－557
風木盦圖題詠一卷………………… 2－281
風月夢三十二回…………………… 2－244
風月夢三十二回…………………… 2－244
風月夢三十二回…………………… 2－244
風水祛惑一卷……………………… 2－387
風后握奇經不分卷………………… 2－131

風后握奇經不分卷 …… 2－163
風后握奇經不分卷 …… 2－163
風希堂文集四卷 …… 2－508
風角書八卷 …… 2－211
風角書八卷 …… 2－218
風雨樓秘笈留真十種十一卷 …… 2－555
風俗通義十卷 …… 1－75
風俗通義十卷 …… 1－80
風俗通義十卷 …… 2－217
風俗通義十卷 …… 2－217
風俗通義十卷 …… 2－218
風俗通義十卷 …… 2－218
風俗通義十卷附人物志二卷 …… 2－218
風雲會傳奇二卷三十齣 …… 2－530
風雅遺音二卷 …… 1－4
風箏誤傳奇一卷 …… 2－530
風憲約一卷獄政一卷 …… 2－17
急就章一卷 …… 1－226
急就篇四卷正文一卷 …… 1－228
計倪子一卷 …… 2－137
計倪子一卷 …… 2－540
訂正荆楚歲時記一卷 …… 2－232
訂正羯鼓録一卷 …… 2－232
訂譌雜錄十卷 …… 1－123
訂譌雜錄十卷 …… 2－386
哀生閣初稿四卷續稿三卷 …… 2－496
亭林文集六卷餘集一卷 …… 2－471
亭林文集六卷餘集一卷詩集五卷 …… 2－333
亭林先生遺書彙輯二十六種 …… 2－469
亭林先生遺書彙輯二十六種 …… 2－469
亭林先生遺書彙輯二十三種六十二卷首一卷附錄三種三卷 …… 2－468
亭林先生遺書彙輯二十三種六十二卷首一卷附錄三種三卷 …… 2－468
亭林遺書十種二十七卷 …… 2－468
度支部奏遵擬清理財政章程摺不分卷 …… 1－373
度支部通阜司奏案輯要六卷 …… 1－367
度支部通阜司奏案輯要六卷 …… 1－367
度支部通阜司奏案輯要六卷 …… 1－367
度支部清理財政處檔案不分卷 …… 2－24
度支部幣制奏案輯要不分卷 …… 2－29
度隴記四卷 …… 1－505
度隴記四卷 …… 1－508
度隴記四卷 …… 1－508
庭書平說四卷 …… 2－234
庭聞錄六卷 …… 1－305
庭聞錄六卷附錄一卷 …… 1－305
庭聞錄六卷附錄一卷 …… 1－305
庭聞憶畧二卷竹坡先生遺文附刻一卷 …… 2－225
[乾隆]兗州府志三十二卷首一卷圖考一卷 …… 1－470
施忠湣公遺集七卷 …… 2－429
施注蘇詩四十二卷 …… 2－308
[光緒]施南府志續編十卷 …… 1－470
施案奇聞八卷九十七回 …… 2－251
施註蘇詩四十二卷總目二卷 …… 1－97
施註蘇詩四十二卷總目二卷 …… 1－97
施註蘇詩四十二卷總目二卷 …… 1－97
施愚山先生全集九十六卷 …… 1－104
施愚山先生全集九十六卷 …… 1－104
施愚山先生全集九十六卷 …… 1－152
施愚山先生全集九十六卷 …… 1－152
施愚山先生全集九十六卷 …… 1－152
施愚山先生學餘文集二十八卷 …… 2－445
施愚山先生學餘文集二十八卷學餘詩集五十卷施愚山先生別集四卷隨村先生遺集六卷 …… 2－448
音同義異辨一卷 …… 1－238
音同義異辨一卷 …… 1－238
音同義異辨一卷 …… 1－238
音訓首一卷末一卷 …… 1－185
音註小倉山房尺牘八卷補遺 …… 2－298
音註小倉山房尺牘八卷補遺 …… 2－298
音學五書三十八卷 …… 1－250
音學五書三十八卷附答李子德書 …… 1－249
音學五書三十八卷附答李子德書 …… 1－250
音學五書三十八卷附答李子德書 …… 1－250
音學五書三十八卷附答李子德書 …… 1－250
音學五書三十八卷附答李子德書 …… 1－250
音學五書三十八卷附答李子德書 …… 1－250

音學五書三十八卷附答李子德書…… 1－250
音學五書三十八卷附答李子德書…… 1－250
音學五書三十八卷附答李子德書一卷 ………………………………… 1－14
音學五書三十八卷附答李子德書一卷 ………………………………… 1－14
音學辨微一卷附錄一卷……………… 1－254
音學辨微一卷附錄一卷……………… 1－254
音學辨微一卷附錄一卷……………… 1－254
音韻日月燈六十卷 ………………… 1－15
音韻正訛四卷 ……………………… 1－14
音韻指迷一卷………………………… 1－253
音韻指迷一卷………………………… 1－253
音韻清濁鑑三卷 …………………… 1－15
音韻輯要二十一卷 ………………… 1－15
音韻闡微十八卷 …………………… 1－15
音韻闡微十八卷 …………………… 1－15
音韻闡微十八卷 …………………… 1－16
音韻闡微十八卷……………………… 1－252
音韻闡微十八卷附韻譜一卷………… 1－252
帝王世紀纂要四卷…………………… 1－268
帝王經世圖譜十六卷附錄一卷……… 2－143
帝王經世圖譜十六卷附錄一卷……… 2－143
帝王廟謚年諱譜一卷………………… 2－116
帝王廟謚年諱譜一卷………………… 2－121
帝京景物略八卷 …………………… 1－42
帝範四卷 …………………………… 2－65
帝範四卷 …………………………… 2－66
帝輿合覽二卷………………………… 1－519
帝鑑圖詩二卷………………………… 1－316
帝鑑圖詩二卷………………………… 2－119
帝鑑圖說不分卷 …………………… 1－55
帝鑑圖說不分卷……………………… 2－119
帝鑑圖說六卷 ……………………… 1－55
恒山志五卷圖一卷…………………… 1－501
恒言錄六卷…………………………… 1－244
恒齋日記二卷………………………… 1－352
恒齋文集十二卷……………………… 2－496
美國刑律不分卷……………………… 2－262
美國華工禁約紀事二編……………… 1－554
美國華工禁約紀事初編……………… 1－554
美國華工禁約紀事初編……………… 1－554
美國鐵路彙考十三卷………………… 2－265
美國鐵路彙考十三卷………………… 2－265
姜西溟先生文鈔四卷………………… 2－494
姜先生全集三十三卷………………… 2－485
前任四川總督籲門宮保駱公年譜全冊一卷 ………………………………… 1－342
前守寶錄五卷後守寶錄二十卷……… 1－551
前後蜀雜事詩二卷…………………… 2－118
前漢書一百卷………………………… 1－263
前漢書一百卷附考證………………… 1－263
前漢書表八卷………………………… 2－121
前漢書表八卷………………………… 2－121
前漢書表八卷………………………… 2－121
逆臣傳四卷…………………………… 1－314
逆黨禍蜀記不分卷…………………… 1－308
炳燭齋文集初刻一卷續刻一卷……… 2－480
炳燭齋文集初刻一卷續刻一卷……… 2－480
炳燭齋文集續刻一卷………………… 2－480
洪文襄公奏對二卷…………………… 1－373
洪文襄奏對筆記二卷………………… 1－373
洪北江先生[亮吉]年譜一卷 ……… 1－344
洪北江全集二十三種二百二十三卷 ………………………………………… 2－437
洪北江全集二十三種二百二十三卷 ………………………………………… 2－437
洪北江全集二十三種二百二十三卷 ………………………………………… 2－437
洪北江全集二十三種二百二十三卷 ………………………………………… 2－568
洪武正韻十六卷 …………………… 1－14
洪武正韻十六卷 …………………… 1－14
洪武正韻十六卷 …………………… 1－14
洪武正韻十六卷 …………………… 1－14
洪武正韻十六卷 …………………… 1－14
洪度集不分卷………………………… 2－368
[雍正]洪洞縣志九卷 ……………… 1－403
[嘉慶]洪雅縣志二十五卷首一卷 … 1－425
[嘉慶]洪雅縣志二十五卷首一卷 … 1－425
[光緒]洪雅縣志十二卷首一卷 …… 1－425
洪範九疇數三卷附洪範疇解 ……… 1－73

洪範五行傳三卷 …………………… 2－460
洪範五行傳三卷 …………………… 2－460
洪範明義四卷 ……………………… 1－186
洪範統一不分卷 …………………… 1－187
洹詞十二卷 ………………………… 1－140
洹詞十二卷 ………………………… 1－141
洹詞十二卷首一卷 ………………… 2－417
洞山岕茶系一卷 …………………… 1－345
洞主仙師白喉治法忌表抉微不分卷
…………………………………… 2－175
洞主仙師白喉治法忌表抉微不分卷
…………………………………… 2－175
洞主仙師白喉治法忌表抉微不分卷
…………………………………… 2－175
洞宗大覺續燈四十卷 ……………… 1－71
洞庭湖志十四卷 …………………… 1－494
洞庭湖志十四卷 …………………… 1－494
洞麓堂集十卷 ……………………… 2－427
洗海近事二卷 ……………………… 2－20
洗冤彙編不分卷 …………………… 1－46
洗冤錄補註全纂六卷 ……………… 2－167
洗冤錄詳義四卷首一卷 …………… 2－167
洗冤錄詳義四卷首一卷 …………… 2－167
洗冤錄詳義四卷首一卷 …………… 2－167
洗冤錄詳義四卷首一卷 …………… 2－167
洗冤錄歌訣不分卷 ………………… 2－19
洗冤錄集證五卷 …………………… 2－166
洗塵銘箴不分卷 …………………… 2－204
洗齋病學草擬存詩不分卷 ………… 2－341
洛陽伽藍記五卷附洛陽伽藍記集證
…………………………………… 1－528
洛間山人詩鈔十二卷 ……………… 2－344
洛學編六卷 ………………………… 1－331
洺水詞一卷 ………………………… 2－528
洨濱蔡先生文集十二卷 …………… 1－143
洨濱蔡先生文集十卷首一卷語錄二
十卷 …………………………… 2－423
洋防說略二卷 ……………………… 1－496
洋防輯要二十四卷 ………………… 1－504
洋防輯要二十四卷 ………………… 1－505
洋務時事彙編八卷 ………………… 1－551
洋務時事彙編八卷 ………………… 2－559
洋務新論六卷 ……………………… 2－144
洋務新論六卷 ……………………… 2－144
洋務新論六卷 ……………………… 2－259
洋務新論六卷 ……………………… 2－259
洋務新論六卷 ……………………… 2－259
洋務新論六卷 ……………………… 2－259
洋務新論六卷 ……………………… 2－259
洋務新論六卷 ……………………… 2－259
洋務經濟通攷十六卷 ……………… 2－257
洋務經濟通攷十六卷 ……………… 2－258
洋務經濟通攷十六卷 ……………… 2－258
洋務實學新編二卷 ………………… 1－553
洋務綱領不分卷 …………………… 2－51
洋務雜鈔不分卷 …………………… 2－51
[光緒]洋縣志八卷 ……………… 1－408
[光緒]洋縣志八卷 ……………… 1－408
津西毖記二卷 ……………………… 1－293
津門古文所見錄四卷 ……………… 2－289
津門詩鈔三十卷 …………………… 2－308
津門徵獻詩八卷 …………………… 2－325
[光緒]津門雜記三卷 …………… 1－409
[光緒]津門雜記三卷 …………… 1－409
[光緒]津門雜記三卷 …………… 1－410
[光緒]津門雜記三卷 …………… 1－410
[光緒]津門雜記三卷 …………… 1－410
[光緒]津門雜記三卷 …………… 1－410
津逮祕書十五集一百四十八種七百
五十四卷 ……………………… 1－168
[乾隆]宣化府志四十二卷首一卷 … 1－487
[光緒]宣平縣志二十卷首一卷 …… 1－435
[光緒]宣城縣志四十卷首一卷 …… 1－477
宣室志十卷補遺一卷 ……………… 1－83
[同治]宣恩縣志二十卷首一卷 …… 1－468
[同治]宣恩縣志二十卷首一卷 …… 1－468
宣統二年庚戌科舉貢會考同年齒錄
不分卷 ………………………… 1－349
宣統四年全國預算歲入歲出說明書
不分卷 ………………………… 2－28
宣統庚戌年制科孝廉方正錄不分卷
…………………………………… 2－93

宣統奏摺(政治官報奏摺類) ……… 1－372
宣講拾遺六卷首一卷…………………… 2－159
宦拾錄十九卷…………………………… 2－466
宦海指南五種 ………………………… 2－50
宦海指南五種 ………………………… 2－65
宦海指南五種 ………………………… 2－65
宦海指南五種 ………………………… 2－65
宦海指南五種 ………………………… 2－65
宦海浮沈錄不分卷……………………… 1－515
宦鄉要則七卷…………………………… 2－296
宦遊紀略二卷 ………………………… 2－49
宦遊紀略二卷 ………………………… 2－49
宦遊紀略二卷 ………………………… 2－49
宦遊紀略二卷 ………………………… 2－49
宦遊紀略纂要二卷 …………………… 2－49
宦遊隨筆 ……………………………… 2－66
宦豫草二卷錦城吟二卷………………… 2－368
客越志二卷……………………………… 1－148
客越志略不分卷………………………… 1－515
客窗閒話八卷續客窗閒話八卷……… 2－381
客窗閒話八卷續客窗閒話八卷……… 2－381
客窗閒話八卷續客窗閒話八卷……… 2－381
客牕偶筆四卷客牕二筆一卷………… 2－247
冠豸山堂全集六種十六卷…………… 2－576
[道光]冠縣志十卷 ………………… 1－470
軍牘集要十二卷………………………… 2－163
扁善齋文存二卷詩存一卷…………… 2－489
祖氏遺編十卷…………………………… 2－562
祖國女界文豪譜不分卷……………… 1－321
神交集三卷……………………………… 2－360
神州古史考一卷………………………… 1－394
神州雜俎不分卷………………………… 2－250
神相金較剪不分卷……………………… 2－211
神室八法一卷…………………………… 2－208
神異經一卷……………………………… 2－139
神農本艸經三卷………………………… 2－174
神農本艸經三卷………………………… 2－174
神農本艸經三卷………………………… 2－176
祠部集三十五卷………………………… 2－411
為政忠告四卷 ………………………… 1－47
退一步軒雜鈔三卷……………………… 2－389
退一步齋文集四卷……………………… 2－458
退一步齋文集四卷……………………… 2－475
退一步齋詩集十六卷文集四卷……… 2－458
退思文稿五種…………………………… 2－508
退思軒試帖二卷………………………… 2－373
退思軒詩存一卷附椒花第頌一卷…… 2－373
退思軒詩集六卷補遺二卷…………… 2－321
退思詩存四卷文存一卷……………… 2－459
退菴金石書畫跋二十卷……………… 2－384
退菴詩話十二卷………………………… 2－518
退菴隨筆二十二卷……………………… 2－147
退菴隨筆二十卷………………………… 2－147
退菴題跋二卷…………………………… 2－384
退庵隨筆二十二卷……………………… 2－147
退密齋詩文鈔不分卷………………… 1－157
卲進齋叢書三集四十三種九十三卷
…………………………………………… 2－543
卲聞集四卷 ………………………… 1－79
卲聞錄十二卷…………………………… 2－254
[乾隆]屏山縣志八卷首一卷 ……… 1－488
眉山詩案廣證六卷……………………… 2－519
眉公先生晚香堂小品二十四卷……… 1－148
眉公見聞錄四卷 …………………… 1－81
[嘉慶]眉州屬志二十一卷 ………… 1－429
[嘉慶]眉州屬志二十一卷 ………… 1－429
[嘉慶]眉州屬志二十一卷 ………… 1－429
[嘉慶]眉州屬志十九卷 …………… 1－429
眉閣詩草五卷…………………………… 2－367
眉綠樓詞不分卷………………………… 2－526
眉韻樓詩三卷…………………………… 2－365
眉韻樓詩話八卷………………………… 2－516
陜西志輯要六卷首一卷……………… 1－402
陜西志輯要六卷首一卷……………… 1－402
[道光]陜西志輯要六卷首一卷 …… 1－402
[雍正]陜西通志一百卷首一卷 …… 1－399
[雍正]陜西通志一百卷首一卷 …… 1－399
陜西鄉試題名錄(同治癸酉科)不分
卷 …………………………………… 2－91
[陜西大荔]西埜楊氏壬申譜不分卷
…………………………………………… 2－82
陜西文武各官等支款章程二卷 …… 2－16

陝西南山谷口考一卷…………………… 1－521
陝西省緑營兵額餉章二卷…………… 1－554
陝西捐輸粤西軍餉仿照海疆章程例
案不分卷………………………………… 2－1
陝西清理財政局歲入歲出説明書 …… 1－46
陝西清理財政説明書不分卷 ………… 2－27
陝西鄉試題名録(光緒甲午科)不分
卷 ……………………………………… 2－92
陝西鄉試題名録(光緒甲午科)不分
卷 ……………………………………… 2－95
[陝西雒南]小輪老人年譜二卷 ……… 1－50
[陝西雒南]薛氏家譜二卷附家祠十
七事不分卷 …………………………… 1－50
陝衛治略十卷…………………………… 1－541
陝衛治略十卷…………………………… 1－541
除嫌約一卷……………………………… 2－158
姚少監詩集十卷………………………… 2－358
姚氏叢刻三種三十卷…………………… 1－253
姚氏叢刻三種三十卷…………………… 1－253
姚文敏公遺稿九卷姚文敏公奏議補
缺一卷附校勘記……………………… 2－428
[光緒]姚州志十一卷首一卷 ……… 1－454
姚牧菴先生文選二卷首一卷………… 2－285
姚境塘先生全集………………………… 2－490
飛香圃詩集四卷續編一卷…………… 2－352
飛影閣畫報……………………………… 2－195
飛影閣畫報……………………………… 2－531
飛燕外傳一卷…………………………… 1－297
飛燕外傳一卷…………………………… 1－297
飛燕外傳一卷…………………………… 2－252
飛龍傳六十回 ………………………… 1－83
臯實子存藁一卷………………………… 1－366
勇盧閒詰不分卷………………………… 2－230
癸巳存稿十五卷………………………… 2－470
癸巳存稿十五卷………………………… 2－470
癸巳存稿十五卷………………………… 2－470
癸巳存稿十五卷………………………… 2－470
癸巳類稿十五卷………………………… 2－469
癸巳類稿十五卷………………………… 2－469
癸巳類稿十五卷………………………… 2－469
癸巳類稿十五卷………………………… 2－470
癸酉科鄉試十八省同年録不分卷 …… 2－91
癸酉科選十八省拔貢同年全録不分
卷 ……………………………………… 2－91
癸辛雜識前集一卷後集一卷續集二
卷别集二卷…………………………… 1－123
癸辛雜識前集一卷後集一卷續集二
卷别集二卷…………………………… 1－123
柔遠新書四卷…………………………… 1－362
柔遠新書四卷 ………………………… 2－35
紅心草八卷……………………………… 2－352
紅杏山房文稿五卷……………………… 2－497
紅杏山房詩鈔十三卷…………………… 2－349
紅杏山房詩鈔十三卷…………………… 2－349
紅豆村人詩稿十四卷…………………… 2－330
紅豆村人詩稿十四卷…………………… 2－330
紅豆樹館書畫記八卷詩稿十四卷逸
稿一卷詞八卷………………………… 2－511
紅苗歸化恭紀詩一卷…………………… 1－113
紅雪山房詩鈔十二卷…………………… 2－370
紅雪詞甲集二卷乙集二卷詞餘一卷
……………………………………… 2－528
紅雪樓九種曲十三卷…………………… 1－166
紅雪樓九種曲十三卷…………………… 2－529
紅雪樓九種曲十三卷…………………… 2－529
紅梨記二卷……………………………… 1－167
紅葉山房集十二卷……………………… 2－460
紅樓復夢一百卷一百回 ……………… 1－85
紅樓夢一百二十回 …………………… 1－84
紅樓夢一百二十回……………………… 2－245
紅樓夢一百二十回……………………… 2－246
紅樓夢偶説二卷………………………… 2－254
紅樓夢評贊不分卷……………………… 2－246
紅樓夢評贊不分卷……………………… 2－246
紅樓夢評贊不分卷……………………… 2－246
紅樓夢補四十八回……………………… 2－246
紅樓夢補四十八回……………………… 2－246
紅樓夢補四十八回……………………… 2－246
紅樓夢傳奇八卷………………………… 2－529
紅樓夢圖詠不分卷 …………………… 1－83
紅樓夢圖詠不分卷 …………………… 1－83
紅樓夢圖詠不分卷 …………………… 1－83

紅樓夢賦不分卷………………………… 2－375
約書十二卷……………………………… 2－161
約章分類輯要三十八卷首一卷 ……… 2－16
約章分類輯要三十八卷首一卷 ……… 2－34
約章分類輯要三十八卷首一卷 ……… 2－34
約章分類輯要三十八卷首一卷 ……… 2－34
約章分類輯要三十八卷首一卷……… 2－121
約章分類輯要三十八卷首一卷附辛
　丑合約文件彙錄 …………………… 2－34
約章成案滙覽乙編四十二卷 ………… 2－33
約章成案滙覽乙編四十二卷 ………… 2－33
約章成案滙覽乙編四十二卷 ………… 2－33
約章成案滙覽乙編四十二卷 ………… 2－33
約章成案滙覽甲編十卷 ……………… 2－32
約章成案滙覽甲編十卷 ……………… 2－33
約章成案滙覽甲編十卷 ……………… 2－33
約章成案滙覽甲編十卷乙編四十二
　卷 …………………………………… 2－25
約章成案滙覽甲編十卷乙編四十二
　卷 …………………………………… 2－32
約章成案滙覽甲編十卷乙編四十二
　卷 …………………………………… 2－33
約章述要二卷 ………………………… 2－48
約園志不分卷………………………… 1－521
約翰福音不分卷……………………… 2－200
紀元通攷十二卷……………………… 2－116
紀元通攷十二卷……………………… 2－116
紀元通攷十二卷……………………… 2－116
紀元編三卷末一卷…………………… 2－120
紀元編三卷附校記…………………… 2－120
紀文達公遺集文十六卷詩十六卷…… 2－433
紀文達公遺集文十六卷詩十六卷…… 2－433
紀文達公遺集文十六卷詩十六卷…… 2－433
紀文達公遺集文十六卷詩十六卷…… 2－433
紀文達公遺集文十六卷詩十六卷…… 2－433
紀文達公遺集文十六卷詩十六卷…… 2－433
紀事本末五種………………………… 1－278
紀事約言二卷………………………… 2－218
紀事約言二卷………………………… 2－218
紀貞詩存一卷附不垂楊傳奇一卷…… 2－490
紀恩慕義不分卷……………………… 1－361
紀效新書十八卷首一卷……………… 2－162
紀效新書十八卷首一卷……………… 2－162
紀效新書十八卷首一卷……………… 2－162
紀效新書十八卷首一卷……………… 2－162
紀效新書十八卷首一卷……………… 2－162
紀效新書十八卷首一卷……………… 2－162
紀遊草四卷…………………………… 2－466
紀載彙編十種十卷…………………… 1－306
紀載彙編十種十卷…………………… 1－306
紀慎齋先生全集二十二種九十一卷
　……………………………………… 2－574
紀慎齋先生崇祀錄一卷……………… 1－348
紀曉嵐詩註釋四卷…………………… 2－314
紀曉嵐詩註釋四卷…………………… 2－315
紀齡詩覽十一卷……………………… 2－327
紉芳齋稾二卷………………………… 2－360
紉齋畫賸不分卷 ……………………… 1－69

十畫

耕織圖四十六幅 ……………………… 1－68
馬太福音不分卷……………………… 2－199
馬太福音不分卷……………………… 2－199
馬中丞遺集十一卷首一卷…………… 2－472
馬中丞遺集十一卷首一卷…………… 2－472
馬文莊公集選十五卷附敍述一卷…… 2－422
馬文莊公集選十五卷附敍述一卷…… 2－422
馬文莊公集選十五卷附敍述一卷…… 2－422
馬可福音不分卷……………………… 2－199
馬丕瑤列傳…………………………… 1－330
馬嵬志十六卷首一卷………………… 1－503
馬端敏公奏議八卷附諭旨…………… 1－377
馬端敏公[新貽]年譜一卷 ………… 1－341
馬徵君遺集六卷首一卷……………… 2－439
馬徵君遺集六卷首一卷……………… 2－439
馬關條約檔彙編不分卷 ……………… 2－48
秦川焚餘草六卷補遺一卷附刻一卷
　……………………………………… 2－343
秦川焚餘草六卷補遺一卷附刻一卷
　……………………………………… 2－343
[道光]秦安縣志十四卷 …………… 1－413

[道光]秦安縣志十四卷 …………… 1－480
秦書疏三卷 ……………………………… 1－19
秦淮八豔圖詠不分卷…………………… 1－333
秦淮畫舫錄二卷………………………… 1－325
秦淮畫舫錄二卷畫舫餘譚一卷三十
　六春小譜一卷………………………… 2－385
秦淮豔品一卷…………………………… 2－334
秦蜀驛程後記二卷……………………… 1－511
秦蜀驛程後記二卷……………………… 1－511
秦漢瓦當文字二卷續一卷 …………… 1－52
秦漢文定十二卷………………………… 1－125
秦漢文鈔六卷…………………………… 1－125
秦漢文鈔六卷…………………………… 1－125
秦漢文鈔六卷…………………………… 1－126
秦漢文鈔六卷…………………………… 1－126
秦漢文歸三十卷 ……………………… 1－87
秦輶日記不分卷………………………… 1－508
秦邊紀略六卷…………………………… 1－386
秦邊紀略六卷…………………………… 1－386
秦邊紀略六卷…………………………… 1－386
秦邊紀略六卷…………………………… 1－386
秦疆治略一卷…………………………… 1－389
[道光]秦疆治略一卷 ………………… 1－402
泰山志二十卷…………………………… 1－497
泰山志二十卷…………………………… 1－497
泰山志二十卷…………………………… 1－497
泰山道里記不分卷……………………… 1－501
泰山道里記不分卷……………………… 1－501
泰山道里記不分卷……………………… 1－501
泰山道里記不分卷……………………… 1－503
泰西各國名人言行錄…………………… 1－316
泰西事物起原二十三章………………… 2－145
泰西政治學者列傳一卷………………… 1－327
泰西新史攬要二十四卷………………… 2－122
泰西新史攬要二十四卷………………… 2－122
泰西新史攬要二十四卷………………… 2－122
泰西新史攬要二十四卷………………… 2－122
泰西新史攬要二十四卷………………… 2－122
泰西新史攬要二十四卷………………… 2－122
泰西新史攬要二十四卷………………… 2－122
泰西新史攬要二十四卷附人地諸名
　表一卷………………………………… 2－122
[崇禎]泰州志十卷 …………………… 1－35
[道光]泰州志三十六卷首一卷 …… 1－448
[道光]泰州志三十六卷首一卷 …… 1－448
[道光]泰州志三十六卷首一卷 …… 1－448
[萬曆]泰州志四卷 …………………… 1－448
泰州新志刊謬二卷首一卷……………… 1－484
[乾隆]泰安府志三十卷前一卷首二
　卷……………………………………… 1－470
[道光]泰安縣志十二卷首一卷末一
　卷……………………………………… 1－413
[道光]泰安縣志十二卷首一卷末一
　卷……………………………………… 1－413
泰伯梅里志八卷………………………… 1－391
泰伯梅里志八卷………………………… 1－391
泰東之休戚日英聯盟解十章附自辨
　二則…………………………………… 2－127
[同治]泰和縣志三十卷首一卷 …… 1－434
泰泉鄉禮七卷…………………………… 1－196
泰雲堂文集二卷駢體文集二卷詩集
　十八卷詞集三卷……………………… 2－457
泰雲堂文集二卷駢體文集二卷詩集
　十八卷詞集三卷……………………… 2－457
泰雲堂文集二卷駢體文集二卷詩集
　十八卷詞集三卷……………………… 2－457
[光緒]泰興縣志二十六卷首一卷末
　一卷…………………………………… 1－469
[光緒]泰興縣志二十六卷首一卷末
　一卷…………………………………… 1－469
[光緒]泰興縣志二十六卷首一卷末
　一卷…………………………………… 1－469
[光緒]泰興縣志二十六卷首一卷末
　一卷…………………………………… 1－469
[光緒]泰興縣志二十六卷首一卷末
　一卷…………………………………… 1－469
[光緒]泰興縣志二十六卷首一卷末
　一卷…………………………………… 1－469
班馬字類五卷 ………………………… 1－12
班馬字類五卷 ………………………… 1－12
班馬字類五卷 ………………………… 1－13
班馬字類五卷 ………………………… 1－13

班馬字類五卷 ………………………… 1－13
班馬字類五卷附班馬字類訂 ………… 1－249
班馬異同三十五卷 …………………… 1－18
班馬異同三十五卷 …………………… 1－18
素修堂詩集二十四卷後集六卷補遺
　一卷 ………………………………… 1－118
素書一卷 ……………………………… 2－131
素書一卷 ……………………………… 2－137
素問靈樞類纂約註三卷 ……………… 2－172
素問靈樞類纂約註三卷 ……………… 2－175
素履子三卷 …………………………… 2－136
素履子三卷 …………………………… 2－156
素靈微蘊四卷 ………………………… 2－173
匪莪堂文集五卷 ……………………… 2－480
匪莪堂文集五卷 ……………………… 2－480
起黃二卷質顧一卷廣王二卷 ………… 2－151
袁王綱鑑合編三十九卷 ……………… 1－273
袁王綱鑑合編三十九卷 ……………… 1－273
袁王綱鑑合編三十九卷首一卷御撰
　明紀綱目二十卷 …………………… 1－269
袁中郎先生批評唐伯虎彙集四卷 …… 1－140
袁中郎先生批評唐伯虎彙集四卷 …… 1－140
袁中郎先生批評唐伯虎彙集四卷 …… 2－418
袁中郎全集四十卷 …………………… 1－139
袁氏家書六卷 ………………………… 2－302
袁氏家集十一卷 ……………………… 2－332
袁文合箋十六卷 ……………………… 2－506
袁文箋正十六卷袁文補注一卷 ……… 2－447
袁文箋正十六卷袁文補注一卷 ……… 2－447
袁文箋正十六卷袁文補注一卷 ……… 2－447
袁文箋正十六卷袁文補注一卷 ……… 2－448
袁文箋正十六卷袁文補注一卷附錄
　小傳 ………………………………… 1－152
袁文箋正十六卷袁文補注一卷附錄
　小傳 ………………………………… 1－152
袁文箋正十六卷袁文補注一卷附錄
　小傳 ………………………………… 1－152
袁文箋正十六卷袁文補注一卷附錄
　小傳 ………………………………… 1－152
袁文箋正十六卷袁文補注一卷增訂
　袁文箋正四卷 ……………………… 2－447
袁永之集二十卷 ……………………… 1－145
[同治]袁州府志八卷首一卷 ……… 1－472
袁易齋先生圖民錄四卷 ……………… 2－65
袁照藜等為江北護隄放塡事由呈兩
　江總督等會稟不分卷(宣統元年
　江北護堤放塡事由) ……………… 1－393
都門紀變百詠不分卷 ………………… 2－341
都門彙纂不分卷附圖 ………………… 1－485
都是春齋文集八卷 …………………… 2－486
都梁草二卷補遺一卷附都梁草題詞
　一卷 ………………………………… 2－358
埃及史 ………………………………… 2－127
埃及史不分卷 ………………………… 1－282
埃及近世史二十七章 ………………… 2－128
耿尚孔吳四王合傳一卷 ……………… 1－327
耻不逮齋集三卷附錄一卷補遺一卷
　……………………………………… 2－501
恥不逮齋集三卷附錄一卷補遺一卷
　……………………………………… 2－501
恥堂存稿八卷 ………………………… 2－404
華山李氏世德錄附錄六卷補遺一卷
　續編一卷 …………………………… 1－348
華夷譯語不分卷 ……………………… 1－11
華延年室題跋三卷 …………………… 2－69
華延年室題跋三卷 …………………… 2－69
華延年室題跋三卷 …………………… 2－69
華延年室題跋三卷 …………………… 2－69
華泉先生集選四卷 …………………… 2－347
華峯山志五卷 ………………………… 1－502
華盛頓泰西史略八卷 ………………… 1－329
華盛頓傳八卷 ………………………… 1－329
華國編唐賦選二卷 …………………… 1－122
華陽陶隱居集二卷 …………………… 1－122
華陽國志十二卷 ……………………… 1－292
華陽國志十二卷 ……………………… 1－527
華陽國志十二卷附補華陽國志三州
　郡縣目錄 …………………………… 1－527
華陽國志十四卷 ……………………… 1－297
華陽國志十四卷 ……………………… 1－297
華陽散稿二卷 ………………………… 1－159
[嘉慶]華陽縣志四十四卷首一卷 … 1－413

華陽館文集十八卷續刻二卷………… 2－427
華陽館草不分卷……………………… 1－146
華嶽志八卷首一卷…………………… 1－498
華嶽志八卷首一卷…………………… 1－498
華嶽志八卷首一卷…………………… 1－498
華嶽志八卷首一卷…………………… 1－498
華嶽志八卷首一卷…………………… 1－498
華嶽志八卷首一卷…………………… 1－498
莆風清籟集六十卷…………………… 1－115
莆風清籟集六十卷…………………… 2－347
莆陽文輯五卷國朝莆陽詩輯四卷…… 2－280
莆陽文輯五卷國朝莆陽詩輯四卷…… 2－281
莆陽知稼翁集二卷…………………… 2－409
莆陽知稼翁集二卷…………………… 2－410
莆陽知稼翁集二卷…………………… 2－410
莆陽金石初編二卷…………………… 2－100
莆陽黃御史集二卷別錄一卷附錄一
卷…………………………………… 2－397
莫叵草二卷…………………………… 2－491
莫愁湖志六卷首一卷………………… 1－493
莫愁湖志六卷首一卷………………… 1－493
莫愁湖志六卷首一卷………………… 1－493
莫愁湖志六卷首一卷………………… 1－494
莊子十卷 ………………………… 1－56
莊子十卷……………………………… 2－130
莊子十卷……………………………… 2－136
莊子十卷……………………………… 2－136
莊子十卷……………………………… 2－136
莊子三卷……………………………… 2－137
莊子內篇註四卷……………………… 2－138
莊子因六卷 ………………………… 1－73
莊子因六卷…………………………… 2－138
莊子故八卷…………………………… 2－139
莊子南華真經十卷 ………………… 1－56
莊子南華真經十卷 ………………… 1－56
莊子南華真經十卷…………………… 2－138
莊子南華真經三卷附札記一卷……… 2－136
莊子南華真經三卷附莊子闕誤……… 2－130
莊子南華真經四卷音義四卷 ……… 1－56
莊子約解四卷………………………… 2－210
莊子通一卷…………………………… 2－565
莊子雪三卷…………………………… 2－210
莊子集解八卷………………………… 2－136
莊子集解八卷………………………… 2－136
莊子集解八卷………………………… 2－136
莊子集解八卷………………………… 2－210
莊子集釋十卷………………………… 2－133
莊子集釋十卷………………………… 2－134
莊子集釋十卷………………………… 2－134
莊子集釋十卷………………………… 2－134
莊子集釋十卷………………………… 2－134
莊子集釋十卷………………………… 2－134
莊子集釋十卷………………………… 2－134
莊子解三十三卷……………………… 2－564
莊子鬳齋口義十卷附莊子釋音一卷
…………………………………… 1－73
莊子獨見不分卷……………………… 2－138
莊子翼八卷 ………………………… 1－56
莊子翼八卷 ………………………… 1－56
莊子釋意三篇………………………… 2－210
莊靖先生遺集十卷…………………… 2－415
莊諧選錄十二卷……………………… 2－243
荷塘詩集十二卷……………………… 1－116
荻芬書屋文稾不分卷………………… 2－492
荻華堂詩存二卷……………………… 2－361
[宣統]莘縣鄉土志不分卷 ………… 1－434
莘齋文鈔四卷詩鈔七卷詩餘一卷…… 2－447
莘齋文鈔四卷詩鈔七卷詩餘一卷…… 2－447
莘齋文鈔四卷詩鈔七卷詩餘一卷…… 2－447
真文忠公心政經二卷………………… 2－160
真文忠公全集………………………… 2－402
真正後聊齋志異八卷………………… 2－237
真西山全集七種一百八十三卷……… 2－402
[順治]真定縣志十四卷 …………… 1－33
真詮三卷 ………………………… 1－73
真福和德理傳二卷…………………… 1－331
真誥二十卷 ………………………… 1－72
真臘風土記一卷……………………… 1－506
桂之華軒文集五卷…………………… 2－290
桂苑筆耕集二十卷…………………… 2－297
桂林詩正八卷………………………… 1－5
桂林霜二卷…………………………… 2－530

[嘉慶]桂東縣志二十卷首一卷 ……… 1－39
桂洲夏文湣公奏議二十一卷補遺不分卷 ……… 1－372
桂海虞衡志一卷 ……… 1－41
[同治]桂陽直隸州志二十七卷首一卷 ……… 1－459
[同治]桂陽直隸州志二十七卷首一卷 ……… 1－459
桂留山房詩集十二卷附詞集一卷 ……… 1－112
桂隱詩存不分卷 ……… 2－437
桂馨堂集六種十三卷 ……… 1－153
桂馨堂集六種十三卷 ……… 2－451
栲栳山人詩集不分卷 ……… 2－372
郴遊錄一卷附郴州集不分卷 ……… 1－516
栖雲閣詩十六卷 ……… 1－118
桐花閣詞一卷補遺一卷 ……… 2－527
桐花閣詞一卷補遺一卷 ……… 2－527
桐城吳氏文法教科書二編 ……… 2－262
桐城吳氏古文讀本十三卷 ……… 2－283
桐城吳先生文集四卷詩集一卷 ……… 2－493
桐城吳先生尺牘五卷補遺一卷 ……… 2－302
桐城吳先生全書五種 ……… 2－434
桐城吳先生全書五種 ……… 2－434
桐城吳先生全書五種 ……… 2－435
桐城吳先生全書五種 ……… 2－435
桐城吳先生全書五種 ……… 2－435
桐城吳先生全書五種 ……… 2－435
桐城吳先生全書五種 ……… 2－435
桐城吳先生全書五種 ……… 2－435
桐城吳先生詩集一卷 ……… 2－349
桐城吳先生點勘墨子讀本十六卷 ……… 2－131
桐城吳先生點勘諸子七種 ……… 2－131
桐城姚氏碑傳錄七卷附錄補遺一卷 ……… 1－345
桐城馬太僕奏略四卷 ……… 1－369
桐城馬太僕奏略四卷 ……… 1－376
桐城耆舊傳十二卷 ……… 1－328
桐城耆舊傳十二卷 ……… 1－334
桐華吟館詩稿六卷詞稿一卷 ……… 1－99
桐華舸詩鈔八卷明季詠史詩鈔一卷 ……… 2－354
桐華舸詩續鈔八卷 ……… 2－354
桐陰清話八卷 ……… 2－380
桐陰清話八卷 ……… 2－380
桐陰清話八卷 ……… 2－380
桐陰論畫二卷 ……… 2－187
桐陰論畫二卷首一卷附錄一卷畫訣一卷續桐陰論畫一卷桐陰論畫二編二卷三編二卷 ……… 2－188
桐陰論畫二卷首一卷附錄一卷畫訣一卷續桐陰論畫一卷桐陰論畫三編二卷 ……… 2－187
桐陰畫訣不分卷 ……… 2－194
桐雲閣試帖輯註二卷 ……… 2－517
桐溪耆隱集一卷耆隱集補錄一卷榆園雜興詩一卷 ……… 2－352
桐溪達叟自編年譜一卷 ……… 1－342
桐溪詩述二十四卷 ……… 1－110
桐閣先生文鈔十二卷 ……… 2－489
桐閣憶舊文存二卷 ……… 2－305
桐彝三卷續二卷 ……… 1－336
栝蒼金石志十二卷 ……… 2－99
栝蒼金石志十二卷續栝蒼金石志四卷 ……… 2－99
桃花山館吟稿十四卷 ……… 2－342
桃花扇六卷十六回 ……… 1－84
桃花扇傳奇二卷四十齣 ……… 1－81
桃花扇傳奇二卷四十齣 ……… 2－249
桃花扇傳奇二卷四十齣 ……… 2－249
桃花扇傳奇四卷四十二齣首一卷 ……… 2－249
桃花源志二十四卷首一卷 ……… 1－527
桃花源志略十三卷 ……… 1－522
桃花源志略十三卷附桃花源五排三百韻一卷 ……… 1－522
桃花潭文徵六卷 ……… 2－279
桃谿雪二卷 ……… 2－530
格古要論十三卷 ……… 1－51
格古要論十三卷 ……… 1－51
格古要論十三卷 ……… 1－52
格言聯璧一卷 ……… 2－155
格物探原六卷 ……… 2－269
格致古微六卷 ……… 2－157

格致古微六卷…………………………… 2－157
格致益聞滙報(一八九八年至一八
　九九年)……………………………… 2－269
格致啟蒙十六種………………………… 2－269
格致須知二十一種……………………… 2－270
格致彙編(第一年)不分卷　………… 2－222
格致彙編(第二年)不分卷　………… 2－222
格致彙編(第七年)不分卷　………… 2－222
格致彙編(第三年)不分卷　………… 2－222
格致彙編(第五年)不分卷　………… 2－222
格致彙編(第六年)不分卷　………… 2－222
格致彙編(第四年)不分卷　………… 2－222
格致精華錄四卷附德國議院章程合
　盟紀事本末…………………………… 2－145
格致質學啟蒙十一章…………………… 2－270
格致質學啓蒙十一章…………………… 2－270
格致課存不分卷………………………… 2－305
格致總學啟蒙三卷……………………… 2－270
格致總學啟蒙二卷……………………… 2－270
格致鏡原一百卷　……………………… 1－59
移華館駢體文四卷……………………… 2－289
校刊史記集解索隱正義札記五卷…… 2－105
校刊史記集解索隱正義札記五卷…… 2－105
校刊增註四書便蒙十九卷…………… 1－216
校正元親征錄一卷……………………… 1－303
校正元親征錄一卷……………………… 1－305
校正元親征錄一卷……………………… 1－305
校正元親征錄一卷……………………… 1－305
校正孔氏大戴禮記補注十三卷……… 1－202
校正重刊官板宋朝文鑑一百五十卷
　目錄三卷……………………………… 1－134
校邠廬抗議二卷………………………… 1－549
校邠廬抗議二卷………………………… 1－549
校邠廬抗議二卷………………………… 1－549
校邠廬抗議二卷………………………… 1－549
校邠廬抗議二卷………………………… 1－549
校邠廬抗議二卷………………………… 1－549
校邠廬抗議二卷………………………… 1－550
校邠廬抗議二卷………………………… 1－550
校邠廬抗議二卷………………………… 2－474
校邠廬抗議不分卷……………………… 1－550
校邠廬抗議不分卷……………………… 1－550
校邠廬抗議不分卷……………………… 1－550
校刻西學八種十一卷西學格致啓蒙
　四種四卷……………………………… 2－550
校刻詩集傳音釋札記一卷…………… 1－195
校注橘山四六二十卷………………… 1－135
校注橘山四六二十卷………………… 1－135
校訂困學紀聞五箋二十卷…………… 1－249
校訂困學紀聞集證二十卷…………… 2－146
校訂困學紀聞集證二十卷…………… 2－146
校訂定盦全集十卷……………………… 2－431
校勘夢窗詞札記一卷………………… 2－520
校勘夢窗詞札記一卷………………… 2－520
校經廎文稾十八卷……………………… 2－507
校禮堂文集三十六卷………………… 2－489
核訂現行刑律不分卷………………… 2－8
核訂現行刑律不分卷………………… 2－8
核訂現行刑律不分卷　……………… 2－10
軒轅碑記醫學祝由十三科二卷……… 2－174
連氏義田事略三卷……………………… 1－526
連筠簃叢書十五種二百二十三卷…… 2－551
連筠簃叢書十五種二百二十三卷…… 2－551
連筠簃叢書十五種二百二十三卷…… 2－551
哥品杭海戰史二編十七章…………… 2－119
栗樸園行述不分卷……………………… 1－320
酌中志二十四卷………………………… 2－427
酌中志餘二卷…………………………… 2－218
酌意變通捐輸選補章程不分卷……… 2－1
夏小正一卷……………………………… 1－195
夏小正一卷……………………………… 1－195
夏小正通釋一卷………………………… 1－196
夏小正經傳集解四卷………………… 1－202
夏小正箋疏四卷………………………… 1－195
夏小正戴氏傳四卷……………………… 1－176
夏小正戴氏傳訓解四卷攷異一卷通
　論一卷………………………………… 1－195
[乾隆]夏津縣志十卷首一卷　……… 1－461
[乾隆]夏津縣志十卷首一卷　……… 1－461
夏桂洲先生文集十八卷……………… 1－143
夏桂洲先生文集十八卷……………… 1－143
夏桂洲先生[言]年譜一卷　……… 1－143

夏桂洲先生[言]年譜一卷 ………… 1－143
夏峯先生集十六卷 …………………… 2－439
夏峯先生集十四卷 …………………… 2－439
夏峯先生集十四卷補遺二卷 ………… 2－439
夏峯先生集十四卷補遺二卷 ………… 2－439
夏節湣全集十卷首一卷末一卷補遺一卷續補遺一卷 …………………… 2－426
夏塵茗噱錄一卷 ……………………… 1－527
砥齋集十二卷待菴日劄一卷西歸日劄一卷北行日劄一卷 ……………… 2－425
破邪詳辯四卷首一卷 ………………… 2－213
破迷宗旨不分卷 ……………………… 2－204
破迷真經二卷 ………………………… 2－204
破迷寶懺全部不分卷 ………………… 2－204
原本招子庸正粵謳解心不分卷 ……… 2－524
原本海公大紅袍傳六十卷六十回 …… 1－85
[乾隆]原武縣志十卷 ……………… 1－484
原富不分卷 …………………………… 2－21
原富不分卷 …………………………… 2－22
原富不分卷 …………………………… 2－22
原富不分卷 …………………………… 2－22
原富不分卷 …………………………… 2－22
原富不分卷 …………………………… 2－259
原富不分卷 …………………………… 2－259
原富不分卷 …………………………… 2－259
原獻文錄四卷原獻詩錄三卷原故文錄一卷坿原故詩錄一卷 …………… 2－280
盋山文錄八卷詩錄二卷 ……………… 2－462
盋山文錄八卷詩錄二卷 ……………… 2－512
捕蝗要訣二十則圖說十二幅附除蝻八要 ………………………………… 2－170
振綺堂詩存一卷 ……………………… 2－341
振綺堂叢書二集二十二種四十四卷 ……………………………………… 2－548
振綺堂叢書二集二十二種四十四卷 ……………………………………… 2－548
振綺堂叢書初集十四種二十一卷 …… 2－547
振綺堂叢書初集十四種二十一卷 …… 2－547
振綺堂簡明書目不分卷 ……………… 1－47
捍海塘志一卷 ………………………… 1－326
挹秀山房叢書十一種四十五卷 ……… 2－560
哲學提綱天宇學不分卷 ……………… 2－272
哲學提綱生理學不分卷 ……………… 2－272
哲學提綱名理學不分卷 ……………… 2－272
哲學提綱倫理學三卷 ………………… 2－272
哲學提綱靈性學不分卷 ……………… 2－272
哲學提綱靈性學不分卷 ……………… 2－272
挽回乾坤寶懺全部不分卷 …………… 2－204
致伊藤陸奧照會 ……………………… 2－48
晉太康三年地記一卷 ………………… 1－518
晉太康三年地記一卷 ………………… 1－518
晉史刪四十卷 ………………………… 1－18
晉司隸校尉傅玄集三卷 ……………… 2－392
[康熙]晉州志十卷 ………………… 1－466
晉宋書故一卷 ………………………… 1－292
晉宋書故一卷 ………………………… 2－115
晉宋書故一卷 ………………………… 2－115
晉宋書故一卷 ………………………… 2－115
晉政輯要八卷 ………………………… 1－43
晉政輯要八卷 ………………………… 1－542
晉政輯要四十卷 ……………………… 1－542
晉書地理志新補正五卷 ……………… 1－402
晉書地理志新補正五卷 ……………… 1－402
晉書校文五卷 ………………………… 2－114
晉書校勘記三卷 ……………………… 1－266
晉書校勘記五卷 ……………………… 1－291
晉書纂七卷 …………………………… 1－24
晉書纂略二十卷 ……………………… 1－18
晉陵先賢傳不分卷 …………………… 1－335
晉陵集二卷 …………………………… 1－148
晉專宋瓦室類稿五卷 ………………… 2－512
晉略六十六卷 ………………………… 1－288
晉略六十六卷 ………………………… 1－288
晉略六十六卷 ………………………… 1－288
晉略六十六卷 ………………………… 1－288
晉國垂棘一卷續垂棘編六卷二集十卷三集十卷四集十卷 ……………… 2－273
晉游日記(雪爪留痕)三卷西征錄不分卷 ……………………………… 1－354
晉齋詩存二卷 ………………………… 2－366
柴氏古韻通八卷附正音切韻復古編一卷 ………………………………… 1－253

柴桑傭錄四卷…………………………… 1－553
虔共室遺集不分卷…………………… 2－364
逍遙山萬壽宫志二十二卷首一卷…… 1－520
逍遙山萬壽宫志二十卷 ……………… 1－42
逍遙山萬壽宫志二十卷首一卷……… 1－520
逍遙遊室雜箸不分卷………………… 2－286
時方妙用四卷………………………… 2－176
時事采新彙選(光緒二十九年十一
月)六卷 …………………………… 2－267
時事采新彙選(光緒二十九年十月)
六卷………………………………… 2－269
時事采新彙選(光緒二十九午臘月)
六卷………………………………… 2－268
時事采新彙選(光緒三十一年二月)
六卷………………………………… 2－267
時事采新彙選(光緒三十一年十一
月)六卷 …………………………… 2－267
時事采新彙選(光緒三十一年十二
月)六卷 …………………………… 2－267
時事采新彙選(光緒三十一年十月)
六卷………………………………… 2－268
時事采新彙選(光緒三十一年七月)
六卷………………………………… 2－268
時事采新彙選(光緒三十一年八月)
六卷………………………………… 2－267
時事采新彙選(光緒三十一年九月)
六卷………………………………… 2－268
時事采新彙選(光緒三十一年三月)
六卷………………………………… 2－267
時事采新彙選(光緒三十一年五月)
六卷………………………………… 2－267
時事采新彙選(光緒三十一年六月)
六卷………………………………… 2－267
時事采新彙選(光緒三十一年正月)
六卷………………………………… 2－267
時事采新彙選(光緒三十一年四月)
六卷………………………………… 2－267
時事采新彙選(光緒三十二年二月)
六卷………………………………… 2－268
時事采新彙選(光緒三十二年十一
月)六卷 …………………………… 2－268
時事采新彙選(光緒三十二年十二
月)六卷 …………………………… 2－268
時事采新彙選(光緒三十二年十月)
六卷………………………………… 2－268
時事采新彙選(光緒三十二年七月)
六卷………………………………… 2－267
時事采新彙選(光緒三十二年八月)
六卷………………………………… 2－266
時事采新彙選(光緒三十二年九月)
六卷………………………………… 2－267
時事采新彙選(光緒三十二年三月)
六卷………………………………… 2－268
時事采新彙選(光緒三十二年五月)
六卷………………………………… 2－268
時事采新彙選(光緒三十二年六月)
六卷………………………………… 2－268
時事采新彙選(光緒三十二年正月)
六卷………………………………… 2－269
時事采新彙選(光緒三十二年四月)
六卷………………………………… 2－267
時事采新彙選(光緒三十二年閏四
月)六卷 …………………………… 2－269
時事采新彙選(光緒三十三年二月)
六卷………………………………… 2－267
時事采新彙選(光緒三十三年七月)
六卷………………………………… 2－268
時事采新彙選(光緒三十三年八月)
六卷………………………………… 2－268
時事采新彙選(光緒三十三年三月)
六卷………………………………… 2－268
時事采新彙選(光緒三十三年五月)
六卷………………………………… 2－268
時事采新彙選(光緒三十三年六月)
六卷………………………………… 2－269
時事采新彙選(光緒三十三年正月)
六卷………………………………… 2－268
時事采新彙選(光緒三十三年四月)
六卷………………………………… 2－269
時事采新彙選(光緒三十年二月)六
卷…………………………………… 2－267
時事采新彙選(光緒三十年十一月)

六卷……………………………………… 2-267
時事采新彙選(光緒三十年十二月)六卷……………………………………… 2-267
時事采新彙選(光緒三十年十月)六卷……………………………………… 2-267
時事采新彙選(光緒三十年七月)六卷……………………………………… 2-266
時事采新彙選(光緒三十年八月)六卷……………………………………… 2-266
時事采新彙選(光緒三十年九月)六卷……………………………………… 2-269
時事采新彙選(光緒三十年三月)六卷……………………………………… 2-269
時事采新彙選(光緒三十年五月)六卷……………………………………… 2-268
時事采新彙選(光緒三十年六月)六卷……………………………………… 2-268
時事采新彙選(光緒三十年正月)六卷……………………………………… 2-267
時事采新彙選(光緒三十年四月)六卷……………………………………… 2-268
時事報不分卷……………………………… 2-235
時事新論十二卷…………………………… 2-294
時事新論國說不分卷……………………… 2-294
時疫白喉捷要一卷………………………… 2-174
時務分類文編三十二卷…………………… 2-297
時務奏疏不分卷…………………………… 1-373
時務通攷三十一卷………………………… 1-541
時務通攷三十一卷………………………… 1-541
時務通攷三十一卷………………………… 1-541
時務通攷三十一卷………………………… 1-542
時務通攷三十一卷………………………… 1-542
時務通攷三十一卷………………………… 1-542
時務通攷三十一卷………………………… 1-542
時務通攷續編三十一卷…………………… 1-541
時務通攷續編三十一卷…………………… 1-542
時務通攷續編三十一卷…………………… 1-542
時務通攷續編三十一卷…………………… 1-542
時務報三十冊……………………………… 2-221
時務報三十冊……………………………… 2-221
時務報不分卷……………………………… 2-235
時務策論大觀四卷………………………… 2-223
時務策學備纂八十二卷…………………… 2-144
時憲輯要二卷……………………………… 2-179
時藝引階合編不分卷……………………… 2-306
時藝清雅不分卷…………………………… 2-353
財政四綱…………………………………… 2-24
財政條議不分卷…………………………… 2-27
財政叢書…………………………………… 2-25
財政叢書…………………………………… 2-26
財政叢書…………………………………… 2-26
財政叢書…………………………………… 2-26
眠琴閣遺文不分卷遺詩二卷附刻一卷……………………………………… 2-482
晁具茨先生詩集十五卷…………………… 2-357
剔弊廣增分韻五方元音二卷……………… 1-253
剔弊廣增分韻五方元音二卷首不分卷……………………………………… 1-253
晏子春秋七卷……………………………… 1-284
晏子春秋七卷附音義二卷………………… 1-284
晏子春秋八卷……………………………… 1-284
晏子春秋八卷……………………………… 1-284
晏子春秋六卷……………………………… 1-23
晏子春秋音義二卷………………………… 1-286
晏子春秋音義二卷………………………… 1-286
晏子春秋校勘二卷………………………… 1-286
晏子春秋校勘二卷………………………… 1-286
晏彤甫大中丞程記三種三卷……………… 1-515
哭盦叢書…………………………………… 2-379
恩科山東鄉試同年齒錄(光緒乙亥科)不分卷……………………………… 2-92
恩都轉駁鹽業公司詳文不分卷…………… 2-27
恩暉堂詩集六卷…………………………… 2-342
恩福堂[英和]年譜一卷…………………… 1-344
恩餘堂經進初藁十二卷續藁二十二卷三藁十一卷策問存課二卷知聖道齋讀書跋尾二卷………………… 1-159
豈有此理四卷……………………………… 2-378
豈有此理四卷……………………………… 2-378
峽江救生船志二卷附峽江圖攷一卷行川必要一卷…………………………… 1-523
峽江救生船志二卷附峽江圖攷一卷

行川必要一卷……………………… 1-523
峽江圖考一卷附行川必要…………… 1-530
峭帆樓叢書十八種五十四卷………… 2-553
峭帆樓叢書十八種五十四卷………… 2-553
峴嶕山房詩集初編八卷……………… 2-317
[嘉慶]峨眉縣志十卷首一卷 ……… 1-410
[嘉慶]峨眉縣志十卷首一卷 ……… 1-410
[嘉慶]峨眉縣志十卷首一卷 ……… 1-410
峩山圖志二卷………………………… 1-499
峩山圖志二卷………………………… 1-499
峩眉山志十八卷 …………………… 1-41
峩眉山志十八卷 …………………… 1-41
剛果國條約不分卷 ………………… 2-42
剛果國條約不分卷 ………………… 2-42
剛果國條約不分卷 ………………… 2-42
剛果國條約不分卷 ………………… 2-42
剛果國條約不分卷 ………………… 2-42
剛果國條約不分卷 ………………… 2-42
剛果國條約不分卷 ………………… 2-42
剛果國條約不分卷 ………………… 2-42
剛果國條約不分卷 ………………… 2-42
剛果國條約不分卷 ………………… 2-42
剛果國條約不分卷 ………………… 2-42
剛果國條約不分卷 ………………… 2-42
剛果國條約不分卷 ………………… 2-42
剛果國條約不分卷 ………………… 2-42
剛果國條約不分卷 ………………… 2-42
剛果國條約不分卷 ………………… 2-42
郵傳部奏議類編路政………………… 1-370
郵傳部第一次統計表………………… 1-558
郵傳部第一次統計表(光緒三十三
年) ………………………………… 2-265
郵傳部第二次統計表(光緒三十四
年)八卷 …………………………… 2-265
造化究源二卷………………………… 2-212
造呈蘇屬道員知府直隸州各班員名
簡明履歷清冊不分卷 ……………… 1-50
乘查筆記不分卷……………………… 1-513
乘查筆記不分卷……………………… 1-514
乘查筆記不分卷……………………… 1-514
乘查筆記不分卷……………………… 1-514
乘查筆記不分卷……………………… 1-514
乘槎筆記二卷………………………… 1-514
乘槎筆記二卷………………………… 1-514
乘槎筆記二卷………………………… 1-515
乘龍佳話一卷………………………… 2-530
秣陵集六卷附表圖考 ……………… 2-49
秣陵集六卷附表圖考 ……………… 2-49
秣陵集六卷附表圖考 ……………… 2-49
秣陵集六卷附表圖考 ……………… 2-49
秣陵集六卷附表圖考 ……………… 2-49
秣陵集六卷附表圖考 ……………… 2-49
秣陵集六卷附表圖考 ……………… 2-49
秖芳園遺詩四卷遺詩別集二卷遺詩
補遺一卷…………………………… 2-362
秘書廿一種九十四卷 ……………… 1-75
秘書廿一種九十四卷 ……………… 1-75
秘書廿一種九十四卷 ……………… 1-75
秘書廿一種九十四卷 ……………… 1-75
秘書廿一種九十四卷………………… 2-216
秘書廿一種九十四卷………………… 2-216
秘國條約不分卷秘國照會不分卷 …… 2-37
秘集十五種十一卷…………………… 2-234
秘傳花鏡六卷………………………… 2-196
秘傳花鏡六卷附圖…………………… 2-196
秘傳花鏡六卷附圖…………………… 2-196
秘魯巴西國條約不分卷 …………… 2-42
秘魯巴西國條約不分卷 …………… 2-42
秘魯巴西國條約不分卷 …………… 2-42
秘魯巴西國條約不分卷 …………… 2-42
秘魯巴西國條約不分卷 …………… 2-42
秘魯巴西國條約不分卷 …………… 2-42
秘魯巴西國條約不分卷 …………… 2-43
秘魯巴西國條約不分卷 …………… 2-43
秘魯巴西國條約不分卷 …………… 2-43
秘魯巴西國條約不分卷 …………… 2-43
秘魯巴西國條約不分卷 …………… 2-43
秘魯巴西國條約不分卷 …………… 2-43
秘魯巴西國條約不分卷 …………… 2-43
秘魯巴西國條約不分卷 …………… 2-43
秘魯巴西國條約不分卷 …………… 2-43
秘魯巴西國條約不分卷 …………… 2-43

秘魯巴西國條約不分卷 ………………… 2－43
秘魯巴西國條約不分卷 ………………… 2－43
秘魯巴西國條約不分卷 ………………… 2－43
秘魯巴西國條約不分卷 ………………… 2－43
笑史四卷……………………………… 2－255
倖存錄二卷…………………………… 2－234
借閒生詩三卷借閒生詞一卷………… 2－325
借閒生詩三卷借閒生詞一卷………… 2－325
借箸雜俎四卷………………………… 2－168
倚石吟不分卷………………………… 2－367
倚晴樓七種曲………………………… 2－521
倚晴樓七種曲………………………… 2－524
倚晴樓集九種五十六卷……………… 2－576
倚晴樓詩餘四卷……………………… 2－344
倚晴樓詩續集十二卷………………… 2－344
倘湖樵書十二卷 …………………… 1－79
候濤山房吟草十二卷………………… 2－358
倭文端公遺書十一卷首二卷………… 2－439
倭文端公遺書十卷首二卷…………… 2－439
倭文端公遺書八卷首二卷末一卷…… 2－439
倭文端公遺書八卷首二卷續刊四卷
…………………………………… 2－439
倪氏叢書十種二十二卷……………… 2－560
倪文正公遺稿二卷…………………… 1－148
倪文忠公[元璐]年譜四卷 ………… 2－425
倪文忠公[元璐]年譜四卷 ………… 2－425
倫風十六卷…………………………… 1－327
倦圃曹先生尺牘二卷 ……………… 1－95
健餘先生文集十卷…………………… 2－455
[光緒]射洪縣志十八卷首一卷 …… 1－426
射書四卷……………………………… 2－166
射聲小譜不分卷……………………… 1－256
射鷹樓詩話二十四卷………………… 2－517
皋橋今雨集二卷……………………… 2－338
躬厚堂雜文八卷……………………… 2－462
躬恥齋文鈔二十卷文鈔後編六卷…… 2－462
躬恥齋文鈔十九卷後編六卷詩鈔十
四卷後編七卷四書體味錄一卷制
義不分卷…………………………… 2－498
息柯白牋八卷………………………… 2－301
息柯雜箸六卷………………………… 2－375
息影偶錄八卷………………………… 2－239
息影偶錄八卷………………………… 2－239
息盦尺牘二卷附存一卷……………… 2－301
息齋集十卷…………………………… 1－157
息齋集四卷總憲疏草一卷中銓疏草
一卷外集一卷續外集一卷外集補
遺一卷……………………………… 1－157
[同治]鄆縣志四十四卷 …………… 1－467
師山先生文集八卷遺文五卷遺文附
錄一卷濟美錄四卷………………… 1－139
師山詩存十卷………………………… 2－357
師山詩存十卷………………………… 2－357
師友談記一卷………………………… 2－233
師竹軒詩集四卷……………………… 2－342
師竹齋讀書隨筆彙編十三卷 ……… 2－75
師伏堂叢書十七種八十六卷………… 2－575
師鄭堂集六卷………………………… 2－490
師鄭堂集六卷………………………… 2－490
師鄭堂駢體文存二卷………………… 2－290
師鄭堂駢體文存二卷………………… 2－290
徑中徑又徑徵義三卷首一卷………… 2－203
徑北草堂印須集初刻三卷…………… 2－335
徐氏一家詞七卷……………………… 2－521
徐氏家書不分卷……………………… 2－303
徐氏算學叢書三十四種一百二十三
卷…………………………………… 2－561
徐氏醫書六種十六卷………………… 2－577
徐文長文集三十卷附四聲猿一卷…… 1－140
徐文長文集三十卷附四聲猿一卷…… 1－141
徐文長文集三十卷附四聲猿一卷…… 1－147
徐文長集三十卷補遺一卷…………… 2－419
徐石渠文鈔四卷……………………… 2－494
徐州二遺民集十卷…………………… 2－278
徐州二遺民集十卷…………………… 2－278
徐州二遺民集十卷…………………… 2－278
[同治]徐州府志二十五卷 ………… 1－414
[同治]徐州府志二十五卷 ………… 1－414
[同治]徐州府志二十五卷 ………… 1－414
[乾隆]徐州府志三十卷首一卷 …… 1－414
徐州詩徵八卷………………………… 2－344
徐州詩徵八卷………………………… 2－344

徐州續命飲不分卷…………………… 2－376
徐孝穆全集六卷…………………… 2－391
徐孝穆全集六卷…………………… 2－391
徐位山六種八十七卷……………… 1－393
徐雨峰中丞勘語四卷……………… 2－9
徐雨峰中丞勘語四卷……………… 2－9
徐勇烈公行狀一卷………………… 1－315
徐勇烈公行狀一卷………………… 1－315
徐康懿公餘力稿二卷徐鈍齋公文集不分卷蜀阜徐氏文獻錄不分卷蜀阜小志不分卷…………………… 2－426
徐履恭課作稿不分卷……………… 2－498
徐霞客遊記不分卷………………… 1－515
徐霞客遊記不分卷………………… 1－515
徐霞客遊記不分卷………………… 1－515
徐騎省集三十卷附補遺並校刊記…… 2－410
徐騎省集三十卷附補遺並校刊記…… 2－410
徐騎省集三十卷附補遺並校刊記…… 2－410
殷商貞卜文字考不分卷 ………………… 2－97
殷商貞卜文字考不分卷 ………………… 2－97
殷商貞卜文字考不分卷 ………………… 2－97
殷商貞卜文字考不分卷……………… 2－102
殷商貞卜文字考不分卷……………… 2－102
殷商貞卜文字考不分卷……………… 2－102
殷譜經侍郎自定年譜一卷………… 1－343
般若波羅蜜多心經直指不分卷附真心直說一卷…………………… 2－207
般若燈論十五卷…………………… 2－201
航海述奇四卷……………………… 1－511
航海章程不分卷…………………… 2－256
航海簡法四卷……………………… 2－265
針灸大成十二卷…………………… 2－172
針灸大成十二卷…………………… 2－172
拿破崙本紀四卷四十二章………… 2－125
拿破崙本紀四卷四十二章………… 2－125
奚囊寸錦三卷鈔句一卷…………… 1－115
倉場事宜初稿 …………………… 1－46
倉頡篇三卷 ……………………… 1－11
倉頡篇校證三卷補遺一卷………… 1－249
飣餖吟十二卷……………………… 2－363
飣餖吟十二卷……………………… 2－363
飣餖吟十二卷……………………… 2－363
翁松禪手札不分卷………………… 2－187
翁松禪手札不分卷………………… 2－187
翁松禪手札不分卷………………… 2－187
翁松禪手札不分卷………………… 2－187
脩本堂叢書十種九十三卷………… 2－569
烏石山志九卷首一卷……………… 1－502
[光緒]烏程縣志三十六卷 ……… 1－490
留春草堂詩鈔七卷………………… 2－338
留春草堂詩鈔七卷………………… 2－338
留真志感圖記一卷………………… 1－324
留雲借月盦詞續一卷……………… 2－525
留溪外傳十八卷…………………… 1－329
留溪外傳十八卷…………………… 2－546
芻論二卷…………………………… 2－295
芻論二卷…………………………… 2－295
託素齋文集六卷詩集四卷………… 1－158
託素齋文集六卷詩集四卷………… 1－158
訓俗遺規四卷……………………… 2－151
訓俗遺規摘鈔四卷………………… 2－540
訓詁諧音四卷……………………… 1－255
訓蒙草不分卷……………………… 2－305
訓練操法詳晰圖說二十二卷……… 2－263
訓練操法詳晰圖說二十二卷……… 2－263
記事珠十卷………………………… 2－141
記事珠十卷………………………… 2－141
記事珠十卷………………………… 2－141
記事珠十卷………………………… 2－141
記事珠十卷………………………… 2－141
記海錯一卷………………………… 2－171
記過齋藏書七種三十九卷………… 2－511
記聞類編十四卷…………………… 2－145
記聞類編十四卷…………………… 2－145
高士傳三卷………………………… 1－319
高士傳三卷………………………… 1－319
高士傳三卷………………………… 1－319
高士傳三卷………………………… 1－330
高士傳續編二卷…………………… 1－319
高子遺書十二卷附錄一卷………… 2－428
高太史論鈔四卷…………………… 2－512
高文襄公文集四卷………………… 1－147

高平祁氏三世遺稾四卷……………… 2－560
［同治］高平縣志八卷 ……………… 1－430
高江村全集七十七卷………………… 1－154
高安三傳合編五十六卷……………… 1－311
高安三傳合編五十六卷……………… 1－312
高安三傳合編五十六卷……………… 1－312
高安三傳合編五十六卷……………… 1－333
［嘉慶］高邑縣志十卷首一卷 ……… 1－404
［嘉慶］高邑縣志十卷首一卷 ……… 1－404
高辛硯齋雜著一卷雜稿一卷詩稿一
卷………………………………… 2－379
高東溪先生遺集三卷………………… 2－411
［光緒］高明縣志十六卷首一卷 …… 1－490
高忠憲公［攀龍］年譜一卷 ………… 2－428
高季迪先生大全集十八卷…………… 1－102
高季迪先生大全集十八卷…………… 2－349
高宗樂善堂全集定本三十卷目錄一
卷首一卷………………………… 2－326
高拱集四種…………………………… 2－427
高皇帝御製文集二十卷……………… 1－143
高郵王氏四種一百三十八卷………… 2－566
［嘉慶］高郵州志十二卷首一卷 …… 1－452
［嘉慶］高郵州志十二卷首一卷 …… 1－452
高郵耆舊詩存初冊一卷二冊一卷別
冊一卷附冊一卷詩餘一卷………… 2－367
［嘉靖］高陵縣志七卷附呂涇野先生
續傳……………………………… 1－455
［嘉靖］高陵縣志七卷附呂涇野先生
續傳……………………………… 1－455
［嘉靖］高陵縣志七卷附呂涇野先生
續傳……………………………… 1－455
［光緒］高陵縣續志八卷 …………… 1－455
［光緒］高陵縣續志八卷 …………… 1－455
高陶堂遺集八卷……………………… 2－461
高陶堂遺集八卷……………………… 2－461
高陶堂遺集八卷……………………… 2－461
［光緒］高淳縣志二十八卷首一卷 … 1－481
［乾隆］高淳縣志二十五卷首一卷 …… 1－38
［乾隆］高密縣志十卷首一卷末一卷
……………………………………… 1－436
［乾隆］高密縣志十卷首一卷末一卷
……………………………………… 1－436
高陽太傅孫文正公［承宗］年譜五卷
……………………………………… 1－337
高陽集二十卷目錄一卷……………… 1－151
高陽集二十卷目錄一卷……………… 1－151
［雍正］高陽縣志六卷 ……………… 1－34
高等小學修身教科書不分卷………… 2－155
高給諫奏議不分卷補遺不分卷……… 1－376
高塘龍眠集不分卷…………………… 2－420
高僧傳二集四十卷…………………… 1－331
高僧傳三集三十卷…………………… 1－331
高僧傳四集六卷附補刻……………… 1－331
高僧傳初集十五卷首一卷…………… 2－203
郭大理遺稿八卷……………………… 2－494
郭氏玄中記一卷……………………… 2－227
郭氏傳家易說十一卷總論一卷……… 1－183
郭明經遺集四卷……………………… 2－487
郭明經遺集四卷……………………… 2－487
郭侍郎奏疏十二卷…………………… 1－370
郭侍郎奏疏十二卷…………………… 1－370
郭侍郎奏疏十二卷…………………… 1－370
郭侍郎奏疏十二卷…………………… 2－573
郭侍郎洋務文鈔四卷………………… 1－373
郭給諫疏稿二卷……………………… 1－376
唐堂集五十卷續集八卷補遺二卷附
冬錄一卷………………………… 1－159
唐堂集五十卷續集八卷補遺二卷附
冬錄一卷………………………… 1－160
病榻夢痕錄二卷……………………… 2－379
唐八家詩鈔不分卷…………………… 1－104
唐人九家詩集九種…………………… 2－351
唐人三家集二十八卷………………… 1－126
唐人三家集二十六卷………………… 2－273
唐人三家集二十六卷………………… 2－397
唐人小說六種十一卷………………… 2－559
唐人五十家小集……………………… 2－396
唐人五十家小集……………………… 2－396
唐人五十家小集……………………… 2－397
唐人五言長律清麗集六卷 …………… 1－97
唐人六集四十三卷…………………… 1－110

唐人合集二十八卷…………………… 2－322
唐人萬首絶句選七卷………………… 1－104
唐人萬首絶句選七卷………………… 1－104
唐人試律説不分卷…………………… 2－348
唐人説薈一百六十四種一百七十卷
…………………………………… 2－538
唐人説薈一百六十四種一百七十卷
…………………………………… 2－538
唐大家韓文公文鈔十六卷…………… 1－129
唐大薦福寺故寺主翻經大德法藏和
尚傳不分卷………………………… 2－206
唐王燾先生外臺秘要方四十卷 ……… 1－65
唐五代詞選三卷……………………… 2－525
唐世説總論 ………………………… 1－85
唐中丞遺集八種二十七卷首一卷…… 2－471
唐中興閒氣集二卷…………………… 2－308
唐中興閒氣集二卷…………………… 2－328
唐中興閒氣集二卷…………………… 2－328
唐六如先生畫譜三卷………………… 1－140
唐六如先生畫譜三卷………………… 1－140
唐六如先生畫譜三卷………………… 2－194
唐六典三十卷………………………… 1－560
唐六典三十卷………………………… 1－560
唐文拾遺七十二卷目録八卷………… 2－398
唐文粹一百卷………………………… 2－281
唐文粹一百卷………………………… 2－281
唐文粹一百卷………………………… 2－281
唐文粹一百卷………………………… 2－281
唐文粹一百卷………………………… 2－282
唐文粹一百卷………………………… 2－283
唐文粹一百卷………………………… 2－283
唐文粹一百卷………………………… 2－283
唐文粹一百卷………………………… 2－283
唐文粹一百卷附補遺二十六卷……… 2－281
唐文粹補遺二十六卷………………… 2－281
唐文粹補遺二十六卷………………… 2－281
唐文粹補遺二十六卷………………… 2－281
唐文粹補遺二十六卷………………… 2－281
唐文粹補遺二十六卷………………… 2－282
唐文粹補遺二十六卷………………… 2－283
唐文粹補遺二十六卷………………… 2－283
唐文粹補遺二十六卷………………… 2－283
唐文粹補遺二十六卷………………… 2－283
唐文粹補遺二十六卷………………… 2－283
唐文粹補遺二十六卷………………… 2－284
唐文續拾十六卷……………………… 2－286
唐世説新語十三卷 ………………… 1－85
唐石經校文十卷……………………… 2－103
唐石經校文十卷……………………… 2－103
唐史論斷三卷………………………… 2－548
唐四家詩集二十卷…………………… 2－335
唐代叢書十二集一百六十四種一百
七十卷……………………………… 2－548
唐代叢書六集一百六十四種一百七
十卷………………………………… 2－548
唐市徵獻録原編二卷續編二卷……… 1－492
唐地理志圖不分卷…………………… 1－530
唐丞相曲江張文獻公集十二卷附録
一卷千秋金鑑録五卷……………… 1－129
唐折衝府考四卷附續增 …………… 2－65
唐宋十大家全集録五十二卷 ……… 1－87
唐宋十大家全集録四十四卷………… 2－395
唐宋八大家文鈔一百四十四卷……… 1－129
唐宋八大家文鈔一百四十四卷……… 1－135
唐宋八大家文鈔十九卷首一卷……… 2－286
唐宋八大家類選十四卷……………… 2－275
唐宋八家文百篇不分卷……………… 2－289
唐宋八家鈔八卷……………………… 2－288
唐宋八家詩五十二卷………………… 1－119
唐宋三十六家名賢史論八卷………… 2－112
唐宋四選四種………………………… 2－288
唐宋白孔六帖一百卷目録二卷 …… 1－58
唐宋白孔六帖一百卷目録二卷 …… 1－58
唐宋詞選八種十三卷………………… 2－525
唐宋詩本七十六卷目録八卷………… 2－306
唐宋詩本七十六卷目録八卷………… 2－306
唐宋叢書六十八種一百十一卷……… 2－562
唐林邵州遺集一卷附録一卷………… 2－398
唐兩京城坊攷五卷…………………… 1－527
唐荆川先生文集十八卷補遺一卷附
録一卷……………………………… 2－420
唐荆川先生文集十二卷……………… 1－141

唐荆川先生批點精選史記十二卷 …… 1－16
唐荆川先生編纂諸儒語要十卷 ……… 1－62
唐荆川先生纂輯武編十二卷 ………… 1－64
唐柳先生集四十五卷外集二卷龍城
錄二卷附錄二卷傳一卷…………… 1－127
唐律消夏錄五卷……………………… 1－113
唐律賦鈔不分卷……………………… 2－374
唐律賦鈔不分卷……………………… 2－374
唐音戊籤二百一卷餘閏六十三卷餘
諸國主詩一卷……………………… 1－106
唐音審體二十卷……………………… 2－326
唐書二百二十五卷 ………………… 1－18
唐書二百二十五卷 ………………… 1－18
唐書二百二十五卷…………………… 1－259
唐書二百卷 ………………………… 1－18
唐書西域傳注不分卷………………… 1－506
唐陸宣公全集二十二卷……………… 2－393
唐陸宣公全集二十二卷……………… 2－393
唐陸宣公全集二十二卷……………… 2－393
唐陸宣公全集二十二卷……………… 2－393
唐陸宣公全集二十二卷……………… 2－393
唐陸宣公全集二十二卷……………… 2－393
唐陸宣公全集二十二卷……………… 2－393
唐陸宣公全集二十二卷……………… 2－393
唐陸宣公全集二十二卷……………… 2－394
唐陸宣公奏議讀本四卷首一卷……… 1－365
唐陸宣公集二十二卷 ……………… 1－31
唐陸宣公集二十二卷 ……………… 1－31
唐陸宣公集二十二卷………………… 1－127
唐陸宣公集二十二卷………………… 2－394
唐陸宣公集二十二卷首一卷增輯一
卷附錄一卷………………………… 2－394
唐陸宣公集二十四卷………………… 1－127
唐陸宣公翰苑集二十四卷…………… 1－127
唐陸宣公翰苑集二十四卷…………… 1－129
唐陸宣公翰苑集二十四卷…………… 2－396
唐陸宣公翰苑集二十四卷…………… 2－396
[光緒]唐棲志二十卷 ……………… 1－388
[光緒]唐棲志二十卷 ……………… 1－388
[光緒]唐棲志二十卷 ……………… 1－388
唐棲志略稿十三卷 ………………… 1－33
唐棲志略藁二卷 …………………… 2－99
唐雅同聲五十卷目錄二卷…………… 1－117
唐開元小說六種十一卷……………… 2－559
唐會要一百卷 ……………………… 1－45
唐會要一百卷……………………… 1－541
唐會要一百卷……………………… 1－541
唐詩三百首註疏六卷……………… 2－323
唐詩三百首註疏六卷……………… 2－323
唐詩三百首註釋六卷唐詩三百首續
選一卷……………………………… 2－323
唐詩三百首註釋六卷唐詩三百首續
選一卷……………………………… 2－323
唐詩三百首註釋六卷唐詩三百首續
選一卷……………………………… 2－323
唐詩三百首補註八卷……………… 2－373
唐詩六百編四卷…………………… 2－367
唐詩正聲十卷……………………… 1－109
唐詩成法八卷……………………… 1－115
唐詩名花集一卷…………………… 2－368
唐詩快十六卷選詩前後諸詠一卷…… 1－114
唐詩英華二十二卷………………… 1－111
唐詩英華二十二卷………………… 1－111
唐詩金粉十卷……………………… 1－116
唐詩品彙九十卷拾遺十卷………… 1－106
唐詩品彙九十卷拾遺十卷………… 1－106
唐詩品彙九十卷拾遺十卷………… 1－106
唐詩品彙九十卷拾遺十卷………… 1－111
唐詩紀事八十一卷………………… 1－163
唐詩排律七卷……………………… 1－119
唐詩啓蒙二卷……………………… 2－332
唐詩貫珠六十卷…………………… 2－364
唐詩筌蹄集六卷末三卷…………… 1－118
唐詩鼓吹十卷……………………… 1－103
唐詩鼓吹十卷……………………… 1－103
唐詩箋註十卷……………………… 1－104
唐詩選十卷………………………… 2－340
唐詩諧律二卷……………………… 2－340
唐詩聯選二卷……………………… 1－115
唐詩歸摘抄不分卷………………… 2－349
唐詩類苑二百卷…………………… 1－109
唐詩觀妓集一卷…………………… 2－368

唐詩觀瀾集二十四卷…………………… 1－109
唐摭言十五卷 …………………………… 2－52
唐語林八卷……………………………… 1－122
唐語林八卷……………………………… 2－381
唐賢三昧集三卷………………………… 2－319
唐賢三昧集四卷………………………… 1－105
唐賢三昧集箋註三卷…………………… 2－326
唐賢三昧集箋註三卷…………………… 2－326
唐確慎公集十卷首一卷末一卷……… 2－450
唐確慎公集十卷首一卷末一卷……… 2－450
[光緒]唐縣志十二卷首一卷 ……… 1－468
[光緒]唐縣志十二卷首一卷 ……… 1－468
唐縣節孝錄不分卷……………………… 1－346
唐類函二百卷目錄二卷 ……………… 1－57
唐類函二百卷目錄二卷 ……………… 1－57
唐鑑二十四卷…………………………… 2－112
唐鑑十二卷 …………………………… 1－54
唐鑑十二卷……………………………… 2－112
唐鑑音註考異一卷……………………… 2－112
旅遊小草一卷附燹餘剩草一卷……… 2－354
旅窗懷舊詩不分卷附錄不分卷鷗夢詞一卷附錄不分卷紫藤花館詩餘一卷……………………………………… 2－513
畜德錄二十卷…………………………… 2－208
悟性窮原不分卷………………………… 2－204
悟真直指四卷…………………………… 2－208
悟真集二卷 …………………………… 1－71
悟真篇三註三卷 ……………………… 1－72
悟真篇四註三卷………………………… 2－207
悟雪樓詩初集六卷二集六卷………… 2－362
悟道錄二卷……………………………… 2－208
悔言附記一卷…………………………… 2－156
悔言辨正六卷…………………………… 2－156
悔初廬詩稿十一卷明史雜詠二卷別集一卷………………………………… 2－353
悔初廬詩稿十一卷明史雜詠二卷別集一卷………………………………… 2－353
悔菴[尤侗]年譜二卷年譜圖詩一卷……………………………………… 1－29
悔過齋續集七卷補遺一卷…………… 2－481
悔餘菴集五種三十一卷……………… 2－483
悔餘菴集五種三十一卷……………… 2－483
悔餘菴集五種三十一卷……………… 2－505
悔餘菴集五種三十一卷……………… 2－505
悔廬文鈔五卷首一卷文補一卷詩鈔四卷………………………………… 2－499
悔廬全集二十卷………………………… 2－467
悅心集五卷……………………………… 2－278
悅心集四卷 …………………………… 1－87
悅心集四卷 …………………………… 1－89
悅城龍母廟志二卷首一卷附錄……… 1－520
悅軒文鈔二卷附史席閒話一卷……… 2－505
致壽廬詩集十卷遺集一卷…………… 2－509
瓶山草堂詩鈔十一卷………………… 2－370
拳匪紀事六卷…………………………… 1－276
拳匪紀略八卷前編二卷後編二卷…… 1－276
拳匪紀略八卷前編二卷後編二卷…… 1－276
拳匪紀略八卷前編二卷後編二卷…… 1－276
拳匪紀略八卷前編二卷後編二卷…… 1－276
拳匪搆亂紀實不分卷………………… 1－305
拳案三種………………………………… 1－297
拳教析疑說不分卷……………………… 1－304
拳教析疑說不分卷……………………… 1－304
益公題跋十二卷………………………… 1－123
益古演段三卷…………………………… 2－536
益都先正詩叢鈔八卷補一卷附編一卷……………………………………… 2－367
[康熙]益都縣志十四卷首一卷 ……… 1－35
[康熙]益都縣志十四卷首一卷 ……… 1－35
[光緒]益都縣圖志五十四卷首一卷……………………………………… 1－446
益部方物畧記一卷……………………… 2－197
[同治]益陽縣志二十五卷首一卷 … 1－489
益雅堂叢書六十六種一百七十二卷……………………………………… 2－558
兼濟堂文集二十四卷………………… 2－454
兼濟堂文集選二十卷………………… 2－454
兼濟堂纂刻梅勿菴先生曆算全書二十八種七十四卷 ………………… 1－66
兼韻音義四卷…………………………… 1－255
朔方備乘六十八卷首十二卷………… 1－382
朔方備乘六十八卷首十二卷附圖…… 1－381

朔方備乘六十八卷首十二卷附圖…… 1－381
朔方備乘六十八卷首十二卷附圖…… 1－381
朔方備乘六十八卷首十二卷附圖…… 1－381
朔方備乘六十八卷首十二卷附圖…… 1－381
朔方備乘六十八卷首十二卷附圖…… 1－381
朔方備乘六十八卷首十二卷附圖…… 1－382
朔方備乘六十八卷首十二卷附圖…… 1－382
朔方備乘六十八卷首十二卷附圖…… 1－382
朔方備乘六十八卷首十二卷附圖…… 1－382
朔方備乘六十八卷首十二卷附圖…… 1－382
朔方備乘六十八卷首十二卷附圖…… 1－382
朔方備乘圖說不分卷…………………… 1－381
[雍正]朔平府志十二卷 ……………… 1－37
[雍正]朔平府志十二卷 ……………… 1－37
朔風吟略十一卷……………………… 2－369
剡源集三十卷………………………… 2－413
剡源集三十卷………………………… 2－413
剡溪漫筆六卷 ……………………… 1－78
[嘉定]剡錄十卷 …………………… 1－484
[嘉定]剡錄十卷 …………………… 1－484
凌忠介公奏疏六卷…………………… 1－366
凌忠介公奏疏六卷…………………… 1－366
凌谿先生集十八卷…………………… 2－426
凌谿先生集十八卷…………………… 2－426
凌谿先生集十八卷附錄……………… 2－281
凌谿先生集十八卷附錄……………… 2－281
[光緒]浦江縣志十五卷首一卷 …… 1－482
[光緒]浦江縣志十五卷首一卷 …… 1－482
浦城宋元明儒遺書十四種一百七卷
………………………………………… 2－562
浦陽人物記二卷……………………… 1－330
浦陽人物記二卷……………………… 1－330
涑水記聞十六卷……………………… 1－296
涑水記聞十六卷補遺一卷…………… 1－296
涑水記聞十六卷補遺一卷…………… 1－296
浯溪考二卷 ………………………… 1－32
浯溪考二卷…………………………… 1－381
酒令叢鈔四卷………………………… 2－385
酒令叢鈔四卷………………………… 2－385
酒令叢鈔四卷………………………… 2－385
酒經三卷……………………………… 1－557
浙西六家詞十一卷…………………… 1－165
浙西六家詩鈔六卷…………………… 2－358
浙西水利備考不分卷………………… 1－495
浙西水利備考不分卷………………… 1－495
浙西水利備考不分卷………………… 1－495
浙西水利備考不分卷………………… 1－495
[浙江上虞]上虞西華顧氏宗譜三十
二卷 ………………………………… 2－77
[浙江上虞]上虞桂林夏氏松夏支系
七卷首一卷末一卷 ………………… 2－78
[浙江上虞]古虞驛亭經氏宗譜二卷
……………………………………… 2－85
[浙江上虞]徐氏宗譜四十六卷附補
遺訂訛二卷 ………………………… 2－86
[浙江上虞][浙江餘姚]桂林夏氏宗
譜十卷首一卷末一卷 ……………… 2－78
[浙江平湖]吳氏本支家譜不分卷 …… 2－82
浙江同官錄不分卷 ………………… 2－92
浙江巡撫審訂諮議局議案錄乙編…… 1－550
浙江巡撫審訂諮議局議案錄丁編…… 1－550
浙江巡撫審訂諮議局議案錄丁編…… 1－550
浙江巡撫審訂諮議局議案錄四編…… 1－550
浙江巡撫審訂諮議局議案錄四編…… 1－550
[浙江武林]朱氏世譜不分卷 ………… 1－49
浙江拔貢卷(宣統己酉科)不分卷 … 2－487
浙江忠義錄十卷……………………… 1－322
浙江忠義錄十卷……………………… 1－322
浙江忠義錄十卷續錄二卷表八卷續
表不分卷…………………………… 1－322
浙江沿海圖說不分卷附浙江海島表
不分卷……………………………… 1－395
浙江省減賦全案十卷 ……………… 2－26
浙江軍需報銷局造冊不分卷 ……… 1－46
浙江軍需報銷局務司道造冊清單不
分卷 ………………………………… 2－25
浙江海運漕糧全案初編八卷續編四
卷新編八卷 ………………………… 2－25
浙江海運漕糧全案初編八卷續編四
卷新編八卷 ………………………… 2－25
浙江海運漕糧全案初編八卷續編四
卷新編八卷 ………………………… 2－25

[浙江海寧]海昌陳氏家譜六卷 ········ 2－84
[浙江海寧]海寧查氏族譜四卷附海昌查氏歷世科甲錄不分卷 ············ 2－86
[浙江海寧]靈泉許氏重纂宗譜十二卷首一卷末一卷 ························ 2－81
[浙江海鹽]吳氏宗譜六卷 ················ 2－82
浙江採集遺書總錄十一卷 ·············· 2－562
浙江採集遺書總錄十一集 ················ 2－73
浙江鄉試硃卷彙訂不分卷 ·············· 2－296
[浙江紹興]山陰白洋朱氏宗譜三十二卷首一卷 ······························ 2－80
[浙江紹興]山陰江頭宋氏世譜二十四卷 ······································ 2－84
[浙江紹興]山陰傅氏家譜不分卷 ······ 1－50
[浙江紹興]山陰縣州山吳氏族譜三十一卷 ···································· 2－82
[浙江紹興]史氏譜錄合編八卷 ········ 1－47
[浙江紹興]兩溪陸氏家乘四卷 ········ 1－49
[浙江紹興]莊頭張氏族譜不分卷 ······ 1－49
[浙江紹興]浙紹山陰馬鞍許氏宗譜一卷 ······································ 2－81
[浙江紹興]浙紹山陰張氏家譜三卷 ·· 2－84
[浙江紹興]偁山章氏家乘初集二卷正集三十一卷首一卷彙集六卷首一卷 ······································ 1－48
[浙江紹興]紹興姚氏譜十五卷首三卷附存譜三卷 ·························· 2－86
[浙江紹興]會稽陶氏族譜三十二卷 ·· 2－87
[浙江紹興]續修山陰張川胡氏宗譜二十六卷首一卷 ························ 2－86
[浙江湖州]竹溪沈氏家乘二十卷首不分卷 ···································· 2－79
[浙江湖州]竹溪沈氏家乘二十卷首不分卷 ···································· 2－79
[浙江湖州]吳氏宗譜不分卷 ·········· 2－83
[浙江湖州]吳興姚氏家乘二十卷首不分卷 ···································· 2－86
[浙江湖州]純孝[潘氏]世譜不分卷 ·· 2－88
[浙江湖州]菱溪朱氏族譜不分卷 ······ 2－80
[浙江鄞縣]鄞縣西袁氏家乘二十六卷 ·· 2－86
[浙江會稽]會稽章氏家乘不分卷 ······ 2－78
[浙江新昌]呂氏宗譜十八卷 ·········· 2－80
[浙江義烏]劉氏重修宗譜三卷末一卷 ·· 1－49
[浙江慈谿]李姓家世三卷首一卷 ······ 1－49
[浙江嘉興]朱氏宗譜一卷 ·············· 2－80
浙江圖攷不分卷 ························ 1－497
[浙江寧波]砌街李氏族譜考不分卷 ·· 1－49
[浙江餘姚]姚江梅川沈氏宗譜十四卷首一卷末一卷 ························ 2－83
[浙江諸暨]孝感里志十二卷首一卷 ·· 1－40
[浙江諸暨]周氏家譜不分卷 ·········· 2－84
[浙江諸暨]周氏家譜不分卷 ·········· 2－85
[浙江諸暨]諸暨藏綠周氏世譜三卷首不分卷 ································ 2－77
[浙江諸暨]諸暨藏綠周氏世譜六卷首三卷末二卷 ·························· 2－85
[浙江蕭山]任氏家乘十六卷 ·········· 1－50
[浙江蕭山]蕭山何氏宗譜二十卷首一卷 ······································ 2－83
[浙江蕭山]蕭山何氏宗譜十二卷首一卷 ······································ 1－49
[浙江蕭山]蕭山長巷沈氏續修宗譜四十卷首一卷 ·························· 2－83
[浙江蕭山]蕭山來氏家譜九卷首一卷 ·· 2－82
[浙江蕭山]蕭山東門林氏宗譜六卷 ·· 2－84
[浙江蕭山]蕭山衡河張氏家譜十二卷 ·· 2－84
浙江藏書樓甲編書目附補遺 ·········· 2－74
浙江闈墨(癸卯恩科)不分卷 ········ 2－296
浙志田賦略附浙西各縣科則銀米表 ·· 1－545
[光緒]浙志便覽七卷 ················ 1－400
[光緒]浙志便覽七卷 ················ 1－400

[光緒]浙志便覽七卷 ………………… 1－400
[光緒]浙志便覽七卷 ………………… 1－401
浙東籌防錄四卷…………………………… 1－550
浙東籌防錄四卷…………………………… 1－550
浙東籌防錄四卷…………………………… 1－550
浙東籌防錄四卷…………………………… 1－550
浙刻雙池遺書十二種三十八卷……… 2－482
浙刻雙池遺書十二種三十八卷……… 2－482
浙省同官錄 ……………………………… 2－94
浙省江右同官錄 ………………………… 2－94
浙省倉庫清查節要不分卷兩浙運庫
清查挈要不分卷荒政備覽不分卷
…………………………………………… 1－555
[光緒]浙程備覽五卷 ………………… 1－491
浙鹺紀事一卷附錄奏疏一卷 ………… 2－26
浙鹺紀事不分卷 ………………………… 2－23
[乾隆]涇州志二卷 …………………… 1－38
涇皋藏稿二十二卷……………………… 2－425
涇野子內篇二十七卷…………………… 2－305
涇野先生文集三十八卷………………… 2－417
[宣統]涇陽縣志十六卷首一卷末一
卷………………………………………… 1－458
[乾隆]涇縣志十卷首一卷 …………… 1－37
涉園張螺浮皜亭詩稿合刻二卷涉園
題詠一卷………………………………… 2－338
[嘉慶]涉縣志八卷 …………………… 1－464
[嘉慶]涉縣志八卷 …………………… 1－464
消夏百一詩二卷………………………… 2－340
消暑隨筆四卷…………………………… 2－228
消暑隨筆四卷…………………………… 2－242
消閒錄十卷 ……………………………… 1－72
浩然齋雅談三卷………………………… 2－516
浩然齋雅談三卷………………………… 2－516
海上名人畫稿…………………………… 2－193
海上群芳譜四卷 ………………………… 2－67
海山仙館叢書五十六種四百九十二
卷………………………………………… 2－533
海山仙館叢書五十六種四百九十二
卷………………………………………… 2－534
海山仙館叢書五十六種四百九十二
卷………………………………………… 2－534
海山仙館叢書五十六種四百九十二
卷………………………………………… 2－534
海山仙館叢書五十六種四百九十二
卷………………………………………… 2－534
海山仙館叢書五十六種四百九十二
卷………………………………………… 2－534
海山仙館叢書五十六種四百九十二
卷………………………………………… 2－534
海山仙館叢書五十六種四百九十二
卷………………………………………… 2－534
海山仙館叢書五十六種四百九十二
卷………………………………………… 2－534
海天萍寄賸草一卷……………………… 2－367
海天琴思錄八卷續錄八卷…………… 2－517
海天琴思續錄八卷……………………… 2－517
海天餘話四卷…………………………… 2－381
海日堂集七卷…………………………… 2－508
海內十洲記一卷………………………… 2－139
海石先生文集二十八卷目錄二卷…… 1－148
海外拾遺一卷…………………………… 2－243
[嘉慶]海州直隸州志三十二卷首一
卷………………………………………… 1－451
[嘉慶]海州直隸州志三十二卷首一
卷………………………………………… 1－451
海防新例銓補章程不分卷 …………… 2－12
海沂子五卷……………………………… 2－137
海沂詩集二十卷綠窗詩草一卷……… 2－336
海東金石苑四卷 ………………………… 2－97
[道光]海昌備志五十二卷圖一卷附
錄二卷…………………………………… 1－444
海門初集十卷首一卷…………………… 1－118
海門詩鈔八卷外集四卷外集卷末一
卷………………………………………… 2－368
[嘉慶]海門廳志四卷 ………………… 1－39
[光緒]海門廳圖志二十卷首一卷 … 1－449
[光緒]海門廳圖志二十卷首一卷 … 1－449
[光緒]海門廳圖志二十卷首一卷 … 1－449
[光緒]海門廳圖志二十卷首一卷 … 1－449
海岳題跋一卷…………………………… 1－123
海岳題跋一卷…………………………… 1－123
海岱史略一百四十卷…………………… 1－324

海城李公勤王紀略不分卷…………… 1－325
海秋詩集二十六卷…………………… 2－343
海秋詩集二十六卷後集一卷………… 2－343
海風簫詞一卷………………………… 2－527
海峰文集八卷………………………… 1－154
海峰文集八卷………………………… 1－154
海峰文集八卷海峰詩集十一卷……… 2－440
海峰文集八卷海峰詩集十一卷……… 2－452
海峰先生文十卷詩六卷……………… 2－440
海峰先生精選八家文鈔附劉海峰稿
惜抱軒稿……………………………… 2－286
海峯詩集古體詩五卷今體詩六卷…… 2－348
海陵文徵二十卷……………………… 2－284
海陵文徵二十卷……………………… 2－284
海陵文徵二十卷……………………… 2－284
海陬冶遊録三卷附録三卷餘録一卷
…………………………………… 2－384
海國公餘輯録六卷…………………… 2－435
海國妙喻一卷………………………… 2－243
海國尚友録八卷……………………… 1－325
海國勝遊草不分卷…………………… 1－514
海國勝遊草不分卷…………………… 2－333
海國勝遊草不分卷天外歸帆草不分
卷…………………………………… 2－333
海國勝遊草不分卷天外歸帆草不分
卷…………………………………… 2－333
海國圖志一百卷……………………… 1－380
海國圖志一百卷……………………… 1－380
海國圖志一百卷……………………… 1－380
海國圖志一百卷……………………… 1－380
海國圖志一百卷……………………… 1－380
海國圖志一百卷……………………… 1－380
海國圖志一百卷……………………… 1－380
海國圖志一百卷……………………… 1－381
海國圖志一百卷……………………… 1－381
海國圖志一百卷……………………… 1－381
海國圖志六十卷……………………… 1－380
海國輿地釋名十卷…………………… 1－533
[光緒]海陽縣志四十六卷首一卷 … 1－433
[乾隆]海陽縣誌八卷 ……………… 1－433
[光緒]海陽縣續誌十卷首一卷 …… 1－433
海隅紀蹟不分卷……………………… 1－514
海粟樓詩階六卷……………………… 2－353
海粟樓詩階六卷……………………… 2－353
海道圖説十五卷附長江圖説一卷…… 1－495
海道圖説十五卷附長江圖説一卷…… 1－495
海甯州城鄉約所徵信録不分卷 ……… 2－52
海運紀事詩鈔一卷…………………… 2－313
海運新考不分卷 …………………… 1－46
海塘新志六卷………………………… 1－381
海塘新志六卷………………………… 1－381
海塘新志六卷………………………… 1－490
海塘新志六卷續志四卷……………… 1－381
海塘新案十卷………………………… 1－377
海塘輯要九卷首一卷………………… 2－256
海虞三陶先生全集合刻五種二十四
卷…………………………………… 2－486
海虞三陶先生全集合刻五種二十四
卷…………………………………… 2－486
海虞詩苑十八卷……………………… 1－109
海愚詩鈔十二卷……………………… 1－111
海源閣藏書目 ……………………… 2－73
海源閣藏書目 ……………………… 2－73
海源閣藏書目 ……………………… 2－73
海語三卷……………………………… 1－507
海寧鄉賢録一卷附録一卷…………… 1－329
[嘉靖]海寧縣志九卷 ……………… 1－35
[嘉靖]海寧縣志九卷首一卷附録一
卷…………………………………… 1－436
海樵子一卷…………………………… 2－156
海樵子一卷…………………………… 2－540
海錯百一録五卷……………………… 2－196
海録五種……………………………… 2－106
海録碎事二十二卷…………………… 1－121
海録碎事二十二卷…………………… 2－577
海藏樓詩八卷………………………… 2－308
海嶽軒叢刻十一種十七卷…………… 2－550
海瓊玉蟾先生文集六卷續集二卷…… 1－136
海豐吳氏文存四卷…………………… 2－277
海鷗小譜一卷………………………… 2－255
海鹽張氏涉園叢刻七種十五卷……… 2－563
[光緒]海鹽縣志二十二卷首一卷末

一卷………………………………… 1－410
［光緒］海鹽縣志二十二卷首一卷末
一卷………………………………… 1－410
浮邱子十二卷……………………… 2－224
浮邱子十二卷……………………… 2－224
浮沚集九卷………………………… 2－411
浮湘訪學集十一卷………………… 2－359
浮溪文粹十五卷附錄一卷 …………… 1－91
浮溪集三十二卷…………………… 2－400
浮溪遺集十五卷附錄一卷………… 1－130
流沙訪古記不分卷………………… 1－516
流香一覽不分卷…………………… 2－204
流寇瑣聞一卷……………………… 1－293
浣玉軒集四卷……………………… 2－499
浪跡三談六卷……………………… 2－222
浪跡三談六卷……………………… 2－222
浪跡三談六卷……………………… 2－222
浪跡叢談十一卷…………………… 2－221
浪跡叢談十一卷…………………… 2－378
浪跡叢談十一卷續談八卷………… 2－222
浪跡叢談十一卷續談八卷………… 2－222
浪跡續談八卷……………………… 2－222
浪跡續談八卷……………………… 2－222
宸垣識略十六卷…………………… 1－519
宸垣識略十六卷…………………… 1－519
宸垣識略十六卷…………………… 1－519
宸垣識略十六卷…………………… 1－519
宸垣識略十六卷…………………… 1－519
家言隨記四卷……………………… 2－387
家言隨記四卷……………………… 2－387
家蔭堂詩鈔一卷…………………… 2－331
家蔭堂彙刻不分卷………………… 2－277
家語疏證六卷……………………… 2－116
家塾蒙求三卷……………………… 2－161
家範典一百十六卷………………… 2－162
家寶全集校訂百二十種…………… 2－218
家寶全集校訂百二十種…………… 2－218
家寶全集校訂百二十種…………… 2－218
宮閨文選二十六卷附宮閨姓氏小錄
…………………………………… 2－279
宮閨文選二十六卷附宮閨姓氏小錄
…………………………………… 2－279
宮閨百詠四卷……………………… 2－372
宮閨聯名譜二十二卷……………… 2－386
容甫先生遺詩五卷補遺一卷……… 2－433
容甫先生遺詩五卷補遺一卷……… 2－433
容甫先生遺詩五卷補遺一卷……… 2－433
容城三賢文集三種十二卷 ………… 1－87
容城三賢文集三種十二卷………… 2－276
容城三賢文集三種十二卷………… 2－280
容城三賢文集三種十二卷………… 2－280
容城三賢文集三種十二卷………… 2－562
［乾隆］容城縣志八卷 …………… 1－34
容陽紀異詩略不分卷 ……………… 2－20
容臺文集十卷詩集四卷别集四卷…… 1－110
容臺文集九卷詩集四卷别集四卷…… 1－144
容漆軒文稿七卷…………………… 2－487
容齋隨筆十六卷續筆十六卷三筆十
六卷四筆十六卷五筆十卷 ………… 1－75
容齋隨筆十六卷續筆十六卷三筆十
六卷四筆十六卷五筆十卷 ………… 1－75
容齋隨筆十六卷續筆十六卷三筆十
六卷四筆十六卷五筆十卷………… 2－220
容齋隨筆十六卷續筆十六卷三筆十
六卷四筆十六卷五筆十卷………… 2－220
容齋隨筆十六卷續筆十六卷三筆十
六卷四筆十六卷五筆十卷………… 2－220
容齋隨筆十六卷續筆十六卷三筆十
六卷四筆十六卷五筆十卷………… 2－220
容齋隨筆十六卷續筆十六卷三筆十
六卷四筆十六卷五筆十卷………… 2－220
容齋隨筆十六卷續筆十六卷三筆十
六卷四筆十六卷五筆十卷………… 2－220
窈聞一卷續窈聞一卷……………… 2－314
案語不分卷………………………… 1－554
袖珍十三經註十三種一百六十七卷
…………………………………… 1－172
祕書二十八種一百三十五卷……… 2－548
［乾隆］祥符縣志二十二卷 ……… 1－408
［乾隆］祥符縣志二十二卷 ……… 1－467
［乾隆］祥符縣志二十二卷 ……… 1－467

［乾隆］祥符縣志二十二卷 ………… 1－467
書六卷…………………………………… 1－186
書六卷…………………………………… 1－186
書六卷…………………………………… 1－186
書六卷…………………………………… 1－186
書六卷…………………………………… 1－186
書六卷…………………………………… 1－186
書古微十二卷………………………… 1－174
書古微十二卷………………………… 1－187
書古微十二卷………………………… 1－187
書札爐存一卷………………………… 2－300
書目答問不分卷附國朝著述諸家姓
名略不分卷 ………………………… 2－68
書目答問不分卷附國朝著述諸家姓
名略不分卷 ………………………… 2－68
書目答問不分卷附國朝著述諸家姓
名略不分卷 ………………………… 2－68
書目答問四卷………………………… 2－377
書目答問四卷別錄一卷古今人箸述
合刻叢書目一卷國朝箸述諸家姓
名略一卷 …………………………… 2－76
書林揚觶二卷………………………… 2－155
書林揚觶二卷………………………… 2－155
書法正宗不分卷……………………… 2－187
書契原恉十四卷……………………… 1－237
書柬活套翰墨連環譜十二卷 ……… 1－95
書品二卷 …………………………… 1－80
書記洞詮一百二十卷目錄十卷 …… 1－89
書堂詩鈔四卷………………………… 1－115
書集傳六卷序一卷圖一卷…………… 1－4
書畫鑑影二十四卷…………………… 2－192
書畫鑑影二十四卷…………………… 2－192
書業堂重訂古文釋義新編八卷……… 2－287
書業堂重訂古文釋義新編八卷……… 2－288
書傳大全十卷書序一卷……………… 1－4
書傳音釋六卷首一卷末一卷………… 1－185
書傳音釋六卷首一卷末一卷………… 1－185
書傳音釋六卷首一卷末一卷………… 1－185
書傳音釋六卷首一卷末一卷………… 1－185
書傳補商十七卷……………………… 1－188
書傳會選六卷………………………… 1－4
書傳鹽梅二十卷……………………… 1－4
書經二十卷…………………………… 1－186
書經六卷……………………………… 1－186
書經六卷……………………………… 1－186
書經六卷……………………………… 1－186
書經六卷……………………………… 1－186
書經六卷……………………………… 1－187
書經六卷……………………………… 1－187
書經六卷附校刊記…………………… 1－186
書經六卷首一卷末一卷……………… 1－186
書經六卷首一卷末一卷……………… 1－186
書經六卷首一卷末一卷……………… 1－186
書經六卷首一卷末一卷……………… 1－186
書經六卷首一卷末一卷書傳音釋三
卷…………………………………… 1－186
書經述六卷…………………………… 1－188
書經音訓不分卷……………………… 1－175
書經稗疏四卷………………………… 2－565
書經闡註圖考合編六卷……………… 1－186
書經體註大全合參六卷……………… 1－189
書種堂格言雜纂不分卷 …………… 1－63
書疑九卷……………………………… 1－4
書影目録一卷 ……………………… 1－79
書牘不分卷…………………………… 2－303
書牘句解初集三卷附尺牘句解帖式
二集三卷附鷹洋定論……………… 2－302
書譜一卷……………………………… 2－193
屑玉叢譚初集六卷二集六卷三集六
卷四集六卷………………………… 2－232
屑玉叢譚初集六卷二集六卷三集六
卷四集六卷………………………… 2－232
屑玉叢譚初集六卷二集六卷三集六
卷四集六卷………………………… 2－232
陸士龍文集十卷……………………… 1－125
陸子全書……………………………… 2－449
陸子全集十八種一百一卷…………… 2－449
陸文慎公奏議不分卷………………… 1－369
陸次山集二卷………………………… 2－372
陸兵槍學不分卷……………………… 1－530
陸忠烈公全書續編二卷……………… 1－323
陸狀元增節音註精議資治通鑑一百

二十卷目錄三卷首一卷 …………… 1－20
陸侍郎校士文集四卷………………… 2－297
陸放翁全集一百五十五卷………… 1－134
陸放翁全集一百五十五卷………… 1－134
陸放翁劍南詩選六卷………………… 1－113
陸放翁劒南詩鈔六卷………………… 2－349
陸宣公[贄]年譜輯略一卷 ………… 2－394
陸陳二先生文鈔二種十二卷………… 2－504
陸陳二先生詩文鈔二十九卷………… 2－478
陸陳二先生詩文鈔二十九卷………… 2－478
陸陳二先生詩文鈔二十九卷………… 2－478
陸桴亭先生遺書二十一種三十九卷
附二卷……………………………… 2－473
陸桴亭先生遺書二十一種三十九卷
附二卷……………………………… 2－482
陸桴亭先生遺書四十卷……………… 2－417
陸象山先生文集三十六卷附録一卷
……………………………………… 2－399
陸象山先生文集三十六卷附録一卷
……………………………………… 2－399
陸象山先生文集三十六卷附録一卷
……………………………………… 2－399
陸象山先生文集三十六卷附録一卷
……………………………………… 2－399
陸象山先生文集三十六卷附録一卷
……………………………………… 2－399
陸象山先生文集三十六卷附録一卷
……………………………………… 2－399
陸象山先生文集三十六卷附録一卷
……………………………………… 2－399
陸清獻公日記十卷…………………… 1－352
陸清獻公治嘉格言一卷……………… 2－160
陸清獻公涖嘉遺蹟三卷……………… 1－333
陸清獻公涖嘉遺蹟三卷 ……………… 2－50
陸清獻公涖嘉遺蹟三卷 ……………… 2－50
陸清獻公[隴其]年譜一卷 ………… 2－492
陸清獻公[隴其]年譜定本二卷附録
一卷………………………………… 1－338
陸清獻公[隴其]年譜定本二卷附録
一卷………………………………… 1－339
陸密菴文集二十卷録餘二卷詩集十
二卷………………………………… 1－158
陸稼書先生問學録四卷陸稼書先生
松陽鈔存一卷……………………… 2－161
陸操新義四卷………………………… 2－263
[光緒]陵縣志二十二卷首一卷 …… 1－416
[光緒]陵縣志二十二卷首一卷 …… 1－417
陳太僕批選八家文鈔九卷…………… 2－286
陳比部遺集三卷……………………… 2－341
陳比部遺集三卷……………………… 2－364
陳少陽集十卷首一卷………………… 2－411
陳少陽集十卷首一卷………………… 2－411
陳氏毛詩五種………………………… 1－190
陳氏毛詩五種………………………… 1－190
陳文恭公手劄節要三卷……………… 2－299
陳文恭公手劄節要三卷……………… 2－299
陳文恭公手劄節要三卷……………… 2－299
陳文恭公手劄節要三卷……………… 2－299
陳文恭公手劄節要三卷……………… 2－563
陳文恭公伐蛟説一卷………………… 2－171
陳文肅公[大受]年譜一卷 ………… 2－483
陳文肅公遺集一卷附清芬録二卷…… 2－482
陳本堂先生[著]年譜不分卷 ……… 1－339
陳北溪先生文集十四卷……………… 1－137
陳司業先生集十一卷………………… 1－158
陳司業遺書三卷……………………… 2－230
陳同甫集三十卷……………………… 1－134
陳同甫集三十卷……………………… 1－134
陳兆崙年譜一卷……………………… 1－160
陳安道先生世系……………………… 1－340
陳安道先生世系……………………… 1－340
陳克齋先生集五卷…………………… 1－137
陳伯玉文集三卷詩集二卷附録一卷
首一卷……………………………… 2－394
陳伯玉文集三卷詩集二卷附録一卷
首一卷……………………………… 2－394
陳伯玉文集三卷詩集二卷附録一卷
首一卷……………………………… 2－394
陳臥子先生安雅堂稿十五卷附陳臥
子先生兵垣奏議二卷……………… 2－428
陳臥子先生安雅堂稿十五卷附陳臥
子先生兵垣奏議二卷……………… 2－438

陳忠裕全集三十卷陳忠裕[子龍]年譜三卷首一卷末一卷…………………… 2－421
陳忠裕全集三十卷陳忠裕[子龍]年譜三卷首一卷末一卷…………………… 2－421
陳刻二種二十二卷…………………… 2－245
陳定宇先生文集十七卷…………………… 1－138
陳定宇先生文集十七卷…………………… 1－138
陳定宇先生文集十七卷…………………… 1－138
陳迦陵詞全集十六卷…………………… 1－149
陳思王集二卷…………………… 2－392
陳眉公重訂野客叢書十二卷附録一卷…………………… 1－76
陳眉公重訂野客叢書十二卷附録一卷…………………… 1－76
陳眉公重訂野客叢書十二卷附録一卷…………………… 1－134
陳清端文集六卷…………………… 2－459
陳剩夫先生集四卷…………………… 1－147
陳學士文集十八卷…………………… 1－153
陳學士文集十八卷…………………… 2－450
陳澹然三種…………………… 2－456
陳檢討四六二十卷…………………… 2－291
陳檢討四六二十卷…………………… 2－434
陳檢討集二十卷…………………… 1－150
陳檢討集二十卷…………………… 1－150
陳檢討集十二卷詩鈔十卷詞鈔十二卷…………………… 1－151
陳檢討詞鈔十二卷…………………… 2－524
陰晉異函三卷…………………… 2－384
陰符經一卷…………………… 2－137
陰符經一卷…………………… 2－210
陰陽五要奇書五種…………………… 1－74
陰陽鏡不分卷…………………… 2－250
陶山集十六卷…………………… 2－406
陶山集十六卷…………………… 2－406
陶山詩錄二十八卷陶山詩前錄二卷…………………… 2－321
陶山詩錄二十八卷陶山詩前錄二卷…………………… 2－321
陶公匱記不分卷…………………… 2－256
陶文毅公全集六十四卷首一卷末一卷…………………… 2－454
陶文毅公全集六十四卷首一卷末一卷…………………… 2－455
陶文毅公全集六十四卷首一卷末一卷…………………… 2－455
陶韋合集十九卷…………………… 1－87
陶菴文集七卷陶菴詩集八卷吾師録一卷…………………… 1－152
陶堂遺文一卷…………………… 2－508
陶庵集二十二卷…………………… 2－422
陶庵集二十二卷…………………… 2－422
陶情樂府四卷…………………… 2－352
陶彭澤集六卷…………………… 2－393
陶雲汀先生奏疏二十四卷…………………… 1－369
陶雲汀先生奏疏七十六卷…………………… 1－369
陶雲汀先生奏疏□□卷…………………… 1－368
陶雲汀先生奏稿四卷…………………… 1－369
陶淵明文集十卷…………………… 2－391
陶淵明文集十卷…………………… 2－391
陶淵明文集十卷…………………… 2－391
陶淵明文集十卷…………………… 2－391
陶淵明文集十卷…………………… 2－391
陶淵明集十卷…………………… 1－125
陶淵明集十卷…………………… 2－391
陶淵明集八卷末一卷…………………… 2－392
陶淵明集八卷首一卷末一卷…………………… 2－393
陶淵明詩一卷…………………… 2－349
陶園文集八卷詩集二十二卷詩餘二卷…………………… 2－391
陶園文集八卷詩集二十二卷詩餘二卷…………………… 2－391
陶園文集八卷詩集二十四卷詩餘二卷…………………… 2－510
陶詩集註四卷…………………… 1－111
陶詩集註四卷…………………… 2－348
陶詩彙評四卷…………………… 2－347
陶詩彙評四卷…………………… 2－348
陶詩彙註四卷首一卷末一卷…………………… 1－113
陶靖節先生詩四卷…………………… 2－348
陶靖節集二卷…………………… 1－125
陶靖節集十卷總論一卷…………………… 1－125

陶靖節集十卷總論一卷……………… 1－125
陶靖節集十卷總論一卷……………… 1－125
陶靖節集十卷總論一卷附錄一卷…… 1－125
陶靖節集八卷附錄一卷……………… 1－125
陶樓雜著四種五卷…………………… 2－574
陶樓雜著四種五卷…………………… 2－574
陶學士先生文集二十卷陶學士先生
　事蹟一卷…………………………… 1－145
陶齋吉金錄八卷 …………………… 2－98
陶齋吉金錄八卷 …………………… 2－98
陶齋吉金錄八卷 …………………… 2－99
陶齋吉金續錄二卷 ………………… 2－98
陶齋吉金續錄二卷 ………………… 2－98
陶齋吉金續錄二卷 ………………… 2－98
陶齋吉金續錄二卷 ………………… 2－99
陶齋藏石記四十四卷附陶齋藏甎記
　二卷 ……………………………… 2－95
陶齋藏石記四十四卷附陶齋藏甎記
　二卷 ……………………………… 2－95
陶齋藏石記四十四卷附陶齋藏甎記
　二卷 ……………………………… 2－95
陶廬外篇一卷……………………… 2－507
陶廬叢刻二十二種一百三十三卷…… 2－568
陶廬叢刻第二集九種三十五卷……… 2－568
陶廬雜錄六卷……………………… 1－161
陶廬雜憶一卷陶廬雜憶續詠一卷…… 2－324
陶龕詩鈔八卷……………………… 2－337
娛目醒心編十六卷………………… 2－256
娛萱草彈詞三十二卷……………… 2－524
娛園叢刻十二種十五卷…………… 2－537
娛園叢刻十二種十五卷…………… 2－537
娛親雅言六卷……………………… 1－176
娛親雅言六卷……………………… 1－176
畚塘芻論三卷……………………… 2－294
通介堂經說十二卷………………… 1－173
通父詩存之餘二卷………………… 2－350
通占大象曆星經二卷……………… 2－179
通行條例不分卷 ………………… 2－11
通行章程五卷……………………… 2－9
[光緒]通州志十卷首一卷末一卷 … 1－449
[光緒]通州志十卷首一卷末一卷 … 1－449
[光緒]通州直隸州志十六卷首一卷
　末一卷……………………………… 1－449
[光緒]通州直隸州志十六卷首一卷
　末一卷……………………………… 1－449
[光緒]通州直隸州志十六卷首一卷
　末一卷……………………………… 1－449
[光緒]通州直隸州志十六卷首一卷
　末一卷……………………………… 1－449
[光緒]通州直隸州志十六卷首一卷
　末一卷……………………………… 1－449
[光緒]通州直隸州志十六卷首一卷
　末一卷……………………………… 1－449
通州師範學校章程不分卷 ………… 2－11
通州興辦實業章程不分卷………… 2－265
通志二百卷………………………… 1－288
通志二百卷………………………… 1－535
通志二百卷………………………… 1－535
通志堂經解一千八百六十卷……… 1－176
通志堂經解一百四十種一千八百三
　十四卷……………………………… 1－1
通志略五十一卷 ………………… 1－23
通志略五十一卷 ………………… 1－24
通志略五十一卷 ………………… 1－48
通志略五十二卷 ………………… 1－43
通甫詩存四卷詩存之餘二卷……… 2－330
通甫類稾四卷續編二卷…………… 2－453
通甫類稾四卷續編二卷…………… 2－453
通甫類稾四卷續編二卷…………… 2－453
通甫類稾四卷續編二卷通甫詩存四
　卷詩存之餘二卷………………… 2－453
通甫類稾四卷續編二卷通甫詩存四
　卷詩存之餘二卷………………… 2－453
通甫類稾四卷續編二卷通甫詩存四
　卷詩存之餘二卷………………… 2－453
通甫類稾四卷續編二卷通甫詩存四
　卷詩存之餘二卷仲實類稿不分卷
　…………………………………… 2－453
通典二百卷 ……………………… 1－43
通典二百卷………………………… 1－535
通典二百卷………………………… 1－535
通典二百卷………………………… 1－535

通俗編十五卷…………………………… 1－227
通俗編三十八卷………………………… 1－227
通俗編三十八卷………………………… 1－227
通俗編三十八卷………………………… 1－227
通信要錄不分卷………………………… 2－258
通信要錄不分卷………………………… 2－266
通紀直解十四卷續二卷 ……………… 1－21
通紀會纂十卷 ………………………… 1－20
通紀會纂十卷 ………………………… 1－20
通紀彙編九卷 ………………………… 1－53
［乾隆］通許縣志十卷 ……………… 1－480
通商各國條約不分卷 ………………… 2－32
通商各國條約不分卷 ………………… 2－32
通商各國條約不分卷 ………………… 2－32
通商各國條約不分卷 ………………… 2－32
通商各國條約不分卷 ………………… 2－35
通商各關華洋貿易總冊不分卷……… 2－257
通商各關華洋貿易總冊不分卷……… 2－257
通商約章類纂三丨五卷首一卷 ……… 2－17
通商約章類纂三十五卷首一卷 ……… 2－32
通商條約章程成案彙編三十卷 ……… 2－18
通商條約章程成案彙編三十卷 ……… 2－34
通商條約章程成案彙編三十卷 ……… 2－34
通商條約章程成案彙編三十卷 ……… 2－35
通商條約章程成案彙編三十卷 ……… 2－35
通雅五十二卷首三卷 ………………… 1－78
通雅五十二卷首三卷………………… 1－248
通雅五十二卷首三卷………………… 1－248
通雅五十二卷首三卷………………… 1－248
通雅五十二卷首三卷………………… 1－248
通雅堂詩鈔十卷續二卷……………… 2－346
通雅齋叢稾八卷……………………… 2－457
通傳姓名韻編一卷…………………… 1－331
通閩輯要不分卷……………………… 1－304
通曉便覽□□卷……………………… 1－517
通隱堂詩存四卷……………………… 2－321
通齋文集二卷南行紀程一卷………… 2－461
通齋文集二卷南行紀程一卷………… 2－461
通齋全集……………………………… 2－476
通齋集五卷外集一卷………………… 2－476
通齋詩集五卷外集一卷文集二卷南
行紀程一卷…………………………… 2－461
通藝閣和陶集三卷白石鈍樵集禊帖
詩一卷………………………………… 2－363
通藝閣詩錄八卷詩續錄八卷詩三錄
八卷…………………………………… 2－359
通藝錄二十種附讓堂亦政錄一卷附
錄一卷………………………………… 1－177
通關文二卷…………………………… 2－199
通鑑本末紀要八十一卷首三卷 ……… 1－22
通鑑地理通釋十四卷………………… 1－518
通鑑全史彙編歷朝傳統錄八卷 ……… 1－53
通鑑刪正二十四卷 …………………… 1－21
通鑑直解二十八卷 …………………… 1－21
通鑑明紀全載輯略十五卷…………… 1－275
通鑑注商十八卷……………………… 2－117
通鑑注商十八卷……………………… 2－117
通鑑紀事本末二百三十九卷………… 1－275
通鑑紀事本末二百三十九卷………… 1－275
通鑑紀事本末二百三十九卷………… 1－275
通鑑紀事本末二百三十九卷………… 1－281
通鑑紀事本末十八卷 ………………… 1－22
通鑑紀事本末四十二卷 ……………… 1－21
通鑑紀事本末四十二卷 ……………… 1－22
通鑑紀事本末前編十二卷 …………… 1－22
通鑑問疑不分卷……………………… 2－108
通鑑綱目分註拾遺四卷……………… 1－267
通鑑綱目釋地糾謬六卷 ……………… 1－21
通鑑綱目釋地補註六卷 ……………… 1－21
通鑑總類二十卷 ……………………… 1－53
通鑑總類二十卷……………………… 2－106
通鑑釋文辯誤十二卷 ………………… 1－19
通鑑釋文辯誤十二卷 ………………… 1－19
通鑑釋文辯誤十二卷 ………………… 1－20
通鑑釋文辯誤十二卷………………… 1－274
能一編二卷首一卷…………………… 1－551
能改齋漫錄十八卷…………………… 1－134
能改齋漫錄十八卷拾遺一卷………… 2－408
桑梓潛德錄四卷續錄四卷三集六卷
……………………………………… 1－321
桑蠶淺說不分卷……………………… 2－171
務時敏齋存稿十卷…………………… 2－409

務滋堂集七種四十四卷……………… 2－560
務滋堂集七種四十四卷……………… 2－560
孫子十家註十三卷…………………… 2－162
孫子十家註十三卷…………………… 2－162
孫子十家註十三卷…………………… 2－162
孫子十家註十三卷…………………… 2－163
孫子十家註十三卷…………………… 2－163
孫子十家註十三卷…………………… 2－163
孫子十家註十三卷…………………… 2－163
孫子三卷……………………………… 2－131
孫子三卷……………………………… 2－138
孫子敘錄一卷………………………… 2－162
孫子敘錄一卷………………………… 2－162
孫子敘錄一卷………………………… 2－162
孫子敘錄一卷………………………… 2－163
孫子敘錄一卷………………………… 2－163
孫子敘錄一卷………………………… 2－163
孫子敘錄一卷………………………… 2－163
孫子遺書……………………………… 2－577
孫子遺説……………………………… 2－162
孫子遺説……………………………… 2－162
孫子遺説……………………………… 2－162
孫子遺説……………………………… 2－163
孫子遺説……………………………… 2－163
孫子遺説……………………………… 2－163
孫子遺説……………………………… 2－163
孫公談圃三卷………………………… 2－233
孫公談圃三卷………………………… 2－252
孫月峯先生批點南華真經八卷 ……… 1－56
孫月峯先生評文選三十卷 …………… 1－90
孫氏祠堂書目内編四卷外編三卷 …… 2－75
孫氏養正樓印存六卷………………… 2－195
孫文正公奏疏十卷制義一卷行述墓
　表一卷……………………………… 1－364
孫文正公奏疏十卷制義一卷行述墓
　表一卷……………………………… 1－364
孫文定公全集十二卷………………… 1－156
孫文定公全集十二卷………………… 1－156
孫文定公全集十三卷………………… 1－160
孫文定公南遊記不分卷……………… 1－510
孫文定公南遊記不分卷……………… 1－510
孫文定公南遊記不分卷……………… 1－510
孫文恭公遺書二十卷………………… 2－423
孫文恭公遺書四卷末一卷…………… 2－423
孫文節公遺稿四卷 ………………… 2－52
孫文節公遺稿四卷 ………………… 2－52
孫可之文集二卷……………………… 2－440
孫可之文集十卷……………………… 2－397
孫可之文集十卷……………………… 2－397
孫芷鄰集十一卷首一卷……………… 1－160
孫花翁墓徵一卷……………………… 2－338
孫吳武經二種四卷…………………… 2－164
孫忠靖公遺集八卷首一卷末一卷…… 2－427
孫宗伯集十卷………………………… 2－425
孫雲楣刺史告示惠存一卷…………… 1－559
孫淵如先生全集二十三卷…………… 2－433
孫淵如先生全集二十三卷…………… 2－434
孫徵君日譜錄存三十六卷…………… 2－149
孫谿朱氏經學叢書初編十三種三十
　八卷………………………………… 2－556
孫谿朱氏經學叢書初編十三種三十
　八卷………………………………… 2－563
孫龐演義四卷二十回………………… 2－245
純正蒙求二卷………………………… 1－228
純甫古文鈔六卷……………………… 2－497
純陽公大事集八卷…………………… 2－210
純德彙編七卷首一卷純德彙編續刻
　一卷………………………………… 1－325
紗籠文選八卷………………………… 2－285
納書楹曲譜正集四卷續集四卷補遺
　四卷外集二卷玉茗堂四夢曲譜八
　卷 …………………………………… 1－67
納書楹曲譜正集四卷續集四卷補遺
　四卷外集二卷玉茗堂四夢曲譜八
　卷 …………………………………… 1－67
納書楹曲譜正集四卷續集四卷補遺
　四卷外集二卷玉茗堂四夢曲譜八
　卷…………………………………… 1－164
納書楹曲譜正集四卷續集四卷補遺
　四卷外集二卷玉茗堂四夢曲譜八
　卷…………………………………… 1－165
紙上談十二卷………………………… 2－215

紙幣論十章 …………………………… 2－260
紡授堂集八卷文集八卷二集十卷 …… 1－147

十一畫

理財攷鏡十卷 ………………………… 2－25
理財攷鏡十卷 ………………………… 2－260
理財攷鏡十卷 ………………………… 2－260
理財攷鏡十卷 ………………………… 2－260
理堂文集十卷外集一卷附錄一卷日記八卷詩集四卷 ………………………… 2－466
理堂文集十卷詩集四卷日記八卷外集一卷 ………………………… 2－497
理堂文集十卷詩集四卷日記八卷外集一卷 ………………………… 2－497
理窟九卷 ………………………… 2－214
理學宗傳二十六卷 ………………………… 1－61
理學宗傳二十六卷 ………………………… 2－150
理學宗傳二十六卷 ………………………… 2－150
理學宗傳辨正十六卷首一卷 ………… 1－332
理學逢源十二卷 ………………………… 2－158
理學備考三十四卷 ………………………… 1－63
現今中俄大勢論三章 ………………… 2－35
現今世界大勢論十二節附滅國新法論 ………………………… 2－127
現今世界大勢論十二節附滅國新法論 ………………………… 2－127
現行律例關於民事有效部分不分卷 ………………………… 2－262
現定直隸等十六省軍費政費按照辛亥預算歲入應餘銀數概算書不分卷附直隸等二十二省辛亥預算歲入表 ………………………… 2－28
琉球入學見聞錄四卷 ………………… 1－44
琉球使畧一卷 ………………………… 2－128
琅嬛地理書四卷 ………………………… 2－201
貳臣傳六卷逆臣傳四卷 ……………… 1－28
堵文忠公［允錫］年譜一卷 ………… 1－343
堵文忠公［允錫］年譜一卷 ………… 2－425
堵文忠公［允錫］年譜一卷 ………… 2－425
堵文忠公集十卷附錄一卷 …………… 2－425
堵文忠公集十卷附錄一卷 …………… 2－425
域外叢書九種九卷 ………………………… 1－507
域外叢書九種九卷 ………………………… 2－556
埤雅二十卷 ………………………… 1－14
埤雅二十卷 ………………………… 1－226
埤雅二十卷 ………………………… 1－226
埤雅二十卷 ………………………… 1－248
赦款章程通行令文不分卷 ………… 2－20
教女遺規三卷 ………………………… 2－161
教女遺規摘鈔不分卷 ………………… 2－541
教育叢書第二集十五種 ……………… 2－558
教要解畧二卷 ………………………… 2－214
教務紀略四卷首一卷 ………………… 2－197
教務紀略四卷首一卷 ………………… 2－213
教務紀略四卷首一卷 ………………… 2－213
教務紀略四卷首一卷 ………………… 2－213
教務輯要四卷 ………………………… 2－264
教觀綱宗一卷教觀綱宗釋義一卷 …… 2－202
培遠堂手劄節存不分卷 ……………… 2－300
培遠堂偶存稿四十八卷 ……………… 1－551
培遠堂偶存稿四十八卷 ……………… 2－459
培園全集十三卷 ………………………… 2－494
執齋集二十卷 ………………………… 2－423
埽葉亭詠史詩四卷 ………………………… 2－342
碧溪詩話十卷 ………………………… 2－373
堊室錄感不分卷居易金箴二卷 ……… 2－375
勘分旅大租界專條中俄會定條約 …… 2－47
勘定新疆記八卷 ………………………… 1－301
聊自娛齋詩草二卷硯農山房試帖編次一卷 ………………………… 2－315
聊自娛齋詩草二卷硯農山房試帖編次一卷 ………………………… 2－315
［康熙］聊城縣志四卷 ………………… 1－481
聊園詩存十卷詞存一卷 ……………… 2－345
聊園詩存再續二卷 ………………………… 2－366
聊齋先生文集二卷 ………………………… 2－513
聊齋志異新評十六卷 ………………… 2－237
聊齋志異新評十六卷 ………………… 2－237
聊齋志異新評十六卷 ………………… 2－246
聊齋志異遺稿四卷附錄 ……………… 2－237
著作林十九期 ………………………… 2－385

[光緒]菱湖鎮志四十四卷首一卷 … 1-422
[乾隆]萊州府志十六卷首一卷 …… 1-414
[乾隆]萊州府志十六卷首一卷 …… 1-414
[乾隆]萊州府志十六卷首一卷 …… 1-414
[康熙]萊陽縣志十卷 ………………… 1-35
[康熙]萊陽縣志十卷 ……………… 1-443
[康熙]萊蕪縣志十卷 ………………… 1-34
菘耘文鈔四卷 ………………………… 2-507
菘耘文鈔四卷 ………………………… 2-507
菽原堂初集十卷 ……………………… 2-492
葛園叢書十一種二十一卷 ………… 2-554
萸江古文存四卷詩存三卷附朋舊詩
……………………………………… 2-504
菊部羣英二卷 ………………………… 1-485
菊譚詩鈔八卷 ………………………… 2-350
菩薩本生鬘論十六卷 ……………… 1-71
[光緒]菏澤縣志十八卷首一卷 …… 1-435
萍蹤絮語三卷 ………………………… 2-20
[光緒]乾州志稿十四卷首一卷別錄
四卷補正一卷 ……………………… 1-463
乾初先生文鈔二卷遺詩鈔一卷 …… 2-503
乾坤大畧二卷附四囊書一則 ……… 2-164
乾坤正氣集二十卷 ………………… 2-308
乾坤正氣集五百七十四卷 ………… 2-273
乾坤正氣集五百七十四卷 ………… 2-274
乾坤正氣集五百七十四卷 ………… 2-274
乾坤正氣集五百七十四卷 ………… 2-274
乾隆乙未同年齒錄 ………………… 1-50
乾隆府廳州縣圖志五十卷 ………… 1-398
乾隆府廳州縣圖志五十卷 ………… 1-398
乾隆府廳州縣圖志五十卷 ………… 1-398
乾隆府廳州縣圖志五十卷 ………… 1-398
乾隆府廳州縣圖志五十卷 ………… 1-398
乾隆府廳州縣圖志五十卷 ………… 1-398
乾隆府廳州縣圖志五十卷 ………… 1-398
乾隆府廳州縣圖志五十卷 ………… 1-399
乾隆府廳州縣圖志五十卷 ………… 1-484
乾道臨安志三卷 …………………… 1-487
菉友蛾術編二卷 …………………… 2-229
菉斐堂子史匯纂二十四卷 ……… 1-59
菰中隨筆不分卷 …………………… 2-229
菰中隨筆不分卷 …………………… 2-229
梵隱堂詩存十卷 …………………… 2-366
梵隱堂詩存十卷通隱堂詩存四卷 …… 2-321
桯史十五卷附錄一卷 ……………… 2-252
梅氏遺書四卷附錄三卷 …………… 2-488
梅氏遺書四卷附錄三卷 …………… 2-488
梅氏藂書輯要二十二種六十卷首一
卷附錄二種二卷 …………………… 2-185
梅氏叢書輯要六十二卷 …………… 2-176
梅水詩傳十卷續三卷 ……………… 2-349
梅花字字香前集一卷後集一卷 ……… 2-363
梅花屋詩草一卷 …………………… 1-150
梅花屋詩草一卷 …………………… 2-434
梅花夢二卷 ………………………… 2-530
梅花夢二卷 ………………………… 2-530
梅花館詩集不分卷 ………………… 2-331
梅村文集二十卷 …………………… 2-503
梅村先生世系一卷梅村先生[吳偉業]
年譜四卷 …………………………… 2-430
梅村先生世系一卷梅村先生[吳偉業]
年譜四卷 …………………………… 2-430
梅村先生世系一卷梅村先生[吳偉業]
年譜四卷 …………………………… 2-430
梅村家藏藳五十八卷梅村詩補遺一
卷梅村文補遺一卷 ………………… 2-430
梅村家藏藳五十八卷梅村詩補遺一
卷梅村文補遺一卷 ………………… 2-430
梅村家藏藳五十八卷梅村詩補遺一
卷梅村文補遺一卷 ………………… 2-430
梅村集四十卷目錄二卷 ………… 1-99
梅村詩集箋注十八卷 ……………… 2-310
梅村詩集箋注十八卷 ……………… 2-310
梅村詩集箋注十八卷 ……………… 2-349
[光緒]梅里志十八卷 ……………… 1-483
[雍正]梅里志四卷首一卷 ………… 1-42
梅里詩輯二十八卷 ………………… 2-365
梅叟閒評四卷 ……………………… 2-502
梅莊遺草六卷 ……………………… 2-338
梅崖文補遺一卷 …………………… 1-155
梅崖居士文集三十卷外集八卷 ……… 1-155
梅崖居士文集三十卷外集八卷 ……… 1-156

梅崖居士文集三十卷外集八卷……… 1－156
梅崖居士文集三十卷外集八卷……… 1－157
梅湖吟稿一卷………………………… 2－359
梅溪王忠文公[十朋]年譜一卷 …… 1－131
梅溪王忠文公[十朋]年譜一卷 …… 1－143
梅溪王忠文公[十朋]年譜一卷 …… 1－143
梅溪先生[錢泳]年譜一卷 ………… 1－341
梅簃隨筆四卷………………………… 2－382
梅麓詩鈔十八卷……………………… 2－358
梅麓詩鈔十八卷文鈔八卷賦鈔二卷
試帖二卷…………………………… 2－494
桴亭先生文鈔六卷…………………… 2－493
梓里表忠錄四卷首一卷……………… 1－346
梡鞠錄二卷…………………………… 2－385
梡鞠錄二卷…………………………… 2－385
[乾隆]鄆城縣志十八卷首一卷 …… 1－426
[乾隆]鄆城縣志十八卷首一卷 …… 1－426
[乾隆]鄆城縣志十八卷首一卷 …… 1－426
曹大家女誡不分卷…………………… 2－161
曹月川先生集不分卷………………… 1－148
曹月川先生遺書八種十一卷………… 1－168
[乾隆]曹州府志二十二卷 ………… 1－429
[乾隆]曹州府志二十二卷 ………… 1－429
曹江孝女廟志八卷首一卷末一卷…… 1－523
曹江孝女廟志八卷首一卷末一卷…… 1－523
曹江孝女廟志八卷首一卷末一卷…… 1－523
曹李尺牘合選二卷 ……………………… 1－95
曹娥江志八卷首一卷………………… 1－497
曹集銓評十卷………………………… 2－392
曹集銓評十卷………………………… 2－393
[光緒]曹縣志十八卷首一卷 ……… 1－467
敕封大王將軍傳不分卷……………… 1－318
敕封天后志二卷……………………… 2－206
敕修河東鹽法志十二卷圖考一卷 …… 1－44
[雍正]敕修浙江通志二百八十卷首
三卷………………………………… 1－446
[雍正]敕修浙江通志二百八十卷首
三卷………………………………… 1－446
區種五種五卷附一卷………………… 2－171
堅正堂摺稾二卷坿錄不分卷………… 1－372
堅正堂摺稾二卷坿錄不分卷………… 1－372
堅白齋集詩存三卷駢文存一卷雜稿
存四卷……………………………… 2－477
票法利用仁術二卷 ……………………… 2－23
戚少保[繼光]年譜耆編十二卷 …… 1－338
戚少保[繼光]年譜耆編十二卷 …… 1－338
戚少保[繼光]年譜耆編十二卷 …… 1－338
帶江園時文草一卷帶江園詩草六卷
帶江園雜著草六卷帶江園小簡附
草一卷……………………………… 2－489
帶經堂集九十二卷…………………… 1－155
帶經堂集九十二卷…………………… 1－155
帶經堂詩話三十卷首一卷…………… 1－163
帶經堂詩話三十卷首一卷…………… 2－516
帶經堂詩話三十卷首一卷…………… 2－516
帶經堂詩話三十卷首一卷…………… 2－516
帶經堂詩話三十卷首一卷…………… 2－516
帶經堂詩話三十卷首一卷…………… 2－516
硃批增註聊齋志異八卷……………… 2－237
硃批諭旨不分卷 ………………………… 1－30
硃批諭旨不分卷……………………… 1－375
硃批諭旨不分卷……………………… 2－542
硃批諭旨六十冊……………………… 1－360
硃批諭旨六十冊……………………… 1－360
硃批諭旨六十冊……………………… 1－360
硃批諭旨六十冊……………………… 1－360
匏瓜錄十卷…………………………… 1－176
匏齋遺稾五卷………………………… 2－510
盛世元音四卷………………………… 1－105
盛世危言十四卷……………………… 2－168
盛世危言十四卷……………………… 2－168
盛世危言五卷………………………… 2－168
盛世危言五卷………………………… 2－168
盛世危言六卷盛世危言續編五卷…… 2－168
盛世危言六卷盛世危言續編四卷…… 2－168
盛世危言續編三卷盛世危言外編二
卷…………………………………… 2－168
盛京典制備考八卷…………………… 1－560
盛京典制備考八卷…………………… 1－560
盛京典制備考八卷首一卷…………… 1－537
盛京風俗攷四卷盛京城垣事蹟攷二
卷…………………………………… 1－523

［乾隆］盛京通志四十八卷首一卷 … 1－544
［乾隆］盛京通志四十八卷首一卷 … 1－545
［乾隆］盛京通志四十八卷首一卷 … 1－545
［乾隆］盛京通志四十八卷首一卷 … 1－545
盛京疆域考六卷……………………… 2－566
雪山集十六卷………………………… 2－411
雪山集十六卷首一卷………………… 1－136
雪山寶卷全集二卷…………………… 2－249
雪中人一卷…………………………… 2－521
雪月梅傳十卷五十回 ……………… 1－82
雪心賦正解四卷……………………… 2－210
雪帆先君子行實錄…………………… 1－345
雪門詩草十四卷……………………… 2－319
雪門詩草九卷………………………… 2－319
雪泥留印四卷 ……………………… 1－96
雪莊西湖漁唱七卷…………………… 2－337
雪峰志十卷…………………………… 1－503
雪堂行和尚拾遺錄一卷 …………… 1－71
雪堂墨品一卷………………………… 1－111
雪虛聲堂詩鈔三卷…………………… 2－361
雪廬讀史快編六十卷 ……………… 1－53
雪廬讀史快編六十卷 ……………… 1－53
雪廬讀史快編六十卷 ……………… 1－53
雪竇寺志十卷 ……………………… 1－43
捷採列聖經五十八種六十二卷……… 2－200
排山小集八卷續集十二卷後集六卷
…………………………………… 1－110
排山小集八卷續集十二卷後集六卷
…………………………………… 1－110
捫蝨新話十五卷……………………… 1－122
揭文安公文粹六卷…………………… 2－514
採硫日記三卷………………………… 1－510
採善集六卷…………………………… 2－206
採輯歷朝詩話不分卷附王輞川辨譌
考異不分卷………………………… 2－348
授研齋詩一卷………………………… 1－106
授堂文鈔八卷………………………… 2－487
授堂文鈔八卷經讀攷異八卷附翟晴
江四書攷翼內句讀一卷…………… 2－488
授堂遺書七種………………………… 2－312
授堂遺書七種………………………… 2－312
授堂遺書九種七十九卷……………… 2－568
授堂遺書九種七十九卷……………… 2－568
授堂遺書九種七十九卷……………… 2－568
授堂遺書九種七十九卷……………… 2－568
授堂遺書九種七十九卷……………… 2－569
授堂遺書九種七十九卷……………… 2－569
授經堂重刊遺集三十三種二百二十
三卷………………………………… 2－569
授經堂重刊遺集三十三種二百二十
三卷………………………………… 2－569
［乾隆］掖縣志八卷首一卷 ………… 1－435
［乾隆］掖縣志八卷首一卷 ………… 1－435
［乾隆］掖縣志八卷首一卷 ………… 1－435
［乾隆］掖縣志八卷首一卷 ………… 1－487
救刼新諭不分卷……………………… 2－206
救荒六十策不分卷 ………………… 2－28
救荒百策不分卷 …………………… 2－29
救荒活民書三卷附拾遺一卷 ……… 2－29
處士申鳧盟君墓誌銘一卷…………… 1－156
處士申鳧盟君墓誌銘一卷…………… 2－318
處士申鳧盟君墓誌銘一卷…………… 2－318
處分則例圖要六卷…………………… 2－5
處分則例圖要六卷…………………… 2－5
處分則例圖要六卷…………………… 2－8
［雍正］處州府志二十卷 …………… 1－36
［光緒］處州府志三十卷首一卷末一
卷…………………………………… 1－451
［光緒］處州府志三十卷首一卷末一
卷…………………………………… 1－451
敝帚千金……………………………… 2－383
敝帚齋主人［徐鼒］年譜一卷 ……… 1－344
敝帚齋主人［徐鼒］年譜一卷補一卷
…………………………………… 1－342
敝帚齋主人［徐鼒］年譜一卷補一卷
…………………………………… 1－342
堂抄行文檔 ………………………… 1－32
［康熙］堂邑縣志二十卷 …………… 1－483
堂匪總錄十二卷附廣西道里表一卷
…………………………………… 1－311
常山貞石志二十四卷 ……………… 2－96
常山貞石志二十四卷 ……………… 2－96

[康熙]常山縣志十二卷首一卷 ········ 1－36
[光緒]常山縣志六十八卷首一卷末一卷 ········ 1－455
[光緒]常山縣志六十八卷首一卷末一卷 ········ 1－455
常山縣積穀事宜不分卷 ········ 2－28
常州先哲遺書七十八種七百四十三卷 ········ 2－544
常州先哲遺書七十八種七百四十三卷 ········ 2－544
常州先哲遺書七十八種七百四十三卷 ········ 2－544
常州先哲遺書七十八種七百四十三卷 ········ 2－545
常州先哲遺書七十八種七百四十三卷 ········ 2－545
常州先哲遺書七十八種七百四十三卷 ········ 2－545
常州先哲遺書七十八種七百四十三卷 ········ 2－545
常州先哲遺書七十八種七百四十三卷 ········ 2－545
常州先哲遺書七十八種七百四十三卷 ········ 2－545
常州先哲遺書七十八種七百四十三卷 ········ 2－545
常州先哲遺書七十八種七百四十三卷 ········ 2－545
常州先哲遺書七十八種七百四十三卷 ········ 2－545
常州先哲遺書七十八種七百四十三卷 ········ 2－545
常州先哲遺書七十八種七百四十三卷 ········ 2－545
常州先哲遺書七十八種七百四十三卷 ········ 2－545
常州先哲遺書七十八種七百四十三卷 ········ 2－545
常州先哲遺書七十八種七百四十三卷 ········ 2－546
常州先哲遺書七十八種七百四十三卷 ········ 2－546
常州先哲遺書七十八種七百四十三卷 ········ 2－546
常州先哲遺書七十八種七百四十三卷 ········ 2－546
常州先哲遺書七十八種七百四十三卷 ········ 2－546
常言道四卷十六回 ········ 1－84
常言道四卷十六回 ········ 2－252
[乾隆]常昭合志十二卷首一卷 ········ 1－476
[乾隆]常昭合志十二卷首一卷 ········ 1－476
[光緒]常昭合志稿四十八卷首一卷末一卷 ········ 1－417
[光緒]常昭合志稿四十八卷首一卷末一卷 ········ 1－417
[光緒]常昭合志稿四十八卷首一卷末一卷 ········ 1－476
[光緒]常昭合志稿四十八卷首一卷末一卷 ········ 1－476
[光緒]常昭合志稿四十八卷首一卷末一卷 ········ 1－476
常郡八邑藝文志十二卷 ········ 2－283
常郡八邑藝文志十二卷 ········ 2－283
常郡八邑藝文志十二卷 ········ 2－283
常郡八邑藝文志十二卷 ········ 2－283
常郡八邑藝文志十二卷 ········ 2－284
常惺惺齋文集十卷 ········ 2－513
常語尋源二卷 ········ 1－229
常德文徵四十八卷首一卷 ········ 2－276
常談四卷 ········ 2－235
常談叢錄九卷 ········ 2－229
常熟水利全書十卷附錄二卷 ········ 2－30
野叟曝言二十卷一百五十四回 ········ 2－246
野客叢書三十卷附錄一卷 ········ 2－223
野客叢書三十卷附錄一卷 ········ 2－223
野客叢書三十卷附錄一卷 ········ 2－223
野客叢書三十卷附錄一卷 ········ 2－405
野記四卷 ········ 1－305
野記四卷 ········ 1－305
野記四卷 ········ 1－305
野處類稿二卷附集外詩一卷 ········ 2－361

野獲編三十卷補遺四卷……………… 2－222
野獲編三十卷補遺四卷……………… 2－222
野獲編三十卷補遺四卷……………… 2－222
晨風閣叢書二十三種四十八卷……… 2－543
晨風閣叢書二十三種四十八卷……… 2－543
晨風閣叢書二十三種四十八卷……… 2－543
晨風閣叢書第一集五十二種一百六
　卷……………………………………… 2－543
晨風閣叢書第一集五十二種一百六
　卷……………………………………… 2－544
晨風閣叢書第一集五十二種一百六
　卷……………………………………… 2－544
晨風閣叢書第一集五十二種一百六
　卷……………………………………… 2－544
晨風閣叢書第一集五十二種一百六
　卷……………………………………… 2－544
晨風閣叢書第一集五十二種一百六
　卷……………………………………… 2－544
晨風閣叢書第一集五十二種一百六
　卷……………………………………… 2－544
晨風閣叢書第一集五十二種一百六
　卷……………………………………… 2－544
晨風閣叢書第一集五十二種一百六
　卷……………………………………… 2－544
問月樓詩鈔四卷……………………… 2－371
問心齋學治雜錄二卷問心齋學治續
　錄四卷　………………………………… 2－52
問心齋學治雜錄二卷問心齋學治續
　錄四卷　………………………………… 2－52
問心齋學治雜錄二卷問心齋學治續
　錄四卷延秋吟館詩鈔四卷………… 2－263
問字堂集六卷………………………… 1－161
問字堂集六卷………………………… 2－216
問青園集十二種十三卷……………… 2－463
問奇一臠三十卷　………………………… 1－77
問奇典註六卷………………………… 1－241
問津院志六卷首一卷末一卷………… 1－520
問湘樓駢文初稿四卷………………… 2－291
問經堂叢書二十五種一百二卷……… 2－557
問影樓輿地叢書第一集十五種四十
　六卷…………………………………… 1－517
問影樓輿地叢書第一集十五種四十
　六卷…………………………………… 1－517
曼志堂遺稿二卷……………………… 2－491
曼陀羅花室詞一卷文三卷詩三卷…… 2－510
曼陀羅花室詩三卷詞一卷…………… 2－353
晦明軒稿不分卷……………………… 1－395
晦菴先生文集一百卷目錄二卷……… 1－137
晦庵先生朱文公文集一百卷續集五
　卷別集七卷…………………………… 2－401
晦庵先生朱文公文集五卷續集十一
　卷……………………………………… 2－401
晞髮集十卷晞髮遺集二卷晞髮遺集
　補一卷天地間集一卷登西臺慟哭
　記註一卷冬青樹引重註一卷……… 1－136
晚邨先生八家古文精選不分卷……… 2－287
晚香堂詩六卷………………………… 1－109
晚香堂雜著鈔存不分卷……………… 2－497
晚香唱和集四卷附詩集六種………… 2－359
晚笑堂竹莊畫傳不分卷　………………… 1－68
晚悔堂四書語錄中庸篇不分卷論語
　篇不分卷……………………………… 1－219
晚書訂疑三卷………………………… 1－189
晚聞居士遺集九卷首一卷…………… 2－496
晚翠樓詩鈔四卷……………………… 2－336
晚學集八卷…………………………… 2－514
晚學集八卷未谷詩集四卷…………… 2－451
晚學集八卷未谷詩集四卷…………… 2－451
晚學齋文集十二卷…………………… 2－498
晚學齋文集十二卷…………………… 2－499
異方便淨土傳燈歸元鏡三祖實錄二
　卷……………………………………… 1－166
異號類編二十卷……………………… 2－377
異號類編二十卷……………………… 2－377
異聞益智叢錄三十四卷……………… 2－145
異聞總錄四卷　………………………… 1－83
異韻字攷不分卷……………………… 1－246
蛉洲遊記不分卷……………………… 1－511
鄂省丁漕指掌十卷…………………… 1－535
鄂省丁漕指掌十卷…………………… 1－536
鄂省丁漕指掌十卷…………………… 1－536
鄂省丁漕指掌十卷…………………… 1－536

鄂宰四稿四種七卷 ························ 2－576
鄂國金佗稡編二十八卷續編三十卷
·· 1－303
鄂國金佗稡編二十八卷續編三十卷
·· 1－303
鄂國金佗稡編二十八卷續編三十卷
·· 1－303
鄂國金佗稡編二十八卷續編三十卷
·· 1－331
鄂渚同聲集初編七卷鄂渚同聲集二
編二十卷 ································ 2－355
唱經堂才子書十五卷 ························ 1－1
婁東雜著八集五十六種五十九卷 ······ 2－556
[乾隆]婁縣志三十卷首二卷 ········· 1－439
[乾隆]婁縣志三十卷首二卷 ········· 1－439
[乾隆]婁縣志三十卷首二卷 ········· 1－439
[乾隆]婁縣志三十卷首二卷 ········· 1－439
[光緒]婁縣續志二十卷 ·············· 1－479
[光緒]婁縣續志二十卷 ·············· 1－479
[光緒]婁縣續志二十卷 ·············· 1－479
國史文苑傳二卷 ······························ 1－331
國史循吏傳一卷 ······························ 1－331
國史循吏傳一卷文苑傳二卷 ············ 1－331
國史經籍志六卷 ······························ 1－48
國史賢良祠王大臣小傳二卷 ············ 1－331
國史儒林傳二卷 ······························ 1－331
國史儒林傳二卷國史文苑傳二卷國
史循吏傳一卷國史賢良傳二卷 ······ 1－332
國史儒林傳二卷國史文苑傳二卷國
史循吏傳一卷國史賢良傳二卷 ······ 1－332
國史儒林傳二卷國史賢良祠王大臣
小傳二卷 ································ 1－324
國民義務不分卷 ······························ 2－28
國初十家詩鈔七十五卷 ··················· 2－346
國政貿易相關書二卷 ······················ 2－257
國政貿易相關書二卷 ······················ 2－257
國政貿易相關書二卷 ······················ 2－257
國家學綱領五章 ······························ 2－264
國朝二十四家文鈔二十四卷 ············ 2－498
國朝十家四六文鈔 ·························· 2－290
國朝十家四六文鈔 ·························· 2－291
國朝八家四六文鈔九卷 ··················· 2－289
國朝三家文鈔三十二卷 ··················· 1－87
國朝三家文鈔三十二卷 ··················· 1－87
國朝三家文鈔三十二卷 ··················· 1－87
國朝三家文鈔三十二卷 ··················· 1－87
國朝山左詩鈔六十卷 ······················ 1－99
國朝山左詩鈔六十卷 ······················ 1－99
國朝山左詩彙鈔後集三十卷 ············ 2－346
國朝山左詩續鈔三十二卷 ··············· 1－99
國朝山左詩續鈔三十二卷 ··············· 2－313
國朝山左詩續鈔三十二卷 ··············· 2－313
國朝山右詩存二十四卷補遺八卷 ······ 2－313
國朝山右詩存二十四卷補遺八卷 ······ 2－314
國朝元魁墨萃(順治二年至光緒十
二年) ·· 2－275
國朝五言長律賡颺集十六卷 ············ 1－110
國朝太鎮諸生譜 ······························ 2－94
國朝中州文徵五十四卷首一卷 ········· 2－273
國朝中州文徵五十四卷首一卷 ········· 2－273
國朝中州文徵五十四卷首一卷 ········· 2－275
國朝中州名賢集十卷首一卷末一卷
·· 2－279
國朝六家詩鈔八卷 ·························· 2－316
國朝六家詩鈔八卷 ·························· 2－316
國朝六家詩鈔八卷 ·························· 2－316
國朝六家詩鈔八卷 ·························· 2－352
國朝文才調集不分卷 ······················ 2－285
國朝文述初編不分卷 ······················ 2－286
國朝文鈔五編不分卷論文集鈔二卷
·· 1－8
國朝文匯二百卷 ······························ 2－274
國朝文匯二百卷 ······························ 2－274
國朝文匯二百卷 ······························ 2－274
國朝文匯二百卷總目錄一卷 ············ 2－274
國朝文徵纂五卷 ······························ 2－284
國朝文錄八十二卷 ·························· 2－278
國朝文錄八十二卷 ·························· 2－278
國朝文錄八十二卷 ·························· 2－278
國朝文錄八十二卷 ·························· 2－279
國朝文錄正編四十種四十九卷續編
五十種六十七卷 ························ 2－497

國朝文錄續編六十五卷……………… 2－279
國朝未栞遺書志略一卷 ……………… 2－76
國朝正雅集九十九卷首一卷………… 2－318
國朝正雅集九十九卷首一卷………… 2－318
國朝古文正的五卷附錄二卷………… 2－479
國朝古文所見集十三卷……………… 2－289
國朝古文彙鈔二集一百卷…………… 2－288
國朝史論約鈔四卷…………………… 2－108
國朝史論萃編甲集□□卷…………… 2－111
國朝四十名家墨蹟不分卷…………… 2－194
國朝先正事略六十卷………………… 1－313
國朝先正事略六十卷………………… 1－313
國朝先正事略六十卷………………… 1－313
國朝先正事略六十卷………………… 1－313
國朝先正事略六十卷………………… 1－313
國朝先正事略六十卷………………… 1－313
國朝先正事略六十卷………………… 1－313
國朝先正事略六十卷………………… 1－313
國朝先正事略六十卷………………… 1－313
國朝先正事略六十卷………………… 1－313
國朝先正事略六十卷………………… 1－313
國朝先正事略六十卷………………… 1－313
國朝先正事略六十卷………………… 1－313
國朝先正事略六十卷………………… 1－313
國朝先正事略六十卷續編三十卷…… 1－313
國朝全閩詩錄初集二十一卷續集十
一卷………………………………… 1－110
國朝名人小簡二卷…………………… 2－299
國朝名人小簡二卷…………………… 2－299
國朝名人書劄三卷…………………… 2－300
國朝名文春霆集不分卷附近科制藝
春霆集不分卷……………………… 2－285
國朝名世類苑四十六卷 …………… 1－86
國朝名臣言行錄十六卷……………… 1－335
國朝名家文鈔不分卷………………… 2－480
國朝松陵詩徵二十卷………………… 1－103
國朝杭郡詩輯三十二卷國朝杭郡續
輯二十四卷………………………… 2－323
國朝杭郡詩續輯二十四卷…………… 2－323
國朝杭郡詩續輯十六卷……………… 2－323
國朝事略八卷………………………… 1－307
國朝事略八卷………………………… 1－307
國朝事略五卷………………………… 1－307
國朝事略五卷………………………… 1－307
國朝兩浙科名録 …………………… 2－94
國朝典彙二百卷 …………………… 1－25
國朝金陵詩徵四十八卷……………… 2－352
國朝春曹題名不分卷 ……………… 2－93
國朝春曹題名不分卷附春曹儀式 …… 2－93
國朝故事畫一卷國朝名人政績圖四
卷…………………………………… 2－121
國朝律賦偶箋四卷…………………… 1－121
國朝柔遠記二十卷…………………… 1－307
國朝柔遠記二十卷…………………… 1－307
國朝貢舉考略三卷 ………………… 2－94
國朝貢舉年表三卷…………………… 1－273
國朝貢舉年表三卷二百十一科鄉會
文統………………………………… 1－273
國朝耆獻類徵初編四百八十四卷首
二百四卷目錄二十卷通檢十卷…… 1－326
國朝耆獻類徵初編四百八十四卷首
二百四卷目錄二十卷通檢十卷…… 1－326
國朝耆獻類徵初編總目十九卷……… 1－351
國朝書人輯略十一卷首一卷………… 1－317
國朝書人輯略十一卷首一卷………… 1－317
國朝書人輯略十一卷首一卷………… 1－318
國朝書畫家筆錄四卷………………… 1－345
國朝通商始末記十九卷 …………… 2－34
國朝理學備考不分卷 ……………… 1－63
國朝常州詞錄三十一卷……………… 2－523
國朝常州詞錄三十一卷……………… 2－523
國朝常州詞錄三十卷………………… 2－524
國朝常州駢體文錄三十一卷附結一
宧駢體文一卷……………………… 2－290
國朝常州駢體文錄三十一卷附結一
宧駢體文一卷……………………… 2－290
國朝常州駢體文錄三十一卷附結一
宧駢體文一卷……………………… 2－290
國朝鼎甲徵信錄四卷………………… 1－333
國朝御史題名………………………… 1－349
國朝御史題名………………………… 1－349
國朝御史題名不分卷滿洲蒙古御史

題名不分卷 ……………………… 2－90
國朝詞雅二十四卷…………………… 2－528
國朝詞綜四十八卷二集八卷………… 2－525
國朝詞綜續編二十四卷……………… 2－525
國朝畫徵錄三卷續錄二卷明人附錄
不分卷…………………………… 2－187
國朝畫徵錄三卷續錄二卷明人附錄
不分卷…………………………… 2－187
國朝畫徵錄三卷續錄二卷明人附錄
不分卷…………………………… 2－187
國朝虞陽科名錄四卷首不分卷……… 1－351
國朝虞陽科名錄四卷首不分卷……… 1－351
國朝詩人徵略二編六十四卷………… 1－317
國朝詩人徵略二編六十四卷………… 1－317
國朝詩人徵略六十卷………………… 1－317
國朝詩人徵略六十卷………………… 1－317
國朝詩人徵略六十卷………………… 1－317
國朝詩人徵略六十卷………………… 1－317
國朝詩人徵略六十卷………………… 1－317
國朝詩人徵略六十卷………………… 1－317
國朝詩人徵略六十卷………………… 1－317
國朝詩人徵略六十卷………………… 1－317
國朝詩正六卷………………………… 1－116
國朝詩正聲集七卷首一卷…………… 1－112
國朝詩別裁集三十六卷 ……………… 1－98
國朝詩別裁集三十六卷 ……………… 1－98
國朝詩選六卷 ………………………… 1－99
國朝詩鐸二十二卷首一卷…………… 2－346
國朝滇南詩略二十二卷國朝滇南流
寓詩略二卷……………………… 2－372
國朝滄州詩鈔十二卷滄州明詩鈔一
卷………………………………… 2－369
國朝經學名儒記一卷………………… 1－345
國朝歷科館選錄不分卷 ……………… 2－89
國朝歷科狀元錄國朝滿宰輔錄國朝
漢宰輔錄一卷…………………… 1－351
國朝閨秀正始集二十卷附錄一卷補
遺一卷…………………………… 2－321
國朝閨秀正始集二十卷附錄一卷補
遺一卷…………………………… 2－321
國朝閨秀正始續集十卷附錄一卷國
朝閨秀正始續集補遺一卷………… 2－321
國朝閨秀香咳集十卷附錄一卷……… 2－334
國朝閨秀香咳集十卷附錄一卷……… 2－334
國朝閨閣詩鈔一百卷………………… 2－367
國朝閨閣詩鈔不分卷………………… 2－311
國朝箸述未栞書目一卷 ……………… 2－76
國朝漢學師承記八卷附國朝經師經
義目錄一卷國朝宋學淵源記二卷
附記一卷………………………… 1－314
國朝漢學師承記八卷附國朝經師經
義目錄一卷國朝宋學淵源記二卷
附記一卷………………………… 1－323
國朝漢學師承記八卷附國朝經師經
義目錄一卷國朝宋學淵源記二卷
附記一卷………………………… 1－323
國朝漢學師承記八卷附國朝經師經
義目錄一卷國朝宋學淵源記二卷
附記一卷………………………… 1－329
國朝漢學師承記八卷附國朝經師經
義目錄一卷國朝宋學淵源記二卷
附記一卷………………………… 1－329
國朝賢媛類徵初編十二卷…………… 1－351
國朝賦律匯海前集六卷後集二卷…… 2－375
國朝賦律匯海前集六卷後集四卷…… 2－375
國朝諸老先生論語精義十卷孟子精
義十四卷………………………… 1－219
國朝畿輔詩傳六十卷………………… 2－313
國朝畿輔詩傳六十卷………………… 2－319
國朝畿輔詩傳六十卷………………… 2－319
國朝駢體正宗十二卷………………… 2－289
國朝駢體正宗十二卷………………… 2－289
國朝駢體正宗評本十二卷…………… 2－290
國朝駢體正宗評本十二卷補編……… 2－290
國朝翰詹源流編年二卷國朝館選爵
里謚法攷三卷…………………… 1－270
國朝翰詹源流編年二卷國朝館選爵
里謚法攷三卷 …………………… 2－63
國朝歷科題名碑錄不分卷 …………… 1－50
國朝歷科題名碑錄初集不分卷附明
代歷科題名碑錄不分卷………… 1－350
國朝儒林正論四卷…………………… 2－285

國朝蘇州府長元吳三邑科第譜四卷 …… 2－93
國朝蘇州府長元吳三邑科第譜四卷 …… 2－93
國朝蘇州府長元吳三邑科第譜四卷 …… 2－93
國朝蘇州府長元吳三邑科第譜四卷 …… 2－94
國朝蘇州府長元吳三邑諸生譜九卷首一卷 …… 2－94
國朝嚴州詩錄八卷 …… 2－363
國策觀瀾不分卷 …… 1－286
國債論 …… 2－27
國際公法二編 …… 2－5
國語二十一卷 …… 1－22
國語二十一卷 …… 1－22
國語二十一卷 …… 1－22
國語二十一卷 …… 1－22
國語二十一卷 …… 1－23
國語二十一卷 …… 1－283
國語二十一卷 …… 1－283
國語二十一卷 …… 1－284
國語二十一卷 …… 1－285
國語二十一卷附校刊明道本韋氏解國語劄記國語明道本攷異四卷 …… 1－283
國語二十一卷附校刊明道本韋氏解國語劄記國語明道本攷異四卷 …… 1－283
國語二十一卷附校刊明道本韋氏解國語劄記國語明道本攷異四卷 …… 1－283
國語二十一卷國語札記不分卷 …… 1－284
國語二十一卷國語明道本攷異四卷 …… 1－283
國語二十一卷國語明道本攷異四卷 …… 1－283
國語二十一卷戰國策並札記三卷 …… 1－283
國語九卷 …… 1－23
國語正義二十一卷 …… 1－286
國語古文音釋一卷 …… 1－22
國語抄評十二卷 …… 1－23
國語韋解補正二十一卷 …… 1－283
國語校註本三種二十九卷 …… 1－282
國語校註本三種二十九卷 …… 1－282
國語校註本三種二十九卷 …… 1－282
國語國策合注 …… 1－284
國語國策合注 …… 1－284
國語補音三卷 …… 1－310
國語補音三卷 …… 1－310
國語補音三卷 …… 1－310
國語觀瀾不分卷 …… 1－286
國學叢刊 …… 2－102
國學叢刊 …… 2－102
國學叢刊 …… 2－102
唯識二十論述記四卷 …… 2－200
唯識開蒙問答二卷 …… 2－202
唫秋閣詩草一卷 …… 2－330
啖蔗軒全集四種六卷附二種二卷 …… 2－576
啜茗集六卷 …… 2－350
眾妙集一卷 …… 1－103
崑山玉六卷 …… 2－146
［光緒］崑新兩縣續修合志五十二卷首一卷末一卷 …… 1－444
崔東洲集二十卷續集十一卷 …… 1－146
崔舍人玉堂類藁二十卷西垣類藁二卷附錄一卷 …… 2－412
崔翰林遺集二卷附錄一卷 …… 2－489
崇川詩集十二卷補遺一卷 …… 1－108
［同治］崇仁縣志十卷首一卷附編一卷 …… 1－428
崇文門商稅則例現行比例增減新例不分卷 …… 2－16
崇文書局彙刻書三十一種二百八十三卷 …… 2－555
崇文書局彙刻書三十一種二百八十五卷 …… 2－539
崇文書局彙刻書三十一種二百八十四卷 …… 2－553
崇文總目五卷補遺一卷附錄一卷 …… 2－74
崇正叢書十二種二十六卷 …… 2－556
崇百藥齋文集二十卷續集四卷三集十二卷合肥學舍札記十二卷 …… 2－459
崇百藥齋文集二十卷續集四卷三集十二卷合肥學舍札記十二卷 …… 2－459

崇百藥齋文集二十卷續集四卷三集
十二卷合肥學舍札記十二卷 ········ 2－459
崇百藥齋文集二十卷續集四卷三集
十二卷合肥學舍札記十二卷 ········ 2－493
崇佛紀略七卷 ······························ 1－300
崇祀鄉賢錄一卷 ·························· 1－156
崇祀鄉賢錄一卷 ·························· 2－318
崇祀鄉賢錄一卷 ·························· 2－318
崇祀錄一卷 ································ 1－155
［光緒］崇明縣志十八卷 ·············· 1－460
［光緒］崇明縣志十八卷 ·············· 1－460
崇雅堂詩鈔十一卷 ······················ 1－102
崇睦山房詞一卷 ·························· 2－527
崇禎五十宰相傳一卷 ···················· 1－331
崇禎朝記事四卷 ·························· 1－297
崆峒山志二卷 ······························ 1－502
崆峒集二十一卷 ·························· 1－116
過存詩畧二卷 ······························ 2－344
過兵各文札並稟請協濟大差批不分
卷 ·· 2－21
過庭筆記一卷附錄一卷 ················ 2－159
過庭筆記一卷附錄一卷 ················ 2－161
過庭錄十六卷 ······························ 2－516
過墟志感二卷 ······························ 1－85
梨花雪十二折首折尾折 ················ 2－529
梨洲遺箸彙刊二十九種五十六卷首
一卷 ·· 2－470
梨雲館類定袁中郎全集二十四卷 ····· 1－139
梨雲館類定袁中郎全集二十四卷 ····· 1－139
梨園娛老集 ································ 2－529
梨園集成 ··································· 2－530
移芝室古文十三卷 ······················ 2－507
移芝室古文十三卷詩集三卷尺牘三
卷律賦一卷思舊集一卷會試硃卷
一卷朝攷卷一卷芰餘草一卷試帖
一卷外集一卷 ······························ 2－504
移芝室古文三卷移芝室詩鈔三卷 ····· 2－486
動物學二十課 ······························ 2－272
動物學啟蒙八卷 ·························· 2－271
笛漁小稾十卷 ······························ 2－358
笛漁小稾十卷 ······························ 2－358
笛漁小稿十卷 ······························ 1－150
笛漁小稾十卷 ······························ 2－430
笛漁小稾十卷 ······························ 2－430
笛漁小稾十卷 ······························ 2－431
笛漁小稾十卷 ······························ 2－431
笛漁小稾十卷 ······························ 2－431
笙雅堂全集四種二十一卷 ·············· 2－576
笠東草堂文稿二卷 ······················ 2－510
笠亭詩集十二卷 ·························· 1－107
笠翁一家言全集二十八卷 ·············· 1－155
笠翁一家言全集十六卷 ················ 2－439
笠翁一家言全集十六卷 ················ 2－465
笠翁一家言全集十六卷 ················ 2－465
笠翁一家言全集十六卷 ················ 2－481
笠翁全集十六卷 ·························· 2－315
笠翁偶集六卷 ······························ 2－439
笠翁傳奇十二種曲二十四卷 ··········· 1－164
笠翁傳奇十種二十卷 ···················· 1－166
笠翁傳奇十種二十卷 ···················· 1－167
笠雲遺文一卷 ······························ 2－508
笥河文集十六卷首一卷 ················ 2－440
笥河文集十六卷首一卷 ················ 2－440
笥河文集十六卷首一卷 ················ 2－440
笥河文鈔三卷 ······························ 2－440
第一才子書六十卷一百二十回 ········ 2－236
第一才子書六十卷一百二十回 ········ 2－236
第一樓叢書九種三十卷 ················ 2－572
第一樓叢書坿考一卷 ···················· 1－238
第一樓叢書坿考一卷 ···················· 1－238
第一樓叢書坿考一卷 ···················· 1－238
第九才子書捉鬼傳四卷十回 ··········· 2－251
第九才子書捉鬼傳四卷十回 ··········· 2－251
第五才子書十二卷一百二十四回 ····· 1－84
第五才子書施耐菴水滸傳七十五卷
七十回 ····································· 2－246
第六才子書西廂記八卷 ················ 1－82
敏求軒述記十六卷 ······················ 1－324
敏果齋七種六十二卷 ···················· 1－548
［乾隆］偃師縣志三十卷首一卷 ····· 1－429
偶山遺稿一卷附補遺 ···················· 2－354
進文獻通考表不分卷 ···················· 1－534

進修堂奏稿二卷 …… 1－377
進修錄六卷附傳一卷 …… 1－124
停雲集十三卷 …… 1－116
停雲閣詩話十六卷 …… 2－517
偏旁舉略一卷 …… 1－229
偽齊錄二卷 …… 1－302
兜率龜鏡集三卷 …… 2－203
得一山房四種二十五卷 …… 2－344
得一山房詩集二卷 …… 2－162
得一山房詩集二卷 …… 2－308
得一錄八卷 …… 2－218
得一齋雜著四種八卷 …… 1－505
得一齋雜著四種八卷 …… 1－507
得一齋雜著四種八卷 …… 1－507
得一齋雜著四種八卷 …… 1－507
得樹齋詩一卷 …… 1－110
從公三錄不分卷 …… 2－9
從戎草三卷 …… 2－513
從戎紀略不分卷 …… 1－281
從政遺規二卷 …… 2－66
從政遺規摘鈔二卷 …… 2－541
從政錄不分卷 …… 2－50
從政觀法錄三十卷 …… 1－344
從野堂存稿八卷首一卷末一卷外集一卷 …… 2－421
從野堂存稿八卷首一卷末一卷外集一卷 …… 2－421
從野堂存稿八卷首一卷末一卷外集一卷 …… 2－421
從善堂先後成案二卷 …… 2－52
船山師友記十七卷首一卷 …… 1－322
船山師友記十七卷首一卷 …… 1－333
船山詩草二十卷 …… 1－98
船山詩草二十卷 …… 2－312
船山詩草二十卷 …… 2－312
船山詩草二十卷 …… 2－312
船山詩草二十卷船山詩草補遺六卷 …… 2－312
船山遺書六十八種三百八十一卷 …… 2－563
船山遺書六十八種三百八十一卷 …… 2－563
船山遺書六十八種三百八十一卷 …… 2－565
船山遺書六十八種三百八十一卷 …… 2－565
船山遺書六十八種三百六十一卷 …… 2－563
船山遺書六十八種三百六十一卷 …… 2－563
船山遺書六十八種三百六十一卷 …… 2－563
船山遺書六十八種三百六十一卷 …… 2－564
船山遺書六十八種三百六十一卷 …… 2－564
船山遺書六十八種三百六十一卷 …… 2－565
船山遺書六十八種三百六十一卷 …… 2－565
船政奏議彙編五十卷 …… 1－376
釣臺集二卷 …… 1－89
敍事舊稿不分卷 …… 2－28
敘異齋文草三卷 …… 2－303
斜川集六卷 …… 2－406
斜川集六卷 …… 2－406
斜川集六卷 …… 2－406
悉達太子寶卷全集不分卷 …… 2－207
覓燈因話二卷 …… 2－248
梟林小史一卷 …… 2－255
鳥鼠山人小集十六卷後集二卷 …… 1－145
［光緒］魚臺縣志四卷首一卷末一卷 …… 1－424
魚鴻剩牘不分卷 …… 1－96
魚鱗冊不分卷 …… 1－46
［乾隆］象山縣志十二卷 …… 1－440
象邑公田總簿二卷 …… 2－52
象邑夏王廟志二卷附錄二卷 …… 1－526
象言破疑二卷 …… 2－208
象數論六卷 …… 1－180
象類不分卷 …… 1－73
逸周書十卷 …… 1－282
逸周書十卷 …… 1－311
逸周書十卷校正補遺一卷 …… 1－286
逸周書十卷校正補遺一卷 …… 1－286
逸農筆記八卷又筆六卷三筆四卷 …… 2－251
逸語十卷 …… 1－62
猗覺寮雜記二卷 …… 2－230
猗覺寮雜記二卷 …… 2－385
訥盦叢稿八種十二卷 …… 2－573
許太夫人傳略一卷附許公纘曾傳一卷 …… 1－326
許氏說文解字雙聲疊韻譜不分卷 …… 1－231

許氏說文解字雙聲疊韻譜不分卷…… 1－234
許氏說文解字雙聲疊韻譜不分卷…… 1－235
許氏說文解字雙聲疊韻譜不分卷…… 1－235
許氏說文解字雙聲疊韻譜不分卷…… 1－237
許文正公遺書十二卷首一卷末一卷
………………………………………… 2－147
許文正公遺書十二卷首一卷末一卷
………………………………………… 2－147
許竹篔先生出使函稿十四卷………… 2－298
許竹篔先生出使函稿十四卷………… 2－298
許竹篔先生奏疏錄存二卷…………… 1－366
［道光］許州志十六卷首一卷 ……… 1－458
許僊屏侍郎督河奏疏十卷…………… 1－371
許僊屏侍郎督河奏疏十卷…………… 1－371
許魯齋先生集六卷…………………… 1－139
許魯齋先生［衡］年譜一卷魯齋心法
約編一卷………………………… 1－341
許魯齋先生［衡］年譜一卷魯齋心法
約編一卷………………………… 1－341
許魯齋先生［衡］年譜一卷魯齋心法
約編一卷………………………… 1－341
許學叢刻二集九種九卷……………… 1－235
許學叢刻二集九種九卷……………… 1－237
許鍾斗文集五卷……………………… 1－144
訟底不分卷 ………………………… 2－19
訟過齋日記六卷……………………… 1－352
庶幾堂今樂初集十六卷二集十二卷
………………………………………… 2－530
庾子山全集十卷……………………… 2－393
庾子山［信］年譜一卷 …………… 2－391
庾子山［信］年譜一卷 …………… 2－392
庾子山［信］年譜一卷 …………… 2－392
庾子山集十六卷……………………… 2－391
庾子山集十六卷……………………… 2－391
庾子山集十六卷……………………… 2－391
庾子山集十六卷……………………… 2－391
庾子山集十六卷……………………… 2－391
庾子山集十六卷……………………… 2－391
庾子山集十六卷……………………… 2－391
庾子山集十六卷庾集總釋一卷……… 2－391
庾子山集十六卷庾集總釋一卷……… 2－392
庾子山集十六卷庾集總釋一卷……… 2－392
庾開府集十二卷……………………… 1－125
產孕集二卷…………………………… 2－174
產科心法二卷………………………… 2－174
庸吏庸言二卷庸吏餘談一卷 ……… 2－50
庸吏庸言二卷庸吏餘談一卷 ……… 2－50
庸行編八卷 ………………………… 1－61
庸行編八卷 ………………………… 1－61
庸行編八卷…………………………… 2－152
庸言四卷……………………………… 2－147
庸書內篇二卷外篇二卷……………… 2－295
庸書內篇二卷外篇二卷……………… 2－441
庸庵文編四卷………………………… 2－456
庸庵文編四卷………………………… 2－456
庸庵文編四卷文續編二卷文外編四
卷………………………………… 2－456
庸庵全集七種二十一卷……………… 2－575
庸閒齋筆記十二卷…………………… 2－224
庸閒齋筆記十二卷…………………… 2－224
庸閒齋筆記十二卷…………………… 2－245
庸閒齋筆記八卷……………………… 2－224
庸閒齋筆記八卷……………………… 2－224
庸閒齋筆記八卷……………………… 2－224
庸閒齋筆記八卷……………………… 2－245
庸閒齋筆記八卷……………………… 2－245
庸盦全集十種………………………… 2－478
庸盦全集十種………………………… 2－478
庸盦全集十種………………………… 2－478
庸盦全集十種………………………… 2－478
庸盦全集十種………………………… 2－478
庸盦全集十種………………………… 2－479
庸盦全集六種………………………… 2－479
庸盦全集六種………………………… 2－479
庸盦全集六種………………………… 2－479
庸盦尚書奏議十六卷………………… 1－367
庸盦尚書奏議十六卷………………… 1－367
庸盦尚書奏議十六卷………………… 1－367
庸盦尚書奏議十六卷………………… 1－375
庸盦海外文編四卷…………………… 2－434
庸盦海外文編四卷…………………… 2－434
庸盦海外文編四卷…………………… 2－434

庸盦海外文編四卷 …………………… 2－434
庸盦海外文編四卷 …………………… 2－434
庸盦筆記六卷 ……………………… 2－221
庸盦筆記六卷 ……………………… 2－245
康有爲殿試策不分卷 ………………… 2－294
康南海傳一卷 ……………………… 1－335
康梁徐謀財害命鐵證書 ……………… 1－298
康節先生觀物篇解六卷 …………… 1－74
康熙甲子史館新刊古今通韻十二卷 …………………………………… 1－15
康熙甲子史館新刊古今通韻十二卷 …………………………………… 1－256
康熙字典十二集 …………………… 1－240
康熙字典十二集 …………………… 1－240
康熙字典十二集 …………………… 1－240
康熙字典十二集 …………………… 1－240
康熙字典十二集 …………………… 1－241
康熙字典十二集 …………………… 1－241
康熙字典十二集 …………………… 1－241
康熙字典三十六卷總目一卷檢字一卷辨似一卷等韻一卷補遺一卷備考一卷 …………………………… 1－240
康熙字典三十六卷總目一卷檢字一卷辨似一卷等韻一卷補遺一卷備考一卷 …………………………… 1－240
康熙字典三十六卷總目一卷檢字一卷辨似一卷等韻一卷補遺一卷備考一卷 …………………………… 1－240
康熙字典三十六卷總目一卷檢字一卷辨似一卷等韻一卷補遺一卷備考一卷 …………………………… 1－241
康熙字典三十六卷總目一卷檢字一卷辨似一卷等韻一卷補遺一卷備考一卷 …………………………… 1－241
康熙字典三十六卷總目一卷檢字一卷辨似一卷等韻一卷補遺一卷備考一卷 …………………………… 1－241
康熙字典三十六卷總目一卷檢字一卷辨似一卷等韻一卷補遺一卷備考一卷 …………………………… 1－241
康熙字典三十六卷總目一卷檢字一卷辨似一卷等韻一卷補遺一卷備考一卷 …………………………… 1－241
康熙字典三十六卷總目一卷檢字一卷辨似一卷等韻一卷補遺一卷備考一卷 …………………………… 1－241
康熙字典三十六卷總目一卷檢字一卷辨似一卷等韻一卷補遺一卷備考一卷 …………………………… 1－241
康熙字典三十六卷總目一卷檢字一卷辨似一卷等韻一卷補遺一卷備考一卷 …………………………… 1－241
康熙字典三十六卷總目一卷檢字一卷辨似一卷等韻一卷補遺一卷備考一卷 …………………………… 1－241
康熙政要二十四卷 ………………… 1－295
康熙幾暇格物編二卷 ……………… 2－225
康熙幾暇格物編二卷 ……………… 2－225
康熙幾暇格物編二卷 ……………… 2－225
康熙幾暇格物編二卷 ……………… 2－225
康熙幾暇格物編二卷 ……………… 2－225
康熙肆拾年分本色統徵倉米比簿不分卷 …………………………… 1－44
康對山先生文集十卷附諸家評語一卷 ………………………………… 1－139
康對山先生文集十卷附諸家評語一卷 ………………………………… 1－139
康對山先生文集十卷附諸家評語一卷 ………………………………… 1－141
康輶紀行十六卷 …………………… 1－511
康輶紀行十六卷 …………………… 1－511
康輶紀行十六卷 …………………… 1－511
康齋先生集十二卷首一卷 ………… 2－447
康濟譜二十五卷 ………………… 2－63
康濟譜二十五卷 ………………… 2－63
[光緒]鹿邑縣志十六卷首一卷 …… 1－459
[光緒]鹿邑縣志十六卷首一卷 …… 1－459
[光緒]鹿邑縣志十六卷首一卷附重訂河渠紀略一卷 …………………… 1－459

鹿門再頌不分卷…………………………1－348
鹿忠節公集二十一卷…………………2－418
鹿忠節公集二十一卷…………………2－418
鹿洲公案二卷 …………………………2－20
鹿洲全集二十卷………………………1－151
鹿洲全集八種四十二卷附一種一卷
……………………………………………2－437
鹿洲全集八種四十二卷附一種一卷
……………………………………………2－437
鹿洲全集八種四十八卷………………2－481
鹿洲全集八種四十八卷………………2－481
鹿洲全集八種四十三卷………………2－437
鹿洲初集二十卷………………………1－161
鹿洲奏疏不分卷………………………1－375
鹿鳴雅詠四卷首一卷…………………2－353
鹿蕉山館詩鈔十卷……………………2－347
旌表事實姓氏錄不分卷………………1－346
旌表事實姓氏錄不分卷………………1－346
旌表烈婦錄四卷………………………1－346
旌卹永昌忠烈錄 ……………………2－94
族制進化論三部………………………2－270
褭碧齋詩五卷褭碧齋詞一卷褭碧齋
襍文一卷…………………………2－339
褭碧齋詩五卷褭碧齋詞一卷褭碧齋
襍文一卷…………………………2－339
褭碧齋詩集不分卷附詞一卷…………2－339
章午峰先生[邦元]年譜一卷附日記
一卷…………………………………1－342
章氏遺書二種…………………………2－107
章氏遺書二種…………………………2－107
章氏遺書二種…………………………2－107
章氏遺書二種…………………………2－107
章氏遺書二種十一卷…………………2－571
[乾隆]章邱縣志十三卷首一卷 ………1－37
[道光]章邱縣志十六卷首一卷末一
卷……………………………………1－471
[道光]章邱縣志十六卷首一卷末一
卷……………………………………1－471
[道光]章邱縣志十六卷首一卷末一
卷……………………………………1－471
[光緒]章邱縣鄉土志二卷 …………1－391
[光緒]章邱縣鄉土志二卷 …………1－477
章圃文蛻八卷首一卷末一卷…………2－441
章實齋乙卯劄記丙辰劄記合刻………2－378
章實齋乙卯劄記丙辰劄記合刻………2－378
章實齋先生遺書六卷附錄一卷………2－480
章實齋先生遺書六卷附錄一卷………2－480
商子五卷………………………………2－137
商文毅公集十卷………………………1－145
[康熙]商丘縣志二十卷首一卷 ……1－479
商君書五卷附攷一卷…………………2－135
商君書五卷附攷一卷…………………2－135
商君書五卷附攷一卷…………………2－135
商君書五卷附攷一卷…………………2－135
商君書五卷附攷一卷…………………2－135
商君書五卷附攷一卷…………………2－135
商於吟稿二卷…………………………2－373
[道光]商河縣志八卷首一卷 ………1－443
商部奏定律章程七種不分卷 …………2－16
商會公報(第六年第四號) ……………2－49
商辦漢鎮既濟水電有限公司章程不
分卷 ……………………………………2－18
望古遙集詩存不分卷…………………2－348
望炊樓叢書七種十三卷………………2－573
[光緒]望都縣鄉土圖說不分卷 ……1－488
望溪文鈔一卷…………………………2－508
望溪先生文集十八卷集外文十卷集
外文補遺二卷……………………2－434
望溪先生文集十八卷集外文十卷集
外文補遺二卷……………………2－434
望溪先生文集十八卷集外文十卷集
外文補遺二卷……………………2－434
望溪先生文集十八卷集外文十卷集
外文補遺二卷……………………2－434
望溪先生文集十八卷集外文十卷集
外文補遺二卷……………………2－434
望溪先生文集十八卷集外文十卷集
外文補遺二卷……………………2－438
望溪集不分卷…………………………1－151
望溪集不分卷…………………………1－151
望溪羣書………………………………2－434
率性闡微不分卷………………………2－206

率祖堂叢書八種五十四卷附六種二十九卷 …… 2－558
率真集二卷 …… 2－372
情田詞三卷 …… 2－524
情田詞三卷 …… 2－524
情史類畧二十四卷 …… 1－82
情史類畧二十四卷 …… 1－84
情意時景不分卷 …… 2－208
情禪五種不分卷 …… 1－246
惜抱軒五言今體詩鈔九卷七言今體詩鈔九卷 …… 2－431
惜抱軒全集十種八十八卷 …… 2－431
惜抱軒全集十種八十八卷 …… 2－441
惜抱軒全集十種八十八卷 …… 2－445
惜抱軒全集十種八十八卷 …… 2－445
惜抱軒全集十種八十八卷 …… 2－445
惜抱軒全集十種八十八卷 …… 2－445
惜抱軒全集十種八十八卷遺書三種十二卷 …… 2－445
惜抱軒筆記八卷 …… 2－235
惜抱軒詩集十卷詩後集一卷外集一卷 …… 2－431
惜抱軒詩集十卷詩後集一卷外集一卷 …… 2－431
惜抱軒遺書三種十二卷 …… 2－440
惜陰軒叢書續編五種二十一卷 …… 2－557
惜褒先生尺牘八卷 …… 2－298
惜褒先生尺牘八卷 …… 2－298
惜褒先生尺牘八卷 …… 2－298
惜褒先生尺牘八卷 …… 2－298
惜陰軒叢書三十四種三百二卷續編五種二十一卷 …… 2－557
惜陰軒叢書三十四種三百二卷續編五種二十一卷 …… 2－557
惜陰軒叢書四十二種三百二十四卷 …… 2－543
惜道時齋集文編二卷詩編一卷 …… 2－498
惕甫未定藁十六卷讀賦卮言一卷 …… 2－441
惕盦[崇實]年譜一卷適齋詩集四卷 …… 1－322
惕盦[崇實]年譜一卷適齋詩集四卷 …… 1－322
惕盦[崇實]年譜一卷適齋詩集四卷 …… 1－322
剪桐載筆一卷 …… 1－148
剪燈餘話五卷 …… 2－248
剪燈叢話三種七卷 …… 2－250
清文典要四卷 …… 1－243
清文指要三卷續二卷 …… 1－246
清文補彙八卷 …… 1－243
清文補彙八卷 …… 1－243
清文補彙八卷 …… 1－243
清文補彙八卷 …… 1－243
清文彙書十二卷 …… 1－13
清末北平戲劇史材不分卷 …… 2－119
清平閣倡和詩一卷 …… 1－147
清史輯要正宗六卷 …… 1－264
清史攬要六卷 …… 1－264
清史攬要六卷 …… 1－264
清史攬要六卷 …… 1－301
清史攬要四卷 …… 1－264
清代文獻邁古錄二十四卷附錄不分卷 …… 1－59
清代督撫奏議滙鈔不分卷 …… 1－376
清代管理戶部三庫事務衙門奏定章程彙編不分卷 …… 2－16
清代檔案雜鈔不分卷 …… 1－46
清白士集六種二十九卷 …… 2－576
清光緒殿試履歷 …… 2－94
清全齋讀春秋編十二卷 …… 1－205
[同治]清江縣志十卷首一卷 …… 1－478
[同治]清江縣志十卷首一卷 …… 1－478
[同治]清江縣志十卷首一卷 …… 1－478
清芬集十卷 …… 2－355
清芬集十卷 …… 2－355
清芬樓遺藁四卷 …… 2－459
清芬樓遺藁四卷 …… 2－459
清芬樓遺藁四卷 …… 2－459
清足居集一卷附蕉窗詞一卷 …… 2－342
清吟堂全集十五種七十七卷 …… 1－169
清吟堂集九卷附神功聖德詩漠北蕩

平凱歌二十首 …………………………… 1－109
[同治]清苑縣志十八卷首一卷 …… 1－430
[同治]清苑縣志十八卷首一卷 …… 1－430
[同治]清苑縣志十八卷首一卷 …… 1－430
清季名流豔史初編十二回 …………… 2－254
清河書畫舫十二卷 ………………… 1－67
清河書畫舫十二卷附補遺 …………… 2－186
清河書畫舫十二卷附補遺 …………… 2－187
[咸豐]清河縣志二十四卷首一卷 … 1－403
[咸豐]清河縣志二十四卷首一卷附
編二卷 ………………………………… 1－403
[同治]清河縣志再續編二卷 ……… 1－492
清波三志三卷 ………………………… 1－345
清波小志二卷 ………………………… 1－527
清波小志二卷補一卷 ………………… 1－514
清波小志二卷補一卷 ………………… 1－527
清波別志三卷 ………………………… 2－255
清波雜志十二卷清波別志三卷 ……… 2－255
清波雜志三卷 ………………………… 2－245
清宗室襲爵譜不分卷 ……………… 1－48
清查運庫錢糧 ………………………… 2－260
清俄關係二卷 ……………………… 2－48
[同治]清泉縣志十卷首一卷末一卷
…………………………………………… 1－479
清風易註四卷 ………………………… 1－184
清軍機處諭旨不分卷 ……………… 1－30
清真指南十卷 ………………………… 2－214
清真指南十卷 ………………………… 2－214
清秘述聞十六卷 ……………………… 1－295
清秘述聞十六卷 ……………………… 1－295
清秘述聞十六卷 ……………………… 1－295
清秘述聞十六卷 …………………… 2－90
清秘述聞十六卷 ……………………… 2－149
清秘述聞十六卷 ……………………… 2－510
清容居士集五十卷目錄二卷 ………… 2－412
清異編珠二卷 ………………………… 1－245
清異錄二卷 ………………………… 1－83
清異錄二卷 ………………………… 1－83
清異錄二卷 …………………………… 2－543
清訟章程不分卷 …………………… 2－11
清涼山志十卷 ………………………… 1－498
清涼山志十卷 ………………………… 1－498
清涼山志十卷 ………………………… 1－498
清涼山新志十卷 …………………… 1－41
清朝先正事略六十卷 ………………… 1－316
清朝先正事略六十卷 ………………… 1－316
清惠堂集文二卷詩六卷詞二卷 ……… 2－495
清暑筆談一卷 ……………………… 1－80
清尊集十六卷 ………………………… 2－493
清尊集十六卷 ………………………… 2－493
清道光間播紳雜錄不分卷 ………… 2－94
清統元音 …………………………… 1－13
清閟閣全集十二卷 …………………… 1－156
清閟閣全集十二卷 …………………… 2－546
清暉閣贈貽尺牘二卷 ………………… 2－513
清暉贈言十卷 ………………………… 1－123
清頌堂叢書八種六十二卷 …………… 2－558
清嘉錄十二卷 ………………………… 2－385
清綺詩堂題照集不分卷 ……………… 2－497
清賢紀六卷 …………………………… 2－227
清賢紀六卷 …………………………… 2－227
清賢紀六卷 …………………………… 2－388
清賦問答不分卷 ……………………… 1－556
清鮑軍門戰功紀畧不分卷 …………… 1－306
清隱山房叢書七種十卷續編六種七
卷 ……………………………………… 2－556
清麓文集二十三卷日記五卷 ………… 2－465
清麓文集二十三卷日記五卷 ………… 2－465
[順治]淇縣志十卷圖考一卷 ……… 1－489
[光緒]淶水縣志八卷首一卷末一卷
…………………………………………… 1－425
[光緒]淶水縣志八卷首一卷末一卷
…………………………………………… 1－425
淞隱漫錄十二卷 ……………………… 2－249
淞隱漫錄十二卷 ……………………… 2－249
淞隱漫錄十二卷 ……………………… 2－249
淞隱漫錄十二卷 ……………………… 2－249
淞隱漫錄十二卷 ……………………… 2－249
淞濱瑣話十二卷 ……………………… 2－247
[乾隆]涿州志二十二卷首一卷 …… 1－450
[同治]涿州續志十八卷 ………… 1－450
渠風續集八卷 ………………………… 2－353

渠亭山人半部稾不分卷 …………………… 2－464
淛喛存愚二卷 ………………………………… 2－161
淮北票鹽志略十五卷 ………………………… 1－551
淮北票鹽志略十五卷 ………………………… 1－551
淮北票鹽志略十五卷 ………………………… 1－551
淮北票鹽志略十五卷 ………………………… 1－551
淮北票鹽志餘不分卷 ……………………… 2－27
淮北票鹽志餘續編不分卷 ………………… 2－27
淮北票鹽續略二編十卷 ……………………… 1－557
淮北票鹽續略二編十卷 ……………………… 1－557
淮北票鹽續略十二卷 ………………………… 1－551
淮北票鹽續略十二卷 ……………………… 2－28
淮北票鹽續略十二卷 ……………………… 2－28
淮北票鹽續略十二卷 ……………………… 2－28
［光緒］淮安府志四十卷首一卷 …… 1－481
淮安萬畢術二卷 …………………………… 2－227
淮安藝文志十卷 …………………………… 2－280
淮安藝文志十卷 …………………………… 2－280
淮安藝文志十卷 …………………………… 2－280
淮南子二十一卷 …………………………… 2－130
淮南子二十一卷 …………………………… 2－139
淮南子二十一卷 …………………………… 2－153
淮南子二十一卷 …………………………… 2－218
淮南子二十一卷 …………………………… 2－219
淮南子二十一卷 …………………………… 2－219
淮南子二十一卷 …………………………… 2－219
淮南子二十一卷 …………………………… 2－219
淮南子二十一卷敘目不分卷 ………… 1－75
淮南天文訓補注二卷 ……………………… 2－220
淮南天文訓補注二卷 ……………………… 2－220
淮南內篇二十一卷 ………………………… 2－228
淮南鴻烈閒詁二卷 ………………………… 2－227
淮南鴻烈解二十一卷 …………………… 1－75
淮南鴻烈解二十一卷 …………………… 1－75
淮南鴻烈解二十一卷 …………………… 1－75
淮南鴻烈解二十一卷 ……………………… 2－219
淮南鴻烈解輯畧不分卷 ………………… 1－75
淮南褋箸二卷 ……………………………… 2－375
淮南褋箸二卷 ……………………………… 2－375
淮南褋箸二卷 ……………………………… 2－376
淮南鹽法紀畧十卷 ……………………… 2－26
淮南鹽法紀畧十卷 ……………………… 2－26
淮軍平捻記十二卷 ………………………… 1－301
淮軍平捻記十二卷 ………………………… 1－301
淮軍平捻記十二卷 ………………………… 1－301
淮海同聲集二十卷 ………………………… 2－319
淮海英靈集十集二十二卷 ……………… 2－348
淮海集十七卷後集二卷詞一卷補遺
　一卷 ……………………………………… 2－400
淮海集十七卷後集二卷詞一卷補遺
　一卷淮海文集考證一卷 ……………… 2－400
淮海集十七卷後集二卷詞一卷補遺
　一卷淮海集附纂攷證一卷附纂補
　攷證一卷附纂存影一卷淮海文集
　攷證一卷 ………………………………… 2－400
淮海集四十卷 ……………………………… 1－131
淮海集四十卷後集六卷後集長短句
　三卷 ……………………………………… 1－131
淮海集四十卷後集六卷後集長短句
　三卷詩餘一卷 …………………………… 2－400
淮海詞一卷 ………………………………… 1－164
淮海題跋一卷 ……………………………… 2－403
淮海題跋一卷 ……………………………… 2－518
［道光］淮寧縣志二十七卷 ………… 1－461
淮鹺備要十卷 ……………………………… 2－23
淮鹽運楚章程八條 ………………………… 2－17
淨土指歸集二卷 …………………………… 2－208
淨土聖賢錄九卷續錄四卷附種蓮集
　………………………………………… 2－206
淨土資糧全集六卷前集一卷後集一
　卷 ……………………………………… 1－71
淳化秘閣法帖考正十二卷 …………… 1－68
淳化秘閣法帖考正十二卷附二卷 …… 1－68
淳化秘閣法帖考正十卷附二卷 ……… 1－69
淳化閣帖釋文二卷 ……………………… 1－69
淳化閣法帖十卷 …………………………… 2－195
［光緒］淳安縣志十六卷首一卷 …… 1－461
［光緒］淳安縣志十六卷首一卷 …… 1－462
［光緒］淳安縣志十六卷首一卷 …… 1－462
［光緒］淳安縣志十六卷首一卷 …… 1－462
［光緒］淳安縣志十六卷首一卷 …… 1－462
淳祐臨安志輯逸八卷 ……………………… 1－523

淳祐臨安志輯逸八卷…………………… 1-524
淳熙玉堂雜記三卷……………………… 1-306
[同治]淡水廳志十六卷 …………… 1-458
[同治]淡水廳志十六卷 …………… 1-458
淡如齋偶草不分卷……………………… 2-364
淡軒先生詩文集十二卷補遺一卷…… 1-148
淚墨草三卷……………………………… 2-348
[道光]深州直隸州志十卷首一卷末
一卷………………………………… 1-486
深州風土記二十二卷附表五卷……… 1-384
深州風土記二十二卷附表五卷……… 1-384
深州風土記二十二卷附表五卷……… 1-384
深州風土記二十二卷附表五卷……… 1-384
深州風土記二十二卷附表五卷……… 1-384
深州風土記二十二卷附表五卷……… 1-384
深州風土記二十二卷附表五卷……… 1-384
深州風土記二十二卷附表五卷……… 1-384
深柳堂詩草不分卷……………………… 2-370
深寧先生文鈔八卷……………………… 2-410
[乾隆]深澤縣志十二卷首一卷 ……… 1-38
婆羅島志一卷…………………………… 1-533
[光緒]梁山縣志十卷首一卷 ……… 1-472
梁公九諫一卷…………………………… 1-365
梁丘司空集一卷………………………… 2-392
梁昭明太子文集五卷…………………… 1-126
梁昭明文選十二卷 …………………… 1-90
梁皇寶卷全集不分卷…………………… 2-207
梁健菴府君行述………………………… 1-347
梁書五十六卷 ………………………… 1-17
梁書五十六卷 ………………………… 1-17
梁園風雅二十七卷……………………… 1-119
梁谿先生文集一百八十卷附錄六卷
……………………………………… 2-410
梁谿漫志十卷…………………………… 1-345
梁谿漫志十卷…………………………… 2-377
梁譯大乘起信論不分卷………………… 2-203
[乾隆]淄川縣志八卷首一卷 ……… 1-424
寄青齋遺集二卷附綠吟館遺集二卷
……………………………………… 2-491
寄思齋藏稿十四卷公孫龍子一卷…… 2-508
寄圃老人自記年譜一卷………………… 1-342
寄菴詩鈔十八卷………………………… 2-346
寄傲山房塾課新增幼學故事瓊林四
卷首一卷…………………………… 2-304
寄園寄所寄十二卷 …………………… 1-76
寄園寄所寄十二卷 …………………… 1-76
寄園寄所寄十二卷 …………………… 1-76
寄蝸殘贅十六卷 ……………………… 2-52
寄盦試律賸二卷附刻一卷…………… 2-313
寄簃文存二編二卷……………………… 2-6
寄簃文存二編二卷……………………… 2-168
寄簃文存八卷…………………………… 2-168
寄簃文存八卷…………………………… 2-168
寄簃文存八卷…………………………… 2-168
寄廬雜記四卷…………………………… 2-388
寄廬雜記四卷…………………………… 2-388
寄龕詞問六卷…………………………… 2-521
寄龕雜著四種十六卷…………………… 2-575
寂園叢書二十種二十八卷……………… 2-331
寂園叢書二十種二十八卷……………… 2-331
[同治]宿遷縣志十九卷 …………… 1-412
[同治]宿遷縣志十九卷 …………… 1-412
[同治]宿遷縣志十九卷 …………… 1-412
[光緒]密雲縣志六卷 ……………… 1-456
[嘉慶]密縣志十六卷首一卷 ……… 1-435
密齋文集不分卷………………………… 2-498
啟悟要津二十課………………………… 2-178
啓秀事略一卷…………………………… 1-318
啓秀事略一卷…………………………… 1-334
啓秀事略一卷…………………………… 1-334
啓蒙集不分卷…………………………… 2-305
啓禎宮詞合刻二卷……………………… 2-522
啓禎宮詞合刻二卷……………………… 2-522
尉山堂稿十四卷………………………… 2-507
[道光]尉氏縣志二十卷首一卷 …… 1-431
[道光]尉氏縣志二十卷首一卷 …… 1-432
[道光]尉氏縣志二十卷首一卷 …… 1-438
[道光]尉氏縣志二十卷首一卷 …… 1-438
尉繚子二卷……………………………… 2-130
尉繚子二卷……………………………… 2-131
尉繚子二卷……………………………… 2-137
張力臣先生遺集不分卷………………… 2-499

張大司馬奏稿四卷 …… 1-374
張大司馬奏稿四卷 …… 2-462
張之洞事略不分卷 …… 1-332
張之洞撫晉雜款不分卷 …… 1-541
張子全書十五卷 …… 1-134
張子全書十五卷 …… 2-407
張太史評選秦漢文範十三卷 …… 1-91
張太岳先生文集四十七卷 …… 2-450
張中丞事實集錄三卷首一卷 …… 2-397
張中丞奏議四卷 …… 1-366
張公奏議二十四卷 …… 1-369
張公襄理軍務紀略六卷 …… 2-163
張氏公羊二種六卷 …… 1-212
張氏適園叢書初集七種三十三卷 …… 2-534
張氏適園叢書初集七種三十三卷 …… 2-535
張氏雜著八種 …… 1-508
張氏類經三十二卷圖翼十一卷附翼
四卷 …… 2-174
張文忠公文集十一卷張文忠公詩集
六卷 …… 2-423
張文忠公文集十一卷張文忠公詩集
六卷 …… 2-423
張文忠公文集十一卷張文忠公詩集
六卷 …… 2-423
張文貞公[玉書]年譜一卷 …… 1-344
張文貞公集十二卷 …… 2-450
張文貞公集十二卷 …… 2-450
張文毅公奏稾八卷 …… 1-373
張文襄公手劄不分卷 …… 2-515
張文襄公公牘稿 …… 1-367
張文襄公詩集四卷 …… 2-311
張文襄幕府紀聞二卷 …… 2-52
張文襄幕府紀聞二卷 …… 2-52
張文襄幕府紀聞二卷 …… 2-64
張文襄幕府紀聞二卷 …… 2-64
張文襄幕府紀聞二卷 …… 2-64
張仲景金匱要畧論註二十四卷 …… 1-65
張叔未解元所藏金石文字不分卷 …… 2-102
張忠武事錄四卷 …… 1-306
張忠武事錄四卷 …… 1-306
張忠烈公[煌言]年譜一卷附敬修堂
釣業一卷 …… 1-343
張忠敏公遺集十卷附錄六卷 …… 2-425
張忠敏公遺集十卷附錄六卷 …… 2-425
張制軍[亮基]年譜二卷 …… 1-320
張南軒先生文集七卷 …… 2-411
張勇烈公神道碑 …… 2-192
張淮陽集一卷 …… 2-416
張惠肅公[亮基]年譜四卷 …… 1-320
張皐文箋易詮全集五十三卷 …… 1-183
張楊園先生[履祥]年譜一卷 …… 2-443
張楊園先生[履祥]年譜一卷附錄編
年詩文目一卷 …… 1-344
張廉卿先生文集八卷 …… 2-505
張說之文集二十五卷補遺五卷 …… 2-394
張燕公集二十五卷 …… 2-395
張龍湖先生文集十五卷 …… 1-144
張龍湖先生文集十五卷 …… 1-144
強聒書社策論新選二卷 …… 2-258
強學彙編十八卷補編一卷 …… 2-146
隋唐嘉話三卷 …… 1-80
隋書八十五卷附攷異 …… 1-292
隋書地理志攷證九卷補遺一卷 …… 1-391
隋煬帝集一卷 …… 2-396
隋經籍志考證十三卷 …… 2-71
隋經籍志考證十三卷 …… 2-72
隋經籍志考證十三卷 …… 2-72
[道光]陽曲縣志十六卷 …… 1-436
[道光]陽曲縣志十六卷 …… 1-436
[道光]陽曲縣志十六卷 …… 1-436
陽宅三要四卷 …… 2-210
[乾隆]陽武縣志十二卷 …… 1-487
陽明先生文錄三卷 …… 1-146
陽明先生文錄五卷外集九卷別錄十
卷 …… 1-139
陽明先生文錄五卷外集九卷別錄十
卷 …… 1-145
陽明先生集要三種十五卷 …… 2-427
陽明先生集要三種十六卷 …… 2-416
陽春集一卷 …… 2-523
[道光]陽春縣志十四卷首一卷 …… 1-441
[乾隆]陽信縣志八卷首一卷 …… 1-434

[乾隆]陽信縣志八卷首一卷 ……… 1－434
陽湖縣庚申殉難忠義錄不分卷……… 1－348
陽羨茗壺系一卷…………………… 1－345
陽羨風土記一卷附補輯一卷校刊記
　一卷考證一卷續補輯一卷………… 1－394
陽穀殉難事實一卷………………… 1－334
隅園集十八卷……………………… 1－146
隆平集二十卷 …………………… 1－24
隆平集二十卷……………………… 1－288
婦人集一卷………………………… 1－290
婦人集一卷………………………… 1－290
婦人集補一卷……………………… 1－290
婦人集補一卷……………………… 1－290
婦科秘方一卷……………………… 2－228
婦學不分卷………………………… 2－160
習之先生全集錄二卷……………… 2－397
習苦齋畫絮十卷…………………… 2－188
習苦齋畫絮十卷…………………… 2－188
習苦齋畫絮十卷…………………… 2－188
習苦齋詩集八卷習苦齋古文四卷…… 2－325
習苦齋詩集八卷習苦齋古文四卷…… 2－325
習苦齋詩集八卷習苦齋古文四卷…… 2－506
習是堂文集二卷附自序年譜一卷…… 2－509
習是編二編二十六卷……………… 2－160
習是編二編二十六卷……………… 2－160
習靜軒偶記二卷…………………… 2－331
習靜駢齋駢文一卷………………… 2－291
習學記言序目五十卷……………… 2－229
習學記言序目五十卷……………… 2－229
參同契一卷………………………… 2－147
參同契口義一卷…………………… 1－3
參同契直指箋註三卷參同契直指三
　相類二卷………………………… 2－199
參同契經文直指三卷……………… 2－199
參讀禮志疑二卷…………………… 1－200
貫華堂第六才子書八卷附才子西廂
　文一卷 ………………………… 1－82
貫華堂評論金雲翹傳四卷二十四回
　…………………………………… 1－84
貫華堂選批唐才子詩甲集七言律八
　卷………………………………… 1－104
鄉守輯要合鈔十卷 ……………… 2－50
鄉兵管見三卷……………………… 1－550
鄉試硃卷(嘉慶丙子科)不分卷 …… 2－295
鄉黨圖考十卷……………………… 1－223
鄉黨圖考十卷……………………… 1－223
鄉黨圖考十卷……………………… 1－223
鄉黨圖考十卷……………………… 1－223
鄉黨圖考補證六卷………………… 1－222
鄉黨應酬六卷……………………… 2－296
細雲吟草二卷……………………… 2－326
紹興先正遺書四集十九種一百七十
　七卷……………………………… 2－562
[乾隆]紹興府志八十卷首一卷 …… 1－484
紹興府學堂癸卯甲辰年課藝不分卷
　…………………………………… 2－304
巢睫庵駢散書牘撮存六卷………… 2－298
巢睫庵駢散書牘撮存六卷………… 2－298
巢經巢詩鈔九卷…………………… 2－573
巢經巢詩鈔九卷後集四卷………… 2－349
巢經巢遺文五卷…………………… 2－506
巢經巢遺文五卷…………………… 2－506

十二畫

貳臣傳十二卷 ……………………… 1－28
貳臣傳十二卷……………………… 1－325
貳臣傳十二卷……………………… 1－325
貳臣傳十二卷……………………… 1－325
貳臣傳十二卷……………………… 1－325
貳臣傳十二卷……………………… 1－325
貳臣傳十二卷……………………… 1－325
貳臣傳十二卷……………………… 1－325
貳臣傳十二卷逆臣傳四卷………… 1－314
貳臣傳十二卷逆臣傳四卷………… 1－314
貳臣傳十二卷逆臣傳四卷………… 1－325
貳臣傳十二卷逆臣傳四卷………… 1－325
貳臣傳十二卷逆臣傳四卷………… 1－325
絜齋毛詩經筵講義四卷…………… 1－194
絜齋集二十四卷宋儒袁正獻公從祀
　錄六卷…………………………… 2－405
琴律不分卷………………………… 1－223

琴學入門二卷…………………………… 1－223
琴隱園詩集三十六卷詞集四卷……… 2－338
琴隱園詩集三十六卷詞集四卷……… 2－339
琴譜合璧二種三卷 …………………… 1－69
琳琅秘室叢書四集三十種一百五十
　七卷……………………………………… 2－554
琳齋詩稿七卷…………………………… 2－351
琦善川陜奏稿不分卷 ………………… 1－31
瑯嬛文集六卷…………………………… 2－501
瑯嬛記三卷 …………………………… 1－82
堯峰文鈔四十卷詩十卷……………… 1－149
堯峰文鈔四十卷詩十卷……………… 1－149
黄大王事蹟全志一卷………………… 1－334
黄山志二卷 …………………………… 1－41
黄山志定本七卷首一卷 ……………… 1－41
黄山志定本七卷首一卷 ……………… 1－41
黄山志定本七卷首二卷……………… 1－502
黄山谷尺牘十卷……………………… 2－298
黄小松藏漢碑五種…………………… 2－194
黄子[道周]年譜一卷 ………………… 1－342
黄子[道周]年譜一卷 ………………… 1－342
黄天蕩修堤全錄四卷………………… 1－494
黄斤文鈔四卷………………………… 2－501
黄氏畫譜八種八卷 …………………… 1－68
黄氏塾課三卷………………………… 2－160
黄氏醫書八種………………………… 2－172
黄氏讀禮記日抄十六卷……………… 1－201
黄文貞公忠節紀略四卷首一卷……… 2－427
黄文獻公集十二卷首一卷…………… 2－414
黄文獻公集十二卷首一卷…………… 2－414
黄石公素書不分卷素書三卷留侯世
　家不分卷……………………………… 2－561
黄甲草廬家世錄三卷附黎眉駢福集
　……………………………………………… 1－320
[光緒]黄州府志四十卷首一卷 …… 1－444
[光緒]黄州府志四十卷首一卷 …… 1－444
[光緒]黄州府志四十卷首一卷 …… 1－445
[宣統]黄州府志拾遺六卷 ………… 1－445
[光緒]黄安縣志十卷首一卷 ……… 1－466
黄孝子紀程一卷……………………… 2－255
黄青社先生伐檀集二卷……………… 1－132
黄青社先生伐檀集二卷……………… 2－411
黄青社先生伐檀集二卷……………… 2－411
黄忠端公[道周]年譜二卷 ………… 1－343
[光緒]黄岡縣志二十四卷首一卷 … 1－444
[光緒]黄岡縣志二十四卷首一卷 … 1－444
[光緒]黄岡縣志二十四卷首一卷 … 1－444
黄帝内經素問二十四卷遺篇一卷…… 2－172
黄帝内經靈樞十二卷………………… 2－172
黄哲生府君行述……………………… 1－347
黄書一卷……………………………… 2－565
黄崑圃先生[叔琳]年譜三卷 ……… 1－320
黄梨洲先生南雷文約四卷…………… 1－159
黄梨洲先生南雷文約四卷…………… 2－503
黄梨洲先生集五種二十一卷附一種
　一卷……………………………………… 1－169
黄梨洲遺書十種四十三卷…………… 2－489
黄梨洲遺書十種四十三卷…………… 2－489
黄琢山房集十卷……………………… 1－118
黄葉邨莊詩集八卷詩續集一卷詩後
　集一卷…………………………………… 2－322
黄葉村居詩鈔一卷詞鈔一卷………… 2－354
黄黎洲先生[宗羲]年譜三卷 ……… 1－343
黄黎洲先生[宗羲]年譜三卷 ……… 1－343
黄湄詩選十卷………………………… 1－119
黄勤敏公全集五十一卷……………… 2－346
黄楊集三卷…………………………… 2－356
黄楊集三卷…………………………… 2－356
黄詩全集五十八卷…………………… 2－308
黄詩全集五十八卷…………………… 2－308
黄漳浦集五十卷首一卷目錄二卷…… 2－419
黄漳浦集五十卷首一卷目錄二卷…… 2－419
[乾隆]黄縣志十二卷 ……………… 1－424
[同治]黄縣志十四卷首一卷末一卷
　……………………………………………… 1－424
[同治]黄縣志十四卷首一卷末一卷
　……………………………………………… 1－424
[同治]黄縣志十四卷首一卷末一卷
　……………………………………………… 1－424
黄學廬雜述三卷……………………… 2－228
黄鵠山人詩初鈔十八卷……………… 2－340
黄鵠山志十二卷首一卷……………… 1－502

黃巖集三十二卷首一卷……………… 2－280
黃巖集三十二卷首一卷……………… 2－280
［光緒］黃巖縣志四十卷首一卷 …… 1－444
［光緒］黃巖縣志四十卷首一卷 …… 1－444
［光緒］黃巖縣志四十卷首一卷 …… 1－444
［光緒］黃巖縣志四十卷首一卷 …… 1－482
［光緒］黃巖縣志四十卷首一卷 …… 1－482
［光緒］黃巖縣志四十卷首一卷 …… 1－483
塔爾巴哈台事宜四卷………………… 1－391
項氏家說四卷………………………… 1－177
項城袁氏家集七種…………………… 1－294
項城袁氏家集七種…………………… 1－294
項城袁氏家集七種…………………… 1－294
項城袁氏家集七種…………………… 1－294
項城袁氏家集七種…………………… 1－294
項城袁氏家集七種…………………… 2－474
項城袁氏家集七種…………………… 2－474
項城袁氏家集七種…………………… 2－474
越女表微錄五卷……………………… 1－333
越中金石記十卷目二卷 ……………… 2－99
越南游歷記不分卷…………………… 1－513
越風三十卷…………………………… 1－111
越詠二卷……………………………… 2－351
［光緒］越嶲廳全志十二卷 ………… 1－432
［光緒］越嶲廳全志十二卷 ………… 1－432
越諺三卷賸語二卷…………………… 1－248
越諺三卷賸語二卷…………………… 1－248
越諺三卷賸語二卷…………………… 1－248
越諺三卷賸語二卷…………………… 1－248
越諺三卷賸語二卷…………………… 1－248
越縵堂駢體文四卷附越縵堂散體文
一卷………………………………… 2－291
越縵堂駢體文四卷附越縵堂散體文
一卷………………………………… 2－291
博山無異大師語錄集要六卷 ………… 1－74
［乾隆］博山縣志十卷首一卷 ……… 1－450
［乾隆］博山縣志十卷首一卷 ……… 1－450
博物志十卷…………………………… 2－242
博物志十卷…………………………… 2－242
博物志十卷…………………………… 2－242
博物志十卷…………………………… 2－242
博物志十卷續博物志十卷…………… 2－242
博物典彙二十卷 ……………………… 1－78
博物典彙十九卷 ……………………… 1－78
［乾隆］博野縣志八卷首一卷末一卷
…………………………………… 1－38
博雅十卷……………………………… 1－226
博雅音十卷 …………………………… 1－14
彭氏二文合集十五卷 ………………… 1－87
彭文敬公全集………………………… 2－494
彭文敬公全集………………………… 2－494
彭姥詩蒐十二卷……………………… 2－336
彭剛直公奏稿八卷…………………… 1－364
彭剛直公奏稿八卷…………………… 1－364
彭剛直公奏稿八卷…………………… 1－364
彭剛直公奏稿八卷…………………… 1－364
彭剛直公奏稿八卷…………………… 1－364
彭剛直公奏稿八卷…………………… 1－364
彭剛直公奏稿八卷…………………… 1－364
彭剛直公奏稿八卷…………………… 1－364
彭剛直公奏稿八卷…………………… 1－364
彭剛直公奏稿八卷…………………… 1－364
彭剛直公詩集八卷…………………… 1－364
彭剛直公詩集八卷…………………… 1－364
彭剛直公詩集八卷…………………… 1－364
彭剛直公詩集八卷…………………… 1－364
彭遊行紀不分卷附彭遊詩草不分卷
重游五斗山行紀不分卷…………… 1－515
煮藥漫鈔二卷………………………… 2－519
煮藥漫鈔二卷………………………… 2－519
蛩吟稿不分卷………………………… 2－369
裁嚴郡九姓漁課錄不分卷…………… 1－374
報風要則不分卷……………………… 2－178
報暉草堂詩集八卷續集二卷三集一
卷………………………………… 2－346
達亭老人遺稿三種四卷……………… 2－435
達摩寶傳不分卷……………………… 2－204
壹是紀始二十二卷補遺一卷………… 1－295
壹是紀始二十二卷補遺一卷………… 1－295
壹是紀始二十二卷補遺一卷………… 1－295
壹是紀始二十二卷補遺一卷………… 1－295
壹是紀始二十二卷補遺一卷………… 2－144

壹齋集四卷…………………………… 2－347
壺山自吟稾三卷附錄一卷俟寧居偶
詠一卷……………………………… 1－108
壺山自吟稾三卷附錄一卷俟寧居偶
詠一卷……………………………… 2－336
壺天錄三卷…………………………… 2－245
壺天錄三卷…………………………… 2－245
壺庵詩二卷駢體文二卷……………… 2－503
［道光］留壩廳志十卷 ……………… 1－455
［道光］留壩廳志十卷 ……………… 1－455
斯文規範八卷………………………… 1－163
斯文精萃不分卷 …………………… 1－86
斯文精萃不分卷 …………………… 1－86
斯文精萃不分卷 …………………… 1－86
斯未信齋集六種二十六卷…………… 2－573
斯陶說林十二卷……………………… 2－251
期不負齋全集二種…………………… 2－471
期不負齋全集二種…………………… 2－471
葉忠節公遺稿十二卷………………… 2－502
葉柝紀程二卷………………………… 1－515
［同治］葉縣志十卷首一卷 ………… 1－460
［同治］葉縣志十卷首一卷 ………… 1－460
［同治］葉縣志十卷首一卷 ………… 1－460
散原精舍詩二卷……………………… 2－315
散原精舍詩二卷……………………… 2－315
散原精舍詩二卷……………………… 2－315
葬書內外篇不分卷…………………… 1－139
萬山草堂詩集六卷…………………… 2－367
萬山綱目二十一卷…………………… 1－498
萬山綱目二十一卷…………………… 1－498
萬世玉衡錄四卷 …………………… 1－60
［乾隆］萬全縣志十卷首一卷 ……… 1－408
萬充宗先生經學五書十八卷………… 1－195
萬充宗先生經學五書十八卷………… 1－195
萬充宗先生經學五書十九卷………… 1－8
萬充宗先生經學五書十九卷………… 1－213
萬里行程記一卷……………………… 1－509
萬物炊累室類稿三編四種…………… 2－119
萬物真原不分卷……………………… 2－215
萬卷讀餘五卷………………………… 2－108
萬卷讀餘五卷………………………… 2－108
萬柳溪邊舊話一卷…………………… 1－345
萬首唐人絕句一百一卷……………… 1－120
萬國公法四卷………………………… 2－6
萬國公法四卷………………………… 2－6
萬國公法四卷 ……………………… 2－47
萬國公報 …………………………… 2－49
萬國史記二十卷……………………… 2－122
萬國史記二十卷……………………… 2－122
萬國史記二十卷……………………… 2－122
萬國史記二十卷……………………… 2－122
萬國近政考略十六卷………………… 1－282
萬國近政考略十六卷………………… 2－127
萬國政治藝學全書三百八十卷……… 1－552
萬國政治藝學全書三百八十卷……… 2－128
萬國政治藝學全書三百八十卷……… 2－128
萬國政教種族攷二卷………………… 2－226
萬國紀事本末四卷…………………… 2－125
萬國通史續編十卷附表……………… 2－121
萬國通史續編十卷附表……………… 2－122
萬國通史續編十卷附表……………… 2－122
萬國通史續編十卷附表……………… 2－122
萬國通商史九章……………………… 2－213
萬國通鑑四卷………………………… 2－121
萬國通鑑四卷附圖一卷……………… 2－121
萬國國力比較二十三卷比較表一卷
附錄一卷…………………………… 1－558
萬國商業地理志二十三章…………… 1－380
萬國商業歷史三編…………………… 2－257
萬國歷史彙編四期一百卷…………… 2－126
萬國憲法比較不分卷………………… 2－262
萬國總說三卷………………………… 2－129
萬象一原演式九卷首一卷…………… 2－178
萬清軒先生［斛泉］年譜一卷 ……… 1－343
萬善花室文藁六卷…………………… 2－442
萬善花室文藁六卷續編一卷附錄一
卷…………………………………… 2－442
萬善花室文藁六卷續編一卷附錄一
卷…………………………………… 2－442
萬壽山頤和園東宮門外迤南馬廠牆
內添修外邊各項值房圖樣………… 2－257
萬壽慶典六十段工程奏稿不分卷萬

壽慶典六十段點景奏稿不分卷…… 1－376
萬壽盛典初集一百二十卷 …………… 1－26
萬壽盛典初集一百二十卷 …………… 1－26
萬綠草堂詩集二十卷………………… 2－336
葛中翰遺集十二卷首一卷…………… 2－429
葛端肅公集十八卷識闕一卷家訓二
卷……………………………………… 2－420
葛端肅公集十八卷識闕一卷家訓二
卷……………………………………… 2－420
董子春秋繁露十七卷附錄一卷……… 1－207
董氏詩系十卷………………………… 2－356
董氏諏吉新書不分卷………………… 2－212
董氏叢書十六種五十四卷…………… 2－563
董文敏公畫禪隨筆四卷 …………… 1－68
董方立算書五種七卷………………… 2－186
董方立遺書八種十四卷附移華舘駢
體文四卷……………………………… 2－186
董方立遺書九種十六卷……………… 2－186
葆真齋集六卷………………………… 2－503
葆淳閣集二十四卷易說二卷………… 1－161
葆淳閣集二十四卷易說二卷………… 2－441
葆淳閣集二十四卷易說二卷………… 2－441
葆愚軒詩集　卷文集一卷…………… 2－462
葡萄牙國條款不分卷 ……………… 2－44
葡萄牙國條款不分卷 ……………… 2－44
葡萄牙國條款不分卷 ……………… 2－44
葡萄牙國條款不分卷 ……………… 2－44
葡萄牙國條款不分卷 ……………… 2－44
葡萄牙國條款不分卷 ……………… 2－44
葡萄牙國條款不分卷 ……………… 2－44
葡萄牙國條款不分卷 ……………… 2－44
葡萄牙國條款不分卷 ……………… 2－44
葡萄牙國條款不分卷 ……………… 2－45
葡萄牙國條款不分卷 ……………… 2－45
葡萄牙國條款不分卷 ……………… 2－45
葡萄牙國條款不分卷 ……………… 2－45
葡萄牙國條款不分卷 ……………… 2－45
葡萄牙國條款不分卷 ……………… 2－45
葡萄牙國條款不分卷 ……………… 2－45
葡萄牙國條款不分卷 ……………… 2－45
敬吾心室彝器款識不分卷…………… 2－102
敬孚類藁十六卷……………………… 2－492
敬亭集十卷姜貞毅先生自著年譜一
卷敬亭集補遺一卷附錄一卷……… 2－492
敬恕堂文集紀年十卷………………… 2－275
敬業堂詩集五十卷 ………………… 1－97
敬業堂詩集五十卷 ………………… 1－97
敬業堂詩集五十卷 ………………… 1－97
敬業堂詩集五十卷…………………… 1－116
敬業堂詩續集六卷…………………… 1－116
敬義軒詩稿一卷……………………… 1－107
敬齋古今黈八卷……………………… 2－227
敬齋古今黈八卷……………………… 2－227
敬齋集三卷…………………………… 2－429
敬禮若瑟月三卷……………………… 2－215
敬簡堂學治雜錄四卷讀律心得一卷
求治管見合刻一卷 ……………… 2－50
敬竈章八章…………………………… 2－205
落帆樓文遺稿二卷…………………… 2－479
落落齋遺集十卷……………………… 1－144
落落齋遺集十卷附錄一卷…………… 2－424
葦間詩集五卷………………………… 2－334
葦間詩集五卷………………………… 2－355
葅亭詩草十六卷……………………… 2－357
朝代紀元表一卷……………………… 2－121
朝仙坊家課不分卷…………………… 2－306
朝市叢載八卷………………………… 1－520
朝市叢載八卷………………………… 1－520
朝市叢載八卷………………………… 1－520
朝市叢載八卷………………………… 1－520
[正德]朝邑縣志二卷 ……………… 1－34
[正德]朝邑縣志二卷 ……………… 1－411
[正德]朝邑縣志二卷 ……………… 1－411
[正德]朝邑縣志二卷附註二卷韓五
泉詩集二卷韓安人詩一卷………… 1－411
[正德]朝邑縣志二卷附錄一卷勘證
一卷…………………………………… 1－419
[乾隆]朝邑縣志十一卷首一卷 …… 1－411
[咸豐]朝邑縣志三卷 ……………… 1－412
[康熙]朝邑縣後志八卷 …………… 1－411
朝野類要五卷………………………… 2－229
朝野類要五卷………………………… 2－231

朝鮮近世史二卷 ………………………… 2－128
朝鮮紀事一卷 ………………………… 2－128
朝覲途記不分卷 ……………………… 1－512
[光緒]葭州志一卷 ………………… 1－482
喪葬雜說一卷 ………………………… 2－493
喪禮經傳約一卷 ……………………… 1－212
楮記室十五卷 ………………………… 1－59
植物名實圖考三十八卷長編二十二
卷 ………………………………… 2－196
植物名實圖考長編二十二卷 ………… 2－196
植物學啟蒙三十章 …………………… 2－272
植物學啟蒙三十章 …………………… 2－272
植物學啟蒙三十章 …………………… 2－272
植物學啟蒙三十章 …………………… 2－272
植物學啟蒙三十章 …………………… 2－272
植物學啟蒙三十章 …………………… 2－272
椒生詩草三卷 ………………………… 2－363
椒生隨筆八卷 ………………………… 2－380
椒生隨筆八卷 ………………………… 2－380
椒園居士集六卷 ……………………… 2－480
棲雲閣文集十五卷附錄一卷 ………… 1－157
棲碧先生黃楊集三卷補遺一卷附錄
一卷 ………………………………… 2－356
棲碧先生黃楊集三卷補遺一卷附錄
一卷 ………………………………… 2－356
[乾隆]棲霞縣志十卷 ……………… 1－482
[光緒]棲霞縣續志十卷首一卷 …… 1－482
棉業圖說八卷首一卷 ………………… 2－169
棉業圖說八卷首一卷 ………………… 2－169
棣垞集四卷外集三卷 ………………… 2－502
棣垞集四卷外集三卷 ………………… 2－502
棣垞集四卷外集三卷 ………………… 2－502
棣懷堂隨筆十一卷 …………………… 2－375
棣懷堂隨筆十一卷 …………………… 2－375
棣懷堂隨筆六卷 ……………………… 2－375
軺車雜錄二卷 ………………………… 1－371
軺車雜錄二卷 ………………………… 1－371
[光緒]惠民縣志三十卷首一卷末一
卷 ………………………………… 1－430
[光緒]惠民縣志補遺一卷 ………… 1－430
[光緒]惠民縣志補遺一卷 ………… 1－430
[光緒]惠州府志四十五卷首一卷 … 1－470
惠迪書六卷 …………………………… 2－161
惠濟河輯說四卷首一卷 ……………… 1－495
甦餘日記不分卷 ……………………… 2－377
粟香室叢書五十八種一百三十卷 …… 2－556
粟香室叢書五十八種一百三十卷 …… 2－558
粟香室叢書五百十七種一百二十九
卷 ………………………………… 2－548
粟香隨筆八卷二筆八卷三筆八卷四
筆八卷五筆八卷篤慎堂燼餘詩稿
二卷 ………………………………… 2－449
粟香隨筆八卷二筆八卷三筆八卷四
筆八卷五筆八卷篤慎堂燼餘詩稿
二卷 ………………………………… 2－449
粟香隨筆八卷二筆八卷三筆八卷四
筆八卷五筆八卷篤慎堂燼餘詩稿
二卷 ………………………………… 2－449
棗香書屋詩鈔一卷 …………………… 2－308
棗香書屋詩鈔一卷 …………………… 2－308
[嘉慶]棗強縣志二十卷 …………… 1－476
[同治]棗強縣志補正五卷 ………… 1－476
[同治]棗陽縣志三十卷首一卷末一
卷 ………………………………… 1－457
棘聽草十二卷賦役詳稿一卷 ………… 1－65
皕宋樓藏書志一百二十卷續志四卷
………………………………………… 2－70
皕宋樓藏書志一百二十卷續志四卷
………………………………………… 2－70
皕宋樓藏書志一百二十卷續志四卷
………………………………………… 2－70
皕宋樓藏書志一百二十卷續志四卷
………………………………………… 2－70
皕宋樓藏書志一百二十卷續志四卷
………………………………………… 2－70
皕宋樓藏書志一百二十卷續志四卷
………………………………………… 2－71
皕宋樓藏書源流攷不分卷 …………… 2－75
皕宋樓藏書源流攷不分卷 …………… 2－75
皕宋樓藏書源流攷不分卷 …………… 2－75
皕宋樓藏書續志四卷 ………………… 2－71
硤川詩鈔二十卷詞鈔一卷續鈔十六

卷詞續鈔一卷 ………………………… 2－344
硯山齋集一卷 ………………………… 1－78
硯小史四卷 ………………………… 1－51
硯北偶鈔十二種十七卷 ………………………… 2－285
硯林詩集四卷 ………………………… 2－331
硯雲乙編八種三十四卷 ………………………… 2－378
硯雲甲編八種十六卷 ………………………… 2－378
硯雲甲編八種十六卷乙編八種三十四卷 ………………………… 2－378
硯□緒錄十六卷 ………………………… 2－229
硯樵山房文藁不分卷 ………………………… 1－159
硯谿先生詩說三卷附錄一卷 ………… 1－172
雁門集十四卷附卷一卷倡和錄一卷別錄一卷 ………………………… 2－322
雁門集十四卷附卷一卷倡和錄一卷別錄一卷 ………………………… 2－323
雁門集六卷附卷一卷補遺一卷倡和錄一卷別錄一卷 ………………………… 2－322
雁影齋詩存一卷 ………………………… 2－364
殘明紀事一卷 ………………………… 1－308
殘唐五代史演義傳六卷六十回 ……… 2－247
[光緒]雄縣鄉土志不分卷 ………… 1－388
雲山日記二卷 ………………………… 1－353
雲川閣集詩十四卷詞七卷 ………… 1－116
雲中事記一卷 ………………………… 2－128
[順治]雲中郡志十四卷 ………… 1－468
雲中集六卷 ………………………… 2－510
雲水集不分卷 ………………………… 2－210
雲左山房詩鈔八卷附雲左山房詩餘一卷雲左山房試帖一卷 ………… 2－336
雲左山房詩鈔八卷附雲左山房詩餘一卷雲左山房試帖一卷 ………… 2－336
雲仙雜記十卷 ………………………… 1－85
雲台山人詩集九卷 ………………………… 1－115
雲自在龕叢書五集十九種一百十九卷 ………………………… 2－557
雲自在龕叢書五集十九種一百十九卷 ………………………… 2－558
[康熙]雲州志五卷首一卷 ………… 1－36
雲谷雜紀四卷首一卷末一卷 ………… 1－76
雲谷雜紀四卷首一卷末一卷 ………… 2－225
雲谷雜紀四卷首一卷末一卷 ………… 2－225
雲谷雜紀四卷首一卷末一卷 ………… 2－225
雲谷雜紀四卷首一卷末一卷 ………… 2－225
雲林別墅新輯酬世錦囊初集八卷二集七卷三集二卷四集二卷 ………… 2－296
雲臥山莊尺牘八卷 ………………………… 2－299
[同治]雲和縣志十六卷首一卷 …… 1－441
雲南府志二十五卷 ………………………… 1－402
[乾隆]雲南通志三十卷首不分卷 … 1－399
雲南勘界籌邊記二卷 ………………………… 1－388
雲南清理財政局調查全省財政說明書初稿二十二類 ………………………… 1－555
雲南諮議局籌辦處報告書不分卷 …… 2－50
雲南礦廠工器圖畧不分卷 ………… 2－266
[乾隆]雲南騰越州志十三卷 ……… 1－491
雲笈七籤不分卷 ………………………… 2－209
雲起堂集十六卷 ………………………… 1－168
雲華閣詩畧六卷附錄一卷坡亭詞鈔一卷 ………………………… 2－347
雲逗樓集二卷 ………………………… 2－514
雲峯胡先生文集十卷 ………………………… 2－416
雲海東遊紀二卷 ………………………… 1－512
雲海東遊紀二卷 ………………………… 1－512
雲菴遺稿不分卷 ………………………… 2－488
雲笥詩一卷 ………………………… 1－112
雲棲大師山房雜錄二卷雲棲大師遺稿三卷 ………………………… 2－202
雲棲大師遺稿三卷 ………………………… 2－198
雲棲法彙三十一種 ………………………… 2－198
雲棲法彙山房雜錄二卷 ………………………… 2－198
雲棧紀程八卷 ………………………… 1－514
雲閑詩草四卷 ………………………… 2－359
[紹熙]雲間志三卷 ………………………… 1－36
[紹熙]雲間志三卷 ………………………… 1－461
[紹熙]雲間志三卷 ………………………… 1－461
雲湖合編一卷 ………………………… 2－375
雲湖合編一卷 ………………………… 2－375
[道光]雲夢縣志略十二卷首一卷末一卷 ………………………… 1－474
雲溪偎亭和尚閱經十二種十二卷 …… 1－70
雲樣集八卷 ………………………… 2－343

雲膚山房詩稿六卷……………………… 2－337
雲緬山川志一卷………………………… 1－303
雲樵先生詩集四卷……………………… 2－354
雲錦天衣集二卷………………………… 2－364
揚子法言十三卷附音義一卷………… 2－133
揚子法言十三卷附音義一卷………… 2－134
揚子法言不分卷………………………… 2－137
揚子機器製造有限公司開辦章程不分卷 ……………………………… 2－17
揚州十日記一卷………………………… 1－327
揚州水道記四卷………………………… 1－493
揚州水道記四卷………………………… 1－493
揚州吳氏測海樓藏書目錄十二卷 …… 2－70
[雍正]揚州府志四十卷 ……………… 1－415
[雍正]揚州府志四十卷 ……………… 1－415
揚州畫舫錄十八卷附題詞…………… 2－187
揚州畫舫錄十八卷附題詞…………… 2－187
揚州畫舫錄十八卷附題詞…………… 2－187
揚州畫舫錄十八卷附題詞…………… 2－187
揚州夢不分卷…………………………… 2－521
揚州夢不分卷…………………………… 2－521
揚芬集十卷續刻一卷………………… 2－487
揭子遺書四種三十二卷……………… 2－512
揭秋宜詩集五卷………………………… 1－106
搜采異聞五卷…………………………… 2－379
搜神後記二卷…………………………… 2－244
搜神記二十卷…………………………… 2－244
搜神記二十卷…………………………… 2－244
搜神記八卷……………………………… 2－244
援鶉堂文集六卷………………………… 2－280
援鶉堂筆記五十卷……………………… 2－472
援鶉堂筆記五十卷栞誤一卷栞誤補遺一卷……………………………… 2－472
揞黑豆集八卷首一卷………………… 2－208
揮麈前錄四卷後錄十一卷第三錄三卷後錄餘話二卷 ……………………… 1－82
雅安書屋文集二卷……………………… 2－505
雅雨堂叢書十三種一百三十八卷…… 1－167
雅雨堂叢書十三種一百三十八卷…… 1－167
雅雨堂叢書十三種一百三十八卷…… 2－531
雅尚齋遵生八牋十九卷 ……………… 1－77
雅歌堂甃坪詩話二卷………………… 2－519
雅趣藏書一卷 …………………………… 1－82
紫石泉山房文集十二卷詩集三卷…… 2－494
紫石泉山房文集十二卷詩集三卷…… 2－494
紫石泉山房文集十二卷詩集三卷…… 2－494
紫光閣功臣小像並湘軍平定粵匪戰圖…………………………………… 2－120
紫竹山房制義全稾八卷……………… 2－503
紫竹山房詩集十二卷文集二十卷…… 1－160
紫竹山房塾課文稿不分卷…………… 2－305
紫泥日記一卷…………………………… 2－155
紫栢山誌圖不分卷……………………… 1－524
紫栢老人集二十九卷首一卷………… 2－207
紫栢老人集十五卷首一卷 …………… 1－71
紫陽方先生瀛奎律髓四十九卷……… 1－118
紫藤花室駢體文鈔四卷……………… 2－291
紫藤書屋叢刻六種……………………… 1－310
紫藤書屋叢刻六種……………………… 1－310
虛一齋集五卷…………………………… 2－453
虛一齋集五卷…………………………… 2－453
虛文彙解四卷 …………………………… 1－13
虛字說一卷……………………………… 1－244
虛直軒文集十卷外集六卷…………… 2－489
虛直軒文集十卷外集六卷…………… 2－490
虛直堂文集二十四卷首一卷………… 1－155
虛受堂文集十五卷……………………… 2－451
虛受堂書劄二卷………………………… 2－302
虛受堂書劄二卷………………………… 2－302
虛受堂詩存十七卷……………………… 2－321
虛受堂詩存十七卷……………………… 2－321
虛齋名畫錄十六卷……………………… 2－192
棠陰比事不分卷………………………… 2－167
棠陰比事不分卷………………………… 2－167
棠蔭會編四卷首一卷………………… 1－348
棠谿文鈔八卷…………………………… 2－466
棠谿文鈔八卷…………………………… 2－466
掌故時務教科書六卷首一卷終一卷……………………………………… 1－552
掌故叢編四種十七卷………………… 2－543
掌錄二卷………………………………… 2－230
掌錄二卷………………………………… 2－539

晴雪齋漫錄前集七卷後集七卷……… 1－298
晴漪閣詩六卷紅豆簾琴意一卷……… 2－341
最古園二編十八卷……………………… 1－156
最近揚子江之大勢六章………………… 1－502
最新經世文編一百三十卷…………… 2－146
貽令堂雜俎一卷首一卷……………… 2－511
貽案始末記十六章…………………… 1－309
貽案始末記十六章…………………… 1－309
鼎甲徵信錄二種八卷………………… 1－320
鼎甲徵信錄二種八卷………………… 1－320
鼎甫府君[沈維鐈]年譜一卷 ……… 1－321
鼎湖山慶雲寺志八卷 ……………… 1－41
鼎鍥卜筮鬼谷源流斷易天機大全三
卷首一卷 ………………………… 1－74
鼎鐫金陵湯會元評釋漢書狐白三卷
………………………………… 1－18
鼎鐫諸方家彙編皇明名公文儁八卷
………………………………… 1－91
鼎鐫洪武元韻勘正補訂經書切字海
篇玉鑑二十卷 …………………… 1－16
閏榻先生集三十卷…………………… 2－501
開有益齋讀書志六卷續志一卷附金
石文字記一卷 …………………… 2－75
開有益齋讀書志六卷續志一卷附金
石文字記一卷 …………………… 2－76
[光緒]開州志八卷首一卷 ……… 1－459
[康熙]開沙志二卷 ……………… 1－414
[康熙]開沙志二卷 ……………… 1－414
[康熙]開沙志二卷 ……………… 1－415
開卷偶得十卷………………………… 1－177
[康熙]開封府志四十卷 ………… 1－480
開通中國第一哲學大家嚴侯官先生
全集十四卷……………………… 2－280
開煤要法十二卷……………………… 2－270
開煤要法十二卷……………………… 2－271
開煤要法十二卷……………………… 2－271
開縣李尚書政書八卷首一卷………… 1－537
開縣李尚書政書八卷首一卷………… 1－537
開縣李尚書政書八卷首一卷………… 1－537
開縣李尚書政書八卷首一卷………… 1－537
開礦器法圖説十卷…………………… 2－271
開闢香洲埠章程不分卷 …………… 2－17
閑閑老人詩集十卷目錄二卷………… 2－340
閑閑老人滏水文集二十卷附錄一卷
………………………………… 2－413
閑閑老人滏水文集二十卷滏水集校
札記二卷附錄一卷……………… 2－413
閑閑老人[趙秉文]年譜二卷 ……… 2－340
間叄襪線集二卷……………………… 2－512
閒居偶草不分卷……………………… 2－350
閒情偶寄十六卷……………………… 2－521
閒情集六卷…………………………… 1－105
閒閒草堂尺牘四卷…………………… 2－302
閒窗類鈔二卷………………………… 2－387
閒談消夏錄十二卷…………………… 2－248
閒燕齋詩彙存十四卷………………… 2－350
遇恩録一卷…………………………… 2－128
遏雲閣曲譜初集不分卷……………… 2－196
遏雲閣曲譜初集不分卷……………… 2－524
景文集六十二卷……………………… 1－137
景仰撮書一卷………………………… 1－345
[乾隆]景州志六卷首一卷 ……… 1－454
景岳全書六十四卷…………………… 2－173
景岳全書六十四卷…………………… 2－173
景岳新方砭四卷……………………… 2－173
景祖翼皇帝第五子豎格不分卷 …… 1－48
景祖翼皇帝第五子横格不分卷 …… 1－48
景陸粹編八卷首一卷………………… 2－492
景教流行中國碑頌正詮不分卷……… 2－214
景船齋雜記二卷……………………… 2－243
景船齋雜記二卷……………………… 2－243
景船齋雜記二卷……………………… 2－243
景惠室詩存一卷……………………… 2－341
[同治]景甯縣志十四卷首一卷末一
卷………………………………… 1－433
[同治]景甯縣志十四卷首一卷末一
卷………………………………… 1－433
[同治]景甯縣志十四卷首一卷末一
卷………………………………… 1－433
景詹闇遺文一卷……………………… 2－499
景德鎮陶錄十卷……………………… 2－256
景德鎮陶錄十卷……………………… 2－256

貴耳集三卷 ······························ 1－80
貴州省財政沿革利弊說明書不分卷
······································ 2－260
[乾隆]貴州通志四十六卷首一卷 ··· 1－399
[乾隆]貴州通志四十六卷首一卷 ··· 1－399
[貴州遵義]白田蹇氏家譜不分卷附
貴州遵義縣蹇君墓誌銘不分卷書
信一通 ······························ 2－88
貴池二妙集五十一卷 ···················· 2－420
貴池二妙集五十一卷 ···················· 2－420
貴池二妙集五十一卷 ···················· 2－426
貴池唐人集十六卷 ······················ 2－398
貴池縣沿革表一卷 ······················ 1－390
貴案隨記不分卷 ························ 1－65
[光緒]貴陽府鄉土地理志一卷貴陽
府鄉土志一卷 ························ 1－37
貴陽陳庸菴尚書七袠壽言不分卷 ······ 1－346
[同治]貴溪縣志十卷首一卷 ········ 1－478
斁經筆記不分卷 ························ 1－177
蛟川先正文存二十卷附補遺 ············ 2－280
蛟川耆舊詩六卷續集二卷 ·············· 2－335
[同治]鄖西縣志二十卷首一卷 ······ 1－474
[嘉慶]鄖陽志十卷首一卷 ·········· 1－472
[同治]鄖陽志八卷首一卷 ·········· 1－457
[同治]鄖陽志八卷首一卷 ·········· 1－457
[同治]鄖陽志八卷首一卷 ·········· 1－457
[同治]鄖陽志八卷首一卷 ·········· 1－473
[同治]鄖縣志十卷首一卷 ·········· 1－472
喁子館詩草二卷 ························ 2－331
違礙書目不分卷 ························ 2－68
違礙書目不分卷 ························ 2－68
違礙書目不分卷 ························ 2－74
違礙書籍名目不分卷 ···················· 1－47
喻林一百二十卷 ························ 1－60
喻林一葉二十四卷 ······················ 2－144
買賣法不分卷 ·························· 2－257
黑奴籲天錄四卷 ························ 2－244
黑奴籲天錄四卷 ························ 2－244
黑奴籲天錄四卷 ························ 2－244
黑奴籲天錄四卷 ························ 2－244
黑旗劉大將軍事實一卷 ················ 1－334
黑龍江外記八卷 ························ 1－391
黑龍江外記八卷 ························ 1－391
黑龍江外記八卷 ························ 1－391
黑龍江外記八卷 ························ 1－391
[嘉慶]黑龍江外記八卷 ·············· 1－475
黑龍江述略六卷 ························ 1－399
黑龍江述略六卷 ························ 1－399
黑龍江述略六卷 ························ 1－399
黑龍江財政沿革利弊說明書三卷首
一卷劃分國家地方兩稅意見書一
卷 ···································· 2－24
黑韃事略一卷附校記一卷 ·············· 1－303
無邪堂答問五卷 ························ 2－108
無邪堂答問五卷 ························ 2－153
無邪堂答問五卷 ························ 2－153
無邪堂答問五卷 ························ 2－154
無邪堂答問五卷 ························ 2－154
無邪堂答問五卷 ························ 2－154
無近名齋文鈔四卷 ······················ 2－466
無近名齋文鈔四卷文鈔二編二卷文
鈔外編一卷雜著二卷雜著二編一
卷 ···································· 2－466
無近名齋文鈔四卷雜著二卷論文憶
録一卷時文一卷 ······················ 2－466
無近名齋文鈔四卷雜著二卷論文憶
録一卷時文一卷 ······················ 2－466
無咎題跋一卷 ·························· 2－403
無咎題跋一卷 ·························· 2－518
無為齋文集十二卷續集六卷 ············ 2－505
無益有益齋論畫詩二卷 ················ 2－358
無欺錄二卷 ···························· 2－387
無欺錄二卷 ···························· 2－387
[乾隆]無極縣志十一卷末一卷 ······ 1－408
無爲齋文集十二卷續集六卷 ············ 2－512
[光緒]無錫金匱縣志四十卷首一卷
······································ 1－476
[光緒]無錫金匱縣志四十卷首一卷
······································ 1－476
[光緒]無錫金匱縣志四十卷首一卷
······································ 1－476
無聲詩史七卷 ·························· 1－68

無聲詩史七卷 …………………………… 1－68
掣鯨堂詩集九卷……………………… 1－114
缾水齋詩集十七卷別集二卷………… 2－333
缾水齋詩集十七卷別集二卷詩話一
卷附傳行狀………………………… 2－348
缾水齋詩集十七卷別集二卷詩話一
卷附傳行狀………………………… 2－348
缾水齋詩集十六卷別集二卷………… 2－348
智囊補二十八卷 …………………… 1－79
智囊補二十八卷……………………… 2－231
智囊補二十八卷……………………… 2－231
智囊補十二卷………………………… 2－231
[嘉慶]犍為縣志十卷首一卷 ……… 1－427
嵇庵詩集八卷………………………… 2－345
嵇庵詩集八卷………………………… 2－345
程子十卷首一卷……………………… 2－138
程子上下篇義一卷…………………… 1－3
程中丞庚子函牘鈔略一卷…………… 2－297
程中丞奏槁十九卷…………………… 1－377
程中議公挽詞不分卷………………… 1－347
程氏家塾讀書分年日程三卷綱領一
卷………………………………… 2－154
程氏家塾讀書分年日程三卷綱領一
卷………………………………… 2－154
程氏家塾讀書分年日程三卷綱領一
卷………………………………… 2－154
程氏家塾讀書分年日程三卷綱領一
卷………………………………… 2－154
程氏家塾讀書分年日程三卷綱領一
卷………………………………… 2－305
程氏家塾讀書分年日程三卷綱領一
卷………………………………… 2－306
程仲立府君行述不分卷……………… 1－346
程書五十一卷附程書拾遺一卷……… 2－149
稅務司平行信稿不分卷……………… 1－555
[嘉靖]喬三石耀州志十一卷附五臺
山志一卷………………………… 1－455
[嘉靖]喬三石耀州志十一卷附五臺
山志一卷………………………… 1－455
等閒集詩鈔不分卷…………………… 2－517
等韻一得內篇一卷外篇一卷………… 1－256
等韻一得內篇一卷外篇一卷………… 1－257
策府統宗六十五卷…………………… 2－223
策學備纂三十二卷…………………… 2－143
策學備纂三十二卷首一卷…………… 1－171
策學備纂續集四卷…………………… 1－171
策鼇雜摭八卷………………………… 1－515
答客芻言一卷………………………… 2－200
筆夢一卷 …………………………… 1－85
筆算數學三卷二十四章……………… 2－176
筆算數學三卷二十四章……………… 2－176
筆叢正集三十二卷續集十六卷 ……… 1－80
筆疇二卷 …………………………… 1－80
傅子一卷……………………………… 2－540
傅子三卷……………………………… 2－156
傅子不分卷…………………………… 2－156
傅子不分卷…………………………… 2－156
傅子不分卷…………………………… 2－156
傅子不分卷…………………………… 2－161
傅光祿集……………………………… 2－411
傅青主先生[山]年譜一卷 ………… 1－337
傅忠毅公全集八卷首不分卷………… 1－365
傅鶉觚集一卷………………………… 2－392
傅鶉觚集六卷附錄一卷……………… 1－125
貸園叢書初集十二種四十九卷……… 2－536
貸園叢書初集十二種四十九卷……… 2－536
貸園叢書初集十二種四十九卷……… 2－537
傷梅香騙翰林風月雜劇一卷 ………… 1－167
順天文鄉試錄(嘉慶二十一年丙子
科)附闈墨十四首 ………………… 1－350
順天文鄉試錄(嘉慶二十四年己卯
科)不分卷 ………………………… 1－350
順天鄉試同年齒錄(光緒乙亥恩科)
不分卷……………………………… 1－349
順天鄉試同年齒錄(光緒十一年乙
酉科)不分卷 ……………………… 1－349
順天鄉試同年齒錄(光緒壬寅年補
行庚子辛丑恩正併科) …………… 1－349
順天鄉試同年齒錄(同治九年庚午
科)不分卷 ………………………… 1－349
順天鄉試硃卷(光緒丁酉科) ……… 2－294
順天鄉試硃卷(光緒甲午科) ……… 2－294

順天鄉試錄(光緒十九年癸巳恩科)
不分卷 …… 2－92
順天鄉試硃卷(嘉慶辛酉科)不分卷
…… 2－295
順天鄉試第十一房同門硃卷(光緒
癸巳恩科)不分卷 …… 2－295
順正編不分卷 …… 1－224
順安詩草八卷 …… 2－343
順治康熙雍正乾隆嘉慶五朝學校條
規不分卷 …… 2－12
順宗實錄五卷 …… 1－290
順宗實錄五卷 …… 2－107
[咸豐]順德縣志三十二卷 …… 1－440
集千家註分類杜工部詩二十五卷 …… 1－99
集古印譜五卷印正附說一卷 …… 1－69
集古印譜六卷 …… 1－69
集古錄目十卷原目一卷 …… 2－104
集古錄目五卷 …… 2－98
集古錄跋尾十卷 …… 2－95
集古錄跋尾十卷 …… 2－95
集古錄跋尾十卷 …… 2－99
集思廣益編二卷 …… 2－228
集虛草堂叢書甲集九種七十卷 …… 2－551
集虛齋四書口義十卷 …… 1－216
集虛齋四書口義十卷 …… 1－216
集虛齋學古文十二卷 …… 2－289
集虛齋學古文十二卷 …… 2－454
集虛齋學古文十二卷附離騷經解畧
一卷 …… 1－154
集聖教序四卷續集聖教序四卷 …… 1－109
集聖教序四卷續集聖教序四卷 …… 2－357
集說詮真不分卷 …… 2－217
集說詮真不分卷 …… 2－218
集說詮真不分卷續編不分卷附歷代
永統紀年表圖 …… 2－217
集說詮真不分卷續編不分卷附歷代
永統紀年表圖 …… 2－218
集說詮真提要不分卷 …… 2－199
集說詮真提要不分卷 …… 2－199
集說詮真提要不分卷 …… 2－217
集說詮真提要不分卷 …… 2－217
集說詮真提要不分卷 …… 2－218
集說詮真續編不分卷附歷代永統紀
年表圖 …… 2－217
集說詮真續編不分卷附歷代永統紀
年表圖 …… 2－217
集說詮真續編不分卷附歷代永統紀
年表圖 …… 2－217
集說詮真續編不分卷附歷代永統紀
年表圖 …… 2－217
集錄真西山文章正宗三十卷 …… 1－133
集韻攷正十卷 …… 1－252
集韻攷正十卷 …… 1－255
焦山六上人詩六種十八卷 …… 2－346
焦山六上人詩六種十八卷 …… 2－346
焦山志二十六卷首一卷 …… 1－497
焦山志二十六卷首一卷 …… 1－497
焦山志二十六卷首一卷 …… 1－497
焦山志二十六卷首一卷 …… 1－497
焦山志二十六卷首一卷 …… 1－497
焦山志十二卷 …… 1－40
焦山志十二卷 …… 1－41
焦山續志八卷 …… 1－497
焦山續志八卷 …… 1－497
焦山續志八卷 …… 1－497
焦山續志八卷 …… 1－497
焦山續志八卷 …… 1－501
焦氏易林十六卷 …… 1－73
焦氏易林十六卷 …… 1－73
焦氏易林四卷 …… 2－211
焦氏易林四卷 …… 2－211
焦氏筆乘六卷續集八卷 …… 1－80
焦氏遺書二十種一百二十二卷 …… 2－572
焦氏遺書二十種一百二十二卷 …… 2－572
焦氏叢書十種一百十四卷 …… 2－571
[乾隆]皋蘭縣志二十卷 …… 1－473
皋鶴堂批評第一奇書金瓶梅一百回
…… 1－83
皖江大通義渡錄不分卷 …… 2－28
皖江採風錄不分卷 …… 1－105
皖志便覽六卷 …… 1－403
皖志便覽六卷 …… 1－477

［道光］皖省志略四卷附錄一卷 …… 1－402
皖省籌議事宜摘要不分卷……………… 2－9
皖詞紀勝一卷 ……………………… 2－524
皖學編十三卷首三卷 ………………… 1－328
御史洗心實懺不分卷 ………………… 2－204
御批資治通鑑綱目五十九卷………… 1－267
御批增補了凡綱鑑四十卷首一卷…… 1－274
御批增補了凡綱鑑四十卷首一卷綱
　目六卷 …………………………… 1－274
御批歷代通鑑輯覽一百二十卷……… 1－268
御批歷代通鑑輯覽一百二十卷……… 1－268
御批歷代通鑑輯覽一百二十卷……… 1－268
御批歷代通鑑輯覽一百二十卷……… 1－268
御批歷代通鑑輯覽一百二十卷……… 1－268
御批歷代通鑑輯覽一百二十卷……… 1－268
御批歷代通鑑輯覽一百二十卷……… 1－269
御批歷代通鑑輯覽一百二十卷……… 1－269
御批歷代通鑑輯覽一百二十卷……… 1－269
御批歷代通鑑輯覽一百二十卷……… 1－269
御批歷代通鑑輯覽一百二十卷……… 1－269
御批歷代通鑑輯覽一百二十卷……… 1－269
御批歷代通鑑輯覽一百十六卷 ……… 1－20
御刻三希堂石渠寶笈法帖三十二冊
　………………………………… 2－194
御刻三希堂石渠寶笈法帖三十二冊
　………………………………… 2－194
御刻三希堂石渠寶笈法帖三十二冊
　………………………………… 2－194
御刻三希堂石渠寶笈法帖三十二冊
　………………………………… 2－194
御刻三希堂石渠寶笈法帖三十二冊
　………………………………… 2－194
御刻三希堂石渠寶笈法帖三十二冊
　………………………………… 2－195
御刻三希堂石渠寶笈法帖三十二冊
　………………………………… 2－195
御刻三希堂石渠寶笈法帖三十二冊
　………………………………… 2－195
御刻三希堂石渠寶笈法帖釋文十六
　卷 ………………………………… 2－188
御刻三希堂石渠寶笈法帖釋文十六
　卷 ………………………………… 2－188
御注孝經不分卷 …………………… 1－10
御注道德經二卷 …………………… 1－73
御定全唐詩錄一百卷 ……………… 1－114
御定全唐詩錄一百卷詩人年表一卷
　………………………………… 1－102
御定易經通注四卷 ………………… 1－183
御定駢字類編二百四十卷 ………… 2－142
御定駢字類編二百四十卷 ………… 2－142
御定駢字類編二百四十卷 ………… 2－142
御定歷代賦彙一百四十卷外集二十
　卷逸句二卷補遺二十二卷目錄二
　卷 ………………………………… 1－121
御定歷代賦彙一百四十卷外集二十
　卷逸句二卷補遺二十二卷目錄二
　卷 ………………………………… 1－121
御定歷代賦彙一百四十卷外集二十
　卷逸句二卷補遺二十二卷目錄二
　卷 ………………………………… 1－121
御定歷代題畫詩類一百二十卷……… 1－103
御訂全金詩增補中州集七十二卷首
　二卷 ……………………………… 1－110
御訂全金詩增補中州集七十二卷首
　二卷 ……………………………… 2－328
御案詩經備旨八卷 ………………… 1－193
御製文一集四十卷目錄五卷………… 2－476
御製文二集十四卷首一卷…………… 2－476
御製文二集五十卷目錄六卷………… 2－476
御製文二集四十四卷目錄二卷……… 2－476
御製文三集十六卷首一卷…………… 2－476
御製文三集五十卷目錄六卷………… 2－476
御製文四集三十六卷目錄四卷……… 2－476
御製文初集十卷 …………………… 1－156
御製文初集十卷首一卷……………… 2－476
御製文初集三十卷目錄二卷………… 2－476
御製文集二卷御製詩集八卷………… 2－310
御製文集四十卷總目五卷御製文二
　集五十卷總目六卷御製文三集五
　十卷總目六卷 …………………… 1－86
御製文餘集二卷御製詩餘集六卷…… 2－310
御製文餘集六卷首一卷……………… 2－476

御製平定準噶爾告成太學碑文……… 2－191
御製全史詩六十四卷首二卷………… 2－117
御製全韻詩五卷…………………… 1－112
御製重刻十三經十三種四百十六卷
…………………………………… 1－170
御製律呂正義四卷續編一卷………… 2－196
御製律曆淵源一百卷 ……………… 1－66
御製耕織圖二十三圖……………… 2－169
御製盛京賦不分卷………………… 1－121
御製盛京賦不分卷………………… 2－374
御製欽若曆書上編十六卷下編十六
卷表十六卷 ……………………… 1－66
御製圓明園詩二卷………………… 2－340
御製圓明園詩二卷………………… 2－357
御製圓明園詩二卷………………… 2－371
御製圓明園圖詠二卷……………… 2－334
御製圓明園圖詠二卷……………… 2－334
御製詩二集九十卷目錄十卷………… 1－101
御製詩二集九十卷目錄十卷………… 1－101
御製詩二集九十卷目錄十卷………… 2－310
御製詩二集六十四卷……………… 1－105
御製詩二集六十四卷目錄八卷……… 2－310
御製詩三集一百卷目錄十二卷……… 2－310
御製詩三集六十四卷目錄四卷……… 2－310
御製詩五集一百卷目錄十二卷……… 2－310
御製詩不分卷……………………… 1－109
御製詩四集一百卷目錄十二卷……… 2－310
御製詩初集二十四卷目錄四卷……… 2－310
御製詩初集四十八卷目錄六卷……… 2－310
御製詩初集四十四卷目錄四卷……… 1－101
御製詩初集四十四卷目錄四卷……… 2－310
御製詩集八卷御製文集二卷………… 2－373
御製詩集六卷……………………… 2－310
御製詩餘集二十卷目錄三卷………… 2－310
御製詩餘集十二卷目錄二卷………… 2－310
御製詩餘集十二卷目錄二卷………… 2－373
御製資政要覽三卷 ………………… 1－64
御製資政要覽三卷 ………………… 1－64
御製資政要覽三卷 ………………… 1－64
御製資政要覽三卷後序一卷………… 2－157
御製數理精蘊四卷………………… 2－185
御製曆象考成上編十六卷…………… 2－177
御製擬白居易新樂府不分卷………… 1－128
御製翻譯四書六卷………………… 1－217
御製翻譯四書六卷………………… 1－218
御製翻譯四書六卷………………… 1－218
御製翻譯四書六卷………………… 1－219
御製勸善要言一卷 ………………… 1－64
御製勸善要言不分卷……………… 2－233
御製勸善要言不分卷……………… 2－233
御撰明紀綱目二十卷……………… 1－273
御撰明紀綱目二十卷……………… 1－273
御撰資治通鑑綱目三編二十卷……… 1－268
御撰資治通鑑綱目三編二十卷……… 1－268
御撰資治通鑑綱目三編六卷………… 1－269
御撰資治通鑑綱目三編四卷………… 2－109
御選唐宋文醇五十八卷 …………… 1－90
御選唐宋文醇五十八卷…………… 2－282
御選唐宋文醇五十八卷…………… 2－282
御選唐宋文醇五十八卷…………… 2－282
御選唐宋文醇五十八卷…………… 2－282
御選唐宋文醇五十八卷…………… 2－283
御選唐宋文醇五十八卷…………… 2－283
御選唐宋詩醇四十七卷…………… 2－329
御選唐宋詩醇四十七卷…………… 2－329
御選唐宋詩醇四十七卷…………… 2－329
御選唐宋詩醇四十七卷…………… 2－329
御選唐宋詩醇四十七卷目錄二卷 …… 1－96
御選唐宋詩醇四十七卷目錄二卷…… 2－307
御選唐宋詩醇四十七卷目錄二卷…… 2－307
御選唐宋詩醇四十七卷目錄二卷…… 2－307
御選唐宋詩醇四十七卷目錄二卷…… 2－329
御選唐宋詩醇四十七卷目錄二卷…… 2－329
御選唐詩三十二卷目錄三卷………… 1－102
御選唐詩三十二卷目錄三卷………… 1－102
御選唐詩三十二卷目錄三卷………… 1－112
御選唐詩三十二卷目錄三卷………… 1－112
御錄宗鏡大綱二十卷……………… 2－201
御錄經海一滴六卷 ………………… 1－70
御纂七經二百九十四卷…………… 1－171
御纂七經二百九十四卷…………… 1－174
御纂七經二百九十四卷…………… 1－176

御纂周易折中二十二卷首一卷………… 1－2
御纂周易折中二十二卷首一卷……… 1－179
御纂周易折中二十二卷首一卷……… 1－179
御纂周易折中二十二卷首一卷……… 1－179
御纂周易折中二十二卷首一卷……… 1－179
御纂周易折中二十二卷首一卷……… 1－179
御纂周易折中二十二卷首一卷……… 1－179
御纂周易折中二十二卷首一卷……… 1－179
御纂周易折中二十二卷首一卷……… 1－179
御纂周易折中二十二卷首一卷……… 1－179
御纂周易折中二十二卷首一卷……… 1－182
御纂周易述義十卷………………… 1－183
御纂性理經義十二卷……………… 2－150
御纂性理經義十二卷……………… 2－150
御纂性理精義十二卷 ………………… 1－61
御纂性理精義十二卷……………… 2－148
御纂春秋直解十二卷……………… 1－208
御纂詩義折中二十卷……………… 1－189
御纂詩義折中二十卷……………… 1－189
御纂詩義折中二十卷……………… 1－189
御纂詩義折中二十卷……………… 1－189
御纂詩義折中二十卷……………… 1－189
御纂詩義折中二十卷……………… 1－191
御纂詩義折中二十卷……………… 1－191
御纂醫宗金鑑九十卷……………… 2－172
御纂醫宗金鑑外科六卷…………… 2－172
御覽孤山志不分卷………………… 1－502
御覽經史講義三十卷首一卷…………… 1－1
御覽闕史二卷……………………… 2－242
復古編二卷 …………………………… 1－11
復古編二卷校正一卷附錄一卷……… 1－237
復古編二卷校正一卷附錄一卷……… 1－237
復古編校正一卷附錄一卷 …………… 1－11
復初齋文集三十五卷……………… 2－438
復初齋文集三十五卷……………… 2－439
復初齋文集三十五卷……………… 2－439
復莊詩問三十四卷………………… 2－355
復莊駢儷文榷二編八卷…………… 2－290
復菴遺書不分卷…………………… 2－306
復堂日記八卷……………………… 1－352
復堂文續五卷……………………… 2－503
復堂詩四卷詞一卷待堂文一卷……… 2－354
復堂類集四種二十一卷…………… 2－507
復堂類集四種二十一卷…………… 2－507
復宿山房集四十卷………………… 1－145
復園紅板橋詩一卷………………… 2－338
復辟錄一卷………………………… 1－310
復盦類稿八卷續稿四卷外稿二卷公
　牘四卷鬻字齋詩畧四卷詩續一卷
　…………………………………… 2－483
復盦類稿八卷續稿四卷外稿二卷公
　牘四卷鬻字齋詩畧四卷詩續一卷
　…………………………………… 2－483
復盦類稿八卷續稿四卷外稿二卷公
　牘四卷鬻字齋詩畧四卷詩續一卷
　…………………………………… 2－483
復盦類稿八卷續稿四卷外稿二卷公
　牘四卷鬻字齋詩畧四卷詩續一卷
　…………………………………… 2－483
循陔錄詩二卷……………………… 1－348
循陔贈言不分卷…………………… 1－331
徧行堂集十六卷…………………… 2－489
須圃出使奏議不分卷……………… 1－373
須靜齋雲煙過眼錄………………… 2－194
舒蓺室詩存七卷索笑詞二卷……… 2－574
舒蓺室隨筆六卷續筆一卷餘筆三卷
　…………………………………… 2－574
舒蓺室雜著甲編二卷乙編二卷賸稿
　一卷……………………………… 2－574
鉅鹿東觀集十卷補遺一卷附錄一卷
　…………………………………… 2－412
[光緒]鉅鹿縣志十二卷首一卷 …… 1－405
[光緒]鉅鹿縣志十二卷首一卷 …… 1－405
鈍吟集三卷………………………… 2－317
鈍翁文錄十六卷…………………… 2－464
鈍翁文錄十六卷…………………… 2－464
鈍翁前後類稾二十八卷…………… 2－485
鈍翁前後類稾二十八卷…………… 2－485
鈍翁前後類稾六十二卷續稾五十六
　卷………………………………… 2－485
鈍齋東遊日記不分卷……………… 1－509
鈍齋東遊日記不分卷……………… 1－509

鈐山堂集四十卷 …………………… 2－421
鈐山堂集四十卷 …………………… 2－421
鈐山堂集四十卷附録一卷 …………… 1－142
[道光]欽州志十二卷首一卷 ……… 1－486
欽命督理稅務處衙門清檔不分卷(光緒三十二年至三十三年) …………… 2－23
欽命督理稅務處衙門清檔不分卷(光緒三十二年至三十三年) …………… 2－23
欽定二十一史二十一種 ……………… 1－257
欽定七經綱領七卷 ………………… 1－171
欽定工部則例一百十六卷 ………… 2－17
欽定工部則例九十八卷 …………… 2－17
欽定工部續增則例一百三十九卷附保固則例四卷 ……………………… 2－17
欽定工部續增則例一百三十六卷 …… 1－537
欽定大清刑律二編 ………………… 2－20
欽定大清商律一卷 ………………… 2－8
欽定大清會典一百卷 ……………… 1－534
欽定大清會典一百卷 ……………… 1－535
欽定大清會典一百卷 ……………… 1－535
欽定大清會典一百卷 ……………… 1－535
欽定大清會典一百卷事例一千二百二十卷 ……………………………… 1－535
欽定大清會典一百卷事例一千二百二十卷 ……………………………… 1－535
欽定大清會典一百卷事例一千二百二十卷 ……………………………… 1－535
欽定大清會典一百卷事例一千二百二十卷會典圖二百七十卷 ………… 1－534
欽定大清會典一百卷事例一千二百二十卷會典圖二百七十卷 ………… 1－535
欽定大清會典八十卷會典事例九百二十卷會典圖一百三十二卷 ……… 1－534
欽定大清會典事例一千二百二十卷 ……………………………………… 1－534
欽定大清會典事例九百二十卷 ……… 1－535
欽定大清會典圖二百七十卷 ………… 1－534
欽定王氏羅經透解二卷 ……………… 2－197
欽定天祿琳琅書目十卷續二十卷 …… 2－67
欽定天祿琳琅書目十卷續二十卷 …… 2－73
欽定天祿琳琅書目十卷續二十卷 …… 2－73
欽定天祿琳琅書目十卷續二十卷 …… 2－73
欽定天祿琳琅書目十卷續二十卷 …… 2－73
欽定元史語解二十四卷 ……………… 1－307
欽定元史語解二十四卷 ……………… 1－308
欽定元史語解二十四卷 ……………… 1－308
欽定廿四史 …………………………… 1－259
欽定五軍道里表十八卷 ……………… 2－5
欽定五軍道里表十八卷 ……………… 2－5
欽定日下舊聞考一百六十卷譯語總目一卷 ……………………………… 1－32
欽定中樞政考七十二卷 ……………… 1－547
欽定中樞政考七十二卷 ……………… 1－547
欽定中樞政考七十二卷 ……………… 1－552
欽定中樞政考七十二卷續纂四卷 …… 1－548
欽定中樞政考三十一卷 ……………… 1－547
欽定中樞政考續纂四卷 ……………… 1－547
欽定戶部則例一百卷首一卷 ………… 2－3
欽定戶部則例一百卷首一卷 ………… 2－3
欽定戶部則例一百卷首一卷 ………… 2－3
欽定戶部則例一百卷首一卷 ………… 2－4
欽定戶部則例九十九卷 ……………… 2－4
欽定戶部軍需則例九卷續纂一卷 …… 2－17
欽定戶部軍需則例九卷續纂一卷兵部軍需則例五卷工部軍需則例一卷 ………………………………… 2－17
欽定戶部軍需則例九卷續纂一卷兵部軍需則例五卷工部軍需則例一卷 ………………………………… 2－18
欽定戶部漕運全書九十六卷首一卷 ……………………………………… 1－552
欽定戶部漕運全書九十六卷首一卷 ……………………………………… 1－552
欽定六部處分則例五十二卷 ………… 2－64
欽定六部處分則例五十二卷 ………… 2－64
欽定古今圖書集成六彙編三十二典一萬卷目錄三十二卷 ……………… 2－142
欽定古今儲貳金鑑六卷 ……………… 1－311
欽定石經考文提要舉正四卷目錄一卷首一卷 …………………………… 1－1
欽定平定貴州苗匪紀略四十卷 ……… 1－279
欽定四庫全書簡明目錄二十卷首一

卷 …………………………………… 2－67
欽定四庫全書簡明目錄二十卷首一
卷 …………………………………… 2－67
欽定四庫全書簡明目錄二十卷首一
卷 …………………………………… 2－67
欽定四庫全書簡明目錄二十卷首一
卷 …………………………………… 2－67
欽定四書文 ………………………… 2－419
欽定吏部則例八十七卷 …………… 2－3
欽定吏部則例八十七卷 …………… 2－11
欽定吏部則例六十八卷 …………… 1－554
欽定吏部則例六十六卷 …………… 2－3
欽定吏部則例六十六卷 …………… 2－11
欽定吏部處分則例五十二卷 ……… 1－45
欽定吏部處分則例五十二卷 ……… 2－7
欽定吏部章程八十卷 ……………… 2－15
欽定吏部銓選章程八十卷 ………… 2－15
欽定吏部銓選滿洲官員品級考四卷
欽定吏部銓選滿洲官員則例五卷
欽定吏部銓選漢官品級考四卷欽
定吏部銓選漢官則例八卷 ………… 2－64
欽定吏部銓選漢官品級考四卷 …… 2－63
欽定吏部稽勳司則例八卷 ………… 2－65
欽定同文韻統六卷 ………………… 1－252
欽定回疆則例八卷 ………………… 2－8
欽定行政綱目不分卷 ……………… 1－541
欽定全唐文一千卷 ………………… 1－87
欽定全唐文一千卷總目三卷 ……… 2－276
欽定全唐文一千卷總目三卷 ……… 2－277
欽定全唐文一千卷總目三卷 ……… 2－277
欽定全唐文一千卷總目三卷 ……… 2－277
欽定全唐文姓氏韻編不分卷 ……… 2－277
欽定兵部處分則例三十九卷 ……… 2－20
欽定武英殿聚珍版程式不分卷 …… 1－85
欽定武英殿聚珍版程式不分卷 …… 2－256
欽定武場條例十六卷 ……………… 2－7
欽定武場條例十六卷 ……………… 2－7
欽定協紀辨方書三十六卷 ………… 1－73
欽定協紀辨方書三十六卷 ………… 1－73
欽定明鑑二十四卷首一卷 ………… 1－20
欽定明鑑二十四卷首一卷 ………… 1－269
欽定明鑑二十四卷首一卷 ………… 1－269
欽定明鑑二十四卷首一卷 ………… 1－269
欽定物料價值則例八卷 …………… 1－46
欽定金史語解十二卷 ……………… 1－308
欽定金史語解十二卷 ……………… 1－308
欽定金史語解十二卷 ……………… 1－308
欽定周官義疏四十八卷首一卷 …… 1－197
欽定周官義疏四十八卷首一卷 …… 1－197
欽定周官義疏四十八卷首一卷 …… 1－197
欽定周官義疏四十八卷首一卷 …… 1－197
欽定周官義疏四十八卷首一卷 …… 1－197
欽定周官義疏四十八卷首一卷 …… 1－197
欽定周官義疏四十八卷首一卷 …… 1－197
欽定河源紀畧三十五卷首一卷 …… 1－40
欽定河源紀略三十五卷首一卷 …… 1－494
欽定宗人府則例三十一卷 ………… 2－7
欽定宗人府則例三十一卷首一卷 … 1－560
欽定宗人府則例三十一卷首一卷 … 1－560
欽定宗人府則例三十一卷首一卷 … 2－7
欽定宗室覺羅律例二卷附二卷 …… 2－8
欽定春秋左傳讀本三十卷 ………… 1－203
欽定春秋左傳讀本三十卷 ………… 1－203
欽定春秋左傳讀本三十卷 ………… 1－207
欽定春秋左傳讀本三十卷 ………… 1－208
欽定春秋左傳讀本三十卷 ………… 1－208
欽定春秋傳說彙纂三十八卷首二卷
…………………………………… 1－205
欽定春秋傳說彙纂三十八卷首二卷
…………………………………… 1－205
欽定春秋傳說彙纂三十八卷首二卷
…………………………………… 1－205
欽定春秋傳說彙纂三十八卷首二卷
…………………………………… 1－205
欽定春秋傳說彙纂三十八卷首二卷
…………………………………… 1－205
欽定春秋傳說彙纂三十八卷首二卷
…………………………………… 1－205
欽定春秋傳說彙纂三十八卷首二卷
…………………………………… 1－206
欽定春秋傳說彙纂三十八卷首二卷
…………………………………… 1－206

欽定科場條例六十卷首一卷續增不分卷 …… 2－12
欽定科場條例六十卷首一卷續增不分卷 …… 2－12
欽定科場條例六十卷首一卷續增不分卷 …… 2－12
欽定重修兩浙鹽法志三十卷首一卷 …… 1－544
欽定重修兩浙鹽法志三十卷首一卷兩浙鹽法續纂備攷十二卷 …… 1－544
欽定重修兩浙鹽法志三十卷首一卷兩浙鹽法續纂備攷十二卷 …… 1－544
欽定皇輿西域圖志四十八卷首四卷 …… 1－392
欽定皇輿西域圖志四十八卷首四卷 …… 1－398
欽定皇輿西域圖志四十八卷首四卷 …… 1－398
欽定皇輿西域圖志四十八卷首四卷 …… 1－398
欽定宮中現行則例四卷 …… 1－45
欽定宮中現行則例四卷 …… 2－1
欽定宮中現行則例四卷 …… 2－10
欽定書經傳說彙纂二十一卷首二卷 …… 1－185
欽定書經傳說彙纂二十一卷首二卷 …… 1－185
欽定書經傳說彙纂二十一卷首二卷 …… 1－185
欽定書經傳說彙纂二十一卷首二卷 …… 1－185
欽定書經傳說彙纂二十一卷首二卷 …… 1－185
欽定書經傳說彙纂二十一卷首二卷 …… 1－186
欽定書經傳說彙纂二十一卷首二卷書序一卷 …… 1－186
欽定書經圖說五十卷 …… 1－187
欽定書經圖說五十卷 …… 1－188
欽定書經圖說五十卷 …… 1－188
欽定通考考證三卷 …… 1－535
欽定通志考證三卷 …… 2－115
欽定理藩院則例六十三卷總目二卷 …… 1－560
欽定理藩院則例六十三卷總目二卷通例二卷 …… 1－560
欽定理藩院則例六十四卷通例二卷總目二卷 …… 1－559
欽定理藩部則例六十四卷通例二卷總目二卷 …… 1－560
欽定理藩部則例六十四卷通例二卷總目二卷 …… 1－560
欽定理藩部則例六十四卷通例二卷總目二卷 …… 1－560
欽定理藩部則例六十四卷通例二卷總目二卷 …… 1－560
欽定執中成憲八卷 …… 1－62
欽定盛京通志一百三十卷首一卷 …… 1－44
欽定授時通考七十八卷 …… 2－170
欽定國子監則例四十五卷 …… 1－560
欽定國子監則例四十四卷首六卷 …… 1－560
欽定國朝詩別裁集三十二卷 …… 1－98
欽定國朝詩別裁集三十二卷 …… 1－98
欽定國朝詩別裁集三十二卷 …… 2－308
欽定康濟錄四卷 …… 1－545
欽定康濟錄四卷 …… 1－545
欽定康濟錄四卷 …… 1－550
欽定康濟錄四卷 …… 1－550
欽定康濟錄四卷 …… 1－550
欽定康濟錄四卷 …… 1－550
欽定萬年書二卷 …… 2－179
欽定萬年書二卷 …… 2－179
欽定勝朝殉節諸臣錄十二卷首一卷 …… 1－30
欽定蒙古源流八卷 …… 1－293
欽定詩經傳說彙纂二十一卷首二卷詩序二卷 …… 1－189
欽定詩經傳說彙纂二十一卷首二卷詩序二卷 …… 1－189
欽定詩經傳說彙纂二十一卷首二卷詩序二卷 …… 1－189
欽定詩經傳說彙纂二十一卷詩序二

卷…………………………………… 1－189
欽定詩經傳說彙纂二十一卷詩序二
卷…………………………………… 1－189
欽定詩經傳說彙纂二十一卷詩序二
卷…………………………………… 1－189
欽定詩經傳說彙纂二十一卷詩序二
卷…………………………………… 1－189
欽定詩經傳説彙纂二十一卷首二卷
詩序二卷……………………………… 1－4
欽定新疆識畧十二卷首不分卷……… 1－399
欽定臺規四十二卷…………………… 1－549
欽定臺規四十二卷 …………………… 2－65
欽定臺規四十二卷 …………………… 2－65
欽定臺規四十二卷 …………………… 2－65
欽定熙朝雅頌集一百六卷首集二十
六卷餘集二卷首一卷目錄一卷…… 2－323
欽定熙朝雅頌集一百六卷首集二十
六卷餘集二卷首一卷目錄一卷…… 2－323
欽定滿洲祭神祭天典禮六卷 ………… 1－45
欽定滿洲祭神祭天典禮六卷 ………… 1－45
［乾隆］欽定滿洲源流考二十卷 …… 1－401
［乾隆］欽定滿洲源流考二十卷 …… 1－401
［乾隆］欽定熱河志一百二十卷 ……… 1－33
欽定遼史語解十卷…………………… 1－303
欽定遼史語解十卷…………………… 1－303
欽定遼史語解十卷…………………… 1－303
欽定遼史語解十卷…………………… 1－303
欽定篆文六經四書不分卷…………… 1－178
欽定篆文六經四書六十三卷………… 1－172
欽定儀禮義疏四十八卷首二卷……… 1－199
欽定儀禮義疏四十八卷首二卷……… 1－199
欽定儀禮義疏四十八卷首二卷……… 1－199
欽定儀禮義疏四十八卷首二卷……… 1－199
欽定學政全書八十二卷………………… 2－2
欽定學政全書八十六卷……………… 2－261
欽定學政全書八十六卷首一卷………… 2－2
欽定學政全書八十六卷首一卷………… 2－2
欽定學政全書八十六卷首一卷………… 2－2
欽定學政全書八十六卷首一卷………… 2－2
欽定學堂章程不分卷………………… 2－261
欽定錢錄十六卷……………………… 2－104
欽定禮記義疏八十二卷首一卷……… 1－202
欽定禮記義疏八十二卷首一卷……… 1－202
欽定禮記義疏八十二卷首一卷……… 1－202
欽定禮記義疏八十二卷首一卷……… 1－202
欽定禮記義疏八十二卷首一卷……… 1－202
欽定禮部則例二百二卷………………… 2－2
欽定禮部則例二百二卷………………… 2－2
欽定總管内務府現行則例四卷……… 1－559
欽定總管内務府現行則例四卷……… 1－559
欽定總管内務府現行則例四卷………… 2－7
欽定蘭州紀畧二十卷首一卷………… 1－302
欽定續三通一千四十卷……………… 1－546
欽定續三通目錄十四卷 ……………… 2－76
欽定續文獻通考二百五十卷………… 1－542
欽定續文獻通考二百五十卷………… 1－542
欽定續文獻通考詳節二十六卷……… 1－543
欽定續通志六百四十卷……………… 1－545
欽定續通志六百四十卷……………… 1－545
欽定續通志六百四十卷……………… 1－545
欽定續通典一百五十卷……………… 1－544
欽定續通典一百五十卷……………… 1－544
欽定續通典一百五十卷……………… 1－544
欽頒州縣事宜不分卷 ………………… 2－63
畬香草存六卷續刻一卷……………… 2－467
番禺陳氏東塾叢書五種三十四卷…… 2－570
番禺陳氏東塾叢書五種三十四卷…… 2－570
番禺陳氏東塾叢書五種三十四卷…… 2－570
番禺陳氏東塾叢書五種三十四卷…… 2－572
番禺陳氏東塾叢書五種三十四卷…… 2－572
［同治］番禺縣志五十四卷首一卷附
錄一卷…………………………………… 1－420
［同治］番禺縣志五十四卷首一卷附
錄一卷…………………………………… 1－420
爲政忠告不分卷 ……………………… 2－66
舜山是仲明先生［鏡］年譜一卷附雜
著一卷…………………………………… 1－337
舜山是仲明先生［鏡］年譜一卷附雜
著一卷…………………………………… 1－338
舜山是誠齋先生［鏡］年譜不分卷 …… 1－30
創建豫南書院存略不分卷…………… 2－261
飲冰室壬寅文集十八卷……………… 2－514

飲冰室文集壬寅文集十六卷癸卯文
集四卷 …… 2－515
飲冰室癸卯文集六卷 …… 2－515
飲瓊漿館詞一卷 …… 2－528
勝果妙因五卷 …… 2－203
勝朝殉揚錄三卷 …… 1－345
勝朝殉揚錄三卷 …… 1－345
勝朝殉揚錄三卷 …… 1－345
勝朝殉揚錄三卷 …… 1－345
勝朝遺事初編六卷二編八卷 …… 1－306
勝飲編十八卷 …… 2－99
猶太史十七章 …… 2－127
觚賸八卷續編四卷 …… 1－82
觚賸八卷續編四卷 …… 2－240
鄒叔子遺書七種 …… 2－481
鄒徵君遺書八種附刻二種 …… 2－186
鄒徵君遺書八種附刻二種 …… 2－186
[康熙]鄒縣志三卷 …… 1－459
[光緒]鄒縣鄉土志不分卷 …… 1－486
詁經精舍三集六卷經解二卷辭賦三
卷四集十六卷續選一卷五集八卷
六集十二卷七集十二卷 …… 2－304
詁經精舍三集(戊辰、己巳、庚午各年
官師課合刻)六卷 …… 2－304
詁經精舍文集十四卷 …… 2－555
詁經精舍文續集八卷 …… 2－304
詁經精舍文續集八卷 …… 2－304
詁經精舍文續集八卷 …… 2－555
詁經精舍第三集六卷 …… 2－555
詁經精舍第六集十二卷 …… 2－304
評論出像水滸傳二十卷二十七回 …… 2－246
評選船山史論二卷 …… 2－107
評選船山史論二卷 …… 2－107
評點春秋綱目左傳句解彙雋六卷 …… 1－210
評鑑闡要十二卷 …… 2－108
註陸宣公奏議十五卷附校記十五卷
唐陸宣公制誥十卷附校記十卷 …… 1－365
註陸宣公奏議十五卷附校記十五卷
唐陸宣公制誥十卷附校記十卷 …… 1－365
註釋水竹居賦不分卷 …… 2－375
註釋校正華英四書 …… 1－220
詠史絕句詩註二卷 …… 1－113
詠史詩鈔一卷 …… 2－118
詠物詩選八卷 …… 1－102
詠物類腋六卷 …… 2－341
詠梅軒仰觀錄二卷 …… 2－573
詠梅軒劄記一卷劄記增訂一卷賸稿
一卷存要一卷 …… 2－573
詠梅軒搭記一卷詠梅軒搭記增訂一
卷詠梅軒搭記存要一卷詠梅軒搭
記賸稿一卷 …… 2－234
詠樓盍簪集十一卷 …… 2－315
詞旨一卷 …… 1－164
詞名集解六卷續編二卷 …… 2－526
詞苑萃編二十四卷 …… 2－528
詞苑叢談十二卷 …… 1－163
詞苑叢談十二卷 …… 2－519
詞林片玉不分卷 …… 2－525
詞林分類次韻便讀三字錦九卷末一
卷 …… 2－305
詞林正韻三卷發凡一卷 …… 1－253
詞林正韻三卷發凡一卷 …… 1－253
詞林正韻三卷發凡一卷 …… 1－253
詞林典故八卷 …… 1－46
詞林典故八卷 …… 2－53
詞林紀事二十二卷 …… 1－164
詞科掌錄十七卷附詞科餘話七卷 …… 1－50
詞科掌錄十七卷附詞科餘話七卷 …… 1－50
詞律二十卷 …… 1－164
詞律二十卷 …… 2－522
詞律拾遺八卷 …… 2－522
詞律拾遺八卷 …… 2－522
詞鈔十種三十一卷 …… 2－525
詞綜三十八卷 …… 2－521
詞綜三十六卷 …… 1－164
詞綜三十六卷 …… 1－164
詞綜三十卷 …… 1－164
詞選二卷附錄一卷 …… 2－521
詞學八種十八卷 …… 2－524
詞學集成八卷 …… 2－526
詞學集成八卷 …… 2－526
詞學叢書六種二十三卷 …… 2－523

詞學叢書六種二十三卷 ……………… 2－523
詞學叢書六種二十三卷 ……………… 2－523
詞辨二卷附介存齋論詞雜著一卷 …… 2－524
詞譜四十卷 ……………………………… 1－166
詞韻考略一卷 …………………………… 1－164
詒晉齋集八卷後集一卷隨筆一卷 …… 2－465
詒晉齋集八卷後集一卷隨筆一卷 …… 2－465
詒晉齋集八集後集一卷隨筆一卷四
書文不分卷 …………………………… 2－476
詒煒集五卷附侍香集 ………………… 1－348
詒煒集五卷附侍香集 ………………… 1－348
詒穀老人自訂年譜一卷 ……………… 1－344
詒穀老人自訂年譜二卷 ……………… 1－342
詒穀老人自訂年譜二卷 ……………… 1－342
詒謀隨筆二卷 …………………………… 2－160
敦艮吉齋詩存二卷文存四卷 ………… 2－499
敦艮齋遺書十七卷 …………………… 2－504
敦艮齋遺書不分卷 …………………… 1－160
敦教堂詩鈔六卷續刻二卷 …………… 2－344
敦煌石室真蹟錄不分卷 ……………… 2－192
敦煌石室遺書十二種 ………………… 2－99
敦煌石室遺書不分卷 ………………… 2－192
[道光]敦煌縣志七卷首一卷 ……… 1－483
[道光]敦煌縣志七卷首一卷 ……… 1－483
敦懷堂洋務叢鈔十一種十九卷 ……… 2－216
斌椿遊記三種三卷 …………………… 1－513
痛史二十一種五十一卷 ……………… 1－295
痛史二十一種五十一卷 ……………… 1－295
痛史二十一種五十一卷 ……………… 1－295
遊六齋集二卷 ………………………… 2－508
遊石鼓詩錄一卷附詞 ………………… 2－344
遊志續編一卷 ………………………… 1－512
遊志續編一卷 ………………………… 1－512
遊志續編一卷 ………………………… 1－512
遊明聖湖日記不分卷 ………………… 1－514
遊宦紀聞十卷 ………………………… 1－80
遊峩眉山記一卷附遊峩眉山詩一卷
…………………………………………… 1－516
遊記十卷 ……………………………… 1－42
遊記彙刊八種十四卷 ………………… 2－561
遊道堂集四卷 ………………………… 2－480
遊道堂集四卷 ………………………… 2－480
遊歷芻言不分卷 ……………………… 1－515
甋餘詩鈔十六卷 ……………………… 2－344
竢實齋文稿二卷 ……………………… 2－508
惺諟齋存稿十卷 ……………………… 2－501
惺諟齋存稿十卷 ……………………… 2－501
惺齋五種十卷續編二卷 ……………… 1－167
愧郯錄十五卷 ………………………… 2－255
惲子居文鈔四卷 ……………………… 2－448
惲子居文鈔四卷 ……………………… 2－467
惲子居文鈔四卷 ……………………… 2－467
[光緒]善化縣志三十四卷首一卷 … 1－414
[光緒]善化縣志三十四卷首一卷 … 1－414
[光緒]善化縣志三十四卷首一卷 … 1－414
善本書室藏書志四十卷附錄一卷 …… 2－71
善本書室藏書志四十卷附錄一卷 …… 2－71
善本書室藏書志四十卷附錄一卷 …… 2－71
善成堂重訂古文釋義新編八卷 ……… 2－287
善卷堂四六十卷 ……………………… 1－94
善卷堂四六十卷 ……………………… 1－94
善思齋文鈔九卷文續鈔四卷詩鈔七
卷詩續鈔二卷 ………………………… 2－447
善證類編二卷 ………………………… 2－386
普天同悲錄八章 ……………………… 1－308
普天忠憤全集十四卷 ………………… 2－280
普天忠憤全集十四卷 ………………… 2－280
普天忠憤全集十四卷 ………………… 2－280
普天忠憤全集十四卷 ………………… 2－280
普天忠憤全集十四卷 ………………… 2－280
普法兵事記不分卷 …………………… 2－126
普法戰紀二十卷 ……………………… 2－127
普法戰紀二十卷 ……………………… 2－127
普通百科新大詞典十二集目錄二卷
補遺一卷 ……………………………… 1－242
普通新歷史十章 ……………………… 1－271
普通新歷史十章附歷代帝王總紀 …… 1－271
普通學歌訣不分卷 …………………… 2－147
普魯士地方自治行政說六章 ………… 1－558
普魯士地方自治行政說六章 ………… 1－558
尊水園集略十二卷補遺二卷 ………… 1－155
尊西詩話二卷 ………………………… 2－518

尊前集二卷……………………………… 1－104
尊聞居士集八卷………………………… 2－440
尊聞居士集八卷………………………… 2－440
尊聞錄初稿二卷………………………… 2－386
道元一炁五卷 ………………………… 1－73
道元一炁五卷 ………………………… 1－73
道古堂文集四十八卷詩集二十六卷
……………………………………… 1－154
道古堂文集四十八卷詩集二十六卷
集外詩一卷集外文一卷軼事一卷
……………………………………… 2－273
道古堂文集四十八卷詩集二十六卷
集外詩一卷集外文一卷軼事一卷
……………………………………… 2－273
道古堂文集四十六卷詩集二十六卷
……………………………………… 1－154
道古堂全集文集四十八卷詩集二十
六卷集外文一卷集外詩一卷軼事
一卷……………………………… 2－439
道古堂詩集二十六卷 ………………… 1－86
道西齋日記二卷………………………… 1－510
道西齋日記二卷………………………… 1－510
道西齋日記二卷………………………… 1－510
道西齋日記二卷………………………… 1－510
道光十五年乙未科會試同年齒錄二
卷首一卷 …………………………… 2－91
道光刑部檔不分卷 …………………… 2－51
道光金華縣志十二卷首一卷………… 1－440
道光庚子鄉試同年齒錄不分卷 ……… 2－90
道光庚戌科拔貢朝考同年齒錄不分
卷 …………………………………… 2－92
道光河南稟啓稿不分卷……………… 2－303
道光間上諭滙鈔不分卷……………… 1－362
道行般若波羅蜜經十卷 ……………… 1－71
道南源委六卷…………………………… 1－329
道咸同光四朝詩史一斑錄十編續編
一編……………………………… 2－322
道咸同光四朝詩史乙集八卷………… 2－289
道書一貫不分卷………………………… 2－209
道書十二種二十五卷………………… 2－209
道書全集九十四卷 …………………… 1－72
道國元公濂溪周夫子志十五卷首一
卷 …………………………………… 1－28
道國元公濂溪周夫子志十五卷首一
卷 …………………………………… 1－28
道清鐵路福公司借款條議不分卷 …… 2－33
道鄉先生文集四十卷道鄉集補遺一
卷附錄一卷…………………………… 2－402
道鄉先生文集四十卷道鄉集補遺一
卷附錄一卷…………………………… 2－402
道鄉先生文集四十卷道鄉集補遺一
卷附錄一卷…………………………… 2－402
道鄉先生文集四十卷道鄉集補遺一
卷附錄一卷…………………………… 2－402
道貴堂類稿十二卷……………………… 1－111
道統大成不分卷………………………… 2－208
道園學古錄五十卷……………………… 2－412
道齊正軌二十卷………………………… 1－330
道齊正軌二十卷附錄一卷…………… 1－326
道榮堂文集六卷首一卷近詩十卷…… 1－154
道榮堂文集六卷首一卷近詩十卷…… 1－154
道德法律進化之理二編不分卷……… 2－272
道德真經注四卷………………………… 2－131
道德真經注四卷………………………… 2－131
道德真經注四卷………………………… 2－138
道德經二卷……………………………… 2－135
道德經評註二卷………………………… 2－139
道學淵源錄一百卷……………………… 1－317
遂初堂書目一卷 ……………………… 2－75
遂初堂詩集十六卷文集二十卷別集
四卷…………………………………… 1－160
遂寧張文端公全集七卷首一卷……… 2－496
［光緒］遂寧縣志六卷首一卷 ……… 1－431
曾子孝實附錄一卷……………………… 1－9
曾子家語六卷…………………………… 2－159
曾太僕左夫人詩稿合刻十三卷……… 2－356
曾文公奏稿三十六卷………………… 1－364
曾文正公大事記四卷………………… 1－306
曾文正公大事記四卷………………… 1－306
曾文正公手書日記不分卷…………… 2－436
曾文正公手書日記不分卷…………… 2－436
曾文正公手書日記不分卷…………… 2－436

曾文正公手書日記不分卷…………… 2－436
曾文正公文集三卷…………………… 2－514
曾文正公文鈔四卷…………………… 2－499
曾文正公全集………………………… 1－363
曾文正公全集………………………… 2－437
曾文正公全集一百六十四卷………… 2－436
曾文正公全集十八種一百八十五卷
首一卷……………………………… 2－436
曾文正公全集十四種一百七十卷…… 2－436
曾文正公全集十四種一百六十八卷
首一卷……………………………… 2－436
曾文正公全集十四種一百六十八卷
首一卷……………………………… 2－436
曾文正公全集十四種一百六十八卷
首一卷……………………………… 2－436
曾文正公全集十四種一百六十八卷
首一卷……………………………… 2－436
曾文正公全集十四種一百六十八卷
首一卷……………………………… 2－436
曾文正公全集十四種一百六十八卷
首一卷……………………………… 2－436
曾文正公全集十四種一百六十四卷
首一卷……………………………… 2－436
曾文正公全集十四種一百六十四卷
首一卷……………………………… 2－437
曾文正公全集首一卷曾文正公奏稿
三十卷……………………………… 1－363
曾文正公事略四卷…………………… 1－335
曾文正公奏稿三十六卷……………… 1－363
曾文正公奏稿三十六卷……………… 1－363
曾文正公奏稿三十卷………………… 1－363
曾文正公奏稿三十卷………………… 1－363
曾文正公奏議十卷首一卷末一卷…… 1－363
曾文正公奏議十卷首一卷末一卷奏
議補編四卷………………………… 1－363
曾文正公家訓二卷…………………… 2－301
曾文正公家書十卷…………………… 2－435
曾文正公家書十卷大事記四卷家訓
二卷榮哀錄一卷…………………… 2－435
曾文正公家書十卷大事記四卷家訓
二卷榮哀錄一卷…………………… 2－435
曾文正公家書十卷家訓二卷………… 2－435
曾文正公書劄二十七卷……………… 2－437
曾文正公書劄三十三卷……………… 2－301
曾文正公書劄三十三卷……………… 2－435
曾文正公書劄三十三卷……………… 2－436
曾文正公[國藩]年譜十二卷 ……… 1－336
曾文正公[國藩]年譜十二卷 ……… 1－336
曾文正公[國藩]年譜十二卷 ……… 1－336
曾文正公[國藩]年譜十二卷 ……… 1－336
曾文正公[國藩]年譜十二卷 ……… 1－353
曾文正公詩集三卷…………………… 2－373
曾文正公詩鈔四卷…………………… 2－350
曾文正公榮哀錄不分卷……………… 1－346
曾文正公榮哀錄不分卷……………… 1－346
曾文正公雜著二卷…………………… 1－363
曾文正公雜著四卷…………………… 2－499
曾文正公雜著四卷…………………… 2－499
曾文定公全集二十卷首一卷末一卷
…………………………………… 1－137
曾忠襄公奏議三十二卷書劄二十二
卷文集二卷批牘五卷……………… 1－367
曾忠襄公[國荃]年譜四卷 ………… 1－367
曾忠襄公榮哀錄二卷………………… 1－367
曾皇考侍御公奏疏一卷……………… 1－148
曾侯日記不分卷……………………… 1－353
曾侯日記不分卷……………………… 1－353
曾惠敏公全集十七卷………………… 2－470
曾惠敏公全集十七卷………………… 2－470
曾惠敏公全集十七卷………………… 2－471
曾惠敏公全集十七卷………………… 2－471
曾惠敏公使西日記二卷……………… 1－353
曾惠敏公奏疏十卷…………………… 1－375
曾惠敏公遺集四種十七卷…………… 2－484
曾惠敏公遺集四種十七卷…………… 2－484
曾惠敏公遺集四種十七卷…………… 2－484
曾樂軒稿一卷 ……………………… 1－11
勞勞集不分卷………………………… 2－387
馮山公文集十二卷…………………… 2－508
馮少墟集二十二卷續集不分卷……… 1－146
馮少墟集二十卷……………………… 1－146
馮舍人遺詩六卷……………………… 2－317

湛然居士文集十四卷…………………… 2－413
湛然居士文集十四卷…………………… 2－413
湛然居士文集十四卷…………………… 2－415
湛然居士文集十四卷…………………… 2－415
湛淵遺稾三卷補一卷…………………… 2－231
湛淵遺稾三卷補一卷…………………… 2－416
湛園未定藁六卷………………………… 1－156
湛園未定藁六卷………………………… 1－156
湛園札記四卷…………………………… 2－219
湛園札記四卷…………………………… 2－219
湖上青山集不分卷……………………… 1－502
湖山便覽十二卷………………………… 1－523
湖山便覽十二卷………………………… 1－523
湖山雜詠一卷附錄一卷………………… 2－327
湖山懷古集一卷………………………… 1－552
湖山類稾五卷附錄一卷………………… 2－350
湖山類稾五卷附錄一卷水雲集不分
　卷附錄三卷…………………………… 2－351
［湖北孝感］孝感王氏宗譜八卷首一
　卷 ……………………………………… 2－79
［湖北孝感］屠氏孝感支續譜不分卷
　…………………………………………… 2－87
［湖北武昌］杜氏宗譜十八卷 ………… 2－81
［湖北武漢］金氏宗譜十二卷首一卷
　末一卷 ………………………………… 2－78
湖北武學五十三卷 …………………… 2－21
湖北金石志十四卷 …………………… 2－96
湖北金石詩一卷……………………… 2－319
［湖北宜昌］閻氏族譜四卷 ………… 2－87
［嘉慶］湖北通志一百卷首五卷 …… 1－399
湖北通志凡例一卷附辨例一卷……… 1－396
［湖北黃陂］紫溪劉氏家乘十一卷首
　一卷 …………………………………… 2－80
湖北鄉試行卷不分卷 ………………… 2－90
湖北鄉試第一房同門錄(光緒壬寅
　年補行庚子辛丑恩正並科)不分
　卷 ……………………………………… 2－93
［湖北蒲圻］周氏家乘不分卷 ………… 2－85
湖北節義錄十二卷補遺一卷………… 1－349
湖北節義錄十二卷補遺一卷………… 1－349
湖北調查局公牘初輯不分卷 ………… 2－50
湖北諮議局第一次常年會記事錄…… 1－552
湖北輿地圖四卷……………………… 1－529
湖北叢書三十一種二百九十一卷…… 2－147
湖北叢書三十一種二百九十一卷…… 2－541
湖北簡明官冊不分卷 ………………… 2－95
［同治］湖州府志九十六卷首一卷 … 1－430
［同治］湖州府志九十六卷首一卷 … 1－430
［同治］湖州府志九十六卷首一卷 … 1－431
［同治］湖州府志九十六卷首一卷 … 1－431
［同治］湖州府志九十六卷首一卷 … 1－431
湖防私記三卷私記餘事不分卷 ……… 2－21
湖防紀畧一卷附一卷………………… 2－163
湖南文徵一百九十卷姓氏傳四卷目
　錄六卷………………………………… 2－562
湖南方物志八卷……………………… 1－523
湖南四次捐輸請加廣學額中額咨稿
　不分卷 ………………………………… 2－29
湖南全省掌故備考三十五卷………… 1－402
湖南全省輿地圖表不分卷…………… 1－382
湖南全省輿地圖表不分卷…………… 1－382
［湖南長沙］長沙丁氏弍修宗譜三十
　二卷首一卷末一卷 …………………… 2－79
［湖南茶陵］仁源譚氏續修支譜不分
　卷 ……………………………………… 2－88
湖南省河及四分防處水警章程不分
　卷 ……………………………………… 2－17
［湖南郴州］陳氏族譜不分卷 ………… 2－78
［光緒］湖南通志二百八十八卷首八
　卷末十九卷…………………………… 1－402
［光緒］湖南通志二百八十八卷首八
　卷末十九卷…………………………… 1－402
湖南鄉試同年譜(光緒癸卯恩科)不
　分卷 …………………………………… 2－91
湖南善化黃氏支系考二卷 …………… 2－89
［湖南湘潭］中湘葛氏支譜二卷 ……… 2－79
湖唐林館駢體文二卷………………… 2－291
湖海文傳七十五卷…………………… 2－443
湖海文傳七十五卷…………………… 2－443
湖海文傳七十五卷…………………… 2－443
湖海文傳七十五卷…………………… 2－443
湖海詩傳十六卷……………………… 2－350

湖海詩傳四十六卷…………………… 2－319
湖海詩傳四十六卷…………………… 2－319
湖海樓文集六卷……………………… 1－153
湖海樓文集六卷儷體文集十二卷…… 2－452
湖海樓全集五十一卷………………… 1－102
湖海樓全集五十一卷………………… 1－153
湖海樓全集五十四卷………………… 1－153
湖海樓詩集八卷……………………… 1－102
湖海樓詩集八卷……………………… 1－102
湖海樓叢書十三種一百十卷………… 2－537
湖海樓叢書十三種一百十卷………… 2－537
湖海樓叢書十三種一百十卷………… 2－537
湖海樓叢書十三種一百十卷………… 2－537
湖海樓叢書十三種一百十卷………… 2－537
湖船錄一卷…………………………… 1－527
湖船錄一卷…………………………… 2－382
湖雅九卷……………………………… 2－170
湖程紀略一卷 ………………………… 1－40
湖壄小志四卷………………………… 1－495
湖墅雜詩二卷………………………… 2－338
湖墅雜詩二卷………………………… 2－338
湖廣同鄉齒錄不分卷 ………………… 2－91
湖壖雜記一卷………………………… 2－382
湖蠶述四卷…………………………… 2－270
湘上詩緣錄四卷附新安詩萃一卷…… 2－518
湘上詩緣錄四卷附新安詩萃一卷…… 2－518
湘山野錄三卷續一卷 ………………… 1－81
湘子傳二十四回……………………… 2－253
湘英文挹四卷………………………… 2－306
湘城訪古錄十七卷首一卷…………… 1－485
湘城遺事記九卷……………………… 1－485
湘軍水陸戰紀十六卷………………… 2－163
湘軍水陸戰紀十六卷………………… 2－163
湘軍水陸戰紀十六卷………………… 2－163
湘軍志十六卷首不分卷……………… 1－280
湘軍志十六篇………………………… 1－279
湘軍志十六篇………………………… 1－279
湘軍志十六篇………………………… 1－279
湘軍志十六篇………………………… 1－279
湘軍志十六篇………………………… 1－279
湘軍志十六篇………………………… 1－279
湘軍志十六篇………………………… 1－279
湘軍志十六篇………………………… 1－279
湘軍志十六篇………………………… 1－279
湘軍志十六篇………………………… 1－279
湘軍志十六篇………………………… 1－280
湘軍記二十卷………………………… 1－280
湘軍記二十卷………………………… 2－162
湘軍記二十卷………………………… 2－162
湘軍記二十卷………………………… 2－162
湘軍記二十卷………………………… 2－162
湘軍記二十卷………………………… 2－162
湘軍記二十卷………………………… 2－162
湘軍記二十卷………………………… 2－162
湘軍記二十卷………………………… 2－162
湘軍記二十卷………………………… 2－163
［光緒］湘陰縣圖志三十四卷首一卷末一卷………………………… 1－419
［光緒］湘陰縣圖志三十四卷首一卷末一卷………………………… 1－419
［光緒］湘陰縣圖志三十四卷首一卷末一卷………………………… 1－419
［光緒］湘陰縣圖志三十四卷首一卷末一卷………………………… 1－475
湘鄉詩鈔四卷………………………… 2－355
［同治］湘鄉縣志二十三卷首一卷末一卷…………………………… 1－482
湘報類纂十四卷……………………… 2－559
湘報類纂六集………………………… 2－269
湘煙錄十六卷………………………… 1－146
湘薌漫錄五卷………………………… 1－183
湘綺樓文集八卷……………………… 2－485
湘綺樓文集八卷……………………… 2－485
湘綺樓文集八卷……………………… 2－485
湘綺樓全書十八種二百四十三卷…… 2－538
湘綺樓全書十八種二百四十三卷…… 2－538
湘綺樓全集三十卷…………………… 2－448
湘綺樓全集三十卷…………………… 2－448
湘綺樓詩集十四卷…………………… 2－324
湘綺樓詩集八卷附夜雪集…………… 2－324
湘綺樓箋啟六卷……………………… 2－302
湘潭郭氏閨秀集六卷梧笙唱和初集

二卷 …………………………………… 2－369
湘潭郭氏閨秀集六卷梧笙唱和初集
二卷 …………………………………… 2－369
湘潭會館題名錄二卷 ……………………… 2－95
［乾隆］湘潭縣志二十五卷首一卷 …… 1－34
［光緒］湘潭縣志十二卷 …………… 1－425
［光緒］湘潭縣志十二卷 …………… 1－425
［光緒］湘潭縣志十二卷 …………… 1－425
［光緒］湘潭縣志十二卷 …………… 1－425
湘學報不分卷 …………………………… 2－219
湘學報類編 ……………………………… 2－278
湘學報類編西政叢鈔六種 ……………… 2－219
湘學報類編西政叢鈔六種 ……………… 2－219
湘學新報 ………………………………… 2－219
湘學新報四十三期 ……………………… 2－558
湘繭合稾五卷 …………………………… 2－358
湘繭合稾五卷 …………………………… 2－365
湘礦擥要不分卷 ………………………… 2－271
湯子遺書十卷 …………………………… 1－168
湯子遺書十卷 …………………………… 1－168
湯子遺書十卷附錄一卷 ………………… 2－568
湯子遺書節要八卷 ……………………… 2－514
湯文正公全集四種三十九卷 …………… 2－568
湯文正公全集四種三十九卷 …………… 2－568
湯文正公全集四種三十九卷 …………… 2－568
湯文正公集五卷奏稿一卷 ……………… 2－449
湯文正公［斌］年譜定本一卷 ……… 2－449
湯文正公遺書六種三十三卷 …………… 2－494
湯陰精忠廟志十卷 ……………………… 1－42
［乾隆］湯陰縣志十卷 ……………… 1－435
［乾隆］湯陰縣志十卷 ……………… 1－478
湯義仍先生南柯夢記二卷 ……………… 1－167
測候叢談四卷 …………………………… 2－178
測候叢談四卷 …………………………… 2－178
測海集六卷 ……………………………… 2－356
測海集六卷 ……………………………… 2－356
測繪儀器攷不分卷 ……………………… 2－21
渭南文集五十卷 ………………………… 1－130
渭南文集五十卷 ………………………… 1－130
渭南文集四十二卷 ……………………… 2－406
滑疑集八卷 ……………………………… 2－487
滑疑集八卷 ……………………………… 2－487
滑疑集八卷 ……………………………… 2－487
滑疑集八卷 ……………………………… 2－487
［乾隆］滑縣志十四卷首一卷 ………… 1－39
淵雲墨妙山房詩鈔二卷 ………………… 2－325
淵雅堂全集四十七卷 …………………… 1－154
淵穎吳先生集十二卷附錄一卷 ………… 1－138
淵鑒齋御纂朱子全書六十六卷 ………… 1－131
淵鑒齋御纂朱子全書六十六卷 ………… 2－401
淵鑒齋御纂朱子全書六十六卷 ………… 2－401
淵鑑類函四百五十卷 …………………… 2－140
淵鑑類函四百五十卷 …………………… 2－140
淵鑑類函四百五十卷 …………………… 2－140
淵鑑類函四百五十卷目錄四卷 ……… 1－57
淵鑑類函四百五十卷目錄四卷 ……… 1－57
淵鑑類函四百五十卷目錄四卷 ………… 2－140
淵鑑類函四百五十卷目錄四卷 ………… 2－144
淵鑑類函四百五十卷目錄四卷 ………… 2－144
淵鑑類函四百五十卷目錄四卷 ………… 2－144
湟中行紀不分卷 ………………………… 1－513
盜案疎防不分卷 ………………………… 2－29
游定夫先生集六卷首一卷末一卷 …… 2－412
游廌山先生集前集一卷後集五卷首
一卷外集一卷 ………………………… 1－137
游歷巴西圖經十卷 ……………………… 1－533
游歷古巴圖經二卷 ……………………… 1－534
游歷加納大圖經八卷 …………………… 1－533
游歷美利加圖經三十二卷 ……………… 1－515
游歷美利加圖經三十二卷 ……………… 1－530
游歷秘魯圖經四卷 ……………………… 1－533
游歷圖經餘紀十五卷 …………………… 1－530
游歷圖經餘紀十五卷 …………………… 1－533
游歷圖經餘紀十五卷 …………………… 1－533
游歷日本考察農務日記一卷 …………… 1－512
游歷日記不分卷 ………………………… 1－512
渼陂集十六卷 …………………………… 2－429
［光緒］滋陽縣志十四卷 …………… 1－484
滋樹室遺集六卷 ………………………… 2－487
滋樹堂文集四卷 ………………………… 2－489
渾蓋通憲圖說二卷 ……………………… 1－66
［乾隆］渾源州志十卷 ……………… 1－437

［乾隆］渾源州志十卷 ……………… 1－437
［乾隆］渾源州志十卷 ……………… 1－437
［光緒］渾源州續志十卷 …………… 1－437
溉堂前集九卷後集六卷續集六卷文
集五卷詩餘二卷………………… 1－169
［光緒］滁州志十卷首一卷末一卷 … 1－482
湧幢小品三十二卷 ………………… 1－76
湧幢小品三十二卷 ………………… 1－76
湧幢小品三十二卷 ………………… 1－76
寒山子詩集不分卷…………………… 1－126
寒山子詩集不分卷…………………… 2－393
寒山堂金石林時地攷二卷 ………… 2－99
寒山舊廬詩一卷……………………… 2－338
寒支二集四卷………………………… 2－448
寒支初集十卷………………………… 2－448
寒支初集十卷二集六卷首一卷……… 2－448
寒支初集十卷二集六卷首一卷……… 2－448
寒支初集十卷二集六卷首一卷……… 2－448
寒松老人年譜不分卷………………… 2－443
寒松老人年譜不分卷………………… 2－443
寒松老人年譜不分卷………………… 2－443
寒松老人年譜不分卷………………… 2－443
寒松老人年譜不分卷………………… 2－443
寒松老人年譜不分卷………………… 2－443
寒松堂全集十二卷…………………… 2－443
寒松堂全集十二卷…………………… 2－443
寒松堂全集十二卷…………………… 2－443
寒松堂全集十二卷…………………… 2－443
寒松堂全集十二卷…………………… 2－443
寒松堂全集十二卷…………………… 2－443
寒松閣集五種二十卷………………… 2－521
寒松閣集五種二十卷………………… 2－522
寒夜叢談三卷………………………… 2－232
寒夜叢談三卷………………………… 2－233
寒香館詩鈔四卷文鈔八卷崇祀鄉賢
錄一卷……………………………… 2－486
富文書舍東遊紀畧一卷附詩聯一卷
……………………………………… 1－510
［乾隆］富平縣志八卷 ……………… 1－426
富國養民策十六章 ………………… 2－25
富國養民策十六章 ………………… 2－25
富國養民策十六章 ………………… 2－25
富國養民策十六章 ………………… 2－25
富國養民策十六章 ………………… 2－25
富強齋叢書全集十五類七十七種四
百三卷……………………………… 2－548
富強齋叢書全集十五類七十七種四
百三卷……………………………… 2－548
富強齋叢書全集十五類七十七種四
百三卷……………………………… 2－558
［光緒］富陽縣志二十四卷首一卷 … 1－441
［光緒］富陽縣志二十四卷首一卷 … 1－441
富陽縣新舊志校記二卷……………… 1－474
［道光］富順縣志三十八卷 ………… 1－34
［乾隆］富順縣志五卷首一卷 ……… 1－411
［乾隆］富順縣志五卷首一卷 ……… 1－411
［乾隆］富順縣志五卷首一卷 ……… 1－411
［乾隆］富順縣志五卷首一卷 ……… 1－411
富彊務本新策不分卷附中外近政聞
畧…………………………………… 1－557
寓真軒詩鈔十二卷…………………… 2－342
寓意草一卷…………………………… 2－175
寓意錄四卷 ………………………… 2－99
寓意錄四卷…………………………… 2－100
寓簡十卷附錄一卷…………………… 2－234
窗課存稿二卷………………………… 2－353
［光緒］甯河縣志十六卷 …………… 1－440
運規約指三卷………………………… 2－270
運甓齋文稿六卷續編六卷詩稿八卷
續編六卷贈言錄四卷……………… 2－493
運甓齋文稿六卷續編六卷詩稿八卷
續編六卷贈言錄四卷……………… 2－493
運甓齋詩稿八卷……………………… 2－369
補三史藝文志不分卷 ……………… 2－76
補三國藝文志四卷…………………… 1－265
補三國藝文志四卷 ………………… 2－75
補三國疆域志二卷…………………… 1－401
補三國疆域志二卷…………………… 2－443
補上古考信錄三卷…………………… 2－117
補天石傳奇八種八卷………………… 2－530
補竹軒文集六卷詩集三卷三天入直
瑣記一卷補竹圖一卷……………… 2－495

補宋書刑法志一卷……………………… 1－291
補宋書刑法志一卷……………………… 1－551
補宋書刑法志一卷……………………… 1－551
補宋書刑法志一卷……………………… 2－115
補宋書食貨志一卷……………………… 1－291
補宋書食貨志一卷……………………… 1－551
補宋書食貨志一卷……………………… 2－115
補侍兒小名錄一卷 ……………………… 1－76
補注黄帝内經素問二十四卷素問遺
篇一卷………………………………… 2－172
補注黄帝内經素問二十四卷素問遺
篇一卷………………………………… 2－172
補注黄帝内經素問二十四卷素問遺
篇一卷靈樞十二卷…………………… 2－561
補後漢書藝文志四卷…………………… 1－265
補後漢書藝文志一卷補後漢書藝文
志攷十卷 ……………………………… 2－73
補晉兵志二卷…………………………… 1－291
補晉書經籍志四卷 ……………………… 2－75
補晉書藝文志四卷附錄一卷 ………… 2－72
補晉書藝文志四卷附錄一卷 ………… 2－72
補晉書藝文志四卷補遺一卷附錄一
卷 ……………………………………… 2－72
補晉書藝文志四卷補遺一卷附錄一
卷 ……………………………………… 2－72
補造化軒試帖十五卷…………………… 2－295
補梅書屋詩草一卷……………………… 2－370
補梁疆域志四卷………………………… 1－396
補閒集二卷……………………………… 1－113
補筆談三卷續筆談不分卷……………… 2－389
補註洗冤錄集證四卷…………………… 2－167
補註洗冤錄集證四卷附刊作吏要言
不分卷………………………………… 2－167
補註黄帝内經素問二十四卷素問遺
篇一卷………………………………… 2－171
補勤詩存二十四卷……………………… 2－324
補勤詩存二十四卷首一卷……………… 2－347
補園賸稿二卷…………………………… 1－346
補農書二卷……………………………… 2－171
補疑年錄四卷 …………………………… 2－89
補疑年錄四卷 …………………………… 2－90
補疑年錄四卷 …………………………… 2－90
補漢兵志一卷…………………………… 2－536
補蕉山館詩二卷………………………… 2－363
補遼金元藝文志不分卷 ………………… 2－76
補學軒文集四卷補學軒詩集十二卷
……………………………………… 2－486
補學軒散文集四卷駢體文集二卷…… 2－441
補學軒詩集十二卷……………………… 2－354
補學軒詩集十二卷文集四卷…………… 2－441
補學齋詩鈔四卷………………………… 2－350
補寰宇訪碑錄五卷失編一卷…………… 2－101
補寰宇訪碑錄五卷失編一卷…………… 2－101
補寰宇訪碑錄五卷失編一卷…………… 2－101
補寰宇訪碑錄五卷失編一卷…………… 2－101
補寰宇訪碑錄五卷失編一卷…………… 2－101
［光緒］補纂仁壽縣原志五卷末一卷
……………………………………… 1－411
補釋三十二卷…………………………… 1－211
補釋三十二卷…………………………… 1－211
補釋三十二卷…………………………… 1－211
補讀書齋遺稾十卷……………………… 2－462
補讀書齋遺稾十卷……………………… 2－496
補讀樓詩稿六卷………………………… 2－513
補籬遺稿八卷…………………………… 2－465
補籬遺稿八卷…………………………… 2－465
補籬遺稿八卷…………………………… 2－500
補籬遺稿八卷…………………………… 2－503
補籬遺稿八卷…………………………… 2－503
補籬遺稿八卷…………………………… 2－503
補籬遺稿八卷…………………………… 2－503
補籬遺稿八卷…………………………… 2－503
尋古齋文集四卷詩集二卷……………… 1－159
尋常語一卷……………………………… 2－158
尋親紀程一卷…………………………… 2－255
尋親紀程滇還紀程黄孝子紀程虎口
餘生…………………………………… 2－429
畫史會要五卷 …………………………… 1－69
畫舫餘譚一卷…………………………… 1－325
畫家三昧八卷…………………………… 2－192
畫學心印八卷…………………………… 2－188
畫禪室隨筆四卷 ………………………… 1－68

畫禪室隨筆四卷 ………………………… 2－192
畫禪室隨筆四卷 ………………………… 2－192
畫壁遺稿三卷 ………………………… 1－104
費氏古易訂文十二卷 ………………………… 1－185
費氏詩鈔四卷 ………………………… 2－364
費邑藝文存三卷 ………………………… 2－280
疏草訂存不分卷 ………………………… 1－373
疏野堂集十卷 ………………………… 2－358
疏蘭僊館詩集四卷續集六卷再續集四卷 ………………………… 2－350
媚幽閣文娛不分卷 ………………………… 1－91
賀文忠公遺集四卷末一卷 ………………………… 2－428
賀復齋先生行狀一卷 ………………………… 1－333
［順治］登州府志二十二卷 ………………………… 1－39
［乾隆］登封縣志三十二卷 ………………………… 1－428
［乾隆］登封縣志三十二卷 ………………………… 1－428
登壇必究四十卷 ………………………… 1－65
登壇必究四十卷 ………………………… 2－281
發蒙故事捷覽二卷 ………………………… 1－333
［光緒］婺源縣志六十四卷首一卷 ………………………… 1－481
婺學治事文編二卷 ………………………… 2－296
婺學治事文編五卷 ………………………… 2－296
結一宧駢體文二卷詩略三卷 ………………………… 2－291
結一廬朱氏賸餘叢書四種一百十二卷 ………………………… 2－555
結一廬遺文二卷 ………………………… 2－512
結水滸全傳七十卷七十回末一卷一回 ………………………… 2－252
結水滸全傳七十卷結子一卷 ………………………… 2－252
絳雪山房詩鈔二十卷續鈔六卷試帖三卷 ………………………… 2－339
絳雪山房詩鈔二十卷續鈔六卷試帖三卷 ………………………… 2－339
絳跗草堂詩集六卷 ………………………… 2－325
［光緒］絳縣志二十一卷 ………………………… 1－484
絕代偉人傳略一卷 ………………………… 1－327
絕妙好詞箋七卷 ………………………… 1－164
絕妙好詞箋七卷 ………………………… 1－164
絕妙好詞箋七卷 ………………………… 1－164
絕妙好詞箋七卷絕妙好詞續鈔二卷 ………………………… 2－519
幾何原本十五卷 ………………………… 2－177
幾何原本六卷首一卷 ………………………… 1－67
幾亭外書九卷 ………………………… 1－62

十三畫

瑞士刑法典案二編 ………………………… 2－262
瑞芍軒詩鈔四卷瑞芍軒詞稿一卷 ………………………… 2－361
瑞芝山房詩鈔八卷文鈔八卷 ………………………… 2－509
瑞窻集益不分卷 ………………………… 1－122
瑞應圖記不分卷 ………………………… 2－211
載詠樓重鐫硃批孟子二卷 ………………………… 1－223
鄢陵文獻志四十卷 ………………………… 1－472
遠西奇器圖說錄最三卷 ………………………… 2－178
［同治］遠安縣志八卷首一卷 ………………………… 1－460
鼓山志十四卷首一卷 ………………………… 1－498
鼓山志十四卷首一卷 ………………………… 1－498
塚圖記不分卷 ………………………… 1－524
聖方濟各沙勿畧傳六卷 ………………………… 1－336
聖水寺志六卷補遺一卷 ………………………… 1－525
聖母院函稿不分卷 ………………………… 2－214
聖母聖衣會恩諭不分卷 ………………………… 2－214
聖年廣益十二編 ………………………… 2－213
聖宋文選全集三十二卷 ………………………… 2－284
聖宋文選全集三十二卷 ………………………… 2－284
聖武記十四卷 ………………………… 1－277
聖武記十四卷 ………………………… 1－277
聖武記十四卷 ………………………… 1－277
聖武記十四卷 ………………………… 1－277
聖武記十四卷 ………………………… 1－277
聖武記十四卷 ………………………… 1－277
聖武記十四卷 ………………………… 1－277
聖武記十四卷 ………………………… 1－278
聖武記十四卷 ………………………… 1－278
聖武記十四卷 ………………………… 1－278
聖武記十四卷 ………………………… 1－278
聖武記十四卷 ………………………… 1－278
聖武記問義不分卷 ………………………… 1－559
聖門名字纂詁二卷補遺一卷 ………………………… 1－177
聖門傳詩嫡冢十六卷 ………………………… 1－5
聖門樂誌一卷 ………………………… 1－223
聖門禮志一卷 ………………………… 1－200

聖域述聞二十八卷 …… 2－159
聖教文稿集成六卷 …… 2－227
聖朝名公奏議八卷 …… 1－375
聖朝破邪集八卷 …… 2－9
聖朝混一方輿勝覽三卷 …… 1－33
聖朝頒降新例一卷 …… 2－4
聖朝頒降新例一卷 …… 2－4
聖朝頒降新例一卷 …… 2－4
聖經廣益二卷首一卷 …… 2－215
聖嘆秘書七種 …… 2－159
聖廟祀典圖攷五卷 …… 2－66
聖廟祀典圖攷五卷 …… 2－66
聖廟祀典圖攷五卷首一卷附聖蹟圖
孟子聖蹟圖 …… 1－328
聖駕親征葛爾旦方略不分卷 …… 1－46
聖諭像解二十卷 …… 2－151
聖諭像解二十卷 …… 2－151
聖諭像解二十卷 …… 2－151
聖諭像解二十卷 …… 2－151
聖諭像解二十卷 …… 2－152
聖諭廣訓不分卷 …… 2－154
聖諭廣訓不分卷 …… 2－158
聖諭廣訓四卷 …… 2－154
聖蹟編年不分卷 …… 1－274
聖蹟編年不分卷 …… 1－274
戡靖教匪述編十二卷 …… 1－307
鄞縣王氏家集三卷 …… 1－148
[同治]鄞縣志七十五卷 …… 1－39
[同治]鄞縣志七十五卷 …… 1－461
[同治]鄞縣志七十五卷 …… 1－474
[咸豐]鄞縣志三十二卷首一卷 …… 1－474
[乾隆]鄞縣志三十卷首一卷 …… 1－474
蓮子居詞話四卷 …… 2－517
蓮池書院肄業日記十卷 …… 1－353
蓮洋吳徵君年譜一卷 …… 1－153
蓮洋吳徵君年譜一卷 …… 1－153
蓮洋集二十卷 …… 2－450
蓮洋集二十卷附錄一卷 …… 1－153
蓮洋集二十卷附錄一卷 …… 1－153
蓮洋集十二卷 …… 1－153
蓮洋集補遺一卷 …… 1－153
蓮洋詩鈔十卷 …… 1－100
蓮峰文選二卷詩選二卷 …… 1－161
蓮峰志五卷 …… 2－564
蓮湖吟社稿二卷 …… 2－351
蓮飲集濠上吟稿不分卷 …… 2－359
蓮溪先生文存二卷 …… 2－480
蓮漪文鈔八卷 …… 2－488
蓮漪文鈔八卷 …… 2－488
蓮鬚閣集二十六卷首一卷 …… 2－429
靳文襄公奏疏八卷 …… 1－31
靳文襄公奏疏八卷 …… 1－31
靳兩城先生集二十卷 …… 1－145
蒔古齋輯著五種七卷 …… 2－503
墓銘舉例四卷 …… 2－95
夢厂雜著十卷 …… 2－232
夢中緣四卷十五回 …… 2－238
夢中緣四卷十五回 …… 2－251
夢中緣四卷十五回 …… 2－251
夢月巖詩集二十卷詩餘一卷 …… 1－114
夢幻居畫學簡明五卷首一卷續五卷
題畫詩稿一卷夢香園賸草一卷夢
幻圖題句一卷雜錄一卷題詠一卷
…… 1－69
夢白先生集三卷 …… 1－148
夢東禪師遺集二卷 …… 1－71
夢東禪師遺集二卷 …… 2－206
夢陔堂詩集三十四卷 …… 2－324
夢春廬詞一卷附早春集一卷 …… 2－527
夢春廬詞不分卷附早花集不分卷攬
青閣詩鈔二卷春秋左氏傳賈服註
輯述二十卷附傳墓誌銘不分卷 …… 2－514
夢堂詩稿十五卷 …… 1－103
夢痕錄餘一卷 …… 1－344
夢痕錄餘一卷 …… 2－379
夢痕錄餘一卷 …… 2－379
夢痕錄餘一卷 …… 2－446
夢硯齋遺稿八卷 …… 2－459
夢筑堂詩初集不分卷 …… 2－364
夢筆生花初編八卷二編八卷三編八
卷四編八卷 …… 2－249
夢湘樓稿三卷附二如齋古文一卷 …… 2－358

夢窗甲乙丙丁稿四卷補遺一卷……… 2－520
夢窗甲乙丙丁稿四卷補遺一卷……… 2－520
夢園叢說内篇八卷………………… 2－243
夢園叢說内篇八卷………………… 2－243
夢園叢說内篇八卷外篇八卷………… 2－243
夢畹詩集二卷……………………… 2－340
夢溪筆談二十六卷補筆談一卷 ……… 1－79
夢溪筆談二十六卷補筆談三卷續筆
談一卷…………………………… 2－376
夢溪筆談二十六卷續筆談一卷補筆
談三卷附校字記一卷……………… 2－232
夢溪筆談校字記一卷……………… 2－376
夢溪筆談補校不分卷……………… 2－389
夢綠草堂詩鈔二十卷附錄二卷……… 2－332
夢綠草堂詩鈔二十卷附錄二卷……… 2－332
夢綠草堂詩鈔續集四卷…………… 2－332
夢綠草堂詩鈔續集四卷…………… 2－332
夢樓詩集二十四卷………………… 2－314
夢墨稿十卷首一卷………………… 2－424
夢輿老人手訂年譜一卷…………… 1－344
蒼谷全集十二卷…………………… 2－417
蒼莨初集二十一卷………………… 2－495
蒼莨初集二十一卷畚塘芻論二卷河
防紀畧四卷……………………… 2－488
蒼梧詞不分卷……………………… 2－524
蒼梧賓興公產實業田舖契券册不分
卷 ……………………………… 2－30
蓬小草一卷………………………… 1－119
[光緒]蓬州志十五卷 …………… 1－425
[光緒]蓬州志十五卷 …………… 1－425
蓬亭偶存詩草十五卷……………… 2－356
蓬亭偶存詩草十五卷餘草一卷……… 1－115
蓬徑集一卷………………………… 1－105
蓬萊仙館尺牘六卷………………… 2－300
蓬萊軒輿地學叢書二十五卷……… 1－517
蓬萊軒輿地學叢書二十五卷……… 1－517
蓬萊軒輿地學叢書二十五卷……… 1－517
蓬萊閣詩錄四卷…………………… 2－351
[道光]蓬溪縣志十六卷首一卷 …… 1－431
[道光]蓬溪縣志十六卷首一卷 …… 1－431
[光緒]蓬溪縣續志十四卷首一卷 … 1－431
[光緒]蓬溪縣續志十四卷首一卷 … 1－431
蒿子先生遺稿不分卷……………… 2－428
蒿菴集三卷………………………… 1－153
蒿菴集三卷………………………… 1－153
蒿菴集三卷拾遺一卷蒿菴閒話二卷
……………………………… 2－451
蒿菴集三卷拾遺一卷蒿菴閒話二卷
……………………………… 2－451
[乾隆]蒲州府志二十四卷圖一卷 … 1－434
[同治]蒲圻縣志八卷 …………… 1－475
[乾隆]蒲城縣志十五卷 ………… 1－405
[乾隆]蒲城縣志十五卷 ………… 1－405
[光緒]蒲城縣新志十三卷首一卷 … 1－405
[光緒]蒲城縣新志十三卷首一卷 … 1－405
[光緒]蒲城縣新志十三卷首一卷 … 1－405
[乾隆]蒲臺縣志四卷首一卷 ……… 1－434
蒲編堂訓蒙草不分卷……………… 2－306
蒞政摘要二卷 …………………… 2－66
蓉川集四卷首一卷………………… 2－361
蓉湖草堂贈言錄不分卷…………… 1－348
蓉槎蠡說十二卷 ………………… 1－80
[康熙]蒙化府志六卷首一卷 ……… 1－487
蒙文指要四種四卷………………… 1－243
蒙文總彙十一卷…………………… 1－243
蒙古山脈志三卷…………………… 1－503
蒙古史二卷………………………… 2－119
[光緒]蒙古志三卷坿圖 ………… 1－402
蒙古游牧記十六卷………………… 2－124
蒙古游牧記十六卷………………… 2－124
蒙古游牧記十六卷………………… 2－124
蒙古游牧記十六卷………………… 2－124
蒙古游牧記十六卷………………… 2－124
蒙古游牧記十六卷………………… 2－124
蒙古游牧記十六卷………………… 2－124
蒙古碑文不分卷…………………… 2－102
蒙求三卷…………………………… 2－303
蒙香室叢書二十四卷……………… 2－526
蒙泉文集四卷……………………… 2－477
蒙泉學詩草八卷…………………… 1－118
蒙學課本三編……………………… 2－260
蒙璽續供不分卷 ………………… 2－25

蒙齋集二十卷 …… 1－136
蒙齋集二十卷 …… 2－411
蒙齋集二十卷 …… 2－411
蔭圃文鈔□□卷蔭圃小草續鈔□□卷 …… 2－446
［光緒］蒸里志略十二卷 …… 1－489
椿樹齋叢說不分卷 …… 2－211
禁吸鴉片煙芻議不分卷 …… 2－174
禁扁五卷 …… 1－78
禁書總目不分卷 …… 2－68
禁書總目不分卷 …… 2－68
禁書總目不分卷 …… 2－68
禁書總目不分卷 …… 2－68
禁書總目不分卷 …… 2－68
楚北水利隄防紀要二卷 …… 1－493
楚北水利隄防紀要二卷 …… 1－493
楚庭稗珠錄六卷 …… 1－42
楚國文憲公雪樓程先生文集三十卷附錄一卷 …… 2－415
楚國文憲公雪樓程先生文集三十卷附錄一卷 …… 2－415
楚國文憲公雪樓程先生［鉅夫］年譜一卷 …… 2－415
楚國文憲公雪樓程先生［鉅夫］年譜一卷 …… 2－415
楚望閣集六卷 …… 2－369
楚詞釋十一卷 …… 2－390
楚詞釋十一卷 …… 2－390
楚詞釋十一卷 …… 2－390
楚遊小草二卷燕遊小草二卷 …… 2－368
楚漢諸侯疆域志三卷 …… 1－266
楚漢諸侯疆域志三卷 …… 1－266
楚漢諸侯疆域志三卷 …… 1－396
楚漢諸侯疆域志三卷 …… 1－396
楚漕江程十六卷首一卷 …… 1－394
楚漕江程十六卷首一卷末一卷 …… 1－519
楚黔防苗四卷 …… 1－505
楚騷綺語六卷 …… 2－390
楚辭二卷 …… 1－124
楚辭十七卷 …… 1－124
楚辭十七卷 …… 1－124
楚辭十七卷 …… 1－124
楚辭十七卷 …… 1－124
楚辭十七卷 …… 2－389
楚辭十七卷 …… 2－389
楚辭十七卷 …… 2－389
楚辭十七卷 …… 2－389
楚辭十七卷 …… 2－389
楚辭十七卷 …… 2－390
楚辭天問箋不分卷 …… 2－390
楚辭述註五卷 …… 1－124
楚辭後語六卷 …… 2－392
楚辭集注八卷 …… 2－390
楚辭集注八卷 …… 2－541
楚辭集注八卷楚辭辯證二卷楚辭後語六卷 …… 2－390
楚辭集註八卷附總評 …… 2－390
楚辭集註八卷楚辭辯證二卷楚辭後語六卷 …… 2－390
楚辭集註八卷楚辭辯證二卷楚辭後語六卷 …… 2－390
楚辭集註八卷辯證二卷後語六卷 …… 1－124
楚辭集註八卷辯證二卷後語六卷 …… 1－124
楚辭補註十七卷 …… 2－390
楚辭新集註八卷末一卷 …… 1－124
楚辭滙鈔 …… 2－518
楚辭燈四卷 …… 2－390
楚辭燈四卷附楚懷襄二王在位事蹟考一卷 …… 1－124
楚辭辯證二卷 …… 2－540
楚懷襄二王在位事蹟考一卷 …… 1－124
楚寶四十卷外編五卷 …… 1－333
楚寶四十卷外編五卷 …… 1－333
楚寶四十卷外編五卷 …… 1－333
楚寶外篇五卷 …… 1－329
楝亭藏書十二種六十九卷 …… 1－168
楷帖四十種 …… 2－194
楷法溯源不分卷 …… 2－193
楊士驤函稿不分卷 …… 2－33
楊子書繹六卷首一卷 …… 1－188
楊子書繹六卷首一卷 …… 1－188
楊子雲集三卷 …… 1－126

楊升菴先生批點文心雕龍十卷……… 1－162
楊仁山居士遺著十四種二十五卷…… 2－574
楊氏先美錄存四卷首一卷…………… 2－490
楊氏全書十三種三十六卷…………… 2－444
楊氏藝文存目不分卷楊氏藝文拾遺
不分卷……………………………… 2－389
楊文公談苑一卷……………………… 2－233
楊文敬公奏議十卷…………………… 1－375
楊文懿公文集三十卷………………… 1－145
楊仲宏集八卷………………………… 2－416
楊忠武公[遇春]年譜一卷 ………… 1－341
楊忠武公[遇春]年譜一卷 ………… 1－341
楊忠武公[遇春]年譜一卷 ………… 1－341
楊忠武公[遇春]年譜一卷 ………… 1－341
楊忠烈公文集十卷表忠錄一卷補遺
一卷………………………………… 2－418
楊忠烈公文集十卷表忠錄一卷補遺
一卷………………………………… 2－418
楊忠烈公文集十卷表忠錄一卷補遺
一卷………………………………… 2－418
楊忠愍公自著年譜一卷家訓一卷…… 1－342
楊忠愍公自著年譜不分卷附家訓奏
疏…………………………………… 1－329
楊忠愍公全集四卷…………………… 2－420
楊忠愍公全集四卷…………………… 2－420
楊忠愍公全集四卷…………………… 2－444
楊忠愍公全集四卷…………………… 2－444
楊忠愍公遺書不分卷………………… 2－420
楊炯集二卷…………………………… 1－129
楊盈川集十卷………………………… 2－396
楊勇慤公奏議十卷書一卷遺集一卷
…………………………………… 1－373
楊時齋宮保中外勤勞錄不分卷……… 1－320
楊清祠志一卷………………………… 2－337
楊園先生全集二十一種五十六卷…… 2－573
楊園先生全集二十一種五十六卷…… 2－574
楊園先生全集二十一種五十六卷…… 2－574
楊園先生全集十六種二十八卷……… 2－574
楊園先生全集十六種二十八卷……… 2－574
楊園先生全集五十四卷……………… 2－443
楊園先生全集五十四卷……………… 2－477
楊園先生全集五十四卷……………… 2－477
楊徵君自攜前集一卷後集一卷續集
一卷………………………………… 2－507
楊龜山先生集六卷…………………… 2－407
楊龜山先生集六卷…………………… 2－407
楊龜山先生集六卷…………………… 2－407
楊龜山先生集四十二卷……………… 2－407
楊龜山先生集四十二卷首一卷……… 2－407
楊龜山先生集四十二卷首一卷……… 2－407
楊龜山先生集四十二卷首一卷……… 2－407
楊鐵崖文集五卷史義拾遺二卷西湖
竹枝集一卷香奩集一卷…………… 1－147
楊鐵崖先生文集十一卷附鐵笛清江
引一卷……………………………… 1－147
楊鐵崖先生詠史古樂府四卷 ………… 1－55
想當然耳八卷………………………… 2－248
楞伽阿跋多羅寶經會譯四卷………… 2－201
槐西雜志四卷………………………… 2－253
槐軒全書三十種一百八十四卷……… 2－576
槐軒雜著四卷………………………… 2－476
槐軒雜著四卷………………………… 2－476
槐卿政蹟六卷………………………… 1－557
槐卿政蹟六卷………………………… 1－557
槐卿遺稾六卷附錄一卷……………… 2－509
槐廬叢書四十八種二百三十卷……… 2－538
槐廬叢書四十八種二百三十卷……… 2－538
槐廳載筆二十卷……………………… 1－304
槐廳載筆二十卷……………………… 2－149
槐廳載筆二十卷……………………… 2－149
槐廳載筆二十卷……………………… 2－149
槐廳載筆二十卷……………………… 2－149
槐廳載筆二十卷……………………… 2－149
槐廳載筆二十卷……………………… 2－149
槐廳載筆二十卷……………………… 2－510
[同治]榆次縣志十六卷首一卷末一
卷…………………………………… 1－437
[同治]榆次縣志十六卷首一卷末一
卷…………………………………… 1－437
榆園叢刻十八種八十五卷…………… 2－555
榆園叢刻十八種八十五卷…………… 2－555
榆園雜錄二卷………………………… 2－389

榆塞紀行錄四卷 …………………… 1－510
畜庵隨筆六卷末一卷 ………………… 2－380
畜庵隨筆六卷末一卷 ………………… 2－380
畜庵隨筆六卷末一卷 ………………… 2－380
畜庵隨筆六卷末一卷 ………………… 2－380
楓山章先生文集九卷 ………………… 1－143
楓山章先生集九卷 …………………… 2－423
楓山章先生［懋］年譜二卷 ………… 2－423
楓南山館遺集七卷末一卷 …………… 2－475
楓南山館遺集四卷 …………………… 2－475
槎溪學易三卷 ………………………… 1－184
楹聯錄存五卷附錄一卷 ……………… 2－388
楹聯叢話十二卷續話四卷 …………… 2－326
楹聯叢話十二卷續話四卷 …………… 2－326
楹聯雜記一卷 ………………………… 2－326
楹聯續話四卷 ………………………… 2－386
較正官音仕途必需雅俗便覽三卷增刊綺文局主人箋註官音話套不分卷 ………………………… 1－229
賈子十六卷 …………………………… 2－392
賈子次詁十六卷 ……………………… 2－138
賈太傅新書十卷 ……………………… 1－61
賈氏叢書甲集九種二十四卷 ………… 2－542
賈浪仙長江集十卷 …………………… 1－126
蜃中樓傳奇二卷 ……………………… 1－166
感逝集四卷 …………………………… 2－277
感逝集四卷 …………………………… 2－277
感舊集十六卷 ………………………… 1－102
感舊集十六卷 ………………………… 1－102
感舊集十六卷 ………………………… 1－102
感舊集十六卷 ………………………… 1－102
感舊集十六卷 ………………………… 2－320
揅經室一集十四卷二集八卷三集五卷四集二卷四集詩十一卷外集五卷續集十一卷再續集六卷 ………… 2－432
揅經室一集十四卷二集八卷三集五卷四集二卷四集詩十一卷外集五卷續集九卷再續集六卷 …………… 2－432
揅經室一集十四卷二集八卷三集五卷四集二卷四集詩十一卷外集五卷續集九卷再續集六卷 …………… 2－438
揅經室一集十四卷二集八卷三集五卷四集二卷四集詩十一卷外集五卷續集九卷再續集六卷 …………… 2－438
揅經室詩錄五卷 ……………………… 2－323
碑版文廣例十卷 ……………………… 2－218
碑版文廣例十卷 ……………………… 2－218
碑傳集一百六十卷 …………………… 2－95
碑傳集一百六十卷首二卷末二卷 …… 1－314
碑傳集一百六十卷首二卷末二卷 …… 1－314
碑傳集一百六十卷首二卷末二卷 …… 1－314
碑傳集一百六十卷首二卷末二卷 …… 1－314
碎金詞譜六卷附錄一卷 ……………… 2－525
電報總局學堂彙纂章程不分卷 ……… 2－15
電學四種四卷 ………………………… 2－270
電學圖説五卷 ………………………… 2－269
雷刻六種三十一卷附刻二種二卷續刻二種二卷 ………………………… 2－575
雷刻六種三十一卷附刻二種二卷續刻二種二卷 ………………………… 2－575
雷刻四種二十一卷 …………………… 1－236
雷刻四種說文引經例辨三卷說文外篇十五卷補遺一卷重刻顧氏說文辨疑一卷劉氏碎金一卷 …………… 1－233
雷波瑣記不分卷 ……………………… 1－517
雷塘庵主弟子記八卷 ………………… 1－321
雷塘庵主弟子記八卷 ………………… 1－321
雷塘庵主弟子記八卷 ………………… 1－321
零金碎玉四卷 ………………………… 2－385
［光緒］零陵縣志十五卷附補遺一卷 ………………………………………… 1－471
損窩詩鈔二卷補遺一卷 ……………… 2－365
損齋全書五種三十卷 ………………… 2－488
摘文堂集十五卷附錄一卷 …………… 2－546
摛藻堂續稿五卷 ……………………… 1－106
裘文達公文集六卷詩集六卷奏議一卷 ………………………………… 2－492
督河奏疏十卷 ………………………… 1－369
督河奏疏十卷 ………………………… 1－369
督捕則例二卷 ………………………… 2－7
督捕則例二卷 ………………………… 2－7
督捕則例二卷 ………………………… 2－7

督撫憲核定廣東通省抽釐例則不分
卷 …………………………………… 2－12
督辦鹽政處奏案十卷…………………… 1－374
歲時廣記四十卷圖說一卷總載一卷
…………………………………………… 1－378
歲寒堂詩話二卷………………………… 2－518
歲寒堂詩話二卷………………………… 2－518
虞山妖亂志三卷 ……………………… 1－85
虞初新志二十卷 ……………………… 1－84
虞初續志十卷…………………………… 2－256
虞邵菴詩集七卷………………………… 1－106
虞東學詩十二卷詩說一卷……………… 1－194
虞書箋二卷……………………………… 1－4
虞陽旌表姓氏錄五卷續錄十卷三錄
五卷……………………………………… 1－346
虞道園集不分卷………………………… 1－138
[同治]當陽縣志十八卷首一卷末二
卷………………………………………… 1－463
當湖文繫初編二十八卷………………… 2－277
當歸草堂叢書八種十六卷……………… 2－547
睡足軒詩選一卷………………………… 2－347
睡香花室詞一卷秋碧詞一卷同心室
詞一卷憶佩居詞一卷蝶園詞一卷
花好月圓室詞一卷……………………… 2－362
[康熙]睢州志七卷首一卷 …………… 1－38
愚一錄十二卷…………………………… 1－177
愚齋東遊日記不分卷…………………… 1－352
歇菴先生集選四卷……………………… 1－147
歇菴集十六卷…………………………… 1－146
暗室燈四卷……………………………… 2－220
路史四十七卷 ………………………… 1－25
路史前紀九卷路史後紀十三卷餘論
十卷發揮六卷國名紀七卷……………… 1－289
路史節讀十卷…………………………… 1－286
路加福音不分卷………………………… 2－200
路索民約論四編………………………… 2－257
路得改教紀略二十三章………………… 2－214
遣戍伊犁日記不分卷…………………… 1－352
遣愁集十二卷…………………………… 2－231
遣愁集十二卷…………………………… 2－231
遣愁集十四卷 ………………………… 1－79
蛾術堂集十四種………………………… 2－480
蛾術編八十二卷………………………… 2－228
蛾術編八十二卷………………………… 2－229
蛾術編八十二卷………………………… 2－229
蛾術編八十二卷………………………… 2－229
蛻翁所見詩錄前編十卷………………… 2－277
蛻樵詩抄一卷…………………………… 2－330
蛻巖詞二卷……………………………… 2－528
蜂衙小記一卷…………………………… 2－171
農工商部丙午年紀事簡明表不分卷
…………………………………………… 2－120
農工商部現行章程二十一種 ………… 2－15
農工商部統計表不分卷 ……………… 2－22
農工商部統計表不分卷 ……………… 2－22
農工商部統計表不分卷 ……………… 2－22
農丈人詩集八卷文集二十卷…………… 1－144
農丈人詩集八卷文集二十卷…………… 1－149
農安縣丁未年報告書五類……………… 2－264
農政全書六十卷 ……………………… 1－65
農政全書六十卷………………………… 2－170
農政全書六十卷………………………… 2－170
農候雜占四卷…………………………… 2－171
農書二十二卷 ………………………… 1－65
農書三卷………………………………… 2－170
農桑衣食撮要二卷……………………… 2－171
農桑輯要七卷…………………………… 2－169
農雅六卷………………………………… 2－170
農學初級十章…………………………… 2－171
農學匯編三十卷………………………… 2－171
農學叢書不分卷………………………… 2－170
嗣後陝省遇有行刦搜贓並聚眾持械
搶掠得財兇暴眾著者一經訊明除
強盜案內實在情有可原各犯仍照
本例問擬分別題咨辦理外其餘法
所難宥各犯無論首從審實後先行
正法條例不分卷………………………… 2－1
嗣後獲盜人員照依年限引見等情條
例不分卷………………………………… 2－1
嗣雅堂詩存五卷………………………… 2－365
嗣雅堂詩存五卷………………………… 2－365
署新安新甯縣王壽民參案始末不分

卷…………………………………… 1 – 299
罪言存略不分卷……………………… 1 – 369
蜀中名勝記三十卷…………………… 1 – 521
蜀中名勝記三十卷…………………… 1 – 521
蜀中名勝記三十卷…………………… 1 – 521
蜀中名勝記三十卷…………………… 1 – 521
蜀中名勝記三十卷…………………… 1 – 521
蜀中叢稿一卷附溫州送別詩存一卷
…………………………………………… 2 – 508
蜀水攷四卷………………………… 1 – 495
蜀水攷四卷………………………… 1 – 495
蜀水攷四卷………………………… 1 – 495
蜀秀集九卷………………………… 2 – 278
蜀秀集九卷………………………… 2 – 278
蜀事答問八章……………………… 1 – 394
蜀抱軒文雜鈔一卷………………… 2 – 389
蜀典十二卷………………………… 2 – 143
蜀典十二卷………………………… 2 – 143
蜀典十二卷………………………… 2 – 143
蜀典十二卷………………………… 2 – 143
蜀典十二卷………………………… 2 – 143
蜀典十二卷………………………… 2 – 143
蜀典十二卷………………………… 2 – 143
[光緒]蜀故二十七卷 ……………… 1 – 472
蜀都礦務備覽不分卷……………… 2 – 265
蜀桐弦詞一卷……………………… 2 – 527
蜀遊詩鈔不分卷…………………… 2 – 334
蜀報不分卷………………………… 2 – 234
蜀雅二十卷………………………… 1 – 104
蜀景彙考十九卷…………………… 1 – 474
蜀碑記補十卷……………………… 2 – 193
蜀亂不分卷………………………… 2 – 119
蜀碧四卷…………………………… 1 – 300
蜀碧四卷…………………………… 1 – 300
蜀碧四卷附記一卷………………… 1 – 300
蜀碧四卷附記一卷………………… 1 – 300
蜀碧四卷附記一卷………………… 1 – 300
蜀僚問答二卷……………………… 2 – 540
蜀輶日記四卷……………………… 1 – 511
蜀輶日記四卷……………………… 1 – 511
蜀輶日記四卷……………………… 1 – 511
蜀輶日記四卷……………………… 1 – 511
蜀輶日記四卷……………………… 1 – 511
蜀輶日記四卷……………………… 1 – 513
蜀輶日記四卷……………………… 1 – 513
蜀龜鑑七卷首一卷………………… 1 – 300
蜀龜鑑七卷首一卷………………… 1 – 300
蜀燹述略六卷……………………… 1 – 295
蜀難敘略一卷……………………… 2 – 256
蜀鑑十卷…………………………… 1 – 391
[同治]嵊縣志二十六卷首一卷末一
卷…………………………………… 1 – 439
[同治]嵊縣志二十六卷首一卷末一
卷…………………………………… 1 – 439
[乾隆]嵊縣志十八卷首一卷末一卷
…………………………………………… 1 – 35
嵩厓尊生書十五卷………………… 2 – 174
[乾隆]嵩縣志三十卷首一卷 ……… 1 – 485
圓音正考一卷……………………… 1 – 246
圓津禪院小志六卷………………… 1 – 527
圓錐曲線不分卷…………………… 2 – 185
圓覺經析義疏四卷首大義一卷懸示
一卷………………………………… 2 – 206
稗海四十八種二百八十八卷續二十
二種一百六十一卷 ……………… 1 – 79
稗海四十八種二百八十八卷續二十
二種一百六十一卷 ……………… 1 – 79
稗海四十六種二百八十五卷續二十
四種一百四十一卷 ……………… 1 – 79
筭學啓蒙述義三卷………………… 2 – 186
筠心書屋詩鈔十二卷……………… 2 – 348
筠心堂文集十卷外集不分卷……… 2 – 506
筠心堂存稿八卷…………………… 2 – 512
筠石山房詩話鈔六卷……………… 2 – 518
[乾隆]筠連縣志八篇 ……………… 1 – 37
筠廊偶筆二卷……………………… 2 – 227
筠清館金石文字五卷 ……………… 2 – 99
筠清館金石文字五卷 ……………… 2 – 99
筠園稿三卷筠園刪稿三卷………… 1 – 105
筠蘭閣瑣記不分卷………………… 2 – 233
筱飲齋稟不分卷…………………… 1 – 110
節本泰西新史攬要八卷…………… 2 – 125

節孝先生文集三十卷……………………1－137
節孝先生集三十二卷附節孝集事實
一卷………………………………………1－132
節孝先生集三十二卷附節孝集事實
一卷………………………………………1－132
節相壯游日録二卷 ……………………2－34
節相壯游日録二卷 ……………………2－34
節相壯游日録二卷 ……………………2－34
節愍華公[允誠]年譜二卷首一卷末
一卷………………………………………1－338
與舍弟書十六通…………………………2－303
傳狀………………………………………2－493
傳研堂詩存八卷…………………………2－355
傳音快字不分卷…………………………1－229
傳音快字不分卷…………………………1－229
傳音快字不分卷…………………………1－246
傳家至寶十卷……………………………2－386
傳家寶全集三十二卷首一卷……………2－160
鼠餘集十二卷……………………………1－161
傷寒瘟疫條辨六卷………………………2－172
傷寒醫訣串解六卷………………………2－173
像抄六卷…………………………………1－2
像象管見四卷……………………………1－1
傭吹録二集二十一卷 …………………1－59
粤十三家集十三種………………………2－279
粤十三家集十三種………………………2－279
粤西五家文鈔五種二十四卷……………2－550
粤西金石略十五卷 ……………………2－97
粤西捐輸米穀章程不分卷………………2－1
粤西得碑記不分卷 ……………………2－96
粤西筆述不分卷…………………………1－389
粤西筆述不分卷…………………………1－389
粤行紀事三卷……………………………2－536
粤東近體聯章四卷………………………2－284
粤東金石略九卷首一卷附九曜石考
二卷 ……………………………………2－96
粤東詞鈔不分卷…………………………2－523
粤匪南北滋擾紀畧不分卷………………1－302
粤屑八卷…………………………………2－247
粤屑八卷…………………………………2－247
粤雅堂叢書一百八十五種一千三百
六卷………………………………………2－532
粤雅堂叢書一百八十五種一千三百
六卷………………………………………2－532
粤雅堂叢書一百八十五種一千三百
六卷………………………………………2－532
粤雅堂叢書一百八十五種一千三百
六卷………………………………………2－532
粤雅堂叢書一百九十一種一千三百
七卷………………………………………2－532
粤雅堂叢書一百九十一種一千三百
七卷………………………………………2－532
粤雅堂叢書一百九十一種一千三百
七卷………………………………………2－532
粤雅堂叢書一百九十一種一千三百
七卷………………………………………2－532
粤雅堂叢書續編五十種二百六十八
卷…………………………………………2－533
粤遊小識七卷……………………………1－508
粤游隨筆不分卷…………………………1－516
粤路工程辯誣不分卷……………………2－266
粤詩蒐逸四卷……………………………2－334
粤謳一卷…………………………………2－527
粤謳一卷…………………………………2－527
粤鹽成本冊八卷…………………………1－555
奥國白洛槍筒廠新製堅鋼槍筒不分
卷 ………………………………………2－53
微尚齋文集不分卷………………………2－480
微尚齋詩集初編四卷詩續集一卷……2－361
微尚齋詩集初編四卷詩續集一卷……2－361
微波榭叢書十七種一百八十二卷……2－560
微波榭叢書三十八種一百四十三卷
……………………………………………2－568
鉛刀集四卷首一卷………………………2－511
[同治]鉛山縣志三十卷首一卷 ……1－467
愈愚録六卷………………………………2－230
會心内集二卷……………………………2－213
會心外集二卷……………………………2－213
會典簡明録一卷…………………………1－560
會奏議决試辦宣統三年歲入歲出總
預算案摺不分卷 ……………………2－26
[同治]會理州志十二卷 ……………1－438

［光緒］會理州續志二卷 …………… 1－438
會試同年全錄(光緒癸卯補行辛丑壬寅恩正併科)不分卷 …………… 1－350
會試同年齒錄(光緒二十年甲午恩科)不分卷………………………… 2－92
會試同年齒錄(光緒三十年甲辰恩科) ………………………………… 1－349
會試同年齒錄(光緒三十年甲辰恩科) ………………………………… 1－349
會試硃卷(光緒乙未科) …………… 2－294
會稽三賦不分卷……………………… 2－326
會稽三賦四卷………………………… 1－104
會稽三賦四卷………………………… 1－104
［嘉泰］會稽志二十卷 ……………… 1－414
［康熙］會稽縣志二十八卷首一卷 …… 1－36
［寶慶］會稽續志八卷 ……………… 1－414
會籌開辦蒙旗懇務摺不分卷………… 1－366
愛日吟廬書畫錄四卷補錄一卷續錄八卷別錄四卷……………………… 2－193
愛日堂文集八卷詩集二卷外集一卷……………………………………… 1－156
愛日堂文集八卷詩集二卷外集一卷……………………………………… 1－156
愛日精廬藏書志三十六卷續志四卷……………………………………… 2－76
愛日齋集二卷附隨筆一卷…………… 2－360
愛吾廬題跋一卷……………………… 1－245
愛國精神談十二章…………………… 2－531
鲐山全集五種三十八卷……………… 1－153
鲐山全集五種三十八卷……………… 1－153
鲐山全集五種三十八卷……………… 1－153
鲐山全集五種三十八卷……………… 1－153
鲐山全集詩集二十卷聲調譜二卷文集十二卷…………………………… 2－451
鲐山詩集二十卷……………………… 1－117
鲐山詩集二十卷……………………… 1－117
頌言彙編二十二卷…………………… 2－345
解文毅公集十六卷首一卷附錄一卷……………………………………… 1－147
［乾隆］解州平陸縣志十六卷首一卷……………………………………… 1－477
［乾隆］解州全志十八卷圖一卷 …… 1－435
［乾隆］解州全志十八卷圖一卷 …… 1－435
［乾隆］解州全志十八卷圖一卷 …… 1－435
［乾隆］解州安邑縣志十六卷首一卷……………………………………… 1－40
［乾隆］解州安邑縣志十六卷首一卷……………………………………… 1－435
［光緒］解州志十八卷首一卷 ……… 1－408
解州清丈地糧章程不分卷 …………… 2－16
解州清丈地糧章程不分卷 …………… 2－16
解春集文鈔十二卷補遺二卷詩鈔三卷…………………………………… 2－491
解脫戒本經一卷 …………………… 1－72
解脫集四卷…………………………… 1－143
遙集集前編六卷後編十卷…………… 2－372
試帖仙樣集裁詩十法三卷…………… 2－518
試帖金鍼八卷………………………… 2－518
試律大觀七卷………………………… 2－234
試律青雲集四卷……………………… 2－352
試畯堂詩集十二卷賦鈔四卷………… 2－328
試塲異聞錄五卷……………………… 2－385
試塲異聞錄五種十九卷……………… 2－385
試銀錢攷工不分卷…………………… 1－531
試賦準繩不分卷……………………… 2－306
試賦準繩不分卷……………………… 2－306
試辦天津縣地方自治章程不分卷 …… 2－11
試辦全國預算各項表冊格式不分卷……………………………………… 1－554
詩人玉屑二十卷……………………… 1－162
詩人玉屑二十卷……………………… 1－162
詩人玉屑二十卷……………………… 2－517
詩人玉屑二十卷……………………… 2－517
詩小學三十卷補一卷………………… 1－194
詩小學三十卷補一卷………………… 1－194
詩比興箋四卷………………………… 2－325
詩比興箋四卷附簡學齋詩存一卷…… 2－324
詩古微三編十九卷首一卷…………… 1－190
詩古微三編十九卷首一卷…………… 1－190
詩本誼一卷…………………………… 2－539
詩句題解韻編六卷…………………… 1－255
詩句題解韻編六卷…………………… 2－340

詩存四卷 …… 1－110
詩序二卷 …… 1－191
詩林韶濩二十卷 …… 1－98
詩所八卷 …… 1－193
詩法指南二卷 …… 2－366
詩故攷異三十二卷 …… 1－193
詩持一集四卷二集十卷三集十卷 …… 1－104
詩品唐律二卷 …… 2－356
詩紀一百三十卷前集十卷附錄一卷
外集四卷別集十二卷 …… 1－112
詩紀一百五十六卷目錄三十六卷 …… 1－111
詩紀一百五十六卷目錄三十六卷 …… 1－111
詩倫二卷 …… 2－519
詩料英華十四卷 …… 2－360
詩娛室詩集二十四卷 …… 2－370
詩萃初集九卷二集十二卷 …… 2－346
詩問七卷 …… 2－473
詩異文錄三卷 …… 1－193
詩舲詩錄六卷詩外四卷詞錄二卷 …… 2－358
詩集傳八卷附詩序辨說二卷 …… 1－191
詩集傳音釋二十卷附詩序一卷詩劄
記一卷 …… 1－194
詩集傳音釋二十卷校刊詩集傳音釋
札記一卷 …… 1－256
詩詞書畫四品不分卷 …… 1－67
詩詞集不分卷 …… 2－528
詩詞雜俎十二種二十五卷 …… 1－107
詩詞雜俎十二種二十五卷 …… 1－120
詩傳考六卷 …… 1－191
詩傳名物集覽十二卷 …… 1－194
詩傳旁通十五卷 …… 2－546
詩話一卷重訂李義山年譜一卷 …… 1－113
詩義標準百十四卷 …… 2－372
詩羣六卷 …… 2－544
詩經八卷 …… 1－191
詩經八卷 …… 1－191
詩經八卷 …… 1－191
詩經八卷 …… 1－191
詩經八卷 …… 1－191
詩經八卷 …… 1－191
詩經八卷 …… 1－191
詩經八卷 …… 1－192
詩經八卷 …… 1－192
詩經八卷 …… 1－193
詩經小序不分卷 …… 1－5
詩經世本古義二十八卷首一卷末一
卷 …… 1－194
詩經申義十卷 …… 1－193
詩經四卷 …… 1－4
詩經四卷附卜子夏小序一卷 …… 1－5
詩經音訓不分卷 …… 1－175
詩經音訓不分卷 …… 1－191
詩經音義約編十卷 …… 1－190
詩經音韻譜五卷序說一卷附章句觸
解一卷 …… 1－190
詩經音韻譜五卷序說一卷附章句觸
解一卷 …… 1－192
詩經音韻譜五卷序說一卷附章句觸
解一卷 …… 1－192
詩經雅箋不分卷 …… 1－194
詩經喈鳳詳解八卷圖說一卷 …… 1－190
詩經喈鳳詳解八卷圖說一卷 …… 1－192
詩經集注八卷 …… 1－194
詩經補箋二十卷 …… 1－193
詩經詮義十二卷首一卷末二卷 …… 1－193
詩經精華十卷 …… 1－190
詩經精華十卷 …… 1－190
詩經融註大全體要八卷 …… 1－191
詩經融註大全體要八卷 …… 1－191
詩經繹參四卷 …… 1－192
詩經繹參四卷 …… 1－192
詩經繹參四卷 …… 1－192
詩經體註大全合叅八卷 …… 1－191
詩疑二卷 …… 1－192
詩廣傳五卷 …… 2－564
詩賦標準不分卷 …… 2－321
詩餘一卷 …… 1－131
詩餘圖譜三卷 …… 1－164
詩緝三十六卷 …… 1－5
詩緝三十六卷 …… 1－190
詩緝三十六卷 …… 1－193
詩緣前編四卷正編十卷 …… 2－345

詩聲類十二卷詩聲分例一卷………… 1－256
詩禮堂古文五卷……………………… 1－160
詩總聞二十卷………………………… 1－190
詩總聞十二卷………………………… 1－190
詩藪內編六卷外編六卷雜編六卷續
編二卷……………………………… 1－163
詩藪內編六卷附石羊生傳…………… 2－519
詩雙聲疊韻譜不分卷………………… 1－231
詩雙聲疊韻譜不分卷………………… 1－249
詩歸五十一卷 ……………………… 1－98
詩歸五十一卷………………………… 1－108
詩歸五十一卷………………………… 1－108
詩譚十卷詩譚續錄一卷……………… 1－163
詩韻合璧五卷詩腋四編詞林典腋二
編…………………………………… 1－252
詩韻合璧五卷詩腋四編詞林典腋二
編…………………………………… 1－252
詩韻含英六卷………………………… 1－255
詩韻析五卷首一卷末一卷…………… 1－254
詩韻珠璣五卷………………………… 1－252
詩韻集成十卷附詞林典腋…………… 1－250
詩韻集成十卷附詞林典腋…………… 1－250
詩韻歌訣初步五卷 ………………… 1－15
詩韻審音六卷………………………… 1－257
詩韻輯畧五卷 ……………………… 1－15
詩韻題解辨同合刻十一卷…………… 1－255
詩韻釋略五卷 ……………………… 1－16
詩觀初集十二卷二集十四卷閨秀別
卷一卷三集十三卷閨秀別卷一卷
…………………………………… 1－109
詩觀初集十二卷二集十四卷閨秀別
卷一卷三集十三卷閨秀別卷一卷
…………………………………… 1－114
誠齋先生易傳二十卷………………… 1－1
誠齋先生易傳二十卷………………… 1－178
誠齋先生易傳二十卷………………… 1－178
誠齋雜記二卷………………………… 1－307
話山草堂遺集六種十三卷…………… 2－576
話雨樓碑帖目錄四卷………………… 2－101
詳定稅契章程不分卷 ……………… 2－25
詳定整頓刑案冊式章程不分卷……… 2－9
詳註分類飲香尺牘四卷……………… 2－301
詳註聊齋志異圖志十六卷首一卷…… 2－237
詳註聊齋志異圖詠十六卷首一卷…… 2－237
詳註聊齋志異圖詠十六卷首一卷…… 2－237
詳註歷代述史詞四卷………………… 1－309
稟文存稿不分卷 …………………… 1－95
稟啓各稿不分卷……………………… 2－303
稟啓零紈四卷………………………… 2－301
稟啓零紈四卷………………………… 2－301
稟啓零紈四卷………………………… 2－514
稟啓裨諶不分卷……………………… 2－302
稟稿抄不分卷 ……………………… 2－52
[道光]廈門志十六卷 ……………… 1－483
[道光]廈門志十六卷 ……………… 1－483
[道光]廈門志十六卷 ……………… 1－483
廓克利廠紀略不分卷 ……………… 2－21
廓克利廠紀略不分卷………………… 2－266
廉吏傳十四卷附蠹一卷 …………… 1－29
[光緒]靖州鄉土志四卷首一卷 …… 1－486
[光緒]靖江縣志十六卷首一卷 …… 1－467
靖逆記六卷…………………………… 1－295
靖逆記六卷…………………………… 1－295
靖逆記六卷…………………………… 1－295
靖康孤臣泣血錄二卷………………… 1－306
靖康要錄十六卷……………………… 1－274
靖康傳信錄三卷……………………… 1－300
靖康傳信錄三卷……………………… 1－300
靖康傳信錄三卷……………………… 1－300
靖節公集十卷總論一卷附錄一卷…… 1－125
靖節先生集十卷首一卷……………… 2－392
新化學田志十卷……………………… 1－527
新文牘十卷…………………………… 1－553
新方言十一卷附嶺外三州語不分卷
…………………………………… 2－569
新刊大廣益會玉篇三十卷玉篇廣韻
指南一卷 ………………………… 1－12
新刊五百家註音辯昌黎先生文集四
十卷……………………………… 1－127
新刊古列女傳七卷續列女傳一卷…… 1－328
新刊宋學士全集三十三卷…………… 1－143
新刊性理集要八卷 ………………… 1－63

新刊性理摘金標題論策七卷 ………… 1－62
新刊校正增補皇明資治通紀十四卷
……………………………………… 1－20
新刊校正增補圓機詩韻活法全書十
四卷……………………………… 1－117
新刊唐荆川先生稗編一百二十卷目
錄三卷 ………………………… 1－59
新刊國聞新語錄四卷………………… 1－310
新刊道書全集文始真經言外經旨二
卷 ……………………………… 1－72
新刊趙田了凡袁先生編纂古本歷史
大方綱鑑補三十九卷首一卷御撰
資治通鑑綱目三編二十卷………… 1－267
新刊增補萬病回春八卷……………… 2－171
新刊舉業明儒論宗八卷 …………… 1－63
新刊醫林狀元壽世保元十卷………… 2－173
新刊繡像昇仙傳演義八卷五十六回
……………………………………… 1－84
新刊纂圖元亨療馬集六卷…………… 2 173
新刊纂圖元亨療馬集六卷…………… 2－173
新刊權載之文集五十卷……………… 2－393
新刊續補文選纂註十二卷 ………… 1－90
新代數不分卷………………………… 2－177
新代數不分卷………………………… 2－177
新民叢報彙編不分卷………………… 2－235
新民叢報彙編不分卷………………… 2－235
新民叢報彙編不分卷………………… 2－235
新出張文襄公事略一卷……………… 1－314
新出張文襄公事略一卷……………… 1－334
新加九經字樣一卷 ………………… 1－13
新加九經字樣一卷 ………………… 1－13
新加九經字樣一卷 ………………… 1－13
新列國志一百八回 ………………… 1－82
新曲六種十二卷……………………… 2－531
新安文獻志一百卷事略二卷 ……… 1－88
新安先集二十卷附錄一卷…………… 2－342
[淳熙]新安志十卷 ………………… 1－38
[淳熙]新安志十卷 ………………… 1－479
[淳熙]新安志十卷 ………………… 1－479
[淳熙]新安志十卷 ………………… 1－479
[淳熙]新安志十卷 ………………… 1－479
[嘉靖]新安志補八卷 ……………… 1－479
新安呂氏詩草二十七卷……………… 1－118
新安忠烈廟神紀實十五卷乾集一卷
附一卷 ………………………… 1－30
新安景物約編不分卷………………… 2－383
新安景物約編不分卷………………… 2－383
新安遊草二卷………………………… 2－326
新安篤誼堂不分卷 ………………… 2－18
新吾呂先生實政錄七卷 …………… 1－45
新序十卷……………………………… 1－283
新門散記一卷………………………… 1－525
新刻乙未科翰林館課東觀弘文十卷
……………………………………… 1－94
新刻二度梅奇說全集六卷四十回…… 2－249
新刻十二紅四卷二十四回…………… 2－253
新刻三寶太監西洋記通俗演義二十
卷一百回………………………… 2－255
新刻古今事物考八卷 ……………… 1－60
新刻出像點板時尚崑腔雜曲醉怡情
八卷……………………………… 1－167
新刻耳談十五卷 …………………… 1－78
新刻合併十八飛星策天紫微斗數全
集六卷…………………………… 2－198
新刻批點金壘子四十四卷 ………… 1－78
新刻何仙賨傳全集不分卷…………… 2－205
新刻改良最新粵謳二卷……………… 2－386
新刻來瞿唐先生易註十五卷首一卷
末一卷…………………………… 1－179
新刻來瞿唐先生易註十五卷圖像一
卷首一卷末一卷………………… 1－3
新刻東海王先生纂輯陽宅十書四卷
……………………………………… 2－212
新刻明卿陳太史校正古本歷史大方
通鑑四十一卷首一卷 ………… 1－21
新刻忠義水滸傳八卷一百十五回 …… 1－84
新刻京臺公餘勝覽國色天香十卷…… 2－228
新刻法家蕭曹兩造雪案鳴冤律四卷
……………………………………… 2－217
新刻法筆驚天雷八卷………………… 2－217
新刻奏對合編二種三卷……………… 2－216
新刻奏對合編二種三卷……………… 2－216

新刻奏對合編二種三卷……………… 2－216
新刻按鑑編纂開闢衍繹通俗志傳六卷八十回…………………………… 2－247
新刻按鑑編纂開闢衍繹通俗志傳六卷八十回…………………………… 2－247
新刻按鑑編纂開闢衍繹通俗志傳六卷八十回…………………………… 2－247
新刻按鑑編纂開闢衍繹通俗志傳六卷八十回…………………………… 2－250
新刻按鑑編纂開闢衍繹通俗志傳六卷八十回…………………………… 2－250
新刻按鑑編纂開闢衍繹通俗志傳六卷八十回…………………………… 2－250
新刻重校增補圓機活法詩學全書二十四卷………………………………… 1－117
新刻修真寶傳因果全部一卷………… 2－204
新刻校正音釋詞家便覽蕭曹遺筆四卷……………………………………… 2－217
新刻旁註四六類函十二卷 …………… 1－94
新刻書囊記十二卷…………………… 2－255
新刻通仙橋不分卷…………………… 2－206
新刻黄掌綸先生評訂神仙鑑三集二十二卷附圖像……………………… 2－197
新刻黄掌綸先生評訂神仙鑑三集二十二卷附圖像……………………… 2－197
新刻黄掌綸先生評訂神仙鑑三集二十二卷附圖像……………………… 2－198
新刻救苦慈航不分卷………………… 2－206
新刻救命船不分卷附蔣總督勸民惜錢歌………………………………… 2－206
新刻唱白時調沉香閣二十四集……… 2－530
新刻逸田叟女仙外史大奇書一百回………………………………………… 2－249
新刻張太岳先生詩文集四十七卷…… 2－417
新刻張太岳先生詩文集四十七卷…… 2－417
新刻張太岳先生詩文集四十七卷…… 2－417
新刻張太岳先生詩文集四十七卷附帝鑑圖說不分卷…………………… 2－416
新刻搜集諸家卜筮源流斷易大全四卷……………………………………… 2－210
新刻雅調唱口平陽傳金臺全集十二卷六十回…………………………… 2－252
新刻衆真醒迷不分卷………………… 2－205
新刻註釋草堂詩餘評林六卷………… 1－165
新刻楊太史評註内外品百氏名文文家鏡三部稿十四卷 ………………… 1－92
新刻爾雅翼三十二卷………………… 1－226
新刻增定邵康節先生梅花觀梅拆字數全集五卷……………………… 2－210
新刻增補藝苑卮言十六卷…………… 1－163
新刻標題二十四孝鳳毛日記故事四卷首一卷 ………………………… 1－79
新刻輪迴寶傳不分卷………………… 2－205
新刻輪迴寶傳不分卷………………… 2－205
新刻劍嘯閣批評西漢演義傳八卷 …… 1－82
新刻劍嘯閣批評西漢演義傳八卷新刻劍嘯閣批評東漢演義傳十卷…… 2－239
新刻劍嘯閣批評東漢演義傳十卷 …… 1－82
新刻諸葛宗岳史四公文集三十卷…… 2－559
新刻諸葛宗岳史四公文集三十卷…… 2－559
新刻歷世統譜四卷 ………………… 1－21
新刻還金鐲寶卷不分卷……………… 2－249
新刻臨川王介甫先生詩文集一百卷………………………………………… 1－130
新刻臨川王介甫先生詩文集一百卷目録本傳事略……………………… 1－130
新刻鍾伯敬先生批評封神演義二十一卷一百回………………………… 2－240
新刻鍾伯敬先生批評封神演義十九卷一百回 ………………………… 1－82
新刻鍾伯敬先生批評封神演義十九卷一百回…………………………… 2－240
新刻續彭公案□□卷八十回………… 2－251
新定三禮圖二十卷…………………… 1－5
新定三禮圖二十卷…………………… 1－196
新定三禮圖二十卷…………………… 1－196
新定三禮圖二十卷…………………… 1－196
［康熙］新城縣志十四卷首一卷 …… 1－430
［康熙］新城縣志十四卷首一卷 …… 1－430
［康熙］新城縣志十四卷首一卷 …… 1－430
［康熙］新城縣續志二卷 …………… 1－430
［康熙］新城縣續志二卷 …………… 1－430

[康熙]新城縣續志二卷 …………… 1－430
新政真詮六編………………………… 1－304
新政真詮六編………………………… 2－264
新政策不分卷………………………… 1－558
新草三山蘊玉錄六卷………………… 2－239
[道光]新修曲沃縣志十二卷 ……… 1－436
[乾隆]新修曲沃縣志四十卷 ………… 1－35
[乾隆]新修曲沃縣志四十卷 ……… 1－437
[嘉慶]新修江寧府志五十六卷 …… 1－443
[嘉慶]新修江寧府志五十六卷 …… 1－444
新修長蘆鹽法志十六卷……………… 1－544
[宣統]新修固原直隸州志十一卷附
新修硝河城志一卷………………… 1－476
[嘉慶]新修宜興縣志四卷首一卷 … 1－473
[嘉慶]新修荆溪縣志四卷首一卷 … 1－491
[康熙]新修萊蕪縣志十卷 ………… 1－430
[乾隆]新修滿城縣志十二卷 ……… 1－461
[光緒]新修潼川府志三十卷 ……… 1－427
[光緒]新修潼川府志三十卷 ……… 1 427
[乾隆]新修懷慶府志三十二卷首一
卷圖經一卷………………………… 1－436
新訂口過俗歌不分卷………………… 2－205
新訂四書補註備旨十卷……………… 1－216
新訂四書補註備旨十卷……………… 1－216
新訂四書補註備旨十卷……………… 1－217
新訂四書補註備旨十卷……………… 1－217
新訂醒閨編不分卷…………………… 2－204
新訂醒閨編不分卷…………………… 2－204
[道光]新都縣志十八卷首一卷 …… 1－429
[道光]新都縣志十八卷首一卷 …… 1－429
新造八仙圖十卷……………………… 2－253
新造三國劉皇叔取東川全歌八卷…… 2－253
新造五虎征北大破群仙陣六卷……… 2－253
新造玉針記六卷……………………… 2－530
新造再合鴛鴦二卷…………………… 2－253
新造金燕媒十二卷新造金燕媒下觀
花八卷……………………………… 2－530
新造秦雪梅歌八卷…………………… 2－253
新造黃雙孝瓊花記六卷……………… 2－253
新造乾隆君遊石蓮寺全歌十三卷…… 2－253
新造崔鳴鳳薦佛衣六卷……………… 2－253
新造雙如意六卷……………………… 2－530
新造雙金龍六卷……………………… 2－253
新造雙退婚鸞鳳圖二十二卷………… 2－253
新造雙溫涼盞五卷…………………… 2－253
新造雙鳳釵四卷……………………… 2－253
新造雙鸚鵡五十卷…………………… 2－253
新造鐵扇記下棚五卷………………… 2－253
新書十卷……………………………… 2－147
新書十卷……………………………… 2－147
新書十卷……………………………… 2－155
新書十卷……………………………… 2－156
新書十卷……………………………… 2－156
新書十卷……………………………… 2－156
新書十卷……………………………… 2－156
新書十卷……………………………… 2－156
新書十卷……………………………… 2－219
新書不分卷…………………………… 2－166
[乾隆]新鄉縣志三十四卷首一卷 … 1－478
新喻三劉文集六卷首 卷…………… 1 137
新喻梁石門先生集十卷首一卷末一
卷…………………………………… 1－147
新喻梁石門先生集十卷首一卷末一
卷…………………………………… 2－427
[同治]新喻縣志十六卷首一卷 …… 1－482
新集古文四聲韻五卷附錄一卷 ……… 1－15
新評龍圖神斷公案十卷……………… 2－247
新註二度梅奇說全集四卷四十回…… 2－250
新註朱淑真斷腸詩集十卷…………… 1－119
[道光]新會縣志十四卷首一卷 …… 1－454
[道光]新會縣志十四卷首一卷 …… 1－454
[道光]新會縣志修志體例章程 …… 1－454
新義錄一百卷………………………… 2－143
新義錄一百卷………………………… 2－143
新義錄一百卷………………………… 2－143
新斠注地理志十六卷目敘一卷……… 1－385
新斠注地理志十六卷目敘一卷……… 1－385
新斠注地理志十六卷目敘一卷……… 1－385
新斠注地理志十六卷目敘一卷……… 1－385
新斠注地理志十六卷目敘一卷……… 1－396
新嘉坡風土記一卷…………………… 1－531
新製諸器圖說一卷…………………… 2－177

新製靈臺儀象志十六卷 ……………… 2-177
新箋決科古今源流至論前集十卷後集十卷續集十卷 …………………… 1-59
新語二卷 ……………………………… 2-147
新語二卷 ……………………………… 2-209
新說西遊記一百回 …………………… 1-81
[乾隆]新鄭縣志三十一卷首一卷 … 1-487
新寧劉宮保七旬賜壽圖 ……………… 2-192
[同治]新寧縣志八卷 ……………… 1-431
新增大清搢紳全書(光緒丁酉冬季)二卷 ……………………………… 2-57
新增宦鄉要則啟稟要訣一卷 ………… 2-299
新增都門紀略七卷 …………………… 1-520
新增都門紀略七卷 …………………… 1-520
新增都門紀略六卷 …………………… 1-472
新增華英食譜不分卷 ………………… 2-171
新增格古要論十三卷 ………………… 2-101
新增脈學本草醫方全書 ……………… 2-172
新增第五才子書水滸全傳十卷 ……… 2-254
新增搢紳全書(光緒丁酉夏季)二卷 …………………………………… 2-59
新增搢紳全書(光緒戊戌春季)不分卷 ……………………………… 2-58
新增搢紳全書(光緒戊戌秋季)二卷 …………………………………… 2-59
新增詩經補註附考備旨八卷 ………… 1-191
新增說文韻府羣玉二十卷 ………… 1-57
新增說文韻府羣玉二十卷 ………… 1-57
新增說文韻府羣玉二十卷 ………… 1-57
新增說文韻府羣玉二十卷 ………… 2-141
新增龍文鞭影四卷附訓蒙四字經讀本 ……………………………… 2-153
新增爵秩全覽(光緒丁酉春季)不分卷 ……………………………… 2-54
新增爵秩全覽(光緒丁酉秋季)不分卷 ……………………………… 2-54
新增爵秩全覽(光緒丙午夏季)不分卷 ……………………………… 2-54
新增爵秩全覽(光緒庚子春季)不分卷 ……………………………… 2-54
新增驗方新編十八卷 ………………… 2-176
新樂府詞一卷 ………………………… 2-118
新編大藏經直音不分卷 ……………… 1-16
新編五代漢史平話二卷 ……………… 1-307
新編日用涓吉奇門五總龜四卷煙波釣叟歌一卷 ………………………… 2-198
新編古今事文類聚前集六十卷後集五十卷續集二十八卷別集三十二卷 ……………………………… 1-58
新編古今事文類聚前集六十卷後集五十卷續集二十八卷別集三十二卷 ……………………………… 1-88
新編古今事文類聚前集六十卷後集五十卷續集二十八卷別集三十二卷 ……………………………… 1-88
新編古今事文類聚前集六十卷後集五十卷續集二十八卷別集三十二卷 ……………………………… 1-88
新編古列女傳八卷 …………………… 1-29
新編吏治懸鏡八卷 …………………… 2-218
新編吏治懸鏡八卷 …………………… 2-218
新編批評繡像後七國樂田演義十八回 ……………………………… 2-245
新編南詞定律十三卷首一卷 ………… 1-164
新編喬太守亂點鴛鴦譜換親全記二卷 ……………………………… 1-85
新編筭學啓蒙三卷附總括後記望海島術識誤 ………………………… 2-178
新編筭學啓蒙三卷附總括後記望海島術識誤 ………………………… 2-178
新編漢唐通鑑品藻三十卷 …………… 1-21
新編翰林珠玉六卷 …………………… 2-357
新編繡像福壽大紅袍十四卷一百回 ……………………………… 2-530
新輯山東地理問答十六章 …………… 1-396
新輯尺牘合璧四卷 …………………… 2-302
新輯左公平西全傳四卷三十二回 …… 2-237
新輯各國政治彙編 …………………… 2-129
新輯時務滙通二百八卷 ……………… 2-144
新輯撫豫宣化錄十卷 ………………… 1-360
新輯繪圖彭公案全傳四卷一百回續彭公案四卷八十回 ………………… 2-251

新學彙編四卷………………………… 2－531
新學僞經考十四卷 …………………… 2－72
新學僞經考十四卷 …………………… 2－72
新學僞經考十四卷 …………………… 2－72
新學類纂十四卷……………………… 2－145
新雕皇朝類苑七十八卷……………… 2－143
新雕校證大字白氏諷諫一卷………… 2－308
新雕校證大字白氏諷諫一卷………… 2－328
新雕校證大字白氏諷諫一卷………… 2－328
新舊唐書互證二十卷………………… 1－264
新舊唐書合注魏徵列傳一卷………… 1－339
新舊唐書合鈔二百六十卷首一卷…… 1－264
新舊唐書合鈔二百六十卷首一卷唐
　書宰相世系表訂譌十二卷………… 1－264
新舊唐書合鈔二百六十卷首一卷唐
　書宰相世系表訂譌十二卷唐書合
　鈔補正六卷……………………… 1－264
［同治］新繁縣志十六卷首一卷 …… 1－423
［光緒］新繁縣鄉土志十卷 ………… 1－423
［光緒］新繁縣鄉土志十卷 ………… 1－423
新鍥重訂出像註釋通俗演義西晉志
　傳題評四卷東晉志傳題評八卷紀
　元傳一卷 ………………………… 1－84
新鍥重訂出像註釋通俗演義（東西
　兩晉志傳）西晉四卷東晉八卷 …… 2－252
新鍥簪纓必用增補秘笈新書十三卷
　別集三卷 ………………………… 1－57
新豐吟稿不分卷……………………… 2－515
新鐫草字唐詩不分卷………………… 1－119
新鐫繡像後宋慈雲太子逃難走國全
　傳八卷三十五回 ………………… 1－85
新蘅詞六卷外集一卷………………… 2－525
新疆各道圖說四卷…………………… 1－391
［光緒］新疆志五種十四卷 ………… 1－402
新疆輿圖風土攷五卷………………… 1－399
新繪沿海長江險要圖二十七幅……… 1－530
新纂氏族箋釋八卷…………………… 1－330
新纂氏族箋釋八卷 ………………… 2－76
新纂氏族箋釋八卷 ………………… 2－90
新纂氏族箋釋八卷 ………………… 2－90
新纂門目五臣音註揚子法言十卷 …… 1－56
新纂門目五臣音註揚子法言十卷…… 2－139
新纂約章大全七十三卷 …………… 2－33
新纂約章大全七十三卷 …………… 2－34
新纂約章大全續不分卷 …………… 2－34
新斆分類文編六卷…………………… 2－144
新鐫分類便用書柬活套錦繡雲箋初
　集四卷 …………………………… 1－96
新鐫分類評註文武合編百子金丹十
　卷………………………………… 2－143
新鐫分類評註文武合編百子金丹十
　卷………………………………… 2－143
新鐫玉茗堂批點按鑑參補大宋志傳
　十卷五十回楊家將傳十卷五十回
　…………………………………… 1－84
新鐫玉茗堂批點按鑑參補南宋志傳
　十卷五十回……………………… 2－238
新鐫玉茗堂批點按鑑參補南宋志傳
　十卷五十回……………………… 2－238
新鐫玉茗堂批點按鑑參補南宋志傳
　十卷五十回……………………… 2－238
新鐫玉茗堂批點按鑑參補楊家將傳
　十卷五十回……………………… 2－251
新鐫玉茗堂批點按鑑參補楊家將傳
　十卷五十回……………………… 2－252
新鐫古今大雅北宮詞紀六卷………… 1－166
新鐫古今大雅南宮詞紀六卷………… 1－166
新鐫古本批評繡像三世報隔簾花影
　四十八回 ………………………… 1－85
新鐫批評出相韓湘子三十回 ……… 1－85
新鐫易數六卷………………………… 2－212
新鐫法家透膽寒十六卷 …………… 2－19
新鐫重訂出像通俗演義東晉志傳八
　卷………………………………… 2－252
新鐫後續繡像五虎平南狄青演傳四
　卷四十二回……………………… 2－250
新鐫眉公先生四言便讀羣珠雜字不
　分卷……………………………… 1－229
新鐫旁批詳註總斷廣名將譜二十卷
　…………………………………… 1－28
新鐫海內奇觀十卷 ………………… 1－33
新鐫紹聞堂精選古文覺斯八卷……… 2－289

新鐫註釋故事白眉十卷 …………………… 2－385
新鐫綴白裘合集二十卷 …………………… 2－520
新鐫增定歷代捷錄全編八卷首一卷
…………………………………………… 1－21
新鐫增定歷朝捷錄大全四卷附通鑑
潘氏總論一卷 ……………………………… 1－21
新鐫增定歷朝捷錄全編四卷 ……………… 1－21
新鐫增補周易備旨一見能解六卷 …… 1－183
新鐫曆法便覽家吉備要通書大全二
十九卷 ……………………………………… 2－211
新譯三洲遊記四卷 ………………………… 1－512
新譯日本法規大全不分卷 ………………… 2－9
新譯列國歲計政要不分卷 ………………… 2－28
新譯列國歲計政要三編 …………………… 2－24
新譯列國歲計政要三編 …………………… 2－24
新譯列國歲計政要三編 …………………… 2－24
新鑰集四卷 ………………………………… 2－296
新鑰集四卷 ………………………………… 2－297
意苕山館詩稿十六卷 ……………………… 2－372
意園文略二卷 ……………………………… 2－457
意園文略二卷 ……………………………… 2－457
雍正二年金榜 ……………………………… 1－50
雍正上諭(康熙六十一年十一月至
雍正十三年八月) ………………………… 1－361
雍正山東鄉試錄不分卷 …………………… 1－50
慎子一卷 …………………………………… 2－138
慎其餘齋文集二十卷 ……………………… 2－439
慎宜軒文五卷 ……………………………… 2－463
慎疾芻言一卷 ……………………………… 2－74
慎莽古近體詩四卷 ………………………… 2－371
慎莽試帖二卷 ……………………………… 2－371
慎莽詩餘一卷 ……………………………… 2－371
慎節齋文存二卷 …………………………… 2－461
慎餘齋賸稿一卷 …………………………… 2－328
慎盦文鈔二卷詩鈔二卷 …………………… 2－461
慎盦文鈔二卷詩鈔二卷 …………………… 2－461
慎盦文鈔二卷詩鈔二卷 …………………… 2－461
慎讀齋讀易省心錄不分卷 ………………… 1－184
愼宜軒筆記十卷 …………………………… 2－388
慊齋詩鈔二卷 ……………………………… 2－361
義大利獨立史六編 ………………………… 2－129
義大利獨立戰史六卷附錄不分卷 …… 2－129
義門先生集十二卷附錄一卷何義門
先生家書四卷 ……………………………… 2－477
義門先生集十二卷附錄一卷何義門
先生家書四卷 ……………………………… 2－477
義門讀書記五十八卷 ……………………… 2－155
義門讀書記五十八卷 ……………………… 2－516
義門讀書記五十八卷 ……………………… 2－516
義門讀書記五十八卷 ……………………… 2－516
義門讀書記五十八卷 ……………………… 2－516
義和拳教門源流考一卷 …………………… 1－306
義俠好逑傳四卷十八回 …………………… 2－254
義倉圖不分卷 ……………………………… 1－44
義烏朱先生文鈔四卷 ……………………… 2－439
義奧國和約章程不分卷 …………………… 2－43
義奧國和約章程不分卷 …………………… 2－43
義奧國和約章程不分卷 …………………… 2－43
義奧國和約章程不分卷 …………………… 2－43
義奧國和約章程不分卷 …………………… 2－43
義奧國和約章程不分卷 …………………… 2－43
義奧國和約章程不分卷 …………………… 2－43
義奧國和約章程不分卷 …………………… 2－43
義奧國和約章程不分卷 …………………… 2－44
義奧國和約章程不分卷 …………………… 2－44
義奧國和約章程不分卷 …………………… 2－44
義奧國和約章程不分卷 …………………… 2－44
義奧國和約章程不分卷 …………………… 2－44
義奧國和約章程不分卷 …………………… 2－44
義奧國和約章程不分卷 …………………… 2－44
義奧國和約章程不分卷 …………………… 2－44
義奧國和約章程不分卷 …………………… 2－44
義奧國和約章程不分卷 …………………… 2－44
義奧國和約章程不分卷 …………………… 2－44
遡園文集四卷杜少陵秋興八首偶論
一卷 ………………………………………… 2－456
遡園全集三種七卷 ………………………… 2－573
慈心寶鑑四卷 ……………………………… 1－71
慈溪黃氏日抄分類九十七卷古今紀
要十九卷 …………………………………… 1－135
慈谿文徵二種 ……………………………… 2－508
[天啓]慈谿縣志十六卷 …………………… 1－38

[雍正]慈谿縣志十六卷 …………… 1－484
[光緒]慈谿縣志五十六卷附編一卷 …………………………………… 1－418
[光緒]慈谿縣志五十六卷附編一卷 …………………………………… 1－418
[光緒]慈谿縣志五十六卷附編一卷 …………………………………… 1－418
慈谿嚴氏壽芝山莊公牘章程不分卷 ………………………………………… 2－9
煙嶼樓文集四十卷…………………… 2－483
煙嶼樓文集四十卷…………………… 2－483
煙嶼樓文集四十卷…………………… 2－484
煙嶼樓文集四十卷…………………… 2－484
煙霞萬古樓文集六卷………………… 2－475
煙霞萬古樓詩殘藁不分卷…………… 2－350
煙霞萬古樓詩選二卷………………… 2－350
資治通鑑二百九十四卷 …………… 1－20
資治通鑑二百九十四卷 …………… 1－20
資治通鑑二百九十四卷……………… 1－267
資治通鑑二百九十四卷……………… 1－267
資治通鑑二百九十四卷資治通鑑釋文辯誤十二卷……………………… 1－267
資治通鑑二百九十四卷資治通鑑釋文辯誤十二卷……………………… 1－268
資治通鑑二百九十四卷資治通鑑釋文辯誤十二卷……………………… 1－268
資治通鑑目錄三十卷 ……………… 1－20
資治通鑑目錄三十卷 ……………… 2－67
資治通鑑目錄三十卷 ……………… 2－67
資治通鑑目錄三十卷 ……………… 2－74
資治通鑑外紀十卷目錄五卷………… 1－267
資治通鑑外紀十卷目錄五卷………… 1－267
資治通鑑外紀十卷目錄五卷………… 1－267
資治通鑑地理今釋十六卷…………… 1－393
資治通鑑地理今釋十六卷…………… 1－393
資治通鑑地理今釋十六卷…………… 1－393
資治通鑑地理今釋十六卷…………… 1－393
資治通鑑宋本校勘記五卷元本校勘記二卷……………………………… 1－274
資治通鑑宋本校勘記五卷元本校勘記二卷……………………………… 1－275
資治通鑑宋本校勘記五卷元本校勘記二卷……………………………… 1－275
資治通鑑問疑一卷 ………………… 1－20
資治通鑑問疑一卷 ………………… 1－20
資治通鑑補二百九十四卷…………… 1－271
資治通鑑節要續編三十卷 ………… 1－21
資治通鑑綱目五十九卷 …………… 1－19
資治通鑑綱目五十九卷 …………… 1－20
資治通鑑綱目前編二十五卷 ……… 1－19
資治通鑑綱目前編二十五卷………… 1－275
資治通鑑綱目前編竊議二十五卷…… 1－274
資治通鑑綱目集覽五十九卷 ……… 1－17
資治通鑑釋例圖譜一卷 …………… 1－20
資治新書十四卷首一卷……………… 1－549
資治新書十四卷首一卷……………… 1－549
資治新書十四卷首一卷……………… 1－549
資治新書初集十四卷首一卷二集二十卷…………………………………… 1－541
資治歷朝紀政綱目前編八卷正編四十卷續編二十六卷 ……………… 1－20
資政要覽後序一卷 ………………… 1－64
資政新書初集十四卷首一卷二集二十卷…………………………………… 1－549
滇南文畧四十七卷首一卷…………… 2－286
滇南本草圖註三卷…………………… 2－175
滇南集古首一卷明滇南詩略十卷滇南明詩略續刻二卷國朝滇南詩略續刻八卷……………………………… 2－362
滇南礦廠輿程圖畧不分卷…………… 2－271
滇軺紀程不分卷……………………… 1－515
滇亂紀畧不分卷……………………… 1－282
滇詩嗣音集二十卷補遺一卷………… 2－357
滇詩嗣音集二十卷補遺一卷………… 2－357
滇語備忘錄不分卷…………………… 1－519
滇粹不分卷…………………………… 1－304
滇粹不分卷…………………………… 1－304
滇緬劃界圖說不分卷 ……………… 2－35
滇還日記一卷………………………… 2－255
滇黔土司婚禮記一卷………………… 2－536
滇黔奏議十卷………………………… 1－375
滇黔紀遊一卷………………………… 1－515

滇繫四十卷 …… 1－388
[光緒]溧水縣志二十二卷首一卷 …… 1－457
[光緒]溧水縣志二十二卷首一卷 …… 1－457
[嘉慶]溧陽縣志十六卷 …… 1－484
[嘉慶]溧陽縣志十六卷 …… 1－485
[嘉慶]溧陽縣志十六卷 …… 1－485
[光緒]溧陽縣續志十六卷末一卷 …… 1－485
[光緒]溧陽縣續志十六卷末一卷 …… 1－485
[光緒]溧陽縣續志十六卷末一卷 …… 1－485
溫公家範十卷 …… 1－63
[乾隆]溫州府志三十卷首一卷 …… 1－482
[乾隆]溫州府志三十卷首一卷 …… 1－482
[宣統]溫江縣鄉土志十二卷 …… 1－461
溫飛卿詩集七卷別集一卷溫飛卿集外詩一卷附諸家詩評一卷 …… 1－101
溫飛卿詩集七卷別集一卷溫飛卿集外詩一卷附諸家詩評一卷 …… 1－101
溫飛卿詩集七卷別集一卷溫飛卿集外詩一卷附諸家詩評一卷 …… 1－101
溫飛卿詩集七卷附溫飛卿詩別集一卷溫飛卿集外詩一卷 …… 2－316
溫飛卿詩集七卷附溫飛卿詩別集一卷溫飛卿集外詩一卷 …… 2－316
溫飛卿詩集七卷附溫飛卿詩別集一卷溫飛卿集外詩一卷 …… 2－316
溫飛卿詩集七卷附溫飛卿詩別集一卷溫飛卿集外詩一卷 …… 2－317
溫處鹽務紀要不分卷 …… 1－556
溫處鹽務紀要不分卷 …… 1－556
[光緒]溫宿府鄉土志一卷 …… 1－487
溫聖脫海戰史九章 …… 2－119
溫經日記六卷 …… 1－172
滌罪正規四卷 …… 2－215
滌盦詩鈔四卷 …… 2－370
準葛爾剿務奏摺一卷 …… 1－377
塗說四卷 …… 2－385
塗鴉集書問二卷雜錄一卷 …… 2－486
溪園遺稿五卷梅花百詠不分卷 …… 1－158
[乾隆]滄州志十六卷 …… 1－456
[乾隆]滄州志十六卷 …… 1－457
滄江詩集十卷 …… 2－344
滄江詩集十卷 …… 2－344
滄江餘韻八卷閨雅一卷 …… 2－362
滄海遺珠錄二卷 …… 1－330
滄浪小志二卷 …… 1－526
滄桑豔二卷 …… 2－529
滄溟先生集十四卷附錄一卷 …… 2－360
滄溟先生集三十一卷附錄一卷附錄補遺一卷 …… 1－144
滄溟先生集三十卷附錄一卷 …… 1－144
滄溟先生集三十卷附錄一卷 …… 1－144
滄螺集六卷補遺一卷 …… 2－547
滂喜齋叢書五十五種九十五卷 …… 2－550
滂喜齋叢書五十五種九十五卷 …… 2－550
溯流史學鈔二十卷 …… 1－62
塞垣吟草四卷東歸途詠一卷 …… 2－331
塞垣集六卷 …… 2－330
塞垣集六卷 …… 2－330
褚堂閒史考證一卷附錄一卷 …… 1－310
褚堂閒史考證一卷附錄一卷 …… 1－310
裨農最要三卷 …… 2－170
裨農最要三卷 …… 2－171
[乾隆]福山縣志十二卷 …… 1－37
福州戒纏足約章不分卷 …… 2－12
[乾隆]福州府志七十六卷首一卷 …… 1－486
福建全省地輿圖不分卷 …… 1－518
福建沿海圖說不分卷附福建海島表不分卷 …… 1－395
[福建莆田]剌桐金紫方氏族譜二卷首一卷 …… 1－48
[乾隆]福建通志七十八卷首四卷圖一卷 …… 1－33
福建票鹽志略不分卷 …… 1－556
福建票鹽志略不分卷 …… 1－556
[福建福州]福州通賢龔氏支譜三卷 …… 2－87
福建鹽法志二十二卷首一卷 …… 1－523
福建鹽務公牘三卷 …… 1－557
福省重刻武英殿聚珍版書目 …… 2－75
[乾隆]福清縣志二十卷圖一卷 …… 1－481
福惠全書三十二卷 …… 1－44
福惠全書三十二卷 …… 1－547

福惠全書三十二卷……………………… 1－547
福源石屋珙禪師山居詩一卷………… 2－202
福壽全書六卷 ………………………… 1－79
福壽全書六卷………………………… 2－228
福壽金鑑初集二卷…………………… 2－235
福寧紀事二卷首一卷………………… 1－552
福寧從政紀略二卷…………………… 1－552
褅說二卷……………………………… 1－203
［乾隆］肅寧縣志十卷 ……………… 1－457
群書備考六卷 ………………………… 1－77
羣言灑液八卷………………………… 1－123
羣書典彙十四卷 ……………………… 1－59
羣書拾補初編三十九卷 ……………… 2－71
羣書拾補初編三十九卷 ……………… 2－71
羣書拾補初編三十九卷 ……………… 2－71
羣書拾補初編三十九卷 ……………… 2－73
羣書拾補初編三十九卷 ……………… 2－73
羣書校補九十八卷…………………… 2－228
羣書斠識十一種十一卷……………… 2－231
羣書劄記十六卷……………………… 2－273
羣書劄記十六卷……………………… 2－273
羣書劄記十六卷……………………… 2－273
羣書劄記十六卷……………………… 2－273
羣書疑辨十二卷……………………… 1－213
羣書疑辨十二卷……………………… 2－230
羣雅二集十六卷……………………… 2－369
羣經平議三十五卷…………………… 1－173
羣經平議三十五卷…………………… 1－173
羣經字集四聲音釋□□卷…………… 1－242
羣經字詁七十二卷檢字一卷………… 1－213
羣經字詁七十二卷檢字一卷………… 1－213
羣經音辨七卷………………………… 1－250
羣經宮室圖二卷 ……………………… 1－45
羣經宮室圖二卷……………………… 1－176
羣經識小八卷………………………… 1－176
羣經識小八卷………………………… 1－176
羣輔錄一卷…………………………… 1－287
羣學肄言不分卷……………………… 2－259
羣學肄言不分卷……………………… 2－259
殿試策不分卷………………………… 2－295
辟疆園遺集十卷……………………… 2－343
媿林漫錄不分卷……………………… 2－385
遜志齋集二十四卷附録一卷………… 1－141
遜學齋文鈔十二卷首一卷末一卷詩
鈔十卷文續鈔五卷詩續鈔五卷…… 2－470
遜學齋文鈔十二卷首一卷末一卷詩
鈔十卷文續鈔五卷詩續鈔五卷…… 2－470
遜學齋文鈔十卷首一卷末一卷……… 2－469
遜學齋詩鈔十卷……………………… 2－334
經心書院課程………………………… 1－519
經心書院續集十二卷………………… 2－306
經世文潮第一期……………………… 2－295
經世文潮第四期第五期第六期……… 2－295
經世名言十二卷 ……………………… 1－77
經世學引初編不分卷附圖表………… 1－396
經世齋時務叢書六種二十六卷……… 2－550
經史百家簡編二卷…………………… 2－279
經史百家簡編二卷…………………… 2－279
經史百家雜鈔二十六卷……………… 2－129
經史百家雜鈔二十六卷……………… 2－130
經史百家雜鈔二十六卷……………… 2－130
經史百家雜鈔二十六卷……………… 2－277
經史百家雜鈔二十六卷……………… 2－277
經史序錄二卷 ………………………… 1－55
經序錄五卷…………………………… 1－1
經玩五種二十卷……………………… 1－1
經苑二十五種二百九十五卷………… 2－534
經典釋文三十卷……………………… 1－1
經典釋文三十卷攷證三十卷………… 1－175
經典釋文三十卷附攷證……………… 1－1
經典釋文三十卷附攷證……………… 1－1
經典釋文三十卷附攷證附孟子音義
二卷劄記不分卷國語補音三卷劄
記不分卷…………………………… 1－174
經咫一卷……………………………… 2－539
經訓比義三卷………………………… 2－157
經訓比義三卷………………………… 2－157
經訓堂叢書二十一種一百六十七卷
…………………………………… 2－550
經訓堂叢書二十一種一百六十八卷
…………………………………… 2－550

經訓堂叢書二十一種一百六十八卷
……………………………………… 2－550
經訓堂叢書二十一種一百六十九卷
……………………………………… 2－550
經訓堂叢書二十一種一百六十九卷
……………………………………… 2－551
經書字音辨要九卷…………………… 1－252
經書字音辨要九卷…………………… 1－252
經書算學天文攷二卷………………… 2－178
經書辨疑七卷……………………………1－1
經野規略三卷 …………………………2－29
經畧洪承疇奏對筆記二卷…………… 1－361
經畧洪承疇奏對筆記二卷…………… 1－361
經畧洪承疇奏對筆記二卷奏摺譜不
分卷…………………………………… 1－361
經筵玉音問答不分卷………………… 1－396
經詞衍釋十卷補遺一卷……………… 1－194
經傳禘祀通考一卷…………………… 1－196
經傳繹義五十卷……………………… 1－174
經傳釋詞十卷………………………… 1－174
經傳釋詞十卷………………………… 1－174
經傳釋詞十卷………………………… 1－174
經義一卷……………………………… 2－564
經義考補正十二卷…………………… 1－175
經義考補正十二卷…………………… 1－175
經義述聞三十二卷…………………… 1－173
經義述聞三十二卷…………………… 1－174
經義述聞三十二卷…………………… 1－174
經義述聞三十二卷…………………… 1－174
經義述聞三十二卷…………………… 1－174
經義述聞三十二卷…………………… 1－174
經義述聞不分卷……………………… 1－174
經義圖說八卷………………………… 1－177
經義齋集十八卷……………………… 2－459
經義齋集十八卷……………………… 2－459
經義雜記三十卷敘錄一卷…………… 1－177
經德堂文集五卷浣月山房詩集五卷
漢南春柳詞鈔一卷經籍舉要一卷
……………………………………… 2－496
經餘必讀八卷………………………… 2－150
經餘必讀三集四卷…………………… 2－150
經餘集六卷…………………………… 1－117
經誼襍識不分卷……………………… 1－177
經學文鈔十五卷首三卷……………… 1－176
經學文鈔十五卷首三卷……………… 1－176
經學質疑四十卷……………………… 1－218
經學輯要二十四卷首一卷…………… 1－171
經學輯要二十四卷首一卷…………… 1－171
經學輯要二十四卷首一卷…………… 1－171
經窺十六卷…………………………… 1－176
經窺十六卷…………………………… 1－176
經濟通攷續集十六卷………………… 2－258
經濟實學攷八卷……………………… 2－257
經濟實學攷八卷……………………… 2－257
經濟實學攷八卷……………………… 2－257
經濟類考二卷………………………… 2－115
經濟類考二卷………………………… 2－116
經濟類考約編二卷 ……………………1－55
經濟類考約編二卷 ……………………1－55
經濟類編一百卷 ………………………1－58
經韻集字析解二卷附補遺…………… 1－253
經韻樓集十二卷儀禮漢讀考一卷…… 2－482
經韻樓集十二卷儀禮漢讀考一卷…… 2－482
經韻樓叢書十種一百十二卷………… 2－571
經韻樓叢書九種一百十二卷………… 2－571
經籍考七十六卷…………………………1－1
經籍訪古志六卷補遺一卷 ……………2－74
經籍訪古志六卷補遺一卷 ……………2－74
經籍舉要一卷附錄一卷……………… 1－175
經籍舉要一卷附錄一卷……………… 1－175
經籍舉要一卷附錄一卷……………… 1－175
經籍舉要一卷附錄一卷……………… 1－175
經籍舉要一卷附錄一卷……………… 1－176
經籍舉要一卷附錄一卷……………… 1－176
經籍籑詁附補遺一百六卷首一卷…… 1－174
經籍籑詁附補遺一百六卷首一卷…… 1－174
經籍籑詁附補遺一百六卷首一卷…… 1－174
經籍籑詁附補遺一百六卷首一卷…… 1－174
經籍籑詁附補遺一百六卷首一卷…… 1－174
經籍籑詁附補遺一百六卷首一卷…… 1－174
經籍籑詁附補遺一百六卷首一卷…… 1－174
經讀考異八卷句讀敍述二卷………… 1－177

經驗簡便良方不分卷 …………………… 2－174
綉像九美圖全傳十二卷七十五回 …… 2－249
綉像九美圖全傳十二卷七十五回 …… 2－249
綏寇記略十二卷補遺三卷 …………… 1－298
綏寇記略十二卷補遺三卷 …………… 1－298
綏寇記略十二卷補遺三卷 …………… 1－298
綏寇記略十二卷補遺三卷 …………… 1－298
綏寇記略十二卷補遺三卷 …………… 1－298
綏寇記略十二卷補遺三卷 …………… 1－298
綏寇記略十二卷補遺三卷 …………… 1－298
綏寇記略十二卷補遺三卷 …………… 1－299
綏寇記略十二卷補遺三卷 …………… 1－299
綏寇記略十二卷補遺三卷 …………… 1－299
綏寇記略十二卷補遺三卷 …………… 1－299
[光緒]綏德直隸州志八卷首一卷 … 1－409
彙刻太倉舊志五種二十六卷 ………… 1－476
彙刻太倉舊志五種二十六卷 ………… 1－476
彙刻書目二十卷 ……………………… 2－68
彙刻書目二十卷 ……………………… 2－68
彙刻書目二十卷 ……………………… 2－68
彙覈道光二十八年各直省出入錢糧
清單不分卷 ………………………… 2－28
彙纂詩法度鍼三十三卷首一卷 ……… 2－323
剿逆圖説全考二卷 …………………… 1－307
剿賊圖記不分卷 ……………………… 2－164
剿賊圖記不分卷 ……………………… 2－164

十四畫

駁正朔考一卷 ………………………… 2－184
駁呂留良四書講義八卷 ……………… 1－220
駁案新編三十二卷 …………………… 2－6
駁案新編三十二卷駁案續編七卷 ……… 2－9
駁案新編三十二卷駁案續編七卷 ……… 2－9
駁案新編三十二卷駁案續編七卷附
秋審實緩比較彙案新編二卷 ……… 2－6
駁案續編七卷 ………………………… 2－262
瑪瑙經房叢書二百十七種 …………… 2－207
瑣語三種附説經粹語 ………………… 2－497
碧山舍詩集二十二卷 ………………… 2－369
碧血錄二卷附周端孝先生血疏貼黃
冊一卷 ……………………………… 1－320
碧血錄五卷 …………………………… 1－320
碧血錄五卷 …………………………… 1－320
碧血錄五卷 …………………………… 1－320
碧血錄五卷 …………………………… 1－348
碧芸軒偶錄 …………………………… 1－78
碧雨亭不分卷 ………………………… 2－252
碧聲吟館叢書十一種十六卷 ………… 2－530
碧雞漫志五卷 ………………………… 2－255
瑤光閣正集十二卷外集二卷餘集三
卷 …………………………………… 1－149
瑤華集二十二卷附二卷詞人姓氏爵
里表一卷 …………………………… 1－165
壽者傳三卷 …………………………… 1－329
趙子言行錄二卷 ……………………… 2－388
趙文恪公自訂年譜一卷趙文恪公遺
集二卷 ……………………………… 1－337
趙文恪公自訂年譜一卷趙文恪公遺
集二卷 ……………………………… 1－337
趙文恪公自訂年譜一卷趙文恪公遺
集不分卷 …………………………… 1－321
趙文恪公遺集二卷 …………………… 2－462
趙文敏公松雪齋全集十卷外集一卷
續集一卷 …………………………… 2－326
趙文敏公松雪齋全集十卷外集一卷
續集一卷 …………………………… 2－414
趙文敏公松雪齋全集十卷外集一卷
續集一卷 …………………………… 2－414
趙文敏公松雪齋全集十卷外集一卷
續集一卷 …………………………… 2－414
趙文敏公松雪齋全集十卷外集一卷
續集一卷附錄一卷 ………………… 1－138
[雍正]趙州志四卷 …………………… 1－36
[光緒]趙州屬邑志八卷 ……………… 1－405
[光緒]趙州屬邑志八卷 ……………… 1－405
[光緒]趙州屬邑志八卷 ……………… 1－405
趙忠定奏議四卷 ……………………… 1－376
趙忠節公遺墨一卷溫次言先生詩錄
一卷 ………………………………… 2－504
趙忠節公遺墨一卷溫次言先生詩錄
一卷 ………………………………… 2－504

趙忠毅公詩集二十四卷 ……………… 1 – 140
趙忠毅公儕鶴先生史韻補註四卷 …… 2 – 107
趙忠毅公儕鶴先生史韻補註四卷 …… 2 – 108
趙忠毅公儕鶴先生史韻補註四卷 …… 2 – 108
[道光]趙城縣志三十七卷首一卷 … 1 – 409
趙待制遺稾一卷附錄王國器詞一卷
…………………………………… 2 – 231
趙恭毅公賸藁八卷 …………………… 2 – 467
趙菁衫自選古文檢不分卷 …………… 2 – 228
趙清獻公集十卷 ……………………… 1 – 134
趙清獻公集十卷 ……………………… 1 – 134
趙清獻公集十卷 ……………………… 1 – 134
趙清獻公集十卷 ……………………… 1 – 134
趙清獻公集十卷 ……………………… 1 – 134
趙清獻公集十卷 ……………………… 1 – 134
趙裘萼公賸藁四卷 …………………… 2 – 484
趙甌北全集七種一百八十七卷 ……… 2 – 469
[至元]嘉禾志三十二卷 ……………… 1 – 39
嘉定長白二先生奏議四卷 …………… 1 – 370
嘉定長白二先生奏議四卷 …………… 1 – 370
嘉定長白二先生奏議四卷附先考侍
郎公年譜一卷 ……………………… 1 – 363
嘉定屠城紀略一卷 …………………… 1 – 308
嘉定屠城慘史不分卷 ………………… 1 – 311
[光緒]嘉定縣志三十二卷首一卷附
一卷 ………………………………… 1 – 462
[光緒]嘉定縣志三十二卷首一卷附
一卷 ………………………………… 1 – 462
嘉定錢氏潛研堂全書二十一種二百
七十一卷 …………………………… 2 – 567
嘉定錢氏潛研堂全書二十一種二百
七十一卷 …………………………… 2 – 571
嘉定錢氏潛研堂全書二十一種二百
七十一卷 …………………………… 2 – 571
嘉定錢氏潛研堂全書二十一種二百
七十一卷 …………………………… 2 – 571
嘉祐集二十卷 ………………………… 2 – 400
嘉祐集二十卷 ………………………… 2 – 407
[光緒]嘉祥縣志四卷首一卷 ……… 1 – 463
嘉靖以來內閣首輔傳八卷 ………… 1 – 29
嘉慶上諭 …………………………… 1 – 30
嘉慶貳拾壹年丙子科山東鄉試錄不
分卷 ………………………………… 2 – 94
嘉樂齋三蘇文範十八卷 …………… 1 – 90
嘉樂齋三蘇文範十八卷 …………… 1 – 91
嘉樹山房集二十卷外集二卷續集二
卷 …………………………………… 2 – 511
[康熙]嘉興府志十六卷 …………… 1 – 425
[光緒]嘉興府志八十八卷首二卷 … 1 – 425
[嘉慶]嘉興府志八十卷首三卷 …… 1 – 425
嘉懿集初鈔四卷續鈔四卷 ………… 1 – 78
[光緒]墊江縣志十卷 ……………… 1 – 492
臺陽筆記一卷 ………………………… 1 – 515
臺灣外記三十卷 ……………………… 1 – 506
臺灣善後事宜摺不分卷 ……………… 1 – 361
臺灣戰紀二卷 ………………………… 1 – 278
臺灣戰紀二卷 ………………………… 1 – 278
臺灣戰紀二卷 ………………………… 1 – 278
臺灣戰紀二卷 ………………………… 1 – 278
臺灣戰紀二卷 ………………………… 1 – 278
臺灣戰紀二卷 ………………………… 1 – 278
臺灣戰紀二卷 ………………………… 1 – 278
臺灣雜記不分卷 ……………………… 1 – 389
臺灣雜詠合刻三卷 …………………… 2 – 332
臺灣雜詠合刻三卷 …………………… 2 – 332
壽山堂易說三卷圖解一卷 …………… 1 – 183
[嘉慶]壽光縣志二十卷附光緒三十
二年山東青州府壽光縣現行簡明
賦役全書一卷 ……………………… 1 – 413
[光緒]壽張縣志十卷首一卷 ……… 1 – 422
[光緒]壽張縣志十卷首一卷 ……… 1 – 422
[光緒]壽張縣志十卷首一卷 ……… 1 – 422
[光緒]壽張縣志十卷首一卷 ……… 1 – 422
[光緒]壽陽縣志十三卷首一卷 …… 1 – 442
[光緒]壽陽縣志十三卷首一卷 …… 1 – 442
[光緒]壽陽縣志十三卷首一卷 …… 1 – 442
聚珍堂四書十九卷 …………………… 1 – 214
聚珍堂四書十九卷 …………………… 1 – 214
聚珍堂四書十九卷 …………………… 1 – 214
聚珍堂四書十九卷 …………………… 1 – 214
聚珍堂四書十九卷 …………………… 1 – 214
聚珍堂四書十九卷 …………………… 1 – 214

聚珍堂四書十九卷…………………… 1－214
聚珍堂四書十九卷…………………… 1－214
聚珍堂四書十九卷…………………… 1－214
聚珍堂四書十九卷…………………… 1－214
聚珍堂四書十九卷…………………… 1－214
聚珍堂四書十九卷…………………… 1－214
聚珍堂四書十九卷…………………… 1－214
聚珍堂四書十九卷…………………… 1－214
聚珍堂四書十九卷…………………… 1－214
聚珍堂四書十九卷…………………… 1－214
聚珍堂四書十九卷…………………… 1－214
聚珍堂四書十九卷…………………… 1－220
聚珍堂四書十九卷…………………… 1－220
聚珍堂四書十九卷…………………… 1－220
聚珍堂四書十九卷…………………… 1－220
聚珍堂四書十九卷…………………… 1－220
聚珍堂四書十九卷…………………… 1－220
聚珍堂四書十九卷…………………… 1－220
聚珍堂四書十九卷…………………… 1－220
聚珍堂四書十九卷…………………… 1－220
聚珍堂四書十九卷…………………… 1－220
聚珍堂四書十九卷…………………… 1－220
聚珍堂四書十九卷…………………… 1－220
聚珍堂四書十九卷…………………… 1－220
聚珍堂四書十九卷…………………… 1－221
聚珍堂四書十九卷…………………… 1－221
聚珍堂四書十九卷…………………… 1－221
聚珍堂四書十九卷…………………… 1－221
聚珍堂四書十九卷…………………… 1－221
聚珍堂四書十九卷…………………… 1－221
聚珍堂四書十九卷…………………… 1－221
聚珍堂四書十九卷…………………… 1－221
聚珍堂四書十九卷…………………… 1－221
聚紅榭雅集詞六卷…………………… 2－525
聚學軒叢書五集六十一種二百五十
五卷…………………………………… 1－239
聚學軒叢書五集六十一種二百五十
五卷…………………………………… 2－566
聚學軒叢書五集六十一種二百五十
五卷…………………………………… 2－566
聚學軒叢書五集六十一種二百五十
五卷…………………………………… 2－566
聚學軒叢書五集六十一種二百五十
五卷…………………………………… 2－566
聚學軒叢書五集六十一種三百六十
三卷…………………………………… 2－551
聚學軒叢書五集六十一種三百六十
三卷…………………………………… 2－551
蓺苑零珠六卷………………………… 2－145
暮鼓晨鐘□□卷……………………… 2－235
摹印述不分卷………………………… 1－496
慕陵詩稿二卷補遺一卷大巖賸草一
卷……………………………………… 2－369
慕萊堂詩文徵存十一卷……………… 2－339
慕萊堂詩文徵存十一卷……………… 2－339
蔣氏四種六十四卷…………………… 2－441
蔣氏四種六十四卷…………………… 2－573
薖園文鈔不分卷……………………… 2－492
薖園文鈔不分卷……………………… 2－492
蔡中郎集十卷外集四卷附列傳年表
……………………………………… 2－390
蔡中郎集十卷外集四卷附列傳年表
……………………………………… 2－390
蔡中郎集八卷………………………… 1－124
蔡中郎集八卷………………………… 1－124
蔡中郎集六卷補遺一卷……………… 1－125
蔡氏月令章句二卷…………………… 1－178
蔡文莊公集八卷附太極圖說河洛私
見艾菴密箴…………………………… 2－429
蔡忠烈公遺集六卷…………………… 2－427
蔡忠烈公遺集六卷…………………… 2－428
蔡福州外紀二卷……………………… 2－380
蔗尾詩集十五卷……………………… 1－117
蔗塘未定稿九卷蔗塘外集八卷……… 1－120
熙朝紀政六卷………………………… 1－547
熙朝紀政六卷………………………… 1－547
熙朝宰輔錄不分卷…………………… 1－351
熙朝新語十六卷……………………… 1－292
熙朝新語十六卷……………………… 1－292
熙朝新語十六卷……………………… 1－292
熙朝新語十六卷……………………… 1－292
熙朝新語十六卷……………………… 1－292

熙朝新語十六卷 1－292
熙朝新語十六卷 1－292
熙朝新語不分卷 1－292
[光緒]蔚州志二十卷首一卷 1－413
[光緒]蔚州志二十卷首一卷 1－413
[光緒]蔚州志二十卷首一卷 1－413
[光緒]蔚州志二十卷首一卷 1－413
[光緒]蔚州志二十卷首一卷 1－413
薌林草堂詩鈔八卷文鈔四卷 2－511
槈經廬詩集續編十三卷 2－315
槈經廬詩集續編十三卷 2－315
榿叟詩存不分卷 2－331
榿園四種九卷 2－483
榴實山莊試律二卷文稿一卷詩鈔六卷詞鈔一卷 2－458
榴實山莊試律二卷文稿一卷詩鈔六卷詞鈔一卷 2－458
榕村全書四十四種二百三十八卷 2－567
榕村全書四十四種二百三十八卷 2－567
榕村全集四十卷别集五卷 1－157
榕村别集五卷 2－159
榕村語録三十卷 2－159
榕村講授三卷 1－96
榕村續集七卷 2－567
榕亭詩鈔四卷 2－342
榕郡名勝輯要三卷 1－524
榕園文鈔不分卷 2－459
輔仁課藝弍集 2－305
輔仁録四卷 2－149
輔仁録四卷 2－149
輔仁録四卷 2－149
輶軒使者絕代語釋别國方言十三卷首一卷 1－247
輶軒使者絕代語釋别國方言十三卷首一卷 1－248
輶軒使者絕代語釋别國方言十三卷首一卷 1－248
輶軒使者絕代語釋别國方言十三卷續方言二卷 1－248
輶軒使者絕代語釋别國方言箋疏十三卷 1－248
歌麻古韻考四卷 1－254
歌麻古韻考四卷 1－254
監本詩經八卷 1－191
監本詩經八卷 1－191
監本詩經八卷 1－191
監本詩經八卷附圖考 1－191
[同治]監利縣志十二卷首一卷 1－474
監獄訪問録二編 1－541
監獄訪問録二編 1－541
監懲録不分卷 2－168
歷代同姓名録二十三卷 2－91
歷代同姓名録二十三卷 2－91
歷代同姓名録二十三卷 2－91
歷代名臣奏議三百二十卷目録一卷 1－31
歷代名臣奏議三百十九卷目録一卷 1－31
歷代名臣奏議三百十九卷目録一卷 1－31
歷代名臣奏議三百十九卷目録一卷 1－31
歷代名臣奏議三百十九卷目録一卷 1－32
歷代帝王年表不分卷 2－116
歷代陵寢備考五十卷 1－520
歷代陵寢備考五十卷歷代宗朝附考八卷 1－520
歷代畫史彙傳七十二卷首一卷總目三卷附録二卷 2－186
歷代畫史彙傳七十二卷首一卷總目三卷附録二卷 2－186
歷代詩話二十七種五十七卷考索一卷 1－163
歷代輿地沿革表二十卷坿校勘記 1－530
歷代職官表六卷 2－53
[乾隆]歷城縣志五十卷首一卷 1－403
[乾隆]歷城縣志五十卷首一卷 1－403
[乾隆]歷城縣志五十卷首一卷 1－403
歷朝史案二十卷首不分卷 2－112
歷朝史案二十卷首不分卷 2－112
歷朝史案二十卷首不分卷 2－112

歷朝史案二十卷首不分卷…………… 2－112
歷朝制帖詩選同聲集十二卷………… 1－115
歷朝紀事本末九種六百五十八卷…… 1－281
歷代說約四卷 ………………………… 1－21
碩松堂讀易記十六卷………………… 1－182
[乾隆]碭山縣志十四卷 …………… 1－410
[康熙]磁州志十八卷 ……………… 1－467
磁州張氏文徵二卷補遺一卷………… 2－278
[同治]磁州續志六卷首一卷 ……… 1－467
奩史一百卷拾遺一卷 ……………… 1－78
奩史一百卷拾遺一卷 ……………… 1－78
爾雅二卷………………………………… 1－226
爾雅三卷 …………………………… 1－10
爾雅三卷 …………………………… 1－10
爾雅三卷………………………………… 1－225
爾雅三卷………………………………… 1－225
爾雅三卷………………………………… 1－225
爾雅三卷………………………………… 1－225
爾雅三卷………………………………… 1－226
爾雅三卷………………………………… 1－226
爾雅三卷………………………………… 1－227
爾雅三卷附校刊記一卷……………… 1－225
爾雅三卷附校刊記一卷……………… 1－225
爾雅正義二十卷 …………………… 1－10
爾雅正義二十卷 …………………… 1－10
爾雅正義二十卷 …………………… 1－10
爾雅正義二十卷 …………………… 1－10
爾雅正義二十卷……………………… 1－225
爾雅正義二十卷……………………… 1－227
爾雅古義十二卷……………………… 1－225
爾雅匡名二十卷……………………… 1－227
爾雅直音二卷………………………… 1－225
爾雅直音二卷………………………… 1－225
爾雅直音二卷………………………… 1－225
爾雅便讀便摹二卷…………………… 1－227
爾雅郭注佚存補訂二十卷…………… 1－227
爾雅郭注佚存補訂二十卷…………… 2－568
爾雅郭注義疏二十卷………………… 1－225
爾雅郭注義疏二十卷………………… 1－225
爾雅郭注義疏二十卷………………… 1－225
爾雅郭注義疏二十卷………………… 1－225
爾雅郭注義疏二十卷………………… 1－225
爾雅郭注義疏二十卷………………… 1－225
爾雅郭注義疏二十卷………………… 1－225
爾雅郭注義疏二十卷………………… 1－226
爾雅郭註補正九卷…………………… 1－227
爾雅郭註補正九卷…………………… 1－227
爾雅集解十九卷……………………… 1－226
爾雅註疏十一卷 …………………… 1－10
爾雅註疏十一卷 …………………… 1－10
爾雅註疏十一卷 …………………… 1－10
爾雅註疏十一卷……………………… 1－224
爾雅註疏十一卷……………………… 1－224
爾雅註疏十一卷……………………… 1－224
爾雅註疏十一卷……………………… 1－224
爾雅註疏十一卷……………………… 1－224
爾雅註疏十一卷……………………… 1－224
爾雅註疏十一卷……………………… 1－226
爾雅註疏十一卷附考證……………… 1－225
爾雅補註四卷………………………… 1－226
爾雅補註殘本一卷…………………… 1－226
爾雅疏十卷…………………………… 1－226
爾雅疏十卷…………………………… 1－226
爾雅蒙求二卷………………………… 1－225
爾雅新義二十卷 …………………… 1－10
爾雅新義敘錄一卷 ………………… 1－10
爾雅義疏三卷 ……………………… 1－10
爾雅經注三卷附音釋一卷集證三卷
……………………………………… 1－227
爾雅圖贊一卷山海經圖贊二卷……… 1－226
爾雅翼三十二卷 …………………… 1－10
爾雅翼三十二卷 …………………… 1－10
爾雅釋文三卷 ……………………… 1－10
爾雅釋文三卷 ……………………… 1－10
爾雅釋文三卷 ……………………… 1－10
爾雅釋文三卷 ……………………… 1－10
爾雅釋文三卷………………………… 1－225
爾雅釋文三卷………………………… 1－227
爾爾書屋詩草八卷文鈔二卷………… 2－466
需時眇言十卷………………………… 1－182
霆軍紀略十六卷……………………… 2－164
霆軍紀略十六卷……………………… 2－164

摭古遺文二卷 …………………………… 1－12
摭言十五卷 ………………………………… 2－52
摭言十五卷 ………………………………… 2－52
蜚雲閣凌氏叢書六種四十卷………… 2－570
蜚雲閣凌氏叢書六種四十卷………… 2－570
對山書屋墨餘錄十六卷……………… 2－243
對山書屋墨餘錄十六卷……………… 2－243
對山書屋墨餘錄十六卷……………… 2－243
對山書屋墨餘錄十六卷……………… 2－245
對雨樓叢書五種三十五卷…………… 2－557
對音輯字二卷………………………… 1－245
對聯五卷……………………………… 2－388
對聯滙海十四卷……………………… 2－386
對類二十卷 ………………………………… 1－11
對類便讀六卷首一卷………………… 1－229
幣制問答不分卷……………………… 2－260
幣制問答不分卷……………………… 2－260
愳菴遺集不分卷……………………… 2－429
暢園叢書甲函六種二十卷…………… 1－299
暢園叢書甲函六種二十卷…………… 2－542
暢園叢書甲函六種二十卷…………… 2－542
暢園叢書甲函六種二十卷…………… 2－542
暢園叢書甲函六種二十卷…………… 2－542
暢園叢書甲函六種二十卷…………… 2－542
暢園叢書甲函六種二十卷…………… 2－542
聞式堂古文選釋八卷………………… 2－284
聞見異辭四卷………………………… 2－247
聞見異辭四卷………………………… 2－247
聞妙香室文十九卷…………………… 2－497
［乾隆］聞喜縣志十二卷首一卷 …… 1－462
［乾隆］聞喜縣志十二卷首一卷 …… 1－462
［光緒］聞喜縣志補四卷 …………… 1－462
閩川閨秀詩話四卷…………………… 2－519
閩中沿革表五卷……………………… 1－402
［萬曆］閩都記三十三卷 …………… 1－522
［萬曆］閩都記三十三卷 …………… 1－522
［萬曆］閩都記三十三卷 …………… 1－522
［萬曆］閩都記三十三卷 …………… 1－522
［萬曆］閩都記三十三卷 …………… 1－522
閩產錄異六卷………………………… 2－170
閩產錄異六卷………………………… 2－170
閩產錄異六卷………………………… 2－170
閩腔快字不分卷……………………… 1－249
閩詞鈔四卷…………………………… 2－526
閩幕存稿不分卷……………………… 1－374
閩詩錄甲集六卷乙集四卷丙集二十
　三卷丁集一卷戊集七卷…………… 2－338
［光緒］閩縣鄉土志不分卷 ………… 1－450
閩雜記十二卷………………………… 1－521
閩雜記十二卷………………………… 1－521
閩鹽正告書二卷……………………… 1－557
閣鈔彙編（光緒丁未二月）不分卷附
　北新雜誌卷二十八………………… 1－378
閣鈔彙編（光緒丁未七月）不分卷附
　北新雜誌卷三十三………………… 1－378
閣鈔彙編（光緒丁未八月）不分卷附
　北新雜誌卷三十四………………… 1－378
閣鈔彙編（光緒丁未六月）不分卷 … 1－378
閣鈔彙編（光緒壬寅正月） ………… 1－372
閣鈔彙編（光緒壬寅正月一日至三
　十日） ……………………………… 1－361
閣鈔彙編（光緒丙午十一月一日至
　二十九日） ………………………… 1－361
閣鈔彙編（光緒癸卯十一月）不分卷
　附華北譯箸編卷二十四…………… 1－378
閣鈔彙編（光緒癸卯十月）不分卷附
　華北譯箸編卷二十三……………… 1－378
閣鈔彙編（光緒癸卯三月）不分卷附
　華北譯箸編卷十五………………… 1－378
閣鈔彙編（光緒癸卯五月）不分卷附
　華北譯箸編卷十七………………… 1－378
閣鈔彙編（光緒癸卯六月）不分卷 … 1－378
閣鈔彙編（光緒癸卯閏五月）不分卷
　附華北譯箸編卷十八……………… 1－378
閣學公書劄四卷書劄錄遺一卷……… 2－303
蜨庵詩鈔八卷………………………… 2－369
鳴原堂論文二卷……………………… 1－372
鳴原堂論文二卷……………………… 2－436
鳴原堂論文二卷……………………… 2－436
鳴鶴堂文集二卷……………………… 2－461
鳴鶴堂文集十卷……………………… 2－461
鳴鶴堂文集十卷詩集十一卷………… 2－461

鳴鶴堂詩集十一卷…………………… 2－352
噉蔗全集文八卷詩八卷附喪禮詳考
一卷周官隨筆一卷………………… 2－503
嘐嘐言六卷………………………… 2－158
幔亭集十五卷……………………… 1－117
圖史通義不分卷…………………… 1－395
圖史提綱三卷……………………… 1－395
圖史提綱三卷……………………… 1－518
圖民錄四卷 ……………………… 2－65
圖民錄四卷 ……………………… 2－66
圖津禪院小志六卷………………… 1－528
圖書衍五卷………………………… 1－9
圖開勝蹟六卷……………………… 1－525
圖開勝蹟六卷附紀恩慕義一卷劉軍
門戰功紀略一卷………………… 1－525
圖註王叔和脈訣辨真四卷圖註八十
一難經辨真四卷………………… 2－173
圖註難經脈訣四卷………………… 2－172
圖詠音譯坐花誌果八卷…………… 2－218
圖畫四書白話解大學一卷………… 1－221
圖畫四書白話解中庸二卷………… 1－221
圖畫見聞誌六卷 ………………… 1－68
圖畫新聞□□期…………………… 2－235
圖像新撰大鬧四門喬前集四卷後集
四卷四十回……………………… 2－254
圖繪宗彝八卷 …………………… 1－67
圖繪寶鑑八卷補遺一卷 ………… 1－68
圖繪寶鑑八卷補遺一卷 ………… 1－68
圖繪寶鑑八卷補遺一卷 ………… 1－68
圖鑰二卷首一卷末一卷…………… 2－212
鄦齋叢書二十一種四十七卷……… 2－543
鄦齋叢書二十一種四十七卷……… 2－543
[道光]舞陽縣志十二卷 ………… 1－484
製火藥法三卷……………………… 2－270
種竹山房稿五卷…………………… 2－361
種棉簡法不分卷…………………… 2－171
種樹軒遺集四種…………………… 2－489
稱謂錄三十二卷…………………… 2－223
稱謂錄三十二卷…………………… 2－223
箕田考不分卷……………………… 2－170
箋釋梅亭先生四六標準二十四卷 …… 1－93
算式集要四卷……………………… 2－185
算式集要四卷……………………… 2－185
算式集要四卷……………………… 2－185
算迪八卷…………………………… 2－177
算經十書十一種三十七卷………… 2－186
算數名義釋例三卷………………… 2－185
算數名義釋例三卷………………… 2－185
算牖四卷…………………………… 2－177
算牖四卷…………………………… 2－177
算學書目提要三卷 ……………… 2－76
算學發蒙珠算五卷………………… 2－185
劄迻十二卷………………………… 2－382
劄迻十二卷………………………… 2－382
劄迻十二卷………………………… 2－382
劄迻十二卷………………………… 2－382
箏船詞一卷………………………… 2－527
管子二十四卷 …………………… 1－55
管子二十四卷 …………………… 1－55
管子二十四卷 …………………… 1－55
管子二十四卷……………………… 2－132
管子二十四卷……………………… 2－132
管子二十四卷……………………… 2－132
管子二十四卷……………………… 2－132
管子二十四卷……………………… 2－132
管子二十四卷……………………… 2－132
管子二十四卷……………………… 2－132
管子二十四卷……………………… 2－139
管子二十四卷……………………… 2－539
管子地員篇註四卷………………… 2－138
管子校正二十四卷………………… 2－138
管子榷二十四卷 ………………… 1－65
管子榷二十四卷 ………………… 1－65
管注秋水軒尺牘四卷……………… 2－302
管城碩記三十卷 ………………… 1－78
管註合刻春雲閣尺牘四卷………… 2－302
管窺輯要八十卷 ………………… 1－66
管窺輯要八十卷 ………………… 1－66
管窺輯要八十卷…………………… 2－177
管蠡滙占十卷……………………… 2－212
毓堂韻同五卷補遺一卷…………… 1－256

儆季襍箸五種二十一卷附二種四卷 …… 2-484
儆季襍箸五種二十一卷附二種四卷 …… 2-484
儆居集二十二卷 …… 2-484
儆居集二十二卷 …… 2-484
[乾隆]僊遊縣志五十三卷首一卷 … 1-490
[乾隆]僊遊縣志五十三卷首一卷 … 1-490
[道光]銅山縣志二十四卷首一卷 … 1-454
銅似軒詩五卷拜雲閣樂府二卷 …… 2-354
銅官感舊圖題詠四卷 …… 2-475
銅政便覽八卷 …… 2-265
銅陵江壖錄不分卷 …… 2-51
銅梁山人詩集二十五卷詞四卷芸簏偶存二卷樓山詩集六卷 …… 2-337
銅梁吳氏一家言集古三種 …… 2-285
[光緒]銅梁縣志十六卷首一卷 …… 1-431
銅鼓書堂遺稾三十二卷 …… 1-152
銅鼓書堂遺稾三十二卷 …… 1-152
銅鼓書堂遺稾三十二卷 …… 2-444
銅鼓書堂遺稾三十二卷 …… 2-444
銅鼓書堂遺稾三十二卷 …… 2-444
銀行釋義二卷八章附奏定釐訂各種銀行則例摺 …… 2-266
銀行釋義二卷八章附奏定釐訂各種銀行則例摺 …… 2-266
銀海指南四卷 …… 2-173
銀海精微四卷 …… 2-174
銀海精微四卷 …… 2-174
銀價駁議不分卷 …… 2-29
鄱陽先生文集不分卷 …… 2-412
遯菴存稿不分卷 …… 2-383
鳳池園文集八卷詩集八卷 …… 1-161
鳳凰山聖果寺志一卷 …… 1-525
[光緒]鳳陽府志二十一卷 …… 1-457
[光緒]鳳陽府志二十一卷 …… 1-457
[光緒]鳳陽府志二十一卷 …… 1-457
[乾隆]鳳陽縣志十六卷首一卷 …… 1-461
[乾隆]鳳陽縣志十六卷首一卷 …… 1-461
鳳翔紀事詩存不分卷 …… 2-297
[乾隆]鳳臺縣志二十卷首一卷 …… 1-439
[乾隆]鳳臺縣志二十卷首一卷 …… 1-439
[嘉慶]鳳臺縣志十二卷 …… 1-439
[光緒]鳳臺縣續志四卷首一卷 …… 1-439
[光緒]鳳縣志十卷首一卷 …… 1-489
[光緒]鳳麓小志四卷首一卷末一卷 … 1-492
疑年錄四卷續疑年錄四卷 …… 2-89
疑年錄四卷續疑年錄四卷 …… 2-89
疑似集字一卷 …… 1-246
疑雨集四卷 …… 2-356
疑雨集四卷 …… 2-356
疑獄集二卷 …… 2-263
鄮峯真隱漫錄五十卷 …… 2-280
誌銘廣例二卷 …… 2-98
語石十卷 …… 2-96
語石十卷 …… 2-96
語石十卷 …… 2-96
語石十卷 …… 2-96
語石十卷 …… 2-96
語新二卷 …… 2-255
誥封一品夫人周母吳太夫人榮哀錄不分卷 …… 1-349
誥授光祿大夫太子太保兵部尚書雲貴總督賞戴花翎賞穿黃馬褂世襲一等輕車都尉加一雲騎尉贈太子太傅予謚襄勤顯考岑府君行狀不分卷 …… 1-336
誥授光祿大夫建威將軍特旨晉封三等男爵照尚書例賜卹予謚忠勤御賜祭葬賞穿黃馬褂賞戴雙眼花翎太子少保尚書銜四川提督格洪額巴圖魯顯考祝三府君行狀不分卷 …… 1-332
誥授振威將軍敖公輔丞大總戎紀述二卷 …… 2-165
誥授資政大夫貤封光祿大夫福建臺灣道兼按察使銜顯靠考皞民府君行狀一卷 …… 1-335
誥贈資政大夫沖霞馬公崇祀魚臺縣名宦錄一卷 …… 1-348
說文五種一百四卷 …… 1-231
說文五翼八卷 …… 1-237

說文分韻易知錄十卷…………………… 1－233
說文分韻易知錄十卷…………………… 1－233
說文分韻易知錄十卷…………………… 1－239
說文引經攷二卷………………………… 1－236
說文引經攷異十六卷…………………… 1－237
說文引經攷證七卷說文引經互異說
　一卷………………………………………… 1－234
說文引經同異述十二卷說文引經同
　異述餘二卷 ………………………… 1－11
說文引經例辨三卷……………………… 1－234
說文引經證例二十四卷………………… 1－236
說文引經證例二十四卷………………… 1－236
說文引經證例二十四卷………………… 1－236
說文正字二卷…………………………… 1－239
說文正字二卷…………………………… 1－239
說文古本攷十四卷……………………… 1－236
說文古籀補十四卷附錄一卷補遺一
　卷………………………………………… 1－234
說文古籀疏證六卷原目一卷………… 1－234
說文古籀疏證六卷原目一卷………… 1－234
說文古籀疏證六卷原目一卷………… 1－239
說文古籀疏證六卷原目一卷………… 1－239
說文古籀疏證六卷原目一卷………… 1－239
說文本經答問二卷……………………… 2－539
說文句讀三十卷………………………… 1－233
說文句讀三十卷………………………… 1－239
說文外篇十五卷補遺一卷…………… 1－234
說文外編十五卷補遺一卷附桂氏說
　文解字義證引二條劉氏碎金一卷
　………………………………………… 1－230
說文外編十五卷補遺一卷附桂氏說
　文解字義證引二條劉氏碎金一卷
　………………………………………… 1－230
說文地理古今攷十卷 ………………… 1－11
說文字原考略六卷 …………………… 1－12
說文字原集註十六卷附表一卷表說
　一卷 ………………………………… 1－11
說文字原韻表二卷……………………… 1－240
說文字辨十四卷………………………… 1－239
說文拈字七卷補遺三卷……………… 1－233
說文拈字七卷補遺三卷……………… 1－237
說文段注訂補十四卷………………… 1－236
說文段注訂補十四卷………………… 1－236
說文段註校三種四卷………………… 1－236
說文段註撰要九卷…………………… 1－236
說文校議十五卷 ……………………… 1－12
說文校議十五卷……………………… 1－230
說文校議十五卷……………………… 1－230
說文校議十五卷……………………… 1－230
說文校議十五卷……………………… 1－230
說文校議十五卷……………………… 1－240
說文校議十五卷……………………… 1－240
說文通訓定聲十八卷附古今韻準一
　卷分部檢韻一卷說雅一卷………… 1－232
說文通訓定聲十八卷附古今韻準一
　卷分部檢韻一卷說雅一卷………… 1－232
說文通訓定聲十八卷附古今韻準一
　卷分部檢韻一卷說雅一卷………… 1－232
說文通訓定聲十八卷附古今韻準一
　卷分部檢韻一卷說雅一卷………… 1－232
說文通訓定聲十八卷附古今韻準一
　卷分部檢韻一卷說雅一卷………… 1－232
說文通訓定聲十八卷附古今韻準一
　卷分部檢韻一卷說雅一卷………… 1－232
說文通訓定聲十八卷附古今韻準一
　卷分部檢韻一卷說雅一卷………… 1－232
說文通訓定聲十八卷補遺一卷附古
　今韻準一卷分部檢韻一卷說雅一
　卷行述一卷………………………… 1－232
說文通檢十四卷首一卷末一卷……… 1－233
說文通檢十四卷首一卷末一卷……… 1－233
說文通檢十四卷首一卷末一卷……… 1－240
說文通檢十四卷首一卷末一卷……… 1－240
說文通檢十四卷首一卷末一卷……… 1－240
說文偏旁考二卷 ……………………… 1－12
說文逸字二卷………………………… 1－235
說文逸字二卷………………………… 1－235
說文逸字二卷………………………… 1－235
說文逸字辨證二卷…………………… 1－236
說文提要一卷………………………… 1－229
說文提要一卷………………………… 1－230
說文提要一卷………………………… 1－230

說文答問疏證六卷…………………… 1－238
說文答問疏證六卷…………………… 1－238
說文答問疏證六卷…………………… 1－238
說文答問疏證六卷…………………… 1－238
說文測議七卷附二徐說文同異附攷
一卷………………………………… 1－236
說文發疑六卷………………………… 1－237
說文發疑六卷………………………… 1－237
說文統釋自序一卷…………………… 1－238
說文統釋自序一卷…………………… 1－238
說文統釋自序一卷…………………… 1－238
說文楬原二卷………………………… 1－237
說文解字十二卷 ……………………… 1－12
說文解字十五卷 ……………………… 1－11
說文解字十五卷 ……………………… 1－11
說文解字十五卷 ……………………… 1－11
說文解字十五卷 ……………………… 1－11
說文解字十五卷 ……………………… 1－11
說文解字十五卷……………………… 1－232
說文解字十五卷……………………… 1－232
說文解字十五卷……………………… 1－232
說文解字十五卷……………………… 1－232
說文解字十五卷……………………… 1－233
說文解字三十卷附六書音均表五卷
汲古閣說文訂一卷………………… 1－231
說文解字三十卷附六書音均表五卷
汲古閣說文訂一卷………………… 1－231
說文解字句讀三十卷附補正………… 1－233
說文解字句讀三十卷附補正………… 1－233
說文解字句讀三十卷附補正………… 1－233
說文解字句讀三十卷附補正………… 1－233
說文解字注三十二卷………………… 1－232
說文解字注三十卷部目分韻一卷六
書音均表五卷……………………… 1－233
說文解字注三十卷部目分韻一卷六
書音均表五卷……………………… 1－234
說文解字注三十卷部目分韻一卷六
書音均表五卷汲古閣說文訂一卷
……………………………………… 1－234
說文解字注匡謬八卷………………… 1－237
說文解字校錄十五卷附一卷………… 1－237
說文解字校錄十五卷附一卷………… 1－237
說文解字校錄十五卷附一卷………… 1－237
說文解字通釋四十卷………………… 1－230
說文解字通釋四十卷………………… 1－239
說文解字註三十卷六書音韻表五卷
……………………………………… 1－232
說文解字義證五十卷………………… 1－230
說文解字義證五十卷………………… 1－230
說文解字義證五十卷………………… 1－230
說文解字義證五十卷………………… 1－230
說文解字義證五十卷………………… 1－230
說文解字義證五十卷………………… 1－230
說文解字義證五十卷………………… 1－230
說文解字義證五十卷………………… 1－233
說文解字斠詮十四卷………………… 1－239
說文解字斠詮十四卷………………… 1－239
說文解字篆韻譜五卷附錄一卷……… 1－237
說文解字繫傳四十卷………………… 1－235
說文解字繫傳四十卷………………… 1－235
說文解字繫傳四十卷………………… 1－235
說文解字繫傳四十卷附錄一卷……… 1－233
說文解字繫傳四十卷附錄一卷……… 1－235
說文解字繫傳校勘記三卷…………… 1－239
說文解字韻譜十卷…………………… 1－235
說文解字韻譜十卷…………………… 1－235
說文解字韻譜十卷…………………… 1－236
說文新附攷六卷……………………… 1－234
說文新附攷六卷說文續攷一卷……… 1－231
說文新附攷六卷說文續攷一卷……… 1－234
說文新附攷六卷說文續攷一卷……… 1－234
說文新附攷六卷說文續攷一卷……… 1－234
說文新附攷六卷說文續攷一卷……… 1－234
說文新附攷六卷說文續攷一卷……… 1－234
說文新附攷六卷說文續攷一卷……… 1－240
說文經字正誼四卷…………………… 1－236
說文經字正誼四卷…………………… 1－239
說文經字攷一卷……………………… 1－238
說文經字攷一卷……………………… 1－238
說文經字攷一卷……………………… 1－238
說文經字攷疏證六卷………………… 1－239
說文經字攷辨證四卷………………… 1－240

說文經典異字釋不分卷 …………………… 1－238
說文管見三卷 …………………………… 1－236
說文管見三卷古韻論三卷 ………………… 1－229
說文疑疑二卷附一卷 …………………… 1－239
說文廣義十二卷 ………………………… 1－233
說文廣義三卷 …………………………… 1－233
說文廣義三卷 …………………………… 2－564
說文審音十六卷 ………………………… 1－235
說文諧聲孳生述不分卷 ………………… 1－240
說文凝錦錄一卷 ………………………… 1－240
說文辨字正俗八卷 ……………………… 1－235
說文辨字正俗八卷 ……………………… 1－235
說文辨字正俗八卷 ……………………… 1－235
說文辨字正俗八卷 ……………………… 1－235
說文辨疑一卷 …………………………… 1－234
說文辨疑一卷坿條記 …………………… 1－236
說文聲母歌括四卷 ……………………… 1－239
說文聲系十四卷 ………………………… 1－237
說文聲系十四卷末一卷 ………………… 1－237
說文聲系十四卷末一卷 ………………… 1－237
說文聲訂二十八卷 ……………………… 1－239
說文聲類二卷 …………………………… 1－235
說文聲類二卷 …………………………… 1－238
說文聲類二卷 …………………………… 1－238
說文聲讀表七卷 ………………………… 1－234
說文聲讀表七卷 ………………………… 1－234
說文舊音補注一卷補遺一卷續一卷
改錯一卷 ……………………………… 1－240
說文繫傳四十卷校勘記三卷 …………… 1－232
說文繫傳校錄三十卷 …………………… 1－233
說文繫傳校錄三十卷 …………………… 1－233
說文韻譜校五卷 ………………………… 1－232
說文韻譜校五卷 ………………………… 1－232
說文韻譜校五卷 ………………………… 1－232
說文韻譜校五卷 ………………………… 1－235
說文釋例二十卷 ………………………… 1－230
說文釋例二十卷 ………………………… 1－231
說文釋例二十卷附補正 ………………… 1－230
說文釋例二十卷附補正 ………………… 1－230
說文釋例二十卷附補正 ………………… 1－230
說文釋例二卷 …………………………… 1－240
說文蠡箋十四卷 ………………………… 1－239
說文蠡箋十四卷 ………………………… 1－239
說文蠡箋十四卷 ………………………… 1－239
說平話雌雄黃綾肚爿記八卷 …………… 2－251
說苑二十卷 ……………………………… 1－283
說苑二十卷 ……………………………… 1－283
說易十二卷 ……………………………… 1－2
說易十二卷 ……………………………… 1－2
說易十二卷 ……………………………… 1－2
說帖不分卷 ……………………………… 1－46
說帖類編三十六卷 ……………………… 2－5
說帖類編三十六卷 ……………………… 2－5
說郛一百二十卷 ………………………… 1－76
說郛一百二十卷 ………………………… 1－76
說唐前傳十卷六十八回繡像說唐後
傳八卷五十八回 ……………………… 2－249
說淵十集六十四卷 ……………………… 2－251
說嵩三十二卷 …………………………… 1－501
說嵩三十二卷 …………………………… 1－501
說嵩三十二卷 …………………………… 1－501
說嵩三十二卷 …………………………… 1－501
說鈴三集五十二種七十卷 ……………… 1－81
說鈴三集五十二種七十卷 ……………… 2－481
說鈴抄八卷 ……………………………… 2－238
說鈴抄八卷 ……………………………… 2－238
說鈴前集三十七種四十五卷後集十
六種二十四卷 ………………………… 2－238
說鈴前集三十七種四十五卷後集十
六種二十四卷 ………………………… 2－238
說鈴前集三十八種四十七卷後集十
七種二十六卷續集七種十卷 ………… 2－238
說詩樂趣類編二十卷 …………………… 1－163
說詩樂趣類編二十卷 …………………… 1－163
說經二十六卷說莊三卷說騷一卷 ……… 1－9
說頤八卷 ………………………………… 1－78
說儲八卷 ………………………………… 1－79
說纂十集 ………………………………… 1－78
說教不分卷 ……………………………… 2－213
誦芬室叢刊二編二十二種三百九十
一卷 …………………………………… 2－560
誦芬堂詩草一卷 ………………………… 2－514

誦芬堂雜鈔不分卷 …………………… 2－231
誦芬詠烈編八十卷首二十五卷……… 2－491
誦芬詠烈編八十卷首二十五卷……… 2－491
誦芬詩畧三卷 ………………………… 2－351
敲蹻洞章二卷 ………………………… 2－197
塾課小題正鵠三集 …………………… 2－305
塾課試律八集 ………………………… 2－305
廣川書跋十卷 ……………………… 1－51
廣川書跋十卷 ……………………… 2－97
廣川書跋十卷 ……………………… 2－98
廣川書跋十卷 ……………………… 2－98
廣川書跋十卷 ……………………… 2－98
廣元遺山[好問]年譜二卷 ………… 1－336
廣元遺山[好問]年譜二卷 ………… 2－414
[乾隆]廣平府志二十四卷 ………… 1－37
[康熙]廣平縣志五卷 ……………… 1－36
[廣西西林]西林岑氏族譜十卷首一
卷 ……………………………………… 2－78
廣西官報 …………………………… 2－49
廣西省試辦宣統三年豫算分冊 ……… 2－26
廣西昭忠錄八卷首一卷 ……………… 1－348
廣西財政沿革利弊詳細説明書十三
卷首一卷 …………………………… 2－25
廣西財政沿革利弊詳細説明書十三
卷首一卷 …………………………… 2－25
[嘉慶]廣西通志二百七十九卷首一
卷 ……………………………………… 1－479
[嘉慶]廣西通志二百七十九卷首一
卷 ……………………………………… 1－479
廣西通志輯要十七卷首不分卷……… 1－403
廣西輿地全圖 ………………………… 1－393
廣西輿地全圖 ………………………… 1－394
廣列女傳二十卷 ……………………… 1－286
廣成子解一卷 ………………………… 2－137
廣州鄉賢傳四卷續二卷首一卷……… 1－330
廣志繹五卷 …………………………… 1－526
廣近思錄十四卷 ……………………… 2－151
廣近思錄十四卷 ……………………… 2－151
廣近思錄十四卷 ……………………… 2－151
[廣東中山]南關楊氏族譜十八卷 …… 2－78
[廣東中山]程氏族譜二十卷首一卷
…………………………………………… 2－87
廣東考古輯要四十六卷 ……………… 1－390
廣東考古輯要四十六卷 ……………… 1－390
廣東考古輯要四十六卷 ……………… 1－390
廣東官紙印刷局廠公文紀畧不分卷
…………………………………………… 2－265
廣東官紙印刷局廠試辦章程八章…… 2－265
廣東省出品協會出品説明書 ………… 2－26
廣東海圖說不分卷 …………………… 1－495
廣東海圖說不分卷 …………………… 1－495
[道光]廣東通志三百三十四卷首一
卷 ……………………………………… 1－399
[道光]廣東通志三百三十四卷首一
卷 ……………………………………… 1－399
[道光]廣東通志三百三十四卷首一
卷 ……………………………………… 1－400
廣東通省抽收釐金章程 ……………… 2－12
廣東鄉試同年齒錄(光緒二十三年
丁酉科)不分卷 ……………………… 2－92
廣東鄉試錄(光緒庚子恩正兩科)不
分卷 ………………………………… 2－91
廣東鄉試錄(光緒庚子恩正兩科)不
分卷 ………………………………… 2－91
廣東鄉試錄(光緒庚子恩正兩科)不
分卷 ………………………………… 2－91
廣東鄉試題名錄(光緒癸巳恩科)不
分卷 ………………………………… 2－92
[廣東開平]趙氏宗譜十卷 ………… 2－85
廣東詩粹十二卷 ……………………… 1－121
廣東新語二十八卷 …………………… 1－389
廣東新語二十八卷 …………………… 1－389
廣東新語二十八卷 …………………… 1－389
廣東圖二十三卷 ……………………… 1－529
廣東圖二十三卷 ……………………… 1－529
廣東圖說九十二卷首一卷 …………… 1－385
廣東圖說九十二卷首一卷 …………… 1－385
廣東圖說九十二卷首一卷 …………… 1－385
廣東輿地全圖不分卷 ………………… 1－530
廣事類賦四十卷 ……………………… 2－142
廣事類賦四十卷 ……………………… 2－142

廣金石韻府五卷 …………………………… 1－15
廣金石韻府五卷附玉篇字略一卷…… 1－252
廣治平畧三十六卷…………………… 1－540
廣治平畧三十六卷…………………… 1－541
廣治平畧三十六卷…………………… 1－541
廣治平畧三十六卷…………………… 1－541
廣治平畧三十六卷續廣治平畧八卷
…………………………………………… 1－540
廣治平畧三十六卷續廣治平畧八卷
…………………………………………… 1－541
[同治]廣信府志十二卷首一卷 …… 1－446
[同治]廣信府志十二卷首一卷 …… 1－446
廣益叢報不分卷……………………… 2－388
廣陵曲江復對一卷…………………… 2－338
廣陵事略七卷………………………… 1－392
廣陵通典十卷………………………… 1－522
廣陵通典十卷………………………… 1－522
廣陵通典十卷………………………… 1－522
廣陵通典十卷………………………… 1－522
廣陵通典十卷………………………… 1－522
廣陵通典十卷………………………… 1－522
廣陵通典十卷………………………… 1－523
廣陵詩事十卷………………………… 2－332
廣理學備考不分卷 ………………… 1－63
廣理學備攷不分卷…………………… 2－276
廣陽雜記五卷………………………… 2－245
廣博物志五十卷 …………………… 1－59
廣博物志五十卷……………………… 2－144
廣惠編二卷…………………………… 2－157
廣雁蕩山誌二十八卷首一卷末一卷
…………………………………………… 1－503
廣雁蕩山誌二十八卷首一卷末一卷
…………………………………………… 1－522
廣雅十卷 …………………………… 1－10
廣雅書院藏書目錄七卷 …………… 2－68
廣雅書院藏書目錄七卷 …………… 2－68
廣雅疏證十卷 ……………………… 1－14
廣雅疏證十卷博雅音十卷…………… 1－247
廣雅疏證十卷博雅音十卷…………… 1－247
廣雅疏證十卷博雅音十卷…………… 1－247
廣雅疏證十卷博雅音十卷…………… 1－247
廣雅疏證十卷博雅音十卷…………… 1－247
廣雅疏證十卷博雅音十卷…………… 1－247
廣雅碎金四卷附錄一卷……………… 2－353
廣雅碎金四卷附錄一卷……………… 2－353
廣虞初新志四十卷…………………… 2－218
廣會稽風俗賦不分卷………………… 1－392
廣福廟志一卷………………………… 1－521
廣經室文鈔一卷……………………… 2－507
廣廣事類賦三十二卷………………… 2－142
廣齊音不分卷………………………… 2－350
廣漢魏叢書八十種四百五十五卷…… 2－535
[光緒]廣德州志六十卷首一卷末一
卷……………………………………… 1－486
廣輿記二十四卷……………………… 1－383
廣輿記二十四卷……………………… 1－383
廣輿記二十四卷……………………… 1－383
廣輿記二十四卷……………………… 1－383
廣輿記二十四卷圖一卷 …………… 1－32
廣輿記二十四卷圖一卷 …………… 1－32
廣輿記二十四卷圖一卷 …………… 1－32
廣輿圖二卷 ………………………… 1－43
廣濟閔氏墓碣………………………… 1－115
[同治]廣濟縣志十六卷首一卷 …… 1－489
廣韻五卷 …………………………… 1－14
廣韻藻六卷 ………………………… 1－15
廣釋名二卷首一卷…………………… 1－249
廣續方言四卷………………………… 1－254
[乾隆]廣靈縣志十卷首一卷末一卷
…………………………………………… 1－406
[乾隆]廣靈縣志十卷首一卷末一卷
…………………………………………… 1－406
[乾隆]廣靈縣志十卷首一卷末一卷
…………………………………………… 1－407
[乾隆]廣靈縣志十卷首一卷末一卷
…………………………………………… 1－407
[乾隆]廣靈縣志十卷首一卷末一卷
…………………………………………… 1－407
[乾隆]廣靈縣志十卷首一卷末一卷
…………………………………………… 1－476
[光緒]廣靈縣補志十卷 …………… 1－406
[光緒]廣靈縣補志十卷 …………… 1－407

[光緒]廣靈縣補志十卷 …………… 1－407
[光緒]廣靈縣補志十卷 …………… 1－407
瘟疫條辨摘要不分卷………………… 2－174
塵海妙品十四卷……………………… 2－224
塵海妙品十四卷……………………… 2－224
塵海妙品十四卷……………………… 2－224
塵海妙品十四卷……………………… 2－224
[乾隆]彰德府志三十二卷首一卷 … 1－409
[乾隆]彰德府志三十二卷首一卷 … 1－409
[同治]韶州府志四十卷首一卷 …… 1－441
[同治]韶州府志四十卷首一卷 …… 1－441
端敏公函牘二卷……………………… 2－299
端敏遺書四種四卷…………………… 2－500
端虛勉一居文集三卷………………… 2－505
端虛勉一居文集三卷初月樓論書隨
筆一卷古文緒論一卷……………… 2－505
端溪硯史三卷………………………… 2－100
端溪硯史三卷………………………… 2－100
端溪硯志三卷首一卷 ……………… 1－51
適可齋記言四卷 …………………… 2－24
適可齋記言四卷記行六卷…………… 2－376
適軒尺牘八卷………………………… 2－302
適園叢稿十四卷十二卷……………… 2－575
適齋居士集四卷……………………… 2－349
齊山巖洞志二十六卷首一卷………… 1－503
齊太史移居倡訓集四卷首一卷末一
卷………………………………………… 2－367
齊民要術十卷………………………… 2－169
齊民要術十卷雜說一卷……………… 2－168
齊民要術十卷雜說一卷……………… 2－169
齊民要術十卷雜說一卷……………… 2－169
齊東野語二十卷 …………………… 1－46
[雍正]齊河縣志十卷首一卷 ……… 1－439
齊省堂增訂儒林外史五十六回……… 2－237
齊莊中正堂集………………………… 2－492
[至元]齊乘六卷附釋音一卷攷證六
卷………………………………………… 1－401
[至元]齊乘六卷附釋音一卷攷證六
卷………………………………………… 1－401
[至元]齊乘六卷附釋音一卷攷證六
卷………………………………………… 1－401
齊陳氏侯韶舞罍通釋二卷…………… 1－223
養一齋文集二十六卷………………… 2－468
養一齋文集二十六卷養翕齋詩話十
卷養一齋詞三卷養一齋劄記九卷
……………………………………………… 2－468
養一齋文集二十卷…………………… 2－469
養一齋文集二十卷…………………… 2－483
養一齋文集二十卷文集補遺一卷文
集續編六卷詩集八卷……………… 1－162
養一齋文集二十卷李養一先生詩集
四卷賦一卷詩餘一卷……………… 2－454
養一齋文集二十卷詩集四卷詩餘一
卷………………………………………… 2－483
養一齋四書文不分卷………………… 1－218
養一齋劄記九卷……………………… 2－235
養一齋集二十六卷首一卷…………… 2－468
養一齋詞三卷………………………… 2－524
養一齋詩文集二十六卷……………… 2－474
養一齋詩文集二十六卷……………… 2－474
養一齋詩文集二十六卷……………… 2－474
養一齋詩話十卷李杜詩話三卷……… 2－517
養正草不分卷………………………… 2－305
養正書屋全集定本四十卷目録四卷
……………………………………………… 2－450
養正書屋全集定本四十卷目錄四卷
……………………………………………… 2－326
養正圖解不分卷 …………………… 1－26
養正遺規摘鈔一卷…………………… 2－540
養正編二卷…………………………… 1－224
養吉齋叢錄二十六卷餘錄十卷……… 1－551
養吉齋叢錄二十六卷餘錄十卷……… 2－223
養吉齋叢錄二十六卷餘錄十卷……… 2－223
養志居僅存稿十八卷首一卷………… 2－467
養志居僅存稿十八卷首一卷………… 2－467
養志居僅存稿十八卷首一卷………… 2－477
養志居僅存稿十八卷首一卷………… 2－477
養拙齋詩十四卷……………………… 2－437
養拙齋詩十四卷桂隱詩存一卷……… 2－366
養知書屋文集二十八卷……………… 2－468
養知書屋文集二十八卷……………… 2－468

養知書屋文集二十八卷詩集十五卷 …… 2－468
養知書屋文集二十八卷詩集十五卷奏疏十二卷 …… 2－498
養知書屋詩集十五卷文集二十八卷 …… 2－573
養素堂文集三十五卷首一卷 …… 2－440
養素堂文集三十五卷首一卷 …… 2－440
養素堂文集三十五卷首一卷 …… 2－480
養素堂文集三十五卷首一卷 …… 2－480
養素園詩四卷 …… 2－337
養晦堂文集十卷詩集二卷 …… 2－479
養晦堂文集十卷詩集二卷 …… 2－479
養晦堂集七種三十七卷 …… 2－575
養晦堂集七種三十七卷 …… 2－575
養晦堂詩集二卷 …… 2－363
養雲山莊遺稿三種十一卷 …… 1－506
養蒙金鑑二卷 …… 2－154
養蒙針度五卷首一卷 …… 2－306
養新餘錄三卷 …… 2－468
養新餘錄三卷 …… 2－468
養新餘錄三卷 …… 2－468
養新餘錄三卷 …… 2－469
養源山房詩鈔七卷詩餘一卷 …… 2－368
養餘齋初集四卷二集四卷三集六卷 …… 2－368
養默山房詩藁三十一卷 …… 2－339
養默山房詩韻六卷 …… 1－256
養靈根堂遺集一卷 …… 2－511
精言類纂不分卷 …… 2－388
精刻古今女史十二卷詩集八卷姓氏字里詳節一卷 …… 1－88
精訂綱鑑廿四史通俗衍義六卷四十四回 …… 2－238
精訂綱鑑廿四史通俗衍義六卷四十四回 …… 2－238
精訂綱鑑廿四史通俗演義六卷四十四回 …… 2－238
精校古文析義合編 …… 2－287
精選名儒草堂詩餘三卷 …… 2－526
精選長曆不分卷 …… 2－184
精選黃眉故事十卷 …… 1－57
精選詩林廣記四卷 …… 1－114
鄭小谷先生全集六種四十七卷 …… 2－574
鄭小谷先生全集六種四十三卷 …… 2－572
鄭子尹遺書五種二十五卷 …… 2－573
鄭氏佚書二十三種七十九卷 …… 2－392
鄭氏佚書二十三種七十九卷 …… 2－392
鄭氏佚書二十三種七十九卷 …… 2－392
鄭氏佚書二十四卷 …… 1－172
鄭氏周易三卷 …… 1－178
鄭氏周易三卷 …… 1－184
鄭氏周易三卷 …… 1－184
鄭氏詩譜攷正一卷 …… 1－194
鄭氏詩譜攷正一卷 …… 1－194
鄭氏遺書五種九卷 …… 2－575
鄭司農[玄]年譜一卷 …… 1－339
鄭志三卷 …… 1－1
鄭志三卷 …… 1－8
鄭志三卷 …… 1－213
鄭志三卷附錄一卷 …… 2－532
鄭志三卷補遺一卷 …… 1－221
鄭沅殿試策不分卷 …… 2－296
鄭沅殿試策不分卷 …… 2－296
鄭板橋集 …… 2－435
鄭端簡公古言二卷今言四卷 …… 1－146
鄭學彙函九種三十一卷 …… 1－172
鄭學錄四卷 …… 1－329
鄭齋芻論不分卷 …… 2－257
鄭齋芻論不分卷 …… 2－257
鄭齋漢學文編六卷 …… 2－471
鄭齋漢學文編六卷 …… 2－471
歉夫詩文稿四卷時體詩七卷冊子四卷 …… 1－158
榮文忠公集四卷 …… 2－455
[道光]榮成縣志十卷 …… 1－490
[光緒]榮昌縣志二十二卷 …… 1－472
漢口紫陽書院志略八卷首一卷 …… 1－526
漢小黃門譙君碑 …… 2－194
漢中士女志一卷梓潼士女志一卷西州後賢志一卷 …… 1－348
漢文教授法十二卷 …… 2－260

漢石例六卷 …………………………… 2－98
漢石例六卷 …………………………… 2－98
漢史億二卷 …………………………… 1－55
漢史億二卷…………………………… 1－266
漢地理志詳釋四卷…………………… 1－402
漢西域圖考七卷……………………… 1－384
漢西域圖考七卷首一卷……………… 1－384
漢西域圖考七卷首一卷……………… 1－384
漢名臣言行錄十二卷 ……………… 1－29
[嘉慶]漢州志四十卷首一卷末一卷
…………………………………… 1－427
[嘉慶]漢州志四十卷首一卷末一卷
…………………………………… 1－490
[嘉慶]漢州志四十卷首一卷末一卷
…………………………………… 1－490
漢志水道疏證四卷…………………… 1－292
漢武帝內傳一卷……………………… 1－297
漢武帝內傳一卷……………………… 1－297
漢官一卷……………………………… 1－560
漢官典職儀式選用一卷……………… 2－2
漢官解詁一卷………………………… 1－560
漢官儀二卷…………………………… 2－2
漢官儀三卷…………………………… 2－2
漢官儀三卷…………………………… 2－2
漢南遊草一卷………………………… 1－402
漢律考不分卷 ……………………… 2－19
漢音拘沈一卷敍例一卷附記一卷鄭
許字義異同評二卷駁春秋名字解
詁一卷雅學攷一卷………………… 1－229
漢晉賦鈔不分卷……………………… 2－375
漢唐秘史二卷 ……………………… 1－27
漢書一百卷 ………………………… 1－17
漢書一百卷 ………………………… 1－17
漢書一百卷 ………………………… 1－18
漢書一百卷…………………………… 1－259
漢書一百卷…………………………… 1－262
漢書引經異文錄證六卷附目錄一卷
…………………………………… 1－266
漢書引經異文錄證六卷附目錄一卷
…………………………………… 1－266
漢書地理志二卷……………………… 1－392
漢書地理志水道圖說七卷 ………… 1－40
漢書地理志水道圖說七卷…………… 1－516
漢書地理志校本二卷………………… 1－392
漢書地理志校註二卷………………… 1－291
漢書西域傳補注二卷………………… 1－505
漢書西域傳補注二卷………………… 1－505
漢書注校補五十六卷………………… 1－262
漢書注校補五十六卷………………… 1－262
漢書注校補五十六卷………………… 1－288
漢書注校補五十六卷………………… 1－288
漢書注校補五十六卷………………… 1－288
漢書注校補五十六卷附後漢書注補
正八卷三國志注證遺四卷五代史
記纂誤補續不分卷………………… 1－262
漢書注校補五十六卷附後漢書注補
正八卷三國志注證遺四卷五代史
記纂誤補續不分卷………………… 1－262
漢書鈔九十三卷 …………………… 1－53
漢書評林一百卷 …………………… 1－18
漢書評林一百卷……………………… 1－264
漢書評林一百卷……………………… 2－108
漢書補注一百卷首一卷……………… 1－264
漢書補注一百卷首一卷……………… 1－264
漢書補注一百卷首一卷……………… 1－265
漢書疏證三十六卷後漢書疏證三十
六卷……………………………… 1－265
漢書管見四卷………………………… 1－292
漢書辨疑二十二卷…………………… 2－117
漢書辨疑二十二卷…………………… 2－117
漢雋十卷 …………………………… 1－11
漢雋十卷……………………………… 1－259
漢雋十卷……………………………… 2－104
漢詔令九卷 ………………………… 1－30
漢鼓吹鐃歌十八曲集解一卷………… 2－525
漢鼓吹鐃歌曲句解一卷……………… 2－511
漢碑範八卷…………………………… 2－194
漢碑範八卷…………………………… 2－195
漢詩統箋三卷………………………… 2－350
漢詩統箋三卷………………………… 2－350
漢溪書法通解八卷…………………… 2－193
漢溪書法通解八卷…………………… 2－193

漢漢壽亭侯關神武世家一卷………… 1－336
漢儀一卷……………………………………… 2－2
漢劉中壘集不分卷…………………… 2－393
漢學堂叢書二百九十三種三百一卷
……………………………………… 2－559
漢學諧聲二十四卷附說文補攷一卷
……………………………………… 1－254
漢學諧聲二十四卷附說文補攷一卷
又攷一卷…………………………… 1－254
漢舊儀二卷補遺二卷………………… 1－560
漢隸分韻七卷………………………… 1－255
漢隸字源五卷碑目一卷附字一卷 …… 1－13
漢隸源流統畧歌不分卷 …………… 1－13
漢隸辨體四卷………………………… 1－246
漢魏二十一家易注三十三卷………… 1－178
漢魏二十一家易注三十三卷………… 1－178
漢魏二十一家易注三十三卷………… 1－178
漢魏六朝一百三家集一百十八卷 …… 1－87
漢魏六朝一百三家集一百十八卷 …… 1－87
漢魏六朝一百三家集一百十八卷…… 1－126
漢魏六朝一百三家集一百十八卷…… 1－126
漢魏六朝女子文選二卷……………… 2－285
漢魏六朝正史文選二十四卷 ………… 1－91
漢魏六朝百三家集一百三種………… 2－276
漢魏六朝百三家集一百三種………… 2－276
漢魏六朝名家集初刻四十種一七八
卷…………………………………… 2－392
漢魏六朝墓銘纂例四卷 …………… 2－98
漢魏名文乘不分卷…………………… 1－126
漢魏音四卷…………………………… 1－245
漢魏音四卷…………………………… 2－443
漢魏詩乘二十卷附吳詩一卷總錄一
卷…………………………………… 1－108
漢魏詩乘二十卷附吳詩一卷總錄一
卷…………………………………… 1－108
漢魏遺書鈔一百六種一百十四卷…… 1－176
漢魏叢書八十六種…………………… 1－346
漢魏叢書三十五種二百八卷………… 1－167
漢禮器制度一卷……………………… 2－1
漢雜事秘辛不分卷…………………… 2－252
漢關侯事蹟彙編八卷………………… 1－336
漢鐃歌釋文箋正一卷………………… 2－328
漢鐃歌釋文箋正一卷………………… 2－328
滿洲財力論不分卷…………………… 2－260
滿漢四書不分卷……………………… 1－219
滿漢合璧四經四十八卷……………… 1－1
滿漢名臣傳八十卷…………………… 1－315
漆園卮言十七卷……………………… 1－143
漸西村人初集十三卷附錄一卷……… 2－344
漸西村人初集十三卷附錄一卷……… 2－344
漸西村人詩十三卷…………………… 2－354
漸學叢書四十五卷…………………… 2－178
漸學廬叢書第一集十五種四十五卷
……………………………………… 2－539
漸學廬叢書第一集十五種四十五卷
……………………………………… 2－539
漕運則例纂二十卷 ………………… 2－23
漱六山房全集十一卷………………… 2－459
漱六山房全集十一卷………………… 2－459
漱玉詞一卷…………………………… 2－523
漱玉詞一卷…………………………… 2－525
漱玉詞一卷…………………………… 2－526
漱芳居詩鈔三十二卷歙遊草一卷黄
遊草一卷白遊草一卷……………… 1－117
漱芳軒合纂四書體註十九卷………… 1－217
漱芳軒合纂禮記體註四卷…………… 1－202
滹南遺老王先生文集四十五卷續編
詩一卷……………………………… 2－415
漁古軒詩韻五卷……………………… 2－328
漁石集四卷…………………………… 2－423
漁邨記二卷…………………………… 2－531
漁舟記談二卷………………………… 2－229
漁洋山人[王士禛]年譜一卷 ……… 1－149
漁洋山人[王士禛]年譜一卷 ……… 1－149
漁洋山人[王士禛]年譜一卷 ……… 1－149
漁洋山人文略十四卷………………… 1－169
漁洋山人古詩選三十二卷…………… 2－324
漁洋山人古詩選三十二卷…………… 2－324
漁洋山人自撰年譜二卷……………… 1－149
漁洋山人自撰年譜二卷……………… 1－344
漁洋山人自撰年譜二卷附錄不分卷
……………………………………… 1－343

漁洋山人秋柳詩箋一卷………………… 2－370
漁洋山人詩問二卷附然燈記聞律詩
定體一卷……………………………… 1－163
漁洋山人詩集二十二卷………………… 2－311
漁洋山人詩集二十二卷………………… 2－311
漁洋山人詩集續集十六卷……………… 2－311
漁洋山人精華録箋注十二卷補一卷
……………………………………… 2－430
漁洋山人精華録箋注十二卷補一卷
……………………………………… 2－430
漁洋山人精華録箋注十二卷補一卷
……………………………………… 2－430
漁洋山人精華錄十卷…………………… 1－150
漁洋山人精華錄十卷…………………… 1－150
漁洋山人精華錄十卷…………………… 1－150
漁洋山人精華錄十卷…………………… 1－150
漁洋山人精華錄訓纂十卷訓纂補十
卷目錄二卷附錄一卷………………… 1－149
漁洋山人精華錄訓纂十卷總目二卷
……………………………………… 2－334
漁洋山人精華錄訓纂十卷總目二卷
……………………………………… 2－334
漁洋山人精華錄訓纂十卷總目二卷
金氏精華錄箋註辯訛一卷漁洋山
人自撰年譜二卷……………………… 2－334
漁洋山人精華錄訓纂十卷總目二卷
訓纂補十卷漁洋山人自撰年譜二
卷金氏精華錄箋註辯訛一卷……… 2－430
漁洋山人精華錄會心偶筆六卷……… 1－118
漁洋山人精華錄箋注十二卷補注一
卷附錄一卷…………………………… 1－149
漁洋山人精華錄箋注十二卷補注一
卷附錄一卷…………………………… 1－149
漁洋山人精華錄箋注十二卷補注一
卷附錄一卷…………………………… 1－149
漁洋詩話三卷…………………………… 2－516
漁洋詩話三卷…………………………… 2－516
漁洋詩話三卷…………………………… 2－516
漁洋說部精華十二卷………………… 2－144
漁洋說部精華十二卷………………… 2－144
漁庵詩選二卷…………………………… 1－113
漁隱叢話後集四十卷………………… 2－519
漁隱叢話前集六十卷後集四十卷…… 1－122
漁隱叢話前集六十卷後集四十卷…… 1－162
漁隱叢話前集六十卷後集四十卷…… 1－162
漁隱叢話前集六十卷後集四十卷…… 1－162
漁隱叢話前集六十卷後集四十卷…… 1－162
漁磯漫鈔十卷…………………………… 2－381
漁磯漫鈔十卷…………………………… 2－381
漁獵捷徑不分卷………………………… 2－388
漪香山館文集不分卷………………… 2－462
漪香山館文集不分卷………………… 2－462
漪香山館文集不分卷………………… 2－462
漳州府義倉章程不分卷 ………………… 2－17
漳浦黄先生[道周]年譜二卷 ……… 2－419
漳浦黄先生[道周]年譜二卷 ……… 2－419
演算法捷訣八種九卷………………… 2－561
滬城備考六卷…………………………… 2－234
滬城備考六卷…………………………… 2－234
滬游雜記四卷…………………………… 1－508
滬寧鐵路英商借款條議不分卷 ……… 2－33
賓退録十卷 ……………………………… 1－75
[康熙]寧化縣志七卷 ……………… 1－444
[康熙]寧化縣志七卷 ……………… 1－444
[康熙]寧化縣志七卷 ……………… 1－444
寧古塔紀略不分卷…………………… 1－381
[雍正]寧波府志三十六卷首一卷 … 1－465
[光緒]寧津縣志十二卷首一卷 …… 1－478
[光緒]寧津縣志十二卷首一卷 …… 1－478
寧都三魏全集八十三卷首一卷……… 2－472
寧都三魏全集八十三卷首一卷……… 2－472
寧都三魏全集八十三卷首一卷……… 2－472
寧都三魏全集八十三卷首一卷……… 2－472
寧都三魏全集八十三卷首一卷……… 2－473
[康熙]寧晉縣志十卷 ………………… 1－37
[光緒]寧海縣志二十四卷首一卷 … 1－483
[康熙]寧陵縣志十二卷首一卷 …… 1－482
[光緒]寧陽縣鄉土志一卷 ………… 1－487
寧陽雜存二卷…………………………… 2－231
[康熙]寧鄉縣志十卷首一卷 ………… 1－38
賔退錄十卷……………………………… 2－217
賔退錄十卷……………………………… 2－217

寥天一閣文二卷 …………………… 2－499
實政錄七卷 …………………… 1－546
實政錄七卷 …………………… 1－546
實政錄七卷 …………………… 1－546
實政錄七卷 …………………… 1－546
實學文導二卷 …………………… 2－297
［道光］肇慶府志二十二卷首一卷 … 1－439
盡言集十三卷 …………………… 1－375
盡言集十三卷 …………………… 1－375
盡言集十三卷 …………………… 1－378
暨陽答問錄四卷 …………………… 2－160
隨五草十卷 …………………… 2－379
隨安廬詩集七卷附二卷 …………………… 2－366
隨村先生遺集六卷 …………………… 1－110
隨使隨筆不分卷 …………………… 1－512
隨俟書屋詩集十一卷 …………………… 2－322
隨軒金石文字九種不分卷 …………… 1－52
隨息居飲食譜一卷 …………………… 2－196
隨軺筆記四種四卷 …………………… 1－505
隨園三十八種二百七十六卷 ………… 2－575
隨園三十八種二百七十六卷 ………… 2－575
隨園三十種 …………………… 2－462
隨園女弟子詩選六卷 …………………… 2－330
隨園詩草八卷禪家公案頌一卷 ……… 1－119
隨園詩集四十二卷 …………………… 1－114
隨園詩話十六卷補遺十卷 …………… 2－516
隨園詩話十六卷補遺十卷 …………… 2－516
隨園瑣記二卷 …………………… 2－377
隨園瑣記二卷 …………………… 2－377
隨園隨筆二十八卷 …………………… 2－448
隨園隨筆二十八卷 …………………… 2－450
隨園駢體文註十六卷 …………………… 2－291
隨輦集十卷續集一卷 …………………… 2－505
隨盦徐氏叢書十種五十二卷 ………… 2－551
隨盦徐氏叢書十種五十二卷 ………… 2－551
隨盦徐氏叢書二十種九十三卷 ……… 2－551
隨盦徐氏叢書二十種九十三卷 ……… 2－551
隨盦徐氏叢書二十種九十三卷 ……… 2－551
熊峯先生詩集四卷文集二卷 ………… 1－144
熊魚山文集二卷 …………………… 2－428
熊鍾陵無何集十四卷 …………………… 2－145
熊襄愍公書牘四卷 …………………… 2－297
熊襄愍公書牘四卷 …………………… 2－297
熊襄愍公書牘四卷 …………………… 2－298
熊襄愍公書牘四卷 …………………… 2－298
熊襄愍公書牘四卷 …………………… 2－298
熊襄愍公集十卷末一卷 …………………… 2－422
熊襄愍公集十卷末一卷 …………………… 2－422
熊襄愍公集十卷首一卷末一卷 ……… 2－422
［乾隆］鄧州志二十四卷首一卷末一
卷 …………………… 1－479
鄧析子不分卷 …………………… 2－134
鄧忠武公榮哀錄不分卷 …………………… 1－348
翠花記二卷三十二回 …………………… 2－251
翠岩偶集三卷 …………………… 2－389
翠琅玕館叢書四集五十一種一百三
十七卷 …………………… 2－549
翠微山房吟稿一卷詩稿八卷 ………… 2－343
翠微南征錄十卷首一卷 …………………… 2－406
翠微亭題名攷一卷 …………………… 1－325
翠薇花館詞三十四卷 …………………… 2－524
翠螺閣詩稾四卷詞稾一卷 …………… 2－329
翠螺閣詩稾四卷詞稾一卷 …………… 2－329
翠巖雜稿三卷 …………………… 2－384
綺窗吟草一卷 …………………… 2－341
綺霞江館聯語偶存不分卷續存不分
卷 …………………… 2－383
綱鑑正史約三十六卷附記 …………… 1－268
綱鑑正史約三十六卷附記 …………… 1－268
綱鑑易知錄九十二卷 …………………… 1－270
綱鑑會編九十八卷首一卷歷代統系
表略三卷歷代郡國考畧三卷歷代
官制考畧二卷 …………………… 1－17
綱鑑會纂三十九卷首一卷綱鑑會通
明紀十五卷 …………………… 1－273
綱鑑擇言十卷 …………………… 2－104
綱鑑總論不分卷 …………………… 1－274
維周詩鈔十六卷 …………………… 2－342
維摩詰所說經(不可思議解脫經)三
卷 …………………… 2－200
維摩詰所說經註十卷 …………………… 1－70
維摩詰所說經註八卷 …………………… 2－200

維摩經玄疏六卷 …………………… 2－202
綿上四山人詩集十卷 ………………… 1－108
[光緒]綿竹縣鄉土志不分卷 ……… 1－424
綿津山人詩集二十七卷 ……………… 2－320
綿津山人詩集二十九卷附楓香詞一卷漫堂說詩一卷筠廊偶筆二卷筠廊二筆二卷怪石贊一卷漫堂墨品一卷 ……………………………… 1－111
綠天蘭臯集八卷 …………………… 2－342
綠杉野屋詩集四卷 ………………… 2－344
綠陰山館吟稿二卷 ………………… 2－370
綠雪堂遺集二十卷 ………………… 2－429
綠雪堂遺集二十卷 ………………… 2－510
綠野仙蹤八十回 …………………… 2－248
綠野齋文集四卷 …………………… 2－500
綠野齋文集四卷 …………………… 2－509
綠雲山房詩草二卷首一卷終一卷 …… 2－347
綠雲堂詩集五卷附塞外封藩草一卷 ……………………………………… 1－116
綠雲館吟草不分卷賦鈔不分卷 ……… 2－491
綠筠軒詩集十二卷 ………………… 1－119
綠溪全集五種九卷 ………………… 2－465
綠漪草堂文集三十卷外集二卷詩集二十卷首一卷研華館詞三卷 ……… 2－491
綠漪草堂文集三十卷首一卷別集二卷外集二卷詩集二十卷首一卷研華館詞三卷首一卷 ………………… 2－512
綠蕉館詩鈔四卷 …………………… 2－335
綠蘿山莊文集二十四卷詩集三十三卷 …………………………………… 1－160
綠蘿書屋遺集四卷附錄一卷 ………… 2－514

十五畫

慧山記四卷首一卷 ………………… 1－499
慧山記四卷首一卷 ………………… 1－499
慧山記四卷首一卷 ………………… 1－499
慧山記四卷首一卷 ………………… 1－499
慧山記四卷首一卷 ………………… 1－500
慧山記四卷首一卷 ………………… 1－500
慧山記四卷首一卷 ………………… 1－500
慧山記四卷首一卷 ………………… 1－500
慧山記四卷首一卷 ………………… 1－500
慧山記續編三卷首一卷 …………… 1－499
慧山記續編三卷首一卷 …………… 1－499
慧山記續編三卷首一卷 …………… 1－499
慧山記續編三卷首一卷 …………… 1－499
慧山記續編三卷首一卷 …………… 1－500
慧山記續編三卷首一卷 …………… 1－500
慧山記續編三卷首一卷 …………… 1－500
慧山記續編三卷首一卷 …………… 1－500
慧日永明智覺壽禪師山居詩一卷 …… 2－202
慧文閣詩集二卷 …………………… 2－336
慧因寺志十二卷附錄一卷 ………… 1－525
慧因寺志十二卷附錄一卷 ………… 1－525
慧命經不分卷 ……………………… 2－208
璜川吳氏經學叢書十五種八十五卷 ……………………………………… 2－563
璊琈山房詩稿四卷 ………………… 2－361
駐粵八旗志二十四卷首一卷 ……… 2－21
熱學圖說二卷 ……………………… 2－270
增批輯註東萊博議四卷附註釋 ……… 2－404
增刪卜易六卷 ……………………… 2－210
增刪佐雜須知四卷 ………………… 1－553
增刪演算法統宗十二卷附雜法 ……… 2－177
增刪演算法統宗十二卷附雜法 ……… 2－177
增刪演算法統宗十二卷附雜法 ……… 2－185
增附出身教職酌定保薦限制條例不分卷 …………………………………… 2－1
增刻桑蠶須知不分卷 ……………… 2－170
增注繪圖官場現形記五編六十卷 …… 2－246
增注繪圖官場現形記五編六十卷 …… 2－246
增定四書析疑大全二十三卷 ……… 1－220
增定國朝館課經世宏辭十五卷 ……… 1－94
增定國朝館課經世宏辭十五卷 ……… 1－94
[光緒]增修甘泉縣志二十四卷首一卷圖一卷 …………………………… 1－445
[光緒]增修甘泉縣志二十四卷首一卷圖一卷 …………………………… 1－445
[光緒]增修甘泉縣志二十四卷首一卷圖一卷 …………………………… 1－445
[光緒]增修甘泉縣志二十四卷首一

卷圖一卷…………………………… 1－445
［同治］增修酉陽直隸州總志二十二
卷首一卷末一卷…………………… 1－399
增修東萊書說三十五卷首一卷……… 1－187
［同治］增修萬縣志三十六卷首一卷
………………………………………… 1－410
［同治］增修萬縣志三十六卷首一卷
………………………………………… 1－410
增修雲林寺志八卷…………………… 1－525
增修雲林寺志八卷…………………… 1－525
［光緒］增修登州府志六十九卷 …… 1－436
增修籌餉事例條款一卷籌餉事例一
卷增修現行常例一卷 ……………… 2－63
增修籌餉事例條款一卷籌餉事例一
卷增修現行常例一卷 ……………… 2－64
增修籌餉事例條款一卷籌餉事例一
卷增修現行常例一卷 ……………… 2－64
增修籌餉事例條款一卷籌餉事例一
卷增修現行常例一卷 ……………… 2－64
增修籌餉事例條款一卷籌餉事例一
卷增修現行常例一卷 ……………… 2－64
［光緒］增修灌縣志十四卷首一卷 … 1－412
［光緒］增修灌縣志十四卷首一卷 … 1－412
［光緒］增修灌縣志十四卷首一卷 … 1－412
增訂一夕話新集六卷………………… 2－231
增訂一夕話新集六卷………………… 2－232
增訂二三場羣書備考四卷 ………… 1－77
增訂二三場羣書備考四卷 ………… 1－77
增訂二三場羣書備考四卷 ………… 1－77
增訂易經存疑的藁十二卷…………… 1－2
增訂金壺字考一卷附古體假借字一
卷………………………………………… 1－247
增訂金壺字考十九卷 ……………… 1－11
增訂金壺字考十九卷………………… 1－245
增訂春秋世族源流圖考六卷 ……… 2－78
增訂格物入門七卷…………………… 2－271
增訂徐文定公集六卷首二卷………… 2－426
增訂徐文定公集六卷首二卷………… 2－426
增訂教案彙編六卷首一卷…………… 1－559
增訂敬信録四卷……………………… 2－175
增訂敬信錄四卷……………………… 2－176
增訂敬信錄四卷……………………… 2－176
增訂等韻便讀不分卷………………… 1－256
增訂策學考古類編十二卷…………… 2－262
增訂馮夔颺稿不分卷………………… 2－498
增訂廣日記故事詳註二卷…………… 2－157
增訂精忠演義說本全傳二十卷八十
回 ……………………………………… 1－83
增訂漢魏叢書 ……………………… 1－25
增訂漢魏叢書………………………… 1－288
增訂漢魏叢書………………………… 2－196
增訂漢魏叢書九十七種四百六十八
卷……………………………………… 2－535
增訂漢魏叢書九十七種四百六十八
卷……………………………………… 2－535
增訂漢魏叢書九十七種四百六十八
卷……………………………………… 2－535
增訂漢魏叢書九十七種四百六十八
卷……………………………………… 2－535
增訂漢魏叢書九十七種四百六十八
卷……………………………………… 2－535
增訂漢魏叢書九十七種四百六十八
卷……………………………………… 2－535
增訂漢魏叢書九十七種四百六十八
卷……………………………………… 2－535
增訂漢魏叢書九十七種四百六十八
卷……………………………………… 2－535
增訂漢魏叢書九十七種四百六十八
卷……………………………………… 2－536
增訂願體集四卷首一卷……………… 2－160
增訂釋義經書便用通攷雜字二卷…… 2－234
增評加批歷史綱鑑補三十九卷首一
卷……………………………………… 1－269
增評寄嶽雲齋試體詩選四卷………… 2－353
增評補像全圖金玉緣一百二十回首
一卷…………………………………… 2－237
增評補圖石頭記一百二十卷首一卷
……………………………………… 2－246
增評補圖石頭記一百二十卷首一卷
……………………………………… 2－246
增評補圖石頭記一百二十卷首一卷
……………………………………… 2－246

增註四書人物類典串珠四十卷……… 1－216
增註字詁義府合按二種四卷………… 1－249
增補一夕話六卷……………………… 2－232
增補四書精繡圖像人物備考十二卷
…………………………………… 1－216
增補地理直指原真三卷首一卷……… 2－198
增補名法指掌四卷附讀法圖存………… 2－7
增補東洋史要四卷補四卷…………… 2－126
增補事類統編九十三卷首一卷……… 2－139
增補事類統編九十三卷首一卷……… 2－140
增補事類統編九十三卷首一卷……… 2－144
增補奇門遁甲全書一卷 ……………… 1－65
增補重訂千家詩註解二卷…………… 2－372
增補都門紀略不分卷………………… 1－520
增補清史攬要八卷…………………… 1－305
增補萬寶元龍通考雜字二卷外一卷
…………………………………… 1－246
增補萬寶全書二十卷………………… 2－145
增補萬寶全書二十卷………………… 2－145
增補註釋白眉故事六卷……………… 1－123
增補齊省堂儒林外史六十回………… 2－237
增補諏吉寶鏡圖不分卷八門九星陰
陽二遁附滚盤珠…………………… 2－198
增補蘇批孟子二卷…………………… 1－216
增補釋義經書便用通考雜字二卷釋
義經書四民便用雜字通考全書一
卷………………………………… 2－151
增像全圖三國演義六十卷一百二十
回………………………………… 2－236
增像全圖三國演義六十卷一百二十
回………………………………… 2－236
增像全圖三國演義六十卷一百二十
回………………………………… 2－236
增像校正全圖天雨花三十回………… 2－244
增廣古今人物論三十六卷…………… 1－315
增廣古今人物論三十六卷續編十二
卷………………………………… 1－315
增廣古今人物論三十六卷續編十二
卷………………………………… 1－315
增廣字學舉隅四卷…………………… 1－231
增廣尚友錄統編二十二卷 …………… 2－89
增廣尚友錄統編二十二卷 …………… 2－89
增廣智囊補二十八卷………………… 2－231
增廣詩韻全璧五卷附初學檢韻總目
一卷……………………………… 2－326
[光緒]增續汧陽縣志二卷 ………… 1－482
[同治]增續長垣縣志二卷 ………… 1－466
穀梁申義一卷………………………… 1－212
穀梁探勝不分卷……………………… 1－212
蕙櫋雜記一卷………………………… 2－232
蕺山先生人譜一卷人譜類記二卷 …… 1－61
邁堂文畧四卷………………………… 2－475
蕉雨山房集唐酌存四卷集句附編一
卷………………………………… 2－371
蕉軒摭錄十二卷……………………… 2－378
蕉軒隨錄十二卷……………………… 2－440
蕉軒隨錄十二卷……………………… 2－440
蕉畦存稿不分卷……………………… 1－158
蕉窗十則賦不分卷…………………… 2－333
蕉窗日記二卷………………………… 2－234
蕉窗囈語續集不分卷………………… 2－314
蕩平髮逆圖記二十二卷首一卷……… 1－301
蕩平髮逆圖記二十二卷首一卷……… 1－301
蕩平髮逆圖記二十二卷首一卷……… 2－163
樞垣記略二十八卷…………………… 2－439
樞垣記略二十八卷…………………… 2－439
樞垣記略二十八卷…………………… 2－439
樞垣題名四卷………………………… 1－349
樞垣題名四卷………………………… 1－349
樗林偶筆二卷續筆二卷閒筆一卷 …… 1－78
樗壽山房輯稿六卷…………………… 2－496
樗壽山房輯藁六卷…………………… 1－159
樗寮詩話三卷………………………… 2－519
樗繭譜一卷…………………………… 2－171
樓山堂集二十七卷…………………… 2－425
樓山詩集六卷………………………… 2－574
樓邨詩集二十五卷…………………… 1－108
樓邨詩集二十五卷…………………… 1－111
樓船日記二卷………………………… 1－514
樊山政書二十卷……………………… 1－546
樊山政書二十卷……………………… 1－546
樊山政書二十卷……………………… 1－546

樊山政書二十卷……………………… 1－546
樊山政書二十卷……………………… 1－546
樊山政書二十卷……………………… 1－549
樊山集二十四卷續集二十八卷……… 2－440
樊山集二十四卷續集二十八卷……… 2－440
樊川文集二十卷外集一卷别集一卷
……………………………………… 2－393
樊川文集二十卷外集一卷别集一卷
……………………………………… 2－393
樊川詩集四卷補遺一卷外集一卷别
集一卷……………………………… 2－332
樊南文集補編十二卷附錄一卷……… 2－403
樊南文集補編十二卷首一卷附錄一
卷…………………………………… 2－397
樊南文集補編十二卷首一卷附錄一
卷…………………………………… 2－397
樊南文集補編十二卷首一卷附錄一
卷…………………………………… 2－397
樊南文集詳註八卷…………………… 2－395
樊南文集詳註八卷…………………… 2－395
樊南文集詳註八卷…………………… 2－396
樊榭山房集十卷續集十卷文集八卷
集外詩三卷集外詞四卷集外文一
卷…………………………………… 2－430
樊榭山房集十卷續集十卷文集八卷
集外詩三卷集外詞四卷集外文一
卷…………………………………… 2－430
樊榭山房集十卷續集十卷文集八卷
集外詩三卷集外詞四卷集外文一
卷…………………………………… 2－430
樊榭山房集十卷續集十卷文集八卷
集外詩三卷集外詞四卷集外文一
卷振綺堂詩存一卷松聲池館詩存
四卷………………………………… 2－430
輪臺雜記二卷………………………… 2－513
輪輿私箋二卷………………………… 2－256
輟畊錄三十卷 ……………………… 1－82
輟畊錄三十卷 ……………………… 1－82
輟畊錄三十卷 ……………………… 1－83
輟畊錄三十卷 ……………………… 1－83
輟畊錄三十卷 ……………………… 1－83
輟學堂初稿四卷……………………… 2－494
甌北全集七種一百八十七卷………… 2－469
甌北集五十三卷……………………… 2－491
甌北集五十三卷……………………… 2－491
甌北集五十三卷……………………… 2－491
甌北詩鈔二十卷……………………… 2－314
甌北詩鈔二十卷……………………… 2－373
甌北詩話十卷甌北續詩話二卷……… 2－519
甌北詩話十卷續二卷………………… 2－373
甌江小記不分卷……………………… 1－472
甌江小記不分卷……………………… 1－472
甌江竹枝詞一卷……………………… 2－527
甌香館集十二卷補遺詩一卷補遺畫
跋一卷附錄一卷…………………… 2－342
甌海軼聞五十八卷…………………… 2－108
甌海軼聞五十八卷…………………… 2－108
甌鉢羅室書畫過目攷四卷首一卷附
卷一卷……………………………… 2－192
甌鉢羅室書畫過目攷四卷首一卷附
卷一卷……………………………… 2－192
甌鉢羅室書畫過目攷四卷首一卷附
卷一卷……………………………… 2－192
歐美日本審判廳編制法通義………… 2－262
歐美政治要義十八章………………… 1－552
歐美政治要義十八章………………… 1－552
歐美政體通覽五章…………………… 2－264
歐洲史畧十三卷……………………… 2－125
歐洲史畧十三卷……………………… 2－125
歐洲史畧十三卷……………………… 2－125
歐洲史畧十三卷……………………… 2－125
歐洲史畧十三卷……………………… 2－125
歐洲史畧十三卷……………………… 2－125
歐洲史畧十三卷……………………… 2－125
歐洲列國戰事本末二十二卷………… 2－127
歐洲列國戰事本末二十二卷………… 2－127
歐洲族類源流略五卷………………… 2－123
歐洲族類源流略五卷………………… 2－123
歐鉢羅室書畫過目攷四卷首一卷附
錄一卷……………………………… 2－192
歐陽氏遺書不分卷…………………… 1－311
歐陽文公圭齋集十五卷首一卷附錄

一卷 …………………………………… 2－415
歐陽文公圭齋集十五卷首一卷附錄
一卷 …………………………………… 2－415
歐陽文忠公五代史抄二十卷 ………… 1－19
歐陽文忠公五代史抄二十卷 ………… 1－53
歐陽文忠公毛詩本義十六卷…………… 1－5
歐陽文忠公全集一百五十三卷附錄
五卷 …………………………………… 2－398
歐陽文忠公全集一百五十三卷附錄
五卷 …………………………………… 2－398
歐陽文忠公全集一百五十三卷附錄
五卷 …………………………………… 2－398
歐陽文忠公全集一百五十三卷附錄
五卷 …………………………………… 2－398
歐陽文忠公全集一百五十三卷附錄
五卷目錄一卷 ………………………… 1－130
歐陽文忠公全集一百五十三卷附錄
五卷目錄一卷 ………………………… 1－130
歐陽文忠公全集一百五十三卷首一
卷附錄五卷 …………………………… 2－398
歐陽文忠公全集一百五十三卷首一
卷附錄五卷 …………………………… 2－398
歐陽文忠公居士集一百五卷 ………… 2－398
歐陽文集五十卷 ……………………… 1－134
歐陽先生文粹二十卷 ………………… 1－136
歐陽先生遺粹十卷 …………………… 1－136
歐游隨筆二卷 ………………………… 1－510
歐游隨筆二卷 ………………………… 1－512
歐游雜錄二卷 ………………………… 1－509
歐游雜錄二卷 ………………………… 1－511
歐羅巴通史四部 ……………………… 2－128
［同治］遷安縣志十八卷首一卷末一
卷 ……………………………………… 1－413
［同治］遷安縣志十八卷首一卷末一
卷 ……………………………………… 1－413
［同治］遷安縣志十八卷首一卷末一
卷 ……………………………………… 1－413
醇親王使德始末恭紀不分卷 ………… 1－352
醇親王使德始末恭紀不分卷 ………… 1－352
醉山草堂詩集二卷醉山草堂文集二
卷 ……………………………………… 2－321
醉白堂文集不分卷 …………………… 1－158
醉白堂文集四卷續集不分卷 ………… 2－491
醉芸窻試帖詳註四卷 ………………… 2－352
醉吟草六卷 …………………………… 2－368
醉茶志怪四卷 ………………………… 2－136
醉茶志怪四卷 ………………………… 2－238
醉雲樓詩草五卷 ……………………… 2－357
遼文存六卷附藝文志金石目 ………… 2－277
遼文存六卷附藝文志金石目 ………… 2－277
遼文萃七卷附遼史藝文志補證一卷
……………………………………… 2－286
遼史地理志考五卷 …………………… 1－394
遼史拾遺二十四卷遼史紀年表一卷
拾遺補五卷 …………………………… 1－264
遼史拾遺補五卷 ……………………… 1－264
遼史紀事本末四十卷 ………………… 1－281
遼史紀事本末四十卷首一卷 ………… 1－278
遼史紀事本末四十卷首一卷 ………… 1－278
遼史紀事本末四十卷首一卷 ………… 1－278
遼史紀事本末四十卷首一卷末一卷
……………………………………… 1－276
遼史紀事本末四十卷首一卷末一卷
……………………………………… 1－278
遼史紀事本末四十卷首一卷末一卷
……………………………………… 1－278
遼史紀事本末四十卷首一卷末一卷
……………………………………… 1－278
遼史紀事本末四十卷首一卷末一卷
……………………………………… 1－281
遼史紀事本末四十卷首一卷末一卷
……………………………………… 1－281
遼金元三史語解四十六卷 …………… 1－296
遼金元三史語解四十六卷 …………… 1－303
［光緒］遼陽鄉土志不分卷 ………… 1－458
遼詩話二卷 …………………………… 2－519
［遼寧北寧］張氏未定粗譜不分卷 …… 2－78
［遼寧海城］盧氏族譜三卷 ………… 1－48
［乾隆］確山縣志四卷 ……………… 1－484
確庵先生詩鈔八卷 …………………… 2－373
震川先生集三十卷別集十卷 ………… 2－416
震川先生集三十卷別集十卷附錄一

卷 ………………………………… 1 – 140
震川先生集三十卷别集十卷附錄一
卷 ………………………………… 1 – 140
震川先生集三十卷別集十卷附錄一
卷 ………………………………… 1 – 140
震川先生集三十卷別集十卷附錄一
卷 ………………………………… 2 – 419
震川先生集三十卷別集十卷附錄一
卷 ………………………………… 2 – 419
震澤先生集三十六卷 ………………… 1 – 142
震澤長語二卷 ……………………… 2 – 420
震澤編八卷 ………………………… 1 – 37
震澤編八卷附錄三篇 ……………… 1 – 39
[乾隆]震澤縣志三十八卷首一卷 …… 1 – 37
[乾隆]震澤縣志三十八卷首一卷 … 1 – 464
[乾隆]震澤縣志三十八卷首一卷 … 1 – 464
[乾隆]震澤縣志三十八卷首一卷 … 1 – 464
[乾隆]震澤縣志三十八卷首一卷 … 1 – 464
[乾隆]震澤縣志三十八卷首一卷 … 1 – 464
[乾隆]震澤縣志三十八卷首一卷 … 1 – 464
[乾隆]震澤縣志三十八卷首一卷 … 1 – 464
[乾隆]震澤縣志三十八卷首一卷 … 1 – 464
[光緒]撫州府志八十六卷首一卷 … 1 – 478
撫吳公牘五十卷 …………………… 2 – 50
撫吳公牘五十卷 …………………… 2 – 50
撫東政略二卷 ……………………… 1 – 369
撫郡農產攷略二卷 ………………… 2 – 170
[光緒]撫寧縣志十六卷首一卷 …… 1 – 456
[光緒]撫寧縣志十六卷首一卷 …… 1 – 456
撫豫宣化録四卷 …………………… 1 – 30
撫豫宣化録四卷 …………………… 1 – 30
撫豫宣化錄不分卷 ………………… 1 – 360
撫黔奏疏八卷 ……………………… 1 – 31
撫黔奏疏八卷 ……………………… 1 – 31
播變紀略一卷 ……………………… 1 – 302
播變紀略一卷 ……………………… 1 – 302
播變紀略一卷 ……………………… 1 – 302
撰異遺文不分卷 …………………… 2 – 465
撥易堂解二十卷首二卷末二卷 ……… 1 – 181
劇談錄二卷逸文一卷 ……………… 2 – 398
慮得集四卷附錄二卷 ……………… 2 – 428
[宣統]輝南廳志二卷 ……………… 1 – 489
[道光]輝縣志二十卷首一卷末一卷
……………………………………… 1 – 440
賞雨茅屋外集一卷 ………………… 2 – 499
賞雨茅屋詩集二十二卷賞雨茅屋外
集一卷 …………………………… 2 – 314
賞雨茅屋詩集二十二卷賞雨茅屋外
集一卷 …………………………… 2 – 314
賞雨茅屋詩集十六卷賞雨茅屋外集
一卷 ……………………………… 2 – 314
賞雨茅屋詩集九卷賞雨茅屋外集一
卷 ………………………………… 2 – 314
賞奇軒四種合編四卷 ……………… 1 – 67
賞奇軒四種合編四卷 ……………… 1 – 69
賞奇軒四種合編四卷 ……………… 2 – 191
賦則四卷 …………………………… 2 – 374
賦則四卷 …………………………… 2 – 375
賦梅書屋詩三集二卷 ……………… 2 – 364
賦鈔箋畧十五卷 …………………… 1 – 121
賦鈔箋畧十五卷 …………………… 1 – 121
賦鈔箋畧十五卷 …………………… 2 – 375
賦彙錄要二十八卷補遺一卷外集一
卷題注一卷 ……………………… 1 – 121
賦學正鵠集釋十一卷 ……………… 2 – 374
賦學指南十六卷 …………………… 2 – 374
賦學指南十六卷 …………………… 2 – 374
賦學雞蹠集三十卷附擬古一卷 ……… 2 – 374
賦學雞蹠集三十卷附擬古一卷 ……… 2 – 374
賦鏡録四卷明田賦考二卷 ………… 1 – 46
賭棋山莊八十壽言不分卷 ………… 2 – 463
賭棋山莊文又續集二卷 …………… 2 – 463
賭棋山莊文續集二卷 ……………… 2 – 463
賭棋山莊文續集二卷 ……………… 2 – 463
賭棋山莊集文集七卷 ……………… 2 – 463
賭棋山莊集文集七卷 ……………… 2 – 463
賭棋山莊集詞話十二卷續編五卷 …… 2 – 311
賭棋山莊集詞話十二卷續編五卷 …… 2 – 463
賭棋山莊集詩集十四卷 …………… 2 – 463
賭棋山莊詩集十四卷 ……………… 2 – 310
賜書堂堯山集三卷 ………………… 1 – 155
賜書樓堯山集四卷補刻一卷詩集一

卷 …………………………………… 1－155
賜葛堂文集六卷遺稿一卷 …………… 2－500
賜硯堂文集一卷賜硯堂詩集一卷進
呈錄一卷賜硯堂進呈詩頌恭擬一
卷萬壽詩冊一卷萬壽詩冊又一卷
…………………………………… 2－492
賜閒堂集四十卷 ……………………… 1－143
賜誠堂文集十六卷 …………………… 2－425
賜誠堂文集十六卷 …………………… 2－425
賜誠堂文集十六卷 …………………… 2－425
賜誠堂文集十六卷 …………………… 2－425
賜福慶啓事四卷 ……………………… 2－299
賜綺堂集二十八卷 …………………… 2－346
賜綺堂集二十八卷 …………………… 2－346
賜餘堂集十四卷補遺一卷 …………… 1－149
瞎堂詩集二十卷首一卷 ……………… 2－357
閱史約書不分卷 ……………………… 1－47
閱微草堂筆記五種 …………………… 2－240
閱微草堂筆記五種 …………………… 2－240
閱微草堂筆記二十四卷 ……………… 2－240
閱微草堂筆記二十四卷 ……………… 2－240
閱微草堂筆記二十四卷 ……………… 2－240
閱微草堂筆記二十四卷 ……………… 2－240
閱微草堂筆記二十四卷 ……………… 2－240
閱微草堂筆記二十四卷 ……………… 2－240
閱藏知津四十四卷總目四卷 ………… 2－208
闇壇文稿三卷 ………………………… 2－487
[咸豐]閬中縣志八卷 ………………… 1－478
暹羅國志不分卷 ……………………… 1－534
影山草堂六種三十二卷 ……………… 2－562
影山草堂六種三十三卷 ……………… 2－451
影梅庵憶語一卷 ……………………… 2－379
影梅庵憶語一卷 ……………………… 2－514
遺山先生文集四十卷 ………………… 1－138
遺山先生文集四十卷新樂府四卷新
樂府補遺一卷 ……………………… 1－138
遺山先生文集附錄一卷 ……………… 1－138
遺山先生文集附錄一卷 ……………… 1－138
遺珠貫索八卷 ………………………… 2－117
遺愛堂徵信錄六卷 …………………… 2－66
蝴蝶媒四卷十六回 …………………… 2－253
蝴蝶詩不分卷 ………………………… 2－513
數學上編十三卷坿卷二卷 …………… 2－185
數學上編十三卷答數不分卷 ………… 2－185
數學啟蒙二卷附對數表 ……………… 2－185
罷讀樓彙刻贈言十卷 ………………… 2－387
嶠雅二卷 ……………………………… 2－328
墨子十六卷 …………………………… 2－133
墨子十六卷 …………………………… 2－133
墨子十六卷 …………………………… 2－133
墨子十六卷 …………………………… 2－133
墨子十六卷 …………………………… 2－133
墨子十六卷 …………………………… 2－133
墨子十六卷 …………………………… 2－133
墨子十六卷附篇目考一卷 …………… 2－133
墨子十六卷附篇目考一卷 …………… 2－133
墨子十六卷附篇目考一卷 …………… 2－540
墨子七十一篇附墨子佚文 …………… 2－138
墨子注不分卷 ………………………… 2－138
墨子後語二卷 ………………………… 2－136
墨子閒詁十五卷目錄一卷附錄一卷
後語二卷 …………………………… 2－136
墨子閒詁十五卷目錄一卷附錄一卷
後語二卷 …………………………… 2－136
墨子經說解二卷 ……………………… 2－139
墨子斠注補正二卷 …………………… 2－139
墨池編二十卷 ………………………… 1－67
墨池編二十卷 ………………………… 1－67
墨池編二十卷 ………………………… 1－67
墨守內篇不分卷墨守外篇不分卷 …… 2－297
墨花吟館各體文鈔二十卷 …………… 2－308
墨花吟館詩鈔十六卷憶雲集試帖一
卷籥雲集試帖一卷 ………………… 2－356
墨妙亭碑目攷二卷附攷一卷 ………… 2－99
墨林今話十八卷續編一卷 …………… 2－187
墨林今話十八卷續編一卷 …………… 2－187
墨林今話十八卷續編一卷 …………… 2－187
墨林今話十八卷續編一卷 …………… 2－187
墨法集要不分卷 ……………………… 1－85
墨客揮犀一卷 ………………………… 2－233
墨客揮犀十卷 ………………………… 2－254
墨莊漫錄十卷 ………………………… 1－76

墨娥小錄十四卷 ························· 1－81
墨選觀止不分卷附舉業要言三卷······ 2－296
墨緣彙觀名畫二卷························ 2－194
墨緣彙觀法書二卷························ 2－194
墨蘭譜不分卷······························ 2－193
稽古日鈔八卷······························ 1－175
稽古日鈔八卷······························ 1－175
稽古錄論一卷······························ 1－270
稽瑞一卷··································· 2－211
稽瑞一卷··································· 2－211
稽瑞樓書目不分卷 ······················ 2－75
稷山古今體詩鈔不分卷·················· 2－328
[同治]稷山縣志十卷 ··················· 1－488
[同治]稷山縣志十卷 ··················· 1－488
黎士弘行述一卷··························· 1－158
黎士弘行述一卷··························· 1－158
黎文肅公遺書八種六十九卷············ 2－498
黎文肅公遺書八種六十九卷············ 2－498
[光緒]黎平府志八卷首一卷 ········· 1－486
[嘉慶]黎里志十六卷首一卷 ········· 1－447
[嘉慶]黎里志十六卷首一卷 ········· 1－447
[嘉慶]黎里志十六卷首一卷 ········· 1－447
[嘉慶]黎里志十六卷首一卷 ········· 1－447
[嘉慶]黎里志十六卷首一卷 ········· 1－447
[光緒]黎里續志十六卷首一卷 ······ 1－447
[光緒]黎里續志十六卷首一卷 ······ 1－447
[光緒]黎里續志十六卷首一卷 ······ 1－447
[光緒]黎里續志十六卷首一卷 ······ 1－447
稼軒集鈔存四卷雜錄詩一卷稼軒詞
四卷補遺一卷···························· 2－525
稼軒詞四卷稼軒詞補遺不分卷········ 2－525
稼書先生[陸隴其]年譜一卷 ········ 1－339
篋中詞六卷續四卷························ 2－524
篋衍集十二卷····························· 1－100
篋衍集十二卷····························· 1－100
篋衍集十二卷····························· 1－100
篋衍集十二卷····························· 1－100
篋衍集十二卷····························· 1－100
篋衍集十二卷····························· 1－100
篋衍集十二卷····························· 1－100
篁村集十二卷····························· 2－486
篔簹谷詩鈔六卷··························· 2－368
篇海類編二十卷 ·························· 1－11
篆文辨訣不分卷附千字文百家姓 ······ 1－14
篆學瑣著三十種··························· 2－195
篆學瑣著四十卷··························· 2－195
儉德堂讀書隨筆二卷····················· 2－230
儀鄭堂文二卷······························ 2－509
儀衛軒文集十二卷文外集一卷儀衛
軒詩集五卷······························ 2－460
儀衛軒文集十二卷文外集一卷儀衛
軒詩集五卷······························ 2－460
儀禮十七卷附嚴本儀禮鄭氏注校錄
··· 1－199
儀禮十七卷附嚴本儀禮鄭氏注校錄
··· 1－200
儀禮十七卷附嚴本儀禮鄭氏注校錄
一卷續校一卷···························· 2－540
儀禮正義四十卷··························· 1－200
儀禮古今文疏義十七卷·················· 1－200
儀禮古今文疏義十七卷·················· 1－200
儀禮古今文疏義十七卷·················· 2－541
儀禮私箋八卷······························ 1－200
儀禮述註十九卷··························· 1－199
儀禮注疏十七卷··························· 1－1
儀禮要義五十卷··························· 1－199
儀禮音訓不分卷··························· 1－175
儀禮音訓不分卷··························· 1－201
儀禮章句十七卷··························· 1－6
儀禮集釋三十卷··························· 1－199
儀禮集釋三十卷··························· 1－199
儀禮疏五十卷······························ 1－6
儀禮疏五十卷······························ 1－199
儀禮疏五十卷附校勘記五十卷········· 1－198
儀禮節畧二十卷 ························· 1－27
儀禮經注疏正譌十七卷·················· 1－6
儀禮圖六卷································· 1－199
儀禮圖六卷································· 1－199
儀禮圖六卷································· 1－199
儀禮圖六卷································· 1－200
儀禮鄭註句讀十七卷····················· 1－199
儀禮鄭註句讀十七卷附監本正誤一

卷石本誤字一卷 …………………… 1－199
儀禮鄭註句讀十七卷附監本正誤一卷石本誤字一卷 …………………… 1－199
儀禮鄭註句讀十七卷附監本正誤一卷石本誤字一卷 …………………… 1－199
儀禮鄭註句讀十七卷附監本正誤一卷石本誤字一卷 …………………… 1－199
儀禮鄭註句讀十七卷儀禮監本正誤一卷儀禮石本正誤一卷 ………………… 1－6
儀禮釋官九卷首一卷 ………………… 1－199
儀禮釋官九卷首一卷 ………………… 1－199
儀禮蠡測十七卷 ………………………… 1－6
儀禮讀本四卷附禮記六篇 …………… 1－200
［同治］儀隴縣志六卷 ……………… 1－432
儀顧堂集二十卷 ……………………… 2－460
儀顧堂集二十卷 ……………………… 2－460
儀顧堂集十六卷 ……………………… 2－498
儀顧堂題跋十六卷 …………………… 2－453
儀顧堂題跋十六卷 …………………… 2－498
儀顧堂題跋十六卷跋續十六卷 ……… 2－498
儀顧堂續跋十六卷 …………………… 2－453
質園詩集三十二卷 …………………… 1－117
［光緒］德平縣志十二卷首一卷 …… 1－426
［光緒］德平縣志十二卷首一卷 …… 1－426
［嘉慶］德平縣志十卷首一卷 ……… 1－426
德州田氏叢書一百十一卷 …………… 1－168
德州田氏叢書十三種九十二卷 ……… 1－150
德州田氏叢書十三種九十二卷 ……… 1－151
［乾隆］德州志十二卷首一卷 ……… 1－453
［乾隆］德州志十二卷首一卷 ……… 1－453
［乾隆］德州志十二卷首一卷 ……… 1－453
［乾隆］德州志十二卷首一卷 ……… 1－474
［光緒］德安府志二十卷首一卷末一卷 ………………………………… 1－475
德壯果公［楞泰］年譜三十二卷 …… 1－320
德國工商勃興史三章 ………………… 2－257
德國刑律不分卷 ……………………… 2－263
德國合盟本末不分卷 ………………… 2－129
德國教育用品簡明目錄冊不分卷 …… 2－261
德國學校制度二編 …………………… 2－261
德國議院章程一卷 …………………… 1－531
德國續修條約附續修條約善後章程中國照會 ………………………… 2－19
德國續修條約附續修條約善後章程中國照會 ………………………… 2－19
德清俞蔭甫所著書二十二種一百四十四卷 ………………………… 2－571
［道光］德陽縣新志十二卷首一卷末一卷 ……………………………… 1－440
［道光］德陽縣新志十二卷首一卷末一卷 ……………………………… 1－440
德蔭堂集十六卷首一卷 ……………… 2－495
德意志刑法三編 ……………………… 2－4
德意志刑法三編 ……………………… 2－4
德意志刑法不分卷 …………………… 2－263
德意志治罪法不分卷 ………………… 2－9
［同治］德興縣志十卷首一卷末一卷 ……………………………………… 1－467
衛公兵法輯本三卷附舊唐書李靖傳攷證一卷 …………………………… 2－165
衛司理講道真詮五篇 ………………… 2－213
衛司理講道真詮五篇 ………………… 2－213
衛道編二卷 …………………………… 2－207
［乾隆］衛輝府志五十三卷首一卷末一卷 ……………………………… 1－487
［嘉慶］衛藏通志十六卷首一卷 …… 1－398
［嘉慶］衛藏通志十六卷首一卷 …… 1－398
徵君孫先生［奇逢］年譜二卷 ……… 1－336
徵君孫先生［奇逢］年譜二卷 ……… 1－336
徵君孫先生［奇逢］年譜二卷 ……… 1－336
徵君孫先生［奇逢］年譜二卷附傳及像贊 ……………………………… 1－27
徵君孫先生［奇逢］年譜二卷附傳及像贊 ……………………………… 1－27
徵君孫先生［奇逢］年譜二卷附傳及像贊 ……………………………… 1－27
徹香堂經史論不分卷 ………………… 2－513
徹悟禪師遺稿二卷 …………………… 2－206
盤山志十卷首一卷補遺四卷 ………… 1－498
盤山志十卷首一卷補遺四卷 ………… 1－498
盤山志十卷首一卷補遺四卷 ………… 1－498
盤山志十卷首一卷補遺四卷 ………… 1－498

盤山盤谷寺拙菴樸禪師尺牘一卷 …… 1－95
盤古山房詩集七卷…………………… 2－372
盤亭小錄一卷………………………… 2－100
盤洲文集八十卷首一卷末一卷附校
記………………………………… 2－399
盤洲文集八十卷首一卷末一卷附校
記………………………………… 2－399
銷夏四卷 ………………………… 1－80
銷燬抽燬書目不分卷 ……………… 2－68
銷燬抽燬書目不分卷 ……………… 2－68
銷燬抽燬書目不分卷 ……………… 2－68
鋤月山房文鈔二卷…………………… 2－513
鋤經書舍零墨四卷…………………… 2－235
鋒劍春秋十卷六十回………………… 2－251
劍仙傳繡像演義前編四卷後編六卷
………………………………… 2－245
［同治］劍州志十卷 ……………… 1－428
劍南詩鈔不分卷……………………… 2－318
劍南詩鈔不分卷……………………… 2－318
劍南詩鈔不分卷……………………… 2－318
劍南詩鈔六卷………………………… 1－101
劍虹居文集二卷詩集二卷………… 2－474
劍虹齋集十二卷……………………… 1－155
貓苑二卷……………………………… 2－270
餘生錄一卷塘報稿一卷塘報再稿一
卷 ………………………………… 1－26
餘生錄一卷塘報稿一卷塘報再稿一
卷 ………………………………… 1－27
餘冬敘錄六十五卷 ………………… 1－78
［嘉慶］餘杭縣志四十卷 ………… 1－460
［嘉慶］餘杭縣志四十卷 ………… 1－460
［乾隆］餘姚志四十卷 …………… 1－419
餘姚黄忠端公集六卷……………… 2－427
［光緒］餘姚縣志二十七卷首一卷末
一卷……………………………… 1－419
［光緒］餘姚縣志二十七卷首一卷末
一卷……………………………… 1－419
［光緒］餘姚縣志二十七卷首一卷末
一卷……………………………… 1－419
［光緒］餘姚縣志二十七卷首一卷末
一卷……………………………… 1－419
［光緒］餘姚縣志二十七卷首一卷末
一卷……………………………… 1－419
餘園叢稿四種五卷…………………… 2－509
餘墨偶談八卷………………………… 2－384
餘癡初稿一卷………………………… 2－363
［道光］滕縣志十四卷首一卷 ……… 1－457
［康熙］滕縣志十卷 ……………… 1－36
［光緒］滕縣鄉土志不分卷 ……… 1－458
［乾隆］膠州志八卷首一卷 ……… 1－34
魯山木先生文集十二卷首一卷外集
二卷……………………………… 1－155
魯文恪公文集十卷…………………… 1－145
魯齋集十卷…………………………… 2－406
魯齋遺書十四卷……………………… 1－138
魯巖所學集十五卷補遺一卷交遊記
一卷餘事稿二卷………………… 2－478
劉子二卷……………………………… 2－137
劉子全書四十卷……………………… 2－418
劉子全書四十卷……………………… 2－418
劉中丞奏稿八卷……………………… 1－374
劉中丞奏議二十卷…………………… 1－368
劉中丞奏議二十卷…………………… 1－368
劉中丞奏議二十卷…………………… 1－368
劉中丞奏議二十卷…………………… 1－368
劉公事實不分卷……………………… 1－312
劉公事實彙編不分卷………………… 1－312
劉氏遺書八種八卷…………………… 2－574
劉氏遺書八種八卷…………………… 2－574
劉氏鴻書一百八卷 ………………… 1－60
劉文成公集二十卷…………………… 2－422
劉文清公遺集十七卷應制詩三卷…… 2－496
劉文清公遺集十七卷應制詩三卷…… 2－496
劉文清心畫帖………………………… 2－188
劉向新序十卷 ……………………… 1－23
劉向說苑二十卷劉向新序十卷 ……… 1－23
劉向說苑二十卷劉向新序十卷 ……… 1－23
劉壯肅公奏議十卷首一卷…………… 1－368
劉壯肅公奏議十卷首一卷…………… 1－368
劉壯肅公奏議十卷首一卷…………… 1－368
劉壯肅公奏議十卷首一卷…………… 1－368
劉壯肅公奏議十卷首一卷…………… 1－372

劉直齋先生別傳墓誌銘 ………………… 1－30
劉武慎公遺書三十卷……………………… 2－471
劉武慎公遺書三十卷……………………… 2－471
劉武慎公遺書三十卷……………………… 2－471
劉忠誠公榮哀錄二卷補編一卷………… 1－345
劉忠肅集二十卷…………………………… 2－402
劉宗周年譜二卷…………………………… 2－418
劉宗周年譜二卷…………………………… 2－418
劉炫規杜持平六卷………………………… 1－211
劉軍門戰功紀略不分卷 ………………… 2－21
劉雪湖梅譜二卷 ………………………… 1－68
劉須溪先生記鈔八卷……………………… 1－135
劉須谿先生記鈔四卷……………………… 2－409
劉端臨先生遺書八卷……………………… 2－484
劉端臨先生遺書八卷……………………… 2－485
劉端臨先生遺書四卷……………………… 2－485
劉賓客文集三十卷外集十卷…………… 2－395
劉賓客文集三十卷外集十卷…………… 2－395
劉練江先生集七卷附錄一卷…………… 1－136
劉禮部集十一卷…………………………… 2－465
劉禮部集十一卷…………………………… 2－465
劉禮部集十一卷…………………………… 2－465
劉簾舫先生吏治三書六卷……………… 1－551
劉簾舫先生吏治三書六卷 ……………… 2－19
劉簾舫先生吏治三書六卷 ……………… 2－63
[康熙]潁上風物志三卷 ………………… 1－39
請復淮水故道圖說一卷………………… 1－496
請纓日記十卷……………………………… 2－162
請纓日記十卷……………………………… 2－162
諸子平議十五種三十五卷……………… 2－132
諸子百家一百七十九卷………………… 2－131
諸子品節五十卷 ………………………… 1－55
諸子匯函二十六卷附談藪一卷諸子
　評林姓氏一卷 ………………………… 1－74
諸子匯函二十六卷附談藪一卷諸子
　評林姓氏一卷 ………………………… 1－74
諸本評陶彙集一卷靖節先生[陶潛]
　年譜考異二卷…………………………… 2－392
諸史考異十八卷…………………………… 2－116
諸史考異十八卷…………………………… 2－116
諸史考異十八卷…………………………… 2－116
諸史拾遺五卷三史拾遺五卷………… 2－108
諸史拾遺五卷三史拾遺五卷………… 2－108
諸史品節四十卷 ………………………… 1－52
諸史品節四十卷 ………………………… 1－52
諸史將畧十六卷 ………………………… 1－64
諸史然疑不分卷…………………………… 1－396
諸名家百壽詩不分卷…………………… 2－372
諸佛世尊如來菩薩尊者神僧名經一
　卷 ………………………………………… 1－70
諸佛世尊如來菩薩尊者神僧名經一
　卷 ………………………………………… 1－71
[道光]諸城縣續志二十三卷 ……… 1－426
[道光]諸城縣續志二十三卷 ……… 1－426
諸家詠杜二卷……………………………… 2－518
諸葛丞相集四卷…………………………… 1－125
諸葛丞相集四卷…………………………… 1－125
諸葛武侯心書二卷 ……………………… 1－65
諸葛武侯集四卷…………………………… 2－406
諸葛忠武侯文集不分卷………………… 2－391
諸葛忠武侯文集四卷文集附錄二卷
　…………………………………………… 2－391
諸葛忠武侯全集二十卷首三卷……… 2－391
諸葛忠武侯故事五卷…………………… 1－336
諸葛忠武侯故事五卷…………………… 2－391
諸葛忠武侯[亮]年譜一卷 ………… 2－391
諸經品節二十卷 ………………………… 1－72
[光緒]諸暨縣志六十卷首一卷 …… 1－448
[光緒]諸暨縣志六十卷首一卷 …… 1－448
諸暨諭民紀要三卷 ……………………… 2－19
諸暨諭民紀要三卷 ……………………… 2－19
諸蕃志二卷………………………………… 2－127
諏吉述正二十五卷首一卷……………… 2－178
課子隨筆節鈔六卷……………………… 2－275
課子隨筆續編……………………………… 2－275
課藝雜選一卷……………………………… 2－228
誰與庵文鈔二卷孫氏先德傳一卷…… 2－475
論海四種一百七十二卷………………… 2－113
論理學綱要不分卷……………………… 2－258
論語二卷…………………………………… 1－222
論語十卷…………………………………… 1－216

論語十卷………………………………… 1－223
論語孔注辨僞二卷…………………… 1－222
論語正義二十四卷…………………… 1－215
論語正義二十四卷…………………… 1－215
論語古注集箋十卷附論語考一卷…… 1－222
論語古注集箋十卷附論語考一卷…… 1－222
論語古訓十卷坿不分卷……………… 1－221
論語古訓十卷坿不分卷……………… 1－221
論語古訓十卷坿不分卷……………… 1－222
論語古訓十卷坿不分卷……………… 1－222
論語附記二卷………………………… 1－222
論語注疏二十卷……………………… 1－215
論語注疏解經十卷附札記一卷……… 1－222
論語注疏解經十卷附札記一卷……… 1－222
論語注疏解經十卷附札記一卷……… 1－222
論語後案二十卷……………………… 1－217
論語後案二十卷……………………… 1－217
論語後案二十卷……………………… 1－217
論語訓二卷…………………………… 1－221
論語最豁集四卷……………………… 1－222
論語筆解二卷………………………… 1－221
論語集註攷證十卷…………………… 1－221
論語集說十卷………………………… 1－9
論語集說十卷南軒先生論語解十卷
………………………………………… 1－222
論語集說十卷南軒先生論語解十卷
………………………………………… 1－222
論語註疏解經二十卷………………… 1－8
論語補註三卷………………………… 1－222
論語發疑四卷………………………… 1－222
論語話解十卷………………………… 1－222
論語經正錄二十卷…………………… 1－221
論語經正錄二十卷…………………… 1－221
論語鄭氏注二卷……………………… 1－222
論語鄭氏注十卷……………………… 1－222
論語隨筆二十卷……………………… 1－222
論語類考二十卷……………………… 1－9
論語讀朱求是編二十卷 …………… 1－62
論衡三十卷…………………………… 2－153
論衡三十卷…………………………… 2－153
論衡三十卷…………………………… 2－153
論衡三十卷…………………………… 2－153
調查延吉琿春農業報告書不分卷 …… 2－29
調查延吉邊務報告書不分卷………… 1－505
談天十八卷首一卷附一卷…………… 2－178
談天十八卷首一卷附一卷…………… 2－178
談古偶錄二卷………………………… 2－386
談徵不分卷…………………………… 2－117
談龍錄一卷…………………………… 1－104
談瀛錄三卷…………………………… 1－511
談瀛錄六卷…………………………… 1－511
談瀛錄六卷…………………………… 1－511
廟制圖考四卷………………………… 1－196
廟堂碑唐本存字……………………… 2－194
摩訶止觀二十卷 …………………… 1－70
瘞鶴銘攷補不分卷附校勘記 ……… 2－97
[光緒]慶元縣志十二卷首一卷 …… 1－438
[光緒]慶元縣志十二卷首一卷 …… 1－438
慶元黨禁一卷………………………… 1－557
慶典章程五卷 ……………………… 2－12
[嘉慶]慶雲縣志十二卷首一卷末一
卷…………………………………… 1－412
[咸豐]慶雲縣志三卷首一卷末一卷
………………………………………… 1－412
毅齋查先生闡道集十卷……………… 2－425
遵化詩存十卷補遺一卷……………… 2－334
[道光]遵義府志四十八卷首一卷 … 1－465
[道光]遵義府志四十八卷首一卷 … 1－465
遵擬禁煙查驗章程一卷 …………… 2－16
潔身堂集刻一卷 …………………… 1－31
[乾隆]潮州府志四十二卷首一卷 … 1－446
[乾隆]潮州府志四十二卷首一卷 … 1－446
[乾隆]潮州府志四十二卷首一卷 … 1－446
[乾隆]潮州府志四十二卷首一卷附
抄存舊志一卷 …………………… 1－35
潮州耆舊集二十種三十六卷………… 2－562
[光緒]潮陽縣志二十二卷首一卷 … 1－482
潭柘山岫雲寺志二卷………………… 1－501
潛夫論十卷…………………………… 2－147
潛夫論十卷…………………………… 2－147
潛夫論十卷…………………………… 2－152
潛夫論十卷…………………………… 2－153

潛夫論十卷……………………………… 2－153
潛西隨筆二卷…………………………… 2－389
［康熙］潛江縣志二十卷首一卷 …… 1－463
［康熙］潛江縣志二十卷首一卷 …… 1－463
潛邱劄記六卷附左汾近稾一卷……… 2－118
潛邱劄記六卷附左汾近稾一卷……… 2－118
潛研堂文集五十卷詩集十卷詩續集
十卷…………………………………… 2－322
潛研堂文集五十卷詩集十卷詩續集
十卷…………………………………… 2－567
潛研堂金石文跋尾六卷……………… 2－100
潛研堂金石文跋尾六卷續七卷又續
六卷三續六卷……………………… 2－100
潛研堂金石文跋尾續七卷…………… 2－100
潛室陳先生木鍾集十一卷…………… 1－136
潛室陳先生木鍾集十一卷…………… 2－409
潛室陳先生木鍾集十一卷…………… 2－409
潛室劄記二卷………………………… 2－159
潛室劄記二卷刁氏歷科闈墨不分卷
刁蒙吉先生崇祀鄉賢錄不分卷…… 2－159
潛莊文鈔六卷………………………… 2－463
潛莊文鈔六卷………………………… 2－463
潛菴先生遺稿五卷…………………… 1－159
潛菴先生遺稿五卷疏稿不分卷洛學
編五卷………………………………… 1－152
潛庵疏稿不分卷遺稿不分卷洛學編
五卷…………………………………… 1－371
潛庵漫筆八卷………………………… 2－255
潛虛文鈔四卷詩鈔三卷附錄一卷…… 2－443
潛虛先生文集十四卷………………… 2－443
潛虛先生文集十四卷遺集一卷……… 2－443
潛皖偶錄十一卷……………………… 2－376
潛揅堂說文答問疏證六卷…………… 1－236
潛園集錄十八卷……………………… 2－227
潛溪集八卷附錄一卷宋氏世譜記…… 1－145
潛確居類書一百二十卷 ……………… 1－57
潛確居類書一百二十卷 ……………… 1－57
潛確居類書一百二十卷 ……………… 1－57
潛確居類書一百二十卷 ……………… 1－57
潛學稿十九卷………………………… 1－149
潛穎詩十卷文四卷…………………… 2－454
潛齋尚書六十賜壽圖一卷坿序一卷
詩一卷楹牓一卷…………………… 1－330
澗泉日記三卷………………………… 1－352
澗泉日記三卷………………………… 1－352
澂園叢書二種十五卷………………… 1－237
澂潭山房古文存稿四卷詩集十七卷
附楓谿公遺文一卷………………… 2－511
澳大利亞洲新志一卷………………… 1－531
澳門公牘錄存不分卷 ………………… 2－48
［乾隆］澳門記略二卷首一卷末一卷
……………………………………… 1－410
［乾隆］澳門記略二卷首一卷末一卷
……………………………………… 1－410
潘文勤公［祖蔭］年譜一卷 ………… 1－344
潘方伯公遺稿六卷…………………… 2－471
潘方伯公遺稿六卷…………………… 2－471
潘世恩年譜一卷……………………… 1－314
潘世恩年譜一卷……………………… 1－314
潘世恩摺稿偶存不分卷……………… 1－377
潘世恩摺稿偶存不分卷……………… 1－377
潘世恩題本不分卷…………………… 1－377
潘刻五種十五卷……………………… 2－547
潘黃門集六卷………………………… 1－126
潘黃門集六卷………………………… 1－126
［乾隆］潼川府志十二卷首一卷 …… 1－427
澄波樓文錄不分卷…………………… 2－389
［乾隆］澄城縣志二十卷 …………… 1－411
澄衷蒙學堂字課圖說四卷…………… 1－242
澄衷蒙學堂字課圖說四卷…………… 1－242
澄衷蒙學堂字課圖說四卷…………… 1－242
澄衷蒙學堂字課圖說四卷檢字一卷
類字一卷刊誤一卷………………… 1－242
澄衷學堂乙巳新訂章程 ……………… 2－15
澄衷學堂乙巳新訂章程 ……………… 2－15
［嘉慶］澄海縣志二十六卷首一卷 … 1－486
［嘉慶］澄海縣志二十六卷首一卷 … 1－488
澄懷主人自訂年譜六卷……………… 1－337
澄懷主人自訂年譜六卷……………… 1－340
澄懷主人自訂年譜六卷……………… 1－340
澄懷書屋詩鈔四卷…………………… 2－365
澄懷園文存十五卷…………………… 2－462

澄懷園語四卷…… 2－234
澄懷園語四卷…… 2－234
寫經齋初稾二卷…… 2－324
寫經齋續稾一卷…… 2－324
寫韻軒小藁二卷…… 2－512
寫韻軒小藁二卷…… 2－512
寫韻軒詩稿不分卷…… 1－113
審看擬式四卷首一卷末一卷…… 2－168
審看擬式四卷首一卷末一卷…… 2－168
審看擬式四卷首一卷末一卷…… 2－168
審看擬式四卷首一卷末一卷…… 2－168
審看擬式四卷首一卷末一卷…… 2－168
審巖文集二卷補遺一卷詩集一卷附一卷…… 2－497
審巖文集二卷詩集一卷…… 2－500
憨山老人夢遊集不分卷…… 1－146
憨山老人夢遊集五十五卷…… 2－426
憨山老人夢遊集五十五卷…… 2－428
憨山老人夢遊集五十五卷…… 2－428
履園叢話二十四卷…… 2－100
履園叢話二十四卷…… 2－239
履園叢話二十四卷…… 2－239
履園叢話二十四卷…… 2－239
彈指詞二卷…… 1－165
選雅二十卷…… 1－249
選雅二丨卷…… 1－249
選集漢印分韻二卷…… 1－13
選集漢印分韻二卷…… 1－244
選集漢印分韻續集二卷…… 1－13
選集漢印分韻續集二卷…… 1－244
選註六朝唐賦不分卷…… 2－374
選註六朝唐賦不分卷…… 2－374
選註六朝唐賦不分卷…… 2－374
選註六朝唐賦不分卷…… 2－374
選夢樓詩鈔八卷…… 2－347
選詩七卷詩人世次爵里一卷…… 1－120
選樓集句二卷首一卷附評跋題詞一卷…… 2－106
選賦六卷…… 1－121
選賦六卷附選賦名人世次爵里一卷…… 1－121
選賦六卷附選賦名人世次爵里一卷…… 1－121
選擇叢書集要五種二十九卷…… 1－74
選聲集三卷詞韻簡一卷…… 1－165
險異錄二卷…… 2－376
豫工二卯事例滿漢文員官生名次錄…… 2－94
豫南水利卮言不分卷…… 1－496
豫省倉儲徵信錄不分卷…… 1－556
豫軍紀略十二卷…… 1－279
豫軍紀略十二卷…… 1－279
豫軍紀略十二卷…… 1－279
豫軍紀略十二卷…… 1－279
豫軍紀略十二卷…… 1－279
豫乘識小錄二卷…… 1－395
豫章叢書三集二十六種四十八卷…… 2－543
豫備立憲意見書不分卷…… 1－554
[嘉慶]樂山縣志十六卷首一卷…… 1－456
[同治]樂平縣志十卷首一卷…… 1－441
[同治]樂平縣志十卷首一卷…… 1－441
[道光]樂至縣志十六卷首一卷…… 1－426
[道光]樂至縣志十六卷首一卷…… 1－426
[光緒]樂至縣續志四卷首一卷…… 1－426
[光緒]樂至縣續志四卷首一卷…… 1－426
[雍正]樂安縣志二十卷…… 1－488
樂志書屋遺集四卷…… 2－511
樂志堂文略四卷附錄一卷…… 2－456
樂志堂文略四卷附錄一卷…… 2－456
樂志堂詩略四卷附錄一卷…… 2－456
樂志堂詩略四卷附錄一卷…… 2－456
樂志堂詩集十二卷文集十八卷文續集二卷…… 2－456
樂志堂詩集十二卷文集十八卷文續集二卷…… 2－456
樂志簃筆記四卷詩錄六卷詞錄一卷味經堂詩錄二卷樂志簃文錄四卷…… 2－346
樂妙山居集二卷…… 2－354
樂府指迷一卷…… 1－164
樂府補題一卷…… 2－528
樂府傳聲二卷…… 2－521

樂府傳聲二卷 …………………………… 2－521
樂府詩集一百卷目錄二卷 …………… 1－97
樂府詩集一百卷目錄二卷 …………… 2－307
樂府詩集一百卷目錄二卷 …………… 2－307
樂府詩集一百卷目錄二卷 …………… 2－307
樂府詩集一百卷目錄二卷 …………… 2－307
樂府詩集一百卷目錄二卷 …………… 2－307
樂府新編陽春白雪前集五卷後集五
卷 ……………………………………… 1－166
樂府標源二卷樂府遺聲一卷 ………… 2－526
樂郊私語一卷 ………………………… 1－85
樂律心得二卷 ………………………… 1－224
[光緒]樂亭縣志十五卷首一卷末一
卷 ……………………………………… 1－453
[光緒]樂亭縣志十五卷首一卷末一
卷 ……………………………………… 1－472
[乾隆]樂陵縣志八卷首一卷末一卷
……………………………………… 1－468
[乾隆]樂陵縣志八卷首一卷末一卷
……………………………………… 1－468
樂清軒詩鈔十二卷 …………………… 2－336
樂善堂全集四十卷目録四卷 ………… 1－151
樂善堂全集四十卷目録四卷 ………… 1－151
樂道堂文鈔五卷 ……………………… 2－492
樂道堂文鈔五卷 ……………………… 2－492
樂道堂詩鈔十卷 ……………………… 2－311
樂道堂詩鈔十卷 ……………………… 2－311
樂道堂詩鈔十卷 ……………………… 2－311
樂園文鈔八卷首一卷 ………………… 2－485
樂餘靜廉齋文稿一卷詩稿初集一卷
二集一卷三集二卷詩鈔續集一卷
蜀桐絃詞一卷海風簫詞一卷絳河
笙詞稿一卷梵天瑟詞一卷 ………… 2－458
樂餘靜廉齋詩稿二卷 ………………… 2－354
樂餘靜廉齋詩稿二卷 ………………… 2－354
樂潛堂詩初集二卷二集六卷菊潛庵
賸稿三卷飛鴻閣琴意二卷 ………… 2－350
練川名人畫像四卷附二卷續編三卷
……………………………………… 2－193
練川名人畫像四卷附二卷續編三卷
……………………………………… 2－193
練川名人畫像四卷附二卷續編三卷
……………………………………… 2－193
練中丞金川集二卷遺事錄一卷附祭
文 ……………………………………… 1－145
練兵事宜奏議不分卷 ………………… 1－373
練兵實紀九卷練兵實紀雜集六卷 …… 2－165
練兵實紀九卷練兵實紀雜集六卷 …… 2－165
練兵實紀九卷練兵實紀雜集六卷 …… 2－165
練勇芻言五卷 ………………………… 2－165
緬甸國志不分卷 ……………………… 1－533
緬甸新志不分卷 ……………………… 1－534
緬述一卷 ……………………………… 1－521
緝雅堂詩話二卷 ……………………… 2－519
緯青遺稿不分卷 ……………………… 2－514
緯略十二卷 …………………………… 2－230
緯蕭草堂詩三卷 ……………………… 1－103
緯蕭草堂詩三卷 ……………………… 1－106
緯蕭草堂詩三卷 ……………………… 1－107
緯蕭草堂詩三卷 ……………………… 1－111
緯學原流興廢考三卷 ………………… 1－172
緱山先生集二十七卷 ………………… 1－149
編珠四卷 ……………………………… 1－122
畿輔人物考八卷 ……………………… 1－316
畿輔水利四案四卷四案補一卷附錄
一卷 …………………………………… 1－497
畿輔同官錄不分卷 …………………… 1－350
畿輔同官錄不分卷 …………………… 1－350
畿輔同官錄不分卷 …………………… 1－350
畿輔河道水利叢書八種十四卷 ……… 2－554
畿輔河道水利叢書八種十四卷 ……… 2－554
畿輔河道水利叢書九種 ……………… 1－492
畿輔條鞭賦役全書不分卷 …………… 1－556
畿輔條鞭賦役全書不分卷 …………… 1－556
畿輔條鞭賦役全書不分卷 …………… 1－556
畿輔條鞭賦役全書(道光三年分)不
分卷 …………………………………… 1－556
[雍正]畿輔通志一百二十卷 ……… 1－443
[雍正]畿輔通志一百二十卷 ……… 1－443
[同治]畿輔通志三百卷首一卷 …… 1－443
[同治]畿輔通志三百卷首一卷 …… 1－443
[同治]畿輔通志三百卷首一卷 …… 1－443

畿輔義倉圖不分卷義倉條規不分卷
………………………………………… 2－26
畿輔叢書……………………………… 2－434
畿輔叢書一百七十九種一千五百二
十四卷……………………………… 2－533
畿輔叢書一百七十九種一千五百二
十四卷……………………………… 2－533
畿輔叢書一百七十九種一千五百二
十四卷……………………………… 2－533
畿輔叢書一百七十九種一千五百二
十四卷……………………………… 2－533

十六畫

璞齋集詩七卷詞一卷清足居集一卷
蕉窗詞一卷………………………… 2－358
璞齋集詩六卷詞一卷清足居集一卷
蕉窗詞一卷………………………… 2－358
璞璧攷一卷………………………… 2－186
靜志居詩話二十四卷……………… 2－444
靜志居詩話二十四卷……………… 2－516
靜厓詩稿十二卷後稿十二卷續稿六
卷…………………………………… 1－108
靜宜吟館詩集不分卷……………… 2－354
靜思堂初稿不分卷………………… 2－371
靜修先生文集十二卷……………… 2－413
靜修先生文集十二卷……………… 2－413
［同治］靜海縣志八卷 …………… 1－420
靜菴文集四卷詩集六卷…………… 2－505
靜菴遺集二種十六卷……………… 2－573
靜庵文集不分卷…………………… 2－515
靜惕堂詩集四十四卷……………… 1－112
靜嘯齋存草十卷…………………… 1－148
靜默齋詩集二卷…………………… 1－120
靜齋新集四卷……………………… 2－372
靜觀室三蘇文選十六卷 ………… 1－91
隸辨八卷…………………………… 1－241
隸辨八卷…………………………… 1－241
駱大司馬奏稿十六卷……………… 1－372
駱文忠公年譜二卷………………… 1－316
駱文忠公年譜二卷………………… 1－316
駱文忠公年譜二卷………………… 1－316
駱文忠公奏稿二十七卷附錄一卷…… 1－367
駱文忠公奏稿二十七卷附錄一卷…… 1－367
駱文忠公奏稿二十七卷附錄一卷…… 1－367
駱文忠公奏稿十卷………………… 2－462
駱丞集四卷………………………… 2－398
駱丞集四卷辨譌考異二卷………… 2－396
駱賓王集二卷……………………… 1－129
駢文類纂四十六卷附序目撰人姓氏
………………………………………… 2－290
駢雅七卷…………………………… 1－248
駢雅七卷駢雅訓纂十六卷序目一卷
………………………………………… 1－248
駢雅七卷駢雅訓纂十六卷序目一卷
………………………………………… 1－248
駢雅訓纂十六卷序目一卷………… 1－247
駢雅訓纂十六卷序目一卷附補遺…… 1－247
駢雅訓纂十六卷序目一卷附補遺…… 1－247
駢雅訓纂十六卷序目一卷附補遺…… 1－247
駢體文鈔三十一卷 ……………… 1－94
駢體南鍼十六卷…………………… 2－290
撼山草堂遺稿三卷附補錄一卷……… 2－330
據梧集四卷………………………… 1－108
據梧詩集十五卷萬里小遊僊集一卷
附都門贈行詩……………………… 1－114
據經樓五言律詩選四卷 ………… 1－97
據鞍錄一卷 ……………………… 1－42
擇執錄十二卷 …………………… 1－59
擔公遺詩不分卷…………………… 2－331
擔峰詩四卷 ……………………… 1－99
擔峯詩四卷………………………… 2－313
壇經一卷…………………………… 2－203
壇經一卷…………………………… 2－204
擁書堂詩集四卷…………………… 2－357
燕下鄉睉錄十六卷………………… 2－226
燕山外史註釋八卷附燕山外史補註
………………………………………… 2－243
燕子春秋一卷……………………… 2－171
燕丹子三卷………………………… 2－137
燕丹子三卷………………………… 2－137
燕丹子三卷………………………… 2－137

燕市集二卷 …………………………… 1－148
燕京開教畧三篇 ……………………… 2－213
燕京開教畧三篇 ……………………… 2－213
燕京開教畧三篇 ……………………… 2－213
燕京歲時記不分卷 …………………… 1－396
燕京歲時記不分卷 …………………… 2－221
燕南二俊詩鈔二卷 …………………… 2－313
燕泉何先生餘冬序錄六十五卷 ……… 1－77
燕遊集一卷留月軒文鈔一卷三冬宵
夜詩一卷 …………………………… 2－511
燕禧堂五種十五卷 …………………… 1－168
燕翼貽謀錄五卷 ……………………… 1－310
薑露盦雜記六卷 ……………………… 2－229
薑露盦雜記六卷 ……………………… 2－229
薛子道論三卷 ………………………… 2－156
薛子道論三卷 ………………………… 2－540
薛文清公［瑄］年譜一卷 …………… 1－141
薛文清公［瑄］年譜一卷 …………… 1－141
薛文清公讀書全錄類編二十卷 ……… 1－147
薛文清公讀書全錄類編二十卷附薛
文清公策目一卷 …………………… 1－141
薛文清公讀書全錄類編二十卷附薛
文清公策目一卷 …………………… 1－147
薛考功集十卷 ………………………… 2－423
薛象峰詩集二卷 ……………………… 1－106
薛庸盦文別集六卷 …………………… 2－498
薛趙二尚書遺稿 ……………………… 1－367
薇省同聲集五卷 ……………………… 2－525
薇省詞鈔十卷附錄一卷 ……………… 2－526
薈蕞編二十卷 ………………………… 2－226
薈蕞編二十卷 ………………………… 2－226
薈蕞編二十卷 ………………………… 2－226
薈蕞編二十卷 ………………………… 2－226
薈蕞編二十卷 ………………………… 2－226
薈蕞編二十卷 ………………………… 2－226
［道光］薊州志十卷首一卷 ………… 1－485
薝蔔花館詩集二卷詩補遺一卷詞集
一卷詞補遺一卷 …………………… 2－362
蕭連州著述手蹟不分卷 ……………… 2－388
蕭選韻系二卷 ………………………… 1－256
［嘉慶］蕭縣志十八卷首一卷 ……… 1－479
［嘉慶］蕭縣志十八卷首一卷 ……… 1－479
翰苑分書臨文正宗六種 ……………… 2－297
翰海十二卷 …………………………… 1－96
翰海十二卷 …………………………… 2－301
頤志齋四譜四卷 ……………………… 1－320
頤志齋叢書二十一種四十二卷 ……… 2－569
頤情館聞過集十二卷 ………………… 2－50
頤道堂詩選十四卷外集八卷補遺四
卷 …………………………………… 2－348
頤綵堂詩文集三十一卷 ……………… 2－491
頤綵堂詩文集三十一卷 ……………… 2－491
噩夢一卷 ……………………………… 2－565
鴞葉菴遺稿不分卷 …………………… 2－366
樹人堂讀杜詩二十五卷首一卷 ……… 1－120
樹經堂詠史詩八卷附題辭 …………… 2－353
橫雲山人集二十七卷颺言集五卷 …… 1－112
橫塘集二十卷 ………………………… 2－409
橫橋吟館圖題詠一卷 ………………… 2－338
橫橋吟館圖題詠一卷 ………………… 2－338
樸庵叢稿四種五卷 …………………… 2－576
橋水文集四卷 ………………………… 2－493
橋西雜記一卷 ………………………… 2－383
橋西雜記一卷 ………………………… 2－383
橋西雜記一卷 ………………………… 2－383
檇李遺書二十六種八十五卷 ………… 2－424
檇李遺書二十六種八十五卷 ………… 2－562
樵川二家詩六卷 ……………………… 2－410
樵川二家詩六卷 ……………………… 2－410
樵說十二卷 …………………………… 1－327
輶軒使者絕代語釋別國方言十三卷
…………………………………… 1－14
輶軒語一卷 …………………………… 2－377
輶軒語一卷 …………………………… 2－378
輶軒語七卷 …………………………… 2－221
輶軒語七卷 …………………………… 2－221
輶軒語七卷 …………………………… 2－221
賴古堂尺牘新鈔二選藏弆集十六卷
…………………………………… 2－445
賴古堂尺牘新鈔二選藏弆集十六卷
…………………………………… 2－303

賴古堂尺牘新鈔三選結隣集十六卷
…………………………………………… 1－95
賴古堂名賢尺牘新鈔十二卷 ………… 1－95
賴古堂名賢尺牘新鈔十二卷………… 2－299
賴古堂名賢尺牘新鈔十二卷二選藏
弆集十六卷 ………………………… 1－95
賴古堂名賢尺牘新鈔十二卷二選藏
弆集十六卷 ………………………… 1－95
賴古堂集二十四卷附録一卷………… 1－152
賴古堂集二十四卷附錄一卷………… 2－575
賴古齋文集八卷……………………… 2－508
融堂書解二十卷……………………… 1－187
醒世要言一卷………………………… 2－204
醒世修行經不分卷…………………… 2－208
醒世姻緣傳一百回 ………………… 1－84
醒世粹言續編不分卷………………… 2－515
醒世錄八卷 ………………………… 1－72
醒悟人心不分卷……………………… 2－204
醒睡錄初集十卷……………………… 2－233
醒園錄二卷…………………………… 2－386
勵學譯編不分卷……………………… 2－129
歷史策題會纂八卷…………………… 1－275
歷代大事歌略四卷…………………… 1－307
歷代世系紀年編一卷………………… 2－121
歷代史表五十九卷…………………… 2－120
歷代史略十段錦詞話註二卷附歷代
帝王紀一卷 ………………………… 1－55
歷代史略六卷………………………… 1－257
歷代史論一編四卷…………………… 2－112
歷代史論十二卷……………………… 2－109
歷代史論十二卷……………………… 2－109
歷代史論十二卷……………………… 2－110
歷代史論十二卷……………………… 2－110
歷代史論十二卷……………………… 2－110
歷代史論十二卷……………………… 2－110
歷代史論十二卷……………………… 2－110
歷代史論十二卷……………………… 2－111
歷代史論十二卷附元史論一卷明史
論二卷……………………………… 2－111
歷代史論五種二十二卷……………… 2－112
歷代史雜鈔不分卷…………………… 2－106
歷代史纂左編一百四十二卷 ………… 1－52
歷代仙史八卷………………………… 2－213
歷代仙史八卷………………………… 2－213
歷代刑官考二卷……………………… 2－6
歷代地理志韻編今釋二十卷………… 1－401
歷代地理沿革表四十七卷…………… 1－529
歷代地理沿革表四十七卷…………… 1－529
歷代地理沿革表四十七卷…………… 1－529
歷代地理沿革圖不分卷……………… 1－530
歷代地理沿革圖不分卷……………… 1－530
歷代地理沿革圖不分卷……………… 1－530
歷代地理沿革圖不分卷……………… 1－530
歷代年號紀略二卷…………………… 1－274
歷代名人年譜十卷附存疑及生卒年
月無攷一卷………………………… 1－321
歷代名人年譜十卷附存疑及生卒年
月無攷一卷………………………… 1－321
歷代名人年譜十卷附存疑及生卒年
月無攷一卷………………………… 1－322
歷代名人年譜十卷附存疑及生卒年
月無攷一卷………………………… 1－322
歷代名臣言行錄二十四卷…………… 1－315
歷代名臣言行錄二十四卷…………… 1－315
歷代名臣言行錄二十四卷…………… 1－315
歷代名臣言行錄二十四卷…………… 1－315
歷代名臣言行錄二十四卷…………… 1－315
歷代名臣言行錄二十四卷…………… 1－315
歷代名臣言行錄二十四卷…………… 1－315
歷代名臣言行錄二十四卷…………… 1－315
歷代名臣言行錄二十四卷…………… 1－315
歷代名臣言行錄二十四卷…………… 1－315
歷代名臣言行錄二十四卷…………… 1－315
歷代名臣言行錄二十四卷…………… 1－346
歷代名臣傳三十五卷續編五卷 ……… 1－27
歷代名臣傳三十五卷續編五卷循吏
傳八卷……………………………… 1－311
歷代名臣傳節錄三十卷……………… 1－313
歷代名臣傳節錄三十卷……………… 1－313
歷代名臣傳續編五卷………………… 1－311
歷代名將事略不分卷………………… 1－331
歷代名將事略不分卷………………… 1－331

歷代名將事略不分卷…………………… 2－164
歷代名將事略不分卷…………………… 2－164
歷代名媛尺牘二卷……………………… 2－301
歷代名媛圖二卷………………………… 2－192
歷代名賢手劄八卷……………………… 2－301
歷代名儒傳八卷………………………… 1－311
歷代名儒傳八卷………………………… 1－311
歷代奸庯叚鑒錄三十二卷……………… 1－326
歷代君鑒五十卷 ……………………… 1－47
歷代長術輯要十卷附古今推步諸術
　攷二卷………………………………… 2－179
歷代長術輯要十卷附古今推步諸術
　攷二卷………………………………… 2－179
歷代治權分合系統表不分卷………… 1－274
歷代治權分合系統表不分卷………… 1－274
歷代宗廟附考八卷……………………… 2－2
歷代建元考二卷總論一卷類考一卷
　前編一卷外編四卷…………………… 2－114
歷代政治類編十二卷…………………… 1－558
歷代帝王世系圖不分卷………………… 2－120
歷代帝王世系圖不分卷………………… 2－120
歷代帝王世系圖不分卷………………… 2－120
歷代帝王世系圖不分卷………………… 2－120
歷代帝王年表…………………………… 1－269
歷代帝王年表三卷……………………… 2－120
歷代帝王法帖釋文考異十卷 ………… 1－69
歷代帝王紀要十二卷…………………… 1－327
歷代帝王紀要十二卷…………………… 1－327
歷代帝王紀要十二卷…………………… 1－327
歷代帝王統系全圖不分卷……………… 2－118
歷代帝系年號考二十卷 ……………… 1－21
歷代紀元彙考八卷附皇朝紀元彙考
　一卷…………………………………… 2－117
歷代紀元彙考五卷……………………… 2－117
歷代紀元彙考五卷……………………… 2－117
歷代紀年便覽一卷……………………… 1－273
歷代都江堰功小傳二卷………………… 1－320
歷代黃河變遷圖考四卷………………… 1－494
歷代黃河變遷圖考四卷………………… 1－494
歷代略一卷……………………………… 1－257
歷代國都一卷 ………………………… 1－55
歷代策論約編不分卷…………………… 2－295
歷代循吏傳八卷………………………… 1－312
歷代循吏傳八卷………………………… 1－312
歷代循吏傳八卷………………………… 1－312
歷代循吏傳八卷………………………… 1－312
歷代詠史樂府二十卷…………………… 2－118
歷代詞腴二卷附眠鷗集遺詞一卷…… 2－526
歷代畫史彙傳七十二卷首一卷附錄
　二卷…………………………………… 1－322
歷代畫像傳四卷 ……………………… 1－29
歷代統系錄六卷………………………… 2－119
歷代載籍足徵錄一卷…………………… 1－213
歷代節義名臣錄十卷…………………… 1－335
歷代詩發四十二卷……………………… 1－120
歷代經濟文統編三十二卷……………… 2－143
歷代賢儒景行錄二卷…………………… 1－336
歷代賦楷八卷首一卷…………………… 1－121
歷代輿地沿革險要圖不分卷………… 1－529
歷代輿地沿革險要圖不分卷………… 1－529
歷代輿地沿革險要圖不分卷………… 1－529
歷代輿地沿革險要圖不分卷………… 1－529
歷代輿地沿革險要圖不分卷………… 1－529
歷代輿地沿革險要圖不分卷………… 1－529
歷代職官表七十二卷首一卷 ………… 2－53
歷代職官表七十二卷首一卷 ………… 2－53
歷代職官表七十二卷首一卷 ………… 2－53
歷代職官表七十二卷首一卷 ………… 2－53
歷代職官表六卷 ……………………… 2－54
歷代邊事彙鈔十二卷…………………… 1－308
歷代邊事彙鈔十二卷…………………… 1－309
歷代疆域表三卷圖一卷………………… 1－387
歷代鐘鼎彝器款識法帖二十卷 ……… 1－52
歷代鐘鼎彝器款識法帖二十卷 ……… 1－52
歷代鐘鼎彝器款識法帖二十卷……… 1－243
歷代鐘鼎彝器款識法帖二十卷……… 1－243
歷代鐘鼎彝器款識法帖二十卷……… 2－102
歷代鐘鼎彝器款識法帖二十卷……… 2－102
歷代鐘鼎彝器款識法帖二十卷……… 2－103
歷代鐘鼎彝器款識法帖二十卷……… 2－103
歷年紀畧不分卷 ……………………… 1－29
歷年通行不分卷………………………… 2－262

歷科名墨簡摩集不分卷 ……………… 2－297
[乾隆]歷陽典録三十四卷附歷陽典
　録補六卷 ………………………… 1－464
[乾隆]歷陽典録三十四卷附歷陽典
　録補六卷 ………………………… 1－464
[乾隆]歷陽典録三十四卷附歷陽典
　録補六卷 ………………………… 1－465
[乾隆]歷陽典録三十四卷附歷陽典
　録補六卷 ………………………… 1－465
歷朝二十五家詩録三十七卷首一卷
　………………………………… 2－355
歷朝世史紀要不分卷鑑論必讀四十
　卷首一卷 ………………………… 1－273
歷朝古體近體詩箋評自知集十二卷
　………………………………… 2－308
歷朝名媛尺牘二卷 …………………… 2－301
歷朝名媛詩詞十二卷 ………………… 1－100
歷朝名媛詩詞十二卷 ………………… 1－100
歷朝名媛詩詞十二卷 ………………… 1－108
歷朝捷録全文十一卷 ………………… 1－21
歷朝捷録直解十一卷首一卷 ………… 1－21
歷朝詞綜一百六卷 …………………… 2－521
歷朝詞綜一百六卷 …………………… 2－522
歷朝詩約選九十三卷 ………………… 2－312
曆數考正集不分卷 …………………… 1－309
曆學駢枝四卷 ………………………… 1－67
頻吉祥禪師語録十五卷 ……………… 1－71
頻羅庵遺集十六卷 …………………… 2－488
頻羅庵遺集十六卷 …………………… 2－488
頻羅庵遺集十六卷 …………………… 2－488
餐芍華館隨筆二卷 …………………… 2－452
餐芍華館遺文三卷 …………………… 2－467
餐霞樓詩軼稿不分卷 ………………… 2－331
餐霞樓詩軼稿不分卷 ………………… 2－331
盧黄州詩集六卷附一卷 ……………… 2－343
盧漢鐵路比商借款條議不分卷 ……… 2－16
曉林府君行述一卷深柳書堂賸稿一
　卷 ………………………………… 1－321
曉庵先生文集三卷詩集二卷 ………… 2－514
曉瀛遺稿二卷 ………………………… 2－461
曇雲閣詩集八卷附録二卷外集一卷
　補遺一卷 ………………………… 2－343
戰略攷三十一卷 ……………………… 2－166
戰國紀年六卷地輿一卷年表一卷 …… 1－274
戰國策十卷 …………………………… 1－23
戰國策十卷 …………………………… 1－284
戰國策十卷 …………………………… 1－285
戰國策十卷 …………………………… 1－285
戰國策十卷 …………………………… 1－285
戰國策三十三卷 ……………………… 1－22
戰國策三十三卷 ……………………… 1－23
戰國策三十三卷 ……………………… 1－23
戰國策三十三卷 ……………………… 1－23
戰國策三十三卷 ……………………… 1－285
戰國策三十三卷 ……………………… 1－285
戰國策三十三卷 ……………………… 1－285
戰國策三十三卷 ……………………… 1－285
戰國策三十三卷 ……………………… 1－285
戰國策三十三卷 ……………………… 1－285
戰國策三十三卷 ……………………… 1－285
戰國策三十三卷 ……………………… 1－285
戰國策三十三卷 ……………………… 1－285
戰國策去毒二卷附東西二周考一卷
　去毒編年一卷 …………………… 1－23
戰國策補註三十三卷 ………………… 1－285
戰國策譚棷十卷附録一卷 …………… 1－23
戰國策釋地二卷 ……………………… 1－395
還山遺稿二卷附録一卷 ……………… 2－415
還古書院志十八卷 …………………… 1－42
還古書院志十九卷 …………………… 1－526
還冤記一卷 …………………………… 2－244
還硯齋全集十種二十八卷 …………… 2－485
還硯齋雜著四卷還硯齋古近體詩略
　一卷 ……………………………… 2－457
還硯齋雜著四卷還硯齋古近體詩略
　一卷 ……………………………… 2－457
還經録一卷 …………………………… 2－161
還讀我書室老人手訂年譜二卷 ……… 1－316
還讀我書室老人手訂年譜二卷 ……… 1－316
還讀我書室老人手訂年譜二卷 ……… 1－316
還讀我書室老人手訂年譜二卷 ……… 1－316
還讀我書室老人手訂年譜二卷 ……… 1－317

還讀我書室老人手訂年譜二卷……… 1－341
還讀我書室老人手訂年譜二卷……… 1－341
嘯古堂文集八卷……………………… 2－475
嘯古堂文集八卷……………………… 2－475
嘯雨草堂集十卷……………………… 2－512
嘯亭雜錄十卷續錄三卷……………… 1－294
嘯亭雜錄十卷續錄三卷……………… 1－294
嘯亭雜錄十卷續錄三卷……………… 1－294
嘯亭雜錄十卷續錄三卷……………… 1－294
嘯亭雜錄十卷續錄三卷……………… 1－294
嘯亭雜錄十卷續錄三卷……………… 1－294
嘯亭雜錄十卷續錄三卷……………… 1－294
嘯亭雜錄十卷續錄三卷……………… 1－294
嘯亭雜錄十卷續錄三卷……………… 1－294
嘯亭雜錄十卷續錄三卷……………… 1－294
嘯亭雜錄十卷續錄三卷……………… 1－294
嘯亭雜錄十卷續錄三卷……………… 1－294
嘯亭雜錄十卷續錄三卷……………… 1－294
嘯亭雜錄十卷續錄三卷……………… 2－233
嘯亭雜錄十卷續錄三卷……………… 2－233
嘯亭雜錄十卷續錄三卷……………… 2－245
嘯軒詩鈔一卷………………………… 2－479
嘯園叢書五十九種一百九十卷……… 2－552
嘯園叢書五十九種一百九十卷……… 2－552
嘯園叢書五十九種一百九十卷……… 2－552
嘯餘譜十一卷………………………… 1－166
蟛蛄雜記十二卷 …………………… 1－85
嶧桐文集十卷嶧桐詩集十卷………… 2－427
嶼浮閣賦集一卷嶼浮閣詩集十三卷
……………………………………… 2－328
嶼浮閣賦集一卷嶼浮閣詩集十三卷
……………………………………… 2－328
圜天圖說三卷續編二卷首一卷 ……… 1－66
默記三卷……………………………… 2－377
黔史四卷……………………………… 1－519
［光緒］黔江縣志五卷首一卷 ……… 1－491
黔事記不分卷………………………… 1－329
黔南識略三十二卷…………………… 1－519
黔風演四卷…………………………… 2－359
黔風舊聞錄六卷……………………… 2－369
黔記四卷……………………………… 1－528
黔書二卷……………………………… 1－524
黔詩紀略三十三卷…………………… 2－321
黔詩紀略三十三卷…………………… 2－321
黔詩紀略三十三卷…………………… 2－321
黔詩紀略後編三十卷黔詩紀略補三
卷…………………………………… 2－337
黔語二卷……………………………… 1－528
積古齋鐘鼎款識稿本四卷附卷一卷
……………………………………… 2－100
積古齋鐘鼎彝器款識十卷…………… 2－103
積古齋鐘鼎彝器款識十卷…………… 2－191
積石山房四書文三卷………………… 2－474
積石文稿十八卷詩存四卷南池唱和
詩存一卷鱠餘編一卷……………… 2－487
積石文稿十八卷詩存四卷南池唱和
詩存一卷鱠餘編一卷……………… 2－487
積石文稿十八卷詩存四卷南池唱和
詩存一卷鱠餘編一卷……………… 2－487
積學齋叢書二十種六十三卷………… 2－555
積學齋叢書二十種六十三卷………… 2－555
積學齋叢書二十種六十三卷………… 2－555
穆天子傳六卷………………………… 1－282
穆天子傳六卷………………………… 2－139
穆天子傳註疏六卷首一卷末一卷 …… 1－24
穆克登阿雜鈔不分卷………………… 2－285
穆勒名學不分卷……………………… 2－272
穆堂外稾六卷………………………… 2－461
穆堂別藁五十卷……………………… 1－153
穆堂初稿五十卷別稿五十卷………… 2－495
穆堂初藁五十卷……………………… 1－153
穆堂初藁五十卷……………………… 1－153
穆堂詩文鈔十一卷…………………… 2－510
篤素堂文集十六卷詩集七卷………… 1－155
篤素堂文集四卷……………………… 2－466
篤素堂文集四卷……………………… 2－466
篤素堂集鈔三卷……………………… 2－466
篤舊集十八卷………………………… 2－341
篷窗隨錄十四卷附錄二卷…………… 2－274
篷窗隨錄十四卷附錄二卷篷窗續錄
二卷………………………………… 2－274
篷窗隨錄十四卷附錄二卷篷窗續錄

二卷……………………………… 2－274
舉人貢生報捐國子監助教等官條例
不分卷……………………………… 2－1
［光緒］興山縣志二十二卷 ………… 1－467
［光緒］興國州志三十六卷首一卷 … 1－461
［同治］興國縣志四十六卷首一卷 … 1－455
學文堂文集十六卷學文堂詩集五卷
學文堂詩餘三卷…………………… 2－546
學文堂文集十六卷學文堂詩集五卷
學文堂詩餘三卷…………………… 2－546
學古堂日記四十種五十四卷………… 2－560
學古齋金石叢書十二種七十二卷…… 2－549
學古齋金石叢書十二種七十二卷…… 2－549
學仕錄十六卷 ……………………… 2－53
學仕錄十六卷 ……………………… 2－53
學步堂文稿不分卷…………………… 2－296
學佛考訓十卷 ……………………… 1－71
學言稿六卷…………………………… 1－139
學林十卷……………………………… 2－147
學林十卷……………………………… 2－219
學林十卷……………………………… 2－219
學易集八卷…………………………… 2－409
學易集八卷…………………………… 2－409
學制統述二卷………………………… 2－3
學治一得編一卷附錄一卷…………… 1－546
學治一得編一卷附錄一卷…………… 1－546
學治書紳二卷 ……………………… 2－64
學治書紳二卷 ……………………… 2－64
學治臆說二卷 ……………………… 2－65
學治臆說二卷………………………… 2－541
學治臆說二卷附學治續說不分卷 …… 2－65
學治臆說二卷續說一卷說贅一卷佐
治藥言一卷續一卷 ………………… 2－65
學治識端不分卷……………………… 1－376
學治續說一卷說贅一卷……………… 2－541
學津討原二十集一百七十五種一千
六十二卷…………………………… 1－167
學圃詩稾不分卷……………………… 2－373
學圃藼蘇六卷 ……………………… 1－26
學海君道部二百四十卷目錄八卷 …… 1－58
學海堂集十六卷二集二十二卷三集
二十四卷…………………………… 2－435
學海堂集十六卷二集二十二卷三集
二十四卷…………………………… 2－435
學海堂集初集十六卷二集二十二卷
三集二十四卷四集二十八卷……… 2－515
學海堂集初集十六卷二集二十二卷
三集二十四卷四集二十八卷……… 2－515
學海堂課藝不分卷…………………… 2－304
學海堂叢刻十三種二十九卷………… 2－557
學宮志不分卷………………………… 1－346
學宮備考十卷首一卷末一卷………… 1－328
學案小識十五卷首一卷末一卷……… 1－312
學案小識十五卷首一卷末一卷……… 1－312
學案小識十五卷首一卷末一卷……… 1－312
學案小識十五卷首一卷末一卷……… 1－312
學案小識十四卷首一卷末一卷……… 1－314
學案小識十四卷首一卷末一卷……… 1－314
學案小識十四卷首一卷末一卷……… 1－314
學案初模不分卷續編不分卷………… 2－263
學規類編二十七卷 ………………… 1－62
學庸竊補十四卷提要二卷…………… 1－9
學詁齋文集二卷……………………… 2－507
學詁齋文集二卷……………………… 2－507
學詁齋文集二卷……………………… 2－507
學詁齋文集二卷……………………… 2－507
學統五十三卷………………………… 1－335
學蔀通辯前編三卷後編三卷續編三
卷終編三卷 ………………………… 1－63
學算存略三卷………………………… 2－186
學算筆談十二卷……………………… 2－176
學齋佔嗶一卷………………………… 2－233
儒行集傳二卷 ……………………… 1－63
儒行集傳二卷………………………… 1－202
儒志編一卷…………………………… 2－162
儒林公議二卷 ……………………… 1－82
儒林宗派十六卷 …………………… 1－50
儒林宗派十六卷……………………… 1－351
儒林宗派十六卷……………………… 1－351
儒林宗派十六卷 …………………… 2－90
儒林宗派十六卷 …………………… 2－90
儒林宗派十六卷 …………………… 2－90

儒門事親十五卷 …………………………… 1－66
儒門法語輯要不分卷………………………… 2－158
儒門語要六卷首一卷………………………… 2－467
儒宗理要二十九卷 ………………………… 1－60
儒宗理要二十九卷 ………………………… 1－61
儒酸福傳奇二卷……………………………… 2－530
儒酸福傳奇二卷……………………………… 2－530
衡山集五卷…………………………………… 2－362
[光緒]衡山縣志四十五卷首一卷 … 1－412
[乾隆]衡水縣志十四卷 ……………… 1－448
[乾隆]衡水縣志十四卷 ……………… 1－448
[乾隆]衡州府志三十三卷首一卷 …… 1－37
[同治]衡陽縣志十二卷 ……………… 1－473
[同治]衡陽縣志十二卷 ……………… 1－474
衡齋算學遺書合刻二種十六卷……… 2－186
錢氏家集三十四卷…………………………… 2－489
錢氏家集三十四卷附錄二種二卷…… 2－489
錢文敏公全集三種三十卷……………… 1－169
錢辛楣先生年譜一卷竹汀居士年譜
　續編一卷…………………………………… 2－468
錢辛楣先生年譜一卷竹汀居士年譜
　續編一卷…………………………………… 2－468
錢辛楣先生年譜一卷竹汀居士年譜
　續編一卷…………………………………… 2－468
錢辛楣先生年譜一卷竹汀居士年譜
　續編一卷…………………………………… 2－469
錢牧齋文鈔不分卷…………………………… 2－419
錢牧齋尺牘三卷補遺一卷……………… 2－299
錢物轉流原理不分卷……………………… 2－260
錢南園先生遺集五卷……………………… 2－457
錢南園先生遺集五卷……………………… 2－474
錢神志七卷…………………………………… 2－220
錢神志七卷…………………………………… 2－220
錢神志七卷…………………………………… 2－220
錢敏肅公奏疏七卷………………………… 1－373
錢敏肅公奏疏七卷………………………… 1－373
錢敏肅公奏疏七卷………………………… 1－373
錢塘先賢傳贊一卷附錄一卷………… 1－324
錢塘先賢傳贊一卷附錄一卷………… 1－326
錢塘遺事十卷………………………………… 2－382
錢塘遺事十卷………………………………… 2－382
錢塘遺事十卷………………………………… 2－382
[萬曆]錢塘縣志十紀附流芳亭記一
　卷…………………………………………… 1－432
[萬曆]錢塘縣志十紀附流芳亭記一
　卷…………………………………………… 1－432
[萬曆]錢塘縣志十紀附流芳亭記一
　卷…………………………………………… 1－432
[萬曆]錢塘縣志十紀附流芳亭記一
　卷…………………………………………… 1－432
錢穀視成二卷考成規則二卷 ………… 2－12
錢穀備要十卷 ……………………………… 2－23
錢穀備要十卷 ……………………………… 2－23
錢穀備要不分卷 …………………………… 2－23
錫山文集二十卷附姓名總目………… 2－279
錫山文集二十卷附姓名總目………… 2－279
錫山景物略十卷…………………………… 1－502
錫山遊庠錄二卷首一卷 ……………… 2－94
錫金四哲事實惠存………………………… 2－8
錫金科第攷六卷 …………………………… 2－94
錫金科第攷六卷附年表………………… 1－559
錫金鄉土地理二卷………………………… 1－395
錫金鄉土地理二卷………………………… 1－395
錫金鄉土地理二卷………………………… 1－395
[光緒]錫金鄉土歷史二卷 ………… 1－489
[光緒]錫金鄉土歷史二卷 ………… 1－489
錫金遊庠續錄一卷 ……………………… 2－94
錫金識小錄十二卷………………………… 1－390
錫金識小錄十二卷………………………… 1－390
錫金識小錄十二卷………………………… 1－390
錫金識小錄十二卷………………………… 1－390
錫金識小錄十二卷………………………… 1－390
錫金識小錄十二卷………………………… 1－391
錦上花四十八回…………………………… 2－253
錦帆集四卷附去吳七牘一卷………… 1－146
錦字箋四卷………………………………… 2－302
錦里耆舊傳八卷…………………………… 1－293
錦里耆舊傳四卷 ………………………… 1－25
錦香亭四卷十六回………………………… 2－253
錦香亭綾帕記四卷………………………… 2－253
錦帶書一卷………………………………… 2－406
錦瑟集不分卷……………………………… 2－515

錦繡萬花谷前集四十卷後集四十卷
續集四十卷 …………………………… 1－11
劍南詩鈔不分卷………………………… 2－318
劍俠傳四卷……………………………… 1－330
劍客叢譔………………………………… 2－279
［乾隆］歙縣志二十卷首一卷 ……… 1－485
歙縣館錄不分卷………………………… 1－526
墾務奏議不分卷………………………… 1－372
館律分韻初編六卷……………………… 1－251
［雍正］館陶縣志十二卷 …………… 1－469
館閣律賦雅正註釋六卷………………… 2－375
雕丘雜錄十八卷………………………… 1－123
鮑氏家集四十六卷……………………… 2－352
鮑氏國策十卷 ………………………… 1－23
鮑參軍集二卷…………………………… 2－412
［光緒］獲鹿縣志十四卷首一卷末一
卷………………………………………… 1－467
獨旦集八卷……………………………… 2－367
獨悟庵叢鈔四種十三卷………………… 2－554
獨深居點定玉茗堂集三十卷…………… 1－142
獨善堂文集八卷………………………… 2－476
獨學廬尺牘偶存二卷…………………… 2－300
獨學廬初稿八卷二稿三卷三稿五卷
外集一卷………………………………… 1－160
獨斷一卷………………………………… 2－232
鴛鴦湖櫂歌五卷………………………… 2－358
諧聲譜二卷……………………………… 1－234
諧聲譜二卷……………………………… 1－234
諧鐸十二卷……………………………… 2－239
諭旨（光緒二十四年） ……………… 1－362
諭旨（光緒十二年、十四年） ……… 1－361
諭旨（光緒八年至十一年、十四年）
…………………………………………… 1－361
諭摺彙存（光緒二十二年三月）不分
卷………………………………………… 1－359
諭摺彙存（光緒二十二年正月）不分
卷………………………………………… 1－354
諭摺彙存（光緒二十七年十一月）不
分卷……………………………………… 1－359
諭摺彙存（光緒二十八年十二月）不
分卷……………………………………… 1－360
諭摺彙存（光緒二十八年六月）不分
卷………………………………………… 1－359
諭摺彙存（光緒二十九年十一月）不
分卷……………………………………… 1－354
諭摺彙存（光緒二十九年十二月）不
分卷……………………………………… 1－355
諭摺彙存（光緒二十九年十月）不分
卷………………………………………… 1－354
諭摺彙存（光緒二十九年十月）不分
卷………………………………………… 1－360
諭摺彙存（光緒二十九年八月）不分
卷………………………………………… 1－355
諭摺彙存（光緒二十九年閏五月）不
分卷……………………………………… 1－358
諭摺彙存（光緒二十三年二月）不分
卷………………………………………… 1－358
諭摺彙存（光緒二十三年十二月）不
分卷……………………………………… 1－358
諭摺彙存（光緒二十三年十月）不分
卷………………………………………… 1－358
諭摺彙存（光緒二十三年七月）不分
卷………………………………………… 1－358
諭摺彙存（光緒二十三年三月）不分
卷………………………………………… 1－358
諭摺彙存（光緒二十三年五月）不分
卷………………………………………… 1－359
諭摺彙存（光緒二十三年六月）不分
卷………………………………………… 1－359
諭摺彙存（光緒二十三年四月）不分
卷………………………………………… 1－359
諭摺彙存（光緒二十五年十一月）不
分卷……………………………………… 1－360
諭摺彙存（光緒二十五年十二月）不
分卷……………………………………… 1－359
諭摺彙存（光緒二十五年十月）不分
卷………………………………………… 1－358
諭摺彙存（光緒二十五年九月）不分
卷………………………………………… 1－360
諭摺彙存（光緒二十五年四月）不分
卷………………………………………… 1－354
諭摺彙存（光緒二十五年四月）不分

卷 …………………………………… 1－360
論摺彙存（光緒二十四年二月）不分卷 …………………………………… 1－359
論摺彙存（光緒二十四年二月）不分卷 …………………………………… 1－360
論摺彙存（光緒二十四年十一月）不分卷 …………………………………… 1－359
論摺彙存（光緒二十四年十二月）不分卷 …………………………………… 1－359
論摺彙存（光緒二十四年十月）不分卷 …………………………………… 1－358
論摺彙存（光緒二十四年七月）不分卷 …………………………………… 1－360
論摺彙存（光緒二十四年八月）不分卷 …………………………………… 1－359
論摺彙存（光緒二十四年八月）不分卷 …………………………………… 1－359
論摺彙存（光緒二十四年九月）不分卷 …………………………………… 1－354
論摺彙存（光緒二十四年三月）不分卷 …………………………………… 1－359
論摺彙存（光緒二十四年五月）不分卷 …………………………………… 1－359
論摺彙存（光緒二十四年六月）不分卷 …………………………………… 1－354
論摺彙存（光緒二十四年正月）不分卷 …………………………………… 1－359
論摺彙存（光緒二十四年正月）不分卷 …………………………………… 1－360
論摺彙存（光緒二十四年四月）不分卷 …………………………………… 1－358
論摺彙存（光緒二十四年閏三月）不分卷 …………………………………… 1－358
論摺彙存（光緒二十四年閏三月）不分卷 …………………………………… 1－359
論摺彙存（光緒二十年六月）不分卷 …………………………………… 1－360
論摺彙存（光緒二十年正月）不分卷 …………………………………… 1－359
論摺彙存（光緒十八年十月）不分卷 …………………………………… 1－354
論摺彙存（光緒十九年七月）不分卷 …………………………………… 1－359
論摺彙存（光緒三十一年二月）不分卷 …………………………………… 1－356
論摺彙存（光緒三十一年二月）不分卷 …………………………………… 1－358
論摺彙存（光緒三十一年十一月）不分卷 …………………………………… 1－354
論摺彙存（光緒三十一年十一月）不分卷 …………………………………… 1－356
論摺彙存（光緒三十一年十一月）不分卷 …………………………………… 1－357
論摺彙存（光緒三十一年十二月）不分卷 …………………………………… 1－354
論摺彙存（光緒三十一年十二月）不分卷 …………………………………… 1－356
論摺彙存（光緒三十一年十月）不分卷 …………………………………… 1－354
論摺彙存（光緒三十一年十月）不分卷 …………………………………… 1－355
論摺彙存（光緒三十一年十月）不分卷 …………………………………… 1－356
論摺彙存（光緒三十一年七月）不分卷 …………………………………… 1－356
論摺彙存（光緒三十一年七月）不分卷 …………………………………… 1－357
論摺彙存（光緒三十一年八月）不分卷 …………………………………… 1－356
論摺彙存（光緒三十一年九月）不分卷 …………………………………… 1－356
論摺彙存（光緒三十一年三月）不分卷 …………………………………… 1－356
論摺彙存（光緒三十一年三月）不分卷 …………………………………… 1－358
論摺彙存（光緒三十一年五月）不分卷 …………………………………… 1－356
論摺彙存（光緒三十一年六月）不分卷 …………………………………… 1－356
論摺彙存（光緒三十一年六月）不分卷 …………………………………… 1－358
論摺彙存（光緒三十一年正月）不分

卷………………………………… 1－355
諭摺彙存(光緒三十一年正月)不分
卷………………………………… 1－356
諭摺彙存(光緒三十一年四月)不分
卷………………………………… 1－356
諭摺彙存(光緒三十一年四月)不分
卷………………………………… 1－358
諭摺彙存(光緒三十二年二月)不分
卷………………………………… 1－354
諭摺彙存(光緒三十二年二月)不分
卷………………………………… 1－356
諭摺彙存(光緒三十二年十一月)不
分卷……………………………… 1－354
諭摺彙存(光緒三十二年十一月)不
分卷……………………………… 1－357
諭摺彙存(光緒三十二年十一月)不
分卷……………………………… 1－358
諭摺彙存(光緒三十二年十月)不分
卷………………………………… 1－355
諭摺彙存(光緒三十二年十月)不分
卷………………………………… 1－355
諭摺彙存(光緒三十二年七月)不分
卷………………………………… 1－354
諭摺彙存(光緒三十二年七月)不分
卷………………………………… 1－357
諭摺彙存(光緒三十二年八月)不分
卷………………………………… 1－357
諭摺彙存(光緒三十二年九月)不分
卷………………………………… 1－357
諭摺彙存(光緒三十二年九月)不分
卷………………………………… 1－357
諭摺彙存(光緒三十二年三月)不分
卷………………………………… 1－354
諭摺彙存(光緒三十二年三月)不分
卷………………………………… 1－356
諭摺彙存(光緒三十二年五月)不分
卷………………………………… 1－355
諭摺彙存(光緒三十二年五月)不分
卷………………………………… 1－355
諭摺彙存(光緒三十二年五月)不分
卷………………………………… 1－357
諭摺彙存(光緒三十二年六月)不分
卷………………………………… 1－357
諭摺彙存(光緒三十二年六月)不分
卷………………………………… 1－358
諭摺彙存(光緒三十二年正月)不分
卷………………………………… 1－355
諭摺彙存(光緒三十二年正月)不分
卷………………………………… 1－356
諭摺彙存(光緒三十二年四月)不分
卷………………………………… 1－354
諭摺彙存(光緒三十二年四月)不分
卷………………………………… 1－354
諭摺彙存(光緒三十二年閏四月)不
分卷……………………………… 1－356
諭摺彙存(光緒三十二年閏四月)不
分卷……………………………… 1－357
諭摺彙存(光緒三十三年二月)不分
卷………………………………… 1－357
諭摺彙存(光緒三十三年七月)不分
卷………………………………… 1－357
諭摺彙存(光緒三十三年七月)不分
卷………………………………… 1－358
諭摺彙存(光緒三十三年八月)不分
卷………………………………… 1－354
諭摺彙存(光緒三十三年八月)不分
卷………………………………… 1－357
諭摺彙存(光緒三十三年三月)不分
卷………………………………… 1－354
諭摺彙存(光緒三十三年三月)不分
卷………………………………… 1－355
諭摺彙存(光緒三十三年三月)不分
卷………………………………… 1－360
諭摺彙存(光緒三十三年五月)不分
卷………………………………… 1－357
諭摺彙存(光緒三十三年五月)不分
卷………………………………… 1－358
諭摺彙存(光緒三十三年六月)不分
卷………………………………… 1－355
諭摺彙存(光緒三十三年六月)不分
卷………………………………… 1－357
諭摺彙存(光緒三十三年六月)不分

卷…………………………………… 1－357
論摺彙存(光緒三十三年正月)不分
卷…………………………………… 1－357
論摺彙存(光緒三十三年正月)不分
卷…………………………………… 1－358
論摺彙存(光緒三十三年四月)不分
卷…………………………………… 1－355
論摺彙存(光緒三十三年四月)不分
卷…………………………………… 1－357
論摺彙存(光緒三十年二月)不分卷
…………………………………… 1－355
論摺彙存(光緒三十年十一月)不分
卷…………………………………… 1－356
論摺彙存(光緒三十年十二月)不分
卷…………………………………… 1－356
論摺彙存(光緒三十年十月)不分卷
…………………………………… 1－356
論摺彙存(光緒三十年七月)不分卷
…………………………………… 1－355
論摺彙存(光緒三十年八月)不分卷
…………………………………… 1－355
論摺彙存(光緒三十年九月)不分卷
…………………………………… 1－356
論摺彙存(光緒三十年三月)不分卷
…………………………………… 1－355
論摺彙存(光緒三十年五月)不分卷
…………………………………… 1－355
論摺彙存(光緒三十年六月)不分卷
…………………………………… 1－355
論摺彙存(光緒三十年正月)不分卷
…………………………………… 1－355
論摺彙存(光緒三十年四月)不分卷
…………………………………… 1－355
論摺彙存(同治十三年至光緒二十
七年)二十二卷 ………………… 1－360
論對録重鐫十卷首一卷……………… 1－361
諮議局章程講義九章 ……………… 2－13
憑山閣新輯尺牘寫心集四卷二集六
卷 ………………………………… 1－96
憑山閣增定留青全集二十四卷……… 2－448
憑山閣增輯留青新集三十卷 ……… 1－87
憑山閣增輯留青新集三十卷………… 2－277
憑山閣增輯留青新集三十卷………… 2－277
憑山閣增輯留青新集三十卷………… 2－441
凝香室鴻雪因緣圖記三集 …………… 1－41
凝香室鴻雪因緣圖記三集 …………… 1－41
凝香室鴻雪因緣圖記三集 …………… 1－41
凝香室鴻雪因緣圖記三集…………… 1－513
凝香室鴻雪因緣圖記三集…………… 1－513
凝香室鴻雪因緣圖記三集…………… 1－513
凝香室鴻雪因緣圖記三集…………… 1－513
凝園讀易管見十卷…………………… 1－2
凝翠集五卷…………………………… 2－422
鄭忠肅公遺録二卷…………………… 1－345
鄭海雪集箋十二卷…………………… 2－327
磨盾餘談不分卷……………………… 2－239
磨盾餘談不分卷……………………… 2－239
辨論篇一卷…………………………… 2－210
辨學啓蒙二十七章附考課諸問……… 2－261
辨學啓蒙二十七章附考課諸問……… 2－261
辨學啓蒙二十七章附考課諸問……… 2－261
辨學啓蒙二十七章附考課諸問……… 2－261
龍川文集三十卷……………………… 1－133
龍川文集三十卷……………………… 1－133
龍川文集三十卷……………………… 2－403
龍川文集三十卷……………………… 2－404
龍川文集三十卷附録一卷…………… 2－405
龍川文集三十卷附録二卷龍川文集
辨譌考異二卷……………………… 2－405
龍川文集三十卷附録二卷龍川文集
辨譌考異二卷……………………… 2－405
龍川文集三十卷附録二卷龍川文集
辨譌考異二卷……………………… 2－405
龍川文集三十卷附録二卷龍川文集
辨譌考異二卷……………………… 2－405
龍川文集三十卷附録二卷龍川文集
辨譌考異二卷……………………… 2－405
龍川文集三十卷首一卷附録一卷…… 2－405
龍川詞一卷龍川詞補一卷…………… 2－527
龍井見聞録十卷……………………… 1－525
龍文鞭影二卷附訓蒙四字經龍文鞭
影二卷……………………………… 2－161

龍文鞭影二卷附訓蒙四字經龍文鞭影二卷 …… 2－161
龍文鞭影二集二卷附訓蒙四字經龍文鞭影二集二卷 …… 2－161
龍文鞭影二集二卷附訓蒙四字經龍文鞭影二集二卷 …… 2－161
龍文鞭影四卷 …… 2－158
龍文鞭影四卷附訓蒙四字經讀本 …… 2－153
龍文鞭影四卷附訓蒙四字經讀本 …… 2－153
龍文鞭影初集二卷二集二卷三集三卷 …… 2－158
龍舟會雜劇一卷 …… 2－565
[道光]龍安府志十卷 …… 1－431
龍邱戢匪紀畧一卷 …… 1－308
[康熙]龍門縣志十六卷 …… 1－467
龍岡山人古今體詩鈔二卷 …… 2－358
龍岡山人詩鈔十八卷 …… 2－358
龍岡山人詩鈔十五卷 …… 2－358
龍城書院南菁書院禮延書院等課藝 …… 1－96
龍城書院課藝不分卷 …… 2－304
龍城書院課藝不分卷 …… 2－306
龍城劄記三卷 …… 2－379
[光緒]龍南縣志八卷首一卷 …… 1－480
龍威祕書十集一百六十九種三百二十六卷 …… 2－553
龍威祕書十集一百六十九種三百二十六卷 …… 2－553
龍威祕書十集一百六十九種三百二十六卷 …… 2－553
龍威祕書十集一百六十九種三百二十六卷 …… 2－553
龍泉園集八種十二卷 …… 2－444
龍泉園集八種十二卷 …… 2－444
龍洲詞一卷 …… 2－527
龍莊遺書四種十五卷 …… 2－570
龍莊遺書四種十五卷 …… 2－574
龍筋鳳髓判四卷 …… 2－144
[康熙]龍遊縣志十二卷首一卷 …… 1－34
龍湖檇李題詞一卷 …… 2－327
[康熙]龍游縣誌十二卷首一卷 …… 1－435
[康熙]龍游縣誌十二卷首一卷 …… 1－435
[康熙]龍游縣誌十二卷首一卷 …… 1－435
龍幕草奏不分卷 …… 1－369
龍經二種四卷 …… 2－211
龍輔女紅餘志二卷 …… 2－525
龍輔女紅餘志二卷 …… 2－526
龍圖公案六卷 …… 2－256
龍潭山志七卷首一卷末一卷 …… 1－521
龍壁山房文集五卷 …… 2－467
龍壁山房文集五卷 …… 2－467
龍壁山房文集五卷 …… 2－467
龍壁山房詩草十七卷 …… 2－467
龍谿王先生全集二十二卷 …… 1－146
龍龕手鑑四卷 …… 1－236
劑變篇十四篇 …… 1－553
劑變篇十四篇 …… 1－553
憺園文集三十六卷 …… 1－154
憺園文集三十六卷 …… 1－154
憺園全集三十六卷 …… 2－452
憺園全集三十六卷 …… 2－452
憶秋軒詩鈔一卷詩續鈔一卷附詩餘一卷尺牘偶存一卷補遺一卷 …… 2－368
憶雲詞甲乙丙丁稿四卷删存一卷 …… 2－527
螢雪叢說二卷 …… 2－233
螢窻異草三卷 …… 2－245
縈清樓集四卷 …… 2－511
燈謎叢錄不分卷 …… 2－386
澫唐詩集十五卷 …… 2－346
澠水燕談錄十卷 …… 1－305
[乾隆]潞安府志四十卷首一卷 …… 1－479
潞安詩鈔前編四卷潞安詩鈔後編十二卷 …… 2－319
澡雪山房文集二卷 …… 2－474
澡雪山房文集二卷 …… 2－475
澡雪堂文鈔十卷首一卷籌海蠡言一卷澡雪堂詩鈔一卷綿江別話一卷澡雪堂聯語一卷 …… 2－467
澡雪堂文鈔十卷首一卷籌海蠡言一卷澡雪堂詩鈔一卷綿江別話一卷澡雪堂聯語一卷 …… 2－467
澤古齋文鈔三卷補遺一卷四書文鈔

四卷賸稿一卷續編一卷詩鈔一卷詩經申義十卷語錄一卷 …… 2－511
澤古齋重鈔十二集一百十八種二百四十七卷 …… 1－239
澤存堂五種五十卷 …… 1－11
澤存堂五種五十卷 …… 1－252
澤存堂五種五十卷 …… 1－252
澤宮序次舉要二卷附錄一卷 …… 1－335
澤雅堂文集十卷 …… 2－474
澤雅堂文集八卷 …… 2－474
澤雅堂詩集六卷 …… 2－362
濁泉初編四卷 …… 1－559
澹粹軒詩草二卷 …… 2－344
澹餘詩略三卷 …… 2－365
澹靜齋全集六種二十四卷 …… 2－474
澹靜齋全集六種二十四卷 …… 2－474
澹靜齋全集六種二十四卷 …… 2－474
澹靜齋全集六種二十四卷 …… 2－474
澹齋集七種七卷 …… 2－576
濂亭文集八卷 …… 2－442
濂亭文集八卷 …… 2－442
濂亭文集八卷 …… 2－442
濂亭文集八卷 …… 2－442
濂亭文集八卷 …… 2－475
濂亭文集八卷 …… 2－476
濂亭文集八卷遺文五卷遺詩二卷 …… 2－441
濂亭文集八卷遺文五卷遺詩二卷 …… 2－442
濂亭文集八卷遺文五卷遺詩二卷 …… 2－442
濂亭文集八卷遺文五卷遺詩二卷 …… 2－475
濂亭遺文五卷 …… 2－513
濂亭遺詩二卷 …… 2－513
濂洛風雅六卷首一卷 …… 2－165
濂溪志七卷附濂溪遺芳集一卷 …… 2－424
濂墨軒文集不分卷 …… 2－471
憲志日刊不分卷 …… 1－541
憲法治原四卷首一卷原人二編 …… 2－502
憲法精理二卷 …… 2－6
憲法精理二卷 …… 2－6
憲政最新搢紳全書(宣統辛亥秋季)不分卷 …… 2－55
憲政最新搢紳全書(宣統辛亥秋季)不分卷 …… 2－60
憲政最新搢紳全書(宣統辛亥秋季)不分卷 …… 2－61
憲政最新搢紳全書(宣統庚戌冬季)不分卷 …… 2－63
憲政最新搢紳全書(宣統庚戌夏季)不分卷 …… 2－63
憲政增補最新職官全錄(宣統辛亥)不分卷 …… 2－55
憲政編查館核訂大清現行刑律不分卷 …… 2－9
憲政編查館會奏各省諮議局章程及案語並議員選舉章程摺單不分卷 …… 1－366
憲政編查館會奏遵議憲法大綱暨議院選舉各法並逐年籌備事宜摺不分卷 …… 1－366
憲政編查館會奏遵議憲法大綱暨議院選舉各法並逐年籌備事宜摺附清單二件 …… 2－262
寰宇分合志八卷寰宇分合志增輯一卷 …… 1－524
寰宇分合志八卷寰宇分合志增輯一卷 …… 1－524
寰宇分合志八卷寰宇分合志增輯一卷 …… 2－113
寰宇訪碑錄十二卷 …… 2－101
寰宇訪碑錄十二卷 …… 2－101
寰宇訪碑錄十二卷刊謬一卷 …… 2－101
寰宇訪碑錄十二卷刊謬一卷 …… 2－101
寰宇訪碑錄十二卷刊謬一卷 …… 2－101
寰宇訪碑錄十二卷刊謬一卷 …… 2－101
禪月集十二卷 …… 2－332
禪源諸詮集都序二卷 …… 1－71
禪關策進不分卷 …… 2－202
[光緒]閿鄉縣志十二卷首一卷末一卷 …… 1－412
閻潛丘先生[若璩]年譜一卷 …… 1－29
閻潛丘先生[若璩]年譜一卷 …… 1－319
閻潛丘先生[若璩]年譜一卷 …… 1－319
閻潛丘先生[若璩]年譜一卷 …… 1－319

閻潛丘先生[若璩]年譜一卷 ········ 1－319
閻潛丘先生[若璩]年譜一卷 ········ 1－319
閻潛丘先生[若璩]年譜一卷 ········ 1－344
避暑錄話二卷 ························ 2－383
避暑錄話二卷 ························ 2－383
避暑錄話二卷 ························ 2－383
避諱錄五卷 ························· 2－3
彊自寬齋外集詩二卷文二卷 ··········· 2－510
彊村詞四卷 ························· 2－522
彊恕齋三種四卷 ····················· 1－558
彊恕齋公牘不分卷 ··················· 2－52
隱居通議三十一卷 ··················· 2－221
隱居通議三十一卷 ··················· 2－407
隱綠軒題識一卷 ····················· 1－339
嬹蓺軒襍箸三卷 ····················· 1－181
彝壽軒詩鈔十二卷 ··················· 2－372
縉雲文徵二十卷補編 ················· 2－281
[光緒]縉雲縣志十六卷首一卷末一卷 ······ 1－441
[光緒]縉雲縣志十六卷首一卷末一卷 ······ 1－441
[光緒]縉雲縣志十六卷首一卷末一卷 ······ 1－441

十七畫

麗澞薈錄十四卷 ····················· 2－227
麗澞薈錄十四卷附爽鳩要錄二卷 ······ 2－225
麗澞薈錄十四卷附爽鳩要錄二卷 ······ 2－227
環天室古近體詩類選五卷後集一卷 ······ 2－337
環遊日記不分卷 ····················· 1－509
環遊日記不分卷 ····················· 1－509
環遊地球新錄四卷 ··················· 1－513
環遊地球新錄四卷 ··················· 1－513
環遊地球新錄四卷 ··················· 1－513
環遊地球新錄四卷 ··················· 1－513
環遊地球新錄四卷 ··················· 1－513
環遊地球新錄四卷 ··················· 1－513
環遊地球新錄四卷 ··················· 1－513
環遊地球新錄四卷 ··················· 1－513
環遊地球新錄四卷 ··················· 1－513
環遊地球新錄四卷 ··················· 1－513
環遊地球新錄四卷 ··················· 1－513
環瀛誌險不分卷 ····················· 1－506
趨庭記述二卷 ······················· 2－381
趨庭記述二卷 ······················· 2－381
趨庭瑣語八卷 ······················· 2－228
戴氏注論語二十卷 ··················· 1－222
戴氏遺書十二種五十六卷 ············· 2－568
戴氏遺書十二種五十六卷 ············· 2－568
戴氏遺書十二種五十六卷 ············· 2－568
戴東原先生[震]年譜一卷 ··········· 2－430
戴東原集十二卷覆校札記一卷 ········ 1－149
戴東原集十二卷覆校札記一卷 ········ 1－149
戴東原集十二卷覆校劄記一卷 ········ 2－430
戴南山文鈔六卷 ····················· 2－275
戴段合刻二種二十四卷 ··············· 2－276
戴簡恪公遺集八卷 ··················· 2－367
壎篪集十卷 ························· 2－362
蟄安七篇一卷 ······················· 2－230
聲律通考十卷 ······················· 2－196
聲律通考十卷 ······················· 2－196
聲隅子歔欷瑣微論二卷 ··············· 2－137
聲畫集八卷 ························· 2－360
聲調三譜十一卷 ····················· 2－518
聲調四譜圖說十四卷末一卷 ··········· 1－257
聲調前譜一卷聲調後譜一卷聲調續譜一卷 ······ 2－324
聲調譜前譜一卷後譜一卷續譜一卷 ······ 1－104
聲調譜說二卷 ······················· 1－163
聲譜二卷 ··························· 1－228
聲譜二卷聲說二卷 ··················· 1－228
聲譜二卷聲說二卷 ··················· 1－228
聲韻攷四卷 ························· 1－251
聲韻攷四卷 ························· 1－251
聲韻攷四卷 ························· 1－257
聲韻叢說一卷 ······················· 1－253
聰山文集三卷 ······················· 2－533
聰山集十一卷 ······················· 2－318
聰山集十一卷 ······················· 2－318

聰山集文集三卷詩選八卷…………… 1－156
聰訓齋語二卷………………………… 2－386
聰訓齋語二卷附恒産瑣言一卷 ……… 2－51
聯經四卷……………………………… 1－123
鞠隱居遺鈔二卷……………………… 2－365
藍澗集六卷…………………………… 2－366
藍澗詩集六卷………………………… 2－319
藍關九度十六卷……………………… 2－251
藏山閣文存六卷……………………… 2－485
藏事舉要四章………………………… 1－505
藏書六十八卷 ……………………… 1－24
藏書六十八卷 ……………………… 1－24
藏書六十八卷 ……………………… 1－25
藏書六十八卷 ……………………… 1－25
藏書六十八卷 ……………………… 1－25
藏書紀事詩七卷……………………… 2－316
藏書紀事詩七卷……………………… 2－316
藏書紀事詩七卷……………………… 2－316
藏書紀事詩六卷補遺一卷…………… 2－316
藏書紀事詩六卷補遺一卷…………… 2－316
藏書紀事詩六卷補遺一卷…………… 2－316
藏書記要一卷附流通古書約 ………… 2－72
藏書記要不分卷 …………………… 2－72
藏書記要不分卷 …………………… 2－72
藏書記要不分卷 …………………… 2－76
藏蒙籌筆二卷………………………… 1－543
藏諫研齋疏稿不分卷………………… 2－301
藏龍集六卷…………………………… 2－203
薰風協奏集三卷首一卷……………… 1－118
薰風瑤琴錄八集三十二卷…………… 2－198
舊唐書二百卷………………………… 1－262
舊唐書二百卷………………………… 1－262
舊唐書二百卷………………………… 1－262
舊唐書校勘記六十六卷……………… 1－262
舊唐書校勘記六十六卷……………… 1－262
舊唐書逸文十二卷…………………… 1－262
舊唐書逸文十二卷…………………… 1－262
舊唐書逸文十二卷…………………… 1－292
舊唐書疑義四卷……………………… 2－112
[康熙]藁城縣志十二卷 …………… 1－406
[光緒]藁城縣志續補十一卷 ……… 1－406
蕡華屋蛻稿詞三卷曲二卷聯句一卷
……………………………………… 2－528
韓子文鈔十卷 ……………………… 1－65
韓子迂評二十卷 …………………… 1－65
韓子迂評二十卷 …………………… 1－65
韓子庚日記不分卷…………………… 1－353
韓五泉詩四卷附錄二卷朝邑縣志二
卷韓安人遺詩一卷…………………… 2－343
韓五泉詩四卷附錄二卷朝邑縣志二
卷韓安人遺詩一卷…………………… 2－343
韓月泉府君行述……………………… 1－346
韓氏三禮圖說二卷…………………… 1－196
韓文一卷……………………………… 1－129
韓文不分卷…………………………… 1－129
韓文公文鈔十六卷…………………… 1－129
韓文公文鈔十六卷…………………… 1－129
韓文四十卷外集十卷遺集一卷集傳
一卷………………………………… 1－127
韓文類譜七卷………………………… 1－324
韓文類譜七卷………………………… 1－339
韓江雅集十二卷……………………… 1－120
韓范兩集合刻七十七卷……………… 1－137
韓非子二十卷 ……………………… 1－55
韓非子二十卷………………………… 2－134
韓非子二十卷………………………… 2－134
韓非子二十卷………………………… 2－134
韓非子二十卷………………………… 2－134
韓非子二十卷………………………… 2－134
韓非子二十卷………………………… 2－134
韓非子二十卷………………………… 2－134
韓非子二十卷………………………… 2－134
韓非子集解二十卷首一卷…………… 2－135
韓非子集解二十卷首一卷…………… 2－135
韓非子集解二十卷首一卷…………… 2－136
韓非子集解二十卷首一卷…………… 2－136
韓非子集解二十卷首一卷…………… 2－136
韓非子評林二十卷 ………………… 1－56
韓非子識誤三卷……………………… 2－138
韓昌黎詩集編年箋注十二卷………… 1－113
韓昌黎詩集編年箋注十二卷………… 1－128
韓忠定公集四卷……………………… 1－168

韓侍郎自撰年譜一卷…………………… 1－341
［乾隆］韓城縣志十六卷首一卷 …… 1－407
［乾隆］韓城縣志十六卷首一卷 …… 1－407
［嘉慶］韓城縣續志五卷 ……………… 1－407
［嘉慶］韓城縣續志五卷 ……………… 1－407
韓筆酌蠡三十卷……………………… 1－129
韓集補註一卷………………………… 2－398
韓湘寶卷十八回……………………… 2－250
韓愈文鈔不分卷……………………… 2－285
韓詩內傳並薛君章句考四卷附錄一
　卷二雨堂筆談一卷附編一卷……… 1－194
韓詩外傳十卷………………………… 1－192
韓詩外傳十卷………………………… 1－192
韓詩外傳十卷補逸一卷校注拾遺一
　卷…………………………………… 1－193
韓詩遺說續考四卷…………………… 1－194
韓詩遺說續考四卷…………………… 1－194
隸篇十五卷續十五卷再續十五卷 …… 1－52
隸篇十五卷續十五卷再續十五卷 …… 1－52
隸辨八卷 …………………………… 1－12
隸韻十卷碑目一卷…………………… 1－252
隸釋二十七卷隸續二十一卷 ………… 1－51
隸釋二十七卷隸續二十一卷 ………… 2－99
檉華館文集六卷駢體文一卷詩集四
　卷雜錄一卷………………………… 2－450
檉華館文集六卷駢體文一卷詩集四
　卷雜錄一卷………………………… 2－450
檉華館文集六卷駢體文一卷詩集四
　卷雜錄一卷………………………… 2－450
檉華館試帖彙鈔輯注十卷…………… 2－317
檢身冊一卷後錄一卷綴說一卷……… 1－330
檢驗集証不分卷檢驗合參不分卷 …… 2－19
檀几叢書五十卷二集五十卷餘集二
　卷…………………………………… 2－537
檀几叢書五十卷二集五十卷餘集二
　卷附政一卷………………………… 1－167
檀弓論文二卷………………………… 1－5
檀園集十二卷………………………… 1－148
懋亭自定年譜四卷…………………… 1－321
［同治］臨川縣志五十四卷首一卷末
　一卷………………………………… 1－486
［同治］臨川縣志五十四卷首一卷末
　一卷………………………………… 1－486
臨文便覽八卷………………………… 1－247
臨文便覽八卷………………………… 1－247
臨文便覽八卷………………………… 1－247
臨文敬避一卷附磨勘條例摘要……… 1－245
臨本郭有道碑………………………… 2－192
臨平記四卷…………………………… 1－476
臨平記四卷附錄一卷………………… 1－477
臨平記四卷附錄一卷………………… 1－477
臨平記補遺四卷續補遺一卷………… 1－477
臨平記補遺四卷續補遺一卷………… 1－477
［同治］臨江府志三十二卷首一卷 … 1－467
［同治］臨江府志三十二卷首一卷 … 1－467
［咸淳］臨安志一百卷 ……………… 1－456
［咸淳］臨安志一百卷 ……………… 1－456
［咸淳］臨安志一百卷 ……………… 1－475
［咸淳］臨安志一百卷 ……………… 1－475
［咸淳］臨安志一百卷 ……………… 1－475
［乾道］臨安志十五卷 ……………… 1－456
［乾道］臨安志十五卷 ……………… 1－456
［乾道］臨安志十五卷 ……………… 1－456
［乾道］臨安志十五卷 ……………… 1－456
［淳祐］臨安志六卷 ………………… 1－456
［宣統］臨安縣志八卷首一卷末一卷
　……………………………………… 1－482
［道光］臨邑縣志十六卷首一卷末一
　卷…………………………………… 1－416
［道光］臨邑縣志十六卷首一卷末一
　卷…………………………………… 1－416
臨陣管見九卷………………………… 2－264
臨陣管見九卷………………………… 2－264
［乾隆］臨晉縣志八卷 ……………… 1－422
［乾隆］臨晉縣志八卷 ……………… 1－422
［康熙］臨海縣志十五卷首一卷 …… 1－413
［康熙］臨海縣志十五卷首一卷 …… 1－413
［康熙］臨海縣志十五卷首一卷 …… 1－413
臨野堂集四十一卷…………………… 1－154
［乾隆］臨清直隸州志十一卷首一卷
　……………………………………… 1－469
臨清縣賦役全書（道光二十六年分）

不分卷…………………………………… 1－556
［光緒］臨榆縣志二十四卷首一卷 … 1－463
［光緒］臨榆縣志二十四卷首一卷 … 1－463
［光緒］臨榆縣志二十四卷首一卷 … 1－463
［乾隆］臨榆縣志十四卷首一卷 …… 1－463
［乾隆］臨榆縣志十四卷首一卷 …… 1－463
［光緒］臨漳縣志十八卷首一卷 …… 1－407
臨漳縣漳水圖經一卷………………… 1－496
［乾隆］臨潼縣志九卷 ……………… 1－457
［光緒］臨潼縣續志二卷 …………… 1－491
邇訓二十卷…………………………… 2－228
霜紅龕集四十卷……………………… 2－451
霜紅龕集四十卷……………………… 2－451
霜紅龕集四十卷……………………… 2－451
霜紅龕集四十卷……………………… 2－451
霜紅龕集附錄三卷傅青主先生［山］
年譜不分卷………………………… 2－451
霜紅龕集附錄三卷傅青主先生［山］
年譜不分卷………………………… 2－451
霜紅龕集附錄三卷傅青主先生［山］
年譜不分卷………………………… 2－451
霜猨集一卷附校譌…………………… 2－324
霞城唱和集一卷……………………… 1－396
霞閣小稿一卷………………………… 2－313
擬大統春秋條例不分卷……………… 1－209
擬古樂府二卷………………………… 2－528
擬訂甘肅仵作學堂章程不分卷 ……… 2－16
擬訂陸軍營制餉章膳具清單不分卷
…………………………………… 2－163
擬寒山詩不分卷……………………… 2－348
豳風廣義三卷………………………… 1－5
豳風廣義三卷………………………… 2－170
戲曲六種……………………………… 2－529
螺江日記八卷續編四卷……………… 2－230
牆東類稾二十卷補遺一卷…………… 2－546
嶺上白雲集十二卷甋翁文鈔四卷…… 2－325
嶺西公牘彙存十一卷 ……………… 2－50
嶺南三大家詩選二十四卷…………… 1－106
嶺南三大家詩選二十四卷…………… 2－332
嶺南三大家詩選二十四卷…………… 2－332
嶺南三大家詩選二十四卷…………… 2－332
嶺南三大家詩選二十四卷…………… 2－333
嶺南逸史十卷二十八回……………… 2－251
嶺南集八卷…………………………… 2－349
嶺南群雅初集三卷附筆耒軒吟稿一
卷二集三卷………………………… 1－111
嶺南遺書六十種三百四十四卷……… 2－531
嶺南遺書六十種三百四十四卷……… 2－531
嶺南遺書六十種三百四十四卷……… 2－531
嶺南遺書六十種三百四十四卷……… 2－531
嶽雪樓書畫錄五卷…………………… 2－188
嶽雪樓書畫錄五卷…………………… 2－188
嶽雪樓書畫錄五卷…………………… 2－188
嶽雲盦扶桑游記三卷………………… 1－512
點石齋畫報大全四十四集…………… 2－192
點石齋叢畫十卷……………………… 2－194
點勘記二卷附省堂筆記一卷 ……… 2－74
點勘記二卷附省堂筆記一卷 ……… 2－74
魏公題跋一卷………………………… 1－123
魏公題跋一卷………………………… 1－123
魏公題跋一卷………………………… 2－403
魏文貞公故事拾遺三卷……………… 1－339
魏文貞公［徵］年譜一卷 ………… 1－339
魏文毅公奏議三卷…………………… 1－366
魏武帝集不分卷……………………… 2－392
魏叔子文集外篇二十二卷日錄三卷
詩集八卷…………………………… 2－472
魏貞菴先生［裔介］年譜一卷 …… 1－320
魏昭士文集十卷……………………… 2－472
魏晉小說十二卷 …………………… 1－84
魏書一百十四卷 …………………… 1－18
魏敏果公［象樞］年譜不分卷 …… 1－344
魏塘文告摘錄一卷 ………………… 2－49
魏塘署齋隨筆不分卷………………… 2－235
魏鄭公文集三卷……………………… 2－398
魏鄭公諫續錄二卷…………………… 1－323
魏鄭公諫續錄二卷…………………… 1－323
魏鄭公諫續錄二卷…………………… 1－339
魏稼孫先生全集五種五卷…………… 2－465
魏稼孫先生全集五種五卷…………… 2－476
魏鍾司徒集不分卷…………………… 2－392
輿地沿革表四十卷首一卷…………… 1－385

輿地沿革表四十卷首一卷 …………… 1－385
輿地紀勝二百卷附校勘記五十二卷
輿地紀勝補闕十卷 ………………… 1－392
輿地紀勝二百卷附校勘記五十二卷
輿地紀勝補闕十卷 ………………… 1－394
輿地紀勝二百卷附校勘記五十二卷
輿地紀勝補闕十卷 ………………… 1－394
輿地彙鈔十三卷附圖二卷 …………… 1－384
輿地廣記三十八卷 …………………… 1－383
輿地廣記三十八卷附校勘札記二卷
………………………………………… 1－383
輿地廣記三十八卷附校勘札記二卷
………………………………………… 1－383
輿地廣記三十八卷附校勘札記二卷
………………………………………… 1－383
輿地廣記三十八卷附校勘札記二卷
………………………………………… 1－383
輿地總圖不分卷 ……………………… 1－43
輿圖測法繪法條議圖解不分卷 ……… 1－530
輿圖總論註釋一卷 …………………… 1－396
輿圖總論註釋一卷 …………………… 2－573
輿圖總論註釋一卷 …………………… 2－573
輿論時事報圖畫不分卷 ……………… 2－121
儲才館章程不分卷 …………………… 2－17
儲遯菴文集十二卷附錄一卷 ………… 1－160
儲遯菴文集十二卷附錄一卷 ………… 2－467
龜山先生集四十二卷 ………………… 1－131
［康熙］徽州府志十八卷圖一卷 …… 1－463
［康熙］徽州府志十八卷圖一卷 …… 1－463
［道光］徽州府志十六卷首一卷 …… 1－463
鍾山札記四卷 ………………………… 2－155
鍾山札記四卷 ………………………… 2－155
鍾伯敬評公羊穀梁二傳二十四卷 …… 1－7
［同治］鍾祥縣志十二卷 …………… 1－474
爵秩全函（光緒乙巳秋季）不分卷 …… 2－58
爵秩全函（光緒乙酉夏季）不分卷 …… 2－55
爵秩全函（光緒己丑秋季）不分卷 …… 2－56
爵秩全函（光緒丙申冬季）不分卷 …… 2－56
爵秩全函（光緒戊申冬季）不分卷 …… 2－57
爵秩全函（光緒戊戌秋季）不分卷 …… 2－58
爵秩全函（光緒戊戌秋季）不分卷 …… 2－58
爵秩全函（光緒甲申春季）不分卷 …… 2－60
爵秩全函（光緒甲辰冬季）不分卷 …… 2－60
爵秩全函（光緒辛卯夏季）不分卷 …… 2－56
爵秩全函（光緒癸巳夏季）不分卷 …… 2－56
爵秩全函（光緒癸卯冬季）不分卷 …… 2－56
爵秩全函（宣統己酉夏季）不分卷 …… 2－55
爵秩全函（宣統庚戌春季）不分卷 … 1－330
爵秩全覽（光緒乙巳冬季）二卷 ……… 2－58
爵秩全覽（光緒乙巳冬季）不分卷 …… 2－54
爵秩全覽（光緒乙巳冬季）不分卷 …… 2－58
爵秩全覽（光緒乙巳春季）不分卷 …… 2－54
爵秩全覽（光緒乙巳春季）不分卷 …… 2－55
爵秩全覽（光緒乙巳秋季）不分卷 …… 2－54
爵秩全覽（光緒乙巳秋季）不分卷 …… 2－56
爵秩全覽（光緒丁未冬季）不分卷 …… 2－56
爵秩全覽（光緒丁未春季）不分卷 …… 2－56
爵秩全覽（光緒丁未秋季）不分卷 …… 2－55
爵秩全覽（光緒丁未秋季）不分卷 …… 2－56
爵秩全覽（光緒丁未夏季）不分卷 …… 2－55
爵秩全覽（光緒丁未夏季）不分卷新
增爵秩全覽（光緒丁未夏季）不分
卷 ……………………………………… 2－56
爵秩全覽（光緒丁酉秋季）不分卷 …… 2－54
爵秩全覽（光緒己丑夏季）不分卷 …… 2－54
爵秩全覽（光緒己卯秋季）不分卷 …… 2－57
爵秩全覽（光緒己亥春季）不分卷 …… 2－55
爵秩全覽（光緒己亥夏季）不分卷新
增爵秩全覽（光緒己亥夏季）不分
卷 ……………………………………… 2－56
爵秩全覽（光緒壬辰春季）不分卷 …… 2－55
爵秩全覽（光緒壬寅冬季）不分卷 …… 2－57
爵秩全覽（光緒丙午冬季）不分卷 …… 2－54
爵秩全覽（光緒丙午秋季）不分卷 …… 2－56
爵秩全覽（光緒丙午秋季）不分卷 …… 2－60
爵秩全覽（光緒丙午夏季）不分卷 …… 2－54
爵秩全覽（光緒丙午夏季）不分卷新
增爵秩全覽（光緒丙午夏季）不分
卷 ……………………………………… 2－56
爵秩全覽（光緒丙申冬季）不分卷 …… 2－56
爵秩全覽（光緒丙戌春季）不分卷 …… 2－54
爵秩全覽（光緒戊申秋季）不分卷 …… 2－56

爵秩全覽(光緒戊申夏季)不分卷 …… 2－55
爵秩全覽(光緒甲午冬季)不分卷 …… 2－56
爵秩全覽(光緒甲午春季)不分卷 …… 2－60
爵秩全覽(光緒甲申秋季)不分卷 …… 2－56
爵秩全覽(光緒甲辰秋季)不分卷 …… 2－56
爵秩全覽(光緒甲辰夏季)不分卷 …… 2－58
爵秩全覽(光緒辛丑冬季)不分卷 …… 2－54
爵秩全覽(光緒辛卯冬季)不分卷 …… 2－55
爵秩全覽(光緒辛卯秋季)不分卷 …… 2－56
爵秩全覽(光緒庚寅春季)不分卷 …… 2－54
爵秩全覽(光緒癸卯春季)不分卷 …… 2－56
爵秩全覽(光緒癸卯秋季)不分卷 …… 2－55
爵秩全覽(光緒癸卯夏季)不分卷 …… 2－56
爵秩全覽(宣統己酉冬季)不分卷 …… 2－55
爵秩全覽(宣統己酉春季)不分卷 …… 2－54
爵秩全覽(宣統己酉春季)不分卷 …… 2－55
爵秩全覽(宣統己酉春季)不分卷 …… 2－57
爵秩全覽(宣統己酉春季)不分卷 …… 2－60
爵秩全覽(宣統辛亥春季)不分卷 …… 2－57
爵秩全覽(宣統辛亥秋季)不分卷 …… 2－55
爵秩全覽(宣統辛亥夏季)不分卷 …… 2－54
爵秩全覽(宣統辛亥夏季)不分卷 …… 2－55
爵秩全覽(宣統辛亥夏季)不分卷 …… 2－59
爵秩全覽(宣統庚戌冬季)不分卷 …… 2－54
爵秩全覽(宣統庚戌冬季)不分卷 …… 2－60
爵秩全覽(宣統庚戌秋季)不分卷 …… 2－54
爵秩全覽(宣統庚戌秋季)不分卷 …… 2－59
爵秩全覽(宣統庚戌夏季)不分卷 …… 2－57
谿上詩輯十四卷詩輯續編二卷詩補編一卷 …… 2－369
谿田文集十一卷補遺一卷 …… 1－145
膽餘軒集八卷 …… 1－154
膽餘軒集八卷 …… 1－154
臆乘一卷 …… 2－233
鮚埼亭集三十八卷首一卷 …… 1－149
鮚埼亭集三十八卷首一卷 …… 2－429
鮚埼亭集三十八卷首一卷 …… 2－430
鮚埼亭集三十八卷首一卷全謝山先生經史問答十卷 …… 2－429
鮚埼亭集三十八卷首一卷全謝山先生經史問答十卷 …… 2－430
鮚埼亭集三十八卷首一卷全謝山先生經史問答十卷鮚埼亭集外編五十卷 …… 2－429
鮚埼亭集三十八卷首一卷全謝山先生經史問答十卷鮚埼亭集外編五十卷 …… 2－429
鮚埼亭集三十八卷集外編五十卷 …… 2－429
鮚埼亭集外編五十卷 …… 2－438
鮚埼亭集外編五十卷 …… 2－438
鮚埼亭集外編五十卷 …… 2－438
鮚埼亭集外編五十卷 …… 2－438
蓉觴詩集五卷 …… 1－117
謝亭集五種七卷 …… 2－458
謝宣城集五卷 …… 2－392
謝梅莊先生雜著十二卷 …… 2－489
謝梅莊先生遺集八卷附西北域記一卷 …… 2－500
謝梅莊先生遺集八卷附西北域記一卷 …… 2－500
謝梅莊先生雜著十二卷 …… 2－229
謝康樂集四卷 …… 1－126
謝惠連集不分卷 …… 1－126
謝惠連集不分卷 …… 2－329
謝程山全書十二種五十八卷 …… 2－573
謝疊山先生評註四種十六卷 …… 2－409
謝疊山先生文集六集 …… 1－136
謙菴詩鈔十一卷 …… 2－343
謙齋詩集八卷首一卷 …… 2－371
謙齋遺集十二卷首一卷詩集八卷 …… 2－491
謙齋續集一卷續集補一卷 …… 2－363
[乾隆]襄垣縣志八卷 …… 1－408
[乾隆]襄垣縣志八卷 …… 1－408
[乾隆]襄垣縣志八卷 …… 1－408
[光緒]襄垣縣續志二卷 …… 1－408
[光緒]襄垣縣續志二卷 …… 1－408
[光緒]襄陵縣志二十四卷 …… 1－488
襄隄成案四卷 …… 1－554
襄陽兵事略六卷 …… 2－163
[光緒]襄陽府志二十六卷志餘一卷 …… 1－439
[光緒]襄陽府志二十六卷志餘一卷

國朝襄郡忠義錄一卷 ………………… 1－461
[乾隆]襄陽府志四十卷圖一卷 …… 1－461
襄陽沿革略不分卷 ………………… 1－381
襄陽耆舊記五卷襄陽耆舊記考異一
卷 ………………………………… 2－22
[同治]襄陽縣志七卷首一卷 ……… 1－438
[同治]襄陽縣志七卷首一卷 ……… 1－438
[同治]襄陽縣志七卷首一卷 ……… 1－439
[同治]襄陽縣志七卷首一卷 ……… 1－439
[同治]襄陽縣志七卷首一卷 ……… 1－439
[同治]襄陽縣志七卷首一卷 ……… 1－439
[同治]應山縣志三十六卷首一卷末
一卷 ……………………………… 1－474
[光緒]應城志十四卷首一卷 ……… 1－463
[光緒]應城志十四卷首一卷 ……… 1－463
應詔陳言疏不分卷附榮中堂奏稿 …… 1－377
應試唐詩類釋十九卷 ……………… 2－339
應試唐詩類釋十九卷附應試唐詩備
考不分卷 ………………………… 1－108
應試詩法淺說詳解六卷 …………… 2－297
應試新賦備要初集六卷二集六卷 …… 2－374
療饑草集十八卷 …………………… 2－491
齋威烈公[清阿]年譜不分卷 ……… 1－320
甕牖餘談八卷 ……………………… 2－244
甕牖餘談八卷 ……………………… 2－378
甕牖餘談八卷 ……………………… 2－384
甕牖餘談八卷 ……………………… 2－385
甕牖餘談八卷 ……………………… 2－385
甕牖閒評八卷 ……………………… 2－230
燭湖集二十卷附編二卷 …………… 2－412
鴻苞四十八卷 ……………………… 1－80
鴻苞節錄十卷 ……………………… 2－219
鴻苞節錄十卷 ……………………… 2－219
鴻泥日錄八卷續錄四卷 …………… 1－508
鴻雪山房印譜不分卷 ……………… 2－195
鴻蒙室詩鈔二十卷首一卷末一卷 …… 2－343
鴻慶居士文集四十二卷 …………… 2－546
鴻寶應本十七卷 …………………… 1－148
鴻寶齋經義彙纂六十卷 …………… 1－175
濤音集八卷 ………………………… 1－116
濬河錄不分卷 ……………………… 1－496
濬河錄不分卷 ……………………… 1－497
[嘉慶]濬縣志二十二卷首一卷末一
卷附金石錄二卷 ………………… 1－440
濬縣金石錄二卷 …………………… 2－103
濟一子證道秘書十六種 …………… 2－209
濟北先生文粹十六卷 ……………… 1－132
濟南百詠一卷 ……………………… 1－113
濟南金石志四卷 …………………… 1－523
[道光]濟南府志七十二卷首一卷 … 1－447
[道光]濟南府志七十二卷首一卷 … 1－447
濟南商埠巡警章程十四條 ………… 2－17
濟陰綱目十四卷 …………………… 2－174
[乾隆]濟陽縣志十四卷首一卷 …… 1－417
[乾隆]濟陽縣志十四卷首一卷 …… 1－417
[乾隆]濟陽縣志十四卷首一卷 …… 1－417
[乾隆]濟寧直隸州志三十四卷首一
卷 ………………………………… 1－423
[咸豐]濟寧直隸州續志四卷 ……… 1－423
[咸豐]濱州志十二卷首一卷 ……… 1－463
濯絳宧存稾一卷 …………………… 2－527
[乾隆]濰縣志六卷首一卷末一卷 … 1－411
[乾隆]濰縣志六卷首一卷末一卷 … 1－411
[乾隆]濰縣志六卷首一卷末一卷 … 1－411
[乾隆]濰縣志六卷首一卷末一卷 … 1－411
[光緒]濰縣鄉土志不分卷 ………… 1－472
蹇氏忠勤錄不分卷 ………………… 2－88
邃雅堂集十卷 ……………………… 2－477
邃雅堂集十卷文集續編一卷 ……… 2－477
邃懷堂駢文箋註十六卷 …………… 2－291
邃懷堂文集四卷詩集前編六卷詩集
後編六卷詞鈔二卷駢文箋註十六
卷補箋一卷哀忠集三卷 ………… 2－509
邃懷堂文集箋注十六卷 …………… 2－477
邃懷堂文集箋註十六卷 …………… 2－488
邃懷堂全集四十二卷 ……………… 2－464
禮山園文集八卷 …………………… 2－497
禮記二十卷 ………………………… 1－6
禮記二十卷 ………………………… 1－201
禮記二十卷附考證二十卷 ………… 1－201
禮記二十卷附撫本禮記鄭注考異二
卷禮記釋文不分卷 ……………… 1－203

禮記十卷……………………………… 1－201
禮記十卷……………………………… 1－201
禮記十卷……………………………… 1－201
禮記十卷……………………………… 1－201
禮記十卷……………………………… 1－201
禮記十卷……………………………… 1－201
禮記十卷……………………………… 1－201
禮記十卷……………………………… 1－201
禮記十卷……………………………… 1－201
禮記十卷……………………………… 1－202
禮記十卷……………………………… 1－202
禮記十卷……………………………… 1－202
禮記天算釋一卷……………………… 2－178
禮記心典傳本三卷…………………… 1－201
禮記述註二十八卷…………………… 1－200
禮記述解闡備滙參十五卷…………… 1－202
禮記或問八卷………………………… 1－201
禮記易讀二卷………………………… 1－202
禮記易讀二卷………………………… 1－202
禮記易讀二卷………………………… 1－202
禮記音訓不分卷……………………… 1－175
禮記音訓不分卷……………………… 1－201
禮記訓纂四十九卷…………………… 1－200
禮記訓纂四十九卷…………………… 1－200
禮記訓纂四十九卷…………………… 1－200
禮記訓纂四十九卷…………………… 1－201
禮記通解二十二卷…………………… 1－6
禮記章句四十九卷…………………… 2－564
禮記集註不分卷……………………… 1－6
禮記集說十六卷……………………… 1－6
禮記集說三十卷……………………… 1－6
禮記集說五卷………………………… 1－202
禮記解四卷…………………………… 2－224
禮記解四卷…………………………… 2－570
禮記解四卷玉潤雜書一卷…………… 2－225
禮記箋四十六卷……………………… 1－200
禮記箋四十六卷……………………… 1－200
禮記鄭讀攷六卷……………………… 1－200
禮記增訂旁訓六卷…………………… 1－201
禮記增訂旁訓六卷…………………… 1－201
禮記質疑四十九卷…………………… 1－202
禮記纂言三十六卷…………………… 1－203
禮記纂記三十六卷…………………… 1－200
禮部遺集九卷………………………… 2－346
禮書一百五十卷……………………… 1－5
禮書附錄十二卷……………………… 1－196
禮書附錄十二卷……………………… 1－196
禮書通故不分卷……………………… 1－196
禮書綱目八十五卷首三卷…………… 1－195
禮書綱目八十五卷首三卷…………… 1－195
禮書綱目八十五卷首三卷…………… 1－195
禮經校釋二十二卷附禮經纂疏序一卷……………………………… 1－196
禮經會元四卷………………………… 1－5
禮經箋十七卷………………………… 1－195
禮經箋十七卷………………………… 1－195
禮經學七卷…………………………… 1－200
禮經釋例十三卷首一卷……………… 1－196
禮經釋例十三卷首一卷……………… 1－196
禮箋三卷……………………………… 1－203
歗盦詞五卷…………………………… 2－526
檗隖詩存續集八卷…………………… 2－347
［乾隆］翼城縣志二十八卷　………… 1－484
翼教叢編六卷………………………… 1－302
翼教叢編六卷………………………… 1－302
翼教叢編六卷………………………… 1－302
翼教叢編六卷………………………… 1－303
翼教叢編六卷附一卷………………… 1－302
翼教覺民二卷………………………… 2－213
翼駉稗編八卷………………………… 2－247
翼駉稗編八卷………………………… 2－247
翼駉稗編八卷………………………… 2－248
縵雅堂駢體文八卷…………………… 2－290
總括望海島術………………………… 2－186
總理衙門議定山東曹州府教案條約……………………………………… 2－47
繡像東西漢全傳十六卷……………… 2－239
繆武烈公遺集六卷首一卷…………… 2－441
繆武烈公遺集六卷首一卷…………… 2－441
繆篆分韻五卷補一卷………………… 1－244

十八畫

璿璣碎錦二卷 …… 2－320
璿璣碎錦二卷 …… 2－365
璿璣碎錦二卷 …… 2－514
瓊英小錄一卷附錄一卷 …… 2－338
瓊林霏屑八卷 …… 2－254
瓊臺紀事錄一卷 …… 1－527
瓊臺紀事錄一卷 …… 1－527
藕怡詩抄四卷 …… 1－116
藕舫詩草十六卷 …… 2－335
職官錄不分卷 …… 2－95
藝槩六卷 …… 2－518
藝槩六卷 …… 2－518
藝文通覽一百二十卷檢字一卷 …… 1－229
藝文備覽一百二十卷檢字一卷藝文備覽補詳字義十四篇 …… 1－229
藝文類聚一百卷 …… 1－58
藝文類聚一百卷 …… 1－58
藝文類聚一百卷 …… 2－376
藝芸書舍宋元本書目二卷 …… 2－71
藝苑名言八卷 …… 1－162
藝苑捃華四十八種九十七卷 …… 2－557
藝苑捃華四十八種九十七卷 …… 2－557
藝苑叢話十六卷 …… 2－243
藝林伐山二十卷 …… 2－233
藝林清賞一卷續刻一卷 …… 2－363
藝林彙考飲食篇七卷 …… 2－228
藝風堂文集七卷外篇一卷 …… 2－460
藝風堂金石文字目十八卷 …… 2－102
藝風堂金石文字目十八卷 …… 2－102
藝風堂集四十四卷 …… 2－495
藝風堂集四十四卷 …… 2－495
藝風堂藏書記八卷 …… 2－72
藝風堂藏書記八卷 …… 2－73
藝風堂藏書記八卷 …… 2－73
藝海珠塵二百十一種三百九十八卷 …… 2－549
藝海珠塵八集一百六十四種三百十六卷 …… 2－549
藝海珠塵八集一百六十四種三百十六卷 …… 2－549
藜牀囈語六卷 …… 1－81
藜照堂臨池新編四卷 …… 2－353
藤花吟館詩鈔十卷 …… 2－370
藤香館詩鈔四卷詩續鈔二卷 …… 2－369
藤陰雜記十二卷 …… 2－241
藤陰雜記十二卷 …… 2－241
藤陰雜記十二卷 …… 2－241
藤陰雜記十二卷 …… 2－242
藤陰雜記十二卷 …… 2－242
藤陰雜記十二卷 …… 2－242
藤陰雜記十二卷 …… 2－242
藤陰雜記十二卷 …… 2－242
藤陰雜記十二卷 …… 2－242
藤野儷言三十卷 …… 2－386
藥言四卷藥言賸稿四卷 …… 2－386
藥言補註四卷 …… 2－155
藥品化義不分卷 …… 2－174
檮杌閒評五十卷五十回 …… 1－83
檮杌閒評五十卷五十回首一卷 …… 2－248
檮杌閒評五十卷五十回首一卷 …… 2－248
檮杌閒評五十卷五十回首一卷 …… 2－248
轉漕日記四卷 …… 1－352
覆陳妥酌清理財政章程摺不分卷 …… 1－373
覆瓿集十八種三十五卷 …… 2－490
覆瓿集十八種三十五卷 …… 2－490
覆瓿集十三種 …… 2－499
覆瓿叢談二卷 …… 2－52
醫方集解三卷 …… 1－65
醫林改錯二卷 …… 2－176
醫宗必讀十卷 …… 2－174
醫學三字經四卷 …… 2－176
醫學心悟五卷外科十法一卷 …… 2－173
醫學實在易八卷 …… 2－175
龐居士語錄三卷 …… 2－202
燹餘吟草十二卷 …… 2－351
擷紅吟社詩稿不分卷 …… 1－116
豐順丁氏持靜㙜書目四卷 …… 2－73
豐順丁氏持靜㙜書目四卷附錄一卷 …… 2－71

豐湖書藏目錄八卷 …………………… 2－74
豐溪存稿一卷………………………… 2－359
[乾隆]豐縣志十六卷首一卷 ………… 1－38
[光緒]豐縣志十六卷首一卷 ……… 1－479
豐鎬考信錄八卷……………………… 2－109
叢書九種……………………………… 2－218
叢笙齋集十四卷……………………… 2－372
叢睦汪氏遺書十九種一百四卷……… 1－168
叢睦汪氏遺書十九種一百四卷……… 2－549
叢碧山房詩初集十四卷二集六卷三
集十一卷四集十卷五集五卷文集
八卷雜著三卷……………………… 1－155
題江南曾文正公祠百詠不分卷……… 2－352
題襟館倡和集四卷…………………… 2－362
題蘭臯一卷…………………………… 2－363
瞿忠宣公集十卷……………………… 2－420
瞿忠宣公集十卷……………………… 2－420
闕史二卷 ……………………………… 1－29
闕里文獻考一百卷首一卷末一卷…… 1－312
闕里文獻考一百卷首一卷末一卷…… 1－312
闕里文獻考一百卷首一卷末一卷…… 1－312
闕里文獻考一百卷首一卷末一卷…… 1－312
闕里文獻考一百卷首一卷末一卷…… 1－312
闕里文獻考一百卷首一卷末一卷…… 1－312
闕里述聞十四卷……………………… 2－160
闕里誌二十四卷 ……………………… 1－28
闕特勤碑不分卷 ……………………… 2－96
曠視山房制藝四卷曠視山房小題二
卷…………………………………… 2－228
蟫史二十卷…………………………… 2－239
蟫史二十卷…………………………… 2－239
蟲鳴漫錄二卷………………………… 2－255
蟬腹草不分卷………………………… 2－363
鵑音一卷白社詩草一卷……………… 1－142
鵑音一卷白社詩草一卷……………… 1－142
鵑音一卷白社詩草一卷……………… 1－142
韞山堂文集八卷詩集十六卷………… 2－317
韞山堂文集八卷詩集十六卷………… 2－483
韞山堂時文全集八卷………………… 2－504
韞山堂時文全集不分卷……………… 2－504
韞山堂時文初集一卷二集二卷三集
一卷………………………………… 1－171
韞山堂時文初集一卷二集二卷三集
一卷………………………………… 1－171
韞山堂時文初集一卷二集二卷三集
一卷………………………………… 1－171
韞山堂時文初集八卷………………… 2－303
韞山詩稿六卷………………………… 2－371
[同治]黟縣三志十六卷首一卷末一
卷…………………………………… 1－480
[嘉慶]黟縣志十六卷首一卷 ……… 1－480
[咸豐]簡州志十四卷 ……………… 1－428
[光緒]簡州續志二卷 ……………… 1－428
簡明詩韻不分卷……………………… 1－224
簡通錄二卷…………………………… 2－160
簡學齋詩存四卷詩刪四卷館課賦存
一卷館課試律存一卷試律續鈔一
卷館課賦續鈔一卷………………… 2－328
簣山堂詩鈔二十一卷………………… 1－118
鵝湖講學會編十二卷 ………………… 1－92
雙白燕堂文集二卷外集八卷………… 2－452
雙白燕堂文集二卷外集八卷………… 2－452
雙池文集十卷………………………… 2－487
雙池先生[汪紱]年譜四卷 ………… 1－339
雙池先生[汪紱]年譜四卷 ………… 1－339
雙池先生[汪紱]年譜四卷 ………… 1－339
雙冷齋文集四卷……………………… 2－511
雙佩齋詩集八卷附補梅書屋詩草一
卷…………………………………… 2－370
雙忽雷本事不分卷…………………… 2－196
雙桂堂稿十卷………………………… 2－480
雙桂堂稿十卷………………………… 2－480
雙峰猥稿九卷首一卷末一卷………… 2－409
雙峰猥稿九卷首一卷末一卷………… 2－411
雙峰猥稿九卷首一卷末一卷………… 2－412
[光緒]雙流縣志二卷 ……………… 1－422
雙梧桐館集二十六卷………………… 2－493
雙魚罍齋集古楹聯不分卷…………… 2－386
雙惜錄不分卷………………………… 2－200
雙雲閣帖不分卷……………………… 2－193
雙蔭書屋叢書五十種九十三卷……… 2－548
雙楳景闇叢書十七種二十六卷……… 2－556

雙棋景闇叢書十七種二十六卷……… 2－556
雙棋景闇叢書十七種二十六卷……… 2－556
雙節堂庸訓六卷……………………… 2－221
雙節堂贈言集錄二十八卷…………… 1－346
雙溪醉隱集六卷……………………… 2－331
雙鳳奇緣傳八十回…………………… 2－254
雙鳳奇緣傳八十回…………………… 2－254
雙橋小築詞存五卷集餘一卷………… 2－526
雙藤書屋詩集十二卷試帖二卷……… 2－321
雙藤書屋詩集十二卷試帖二卷……… 2－321
雙藤書屋詩集十二卷試帖二卷……… 2－321
雙藤書屋詩集十二卷試帖二卷……… 2－321
邊事彙鈔十二卷續鈔八卷…………… 1－301
邊事彙鈔十二卷續鈔八卷…………… 1－301
邊事彙鈔十二卷續鈔八卷…………… 1－301
邊事續鈔八卷………………………… 1－301
邊華泉集八卷補遺一卷附錄一卷…… 2－422
邊華泉集稿六卷邊華泉集八卷……… 2－428
邊疆簡覽三卷………………………… 1－387
歸元直指集四卷山居百詠一卷直音
　切字一卷 ………………………… 1－70
歸元恭先生文續鈔七卷附錄一卷…… 2－499
歸太僕公文定四卷…………………… 1－148
歸方評點史記合筆六卷附例意一卷
　劉海峯氏論文偶記一卷…………… 1－260
歸方評點史記合筆六卷附例意一卷
　劉海峯氏論文偶記一卷…………… 1－261
歸田瑣記八卷………………………… 2－231
歸田瑣記八卷………………………… 2－231
歸田瑣記八卷………………………… 2－379
歸田瑣記八卷………………………… 2－379
歸田瑣記八卷………………………… 2－379
歸田瑣記八卷………………………… 2－379
歸田瑣記八卷浪跡叢談十一卷續談
　八卷………………………………… 2－379
歸田稿八卷…………………………… 1－145
歸先生文集三十二卷附錄一卷……… 1－147
歸先生文集三十二卷附錄一卷……… 1－147
歸先生文集三十二卷附錄一卷……… 1－147
[光緒]歸州志十卷首一卷 ………… 1－478
[光緒]歸安縣志五十二卷首一卷 … 1－487
歸査叢刻二集十一種十一卷………… 2－572
歸宮詹集四卷………………………… 2－505
歸雲別集七十四卷…………………… 2－410
歸雲別集七十四卷…………………… 2－429
歸愚文鈔十二卷歸愚文續十二卷…… 1－157
歸愚文鈔十二卷歸愚文續十二卷…… 2－481
歸愚詞一卷…………………………… 2－527
歸愚詩鈔二十卷……………………… 1－157
歸愚詩鈔十一種……………………… 2－517
歸愚詩鈔餘集八卷…………………… 1－157
歸震川先生文選六卷………………… 2－419
歸震川先生[有光]年譜一卷 ……… 1－337
歸震川先生[有光]年譜一卷 ……… 1－338
歸震川評點本史記一百三十卷附方
　望溪評點四卷……………………… 1－258
歸震川評點本史記一百三十卷附方
　望溪評點四卷……………………… 1－258
[乾隆]歸德府志三十六卷首一卷 … 1－461
歸餘鈔四卷…………………………… 2－280
歸潛志十四卷 ……………………… 1－85
歸潛志十四卷………………………… 2－252
歸樸龕叢稿十二卷…………………… 2－477
歸樸龕叢稿十二卷續編四卷………… 2－461
歸錢尺牘五卷 ……………………… 1－95
歸錢尺牘五卷 ……………………… 1－96
歸盦文稾八卷歸盦詩稾三卷………… 2－500
[至順]鎮江志二十一卷首一卷 …… 1－471
[嘉定]鎮江志二十二卷首一卷附錄
　一卷校勘記二卷…………………… 1－471
[嘉定]鎮江志二十二卷首一卷附錄
　一卷校勘記二卷…………………… 1－471
鎮江府中學堂甲乙經營錄不分卷…… 2－261
[康熙]鎮江府志五十四卷 ………… 1－35
[乾隆]鎮海縣志八卷首一卷附同善
　院志一卷…………………………… 1－436
[光緒]鎮海縣志四十卷 …………… 1－436
[光緒]鎮海縣志四十卷 …………… 1－436
[光緒]鎮海縣志四十卷 …………… 1－436
[乾隆]鎮番縣誌一卷 ……………… 1－489
雞肋集八卷…………………………… 1－132
雞肋編不分卷………………………… 2－389

雞窗叢話一卷 …… 2－232
雞鳴館課徒草不分卷 …… 2－306
雞蹠賦續刻二十八卷附擬古二卷 …… 2－374
礙觚亭後集十二卷 …… 2－324
礙觚亭後集十二卷 …… 2－324
礙觚亭集三十二卷後集十二卷 …… 2－339
礙觚亭集三十二卷後集十二卷 …… 2－339
礙觚亭集三十二卷後集十二卷 …… 2－339
謹擬甘肅省城模範監獄暫行章程 …… 2－16
謫麐堂遺集文二卷詩二卷 …… 2－514
謫麐堂遺集文二卷詩二卷補遺一卷 …… 2－463
謫麐堂遺集四卷 …… 2－478
謫麐堂遺集四卷 …… 2－478
謫麐堂遺集四卷 …… 2－478
謫麐堂遺集四卷 …… 2－478
顔山雜記四卷 …… 1－40
顔友笙府君行述 …… 1－347
顔氏家訓二卷 …… 2－147
顔氏家訓二卷 …… 2－147
顔氏家訓二卷 …… 2－147
顔氏家藏書牘四卷附姓氏攷 …… 2－298
顔氏學記十卷 …… 2－159
顔延之集不分卷 …… 2－329
顔李叢書十七種六十三卷 …… 1－86
顔習齋先生[元]年譜二卷 …… 1－337
顔魯公文集十五卷 …… 2－393
顔魯公文集十五卷補遺一卷 …… 1－126
雜抄不分卷 …… 2－388
雜抄不分卷 …… 2－389
雜事秘辛一卷 …… 1－297
雜事秘辛一卷 …… 1－297
雜鈔五種六卷 …… 1－310
雜鈔不分卷 …… 2－383
離騷九歌釋不分卷 …… 2－390
離騷注一卷 …… 2－390
離騷草木疏四卷 …… 2－540
離騷集傳一卷 …… 2－541
離騷節解一卷附離騷正音一卷離騷本韻一卷離騷節指一卷 …… 1－124
離騷彙訂六帙附離騷讀本屈原傳 …… 2－390
離騷箋二卷 …… 2－539
離騷辯不分卷 …… 1－124
麐椶詞一卷 …… 2－527
燼餘志過錄二卷 …… 2－281
燼餘詩草四卷 …… 2－360
燼餘詩草四卷 …… 2－360
燼餘詩草四卷 …… 2－360
燼餘錄二卷 …… 2－242
燼餘錄甲編一卷乙編一卷 …… 2－242
濾月軒詩集二卷續集二卷 …… 2－362
瀏陽二傑文二卷 …… 2－508
瀏陽敬學堂志八卷 …… 2－91
[同治]瀏陽縣志二十四卷 …… 1－474
[同治]瀏陽縣志二十四卷 …… 1－474
濼源問答十二卷 …… 2－230
璧合珠聯集十卷 …… 2－387
璧合珠聯集十卷 …… 2－387
隴上鴻泥一卷食破硯齋賦草一卷 …… 2－503
隴右軼餘集二種二卷 …… 2－562
[康熙]隴州志八卷首一卷 …… 1－464
[乾隆]隴州續志八卷首一卷末一卷 …… 1－464
隴首集一卷 …… 1－324
隴蜀餘聞不分卷 …… 1－516
繞竹山房詩稿十卷詩餘一卷 …… 2－370
繙譯詩經八卷 …… 1－192
繙譯醒世要言四卷 …… 2－219
織字軒詩一卷 …… 1－112
織錦回文圖一卷回文類聚續編十卷 …… 1－103
織錦回文圖一卷回文類聚續編十卷 …… 1－103
織簾書屋詩鈔十二卷 …… 2－352
斷易黃金策九卷 …… 1－2
斷腸詞一卷 …… 2－523

十九畫

騙術奇談四卷 …… 2－219
攓石齋詩集五十卷 …… 1－116
攓石齋詩集五十卷 …… 1－116

撵石齋詩集四十九卷文集二十六卷
十國詞箋略一卷 …………………… 2－510
蘋洲漁笛譜二卷 ……………………… 2－412
蘧盦文鈔一卷詩鈔十一卷 …………… 2－501
勸忍百箴考註四卷 …………………… 1－122
勸業道派員調查東邊森林報告冊表
不分卷 ……………………………… 2－29
勸業道派員調查柳河本溪森林報告
不分卷附柳河縣森林區域圖 ……… 2－29
勸學篇二卷 …………………………… 2－148
勸學篇二卷 …………………………… 2－148
勸學篇二卷 …………………………… 2－148
勸學篇二卷 …………………………… 2－148
勸學篇二卷 …………………………… 2－148
勸學篇二卷 …………………………… 2－148
勸學篇書後不分卷 …………………… 2－161
蘅華館詩錄六卷 ……………………… 2－353
蘇子美文集十卷 ……………………… 2－410
蘇子美文集十卷 ……………………… 2－410
蘇子美文集十卷 ……………………… 2－410
蘇子瞻集選二十卷 …………………… 1－136
蘇文六卷 ……………………………… 1－135
蘇文奇賞五十卷 ……………………… 1－91
蘇文忠公奏議二卷 …………………… 1－375
蘇文忠公奏議二卷 …………………… 1－376
蘇文忠公詩合註五十卷首一卷 ……… 2－309
蘇文忠公詩合註五十卷首一卷 ……… 2－310
蘇文忠公詩合註五十卷首一卷 ……… 2－310
蘇文忠公詩集五十卷目錄二卷 ……… 2－309
蘇文忠公詩集五十卷目錄二卷 ……… 2－309
蘇文忠公詩集五十卷目錄二卷 ……… 2－309
蘇文忠公詩編註集成四十五卷附諸
家雜綴酌存不分卷蘇海識餘四卷
……………………………………… 2－309
蘇文忠公詩編註集成四十五卷附諸
家雜綴酌存不分卷蘇海識餘四卷
……………………………………… 2－309
蘇文忠公詩編註集成四十六卷蘇文
忠公詩編註集成總案四十五卷 …… 2－309
蘇文忠公詩編註集成四十六卷蘇文
忠公詩編註集成總案四十五卷 …… 2－309
蘇文忠公詩編註集成四十六卷蘇文
忠公詩編註集成總案四十五卷 …… 2－309
蘇文忠公詩編註集成四十六卷蘇文
忠公詩編註集成總案四十五卷 …… 2－309
蘇文忠詩合註五十卷首一卷 ………… 1－98
蘇文忠詩合註五十卷首一卷 ………… 1－98
蘇老泉先生全集二十卷 ……………… 1－133
蘇老泉先生全集二十卷 ……………… 1－133
蘇老泉先生全集二十卷 ……………… 1－133
蘇老泉先生全集附錄二卷 …………… 1－133
蘇老泉先生全集附錄二卷 …………… 1－133
蘇老泉先生全集附錄二卷 …………… 1－133
蘇米志林三卷 ………………………… 1－92
蘇米志林三卷 ………………………… 1－136
蘇米齋蘭亭考八卷 …………………… 1－52
[同治]蘇州府志一百五十卷首三卷
……………………………………… 1－418
[同治]蘇州府志一百五十卷首三卷
……………………………………… 1 418
[同治]蘇州府志一百五十卷首三卷
……………………………………… 1－418
[同治]蘇州府志一百五十卷首三卷
……………………………………… 1－418
[同治]蘇州府志一百五十卷首三卷
……………………………………… 1－418
[同治]蘇州府志一百五十卷首三卷
……………………………………… 1－418
[乾隆]蘇州府志八十卷首一卷 …… 1－418
[乾隆]蘇州府志八十卷首一卷 …… 1－418
蘇州府長元吳三邑諸生譜九卷首一
卷 …………………………………… 2－93
蘇長公二妙集二十二卷 ……………… 1－96
蘇長公小品二卷 ……………………… 1－135
蘇長公小品四卷 ……………………… 1－135
蘇長公小品四卷 ……………………… 1－135
蘇長公文燧不分卷 …………………… 1－136
蘇長公合作內外篇不分卷 …………… 1－137
蘇松財賦考圖説一卷 ………………… 1－44
蘇東坡尺牘八卷 ……………………… 2－298
蘇東坡先生上神宗皇帝書不分卷 …… 1－377
蘇東坡集四十卷後集二十卷奏議十

五卷内制集十卷附樂語一卷外制
集三卷應詔集十卷續集十二卷…… 2－406
蘇東坡集四十卷後集二十卷奏議十
五卷内制集十卷附樂語一卷外制
集三卷應詔集十卷續集十二卷…… 2－406
蘇東坡詩集注三十二卷……………… 1－100
蘇門答拉志不分卷附新志…………… 1－533
蘇省輿地圖說不分卷………………… 1－529
蘇亭詩話六卷………………………… 2－517
蘇格蘭獨立史二十章………………… 2－127
蘇黄尺牘二卷 ……………………… 1－95
蘇黄尺牘四卷………………………… 2－298
蘇黄風流小品十六卷 ……………… 1－89
蘇黄風流小品十六卷………………… 1－122
蘇儁五卷……………………………… 1－168
蘇詩查註補正四卷…………………… 2－519
蘇詩選五卷…………………………… 2－351
蘇詩選評箋釋六卷…………………… 2－351
蘇詩續補遺二卷……………………… 2－308
蘇溪漁隱讀書譜四卷 ……………… 2－66
蘇撫奏稿不分卷……………………… 1－375
蘇學士文集十六卷…………………… 1－131
蘇學士文集十六卷…………………… 2－400
蘇盦文錄二卷駢文錄五卷詩錄八卷
詞錄一卷…………………………… 2－446
蘇盦文錄二卷駢文錄五卷詩錄八卷
詞錄一卷…………………………… 2－446
蘇盦文錄二卷駢文錄五卷詩錄八卷
詞錄一卷…………………………… 2－446
蘇盦文錄二卷駢文錄五卷詩錄八卷
詞錄一卷…………………………… 2－446
警石先生[錢泰吉]年譜一卷 ……… 2－455
警石先生[錢泰吉]年譜一卷 ……… 2－455
警石先生[錢泰吉]年譜一卷 ……… 2－455
警石先生[錢泰吉]年譜一卷 ……… 2－455
警石先生[錢泰吉]年譜一卷 ……… 2－455
警石府君[錢泰吉]年譜一卷 ……… 1－344
警睡編二集十八卷…………………… 2－160
藻川堂全集四種……………………… 2－496
藻川堂譚藝四篇……………………… 2－496
蘊素軒詩稿一卷……………………… 2－330
蘊愫閣詩集十二卷續集二卷文集八
卷别集四卷琴竹山莊樂府二卷…… 2－512
攀古廔彝器款識二卷附沙南侯獲刻
石釋文一卷………………………… 2－103
[同治]麗水縣志十五卷 …………… 1－438
麗句集六卷…………………………… 1－122
麗句集六卷…………………………… 1－122
麗廔叢書九種二十三卷……………… 2－559
麗廔叢書九種二十四卷……………… 2－547
麗廔叢書九種二十四卷……………… 2－547
麗體金膏八卷………………………… 2－291
願同集六卷…………………………… 2－197
攈古錄二十卷………………………… 2－101
攈古錄金文三卷……………………… 2－101
攈古錄金文三卷……………………… 2－102
曝書亭删餘詞一卷曝書亭詞手稿原
目一卷附校勘記一卷……………… 2－524
曝書亭集八十卷……………………… 1－150
曝書亭集八十卷附錄一卷…………… 2－430
曝書亭集八十卷附錄一卷…………… 2－430
曝書亭集八十卷附錄一卷…………… 2－431
曝書亭集八十卷附錄一卷…………… 2－431
曝書亭集八十卷附錄一卷…………… 2－431
曝書亭集外詩五卷詞一卷文二卷…… 2－320
曝書亭集詞註七卷…………………… 2－522
曝書亭集詩註二十二卷……………… 2－519
曝書亭集箋註二十三卷……………… 2－431
曝書亭集箋註二十三卷……………… 2－431
曝書亭詞拾遺三卷志異一卷………… 2－523
曝書亭詞拾遺三卷志異一卷………… 2－523
曝書亭詩錄十二卷…………………… 1－150
曝書亭詩錄十二卷…………………… 2－431
曝書雜記三卷………………………… 2－387
曝書雜記三卷………………………… 2－387
曝書雜記三卷………………………… 2－387
疊雅十三卷…………………………… 1－226
關中兩朝文鈔二十二卷文鈔補六卷
詩鈔十二卷詩鈔補四卷詩鈔又補
一卷賦鈔二卷……………………… 2－272
關中兩朝文鈔二十二卷文鈔補六卷
詩鈔十二卷詩鈔補四卷詩鈔又補

一卷賦鈔二卷 ………………………… 2－272
關中兩朝文鈔二十二卷附關中兩朝
詩文鈔人物考畧不分卷 …………… 2－272
關中兩朝文鈔補六卷 ………………… 2－273
關中金石文字存逸攷十二卷首一卷
附石刻書法源流攷一卷 …………… 2－103
關中金石記八卷 ……………………… 1－51
關中金石記八卷關中金石記附記一
卷 ……………………………………… 2－97
關中書院課士詩四卷 ………………… 2－318
關中漢唐存碑跋一卷 ………………… 1－402
關中漢唐存碑跋一卷 ………………… 2－99
關中課士律賦箋註不分卷關中課士
試帖詳註不分卷關中課士賦續編
不分卷時藝引不分卷 ……………… 2－303
關氏易傳不分卷 ……………………… 1－185
關氏易傳不分卷 ……………………… 1－185
關尹子一卷 …………………………… 2－137
關尹子 卷 …………………………… 2－210
關帝年譜一卷 ………………………… 1－342
關帝全書四十卷 ……………………… 1－330
關帝事蹟徵信編三十卷首一卷末一
卷 ……………………………………… 1－330
關帝明聖經不分卷 …………………… 2－205
關帝寶訓像註四卷 …………………… 2－218
關學編四卷首一卷續編一卷 ………… 1－326
疇人傳三編七卷 ……………………… 1－329
疇人傳四十六卷續六卷 ……………… 1－329
蟾宮第一枝繡像全書四卷首一卷 …… 2－234
蟻術詞選四卷 ………………………… 2－522
蟻術詞選四卷 ………………………… 2－523
艷異新編五卷 ………………………… 2－247
嚴太僕先生集十二卷 ………………… 1－157
嚴永思先生通鑑補正略三卷 ………… 1－275
[光緒]嚴州府志三十八卷首一卷 … 1－448
[光緒]嚴州府志三十八卷首一卷 … 1－448
[景定]嚴州新定續志十卷 ………… 1－492
嚴州圖經三卷 ………………………… 1－391
嚴州圖經三卷 ………………………… 1－391
嚴州圖經三卷 ………………………… 1－391
[景定]嚴州續志十卷 ……………… 1－448
[景定]嚴州續志十卷 ……………… 1－448
[景定]嚴州續志十卷 ……………… 1－448
嚴定嗣後各省秋審人犯案內如有錯
擬情實緩決處分條例不分卷 ……… 2－1
嚴陵記略不分卷 ……………………… 1－527
嚴陵集九卷 …………………………… 2－558
韜厂蹈海錄四卷 ……………………… 1－321
韜光菴紀遊集一卷續刻一卷附刻韜
光紀遊詩冊一卷 …………………… 1－514
韜鈐拾慧錄一卷 ……………………… 2－166
[乾隆]羅山縣志八卷 ……………… 1－433
羅司勳文集八卷外集一卷 …………… 2－429
羅圭峯先生文集三十卷首一卷 ……… 1－142
[嘉慶]羅江縣志十卷 ……………… 1－420
[嘉慶]羅江縣志十卷 ……………… 1－420
[嘉慶]羅江縣志三十六卷 ………… 1－420
[嘉慶]羅江縣志三十六卷 ………… 1－420
[嘉慶]羅江縣志三十六卷 ………… 1－420
羅甸堂四書題仝韻詩六卷 …………… 1－116
羅壯勇公[思舉]年譜二卷 ………… 1－322
羅壯勇公[思舉]年譜二卷 ………… 1－322
羅忠節公遺集八卷 …………………… 2－505
羅忠節公遺集八種十八卷 …………… 2－499
羅忠節公遺集八種十八卷 …………… 2－569
羅忠節公遺集八種十八卷 …………… 2－569
羅忠節公[澤南]年譜二卷 ………… 1－338
羅念庵先生文錄十八卷附錄不分卷
續編二卷 …………………………… 2－427
[光緒]羅店鎮志八卷附文徵一卷 … 1－483
羅昭諫集八卷 ………………………… 1－129
羅馬史二卷附年譜 …………………… 2－127
羅馬志略十三卷 ……………………… 1－532
羅馬志略十三卷 ……………………… 1－532
羅馬志略十三卷 ……………………… 1－532
羅馬志略十三卷 ……………………… 1－532
羅馬志略十三卷 ……………………… 1－532
羅馬志略十三卷 ……………………… 1－532
羅馬志略十三卷 ……………………… 1－532
羅馬志略十三卷 ……………………… 1－532
羅馬志略十三卷 ……………………… 1－532
羅馬志略十三卷 ……………………… 1－532

羅馬志略十三卷…………………………… 1－532
羅馬志略十三卷…………………………… 1－532
羅馬志略十三卷…………………………… 2－125
羅馬教正誤六卷…………………………… 2－214
羅浮山志會編二十二卷首一卷 ……… 1－42
羅浮山志會編二十二卷首一卷……… 1－503
羅浮待鶴山房詩集二卷羅浮待鶴山
房外集一卷 …………………………… 2－335
羅鄂州小集六卷附錄……………………… 2－412
羅鄂州小集六卷附羅郢州遺文一卷
…………………………………………… 2－409
羅豫章先生集十二卷首一卷末一卷
…………………………………………… 1－136
羅豫章先生集十二卷首一卷末一卷
…………………………………………… 2－411
犢山類稿五種十三卷…………………… 2－475
犢山類稿五種十三卷…………………… 2－475
犢山類稿六卷詩稿四卷………………… 2－423
［乾隆］贊皇縣志十卷首一卷末一卷
附錄一卷 ……………………………… 1－34
籀書內篇二卷外篇二卷………………… 2－499
籀經堂類藁二十四卷齊陳氏韶舞樂
疊通釋二卷……………………………… 2－458
簷曝雜記六卷……………………………… 2－376
簾舫先生事蹟不分卷…………………… 1－320
鏡古堂文鈔不分卷……………………… 1－156
鏡花妝閣稿不分卷……………………… 1－113
辭賦標義十八卷…………………………… 1－105
鵬南文鈔十五卷首一卷末一卷……… 2－489
譚文勤公奏稿二十卷首不分卷……… 1－370
譚史志奇八卷……………………………… 1－309
譚史志奇八卷……………………………… 1－309
譚苑醍醐八卷……………………………… 2－230
譚屑二卷…………………………………… 2－160
識小錄一卷………………………………… 2－564
證學編十卷附錄一卷…………………… 1－557
證嚮齋詩集八卷…………………………… 2－315
廬山志十五卷……………………………… 1－499
廬山志十五卷……………………………… 1－499
廬山志十五卷……………………………… 1－499
［光緒］廬江縣志十六卷首一卷 …… 1－480
［光緒］廬江縣志十六卷首一卷 …… 1－480
廬陵宋丞相信國公文忠烈先生全集
十六卷文忠烈公從祀原案錄一卷
…………………………………………… 1－152
廬陵宋丞相信國公文忠烈先生集十
六卷附忠烈公從祀原案錄一卷…… 2－410
廬陵宋丞相信國公文忠烈先生集十
六卷附忠烈公從祀原案錄一卷…… 2－410
廬陵宋丞相信國公文忠烈先生集十
六卷附廬陵文丞相從祀錄………… 2－442
廬陵周益國文忠全集二百卷首一卷
附錄五卷 ……………………………… 2－402
廬陵歐陽文忠公年譜一卷…………… 1－134
廬陽名勝便覽六卷……………………… 1－525
韻山堂詩集七卷附補遺……………… 2－341
韻史二卷補一卷………………………… 1－253
韻考略五卷附張悔廬與友人論唐韻
正書 …………………………………… 1－254
韻字略二卷……………………………… 1－257
韻字略十二卷…………………………… 1－251
韻字彙錦五卷…………………………… 1－253
韻歧五卷………………………………… 1－251
韻歧五卷………………………………… 1－252
韻府拾遺一百六卷……………………… 1－251
韻府拾遺一百六卷……………………… 2－140
韻府萃音十二集十二卷……………… 1－252
韻府鉤沉五卷…………………………… 1－255
韻府羣玉二十卷 ……………………… 1－14
韻府羣玉二十卷 ……………………… 1－57
韻海鴛鴦十六卷………………………… 1－255
韻書原始不分卷 ……………………… 1－16
韻雅五卷雜論一卷識餘一卷………… 1－255
韻詁不分卷……………………………… 1－244
韻詁不分卷附補遺……………………… 1－250
韻補五卷韻補正一卷………………… 1－256
韻彙五卷末一卷………………………… 1－255
韻綜五卷檢字一卷韻綜集字五卷…… 1－255
韻徵十六卷……………………………… 1－253
韻編十卷………………………………… 1－256
韻學臆說不分卷………………………… 1－255
韻學叢書三十四種題跋一卷………… 1－254

韻學叢書三十四種題跋一卷………… 1－254
韻學叢書六種十九卷…………………… 1－254
韻學蠡言舉要五卷附韻學叢書三十
四種目錄………………………… 1－255
韻學蠡言舉要四種五卷……………… 1－255
韻辨附文五卷………………………… 1－249
韻辨附文五卷………………………… 1－249
韻辨附文五卷………………………… 1－250
韻辨附文五卷………………………… 1－253
韻辨附文五卷………………………… 1－253
韻辨附文五卷………………………… 1－253
韻藻述五卷…………………………… 1－228
韻譜本義十卷 ………………………… 1－16
韻籟四卷……………………………… 1－254
懶靈居士遺稿七卷…………………… 2－352
懷小編二十卷………………………… 2－230
懷古田舍梅統十三卷………………… 2－194
懷古田舍詩節鈔六卷附錄一卷……… 2－339
懷古田舍詩節鈔六卷懷古田舍梅統
十二卷…………………………… 2－339
懷古田舍雜鈔不分卷………………… 2－388
懷古錄三卷…………………………… 2－388
[光緒]懷安縣志八卷首一卷末一卷
…………………………………… 1－416
[光緒]懷來縣志十八卷首一卷 …… 1－462
懷亭詩錄六卷………………………… 2－343
[康熙]懷柔縣新志八卷 …………… 1－37
懷清堂集二十卷首一卷……………… 1－110
懷豳雜俎十二種十七卷……………… 2－379
懷豳雜俎十二種十七卷……………… 2－379
懷豳雜俎十二種十七卷……………… 2－560
懷麓堂集首一卷詩稿二十卷文稿三
十卷詩後稿十卷文後稿三十卷雜
記十卷…………………………… 2－422
懷麓堂集詩稿二十卷文稿三十卷詩
後稿十卷文後稿三十卷雜記十卷
…………………………………… 2－422
類林新詠三十六卷 …………………… 1－59
類音八卷 ……………………………… 1－14
類音八卷 ……………………………… 1－14
類書十五卷 …………………………… 1－60
類書纂要三十三卷 …………………… 1－58
類書纂要三十三卷 …………………… 1－58
類經三十二卷類經圖翼十一卷附翼
四卷 ……………………………… 1－66
類選箋釋草堂詩餘六卷……………… 1－105
類選箋釋草堂詩餘六卷……………… 1－165
類選箋釋續選草堂詩餘二卷類編箋
釋國朝詩餘五卷………………… 1－105
類選箋釋續選草堂詩餘二卷類編箋
釋國朝詩餘五卷………………… 1－165
類編標註文公朱先生經濟文衡前集
二十五卷後集二十五卷續集二十
二卷 ……………………………… 1－61
類編標註文公朱先生經濟文衡前集
二十五卷後集二十五卷續集二十
二卷 ……………………………… 1－61
類聯集古二編十二卷………………… 2－388
類聯集錦八卷………………………… 2－388
類纂古文雲蒸六卷…………………… 2－286
瀟碧堂集二十卷……………………… 1－145
瀛仙閣詩集四卷……………………… 2－331
瀛奎律髓刊誤四十九卷……………… 2－327
瀛奎律髓節抄不分卷………………… 2－327
瀛海探驪集八卷……………………… 2－360
瀛寰志略十卷續集四卷末一卷……… 1－382
瀛寰志略續集四卷末一卷…………… 1－382
瀛寰志略續集四卷末一卷…………… 1－382
瀛環志略十卷………………………… 1－379
瀛環志略十卷………………………… 1－379
瀛環志略十卷………………………… 1－379
瀛環志略十卷………………………… 1－379
瀛環志略十卷………………………… 1－380
瀛環志略十卷………………………… 1－380
瀛環志略十卷………………………… 1－380
瀛環志略十卷………………………… 1－380
瀛環志略十卷坿瀛環志略辨正不分
卷………………………………… 1－380
瀛環志略十卷首一卷………………… 1－379
瀛環志略十卷首一卷………………… 1－380
瀛環志略十卷瀛環志略續集四卷末
一卷補遺一卷…………………… 1－380

瀛環志略八卷…………………………1－380
瀛壖雜志六卷…………………………2－241
瀛壖雜志六卷…………………………2－241
瀛壖雜志六卷…………………………2－241
瀛壖雜志六卷…………………………2－241
寶刻叢編二十卷 ………………………2－95
寶應長湖墾殖公司計畫説明書不分
　卷 ……………………………………2－28
寶繪錄十八卷…………………………2－194
聽瓶笙館駢體初稿不分卷 ……………1－94
聽園西疆雜述詩四卷…………………2－314
嬾真子五卷 ……………………………1－80
嬾真子五卷……………………………2－137
繹史一百六十卷 ………………………1－22
繹史一百六十卷 ………………………1－22
繹史一百六十卷………………………1－277
繹史一百六十卷………………………1－292
繹史一百六十卷………………………1－292
繹史一百六十卷………………………1－292
繹史一百六十卷附世系圖年表………1－277
繹史一百六十卷附世系圖年表………1－277
繹史一百六十卷附世系圖年表………1－277
繪地法原不分卷附圖…………………1－530
繪芳錄八十回…………………………2－252
繪像中東大戰演義四卷三十三回……1－305
繪圖小說不分卷………………………2－250
繪圖平金川四卷三十二回……………2－250
繪圖仙卜奇緣全傳八卷四十回………2－251
繪圖典故………………………………2－193
繪圖後聊齋志異十二卷………………2－246
繪圖施公案全集五百三十八回………2－237
繪圖秘本殺子報全傳四卷二十回……2－250
繪圖第二奇書八卷六十四回…………2－250
繪圖第八才子書白圭志四卷十六回
　………………………………………2－254
繪圖越法戰書不分卷…………………2－165
繪圖筆生花十六卷三十二回…………2－254
繪圖新出雙剪髮寶卷二卷……………2－249
繪圖對韻千家詩詳註六卷……………2－373
繪圖說唱秦英征西四卷四十八回……2－254
繪圖綴白裘十二集四十八卷…………2－529
繪圖增像西遊記一百回………………2－237
繪圖點評女僊外史八卷一百回………2－249
繪圖蠶桑絡絲織綢說略不分卷………2－170
繪聲園詩鈔一卷………………………1－105
繡水王氏家藏集………………………2－490
繡水王氏家藏集………………………2－560
繡虎軒尺牘八卷二集八卷三集八卷
　………………………………………1－95
繡刻演劇六十種曲一百二十卷………1－166
繡梓尺牘雙魚十一卷又四卷補選捷
　用尺牘雙魚四卷 ……………………1－96
繡像十五貫十六卷……………………2－530
繡像小說七十二期……………………2－252
繡像今古奇觀十卷四十回……………2－237
繡像文武香球十二卷七十二回………2－530
繡像四遊合傳不分卷…………………2－251
繡像花月痕全傳十五卷五十二回……2－254
繡像京本雲合奇蹤玉茗英烈全傳十
　卷八十回 ……………………………1－82
繡像京本雲合奇蹤全傳十卷八十回
　………………………………………2－238
繡像封神演義一百回…………………2－239
繡像張文襄公事略十九節……………1－314
繡像雲外飄香四卷十一回……………2－254
繡像夢影緣四十八回…………………2－253
繡像義妖全傳二十八卷五十四回……2－246
繡像義妖全傳二十八卷五十四回……2－246
繡像說唐前傳十卷六十八回後傳八
　卷五十八回…………………………2－249
繡像漢宋奇書二種六十卷……………2－252
繡像綠牡丹全傳六卷六十四回………2－254
繡像綠野仙蹤八十回…………………2－248
繡像醒世第二奇書十四卷十四回……2－250
繡像雙珠鳳全傳十二卷………………2－529
繡像繪圖勇士黃勳伯義勇可風全本
　不分卷………………………………2－250

二十畫

蘭石齋文稿八卷………………………2－513
蘭因集二卷……………………………2－338

蘭行草不分卷………………………… 2－360
[道光]蘭州府志十二卷首一卷 …… 1－483
蘭言二集十二卷……………………… 2－340
蘭言集二種四卷……………………… 2－327
蘭言詩鈔四卷………………………… 2－357
蘭雪堂古事苑定本十二卷 …………… 1－58
蘭雪堂古事苑定本十二卷 …………… 1－58
蘭雪堂集八卷………………………… 1－142
蘭蕙林詩鈔一卷文鈔一卷…………… 1－107
[光緒]蘭谿縣志八卷首一卷附補遺
一卷……………………………… 1－434
[光緒]蘭谿縣志八卷首一卷附補遺
一卷……………………………… 1－434
蘭韻堂文集五卷……………………… 2－511
蘭韻堂御覽集六卷經進文稿二卷詩
集十二卷詩續集一卷文集五卷文
續集一卷西清筆記二卷…………… 2－577
蘭韻堂詩集八卷……………………… 2－358
蘺盦東游日記不分卷………………… 1－509
蘺盦東游日記不分卷………………… 1－509
[乾隆]醴泉縣志十四卷圖一卷 …… 1－404
[乾隆]醴泉縣志十四卷圖一卷 …… 1－404
[乾隆]醴泉縣志十四卷圖一卷 …… 1－404
[乾隆]醴泉縣志十四卷圖一卷 …… 1－404
[乾隆]醴泉縣志十四卷圖一卷 …… 1－404
[乾隆]醴泉縣志十四卷圖一卷 …… 1－404
[同治]醴陵縣志十四卷首一卷末一
卷……………………………… 1－424
[光緒]酆都縣志四卷首一卷 ……… 1－410
[光緒]酆都縣志四卷首一卷附典禮
備考八卷………………………… 1－410
鹺政備覽不分卷……………………… 2－9
獻子講存二卷 ……………………… 1－64
[乾隆]獻縣志二十卷圖一卷表一卷
……………………………………… 1－34
[乾隆]獻縣志二十卷圖一卷表一卷
……………………………………… 1－424
[乾隆]獻縣志二十卷圖一卷表一卷
……………………………………… 1－424
闡義二十二卷 ……………………… 1－77
闡義二十二卷 ……………………… 1－77
鶡冠子三卷 ………………………… 1－75
鶡冠子三卷…………………………… 2－130
鶡冠子三卷…………………………… 2－138
鶡冠子三卷…………………………… 2－139
鶡冠子三卷…………………………… 2－216
蠛蠓集五卷…………………………… 1－144
蠛蠓集五卷…………………………… 2－424
蠛蠓集五卷…………………………… 2－424
蠛蠓集五卷…………………………… 2－424
蠙廬詩鈔十卷………………………… 2－355
蠙廬詩鈔十卷………………………… 2－355
蠙廬詩鈔十卷………………………… 2－355
蠙廬詩鈔十卷………………………… 2－355
蠕範八卷……………………………… 2－196
巍巍不動太山深根結果寶卷一卷二
十四品 …………………………… 1－72
籌世芻議四卷………………………… 2－295
籌洋芻議一卷………………………… 1－551
籌洋芻議一卷………………………… 1－551
籌洋芻議一卷………………………… 1－551
籌洋芻議一卷………………………… 1－552
籌洋芻議一卷………………………… 1－552
籌華芻言不分卷 …………………… 2－53
籌海初集四卷 ……………………… 2－20
籌海初集四卷 ……………………… 2－20
籌海圖編十三卷 …………………… 1－55
籌鄂龜鑑七卷首不分卷……………… 2－126
籌國芻言二卷………………………… 1－537
籌國芻言二卷………………………… 1－537
籌蒙芻議二卷………………………… 1－553
籌蒙芻議二卷………………………… 1－553
籌蜀篇二卷 ………………………… 2－52
籌算三卷……………………………… 2－185
籌餉新捐章程不分卷 ……………… 2－18
籌辦萍鄉鐵路公牘四卷附刊………… 2－300
籌濟編三十二卷首一卷……………… 1－557
籌濟編三十二卷首一卷 …………… 2－22
籌濟編三十二卷首一卷 …………… 2－22
籌濟編三十二卷首一卷 …………… 2－22
籌濟編三十二卷首一卷 …………… 2－22
籌濟編三十二卷首一卷 …………… 2－22

籌瞻疏稿三卷 …………………………… 1－376
籌議湖北通省積穀辦法並酌擬勸懲
章程等奏摺不分卷附原稿五份 …… 2－27
纂丘瓊山先生大學衍義補英華十八
卷 ………………………………………… 1－62
覺世正宗省心經十卷………………… 2－200
覺生賦鈔不分卷……………………… 2－374
覺非盦筆記八卷……………………… 2－154
覺迷要錄四卷………………………… 1－308
覺迷要錄四卷………………………… 1－308
覺顛冥齋內言四卷…………………… 2－457
鐵函齋書跋四卷……………………… 2－451
鐵網珊瑚集初集不分卷二集不分卷
三集不分卷………………………… 2－306
鐵篴僊館宦遊草六卷………………… 2－372
鐫太倉王氏音釋駱丞集十卷………… 1－129
鐘鼎字源五卷………………………… 2－102
鐘鼎字源五卷附錄不分卷 …………… 1－52
釋人疏證二卷………………………… 1－228
釋氏稽古略四卷釋鑑稽古略續集三
卷…………………………………… 2－202
釋名八卷 …………………………… 1－14
釋名八卷……………………………… 1－249
釋名四卷……………………………… 1－226
釋名疏校議一卷……………………… 1－248
釋名疏證八卷續釋名一卷續釋名補
遺一卷 ………………………………… 1－14
釋名疏證八卷續釋名一卷續釋名補
遺一卷……………………………… 1－248
釋名疏證補八卷續釋名一卷釋名補
遺一卷附錄一卷…………………… 1－226
釋名疏證補八卷續釋名一卷釋名補
遺一卷附錄一卷…………………… 1－226
釋名疏證補八卷續釋名一卷釋名補
遺一卷附錄一卷…………………… 1－226
釋名疏證補八卷續釋名一卷釋名補
遺一卷附錄一卷…………………… 1－226
釋名疏證補八卷續釋名一卷釋名補
遺一卷附錄一卷…………………… 1－247
釋名疏證補八卷續釋名一卷釋名補
遺一卷附錄一卷…………………… 1－248
釋弧三卷……………………………… 2－176
釋迦如來應化事跡不分卷 …………… 1－70
釋奠蠡言八卷………………………… 2－2
釋輪二卷釋橢一卷…………………… 2－177
釋摩訶衍論十卷……………………… 2－208
釋禪波羅密次第法門十卷…………… 2－201
饒崧生先生摺譜不分卷……………… 1－554
饒崧生先生摺譜不分卷……………… 1－554
[乾隆]饒陽縣志二卷首一卷末一卷
………………………………………… 1－481
[光緒]騰越廳志稿二十卷首一卷 … 1－415
護法論一卷 ………………………… 1－71
譯古含奇三卷………………………… 2－212
譯林(一至十二期) ……………… 2－235
譯學館初等代數講義不分卷………… 2－176
譯學館初等代數講義不分卷………… 2－176
議決宣統三年地方行政經費預算案
說明書不分卷……………………… 2－9
議奏保甲章程及嚴拿燒香結盟匪徒
請變通辦理條例不分卷…………… 2－1
議會政黨論三編緒論一編…………… 1－558
懺花盦文存六卷……………………… 2－491
懺花盦文存六卷……………………… 2－491
懺花盦詩存十一卷…………………… 2－363
懺花盦叢書三十五種二百二十五卷
………………………………………… 2－552
灌江四種四卷………………………… 1－494
灌園未定稿二卷……………………… 2－480
[光緒]灌縣鄉土志二卷 …………… 1－467
[光緒]灌縣鄉土志二卷 …………… 1－486
[光緒]寶山縣志十四卷首一卷 …… 1－416
[光緒]寶山縣志十四卷首一卷 …… 1－416
[光緒]寶山縣志十四卷首一卷 …… 1－416
[光緒]寶山縣志十四卷首一卷 …… 1－474
寶古堂重修考古圖十卷 …………… 1－51
[乾隆]寶坻縣志十八卷 …………… 1－36
[乾隆]寶坻縣志十八卷 …………… 1－36
寶奎堂集十二卷……………………… 2－486
寶韋齋類稿四種八十二卷…………… 2－478
寶華山志十五卷首一卷 …………… 1－41
寶華山志十五卷首一卷……………… 1－501

寶華山志十五卷首一卷……………… 1－503
寶訓八卷……………………………… 2－171
寶書堂詩鈔八卷水蜜桃譜一卷……… 2－369
寶閑堂集四卷………………………… 1－110
寶綸堂文鈔八卷詩鈔六卷…………… 2－487
寶綸堂文鈔八卷詩鈔六卷…………… 2－487
寶綸堂文鈔八卷詩鈔六卷…………… 2－487
寶綸堂集十卷拾遺一卷……………… 2－446
寶綸堂集十卷拾遺一卷……………… 2－446
寶綸堂集十卷拾遺一卷……………… 2－446
寶綸堂集十卷拾遺一卷……………… 2－446
寶綸堂集古錄十二卷………………… 2－496
寶盤銘釋文不分卷…………………… 2－102
寶樹堂遺書三種……………………… 2－381
寶興堂重訂古文釋義新編八卷……… 2－287
寶藏興焉十二卷……………………… 2－271
寶藏興焉十二卷……………………… 2－271
［道光］寶應圖經六卷首二卷 ……… 1－477
［道光］寶應圖經六卷首二卷 ……… 1－478
［康熙］寶應縣志二十四卷 ………… 1－37
寶顏堂訂正丙丁龜鑑五卷續錄一卷
……………………………………… 2－539
寶顏堂訂正丙丁龜鑑六卷 ………… 1－74
寶鐵齋詩錄一卷詩續錄一卷………… 2－366
寶存四卷……………………………… 2－253
響泉集二十八卷……………………… 1－109
響泉集二十卷………………………… 2－339
響泉集二十卷………………………… 2－339
響泉集二十卷………………………… 2－340
響泉集十六卷………………………… 1－109
響泉集三十卷………………………… 1－108
繼忠錄不分卷………………………… 1－335
繼忠錄不分卷………………………… 1－335
繼忠錄不分卷………………………… 1－335

二十一畫

鰲峰御史祠捐款錢糧帳 …………… 2－27
權制八卷 …………………………… 2－20
權制八卷 …………………………… 2－20
權衡一書四十一卷 ………………… 1－75
權衡一書四十一卷…………………… 2－216
贙奕編廣四卷 ……………………… 1－85
礟法昂度子落高低遠近畫譜一卷…… 2－166
羼軒孔氏所著書七種六十卷………… 1－208
羼軒孔氏所著書七種六十卷………… 1－208
羼軒孔氏所著書七種六十卷………… 2－576
露桐先生［李殿圖］年譜前編四卷
續編二卷…………………………… 1－322
攝山志八卷首一卷 ………………… 1－37
攜雪堂文集一卷詩集一卷對聯一卷
罔極編一卷家訓一卷時文一卷試
帖一卷……………………………… 2－448
攜雪堂文集一卷詩集一卷對聯一卷
罔極編一卷家訓一卷時文一卷試
帖一卷……………………………… 2－448
攜雪堂文集一卷詩集一卷對聯一卷
罔極編一卷家訓一卷時文一卷試
帖一卷……………………………… 2－477
攜雪堂全集七種七卷……………… 2－466
儷白妃黃冊八卷……………………… 2－387
鐵研齋叢書五種三十卷……………… 1－195
鐵華館子鈔不分卷…………………… 2－132
鐵華館叢書六種四十五卷…………… 2－549
鐵華館叢書六種四十五卷…………… 2－549
鐵華館叢書六種四十五卷…………… 2－549
鐵華館叢書六種四十五卷…………… 2－549
鐵瓶詩鈔五卷雜存二卷……………… 2－351
鐵堂詩草二卷………………………… 1－110
鐵崖詩集三種二十六卷首一卷……… 2－329
鐵笛仙館從戎草不分卷……………… 2－351
鐵琴銅劍樓藏宋元本書目 ………… 2－73
鐵琴銅劍樓藏書目錄二十四卷 …… 2－69
鐵琴銅劍樓藏書目錄二十四卷 …… 2－69
鐵琴銅劍樓藏書目錄二十四卷 …… 2－69
鐵琴銅劍樓藏書目錄二十四卷 …… 2－69
鐵琴銅劍樓藏書目錄二十四卷 …… 2－71
鐵圍山叢談六卷……………………… 2－412
鐵路紀要三卷………………………… 2－265
鐵路運送論不分卷…………………… 2－266
鐵路經營訪問錄七問………………… 2－266
鐵圍山叢譚三卷……………………… 2－379

鐵網珊瑚書品十卷畫品六卷 ………… 1－69
鐵網珊瑚書品十卷畫品六卷………… 1－122
鐵橋金石跋四卷………………………… 2－103
鐵橋漫稿八卷…………………………… 2－378
鐵橋漫稿八卷…………………………… 2－463
鐵橋漫稿八卷…………………………… 2－463
鐵橋漫稿八卷…………………………… 2－463
鐵橋漫稿八卷…………………………… 2－463
鐸隱齋賦錄不分卷……………………… 2－375
辯宜齋野乘一卷………………………… 2－184
辯惑堂聯語不分卷……………………… 2－388
[道光]夔州府志三十六卷首一卷 … 1－489
爛柯山志十三卷………………………… 1－501
爛柯山志十三卷………………………… 1－501
顧氏二種八卷…………………………… 1－301
顧氏明朝四十家小説不分卷………… 2－242
顧亭林先生[炎武]年譜一卷 ………… 1－29
顧亭林先生[炎武]年譜一卷 ………… 1－29
顧亭林先生[炎武]年譜一卷 ………… 1－29
顧亭林先生[炎武]年譜一卷 ………… 1－29
顧亭林先生[炎武]年譜一卷 ……… 1－319
顧亭林先生[炎武]年譜一卷 ……… 1－319
顧亭林先生[炎武]年譜一卷 ……… 1－319
顧亭林先生[炎武]年譜一卷 ……… 1－319
顧亭林先生[炎武]年譜一卷附一
卷……………………………………… 1－337
顧亭林先生[炎武]年譜一卷附一
卷……………………………………… 1－337
顧亭林先生詩箋注十七卷校補一卷
首一卷………………………………… 2－330
顧亭林先生詩箋注十七卷校補一卷
首一卷………………………………… 2－330
顧亭林先生遺書十種………………… 2－469
顧華陽集三卷補遺一卷……………… 2－397
顧菊舫府君行述不分卷皇清敕封八
品孺人先慈劉太孺人行述不分卷
…………………………………………… 1－347
顧鳳翔遺集不分卷…………………… 2－367
顧誤錄不分卷………………………… 2－196
顧端文公遺書十五種七十三卷……… 2－569
顧端文公遺書十五種七十三卷……… 2－569
顧學錄不分卷………………………… 2－285
顧雙溪集九卷………………………… 2－347
顧雙溪集九卷………………………… 2－347
鶴山文鈔三十二卷…………………… 2－400
鶴山文鈔三十二卷…………………… 2－400
鶴山題跋七卷………………………… 2－403
鶴林玉露十八卷……………………… 2－377
鶴林寺志一卷………………………… 1－528
鶴泉集杜二卷續刻不分卷…………… 2－352
鶴泉集唐三卷………………………… 2－352
鶴巢詩存不分卷……………………… 2－364
[道光]鶴場漫志二卷 ……………… 1－492
鶴徵後錄十二卷首一卷……………… 1－324
鶴徵後錄十二卷首一卷……………… 1－324
鶴徵錄八卷首一卷…………………… 1－324
鶴徵錄八卷首一卷…………………… 1－324
鶴徵錄八卷鶴徵後錄十二卷………… 1－316
鶴徵錄八卷鶴徵後錄十二卷………… 1－316
鶴靜堂集十九卷……………………… 1－158
鶴歸來傳奇二卷……………………… 2－531
鶴歸來傳奇二卷……………………… 2－531
蠡勺詩鈔二卷………………………… 2－360
蠡海集一卷 ………………………… 1－77
[順治]蠡縣志十卷續志四卷 ……… 1－36
續二三場群書備考三卷 …………… 1－77
續小五義一百二十四回……………… 2－240
續小兒語三卷演小兒語一卷………… 2－386
[同治]續天津縣志二十卷首一卷 … 1－417
[同治]續天津縣志二十卷首一卷 … 1－417
[同治]續天津縣志二十卷首一卷 … 1－417
[同治]續天津縣志二十卷首一卷 … 1－417
[同治]續天津縣志二十卷首一卷 … 1－433
續元功垂範一卷 …………………… 1－26
續支那通史二卷……………………… 1－257
續支那通史二卷……………………… 1－257
[光緒]續太原縣志二卷 …………… 1－441
續尤西堂擬明史樂府一卷附倣元遺
山論詩絕句一卷……………………… 2－340
續文選三十二卷 …………………… 1－92
續文獻通考二百五十四卷 ………… 1－43
續文獻通考鈔三十卷 ……………… 1－43

續方言二卷 1-228
續方言新校補二卷 1-248
續玉臺文菀四卷 1-89
續玉臺新詠四卷 1-150
續刊青城山記二卷 1-503
續刊青城山記二卷 2-209
續古文苑二十卷 2-281
續古文苑二十卷 2-288
續古文苑二十卷 2-288
續古文苑二十卷 2-288
續古文苑二十卷 2-288
續古文辭類纂十卷 2-287
續古文辭類纂三十四卷 2-287
續古文辭類纂三十四卷 2-287
續古文辭類纂三十四卷 2-287
續古文辭類纂三十四卷 2-287
續古文辭類纂三十四卷 2-287
續北鹽挽疲芻議不分卷 2-27
[光緒]續永清縣志稿不分卷 1-416
續弘簡錄元史類編四十二卷 1-290
續弘簡錄元史類編四十二卷 1-291
續弘簡錄元史類編四十二卷首一卷 1-24
續弘簡錄元史類編四十二卷首一卷 1-24
續百川學海十集一百四種一百十九卷 1-168
續夷堅志四卷元遺山先生新樂府四卷 2-413
續夷堅志四卷元遺山先生新樂府四卷 2-414
續夷堅志四卷元遺山先生新樂府四卷元遺山先生考證三卷元遺山先生[好問]年譜一卷 2-413
續夷堅志四卷元遺山先生新樂府四卷元遺山先生考證三卷元遺山先生[好問]年譜一卷 2-413
續夷堅志四卷元遺山先生新樂府四卷元遺山先生考證三卷元遺山先生[好問]年譜一卷 2-414
續夷堅志四卷元遺山先生新樂府四卷元遺山先生考證三卷元遺山先生[好問]年譜一卷 2-414
[同治]續伏羌縣志六卷 1-465
續行水金鑑一百五十六卷首一卷 1-496
[康熙]續安丘縣志二十八卷 1-472
續呂氏家塾讀詩記三卷 1-189
續呂氏家塾讀詩記三卷 1-190
續近思錄十四卷 2-402
續近思錄十四卷 2-538
續近思錄十四卷附朱子言行 2-151
續武林西湖高僧事略一卷 1-28
續武林西湖高僧事略一卷 1-326
續武林西湖高僧事略一卷 1-326
續東軒遺集三卷 2-365
續明紀事本末十八卷 1-276
續明紀事本末十八卷 1-276
續岡州遺稿八卷 2-373
續金山志二十卷 1-503
續金陵詩徵六卷 2-352
續金陵詩徵六卷首一卷 1-395
[同治]續金堂縣志八卷首一卷末一卷 1-422
續刻呂涇野先生文集八卷 2-417
續刻呂涇野先生文集八卷 2-417
[光緒]續刻直隸霍州志二卷 1-488
續刻秋水軒尺牘一卷 2-302
[乾隆]續河南通志八十卷首四卷 1-447
[乾隆]續河南通志八十卷首四卷 1-447
[乾隆]續河南通志八十卷首四卷 1-447
續孟子二卷 2-156
續孟子二卷 2-156
續孟子二卷 2-156
續孟子二卷 2-161
續孟子二卷 2-540
續春秋左氏傳博議二卷 2-565
續修西道紀畧一卷 1-388
續修西道紀畧一卷 1-516
[乾隆]續修曲沃縣志八卷 1-437
[光緒]續修曲沃縣志三十二卷 1-437
[光緒]續修曲沃縣志三十二卷 1-437
[光緒]續修安岳縣志四卷 1-425

[同治]續修東鹿縣志八卷 ………… 1－435
[康熙]續修汶上縣志六卷 ………… 1－471
[道光]續修長垣縣志二卷 ………… 1－465
續修東道紀略一卷…………………… 1－516
[同治]續修東湖縣志三十卷首一卷
續補藝文一卷……………………… 1－453
[同治]續修東湖縣志三十卷首一卷
續補藝文一卷……………………… 1－454
[光緒]續修故城縣志十二卷首一卷
……………………………………… 1－478
[光緒]續修浦城縣志四十二卷首一
卷…………………………………… 1－484
[光緒]續修浦城縣志四十二卷首一
卷…………………………………… 1－484
續修通商進口稅則善後章程不分卷
……………………………………… 2－260
[光緒]續修崞縣志八卷 …………… 1－488
[光緒]續修敘永永甯廳縣合志五十
四卷首一卷………………………… 1－472
續修雲林寺志八卷…………………… 1－525
[光緒]續修舒城縣志五十卷首一卷
末一卷……………………………… 1－481
[宣統]續修楓涇小志十卷首一卷 … 1－475
[宣統]續修楓涇小志十卷首一卷 … 1－476
[光緒]續修新城縣志十卷 ………… 1－430
[乾隆]續修臺灣府志二十六卷首一
卷…………………………………… 1－470
[乾隆]續修臺灣府志二十六卷首一
卷…………………………………… 1－470
[同治]續修寧鄉縣志四十四卷首一
卷…………………………………… 1－488
續修增改各國通商進口稅則善後章
程不分卷 ………………………… 2－16
[光緒]續修稷山縣志二卷 ………… 1－488
[同治]續修羅江縣志二十四卷 …… 1－420
[同治]續修羅江縣志二十四卷 …… 1－420
[光緒]續修廬州府志一百卷首一卷
末一卷……………………………… 1－445
[光緒]續修廬州府志一百卷首一卷
末一卷……………………………… 1－475
續泉匯首集一卷元集三卷亨集三卷
利集三卷貞集五卷補遺二卷 ……… 2－97
續後漢書四十二卷音義四卷義例一
卷…………………………………… 1－263
續訂教務紀略六卷…………………… 2－214
[嘉慶]續眉州志畧不分卷 ………… 1－429
[嘉慶]續眉州志畧不分卷 ………… 1－429
[嘉慶]續眉州志畧不分卷 ………… 1－429
續紅樓夢三十卷 …………………… 1－83
續琹文廟祀位不分卷………………… 2－1
續貢舉考略不分卷 ………………… 2－94
續原教論二卷………………………… 2－159
續畢法精義不分卷…………………… 2－212
續倖存錄一卷………………………… 2－234
續唐書七十卷………………………… 1－266
續海塘新志四卷……………………… 1－381
續浚南湖圖志不分卷附圖二幅……… 1－394
續浚南湖圖志不分卷附圖二幅……… 1－394
續通鑑紀事本末一百十卷…………… 1－276
[嘉慶]續掖縣志四卷 ……………… 1－487
[乾隆]續商州志十卷 ……………… 1－458
續博物志十卷………………………… 2－242
續博物志十卷………………………… 2－242
[萬曆]續朝邑縣志八卷 …………… 1－411
[萬曆]續朝邑縣志八卷 …………… 1－490
[光緒]續雲南通志稿一百九十四卷
首六卷……………………………… 1－491
[光緒]續雲夢縣志略十卷首一卷末
一卷………………………………… 1－474
續復古編四卷………………………… 1－236
續詞選二卷…………………………… 2－525
續富國策四卷………………………… 1－557
續補侍兒小名錄一卷 ……………… 1－76
[乾隆]續登州府志十二卷 ………… 1－39
續蓮詩草二卷………………………… 2－361
續碑傳集八十六卷首二卷…………… 1－314
續碑傳集八十六卷首二卷…………… 1－314
續碑傳集八十六卷首二卷…………… 1－314
續詩傳鳥名三卷……………………… 1－193
續詩話一卷…………………………… 1－162
續詩經音律八卷……………………… 1－193
續新齊諧十卷………………………… 2－234

續資治通鑑二百二十卷……………… 1－267
續資治通鑑二百二十卷……………… 1－267
續資治通鑑二百二十卷……………… 1－267
續資治通鑑二百二十卷……………… 1－267
續資治通鑑二百二十卷……………… 1－267
續資治通鑑二百二十卷……………… 1－267
續資治通鑑二百二十卷……………… 1－267
續資治通鑑二百二十卷……………… 1－267
續資治通鑑二百二十卷……………… 1－268
續資治通鑑長編五百二十卷………… 1－269
續資治通鑑長編五百二十卷………… 1－270
續資治通鑑長編五百二十卷………… 1－270
續資治通鑑長編五百二十卷………… 1－270
續資治通鑑長編五百二十卷………… 1－270
續資治通鑑長編拾補六十卷………… 1－268
續資治通鑑長編拾補六十卷………… 1－268
續資治通鑑長編拾補六十卷………… 1－270
續資治通鑑綱目二十七卷 …………… 1－19
續彙刻書目十二卷補遺一卷 ………… 2－73
續疑年錄四卷 ……………………… 2－89
續說郛四十六卷 …………………… 1－76
續說郛四十六卷 …………………… 1－76
續廣治平畧八卷……………………… 1－541
續廣博物志十六卷…………………… 2－144
[同治]續漢州志二十四卷首一卷補
志一卷……………………………… 1－427
[同治]續漢州志二十四卷首一卷補
志一卷……………………………… 1－490
[同治]續漢州志二十四卷首一卷補
志一卷……………………………… 1－490
續漢志三十卷………………………… 1－264
續漢書辨疑九卷……………………… 1－266
續漢書辨疑九卷……………………… 2－114
續漢書辨疑九卷……………………… 2－117
[同治]續增什邡縣志五十四卷 …… 1－429
續增河東鹽法備覽三卷……………… 1－555
續增河東鹽法備覽三卷……………… 1－555
續增河東鹽法備覽三卷……………… 1－555
續增科場條例不分卷 ……………… 2－12
續增洗冤錄辨正參考三卷…………… 2－166
[道光]續增高郵州志不分卷 ……… 1－452
續編珠二卷 ………………………… 1－122
續編綏寇紀略五卷…………………… 1－299
續編綏寇紀略五卷…………………… 1－299
續編綏寇紀略五卷…………………… 1－299
續編綏寇紀略五卷…………………… 1－299
續編錦囊詩對故事前集二卷後集二
卷…………………………………… 1－113
[同治]續蕭縣志十八卷首一卷 …… 1－479
[光緒]續輯均州志十六卷首一卷 … 1－453
[光緒]續輯均州志十六卷首一卷 … 1－453
[同治]續輯漢陽縣志二十八卷 …… 1－448
[同治]續輯漢陽縣志二十八卷 …… 1－448
續黔書八卷…………………………… 1－402
續藏書二十七卷 …………………… 1－24
續藏書二十七卷 …………………… 1－24
續藏書二十七卷 …………………… 1－24
續藏書二十七卷 …………………… 1－25
續藏書二十七卷 …………………… 1－25
續藏書二十七卷 …………………… 1－25
續藏書二十七卷 …………………… 1－25
[嘉慶]續濟源縣志十二卷 ………… 1－486
續禮記集說一百卷…………………… 1－202
續禮記集說一百卷…………………… 1－202
續騷堂集不分卷……………………… 2－367
續瀛環志略初編不分卷……………… 1－380
[乾隆]續耀州志十一卷 …………… 1－455
[光緒]續纂句容縣志二十卷首一卷
末一卷……………………………… 1－470
[同治]續纂江寧府志十五卷首一卷
…………………………………… 1－443
[同治]續纂江寧府志十五卷首一卷
…………………………………… 1－443
[同治]續纂江寧府志十五卷首一卷
…………………………………… 1－444
續纂江蘇水利全案正編四十卷首一
卷附編十二卷……………………… 1－494
續纂江蘇水利全案正編四十卷首一
卷附編十二卷……………………… 1－494
[同治]續纂揚州府志二十四卷 …… 1－432
[同治]續纂揚州府志二十四卷 …… 1－433
[同治]續纂揚州府志二十四卷 …… 1－433

[同治]續纂揚州府志二十四卷 …… 1－433

二十二畫

聽花吟館詩稿五十二卷遊鋈華山詩草一卷…… 2－340
聽松樓遺稾四卷附錄不分卷…… 2－508
聽松濤館詩鈔十卷…… 2－370
聽雨草堂詩存一卷…… 2－331
聽雨樓詩稿八卷…… 2－370
聽雨齋詩集二十卷詩集補編一卷詩別集一卷…… 2－364
聽秋軒詩集四卷…… 2－373
聽濤園詩十二卷…… 1－109
聽蟫書屋詩錄十二卷文錄二卷駢文一卷尺牘一卷…… 2－347
聽嚶堂新選四六全書十六卷 …… 1－94
蘿石山房文鈔四卷…… 1－150
蘿石山房文鈔四卷…… 1－150
蘿石先生[左懋第]年譜一卷 …… 2－429
蘿華山館遺集五卷…… 2－573
蘿摩亭劄記八卷…… 2－380
蘿摩亭劄記八卷…… 2－380
驚喜集二卷…… 2－255
鷗陂漁話六卷…… 2－238
鷗陂漁話六卷…… 2－238
鷗陂漁話六卷吹網錄六卷…… 2－238
鷗堂日記三卷…… 2－154
囊翠樓詩稿二卷…… 2－363
巖下放言三卷…… 2－225
穰梨館過眼錄四十卷…… 2－387
穰梨館過眼續錄十六卷…… 2－387
鑑止水齋集二十卷…… 2－451
鑑止水齋集二十卷…… 2－451
鑑止水齋集二十卷…… 2－482
鑑止水齋集二十卷…… 2－482
鑑古齋日記四卷…… 2－112
鑑古齋日記四卷…… 2－112
鑑史輯要圖說十四幅…… 1－530
鑑史輯要圖說十四幅…… 1－530
鑑略不分卷 …… 1－17
鑑略不分卷 …… 1－17
鑑評別錄六十卷附兩漢史斷六卷三國書法十卷…… 2－108
鑑誡錄十卷…… 2－389
鑑語經世編二十七卷 …… 1－54
鑑語經世編二十七卷 …… 1－54
鑑語經世編二十七卷…… 2－107
鑑撮六卷…… 1－269
鑑撮六卷首一卷附讀史論略一卷…… 1－269
鑑撮四卷首一卷附讀史論略一卷…… 1－269
讀中庸叢說二卷…… 1－221
讀古自怡不分卷…… 1－1
讀左補義五十卷首一卷…… 1－7
讀左補義五十卷首一卷…… 1－210
讀左補義五十卷首一卷…… 1－210
讀左補義五十卷首一卷…… 1－210
讀左雜詠一卷…… 2－513
讀史大略六十卷…… 1－260
讀史大略六十卷…… 1－260
讀史大略六十卷…… 1－260
讀史大略六十卷…… 1－260
讀史大略六十卷首一卷附小沙子史略一卷…… 2－104
讀史大略六十卷首一卷附小沙子史略一卷…… 2－104
讀史方輿紀要一百三十卷 …… 1－32
讀史方輿紀要一百三十卷…… 1－379
讀史方輿紀要一百三十卷…… 1－385
讀史方輿紀要一百三十卷…… 1－385
讀史方輿紀要一百三十卷…… 1－385
讀史方輿紀要一百三十卷圖四卷…… 1－385
讀史方輿紀要一百三十卷圖四卷…… 1－385
讀史方輿紀要十卷…… 1－384
讀史方輿紀要歷代州域形勢論九卷…… 1－385
讀史四集四卷…… 2－113
讀史兵略十二卷…… 1－293
讀史兵略十二卷…… 1－293
讀史兵略四十六卷…… 1－293
讀史兵略四十六卷…… 1－293
讀史兵略四十六卷…… 1－293

讀史兵略四十六卷…………………… 1－293
讀史兵略四十六卷…………………… 1－293
讀史兵略四十六卷…………………… 1－293
讀史兵略續編十卷…………………… 1－293
讀史紀略四卷………………………… 2－106
讀史探驪錄五卷……………………… 2－108
讀史提要錄十二卷 ………………… 1－53
讀史提要錄十二卷…………………… 2－106
讀史提要錄十二卷…………………… 2－106
讀史提要錄十二卷…………………… 2－113
讀史集四卷 ………………………… 1－54
讀史集四卷 ………………………… 1－54
讀史評略二卷………………………… 2－106
讀史碎金八十卷……………………… 2－117
讀史管見三十卷目錄二卷 ………… 1－19
讀史管見三十卷目錄二卷 ………… 1－54
讀史漫錄十四卷 …………………… 1－54
讀史漫錄十四卷 …………………… 1－54
讀史隨筆不分卷……………………… 2－105
讀史論略二卷………………………… 2－108
讀史論略增註三卷…………………… 2－108
讀史機略十卷 ……………………… 1－55
讀史舉正八卷………………………… 2－117
讀史錄贊不分卷……………………… 2－113
讀史辨道四卷………………………… 1－296
讀史辨道四卷………………………… 1－296
讀史臆斷一卷………………………… 2－113
讀史鏡古編三十二卷………………… 2－111
讀史鏡古編三十二卷………………… 2－111
讀四書大全說十卷…………………… 2－565
讀白華草堂詩初集九卷二集十二卷
苜蓿集八卷……………………… 2－337
讀有用書齋襍著二卷………………… 2－494
讀杜心解六卷首二卷………………… 1－100
讀杜心解六卷首二卷………………… 1－100
讀杜心解六卷首二卷………………… 1－100
讀杜心解六卷首二卷………………… 2－315
讀杜心解六卷首二卷………………… 2－315
讀我書齋詩草二十五卷……………… 2－347
讀東華錄一卷………………………… 2－113
讀易大旨五卷………………………… 1－179
讀易大旨五卷………………………… 1－179
讀易備忘四卷圖說一卷……………… 1－183
讀易慎疑十卷………………………… 1－182
讀易質疑二卷………………………… 1－182
讀例存疑五十四卷…………………… 2－3
讀法圖存四卷………………………… 2－7
讀孟子叢說二卷……………………… 1－223
讀荀子十卷…………………………… 2－136
讀秋水齋詩十六卷…………………… 2－351
讀律心得三卷………………………… 2－540
讀律佩觿八卷附讀律八法一卷 ……… 1－46
讀風臆補二卷………………………… 2－517
讀海外奇書室雜著不分卷…………… 2－388
讀書小記十七種……………………… 2－153
讀書日記六卷補編二卷 …………… 1－30
讀書延年堂文鈔十卷………………… 2－513
讀書延年堂古今體詩三十卷………… 2－513
讀書後八卷…………………………… 1－162
讀書堂杜工部文集註解二卷………… 2－397
讀書堂杜工部詩集註解二十卷文集
註解二卷杜工部編年詩史譜目一
卷…………………………………… 1－108
讀書堂杜工部詩集註解二十卷文集
註解二卷杜工部編年詩史譜目一
卷…………………………………… 1－108
讀書堂杜工部詩集註解二十卷文集
註解二卷杜工部編年詩史譜目一
卷…………………………………… 1－108
讀書堂綵衣全集四十六卷…………… 2－472
讀書敏求記四卷 …………………… 1－47
讀書敏求記四卷 …………………… 2－72
讀書做人譜不分卷…………………… 1－331
讀書偶記四卷………………………… 2－155
讀書偶筆二十卷……………………… 1－172
讀書脞錄七卷………………………… 2－377
讀書脞錄七卷………………………… 2－377
讀書脞錄七卷………………………… 2－377
讀書論世十六卷 …………………… 1－54
讀書樂趣八卷 ……………………… 1－80
讀書錄十一卷續錄十二卷…………… 2－428
讀書叢說六卷………………………… 1－187

讀書叢錄二十四卷 …………………… 2－229
讀書雜志十種八十二卷 ……………… 1－282
讀書雜志十種八十二卷餘編二卷 …… 2－132
讀書雜志十種八十二卷餘編二卷 …… 2－566
讀書雜志十種八十二卷餘編二卷 …… 2－566
讀書雜志十種八十二卷餘編二卷 …… 2－566
讀書雜志十種八十二卷餘編二卷 …… 2－566
讀書雜志十種八十二卷餘編二卷 …… 2－566
讀書雜志十種八十二卷餘編二卷 …… 2－566
讀書雜志十種八十二卷餘編二卷 …… 2－567
讀書雜志十種八十二卷餘編二卷 …… 2－567
讀書雜志十種八十二卷餘編二卷 …… 2－567
讀書雜志十種八十二卷餘編二卷 …… 2－567
讀書雜志餘編二卷 …………………… 2－567
讀書雜述十卷 ………………………… 1－62
讀書雜誌八十二卷 …………………… 2－132
讀通鑑綱目劄記二十卷 ……………… 2－113
讀通鑑論十六卷附宋論十五卷 ……… 2－111
讀通鑑論十六卷附宋論十五卷 ……… 2－111
讀通鑑論十六卷附宋論十五卷 ……… 2－111
讀通鑑論十六卷附宋論十五卷 ……… 2－111
讀通鑑論十卷末一卷 ………………… 2－111
讀通鑑論十卷末一卷 ………………… 2－111
讀通鑑論三十卷末一卷 ……………… 2－111
讀通鑑論三十卷末一卷 ……………… 2－564
讀雪山房唐詩三十四卷 ……………… 2－341
讀畫齋彙刻題畫詩不分卷 …………… 1－114
讀畫齋叢書四十六種二百二卷 ……… 2－563
讀畫齋叢書四十六種二百二卷 ……… 2－563
讀楊筆記五卷 ………………………… 2－211
讀詩經四卷 …………………………… 1－194
讀詩韻新訣二卷附錄一卷 …………… 2－518
讀經志疑一卷 ………………………… 1－176
讀說文雜識一卷 ……………………… 1－234
讀論孟筆記三卷補記二卷 …………… 1－176
讀禮志疑不分卷 ……………………… 1－196
讀禮條考二十卷 ……………………… 1－196
讀禮通考一百二十卷 ………………… 1－201
讀禮通考一百二十卷 ………………… 1－201
讀禮叢鈔不分卷 ……………………… 2－51
讀騷樓詩初集四卷二集四卷 ………… 2－345
龔安節公野古集三卷附錄一卷 ……… 2－362
龔定盦全集十九卷 …………………… 2－437
龔定盦全集十九卷 …………………… 2－438
龔定盦別集一卷 ……………………… 2－513
龔定盦別集不分卷詩集二卷詞集不分卷集外未刻詩詞不分卷 ………… 2－351
龔端毅公手劄一卷芳草詞一卷 ……… 2－480
龔端毅公奏疏八卷附一卷 …………… 1－365
龔端毅公奏疏八卷附一卷 …………… 1－365
龔端毅公奏疏八卷附一卷附錄浠川政譜二卷 ………………………… 1－365
鬻子一卷補一卷 ……………………… 2－137
鬻子一卷補一卷 ……………………… 2－540
鬻子二卷 ……………………………… 2－227
鬻字齋詩畧四卷 ……………………… 2－351
孿史四十八卷 ………………………… 1－310

二十三畫

驗方摘要不分卷 ……………………… 2－174
曬書堂集二十八卷 …………………… 2－473
曬書堂集二十八卷 …………………… 2－473
曬書堂集三十六卷 …………………… 2－502
顯志堂稿十二卷 ……………………… 2－458
顯志堂稿十二卷 ……………………… 2－458
顯志堂稿十二卷 ……………………… 2－458
顯志堂稿十二卷 ……………………… 2－458
顯志堂稿十二卷 ……………………… 2－458
籥盦東游日記不分卷 ………………… 1－514
麟石文鈔一卷 ………………………… 2－465
麟石文鈔一卷 ………………………… 2－465
麟石文鈔一卷 ………………………… 2－465
麟角集一卷附錄一卷 ………………… 2－397
麟洲雜著四卷 ………………………… 1－540
[光緒]麟遊縣新志草十卷首一卷 … 1－483
麟臺故事五卷 ………………………… 2－63
麟臺故事五卷末一卷 ………………… 1－323
麟臺故事拾遺二卷 …………………… 2－63
麟臺遺稿一卷附錄一卷續編一卷 …… 2－304
麟臺遺稿二卷 ………………………… 2－304
欒城先生遺言一卷 …………………… 2－233

欒城第三集十卷…………………………2－407
欒城集四十八卷後集二十四卷………2－307
欒城集四十八卷後集二十四卷三集
十卷欒城應詔集十二卷……………2－307
欒城集四十八卷後集二十四卷三集
十卷欒城應詔集十二卷……………2－307
欒城集四十八卷後集二十四卷三集
十卷欒城應詔集十二卷……………2－307
［同治］欒城縣志十四卷首一卷末一
卷……………………………………1－449
［同治］欒城縣志十四卷首一卷末一
卷……………………………………1－449
［同治］欒城縣志十四卷首一卷末一
卷……………………………………1－449
［同治］欒城縣志十四卷首一卷末一
卷……………………………………1－449
［同治］欒城縣志十四卷首一卷末一
卷……………………………………1－450
［道光］欒城縣志十卷首 卷末 卷
……………………………………1－450
欒城應詔集十二卷……………………2－412
變法平議酌一卷………………………1－362
變法奏議叢鈔不分卷…………………1－367
變通各班選法請仍照舊章辦理條例
不分卷………………………………2－1
變通捐輸章程條例不分卷……………2－1
變通旗制三上書不分卷 ……………2－29
變雅堂文集八卷詩集十卷附錄一卷
……………………………………2－509
變雅堂文集四卷………………………2－426
變雅堂詩集十卷附錄不分卷…………2－351
變雅堂遺集二十卷……………………2－438
變雅堂遺集十卷附錄二卷……………2－351

二十四畫

觀世音菩薩本行經二卷………………2－207
觀古堂叢刊二十五種七十一卷………2－556
觀古閣叢刻七種十二卷………………2－500
觀古閣叢刻八十五卷…………………2－345
觀古閣叢稿二卷………………………2－500
觀古閣叢稿三編二卷…………………2－500
觀自得齋叢書二十九種七十八卷……2－542
觀宅四十吉祥相一卷…………………2－211
觀佛三昧海經十卷……………………2－201
觀妙齋藏金石文攷略十六卷 …………1－52
觀音濟度本願真經二卷………………2－205
觀音濟度本願真經二卷………………2－205
觀音靈感賦不分卷……………………2－198
觀象玩占二十卷 ………………………1－66
觀象玩占十卷 …………………………1－66
觀象廬叢書十九種一百六卷…………2－554
觀劇絕句三卷…………………………2－362
觀禮堂三教真傳六編六十章附二種
……………………………………2－197
蠹窗詩集十四卷蠹窗文集續刻一卷
……………………………………1－111
［同治］鹽山縣志十六卷首一卷末一
卷……………………………………1－417
鹽法議略二卷…………………………1－548
［光緒］鹽城縣志十七卷首一卷 ……1－431
鹽鐵論二卷……………………………2－152
鹽鐵論十二卷…………………………2－152
鹽鐵論二卷……………………………2－152
鹽鐵論十卷附校勘小識………………2－152
鹽鐵論十卷附校勘小識………………2－152
鹽鐵論十卷附校勘小識………………2－152
釀蜜集四卷……………………………2－500
［雍正］靈川縣志四卷 ………………1－38
靈石山房詩草一卷續吟草一卷………2－365
［嘉慶］靈石縣志十二卷 ……………1－445
［康熙］靈石縣志四卷 ………………1－37
［康熙］靈石縣志四卷 ………………1－37
靈芝唱答集三卷首一卷………………2－352
靈芬館詩初集四卷……………………2－337
靈素提要淺註十二卷…………………2－173
靈峰蕅益大師宗論十卷首一卷………2－207
靈峯草堂集四卷………………………2－508
［康熙］靈壽縣志十卷末一卷 ………1－421
［康熙］靈壽縣志十卷末一卷 ………1－421
［同治］靈壽縣志十卷末一卷 ………1－422
［康熙］靈壽縣志十卷末一卷 ………1－422

靈憲書屋算草二卷 …………………… 2－185
靈檀碎金六十八卷附錄一卷 ………… 2－231
靈鶼閣叢書六集五十六種一百卷 …… 2－543
靈鶼閣叢書六集五十六種一百卷 …… 2－543
靈鶼閣叢書六集五十六種一百卷 …… 2－543
靈鶼閣叢書六集五十六種一百卷 …… 2－543
靈巖山人詩集四十卷 ……………………… 2－340
靈巖志六卷 ……………………………… 1－42
靈巖志六卷 ……………………………… 1－526
蠶尾集十卷後集二卷續集二卷 ……… 2－477
蠶尾集十卷後集二卷續集二卷 ……… 2－477
蠶尾集十卷後集二卷續集二卷 ……… 2－477
蠶尾續文集二十卷 ……………………… 2－477
蠶桑萃編十五卷 ………………………… 2－169
蠶桑萃編十五卷 ………………………… 2－169
蠶桑萃編十五卷 ………………………… 2－169
蠶桑萃編十五卷 ………………………… 2－169
蠶桑廣蔭不分卷 ………………………… 2－169
蠶桑輯要不分卷 ………………………… 2－169
蠶桑輯要不分卷 ………………………… 2－170
蠶桑輯要合編不分卷略編不分卷 …… 2－169
［康熙］衢州府志四十卷首一卷 …… 1－458
［康熙］衢州府志四十卷首一卷 …… 1－458
［同治］贛州府志七十八卷首一卷 … 1－475
［同治］贛州府志七十八卷首一卷 … 1－486
［光緒］贛榆縣志十八卷 ……………… 1－466
［光緒］贛榆縣志十八卷 ……………… 1－466
［光緒］贛榆縣志十八卷 ……………… 1－466
［光緒］贛榆縣志十八卷 ……………… 1－466

二十五畫

欝華閣抄本 ……………………………… 1－329
欝華閣遺集三卷詞一卷 ………………… 2－342
欝華閣遺集四卷 ………………………… 2－325
欝華閣遺集四卷 ………………………… 2－325
欝華閣遺集四卷 ………………………… 2－342
欝華閣遺集四卷 ………………………… 2－342
鑲藍旗第三族宗室男女紅名底檔不分卷 …………………………………… 1－50

二十六畫

釃江詩草二十六卷 ……………………… 2－355
［光緒］灤州志十八卷首一卷 ……… 1－420
灤京雜詠二卷 …………………………… 2－231
灤陽消夏錄十二卷 ……………………… 2－234
黶菴集十八卷 …………………………… 2－494
黶菴集十八卷錄遺二卷 ………………… 2－488
黶菴集十八卷錄遺二卷 ………………… 2－488

二十八畫

鸚鵡洲小志四卷首一卷 ………………… 1－528
鸚鵡洲小志四卷首一卷 ………………… 2－562
豔雪堂詩集四卷 ………………………… 2－316
豔雪堂詩集四卷 ………………………… 2－316

二十九畫

鬱岡齋筆塵四卷 ………………………… 1－77

其他

□六軒叢抄不分卷 ……………………… 2－388
□□叢書□□種□□卷 ………………… 2－216

中華古籍保護計劃

ZHONG HUA GU JI BAO HU JI HUA CHENG GUO

·成 果·

中國人民大學圖書館古籍普查登記目録（上）

全國古籍普查登記目録

國家圖書館出版社
National Library of China Publishing House

圖書在版編目(CIP)數據

中國人民大學圖書館古籍普查登記目録:全三册/中國人民大學圖書館,中國人民大學古籍整理研究所編. —北京:國家圖書館出版社,2024.6
(全國古籍普查登記目録)
ISBN 978-7-5013-7637-7

Ⅰ.①中… Ⅱ.①中… ②中… Ⅲ.①院校圖書館—古籍—圖書館目録—北京 Ⅳ.①Z838

中國版本圖書館 CIP 數據核字(2022)第 220865 號

書　　名　中國人民大學圖書館古籍普查登記目録(全三册)
著　　者　中國人民大學圖書館　中國人民大學古籍整理研究所　編
責任編輯　許海燕　趙　嫄

出版發行　國家圖書館出版社(北京市西城區文津街 7 號　100034)
(原書目文獻出版社 北京圖書館出版社)
010-66114536　63802249　nlcpress@nlc.cn(郵購)
網　　址　http://www.nlcpress.com
排　　版　京荷(北京)科技有限公司
印　　裝　河北三河弘翰印務有限公司
版次印次　2024 年 6 月第 1 版　2024 年 6 月第 1 次印刷

開　　本　787×1092　1/16
印　　張　96
字　　數　1800 千字
書　　號　ISBN 978-7-5013-7637-7
定　　價　960.00 圓

《全國古籍普查登記目録》

工作委員會

主　任： 周和平

副主任： 張永新　詹福瑞　劉小琴　李致忠　張志清

委　員（按姓氏筆畫排序）：

于立仁　王水喬　王　沛　王紅蕾　王筱雯
方自今　尹壽松　包菊香　任　競　全　勤
李西寧　李　彤　李忠昊　李春來　李　培
李曉秋　吴建中　宋志英　努　木　林世田
易向軍　周建文　洪　琰　倪曉建　徐欣禄
徐　蜀　高文華　郭向東　陳荔京　陳紅彦
張　勇　湯旭岩　楊　揚　賈貴榮　趙　嫄
鄭智明　劉洪輝　歷　力　鮑盛華　韓　彬
魏存慶　鍾海珍　謝冬榮　謝　林　應長興

《全國古籍普查登記目録》

序　言

全國古籍普查登記工作是“中華古籍保護計劃”的首要任務，是全面開展古籍搶救、保護和利用工作的基礎，也是有史以來第一次由政府組織、參加收藏單位最多的全國性古籍普查登記工作。

2007年國務院辦公廳發布《關於進一步加强古籍保護工作的意見》(國辦發[2007]6號)，明確了古籍保護工作的首要任務是對全國公共圖書館、博物館和教育、宗教、民族、文物等系統的古籍收藏和保護狀况進行全面普查，建立中華古籍聯合目録和古籍數字資源庫。2011年12月，文化部下發《文化部辦公廳關於加快推進全國古籍普查登記工作的通知》(文辦發[2011]518號)，進一步落實了全國古籍普查登記工作。根據文化部2011年518號文件精神，國家古籍保護中心擬訂了《全國古籍普查登記工作方案》，進一步規範了古籍普查登記工作的範圍、内容、原則、步驟、辦法、成果和經費。目前進行的全國古籍普查登記工作的中心任務是通過每部古籍的身份證——“古籍普查登記編號”和相關信息，建立古籍總臺賬，全面瞭解全國古籍存藏情况，開展全國古籍保護的基礎性工作，加强各級政府對古籍的管理、保護和利用。

《全國古籍普查登記工作方案》規定了全國古籍普查登記工作的三個主要步驟：一、開展古籍普查登記工作；二、在古籍普查登記基礎上，編纂出版館藏古籍普查登記目録，形成《全國古籍普查登記目録》；三、在古籍普查登記工作基本完成的前提下，由省級古籍保護中心負責編纂出版本省古籍分類聯合目録《中華古籍總目》分省卷，由國家古籍保護中心負責編纂出版《中華古籍總目》統編卷。

在黨和政府領導下，在各地區、各有關部門和全社會共同努力下，古籍普查登記工作得以扎實推進。古籍普查已在除臺、港、澳之外的全國各省級行政區域開展，普查内容除漢文古籍外，還包括各少數民族文字古籍，特别是於2010年分别啓動了新疆古籍保護和西藏古籍保護專項，因地制宜，開展古籍普查登記工作；國家古籍保護中心研製的“全國古籍普查登記平臺”已覆蓋到全國各省級古籍保護中心，并進一步研發了“中華古籍索引庫”，爲及時展現古籍普查成果提供有力支持；截至目前，已有11375部古籍進入《國家珍貴古籍名録》，浙江、江蘇、山東、河北等省公布了省級《珍貴古籍名録》，古籍分級保護機制初步形成。

《全國古籍普查登記目録》是古籍普查工作的階段性成果，旨在摸清家底，揭示館藏，反映古籍的基本信息。原則上每申報單位獨立成册，館藏量少不能獨立成册者，則在本省範圍内幾個館目合并成册。無論獨立成册還是合并成册，均編製獨立的書名筆畫索引附於書後。著録的必填基本項目有：古籍普查登記編號、索書號、題名卷數、著者（含著作方式）、版本、册數及存缺卷數。其他擴展項目有：分類、批校題跋、版式、裝幀形式、叢書子目、書影、破損狀況等。有條件的收藏單位多著録的一些擴展項目，也反映在《全國古籍普查登記目録》上。目録編排按古籍普查登記編號排序，内在順序給予各古籍收藏單位較大自由度，可按分類排列古籍普查登記編號，也可按排架號、按同書名等排列古籍普查登記編號，以反映各館特色。

此次全國古籍普查登記工作，克服了古籍數量多、普查人員少、普查難度大等各種困難，也得到了全國古籍保護工作者的極大支持。在古籍普查登記過程中，國家古籍保護中心、各省古籍保護中心爲此舉辦了多期古籍普查、古籍鑒定、古籍普查目録審校等培訓班，全國共 1600 餘家單位參加了培訓，爲古籍普查登記工作培養了大量人才。同時在古籍普查登記工作中，也鍛煉了普查員的實踐能力，爲將來古籍保護事業發展奠定了良好的基礎。

《全國古籍普查登記目録》的出版，將摸清我國古籍家底，爲古籍保護和利用工作提供依據，也將是古籍保護長期工作的一個里程碑。

國家古籍保護中心

2013 年 10 月

《全國古籍普查登記目録》

編纂凡例

一、收録範圍爲我國境内各收藏機構或個人所藏，産生於 1912 年以前，具有文物價值、學術價值和藝術價值的文獻典籍，包括漢文古籍和少數民族文字古籍以及甲骨、簡帛、敦煌遺書、碑帖拓本、古地圖等文獻。其中，部分文獻的收録年限適當延伸。

二、以各收藏機構爲分册依據，篇幅較小者，適當合并出版。

三、一部古籍一條款目，複本亦單獨著録。

四、著録基本要求爲客觀登記、規範描述。

五、著録款目包括古籍普查登記編號、索書號、題名卷數、著者、版本、册數、存缺卷等。古籍普查登記編號的組成方式是：省級行政區劃代碼—單位代碼—古籍普查登記順序號。

六、以古籍普查登記編號順序排序。

《中國人民大學圖書館古籍普查登記目録》

編委會

《中國人民大學圖書館古籍普查登記目録》

前　言

黨的十八大以來,以習近平同志爲核心的黨中央站在實現中華民族偉大復興的戰略高度,對傳承和弘揚中華優秀傳統文化作出一系列重大決策部署。2022年4月,中共中央辦公廳、國務院辦公廳印發《關於推進新時代古籍工作的意見》,文件提出要“深入推進中華優秀傳統文化創造性轉化、創新性發展,加强古籍搶救保護、整理研究和出版利用,促進古籍事業發展,爲實現中華民族偉大復興提供精神力量”。這是繼2007年國務院辦公廳頒布《關於進一步加强古籍保護工作的意見》(國辦發[2007]6號),提出大力實施“中華古籍保護計劃”後的又一綱領性文件。2022年4月25日,習近平總書記在人大館考察調研時强調,要運用現代科技手段加强古籍典藏的保護修復和綜合利用,深入挖掘古籍藴含的哲學思想、人文精神、價值理念、道德規範,推動中華優秀傳統文化創造性轉化、創新性發展。2023年6月2日,習近平總書記在文化傳承發展座談會上的重要講話中指出:“在五千多年中華文明深厚基礎上開闢和發展中國特色社會主義,把馬克思主義基本原理同中國具體實際、同中華優秀傳統文化相結合是必由之路。”2023年10月,全國宣傳思想文化工作會議正式提出并系統闡述習近平文化思想,提出要“着力賡續中華文脉、推動中華優秀傳統文化創造性轉化和創新性發展”。

墨香傳承千載史,紙壽維護萬代文。習近平總書記關於加强文化遺産保護傳承、弘揚中華優秀傳統文化的系列重要講話精神,爲我們進一步推進古籍整理與保護工作,提供了根本遵循和行動指南。

一

中國人民大學是中國共産黨創辦的第一所新型正規大學,在抗日戰争的烽火中誕生,從延安寶塔山走來,歷經陝北公學、華北聯合大學、北方大學和華北大學之演進,輾轉萬里,八十餘載風雨滄桑、砥礪奮進,始終注重古籍文獻的收集,纍計收藏古籍40餘萬册。2013年,人大館入選第四批全國古籍重點保護單位。

人大館所藏古籍主要以陝北公學、華北聯合大學、北方大學和華北大學的舊藏爲基礎,經連續多年的采購、有關部門移交、調撥和捐贈而形成現有規模,其中包括朝陽大學藏書、張星烺贈書和劉半農藏書等。28 種 239 册圖書被列入《國家珍貴古籍名録》。善本(乾隆以前)計 2800 餘種 3400 餘部,凡 38000 餘册。善本中宋元刻本 11 部,明刻本 1200 餘部,清刻本 2100 餘部,明清稿本、抄本和名人學者題跋批校本 150 餘部。古籍的特色收藏有地方志和家譜。地方志收藏豐富,大到一統志、州府志,小到縣鎮志、村志,共計 5441 部。家譜收藏精良,共 130 姓 400 餘部,其中稀見家譜 150 餘種。館藏古籍無論是數量還是質量在全國高校圖書館均位居前列。

宋元刻本有:宋刻元遞修本《漢書》(存卷九十九傳六十九中)、宋慶元至嘉定浙江刻本《晦庵先生文集》(存卷五十四至五十五)、元泰定元年(1324)梅溪書院刻本《類編標注文公先生經濟文衡》(存前集卷一至十、後集卷一至十五、續集二十二卷)、元至元六年(1340)慶元路儒學刻本《小學紺珠》(存卷一、四至六)等。

明清刻善本中比較稀見的有:明建文四年(1402)寧藩朱權刻本《漢唐秘史》、明嘉靖二十七年(1548)衡藩朱厚熵刻藍印本《洪武正韵》、明萬曆四十四年(1616)刻本《吴歈萃雅》、清順治刻本《石渠閣評輯鋪茵古集》、清天禄琳瑯藏書康熙十五年(1676)通志堂刻本《東岩周禮訂義》(存卷一至五)、清乾隆三十二年(1767)刻本《易經增删來注》等。

稿抄本中價值較高的有:明成化抄本《[江西婺源]新安詹氏家譜》、明萬曆至崇禎抄本《歷代鐘鼎彝器款識法帖》、清乾隆邊連寶稿本《隨園詩集》、入選《世界記憶名録》的清"樣式雷"圖檔六十四張、清道光二十九年(1849)顧沅抄本《振綺堂簡明書目》等。

此外,古籍之中還有湖北潛江甘鵬雲崇雅堂、安徽南陵徐乃昌積學齋、浙江杭州王綬珊九峰舊廬、湖南長沙葉德輝觀古堂、湖北沔陽盧靖盧弼慎始基齋等藏書,以及林則徐、朱啓鈐、丁福保、魯迅、郭沫若等名家的少量舊藏。

二

館藏古籍的規模隨校史變遷而不斷發展。1937 年,陝北公學成立之初,學校就設立了圖書室,收有圖書約 2000 册。在抗日根據地極端困難的條件下,圖書館就經常派人到各地收集包括古籍在内的圖書資料,取得很大的成效。如《史記》《通鑑輯覽》《通鑑紀事本末》都是此時從民間收購而來的。1940 年春,華北聯大圖書館在山西武安、趙城、太岳等地收集到一批圖書資料。明正統司禮監刻本《五經》、明末刻本《歷代名臣奏議》等一批古籍就是此時收集到的。

1945 年 11 月,北方大學成立,圖書館在群衆和地方幹部的支持下搶救收藏圖書資料。期間,校長、著名歷史學家范文瀾先生多次派圖書館館員去北平、天津、上海等地收購大批古舊圖書。同時,也接收了地方政府和人民群衆的贈書,如高邑縣政府贈書3000餘册，臨城縣政府贈書5000餘册，張信卿先生贈書1700餘册（如明崇禎十一年刻《説易》等），郝甄卿先生贈書800餘册。值得一提的是，人大館歷史上曾收藏過《趙城藏》（通稱《趙城金藏》）4400卷。1942年趙城淪陷之際，朱德總司令電令八路軍將《趙城金藏》搶救出來，使其免遭日寇劫掠。這部書經四次轉移，1946年由晋察冀邊區政府撥歸北方大學收藏。此稀世國寶經時任圖書館主任、歷史學家尹達鑒定，并由館員張文教保管，直到1949年纔轉交北京圖書館（現國家圖書館）收藏。

1948年，華北聯合大學和北方大學合并爲華北大學，當時全校圖書藏量約10萬册。1949年3月，圖書館隨華北大學遷入北平，1949年前采購的圖書陸續到館，此時藏書近20萬册，其中有古籍5萬餘册。

人大成立後，圖書館的藏書大量增加，古籍收藏也得到了迅速發展。20世紀50、60年代，通過采購、調撥、接受捐贈等，古籍收藏迅速增加，人大館40餘萬册綫裝古籍書大部分入藏於此階段。

一是四處采購。20世紀50年代學校經費充裕，組織專業人員和各系教師到全國各地特别是江浙一帶，廣泛采購圖書，文史哲法各系所也大量采進古籍。

二是調撥。1950年，人大館接收了原朝陽大學和華北學院圖書館古籍綫裝書和舊平裝書，其中有古籍圖書3萬册，包括元刻遞修本《玉海》、明刻《文獻通考》《奇賞齋古文彙編》以及康熙仿宋精刻本《通志堂經解》等書。目前人大館館藏中朝陽大學古籍約有善本15種，普通古籍670餘種，這批藏書鈐有“北京朝陽大學圖書館”“北平朝陽大學圖書館”“詹宅北池子五十四號”等印。1953年秋，按國家關於院系調整的决定，教育部將清華大學數萬册圖書撥給人大館，其中古籍綫裝書約400種5000餘册。

三是接受捐贈。1953年9月，羅振玉三子羅福頤先生代表故宫博物院贈給人大館古籍4萬餘册，這些書以經部、史部居多，其中包括明成化十七年《宋史》及清刻本《大清會典》《清實録》《東華録》《十三經注疏》《皇清經解》《御製通鑑輯覽》《全唐文》等。1954年，地學家張星烺先生遺囑將本人及地學會藏書4萬餘册贈給人大館，其中大部分是古籍綫裝書，多爲山水志、雜志、地方志和清代詩文集，爲人大館地方志和清别集增加不少珍稀品種（如清道光二十五年修三十年抄本《長壽縣志》、清光緒三十一年至三十四年貴陽府署鉛印本《貴陽府鄉土地理志》一卷《貴陽府鄉土志》一卷等）。目前，人大館整理出張星烺贈書中古籍約1.1萬餘册，這批贈書鈐有“張星烺遺囑贈送”“蔚西”“蔚西居士”“張星烺印”“張亮塵印”“北京中國地學會本部”“中國地學會之圖章”等印。這一階段，我校丁瞉音教授也捐贈了一批古籍圖書。遼寧省圖書館也向人大館捐贈了一批日文圖書，其中部分爲原“滿鐵奉天圖書館”等藏書。

此外,1954—1956 年,人大館接受外單位圖書共 6 批數萬册,大部分是綫裝書,其中有毛子水、姚從吾、胡適等人的藏書(胡適藏書後移交給北京大學圖書館)。

1970 年—1978 年 4 月,人大停辦期間,人大館藏書撥歸首都圖書館。人大復校後,全部藏書完璧回館。

三

在全國古籍整理研究工作蓬勃发展的大背景下,人大館抓住發展機遇,以古籍整理爲不懈追求之志業,奮楫前行,成果斐然。

1960 年 10 月,《中國人民大學圖書館綫裝書目録》編印完成,該目收録人大館 1959 年 12 月底以前入藏綫裝書 17726 種。

1979 年,人大館在參加《中國古籍善本書目》編輯工作的同時,開始進行館藏古籍善本的普查、著録。1986 年古籍整理研究室建立後,集中專業人員,於 1991 年出版《中國人民大學圖書館古籍善本書目》。此書目收録館藏古籍善本書 2400 種 2800 餘部。

1987 年 12 月,人大館編印了《中國人民大學圖書館地方志目録》,該目收録人大館 1986 年 6 月底以前入藏的總志、地方志 2400 餘種(計 2700 餘種不同版本),其中古籍善本 100 餘種。

1994 年,人大館整理出版《奩史選注——中國古代婦女生活大觀》;1998 年,人大館點校出版《歷代茶經酒經論選譯》;2002 年,人大館整理出版《柳弧》。2010 年,人大館影印出版了明崇禎本《楚辭》、《中國人民大學圖書館藏稀見方志叢刊》和《中國人民大學圖書館館藏古籍珍本叢刊》。同時,還參與了大型叢書《清代詩文集彙編》中的詩人小傳撰寫工作。

2017—2018 年,人大館對古籍善本進行了再次整理,并于 2021 年出版《中國人民大學圖書館古籍善本書目》(增訂本)。

隨着信息技術的不斷發展,人大館不斷開拓,積極推進館藏古籍數字化開發。2001 年 10 月,人大館開始參與 CALIS 古籍聯合目録數據庫著録條例的編寫工作。2017 年,人大館率先啓動"中國人民大學古籍知識平臺"建設,并於 2021 年發布,實現了館藏綫裝古籍、民國書報刊的一站式檢索與利用。

四

在國家級重點文化工程——"中華古籍保護計劃"的指導下,爲更好地摸清家底,2016 年人大館啓動古籍普查工作。爲了順利完成普查登記工作,朱小梅、王麗麗規劃了目録整理的具體工作流程,統籌安排不同階段的工作任務以及人員分工。首先,將著録圖書逐函下架、出庫至古籍整理辦公室進行著録，著録完畢歸庫、上架。張慧君、閆桂梅、張寧、劉璐、李素素、廖明峰、馬佳茵等老師負責古籍上下架、出入庫等工作。曹麗、方學堯、林珊、劉進炎、段真子等老師逐册翻閲，著録其索書號、題名卷數、著者、版本、册數、存（缺）卷等。王麗麗、張寧將著録數據進行合并、按索書號排序，并進行初步核校。實書著録完畢後，古籍整理與研究部全體人員嚴格按照《全國古籍普查登記手册》《古籍普查登記表格整理規範》和《全國古籍普查登記目録審校要求》，進行多次審校。曹麗、劉進炎、林珊、方學堯、段真子和閆桂梅承擔互校和清樣校對的工作，朱小梅負責善本目録的校對工作，王麗麗負責普查目録統校和出版校對工作。古籍整理與研究部全體同仁精誠協作，歷時 8 年，完成普查數據 3.5 萬餘條，合 40 餘萬册，摸清了館藏綫裝圖書的家底。該目録不僅符合普查要求，還支持上載“中國人民大學古籍知識平臺”，爲後續人大館古籍資源進一步開發利用、共建共享提供支撑。在此基礎上，我們按照國家古籍保護中心的要求，單獨摘出 1912 年以前的古籍（不含域外漢籍）書目數據，編成此書。

本書屬於全國古籍普查登記目録之一種，收入人大館所藏 1912 年以前刊印、抄寫的綫裝古籍（不含域外漢籍），共 23122 部 21 萬餘册。每種按照普查編號、索書號、題名卷數、作者、版本、册數、存卷[illegible]著録。其中善本 3322 部，價值較高。本書目按照先善本古籍、後普通古籍的次序編排，善本古籍和普通古籍内按照索書號編排。

古籍目録整理是連接歷史與現實的橋樑，作爲“存亡繼絶”的工作，既是古籍整理人員個人的志業，也是人大館古籍整理與研究的重要内容，以及國家古籍保護工程的組成部分。本書是古籍整理與研究部全體工作人員辛勤投入的結果，凝聚了衆人的努力和智慧。感謝爲此而付出努力的所有同仁！人大館古籍普查工作，從項目啓動到書目出版，得到了人大館館長張斌教授、原館長劉後濱教授和原副館長宋姬芳研究館員的大力支持和指導。在書目的審校、出版過程中，國家圖書館出版社的許海燕、趙嫄編輯給我們提出了許多寶貴的意見。在此一并致以衷心謝意！

本書内容豐富、條目清晰，但囿於編者水平，加之時間倉促，難免存在疏漏和不足，敬請專家學者批評指正。

中國人民大學圖書館
中國人民大學古籍整理研究所
2023 年 12 月 22 日

目　　録

第一册

《中國人民大學圖書館古籍普查登記目録》編委會…… 1
《中國人民大學圖書館古籍普查登記目録》前言…… 1
110000－0143－0000001 至 0011212（古籍普查登記編號）…… 1

第二册

110000－0143－0011213 至 0023122（古籍普查登記編號）…… 1

第三册

書名筆畫字頭索引…… 1
書名筆畫索引 …… 27

110000－0143－0000001　SG11/1－11
儀禮注疏十七卷　(漢)鄭玄注　(唐)賈公彦疏　(唐)陸德明音義　明嘉靖李元陽刻本　十八册

110000－0143－0000002　SG11/12
讀古自怡不分卷　(□)□□輯評　清初抄本　六册

110000－0143－0000003　SG11/20
經序錄五卷　(明)朱睦㮮編　明嘉靖朱氏聚樂堂自刻本　四册

110000－0143－0000004　SG11/28
經玩五種二十卷　(清)沈淑撰　清乾隆刻本　八册

110000－0143－0000005　SG11/30
石經補攷十二卷　(清)馮登府纂　清道光元年至八年(1821－1828)嘉興馮氏刻本　四册

110000－0143－0000006　SG11/41
公是先生七經小傳三卷　(宋)劉敞撰　清康熙十九年(1680)納蘭成德通志堂刻初印本　一册

110000－0143－0000007　SG111/1
滿漢合璧四經四十八卷　(清)高宗弘曆敕譯　清乾隆刻本　二十四册

110000－0143－0000008　SG111/1－1、SG16/1－1
五經八十二卷　明正統十二年(1447)司禮監刻本　三十六册

110000－0143－0000009　SG112/1
經典釋文三十卷附攷證　(唐)陸德明撰　(清)盧文弨綴緝攷證　清乾隆五十六年(1791)盧氏抱經堂刻本　十二册

110000－0143－0000010　SG112/1
經典釋文三十卷附攷證　(唐)陸德明撰　(清)盧文弨綴緝攷證　清乾隆五十六年(1791)盧氏抱經堂刻本　十二册

110000－0143－0000011　SG112/5
通志堂經解一百四十種一千八百三十四卷　(清)納蘭成德輯　清康熙十九年(1680)納蘭成德通志堂刻本　四百九十九册　缺二十卷(新定三禮圖一至二十)

110000－0143－0000012　SG112/5
經典釋文三十卷　(唐)陸德明撰　清康熙十九年(1680)納蘭成德通志堂刻本　八册

110000－0143－0000013　SG112/28
御覽經史講義三十卷首一卷　(清)蔣溥纂輯　清乾隆二十年(1755)武英殿刻本　三十二册

110000－0143－0000014　SG112/35
欽定石經考文提要舉正四卷目錄一卷首一卷　(清)和珅等撰　清乾隆五十九年(1794)至咸豐抄本　二册

110000－0143－0000015　SG112/42
經書辨疑七卷　(朝鮮)沙溪老夫撰　清康熙五年(1666)刻本　四册

110000－0143－0000016　SG112/47
唱經堂才子書十五卷　(清)金人瑞撰　清順治十六年(1659)傳萬堂刻本　八册

110000－0143－0000017　SG112/48
經籍考七十六卷　(元)馬端臨撰　明弘治九年(1496)黄仲昭、張汝舟刻本　十二册

110000－0143－0000018　SG112/72
江慎修先生讀書隨筆二種十二卷　(清)江永著　清乾隆五十七年(1792)江錞等校刻本　六册

110000－0143－0000019　SG112/80
鄭志三卷　(三國魏)鄭小同撰　清乾隆木活字印本　一册

110000－0143－0000020　SG12/5－2
誠齋先生易傳二十卷　(宋)楊萬里撰　明嘉靖二十一年(1542)尹耕瘳鶴亭刻本　六册

110000－0143－0000021　SG12/9
像象管見四卷　(明)錢一本撰　明萬曆刻本　四册

110000－0143－0000022　SG12/12

御纂周易折中二十二卷首一卷　(清)李光地等纂　清康熙五十四年(1715)武英殿刻本　十册

110000－0143－0000023　SG12/20
易圖明辨十卷　(清)胡渭輯著　清康熙四十五年(1706)刻本　四册

110000－0143－0000024　SG12/21
説易十二卷　(明)喬中和撰　明崇禎十一年(1638)刻本　三册

110000－0143－0000025　SG12/21
説易十二卷　(明)喬中和撰　明崇禎十一年(1638)刻本　五册

110000－0143－0000026　SG12/21－1
説易十二卷　(明)喬中和撰　明崇禎十一年(1638)刻本　五册

110000－0143－0000027　SG12/24
周易集傳八卷　(元)龍仁夫撰　清康熙至雍正抄本　二册

110000－0143－0000028　SG12/25－1
周易本義十二卷易圖一卷周易五贊一卷筮儀一卷　(宋)朱熹撰　清康熙内府刻本　二册

110000－0143－0000029　SG12/25－5
周易本義十二卷易圖一卷周易五贊一卷筮儀一卷　(宋)朱熹撰　清康熙内府刻本　十册

110000－0143－0000030　SG12/27
易經揆一十四卷易學啟蒙補二卷　(清)梁錫璵撰　清乾隆十六年(1751)刻本　十册

110000－0143－0000031　SG12/29
像抄六卷　(明)錢一本撰　明萬曆四十一年(1613)刻本　四册

110000－0143－0000032　SG12/44、SG12/72
周易函書約存十五卷首三卷約註十八卷别集十六卷　(清)胡煦撰　清乾隆葆璞堂刻本　十四册

110000－0143－0000033　SG12/55
增訂易經存疑的藁十二卷　(明)林希元撰　清康熙十七年(1678)仇兆鰲等刻本　四册
存八卷(一至八)

110000－0143－0000034　SG12/58
易經繹五卷　(明)鄧元錫撰　(明)左宗郢編　明萬曆三十五年(1607)刻本　十册

110000－0143－0000035　SG12/62
周易露研四卷　(明)潘貞纂輯　明崇禎九年(1636)姚江俞氏刻本　四册

110000－0143－0000036　SG12/62－1
周易露研四卷　(明)潘貞纂輯　明崇禎九年(1636)姚江俞氏刻本　四册

110000－0143－0000037　SG12/63
易象大旨八卷　(明)薛甲撰　明嘉靖三十三年(1554)任有齡刻本　四册

110000－0143－0000038　SG12/64
周易八卷　(宋)蘇軾傳　**附王輔嗣論易一卷**　(三國魏)王弼撰　明末閔齊伋刻朱墨套印本　八册

110000－0143－0000039　SG12/65
斷易黄金策九卷　(明)劉基撰　(明)姚際隆删補　清康熙致和堂刻本　八册

110000－0143－0000040　SG12/70
周易辯二十四卷首四卷　(清)浦龍淵撰　清康熙十八年(1679)刻本　六册

110000－0143－0000041　SG12/72
周易函書約存十五卷首三卷約註十八卷别集十六卷　(清)胡煦撰　清乾隆葆璞堂刻本　二十六册

110000－0143－0000042　SG12/73
易學象數論六卷　(清)黄宗羲撰　(清)黄炳垕校　清光緒十五年(1889)黄炳垕抄本　二册

110000－0143－0000043　SG12/82
凝園讀易管見十卷　(清)羅典撰　清乾隆三十一年(1766)明德堂刻本　十册

110000－0143－0000044　SG12/83
周易參同契測疏一卷　(明)陸西星撰　(明)趙栻　(明)姚更生校閲　明隆慶至萬曆未孩

堂刻方壺外史本　二冊

110000－0143－0000045　SG12/83
參同契口義一卷　(明)陸西星撰　(明)趙栻　(明)姚更生校閱　明隆慶至萬曆未孩堂刻方壺外史本　二冊

110000－0143－0000046　SG12/92
易隱八卷　(明)曹九錫輯　明崇禎天德堂刻本　四冊

110000－0143－0000047　SG12/97
石鏡山房增訂周易說統二十五卷　(明)張振淵輯　(明)張懋忠增補　(明)張師栻參訂　明天啓六年(1626)張氏石鏡山房刻本　二十冊

110000－0143－0000048　SG12/109
易憲四卷附易憲卦歌易憲圖說一卷　(明)沈泓疏　清乾隆九年(1744)補堂刻本　三冊

110000－0143－0000049　SG12/111
新刻來瞿唐先生易註十五卷圖像一卷首一卷末一卷　(明)來知德撰　(清)高奣映校讐　清康熙十六年(1677)朝爽堂刻本　八冊

110000－0143－0000050　SG12/113
易冒十卷　(清)程良玉撰　(清)胡介定　清康熙三年(1664)蟾谿草堂刻本　八冊

110000－0143－0000051　SG12/119
周易上下經程朱先生傳義十五卷周易繫辭程朱二先生傳義二卷周易說卦程朱先生傳義一卷周易序卦程朱二先生傳義一卷周易雜卦一卷　(宋)程頤　(宋)朱熹撰　**附程子上下篇義一卷**　(宋)程頤撰　(宋)董楷輯　**朱子周易五贊一卷筮儀一卷**　(宋)朱熹撰　明初刻本　十六冊

110000－0143－0000052　SG12/120
易經旁訓四卷　(元)李恕撰　(明)王安舜刪定　明天啓元年(1621)刻本　二冊

110000－0143－0000053　SG12/123
周易廣義六卷　(清)潘元懋輯　清康熙十二年(1673)刻本　六冊

110000－0143－0000054　SG12/132
周易傳義合訂十二卷　(清)朱軾撰　清乾隆二年(1737)鄂彌達刻本　六冊

110000－0143－0000055　SG12/148
周易傳義二十四卷　(宋)程頤傳　(宋)朱熹本義　**附上下篇義一卷**　(宋)程頤撰　**圖說一卷五贊一卷筮儀一卷**　(宋)朱熹撰　明崇禎四年(1631)汪應魁貽經堂校刻本　八冊

110000－0143－0000056　SG12/150
易傳十卷　(唐)李鼎祚撰　(明)沈士龍輯　**附錄一卷**　(漢)鄭玄注　(明)沈士龍輯　明萬曆刻本　十二冊

110000－0143－0000057　SG12/155
田間易學不分卷　(清)錢澄之撰　清康熙刻本　七冊

110000－0143－0000058　SG12/179
周易本義四卷附卦歌一卷圖說一卷筮儀一卷　(宋)朱熹撰　清康熙刻本　二冊

110000－0143－0000059　SG12/182
周易九卷略例一卷　(三國魏)王弼　(晉)韓康伯注　(唐)陸德明釋文　明嘉靖趙府味經堂刻本　三冊　存九卷(周易九卷)

110000－0143－0000060　SG13/1
尚書後案三十卷附尚書後辨一卷　(清)王鳴盛撰　清乾隆四十五年(1780)王氏禮堂刻本　八冊

110000－0143－0000061　SG13/1
尚書後案三十卷附尚書後辨一卷　(清)王鳴盛撰　清乾隆四十五年(1780)王氏禮堂刻本　六冊

110000－0143－0000062　SG13/17－2
禹貢說斷四卷　(宋)傅寅撰　清乾隆武英殿木活字印本　四冊

110000－0143－0000063　SG13/18－1
禹貢錐指二十卷圖一卷　(清)胡渭撰　清康熙四十四年(1705)胡渭漱六軒刻本　十冊

110000－0143－0000064　SG13/18－1A

禹貢錐指二十卷圖一卷　(清)胡渭撰　清康熙四十四年(1705)胡渭漱六軒刻本　十一册

110000－0143－0000065　SG13/18－1B
禹貢錐指二十卷圖一卷　(清)胡渭撰　清康熙四十四年(1705)胡渭漱六軒刻本　八册

110000－0143－0000066　SG13/33
尚書約旨六卷尚書通典略二卷　(清)楊方達述　清乾隆十八年(1753)楊氏復初堂刻本　八册

110000－0143－0000067　SG13/36
禹貢彙覽四卷　(清)夏之芳輯　清乾隆十二年(1747)積翠軒刻本　四册

110000－0143－0000068　SG13/42
禹貢譜二卷　(清)王澍撰　(清)金詢考定　清康熙四十六年(1707)積書巖刻本　一册

110000－0143－0000069　SG13/48
書傳會選六卷　(明)劉三吾撰　明嘉靖趙府味經堂刻本　六册

110000－0143－0000070　SG13/50
周官禄田考三卷　(清)沈彤撰　清乾隆十五年(1750)吴江沈氏果堂刻十六年(1751)重校本　三册

110000－0143－0000071　SG13/51
尚書涉傳四卷　(清)戴祖啓撰　清嘉慶元年(1796)田畿校刻本　二册

110000－0143－0000072　SG13/53
書集傳六卷序一卷圖一卷　(宋)蔡沈集傳　(元)鄒季友音釋　**朱子説書綱領一卷**　(宋)朱熹撰　明正統十二年(1447)内府刻本　六册

110000－0143－0000073　SG13/59
東坡書傳二十卷　(宋)蘇軾撰　明末凌濛初刻朱墨套印本　八册

110000－0143－0000074　SG13/59－1
東坡先生書傳二十卷　(宋)蘇軾撰　明萬曆刻本　六册

110000－0143－0000075　SG13/61
書傳大全十卷書序一卷　(明)胡廣撰　明内府刻本　十册

110000－0143－0000076　SG13/68
尚書日記十六卷　(明)王樵撰　(明)王肯堂編　明萬曆十年(1582)于明照校刻本　八册

110000－0143－0000077　SG13/71
書疑九卷　(宋)王柏撰　清康熙十九年(1680)納蘭成德刻通志堂經解本　二册

110000－0143－0000078　SG13/72
書傳鹽梅二十卷　(清)黄文蓮輯　清乾隆五十二年(1787)刻本　八册

110000－0143－0000079　SG13/75
禹貢匯疏十二卷圖經二卷神禹别録一卷　(明)茅瑞徵纂箋　明崇禎五年(1632)刻本　七册

110000－0143－0000080　SG13/76
虞書箋二卷　(明)茅瑞徵纂箋　明崇禎五年(1632)刻本　一册

110000－0143－0000081　SG13/81
尚書古文疏證八卷　(清)閻若璩撰　**朱子古文書疑不分卷**　(清)閻詠輯　清乾隆十年(1745)朱續晫近堂刻本　十册

110000－0143－0000082　SG131/99
省軒考古類編十二卷　(清)柴紹炳纂　(清)姚培謙評　清雍正四年(1726)刻本　八册

110000－0143－0000083　SG14/2－1
欽定詩經傳説彙纂二十一卷首二卷詩序二卷　(清)王鴻緒等撰　清雍正五年(1727)内府刻本　二十册

110000－0143－0000084　SG14/3－1
吕氏家塾讀詩記三十二卷　(宋)吕祖謙撰　明嘉靖十年(1531)傅鳳翱刻本　二十册

110000－0143－0000085　SG14/8
風雅遺音二卷　(清)史榮輯　清乾隆十四年(1749)一灣齋刻本　四册

110000－0143－0000086　SG14/18－11
詩經四卷　明刻本　二册

110000－0143－0000087　SG14/28－1

毛詩註疏二十卷　（漢）毛亨傳　（漢）鄭玄箋　（唐）陸德明音義　（唐）賈公彦疏　明嘉靖李元陽刻十三經註疏本　二冊　存四卷（一至四）

110000－0143－0000088　SG14/30

毛詩名物圖説九卷　（清）徐鼎撰　清乾隆三十六年（1771）刻本　四冊

110000－0143－0000089　SG14/52

詩緝三十六卷　（宋）嚴粲述　明嘉靖元年至三十九年（1522－1560）趙府味經堂刻本　十二冊

110000－0143－0000090　SG14/58

毛詩稽古編三十卷　（清）陳啟源述　（清）龐佑清校　清嘉慶十八年（1813）龐佑清刻本　八冊

110000－0143－0000091　SG14/64

聖門傳詩嫡冢十六卷　（明）凌濛初輯　**申公詩説一卷**　（漢）申培撰　明崇禎凌濛初刻本　四冊

110000－0143－0000092　SG14/70

呂氏家塾讀詩記三十二卷　（宋）呂祖謙著　明萬曆四十一年（1613）陳龍光、蘇進、程國祥刻本　八冊

110000－0143－0000093　SG14/79

詩經四卷附卜子夏小序一卷　（明）鍾惺批點　明泰昌至天啓凌杜若刻朱墨套印本　四冊

110000－0143－0000094　SG14/93

豳風廣義三卷　（清）楊屾輯　清乾隆六年（1741）楊屾刻本　二冊

110000－0143－0000095　SG14/99

詩經小序不分卷　明末清初刻朱墨套印本　一冊

110000－0143－0000096　SG14/100

六家詩名物疏五十五卷　（明）馮復京輯　明萬曆十五年至三十四年（1587－1606）刻本　五冊

110000－0143－0000097　SG14/102

桂林詩正八卷　（明）顧懋樊編著　明崇禎顧爆祚刻本　四冊　存七卷（一至七）

110000－0143－0000098　SG14/107

歐陽文忠公毛詩本義十六卷　（宋）歐陽修撰　明萬曆四十一年至天啓五年（1613－1625）陳龍光、蘇進、程國祥刻本　二冊

110000－0143－0000099　SG14/113

杲溪詩經補注二卷　（清）戴震撰　清乾隆孔氏微波榭刻本　一冊

110000－0143－0000100　SG15/9

檀弓論文二卷　（清）孫濩孫評訂　（清）林中枏參閱　清康熙六十年（1721）天心閣刻本　二冊

110000－0143－0000101　SG15/14

三經評註六卷　（明）閔齊伋編　明萬曆閔齊伋刻三色套印本　八冊

110000－0143－0000102　SG151/14

周禮註疏四十二卷　（漢）鄭玄註　（唐）賈公彦疏　（唐）陸德明音義　明嘉靖李元陽刻本　十五冊

110000－0143－0000103　SG151/14－10

周禮註疏十八卷首一卷　（漢）鄭玄註　（唐）賈公彦疏　（明）張采訂定　明崇禎張采刻本　四冊　存十四卷（一、六至十八）

110000－0143－0000104　SG15/15

禮書一百五十卷　（宋）陳祥道編　（明）張溥閱　明崇禎元年至十三年（1628－1640）張溥校刻本　二十四冊

110000－0143－0000105　SG15/23

禮經會元四卷　（宋）葉時撰　明弘治至嘉靖刻本　四冊

110000－0143－0000106　SG15/24

新定三禮圖二十卷　（宋）聶崇義集注　清康熙十九年（1680）刻本　四冊

110000－0143－0000107　SG15/33

三禮陳數求義三十卷　（清）林喬蔭撰　清乾

隆四十七年(1782)林喬蔭刻本　十四冊

110000－0143－0000108　SG151/29
東巖周禮訂義八十卷　(宋)王與之撰　清康熙十五年(1676)通志堂刻本　二冊　存五卷(一至五)

110000－0143－0000109　SG152/3
儀禮鄭註句讀十七卷儀禮監本正誤一卷儀禮石本正誤一卷　(清)張爾岐撰　清乾隆八年(1743)高廷樞和衷堂刻本　六冊

110000－0143－0000110　SG152/8
儀禮章句十七卷　(清)吳廷華撰　清乾隆二十二年(1757)刻本　三冊

110000－0143－0000111　SG152/11－8
儀禮疏五十卷　(唐)賈公彥撰　清道光十年(1830)汪士鐘藝芸書舍刻本　六冊

110000－0143－0000112　SG152/14
儀禮蠡測十七卷　(清)韋協夢撰　清乾隆五十年(1785)韋協夢帶草軒刻本　三冊

110000－0143－0000113　SG152/18
儀禮經注疏正譌十七卷　(清)金日追撰　(清)張式慎校　清乾隆五十三年(1788)張式慎肅齋家塾刻本　六冊

110000－0143－0000114　SG152/21
文公家禮儀節八卷　(明)丘濬輯　明正德十三年(1518)常州府署刻本　四冊

110000－0143－0000115　SG152/22
司馬氏書儀十卷　(宋)司馬光撰　清雍正二年(1724)汪郊刻本　二冊

110000－0143－0000116　SG153/17－2
禮記集說三十卷　(元)陳澔撰　明嘉靖二十五年至四十五年(1546－1566)吉澄刻本　八冊

110000－0143－0000117　SG153/17－9
禮記二十卷　(漢)鄭玄注　**釋文四卷**　(唐)陸德明撰　**考異二卷**　(清)張敦仁撰　清嘉慶十一年(1806)張敦仁刻本　八冊

110000－0143－0000118　SG153/21
禮記集說十六卷　(元)陳澔集說　明弘治至嘉靖刻本　八冊

110000－0143－0000119　SG153/24
大戴禮記十三卷　(漢)戴德撰　(北周)盧辯注　清乾隆二十三年(1758)盧見曾刻本　六冊

110000－0143－0000120　SG153/31
禮記通解二十二卷　(明)郝敬撰　明萬曆四十四年(1616)郝千秋、郝千石刻本　十二冊

110000－0143－0000121　SG153/37
禮記集註不分卷　(元)陳澔撰　明嘉靖至崇禎抄本　八冊

110000－0143－0000122　SG16/15
春秋胡傳三十卷附春秋胡傳綱領一卷春秋列國東坡圖説一卷諸國興廢一卷春秋正經音訓一卷春秋提要一卷　(宋)胡安國撰　(宋)林堯叟音注　明萬曆至崇禎明善堂刻本　六冊

110000－0143－0000123　SG16/15
春秋胡傳三十卷附春秋胡傳綱領一卷春秋列國東坡圖説一卷諸國興廢一卷春秋正經音訓一卷春秋提要一卷　(宋)胡安國撰　(宋)林堯叟音注　清順治至嘉慶明善堂刻本　八冊

110000－0143－0000124　SG16/21
春秋紀傳五十一卷　(清)李鳳雛纂輯　清康熙六十一年(1722)懷德堂刻本　十六冊

110000－0143－0000125　SG16/21
春秋紀傳五十一卷　(清)李鳳雛纂輯　清康熙六十一年(1722)懷德堂刻本　十六冊

110000－0143－0000126　SG16/39－6
春秋繁露十七卷　(漢)董仲舒著　(清)盧文弨校　清乾隆至嘉慶刻本　二冊

110000－0143－0000127　SG16/40－3
春秋左傳十五卷　(明)孫鑛批點　明萬曆四十四年(1616)閔齊伋刻朱墨套印本　十二冊

110000－0143－0000128　SG16/41
春秋大事表五十卷輿圖一卷附錄一卷　(清)顧棟高撰　清乾隆十三年至十四年(1748－

1749)顧楝高萬卷樓刻本　二十四册

110000－0143－0000129　SG16/41－1
春秋大事表五十卷輿圖一卷附錄一卷　(清)顧楝高撰　清乾隆十三年至十四年(1748－1749)顧楝高萬卷樓刻本　二十册

110000－0143－0000130　SG16/41－1/B
春秋大事表五十卷輿圖一卷附錄一卷　(清)顧楝高撰　清乾隆十三年至十四年(1748－1749)顧楝高萬卷樓刻本　二十四册

110000－0143－0000131　SG16/41－1/B
春秋大事表五十卷輿圖一卷附錄一卷　(清)顧楝高撰　清乾隆十三年至十四年(1748－1749)顧楝高萬卷樓刻本　十六册

110000－0143－0000132　SG16/46
木訥先生春秋經筌十六卷　(宋)趙鵬飛撰　清康熙十九年(1680)通志堂刻本　六册

110000－0143－0000133　SG16/58、SG17/9－1
古香齋鑒賞袖珍五經八卷　清康熙内府刻本　十六册

110000－0143－0000134　SG16/64
春秋經傳類求十二卷　(清)孫從添　(清)過臨汾纂輯　清乾隆二十四年(1759)舊名堂刻本　十册

110000－0143－0000135　SG16/66
春秋左傳節文十五卷附音義　(明)汪道昆撰　明萬曆五年(1577)刻本　五册

110000－0143－0000136　SG16/77
春秋四家五傳平文四十一卷首一卷春秋五傳綱領一卷春秋諸國興廢説一卷春秋筆削發微圖一卷春秋名號歸一圖二卷春秋二十國年表一卷　(明)張岐然輯　**春秋提要二卷**　(明)虞宗瑤輯　明崇禎十四年(1641)君山堂刻朱墨套印本　四十八册

110000－0143－0000137　SG16/80
春秋左氏經傳集解三十卷　(晉)杜預撰　(唐)陸德明釋文　**春秋名號歸一圖二卷**　(五代)馮繼先撰　**春秋提要一卷**　明萬曆八年(1580)李時成親仁堂刻本　十六册

110000－0143－0000138　SG16/81
春秋四傳三十八卷綱領一卷提要一卷東坡地理圖説一卷春秋二十國年表一卷諸國興廢説一卷　(明)□□撰　明刻本　十二册

110000－0143－0000139　SG16/82
鍾伯敬評公羊穀梁二傳二十四卷　(明)鍾惺評　明崇禎九年(1636)陶珽刻本　二册

110000－0143－0000140　SG16/85
春秋集義五十八卷首一卷末二卷　(清)吳鳳來撰　清乾隆五十四年(1789)吳鳳來小草廬刻本　二十册

110000－0143－0000141　SG16/85
春秋集義五十八卷首一卷末二卷　(清)吳鳳來撰　清乾隆五十四年(1789)吳鳳來小草廬刻本　十册

110000－0143－0000142　SG16/87
春秋傳質疑六卷附録一卷　(清)齊周南撰　(清)齊世南校訂　王文炳據齊周南原稿校抄本　二册

110000－0143－0000143　SG16/89
春秋集傳大全三十七卷　(明)胡廣等輯　明隆慶三年(1569)鄭氏宗文書堂刻本　十册

110000－0143－0000144　SG161/10－1
讀左補義五十卷首一卷　(清)姜炳璋輯　清乾隆三十八年(1773)三多堂刻本　十六册

110000－0143－0000145　SG161/13
左傳事緯十二卷前書八卷　(清)馬驌編論　清康熙刻本　十册

110000－0143－0000146　SG161/36
春秋左傳屬事二十卷古字奇字音釋一卷春秋左傳注解辨誤二卷補遺一卷古器圖一卷　(明)傅遜纂　明萬曆十三年(1585)日殖齋刻本　八册

110000－0143－0000147　SG161/39
左傳統箋三十五卷　(清)姜希轍集注　清康熙十五年(1676)刻本　十二册

110000－0143－0000148　SG17/3
朱子五經語類八十卷　(清)程川輯　清雍正三年(1725)刻本　十二册

110000－0143－0000149　SG17/5
五經類編二十八卷　(清)周世樟輯　清雍正二年(1724)穀詒堂刻本　九册

110000－0143－0000150　SG17/9
五經一百八卷　清恕堂刻五經四書本　四十二册

110000－0143－0000151　SG17/17
五經纂不分卷　明末清初抄本　六册

110000－0143－0000152　SG17/19－1
萬充宗先生經學五書十九卷　(清)萬斯大撰　清康熙萬經校刻本　四册

110000－0143－0000153　SG17/21
鄭志三卷　(三國魏)鄭小同撰　清乾隆木活字印本　一册

110000－0143－0000154　SG17/22
五經圖十二卷　(清)盧雲英重編　清雍正二年(1724)刻本　六册

110000－0143－0000155　SG18/5－1
四書考異七十二卷　(清)翟灝撰　清乾隆三十四年(1769)無不宜齋刻本　八册

110000－0143－0000156　SG18/16
四書人物考四十卷　(明)薛應旂采輯　(明)朱焯注釋　明末刻本　六册

110000－0143－0000157　SG18/17－3
四書章句集注定本辨不分卷　(清)吴英撰　**四書章句附攷四卷**　(清)吴志忠輯　**四書家塾讀本句讀不分卷**　(清)吴英學　清嘉慶十六年(1811)璜川吴氏真意堂刻本　二册

110000－0143－0000158　SG18/17－4
四書章句集注二十六卷　(宋)朱熹撰　清嘉慶十六年(1811)璜川吴氏真意堂刻本　六册

110000－0143－0000159　SG18/26
四書句讀釋義十九卷　(清)范凝鼎撰　清乾隆述善堂刻本　十册　存八卷(十二至十九)

110000－0143－0000160　SG18/33－2
孟子趙氏注十四卷　(漢)趙岐注　(宋)孫奭音義　**孟子音義二卷**　(宋)孫奭注　清乾隆四十六年(1781)韓岱雲等刻本　四册

110000－0143－0000161　SG18/33－5
三經評註六卷　(明)閔齊伋編　明萬曆閔齊伋刻三色套印本　四册

110000－0143－0000162　SG18/33－8
孟子七卷　(明)李贄評　(明)楊起元輯　(明)張明憲參訂　明末張兆隆刻朱墨套印本　四册

110000－0143－0000163　SG18/48
四書反身録六卷續補一卷　(清)李顒撰　(清)王心敬輯録　清康熙三十一年(1692)李彦瑁刻本　二册

110000－0143－0000164　SG18/59
孟子註疏解經十四卷　(漢)趙岐註　(宋)孫奭疏　明崇禎六年(1633)毛晉汲古閣刻本　七册

110000－0143－0000165　SG18/59
論語註疏解經二十卷　(三國魏)何晏集解　(宋)邢昺疏　明崇禎十年(1637)毛晉汲古閣刻本　四册

110000－0143－0000166　SG18/69
國朝文鈔五編不分卷論文集鈔二卷　(清)高嵣訂　清乾隆五十一年(1786)高氏刻本　七册

110000－0143－0000167　SG18/85
四書講義尊聞録二十卷　(清)戴鋐輯　清雍正六年至七年(1728－1729)懷新堂初印本　二十四册

110000－0143－0000168　SG18/90
重訂四書疑問十一卷　(明)姚舜牧撰　明萬曆四十五年(1617)六經堂刻清順治十三年(1656)姚淳起補校本　六册

110000－0143－0000169　SG18/90
四書述十九卷　(清)陳詵撰　清康熙陳氏信

學齋自刻本　八册

110000－0143－0000170　SG18/91
說經二十六卷說莊三卷說騷一卷　(清)韓泰青撰　清乾隆四十一年至六十年(1776－1795)刻本　十六册

110000－0143－0000171　SG18/94
石鏡山房四書說統□□卷　(明)張振淵輯　(明)張懋忠　(明)張師栻校正　明天啓張師栻石鏡山房刻本　二十二册

110000－0143－0000172　SG18/95
如登樓遵註四書揭要不分卷　(清)韓毓樞輯　(清)楊有源校閲　清嘉慶十三年(1808)楊有源如登樓刻本　十四册

110000－0143－0000173　SG18/106
四書考輯要二十卷　(清)陳弘謀輯　(清)陳蘭森編校　清乾隆三十六年(1771)陳弘謀培遠堂刻本　十二册

110000－0143－0000174　SG18/108
呂晚邨先生四書講義四十三卷　(清)呂留良著　(清)陳鏦編次　清康熙二十五年(1686)天蓋樓刻本　六册

110000－0143－0000175　SG18/113
圖書衍五卷　(明)喬中和著　(明)喬中方訂　明崇禎八年至十七年(1635－1644)喬鉢刻本　一册

110000－0143－0000176　SG18/116
五經孝語一卷四書孝語一卷　(明)江元祚參考　(明)朱鴻編輯　**曾子孝實附録一卷**　(明)江元祚刪注　明崇禎刻本　二册

110000－0143－0000177　SG18/122
四書朱子異同條辨四十卷　(清)李沛霖　(清)李禎訂　清康熙四十一年(1702)近譬堂刻本　二十五册

110000－0143－0000178　SG18/123
四書備考二十八卷四書考異一卷　(明)陳仁錫增定　明崇禎七年(1634)刻本　二十册

110000－0143－0000179　SG18/125
四書或問語類集解釋註大全四十一卷　(清)朱良玉纂輯　清雍正六年(1728)致和堂刻本　三十册

110000－0143－0000180　SG18/128
四書參十九卷　(明)李贄評　(明)楊起元批點　(明)張明憲等參訂　明天啓至崇禎張兆隆刻朱墨套印本　十册

110000－0143－0000181　SG18/150
四書集註三十一卷　(宋)朱熹撰　明正統十二年(1447)司禮監刻本　十册

110000－0143－0000182　SG181/12
學庸竊補十四卷提要二卷　(清)陳孚纂輯　清乾隆十五年(1750)刻本　六册

110000－0143－0000183　SG182/11
論語類考二十卷　(明)陳士元撰　明嘉靖至萬曆刻本　十二册

110000－0143－0000184　SG182/19
論語集說十卷　(宋)蔡節編　清康熙十九年(1680)刻通志堂經解本　八册

110000－0143－0000185　SG183/12
孟子四考四卷　(清)周廣業撰　清乾隆六十年(1795)省吾廬刻本　四册

110000－0143－0000186　SG183/17
孟子集疏十四卷　(宋)蔡模撰　清康熙十九年(1680)刻通志堂經解本　二册

110000－0143－0000187　SG19/15
律呂新義四卷附録一卷　(清)江永撰　清抄本　一册

110000－0143－0000188　SG110/1
孝經衍義一百卷首二卷　(清)張英　(清)韓菼等撰　清康熙三十年(1691)廣西巡撫王起元刻本　三十册

110000－0143－0000189　SG110/10
孝經通釋十卷　(清)曹庭棟撰　清乾隆二十一年(1756)刻本　二册

110000－0143－0000190　SG110/12
朱子孝經刊誤一卷　(宋)朱熹撰　(清)王爾

翼參解　清雍正十年(1732)王縈緒刻本　一冊

110000－0143－0000191　SG110/13
孝經精義一卷後錄一卷或問一卷原孝一卷餘論一卷　(清)張敘撰　清乾隆十年(1745)潞河書院刻本　三冊

110000－0143－0000192　SG110/16
孝經義疏補九卷首一卷　(清)阮福撰　清道光九年(1829)春喜齋刻本　一冊

110000－0143－0000193　SG110/20
御注孝經不分卷　(清)世祖福臨注　清順治十三年(1656)內府刻本　一冊

110000－0143－0000194　SG111./1
爾雅正義二十卷　(清)邵晉涵撰集　**爾雅釋文三卷**　(唐)陸德明撰　清乾隆五十三年(1788)餘姚邵氏家塾刻本　十冊

110000－0143－0000195　SG111./1
爾雅正義二十卷　(清)邵晉涵撰集　**爾雅釋文三卷**　(唐)陸德明撰　清乾隆五十四年(1789)餘姚邵氏校刻本　八冊

110000－0143－0000196　SG111./1
爾雅正義二十卷　(清)邵晉涵撰集　**爾雅釋文三卷**　(唐)陸德明撰　清乾隆五十四年(1789)餘姚邵氏校刻本　十冊

110000－0143－0000197　SG111./1－1
爾雅正義二十卷　(清)邵晉涵撰集　**爾雅釋文三卷**　(唐)陸德明撰　清乾隆五十三年(1788)刻五十四年(1789)重校刻本　八冊

110000－0143－0000198　SG111./12、SG112./12－1、SG112./13
五雅五種四十一卷　(明)郎奎金輯　明天啓六年(1626)郎氏堂策檻刻本　十五冊　缺一種一卷(小爾雅註釋一卷)

110000－0143－0000199　SG111./14
爾雅義疏三卷　(清)郝懿行撰　(清)江文煒校　清道光二年至咸豐九年(1822－1859)抄本　七冊

110000－0143－0000200　SG111./16
爾雅翼三十二卷　(宋)羅願撰　(元)洪焱祖音釋　明萬曆李兆龍刻天啓六年(1626)羅朗重訂崇禎六年(1633)羅炌重校補刻本　十六冊

110000－0143－0000201　SG111./16－1
爾雅翼三十二卷　(宋)羅願撰　明正德十四年(1519)羅文殊刻本　四冊

110000－0143－0000202　SG111./25
別雅五卷　(清)吳玉搢撰　清乾隆七年(1742)新安程氏督經堂刻本　五冊

110000－0143－0000203　SG111./28
爾雅三卷　(晉)郭璞註　(清)姚之麟摹圖　清嘉慶六年(1801)南城曾燠藝學軒仿宋刻本　三冊

110000－0143－0000204　SG111./31
爾雅註疏十一卷　(晉)郭璞註　(宋)邢昺疏　清初刻本　三冊

110000－0143－0000205　SG111./3－1
爾雅註疏十一卷　(晉)郭璞註　(宋)邢昺疏　明崇禎毛氏汲古閣刻本　四冊

110000－0143－0000206　SG111./3－1
爾雅註疏十一卷　(晉)郭璞註　(宋)邢昺疏　明嘉靖李元陽刻十三經註疏本　四冊

110000－0143－0000207　SG111./34
爾雅新義二十卷　(宋)陸佃撰　(清)宋大樽校　**爾雅新義敘錄一卷**　(清)宋大樽輯　清嘉慶十三年(1808)陸芝榮三間草堂刻本　二冊

110000－0143－0000208　SG111./9－7
爾雅三卷　(晉)郭璞註　(清)姚之麟摹圖　清嘉慶六年(1801)南城曾燠藝學軒仿宋刻本　四冊

110000－0143－0000209　SG112./12
廣雅十卷　(三國魏)張揖纂集　(隋)曹憲音釋　(明)葉自本重訂　(明)郎奎金糾譌　明天啓六年(1626)郎氏堂策檻刻本　二冊

110000－0143－0000210　SG112./35
篇海類編二十卷　(明)宋濂詮次　(明)屠隆訂　**附録一卷**　(明)張嘉和輯　明崇禎書林翁少麓刻本　二十二册

110000－0143－0000211　SG112./63
華夷譯語不分卷　(明)火源潔撰　清道光至宣統抄本　一册

110000－0143－0000212　SG112./67
錦繡萬花谷前集四十卷後集四十卷續集四十卷　(宋)□□輯　明嘉靖十五年(1536)秦汴繡石書堂刻本　三十册　缺八卷(後集三十三至四十)

110000－0143－0000213　SG112./70
倉頡篇三卷　(清)孫星衍輯　清乾隆五十年至宣統三年(1785－1911)抄本　一册

110000－0143－0000214　SG112./71
漢雋十卷　(宋)林鉞輯　(明)吕元校　明萬曆十三年(1585)周對峰刻本　十册

110000－0143－0000215　SG112./85
對類二十卷　(明)□□輯　(明)屠隆訂正　明萬曆至崇禎陳長卿刻本　二十册

110000－0143－0000216　SG112./95、SG112.2/142
澤存堂五種五十卷　(清)張士俊輯　清康熙張士俊澤存堂仿宋刻本　十一册　缺七卷(羣經音辨一至七)

110000－0143－0000217　SG112.1/102
復古編二卷　(宋)張有撰　**復古編校正一卷附録一卷**　(清)葛鳴陽撰　**曾樂軒稿一卷**　(宋)張維撰　**安陸集一卷**　(宋)張先撰　清乾隆四十六年(1781)葛鳴陽刻本　七册

110000－0143－0000218　SG112.1/103
六書統二十卷　(元)揚桓撰　元至大元年(1308)江浙行省儒學刻元明遞修本　六册

110000－0143－0000219　SG112.1/103
六書統溯源十三卷　(元)揚桓撰　元至大元年(1308)江浙行省儒學刻元明遞修本　四册

110000－0143－0000220　SG112.1/104
增訂金壺字考十九卷　(宋)釋適之原編　(清)田朝恒增訂　**金壺字考二集二十一卷補録一卷補注一卷**　(清)田朝恒續編　清乾隆二十七年(1762)刻本　四册

110000－0143－0000221　SG112.1/126
説文字原集註十六卷附表一卷表説一卷　(清)蔣和撰　清乾隆五十三年(1788)蔣氏刻本　四册

110000－0143－0000222　SG112.1/14
説文解字十五卷　(漢)許慎撰　(宋)徐鉉校定　清初毛氏汲古閣刻本　八册

110000－0143－0000223　SG112.1/140
六書準不分卷　(清)馮鼎調撰　清康熙十一年至六十一年(1672－1722)馮昶世刻本　一册

110000－0143－0000224　SG112.1/151
六書通十卷　(明)閔齊伋撰　(清)畢弘述篆訂　清康熙五十九年(1720)畢弘述基聞堂刻本　十册

110000－0143－0000225　SG112.1/156
説文地理古今攷十卷　(清)鄭燿奎撰　清光緒二十四年(1898)抄本　五册

110000－0143－0000226　SG112.1/157
説文引經同異述十二卷説文引經同異述餘二卷　(清)鄭燿奎撰　清光緒二十五年至宣統三年(1899－1911)抄本　七册

110000－0143－0000227　SG112.1/19－1
説文解字十五卷　(漢)許慎撰　(宋)徐鉉校定　清初毛氏汲古閣刻本　十六册

110000－0143－0000228　SG112.1/19－5
説文解字十五卷　(漢)許慎撰　(宋)徐鉉校定　清初毛氏汲古閣刻本　八册

110000－0143－0000229　SG112.1/19－5
説文解字十五卷　(漢)許慎撰　(宋)徐鉉校定　清初毛氏汲古閣刻本　八册

110000－0143－0000230　SG112.1/3－1
説文解字十五卷　(漢)許慎撰　(宋)徐鉉校

定　清初毛氏汲古閣刻本　六冊

110000－0143－0000231　SG112.1/53
說文字原考略六卷　（清）吳照輯　清乾隆五十七年（1792）南城吳照刻本　四冊

110000－0143－0000232　SG112.1/58
說文解字十二卷　（漢）許慎撰　（宋）李燾編　明萬曆二十六年（1598）陳大科刻明末汲古閣印本　十三冊

110000－0143－0000233　SG112.1/63
說文偏旁考二卷　（清）吳照輯　清乾隆五十一年（1786）吳氏聽雨齋自刻本　二冊

110000－0143－0000234　SG112.1/8－5
說文校議十五卷　（清）姚文田　（清）嚴可均撰　（清）孫星衍商訂　清嘉慶二十三年（1818）冶城山館刻本　三冊

110000－0143－0000235　SG112.2/3
班馬字類五卷　（宋）婁機撰　清乾隆馬氏小玲瓏山館刻道光吳興倪氏經鉏堂印本　四冊

110000－0143－0000236　SG112.2/3
班馬字類五卷　（宋）婁機撰　清乾隆馬氏小玲瓏山館刻道光吳興倪氏經鉏堂印本　二冊

110000－0143－0000237　SG112.2/4－5
隸辨八卷　（清）顧藹吉撰　清康熙五十七年（1718）項絪玉淵堂刻本　八冊

110000－0143－0000238　SG112.2/14
六書索隱五卷　（明）楊慎撰　明嘉靖刻本　四冊

110000－0143－0000239　SG112.2/25
古今字考六卷　（明）呂一奏撰　明崇禎元年（1628）刻本　一冊　存一卷（三）

110000－0143－0000240　SG112.2/29
字彙十二卷首一卷末一卷　（明）梅膺祚撰　清康熙十八年（1679）雲棲寺刻本　十四冊

110000－0143－0000241　SG112.2/29－2
字彙十二卷首一卷末一卷　（明）梅膺祚撰　清康熙四年（1665）真寂院刻本　十四冊

110000－0143－0000242　SG112.2/57
大廣益會玉篇三十卷　（南朝梁）顧野王撰　（唐）孫強增字　（宋）陳彭年等重修　清康熙四十五年（1706）曹寅揚州使院刻本　四冊

110000－0143－0000243　SG112.2/57－2
大廣益會玉篇三十卷　（南朝梁）顧野王撰　（唐）孫強增字　（宋）陳彭年等重修　清康熙四十二年至四十三年（1703－1704）吳郡張士俊澤存堂刻本　三冊

110000－0143－0000244　SG112.2/57－2
大廣益會玉篇三十卷廣韻五卷　（宋）陳彭年等撰　清康熙四十三年（1704）張士俊澤存堂刻本　六冊

110000－0143－0000245　SG112.2/57－2
大廣益會玉篇三十卷　（南朝梁）顧野王撰　（唐）孫強增字　（宋）陳彭年等重修　清康熙四十五年（1706）曹寅揚州使院刻本　六冊

110000－0143－0000246　SG112.2/57－2
大廣益會玉篇三十卷　（南朝梁）顧野王撰　（唐）孫強增字　（宋）陳彭年等重修　清康熙四十五年（1706）曹寅揚州使院刻本　六冊

110000－0143－0000247　SG112.2/57－4
新刊大廣益會玉篇三十卷玉篇廣韻指南一卷　（南朝梁）顧野王撰　（唐）孫強增字　（宋）陳彭年等重修　明萬曆元年（1573）益藩刻本　八冊

110000－0143－0000248　SG112.2/59
草韻彙編二十六卷　（清）陶南望輯　清乾隆二十年（1755）南村草堂刻本　二十冊

110000－0143－0000249　SG112.2/66
摭古遺文二卷　（明）李登輯　**再增摭古遺文一卷**　（明）姚履旋增補　明萬曆二十二年（1594）姚履旋等刻本　二冊

110000－0143－0000250　SG112.2/67
六書正譌五卷　（元）周伯琦編注　（明）胡正言訂纂　明崇禎七年（1634）胡正言十竹齋刻本　四冊

110000－0143－0000251　SG112.2/68
事物異名錄四十卷　（清）厲荃輯　（清）關槐增纂　清乾隆五十三年（1788）刻本　十二册

110000－0143－0000252　SG112.2/74
正字通十二卷　（明）張自烈撰　（清）廖文英輯　清康熙刻本　二十四册

110000－0143－0000253　SG112.2/76、SG112.2/76－1
選集漢印分韻二卷　（清）袁日省輯　（清）謝雲生臨摹　**選集漢印分韻續集二卷**　（清）謝景卿輯并臨摹　清嘉慶二年至八年（1797－1803）漱藝堂刻本　三册

110000－0143－0000254　SG112.2/88
班馬字類五卷　（宋）婁機撰　**附補遺五卷**　（宋）李曾伯撰　明崇禎十三年（1640）抄本　五册

110000－0143－0000255　SG112.2/96
清文彙書十二卷　（清）李延基纂　清乾隆十六年（1751）刻本　十二册

110000－0143－0000256　SG112.2/97
北窗偶談三卷　（清）胡彦穎撰　清乾隆刻本　三册

110000－0143－0000257　SG112.2/103
漢隸字源五卷碑目一卷附字一卷　（宋）婁機撰　明末毛氏汲古閣刻本　六册

110000－0143－0000258　SG112.2/104
班馬字類五卷　（宋）婁機撰　清乾隆馬氏小玲瓏山館刻道光吳興倪氏經鉏堂印本　五册

110000－0143－0000259　SG112.2/104
班馬字類五卷　（宋）婁機撰　清乾隆馬氏小玲瓏山館刻道光吳興倪氏經鉏堂印本　二册

110000－0143－0000260　SG112.2/106
元龍雜字不分卷　（清）鮑繼培刪補　清道光十三年（1833）鮑繼培抄本　一册

110000－0143－0000261　SG112.2/112
合聲易字不分卷附補訂傳音快字不分卷　盧靖撰　清光緒二十三年（1897）沔陽盧靖抄本　一册

110000－0143－0000262　SG112.2/123
古音叢目五卷轉注古音略五卷奇字韻四卷　（明）董難撰　（明）李元陽校　**古音餘五卷古音附錄一卷**　（明）楊慎撰　（明）李元陽校　明嘉靖李元陽刻本　三册

110000－0143－0000263　SG112.2/127
清統元音　清抄本　一册

110000－0143－0000264　SG112.2/129
虚文彙解四卷　清雍正至同治稿本　四册

110000－0143－0000265　SG112.2/132
古雋考略六卷　（明）顧充輯　明萬曆二十七年（1599）刻本　六册

110000－0143－0000266　SG112.2/143
字學正本五卷　（清）李京敨輯　清康熙八年（1669）刻本　五册

110000－0143－0000267　SG112.2/150
漢隸源流統畧歌不分卷　（明）陳紀校　（明）鄭漢音釋　明崇禎九年（1636）清康熙印本　二册

110000－0143－0000268　SG112.2/151
字音正謬二卷首一卷　（清）伍澤梁輯　清乾隆二十四年（1759）成相堂刻本　二册

110000－0143－0000269　SG112.2/156
五經文字三卷　（唐）張參撰　**新加九經字樣一卷**　（唐）唐玄度撰　清乾隆五年（1740）馬曰璐叢書樓刻本　四册

110000－0143－0000270　SG112.2/156
五經文字三卷　（唐）張參撰　**新加九經字樣一卷**　（唐）唐玄度撰　清乾隆五年（1740）馬曰璐叢書樓刻本　八册

110000－0143－0000271　SG112.2/156
五經文字三卷　（唐）張參撰　**新加九經字樣一卷**　（唐）唐玄度撰　清乾隆五年（1740）馬曰璐叢書樓刻本　四册

110000－0143－0000272　SG112.2/157
重刊詳校篇海五卷　（明）趙欽湯輯　（明）李

登校編　明萬曆四十六年(1618)趙楨刻本　十冊

110000－0143－0000273　SG112.2/159
篆文辨訣不分卷附千字文百家姓　(明)應在止撰　(清)莫可易增次　(清)孫爾振篆正　清順治八年(1651)刻本　二冊

110000－0143－0000274　SG112.2/163
六書故三十三卷附六書通釋一卷　(宋)戴侗撰　清乾隆四十九年(1784)李鼎元師竹齋刻本　二十一冊

110000－0143－0000275　SG112.2/164
六書精藴六卷　(明)魏校撰　**六書精藴音釋舉要一卷**　(明)徐官音釋　明嘉靖十九年(1540)魏希明、魏庠刻本　六冊

110000－0143－0000276　SG112.3/2－7
廣雅疏證十卷　(清)王念孫學　**博雅音十卷**　(隋)曹憲撰　清嘉慶刻本　十冊

110000－0143－0000277　SG112.3/10－2
釋名疏證八卷續釋名一卷續釋名補遺一卷　(清)畢沅撰　清乾隆五十五年(1790)畢氏靈巖山舘刻本　四冊

110000－0143－0000278　SG112.3/19－5
埤雅二十卷　(宋)陸佃撰　(清)顧棫校刊　清康熙顧棫刻本　四冊

110000－0143－0000279　SG112.3/22－2
輶軒使者絕代語釋別國方言十三卷　(漢)揚雄撰　(晉)郭璞注　清乾隆武英殿木活字印本　二冊

110000－0143－0000280　SG112.3/29
孝經小學統疏十一卷　(明)朱天璧輯　明崇禎八年(1635)石鏡山房刻本　四冊

110000－0143－0000281　SG112.3/51
釋名八卷　(漢)劉熙著　(明)吳琯校　明萬曆刻本　一冊

110000－0143－0000282　SG112.4/1－5
廣韻五卷　(宋)陳彭年等撰　清康熙六年(1667)陳上年、張弨刻本　六冊

110000－0143－0000283　SG112.4/10－7
音學五書三十八卷附答李子德書一卷　(清)顧炎武纂著　清康熙六年(1667)符山堂張弨刻本　十二冊

110000－0143－0000284　SG112.4/10－7
音學五書三十八卷附答李子德書一卷　(清)顧炎武纂著　清康熙六年(1667)符山堂張弨刻本　十二冊

110000－0143－0000285　SG112.4/16
洪武正韻十六卷　(明)樂韶鳳　(明)宋濂編定　(明)楊時偉補箋　明崇禎四年(1631)刻本　六冊

110000－0143－0000286　SG112.4/16
洪武正韻十六卷　(明)樂韶鳳　(明)宋濂編定　明刻本　五冊

110000－0143－0000287　SG112.4/16－2
洪武正韻十六卷　(明)樂韶鳳　(明)宋濂編定　明萬曆三年(1575)司禮監刻本　六冊

110000－0143－0000288　SG112.4/16－3
洪武正韻十六卷　(明)樂韶鳳　(明)宋濂編定　(明)楊時偉補箋　明崇禎四年(1631)刻本　六冊

110000－0143－0000289　SG112.4/16－20
洪武正韻十六卷　(明)樂韶鳳　(明)宋濂編定　明嘉靖二十七年(1548)衡藩朱厚熿藍印本　十冊

110000－0143－0000290　SG112.4/17
類音八卷　(清)潘耒撰　清雍正三年(1725)潘氏遂初堂刻本　四冊　存六卷(一至六)

110000－0143－0000291　SG112.4/17－1
類音八卷　(清)潘耒撰　清雍正三年(1725)潘氏遂初堂刻本　三冊

110000－0143－0000292　SG112.4/19－1
韻府羣玉二十卷　(元)陰時夫編輯　(元)陰中夫編注　明刻本　四十冊

110000－0143－0000293　SG112.4/20
音韻正訛四卷　(明)孫耀輯　(明)吳思本訂

明崇禎十七年(1644)刻本　二冊

110000－0143－0000294　SG112.4/21
廣金石韻府五卷　(清)林尚葵輯　(清)李根校　清康熙九年(1670)周亮工賴古堂刻朱墨套印本　六冊

110000－0143－0000295　SG112.4/35
音韻闡微十八卷　(清)李光地等承修　(清)王蘭生編纂　清雍正六年(1728)内府刻本　五冊

110000－0143－0000296　SG112.4/35
音韻闡微十八卷　(清)李光地等承修　(清)王蘭生編纂　清雍正六年(1728)内府刻本　六冊

110000－0143－0000297　SG112.4/42－1
新集古文四聲韻五卷附錄一卷　(宋)夏竦集　清乾隆四十四年(1779)新安汪啟淑刻本　二冊

110000－0143－0000298　SG112.4/44
大明成化丁亥重刊改併五音類聚四聲篇十五卷　(金)韓道昭改併重編　明成化三年至七年(1467－1471)刻本　五冊

110000－0143－0000299　SG112.4/54
詩韻輯畧五卷　(明)潘恩輯　清順治九年(1652)寧壽堂刻本　五冊

110000－0143－0000300　SG112.4/59
詩韻歌訣初步五卷　(清)倪璐輯著　清乾隆二十五年(1760)克復堂刻本　二冊

110000－0143－0000301　SG112.4/74
六書賦音義二十卷賦一卷　(明)張士佩撰　明萬曆三十三年(1605)張士佩刻本　八冊

110000－0143－0000302　SG112.4/75
四聲切韻表不分卷　(清)江永編　清乾隆五十三年(1788)鄭德仁刻本　一冊

110000－0143－0000303　SG112.4/83
古今韻略五卷　(清)邵長蘅纂　清康熙三十五年(1696)刻本　四冊

110000－0143－0000304　SG112.4/87
音韻日月燈六十卷　(明)呂維祺撰　(明)呂維祜詮　明崇禎七年(1634)新安呂氏刻本　十六冊

110000－0143－0000305　SG112.4/90
均藻四卷　(明)楊慎撰　(明)焦竑校　明萬曆曼山館刻本　四冊

110000－0143－0000306　SG112.4/106
古今韻會舉要三十卷附禮部韻略七音三十六母通考一卷　(元)熊忠舉要　明嘉靖十五年(1536)秦鉞、李舜臣刻十七年(1538)劉儲秀補刻本　十冊

110000－0143－0000307　SG112.4/106－1
古今韻會舉要三十卷附禮部韻略七音三十六母通考一卷　(元)熊忠舉要　明補刻本　二十四冊

110000－0143－0000308　SG112.4/111
音韻輯要二十一卷　(清)王鵕纂　清乾隆四十九年(1784)刻嘉慶印本　六冊

110000－0143－0000309　SG112.4/112
康熙甲子史館新刊古今通韻十二卷　(清)毛奇齡撰　清康熙二十四年(1685)學者堂刻本　八冊

110000－0143－0000310　SG112.4/116
音韻清濁鑑三卷　(清)王祚禎撰　清康熙六十年(1721)善樂堂刻本　四冊

110000－0143－0000311　SG112.4/118
中州全韻二十二卷　(清)周昂輯　清乾隆末刻本　六冊

110000－0143－0000312　SG112.4/119
廣韻藻六卷　(明)方夏輯　明崇禎十五年(1642)長洲方來刻本　六冊

110000－0143－0000313　SG112.4/130
古今韻會舉要小補三十卷　(明)方日升編輯　(明)李維禎校正　明萬曆三十四年(1606)周士顯刻清初重刻本　二十冊

110000－0143－0000314　SG112.4/134
古今韻會舉要小補三十卷　(明)方日升編輯

（明）李維禎校正　明萬曆三十四年（1606）周士顯刻本　十冊

110000－0143－0000315　SG112.4/134
古今韻會舉要小補三十卷　（明）方日升編輯　（明）李維禎校正　明萬曆三十四年（1606）周士顯刻本　十冊

110000－0143－0000316　SG112.4/135
鼎鐫洪武元韻勘正補訂經書切字海篇玉鑑二十卷　（明）武緯子補訂　（明）王衡勘正　明萬曆元年（1573）熊沖宇刻本　十二冊

110000－0143－0000317　SG112.4/151
三體摭韻不分卷續集不分卷　（清）朱昆田輯鈔　清康熙朱昆田抄本　二十三冊

110000－0143－0000318　SG112.4/153
新編大藏經直音不分卷　（明）釋本讚重編　明崇禎九年（1636）陳尊山經房刻本　四冊

110000－0143－0000319　SG112.4/154
音韻闡微十八卷　（清）李光地等承修　（清）王蘭生編纂　清雍正六年（1728）內府刻本　十冊

110000－0143－0000320　SG112.4/158
韻書原始不分卷　（清）熊士伯撰　清乾隆抄本　二冊

110000－0143－0000321　SG112.4/163
五車韻府十卷　（明）陳藎謨訂　（明）胡邵瑛纂　清康熙四十七年（1708）慎思堂刻乾隆二十七年（1762）玉衡堂印本　十冊

110000－0143－0000322　SG112.4/168
詩韻釋略五卷　（明）梁應圻訂　清康熙十七年（1678）李希禹刻本　五冊

110000－0143－0000323　SG112.4/315
毛詩古音攷四卷　（明）陳第編輯　（明）焦竑訂正　明萬曆三十四年（1606）刻一齋集本　四冊

110000－0143－0000324　SG112.4/133
韻譜本義十卷　（明）茅溱輯　（明）范科校　明萬曆三十二年（1604）茅溱、范科自刻本　五冊

110000－0143－0000325　SG211/2－5
唐荊川先生批點精選史記十二卷　（明）唐順之輯　明末刻本　六冊

110000－0143－0000326　SG211/2－7
史記一百三十卷　（漢）司馬遷撰　（南朝宋）裴駰集解　（唐）司馬貞索隱　（唐）張守節正義　明末黃嘉惠刻本　八冊

110000－0143－0000327　SG211/2－11
史記一百三十卷附史記補一卷　（漢）司馬遷撰　（南朝宋）裴駰集解　（唐）司馬貞索隱　（唐）張守節正義　明萬曆二十四年（1596）國子監刻本　十冊

110000－0143－0000328　SG211/2－20
史記一百三十卷附史記補一卷　（漢）司馬遷撰　（南朝宋）裴駰集解　（唐）司馬貞索隱　（唐）張守節正義　明萬曆二十四年（1596）國子監刻本　二十冊

110000－0143－0000329　SG211/2－21
史記一百三十卷　（漢）司馬遷撰　（南朝宋）裴駰集解　（唐）司馬貞索隱　（唐）張守節正義　明崇禎刻本　十四冊

110000－0143－0000330　SG211/7
史記論文一百三十卷　（清）吳見思評點　（清）吳興祚參訂　清康熙二十六年（1687）吳興祚刻本　三十二冊

110000－0143－0000331　SG211/16
同菴史彙十卷　（清）蔣善選評　清康熙四十二年至四十六年（1703－1707）思永堂刻本　八冊

110000－0143－0000332　SG211/19
二十一史文鈔五十八卷　（明）沈國元選　明崇禎十二年（1639）沈氏大來堂自刻本　三十冊

110000－0143－0000333　SG211/22
四史勦說十六卷　（清）史珥著　清乾隆二十九年（1764）清風堂刻本　十冊

110000－0143－0000334　SG211/30

資治通鑑綱目集覽五十九卷　(元)王幼學撰　(明)陳濟正誤　明永樂二十年(1422)司禮監刻本　八册

110000－0143－0000335　SG211/31

鑑略不分卷　(清)郝懿行輯　清末抄本　十册　缺東漢紀、後漢紀、唐紀玄宗肅宗代宗、宋紀欽宗高宗、明紀

110000－0143－0000336　SG211/31－1

鑑略不分卷　(清)郝懿行輯　清道光抄本　三册　存三册(一至二、五)

110000－0143－0000337　SG211/34

二十一史論贊輯要三十六卷　(明)彭以明輯　(明)彭惟成校　明萬曆三十七年(1609)彭惟成、彭惟直刻本　二十八册

110000－0143－0000338　SG211/40、SG213/71

綱鑑會編九十八卷首一卷歷代統系表略三卷歷代郡國考畧三卷歷代官制考畧二卷　(清)葉澐輯錄　(清)劉德芳訂正　清康熙四十一年(1702)刻本　四十册

110000－0143－0000339　SG211/44

史記纂二十四卷　(明)凌稚隆輯校　明萬曆七年(1579)凌氏刻朱墨套印本　十册

110000－0143－0000340　SG211/44

史記纂二十四卷　(明)凌稚隆輯校　明萬曆七年(1579)凌氏刻朱墨套印本　十二册　缺二卷(二十三至二十四)

110000－0143－0000341　SG211/45

左策史漢約選八卷　(清)洪德常輯　清康熙十八年(1679)洪琮世綸堂刻本　八册

110000－0143－0000342　SG211/48

史書大紀不分卷　(明)□□輯　明抄本　三册

110000－0143－0000343　SG212/1

北齊書五十卷　(唐)李百藥撰　宋刻宋元明遞修本　二十册

110000－0143－0000344　SG212/3

兩漢紀六十卷附字句異同考一卷　(清)蔣國祚輯　清康熙三十五年(1696)蔣氏三樂堂刻光緒三年至五年(1877－1879)蔡學蘇三餘書屋補刻本　八册

110000－0143－0000345　SG212/4－4

明史三百三十六卷目錄四卷　(清)張廷玉等撰　清乾隆四年(1739)武英殿刻本　一百十二册

110000－0143－0000346　SG212/5

梁書五十六卷　(唐)姚思廉撰　(明)余有丁校正　(明)周子義同校　明萬曆三年(1575)南京國子監刻本　六册

110000－0143－0000347　SG212/5－2

梁書五十六卷　(唐)姚思廉撰　(明)吳士元　(明)黄錦重修　明萬曆三十三年(1605)北京國子監刻本　十册

110000－0143－0000348　SG212/6

南史八十卷　(唐)李延壽撰　(明)趙用賢校正　明萬曆十六年至十九年(1588－1591)南京國子監刻明清遞修本　二十四册

110000－0143－0000349　SG212/9

漢書一百卷　(漢)班固撰　(唐)顔師古注　(明)鍾人傑校　明萬曆四十七年(1619)鍾人傑刻本　二十册

110000－0143－0000350　SG212/13

元史節要十四卷　(明)張九韶輯　明正德九年(1514)張克文刻本　二册

110000－0143－0000351　SG212/14－1

後漢書九十卷　(南朝宋)范曄撰　(唐)李賢注　**志三十卷**　(晉)司馬彪撰　(南朝梁)劉昭注　明嘉靖十六年(1537)廣東崇正書院重刻本　四十四册

110000－0143－0000352　SG212/14－1

漢書一百卷　(漢)班固撰　(唐)顔師古注　明嘉靖十六年(1537)廣東崇正書院重刻本　四十四册

110000－0143－0000353　SG212/15
元史二百十卷目錄二卷　(明)宋濂等撰　明洪武三年(1370)内府刻嘉靖十年至清康熙三十九年(1531－1700)遞修本　五十册

110000－0143－0000354　SG212/26
魏書一百十四卷　(北齊)魏收撰　明萬曆二十四年(1596)南京國子監刻天啓元年至清康熙二十年(1621－1681)遞修本　二十四册

110000－0143－0000355　SG212/30－4
後漢書一百二十卷　(南朝宋)范曄撰　(唐)李賢注　(明)陳祖苞訂　**志三十卷**　(晉)司馬彪撰　(南朝梁)劉昭注　明萬曆陳祖苞刻本　二十四册

110000－0143－0000356　SG212/33－1
唐書二百二十五卷　(宋)歐陽修　(宋)宋祁撰　**附釋音二十五卷**　(宋)董衝撰　元大德九年(1305)刻明成化十八年至嘉靖十二年(1482－1533)建康路儒學遞修本　五十册

110000－0143－0000357　SG212/44
漢書評林一百卷　(明)凌稚隆輯　明萬曆九年(1581)凌氏自刻本　三十二册

110000－0143－0000358　SG212/48
北史一百卷　(唐)李延壽撰　明崇禎十二年(1639)毛氏汲古閣刻清順治十年(1653)補刻本　十二册

110000－0143－0000359　SG212/55
唐書二百卷　(五代)劉昫撰　(明)聞人詮　(明)沈桐校　明嘉靖十四年至十七年(1535－1538)聞人詮刻萬曆十九年(1591)邵仲祿補刻本　二十册

110000－0143－0000360　SG212/55－4
唐書二百二十五卷　(宋)歐陽修　(宋)宋祁等撰　元大德九年(1305)建康路儒學刻本　二册

110000－0143－0000361　SG212/58
班馬異同三十五卷　(宋)倪思編　(宋)劉辰翁評　明末刻本　六册

110000－0143－0000362　SG212/58－1
班馬異同三十五卷　(宋)倪思編　(宋)劉辰翁評　明末刻本　八册

110000－0143－0000363　SG212/59
鼎鐫金陵湯會元評釋漢書狐白三卷　(明)湯賓尹精選　(明)朱之蕃評注　明萬曆三十六年(1608)余紹崖自新齋刻本　六册

110000－0143－0000364　SG212/61
晉書纂略二十卷　(明)馬維銘纂　(明)劉廷元校　明萬曆四十三年(1615)刻本　四册

110000－0143－0000365　SG212/67
兩漢紀六十卷附字句異同考一卷　(清)蔣國祚輯　清康熙三十五年(1696)蔣氏三樂堂刻光緒三年至五年(1877－1879)蔡學蘇三餘書屋補刻本　十六册

110000－0143－0000366　SG212/68
晉史删四十卷　(明)茅國縉撰　明末刻本　十六册

110000－0143－0000367　SG212/69
史記索隱三十卷　(唐)司馬貞撰　明末毛氏汲古閣刻本　二册

110000－0143－0000368　SG212/69
史記索隱三十卷　(唐)司馬貞撰　明末毛氏汲古閣刻本　四册

110000－0143－0000369　SG212/71
十國春秋一百十四卷　(清)吴任臣撰　**拾遺一卷備攷一卷**　(清)周昂輯　清乾隆五十三年(1788)周氏此宜閣刻本　十六册

110000－0143－0000370　SG212/81、SG217/20
皇明通紀法傳全錄二十八卷　(明)陳建輯著　(明)高汝栻參訂　(明)吴楨增删　**皇明法傳錄嘉隆紀六卷續紀三朝法傳全錄十六卷**　(明)高汝栻輯　明崇禎九年(1636)刻本　十一册　存十九卷(皇明通紀法傳全錄十六至二十八、皇明法傳錄嘉隆紀六卷)

110000－0143－0000371　SG212/82
漢書一百卷　(漢)班固撰　(唐)顔師古注

宋刻元遞修本　一册　存一卷(九十九傳六十九中)

110000－0143－0000372　SG212/83
宋史四百九十六卷目録三卷　(元)脱脱撰　明成化七年至十六年(1471－1480)朱英刻本　一百三十三册　存二百二十四卷(八十三至一百六十九、二百十七至二百二十九、二百四十二至三百十三、三百三十八至三百四十三、三百四十五、四百十四至四百四十、四百七十九至四百九十六)

110000－0143－0000373　SG212/84－5
宋書一百卷　(南朝梁)沈約撰　明萬曆二十二年(1594)南京國子監刻清順治十六年(1659)遞修本　二十四册

110000－0143－0000374　SG212/84－6
宋書一百卷　(南朝梁)沈約撰　明萬曆二十六年(1598)國子監刻本　十册　存五十七卷(四十四至一百)

110000－0143－0000375　SG212/85－5
東華録十六卷　(清)蔣良騏撰　清乾隆至嘉慶抄本　十六册

110000－0143－0000376　SG212/86
重鋟合併評註我朝元朝捷録二十二卷　明萬曆楊閩齋刻本　二册

110000－0143－0000377　SG212/89
皇明從信録四十卷　(明)陳建輯　(明)沈國元訂補　明萬曆四十八年(1620)刻本　二十册　存二十二卷(一至二十、三十二至三十三)

110000－0143－0000378　SG212/89
皇明從信録四十卷　(明)陳建輯　(明)沈國元訂補　明萬曆四十八年(1620)刻本　二十八册

110000－0143－0000379　SG212/89
皇明從信録四十卷　(明)陳建輯　(明)沈國元訂補　明萬曆四十八年(1620)刻本　二十册

110000－0143－0000380　SG212/90
皇明世法録九十二卷　(明)陳仁錫閲　明崇禎刻本　八十八册

110000－0143－0000381　SG212/92
歐陽文忠公五代史抄二十卷　(明)茅坤輯　明萬曆七年至崇禎十七年(1579－1644)閔氏刻朱墨套印本　十册

110000－0143－0000382　SG212/93
後漢書補逸二十一卷　(清)姚之駰輯　清康熙五十二年(1713)露滌齋刻本　八册

110000－0143－0000383　SG212/95
讀史管見三十卷目録二卷　(宋)胡寅撰　明崇禎八年(1635)張溥刻清康熙五十三年(1714)古並居重刻本　十六册

110000－0143－0000384　SG212/100
重鐫朱青巖先生擬編明紀輯畧十六卷　(清)朱璘撰　清康熙三十五年(1696)刻本　十六册

110000－0143－0000385　SG212/101
秦書疏三卷　(明)徐紳輯　(明)吴國倫校　明嘉靖三十七年(1558)吴國倫刻本　一册

110000－0143－0000386　SG212/104
後漢書補注二十四卷　(清)惠棟撰　清嘉慶九年(1804)德裕堂刻本　四册

110000－0143－0000387　SG213/1
通鑑釋文辯誤十二卷　(元)胡三省輯著　(明)陳仁錫訂校　明天啓五年(1625)陳仁錫刻本　四册

110000－0143－0000388　SG213/1
通鑑釋文辯誤十二卷　(元)胡三省輯著　(明)陳仁錫訂校　明天啓五年(1625)陳仁錫刻本　三册

110000－0143－0000389　SG213/2、SG213/3
資治通鑑綱目五十九卷　(宋)朱熹撰　(明)陳仁錫評閲　**續資治通鑑綱目二十七卷**　(明)商輅撰　(明)陳仁錫評閲　**資治通鑑綱目前編二十五卷**　(明)南軒撰　(明)陳仁錫

評閲　明崇禎三年(1630)陳仁錫刻本　一百二十册

110000－0143－0000390　SG213/3－1
資治通鑑綱目五十九卷　(宋)朱熹撰　明成化九年(1473)内府刻本　三十册

110000－0143－0000391　SG213/4
宋元通鑑一百五十七卷　(明)薛應旂編集　(明)陳仁錫評閲　明天啓六年(1626)陳仁錫刻本　三十册

110000－0143－0000392　SG213/4－1
宋元通鑑一百五十七卷　(明)薛應旂編集　(明)陳仁錫評閲　明天啓六年(1626)陳仁錫刻本　三十二册

110000－0143－0000393　SG213/4－5
宋元通鑑一百五十七卷　(明)薛應旂編集　明嘉靖四十五年(1566)薛應旂刻本　三十六册　存一百十三卷(十四至六十七、八十九至九十、九十八至一百二十四、一百二十八至一百五十七)

110000－0143－0000394　SG213/9
資治通鑑二百九十四卷　(宋)司馬光編集　**附通鑑釋文辯誤十二卷**　(元)胡三省音注　清嘉慶二十一年(1816)胡克家刻本　一百二十册

110000－0143－0000395　SG213/9－8
資治通鑑目録三十卷　(宋)司馬光編集　(明)陳仁錫評　**資治通鑑問疑一卷**　(宋)劉羲仲纂集　明崇禎二年(1629)陳仁錫刻本　十六册

110000－0143－0000396　SG213/9－8
資治通鑑二百九十四卷　(宋)司馬光編集　(元)胡三省音注　(明)陳仁錫評閲　**資治通鑑問疑一卷**　(宋)劉羲仲撰　**資治通鑑釋例圖譜一卷**　(明)陳仁錫評閲　清康熙三十五年(1696)緑蔭堂、文雅堂刻本　一百八册

110000－0143－0000397　SG213/9－11
克勤齋新刊古本少微先生資治通鑑節要五十卷外紀節要五卷首一卷　(宋)江贄撰　**克勤齋新刊四明先生續資治通鑑節要三十卷**　(明)張光啟撰　明萬曆余近泉克勤齋刻本　四十八册　缺一種四卷(克勤齋新刊四明先生續資治通鑑節要二十七至三十)

110000－0143－0000398　SG213/14－2
御批歷代通鑑輯覽一百十六卷　(清)傅恒等纂　清乾隆三十三年(1768)武英殿刻朱墨套印本　三十二册

110000－0143－0000399　SG213/16
通紀會纂十卷　(明)鍾惺輯定　(清)王汝南補　清順治十七年(1660)積秀堂刻本　四册

110000－0143－0000400　SG213/17－1
欽定明鑑二十四卷首一卷　(清)托津　(清)胡敬等編纂　清嘉慶二十三年(1818)武英殿刻本　二十四册

110000－0143－0000401　SG213/24－3
竹書紀年二卷　(南朝梁)沈約注　(明)張遂辰閲　明末張遂辰刻本　二册

110000－0143－0000402　SG213/38
通紀會纂十卷　(明)鍾惺輯定　(清)王汝南補　清順治十七年(1660)積秀堂刻本　八册

110000－0143－0000403　SG213/45
皇明通紀二十七卷　(明)陳建　(明)陳龍可纂輯　明崇禎刻本　十九册

110000－0143－0000404　SG213/59
陸狀元增節音註精議資治通鑑一百二十卷目録三卷首一卷　(宋)陸唐老集註　(明)毛晉訂正　明崇禎毛晉汲古閣刻本　六十册

110000－0143－0000405　SG213/62
資治歷朝紀政綱目前編八卷正編四十卷續編二十六卷　(明)黄洪憲編纂　(明)許順義注補　明萬曆二十五年(1597)余彰德刻本　十册　存二十二卷(續編一至二十二)

110000－0143－0000406　SG213/66
新刊校正增補皇明資治通紀十四卷　(明)陳建輯著　明嘉靖三十四年(1555)陳建自刻本　十册

110000－0143－0000407　SG213/67
歷代帝系年號考二十卷　(清)劉宗魏編輯　清乾隆二十八年(1763)春山堂刻本　十冊

110000－0143－0000408　SG213/77
列代建元表十卷附建元類聚考二卷　(清)錢東垣撰　清道光七年(1827)金鳳沼刻本　三冊

110000－0143－0000409　SG213/82
新鐫增定歷朝捷錄全編四卷　(明)顧充撰　(明)周昌年增定　明萬曆二十三年至四十八年(1595－1620)周文煥刻本　四冊

110000－0143－0000410　SG213/82－1
歷朝捷錄全文十一卷　(明)顧充編著　(明)徐士俊箋釋　**首一卷**　(明)周昌年編著　(明)徐士俊箋釋　**歷朝捷錄直解十一卷首一卷**　(清)汪淇參訂　清康熙刻本　四冊

110000－0143－0000411　SG213/82－2
新鐫增定歷代捷錄全編八卷首一卷　(明)顧充撰　(明)陳繼儒　(明)周昌年增訂　明天啓元年至七年(1621－1627)梅墅石渠閣刻本　二冊　存六卷(一、三至五、八,首一卷)

110000－0143－0000412　SG213/82－2
新鐫增定歷朝捷錄大全四卷附通鑑潘氏總論一卷　(明)顧充編著　(明)鍾惺　(明)屠隆補輯　(明)陳繼儒評閱　明萬曆二十六年至四十八年(1598－1620)陳長卿刻本　四冊

110000－0143－0000413　SG213/87
歷代説約四卷　(清)劉曾璇纂輯　清道光十二年(1832)吾南草堂刻本　一冊

110000－0143－0000414　SG213/90
通鑑直解二十八卷　(明)張居正輯著　(明)鍾惺重訂　明崇禎豹變齋刻本　十八冊

110000－0143－0000415　SG213/90
通紀直解十四卷續二卷　(明)張嘉和撰　明崇禎刻清順治元年至康熙十五年(1644－1676)增刻本　十二冊

110000－0143－0000416　SG213/91
新刻歷世統譜四卷　(明)胡文煥編著　明萬曆二十四年(1596)刻本　二冊

110000－0143－0000417　SG213/92
新刻明卿陳太史校正古本歷史大方通鑑四十一卷首一卷　(明)李廷機輯　(明)陳仁錫校正　明萬曆四十年至崇禎十七年(1612－1644)刻本　二冊　存十一卷(十一至二十一)

110000－0143－0000418　SG213/95、SG213/96
通鑑綱目釋地糾謬六卷　(清)張庚撰　(清)杭世駿參訂　**通鑑綱目釋地補註六卷**　(清)張庚撰　(清)徐以坤參訂　清乾隆十八年(1753)張庚強恕齋刻本　四冊

110000－0143－0000419　SG213/98
少微通鑑節要五十卷外紀四卷　(宋)江贄撰　**資治通鑑節要續編三十卷**　(明)張光啟撰　明正德九年(1514)司禮監刻本　四冊　存四卷(外紀四卷)

110000－0143－0000420　SG213/101
通鑑刪正二十四卷　(明)陳伯友編　清康熙陳檣抄本　二十冊

110000－0143－0000421　SG213/102
新編漢唐通鑑品藻三十卷　(明)戴璟撰　明嘉靖十七年(1538)西安府刻本　十四冊

110000－0143－0000422　SG214/2－1
通鑑紀事本末四十二卷　(宋)袁樞編輯　明刻清順治十三年(1656)補刻本　四十冊

110000－0143－0000423　SG214/2－1－1
宋史紀事本末十卷　(明)馮琦撰　(明)陳邦瞻補　明萬曆三十三年(1605)刻清順治十三年(1656)石渠閣補刻本　十冊

110000－0143－0000424　SG214/2－1－1
元史紀事本末四卷　(明)陳邦瞻撰　(明)臧懋循補　明萬曆三十四年(1606)劉曰梧、徐申刻清順治十三年(1656)石渠閣補刻本　二冊

110000－0143－0000425　SG214/2－1－2

通鑑紀事本末前編十二卷　（明）沈朝陽撰　（明）焦竑校正　明崇禎十五年至十七年（1642－1644）刻清順治十三年（1656）石渠閣補刻本　六册

110000－0143－0000426　SG214/2－2
通鑑紀事本末四十二卷　（宋）袁樞撰　明萬曆三十四年（1606）黄吉士刻本　四十二册

110000－0143－0000427　SG214/2－3
通鑑紀事本末十八卷　（清）谷應泰編著　清初刻本　十四册

110000－0143－0000428　SG214/2－4
通鑑本末紀要八十一卷首三卷　（清）蔡毓榮撰　（清）林子卿注　清康熙二十四年（1685）蔡毓榮刻本　四十二册

110000－0143－0000429　SG214/7
明史紀事本末八十卷　（清）谷應泰編著　清順治十五年（1658）刻補版印本　十九册

110000－0143－0000430　SG214/11
繹史一百六十卷　（清）馬驌撰　清康熙九年至十二年（1670－1673）刻本　四十册

110000－0143－0000431　SG214/11
繹史一百六十卷　（清）馬驌撰　清康熙九年至十二年（1670－1673）刻本　四十册

110000－0143－0000432　SG214/12
明史紀事本末八十卷　（清）谷應泰編著　清初翻刻順治十五年（1658）本　二十四册

110000－0143－0000433　SG214/15
平臺紀畧一卷　（清）藍鼎元撰　（清）王者輔評　清雍正十年（1732）刻本　二册

110000－0143－0000434　SG214/15A
平臺紀畧一卷　（清）藍鼎元撰　（清）王者輔評　清雍正十年（1732）刻本　一册

110000－0143－0000435　SG214/41
三藩紀事本末四卷　（清）楊陸榮編　清康熙五十六年（1717）刻本　二册

110000－0143－0000436　SG214/43
三藩紀事本末四卷　（清）楊陸榮編　清康熙五十六年（1717）刻本　四册

110000－0143－0000437　SG214/45
重刻歷朝捷録四卷　（明）顧充撰　明末刻本　四册

110000－0143－0000438　SG214/45
重刻歷朝捷録四卷　（明）顧充撰　明末刻本　二册

110000－0143－0000439　SG214/46
宋史紀事本末一百九卷　（明）馮琦撰　（明）陳邦瞻纂輯　（明）張溥論正　明末張溥刻本　三十六册

110000－0143－0000440　SG214/54－1
元史紀事本末四卷　（明）陳邦瞻編　（明）臧懋循補　明萬曆三十四年（1606）劉曰梧、徐申刻本　四册

110000－0143－0000441　SG214/61
孑遺録一卷　（清）戴名世撰　（清）王源（清）方正玉評　清道光渟溪漁隱抄校本　一册

110000－0143－0000442　SG215/4
國語二十一卷　（三國吴）韋昭解　（宋）宋庠補音　明萬曆李克家刻本　四册

110000－0143－0000443　SG215/4－1
戰國策三十三卷　（漢）高誘注　清嘉慶八年（1803）讀未見書齋刻本　四册

110000－0143－0000444　SG215/4－1
重刻剡川姚氏本戰國策札記三卷　（清）黄丕烈撰　清嘉慶八年（1803）讀未見書齋刻本　一册

110000－0143－0000445　SG215/4－1
國語二十一卷　（三國吴）韋昭解　清嘉慶五年（1800）讀未見書齋刻本　三册

110000－0143－0000446　SG215/4－1
國語二十一卷　（三國吴）韋昭解　清嘉慶五年（1800）讀未見書齋刻本　四册

110000－0143－0000447　SG215/4－4
國語二十一卷　（三國吴）韋昭解　**國語古文**

音釋一卷　(明)王鏊撰　明嘉靖四年(1525)許宗魯宜靜書堂刻本　六冊

110000－0143－0000448　SG215/4－12
國語九卷　(明)閔齊伋裁注　明萬曆四十七年(1619)閔齊伋刻三色套印本　十冊

110000－0143－0000449　SG215/4－13
國語二十一卷　(三國吴)韋昭解　明天啓六年(1626)鍾人傑刻本　四冊

110000－0143－0000450　SG215/5－3
劉向說苑二十卷劉向新序十卷　(漢)劉向撰　明嘉靖二十六年(1547)何良俊重刻本　六冊

110000－0143－0000451　SG215/5－3
劉向說苑二十卷劉向新序十卷　(漢)劉向撰　明嘉靖二十六年(1547)何良俊重刻本　四冊

110000－0143－0000452　SG215/5－5
通志略五十一卷　(宋)鄭樵撰　(明)陳宗夔校　清乾隆十三年(1748)金匱山房刻本　二十四冊

110000－0143－0000453　SG215/6－1
劉向新序十卷　(漢)劉向撰　明刻本　二冊

110000－0143－0000454　SG215/7－6
山海經十八卷　(晉)郭璞注　清康熙五十三年至五十四年(1714－1715)項絪群玉書堂刻本　二冊

110000－0143－0000455　SG215/9－5
晏子春秋六卷　明末凌澄初刻朱墨套印本　四冊

110000－0143－0000456　SG215/14
甲子會紀五卷　(明)薛應旂編集　(明)陳仁錫評閱　明末陳仁錫刻本　四冊

110000－0143－0000457　SG215/14－1
甲子會紀五卷　(明)薛應旂編集　(明)陳仁錫評閱　明末陳仁錫刻本　八冊

110000－0143－0000458　SG215/15
戰國策譚棷十卷附錄一卷　(宋)鮑彪校注　(元)吴師道重校　(明)張文爟校輯　明萬曆十四年(1586)張文爟刻本　十八冊

110000－0143－0000459　SG215/15
戰國策三十三卷　(漢)高誘注　清初刻本　十二冊

110000－0143－0000460　SG215/15
戰國策三十三卷　(漢)高誘注　(宋)姚宏校正　清乾隆二十一年(1756)盧見曾雅雨堂刻本　四冊

110000－0143－0000461　SG215/15－1
戰國策三十三卷　(漢)高誘注　(宋)姚宏校正　清乾隆二十一年(1756)盧見曾雅雨堂刻本　六冊

110000－0143－0000462　SG215/15－5
戰國策十卷　(宋)鮑彪校注　(元)吴師道重校　明萬曆九年(1581)張一鯤刻本　八冊

110000－0143－0000463　SG215/15－11
鮑氏國策十卷　(宋)鮑彪校注　明嘉靖七年(1528)龔雷刻本　八冊

110000－0143－0000464　SG215/18
十國春秋一百十四卷　(清)吴任臣撰　**拾遺一卷備攷一卷**　(清)周昂輯　清乾隆五十三年(1788)周氏此宜閣刻本　十六冊

110000－0143－0000465　SG215/28
古史六十卷　(宋)蘇轍撰　明萬曆刻本　八冊

110000－0143－0000466　SG215/28－2
古史六十卷　(宋)蘇轍撰　明萬曆三十九年(1611)國子監刻本　十二冊

110000－0143－0000467　SG215/38
戰國策去毒二卷附東西二周考一卷去毒編年一卷　(清)陸隴其評定　清康熙三魚堂刻本　四冊

110000－0143－0000468　SG215/42
國語抄評十二卷　(明)葉明元輯　明萬曆十六年(1588)鄭道興刻本　四冊

110000－0143－0000469　SG215/44

穆天子傳註疏六卷首一卷末一卷　(晉)郭璞註　(清)檀萃疏　清乾隆石渠閣刻本　四冊

110000－0143－0000470　SG215/45
世本十卷　(清)秦嘉謨輯補　清嘉慶二十三年(1818)琳琅仙館刻本　六冊

110000－0143－0000471　SG216/5
通志略五十一卷　(宋)鄭樵撰　(明)陳宗夔校　明嘉靖二十九年(1550)陳宗夔刻本　二十冊

110000－0143－0000472　SG216/6－1
隆平集二十卷　(宋)曾鞏編撰　清康熙四十年(1701)彭期七業堂刻本　十冊

110000－0143－0000473　SG216/11－1
明史列傳稿二百八卷目錄二卷　(清)王鴻緒編撰　清康熙五十三年至六十一年(1714－1722)王氏敬慎堂自刻本　四十八冊

110000－0143－0000474　SG216/11－1
明史稿三百十卷目錄三卷　(清)王鴻緒編撰　清雍正王氏敬慎堂自刻本　八十冊

110000－0143－0000475　SG216/11－2
明史稿三百十卷目錄三卷　(清)王鴻緒編撰　清雍正王氏敬慎堂自刻本　六冊　存二十六卷(一至二十六)

110000－0143－0000476　SG216/13－2
尚史七十卷　(清)李鍇纂　清乾隆三十八年(1773)悅道樓刻本　二十八冊

110000－0143－0000477　SG216/14
弘簡錄二百五十四卷首一卷　(明)邵經邦撰　(清)邵遠平訂　清康熙二十七年(1688)邵遠平刻本　八十冊

110000－0143－0000478　SG216/14
續弘簡錄元史類編四十二卷首一卷　(清)邵遠平撰　清康熙四十五年(1706)繼善堂刻本　二十冊

110000－0143－0000479　SG216/37
續弘簡錄元史類編四十二卷首一卷　(清)邵遠平撰　清康熙四十五年(1706)繼善堂刻本　二十冊

110000－0143－0000480　SG216/18
藏書六十八卷　(明)李贄撰　明萬曆二十七年(1599)焦竑刻余聖久印本　三十九冊

110000－0143－0000481　SG216/18
續藏書二十七卷　(明)李贄撰　明萬曆三十九年至崇禎十七年(1611－1644)余聖久刻本　二十冊

110000－0143－0000482　SG216/18－1
續藏書二十七卷　(明)李贄撰　明萬曆三十九年(1611)王若屏刻本　十二冊

110000－0143－0000483　SG216/18－2
續藏書二十七卷　(明)李贄撰　(明)柴應槐　(明)錢國萬重訂　明萬曆三十九年至四十八年(1611－1620)刻本　二十冊

110000－0143－0000484　SG216/18－4
藏書六十八卷　(明)李贄撰　明萬曆二十七年(1599)焦竑刻本　二十八冊

110000－0143－0000485　SG216/19
重訂路史全本四十七卷　(宋)羅泌輯　(明)吳弘基　(明)陳子龍等重訂　明末吳弘基重訂刻本　二十冊

110000－0143－0000486　SG216/19－1
重訂路史全本四十七卷　(宋)羅泌輯　(明)吳弘基　(明)陳子龍等重訂　明末吳弘基重訂刻本　二十四冊

110000－0143－0000487　SG216/30
晉書纂七卷　(明)華玄禔纂　明刻本　四冊

110000－0143－0000488　SG216/32
明史擬稿六卷　(清)尤侗撰　清康熙三十年至四十三年(1691－1704)尤侗刻本　四冊

110000－0143－0000489　SG216/35
季漢書六十卷正論一卷答問一卷　(明)謝陛撰　明末鍾人傑刻本　十八冊

110000－0143－0000490　SG216/35
季漢書六十卷正論一卷答問一卷　(明)謝陛撰　(明)臧懋循訂　明萬曆三十一年(1603)

刻本　十二册

110000－0143－0000491　SG216/37
弘簡錄二百五十四卷首一卷　(明)邵經邦撰　(清)邵遠平訂　清康熙二十七年(1688)邵遠平刻本　四十二册

110000－0143－0000492　SG216/37
弘簡錄二百五十四卷首一卷　(明)邵經邦撰　(清)邵遠平訂　清康熙二十七年(1688)邵遠平刻本　一百册

110000－0143－0000493　SG216/39
藏書六十八卷　(明)李贄撰　(明)陳仁錫評正　明崇禎刻本　十四册

110000－0143－0000494　SG216/39－1
續藏書二十七卷　(明)李贄撰　(明)陳仁錫評正　明天啓三年(1623)刻本　十八册

110000－0143－0000495　SG216/39－1
續藏書二十七卷　(明)李贄撰　(明)陳仁錫評正　明天啓三年(1623)刻本　八册

110000－0143－0000496　SG216/39－1
藏書六十八卷　(明)李贄撰　(明)陳仁錫評　明天啓元年(1621)刻本　十六册

110000－0143－0000497　SG216/39－1
藏書六十八卷　(明)李贄撰　(明)沈汝楫　(明)金嘉謨重訂　明萬曆二十七年至四十八年(1599－1620)刻本　十二册

110000－0143－0000498　SG216/39－1
續藏書二十七卷　(明)李贄撰　(明)柴應槐　(明)錢國萬重訂　明萬曆三十九年至四十八年(1611－1620)刻本　六册

110000－0143－0000499　SG216/39－5
續藏書二十七卷　(明)李贄撰　(明)陳仁錫評正　明天啓三年(1623)刻本　八册

110000－0143－0000500　SG216/42
路史四十七卷　(宋)羅泌纂　(宋)羅苹注　(明)喬可傳校　明萬曆三十九年(1611)喬可傳寄寄齋刻本　八册

110000－0143－0000501　SG216/43
古今治統二十卷　(明)徐奮鵬撰　清雍正元年(1723)槐柳齋刻本　十二册

110000－0143－0000502　SG216/46
兩晉南北合纂四十卷　(明)錢岱纂　明萬曆三十六年至四十八年(1608－1620)刻本　十二册

110000－0143－0000503　SG216/47
建文書法儗前編一卷正編二卷附編二卷　(明)朱鷺撰　明萬曆四十三年(1615)刻天啓元年(1621)增訂印本　四册

110000－0143－0000504　SG216/66
國朝典彙二百卷　(明)徐學聚編輯　(明)馮琦訂正　明天啓四年(1624)徐與參刻本　六十册

110000－0143－0000505　SG216/68
季漢五志十二卷　(清)王復禮譔述　清康熙四十一年(1702)尊行齋刻本　八册

110000－0143－0000506　SG217/9
增訂漢魏叢書　(清)王謨輯　清乾隆五十六年(1791)金谿王氏刻本　二十册　存三十五種一百四十三卷(竹書紀年二卷、穆天子傳六卷、越絕書十五卷、吳越春秋六卷、西京雜記六卷、漢武帝内傳一卷、飛燕外傳一卷、雜事秘辛一卷、華陽國志十四卷、十六國春秋十六卷、羣輔錄一卷、英雄記鈔一卷、高士傳三卷、蓮社高賢傳一卷、神僊傳十卷、拾遺記十卷、述異記二卷、續齊諧記一卷、搜神記八卷、搜神後記二卷、還冤記一卷、神異經一卷、海内十洲記一卷、別國洞冥記四卷、枕中書一卷、佛國記一卷、伽藍記五卷、荊楚歲時記一卷、南方草木狀三卷、竹譜一卷、禽經一卷、古今刀劍錄一卷、鼎錄一卷、三輔黃圖六卷、天祿閣外史八卷)

110000－0143－0000507　SG217/18
錦里耆舊傳四卷　(宋)句延慶纂　清康熙元年至二十四年(1662－1685)抄本　一册

110000－0143－0000508　SG217/19－1
南唐書合刻四十九卷　(清)蔣國祥　(清)蔣

國祚校　清康熙蔣國祥、蔣國祚刻本　六册

110000－0143－0000509　SG217/19－1
南唐書合刻四十九卷　（清）蔣國祥　（清）蔣國祚校　清康熙蔣國祥、蔣國祚刻本　八册

110000－0143－0000510　SG217/23
南燼紀聞一卷　（宋）黄冀之撰　清初抄本　一册

110000－0143－0000511　SG217/24
大清宣宗成皇帝實錄四百七十六卷首一卷　（清）賈楨　（清）花沙納纂修　清咸豐内府抄本　四册　存四卷（九十七至一百）

110000－0143－0000512　SG22/1
萬壽盛典初集一百二十卷　（清）王原祁　（清）王奕清纂修　清康熙五十四年至五十六年（1715－1717）武英殿刻本　三十六册

110000－0143－0000513　SG22/1
萬壽盛典初集一百二十卷　（清）王原祁　（清）王奕清纂修　清康熙五十四年至五十六年（1715－1717）武英殿刻本　四十册

110000－0143－0000514　SG22/4－1
南巡盛典一百二十卷　（清）高晉　（清）方觀承纂輯　清乾隆三十六年（1771）刻本　四十八册

110000－0143－0000515　SG22/30
三遷志十二卷　（清）孟衍泰等補輯　清康熙六十一年（1722）孟衍泰刻本　三册　缺三卷（一至三）

110000－0143－0000516　SG22/30－1
三遷志十二卷　（清）孟衍泰等補輯　清康熙六十一年（1722）孟衍泰刻本　四册

110000－0143－0000517　SG22/34－5
西京雜記六卷　（晉）葛洪集　（明）毛晉訂　明末毛氏汲古閣刻本　一册

110000－0143－0000518　SG22/68
弇山堂別集一百卷　（明）王世貞撰　明萬曆十八年（1590）刻本　二十册

110000－0143－0000519　SG22/68
弇山堂別集一百卷　（明）王世貞撰　明萬曆十八年（1590）刻本　三十册

110000－0143－0000520　SG22/91
平南王元功垂範二卷　（清）釋今釋撰　（清）尹源進校定　**續元功垂範一卷**　（清）張允格撰　清康熙刻乾隆續刻本　六册

110000－0143－0000521　SG22/109
天祿閣外史八卷　（漢）黄憲撰　明萬曆至崇禎刻本　四册

110000－0143－0000522　SG22/151－3
南渡錄五卷　（宋）辛棄疾撰　清抄本　一册

110000－0143－0000523　SG22/153－1
明末野史五種七卷　（清）槑心野史菊知氏輯　清抄本　六册

110000－0143－0000524　SG22/241
餘生錄一卷塘報稿一卷塘報再稿一卷　（清）邊大綬撰　清順治十一年（1654）黄自起刻本　一册

110000－0143－0000525　SG22/252
學圃藼蘇六卷　（明）陳耀文纂　（明）張寬然重正　明萬曆十五年至天啓七年（1587－1627）張寬然刻本　五册　缺一卷（四）

110000－0143－0000526　SG22/290
三朝野記七卷　（清）李遜之輯　清乾隆李模抄本　六册　缺二卷（五至六）

110000－0143－0000527　SG22/302
東都事略一百三十卷　（宋）王偁撰　清乾隆振鷺堂仿宋刻本　十二册

110000－0143－0000528　SG22/308
養正圖解不分卷　（明）焦竑撰　（明）丁雲鵬繪圖　（明）吳繼序書解　明萬曆二十二年（1594）吳懷讓刻本　四册

110000－0143－0000529　SG22/314
天祿閣外史八卷　（漢）黄憲撰　明萬曆至崇禎刻本　一册

110000－0143－0000530　SG22/362
皇明典故紀聞十八卷　（明）余繼登緝　（明）

馮琦訂　明萬曆二十八年(1600)王象乾刻本　十册

110000－0143－0000531　SG22/363
餘生錄一卷塘報稿一卷塘報再稿一卷　(清)邊大綬撰　清康熙至嘉慶抄本　一册

110000－0143－0000532　SG22/364
漢唐秘史二卷　(明)朱權編　明建文四年(1402)寧藩刻本　六册

110000－0143－0000533　SG23/2
歷代名臣傳三十五卷續編五卷　(清)朱軾　(清)蔡世遠輯　清雍正七年(1729)刻本　二十册

110000－0143－0000534　SG23/2－1
儀禮節畧二十卷　(清)朱軾撰　清康熙至乾隆刻本　六册　存八卷(五至十二)

110000－0143－0000535　SG23/16
宋名臣言行錄前集十卷後集十四卷　(宋)朱熹纂集　(宋)李衡校訂　**宋名臣言行錄續集八卷別集二十六卷外集十七卷附一卷**　(宋)李幼武纂集　明萬曆三十七年(1609)汪國楠刻清順治十八年(1661)林雲銘、朱烈遞修本　十六册

110000－0143－0000536　SG23/16
宋名臣言行錄前集十卷後集十四卷　(宋)朱熹纂集　(宋)李衡校訂　**宋名臣言行錄續集八卷別集二十六卷外集十七卷附一卷**　(宋)李幼武纂集　明萬曆三十七年(1609)汪國楠刻清順治十八年(1661)修乾隆二年(1737)楊雲服遞修本　十六册

110000－0143－0000537　SG23/16
五朝名臣言行錄前集十卷後集十四卷　(宋)朱熹纂集　(宋)李衡校正　**五朝名臣言行錄續集八卷別集二十六卷外集十七卷**　(宋)李幼武纂集　清道光元年(1821)洪瑩歙績學堂刻本　十二册

110000－0143－0000538　SG23/33－2
明儒學案六十二卷附師說一卷　(清)黃宗羲撰　(清)賈潤輯著　清康熙三十二年(1693)賈樸紫筠齋刻本　十六册

110000－0143－0000539　SG23/49－1
三立祠傳二卷　(明)袁繼咸傳　(清)劉梅重訂　清康熙二十一年(1682)刻乾隆三十年至六十年(1765－1795)增訂補版本　六册

110000－0143－0000540　SG23/55－1
徵君孫先生[奇逢]年譜二卷附傳及像贊　(清)趙御眾　(清)湯斌編次　(清)方苞訂正　清康熙十四年至嘉慶二十五年(1675－1820)孫以寧刻本　四册

110000－0143－0000541　SG23/71－1
史外三十二卷　(清)汪有典纂　清乾隆十三年(1748)季炳、季重刻本　六册

110000－0143－0000542　SG23/71－1
史外三十二卷　(清)汪有典纂　清乾隆十三年(1748)季炳、季重刻本　六册

110000－0143－0000543　SG23/71－1
史外三十二卷　(清)汪有典纂　清乾隆十三年(1748)季炳、季重刻本　六册

110000－0143－0000544　SG23/147
徵君孫先生[奇逢]年譜二卷附傳及像贊　(清)趙御眾　(清)湯斌編次　(清)方苞訂正　清康熙十四年至嘉慶二十五年(1675－1820)孫以寧刻本　二册

110000－0143－0000545　SG23/147
徵君孫先生[奇逢]年譜二卷附傳及像贊　(清)趙御眾　(清)湯斌編次　(清)方苞訂正　清康熙十四年至嘉慶二十五年(1675－1820)孫以寧刻本　四册

110000－0143－0000546　SG23/170
弇州史料前集三十卷後集七十卷　(明)王世貞撰　(明)董復表編　明萬曆四十二年(1614)楊鶴刻本　四十七册

110000－0143－0000547　SG23/170
弇州史料前集三十卷後集七十卷　(明)王世貞撰　(明)董復表編　明萬曆四十二年(1614)楊鶴刻本　二十册

110000－0143－0000548　SG23/170、SG23/170－1
弇州史料前集三十卷後集七十卷　(明)王世貞撰　(明)董復表編　明萬曆四十二年(1614)楊鶴刻本　三十册

110000－0143－0000549　SG23/204
皇明詞林人物考十二卷　(明)王兆雲輯著　(明)李蔭閲訂　明萬曆刻本　十二册

110000－0143－0000550　SG23/236
三立祠傳二卷　(明)袁繼咸傳　(清)劉梅重訂　清康熙二十一年(1682)刻乾隆三十年至六十年(1765－1795)增訂補版本　四册

110000－0143－0000551　SG23/243
新鐫旁批詳註總斷廣名將譜二十卷　(明)黄道周註斷　清初刻本　十二册

110000－0143－0000552　SG23/253
貳臣傳六卷逆臣傳四卷　(清)國史館編　清道光木活字印本　六册

110000－0143－0000553　SG23/253－2
貳臣傳十二卷　(清)國史館纂修　清雲大山館抄本　六册

110000－0143－0000554　SG23/255
古今萬姓統譜一百四十卷歷代帝王姓氏系統譜六卷氏族博考十四卷　(明)凌迪知編　明萬曆刻本　三十二册

110000－0143－0000555　SG23/255
古今萬姓統譜一百四十卷歷代帝王姓氏系統譜六卷氏族博考十四卷　(明)凌迪知編　明萬曆刻本　四十册

110000－0143－0000556　SG23/260
佩文齋書畫譜一百卷　(清)孫岳頒　(清)宋駿業等輯　清康熙内府刻本　三十二册

110000－0143－0000557　SG23/260
佩文齋書畫譜一百卷　(清)孫岳頒　(清)宋駿業等輯　清康熙内府刻本　六十四册

110000－0143－0000558　SG23/261
西魏書二十四卷附録一卷　(清)謝啟昆撰　清乾隆六十年(1795)謝啟昆樹經堂刻本　八册

110000－0143－0000559　SG23/261
西魏書二十四卷附録一卷　(清)謝啟昆撰　清乾隆六十年(1795)謝啟昆樹經堂刻本　六册

110000－0143－0000560　SG23/261
西魏書二十四卷附録一卷　(清)謝啟昆撰　清乾隆六十年(1795)謝啟昆樹經堂刻本　六册

110000－0143－0000561　SG23/270－1
武林西湖高僧事略一卷　(宋)釋元敬　(宋)釋元復撰　**續武林西湖高僧事略一卷**　(明)釋袾宏輯　明崇禎十年至十六年(1637－1643)釋袾宏刻本　一册

110000－0143－0000562　SG23/280
青萊續史十八卷　(清)朱里撰　(清)吴若穀等評　清順治十四年(1657)魯人龍刻本　六册

110000－0143－0000563　SG23/292
闕里誌二十四卷　(明)陳鎬撰　清初刻遞修本　十册

110000－0143－0000564　SG23/297
孔門弟子傳略二卷　(明)夏洪基編輯　明崇禎刻本　一册

110000－0143－0000565　SG23/310
道國元公濂溪周夫子志十五卷首一卷　(清)吴大鎔主修　(清)常在編次　(清)許魁校梓　清康熙二十四年至二十五年(1685－1686)吴氏刻本　五册

110000－0143－0000566　SG23/310
道國元公濂溪周夫子志十五卷首一卷　(清)吴大鎔主修　(清)常在編次　(清)許魁校梓　清康熙二十四年至二十五年(1685－1686)吴氏刻本　十二册

110000－0143－0000567　SG23/329
皇明異姓諸侯傳二卷表一卷　(明)鄭曉撰　明嘉靖至萬曆刻鄭端簡公全集本　四册

110000－0143－0000568　SG23/333
嘉靖以來内閣首輔傳八卷　（明）王世貞撰　明萬曆八年至崇禎十七年（1580－1644）刻本　四册

110000－0143－0000569　SG23/335
可恨人五卷人義二卷不義人一卷　（明）賀仲軾撰　明崇禎十五年（1642）刻本　五册

110000－0143－0000570　SG23/339
東林列傳二十四卷末二卷　（清）陳鼎輯　清康熙五十年（1711）鐵肩書屋刻本　十六册

110000－0143－0000571　SG23/349
尚論編二十卷　（明）鄒泉輯著　明萬曆十六年（1588）葉龍溪刻本　十册

110000－0143－0000572　SG23/403
歷代畫像傳四卷　（清）丁善長繪　清光緒二十二年至二十三年（1896－1897）刻本　四册

110000－0143－0000573　SG231/22
新編古列女傳八卷　（漢）劉向撰　（晉）顧愷之圖畫　清道光五年（1825）阮福刻本　二册

110000－0143－0000574　SG231/96
文竿彙氏二十四卷　（明）傅作興編纂　明崇禎九年至十七年（1636－1644）刻本　十二册

110000－0143－0000575　SG231/154
歷年紀畧不分卷　（清）惠霦嗣撰　清康熙二十八年至六十一年（1689－1722）刻本　一册

110000－0143－0000576　SG231/160
漢名臣言行錄十二卷　（清）夏之芳輯　清乾隆十七年（1752）積翠軒刻本　六册

110000－0143－0000577　SG231/168
廉吏傳十四卷附畫一卷　（明）黄汝亨輯　明萬曆刻本　四册

110000－0143－0000578　SG231/179
宋賢事彙二卷　（明）李廷機彙集　（明）徐民式　（明）胡士容　（明）袁熙臣同校　明萬曆胡士容、袁熙臣刻本　二册

110000－0143－0000579　SG231/214
忠獻韓魏王君臣相遇別錄三卷　（宋）王巖叟撰　**遺事一卷**　（宋）強至撰　**忠獻韓魏王君臣相遇傳十卷**　（明）韓宗祖　（明）韓原道錄　明萬曆四十二年（1614）徐縉芳刻本　一册

110000－0143－0000580　SG231/221
衍慶錄十卷　（清）愛必達纂　清乾隆刻本　二册

110000－0143－0000581　SG231/223
古今廉鑑八卷　（明）喬懋敬撰　明萬曆九年（1581）兩淮都轉運鹽使司刻本　四册

110000－0143－0000582　SG231/224
皇明開國功臣錄三十一卷續編一卷　（明）黄金撰　明弘治十七年至正德十六年（1504－1521）馬金刻本　十册

110000－0143－0000583　SG231/230
闕史二卷　（唐）高彦休述　清康熙顧嗣立刻本　一册

110000－0143－0000584　SG232/21－1
閻潛丘先生［若璩］年譜一卷　（清）張穆編　清道光二十七年（1847）壽陽祁氏䜣飢亭刻本　一册

110000－0143－0000585　SG232/21－1
顧亭林先生［炎武］年譜一卷　（清）張穆編　清道光二十四年（1844）刻本　一册

110000－0143－0000586　SG232/21－3
顧亭林先生［炎武］年譜一卷　（清）張穆編　清道光二十四年（1844）刻本　一册

110000－0143－0000587　SG232/21－3
顧亭林先生［炎武］年譜一卷　（清）張穆編　清道光二十四年（1844）刻本　一册

110000－0143－0000588　SG232/21－3
顧亭林先生［炎武］年譜一卷　（清）張穆編　清道光二十四年（1844）刻本　一册

110000－0143－0000589　SG232/30
悔菴［尤侗］年譜二卷年譜圖詩一卷　（清）尤侗撰　**小影圖贊一卷**　（清）吴偉業等撰　清康熙刻本　三册

110000－0143－0000590　SG232/54

宋本韓[愈]柳[宗元]二先生年譜八卷 (清)馬曰琯輯 清雍正七年至八年(1729-1730)馬曰琯小玲瓏山館刻本 四冊

110000-0143-0000591 SG232/81
孔孟事蹟圖譜四卷 (明)季本考辯 (明)王慎中訂正 明嘉靖三十三年(1554)童漢臣刻本 二冊

110000-0143-0000592 SG232/89
舜山是誠齋先生[鏡]年譜不分卷 (清)張敬立編 (清)姚培繪像 清乾隆三十四年(1769)至宣統末抄本 一冊

110000-0143-0000593 SG233/2
忠武誌八卷 (清)張鵬翮輯 清嘉慶十九年(1814)刻本 四冊

110000-0143-0000594 SG233/2
忠武誌八卷 (清)張鵬翮輯 清康熙四十四年至五十一年(1705-1712)刻本 八冊

110000-0143-0000595 SG233/6
欽定勝朝殉節諸臣錄十二卷首一卷 (清)紀昀纂 清嘉慶二年(1797)謝啟昆刻本 十二冊

110000-0143-0000596 SG233/45
古今明堂記六卷 (明)黃景昉撰 清初刻本 四冊

110000-0143-0000597 SG233/101
新安忠烈廟神紀實十五卷乾集一卷附一卷 (元)鄭弘祖輯 (明)汪儀鳳增輯 清道光至宣統抄本 六冊

110000-0143-0000598 SG232/124
方正學先生[孝孺]年譜不分卷附年譜辯正十六則方氏本末記畧一卷 (明)盧演輯纂 **明史本傳前明忠義別傳不分卷** (清)汪有典纂 清道光二十七年至二十九年(1847-1849)朱清標、牛振聲等刻本 一冊

110000-0143-0000599 SG232/126
石渠先生王公履歷不分卷 (明)劉震撰 明中期刻本 二冊

110000-0143-0000600 SG233/140
朱子闕里誌不分卷 (清)朱琦編 清康熙五十四年至六十一年(1715-1722)朱琦醉經樓刻本 一冊

110000-0143-0000601 SG234/41
明狀元圖考三卷 (明)顧祖訓彙編 (明)吳承恩 (明)程一楨補輯 (明)黃應澄繪圖 (明)黃應纘書考 清道光葉氏平安舘刻本 三冊

110000-0143-0000602 SG234/48
杏壇聖蹟四卷 (清)孔衍琈編集 清康熙二十六年至六十一年(1687-1722)素位堂刻本 六冊

110000-0143-0000603 SG235/6
己丑使滇日記 (清)李聯芳撰 清光緒十五年(1889)李聯芳稿本 一冊

110000-0143-0000604 SG235/40
讀書日記六卷補編二卷 (清)劉源淥撰 **附劉直齋先生別傳墓誌銘** 清雍正五年(1727)劉行秉刻十一年(1733)增刻本 五冊

110000-0143-0000605 SG24/2-1
撫豫宣化録四卷 (清)田文鏡撰 清雍正五年(1727)田文鏡刻本 八冊

110000-0143-0000606 SG24/3
撫豫宣化録四卷 (清)田文鏡撰 清雍正五年(1727)田文鏡刻本 九冊

110000-0143-0000607 SG24/5
硃批諭旨不分卷 (清)鄂爾泰 (清)張廷玉等撰 (清)世宗胤禛批 清乾隆三年(1738)朱墨套印木活字印本 二十七冊

110000-0143-0000608 SG241/5
清軍機處諭旨不分卷 清光緒三十一年至三十四年(1905-1908)抄本 一冊

110000-0143-0000609 SG241/11
嘉慶上諭 清嘉慶抄本 六冊

110000-0143-0000610 SG241/16
漢詔令九卷 (宋)林虙 (宋)樓昉輯 清光

緒二十一年(1895)淡園抄本　二冊

110000－0143－0000611　SG242/7
靳文襄公奏疏八卷　(清)靳輔撰　(清)靳治豫編次　清雍正靳治豫刻本　十二冊

110000－0143－0000612　SG242/7－1
靳文襄公奏疏八卷　(清)靳輔撰　(清)靳治豫編次　清雍正靳治豫刻本　十二冊

110000－0143－0000613　SG242/22
歷代名臣奏議三百十九卷目錄一卷　(明)黄淮　(明)楊士奇輯　(明)張溥刪正　明崇禎刻清初重刻本　七十七冊

110000－0143－0000614　SG242/22－1
歷代名臣奏議三百二十卷目錄一卷　(明)黄淮　(明)楊士奇輯　(明)張溥刪正　明崇禎刻清初重刻本　七十二冊

110000－0143－0000615　SG242/22－1
歷代名臣奏議三百十九卷目錄一卷　(明)黄淮　(明)楊士奇輯　(明)張溥刪正　明崇禎刻清初重刻本　八十四冊　存二百十五卷(十四至四十六、五十四至七十五、七十九至九十二、一百十至一百十九、一百二十九至一百三十、一百四十至一百五十七、一百九十八至二百二十七、二百三十二至二百九十四、二百九十七至三百十九)

110000－0143－0000616　SG242/28
唐陸宣公集二十二卷　(唐)陸贄撰　(明)吳繼武校刊　明萬曆三十四年(1606)吳繼武光裕堂刻本　八冊

110000－0143－0000617　SG242/28
唐陸宣公集二十二卷　(唐)陸贄撰　(明)吳繼武校刊　明萬曆三十四年(1606)吳繼武光裕堂刻本　八冊

110000－0143－0000618　SG242/41
琦善川陝奏稿不分卷　(清)琦善撰　清咸豐元年至四年(1851－1854)抄本　六冊

110000－0143－0000619　SG242/80
重鋟文公先生奏議十五卷　(宋)朱熹撰　(明)朱吾弼編　明萬曆三十二年(1604)朱崇沐刻本　八冊

110000－0143－0000620　SG242/87
撫黔奏疏八卷　(清)楊雍建撰　清康熙二十四年至四十三年(1685－1704)楊雍建刻本　八冊

110000－0143－0000621　SG242/89
撫黔奏疏八卷　(清)楊雍建撰　清康熙二十四年至四十三年(1685－1704)刻道光二十五年(1845)楊文蓀、楊雍建補版印本　八冊

110000－0143－0000622　SG242/109
孝肅包公奏議十卷　(宋)包拯撰　(清)詹履道輯　**潔身堂集刻一卷**　(清)詹履道輯　清順治十七年(1660)詹履道聚星堂刻本　四冊

110000－0143－0000623　SG242/115
皇明疏議輯畧三十七卷　(明)張瀚纂輯　明萬曆三年至四年(1575－1576)王汝訓、萬世德刻本　十二冊

110000－0143－0000624　SG242/132
皇清奏議不分卷　清嘉慶十年至道光三十年(1805－1850)抄本　二十四冊

110000－0143－0000625　SG242/132
皇清奏議四十四卷　清嘉慶至道光抄本　四十四冊

110000－0143－0000626　SG242/178
上諭旗務議覆十二卷　(清)允祿編　清雍正九年(1731)內府刻乾隆六年(1741)武英殿續刻本　十二冊

110000－0143－0000627　SG242/178
上諭旗務議覆十二卷　(清)允祿編　清雍正九年(1731)內府刻乾隆六年(1741)武英殿續刻本　十冊

110000－0143－0000628　SG242/190
歷代名臣奏議三百十九卷目錄一卷　(明)黄淮　(明)楊士奇輯　(明)張溥刪正　明崇禎刻清初重刻本　五十四冊

110000－0143－0000629　SG242/190－1

歷代名臣奏議三百十九卷目錄一卷 (明)黄淮 (明)楊士奇輯 (明)張溥刪正 明崇禎刻清初重刻本 八十册

110000－0143－0000630 SG242/193/A
范文正公政府奏議二卷續集二卷書牘一卷 (宋)范仲淹撰 明嘉靖四十年(1561)韓叔陽刻本 四册

110000－0143－0000631 SG242/244
堂抄行文檔 (清)掌儀司輯 清乾隆四十一年(1776)掌儀司抄本 一册

110000－0143－0000632 SG25/3
日涉編十二卷 (明)陳堦編輯 (清)白輝補輯 明萬曆三十九年(1611)徐養量刻清乾隆三十四年(1769)清畏堂重刻本 十二册

110000－0143－0000633 SG25/3－1
日涉編十二卷 (明)陳堦編輯 (清)白輝補輯 明萬曆三十九年(1611)徐養量刻清康熙二十七年(1688)紀元補修本 十二册

110000－0143－0000634 SG25/4
月日紀古十二卷 (清)蕭智漢纂輯 (清)蕭智瀅叅訂 清乾隆五十九年(1794)蕭智漢聽濤山房刻本 十二册

110000－0143－0000635 SG25/4
月日紀古十二卷 (清)蕭智漢纂輯 (清)蕭智瀅叅訂 清乾隆五十九年(1794)蕭智漢聽濤山房刻本 四册

110000－0143－0000636 SG26/2－6
水經注四十卷首一卷 (北魏)酈道元撰 清乾隆三十九年至四十二年(1774－1777)武英殿木活字印本 八册

110000－0143－0000637 SG26/5
日下舊聞四十二卷 (清)朱彝尊輯 (清)朱昆田補遺 清康熙二十七年(1688)朱彝尊六峯閣刻本 三十二册

110000－0143－0000638 SG26/5
日下舊聞四十二卷 (清)朱彝尊輯 (清)朱昆田補遺 清康熙二十七年(1688)朱彝尊六峯閣刻本 三十六册

110000－0143－0000639 SG26/5
日下舊聞四十二卷 (清)朱彝尊輯 (清)朱昆田補遺 清康熙二十七年(1688)朱彝尊六峯閣刻本 十二册

110000－0143－0000640 SG26/5
日下舊聞四十二卷 (清)朱彝尊輯 (清)朱昆田補遺 清康熙二十七年(1688)朱彝尊六峯閣刻本 十二册

110000－0143－0000641 SG26/5－1
欽定日下舊聞考一百六十卷譯語總目一卷 (清)朱彝尊 (清)朱昆田 (清)于敏中等纂 清乾隆武英殿刻本 四十八册

110000－0143－0000642 SG26/9
浯溪考二卷 (清)王士禛撰 清康熙四十年至六十一年(1701－1722)刻本 一册

110000－0143－0000643 SG26/24
廣輿記二十四卷圖一卷 (明)陸應陽輯 (清)蔡方炳增輯 清康熙二十五年(1686)刻本 十二册

110000－0143－0000644 SG26/24－1
廣輿記二十四卷圖一卷 (明)陸應陽輯 明萬曆二十八年至四十八年(1600－1620)刻清康熙元年至十五年(1662－1676)增刻本 六册

110000－0143－0000645 SG26/24－2
廣輿記二十四卷圖一卷 (明)陸應陽輯 明萬曆二十八年至四十八年(1600－1620)刻本 十四册

110000－0143－0000646 SG26/28－1
水經注四十卷 (北魏)酈道元撰 清康熙五十四年(1715)項絪群玉書堂刻本 十册

110000－0143－0000647 SG26/28－1A
水經注四十卷 (北魏)酈道元撰 清康熙五十四年(1715)項絪群玉書堂刻本 十册

110000－0143－0000648 SG26/39－2
讀史方輿紀要一百三十卷 (清)顧祖禹撰

清道光至咸豐抄本　九冊　存七卷（三十九至四十五）

110000－0143－0000649　SG26/50－2

西湖志四十八卷　（清）李衛修　（清）傅王露等纂　清雍正十二年（1734）傅王露等刻本　四十冊

110000－0143－0000650　SG26/50－2

西湖志四十八卷　（清）李衛修　（清）傅王露等纂　清雍正十二年（1734）傅王露等刻本　二十冊

110000－0143－0000651　SG26/126、SG26/126－1

西湖遊覽志二十四卷志餘二十六卷　（明）田汝成輯撰　明萬曆二十五年（1597）季東魯刻本　十二冊　缺十二卷（志餘十五至二十六）

110000－0143－0000652　SG26/128

合河紀聞十卷　（清）康基田纂述　清嘉慶三年（1798）康基田霞蔭堂刻本　八冊

110000－0143－0000653　SG26/162

古香齋鑒賞袖珍春明夢餘錄七十卷　（清）孫承澤著　清乾隆刻本　二十四冊

110000－0143－0000654　SG26/212

春秋地名攷略十四卷　（清）高士奇撰　清康熙二十七年（1688）高士奇清吟堂刻本　四冊

110000－0143－0000655　SG26/226

新鐫海内奇觀十卷　（明）楊爾曾輯　（明）陳一貫繪　明萬曆三十七年（1609）楊爾曾夷白堂刻本　十冊

110000－0143－0000656　SG261/4－2

［雍正］山西通志二百三十卷　（清）覺羅石麟修　（清）儲大文纂　清雍正十二年（1734）山西撫署刻本　一百冊

110000－0143－0000657　SG261/9－7

大清一統志三百五十六卷首一卷　（清）蔣廷錫　（清）王安國　（清）梁詩正等纂　清乾隆九年（1744）武英殿刻本　一百三十八冊　存二百三十三卷（一至十七、二十八至八十一、九十七至二百十六、二百六十至三百，首一卷）

110000－0143－0000658　SG261/10－2

大明一統志九十卷　（明）李賢總裁　（明）萬安纂修　明嘉靖三十八年（1559）楊氏歸仁齋刻萬曆十六年（1588）重刻本　二十四冊

110000－0143－0000659　SG261/16

元豐九域志十卷　（宋）王存纂修　清乾隆五十三年（1788）馮集梧刻本　四冊

110000－0143－0000660　SG261/26

［乾隆］欽定熱河志一百二十卷　（清）和珅　（清）梁國治纂修　清乾隆四十六年（1781）武英殿刻本　四十冊

110000－0143－0000661　SG261/34－1

［乾隆］福建通志七十八卷首四卷圖一卷　（清）郝玉麟　（清）盧焯修　（清）謝道承　（清）劉敬與纂　清雍正六年至乾隆二年（1728－1737）福建督署刻本　六十冊

110000－0143－0000662　SG261/54

天下一統志九十卷　（明）李賢總裁　（明）萬安纂修　清順治元年至康熙十年（1644－1671）萬壽堂刻本　四十一冊

110000－0143－0000663　SG261/65

唐棲志略稿十三卷　（清）王同輯　清光緒十四年至十五年（1888－1889）稿本　六冊

110000－0143－0000664　SG261/70

聖朝混一方輿勝覽三卷　（宋）□□撰　明洪武至正統刻本　五冊

110000－0143－0000665　SG261/80

一統志案説十六卷　（清）顧炎武撰　（清）徐乾學纂　清道光七年（1827）張青選清芬閣木活字印本　六冊

110000－0143－0000666　SG262/11－1

［順治］真定縣志十四卷　（明）李梃纂修　（明）陳謙增補　明天啓刻清順治三年（1646）增刻本　四冊

110000－0143－0000667　SG262/31

[乾隆]贊皇縣志十卷首一卷末一卷附錄一卷　（清）黄崗竹纂修　清乾隆十六年（1751）贊皇縣署刻本　六册

110000－0143－0000668　SG262/40
[乾隆]容城縣志八卷　（清）王克淳纂定　（清）陳亮采編次　清乾隆二十六年（1761）容城縣署刻二十八年（1763）增補本　三册　存五卷（一至四、七）

110000－0143－0000669　SG262/58－1
[雍正]平陽府志三十六卷附憲綱一卷　（清）章廷珪纂修　（清）范安治分纂　清乾隆元年（1736）平陽府署刻本　四十册

110000－0143－0000670　SG262/80－1
[道光]富順縣志三十八卷　（清）張利貞　（清）陸光宗　（清）宋廷楨總纂　（清）黄靖圖　（清）朱偓　（清）張震纂修　清道光七年（1827）富順縣署刻本　十二册

110000－0143－0000671　SG262/82
[正德]朝邑縣志二卷　（明）王道修　（明）韓邦靖纂　清光緒至宣統抄本　一册

110000－0143－0000672　SG262/93－1
[雍正]高陽縣志六卷　（清）嚴宗嘉修　（清）李其旋纂　清雍正八年（1730）高陽縣署刻本　六册

110000－0143－0000673　SG262/115－1
[寶慶]四明志二十一卷　（宋）胡榘修　（宋）方萬里　（宋）羅濬纂　宋寶慶三年（1227）修清道光至咸豐四明府署抄本　六册

110000－0143－0000674　SG262/120－1
[乾隆]永清縣志不分卷　（清）周震榮主修　（清）章學誠纂修　清乾隆四十四年（1779）刻本　四册

110000－0143－0000675　SG262/120－1
[乾隆]永清縣志不分卷　（清）周震榮主修　（清）章學誠纂修　清乾隆四十四年（1779）刻本　四册

110000－0143－0000676　SG262/212
[乾隆]獻縣志二十卷圖一卷表一卷　（清）萬廷蘭修　（清）戈濤纂　清乾隆二十六年（1761）獻縣縣署刻本　十二册　缺十卷（一至三、八至十一、十八至二十）

110000－0143－0000677　SG262/223－2
[乾隆]湘潭縣志二十五卷首一卷　（清）呂正音修　（清）歐陽正煥纂　清乾隆二十一年（1756）湘潭縣署刻本　十六册

110000－0143－0000678　SG262/238－1
[康熙]介休縣志八卷　（清）王埴纂修　（清）王之舟編輯　清康熙三十五年（1696）介休縣署刻本　八册

110000－0143－0000679　SG262/238－1
[乾隆]介休縣志十四卷　（清）王謀文纂修　清乾隆三十五年（1770）刻本　八册

110000－0143－0000680　SG262/240－1
[乾隆]膠州志八卷首一卷　（清）周於智　（清）宋文錦裁定　（清）劉恬纂修　清乾隆十七年（1752）膠州州署刻本　八册

110000－0143－0000681　SG262/272
[康熙]萊蕪縣志十卷　（清）葉方恒修　清康熙十二年（1673）刻本　四册

110000－0143－0000682　SG262/297
[道光]長壽縣志五卷　（清）張如海鑒定　（清）李彬然　（清）李思白總輯　清道光二十五年（1845）修三十年（1850）抄本　四册

110000－0143－0000683　SG262/307
[光緒]光福志十二卷　（清）徐傅編　（清）王鏞同補　（清）申丕鉒補輯　清光緒至宣統抄本　六册

110000－0143－0000684　SG262/332－2
[康熙]龍遊縣志十二卷首一卷　（清）盧燦重修　（清）余恂纂輯　清康熙二十年（1681）龍遊縣署刻本　十二册

110000－0143－0000685　SG262/333
[康熙]建安縣志十卷　（清）崔銑主修　（清）陸登選分修　清康熙五十二年（1713）建

安縣署刻本　六冊

110000－0143－0000686　SG262/345
[乾隆]忻州志六卷　(清)竇容邃纂修　清乾隆十二年(1747)忻州州署刻本　六冊

110000－0143－0000687　SG262/352
[乾隆]汾州府志三十四卷首一卷　(清)孫和相修　(清)戴震纂　清乾隆三十六年(1771)汾州府署刻本　二十六冊

110000－0143－0000688　SG262/353－2
[嘉靖]海寧縣志九卷　(明)蔡完修　(明)董穀纂　明嘉靖三十六年(1557)修清光緒二十四年(1898)陸宏翰抄校本　二冊

110000－0143－0000689　SG262/361－1
[乾隆]新修曲沃縣志四十卷　(清)張坊纂輯　清乾隆二十四年(1759)曲沃縣署刻本　八冊

110000－0143－0000690　SG262/378－1
[乾隆]嵊縣志十八卷首一卷末一卷　(清)李以琰纂修　(清)王瀚編次　清乾隆七年(1742)嵊縣縣署刻本　二十冊

110000－0143－0000691　SG262/380
[乾隆]佛山忠義鄉志十一卷　(清)毛維錡監修　(清)陳炎宗纂修　清乾隆十八年(1753)刻本　四冊

110000－0143－0000692　SG262/390
[康熙]金華府志三十卷首一卷　(清)張藎修　(清)沈麟趾等纂　清康熙二十二年(1683)金華府署刻本　三十冊

110000－0143－0000693　SG262/392－5
[康熙]山東通志六十四卷　(清)趙祥星修　(清)錢江纂　清康熙十七年(1678)刻四十一年(1702)山東撫署增刻本　十六冊

110000－0143－0000694　SG262/397－1
[康熙]重修嘉善縣志六卷　(明)楊廉纂修　(清)郁之章裁定　清康熙十六年(1677)嘉善縣署刻本　二冊

110000－0143－0000695　SG262/399－2
[雍正]重修太原縣志十六卷　(清)沈繼賢等纂修　清雍正九年(1731)刻本　四冊

110000－0143－0000696　SG262/405
[康熙]重修富陽縣志十卷　(清)錢晉錫纂修　清康熙二十二年(1683)富陽縣署刻本　八冊

110000－0143－0000697　SG262/428
[康熙]萊陽縣志十卷　(清)萬邦維　(清)衛元爵修　(清)張重潤　(清)鄒知新纂　清康熙十七年(1678)萊陽縣署刻本　八冊

110000－0143－0000698　SG262/448
[乾隆]潮州府志四十二卷首一卷附抄存舊志一卷　(清)周碩勳輯　(清)康基田增輯　清乾隆二十七年(1762)刻四十年(1775)潮州府志增刻本　二十五冊

110000－0143－0000699　SG262/449
[康熙]益都縣志十四卷首一卷　(清)陳食花總裁　(清)鍾諤　(清)馮灝纂修　清康熙十二年(1673)益都縣署刻本　六冊

110000－0143－0000700　SG262/449
[康熙]益都縣志十四卷首一卷　(清)陳食花總裁　(清)鍾諤　(清)馮灝纂修　清康熙十二年(1673)益都縣署刻本　六冊

110000－0143－0000701　SG262/450－1
[乾隆]奉賢縣志十卷首一卷　(清)李治灝　(清)吳高埈等修　(清)王應奎　(清)何孟春等纂　清乾隆二十三年(1758)奉賢縣衙刻本　八冊

110000－0143－0000702　SG262/463
[康熙]鎮江府志五十四卷　(清)高得貴修　(清)張九徵纂　清康熙十三年至十四年(1674－1675)鎮江府署刻本　四十冊

110000－0143－0000703　SG262/467
[崇禎]泰州志十卷　(明)李自滋　(明)劉萬春纂修　明崇禎五年(1632)泰州府署修清康熙五十八年(1719)魏錫祚重刻本　八冊

110000－0143－0000704　SG262/469

[康熙]青州府志二十二卷 (清)陶錦修 (清)王昌學 (清)王檉纂 清康熙六十年(1721)青州府署刻本 十六册

110000－0143－0000705 SG262/482
[康熙]西江志二百六卷 (清)白潢總裁 (清)查慎行 (清)陸奎勛 (清)周朱來纂修 清康熙五十九年(1720)西江撫署刻本 八十册

110000－0143－0000706 SG262/488－1
[雍正]處州府志二十卷 (清)曹掄彬主修 (清)芮復傳監修 (清)朱肇濟 (清)周雯 (清)徐長泰分修 清雍正十一年(1733)處州府署刻本 十六册

110000－0143－0000707 SG262/492－1
[乾隆]祁縣志十六卷 (清)陳時纂修 (清)趙遇坦分修 清乾隆四十五年(1780)祁縣縣署刻本 十八册

110000－0143－0000708 SG262/513
[康熙]廣平縣志五卷 (清)夏顯煜重修 (清)王俞巽編纂 清康熙十五年(1676)廣平縣署刻本 七册

110000－0143－0000709 SG262/517
[康熙]會稽縣志二十八卷首一卷 (清)王元臣修 (清)董欽德 (清)金炯纂 清康熙二十二年(1683)會稽縣衙刻本 十二册

110000－0143－0000710 SG262/522
[乾隆]六安州志二十四卷首一卷 (清)金弘勳總修 清乾隆十六年(1751)六安州署刻本 二十四册

110000－0143－0000711 SG262/531
[康熙]常山縣志十二卷首一卷 (清)孔毓璣纂修 清雍正二年(1724)常山縣衙刻本 十二册

110000－0143－0000712 SG262/540
[乾隆]東明縣志八卷 (清)楊日升纂修 (清)周承濂續纂修 (清)儲元升再續纂修 清乾隆二十一年(1756)東明縣衙增刻本 八册

110000－0143－0000713 SG262/548
[乾隆]寶坻縣志十八卷 (清)洪肇楙纂修 (清)蔡寅斗分輯 清乾隆十年(1745)寶坻縣衙刻本 八册

110000－0143－0000714 SG262/548
[乾隆]寶坻縣志十八卷 (清)洪肇楙纂修 (清)蔡寅斗分輯 清乾隆十年(1745)寶坻縣衙刻本 八册

110000－0143－0000715 SG262/563－1
[康熙]滕縣志十卷 (清)黃浚監修 (清)王特選纂 清康熙五十六年(1717)滕縣縣衙刻本 十六册

110000－0143－0000716 SG262/569－1
[乾隆]扶風縣志十八卷首一卷 (清)熊家振修 (清)張塤纂 清乾隆四十六年(1781)扶風縣署刻本 四册

110000－0143－0000717 SG262/571
[嘉靖]沔陽州志十八卷 (明)童承敘修 盧弼校 清同治至宣統抄校本 六册

110000－0143－0000718 SG262/586
[順治]蠡縣志十卷續志四卷 (明)錢天錫纂修 (清)祖建明續修 明崇禎十四年(1641)刻清順治八年(1651)增刻本 八册

110000－0143－0000719 SG262/598
[雍正]趙州志四卷 (清)程近仁裁定 (清)趙淳 (清)杜唐纂修 清雍正十三年(1735)修舊抄本 六册

110000－0143－0000720 SG262/605
[乾隆]長洲縣志三十四卷首一卷 (清)李光祚修 (清)顧詒祿等纂 清乾隆十八年(1753)長洲縣署刻本 四册

110000－0143－0000721 SG262/620
[紹熙]雲間志三卷 (宋)朱端常 (宋)楊潛纂修 宋紹熙四年(1193)修清嘉慶十九年(1814)沈氏古倪園刻本 四册

110000－0143－0000722 SG262/624
[康熙]雲州志五卷首一卷 (清)蔣敦修

(清)王錩纂　清康熙末舊抄本　二册

110000－0143－0000723　SG262/625
[乾隆]筠連縣志八篇　(清)王凱亭　(清)張文倫纂修　清乾隆三十年(1765)抄本　一册

110000－0143－0000724　SG262/643－1
[康熙]寶應縣志二十四卷　(清)徐𪉆重修　(清)喬萊纂　清康熙二十九年(1690)寶應縣署刻本　四册

110000－0143－0000725　SG262/661
[乾隆]涇縣志十卷首一卷　(清)王廷棟　(清)崔雲會修　(清)錢人麟纂　清乾隆二十年(1755)涇縣縣署刻本　八册

110000－0143－0000726　SG262/668
[乾隆]震澤縣志三十八卷首一卷　(清)陳和志修　(清)倪師孟　(清)沈彤纂　清乾隆十一年至十二年(1746－1747)震澤縣署刻本　八册

110000－0143－0000727　SG262/679
[雍正]宜君縣志不分卷　(清)查遴纂輯　(清)沈華訂正　清雍正十年(1732)宜君縣署刻本　一册

110000－0143－0000728　SG262/684
[康熙]懷柔縣新志八卷　(清)吳景果修　(清)潘其燦纂　清康熙六十年(1721)懷柔縣署刻本　四册

110000－0143－0000729　SG262/697
[雍正]昭文縣志十卷首一卷　(清)勞必達修　(清)陳祖范纂　清雍正九年(1731)昭文縣署刻本　八册

110000－0143－0000730　SG262/709
[乾隆]福山縣志十二卷　(清)蕭劼　(清)王積熙纂修　清乾隆二十八年(1763)福山縣署刻本　八册

110000－0143－0000731　SG262/786－1
[乾隆]章邱縣志十三卷首一卷　(清)張萬青纂修　清乾隆二十一年(1756)章邱縣署增刻本　六册

110000－0143－0000732　SG262/804
[康熙]靈石縣志四卷　(清)侯榮圭纂修　清康熙十一年(1672)靈石縣署刻乾隆印本　二册

110000－0143－0000733　SG262/804
[康熙]靈石縣志四卷　(清)侯榮圭纂修　清康熙十一年(1672)靈石縣署刻乾隆印本　二册

110000－0143－0000734　SG262/811
[光緒]貴陽府鄉土地理志一卷貴陽府鄉土志一卷　(清)□□纂　清光緒三十一年至三十四年(1905－1908)貴陽府署鉛印本　一册

110000－0143－0000735　SG262/823
[乾隆]廣平府志二十四卷　(清)吳穀纂修　清乾隆十年(1745)廣平府署刻本　十册

110000－0143－0000736　SG262/835
[乾隆]衡州府志三十三卷首一卷　(清)饒佺修　(清)曠敏本纂　清乾隆二十八年(1763)衡州府署刻本　十六册

110000－0143－0000737　SG262/844
[雍正]朔平府志十二卷　(清)劉士銘　(清)王霷纂輯　清雍正十一年(1733)朔平府署刻本　十册

110000－0143－0000738　SG262/844
[雍正]朔平府志十二卷　(清)劉士銘　(清)王霷纂輯　清雍正十一年(1733)朔平府署刻本　十册

110000－0143－0000739　SG262/849
攝山志八卷首一卷　(清)陳毅纂修　清乾隆五十五年(1790)蘇州府署刻本　四册

110000－0143－0000740　SG262/876
震澤編八卷　(明)蔡昇輯　(明)王鏊纂修　明萬曆四十五年(1617)刻本　二册

110000－0143－0000741　SG262/912－1
[康熙]寧晉縣志十卷　(清)萬任纂修　(清)張坦　(清)羅宏壑輯校　清康熙十八年

(1679)寧晉縣署刻本　十册

110000－0143－0000742　SG262/934
[嘉慶]五寨縣志二卷　(清)秦雄褒纂修　(清)朱青選增修　清乾隆十六年(1751)五寨縣署刻嘉慶十四年(1809)朱青選增刻道光印本　二册

110000－0143－0000743　SG262/938－2
[淳熙]新安志十卷　(宋)羅願纂修　清末抄本　三册

110000－0143－0000744　SG262/943
[乾隆]深澤縣志十二卷首一卷　(清)趙憲修　(清)王植纂　清雍正十三年(1735)深澤縣署刻乾隆補刻本　四册

110000－0143－0000745　SG262/944－1
[乾隆]豐縣志十六卷首一卷　(清)盧世昌纂修　清乾隆二十四年(1759)刻道光三年(1823)德豐補版印本　六册

110000－0143－0000746　SG262/950
[乾隆]江夏縣志十五卷首一卷　(清)陳元京纂修　清乾隆五十九年(1794)江夏縣署刻本　十册

110000－0143－0000747　SG262/955
[康熙]睢州志七卷首一卷　(清)馬世英纂修　清康熙三十二年(1693)睢州府署刻本　四册

110000－0143－0000748　SG262/967
[乾隆]吉水縣志三十六卷　(清)申發祥　(清)廖恒纂修　清乾隆二十一年(1756)吉水縣署刻本　十三册　存二十九卷(一至八、十一至十三、十九至三十六)

110000－0143－0000749　SG262/976
[康熙]休寧縣志八卷　(清)廖騰煃主修　(清)汪晉徵纂修　清康熙三十二年(1693)休寧縣署刻本　五册

110000－0143－0000750　SG262/988
[康熙]寧鄉縣志十卷首一卷　(清)呂履恒纂修　清康熙四十一年(1702)寧鄉縣署刻本　二册

110000－0143－0000751　SG262/1001－1
[乾隆]高淳縣志二十五卷首一卷　(清)朱紹文纂修　清乾隆十六年(1751)高淳縣署刻本　六册

110000－0143－0000752　SG262/1003
[雍正]靈川縣志四卷　(清)鄭采宣修　(清)楊德麟續修　(清)陳虞昭　(清)崔達纂　清雍正三年(1725)刻乾隆三十一年(1766)靈川縣署續刻本　四册

110000－0143－0000753　SG262/1007
[康熙]南陽縣志六卷首一卷　(清)張光祖修　(清)宋景愈　(清)徐永芝纂　清康熙三十二年(1693)南陽縣署刻本　六册

110000－0143－0000754　SG262/1008－1
[乾隆]甘肅通志五十卷首一卷　(清)許容纂修　(清)李迪編輯　清乾隆元年(1736)甘肅撫署刻本　三十六册

110000－0143－0000755　SG262/1022
[乾隆]博野縣志八卷首一卷末一卷　(清)吳鏊修　(清)朱基　(清)孫儒纂輯　(清)尹啟銓　(清)鍾淑編次　清乾隆三十二年(1767)博野縣署刻本　六册

110000－0143－0000756　SG262/1037
[乾隆]乍浦志六卷首一卷末一卷續纂一卷乍川題詠續纂一卷　(清)宋景關纂修　清乾隆二十二年(1757)刻五十七年(1792)增刻本　八册

110000－0143－0000757　SG262/1055
[乾隆]涇州志二卷　(清)張延福修　(清)李瑾纂　清乾隆十九年(1754)涇州州署刻本　二册

110000－0143－0000758　SG262/1078
[天啓]慈谿縣志十六卷　(明)李逢申主修　(明)姚宗文纂修　明天啓四年(1624)慈谿縣署刻本　六册

110000－0143－0000759　SG262/1092

[嘉慶]桂東縣志二十卷首一卷 (清)林鳳儀 (清)曾鈺纂修 清嘉慶二十二年(1817)桂東縣署刻本 六册

110000－0143－0000760 SG262/1094
[乾隆]滑縣志十四卷首一卷 (清)吳喬齡纂修 (清)呂文光 (清)盧兆麟增修 清乾隆二十五年(1760)滑縣縣衙刻本 八册

110000－0143－0000761 SG262/1095
[至元]嘉禾志三十二卷 (元)單慶修 (元)徐碩纂 元至元二十五年(1288)修清光緒二十七年(1901)朱士楷擁百廬抄本 十册

110000－0143－0000762 SG262/1144
[康熙]潁上風物志三卷 (清)高澤生纂 清道光六年(1826)潁上縣署刻本 一册

110000－0143－0000763 SG262/1181
震澤編八卷附録三篇 (明)蔡昇輯 (明)王鏊纂修 清光緒九年(1883)聽彝抄本 一册

110000－0143－0000764 SG262/1197
[康熙]成安縣志十二卷 (清)王公楷修 (清)張樧纂 清康熙十二年(1673)刻本 六册

110000－0143－0000765 SG262/1233
[乾隆]含山縣志十六卷 (清)粱棟主修 (清)唐焯 (清)張大于纂修 清乾隆十三年(1748)含山縣署刻本 十六册

110000－0143－0000766 SG262/1235
[同治]鄞縣志七十五卷 (清)戴枚主修 (清)張恕 (清)徐時棟纂 清同治七年至十三年(1868－1874)徐時棟煙嶼樓稿本 三十册 存七十四卷(二至七十五)

110000－0143－0000767 SG262/1275
[淳祐]玉峯志三卷 (宋)凌萬頃 (宋)邊實纂修 **[咸淳]玉峯續志一卷** (宋)邊實纂修 清康熙抄本 四册

110000－0143－0000768 SG262/1294
[康熙]河州志六卷 (清)王全臣纂修 清康熙四十六年(1707)河州衛署刻本 五册

110000－0143－0000769 SG262/1295
金陵古今圖考一卷 (明)陳沂撰 **金陵圖詠一卷** (明)朱之蕃撰 **金陵雅游編一卷** (明)余孟麟等撰 明天啓三年至四年(1623－1624)朱之蕃刻本 二册

110000－0143－0000770 SG262/2008
[順治]泗水縣志十二卷附續志 (清)劉桓修 (清)杜燦然纂 清順治十八年(1661)修康熙元年(1662)泗水縣署刻三十八年(1699)增刻本 二册

110000－0143－0000771 SG262/2008
[順治]泗水縣志十二卷附續志 (清)劉桓修 (清)杜燦然纂 清順治十八年(1661)修康熙元年(1662)泗水縣署刻三十八年(1699)增刻本 二册

110000－0143－0000772 SG262/2021
[乾隆]續登州府志十二卷 (清)永泰纂修 清乾隆七年(1742)刻本 四册

110000－0143－0000773 SG262/2021
[順治]登州府志二十二卷 (清)施閏章 (清)楊奇烈纂修 (清)任璿續補 清順治十七年(1660)刻康熙三十三年(1694)任璿增刻本 八册

110000－0143－0000774 SG262/2038－1
[嘉慶]南溪縣志十卷 (清)胡之富修 (清)包字纂 清嘉慶十七年(1812)南溪縣署刻本 三册

110000－0143－0000775 SG262/2053－1
[嘉慶]江津縣志二十二卷 (清)曾受一修 (清)王家駒纂 (清)徐鼎續修 (清)楊嚴青續纂 (清)李寶曾再續纂 清乾隆三十三年(1768)刻嘉慶九年(1804)增刻十七年(1812)江津縣署增刻本 十册

110000－0143－0000776 SG262/2055
[嘉慶]海門廳志四卷 (清)章廷楓 (清)俞潁達等修 (清)董曰申纂 清嘉慶十二年(1807)修同治至光緒增修清末抄本 六册

110000－0143－0000777 SG262/2092

[浙江諸暨]孝感里志十二卷首一卷 (清)張廉纂修 (清)戴殿泗鑒定 清嘉慶二十四年(1819)諸暨張氏木活字印本 四冊

110000－0143－0000778 SG262/2130
[乾隆]解州安邑縣志十六卷首一卷 (清)言如泗總修 (清)呂瀶 (清)史永直 (清)鄭必揚纂修 清乾隆二十九年(1764)解州州署刻本 四冊

110000－0143－0000779 SG262/2154
[乾隆]汝州續志八卷 (清)宋名立纂修 (清)韓定仁 (清)屈啓賢編次 清乾隆八年(1743)汝州州署刻本 十冊

110000－0143－0000780 SG263/5
行水金鑑一百七十五卷首一卷 (清)傅澤洪撰 清雍正三年(1725)淮揚官署刻本 三十六冊

110000－0143－0000781 SG263/5
行水金鑑一百七十五卷首一卷 (清)傅澤洪撰 清雍正三年(1725)淮揚官署刻本 三十六冊

110000－0143－0000782 SG263/9
太湖備考十六卷首一卷 (清)金友理纂 **附湖程紀略一卷** (清)吳曾撰 清乾隆十五年(1750)藝蘭圃刻本 六冊

110000－0143－0000783 SG263/20－1
欽定河源紀畧三十五卷首一卷 (清)紀昀 (清)陸錫熊總纂 (清)吳省蘭等纂修 清乾隆四十七年(1782)武英殿刻本 十冊

110000－0143－0000784 SG263/33
漢書地理志水道圖說七卷 (清)陳澧撰 **附考正德清胡氏禹貢圖** (清)陳誼孝撰 清同治十一年(1872)刻本 二冊

110000－0143－0000785 SG263/40
河防一覽榷十二卷 (明)潘季馴撰 (明)潘大復榷 明萬曆十九年(1591)刻清順治十六年(1659)刻本 六冊

110000－0143－0000786 SG263/40－1
河防一覽十四卷 (明)潘季馴撰 清乾隆十三年(1748)江南河庫道官署刻本 十冊

110000－0143－0000787 SG263/76
三江水利紀略四卷 (清)莊有恭撰 清乾隆二十九年至六十年(1764－1795)莊有恭刻本 四冊

110000－0143－0000788 SG264/2
顏山雜記四卷 (清)孫廷銓纂 清康熙五年(1666)孫寶仍刻本 四冊

110000－0143－0000789 SG264/4
焦山志十二卷 (清)盧見曾錄 清乾隆二十七年(1762)盧見曾雅雨堂刻本 四冊

110000－0143－0000790 SG264/6
茅山志十四卷 (清)笪蟾光審編 清康熙八年(1669)刻道光二十一年(1841)增刻本 六冊

110000－0143－0000791 SG264/11
明州阿育王山志十卷 (明)郭子章撰 **續志六卷** (清)釋畹荃輯集 明萬曆四十六年至四十七年(1618－1619)阿育王寺住持正理刻本 十冊

110000－0143－0000792 SG264/11
明州阿育王山志十卷 (明)郭子章撰 **續志六卷** (清)釋畹荃輯集 明萬曆四十六年至四十七年(1618－1619)阿育王寺住持正理刻本 六冊

110000－0143－0000793 SG264/11
明州阿育王山志十卷 (明)郭子章撰 **續志六卷** (清)釋畹荃輯集 明萬曆四十六年至四十七年(1618－1619)阿育王寺住持正理刻本 六冊

110000－0143－0000794 SG264/11－1
明州阿育王山志十卷 (明)郭子章撰 **續志六卷** (清)釋畹荃輯集 明萬曆四十六年至四十七年(1618－1619)阿育王寺住持正理刻本 六冊

110000－0143－0000795 SG264/16

南海普陀山志十五卷 （清）陳璿 （清）裘璉 （清）朱謹纂輯 清康熙四十四年（1705）刻雍正至乾隆增修補刻本 四冊

110000－0143－0000796 SG264/17－1
峩眉山志十八卷 （清）蔣超撰 清康熙二十八年（1689）峨眉山伏虎寺釋海源刻四十一年（1702）釋照裕增刻本 八冊

110000－0143－0000797 SG264/17－1
峩眉山志十八卷 （清）蔣超撰 清康熙二十八年（1689）峨眉山伏虎寺釋海源刻四十一年（1702）釋照裕增刻本 七冊

110000－0143－0000798 SG264/22－1
九華山志十二卷 （清）喻成龍 （清）李燦輯 清康熙二十八年至二十九年（1689－1690）刻乾隆四年（1739）增補十四年（1749）印本 四冊

110000－0143－0000799 SG264/28－1
武夷志畧四卷 （明）徐表然纂輯 明萬曆四十七年（1619）孫世昌刻本 四冊

110000－0143－0000800 SG264/28－2
武夷志畧四卷 （明）徐表然纂輯 明萬曆四十七年（1619）孫世昌刻本 四冊

110000－0143－0000801 SG264/33
黃山志二卷 （清）張佩芳撰 清乾隆三十五年（1770）刻本 三冊

110000－0143－0000802 SG264/47－2
焦山志十二卷 （清）盧見曾錄 清乾隆二十七年（1762）盧見曾雅雨堂刻本 四冊

110000－0143－0000803 SG264/49
名山勝槩記四十六卷名山圖一卷 （明）何鏜纂 （明）慎蒙續纂 明崇禎六年（1633）墨繪齋刻本 四十八冊

110000－0143－0000804 SG264/55
天台山方外志三十卷 （明）釋傳燈撰 明萬曆三十一年至三十三年（1603－1605）幽溪講堂刻本 五冊 缺五卷（二十一至二十五）

110000－0143－0000805 SG264/58
鼎湖山慶雲寺志八卷 （清）丁易總修 （清）釋成鷲纂述 清康熙五十六年（1717）丁易刻本 四冊

110000－0143－0000806 SG264/80
黃山志定本七卷首一卷 （清）閔麟嗣纂次 （清）釋弘濟閱定 清康熙刻本 七冊

110000－0143－0000807 SG264/81
黃山志定本七卷首一卷 （清）閔麟嗣纂次 （清）釋弘濟閱定 清康熙刻本 七冊

110000－0143－0000808 SG264/90
四明它山誌四卷續補四卷圖經不分卷 （清）徐思龍輯 （清）金汝英修 清光緒十八年（1892）抄本 八冊

110000－0143－0000809 SG264/93
寶華山志十五卷首一卷 （清）劉名芳纂修 （清）釋福聚叅校 清乾隆刻本 四冊

110000－0143－0000810 SG264/99
清涼山新志十卷 （清）喇嘛老藏丹巴撰 清康熙四十年至六十一年（1701－1722）刻本 四冊

110000－0143－0000811 SG266/23
桂海虞衡志一卷 （宋）范成大撰 明萬曆吳琯刻本 一冊

110000－0143－0000812 SG267/61
凝香室鴻雪因緣圖記三集 （清）麟慶撰 （清）汪春泉繪圖 清道光二十七年至二十九年（1847－1849）家刻本 十二冊

110000－0143－0000813 SG267/89
名山勝槩記不分卷 （明）何鏜纂 明崇禎刻本 二十冊

110000－0143－0000814 SG267/95
凝香室鴻雪因緣圖記三集 （清）麟慶撰 （清）汪春泉繪圖 清道光二十七年至二十九年（1847－1849）家刻本 六冊

110000－0143－0000815 SG267/95
凝香室鴻雪因緣圖記三集 （清）麟慶撰 （清）汪春泉繪圖 清道光二十七年至二十九

年(1847－1849)家刻本　六冊

110000－0143－0000816　SG267/133
楚庭稗珠錄六卷　(清)檀萃錄　(清)黄蘐編　清乾隆三十八年(1773)刻本　四冊

110000－0143－0000817　SG267/136
遊記十卷　(明)徐弘祖撰　清乾隆四十一年(1776)徐鎮刻本　二十冊

110000－0143－0000818　SG267/179
據鞍錄一卷　(清)楊應琚撰　清乾隆四年至六十年(1739－1795)刻本　一冊

110000－0143－0000819　SG269/18
逍遙山萬壽宮志二十卷　(清)郭懋隆　(清)丁步上校輯　清乾隆五年(1740)逍遙山萬壽宮刻本　八冊

110000－0143－0000820　SG269/26
臥龍崗志二卷　(清)羅景輯　(清)羅錡校　清康熙五十一年(1712)羅景刻本　二冊

110000－0143－0000821　SG269/26A
臥龍崗志二卷　(清)羅景輯　(清)羅錡校　清康熙五十一年(1712)羅景刻本　二冊

110000－0143－0000822　SG269/33
五蓮山志五卷　(清)釋海霆編集　清康熙二十年(1681)萬松禪林刻乾隆二十二年(1757)增刻本　二冊

110000－0143－0000823　SG269/33
五蓮山志五卷　(清)釋海霆編集　清康熙二十年(1681)萬松禪林刻乾隆二十二年(1757)增刻本　二冊

110000－0143－0000824　SG269/42
湯陰精忠廟志十卷　(明)張應登編著　(清)楊世達補輯　清雍正十三年(1735)刻乾隆十五年至六十年(1750－1795)增刻本　四冊

110000－0143－0000825　SG269/62
羅浮山志會編二十二卷首一卷　(清)宋廣業纂輯　清康熙五十五年(1716)宋志益刻本　十冊

110000－0143－0000826　SG269/74
吳風二卷　(清)宋犖選評　清康熙三十三年(1694)刻本　三冊

110000－0143－0000827　SG269/86
河東鹽法備覽十二卷　(清)蔣兆奎輯　清乾隆五十五年(1790)山西鹽運使署刻本　八冊

110000－0143－0000828　SG269/105
白鹿書院志十九卷　(清)毛德琦撰　清康熙五十九年(1720)刻本　六冊

110000－0143－0000829　SG269/136－1
靈巖志六卷　(清)馬大相編輯　(清)李興祖　(清)孟光宗鑒定　清康熙三十五年(1696)刻本　四冊

110000－0143－0000830　SG269/138
西湖志纂十五卷　(清)梁詩正　(清)沈德潛　(清)傅王露纂輯　清乾隆二十七年(1762)刻本　五冊

110000－0143－0000831　SG269/145
帝京景物略八卷　(明)劉侗　(明)于奕正撰　明崇禎八年(1635)刻本　八冊

110000－0143－0000832　SG269/154
天童寺志十卷首一卷　(清)釋德介等撰　清康熙五十三年至六十一年(1714－1722)刻嘉慶十三年(1808)重補十六年(1811)補刻本　八冊

110000－0143－0000833　SG269/156
[康熙]延綏鎮志六卷　(清)譚吉璁纂修　清康熙十二年(1673)刻三十六年至六十一年(1697－1722)延綏鎮署增刻本　八冊

110000－0143－0000834　SG269/158
還古書院志十八卷　(清)施璜編輯　(清)施澴　(清)方允淳同訂　清乾隆七年(1742)施澴刻本　四冊

110000－0143－0000835　SG269/167
宋東京考二十卷　(清)周城輯　清乾隆三年至六十年(1738－1795)刻本　四冊

110000－0143－0000836　SG269/195
[雍正]梅里志四卷首一卷　(清)吳存禮編

（清）蔡永清校　清雍正二年（1724）蔡烜刻本　四册

110000－0143－0000837　SG269/205
雪竇寺志十卷　（清）釋行正輯　（清）釋行恂增輯　清康熙十九年至六十一年（1680－1722）刻本　四册

110000－0143－0000838　SG269/661
水道提綱二十八卷　（清）齊召南編錄　清乾隆四十一年（1776）戴殿海傳經書屋刻本　八册

110000－0143－0000839　SG2610/13
輿地總圖不分卷　（明）□□校注　明嘉靖至崇禎抄本　二册

110000－0143－0000840　SG2610/33
廣輿圖二卷　（元）朱思本圖　（明）羅洪先增纂　（明）胡松刊補　（清）周厚轅編修校刊　清嘉慶三年（1798）周厚轅刻本　二册

110000－0143－0000841　SG27/1
文獻通考三百四十八卷首一卷　（元）馬端臨撰　明隆慶至崇禎刻本　一百八册　存二百八十八卷（六十一至三百四十八）

110000－0143－0000842　SG27/1
文獻通考三百四十八卷首一卷　（元）馬端臨撰　清乾隆十二年（1747）武英殿刻本　八十九册

110000－0143－0000843　SG27/1－1
文獻通考三百四十八卷首一卷　（元）馬端臨撰　明隆慶至崇禎刻本　九十五册

110000－0143－0000844　SG27/1－1
文獻通考三百四十八卷首一卷　（元）馬端臨撰　明正德十一年至十四年（1516－1519）劉洪慎獨齋刻本　一百五十七册　存二百九十四卷（一至二十八、四十至七十五、一百七至一百四十九、一百六十三至三百四十八，首一卷）

110000－0143－0000845　SG27/1－10
續文獻通考二百五十四卷　（明）王圻撰　明萬曆三十一年（1603）曹時聘、許維新等刻本　一百册

110000－0143－0000846　SG27/1－7
文獻通考三百四十八卷首一卷　（元）馬端臨撰　明嘉靖刻本　五十二册　存一百六十一卷（一至一百六十、首一卷）

110000－0143－0000847　SG27/1－9
文獻通考鈔二十四卷　（元）馬端臨撰　（清）史以遇鈔　**續文獻通考鈔三十卷**　（明）王圻撰　（清）史以甲輯　清康熙二年（1663）刻本　八册

110000－0143－0000848　SG27/2
大清會典一百六十二卷　（清）伊桑阿　（清）王熙總裁　（清）阿世坦纂修　清康熙二十九年（1690）內府刻本　六十四册

110000－0143－0000849　SG27/6
通典二百卷　（唐）杜佑纂　清乾隆十二年（1747）武英殿刻本　三十六册

110000－0143－0000850　SG27/6－3
杜氏通典二百卷　（唐）杜佑撰　（明）王德溢　（明）吳鵬校　明嘉靖十八年（1539）王德溢、吳鵬刻本　六十二册

110000－0143－0000851　SG27/8
通志略五十二卷　（宋）鄭樵撰　（清）汪啓淑校　清乾隆十四年（1749）汪啓淑飛鴻堂刻本　二十册

110000－0143－0000852　SG27/14
兩淮鹽法志四十卷首一卷　（清）王世球撰　清乾隆十三年（1748）揚州府署刻本　二十册

110000－0143－0000853　SG27/14－1
兩淮鹽法志四十卷首一卷　（清）王世球撰　清乾隆十三年（1748）揚州府署刻本　二十册

110000－0143－0000854　SG27/46－1
晉政輯要八卷　（清）鄭源璹纂輯　清乾隆五十四年（1789）山西藩署刻本　八册

110000－0143－0000855　SG27/53
文獻通考詳節二十四卷　（元）馬端臨撰

(清)嚴虞惇録　清乾隆二十九年(1764)刻本　十册

110000－0143－0000856　SG27/54
文獻通考紀要二卷　(元)馬端臨撰　清康熙至雍正刻本　六册

110000－0143－0000857　SG27/63
山東鹽法志十四卷　(清)莽鵠立總裁　(清)漆紹文　(清)葛斗南　(清)宋懷金監修　清雍正二年至十二年(1724－1734)山東都轉運鹽使司刻本　十册

110000－0143－0000858　SG27/65－1
欽定盛京通志一百三十卷首一卷　(清)阿桂等修　(清)劉謹之等纂　清乾隆武英殿刻本　六十四册

110000－0143－0000859　SG27/89
福惠全書三十二卷　(清)黄六鴻撰　清康熙三十三年至六十一年(1694－1722)刻本　十册

110000－0143－0000860　SG27/91－1
五代會要三十卷　(宋)王溥撰　清道光至宣統信芳閣木活字印本　六册

110000－0143－0000861　SG27/97
明況太守龍岡公治蘇政績全集十六卷首一卷　(明)況鍾撰　(清)況廷秀纂輯　清道光六年(1826)刻二十九年(1849)校補本　四册

110000－0143－0000862　SG27/102
琉球入學見聞録四卷　(清)潘相輯　清乾隆三十三年(1768)潘氏犫文書屋刻本　四册

110000－0143－0000863　SG27/112
皇明大訓記十六卷　(明)朱國楨輯　明崇禎刻本　六册

110000－0143－0000864　SG27/112
皇明大訓記十六卷　(明)朱國楨輯　明崇禎刻本　八册

110000－0143－0000865　SG27/128
于清端公政書八卷首編一卷外集一卷　(清)于成龍撰　(清)蔡方炳　(清)諸匡鼎編　清康熙四十六年(1707)于準刻本　十册

110000－0143－0000866　SG27/159
于清端公政書八卷首編一卷外集一卷　(清)于成龍撰　(清)蔡方炳　(清)諸匡鼎編　清康熙四十六年(1707)于準刻本　六册

110000－0143－0000867　SG27/209
幸魯盛典四十卷　(清)孔毓圻　(清)金居敬等纂修　清康熙五十年(1711)孔氏紅蕚軒刻本　十二册

110000－0143－0000868　SG27/209A
幸魯盛典四十卷　(清)孔毓圻　(清)金居敬等纂修　清康熙五十年(1711)孔氏紅蕚軒刻本　二十册

110000－0143－0000869　SG27/274
敕修河東鹽法志十二卷圖考一卷　(清)覺羅石麟總裁　(清)朱一鳳纂輯　清雍正五年至十三年(1727－1735)河東陝西都轉運鹽使司刻本　十二册

110000－0143－0000870　SG27/304
康熙肆拾年分本色統徵倉米比簿不分卷　清康熙四十年(1701)抄本　一册

110000－0143－0000871　SG27/321
松郡婁縣均役要略文集一卷行集一卷忠集一卷信集一卷　(清)李復興輯　清康熙七年至六十一年(1668－1722)刻乾隆五十三年(1788)婁縣縣署增刻本　四册

110000－0143－0000872　SG27/323
蘇松財賦考圖説一卷　(清)周夢顔輯　清道光九年(1829)程丕纘刻本　一册

110000－0143－0000873　SG27/325
義倉圖不分卷　(清)方觀承輯　清乾隆十八年(1753)刻本　六册

110000－0143－0000874　SG27/334
安危注四卷　(明)吳甡輯　清康熙吳元復刻本　四册

110000－0143－0000875　SG27/336
田文鏡河東文檄不分卷　(清)田文鏡輯　清

雍正抄本　四册

110000－0143－0000876　SG27/345
于清端公政書八卷首編一卷外集一卷　(清)于成龍撰　(清)蔡方炳　(清)諸匡鼎編　**續集一卷**　(清)于大梃輯　清康熙四十六年(1707)于準刻本　十册

110000－0143－0000877　SG27/368
沈文定公公牘三種不分卷　清光緒抄本　七册

110000－0143－0000878　SG27/389
新吾吕先生實政録七卷　(明)吕坤撰　明萬曆二十年(1592)刻清嘉慶二年(1797)吕譽安重刻本　十册

110000－0143－0000879　SG27/421
羣經宫室圖二卷　(清)焦循撰　清乾隆五十六年(1791)初刻五十八年(1793)後刻本　二册

110000－0143－0000880　SG272/6
大明會典二百二十八卷　(明)申時行　(明)許國等總裁　(明)趙用賢　(明)劉虞夔等纂修　明萬曆十五年(1587)内府刻本　八十册

110000－0143－0000881　SG272/6
大明會典二百二十八卷　(明)申時行　(明)許國等總裁　(明)趙用賢　(明)劉虞夔等纂修　明萬曆十五年(1587)内府刻本　五十二册

110000－0143－0000882　SG272/8
唐會要一百卷　(宋)王溥撰　清乾隆三十九年至六十年(1774－1795)武英殿木活字印本　二十四册

110000－0143－0000883　SG273/3
欽定滿洲祭神祭天典禮六卷　(清)允祿　(清)來保纂修　清乾隆十二年(1747)武英殿刻本　六册

110000－0143－0000884　SG273/4
欽定滿洲祭神祭天典禮六卷　(清)允祿　(清)來保纂修　清乾隆十二年(1747)内府刻本　六册

110000－0143－0000885　SG273/10
大清通禮五十卷　(清)來保　(清)陳世倌等總裁　(清)李玉鳴　(清)朱丕烈等纂修　清乾隆刻本　十二册

110000－0143－0000886　SG273/10
大清通禮五十卷　(清)來保　(清)陳世倌等總裁　(清)李玉鳴　(清)朱丕烈等纂修　清乾隆刻本　十六册

110000－0143－0000887　SG273/13
司馬氏書儀十卷　(宋)司馬光撰　清雍正二年(1724)汪郊刻本　二册

110000－0143－0000888　SG273/13
司馬氏書儀十卷　(宋)司馬光撰　清雍正二年(1724)汪郊刻本　一册

110000－0143－0000889　SG273/32
小學六卷　(宋)朱熹撰　(明)陳選注　明萬曆二十六年(1598)曹璜刻本　四册

110000－0143－0000890　SG273/37
太常因革禮一百卷　(宋)歐陽修等撰　明末抄本　二册

110000－0143－0000891　SG274/73
王儀部先生箋釋三十卷首一卷　(明)王肯堂撰　(清)顧鼎重編　清康熙三十年(1691)顧鼎刻本　二十册

110000－0143－0000892　SG2741/10
欽定宫中現行則例四卷　清光緒六年(1880)武英殿刻本　四册

110000－0143－0000893　SG2742/4
欽定吏部處分則例五十二卷　清刻本　十册　存十六卷(三十二至四十七)

110000－0143－0000894　SG2743/12
戶部則例摘要十一卷　清乾隆五十八年(1793)楊氏銘新堂刻本　六册

110000－0143－0000895　SG2743/3
所見集三十七卷二集十九卷三集二十一卷四集十八卷目録二卷　(清)馬世璘　(清)王又

槐　(清)謝堃編　(清)馬德錫校　清乾隆五十八年(1793)仁和馬氏再思堂刻嘉慶十年(1805)王氏三餘堂續刻本　六十四冊

110000－0143－0000896　SG2743/33
律例全編六卷　清雍正七年(1729)刻本　八冊

110000－0143－0000897　SG2743/35
說帖不分卷　清道光至光緒抄本　三十二冊

110000－0143－0000898　SG2743/43
成案彙存不分卷　(清)趙惠師輯　清光緒二十年至三十四年(1894－1908)趙惠師稿本　二十冊

110000－0143－0000899　SG2743/61
洗冤彙編不分卷　(清)郎廷棟集述　(清)佟國勷　(清)楊朝麟重訂　清康熙五十四年(1715)楊朝麟刻本　四冊

110000－0143－0000900　SG2743/67
讀律佩觿八卷附讀律八法一卷　(清)王明德撰　清康熙十三年至六十一年(1674－1722)王氏冷然閣刻本　八冊

110000－0143－0000901　SG276/5－1
欽定物料價值則例八卷　(清)陳弘謀纂修　清乾隆三十四年(1769)江蘇布政使司刻本　八冊

110000－0143－0000902　SG276/46
皇明經世實用編二十八卷首一卷　(明)馮應京纂輯　(明)瞿九思編次　明萬曆三十二年(1604)刻本　二十四冊

110000－0143－0000903　SG276/60
泉志十五卷　(宋)洪遵撰　(明)胡震亨　(明)毛晉同訂　明崇禎汲古閣刻本　三冊

110000－0143－0000904　SG276/90
浙江軍需報銷局造冊不分卷　清道光二十四年(1844)浙江布政使司抄本　一冊

110000－0143－0000905　SG276/150－1
魚鱗冊不分卷　(清)□□輯　清康熙十一年至三十年(1672－1691)寫本　一冊

110000－0143－0000906　SG276/163
賦鏡錄四卷明田賦考二卷　(清)施端教輯　(清)胡尚宏校　清康熙五年(1666)施端教嘯閣刻本　一冊

110000－0143－0000907　SG276/164/A－X
陝西清理財政局歲入歲出說明書　(清)陝西清理財政局撰　清宣統二年(1910)抄本　二十四冊

110000－0143－0000908　SG276/206
倉場事宜初稿　(清)錫珍撰　清末錫珍稿本　一冊

110000－0143－0000909　SG276/247
海運新考不分卷　(明)梁夢龍撰　明萬曆七年(1579)刻本　二冊

110000－0143－0000910　SG279/3
齊東野語二十卷　(宋)周密撰　清乾隆刻本　六冊

110000－0143－0000911　SG279/78
聖駕親征葛爾旦方略不分卷　清康熙三十四年(1695)抄本　一冊

110000－0143－0000912　SG279/90
重刊居官必要八卷　(明)呂坤撰　(清)陳于豫　(清)陳以瓛重訂　清康熙三十五年(1696)陳于豫刻本　六冊

110000－0143－0000913　SG279/106
居官必閱錄不分卷　(清)高曜編　(清)葉士寬增刪　清乾隆刻本　一冊

110000－0143－0000914　SG279/109
清代檔案雜鈔不分卷　清光緒十六年至宣統三年(1890－1911)抄本　七冊

110000－0143－0000915　SG279/109
政略彙鈔不分卷　清乾隆至嘉慶抄本　三冊

110000－0143－0000916　SG279/115
光緒清廷內府來往行文　清光緒抄本　二百四十七件

110000－0143－0000917　SG28/1－1
詞林典故八卷　(清)張廷玉　(清)鄂爾泰纂

清乾隆十三年(1748)武英殿刻本　八册

110000－0143－0000918　SG28/14

宗室王公章京世襲爵秩册四卷　清末内府抄本　四册

110000－0143－0000919　SG28/32

大明會典二百二十八卷　(明)申時行　(明)許國等總裁　(明)趙用賢　(明)劉虞夔等纂修　明天啓元年(1621)刻本　三十六册

110000－0143－0000920　SG28/34

皇明百官述二卷　(明)鄭曉撰　明隆慶鄭履準吾學編刻本　一册

110000－0143－0000921　SG28/6－1

牧民忠告二卷經進風憲忠告二卷廟堂忠告一卷　(元)張養浩撰　清道光十三年(1833)盧坤刻本　四册

110000－0143－0000922　SG28/6－2

為政忠告四卷　(元)張養浩撰　清道光十一年(1831)尹濟源碧鮮齋刻本　二册

110000－0143－0000923　SG281/6

明職一卷　(明)呂坤撰　清乾隆四年(1739)尹會一刻本　一册

110000－0143－0000924　SG281/9

官制備攷二卷　(明)李日華纂　(明)魯仲民補訂　明萬曆二十年至崇禎十七年(1592－1644)刻本　二册

110000－0143－0000925　SG281/10

閲史約書不分卷　(明)王光魯撰　明末刻本　一册

110000－0143－0000926　SG282/21

歷代君鑒五十卷　(明)代宗朱祁鈺撰　明景泰四年(1453)内府刻本　十册

110000－0143－0000927　SG29/9

亦政堂重修宣和博古圖録三十卷　(宋)王黼等撰　**亦政堂重修考古圖十卷**　(宋)呂大臨撰　(元)羅更翁考訂　**亦政堂重考古玉圖二卷**　(元)朱德潤撰　(元)羅更翁考訂　明萬曆三十一年(1603)寶古堂刻清乾隆十五年至十七年(1750－1752)亦政堂改刻東書堂印本　二十四册

110000－0143－0000928　SG29/9－1

亦政堂重修宣和博古圖録三十卷　(宋)王黼等撰　**亦政堂重修考古圖十卷**　(宋)呂大臨撰　(元)羅更翁考訂　**亦政堂重考古玉圖二卷**　(元)朱德潤撰　(元)羅更翁考訂　明萬曆三十一年(1603)寶古堂刻清乾隆十五年至十七年(1750－1752)亦政堂改刻東書堂印本　二十四册

110000－0143－0000929　SG29/23

[浙江紹興]史氏譜録合編八卷　(清)史在鑛修　(清)史墨重修　清康熙三十一年(1692)修乾隆四十年(1775)重刻本　二十一册

110000－0143－0000930　SG29/27

八旗滿洲氏族通譜八十卷目録二卷　(清)鄂爾泰總裁　(清)呂熾纂修　清乾隆九年(1744)刻本　二十四册

110000－0143－0000931　SG29/28

宗室王公功績表傳不分卷　(清)允祕撰　清乾隆内府刻本　一册

110000－0143－0000932　SG29/28－1

宗室王公世系襲職表　(清)允祕撰　清乾隆内府刻朱墨套印本　一册

110000－0143－0000933　SG29/30

[安徽歙縣]桂岩項氏分宗録不分卷　(清)項天瑞輯　清乾隆二十六年(1761)刻本　一册

110000－0143－0000934　SG291/121

讀書敏求記四卷　(清)錢曾撰　清雍正四年(1726)趙孟生刻乾隆十年(1745)嘉興沈氏雙桂堂重修六十年(1795)沈炎耆英堂遞修本　六册

110000－0143－0000935　SG291/230

違礙書籍名目不分卷　清康熙至雍正刻本　一册

110000－0143－0000936　SG291/253

振綺堂簡明書目不分卷　(清)汪遠孫編

(清)陳奐校勘　清道光二十九年(1849)顧沅抄本　二冊

110000－0143－0000937　SG291/352

國史經籍志六卷　(明)焦竑輯　明萬曆三十年(1602)陳汝元刻本　十冊

110000－0143－0000938　SG291/50

直齋書錄解題二十二卷　(宋)陳振孫撰　清乾隆武英殿木活字印本　六冊

110000－0143－0000939　SG292/5

清宗室襲爵譜不分卷　清光緒二十八年至三十四年(1902－1908)宗人府抄清宣統增補本　一冊

110000－0143－0000940　SG292/6

景祖翼皇帝第五子堅格不分卷　清道光二十七年(1847)至光緒宗人府玉牒館抄本　一冊

110000－0143－0000941　SG292/6

景祖翼皇帝第五子橫格不分卷　清道光二十七年(1847)至光緒宗人府玉牒館抄本　一冊

110000－0143－0000942　SG292/19

[安徽歙縣]鮑氏宣忠堂支譜二十二卷首一卷末一卷　(清)鮑琮　(清)鮑志道編纂　(清)鮑鼎安續編纂　清嘉慶十年至十一年(1805－1806)刻本　六冊

110000－0143－0000943　SG292/25

[山東曲阜]孔子世家譜二十二卷首一卷　(清)孔昭煥修　清乾隆十年(1745)刻本　十二冊

110000－0143－0000944　SG292/27

古今萬姓統譜一百四十卷歷代帝王姓氏系統譜六卷氏族博考十四卷　(明)凌迪知編　明萬曆刻本　二十二冊

110000－0143－0000945　SG216/5－5

通志略五十一卷　(宋)鄭樵撰　(明)陳宗夔校　明嘉靖二十九年(1550)陳宗夔刻清乾隆十三年(1748)金匱山房印本　二十四冊

110000－0143－0000946　SG292/51

[河南商丘]宋氏家乘二十卷　(清)宋犖修　(清)宋筠續修　清乾隆宋氏刻本　十冊

110000－0143－0000947　SG292/69－1

[浙江紹興]偁山章氏家乘初集二卷正集三十一卷首一卷彙集六卷首一卷　(明)章冠纂修　(清)章甫增補　明崇禎七年(1634)刻清康熙章氏增刻本　十二冊

110000－0143－0000948　SG292/71－1

[山東諸城]李氏族譜不分卷　(清)李文驤　(清)李嵩纂修　清乾隆五十二年(1787)刻本　四冊

110000－0143－0000949　SG292/71－1A

[山東諸城]李氏族譜不分卷　(清)李文驤　(清)李嵩纂修　清乾隆五十二年(1787)刻本　四冊

110000－0143－0000950　SG292/94

[山東曲阜]孔子世家譜纂要一卷首一卷　(清)孔毓佶撰　清乾隆十年(1745)刻本　一冊

110000－0143－0000951　SG292/111

[山東諸城]王氏家譜五卷　(清)王辛祚等修　清乾隆四十三年(1778)王氏刻本　五冊

110000－0143－0000952　SG292/112

[北京豐臺]宛平王氏族譜不分卷　(清)王惺等重修　清乾隆五十九年至六十年(1794－1795)王氏青箱堂刻本　四冊

110000－0143－0000953　SG292/124

[福建莆田]刺桐金紫方氏族譜二卷首一卷　(清)方元會纂修　清順治刻雍正重刻本　四冊

110000－0143－0000954　SG292/125

[安徽歙縣]方氏世譜不分卷　(清)方學伯纂修　清康熙二十七年(1688)刻本　七冊

110000－0143－0000955　SG292/130

[河北博野]博陵尹氏家譜不分卷　(清)尹會一纂修　清乾隆三年(1738)刻本　四冊

110000－0143－0000956　SG292/133

[遼寧海城]盧氏族譜三卷　(清)盧崧重修

清乾隆四十一年(1776)盧氏嘉會堂刻本　三冊

110000－0143－0000957　SG292/136
[山東樂陵]史氏家譜不分卷　(清)史以明原修　清乾隆十七年(1752)史氏刻本　一冊

110000－0143－0000958　SG292/148
[浙江武林]朱氏世譜不分卷　(清)朱廷慶輯　清光緒十一年至三十四年(1885－1908)抄本　二冊

110000－0143－0000959　SG292/158
[山西洪洞]洪洞劉氏宗譜八卷首一卷　(清)劉鎮　(清)劉誌輯　清康熙五十四年(1715)刻本　四冊

110000－0143－0000960　SG292/159
[河北滄州]劉氏家譜三卷首一卷　(清)劉玉策纂修　清乾隆三十二年(1767)刻本　四冊

110000－0143－0000961　SG292/160
[浙江義烏]劉氏重修宗譜三卷末一卷　(清)劉青藜重修　清乾隆四十二年(1777)劉氏木活字印本　十四冊

110000－0143－0000962　SG292/191
[浙江慈谿]李姓家世三卷首一卷　(清)陳生纂輯　清道光二十八年(1848)抄本　四冊

110000－0143－0000963　SG292/203
[浙江寧波]砌街李氏族譜考不分卷　(清)□□纂輯　清鄮峰草堂抄本　一冊

110000－0143－0000964　SG292/221
[浙江蕭山]蕭山何氏宗譜十二卷首一卷　(清)何沅重修　清乾隆何氏刻本　四冊

110000－0143－0000965　SG292/229
[安徽]汪氏統宗譜一百七十二卷　(明)汪湘　(明)汪同文纂修　明隆慶四年(1570)汪湘刻萬曆四年(1576)增刻本　十二冊

110000－0143－0000966　SG292/242
[河北南皮]張氏族譜十二卷　(清)張受長　(清)張卿子纂修　清乾隆二十九年(1764)刻本　十六冊

110000－0143－0000967　SG292/246
[浙江紹興]莊頭張氏族譜不分卷　(清)張正烈重修　清嘉慶十三年(1808)修嘉慶抄本　三冊

110000－0143－0000968　SG292/253
[北京順天]張氏家譜三十四卷　(清)張安常纂修　清道光抄本　一冊

110000－0143－0000969　SG292/258
[浙江紹興]兩溪陸氏家乘四卷　(清)陸岳揚重修　清乾隆四十六年(1781)陸氏思成堂刻本　四冊

110000－0143－0000970　SG292/261
[安徽廬江]陳氏四修宗譜十卷　(清)陳畏山　(清)陳煥章纂修　清乾隆四十九年至五十一年(1784－1786)廬江陳氏刻本　十冊

110000－0143－0000971　SG292/305
[江西婺源]考川明經胡氏宗譜四卷前編一卷　(明)胡臯主編　明萬曆刻本　四冊

110000－0143－0000972　SG292/313
[江西婺源]新安洪氏統宗譜不分卷　(明)洪烈編集　(明)洪垣校正　明嘉靖四十三年(1564)洪烈、洪垣刻本　十冊

110000－0143－0000973　SG292/314
[安徽歙縣]休寧洪源洪氏家乘三卷首一卷　(清)洪祚永編纂　清康熙九年(1670)修洪氏悅親堂寫本　四冊

110000－0143－0000974　SG292/325
[安徽歙縣]徐氏族譜十二卷　(清)徐禋等纂修　清乾隆五年(1740)徐氏刻本　十冊

110000－0143－0000975　SG292/326
[安徽休寧]徐氏族譜八卷　(清)徐天樞纂修　清乾隆五年(1740)刻本　四冊

110000－0143－0000976　SG292/327
[江蘇武進]小留徐氏八修宗譜十卷　(清)徐文鰲主修　(清)徐玉璪增輯　清光緒二年(1876)修徐氏稿本　十冊

110000－0143－0000977　SG292/332

[江蘇吴縣]洞庭東山翁氏宗譜十二卷首一卷附翁氏廣族名賢譜合鐫二卷 (清)翁遵讓等重輯 清乾隆二十四年(1759)修三十年(1765)翁氏刻本 十二册

110000－0143－0000978 SG292/371
[浙江紹興]山陰傅氏家譜不分卷 (清)傅仲辰纂修 (清)□□續修 清道光十四年至三十年(1834－1850)傅氏樹滋堂抄本 二册

110000－0143－0000979 SG292/374
[山東章丘]焦氏家譜不分卷 (清)焦家麟續修 清道光七年至三十年(1827－1850)抄本 二册

110000－0143－0000980 SG292/376
[江蘇鎮江]道氏重修宗譜四卷 (清)道世滙纂修 (清)道常慶補錄 清道光三年(1823)道常慶抄本 四册

110000－0143－0000981 SG292/381
[江西婺源]新安詹氏家譜四卷 (明)詹仁會編 (清)詹坤正校輯 明成化抄本 四册

110000－0143－0000982 SG292/391
[陝西維南]薛氏家譜二卷附家祠十七事不分卷 (清)薛韞纂修 **[陝西維南]小輪老人年譜二卷** (清)薛寧廷 (清)薛介廷撰 清乾隆二十六年(1761)薛氏刻本 一册

110000－0143－0000983 SG292/394
[安徽桐城]桐城璩氏宗譜四卷 (清)璩紹傑纂修 清雍正四年(1726)璩氏刻本 四册

110000－0143－0000984 SG292/398
[山東德州]魏氏家譜四卷 (清)魏廣智等續修輯 清乾隆刻本 四册

110000－0143－0000985 SG292/400
鑲藍旗第三族宗室男女紅名底檔不分卷 清光緒三十二年(1906)抄本 八册

110000－0143－0000986 SG293/2－2
尚友錄二十二卷 (明)廖用賢編纂 明天啓元年(1621)商周祚刻本 十六册

110000－0143－0000987 SG293/21
國朝歷科題名碑錄不分卷 (清)李周望輯 清乾隆十七年至六十年(1752－1795)國子監刻本 九册

110000－0143－0000988 SG293/36
[浙江蕭山]任氏家乘十六卷 (清)任以任重修 清嘉慶十二年(1807)任氏永思堂木活字印本 十六册

110000－0143－0000989 SG293/41－1
儒林宗派十六卷 (清)萬斯同輯 清乾隆三十八年(1773)萬邠初刻本 二册

110000－0143－0000990 SG293/45
詞科掌錄十七卷附詞科餘話七卷 (清)杭世駿編輯 清乾隆元年至三十七年(1736－1772)道古堂刻本 八册

110000－0143－0000991 SG293/45
詞科掌錄十七卷附詞科餘話七卷 (清)杭世駿編輯 清乾隆元年至三十七年(1736－1772)道古堂刻本 八册

110000－0143－0000992 SG293/53
春秋憶備十四卷 清抄本 十四册

110000－0143－0000993 SG293/59
乾隆乙未同年齒錄 清乾隆四十年(1775)抄本 二册

110000－0143－0000994 SG293/65
雍正二年金榜 清雍正二年(1724)内府抄本 一册

110000－0143－0000995 SG293/78
造呈蘇屬道員知府直隸州各班員名簡明履歷清册不分卷 清光緒十八年(1892)江蘇布政使司抄本 一册

110000－0143－0000996 SG293/108
雍正山東鄉試錄不分卷 (清)沈近思輯 清雍正二年(1724)沈近思抄本 一册

110000－0143－0000997 SG293/132
各省將軍都統摺子副都統摺子不分卷 清光緒三十年至三十四年(1904－1908)兵部抄本 十六册

110000－0143－0000998　SG210/4
金石苑三巴漢石紀存不分卷　(清)劉喜海撰　清道光二十六年(1846)劉氏來鳳堂刻本　三册　存金石苑

110000－0143－0000999　SG210/4－1
金石苑三巴漢石紀存不分卷　(清)劉喜海撰　清道光二十六年(1846)劉氏來鳳堂刻本　六册

110000－0143－0001000　SG210/6
金石三例十五卷　(清)盧見曾輯　清乾隆二十年(1755)盧見曾刻本　四册

110000－0143－0001001　SG210/145
金石契不分卷　(清)張燕昌撰　清乾隆三十六年(1771)刻四十三年(1778)重訂本　二册

110000－0143－0001002　SG210/152
石墨鐫華八卷　(明)趙崡撰　明萬曆四十六年(1618)趙崡自刻本　四册

110000－0143－0001003　SG210/158－3
關中金石記八卷　(清)畢沅撰　清乾隆四十六年(1781)畢氏經訓堂刻本　六册

110000－0143－0001004　SG210/170
廣川書跋十卷　(宋)董逌撰　(明)毛晉訂　明崇禎毛晉汲古閣刻本　六册

110000－0143－0001005　SG210/189
隸釋二十七卷隸續二十一卷　(宋)洪适撰　清乾隆四十二年至四十三年(1777－1778)汪日秀樓松書屋刻本　十二册

110000－0143－0001006　SG210/205
硯小史四卷　(清)朱棟編　清嘉慶五年(1800)樓外樓刻本　四册

110000－0143－0001007　SG210/210
端溪硯志三卷首一卷　(清)吳繩年輯　清乾隆二十二年(1757)刻道光二十五年(1845)增刻本　二册

110000－0143－0001008　SG210/215
泉幣圖說六卷　(清)吳文炳　(清)吳鶱撰　清嘉慶五年(1800)吳文炳香雪山莊刻本　二册

110000－0143－0001009　SG210/216
宋淳熙敕編古玉圖譜一百卷　(宋)龍大淵等撰　(宋)劉松年繪圖　清乾隆四十四年(1779)江春康山草堂刻本　二十四册

110000－0143－0001010　SG210/217
古泉藪　(清)李寶臺拓　楊守敬編　清光緒三十年(1904)刻本　四册　存四册(一、六至八)

110000－0143－0001011　SG210/218
古金石磚瓦文字集不分卷　(清)吳大澂輯　清光緒至宣統吳大澂等拓印本　二册

110000－0143－0001012　SG210/222
寶古堂重修考古圖十卷　(宋)呂大臨　(元)羅更翁考訂　明萬曆三十一年(1603)刻本　五册

110000－0143－0001013　SG210/222
宋淳熙敕編古玉圖譜一百卷　(宋)龍大淵等撰　(宋)劉松年繪圖　清乾隆四十四年(1779)江春康山草堂刻本　十册

110000－0143－0001014　SG210/231－1、SG15/29
元和蔡氏所著書三種十六卷　(清)蔡雲撰　清道光四年至七年(1824－1827)刻本　四册

110000－0143－0001015　SG210/245
金石存十五卷　(清)吳玉搢纂　(清)李宗昉校　清嘉慶二十四年(1819)山陽李氏聞妙香室刻本　四册

110000－0143－0001016　SG2101/24
格古要論十三卷　(明)曹昭撰　(明)舒敏　(明)王佐　(明)黄正位校　明萬曆十年至四十七年(1582－1619)刻清順治元年至康熙十年(1644－1671)修訂本　二册

110000－0143－0001017　SG2101/24－1
格古要論十三卷　(明)曹昭撰　(明)舒敏　(明)王佐　(明)黄正位校　明萬曆十年至四十七年(1582－1619)刻本　一册

110000－0143－0001018　SG2101/24－1A
格古要論十三卷　(明)曹昭撰　(明)舒敏　(明)王佐　(明)黄正位校　明萬曆十年至四十七年(1582－1619)刻本　四冊

110000－0143－0001019　SG2101/37
隸篇十五卷續十五卷再續十五卷　(清)翟云升撰　清道光十七年至二十年(1837－1840)翟云升五經歲徧齋刻本　十冊

110000－0143－0001020　SG2101/37
隸篇十五卷續十五卷再續十五卷　(清)翟云升撰　清道光十七年至二十年(1837－1840)翟云升五經歲徧齋刻本　十冊

110000－0143－0001021　SG2102/10
歷代鐘鼎彝器款識法帖二十卷　(宋)薛尚功撰　清嘉慶二年(1797)阮元刻本　四冊

110000－0143－0001022　SG2102/16－2
鐘鼎字源五卷附錄不分卷　(清)汪立名撰　清康熙五十五年(1716)汪氏一隅草堂刻本　二冊

110000－0143－0001023　SG2102/32
秦漢瓦當文字二卷續一卷　(清)程敦撰　清乾隆五十二年(1787)横渠書院刻五十九年(1794)續刻拓印本　二冊

110000－0143－0001024　SG2102/60－2
歷代鐘鼎彝器款識法帖二十卷　(宋)薛尚功撰　明萬曆至崇禎抄本　四冊　存八卷(一至八)

110000－0143－0001025　SG2102/73
觀妙齋藏金石文攷略十六卷　(清)李光暎撰　清雍正七年至十三年(1729－1735)李光暎刻本　六冊

110000－0143－0001026　SG2102/88
石鼓文鈔不分卷　(清)楊世春輯　清嘉慶十三年(1808)惠迪堂刻本　四冊

110000－0143－0001027　SG2102/93
金薤琳琅二十卷　(明)都穆撰　**金薤琳琅補遺不分卷**　(清)宋振譽撰　清乾隆四十三年(1778)汪荻洲刻本　四冊

110000－0143－0001028　SG2102/104
隨軒金石文字九種不分卷　(清)徐渭仁鉤摹　**建昭鴈足鐙考二卷**　(清)徐渭仁撰　清道光十七年至二十四年(1837－1844)徐渭仁、徐允臨刻同治七年(1868)重刻本　四冊

110000－0143－0001029　SG2103/7
金石圖不分卷　(清)褚峻摹　(清)牛運震集說　清乾隆八年(1743)牛運震拓印本　四冊

110000－0143－0001030　SG2103/7
金石圖不分卷　(清)褚峻摹　(清)牛運震集說　清乾隆八年(1743)牛運震拓印本　一冊

110000－0143－0001031　SG2103/16
古泉日新錄不分卷　清末至民國初拓本　二冊

110000－0143－0001032　SG2103/44
金石圖錄不分卷　楊守敬輯　清光緒十年至宣統三年(1884－1911)楊守敬拓印本　六冊

110000－0143－0001033　SG2103/45
三代古陶軒瓦器文字不分卷　(清)陳介祺輯　清道光三年至光緒十年(1823－1884)三代古陶軒拓印本　四冊

110000－0143－0001034　SG2104/5
蘇米齋蘭亭考八卷　(清)翁方綱撰　清嘉慶八年(1803)翁方綱刻本　二冊

110000－0143－0001035　SG211./2
歷代史纂左編一百四十二卷　(明)唐順之編輯　明嘉靖四十年(1561)刻萬曆四十年(1612)重刻本　九十冊

110000－0143－0001036　SG211./5
諸史品節四十卷　(明)陳深　(明)陸翀之輯　明萬曆二十一年至四十七年(1593－1619)刻本　十二冊

110000－0143－0001037　SG211./5－1
諸史品節四十卷　(明)陳深　(明)陸翀之輯　明萬曆二十一年至四十七年(1593－1619)刻本　四十冊

110000－0143－0001038　SG211./13
讀史提要錄十二卷　(清)夏之蓉編　清乾隆三十七年(1772)夏之蓉刻本　四册

110000－0143－0001039　SG211./19
雪廬讀史快編六十卷　(明)趙維寰輯　明天啓四年(1624)趙維寰刻本　十册

110000－0143－0001040　SG211./19
雪廬讀史快編六十卷　(明)趙維寰輯　明天啓四年(1624)趙維寰刻本　十八册

110000－0143－0001041　SG211./19
雪廬讀史快編六十卷　(明)趙維寰輯　明天啓四年(1624)趙維寰刻本　二十册

110000－0143－0001042　SG211./21
王先生十七史蒙求十六卷　(宋)王令撰　清康熙四十九年(1710)程宗璜刻本　二册

110000－0143－0001043　SG211./21
王先生十七史蒙求十六卷　(宋)王令撰　清康熙四十九年(1710)程宗璜刻本　二册

110000－0143－0001044　SG211./28
太史華句八卷　(明)凌迪知輯　明萬曆五年(1577)凌氏刻本　二册

110000－0143－0001045　SG211./28－1
太史華句八卷　(明)凌迪知輯　明萬曆五年(1577)凌氏刻本　二册

110000－0143－0001046　SG211./31
通鑑全史彙編歷朝傳統錄八卷　(明)劉綦纂　(明)徐熥禧　(明)程維培校訂　明崇禎十五年(1642)程維培刻本　四册

110000－0143－0001047　SG211./42、SG211./11、SG211./39、SG211./40
廿一史文鈔三百三十二卷　(明)戴羲輯　明崇禎刻本　十二册　存四十九卷(晉書文鈔二十一卷、南齊書文鈔八卷、北史文鈔八卷、隋書文鈔十二卷)

110000－0143－0001048　SG211./44
史記鈔九十一卷　(明)茅坤輯　明泰昌元年(1620)閔振業刻朱墨套印本　二十四册

110000－0143－0001049　SG211./46
三國志注鈔八卷　(明)鍾惺輯　明萬曆四十五年(1617)刻本　六册

110000－0143－0001050　SG211.1/2
通紀彙編九卷　(清)楊本源撰　清順治十八年至康熙十年(1661－1671)刻本　八册

110000－0143－0001051　SG211.1/3
古今鑑略韻史策要二卷　(明)鄭三樂編著　明天啓至崇禎刻本　四册

110000－0143－0001052　SG211.1/4
歐陽文忠公五代史抄二十卷　(明)茅坤輯　明崇禎四年至十七年(1631－1644)刻本　四册

110000－0143－0001053　SG211.2/1
通鑑總類二十卷　(宋)沈樞輯　明萬曆二十三年(1595)司禮監孫隆刻本　八册

110000－0143－0001054　SG211.2/3
漢書鈔九十三卷　(明)茅坤評選　(明)陳曼年　(明)茅一桂同校　明萬曆十七年(1589)茅氏自刻本　二十二册

110000－0143－0001055　SG212./20－3
史通訓故補二十卷　(清)黄叔琳撰　清乾隆十二年(1747)黄叔琳養素堂刻本　十册

110000－0143－0001056　SG212./2－2
史通通釋二十卷附錄一卷　(清)浦起龍撰　清乾隆十七年(1752)梁溪浦氏求放心齋刻本　六册

110000－0143－0001057　SG212./2－2
史通通釋二十卷附錄一卷　(清)浦起龍撰　清乾隆十七年(1752)梁溪浦氏求放心齋刻本　八册

110000－0143－0001058　SG212./3
史記評林一百三十卷首一卷　(明)凌稚隆輯　(明)李光縉增補　明萬曆二年至四年(1574－1576)凌稚隆刻本　四十册

110000－0143－0001059　SG212./3
史記評林一百三十卷首一卷　(明)凌稚隆輯

(明)李光縉增補　明萬曆四年至四十八年(1576－1620)建陽熊氏宏遠堂刻本　三十冊

110000－0143－0001060　SG212./3－1
史記評林一百三十卷首一卷　(明)凌稚隆輯　(明)李光縉增補　明萬曆四年至四十八年(1576－1620)建陽熊氏宏遠堂刻本　三十二冊

110000－0143－0001061　SG212./7
鑑語經世編二十七卷　(清)魏裔介纂　清康熙十四年(1675)魏氏兼濟堂刻本　八冊

110000－0143－0001062　SG212./7
鑑語經世編二十七卷　(清)魏裔介纂　清康熙十四年(1675)魏氏兼濟堂刻本　十二冊

110000－0143－0001063　SG212./8
東萊先生音註唐鑑二十四卷　(宋)范祖禹撰　(宋)呂祖謙註　清順治刻本　八冊

110000－0143－0001064　SG212./9
四言史徵十二卷　(清)葛震輯　(清)曹荃注釋　清雍正長白曹荃芷園刻本　十二冊

110000－0143－0001065　SG212./15
史義拾遺二卷　(元)楊維禎撰　(明)任轍校　明嘉靖十九年(1540)任轍刻本　二冊

110000－0143－0001066　SG212./20
史通訓故補二十卷　(清)黄叔琳撰　清乾隆十二年(1747)黄叔琳養素堂刻本　八冊

110000－0143－0001067　SG212./20
史通訓故補二十卷　(清)黄叔琳撰　清乾隆十二年(1747)黄叔琳養素堂刻本　六冊

110000－0143－0001068　SG212./20
史通訓故補二十卷　(清)黄叔琳撰　清乾隆十二年(1747)黄叔琳養素堂刻本　八冊

110000－0143－0001069　SG212./47
讀書論世十六卷　(清)吳肅公撰　清康熙三十七年至六十一年(1698－1722)詒清堂刻本　四冊

110000－0143－0001070　SG212.1/1
史通二十卷　(唐)劉知幾撰　明萬曆三十年(1602)張鼎思刻本　八冊

110000－0143－0001071　SG212.1/1－1
史通二十卷　(唐)劉知幾撰　(明)李維禎評　(明)郭延年評釋　明嘉靖二十六年至崇禎十七年(1547－1644)金炳壎刻本　四冊

110000－0143－0001072　SG212.1/6
讀史管見三十卷目錄二卷　(宋)胡寅撰　明崇禎八年(1635)刻清康熙五十三年(1714)至雍正末印本　十六冊

110000－0143－0001073　SG212.2/2
王鳳洲先生綱鑑正史全編二十四卷　(明)王世貞撰　(明)張睿卿輯　明崇禎十二年(1639)刻本　十二冊

110000－0143－0001074　SG212.2/14
讀史漫錄十四卷　(明)于慎行撰　(明)郭應寵編　明萬曆四十二年(1614)于緯刻本　十二冊

110000－0143－0001075　SG212.2/14－1
讀史漫錄十四卷　(明)于慎行撰　(明)郭應寵編　明萬曆四十二年(1614)于緯刻清末遞修本　八冊

110000－0143－0001076　SG212.2/22－1
東萊先生音註唐鑑二十四卷　(宋)范祖禹撰　(宋)呂祖謙註　清順治刻本　八冊

110000－0143－0001077　SG212.2/22－1A
東萊先生音註唐鑑二十四卷　(宋)范祖禹撰　(宋)呂祖謙註　清順治刻本　六冊

110000－0143－0001078　SG212.2/22－2
唐鑑十二卷　(宋)范祖禹撰　(宋)呂祖謙註　清乾隆武進惲懷英抄本　四冊

110000－0143－0001079　SG212.2/34
讀史集四卷　(明)楊以任輯　明崇禎書林蔡益所刻本　七冊　存三卷(讀史集恨一卷、讀史集膽一卷、讀史集識一卷)

110000－0143－0001080　SG212.2/34
讀史集四卷　(明)楊以任輯　明崇禎書林蔡益所刻本　二冊　存一卷(讀史集恨一卷)

110000－0143－0001081　SG212.2/49
讀史機略十卷　(明)何譔輯　明天啓三年(1623)王鳳翔、劉文顯刻本　四册

110000－0143－0001082　SG212.2/61
漢史億二卷　(清)孫廷銓纂　清康熙十年至六十一年(1671－1722)刻雍正印本　二册

110000－0143－0001083　SG212.3/27
經濟類考約編二卷　(清)顧九錫輯著　清康熙七年(1668)刻雍正八年(1730)印本　四册

110000－0143－0001084　SG212.3/41－1
經濟類考約編二卷　(清)顧九錫輯著　清康熙七年(1668)刻雍正八年(1730)印本　六册

110000－0143－0001085　SG212.4/2
歷代史略十段錦詞話註二卷附歷代帝王紀一卷　(明)楊慎撰　(明)程仲秩註　明萬曆至崇禎刻朱墨套印本　二册

110000－0143－0001086　SG212.4/5
楊鐵崖先生詠史古樂府四卷　(元)楊維禎撰　(明)王榮紘編　清乾隆三十八年(1773)王榮紘刻本　二册

110000－0143－0001087　SG213.2/10
經史序錄二卷　(清)吳承漸輯　**甲子會紀一卷**　(明)薛應旂輯　**歷代國都一卷**　(清)□□輯　清康熙三十一年(1692)吳承漸思訓堂刻本　四册

110000－0143－0001088　SG213.3/1
帝鑑圖說不分卷　(明)張居正等撰　明萬曆元年(1573)刻本　四册

110000－0143－0001089　SG213.3/2
帝鑑圖說六卷　(明)張居正等撰　明萬曆三十二年(1604)金鐮刻本　一册　存三卷(仁集一卷、義集一卷、智集一卷)

110000－0143－0001090　SG213.3/44
籌海圖編十三卷　(明)胡宗憲撰　明天啓四年(1624)胡維極刻本　八册

110000－0143－0001091　SG311/1
玉堂校傳如崗陳先生二經精解全編九卷　(明)陳懿典撰　(明)焦竑考定　明萬曆二十二年(1594)熊雲濱刻本　十六册　缺四卷(一至三、九)

110000－0143－0001092　SG311/20
六子書六十二卷　(明)許宗魯輯　明嘉靖六年(1527)許宗魯樊川別業刻本　十二册

110000－0143－0001093　SG311/22
二十家子書二十九卷　(明)謝汝韶輯　明萬曆六年(1578)吉藩崇德書院刻本　十六册

110000－0143－0001094　SG311/26
四子全書九卷　(明)董逢元編　明萬曆二十三年(1595)董氏秋聲閣刻綠筠堂印本　十六册

110000－0143－0001095　SG311/31
三子合刊十三卷　(明)閔齊伋輯　明萬曆三十八年至崇禎十七年(1610－1644)閔齊伋刻本　七册

110000－0143－0001096　SG311/35
諸子品節五十卷　(明)陳深輯　明萬曆十八年(1590)刻本　十六册

110000－0143－0001097　SG312/1
管子二十四卷　(周)管仲撰　(唐)房玄齡註　(明)劉績　(明)朱長春糸補　明天啓至崇禎刻本　四册

110000－0143－0001098　SG312/1－2
管子二十四卷　(周)管仲撰　(唐)房玄齡註　(明)劉績增注　(明)朱長春通演　(明)沈鼎新　(明)朱養純糸評　(明)朱養和輯訂　明天啓五年(1625)朱養純花齋刻本　六册

110000－0143－0001099　SG312/1－2
管子二十四卷　(周)管仲撰　(唐)房玄齡註　(明)劉績增注　(明)朱長春通演　(明)沈鼎新　(明)朱養純糸評　(明)朱養和輯訂　明天啓五年(1625)朱養純花齋刻本　十册

110000－0143－0001100　SG312/8－5
韓非子二十卷　(周)韓非子著　明萬曆十年(1582)趙用賢刻本　八册

110000－0143－0001101　SG312/8－8
韓非子評林二十卷　(周)韓非子著　明刻本　四冊

110000－0143－0001102　SG312/14－2
新纂門目五臣音註揚子法言十卷　(漢)揚雄撰　(晉)李軌　(唐)柳宗元註　(宋)宋咸　(宋)吳祕　(宋)司馬光重添註　明刻本　六冊

110000－0143－0001103　SG312/15－1
中說十卷　(隋)王通撰　(宋)阮逸注　明初刻本　二冊

110000－0143－0001104　SG312/15－1
中說十卷　(隋)王通撰　(宋)阮逸注　明嘉靖十二年(1533)吳郡顧氏刻本　一冊

110000－0143－0001105　SG312/15－4
中說十卷　(隋)王通撰　(宋)阮逸注　明刻本　四冊

110000－0143－0001106　SG312/19－12
老子道德經二卷　(三國魏)王弼注　清乾隆武英殿木活字印本　二冊

110000－0143－0001107　SG312/20－1
沖虛至德真經八卷　(晉)張湛注　明嘉靖十二年(1533)顧春世德堂刻本　二冊

110000－0143－0001108　SG312/21－1
南華真經評注五卷　(周)莊周著　(晉)向秀注　(晉)郭象評　清刻本　三冊　存三卷(二、四至五)

110000－0143－0001109　SG312/21－4
莊子南華真經十卷　(晉)郭象注　明刻本　十冊

110000－0143－0001110　SG312/21－5
孫月峯先生批點南華真經八卷　(明)孫鑛批點　(明)王澍校　明萬曆三十九年(1611)王澍刻朱墨套印本　四冊

110000－0143－0001111　SG312/21－6
莊子南華真經四卷音義四卷　(周)莊周撰　(唐)陸德明音義　明閔齊伋刻朱墨套印本　四冊

110000－0143－0001112　SG312/29
莊子南華真經十卷　(晉)郭象注　明刻本　六冊

110000－0143－0001113　SG312/29－3
莊子十卷　(周)莊周撰　(晉)郭象注　(唐)陸德明音義　清康熙刻本　十冊

110000－0143－0001114　SG312/99
六子書六十卷　(明)顧春輯　明嘉靖十二年(1533)顧春世德堂刻本　二十冊

110000－0143－0001115　SG312/99－1
六子書六十卷　(明)顧春輯　明桐陰書屋刻本　三十四冊

110000－0143－0001116　SG312/126－1
莊子翼八卷　(明)焦竑輯　(明)王元貞校閱　**老子翼三卷**　(明)焦竑輯　(明)王元貞校閱　明萬曆十六年(1588)王元貞刻本　七冊

110000－0143－0001117　SG312/131
南華經十六卷　(晉)郭象注　(宋)林希逸　(宋)劉辰翁　(明)王世貞點校　明萬曆三十三年(1605)刻四色套印本　六冊

110000－0143－0001118　SG312/134
莊子翼八卷　(明)焦竑編訂　(明)王元貞校閱　明萬曆十六年(1588)王元貞刻本　四冊

110000－0143－0001119　SG313/1
玉海二百卷附辭學指南四卷詩考一卷詩地考六卷漢藝文志考證十卷通鑑地理通釋十四卷漢制考四卷踐祚篇集解一卷周易鄭康成注一卷姓氏急就篇二卷急就篇補注四卷周書王會補注一卷小學紺珠十卷六經天文篇二卷通鑑答問五卷　(宋)王應麟撰　元至元六年(1340)慶元路儒學刻元明遞修本　三十二冊　存二百四卷(玉海二百卷、附辭學指南四卷)

110000－0143－0001120　SG313/1
玉海二百卷附辭學指南四卷詩考一卷詩地考六卷漢藝文志考證十卷通鑑地理通釋十四卷

漢制考四卷踐祚篇集解一卷周易鄭康成注一卷姓氏急就篇二卷急就篇補注四卷周書王會補注一卷小學紺珠十卷六經天文篇二卷通鑑答問五卷　(宋)王應麟撰　元至元六年(1340)慶元路儒學刻元明清遞修本　一百冊

110000－0143－0001121　SG313/2
玉海纂二十二卷　(宋)王應麟輯　(明)劉鴻訓纂　清順治四年(1647)刻本　十五冊

110000－0143－0001122　SG313/4
冊府元龜一千卷目錄十卷　(宋)王欽若輯　明崇禎十五年(1642)黃國琦刻本　二百六十冊

110000－0143－0001123　SG313/6
唐類函二百卷目錄二卷　(明)俞安期纂　(明)徐顯卿校訂　明萬曆三十一年(1603)俞安期自刻清順治重刻本　五十七冊

110000－0143－0001124　SG313/6
唐類函二百卷目錄二卷　(明)俞安期纂　(明)徐顯卿校訂　明萬曆三十一年(1603)俞安期自刻四十六年(1618)程開祜印本　八十冊

110000－0143－0001125　SG313/7
淵鑑類函四百五十卷目錄四卷　(清)張英等輯　清康熙四十九年(1710)內府刻本　一百三十九冊

110000－0143－0001126　SG313/7－5
淵鑑類函四百五十卷目錄四卷　(清)張英等輯　清康熙四十九年(1710)內府刻本　一百四十冊

110000－0143－0001127　SG313/9－2
韻府羣玉二十卷　(元)陰時夫編輯　(元)陰中夫編注　明刻本　十冊

110000－0143－0001128　SG313/9－3
新增說文韻府羣玉二十卷　(元)陰時夫編輯　(元)陰中夫編注　明末刻本　十六冊

110000－0143－0001129　SG313/9－4
新增說文韻府羣玉二十卷　(元)陰時夫編輯　(元)陰中夫編注　明末聚錦堂刻本　二十冊

110000－0143－0001130　SG313/9－5
新增說文韻府羣玉二十卷　(元)陰時夫編輯　(元)陰中夫編注　明萬曆十八年(1590)王元貞刻本　十冊

110000－0143－0001131　SG313/10
新鍥簪纓必用增補秘笈新書十三卷別集三卷　(宋)謝枋得輯　(明)吳道南增補　明萬曆三十六年(1608)刻翠慶堂印本　二十四冊

110000－0143－0001132　SG313/13
精選黃眉故事十卷　(明)鄧志謨彙編　清康熙三十六年(1697)刻本　三冊

110000－0143－0001133　SG313/16
潛確居類書一百二十卷　(明)陳仁錫輯　明崇禎映雪草堂刻本　四十八冊

110000－0143－0001134　SG313/16－2
潛確居類書一百二十卷　(明)陳仁錫輯　明崇禎刻本　七十二冊

110000－0143－0001135　SG313/16－2
潛確居類書一百二十卷　(明)陳仁錫輯　明崇禎刻本　六十冊

110000－0143－0001136　SG313/16－2
潛確居類書一百二十卷　(明)陳仁錫輯　明崇禎刻本　六十六冊

110000－0143－0001137　SG313/19
五車韻瑞一百六十卷　(明)凌稚隆輯　明萬曆三十五年至四十八年(1607－1620)葉瑤池天葆堂刻本　二十四冊

110000－0143－0001138　SG313/19
五車韻瑞一百六十卷　(明)凌稚隆輯　明萬曆三十五年至四十八年(1607－1620)葉瑤池天葆堂刻本　三十二冊

110000－0143－0001139　SG313/19
五車韻瑞一百六十卷　(明)凌稚隆輯　明萬曆三十五年至四十八年(1607－1620)葉瑤池天葆堂刻本　二十冊

110000－0143－0001140　SG313/24
分類字錦六十四卷　(清)何焯　(清)陳鵬年纂輯　(清)張廷玉校刊　清康熙六十一年(1722)武英殿刻本　四十册

110000－0143－0001141　SG313/25
子史類語二十四卷　(明)胡尚洪輯　明天啓六年(1626)刻本　四册

110000－0143－0001142　SG313/29
表異録二十卷　(明)王志堅輯　清康熙陳世修潄六閣刻乾隆最宜草堂本　二册

110000－0143－0001143　SG313/29
表異録二十卷　(明)王志堅輯　清康熙陳世修潄六閣刻乾隆最宜草堂本　四册

110000－0143－0001144　SG313/34－1
子彙二十四種三十四卷　(明)周子義輯　明萬曆四年至五年(1576－1577)南京國子監刻本　二十册

110000－0143－0001145　SG313/35
唐宋白孔六帖一百卷目録二卷　(唐)白居易　(宋)孔傳續撰　明嘉靖刻本　二十四册

110000－0143－0001146　SG313/35
唐宋白孔六帖一百卷目録二卷　(唐)白居易　(宋)孔傳續撰　明嘉靖刻本　四十册

110000－0143－0001147　SG313/38
小學紺珠十卷　(宋)王應麟輯　元至元六年(1340)慶元路儒學刻本　四册　存四卷(一、四至六)

110000－0143－0001148　SG313/38－2
小學紺珠十卷　(宋)王應麟輯　(清)范清洪校刊　清乾隆八年(1743)介休范氏慈儉堂刻本　十册

110000－0143－0001149　SG313/39
山堂肆考二百四十卷　(明)彭大翼纂著　(明)張幼學編輯　明萬曆二十三年(1595)刻四十七年(1619)重刻本　八十册

110000－0143－0001150　SG313/40
蘭雪堂古事苑定本十二卷　(明)鄧志謨輯　(清)戴璁参定　清康熙蘭雪堂刻本　十册

110000－0143－0001151　SG313/40
蘭雪堂古事苑定本十二卷　(明)鄧志謨輯　(清)戴璁参定　清康熙蘭雪堂刻本　八册

110000－0143－0001152　SG313/42
藝文類聚一百卷　(唐)歐陽詢纂　明嘉靖六年至七年(1527－1528)胡纘宗、陸采刻本　四十册

110000－0143－0001153　SG313/42－1
藝文類聚一百卷　(唐)歐陽詢纂　(明)王元貞校　明萬曆十五年(1587)王元貞刻本　六十四册

110000－0143－0001154　SG313/49
經濟類編一百卷　(明)馮琦纂　(明)馮瑗　(明)周家棟　(明)吳光義校　明萬曆三十二年(1604)周家棟、吳光義刻本　五十册

110000－0143－0001155　SG313/51
新編古今事文類聚前集六十卷後集五十卷續集二十八卷别集三十二卷　(宋)祝穆輯　**新集三十六卷外集十五卷**　(元)富大用輯　**遺集十五卷**　(元)祝淵撰　明萬曆三十二年(1604)唐富春德壽堂刻本　一百十八册

110000－0143－0001156　SG313/59
學海君道部二百四十卷目録八卷　(明)饒伸輯　明萬曆刻本　一百四十册

110000－0143－0001157　SG313/60/A
類書纂要三十三卷　(清)周魯輯　(清)黃機鑒定　(清)侯杲糸　清康熙二年至三年(1663－1664)侯杲刻本　二十四册

110000－0143－0001158　SG313/60/B
類書纂要三十三卷　(清)周魯輯　(清)黃機鑒定　(清)侯杲糸　清康熙二年至三年(1663－1664)侯杲刻本　十二册　存十四卷(一至六、十一至十八)

110000－0143－0001159　SG313/61
事物紀原集類十卷　(宋)高承輯　(明)閻敬校正　(明)李果批點　明成化八年(1472)李

果刻本　六冊

110000－0143－0001160　SG313/63
六經類雅五卷　（明）徐常吉輯　（明）霍嵩易訂正　明萬曆十七年（1589）徐常吉刻本　四冊

110000－0143－0001161　SG313/65
修辭指南二十卷　（明）浦南金輯　明嘉靖三十六年（1557）浦南金五樂堂刻本　八冊

110000－0143－0001162　SG313/66－1
廣博物志五十卷　（明）董斯張纂　（明）楊鶴訂　明萬曆四十三年至四十七年（1615－1619）高暉堂刻本　四十冊

110000－0143－0001163　SG313/67
正音攟言四卷　（明）王荔撰　（明）王允嘉注　明崇禎元年（1628）王允嘉舍泓堂刻本　四冊

110000－0143－0001164　SG313/67
正音攟言四卷　（明）王荔撰　（明）王允嘉注　明崇禎元年（1628）王允嘉舍泓堂刻本　四冊

110000－0143－0001165　SG313/69
類林新詠三十六卷　（清）姚之駰撰　清康熙刻本　六冊

110000－0143－0001166　SG313/70
楮記室十五卷　（明）潘塤纂集　明嘉靖三十九年至四十五年（1560－1566）潘蔓刻本　四冊

110000－0143－0001167　SG313/74
宋稗類鈔八卷　（清）潘永因編輯　（清）潘永圜訂定　清康熙八年至十五年（1669－1676）刻本　八冊

110000－0143－0001168　SG313/75
新箋決科古今源流至論前集十卷後集十卷續集十卷　（宋）林駉撰　**別集十卷**　（宋）黃履翁編　明嘉靖十六年（1537）白玶刻本　二十冊

110000－0143－0001169　SG313/78
新刊唐荊川先生稗編一百二十卷目錄三卷　（明）唐順之輯　（明）左烝考校　明萬曆九年（1581）茅一相文霞閣刻本　六十冊

110000－0143－0001170　SG313/80
傭吹錄二集二十一卷　（明）文德翼輯　清康熙元年至二十年（1662－1681）文氏求是堂刻本　六冊

110000－0143－0001171　SG313/81
格致鏡原一百卷　（清）陳元龍輯　清康熙五十六年（1717）刻雍正十三年（1735）陳元龍印本　三十二冊

110000－0143－0001172　SG313/82
文苑彙雋二十四卷　（明）孫丕顯彙纂　（明）劉朝箴校閱　明萬曆三十六年（1608）刻本　十六冊

110000－0143－0001173　SG313/89
擇執錄十二卷　（清）王家啓編　清順治刻乾隆十年（1745）重刻本　六冊

110000－0143－0001174　SG313/90
羣書典彙十四卷　（明）黃道周輯　明崇禎十六年（1643）敦古齋刻本　十四冊

110000－0143－0001175　SG313/91
清代文獻邁古錄二十四卷附錄不分卷　（清）趙祖銘撰　清光緒十三年（1887）至民國初抄本　八冊

110000－0143－0001176　SG313/93
四六霞肆十六卷　（明）何偉然彙纂　（明）胡正言校梓　明天啓至崇禎胡正言十竹齋刻本　十冊

110000－0143－0001177　SG313/96
石渠閣評輯鋪茵古集八卷　（明）李自榮評點　（清）蔣時機類輯　清順治刻本　八冊

110000－0143－0001178　SG313/98
菉斐堂子史匯纂二十四卷　（明）馮廷章纂　（明）馮駿聲校　明崇禎十六年（1643）馮氏菉斐堂自刻本　十五冊

110000－0143－0001179　SG313/100

兩漢雋言十六卷 (宋)林鉞輯 (明)凌迪知校 明萬曆四年(1576)凌氏桂芝堂刻文林綺繡本 八册

110000－0143－0001180 SG313/100
兩漢雋言十六卷 (宋)林鉞輯 (明)凌迪知校 明萬曆四年至四十七年(1576－1619)刻本 四册

110000－0143－0001181 SG313/106
萬世玉衡錄四卷 (清)蔣伊編輯 清康熙十二年至六十年(1673－1721)蔣陳錫刻本 四册

110000－0143－0001182 SG313/107
名物雜鈔不分卷 (清)□□輯 清乾隆抄本 四册

110000－0143－0001183 SG313/117
新刻古今事物考八卷 (明)王三聘輯 (明)胡文煥校 明嘉靖十七年至崇禎十七年(1538－1644)刻本 六册

110000－0143－0001184 SG313/119
類書十五卷 (明)□□抄寫 明天啓至崇禎抄本 四册 存十二卷(一至十二)

110000－0143－0001185 SG313/120
事物紀原補十卷目錄二卷 (清)納蘭永壽增補 清康熙至雍正抄本 十册

110000－0143－0001186 SG313/121
喻林一百二十卷 (明)徐元太輯 (明)徐胥慶 (明)徐衍慶校訂 明萬曆四十三年(1615)徐元太自刻本 四十册

110000－0143－0001187 SG313/122
八編類纂二百八十五卷 (明)陳仁錫纂 明天啓六年(1626)刻本 七十二册

110000－0143－0001188 SG313/123
劉氏鴻書一百八卷 (明)劉仲達纂輯 (明)湯賓尹刪正 明萬曆三十九年(1611)陳長卿刻石渠閣重刻本 三十二册

110000－0143－0001189 SG313/124
古今類書纂要增刪十二卷 (明)璩昆玉集纂 (明)葉文懋閱較 (明)沈際飛鑒定 明崇禎七年(1634)刻本 四册

110000－0143－0001190 SG32/1－12
困學紀聞二十卷 (宋)王應麟撰 (清)閻若璩校勘 清乾隆三年(1738)馬氏叢書樓刻本 八册

110000－0143－0001191 SG32/1－12A
困學紀聞二十卷 (宋)王應麟撰 (清)閻若璩校勘 清乾隆三年(1738)馬氏叢書樓刻本 六册

110000－0143－0001192 SG32/20
困學錄集粹八卷 (清)張伯行撰 (清)李汝霖校 清雍正四年(1726)正誼堂刻乾隆三年(1738)重印本 四册

110000－0143－0001193 SG32/41－1
王陽明先生傳習錄五卷 (明)王守仁講 (明)徐愛等記 明崇禎十二年(1639)王業洵刻本 六册

110000－0143－0001194 SG32/43－1
二程全書六十八卷 (宋)程顥 (宋)程頤撰 明萬曆三十四年(1606)徐必達刻本 十六册

110000－0143－0001195 SG32/43－8
河南二程全書六十七卷 (宋)程顥 (宋)程頤撰 (宋)朱熹輯 清康熙呂氏寶誥堂刻本 八册

110000－0143－0001196 SG32/44－1、SG32/214－1
大學衍義四十三卷 (宋)真德秀彙輯 (明)陳仁錫評閱 **大學衍義補一百六十卷首一卷** (明)丘濬撰 (明)陳仁錫評閱 明崇禎五年至十七年(1632－1644)陳仁錫刻本 三十八册

110000－0143－0001197 SG32/45
儒宗理要二十九卷 (清)張能鱗纂 清順治十五年(1658)刻本 十二册

110000－0143－0001198 SG32/45

儒宗理要二十九卷　（清）張能鱗纂　清順治十五年（1658）刻本　四册

110000－0143－0001199　SG32/46－1
理學宗傳二十六卷　（清）孫奇逢撰　清康熙五年（1666）張沐等刻本　十六册

110000－0143－0001200　SG32/49
呻吟語六卷　（明）呂坤撰　明萬曆二十一年（1593）刻本　八册

110000－0143－0001201　SG32/71－1
孔氏家語十卷　（三國魏）王肅注　清順治翻刻汲古閣本　六册

110000－0143－0001202　SG32/71－2
孔氏家語十卷　（三國魏）王肅注　清順治翻刻汲古閣本　四册

110000－0143－0001203　SG32/71－3
孔子家語八卷　（三國魏）王肅纂注　（明）何孟春補注　明萬曆三十年至崇禎十七年（1602－1644）刻本　四册

110000－0143－0001204　SG32/74
庸行編八卷　（清）史典原輯　（清）牟允中參補　清康熙三十年（1691）尚朝柱澹寧堂刻本　八册

110000－0143－0001205　SG32/74－1
庸行編八卷　（清）史典原輯　（清）牟允中參補　清康熙三十年（1691）尚朝柱澹寧堂刻三十一年至六十一年（1692－1722）京都文錦堂印本　八册

110000－0143－0001206　SG32/75－1
小學句讀六卷　（宋）朱熹撰　（明）陳選集注　明弘治十八年（1505）王鏊刻本　四册

110000－0143－0001207　SG32/87
性理大全書七十卷　（明）胡廣　（明）楊榮等纂修　明嘉靖二十二年（1543）應天府刻本　三十二册

110000－0143－0001208　SG32/87
性理大全書七十卷　（明）胡廣　（明）楊榮等纂修　明永樂十三年（1415）刻本　十九册

110000－0143－0001209　SG32/9－1
申鑒五卷　（漢）荀悦撰　（明）黄省曾注　明嘉靖四年至四十五年（1525－1566）文始堂刻本　二册

110000－0143－0001210　SG32/92
性理標題綜要二十二卷　（明）詹淮纂輯　（明）陳仁錫訂正　明崇禎五年至九年（1632－1636）翼聖堂刻本　二十四册

110000－0143－0001211　SG32/144－1
賈太傅新書十卷　（漢）賈誼撰　（明）何孟春訂注　明正德十四年至十五年（1519－1520）刻本　四册

110000－0143－0001212　SG32/166
切問齋集十六卷　（清）陸燿撰　清乾隆五十七年（1792）暉吉堂刻本　六册

110000－0143－0001213　SG32/178
先聖大訓六卷　（宋）楊簡輯注　明萬曆四十四年至崇禎十七年（1616－1644）刻本　三册

110000－0143－0001214　SG32/180
御纂性理精義十二卷　（清）李光地等撰　清康熙五十六年（1717）武英殿刻本　六册

110000－0143－0001215　SG32/183
類編標註文公朱先生經濟文衡前集二十五卷後集二十五卷續集二十二卷　（宋）馬括輯　明萬曆三十四年（1606）朱吾弼、朱崇沐刻本　十册

110000－0143－0001216　SG32/183－2
類編標註文公朱先生經濟文衡前集二十五卷後集二十五卷續集二十二卷　（宋）馬括輯　元泰定元年（1324）梅溪書院刻本　十六册　存四十七卷（類編標註文公朱先生經濟文衡前集一至十、後集一至十五、續集二十二卷）

110000－0143－0001217　SG32/184－2
蕺山先生人譜一卷人譜類記二卷　（明）劉宗周撰　（清）方願瑛重編　清雍正五年（1727）方願瑛刻本　四册

110000－0143－0001218　SG32/196

日知薈說四卷　(清)高宗弘曆撰　清乾隆元年(1736)內府刻本　四冊

110000－0143－0001219　SG32/196
日知薈說四卷　(清)高宗弘曆撰　清乾隆元年(1736)內府刻本　四冊

110000－0143－0001220　SG32/196
日知薈說四卷　(清)高宗弘曆撰　清乾隆元年(1736)內府刻本　四冊

110000－0143－0001221　SG32/199
新刊性理摘金標題論策七卷　(明)陳文滔集要　(明)陳孟稠標題　(明)寒松軒考訂　明正德元年至嘉靖十一年(1506－1532)刻本　六冊

110000－0143－0001222　SG32/202
性理三解七卷　(明)韓邦奇撰　明嘉靖二十一年(1542)樊得仁刻本　八冊

110000－0143－0001223　SG32/203
明辨錄一卷　(清)陳法撰　清乾隆三十五年(1770)務滋堂刻本　一冊

110000－0143－0001224　SG32/206
纂丘瓊山先生大學衍義補英華十八卷　(明)凌遇知纂　(明)金學曾　(明)閔一琴訂閱　明萬曆三年(1575)凌迪知刻本　六冊

110000－0143－0001225　SG32/207
性理標題綜要二十二卷　(明)詹淮纂輯　(明)陳仁錫訂正　明崇禎五年至九年(1632－1636)翼聖堂刻本　二十四冊

110000－0143－0001226　SG32/225
四本堂座右編二十四卷二集二十四卷　(清)朱潮遠輯　清康熙三年至五年(1664－1666)刻本　十六冊

110000－0143－0001227　SG32/230
學規類編二十七卷　(清)張伯行纂　清康熙四十六年(1707)張伯行正誼堂刻本　六冊

110000－0143－0001228　SG32/231
溯流史學鈔二十卷　(清)張沐撰　(清)王渭条証　(清)侯重喜校閱　清康熙三十三年(1694)遊梁書院刻本　十冊

110000－0143－0001229　SG32/236
欽定執中成憲八卷　(清)世宗胤禛編　清乾隆元年(1736)武英殿刻本　四冊

110000－0143－0001230　SG32/239
論語讀朱求是編二十卷　(清)林愈蕃輯　清乾隆三十五年(1770)補過齋刻本　十冊

110000－0143－0001231　SG32/241－1
延平李先生答問二卷　(宋)朱熹編　**附四先生年譜**　(清)毛念恃訂　清康熙四十五年(1706)刻乾隆十三年(1748)延平府署補刻本　四冊

110000－0143－0001232　SG32/245
逸語十卷　(清)曹庭棟輯注　清乾隆十二年(1747)刻本　三冊

110000－0143－0001233　SG32/246
讀書雜述十卷　(清)李鎧撰　清乾隆二十六年(1761)李景賢刻本　二冊

110000－0143－0001234　SG32/247
信陽子卓錄八卷　(清)張鵬翮撰　(清)陸師等較　清康熙五十五年(1716)刻本　二冊

110000－0143－0001235　SG32/248
幾亭外書九卷　(明)陳龍正撰　(明)屠象美　(明)周丕顯閱　明崇禎四年(1631)陳龍正刻本　六冊　缺一卷(九)

110000－0143－0001236　SG32/250
重編朱子學的二卷　(明)丘濬輯　(明)朱吾弼重編　明萬曆三十四年(1606)朱崇沐刻本　二冊

110000－0143－0001237　SG32/253
唐荊川先生編纂諸儒語要十卷　(明)唐順之編纂　明萬曆三十年(1602)吳達可刻本　五冊

110000－0143－0001238　SG32/260
西銘彙纂二卷　歸曾祁撰集　清宣統二年(1910)歸曾祁稿本　一冊

110000－0143－0001239　SG32/261

理學備考三十四卷　(清)范鄗鼎編　清康熙三十四年(1695)范鄗鼎五經堂刻本　六冊　存十四卷(一至十四)

110000－0143－0001240　SG32/261
廣理學備考不分卷　(清)范鄗鼎彙編　清康熙四十二年至六十一年(1703－1722)五經堂刻本　四十八冊

110000－0143－0001241　SG32/261
國朝理學備考不分卷　(清)范鄗鼎編　(清)范翽參閱　清康熙四十一年(1702)范鄗鼎五經堂刻本　八冊

110000－0143－0001242　SG32/269
先儒正修齊治錄六卷　(清)于準纂　清康熙四十七年至六十一年(1708－1722)于準刻本　六冊

110000－0143－0001243　SG32/269A
先儒正修齊治錄六卷　(清)于準纂　清康熙四十七年至六十一年(1708－1722)于準刻本　六冊

110000－0143－0001244　SG32/270
困知記二卷續二卷三續一卷四續一卷續補一卷附錄一卷　(明)羅欽順撰　(明)陳邦瞻　(明)陳大綬重校　清康熙二十八年至六十一年(1689－1722)刻本　四冊

110000－0143－0001245　SG32/270－1
困知記二卷續二卷三續一卷四續一卷續補一卷附錄一卷　(明)羅欽順撰　(明)陳邦瞻　(明)陳大綬重校　明萬曆二十六年至四十七年(1598－1619)刻本　三冊

110000－0143－0001246　SG32/272
儒行集傳二卷　(明)黃道周輯　(清)彭定求重訂　(清)陳奕銓校梓　清康熙三十九年(1700)陳奕銓執硯草堂刻本　二冊

110000－0143－0001247　SG32/279
溫公家範十卷　(宋)司馬光撰　(清)朱軾點評　清康熙五十八年(1719)朱軾刻本　三冊

110000－0143－0001248　SG32/281
女學六卷　(清)藍鼎元編　清康熙十八年至二十二年(1679－1683)刻本　三冊

110000－0143－0001249　SG32/287
下學堂劄記三卷附下學堂規　(清)熊賜履撰　清康熙二十四年(1685)熊賜履刻本　一冊

110000－0143－0001250　SG32/288
困學錄二卷　(清)王道升撰　清乾隆至嘉慶刻本　二冊

110000－0143－0001251　SG32/291
新刊舉業明儒論宗八卷　(明)薛應旂輯并批點　明隆慶元年(1567)金陵三山書坊刻本　四冊

110000－0143－0001252　SG32/298
明善編二卷　(清)王家啓撰　清康熙九年至六十一年(1670－1722)王家啓刻本　一冊

110000－0143－0001253　SG32/307
學蔀通辯前編三卷後編三卷續編三卷終編三卷　(明)陳建撰　(明)顧天挺重校　清康熙十七年(1678)敔後堂刻本　四冊

110000－0143－0001254　SG32/322
書種堂格言雜纂不分卷　(清)孫仲撫撰　清雍正元年至乾隆十二年(1723－1747)稿本　一冊

110000－0143－0001255　SG32/331
大學衍義通畧三十一卷　(明)王諍輯注　(明)楊廉節略　明嘉靖三十九年(1560)永嘉王氏刻本　二冊　存五卷(大學衍義節畧一至五)

110000－0143－0001256　SG32/332
新刊性理集要八卷　(明)詹淮輯　(明)李廷鰲校閱　明嘉靖四十年至四十五年(1561－1566)李廷海刻本　六冊　缺二卷(二至三)

110000－0143－0001257　SG32/333
北溪先生字義二卷　(宋)陳淳撰　**附北溪先生字義補遺一卷嚴陵講義一卷北溪先生傳畧一卷**　清康熙五十三年(1714)愛荊堂刻本　二冊

110000-0143-0001258 SG32/337
五倫書六十二卷 (明)宣宗朱瞻基撰 明正統十二年(1447)内府刻本 六十二册

110000-0143-0001259 SG32/338
獻子講存二卷 (明)盧寧撰 明嘉靖三十九年(1560)張詡刻本 一册 存一卷(一)

110000-0143-0001260 SG32/341
朱文公語錄類要述十八卷 (明)范淶輯 明萬曆四十年(1612)詹光陛等刻本 四册

110000-0143-0001261 SG32/343
心學宗四卷 (明)方學漸輯 明萬曆四十一年(1613)閔宗德刻本 六册

110000-0143-0001262 SG32/344
言行彙纂十卷 (清)王之鈇輯 (清)楊藥山增訂 (清)管翔臯刪正 清雍正十二年(1734)王氏槐蔭堂刻本 十册

110000-0143-0001263 SG32/345
朱止泉先生朱子聖學考畧十卷提要一卷正訛一卷 (清)朱澤澐撰 (清)高斌 (清)張師載訂校 清乾隆十七年(1752)高斌、張師載刻本 二十四册

110000-0143-0001264 SG32/346
先聖大訓六卷 (宋)楊簡撰 明萬曆四十三年(1615)張翼軫等刻清嘉慶九年(1804)補刻本 六册

110000-0143-0001265 SG32/370
御製資政要覽三卷 (清)世祖福臨撰 **資政要覽後序一卷** (清)黨崇雅 (清)金之俊撰 清順治十二年(1655)内府刻本 四册

110000-0143-0001266 SG32/370-1
御製資政要覽三卷 (清)世祖福臨撰 清順治十二年至十八年(1655-1661)内府刻本 三册

110000-0143-0001267 SG32/370-2
御製資政要覽三卷 (清)世祖福臨撰 清順治十二年(1655)内府刻本 三册

110000-0143-0001268 SG32/372
御製勸善要言一卷 (清)世祖福臨撰 清順治十二年(1655)内府刻本 一册

110000-0143-0001269 SG33/6
平叛記二卷 (清)毛霦編 清康熙五十五年(1716)毛貢刻本 二册

110000-0143-0001270 SG33/6-1
平叛記二卷 (清)毛霦編 清康熙五十五年(1716)毛貢刻本 四册

110000-0143-0001271 SG33/6-1A
平叛記二卷 (清)毛霦編 清康熙五十五年(1716)毛貢刻本 二册

110000-0143-0001272 SG33/27
唐荆川先生纂輯武編十二卷 (明)唐順之撰 明萬曆二十九年至四十八年(1601-1620)徐象橒曼山館刻崇禎楊文驄重刻本 十二册

110000-0143-0001273 SG33/33
武經七書彙解七卷首一卷末一卷 (清)朱墉輯 清康熙二十七年至六十一年(1688-1722)懷山園刻本 十册

110000-0143-0001274 SG33/35
武闈三子集註詳解不分卷 (清)艾欽詳註 (清)許鏘訂 清乾隆元年(1736)刻本 四册

110000-0143-0001275 SG33/46
初學記三十卷 (唐)徐堅等輯 明嘉靖楊鑨九洲書屋刻本 十册

110000-0143-0001276 SG33/46-1
初學記三十卷 (唐)徐堅等輯 明嘉靖十年(1531)安國桂坡館刻本 十二册

110000-0143-0001277 SG33/46-1A
初學記三十卷 (唐)徐堅等輯 明嘉靖楊鑨九洲書屋刻本 三十册

110000-0143-0001278 SG33/55
古今將畧四卷 (明)馮時寧輯 明萬曆十九年至天啓七年(1591-1627)在兹堂刻本 四册

110000-0143-0001279 SG33/56
諸史將畧十六卷 (明)劉畿撰 明嘉靖四十

五年(1566)毛鋼刻本　六册

110000－0143－0001280　SG33/63
東征集六卷　(清)藍鼎元撰　(清)王者輔評　清雍正十年(1732)王者輔刻本　三册

110000－0143－0001281　SG33/67
兵經百篇三卷　(清)揭暄撰　清康熙八年至六十一年(1669－1722)抄本　三册

110000－0143－0001282　SG33/70
登壇必究四十卷　(明)王鳴鶴輯　清道光木活字印本　四十册

110000－0143－0001283　SG33/71
武侯奇門遁甲全書六卷首一卷　(唐)李筌(唐)諸葛純注　**增補奇門遁甲全書一卷**　(清)張問陶注　清同治至宣統抄本　八册

110000－0143－0001284　SG33/87
諸葛武侯心書二卷　(三國蜀)諸葛亮著　清順治至雍正抄本　一册

110000－0143－0001285　SG33/88
武經三書匯解三卷末一卷　(清)黎利賓(清)曹曰瑋　(清)夏仲齡纂輯　(清)曹見倫鑒定　清康熙五十一年(1712)刻本　六册

110000－0143－0001286　SG34/6
貴案隨記不分卷　(清)文海輯　清光緒二十二年(1896)抄本　一册

110000－0143－0001287　SG34/35
韓子文鈔十卷　(唐)韓愈撰　(清)林明倫注　清乾隆二十一年(1756)刻本　四册

110000－0143－0001288　SG34/41
管子榷二十四卷　(明)朱長春榷　明萬曆四十年(1612)張維樞刻本　六册

110000－0143－0001289　SG34/41－5
管子榷二十四卷　(明)朱長春榷　明萬曆四十年(1612)張維樞刻本　八册

110000－0143－0001290　SG34/44
韓子迂評二十卷　(明)門無子撰　明末刻朱墨套印本　八册

110000－0143－0001291　SG34/44－1
韓子迂評二十卷　(明)門無子撰　明末刻朱墨套印本　十二册

110000－0143－0001292　SG34/46
棘聽草十二卷賦役詳稿一卷　(清)李之芳撰　清康熙四十一年(1702)李鍾麟刻本　四册

110000－0143－0001293　SG35/28－1
農政全書六十卷　(明)徐光啓纂輯　(明)張國維鑒定　明崇禎十二年(1639)平露堂刻本　十二册

110000－0143－0001294　SG35/29－2
農書二十二卷　(元)王禎撰　清乾隆三十九年至六十年(1774－1795)武英殿木活字印本　十六册

110000－0143－0001295　SG35/31
二如亭群芳譜二十九卷首一卷　(明)王象晉纂輯　(明)毛晉校　明末刻清初印本　二十册

110000－0143－0001296　SG36/6
金匱要畧直解三卷　(漢)張機撰　(清)程林注　清康熙十二年(1673)刻本　七册

110000－0143－0001297　SG36/6
玉函經三卷　(唐)杜光庭撰　(宋)崔嘉彦注　(清)程林校　清康熙十二年(1673)刻本　一册

110000－0143－0001298　SG36/6－1
張仲景金匱要畧論註二十四卷　(漢)張機撰　(清)徐彬註　清康熙十年(1671)刻本　六册

110000－0143－0001299　SG36/26－1
唐王燾先生外臺秘要方四十卷　(唐)王燾撰　(明)陸錫明校閲　(明)程衍道訂梓　明崇禎程衍道刻本　四十册

110000－0143－0001300　SG36/41－1
醫方集解三卷　(清)汪昂撰輯　(清)汪桓參閲　(清)汪端校　清康熙二十一年(1682)聚錦堂刻本　六册

110000－0143－0001301　SG36/45
類經三十二卷類經圖翼十一卷附翼四卷　(明)張介賓撰　明天啓四年(1624)萬賢樓刻本　四十册

110000－0143－0001302　SG36/82
儒門事親十五卷　(金)張從正撰　(明)吳勉學校　明萬曆吳勉學刻本　六册

110000－0143－0001303　SG37/14
兼濟堂纂刻梅勿菴先生曆算全書二十八種七十四卷　(清)梅文鼎撰　(清)魏荔彤輯　清雍正栢鄉魏氏兼濟堂刻本　二十六册　存十九種二十九卷(冬至攷一卷,諸方節氣加時日軌高度表一卷,方圓冪積一卷,幾何補編四卷、補遺一卷,揆日候星紀要一卷,歲周地度合攷一卷,授時平立定三差詳說一卷,曆學答問一卷,古算衍略一卷,觧八線割圓之根一卷,曆學疑問一卷,塹堵測量二卷,弧三角舉要五卷,五星紀要一卷,火星本法一卷,七政細草補註一卷,度算釋例二卷,仰儀簡儀二銘補註一卷,曆學駢枝一卷)

110000－0143－0001304　SG37/17、SG37/28、SG37/44、SG37/44－1
御製律曆淵源一百卷　(清)允祿　(清)允祉纂修　清康熙至雍正二年(1724)内府刻本　六十二册

110000－0143－0001305　SG37/27
御製欽若曆書上編十六卷下編十六卷表十六卷　清康熙内府刻本　十六册

110000－0143－0001306　SG37/49
月令廣義二十四卷首一卷附録一卷　(明)馮應京纂輯　(明)戴任增釋　(明)李登參訂　明萬曆三十年(1602)陳邦泰刻本　十五册

110000－0143－0001307　SG37/50
尚書釋天六卷　(清)盛百二撰　清乾隆四十六年(1781)劉萬傳刻本　四册

110000－0143－0001308　SG37/64
渾蓋通憲圖說二卷　(明)李之藻演　(明)鄭懷魁訂　明萬曆三十五年(1607)樊良樞刻本　一册

110000－0143－0001309　SG371/13
太乙統宗寶鑑二十卷　(元)曉山老人撰　清同治至宣統抄本　四册

110000－0143－0001310　SG371/13
太乙統宗寶鑑二十四卷　(元)曉山老人撰　清同治至宣統抄本　十四册

110000－0143－0001311　SG371/14
管窺輯要八十卷　(清)黄鼎纂輯　清順治十二年(1655)刻本　二十册

110000－0143－0001312　SG371/15
管窺輯要八十卷　(清)黄鼎纂輯　清順治十二年(1655)刻本　十六册

110000－0143－0001313　SG371/18
大明天元玉曆祥異圖説七卷　(明)□□撰　明萬曆四十七年(1619)余文龍刻本　四册

110000－0143－0001314　SG371/20
觀象玩占十卷　(唐)李淳風撰　明萬曆三十六年至崇禎十七年(1608－1644)抄本　十册

110000－0143－0001315　SG371/20－1
觀象玩占二十卷　(唐)李淳風撰　明萬曆三十六年至崇禎十七年(1608－1644)抄本　十册

110000－0143－0001316　SG371/21
圜天圖説三卷續編二卷首一卷　(清)李明徹述　(清)阮元鑒定　清嘉慶二十四年(1819)刻續編道光元年(1821)松梅軒刻本　五册

110000－0143－0001317　SG372/11
大清乾隆二十五年歲次庚辰時憲書一卷　(清)欽天監編　清乾隆二十四年(1759)刻朱墨套印本　一册

110000－0143－0001318　SG372/11－1
大清乾隆二十七年歲次壬午時憲書一卷　(清)欽天監編　清乾隆二十六年(1761)刻朱墨套印本　一册

110000－0143－0001319　SG372/12－17
大清嘉慶元年歲次丙辰時憲書一卷　(清)欽

天監編　清乾隆六十年(1795)刻朱墨套印本　一册

110000－0143－0001320　SG372/26
曆學駢枝四卷　(清)梅文鼎撰　清雍正宣城梅氏刻本　二册

110000－0143－0001321　SG373/21
句股引蒙一卷附象限線度一卷　(清)陳訏輯　清康熙六十一年(1722)海昌陳氏刻本　一册

110000－0143－0001322　SG373/32
天學初函五十二卷　(明)李之藻編　明崇禎刻本　一册

110000－0143－0001323　SG373/35
幾何原本六卷首一卷　(意大利)利瑪竇口譯　(明)徐光啓筆受　明萬曆三十五年(1607)刻三十九年(1611)重刻本　二册

110000－0143－0001324　SG38/5－1
清河書畫舫十二卷　(明)張丑撰　清刻本　十一册

110000－0143－0001325　SG38/8
佩文齋書畫譜一百卷　(清)孫岳頒　(清)宋駿業等輯　清康熙四十七年(1708)揚州詩局刻本　六十四册

110000－0143－0001326　SG38/11
圖繪宗彝八卷　(明)楊爾曾輯　明萬曆三十五年(1607)刻本　三册

110000－0143－0001327　SG38/15－1
文房肆考圖説八卷　(清)唐秉鈞纂　(清)康愷繪　清乾隆四十三年(1778)唐氏竹暎山莊刻本　六册

110000－0143－0001328　SG38/15－1
文房肆考圖説八卷　(清)唐秉鈞纂　(清)康愷繪　清乾隆四十三年(1778)唐氏竹暎山莊刻本　三册

110000－0143－0001329　SG38/15－1
文房肆考圖説八卷　(清)唐秉鈞纂　(清)康愷繪　清乾隆四十三年(1778)唐氏竹暎山莊刻本　四册

110000－0143－0001330　SG38/17
納書楹曲譜正集四卷續集四卷補遺四卷外集二卷玉茗堂四夢曲譜八卷　(清)葉堂訂譜　(清)王文治參訂　清乾隆五十七年至五十九年(1792－1794)葉堂納書楹刻後印本　十册

110000－0143－0001331　SG38/17/A
納書楹曲譜正集四卷續集四卷補遺四卷外集二卷玉茗堂四夢曲譜八卷　(清)葉堂訂譜　(清)王文治參訂　清乾隆五十七年至五十九年(1792－1794)葉堂納書楹刻後印本　十五册

110000－0143－0001332　SG38/18
松風閣琴譜二卷附抒懷操一卷　(清)程雄選訂　清康熙刻本　一册　存二卷(松風閣琴譜二卷)

110000－0143－0001333　SG38/19
墨池編二十卷　(宋)朱長文纂次　**附印典八卷**　(清)朱象賢編　清雍正十一年(1733)就閒堂刻乾隆印本　十四册

110000－0143－0001334　SG38/19－1
墨池編二十卷　(宋)朱長文纂次　**附印典八卷**　(清)朱象賢編　清雍正十一年(1733)就閒堂刻乾隆印本　十二册

110000－0143－0001335　SG38/19－1
墨池編二十卷　(宋)朱長文纂次　**附印典八卷**　(清)朱象賢編　清雍正十一年(1733)就閒堂刻乾隆印本　十二册

110000－0143－0001336　SG38/39
詩詞書畫四品不分卷　(清)夾雜生硬氏録　清光緒三十四年(1908)抄本　一册

110000－0143－0001337　SG38/46
賞奇軒四種合編四卷　(清)賞奇軒主人輯　清嘉慶元年至二十五年(1796－1820)刻本　四册

110000－0143－0001338　SG38/47
欣賞編十種十四卷　(明)沈津編　明嘉靖元

年至四十五年(1522－1566)刻本　六冊

110000－0143－0001339　SG381/3
江邨銷夏錄三卷　(清)高士奇輯　清康熙三十二年(1693)刻本　三冊

110000－0143－0001340　SG381/13
淳化秘閣法帖考正十二卷　(清)王澍詳定　(清)汪玉球参正　清乾隆刻本　三冊

110000－0143－0001341　SG381/26－4
芥子園畫傳二集八卷　(清)王槩　(清)王蓍　(清)王臬輯　清乾隆四十七年(1782)金閶書業堂刻多色套印本　四冊

110000－0143－0001342　SG381/27
芥子園畫傳二集八卷　(清)王槩　(清)王蓍　(清)王臬輯　清乾隆四十七年(1782)金閶書業堂刻多色套印本　四冊

110000－0143－0001343　SG381/27－5
芥子園畫傳二集八卷　(清)王槩　(清)王蓍　(清)王臬輯　清康熙四十年(1701)芥子園甥館刻多色套印本　一冊

110000－0143－0001344　SG381/30
黃氏畫譜八種八卷　(明)黃鳳池輯　明萬曆四十八年至天啓七年(1620－1627)清繪齋暨集雅齋刻本　八冊

110000－0143－0001345　SG381/72
十竹齋書畫譜十六卷　(明)胡正言輯　清道光至清末刻多色套印本　十六冊

110000－0143－0001346　SG381/79
耕織圖四十六幅　(清)焦秉貞畫　清乾隆元年至二十四年(1736－1759)内府刻朱墨套印本　二冊

110000－0143－0001347　SG381/83
圖繪寶鑑八卷補遺一卷　(元)夏文彥纂　(清)藍瑛　(清)謝彬重訂　清康熙借綠草堂刻本　六冊

110000－0143－0001348　SG381/83－1
圖繪寶鑑八卷補遺一卷　(元)夏文彥纂　(清)藍瑛　(清)謝彬重訂　清康熙借綠草堂刻本　四冊

110000－0143－0001349　SG381/83A
圖繪寶鑑八卷補遺一卷　(元)夏文彥纂　(清)藍瑛　(清)謝彬重訂　清康熙借綠草堂刻本　四冊

110000－0143－0001350　SG381/96
畫禪室隨筆四卷　(明)董其昌撰　(明)楊補編次　清乾隆至嘉慶刻本　二冊

110000－0143－0001351　SG381/98－1
董文敏公畫禪隨筆四卷　(明)董其昌撰　(清)汪汝祿編次　清康熙十七年(1678)刻乾隆十八年(1753)重刻本　四冊

110000－0143－0001352　SG381/125
江邨銷夏錄三卷　(清)高士奇輯　清康熙三十二年(1693)刻本　四冊

110000－0143－0001353　SG381/126/A
庚子銷夏記八卷　(清)孫承澤撰　清乾隆二十六年(1761)鮑廷博刻本　四冊

110000－0143－0001354　SG381/134
無聲詩史七卷　(清)姜紹書撰　清康熙五十九年(1720)李光暎觀妙齋刻本　四冊

110000－0143－0001355　SG381/134
無聲詩史七卷　(清)姜紹書撰　清康熙五十九年(1720)李光暎觀妙齋刻本　三冊

110000－0143－0001356　SG381/139
圖畫見聞誌六卷　(宋)郭若虛撰　(明)毛晉訂　明崇禎毛晉汲古閣刻本　四冊

110000－0143－0001357　SG381/177
淳化秘閣法帖考正十二卷附二卷　(清)王澍詳定　(清)汪玉球参正　清乾隆刻本　四冊

110000－0143－0001358　SG381/184/A
劉雪湖梅譜二卷　(明)劉世儒撰　明萬曆二十三年(1595)刻本　四冊

110000－0143－0001359　SG381/195
晚笑堂竹莊畫傳不分卷　(清)上官周撰及繪圖　清乾隆八年(1743)刻本　二冊

110000－0143－0001360　SG381/211

泛槎圖一卷續泛槎圖一卷續泛槎圖三集一卷艤槎圖四集一卷　(清)張寶繪撰　(清)費丙章　(清)盧蔭溥等題詠　清嘉慶至道光尚古齋刻多色套印本　四册

110000－0143－0001361　SG381/216

草聖彙辯不分卷　(清)白芬彙編　(清)蕭起元點定　(清)張能鱗選考　(清)朱宗文摹辯　清順治九年(1652)刻乾隆四十二年(1777)重刻本　四册

110000－0143－0001362　SG381/221

三國志演義一百二十回　(明)羅本撰　清初刻本　二册

110000－0143－0001363　SG381/221

三國志演義一百二十回　(明)羅本撰　清初刻本　二册

110000－0143－0001364　SG381/227

賞奇軒四種合編四卷　(清)賞奇軒主人輯　清嘉慶元年至二十五年(1796－1820)刻本　四册

110000－0143－0001365　SG381/245

夢幻居畫學簡明五卷首一卷續五卷題畫詩稿一卷夢香園賸草一卷夢幻圖題句一卷雜錄一卷題詠一卷　(清)鄭績撰輯　清同治三年至光緒元年(1864－1875)九曜聚賢堂刻本　三册

110000－0143－0001366　SG381/251

文美齋詩箋譜不分卷　(清)張兆祥繪　清宣統三年(1911)文美齋刻朱墨套印本　二册

110000－0143－0001367　SG381/260

鐵網珊瑚書品十卷畫品六卷　(明)朱存理集錄　清雍正六年(1728)年希堯澄鑒堂刻本　十六册

110000－0143－0001368　SG381/282

紉齋畫賸不分卷　(清)陳允升繪　清光緒二年(1876)陳允升得古歡室刻本　四册

110000－0143－0001369　SG381/283

歷代帝王法帖釋文考異十卷　(明)顧從義撰　(明)吳之芳編次　明末香雪齋刻本　二册

110000－0143－0001370　SG381/284

淳化秘閣法帖考正十卷附二卷　(清)王澍撰　(清)陳焯校書　(清)沈宗騫臨帖　**淳化閣帖釋文二卷**　(清)沈宗騫校定　(清)溫本謙校刊　清乾隆三十三年(1768)冰壺閣刻本　八册

110000－0143－0001371　SG381/286

畫史會要五卷　(明)朱謀垔撰　(清)朱統鉷重較　明崇禎刻清初朱統鉷重刻本　九册

110000－0143－0001372　SG382/29

集古印譜五卷印正附說一卷　(明)甘暘編　明萬曆二十四年(1596)鈐印本　五册

110000－0143－0001373　SG382/29－1

集古印譜六卷　(明)王常編　(明)顧從德校　明萬曆三年(1575)顧氏芸閣刻朱印本　五册

110000－0143－0001374　SG382/38

松園印譜不分卷　(清)賈永篆刻　清乾隆四十八年(1783)福壽堂刻朱墨套印本　四册

110000－0143－0001375　SG382/60

谷園印譜五卷　(清)許容篆　(清)胡介祉編　清康熙二十五年(1686)刻本　五册

110000－0143－0001376　SG383/4

官子譜三卷　(清)陶式玉評輯　清康熙三十三年(1694)朱弘祚刻本　六册

110000－0143－0001377　SG384/16

琴譜合璧二種三卷　(明)楊掄輯　明萬曆三十七年(1609)楊掄刻本　六册

110000－0143－0001378　SG39/2

佩文齋廣羣芳譜一百卷目錄二卷　(清)汪灝等撰　清康熙四十七年(1708)內府刻本　四十八册

110000－0143－0001379　SG39/2－1

佩文齋廣羣芳譜一百卷目錄二卷　(清)汪灝等撰　清康熙四十七年(1708)內府刻本　三

十冊

110000－0143－0001380　SG310/49
法喜志四卷　(明)夏樹芳輯　明萬曆三十四年至四十七年(1606－1619)夏樹芳清遠樓刻本　四冊

110000－0143－0001381　SG310/53
妙峰山問答四卷　(清)郁大本編集　清乾隆至嘉慶刻本　二冊

110000－0143－0001382　SG310/65
釋迦如來應化事跡不分卷　(清)釋永珊繪　清同治八年(1869)刻本　四冊

110000－0143－0001383　SG310/68
大佛頂如來密因修證了義諸菩薩萬行首楞嚴經會歸十卷　(清)釋清本集注補正　清康熙末至雍正刻本　十冊

110000－0143－0001384　SG3101/17
御錄經海一滴六卷　(清)世宗胤禛錄　清雍正十三年(1735)内府刻本　六冊

110000－0143－0001385　SG3101/18
摩訶止觀二十卷　(隋)釋智顗說　(隋)釋灌頂記　清順治三年(1646)楞嚴寺釋性琮刻本　五冊

110000－0143－0001386　SG3101/20
維摩詰所說經註十卷　(後秦)鳩摩羅什譯　(晉)釋僧肇註　清乾隆三十七年(1772)海幢寺刻本　二冊

110000－0143－0001387　SG3101/20－2
二十八經同函一百四十七卷　清雍正十三年(1735)内府刻本　三冊

110000－0143－0001388　SG3101/107
佛祖統紀五十四卷　(宋)釋志磐撰　明萬曆四十二年(1614)游士任刻本　十冊

110000－0143－0001389　SG3101/137
歸元直指集四卷山居百詠一卷直音切字一卷　(明)釋一元纂輯　(明)張孟賢校刊　明萬曆二年(1574)張孟賢刻本　四冊

110000－0143－0001390　SG3101/143
二十八經同函一百四十七卷　清雍正十三年(1735)内府刻本　三十二冊

110000－0143－0001391　SG3101/152
四玄圖書不分卷　(宋)張仙撰　清乾隆六年(1741)朱士炎霞雪灘小堂刻本　一冊

110000－0143－0001392　SG3101/233
大佛頂如來密因修證了義諸菩薩萬行首楞嚴經十卷　(明)鍾惺纂輯　(明)賀中南標定　明天啓四年至五年(1624－1625)弘覺山房刻本　十冊

110000－0143－0001393　SG3101/236
大佛頂首楞嚴經寶鏡疏十卷大佛頂首楞嚴經寶鏡疏懸談一卷大佛頂首楞嚴經寶鏡疏科一卷　(清)釋溥畹撰述　清康熙三十一年至五十一年(1692－1712)京都傳經院刻本　十冊

110000－0143－0001394　SG3101/237
大佛頂如來密因修證了義諸菩薩萬行首楞嚴經十卷　(唐)般剌密帝　(唐)彌伽釋迦譯　(元)釋惟則會解　明萬曆二十六年至天啓七年(1598－1627)凌毓枏刻朱墨套印本　五冊

110000－0143－0001395　SG3101/238
大佛頂如來密因修證了義諸菩薩萬行首楞嚴經十卷　(唐)般剌密帝　(唐)彌伽釋迦譯　(元)釋惟則會解　明萬曆元年至十五年(1573－1587)刻本　十冊

110000－0143－0001396　SG3101/242
天界覺浪盛禪師全錄三十三卷別錄二卷　(清)釋覺浪撰　(清)釋大成等校　清雍正二年(1724)瑞應寺刻本　八冊

110000－0143－0001397　SG3101/245
雲溪俍亭和尚閱經十二種十二卷　(清)釋淨挺纂　(清)曹溶等閱　清雍正二年(1724)瑞應寺刻本　二冊

110000－0143－0001398　SG3101/251
諸佛世尊如來菩薩尊者神僧名經一卷　(明)成祖朱棣撰　明永樂十五年(1417)内府刻本　五冊

110000－0143－0001399　SG3101/251－1
諸佛世尊如來菩薩尊者神僧名經一卷　(明)成祖朱棣撰　明永樂十五年至二十二年(1417－1424)內府刻本　一冊

110000－0143－0001400　SG3101/252
菩薩本生鬘論十六卷　(南朝宋)釋慧詢譯　**九頌經義論二卷**　(晉)釋法護譯　**大乘緣生論一卷**　(唐)釋不空譯　**決定名義論一卷**　(宋)釋施護譯　清康熙五十二年(1713)瑞應寺刻本　二冊

110000－0143－0001401　SG3101/253
天地冥陽水陸雜文三卷　(南朝梁)武帝蕭衍撰　明刻本　二冊

110000－0143－0001402　SG3101/255
慈心寶鑑四卷　(清)沈培木輯　清乾隆二十六年(1761)沈培木、范墨濤刻本　二冊

110000－0143－0001403　SG3101/258
宗鏡錄一百卷　(宋)釋延壽撰　清雍正十三年(1735)武英殿刻本　二十冊

110000－0143－0001404　SG3101/260
護法論一卷　(宋)張商英述　清順治十八年(1661)徑山古梅菴刻本　一冊

110000－0143－0001405　SG3101/261
道行般若波羅蜜經十卷　(漢)支婁迦讖譯　清康熙五十二年(1713)瑞應寺刻本　二冊

110000－0143－0001406　SG3101/263
大藏一覽集十卷　(明)陳實編　明宣德五年(1430)衍法寺刻隆慶五年(1571)補刻本　八冊

110000－0143－0001407　SG3101/264
大莊嚴經論十五卷　(後秦)鳩摩羅什譯　清雍正二年(1724)瑞應寺刻本　三冊

110000－0143－0001408　SG3101/265
頻吉祥禪師語錄十五卷　(清)釋德能等編　清康熙五十二年(1713)瑞應寺刻本　四冊

110000－0143－0001409　SG3101/270
夢東禪師遺集二卷　(清)釋際醒撰　清嘉慶十五年(1810)釋了亮、釋了梅刻本　四冊

110000－0143－0001410　SG3101/271
學佛考訓十卷　(清)釋瀞挺　(清)釋成源輯訂　清雍正二年(1724)刻本　一冊

110000－0143－0001411　SG3101/274－1
紫栢老人集十五卷首一卷　(明)釋真可撰　(明)釋德清閱　明崇禎四年(1631)楞嚴寺刻本　八冊

110000－0143－0001412　SG3101/276
大慧普覺禪師語錄三十卷　(宋)釋宗杲撰　(宋)釋蘊聞輯　**大慧普覺禪師年譜一卷**　(宋)釋祖詠撰　**大慧普覺禪師宗門武庫一卷**　(宋)釋道謙撰　**雪堂行和尚拾遺錄一卷**　明萬曆十三年(1585)周汝登等刻本　四冊

110000－0143－0001413　SG3101/281－1
仙佛奇蹤八卷長生詮一卷無生訣一卷　(明)洪應明輯　明萬曆三十年至四十七年(1602－1619)刻本　六冊　存七卷(仙一至三、佛一至二,長生詮一卷,無生訣一卷)

110000－0143－0001414　SG3101/284
悟真集二卷　(唐)李通玄集　明正統至崇禎刻本　二冊

110000－0143－0001415　SG3101/291
洞宗大覺續燈四十卷　(清)釋智楷編集　清康熙二十三年至二十九年(1684－1690)刻本　四冊　缺十六卷(二十五至四十)

110000－0143－0001416　SG3101/300
明高僧傳六卷　(明)釋如惺撰　清雍正十三年(1735)刻本　六冊

110000－0143－0001417　SG3101/312
淨土資糧全集六卷前集一卷後集一卷　(明)莊廣還輯　(明)釋袾宏校正　明萬曆二十三年(1595)莊廣還刻二十七年至二十八年(1599－1600)增刻本　五冊

110000－0143－0001418　SG3101/320
禪源諸詮集都序二卷　(唐)釋宗密述　清康熙二十五年(1686)金華山澄光寺刻本　二冊

110000－0143－0001419　SG3101/321
解脱戒本經一卷　(北魏)般若流支譯　(北魏)釋僧昉述　**附大比丘三千威儀二卷**　(五代)釋安世高譯　明萬曆至崇禎刻本　一册

110000－0143－0001420　SG3101/323
了心錄二卷　(明)池上客輯　清乾隆六年(1741)怡親王府明善堂刻本　二册

110000－0143－0001421　SG3101/326
醒世錄八卷　(清)徐昌治輯　(清)行元校　清順治九年(1652)徐昌治刻本　三册

110000－0143－0001422　SG3101/334
因果錄三卷　(明)□□輯　明萬曆至崇禎刻本　四册

110000－0143－0001423　SG3101/336
妙法蓮華經七卷附大乘妙法蓮華經要解科文不分卷　(後秦)鳩摩羅什譯　(宋)釋戒環解　明嘉靖四十五年(1566)衍法寺釋本讃刻本　八册

110000－0143－0001424　SG3101/336
巍巍不動太山深根結果寶卷一卷二十四品　(明)羅清撰　明萬曆二十九年(1601)刻本　一册

110000－0143－0001425　SG3101/337
苦功悟道卷一卷　(明)羅清撰　明萬曆二十九年(1601)刻本　一册

110000－0143－0001426　SG3101/338
林泉老人評唱丹霞淳禪師頌古虚堂習聽錄三卷　(元)釋慧泉編　明洪武至正統刻本　二册

110000－0143－0001427　SG3101/340
六祖大師法寶壇經一卷　(唐)釋慧能述　(唐)釋法海輯　(元)釋宗寶編　明萬曆十八年(1590)周國華刻本　二册

110000－0143－0001428　SG3102/3
指月錄三十二卷　(明)瞿汝稷集　(明)嚴瀓校　明崇禎靈隱寺釋弘禮刻本　十册

110000－0143－0001429　SG3102/22
悟真篇三註三卷　(宋)張伯端撰　明萬曆魏伯真刻本　四册

110000－0143－0001430　SG3102/24
新刊道書全集文始真經言外經旨二卷　(宋)陳顯微撰　明萬曆十九年(1591)金陵閻鶴洲刻道書全集本　四册

110000－0143－0001431　SG3102/28
消閒錄十卷　(明)釋成勇撰　清康熙二十年至雍正十三年(1681－1735)刻本　五册

110000－0143－0001432　SG3102/29
南華真經解不分卷　(清)宣穎撰　(清)王暉吉校　清嘉慶醉月主人抄本　六册

110000－0143－0001433　SG3102/30
南華真經副墨八卷附讀南華真經雜説一卷　(明)陸西星撰　(明)陸律等校　明萬曆六年(1578)李齊芳刻本　八册

110000－0143－0001434　SG3102/30
南華真經副墨八卷附讀南華真經雜説一卷　(明)陸西星撰　(明)陸律等校　明萬曆六年(1578)李齊芳刻本　八册

110000－0143－0001435　SG3102/32
忠孝全書十卷附集帖一卷集史一卷道學世家一卷　(清)粘本盛輯著　清康熙清源石室刻本　五册

110000－0143－0001436　SG3102/36
道書全集九十四卷　(明)閻鶴洲輯　明萬曆十九年(1591)刻本　二十四册

110000－0143－0001437　SG3102/38
諸經品節二十卷　(明)楊起元注評　明萬曆二十二年(1594)刻本　十二册　存十卷(一至十)

110000－0143－0001438　SG3102/39
老子元翼二卷考異一卷附錄一卷　(明)焦竑原輯　(清)郭乾泗重校　清乾隆五年(1740)三多齋刻本　四册

110000－0143－0001439　SG3102/42
真誥二十卷　(南朝梁)陶弘景撰　(明)俞安

期校　明萬曆二十八年(1600)刻本　十册

110000－0143－0001440　SG3102/43

莊子鬳齋口義十卷附莊子釋音一卷　(宋)林希逸撰　明嘉靖四年(1525)張士鎬刻重刊三子口義本　十册

110000－0143－0001441　SG3102/56

道元一炁五卷　(明)曹士珩撰并繪圖　(明)鮑山校　明崇禎七年(1634)汪瀚等刻九年(1636)高煉昌重刻本　五册

110000－0143－0001442　SG3102/56－1

道元一炁五卷　(明)曹士珩撰并繪圖　(明)張廷譽校　明崇禎七年(1634)汪瀚等刻本　四册

110000－0143－0001443　SG3102/58

文始真經言外經旨三卷　(宋)陳顯微撰　明成化刻本　三册

110000－0143－0001444　SG3102/59

列子沖虛真經八卷　(周)列禦寇撰　明萬曆至崇禎閔齊伋刻朱墨套印本　二册

110000－0143－0001445　SG3102/65

莊子因六卷　(清)林雲銘評述　清康熙二十七年(1688)林雲銘自刻本　三册

110000－0143－0001446　SG3102/69

御注道德經二卷　(周)李耳撰　(清)世祖福臨注　清順治十三年(1656)内府刻本　二册

110000－0143－0001447　SG3102/101

真詮三卷　(明)桑喬撰　清康熙四十九年(1710)刻本　二册

110000－0143－0001448　SG3102/103

文始經釋辭九卷　(明)王一清釋　明萬曆二十五年(1597)刻本　四册

110000－0143－0001449　SG3102/105

忠孝誥五卷　(唐)呂嵒撰　清乾隆四十年(1775)李文璧刻本　二册

110000－0143－0001450　SG3103/1

焦氏易林十六卷　(漢)焦贛撰　(明)鍾惺評　明天啓六年(1626)唐瑜、唐琳刻本　四册

110000－0143－0001451　SG3103/1－1

焦氏易林十六卷　(漢)焦贛撰　(明)鍾惺評　清初刻本　四册

110000－0143－0001452　SG3103/6

欽定協紀辨方書三十六卷　(清)允祿　(清)李廷耀等纂　清乾隆六年(1741)武英殿刻朱墨套印本　十五册　存十五卷(一至十五)

110000－0143－0001453　SG3103/6

欽定協紀辨方書三十六卷　(清)允祿　(清)李廷耀等纂　清乾隆六年(1741)武英殿刻朱墨套印本　十五册　存十五卷(一至十五)

110000－0143－0001454　SG3103/32

易經增删來註八卷首一卷　(明)來知德撰　(清)張祖武增删　清乾隆三十二年(1767)刻本　六册

110000－0143－0001455　SG3103/39

天元玉曆祥異賦不分卷　(明)仁宗朱高熾撰　明洪熙元年(1425)至明末抄本　十册

110000－0143－0001456　SG3103/41

地理參贊玄機仙婆集十三卷　(明)張鳳鳴輯　(明)張希堯參補　明萬曆熊體忠刻本　十二册

110000－0143－0001457　SG3103/46

祈禱祛治大法不分卷　清初抄本　六册

110000－0143－0001458　SG3103/69

象類不分卷　(□)□□撰　明抄本　七册

110000－0143－0001459　SG3103/74

洪範九疇數三卷附洪範疇解　(宋)蔡沈撰　(明)熊宗立解　清雍正元年(1723)刻本　三册

110000－0143－0001460　SG3103/75

重訂相宅造福全書二卷附擇日記全一卷　(明)黄一鳳撰　(明)龔居中增補　明崇禎二年(1629)刻本　四册

110000－0143－0001461　SG3103/81

形氣元珠六卷　(清)許坤撰　(清)王亨校　清乾隆四十九年(1784)花溪順備堂刻本　六

册

110000－0143－0001462　SG3103/82
大六壬兵帳勾玄一卷　(明)劉基集釋　清順治元年至康熙十年(1644－1671)抄本　一册

110000－0143－0001463　SG3103/84
重刊人子須知資孝地理心學統宗三十九卷　(明)徐善繼　(明)徐善述撰　明萬曆刻本　二十五册

110000－0143－0001464　SG3103/88
康節先生觀物篇解六卷　(宋)祝泌撰　清康熙抄本　六册

110000－0143－0001465　SG3103/92
選擇叢書集要五種二十九卷　(明)江之棟輯　清康熙三十九年(1700)吴氏刻朱墨套印本　五册

110000－0143－0001466　SG3103/94
易林元籥四卷　(漢)焦贛撰　(明)盛如林編注　**附易林元籥十測一卷**　(明)盛如林纂著　明崇禎刻本　四册

110000－0143－0001467　SG3103/96
元包經傳五卷　(北周)衛元嵩撰　(唐)蘇源明傳　(唐)李江注　明嘉靖至萬曆刻本　一册

110000－0143－0001468　SG3103/97
鼎鍥卜筮鬼谷源流斷易天機大全三卷首一卷　明萬曆至崇禎刻本　三册

110000－0143－0001469　SG3103/101
皇極經世書發明十二卷首一卷　(宋)邵雍撰　(清)劉紹攽注　清乾隆三十五年(1770)刻本　八册

110000－0143－0001470　SG3103/102
寶顔堂訂正丙丁龜鑑六卷　(宋)柴望輯　明萬曆刻本　二册

110000－0143－0001471　SG3103/108
陰陽五要奇書五種　(明)江之棟輯　清乾隆五十五年(1790)樂真堂刻本　六册

110000－0143－0001472　SG3103/303
迪吉錄八卷首一卷　(明)顔茂猷撰　(明)顧錫疇評　明崇禎刻本　八册

110000－0143－0001473　SG3105/43
博山無異大師語錄集要六卷　(明)釋元來撰　(明)釋成正錄　明崇禎十六年(1643)刻本　二册

110000－0143－0001474　SG3105/44
佛果圜悟禪師碧巖集十卷　(宋)釋圜悟克勤編撰　(清)吴自弘校　清順治至雍正刻本　四册

110000－0143－0001475　SG3105/48
大乘起信論疏略二卷　(南朝梁)釋真諦譯　(唐)釋法藏疏　(明)釋德清纂略　明萬曆四十五年(1617)董福覺刻本　一册

110000－0143－0001476　SG311./1－7
呂氏春秋二十六卷　(秦)呂不韋撰　(宋)陸游評　(明)凌稚隆批　明萬曆四十八年(1620)凌毓枏刻朱墨套印本　十册

110000－0143－0001477　SG311./3－1
玉芝堂談薈三十六卷　(明)徐應秋輯　明天啓至崇禎徐應秋刻清康熙四十二年(1703)靳治荊重刻本　二十四册

110000－0143－0001478　SG311./3－3
玉芝堂談薈三十六卷　(明)徐應秋輯　明天啓至崇禎徐應秋刻清康熙四十二年(1703)靳治荊重刻本　十八册

110000－0143－0001479　SG311./5
諸子匯函二十六卷附談藪一卷諸子評林姓氏一卷　(明)歸有光輯　(明)文震孟訂　明天啓五年至崇禎十七年(1625－1644)刻本　三十二册

110000－0143－0001480　SG311./5－1
諸子匯函二十六卷附談藪一卷諸子評林姓氏一卷　(明)歸有光輯　(明)文震孟訂　明天啓五年至崇禎十七年(1625－1644)刻本　三十二册

110000－0143－0001481　SG311./8－1

白虎通德論二卷　(漢)班固撰　明嘉靖至崇禎刻本　二册

110000－0143－0001482　SG311./12－4
鶡冠子三卷　(周)鶡冠子撰　(宋)陸佃解　(明)王宇　(明)汪明際等評　明天啓朱氏花齋刻本　一册

110000－0143－0001483　SG311./14－1
權衡一書四十一卷　(清)王植輯錄　清乾隆元年(1736)王氏崇雅堂刻本　二十四册

110000－0143－0001484　SG311./15
秘書廿一種九十四卷　(清)汪士漢輯　明萬曆元年至三十年(1573－1602)刻清康熙七年(1668)汪士漢重印本　二十册

110000－0143－0001485　SG311./15－1
秘書廿一種九十四卷　(清)汪士漢輯　明萬曆元年至三十年(1573－1602)刻清康熙七年(1668)汪士漢重印本　二十四册

110000－0143－0001486　SG311./15－2
秘書廿一種九十四卷　(清)汪士漢輯　清乾隆七年(1742)文盛堂刻本　二十册

110000－0143－0001487　SG311./15－2
秘書廿一種九十四卷　(清)汪士漢輯　清乾隆七年(1742)文盛堂刻本　十六册

110000－0143－0001488　SG311./22
賓退錄十卷　(宋)趙與旹撰　清乾隆十七年(1752)存恕堂刻本　二册

110000－0143－0001489　SG311./23
呂新吾集二十三種六十卷　(明)呂坤撰　明萬曆八年至四十八年(1580－1620)刻清康熙十二年至十八年(1673－1679)匯印本　十册

存十三種二十九卷(四禮疑五卷,喪禮餘言一卷,四禮翼八卷,交泰韻一卷,黃帝陰符經一卷,反輓歌一卷,大明嘉議大夫刑部左侍郎新吾呂君墓誌銘一卷、附錄山高水長一卷,答通學諸友論優免書一卷,寧陵疾苦條陳一卷,省心紀一卷,無如四卷,疹科一卷,呂新吾題奏二卷)

110000－0143－0001490　SG311./30－1
風俗通義十卷　(漢)應劭撰　明正德至嘉靖刻本　四册

110000－0143－0001491　SG311./40－5
淮南子二十一卷敘目不分卷　(漢)劉安撰　(漢)高誘注　(清)莊逵吉校　清乾隆五十三年(1788)莊逵吉刻本　六册

110000－0143－0001492　SG311./42
淮南鴻烈解二十一卷　(漢)劉安撰　(漢)高誘注　明萬曆八年(1580)茅一桂九華山房刻本　十二册

110000－0143－0001493　SG311./42－2
淮南鴻烈解二十一卷　(漢)劉安撰　(明)茅坤評　明萬曆八年至崇禎十七年(1580－1644)刻本　十二册

110000－0143－0001494　SG311./42－3
淮南鴻烈解輯畧不分卷　(明)張榜輯　(明)李柄纂　明萬曆至崇禎刻本　四册

110000－0143－0001495　SG311./42－4
淮南鴻烈解二十一卷　(漢)劉安撰　(明)茅坤評　明萬曆八年至崇禎十七年(1580－1644)刻朱墨套印本　八册

110000－0143－0001496　SG311./52
古今說海一百三十五種一百四十二卷　(明)陸楫編　明嘉靖二十三年(1544)雲間陸氏儼山書院、雲山書院刻本　四十册

110000－0143－0001497　SG311./53－2
容齋隨筆十六卷續筆十六卷三筆十六卷四筆十六卷五筆十卷　(宋)洪邁撰　明崇禎三年(1630)馬元調刻清康熙三十九年至六十一年(1700－1722)洪璟補刻本　十册

110000－0143－0001498　SG311./53－2A
容齋隨筆十六卷續筆十六卷三筆十六卷四筆十六卷五筆十卷　(宋)洪邁撰　明崇禎三年(1630)馬元調刻清康熙三十九年至六十一年(1700－1722)洪璟補刻本　十四册

110000－0143－0001499　SG311./56

寄園寄所寄十二卷 (清)趙吉士撰 清康熙三十三年至六十一年(1694-1722)刻本 十二册

110000-0143-0001500 SG311./56
寄園寄所寄十二卷 (清)趙吉士撰 清康熙三十三年至六十一年(1694-1722)刻本 十册

110000-0143-0001501 SG311./56
寄園寄所寄十二卷 (清)趙吉士撰 清康熙三十三年至六十一年(1694-1722)刻本 二十四册

110000-0143-0001502 SG311./58
金石三例十五卷 (清)盧見曾輯 清乾隆二十年(1755)盧見曾刻本 二册 存五卷(墓銘舉例四卷、金石要例一卷)

110000-0143-0001503 SG311./62
水東日記四十卷 (明)葉盛撰 明萬曆四十一年至崇禎十七年(1613-1644)葉重華賜書樓刻清康熙十九年(1680)葉方蔚重刻本 八册

110000-0143-0001504 SG311./71
居易錄三十四卷 (清)王士禛撰 清雍正刻本 八册

110000-0143-0001505 SG311./77
墨莊漫錄十卷 (宋)張邦基撰 **侍兒小名錄拾遺一卷** (宋)張邦幾撰 **補侍兒小名錄一卷** (宋)王銍撰 **續補侍兒小名錄一卷** (宋)溫豫撰 明萬曆二十年至四十八年(1592-1620)會稽商濬半埜堂刻本 六册

110000-0143-0001506 SG311./88
初潭集十二卷 (明)李贄撰 (明)王克安重訂 明萬曆至崇禎刻本 十二册

110000-0143-0001507 SG311./88-1
初潭集三十卷 (明)李贄撰 (明)閔邃評 明萬曆至崇禎閔氏刻朱墨套印本 十二册

110000-0143-0001508 SG311./90
分甘餘話四卷 (清)王士禛撰 清康熙四十八年(1709)刻本 二册

110000-0143-0001509 SG311./95
昨非菴日纂二十卷二集二十卷三集二十卷 (明)鄭瑄撰 明崇禎刻本 十六册 缺二十卷(三集二十卷)

110000-0143-0001510 SG311./100A
陳眉公重訂野客叢書十二卷附録一卷 (宋)王楙輯 (明)張昞閱 明末刻本 四册

110000-0143-0001511 SG311./100B
陳眉公重訂野客叢書十二卷附録一卷 (宋)王楙輯 (明)張昞閱 明末刻本 二册

110000-0143-0001512 SG311./103-2、SG311./103-3
説郛一百二十卷 (明)陶宗儀纂 (明)陶珽重輯 **續説郛四十六卷** (明)陶珽纂 (明)李際期重定 清順治三年(1646)李際期宛委山堂重刻本 一百八十册

110000-0143-0001513 SG311./103-3
説郛一百二十卷 (明)陶宗儀纂 (明)陶珽重輯 **續説郛四十六卷** (明)陶珽纂 (明)李際期重定 清順治三年(1646)李際期宛委山堂重刻本 二百三十五册

110000-0143-0001514 SG311./104
湧幢小品三十二卷 (明)朱國楨撰 明天啓二年(1622)朱國楨自刻本 十二册

110000-0143-0001515 SG311./104
湧幢小品三十二卷 (明)朱國楨撰 明天啓二年(1622)朱國楨自刻本 十册

110000-0143-0001516 SG311./104
湧幢小品三十二卷 (明)朱國楨撰 明天啓二年(1622)朱國楨自刻本 三十二册

110000-0143-0001517 SG311./125
雲谷雜紀四卷首一卷末一卷 (宋)張淏撰 清乾隆武英殿木活字印本 四册

110000-0143-0001518 SG311./139
文昌雜録六卷補遺一卷 (宋)龐元英撰 清乾隆二十一年(1756)德州盧見曾雅雨堂刻本

二冊

110000－0143－0001519　SG311./142
蠡海集一卷　(明)王逵著　明萬曆會稽商濬半埜堂刻稗海本　一冊

110000－0143－0001520　SG311./143
闡義二十二卷　(清)吳肅公輯　(清)劉楷訂　清康熙四十六年(1707)劉應熙慕園刻本　六冊

110000－0143－0001521　SG311./143A
闡義二十二卷　(清)吳肅公輯　(清)劉楷訂　清康熙四十六年(1707)劉應熙慕園刻本　四冊

110000－0143－0001522　SG311./144－1
鬱岡齋筆塵四卷　(明)王肯堂撰　明萬曆刻本　四冊

110000－0143－0001523　SG311./159
群書備考六卷　(明)袁黄撰　(明)袁儼注
續二三場群書備考三卷　(明)袁儼撰并注　明萬曆三十八年至崇禎十七年(1610－1644)刻本　四冊

110000－0143－0001524　SG311./159－1
增訂二三塲羣書備考四卷　(明)袁黄撰　(明)袁儼注　(明)沈昌世增　(明)徐行敏訂　明崇禎五年至十七年(1632－1644)萬卷樓刻本　四冊

110000－0143－0001525　SG311./159－1A
增訂二三塲羣書備考四卷　(明)袁黄撰　(明)袁儼注　(明)沈昌世增　(明)徐行敏訂　明崇禎十五年(1642)萬卷樓重印本　四冊

110000－0143－0001526　SG311./159－2
增訂二三塲羣書備考四卷　(明)袁黄撰　(明)袁儼注　(明)沈昌世增　(明)徐行敏訂　明崇禎十五年至十七年(1642－1644)大觀堂刻本　八冊

110000－0143－0001527　SG311./160
雅尚齋遵生八牋十九卷　(明)高濂撰　明萬曆十九年至四十八年(1591－1620)種德堂刻本　九冊

110000－0143－0001528　SG311./170
天禄閣外史八卷　(漢)黄憲撰　明萬曆至崇禎刻本　四冊

110000－0143－0001529　SG311./172
中立四子集六十四卷　(明)朱東光輯訂　(明)張登雲叅補　明萬曆七年(1579)臨川朱氏刻本　二十冊

110000－0143－0001530　SG311./176
燕泉何先生餘冬序録六十五卷　(明)何孟春撰　明萬曆十二年(1584)黄齊賢、張汝賢刻本　十三冊

110000－0143－0001531　SG311./177
問奇一臠三十卷　(明)郭良翰輯　明萬曆四十七年(1619)郭良翰刻本　六冊

110000－0143－0001532　SG311./181
知新錄三十二卷　(清)王棠撰　清康熙五十六年至六十一年(1717－1722)燕在閣刻本　二十冊

110000－0143－0001533　SG311./183
希賢錄十卷　(清)魏裔介撰　清康熙二十年(1681)胡元成、周武功刻本　十冊

110000－0143－0001534　SG311./184
臣鑒錄二十卷　(清)蔣伊編　清康熙十四年(1675)刻乾隆重刻本　二十四冊

110000－0143－0001535　SG311./186
丹鉛總錄二十七卷　(明)楊慎撰　明隆慶凌雲翼、黄思近刻本　二冊　存五卷(一至二、十五至十七)

110000－0143－0001536　SG311./186－1
丹鉛總錄二十七卷　(明)楊慎撰　(清)陳愷校　清乾隆三十九年(1774)楊氏刻本　十冊

110000－0143－0001537　SG311./188
經世名言十二卷　(清)蘇弘祖輯　清順治十六年(1659)刻本　四冊

110000－0143－0001538　SG311./196

舌華錄九卷　(明)曹臣纂著　(明)袁中道批評　明萬曆二十八年至四十八年(1600－1620)刻本　四册

110000－0143－0001539　SG311./200
説頤八卷　(明)余懋學撰　明萬曆三十六年(1608)余昌祚直方堂刻崇禎十一年(1638)歙縣余氏印本　八册

110000－0143－0001540　SG311./201
博物典彙十九卷　(明)黄道周撰　明末刻清初大雅堂重刻本　六册

110000－0143－0001541　SG311./201－1
博物典彙二十卷　(明)黄道周撰　明崇禎刻本　十六册

110000－0143－0001542　SG311./211
新刻耳談十五卷　(明)王同軌撰　(明)王嗣經校　明萬曆三十年(1602)萃慶堂刻本　六册

110000－0143－0001543　SG311./213
餘冬敘録六十五卷　(明)何孟春撰　(清)何達校訂重梓　清乾隆二十三年(1758)何達刻本　一册

110000－0143－0001544　SG311./227
剡溪漫筆六卷　(明)孫能傳輯　(明)孫能正校　明萬曆四十一年(1613)孫能正鄂韡堂刻本　一册

110000－0143－0001545　SG311./228
曲洧新聞四卷　(明)范守己撰　(明)侯廷珮校　明萬曆十八年(1590)侯廷珮刻御龍子集本　二册

110000－0143－0001546　SG311./229
説纂十集　(明)陸楫輯　明嘉靖二十三年(1544)陸氏儼山書院、雲山書院刻本　十册

110000－0143－0001547　SG311./230
樗林偶筆二卷續筆二卷閒筆一卷　(清)魏裔介述　(清)魏荔彤編輯　清康熙十九年(1680)龍江書院刻魏貞庵遺書本　三册

110000－0143－0001548　SG311./231
自警編九卷　(宋)趙善璙輯　明嘉靖二十四年(1545)唐曜刻本　十册

110000－0143－0001549　SG311./235
通雅五十二卷首三卷　(清)方以智輯　(清)姚文燮校訂　清康熙五年(1666)刻本　十二册

110000－0143－0001550　SG311./236
日知録三十二卷　(清)顧炎武撰　清康熙三十四年(1695)潘耒遂初堂刻本　十册

110000－0143－0001551　SG311./240
碧芸軒偶録　清末抄本　一册

110000－0143－0001552　SG311./254
嘉懿集初鈔四卷續鈔四卷　(清)高塘輯　清乾隆五十四年(1789)刻本　八册

110000－0143－0001553　SG311.1/1
管城碩記三十卷　(清)徐文靖撰　(清)徐榮樞校字　清乾隆九年(1744)徐氏志寧堂刻本　八册

110000－0143－0001554　SG311.2/19
奩史一百卷拾遺一卷　(清)王初桐纂述　(清)王昶閱定　清嘉慶二年(1797)古香堂刻本　三十六册

110000－0143－0001555　SG311.2/19A
奩史一百卷拾遺一卷　(清)王初桐纂述　(清)王昶閱定　清嘉慶二年(1797)古香堂刻本　十六册

110000－0143－0001556　SG311.2/34
禁扁五卷　(元)王士點纂　清康熙四十五年(1706)揚州使院刻本　一册

110000－0143－0001557　SG311.2/38
硯山齋集一卷　(清)孫承澤撰　清雍正十一年(1733)孫琰刻本　一册

110000－0143－0001558　SG311.2/54
新刻批點金壘子四十四卷　(明)陳絳撰　(明)李維禎批點　明泰昌元年(1620)刻本　二十四册

110000－0143－0001559　SG311.2/70

恖聞集四卷　(清)郭為崍撰　(清)郭帶淮編次　清乾隆三十六年(1771)郭帶淮刻本　四冊

110000－0143－0001560　SG311.2/74
古今釋疑十八卷　(清)方中履撰　(清)楊霖訂正　(清)吳雲參閱　清康熙二十一年(1682)楊霖、楊嗣漢刻本　十冊

110000－0143－0001561　SG311.2/77
名義考十二卷　(明)周祈撰　(明)劉如寵著　(明)黃中色刊　明萬曆十二年(1584)黃中色刻本　六冊

110000－0143－0001562　SG311.2/97
新刻標題二十四孝鳳毛日記故事四卷首一卷　(明)完初子編輯　明萬曆三十九年(1611)余熙宇刻本　一冊

110000－0143－0001563　SG311.2/99
福壽全書六卷　(明)陳繼儒輯　明崇禎元年(1628)刻本　六冊

110000－0143－0001564　SG311.3/1－2
遣愁集十四卷　(清)張貴勝纂輯　清康熙二十七年(1688)刻本　十六冊

110000－0143－0001565　SG311.3/3－2
智囊補二十八卷　(明)馮夢龍重輯　明崇禎刻清順治重印本　十八冊

110000－0143－0001566　SG311.3/5
因樹屋書影十卷　(清)周亮工撰　(清)吳宗信校訂　清雍正三年(1725)周在延刻本　五冊

110000－0143－0001567　SG311.3/5－1
因樹屋書影十卷　(清)周亮工撰　(清)吳宗信校訂　清康熙六年(1667)周氏賴古堂刻本　**書影目録一卷**　(清)劉培元編　清同治四年(1865)劉培元手録本　一冊

110000－0143－0001568　SG311.3/6
香乘二十八卷　(明)周嘉胄纂輯　明崇禎十四年(1641)周氏自刻本　十三冊

110000－0143－0001569　SG311.3/7－1
夢溪筆談二十六卷補筆談一卷　(宋)沈括撰　明萬曆會稽商濬半埜堂刻清康熙增刻本　八冊

110000－0143－0001570　SG311.3/14
快書五十種五十卷　(明)閔景賢輯　(明)何偉然訂　明天啓六年(1626)刻本　四冊　存十二卷(環碧齋小言一卷、玉振一卷、朗川答問一卷、白雲梯一卷、鶯筵辨一卷、鑑古瑣譚一卷、黃辭一卷、雅述一卷、枕餘一卷、存論一卷、緑雪亭雜言一卷、竹窗合筆一卷)

110000－0143－0001571　SG311.3/22
稗海四十六種二百八十五卷續二十四種一百四十一卷　(明)商濬編　明萬曆二十年至四十八年(1592－1620)商濬半埜堂刻本　六十二冊

110000－0143－0001572　SG311.3/22
稗海四十八種二百八十八卷續二十二種一百六十一卷　(明)商濬編　明萬曆會稽商氏刻清康熙振鷺堂重編遞補印本　八十冊

110000－0143－0001573　SG311.3/22
稗海四十八種二百八十八卷續二十二種一百六十一卷　(明)商濬編　明萬曆會稽商氏刻清康熙振鷺堂重編遞補印本　八十冊

110000－0143－0001574　SG311.3/23
何氏語林三十卷　(明)何良俊撰并注　明嘉靖二十九年(1550)何氏清森閣刻本　十二冊

110000－0143－0001575　SG311.3/31
倘湖樵書十二卷　(清)來集之纂輯　清乾隆五十三年(1788)來大夏等重刻本　十二冊

110000－0143－0001576　SG311.3/45
說儲八卷　(明)陳禹謨撰　明萬曆陳禹謨刻本　四冊

110000－0143－0001577　SG311.3/46
宋景文公筆記三卷　(宋)宋祁撰　明弘治十四年(1501)無錫華珵刻本　一冊

110000－0143－0001578　SG311.3/48
石林燕語十卷　(宋)葉夢得撰　(明)商濬校

明萬曆二十年至四十八年(1592－1620)會稽商濬半埜堂刻本　四冊

110000－0143－0001579　SG311.3/49
風俗通義十卷　(漢)應劭撰　(明)程榮校　明萬曆程榮刻本　二冊

110000－0143－0001580　SG311.3/54
筆疇二卷　(明)王達撰　(明)郁嘉慶校　明萬曆繡水沈氏刻本　二冊

110000－0143－0001581　SG311.3/54
書品二卷　(南朝梁)庾肩吾撰　(明)王子逸校　明萬曆繡水沈氏刻本　與110000－0143－0001580合冊

110000－0143－0001582　SG311.3/55
清暑筆談一卷　(明)陸樹聲撰　(明)夏日萱校　明萬曆繡水沈氏刻本　一冊

110000－0143－0001583　SG311.3/60
天方性理五卷首一卷　(清)劉智纂譯　清乾隆二十四年(1759)金氏愚堂刻本　六冊

110000－0143－0001584　SG311.3/70
銷夏四卷　(明)陳繼儒撰　(明)沈德先校　明萬曆三十年至四十八年(1602－1620)繡水沈氏刻本　四冊

110000－0143－0001585　SG311.3/79
遊宦紀聞十卷　(宋)張世南撰　明萬曆二十年至四十八年(1592－1620)商濬半埜堂刻本　二冊

110000－0143－0001586　SG311.3/80
香案牘一卷　(明)陳繼儒纂　(明)郁嘉慶校　明萬曆三十四年(1606)刻本　一冊

110000－0143－0001587　SG311.3/89
蓉槎蠡說十二卷　(清)程哲撰　清康熙五十年(1711)程哲七略書堂刻本　四冊

110000－0143－0001588　SG311.3/92
嬾真子五卷　(宋)馬永卿撰　明萬曆刻本　二冊　存四卷(一至四)

110000－0143－0001589　SG311.3/98
讀書樂趣八卷　(清)伍涵芬編　(清)伍炳宸(清)伍炳日校　清康熙三十七年(1698)伍涵芬華日堂刻乾隆十年(1745)重印本　六冊

110000－0143－0001590　SG311.3/106
封氏聞見記十卷　(唐)封演撰　清乾隆二十一年(1756)盧見曾雅雨堂刻本　二冊

110000－0143－0001591　SG311.3/107
筆叢正集三十二卷續集十六卷　(明)胡應麟撰　(明)鄧渼校　明萬曆三十四年(1606)吳勉學刻本　八冊

110000－0143－0001592　SG311.3/117
柳弧六卷　(清)丁柔克撰　清光緒八年(1882)丁柔克稿本　十三冊

110000－0143－0001593　SG311.3/118
隋唐嘉話三卷　(唐)劉餗撰　明正德至嘉靖長洲顧元慶夷白齋刻本　一冊

110000－0143－0001594　SG311.3/121
貴耳集三卷　(宋)張端義著　(明)毛晉訂　明崇禎毛晉汲古閣刻本　三冊

110000－0143－0001595　SG311.3/133
金陵瑣事四卷續二卷二續二卷　(明)周暉撰　明萬曆四十一年至四十七年(1613－1619)刻本　二冊　存二卷(續二卷)

110000－0143－0001596　SG311.3/141
焦氏筆乘六卷續集八卷　(明)焦竑輯　(明)謝與棟　(明)焦尊生校　明萬曆三十四年(1606)謝與棟刻本　六冊

110000－0143－0001597　SG311.3/142
灼艾集二卷續集二卷餘集二卷別集二卷　(明)萬表撰　明嘉靖二十八年(1549)萬表刻本　四冊　存四卷(灼艾集二卷、續集二卷)

110000－0143－0001598　SG311.3/146
鴻苞四十八卷　(明)屠隆撰　(明)茅元儀選訂　明萬曆三十八年(1610)茅元儀刻本　二十四冊

110000－0143－0001599　SG311.3/147
甘露園短書十一卷　(明)陳汝錡撰　(明)陳邦瞻校　明萬曆三十八年(1610)陳邦瞻刻清

康熙六年(1667)劉願人重刻本　四冊

110000－0143－0001600　SG311.3/150
南村隨筆六卷　(清)陸廷燦撰　清雍正十三年(1735)陸廷燦壽椿堂刻本　二冊

110000－0143－0001601　SG311.3/152
藜牀瀋語六卷　(清)程瑞祊述　(清)程世綏錄　清康熙五十九年(1720)一峰閣刻本　二冊

110000－0143－0001602　SG311.3/153
墨娥小錄十四卷　(明)□□輯　明隆慶五年(1571)吳繼聚好堂刻本　六冊

110000－0143－0001603　SG312./1－3
世説新語六卷　(南朝宋)劉義慶撰　(南朝梁)劉孝標注　(明)吳中珩校　明萬曆吳中珩刻本　六冊

110000－0143－0001604　SG312./1－4
世説新語八卷　(南朝宋)劉義慶撰　(南朝梁)劉孝標注　(明)張懋辰校　**世説新語補八卷**　(明)何良俊撰　(明)王世貞刪定　(明)張懋辰考訂　明萬曆張懋辰刻本　二冊　存四卷(世説新語補一至四)

110000－0143－0001605　SG312./1－6
李卓吾批點世説新語補二十卷附釋名一卷　(南朝宋)劉義慶撰　(南朝梁)劉孝標注　(明)何良俊增　(明)王世貞刪定　(明)李贄批點　明萬曆三十一年至四十七年(1603－1619)刻本　六冊

110000－0143－0001606　SG312./1－7
世説新語三卷　(南朝宋)劉義慶撰　(南朝梁)劉孝標注　明萬曆三十七年(1609)周氏博古堂刻本　六冊

110000－0143－0001607　SG312./1－10
世説新語三卷　(南朝宋)劉義慶撰　(南朝梁)劉孝標注　(明)王世懋批點　明萬曆九年(1581)喬懋敬刻本　六冊

110000－0143－0001608　SG312./1－15
世説新語補二十卷附釋名一卷　(南朝宋)劉義慶撰　(南朝梁)劉孝標注　(明)何良俊增補　(明)王世貞刪定　(明)張文柱注　清乾隆二十七年(1762)黃汝琳茂清書屋刻本　六冊

110000－0143－0001609　SG312./4－1
四大奇書第一種五十一卷一百二十回　(明)羅本撰　(清)毛宗崗評　(清)鄒聖脈彔訂　清康熙九年至四十九年(1670－1710)芥子園刻本　十六冊

110000－0143－0001610　SG312./5
眉公見聞錄四卷　(明)陳繼儒撰　明崇禎九年(1636)醉綠居刻本　二冊

110000－0143－0001611　SG312./7
湘山野錄三卷續一卷　(宋)釋文瑩著　(明)毛晉訂　明崇禎毛晉汲古閣刻本　四冊

110000－0143－0001612　SG312./8
酉陽雜俎二十卷　(唐)段成式撰　明刻本　五冊　存十七卷(　至十七)

110000－0143－0001613　SG312./8－3
酉陽雜俎二十卷　(唐)段成式撰　(明)汪士賢校　明萬曆元年至四十七年(1573－1619)汪士賢刻本　六冊

110000－0143－0001614　SG312./14
桃花扇傳奇二卷四十齣　(清)孔尚任纂　清康熙西園刻本　八冊

110000－0143－0001615　SG312./15－1
今古奇觀四十卷　(明)抱甕老人輯　明末清初同文堂刻本　十二冊

110000－0143－0001616　SG312./20
新說西遊記一百回　(明)吳承恩撰　(明)張書紳注　清乾隆十四年(1749)刻本　二十四冊

110000－0143－0001617　SG312./22
說鈴三集五十二種七十卷　(清)吳震方輯　清康熙四十一年至五十一年(1702－1712)刻本　十六冊

110000－0143－0001618　SG312./23

情史類畧二十四卷　(明)馮夢龍輯　清康熙元年至十九年(1662－1680)芥子園刻本　十冊

110000－0143－0001619　SG312./32
繡像京本雲合奇蹤玉茗英烈全傳十卷八十回　(明)徐渭編　清初刻本　十冊

110000－0143－0001620　SG312./36
瑯嬛記三卷　(元)伊世珍輯　明崇禎毛氏汲古閣刻本　二冊

110000－0143－0001621　SG312./42
雅趣藏書一卷　(清)錢書撰　清康熙刻本　二冊

110000－0143－0001622　SG312./44
揮麈前錄四卷後錄十一卷第三錄三卷後錄餘話二卷　(宋)王明清輯　(明)毛晉訂　明崇禎毛氏汲古閣刻本　八冊

110000－0143－0001623　SG312./54
新刻劍嘯閣批評西漢演義傳八卷　(明)甄偉撰　(明)鍾惺評　**新刻劍嘯閣批評東漢演義傳十卷**　(明)謝詔撰　(明)鍾惺評　清康熙金閶書業堂刻本　五冊

110000－0143－0001624　SG312./56
四雪草堂重訂通俗隋唐演義二十卷一百回　(清)褚人穫彙編　清康熙四雪草堂刻本　十冊　存十卷(一至十)

110000－0143－0001625　SG312./56－1
四雪草堂重訂通俗隋唐演義二十卷一百回　(清)褚人穫彙編　清康熙四雪草堂刻本　二十冊

110000－0143－0001626　SG312./62－3
新列國志一百八回　(明)馮夢龍編　明天啓至崇禎刻本　十二冊

110000－0143－0001627　SG312./63
新刻鍾伯敬先生批評封神演義十九卷一百回　(明)許仲琳撰　(明)鍾惺評　清康熙三十四年(1695)褚人穫四雪草堂刻雍正善成堂印本　二十冊

110000－0143－0001628　SG312./64－4
貫華堂第六才子書八卷附才子西廂文一卷　(元)王德信　(元)關漢卿撰　(清)金人瑞評點　清康熙三十九年至雍正十三年(1700－1735)刻本　六冊

110000－0143－0001629　SG312./64－12
第六才子書西廂記八卷　(元)王德信　(元)關漢卿撰　(清)金人瑞評點　清道光二十九年(1849)味蘭軒刻本　十二冊

110000－0143－0001630　SG312./69－2
觚賸八卷續編四卷　(清)鈕琇撰　清康熙三十九年至四十一年(1700－1702)鈕琇臨野堂刻本　六冊

110000－0143－0001631　SG312./83
玉劍尊聞十卷　(清)梁維樞撰　(清)梁清遠　(清)梁清傳校　清順治梁氏賜麟堂刻本　六冊

110000－0143－0001632　SG312./105
儒林公議二卷　(宋)田況撰　明萬曆刻本　二冊

110000－0143－0001633　SG312./116－2
西青散記二卷　(清)史震林撰　清乾隆二年至同治五年(1737－1866)抄本　二冊

110000－0143－0001634　SG312./127
見聞紀訓一卷　(明)陳良謨紀　(明)沈德先訂　明萬曆七年至崇禎十六年(1579－1643)刻本　一冊

110000－0143－0001635　SG312./133
雪月梅傳十卷五十回　(清)陳朗編輯　(清)董孟汾評釋　邵松年校訂　清乾隆四十年(1775)德華堂刻本　十冊

110000－0143－0001636　SG312./134
輟畊錄三十卷　(明)陶宗儀撰　明崇禎毛晉汲古閣刻本　八冊

110000－0143－0001637　SG312./134
輟畊錄三十卷　(明)陶宗儀撰　明崇禎毛晉汲古閣刻本　六冊

110000－0143－0001638　SG312./134
輟畊錄三十卷　（明）陶宗儀撰　明崇禎毛晉汲古閣刻本　六册

110000－0143－0001639　SG312./134
輟畊錄三十卷　（明）陶宗儀撰　明崇禎毛晉汲古閣刻本　八册

110000－0143－0001640　SG312./134－1
輟畊錄三十卷　（明）陶宗儀撰　明崇禎毛晉汲古閣刻本　六册

110000－0143－0001641　SG312./138
臯鶴堂批評第一奇書金瓶梅一百回　（明）蘭陵笑笑生著　（清）張竹坡評點　清康熙三十四年(1695)臯鶴堂刻本　二十四册

110000－0143－0001642　SG312./138－1
四大奇書第四種五十卷一百回　（明）蘭陵笑笑生著　（清）張竹坡評點　清乾隆十二年(1747)刻本　四十八册

110000－0143－0001643　SG312./139－2
表異錄二十卷　（明）王志堅輯　清康熙陳世修漱六閣刻乾隆最宜草堂本　二册

110000－0143－0001644　SG312./139－2/A
清異錄二卷　（宋）陶穀撰　清康熙陳世修漱六閣刻乾隆最宜草堂本　二册

110000－0143－0001645　SG312./139－2A
清異錄二卷　（宋）陶穀撰　清康熙陳世修漱六閣刻乾隆最宜草堂本　二册

110000－0143－0001646　SG312./160－1
池北偶談二十六卷　（清）王士禛撰　（清）王廷掄校　清康熙四十年(1701)王廷掄刻本　八册

110000－0143－0001647　SG312./166
續紅樓夢三十卷　（清）秦子忱撰　清嘉慶四年(1799)抱甕軒刻本　十六册

110000－0143－0001648　SG312./166－3
紅樓夢圖詠不分卷　（清）改琦繪　（清）淮浦居士重編　清光緒五年(1879)刻本　四册

110000－0143－0001649　SG312./166－4
紅樓夢圖詠不分卷　（清）改琦繪　（清）淮浦居士重編　清光緒五年(1879)刻本　四册

110000－0143－0001650　SG312./166－4
紅樓夢圖詠不分卷　（清）改琦繪　（清）淮浦居士重編　清光緒五年(1879)刻本　四册

110000－0143－0001651　SG312./168
宣室志十卷補遺一卷　（唐）張讀撰　明萬曆商濬半埜堂刻本　六册

110000－0143－0001652　SG312./171
志林記游二卷　（宋）蘇軾撰　明萬曆刻本　二册

110000－0143－0001653　SG312./182
岳武穆精忠傳六卷六十八回　（明）鄒元標編訂　清康熙至嘉慶刻本　六册

110000－0143－0001654　SG312./182－1
增訂精忠演義説本全傳二十卷八十回　（清）錢彩編次　（清）金豐增訂　清同治三年(1864)大文堂刻本　二十册

110000－0143－0001655　SG312./199
異聞總錄四卷　（宋）□□撰　（明）商濬校　明萬曆二十年至四十八年(1592－1620)商濬半埜堂刻本　二册

110000－0143－0001656　SG312./200
北夢瑣言二十卷　（宋）孫光憲纂　清乾隆二十一年(1756)盧見曾雅雨堂刻本　六册

110000－0143－0001657　SG312./200
北夢瑣言二十卷　（宋）孫光憲纂　清乾隆二十一年(1756)盧見曾雅雨堂刻本　四册

110000－0143－0001658　SG312./209
大唐新語十三卷　（唐）劉肅著　（明）商濬校　明萬曆三十七年至四十七年(1609－1619)商濬半埜堂刻本　四册

110000－0143－0001659　SG312./210
飛龍傳六十回　（清）吳璿編　清乾隆三十五年至六十年(1770－1795)世德堂刻本　八册

110000－0143－0001660　SG312./225
檮杌閒評五十卷五十回　（清）李清撰　清刻

本　十二册

110000－0143－0001661　SG312./228
柳崖外編十六卷首一卷　(清)徐昆撰　清乾隆五十七年(1792)貯書樓刻本　十六册

110000－0143－0001662　SG312./231
小窗自紀四卷别紀四卷清紀不分卷艷紀不分卷　(明)吴從先撰　明萬曆四十三年至四十七年(1615－1619)刻本　十六册

110000－0143－0001663　SG312./234
新刊繡像昇仙傳演義八卷五十六回　(清)倚雲氏撰　清道光二十七年(1847)文錦堂刻本　二册

110000－0143－0001664　SG312./303
虞初新志二十卷　(清)張潮輯　清康熙二十二年(1683)刻本　六册

110000－0143－0001665　SG312./306
魏晉小説十二卷　(明)苕上野客輯　明末刻清初印本　十册

110000－0143－0001666　SG312./309
紅樓夢一百二十回　(清)曹霑撰　(清)高鶚續　清乾隆五十七年(1792)程偉元萃文書屋刻木活字印本　三十六册

110000－0143－0001667　SG312./314
新刻忠義水滸傳八卷一百十五回　(元)施耐庵撰　清順治至乾隆刻本　四册

110000－0143－0001668　SG312./317
情史類畧二十四卷　(明)馮夢龍輯　清乾隆四十九年(1784)刻本　十二册

110000－0143－0001669　SG312./323
廻文傳十六卷　(清)李漁原本　(清)鐵華山人重輯　清嘉慶三年(1798)寶研齋刻本　八册

110000－0143－0001670　SG312./324－1
女才子傳十卷首一卷　(清)徐震撰　清順治至雍正刻本　四册

110000－0143－0001671　SG312./327
桃花扇六卷十六回　(清)□□撰　清乾隆刻本　一册　存一卷三回(卷六之十四至十六回)

110000－0143－0001672　SG312./330
醒世姻緣傳一百回　(清)西周生輯著　(清)然藜子校訂　清乾隆至同治同德堂刻本　十册　存四十九回(一至四十九)

110000－0143－0001673　SG312./333
貫華堂評論金雲翹傳四卷二十四回　(清)青心才人撰　清康熙嘯花軒刻本　二册

110000－0143－0001674　SG312./339
南史演義三十二卷　(清)杜綱撰　(清)許寶善　(清)譚載華批校　清乾隆六十年(1795)刻本　八册

110000－0143－0001675　SG312./340
水滸後傳八卷四十回　(明)陳忱撰　清康熙紹裕堂刻本　八册

110000－0143－0001676　SG312./341
第五才子書十二卷一百二十四回　(元)施耐庵撰　清乾隆至嘉慶刻本　六册

110000－0143－0001677　SG312./346
新鐫玉茗堂批點按鑑參補大宋志傳十卷五十回楊家將傳十卷五十回　(明)研石山樵訂正　(明)織里畸人校閲　明萬曆四十六年(1618)刻本　四册

110000－0143－0001678　SG312./348－1
新鍥重訂出像註釋通俗演義西晉志傳題評四卷東晉志傳題評八卷紀元傳一卷　(明)陳氏尺蠖齋評釋　明萬曆至崇禎周氏大業堂刻帶月樓重刻本　六册　存五卷(新鍥重訂出像註釋通俗演義西晉志傳題評四卷、紀元傳一卷)

110000－0143－0001679　SG312./350
常言道四卷十六回　(清)落魄道人著　清嘉慶十四年(1809)存古堂刻本　四册

110000－0143－0001680　SG312./356
秋坪新語十二卷　(清)張太復編　清乾隆六十年(1795)刻本　六册

110000－0143－0001681　SG312./366
歸潛志十四卷　(元)劉祁撰　清乾隆抄本　四册

110000－0143－0001682　SG312./370
新鐫批評出相韓湘子三十回　(明)楊爾曾撰　(明)泰和仙客評閲　明天啓九如堂刻本　十二册

110000－0143－0001683　SG312./374
樂郊私語一卷　(元)姚桐壽撰　明萬曆三十四年(1606)繡水沈氏尚白齋刻本　一册

110000－0143－0001684　SG312./403
侯鯖録八卷　(宋)趙令畤撰　明萬曆二十年至四十八年(1592－1620)商濬半埜堂刻本　四册

110000－0143－0001685　SG312./409
原本海公大紅袍傳六十卷六十回　(清)李春芳撰　清道光二年(1822)書業堂刻本　八册

110000－0143－0001686　SG312./430
紅樓復夢一百卷一百回　(清)陳少海撰　(清)陳雯校訂　清嘉慶十年(1805)刻本　二十四册

110000－0143－0001687　SG312./433
宋人百家小説一百五十二卷　(明)桃源溪父輯　明末刻本　十二册

110000－0143－0001688　SG312./455
贀奕編廣四卷　(明)劉元卿編纂　(明)謝秉謙補輯　明萬曆至崇禎刻本　四册

110000－0143－0001689　SG312./457
蜨蛣雜記十二卷　(清)屠紳撰　清乾隆五十八年(1793)刻本　六册

110000－0143－0001690　SG312./458
新鐫繡像後宋慈雲太子逃難走國全傳八卷三十五回　(清)□□撰　清嘉慶二十五年(1820)二友堂刻本　四册

110000－0143－0001691　SG312./459
虞山妖亂志三卷　(清)馮舒著　清初小黄厓山房抄本　一册

110000－0143－0001692　SG312./460
過墟志感二卷　(清)墅西逸叟撰　清初小黄厓山房抄本　一册

110000－0143－0001693　SG312./460
筆夢一卷　(清)據梧子撰　清初小黄厓山房抄本　與110000－0143－0001692合册

110000－0143－0001694　SG312./462
新編喬太守亂點鴛鴦譜换親全記二卷　(明)馮夢龍撰　清光緒十年(1884)常娥抄本　二册

110000－0143－0001695　SG312./463
豆棚閒話十二卷　(清)艾衲居士原本　(清)百懶道人重訂　清乾隆六十年(1795)三德堂刻本　四册

110000－0143－0001696　SG312./468
雲仙雜記十卷　(唐)馮贄編　(明)黄正位校　明萬曆刻本　四册

110000－0143－0001697　SG312./469
唐世説新語十三卷　(唐)劉肅撰　(明)王世貞校　**附唐世説總論**　明萬曆三十一年(1603)潘玄度刻本　四册

110000－0143－0001698　SG312.1/286
新鐫古本批評繡像三世報隔簾花影四十八回　(清)四橋居士撰　清順治刻本　十册

110000－0143－0001699　SG312.4－2
四大奇書第一種十九卷一百二十回首一卷　(明)羅本撰　(清)毛宗崗評　(清)鄒聖脈杀訂　清康熙十年至六十一年(1671－1722)經綸堂刻本　二十册

110000－0143－0001700　SG313./7
欽定武英殿聚珍版程式不分卷　(清)金簡撰　清乾隆木活字印本　一册

110000－0143－0001701　SG313./7
墨法集要不分卷　(明)沈繼孫撰　清乾隆木活字印本　與110000－0143－0001700合册

110000－0143－0001702　SG313.1/13
直隸五道成規五卷　(清)高斌輯　清乾隆八

年(1743)北京工部刻本　五册

110000－0143－0001703　SG314./63

皇明名臣經濟錄十八卷　(明)陳九德刪次　(明)嚴訥校正　明嘉靖二十八年(1549)羅鴻刻本　十二册

110000－0143－0001704　SG314.2/28

物料價值則例十五卷　(清)陳弘謀主修　(清)快亮纂修　清乾隆三十三年(1768)工部刻本　十二册

110000－0143－0001705　SG314.3/45

見聞雜紀九卷續二卷　(明)李樂述著　(明)朱國楨校正　明萬曆刻本　四册

110000－0143－0001706　SG314.4/49

例案輯存　(清)鮑德鋤輯　清末鮑德鋤等抄本　七十六册

110000－0143－0001707　SG4/203－2

道古堂詩集二十六卷　(清)杭世駿撰　清乾隆五十五年至五十七年(1790－1792)刻本　七册

110000－0143－0001708　SG41/4

國朝名世類苑四十六卷　(明)凌迪知輯　(明)秦嘉楫校　明萬曆四年(1576)刻本　二十四册

110000－0143－0001709　SG41/8

明文奇賞四十卷　(明)陳仁錫輯　明天啓三年(1623)刻本　十二册

110000－0143－0001710　SG41/8－1

明文奇賞四十卷　(明)陳仁錫輯　明天啓三年(1623)刻本　二十四册

110000－0143－0001711　SG41/12

顏李叢書十七種六十三卷　(清)顏元　(清)李塨撰　清康熙至雍正匯印本　二十三册

110000－0143－0001712　SG41/13

朱文公校昌黎先生文集四十卷外集十卷遺文一卷傳一卷　(唐)韓愈撰　(宋)朱熹考異　(宋)王伯大音釋　(明)朱吾弼重編　明萬曆三十三年至四十八年(1605－1620)朱崇沐刻本　五册

110000－0143－0001713　SG41/14－4

文選六十卷　(南朝梁)蕭統撰　(唐)李善注　(清)胡克家校　**文選考異十卷**　(清)胡克家撰　清嘉慶十四年(1809)胡克家仿宋刻本　二十四册

110000－0143－0001714　SG41/15

明六大家集六十三卷　(清)張汝瑚輯　清康熙二十一年至六十一年(1682－1722)刻本　三十二册

110000－0143－0001715　SG41/21

元文類七十卷目錄三卷　(元)蘇天爵編次　(明)王守誠校訂　明天啓至崇禎修德堂刻本　二十六册

110000－0143－0001716　SG41/28

古文八大家公暇錄六卷　(清)王應鯨選評　(清)李中簡鑒定　清嘉慶六年(1801)文盛堂刻本　二册

110000－0143－0001717　SG41/30、SG48/599－6

御製文集四十卷總目五卷御製文二集五十卷總目六卷御製文三集五十卷總目六卷　(清)聖祖玄燁撰　(清)蔣漣編　清康熙五十三年(1714)內府刻本　二十二册　缺五十六卷(御製文二集五十卷、二集總目六卷)

110000－0143－0001718　SG41/34

斯文精萃不分卷　(清)尹繼善輯　清乾隆二十九年(1764)刻本　四册　缺古文

110000－0143－0001719　SG41/34－1

斯文精萃不分卷　(清)尹繼善輯　清乾隆七年(1742)尹繼善刻本　十册

110000－0143－0001720　SG41/34－1

斯文精萃不分卷　(清)尹繼善輯　清乾隆至嘉慶刻本　七册

110000－0143－0001721　SG41/37－2

六朝文絜四卷　(清)許槤評選　(清)朱鈞參校　清道光五年(1825)許槤享金寶石齋刻朱墨套印本　二册

110000－0143－0001722　SG41/41
居敬軒篋中秘不分卷　(清)林文龍輯　清康熙抄本　四册

110000－0143－0001723　SG41/43
漢魏六朝一百三家集一百十八卷　(明)張溥編　明天啓至崇禎刻本　一百册

110000－0143－0001724　SG41/48
陶韋合集十九卷　(明)凌濛初輯　明萬曆三十一年至四十八年(1603－1620)凌濛初刻本　六册

110000－0143－0001725　SG41/55
國朝三家文鈔三十二卷　(清)宋犖　(清)許汝霖選　清康熙三十三年(1694)刻本　十六册

110000－0143－0001726　SG41/55－1
國朝三家文鈔三十二卷　(清)宋犖　(清)許汝霖選　清康熙三十三年(1694)刻本　八册

110000－0143－0001727　SG41/55－1
國朝三家文鈔三十二卷　(清)宋犖　(清)許汝霖選　清康熙三十三年(1694)刻本　十册

110000－0143－0001728　SG41/57
秦漢文歸三十卷　(明)鍾惺選評　(明)張煜如裁定　(明)朱東觀參閲　明末古香齋刻本　二十册

110000－0143－0001729　SG41/58－1
容城三賢文集三種十二卷　(清)張斐然等輯　清康熙十八年(1679)新安張氏、容城楊氏刻本　十二册

110000－0143－0001730　SG41/60
彭氏二文合集十五卷　(明)彭篤福編輯　清康熙五年(1666)彭志楨刻本　六册

110000－0143－0001731　SG41/61－1
漢魏六朝一百三家集一百十八卷　(明)張溥編　明天啓至崇禎刻本　九十六册

110000－0143－0001732　SG41/63
唐宋十大家全集錄五十二卷　(清)儲欣編　清康熙四十二年至四十四年(1703－1705)歙縣吳蔚起遺清堂刻本　三十册

110000－0143－0001733　SG41/64
欽定全唐文一千卷　(清)董誥等編　清嘉慶十九年(1814)内府刻本　五百四册

110000－0143－0001734　SG41/71
憑山閣增輯留青新集三十卷　(清)陳枚選　(清)張國泰訂　(清)陳德裕增輯　清康熙四十七年(1708)積秀堂刻本　二十四册

110000－0143－0001735　SG41/81
文苑英華一千卷　(宋)李昉等輯　明隆慶元年(1567)、萬曆六年(1578)、萬曆三十六年(1608)遞修本　一百十册

110000－0143－0001736　SG41/81
文苑英華一千卷　(宋)李昉等輯　明隆慶元年(1567)胡維新、戚繼光刻本　一百二十册

110000－0143－0001737　SG41/81－1
文苑英華鈔十卷　(明)周詩雅輯　(清)周起岐校　清順治十七年(1660)刻本　十册

110000－0143－0001738　SG41/90
悅心集四卷　(清)世宗胤禛輯　清雍正四年(1726)武英殿刻本　二册

110000－0143－0001739　SG41/93－1
國朝三家文鈔三十二卷　(清)宋犖　(清)許汝霖選　清康熙三十三年(1694)刻本　十册

110000－0143－0001740　SG41/100
吳都文粹十卷　(宋)鄭虎臣集　清嘉慶木活字印本　十册

110000－0143－0001741　SG41/107
古逸書三十卷首一卷後一卷　(明)潘基慶輯　明萬曆三十九年(1611)刻本　十六册

110000－0143－0001742　SG41/109
岳石帆先生鑒定四六宙函三十卷　(明)李自榮輯　(明)王世茂釋　明天啓六年(1626)蔣時機刻本　十册

110000－0143－0001743　SG41/109
岳石帆先生鑒定四六宙函三十卷　(明)李自榮輯　(明)王世茂釋　明天啓六年(1626)蔣

時機刻本　十六册

110000－0143－0001744　SG41/110
名世文宗二十二卷　(明)王世貞原選　(明)鍾惺增定　明崇禎刻本　十五册

110000－0143－0001745　SG41/110－1
正續名世文宗十六卷　(明)王世貞編選　(明)陳繼儒校注　(明)錢允治參訂　明萬曆四十五年(1617)刻本　八册

110000－0143－0001746　SG41/110－2
正續名世文宗十六卷　(明)王世貞編選　(明)陳繼儒校注　(明)錢允治參訂　明天啓至崇禎唐玉予翻刻本　八册

110000－0143－0001747　SG41/118
皇清文穎一百卷首二十四卷目録六卷　(清)張廷玉等輯　清乾隆十二年(1747)武英殿刻本　四十二册

110000－0143－0001748　SG41/123
中州名賢文表三十卷　(明)劉昌輯　清康熙四十五年(1706)汪立名刻本　八册

110000－0143－0001749　SG41/123
中州名賢文表三十卷　(明)劉昌輯　清康熙四十五年(1706)汪立名刻本　六册　存十六卷(一至十六)

110000－0143－0001750　SG41/133
文致不分卷　(明)劉士鏻輯　(明)閔無頗　(明)閔昭明集評　明天啓元年(1621)閔元衢刻朱墨套印本　四册

110000－0143－0001751　SG41/133A
文致不分卷　(明)劉士鏻輯　(明)閔無頗　(明)閔昭明集評　明天啓元年(1621)閔元衢刻朱墨套印本　八册

110000－0143－0001752　SG41/137
沈氏弋說六卷　(明)沈長卿著　(明)黄可師等評　明萬曆刻本　六册

110000－0143－0001753　SG41/143
金華文畧二十卷　(清)王崇炳撰録　(清)唐正位校輯　清康熙四十八年(1709)刻乾隆七年(1742)補刻本　二十册

110000－0143－0001754　SG41/149
批選六大家論二卷　(明)錢普輯評　明嘉靖刻本　四册

110000－0143－0001755　SG41/156
小窗自紀四卷別紀四卷清紀不分卷豔紀不分卷　(明)吳從先撰　明萬曆四十三年至四十七年(1615－1619)刻本　八册

110000－0143－0001756　SG41/168
古愚心言八卷　(清)彭鵬編　**附中藏集一卷拒僞歷案白語一卷**　清康熙彭鵬愚齋刻本　八册

110000－0143－0001757　SG41/173
古學彙纂十卷　(明)周時雍輯　明崇禎十五年(1642)愛日齋刻本　十六册

110000－0143－0001758　SG41/174
新安文獻志一百卷事略二卷　(明)程敏政彙集　明萬曆四十二年(1614)新安郡署刻本　三十二册

110000－0143－0001759　SG41/175
新編古今事文類聚前集六十卷後集五十卷續集二十八卷別集三十二卷　(宋)祝穆輯　**新集三十六卷外集十五卷**　(元)富大用輯　明弘治至嘉靖內府刻本　一百二十七册

110000－0143－0001760　SG41/175－1
新編古今事文類聚前集六十卷後集五十卷續集二十八卷別集三十二卷　(宋)祝穆輯　**新集三十六卷外集十五卷**　(元)富大用輯　**遺集十五卷**　(元)祝淵撰　明萬曆三十二年(1604)唐富春德壽堂刻本　十册

110000－0143－0001761　SG41/175－5
新編古今事文類聚前集六十卷後集五十卷續集二十八卷別集三十二卷　(宋)祝穆輯　**新集三十六卷外集十五卷**　(元)富大用輯　明弘治至嘉靖內府刻本　一百二十册

110000－0143－0001762　SG41/180
精刻古今女史十二卷詩集八卷姓氏字里詳節

一卷　（明）趙如源　（明）趙世杰等選輯　（明）袁宏道評點　明崇禎刻本　八冊　存十四卷（精刻古今女史一至二、八至十二，詩集三至八，姓氏字里詳節一卷）

110000－0143－0001763　SG41/184－1
兩漢策要十二卷　（宋）陶叔獻輯　（清）張朝樂校閱　清乾隆五十六年（1791）張朝樂刻本　十二冊

110000－0143－0001764　SG41/188
小窗自紀四卷別紀四卷清紀不分卷艷紀不分卷　（明）吳從先撰　明萬曆四十三年至四十七年（1615－1619）刻本　六冊

110000－0143－0001765　SG41/191、SG43/29
兩漢文四十卷　（明）張采輯　（明）張溥鑒定　明崇禎六年（1633）刻本　二十冊

110000－0143－0001766　SG41/192
文韻集十二卷　（清）李士麟輯　清康熙三十年（1691）敬恕堂刻本　四冊

110000－0143－0001767　SG41/193
文字會寶不分卷　（明）朱文治輯　明萬曆三十六年（1608）刻本　十冊

110000－0143－0001768　SG41/195
文苑英華選六十卷　（清）宮夢仁選訂　清康熙四十三年（1704）光明正大之堂刻本　十冊

110000－0143－0001769　SG41/198
悦心集四卷　（清）世宗胤禛輯　清雍正四年（1726）武英殿刻本　二冊

110000－0143－0001770　SG41/199
玉臺文菀八卷　（明）江元禧輯　（明）江元禨校　**續玉臺文菀四卷**　（明）江元祚輯　（明）江廣訂　明崇禎五年（1632）刻本　五冊

110000－0143－0001771　SG41/201
文章辨體五十卷外集五卷總論一卷目一卷（明）吳訥編集　明嘉靖三十四年（1555）徐洛刻本　十六冊

110000－0143－0001772　SG41/202
釣臺集二卷　（明）劉伯潮輯　（明）楊束重刊　明萬曆四年（1576）桐廬楊束刻本　六冊

110000－0143－0001773　SG41/204
書記洞詮一百二十卷目錄十卷　（明）梅鼎祚纂輯　明萬曆二十五年至二十七年（1597－1599）梅氏玄白堂刻本　二十八冊

110000－0143－0001774　SG41/205
蘇黃風流小品十六卷　（明）黃嘉惠編　明崇禎刻本　六冊

110000－0143－0001775　SG41/211
阮亭選古詩三十二卷　（清）王士禛選　清康熙天藜閣刻本　五冊

110000－0143－0001776　SG41/211
阮亭選古詩三十二卷　（清）王士禛選　清康熙天藜閣刻本　八冊

110000－0143－0001777　SG41/214
百美新詠一卷圖傳一卷集詠一卷　（清）顏希源撰　（清）王翽圖　清乾隆五十七年（1792）刻本　四冊

110000－0143－0001778　SG41/216
江左三大家詩鈔三種九卷　（清）顧有孝（清）趙澐輯　清康熙六年（1667）刻本　三冊

110000－0143－0001779　SG41/217
甬上耆舊詩二十卷　（清）胡文學輯選　（清）李鄴嗣敘傳　清康熙十五年（1676）敬義堂刻本　十冊

110000－0143－0001780　SG411/1
西山先生真文忠公文章正宗二十四卷續二十卷　（宋）真德秀撰　明嘉靖四十三年（1564）蔣氏家塾刻本　六冊　存十卷（西山先生真文忠公文章正宗二十至二十四、續一至五）

110000－0143－0001781　SG411/1
西山先生真文忠公文章正宗二十四卷續二十卷　（宋）真德秀撰　（明）李開鄴　（明）盛符升評訂　明萬曆至崇禎刻本　二十冊　缺二十卷（續二十卷）

110000－0143－0001782　SG411/1
西山先生真文忠公文章正宗二十四卷續二十

卷　(宋)真德秀撰　(明)李開鄴　(明)盛符升評訂　明萬曆至崇禎刻本　三十六冊　缺二十卷(續二十卷)

110000－0143－0001783　SG411/2
文編六十四卷　(明)唐順之輯　(明)陳元素訂　明天啓刻本　十六冊

110000－0143－0001784　SG411/2－1
文編六十四卷　(明)唐順之輯　(明)姜寶編次　(明)胡帛校刊　明嘉靖三十五年(1556)胡帛刻本　六十四冊

110000－0143－0001785　SG411/2－1
文編六十四卷　(明)唐順之輯　(明)陳元素訂　明天啓刻本　二十冊

110000－0143－0001786　SG411/3－1
六臣注文選六十卷　(南朝梁)蕭統輯　(唐)李善　(唐)呂延濟等注　明嘉靖三十年(1551)潘惟時、潘惟德刻本　六十冊

110000－0143－0001787　SG411/4－1
重校正唐文粹一百卷　(宋)姚鉉纂　明嘉靖三年(1524)徐銷刻本　四十冊

110000－0143－0001788　SG411/4－1
重校正唐文粹一百卷　(宋)姚鉉纂　明嘉靖三年(1524)徐銷刻本　五十九冊

110000－0143－0001789　SG411/7－1
皇明文衡一百卷目錄二卷　(明)程敏政選編　(明)范震　(明)李文會校　明嘉靖六年(1527)范震、李文會刻本　三十冊

110000－0143－0001790　SG411/10
文選六十卷　(南朝梁)蕭統輯　(唐)李善注　明嘉靖元年(1522)汪諒刻本　二十冊

110000－0143－0001791　SG411/11
文選刪十二卷　(明)張溥刪閱　明天啓至崇禎刻本　十二冊

110000－0143－0001792　SG411/12
御選唐宋文醇五十八卷　(清)高宗弘曆選　(清)允祿輯　清乾隆三年(1738)武英殿刻四色套印本　二十冊

110000－0143－0001793　SG411/13
文選二十四卷　(南朝梁)蕭統輯　(明)張鳳翼纂注　(明)盧文頤重訂　清康熙二十四年(1685)刻本　六冊　存十一卷(一至十一)

110000－0143－0001794　SG411/13－1
梁昭明文選十二卷　(南朝梁)蕭統輯　(明)張鳳翼纂注　明萬曆刻本　六冊

110000－0143－0001795　SG411/14－1
重訂文選集評十五卷首一卷末一卷　(清)于光華輯　清乾隆五十四年(1789)有懷堂刻本　十六冊

110000－0143－0001796　SG411/14－14
孫月峯先生評文選三十卷　(南朝梁)蕭統撰　(明)孫鑛評　(明)閔齊華注　明天啓二年(1622)閔齊華刻本　二十四冊

110000－0143－0001797　SG411/14－4
新刊續補文選纂註十二卷　(明)陳仁編　(明)張鳳翼增訂　明萬曆二十二年(1594)刻本　十二冊

110000－0143－0001798　SG411/14－4
文選六十卷　(南朝梁)蕭統撰　(唐)李善注　(清)胡克家校　**文選考異十卷**　(清)胡克家撰　清嘉慶十四年(1809)胡克家仿宋刻本　三十冊

110000－0143－0001799　SG411/14－5
文選尤十四卷　(南朝梁)蕭統撰　(明)鄒思明　(明)鄒德延評校　明天啓二年(1622)刻朱綠墨三色套印本　十四冊

110000－0143－0001800　SG411/14－6
文選章句二十八卷　(南朝梁)蕭統撰　(唐)李善注　(明)陳與郊編　明萬曆二十五年(1597)刻本　十二冊

110000－0143－0001801　SG411/17－1
嘉樂齋三蘇文範十八卷　(宋)蘇洵　(宋)蘇軾　(宋)蘇轍撰　(明)楊慎選　明天啓二年(1622)翁少麓刻本　二十冊

110000－0143－0001802　SG411/17－3

嘉樂齋三蘇文範十八卷 (宋)蘇洵 (宋)蘇軾 (宋)蘇轍撰 (明)楊慎選 明天啓二年(1622)翁少麓刻本 六册

110000－0143－0001803 SG411/19
蘇文奇賞五十卷 (宋)蘇軾撰 (明)陳仁錫選評 明崇禎四年(1631)刻本 十二册

110000－0143－0001804 SG411/21
王文成公文選八卷 (明)王守仁撰 (明)王畿輯 (明)鍾惺評點 明崇禎六年(1633)刻本 四册

110000－0143－0001805 SG411/31
鼎鐫諸方家彙編皇明名公文雋八卷 (明)袁宏道精選 (明)丘兆麟參補 (明)吴從先注 (明)陳萬言評 明天啓至崇禎蕭少衢師儉堂刻本 八册

110000－0143－0001806 SG411/41
古文奇賞二十二卷續古文奇賞三十四卷奇賞齋廣文苑英華二十六卷四續古文奇賞五十三卷明文奇賞四十卷 (明)陳仁錫輯 明萬曆四十六年至天啓三年(1618－1623)刻本 三十八册 缺五十三卷(四續古文奇賞五十三卷)

110000－0143－0001807 SG411/43
皇明經濟文輯二十三卷 (明)陳其愫輯 (明)姚明彦閲訂 明天啓七年(1627)陳其愫刻本 十册

110000－0143－0001808 SG411/45
文選音義八卷 (清)余蕭客輯 清乾隆二十三年(1758)刻本 二册

110000－0143－0001809 SG411/45
文選音義八卷 (清)余蕭客輯 清乾隆二十三年(1758)刻本 二册

110000－0143－0001810 SG411/46
文選後集五卷 (南朝梁)蕭統撰 (明)郭正域等評點 明萬曆閔于忱刻朱墨套印本 五册

110000－0143－0001811 SG411/51
漢魏六朝正史文選二十四卷 (明)許清胤 (明)顧在觀輯評 (明)顧之萃參訂 明崇禎八年(1635)刻本 四册

110000－0143－0001812 SG411/55
小琅嬛仙館敘録書三種六卷 (清)阮元編 清嘉慶三年(1798)阮元刻本 四册

110000－0143－0001813 SG411/61
妙絕古今四卷 (宋)湯漢輯 明嘉靖刻本 四册

110000－0143－0001814 SG411/63
靜觀室三蘇文選十六卷 (明)錢穀選批 (明)錢心造重校 明萬曆三十九年(1611)錢心造刻本 八册

110000－0143－0001815 SG411/64
張太史評選秦漢文範十三卷 (明)張溥評選 (清)吴偉業參訂 明崇禎四年至十七年(1631－1644)刻本 十四册

110000－0143－0001816 SG411/65
皇明文範六十八卷目録二卷 (明)張時徹輯 明萬曆刻本 四十册

110000－0143－0001817 SG411/68
皇明翰閣文宗十二卷 (明)黄洪憲選 (明)何大通編 明萬曆五年(1577)金陵書坊周竹潭刻本 十二册

110000－0143－0001818 SG411/69
删補古今文致十卷 (明)劉士鏻輯 (明)王宇增删 明天啓景鄴堂刻本 五册

110000－0143－0001819 SG411/70
浮溪文粹十五卷附録一卷 (宋)汪藻撰 明萬曆四十五年(1617)刻本 八册

110000－0143－0001820 SG411/71
文章鼻祖六卷 (清)楊繩武評選 清乾隆刻本 四册

110000－0143－0001821 SG411/72
媚幽閣文娱不分卷 (明)鄭元勳選 (明)陳繼儒定 (明)鄭元化訂 明崇禎三年(1630)鄭元化刻本 十二册

110000－0143－0001822　SG411/91
古文選不分卷　(明)何□□輯　明萬曆二十四年(1596)上谷書院刻本　十六冊

110000－0143－0001823　SG411/98
文致不分卷　(明)劉士鏻輯　(明)閔無頗(明)閔昭明集評　明天啓元年(1621)閔元衢刻朱墨套印本　四冊

110000－0143－0001824　SG411/101
八代文鈔一百六種一百六卷　(明)李賓編　明萬曆至崇禎刻本　六十八冊

110000－0143－0001825　SG411/113
明八大家集六十二卷　(清)張汝瑚評選　清康熙二十一年至六十一年(1682－1722)刻本　二十冊

110000－0143－0001826　SG411/115
蘇米志林三卷　(明)毛晉輯　明天啓五年(1625)毛氏綠君亭刻文粹堂印本　三冊

110000－0143－0001827　SG411/118
新刻楊太史評註内外品百氏名文文家鏡三部稿十四卷　(明)楊守勤輯　(明)唐文獻(明)郭偉訂校　明萬曆三十四年(1606)晏良棨錦繡堂刻本　十四冊

110000－0143－0001828　SG411/123
鵝湖講學會編十二卷　(清)鄭之僑編輯　清乾隆九年(1744)刻本　四冊

110000－0143－0001829　SG411/124
周文歸二十卷　(清)陳淏子輯　明崇禎十三年(1640)刻本　六冊　存十八卷(一至十八)

110000－0143－0001830　SG411/126
名文冰鑒八卷　(清)胡化鵬　(清)舒慜評選　清康熙三十三年至三十四年(1694－1695)嗚嚶堂刻本　四冊　缺卷七之縱囚論至二子說

110000－0143－0001831　SG411/132
文選十二卷　(南朝梁)蕭統撰　(明)張鳳翼纂注　明萬曆八年(1580)刻本　十二冊

110000－0143－0001832　SG411/135
宋文鑑刪十二卷　(明)張溥輯　明天啓至崇禎刻本　六冊

110000－0143－0001833　SG411/137
三蘇先生文粹七十卷　(宋)蘇洵　(宋)蘇軾(宋)蘇轍撰　明嘉靖陸槩刻本　十二冊

110000－0143－0001834　SG411/140
續文選三十二卷　(明)湯紹祖輯　明萬曆三十年(1602)希貴堂刻本　十二冊

110000－0143－0001835　SG411/143
八代文鈔一百六種一百六卷　(明)李賓編　明萬曆至崇禎刻本　十二冊　存八種八卷(劉彥沖文鈔一卷、蔡君謨文鈔一卷、唐子西文鈔一卷、葉正則文鈔一卷、王子充文鈔一卷、宋景濂文鈔一卷、劉伯溫文鈔一卷、徐昌穀文鈔一卷)

110000－0143－0001836　SG411/151
文選六十卷　(南朝梁)蕭統輯　(唐)李善注　明天啓至崇禎毛晉汲古閣刻本　二十八冊

110000－0143－0001837　SG412/1
古文淵鑒六十四卷　(清)徐乾學等編注　清康熙二十四年(1685)内府刻四色套印本　二十四冊

110000－0143－0001838　SG412/1－1
古文淵鑒六十四卷　(清)徐乾學等編注　清康熙二十四年(1685)内府刻四色套印本　二十四冊

110000－0143－0001839　SG412/1－2
古文淵鑒六十四卷　(清)徐乾學等編注　清康熙二十四年(1685)内府刻四色套印本　二十四冊

110000－0143－0001840　SG412/19
古文約選不分卷　(清)允禮輯　清雍正十一年(1733)果親王府刻本　十冊

110000－0143－0001841　SG412/19
古文約選不分卷　(清)允禮輯　清雍正十一年(1733)刻乾隆重刻本　十冊

110000－0143－0001842　SG412/22

古文彙鈔十卷　(清)蔣銘纂輯　清康熙五年(1666)蔣銘交翠堂刻本　十冊

110000－0143－0001843　SG412/24－2
古文苑二十一卷　(宋)章樵注　明萬曆二十年(1592)蘇州張象賢刻本　六冊

110000－0143－0001844　SG412/24－3
古文苑二十一卷　(宋)章樵注　明萬曆二十年(1592)蘇州張象賢刻本　六冊

110000－0143－0001845　SG412/24－3A
古文苑二十一卷　(宋)章樵注　明萬曆二十年(1592)蘇州張象賢刻本　四冊

110000－0143－0001846　SG412/24－4
古文苑二十一卷　(宋)章樵注　明成化十八年(1482)建陽張世用刻本　八冊

110000－0143－0001847　SG412/32
古文眉詮七十九卷首一卷　(清)浦起龍論次　(清)方懋福　(清)程鍾匯參　清乾隆六年至九年(1741－1744)三吳書院刻本　二十四冊

110000－0143－0001848　SG412/34
古文眉詮七十九卷首一卷　(清)浦起龍論次　(清)方懋福　(清)程鍾匯參　清乾隆六年至九年(1741－1744)三吳書院刻本　二十冊

110000－0143－0001849　SG412/39
古文品外錄二十四卷　(明)陳繼儒選評　(明)董其昌　(明)蔡祖芬校　明天啓元年至崇禎十二年(1621－1639)刻本　五冊

110000－0143－0001850　SG412/39－1
古文品外錄二十四卷　(明)陳繼儒選評　(明)董其昌　(明)蔡祖芬校　明萬曆十六年至三十七年(1588－1609)刻本　十二冊

110000－0143－0001851　SG412/39－2
古文品外錄二十四卷　(明)陳繼儒選評　(明)董其昌　(明)蔡祖芬校　明萬曆十六年至三十七年(1588－1609)刻本　八冊

110000－0143－0001852　SG412/49
東萊先生古文關鍵二卷　(宋)呂祖謙選評　清康熙四十六年(1707)刻本　二冊

110000－0143－0001853　SG412/5
奇賞齋古文彙編二百三十六卷　(明)陳仁錫輯評　明崇禎七年(1634)陳仁錫奇賞齋刻本　一百八冊

110000－0143－0001854　SG412/7
古文合鈔十六卷　(清)魯超輯　清康熙二十三年(1684)魯超刻本　八冊

110000－0143－0001855　SG412/8
古文披金二十四卷　(清)納蘭常安評選　(清)周振采　(清)程鍾粲訂　清乾隆六年至九年(1741－1744)納蘭常安受宜堂刻本　二十冊

110000－0143－0001856　SG413/8
四六法海十二卷　(明)王志堅輯　明天啓七年(1627)刻清乾隆二十三年(1758)補刻本　十二冊

110000－0143－0001857　SG413/8－1
四六法海十二卷　(明)王志堅輯　明天啓七年(1627)刻本　十三冊

110000－0143－0001858　SG413/11
宋四六選二十四卷　(清)彭元瑞定本　(清)曹振鏞編　清乾隆四十一年(1776)北京曹振鏞刻本　十二冊

110000－0143－0001859　SG413/16
四六琯朗集八卷　(明)周之標選輯　(明)吳思穆　(清)周亮工粲訂　清順治十年(1653)周之標刻本　三冊

110000－0143－0001860　SG413/24
古照堂彙纂四六章甫十卷首一卷　(明)陳仁錫編定　(明)鍾惺　(明)艾南英校　明天啓至崇禎唐際雲刻本　六冊

110000－0143－0001861　SG413/30
思綺堂文集十卷　(清)章藻功撰　清康熙六十一年(1722)章藻功刻本　十冊

110000－0143－0001862　SG413/31
箋釋梅亭先生四六標準二十四卷　(宋)李劉

撰　(明)孫雲翼箋　(明)唐鯉飛校　明萬曆四十四年(1616)唐鯉飛刻本　二十册

110000－0143－0001863　SG413/33
新刻旁註四六類函十二卷　(明)朱錦類選　(明)徐榛校閲　(明)閔師孔旁註　明萬曆三十六年(1608)吳繼武、王世茂刻本　四册

110000－0143－0001864　SG413/34
四六金桴十二卷　(清)汪士鋐編輯　(清)汪沆重編　清乾隆十一年(1746)汪沆刻本　十二册

110000－0143－0001865　SG413/44
四六初徵二十卷　(清)李漁蒐輯　(清)沈心友校釋　(清)李將舒訂正　清康熙十年(1671)翼聖堂刻本　十二册

110000－0143－0001866　SG413/47
聽嚶堂新選四六全書十六卷　(清)黄始輯並評注　清康熙二十三年(1684)寶翰樓刻本　二十八册

110000－0143－0001867　SG413/48、SG413/48－1
重訂四六全書剩技連珠二種二十卷　(明)李日華纂輯　(清)吳雯清重訂　(清)汪淇糸定　清康熙至雍正刻本　六册

110000－0143－0001868　SG413/50
善卷堂四六十卷　(清)陸繁弨撰　(清)吳自高注　清乾隆九年至六十年(1744－1795)刻本　四册

110000－0143－0001869　SG413/50A
善卷堂四六十卷　(清)陸繁弨撰　(清)吳自高注　清乾隆九年至六十年(1744－1795)刻本　四册

110000－0143－0001870　SG413/51
八代四六全書十六卷　(明)李天麟彙輯　(明)余良樞　(明)唐守欽校　明萬曆十六年至四十八年(1588－1620)刻本　九册

110000－0143－0001871　SG413/52
叩鉢齋四六春華十二卷　(清)李之澎　(清)汪建封輯　(清)徐廷槐校釋　清康熙二十九年(1690)杭州學山堂刻本　十二册

110000－0143－0001872　SG413/54
四六初徵二十卷　(清)李漁蒐輯　(清)沈心友較釋　(清)李將舒訂正　清康熙十年(1671)翼聖堂刻本　十二册

110000－0143－0001873　SG413/6－1
駢體文鈔三十一卷　(清)李兆洛編　清道光至咸豐合河康氏刻本　五册

110000－0143－0001874　SG413/62
聽瓶笙館駢體初稿不分卷　(清)阮福翰撰　清咸豐八年(1858)阮蘭千聽瓶笙館抄本　一册

110000－0143－0001875　SG413/63
車書樓彙輯各名公四六爭奇八卷　(明)許以忠輯　(明)王世茂校　明萬曆四十八年(1620)王世茂車書樓刻本　四册

110000－0143－0001876　SG414/28
新刻乙未科翰林館課東觀弘文十卷　(明)劉元震　(明)劉楚先輯　明萬曆二十五年(1597)嘉賓堂刻本　十二册

110000－0143－0001877　SG414/33
增定國朝館課經世宏辭十五卷　(明)王錫爵增定　(明)沈一貫糸訂　明萬曆十九年至四十八年(1591－1620)刻本　二十八册

110000－0143－0001878　SG414/35
本朝應制琳琅集十卷首一卷　(清)鄒一桂選評　清乾隆十九年(1754)京都琉璃廠鴻遠堂刻本　七册

110000－0143－0001879　SG414/64
增定國朝館課經世宏辭十五卷　(明)王錫爵增定　(明)沈一貫糸訂　明萬曆十八年(1590)周氏萬卷樓刻本　四册　存五卷(一、三至四、六至七)

110000－0143－0001880　SG414/68
明文鈔六編　(清)高塘輯　清乾隆五十一年(1786)刻本　四册

110000－0143－0001881　SG414/72
可儀堂一百二十名家制義四十八卷　（清）俞長城論次　清乾隆三年（1738）文盛堂、懷德堂刻本　四十八册

110000－0143－0001882　SG414/73
十科策畧箋釋十卷　（明）劉定之著　（清）劉作樑注釋　（清）劉廷琨重訂　清雍正七年（1729）劉廷琨同昇堂刻本　三册

110000－0143－0001883　SG415/9
王百穀先生謀野集四卷　（明）王穉登選　（清）汪淇　（清）查望校釋　清康熙元年（1662）錢塘汪淇、查望刻本　四册

110000－0143－0001884　SG415/28
蘇黄尺牘二卷　（清）黄始箋輯　清乾隆至嘉慶刻本　六册

110000－0143－0001885　SG415/45
賴古堂名賢尺牘新鈔十二卷二選藏弆集十六卷　（清）周亮工輯　清康熙六年（1667）賴古堂刻本　六册

110000－0143－0001886　SG415/49
宋孫仲益内簡尺牘十卷首一卷　（宋）孫覿撰　（宋）李祖堯編注　（清）蔡焯　（清）蔡龍孫增訂　清乾隆十二年（1747）蔡氏刻本　四册

110000－0143－0001887　SG415/50－1
賴古堂尺牘新鈔三選結隣集十六卷　（清）周亮工輯　清康熙九年（1670）賴古堂刻本　十二册

110000－0143－0001888　SG415/51
賴古堂名賢尺牘新鈔十二卷　（清）高阜　（清）羅耀選　（清）周在浚　（清）周在梁鈔　清康熙元年（1662）賴古堂刻本　六册

110000－0143－0001889　SG415/67－1
歸錢尺牘五卷　（清）顧棫編　清康熙三十八年（1699）顧棫如月樓刻本　二册　存二卷（歸震川先生尺牘二卷）

110000－0143－0001890　SG415/71
稟文存稿不分卷　（清）□□編　清道光二十九年至三十年（1849－1850）抄本　一册

110000－0143－0001891　SG415/111
秋聲閣尺牘二卷　（清）奚學孔撰　（清）宋犖　（清）奚士恂選輯　**古照堂詩稿一卷**　（清）奚大武撰　清康熙四十七年（1708）奚士恂刻本　二册

110000－0143－0001892　SG415/117
尺牘清裁二十八卷　（明）楊慎輯　（明）王世貞校　明嘉靖三十七年（1558）刻本　八册

110000－0143－0001893　SG415/135
繡虎軒尺牘八卷二集八卷三集八卷　（清）曹煜撰　（清）許旭　（清）唐孫華校定　清康熙十七年至二十九年（1678－1690）曹煜傳萬堂刻本　十二册

110000－0143－0001894　SG415/136
倦圃曹先生尺牘二卷　（清）曹溶撰　（清）胡泰選　清康熙四十年至雍正十三年（1701－1735）胡泰含暉閣刻本　二册

110000－0143－0001895　SG415/137
古今濡削選章四十卷　（明）李國祥選　明萬曆二十九年至四十八年（1601－1620）松門山房刻本　十六册

110000－0143－0001896　SG415/138
書柬活套翰墨連環譜十二卷　（明）王世茂選注　（明）羅之乾參閲　明崇禎蘇州德聚堂刻本　六册

110000－0143－0001897　SG415/139
盤山盤谷寺拙菴樸禪師尺牘一卷　（清）釋智樸撰　清康熙十二年至四十二年（1673－1703）孫門羅刻本　一册

110000－0143－0001898　SG415/140
曹李尺牘合選二卷　（清）曹溶　（清）李良年撰　（清）茅復選　清康熙五十三年（1714）茅復世德堂刻本　四册

110000－0143－0001899　SG415/146
賴古堂名賢尺牘新鈔十二卷二選藏弆集十六

卷　(清)周亮工輯　清康熙六年(1667)賴古堂刻本　六册

110000－0143－0001900　SG415/153
憑山閣新輯尺牘寫心集四卷二集六卷　(清)陳枚選　(清)張國泰　(清)馬銓糸訂　清康熙十九年(1680)陳枚憑山閣刻本　四册

110000－0143－0001901　SG415/155
尺牘清裁六十卷補遺一卷　(明)王世貞編　明隆慶五年(1571)刻本　四册　存二十九卷(一至二十八、補遺一卷)

110000－0143－0001902　SG415/159
蘇長公二妙集二十二卷　(宋)蘇軾撰　(明)焦竑批點　明天啓元年(1621)徐象橒曼山館刻本　四册　存十八卷(東坡先生尺牘一至十八)

110000－0143－0001903　SG415/160
名人信札不分卷　(清)□□輯　**名人信札不分卷**　(清)邊寶泉等撰　清光緒至宣統抄本　二十二册

110000－0143－0001904　SG415/166－1
翰海十二卷　(明)沈佳胤輯　(明)陳繼儒鑒定　明天啓至崇禎刻本　十二册

110000－0143－0001905　SG415/171
雪泥留印四卷　(清)陳慶文撰　清咸豐八年(1858)陳慶文稿本　四册

110000－0143－0001906　SG415/177
歸錢尺牘五卷　(清)顧棫編　清康熙三十八年(1699)顧棫如月樓刻康熙三十九年至雍正十三年(1700－1735)宛委堂印本　八册

110000－0143－0001907　SG415/178
魚鴻剩牘不分卷　(清)張廷驥撰　清光緒元年至二十年(1875－1894)張廷驥稿本　二册

110000－0143－0001908　SG415/193
新鐫分類便用書柬活套錦繡雲箋初集四卷　(清)王相纂輯　(清)鄭淮糸訂　清康熙十五年至六十一年(1676－1722)鄭漢刻本　四册

110000－0143－0001909　SG415/218
繡梓尺牘雙魚十一卷又四卷補選捷用尺牘雙魚四卷　(明)陳繼儒輯并評釋　明萬曆十年至四十八年(1582－1620)葉啓元玉夏齋刻本　十册

110000－0143－0001910　SG415/222
友聲初集五卷後集五卷新集五卷　(清)張潮輯　**尺牘偶存十一卷**　(清)張潮撰　清康熙二十三年至六十一年(1684－1722)刻乾隆四十五年(1780)張潮心齋刻本　十册

110000－0143－0001911　SG415/223
尺牘雋言十二卷　(明)陳臣忠輯　(明)閔邁德校　明萬曆三十二年至天啓七年(1604－1627)閔邁德刻朱墨套印本　四册

110000－0143－0001912　SG415/224
尺牘爭奇八卷　(明)張一中選　(明)王世茂校　明天啓元年至七年(1621－1627)王世茂刻本　八册

110000－0143－0001913　SG416/17
小學書註解十卷　(宋)朱熹撰　明天啓至崇禎刻本　五册　存五卷(一至五)

110000－0143－0001914　SG416/21
榕村講授三卷　(清)李光地輯　清康熙内府刻本　六册

110000－0143－0001915　SG416/51
龍城書院南菁書院禮延書院等課藝　(清)楊清寰　(清)沙長輿　(清)瞿汝剛撰　清光緒二十五年至二十七年(1899－1901)楊清寰、沙長輿、瞿汝剛抄本　五册

110000－0143－0001916　SG416/53
十科策畧箋釋十卷　(明)劉定之撰　**呆齋公年譜一卷**　(清)劉作樑撰　清雍正四年(1726)刻本　六册

110000－0143－0001917　SG417/3－1
御選唐宋詩醇四十七卷目錄二卷　(清)高宗弘曆輯　清乾隆二十五年(1760)紫陽書院刻本　二十册

110000－0143－0001918　SG417/4

明詩綜一百卷 (清)朱彝尊輯 (清)汪森 (清)張大受輯評 清康熙四十四年至六十一年(1705－1722)刻本 三十二册

110000－0143－0001919 SG417/4－1
明詩綜一百卷 (清)朱彝尊輯 (清)汪森 (清)張大受輯評 清康熙四十四年至六十一年(1705－1722)刻本 四十八册

110000－0143－0001920 SG417/4－2
明詩綜一百卷 (清)朱彝尊輯 (清)汪森 (清)張大受輯評 清康熙四十四年至六十一年(1705－1722)刻雍正朱氏六峰閣印本 三十二册

110000－0143－0001921 SG417/4－2
明詩綜一百卷 (清)朱彝尊輯 (清)汪森 (清)張大受輯評 清康熙四十四年至六十一年(1705－1722)刻雍正西泠吳氏清來堂印本 三十一册

110000－0143－0001922 SG417/4－3
明詩綜一百卷 (清)朱彝尊輯 (清)汪森 (清)張大受輯評 清康熙四十四年至六十一年(1705－1722)刻雍正朱氏六峰閣印本 三十二册

110000－0143－0001923 SG417/5A
敬業堂詩集五十卷 (清)查慎行撰 清康熙五十八年(1719)刻雍正增刻本 十册

110000－0143－0001924 SG417/5B
敬業堂詩集五十卷 (清)查慎行撰 清康熙五十八年(1719)刻雍正增刻本 十二册

110000－0143－0001925 SG417/5C
敬業堂詩集五十卷 (清)查慎行撰 清康熙五十八年(1719)刻雍正增刻本 十二册

110000－0143－0001926 SG417/7A
才調集補註十卷 (五代)韋縠輯 (清)殷元勳箋註 (清)宋邦綏補註 清乾隆五十八年(1793)思補堂刻本 六册

110000－0143－0001927 SG417/7B
才調集十卷 (五代)韋縠輯 清康熙四十三年(1704)新安汪氏垂雲堂刻本 六册

110000－0143－0001928 SG417/9－1
樂府詩集一百卷目錄二卷 (宋)郭茂倩編次 明末毛氏汲古閣刻本 十二册

110000－0143－0001929 SG4171/12
全唐詩九百卷目錄十二卷 (清)曹寅等輯 清康熙四十四年至四十六年(1705－1707)揚州詩局刻本 一百二十册

110000－0143－0001930 SG417/22－1
施註蘇詩四十二卷總目二卷 (宋)蘇軾撰 (宋)施元之 (宋)顧禧註 (清)顧嗣立 (清)邵長蘅 (清)宋至刪補 **續補遺補註二卷** (清)馮景補註 **王註正譌一卷** (清)邵長蘅撰 **東坡先生[蘇軾]年譜一卷** (宋)王宗稷撰 清康熙三十八年(1699)宋犖刻本 八册

110000－0143－0001931 SG417/22－1
施註蘇詩四十二卷總目二卷 (宋)蘇軾撰 (宋)施元之 (宋)顧禧註 (清)顧嗣立 (清)邵長蘅 (清)宋至刪補 **續補遺補註二卷** (清)馮景補註 **王註正譌一卷** (清)邵長蘅撰 **東坡先生[蘇軾]年譜一卷** (宋)王宗稷撰 清康熙三十八年(1699)宋犖刻本 十六册

110000－0143－0001932 SG417/22－1
施註蘇詩四十二卷總目二卷 (宋)蘇軾撰 (宋)施元之 (宋)顧禧註 (清)顧嗣立 (清)邵長蘅 (清)宋至刪補 **續補遺補註二卷** (清)馮景補註 **王註正譌一卷** (清)邵長蘅撰 **東坡先生[蘇軾]年譜一卷** (宋)王宗稷撰 清康熙三十八年(1699)宋犖刻本 六册 存二十卷(一至二十)

110000－0143－0001933 SG417/23
據經樓五言律詩選四卷 (清)彭廷梅選 清乾隆六年(1741)金陵書坊刻本 四册

110000－0143－0001934 SG417/26
唐人五言長律清麗集六卷 (清)徐曰璉 (清)沈士駿輯 清乾隆二十二年(1757)刻本

四冊

110000－0143－0001935　SG417/30
詩歸五十一卷　(明)鍾惺　(明)譚元春選定　明萬曆四十五年(1617)刻本　十一冊　存三十六卷(唐詩歸三十六卷)

110000－0143－0001936　SG417/34
欽定國朝詩別裁集三十二卷　(清)沈德潛纂評　清乾隆二十六年(1761)翰林院刪定重刻本　十冊

110000－0143－0001937　SG417/34－1
國朝詩別裁集三十六卷　(清)沈德潛纂評　(清)顧詒祿　(清)蔣重光輯　清乾隆二十四年(1759)刻本　十二冊

110000－0143－0001938　SG417/34－1A
國朝詩別裁集三十六卷　(清)沈德潛纂評　(清)顧詒祿　(清)蔣重光輯　清乾隆二十四年(1759)刻本　九冊

110000－0143－0001939　SG417/34A
欽定國朝詩別裁集三十二卷　(清)沈德潛纂評　清乾隆二十六年(1761)翰林院刪定重刻本　十六冊

110000－0143－0001940　SG417/36
千叟宴詩三十四卷首二卷　(清)高宗弘曆等撰　清嘉慶元年(1796)武英殿木活字印本　三十六冊

110000－0143－0001941　SG417/36－5
千叟宴詩三十四卷首二卷　(清)高宗弘曆等撰　清乾隆五十年(1785)武英殿刻本　三十六冊

110000－0143－0001942　SG417/36A
千叟宴詩三十四卷首二卷　(清)高宗弘曆等撰　清嘉慶元年(1796)武英殿木活字印本　三十六冊

110000－0143－0001943　SG417/37
詩林韶濩二十卷　(清)顧嗣立輯　清康熙四十四年(1705)顧氏秀野草堂刻本　八冊

110000－0143－0001944　SG417/42
全唐詩九百卷目錄十二卷　(清)曹寅等輯　清康熙四十四年至四十六年(1705－1707)揚州詩局刻本　一百二十冊

110000－0143－0001945　SG417/43－2
蘇文忠詩合註五十卷首一卷　(宋)蘇軾撰　(清)馮應榴輯　清乾隆刻嘉慶二十四年(1819)印本　二十冊

110000－0143－0001946　SG417/43－4
蘇文忠詩合註五十卷首一卷　(宋)蘇軾撰　(清)馮應榴輯　清乾隆六十年(1795)刻本　十六冊

110000－0143－0001947　SG417/44
吴梅村詩集箋注十八卷　(清)吴偉業撰　(清)吴翌鳳箋注　清嘉慶十九年(1814)嚴榮滄浪吟榭刻本　十二冊

110000－0143－0001948　SG417/49－1
杜工部集二十卷附諸家詩話一卷杜工部集附錄一卷唱酬題詠附錄一卷　(唐)杜甫撰　(清)錢謙益箋注　清康熙六年(1667)季氏靜思堂刻本　十冊

110000－0143－0001949　SG417/49－1A
杜工部集二十卷附諸家詩話一卷杜工部集附錄一卷唱酬題詠附錄一卷　(唐)杜甫撰　(清)錢謙益箋注　清康熙六年(1667)季氏靜思堂刻本　十冊

110000－0143－0001950　SG417/53
白香山詩集長慶集二十卷後集十七卷別集一卷補遺二卷　(唐)白居易撰　**年譜舊本一卷**　(宋)陳振孫撰　(清)汪立名編訂　**年譜一卷**　(清)汪立名撰　清刻本　十二冊

110000－0143－0001951　SG417/56－1
吴詩集覽二十卷吴詩補註二十卷　(清)吴偉業撰　(清)靳榮藩註　**吴詩談藪二卷吴詩談藪拾遺一卷**　(清)靳榮藩輯　清乾隆四十年(1775)凌雲亭刻增補印本　二十四冊

110000－0143－0001952　SG417/60
船山詩草二十卷　(清)張問陶撰　清嘉慶二十年(1815)刻本　六冊

110000－0143－0001953　SG417/64
明善堂詩集四十二卷詩餘一卷詞餘一卷文集四卷　（清）弘曉撰　清乾隆四十二年（1777）弘曉明善堂刻本　八冊

110000－0143－0001954　SG417/64－1
明善堂詩集十二卷　（清）弘曉撰　清乾隆元年至十四年（1736－1749）弘曉明善堂刻本　六冊

110000－0143－0001955　SG417/65
杜工部集二十卷首一卷　（唐）杜甫撰　（明）王世貞　（明）王慎中等評　清道光十四年（1834）盧坤刻六色套印本　六冊

110000－0143－0001956　SG417/65－1
杜工部集二十卷附諸家詩話一卷杜工部集附錄一卷唱酬題詠附錄一卷　（唐）杜甫撰　（清）錢謙益箋注　清康熙六年（1667）季氏靜思堂刻本　六冊

110000－0143－0001957　SG417/65－15
集千家註分類杜工部詩二十五卷　（唐）杜甫撰　（宋）徐居仁編次　（宋）黃鶴補註　元廣勤堂刻本　一冊　存一卷（二十五）

110000－0143－0001958　SG417/65－1A
杜工部集二十卷附諸家詩話一卷杜工部集附錄一卷唱酬題詠附錄一卷　（唐）杜甫撰　（清）錢謙益箋註　清康熙六年（1667）季氏靜思堂刻本　十二冊

110000－0143－0001959　SG417/71
李長吉昌谷集句解定本四卷　（唐）李賀撰　（清）姚佺箋閱　（清）陳愫　（清）丘象隨辯注　清初丘象隨西軒刻梅村書屋印本　二冊

110000－0143－0001960　SG417/72
梅村集四十卷目錄二卷　（清）吳偉業撰　（清）許旭訂　清康熙刻乾隆印本　三十冊

110000－0143－0001961　SG417/72－2
吳詩集覽二十卷吳詩補註二十卷　（清）吳偉業撰　（清）靳榮藩註　**吳詩談藪二卷吳詩談藪拾遺一卷**　（清）靳榮藩輯　清乾隆四十年（1775）凌雲亭補刻本　八冊

110000－0143－0001962　SG417/76
擔峰詩四卷　（清）孫洤撰　清康熙三十六年至六十一年（1697－1722）刻本　四冊

110000－0143－0001963　SG417/77
國朝詩選六卷　（清）汪聯福　（清）章鶴鳴輯　清康熙二十七年（1688）汪氏喻義堂刻本　四冊

110000－0143－0001964　SG417/79
國朝山左詩鈔六十卷　（清）盧見曾輯　清乾隆二十三年（1758）盧見曾雅雨堂刻本　二十冊

110000－0143－0001965　SG417/79
國朝山左詩鈔六十卷　（清）盧見曾輯　清乾隆二十三年（1758）盧見曾雅雨堂刻本　二十冊

110000－0143－0001966　SG417/79－2
國朝山左詩續鈔三十二卷　（清）張鵬展纂　清嘉慶十八年（1813）刻本　十六冊

110000－0143－0001967　SG417/87
石屋詩鈔八卷　（清）魏麐徵撰　（清）連青選　**石屋詩鈔補一卷**　（清）許田訂　（清）廖必儒校　清康熙四十九年（1710）玉尺齋刻本　二冊

110000－0143－0001968　SG417/88
李長吉昌谷集句解定本四卷　（唐）李賀撰　（清）姚佺箋閱　（清）陳愫　（清）丘象隨辯注　清初丘象隨西軒刻梅村書屋印本　四冊

110000－0143－0001969　SG417/94
芙蓉山館詩稿六卷詞稿二卷　（清）楊芳燦撰　**桐華吟館詩稿六卷詞稿一卷**　（清）楊揆撰　清乾隆五十七年（1792）刻本　六冊

110000－0143－0001970　SG417/95
宋詩紀事一百卷　（清）厲鶚　（清）馬曰琯輯　清乾隆十一年（1746）厲鶚樊榭山房刻本　二十四冊　存七十七卷（一至四十九、七十三至一百）

110000－0143－0001971　SG417/95－1

宋詩紀事一百卷 （清）厲鶚 （清）馬曰琯輯 清乾隆十一年(1746)厲鶚樊榭山房刻本 二十四冊

110000－0143－0001972 SG417/96、SG48/175
石村詩集三卷石村文集三卷 （清）郭金臺撰 （清）郭鵬年 （清）郭鶴年編錄 清康熙二十四年(1685)郭鵬年刻本 六冊

110000－0143－0001973 SG417/105
篋衍集十二卷 （清）陳維崧輯 （清）蔣國祥校訂 清康熙三十六年(1697)蔣國祥刻本 四冊

110000－0143－0001974 SG417/105A
篋衍集十二卷 （清）陳維崧輯 （清）蔣國祥校訂 清康熙三十六年(1697)蔣國祥刻本 四冊

110000－0143－0001975 SG417/105B
篋衍集十二卷 （清）陳維崧輯 （清）蔣國祥校訂 清康熙三十六年(1697)蔣國祥刻本 六冊

110000－0143－0001976 SG417/105C
篋衍集十二卷 （清）陳維崧輯 （清）蔣國祥校訂 清康熙三十六年(1697)蔣國祥刻本 六冊

110000－0143－0001977 SG417/105D
篋衍集十二卷 （清）陳維崧輯 （清）蔣國祥校訂 清康熙三十六年(1697)蔣國祥刻本 四冊

110000－0143－0001978 SG417/105E
篋衍集十二卷 （清）陳維崧輯 （清）蔣國祥校訂 清康熙三十六年(1697)蔣國祥刻本 四冊

110000－0143－0001979 SG417/105F
篋衍集十二卷 （清）陳維崧輯 （清）蔣國祥校訂 清康熙三十六年(1697)蔣國祥刻本 四冊

110000－0143－0001980 SG417/114－1
讀杜心解六卷首二卷 （清）浦起龍講解 （清）浦起麟參讀 清雍正二年至三年(1724－1725)浦氏寧我齋刻本 八冊

110000－0143－0001981 SG417/114－1
讀杜心解六卷首二卷 （清）浦起龍講解 （清）浦起麟參讀 清雍正二年至三年(1724－1725)浦氏寧我齋刻本 四冊

110000－0143－0001982 SG417/114－1
讀杜心解六卷首二卷 （清）浦起龍講解 （清）浦起麟參讀 清雍正二年至三年(1724－1725)浦氏寧我齋刻本 十冊

110000－0143－0001983 SG417/115
歷朝名媛詩詞十二卷 （清）陸昶輯 清乾隆三十八年(1773)紅樹樓刻本 六冊

110000－0143－0001984 SG417/115
歷朝名媛詩詞十二卷 （清）陸昶輯 清乾隆三十八年(1773)紅樹樓刻本 六冊

110000－0143－0001985 SG417/126－1
蓮洋詩鈔十卷 （清）吳雯撰 （清）王士禛批點 （清）孫謖編輯 清嘉慶抄本 四冊

110000－0143－0001986 SG417/129
述本堂詩集十八卷 （清）方觀承輯 清乾隆二十年(1755)方氏述本堂刻本 六冊

110000－0143－0001987 SG417/130
炊聞詞二卷 （清）王士祿撰 （清）尤侗 （清）鄒祗謨評 清康熙孫氏留松閣刻國朝名家詩餘本 二冊

110000－0143－0001988 SG417/130
十笏草堂詩選十一卷 （清）王士祿撰 （清）王士禧 （清）梁熙選 清順治元年至康熙十四年(1644－1675)刻本 二冊

110000－0143－0001989 SG417/134－1
蘇東坡詩集注三十二卷 （宋）蘇軾撰 （宋）呂祖謙分編 （宋）王十朋纂輯 （清）朱從延補注 **東坡先生年譜一卷** （宋）王宗稷撰 清康熙三十七年(1698)朱從延文蔚堂刻本 十冊

110000－0143－0001990　SG417/141－1

白香山詩集長慶集二十卷後集十七卷別集一卷補遺二卷　(唐)白居易撰　**年譜舊本一卷**　(宋)陳振孫撰　(清)汪立名編訂　**年譜一卷**　(清)汪立名撰　清康熙四十二年(1703)一隅草堂刻本　十冊

110000－0143－0001991　SG417/141－1A

白香山詩集長慶集二十卷後集十七卷別集一卷補遺二卷　(唐)白居易撰　**年譜舊本一卷**　(宋)陳振孫撰　(清)汪立名編訂　**年譜一卷**　(清)汪立名撰　清刻本　十二冊

110000－0143－0001992　SG417/141－1B

白香山詩集長慶集二十卷後集十七卷別集一卷補遺二卷　(唐)白居易撰　**年譜舊本一卷**　(宋)陳振孫撰　(清)汪立名編訂　**年譜一卷**　(清)汪立名撰　清刻本　十二冊

110000－0143－0001993　SG417/141－1C

白香山詩集長慶集二十卷後集十七卷別集一卷補遺二卷　(唐)白居易撰　**年譜舊本一卷**　(宋)陳振孫撰　(清)汪立名編訂　**年譜一卷**　(清)汪立名撰　清刻本　十二冊

110000－0143－0001994　SG417/145－1

溫飛卿詩集七卷別集一卷溫飛卿集外詩一卷附諸家詩評一卷　(唐)溫庭筠撰　(明)曾益注　(清)顧予咸補注　(清)顧嗣立續注　清康熙三十六年(1697)顧氏秀野草堂刻本　四冊

110000－0143－0001995　SG417/145－1A

溫飛卿詩集七卷別集一卷溫飛卿集外詩一卷附諸家詩評一卷　(唐)溫庭筠撰　(明)曾益注　(清)顧予咸補注　(清)顧嗣立續注　清康熙三十六年(1697)顧氏秀野草堂刻本　四冊

110000－0143－0001996　SG417/145－1B

溫飛卿詩集七卷別集一卷溫飛卿集外詩一卷附諸家詩評一卷　(唐)溫庭筠撰　(明)曾益注　(清)顧予咸補注　(清)顧嗣立續注　清康熙三十六年(1697)顧氏秀野草堂刻本　四冊

110000－0143－0001997　SG417/148

六峰閣詩稾四卷　(清)朱稻孫撰　清康熙刻本　二冊

110000－0143－0001998　SG417/150－1

後山詩話一卷　(宋)陳師道撰　(明)毛晉訂　明崇禎毛氏汲古閣刻本　一冊

110000－0143－0001999　SG417/164－1

劍南詩鈔六卷　(宋)陸游著　(清)楊大鶴選　清康熙二十四年(1685)刻本　八冊

110000－0143－0002000　SG417/171

御製詩二集九十卷目錄十卷　(清)高宗弘曆撰　(清)蔣溥等編　清乾隆二十四年(1759)內府刻本　二十四冊

110000－0143－0002001　SG417/171

御製詩初集四十四卷目錄四卷　(清)高宗弘曆撰　(清)蔣溥等編　清乾隆十四年(1749)內府刻本　十六冊

110000－0143－0002002　SG417/171－1、SG417/45

御製詩二集九十卷目錄十卷　(清)高宗弘曆撰　(清)蔣溥等編　清乾隆二十四年(1759)內府刻本　二十冊　存六十七卷(十五至三十九、四十九至九十)

110000－0143－0002003　SG417/173－2

杜詩詳註二十五卷首一卷　(清)仇兆鰲輯註　清康熙四十二年(1703)刻五十二年(1713)續刻本　十七冊

110000－0143－0002004　SG417/173－2

杜詩詳註二十五卷首一卷附編二卷　(清)仇兆鰲輯註　清康熙四十二年(1703)刻五十二年(1713)續刻本　十四冊

110000－0143－0002005　SG417/173－5

杜詩詳註二十五卷首一卷附編二卷　(清)仇兆鰲輯註　清康熙刻本　十三冊　存十二卷(一、四至五、八至九、十一至十五、二十二、二十四)

110000－0143－0002006　SG417/174－3

宋詩鈔初集九十五卷 （清）吕留良 （清）吴之振 （清）吴爾堯輯 清康熙十年(1671)吴氏鑑古堂刻本 二十四册

110000－0143－0002007 SG417/177
崇雅堂詩鈔十一卷 （清）李開葉撰 （清）鄧以臨選 清乾隆六年(1741)刻本 四册

110000－0143－0002008 SG417/181
御定全唐詩錄一百卷詩人年表一卷 （清）聖祖玄燁鑒定 （清）徐倬 （清）徐元正輯 清康熙四十五年(1706)刻本 五十二册

110000－0143－0002009 SG417/182
御選唐詩三十二卷目錄三卷 （清）聖祖玄燁輯 （清）陳廷敬等輯注 清康熙五十二年(1713)内府刻朱墨套印本 四册 存九卷(十五至二十三)

110000－0143－0002010 SG417/182－1
御選唐詩三十二卷目錄三卷 （清）聖祖玄燁輯 （清）陳廷敬等輯注 清康熙五十二年(1713)内府刻朱墨套印本 十五册

110000－0143－0002011 SG417/188
詠物詩選八卷 （清）俞琰輯 清雍正二年(1724)刻本 六册

110000－0143－0002012 SG417/195
全唐詩鈔八十卷補十六卷 （清）吴成儀編次 （清）張熙純參 清乾隆二十四年(1759)吴氏璜川書屋刻本 三十二册

110000－0143－0002013 SG417/196
金詩選四卷 （清）顧奎光選輯 （清）陶玉禾參評 清乾隆十六年(1751)刻本 四册

110000－0143－0002014 SG417/196－1
金詩選四卷 （清）顧奎光選輯 （清）陶玉禾參評 清乾隆十六年(1751)刻本 二册

110000－0143－0002015 SG417/198
湖海樓詩集八卷 （清）陳維崧著 （清）葉方恒 （清）龔鼎孳等選 清康熙二十七年(1688)患立堂刻本 三册

110000－0143－0002016 SG417/198
湖海樓詩集八卷 （清）陳維崧著 （清）葉方恒 （清）龔鼎孳等選 清康熙二十七年(1688)患立堂刻本 四册

110000－0143－0002017 SG417/198－2
湖海樓全集五十一卷 （清）陳維崧著 （清）陳淮編校 清乾隆六十年(1795)浩然堂刻本 十二册

110000－0143－0002018 SG417/203
感舊集十六卷 （清）王士禛撰 （清）盧見曾補傳 清乾隆十七年(1752)盧見曾刻本 八册

110000－0143－0002019 SG417/203
感舊集十六卷 （清）王士禛撰 （清）盧見曾補傳 清乾隆十七年(1752)盧見曾刻本 八册

110000－0143－0002020 SG417/203－1
感舊集十六卷 （清）王士禛撰 （清）盧見曾補傳 清乾隆十七年(1752)盧見曾刻本 八册

110000－0143－0002021 SG417/203A
感舊集十六卷 （清）王士禛撰 （清）盧見曾補傳 清乾隆十七年(1752)盧見曾刻本 八册

110000－0143－0002022 SG417/205
石臼前集九卷後集七卷 （清）邢昉撰 （清）宋至校 清康熙三十年至六十一年(1691－1722)王孚刻本 十二册

110000－0143－0002023 SG417/205
石臼前集九卷後集七卷 （清）邢昉撰 （清）宋至校 清康熙三十年至六十一年(1691－1722)王孚刻本 六册

110000－0143－0002024 SG417/216
高季迪先生大全集十八卷 （明）高啟撰 清康熙三十四年(1695)竹素園寫刻本 四册

110000－0143－0002025 SG417/224
東嵒艸堂評訂唐詩鼓吹十卷 （金）元好問輯 （元）郝天挺 （明）廖文炳解 （清）朱三

錫評　清康熙二十七年至六十一年(1688－1722)刻本　十册

110000－0143－0002026　SG417/224
唐詩鼓吹十卷　(金)元好問輯　(元)郝天挺　(明)廖文炳解　(清)朱三錫評　清順治十六年(1659)陸貽典刻本　六册

110000－0143－0002027　SG417/224－1
唐詩鼓吹十卷　(金)元好問輯　(元)郝天挺　(明)廖文炳解　(清)朱三錫評　清乾隆十一年(1746)懷德堂刻本　四册

110000－0143－0002028　SG417/224－2
東喦艸堂評訂唐詩鼓吹十卷　(金)元好問輯　(元)郝天挺　(明)廖文炳解　(清)朱三錫評　清康熙二十七年至六十一年(1688－1722)刻本　十册

110000－0143－0002029　SG417/227
夢堂詩稿十五卷　(清)馮英廉撰　清乾隆四十八年(1783)福餘延福刻本　四册

110000－0143－0002030　SG417/230
緯蕭草堂詩三卷　(清)宋至撰　清康熙二十七年至二十九年(1688－1690)商丘宋氏刻本　二册

110000－0143－0002031　SG417/230
宋氏綿津詩鈔八卷　(清)宋犖撰　(清)邵長蘅選　清康熙二十七年至三十一年(1688－1692)商丘宋氏刻本　四册

110000－0143－0002032　SG417/231－1
近光集二十八卷　(清)汪士鋐編纂　(清)徐修仁參注　清康熙五十八年(1719)刻本　六册

110000－0143－0002033　SG417/238
國朝松陵詩徵二十卷　(清)袁景輅編次　清乾隆三十二年(1767)愛吟齋刻本　十册

110000－0143－0002034　SG417/246/A
元詩選六卷補遺一卷　(清)顧奎光選輯　清乾隆十六年至六十年(1751－1795)刻本　六册

110000－0143－0002035　SG417/246/B
金詩選四卷　(清)顧奎光選輯　(清)陶玉禾參評　清乾隆十六年(1751)刻本　四册

110000－0143－0002036　SG417/247
一半勾留集二卷　(清)朱樟撰　清乾隆刻觀樹堂集本　二册

110000－0143－0002037　SG417/248、SG417/251、SG417/225
元人集十種五十四卷　(明)毛晉輯　明崇禎十一年(1638)毛氏汲古閣刻本　十二册

110000－0143－0002038　SG417/249
眾妙集一卷　(宋)趙師秀輯　明天啓至崇禎毛氏汲古閣刻本　二册

110000－0143－0002039　SG417/250
回文類聚四卷　(宋)桑世昌輯　**織錦回文圖一卷回文類聚續編十卷**　(清)朱象賢輯　清康熙麟玉堂刻本　八册

110000－0143－0002040　SG417/250
回文類聚四卷　(宋)桑世昌輯　**織錦回文圖一卷回文類聚續編十卷**　(清)朱象賢輯　清康熙麟玉堂刻本　八册

110000－0143－0002041　SG417/252
我法集二卷　(清)紀昀撰　清乾隆六十年(1795)刻本　二册

110000－0143－0002042　SG417/255
香樹齋詩集十八卷　(清)錢陳羣撰　清乾隆十六年(1751)錢陳羣刻本　六册

110000－0143－0002043　SG417/255－1
香樹齋詩續集十二卷　(清)錢陳羣撰　清乾隆十九年(1754)錢陳羣刻本　十册

110000－0143－0002044　SG417/255－1
香樹齋詩續集三十六卷　(清)錢陳羣撰　清乾隆十九年(1754)錢陳羣刻本　十册

110000－0143－0002045　SG417/272
御定歷代題畫詩類一百二十卷　(清)陳邦彦輯　清康熙四十六年(1707)内府刻本　二十四册

110000－0143－0002046　SG417/276
尊前集二卷　(明)顧梧芳輯　(明)毛晉校訂　明末毛氏汲古閣刻本　二册

110000－0143－0002047　SG417/277
施愚山先生全集九十六卷　(清)施閏章撰　清康熙四十七年(1708)曹寅刻乾隆施企曾等續刻本　二十册

110000－0143－0002048　SG417/277
施愚山先生全集九十六卷　(清)施閏章撰　清康熙四十七年(1708)曹寅刻乾隆施企曾等續刻本　十册

110000－0143－0002049　SG417/278
宋金元詩永二十卷　(清)吴綺選　清康熙十七年(1678)思永堂刻本　十四册

110000－0143－0002050　SG417/279
唐八家詩鈔不分卷　(清)陳明善輯　清乾隆三十四年(1769)武進陳氏亦園刻本　八册

110000－0143－0002051　SG417/280
貫華堂選批唐才子詩甲集七言律八卷　(清)金人瑞選批　(清)金雍輯并補注　清順治十七年至十八年(1660－1661)刻本　六册

110000－0143－0002052　SG417/289
談龍録一卷　(清)趙執信撰　清康熙因園刻本　一册

110000－0143－0002053　SG417/289
聲調譜前譜一卷後譜一卷續譜一卷　(清)趙執信撰　清乾隆因園刻本　一册

110000－0143－0002054　SG417/290
唐詩箋註十卷　(清)黄叔燦箋註　清乾隆三十年至六十年(1765－1795)刻本　十册

110000－0143－0002055　SG417/295－1
畫壁遺稿三卷　(清)范承謨撰　清乾隆四十年(1775)范宜恒刻本　二册

110000－0143－0002056　SG417/297－1
王荆文公詩五十卷　(宋)王安石撰　(宋)李壁箋注　清乾隆六年(1741)張宗松清綺齋刻本　八册

110000－0143－0002057　SG417/298/A
詩持一集四卷二集十卷三集十卷　(清)魏憲評選　清康熙十年(1671)魏氏枕江堂刻本　十二册

110000－0143－0002058　SG417/329
蜀雅二十卷　(清)李調元選　清乾隆四十六年(1781)億書樓刻本　四册

110000－0143－0002059　SG417/334
唐人萬首絶句選七卷　(宋)洪邁輯　(清)王士禛選本　清康熙鄱陽洪氏松花屋刻雍正十年(1732)鄱陽洪氏家塾重刻同治九年(1870)寧津龐際雲續刻本　四册

110000－0143－0002060　SG417/334
唐人萬首絶句選七卷　(宋)洪邁輯　(清)王士禛選本　清康熙至雍正刻本　二册

110000－0143－0002061　SG417/372－6
王荆公唐百家詩選二十卷　(宋)王安石輯　清康熙四十二年至四十三年(1703－1704)宋犖、丘迥刻四十三年至六十一年(1704－1722)雙清閣印本　四册

110000－0143－0002062　SG417/386
事類賦三十卷　(宋)吴淑撰　明嘉靖十一年(1532)崇正書院刻本　六册

110000－0143－0002063　SG417/388
王梅溪先生會稽三賦四卷　(宋)王十朋撰　(明)南逢吉注　(明)周炳曾增注　清康熙尺木堂刻本　二册

110000－0143－0002064　SG417/388－2
會稽三賦四卷　(宋)王十朋撰　(明)南逢吉注　(明)尹壇補注　(明)陶望齡評　明天啓元年(1621)凌弘憲刻朱墨套印本　四册

110000－0143－0002065　SG417/388－3
會稽三賦四卷　(宋)王十朋撰　(明)南逢吉注　(明)尹壇補注　(明)胡大臣訂正　明萬曆刻本　二册

110000－0143－0002066　SG417/393
本朝應制和聲集六卷首三卷和聲二集三卷首

一卷補編一卷　(清)沈德潛　(清)王居正輯評　清乾隆九年(1744)京都琉璃廠鴻遠堂刻本　十六册

110000－0143－0002067　SG417/394
筠園稿三卷筠園删稿三卷　(清)朱仕玠撰　清乾隆朱仕琇刻本　一册　存三卷(筠園稿三卷)

110000－0143－0002068　SG417/396
秋水閒房集二卷　(清)釋畹荃撰　清乾隆刻本　一册

110000－0143－0002069　SG417/400－1
唐賢三昧集四卷　(清)王士禛編　(清)姚培謙閲　清乾隆刻本　八册

110000－0143－0002070　SG417/404
古劍書屋詩鈔八卷文鈔二卷　(清)吳廷楨撰　清乾隆二十一年(1756)吳士端刻本　二册

110000－0143－0002071　SG417/410
蓬徑集一卷　(清)蔣夢蘭撰　清康熙刻本　一册

110000－0143－0002072　SG417/414
繪聲園詩鈔一卷　(清)郭執桓撰　清乾隆三十四年(1769)放春閣刻本　二册

110000－0143－0002073　SG417/415
辭賦標義十八卷　(明)俞王言標義　(明)鄭之棨參訂　明萬曆二十九年(1601)金溥渾樸居刻崇禎印本　十册

110000－0143－0002074　SG417/432
朱飲山千金譜二十九卷　(清)朱燮撰　清乾隆五十五年(1790)刻本　十册

110000－0143－0002075　SG417/423
皖江採風錄不分卷　(清)徐立綱輯　清乾隆五十三年(1788)上虞徐立綱刻本　四册

110000－0143－0002076　SG417/437、SG4171/689
類選箋釋草堂詩餘六卷　(明)顧從敬類選　(明)陳仁錫參訂　**類選箋釋續選草堂詩餘二卷類編箋釋國朝詩餘五卷**　(明)錢允治箋釋　(明)陳仁錫參訂　明萬曆四十二年(1614)刻本　七册　缺一卷(類選箋釋續選草堂詩餘下)

110000－0143－0002077　SG417/441
閒情集六卷　(清)顧有孝原編　(清)陸世楷增輯　(清)姚紉校　清康熙九年(1670)刻本　六册

110000－0143－0002078　SG417/445
中晚唐詩叩彈集十二卷續集三卷　(清)杜詔　(清)杜庭珠輯　清康熙四十三年(1704)采山亭刻本　八册

110000－0143－0002079　SG417/446
升恒編十二卷　(明)孫安國　(明)陳卓編訂　明崇禎六年(1633)張鯡化刻本　四册

110000－0143－0002080　SG417/45
御製詩二集六十四卷　(清)仁宗顒琰撰　清嘉慶十六年(1811)内府刻本　四册

110000－0143－0002081　SG417/461
秋水菴花影集五卷　(明)施紹莘撰　明崇禎刻本　八册

110000－0143－0002082　SG417/461－1
秋水菴花影集五卷　(明)施紹莘撰　清乾隆十七年(1752)博古堂刻本　六册

110000－0143－0002083　SG417/462－1
韋蘇州集十卷　(唐)韋應物撰　明萬曆四十年(1612)董伯起刻本　四册

110000－0143－0002084　SG417/465
盛世元音四卷　(清)程夢元輯　(清)程春鰲校　清乾隆二十二年(1757)程夢元柳風梧月幽軒刻本　二册

110000－0143－0002085　SG417/470
玉堂集不分卷　(清)凌之調輯　清乾隆六年(1741)京都打磨廠永魁齋刻本　六册

110000－0143－0002086　SG417/476
知稼軒詩不分卷　(清)王泰甡撰　(清)王雲彤校　清乾隆刻本　三册

110000－0143－0002087　SG417/477
杜詩會粹二十四卷　(清)張遠輯箋　清康熙

二十七年(1688)刻本　二十四册

110000－0143－0002088　SG4171/27
知自主齋詩稿不分卷　(清)曹鶴清撰　清光緒二十八年至宣統三年(1902－1911)曹鶴清稿本　四册

110000－0143－0002089　SG4171/33
摛藻堂續稿五卷　(清)汪文柏撰　清康熙二十一年(1682)汪文柏刻本　一册

110000－0143－0002090　SG4171/86－1
本事詩十二卷　(清)徐釚編輯　清乾隆二十二年(1757)汪肯堂刻本　六册

110000－0143－0002091　SG4171/105－1
嶺南三大家詩選二十四卷　(清)王隼選　清康熙南海陳氏刻本　六册

110000－0143－0002092　SG4171/108
本朝名媛詩鈔六卷　(清)胡孝思　(清)朱珖輯評　(清)沈英　(清)沈蔚較訂　清康熙五十五年(1716)凌雲閣刻乾隆印本　二册　存三卷(一至三)

110000－0143－0002093　SG4171/110
本朝名媛詩鈔六卷　(清)胡孝思　(清)朱珖輯評　(清)沈英　(清)沈蔚較訂　清康熙五十五年(1716)凌雲閣刻乾隆印本　一册

110000－0143－0002094　SG4171/116
唐詩品彙九十卷拾遺十卷　(明)高棅編　明嘉靖十八年(1539)牛斗刻本　十八册

110000－0143－0002095　SG4171/116－1
唐詩品彙九十卷拾遺十卷　(明)高棅編　(明)張恂重訂　明崇禎張恂刻本　二十册

110000－0143－0002096　SG4171/116－1
唐詩品彙九十卷拾遺十卷　(明)高棅編　(明)張恂重訂　明崇禎張恂刻本　十二册

110000－0143－0002097　SG4171/118
二家詩鈔二種二十卷　(清)邵長蘅選　清康熙三十四年(1695)邵氏刻本　五册

110000－0143－0002098　SG4171/120
唐音戊籤二百一卷餘閏六十三卷餘諸國主詩一卷　(明)胡震亨編　清康熙二十六年(1687)胡氏南益堂刻本　三十四册

110000－0143－0002099　SG4171/121
宋十五家詩選十六卷　(清)陳訏輯　清康熙三十二年(1693)海昌陳氏刻本　七册

110000－0143－0002100　SG4171/121
宋十五家詩選十六卷　(清)陳訏輯　清康熙三十二年(1693)海昌陳氏刻本　十五册

110000－0143－0002101　SG4171/139
虞邵菴詩集七卷　(元)虞集撰　(明)潘是仁輯校　明萬曆四十三年(1615)潘是仁刻本　一册

110000－0143－0002102　SG4171/139
揭秋宜詩集五卷　(元)揭傒斯撰　(明)潘是仁輯校　明萬曆四十三年(1615)潘是仁刻本　與110000－0143－0002101合册

110000－0143－0002103　SG4171/139
王陌菴詩集二卷　(元)王士熙撰　(明)潘是仁輯校　明萬曆四十三年(1615)潘是仁刻本　與110000－0143－0002101合册

110000－0143－0002104　SG4171/139
薛象峰詩集二卷　(元)薛漢撰　(明)潘是仁緝校　明萬曆四十三年(1615)潘是仁刻本　與110000－0143－0002101合册

110000－0143－0002105　SG4171/156
吴梅村詩集箋注十八卷　(清)吴偉業撰　(清)吴翌鳳箋注　清嘉慶十九年(1814)嚴榮滄浪吟榭刻本　十二册

110000－0143－0002106　SG4171/176
毛穉澥詩集三卷　(清)毛澂撰　清光緒六年至三十四年(1880－1908)毛澂稿本　三册

110000－0143－0002107　SG4171/203
緯蕭草堂詩三卷　(清)宋至撰　清康熙二十七年至二十九年(1688－1690)商丘宋氏刻本　三册

110000－0143－0002108　SG4171/203
授研齋詩一卷　(清)宋韋金撰　清康熙四十

四年(1705)刻本　一册

110000－0143－0002109　SG4171/203A
緯蕭草堂詩三卷　(清)宋至撰　清康熙二十七年至二十九年(1688－1690)商丘宋氏刻本　一册

110000－0143－0002110　SG4171/207
南宋襍事詩七卷　(清)沈嘉轍　(清)吳焯等撰　清雍正刻本　六册

110000－0143－0002111　SG4171/213
本事詩十二卷　(唐)孟棨撰　(明)吳琯校　明萬曆元年至三十年(1573－1602)漳浦吳琯刻本　一册

110000－0143－0002112　SG4171/222
星泉吟草不分卷　(清)壁昌撰　清咸豐二年(1852)壁昌稿本　二册

110000－0143－0002113　SG4171/223
李于鱗唐詩廣選七卷　(明)李攀龍輯　(明)凌瑞森　(明)凌南榮輯評　明天啓至崇禎凌瑞森、凌南榮刻朱墨套印本　八册　存六卷(一至六)

110000－0143－0002114　SG4171/224
合刻西崐集不分卷　(明)姚希孟輯　明天啓四年(1624)吳縣姚希孟刻本　六册

110000－0143－0002115　SG4171/225
詩詞雜俎十二種二十五卷　(明)毛晉輯　明天啓至崇禎毛晉汲古閣匯印本　十二册　缺四種十四卷(元宫詞一卷、河汾諸老詩集八卷、三家宫詞三卷、二家宫詞二卷)

110000－0143－0002116　SG4171/226
古詩箋十三卷　(清)王士禛輯　(清)聞人倓箋　清乾隆三十一年(1766)芷蘭堂刻本　八册

110000－0143－0002117　SG4171/229
南宋羣賢詩選十二卷　(清)陸鍾輝輯　清雍正九年(1731)陸鍾輝水雲漁屋刻本　六册

110000－0143－0002118　SG4171/230
宋詩畧十八卷　(清)汪景龍　(清)姚壎輯　清乾隆三十五年(1770)姚壎竹雨山房刻本　六册

110000－0143－0002119　SG4171/230A
宋詩畧十八卷　(清)汪景龍　(清)姚壎輯　清乾隆三十五年(1770)姚壎竹雨山房刻本　六册

110000－0143－0002120　SG4171/236
删訂唐詩解二十四卷　(明)唐汝詢選釋　(清)吳昌祺評定　清康熙四十年(1701)誦懿堂刻本　十六册

110000－0143－0002121　SG4171/251
蘭蕙林詩鈔一卷文鈔一卷　(清)吳寧　(清)吳寬撰　清乾隆十八年(1753)歙縣吳氏刻本　二册

110000－0143－0002122　SG4171/252
明詩別裁集十二卷　(清)沈德潛　(清)周準輯　清乾隆四年(1739)刻本　四册

110000－0143－0002123　SG4171/252A
明詩別裁集十二卷　(清)沈德潛　(清)周準輯　清乾隆四年(1739)刻本　二册

110000－0143－0002124　SG4171/252B
明詩別裁集十二卷　(清)沈德潛　(清)周準輯　清乾隆四年(1739)刻本　十二册

110000－0143－0002125　SG4171/253
敬義軒詩稿一卷　(清)謝為質撰　清刻本　與110000－0143－0002126合册

110000－0143－0002126　SG4171/253
六義齋詩集四卷　(清)施朝榦撰　清乾隆六十年(1795)刻本　一册

110000－0143－0002127　SG4171/254
笠亭詩集十二卷　(清)朱琰撰　清乾隆朱琰樊桐山房刻嘉慶重印本　二册

110000－0143－0002128　SG4171/260
古詩賞析二十二卷附古韻目例一卷論古詩一卷　(清)張玉穀選解　清乾隆三十七年(1772)張玉穀樂圃齋刻本　六册

110000－0143－0002129　SG4171/266

據梧集四卷　(清)談承基撰　清嘉慶十七年至二十五年(1812－1820)顧晴崖刻本　一册

110000－0143－0002130　SG4171/268
壺山自吟稾三卷附録一卷俟寧居偶詠一卷　(清)朱休度撰　清嘉慶三年(1798)朱休度刻本　二册

110000－0143－0002131　SG4171/277
讀書堂杜工部詩集註解二十卷文集註解二卷杜工部編年詩史譜目一卷　(清)張溍評註　(清)張榕端校訂　清康熙三十七年(1698)張榕端讀書堂刻本　十二册

110000－0143－0002132　SG4171/277
讀書堂杜工部詩集註解二十卷文集註解二卷杜工部編年詩史譜目一卷　(清)張溍評註　(清)張榕端校訂　清康熙三十七年(1698)張榕端讀書堂刻本　十二册

110000－0143－0002133　SG4171/277A
讀書堂杜工部詩集註解二十卷文集註解二卷杜工部編年詩史譜目一卷　(清)張溍評註　(清)張榕端校訂　清康熙三十七年(1698)張榕端讀書堂刻本　十二册

110000－0143－0002134　SG4171/414－1、SG4171/687、SG47/282
文瑞樓匯刻書三十二卷　(清)金檀輯　清康熙至雍正文瑞樓、燕翼堂刻本　二十八册

110000－0143－0002135　SG4171/283
詩歸五十一卷　(明)鍾惺　(明)譚元春選定　(明)吳德興　(明)閔振業　(明)閔振聲校閲　明萬曆至崇禎閔振業、閔振聲刻朱墨藍三色套印本　八册　存十五卷(古詩歸十五卷)

110000－0143－0002136　SG4171/283A、SG417/30－1
詩歸五十一卷　(明)鍾惺　(明)譚元春選定　明萬曆四十五年(1617)至崇禎刻本　八册

110000－0143－0002137　SG4171/288
歷朝名媛詩詞十二卷　(清)陸昶輯　清乾隆三十八年(1773)紅樹樓刻本　八册

110000－0143－0002138　SG4171/292
崇川詩集十二卷補遺一卷　(清)孫翔編輯　(清)金榜參閲　清乾隆三十七年(1772)孫翔刻本　四册

110000－0143－0002139　SG4171/305
香屑集十八卷首一卷末一卷　(清)黄之雋集　(清)陳邦直校注　清雍正十二年(1734)陳邦直刻本　四册

110000－0143－0002140　SG4171/311
響泉集三十卷　(清)顧光旭撰　清乾隆四十一年(1776)顧光旭刻五十年(1785)續刻本　八册

110000－0143－0002141　SG4171/323
柳南詩鈔十卷柳南文鈔六卷　(清)王應奎撰　清乾隆十八年至二十二年(1753－1757)王應奎刻本　二册　存十卷(柳南詩鈔十卷)

110000－0143－0002142　SG4171/331
漢魏詩乘二十卷附吳詩一卷總録一卷　(明)梅鼎祚編校　明萬曆十一年(1583)劉文顯、徐家慶刻本　八册

110000－0143－0002143　SG4171/331A
漢魏詩乘二十卷附吳詩一卷總録一卷　(明)梅鼎祚編校　明萬曆十一年(1583)劉文顯、徐家慶刻本　六册

110000－0143－0002144　SG4171/335
樓邨詩集二十五卷　(清)王式丹撰　清雍正四年(1726)王懋訥刻本　五册

110000－0143－0002145　SG4171/341
應試唐詩類釋十九卷附應試唐詩備考不分卷　(清)臧岳編次　清乾隆四十年(1775)三樂齋刻本　六册

110000－0143－0002146　SG4171/342
綿上四山人詩集十卷　(清)董柴輯　清乾隆二十三年(1758)董氏半壁山房刻本　五册

110000－0143－0002147　SG4171/352
靜厓詩稿十二卷後稿十二卷續稿六卷　(清)汪學金撰　清嘉慶九年(1804)刻本　八册

存十八卷(後稿十二卷、續稿六卷)

110000－0143－0002148　SG4171/355
屈翁山詩集八卷附詞一卷　(清)屈大均撰　(清)徐肇元選　清康熙三十六年至四十一年(1697－1702)刻本　四冊

110000－0143－0002149　SG4171/357
響泉集二十八卷　(清)顧光旭撰　清乾隆四十一年(1776)顧光旭刻五十年(1785)續刻本　四冊

110000－0143－0002150　SG4171/357－2
響泉集十六卷　(清)顧光旭撰　清乾隆四十一年(1776)顧光旭刻五十年(1785)續刻本　四冊

110000－0143－0002151　SG4171/358
集聖教序四卷續集聖教序四卷　(清)馬慧裕集　清嘉慶刻本　八冊

110000－0143－0002152　SG4171/364
青箱堂詩集三十三卷文集十二卷遺稿續刻一卷年譜一卷　(清)王崇簡撰　(清)宋琬定　清康熙十八年至六十一年(1679－1722)刻本　六冊　存三十三卷(青箱堂詩集三十三卷)

110000－0143－0002153　SG4171/403
杜詩偶評四卷　(清)沈德潛纂　清乾隆潘承松賦閒草堂刻本　四冊

110000－0143－0002154　SG4171/413
海虞詩苑十八卷　(清)王應奎編輯　(清)顧士榮等校訂　清乾隆二十四年(1759)王錫畬刻本　六冊

110000－0143－0002155　SG4171/414
青邱高季迪先生詩集十八卷首一卷補遺一卷詩餘一卷附錄一卷附鳧藻集五卷　(明)高啟撰　(清)金檀輯注　清雍正六年(1728)刻嘉慶平湖寶芸堂印本　八冊

110000－0143－0002156　SG4171/430
御製詩不分卷　(清)高宗弘曆撰　清乾隆劉統勳抄本　一冊

110000－0143－0002157　SG4171/436
方城遺獻八卷續刻一卷　(清)李成經編次　清乾隆五十二年(1787)李成經德馨堂自刻本　三冊

110000－0143－0002158　SG4171/444
晚香堂詩六卷　(清)徐廷棟著　清乾隆徐廷棟刻本　一冊

110000－0143－0002159　SG4171/445
清吟堂集九卷附神功聖德詩漠北蕩平凱歌二十首　(清)高士奇撰　清康熙三十九年(1700)高士奇刻本　二冊

110000－0143－0002160　SG4171/470
唐詩類苑二百卷　(明)張之象纂輯　(明)王徵補訂　明萬曆二十九年(1601)曹仁孫刻清康熙重刻本　六十四冊

110000－0143－0002161　SG4171/472
唐詩正聲十卷　(清)馬允剛選　清嘉慶耘經堂刻本　十冊

110000－0143－0002162　SG4171/479
唐詩觀瀾集二十四卷　(清)李因培選評　(清)凌應曾編注　清乾隆二十四年(1759)刻本　十二冊

110000－0143－0002163　SG4171/484
吴會英才集二十四卷　(清)畢沅編　清嘉慶刻本　三冊

110000－0143－0002164　SG4171/493
聽濤園詩十二卷　(清)曹耀珩撰　清乾隆二年(1737)聽濤園刻本　三冊

110000－0143－0002165　SG4171/495
佳山堂詩集十卷二集九卷　(清)馮溥撰　清康熙十九年至六十一年(1680－1722)朱士儒刻本　八冊

110000－0143－0002166　SG4171/498
研谿先生詩集七卷　(清)惠周惕撰　清康熙惠氏紅豆齋刻本　二冊

110000－0143－0002167　SG4171/499
詩觀初集十二卷二集十四卷閨秀別卷一卷三集十三卷閨秀別卷一卷　(清)鄧漢儀評選

(清)李文胤　(清)李念慈參閲　清康熙十一年至六十一年(1672－1722)慎墨堂刻本　三十六册

110000－0143－0002168　SG4171/501
筱飲齋稾不分卷　(清)陸飛撰　清乾隆三十年(1765)刻本　二册

110000－0143－0002169　SG4171/510
國朝五言長律賡颺集十六卷　(清)張日珣　(清)邱先德箋補　清乾隆四十三年(1778)刻本　十六册

110000－0143－0002170　SG4171/518
隨村先生遺集六卷　(清)施瑮撰　(清)杭世駿訂　清乾隆四年(1739)刻本　一册

110000－0143－0002171　SG4171/521
寶閑堂集四卷　(清)張四科撰　清乾隆二十四年(1759)刻本　二册

110000－0143－0002172　SG4171/522
桐溪詩述二十四卷　(清)宋咸熙錄　清嘉慶二十五年(1820)宋咸熙自刻本　十二册

110000－0143－0002173　SG4171/530
二南遺音四卷　(清)劉紹攽輯　清乾隆二十八年(1763)劉氏傳經堂刻本　四册

110000－0143－0002174　SG4171/532
唐人六集四十三卷　(明)毛晉編　明崇禎琴川毛氏汲古閣刻本　六册

110000－0143－0002175　SG4171/533
得樹齋詩一卷　(清)張謙撰　(清)孫枝蔚評　**戒菴詩草六卷律陶一卷集杜一卷琵琶十七變一卷**　(清)張晉撰　(清)孫枝蔚評　清乾隆五十四年(1789)刻本　三册

110000－0143－0002176　SG4171/533
鐵堂詩草二卷　(清)許珌撰　(清)吳鎮錄　(清)楊芳燦選　清乾隆五十五年(1790)蘭山書院刻本　二册

110000－0143－0002177　SG4171/536
本朝五言近體瓣香集十六卷　(清)許英編注　清乾隆二十八年(1763)許元仁刻本　四册

110000－0143－0002178　SG4171/537
今有堂詩集四卷　(清)程夢星撰　清雍正刻本　二册

110000－0143－0002179　SG4171/545
排山小集八卷續集十二卷後集六卷　(清)朱楓撰　**遺詩鈔一卷**　(清)趙以文撰　**青岑遺稿一卷**　(清)朱棆撰　清乾隆刻本　五册

110000－0143－0002180　SG4171/545－1
排山小集八卷續集十二卷後集六卷　(清)朱楓撰　**遺詩鈔一卷**　(清)趙以文撰　**青岑遺稿一卷**　(清)朱棆撰　清乾隆刻本　二册　存八卷(排山小集八卷)

110000－0143－0002181　SG4171/550
國朝全閩詩錄初集二十一卷續集十一卷　(清)鄭杰輯　清嘉慶五年(1800)刻本　十册

110000－0143－0002182　SG4171/555
懷清堂集二十卷首一卷　(清)湯右曾撰　清乾隆十一年(1746)湯學基等刻本　四册

110000－0143－0002183　SG4171/560－1
杜詩集説二十卷末一卷　(清)江浩然纂輯　(清)江塤校　清乾隆四十八年(1783)惇裕堂刻本　二十四册

110000－0143－0002184　SG4171/561
杜詩提要十四卷　(清)吳瞻泰評選　清乾隆刻本　六册

110000－0143－0002185　SG4171/563
御訂全金詩增補中州集七十二卷首二卷　(金)元好問輯　(清)郭元釪補輯　清康熙五十年(1711)内府刻本　二十册

110000－0143－0002186　SG4171/565
詩存四卷　(清)金德瑛撰　清乾隆三十三年(1768)金氏如心堂刻本　三册

110000－0143－0002187　SG4171/571
容臺文集十卷詩集四卷别集四卷　(明)董其昌撰　明崇禎刻本　六册　存八卷(詩集四卷、别集四卷)

110000－0143－0002188　SG4171/572

采菽堂古詩選三十八卷補遺四卷 （清）陳祚明評選 清康熙四十五年（1706）翁嵩年刻本 十册

110000－0143－0002189 SG4171/585
唐詩英華二十二卷 （清）顧有孝編 清順治十四年（1657）顧氏寧遠堂刻本 六册

110000－0143－0002190 SG4171/585
唐詩英華二十二卷 （清）顧有孝編 清順治十四年（1657）顧氏寧遠堂刻康熙吴郡寶翰樓印本 十六册

110000－0143－0002191 SG4171/587
唐詩品彙九十卷拾遺十卷 （明）高棅編 明洪武三十一年（1398）至崇禎刻本 十册 存十卷（拾遺十卷）

110000－0143－0002192 SG4171/588
樓邨詩集二十五卷 （清）王式丹撰 清雍正四年（1726）王懋訥刻本 六册

110000－0143－0002193 SG4171/595
嶺南群雅初集三卷附筆耒軒吟稿一卷二集三卷 （清）劉彬華輯 清嘉慶十八年（1813）刻本 四册

110000－0143－0002194 SG4171/596
明人詩鈔正集十四卷續集十四卷 （清）朱琰編次 清乾隆二十五年（1760）樊桐山房刻本 八册

110000－0143－0002195 SG4171/605
重刻張來儀静居集四卷 （明）張羽撰 明萬曆陳邦瞻、汪汝淳校刻本 四册

110000－0143－0002196 SG4171/606
陶詩集註四卷 （晉）陶潛撰 （清）詹夔錫纂輯 **附東坡和陶詩一卷** （宋）蘇軾撰 清康熙三十三年（1694）詹氏寶墨堂刻本 二册

110000－0143－0002197 SG4171/607
綿津山人詩集二十九卷附楓香詞一卷漫堂説詩一卷筠廊偶筆二卷筠廊二筆二卷怪石贊一卷漫堂墨品一卷 （清）宋犖撰 **雪堂墨品一卷** （清）張仁熙撰 **緯蕭草堂詩三卷** （清）宋至撰 清康熙匯印本 八册

110000－0143－0002198 SG4171/609
越風三十卷 （清）商盤評選 （清）王大治編輯 清乾隆三十七年（1772）山陰王大治刻嘉慶十六年（1811）山陰徐兆印本 八册

110000－0143－0002199 SG4171/611
江左十五子詩選十五卷 （清）宋犖選 （清）邵長蘅訂 清康熙四十二年（1703）商丘宋氏宛委堂刻本 四册

110000－0143－0002200 SG4171/612
海愚詩鈔十二卷 （清）朱孝純撰 清乾隆五十九年（1794）刻本 四册

110000－0143－0002201 SG4171/616
南坪詩鈔八卷 （清）張學舉撰 （清）翁方綱（清）袁枚序 清乾隆五十八年（1793）張朝樂刻本 四册

110000－0143－0002202 SG4171/617、SG417/65－5
李杜全集四十八卷 （明）許自昌輯 明萬曆三十年（1602）許自昌刻本 十四册

110000－0143－0002203 SG4171/618
𦡱窗詩集十四卷𦡱窗文集續刻一卷 （清）張令儀撰 清雍正二年（1724）姚仲芝刻本 四册

110000－0143－0002204 SG4171/626
弢甫五嶽集二十卷 （清）桑調元撰 清乾隆二十一年（1756）修汲堂刻本 二十册

110000－0143－0002205 SG4171/629
詩紀一百五十六卷目錄三十六卷 （明）馮惟訥彙編 （明）吴琯校訂 明萬曆吴琯、謝陛、陸弼、俞策刻本 二十四册 缺二卷（目錄三十五至三十六）

110000－0143－0002206 SG4171/629－1
詩紀一百五十六卷目錄三十六卷 （明）馮惟訥彙編 （明）吴琯校訂 明萬曆吴琯、謝陛、陸弼、俞策刻本 四十二册

110000－0143－0002207 SG4171/634
道貴堂類稿十二卷 （清）吴倬撰 清康熙刻

本　六册

110000－0143－0002208　SG4171/639
靜惕堂詩集四十四卷　（清）曹溶撰　清雍正三年（1725）李維鈞刻本　十册

110000－0143－0002209　SG4171/643
南華山房詩鈔六卷續集二卷賦一卷南華山人詩鈔十五卷續集二卷　（清）張鵬翀撰　清乾隆刻本　八册

110000－0143－0002210　SG4171/643A
南華山房詩鈔十六卷　（清）張鵬翀撰　清乾隆刻本　八册

110000－0143－0002211　SG4171/644
横雲山人集二十七卷颺言集五卷　（清）王鴻緒撰　清康熙刻本　八册

110000－0143－0002212　SG4171/646
杜工部五言詩選直解三卷七言詩選直解二卷　（清）范廷謀注釋　清雍正六年至十三年（1728－1735）范氏稼石堂刻本　五册

110000－0143－0002213　SG4171/647
明詩穆如集八卷　（清）柳彬　（清）江椿選　清雍正元年（1723）刻本　四册

110000－0143－0002214　SG4171/648
國朝詩正聲集七卷首一卷　（清）項章輯　清乾隆三十四年（1769）懷斯堂刻本　八册

110000－0143－0002215　SG4171/650
十二家唐詩二十四卷　（明）張遜業編　明嘉靖三十一年（1552）江都黄埻東壁圖書府刻本　十二册

110000－0143－0002216　SG4171/652
御製全韻詩五卷　（清）高宗弘曆撰　清乾隆劉墉寫刻本　五册

110000－0143－0002217　SG4171/659
玉池生稿五卷　（清）岳端撰　**雲笥詩一卷**　（清）顧卓撰　**織字軒詩一卷**　（清）朱襄撰　清康熙三十五年（1696）刻本　四册

110000－0143－0002218　SG4171/669
杜韓詩句集韻三卷　（清）汪文柏輯　清康熙四十五年至四十六年（1706－1707）汪文柏古香樓刻本　六册

110000－0143－0002219　SG4171/669－5
杜韓詩句集韻三卷　（清）汪文柏輯　清康熙四十五年至四十六年（1706－1707）汪文柏古香樓刻本　四册

110000－0143－0002220　SG4171/671
古今詩删三十四卷目録二卷　（明）李攀龍選　（明）徐中行訂　明萬曆汪時元刻本　十二册

110000－0143－0002221　SG4171/672
桂畱山房詩集十二卷附詞集一卷　（清）沈學淵撰　清道光十三年至二十四年（1833－1844）郁松年刻本　八册

110000－0143－0002222　SG4171/675
詩紀一百三十卷前集十卷附録一卷外集四卷别集十二卷　（明）馮惟訥彙編　（明）吴琯校訂　明萬曆四十一年（1613）黄承玄、馮珣刻本　四十册

110000－0143－0002223　SG4171/681
白蕤詩集十六卷附海嶽遊人酬贈集一卷　（清）張開東撰　（清）張兆騫編　清乾隆五十三年（1788）張兆騫刻本　八册

110000－0143－0002224　SG4171/682
御選唐詩三十二卷目録三卷　（清）聖祖玄燁輯　（清）陳廷敬等輯注　清康熙五十二年（1713）内府刻朱墨套印本　十六册

110000－0143－0002225　SG4171/682
御選唐詩三十二卷目録三卷　（清）聖祖玄燁輯　（清）陳廷敬等輯注　清康熙五十二年（1713）内府刻朱墨套印本　十六册

110000－0143－0002226　SG4171/686
沽上題襟集八卷　（清）查爲仁　（清）查學禮輯　清乾隆六年（1741）查學禮刻本　四册

110000－0143－0002227　SG4171/688
杜詩論文五十六卷　（清）吴見思注　（清）潘眉評　（清）董元愷參訂　清康熙十一年

(1672)岱淵堂刻本　二十四册

110000－0143－0002228　SG4171/688
杜詩論文五十六卷　(清)吳見思注　(清)潘眉評　(清)董元愷參訂　清康熙十一年(1672)岱淵堂刻本　二十二册

110000－0143－0002229　SG4171/693
紅苗歸化恭紀詩一卷　(清)達禮善輯　清康熙五十二年(1713)拳石堂刻本　二册

110000－0143－0002230　SG4171/696
金陵名勝詩鈔四卷秦淮詩鈔二卷　(清)李鰲輯　清道光十二年(1832)寶仁堂刻本　二册

110000－0143－0002231　SG4171/699/A
陶詩彙註四卷首一卷末一卷　(晉)陶潛撰　(清)吳瞻泰輯　(清)程崟校　清康熙四十四年(1705)程崟刻本　一册

110000－0143－0002232　SG4171/702
寫韻軒詩稿不分卷　(清)王芸仙撰　**鏡花妝閣稿不分卷**　(清)陳靚賢撰　清同治稿本　一册

110000－0143－0002233　SG4171/717
鉏菴訂定譚子詩歸十卷　(明)譚元春撰　明萬曆至崇禎嶽歸堂刻本　四册

110000－0143－0002234　SG4171/719
續編錦囊詩對故事前集二卷後集二卷　(明)□□輯　明嘉靖十二年(1533)恭裕王府刻本　八册

110000－0143－0002235　SG4171/720
柳漁詩鈔十二卷　(清)張湄撰　清乾隆十年至六十年(1745－1795)刻本　四册

110000－0143－0002236　SG4171/727
漁庵詩選二卷　(清)曹仁虎撰　(清)鄭廷暘選　清乾隆刻本　一册

110000－0143－0002237　SG4171/732
濟南百詠一卷　(明)王象春撰　明萬曆四十四年(1616)刻本　一册

110000－0143－0002238　SG4171/747－1
陸放翁劍南詩選六卷　(宋)陸游撰　(清)朱陵選定　清康熙友恭堂刻本　六册

110000－0143－0002239　SG4171/749
唐律消夏錄五卷　(清)顧安輯　清乾隆二十七年(1762)何文煥刻本　四册

110000－0143－0002240　SG4171/756
韓昌黎詩集編年箋注十二卷　(清)方世舉考訂　清乾隆二十三年(1758)盧見曾雅雨堂刻本　六册

110000－0143－0002241　SG4171/766
重訂李義山詩集箋注三卷集外詩箋注一卷　(唐)李商隱撰　(清)朱鶴齡箋注　**詩話一卷**　**重訂李義山年譜一卷**　(清)程夢星輯　清乾隆八年至九年(1743－1744)東柯草堂刻本　五册

110000－0143－0002242　SG4171/773
宋四名家詩二十七卷　(清)周之鱗　(清)柴升選　清康熙三十二年(1693)弘訓堂刻本　二册　存二十卷(山谷先生詩鈔七卷、石湖先生詩鈔六卷、放翁先生詩鈔七卷)

110000－0143－0002243　SG4171/780
詠史絕句詩註二卷　(明)程敏政輯　(明)詹貴補註　明成化十六年至二十三年(1480－1487)刻本　二册

110000－0143－0002244　SG4171/795
補閒集二卷　(清)孔傳鋕撰　清康熙四十五年(1706)孔傳鋕刻本　四册

110000－0143－0002245　SG4171/810
杜律通解四卷　(清)李文煒箋釋　清康熙五十一年至六十一年(1712－1722)李文煒刻本　四册

110000－0143－0002246　SG4171/810－1
杜律通解四卷　(清)李文煒箋釋　清康熙至雍正李文煒刻本　四册

110000－0143－0002247　SG4171/814
杜詩詳註二十五卷首一卷　(清)仇兆鰲輯註　清康熙四十二年(1703)刻五十二年(1713)續刻本　十四册

110000－0143－0002248　SG4171/819
杜工部詩集二十卷集外詩一卷杜詩補注一卷文集二卷　(唐)杜甫撰　(清)朱鶴齡輯注
杜工部年譜一卷　(清)朱鶴齡撰　清康熙葉永茹萬卷樓刻本　十二册

110000－0143－0002249　SG4171/819
杜工部詩集二十卷集外詩一卷杜詩補注一卷文集二卷　(唐)杜甫撰　(清)朱鶴齡輯注
杜工部年譜一卷　(清)朱鶴齡撰　清康熙葉永茹萬卷樓刻本　十二册

110000－0143－0002250　SG4171/821
江左十五子詩選十五卷　(清)宋犖選　(清)邵長蘅訂　清康熙四十二年(1703)商丘宋氏宛委堂刻本　四册

110000－0143－0002251　SG4171/821－1
江左十五子詩選十五卷　(清)宋犖選　(清)邵長蘅訂　清康熙四十二年(1703)商丘宋氏宛委堂刻本　四册

110000－0143－0002252　SG4171/828
二酉園詩集十二卷　(明)陳文燭撰　明萬曆七年至十六年(1579－1588)刻本　二册　存二卷(一至二)

110000－0143－0002253　SG4171/838
讀畫齋彙刻題畫詩不分卷　(清)顧修纂輯　(清)奚岡　(清)方薰繪畫　清嘉慶元年(1796)顧氏讀畫齋自刻本　二册

110000－0143－0002254　SG4171/855
隨園詩集四十二卷　(清)邊連寶撰　清乾隆邊連寶稿本　十二册

110000－0143－0002255　SG4171/857
松風餘韻五十卷末一卷　(清)姚弘緒編次　清乾隆八年(1743)刻嘉慶十年(1805)重刻本　十二册

110000－0143－0002256　SG4171/858
皇清詩選三十卷首一卷　(清)孫鋐輯評　(清)黄朱芾編校　清康熙二十七年(1688)刻本　十二册

110000－0143－0002257　SG4171/859
夢月巖詩集二十卷詩餘一卷　(清)呂履恒撰　清雍正三年(1725)呂憲曾、呂宜曾刻本　四册

110000－0143－0002258　SG4171/860
掣鯨堂詩集九卷　(清)費錫璜撰　清雍正存素堂刻本　八册

110000－0143－0002259　SG4171/861
精選詩林廣記四卷　(宋)蔡正孫編集　明萬曆十六年(1588)吳萬化刻本　八册

110000－0143－0002260　SG4171/863
據梧詩集十五卷萬里小遊僊集一卷附都門贈行詩　(清)管棆撰　清康熙刻本　四册

110000－0143－0002261　SG4171/864、SG4171/864－1
詩觀初集十二卷二集十四卷閨秀別卷一卷三集十三卷閨秀別卷一卷　(清)鄧漢儀評選　(清)李文胤　(清)李念慈參閲　清康熙十七年至六十一年(1678－1722)慎墨堂刻本　四十册

110000－0143－0002262　SG4171/865
芝庭詩稾八卷　(清)彭啓豐撰　清乾隆彭啓豐刻本　四册

110000－0143－0002263　SG4171/866
唐詩快十六卷選詩前後諸詠一卷　(清)黄周星選評　(清)程洪校訂　清康熙刻本　十册

110000－0143－0002264　SG4171/869
李杜全集四十八卷　(明)許自昌輯　明天啓至崇禎汪復初刻清康熙元年至三十年(1662－1691)六經堂印本　三十二册

110000－0143－0002265　SG4171/871
御定全唐詩錄一百卷　(清)聖祖玄燁鑒定　(清)徐倬　(清)徐元正輯　清康熙四十五年(1706)揚州詩局刻本　二十册

110000－0143－0002266　SG4171/872
名媛詩歸三十六卷　(明)鍾惺點次　明天啓至崇禎鍾惺刻本　八册

110000－0143－0002267　SG4171/872
名媛詩歸三十六卷　(明)鍾惺點次　明天啓至崇禎鍾惺刻本　二十册

110000－0143－0002268　SG4171/873
四溟山人全集二十四卷　(明)謝榛撰　明萬曆二十四年(1596)趙府冰玉堂刻三十六年(1608)重刻本　十二册

110000－0143－0002269　SG4171/878
蓬亭偶存詩草十五卷餘草一卷　(清)陳王猷撰　清康熙至雍正刻道光二十六年(1846)陳廣澤補刻本　八册

110000－0143－0002270　SG4171/879
書堂詩鈔四卷　(清)劉工詢撰　清乾隆六十年(1795)刻本　一册

110000－0143－0002271　SG4171/880
唐詩成法八卷　(清)屈復撰　(清)吴家龍校閱　清乾隆八年(1743)吴家龍刻本　六册

110000－0143－0002272　SG4171/886
白沙風雅八卷　(清)張達選輯　清雍正十年(1732)刻本　五册

110000－0143－0002273　SG4171/891
矢音集十卷　(清)梁詩正撰　清乾隆二十年(1755)清勤堂刻本　六册

110000－0143－0002274　SG4171/901
奚囊寸錦三卷鈔句一卷　(清)張潮撰　清嘉慶二十五年(1820)王從豫重刻本　四册

110000－0143－0002275　SG4171/902
昌谷集四卷　(唐)李賀撰　(明)曾益釋　明天啓至崇禎刻本　二册

110000－0143－0002276　SG4171/902－1
李長吉昌谷集句解定本四卷　(唐)李賀撰　(清)姚佺箋閱　(清)陳愫　(清)丘象隨辯注　清順治丘象隨西軒刻本　四册

110000－0143－0002277　SG4171/922
知足知止之齋詩四卷　(清)王慶墀撰　(清)姚五庸編　清道光十三年至三十年(1833－1850)稿本　二册

110000－0143－0002278　SG4171/926
苑西集十二卷　(清)高士奇撰　清康熙二十九年(1690)刻本　四册

110000－0143－0002279　SG4171/930
全唐五言八韻詩四卷律詩合譜一卷　(清)張希贇　(清)李文藻同輯　清乾隆二十三年至六十年(1758－1795)刻本　四册

110000－0143－0002280　SG4171/944
奉饌圖詩一卷　(清)閔貞輯　**附廣濟閔氏墓碣**　(清)朱筠撰　清乾隆四十三年(1778)刻本　一册

110000－0143－0002281　SG4171/952
同館試律彙鈔二十四卷　(清)法式善編　(清)韋謙恒　(清)吴省欽輯　清乾隆五十二年(1787)刻本　七册

110000－0143－0002282　SG4171/953
歷朝制帖詩選同聲集十二卷　(清)胡浚選注　清乾隆二十二年(1757)刻本　六册

110000－0143－0002283　SG4171/965
雲台山人詩集九卷　(清)何德新撰　清乾隆稿本　八册　缺一卷(一)

110000－0143－0002284　SG4171/981－1
莆風清籟集六十卷　(清)鄭王臣輯選　清乾隆三十七年(1772)刻本　十册

110000－0143－0002285　SG4171/990
本朝館閣詩二十卷附録一卷續附録一卷　(清)阮學浩　(清)阮學濬編次　清乾隆二十三年(1758)困學書屋刻本　十二册

110000－0143－0002286　SG4171/1000
明三十家詩選初集八卷明三十家詩選二集八卷　(清)汪端輯　清道光二年(1822)汪端自然好學齋刻本　八册

110000－0143－0002287　SG4171/1006
唐詩聯選二卷　(明)王瓚選編　明萬曆四十八年(1620)刻本　二册

110000－0143－0002288　SG4171/1007
孝義詩一卷　(清)王中極輯　清乾隆五十一

年(1786)王中極存厚堂刻本　二冊

110000－0143－0002289　SG4171/1011
濤音集八卷　(清)王士禄選輯　(清)王士禛仝選　清乾隆五十七年(1792)掖縣儒學刻本　四冊

110000－0143－0002290　SG4171/1019
石湖居士詩集三十四卷　(宋)范成大撰　(清)顧嗣臯重訂　清康熙二十七年(1688)顧嗣協依園刻本　四冊

110000－0143－0002291　SG4171/1026
金華詩錄六十卷外集六卷别集四卷書後一卷　(清)黄彬　(清)朱琰編輯　清乾隆三十八年(1773)金華府學刻本　十六冊

110000－0143－0002292　SG4171/1031
羅甸堂四書題全韻詩六卷　(清)羅克武撰　(清)葛淳評點　清乾隆二十六年(1761)羅克武刻本　二冊

110000－0143－0002293　SG4171/1032
金淵集六卷　(元)仇遠撰　(清)張伯行輯　清乾隆木活字印本　三冊

110000－0143－0002294　SG4171/1033
唐詩金粉十卷　(清)沈炳震纂輯　清乾隆冬讀書齋刻本　四冊

110000－0143－0002295　SG4171/1041
籜石齋詩集五十卷　(清)錢載撰　清乾隆五十三年至六十年(1788－1795)秀水錢氏刻本　十二冊

110000－0143－0002296　SG4171/1041－1
籜石齋詩集五十卷　(清)錢載撰　清乾隆五十三年至六十年(1788－1795)秀水錢氏刻本　六冊　存二十五卷(一至二十五)

110000－0143－0002297　SG4171/1050
雲川閣集詩十四卷詞七卷　(清)杜詔撰　清雍正九年(1731)刻本　四冊　缺七卷(詞七卷)

110000－0143－0002298　SG4171/1056
擷紅吟社詩稿不分卷　(清)擷紅吟社輯　清光緒二十九年至三十四年(1903－1908)擷紅吟社稿本　七冊

110000－0143－0002299　SG4171/1058
冰雪集五卷　(清)萬承勳撰　清康熙五十四年(1715)刻本　一冊　存三卷(一至三)

110000－0143－0002300　SG4171/1076
荷塘詩集十二卷　(明)張五典撰　清乾隆刻本　四冊

110000－0143－0002301　SG4171/1086
崆峒集二十一卷　(明)李夢陽撰　明中期刻本　六冊

110000－0143－0002302　SG4171/1087
空同詩鈔十六卷空同詩鈔附錄不分卷　(明)李夢陽撰　(清)桑調元編　清乾隆十五年(1750)李斌、李辛燿誦芬堂刻本　六冊

110000－0143－0002303　SG4171/1090
敬業堂詩集五十卷　(清)查慎行撰　清康熙五十八年(1719)刻雍正增刻本　十冊

110000－0143－0002304　SG4171/1090
敬業堂詩續集六卷　(清)查慎行撰　清乾隆查學、查開刻本　二冊

110000－0143－0002305　SG4171/1099
綠雲堂詩集五卷附塞外封藩草一卷　(清)塞爾登撰　(清)那岐山錄　清乾隆刻本　二冊

110000－0143－0002306　SG4171/1101
藕怡詩抄四卷　(清)顧仙根撰　清乾隆四十五年(1780)刻本　一冊

110000－0143－0002307　SG4171/1106
停雲集十三卷　(清)顧宗泰選　清乾隆三十四年(1769)刻本　四冊

110000－0143－0002308　SG4171/1112
吴中女士詩鈔十三卷　(清)任兆麟輯　清乾隆五十四年至五十九年(1789－1794)刻本　四冊

110000－0143－0002309　SG4171/1117
國朝詩正六卷　(清)朱觀評選　(清)程用昌　(清)朱澐參閲　清康熙五十三年(1714)朱

觀刻本　四册

110000－0143－0002310　SG4171/1130－1
白石道人詩集二卷集外詩一卷附録諸賢酬贈詩一卷詩説一卷歌曲四卷歌曲别集一卷　(宋)姜夔撰　清乾隆鮑廷博知不足齋重刻陸鍾輝本　一册

110000－0143－0002311　SG4171/1130－2
白石道人詩集二卷集外詩一卷附録諸賢酬贈詩一卷詩説一卷歌曲四卷歌曲别集一卷　(宋)姜夔撰　清乾隆鮑廷博知不足齋重刻陸鍾輝本　四册

110000－0143－0002312　SG4171/1149
蔗尾詩集十五卷　(清)鄭方坤撰　清乾隆元年(1736)刻十八年(1753)增刻本　六册

110000－0143－0002313　SG4171/1162
百一草堂附刻二編二卷　(清)柴杰輯　清乾隆三十二年(1767)百一草堂刻本　一册

110000－0143－0002314　SG4171/1181
幔亭集十五卷　(明)徐熥撰　(明)陳薦夫選　(明)王若編　明萬曆二十九年(1601)王若刻本　八册

110000－0143－0002315　SG4171/1199
大谷山堂集六卷　(清)夢麟撰　清乾隆木活字印本　一册　存三卷(一至三)

110000－0143－0002316　SG4171/1230
吹萬閣集二十一卷　(清)顧詒祿撰　清乾隆三十三年(1768)刻本　四册

110000－0143－0002317　SG4171/1235
二家詩鈔二種二十卷　(清)邵長蘅選　清康熙三十四年(1695)邵氏刻本　五册

110000－0143－0002318　SG4171/1277
元詩選初集十集二集八集三集八集　(清)顧嗣立輯　清康熙三十三年(1694)顧嗣立秀野草堂刻二集四十一年(1702)增刻三集五十九年(1720)續刻本　三十册　存元詩選初集甲集之遺山集、戊集之蛻庵集至詠物詩、己集、庚集、辛集、壬集,二集八集,三集一至六集

110000－0143－0002319　SG4171/1277
元詩選二集八集　(清)顧嗣立輯　清康熙四十一年(1702)顧嗣立秀野草堂刻本　六册

110000－0143－0002320　SG4171/1287
質園詩集三十二卷　(清)商盤撰　清乾隆三十二年至六十年(1767－1795)刻本　四册

110000－0143－0002321　SG4171/1290
五言排律依永集八卷　(清)張九鉞箋釋　清乾隆刻本　四册

110000－0143－0002322　SG4171/1291
唐雅同聲五十卷目録二卷　(明)毛懋宗　(明)朱謀垔輯　明萬曆十六年(1588)毛謙刻崇禎至清順治續刻本　十四册

110000－0143－0002323　SG4171/1292
宋詩隨意鈔六卷續鈔四卷　(清)楊行傳輯　清光緒三十年(1904)楊行傳抄本　十册

110000－0143－0002324　SG4171/1295
飴山詩集二十卷　(清)趙執信撰　清乾隆十七年(1752)因園刻本　四册

110000－0143－0002325　SG4171/1295
飴山詩集二十卷　(清)趙執信撰　清乾隆十七年(1752)因園刻本　四册

110000－0143－0002326　SG4171/1307
新刻重校增補圓機活法詩學全書二十四卷　(明)王世貞校正　(明)楊淙參閲　**附新刊校正增補圓機詩韻活法全書十四卷**　(明)王世貞增校　明萬曆二十年(1592)唐謙梅墅石渠閣刻本　十六册

110000－0143－0002327　SG4171/1310
漱芳居詩鈔三十二卷歙遊草一卷黄遊草一卷白遊草一卷　(清)趙青藜撰　清乾隆三十五年至四十年(1770－1775)趙青藜刻本　八册

110000－0143－0002328　SG4171/1337
謩觴詩集五卷　(清)成文昭撰　清康熙四十五年至五十年(1706－1711)刻本　一册

110000－0143－0002329　SG4171/1362
經餘集六卷　(清)劉紹攽撰　清乾隆三十五

年至六十年(1770－1795)刻本　二册

110000－0143－0002330　SG4171/1379
蒙泉學詩草八卷　(清)宋弼撰　清乾隆二十八年至六十年(1763－1795)刻本　二册

110000－0143－0002331　SG4171/1450
牧齋有學集詩註十四卷　(清)錢謙益撰　(清)錢曾箋註　清康熙至乾隆刻本　六册

110000－0143－0002332　SG4171/1465
漁洋山人精華録會心偶筆六卷　(清)王士禛撰　(清)伊應鼎編述　清乾隆十五年(1750)袁承寵刻本　三册

110000－0143－0002333　SG4171/1469
青邱高季迪先生詩集十八卷附鳬藻集五卷遺詩一卷扣舷集一卷　(明)高啟撰　(清)金壇輯注　清雍正六年(1728)文瑞樓刻本　六册

110000－0143－0002334　SG4171/1471
了庵詩十卷像讚一卷　(清)王岱撰　(清)王禹書編　清康熙刻本　四册

110000－0143－0002335　SG4171/1479
簣山堂詩鈔二十一卷　(清)王賡言撰　清嘉慶十六年(1811)刻本　八册

110000－0143－0002336　SG4171/1485
沽上題襟集八卷　(清)查爲仁　(清)查學禮輯　清乾隆六年(1741)查學禮刻本　二册

110000－0143－0002337　SG4171/1486
牧齋初學集詩註二十卷　(清)錢謙益撰　(清)錢曾箋註　清康熙四十九年(1710)刻本　十二册

110000－0143－0002338　SG4171/1490
黄琢山房集十卷　(清)吳璜撰　清乾隆四十二年(1777)刻本　四册

110000－0143－0002339　SG4171/1500
薰風協奏集三卷首一卷　(清)王又曾輯　(清)莊鳳翥注　清乾隆二十三年(1758)文映書屋刻本　三册

110000－0143－0002340　SG4171/1511
素修堂詩集二十四卷後集六卷補遺一卷　(清)吳蔚光撰　清嘉慶十六年(1811)古金石齋刻本　八册

110000－0143－0002341　SG4171/1512
明詩選十二卷　(明)李攀龍編選　(明)陳子龍增删　明崇禎豹變齋刻本　八册

110000－0143－0002342　SG4171/1514
百研銘一卷弱水集對聯一卷王漁洋秋柳詩四首解一卷　(清)屈復撰　清乾隆九年至六十年(1744－1795)刻本　一册

110000－0143－0002343　SG4171/1520
新安吕氏詩草二十七卷　(清)吕復恒撰　清雍正至乾隆刻本　六册

110000－0143－0002344　SG4171/1528－1
海門初集十卷首一卷　(清)鮑皐　(清)尹嘉銓撰　清乾隆四年(1739)刻本　二册

110000－0143－0002345　SG4171/1532
栖雲閣詩十六卷　(清)高珩撰　(清)趙執信選定　清乾隆三年(1738)刻本　四册

110000－0143－0002346　SG4171/1537
空同詩選一卷　(明)李夢陽撰　(明)楊慎評　明萬曆四十六年(1618)閔齊伋刻朱墨套印本　一册

110000－0143－0002347　SG4171/1540
唐詩筌蹄集六卷末三卷　(清)黄六鴻注釋　(清)黄廷樅校　清康熙五十四年(1715)宜豐黄氏刻本　六册

110000－0143－0002348　SG4171/1557
丹橘林詩二卷　(清)吳楷撰　清乾隆十八年至二十年(1753－1755)刻本　一册

110000－0143－0002349　SG4171/1561
紫陽方先生瀛奎律髓四十九卷　(元)方回輯　(清)陳士泰校　清康熙四十九年(1710)刻本　十二册

110000－0143－0002350　SG4171/1563
玉池生稿二卷　(清)岳端撰　清康熙抄本　二册

110000－0143－0002351　SG4171/1582

附蓬小草一卷 (清)田玉撰 清乾隆三十年至六十年(1765－1795)田涵齋敬和堂刻本 一册

110000－0143－0002352 SG4171/1588
唐詩排律七卷 (清)牟欽元輯 (清)牟灦箋注 清乾隆五十四年(1789)刻本 四册

110000－0143－0002353 SG4171/1589
東萊先生詩律武庫十五卷後集十五卷 (宋)呂祖謙撰 清康熙五十四年(1715)鄭氏桃源山莊刻本 二册

110000－0143－0002354 SG4171/1593
隨園詩草八卷禪家公案頌一卷 (清)邊連寶撰 清乾隆四十年(1775)邊霽峰刻本 四册

110000－0143－0002355 SG4171/1601
太古園詩集一卷 (明)王倜撰 清乾隆元年(1736)刻本 一册

110000－0143－0002356 SG4171/1609
黃湄詩選十卷 (清)王又旦撰 (清)王士禛選 清康熙二十年(1681)刻本 四册

110000－0143－0002357 SG4171/1617
西巖詩集一卷附琴譜一卷 (清)賈克明撰 (清)孫松坪鑒定 清康熙四十七年至六十一年(1708－1722)刻本 一册

110000－0143－0002358 SG4171/1629
太古山房詩集一卷 (清)汪栖溼撰 清雍正刻本 一册

110000－0143－0002359 SG4171/1629
半研居題詠一卷 (清)王宗鏐輯 清雍正七年(1729)楝花書屋刻本 與110000－0143－0002358合册

110000－0143－0002360 SG4171/1634－1
王摩詰詩集七卷 (唐)王維撰 (宋)劉辰翁 (明)顧璘評 明末吳興凌濛初刻朱墨套印本 三册

110000－0143－0002361 SG4171/1634－1
王摩詰詩集七卷 (唐)王維撰 (宋)劉辰翁 (明)顧璘評 明末吳興凌濛初刻朱墨套印本 八册

110000－0143－0002362 SG4171/1636
列朝詩集乾集二卷甲集前編十一卷甲集二十二卷乙集八卷丙集十六卷丁集十六卷閏集六卷 (清)錢謙益選 清順治九年(1652)毛晉刻本 二十册

110000－0143－0002363 SG4171/1642
新註朱淑真斷腸詩集十卷 (宋)朱淑真撰 (宋)鄭元佐註 清康熙至雍正影元刻本 二册

110000－0143－0002364 SG4171/1645
梁園風雅二十七卷 (明)趙彥復輯 (明)汪元範校 清康熙四十三年(1704)陸廷燦刻本 六册

110000－0143－0002365 SG4171/1646
白雪樓詩集十卷 (明)李攀龍撰 明隆慶六年(1572)姚氏刻本 四册

110000－0143－0002366 SG4171/1647
唐宋八家詩五十二卷 (清)姚培謙輯 清康熙六十年至雍正五年(1721－1727)華亭姚氏遂安堂刻本 二十册

110000－0143－0002367 SG4171/1648
沈南疑先生檇李詩繫四十二卷 (清)沈季友輯 (清)金南鍈校閱 清康熙四十九年(1710)金南鍈敦素堂刻本 十六册

110000－0143－0002368 SG4171/1649
杜工部詩説十二卷 (清)黃生評 清康熙三十五年(1696)一木堂刻本 四册

110000－0143－0002369 SG4171/1650
新鐫草字唐詩不分卷 (清)樊新輯書 清初鄭漢立達堂刻本 四册

110000－0143－0002370 SG4171/1653
八代詩淘四十一卷目錄一卷 (清)張守選定 清雍正六年(1728)素宜堂刻本 十册

110000－0143－0002371 SG4171/1654
綠筠軒詩集十二卷 (清)王震龍撰 (清)鄭恂評 清康熙二十四年至六十一年(1685－

1722)稿本　二册

110000－0143－0002372　SG4171/1655
重較唐詩類苑選三十四卷　(清)戴明說等選　清順治十六年(1659)刻康熙十八年(1679)汪爌修補印本　十六册

110000－0143－0002373　SG4171/1656、SG410/20
蔗塘未定稿九卷蔗塘外集八卷　(清)查爲仁撰　清乾隆六年至十四年(1741－1749)刻本　九册　缺三種五卷(花影庵集二卷、無題詩二卷、是夢集一卷)

110000－0143－0002374　SG4171/1657
庚訂箋釋批評古詩直解十二卷首一卷　(明)鍾惺　(明)譚元春評　(清)葉羲昂選解　(清)詹廷對箋釋　清順治至康熙刻本　四册

110000－0143－0002375　SG4171/1658
西圃草堂詩集四卷　(清)嚴禹沛撰　清乾隆十二年(1747)刻本　一册

110000－0143－0002376　SG4171/1661
如蘭集二十卷　(清)董柴選輯　清乾隆二十五年(1760)古綿上聚半壁山房刻本　二十册

110000－0143－0002377　SG4171/1663
詩詞雜俎十二種二十五卷　(明)毛晉輯　明天啓至崇禎毛晉汲古閣匯印本　十册　缺一種一卷(元宫詞一卷)

110000－0143－0002378　SG4171/1664
韓江雅集十二卷　(清)全祖望撰　清乾隆十二年(1747)刻本　四册

110000－0143－0002379　SG4171/1665
樹人堂讀杜詩二十五卷首一卷　(清)汪灝輯　(清)胡履亨讀　清道光十二年(1832)麥浪園刻本　八册

110000－0143－0002380　SG4171/1669
宋百家詩存二十卷　(清)曹庭棟輯　清乾隆五年至六年(1740－1741)嘉善曹氏二六書堂刻本　四十册

110000－0143－0002381　SG4171/1678
七十二峰足徵集二十四卷　(清)吳定璋蒐錄　(清)陳祖范編訂　清乾隆刻本　十二册

110000－0143－0002382　SG4171/1679
選詩七卷詩人世次爵里一卷　(南朝梁)蕭統選　(明)郭正域評點　(明)凌濛初輯評　明天啓至崇禎凌濛初刻朱墨套印本　六册

110000－0143－0002383　SG4171/1680
松陵集十卷　(唐)皮日休　(唐)陸龜蒙撰　明崇禎九年(1636)顧凝遠詩瘦閣刻本　六册

110000－0143－0002384　SG4171/1681
六朝詩集二十四種五十五卷　(明)薛應旂輯　明嘉靖陳奎刻本　十六册

110000－0143－0002385　SG4171/1682
珂雪斋前集二十四卷　(明)袁中道撰　明萬曆四十六年(1618)刻本　十册　存八卷(一至八)

110000－0143－0002386　SG4171/1684
三子新詩合稿九卷　(明)陳子龍　(清)李雯　(明)宋徵輿撰　(明)夏完淳編錄　明天啓至崇禎刻本　九册

110000－0143－0002387　SG4171/1686
靜默齋詩集二卷　(清)迪齋撰　清道光二十九年至宣統三年(1849－1911)抄本　二册

110000－0143－0002388　SG4171/1687
四明四友詩六種六卷　(清)鄭梁選　清康熙四十八年(1709)刻本　四册

110000－0143－0002389　SG4171/1688
歷代詩發四十二卷　(清)范大士評選　(清)王仲儒參評　清康熙三十七年(1698)范大士虛白山房刻本　十二册

110000－0143－0002390　SG4171/1690
受祺堂詩三十五卷　(清)李因篤撰　清乾隆刻本　十册

110000－0143－0002391　SG4171/1691
萬首唐人絕句一百一卷　(宋)洪邁輯　明嘉靖十九年(1540)陳敬學德星堂刻本　二十册

110000－0143－0002392　SG4171/1692

杜子美詩集二十卷　(唐)杜甫撰　(宋)劉辰翁評　明天啓刻本　十二册

110000－0143－0002393　SG4171/1693
明練音續集十卷首一卷末一卷　(清)王輔銘輯　清雍正二年(1724)爾雅堂刻本　四册

110000－0143－0002394　SG4171/1694
宋金元詩選六卷　(清)吴翌鳳録　清乾隆五十八年(1793)刻本　二册

110000－0143－0002395　SG4171/1820
廣東詩粹十二卷　(清)梁善長輯　清乾隆十二年(1747)刻本　四册

110000－0143－0002396　SG4171/1857
青浦詩傳三十四卷　(清)王昶輯　清乾隆五十九年(1794)經訓堂刻本　六册

110000－0143－0002397　SG4171/1861
重訂唐詩别裁集二十卷　(清)沈德潛選　清乾隆二十八年(1763)教忠堂刻本　八册

110000－0143－0002398　SG4172/5
歷代賦楷八卷首一卷　(清)王修玉輯　清康熙二十五年(1686)刻本　二册

110000－0143－0002399　SG4172/7
御定歷代賦彙一百四十卷外集二十卷逸句二卷補遺二十二卷目録二卷　(清)陳元龍輯　清康熙四十五年(1706)内府刻本　六十五册

110000－0143－0002400　SG4172/8
賦彙録要二十八卷補遺一卷外集一卷題注一卷　(清)吴光昭箋略　清乾隆刻本　十二册

110000－0143－0002401　SG418/27
海録碎事二十二卷　(宋)葉廷珪撰　(明)劉鳳校　明萬曆二十七年(1599)劉鳳刻本　三十六册

110000－0143－0002402　SG4172/70
御定歷代賦彙一百四十卷外集二十卷逸句二卷補遺二十二卷目録二卷　(清)陳元龍輯　清康熙四十五年(1706)内府刻本　三十七册　存一百二十三卷(一至三十、五十三至九十五、一百十五至一百四十,外集二十卷,逸句二卷,目録一至二)

110000－0143－0002403　SG4172/70
御定歷代賦彙一百四十卷外集二十卷逸句二卷補遺二十二卷目録二卷　(清)陳元龍輯　清康熙四十五年(1706)内府刻本　五十八册

110000－0143－0002404　SG4172/76
分韻註釋詩賦權輿大全四卷　(明)孟紱編輯　(明)鄭以誠集解　清康熙四十六年(1707)居延鄭僑柱刻本　四册

110000－0143－0002405　SG4172/77
御製盛京賦不分卷　(清)高宗弘曆撰　(清)鄂爾泰等注　清乾隆八年(1743)内府刻朱墨套印本　一册

110000－0143－0002406　SG418/115
東苑文鈔二卷詩鈔一卷　(清)毛先舒撰　清刻本　三册

110000－0143－0002407　SG4172/173－1
賦鈔箋署十五卷　(清)雷琳　(清)張杏濱仝箋　清乾隆三十一年(1766)刻本　六册

110000－0143－0002408　SG4172/173－1
賦鈔箋署十五卷　(清)雷琳　(清)張杏濱仝箋　清乾隆三十一年(1766)刻本　六册　存十一卷(五至十五)

110000－0143－0002409　SG4172/174
選賦六卷附選賦名人世次爵里一卷　(南朝梁)蕭統選　(明)郭正域評點　明末凌氏鳳笙閣刻朱墨套印本　六册

110000－0143－0002410　SG4172/174－1
選賦六卷附選賦名人世次爵里一卷　(南朝梁)蕭統選　(明)郭正域評點　明末凌氏鳳笙閣刻朱墨套印本　三册

110000－0143－0002411　SG4172/176
國朝律賦偶箋四卷　(清)沈豐岐箋　清乾隆二十四年(1759)養素齋刻本　六册

110000－0143－0002412　SG4172/177
選賦六卷　(南朝梁)蕭統選　(明)郭正域評點　明末凌氏鳳笙閣刻朱墨套印本　六册

110000－0143－0002413　SG4172/179
古今賦畧續編補遺不分卷　(清)沈業富手定　(清)魯芳參校　清乾隆四十八年(1783)魯芳刻本　二册

110000－0143－0002414　SG4172/180
古賦辯體十卷　(元)祝堯輯　明嘉靖十六年(1537)康河刻本　四册

110000－0143－0002415　SG4172/181
華國編唐賦選二卷　(清)孫濩孫評訂　清雍正十一年(1733)孫濩孫刻本　二册

110000－0143－0002416　SG418/50
五色線二卷　(宋)□□撰　(明)毛晉訂　明崇禎毛晉汲古閣刻本　二册

110000－0143－0002417　SG418/61－1
捫蝨新話十五卷　(宋)陳善撰　(明)毛晉訂　明崇禎毛晉汲古閣刻本　四册

110000－0143－0002418　SG418/85
漁隱叢話前集六十卷後集四十卷　(宋)胡仔纂集　清乾隆五年至六年(1740－1741)楊佑啓耘經樓刻本　八册

110000－0143－0002419　SG418/92
人海記三卷　(清)查慎行纂　清嘉慶至咸豐抄本　一册

110000－0143－0002420　SG418/149－1
柳南隨筆六卷　(清)王應奎撰　清乾隆五年(1740)顧士榮刻本　六册

110000－0143－0002421　SG418/150－1
唐語林八卷　(宋)王讜撰　清乾隆武英殿木活字印本　四册

110000－0143－0002422　SG418/168
編珠四卷　(隋)杜公瞻輯　(清)王壽彭手校　**續編珠二卷**　(清)高士奇輯　(清)王壽彭手校　清光緒至宣統抄本　三册

110000－0143－0002423　SG418/179
松崕筆記三卷　(清)惠棟撰　清道光二年(1822)文照堂刻本　一册

110000－0143－0002424　SG418/181
茅亭客話十卷　(宋)黄休復撰　(明)毛晉訂　明崇禎毛晉汲古閣刻本　二册

110000－0143－0002425　SG418/191
瑞窻集益不分卷　(清)韓陽泰撰　清乾隆十六年(1751)韓陽泰抄本　一册

110000－0143－0002426　SG418/205
鐵網珊瑚書品十卷畫品六卷　(明)朱存理集錄　清雍正六年(1728)年希堯澄鑒堂刻本　十六册

110000－0143－0002427　SG418/229
蘇黄風流小品十六卷　(明)黄嘉惠編　明崇禎刻本　四册

110000－0143－0002428　SG418/233
弇州山人四部稿選十六卷　(明)王世貞撰　(明)沈一貫選　明萬曆元年至四十八年(1573－1620)刻本　四册　存四卷(一至四)

110000－0143－0002429　SG418/237
麗句集六卷　(明)許之吉輯　(明)廖孔悦定　(明)謝于教閲　明天啓三年(1623)刻本　六册

110000－0143－0002430　SG418/237－1
麗句集六卷　(明)許之吉輯　(明)李維禎校閲　(明)鄧旭重訂　明天啓三年(1623)刻崇禎重刻本　十二册

110000－0143－0002431　SG418/239
勸忍百箴考註四卷　(元)許名奎撰　(明)釋覺澂考註　明萬曆十二年(1584)張誠刻本　四册

110000－0143－0002432　SG418/240
華陽陶隱居集二卷　(南朝梁)陶弘景撰　(明)傅霄編集　明嘉靖三年(1524)刻本　二册

110000－0143－0002433　SG418/265
如面談十六卷　(明)鍾惺纂輯　(明)馮夢龍訂釋　明天啓至崇禎葉碧山刻本　十二册

110000－0143－0002434　SG418/274
秇林伐山二十卷　(明)楊慎著　(明)孫居相

(明)李雲鵠校　明萬曆三十五年(1607)孫居相刻本　四册

110000-0143-0002435　SG418/280-1
癸辛雜識前集一卷後集一卷續集二卷别集二卷　(宋)周密輯　(明)毛晉訂　明崇禎毛晉汲古閣刻本　四册　缺二卷(續集二卷)

110000-0143-0002436　SG418/280-1
癸辛雜識前集一卷後集一卷續集二卷别集二卷　(宋)周密輯　(明)毛晉訂　明崇禎毛晉汲古閣刻本　一册　缺二卷(别集二卷)

110000-0143-0002437　SG418/285
西歸日札一卷　(清)王弘撰撰　(清)李夔龍評　清康熙三十七年(1698)刻乾隆印本　一册

110000-0143-0002438　SG418/285
山志十卷　(清)王弘撰撰　清乾隆五十三年(1788)李蔭春刻本　五册

110000-0143-0002439　SG418/298-1
訂譌雜錄十卷　(清)胡鳴玉述　(清)查如塤校　清康熙五十八年(1719)刻乾隆二十三年(1758)胡鳴玉戢箴書屋重刻本　二册

110000-0143-0002440　SG418/322
清暉贈言十卷　(清)王翬輯　(清)徐永宣編次　清康熙五十四年至雍正十三年(1715-1735)抄本　四册

110000-0143-0002441　SG418/345
增補註釋白眉故事六卷　(明)許以忠集　(清)許國球校　清乾隆十五年(1750)開益堂刻本　二册

110000-0143-0002442　SG418/346
元豐題跋一卷　(宋)曾鞏撰　(明)毛晉訂　**水心題跋一卷**　(宋)葉適撰　(明)毛晉訂　**後村題跋四卷**　(宋)劉克莊撰　(明)毛晉訂　**止齋題跋二卷**　(宋)陳傅良撰　(明)毛晉訂　**魏公題跋一卷**　(宋)蘇訟撰　(明)毛晉訂　**海岳題跋一卷**　(宋)米芾撰　(明)毛晉訂　明崇禎毛晉汲古閣刻本　一册

110000-0143-0002443　SG418/346
元豐題跋一卷　(宋)曾鞏撰　(明)毛晉訂　**水心題跋一卷**　(宋)葉適撰　(明)毛晉訂　**後村題跋四卷**　(宋)劉克莊撰　(明)毛晉訂　**止齋題跋二卷**　(宋)陳傅良撰　(明)毛晉訂　**魏公題跋一卷**　(宋)蘇訟撰　(明)毛晉訂　**海岳題跋一卷**　(宋)米芾撰　(明)毛晉訂　明崇禎毛晉汲古閣刻本　三册

110000-0143-0002444　SG418/351
益公題跋十二卷　(宋)周必大撰　(明)毛晉訂　明崇禎毛晉汲古閣刻本　三册

110000-0143-0002445　SG418/352
六一題跋十一卷　(宋)歐陽修撰　(明)毛晉訂　明崇禎毛晉汲古閣刻本　三册

110000-0143-0002446　SG418/354
居業錄四卷　(明)胡居仁撰　(清)顔綸重校　清康熙十五年至六十一年(1676-1722)詠豳堂刻本　二册

110000-0143-0002447　SG418/356
皇華紀聞四卷　(清)王士禛撰　清康熙刻本　四册

110000-0143-0002448　SG418/357
聯經四卷　(清)李學禮述　清乾隆五十五年(1790)存德堂刻本　四册

110000-0143-0002449　SG418/383
羣言瀝液八卷　(清)梁顯祖彙編　清康熙三十三年(1694)梁顯祖刻本　四册

110000-0143-0002450　SG418/387
雕丘雜錄十八卷　(清)梁清遠撰　清康熙二十年(1681)梁允桓刻本　三册

110000-0143-0002451　SG418/403
汲古閣輯宋二十家題跋七十六卷　(宋)黄庭堅撰　(明)毛晉訂　明崇禎毛晉汲古閣刻本　十二册　缺四種十三卷(東坡題跋六卷、後村題跋四卷、海岳題跋一卷、益公題跋一至二)

110000-0143-0002452　SG418/405

進修錄六卷附傳一卷 (明)馮渠撰 (清)馮行編 清乾隆十七年(1752)馮行恥齋刻本 四冊

110000－0143－0002453 SG42/1
楚辭述註五卷 (明)來欽之撰 **九歌圖一卷** (明)陳洪綬繪 明崇禎十一年至十七年(1638－1644)陳洪綬刻黄象彝印本 二冊

110000－0143－0002454 SG42/1－4
楚辭十七卷 (漢)王逸敘次 (明)陳深批點 **附錄一卷** (漢)司馬遷撰 明萬曆二十八年至天啓七年(1600－1627)凌毓枏刻朱墨套印本 四冊

110000－0143－0002455 SG42/1－5
楚辭二卷 (周)屈原 (周)宋玉 (漢)賈誼撰 明萬曆四十八年(1620)閔齊伋刻三色套印本 二冊

110000－0143－0002456 SG42/1－6
楚辭十七卷 (漢)王逸敘次 (明)陳深批點 **附錄一卷** (漢)司馬遷撰 明萬曆二十八年至天啓七年(1600－1627)凌毓枏刻朱墨套印本 四冊

110000－0143－0002457 SG42/1－6
楚辭十七卷 (漢)王逸敘次 (明)陳深批點 **附錄一卷** (漢)司馬遷撰 明萬曆二十八年至天啓七年(1600－1627)凌毓枏刻朱墨套印本 六冊

110000－0143－0002458 SG42/1－7
山帶閣註楚辭六卷首一卷餘論二卷説韻一卷 (清)蔣驥撰 清雍正五年(1727)蔣驥山帶閣刻本 三冊

110000－0143－0002459 SG42/4－3
楚辭集註八卷辯證二卷後語六卷 (宋)朱熹撰 明成化十一年(1475)吳原明刻嘉靖元年至萬曆四十七年(1522－1619)補版印本 八冊

110000－0143－0002460 SG42/6－1
楚辭十七卷 (漢)王逸章句 (宋)洪興祖補注 清初毛氏汲古閣刻素位堂印本 四冊

110000－0143－0002461 SG42/8
楚辭燈四卷附楚懷襄二王在位事蹟考一卷 (清)林雲銘論述 (清)林沅校 **屈原列傳一卷** (漢)司馬遷撰 清康熙三十六年(1697)林雲銘挹奎樓刻本 二冊

110000－0143－0002462 SG42/11
楚辭新集註八卷末一卷 (清)屈復撰 (清)屈汝州編 **附楚懷襄二王在位事蹟考一卷** (清)林雲銘撰 **屈原列傳一卷** (漢)司馬遷撰 清乾隆三年(1738)王垣等刻本 四冊

110000－0143－0002463 SG42/17
屈騷心印五卷首一卷 (清)夏大霖疏注 (清)夏大贇 (清)夏大襄 (清)毛雲孫參 (清)夏景頤閱梓 清乾隆九年(1744)夏景頤一本堂刻本 二冊

110000－0143－0002464 SG42/20
離騷節解一卷附離騷正音一卷離騷本韻一卷離騷節指一卷 (清)張德純節解 清康熙五十三年(1714)張德純刻本 一冊

110000－0143－0002465 SG42/26
楚辭集註八卷辯證二卷後語六卷 (宋)朱熹撰 明萬曆三十七年至四十七年(1609－1619)刻本 四冊

110000－0143－0002466 SG42/27
離騷辯不分卷 (清)朱冀撰 清康熙四十五年(1706)綠筠堂刻本 二冊

110000－0143－0002467 SG42/29
山響齋別集飲騷十卷 (清)賀寬撰 清康熙二十一年至三十一年(1682－1692)華天章刻本 四冊

110000－0143－0002468 SG43/1－1
蔡中郎集八卷 (漢)蔡邕撰 (明)汪士賢校 明萬曆至天啓新安汪氏刻本 四冊

110000－0143－0002469 SG43/1－1
蔡中郎集八卷 (漢)蔡邕撰 (明)汪士賢校 明萬曆至天啓新安汪氏刻本 四冊

110000－0143－0002470 SG43/1－2

蔡中郎集六卷補遺一卷　(漢)蔡邕撰　(清)劉嗣奇校　清雍正五年(1727)刻本　六册

110000－0143－0002471　SG43/5－2
陸士龍文集十卷　(晉)陸雲著　(明)汪士賢校　明萬曆至天啓汪氏刻本　六册

110000－0143－0002472　SG43/10－1
江文通集四卷　(南朝梁)江淹撰　(清)梁賓輯　清乾隆二十四年(1759)徐傳星安愚堂刻本　四册

110000－0143－0002473　SG43/10－3
江文通文集十卷　(南朝梁)江淹撰　(明)汪士賢校　明萬曆元年至天啓七年(1573－1627)汪士賢刻本　四册

110000－0143－0002474　SG43/13－3
陶靖節集十卷總論一卷　(晉)陶潛撰　(宋)湯漢等箋注　明嘉靖刻本　二册

110000－0143－0002475　SG43/13－3
陶靖節集二卷　(晉)陶潛撰　(明)何孟春注　明正德十五年至十六年(1520－1521)何湛之刻陶韋合刻本　二册

110000－0143－0002476　SG43/13－4
陶靖節集八卷附録一卷　(晉)陶潛撰　(明)潘璁閱　明末潘璁刻阮陶合集本　二册

110000－0143－0002477　SG43/13－4
靖節公集十卷總論一卷附録一卷　(晉)陶潛撰　清康熙抄本　二册

110000－0143－0002478　SG43/13－6
陶靖節集十卷總論一卷　(晉)陶潛撰　(宋)湯漢等箋注　明萬曆十六年至四十八年(1588－1620)刻本　一册

110000－0143－0002479　SG43/13－7
陶靖節集十卷總論一卷附録一卷　(晉)陶潛撰　明萬曆三十一年(1603)閔氏刻朱墨套印本　二册

110000－0143－0002480　SG43/13－8
陶靖節集十卷總論一卷　(晉)陶潛撰　(宋)湯漢等箋注　明萬曆十五年(1587)程氏仿宋刻本　四册

110000－0143－0002481　SG43/14
諸葛丞相集四卷　(三國蜀)諸葛亮著　(清)朱璘纂輯　清康熙三十七年(1698)萬卷堂刻本　六册

110000－0143－0002482　SG43/14A
諸葛丞相集四卷　(三國蜀)諸葛亮著　(清)朱璘纂輯　清康熙三十七年(1698)萬卷堂刻本　四册

110000－0143－0002483　SG43/17－2
陶淵明集十卷　(晉)陶潛撰　清道光二十一年(1841)李廷鈺秋柯草堂刻本　二册

110000－0143－0002484　SG43/19
庾開府集十二卷　(北周)庾信撰　(明)汪士賢校　明萬曆至天啓新安汪氏刻本　三册

110000－0143－0002485　SG43/22
傅鶉觚集六卷附録一卷　(晉)傅玄撰　(明)張燮閲　明天啓至崇禎刻本　四册

110000－0143－0002486　SG43/23
秦漢文定十二卷　(明)倪元璐輯　明天啓至崇禎刻本　六册

110000－0143－0002487　SG43/23－1
秦漢文鈔六卷　(明)閔邁德輯　(明)楊融博批點　明萬曆四十八年(1620)閔氏刻朱墨套印本　十二册

110000－0143－0002488　SG43/23－2
秦漢文鈔六卷　(明)閔邁德輯　(明)楊融博批點　明萬曆四十八年(1620)閔氏刻朱墨套印本　六册

110000－0143－0002489　SG43/28
西晉文二十卷　(明)張采輯　(明)徐孚遠　(明)陳子龍鑒定　明崇禎十年至十七年(1637－1644)刻本　十册

110000－0143－0002490　SG43/29
東漢文二十卷　(明)張采輯　(明)周鍾　(明)張溥鑒定　明崇禎十年至十七年(1637－1644)刻本　十册

110000－0143－0002491　SG43/30

潘黄門集六卷　（晉）潘岳撰　（明）吕兆禧校　明末刻本　二册

110000－0143－0002492　SG43/30

潘黄門集六卷　（晉）潘岳撰　（明）吕兆禧校　明天啓至崇禎刻本　二册

110000－0143－0002493　SG43/32

梁昭明太子文集五卷　（南朝梁）蕭統撰　明嘉靖末寶訓堂刻本　二册

110000－0143－0002494　SG43/33

秦漢文鈔六卷　（明）閔邁德輯　（明）楊融博批點　明萬曆四十八年（1620）閔氏刻朱墨套印本　七册

110000－0143－0002495　SG43/34

秦漢文鈔六卷　（明）閔邁德輯　（明）楊融博批點　明萬曆四十八年（1620）閔氏刻朱墨套印本　六册

110000－0143－0002496　SG43/37

東方先生集一卷　（漢）東方朔撰　（明）吕兆禧校　明萬曆十一年（1583）南城翁少麓刻本　一册

110000－0143－0002497　SG43/38

漢魏名文乘不分卷　（明）張運泰　（明）余元熹彙評　明天啓至崇禎刻本　二册　存漢文

110000－0143－0002498　SG43/44

漢魏六朝一百三家集一百十八卷　（明）張溥編　明天啓至崇禎婁東張氏刻本　七十六册

110000－0143－0002499　SG43/44－1

漢魏六朝一百三家集一百十八卷　（明）張溥編　明天啓至清康熙刻本　八十册

110000－0143－0002500　SG43/45

謝康樂集四卷　（南朝宋）謝靈運撰　（明）焦竑校　**謝惠連集不分卷**　（南朝宋）謝惠連撰　（明）汪士賢校　明萬曆十一年至崇禎十七年（1583－1644）刻本　四册

110000－0143－0002501　SG43/46

楊子雲集三卷　（漢）揚雄撰　（明）汪士賢輯　明萬曆至天啓新安汪氏刻本　二册

110000－0143－0002502　SG44/2－2

白氏文集七十一卷　（唐）白居易撰　明嘉靖十七年（1538）伍忠光龍池草堂刻十八年至四十五年（1539－1566）錢應龍刻本　二十四册

110000－0143－0002503　SG44/8－5

孟浩然詩集二卷　（唐）孟浩然撰　（宋）劉辰翁評　（明）凌毓枂校　明天啓至崇禎凌濛初刻朱墨套印本　四册

110000－0143－0002504　SG44/16－1

賈浪仙長江集十卷　（唐）賈島撰　清康熙四十一年（1702）席氏琴川書屋後印本　四册

110000－0143－0002505　SG44/24

唐人三家集二十八卷　（清）秦恩復輯　清嘉慶二十一年至道光十年（1816－1830）秦氏石研齋仿宋刻本　十二册

110000－0143－0002506　SG44/27－1

毘陵集二十卷補遺一卷附録一卷　（唐）獨孤及撰　清乾隆五十六年（1791）趙懷玉亦有生齋刻本　六册

110000－0143－0002507　SG44/28－15

顔魯公文集十五卷補遺一卷　（唐）顔真卿撰　**年譜一卷**　（宋）留元剛撰　**附録**　清嘉慶七年（1802）曲阜顔崇槼刻本　六册

110000－0143－0002508　SG44/33－1

寒山子詩集不分卷　（唐）釋寒山子撰　明嘉靖至崇禎海幢寺刻本　一册

110000－0143－0002509　SG44/38－1

孟東野詩集十卷　（唐）孟郊撰　清康熙四十一年（1702）洞庭席啓寓琴川書屋刻本　四册

110000－0143－0002510　SG44/38－2

孟東野詩集十卷　（唐）孟郊撰　（宋）國材　（宋）劉辰翁評　明萬曆二十八年至崇禎十七年（1600－1644）凌濛初刻朱墨套印本　四册

110000－0143－0002511　SG44/39－1

朱文公校昌黎先生文集四十卷外集十卷遺文一卷傳一卷　（唐）韓愈撰　（宋）朱熹考異

(宋)王伯大音釋　(明)朱吾弼重編　明萬曆三十三年至四十八年(1605－1620)朱崇沐刻本　十六册

110000－0143－0002512　SG44/39－1
朱文公校昌黎先生文集四十卷外集十卷遺文一卷傳一卷　(唐)韓愈撰　(宋)朱熹考異　(宋)王伯大音釋　(明)朱吾弼重編　明萬曆三十三年至四十八年(1605－1620)朱崇沐刻本　十六册

110000－0143－0002513　SG44/40－1
唐柳先生集四十五卷外集二卷龍城錄二卷附錄二卷傳一卷　(唐)柳宗元撰　(宋)童宗説音注　(宋)張敦頤音辨　(宋)潘緯音義　明萬曆二十九年(1601)刻本　八册

110000－0143－0002514　SG44/45
唐陸宣公集二十二卷　(唐)陸贄撰　(清)年羹堯重訂　清雍正元年(1723)刻本　六册

110000－0143－0002515　SG44/45－5
唐陸宣公翰苑集二十四卷　(唐)陸贄撰　明萬曆三十五年(1607)陸基忠刻本　五册

110000－0143－0002516　SG44/45－8
唐陸宣公集二十四卷　(唐)陸贄撰　明嘉靖至萬曆刻本　八册

110000－0143－0002517　SG44/46－1
新刊五百家註音辯昌黎先生文集四十卷　(唐)韓愈撰　(宋)魏仲舉輯註　清乾隆四十九年(1784)觀樓氏刻本　十六册

110000－0143－0002518　SG44/46－2
李義山文集十集　(唐)李商隱撰　(清)徐樹穀箋　(清)徐炯注　(清)顧予咸補注　(清)顧嗣立續注　清康熙四十七年(1708)徐氏花谿草堂刻本　二册

110000－0143－0002519　SG44/47－2
元氏長慶集六十卷集外文章一卷　(唐)元稹撰　明嘉靖三十一年(1552)董氏茭門別墅刻本　十二册

110000－0143－0002520　SG44/47－3
元氏長慶集六十卷補遺六卷附錄一卷　(唐)元稹撰　(明)馬元調編　明萬曆三十二年(1604)馬元調魚樂軒刻本　六册

110000－0143－0002521　SG44/48－3
李義山詩集三卷　(唐)李商隱撰　(清)朱鶴齡箋注　**李義山詩譜一卷諸家詩評一卷**　清順治十六年(1659)刻乾隆十五年(1750)懷德堂印本　四册

110000－0143－0002522　SG44/48－5
李義山詩集十六卷　(唐)李商隱撰　(清)姚培謙箋　(清)王原閲　清乾隆五年(1740)姚氏松桂讀書堂刻本　二册

110000－0143－0002523　SG44/48－7
李義山詩集三卷　(唐)李商隱撰　(清)朱鶴齡箋注　**李義山詩譜一卷諸家詩評一卷**　清順治十六年(1659)刻本　六册

110000－0143－0002524　SG44/64－1
昌黎先生集四十卷外集丨卷遺文一卷　(唐)韓愈撰　(宋)廖瑩中校正　**朱子校昌黎先生集傳一卷**　(宋)朱熹撰　明萬曆徐時泰東雅堂刻清順治元年至康熙十五年(1644－1676)冠山堂刻本　二十册

110000－0143－0002525　SG44/64－15
朱文公校昌黎先生文集四十卷外集丨卷遺文一卷　(唐)韓愈撰　(宋)朱熹考異　(宋)王伯大音釋　明正統十三年(1448)書林王宗玉刻本　十四册

110000－0143－0002526　SG44/64－16
昌黎先生集四十卷外集十卷遺文一卷　(唐)韓愈撰　(宋)廖瑩中校正　**朱子校昌黎先生集傳一卷**　(宋)朱熹撰　明萬曆元年至四十八年(1573－1620)徐時泰東雅堂刻本　十六册

110000－0143－0002527　SG44/64－17
韓文四十卷外集十卷遺集一卷集傳一卷　(唐)韓愈撰　(明)莫如士重校　明嘉靖三十五年(1556)莫如士刻韓柳文本　六册

110000－0143－0002528　SG44/64－2

昌黎先生詩集注十一卷　(唐)韓愈撰　(清)顧嗣立删補　**昌黎先生[韓愈]年譜一卷**　(清)顧嗣立編　清康熙三十八年(1699)顧嗣立秀野艸堂刻本　二册　存五卷(一至四、昌黎先生年譜一卷)

110000－0143－0002529　SG44/64－5
韓昌黎詩集編年箋注十二卷　(清)方世舉考訂　清乾隆二十三年(1758)盧見曾雅雨堂刻本　八册

110000－0143－0002530　SG44/64－6
昌黎先生集四十卷外集十卷遺文一卷　(唐)韓愈撰　(宋)廖瑩中校正　**朱子校昌黎先生集傳一卷**　(宋)朱熹撰　明萬曆徐時泰東雅堂刻清順治元年至康熙十五年(1644－1676)冠山堂重刻本　十四册

110000－0143－0002531　SG44/64－8
昌黎先生詩集注十一卷　(唐)韓愈撰　(清)顧嗣立删補　(清)朱彝尊　(清)何焯評　**昌黎先生[韓愈]年譜一卷**　(清)顧嗣立編　清道光十六年(1836)膺德堂刻本　四册

110000－0143－0002532　SG44/68
杜詩詳註二十五卷首一卷附編二卷　(清)仇兆鰲輯註　清康熙四十二年(1703)刻五十二年(1713)續刻本　二十四册

110000－0143－0002533　SG44/68－1
杜詩詳註二十五卷首一卷附編二卷　(清)仇兆鰲輯註　清康熙四十二年(1703)刻五十二年(1713)續刻本　十四册

110000－0143－0002534　SG44/68－2
杜少陵集十卷　(唐)杜甫撰　明正德七年至十六年(1512－1521)刻本　七册　存八卷(一至二、五至十)

110000－0143－0002535　SG44/71－1
分類補註李太白詩二十五卷　(唐)李白撰　(宋)楊齊賢集註　(元)蕭士贇補註　(明)許自昌校　**年譜一卷**　(宋)蔡仲邕撰　明萬曆三十年(1602)許自昌刻本　六册

110000－0143－0002536　SG44/71－1
李太白文集三十六卷　(唐)李白撰　(清)王琦輯注　清乾隆二十四年(1759)寶笏樓增刻本　十六册

110000－0143－0002537　SG44/71－4
李太白文集三十六卷　(唐)李白撰　(清)王琦輯注　清乾隆二十四年(1759)寶笏樓增刻本　六册

110000－0143－0002538　SG44/71－6
分類補註李太白詩二十五卷　(唐)李白撰　(宋)楊齊賢集註　(元)蕭士贇補註　**分類編次李太白文五卷**　(唐)李白撰　(明)郭雲鵬編次　明嘉靖二十二年(1543)郭雲鵬寶善堂刻本　二十册

110000－0143－0002539　SG44/71－8
分類補註李太白詩二十五卷　(唐)李白撰　(宋)楊齊賢集註　(元)蕭士贇補註　**分類編次李太白文五卷**　(唐)李白撰　(明)郭雲鵬編次　明嘉靖二十二年(1543)郭雲鵬刻二十二年(1543)至萬曆末重刻本　六册

110000－0143－0002540　SG44/73
王右丞集二十八卷首一卷末一卷　(唐)王維撰　(清)趙殿成箋注　清乾隆趙殿成刻本　十册

110000－0143－0002541　SG44/73
王右丞集二十八卷首一卷末一卷　(唐)王維撰　(清)趙殿成箋注　清乾隆趙殿成刻本　十册

110000－0143－0002542　SG44/75
李翰林集二十五卷　(唐)李白撰　(宋)楊齊賢集注　(元)蕭士贇補注　(明)毛晉重訂　明崇禎三年(1630)毛氏汲古閣重刻本　十二册

110000－0143－0002543　SG44/76
御製擬白居易新樂府不分卷　(清)高宗弘曆撰　清乾隆四十四年(1779)劉墉寫刻本　四册

110000－0143－0002544　SG44/80－2
柳文二十二卷　(唐)柳宗元撰　明萬曆二十

年(1592)葉萬景刻本　二十冊

110000－0143－0002545　SG44/80－5
柳文四十三卷別集二卷外集二卷附錄一卷　(唐)柳宗元撰　(唐)劉禹錫編　明嘉靖十六年(1537)游居敬刻本　八冊

110000－0143－0002546　SG44/81－1
重訂駱丞集六卷　(唐)駱賓王撰　(明)黄蘭芳評　明萬曆三十年(1602)刻本　六冊

110000－0143－0002547　SG44/81－2
鐫太倉王氏音釋駱丞集十卷　(唐)駱賓王撰　(明)王世貞注　明萬曆詹聖謨刻本　四冊

110000－0143－0002548　SG44/86
重刊校正笠澤叢書四卷補遺一卷續補遺一卷　(唐)陸龜蒙撰　清大疊山房刻本　二冊

110000－0143－0002549　SG44/86－1
重刊校正笠澤叢書四卷補遺一卷續補遺一卷　(唐)陸龜蒙撰　清雍正至嘉慶東山草堂刻本　二冊

110000－0143－0002550　SG44/88
唐丞相曲江張文獻公集十二卷附錄一卷千秋金鑑錄五卷　(唐)張九齡撰　清雍正十三年(1735)張世緯、張世績、張世綱刻後印本　四冊

110000－0143－0002551　SG44/89
李遐叔文集不分卷　(唐)李華撰　清乾隆抄本　四冊

110000－0143－0002552　SG44/94
羅昭諫集八卷　(唐)羅隱撰　清康熙九年(1670)張瓚瑞榴堂刻乾隆、嘉慶重刻本　四冊

110000－0143－0002553　SG44/95
唐陸宣公翰苑集二十四卷　(唐)陸贄撰　(清)張佩芳注釋　清乾隆三十三年至六十年(1768－1795)張氏希音堂刻本　八冊

110000－0143－0002554　SG44/96
韓文公文鈔十六卷　(唐)韓愈撰　(明)茅坤評　明末刻本　八冊

110000－0143－0002555　SG44/96
韓文公文鈔十六卷　(唐)韓愈撰　(明)茅坤評　明末刻本　十六冊

110000－0143－0002556　SG44/99
韓筆酌蠡三十卷　(唐)韓愈撰　(清)盧軒纂　清雍正八年(1730)程崟刻乾隆十四年(1749)增刻本　八冊

110000－0143－0002557　SG44/112
駱賓王集二卷　(唐)駱賓王撰　(明)張遜業校　明嘉靖三十一年(1552)江都黄埻東壁圖書府刻本　一冊

110000－0143－0002558　SG44/112
楊炯集二卷　(唐)楊炯撰　(明)張遜業校　明嘉靖三十一年(1552)江都黄埻東壁圖書府刻本　一冊

110000－0143－0002559　SG44/116
韓文不分卷　(唐)韓愈撰　清康熙周斯盛抄本　一冊

110000－0143－0002560　SG44/116－1
韓文一卷　(唐)韓愈撰　(明)郭正域編　明萬曆閔齊伋刻朱墨套印本　四冊

110000－0143－0002561　SG44/117
江湖長翁文集四十卷　(宋)陳造撰　(明)李之藻校　明萬曆四十六年(1618)李之藻刻本　十三冊

110000－0143－0002562　SG44/118
唐大家韓文公文鈔十六卷　(唐)韓愈撰　(明)茅坤批評　明崇禎四年(1631)茅著刻本　四冊

110000－0143－0002563　SG44/118、SG44/72－1、SG45/3－1、SG45/68、SG45/85、SG45/88、SG45/90、SG45/97
唐宋八大家文鈔一百四十四卷　(明)茅坤編并批評　明萬曆七年(1579)茅一桂刻本　八十冊

110000－0143－0002564　SG44/125
河東先生集四十五卷外集二卷龍城錄二卷附

錄二卷傳一卷　(唐)柳宗元撰　(宋)廖瑩中校正　明嘉靖郭雲鵬濟美堂刻本　二十册

110000－0143－0002565　SG44/137
韋蘇州詩集二卷　(唐)韋應物撰　(清)汪立名輯　清康熙三十四年(1695)天都汪氏刻本　四册

110000－0143－0002566　SG45/1
歐陽文忠公全集一百五十三卷附錄五卷目錄一卷　(宋)歐陽修撰　清乾隆十一年(1746)歐陽安世孝思堂刻本　十二册　存九十卷(一至九十)

110000－0143－0002567　SG45/1A
歐陽文忠公全集一百五十三卷附錄五卷目錄一卷　(宋)歐陽修撰　清乾隆十一年(1746)歐陽安世孝思堂刻本　九十八册

110000－0143－0002568　SG45/2－2
新刻臨川王介甫先生詩文集一百卷　(宋)王安石撰　**目錄本傳事略**　明萬曆四十年(1612)王鳳翔刻本　八册

110000－0143－0002569　SG45/2－2
新刻臨川王介甫先生詩文集一百卷目錄本傳事略　(宋)王安石撰　明萬曆四十年(1612)王鳳翔刻本　十六册

110000－0143－0002570　SG45/4
文山先生全集二十卷　(宋)文天祥撰　(明)張元諭編校　明嘉靖三十九年(1560)張元諭刻本　八册

110000－0143－0002571　SG45/11
水心文集二十九卷　(宋)葉適撰　明末刻本　十册

110000－0143－0002572　SG45/11－5
水心文集二十九卷　(宋)葉適撰　(明)黎諒輯　清乾隆二十年(1755)雷鋐刻本　十二册

110000－0143－0002573　SG45/13－3
宛陵先生文集六十卷　(宋)梅堯臣撰　清康熙四十一年(1702)徐惇復白華書屋刻本　六册

110000－0143－0002574　SG45/13－4
宛陵先生集六十卷拾遺一卷附錄三卷　(宋)梅堯臣撰　明萬曆四年(1576)姜奇方刻清順治十四年(1657)梅枝鳳重刻本　十册

110000－0143－0002575　SG45/23－1
渭南文集五十卷　(宋)陸游撰　明末毛氏汲古閣刻本　八册

110000－0143－0002576　SG45/23－1
渭南文集五十卷　(宋)陸游撰　明末毛氏汲古閣刻本　十一册　存四十五卷(一至四十五)

110000－0143－0002577　SG45/24
白石道人詩集二卷集外詩一卷附錄諸賢酬贈詩一卷詩説一卷歌曲四卷歌曲別集一卷　(宋)姜夔撰　清乾隆鮑廷博知不足齋重刻陸鍾輝本　四册

110000－0143－0002578　SG45/24A
白石道人詩集二卷集外詩一卷附錄諸賢酬贈詩一卷詩説一卷歌曲四卷歌曲別集一卷　(宋)姜夔撰　清乾隆鮑廷博知不足齋重刻陸鍾輝本　四册

110000－0143－0002579　SG45/24B
白石道人詩集二卷集外詩一卷附錄諸賢酬贈詩一卷詩説一卷歌曲四卷歌曲別集一卷　(宋)姜夔撰　清乾隆鮑廷博知不足齋重刻陸鍾輝本　四册

110000－0143－0002580　SG45/28－1
南豐先生元豐類藁五十卷南豐先生集外文二卷附南豐先生行狀碑誌哀挽一卷　(宋)曾鞏撰　(清)顧崧齡校　清康熙五十六年(1717)顧崧齡刻本　八册

110000－0143－0002581　SG45/32－1
重刊嘉祐集十五卷　(宋)蘇洵撰　明嘉靖十一年(1532)太原府刻本　八册

110000－0143－0002582　SG45/35－2
浮溪遺集十五卷附錄一卷　(宋)汪藻撰　清康熙七年(1668)汪士漢居仁堂刻本　四册

110000－0143－0002583　SG45/40－1
蘇學士文集十六卷　(宋)蘇舜欽撰　(清)徐惇復　(清)徐惇孝校　清康熙三十七年(1698)徐惇復白華書屋刻本　四冊

110000－0143－0002584　SG45/42
淮海集四十卷　(宋)秦觀撰　(明)徐渭評　明萬曆四十六年(1618)段之錦刻本　六冊

110000－0143－0002585　SG45/42－1
淮海集四十卷後集六卷後集長短句三卷　(宋)秦觀撰　(明)徐渭評　**詩餘一卷**　(宋)秦觀撰　(明)鄧漢章輯　明萬曆四十六年(1618)段之錦刻本　十二冊

110000－0143－0002586　SG45/43
伊川擊壤集二十卷　(宋)邵雍撰　明萬曆文靖書院刻本　六冊

110000－0143－0002587　SG45/43－2
宋邵康節先生伊川擊壤集十卷　(宋)邵雍撰　(明)吳瀚摘注　(明)吳泰增注　清康熙八年(1669)邵養定、邵養貞刻本　十冊

110000－0143－0002588　SG45/43－4
伊川擊壤集二十卷　(宋)邵雍撰　明萬曆文靖書院刻本　六冊

110000－0143－0002589　SG45/49－3
宋王忠文公文集五十卷目錄四卷　(宋)王十朋撰　(清)唐傳鉎重編　**梅溪王忠文公[十朋]年譜一卷**　(清)徐炯文編　清雍正六年(1728)唐傳鉎刻本　十冊

110000－0143－0002590　SG45/50
司馬溫公文集八十二卷目錄一卷　(宋)司馬光撰　明崇禎元年(1628)吳時亮刻本　二十四冊

110000－0143－0002591　SG45/50
司馬溫公文集八十二卷目錄一卷　(宋)司馬光撰　明崇禎元年(1628)吳時亮刻清康熙四十七年(1708)蔣起龍補刻本　二十四冊

110000－0143－0002592　SG45/51
司馬溫公文集八十二卷目錄一卷　(宋)司馬光撰　明崇禎元年(1628)吳時亮刻清康熙四十七年(1708)蔣起龍補刻本　二十四冊

110000－0143－0002593　SG45/51
司馬溫公文集八十二卷目錄一卷　(宋)司馬光撰　清乾隆九年(1744)百祿堂刻本　二十四冊

110000－0143－0002594　SG45/53－5
淵鑒齋御纂朱子全書六十六卷　(清)熊賜履　(清)李光地等纂修　清康熙五十三年(1714)武英殿刻本　二十五冊

110000－0143－0002595　SG45/54
合刻范文正公忠宣公全集二十九卷　(明)毛一鷺編　明萬曆三十六年(1608)毛一鷺刻本　十八冊　存十九卷(范文正公集十二卷、附錄七卷)

110000－0143－0002596　SG45/54－2
合刻范文正公忠宣公全集二十九卷　(明)毛一鷺編　明萬曆三十六年(1608)毛一鷺刻本　十冊　存十九卷(范文正公集十二卷、附錄七卷)

110000－0143－0002597　SG45/55－3
重刻黃文節山谷先生文集三十卷外集十四卷別集二十卷　(宋)黃庭堅撰　(明)方沆校　明萬曆元年至四十八年(1573－1620)光啓堂刻本　十六冊

110000－0143－0002598　SG45/55－4
重刻黃文節山谷先生文集三十卷外集十四卷別集二十卷　(宋)黃庭堅撰　**年譜十五卷**　(宋)黃㽦撰　**伐檀集二卷**　(宋)黃庶撰　明萬曆三十一年至四十二年(1603－1614)方沆、周希令、李素梅刻本　二十四冊

110000－0143－0002599　SG45/58
龜山先生集四十二卷　(宋)楊時撰　明萬曆十九年(1591)林熙春刻本　十二冊

110000－0143－0002600　SG45/59
坡仙集十六卷　(宋)蘇軾撰　(明)李贄評輯　明末刻本　十冊

110000－0143－0002601　SG45/59
坡仙集十六卷　（宋）蘇軾撰　（明）李贄評輯　明萬曆二十八年（1600）陳邦泰繼志齋刻本　十一册　存十五卷（二至十六）

110000－0143－0002602　SG45/59－1
坡仙集十六卷　（宋）蘇軾撰　（明）李贄評輯　明萬曆二十八年（1600）陳邦泰繼志齋刻本　十六册

110000－0143－0002603　SG45/59－1
坡仙集十六卷　（宋）蘇軾撰　（明）李贄評輯　明萬曆二十八年（1600）陳邦泰繼志齋刻本　十六册

110000－0143－0002604　SG45/59－1A
坡仙集十六卷　（宋）蘇軾撰　（明）李贄評輯　明末刻本　八册

110000－0143－0002605　SG45/61
節孝先生集三十二卷附節孝集事實一卷　（宋）徐積撰　清康熙三十五年（1696）丘邁、丘迥刻本　八册

110000－0143－0002606　SG45/61
節孝先生集三十二卷附節孝集事實一卷　（宋）徐積撰　清康熙三十五年（1696）丘邁、丘迥刻本　四册

110000－0143－0002607　SG45/6－1
雞肋集八卷　（清）范世清撰　清乾隆四十年（1775）刻本　二册

110000－0143－0002608　SG45/68－2
宋大家蘇文忠公文鈔二十八卷　（宋）蘇軾撰　（明）茅坤評　明萬曆茅一桂刻本　十二册

110000－0143－0002609　SG45/76
宋黄文節公文集三十二卷首四卷外集二十四卷別集十九卷　（宋）黄庭堅撰　**黄青社先生伐檀集二卷**　（宋）黄庶撰　清乾隆三十年（1765）緝香堂刻本　十六册

110000－0143－0002610　SG45/76－1
重刻黄文節山谷先生文集三十卷外集十四卷別集二十卷　（宋）黄庭堅撰　（明）方沆校　明萬曆元年至四十八年（1573－1620）光啓堂刻本　五册　缺三十四卷（外集十四卷、別集二十卷）

110000－0143－0002611　SG45/79－15
岳忠武王文集八卷首一卷末一卷　（宋）岳飛撰　（清）黄邦寧纂修　清乾隆三十五年（1770）刻本　四册

110000－0143－0002612　SG45/81
東坡全集一百十五卷目録七卷　（宋）蘇軾撰　**宋史本傳一卷**　（元）脱脱撰　**東坡先生年譜一卷**　（宋）王宗稷撰　**東坡先生墓誌銘一卷**　（宋）蘇轍撰　明末刻本　二十四册

110000－0143－0002613　SG45/81
東坡全集七十五卷　（宋）蘇軾撰　**宋史本傳一卷**　（元）脱脱撰　**東坡先生墓誌銘一卷**　（宋）蘇轍撰　**東坡先生年譜一卷**　（宋）王宗稷撰　明萬曆三十四年（1606）茅維刻本　二十二册　存二十三卷（東坡全集十四至二十三、二十七至三十一、六十二至六十九）

110000－0143－0002614　SG45/81－1
東坡全集一百十五卷目録七卷　（宋）蘇軾撰　**宋史本傳一卷**　（元）脱脱撰　**東坡先生年譜一卷**　（宋）王宗稷撰　**東坡先生墓誌銘一卷**　（宋）蘇轍撰　明末刻本　六十四册　缺三種三卷（宋史本傳一卷、東坡先生年譜一卷、東坡先生墓誌銘一卷）

110000－0143－0002615　SG45/81－2
東坡文選二十卷　（宋）蘇軾撰　（明）鍾惺評選　明萬曆四十八年（1620）閔氏刻朱墨套印本　八册

110000－0143－0002616　SG45/81－2
東坡文選二十卷　（宋）蘇軾撰　（明）鍾惺評選　明萬曆四十八年（1620）閔氏刻朱墨套印本　八册

110000－0143－0002617　SG45/82
濟北先生文粹十六卷　（宋）晁補之撰　（明）韓敬校閲　清刻本　八册

110000－0143－0002618　SG45/83

集錄真西山文章正宗三十卷　(宋)真德秀撰　明嘉靖二十三年(1544)孔天胤刻本　二十冊

110000－0143－0002619　SG45/84
宋楊文靖公集四十卷　(宋)楊時撰　(明)楊成編輯　**宋楊文靖公龜山先生[時]年譜**　(清)張夏補編　清康熙十年至四十六年(1671－1707)楊用徵、楊慶徵衣南堂刻本　十冊

110000－0143－0002620　SG45/85－1
宋大家蘇文公文抄十卷　(宋)蘇洵撰　(明)茅坤批評　明萬曆七年(1579)茅一桂刻本　四冊

110000－0143－0002621　SG45/85－1
宋大家蘇文公文抄十卷　(宋)蘇洵撰　(明)茅坤批評　明萬曆七年(1579)茅一桂刻本　四冊

110000－0143－0002622　SG45/87
司馬溫公[光]年譜六卷　(明)馬巒編輯　(明)司馬露校　明萬曆四十六年(1618)夏縣司馬露刻本　四冊

110000－0143－0002623　SG45/87
司馬文正公傳家集八十二卷目錄二卷　(宋)司馬光撰　**年譜一卷附錄一卷**　(清)陳弘謀輯　清乾隆六年(1741)陳氏培遠堂刻本　十六冊

110000－0143－0002624　SG45/87－1
司馬文正公傳家集八十二卷目錄二卷　(宋)司馬光撰　**年譜一卷附錄一卷**　(清)陳弘謀輯　清乾隆六年(1741)陳氏培遠堂刻本　十二冊

110000－0143－0002625　SG45/87－1
司馬文正公傳家集八十二卷目錄二卷　(宋)司馬光撰　**年譜一卷附錄一卷**　(清)陳弘謀輯　清乾隆六年(1741)陳氏培遠堂刻本　三十二冊

110000－0143－0002626　SG45/89
安陽集五十卷別錄三卷遺事一卷忠獻韓魏王家傳十卷　(宋)韓琦撰　清乾隆三十七年(1772)同安黃邦寧刻本　十冊

110000－0143－0002627　SG45/91－1
龍川文集三十卷　(宋)陳亮撰　清康熙四十八年(1709)陳氏聚星堂刻本　八冊

110000－0143－0002628　SG45/91－5
龍川文集三十卷　(宋)陳亮撰　明崇禎六年(1633)鄒質士刻本　六冊

110000－0143－0002629　SG45/92
盱江先生全集三十七卷外集三卷附三夏享元侯賦一卷盱江先生[李覯]年譜一卷　(宋)李覯撰　(清)李化鵬校訂　清雍正十一年(1733)李靖宇、李化鵬刻本　五冊

110000－0143－0002630　SG45/93
周濂溪先生全集十三卷　(宋)周敦頤撰　(清)張伯行輯　清康熙四十七年(1708)張伯行正誼堂刻本　四冊

110000－0143－0002631　SG45/95
蘇老泉先生全集二十卷　(宋)蘇洵撰　(清)邵仁泓校訂　**蘇老泉先生全集附錄二卷**　(宋)沈斐輯　清康熙三十七年(1698)刻本　八冊

110000－0143－0002632　SG45/95－1
蘇老泉先生全集二十卷　(宋)蘇洵撰　(清)邵仁泓校訂　**蘇老泉先生全集附錄二卷**　(宋)沈斐輯　清康熙三十七年(1698)刻本　四冊　缺二卷(蘇老泉先生全集附錄二卷)

110000－0143－0002633　SG45/95－1
蘇老泉先生全集二十卷　(宋)蘇洵撰　(清)邵仁泓校訂　**蘇老泉先生全集附錄二卷**　(宋)沈斐輯　清康熙三十七年(1698)邵仁泓安樂居刻本　四冊

110000－0143－0002634　SG45/97－1
宋大家王文公文鈔十六卷　(宋)王安石撰　(明)茅坤批評　明崇禎四年(1631)茅著刻本　四冊

110000－0143－0002635　SG45/102－1

宋李忠定公奏議選十五卷文集選二十九卷首四卷 (宋)李綱撰 (明)左光先選 明崇禎十二年(1639)李嗣玄刻本 八册

110000－0143－0002636 SG45/104
陳同甫集三十卷 (宋)陳亮撰 清道光至咸豐嶺南壽經堂木活字印本 十四册

110000－0143－0002637 SG45/104A
陳同甫集三十卷 (宋)陳亮撰 清道光至咸豐嶺南壽經堂木活字印本 十一册

110000－0143－0002638 SG45/106
西塘先生文集十卷新增附録一卷 (宋)鄭俠撰 明萬曆三十七年(1609)葉向高刻清乾隆四十一年(1776)胡純基重刻本 六册

110000－0143－0002639 SG45/111
陳眉公重訂野客叢書十二卷附録一卷 (宋)王楙輯 (明)張昞閲 明末刻本 十二册

110000－0143－0002640 SG45/119
徂徠石先生全集二十卷附録一卷 (宋)石介撰 (清)丁詠淇校訂 清康熙五十五年(1716)石鍵刻本 六册

110000－0143－0002641 SG45/136
陸放翁全集一百五十五卷 (宋)陸游撰 明末毛氏汲古閣刻本 二十四册

110000－0143－0002642 SG45/136
陸放翁全集一百五十五卷 (宋)陸游撰 明末毛氏汲古閣刻本 二十四册 存二十卷(放翁逸稿一至二、南唐書一至十八)

110000－0143－0002643 SG45/140
張子全書十五卷 (宋)張載撰 (宋)朱熹注 清康熙五十八年(1719)高安朱軾刻本 四册

110000－0143－0002644 SG45/141
宋文鑑一百五十卷目録三卷 (宋)呂祖謙輯 明嘉靖八年(1529)晉藩朱知烊養德書院刻本 三十二册

110000－0143－0002645 SG45/141－2
校正重刊官板宋朝文鑑一百五十卷目録三卷 (宋)呂祖謙輯 明萬曆至崇禎刻本 二十册

110000－0143－0002646 SG45/143
歐陽文集五十卷 (宋)歐陽修撰 **廬陵歐陽文忠公年譜一卷** (宋)胡柯撰 明嘉靖二十二年(1543)李冕刻本 十六册

110000－0143－0002647 SG45/144
宋大家曾文定公文抄十卷 (宋)曾鞏撰 (明)茅坤批評 明萬曆七年(1579)茅一桂刻本 四册

110000－0143－0002648 SG45/150－2
合刻三先生老泉文匯十卷 (宋)蘇洵撰 (明)茅坤 (明)錢穀 (明)鍾惺評定 明末緝柳齋刻三蘇文匯本 四册

110000－0143－0002649 SG45/152－1
能改齋漫録十八卷 (宋)吳曾撰 清乾隆三十九年(1774)木活字印本 八册

110000－0143－0002650 SG45/154
趙清獻公集十卷 (宋)趙抃撰 明末刻清光緒三年(1877)補刻本 四册

110000－0143－0002651 SG45/154
趙清獻公集十卷 (宋)趙抃撰 明末刻清光緒三年(1877)補刻本 六册

110000－0143－0002652 SG45/154
趙清獻公集十卷 (宋)趙抃撰 明末刻清光緒三年(1877)補刻本 四册

110000－0143－0002653 SG45/154
趙清獻公集十卷 (宋)趙抃撰 明萬曆十六年(1588)成都知府詹思謙刻本 六册

110000－0143－0002654 SG45/154－2
趙清獻公集十卷 (宋)趙抃撰 明末刻本 二册

110000－0143－0002655 SG45/154－5
趙清獻公集十卷 (宋)趙抃撰 (清)趙鉞校并跋 清乾隆至道光四年(1824)抄本 一册 存三卷(八至十)

110000－0143－0002656 SG45/159

范文正公忠宣公全集七十三卷　（宋）范仲淹　（宋）范純仁撰　清康熙四十六年（1707）范氏歲寒堂刻本　二十八册

110000－0143－0002657　SG45/159、SG45/94
范文正公忠宣公全集七十三卷　（宋）范仲淹　（宋）范純仁撰　清康熙四十六年（1707）范氏歲寒堂刻本　十六册

110000－0143－0002658　SG45/162
宋李忠定公奏議選十五卷文集選二十九卷首四卷　（宋）李綱撰　（明）左光先選　明崇禎十二年（1639）李嗣玄刻清康熙至乾隆補刻本　二十四册

110000－0143－0002659　SG45/164
松鄉先生文集十卷　（元）任士林撰　（明）鄒維璉校　明泰昌元年（1620）、清光緒十六年（1890）補刻本　四册

110000－0143－0002660　SG45/168
南軒先生文集四十四卷　（宋）張栻撰　（宋）張純修輯　清康熙刻本　十二册

110000－0143－0002661　SG45/174
名賢集選□□卷　（宋）晏殊撰　明抄本　九册　存二十四卷（十七至二十四、三十二至三十五、六十二至七十　、八十二至八十三）

110000－0143－0002662　SG45/176
蘇長公小品二卷　（宋）蘇軾撰　（明）王納諫評輯　明萬曆三十九年（1611）章萬椿心遠軒刻本　二册

110000－0143－0002663　SG45/176－1
蘇長公小品四卷　（宋）蘇軾撰　（明）王納諫評輯　明末凌啟康刻本　六册

110000－0143－0002664　SG45/176－1A
蘇長公小品四卷　（宋）蘇軾撰　（明）王納諫評輯　明末凌啟康刻本　八册

110000－0143－0002665　SG45/183
東坡禪喜集十四卷　（宋）蘇軾撰　（明）凌濛初輯　明天啓元年（1621）凌濛初刻朱墨套印本　四册

110000－0143－0002666　SG45/184
唐宋八大家文鈔一百四十四卷　（明）茅坤編并批評　明萬曆七年（1579）茅一桂刻本　八十册

110000－0143－0002667　SG45/186
校注橘山四六二十卷　（宋）李廷忠撰　（明）孫雲翼注　明萬曆三十五年（1607）至明末刻本　八册

110000－0143－0002668　SG45/186－1
校注橘山四六二十卷　（宋）李廷忠撰　（明）孫雲翼注　明萬曆三十五年（1607）刻本　八册

110000－0143－0002669　SG45/187－2
南陽集六卷　（宋）趙湘撰　清乾隆武英殿木活字印本　二册

110000－0143－0002670　SG45/189
慈溪黄氏日抄分類九十七卷古今紀要十九卷　（宋）黄震編輯　（清）汪佩鍔校正　清乾隆三十二年（1767）新安汪佩鍔刻本　三十二册

110000－0143－0002671　SG45/190
宛丘先生文粹二十二卷　（宋）張耒撰　（明）陳繼儒校閲　明崇禎六年（1633）新安胡潛刻本　八册

110000－0143－0002672　SG45/191
劉須溪先生記鈔八卷　（宋）劉辰翁撰　明天啓三年（1623）楊讖西刻本　四册

110000－0143－0002673　SG45/196
宋端明殿學士蔡忠惠公文集三十六卷首一卷　（宋）蔡襄撰　**宋蔡忠惠公別紀補遺二卷**　（明）徐𤊹　（明）宋珏增補　清雍正十二年至乾隆五年（1734－1740）蔡氏遜敏齋刻本　十六册

110000－0143－0002674　SG45/199
蘇文六卷　（宋）蘇軾撰　（明）茅坤等評　明天啓至崇禎閔爾容刻三色套印本　八册

110000－0143－0002675　SG45/199－1
宋大家蘇文忠公文選十六卷　（宋）蘇軾撰

(明)歸有光輯　明末刻八大家文選本　六冊　缺三卷(七、十二、十四)

110000－0143－0002676　SG45/202
放翁題跋六卷　(宋)陸游撰　(明)毛晉訂　明崇禎毛晉汲古閣刻本　二冊

110000－0143－0002677　SG45/204
止齋先生奥論七卷首一卷　(宋)陳傅良撰　(明)帥機評　明崇禎八年(1635)刻本　四冊

110000－0143－0002678　SG45/205
蘇長公文燧不分卷　(宋)蘇軾撰　(明)陳紹英選定　明崇禎四年(1631)陳紹英刻本　八冊

110000－0143－0002679　SG45/206
潛室陳先生木鍾集十一卷　(宋)陳埴撰　明弘治十四年(1501)高賓、鄧淮刻本　六冊

110000－0143－0002680　SG45/207
謝疊山先生文集六集　(宋)謝枋得撰　(明)鄭以偉重訂　(明)陶懋觀重校　明萬曆三十二年(1604)方萬山刻本　四冊

110000－0143－0002681　SG45/211
歐陽先生文粹二十卷　(宋)歐陽修撰　(宋)陳亮輯　**歐陽先生遺粹十卷**　(明)郭雲鵬輯　明嘉靖二十六年(1547)郭雲鵬寶善堂刻本　六冊

110000－0143－0002682　SG45/213
晞髮集十卷晞髮遺集二卷晞髮遺集補一卷天地間集一卷登西臺慟哭記註一卷冬青樹引重註一卷　(宋)謝翱撰　(明)張丁註　清乾隆至宣統重遠齋抄本　二冊

110000－0143－0002683　SG45/215
劉練江先生集七卷附錄一卷　(明)劉永澄撰　(明)劉永沁輯錄　清乾隆刻本　三冊

110000－0143－0002684　SG45/222
蘇米志林三卷　(明)毛晉輯　明天啓五年(1625)毛氏綠君亭刻本　二冊

110000－0143－0002685　SG45/224
韋齋集十二卷首一卷　(宋)朱松撰　(清)朱玉重輯　**玉瀾集一卷**　(宋)朱槔撰　(清)朱玉重輯　清雍正六年(1728)新安朱玉刻本　四冊

110000－0143－0002686　SG45/224
韋齋集十二卷首一卷　(宋)朱松撰　(清)朱玉重輯　**玉瀾集一卷**　(宋)朱槔撰　(清)朱玉重輯　清雍正六年(1728)新安朱玉刻本　八冊

110000－0143－0002687　SG45/229－1
雪山集十六卷首一卷　(宋)王質撰　清乾隆四十四年(1779)木活字印本　十冊

110000－0143－0002688　SG45/231
羅豫章先生集十二卷首一卷末一卷　(宋)羅從彥撰　清乾隆元年(1736)刻十一年(1746)修訂本　四冊

110000－0143－0002689　SG45/236－1
公是集五十四卷　(宋)劉敞撰　清乾隆四十六年(1781)木活字印本　十二冊

110000－0143－0002690　SG45/242
止堂集十八卷　(宋)彭龜年撰　清乾隆四十一年(1776)武英殿木活字印本　四冊

110000－0143－0002691　SG45/247－1
蒙齋集二十卷　(宋)袁甫撰　清乾隆四十六年(1781)武英殿木活字印本　十冊

110000－0143－0002692　SG45/248
海瓊玉蟾先生文集六卷續集二卷　(宋)葛長庚撰　(明)朱權重編　明萬曆何繼高、劉懋賢等刻本　八冊　缺三卷(海瓊玉蟾先生文集六、續集二卷)

110000－0143－0002693　SG45/249
西山先生真文忠公文章正宗二十四卷續二十卷　(宋)真德秀撰　明嘉靖四十三年(1564)蔣氏家塾刻本　十二冊　缺二十卷(續二十卷)

110000－0143－0002694　SG45/250
蘇子瞻集選二十卷　(宋)蘇軾撰　(明)陸夢龍評選　(明)顧懋樊參訂　明崇禎四年

(1631)顧懋樊刻本　八冊

110000－0143－0002695　SG45/253
曾文定公全集二十卷首一卷末一卷　(宋)曾鞏撰　(清)彭期編訂　清康熙三十一年(1692)七業堂刻三十六年(1697)補刻本　六冊

110000－0143－0002696　SG45/257
陳北溪先生文集十四卷　(宋)陳淳撰　(清)張伯行編訂　清康熙五十四年(1715)張伯行正誼堂刻本　二冊

110000－0143－0002697　SG45/260
西山先生真文忠公文集五十五卷目錄二卷　(宋)真德秀撰　(明)丁辛　(明)楊鶚重修　明萬曆二十六年(1598)金學曾景賢堂刻崇禎十一年(1638)蘭陵丁辛重刻本　十四冊

110000－0143－0002698　SG45/264
陳克齋先生集五卷　(宋)陳文蔚撰　(清)張伯行重訂　清康熙四十八年(1709)張伯行正誼堂刻本　二冊

110000－0143－0002699　SG45/268－1
忠肅集二十卷　(宋)劉摯撰　清乾隆四十六年(1781)武英殿木活字印本　四冊

110000－0143－0002700　SG45/272
節孝先生文集三十卷　(宋)徐積撰　清康熙六十年(1721)王邦采刻本　十冊

110000－0143－0002701　SG45/276
新喻三劉文集六卷首一卷　(宋)劉敞　(宋)劉攽　(宋)劉奉世撰　清乾隆十五年(1750)水西劉氏刻本　十冊

110000－0143－0002702　SG45/277
蘇長公合作内外篇不分卷　(宋)蘇軾撰　(明)鄭之惠評選　明萬曆三十年(1602)刻本　二冊

110000－0143－0002703　SG45/281
景文集六十二卷　(宋)宋祁撰　清乾隆四十六年(1781)武英殿木活字印本　十二冊

110000－0143－0002704　SG45/287
韓范兩集合刻七十七卷　(明)康丕揚編　明萬曆三十六年(1608)康丕揚刻三十七年(1609)重印本　十二冊

110000－0143－0002705　SG45/289
游廌山先生集前集一卷後集五卷首一卷外集一卷　(宋)游酢撰　清乾隆三十七年(1772)游氏刻本　六冊

110000－0143－0002706　SG45/296
王荆文公詩五十卷　(宋)王安石撰　(宋)李壁箋注　清乾隆六年(1741)張宗松清綺齋刻本　十六冊

110000－0143－0002707　SG45/300
晦菴先生文集一百卷目錄二卷　(宋)朱熹撰　宋慶元至嘉定浙江刻本　二冊　存二卷(五十四至五十五)

110000－0143－0002708　SG45/343
宋孫仲益内簡尺牘十卷首一卷　(宋)孫覿撰　(宋)李祖堯編注　(清)蔡焯　(清)蔡龍孫增訂　清乾隆十二年(1747)蔡氏刻本　四冊

110000－0143－0002709　SG46/8－3
吳淵穎先生集十二卷　(元)吳萊撰　(清)王邦采　(清)王繩曾箋　清康熙六十年(1721)林養堂刻本　四冊

110000－0143－0002710　SG46/8－3A
吳淵穎先生集十二卷　(元)吳萊撰　(清)王邦采　(清)王繩曾箋　清康熙六十年(1721)林養堂刻本　十冊

110000－0143－0002711　SG46/8－3B
吳淵穎先生集十二卷　(元)吳萊撰　(清)王邦采　(清)王繩曾箋　清康熙六十年(1721)林養堂刻本　六冊

110000－0143－0002712　SG46/10－3
中州集十卷首一卷中州樂府一卷　(金)元好問輯　明末古松堂仿毛氏汲古閣刻本　六冊

110000－0143－0002713　SG46/10－4
中州集十卷首一卷中州樂府一卷　(金)元好

問輯　明天啓至崇禎毛氏汲古閣刻本　十册

110000－0143－0002714　SG46/26
仁山金先生文集四卷　（宋）金履祥撰　（清）金弘勳校輯　**仁山金先生文集附録一卷**　（明）祝允明等撰　清雍正三年（1725）金弘勳春暉堂刻本　二册

110000－0143－0002715　SG46/29
遺山先生文集四十卷新樂府四卷新樂府補遺一卷　（金）元好問撰　（元）張德輝類次　**遺山先生文集附録一卷**　（明）儲巏輯　清康熙四十六年（1707）無錫華希閔刻本　十六册

110000－0143－0002716　SG46/29－1
遺山先生文集四十卷　（金）元好問撰　（元）張德輝類次　**遺山先生文集附録一卷**　（明）儲巏輯　明抄本　六册

110000－0143－0002717　SG46/32
郝文忠公陵川文集三十九卷附録一卷　（元）郝經撰　（清）王鏐編訂　**郝文忠公年譜一卷**　（清）秦萬壽　（清）王汝楫輯　（清）張翥補編　清乾隆三年（1738）王鏐刻道光十六年（1836）增補本　十册

110000－0143－0002718　SG46/32
郝文忠公陵川文集三十九卷附録一卷　（元）郝經撰　（清）王鏐編訂　**郝文忠公年譜一卷**　（清）秦萬壽　（清）王汝楫輯　（清）張翥補編　清乾隆三年（1738）王鏐刻道光十六年（1836）增補本　十册

110000－0143－0002719　SG46/32－1
郝文忠公陵川文集三十九卷附録一卷　（元）郝經撰　（清）王鏐編訂　清乾隆三年（1738）王鏐刻本　十册

110000－0143－0002720　SG46/32－1
郝文忠公陵川文集三十九卷附録一卷　（元）郝經撰　（清）王鏐編訂　清乾隆三年（1738）王鏐刻本　十册

110000－0143－0002721　SG46/34
趙文敏公松雪齋全集十卷外集一卷續集一卷附録一卷　（元）趙孟頫撰　（清）曹培廉校　清康熙五十二年（1713）曹培廉城書室刻本　四册

110000－0143－0002722　SG46/35
陳定宇先生文集十七卷　（元）陳櫟撰　（清）陳嘉基訂　清康熙三十四年（1695）陳嘉基德馨堂刻本　六册

110000－0143－0002723　SG46/35－1
陳定宇先生文集十七卷　（元）陳櫟撰　（清）陳嘉基訂　清康熙三十四年（1695）陳嘉基德馨堂刻本　六册

110000－0143－0002724　SG46/35A
陳定宇先生文集十七卷　（元）陳櫟撰　（清）陳嘉基訂　清康熙三十四年（1695）陳嘉基德馨堂刻本　十二册

110000－0143－0002725　SG46/45
重刻吳淵穎集十二卷附録一卷　（元）吳萊撰　（明）宋濂編　清雍正元年（1723）吳漣豹文堂刻本　四册

110000－0143－0002726　SG46/45－1
淵穎吳先生集十二卷附録一卷　（元）吳萊撰　（明）宋濂編　明嘉靖元年（1522）祝鑾刻本　六册

110000－0143－0002727　SG46/51
虞道園集不分卷　（元）虞道園撰　清康熙刻本　十六册

110000－0143－0002728　SG46/53
余忠宣集六卷　（元）余闕撰　（明）郭奎輯　（明）洪大濱重校　明嘉靖三十三年（1554）雷逵、洪大濱刻本　二册

110000－0143－0002729　SG46/55
巴西文集不分卷　（元）鄧文原撰　清乾隆四十一年至道光三十年（1776－1850）抄本　六册

110000－0143－0002730　SG46/57
魯齋遺書十四卷　（元）許衡撰　（明）江學詩　（明）怡愉編輯　明萬曆二十四年（1596）江學詩、怡愉刻本　四册

110000－0143－0002731　SG46/58
師山先生文集八卷遺文五卷遺文附録一卷濟美録四卷　(元)鄭玉撰　明嘉靖十四年(1535)鄭燭家塾刻清康熙至乾隆歙縣鄭氏補刻本　六册

110000－0143－0002732　SG46/59－1
玉山草堂集二卷顧玉山集外詩一卷　(元)顧瑛撰　清康熙十五年至嘉慶二十年(1676－1815)琅環館抄本　二册

110000－0143－0002733　SG46/68
許魯齋先生集六卷　(元)許衡撰　(清)張伯行輯訂　清康熙四十七年(1708)張伯行正誼堂刻本　二册

110000－0143－0002734　SG46/72
葬書内外篇不分卷　(晉)郭璞撰　(元)吴澄删定　清道光十五年(1835)刻本　二册

110000－0143－0002735　SG46/72
孝經註釋不分卷　(元)吴澄註　清乾隆二年(1737)刻本　二册

110000－0143－0002736　SG46/72
草廬吴文正公集四十九卷首一卷外集三卷　(元)吴澄撰　(清)萬璜編　清乾隆二年(1737)刻二十一年(1756)萬璜重刻本　二十二册

110000－0143－0002737　SG46/72
學言稿六卷　(元)吴當撰　清乾隆二年(1737)刻二十一年(1756)萬璜重刻本　四册

110000－0143－0002738　SG47/1
袁中郎全集四十卷　(明)袁宏道撰　(明)鍾惺定　明崇禎二年(1629)佩蘭居刻本　二十册

110000－0143－0002739　SG47/1－1
梨雲館類定袁中郎全集二十四卷　(明)袁宏道撰　明萬曆三十七年至四十七年(1609－1619)周文煒大業堂刻本　六册

110000－0143－0002740　SG47/1－2
梨雲館類定袁中郎全集二十四卷　(明)袁宏道撰　明萬曆三十七年至四十七年(1609－1619)周文煒大業堂刻本　三十六册

110000－0143－0002741　SG47/2
王陽明先生全集二十二卷　(明)王守仁撰　清康熙十七年(1678)刻本　十二册

110000－0143－0002742　SG47/2－2
陽明先生文録五卷外集九卷别録十卷　(明)王守仁撰　明嘉靖八年至四十五年(1529－1566)刻本　八册

110000－0143－0002743　SG47/2－5
王陽明先生全集二十卷首一卷　(明)王守仁撰　(清)俞嶙重編　清康熙十二年(1673)俞嶙刻本　二十册

110000－0143－0002744　SG47/4－1
牧齋初學集一百十卷　(清)錢謙益撰　明崇禎十六年(1643)瞿式耜刻本　二十册

110000－0143－0002745　SG47/4－1
牧齋初學集一百十卷　(清)錢謙益撰　明崇禎十六年(1643)瞿式耜刻本　二十册

110000－0143－0002746　SG47/7
二太史樂府聯璧四卷　(明)康海　(明)王九思撰　明嘉靖刻清乾隆印本　八册

110000－0143－0002747　SG47/7
康對山先生文集十卷附諸家評語一卷　(明)康海撰　(清)孫景烈選次　清乾隆二十六年(1761)瑪星阿刻本　八册

110000－0143－0002748　SG47/7
康對山先生文集十卷附諸家評語一卷　(明)康海撰　(清)孫景烈選次　清乾隆二十六年(1761)瑪星阿刻本　六册

110000－0143－0002749　SG47/9－1
重刊荆川先生文集十七卷附録一卷新刊荆川先生外集三卷　(明)唐順之撰　明萬曆元年(1573)純白齋刻本　八册

110000－0143－0002750　SG47/18
七修類藁五十一卷續藁七卷　(明)郎瑛撰　清乾隆四十年(1775)錢塘周氏耕煙草堂刻本

十六冊

110000－0143－0002751　SG47/18

七修類藁五十一卷續藁七卷　(明)郎瑛撰　清乾隆四十年(1775)錢塘周氏耕煙草堂刻本　十六冊

110000－0143－0002752　SG47/21

亦玉堂稿十卷　(明)沈鯉撰　清康熙二十九年(1690)劉榛刻本　四冊

110000－0143－0002753　SG47/26

洹詞十二卷　(明)崔銑撰　明嘉靖趙府味經堂刻清乾隆三十六年(1771)黄邦寧重刻本　八冊

110000－0143－0002754　SG47/28

壯悔堂文集十卷遺稿一卷四憶堂詩集六卷遺稿一卷　(清)侯方域撰　(清)賈開宗等評點　清刻本　八冊　存十一卷(壯悔堂文集十卷、遺稿一卷)

110000－0143－0002755　SG47/30－1

呂新吾先生去僞齋文集十卷　(明)呂坤撰　清康熙十三年(1674)呂慎多、呂慎高刻本　八冊

110000－0143－0002756　SG47/30－1

呂新吾先生去僞齋文集十卷　(明)呂坤撰　清康熙十三年(1674)呂慎多、呂慎高刻本　五冊　存五卷(二至三、五至七)

110000－0143－0002757　SG47/30－4

呂新吾先生全集二十種　(明)呂坤撰　明萬曆刻清康熙續刻匯印本　十二冊　存十二種十五卷(黄帝陰符經一卷、河工書一卷、宗約歌一卷、好人歌一卷、閨戒一卷、省心紀一卷、疹科一卷、小兒語二卷、續小兒語三卷、交泰韻一卷、反輓歌一卷、新吾呂君墓誌銘一卷)

110000－0143－0002758　SG47/25－1

太史升菴遺集二十六卷　(明)楊慎撰　(明)楊金吾　(明)楊宗吾輯　(明)王象乾校　明萬曆三十四年(1606)湯日昭刻本　四冊

110000－0143－0002759　SG47/34

甫田集三十六卷　(明)文徵明撰　明刻清重刻本　四冊

110000－0143－0002760　SG47/37

袁中郎先生批評唐伯虎彙集四卷　(明)唐寅撰　(明)袁宏道評　**唐六如先生畫譜三卷**　(明)唐寅撰　**外集一卷**　(明)祝允明撰　**傳贊一卷紀事一卷**　(明)閻秀卿等撰　明萬曆刻明末增刻本　四冊

110000－0143－0002761　SG47/37－2

袁中郎先生批評唐伯虎彙集四卷　(明)唐寅撰　(明)袁宏道評　**唐六如先生畫譜三卷**　(明)唐寅撰　**外集一卷**　(明)祝允明撰　**傳贊一卷紀事一卷**　(明)閻秀卿等撰　明萬曆刻明末增刻本　一冊

110000－0143－0002762　SG47/43

震川先生集三十卷別集十卷附錄一卷　(明)歸有光撰　清康熙十年至十四年(1671－1675)歸莊、歸玠等刻本　三冊　存六卷(震川先生集六至九、別集一至二)

110000－0143－0002763　SG47/44

趙忠毅公詩集二十四卷　(明)趙南星撰　明崇禎十一年(1638)范景文、姜大受刻本　七冊　存十三卷(一至九、十一至十二、十四至十五)

110000－0143－0002764　SG47/45

震川先生集三十卷別集十卷附錄一卷　(明)歸有光撰　清康熙十年至十四年(1671－1675)歸莊、歸玠等刻本　十二冊

110000－0143－0002765　SG47/45

震川先生集三十卷別集十卷附錄一卷　(明)歸有光撰　清康熙十年至十四年(1671－1675)歸莊、歸玠等刻本　十冊

110000－0143－0002766　SG47/46

王槐溪先生文集五卷　(明)王三接撰　明萬曆三十六年(1608)王學曾刻清雍正八年(1730)王如經補刻本　五冊

110000－0143－0002767　SG47/50－1

徐文長文集三十卷附四聲猿一卷　(明)徐渭

撰 （明）袁宏道評點 （明）閔德美校訂 明萬曆四十二年（1614）鍾人傑刻本 七册 存三十卷（徐文長文集三十卷）

110000－0143－0002768 SG47/50－2
徐文長文集三十卷附四聲猿一卷 （明）徐渭撰 （明）袁宏道評點 （明）閔德美校訂 明萬曆四十二年（1614）鍾人傑刻本 十六册

110000－0143－0002769 SG47/51
空同集六十三卷 （明）李夢陽撰 明嘉靖十一年（1532）曹嘉刻三十一年（1552）朱睦㮮增刻本 十六册

110000－0143－0002770 SG47/51－1
空同子集六十六卷總目三卷附録二卷 （明）李夢陽撰 明萬曆三十年（1602）鄧雲霄刻本 十四册 存六十二卷（一至五十九、總目三卷）

110000－0143－0002771 SG47/51－2
空同子集六十六卷總目三卷附録二卷 （明）李夢陽撰 明萬曆三十年（1602）鄧雲霄刻本 十二册

110000－0143－0002772 SG47/52
康對山先生文集十卷附諸家評語一卷 （明）康海撰 （清）孫景烈選次 清乾隆二十六年（1761）瑪星阿刻本 六册

110000－0143－0002773 SG47/55
遜志齋集二十四卷附録一卷 （明）方孝孺撰 （明）范惟一編輯 明嘉靖四十年（1561）王可大刻萬曆補版印本 十册

110000－0143－0002774 SG47/59
白沙子全集九卷附錄白沙先生行狀銘表一卷 （明）陳獻章撰 明萬曆四十年（1612）何熊祥刻本 十册

110000－0143－0002775 SG47/60
重刊荆川先生文集十七卷附録一卷新刊荆川先生外集三卷 （明）唐順之撰 明萬曆元年（1573）純白齋刻本 十八册

110000－0143－0002776 SG47/60－1
荆川文集十八卷 （明）唐順之撰 清康熙五十一年（1712）唐執玉刻本 十二册

110000－0143－0002777 SG47/60－2
唐荆川先生文集十二卷 （明）唐順之撰 明萬曆唐國達刻本 六册

110000－0143－0002778 SG47/61
白沙子全集九卷附錄白沙先生行狀銘表一卷 （明）陳獻章撰 明萬曆四十年（1612）何熊祥刻本 十册

110000－0143－0002779 SG47/61－1
白沙先生文集十二卷詩教解十五卷附錄行狀銘表一卷 （明）陳獻章撰 明天啓元年（1621）王安舜刻本 十二册

110000－0143－0002780 SG47/61－2
白沙子八卷 （明）陳獻章撰 明嘉靖十二年（1533）高簡刻本 十六册

110000－0143－0002781 SG47/63
洹詞十二卷 （明）崔銑撰 明嘉靖趙府味經堂刻本 六册

110000－0143－0002782 SG47/66
薛文清公讀書全錄類編二十卷附薛文清公策目一卷 （明）薛瑄撰 明萬曆四十二年（1614）張銓刻本 八册

110000－0143－0002783 SG47/66
文清公薛先生文集二十四卷 （明）薛瑄撰 （明）張鼎編輯 **薛文清公［瑄］年譜一卷** （明）楊鶴編 清康熙至雍正薛敦儉、薛仍男等刻本 十二册

110000－0143－0002784 SG47/66－4
文清公薛先生文集二十四卷薛文清公手稿一卷 （明）薛瑄撰 （明）張鼎編輯 清康熙至雍正薛敦儉、薛仍男等刻本 十三册

110000－0143－0002785 SG47/66A
文清公薛先生文集二十四卷 （明）薛瑄撰 （明）張鼎編輯 **薛文清公［瑄］年譜一卷** （明）楊鶴編 清康熙至雍正薛敦儉、薛仍男等刻本 十二册 缺一卷（薛文清公年譜一

卷）

110000－0143－0002786　SG47/68

王陽明先生文鈔二十卷　（明）王守仁撰　（清）張問達編輯　清康熙致和堂刻本　十二冊

110000－0143－0002787　SG47/71

重刊宋文憲公集三十卷　（明）宋濂撰　清康熙四十九年（1710）傅旭元刻本　十六冊

110000－0143－0002788　SG47/73

重刻渼陂王太史先生全集二十七卷渼陂續集三卷　（明）王九思撰　明嘉靖十二年至二十四年（1533－1545）王獻刻清康熙翁萬達刻張宗孟重刻本　十一冊　存十九卷（重刻渼陂王太史先生全集一至十六、渼陂續集三卷）

110000－0143－0002789　SG47/73

重刻渼陂王太史先生全集二十七卷渼陂續集三卷　（明）王九思撰　明嘉靖十二年至二十四年（1533－1545）王獻刻清康熙翁萬達刻張宗孟重刻本　八冊　存十六卷（重刻渼陂王太史先生全集一至十六）

110000－0143－0002790　SG47/76

王文恪公集三十六卷　（明）王鏊撰　（明）朱國楨訂　（明）董其昌閲　**鵑音一卷白社詩草一卷**　（明）王禹聲撰　明萬曆王氏三槐堂刻本　十二冊

110000－0143－0002791　SG47/76－1

震澤先生集三十六卷　（明）王鏊撰　明嘉靖刻本　八冊

110000－0143－0002792　SG47/76－2

王文恪公集三十六卷　（明）王鏊撰　（明）朱國楨訂　（明）董其昌閲　**鵑音一卷白社詩草一卷**　（明）王禹聲撰　明萬曆王氏三槐堂刻本　十冊

110000－0143－0002793　SG47/76－2A

王文恪公集三十六卷　（明）王鏊撰　（明）朱國楨訂　（明）董其昌閲　**鵑音一卷白社詩草一卷**　（明）王禹聲撰　明萬曆王氏三槐堂刻本　十二冊

110000－0143－0002794　SG47/77

王文肅公牘草十八卷　（明）王錫爵撰　明萬曆四十三年（1615）王時敏刻本　十冊

110000－0143－0002795　SG47/78

王文肅公文草十四卷　（明）王錫爵撰　明萬曆四十三年（1615）王時敏刻本　十冊

110000－0143－0002796　SG47/79

羅圭峯先生文集三十卷首一卷　（明）羅玘撰　清康熙二十九年（1690）羅美才刻本　六冊

110000－0143－0002797　SG47/80

獨深居點定玉茗堂集三十卷　（明）湯顯祖撰　（明）沈際飛選　明崇禎九年至十二年（1636－1639）刻本　二十二冊

110000－0143－0002798　SG47/80－1

玉茗堂全集四十六卷　（明）湯顯祖撰　明天啓元年至七年（1621－1627）刻本　十二冊

110000－0143－0002799　SG47/80－1

玉茗堂全集四十六卷　（明）湯顯祖撰　清康熙三十三年（1694）阮峴、阮嵩竹林堂刻本　二十冊

110000－0143－0002800　SG47/81

蘭雪堂集八卷　（明）王心一撰　清乾隆十三年至十八年（1748－1753）吳縣王氏刻本　八冊

110000－0143－0002801　SG47/84

鈐山堂集四十卷附錄一卷　（明）嚴嵩撰　明嘉靖刻本　二十冊

110000－0143－0002802　SG47/88

文直行書詩十三卷文選十七卷首一卷　（明）熊明遇撰　清順治十七年（1660）熊人霖刻乾隆十五年（1750）補版印本　十三冊

110000－0143－0002803　SG47/92

弇州山人續稿二百七卷目錄十卷　（明）王世貞撰　明萬曆刻本　六十冊

110000－0143－0002804　SG47/92

弇州山人續稿二百七卷目錄十卷　（明）王世貞撰　明萬曆刻本　三十八冊

110000－0143－0002805　SG47/92
弇州山人續稿二百七卷目錄十卷　(明)王世貞撰　明萬曆刻本　三十二冊　缺十卷(目錄十卷)

110000－0143－0002806　SG47/93
弇州山人四部稿一百七十四卷目錄十二卷　(明)王世貞撰　明萬曆五年(1577)王氏世經堂刻本　六十四冊

110000－0143－0002807　SG47/93
弇州山人四部稿一百七十四卷目錄十二卷　(明)王世貞撰　明萬曆五年(1577)王氏世經堂刻本　六十冊

110000－0143－0002808　SG47/97
漆園卮言十七卷　(明)莊畝元撰　明萬曆四十三年(1615)刻本　十冊

110000－0143－0002809　SG47/105
夏桂洲先生文集十八卷　(明)夏言撰　(明)林日瑞彙編　**夏桂洲先生[言]年譜一卷**　(明)李時撰　(明)林日瑞編　明崇禎十一年(1638)吳一璘刻本　十六冊

110000－0143－0002810　SG47/110
何文定公文集十一卷　(明)何瑭撰　明萬曆四年(1576)賈待問刻清道光二十八年(1848)張維翰補版印本　四冊

110000－0143－0002811　SG47/110－1
何文定公文集十一卷　(明)何瑭撰　明萬曆四年(1576)賈待問刻本　四冊

110000－0143－0002812　SG47/111
解脱集四卷　(明)袁宏道撰　明萬曆三十八年(1610)勾吳袁氏書種堂刻本　四冊

110000－0143－0002813　SG47/112
賜閒堂集四十卷　(明)申時行撰　明萬曆四十四年(1616)刻本　二十冊

110000－0143－0002814　SG47/113
皇明十六家小品十六種三十二卷　(明)丁允和　(明)陸雲龍編評　明崇禎六年(1633)刻本　二十四冊

110000－0143－0002815　SG47/116
高皇帝御製文集二十卷　(明)太祖朱元璋撰　明萬曆十年(1582)姚士觀、沈鈇刻本　十二冊

110000－0143－0002816　SG47/127－1
新刊宋學士全集三十三卷　(明)宋濂撰　(明)韓叔陽彙集　明嘉靖三十年(1551)韓叔陽刻本　二十冊

110000－0143－0002817　SG47/129
宋王忠文公文集五十卷目錄四卷　(宋)王十朋撰　(清)唐傳鉎重編　**梅溪王忠文公[十朋]年譜一卷**　(清)徐炯文編　清雍正六年(1728)唐傳鉎刻本　十冊

110000－0143－0002818　SG47/129
宋王忠文公文集五十卷目錄四卷　(宋)王十朋撰　(清)唐傳鉎重編　**梅溪王忠文公[十朋]年譜一卷**　(清)徐炯文編　清雍正六年(1728)唐傳鉎刻本　六冊　存二十八卷(二十三至五十)

110000－0143－0002819　SG47/131
夏桂洲先生文集十八卷　(明)夏言撰　(明)林日瑞彙編　**夏桂洲先生[言]年譜一卷**　(明)李時撰　(明)林日瑞編　明崇禎十一年(1638)吳一璘刻本　十三冊　存十七卷(二至十八)

110000－0143－0002820　SG47/134
楓山章先生文集九卷　(明)章懋撰　明嘉靖九年(1530)刻嘉靖九年至崇禎十七年(1530－1644)章翰重刻本　八冊

110000－0143－0002821　SG47/135
文敬胡先生集三卷　(明)胡居仁撰　清乾隆二十二年(1757)刻本　二冊

110000－0143－0002822　SG47/135
胡敬齋先生居業錄十二卷　(明)胡居仁撰　(明)余祐編輯　清乾隆二十二年(1757)刻本　四冊

110000－0143－0002823　SG47/136
洨濱蔡先生文集十二卷　(明)蔡叆撰　清順

治十七年(1660)蔡含靈刻本　四冊　存十卷(三至十二)

110000－0143－0002824　SG47/138
呂新吾集二十六種七十卷　(明)呂坤撰　明萬曆刻清康熙續刻匯印本　三十二冊　缺三種十一卷(呻吟語六卷、救命書一卷、呂新吾先生閨範圖說四卷)

110000－0143－0002825　SG47/138－2
交泰韻一卷　(明)呂坤撰　明萬曆三十一年(1603)刻本　二冊

110000－0143－0002826　SG47/142
滄溟先生集三十卷附錄一卷　(明)李攀龍撰　明萬曆徐履道起鳳館刻本　八冊

110000－0143－0002827　SG47/142－1
滄溟先生集三十一卷附錄一卷附錄補遺一卷　(明)李攀龍撰　(明)楊日賓校　明萬曆二十六年(1598)刻本　八冊

110000－0143－0002828　SG47/142－2
滄溟先生集三十卷附錄一卷　(明)李攀龍撰　明隆慶六年(1572)刻本　十冊

110000－0143－0002829　SG47/144
張龍湖先生文集十五卷　(明)張治撰　清雍正四年(1726)彭思眷刻本　四冊

110000－0143－0002830　SG47/144－1
張龍湖先生文集十五卷　(明)張治撰　清雍正四年(1726)彭思眷刻本　四冊

110000－0143－0002831　SG47/145
茅鹿門集八卷　(明)茅坤撰　(清)張汝瑚選　清康熙二十一年(1682)郢雪書林刻本　四冊

110000－0143－0002832　SG47/145－1
茅鹿門先生文集三十六卷　(明)茅坤撰　明萬曆刻本　一冊　存四卷(一至四)

110000－0143－0002833　SG47/155
容臺文集九卷詩集四卷別集四卷　(明)董其昌撰　明崇禎三年(1630)董庭刻本　八冊　存九卷(容臺文集九卷)

110000－0143－0002834　SG47/156
西村集八卷首一卷　(明)史鑑撰　清乾隆十一年(1746)史開基刻本　八冊

110000－0143－0002835　SG47/157
熊峯先生詩集四卷文集二卷　(明)石珤撰　清康熙九年(1670)孫光炅刻本　六冊

110000－0143－0002836　SG47/158－1
落落齋遺集十卷　(明)李應昇撰　明崇禎十七年(1644)刻本　十冊

110000－0143－0002837　SG47/159
天隱子遺稿十七卷　(明)嚴果撰　(明)陳繼儒閱　(明)葛一龍參　(明)朱延佐訂　明末悟澹齋刻本　六冊

110000－0143－0002838　SG47/162
農丈人詩集八卷文集二十卷　(明)余寅撰　明萬曆三十二年(1604)刻本　十二冊　存二十六卷(農丈人詩集八卷,文集一至四、七至二十)

110000－0143－0002839　SG47/164
太史升菴文集八十一卷　(明)楊慎撰　明萬曆十年(1582)刻本　二十八冊

110000－0143－0002840　SG47/165
范文忠公初集十二卷　(明)范景文撰　**范文忠公年譜一卷**　(清)王孫錫撰　清康熙四十年(1701)范毓秀、范繩祖等刻道光五年(1825)范爾畬、范際昌增刻本　四冊

110000－0143－0002841　SG47/165－1
范文忠公初集十二卷　(明)范景文撰　**范文忠公年譜一卷**　(清)王孫錫撰　清康熙四十年(1701)范毓秀、范繩祖等刻本　十冊

110000－0143－0002842　SG47/167－1
蠛蠓集五卷　(明)盧柟撰　(明)孟華平校　明萬曆三十年(1602)張其忠刻本　六冊

110000－0143－0002843　SG47/168
許鍾斗文集五卷　(明)許獬撰　(明)洪夢錫校　明萬曆四十年(1612)洪夢錫刻本　一冊

110000－0143－0002844　SG47/169

宗伯集八十一卷　(明)馮琦撰　明萬曆三十五年(1607)刻本　三十二册

110000－0143－0002845　SG47/173
青霞沈公遺集十六卷　(明)沈鍊撰　(清)吴文正校輯　清乾隆十九年(1754)馬彭年、沈振家刻嘉慶二年(1797)懷來沈氏增刻本　四册

110000－0143－0002846　SG47/176
汪伯玉先生太函集三十二卷　(明)汪道昆撰　(明)蘇文韓選　(明)張玉成訂　明天啓四年(1624)蘇文韓刻本　五册

110000－0143－0002847　SG47/186
楊文懿公文集三十卷　(明)楊守陳撰　明弘治十二年(1499)楊茂仁刻本　二册　存十卷(一至五、十一至十五)

110000－0143－0002848　SG47/187
歸田稿八卷　(明)謝遷撰　(清)謝鍾和重輯　清康熙二十三年(1684)謝鍾和刻本　五册

110000－0143－0002849　SG47/189
靳兩城先生集二十卷　(明)靳學顔撰　明萬曆十七年(1589)刻本　十二册

110000－0143－0002850　SG47/191
商文毅公集十卷　(明)商輅撰　(明)劉體元編輯　明萬曆三十年(1602)劉體元刻本　四册

110000－0143－0002851　SG47/192
刻毅齋查先生闡道集十卷附一卷　(明)查鐸撰　明萬曆三十七年(1609)刻本　六册

110000－0143－0002852　SG47/196
潛溪集八卷附録一卷宋氏世譜記　(明)宋濂撰　明嘉靖十五年(1536)温秀刻本　四册

110000－0143－0002853　SG47/198
復宿山房集四十卷　(明)王家屏撰　明萬曆魏養蒙刻本　二十一册

110000－0143－0002854　SG47/202
魯文恪公文集十卷　(明)魯鐸撰　明萬曆已有園刻本　四册

110000－0143－0002855　SG47/203
鳥鼠山人小集十六卷後集二卷　(明)胡纘宗撰　明嘉靖刻本　八册

110000－0143－0002856　SG47/213
王元美先生文選二十六卷　(明)王世貞撰　(明)喬時敏輯　明萬曆四十三年(1615)吴德聚刻本　二十四册

110000－0143－0002857　SG47/218
弇州山人四部稿選十六卷　(明)王世貞撰　(明)沈一貫選　明萬曆二十一年(1593)余碧泉克勤齋刻本　六册

110000－0143－0002858　SG47/219
王弇州集二十卷附王弇州傳　(明)王世貞撰　(清)張汝瑚選　清康熙二十一年(1682)郢雪書林刻本　十册

110000－0143－0002859　SG47/220
瀟碧堂集二十卷　(明)袁宏道撰　(明)李長庚閲　明萬曆三十六年(1608)袁氏書種堂刻本　十册

110000－0143－0002860　SG47/222
練中丞金川集二卷遺事録一卷附祭文　(明)練子寧撰　(清)高檠校　清康熙二年(1663)高檠刻康熙十二年至雍正二年(1673－1724)增刻本　三册

110000－0143－0002861　SG47/223
袁永之集二十卷　(明)袁袠撰　明嘉靖二十六年(1547)袁尊尼刻本　十册

110000－0143－0002862　SG47/224
陶學士先生文集二十卷陶學士先生事蹟一卷　(明)陶安撰　(明)張祐校編　明弘治十三年(1500)項經刻本　十二册

110000－0143－0002863　SG47/229
谿田文集十一卷補遺一卷　(明)馬理撰　(明)雒遵選　明萬曆十七年(1589)張泮刻清乾隆十七年(1752)重刻本　四册

110000－0143－0002864　SG47/230
陽明先生文録五卷外集九卷别録十卷　(明)

王守仁撰　明嘉靖十五年(1536)錢德洪刻本　二十册

110000－0143－0002865　SG47/230－1
陽明先生文録三卷　(明)王守仁撰　明嘉靖元年至四十五年(1522－1566)刻本　三册

110000－0143－0002866　SG47/231
馮少墟集二十二卷續集不分卷　(明)馮從吾撰　清康熙十二年至十四年(1673－1675)洪琮刻本　十八册

110000－0143－0002867　SG47/232
皇明十六家小品十六種三十二卷　(明)丁允和　(明)陸雲龍編　(明)陸雲龍評　明崇禎六年(1633)錢塘陸氏翠娱閣刻本　十册

110000－0143－0002868　SG47/235
春草齋文集選不分卷詩集選不分卷詩集選附録不分卷春草齋集附録不分卷　(明)烏斯道著　(清)熊伯龍選　(清)黄敬修評　清康熙慈谿烏震刻嘉慶七年(1802)慈谿鄭喬遷補版印本　四册

110000－0143－0002869　SG47/235－1
春草齋文集選不分卷詩集選不分卷詩集選附録不分卷春草齋集附録不分卷　(明)烏斯道著　(清)熊伯龍選　(清)黄敬修評　清康熙慈谿烏震刻嘉慶七年(1802)慈谿鄭喬遷補版印本　四册

110000－0143－0002870　SG47/239
五公山人集十六卷　(清)王餘佑撰　(清)李興祖編　清康熙三十四年(1695)李興祖枕釣齋刻本　四册

110000－0143－0002871　SG47/240
馮少墟集二十卷　(明)馮從吾撰　明萬曆四十七年(1619)劉必達刻本　十四册

110000－0143－0002872　SG47/241
錦帆集四卷附去吴七牘一卷　(明)袁宏道撰　(明)陳以聞閲　明萬曆三十七年(1609)袁叔度書種堂刻本　二册

110000－0143－0002873　SG47/242－1
憨山老人夢遊集不分卷　(明)釋德清撰　清道光至宣統抄本　一册

110000－0143－0002874　SG47/248
華陽館草不分卷　(明)歐陽奎撰　清順治六年(1649)歐陽士豹、歐陽士駒刻本　二册

110000－0143－0002875　SG47/249
江止庵遺集八卷首一卷　(明)江天一撰　(清)江天表手授　(清)洪祚永手鈔　清康熙三十四年至六十一年(1695－1722)刻嘉慶五年(1800)江士相重修祭書艸堂刻本　八册

110000－0143－0002876　SG47/250A
及幼草三卷　(明)王思任撰　明萬曆四十四年至崇禎十七年(1616－1644)刻本　九册

110000－0143－0002877　SG47/250B
王季重時文敍雜序不分卷　(明)王思任撰　明萬曆四十四年至崇禎十七年(1616－1644)刻本　九册

110000－0143－0002878　SG47/251
隅園集十八卷　(明)陳與郊撰　明萬曆四十五年至天啓元年(1617－1621)賜緋堂刻本　八册　缺二卷(十七至十八)

110000－0143－0002879　SG47/252
鄭端簡公古言二卷今言四卷　(明)鄭曉撰　(明)鄭心材重校　明萬曆鄭心材刻本　六册

110000－0143－0002880　SG47/253
龍谿王先生全集二十二卷　(明)王畿撰　(明)丁賓編　明萬曆四十三年(1615)丁賓、張汝霖刻本　十二册

110000－0143－0002881　SG47/256
崔東洲集二十卷續集十一卷　(明)崔桐撰　明嘉靖二十九年(1550)曹金刻三十四年(1555)周希哲刻本　十册

110000－0143－0002882　SG47/257
歐菴集十六卷　(明)陶望齡撰　明萬曆三十九年(1611)真如齋刻本　四册

110000－0143－0002883　SG47/261
湘煙録十六卷　(明)凌義渠　(明)閔元京輯

清嘉慶刻本　四冊　存七卷(一至七)

110000－0143－0002884　SG47/262
徐文長文集三十卷附四聲猿一卷　(明)徐渭撰　(明)袁宏道評點　(明)閔德美校訂　明萬曆四十二年(1614)鍾人傑刻本　八冊　存三十卷(徐文長文集三十卷)

110000－0143－0002885　SG47/268
紡授堂集八卷文集八卷二集十卷　(明)曾異撰撰　明崇禎十五年(1642)刻清康熙五十七年(1718)重刻本　十二冊

110000－0143－0002886　SG47/270
楊鐵崖先生文集十一卷附鐵笛清江引一卷　(元)楊維禎撰　(明)陳繼儒校閱　(明)陳善學訂正　明萬曆四十三年(1615)陳善學刻本　四冊　存九卷(古樂府八卷、鐵笛清江引一卷)

110000－0143－0002887　SG47/270－1
楊鐵崖文集五卷史義拾遺二卷西湖竹枝集一卷香奩集一卷　(元)楊維禎撰　明天啓至崇禎陳于京刻本　一冊　存五卷(楊鐵崖文集五卷)

110000－0143－0002888　SG47/271
陳剩夫先生集四卷　(明)陳真晟撰　清康熙四十八年(1709)張伯行正誼堂刻本　一冊

110000－0143－0002889　SG47/275－1
新喻梁石門先生集十卷首一卷末一卷　(明)梁寅撰　(清)暨用其訂　清乾隆十五年(1750)暨用其刻本　六冊

110000－0143－0002890　SG47/279
宋布衣集三卷　(明)宋登春撰　清乾隆二十一年(1756)誠意堂刻本　三冊

110000－0143－0002891　SG47/279
清平閣倡和詩一卷　(明)李先芳　(明)宋登春　(明)李連山撰　清乾隆二十一年(1756)誠意堂刻本　一冊

110000－0143－0002892　SG47/281
歸先生文集三十二卷附錄一卷　(明)歸有光撰　(明)王執禮校　明萬曆四年(1576)翁良瑜雨金堂刻本　六冊

110000－0143－0002893　SG47/281
歸先生文集三十二卷附錄一卷　(明)歸有光撰　(明)王執禮校　明萬曆四年(1576)翁良瑜雨金堂刻崇禎八年(1635)印本　四冊

110000－0143－0002894　SG47/281－1
歸先生文集三十二卷附錄一卷　(明)歸有光撰　(明)王執禮校　明萬曆四年(1576)翁良瑜雨金堂刻本　六冊

110000－0143－0002895　SG47/283
歇菴先生集選四卷　(明)陶望齡撰　(明)陸夢龍選　明萬曆四十七年(1619)陸夢龍刻本　四冊

110000－0143－0002896　SG47/285
薛文清公讀書全錄類編二十卷　(明)薛瑄撰　(明)侯鶴齡輯　明萬曆二十四年(1596)侯鶴齡等刻本　八冊

110000－0143－0002897　SG47/285－2
薛文清公讀書全錄類編二十卷附薛文清公策目一卷　(明)薛瑄撰　明萬曆四十二年(1614)張銓刻本　八冊

110000－0143－0002898　SG47/295
朱楓林集十卷　(明)朱升撰　(明)范淶校　明萬曆四十四年(1616)朱時新、朱時登刻本　六冊

110000－0143－0002899　SG47/296
高文襄公文集四卷　(明)高拱撰　清康熙元年至三十一年(1662－1692)高有聞刻本　四冊

110000－0143－0002900　SG47/301
少村漫稿詩二卷文二卷　(明)黃廷用撰　明萬曆十三年至四十八年(1585－1620)刻本　二冊

110000－0143－0002901　SG47/314
解文毅公集十六卷首一卷附錄一卷　(明)解縉撰　(明)黃諫原編　(清)羅洪輯錄

(清)解悦重輯　(清)解韜訂正　清乾隆三十二年(1767)解韜刻本　六册

110000－0143－0002902　SG47/315
海石先生文集二十八卷目錄二卷　(明)錢薇撰　(明)嚴從簡纂集　**曾皇考侍御公奏疏一卷**　(明)錢嘉徵撰　明萬曆四十一年至四十二年(1613－1614)錢端映刻清康熙增刻本　十册

110000－0143－0002903　SG47/317
曹月川先生集不分卷　(明)曹端撰　(清)張伯行訂　**附年譜一卷**　(明)張信民撰　清康熙四十九年(1710)張伯行正誼堂刻本　一册

110000－0143－0002904　SG47/319
歸太僕公文定四卷　(明)歸有光撰　(清)崔徵麟評選　清康熙刻本　四册

110000－0143－0002905　SG47/322
剪桐載筆一卷　(明)王象晉撰　明天啓至崇禎毛晉刻本　一册

110000－0143－0002906　SG47/332
眉公先生晚香堂小品二十四卷　(明)陳繼儒撰　明崇禎湯大節簡綠居刻本　十册

110000－0143－0002907　SG47/336
白榆集二十八卷　(明)屠隆撰　明萬曆二十八年(1600)龔堯惠刻本　四册

110000－0143－0002908　SG47/337
充然子集二卷　(明)顧懃撰　清康熙顧國璉刻本　一册

110000－0143－0002909　SG47/338
淡軒先生詩文集十二卷補遺一卷　(明)林文撰　明嘉靖四十五年(1566)林炳章刻清順治至雍正遞修本　四册

110000－0143－0002910　SG47/339
夢白先生集三卷　(明)趙南星撰　明萬曆四十五年(1617)馬調鼎刻本　二册

110000－0143－0002911　SG47/340
鄞縣王氏家集三卷　(清)王純琨輯　清康熙二十六年(1687)王純琨抄本　三册

110000－0143－0002912　SG47/345
七錄齋集六卷七錄齋論略一卷　(明)張溥撰　明崇禎傅少山刻本　六册

110000－0143－0002913　SG47/346
靜嘯齋存草十卷　(明)董斯張撰　明萬曆四十二年(1614)刻本　四册

110000－0143－0002914　SG47/349
何心隱先生爨桐集四卷　(明)梁汝元撰　(明)張宿詮訂　明天啓六年(1626)張宿何怙園刻本　四册

110000－0143－0002915　SG47/350
晉陵集二卷　(明)王穉登撰　明嘉靖刻本　一册

110000－0143－0002916　SG47/350
燕市集二卷　(明)王穉登撰　明隆慶四年(1570)朱宅快閣刻本　二册

110000－0143－0002917　SG47/350
客越志二卷　(明)王穉登撰　明隆慶元年(1567)延陵吳氏蕭踈齋刻本　二册

110000－0143－0002918　SG47/350
金昌集四卷　(明)王穉登撰　明萬曆刻本　二册

110000－0143－0002919　SG47/350
明月篇二卷　(明)王穉登譔　明萬曆五年(1577)刻本　一册

110000－0143－0002920　SG47/351
檀園集十二卷　(明)李流芳撰　(清)陸廷燦重訂　清康熙二十八年(1689)嘉定陸廷燦刻本　二册

110000－0143－0002921　SG47/353
由拳集二十三卷　(明)屠隆撰　明萬曆八年至四十八年(1580－1620)刻本　四册

110000－0143－0002922　SG47/354
鴻寶應本十七卷　(明)倪元璐撰　明崇禎十五年至十七年(1642－1644)刻本　十册

110000－0143－0002923　SG47/354
倪文正公遺稿二卷　(明)倪元璐撰　清順治

八年(1651)刻本　二册

110000－0143－0002924　SG47/355
賜餘堂集十四卷補遺一卷　(明)吳中行撰　清乾隆五十八年(1793)吳珙立刻本　八册

110000－0143－0002925　SG47/356
緱山先生集二十七卷　(明)王衡撰　(明)王時敏校　明萬曆四十四年至四十五年(1616－1617)王時敏刻本　十二册

110000－0143－0002926　SG47/357
農丈人詩集八卷文集二十卷　(明)余寅撰　明萬曆三十二年(1604)刻本　十册　存二十卷(文集二十卷)

110000－0143－0002927　SG47/358
三易集二十卷　(明)唐時升撰　(明)謝三賓輯　明崇禎謝三賓刻本　六册

110000－0143－0002928　SG47/359
瑤光閣正集十二卷外集二卷餘集三卷　(明)黄端伯撰　(清)黄祐編　清嘉慶二十年(1815)吳淑麒企瑤山館刻本　五册

110000－0143－0002929　SG47/361
林登州遺集二十三卷附錄一卷　(明)林唐臣撰　(明)張紹科纂　清康熙四十五年(1706)林興刻本　十二册

110000－0143－0002930　SG47/365
潛學稿十九卷　(明)鄧元錫撰　明崇禎十二年(1639)鄧應瑞刻清乾隆八年(1743)新城鄧氏重刻本　八册

110000－0143－0002931　SG47/366
王惺所先生文集十卷　(明)王以悟撰　明天啓三年(1623)刻本　四册

110000－0143－0002932　SG48/3
鮚埼亭集三十八卷首一卷　(清)全祖望撰　**世譜一卷年譜一卷**　(清)董秉純撰　清嘉慶九年(1804)史夢蛟借樹山房刻本　十册

110000－0143－0002933　SG48/7
戴東原集十二卷覆校札記一卷　(清)戴震撰　(清)段玉裁札記　清乾隆五十七年(1792)段玉裁經韻樓刻本　四册

110000－0143－0002934　SG48/7A
戴東原集十二卷覆校札記一卷　(清)戴震撰　(清)段玉裁札記　清乾隆五十七年(1792)段玉裁經韻樓刻本　四册

110000－0143－0002935　SG48/9－1
陳迦陵詞全集十六卷　(清)陳維崧撰　清康熙二十六年至二十八年(1687－1689)患立堂刻本　六册

110000－0143－0002936　SG48/12
堯峰文鈔四十卷詩十卷　(清)汪琬撰　(清)林佶編　清康熙三十二年(1693)林佶寫刻本　八册　缺十卷(詩十卷)

110000－0143－0002937　SG48/12－1
堯峰文鈔四十卷詩十卷　(清)汪琬撰　(清)林佶編　清康熙三十二年(1693)林佶寫刻本　十二册

110000－0143－0002938　SG48/13－1
漁洋山人精華錄箋注十二卷補注一卷附錄一卷　(清)王士禛撰　(清)金榮箋注　**漁洋山人[王士禛]年譜一卷**　(清)金榮撰　清乾隆鳳翽堂刻本　八册

110000－0143－0002939　SG48/13－2、SG48/604
漁洋山人精華錄訓纂十卷訓纂補十卷目錄二卷附錄一卷　(清)王士禛撰　(清)惠棟訓纂　**漁洋山人自撰年譜二卷**　(清)王士禛撰　(清)惠棟補注　清乾隆東吳惠氏紅豆齋刻本　十八册

110000－0143－0002940　SG48/13－5
漁洋山人精華錄箋注十二卷補注一卷附錄一卷　(清)王士禛撰　(清)金榮箋注　**漁洋山人[王士禛]年譜一卷**　(清)金榮撰　清乾隆鳳翽堂刻本　五册　缺二卷(漁洋山人精華錄箋注六至七)

110000－0143－0002941　SG48/13－5A
漁洋山人精華錄箋注十二卷補注一卷附錄一卷　(清)王士禛撰　(清)金榮箋注　**漁洋山**

人[王士禛]年譜一卷　(清)金榮撰　清乾隆鳳翽堂刻本　六冊

110000－0143－0002942　SG48/13
漁洋山人精華錄十卷　(清)王士禛撰　(清)林佶編　清康熙三十九年(1700)林佶寫刻後印本　四冊

110000－0143－0002943　SG48/13
漁洋山人精華錄十卷　(清)王士禛撰　(清)林佶編　清康熙三十九年(1700)林佶寫刻後印本　六冊

110000－0143－0002944　SG48/13A
漁洋山人精華錄十卷　(清)王士禛撰　(清)林佶編　清康熙三十九年(1700)林佶寫刻本　八冊

110000－0143－0002945　SG48/13B
漁洋山人精華錄十卷　(清)王士禛撰　(清)林佶編　清康熙三十九年(1700)林佶寫刻後印本　六冊

110000－0143－0002946　SG48/14－2
曝書亭集八十卷　(清)朱彝尊　(清)朱稻孫撰　**笛漁小稿十卷**　(清)朱昆田撰　清康熙五十三年(1714)朱稻孫刻本　十六冊

110000－0143－0002947　SG48/14－8
曝書亭詩錄十二卷　(清)朱彝尊撰　(清)江浩然箋注　清康熙惇裕堂刻本　四冊

110000－0143－0002948　SG48/17
玉臺新詠十卷　(南朝陳)徐陵編　(清)吳兆宜原注　(清)程琰删補　清乾隆三十九年(1774)刻本　八冊

110000－0143－0002949　SG48/17－5/A
玉臺新詠十卷　(南朝陳)徐陵編定　**續玉臺新詠四卷**　(明)鄭玄撫輯　(明)袁宏道批閱　(明)沈逢春參訂　明天啓二年(1622)沈逢春刻本　四冊

110000－0143－0002950　SG48/27
林蕙堂全集二十六卷　(清)吳綺撰　(清)吳琥繡重校　清乾隆三十九年(1774)刻四十一年(1776)續刻本　十二冊

110000－0143－0002951　SG48/27－1
林蕙堂全集二十六卷　(清)吳綺撰　(清)吳琥繡重校　清乾隆三十九年(1774)刻四十一年(1776)續刻本　十二冊

110000－0143－0002952　SG48/27－1
林蕙堂全集二十六卷　(清)吳綺撰　(清)吳琥繡重校　清乾隆三十九年(1774)刻四十一年(1776)續刻本　六冊　存十二卷(林蕙堂文集十二卷)

110000－0143－0002953　SG48/38
梅花屋詩草一卷　(明)左懋第撰　(清)左光勗校錄　清乾隆十八年(1753)萊陽左氏刻本　一冊

110000－0143－0002954　SG48/39
蘿石山房文鈔四卷　(明)左懋第撰　(清)李清編　(清)左光勗校錄　清乾隆五年(1740)萊陽左氏刻本　四冊

110000－0143－0002955　SG48/39
蘿石山房文鈔四卷　(明)左懋第撰　(清)李清編　(清)左光勗校錄　清乾隆五年(1740)萊陽左氏刻本　四冊

110000－0143－0002956　SG48/40
左忠貞公剩藁四卷　(明)左懋第撰　(清)左彤九輯　清乾隆五十八年(1793)左鼇科等刻本　四冊

110000－0143－0002957　SG48/34－1
抱經堂文集三十四卷　(清)盧文弨撰　清乾隆六十年(1795)刻本　十冊

110000－0143－0002958　SG48/41
陳檢討集二十卷　(清)陳維崧撰　清康熙翻刻本　八冊

110000－0143－0002959　SG48/41
陳檢討集二十卷　(清)陳維崧撰　清康熙刻本　四冊

110000－0143－0002960　SG48/48
德州田氏叢書十三種九十二卷　(清)田雯等

撰　清康熙至乾隆田氏古歡堂彙印本　二十八册

110000－0143－0002961　SG48/48－1
德州田氏叢書十三種九十二卷　(清)田雯等撰　清康熙至乾隆田氏古歡堂彙印本　十四册　存四十卷(蒙齋年譜一卷、續一卷、補一卷;古歡堂集二十二卷,鬲津草堂詩五字古體詩一卷,五字今體詩一卷、乃了集一卷;長河志籍考十卷;黔書二卷)

110000－0143－0002962　SG48/48－2
古歡堂集三十六卷　(清)田雯撰　清康熙至乾隆刻本　八册

110000－0143－0002963　SG48/55－1
鹿洲全集二十卷　(清)藍鼎元撰　(清)曠敏本評　清雍正十年(1732)刻本　三册　存三十一卷(鹿洲初集一至二十、東征集一至六、棉陽學準一至五)

110000－0143－0002964　SG48/58
西河合集一百二十種四百九十七卷　(清)毛奇齡撰　清康熙二十五年至六十一年(1686－1722)書留草堂刻乾隆修訂本　一百二十册

110000－0143－0002965　SG48/59
午亭文編五十卷　(清)陳廷敬撰　(清)林佶輯錄　清康熙四十七年(1708)林佶寫刻本　十六册

110000－0143－0002966　SG48/59－2
午亭文編五十卷　(清)陳廷敬撰　(清)林佶輯錄　清康熙四十七年(1708)林佶寫刻乾隆四十三年(1778)重印本　十六册

110000－0143－0002967　SG48/59－2A
午亭文編五十卷　(清)陳廷敬撰　(清)林佶輯錄　清康熙四十七年(1708)林佶寫刻乾隆四十三年(1778)重印本　十六册

110000－0143－0002968　SG48/59A
午亭文編五十卷　(清)陳廷敬撰　(清)林佶輯錄　清康熙四十七年(1708)林佶寫刻本　二十册

110000－0143－0002969　SG48/41－1/A
陳檢討集十二卷詩鈔十卷詞鈔十二卷　(清)陳維崧譔　清康熙二十二年(1683)天藜閣刻本　八册

110000－0143－0002970　SG48/61
望溪集不分卷　(清)方苞撰　(清)王兆符(清)程崟輯　清乾隆程崟刻本　八册

110000－0143－0002971　SG48/61－3
望溪集不分卷　(清)方苞撰　(清)王兆符(清)程崟輯　清乾隆程崟刻本　八册

110000－0143－0002972　SG48/62
白田草堂存稿二十四卷附崇祀鄉賢祠録一卷行狀一卷　(清)王懋竑撰　清乾隆刻本　六册

110000－0143－0002973　SG48/83
高陽集二十卷目錄一卷　(清)孫承宗撰　清順治十二年(1655)孫之澇刻嘉慶重刻本　六冊

110000－0143－0002974　SG48/83－5
高陽集二十卷目錄一卷　(清)孫承宗撰　清順治十二年(1655)孫之澇刻本　十二册　存十二卷(一至十一、二十,目錄一卷)

110000－0143－0002975　SG48/76
樂善堂全集四十卷目録四卷　(清)高宗弘曆撰　清乾隆二年(1737)内府刻本　十六册

110000－0143－0002976　SG48/76A
樂善堂全集四十卷目録四卷　(清)高宗弘曆撰　清乾隆二年(1737)内府刻本　二十四册　缺二十卷(二十一至四十)

110000－0143－0002977　SG48/99
白田草堂存稿二十四卷附崇祀鄉賢祠録一卷行狀一卷　(清)王懋竑撰　清乾隆刻本　八册　缺一卷(崇祀鄉賢祠録一卷)

110000－0143－0002978　SG48/996
吉堂文稿十二卷　(清)欽善撰　清嘉慶二十五年(1820)刻本　二册

110000－0143－0002979　SG48/99A

白田草堂存稿二十四卷附崇祀鄉賢祠録一卷行狀一卷 （清）王懋竑撰 清乾隆刻本 六冊

110000－0143－0002980 SG48/99B
白田草堂存稿二十四卷附崇祀鄉賢祠録一卷行狀一卷 （清）王懋竑撰 清乾隆刻本 六冊

110000－0143－0002981 SG48/104
廬陵宋丞相信國公文忠烈先生全集十六卷文忠烈公從祀原案錄一卷 （宋）文天祥撰 清雍正三年（1725）文有煥、文從偉五桂堂刻乾隆重刻本 二十冊 缺一卷（文忠烈公從祀原案錄一卷）

110000－0143－0002982 SG48/118
陶菴文集七卷陶菴詩集八卷吾師録一卷 （明）黄淳耀撰 **附谷簾學吟一卷** （明）黄淵耀撰 清康熙十五年至四十二年（1676－1703）陸廷燦、張懿實刻本 四冊

110000－0143－0002983 SG48/119－2
銅鼓書堂遺稾三十二卷 （清）查禮撰 清乾隆五十三年至五十七年（1788－1792）查淳刻本 十二冊

110000－0143－0002984 SG48/119－2
銅鼓書堂遺稾三十二卷 （清）查禮撰 清乾隆五十三年至五十七年（1788－1792）查淳刻本 四冊

110000－0143－0002985 SG48/123－1
賴古堂集二十四卷附録一卷 （清）周亮工撰 清康熙十四年（1675）周在浚刻本 八冊

110000－0143－0002986 SG48/130
邵子湘全集三十卷附邵氏家錄二卷 （清）邵長蘅撰 （清）顧景星批點 （清）王士禛評 清康熙三十二年至三十七年（1693－1698）邵氏青門草堂刻四十年至六十一年（1701－1722）邵氏青門草堂增刻本 十二冊

110000－0143－0002987 SG48/130－3
邵子湘全集三十卷附邵氏家錄二卷 （清）邵長蘅撰 （清）顧景星批點 （清）王士禛評 清康熙三十二年至三十七年（1693－1698）邵氏青門草堂刻本 八冊

110000－0143－0002988 SG48/143
袁文箋正十六卷袁文補注一卷附錄小傳 （清）袁枚撰 （清）石韞玉箋 清嘉慶十七年（1812）鶴壽山堂刻本 六冊

110000－0143－0002989 SG48/143－1
袁文箋正十六卷袁文補注一卷附錄小傳 （清）袁枚撰 （清）石韞玉箋 清嘉慶十七年（1812）鶴壽山堂刻本 六冊

110000－0143－0002990 SG48/143－1A
袁文箋正十六卷袁文補注一卷附錄小傳 （清）袁枚撰 （清）石韞玉箋 清嘉慶十七年（1812）鶴壽山堂刻本 六冊

110000－0143－0002991 SG48/143－1B
袁文箋正十六卷袁文補注一卷附錄小傳 （清）袁枚撰 （清）石韞玉箋 清嘉慶十七年（1812）鶴壽山堂刻本 四冊

110000－0143－0002992 SG48/152
施愚山先生全集九十六卷 （清）施閏章撰 清康熙四十七年（1708）曹寅刻乾隆施企曾等續刻本 十六冊

110000－0143－0002993 SG48/152－1
施愚山先生全集九十六卷 （清）施閏章撰 清康熙四十七年（1708）曹寅刻乾隆施企曾等續刻本 十冊 存三十四卷（文集二十八卷、別集四卷、外集二卷）

110000－0143－0002994 SG48/152－2
施愚山先生全集九十六卷 （清）施閏章撰 清康熙四十七年（1708）曹寅刻乾隆施企曾等續刻本 十冊

110000－0143－0002995 SG48/154/A
潛菴先生遺稿五卷疏稿不分卷洛學編五卷 （清）湯斌撰 清康熙至乾隆湯定祥等刻本 六冊

110000－0143－0002996 SG48/159
中山郝中丞全集十四卷 （清）郝浴撰 清康

熙刻本　八冊

110000－0143－0002997　SG48/160
西陂類稿五十卷　(清)宋犖撰　清康熙毛扆、宋懷金、高岑刻本　十六冊

110000－0143－0002998　SG48/160A
西陂類稿五十卷　(清)宋犖撰　清康熙毛扆、宋懷金、高岑刻本　十六冊

110000－0143－0002999　SG48/168
蓮洋集二十卷附錄一卷　(清)吳雯撰　(清)張體乾校　**蓮洋吳徵君年譜一卷**　(清)翁方綱編　清乾隆三十九年(1774)浮山張體乾荊圃草堂刻本　十冊

110000－0143－0003000　SG48/168
蓮洋集二十卷附錄一卷　(清)吳雯撰　(清)張體乾校　**蓮洋吳徵君年譜一卷**　(清)翁方綱編　清乾隆三十九年(1774)浮山張體乾荊圃草堂刻本　十冊

110000－0143－0003001　SG48/169
蓮洋集十二卷　(清)吳雯撰　(清)王士禛評定　**蓮洋集補遺一卷**　(清)吳雯撰　(清)宋弼校補　清乾隆十五年(1750)臨汾劉組曾刻十六年(1751)廣川宋弼補修本　七冊

110000－0143－0003002　SG48/172－1
三魚堂文集十二卷外集六卷附錄二卷　(清)陸隴其撰　(清)席永恂校　(清)侯銓編次　清康熙四十年(1701)刻本　十四冊

110000－0143－0003003　SG48/173
陳學士文集十八卷　(清)陳儀撰　清乾隆十八年(1753)陳玉友刻本　八冊

110000－0143－0003004　SG48/180
穆堂別藁五十卷　(清)李紱撰　清乾隆十二年(1747)奉國堂刻本　十冊

110000－0143－0003005　SG48/182
飴山全集五種三十八卷　(清)趙執信撰　清康熙至乾隆匯印本　八冊

110000－0143－0003006　SG48/182－1
飴山全集五種三十八卷　(清)趙執信撰　清康熙至乾隆因園匯印本　十二冊

110000－0143－0003007　SG48/182－2
飴山全集五種三十八卷　(清)趙執信撰　清康熙至乾隆匯印本　八冊

110000－0143－0003008　SG48/182－2
飴山全集五種三十八卷　(清)趙執信撰　清康熙至乾隆因園匯印本　十冊

110000－0143－0003009　SG48/184
桂馨堂集六種十三卷　(清)張廷濟撰　清道光十九年至二十八年(1839－1848)張氏清儀閣刻本　六冊

110000－0143－0003010　SG48/185
蒿菴集三卷　(清)張爾岐撰　(清)胡德琳編　**附錄一卷**　(清)盛百二訂　清乾隆三十八年(1773)桂林胡德琳刻濟陽縣衙印本　一冊

110000－0143－0003011　SG48/185
蒿菴集三卷　(清)張爾岐撰　(清)胡德琳編　**附錄一卷**　(清)盛百二訂　清乾隆三十八年(1773)桂林胡德琳刻聽泉齋印本　一冊

110000－0143－0003012　SG48/190
穆堂初藁五十卷　(清)李紱撰　清乾隆五年(1740)臨川李氏無怒軒刻本　十六冊

110000－0143－0003013　SG48/190－1
穆堂初藁五十卷　(清)李紱撰　清乾隆五年(1740)臨川李氏無怒軒刻本　十冊

110000－0143－0003014　SG48/191
湖海樓全集五十四卷　(清)陳維崧撰　清康熙二十六年至二十九年(1687－1690)患立堂刻本　十六冊

110000－0143－0003015　SG48/191－1
湖海樓文集六卷　(清)陳維崧撰　(清)陳淮編校　清乾隆六十年(1795)陳淮刻本　六冊

110000－0143－0003016　SG48/191－2
湖海樓全集五十一卷　(清)陳維崧撰　(清)陳淮編校　清乾隆六十年(1795)陳淮刻本　二十四冊

110000－0143－0003017　SG48/192－1

憺園文集三十六卷　(清)徐乾學撰　清康熙冠山堂刻本　十冊

110000-0143-0003018　SG48/192-1A
憺園文集三十六卷　(清)徐乾學撰　清康熙冠山堂刻本　十冊　存三十一卷(一至三十一)

110000-0143-0003019　SG48/195-1
海峰文集八卷　(清)劉大櫆撰　清乾隆醒園刻本　四冊

110000-0143-0003020　SG48/195-2
海峰文集八卷　(清)劉大櫆撰　清乾隆醒園刻本　六冊

110000-0143-0003021　SG48/199
芝庭先生集十八卷附錄一卷　(清)彭啓豐撰　清乾隆六十年(1795)長洲彭紹升刻本　四冊

110000-0143-0003022　SG48/203
道古堂文集四十六卷詩集二十六卷　(清)杭世駿撰　清乾隆五十五年至五十七年(1790-1792)杭賓仁刻本　十六冊

110000-0143-0003023　SG48/203-1
道古堂文集四十八卷詩集二十六卷　(清)杭世駿撰　清乾隆刻本　二十冊

110000-0143-0003024　SG48/211
道榮堂文集六卷首一卷近詩十卷　(清)陳鵬年撰　清乾隆二十七年(1762)陳樹芝刻本　十冊

110000-0143-0003025　SG48/211
道榮堂文集六卷首一卷近詩十卷　(清)陳鵬年撰　清乾隆二十七年(1762)陳樹芝刻本　八冊

110000-0143-0003026　SG48/217
臨野堂集四十一卷　(清)鈕琇撰　清康熙三十八年至六十一年(1699-1722)鈕氏自刻本　八冊

110000-0143-0003027　SG48/221
集虚齋學古文十二卷附離騷經解畧一卷　(清)方槳如撰　清乾隆十九年(1754)方超然刻本　六冊

110000-0143-0003028　SG48/224
范忠貞公文集五卷首一卷　(清)范承謨撰　清康熙四十七年(1708)圖爾泰刻本　四冊

110000-0143-0003029　SG48/224A
范忠貞公文集五卷首一卷　(清)范承謨撰　清康熙四十七年(1708)圖爾泰刻本　四冊

110000-0143-0003030　SG48/232-1
思補齋文集四卷　(清)劉星煒撰　清乾隆刻本　二冊

110000-0143-0003031　SG48/235
存研樓文集十六卷二編二卷　(清)儲大文撰　(清)張耀先　(清)瞿源洙編　清乾隆九年(1744)刻本　七冊

110000-0143-0003032　SG48/254
膽餘軒集八卷　(清)孫光祀撰　清康熙刻本　八冊

110000-0143-0003033　SG48/254A
膽餘軒集八卷　(清)孫光祀撰　清康熙刻乾隆重刻本　八冊

110000-0143-0003034　SG48/277
高江村全集七十七卷　(清)高士奇撰　清康熙三十七年(1698)高氏朗潤堂刻本　十冊

110000-0143-0003035　SG48/281
山木居士外集四卷附一卷　(清)魯九皋撰　清乾隆四十七年(1782)魯氏刻本　二冊　缺一卷(附一卷)

110000-0143-0003036　SG48/281
山木居士外集四卷附一卷　(清)魯九皋撰　清乾隆四十七年(1782)魯氏刻本　二冊　缺一卷(附一卷)

110000-0143-0003037　SG48/305
淵雅堂全集四十七卷　(清)王芑孫撰　清嘉慶八年至九年(1803-1804)王氏家刻本　十二冊

110000-0143-0003038　SG48/306

尊水園集略十二卷補遺二卷　(清)盧世潅撰　(清)程先貞輯　清順治十七年(1660)盧孝餘增刻本　十二冊

110000－0143－0003039　SG48/314
梅崖居士文集三十卷外集八卷　(清)朱仕琇撰　**附梅崖文補遺一卷**　(清)周祖琛輯錄　清乾隆四十七年(1782)松谷刻本　十三冊

110000－0143－0003040　SG48/335
邵子湘全集三十卷附邵氏家錄二卷　(清)邵長蘅撰　(清)顧景星批點　(清)王士禛評　清康熙三十二年至三十七年(1693－1698)邵氏青門草堂刻四十年至六十一年(1701－1722)邵氏青門草堂增刻本　八冊　缺二卷(邵氏家錄二卷)

110000－0143－0003041　SG48/336
魯山木先生文集十二卷首一卷外集二卷　(清)魯九皋撰　清道光十一年(1831)陳用光刻本　六冊

110000－0143－0003042　SG48/346
林太史集十四卷附存不分卷　(清)林兆鯤撰　(清)林泰校刊　清嘉慶九年(1804)林泰刻本　四冊

110000－0143－0003043　SG48/349
賜書堂堯山集三卷　(清)田從典撰　清康熙六十一年(1722)賜書堂刻本　二冊

110000－0143－0003044　SG48/349
賜書樓堯山集四卷補刻一卷詩集一卷　(清)田從典撰　清雍正九年(1731)賜書樓刻本　二冊

110000－0143－0003045　SG48/350
劍虹齋集十二卷　(清)梁濬撰　清乾隆三十六年(1771)梁本榮刻本　四冊

110000－0143－0003046　SG48/352
柯亭子文集八卷駢體文集八卷詩初集八卷詩二集十卷詩三集三卷　(清)周沐潤撰　清道光二十九年(1849)生香書屋刻本　二冊　存八卷(柯亭子文集八卷)

110000－0143－0003047　SG48/353
西霞文鈔二卷　(清)鄭光策撰　清嘉慶十年(1805)沙縣陳名世刻本　二冊

110000－0143－0003048　SG48/367
四知堂文集三十六卷　(清)楊錫紱撰　**崇祀錄一卷**　(清)楊有涵輯　清乾隆至嘉慶十一年(1806)楊氏乙照齋遞刻本　十六冊

110000－0143－0003049　SG48/411
香亭文稿十二卷　(清)吳玉綸撰　清乾隆六十年(1795)滋德堂刻本　二冊

110000－0143－0003050　SG48/380
帶經堂集九十二卷　(清)王士禛撰　(清)程哲校　清康熙四十九年至五十年(1710－1711)程哲七略書堂刻本　四十冊

110000－0143－0003051　SG48/380－1
帶經堂集九十二卷　(清)王士禛撰　(清)程哲校　清乾隆十二年(1747)黃晟槐蔭草堂刻本　二十冊

110000－0143－0003052　SG48/399
叢碧山房詩初集十四卷二集六卷三集十一卷四集十卷五集五卷文集八卷雜著三卷　(清)龐塏撰　清康熙刻本　十冊

110000－0143－0003053　SG48/402－1
笠翁一家言全集二十八卷　(清)李漁撰　清康熙翼聖堂刻本　十冊

110000－0143－0003054　SG48/413
虛直堂文集二十四卷首一卷　(清)劉榛撰　(清)田蘭芳選　清康熙二十七年(1688)刻本　六冊

110000－0143－0003055　SG48/414－1
篤素堂文集十六卷詩集七卷　(清)張英撰　清康熙四十三年至四十七年(1704－1708)刻乾隆張氏印本　六冊

110000－0143－0003056　SG48/433
石莊初集六卷　(清)陳弘緒撰　清康熙初刻二十六年(1687)陳玖補版印本　六冊

110000－0143－0003057　SG48/437

艮齋文選一卷賦集一卷文集一卷滇南集一卷臥象山房詩集□□卷滇行日紀二卷附録一卷 （清）李澄中撰　清康熙刻本　三册　存七卷（賦集一卷、文集一卷、滇南集一卷、臥象山房詩集二十二至二十三、滇行日紀二卷）

110000－0143－0003058　SG48/437
臥象山房詩正集七卷白雲村文集四卷 （清）李澄中撰　清康熙四十四年（1705）龐塏等刻本　三册　存六卷（臥象山房詩正集一至二、白雲村文集四卷）

110000－0143－0003059　SG48/444－1
冬青館甲集六卷 （清）張鑑撰　清道光十九年（1839）刻本　四册

110000－0143－0003060　SG48/465
最古園二編十八卷 （清）羅人琮撰　清康熙二十四年至六十一年（1685－1722）羅天緒等刻本　六册

110000－0143－0003061　SG48/504
鏡古堂文鈔不分卷 （清）李符清撰　清嘉慶刻本　二册

110000－0143－0003062　SG48/531
愛日堂文集八卷詩集二卷外集一卷 （清）孫宗彝撰　清乾隆三十五年（1770）孫仝祁刻本　八册

110000－0143－0003063　SG48/531A
愛日堂文集八卷詩集二卷外集一卷 （清）孫宗彝撰　清乾隆三十五年（1770）孫仝祁刻本　四册　存八卷（愛日堂文集八卷）

110000－0143－0003064　SG48/559
清閟閣全集十二卷 （元）倪瓚撰　（清）曹培廉校　清康熙五十二年（1713）曹培廉城書室刻本　六册

110000－0143－0003065　SG48/598
聽山集文集三卷詩選八卷 （清）申涵光著　（清）劉佑選　**荊園小語一卷荊園進語一卷** （清）申涵光撰　**申鳧盟先生［涵光］年譜略一卷** （清）申涵煜等補輯　**申鳧盟傳一卷** （清）魏裔介撰　**處士申鳧盟君墓誌銘一卷** （清）魏象樞撰　**崇祀鄉賢錄一卷**　清康熙十六年（1677）渾脱居刻本　六册

110000－0143－0003066　SG48/599
御製文初集十卷 （清）宣宗旻寧撰　（清）曹振鏞編　清道光十一年（1831）内府刻本　十册

110000－0143－0003067　SG48/603
孫文定公全集十二卷 （清）孫廷銓撰　清康熙十七年（1678）孫氏師儉堂刻本　九册

110000－0143－0003068　SG48/603
孫文定公全集十二卷 （清）孫廷銓撰　清康熙十七年（1678）孫氏師儉堂刻本　六册

110000－0143－0003069　SG48/607
柳南文鈔六卷詩鈔十卷 （清）王應奎撰　清乾隆十八年至二十二年（1753－1757）王應奎刻本　二册

110000－0143－0003070　SG48/607－1
柳南文鈔六卷詩鈔十卷 （清）王應奎撰　清乾隆十八年至二十二年（1753－1757）王應奎刻本　二册

110000－0143－0003071　SG48/609
湛園未定藁六卷 （清）姜宸英撰　清康熙刻本　六册

110000－0143－0003072　SG48/609
湛園未定藁六卷 （清）姜宸英撰　清康熙刻本　六册

110000－0143－0003073　SG48/636
文貞公集十二卷 （清）張玉書撰　清乾隆五十七年（1792）張氏松蔭堂刻本　六册

110000－0143－0003074　SG48/637
梅崖居士文集三十卷外集八卷 （清）朱仕琇撰　清乾隆四十七年（1782）松谷刻本　十册

110000－0143－0003075　SG48/637
梅崖居士文集三十卷外集八卷 （清）朱仕琇撰　清乾隆四十七年（1782）松谷刻本　十二册

110000－0143－0003076　SG48/637

梅崖居士文集三十卷外集八卷 （清）朱仕琇撰　清乾隆四十七年（1782）松谷刻本　十六冊

110000－0143－0003077　SG48/663
退密齋詩文鈔不分卷 （清）徐繼畬撰　清咸豐至宣統抄本　二冊

110000－0143－0003078　SG48/668
棲雲閣文集十五卷附錄一卷 （清）高珩撰　清乾隆四十四年（1779）刻嘉慶高貽榮重刻本　八冊

110000－0143－0003079　SG48/681
青箱堂文集十二卷遺稿續刻一卷附自撰年譜一卷 （清）王崇簡撰　清康熙二十年至二十三年（1681－1684）王熙刻本　六冊

110000－0143－0003080　SG48/690
歸愚詩鈔餘集八卷 （清）沈德潛撰　清乾隆三十一年（1766）教忠堂刻本　二冊

110000－0143－0003081　SG48/690
歸愚詩鈔二十卷 （清）沈德潛撰　清乾隆十六年（1751）教忠堂刻本　六冊

110000－0143－0003082　SG48/690
沈歸愚詩文全集七十四卷 （清）沈德潛撰　清乾隆十六年至三十二年（1751－1767）教忠堂刻本　二十冊

110000－0143－0003083　SG48/690
沈歸愚詩文全集七十四卷 （清）沈德潛撰　清乾隆十六年至三十二年（1751－1767）教忠堂刻本　六冊　缺四種五十八卷（歸愚文鈔二十卷、歸愚文鈔餘集八卷、歸愚詩鈔二十卷、歸愚詩鈔餘集十卷）

110000－0143－0003084　SG48/690－1
歸愚文鈔十二卷歸愚文續十二卷 （清）沈德潛撰　清乾隆三年（1738）刻本　四冊

110000－0143－0003085　SG48/690－2
沈歸愚詩文合集五種四十三卷 （清）沈德潛撰　清乾隆三年至十五年（1738－1750）刻本　十六冊

110000－0143－0003086　SG48/692
甘莊恪公全集十六卷附一卷 （清）甘汝來撰　（清）甘禾敬輯　清乾隆奉新甘氏刻本　十冊

110000－0143－0003087　SG48/699
榕村全集四十卷別集五卷 （清）李光地撰　清乾隆元年（1736）李清植刻本　六冊

110000－0143－0003088　SG48/717
嚴太僕先生集十二卷 （清）嚴虞惇撰　清乾隆元年（1736）嚴鋈刻光緒十年（1884）補刻本　二冊

110000－0143－0003089　SG48/724
有懷堂文稿二十二卷詩稿六卷 （清）韓菼撰　清康熙四十二年（1703）刻本　六冊

110000－0143－0003090　SG48/724－1
有懷堂文稿二十二卷詩稿六卷 （清）韓菼撰　清康熙四十二年（1703）刻本　六冊

110000－0143－0003091　SG48/744/A
息齋集四卷總憲疏草一卷中銓疏草一卷外集一卷續外集一卷外集補遺一卷 （清）金之俊撰　（清）陳名夏評　清順治五年至十八年（1648－1661）刻本　十四冊

110000－0143－0003092　SG48/744－1
息齋集十卷 （清）金之俊撰　清康熙五年（1666）刻本　十冊

110000－0143－0003093　SG48/751
汪氏傳家集一百二十三卷 （清）汪琬撰　清乾隆三十六年（1771）周公贊等刻本　二十四冊

110000－0143－0003094　SG48/751－1
汪氏傳家集一百二十三卷 （清）汪琬撰　清康熙十四年至二十四年（1675－1685）周公贊等刻本　二十四冊

110000－0143－0003095　SG48/752
思綺堂文集十卷 （清）章藻功撰　清康熙六十一年（1722）章藻功刻本　二十冊

110000－0143－0003096　SG48/758

沈歸愚詩文全集七十四卷 （清）沈德潛撰 清乾隆十六年至三十二年（1751－1767）教忠堂刻本 二十四册

110000－0143－0003097 SG48/758
沈歸愚詩文全集七十四卷 （清）沈德潛撰 清乾隆十六年至三十二年（1751－1767）教忠堂刻本 二十册

110000－0143－0003098 SG48/774
歎夫詩文稿四卷時體詩七卷冊子四卷 （清）李夢松撰 清嘉慶二年（1797）王煇刻本 三册

110000－0143－0003099 SG48/813
白華前稿六十卷 （清）吳省欽撰 清乾隆四十八年（1783）吳省欽刻本 十册

110000－0143－0003100 SG48/813
白華前稿六十卷 （清）吳省欽撰 清乾隆四十八年（1783）吳省欽刻本 十册

110000－0143－0003101 SG48/850
九畹續集二卷 （清）劉紹攽撰 清乾隆四十三年（1778）劉氏傳經堂刻本 二册

110000－0143－0003102 SG48/860
鶴靜堂集十九卷 （清）周茂源撰 清康熙二十年（1681）刻本 六册

110000－0143－0003103 SG48/881－1
南雷文定前集十一卷後集四卷三集三卷附錄一卷 （清）黃宗羲撰 清康熙靳治荊刻本 六册

110000－0143－0003104 SG48/888
青箱堂詩集三十三卷文集十二卷遺稿續刻一卷年譜一卷 （清）王崇簡撰 清康熙二十八年（1689）王燕刻本 六册 存十四卷（文集十二卷、遺稿續刻一卷、年譜一卷）

110000－0143－0003105 SG48/890
醉白堂文集不分卷 （清）謝良琦撰 清康熙刻本 十五册

110000－0143－0003106 SG48/899
汪氏傳家集一百二十三卷 （清）汪琬撰 清康熙十四年至二十四年（1675－1685）周公贇等刻本 二十四册 存五種（類稿一至三十五、續稿五至五十六、姑蘇楊柳枝詞、寸碧堂集、伯子遺稿）

110000－0143－0003107 SG48/904
託素齋文集六卷詩集四卷 （清）黎士弘撰 **黎士弘行述一卷** （清）劉元慧撰 清雍正二年（1724）黎致遠等刻本 三册

110000－0143－0003108 SG48/904－1
託素齋文集六卷詩集四卷 （清）黎士弘撰 **黎士弘行述一卷** （清）劉元慧撰 清雍正二年（1724）黎致遠等刻本 四册 存四卷（託素齋文集一至四）

110000－0143－0003109 SG48/918
井福堂文稿十卷 （清）汪學金撰 清嘉慶十年（1805）汪彥博、汪彥國刻本 四册

110000－0143－0003110 SG48/933
陳司業先生集十一卷 （清）陳祖范撰 清乾隆二十九年（1764）陳氏刻本 四册

110000－0143－0003111 SG48/955
溪園遺稿五卷梅花百詠不分卷 （明）駱則民撰 清嘉慶十年（1805）駱氏木活字印本 一册

110000－0143－0003112 SG48/957
蕉畦存稿不分卷 （清）王敔撰 清乾隆七年（1742）王嘉怡、王生范刻本 二册

110000－0143－0003113 SG48/972
後村雜著三卷 （清）王文治撰 清康熙四十七年（1708）挹香居刻本 三册

110000－0143－0003114 SG48/975
秋錦山房集二十二卷目錄二卷 （清）李良年撰 清康熙三十五年（1696）李潮偕刻乾隆二十四年（1759）金壽彭、金德與續刻本 十册

110000－0143－0003115 SG48/981
陸密菴文集二十卷錄餘二卷詩集十二卷 （清）陸求可撰 （清）王霖校梓 清康熙二十年（1681）思過堂刻本 六册

110000－0143－0003116　SG48/983
潛菴先生遺稿五卷　(清)湯斌撰　清康熙刻本　四册

110000－0143－0003117　SG48/1012
唐堂集五十卷續集八卷補遺二卷附冬録一卷　(清)黄之雋撰　清乾隆刻本　十二册

110000－0143－0003118　SG48/1015
改亭集十六卷改亭詩集六卷　(清)計東撰　(清)汪琬選輯　清乾隆十三年(1748)計氏讀書樂園刻本　六册

110000－0143－0003119　SG48/1020－1
檮壽山房輯藁六卷　(清)史致儼撰　清道光二十七年(1847)王永元刻本　四册

110000－0143－0003120　SG48/1029
松皐文集十二卷　(清)毛際可撰　(清)張希良　(清)毛先舒評　清康熙十五年(1676)刻本　四册

110000－0143－0003121　SG48/1031
果堂集十二卷附録一卷　(清)沈彤撰　清乾隆十九年至六十年(1754－1795)刻本　六册　缺一卷(附録一卷)

110000－0143－0003122　SG48/1041
華陽散稿二卷　(清)史震林撰　清乾隆三十二年(1767)松槐書屋刻本　四册

110000－0143－0003123　SG48/1042
南谿偶刊四卷　(清)鄭性撰　清乾隆七年(1742)鄭性刻本　六册

110000－0143－0003124　SG48/1044
迂齋學古編四卷　(清)法坤宏撰　清乾隆三十九年(1774)海上廬刻本　二册

110000－0143－0003125　SG48/1045
固哉草亭文集二卷補遺一卷詩集四卷　(清)高斌撰　清乾隆二十四年(1759)高恒刻本　四册

110000－0143－0003126　SG48/1049
恩餘堂經進初藁十二卷續藁二十二卷三藁十一卷策問存課二卷知聖道齋讀書跋尾二卷　(清)彭元瑞撰　清乾隆至嘉慶南昌彭氏刻本　十册

110000－0143－0003127　SG48/1051
生香書屋詩集七卷文集四卷恩光集一卷　(清)陳浩撰　清乾隆三十六年至六十年(1771－1795)刻本　四册　存四卷(文集四卷)

110000－0143－0003128　SG48/1054
味蓼初藁一卷　(清)毛燧傳撰　清嘉慶刻本　四册

110000－0143－0003129　SG48/1078
在陸草堂文集六卷　(清)儲欣撰　清雍正元年(1723)儲掌文刻本　五册

110000－0143－0003130　SG48/1088
黄梨洲先生南雷文約四卷　(清)黄宗羲撰　(清)鄭性訂　清乾隆七年至六十年(1742－1795)鄭性刻本　四册

110000－0143－0003131　SG48/1091－1
忠雅堂文集三十卷　(清)蔣士銓撰　清乾隆二十七年至六十年(1762－1795)刻本　六册

110000－0143－0003132　SG48/1092
硯樵山房文藁不分卷　(清)董文渙撰　清同治四年(1865)稿本　一册

110000－0143－0003133　SG48/1095
秋水集十六卷　(清)馮如京撰　清乾隆五年(1740)清暉堂刻本　八册

110000－0143－0003134　SG48/1112
旭華堂文集十四卷補遺一卷續編一卷　(清)王奐曾撰　(清)何百可輯　清乾隆十六年(1751)趙熟典刻本　十二册

110000－0143－0003135　SG48/1147
西堂全集四種一百三十三卷附一種六卷　(清)尤侗撰　清康熙刻本　十六册

110000－0143－0003136　SG48/1163
尋古齋文集四卷詩集二卷　(清)李繼聖撰　清乾隆尋古齋刻本　六册

110000－0143－0003137　SG48/1186

西澗草堂全集十六卷 (清)閻循觀撰 清乾隆三十八年(1773)閻循霦刻本 四冊 缺二卷(鈍齋詩集二卷)

110000－0143－0003138 SG48/1205
獨學廬初稿八卷二稿三卷三稿五卷外集一卷 (清)石韞玉撰 清嘉慶石韞玉刻本 八冊

110000－0143－0003139 SG48/1212
綠蘿山莊文集二十四卷詩集三十三卷 (清)胡浚撰注 清乾隆二十一年至二十七年(1756－1762)胡氏綠蘿山莊刻本 二十四冊

110000－0143－0003140 SG48/1222
敦艮齋遺書不分卷 (清)徐潤第撰 清道光十九年(1839)徐繼畬退思書屋抄校本 四冊

110000－0143－0003141 SG48/1223
松泉詩集二十六卷文集二十二卷 (清)汪由敦撰 清乾隆汪承霈刻本 十八冊

110000－0143－0003142 SG48/1225
紫竹山房詩集十二卷文集二十卷 (清)陳兆崙撰 **陳兆崙年譜一卷** (清)陳玉繩撰 清乾隆刻本 十四冊

110000－0143－0003143 SG48/1236
儲遯菴文集十二卷附錄一卷 (清)儲方慶撰 (清)儲欣評 清康熙四十一年(1702)儲右文等刻道光印本 六冊

110000－0143－0003144 SG48/1241
遂初堂詩集十六卷文集二十卷別集四卷 (清)潘耒撰 清康熙四十九年(1710)刻雍正增刻本 九冊 存三十六卷(遂初堂詩集一至八、十三至十六,文集二十卷,別集四卷)

110000－0143－0003145 SG48/1273
唐堂集五十卷續集八卷補遺二卷附冬錄一卷 (清)黃之雋撰 清乾隆刻本 十冊

110000－0143－0003146 SG48/1285/A
存素堂文集四卷 (清)法式善撰 清嘉慶十二年(1807)程邦瑞刻本 三冊

110000－0143－0003147 SG48/1285/B
存素堂文續集三卷 (清)法式善撰 清嘉慶十六年(1811)程邦瑞刻本 一冊

110000－0143－0003148 SG48/1289
孫文定公全集十三卷 (清)孫嘉淦撰 清乾隆至嘉慶孫鑄敦和堂刻本 十二冊

110000－0143－0003149 SG48/1293
子仙文鈔二卷詩鈔八卷拜玉詞二卷 (清)李福撰 清道光三年(1823)百花盦刻本 八冊

110000－0143－0003150 SG48/1296
思無邪齋集二十卷 (清)何夢篆撰 清乾隆刻本 六冊

110000－0143－0003151 SG48/1297
四照堂文集五卷 (清)王猷定撰 清康熙二十三年(1684)王玑刻本 八冊

110000－0143－0003152 SG48/1305
百尺梧桐閣集十六卷錦瑟詞一卷文一卷 (清)汪懋麟撰 清康熙十七年(1678)汪懋麟刻本 四冊

110000－0143－0003153 SG48/1360
不自棄亭文集八卷 (清)黃道泰撰 清雍正十年(1732)刻本 十二冊

110000－0143－0003154 SG48/1361
天中許子政學合一集三卷續集二卷讀禮偶見二卷 (清)許三禮撰 清康熙十六年(1677)後刻光緒補刻本 十冊

110000－0143－0003155 SG48/1367
安序堂文鈔三十卷 (清)毛際可撰 (清)林雲銘 (清)嚴允肇評 清康熙二十八年至四十七年(1689－1708)刻本 十六冊

110000－0143－0003156 SG48/1369
南谿偶刊五卷 (清)鄭性撰 清乾隆八年(1743)鄭性寫刻本 七冊 缺一卷(臺遊日記一卷)

110000－0143－0003157 SG48/1371
孫芷鄉集十一卷首一卷 (清)孫承恩撰 清嘉慶元年(1796)刻本 四冊

110000－0143－0003158 SG48/1380
詩禮堂古文五卷 (清)王又樸撰 清乾隆十

九年(1754)自刻本　四冊

110000－0143－0003159　SG48/1398
陶廬雜錄六卷　(清)法式善撰　清嘉慶二十二年(1817)刻本　六冊

110000－0143－0003160　SG48/1398
存素堂詩文集四卷存素堂文續集二卷　(清)法式善撰　清嘉慶十二年至十六年(1807－1811)程邦瑞刻本　四冊

110000－0143－0003161　SG48/1398
存素堂詩稿二卷　(清)法式善撰　清嘉慶十六年(1811)程邦瑞刻本　一冊

110000－0143－0003162　SG48/1398
存素堂詩初集錄存二十四卷二集八卷續集一卷詩稿二卷　(清)法式善撰　清嘉慶王墉刻本　十冊

110000－0143－0003163　SG48/1400
已山先生文集十卷別集四卷　(清)王步青撰　清乾隆敦復堂刻本　三冊　存十卷(已山先生文集十卷)

110000－0143－0003164　SG48/1401
王石和文七卷　(清)王珻撰　清雍正王珻培風齋刻本　四冊

110000－0143－0003165　SG48/1421
直養書屋文集一卷續集一卷　(清)白世珍撰　清抄本　一冊

110000－0143－0003166　SG48/1435
艾陵文鈔十六卷詩鈔二卷　(清)雷士俊撰　清康熙雷毅莘樂草堂刻本　五冊

110000－0143－0003167　SG48/1437
蓮峰文選二卷詩選二卷　(清)閻廷玠撰　(清)趙熟典選　清乾隆四十年(1775)刻本　二冊

110000－0143－0003168　SG48/1446
葆淳閣集二十四卷易說二卷　(清)王杰撰　**王文端公年譜一卷**　(清)阮元撰　清嘉慶二十年至二十一年(1815－1816)刻本　十二冊

110000－0143－0003169　SG48/1451
五公山人集十六卷　(清)王餘佑撰　(清)李興祖編　清康熙三十四年(1695)李興祖枕釣齋刻本　五冊

110000－0143－0003170　SG48/1453
鼠餘集十二卷　(清)□□撰　清乾隆十二年至六十年(1747－1795)謄清稿本　十二冊

110000－0143－0003171　SG48/1457
杲堂文鈔六卷詩鈔七卷　(清)李鄴嗣撰　清康熙十七年至六十一年(1678－1722)刻本　十冊

110000－0143－0003172　SG48/1460
欣然堂集十卷　(清)陶孚尹撰　清康熙五十一年(1712)陶士銓刻本　四冊

110000－0143－0003173　SG48/1461
半舫齋古文八卷　(清)夏之蓉撰　清乾隆三十六年(1771)刻本　四冊

110000－0143－0003174　SG48/1465/A
鳳池園文集八卷詩集八卷　(清)顧汧撰　清康熙五十年至五十一年(1711－1712)顧楷仁刻本　四冊

110000－0143－0003175　SG48/1470
天問閣文集□□卷　(清)李長祥撰　清康熙刻本　五冊　存十一卷(二至四、六、九至十一、十六至十九)

110000－0143－0003176　SG48/1481
大觀堂文集二十二卷首一卷　(清)余縉撰　清康熙三十八年(1699)諸暨余氏刻本　十四冊

110000－0143－0003177　SG48/1485
吳徵君蓮洋詩鈔不分卷　(清)吳雯撰　(清)蘇爾詒　(清)劉贄參訂　清乾隆三十二年(1767)蘇爾詒、劉贄刻本　四冊

110000－0143－0003178　SG48/1488
問字堂集六卷　(清)孫星衍撰　清乾隆五十九年(1794)蘭陵孫氏刻本　二冊

110000－0143－0003179　SG48/1489
鹿洲初集二十卷　(清)藍鼎元撰　(清)曠敏

本評　清雍正十年至十三年(1732－1735)藍謙刻光緒重刻本　八册

110000－0143－0003180　SG48/1491
養一齋文集二十卷文集補遺一卷文集續編六卷詩集八卷　(清)李兆洛撰　清道光二十三年(1843)維風堂木活字印本　十二册

110000－0143－0003181　SG410/10
中山詩話一卷　(宋)劉攽撰　(明)毛晉訂　明崇禎毛晉汲古閣刻本　一册

110000－0143－0003182　SG410/10
竹坡詩話一卷　(宋)周紫芝撰　(明)毛晉訂　明崇禎毛晉汲古閣刻本　一册

110000－0143－0003183　SG410/10
續詩話一卷　(宋)司馬光撰　(明)毛晉訂　明崇禎毛晉汲古閣刻本　一册

110000－0143－0003184　SG410/1－4
文心雕龍十卷　(南朝梁)劉勰撰　(清)黄叔琳輯注　清乾隆六年(1741)黄氏養素堂刻本　四册

110000－0143－0003185　SG410/18
讀書後八卷　(明)王世貞撰　清乾隆二十一年(1756)木活字印本　四册

110000－0143－0003186　SG410/1－8
文心雕龍十卷　(南朝梁)劉勰撰　(清)黄叔琳輯注　清乾隆六年(1741)黄氏養素堂刻本　二册

110000－0143－0003187　SG410/1－9
楊升菴先生批點文心雕龍十卷　(南朝梁)劉勰撰　(明)梅慶生音注　(明)楊慎批點　明萬曆三十七年(1609)梅慶生刻天啓二年(1622)重刻本　四册

110000－0143－0003188　SG410/21
柳亭詩話三十卷　(清)宋長白撰　清康熙四十六年(1707)天苗園刻本　八册

110000－0143－0003189　SG410/21A
柳亭詩話三十卷　(清)宋長白撰　清康熙四十六年(1707)天苗園刻本　八册

110000－0143－0003190　SG410/26
漁隱叢話前集六十卷後集四十卷　(宋)胡仔纂集　清乾隆五年至六年(1740－1741)楊佑啓耘經樓刻本　十册

110000－0143－0003191　SG410/26－5
漁隱叢話前集六十卷後集四十卷　(宋)胡仔纂集　清乾隆五年至六年(1740－1741)楊佑啓耘經樓刻本　十二册

110000－0143－0003192　SG410/26A
漁隱叢話前集六十卷後集四十卷　(宋)胡仔纂集　清乾隆五年至六年(1740－1741)楊佑啓耘經樓刻本　十册

110000－0143－0003193　SG410/26B
漁隱叢話前集六十卷後集四十卷　(宋)胡仔纂集　清乾隆五年至六年(1740－1741)楊佑啓耘經樓刻本　十册

110000－0143－0003194　SG410/28
五代詩話十卷　(清)王士禛輯　(清)鄭方坤刪補　清乾隆十九年(1754)杞菊軒刻本　六册

110000－0143－0003195　SG410/31
全唐詩話八卷　(宋)尤袤輯　(清)孫濤續輯　清乾隆三十九年(1774)孫濤清芬堂刻本　四册

110000－0143－0003196　SG410/39－2
詩人玉屑二十卷　(宋)魏慶之輯　清順治元年至康熙二十年(1644－1681)處順堂刻本　八册

110000－0143－0003197　SG410/39－2
詩人玉屑二十卷　(宋)魏慶之輯　清順治元年至康熙二十年(1644－1681)處順堂刻本　六册

110000－0143－0003198　SG410/40
藝苑名言八卷　(清)蔣瀾輯　清乾隆四十年(1775)蔣瀾懷谷軒刻本　三册　缺二卷(七至八)

110000－0143－0003199　SG410/65

而菴說唐詩二十二卷首一卷　(清)徐增述　清康熙五年至十五年(1666－1676)九誥堂刻乾隆二十三年(1758)文茂堂印本　十册

110000－0143－0003200　SG410/67
文章練要左傳評十卷　(清)王源評訂　清雍正王氏居業堂刻本　四册

110000－0143－0003201　SG410/69
詩譚十卷詩譚續録一卷　(明)葉廷秀輯評　明崇禎八年(1635)胡正言十竹齋刻本　六册

110000－0143－0003202　SG410/71
六朝選詩定論十八卷　(清)吴淇撰　清康熙八年(1669)陳君錫、華玉森刻本　六册

110000－0143－0003203　SG410/74
小石帆亭著録六卷　(清)翁方綱撰　清乾隆五十七年(1792)刻本　二册

110000－0143－0003204　SG410/82
説詩樂趣類編二十卷　(清)伍涵芬輯　清康熙四十年(1701)華日堂刻本　十册

110000－0143－0003205　SG410/89
説詩樂趣類編二十卷　(清)伍涵芬輯　清康熙四十年(1701)華日堂刻本　六册

110000－0143－0003206　SG410/9－1
歷代詩話二十七種五十七卷考索一卷　(清)何文焕編　清乾隆三十五年(1770)刻嘉慶重刻本　二十四册

110000－0143－0003207　SG410/92
唐詩紀事八十一卷　(宋)計有功撰　明嘉靖二十四年(1545)張子立刻本　二十册

110000－0143－0003208　SG410/95
斯文規範八卷　(清)王茂修撰　清康熙五十九年至六十年(1720－1721)步月樓刻文茂堂印本　四册

110000－0143－0003209　SG410/111
王文簡公論七言古體平仄一卷　(清)王士禛撰　(清)王鏡沚編　清乾隆五十七年(1792)刻本　一册

110000－0143－0003210　SG410/126
古今詩話選雋二卷　(清)盧衍仁手録　清乾隆四十五年(1780)刻本　二册

110000－0143－0003211　SG410/1－3
文心雕龍十卷　(南朝梁)劉勰撰　(清)黄叔琳輯注　清乾隆六年(1741)黄氏養素堂刻本　四册

110000－0143－0003212　SG410/132
文心雕龍訓故十卷　(明)王惟儉訓　明萬曆三十九年(1611)刻本　四册

110000－0143－0003213　SG410/133
杜律啓蒙十二卷　(清)邊連寶集注　清乾隆四十二年(1777)刻本　六册

110000－0143－0003214　SG410/133
杜律啓蒙十二卷　(清)邊連寶集注　清乾隆四十二年(1777)刻本　六册

110000－0143－0003215　SG410/134
新刻增補藝苑卮言十六卷　(明)王世貞撰　明萬曆十七年(1589)樵雲書舍刻本　八册

110000－0143－0003216　SG410/139
聲調譜説二卷　(清)吴紹澯纂訂　清嘉慶二年(1797)歙縣吴氏刻本　二册

110000－0143－0003217　SG410/145
漁洋山人詩問二卷附然燈記聞律詩定體一卷　(清)王士禛撰　(清)王祖肅校　(清)何世璂述　清乾隆二十二年至六十年(1757－1795)刻本　一册

110000－0143－0003218　SG410/164
帶經堂詩話三十卷首一卷　(清)王士禛撰　(清)張宗柟輯　清乾隆二十七年(1762)刻本　八册

110000－0143－0003219　SG410/270
詩藪内編六卷外編六卷雜編六卷續編二卷　(明)胡應麟撰　明萬曆四十六年(1618)江湛然刻少室山房四集本　四册

110000－0143－0003220　SG411./7－1
詞苑叢談十二卷　(清)徐釚編輯　清康熙二十七年(1688)丁煒刻本　六册

110000－0143－0003221　SG411./8
珂雪詞二卷補遺一卷　(清)曹貞吉撰　清康熙十五年(1676)刻本　二册

110000－0143－0003222　SG411./8－1
絕妙好詞箋七卷　(宋)周密原輯　(清)查為仁　(清)厲鶚箋　清乾隆十五年(1750)查氏澹宜書屋刻本　四册

110000－0143－0003223　SG411./8－2/A
絕妙好詞箋七卷　(宋)周密原輯　(清)查為仁　(清)厲鶚箋　**續鈔二卷**　(清)徐楙續抄　清道光八年至九年(1828－1829)徐楙刻本　三册

110000－0143－0003224　SG411./8－5
絕妙好詞箋七卷　(宋)周密原輯　(清)查為仁　(清)厲鶚箋　清乾隆十五年(1750)查氏澹宜書屋刻本　二册

110000－0143－0003225　SG411./17
淮海詞一卷　(宋)秦觀撰　明崇禎毛氏汲古閣刻本　一册

110000－0143－0003226　SG411./25
山中白雲詞八卷　(宋)張炎撰　清康熙六十一年(1722)曹炳曾刻乾隆元年(1736)重刻珍藝堂印本　二册

110000－0143－0003227　SG411./31－1
詞綜三十六卷　(清)朱彝尊輯　(清)汪森增輯　清康熙十七年(1678)汪氏裘杼樓刻三十年(1691)增刻本　六册

110000－0143－0003228　SG411./31－2
詞綜三十卷　(清)朱彝尊輯　(清)汪森增輯　清康熙十七年(1678)汪氏裘杼樓刻本　十二册

110000－0143－0003229　SG411./31－3
詞綜三十六卷　(清)朱彝尊輯　(清)汪森增輯　清乾隆九年(1744)汪氏碧梧書屋重刻本　六册

110000－0143－0003230　SG411./49
新編南詞定律十三卷首一卷　(清)呂士雄撰　(清)徐應龍重校　清康熙五十九年(1720)香芸閣刻朱墨套印本　八册

110000－0143－0003231　SG411./50
納書楹曲譜正集四卷續集四卷補遺四卷外集二卷玉茗堂四夢曲譜八卷　(清)葉堂訂譜　(清)王文治參訂　清乾隆五十七年至五十九年(1792－1794)葉堂納書楹刻本　十八册

110000－0143－0003232　SG411./66
合諸名家評註三蘇文定十八卷　(明)楊慎原選　(明)李維禎評註　明崇禎五年(1632)刻本　十六册

110000－0143－0003233　SG411./72
知足知不足齋詞存不分卷　(清)寶琳撰　清道光寶琳寫本　一册

110000－0143－0003234　SG411./163
詩餘圖譜三卷　(明)張綖輯　明崇禎八年(1635)王象晉刻本　三册

110000－0143－0003235　SG411.1/9
花菴絕妙詞選十卷　(宋)黃昇輯　明末毛氏汲古閣刻本　三册

110000－0143－0003236　SG411.1/10
笠翁傳奇十二種曲二十四卷　(明)湯顯祖　(清)李漁撰　清康熙大知堂刻經術堂印本　四十八册

110000－0143－0003237　SG411.1/14－1
詞林紀事二十二卷　(清)張宗橚緝　**樂府指迷一卷**　(宋)張炎撰　**詞旨一卷**　(宋)陸韶撰　**詞韻考略一卷**　(清)許昂霄撰　清乾隆四十四年(1779)張嘉穀樂是廬刻嘉慶三年(1798)陳敬銘印本　八册

110000－0143－0003238　SG411.1/15－2
詞律二十卷　(清)萬樹論次　清康熙二十六年(1687)萬樹堆絮園刻蘇州掃葉山房印本　二十二册

110000－0143－0003239　SG411.1/24
宋名家詞六十一種九十卷　(明)毛晉編　明崇禎毛氏汲古閣刻本　十五册　缺二種二卷

（東坡集一卷、山谷集一卷）

110000－0143－0003240　SG411.1/24－1、SG411.1/10

宋名家詞六十一種九十卷　（明）毛晉編　明崇禎毛氏汲古閣刻本　五册　存三十種五十三卷（稼軒詞四卷，惜香樂府十卷，西樵語業一卷，竹屋癡語一卷，夢窓甲藁一卷、乙藁一卷、丙藁一卷、丁藁一卷、絕筆一卷、補遺一卷，蘆川詞一卷，于湖詞三卷，洺水詞一卷，歸愚詞一卷，龍洲詞一卷，初寮詞一卷，龍川詞一卷、補一卷，姑溪詞一卷，友古詞一卷，海野詞一卷，逃禪詞一卷，空同詞一卷，介菴詞一卷，平齋詞一卷，文溪詞一卷，丹陽詞一卷，嬾窟詞一卷，克齋詞一卷，芸窗詞一卷，片玉詞二卷、補遺一卷，梅溪詞一卷，白石詞一卷，石林詞一卷，酒邊詞二卷，小山詞一卷）

110000－0143－0003241　SG411.1/26

瑤華集二十二卷附二卷詞人姓氏爵里表一卷　（清）蔣景祁輯　清康熙二十五年（1686）刻本　十二册

110000－0143－0003242　SG411.1/75

一笠菴北詞廣正譜十八卷附南戲北詞正謬一卷　（清）徐慶卿撰　（清）李玄玉更定　清康熙刻本　八册

110000－0143－0003243　SG411.1/75A

一笠菴北詞廣正譜十八卷附南戲北詞正謬一卷　（清）徐慶卿撰　（清）李玄玉更定　清康熙刻本　六册

110000－0143－0003244　SG411.1/82

汲古閣詞四種四卷　（明）毛晉輯　明崇禎毛氏汲古閣刻本　六册

110000－0143－0003245　SG411.1/106

定峰樂府十卷甲子年定峰山左雜詠一卷附諸公論樂府書一卷　（清）沙張白撰　（清）曹禾評　清康熙刻嘉慶印本　一册

110000－0143－0003246　SG411.1/106

定峰樂府十卷甲子年定峰山左雜詠一卷附諸公論樂府書一卷　（清）沙張白撰　（清）曹禾評　清康熙刻嘉慶印本　四册

110000－0143－0003247　SG411.1/112

一笠菴北詞廣正譜十八卷附南戲北詞正謬一卷　（清）徐慶卿撰　（清）李玄玉更定　清康熙刻本　六册

110000－0143－0003248　SG411.1/163

彈指詞二卷　（清）顧貞觀撰　（清）顧開陸（清）顧鍾珦校錄　清乾隆十八年（1753）刻四十九年（1784）積書巖印本　二册

110000－0143－0003249　SG411.1/168

三家宮詞三卷　（明）毛晉輯　明末毛氏綠君亭刻本　一册

110000－0143－0003250　SG411.1/168

二家宮詞二卷　（明）毛晉輯　明末毛氏綠君亭刻本　與110000－0143－0003249合册

110000－0143－0003251　SG411.1/182

選聲集三卷詞韻簡一卷　（清）吳琦輯　清初大來堂刻本　二册

110000－0143－0003252　SG411.1/198

新刻註釋草堂詩餘評林六卷　（明）李廷機批評　（明）翁正春校正　明萬曆二十三年（1595）鄭世豪宗文書堂刻本　六册

110000－0143－0003253　SG411.1/223

納書楹曲譜正集四卷續集四卷補遺四卷外集二卷玉茗堂四夢曲譜八卷　（清）葉堂訂譜（清）王文治參訂　清乾隆五十七年至五十九年（1792－1794）葉堂納書楹刻本　三册

110000－0143－0003254　SG411.1/245

浙西六家詞十一卷　（清）龔翔麟編　清康熙十七年至六十一年（1678－1722）錢唐龔氏玉玲瓏閣刻本　八册

110000－0143－0003255　SG411.1/250

類選箋釋草堂詩餘六卷　（明）顧從敬類選（明）陳仁錫參訂　**類選箋釋續選草堂詩餘二卷類編箋釋國朝詩餘五卷**　（明）錢允治箋釋（明）陳仁錫參訂　明萬曆四十二年（1614）刻本　二册　缺二種七卷（類選箋釋續選草

堂詩餘二卷、類編箋釋國朝詩餘五卷）

110000－0143－0003256　SG411.1/250－1
草堂詩餘四卷　（宋）何士信輯　（明）武陵逸史編　明崇禎毛晉汲古閣刻清乾隆十七年（1752）曲溪洪振珂印本　四册

110000－0143－0003257　SG411.1/261
樂府新編陽春白雪前集五卷後集五卷　（元）楊朝英輯　清光緒三十一年（1905）馬韻芬抄本　二册

110000－0143－0003258　SG411.1/266
新鐫古今大雅北宫詞紀六卷　（明）陳所聞輯　明萬曆三十二年（1604）陳氏繼志齋刻本　六册

110000－0143－0003259　SG411.1/266
新鐫古今大雅南宫詞紀六卷　（明）陳所聞輯　明萬曆三十三年（1605）陳氏繼志齋刻本　六册

110000－0143－0003260　SG411.1/268
嘯餘譜十一卷　（明）程明善輯　（明）張漢重訂　清康熙元年（1662）刻本　九册　存九卷（一至九）

110000－0143－0003261　SG411.1/270
吴歈萃雅四卷　（明）周之標輯　（明）隱之道民校點　明萬曆四十四年（1616）刻本　八册

110000－0143－0003262　SG411.1/272
詞譜四十卷　（清）王奕清編　清康熙五十四年（1715）内府刻朱墨套印本　二十册

110000－0143－0003263　SG411.1/274
四明近體樂府十四卷附一卷　（清）袁鈞譔集　（清）周世緒撰　清嘉慶二十三年（1818）刻本　四册

110000－0143－0003264　SG411.2/7－3
吴吴山三婦合評牡丹亭還魂記二卷附録一卷　（明）湯顯祖撰　（明）陳同　（明）談則評點　（明）錢宜參評　**或問一卷**　（清）錢儀一撰　清康熙三十三年（1694）刻夢園印本　二册

110000－0143－0003265　SG411.2/13
成裕堂繪像第七才子書六卷　（元）高明撰　（清）毛宗崗評　清雍正十三年（1735）刻本　六册

110000－0143－0003266　SG411.2/16
紅雪樓九種曲十三卷　（清）蔣士銓撰　清乾隆蔣士銓紅雪樓刻本　十二册

110000－0143－0003267　SG411.2/19
異方便淨土傳燈歸元鏡三祖實録二卷　（清）釋智達拈頌　（清）釋德日閱録　清初刻本　四册

110000－0143－0003268　SG411.2/43
山水隣新鐫出像四大癡傳奇不分卷　（明）李逢時撰　清初刻本　一册

110000－0143－0003269　SG411.2/54－1
繡刻演劇六十種曲一百二十卷　（明）毛晉輯　明末毛氏汲古閣刻本　二百十六册

110000－0143－0003270　SG411.2/54－5
六十種曲一百二十卷　（明）毛晉輯　明末毛氏汲古閣刻本　二百册　缺五種十卷（灌園記二卷、種玉記二卷、雙烈記二卷、獅吼記二卷、義俠記二卷）

110000－0143－0003271　SG411.2/61
半夜雷轟薦福碑雜劇一卷　（元）馬致遠撰　（明）臧懋循校　明萬曆吴興臧氏刻本　一册

110000－0143－0003272　SG411.2/63
笠翁傳奇十種二十卷　（清）李漁編次　（清）樸齋主人批評　清康熙元年至二十年（1662－1681）刻本　十册　存十卷（風箏誤傳奇二卷、蜃中樓傳奇二卷、意中緣傳奇二卷、慎鸞交傳奇二卷、玉搔頭傳奇二卷）

110000－0143－0003273　SG411.2/63
蜃中樓傳奇二卷　（清）李漁編次　（清）壘菴居士批評　清康熙元年至二十年（1662－1681）刻本　二册

110000－0143－0003274　SG411.2/63
玉搔頭傳奇二卷　（清）李漁編次　（清）睡鄉

祭酒批評　清康熙元年至二十年(1662－1681)刻本　二册

110000－0143－0003275　SG411.2/63
奈何天傳奇二卷　(清)李漁編次　(清)紫珍道人批評　清康熙元年至二十年(1662－1681)刻本　一册

110000－0143－0003276　SG411.2/63
笠翁傳奇十種二十卷　(清)李漁編次　(清)樸齋主人批評　清康熙元年至二十年(1662－1681)刻本　九册　存九卷(玉搔頭傳奇二卷、蜃中樓傳奇二卷、巧團圓傳奇二卷、慎鸞交傳奇上、鳳求凰傳奇上、奈何天傳奇下)

110000－0143－0003277　SG411.2/70
湯義仍先生南柯夢記二卷　(明)湯顯祖撰　明崇禎玉茗堂刻本　二册

110000－0143－0003278　SG411.2/71
新刻出像點板時尚崑腔雜曲醉怡情八卷　(清)菰蘆釣叟輯　清初致和堂刻本　十册

110000－0143－0003279　SG411.2/89
惺齋五種十卷續編二卷　(清)夏綸撰　(清)徐夢元評　清乾隆十八年(1753)夏綸世光堂刻重刻本　十册　存五種十卷(無暇璧傳奇二卷、杏花村傳奇二卷、瑞筠圖傳奇二卷、廣寒梯傳奇二卷、南陽樂傳奇二卷)

110000－0143－0003280　SG411.2/91
念八翻傳奇二卷　(清)萬樹撰　(清)吕洪烈題評　清康熙十八年(1679)粲花別墅刻本　四册

110000－0143－0003281　SG411.2/93
紅梨記二卷　(明)徐復祚撰　清刻本　二册

110000－0143－0003282　SG411.2/94
四聲猿四卷　(明)徐渭撰　(明)澂道人評　明末刻本　二册

110000－0143－0003283　SG411.2/98
㑳梅香騙翰林風月雜劇一卷　(元)鄭德輝撰　(明)臧懋循輯　明萬曆吳興臧氏刻本　一册

110000－0143－0003284　SG51/2－1
雅雨堂叢書十三種一百三十八卷　(清)盧見曾輯　清乾隆二十一年至二十五年(1756－1760)盧氏雅雨堂刻本　二十二册

110000－0143－0003285　SG51/2－1、SG311.3/106
雅雨堂叢書十三種一百三十八卷　(清)盧見曾輯　清乾隆二十一年至二十五年(1756－1760)盧氏雅雨堂刻本　二十二册

110000－0143－0003286　SG51/12
學津討原二十集一百七十五種一千六十二卷　(清)張海鵬編　清嘉慶十年(1805)張氏照曠閣刻本　四百五十一册　缺十種四十四卷(續宋編年資治通鑑十五卷,宋季三朝政要六卷,開天傳信記一卷,杜陽雜編三卷,甘澤謠一卷、附錄一卷,劇談錄二卷,前定錄一卷、續錄一卷,稽神錄六卷、拾遺一卷,湘山野錄三卷、續錄一卷,古文參同契三相類集解二卷)

110000－0143－0003287　SG51/16－3
漢魏叢書三十五種二百八卷　(明)程榮輯　明萬曆二十年(1592)程榮刻本　二十四册

110000－0143－0003288　SG51/44－1
尚白齋鐫陳眉公訂正秘笈二十一種四十九卷　(明)陳繼儒編　明萬曆三十四年(1606)沈氏尚白齋刻本　二十册

110000－0143－0003289　SG51/86
昭代叢書甲集五十卷乙集四十卷　(清)張潮輯　清康熙刻本　三十二册　缺二卷(甲集一帙一至二)

110000－0143－0003290　SG51/86
檀几叢書五十卷二集五十卷餘集二卷附政一卷　(清)王晫　(清)張潮輯　清康熙三十四年至三十六年(1695－1697)王氏霞舉堂刻本　二十六册

110000－0143－0003291　SG51/107－2
南唐書三十卷　(宋)馬令編　(明)陳繼儒訂　**南唐近事三卷**　(宋)鄭文寶編　(明)陳繼儒訂　明末刻本　二册

110000－0143－0003292　SG51/107－5
兩漢紀六十卷附字句異同考一卷　(清)蔣國祚輯　清康熙三十五年(1696)蔣氏三樂堂刻五十年(1711)郎廷極印本　十册

110000－0143－0003293　SG51/122－1
津逮祕書十五集一百四十八種七百五十四卷　(明)毛晉輯　明崇禎毛氏汲古閣刻本　一百七十册

110000－0143－0003294　SG51/145－1
兩京遺編十二種七十三卷　(明)胡維新輯　明萬曆十年(1582)刻本　十九册

110000－0143－0003295　SG51/151－1
士禮居黃氏叢書二十種　(清)黃丕烈編　清嘉慶至道光黃氏士禮居刻本　四十册　缺四種四卷(梁公九諫一卷、夢境圖唱和詩集一卷、狀元會倡和詩集一卷、虎丘詩唱和詩集一卷)

110000－0143－0003296　SG51/156－1
叢睦汪氏遺書十九種一百四卷　(清)汪篁輯　清乾隆三十八年(1773)汪師韓刻本　二十册　存三十六卷(春星堂詩集十卷,韓門輟學五卷、續編一卷,上湖分類文編四卷,觀象居易傳箋十二卷,談書錄一卷,詩學纂聞一卷,上湖分類文編一卷,孝經約義一卷)

110000－0143－0003297　SG51/160－2
續百川學海十集一百四種一百十九卷　(明)吳永編　明刻本　十六册　缺四種五卷(毛詩草木鳥獸蟲魚疏二卷、江南野錄一卷、碧湖雜記一卷、名畫記一卷)

110000－0143－0003298　SG51/160－3
百川學海一百種一百七十九卷　(宋)左圭編　明弘治十四年(1501)補刻本　三十六册

110000－0143－0003299　SG51/201
楝亭藏書十二種六十九卷　(清)曹寅輯　清康熙四十五年(1706)揚州詩局刻本　十六册

110000－0143－0003300　SG51/271
德州田氏叢書一百十一卷　(清)田雯　(清)田同之撰　清康熙四十五年至乾隆十三年(1706－1748)田氏古歡堂彙印本　二十八册

110000－0143－0003301　SG51/279
燕禧堂五種十五卷　(清)任大椿撰　清乾隆五十二年至六十年(1787－1795)興化任氏刻本　五册

110000－0143－0003302　SG51/314
曹月川先生遺書八種十一卷　(明)曹端撰　明萬曆匯印本　九册

110000－0143－0003303　SG51/329
三國文二十卷　(明)張采輯　明崇禎十年(1637)刻本　十册

110000－0143－0003304　SG51/348
蘇雋五卷　(明)湯賓尹檢評　(明)王世元輯　明萬曆四十一年(1613)王世元刻本　七册

110000－0143－0003305　SG52/6
西河合集一百二十種四百九十七卷　(清)毛奇齡撰　清康熙二十五年至六十一年(1686－1722)書留草堂刻乾隆十年(1745)毛健印本　一百册

110000－0143－0003306　SG52/23－2
湯子遺書十卷　(清)湯斌撰　**附錄一卷**　(清)湯溥　(清)湯準等撰　**年譜一卷**　(清)王廷燦編輯　清康熙四十二年(1703)王廷燦刻本　十册　缺二卷(一至二)

110000－0143－0003307　SG52/23－3
湯子遺書十卷　(清)湯斌撰　**附錄一卷**　(清)湯溥　(清)湯準等撰　**年譜一卷**　(清)王廷燦編輯　清康熙四十二年(1703)王廷燦刻本　十二册

110000－0143－0003308　SG52/60
雲起堂集十六卷　(清)吳希哲撰　清順治刻本　四册

110000－0143－0003309　SG52/112
韓忠定公集四卷　(明)韓文撰　(明)喬因羽編　明萬曆八年(1580)喬因羽刻二十二年(1594)重印本　四册

110000－0143－0003310　SG52/116

吾學編十四篇六十九卷　(明)鄭曉撰　明萬曆二十七年(1599)鄭心材重校刻本　十二冊

110000－0143－0003311　SG52/132
午夢堂集十二種二十三卷　(明)葉紹袁編　明崇禎刻本　五冊　存七種十四卷(鸝吹二卷、附集一卷、鸝吹集梅花詩一卷,愁言一卷、芳雪軒附集一卷,返生香一卷、附集一卷,秦齋怨一卷,屺雁哀一卷,百旻遺草一卷、百旻草附集一卷,靈護集一卷、靈護附集一卷)

110000－0143－0003312　SG52/137
溉堂前集九卷後集六卷續集六卷文集五卷詩餘二卷　(清)孫枝蔚撰　清康熙刻康熙六十年(1721)增刻本　十六冊

110000－0143－0003313　SG52/142
黄梨洲先生集五種二十一卷附一種一卷　(清)黄宗羲撰　清康熙西爽堂刻本　四冊

110000－0143－0003314　SG52/163
王漁洋遺書三十八種二百七十三卷　(清)王士禛撰并輯　清康熙吴郡沂詠堂、王氏家塾等刻本　六十五冊　缺四十七卷(香祖筆記十二卷、漁洋詩話三卷、阮亭選古詩五言詩十七卷、七言詩十五卷)

110000－0143－0003315　SG52/163
王漁洋遺書三十八種二百七十三卷　(清)王士禛撰并輯　清康熙吴郡沂詠堂、王氏家塾等刻本　八十一冊　缺六種五十三卷(古懽錄八卷,古夫于亭雜錄五卷,漁洋詩話三卷,阮亭選古詩五言詩十七卷、七言詩十五卷,唐賢三昧集三卷,徐詩二卷)

110000－0143－0003316　SG52/163－1/48
漁洋山人文略十四卷　(清)王士禛撰并輯　清康熙刻本　五冊

110000－0143－0003317　SG52/168
尚白齋鐫陳眉公寶顔堂秘笈十七種四十九卷　(明)陳繼儒撰　明萬曆三十四年(1606)繡水沈氏尚白齋刻本　八冊　缺一種十卷(寶顔堂增訂讀書鏡十卷)

110000－0143－0003318　SG52/189
清吟堂全集十五種七十七卷　(清)高士奇撰　清康熙十二年至三十九年(1673－1700)高士奇朗潤堂刻本　九冊　缺六種四十卷(城北集八卷、歸田集十四卷、獨旦集八卷、苑西集五至十二、竹窗詞一卷、蔬香詞一卷)

110000－0143－0003319　SG52/201
錢文敏公全集三種三十卷　(清)錢維城撰　(清)錢維屏　(清)錢維喬編次　清乾隆四十一年(1776)武進錢氏刻本　八冊

110000－0143－0003320　PG11/1
宋本十三經注疏併經典釋文校勘記二百四十五卷　(清)阮元校勘　清嘉慶十三年(1808)揚州阮氏文選樓刻本　四十八冊　缺二種(孟子注疏校勘記十四、音義校勘記)

110000－0143－0003321　PG11/1
宋本十三經注疏併經典釋文校勘記二百四十五卷　(清)阮元校勘　清咸豐至宣統刻本　二十六冊　存三種(毛詩二十卷、春秋經傳集解三十卷、禮記)

110000－0143－0003322　PG11/1
宋本十三經注疏附校勘記四百十六卷　(清)阮元校勘　清嘉慶十三年(1808)刻本　十二冊

110000－0143－0003323　PG11/1－3
十三經注疏附校勘記四百十六卷　(清)阮元校勘　清同治十三年(1874)湖南書局刻本　一百九十冊　缺十卷(毛詩注疏四至十三)

110000－0143－0003324　PG11/1－3
十三經注疏三百三十三卷　(清)阮元撰　清嘉慶三年(1798)金閶蘇州書業堂刻本　一百六十冊

110000－0143－0003325　PG11/1－6
宋本十三經注疏附校勘記四百十六卷　(清)阮元校勘　(清)盧宣旬摘錄　清光緒十三年(1887)上海脈望仙館石印本　一冊　存二種五十八卷(論語注疏解經二十卷、附論語注疏校勘記二十卷,孝經注疏九卷、附孝經注疏校勘記九卷)

110000－0143－0003326　PG11/1－6
宋本十三經注疏附校勘記四百十六卷　(清)阮元校勘　(清)盧宣旬摘錄　清光緒十三年(1887)上海脈望仙館石印本　四十冊

110000－0143－0003327　PG11/1－6
宋本十三經注疏附校勘記四百十六卷　(清)阮元校勘　(清)盧宣旬摘錄　清光緒十三年(1887)上海脈望仙館石印本　三十一冊　缺一種七卷(禮記二十七至三十三)

110000－0143－0003328　PG11/1－6
宋本十三經注疏附校勘記四百十六卷　(清)阮元校勘　(清)盧宣旬摘錄　清光緒十三年(1887)上海脈望仙館石印本　四十冊

110000－0143－0003329　PG11/1－6
宋本十三經注疏附校勘記四百十六卷　(清)阮元校勘　(清)盧宣旬摘錄　清光緒十三年(1887)上海脈望仙館石印本　七冊　存七種二百四十六卷(春秋左傳注疏校勘記六十卷，春秋公羊注疏二十八卷、附校勘記二十八卷，春秋穀梁注疏二十卷、附校勘記二十卷，孝經正義九卷、附校勘記九卷，論語注疏解經二十卷、附校勘記二十卷，孟子注疏解經校勘記二十八卷，十三經注疏校勘記識語四卷)

110000－0143－0003330　PG11/1－6
宋本十三經注疏附校勘記四百十六卷　(清)阮元校勘　(清)盧宣旬摘錄　清光緒十三年(1887)上海脈望仙館石印本　八冊　存三種二百十卷(附釋音禮記註疏二十六卷，附釋音周禮註疏四十二卷、附周禮註疏校勘記四十二卷，儀禮疏五十卷、附儀禮註疏校勘記五十卷)

110000－0143－0003331　PG11/1－6
宋本十三經注疏附校勘記四百十六卷　(清)阮元校勘　(清)盧宣旬摘錄　清光緒十三年(1887)上海脈望仙館石印本　一冊　存二種十八卷(孟子注疏解經十四卷、十三經注疏校勘記識語四卷)

110000－0143－0003332　PG11/1－6
宋本十三經注疏附校勘記四百十六卷　(清)阮元校勘　(清)盧宣旬摘錄　清光緒十三年(1887)上海脈望仙館石印本　二冊　存二種四十卷(附釋音尚書注疏二十卷、校勘記二十卷)

110000－0143－0003333　PG11/1－6
宋本十三經注疏附校勘記四百十六卷　(清)阮元校勘　(清)盧宣旬摘錄　清光緒十三年(1887)上海脈望仙館石印本　二冊　存二種五十六卷(監本附音春秋公羊注疏二十八卷、校勘記二十八卷)

110000－0143－0003334　PG11/1－9
重刊宋本十三經註疏附校勘記四百十六卷　(清)阮元校勘　(清)盧宣旬摘錄　清嘉慶二十年至二十一年(1815－1816)江西南昌府學刻道光六年(1826)重刻本　一百三十五冊　缺一種四十一卷(春秋左傳一至十二、三十二至六十)

110000－0143－0003335　PG11/1－9
重刊宋本尚書注疏二十卷附校勘記二十卷　(漢)孔安國傳　(唐)陸德明音義　(唐)孔穎達疏　(清)阮元校勘　清光緒十八年(1892)湖南寶慶務本書局刻本　一冊

110000－0143－0003336　PG11/1－10
十三經注疏附校勘記五十八卷　(清)阮元校勘　(清)盧宣旬摘錄　清光緒十三年(1887)上海點石齋石印本　二十冊

110000－0143－0003337　PG11/1－11
御製重刻十三經十三種四百十六卷　(清)弘晝總纂　(清)周學建等編校　清乾隆四年至十二年(1739－1747)刻本　一百二十冊

110000－0143－0003338　PG11/1－12
十三經注疏三百四十六卷略例一卷附考證　(清)瑞麟　(清)鄧廷枏等編　清同治十年(1871)廣東書局刻本　一百二十冊

110000－0143－0003339　PG11/1－12
十三經注疏三百四十六卷略例一卷附考證　(清)瑞麟　(清)鄧廷枏等編　清同治十年(1871)廣東書局刻本　四十冊　存七種(春

秋左傳注疏二十八至六十附考證、春秋公羊傳注疏二十八卷附考證、春秋穀梁傳注疏二十卷附考證、孝經注疏九卷附考證、論語注疏二十卷附考證、爾雅注疏十一卷附考證、孟子注疏十四卷附考證)

110000－0143－0003340　PG11/1－13
孝經注疏九卷附考證　(唐)玄宗李隆基注　(唐)陸德明音義　(宋)邢昺疏　清同治十年(1871)廣東書局刻本　一冊

110000－0143－0003341　PG11/2
十三經札記二十二卷　(清)朱亦棟學　清光緒四年(1878)武林竹簡齋刻本　五冊

110000－0143－0003342　PG11/2
十三經札記二十二卷附群書札記十六卷　(清)朱亦棟學　清光緒四年(1878)武林竹簡齋刻本　十二冊

110000－0143　0003343　PG11/4－1
十三經讀本一百二十九卷附校刊記十四卷　(清)丁寶楨等校撰　清光緒山西濬文書局刻本　四十八冊　存九種(周禮、儀禮、禮記、春秋左傳、公羊傳、大學、中庸、論語、孟子)

110000－0143－0003344　PG11/7
經學輯要二十四卷首一卷　(清)吳熲炎等輯　清光緒二十六年(1900)上海點石齋石印本　三十一冊

110000－0143－0003345　PG11/7
經學輯要二十四卷首一卷　(清)吳熲炎等輯　清光緒十四年(1888)上海點石齋石印本　三十二冊

110000－0143－0003346　PG11/7
經學輯要二十四卷首一卷　(清)吳熲炎等輯　清光緒十四年(1888)上海點石齋石印本　三十一冊

110000－0143－0003347　PG11/8
仿宋相臺五經附攷證九十六卷　(宋)岳珂輯　清光緒二年(1876)江南書局刻本　六冊　存六冊

110000－0143－0003348　PG11/8－1
仿宋相臺五經附攷證九十六卷　(宋)岳珂輯　清咸豐至宣統刻本　十八冊　缺一種三十三卷(春秋三十三卷)

110000－0143－0003349　PG11/9－2
十三經古註二百九十卷　(明)金蟠　(清)葛鼒校　明崇禎十二年(1639)永懷堂刻清同治八年(1869)浙江書局重刻本　四十八冊

110000－0143－0003350　PG11/9－2
十三經古註二百九十卷　(明)金蟠　(清)葛鼒校　明崇禎十二年(1639)永懷堂刻清同治八年(1869)浙江書局重刻本　四十八冊　缺一種三十一卷(春秋左傳一至三十一)

110000－0143－0003351　PG11/10
欽定七經綱領七卷　清學部圖書館編　清宣統元年(1909)北京學部圖書局鉛印本　一冊

110000－0143－0003352　PG11/10－1
御纂七經二百九十四卷　清光緒二十年(1894)湖北書局刻本　一百四十二冊

110000－0143－0003353　PG11/15
韞山堂時文初集一卷二集二卷三集一卷　(清)管世銘著　(清)成格校　清光緒八年(1882)文昌書局刻本　四冊

110000－0143－0003354　PG11/15－1
韞山堂時文初集一卷二集二卷三集一卷　(清)管世銘著　(清)成格校　清光緒六年(1880)湖南書局刻本　四冊

110000－0143－0003355　PG11/15－2
韞山堂時文初集一卷二集二卷三集一卷　(清)管世銘著　(清)成格校　清光緒十六年(1890)善成堂刻本　四冊

110000－0143－0003356　PG11/16
策學備纂三十二卷首一卷　(清)吳熲炎等輯　清光緒十四年(1888)上海點石齋石印本　四十八冊

110000－0143－0003357　PG11/16
策學備纂續集四卷　(清)宋徵獻等輯　清光

緒二十年(1894)上海點石齋石印本　十二冊

110000－0143－0003358　PG11/18

溫經日記六卷　(清)林昌彝撰　清光緒十六年(1890)侯官林慶炳小石渠閣刻本　六冊

110000－0143－0003359　PG11/22

目耕帖三十一卷　(清)馬國翰撰　清光緒九年(1883)長沙嫏嬛館刻本　二十冊

110000－0143－0003360　PG11/22

目耕帖三十一卷　(清)馬國翰撰　清光緒九年(1883)長沙嫏嬛館刻本　二十冊

110000－0143－0003361　PG11/23

十三經分類政要十卷　(清)周世樟編輯　清光緒二十八年(1902)教育世界社石印本　八冊

110000－0143－0003362　PG11/23－1

十三經不貳字不分卷　(清)李鴻藻撰　清光緒二十二年(1896)校經山房石印本　一冊

110000－0143－0003363　PG11/26

讀書偶筆二十卷　(清)董桂新撰　清同治五年(1866)婺源賜硯堂刻本　八冊

110000－0143－0003364　PG11/27

鄭氏佚書二十四卷　(漢)鄭玄撰　(清)袁鈞輯　清光緒十年(1884)四明袁烺觀稼樓刻本　四冊

110000－0143－0003365　PG11/29

半農先生易說六卷　(清)惠士奇箸　清嘉慶十五年(1810)吳縣吳氏真意堂刻本　二冊

110000－0143－0003366　PG11/29

硯谿先生詩說三卷附錄一卷　(清)惠周惕箸　清嘉慶十七年(1812)吳縣吳氏真意堂刻本　一冊

110000－0143－0003367　PG11/29

半農先生春秋說十五卷　(清)惠士奇撰　清嘉慶十五年(1810)吳縣吳英刻本　九冊

110000－0143－0003368　PG11/29

半農先生禮說十四卷附大學說一卷　(清)惠士奇撰　清嘉慶二年至三年(1797－1798)上海彭純甫蘭陔書屋刻本　六冊

110000－0143－0003369　PG11/31

石經彙函十種四十五卷　王秉恩輯　清光緒十六年(1890)四川尊經書局刻本　十六冊

110000－0143－0003370　PG11/31

石經彙函十種四十五卷　王秉恩輯　清光緒十六年(1890)四川尊經書局刻本　五冊　存三種二十三卷(石經考文提要五至十三、石經補攷一至十、儀禮石經校勘記四卷)

110000－0143－0003371　PG11/31

石經彙函十種四十五卷　王秉恩輯　清光緒十六年(1890)四川尊經書局刻本　十二冊

110000－0143－0003372　PG11/32

所願學齋書鈔四種六卷　(清)沈夢蘭著　清光緒五年至八年(1879－1882)烏程沈珂清刻本　六冊

110000－0143－0003373　PG11/34

緯學原流興廢考三卷　(清)蔣清翊編　清光緒二十三年(1897)吳縣蔣黼雙唐碑館刻本　一冊

110000－0143－0003374　PG11/42

欽定篆文六經四書六十三卷　(清)李光地等纂　清光緒九年(1883)上海同文書局石印本　十冊

110000－0143－0003375　PG11/42

袖珍十三經註十三種一百六十七卷　(漢)鄭玄等註　(宋)朱熹章句　清同治十二年(1873)稽古樓刻本　十冊　存四種(大學、中庸、論語、孟子)

110000－0143－0003376　PG11/44

鄭學彙函九種三十一卷　(漢)鄭玄注　(清)□□輯　清光緒定州王氏刻本　一冊　缺二種二十卷(尚書鄭注十卷、論語鄭氏注十卷)

110000－0143－0003377　PG112/2

相臺書塾刊正九經三傳沿革例一卷　(宋)岳珂撰　清嘉慶十九年(1814)揚州汪昌序藤花榭刻本　一冊

110000－0143－0003378　PG112/2
相臺書塾刊正九經三傳沿革例一卷　（宋）岳珂撰　清嘉慶十九年（1814）揚州汪昌序藤花榭刻本　二册

110000－0143－0003379　PG112/2
相臺書塾刊正九經三傳沿革例一卷　（宋）岳珂撰　清光緒三年（1877）湖北崇文書局刻本　一册

110000－0143－0003380　PG112/3
木犀軒叢書三十三種一百五十八卷　李盛鐸輯　清光緒德化李氏木犀軒刻本　四十册

110000－0143－0003381　PG112/6
皇清經解一千四百八卷　（清）阮元輯　清道光六年至九年（1826－1829）廣東學海堂刻咸豐十年至十一年（1860－1861）勞崇光等增刻本　三百四十一册　缺四種三十八卷（杲溪詩經補注二卷、考工記圖二卷、戴東原集二卷、古文尚書撰異三十二卷）

110000－0143－0003382　PG112/6
皇清經解一百九十卷　（清）阮元輯　清光緒十七年（1891）上海鴻寶齋石印本　二十四册

110000－0143－0003383　PG112/6
皇清經解續編二百九卷　王先謙輯　清光緒十五年（1889）上海蜚英館石印本　三十二册

110000－0143－0003384　PG112/6
皇清經解一百八十種　（清）阮元輯　清光緒十三年（1887）上海書局石印本　六十四册

110000－0143－0003385　PG112/6
皇清經解一千四百八卷　（清）阮元輯　清道光六年至九年（1826－1829）廣東學海堂刻咸豐十年至十一年（1860－1861）勞崇光等增刻本　四册　存十五卷（六百四十五上下、八百十八至八百二十六、八百三十五至八百三十九）

110000－0143－0003386　PG112/6－1
皇清經解一千四百八卷　（清）阮元輯　清道光六年至九年（1826－1829）廣東學海堂刻咸豐十年至十一年（1860－1861）勞崇光等增刻本　一百九十八册

110000－0143－0003387　PG112/6－1
皇清經解一千四百八卷　（清）阮元輯　清道光六年至九年（1826－1829）廣東學海堂刻咸豐十年至十一年（1860－1861）勞崇光等增刻本　三百二十册

110000－0143－0003388　PG112/6－1
皇清經解續編一千四百三十卷　王先謙輯　清光緒十四年（1888）南菁書院刻本　三百二十册

110000－0143－0003389　PG112/6－1
皇清經解續編一千四百三十卷　王先謙輯　清光緒十四年（1888）南菁書院刻本　四册　存十二卷（二百三十八至二百四十九）

110000－0143－0003390　PG112/6－2
皇清經解續編二百九卷　王先謙輯　清光緒十五年（1889）上海蜚英館石印本　三十二册

110000－0143－0003391　PG112/6－3
皇清經解續編一千四百三十卷　王先謙輯　清光緒十四年（1888）南菁書院刻本　三百二十册

110000－0143－0003392　PG112/6－3
皇清經解依經分訂十六卷　清光緒十六年（1890）湖南船山書局刻本　四百一册

110000－0143－0003393　PG112/7
羣經平議三十五卷　（清）俞樾撰　清光緒刻本　十册　存三十卷（一至三十）

110000－0143－0003394　PG112/7－1
羣經平議三十五卷　（清）俞樾撰　清同治五年（1866）杭州刻本　十册

110000－0143－0003395　PG112/8
通介堂經說十二卷　（清）徐灝撰　清咸豐四年（1854）廣東刻本　十册

110000－0143－0003396　PG112/9
經義述聞三十二卷　（清）王引之撰　清道光七年（1827）高郵王引之刻本　二十四册

110000－0143－0003397　PG112/9

經義述聞三十二卷 (清)王引之撰 清道光七年(1827)高郵王引之刻本 二十四冊

110000－0143－0003398 PG112/9
經義述聞三十二卷 (清)王引之撰 清同治至宣統刻本 二十冊

110000－0143－0003399 PG112/9
經義述聞三十二卷 (清)王引之撰 清道光七年(1827)高郵王引之刻本 二十四冊

110000－0143－0003400 PG112/9
經義述聞三十二卷 (清)王引之撰 清道光七年(1827)高郵王引之刻本 九冊 存十六卷(十七至三十二)

110000－0143－0003401 PG112/9－1
經義述聞不分卷 (清)王引之撰 清嘉慶刻本 八冊

110000－0143－0003402 PG112/9－1
經義述聞三十二卷 (清)王引之撰 清同治至宣統刻本 十六冊

110000－0143－0003403 PG112/10
經籍籑詁附補遺一百六卷首一卷 (清)阮元撰 清嘉慶十七年(1812)揚州阮氏琅嬛仙館刻光緒六年(1880)淮南書局增補本 四十八冊

110000－0143－0003404 PG112/10
經籍籑詁附補遺一百六卷首一卷 (清)阮元撰 清嘉慶十七年(1812)揚州阮氏琅嬛仙館刻光緒六年(1880)淮南書局增補本 四十冊

110000－0143－0003405 PG112/10
經籍籑詁附補遺一百六卷首一卷 (清)阮元撰 清嘉慶十七年(1812)揚州阮氏琅嬛仙館刻光緒六年(1880)淮南書局增補本 四十八冊

110000－0143－0003406 PG112/10
經籍籑詁附補遺一百六卷首一卷 (清)阮元撰 清嘉慶十七年(1812)揚州阮氏琅嬛仙館刻光緒六年(1880)淮南書局增補本 二十二冊 缺七十二卷(一至十三、二十四至二十六、三十二至八十五、一百五至一百六)

110000－0143－0003407 PG112/10
經籍籑詁附補遺一百六卷首一卷 (清)阮元撰 清嘉慶十七年(1812)揚州阮氏琅嬛仙館刻本 六十四冊

110000－0143－0003408 PG112/10－1
經籍籑詁附補遺一百六卷首一卷 (清)阮元撰 清嘉慶十七年(1812)揚州阮氏琅嬛仙館刻本 四十八冊

110000－0143－0003409 PG112/10－1
經籍籑詁附補遺一百六卷首一卷 (清)阮元撰 清嘉慶十七年(1812)揚州阮氏琅嬛仙館刻光緒六年(1880)淮南書局增補本 六十冊

110000－0143－0003410 PG112/11
經傳繹義五十卷 (清)陳煒撰 清嘉慶九年(1804)校字齋刻本 二十四冊

110000－0143－0003411 PG112/12
書古微十二卷 (清)魏源著 清光緒十四年(1888)南菁書院刻本 三冊 缺四卷(一至四)

110000－0143－0003412 PG112/12
御纂七經二百九十四卷 (清)李光地等撰 清嘉慶至道光刻本 二百九冊

110000－0143－0003413 PG112/15
經傳釋詞十卷 (清)王引之撰 清道光二十七年(1847)刻本 二冊

110000－0143－0003414 PG112/15－1
經傳釋詞十卷 (清)王引之撰 清嘉慶二十四年(1819)刻本 二冊

110000－0143－0003415 PG112/15－1
經傳釋詞十卷 (清)王引之撰 清嘉慶二十四年(1819)刻本 四冊

110000－0143－0003416 PG112/15－1
字典考證不分卷 (清)王引之撰 清道光十一年(1831)刻本 八冊

110000－0143－0003417 PG112/16
經典釋文三十卷附攷證附孟子音義二卷劄記

不分卷國語補音三卷劄記不分卷　(唐)陸德明撰　(清)盧文弨攷證　清同治十三年至光緒二年(1874－1876)成都尊經書院刻本　七冊　缺十三卷(經典釋文一至十三)

110000－0143－0003418　PG112/16－2
經典釋文三十卷攷證三十卷　(唐)陸德明撰　(清)盧文弨攷證　清同治八年(1869)湖北崇文書局刻本　十二冊

110000－0143－0003419　PG112/17
七經精義三十九卷　(清)黄淦撰　清嘉慶八年(1803)刻本　七冊

110000－0143－0003420　PG112/18
鴻寶齋經義彙纂六十卷　(清)魏象樞等撰　清光緒二十八年(1902)石印本　十一冊　存三編三十四卷(乙編下卷一至五;丙編上卷一至二,下卷一至四、十一至十四;丁編上卷三至六、下十五卷)

110000－0143－0003421　PG112/20
十一經音訓二十六卷　(清)楊國楨撰　清道光十年(1830)崇慶楊氏刻本　五冊

110000－0143－0003422　PG112/20－1
易經音訓二卷　(清)楊國楨撰　清光緒三年(1877)湖北崇文書局刻本　二冊

110000－0143－0003423　PG112/20－1
禮記音訓不分卷　(清)楊國楨撰　清光緒三年(1877)刻本　四冊

110000－0143－0003424　PG112/20－1
春秋公羊傳音訓不分卷　(清)楊國楨撰　清道光十年(1830)刻本　二冊

110000－0143－0003425　PG112/20－1
詩經音訓不分卷　(清)楊國楨撰　清道光十年(1830)刻本　二冊

110000－0143－0003426　PG112/20－1
書經音訓不分卷　(清)楊國楨撰　清道光十年(1830)刻本　一冊

110000－0143－0003427　PG112/20－1
孝經音訓不分卷爾雅音訓不分卷　(清)楊國楨撰　清道光十年(1830)刻本　一冊

110000－0143－0003428　PG112/20－1
儀禮音訓不分卷　(清)楊國楨撰　清道光十年(1830)刻本　二冊

110000－0143－0003429　PG112/20－1
春秋左傳音訓不分卷　(清)楊國楨撰　清道光十年(1830)刻本　八冊

110000－0143－0003430　PG112/21
稽古日鈔八卷　(清)張方湛等撰　清乾隆二十九年(1764)秋曉山房刻本　四冊

110000－0143－0003431　PG112/21
稽古日鈔八卷　(清)張方湛等撰　(清)彭芝庭鑒定　清乾隆二十九年(1764)秋曉山房刻本　四冊

110000－0143－0003432　PG112/22
經義考補正十二卷　(清)翁方綱撰　清乾隆五十七年(1792)刻本　六冊

110000－0143－0003433　PG112/23
經義考補正十二卷　(清)翁方綱撰　清乾隆五十七年(1792)曝書亭刻本　四十冊

110000－0143－0003434　PG112/24
經籍舉要一卷附錄一卷　(清)龍啟瑞編纂　(清)袁昶增訂　清光緒十九年(1893)中江講院刻本　一冊

110000－0143－0003435　PG112/24
經籍舉要一卷附錄一卷　(清)龍啟瑞編纂　(清)袁昶增訂　清光緒十九年(1893)中江講院刻本　一冊

110000－0143－0003436　PG112/24
經籍舉要一卷附錄一卷　(清)龍啟瑞編纂　(清)袁昶增訂　清光緒十九年(1893)中江講院刻本　一冊

110000－0143－0003437　PG112/24
經籍舉要一卷附錄一卷　(清)龍啟瑞編纂　(清)袁昶增訂　清光緒十九年(1893)中江講院刻本　一冊

110000－0143－0003438　PG112/24

經籍舉要一卷附錄一卷 (清)龍啟瑞編纂 (清)袁昶增訂 清光緒十九年(1893)中江講院刻本 一册

110000－0143－0003439 PG112/24
經籍舉要一卷附錄一卷 (清)龍啟瑞編纂 (清)袁昶增訂 清光緒十九年(1893)中江講院刻本 一册

110000－0143－0003440 PG112/26
五經備旨四十五卷 (清)鄒聖脈纂輯 清光緒十二年(1886)上海點石齋石印本 十一册 缺一種四卷(禮記一至四)

110000－0143－0003441 PG112/29
經學文鈔十五卷首三卷 梁鼎芬 曹元弼輯 清光緒三十四年(1908)江蘇存古學堂木活字印本 三十册

110000－0143－0003442 PG112/29－1
經學文鈔十五卷首三卷 梁鼎芬 曹元弼輯 清光緒三十四年(1908)江蘇存古學堂木活字印本 三十册

110000－0143－0003443 PG112/31
羣經識小八卷 (清)李惇著 清道光五年(1825)高郵李培紫安愚堂刻本 二册

110000－0143－0003444 PG112/33
羣經宮室圖二卷 (清)焦循撰 清嘉慶五年(1800)半九書埠刻本 二册

110000－0143－0003445 PG112/34
羣經識小八卷 (清)李惇著 清道光五年(1825)高郵李培紫安愚堂刻本 四册

110000－0143－0003446 PG112/36
九經今義二十八卷 (清)成本璞著 清光緒三十一年(1905)鉛印本 二册

110000－0143－0003447 PG112/38
通志堂經解一千八百六十卷 (清)納蘭成德輯 清同治十二年(1873)粵東書局刻本 四百八十一册

110000－0143－0003448 PG112/38－1
夏小正戴氏傳四卷 (宋)傅崧卿著 清康熙通志堂刻本 一册

110000－0143－0003449 PG112/39
皇清經解續編一千四百三十卷 王先謙輯 清光緒十四年(1888)南菁書院刻本 二百七十七册

110000－0143－0003450 PG112/40
讀經志疑一卷 (清)韓晉昌撰 清宣統元年(1909)毛廣孚刻本 二册

110000－0143－0003451 PG112/41
匏瓜錄十卷 (清)芮長恤撰 清光緒十年(1884)惲氏懷永堂刻本 六册

110000－0143－0003452 PG112/44
經窺十六卷 (清)蔡啓盛撰 清光緒刻本 四册

110000－0143－0003453 PG112/44
經窺十六卷 (清)蔡啓盛撰 清光緒刻本 四册

110000－0143－0003454 PG112/49
七經孟子考文並補遺二百卷 (日本)山井鼎撰 清嘉慶二年(1797)儀徵阮元小瑯嬛僊館刻本 十六册

110000－0143－0003455 PG112/50
娛親雅言六卷 (清)嚴元照撰 清光緒十一年(1885)弢園老民王韜木活字印本 四册

110000－0143－0003456 PG112/50－1
娛親雅言六卷 (清)嚴元照撰 清光緒刻本 二册

110000－0143－0003457 PG112/51
漢魏遺書鈔一百六種一百十四卷 (清)王謨輯 清嘉慶三年(1798)刻本 十四册

110000－0143－0003458 PG112/52
讀論孟筆記三卷補記二卷 (清)方宗誠撰 清光緒三年(1877)桐城方氏刻本 三册

110000－0143－0003459 PG112/53
御纂七經二百九十四卷 清光緒十四年(1888)戶部刻本 一百四十二册

110000－0143－0003460　PG112/54
公是先生遺書三十七卷首一卷　（宋）劉敞撰　清乾隆十六年（1751）水西劉氏刻本　十一册

110000－0143－0003461　PG112/55
經讀考異八卷句讀敍述二卷　（清）武億撰　（清）武穆淳編　清乾隆五十四年（1789）偃師武氏小石山房刻本　一册

110000－0143－0003462　PG112/56
味經齋遺書四十一卷　（清）莊存與撰　清道光七年（1827）刻本　十一册　存二十五卷（一至二十五）

110000－0143－0003463　PG112/56
味經齋遺書四十一卷　（清）莊存與撰　清光緒八年（1882）陽湖莊氏刻本　十册　存二十八卷（一至二十八）

110000－0143－0003464　PG112/56
味經齋遺書四十一卷　（清）莊存與撰　清乾隆五十八年（1793）寶硯堂刻本　一册　存四卷（一至四）

110000－0143－0003465　PG112/57
愚一錄十二卷　（清）鄭獻甫著　清光緒二年（1876）林肇元黔南薇署刻本　六册

110000－0143－0003466　PG112/58
聖門名字簒詁二卷補遺一卷　（清）洪恩波撰　清光緒二十三年（1897）金陵官書局刻本　二册

110000－0143－0003467　PG112/59
經誼襍識不分卷　（清）許克勤著　清光緒二十一年（1895）海寧許氏刻本　一册

110000－0143－0003468　PG112/60
通藝錄二十種附讓堂亦政錄一卷附錄一卷　（清）程瑤田著　清嘉慶刻本　十六册　存十二卷（一至二、五至七、九至十一、十三至十六）

110000－0143－0003469　PG112/61
十三經策案二十二卷首一卷　（清）王謨彙輯　（清）喻祥麟編次　清嘉慶三年（1798）南昌喻氏刻本　六册　存十一卷（一至十、首一卷）

110000－0143－0003470　PG112/62
項氏家説四卷　（宋）項安世撰　清道光十年（1830）至光緒刻本　二册

110000－0143－0003471　PG112/64
開卷偶得十卷　（清）林春溥撰　清道光二十九年（1849）閩縣林氏竹柏山房刻本　四册　存八卷（一至八）

110000－0143－0003472　PG112/65
困學蒙證六卷　（宋）王應麟撰　（清）宋炳垣疏證　清道光刻本　六册

110000－0143－0003473　PG112/67
經義圖説八卷　（清）吳寶謨輯　（清）陳逢衡校　清嘉慶二十四年（1819）江都陳氏裛露軒刻本　八册　存四卷（一至四）

110000－0143－0003474　PG112/68
省吾堂四種二十五卷　（清）蔣光弼輯　清道光至宣統常熟蔣氏省吾堂刻本　九册

110000－0143－0003475　PG112/68
古文尚書攷二卷　（清）惠棟撰　清乾隆五十七年（1792）刻本　一册

110000－0143－0003476　PG112/68
古文尚書攷二卷　（清）惠棟撰　清乾隆五十七年（1792）刻本　一册

110000－0143－0003477　PG112/69
斁經筆記不分卷　（清）陳倬撰　清道光至光緒刻本　一册

110000－0143－0003478　PG112/70
今古學攷二卷　廖平述　清光緒刻本　一册

110000－0143－0003479　PG112/70－1
今古學攷二卷　廖平述　清光緒刻本　一册

110000－0143－0003480　PG112/71
經義雜記三十卷敘錄一卷　（清）臧琳撰　（清）臧鏞堂編　清嘉慶四年（1799）武進臧氏拜經堂刻拜經堂叢書本　六册

110000－0143－0003481　PG112/73

七緯三十八卷　(清)趙在翰纂　清嘉慶九年(1804)侯官趙氏小積石山房刻本　八册

110000－0143－0003482　PG112/73

七緯三十八卷　(清)趙在翰纂　清嘉慶九年(1804)侯官趙氏小積石山房刻本　八册

110000－0143－0003483　PG112/80

六藝論一卷　(漢)鄭玄撰　(清)臧琳輯　(清)臧庸補輯　清嘉慶六年(1801)武進臧氏拜經堂刻拜經堂叢書本　一册

110000－0143－0003484　PG112/80

三禮目録一卷　(漢)鄭玄撰　(清)臧庸輯　清嘉慶六年(1801)武進臧氏拜經堂刻拜經堂叢書本　與110000－0143－0003483合册

110000－0143－0003485　PG112/80

蔡氏月令章句二卷　(漢)蔡邕撰　(清)臧庸述　清嘉慶四年(1799)武進臧氏拜經堂刻拜經堂叢書本　與110000－0143－0003483合册

110000－0143－0003486　PG112/83

石經考異三卷續方言二卷　(清)杭世駿撰　清乾隆至嘉慶刻本　一册

110000－0143－0003487　PG112/84

茶香室經説十六卷　(清)俞樾撰　清光緒十四年(1888)刻本　六册

110000－0143－0003488　PG112/84

茶香室經説十六卷　(清)俞樾撰　清光緒十四年(1888)刻本　六册

110000－0143－0003489　PG112/85

皇清經解敬修堂編目十六卷　陶治元編輯　清光緒十二年(1886)吳縣陶氏石印本　四册

110000－0143－0003490　PG112/86

欽定篆文六經四書不分卷　(清)李光地等纂　清光緒九年(1883)上海同文書局石印本　十册

110000－0143－0003491　PG12/1

漢魏二十一家易注三十三卷　(清)孫堂輯　清嘉慶四年(1799)平湖孫氏映雪草堂刻本　九册

110000－0143－0003492　PG12/1

漢魏二十一家易注三十三卷　(清)孫堂輯　清嘉慶四年(1799)平湖孫氏映雪草堂刻本　五册

110000－0143－0003493　PG12/1－1

漢魏二十一家易注三十三卷　(清)孫堂輯　清嘉慶四年(1799)平湖孫氏映雪草堂刻本　五册

110000－0143－0003494　PG12/2

周易孔義集説二十卷　(清)沈起元撰　清光緒八年(1882)江蘇書局刻本　五册

110000－0143－0003495　PG12/2－1

周易孔義集説二十卷　(清)沈起元撰　清光緒八年(1882)江蘇書局刻本　八册

110000－0143－0003496　PG12/3

鄭氏周易三卷　(漢)鄭玄撰　(宋)王應麟輯　(清)惠棟補輯　清乾隆二十一年(1756)德州盧氏雅雨堂刻本　三册

110000－0143－0003497　PG12/3

周易音義一卷　(唐)陸德明撰　清乾隆二十一年(1756)德州盧氏雅雨堂刻本　一册

110000－0143－0003498　PG12/4

伊川易傳四卷　(宋)程頤撰　清光緒三十三年(1907)湖北工業傳習所鉛印本　四册

110000－0143－0003499　PG12/5

誠齋先生易傳二十卷　(宋)楊萬里撰　清道光至咸豐大梁書院刻本　五册

110000－0143－0003500　PG12/5－1

誠齋先生易傳二十卷　(宋)楊萬里撰　清光緒二十一年(1895)湖北官書處刻本　八册

110000－0143－0003501　PG12/6

周易詮義十四卷首一卷　(清)汪烜著　清同治十二年(1873)安徽敷文書局校刻本　十五册

110000－0143－0003502　PG12/10－1

周易兼義九卷 （三國魏）王弼 （晉）韓康伯注 **周易音義一卷** （唐）陸德明撰 **周易注疏校勘記九卷周易釋文校勘記一卷** （清）阮元撰 （清）盧宣旬摘錄 清光緒十三年（1887）上海脈望仙館石印本 一冊

110000－0143－0003503 PG12/10－2
周易兼義九卷 （三國魏）王弼 （晉）韓康伯注 **周易音義一卷** （唐）陸德明撰 **周易注疏校勘記九卷周易釋文校勘記一卷** （清）阮元撰 （清）盧宣旬摘錄 清嘉慶二十年（1815）江西南昌府學刻本 五冊

110000－0143－0003504 PG12/12
御纂周易折中二十二卷首一卷 （清）李光地總纂 清康熙五十四年（1715）刻本 十二冊

110000－0143－0003505 PG12/12
御纂周易折中二十二卷首一卷 （清）李光地總纂 清咸豐至宣統刻本 二十冊

110000－0143－0003506 PG12/12
御纂周易折中二十二卷首一卷 （清）李光地總纂 清光緒十四年（1888）戶部江南書局刻本 十冊

110000－0143－0003507 PG12/12－1
御纂周易折中二十二卷首一卷 （清）李光地總纂 清康熙五十四年（1715）尊經閣刻本 十二冊

110000－0143－0003508 PG12/12－1
御纂周易折中二十二卷首一卷 （清）李光地總纂 清康熙五十四年（1715）尊經閣刻本 十六冊

110000－0143－0003509 PG12/12－2
御纂周易折中二十二卷首一卷 （清）李光地總纂 清同治十年（1871）湖北崇文書局刻本 十二冊

110000－0143－0003510 PG12/12－2
御纂周易折中二十二卷首一卷 （清）李光地總纂 清同治六年（1867）浙江巡撫馬新貽刻本 十冊

110000－0143－0003511 PG12/12－2
御纂周易折中二十二卷首一卷 （清）李光地總纂 清同治十年（1871）湖北崇文書局刻本 八冊 存十一卷（一至十、首一卷）

110000－0143－0003512 PG12/12－2
御纂周易折中二十二卷首一卷 （清）李光地總纂 清同治十年（1871）湖北崇文書局刻本 十二冊

110000－0143－0003513 PG12/13
新刻來瞿唐先生易註十五卷首一卷末一卷 （明）來知德撰 清康熙十六年（1677）廬陵高奣映朝爽堂刻雍正七年（1729）周大璋重刻本 十二冊

110000－0143－0003514 PG12/13
來瞿唐先生易註十五卷首一卷末一卷 （明）來知德撰 清嘉慶寧遠堂刻道光至光緒善成堂重刻本 十二冊

110000－0143－0003515 PG12/14
周易觀象十二卷 （清）李光地撰 清道光九年至三十年（1829－1850）安溪李維迪、李師洛刻本 四冊

110000－0143－0003516 PG12/14－1
周易觀象十二卷 （清）李光地撰 清道光至光緒刻本 二冊

110000－0143－0003517 PG12/15
周易審鵠要解四卷 （清）林錫齡輯 清嘉慶刻本 四冊

110000－0143－0003518 PG12/17
讀易大旨五卷 （清）孫奇逢撰 （清）耿極校訂 清道光刻本 四冊

110000－0143－0003519 PG12/17
讀易大旨五卷 （清）孫奇逢撰 （清）耿極校訂 清道光刻本 四冊

110000－0143－0003520 PG12/18
易經精華六卷末一卷 （清）薛嘉穎輯 清同治五年（1866）三益堂刻本 二冊

110000－0143－0003521 PG12/18

易經精華六卷末一卷　(清)薛嘉穎輯　清道光七年(1827)薛嘉穎刻本　四冊

110000－0143－0003522　PG12/18－1
易經精華六卷末一卷　(清)薛嘉穎輯　清光緒九年(1883)上海埽葉山房刻本　六冊

110000－0143－0003523　PG12/19
周易通論四卷　(清)李光地撰　清康熙九年(1670)至雍正刻本　一冊

110000－0143－0003524　PG12/20
易圖明辨十卷　(清)胡渭輯著　清康熙德清胡氏耆學齋刻嘉慶元年(1796)重刻本　四冊

110000－0143－0003525　PG12/22
周易四卷附校勘記一卷　(宋)朱熹註　清光緒六年(1880)山西濬文書局刻本　二冊

110000－0143－0003526　PG12/22
孝經一卷附校勘記一卷　(唐)陸德明音義　(唐)玄宗李隆基注　清光緒六年(1880)山西濬文書局刻本　一冊

110000－0143－0003527　PG12/22
周易四卷　(宋)朱熹註　清光緒十三年(1887)京都隆福寺聚珍堂刻本　二冊

110000－0143－0003528　PG12/22－1
周易四卷　(宋)朱熹註　清同治至宣統江蘇南京李光明莊刻本　二冊

110000－0143－0003529　PG12/22－2
易經八卷　(宋)程頤傳　清宣統元年(1909)學部圖書局石印本　三冊

110000－0143－0003530　PG12/22－4
易經八卷　(宋)程頤傳　清同治五年(1866)金陵書局刻本　三冊

110000－0143－0003531　PG12/22－4
易經八卷　(宋)程頤傳　清同治五年(1866)金陵書局刻本　三冊

110000－0143－0003532　PG12/25－3
周易四卷首一卷　(宋)朱熹註　清光緒十九年(1893)浙江書局刻本　二冊

110000－0143－0003533　PG12/25－4
周易四卷首一卷　(宋)朱熹註　清同治七年(1868)湖北崇文書局刻本　二冊

110000－0143－0003534　PG12/26
周易述傳十卷易圖一卷　(清)丁裕彥撰　清道光二十三年(1843)濰縣丁裕彥刻本　八冊

110000－0143－0003535　PG12/31
周易闡真四卷首一卷　(清)劉一明撰　清光緒六年(1880)刻本　三冊

110000－0143－0003536　PG12/33
象數論六卷　(清)黃宗羲撰　清光緒廣雅書局刻本　二冊

110000－0143－0003537　PG12/34
易象意言一卷　(宋)蔡淵撰　清乾隆三十八年(1773)浙江刻本　一冊

110000－0143－0003538　PG12/35
周易四卷　(宋)朱熹註　清光緒二十一年(1895)京都文興堂刻本　二冊

110000－0143－0003539　PG12/37
古文周易參同契註八卷　(漢)魏伯陽著　(清)袁仁林註　清道光二十六年(1846)宏道書院刻本　二冊

110000－0143－0003540　PG12/39
東萊呂氏古易一卷　(宋)呂祖謙撰　(清)胡鳳丹校　清同治八年(1869)退補齋、夢選廔刻本　一冊

110000－0143－0003541　PG12/40
太玄經十卷　(漢)揚雄撰　(宋)司馬光集注　清光緒元年(1875)湖北崇文書局刻本　二冊

110000－0143－0003542　PG12/41
周易傳義音訓八卷首一卷末一卷　(宋)程頤傳　(宋)朱熹本義　(宋)呂祖謙音訓　清光緒十五年(1889)江南書局刻本　八冊

110000－0143－0003543　PG12/41
周易傳義音訓八卷首一卷末一卷　(宋)程頤傳　(宋)朱熹本義　(宋)呂祖謙音訓　清光

緒十五年(1889)江南書局刻本　八册

110000－0143－0003544　PG12/41
周易傳義音訓八卷首一卷末一卷　(宋)程頤傳　(宋)朱熹本義　(宋)呂祖謙音訓　清咸豐六年(1856)刻本　八册

110000－0143－0003545　PG12/43
周易三極圖貫八卷易經爻辰貫二卷　(清)馮道立撰　清咸豐八年(1858)西園刻本　十册

110000－0143－0003546　PG12/43
周易三極圖貫八卷易經爻辰貫二卷　(清)馮道立撰　清咸豐八年(1858)西園刻本　十册

110000－0143－0003547　PG12/45
周易十一卷　王闓運撰　清光緒三十二年(1906)東洲刻本　四册

110000－0143－0003548　PG12/46
易緯八種十二卷　(漢)鄭玄註　清同治十二年(1873)廣東書局刻本　一册

110000－0143－0003549　PG12/47
易漢學攷二卷易漢學師承表一卷　(清)吳翊寅撰　清光緒二十年(1894)廣州刻本　一册

110000－0143－0003550　PG12/50
周易口訣義六卷　(唐)史徵撰　清光緒十五年(1889)湘南書局刻本　一册

110000－0143－0003551　PG12/51
周易費氏學八卷敍錄一卷　馬其昶撰　清光緒三十年(1904)集虛草堂刻本　三册

110000－0143－0003552　PG12/53
易酌十四卷雜卦圖一卷諸圖附攷一卷　(清)刁包撰　清道光二十三年(1843)祁陽刁懷瑾順積樓刻本　十四册

110000－0143－0003553　PG12/54
周易集解十卷　(清)孫星衍輯　清嘉慶三年(1798)蘭陵孫氏沇州刻本　六册

110000－0143－0003554　PG12/57
西樓易說十八卷　(清)楊家洙撰　清光緒十四年(1888)懷寧白麟楊氏木活字印本　十七册

110000－0143－0003555　PG12/60
易酌十四卷雜卦圖一卷諸圖附攷一卷　(清)刁包撰　清道光二十三年(1843)祁陽刁懷瑾順積樓刻本　十三册

110000－0143－0003556　PG12/61
嫏嬛軒褉筈三卷　(清)黄家岱撰　清光緒二十一年(1895)江蘇南菁講舍刻本　一册

110000－0143－0003557　PG12/66
周易衷孔十二卷首一卷　(清)王恪撰　清乾隆十一年(1746)太倉王恪蘇嘯軒刻本　四册

110000－0143－0003558　PG12/67
河上易註八卷圖說二卷　(清)黎世序撰　清道光元年(1821)謙豫齋刻本　六册

110000－0143－0003559　PG12/67
河上易註八卷圖說二卷　(清)黎世序撰　清道光元年(1821)謙豫齋刻本　六册

110000－0143－0003560　PG12/68
周易衷翼集解二十卷筮儀一卷　(清)汪泩撰　清嘉慶九年至二十五年(1804－1820)汪泩獲經堂刻本　十二册

110000－0143－0003561　PG12/68
周易衷翼集解二十卷筮儀一卷　(清)汪泩撰　清嘉慶九年至二十五年(1804－1820)汪泩獲經堂刻本　十二册

110000－0143－0003562　PG12/69
周易通義二十二卷首一卷　(清)蘇秉國撰　清嘉慶二十一年(1816)蘇氏刻本　十册

110000－0143－0003563　PG12/71
周易卦象六卷附占易秘解一卷　(清)張丙嘉輯　清光緒二十二年(1896)保陽刻本　七册

110000－0143－0003564　PG12/72
周易函書約存十五卷首三卷　(清)胡煦著　清乾隆五十九年(1794)葆璞堂刻本　三十册

110000－0143－0003565　PG12/74
撥易堂解二十卷首二卷末二卷　(清)劉斯組撰　清乾隆刻本　十册

110000－0143－0003566　PG12/77

易解拾遺七卷附周易讀本四卷　(清)周世金撰　清嘉慶二十四年(1819)和義堂刻本　九冊

110000－0143－0003567　PG12/78
需時眇言十卷　(清)沈善登撰　清光緒沈氏豫恕堂刻本　八冊

110000－0143－0003568　PG12/79
周易索詁十二卷首一卷　(清)倪象占撰　清嘉慶六年(1801)倪氏順受堂刻本　六冊

110000－0143－0003569　PG12/80
碩松堂讀易記十六卷　(清)邱仰文撰　清乾隆碩松堂刻本　九冊

110000－0143－0003570　PG12/81
讀易慎疑十卷　(清)李祥賡著　清道光五年(1825)建寧朱亨檜習是軒刻本　八冊

110000－0143－0003571　PG12/85
周易觀象通論大指合刻十八卷　(清)李光地註　清道光七年(1827)寶翰樓刻本　八冊

110000－0143－0003572　PG12/87
李氏易傳十七卷　(唐)李鼎祚集解　**附周易音義一卷**　(唐)陸德明音義　清乾隆二十一年(1756)德州盧氏刻本　十九冊　缺一卷(一)

110000－0143－0003573　PG12/87
李氏易傳十七卷　(唐)李鼎祚集解　**附周易音義一卷**　(唐)陸德明音義　清乾隆二十一年(1756)德州盧氏刻本　六冊

110000－0143－0003574　PG12/88
周易指三十八卷例一卷圖五卷斷辭一卷往來掛一篇八卦世位一篇卦侯一篇六日七分六十卦一篇逸象一篇　(清)端木國瑚撰　清道光刻本　十三冊　存三十卷(一至四、十一至十六、十九至三十八)

110000－0143－0003575　PG12/88
周易指三十八卷例一卷圖五卷斷辭一卷往來掛一篇八卦世位一篇卦侯一篇六日七分六十卦一篇逸象一篇　(清)端木國瑚撰　清道光刻本　四十四冊

110000－0143－0003576　PG12/88－1
周易指三十八卷例一卷圖五卷斷辭一卷往來掛一篇八卦世位一篇卦侯一篇六日七分六十卦一篇逸象一篇　(清)端木國瑚撰　清道光刻本　十五冊

110000－0143－0003577　PG12/91
周易豁解六卷首一卷　(清)陳誼撰　清道光十二年(1832)阜南書屋刻本　八冊

110000－0143－0003578　PG12/92
易隱八卷首一卷　(明)曹九錫輯　(明)曹璿演　清嘉慶至道光刻本　五冊

110000－0143－0003579　PG12/93
御纂周易折中二十二卷首一卷　(清)李光地總纂　清同治十年(1871)湖北崇文書局刻本　八冊　缺五卷(一至四、首一卷)

110000－0143－0003580　PG12/94
周易虞氏義九卷　(清)張惠言撰　清嘉慶八年(1803)揚州阮氏琅嬛僊館刻本　三冊

110000－0143－0003581　PG12/94
周易虞氏消息二卷　(清)張惠言撰　清嘉慶八年(1803)揚州阮氏琅嬛僊館刻本　一冊

110000－0143－0003582　PG12/94－1
周易虞氏義九卷　(清)張惠言撰　清嘉慶八年(1803)揚州阮氏琅嬛僊館刻本　三冊

110000－0143－0003583　PG12/94－1
周易虞氏消息二卷　(清)張惠言撰　清嘉慶八年(1803)揚州阮氏琅嬛僊館刻本　一冊

110000－0143－0003584　PG12/95
周易索詁十二卷首一卷　(清)倪象占撰　清嘉慶六年(1801)倪氏順受堂刻本　六冊

110000－0143－0003585　PG12/96
周易本義引蒙十二卷首一卷　(清)姚章輯　清道光二十三年(1843)山東濰縣姚章刻本　十四冊

110000－0143－0003586　PG12/99
讀易質疑二卷　(清)金穀春撰　清光緒二十

七年(1901)金穀春刻本　二冊

110000－0143－0003587　PG12/102
周易本義闡旨八卷　(清)胡方撰　清嘉慶十七年(1812)刻本　四冊　存四卷(一至四)

110000－0143－0003588　PG12/103
易釋五卷附易表一卷　易順豫述　清同治十年(1871)至宣統刻本　八冊

110000－0143－0003589　PG12/104
郭氏傳家易說十一卷總論一卷　(宋)郭雍撰　清乾隆浙江重刻本　十六冊

110000－0143－0003590　PG12/105
易考二卷　(清)李榮陛撰　清嘉慶二十年(1815)亙古齋刻本　一冊

110000－0143－0003591　PG12/106
易貫十四卷首二卷　(清)張敘撰　清乾隆二十七年(1762)刻本　十六冊

110000－0143－0003592　PG12/107
玩易意見十六卷　(明)王恕等撰　(清)李錫齡輯　清道光至宣統刻本　十二冊

110000－0143－0003593　PG12/109－1
易憲四卷附易憲卦歌易憲圖說一卷　(明)沈泓撰　清道光至宣統刻本　四冊

110000－0143－0003594　PG12/110
周易尊翼五卷　(清)潘相撰　清咸豐元年(1851)刻本　五冊

110000－0143－0003595　PG12/112
新鐫增補周易備旨一見能解六卷　(明)黃淳耀撰　(清)嚴而寬等增補　清嘉慶元年(1796)致和堂刻本　六冊

110000－0143－0003596　PG12/114
周易廓二十四卷　(清)陳世鎔撰　清咸豐元年(1851)獨秀山莊刻本　六冊

110000－0143－0003597　PG12/115
易確二十卷首一卷　(清)許桂林撰　清道光十五年(1835)江寧陶應榮、方薰刻本　十二冊

110000－0143－0003598　PG12/116
易拇十五卷　(清)萬年淳撰　清道光四年(1824)安慶萬年淳刻本　十冊

110000－0143－0003599　PG12/117
湘薌漫錄五卷　(清)查彬撰　清道光十九年(1839)有懷堂刻本　五冊

110000－0143－0003600　PG12/118
讀易備忘四卷圖說一卷　(清)王滌心集註　清道光二十九年(1849)儀徵愼修堂刻本　三冊

110000－0143－0003601　PG12/121
張臯文箋易詮全集五十三卷　(清)張惠言纂輯　清嘉慶至同治刻本　十六冊

110000－0143－0003602　PG12/122
易漢學八卷　(清)惠棟撰　清嘉慶至宣統清柏筠堂刻本　一冊

110000－0143－0003603　PG12/124
周易引經通釋十卷　(清)李筠簡撰　清嘉慶十九年(1814)鶴陰書屋刻本　十冊

110000－0143－0003604　PG12/125
周易象義集成不分卷　(清)陳洪冠纂輯　清咸豐八年(1858)羣玉書屋刻本　四冊

110000－0143－0003605　PG12/127
易象集解十卷　(清)黃守平輯　清同治十三年(1874)黃氏漱芳園刻本　四冊

110000－0143－0003606　PG12/128
周易通義十六卷　(清)莊忠棫撰　清光緒六年(1880)儀徵劉壽曾冶城山館刻本　二冊

110000－0143－0003607　PG12/129
御定易經通注四卷　(清)曹本榮等撰　清光緒十七年(1891)三餘草堂刻本　三冊

110000－0143－0003608　PG12/133
壽山堂易說三卷圖解一卷　(唐)呂嵒撰　清同治三年(1864)北京悟善總社經典部刻本　六冊

110000－0143－0003609　PG12/134
御纂周易述義十卷　(清)傅恒總纂　(清)吳

鼎纂修　清乾隆二十年(1755)内府刻本　八冊

110000－0143－0003610　PG12/135
周易訓義七卷首一卷　(清)喻遜撰　清嘉慶十八年(1813)寧鄉喻氏月桂軒刻本　五冊

110000－0143－0003611　PG12/136
周易傳註七卷筮考一卷　(清)李塨著　清道光二十三年(1843)石實林養正堂刻本　四冊

110000－0143－0003612　PG12/138
清風易註四卷　(清)魏闕撰　清光緒十八年(1892)漢陽劉德馨、劉洪烈刻本　六冊

110000－0143－0003613　PG12/139
周易集傳八卷　(元)龍仁夫撰　清道光十七年(1837)海昌蔣光煦刻本　二冊

110000－0143－0003614　PG12/140
周易說略四卷　(清)張爾岐撰　清嘉慶十年(1805)文錦堂刻本　五冊

110000－0143－0003615　PG12/140－1
周易說略四卷　(清)張爾岐撰　清乾隆二十七年(1762)三與堂刻本　四冊

110000－0143－0003616　PG12/141
易經增註十卷考一卷　(明)張鏡心撰　(清)張溍輯　清光緒五年(1879)定州王氏謙德堂刻本　四冊

110000－0143－0003617　PG12/141
易經增註十卷考一卷　(明)張鏡心撰　(清)張溍輯　清光緒五年(1879)定州王氏謙德堂刻本　四冊

110000－0143－0003618　PG12/142
周易臆解四卷圖說二卷　(清)楊以迴撰　清光緒十年(1884)刻本　五冊

110000－0143－0003619　PG12/143
周易古本十二篇附音訓二卷　(宋)呂祖謙撰　清光緒二十九年(1903)榮城孫氏問經精舍刻本　二冊

110000－0143－0003620　PG12/144
刪訂來氏易註象數圖說二卷　(明)來知德撰　(清)張思霨刪訂　清光緒十一年(1885)刻本　二冊

110000－0143－0003621　PG12/145
吳園周易解九卷附錄一卷　(宋)張根撰　清乾隆武英殿聚珍版木活字印本　三冊

110000－0143－0003622　PG12/146
周易乾鑿度二卷　(漢)鄭玄註　清乾隆二十一年(1756)德州盧氏刻本　一冊

110000－0143－0003623　PG12/146
鄭氏周易三卷　(漢)鄭玄撰　(宋)王應麟輯　(清)惠棟補輯　清乾隆二十一年(1756)德州盧氏雅雨堂刻本　一冊

110000－0143－0003624　PG12/147
周易詳說十八卷　(清)劉紹攽撰　清同治至宣統劉氏傳經堂刻本　八冊

110000－0143－0003625　PG12/149
槎溪學易三卷　(清)陳䨼撰　清同治十三年(1874)保定陳公輔、陳公亮等刻本　二冊

110000－0143－0003626　PG12/152
鄭氏周易三卷　(漢)鄭玄撰　(宋)王應麟輯　(清)惠棟補輯　清乾隆二十一年(1756)德州盧氏雅雨堂刻本　一冊

110000－0143－0003627　PG12/153
慎讀齋讀易省心錄不分卷　(清)楊長年撰　清同治十一年至十三年(1872－1874)楊長年刻本　四冊

110000－0143－0003628　PG12/156
孔易註畧十二卷首一卷　(清)劉一明撰　清嘉慶刻本　五冊

110000－0143－0003629　PG12/157
易說十二卷附易說便錄一卷　(清)郝懿行撰　清光緒八年(1882)東路廳署刻本　四冊

110000－0143－0003630　PG12/158
易說醒四卷　(明)洪守美撰　清同治十一年(1872)洪氏刻本　三冊

110000－0143－0003631　PG12/159
易解經傳證五卷首一卷　(清)張步騫註　清

同治十年(1871)養靜齋刻本　五冊

110000－0143－0003632　PG12/161
費氏古易訂文十二卷　王樹枏撰　清光緒十七年(1891)青神文莫堂刻本　四冊

110000－0143－0003633　PG12/162
易經音訓不分卷　(清)楊國楨撰　清道光十年(1830)刻本　二冊

110000－0143－0003634　PG12/171
關氏易傳不分卷　(北魏)關朗撰　(唐)趙蕤註　明崇禎虞山毛氏汲古閣刻本　一冊

110000－0143－0003635　PG12/171
周易集解略例不分卷　(三國魏)王弼著　(唐)邢璹註　明崇禎虞山毛氏汲古閣刻本　與110000－0143－0003634合冊

110000－0143－0003636　PG12/172
關氏易傳不分卷　(北魏)關朗撰　清康熙至嘉慶刻本　一冊

110000－0143－0003637　PG12/172
易傳三卷　(漢)京房著　清康熙至嘉慶刻本　與110000－0143－0003636合冊

110000－0143－0003638　PG12/175
易經十二卷　(宋)朱熹本義　**音訓首一卷末一卷**　(宋)呂祖謙撰　清同治四年(1865)金陵書局刻本　二冊

110000－0143－0003639　PG12/176
周易四卷　清嘉慶十年(1805)刻本　二冊

110000－0143－0003640　PG13/2
尚書集注述疏三十二卷首一卷末二卷附讀書堂答問一卷　簡朝亮撰　清光緒三十三年(1907)簡朝亮刻本　十八冊

110000－0143－0003641　PG13/3
尚書精義五十卷　(宋)黄倫撰　清道光二十六年(1846)錢儀吉刻本　十二冊

110000－0143－0003642　PG13/4
古文尚書撰異三十二卷　(清)段玉裁撰　清乾隆至道光金壇段氏七葉衍祥堂刻本　四冊

110000－0143－0003643　PG13/5
書傳音釋六卷首一卷末一卷　(宋)蔡沈集傳　(元)鄒季友音釋　清咸豐五年(1855)浦城祝氏刻本　四冊

110000－0143－0003644　PG13/5－1
書傳音釋六卷首一卷末一卷　(宋)蔡沈集傳　(元)鄒季友音釋　清刻本　一冊　存圖、朱子說書、綱領、序

110000－0143－0003645　PG13/5－2
書傳音釋六卷首一卷末一卷　(宋)蔡沈集傳　(元)鄒季友音釋　清光緒十五年(1889)刻本　六冊

110000－0143－0003646　PG13/6
書傳音釋六卷首一卷末一卷　(宋)蔡沈集傳　(元)鄒季友音釋　清光緒十五年(1889)刻本　六冊

110000－0143－0003647　PG13/8－1
尚書離句六卷　(清)錢在培撰　清同治至宣統南京李光明莊刻本　二冊

110000－0143－0003648　PG13/9
欽定書經傳說彙纂二十一卷首二卷　(清)王頊齡等撰　清刻本　二十冊

110000－0143－0003649　PG13/9
欽定書經傳說彙纂二十一卷首二卷　(清)王頊齡等撰　清雍正八年(1730)至宣統刻本　十六冊

110000－0143－0003650　PG13/9
欽定書經傳說彙纂二十一卷首二卷　(清)王頊齡等撰　清同治七年(1868)刻本　十二冊

110000－0143－0003651　PG13/9－1
欽定書經傳說彙纂二十一卷首二卷　(清)王頊齡等撰　清同治七年(1868)刻本　十二冊

110000－0143－0003652　PG13/9－1
欽定書經傳說彙纂二十一卷首二卷　(清)王頊齡等撰　清同治十年(1871)湖北崇文書局刻本　十二冊

110000－0143－0003653　PG13/9－2

欽定書經傳説彙纂二十一卷首二卷　(清)王頊齡等撰　清乾隆至宣統刻本　十八册　存十七卷(五至二十一)

110000－0143－0003654　PG13/9－3
欽定書經傳説彙纂二十一卷首二卷書序一卷　(清)王頊齡等撰　清光緒十四年(1888)戶部刻御纂七經本　十二册

110000－0143－0003655　PG13/11
書六卷　(宋)蔡沈集傳　清同治八年(1869)書業德記刻本　四册

110000－0143－0003656　PG13/11
書六卷　(宋)蔡沈集傳　清光緒二十五年(1899)衡水三義堂刻本　四册

110000－0143－0003657　PG13/11－1
書六卷　(宋)蔡沈集傳　清光緒十四年(1888)書業德記刻本　四册

110000－0143－0003658　PG13/12
書經闡註圖考合編六卷　(清)王步青撰　清乾隆九年(1744)至宣統好古堂刻本　四册

110000－0143－0003659　PG13/13
表記集傳二卷春秋表記問業一卷　(明)黄道周輯　(清)鄭開極重訂　清康熙三十二年(1693)晉安鄭肇刻道光二十八年(1848)長洲彭藴章補刻本　三册

110000－0143－0003660　PG13/13
洪範明義四卷　(明)黄道周輯　(清)鄭開極重訂　清康熙三十二年(1693)晉安鄭肇刻道光二十八年(1848)長洲彭藴章補刻本　三册

110000－0143－0003661　PG13/14
書經六卷附校刊記　(宋)蔡沈集傳　清光緒五年(1879)山西濬文書局刻本　四册

110000－0143－0003662　PG13/14
書經六卷　(宋)蔡沈集傳　清嘉慶十五年(1810)龍江書屋刻清末聚文堂印本　四册

110000－0143－0003663　PG13/14－1
書經六卷首一卷末一卷書傳音釋三卷　(宋)蔡沈集傳　(元)鄒季友音釋　清光緒七年(1881)江蘇書局刻本　五册

110000－0143－0003664　PG13/14－2
書經二十卷　(漢)孔安國傳　清永懷堂刻浙江書局補刻本　三册

110000－0143－0003665　PG13/14－3
書經六卷首一卷末一卷　(宋)蔡沈集傳　清道光至宣統南京李光明莊刻本　四册

110000－0143－0003666　PG13/14－4
書經六卷　(宋)蔡沈集傳　清光緒十二年(1886)湖北官書處刻本　四册

110000－0143－0003667　PG13/14－5
書六卷　(宋)蔡沈集傳　清咸豐三年(1853)東浯文盛堂刻本　四册

110000－0143－0003668　PG13/14－6
書經六卷　(宋)蔡沈集傳　清光緒十三年(1887)京都聚珍堂刻本　四册

110000－0143－0003669　PG13/14－7
書經六卷　(宋)蔡沈集傳　清光緒十九年(1893)浙江書局刻本　四册

110000－0143－0003670　PG13/14－9
書經六卷首一卷末一卷　(宋)蔡沈集傳　清光緒二十二年(1896)新化三味堂刻本　一册

110000－0143－0003671　PG13/14－10
書六卷　(宋)蔡沈集傳　清光緒十一年(1885)京都打磨廠刻本　四册

110000－0143－0003672　PG13/14－11
書經六卷首一卷末一卷　(宋)蔡沈集傳　清光緒七年(1881)金陵書局刻本　四册

110000－0143－0003673　PG13/14－12
書六卷　(宋)蔡沈集傳　清光緒十五年(1889)京都聚□□刻本　四册

110000－0143－0003674　PG13/14－13
書經六卷首一卷末一卷　(宋)蔡沈集傳　清光緒七年(1881)金陵書局刻本　四册

110000－0143－0003675　PG13/15－1
附釋音尚書注疏二十卷附校勘記二十卷

(漢)孔安國傳　(唐)陸德明音義　(唐)孔穎達疏　(清)阮元校勘　(清)盧宣旬摘錄　清嘉慶二十年(1815)江西南昌府學刻同治十二年(1873)江西書局重刻本　十冊

110000－0143－0003676　PG13/16
書古微十二卷　(清)魏源著　清光緒四年(1878)淮南書局刻本　一冊　存四卷(一至四)

110000－0143－0003677　PG13/16
書古微十二卷　(清)魏源著　清光緒四年(1878)淮南書局刻本　四冊

110000－0143－0003678　PG13/17－1
禹貢說斷四卷首一卷　(宋)傅寅撰　清乾隆四十二年(1777)福建刻道光至同治遞修光緒二十一年(1895)增刻本　四冊

110000－0143－0003679　PG13/18
尚書離句六卷　(清)錢在培輯解　清光緒二十一年(1895)有益堂刻本　二冊

110000－0143－0003680　PG13/19
洪範統一不分卷　(宋)趙善湘譔　清乾隆至宣統刻本　一冊

110000－0143－0003681　PG13/21
尚書古文疏證八卷附朱子古文書疑一卷　(清)閻若璩撰　(清)閻詠復輯　清嘉慶元年(1796)天津吳氏刻本　八冊

110000－0143－0003682　PG13/22－1
書經六卷　(宋)蔡沈集傳　清咸豐至宣統天津文成堂刻本　四冊

110000－0143－0003683　PG13/22－2
書經六卷　(宋)蔡沈集傳　清光緒十一年(1885)京都打磨廠刻本　四冊

110000－0143－0003684　PG13/24
禹貢集釋三卷附禹貢蔡傳正誤一卷禹貢錐指正誤一卷　(清)丁晏撰　清道光八年(1828)山陽丁氏六藝堂刻本　二冊

110000－0143－0003685　PG13/26
增修東萊書說三十五卷首一卷　(宋)呂祖謙撰　(宋)時瀾修定　清同治八年(1869)永康胡氏退補齋刻本　八冊

110000－0143－0003686　PG13/27
讀書叢說六卷　(元)許謙撰　清同治十一年(1872)永康胡氏退補齋刻本　二冊

110000－0143－0003687　PG13/28
尚書考異六卷　(明)梅鷟撰　清光緒十八年(1892)浙江書局刻本　四冊

110000－0143－0003688　PG13/28－1
尚書考異六卷　(明)梅鷟撰　清道光五年(1825)立本齋刻本　二冊

110000－0143－0003689　PG13/28－2
尚書考異六卷　(明)梅鷟撰　清道光五年(1825)立本齋刻本　二冊

110000－0143－0003690　PG13/29
禹貢集解二卷　(宋)傅寅撰　清同治八年(1869)永康胡氏退補齋刻本　二冊

110000－0143－0003691　PG13/30－1
尚書大傳四卷補遺一卷　(漢)伏勝撰　(漢)鄭玄注　(清)盧見曾補遺　清嘉慶五年(1800)山陰沈氏鳴埜山房刻本　一冊

110000－0143－0003692　PG13/31
古文尚書辨僞二卷　(清)崔述撰　清道光四年(1824)東陽陳履和刻本　二冊

110000－0143－0003693　PG13/32
融堂書解二十卷　(宋)錢時撰　清乾隆四十二年(1777)福建刻本　四冊

110000－0143－0003694　PG13/34
禹貢班義述三卷　(清)成蓉鏡撰　清光緒十一年(1885)刻本　二冊

110000－0143－0003695　PG13/34
禹貢班義述三卷　(清)成蓉鏡撰　清光緒十一年(1885)刻本　一冊

110000－0143－0003696　PG13/38
欽定書經圖說五十卷　(清)孫家鼐等撰　清光緒三十一年(1905)京師大學堂編書局石印本　十六冊

110000－0143－0003697　PG13/38
欽定書經圖說五十卷　（清）孫家鼐等撰　清光緒三十一年（1905）京師大學堂編書局石印本　十六冊

110000－0143－0003698　PG13/38
欽定書經圖說五十卷　（清）孫家鼐等撰　清光緒三十一年（1905）京師大學堂編書局石印本　十六冊

110000－0143－0003699　PG13/39
尚書箋三十卷　王闓運撰　清光緒二十九年（1903）東洲刻本　五冊

110000－0143－0003700　PG13/39
尚書箋三十卷　王闓運撰　清光緒二十九年（1903）東洲刻本　四冊

110000－0143－0003701　PG13/40
禹貢川澤考二卷　（清）桂文燦撰　清光緒十二年（1886）利華印務局鉛印本　一冊

110000－0143－0003702　PG13/40
禹貢川澤考二卷　（清）桂文燦撰　清光緒十二年（1886）利華印務局鉛印本　一冊

110000－0143－0003703　PG13/40
禹貢川澤考二卷　（清）桂文燦撰　清光緒十二年（1886）利華印務局鉛印本　一冊

110000－0143－0003704　PG13/45
尚書釋音二卷　（唐）陸德明撰　清光緒遵義黎氏刻本　一冊

110000－0143－0003705　PG13/47
尚書今古文注疏三十卷　（清）孫星衍撰　清光緒十一年（1885）吳縣朱氏槐廬家塾刻本　八冊

110000－0143－0003706　PG13/47－1
尚書今古文注疏三十卷　（清）孫星衍撰　清嘉慶二十年（1815）金陵冶城山館刻本　八冊

110000－0143－0003707　PG13/49
尚書孔傳參正三十六卷序例一卷異同表一卷　王先謙撰　清光緒三十年（1904）虛受堂刻本　六冊

110000－0143－0003708　PG13/52
楊子書繹六卷首一卷　（明）楊文彩撰　（清）魏禧校　清光緒二年（1876）寧都韓懿章刻本　十冊

110000－0143－0003709　PG13/52
楊子書繹六卷首一卷　（明）楊文彩撰　（清）魏禧校　清光緒二年（1876）寧都韓懿章刻本　十冊

110000－0143－0003710　PG13/56
周書斠補四卷　（清）孫詒讓撰　清光緒二十六年（1900）籀廎刻本　一冊

110000－0143－0003711　PG13/58
周書斠補四卷　（清）孫詒讓撰　清光緒二十六年（1900）籀廎刻本　一冊

110000－0143－0003712　PG13/62
今文尚書攷證三十卷　（清）皮錫瑞撰　清光緒二十三年（1897）善化皮氏師伏堂刻本　六冊

110000－0143－0003713　PG13/63
書傳補商十七卷　（清）戴鈞衡撰　清咸豐五年（1855）安徽安慶刻本　六冊

110000－0143－0003714　PG13/64
書經述六卷　（清）許祖京撰　清嘉慶十七年（1812）陔華堂刻本　二冊

110000－0143－0003715　PG13/65
尚書篇第一卷首一卷附書經補篇一卷　（清）李榮陛撰　清嘉慶二十年（1815）萬載李氏亘古齋刻本　一冊

110000－0143－0003716　PG13/66
尚書考六卷　（清）李榮陛撰　清嘉慶二十年（1815）萬載李氏亘古齋刻本　三冊

110000－0143－0003717　PG13/69
禹貢今註不分卷　閻寶森著　清宣統三年（1911）鉛印本　一冊

110000－0143－0003718　PG13/70
古文尚書正辭三十三卷　吳光耀撰　清光緒十九年（1893）刻本　十八冊

110000－0143－0003719　PG13/73
禹貢新圖說二卷附敘錄　(清)楊懋建撰　清同治六年(1867)廣州碧玲瓏館刻本　二冊

110000－0143－0003720　PG13/78
古文尚書不分卷附書序不分卷　(清)孫葆田輯　清光緒二十九年(1903)問經精舍刻本　二冊

110000－0143－0003721　PG13/79
尚書今古文注三十卷　(清)孫星衍撰　清光緒五年(1879)四川總督丁寶楨刻本　二冊

110000－0143－0003722　PG13/80
晚書訂疑三卷　(清)程廷祚撰　清道光至咸豐三餘書屋刻本　二冊

110000－0143－0003723　PG13/81
書經體註大全合參六卷　(清)錢希祥纂輯　(清)范翔鑒定　清光緒三年(1877)寶興堂刻本　四冊

110000－0143－0003724　PG13/82
日講書經解義十三卷　(清)庫勒納　(清)葉方藹纂輯　清嘉慶至道光刻本　十三冊

110000－0143－0003725　PG13/83
尚書集注音疏十二卷附尚書經師系表一卷　(清)江聲撰　清乾隆五十八年(1793)刻本　六冊

110000－0143－0003726　PG14/1
御纂詩義折中二十卷　(清)傅恒等撰　清道光至宣統北京文成堂刻本　六冊

110000－0143－0003727　PG14/1
御纂詩義折中二十卷　(清)傅恒等撰　清光緒掃葉山房刻本　六冊

110000－0143－0003728　PG14/1
御纂詩義折中二十卷　(清)傅恒等撰　清乾隆刻本　十冊

110000－0143－0003729　PG14/1－1
御纂詩義折中二十卷　(清)傅恒等撰　清光緒三義堂刻本　六冊

110000－0143－0003730　PG14/1－3
御纂詩義折中二十卷　(清)傅恒等撰　清光緒十二年(1886)敬業堂刻本　十二冊

110000－0143－0003731　PG14/2
欽定詩經傳說彙纂二十一卷首二卷詩序二卷　(清)王鴻緒撰　清光緒四年(1878)廣州翰墨園刻本　十八冊

110000－0143－0003732　PG14/2
欽定詩經傳說彙纂二十一卷首二卷詩序二卷　(清)王鴻緒撰　清道光至宣統刻本　十四冊　缺四卷(六至七、首二卷)

110000－0143－0003733　PG14/2
欽定詩經傳說彙纂二十一卷詩序二卷　(清)王鴻緒撰　清乾隆七年(1742)江西謝旻、李蘭刻本　十六冊

110000－0143－0003734　PG14/2－1
欽定詩經傳說彙纂二十一卷詩序二卷　(清)王鴻緒撰　清同治七年(1868)浙江巡撫馬新貽刻本　十六冊

110000－0143－0003735　PG14/2－1
欽定詩經傳說彙纂二十一卷詩序二卷　(清)王鴻緒撰　清雍正刻本　二十四冊

110000－0143－0003736　PG14/2－1
欽定詩經傳說彙纂二十一卷詩序二卷　(清)王鴻緒撰　清同治十年(1871)湖北崇文書局刻本　十八冊

110000－0143－0003737　PG14/2－1
欽定詩經傳說彙纂二十一卷首二卷詩序二卷　(清)王鴻緒撰　清道光至宣統刻本　一冊　存一卷(五)

110000－0143－0003738　PG14/3
呂氏家塾讀詩記三十二卷　(宋)呂祖謙撰　清同治十二年(1873)永康胡氏退補齋刻本　十二冊

110000－0143－0003739　PG14/3
呂氏家塾讀詩記三十二卷　(宋)呂祖謙撰　**續呂氏家塾讀詩記三卷**　(宋)戴溪撰　清道光至咸豐大梁書院刻本　十二冊

110000－0143－0003740　PG14/3
續呂氏家塾讀詩記三卷　(宋)戴溪撰　清道光至咸豐大梁書院刻本　二册

110000－0143－0003741　PG14/4
詩總聞二十卷　(宋)王質撰　(清)錢儀吉輯　清道光至咸豐大梁書院刻本　六册

110000－0143－0003742　PG14/4
詩總聞十二卷　(宋)王質撰　(清)錢儀吉輯　清道光至咸豐大梁書院刻本　四册

110000－0143－0003743　PG14/5
毛詩三十卷首一卷　(漢)毛亨傳　(漢)鄭玄箋　清嘉慶二十一年(1816)木瀆周孝垓刻本　四册

110000－0143－0003744　PG14/5－1
毛詩二十卷詩譜一卷音義三卷　(漢)毛亨傳　(漢)鄭玄箋　清同治十一年(1872)江南書局刻本　六册

110000－0143－0003745　PG14/6
毛詩要義二十卷毛詩序要義譜一卷　(宋)魏了翁撰　清光緒十二年(1886)江蘇書局刻本　十二册

110000－0143－0003746　PG14/7
詩古微三編十九卷首一卷　(清)魏源輯　清道光二十年(1840)邵陽魏氏刻光緒十三年(1887)掃葉山房席氏補刻本　八册

110000－0143－0003747　PG14/7－1
詩古微三編十九卷首一卷　(清)魏源輯　清道光二十年(1840)邵陽魏氏刻光緒十三年(1887)掃葉山房席氏補刻本　八册

110000－0143－0003748　PG14/9
毛詩復古錄十二卷首一卷　(清)吳懋清撰　清光緒二十年(1894)廣州學使者署刻本　六册

110000－0143－0003749　PG14/9
毛詩復古錄十二卷首一卷　(清)吳懋清撰　清光緒二十年(1894)廣州學使者署刻本　六册

110000－0143－0003750　PG14/9
毛詩復古錄十二卷首一卷　(清)吳懋清撰　清光緒二十年(1894)廣州學使者署刻本　六册

110000－0143－0003751　PG14/10
詩緝三十六卷　(宋)嚴粲撰　清嘉慶十五年(1810)聽彝堂刻本　十六册

110000－0143－0003752　PG14/11
陳氏毛詩五種　(清)陳奐撰　清光緒九年(1883)刻本　十二册

110000－0143－0003753　PG14/11
陳氏毛詩五種　(清)陳奐撰　清光緒九年(1883)刻本　十二册

110000－0143－0003754　PG14/14
詩經音義約編十卷　(清)戴元裔輯　(清)丁鳳阜鑒定　清同治元年(1862)森寶堂刻本　十册

110000－0143－0003755　PG14/15
詩經喈鳳詳解八卷圖說一卷　(清)陳抒孝輯著　(清)汪基增訂　清光緒三義堂刻本　四册

110000－0143－0003756　PG14/15
詩經音韻譜五卷序說一卷附章句觿解一卷　(清)甄士林撰　清道光五年(1825)種松書屋刻本　五册

110000－0143－0003757　PG14/16
詩經精華十卷　(清)薛嘉穎編　清同治八年(1869)京都善成堂刻本　六册

110000－0143－0003758　PG14/16－1
詩經精華十卷　(清)薛嘉穎編　清乾隆刻本　五册

110000－0143－0003759　PG14/17
奎壁詩經八卷　(宋)朱熹集傳　清光緒善成堂刻本　四册

110000－0143－0003760　PG14/17
奎壁詩經八卷　(宋)朱熹集傳　清光緒書業德刻本　四册

110000－0143－0003761　PG14/17－2
草木疏校正二卷　(清)趙佑撰　清乾隆五十六年(1791)刻本　一册

110000－0143－0003762　PG14/18
詩經八卷　(宋)朱熹集傳　清光緒六年(1880)京都聚珍堂刻本　四册

110000－0143－0003763　PG14/18
詩經音訓不分卷　(清)楊國楨撰　清道光十年(1830)大梁書院刻本　二册

110000－0143－0003764　PG14/18
易經音訓不分卷　(清)楊國楨撰　清道光十一年(1831)大梁書院刻本　二册

110000－0143－0003765　PG14/18
詩經八卷　(宋)朱熹集傳　清道光十六年(1836)楊郡二郎廟惜字局刻本　四册

110000－0143－0003766　PG14/18－1
詩經八卷　(宋)朱熹集傳　清雍正刻本　八册

110000－0143－0003767　PG14/18－2
詩經八卷　(宋)朱熹集傳　清光緒三年(1877)永康胡氏退補齋刻本　四册

110000－0143－0003768　PG14/18－2
詩集傳八卷附詩序辨說二卷　(宋)朱熹集傳　清同治十一年(1872)山東書局刻光緒十七年(1891)重校補刻本　四册　缺二卷(詩序辨說二卷)

110000－0143－0003769　PG14/18－2
詩序二卷　(宋)朱熹集傳　清光緒十七年(1891)刻本　一册

110000－0143－0003770　PG14/18－6
詩經八卷　(宋)朱熹集傳　清光緒十九年(1893)浙江書局刻本　四册

110000－0143－0003771　PG14/18－8
詩經八卷　(宋)朱熹集傳　清同治八年(1869)刻本　四册

110000－0143－0003772　PG14/18－10
詩經八卷　(宋)朱熹集傳　清光緒三十一年(1905)掃葉山房刻本　四册

110000－0143－0003773　PG14/18－11
監本詩經八卷　(宋)朱熹集傳　清光緒十五年(1889)重刻本　四册

110000－0143－0003774　PG14/19
監本詩經八卷附圖考　(宋)朱熹集傳　清宣統三年(1911)上海章福記石印本　四册

110000－0143－0003775　PG14/19
監本詩經八卷　(宋)朱熹集傳　清光緒十一年(1885)三義堂刻本　四册

110000－0143－0003776　PG14/19－1
監本詩經八卷　(宋)朱熹集傳　清同治八年(1869)萬源堂刻本　四册

110000－0143－0003777　PG14/20
詩經融註大全體要八卷　(清)高朝瓔纂　(清)沈世楷輯　清光緒十四年(1888)同元堂刻本　四册

110000－0143－0003778　PG14/20－1
詩經體註大全合叅八卷　(清)高朝瓔纂　(清)沈世楷輯　清道光至光緒刻本　三册　缺二卷(一至二)

110000－0143－0003779　PG14/20－2
詩經融註大全體要八卷　(清)高朝瓔纂　(清)沈世楷輯　清道光二十一年(1841)刻本　六册

110000－0143－0003780　PG14/22
御纂詩義折中二十卷　(清)傅恒等撰　清乾隆二十年(1755)刻本　八册

110000－0143－0003781　PG14/22
御纂詩義折中二十卷　(清)傅恒等撰　清道光至光緒東昌書業德刻本　六册

110000－0143－0003782　PG14/24
新增詩經補註附考備旨八卷　(清)鄒聖脈纂輯　(清)鄒廷猷編　(清)鄒景揚等訂　清光緒善成堂刻本　四册

110000－0143－0003783　PG14/25
詩傳考六卷　(清)陳孚編　清嘉慶九年

(1804)堯山刻本　六册

110000－0143－0003784　PG14/28

毛詩注疏七十卷　(漢)毛亨傳　(漢)鄭玄箋　(唐)陸德明音義　(唐)孔穎達疏　清道光至宣統刻本　十八册　存八卷(六至十三)

110000－0143－0003785　PG14/28

附釋音毛詩注疏七十卷附校勘記七十卷　(漢)毛亨傳　(漢)鄭玄箋　(唐)陸德明音義　(唐)孔穎達疏　清嘉慶二十年(1815)江西南昌府刻同治十二年(1873)江西書局重刻本　二十四册

110000－0143－0003786　PG14/29－3

韓詩外傳十卷　(漢)韓嬰撰　清同治十二年(1873)粵東書局刻本　二册

110000－0143－0003787　PG14/29－4

韓詩外傳十卷　(漢)韓嬰撰　(明)鍾惺評　清順治至雍正刻本　二册

110000－0143－0003788　PG14/32

繙譯詩經八卷　(清)高宗弘曆敕譯　清乾隆三十五年至六十年(1770－1795)刻本　四册

110000－0143－0003789　PG14/33

詩經喈鳳詳解八卷圖說一卷　(清)陳抒孝輯解　(清)汪基增訂　清光緒十三年(1887)善成堂刻本　四册

110000－0143－0003790　PG14/34

詩經八卷　(宋)朱熹集傳　清光緒二十二年(1896)金陵書局刻本　四册

110000－0143－0003791　PG14/34

詩經八卷　(宋)朱熹集傳　清光緒二十二年(1896)金陵書局刻本　四册

110000－0143－0003792　PG14/36

毛詩傳箋通釋三十二卷　(清)馬瑞辰撰　清光緒十四年(1888)廣州廣雅書局刻本　十二册

110000－0143－0003793　PG14/36

毛詩傳箋通釋三十二卷　(清)馬瑞辰撰　清光緒十四年(1888)廣州廣雅書局刻本　十二册

110000－0143－0003794　PG14/40

毛詩後箋三十卷　(清)胡承珙撰　(清)陳奐補　清光緒十六年(1890)廣雅書局刻本　十二册

110000－0143－0003795　PG14/41

毛詩禮徵十卷　(清)包世榮撰　清道光八年(1828)包世臣刻本　八册

110000－0143－0003796　PG14/43

毛詩古音攷四卷附讀詩拙言一卷　(明)陳第撰　清乾隆二十七年(1762)刻本　四册

110000－0143－0003797　PG14/45

詩經音韻譜五卷序說一卷附章句觸解一卷　(清)甄士林撰　清道光五年(1825)刻本　五册

110000－0143－0003798　PG14/45－1

詩經音韻譜五卷序說一卷附章句觸解一卷　(清)甄士林撰　清道光五年(1825)刻本　二册　存二卷(序說一卷、附章句觸解一卷)

110000－0143－0003799　PG14/46

詩經繹參四卷　(清)鄧翔撰　清同治六年(1867)孔氏刻本　四册

110000－0143－0003800　PG14/46

詩經繹參四卷　(清)鄧翔撰　清同治六年(1867)孔氏刻本　四册

110000－0143－0003801　PG14/46

詩經繹參四卷　(清)鄧翔撰　清同治六年(1867)孔氏刻本　四册

110000－0143－0003802　PG14/49

詩疑二卷　(宋)王柏撰　(清)胡鳳丹校　清同治八年(1869)永康胡氏退補齋刻本　一册

110000－0143－0003803　PG14/50

毛鄭詩斠議一卷　羅振玉撰　清光緒十六年至三十四年(1890－1908)鉛印本　一册

110000－0143－0003804　PG14/51

毛詩草木鳥獸蟲魚疏二卷　(三國吴)陸機撰　清光緒十二年(1886)上海聚珍倣宋印書局

鉛印本　一册

110000－0143－0003805　PG14/52－1
詩緝三十六卷　(宋)嚴粲撰　清光緒十六年(1890)成都雖園刻本　十二册

110000－0143－0003806　PG14/53
詩經八卷　(宋)朱熹集傳　清光緒五年(1879)雲南書局刻本　四册

110000－0143－0003807　PG14/54
續詩傳鳥名三卷　(清)毛奇齡撰　清乾隆五十九年(1794)石門馬氏大西山房刻本　一册

110000－0143－0003808　PG14/56
御案詩經備旨八卷　(清)鄒聖脈纂輯　(清)鄒廷猷編　(清)鄒景揚等訂　清光緒二十四年(1898)寶興堂刻本　六册

110000－0143－0003809　PG14/57
毛詩辨韻五卷　(清)趙似祖撰　(清)趙星海更訂　清道光二十二年(1842)聽雲山館刻本　四册

110000－0143－0003810　PG14/60
韓詩外傳十卷補逸一卷校注拾遺一卷　(漢)韓嬰撰　(清)周廷寀校注　(清)周宗杬補遺　(清)趙懷玉輯　清光緒元年(1875)盱眙吳氏望三益齋刻本　四册

110000－0143－0003811　PG14/61
詩故攷異三十二卷　(清)徐華岳撰　清道光十二年(1832)思聞齋刻本　八册

110000－0143－0003812　PG14/65
詩經詮義十二卷首一卷末二卷　(清)汪紱撰　清道光二十三年(1843)延川金氏世德堂刻本　十五册

110000－0143－0003813　PG14/66
詩異文錄三卷　(清)黃位清撰　清道光二十年(1840)刻本　三册

110000－0143－0003814　PG14/67
毛詩重言一卷毛詩雙聲疊韻說一卷　(清)王筠撰　清道光刻本　一册

110000－0143－0003815　PG14/69
詩經補箋二十卷　王闓運補箋　清光緒三十二年(1906)衡陽東洲刻本　八册

110000－0143－0003816　PG14/71
草木疏校正二卷　(清)趙佑學　清乾隆五十六年(1791)仁和趙氏刻本　一册

110000－0143－0003817　PG14/71－1
草木疏校正二卷　(清)趙佑學　清乾隆五十六年(1791)仁和趙氏刻本　一册

110000－0143－0003818　PG14/72
毛詩故訓傳定本小箋三十卷　(清)段玉裁撰　清嘉慶二十一年(1816)金壇段氏七葉衍祥堂刻經韻樓叢書本　三册

110000－0143－0003819　PG14/72－1
毛詩故訓傳定本小箋三十卷　(清)段玉裁撰　清乾隆四十九年(1784)至宣統刻本　四册

110000－0143－0003820　PG14/73
毛詩音韻攷四卷畧言一卷　(清)程以恬撰　清道光四年(1824)研經堂刻本　四册

110000－0143－0003821　PG14/74
范氏三種三十四卷　(清)范家相撰輯　清乾隆至嘉慶會稽范氏刻光緒十三年(1887)墨潤堂重刻本　六册

110000－0143－0003822　PG14/75
續詩經音律八卷　(清)遲德成註　清光緒四年(1878)濟南尚志堂刻本　四册

110000－0143－0003823　PG14/76
詩所八卷　(清)李光地註　清雍正六年(1728)刻本　四册

110000－0143－0003824　PG14/77
毛詩補禮六卷　(清)朱濂學　清道光十九年(1839)刻光緒三年(1877)吳玉輝補版印本　二册

110000－0143－0003825　PG14/78
詩經申義十卷　(清)吳士模著　清光緒十七年(1891)吳佑孫等澤古齋刻本　四册

110000－0143－0003826　PG14/82
朱子詩義補正八卷　(清)方苞著　(清)單作

哲編次　清乾隆至嘉慶刻本　二册

110000－0143－0003827　PG14/83
平湖顧氏遺書五種五十一卷　(清)顧廣譽撰　清光緒三年(1877)平湖顧鴻昇刻本　十四册

110000－0143－0003828　PG14/84
毛詩訂詁八卷附錄二卷　(清)顧棟高著　清光緒二十二年(1896)江蘇書局刻本　四册

110000－0143－0003829　PG14/85
鄭氏詩譜攷正一卷　(清)丁晏撰　清光緒邵武徐氏刻本　一册

110000－0143－0003830　PG14/85－1
鄭氏詩譜攷正一卷　(清)丁晏撰　清道光至咸豐南河節署刻本　一册

110000－0143－0003831　PG14/87
讀詩經四卷　(清)趙良霨著　清道光十二年(1832)涇縣趙氏古墨齋刻涇川叢書本　二册　存二卷(一至二)

110000－0143－0003832　PG14/89
韓詩内傳並薛君章句考四卷附錄一卷二雨堂筆談一卷附編一卷　(清)錢玫撰　(清)錢世敘編　清道光至宣統抄本　四册

110000－0143－0003833　PG14/90
毛詩詁訓傳二十卷　(漢)毛亨傳　(漢)鄭玄箋　清光緒刻本　九册　缺二卷(一至二)

110000－0143－0003834　PG14/91
詩經集注八卷　(宋)朱熹集傳　清光緒刻本　一册　存二卷(一至二)

110000－0143－0003835　PG14/92
經詞衍釋十卷補遺一卷　(清)吳昌瑩撰　清同治十二年(1873)成都書局刻本　四册

110000－0143－0003836　PG14/97
毛詩讀三十卷　(清)王劼撰　清咸豐五年(1855)成都刻本　十册

110000－0143－0003837　PG14/101
詩小學三十卷補一卷　(清)吳樹聲撰　清同治七年(1868)壽光官廨刻本　十三册

110000－0143－0003838　PG14/101
詩小學三十卷補一卷　(清)吳樹聲撰　清同治七年(1868)壽光官廨刻本　十二册　存三十卷(詩小學三十卷)

110000－0143－0003839　PG14/103
詩經世本古義二十八卷首一卷末一卷　(明)何楷撰　清嘉慶十八年(1813)李昌正刻本　十六册

110000－0143－0003840　PG14/104
毛詩鄭箋改字說四卷　(清)陳喬樅撰　清道光刻本　二册

110000－0143－0003841　PG14/105
詩傳名物集覽十二卷　(清)陳大章撰　清光緒十七年(1891)三餘草堂刻本　六册

110000－0143－0003842　PG14/106
韓詩遺說續考四卷　顧震福撰　清光緒十九年(1893)刻本　一册

110000－0143－0003843　PG14/106
韓詩遺說續考四卷　顧震福撰　清光緒十九年(1893)刻本　一册

110000－0143－0003844　PG14/108
虞東學詩十二卷詩說一卷　(清)顧鎮撰　清乾隆三十三年(1768)誦芬堂刻道光十年(1830)印本　六册

110000－0143－0003845　PG14/109
詩經雅箋不分卷　(清)玉樞撰　清道光十六年(1836)抄本　二册

110000－0143－0003846　PG14/111
毛鄭詩釋三卷續錄一卷　(清)丁晏撰　清道光至同治刻本　四册

110000－0143－0003847　PG14/112
絜齋毛詩經筵講義四卷　(宋)袁燮撰　清乾隆刻本　一册

110000－0143－0003848　PG14/114
詩集傳音釋二十卷附詩序一卷詩劄記一卷　(元)許謙撰　(元)羅復輯　清咸豐七年(1857)海昌蔣氏衍芬草堂刻本　五册

110000－0143－0003849　PG14/115
校刻詩集傳音釋札記一卷　（清）蔣光煦撰　清咸豐七年（1857）海昌蔣氏衍芬草堂刻本　一册

110000－0143－0003850　PG14/116
仇滄柱先生增補詩經備旨四卷　（清）仇兆鰲增補　（清）祁文友　（清）尹源進增訂　清乾隆五十四年（1789）文盛堂刻本　四册

110000－0143－0003851　PG15/1
三禮約編二十卷　（清）汪基撰　清雍正至宣統刻本　八册

110000－0143－0003852　PG15/1－1
三禮約編二十卷　（清）汪基撰　清乾隆三年（1738）至嘉慶敬堂刻本　八册

110000－0143－0003853　PG15/2
禮書綱目八十五卷首三卷　（清）江永撰　清嘉慶十五年（1810）俞鳴玉、俞荊玉刻本　三十二册

110000－0143－0003854　PG15/2－2
禮書綱目八十五卷首三卷　（清）江永撰　清光緒二十一年（1895）廣雅書局刻本　二十册

110000－0143－0003855　PG15/2－2
禮書綱目八十五卷首三卷　（清）江永撰　清光緒二十一年（1895）廣雅書局刻本　十一册　存五十三卷（五至三十九、六十八至八十五）

110000－0143－0003856　PG15/3
四禮翼一卷　（明）呂坤撰　清光緒二十一年（1895）湖北官書處刻本　一册

110000－0143－0003857　PG15/4
萬充宗先生經學五書十八卷　（清）萬斯大撰　清乾隆二十四年至二十六年（1759－1761）萬福刻本　六册

110000－0143－0003858　PG15/4
萬充宗先生經學五書十八卷　（清）萬斯大撰　清嘉慶萬福刻本　四册

110000－0143－0003859　PG15/6
五禮通考二百六十二卷首四卷　（清）秦蕙田撰　清光緒六年（1880）江蘇書局刻本　一百册

110000－0143－0003860　PG15/6
五禮通考二百六十二卷首四卷　（清）秦蕙田撰　清光緒六年（1880）江蘇書局刻本　一百册

110000－0143－0003861　PG15/7
鐵研齋叢書五種三十卷　桑宣撰　清光緒三十年（1904）鉛印本　六册

110000－0143－0003862　PG15/8
周官箋六卷　王闓運撰　清光緒二十二年（1896）東洲講舍刻本　六册

110000－0143－0003863　PG15/10
禮經箋十七卷　王闓運撰　清光緒二十二年（1896）東洲講舍刻本　四册　缺六卷（十二至十七）

110000－0143－0003864　PG15/10－1
禮經箋十七卷　王闓運撰　清光緒二十二年至三十四年（1896－1908）刻本　六册

110000－0143－0003865　PG15/11
夏小正一卷　（清）王筠撰　清咸豐二年（1852）刻本　一册

110000－0143－0003866　PG15/11－1
夏小正一卷　（清）王筠撰　清咸豐二年（1852）刻本　一册

110000－0143－0003867　PG15/11－2
夏小正箋疏四卷　（清）馬徵麟撰　清光緒十四年（1888）德清俞氏刻本　一册

110000－0143－0003868　PG15/12
夏小正戴氏傳訓解四卷攷異一卷通論一卷　（清）王寶仁撰　清同治十三年（1874）江蘇太倉王維驥舊香居刻本　一册

110000－0143－0003869　PG15/16
文廟丁祭譜四卷　（清）鍾瑞等輯　清道光二十五年（1845）醴陵尊經閣刻本　八册

110000－0143－0003870　PG15/16

文廟丁祭譜四卷　(清)鍾瑞等輯　清道光二十五年(1845)醴陵尊經閣刻本　六册

110000-0143-0003871　PG15/17
夏小正通釋一卷　(清)梁章鉅輯　清光緒十三年(1887)浙江書局刻本　一册

110000-0143-0003872　PG15/19
禮經釋例十三卷首一卷　(清)凌廷堪撰　清嘉慶十四年(1809)揚州阮氏文選樓刻本　六册

110000-0143-0003873　PG15/19-1
禮經釋例十三卷首一卷　(清)凌廷堪撰　清嘉慶十四年(1809)揚州阮氏文選樓刻本　四册

110000-0143-0003874　PG15/20
讀禮條考二十卷　(清)王曜南撰　清光緒二十三年(1897)杭州尚友齋石印本　六册

110000-0143-0003875　PG15/21
求古錄禮説十六卷補遺一卷　(清)金鶚撰　清光緒二年(1876)刻本　六册

110000-0143-0003876　PG15/22
新定三禮圖二十卷　(宋)聶崇義撰　清刻本　四册

110000-0143-0003877　PG15/24-1
新定三禮圖二十卷　(宋)聶崇義撰　清康熙十九年(1680)通志堂刻本　四册

110000-0143-0003878　PG15/24-1
新定三禮圖二十卷　(宋)聶崇義撰　清康熙十九年(1680)通志堂刻本　二册

110000-0143-0003879　PG15/25
禮書附錄十二卷　(清)陳寶泉輯　清嘉慶二十五年(1820)刻本　八册

110000-0143-0003880　PG15/25-1
禮書附錄十二卷　(清)陳寶泉輯　清道光六年(1826)刻本　四册

110000-0143-0003881　PG15/26
讀禮志疑不分卷　(清)陸隴其撰　清嘉慶二十一年(1816)刻本　一册

110000-0143-0003882　PG15/27
禮經校釋二十二卷附禮經纂疏序一卷　曹元弼撰　清光緒十八年(1892)刻三十四年(1908)印本　十册

110000-0143-0003883　PG15/30
韓氏三禮圖説二卷　(元)韓信同撰　清嘉慶十八年(1813)王遐春麟後山房刻本　二册

110000-0143-0003884　PG15/31
廟制圖考四卷　(清)萬斯同撰　清乾隆三十年(1765)辨志堂刻本　二册

110000-0143-0003885　PG15/35
禮書通故不分卷　(清)黄以周述　清光緒十九年(1893)浙江定海黄氏試館刻本　八册

110000-0143-0003886　PG15/42
經傳禘祀通考一卷　(清)崔述著　清嘉慶二年(1797)石屏陳履和刻本　一册

110000-0143-0003887　PG15/42
三正異同通考一卷　(清)崔述著　清嘉慶二年(1797)石屏陳履和刻本　與110000-0143-0003886合册

110000-0143-0003888　PG15/44
泰泉鄉禮七卷　(明)黄佐撰　清道光二十三年(1843)芸香堂刻本　二册

110000-0143-0003889　PG15/45
少儀外傳二卷　(宋)吕祖謙撰　清光緒十五年(1889)上海鴻文書局石印本　一册

110000-0143-0003890　PG151/1
周官析疑三十六卷　(清)方苞撰　清乾隆至嘉慶桐城方氏抗希堂刻本　八册

110000-0143-0003891　PG151/1
考工記析疑四卷　(清)方苞撰　清乾隆至嘉慶桐城方氏抗希堂刻本　一册

110000-0143-0003892　PG151/2
周官集注十二卷　(清)方苞撰　清乾隆八年至嘉慶二十五年(1743-1820)桐城方氏抗希堂刻本　六册

110000-0143-0003893　PG151/3

周官指掌五卷 (清)莊有可著 清光緒七年(1881)刻本 二册

110000－0143－0003894 PG151/3
周官指掌五卷 (清)莊有可著 清光緒七年(1881)刻本 二册

110000－0143－0003895 PG151/4
四經鈔九卷 (清)賀瑞麟輯 清同治元年至光緒十八年(1862－1892)三原賀瑞麟味經堂抄本 八册

110000－0143－0003896 PG151/5
周禮輯義十二卷 (清)姜兆錫撰 清雍正九年(1731)寅清樓刻本 六册

110000－0143－0003897 PG151/6
周禮述註二十四卷 (清)李光坡撰 清道光至光緒刻本 六册

110000－0143－0003898 PG151/7
周禮六卷 (漢)鄭玄註 (唐)陸德明音義 清嘉慶十一年(1806)順德張青選清芬閣刻本 六册

110000－0143－0003899 PG151/7
周禮十二卷 (漢)鄭玄註 **劄記一卷** (清)黄丕烈撰 清嘉慶二十三年(1818)刻本 六册

110000－0143－0003900 PG151/7
周禮六卷 (漢)鄭玄註 (唐)陸德明音義 清同治十三年(1874)湖南省尊經閣刻本 六册

110000－0143－0003901 PG151/7
周禮六卷 (漢)鄭玄註 (唐)陸德明音義 **校刊記一卷** (清)丁寶楨等撰 清同治十一年(1872)山東書局刻本 六册

110000－0143－0003902 PG151/8
周官新義十六卷附二卷 (宋)王安石譔 清道光至同治刻本 四册

110000－0143－0003903 PG151/8－1
周官新義十六卷附二卷 (宋)王安石譔 清道光至咸豐刻本 四册

110000－0143－0003904 PG151/9
欽定周官義疏四十八卷首一卷 (清)允祿等撰 清乾隆十九年(1754)武英殿刻本 三十册

110000－0143－0003905 PG151/9
欽定周官義疏四十八卷首一卷 (清)允祿等撰 清乾隆刻本 十一册 存二十三卷(一至二十三)

110000－0143－0003906 PG151/9－1
欽定周官義疏四十八卷首一卷 (清)允祿等撰 清同治七年(1868)李瀚章刻本 二十三册 缺一卷(四十八)

110000－0143－0003907 PG151/9－1
欽定周官義疏四十八卷首一卷 (清)允祿等撰 清同治十年(1871)湖北崇文書局刻本 十六册

110000－0143－0003908 PG151/9－1
欽定周官義疏四十八卷首一卷 (清)允祿等撰 清同治刻本 九册 存十四卷(二十四至三十七)

110000－0143－0003909 PG151/9－2
欽定周官義疏四十八卷首一卷 (清)允祿等撰 清末刻本 四十八册

110000－0143－0003910 PG151/9－3
欽定周官義疏四十八卷首一卷 (清)允祿等撰 清末尊經閣刻本 三十二册

110000－0143－0003911 PG151/10
周官精義十二卷 (清)連斗山編次 清嘉慶十八年(1813)經餘堂刻本 六册

110000－0143－0003912 PG151/10－1
周官精義十二卷 (清)連斗山編次 清乾隆四十一年(1776)學源堂刻本 五册

110000－0143－0003913 PG151/11
周禮註疏刪翼三十卷 (明)王志長撰 清初刻本 八册 缺十四卷(一至十四)

110000－0143－0003914 PG151/12
周禮政要四卷 (清)孫詒讓撰 清光緒二十

八年(1902)瑞安普通學堂刻本　四冊

110000－0143－0003915　PG151/12
周禮政要四卷　(清)孫詒讓撰　清光緒二十八年(1902)瑞安普通學堂刻本　四冊

110000－0143－0003916　PG151/12－1
周禮政要二卷　(清)孫詒讓撰　清光緒二十八年(1902)至宣統刻本　二冊

110000－0143－0003917　PG151/12－1
周禮政要二卷　(清)孫詒讓撰　清光緒刻本　二冊

110000－0143－0003918　PG151/13
春秋通論四卷　(清)方苞撰　清康熙至雍正抗希堂刻本　二冊

110000－0143－0003919　PG151/13
周官析疑三十六卷　(清)方苞撰　清康熙至嘉慶桐城方氏抗希堂刻本　五冊　存十四卷(二十三至三十六)

110000－0143－0003920　PG151/13
考工記析疑四卷　(清)方苞撰　清康熙至雍正桐城方氏抗希堂刻本　一冊

110000－0143－0003921　PG151/14－2
附釋音周禮注疏四十二卷附校勘記四十二卷　(漢)鄭玄注　(唐)賈公彦疏　(唐)陸德明音義　(清)阮元校勘　清嘉慶二十年(1815)江西書局刻同治十二年(1873)南昌府學重刻本　二十冊

110000－0143－0003922　PG151/14－3
附釋音周禮注疏四十二卷附校勘記四十二卷　(漢)鄭玄注　(唐)賈公彦疏　(唐)陸德明音義　(清)阮元校勘　清光緒十三年(1887)上海脈望仙館石印本　三冊

110000－0143－0003923　PG151/15
周禮音訓不分卷　(清)楊國楨撰　清道光十年(1830)大梁書院刻本　二冊

110000－0143－0003924　PG151/16
周禮精華六卷　(清)陳龍標編輯　清咸豐十年(1860)漁古山房刻本　六冊

110000－0143－0003925　PG151/16－1
周禮讀本六卷　(漢)鄭玄註　(唐)陸德明音義　清光緒六年(1880)山西濬文書局刻本　三冊　存三卷(一、四、六)

110000－0143－0003926　PG151/17
周官析疑三十六卷　(清)方苞撰　清乾隆八年(1743)至嘉慶桐城方氏抗希堂刻本　四冊　存十三卷(一至十三)

110000－0143－0003927　PG151/20
周禮故書疏證六卷　(清)宋世犖撰　清光緒六年(1880)津門徐士鑾刻本　一冊

110000－0143－0003928　PG151/22
周官故書攷四卷附論語魯讀攷一卷　(清)徐養原撰　清光緒刻本　二冊

110000－0143－0003929　PG151/24
周禮文略不分卷　(清)□□輯　清嘉慶抄本　一冊

110000－0143－0003930　PG151/25
周禮古學攷十一卷　李滋然撰　清宣統三年(1911)鉛印本　三冊

110000－0143－0003931　PG151/25
周禮古學攷十一卷　李滋然撰　清宣統三年(1911)鉛印本　三冊

110000－0143－0003932　PG151/26
周禮十二卷　(漢)鄭玄註　清宣統三年(1911)刻本　十二冊

110000－0143－0003933　PG151/28
考工記補疏一卷　陳衍撰　清光緒侯官陳衍石遺室刻本　一冊

110000－0143－0003934　PG151/33
周禮六卷　(漢)鄭玄註　(唐)陸德明音義　清光緒二十二年(1896)新化三味堂刻本　六冊

110000－0143－0003935　PG152/1
儀禮疏五十卷附校勘記五十卷　(唐)賈公彦等撰　清嘉慶二十年(1815)江西南昌府學刻本　八冊　存二十五卷(儀禮疏一至二十五)

110000－0143－0003936　PG152/3
儀禮鄭註句讀十七卷附監本正誤一卷石本誤字一卷　(漢)鄭玄註　(清)張爾岐句讀　清嘉慶六年(1801)尚德堂刻本　八冊

110000－0143－0003937　PG152/3
儀禮鄭註句讀十七卷　(漢)鄭玄註　(清)張爾岐句讀　清同治十三年(1874)湖南書局刻本　八冊

110000－0143－0003938　PG152/3－1
儀禮鄭註句讀十七卷附監本正誤一卷石本誤字一卷　(漢)鄭玄註　(清)張爾岐句讀　清同治七年(1868)金陵書局刻本　四冊

110000－0143－0003939　PG152/3－1
儀禮鄭註句讀十七卷附監本正誤一卷石本誤字一卷　(漢)鄭玄註　(清)張爾岐句讀　清同治七年(1868)金陵書局刻本　四冊

110000－0143－0003940　PG152/4
儀禮釋官九卷首一卷　(清)胡匡衷撰　清嘉慶二十年(1815)胡肇智刻本　四冊

110000－0143－0003941　PG152/4－1
儀禮釋官九卷首一卷　(清)胡匡衷撰　清同治八年(1869)研六閣刻本　四冊

110000－0143－0003942　PG152/5
朱子儀禮經傳通解六十九卷　(宋)朱熹撰　(清)梁萬方考訂　清乾隆十八年(1753)樹德堂刻本　四十冊

110000－0143－0003943　PG152/5
朱子儀禮經傳通解六十九卷　(宋)朱熹撰　(清)梁萬方考訂　清乾隆十八年(1753)刻本　四十冊

110000－0143－0003944　PG152/6
儀禮圖六卷　(清)張惠言撰　清嘉慶十年(1805)刻本　四冊

110000－0143－0003945　PG152/7
儀禮要義五十卷　(宋)魏了翁撰　清光緒十年(1884)江蘇書局刻本　十二冊

110000－0143－0003946　PG152/9
儀禮述註十九卷　(清)李光坡撰　清光緒十年(1884)刻本　八冊

110000－0143－0003947　PG152/10
儀禮集釋三十卷　(宋)李如圭撰　清嘉慶至宣統刻本　十二冊

110000－0143－0003948　PG152/10
儀禮集釋三十卷　(宋)李如圭撰　清嘉慶至宣統刻本　六冊　存十三卷(十八至三十)

110000－0143－0003949　PG152/11－1
欽定儀禮義疏四十八卷首二卷　(清)允祿等撰　清乾隆刻本　五十冊

110000－0143－0003950　PG152/11－1
欽定儀禮義疏四十八卷首二卷　(清)允祿等撰　清同治十年(1871)湖北崇文書局刻本　四十四冊

110000－0143－0003951　PG152/11－2
儀禮疏五十卷　(唐)賈公彥等撰　清道光十年(1830)汪士鐘刻本　十二冊

110000－0143－0003952　PG152/11－2
欽定儀禮義疏四十八卷首二卷　(清)允祿等撰　清刻本　十四冊　存二十六卷(一至十二、二十五至三十八)

110000－0143－0003953　PG152/11－4
欽定儀禮義疏四十八卷首二卷　(清)允祿等撰　清乾隆至嘉慶尊經閣刻本　四十八冊

110000－0143－0003954　PG152/12
儀禮鄭註句讀十七卷附監本正誤一卷石本誤字一卷　(漢)鄭玄註　清同治十一年(1872)山東書局刻本　六冊

110000－0143－0003955　PG152/12
儀禮十七卷附嚴本儀禮鄭氏注校錄　(漢)鄭玄注　清嘉慶二十年(1815)刻本　四冊

110000－0143－0003956　PG152/12－2
儀禮圖六卷　(清)張惠言撰　清同治九年(1870)楚北崇文書局刻本　三冊

110000－0143－0003957　PG152/12－2A
儀禮圖六卷　(清)張惠言撰　清同治九年

(1870)楚北崇文書局刻本　三冊

110000－0143－0003958　PG152/12－2B
儀禮圖六卷　(清)張惠言撰　清同治九年(1870)楚北崇文書局刻本　三冊

110000－0143－0003959　PG152/12－3
儀禮私箋八卷　(清)鄭珍撰　清同治五年(1866)遵義唐炯刻本　三冊

110000－0143－0003960　PG152/12－4
儀禮十七卷附嚴本儀禮鄭氏注校錄　(漢)鄭玄注　清同治九年(1870)楚北崇文書局刻本　二冊

110000－0143－0003961　PG152/13
儀禮讀本四卷附禮記六篇　(清)梁志南輯　清乾隆三十八年(1773)鄭銘刻本　四冊

110000－0143－0003962　PG152/16
儀禮古今文疏義十七卷　(清)胡承珙撰　清道光五年(1825)求是堂刻本　三冊

110000－0143－0003963　PG152/16
儀禮古今文疏義十七卷　(清)胡承珙撰　清道光五年(1825)求是堂刻本　二冊

110000－0143－0003964　PG152/20
禮經學七卷　曹元弼撰　清宣統元年(1909)刻本　六冊

110000－0143－0003965　PG152/23
聖門禮志一卷　(清)孔令貽輯　清光緒十三年(1887)刻本　一冊

110000－0143－0003966　PG152/24
儀禮正義四十卷　(清)胡培翬撰　清咸豐二年(1852)陸建瀛蘇州刻同治七年(1868)補刻本　二十冊

110000－0143－0003967　PG153/1
禮記纂記三十六卷　(元)吳澄撰　清光緒二十三年(1897)朱衡等刻本　十五冊

110000－0143－0003968　PG153/2
禮記箋四十六卷　王闓運撰　清光緒二十二年(1896)東洲講舍刻本　十冊

110000－0143－0003969　PG153/2
禮記箋四十六卷　王闓運撰　清光緒二十二年(1896)東洲講舍刻本　十冊

110000－0143－0003970　PG153/3
禮記述註二十八卷　(清)李光坡撰　清清白堂刻本　十四冊

110000－0143－0003971　PG153/4
大戴禮注補十三卷解詁目錄一卷附錄一卷大戴禮注補校增十三卷解詁校增一卷附錄校增一卷大戴禮夏小正注補一卷　(清)汪照　(清)王浩撰　清嘉慶八年(1803)刻道光二十四年(1844)補刻本　四冊

110000－0143－0003972　PG153/4
大戴禮記補注十三卷　(清)孔廣森撰　清同治十三年(1874)淮南書局刻本　四冊

110000－0143－0003973　PG153/4
大戴禮記補注十三卷　(清)孔廣森撰　清同治十三年(1874)淮南書局刻本　一冊

110000－0143－0003974　PG153/4－1
大戴禮記補注十三卷　(清)孔廣森撰　清光緒九年(1883)刻本　二冊

110000－0143－0003975　PG153/5
禮記鄭讀攷六卷　(清)陳壽祺撰　(清)陳喬樅述　清道光十二年(1832)刻本　三冊

110000－0143－0003976　PG153/6
參讀禮志疑二卷　(清)汪紱撰　清乾隆三十六年(1771)蘇州洪騰蛟棲碧山房刻本　二冊

110000－0143－0003977　PG153/7
禮記訓纂四十九卷　(清)朱彬輯　清咸豐元年(1851)寶應朱氏宜祿堂刻六年(1856)增刻本　十冊

110000－0143－0003978　PG153/7
禮記訓纂四十九卷　(清)朱彬輯　清咸豐元年(1851)寶應朱氏宜祿堂刻六年(1856)增刻本　八冊

110000－0143－0003979　PG153/7
禮記訓纂四十九卷　(清)朱彬輯　清咸豐元

年(1851)寶應朱氏宜祿堂刻六年(1856)增刻本　八冊

110000－0143－0003980　PG153/7－1
禮記訓纂四十九卷　(清)朱彬輯　清宣統元年(1909)學部圖書局石印本　十冊

110000－0143－0003981　PG153/8
讀禮通考一百二十卷　(清)徐乾學撰　清光緒七年(1881)江蘇書局刻本　三十二冊

110000－0143－0003982　PG153/8
讀禮通考一百二十卷　(清)徐乾學撰　清光緒七年(1881)江蘇書局刻本　三十二冊

110000－0143－0003983　PG153/9
黄氏讀禮記日抄十六卷　(宋)黄震撰　清光緒三十四年(1908)問經精舍刻本　八冊

110000－0143－0003984　PG153/10
三禮通釋二百八十卷首一卷目錄四卷　(清)林昌彝撰　清同治三年(1864)廣州刻本　四十八冊

110000－0143－0003985　PG153/11
周禮音訓不分卷　(清)楊國楨撰　清光緒三年(1877)湖北崇文書局刻本　二冊

110000－0143－0003986　PG153/11
儀禮音訓不分卷　(清)楊國楨撰　清光緒三年(1877)湖北崇文書局刻本　二冊

110000－0143－0003987　PG153/11
禮記音訓不分卷　(清)楊國楨撰　清光緒三年(1877)湖北崇文書局刻本　四冊

110000－0143－0003988　PG153/12
禮記或問八卷　(清)汪紱撰　清光緒二十二年(1896)刻本　四冊

110000－0143－0003989　PG153/15
禮記心典傳本三卷　(清)胡瑤光纂輯　清康熙三十二年至宣統三年(1693－1911)四教堂刻本　四冊

110000－0143－0003990　PG153/17
禮記十卷　(元)陳澔集說　清光緒十九年(1893)浙江書局刻本　十冊

110000－0143－0003991　PG153/17
禮記增訂旁訓六卷　(清)徐立綱撰　清乾隆四十七年(1782)金閶書業堂刻本　六冊

110000－0143－0003992　PG153/17
禮記十卷　(元)陳澔集說　清嘉慶十年(1805)刻本　十冊

110000－0143－0003993　PG153/17
禮記十卷　(元)陳澔集說　清光緒十七年(1891)味經書院刻本　十二冊

110000－0143－0003994　PG153/17
禮記十卷　(元)陳澔集說　清光緒二十四年(1898)山東膠西成文堂刻本　十冊

110000－0143－0003995　PG153/17
禮記增訂旁訓六卷　(清)徐立綱撰　清康熙至宣統匠門書屋刻本　六冊

110000－0143－0003996　PG153/17
禮記十卷　(元)陳澔集說　清同治十年(1871)刻本　十冊

110000－0143－0003997　PG153/17－4
禮記十卷　(元)陳澔集說　清同治十一年(1872)山東書局刻本　十冊

110000－0143－0003998　PG153/17－4
禮記十卷　(元)陳澔集說　清同治十一年(1872)金陵芥子園刻本　十冊

110000－0143－0003999　PG153/17－5
禮記十卷　(元)陳澔集說　清光緒十九年(1893)江南書局刻本　十冊

110000－0143－0004000　PG153/17－5
禮記二十卷附考證二十卷　(漢)鄭玄注　(唐)陸德明音義　清同治至光緒刻本　十二冊

110000－0143－0004001　PG153/17－6
禮記十卷　(元)陳澔集說　清光緒十九年(1893)浙江書局刻本　十冊

110000－0143－0004002　PG153/17－7
禮記二十卷　(漢)鄭玄注　清光緒十七年(1891)陝西味經書院刻本　十冊

110000－0143－0004003　PG153/18
禮記十卷　(元)陳澔集註　清咸豐至宣統掃葉山房刻本　十册

110000－0143－0004004　PG153/18
禮記十卷　(元)陳澔集說　清咸豐至宣統文瑞樓刻本　三册　存六卷(一至四、七至八)

110000－0143－0004005　PG153/19
禮記述解闡備滙參十五卷　(元)陳澔集註　(清)馬履成編輯　清光緒五年(1879)裕文會刻本　八册

110000－0143－0004006　PG153/20
禮記易讀二卷　(清)志遠堂主人撰　清光緒二十八年(1902)有益堂刻本　二册

110000－0143－0004007　PG153/20－1
禮記易讀二卷　(清)志遠堂主人撰　清光緒三義堂刻本　二册

110000－0143－0004008　PG153/20－2
禮記易讀二卷　(清)志遠堂主人撰　清光緒二年(1876)書業堂刻本　二册

110000－0143－0004009　PG153/21
禮記集說五卷　(元)陳澔集說　清同治十一年(1872)湖南省尊經閣刻本　五册

110000－0143－0004010　PG153/21－1
禮記十卷　(元)陳澔集說　清光緒三十二年(1906)刻本　十册

110000－0143－0004011　PG153/22
全本禮記體註十卷　(元)陳澔集說　(清)范翔輯　(清)徐瑄補輯　清刻本　十册　缺一卷(一)

110000－0143－0004012　PG153/23
潄芳軒合纂禮記體註四卷　(清)范翔輯　清康熙五十二年至宣統三年(1713－1911)寶興堂刻本　四册

110000－0143－0004013　PG153/25
儒行集傳二卷　(明)黄道周輯　清晉安鄭開極刻本　六册

110000－0143－0004014　PG153/29
欽定禮記義疏八十二卷首一卷　(清)允祿等撰　清光緒十四年(1888)江南書局刻本　三十一册　缺二卷(一、首一卷)

110000－0143－0004015　PG153/29
欽定禮記義疏八十二卷首一卷　(清)允祿等撰　清同治十年(1871)湖北崇文書局刻本　四十八册

110000－0143－0004016　PG153/29－1
欽定禮記義疏八十二卷首一卷　(清)允祿等撰　清光緒十四年(1888)江南書局刻本　三十二册

110000－0143－0004017　PG153/29－2
欽定禮記義疏八十二卷首一卷　(清)允祿等撰　清乾隆十九年(1754)尊經閣刻本　四十八册

110000－0143－0004018　PG153/29－2
欽定禮記義疏八十二卷首一卷　(清)允祿等撰　清乾隆十九年(1754)尊經閣刻本　十二册　存二十二卷(一至九、三十三至四十四，首一卷)

110000－0143－0004019　PG153/34
續禮記集說一百卷　(清)杭世駿撰　清光緒二十一年至三十年(1895－1904)浙江書局刻本　四十册

110000－0143－0004020　PG153/34
續禮記集說一百卷　(清)杭世駿撰　清光緒二十一年至三十年(1895－1904)浙江書局刻本　四十册

110000－0143－0004021　PG153/35
禮記質疑四十九卷　(清)郭嵩燾撰　清光緒十六年(1890)長沙思賢講舍刻本　十册

110000－0143－0004022　PG153/38
校正孔氏大戴禮記補注十三卷　王樹枏撰　清光緒九年(1883)刻本　二册

110000－0143－0004023　PG153/39
夏小正經傳集解四卷　(清)顧鳳藻撰　清道光元年(1821)黄氏士禮居刻本　一册

110000－0143－0004024　PG153/40
禮記纂言三十六卷　(元)吳澄撰　(清)朱軾重校　清光緒二十三年(1897)刻本　八册　存十四卷(一至十四)

110000－0143－0004025　PG153/47
明堂大道録八卷　(清)惠棟學　清乾隆刻本　二册

110000－0143－0004026　PG153/47
禘説二卷　(清)惠棟學　清乾隆刻本　與110000－0143－0004025合册

110000－0143－0004027　PG153/49
附釋音禮記注疏六十三卷附校勘記六十三卷　(漢)鄭玄注　(唐)陸德明音義　(唐)孔穎達疏　(清)阮元校勘　(清)盧宣旬摘録　清光緒十三年(1887)上海脈望仙館石印本　六册

110000－0143－0004028　PG153/50
禮箋三卷　(清)金榜撰　(清)方起泰　(清)胡國輔編校　清乾隆五十九年(1794)方起泰、胡國輔刻本　四册

110000－0143－0004029　PG153/51
禮記二十卷附撫本禮記鄭注考異二卷禮記釋文不分卷　(漢)鄭玄注　清嘉慶十一年(1806)陽城張氏刻本　十册

110000－0143－0004030　PG16/1
春秋十六卷首一卷附陸氏三傳釋文音義十六卷　(唐)陸德明音義　(清)□□輯　清同治三年(1864)浙江撫署刻本　十六册

110000－0143－0004031　PG16/3
欽定春秋左傳讀本三十卷　(清)英和等纂輯　清道光二年(1822)刻本　二十八册

110000－0143－0004032　PG16/3
欽定春秋左傳讀本三十卷　(清)英和等纂輯　清道光二年(1822)刻本　十六册

110000－0143－0004033　PG16/4
春秋左傳杜注三十卷首一卷　(晉)杜預注　(清)姚培謙編　清光緒九年(1883)江南書局刻本　十册

110000－0143－0004034　PG16/4
春秋左傳杜注三十卷首一卷　(晉)杜預注　(清)姚培謙編　清光緒十五年(1889)戶部江南書局刻本　十册

110000－0143－0004035　PG16/4
春秋左傳杜注三十卷首一卷　(晉)杜預注　(清)姚培謙編　清光緒九年(1883)江南書局刻本　十册

110000－0143－0004036　PG16/4
春秋左傳杜注三十卷首一卷　(晉)杜預注　(清)姚培謙編　清光緒九年(1883)江南書局刻本　十册

110000－0143－0004037　PG16/4
春秋左傳杜注三十卷首一卷　(晉)杜預注　(清)姚培謙編　清光緒九年(1883)江南書局刻本　十册

110000－0143－0004038　PG16/4
春秋左傳杜注三十卷首一卷　(晉)杜預注　(清)姚培謙編　清光緒九年(1883)江南書局刻本　五册　存十五卷(十六至三十)

110000－0143－0004039　PG16/4
春秋左傳杜注三十卷首一卷　(晉)杜預注　(清)姚培謙編　清光緒九年(1883)江南書局刻本　五册

110000－0143－0004040　PG16/4－1
春秋左傳杜注三十卷首一卷　(晉)杜預注　(清)姚培謙編　清光緒九年(1883)江南書局刻本　十册

110000－0143－0004041　PG16/4－1
春秋左傳杜注三十卷首一卷　(晉)杜預注　(清)姚培謙編　清同治五年(1866)金陵書局刻本　十册

110000－0143－0004042　PG16/4－2
春秋左傳杜注三十卷首一卷　(晉)杜預注　(清)姚培謙編　清光緒九年(1883)江南書局刻本　十册

110000－0143－0004043　PG16/5
春秋正傳三十七卷末一卷　（明）湛若水撰　清同治五年（1866）資政堂刻本　十册

110000－0143－0004044　PG16/6
春秋屬辭辯例編六十卷首二卷　（清）張應昌纂輯　清同治十二年（1873）江蘇書局刻本　三十二册

110000－0143－0004045　PG16/7
春秋公羊傳箋十一卷　王闓運箋　清光緒三十四年（1908）刻本　六册

110000－0143－0004046　PG16/8
春秋集解十二卷　（宋）蘇轍撰　清道光二十年（1840）嘉興錢儀吉刻本　七册

110000－0143－0004047　PG16/8
春秋集解十二卷　（宋）蘇轍撰　清道光二十年（1840）嘉興錢儀吉刻本　二册

110000－0143－0004048　PG16/8
春秋啖趙集纂例十卷春秋微旨三卷　（唐）陸淳纂　清道光二十年（1840）嘉興錢儀吉刻本　三册

110000－0143－0004049　PG16/8－1
春秋啖趙集纂例十卷　（唐）陸淳纂　清道光二十年（1840）至宣統嘉興錢儀吉刻本　三册

110000－0143－0004050　PG16/9－2
春秋經傳集解三十卷　（晉）杜預撰　清宣統二年（1910）學部圖書局石印本　十五册

110000－0143－0004051　PG16/10
春秋會義二十六卷　（宋）杜諤撰　清光緒十八年（1892）榮成孫葆田問經精舍刻本　十二册

110000－0143－0004052　PG16/10
春秋會義二十六卷　（宋）杜諤撰　清光緒十八年（1892）榮成孫葆田問經精舍刻本　十二册

110000－0143－0004053　PG16/10
春秋會義二十六卷　（宋）杜諤撰　清光緒十八年（1892）榮成孫葆田問經精舍刻本　十二册

110000－0143－0004054　PG16/10－1
春秋會義二十六卷　（宋）杜諤撰　清光緒十八年（1892）榮成孫葆田問經精舍刻本　十二册

110000－0143－0004055　PG16/11
春秋說畧十二卷　（清）郝懿行撰　清道光七年（1827）海陽趙銘彝刻光緒七年（1881）順天府東路廳署印本　三册

110000－0143－0004056　PG16/11
春秋比二卷　（清）郝懿行輯　清道光七年（1827）海陽趙銘彝刻光緒七年（1881）順天府東路廳署印本　一册

110000－0143－0004057　PG16/12
春秋傳註四卷　（清）李塨撰　清同治八年（1869）高陽李繼曾世和堂刻本　四册

110000－0143－0004058　PG16/12
春秋傳註四卷　（清）李塨撰　清同治八年（1869）高陽李繼曾世和堂刻本　四册

110000－0143－0004059　PG16/13
春秋宗朱辨義十二卷首一卷　（清）張自超著　清光緒七年（1881）江陰郭宮桂等刻本　八册

110000－0143－0004060　PG16/13
春秋宗朱辨義十二卷首一卷　（清）張自超著　清光緒七年（1881）江陰郭宮桂等刻本　十册

110000－0143－0004061　PG16/14
春秋傳義十二卷　（清）姜國伊撰　清光緒十一年（1885）岷陽姜國伊刻本　六册

110000－0143－0004062　PG16/16
春秋十六卷首一卷附陸氏三傳釋文音義十六卷　（唐）陸德明音義　（清）□□輯　清嘉慶十年（1805）揚州鮑氏樗園刻本　五册

110000－0143－0004063　PG16/17
半農先生春秋說十五卷　（清）惠士奇撰　清乾隆十四年（1749）刻本　六册

110000－0143－0004064　PG16/19
春秋穀梁經傳補注二十四卷首一卷末一卷　(清)鍾文烝撰　清同治十三年至光緒二年(1874－1876)嘉善鍾氏信美室刻本　八册

110000－0143－0004065　PG16/19
春秋穀梁經傳補注二十四卷首一卷末一卷　(清)鍾文烝撰　清同治十三年至光緒二年(1874－1876)嘉善鍾氏信美室刻本　八册

110000－0143－0004066　PG16/19
春秋穀梁經傳補注二十四卷首一卷末一卷　(清)鍾文烝撰　清同治十三年至光緒二年(1874－1876)嘉善鍾氏信美室刻本　八册

110000－0143－0004067　PG16/20
則堂先生春秋集傳詳説三十卷春秋詳説綱領一卷　(宋)家鉉翁撰　清康熙十九年(1680)納蘭成德通志堂刻本　四册　存十一卷(一至十、春秋詳説綱領一卷)

110000－0143－0004068　PG16/20
清全齋讀春秋編十二卷　(元)陳深撰　清康熙十九年(1680)納蘭成德通志堂刻本　二册

110000－0143－0004069　PG16/22
春秋啖趙二先生集傳辨疑十卷　(唐)陸淳纂　清同治十二年(1873)粵東書局刻本　二册

110000－0143－0004070　PG16/22－1
春秋啖趙二先生集傳辨疑十卷　(唐)陸淳纂　清光緒刻本　三册

110000－0143－0004071　PG16/23
春秋穀梁傳十二卷附校刊記一卷　(晉)范寧集解　(唐)陸德明音義　清光緒刻本　四册

110000－0143－0004072　PG16/23－1
春秋穀梁傳十二卷　(晉)范寧集解　(唐)陸德明音義　清光緒十二年(1886)湖北官書處刻本　四册

110000－0143－0004073　PG16/23－3
春秋穀梁傳十二卷　(晉)范寧集解　清光緒二十一年(1895)金陵書局刻本　二册

110000－0143－0004074　PG16/23－4
春秋穀梁傳十二卷　(晉)范寧集解　(唐)陸德明音義　清同治十一年(1872)山東書局刻本　四册

110000－0143－0004075　PG16/24
春秋比事參義十六卷　(清)桂含章輯　清光緒八年(1882)石埭桂正華務本堂刻本　十六册

110000－0143－0004076　PG16/25
春秋微旨三卷　(唐)陸淳譔　清同治十二年(1873)粵東書局刻本　一册

110000－0143－0004077　PG16/25－1
春秋微旨三卷　(唐)陸淳譔　清光緒刻本　一册

110000－0143－0004078　PG16/26
春秋困學錄十二卷　(清)楊宏聲著　清乾隆三十一年(1766)刻本　十二册

110000－0143－0004079　PG16/27
欽定春秋傳説彙纂三十八卷首二卷　(清)王掞等纂輯　清光緒十四年(1888)戶部刻本　二十册

110000－0143－0004080　PG16/27
欽定春秋傳説彙纂三十八卷首二卷　(清)王掞等纂輯　清乾隆至嘉慶刻本　二十四册

110000－0143－0004081　PG16/27
欽定春秋傳説彙纂三十八卷首二卷　(清)王掞等纂輯　清同治九年(1870)楊昌濬浙江書局刻本　二十册

110000－0143－0004082　PG16/27
欽定春秋傳説彙纂三十八卷首二卷　(清)王掞等纂輯　清同治九年(1870)楊昌濬浙江書局刻本　二十册

110000－0143－0004083　PG16/27
欽定春秋傳説彙纂三十八卷首二卷　(清)王掞等纂輯　清道光至宣統刻本　二十四册

110000－0143－0004084　PG16/27－1
欽定春秋傳説彙纂三十八卷首二卷　(清)王掞等纂輯　清同治十年(1871)湖北崇文書局

刻本　二十冊

110000－0143－0004085　PG16/27－1
欽定春秋傳説彙纂三十八卷首二卷　(清)王掞等纂輯　清同治十年(1871)湖北崇文書局刻本　二十冊

110000－0143－0004086　PG16/27－1
欽定春秋傳説彙纂三十八卷首二卷　(清)王掞等纂輯　清同治九年(1870)楊昌濬浙江書局刻本　二十冊

110000－0143－0004087　PG16/29
左繡三十卷首一卷　(清)馮李驊　(清)陸浩評輯　清光緒六年(1880)埽葉山房、華川書屋刻本　十五冊　缺二卷(二至三)

110000－0143－0004088　PG16/29
左繡三十卷首一卷　(清)馮李驊　(清)陸浩評輯　清光緒三十一年(1905)善成堂刻本　十六冊

110000－0143－0004089　PG16/29
左繡三十卷首一卷　(清)馮李驊　(清)陸浩評輯　清宣統三年(1911)上海會文堂石印本　十六冊

110000－0143－0004090　PG16/29－1
左繡三十卷首一卷　(清)馮李驊　(清)陸浩評輯　清末刻本　十六冊

110000－0143－0004091　PG16/30
春秋左傳十八卷　(晉)杜預　(唐)陸德明音義　(宋)林堯叟註釋　(明)鍾惺等評點　清光緒三十年(1904)京都鴻文齋石印本　十二冊

110000－0143－0004092　PG16/31
春秋繁露十七卷附録一卷漢廣川董子集一卷下馬陵詩文集二卷　(漢)董仲舒撰　(明)孫鑛評　清光緒廣川董文昌刻本　六冊

110000－0143－0004093　PG16/32
太史張天如詳節春秋綱目左傳句解六卷　(清)韓菼重訂　清光緒善成堂刻本　三冊

110000－0143－0004094　PG16/32
太史張天如詳節春秋綱目左傳句解六卷　(清)韓菼重訂　清光緒刻本　五冊

110000－0143－0004095　PG16/32－1
重訂春秋左傳句解六卷　(清)韓菼重訂　清咸豐至宣統經餘堂刻本　四冊

110000－0143－0004096　PG16/33－1
重訂批點春秋左傳詳節句解三十五卷　(宋)朱申註釋　(明)孫鑛批點　(明)顧梧芳校正　(明)余元熹重訂　清康熙味經堂刻本　八冊

110000－0143－0004097　PG16/33
左傳句解彙雋六卷　(清)韓菼重訂　清光緒三十四年(1908)書業德刻本　六冊

110000－0143－0004098　PG16/34
左繡三十卷首一卷　(清)馮李驊　(清)陸浩評輯　清道光五年(1825)崇文堂刻本　十二冊

110000－0143－0004099　PG16/34
左繡三十卷首一卷　(清)馮李驊　(清)陸浩評輯　清道光五年(1825)崇文堂刻本　八冊　存十五卷(一至十五)

110000－0143－0004100　PG16/35
春秋左傳杜林全解五十卷　(晉)杜預　(唐)陸德明音義　(宋)林堯叟註釋　(明)孫鑛評點　清嘉慶二十五年(1820)浙江霞漳謝氏文林堂刻本　八冊　存二十六卷(一至二十六)

110000－0143－0004101　PG16/36
春秋左傳分類賦四卷説左約箋二卷　(清)夏大觀編撰　清咸豐二年(1852)海清樓刻本　六冊

110000－0143－0004102　PG16/37
春秋三十卷　(宋)胡安國傳　(宋)林堯叟音註　清博古堂、書業堂刻本　八冊

110000－0143－0004103　PG16/37
春秋三十卷　(宋)胡安國傳　(宋)林堯叟音註　清乾隆五十八年(1793)文盛堂刻本　八冊

110000－0143－0004104　PG16/38
春秋左傳五十卷　(晉)杜預　(唐)陸德明音義　(宋)林堯叟註釋　(明)孫鑛評點　清咸豐八年(1858)崇義書院、文齋堂刻本　十四冊

110000－0143－0004105　PG16/39－1
春秋繁露十七卷　(漢)董仲舒撰　清光緒二年(1876)浙江書局刻本　二冊

110000－0143－0004106　PG16/39－2
春秋繁露義證十七卷首一卷攷證一卷　(漢)董仲舒撰　(清)蘇輿義證　清宣統二年(1910)湖南長沙王先謙刻本　四冊

110000－0143－0004107　PG16/39－3
春秋繁露義證十七卷首一卷攷證一卷　(漢)董仲舒撰　(清)蘇輿義證　清宣統二年(1910)湖南長沙王先謙刻本　四冊

110000－0143－0004108　PG16/39－4
春秋繁露十七卷　(漢)董仲舒撰　清光緒二年(1876)浙江書局刻本　二冊

110000－0143－0004109　PG16/39－4
春秋繁露十七卷　(漢)董仲舒撰　清光緒二年(1876)浙江書局刻本　一冊

110000－0143－0004110　PG16/39－5
春秋繁露十七卷　(漢)董仲舒撰　清乾隆刻本　一冊

110000－0143－0004111　PG16/39－6
董子春秋繁露十七卷附錄一卷　(漢)董仲舒撰　清光緒二十三年(1897)刻本　一冊

110000－0143－0004112　PG16/40－1
春秋經傳集解三十卷附春秋年表一卷春秋名號歸一圖二卷　(晉)杜預撰　清同治十三年(1874)江西書局刻本　十六冊

110000－0143－0004113　PG16/40－2
春秋左傳三十卷　(晉)杜預撰　(明)金蟠校訂　清乾隆至嘉慶清永懷堂、浙江書局刻本　十冊

110000－0143－0004114　PG16/40－2
春秋左傳五十卷　(晉)杜預撰　(宋)林堯叟註釋　(唐)陸德明音義　(明)孫鑛評點　清光緒至宣統文盛堂刻本　十二冊

110000－0143－0004115　PG16/40－4
春秋左傳五十卷　(晉)杜預撰　(宋)林堯叟註釋　(唐)陸德明音義　(明)孫鑛評點　清乾隆四十四年(1779)友益齋刻本　十六冊

110000－0143－0004116　PG16/41
春秋大事表五十卷輿圖一卷附錄一卷　(清)顧棟高輯　清同治十二年(1873)山東尚志堂刻本　十冊　存三十九卷(一至六、十四至二十四、二十九至五十)

110000－0143－0004117　PG16/41
春秋大事表五十卷輿圖一卷附錄一卷　(清)顧棟高輯　清同治十二年(1873)山東尚志堂刻本　二十冊

110000－0143－0004118　PG16/42
附釋音春秋左傳注疏六十卷　(晉)杜預注　(唐)孔穎達疏　清光緒至宣統刻本　九冊　存二十八卷(十六至十九、二十九至五十二)

110000－0143－0004119　PG16/43
春秋左傳杜注三十卷首一卷　(晉)杜預注　(清)姚培謙編　清同治五年(1866)金陵書局刻本　九冊　缺三卷(一至二、首一卷)

110000－0143－0004120　PG16/43
春秋左傳杜注三十卷首一卷　(晉)杜預注　(清)姚培謙編　清乾隆十一年(1746)吳郡陸氏刻嘉慶元年(1796)金閶書業堂印本　六冊

110000－0143－0004121　PG16/43－1
春秋左傳杜注三十卷首一卷　(晉)杜預注　(清)姚培謙編　(清)麗佑清補訂　清乾隆十一年(1746)吳郡陸氏刻道光七年(1827)洪都潄經堂增刻本　十二冊

110000－0143－0004122　PG16/44－1
欽定春秋左傳讀本三十卷　(清)英和等纂輯　**春秋三傳異文考一卷**　(清)張之萬撰　清同治八年至九年(1869－1870)直隸張之萬刻本　十六冊

110000－0143－0004123　PG16/44－1
欽定春秋左傳讀本三十卷　（清）英和等纂輯　清道光至光緒刻本　八冊　缺六卷（一至六）

110000－0143－0004124　PG16/44－1
欽定春秋左傳讀本三十卷　（清）英和等纂輯　**春秋三傳異文考一卷**　（清）張之萬撰　清同治八年至九年（1869－1870）直隸張之萬刻本　十二冊

110000－0143－0004125　PG16/45－1
春秋公羊經傳解詁十二卷　（漢）何休學　**重刊宋紹熙公羊傳注附音本校記一卷**　（清）魏彥撰　清光緒二十一年（1895）金陵書局刻本　二冊

110000－0143－0004126　PG16/45－1
春秋公羊經傳解詁十二卷　（漢）何休學　**重刊宋紹熙公羊傳注附音本校記一卷**　（清）魏彥撰　清光緒二十一年（1895）金陵書局刻本　二冊

110000－0143－0004127　PG16/45－1
春秋穀梁傳十二卷　（晉）范寧集解　清光緒二十一年（1895）金陵書局刻本　二冊

110000－0143－0004128　PG16/45－1
春秋公羊傳十一卷　（漢）何休學　（唐）陸德明音義　清同治七年（1868）湖北崇文書局刻本　四冊

110000－0143－0004129　PG16/45－1
春秋穀梁傳十二卷　（晉）范寧集解　（唐）陸德明音義　清同治七年（1868）湖北崇文書局刻本　四冊

110000－0143－0004130　PG16/45－1
春秋公羊傳十一卷　（漢）何休學　（唐）陸德明音義　清同治七年（1868）湖北崇文書局刻本　四冊

110000－0143－0004131　PG16/45－1
春秋穀梁傳十二卷　（晉）范寧集解　（唐）陸德明音義　清同治七年（1868）湖北崇文書局刻本　四冊

110000－0143－0004132　PG16/45－1
春秋公羊穀梁二傳十二卷　（清）姜兆錫彙義　清乾隆五年（1740）寅清樓刻本　四冊

110000－0143－0004133　PG16/45－2
春秋公羊經傳解詁十二卷　（漢）何休學　**重刊宋紹熙公羊傳注附音本校記一卷**　（清）魏彥撰　清道光四年（1824）揚州汪氏問禮堂刻同治二年（1863）增刻本　一冊

110000－0143－0004134　PG16/47
御纂春秋直解十二卷　（清）傅恒等撰　清乾隆二十三年（1758）至宣統刻本　六冊

110000－0143－0004135　PG16/48
春秋簽例三十卷首一卷　（清）趙儀吉輯　清嘉慶二十一年至二十二年（1816－1817）儀徵阮元刻本　十二冊

110000－0143－0004136　PG16/53
春秋董氏學八卷附傳不分卷　康有爲撰　清光緒十九年（1893）至民國刻萬木草堂叢書本　六冊

110000－0143－0004137　PG16/53
春秋董氏學八卷附傳不分卷　康有爲撰　清光緒十九年（1893）至民國刻萬木草堂叢書本　四冊

110000－0143－0004138　PG16/60
春秋董氏學八卷附漢書董仲舒傳一卷　康有爲撰　清光緒上海大同譯書局刻本　六冊

110000－0143－0004139　PG16/60
春秋董氏學八卷附漢書董仲舒傳一卷　康有爲撰　清光緒上海大同譯書局刻本　六冊

110000－0143－0004140　PG16/62
顨軒孔氏所著書七種六十卷　（清）孔廣森撰　清嘉慶二十二年（1817）曲阜孔氏儀鄭堂刻本　十冊

110000－0143－0004141　PG16/62
顨軒孔氏所著書七種六十卷　（清）孔廣森撰　清嘉慶二十二年（1817）曲阜孔氏儀鄭堂刻本　三冊　存一種十二卷（公羊春秋經傳通

義十一卷、序一卷)

110000－0143－0004142　PG16/63
春秋左傳讀九卷春秋左傳讀敘錄一卷　章炳麟撰　清末至民國初石印本　一冊

110000－0143－0004143　PG16/65
春秋例表不分卷　(清)王代豐纂　(清)廖震等編次　清光緒三十四年(1908)東洲刻本　二冊

110000－0143－0004144　PG16/67
春秋經傳解詁十一卷　(漢)何休解詁　王闓運箋　清光緒三十四年(1908)四川成都尊經書局刻本　六冊

110000－0143－0004145　PG16/67
春秋經傳解詁十一卷　(漢)何休解詁　王闓運箋　清光緒十一年(1885)四川成都尊經書局刻本　六冊

110000－0143－0004146　PG16/68
春秋筆削微旨二十六卷　(清)劉紹攽撰　清同治十二年(1873)刻本　六冊

110000－0143－0004147　PG16/69
春秋諸家解十二卷總論一卷　(清)毛士撰　清同治十一年(1872)深澤王氏校刻本　八冊

110000－0143－0004148　PG16/71
太史張天如詳節春秋綱目左傳句解六卷　(清)韓菼重訂　清道光至宣統聚錦旭刻本　六冊

110000－0143－0004149　PG16/72
春秋公羊經何氏釋例十卷春秋公羊釋例後錄六卷禘禨一卷　(清)劉逢祿撰　清嘉慶十七年至宣統三年(1812－1911)養一齋刻本　四冊

110000－0143－0004150　PG16/73
春秋釋例十五卷　(晉)杜預撰　清同治十二年(1873)粵東書局刻本　七冊

110000－0143－0004151　PG16/74
春秋集古傳註二十六卷首一卷春秋或問六卷　(清)郜坦撰　清光緒二年(1876)淮南書局刻本　六冊

110000－0143－0004152　PG16/78
春秋師說三卷附錄二卷　(元)黃澤撰　(元)趙汸編　清乾隆至嘉慶刻本　一冊　存二卷(春秋師說上至中)

110000－0143－0004153　PG16/79
擬大統春秋條例不分卷　廖平撰　清光緒至宣統刻本　一冊

110000－0143－0004154　PG16/83
春秋釋地韻編五卷首一卷　(清)徐壽基編輯　清光緒十二年(1886)傳經堂刻本　四冊

110000－0143－0004155　PG16/84
春秋五傳十七卷首一卷　(明)張岐然編　清乾隆六年至嘉慶二十五年(1741－1820)連元閣刻本　十八冊

110000－0143－0004156　PG16/98
春秋左氏古義六卷　(清)臧壽恭撰　清同治十二年至十三年(1873－1874)吳縣潘氏刻本　一冊

110000－0143－0004157　PG16/99
杜註春秋左傳三十卷　(晉)杜預註　清同治八年(1869)楚北崇文書局刻本　一冊　存一卷(一)

110000－0143－0004158　PG16/100
春秋左氏傳補注十卷　(元)趙汸撰　清光緒至宣統通志堂刻本　一冊

110000－0143－0004159　PG16/101
春秋左傳補註六卷　(清)張海鵬輯　清嘉慶十四年(1809)張海鵬刻本　一冊

110000－0143－0004160　PG161/1
左傳事緯十二卷左傳字釋一卷　(清)馬驌編論　清康熙至乾隆錢塘許元淮刻本　八冊

110000－0143－0004161　PG161/2
左通補釋三十二卷　(清)梁履繩撰　清道光九年(1829)錢塘汪氏振綺堂刻本　十二冊

110000－0143－0004162　PG161/2
左通補釋三十二卷　(清)梁履繩撰　清道光

九年(1829)錢塘汪氏振綺堂刻本　八冊

110000－0143－0004163　PG161/2
左通補釋三十二卷　(清)梁履繩撰　清光緒元年(1875)錢塘汪曾刻本　十二冊

110000－0143－0004164　PG161/4
左傳舊疏考正八卷　(清)劉文淇撰　清光緒三年(1877)湖北崇文書局刻本　四冊

110000－0143－0004165　PG161/5
左傳翼三十八卷　(清)周大璋輯評　清乾隆至嘉慶刻本　八冊　存十八卷(二十一至三十八)

110000－0143－0004166　PG161/5
左傳翼三十八卷　(清)周大璋輯評　清乾隆至嘉慶文盛堂刻本　二十四冊

110000－0143－0004167　PG161/6－1
曲江書屋新訂批註左傳快讀十八卷首一卷　(晉)杜預原註　(唐)陸德明音義　(宋)林堯叟　(宋)朱申參註　(清)馮李驊　(清)陸浩批評　(清)李紹崧選訂　清光緒二十八年(1902)新化三味書室刻本　十二冊

110000－0143－0004168　PG161/6－2
曲江書屋新訂批註左傳快讀十八卷首一卷　(晉)杜預原註　(唐)陸德明音義　(宋)林堯叟　(宋)朱申參註　(清)馮李驊　(清)陸浩批評　(清)李紹崧選訂　清同治十一年(1872)省城雙門底芸樓刻本　八冊　存八卷(十一至十八)

110000－0143－0004169　PG161/6－2
曲江書屋新訂批註左傳快讀十八卷首一卷　(晉)杜預原註　(唐)陸德明音義　(宋)林堯叟　(宋)朱申參註　(清)馮李驊　(清)陸浩批評　(清)李紹崧選訂　清同治十一年(1872)省城雙門底芸樓刻本　十四冊

110000－0143－0004170　PG161/7－6
評點春秋綱目左傳句解彙雋六卷　(清)韓菼重訂　清光緒至宣統上海掃葉山房石印本　六冊

110000－0143－0004171　PG161/10
讀左補義五十卷首一卷　(清)姜炳璋輯　清末同文堂刻右文堂印本　十一冊　缺十七卷(三至六、十一至十七、二十一至二十三、四十八至五十)

110000－0143－0004172　PG161/10
讀左補義五十卷首一卷　(清)姜炳璋輯　清光緒二十七年(1901)書業德刻本　十二冊

110000－0143－0004173　PG161/10
讀左補義五十卷首一卷　(清)姜炳璋輯　清同治十年(1871)有益堂刻本　十六冊

110000－0143－0004174　PG161/11
春秋左傳五十卷　(晉)杜預　(唐)陸德明音義　(宋)林堯叟註釋　清道光至光緒書業德刻本　十六冊

110000－0143－0004175　PG161/11
春秋左傳五十卷　(晉)杜預　(唐)陸德明音義　(宋)林堯叟註釋　清道光至光緒書業德刻本　八冊　存二十五卷(二十六至五十)

110000－0143－0004176　PG161/11－1
春秋左傳五十卷　(晉)杜預　(唐)陸德明音義　(宋)林堯叟註釋　(明)孫鑛　(明)鍾惺評點　清光緒三十一年(1905)保定直隸官書局刻本　十六冊

110000－0143－0004177　PG161/12
左繡三十卷首一卷　(清)馮李驊　(清)陸浩評輯　清嘉慶華川書屋刻本　十四冊

110000－0143－0004178　PG161/12
左繡三十卷首一卷　(清)馮李驊　(清)陸浩評輯　清嘉慶華川書屋刻本　八冊　存十五卷(十六至三十)

110000－0143－0004179　PG161/12
左繡三十卷首一卷　(清)馮李驊　(清)陸浩評輯　清光緒十年(1884)元德昌刻本　十六冊

110000－0143－0004180　PG161/12－2
左繡三十卷首一卷　(清)馮李驊　(清)陸浩

評輯　清嘉慶華川書屋刻本　七册　存十三卷（十八至三十）

110000－0143－0004181　PG161/13
左傳事緯十二卷左傳字釋一卷　（清）馬驌編論　清光緒四年（1878）敏德堂刻本　十册

110000－0143－0004182　PG161/13
左傳事緯十二卷左傳字釋一卷　（清）馬驌編論　清光緒四年（1878）敏德堂刻本　十一册

110000－0143－0004183　PG161/13－1
左傳事緯十二卷左傳字釋一卷　（清）馬驌編論　清光緒四年（1878）敏德堂刻本　十册

110000－0143－0004184　PG161/13－1
左傳事緯十二卷左傳字釋一卷　（清）馬驌編論　清光緒四年（1878）敏德堂刻本　三册

110000－0143－0004185　PG161/14
附釋音春秋左傳注疏六十卷附校勘記六十卷　（晉）杜預注　（唐）孔穎達疏　（唐）陸德明音義　（清）阮元校勘　（清）盧宣旬摘錄　清末刻本　二十册

110000－0143－0004186　PG161/18
左傳義法舉要一卷附方氏左傳評點二卷　（清）方苞口述　（清）王兆符　（清）程崟傳述　清光緒十九年（1893）金匱廉泉刻本　三册

110000－0143－0004187　PG161/19
東萊先生左氏博議二十五卷　（宋）呂祖謙撰　清道光十八年（1838）錢塘瞿世瑛清吟閣刻本　六册

110000－0143－0004188　PG161/19－1
東萊博議四卷增補虚字註釋總目一卷　（宋）呂祖謙撰　清光緒二十四年（1898）三義堂刻本　四册

110000－0143－0004189　PG161/22
左氏傳説二十卷首一卷　（宋）呂祖謙撰　清同治八年（1869）永康胡鳳丹退補齋刻本　四册

110000－0143－0004190　PG161/23
補釋三十二卷　（清）梁履繩撰　清道光九年（1829）振綺堂刻光緒元年（1875）補刻本　十二册

110000－0143－0004191　PG161/23
補釋三十二卷　（清）梁履繩撰　清道光九年（1829）振綺堂刻光緒元年（1875）補刻本　十二册

110000－0143－0004192　PG161/27
劉炫規杜持平六卷　（清）邵瑛撰　清嘉慶二十二年（1817）餘姚邵氏桂隱書屋刻本　一册

110000－0143－0004193　PG161/28
補釋三十二卷　（清）梁履繩撰　清道光九年（1829）振綺堂刻光緒元年（1875）補刻本　十册

110000－0143－0004194　PG161/30
春秋左氏傳賈服註輯述二十卷　（清）李貽德撰　清光緒八年（1882）江蘇書局刻本　六册

110000－0143－0004195　PG161/30
春秋左氏傳賈服註輯述二十卷　（清）李貽德撰　清同治五年（1866）餘姚朱蘭金陵書局刻本　六册

110000－0143－0004196　PG161/30
春秋左氏傳賈服註輯述二十卷　（清）李貽德撰　清同治五年（1866）餘姚朱蘭金陵書局刻本　六册

110000－0143－0004197　PG161/31
春秋左氏古經説十二卷　廖平撰　清光緒三十四年（1908）成都中學堂刻本　四册

110000－0143－0004198　PG161/33
左傳紺珠八卷首一卷　（清）王武沂撰　（清）蕭士寧補輯　清嘉慶十八年（1813）刻本　二册

110000－0143－0004199　PG161/33－1
左傳紺珠二卷　（清）王武沂撰　（清）蕭士寧補輯　清咸豐元年（1851）刻本　一册

110000－0143－0004200　PG161/34
左傳文法讀本十二卷　劉培極　吳闓生撰

清宣統元年(1909)桐城吳氏鉛印本　二冊

110000－0143－0004201　PG161/34
左傳文法讀本十二卷　劉培極　吳闓生撰　清宣統元年(1909)桐城吳氏鉛印本　六冊

110000－0143－0004202　PG161/35
東萊博議纂不分卷　(宋)呂祖謙撰　(清)□□纂　清末抄本　一冊

110000－0143－0004203　PG161/38
左傳官名考二卷　(清)李調元輯　清乾隆四十七年(1782)綿州李氏萬卷樓刻嘉慶十四年(1809)綿州李鼎元補刻本　二冊

110000－0143－0004204　PG161/40
左傳舊疏考正八卷　(清)劉文淇撰　清道光十八年(1838)儀徵劉氏青溪舊屋刻本　二冊

110000－0143－0004205　PG161/45
春秋左氏古經十二卷五十凡一卷聲韻考四卷　(清)段玉裁　(清)戴震撰　清道光元年(1821)金壇段氏刻本　二冊

110000－0143－0004206　PG161/46
附釋音春秋左傳注疏六十卷附校勘記六十卷　(晉)杜預注　(唐)陸德明音義　(唐)孔穎達疏　清光緒十三年(1887)上海脈望仙館石印本　四冊

110000－0143－0004207　PG162/2
春秋公羊傳十一卷　(漢)何休學　(唐)陸德明音義　清同治十一年(1872)山東書局刻本　四冊

110000－0143－0004208　PG162/3
張氏公羊二種六卷　(清)張憲和撰　清光緒平湖張氏刻本　四冊

110000－0143－0004209　PG162/5
公羊逸禮攷徵一卷　(清)陳奐撰　清同治吳縣潘祖蔭刻本　一冊

110000－0143－0004210　PG162/5
喪禮經傳約一卷　(清)吳卓信撰　清同治十一年(1872)刻本　與110000－0143－0004209合冊

110000－0143－0004211　PG162/6
公羊探勝不分卷　(清)席樹馨檢錄　清光緒四年(1878)刻本　一冊

110000－0143－0004212　PG162/16
春秋公羊禮疏十一卷　(清)凌曙撰　清嘉慶二十四年(1819)刻本　三冊

110000－0143－0004213　PG163/2
穀梁申義一卷　王闓運撰　清光緒十七年(1891)刻本　一冊

110000－0143－0004214　PG163/4
穀梁探勝不分卷　(清)席樹馨揀定　清光緒四年(1878)刻本　一冊

110000－0143－0004215　PG17/1
古微書三十六卷　(明)孫瑴著錄　清嘉慶二十一年(1816)對山問月樓刻本　四冊

110000－0143－0004216　PG17/1
古微書三十六卷　(明)孫瑴著錄　清嘉慶二十一年(1816)對山問月樓刻本　十冊

110000－0143－0004217　PG17/1
古微書三十六卷　(明)孫瑴著錄　清嘉慶二十一年(1816)對山問月樓刻本　六冊

110000－0143－0004218　PG17/1－1
古微書三十六卷　(明)孫瑴著錄　清光緒二十一年(1895)上海鴻文書局石印本　四冊

110000－0143－0004219　PG17/2
五經合纂大成五種四十四卷　(清)同文書局輯　清光緒十一年(1885)上海同文書局石印本　七冊　存二種四十一卷(春秋合纂大成十六卷、禮記合纂大成六至三十)

110000－0143－0004220　PG17/4
五經文藪新編御案詩經備旨八卷　(清)鄒聖脈纂輯　清光緒十三年(1887)義德堂刻本　四冊

110000－0143－0004221　PG17/4
五經文藪新編寄傲山房塾課纂輯書經備旨蔡註捷錄七卷　(清)鄒聖脈纂輯　清光緒十三年(1887)義德堂刻本　四冊

110000－0143－0004222　PG17/6
石經考文提要十三卷　(清)彭元瑞撰　清嘉慶許氏刻本　四册

110000－0143－0004223　PG17/7
五經小學述二卷附校勘記　(清)莊述祖撰　(清)王銘西等校　清光緒九年(1883)武進莊毓鋐刻本　一册

110000－0143－0004224　PG17/7
五經小學述二卷　(清)莊述祖撰　清道光十六年(1836)刻本　一册

110000－0143－0004225　PG17/7
歷代載籍足徵錄一卷　(清)莊述祖撰　清道光十五年(1835)武進莊氏脊令舫刻本　與110000－0143－0004224合册

110000－0143－0004226　PG17/13
羣經字詁七十二卷檢字一卷　(清)段諤廷原稿　(清)黄本驥編訂　清道光二十九年(1849)黔陽楊氏刻本　十五册

110000－0143－0004227　PG17/13
羣經字詁七十二卷檢字一卷　(清)段諤廷原稿　(清)黄本驥編訂　清道光二十九年(1849)黔陽楊氏刻本　二十册

110000－0143－0004228　PG17/14
五經算術疏義二卷　劉嶽雲撰　清光緒二十五年(1899)鉛印本　二册

110000－0143－0004229　PG17/15
古經解鉤沉三十卷　(清)余蕭客編　清道光二十年(1840)丹徒魯慶恩刻本　十二册

110000－0143－0004230　PG17/16
羣書疑辨十二卷　(清)萬斯同撰　清嘉慶二十一年(1816)供石亭刻本　四册

110000－0143－0004231　PG17/18
五經繹十五卷　(明)鄧元錫撰　清嘉慶二十二年(1817)新城鄧氏刻本　十二册

110000－0143－0004232　PG17/19
萬充宗先生經學五書十九卷　(清)萬斯大撰　清乾隆二十四年至二十六年(1759－1761)四明萬福刻本　四册

110000－0143－0004233　PG17/20
皮氏經學叢書十種二十四卷　(清)皮錫瑞撰　清光緒二十二年至三十四年(1896－1908)思賢書局刻本　十四册

110000－0143－0004234　PG17/21
鄭志三卷　(三國魏)鄭小同撰　(清)王復輯　清乾隆三十九年至四十二年(1774－1777)武英殿木活字印本　二册

110000－0143－0004235　PG17/31
五經異義疏證三卷　(清)陳壽祺撰　清嘉慶十八年(1813)福州陳壽祺刻本　六册

110000－0143－0004236　PG17/32
皇朝五經彙解二百七十卷　(清)抉經心室主人纂　清光緒十四年(1888)上海鴻文書局石印本　五册　存五十二卷(書經一至五十二)

110000－0143－0004237　PG18/1
文光堂四書遵註合講不分卷　(清)翁復輯　(清)詹文煥參定　清雍正八年(1730)文光堂刻本　六册

110000－0143－0004238　PG18/2
四書味根錄三十八卷　(清)金澂撰　清光緒二十九年(1903)上海鴻寶齋石印本　六册

110000－0143－0004239　PG18/2－2
四書味根錄三十八卷　(清)金澂撰　清光緒十一年(1885)上海同文書局石印本　四册

110000－0143－0004240　PG18/3
四書彙解四十卷　(清)司天開輯　清道光二十四年(1844)河南脩武縣署刻本　八册

110000－0143－0004241　PG18/4
四書緯四卷　(清)常增撰　清光緒十二年(1886)刻本　四册

110000－0143－0004242　PG18/5
四書考異七十二卷　(清)翟灝撰　清乾隆無不宜齋刻本　十二册

110000－0143－0004243　PG18/6
四書大全三十六卷　(清)陸隴其輯　清康熙

三魚堂刻本　十八冊

110000－0143－0004244　PG18/6－1
四書大全引解七卷　(清)鄧柱瀾纂輯　清光緒至宣統刻本　六冊

110000－0143－0004245　PG18/6－2
五華纂訂四書大全十四卷　(清)孫見龍撰　清乾隆十三年(1748)昆明五華書院刻本　四十冊

110000－0143－0004246　PG18/6－3
聚珍堂四書十九卷　(宋)朱熹集注　清光緒四年(1878)京都聚珍堂刻本　六冊

110000－0143－0004247　PG18/6－3
聚珍堂四書十九卷　(宋)朱熹集注　清光緒四年(1878)京都聚珍堂刻本　六冊

110000－0143－0004248　PG18/6－3
聚珍堂四書十九卷　(宋)朱熹集注　清光緒四年(1878)京都聚珍堂刻本　六冊

110000－0143－0004249　PG18/6－3
聚珍堂四書十九卷　(宋)朱熹集注　清光緒四年(1878)京都聚珍堂刻本　六冊

110000－0143－0004250　PG18/6－3
聚珍堂四書十九卷　(宋)朱熹集注　清光緒四年(1878)京都聚珍堂刻本　六冊

110000－0143－0004251　PG18/6－3
聚珍堂四書十九卷　(宋)朱熹集注　清光緒四年(1878)京都聚珍堂刻本　六冊

110000－0143－0004252　PG18/6－3
聚珍堂四書十九卷　(宋)朱熹集注　清光緒四年(1878)京都聚珍堂刻本　六冊

110000－0143－0004253　PG18/6－3
聚珍堂四書十九卷　(宋)朱熹集注　清光緒四年(1878)京都聚珍堂刻本　六冊

110000－0143－0004254　PG18/6－3
聚珍堂四書十九卷　(宋)朱熹集注　清光緒四年(1878)京都聚珍堂刻本　六冊

110000－0143－0004255　PG18/6－3
聚珍堂四書十九卷　(宋)朱熹集注　清光緒四年(1878)京都聚珍堂刻本　六冊

110000－0143－0004256　PG18/6－3
聚珍堂四書十九卷　(宋)朱熹集注　清光緒四年(1878)京都聚珍堂刻本　六冊

110000－0143－0004257　PG18/6－3
聚珍堂四書十九卷　(宋)朱熹集注　清光緒四年(1878)京都聚珍堂刻本　六冊

110000－0143－0004258　PG18/6－3
聚珍堂四書十九卷　(宋)朱熹集注　清光緒四年(1878)京都聚珍堂刻本　六冊

110000－0143－0004259　PG18/6－3
聚珍堂四書十九卷　(宋)朱熹集注　清光緒四年(1878)京都聚珍堂刻本　六冊

110000－0143－0004260　PG18/6－3
聚珍堂四書十九卷　(宋)朱熹集注　清光緒四年(1878)京都聚珍堂刻本　六冊

110000－0143－0004261　PG18/6－3
聚珍堂四書十九卷　(宋)朱熹集注　清光緒四年(1878)京都聚珍堂刻本　六冊

110000－0143－0004262　PG18/6－3
聚珍堂四書十九卷　(宋)朱熹集注　清光緒四年(1878)京都聚珍堂刻本　六冊

110000－0143－0004263　PG18/6－4
四書十九卷　(宋)朱熹章句集註　清光緒三年(1877)胡氏退補齋刻本　六冊

110000－0143－0004264　PG18/6－5
四書十九卷　(宋)朱熹章句集註　清光緒五年(1879)山西濬文書局刻本　六冊

110000－0143－0004265　PG18/6－6
四書讀本十九卷　(宋)朱熹註　清光緒二十年(1894)京都泰山堂刻本　六冊

110000－0143－0004266　PG18/6－6
四書讀本十九卷　(宋)朱熹註　清光緒二十年(1894)京都泰山堂刻本　六冊

110000－0143－0004267　PG18/7

日講四書解義二十六卷　(清)庫勒納等編　清光緒至宣統鉛印本　十冊

110000－0143－0004268　PG18/8

四書圖考十三卷　(清)杜炳撰　清光緒十三年(1887)鴻文書局石印本　四冊

110000－0143－0004269　PG18/8

四書圖考十三卷　(清)杜炳撰　清道光七年(1827)刻本　十二冊

110000－0143－0004270　PG18/9

四書訓義三十八卷　(清)王夫之撰　清光緒十三年(1887)潞河啖拓山房刻本　二十八冊

110000－0143－0004271　PG18/10

四書典制類聯十八卷　(清)閻其淵輯　清乾隆五十九年至六十年(1794－1795)刻本　三冊

110000－0143－0004272　PG18/11

四書典林三十卷四書古人典林十二卷　(清)江永撰　清同治五年至八年(1866－1869)刻本　十二冊

110000－0143－0004273　PG18/12

四書蒙讀淺解十九卷　(清)杜衍椒輯　清光緒二十六年(1900)刻本　六冊

110000－0143－0004274　PG18/14

三義堂字典四書十九卷　(清)□□音釋　清光緒十五年(1889)刻本　六冊

110000－0143－0004275　PG18/15

四書人名攷十卷　(清)胡之煜等撰　清嘉慶八年(1803)蘄州陳氏刻本　四冊

110000－0143－0004276　PG18/17

四書章句集注十九卷　(宋)朱熹撰　清光緒四年(1878)善成堂刻本　六冊

110000－0143－0004277　PG18/17－1

四書章句集注十七卷　(宋)朱熹撰　清光緒二十二年(1896)湖南經綸元記刻本　五冊

110000－0143－0004278　PG18/17－2

四書章句集注二十六卷　(宋)朱熹集注　**四書章句集注定本辨一卷四書家塾讀本句讀一卷**　(清)吴英撰　**四書章句附攷四卷**　(清)吴志忠輯　清光緒七年(1881)淮南書局刻本　六冊

110000－0143－0004279　PG18/17－3

四書章句集注二十六卷　(宋)朱熹　(清)吴英撰　(清)吴志忠輯　清嘉慶十六年(1811)吴縣吴志忠真意堂刻本　八冊

110000－0143－0004280　PG18/18

四書溫故錄十卷附孟子章指一卷　(清)趙佑撰　清乾隆六十年(1795)安溪謝大馨刻本　六冊

110000－0143－0004281　PG18/19－1

四書古註羣義彙解十種九十四卷　(清)□□輯　清光緒十九年(1893)上海同文書局石印本　六冊　存七種三十六卷(論語正義十三卷、孟子正義十五卷、大學古本說一卷、中庸餘論一卷、中庸章段一卷、論語札記三卷、孟子札記二卷)

110000－0143－0004282　PG18/19－2

論語正義二十四卷　(清)劉寶楠撰　清同治五年(1866)金陵存古書社刻本　六冊

110000－0143－0004283　PG18/19－2

論語正義二十四卷　(清)劉寶楠撰　清同治五年(1866)金陵存古書社刻本　六冊

110000－0143－0004284　PG18/21－1

論語注疏二十卷　(三國魏)何晏集解　(唐)陸德明音義　(宋)邢昺疏　清同治十年(1871)廣東按察使鍾謙鈞刻本　四冊

110000－0143－0004285　PG18/23－1

孟子集註攷證七卷首一卷　(宋)金履祥撰　清同治十二年(1873)永康胡鳳丹退補齋刻金華叢書本　一冊

110000－0143－0004286　PG18/27

四書大全摘要孟子七卷　(清)□□纂輯　清刻本　六冊　存四卷(四至七)

110000－0143－0004287　PG18/28

四書釋地一卷續一卷又續一卷三續一卷孟子

生卒年月考一卷　(清)閻若璩撰　清乾隆五十二年(1787)至嘉慶東浯王氏刻本　六册

110000－0143－0004288　PG18/28－1
四書釋地補一卷續補一卷又續補一卷三續補一卷　(清)閻若璩原本　(清)樊廷枚校補　清嘉慶二十一年(1816)梅陽海涵堂刻本　六册

110000－0143－0004289　PG18/30
四書章句集注十九卷　(宋)朱熹撰　清光緒至宣統刻本　六册

110000－0143－0004290　PG18/31
四書大全摘要四種　(清)□□纂輯　清光緒至宣統刻本　九册　存十一卷(大學一卷、論語十卷)

110000－0143－0004291　PG18/31
四書大全摘要四種　(清)□□纂輯　清光緒至宣統刻本　六册　存一種四卷(孟子四至七)

110000－0143－0004292　PG18/32
四書朱註大全原解三十七卷　(清)華玉文纂輯　清雍正四年(1726)三近堂刻本　二十册

110000－0143－0004293　PG18/33－1
孟子十四卷　(宋)朱熹集註　清刻本　四册

110000－0143－0004294　PG18/33－4
四書玩註詳説三十六卷　(清)冉覲祖輯　清康熙寄願堂刻本　六册　存一種六卷(孟子一至六)

110000－0143－0004295　PG18/33－7
增補蘇批孟子二卷　(宋)蘇洵原本　清嘉慶八年(1803)慎怡堂刻本　二册

110000－0143－0004296　PG18/34
集虚齋四書口義十卷　(清)方楘如撰　清乾隆五十四年至宣統三年(1789－1911)大文堂刻本　六册

110000－0143－0004297　PG18/34－1
集虚齋四書口義十卷　(清)方楘如撰　清乾隆五十四年至宣統三年(1789－1911)芸生堂刻本　十二册

110000－0143－0004298　PG18/35
四書人物類典串珠四十卷　(清)臧志仁輯　清嘉慶九年(1804)刻本　十二册

110000－0143－0004299　PG18/35
增註四書人物類典串珠四十卷　(清)臧志仁編輯　清光緒十一年(1885)上海點石齋石印本　四册

110000－0143－0004300　PG18/36
增補四書精繡圖像人物備考十二卷　(明)陳仁錫撰　清乾隆五十八年(1793)文盛堂、文錦堂刻本　五册

110000－0143－0004301　PG18/37
新訂四書補註備旨十卷　(明)鄧林著　(清)杜定基增訂　(清)鄧煜編次　清光緒十七年(1891)三義堂刻本　八册

110000－0143－0004302　PG18/37－1
新訂四書補註備旨十卷　(明)鄧林著　(清)杜定基增訂　(清)鄧煜編次　清光緒元年(1875)善成堂刻本　八册

110000－0143－0004303　PG18/39
論語十卷　(三國魏)何晏集解　(宋)朱熹注　清順治至雍正刻本　三册

110000－0143－0004304　PG18/41
四書便蒙十九卷　(宋)朱熹集註　(清)陳奂重校　清光緒十六年(1890)北京刻本　六册

110000－0143－0004305　PG18/41
校刊增註四書便蒙十九卷　(宋)朱熹集註　(清)俞長城　(清)焦袁熹　(清)戴有祺增註　清光緒十六年(1890)有益堂刻本　六册

110000－0143－0004306　PG18/41
四書便蒙十九卷　(宋)朱熹集註　(清)王子元校　清同治至光緒北京文成堂刻本　五册　缺一種五卷(論語一至五)

110000－0143－0004307　PG18/42
四書引解二十六卷　(清)鄧柱瀾纂輯　清刻本　十二册　缺十四卷(一至十四)

110000－0143－0004308　PG18/43
漱芳軒合纂四書體註十九卷　(清)范翔攷訂　清刻本　四册　存二種十五卷(論語一至十、孟子一至五)

110000－0143－0004309　PG18/44
新訂四書補註備旨十卷　(明)鄧林著　(清)杜定基增訂　清宣統二年(1910)掃葉山房石印本　八册

110000－0143－0004310　PG18/44－4
新訂四書補註備旨十卷　(明)鄧林著　(清)杜定基增訂　清刻本　三册　存一種(孟子)

110000－0143－0004311　PG18/45
孟子講義十二卷　(清)史可亭輯　清刻本　七册　存十卷(三至十二)

110000－0143－0004312　PG18/46
四書近指二十卷　(清)孫奇逢纂　清康熙刻本　五册

110000－0143－0004313　PG18/46
四書近指十七卷　(清)孫奇逢批定　(清)孫世玟較　清同治三年(1864)刻本　四册

110000－0143－0004314　PG18/47
四書典故辨正二十卷附錄一卷　(清)周柄中撰　清嘉慶敬儀堂刻本　六册

110000－0143－0004315　PG18/47－1
四書典故辨正二十卷附錄一卷　(清)周柄中撰　清同治四年(1865)亦西齋刻本　四册

110000－0143－0004316　PG18/48
四書反身錄八卷　(清)李顒撰　清道光浙江書局刻本　四册

110000－0143－0004317　PG18/48
四書反身錄六卷　(清)李顒撰　清宣統元年(1909)刻本　四册

110000－0143－0004318　PG18/50
論語後案二十卷　(清)黄式三撰　清光緒九年(1883)浙江書局刻本　五册　存九卷(一至九)

110000－0143－0004319　PG18/50
論語後案二十卷　(清)黄式三撰　清光緒九年(1883)浙江書局刻本　二册　存四卷(一至四)

110000－0143－0004320　PG18/50
論語後案二十卷　(清)黄式三撰　清光緒九年(1883)浙江書局刻本　十册

110000－0143－0004321　PG18/52
四書章句附攷四卷　(清)吳志忠輯　清光緒十六年(1890)桂林蔣氏存遠堂刻本　一册

110000－0143－0004322　PG18/53
四書翼註論文三十八卷　(清)張甄陶述　清乾隆五十二年(1787)竹下書堂刻本　十二册

110000－0143－0004323　PG18/54
四書集註十九卷附四書圖一卷附四書句辨一卷　(宋)朱熹集註　清道光四年(1824)劉氏勉行堂刻本　六册

110000－0143－0004324　PG18/55
四書集註止蒙十九卷附四書集字音義辨　(宋)朱熹集註　清光緒十四年(1888)八旗官學刻本　六册

110000－0143－0004325　PG18/56
孟子讀法附記十四卷　(清)周人麒撰　清乾隆四十九年(1784)刻本　六册

110000－0143－0004326　PG18/57
四書圖說六卷　(清)王道然著　清乾隆六十年(1795)新城王氏刻本　四册

110000－0143－0004327　PG18/58
四書集註十九卷　(宋)朱熹撰　清道光二十二年(1842)寶恕堂刻本　六册

110000－0143－0004328　PG18/58－1
四書集註十九卷　(宋)朱熹撰　清京都隆福寺寶書堂刻本　六册

110000－0143－0004329　PG18/60
四書約旨十九卷　(清)任啟運撰　清光緒九年(1883)任氏一本堂家塾刻本　十册

110000－0143－0004330　PG18/61
御製翻譯四書六卷　(清)鄂爾泰等譯　清末

刻本　六册

110000－0143－0004331　PG18/61
御製翻譯四書六卷　（清）鄂爾泰等譯　清末三槐堂書坊刻本　六册

110000－0143－0004332　PG18/61
御製翻譯四書六卷　（清）鄂爾泰等譯　清光緒十四年（1888）京都聚珍堂刻本　六册

110000－0143－0004333　PG18/64
四書朱子本義匯參四十七卷　（清）王步青輯　清刻本　二十八册

110000－0143－0004334　PG18/64
四書朱子本義匯參四十七卷　（清）王步青輯　清乾隆十年（1745）刻本　三十册

110000－0143－0004335　PG18/64－1
四書朱子本義匯參不分卷　（清）王步青輯　清光緒二十六年（1900）上海煥文書局石印本　八册

110000－0143－0004336　PG18/67
四書便蒙十九卷　（宋）朱熹集注　（清）俞長城　（清）焦袁熹　（清）戴有祺增注　清同治五年（1866）書業德刻本　六册

110000－0143－0004337　PG18/67
四書便蒙十九卷　（宋）朱熹集注　（清）俞長城　（清）焦袁熹　（清）戴有祺增注　清光緒末蘇州玉檢山房刻本　六册

110000－0143－0004338　PG18/67
四書便蒙十九卷　（宋）朱熹集注　（清）俞長城　（清）焦袁熹　（清）戴有祺增注　清光緒善成堂刻本　五册　缺四卷（大學一卷、中庸一卷、孟子六至七）

110000－0143－0004339　PG18/68
目耕齋讀本一卷目耕齋二刻一卷目耕小題偶編一卷　（清）徐楷評註　（清）沈叔眉輯　清道光十八年（1838）錢塘沈叔眉刻本　六册

110000－0143－0004340　PG18/71
四書集注十九卷　（宋）朱熹撰　清光緒三十二年（1906）上海商務印書館鉛印本　二册

110000－0143－0004341　PG18/72
松陽講義十二卷　（清）陸隴其撰　清光緒十三年（1887）刻本　四册

110000－0143－0004342　PG18/74
四書集註直解説約二十七卷　（明）張居正撰　（明）顧夢麟　（明）楊彝輯　清光緒北京八旗經正書院刻本　八册　缺八卷（二十至二十七）

110000－0143－0004343　PG18/74
四書集註直解説約二十七卷　（明）張居正撰　（明）顧夢麟　（明）楊彝輯　清光緒北京八旗經正書院刻本　四册　缺八卷（二十至二十七）

110000－0143－0004344　PG18/75
四書教子尊經求通録四卷　（清）楊一崑著　清光緒楊雲書等刻本　四册

110000－0143－0004345　PG18/76
四書説略四卷附教童子法一卷　（清）王筠撰　清道光刻本　二册

110000－0143－0004346　PG18/78
四書恆解十一卷　（清）劉沅撰　清光緒三十一年（1905）豫誠堂刻本　十册

110000－0143－0004347　PG18/79
天文本單經論語校勘記一卷孟子章句一卷附劉熙事蹟攷一卷　葉德輝撰　清光緒二十八年（1902）刻本　一册

110000－0143－0004348　PG18/81
經學質疑四十卷　（清）狄子奇撰　清道光十七年（1837）安雅齋刻本　六册

110000－0143－0004349　PG18/82
養一齋四書文不分卷　（清）潘德輿撰　清道光十七年（1837）刻本　五册

110000－0143－0004350　PG18/83
四書纂言四十卷　（清）宋翔鳳輯　（清）李祖榮校　清光緒八年（1882）古吳李祖榮峕崿山房木活字印本　十四册　缺四卷（三十七至四十）

110000－0143－0004351　PG18/83
四書纂言四十卷　（清）宋翔鳳輯　（清）李祖榮校　清光緒八年（1882）古吳李祖榮岜嵧山房木活字印本　十六冊

110000－0143－0004352　PG18/84
滿漢四書不分卷　（清）□□輯　清乾隆刻本　六冊

110000－0143－0004353　PG18/86
四書異同商六卷　（清）黃鶴撰　清咸豐十年（1860）寧鄉學署刻本　十冊

110000－0143－0004354　PG18/87
四書釋地一卷續一卷又續一卷三續一卷（清）閻若璩撰　清乾隆五十二年（1787）刻本　三冊

110000－0143－0004355　PG18/88
四書摭餘說七卷　（清）曹之升撰　清嘉慶三年（1798）刻本　五冊　存五卷（論語三卷、孟子二卷）

110000－0143－0004356　PG18/89
去僞齋四書存十六卷　（清）呂崇謐撰　清道光七年（1827）河南呂彝樸、呂見錫永思樓刻本　十六冊

110000－0143－0004357　PG18/93
四書箋義十二卷補遺一卷續遺一卷　（元）趙惪撰　清嘉慶錢唐何元錫翻刻本　四冊

110000－0143－0004358　PG18/97
四書改錯平十四卷　（清）楊希閔撰　清光緒元年（1875）福州王凱泰等刻本　六冊

110000－0143－0004359　PG18/99
四書朱子集注古義箋六卷　李滋然撰　清宣統三年（1911）鉛印本　三冊

110000－0143－0004360　PG18/99
四書朱子集注古義箋六卷　李滋然撰　清宣統三年（1911）鉛印本　三冊

110000－0143－0004361　PG18/100
四書小參一卷四書問答一卷　（明）朱斯行撰　清光緒三年（1877）姑蘇刻經處刻本　一冊

110000－0143－0004362　PG18/101
日講四書解義二十六卷　（清）喇沙里　（清）陳廷敬等撰　清末鉛印本　一冊　存三卷（十至十二）

110000－0143－0004363　PG18/101
日講四書解義二十六卷　（清）喇沙里　（清）陳廷敬等撰　清刻本　十二冊　存十四卷（十三至二十六）

110000－0143－0004364　PG18/103
四書正事括略七卷附錄不分卷　（清）毛奇齡稿　清道光二十年（1840）蕭山沈豫刻本　四冊

110000－0143－0004365　PG18/104
御製翻譯四書六卷　（清）鄂爾泰釐定　清道光至宣統金壽等刻本　七冊

110000－0143－0004366　PG18/105
四書講義困勉錄三十七卷續六卷　（清）陸隴其纂輯　（清）陸公鏐編次　清乾隆四年（1739）嘉會堂刻本　四冊

110000－0143－0004367　PG18/107
四書改錯二十二卷　（清）毛奇齡稿　清嘉慶十六年（1811）甌山金孝柏刻本　六冊

110000－0143－0004368　PG18/109
國朝諸老先生論語精義十卷孟子精義十四卷　（宋）朱熹輯　清同治十三年（1874）涇縣洪汝奎公善堂刻洪氏唐石經館叢書本　八冊

110000－0143－0004369　PG18/110
晚悔堂四書語錄中庸篇不分卷論語篇不分卷　清抄本　七冊

110000－0143－0004370　PG18/111
四書不分卷　清道光至宣統刻本　四冊

110000－0143－0004371　PG18/114
批點詳註管稿時文初集不分卷二集不分卷三集不分卷　（清）管世銘著　（清）汪鳴鑾批註　清光緒二十年（1894）京都琉璃廠龍氵彣閣書坊刻本　八冊

110000－0143－0004372　PG18/115

四書題鏡三十六卷　(清)汪鯉翔纂述　清乾隆五十一年(1786)書業堂刻本　十六册

110000－0143－0004373　PG18/117
駁呂留良四書講義八卷　(清)朱軾等撰　清雍正九年(1731)刻本　六册

110000－0143－0004374　PG18/118
四書要旨十卷　(清)鄧逢光撰　清光緒十七年(1891)刻本　十二册

110000－0143－0004375　PG18/124
增定四書析疑大全二十三卷　(清)張權時輯　清嘉慶十七年(1812)崇文堂刻本　二十四册

110000－0143－0004376　PG18/121
四書左國彙纂四卷　(清)高其名　(清)鄭師承撰　清乾隆至嘉慶本立堂刻本　八册

110000－0143－0004377　PG18/126
四書評本十九卷　(清)俞廷鑣撰　清同治十一年(1872)恩錫等蘇州刻本　六册

110000－0143－0004378　PG18/127
四書旁訓八卷　(□)□□撰　清光緒六年(1880)魏氏古香閣刻本　七册

110000－0143－0004379　PG18/128
四書集編三十九卷　(宋)真德秀撰　清光緒八年(1882)衢州劉國光刻本　十册

110000－0143－0004380　PG18/134
四書聯璧不分卷　(清)徐壽基編輯　清光緒十六年(1890)武進徐壽基刻本　一册

110000－0143－0004381　PG18/135
制義約鈔　(清)何文綺編次　(清)何春恬　(清)何如驪參訂　清道光二十八年(1848)粵秀書院刻本　五册

110000－0143－0004382　PG18/136
聚珍堂四書十九卷　(宋)朱熹集注　清光緒四年(1878)京都聚珍堂刻本　六册

110000－0143－0004383　PG18/137
註釋校正華英四書　(英國)雷祈師撰　清光緒二十五年(1899)上海書局石印本　六册

110000－0143－0004384　PG18/138
聚珍堂四書十九卷　(宋)朱熹集注　清光緒四年(1878)京都聚珍堂刻本　六册

110000－0143－0004385　PG18/138
聚珍堂四書十九卷　(宋)朱熹集注　清光緒四年(1878)京都聚珍堂刻本　五册　缺一種(孟子)

110000－0143－0004386　PG18/138
聚珍堂四書十九卷　(宋)朱熹集注　清光緒四年(1878)京都聚珍堂刻本　六册

110000－0143－0004387　PG18/138
聚珍堂四書十九卷　(宋)朱熹集注　清光緒四年(1878)京都聚珍堂刻本　六册

110000－0143－0004388　PG18/138
聚珍堂四書十九卷　(宋)朱熹集注　清光緒四年(1878)京都聚珍堂刻本　六册

110000－0143－0004389　PG18/138
聚珍堂四書十九卷　(宋)朱熹集注　清光緒四年(1878)京都聚珍堂刻本　六册

110000－0143－0004390　PG18/138
聚珍堂四書十九卷　(宋)朱熹集注　清光緒四年(1878)京都聚珍堂刻本　六册

110000－0143－0004391　PG18/138
聚珍堂四書十九卷　(宋)朱熹集注　清光緒四年(1878)京都聚珍堂刻本　六册

110000－0143－0004392　PG18/138
聚珍堂四書十九卷　(宋)朱熹集注　清光緒四年(1878)京都聚珍堂刻本　六册

110000－0143－0004393　PG18/138
聚珍堂四書十九卷　(宋)朱熹集注　清光緒四年(1878)京都聚珍堂刻本　六册

110000－0143－0004394　PG18/138
聚珍堂四書十九卷　(宋)朱熹集注　清光緒四年(1878)京都聚珍堂刻本　六册

110000－0143－0004395　PG18/138
聚珍堂四書十九卷　(宋)朱熹集注　清光緒四年(1878)京都聚珍堂刻本　六册

110000－0143－0004396　PG18/138
聚珍堂四書十九卷　(宋)朱熹集注　清光緒四年(1878)京都聚珍堂刻本　六冊

110000－0143－0004397　PG18/138
聚珍堂四書十九卷　(宋)朱熹集注　清光緒四年(1878)京都聚珍堂刻本　六冊

110000－0143－0004398　PG18/138
聚珍堂四書十九卷　(宋)朱熹集注　清光緒四年(1878)京都聚珍堂刻本　六冊

110000－0143－0004399　PG18/138
聚珍堂四書十九卷　(宋)朱熹集注　清光緒四年(1878)京都聚珍堂刻本　六冊

110000－0143－0004400　PG18/138
聚珍堂四書十九卷　(宋)朱熹集注　清光緒四年(1878)京都聚珍堂刻本　六冊

110000－0143－0004401　PG18/138
聚珍堂四書十九卷　(宋)朱熹集注　清光緒四年(1878)京都聚珍堂刻本　六冊

110000－0143－0004402　PG18/138
聚珍堂四書十九卷　(宋)朱熹集注　清光緒四年(1878)京都聚珍堂刻本　六冊

110000－0143－0004403　PG18/138
聚珍堂四書十九卷　(宋)朱熹集注　清光緒四年(1878)京都聚珍堂刻本　六冊

110000－0143－0004404　PG18/138
聚珍堂四書十九卷　(宋)朱熹集注　清光緒四年(1878)京都聚珍堂刻本　六冊

110000－0143－0004405　PG181/1
大學疏義一卷　(宋)金履祥撰　清同治十二年(1873)永康胡鳳丹退補齋刻金華叢書本　一冊

110000－0143－0004406　PG181/8
圖畫四書白話解中庸二卷　王有宗　施崇恩合演校訂　清末至民國上海彪蒙書室石印本　一冊

110000－0143－0004407　PG181/9
圖畫四書白話解大學一卷　王有宗　施崇恩合演校訂　清末至民國上海彪蒙書室石印本　一冊

110000－0143－0004408　PG181/11
四書集注大學一卷中庸一卷　(宋)朱熹章句　清同治至光緒李光明莊刻本　一冊

110000－0143－0004409　PG181/18
讀中庸叢說二卷　(元)許謙譔　清嘉慶至光緒刻本　二冊

110000－0143－0004410　PG182/1
論語集註攷證十卷　(宋)金履祥撰　清同治十二年(1873)永康胡鳳丹退補齋刻金華叢書本　一冊

110000－0143－0004411　PG182/2
論語訓二卷　王闓運撰　清光緒至宣統刻湘綺樓全書本　二冊

110000－0143－0004412　PG182/3
論語筆解二卷　(唐)韓愈　(唐)李翺註　清同治至光緒刻古經解彙函本　一冊

110000－0143－0004413　PG182/3
鄭志三卷補遺一卷　(漢)鄭玄撰　(三國魏)鄭小同編　(清)王復輯　(清)武億校　清同治至光緒刻古經解彙函本　與110000－0143－0004412合冊

110000－0143－0004414　PG182/5
論語經正錄二十卷　(清)王肇晉學　(清)王用誥述　**年譜不分卷**　王孝箴等撰　清光緒二十年(1894)刻本　十一冊

110000－0143－0004415　PG182/5
論語經正錄二十卷　(清)王肇晉學　(清)王用誥述　**年譜不分卷**　王孝箴等撰　清光緒二十年(1894)刻本　十一冊

110000－0143－0004416　PG182/6
論語古訓十卷坿不分卷　(清)陳鱣述　清光緒九年(1883)浙江書局刻本　二冊

110000－0143－0004417　PG182/6
論語古訓十卷坿不分卷　(清)陳鱣述　清光緒九年(1883)浙江書局刻本　二冊

110000－0143－0004418　PG182/6
論語古訓十卷坿不分卷　(清)陳鱣述　清乾隆六十年至嘉慶元年(1795－1796)簡莊刻本　二冊

110000－0143－0004419　PG182/6－1
論語古訓十卷坿不分卷　(清)陳鱣述　清光緒九年(1883)浙江書局刻本　二冊

110000－0143－0004420　PG182/9
論語孔注辨僞二卷　(清)沈濤撰　清光緒吳縣潘祖蔭刻功順堂叢書本　一冊

110000－0143－0004421　PG182/10
鄉黨圖考補證六卷　(清)王漸鴻著　**坿札記不分卷**　(清)張庭詩撰　清光緒三十四年(1908)黃縣丁樹楨海隅山館刻本　六冊

110000－0143－0004422　PG182/14－1
論語二卷　清光緒十二年(1886)上海同文書局石印本　二冊

110000－0143－0004423　PG182/16
論語最豁集四卷　清末北京文成堂刻本　四冊

110000－0143－0004424　PG182/17
論語話解十卷　(清)陳濬撰　清光緒十六年(1890)天津瑞源堂刻本　四冊

110000－0143－0004425　PG182/15
論語附記二卷　(清)翁方綱撰　清光緒刻本　一冊

110000－0143－0004426　PG182/19
論語集說十卷南軒先生論語解十卷　(宋)蔡節　(宋)張栻撰　清康熙十九年(1680)通志堂刻本　四冊

110000－0143－0004427　PG182/19－1
論語集說十卷南軒先生論語解十卷　(宋)蔡節　(宋)張栻撰　清康熙十九年(1680)通志堂刻本　四冊

110000－0143－0004428　PG182/20
論語發疑四卷　(清)顧成章撰　清光緒十八年(1892)木活字印本　一冊

110000－0143－0004429　PG182/21
論語補註三卷　(清)劉開撰　清同治七年(1868)桐城劉氏刻本　一冊

110000－0143－0004430　PG182/23
論語注疏解經十卷附札記一卷　(三國魏)何晏集解　(宋)邢昺疏　清光緒三十三年(1907)貴池劉氏玉海堂刻本　二冊

110000－0143－0004431　PG182/23－1
論語注疏解經十卷附札記一卷　(三國魏)何晏集解　(宋)邢昺疏　清光緒三十三年(1907)劉氏刻本　二冊

110000－0143－0004432　PG182/23－2
論語注疏解經十卷附札記一卷　(三國魏)何晏集解　(宋)邢昺疏　清光緒三十三年(1907)劉氏刻本　二冊

110000－0143－0004433　PG182/25
論語古注集箋十卷附論語考一卷　(清)潘維城撰　清光緒七年(1881)江蘇書局刻本　六冊

110000－0143－0004434　PG182/25
論語古注集箋十卷附論語考一卷　(清)潘維城撰　清光緒七年(1881)江蘇書局刻本　六冊

110000－0143－0004435　PG182/26
論語隨筆二十卷　(清)牛運震撰　清嘉慶四年(1799)張魯文空山堂刻本(原缺卷二十)　四冊

110000－0143－0004436　PG182/28
論語鄭氏注二卷　(漢)鄭玄撰　(清)宋翔鳳輯　清嘉慶四年(1799)刻本　一冊

110000－0143－0004437　PG182/28－1
論語鄭氏注十卷　(漢)鄭玄撰　(清)宋翔鳳輯　清嘉慶二十五年(1820)刻本　一冊

110000－0143－0004438　PG182/43
戴氏注論語二十卷　(清)戴望撰　清同治十年(1871)刻本　一冊

110000－0143－0004439　PG182/45

論語十卷　清光緒聚珍堂刻本　二册

110000－0143－0004440　PG183/4
四書合纂析疑孟子七卷　(清)張權時等撰　清聚秀堂刻本　十二册

110000－0143－0004441　PG183/6
孟子雜記四卷　(明)陳士元撰　清嘉慶蕭山陳氏刻本　一册

110000－0143－0004442　PG183/8
孟子文評一卷　(清)趙承謨撰　清乾隆三十五年(1770)貽燕堂刻本　四册

110000－0143－0004443　PG183/9
孟子集注十四卷　(宋)朱熹注　清嘉慶吴縣吴志忠刻本　四册

110000－0143－0004444　PG183/10
孟子外書四卷　(宋)熙時子撰　(清)李調元校　清乾隆至嘉慶刻本　一册

110000－0143－0004445　PG183/14
孟子本義官話七卷　(德國)安保羅撰　清光緒三十四年(1908)上海美華書館鉛印本　一册

110000－0143－0004446　PG183/15
孟子集註箋正十四卷　徐天璋撰　清宣統二年(1910)蕭聲館鉛印本　六册　缺二卷(十三至十四)

110000－0143－0004447　PG183/18
孟子師説七卷　(清)黄宗羲撰　清光緒八年(1882)慈溪馮全琮醉經閣刻本　二册

110000－0143－0004448　PG183/28
讀孟子叢説二卷　(元)許謙撰　清道光至光緒刻本　一册

110000－0143－0004449　PG183/29
孟子音義二卷　(宋)孫奭撰　**劄記一卷**　繆荃孫撰　清光緒元年(1875)成都刻本　一册

110000－0143－0004450　PG183/30
孟子音義二卷　(宋)孫奭撰　**劄記一卷**　繆荃孫撰　清光緒元年(1875)成都刻本　一册

110000－0143－0004451　PG183/32
孟子趙氏注十四卷　(漢)趙岐注　**孟子音義二卷**　(宋)孫奭撰　清乾隆四十六年(1781)安邱韓岱雲等刻本　二册　缺八卷(七至十四)

110000－0143－0004452　PG183/34
載詠樓重鐫硃批孟子二卷　(宋)蘇洵原本　(清)沈李龍校閲　清嘉慶元年(1796)慎詒堂刻本　二册

110000－0143－0004453　PG19/1
鄉黨圖考十卷　(清)江永著　清乾隆五十八年(1793)金閶書業堂刻本　六册

110000－0143－0004454　PG19/1－1
鄉黨圖考十卷　(清)江永著　清道光六年(1826)大文堂刻本　三册

110000－0143－0004455　PG19/1－2
鄉黨圖考十卷　(清)江永著　清富裕堂刻本　二册

110000－0143－0004456　PG19/1－3
鄉黨圖考十卷　(清)江永著　清乾隆五十二年(1787)致和堂刻本　三册　存六卷(一至二、五至八)

110000－0143－0004457　PG19/2
琴學入門二卷　(清)張鶴輯　清同治六年(1867)刻光緒七年(1881)印本　二册

110000－0143－0004458　PG19/3
琴律不分卷　(清)□□撰　清抄本　一册

110000－0143－0004459　PG19/5
齊陳氏侯韶舞礨通釋二卷　(清)陳慶鏞撰　清道光二十六年(1846)一鐙書舍刻本　一册

110000－0143－0004460　PG19/6
古樂經傳五卷　(清)李光地撰　清道光九年(1829)刻本　二册

110000－0143－0004461　PG19/7
聖門樂誌一卷　(清)孔尚任纂　清光緒十三年(1887)刻本　一册

110000－0143－0004462　PG19/12

樂律心得二卷　(清)安清翹撰　清嘉慶二十四年(1819)刻本　一册

110000－0143－0004463　PG110/3
孝經不分卷　(唐)玄宗李隆基註　(唐)陸德明音義　清嘉慶至宣統刻本　一册

110000－0143－0004464　PG110/3－1
孝經不分卷　(唐)玄宗李隆基註　(唐)陸德明音義　清光緒十二年(1886)湖北官書處刻本　一册

110000－0143－0004465　PG110/3－1
忠經不分卷　(漢)馬融撰　(漢)鄭玄注　清光緒元年(1875)湖北崇文書局刻本　與110000－0143－0004464合册

110000－0143－0004466　PG110./4
孝經集傳四卷　(明)黄道周撰　清康熙三十二年(1693)晉安鄭開極刻本　六册

110000－0143－0004467　PG110/11
孝經學七卷　曹元弼撰　清宣統元年(1909)吳縣曹氏刻本　一册

110000－0143－0004468　PG110/14
古今孝子所見錄十二卷　(清)李燕昌輯　(清)唐廷樞校刊　清道光十四年(1834)廣州合成齋刻本　四册

110000－0143－0004469　PG110/17
律話三卷　(清)戴長庚著　(清)蔣文勳校　清道光十三年(1833)休寧戴氏吾愛書屋刻本　八册

110000－0143－0004470　PG110/18
重栞宋本孝經註疏附校勘記九卷　(唐)玄宗李隆基註　(宋)邢昺疏　(清)阮元校勘　(清)盧宣旬摘錄　清同治十二年(1873)江西書局刻本　二册

110000－0143－0004471　PG110/24
孝經鄭注疏二卷　(清)皮錫瑞撰　清光緒二十一年(1895)善化皮氏師伏堂刻本　一册

110000－0143－0004472　PG110/26
文昌孝經註不分卷　(清)王德瑛註　清道光九年(1829)福山王德瑛扶溝縣署刻本　一册

110000－0143－0004473　PG110/26
簡明詩韻不分卷　(清)王德瑛輯　清道光元年至十年(1821－1830)福山王德瑛刻本　一册

110000－0143－0004474　PG110/26
日省吾齋讀曲禮不分卷日省吾齋讀内則不分卷　(清)王德瑛撰　清道光元年至十年(1821－1830)福山王德瑛刻本　一册

110000－0143－0004475　PG110/26
養正編二卷　(清)王德瑛輯　清道光十年(1830)福山王德瑛扶溝縣署刻本　二册

110000－0143－0004476　PG110/26
順正編不分卷　(清)王德瑛輯　清道光十年(1830)福山王德瑛扶溝縣署刻本　一册

110000－0143－0004477　PG110/26
扶溝縣舞陽縣厚俗告示不分卷　(清)王德瑛撰　清道光元年至十年(1821－1830)福山王德瑛刻本　一册

110000－0143－0004478　PG111./3
爾雅註疏十一卷　(晉)郭璞註　(宋)邢昺疏　清光緒十七年(1891)善成堂刻本　六册

110000－0143－0004479　PG111./3
爾雅註疏十一卷　(晉)郭璞註　(宋)邢昺疏　清光緒十七年(1891)善成堂刻本　六册

110000－0143－0004480　PG111./3
爾雅註疏十一卷　(晉)郭璞註　(宋)邢昺疏　清順治至雍正刻本　四册

110000－0143－0004481　PG111./3
爾雅註疏十一卷　(晉)郭璞註　(宋)邢昺疏　清嘉慶十六年(1811)書業德刻本　六册

110000－0143－0004482　PG111./3
爾雅註疏十一卷　(晉)郭璞註　(宋)邢昺疏　清乾隆四十三年(1778)三樂堂刻本　六册

110000－0143－0004483　PG111./3－1
爾雅註疏十一卷　(晉)郭璞註　(宋)邢昺疏　清乾隆五十一年(1786)金閶書業堂刻本

六册

110000－0143－0004484　PG111./4
爾雅註疏十一卷附考證　（晉）郭璞註　（唐）陸德明音義　（宋）邢昺疏　清乾隆六十年(1795)敦化堂刻本　四册

110000－0143－0004485　PG111./6
爾雅正義二十卷　（清）邵晉涵撰　清乾隆五十三年(1788)餘姚邵氏家塾刻本　九册

110000－0143－0004486　PG111./6
爾雅釋文三卷　（唐）陸德明撰　清乾隆五十三年(1788)餘姚邵氏家塾刻本　一册

110000－0143－0004487　PG111./7－1
爾雅郭注義疏二十卷　（清）郝懿行撰　清同治四年(1865)棲霞郝聯蓀、郝聯薇刻光緒七年(1881)印本　八册

110000－0143－0004488　PG111./7－1
爾雅郭注義疏二十卷　（清）郝懿行撰　清同治四年(1865)棲霞郝聯蓀、郝聯薇刻光緒七年(1881)印本　八册

110000－0143－0004489　PG111./7－1
爾雅郭注義疏二十卷　（清）郝懿行撰　清咸豐六年(1856)聊城楊以增、仁和胡珽刻本　八册

110000－0143－0004490　PG111./7－1
爾雅郭注義疏二十卷　（清）郝懿行撰　清同治四年(1865)棲霞郝聯蓀、郝聯薇刻本　八册

110000－0143－0004491　PG111./7－1
爾雅郭注義疏二十卷　（清）郝懿行撰　清同治四年(1865)棲霞郝聯蓀、郝聯薇刻本　四册　存十五卷(六至二十)

110000－0143－0004492　PG111./7－1
爾雅郭注義疏二十卷　（清）郝懿行撰　清同治四年(1865)棲霞郝聯蓀、郝聯薇刻光緒七年(1881)印本　八册

110000－0143－0004493　PG111./7－2
爾雅郭注義疏二十卷　（清）郝懿行撰　清咸豐六年(1856)聊城楊以增、仁和胡珽刻本　八册

110000－0143－0004494　PG111./8
爾雅直音二卷　（清）孫偘撰　（清）王祖源校正　清光緒六年(1880)福山王氏刻本　二册

110000－0143－0004495　PG111./8
爾雅直音二卷　（清）孫偘撰　（清）王祖源校正　清光緒六年(1880)福山王氏刻本　二册

110000－0143－0004496　PG111./8
爾雅直音二卷　（清）孫偘撰　（清）王祖源校正　清光緒六年(1880)福山王氏刻本　二册

110000－0143－0004497　PG111./9
爾雅三卷　（晉）郭璞註　（唐）陸德明音義　清光緒八年(1882)巴陵方氏刻本　一册

110000－0143－0004498　PG111./9
爾雅三卷附校刊記一卷　（晉）郭璞註　（唐）陸德明音義　清光緒五年(1879)山西濬文書局刻本　二册　存二卷(中、下)

110000－0143－0004499　PG111./9－1
爾雅三卷附校刊記一卷　（晉）郭璞註　（唐）陸德明音義　清光緒五年(1879)山西濬文書局刻本　三册

110000－0143－0004500　PG111./9－2
爾雅三卷　（晉）郭璞註　（唐）陸德明音義　清嘉慶二十二年(1817)清芬閣刻本　三册

110000－0143－0004501　PG111./9－2
爾雅三卷　（晉）郭璞註　（唐）陸德明音義　清光緒十二年(1886)湖北官書處刻本　三册

110000－0143－0004502　PG111./9－3
爾雅古義十二卷　（清）黄奭輯　清道光二十七年(1847)甘泉黄氏刻本　六册

110000－0143－0004503　PG111./9－5
爾雅蒙求二卷　（清）孫偘撰　（清）王祖源校正　清光緒十五年(1889)深柳書屋刻本　二册

110000－0143－0004504　PG111./9－6
爾雅三卷　（晉）郭璞註　（唐）陸德明音義

清嘉慶二十二年(1817)清芬閣刻本　三册

110000－0143－0004505　PG111./11－1
爾雅三卷　(晉)郭璞註　清嘉慶六年(1801)南城曾燠藝學軒刻道光二十九年(1849)燕山德林二十四琴書屋重印本　三册

110000－0143－0004506　PG111./12
埤雅二十卷　(宋)陸佃撰　(清)顧棫校刊　清康熙顧棫刻本　六册

110000－0143－0004507　PG111./12－1
埤雅二十卷　(宋)陸佃撰　(清)顧棫校刊　清康熙顧棫刻本　四册

110000－0143－0004508　PG111./15
爾雅郭注義疏二十卷　(清)郝懿行撰　清同治四年(1865)郝氏家刻本　八册

110000－0143－0004509　PG111./17－2
爾雅疏十卷　(宋)邢昺撰　清光緒四年(1878)吳興陸心源十萬卷樓刻本　二册

110000－0143－0004510　PG111./17－3
爾雅疏十卷　(宋)邢昺撰　清光緒四年(1878)吳興陸心源十萬卷樓刻本　二册

110000－0143－0004511　PG111./18
釋名疏證補八卷續釋名一卷釋名補遺一卷附錄一卷　王先謙撰　清光緒二十二年(1896)長沙思賢書局刻本　四册

110000－0143－0004512　PG111./18
釋名疏證補八卷續釋名一卷釋名補遺一卷附錄一卷　王先謙撰　清光緒二十二年(1896)長沙思賢書局刻本　三册

110000－0143－0004513　PG111./18
釋名疏證補八卷續釋名一卷釋名補遺一卷附錄一卷　王先謙撰　清光緒二十二年(1896)長沙思賢書局刻本　四册

110000－0143－0004514　PG111./18－1
釋名疏證補八卷續釋名一卷釋名補遺一卷附錄一卷　王先謙撰　清光緒二十二年(1896)長沙思賢書局刻本　三册

110000－0143－0004515　PG111./19
爾雅註疏十一卷　(晉)郭璞註　(宋)邢昺疏　清刻本　四册

110000－0143－0004516　PG111./20
爾雅二卷　(晉)郭璞註　明刻本　二册

110000－0143－0004517　PG111./20
博雅十卷　(三國魏)張揖撰　清刻本　一册

110000－0143－0004518　PG111./20
新刻爾雅翼三十二卷　(宋)羅願撰　明嘉靖新安畢氏刻本　四册

110000－0143－0004519　PG111./20
釋名四卷　(漢)劉熙著　清刻本　二册

110000－0143－0004520　PG111./20
法言十卷　(漢)揚雄撰　清刻本　一册

110000－0143－0004521　PG111./21
爾雅集解十九卷　王闓運撰　清光緒二十九年(1903)東洲刻本　四册

110000－0143－0004522　PG111./22
爾雅圖贊一卷山海經圖贊二卷　(晉)郭璞撰　(清)嚴可均輯　清光緒二十一年(1895)長沙葉氏郎園刻本　一册

110000－0143－0004523　PG111./23
爾雅補註四卷　(清)周春撰　清光緒三十四年(1908)長沙葉氏郎園刻本　二册

110000－0143－0004524　PG111./26
爾雅三卷　(晉)郭璞註　清嘉慶十一年(1806)吳門顧廣圻思適齋刻本　一册

110000－0143－0004525　PG111./27
疊雅十三卷　(清)史夢蘭撰　清同治四年(1865)止園刻本　四册

110000－0143－0004526　PG111./29
拾雅二十卷　(清)夏味堂撰　清嘉慶二十五年(1820)刻本　四册　存十一卷(一至十一)

110000－0143－0004527　PG111./33
爾雅補註殘本一卷　(清)劉雲麐撰　**急就章一卷**　(漢)史遊撰　(清)鈕樹玉校　**攷證一卷**　(清)鈕樹玉撰　**王氏音略一卷**　(清)王

紹蘭撰　清光緒十二年(1886)吳縣潘氏刻本　一册

110000－0143－0004528　PG111./35
爾雅郭註補正九卷　(清)戴鎣撰　清光緒十一年(1885)海陽韓光鼐刻本　三册

110000－0143－0004529　PG111./36
爾雅匡名二十卷　(清)嚴元照譔　清光緒廣雅書局刻廣雅書局叢書本　四册

110000－0143－0004530　PG111./37
爾雅經注三卷附音釋一卷集證三卷　(清)龍啟瑞撰　清光緒七年(1881)臨桂龍繼棟刻本　二册

110000－0143－0004531　PG111./38
爾雅郭注佚存補訂二十卷　王樹枬撰　清光緒十八年(1892)新城王氏文莫室刻陶廬叢刻本　五册

110000－0143－0004532　PG111./39
爾雅便讀便摹二卷　清光緒元年(1875)漁古山房刻本　二册

110000－0143－0004533　PG111./45
爾雅三卷　(宋)鄭樵註　明崇禎海虞毛晉汲古閣刻本　一册

110000－0143－0004534　PG111./47
爾雅正義二十卷　(清)邵晉涵撰集　**爾雅釋文三卷**　(唐)陸德明撰　清乾隆至嘉慶金陵文炳齋刻本　八册

110000－0143－0004535　PG111./48
爾雅郭註補正九卷　(清)戴鎣撰　清光緒十一年(1885)海陽韓光鼐刻本　六册

110000－0143－0004536　PG111./50
五雅全書三十七卷　清刻本　八册

110000－0143－0004537　PG112./1
小學彙函十四種一百五十三卷　(清)鍾謙鈞等輯　清光緒十五年(1889)湘南書局刻本　四十册

110000－0143－0004538　PG112./2
小學鉤沈十九卷　(清)任大椿學　(清)王念孫校正　清光緒十年(1884)龍氏刻本　四册

110000－0143－0004539　PG112./4
六藝綱目二卷　(元)舒天民撰　(清)舒恭注　(清)趙宜中附注　清咸豐三年(1853)楊氏海源閣刻本　四册

110000－0143－0004540　PG112./4
六藝綱目二卷　(元)舒天民撰　(清)舒恭注　(清)趙宜中附注　清咸豐三年(1853)楊氏海源閣刻本　二册

110000－0143－0004541　PG112./4－1
六藝綱目二卷　(元)舒天民撰　(清)舒恭注　(清)趙宜中附注　清光緒四年(1878)宏達堂刻本　一册

110000－0143－0004542　PG112./4－2
六藝綱目二卷　(元)舒天民撰　(清)舒恭注　(清)趙宜中附注　清光緒七年(1881)籀書諺汪嗚鑾刻本　二册

110000－0143－0004543　PG112./7
小學答問一卷　章炳麟撰　清宣統元年(1909)刻本　一册

110000－0143－0004544　PG112./7
小學答問一卷　章炳麟撰　清宣統元年(1909)刻本　一册

110000－0143－0004545　PG112./8
通俗編三十八卷　(清)翟灝撰　清乾隆十六年(1751)仁和翟灝無不宜齋刻本　十二册

110000－0143－0004546　PG112./8
通俗編三十八卷　(清)翟灝撰　清乾隆十六年(1751)仁和翟灝無不宜齋刻本　十二册

110000－0143－0004547　PG112./8
通俗編三十八卷　(清)翟灝撰　清乾隆十六年(1751)仁和翟灝無不宜齋刻本　十二册

110000－0143－0004548　PG112./8－1
通俗編十五卷　(清)翟灝撰　(清)李調元校　清嘉慶十四年(1809)綿州李氏萬卷樓刻本　五册

110000－0143－0004549　PG112./11

急就篇四卷正文一卷　(漢)史遊撰　(唐)顏師古注　(宋)王應麟補注　清光緒五年(1879)福山王氏刻本　四冊

110000－0143－0004550　PG112./15
小學鈎沈十九卷　(清)任大椿輯　(清)王念孫校正　清光緒十年(1884)李氏半畝園刻本　四冊

110000－0143－0004551　PG112./15
小學鈎沈十九卷　(清)任大椿輯　(清)王念孫校正　清光緒十年(1884)龍氏刻本　二冊

110000－0143－0004552　PG112./16
六書系韻二十四卷首一卷檢字二卷　(清)李貞編輯　清光緒十六年(1890)李貞刻本　二十六冊

110000－0143－0004553　PG112./17
小學類編七種三十六卷　(清)李祖望輯　清咸豐至光緒江都李氏半畝園刻本　十冊

110000－0143－0004554　PG112./17
小學類編七種三十六卷　(清)李祖望輯　清咸豐至光緒江都李氏半畝園刻本　八冊

110000－0143－0004555　PG112./20
聲譜二卷　(清)時庸勱學　清光緒十八年(1892)河南星使行臺刻本　二冊

110000－0143－0004556　PG112./20
聲譜二卷聲說二卷　(清)時庸勱撰　清光緒十八年(1892)河南星使行臺刻本　四冊

110000－0143－0004557　PG112./20
聲譜二卷聲說二卷　(清)時庸勱撰　清光緒十八年(1892)河南星使行臺刻本　四冊

110000－0143－0004558　PG112./21
形聲類篇五卷　(清)丁履恒撰　清光緒十五年(1889)虎林刻本　一冊

110000－0143－0004559　PG112./21
形聲類篇五卷　(清)丁履恒撰　清光緒十五年(1889)虎林刻本　一冊

110000－0143－0004560　PG112./22
六書十二聲傳十二卷古律呂攷一卷解字贅言一卷　(清)呂調陽撰　清光緒十四年(1888)葉長高刻本　六冊

110000－0143－0004561　PG112./24
韻藻述五卷　(明)楊慎撰　(清)福申校定　清道光七年(1827)刻本　三冊

110000－0143－0004562　PG112./25
小學考五十卷　(清)謝啟昆撰　清光緒十四年(1888)浙江書局刻本　二十冊

110000－0143－0004563　PG112./25
小學考五十卷　(清)謝啟昆撰　清光緒十四年(1888)浙江書局刻本　二十冊

110000－0143－0004564　PG112./25－1
小學考五十卷　(清)謝啟昆撰　清嘉慶二十一年(1816)樹經堂刻本　六冊

110000－0143－0004565　PG112./25－1
小學考五十卷　(清)謝啟昆撰　清嘉慶二十一年(1816)樹經堂刻本　十六冊

110000－0143－0004566　PG112./27
小學類編七種三十六卷　(清)李祖望輯　清咸豐至光緒江都李氏半畝園刻本　八冊

110000－0143－0004567　PG112./28
六書正譌五卷　(元)周伯琦編註　清光緒十二年(1886)邵氏惜古齋刻本　四冊

110000－0143－0004568　PG112./33
釋人疏證二卷　葉德輝述　清光緒二十八年(1902)長沙葉氏刻本　一冊

110000－0143－0004569　PG112./36
純正蒙求二卷　(元)胡炳文撰　清光緒十六年(1890)刻本　二冊

110000－0143－0004570　PG112./41
續方言二卷　(清)杭世駿集　清末刻本　一冊

110000－0143－0004571　PG112./43
文選古字通補訓拾遺一卷　(清)呂錦文撰　清光緒二十七年(1901)懷硯齋刻本　一冊

110000－0143－0004572　PG112./45

小學畬遺書四卷　(清)錢馥撰　清光緒二十一年(1895)刻本　二冊

110000-0143-0004573　PG112./46
小學鉤沈續編八卷　顧震福譔集　清光緒十八年(1892)盩厔路伾署刻本　四冊

110000-0143-0004574　PG112./47
字林古今正俗異同通攷四卷六書辨異二卷補遺一卷　(清)湯容煟撰　清嘉慶滋德堂精刻本　六冊

110000-0143-0004575　PG112./50
十三經文字偏旁考略二卷　(清)吴熙撰　清道光刻本　四冊

110000-0143-0004576　PG112./52
較正官音仕途必需雅俗便覽三卷增刊綺文局主人箋註官音話套不分卷　(清)張錫捷手集　清刻本　一冊

110000-0143-0004577　PG112./55
新鐫眉公先生四言便讀羣珠雜字不分卷　清道光至光緒李光明莊刻本　一冊

110000-0143-0004578　PG112./56
正音咀華三卷續編不分卷　(清)莎彝尊著　清咸豐三年(1853)麈談軒刻本　二冊

110000-0143-0004579　PG112./58
四音定切四卷首一卷　(清)劉熙載輯　(清)黄晉參輯　清光緒至宣統刻本　二冊

110000-0143-0004580　PG112./60
常語尋源二卷　(清)鄭志鴻緝著　清光緒三年(1877)刻本　二冊

110000-0143-0004581　PG112./66
漢音拘沈一卷敍例一卷附記一卷鄭許字義異同評二卷駁春秋名字解詁一卷雅學攷一卷　胡元玉撰　清末刻本　一冊

110000-0143-0004582　PG112./69
藝文通覽一百二十卷檢字一卷　(清)沙木集註　清嘉慶十一年(1806)刻本　四十二冊

110000-0143-0004583　PG112./72
藝文備覽一百二十卷檢字一卷藝文備覽補詳字義十四篇　(清)沙木集註　清嘉慶十一年(1806)刻十三年(1808)補刻本　二十七冊

110000-0143-0004584　PG112./73
對類便讀六卷首一卷　(清)程錫類編輯　(清)葉良儀删訂　清康熙書種堂刻本　二冊

110000-0143-0004585　PG112./77
六書楳說一卷篆學三書一卷八分書辨一卷六書例解一卷六書辨通五卷補一卷續補一卷　(清)楊錫觀述　清乾隆五十一年(1786)蘭秘齋、瑞石軒刻本　六冊　缺一種一卷(篆學三書一卷)

110000-0143-0004586　PG112./80
偏旁舉略一卷　(清)姚文田撰　清末杭州朱氏抱經堂刻本　一冊

110000-0143-0004587　PG112./93
說文管見三卷古韻論三卷　(清)胡秉虔撰　(清)潘祖蔭輯　清同治至光緒吴縣潘氏刻本　一冊

110000-0143-0004588　PG112./94
文通十卷　(清)馬建忠撰　清光緒二十四年(1898)上海商務印書館鉛印本　十冊

110000-0143-0004589　PG112./100
傳音快字不分卷　(清)蔡錫勇撰　清光緒三十一年(1905)湖北官書局刻本　一冊

110000-0143-0004590　PG112./100
傳音快字不分卷　(清)蔡錫勇撰　清光緒三十一年(1905)湖北官書局刻本　一冊

110000-0143-0004591　PG112./102
吴下方言考十二卷　(清)胡文英輯　清末至民國抄本　六冊

110000-0143-0004592　PG112.1/1
說文提要一卷　(清)陳建侯撰　清同治十二年(1873)湖北崇文書局刻本　一冊

110000-0143-0004593　PG112.1/1
汲古閣說文訂一卷　(清)段玉裁撰　清同治十二年(1873)湖北崇文書局刻本　一冊

110000-0143-0004594　PG112.1/1

汲古閣説文訂一卷 （清）段玉裁撰　清同治十二年（1873）湖北崇文書局刻本　二册

110000－0143－0004595　PG112.1/1－1
説文提要一卷 （清）陳建侯撰　清光緒元年（1875）湖北崇文書局刻本　一册

110000－0143－0004596　PG112.1/1－1
説文提要一卷 （清）陳建侯撰　清同治十二年（1873）湖北崇文書局刻本　一册

110000－0143－0004597　PG112.1/2
説文釋例二十卷 （清）王筠撰　清道光十七年（1837）刻本　十册

110000－0143－0004598　PG112.1/2－1
説文釋例二十卷附補正 （清）王筠撰　清同治四年（1865）王彦侗刻本　十册

110000－0143－0004599　PG112.1/2－1
説文釋例二十卷附補正 （清）王筠撰　清同治四年（1865）王彦侗刻本　十册

110000－0143－0004600　PG112.1/2－1
説文釋例二十卷附補正 （清）王筠撰　清同治四年（1865）王彦侗刻本　十册

110000－0143－0004601　PG112.1/4
説文外編十五卷補遺一卷附桂氏説文解字義證引二條劉氏碎金一卷 （清）雷浚　（清）劉禧延撰　清光緒二年（1876）刻本　四册

110000－0143－0004602　PG112.1/4
説文外編十五卷補遺一卷附桂氏説文解字義證引二條劉氏碎金一卷 （清）雷浚　（清）劉禧延撰　清光緒二年（1876）刻本　四册

110000－0143－0004603　PG112.1/5
説文解字義證五十卷 （清）桂馥撰　清同治九年（1870）湖北崇文書局刻本　三十二册

110000－0143－0004604　PG112.1/5
説文解字義證五十卷 （清）桂馥撰　清同治九年（1870）湖北崇文書局刻本　八册　存十二卷（十至二十一）

110000－0143－0004605　PG112.1/5
説文解字義證五十卷 （清）桂馥撰　清同治九年（1870）湖北崇文書局刻本　三十二册

110000－0143－0004606　PG112.1/5
説文解字義證五十卷 （清）桂馥撰　清同治九年（1870）湖北崇文書局刻本　三十二册

110000－0143－0004607　PG112.1/5－1
説文解字義證五十卷 （清）桂馥撰　清同治九年（1870）湖北崇文書局刻本　三十二册

110000－0143－0004608　PG112.1/5－1
説文解字義證五十卷 （清）桂馥撰　清同治九年（1870）湖北崇文書局刻本　三十二册

110000－0143－0004609　PG112.1/5－2
説文解字義證五十卷 （清）桂馥撰　清同治九年（1870）湖北崇文書局刻本　三十二册

110000－0143－0004610　PG112.1/7
説文解字通釋四十卷 （五代）徐鍇撰　**校勘記三卷** （清）祁寯藻撰　清道光十九年（1839）祁寯藻刻本　八册

110000－0143－0004611　PG112.1/8
説文校議十五卷 （清）姚文田　（清）嚴可均撰　清同治十三年（1874）歸安姚氏刻本　四册

110000－0143－0004612　PG112.1/8
説文校議十五卷 （清）姚文田　（清）嚴可均撰　清同治十三年（1874）歸安姚氏刻本　四册　缺三卷（十三至十五）

110000－0143－0004613　PG112.1/8
説文校議十五卷 （清）姚文田　（清）嚴可均撰　清同治十三年（1874）歸安姚氏刻本　六册

110000－0143－0004614　PG112.1/8
説文校議十五卷 （清）姚文田　（清）嚴可均撰　清同治十三年（1874）歸安姚氏刻本　五册

110000－0143－0004615　PG112.1/8－1
字學舉隅不分卷 （清）龍啟瑞撰　清末刻本　一册

110000－0143－0004616　PG112.1/8－2

增廣字學舉隅四卷　(清)鐵珊輯　清光緒刻本　四册

110000－0143－0004617　PG112.1/8－3
字學舉隅不分卷　(清)龍啟瑞撰　清光緒十年(1884)文興堂刻本　一册

110000－0143－0004618　PG112.1/8－5
字學舉隅續編不分卷　(清)汪敘疇撰　清光緒二年(1876)刻本　一册

110000－0143－0004619　PG112.1/9
説文五種一百四卷　(清)王筠撰　清末刻本　三十二册

110000－0143－0004620　PG112.1/10
説文解字三十卷附六書音均表五卷汲古閣説文訂一卷　(清)段玉裁撰　清同治十一年(1872)湖北崇文書局刻本　十八册

110000－0143－0004621　PG112.1/10
説文解字三十卷附六書音均表五卷汲古閣説文訂一卷　(清)段玉裁撰　清同治十一年(1872)湖北崇文書局刻本　十六册

110000－0143－0004622　PG112.1/11
苗氏説文四種四十六卷　(清)苗夔撰　清道光二十一年至咸豐元年(1841－1851)壽陽祁氏漢磚亭刻本　六册

110000－0143－0004623　PG112.1/11
苗氏説文四種四十六卷　(清)苗夔撰　清道光二十一年至咸豐元年(1841－1851)壽陽祁氏漢磚亭刻本　六册

110000－0143－0004624　PG112.1/11
苗氏説文四種四十六卷　(清)苗夔撰　清道光二十一年至咸豐元年(1841－1851)壽陽祁氏漢磚亭刻本　六册

110000－0143－0004625　PG112.1/11
苗氏説文四種四十六卷　(清)苗夔撰　清道光二十一年至咸豐元年(1841－1851)壽陽祁氏漢磚亭刻本　九册

110000－0143－0004626　PG112.1/11
詩雙聲疊韻譜不分卷　(清)鄧廷楨撰　清道光十八年(1838)刻本　一册

110000－0143－0004627　PG112.1/11
許氏説文解字雙聲疊韻譜不分卷　(清)鄧廷楨撰　清道光十九年(1839)刻本　一册

110000－0143－0004628　PG112.1/11
苗氏説文四種四十六卷　(清)苗夔撰　清道光二十一年至咸豐元年(1841－1851)壽陽祁氏漢磚亭刻本　四册

110000－0143－0004629　PG112.1/11－1
苗氏説文四種四十六卷　(清)苗夔撰　清道光二十一年至咸豐元年(1841－1851)壽陽祁氏漢磚亭刻本　四册

110000－0143－0004630　PG112.1/12
段氏説文註訂八卷　(清)鈕樹玉著　清同治五年(1866)碧螺山館刻本　二册

110000－0143－0004631　PG112.1/12
説文新附攷六卷説文續攷一卷　(清)鈕樹玉著　清同治七年(1868)碧螺山館刻本　二册

110000－0143－0004632　PG112.1/12
段氏説文註訂八卷　(清)鈕樹玉撰　清道光四年(1824)刻本　四册

110000－0143－0004633　PG112.1/12－1
説文釋例二十卷　(清)王筠撰　清同治四年(1865)刻本　十册

110000－0143－0004634　PG112.1/12－1
段氏説文註訂八卷　(清)鈕樹玉撰　清同治十三年(1874)湖北崇文書局刻本　二册

110000－0143－0004635　PG112.1/12－1
段氏説文註訂八卷　(清)鈕樹玉撰　清同治十三年(1874)湖北崇文書局刻本　二册

110000－0143－0004636　PG112.1/12－1
段氏説文註訂八卷　(清)鈕樹玉撰　清同治十三年(1874)湖北崇文書局刻本　二册

110000－0143－0004637　PG112.1/12－2
段氏説文註訂八卷　(清)鈕樹玉撰　清道光四年(1824)刻本　二册

110000－0143－0004638　PG112.1/13
說文韻譜校五卷　(清)王筠撰　清光緒十六年(1890)濰縣劉氏刻本　二冊

110000－0143－0004639　PG112.1/13
說文韻譜校五卷　(清)王筠撰　清光緒十六年(1890)濰縣劉氏刻本　五冊

110000－0143－0004640　PG112.1/13
說文韻譜校五卷　(清)王筠撰　清光緒十六年(1890)濰縣劉氏刻本　二冊

110000－0143－0004641　PG112.1/16－1
說文解字注三十二卷　(清)段玉裁注　清嘉慶十三年(1808)經韻樓刻本　十六冊

110000－0143－0004642　PG112.1/17
說文通訓定聲十八卷附古今韻準一卷分部檢韻一卷說雅一卷　(清)朱駿聲紀錄　清道光三十年(1850)黟縣學舍刻同治九年(1870)吳縣朱孔彰補版印本　十六冊

110000－0143－0004643　PG112.1/17
說文通訓定聲十八卷附古今韻準一卷分部檢韻一卷說雅一卷　(清)朱駿聲紀錄　清道光三十年(1850)黟縣學舍刻同治九年(1870)吳縣朱孔彰補版印本　二十八冊

110000－0143－0004644　PG112.1/17－1
說文通訓定聲十八卷附古今韻準一卷分部檢韻一卷說雅一卷　(清)朱駿聲紀錄　清道光三十年(1850)黟縣學舍刻同治九年(1870)吳縣朱孔彰補版印本　二十四冊

110000－0143－0004645　PG112.1/17－1
說文通訓定聲十八卷附古今韻準一卷分部檢韻一卷說雅一卷　(清)朱駿聲紀錄　清道光三十年(1850)黟縣學舍刻同治九年(1870)吳縣朱孔彰補版印本　二十四冊

110000－0143－0004646　PG112.1/17－1
說文通訓定聲十八卷附古今韻準一卷分部檢韻一卷說雅一卷　(清)朱駿聲紀錄　清道光三十年(1850)黟縣學舍刻同治九年(1870)吳縣朱孔彰補版印本　七冊　存六卷(一至六)

110000－0143－0004647　PG112.1/17－1
說文通訓定聲十八卷附古今韻準一卷分部檢韻一卷說雅一卷　(清)朱駿聲紀錄　清道光三十年(1850)黟縣學舍刻同治九年(1870)吳縣朱孔彰補版印本　十二冊　存十卷(一至九、古今韻準一卷)

110000－0143－0004648　PG112.1/17－1
說文通訓定聲十八卷附古今韻準一卷分部檢韻一卷說雅一卷　(清)朱駿聲紀錄　清道光三十年(1850)黟縣學舍刻同治九年(1870)吳縣朱孔彰補版印本　二十八冊

110000－0143－0004649　PG112.1/17－2
說文通訓定聲十八卷補遺一卷附古今韻準一卷分部檢韻一卷說雅一卷行述一卷　(清)朱駿聲紀錄　朱孔彰撰　朱鏡蓉參訂　清光緒十三年(1887)上海積山書局石印本　八冊

110000－0143－0004650　PG112.1/18
說文繫傳四十卷校勘記三卷　(五代)徐鍇　(清)祁寯藻撰　清道光十九年(1839)祁氏刻本　十冊

110000－0143－0004651　PG112.1/19－
說文解字十五卷　(漢)許慎撰　清嘉慶九年(1804)五松書屋刻本　四冊

110000－0143－0004652　PG112.1/19－2
說文解字註三十卷六書音韻表五卷　(清)段玉裁撰　清同治六年(1867)蘇州保息局刻本　十六冊

110000－0143－0004653　PG112.1/19－6
說文解字十五卷　(漢)許慎撰　清初常熟毛氏汲古閣刻本　六冊

110000－0143－0004654　PG112.1/19－6
說文解字十五卷　(漢)許慎撰　(宋)徐鉉等校定　清光緒五年(1879)平江洪氏刻本　四冊

110000－0143－0004655　PG112.1/19－9
說文解字十五卷　(漢)許慎撰　(宋)徐鉉等校定　清光緒七年(1881)淮南書局覆刻汲古閣本　五冊

110000－0143－0004656　PG112.1/19－7
說文解字十五卷　(漢)許慎撰　(宋)徐鉉等校定　清光緒二年(1876)刻本　八册

110000－0143－0004657　PG112.1/20－1
說文通檢十四卷首一卷末一卷　(清)黎永椿撰　清光緒二年(1876)文昌書局刻本　二册

110000－0143－0004658　PG112.1/20－2
說文通檢十四卷首一卷末一卷　(清)黎永椿撰　清光緒元年(1875)湖北崇文書局刻本　二册

110000－0143－0004659　PG112.1/22
雷刻四種說文引經例辨三卷說文外篇十五卷補遺一卷重刻顧氏說文辨疑一卷劉氏碎金一卷　(清)雷浚撰　清光緒刻本　四册　缺六卷(說文外篇一至四、重刻顧氏說文辨疑一卷、劉氏碎金一卷)

110000－0143－0004660　PG112.1/23
說文解字義證五十卷　(清)桂馥撰　清同治九年(1870)湖北崇文書局刻本　八册　存八卷(一至八)

110000－0143－0004661　PG112.1/24
說文分韻易知錄|卷　(清)許巽行撰　清光緒五年(1879)刻本　十册

110000－0143－0004662　PG112.1/24
說文分韻易知錄十卷　(清)許巽行撰　清光緒五年(1879)刻本　十册

110000－0143－0004663　PG112.1/26
說文拈字七卷補遺三卷　(清)王玉樹撰　清嘉慶八年(1803)芳侵堂刻本　八册

110000－0143－0004664　PG112.1/27
說文句讀三十卷　(清)王筠撰　清道光三十年(1850)刻本　二十三册　缺一卷(二十五)

110000－0143－0004665　PG112.1/27－1
說文解字句讀三十卷附補正　(清)王筠撰　清光緒八年(1882)四川尊經書局刻本　十六册

110000－0143－0004666　PG112.1/27－2
說文解字句讀三十卷附補正　(清)王筠撰　清同治四年(1865)上海涵芬樓影印本　十四册

110000－0143－0004667　PG112.1/27－2
說文解字句讀三十卷附補正　(清)王筠撰　清同治四年(1865)上海涵芬樓影印本　十四册

110000－0143－0004668　PG112.1/27－3
說文解字句讀三十卷附補正　(清)王筠撰　清同治四年(1865)安邱王彥侗刻本　十六册

110000－0143－0004669　PG112.1/28
說文廣義十二卷　(清)程德洽輯　清康熙五十一年(1712)成裕堂刻本　五册　存五卷(二至六)

110000－0143－0004670　PG112.1/28－1
說文廣義三卷　(清)王夫之撰　清同治四年(1865)湘鄉曾國荃刻本　三册

110000－0143－0004671　PG112.1/28－1
四書攷異一卷　(清)王夫之撰　清同治四年(1865)湘鄉曾國荃刻本　與110000－0143－0004670合册

110000－0143－0004672　PG112.1/29
說文解字繫傳四十卷附錄一卷　(五代)徐鍇撰　清乾隆四十七年(1782)歙縣汪啓淑刻本　十二册

110000－0143－0004673　PG112.1/29－1
說文繫傳校錄三十卷　(清)王筠撰　(清)劉燿椿參訂　清咸豐七年(1857)安邱王彥侗刻本　六册

110000－0143－0004674　PG112.1/29－1
說文繫傳校錄三十卷　(清)王筠撰　(清)劉燿椿參訂　清咸豐七年(1857)安邱王彥侗刻本　四册

110000－0143－0004675　PG112.1/30－1
說文解字注三十卷部目分韻一卷六書音均表五卷　(清)段玉裁撰　清同治十一年(1872)湖北崇文書局刻本　十七册

110000－0143－0004676　PG112.1/30－1
說文解字注三十卷部目分韻一卷六書音均表五卷汲古閣說文訂一卷　(清)段玉裁撰　清同治十一年(1872)湖北崇文書局刻本　二十冊

110000－0143－0004677　PG112.1/30－2
說文解字注三十卷部目分韻一卷六書音均表五卷　(清)段玉裁撰　清嘉慶十三年(1808)經韻樓刻本　二十冊

110000－0143－0004678　PG112.1/31
說文引經例辨三卷　(清)雷浚撰　清光緒十年(1884)吳縣雷浚刻本　一冊

110000－0143－0004679　PG112.1/31
說文外篇十五卷補遺一卷　(清)雷浚撰　清光緒十年(1884)吳縣雷浚刻本　五冊

110000－0143－0004680　PG112.1/31
說文辨疑一卷　(清)顧廣圻撰　清光緒十年(1884)吳縣雷浚刻本　與110000－0143－0004679合冊

110000－0143－0004681　PG112.1/32
說文聲讀表七卷　(清)苗夔纂　清同治至光緒福山王氏刻本　二冊

110000－0143－0004682　PG112.1/32－1
說文聲讀表七卷　(清)苗夔纂　清道光二十二年(1842)祁寯藻刻本　二冊

110000－0143－0004683　PG112.1/33
許氏說文解字雙聲疊韻譜不分卷　(清)鄧廷楨撰　清光緒刻本　一冊

110000－0143－0004684　PG112.1/34－1
諧聲譜二卷　(清)丁顯撰　清光緒三十年(1904)刻本　二冊

110000－0143－0004685　PG112.1/34－1
諧聲譜二卷　(清)丁顯撰　清光緒三十年(1904)刻本　二冊

110000－0143－0004686　PG112.1/35
說文新附攷六卷說文續攷一卷　(清)鈕樹玉撰　清同治十三年(1874)湖北崇文書局刻本　二冊

110000－0143－0004687　PG112.1/35
說文新附攷六卷說文續攷一卷　(清)鈕樹玉撰　清同治十三年(1874)湖北崇文書局刻本　二冊

110000－0143－0004688　PG112.1/35
說文新附攷六卷說文續攷一卷　(清)鈕樹玉撰　清同治十三年(1874)湖北崇文書局刻本　二冊

110000－0143－0004689　PG112.1/35－1
說文新附攷六卷說文續攷一卷　(清)鈕樹玉撰　清同治十三年(1874)湖北崇文書局刻本　二冊

110000－0143－0004690　PG112.1/35－1
說文新附攷六卷說文續攷一卷　(清)鈕樹玉撰　清同治十三年(1874)湖北崇文書局刻本　二冊

110000－0143－0004691　PG112.1/35－2
說文新附攷六卷　(清)鄭珍撰　清光緒四年(1878)姚覲元刻本　六冊

110000－0143－0004692　PG112.1/36
說文引經攷證七卷說文引經互異說一卷　(清)陳瑑撰　清同治十三年(1874)湖北崇文書局刻本　二冊

110000－0143－0004693　PG112.1/37
讀說文雜識一卷　(清)許棫撰　清光緒七年(1881)刻本　一冊

110000－0143－0004694　PG112.1/40－2
說文古籀疏證六卷原目一卷　(清)莊述祖撰　清光緒二十四年(1898)刻本　二冊

110000－0143－0004695　PG112.1/40－2
說文古籀疏證六卷原目一卷　(清)莊述祖撰　清光緒二十四年(1898)刻本　二冊

110000－0143－0004696　PG112.1/40－6
說文古籀補十四卷附錄一卷補遺一卷　(清)吳大澂撰　清光緒七年(1881)刻本　二冊

110000－0143－0004697　PG112.1/46

許學叢刻二集九種九卷　(清)許頌鼎　(清)許湝祥輯　清光緒十三年(1887)海寧許氏古均閣刻本　四冊

110000－0143－0004698　PG112.1/50
許氏說文解字雙聲疊韻譜不分卷　(清)鄧廷楨撰　(清)鮑廷爵輯　清光緒七年(1881)常熟鮑氏刻本　二冊

110000－0143－0004699　PG112.1/50
許氏說文解字雙聲疊韻譜不分卷　(清)鄧廷楨撰　(清)鮑廷爵輯　清光緒七年(1881)常熟鮑氏刻本　一冊

110000－0143－0004700　PG112.1/51
說文審音十六卷　(清)張行孚撰　清光緒二十四年(1898)袁昶漸西村舍刻本　四冊

110000－0143－0004701　PG112.1/52
說文辨字正俗八卷　(清)李富孫撰　清嘉慶二十一年(1816)李氏校經亭刻本　四冊

110000－0143－0004702　PG112.1/52
說文辨字正俗八卷　(清)李富孫撰　清嘉慶二十一年(1816)李氏校經亭刻本　四冊

110000－0143－0004703　PG112.1/52－1
說文辨字正俗八卷　(清)李富孫撰　清同治九年(1870)嘉興李氏校經廎刻本　二冊

110000－0143－0004704　PG112.1/52－2
說文辨字正俗八卷　(清)李富孫撰　清末刻本　二冊

110000－0143－0004705　PG112.1/54
說文韻譜校五卷　(清)王筠撰　清光緒十六年(1890)濰縣劉氏素心琴室刻本　二冊

110000－0143－0004706　PG112.1/55
汲古閣說文訂一卷　(清)段玉裁撰　清同治十一年(1872)湖北崇文書局刻本　一冊

110000－0143－0004707　PG112.1/55
汲古閣說文訂一卷　(清)段玉裁撰　清同治十一年(1872)湖北崇文書局刻本　一冊

110000－0143－0004708　PG112.1/55－1
汲古閣說文訂一卷　(清)段玉裁撰　清五硯樓刻本　一冊

110000－0143－0004709　PG112.1/56
說文聲類二卷　(清)嚴可均撰　清嘉慶九年(1804)嚴氏刻本　二冊

110000－0143－0004710　PG112.1/57
說文解字繫傳四十卷　(五代)徐鍇撰　清光緒十九年(1893)刻本　十二冊

110000－0143－0004711　PG112.1/57－1
說文解字繫傳四十卷　(五代)徐鍇撰　清光緒九年(1883)江蘇書局刻本　八冊

110000－0143－0004712　PG112.1/59
說文解字繫傳四十卷附錄一卷　(五代)徐鍇撰　清乾隆四十七年(1782)汪啓淑刻本　十四冊

110000－0143－0004713　PG112.1/59－2
說文解字繫傳四十卷　(五代)徐鍇撰　**校勘記三卷**　(清)祁寯藻撰　清同治十二年(1873)粵東書局刻本　八冊

110000－0143－0004714　PG112.1/60
說文逸字二卷　(清)鄭珍記　**附錄不分卷**　(清)鄭知同撰　清末湖南經濟書堂刻本　二冊

110000－0143－0004715　PG112.1/60
說文逸字二卷　(清)鄭珍記　**附錄不分卷**　(清)鄭知同撰　清咸豐八年(1858)望山堂刻本　二冊

110000－0143－0004716　PG112.1/60－1
說文逸字二卷　(清)鄭珍記　**附錄不分卷**　(清)鄭知同撰　清光緒八年(1882)成都御風樓刻本　二冊

110000－0143－0004717　PG112.1/64
說文解字韻譜十卷　(五代)徐鍇撰　清同治三年(1864)吳縣馮桂芬刻本　二冊

110000－0143－0004718　PG112.1/64
說文解字韻譜十卷　(五代)徐鍇撰　清同治三年(1864)吳縣馮桂芬刻本　二冊

110000－0143－0004719　PG112.1/64

說文解字韻譜十卷　（五代）徐鍇撰　清同治三年（1864）吳縣馮桂芬刻本　二册

110000－0143－0004720　PG112.1/65

說文辨疑一卷坿條記　（清）顧廣圻撰　清光緒三年（1877）湖北崇文書局刻本　一册

110000－0143－0004721　PG112.1/66

名原二卷　（清）孫詒讓記　清光緒三十一年（1905）刻本　一册

110000－0143－0004722　PG112.1/67

龍龕手鑑四卷　（遼）釋行均撰　清嘉慶張丹鳴虛竹齋刻本　六册

110000－0143－0004723　PG112.1/68

說文管見三卷　（清）胡秉虔撰　清光緒七年（1881）鄞縣林植梅望益山房刻本　一册

110000－0143－0004724　PG112.1/69

雷刻四種二十一卷　（清）雷浚等撰　清光緒十年（1884）吳縣雷氏刻本　六册

110000－0143－0004725　PG112.1/72

說文段註校三種四卷　葉德輝輯　清光緒二十八年（1902）長沙葉氏刻本　一册

110000－0143－0004726　PG112.1/74

說文古本攷十四卷　（清）沈濤撰　清光緒十年（1884）吳縣潘祖蔭滂喜齋刻本　八册

110000－0143－0004727　PG112.1/76

說文段注訂補十四卷　（清）王紹蘭撰　清光緒十四年（1888）蕭山胡燏棻刻本　八册

110000－0143－0004728　PG112.1/76

說文段注訂補十四卷　（清）王紹蘭撰　清光緒十四年（1888）蕭山胡燏棻刻本　八册

110000－0143－0004729　PG112.1/77

說文引經證例二十四卷　（清）承培元撰　清光緒二十一年（1895）廣雅書局刻本　六册

110000－0143－0004730　PG112.1/77

說文引經證例二十四卷　（清）承培元撰　清光緒二十一年（1895）廣雅書局刻本　六册

110000－0143－0004731　PG112.1/77－1

說文引經證例二十四卷　（清）承培元撰　清光緒二十一年（1895）廣雅書局刻本　六册

110000－0143－0004732　PG112.1/78

仿唐寫本說文解字木部箋異一卷　（清）莫友芝撰　清同治三年（1864）刻本　一册

110000－0143－0004733　PG112.1/78

仿唐寫本說文解字木部箋異一卷附仿唐寫本說文解字木部一卷　（清）莫友芝撰　清同治三年（1864）刻本　二册

110000－0143－0004734　PG112.1/78－1

仿唐寫本說文解字木部箋異一卷附仿唐寫本說文解字木部一卷　（清）莫友芝撰　清同治三年（1864）刻本　一册

110000－0143－0004735　PG112.1/81

說文測議七卷附二徐說文同異附攷一卷　（清）董詔輯　（清）謝玉珩校　清道光四年（1824）廣州謝玉珩刻本　四册

110000－0143－0004736　PG112.1/82

說文經字正誼四卷　（清）郭慶藩撰　清光緒二十年（1894）揚州郭慶藩刻本　二册

110000－0143－0004737　PG112.1/83

說文引經攷二卷　（清）吳玉搢撰　清道光元年（1821）儀徵程贊詠刻本　二册

110000－0143－0004738　PG112.1/84

說文段註撰要九卷　（清）馬壽齡撰　清光緒九年（1883）金陵胡恩燮愚園刻本　四册

110000－0143－0004739　PG112.1/85

說文逸字辨證二卷　（清）鄭珍原撰　（清）李楨辨證　清光緒十一年（1885）善化李氏畹蘭室刻本　二册

110000－0143－0004740　PG112.1/86

續復古編四卷　（元）曹本撰　清光緒十二年（1886）歸安姚覲元咫進齋刻本　四册

110000－0143－0004741　PG112.1/87

潛揅堂說文答問疏證六卷　（清）薛傳均撰　清光緒廣雅書局刻本　二册

110000－0143－0004742　PG112.1/88

說文解字校錄十五卷附一卷 (清)鈕樹玉撰 清光緒十一年(1885)江蘇書局刻本 十四冊

110000－0143－0004743 PG112.1/88
說文解字校錄十五卷附一卷 (清)鈕樹玉撰 清光緒十一年(1885)江蘇書局刻本 十四冊

110000－0143－0004744 PG112.1/88
說文解字校錄十五卷附一卷 (清)鈕樹玉撰 清光緒十一年(1885)江蘇書局刻本 十四冊

110000－0143－0004745 PG112.1/89
澂園叢書二種十五卷 (清)楊廷瑞撰 清光緒十七年(1891)善化楊氏澂園刻本 二冊

110000－0143－0004746 PG112.1/90
說文發疑六卷 (清)張行孚撰 清光緒十年(1884)刻本 三冊

110000－0143－0004747 PG112.1/90
說文發疑六卷 (清)張行孚撰 清光緒十年(1884)刻本 六冊

110000－0143－0004748 PG112.1/91
許氏說文解字雙聲疊韻譜不分卷 (清)鄧廷楨撰 清光緒九年(1883)同文書局石印本 一冊

110000－0143－0004749 PG112.1/92
說文拈字七卷補遺三卷 (清)王玉樹撰 清嘉慶八年(1803)芳侵堂刻本 四冊

110000－0143－0004750 PG112.1/93
說文聲系十四卷末一卷 (清)姚文田撰 清嘉慶九年(1804)粵東督學使署刻光緒七年(1881)補印本 二冊

110000－0143－0004751 PG112.1/93
說文聲系十四卷末一卷 (清)姚文田撰 清嘉慶九年(1804)粵東督學使署刻光緒七年(1881)補印本 二冊

110000－0143－0004752 PG112.1/93－1
說文聲系十四卷 (清)姚文田撰 清嘉慶九年(1804)刻本 一冊

110000－0143－0004753 PG112.1/94
說文解字注匡謬八卷 (清)徐承慶撰 清光緒歸安姚氏咫進齋刻本 四冊

110000－0143－0004754 PG112.1/98
說文楬原二卷 (清)張行孚撰 (清)余澍校 清光緒十一年(1885)懷寧余澍刻本 二冊

110000－0143－0004755 PG112.1/99
許學叢刻二集九種九卷 (清)許頌鼎 (清)許溎祥輯 清光緒十三年(1887)海寧許氏古均閣刻本 二冊

110000－0143－0004756 PG112.1/100
說文引經攷異十六卷 (清)柳榮宗撰 清同治六年(1867)贛榆李玉貴贛榆學署刻本 八冊

110000－0143－0004757 PG112.1/101
說文五翼八卷 (清)王煦學 清光緒八年(1882)上虞觀海樓刻本 二冊

110000－0143－0004758 PG112.1/102
復古編二卷校正一卷附錄一卷 (宋)張有撰 (清)葛鳴陽校正并附錄 清乾隆四十五年至四十六年(1780－1781)安邑葛氏京師琉璃廠刻本 二冊

110000－0143－0004759 PG112.1/102
復古編二卷校正一卷附錄一卷 (宋)張有撰 (清)葛鳴陽校正并附錄 清乾隆四十五年至四十六年(1780－1781)安邑葛氏京師琉璃廠刻本 二冊

110000－0143－0004760 PG112.1/105
書契原恉十四卷 (清)陳致熯著 清咸豐五年(1855)北涇艸堂刻本 十二冊

110000－0143－0004761 PG112.1/106
重文二卷補遺一卷 (清)丁午輯 清光緒八年至九年(1882－1883)錢唐丁氏刻本 二冊

110000－0143－0004762 PG112.1/108
說文解字篆韻譜五卷附錄一卷 (五代)徐鍇撰 清同治十二年(1873)粵東書局刻古經解

彙函本　二册

110000－0143－0004763　PG112.1/110
說文統釋自序一卷　(清)錢大昭譔并注　清光緒八年(1882)鄞縣郭傳璞金峨山館刻金峨山館叢書本　一册

110000－0143－0004764　PG112.1/110
音同義異辨一卷　(清)畢沅譔　清光緒八年(1882)鄞縣郭傳璞金峨山館刻金峨山館叢書本　與110000－0143－0004763合册

110000－0143－0004765　PG112.1/110
說文統釋自序一卷　(清)錢大昭譔并注　清光緒八年(1882)鄞縣郭傳璞金峨山館刻金峨山館叢書本　一册

110000－0143－0004766　PG112.1/110
音同義異辨一卷　(清)畢沅譔　清光緒八年(1882)鄞縣郭傳璞金峨山館刻金峨山館叢書本　與110000－0143－0004765合册

110000－0143－0004767　PG112.1/110
說文統釋自序一卷　(清)錢大昭譔并注　清光緒八年(1882)鄞縣郭傳璞金峨山館刻金峨山館叢書本　一册

110000－0143－0004768　PG112.1/110
音同義異辨一卷　(清)畢沅譔　清光緒八年(1882)鄞縣郭傳璞金峨山館刻金峨山館叢書本　與110000－0143－0004767合册

110000－0143－0004769　PG112.1/112
說文經典異字釋不分卷　(清)高翔麟箸　清光緒九年(1883)萬卷樓刻本　一册

110000－0143－0004770　PG112.1/113
說文聲類二卷　(清)嚴可均撰　清嘉慶七年(1802)刻四錄堂類集本　一册

110000－0143－0004771　PG112.1/115
說文答問疏證六卷　(清)錢大昕箸　(清)薛傳均注　清道光至光緒刻本　二册

110000－0143－0004772　PG112.1/115－1
說文答問疏證六卷　(清)薛傳均譔　清光緒十年(1884)鄞縣郭傳璞金峨山館刻金峨山館叢書本　二册

110000－0143－0004773　PG112.1/115－1
說文經字攷一卷　(清)陳壽祺譔　清光緒十年(1884)鄞縣郭傳璞金峨山館刻金峨山館叢書本　與110000－0143－0004772合册

110000－0143－0004774　PG112.1/115－1
第一樓叢書坿考一卷　(清)俞樾譔　清光緒十年(1884)鄞縣郭傳璞金峨山館刻金峨山館叢書本　與110000－0143－0004772合册

110000－0143－0004775　PG112.1/115－1
說文答問疏證六卷　(清)薛傳均譔　清光緒十年(1884)鄞縣郭傳璞金峨山館刻金峨山館叢書本　與110000－0143－0004772合册

110000－0143－0004776　PG112.1/115－1
說文經字攷一卷　(清)陳壽祺譔　清光緒十年(1884)鄞縣郭傳璞金峨山館刻金峨山館叢書本　與110000－0143－0004772合册

110000－0143－0004777　PG112.1/115－1
第一樓叢書坿考一卷　(清)俞樾譔　清光緒十年(1884)鄞縣郭傳璞金峨山館刻金峨山館叢書本　與110000－0143－0004772合册

110000－0143－0004778　PG112.1/115－1
說文答問疏證六卷　(清)薛傳均譔　清光緒十年(1884)鄞縣郭傳璞金峨山館刻金峨山館叢書本　一册

110000－0143－0004779　PG112.1/115－1
說文經字攷一卷　(清)陳壽祺譔　清光緒十年(1884)鄞縣郭傳璞金峨山館刻金峨山館叢書本　與110000－0143－0004778合册

110000－0143－0004780　PG112.1/115－1
第一樓叢書坿考一卷　(清)俞樾譔　清光緒十年(1884)鄞縣郭傳璞金峨山館刻金峨山館叢書本　與110000－0143－0004778合册

110000－0143－0004781　PG112.1/117
說文聲類二卷　(清)嚴可均撰　清嘉慶七年(1802)刻四錄堂類集本　二册

110000－0143－0004782　PG112.1/118

說文聲母歌括四卷　(清)宣澍甘編輯　湯壽潛鑒定　清宣統元年(1909)上海會文學社石印本　二册

110000－0143－0004783　PG112.1/119
說文解字通釋四十卷　(五代)徐鍇傳釋　清同治十二年(1873)粤東書局刻古經解彙函本　一册　存七卷(一至七)

110000－0143－0004784　PG112.1/120
說文經字正誼四卷　(清)郭慶藩撰　清光緒二十年(1894)湘陰郭慶藩揚州刻本　四册

110000－0143－0004785　PG112.1/121
說文解字繫傳校勘記三卷　(清)祁寯藻撰　清同治十二年(1873)粤東書局刻本　一册

110000－0143－0004786　PG112.1/125
說文疑疑二卷附一卷　(清)孔廣居撰　清嘉慶七年(1802)詩禮堂刻本　二册

110000－0143－0004787　PG112.1/127
說文句讀三十卷　(清)王筠撰　清同治四年(1865)涵芬樓刻本　十四册

110000－0143－0004788　PG112.1/129
說文古籀疏證六卷原目一卷　(清)莊述祖撰　清光緒二十年(1894)武進莊殿華天津刻本　四册

110000－0143－0004789　PG112.1/129
說文古籀疏證六卷原目一卷　(清)莊述祖撰　清光緒二十年(1894)武進莊殿華天津刻本　四册

110000－0143－0004790　PG112.1/129
說文古籀疏證六卷原目一卷　(清)莊述祖撰　清光緒二十年(1894)武進莊殿華天津刻本　四册

110000－0143－0004791　PG112.1/131
澤古齋重鈔十二集一百十八種二百四十七卷　(清)陳璜輯　清道光三年(1823)上海陳璜刻本　八册　存二種三十卷(惠氏讀說文記十五卷、席氏讀說文記十五卷)

110000－0143－0004792　PG112.1/133
說文聲訂二十八卷　(清)苗夔撰　清道光二十一年(1841)壽陽祁寯藻刻本　二册

110000－0143－0004793　PG112.1/134
說文解字斠詮十四卷　(清)錢坫撰　清光緒九年(1883)淮南書局刻本　六册

110000－0143－0004794　PG112.1/134－1
說文解字斠詮十四卷　(清)錢坫撰　清光緒九年(1883)淮南書局刻本　六册

110000－0143－0004795　PG112.1/135
說文蠡箋十四卷　(清)潘奕雋撰　清同治十三年(1874)吳縣潘氏三松堂刻本　二册

110000－0143－0004796　PG112.1/135
說文蠡箋十四卷　(清)潘奕雋撰　清同治十三年(1874)吳縣潘氏三松堂刻本　二册

110000－0143－0004797　PG112.1/135
說文蠡箋十四卷　(清)潘奕雋撰　清同治十三年(1874)吳縣潘氏三松堂刻本　二册

110000－0143－0004798　PG112.1/136
聚學軒叢書五集六十一種二百五十五卷　劉世珩輯　清光緒十九年至二十八年(1893－1902)貴池劉世珩刻本　二册　存三種四卷(說文解字述誼二卷、說文辨疑一卷、秦名字解故補一卷)

110000－0143－0004799　PG112.1/137
說文字辨十四卷　(清)林慶炳輯　清同治四年(1865)侯官林慶炳廣州刻本　四册

110000－0143－0004800　PG112.1/139
說文分韻易知錄十卷　(清)許巽行撰　清光緒五年(1879)華亭許嘉德刻本　十册

110000－0143－0004801　PG112.1/141
說文正字二卷　(清)王瑜　(清)孫馮翼撰　清嘉慶六年(1801)承德孫馮翼刻本　四册

110000－0143－0004802　PG112.1/141
說文正字二卷　(清)王瑜　(清)孫馮翼撰　清嘉慶六年(1801)承德孫馮翼刻本　二册

110000－0143－0004803　PG112.1/142
說文經字攷疏證六卷　(清)錢人龍撰　清光

緒二十三年(1897)鉛印本　二册

110000－0143－0004804　PG112.1/144
說文凝錦錄一卷　(清)萬光泰撰　清嘉慶二年(1797)澤經堂刻本　二册

110000－0143－0004805　PG112.1/146
說文字原韻表二卷　(清)胡重編　(清)金孝柏訂　清嘉慶十六年(1811)秀水金氏月香書屋刻本　一册

110000－0143－0004806　PG112.1/149
說文經字攷辨證四卷　(清)陳壽祺撰　(清)郭慶藩辨證　清光緒二十一年(1895)湘陰郭慶藩岵瞻堂刻本　二册

110000－0143－0004807　PG112.1/152
說文諧聲孳生述不分卷　(清)陳立撰　清光緒二十六年(1900)南陵徐氏積學齋刻本　一册

110000－0143－0004808　PG112.1/153
說文校議十五卷　(清)姚文田　(清)嚴可均撰　清同治十三年(1874)歸安姚氏刻本　六册

110000－0143－0004809　PG112.1/153
說文校議十五卷　(清)姚文田　(清)嚴可均撰　清同治十三年(1874)歸安姚氏刻本　八册

110000－0143－0004810　PG112.1/155
王筠說文四種百三十卷　(清)王筠撰　清同治四年(1865)安邱王氏刻本　二十八册

110000－0143－0004811　PG112.1/159
說文新附攷六卷說文續攷一卷　(清)鈕樹玉撰　清嘉慶六年(1801)非石居刻本　一册

110000－0143－0004812　PG112.1/160
說文釋例二卷　(清)江沅輯　清咸豐元年(1851)江都李氏半畝園刻本　一册

110000－0143－0004813　PG112.1/161
說文通檢十四卷首一卷末一卷　(清)黎永椿編　清光緒五年(1879)刻本　二册

110000－0143－0004814　PG112.1/162
說文通檢十四卷首一卷末一卷　(清)黎永椿編　清光緒廣州富文齋刻本　二册

110000－0143－0004815　PG112.1/163
說文通檢十四卷首一卷末一卷　(清)黎永椿編　清末刻本　二册

110000－0143－0004816　PG112.1/164
說文舊音補注一卷補遺一卷續一卷改錯一卷　胡玉縉撰　清光緒十四年(1888)江陰南菁書院刻本　一册

110000－0143－0004817　PG112.1/166
字詁一卷　(清)黄生撰　清光緒黄氏家刻本　一册

110000－0143－0004818　PG112.2/1
康熙字典十二集　(清)張玉書等纂修　清康熙刻本　四十册

110000－0143－0004819　PG112.2/1
康熙字典十二集　(清)張玉書等纂修　清光緒元年(1875)刻本　四十册

110000－0143－0004820　PG112.2/1
康熙字典十二集　(清)張玉書等纂修　清末石印本　六册　存二集(寅集、卯集)

110000－0143－0004821　PG112.2/1－1
康熙字典十二集　(清)張玉書等纂修　清光緒二十年(1894)上海同文書局石印本　六册　存六集(子集至巳集)

110000－0143－0004822　PG112.2/1－1
康熙字典三十六卷總目一卷檢字一卷辨似一卷等韻一卷補遺一卷備考一卷　(清)張玉書等纂修　清光緒上海鴻寶書局石印本　六册

110000－0143－0004823　PG112.2/1－1
康熙字典三十六卷總目一卷檢字一卷辨似一卷等韻一卷補遺一卷備考一卷　(清)張玉書等纂修　清光緒上海鴻寶書局石印本　六册

110000－0143－0004824　PG112.2/1－1
康熙字典三十六卷總目一卷檢字一卷辨似一卷等韻一卷補遺一卷備考一卷　(清)張玉書等纂修　清光緒三十年(1904)上海文星書局

石印本　四冊　缺五集十五卷(寅集三卷、卯集三卷、辰集三卷、未集三卷、申集三卷)

110000－0143－0004825　PG112.2/1－2
康熙字典三十六卷總目一卷檢字一卷辨似一卷等韻一卷補遺一卷備考一卷　(清)張玉書等纂修　清光緒二十一年(1895)上海點石齋石印本　六冊

110000－0143－0004826　PG112.2/1－3
康熙字典三十六卷總目一卷檢字一卷辨似一卷等韻一卷補遺一卷備考一卷　(清)張玉書等纂修　清道光七年(1827)刻咸豐七年(1857)修補刻本　二十七冊

110000－0143－0004827　PG112.2/1－4
康熙字典三十六卷總目一卷檢字一卷辨似一卷等韻一卷補遺一卷備考一卷　(清)張玉書等纂修　清道光八年至光緒三十四年(1828－1908)刻本　三十八冊

110000－0143－0004828　PG112.2/1－5
康熙字典三十六卷總目一卷檢字一卷辨似一卷等韻一卷補遺一卷備考一卷　(清)張玉書等纂修　清道光七年(1827)奕繪、那清安刻本　三十三冊　缺二集六卷(戌集三卷、亥集三卷)

110000－0143－0004829　PG112.2/1－6
康熙字典十二集　(清)張玉書等纂修　清刻本　四十冊

110000－0143－0004830　PG112.2/1－7
康熙字典十二集　(清)張玉書等纂修　清刻本　四十冊

110000－0143－0004831　PG112.2/1－8
康熙字典十二集　(清)張玉書等纂修　清光緒元年(1875)湖北崇文書局刻本　四十冊

110000－0143－0004832　PG112.2/1－10
康熙字典三十六卷總目一卷檢字一卷辨似一卷等韻一卷補遺一卷備考一卷　(清)張玉書等纂修　清光緒至宣統上海同文書局石印本　六冊　缺六集十八卷(子集三卷、丑集三卷、寅集三卷、卯集三卷、辰集三卷、巳集三卷)

110000－0143－0004833　PG112.2/1－11
康熙字典三十六卷總目一卷檢字一卷辨似一卷等韻一卷補遺一卷備考一卷　(清)張玉書等纂修　清光緒十三年(1887)上海積山書局石印本　六冊

110000－0143－0004834　PG112.2/1－12
康熙字典三十六卷總目一卷檢字一卷辨似一卷等韻一卷補遺一卷備考一卷　(清)張玉書等纂修　清光緒至宣統上海章福記石印本　三冊

110000－0143－0004835　PG112.2/1－13
康熙字典三十六卷總目一卷檢字一卷辨似一卷等韻一卷補遺一卷備考一卷　(清)張玉書等纂修　清道光七年(1827)奕繪、那清安刻本　十四冊

110000－0143－0004836　PG112.2/1－14
康熙字典三十六卷總目一卷檢字一卷辨似一卷等韻一卷補遺一卷備考一卷　(清)張玉書等纂修　清光緒三十二年(1906)上海商務印書館石印本　六冊

110000－0143－0004837　PG112.2/1－14
康熙字典三十六卷總目一卷檢字一卷辨似一卷等韻一卷補遺一卷備考一卷　(清)張玉書等纂修　清光緒至宣統石印本　三冊

110000－0143－0004838　PG112.2/2
問奇典註六卷　(清)唐英增釋　清嘉慶二十三年(1818)刻本　六冊

110000－0143－0004839　PG112.2/4
隸辨八卷　(清)顧藹吉撰　清黃晟刻本　八冊

110000－0143－0004840　PG112.2/4
隸辨八卷　(清)顧藹吉撰　清康熙五十七年(1718)項氏玉淵堂刻乾隆八年(1743)黃晟重校本　八冊

110000－0143－0004841　PG112.2/5
字林考逸八卷　(清)任大椿輯　清乾隆四十

七年(1782)刻本　二册

110000－0143－0004842　PG112.2/5
字林考逸八卷　(清)任大椿輯　清乾隆四十七年(1782)刻本　四册

110000－0143－0004843　PG112.2/6
六書通十卷　(明)閔齊伋撰　(清)畢弘述篆訂　清康熙五十九年(1720)刻乾隆六十年(1795)印本　五册

110000－0143－0004844　PG112.2/6
六書通十卷　(明)閔齊伋撰　(清)畢弘述篆訂　清刻本　六册

110000－0143－0004845　PG112.2/6
六書通十卷　(明)閔齊伋撰　(清)畢弘述篆訂　清刻本　八册

110000－0143－0004846　PG112.2/7
澄衷蒙學堂字課圖說四卷檢字一卷類字一卷刊誤一卷　(清)劉樹屏撰　清光緒二十七年(1901)澄衷蒙學堂、上海順成書局石印本　八册

110000－0143－0004847　PG112.2/8
字學舉隅不分卷　(清)龍啟瑞等撰　清光緒抄本　一册

110000－0143－0004848　PG112.2/8
字學舉隅不分卷　(清)龍啟瑞等撰　清同治十三年(1874)湖北崇文書局刻本　一册

110000－0143－0004849　PG112.2/8－1
字學舉隅三卷　(清)龍啟瑞等撰　清光緒十二年(1886)文成堂刻本　一册

110000－0143－0004850　PG112.2/8－6
字學舉隅三卷　(清)龍啟瑞等撰　清光緒十五年(1889)松竹齋刻本　一册

110000－0143－0004851　PG112.2/9
羣經字集四聲音釋□□卷　(清)羅增撰　(清)雲龍編　清末書林閣刻本　三册　存十種(詩經、禮記、四書下論、四書上孟、易經、書經、周儀禮、春秋左傳、公羊穀梁孝經、爾雅)

110000－0143－0004852　PG112.2/10
六書分類十二卷首一卷　(清)傅世垚撰　清乾隆五十五年(1790)聽松閣刻嘉慶元年(1796)印本　十三册

110000－0143－0004853　PG112.2/10
六書分類十二卷首一卷　(清)傅世垚撰　清乾隆五十五年(1790)聽松閣刻本　十二册

110000－0143－0004854　PG112.2/10
六書分類十二卷首一卷　(清)傅世垚撰　清康熙四十四年(1705)聽松閣刻乾隆印本　十二册

110000－0143－0004855　PG112.2/10
六書分類十二卷首一卷　(清)傅世垚撰　清康熙四十四年(1705)聽松閣刻本　十四册

110000－0143－0004856　PG112.2/10
六書分類十二卷首一卷　(清)傅世垚撰　清聽松閣刻本　十二册

110000－0143－0004857　PG112.2/12
澄衷蒙學堂字課圖說四卷　(清)劉樹屏撰　清光緒二十七年(1901)澄衷蒙學堂石印本　八册

110000－0143－0004858　PG112.2/12－1
澄衷蒙學堂字課圖說四卷　(清)劉樹屏撰　清光緒二十七年(1901)澄衷蒙學堂石印本　八册

110000－0143－0004859　PG112.2/12－1
澄衷蒙學堂字課圖說四卷　(清)劉樹屏撰　清光緒三十一年(1905)澄衷蒙學堂石印本　八册

110000－0143－0004860　PG112.2/15
普通百科新大詞典十二集目錄二卷補遺一卷　(清)黃摩西編　清宣統三年(1911)上海國學扶輪社鉛印本　十五册

110000－0143－0004861　PG112.2/16
文科大辭典十二集　國學扶輪社編　清宣統三年(1911)上海國學扶輪社鉛印本　十二册

110000－0143－0004862　PG112.2/17
四體合璧文鑑三十二卷總綱八卷　(清)□□

編　清刻本　十一冊

110000－0143－0004863　PG112.2/17
四體合璧文鑑三十二卷總綱八卷　(清)□□編　清刻本　五冊　存二十卷(十七至三十二、總綱五至八)

110000－0143－0004864　PG112.2/18
蒙文指要四種四卷　(清)賽尚阿輯　清道光二十八年(1848)刻本　四冊

110000－0143－0004865　PG112.2/19
歷代鐘鼎彝器款識法帖二十卷　(宋)薛尚功撰　清光緒八年(1882)上海點石齋石印本　四冊

110000－0143－0004866　PG112.2/19
歷代鐘鼎彝器款識法帖二十卷　(宋)薛尚功撰　清光緒八年(1882)上海點石齋石印本　四冊

110000－0143－0004867　PG112.2/21
蒙文總彙十一卷　(清)□□撰　(清)李鋐等校閱　清光緒十七年(1891)刻本　十二冊

110000－0143－0004868　PG112.2/22
草字彙十二集附補　(清)石梁編　清光緒十二年(1886)上海同文書局石印本　四冊

110000－0143－0004869　PG112.2/22－1
草字彙十二集附補　(清)石梁編　清光緒十二年(1886)上海同文書局石印本　六冊

110000－0143－0004870　PG112.2/22－3
草字彙十二集附補　(清)石梁編　清光緒元年(1875)漁古山房刻本　六冊

110000－0143－0004871　PG112.2/22－4
草字彙十二集附補　(清)石梁集　清道光二十六年(1846)英德堂刻本　四冊

110000－0143－0004872　PG112.2/24
正字略一卷　(清)王筠撰　清光緒五年(1879)刻本　一冊

110000－0143－0004873　PG112.2/26－1
助字辨略五卷　(清)劉淇撰　清咸豐五年至六年(1855－1856)刻本　五冊

110000－0143－0004874　PG112.2/27
字彙十二卷首一卷末一卷　(明)梅膺祚撰　清乾隆三十二年(1767)古吳三樂齋刻本　三冊　存二集(辰集至巳集)

110000－0143－0004875　PG112.2/29－1
字彙十二卷首一卷末一卷　(明)梅膺祚撰　清康熙掃葉山房刻道光二十五年(1845)印本　十四冊

110000－0143－0004876　PG112.2/30
清文典要四卷　(清)秋芳堂主人編　清光緒四年(1878)文淵堂刻本　四冊

110000－0143－0004877　PG112.2/32
清文補彙八卷　(清)宜興編　清嘉慶七年(1802)法克精額刻本　六冊　缺二卷(一、三)

110000－0143－0004878　PG112.2/32
清文補彙八卷　(清)宜興編　清嘉慶七年(1802)法克精額刻本　八冊

110000－0143－0004879　PG112.2/32
清文補彙八卷　(清)宜興編　清嘉慶七年(1802)法克精額刻本　八冊

110000－0143－0004880　PG112.2/32
清文補彙八卷　(清)宜興編　清嘉慶七年(1802)法克精額刻本　八冊

110000－0143－0004881　PG112.2/33
三合便覽不分卷　(清)富俊編　清乾隆四十五年(1780)刻本　四冊　存四卷(二至四、六)

110000－0143－0004882　PG112.2/33
三合便覽不分卷　(清)富俊編　清末抄本　六冊

110000－0143－0004883　PG112.2/33
三合便覽不分卷　(清)富俊編　清乾隆四十五年(1780)刻本　十二冊

110000－0143－0004884　PG112.2/34－1
李氏音鑑六卷首一卷　(清)李汝珍撰　清嘉慶十五年(1810)寶善堂刻本　四冊

110000－0143－0004885　PG112.2/37

南江劄記四卷　(清)邵晉涵撰　清刻本　二冊

110000－0143－0004886　PG112.2/44
字典校錄首不分卷　(清)英浩校　清光緒十九年(1893)英浩刻本　一冊

110000－0143－0004887　PG112.2/49
文字蒙求四卷　(清)王筠輯錄　清光緒十三年(1887)梁谿浦氏刻本　一冊

110000－0143－0004888　PG112.2/49
文字蒙求四卷　(清)王筠輯錄　清道光十八年(1838)益都陳山嵋刻本　一冊

110000－0143－0004889　PG112.2/49－2
文字蒙求四卷　(清)王筠輯錄　清道光十八年(1838)益都陳山嵋刻本　四冊

110000－0143－0004890　PG112.2/49－3
文字蒙求四卷　(清)王筠輯錄　清光緒十三年(1887)關南彭懋謙信述堂刻本　一冊

110000－0143－0004891　PG112.2/49－4
文字蒙求四卷　(清)王筠著　清光緒至宣統上海文瑞樓石印本　一冊

110000－0143－0004892　PG112.2/50
字典考證十二集　(清)奕繪　(清)王引之等輯錄　清光緒二年(1876)崇文書局刻本　六冊

110000－0143－0004893　PG112.2/57－3
大廣益會玉篇三十卷　(南朝梁)顧野王撰　(唐)孫強增補　(宋)陳彭年重修　清同治十二年(1873)粵東書局刻本　三冊

110000－0143－0004894　PG112.2/61
四聲易知錄四卷　(清)姚文田輯　清嘉慶十七年(1812)歸安姚文田刻本　四冊

110000－0143－0004895　PG112.2/61－1
四聲易知錄四卷偏旁舉略一卷　(清)姚文田輯　清道光十年(1830)泗州楊殿邦刻本　二冊

110000－0143－0004896　PG112.2/63
韻詁不分卷　(清)方濬頤輯　清光緒四年(1878)淮南書局刻本　五冊

110000－0143－0004897　PG112.2/64
汗簡七卷　(宋)郭忠恕撰　(清)鄭珍箋正　清光緒十五年(1889)廣雅書局刻本　四冊

110000－0143－0004898　PG112.2/65
繆篆分韻五卷補一卷　(清)桂馥編　清光緒初年姚覲元刻本　三冊

110000－0143－0004899　PG112.2/69
恒言錄六卷　(清)錢大昕纂　清末長沙龍氏家塾刻本　二冊

110000－0143－0004900　PG112.2/70
字說一卷　(清)吴大澂撰　清光緒十九年(1893)思賢講舍刻本　一冊

110000－0143－0004901　PG112.2/70
字說一卷　(清)吴大澂撰　清光緒十九年(1893)思賢講舍刻本　一冊

110000－0143－0004902　PG112.2/71
虚字說一卷　(清)袁仁林撰　清道光二十六年(1846)宏道書院刻本　一冊

110000－0143－0004903　PG112.2/73－1
字類標韻六卷　(清)華綱輯　(清)王乃棠重校　清光緒元年(1875)肄江王氏刻本　二冊

110000－0143－0004904　PG112.2/73－1
字類標韻六卷　(清)華綱輯　(清)王乃棠重校　清光緒元年(1875)肄江王氏刻本　二冊

110000－0143－0004905　PG112.2/75
京音字彙不分卷　王璞撰　清宣統三年(1911)石印本　一冊

110000－0143－0004906　PG112.2/76
選集漢印分韻二卷　(清)袁日省輯　(清)謝雲生臨摹　**選集漢印分韻續集二卷**　(清)謝景卿輯并臨摹　清嘉慶二年至八年(1797－1803)潄藝堂刻本　四冊　缺一卷(選集漢印分韻續集上)

110000－0143－0004907　PG112.2/79
六書約言二卷　吴善述輯　清光緒刻本　一冊

110000－0143－0004908　PG112.2/79
六書約言二卷　吳善述輯　清光緒刻本　二冊

110000－0143－0004909　PG112.2/80
四庫全書辨正通俗文字一卷附決科要語二則　(清)裕謙編　清道光二十年(1840)江蘇刻本　一冊

110000－0143－0004910　PG112.2/81
古今文字通釋十四卷　(清)呂世宜撰　清光緒五年(1879)龍溪林維源刻本　七冊

110000－0143－0004911　PG112.2/81
古今文字通釋十四卷　(清)呂世宜撰　清光緒五年(1879)龍溪林維源刻本　七冊

110000－0143－0004912　PG112.2/81
愛吾廬題跋一卷　(清)呂世宜撰　(清)林維源校　清光緒五年(1879)龍溪林維源刻本　一冊

110000－0143－0004913　PG112.2/82
芸香館重刊正字略一卷　(清)王筠撰　(清)鍾文校定　清道光二十九年(1849)開原鍾文粵東刻本　四冊

110000－0143－0004914　PG112.2/84
正字略定本一卷　(清)王筠撰　清道光二十五年(1845)陳山嵋寧鄉刻本　一冊

110000－0143－0004915　PG112.2/85
臨文敬避一卷附磨勘條例摘要　(清)鄭瓊詔編　清光緒七年(1881)長白延昌刻本　一冊

110000－0143－0004916　PG112.2/91
正音新纂二卷　(清)馬鳴鶴撰　清光緒二十八年(1902)木活字印本　二冊

110000－0143－0004917　PG112.2/94
日本法規解字　錢恂等編纂　清光緒三十四年(1908)商務印書館鉛印本　一冊

110000－0143－0004918　PG112.2/98
字學七種二卷　(清)李書雲撰　(清)張邦泰校刊　清道光十三年(1833)泰和張邦泰刻本　二冊

110000－0143－0004919　PG112.2/99
清異編珠二卷　(清)福申輯　(清)楊文楷註　清道光六年(1826)長白福申刻本　四冊

110000－0143－0004920　PG112.2/101
增訂金壺字考十九卷　(宋)釋適之原編　(清)田朝恒增訂　**金壺字考二集二十一卷補錄一卷補注一卷**　(清)田朝恒續編　清乾隆二十七年(1762)貽安堂刻本　四冊

110000－0143－0004921　PG112.2/102
四書五經字辨五卷　(清)陳鶴齡輯　清雍正十年(1732)刻本　五冊

110000－0143－0004922　PG112.2/107
對音輯字二卷　(清)志寬　(清)培寬輯　清光緒十六年(1890)依勒通阿刻本　二冊

110000－0143－0004923　PG112.2/109
漢魏音四卷　(清)洪亮吉撰　清乾隆五十年(1785)西安刻本　一冊

110000－0143－0004924　PG112.2/110
文選通叚字會四卷　(清)杜宗玉撰　清光緒二十二年(1896)孝感學署刻本　四冊

110000－0143－0004925　PG112.2/111
文選古字通疏證六卷　(清)薛傳均撰　清光緒刻本　二冊

110000－0143－0004926　PG112.2/113
汗簡箋正八卷　(宋)郭忠恕撰　(清)鄭珍箋正　清光緒十五年(1889)廣雅書局刻本　六冊

110000－0143－0004927　PG112.2/116
同音字彙不分卷　(清)江學海編　清光緒三十年(1904)慎詒堂刻本　二冊

110000－0143－0004928　PG112.2/117
明本排字九經直音二卷　(宋)□□撰　清光緒七年(1881)歸安陸氏刻本　二冊

110000－0143－0004929　PG112.2/118
文選古字通補訓四卷拾遺一卷　(清)呂錦文撰　清光緒二十七年(1901)懷硯齋刻本　四冊

110000－0143－0004930　PG112.2/118A
文選古字通補訓四卷拾遺一卷　（清）呂錦文撰　清光緒二十七年（1901）懷硯齋刻本　四冊

110000－0143－0004931　PG112.2/122
正俗備用字解四卷附一卷補遺一卷　（清）王兆琛撰　清咸豐五年（1855）刻本　一冊

110000－0143－0004932　PG112.2/124
圓音正考一卷　（清）存之堂纂輯　清道光十年（1830）北京龔宜古三槐堂刻本　一冊

110000－0143－0004933　PG112.2/125
異韻字攷不分卷　（清）□□撰　清光緒十八年（1892）京都秀文齋刻本　一冊

110000－0143－0004934　PG112.2/126
情禪五種不分卷　（清）□□纂輯　清嘉慶元年至光緒三十四年（1796－1908）抄本　六冊

110000－0143－0004935　PG112.2/128
傳音快字不分卷　（清）蔡錫勇撰　清光緒三十一年（1905）湖北官書局刻本　一冊

110000－0143－0004936　PG112.2/130
四書字詁七十八卷檢字一卷目錄一卷　（清）段謂廷撰　（清）黃本驥編訂　清道光二十九年（1849）刻咸豐七年（1857）黔陽楊基善印本　十七冊

110000－0143－0004937　PG112.2/130
四書字詁七十八卷檢字一卷目錄一卷　（清）段謂廷撰　（清）黃本驥編訂　清道光二十九年（1849）刻咸豐七年（1857）黔陽楊基善印本　二十冊

110000－0143－0004938　PG112.2/133
疑似集字一卷　（清）鄭明撰　清嘉慶元年至光緒三十四年（1796－1908）刻本　一冊

110000－0143－0004939　PG112.2/136
文通十卷　（清）馬建忠撰　清光緒二十四年至宣統三年（1898－1911）鉛印本　四冊

110000－0143－0004940　PG112.2/138
漢隸辨體四卷　（清）尹彭壽撰　清光緒二十一年（1895）尚志堂刻本　四冊

110000－0143－0004941　PG112.2/141
字辨證篆十七卷　（清）易本烺撰　清同治八年（1869）京山易氏刻本　六冊　缺一卷（字體蒙求一卷）

110000－0143－0004942　PG112.2/141
字辨證篆十七卷　（清）易本烺撰　清同治八年（1869）京山易氏刻本　四冊　缺一卷（字體蒙求一卷）

110000－0143－0004943　PG112.2/144
增補萬寶元龍通考雜字二卷外一卷　（清）徐三省編輯　（清）戴啟達增訂　清同治二年（1863）樊川文成堂刻本　二冊

110000－0143－0004944　PG112.2/145
千金裘二十七卷二集二十六卷　（清）蔣義彬　（清）徐元麟纂　清嘉慶二十一年至二十三年（1816－1818）刻本　六冊

110000－0143－0004945　PG112.2/146
六書通摭遺十卷　（清）畢星海輯　清嘉慶六年（1801）畢星海基聞堂刻本　四冊　存八卷（一至四、七至十）

110000－0143－0004946　PG112.2/148
清文指要三卷續二卷　（清）□□編　清嘉慶十四年（1809）三槐堂刻本　二冊

110000－0143－0004947　PG112.2/150
正蒙字義二卷　（清）吳淞撰　清光緒二十七年（1901）巴縣吳淞稿本　二冊

110000－0143－0004948　PG112.2/151
文通十卷　（清）馬建忠撰　清光緒二十四年（1898）上海商務印書館鉛印本　十冊

110000－0143－0004949　PG112.2/152
金壺精粹不分卷　（清）郝在田等編　清光緒二年（1876）京師松竹齋刻本　二冊

110000－0143－0004950　PG112.2/158
五大部直音三卷　（□）□□撰　清同治十二年（1873）浙江昭慶寺慧空經房刻本　二冊

110000－0143－0004951　PG112.2/160

增訂金壺字考一卷附古體假借字一卷　(宋)釋適之原撰　(清)郝在田增訂　清光緒元年(1875)京都善成堂刻本　一册

110000－0143－0004952　PG112.2/161
字音玫異不分卷　(□)□□輯　清光緒八年(1882)京都琉璃廠懿文齋刻本　一册

110000－0143－0004953　PG112.2/165
字學匯海八種十卷　(清)□□編　清光緒十五年(1889)京都琉璃廠秀文齋刻本　四册

110000－0143－0004954　PG112.2/166
十三經集字摹本四卷　(清)彭玉雯編　(清)萬青銓校正　清道光二十九年(1849)江右彭氏刻本　八册

110000－0143－0004955　PG112.2/170
同文千字文二卷　(明)汪以成注　清道光三十年(1850)俞氏刻本　二册

110000－0143－0004956　PG112.3/2
廣雅疏證十卷博雅音十卷　(隋)曹憲　(清)王念孫撰　清光緒五年(1879)淮南書局刻本　八册

110000－0143－0004957　PG112.3/2
廣雅疏證十卷博雅音十卷　(隋)曹憲　(清)王念孫撰　清光緒五年(1879)淮南書局刻本　八册

110000－0143－0004958　PG112.3/2
廣雅疏證十卷博雅音十卷　(隋)曹憲　(清)王念孫撰　清光緒五年(1879)淮南書局刻本　八册

110000－0143－0004959　PG112.3/2
廣雅疏證十卷博雅音十卷　(隋)曹憲　(清)王念孫撰　清光緒五年(1879)淮南書局刻本　八册

110000－0143－0004960　PG112.3/2－3
廣雅疏證十卷博雅音十卷　(隋)曹憲　(清)王念孫撰　清光緒十四年(1888)上海鴻文書局石印本　四册

110000－0143－0004961　PG112.3/2－4
廣雅疏證十卷博雅音十卷　(隋)曹憲　(清)王念孫撰　清嘉慶元年(1796)刻本　八册

110000－0143－0004962　PG112.3/5
駢雅訓纂十六卷序目一卷　(明)朱謀㙔撰　(清)魏茂林訓纂　清道光二十五年(1845)有不為齋刻本　八册

110000－0143－0004963　PG112.3/5
駢雅訓纂十六卷序目一卷附補遺　(明)朱謀㙔撰　(清)魏茂林訓纂　清道光二十五年(1845)有不為齋刻咸豐元年(1851)補刻本　八册

110000－0143－0004964　PG112.3/5
駢雅訓纂十六卷序目一卷附補遺　(明)朱謀㙔撰　(清)魏茂林訓纂　清光緒二十年(1894)緗一齋石印本　八册

110000－0143－0004965　PG112.3/5－1
駢雅訓纂十六卷序目一卷附補遺　(明)朱謀㙔撰　(清)魏茂林訓纂　清光緒七年(1881)成都瀹雅齋刻本　八册

110000－0143－0004966　PG112.3/7
臨文便覽八卷　(清)張仰山編　清光緒二年(1876)京都松竹齋刻本　二册

110000－0143－0004967　PG112.3/7
臨文便覽八卷　(清)張仰山編　清光緒二年(1876)京都松竹齋刻本　二册

110000－0143－0004968　PG112.3/7
臨文便覽八卷　(清)張仰山編　清光緒二年(1876)京都松竹齋刻本　二册

110000－0143－0004969　PG112.3/9
釋名疏證補八卷續釋名一卷釋名補遺一卷附錄一卷　(漢)劉熙撰　王先謙補　清光緒二十二年(1896)刻本　三册

110000－0143－0004970　PG112.3/9
輶軒使者絕代語釋別國方言十三卷首一卷　(漢)揚雄撰　(晉)郭璞注　(清)郭慶藩集釋　清光緒十七年(1891)長沙思賢講舍刻本　二册

110000－0143－0004971　PG112.3/10
釋名疏證補八卷續釋名一卷釋名補遺一卷附錄一卷　（漢）劉熙撰　王先謙補　清光緒二十二年（1896）刻本　三冊　缺三卷（五至七）

110000－0143－0004972　PG112.3/10－1
釋名疏證八卷續釋名一卷續釋名補遺一卷　（清）畢沅撰　**釋名疏校議一卷**　（清）吳翊寅撰　清光緒二十年（1894）廣州廣雅書局刻本　二冊

110000－0143－0004973　PG112.3/14
越諺三卷賸語二卷　（清）范寅輯　清光緒八年（1882）谷應山房刻本　三冊

110000－0143－0004974　PG112.3/14
越諺三卷賸語二卷　（清）范寅輯　清光緒八年（1882）谷應山房刻本　三冊

110000－0143－0004975　PG112.3/14
越諺三卷賸語二卷　（清）范寅輯　清光緒八年（1882）谷應山房刻本　三冊

110000－0143－0004976　PG112.3/14
越諺三卷賸語二卷　（清）范寅輯　清光緒八年（1882）谷應山房刻本　三冊

110000－0143－0004977　PG112.3/14
越諺三卷賸語二卷　（清）范寅輯　清光緒八年（1882）谷應山房刻本　三冊

110000－0143－0004978　PG112.3/18
輶軒使者絕代語釋別國方言十三卷首一卷　（漢）揚雄撰　（晉）郭璞注　（清）郭慶藩集釋　清光緒十七年（1891）長沙思賢講舍刻本　二冊

110000－0143－0004979　PG112.3/18－2
輶軒使者絕代語釋別國方言十三卷首一卷　（漢）揚雄撰　（晉）郭璞注　（清）郭慶藩集釋　清光緒十七年（1891）長沙思賢講舍刻本　二冊

110000－0143－0004980　PG112.3/19
埤雅二十卷　（宋）陸佃撰　（清）顧棫校刊　清康熙顧棫刻本　八冊

110000－0143－0004981　PG112.3/20
駢雅七卷駢雅訓纂十六卷序目一卷　（明）朱謀㙔撰　（清）魏茂林訓纂　清道光二十五年（1845）有不為齋刻本　八冊

110000－0143－0004982　PG112.3/20
駢雅七卷駢雅訓纂十六卷序目一卷　（明）朱謀㙔撰　（清）魏茂林訓纂　清光緒七年（1881）成都瀹雅齋刻本　八冊

110000－0143－0004983　PG112.3/20－1
駢雅七卷　（明）朱謀㙔撰　明萬曆十七年（1589）朱統鍡玄湛堂抄本　二冊

110000－0143－0004984　PG112.3/21
通雅五十二卷首三卷　（清）方以智輯　（清）姚文燮校訂　清康熙五年（1666）龍眠姚氏刻本　二十冊

110000－0143－0004985　PG112.3/21－1
通雅五十二卷首三卷　（清）方以智輯　（清）姚文燮校訂　清乾隆桐城方氏刻本　二十冊

110000－0143－0004986　PG112.3/21－1
通雅五十二卷首三卷　（清）方以智輯　（清）姚文燮校訂　清乾隆桐城方氏刻本　二十冊

110000－0143－0004987　PG112.3/21－1
通雅五十二卷首三卷　（清）方以智輯　（清）姚文燮校訂　清乾隆桐城方氏刻本　七冊　存二十三卷（一至二十三）

110000－0143－0004988　PG112.3/22
輶軒使者絕代語釋別國方言箋疏十三卷　（清）錢繹撰　清光緒十六年（1890）廣雅書局刻本　四冊

110000－0143－0004989　PG112.3/22－1
輶軒使者絕代語釋別國方言十三卷續方言二卷　（漢）揚雄撰　（清）杭世駿輯　（清）戴震疏證　清乾隆刻本　二冊

110000－0143－0004990　PG112.3/23
續方言新校補二卷　張慎儀撰　清光緒三十一年（1905）刻本　二冊

110000－0143－0004991　PG112.3/25

選雅二十卷　程先甲撰　清光緒二十八年(1902)千一齋刻本　八冊

110000－0143－0004992　PG112.3/25
選雅二十卷　程先甲撰　清光緒二十八年(1902)千一齋刻本　八冊

110000－0143－0004993　PG112.3/28
增註字詁義府合按二種四卷　(清)黃承吉輯　清光緒三年(1877)歙西黃氏刻本　二冊

110000－0143－0004994　PG112.3/31
朱子論語集注訓詁攷二卷　(清)潘衍桐輯　清光緒十七年(1891)浙江書局刻本　一冊

110000－0143－0004995　PG112.3/31
朱子論語集注訓詁攷二卷　(清)潘衍桐輯　清光緒十七年(1891)浙江書局刻本　一冊

110000－0143－0004996　PG112.3/32
明堂陰陽夏小正經傳攷釋十卷夏時等列說一卷　(清)莊述祖撰　(清)劉逢祿箋　清光緒九年(1883)劉翊宸刻本　四冊

110000－0143－0004997　PG112.3/33
校訂困學紀聞五箋二十卷　(宋)王應麟撰　(清)閻若璩　(清)全祖望箋　(清)程易田　(清)屠繼序校補　清嘉慶七年至二十五年(1802－1820)刻本　六冊

110000－0143－0004998　PG112.3/34
朱子論語集注訓詁攷二卷　(清)潘衍桐輯　清光緒十七年(1891)浙江書局刻本　一冊

110000－0143－0004999　PG112.3/38
閩腔快字不分卷　(清)力捷三編　清光緒二十二年(1896)刻本　一冊

110000－0143－0005000　PG112.3/39
札樸十卷　(清)桂馥撰　清光緒九年(1883)長洲蔣氏心矩齋刻本　六冊

110000－0143－0005001　PG112.3/39
札樸十卷　(清)桂馥撰　清光緒九年(1883)長洲蔣氏心矩齋刻本　五冊

110000－0143－0005002　PG112.3/39
札樸十卷　(清)桂馥撰　清嘉慶十八年(1813)山陰李宏信小李山房刻本　六冊

110000－0143－0005003　PG112.3/41
倉頡篇校證三卷補遺一卷　(清)梁章鉅撰　清光緒五年(1879)梁恭辰刻本　二冊

110000－0143－0005004　PG112.3/39
札樸十卷　(清)桂馥撰　清光緒九年(1883)長洲蔣氏心矩齋刻本　四冊　缺二卷(九至十)

110000－0143－0005005　PG112.3/39
札樸十卷　(清)桂馥撰　清光緒九年(1883)長洲蔣氏心矩齋刻本　五冊

110000－0143－0005006　PG112.3/49
廣釋名二卷首一卷　(清)張金吾撰　清末藝林山房刻本　一冊

110000－0143－0005007　PG112.3/50
釋名八卷　(漢)劉熙著　清光緒十五年(1889)璜川吳氏刻本　一冊

110000－0143－0005008　PG112.3/53
班馬字類五卷附班馬字類訂　(宋)婁機撰　清光緒十七年(1891)思賢書局刻本　二冊

110000－0143－0005009　PG112.4/1
大宋重修廣韻五卷　(宋)陳彭年等撰　清康熙四十三年(1704)張氏澤存堂刻本　五冊

110000－0143－0005010　PG112.4/2
音學五書三十八卷附答李子德書　(清)顧炎武纂著　清康熙六年(1667)山陽張弨符山堂刻本　十二冊

110000－0143－0005011　PG112.4/3
詩雙聲疊韻譜不分卷　(清)鄧廷楨撰　清道光十八年(1838)刻本　一冊

110000－0143－0005012　PG112.4/5
韻辨附文五卷　(清)沈兆霖撰　清道光二十三年(1843)刻本　四冊

110000－0143－0005013　PG112.4/5
韻辨附文五卷　(清)沈兆霖撰　清同治十二年(1873)秦郵夏子鍚東川書院刻本　五冊

110000－0143－0005014　PG112.4/5－1
韻辨附文五卷　(清)沈兆霖撰　清同治十三年(1874)湘潭黎培敬黔陽官署刻本　五冊

110000－0143－0005015　PG112.4/6
羣經音辨七卷　(宋)賈昌朝撰　清康熙五十三年(1714)吳郡張士俊澤存堂刻澤存堂五種本　二冊

110000－0143－0005016　PG112.4/7
古今韻會舉要三十卷附禮部韻略七音三十六母通考一卷　(元)黃公紹編輯　(元)熊忠舉要　清光緒九年(1883)淮南書局刻本　十冊

110000－0143－0005017　PG112.4/7
古今韻會舉要三十卷附禮部韻略七音三十六母通考一卷　(元)黃公紹編輯　(元)熊忠舉要　清光緒九年(1883)淮南書局刻本　十冊

110000－0143－0005018　PG112.4/8
古韻通說二十卷　(清)龍啟瑞撰　清光緒九年(1883)四川尊經書局刻本　四冊

110000－0143－0005019　PG112.4/8
古韻通說二十卷　(清)龍啟瑞撰　清光緒九年(1883)四川尊經書局刻本　四冊

110000－0143－0005020　PG112.4/8
古韻通說二十卷　(清)龍啟瑞撰　清光緒九年(1883)四川尊經書局刻本　四冊

110000－0143－0005021　PG112.4/8
古韻通說二十卷　(清)龍啟瑞撰　清光緒九年(1883)四川尊經書局刻本　四冊

110000－0143－0005022　PG112.4/8
古韻通說二十卷　(清)龍啟瑞撰　清光緒九年(1883)四川尊經書局刻本　三冊

110000－0143－0005023　PG112.4/8－1
古韻通說二十卷附總論　(清)龍啟瑞撰　清同治六年(1867)粵東富文齋刻本　四冊

110000－0143－0005024　PG112.4/9
韻詁不分卷附補遺　(清)方濬頤輯　清光緒四年(1878)淮南書局刻本　六冊

110000－0143－0005025　PG112.4/10
音學五書三十八卷附答李子德書　(清)顧炎武撰　清光緒四明觀稼樓刻本　十二冊

110000－0143－0005026　PG112.4/10
音學五書三十八卷附答李子德書　(清)顧炎武撰　清光緒四明觀稼樓刻本　十二冊

110000－0143－0005027　PG112.4/10
音學五書三十八卷附答李子德書　(清)顧炎武撰　清康熙六年(1667)符山堂刻本　十六冊

110000－0143－0005028　PG112.4/10－1
音學五書三十八卷附答李子德書　(清)顧炎武撰　清光緒十六年(1890)思賢講舍刻本　十二冊

110000－0143－0005029　PG112.4/10－1
音學五書三十八卷附答李子德書　(清)顧炎武撰　清康熙六年(1667)符山堂刻本　十六冊

110000－0143－0005030　PG112.4/10－1
音學五書三十八卷附答李子德書　(清)顧炎武撰　清光緒十六年(1890)思賢講舍刻本　十四冊

110000－0143－0005031　PG112.4/10－1
音學五書三十八卷附答李子德書　(清)顧炎武撰　清光緒十六年(1890)思賢講舍刻本　八冊

110000－0143－0005032　PG112.4/10－2
音學五書三十八卷　(清)顧炎武撰　清光緒十六年(1890)思賢講舍刻本　四冊　存十五卷(四至十八)

110000－0143－0005033　PG112.4/11
詩韻集成十卷附詞林典腋　(清)余照輯　清光緒四年(1878)寶興堂刻本　二冊

110000－0143－0005034　PG112.4/11－1
詩韻集成十卷附詞林典腋　(清)余照輯　清同治六年(1867)崇茂堂刻本　四冊

110000－0143－0005035　PG112.4/12
分類韻錦十二卷　(清)郭化霖編　清道光至

宣統刻本　六冊　存七卷(三、六至十一)

110000－0143－0005036　PG112.4/13
館律分韻初編六卷　延清輯　清光緒十四年(1888)上海鴻寶齋石印本　六冊

110000－0143－0005037　PG112.4/14
佩文詩韻釋要五卷　(清)周兆基輯　朱蘭重訂　清光緒元年(1875)湖北崇文書局刻本　一冊

110000－0143－0005038　PG112.4/14
佩文詩韻釋要五卷　(清)周兆基輯　陸潤庠校　清宣統三年(1911)上海商務印書館影印本　二冊

110000－0143－0005039　PG112.4/14
佩文詩韻釋要五卷　(清)周兆基輯　清光緒十八年(1892)徐琪刻本　一冊

110000－0143－0005040　PG112.4/14－1
佩文詩韻釋要五卷　(清)周兆基輯　清光緒十八年(1892)浙江書局刻本　一冊

110000－0143－0005041　PG112.4/14－1
佩文詩韻釋要五卷　(清)周兆基輯　清光緒十八年(1892)浙江書局刻本　一冊

110000－0143－0005042　PG112.4/14－2
佩文詩韻釋要五卷　(清)周兆基輯　(清)呂鳳岐增訂　清光緒九年(1883)呂鳳岐刻本　一冊

110000－0143－0005043　PG112.4/14－3
佩文詩韻釋要五卷　(清)周兆基輯　**附辨正一卷**　(清)陳培之撰　清光緒八年(1882)洪鈞刻本　二冊

110000－0143－0005044　PG112.4/15
五方元音二卷附韻釋韻略　(清)樊騰鳳輯　(清)年希堯增補　清道光二十年(1840)聚秀堂刻本　一冊

110000－0143－0005045　PG112.4/15
五方元音二卷附韻釋韻略　(清)樊騰鳳輯　(清)年希堯增補　清道光二十年(1840)敬文堂刻本　二冊

110000－0143－0005046　PG112.4/15
五方元音二卷附韻釋韻略　(清)樊騰鳳輯　(清)年希堯增補　清道光二十年(1840)德義堂刻本　一冊

110000－0143－0005047　PG112.4/15－1
五方元音二卷附韻釋韻略　(清)樊騰鳳輯　(清)年希堯增補　清光緒十二年(1886)京都文興堂刻本　二冊

110000－0143－0005048　PG112.4/18
古韻標準四卷詩韻舉例一卷例言一卷　(清)江永撰　(清)戴震參定　清乾隆五十四年(1789)歷城周氏竹西書屋刻本　三冊

110000－0143－0005049　PG112.4/18
聲韻攷四卷　(清)戴震撰　清乾隆五十四年(1789)歷城周氏竹西書屋刻本　一冊

110000－0143－0005050　PG112.4/18－1
聲韻攷四卷　(清)戴震撰　清乾隆益都李文藻刻本　一冊

110000－0143－0005051　PG112.4/19
韻岐五卷　(清)江昱輯　清光緒七年(1881)刻本　二冊

110000－0143－0005052　PG112.4/22
韻府拾遺一百六卷　(清)汪灝等撰　清雍正刻本　二十冊

110000－0143－0005053　PG112.4/23
佩文廣韻匯編五卷　(清)李元祺編輯　清同治十一年(1872)金陵書局刻本　二冊

110000－0143－0005054　PG112.4/23
佩文廣韻匯編五卷　(清)李元祺輯　清道光十年(1830)半埨草堂刻本　三冊

110000－0143－0005055　PG112.4/24
韻字略十二卷　(清)毛謨輯　清光緒元年(1875)湖北崇文書局刻本　二冊

110000－0143－0005056　PG112.4/25
字類標韻六卷　(清)華綱輯　(清)王乃棠重校　清光緒八年(1882)錫山王氏刻本　四冊

110000－0143－0005057　PG112.4/25

字類標韻六卷 （清）華綱輯 （清）王庭楨重訂 清光緒八年(1882)錫山王氏刻本 二冊

110000－0143－0005058 PG112.4/25
字類標韻六卷 （清）華綱輯 （清）王乃棠重校 清光緒元年至二年(1875－1876)肄江王氏刻本 二冊

110000－0143－0005059 PG112.4/34
李氏音鑑六卷 （清）李汝珍撰 清嘉慶十五年(1810)寶善堂刻光緒十四年(1888)掃葉山房重刻本 四冊

110000－0143－0005060 PG112.4/35
音韻闡微十八卷附韻譜一卷 （清）李光地等撰 清光緒七年(1881)淮南書局刻本 五冊

110000－0143－0005061 PG112.4/35
音韻闡微十八卷 （清）李光地等撰 清光緒七年(1881)淮南書局刻本 五冊

110000－0143－0005062 PG112.4/36－2
中原音韻二卷 （元）周德清輯 （明）王文璧增註 （明）葉以震較正 明末刻本 二冊

110000－0143－0005063 PG112.4/40
史姓韻編六十四卷 （清）汪輝祖輯 （清）馮祖憲重校 清光緒十年(1884)浙江慈谿耕餘樓書局鉛印本 十六冊

110000－0143－0005064 PG112.4/43
澤存堂五種五十卷 （清）張士俊輯 清光緒十四年(1888)上海蜚英館石印本 八冊

110000－0143－0005065 PG112.4/43
澤存堂五種五十卷 （清）張士俊輯 清光緒十四年(1888)上海蜚英館石印本 八冊

110000－0143－0005066 PG112.4/45－1
述均十卷 （清）夏燮撰 清咸豐五年(1855)番陽官廨刻本 二冊

110000－0143－0005067 PG112.4/47－1
欽定同文韻統六卷 （清）允祿 （清）汪由敦總纂 （清）章嘉胡土克圖纂修 清宣統二年(1910)理藩部刻本 五冊

110000－0143－0005068 PG112.4/60
韻歧五卷 （清）江昱輯 清光緒七年(1881)刻本 二冊

110000－0143－0005069 PG112.4/62
經書字音辨要九卷 （清）楊名颺編輯 清道光二十七年(1847)長白崇綸令德堂刻本 二冊

110000－0143－0005070 PG112.4/62
經書字音辨要九卷 （清）楊名颺編輯 清道光二十七年(1847)長白崇綸令德堂刻本 二冊

110000－0143－0005071 PG112.4/63
廣金石韻府五卷附玉篇字略一卷 （明）朱時望原纂 （清）林尚葵增輯 （清）李根校正 （清）周亮工鑒定 （清）張鳳藻增訂 清咸豐七年(1857)巴郡張氏理董軒刻本 五冊

110000－0143－0005072 PG112.4/64
集韻攷正十卷 （清）方成珪撰 清光緒五年(1879)瑞安孫氏詒善祠塾刻本 五冊

110000－0143－0005073 PG112.4/65
隸韻十卷碑目一卷 （宋）劉球纂 清嘉慶十五年(1810)阿克當阿刻本 六冊

110000－0143－0005074 PG112.4/66
古今韻略五卷 （清）邵長蘅撰 清刻本 五冊

110000－0143－0005075 PG112.4/67
詩韻珠璣五卷 （清）余照輯 清嘉慶五年(1800)刻本 五冊

110000－0143－0005076 PG112.4/69
詩韻合璧五卷詩腋四編詞林典腋二編 （清）汪承元等編 （清）湯文潞參訂 清咸豐七年(1857)湯湘浦刻本 五冊

110000－0143－0005077 PG112.4/69
詩韻合璧五卷詩腋四編詞林典腋二編 （清）汪承元等編 （清）湯文潞參訂 清咸豐七年(1857)湯湘浦刻本 六冊

110000－0143－0005078 PG112.4/70
韻府萃音十二集十二卷 （清）龍柏纂 清嘉

慶十五年(1810)粵東心簡齋刻朱墨套印本　六冊　存六卷(上平二卷、下平二卷、上聲二卷)

110000－0143－0005079　PG112.4/73
韻徵十六卷　(清)安吉纂輯　(清)安念祖纂錄　清道光十八年(1838)華湛恩刻本　六冊

110000－0143－0005080　PG112.4/76－1
韻辨附文五卷　(清)沈兆霖撰　清道光二十三年(1843)宏道書院刻本　五冊

110000－0143－0005081　PG112.4/76－2
韻辨附文五卷　(清)沈兆霖撰　清同治十三年(1874)竹素書局刻本　五冊

110000－0143－0005082　PG112.4/78
古韻標準四卷詩韻舉例一卷　(清)江永編　(清)戴震參定　清乾隆三十六年(1771)刻本　三冊

110000－0143－0005083　PG112.4/80
古韻溯原八卷　(清)安念祖　(清)華湛恩撰　清道光十九年(1839)親仁堂刻本　三冊

110000－0143－0005084　PG112.4/82
五方元音二卷附韻釋韻略　(清)樊騰鳳撰　(清)年希堯增補　清光緒至宣統善成堂刻本　四冊

110000－0143－0005085　PG112.4/84
韻史二卷補一卷　(清)許遯翁撰　(清)朱玉岑補　清光緒元年(1875)十年讀書之廬刻本　二冊

110000－0143－0005086　PG112.4/85－1
姚氏叢刻三種三十卷　(清)姚覲元輯　清光緒二年(1876)川東官舍刻本　三十冊

110000－0143－0005087　PG112.4/85－1
姚氏叢刻三種三十卷　(清)姚覲元輯　清光緒二年(1876)川東官舍刻本　三十冊

110000－0143－0005088　PG112.4/88
韻字彙錦五卷　(清)顧掄輯　清道光二年(1822)玉峰蔡厚田刻本　六冊

110000－0143－0005089　PG112.4/92
柴氏古韻通八卷附正音切韻復古編一卷　(清)柴紹炳撰　清刻本　八冊

110000－0143－0005090　PG112.4/93
詞林正韻三卷發凡一卷　(清)戈載輯　清光緒七年(1881)臨桂王鵬運四印齋刻四印齋所刻詞本　一冊

110000－0143－0005091　PG112.4/93－1
詞林正韻三卷發凡一卷　(清)戈載輯　清同治十二年(1873)俞定齋施子述刻本　二冊

110000－0143－0005092　PG112.4/93－2
詞林正韻三卷發凡一卷　(清)戈載輯　清光緒三年(1877)仁和葛元熙刻嘯園叢書本　一冊

110000－0143－0005093　PG112.4/94
聲韻叢説一卷　(清)毛先舒著　清林氏抄本　一冊

110000－0143－0005094　PG112.4/95
剔弊廣增分韻五方元音二卷首不分卷　(清)樊騰鳳手著　(清)趙培梓改編　清光緒四年(1878)三盛堂刻本　二冊

110000－0143－0005095　PG112.4/95－1
剔弊廣增分韻五方元音二卷　(清)樊騰鳳手著　(清)趙培梓改編　清末刻本　一冊　存一卷(上)

110000－0143－0005096　PG112.4/96
經韻集字析解二卷附補遺　(清)彭良敞集註　(清)熊守謙參訂　清道光二年(1822)天津分司署刻本　二冊

110000－0143－0005097　PG112.4/96
韻辨附文五卷　(清)沈兆霖撰　清同治十二年(1873)秦郵夏子鍚東川書院刻本　五冊

110000－0143－0005098　PG112.4/97
音韻指迷一卷　(清)丁顯纂　清光緒二十六年(1900)刻丁西圃叢書本　一冊

110000－0143－0005099　PG112.4/97
音韻指迷一卷　(清)丁顯纂　清光緒二十六年(1900)刻丁西圃叢書本　一冊

110000－0143－0005100　PG112.4/98
韻學叢書六種十九卷　(清)丁顯纂輯　清同治至光緒刻本　八冊　存十卷(諧聲譜二卷,音韻指迷一卷,雙聲詩選一卷,十三經諸家引書異字同聲一至五、九)

110000－0143－0005101　PG112.4/98
韻學叢書三十四種題跋一卷　(清)丁顯述　清光緒刻韻學叢書(丁西圃叢書)本　一冊

110000－0143－0005102　PG112.4/98
韻學叢書三十四種題跋一卷　(清)丁顯述　清光緒刻韻學叢書(丁西圃叢書)本　一冊

110000－0143－0005103　PG112.4/101
韻考略五卷附張悔廬與友人論唐韻正書　(清)謝庭蘭撰　清光緒九年(1883)繆之鎔刻本　二冊

110000－0143－0005104　PG112.4/106
古今韻會舉要三十卷　(元)黄公紹編輯　(元)熊忠舉要　清光緒九年(1883)淮南書局刻本　十冊

110000－0143－0005105　PG112.4/107
詩韻析五卷首一卷末一卷　(清)汪紱撰　清光緒九年(1883)刻二十三年(1897)長安趙舒翹等彙印汪雙池先生叢書本　四冊

110000－0143－0005106　PG112.4/109
漢學諧聲二十四卷附說文補攷一卷　(清)戚學標撰　清嘉慶九年(1804)涉縣官署刻本　八冊

110000－0143－0005107　PG112.4/109
漢學諧聲二十四卷附說文補攷一卷又攷一卷　(清)戚學標撰　清嘉慶九年(1804)涉縣官署刻本　四冊

110000－0143－0005108　PG112.4/110
音學辨微一卷附錄一卷　(清)江永撰　清宣統元年(1909)國學保存會據江氏手稿本影印本　一冊

110000－0143－0005109　PG112.4/110
音學辨微一卷附錄一卷　(清)江永撰　清宣統元年(1909)國學保存會據江氏手稿本影印本　一冊

110000－0143－0005110　PG112.4/110
音學辨微一卷附錄一卷　(清)江永撰　清宣統元年(1909)國學保存會據江氏手稿本影印本　一冊

110000－0143－0005111　PG112.4/113
千文同音字不分卷　(清)□□輯　清咸豐至同治抄本　一冊

110000－0143－0005112　PG112.4/115
丁西圃叢書三種十九卷　(清)丁顯撰　清光緒刻本　八冊

110000－0143－0005113　PG112.4/117
歌麻古韻考四卷　(清)吳樹聲撰　(清)苗夔補注　清末抄本　二冊

110000－0143－0005114　PG112.4/117
歌麻古韻考四卷　(清)吳樹聲撰　清同治八年(1869)吳樹聲刻本　四冊

110000－0143－0005115　PG112.4/120
佩文詩韻五卷　(清)張玉書等編　清初刻雍正印本　一冊

110000－0143－0005116　PG112.4/121
廣續方言四卷　程先甲撰　清光緒二十三年(1897)木活字印本　二冊

110000－0143－0005117　PG112.4/123
天籟新韻不分卷　(清)蕭承煊撰　清光緒十二年(1886)蕭承煊刻本　一冊

110000－0143－0005118　PG112.4/124
切音捷訣一卷幼學切音便讀一卷　(清)酈珩撰　清光緒六年(1880)諸暨酈氏摭古堂刻本　一冊

110000－0143－0005119　PG112.4/124
切音捷訣一卷幼學切音便讀一卷　(清)酈珩撰　清光緒六年(1880)諸暨酈氏摭古堂刻本　一冊

110000－0143－0005120　PG112.4/126
韻籟四卷　(清)華長忠撰　清光緒十五年

(1889)刻本　一冊

110000－0143－0005121　PG112.4/128
韻府鉤沉五卷　(清)雷浚撰　清光緒十三年(1887)刻本　四冊

110000－0143－0005122　PG112.4/129
韻學蠡言舉要四種五卷　(清)丁顯撰　清光緒刻本　五冊

110000－0143－0005123　PG112.4/129－1
韻學蠡言舉要五卷附韻學叢書三十四種目錄　(清)丁顯撰　清光緒二十六年(1900)刻本　一冊

110000－0143－0005124　PG112.4/131
四聲切韻表一卷凡例一卷　(清)江永撰　清步瀛堂刻本　二冊

110000－0143－0005125　PG112.4/131－2
四聲切韻表一卷凡例一卷　(清)江永撰　清乾隆五十四年(1789)歷城周氏竹西書屋刻本　一冊

110000－0143－0005126　PG112.4/131－2
四聲切韻表一卷凡例一卷　(清)江永撰　清乾隆五十四年(1789)歷城周氏竹西書屋刻本　一冊

110000－0143－0005127　PG112.4/132
叶韻攷正十六卷　(清)朱履中輯　清嘉慶九年(1804)刻本　四冊

110000－0143－0005128　PG112.4/136
詩句題解韻編六卷　(清)陳維屏纂輯　清道光十四年(1834)陳維屏刻本　六冊

110000－0143－0005129　PG112.4/137
韻雅五卷雜論一卷識餘一卷　(清)施何牧纂輯　清康熙刻本　五冊

110000－0143－0005130　PG112.4/138
古今中外音韻通例不分卷　(清)胡垣撰　清光緒十四年(1888)刻本　四冊

110000－0143－0005131　PG112.4/141
集韻攷正十卷　(清)方成珪撰　清光緒五年(1879)瑞安孫氏詒善祠塾刻本　十冊

110000－0143－0005132　PG112.4/146
韻綜五卷檢字一卷韻綜集字五卷　(清)陳詒厚編輯　清嘉慶十七年(1812)琴心書屋刻本　八冊

110000－0143－0005133　PG112.4/147
附釋文互註禮部韻略五卷　(宋)丁度撰　清光緒二年(1876)歸安姚覲元川東官舍刻本　五冊

110000－0143－0005134　PG112.4/148
兼韻音義四卷　(清)殷秉鏞撰　清道光二十三年(1843)成都繆景宣刻本　八冊

110000－0143－0005135　PG112.4/149
詩韻含英六卷　(清)劉文蔚輯　清嘉慶元年至二十五年(1796－1820)致盛堂刻本　二冊

110000－0143－0005136　PG112.4/150
詩韻題解辨同合刻十一卷　(清)任以治　(清)甘蘭友輯　清嘉慶九年(1804)敬文堂刻本　四冊

110000－0143－0005137　PG112.4/152
訓詁諧音四卷　(清)槐蔭主人纂輯　清光緒八年(1882)唫楳書室刻本　二冊

110000－0143－0005138　PG112.4/157
韻彙五卷末一卷　(清)朱彝尊輯　(清)沈道寬編次　清同治十三年(1874)盛德堂刻本　五冊

110000－0143－0005139　PG112.4/160
韻學臆說不分卷　(清)王植撰　清乾隆刻本　一冊

110000－0143－0005140　PG112.4/161
三百篇原聲七卷　(清)夏味堂撰　清嘉慶十二年(1807)棣華書屋刻本　一冊

110000－0143－0005141　PG112.4/162
漢隸分韻七卷　(□)□□撰　清乾隆三十七年(1772)四明萬緜前辨志堂刻本　三冊

110000－0143－0005142　PG112.4/164
韻海鴛鴦十六卷　(清)尋樂居士編輯　清道光二十五年(1845)尋樂軒刻本　八冊

110000－0143－0005143　PG112.4/165
切韻考六卷外篇三卷　（清）陳澧撰　清光緒八年（1882）刻本　三册

110000－0143－0005144　PG112.4/165－1
切韻考六卷外篇三卷　（清）陳澧撰　清光緒八年（1882）刻本　一册　缺六卷（切韻考六卷）

110000－0143－0005145　PG112.4/165－2
切韻考六卷外篇三卷　（清）陳澧撰　清光緒八年（1882）刻本　二册　缺三卷（外篇三卷）

110000－0143－0005146　PG112.4/169
韻編十卷　（清）□□輯　清同治至宣統三益書屋刻本　四册

110000－0143－0005147　PG112.4/172
毓堂韻同五卷補遺一卷　（清）趙校輯　清道光元年（1821）刻本　四册　存四卷（平聲二卷、上聲一卷、入聲一卷）

110000－0143－0005148　PG112.4/175
養默山房詩韻六卷　（清）謝元淮輯　清道光二十九年（1849）刻本　二册

110000－0143－0005149　PG112.4/176
韻補五卷韻補正一卷　（宋）吳棫　（清）顧炎武撰　清光緒九年（1883）邵武徐刻本　二册

110000－0143－0005150　PG112.4/177
射聲小譜不分卷　（清）程定謨編　清道光十九年（1839）黄燾刻本　一册

110000－0143－0005151　PG112.4/178
重訂空谷傳聲不分卷　（清）汪鋆撰　清光緒八年（1882）江南城李光明莊刻本　一册

110000－0143－0005152　PG112.4/180
增訂等韻便讀不分卷　（清）左枚輯　清光緒三十一年（1905）稿本　二册

110000－0143－0005153　PG112.4/181
康熙甲子史館新刊古今通韻十二卷　（清）毛奇齡撰　清康熙二十四年（1685）學者堂刻本　六册

110000－0143－0005154　PG112.4/182
四音釋義十二卷　（清）鄭長庚輯　清道光元年至四年（1821－1824）刻本　十二册

110000－0143－0005155　PG112.4/185
重訂合聲簡字譜　勞乃宣述　清光緒三十二年（1906）江寧刻本　一册

110000－0143－0005156　PG112.4/310
古韻發明不分卷切字肆攷不分卷　（清）張畊撰　清道光六年（1826）芸心堂刻本　四册

110000－0143－0005157　PG112.4/310
古韻發明不分卷切字肆攷不分卷　（清）張畊撰　清道光六年（1826）芸心堂刻本　四册

110000－0143－0005158　PG112.4/310
古韻發明不分卷切字肆攷不分卷　（清）張畊撰　清道光三年（1823）滕陽張氏芸心堂刻本　四册

110000－0143－0005159　PG112.4/316
等韻一得内篇一卷外篇一卷　勞乃宣撰　清光緒二十四年（1898）桐鄉勞氏吳橋官廨刻本　二册

110000－0143－0005160　PG112.4/317
官韻考異不分卷　（清）吳省欽撰　清乾隆四十一年（1776）刻本　一册

110000－0143－0005161　PG112.4/319
詩聲類十二卷詩聲分例一卷　（清）孔廣森撰　清乾隆五十七年（1792）謙益堂刻本　一册

110000－0143－0005162　PG112.4/320
詩集傳音釋二十卷校刊詩集傳音釋札記一卷　（宋）朱熹集傳　（元）許謙音釋　（元）羅復纂輯　清咸豐七年（1857）海昌蔣氏衍芬草堂刻本　六册

110000－0143－0005163　PG112.4/321
史姓韻編二十四卷　（清）汪輝祖輯　清光緒二十九年（1903）上海文瀾書局石印本　八册

110000－0143－0005164　PG112.4/323
蕭選韻系二卷　（清）李麟閣編輯　清光緒十年（1884）上海同文書局石印本　二册

110000－0143－0005165　PG112.4/325

等韻一得内篇一卷外篇一卷　勞乃宣撰　清光緒二十四年(1898)吴橋官廨刻本　二册

110000－0143－0005166　PG112.4/326
詩韻審音六卷　(清)謝元淮輯　清光緒二年(1876)衡陽魏氏刻本　二册

110000－0143－0005167　PG112.4/327
聲韻攷四卷　(清)戴震撰　清乾隆四十四年(1779)刻本　二册

110000－0143－0005168　PG112.4/328
韻字略二卷　(清)毛謨撰　清嘉慶二十一年(1816)刻本　二册

110000－0143－0005169　PG112.4/329
聲調四譜圖說十四卷末一卷　(清)董文涣編　清同治三年(1864)洪洞董氏刻本　六册

110000－0143－0005170　PG21/2
支那通史七卷　(日本)那珂通世編　清光緒二十五年(1899)東文學社石印本　五册　存四卷(一至四)

110000－0143－0005171　PG21/2－1
支那通史七卷　(日本)那珂通世編　清光緒二十五年(1899)東文學社石印本　三册　存三卷(一至三)

110000－0143－0005172　PG21/2－1
支那通史七卷　(日本)那珂通世編　清光緒二十五年(1899)東文學社石印本　五册　存四卷(一至四)

110000－0143－0005173　PG21/2－2
續支那通史二卷　(日本)山峯畯藏著　(清)中國漢陽青年編譯　清光緒二十九年(1903)會文政記石印本　八册

110000－0143－0005174　PG21/2－2
續支那通史二卷　(日本)山峯畯藏著　(清)中國漢陽青年編譯　清光緒二十九年(1903)會文政記石印本　一册

110000－0143－0005175　PG21/3
三國志六十五卷　(晉)陳壽撰　(南朝宋)裴松之注　清光緒十三年(1887)江南書局刻本　八册

110000－0143－0005176　PG21/3
中國歷史六卷　陳慶年編　清光緒二十九年(1903)刻本　六册

110000－0143－0005177　PG21/7
皇明史概五種一百二十一卷　(明)朱國楨輯　明崇禎刻本　十六册　存三種三十五卷(皇明大訓記十六卷,皇明開國臣傳十三卷,皇明遜國臣傳五卷、首一卷)

110000－0143－0005178　PG21/8
二十四史九通政典類要合編三百二十卷　(清)黄書霖編輯　清光緒二十八年(1902)黄氏約雅堂石印本　六十册

110000－0143－0005179　PG21/9
中國四千年開化史九章附歷代大事年表　中國少年編譯　清光緒三十二年(1906)成都局鉛印本　二册

110000－0143－0005180　PG21/11
古史輯要六卷首一卷　(清)□□撰　清道光二十五年(1845)刻本　六册

110000－0143－0005181　PG21/12
歷代史略六卷　(清)□□撰　清光緒至宣統江楚書局刻本　八册

110000－0143－0005182　PG21/14
歷代略一卷　(清)李兆洛編　(清)徐經校刊　清道光二十三年(1843)徐氏壽祺堂刻本　一册

110000－0143－0005183　PG211/1
欽定二十一史二十一種　(清)鄂爾泰　(清)張廷玉總裁　清光緒二十五年(1899)慎記書莊石印本　三十二册　存四種(史記,前漢書,後漢書,三國志之魏志、蜀志、吴志一至十九)

110000－0143－0005184　PG211/2
史記一百三十卷首一卷　(漢)司馬遷撰　(明)徐孚遠　(明)陳子龍測議　清道光十四年(1834)三元堂刻本　三十二册

110000－0143－0005185　PG211/2、PG212/29－4、PG212/30－9、PG212/31－4、PG212/5－4、PG212/1－5、PG216/56－1、PG212/17－1、PG212/21－2、PG212/16－6
二十四史　清光緒三十四年(1908)上海集成圖書公司鉛印本　一百二十四册　存十一種(史記、漢書、後漢書、三國志、梁書、北齊書、周書、北史、新五代史、遼史、金史)

110000－0143－0005186　PG211/2、PG211/5－5、PG212/18、PG212/29－1、PG212/30－3、PG212/32、PG212/60、PG212/74
二十四史　清同治五省書局刻本　一百三十册　存七種(史記,漢書二部,後漢書二部,陳書,唐書六十九至七十、七十五至七十七,五代史三部一至四十三,舊五代史)

110000－0143－0005187　PG211/2－1
歸震川評點本史記一百三十卷附方望溪評點四卷　(漢)司馬遷撰　(明)歸有光　(清)方苞評點　清光緒二年(1876)張氏武昌刻本　二十册

110000－0143－0005188　PG211/2－1
歸震川評點本史記一百三十卷附方望溪評點四卷　(漢)司馬遷撰　(明)歸有光　(清)方苞評點　清光緒二年(1876)張氏武昌刻本　二十册

110000－0143－0005189　PG211/2－3
史記一百三十卷　(漢)司馬遷撰　清光緒十四年(1888)上海蜚英館石印本　十一册

110000－0143－0005190　PG211/2－3、PG212/29－5、PG212/30－10、PG212/20－4、PG212/25－3、PG212/24、PG212/24－4、PG212/5－6、PG212/32－1、PG212/26－4、PG212/1－6、PG212/23－3、PG212/7－5、PG211/5、PG212/6－4、PG212/19－3、PG212/55－5、PG212/18－4、PG212/21－4、PG212/16－7、PG212/15－3、PG211/5
二十四史　清光緒十年(1884)上海同文書局石印本　四百四十三册　缺五種(三國志,舊唐書,五代史,宋史,明史一至二百三十九、二百六十九至三百三十二)

110000－0143－0005191　PG211/2－4
空山堂史記評註十二卷　(清)牛運震撰　清乾隆五十八年(1793)刻本　七册

110000－0143－0005192　PG211/2－6
史記一百三十卷附一卷(仿刊王本史記)　(漢)司馬遷撰　(南朝宋)裴駰集解　(唐)司馬貞索隱　(唐)張守節正義　清同治九年(1870)崇文書局刻本　二十四册

110000－0143－0005193　PG211/2－6
史記一百三十卷附一卷(仿刊王本史記)　(漢)司馬遷撰　(南朝宋)裴駰集解　(唐)司馬貞索隱　(唐)張守節正義　清同治九年(1870)楚北崇文書局刻本　二十四册

110000－0143－0005194　PG211/2－6、PG212/30－3、PG211/5－2、PG212/84、PG212/32、PG211/5、PG216/56、PG212/7、PG211/45、PG211/5
二十四史　清同治五省書局刻本　一百十三册　存十二種(史記、漢書八至十四、後漢書一至十、南齊書、宋書、陳書、魏書四十五至九十、周書、隋書、遼史一至四十八、舊五代史、五代史)

110000－0143－0005195　PG212/2－8、PG212/29－1、PG212/24－1、PG212/1－2、PG212/19－1、PG211/5－4、PG212/60、PG212/18
二十四史　清同治五省書局刻本　一百二十二册　存七種(史記、漢書、南齊書、北齊書、北史、唐書、舊五代史)

110000－0143－0005196　PG211/2－10、PG212/9、PG212/30－6、PG212/45－2、PG212/16－5、PG212/15－2
二十四史　清光緒上海點石齋石印本　五十二册　存六種(史記、漢書、後漢書、遼史、金史、元史)

110000－0143－0005197　PG211/2－12
史記一百三十卷首一卷　(漢)司馬遷撰

（南朝宋）裴駰集解　（唐）司馬貞索隱　（唐）張守節正義　（明）徐孚遠　（明）陳子龍測議　清嘉慶十一年（1806）同人堂刻本　三十二冊

110000－0143－0005198　PG211/2－13、PG212/20－3、PG212/25－2、PG212/24－3、PG212/5－3、PG212/26－3、PG212/1－4、PG212/7－4、PG212/6－2、PG212/18－3、PG212/17－2、PG212/15－1、PG212/16－2

二十四史（殿板二十四史）　清光緒二十八年（1902）竢實齋石印本　七十八冊　存十三種（史記、晉書、宋書、南齊書、梁書、魏書、北齊書、隋書、南史、舊五代史、新五代史、元史、金史）

110000－0143－0005199　PG211/2－22、PG212/20－1、PG212/25－4、PG212/1－3、PG212/5－5、PG212/32－1、PG212/26－1、PG212/1－3、PG212/23－1、PG212/7－1、PG212/6－3、PG212/18－5、PG212/17－3、PG212/21－5

二十四史　清光緒二十九年（1903）五洲同文書局石印本　二百二十八冊

110000－0143－0005200　PG211/3－2

漢雋十卷　（宋）林鉞輯　（明）吳繼安校　清嘉慶十七年（1812）固陵吳氏刻本　二冊

110000－0143－0005201　PG211/4

史記一百三十卷附一卷（仿刊王本史記）　（漢）司馬遷撰　（南朝宋）裴駰集解　（唐）司馬貞索隱　（唐）張守節正義　清同治九年（1870）楚北崇文書局刻本　二十四冊

110000－0143－0005202　PG211/5

二十四史　清同治至光緒五省書局刻本　五百五十冊　缺四種（後漢書續志，舊五代史，新五代史，明史九至十八、二十六至二十九、三十六至三百三十二）

110000－0143－0005203　PG211/5

二十四史　清同治八年（1869）嶺南葄古堂刻本　二百三十六冊　存二百四十六卷（九至十七、二十六至三十四、五十四至六十三、七十四至八十、一百六十七至一百七十三、一百八十七至一百九十七、二百八至二百十二、二百二十一至二百二十八、二百六十三至二百八十三、三百五至三百四十一、三百六十二至三百七十一、三百九十四至四百四、四百三十五至四百四十四、四百七十五至四百八十、四百九十三至五百三、五百三十六至五百四十三、五百九十四至六百一、六百二十一至六百二十九、六百七十八至六百八十五、七百九至七百十六、七百二十五至七百三十二、七百四十九至七百五十六、七百七十一至七百七十八、七百八十七至七百九十四、八百三十九）

110000－0143－0005204　PG211/5

欽定廿四史　清末民國影印本　四十冊　存四種二百五卷（晉書九十五至一百三十，魏書六十五至一百十四，新唐書三十一至七十四、一百三十九至一百七十八，元史一百三十三至一百六十七）

110000－0143－0005205　PG211/5

北齊書五十卷　（唐）李百藥撰　明崇禎十一年至清順治十年（1638－1653）常熟毛晉汲古閣刻本　四冊

110000－0143－0005206　PG211/5

漢書一百卷　（漢）班固撰　（唐）顏師古註　明崇禎十五年（1642）琴川毛氏汲古閣刻清順治十二年（1655）補輯本　八冊　存四十卷（二十五至六十四）

110000－0143－0005207　PG211/5－1

北史一百卷　（唐）李延壽撰　明崇禎十二年（1639）刻清順治十年（1653）補緝本　十冊　存四十五卷（一至四十五）

110000－0143－0005208　PG211/5－1

唐書二百二十五卷　（宋）歐陽修　（宋）宋祁撰　明崇禎二年（1629）刻清順治五年（1648）補緝本　九冊　存五十卷（一百七十至二百六、二百十三至二百二十五）

110000－0143－0005209　PG211/5－3

二十四史　清光緒十四年（1888）上海圖書集成印書局鉛印本　三百四十一冊　缺三種二

百四十九卷(後漢書一百二十卷、金史五十九至一百三十五、明史二百八十一至三百三十二)

110000－0143－0005210　PG211/5－5
二十四史　清同治至光緒五省書局刻本　一百四冊　存六種(史記第一冊、四至八冊、十六冊、四十四至六十八冊,漢書,後漢書,舊唐書,舊五代史卷一至三十三、四十二至一百五十,新五代史)

110000－0143－0005211　PG211/5－6
二十四史　清光緒二十九年(1903)五洲同文書局石印本　七百十一冊

110000－0143－0005212　PG211/6
廿二史言行略四十二卷　(清)過元畋輯　清嘉慶十五年(1810)拜經齋刻本　十六冊

110000－0143－0005213　PG211/6－2
讀史大略六十卷　(清)沙張白著　**小沙子史略一卷**　(清)沙晉著　清光緒二十六年(1900)江蘇江陰吳曾傒等刻本　十二冊

110000－0143－0005214　PG211/6－2
讀史大略六十卷　(清)沙張白著　**小沙子史略一卷**　(清)沙晉著　清光緒二十六年(1900)江蘇江陰吳曾傒等刻本　十二冊

110000－0143－0005215　PG211/6－2
讀史大略六十卷　(清)沙張白著　**小沙子史略一卷**　(清)沙晉著　清光緒二十六年(1900)江蘇江陰吳曾傒等刻本　十二冊

110000－0143－0005216　PG211/6－3
讀史大略六十卷　(清)沙張白著　**小沙子史略一卷**　(清)沙晉著　清光緒二十六年(1900)江蘇江陰吳曾傒等刻本　七冊　缺三十三卷(一至二十七、四十二至四十七)

110000－0143－0005217　PG211/7
史記論文一百三十卷　(清)吳見思評點　(清)吳興祚參訂　清康熙二十五年(1686)山陰吳興祚廣州刻本　二十四冊

110000－0143－0005218　PG211/8
史記菁華錄六卷　(清)姚祖恩輯　清同治十二年(1873)金谿趙承恩紅杏山房刻本　六冊

110000－0143－0005219　PG211/9
歸方評點史記合筆六卷附例意一卷劉海峯氏論文偶記一卷　(清)王拯纂　清同治五年(1866)馬平王拯廣州刻本　二冊

110000－0143－0005220　PG211/11
史記探源八卷　崔適撰　清宣統二年至民國元年(1910－1912)觶廬刻本　四冊

110000－0143－0005221　PG211/12
十七史詳節二百七十四卷　(宋)呂祖謙編　清光緒二十八年至二十九年(1902－1903)崇新書局、上海書局石印本　十三冊　存六種五十五卷(三國志詳節一至二十、東漢書詳節一至六、南史詳節五至八、北史詳節一至六、五代史詳節一至三、唐書詳節五至二十)

110000－0143－0005222　PG211/13
史略八十七卷　(清)朱堃輯　清光緒十三年(1887)上海積山書局石印本　六冊

110000－0143－0005223　PG211/14
廿四史約編八卷首一卷　(清)鄭元慶撰　(清)陳瞿石鑒定　清光緒二十八年(1902)刻本　五冊

110000－0143－0005224　PG211/15
廿一史四譜五十四卷　(清)沈炳震輯　清同治十年(1871)武林吳氏清來堂重校補刻本　十六冊

110000－0143－0005225　PG211/15
廿一史四譜五十四卷　(清)沈炳震輯　清同治十年(1871)武林吳氏清來堂重校補刻本　十六冊

110000－0143－0005226　PG211/15
廿一史四譜五十四卷　(清)沈炳震輯　清同治十年(1871)武林吳氏清來堂重校補刻本　二十冊

110000－0143－0005227　PG211/15－1
廿一史四譜五十四卷　(清)沈炳震輯　清同

治十年(1871)武林吳氏清來堂重校補刻本　二十四冊

110000－0143－0005228　PG211/15－2
廿一史約編八卷首一卷　(清)鄭元慶撰　清康熙三十六年至六十一年(1697－1722)漁古山房翻刻本　四冊

110000－0143－0005229　PG211/17
史緯三百三十卷首一卷　(清)陳允錫刪修　清康熙三十三年(1694)至雍正刻本　一百二十冊

110000－0143－0005230　PG211/17
五代史記七十四卷　(宋)歐陽修撰　清同治八年(1869)廣東葄古堂刻本　十一冊

110000－0143－0005231　PG211/18
歸方評點史記合筆六卷附例意一卷劉海峯氏論文偶記一卷　(清)王拯纂　清光緒元年(1875)錦城節署刻本　四冊

110000－0143－0005232　PG211/26
二十四史九通政典類要合編三百二十卷　(清)黃書霖編輯　清光緒二十八年(1902)上海約雅堂石印本　六十冊

110000－0143－0005233　PG211/27
五代史記纂誤續補六卷　吳光耀撰　清光緒十四年(1888)江夏吳氏刻本　二冊

110000－0143－0005234　PG211/35
史記天官書補目一卷史漢駢枝一卷宋州郡校勘記一卷　(清)孫星衍　(清)成孺撰　清光緒十三年至十四年(1887－1888)廣雅書局刻本　一冊

110000－0143－0005235　PG211/36
廿一史約編八卷首一卷　(清)鄭元慶撰　清雍正刻本　四冊

110000－0143－0005236　PG211/36
廿一史約編八卷首一卷　(清)鄭元慶撰　清雍正刻本　四冊

110000－0143－0005237　PG211/37
左傳札記七卷　(清)錢綺撰　清咸豐七年(1857)鈍研廬刻本　三冊

110000－0143－0005238　PG211/38
廿一史四譜五十四卷　(清)沈炳震輯　清光緒二十二年(1896)廣雅書局刻本　十六冊

110000－0143－0005239　PG211/39
三史拾遺五卷　(清)錢大昕撰　清光緒長沙龍氏家塾刻本　二冊

110000－0143－0005240　PG211/41
五代史記七十四卷　(宋)歐陽修撰　(宋)徐無黨原注　(清)彭元瑞增注　(清)劉鳳誥排次　清道光至咸豐雲甡書屋刻本　四十冊

110000－0143－0005241　PG211/41
五代史記七十四卷　(宋)歐陽修撰　(宋)徐無黨原注　(清)彭元瑞增注　(清)劉鳳誥排次　清道光至咸豐雲甡書屋刻本　四十冊

110000－0143－0005242　PG211/43
二十四史提綱二十卷　(清)蔡麟編輯　清光緒二十九年(1903)普學書莊石印本　八冊

110000－0143－0005243　PG211/41－1
五代史記七十四卷　(宋)歐陽修撰　(宋)徐無黨原注　清宣統貴池劉世珩刻玉海堂景宋叢書本　十二冊

110000－0143－0005244　PG211/41－2
五代史記七十四卷　(宋)歐陽修撰　(宋)徐無黨原注　(清)彭元瑞增注　(清)劉鳳誥排次　清道光八年(1828)刻本　四十冊

110000－0143－0005245　PG211/42
五代史纂誤三卷　(宋)吳縝撰　清乾隆三十九年至六十年(1774－1795)武英殿木活字印本　一冊　缺三頁(卷上一至三)

110000－0143－0005246　PG211/59
宋州郡志校勘記一卷　(清)成孺撰　清光緒十四年(1888)廣雅書局刻本　一冊

110000－0143－0005247　PG212/1、PG211/2、PG212/4、PG211/5、PG212/16、PG212/31
二十四史　清同治至光緒五省書局刻本　三百八十三冊　存七種(史記、漢書、三國志、梁

書、北齊書、金史、明史二百二十五至二百九十四）

110000－0143－0005248　PG212/1－1
北齊書五十卷附考證　（唐）李百藥撰　清乾隆四年（1739）武英殿刻本　八冊

110000－0143－0005249　PG212/3
後漢紀三十卷　（晉）袁宏撰　（宋）王銍輯　清光緒三年至五年（1877－1879）蔡學蘇三餘書屋刻本　八冊

110000－0143－0005250　PG212/5－8、PG212/30－5、PG212/83－2、PG212/7－3、PG212/16－2、PG212/8－2、PG212/21－3、PG212/4－5、PG212/30－11
二十四史　清光緒十四年（1888）上海圖書集成印書局鉛印本　四十一冊　存六種（後漢書一至六十五、梁書、南史一至三十六、舊五代史、宋史四百四十七至四百九十六、遼史）

110000－0143－0005251　PG212/8
舊唐書二百卷　（五代）劉昫等撰　清道光二十二年至二十三年（1842－1843）甘泉岑建功懼盈齋刻本　四十八冊

110000－0143－0005252　PG212/8
舊唐書二百卷　（五代）劉昫等撰　**舊唐書校勘記六十六卷**　（清）羅士琳等撰　**舊唐書逸文十二卷**　（清）岑建功輯　清道光二十二年至二十九年（1842－1849）甘泉岑氏懼盈齋刻同治十一年（1872）定遠方氏補刻本　八十冊

110000－0143－0005253　PG212/8－3
舊唐書二百卷　（五代）劉昫等撰　**舊唐書校勘記六十六卷**　（清）羅士琳等撰　**舊唐書逸文十二卷**　（清）岑建功輯　清道光二十二年至二十九年（1842－1849）甘泉岑氏懼盈齋刻本　八十二冊

110000－0143－0005254　PG212/9
漢書一百卷　（漢）班固撰　（唐）顏師古註　清同治十二年（1873）廣東嶺東使署刻本　十五冊　存七十五卷（一至七十五）

110000－0143－0005255　PG212/10－1
漢書注校補五十六卷附後漢書注補正八卷三國志注證遺四卷五代史記纂誤補續不分卷　（清）周壽昌撰　清光緒十年（1884）長沙周氏小對竹軒刻本　十六冊

110000－0143－0005256　PG212/10－1
漢書注校補五十六卷附後漢書注補正八卷三國志注證遺四卷五代史記纂誤補續不分卷　（清）周壽昌撰　清光緒十年（1884）長沙周氏小對竹軒刻本　十六冊

110000－0143－0005257　PG212/10－1
漢書注校補五十六卷　（清）周壽昌撰　清光緒十年（1884）長沙周氏小對竹軒刻本　十四冊

110000－0143－0005258　PG212/10－1
漢書注校補五十六卷　（清）周壽昌撰　清光緒十年（1884）長沙周氏小對竹軒刻本　十四冊

110000－0143－0005259　PG212/16
金史一百三十五卷　（元）脫脫等修　清光緒十四年（1888）成都尊經書局刻本　二十四冊

110000－0143－0005260　PG212/20、PG212/25－2、PG212/24、PG212/5、PG212/32、PG212/26、PG212/1、PG212/23、PG212/7、PG212/6、PG212/19－1、PG212/8、PG212/18、PG211/5－5、PG212/21、PG212/16
二十四史　清同治十年至十三年（1871－1874）五省書局刻本　二百四十四冊　缺八種（史記、漢書、後漢書、三國志、新唐書、宋史、元史、明史）

110000－0143－0005261　PG212/28
元史譯文證補三十卷　（清）洪鈞撰　清光緒二十六年（1900）廣雅書局刻廣雅書局叢書本（原缺卷七至八、十三、十六至十七、十九至二十一、二十五、二十八）　四冊

110000－0143－0005262　PG212/28
元史譯文證補三十卷　（清）洪鈞撰　清光緒二十六年（1900）廣雅書局刻廣雅書局叢書本（原缺卷七至八、十三、十六至十七、十九至二

十一、二十五、二十八) 四冊

110000－0143－0005263 PG212/28－1
元史譯文證補三十卷 (清)洪鈞撰 清光緒二十三年(1897)石印本(原缺卷七至八、十三、十六至十七、十九至二十一、二十五、二十八) 四冊

110000－0143－0005264 PG212/28－1
元史譯文證補三十卷 (清)洪鈞撰 清光緒二十三年(1897)石印本(原缺卷七至八、十三、十六至十七、十九至二十一、二十五、二十八) 四冊

110000－0143－0005265 PG212/28－1
元史譯文證補三十卷 (清)洪鈞撰 清光緒二十三年(1897)石印本(原缺卷七至八、十三、十六至十七、十九至二十一、二十五、二十八) 四冊

110000－0143－0005266 PG212/28－1
元史譯文證補三十卷 (清)洪鈞撰 清光緒二十三年(1897)石印本(原缺卷七至八、十三、十六至十七、十九至二十一、二十五、二十八) 四冊

110000－0143－0005267 PG212/29－2
前漢書一百卷 (漢)班固撰 (唐)顔師古註 清光緒三十一年(1905)上海久敬齋石印本 十二冊

110000－0143－0005268 PG212/29－4
前漢書一百卷附考證 (漢)班固撰 (唐)顔師古註 清光緒十年(1884)上海同文書局石印本 四十冊

110000－0143－0005269 PG212/30
後漢書九十卷後漢志三十卷 (南朝宋)范曄撰 (南朝梁)劉昭注補 明崇禎十六年(1643)刻清順治十二年(1655)補輯本 十六冊 存二種八十八卷(後漢書一至五十八、後漢志三十卷)

110000－0143－0005270 PG212/30－2
後漢書一百二十卷附考證 (南朝宋)范曄 (晉)司馬彪撰 (唐)李賢 (南朝梁)劉昭注 清光緒三十一年(1905)武林竹簡齋石印本 十冊

110000－0143－0005271 PG212/30－2
續後漢書四十二卷音義四卷義例一卷 (宋)蕭常撰 清同治八年(1869)胡芳秋、杜邦浚刻本 六冊

110000－0143－0005272 PG212/30－6、PG212/20－2、PG212/25－1、PG212/24－2、PG212/5－1、PG212/32－1、PG212/26－2、PG212/23－2、PG212/7－2、PG212/6－1、PG212/19－1、PG212/8－1、PG212/16－1、PG212/21－1
二十四史 清同治八年(1869)嶺南葄古堂刻本 三百五十四冊 存十三種(後漢書,晉書,宋書,梁書,陳書,魏書,周書,隋書,南史,北史,舊唐書一至十八、二十至一百九十八,金史,遼史)

110000－0143－0005273 PG212/31、PG212/29－3、PG211/2、PG212/17、PG212/19
二十四史 清光緒五省書局刻本 九十二冊 存六種(史記、漢書、三國志、新五代史、五代史、宋史一百六十至二百七)

110000－0143－0005274 PG212/39
元史新編九十五卷 (清)魏源撰 清光緒三十一年(1905)邵陽魏氏慎微堂刻本 三十二冊

110000－0143－0005275 PG212/39
元史新編九十五卷 (清)魏源撰 清光緒三十一年(1905)邵陽魏氏慎微堂刻本 三十二冊

110000－0143－0005276 PG212/39
元史新編九十五卷 (清)魏源撰 清光緒三十一年(1905)邵陽魏氏慎微堂刻本 三十二冊

110000－0143－0005277 PG212/39
元史新編九十五卷 (清)魏源撰 清光緒三十一年(1905)邵陽魏氏慎微堂刻本 三十二冊

110000－0143－0005278　PG212/39
元史新編九十五卷　(清)魏源撰　清光緒三十一年(1905)邵陽魏氏慎微堂刻本　三十二冊

110000－0143－0005279　PG212/39－1
元史類編四十二卷　(清)邵遠平學　清乾隆六十年(1795)南沙席世臣掃葉山房刻宋遼金元別史本　十二冊

110000－0143－0005280　PG212/40
漢書補注一百卷首一卷　王先謙撰　清光緒二十六年(1900)長沙王氏虚受堂刻本　三十二冊

110000－0143－0005281　PG212/40
漢書補注一百卷首一卷　王先謙撰　清光緒二十六年(1900)長沙王氏虚受堂刻本　三十二冊

110000－0143－0005282　PG212/40－1
新舊唐書合鈔二百六十卷首一卷唐書宰相世系表訂譌十二卷　(清)沈炳震撰　清同治十年(1871)武林吳氏清來堂刻本　八十冊

110000－0143－0005283　PG212/41
新舊唐書合鈔二百六十卷首一卷　(清)沈炳震撰　清同治十年(1871)武林吳氏清來堂刻本　八十冊

110000－0143－0005284　PG212/41
新舊唐書合鈔二百六十卷首一卷唐書宰相世系表訂譌十二卷唐書合鈔補正六卷　(清)沈炳震　(清)丁子復撰　清嘉慶十八年(1813)海昌查世倓刻本　八十冊

110000－0143－0005285　PG212/44
漢書評林一百卷　(明)凌稚隆輯　清同治十三年(1874)長沙魏氏養翮書屋刻本　三十冊

110000－0143－0005286　PG212/45
遼史拾遺二十四卷遼史紀年表一卷拾遺補五卷　(清)厲鶚　(清)汪遠孫　(清)楊復吉撰　清光緒元年至三年(1875－1877)江蘇書局刻本　十冊

110000－0143－0005287　PG212/45
遼史拾遺補五卷　(清)楊復吉撰　清光緒三年(1877)江蘇書局刻本　二冊

110000－0143－0005288　PG212/54
清史輯要正宗六卷　(日本)增田貢著　清光緒二十八年(1902)刻本　六冊

110000－0143－0005289　PG212/54－2
清史攬要六卷　(日本)增田貢著　清光緒二十七年(1901)杭州白話報館石印本　六冊

110000－0143－0005290　PG212/54－2
清史攬要六卷　(日本)增田貢著　清光緒二十七年(1901)杭州白話報館石印本　六冊

110000－0143－0005291　PG212/54－3
清史攬要四卷　(日本)增田貢著　清光緒二十八年(1902)香港書局石印本　四冊

110000－0143－0005292　PG212/62
續漢志三十卷　(晉)司馬彪撰　(南朝梁)劉昭注補　清同治八年(1869)金陵書局刻二十四史本　二冊

110000－0143－0005293　PG212/63
後漢書注補正八卷　(清)周壽昌撰　清光緒十七年(1891)廣雅書局刻廣雅書局叢書本　二冊

110000－0143－0005294　PG212/63
後漢書補注續一卷　(清)侯康撰　清光緒十七年(1891)廣雅書局刻廣雅書局叢書本　一冊

110000－0143－0005295　PG212/63
後漢書注又補一卷　(清)沈銘彝撰　清光緒十四年(1888)廣雅書局刻廣雅書局叢書本　一冊

110000－0143－0005296　PG212/63－1
後漢書注補正八卷　(清)周壽昌撰　清光緒八年至三十四年(1882－1908)長沙周氏小對竹軒刻思益堂史學三種本　四冊

110000－0143－0005297　PG212/64
新舊唐書互證二十卷　(清)趙紹祖學　清嘉

慶十八年(1813)涇縣趙氏古墨齋刻古墨齋集本　六册

110000－0143－0005298　PG212/65
三國志旁證三十卷　(清)梁章鉅撰　清光緒十五年(1889)廣雅書局刻廣雅書局叢書本　六册

110000－0143－0005299　PG212/65
補後漢書藝文志四卷　(清)侯康撰　清光緒十七年(1891)廣雅書局刻廣雅書局叢書本　一册

110000－0143－0005300　PG212/65
補三國藝文志四卷　(清)侯康撰　清光緒十三年(1887)廣雅書局刻廣雅書局叢書本　一册

110000－0143－0005301　PG212/66
漢書疏證三十六卷後漢書疏證三十六卷　(清)沈欽韓撰　清光緒二十六年(1900)浙江官書局刻本　四十册

110000－0143－0005302　PG212/72
十六國春秋一百卷　(北魏)崔鴻撰　(清)汪日桂重訂　清乾隆四十六年(1781)仁和汪日桂刻清末會稽徐氏墨潤堂印本　二十册

110000－0143－0005303　PG212/72－1
十六國春秋一百卷　(北魏)崔鴻撰　(清)汪日桂重訂　清光緒十二年(1886)湖北官書處刻本　十二册

110000－0143－0005304　PG212/75
漢書補注一百卷首一卷　王先謙撰　清光緒二十六年(1900)長沙王氏虚受堂刻本　十二册

110000－0143－0005305　PG212/76
南北史補志十四卷附贊一卷　(清)汪士鐸撰　清光緒四年(1878)淮南書局刻本　六册

110000－0143－0005306　PG212/76
南北史補志十四卷附贊一卷　(清)汪士鐸撰　清光緒四年(1878)淮南書局刻本　六册

110000－0143－0005307　PG212/78
三史同名錄四十卷　(清)汪輝祖輯　(清)汪繼培補　清嘉慶六年(1801)雙節堂刻本　八册　存二種(元史、敍錄)

110000－0143－0005308　PG212/79－1
元明清史略五卷　(日本)石村貞一編　清光緒二十九年(1903)石印本　五册

110000－0143－0005309　PG212/80
南漢書十八卷南漢書攷異十八卷南漢叢錄二卷南漢文字略四卷　(清)梁廷枏撰　清道光九年(1829)刻本　八册

110000－0143－0005310　PG212/80
南漢書十八卷南漢書攷異十八卷南漢叢錄二卷南漢文字略四卷　(清)梁廷枏撰　清道光九年(1829)刻本　八册

110000－0143－0005311　PG212/80
南漢書十八卷南漢書攷異十八卷南漢叢錄二卷南漢文字略四卷　(清)梁廷枏撰　清光緒二十一年(1895)刻本　五册　缺一種十八卷(南漢書攷異十八卷)

110000－0143－0005312　PG212/80
南漢書十八卷南漢書攷異十八卷南漢叢錄二卷南漢文字略四卷　(清)梁廷枏撰　清光緒二十一年(1895)刻本　八册

110000－0143－0005313　PG212/85
東華錄三十二卷　(清)蔣良騏撰　清光緒至宣統刻本　十二册

110000－0143－0005314　PG212/87
七家後漢書二十一卷　(清)汪文臺輯　清光緒二十八年(1902)刻本　六册

110000－0143－0005315　PG212/88
南宋書六十八卷　(明)錢士升撰　清嘉慶二年(1797)南沙席氏掃葉山房刻本　十册

110000－0143－0005316　PG212/88
南宋書六十八卷　(明)錢士升撰　清嘉慶二年(1797)南沙席氏掃葉山房刻本　十册

110000－0143－0005317　PG212/94
明史竊一百五卷　(明)尹守衡著　清光緒十

二年(1886)東莞縣署刻本　十八册

110000－0143－0005318　PG212/97
西漢會要七十卷　(宋)徐天麟撰　清光緒十年(1884)江蘇書局刻本　十册

110000－0143－0005319　PG212/97
西漢會要七十卷　(宋)徐天麟撰　清光緒十年(1884)江蘇書局刻本　十册

110000－0143－0005320　PG212/97
東漢會要四十卷　(宋)徐天麟撰　清光緒十年(1884)江蘇書局刻本　八册

110000－0143－0005321　PG212/97－1
西漢會要七十卷　(宋)徐天麟撰　清光緒十年(1884)江蘇書局刻本　十册

110000－0143－0005322　PG212/97－1
西漢會要七十卷　(宋)徐天麟撰　清光緒五年(1879)嶺南學海堂刻本　十册

110000－0143－0005323　PG212/99
皇明從扈安攘錄四卷　(明)青田逸叟撰　清道光六年(1826)抄本　八册

110000－0143－0005324　PG212/100
史表功比說一卷　(清)張錫瑜撰　清光緒十四年(1888)廣雅書局刻本　一册

110000－0143－0005325　PG212/102
史表功比說一卷　(清)張錫瑜撰　清光緒十四年(1888)廣雅書局刻本　與110000－0143－0005327合册

110000－0143－0005326　PG212/102
史記天官書補目一卷　(清)孫星衍撰　清光緒十三年(1887)廣雅書局刻本　與110000－0143－0005327合册

110000－0143－0005327　PG212/102
史漢駢枝一卷　(清)成孺撰　清光緒十四年(1888)廣雅書局刻本　一册

110000－0143－0005328　PG212/102
楚漢諸侯疆域志三卷　(清)劉文淇撰　清光緒十五年(1889)廣雅書局刻本　與110000－0143－0005327合册

110000－0143－0005329　PG212/102
史表功比說一卷　(清)張錫瑜撰　清光緒十四年(1888)廣雅書局刻本　一册

110000－0143－0005330　PG212/103
晉書校勘記三卷　(清)勞格撰　清光緒十八年(1892)廣雅書局刻本　一册

110000－0143－0005331　PG212/104
後漢書補注二十四卷　(清)惠棟撰　清咸豐元年(1851)南海伍氏刻本　四册　缺七卷(十四至十七、二十二至二十四)

110000－0143－0005332　PG212/106
漢書引經異文錄證六卷附目錄一卷　(清)繆祐孫撰　清光緒十一年(1885)刻本　二册

110000－0143－0005333　PG212/106
漢書引經異文錄證六卷附目錄一卷　(清)繆祐孫撰　清光緒十一年(1885)刻本　二册

110000－0143－0005334　PG212/107
後漢書辨疑十一卷　(清)錢大昭撰　清光緒十四年(1888)廣雅書局刻本　二册

110000－0143－0005335　PG212/107
後漢書辨疑十一卷　(清)錢大昭撰　清光緒十四年(1888)廣雅書局刻本　二册

110000－0143－0005336　PG212/108
續漢書辨疑九卷　(清)錢大昭撰　清光緒十四年(1888)廣雅書局刻本　一册

110000－0143－0005337　PG212/109
續唐書七十卷　(清)陳鱣撰　清道光四年(1824)祝恂、姜安刻本　六册

110000－0143－0005338　PG212/110
十六國春秋輯補一百卷年表一卷　(清)湯球輯　清光緒二十一年(1895)廣雅書局刻本　十册

110000－0143－0005339　PG212/120
漢史億二卷　(清)孫廷銓纂　清康熙十年(1671)益都孫氏刻本　二册

110000－0143－0005340　PG212/124
楚漢諸侯疆域志三卷　(清)劉文淇撰　清光

緒十五年(1889)廣雅書局刻本　一冊

110000－0143－0005341　PG212/125
五代史記七十四卷　(宋)歐陽修撰　(宋)徐無黨原注　(清)彭元瑞增注　(清)劉鳳誥排次　清道光八年(1828)刻本　八冊　存十五卷(一至十五)

110000－0143－0005342　PG213/2－1
通鑑綱目分註拾遺四卷　(清)芮長恤撰　清康熙二十年(1681)留餘堂刻本　二冊

110000－0143－0005343　PG213/3
御批資治通鑑綱目五十九卷　(宋)朱熹撰　(清)聖祖玄燁批　清光緒十三年(1887)上海同文書局石印本　六冊　缺三十卷(一至九、三十九至五十九)

110000－0143－0005344　PG213/5
新刊趙田了凡袁先生編纂古本歷史大方綱鑑補三十九卷首一卷御撰資治通鑑綱目三編二十卷　(明)袁黄撰　(清)張廷玉等纂　清同治五年(1866)大文堂刻本　三十二冊

110000－0143－0005345　PG213/7－1
資治通鑑外紀十卷目錄五卷　(宋)劉恕編集　清嘉慶十六年(1811)吳縣吳氏刻本　十八冊

110000－0143－0005346　PG213/7－2
資治通鑑外紀十卷目錄五卷　(宋)劉恕編集　清嘉慶十七年(1812)至宣統璜川書塾刻本　八冊

110000－0143－0005347　PG213/7－3
資治通鑑外紀十卷目錄五卷　(宋)劉恕編集　清同治十年(1871)江蘇書局刻本　十冊

110000－0143－0005348　PG213/9
資治通鑑二百九十四卷資治通鑑釋文辯誤十二卷　(宋)司馬光撰　(元)胡三省音註　清同治十年(1871)湖北崇文書局刻本　一百四冊

110000－0143－0005349　PG213/9
續資治通鑑二百二十卷　(清)畢沅撰　清嘉慶刻同治八年(1869)江蘇書局補刻本　六十冊

110000－0143－0005350　PG213/9－
續資治通鑑二百二十卷　(清)畢沅撰　清嘉慶刻同治八年(1869)江蘇書局補刻本　四十冊　缺七十九卷(一至七十九)

110000－0143－0005351　PG213/9－
續資治通鑑二百二十卷　(清)畢沅撰　清嘉慶刻同治八年(1869)江蘇書局補刻本　十冊　存三十六卷(一百十五至一百五十)

110000－0143－0005352　PG213/9－1
續資治通鑑二百二十卷　(清)畢沅撰　清嘉慶刻同治八年(1869)江蘇書局補刻本　六十冊

110000－0143－0005353　PG213/9－1
續資治通鑑二百二十卷　(清)畢沅撰　清嘉慶刻同治八年(1869)江蘇書局補刻本　六十冊

110000－0143－0005354　PG213/9－1
續資治通鑑二百二十卷　(清)畢沅撰　清嘉慶刻同治八年(1869)江蘇書局補刻本　七冊　存二十二卷(一百四十四至一百六十五)

110000－0143－0005355　PG213/9－1
續資治通鑑二百二十卷　(清)畢沅撰　清嘉慶刻同治八年(1869)江蘇書局補刻本　六十冊

110000－0143－0005356　PG213/9－1
續資治通鑑二百二十卷　(清)畢沅撰　清嘉慶刻同治八年(1869)江蘇書局補刻本　五十九冊　缺三卷(一至三)

110000－0143－0005357　PG213/9－4
資治通鑑二百九十四卷　(宋)司馬光撰　(元)胡三省音註　清道光至光緒刻本　一冊　存三卷(一百八十五至一百八十七)

110000－0143－0005358　PG213/9－4
資治通鑑二百九十四卷　(宋)司馬光撰　(元)胡三省音註　清嘉慶二十一年(1816)鄱

陽胡克家刻同治八年(1869)江蘇書局重刻本　一百册

110000－0143－0005359　PG213/9－5
資治通鑑二百九十四卷資治通鑑釋文辯誤十二卷　(宋)司馬光撰　(元)胡三省音註　清同治十年(1871)湖北崇文書局刻本　一百四册

110000－0143－0005360　PG213/9－5
資治通鑑二百九十四卷資治通鑑釋文辯誤十二卷　(宋)司馬光撰　(元)胡三省音註　清同治十年(1871)湖北崇文書局刻本　一百四册

110000－0143－0005361　PG213/9－10
續資治通鑑長編拾補六十卷　(清)秦緗業等輯　清光緒九年(1883)浙江書局刻本　十二册

110000－0143－0005362　PG213/9－10
續資治通鑑長編拾補六十卷　(清)秦緗業等輯　清光緒九年(1883)浙江書局刻本　八册　存三十四卷(二十七至六十)

110000－0143－0005363　PG213/9－12
續資治通鑑二百二十卷　(清)畢沅撰　清嘉慶刻同治八年(1869)江蘇書局補刻本　五十八册

110000－0143－0005364　PG213/10
御批歷代通鑑輯覽一百二十卷　(清)傅恒等纂　清光緒二十九年(1903)鉛印本　八册　存三十七卷(一至三十三、七十七至八十)

110000－0143－0005365　PG213/10－1
御批歷代通鑑輯覽一百二十卷　(清)傅恒等纂　清同治十一年(1872)湖北崇文書局刻本　六十四册

110000－0143－0005366　PG213/10－2
御批歷代通鑑輯覽一百二十卷　(清)傅恒等纂　清同治十年(1871)潯陽萬氏芋栗園刻本　一百二十册

110000－0143－0005367　PG213/10－2
御批歷代通鑑輯覽一百二十卷　(清)傅恒等纂　清同治十三年(1874)文星書局刻本　六十四册

110000－0143－0005368　PG213/10－3
正續資治通鑑纂要二十七卷　(清)魏裔介纂　清咸豐至宣統兩浙新學緇繹書局石印本　八册

110000－0143－0005369　PG213/11－1
綱鑑正史約三十六卷附記　(明)顧錫疇原編　(清)陳弘謀輯　(清)陳弘謀增訂　清光緒十七年(1891)雲南書局刻本　二十六册

110000－0143－0005370　PG213/11－1
綱鑑正史約三十六卷附記　(明)顧錫疇原編　(清)陳弘謀輯　(清)陳弘謀增訂　清同治八年(1869)浙江書局刻本　二十册

110000－0143－0005371　PG213/12
御撰資治通鑑綱目三編二十卷　(清)張廷玉等撰　清光緒九年(1883)汝東寶仁堂刻本　六册

110000－0143－0005372　PG213/12
御撰資治通鑑綱目三編二十卷　(清)張廷玉等撰　清光緒九年(1883)汝東寶仁堂刻本　四册

110000－0143－0005373　PG213/13
帝王世紀纂要四卷　(清)游昌灼輯　清嘉慶十七年(1812)游氏刻本　一册

110000－0143－0005374　PG213/14
御批歷代通鑑輯覽一百二十卷　(清)傅恒等纂　清光緒二十九年(1903)上海商務印書館鉛印本　十册　存五十五卷(一至五十五)

110000－0143－0005375　PG213/14
御批歷代通鑑輯覽一百二十卷　(清)傅恒等纂　清光緒二十八年(1902)上海日新書莊石印本　十六册　缺四十卷(三十六至四十五、五十一至五十五、八十六至一百、一百六至一百十、一百十六至一百二十)

110000－0143－0005376　PG213/14

御批歷代通鑑輯覽一百二十卷 (清)傅恒等纂 清光緒五年(1879)刻本 五十八册

110000－0143－0005377 PG213/14
御批歷代通鑑輯覽一百二十卷 (清)傅恒等纂 清光緒五年(1879)刻本 五十八册

110000－0143－0005378 PG213/14－1
御批歷代通鑑輯覽一百二十卷 (清)傅恒等纂 清乾隆三十二年(1767)至嘉慶刻本 六十册

110000－0143－0005379 PG213/14－3
御批歷代通鑑輯覽一百二十卷 (清)傅恒等纂 清光緒二十八年(1902)萃文齋石印本 二十册

110000－0143－0005380 PG213/14－5
御批歷代通鑑輯覽一百二十卷 (清)傅恒等纂 清光緒三十一年(1905)上海商務印書館鉛印本 四十册

110000－0143－0005381 PG213/14－6
御批歷代通鑑輯覽一百二十卷 (清)傅恒等纂 **歷代帝王年表** (清)萬本儀編錄 清同治十年(1871)潯陽萬氏芋栗園刻本 一百十册

110000－0143－0005382 PG213/15－1
增評加批歷史綱鑑補三十九卷首一卷 (宋)司馬光通鑑 (明)王世貞 (明)袁黄編纂 **御撰資治通鑑綱目三編六卷** (宋)朱熹撰 清光緒二十八年(1902)上海富強齋石印本 十六册

110000－0143－0005383 PG213/15－1
袁王綱鑑合編三十九卷首一卷御撰明紀綱目二十卷 (明)袁黄輯 (明)王世貞編 清光緒三十年(1904)上海商務印書館鉛印本 十六册

110000－0143－0005384 PG213/17
欽定明鑑二十四卷首一卷 (清)胡敬等撰 清同治九年(1870)湖北崇文書局刻本 十册

110000－0143－0005385 PG213/17－1
欽定明鑑二十四卷首一卷 (清)胡敬等撰 清嘉慶二十三年(1818)刻本 四册

110000－0143－0005386 PG213/17－1
欽定明鑑二十四卷首一卷 (清)胡敬等撰 清嘉慶二十三年(1818)刻本 十二册

110000－0143－0005387 PG213/18
鑑撮六卷 (清)曠敏本撰 清光緒二十八年(1902)上洋書局石印本 三册 存五卷(一至五)

110000－0143－0005388 PG213/18
鑑撮四卷首一卷附讀史論略一卷 (清)曠敏本編 清道光刻本 五册

110000－0143－0005389 PG213/18
鑑撮六卷首一卷附讀史論略一卷 (清)曠敏本撰 清光緒二十八年(1902)上洋書局石印本 四册

110000－0143－0005390 PG213/19
史鑑節要便讀六卷 (清)鮑東里撰 清同治十二年(1873)同文書局刻本 二册

110000－0143－0005391 PG213/19
史鑑節要便讀六卷 (清)鮑東里撰 清同治十二年(1873)同文書局刻本 一册 存三卷(四至六)

110000－0143－0005392 PG213/19
史鑑節要便讀六卷 (清)鮑東里撰 清同治十二年(1873)羊城運署刻本 二册

110000－0143－0005393 PG213/19
史鑑節要便讀六卷 (清)鮑東里撰 清同治十二年(1873)羊城運署刻本 二册

110000－0143－0005394 PG213/19－1
史鑑節要便讀六卷 (清)鮑東里撰 清光緒元年(1875)湖北崇文書局刻本 二册

110000－0143－0005395 PG213/19－1
史鑑節要便讀六卷 (清)鮑東里撰 清光緒十三年(1887)姑胥刻本 一册

110000－0143－0005396 PG213/20
續資治通鑑長編五百二十卷 (宋)李燾撰

清光緒七年(1881)浙江書局刻本　一百十二冊　缺三十四卷(一百五十八至一百八十二、三百九十九至四百七)

110000－0143－0005397　PG213/20
續資治通鑑長編五百二十卷　(宋)李燾撰　清光緒七年(1881)浙江書局刻本　三十冊　存一百二十四卷(三百五十五至四百七十八)

110000－0143－0005398　PG213/20
續資治通鑑長編五百二十卷　(宋)李燾撰　清光緒七年(1881)浙江書局刻本　八十冊　存三百五十四卷(一至三百五十四)

110000－0143－0005399　PG213/20
續資治通鑑長編五百二十卷　(宋)李燾撰　清光緒七年(1881)浙江書局刻本　一百二十冊

110000－0143－0005400　PG213/20
續資治通鑑長編五百二十卷　(宋)李燾撰　清光緒七年(1881)浙江書局刻本　一百二十冊

110000－0143－0005401　PG213/20－2
續資治通鑑長編拾補六十卷　(清)秦緗業等輯　清光緒九年(1883)浙江書局刻本　十六冊

110000－0143－0005402　PG213/21
國朝翰詹源流編年二卷國朝館選爵里諡法攷三卷　(清)吳鼎雯著　清乾隆五十八年(1793)刻本　四冊

110000－0143－0005403　PG213/22
綱鑑易知錄九十二卷　(清)吳乘權等輯　清光緒三十四年(1908)上海廣益書局鉛印本　二十冊

110000－0143－0005404　PG213/23
司馬溫公稽古錄二十卷　(宋)司馬光撰　清同治十一年(1872)湖北崇文書局刻本　四冊

110000－0143－0005405　PG213/23－1
司馬溫公稽古錄二十卷　(宋)司馬光撰　清同治十一年(1872)湖北崇文書局刻本　四冊

110000－0143－0005406　PG213/23－1
司馬溫公稽古錄二十卷　(宋)司馬光撰　清同治十一年(1872)湖北崇文書局刻本　四冊

110000－0143－0005407　PG213/23－2
東華續錄(咸豐朝)一百卷東華續錄(同治朝)一百卷　王先謙編　清光緒二十年(1894)上海積山書局石印本　四十二冊

110000－0143－0005408　PG213/23－2
稽古錄論一卷　(宋)司馬光撰　(清)伍耀光輯　清光緒至宣統石印本　一冊

110000－0143－0005409　PG213/24－2
竹書紀年統箋十二卷前編一卷雜述一卷　(南朝梁)沈約注　(清)徐文靖統箋　清光緒三年(1877)浙江書局刻本　四冊

110000－0143－0005410　PG213/24－2
竹書紀年統箋十二卷前編一卷雜述一卷　(南朝梁)沈約注　(清)徐文靖統箋　清光緒三年(1877)浙江書局刻本　四冊

110000－0143－0005411　PG213/25
皇清開國方略三十二卷首一卷附皇清開國方略書成聯句一卷　(清)阿桂等纂　清乾隆五十一年(1786)刻本　十六冊

110000－0143－0005412　PG213/25
皇清開國方略三十二卷首一卷附皇清開國方略書成聯句一卷　(清)阿桂等纂　清乾隆五十一年(1786)刻本　十六冊

110000－0143－0005413　PG213/26
明通鑑九十卷首一卷前編四卷附編六卷　(清)夏燮編輯　清光緒二十三年(1897)湖北官書處刻本　四十冊

110000－0143－0005414　PG213/26
明通鑑九十卷首一卷前編四卷附編六卷　(清)夏燮編輯　清光緒二十三年(1897)湖北官書處刻本　四十冊

110000－0143－0005415　PG213/26－1
明通鑑九十卷首一卷目錄二十卷前編四卷附編六卷　(清)夏燮編輯　清同治十二年

(1873)當塗夏燮宜黄官廨刻本　十九册　存五十四卷(二十二至六十一、目録一至十四)

110000－0143－0005416　PG213/26－1
明通鑑九十卷首一卷目録二十卷前編四卷附編六卷　(清)夏燮編輯　清同治十二年(1873)當塗夏燮宜黄官廨刻本　四十八册

110000－0143－0005417　PG213/26－1
明通鑑九十卷首一卷目録二十卷前編四卷附編六卷　(清)夏燮編輯　清同治十二年(1873)當塗夏燮宜黄官廨刻本　二十五册　存五十卷(一至二十一、六十二至九十)

110000－0143－0005418　PG213/26－2
明通鑑九十卷首一卷前編四卷附編六卷　(清)夏燮編輯　清光緒二十六年(1900)上海掃葉山房石印本　十六册

110000－0143－0005419　PG213/26－3
明通鑑九十卷首一卷前編四卷附編六卷　(清)夏燮編輯　清光緒二十三年(1897)湖北官書處刻本　四十册

110000－0143－0005420　PG213/27
普通新歷史十章附歷代帝王總紀　(清)上海普通學書室編　(清)周鵬校訂　清宣統二年(1910)上海普通學書室鉛印本　一册

110000－0143－0005421　PG213/27－1
普通新歷史十章　(清)上海普通學書室編　(清)周鵬校訂　清光緒二十九年(1903)上海普通學書室鉛印本　一册

110000－0143－0005422　PG213/30
中興别記六十一卷末一卷　(清)李濱撰　清宣統二年(1910)鉛印本　十二册

110000－0143－0005423　PG213/31
資治通鑑補二百九十四卷　(宋)司馬光編集　(元)胡三省音註　(明)嚴衍補　清光緒二年(1876)思補樓刻本　八十册

110000－0143－0005424　PG213/32
東華録一百九十四卷　王先謙編　清光緒十七年(1891)上海廣百宋齋鉛印本　三十二册

110000－0143－0005425　PG213/32－1
十一朝東華録五百九十三卷　王先謙編　清宣統三年(1911)存古齋鉛印本　一百二十四册

110000－0143－0005426　PG213/32－2
東華續録(同治朝)一百卷　王先謙編　張式恭校　清光緒二十四年(1898)文瀾書局石印本　二十四册

110000－0143－0005427　PG213/32－2
十朝東華録五百四十二卷　王先謙編　清光緒二十年(1894)上海積山書局石印本　六十四册

110000－0143－0005428　PG213/32－4
九朝東華録一百二十卷　王先謙編　清光緒石印本　六十册

110000－0143－0005429　PG213/32－5
東華續録(光緒朝)二十二卷　朱壽朋編　清宣統元年(1909)上海集成圖書公司鉛印本　六十四册

110000－0143－0005430　PG213/32－6
東華續録(乾隆朝)一百二十卷　王先謙編　清光緒刻本　四十八册

110000－0143－0005431　PG213/32－6
東華續録(咸豐朝)一百卷　王先謙編　陶濬宣校　清光緒十五年至十六年(1889－1890)浙江會稽望三益齋刻本　六十册

110000－0143－0005432　PG213/32－6
東華録(雍正朝)二十六卷　王先謙編　清同治四年(1865)至光緒刻本　二十册

110000－0143－0005433　PG213/32－6
東華續録(康熙朝)一百十卷　王先謙編　清光緒至宣統刻本　八册　存三十三卷(七十八至一百十)

110000－0143－0005434　PG213/32－6
東華續録(光緒朝)二百二十卷　朱壽朋編　潘鴻鼎校　清宣統元年(1909)上海集成圖書公司鉛印本　六十四册

110000－0143－0005435　PG213/32－6
東華續録(同治朝)一百卷　王先謙編　張式恭校　清宣統三年(1911)存古齋鉛印本　三十册

110000－0143－0005436　PG213/32－7
東華續録(乾隆朝)一百二十卷　王先謙編　清光緒二十五年(1899)石印本　十四册

110000－0143－0005437　PG213/33
十一朝東華録一百九十四卷東華續録三百九十七卷　王先謙編　清光緒十七年至二十四年(1891－1898)上海廣百宋齋、上海圖書集成印書局、文瀾書局鉛印暨石印本　八十四册　缺二百五卷(東華録天命至雍正六朝一百九十四卷、東華續録嘉慶四十至五十)

110000－0143－0005438　PG213/33
東華續録(同治朝)一百卷　王先謙編　張式恭校　清光緒至宣統刻本　六十四册

110000－0143－0005439　PG213/33－1
東華續録(光緒朝)二百二十卷　朱壽朋編　潘鴻鼎校　清宣統元年(1909)上海集成圖書公司鉛印本　六十四册

110000－0143－0005440　PG213/33－2
東華續録(咸豐朝)一百卷　王先謙編　陶濬宣校　清光緒十五年至十六年(1889－1890)會稽籀三倉室刻本　六十册

110000－0143－0005441　PG213/33－3
東華續録(同治朝)一百卷　王先謙編　張式恭校　清光緒至宣統刻本　八十册

110000－0143－0005442　PG213/33－3
東華續録(同治朝)一百卷　王先謙編　張式恭校　清光緒二十四年(1898)文瀾書局石印本　二十四册

110000－0143－0005443　PG213/34
四裔編年表四卷　(美國)林樂知　嚴良勳同譯　(清)李鳳苞彙編　清光緒二十三年(1897)石印本　四册

110000－0143－0005444　PG213/34
四裔編年表四卷　(美國)林樂知　嚴良勳同譯　(清)李鳳苞彙編　清同治至宣統江南製造總局刻本　四册

110000－0143－0005445　PG213/34
四裔編年表四卷　(美國)林樂知　嚴良勳同譯　(清)李鳳苞彙編　清同治至宣統江南製造總局刻本　一册

110000－0143－0005446　PG213/34
四裔編年表四卷　(美國)林樂知　嚴良勳同譯　(清)李鳳苞彙編　清光緒二十三年(1897)石印本　四册

110000－0143－0005447　PG213/34
四裔編年表四卷　(美國)林樂知　嚴良勳同譯　(清)李鳳苞彙編　清光緒二十三年(1897)石印本　三册　存三卷(一至三)

110000－0143－0005448　PG213/34－1
四裔編年表四卷　(美國)林樂知　嚴良勳同譯　(清)李鳳苞彙編　清同治至宣統江南製造總局刻本　四册

110000－0143－0005449　PG213/34－1
四裔編年表四卷　(美國)林樂知　嚴良勳同譯　(清)李鳳苞彙編　清同治至宣統江南製造總局刻本　四册

110000－0143－0005450　PG213/34－1
四裔編年表四卷　(美國)林樂知　嚴良勳同譯　(清)李鳳苞彙編　清同治至宣統江南製造總局刻本　四册

110000－0143－0005451　PG213/35
小腆紀年坿攷二十卷　(清)徐鼒譔　清咸豐十一年(1861)六合徐氏刻本　十二册

110000－0143－0005452　PG213/35
小腆紀年坿攷二十卷　(清)徐鼒譔　清光緒十二年(1886)扶桑使廨鉛印本　十二册

110000－0143－0005453　PG213/35
小腆紀年坿攷二十卷　(清)徐鼒譔　清咸豐十一年(1861)六合徐氏刻本　十二册

110000－0143－0005454　PG213/35－1

小腆紀年坿攷二十卷 (清)徐鼒譔 清咸豐十一年(1861)六合徐氏刻本 十二册

110000－0143－0005455 PG213/39
西漢年紀三十卷 (宋)王益之撰 清同治十二年(1873)永康胡氏退補齋刻本 十册

110000－0143－0005456 PG213/39－1
西漢年紀三十卷 (宋)王益之撰 清乾隆五十年至六十年(1785－1795)掃葉山房刻本 十册

110000－0143－0005457 PG213/39－1
西漢年紀三十卷 (宋)王益之撰 清乾隆五十年至六十年(1785－1795)掃葉山房刻本 六册

110000－0143－0005458 PG213/40
光緒政要三十四卷 (清)沈桐生輯 (清)董沅 (清)董潤校 清宣統元年(1909)上海崇義堂石印本 十九册 存二十三卷(一至二十三)

110000－0143－0005459 PG213/44
綱鑑會纂三十九卷首一卷綱鑑會通明紀十五卷 (明)王世貞編 (清)陳志襄輯 清光緒至宣統書業德刻本 三十四册

110000－0143－0005460 PG213/46
岣嶁鑑撮四卷首一卷附讀史論略一卷 (清)曠敏本編 清光緒二十八年(1902)澹雅書局刻本 五册

110000－0143－0005461 PG213/46－1
岣嶁鑑撮四卷首一卷附讀史論略一卷 (清)曠敏本編 清乾隆四十年(1775)曠氏澄滓山房刻本 四册

110000－0143－0005462 PG213/47
國朝貢舉年表三卷二百十一科鄉會文統 (清)陳國霖 (清)顧錫中編 清光緒十九年(1893)上海書局石印本 二册

110000－0143－0005463 PG213/47－1
國朝貢舉年表三卷 (清)陳國霖 (清)顧錫中編 清光緒十九年(1893)上海書局石印本 十二册

110000－0143－0005464 PG213/48
明紀六十卷 (清)陳鶴撰 清同治十年(1871)江蘇書局刻本 二十册

110000－0143－0005465 PG213/48－2
明紀六十卷 (清)陳鶴撰 (清)陳克家參訂 清光緒十六年(1890)上海積山書局石印本 六册

110000－0143－0005466 PG213/49
歷代紀年便覽一卷 (清)陳鍾珂輯 清道光二十七年(1847)湘西黄世杰刻本 一册

110000－0143－0005467 PG213/50
史學驪珠四卷首一卷 (清)周賓纂 清光緒七年(1881)刻本 四册

110000－0143－0005468 PG213/51－1
史存三十卷 (清)劉沅輯 清咸豐刻本 十六册

110000－0143－0005469 PG213/52
歷朝世史紀要不分卷鑑論必讀四十卷首一卷 (清)葉羲昂纂 (清)詹廷對校 清乾隆十三年(1748)三樂齋、博古齋刻本 十二册

110000－0143－0005470 PG213/53
袁王綱鑑合編三十九卷 (明)袁黄輯 (明)王世貞編 清光緒三十年(1904)上海商務印書館鉛印本 十四册

110000－0143－0005471 PG213/53
御撰明紀綱目二十卷 (清)高宗弘曆撰 清光緒三十年(1904)上海商務印書館鉛印本 二册

110000－0143－0005472 PG213/53
袁王綱鑑合編三十九卷 (明)袁黄輯 (明)王世貞編 清光緒三十年(1904)上海商務印書館鉛印本 十四册

110000－0143－0005473 PG213/53
御撰明紀綱目二十卷 (清)高宗弘曆撰 清光緒三十年(1904)上海商務印書館鉛印本 二册

110000－0143－0005474　PG213/54
御批增補了凡綱鑑四十卷首一卷　(明)袁黄編纂　清光緒二十八年(1902)漢讀樓書局鉛印本　二册　存十六卷(一至十六)

110000－0143－0005475　PG213/54－1
御批增補了凡綱鑑四十卷首一卷綱目六卷　(明)袁黄編纂　清光緒三十年(1904)上海同文升記書局鉛印本　二十册

110000－0143－0005476　PG213/55
綱鑑總論不分卷　(清)陳受賢撰　清光緒三十年(1904)善成堂刻本　二册

110000－0143－0005477　PG213/57
明州繫年録七卷　(清)董沛撰　清光緒四年(1878)蔡鴻鑑刻本　三册

110000－0143－0005478　PG213/61
中興小紀四十卷　(宋)熊克撰　清光緒十七年(1891)廣雅書局刻廣雅書局叢書本　六册

110000－0143－0005479　PG213/68
聖蹟編年不分卷　(清)費崇朱撰　清同治五年(1866)刻本　一册

110000－0143－0005480　PG213/68
聖蹟編年不分卷　(清)費崇朱撰　清同治五年(1866)刻本　一册

110000－0143－0005481　PG213/74
靖康要録十六卷　(宋)□□撰　清光緒十二年(1886)歸安陸氏刻本　八册

110000－0143－0005482　PG213/75
小腆紀傳六十五卷小腆紀傳補遺六卷　(清)徐鼒譔　(清)徐承禮補遺　清光緒十三年至十四年(1887－1888)六合徐氏金陵刻本　十八册

110000－0143－0005483　PG213/76
皇朝大事紀年二卷　黄壽袞　黄之炎編　清光緒二十八年(1902)石印本　二册

110000－0143－0005484　PG213/80
三國紀年表一卷五代紀年表一卷　(清)周嘉猷撰　清同治至宣統刻本　一册

110000－0143－0005485　PG213/81
歷代治權分合系統表不分卷　(清)吴寶忠編　清光緒三十四年(1908)石印本　一册

110000－0143－0005486　PG213/81
歷代治權分合系統表不分卷　(清)吴寶忠編　清光緒三十四年(1908)石印本　一册

110000－0143－0005487　PG213/83
元經薛氏傳十卷　(隋)王通經　(唐)薛收傳　(宋)阮逸註　(明)程榮校　明萬曆新安程氏刻漢魏叢書本　四册

110000－0143－0005488　PG213/83
元經薛氏傳十卷　(隋)王通經　(唐)薛收傳　(宋)阮逸註　(明)程榮校　明萬曆新安程氏刻漢魏叢書本　二册

110000－0143－0005489　PG213/83
元經薛氏傳十卷　(隋)王通經　(唐)薛收傳　(宋)阮逸註　明萬曆二十年(1592)何允中刻廣漢魏叢書本　四册

110000－0143－0005490　PG213/84
戰國紀年六卷地輿一卷年表一卷　(清)林春溥纂　清道光十八年(1838)竹柏山房刻竹柏山房十五種附刻四種本　四册　存六卷(戰國紀年一至五、地輿一卷)

110000－0143－0005491　PG213/86
歷代年號紀略二卷　清咸豐至宣統抄本　二册

110000－0143－0005492　PG213/88
通鑑釋文辯誤十二卷　(元)胡三省撰　清咸豐至宣統刻本　二册

110000－0143－0005493　PG213/89
資治通鑑綱目前編竊議二十五卷　(清)易其霈撰　清光緒十五年至三十四年(1889－1908)刻本　六册

110000－0143－0005494　PG213/94
資治通鑑宋本校勘記五卷元本校勘記二卷　(清)張瑛撰　清光緒八年(1882)江蘇書局刻本　一册

110000－0143－0005495　PG213/94
資治通鑑宋本校勘記五卷元本校勘記二卷　(清)張瑛撰　清光緒八年(1882)江蘇書局刻本　一册

110000－0143－0005496　PG213/94
資治通鑑宋本校勘記五卷元本校勘記二卷　(清)張瑛撰　清光緒八年(1882)江蘇書局刻本　二册

110000－0143－0005497　PG213/99
通鑑明紀全載輯略十五卷　(清)朱璘撰　清康熙三十五年(1696)刻本　十册

110000－0143－0005498　PG213/100
歷史策題會纂八卷　(清)南洋編譯社纂輯　(清)世界圖書館校訂　清光緒二十九年(1903)上海六藝書局石印本　八册

110000－0143－0005499　PG213/111
東華録(道光朝)六十卷　王先謙編　清光緒二十五年(1899)石印本　七册

110000－0143－0005500　PG213/113
君鑑録四卷　(清)尹會一輯　清光緒刻本　一册

110000－0143－0005501　PG213/114
嚴永思先生通鑑補正略三卷　(明)嚴衍撰　(清)張敦仁彙鈔　清光緒至宣統鉛印本　二册

110000－0143－0005502　PG213/115
資治通鑑綱目前編二十五卷　(明)南軒編　(明)陳仁錫評閲　清嘉慶八年(1803)宏道堂刻本　八册

110000－0143－0005503　PG214/1
元史紀事本末二十七卷　(明)陳邦瞻編輯　(明)張溥論正　清同治十三年(1874)江西書局刻本　四册

110000－0143－0005504　PG214/1
元史紀事本末二十七卷　(明)陳邦瞻編輯　(明)張溥論正　清光緒十四年(1888)廣雅書局刻本　三册

110000－0143－0005505　PG214/1
元史紀事本末二十七卷　(明)陳邦瞻編輯　(明)張溥論正　清末刻本　四册　缺一卷(一)

110000－0143－0005506　PG214/1
元史紀事本末二十七卷　(明)陳邦瞻編輯　(明)張溥論正　清光緒二十四年(1898)湖南思賢書局刻本　四册

110000－0143－0005507　PG214/1
元史紀事本末二十七卷　(明)陳邦瞻編輯　(明)張溥論正　清光緒二十四年(1898)湖南思賢書局刻本　四册

110000－0143－0005508　PG214/1
元史紀事本末二十七卷　(明)陳邦瞻編輯　(明)張溥論正　清同治十三年(1874)江西書局刻本　四册

110000－0143－0005509　PG214/1－1
元史紀事本末二十七卷　(明)陳邦瞻編輯　(明)張溥論正　清光緒二十一年(1895)上海積山書局石印本　二册

110000－0143－0005510　PG214/1－2
元史紀事本末二十七卷　(明)陳邦瞻編輯　(明)張溥論正　清光緒十三年(1887)廣雅書局刻本　三册

110000－0143－0005511　PG214/2
通鑑紀事本末二百三十九卷　(宋)袁樞編　(明)張溥論正　清同治十二年(1873)江西書局刻本　八十册

110000－0143－0005512　PG214/2－1
通鑑紀事本末二百三十九卷　(宋)袁樞編　(明)張溥論正　清光緒二十四年(1898)湖南思賢書局刻本　六十三册

110000－0143－0005513　PG214/2－1
通鑑紀事本末二百三十九卷　(宋)袁樞編　(明)張溥論正　清光緒二十四年(1898)湖南思賢書局刻本　六十四册

110000－0143－0005514　PG214/2－1

明朝紀事本末八十卷　(清)谷應泰編　清順治十五年(1658)刻本　十六冊

110000－0143－0005515　PG214/2－5
續通鑑紀事本末一百十卷　(清)李銘漢編　清光緒二十九年至三十二年(1903－1906)武威李氏刻本　三十二冊

110000－0143－0005516　PG214/4
拳匪紀事六卷　(日本)佐原篤介　(清)浙西漚隱輯　清光緒二十七年(1901)鉛印本　六冊

110000－0143－0005517　PG214/4－1
拳匪紀略八卷前編二卷後編二卷　(清)僑析生　(清)余氏輯　清光緒二十七年(1901)石印本　六冊

110000－0143－0005518　PG214/4－1
拳匪紀略八卷前編二卷後編二卷　(清)僑析生　(清)縉雲氏輯　清光緒二十九年(1903)上洋書局石印本　六冊

110000－0143－0005519　PG214/4－1
拳匪紀略八卷前編二卷後編二卷　(清)僑析生　(清)縉雲氏輯　清光緒二十七年(1901)香港書局石印本　六冊

110000－0143－0005520　PG214/4－1
拳匪紀略八卷前編二卷後編二卷　(清)僑析生　(清)余氏輯　清光緒二十七年(1901)石印本　六冊

110000－0143－0005521　PG214/5
遼史紀事本末四十卷首一卷末一卷　(清)李有棠編纂　清光緒二十九年(1903)李栘鄂樓刻本　八冊

110000－0143－0005522　PG214/6
金史紀事本末五十二卷首一卷末一卷　(清)李有棠編纂　清光緒二十九年(1903)李栘鄂樓刻本　十二冊

110000－0143－0005523　PG214/6
金史紀事本末五十二卷首一卷末一卷　(清)李有棠編纂　清光緒二十九年(1903)李栘鄂樓刻本　十二冊

110000－0143－0005524　PG214/7
明史紀事本末八十卷　(清)谷應泰編　清光緒二十一年(1895)上海積山書局石印本　八冊

110000－0143－0005525　PG214/7
明史紀事本末八十卷　(清)谷應泰編　清光緒二十一年(1895)上海積山書局石印本　八冊

110000－0143－0005526　PG214/7
明史紀事本末八十卷　(清)谷應泰編　清同治十三年(1874)江西書局刻本　二十冊

110000－0143－0005527　PG214/7
明史紀事本末八十卷　(清)谷應泰編　清光緒二十四年(1898)湖南思賢書局刻本　二十冊

110000－0143－0005528　PG214/7－1
明史紀事本末八十卷　(清)谷應泰編　清同治十三年(1874)江西書局刻本　二十冊

110000－0143－0005529　PG214/7－2
續明紀事本末十八卷　(清)倪在田輯　清光緒二十九年(1903)育英學社鉛印本　二冊

110000－0143－0005530　PG214/7－2
續明紀事本末十八卷　(清)倪在田輯　清光緒二十九年(1903)育英學社鉛印本　六冊

110000－0143－0005531　PG214/8
宋史紀事本末一百九卷　(明)馮琦原編　(明)陳邦瞻增訂　(明)張溥論正　清光緒二十一年(1895)上海積山書局石印本　七冊　缺十三卷(三十至四十二)

110000－0143－0005532　PG214/8
宋史紀事本末一百九卷　(明)馮琦原編　(明)陳邦瞻增訂　(明)張溥論正　清同治十三年(1874)江西書局刻紀事本末五種本　二十冊

110000－0143－0005533　PG214/8
宋史紀事本末一百九卷　(明)馮琦原編

(明)陳邦瞻增訂　(明)張溥論正　清同治十三年(1874)江西書局刻紀事本末五種本　二十冊

110000－0143－0005534　PG214/8－1

宋史紀事本末一百九卷　(明)馮琦原編　(明)陳邦瞻增訂　(明)張溥論正　清光緒二十四年(1898)湖南思賢書局刻紀事本末五種本　二十冊

110000－0143－0005535　PG214/9

左傳紀事本末五十三卷　(清)高士奇編　清同治十二年(1873)江西書局刻本　十二冊

110000－0143－0005536　PG214/9

左傳紀事本末五十三卷　(清)高士奇編　清同治十二年(1873)江西書局刻本　十二冊

110000－0143－0005537　PG214/9

左傳紀事本末五十三卷　(清)高士奇編　清同治十二年(1873)江西書局刻本　十二冊

110000－0143－0005538　PG214/9

左傳紀事本末五十三卷　(清)高士奇編　清光緒二十四年(1898)湖南思賢書局刻本　十二冊

110000－0143－0005539　PG214/9

左傳紀事本末五十三卷　(清)高士奇編　清光緒二十四年(1898)湖南思賢書局刻本　十二冊

110000－0143－0005540　PG214/9

左傳紀事本末五十三卷　(清)高士奇編　(清)閔萃祥點勘　清光緒十四年(1888)上海書業公所鉛印本　五冊

110000－0143－0005541　PG214/9

左傳紀事本末五十三卷　(清)高士奇編　(清)閔萃祥點勘　清光緒二十五年(1899)上海慎記書莊石印本　五冊

110000－0143－0005542　PG214/11

繹史一百六十卷　(清)馬驌撰　清光緒二十三年(1897)武林尚友齋石印本　十二冊　存九十四卷(一至九十四)

110000－0143－0005543　PG214/11

繹史一百六十卷附世系圖年表　(清)馬驌撰　清同治七年(1868)姑蘇亦西齋刻本　四十冊

110000－0143－0005544　PG214/11－1

繹史一百六十卷附世系圖年表　(清)馬驌撰　清光緒十五年(1889)金匱浦氏刻本　四十八冊

110000－0143－0005545　PG214/11－1

繹史一百六十卷附世系圖年表　(清)馬驌撰　清光緒十五年(1889)金匱浦氏刻本　四十八冊

110000－0143－0005546　PG214/13

聖武記十四卷　(清)魏源撰　清道光二十二年(1842)古微堂刻本　十二冊

110000－0143－0005547　PG214/13

聖武記十四卷　(清)魏源撰　清道光二十二年(1842)刻二十六年(1846)古微堂第三次修訂本　十二冊

110000－0143－0005548　PG214/13

聖武記十四卷　(清)魏源撰　清道光二十二年(1842)刻二十六年(1846)古微堂第三次修訂本　十冊

110000－0143－0005549　PG214/13

聖武記十四卷　(清)魏源撰　清光緒二十四年(1898)上海書局石印本　四冊

110000－0143－0005550　PG214/13

聖武記十四卷　(清)魏源撰　清道光二十二年(1842)古微堂刻本　二冊　存二卷(七至八)

110000－0143－0005551　PG214/13

聖武記十四卷　(清)魏源撰　清道光二十二年(1842)古微堂刻本　十二冊

110000－0143－0005552　PG214/13

聖武記十四卷　(清)魏源撰　清道光二十二年(1842)古微堂刻本　十二冊

110000－0143－0005553　PG214/13

聖武記十四卷 (清)魏源撰 清道光二十六年(1846)至宣統刻本 十二冊

110000－0143－0005554 PG214/13
聖武記十四卷 (清)魏源撰 清光緒四年(1878)上海申報館鉛印申報館叢書續集本 十冊

110000－0143－0005555 PG214/13－1
聖武記十四卷 (清)魏源撰 清道光二十二年(1842)古微堂刻本 六冊

110000－0143－0005556 PG214/13－1
聖武記十四卷 (清)魏源撰 清光緒四年(1878)上海申報館鉛印申報館叢書續集本 十冊

110000－0143－0005557 PG214/13－2
聖武記十四卷 (清)魏源撰 清道光二十二年(1842)刻二十四年(1844)古微堂第二次修訂本 十一冊

110000－0143－0005558 PG214/14－1
金史紀事本末五十二卷首一卷 (清)李有棠編纂 清光緒十九年(1893)同文書局石印本 六冊

110000－0143－0005559 PG214/14－1
遼史紀事本末四十卷首一卷 (清)李有棠編纂 清光緒十九年(1893)同文書局石印本 四冊

110000－0143－0005560 PG214/14－2
遼史紀事本末四十卷首一卷末一卷 (清)李有棠編纂 清光緒二十九年(1903)李栘鄂樓刻本 八冊

110000－0143－0005561 PG214/14－2
遼史紀事本末四十卷首一卷末一卷 (清)李有棠編纂 清光緒二十九年(1903)李栘鄂樓刻本 八冊

110000－0143－0005562 PG214/14－2
遼史紀事本末四十卷首一卷末一卷 (清)李有棠編纂 清光緒二十九年(1903)李栘鄂樓刻本 八冊

110000－0143－0005563 PG214/14－3
遼史紀事本末四十卷首一卷 (清)李有棠編纂 清光緒二十五年(1899)上海慎記書莊石印本 二冊

110000－0143－0005564 PG214/14－3
遼史紀事本末四十卷首一卷 (清)李有棠編纂 清光緒二十五年(1899)上海慎記書莊石印本 二冊

110000－0143－0005565 PG214/14－4
左傳紀事本末五十三卷 (清)高士奇編 (清)閔萃祥點勘 清光緒二十五年(1899)上海慎記書莊石印本 五冊

110000－0143－0005566 PG214/16
臺灣戰紀二卷 (清)洪棄父纂 清光緒三十二年(1906)鉛印本 二冊

110000－0143－0005567 PG214/16
臺灣戰紀二卷 (清)洪棄父纂 清光緒三十二年(1906)鉛印本 二冊

110000－0143－0005568 PG214/16
臺灣戰紀二卷 (清)洪棄父纂 清光緒三十二年(1906)鉛印本 二冊

110000－0143－0005569 PG214/16
臺灣戰紀二卷 (清)洪棄父纂 清光緒三十二年(1906)鉛印本 二冊

110000－0143－0005570 PG214/16
臺灣戰紀二卷 (清)洪棄父纂 清光緒三十二年(1906)鉛印本 二冊

110000－0143－0005571 PG214/16
臺灣戰紀二卷 (清)洪棄父纂 清光緒三十二年(1906)鉛印本 二冊

110000－0143－0005572 PG214/16
臺灣戰紀二卷 (清)洪棄父纂 清光緒三十二年(1906)鉛印本 二冊

110000－0143－0005573 PG214/18
紀事本末五種 (清)□□輯 清同治十二年至十三年(1873－1874)江西書局刻本 一百三十六冊

110000－0143－0005574　PG214/23
中東戰紀一卷　(清)洪棄父纂　清光緒三十二年(1906)鉛印本　一册

110000－0143－0005575　PG214/23
中東戰紀一卷　(清)洪棄父纂　清光緒三十二年(1906)鉛印本　一册

110000－0143－0005576　PG214/23
中東戰紀一卷　(清)洪棄父纂　清光緒三十二年(1906)鉛印本　一册

110000－0143－0005577　PG214/23－1
中東戰紀本末八卷首一卷末一卷　(美國)林樂知著譯　蔡爾康纂輯　清光緒二十二年(1896)上海廣學會鉛印本　八册

110000－0143－0005578　PG214/23－1
中東戰紀本末八卷中東戰紀本末續編四卷文學興國策二卷　(美國)林樂知著譯　蔡爾康纂輯　清光緒二十二年(1896)圖書集成局鉛印本　十三册

110000－0143－0005579　PG214/23－1
中東戰紀本末八卷中東戰紀本末續編四卷文學興國策二卷　(美國)林樂知著譯　蔡爾康纂輯　清光緒二十二年(1896)圖書集成局鉛印本　十三册

110000－0143－0005580　PG214/29
欽定平定貴州苗匪紀略四十卷　(清)奕訢等撰　清光緒二十二年至三十四年(1896－1908)刻本　一册　存十五卷(一至十五)

110000－0143－0005581　PG214/30
豫軍紀略十二卷　(清)尹耕雲等纂　清同治十一年(1872)河南尹耕雲刻本　六册

110000－0143－0005582　PG214/30
豫軍紀略十二卷　(清)尹耕雲等纂　清同治十一年(1872)河南尹耕雲刻本　六册

110000－0143－0005583　PG214/30
豫軍紀略十二卷　(清)尹耕雲等纂　清光緒三年(1877)上海申報館鉛印本　六册

110000－0143－0005584　PG214/30
豫軍紀略十二卷　(清)尹耕雲等纂　清同治十一年(1872)河南尹耕雲刻本　六册

110000－0143－0005585　PG214/30
豫軍紀略十二卷　(清)尹耕雲等纂　清同治十一年(1872)河南尹耕雲刻本　十二册

110000－0143－0005586　PG214/31
湘軍志十六篇　王闓運撰　清光緒七年(1881)至宣統刻本　二册

110000－0143－0005587　PG214/31
湘軍志十六篇　王闓運撰　清宣統元年(1909)東洲刻湘綺樓全書本　四册

110000－0143－0005588　PG214/31
湘軍志十六篇　王闓運撰　清宣統元年(1909)東洲刻湘綺樓全書本　四册

110000－0143－0005589　PG214/31
湘軍志十六篇　王闓運撰　清光緒七年(1881)至宣統刻本　四册

110000－0143－0005590　PG214/31
湘軍志十六篇　王闓運撰　清光緒七年(1881)至宣統刻本　四册

110000－0143－0005591　PG214/31－1
湘軍志十六篇　王闓運撰　清光緒七年(1881)至宣統刻本　四册

110000－0143－0005592　PG214/31－1
湘軍志十六篇　王闓運撰　清光緒七年(1881)至宣統刻本　一册

110000－0143－0005593　PG214/31－1
湘軍志十六篇　王闓運撰　清光緒七年(1881)至宣統刻本　四册　缺三頁(卷一第一至三頁A面)

110000－0143－0005594　PG214/31－1
湘軍志十六篇　王闓運撰　清光緒七年(1881)至宣統刻本　四册

110000－0143－0005595　PG214/31－2
湘軍志十六篇　王闓運撰　(清)鄒凌沅校印　清光緒二十四年(1898)高安鄒氏述廬鉛印述廬叢書本　二册

110000－0143－0005596　PG214/31－4
湘軍志十六卷首不分卷　王闓運撰　(清)斠微齋主人勘校　清光緒二十八年(1902)湖南書局刻本　六冊

110000－0143－0005597　PG214/31－5
湘軍志十六篇　王闓運撰　清宣統元年(1909)東洲刻王湘綺先生全集本　三冊

110000－0143－0005598　PG214/31－6
湘軍記二十卷　(清)王定安撰　清光緒十六年(1890)袖海山房石印本　四冊

110000－0143－0005599　PG214/32
明史紀事本末詳節六卷　(清)谷應泰原輯　林紓重編　清光緒二十八年(1902)五城學堂鉛印本　六冊

110000－0143－0005600　PG214/36
平定羅刹方略四卷　(清)□□輯　清光緒吳縣潘氏刻本　一冊

110000－0143－0005601　PG214/37
西夏紀事本末三十六卷首二卷　(清)張鑑撰　清光緒十一年(1885)金陵刻本　三冊

110000－0143－0005602　PG214/37
西夏紀事本末三十六卷首二卷　(清)張鑑撰　清光緒十一年(1885)金陵刻本　四冊

110000－0143－0005603　PG214/37
西夏紀事本末三十六卷首二卷　(清)張鑑撰　清光緒十一年(1885)金陵刻本　三冊

110000－0143－0005604　PG214/37－1
西夏紀事本末三十六卷　(清)張鑑撰　清光緒十年(1884)江蘇書局刻本　四冊

110000－0143－0005605　PG214/38
元書一百二卷首一卷　曾廉撰　清宣統三年(1911)邵陽層漪堂刻本　二十冊

110000－0143－0005606　PG214/38
元書一百二卷首一卷　曾廉撰　清宣統三年(1911)邵陽層漪堂刻本　二十冊

110000－0143－0005607　PG214/38
元書一百二卷首一卷　曾廉撰　清宣統三年(1911)邵陽層漪堂刻本　二十冊

110000－0143－0005608　PG214/38
元書一百二卷首一卷　曾廉撰　清宣統三年(1911)邵陽層漪堂刻本　二十冊

110000－0143－0005609　PG214/39
三朝北盟會編二百五十卷首一卷　(宋)徐夢莘編集　**校勘記二卷校勘記補遺不分卷**　(清)袁祖安等撰　清光緒四年(1878)越東鉛印本　四十冊

110000－0143－0005610　PG214/39
三朝北盟會編二百五十卷首一卷　(宋)徐夢莘編集　**校勘記二卷校勘記補遺不分卷**　(清)袁祖安等撰　清光緒四年(1878)越東鉛印本　四十冊

110000－0143－0005611　PG214/41
三藩紀事本末二十二卷　(清)楊陸榮撰　清光緒十四年(1888)上海書業公所鉛印本　一冊

110000－0143－0005612　PG214/41
三藩紀事本末二十二卷　(清)楊陸榮撰　清道光至宣統刻本　二冊

110000－0143－0005613　PG214/42
明史紀事本末八十卷　(清)谷應泰編　(清)朱記榮校正　清光緒十四年(1888)上海書業公所鉛印本　八冊

110000－0143－0005614　PG214/42
左傳紀事本末五十三卷　(清)高士奇編　(清)閔萃祥點勘　清光緒十四年(1888)上海書業公所鉛印本　五冊

110000－0143－0005615　PG214/42
宋史紀事本末一百九卷　(明)馮琦原編　(明)陳邦瞻增訂　(明)張溥論正　清光緒十四年(1888)上海書業公所鉛印本　三冊　存三十九卷(七十一至一百九)

110000－0143－0005616　PG214/42
西夏紀事本末三十六卷首二卷　(清)張鑑撰　(清)閔萃祥點勘　清光緒十四年(1888)上

海書業公所鉛印本　二册

110000－0143－0005617　PG214/42
元史紀事本末二十七卷　(明)陳邦瞻編輯　(明)張溥論正　清光緒十四年(1888)上海書業公所鉛印本　二册

110000－0143－0005618　PG214/42
明史紀事本末八十卷　(清)谷應泰編　(清)朱記榮校正　清光緒十四年(1888)上海書業公所鉛印本　一册　存十卷(一至十)

110000－0143－0005619　PG214/42
宋史紀事本末一百九卷　(明)馮琦原編　(明)陳邦瞻增訂　(明)張溥論正　清光緒十四年(1888)上海書業公所鉛印本　八册

110000－0143－0005620　PG214/42
通鑑紀事本末二百三十九卷　(宋)袁樞編　(明)張溥論正　清光緒十四年(1888)上海書業公所鉛印本　二十四册

110000－0143－0005621　PG214/42
三藩紀事本末二十二卷　(清)楊陸榮撰　(清)朱記榮校定　清光緒二十八年(1902)上海捷記書局石印本　一册

110000－0143－0005622　PG214/42
西夏紀事本末三十六卷首二卷　(清)張鑑撰　(清)閔萃祥點勘　清光緒十四年(1888)上海書業公所鉛印本　二册

110000－0143－0005623　PG214/42
金史紀事本末五十二卷首一卷　(清)李有棠編纂　清光緒二十八年(1902)上海著易堂書局鉛印本　二册

110000－0143－0005624　PG214/42
元史紀事本末二十七卷　(明)陳邦瞻編輯　(明)張溥論正　清光緒十四年(1888)上海書業公所鉛印本　二册

110000－0143－0005625　PG214/42
遼史紀事本末四十卷　(清)李有棠編纂　清光緒二十八年(1902)上海著易堂書局鉛印本　二册

110000－0143－0005626　PG214/42－1
歷朝紀事本末九種六百五十八卷　(清)陳如升　(清)朱記榮輯　清光緒二十八年(1902)上海玉麟書局石印本　五十四册

110000－0143－0005627　PG214/43－1
三藩紀事本末二十二卷　(清)楊陸榮撰　(清)朱記榮校定　清光緒二十一年(1895)上海積山書局石印本　一册

110000－0143－0005628　PG214/44
東林本末三卷　(明)吳應箕撰　清同治五年(1866)文江官廨刻本　一册

110000－0143－0005629　PG214/47
平定關隴紀略十三卷　(清)易孔昭等撰　清光緒十三年(1887)刻本　十二册　缺一卷(六)

110000－0143－0005630　PG214/47
平定關隴紀略十三卷　(清)易孔昭等撰　清光緒十三年(1887)刻本(卷十三殘缺)　十二册

110000－0143－0005631　PG214/47
平定關隴紀略十三卷　(清)易孔昭等撰　清光緒十三年(1887)刻本　十二册

110000－0143－0005632　PG214/48
從戎紀略不分卷　(清)朱洪章撰　清光緒十九年(1893)紫陽堂刻本　一册

110000－0143－0005633　PG214/49
宋史紀事本末一百九卷　(明)馮琦原編　(明)陳邦瞻增訂　(明)張溥論正　清光緒二十四年(1898)湖南思賢書局刻本　二十册

110000－0143－0005634　PG214/50
遼史紀事本末四十卷首一卷末一卷　(清)李有棠編纂　清光緒二十九年(1903)李移鄂樓刻本　八册

110000－0143－0005635　PG214/50－1
遼史紀事本末四十卷首一卷末一卷　(清)李有棠編纂　清光緒二十九年(1903)上海文盛書局石印本　一册

110000－0143－0005636　PG214/51
金史紀事本末五十二卷首一卷末一卷　(清)李有棠編纂　清光緒二十九年(1903)李栘鄂樓刻本　十二冊

110000－0143－0005637　PG214/52
明史紀事本末八十卷　(清)谷應泰編　清光緒二十四年(1898)湖南思賢書局刻本　二十冊

110000－0143－0005638　PG214/53
左傳紀事本末五十三卷　(清)高士奇撰　清光緒二十四年(1898)湖南思賢書局刻本　十二冊

110000－0143－0005639　PG214/54
元史紀事本末二十七卷　(明)陳邦瞻編輯　(明)張溥論正　清光緒二十四年(1898)湖南思聚書局刻本　四冊

110000－0143－0005640　PG214/64
炎徼紀聞四卷　(明)田汝成撰　清道光二十年(1840)刻本　一冊

110000－0143－0005641　PG214/71
滇亂紀畧不分卷　(清)張濤著　清光緒三十三年至民國三年(1907－1914)上海集成圖書公司鉛印本　一冊

110000－0143－0005642　PG214/72
皇清開國方略三十二卷　(清)阿桂等撰　清光緒十三年(1887)鉛印本　六冊

110000－0143－0005643　PG214/73
金史紀事本末五十二卷　(清)李有棠編纂　清光緒二十九年(1903)上海文盛書局石印本　一冊

110000－0143－0005644　PG214/73
萬國近政考略十六卷　鄒弢編輯　清光緒二十八年(1902)石印本　四冊

110000－0143－0005645　PG214/73－1
金史紀事本末五十二卷　(清)李有棠編纂　清末石印本　四冊

110000－0143－0005646　PG214/75
明鑑前紀二卷　(清)齊召南編　清光緒十五年(1889)刻本　一冊

110000－0143－0005647　PG214/80
埃及史不分卷　(日本)北村三郎編著　清光緒二十九年(1903)鉛印本　一冊

110000－0143－0005648　PG214/76
西夏紀事本末三十六卷首二卷　(清)張鑑撰　(清)閔萃祥點勘　清光緒二十一年(1895)上海積山書局石印本　二冊

110000－0143－0005649　PG215/1
竹書紀年統箋十二卷　(南朝梁)沈約注　(清)徐文靖統箋　清光緒三年(1877)浙江書局刻本　四冊

110000－0143－0005650　PG215/1
竹書紀年二卷　(南朝梁)沈約注　清刻本　二冊

110000－0143－0005651　PG215/1
逸周書十卷　(清)王念孫撰　清刻本　五冊

110000－0143－0005652　PG215/1
穆天子傳六卷　(晉)郭璞註　清刻本　一冊

110000－0143－0005653　PG215/1－1
讀書雜志十種八十二卷　(清)王念孫撰　清嘉慶至道光刻本　一冊　存二種七卷(逸周書雜志四卷、戰國策雜志三卷)

110000－0143－0005654　PG215/2
國語校註本三種二十九卷　(清)汪遠孫撰　清道光二十六年(1846)汪氏振綺堂刻本　五冊

110000－0143－0005655　PG215/2－1
國語校註本三種二十九卷　(清)汪遠孫撰　清道光二十六年(1846)汪氏振綺堂刻本　六冊

110000－0143－0005656　PG215/2－1
國語校註本三種二十九卷　(清)汪遠孫撰　清道光二十六年(1846)汪氏振綺堂刻本　六冊

110000－0143－0005657　PG215/3

國語韋解補正二十一卷　吳曾祺補正　朱元善校訂　清宣統三年(1911)上海商務印書館鉛印本　四冊

110000－0143－0005658　PG215/4

國語二十一卷國語明道本攷異四卷　(三國吳)韋昭解　(清)汪遠孫撰　清同治八年(1869)湖北崇文書局重刻本　五冊

110000－0143－0005659　PG215/4－3

國語二十一卷　(三國吳)韋昭解　(宋)宋庠補音　清乾隆至嘉慶蘇州綠蔭堂刻本　四冊

110000－0143－0005660　PG215/4－3

國語二十一卷　(三國吳)韋昭解　(宋)宋庠補音　清乾隆至嘉慶蘇州綠蔭堂刻本　四冊

110000－0143－0005661　PG215/4－6

國語二十一卷國語明道本攷異四卷　(三國吳)韋昭解　(清)汪遠孫撰　清同治八年(1869)湖北崇文書局刻本　五冊

110000－0143－0005662　PG215/4－6

國語二十一卷附校刊明道本韋氏解國語劄記國語明道本攷異四卷　(三國吳)韋昭解　(清)汪遠孫撰　清同治八年(1869)湖北崇文書局刻本　五冊

110000－0143－0005663　PG215/4－6

國語二十一卷附校刊明道本韋氏解國語劄記國語明道本攷異四卷　(三國吳)韋昭解　(清)汪遠孫撰　清同治八年(1869)湖北崇文書局刻本　五冊

110000－0143－0005664　PG215/4－6

國語二十一卷附校刊明道本韋氏解國語劄記國語明道本攷異四卷　(三國吳)韋昭解　(清)汪遠孫撰　清同治八年(1869)湖北崇文書局刻本　五冊

110000－0143－0005665　PG215/4－9

國語二十一卷戰國策並札記三卷　(三國吳)韋昭解　(清)汪遠孫撰　清光緒三年(1877)永康退補齋刻本　五冊

110000－0143－0005666　PG215/5

說苑二十卷　(漢)劉向撰　清光緒元年(1875)湖北崇文書局刻本　四冊

110000－0143－0005667　PG215/5

說苑二十卷　(漢)劉向撰　清光緒元年(1875)湖北崇文書局刻本　四冊

110000－0143－0005668　PG215/6

新序十卷　(漢)劉向撰　清光緒元年(1875)湖北崇文書局刻本　二冊

110000－0143－0005669　PG215/7

山海經十八卷　(晉)郭璞傳　(清)畢沅校　清光緒三年(1877)浙江書局刻本　三冊

110000－0143－0005670　PG215/7－1

山海經箋疏十八卷山海經圖讚一卷山海經訂譌一卷　(晉)郭璞傳　(清)郝懿行箋疏　清嘉慶十四年(1809)揚州阮氏琅嬛僊館刻本　四冊

110000－0143－0005671　PG215/7－1

山海經箋疏十八卷山海經圖讚一卷山海經訂譌一卷　(晉)郭璞傳　(清)郝懿行箋疏　清嘉慶十四年(1809)揚州阮氏琅嬛僊館刻本　四冊

110000－0143－0005672　PG215/7－1

山海經箋疏十八卷山海經圖讚一卷山海經訂譌一卷　(晉)郭璞傳　(清)郝懿行箋疏　清嘉慶十四年(1809)揚州阮氏琅嬛僊館刻本　四冊

110000－0143－0005673　PG215/7－1

山海經箋疏十八卷山海經圖讚一卷山海經訂譌一卷　(晉)郭璞傳　(清)郝懿行箋疏　清嘉慶十四年(1809)揚州阮氏琅嬛僊館刻本　四冊

110000－0143－0005674　PG215/7－2

山海經十八卷山海經圖讚一卷山海經補註一卷　(晉)郭璞傳　(明)楊慎撰　清光緒元年(1875)湖北崇文書局刻本　三冊

110000－0143－0005675　PG215/7－2

山海經廣註十八卷山海經圖五卷　(晉)郭璞

傳　(明)吳中珩校　清光緒至宣統經綸堂刻本　四冊

110000－0143－0005676　PG215/7－4
山海經箋疏十八卷山海經圖讚一卷山海經訂譌一卷　(晉)郭璞傳　(清)郝懿行箋疏　清光緒七年(1881)刻本　四冊

110000－0143－0005677　PG215/7－5
山海經十八卷　(晉)郭璞傳　(清)畢沅校　清光緒三年(1877)浙江書局刻本　三冊

110000－0143－0005678　PG215/7－5
山海經十八卷　(晉)郭璞傳　(清)畢沅校　清光緒三年(1877)浙江書局刻本　三冊

110000－0143－0005679　PG215/7－8
山海經廣註十八卷山海經圖五卷　(晉)郭璞傳　(明)吳中珩校　清光緒至宣統崇義書院刻本　六冊

110000－0143－0005680　PG215/7－9
山海經十八卷山海經圖讚一卷山海經補註一卷　(晉)郭璞傳　(明)楊慎撰　清光緒元年(1875)湖北崇文書局刻本　三冊

110000－0143－0005681　PG215/7－11
山海經廣註十八卷山海經圖五卷　(晉)郭璞傳　(明)吳中珩校　清光緒文奎堂刻本　四冊

110000－0143－0005682　PG215/9
晏子春秋七卷附音義二卷　(清)孫星衍校并撰音義　**校勘記二卷**　(清)黄以周撰　清光緒元年(1875)湖北崇文書局刻本　四冊

110000－0143－0005683　PG215/9－1
晏子春秋八卷　(周)晏嬰撰　清光緒元年(1875)湖北崇文書局刻本　二冊

110000－0143－0005684　PG215/9－1
晏子春秋八卷　(周)晏嬰撰　清光緒元年(1875)湖北崇文書局刻本　二冊

110000－0143－0005685　PG215/9－4
晏子春秋七卷　(周)晏嬰撰　清光緒元年(1875)浙江書局刻本　二冊

110000－0143－0005686　PG215/10－1
列女傳八卷　(漢)劉向撰　(清)梁端校注　清道光十七年(1837)錢塘汪氏振綺堂刻本　二冊

110000－0143－0005687　PG215/10－2
列女傳二卷　(漢)劉向撰　清光緒十二年(1886)上海同文書局石印本　二冊

110000－0143－0005688　PG215/10－2
列女傳二卷　(漢)劉向撰　清光緒十二年(1886)上海同文書局石印本　二冊

110000－0143－0005689　PG215/10－3
列女傳八卷　(漢)劉向撰　(清)梁端校注　清道光十三年(1833)刻同治十三年(1874)補刻本　四冊

110000－0143－0005690　PG215/12
國語二十一卷國語札記不分卷　(三國吳)韋昭解　(清)黄丕烈撰　清光緒二十一年(1895)寶善堂刻本　六冊

110000－0143－0005691　PG215/12－1
戰國策十卷　(宋)鮑彪校注　(元)吳師道重校　清乾隆二十七年(1762)文盛堂刻本　十六冊

110000－0143－0005692　PG215/12－1
國語二十一卷　(三國吳)韋昭解　(宋)宋庠補音　清乾隆二十七年(1762)文盛堂刻本　十二冊

110000－0143－0005693　PG215/12－1
國語國策合注　(三國吳)韋昭解　(宋)鮑彪校注　清乾隆二十七年(1762)文盛堂刻本　二冊　存一種十三卷(國語九至二十一)

110000－0143－0005694　PG215/12－1
國語國策合注　(三國吳)韋昭解　(宋)鮑彪校注　清乾隆二十七年(1762)文盛堂刻本　四冊　存一種二十一卷(國語一至二十一)

110000－0143－0005695　PG215/13
竹書紀年統箋十二卷　(南朝梁)沈約注　(清)徐文靖統箋　清光緒三年(1877)浙江書

局刻本　四册

110000－0143－0005696　PG215/15
戰國策三十三卷　（漢）高誘注　**附重刻剡川姚氏本戰國策札記三卷**　（清）黄丕烈撰　清光緒三年（1877）永康退補齋刻本　六册

110000－0143－0005697　PG215/15
戰國策三十三卷　（漢）高誘注　**附重刻剡川姚氏本戰國策札記三卷**　（清）黄丕烈撰　清同治至光緒寶善書局刻本　八册

110000－0143－0005698　PG215/15
戰國策十卷　（宋）鮑彪校注　（元）吴師道重校　清乾隆二十七年（1762）文盛堂刻本　八册

110000－0143－0005699　PG215/15－3
戰國策三十三卷　（漢）高誘注　**附重刻剡川姚氏本戰國策札記三卷**　（清）黄丕烈撰　清同治八年（1869）湖北崇文書局刻本　五册

110000－0143－0005700　PG215/15－3
戰國策三十三卷　（漢）高誘注　**附重刻剡川姚氏本戰國策札記三卷**　（清）黄丕烈撰　清同治八年（1869）湖北崇文書局刻本　五册

110000－0143－0005701　PG215/15－3
戰國策三十三卷　（漢）高誘注　**附重刻剡川姚氏本戰國策札記三卷**　（清）黄丕烈撰　清同治八年（1869）湖北崇文書局刻本　五册

110000－0143－0005702　PG215/15－4
戰國策十卷　（宋）鮑彪校注　（元）吴師道重校　清蘇州緑蔭堂刻本　六册

110000－0143－0005703　PG215/15－7
戰國策三十三卷　（漢）高誘注　**重刻剡川姚氏本戰國策札記三卷**　（清）黄丕烈撰　清同治八年（1869）湖北崇文書局刻本　五册

110000－0143－0005704　PG215/15－8
戰國策三十三卷　（漢）高誘注　**重刻剡川姚氏本戰國策札記三卷**　（清）黄丕烈撰　清光緒三年（1877）永康退補齋刻本　五册

110000－0143－0005705　PG215/15－12
戰國策三十三卷　（漢）高誘注　**重刻剡川姚氏本戰國策札記三卷**　（清）黄丕烈撰　清同治八年（1869）湖北崇文書局刻本　五册

110000－0143－0005706　PG215/17
戰國策補註三十三卷　吴曾祺補註　清宣統元年（1909）上海商務印書館鉛印本　四册

110000－0143－0005707　PG215/18
十國春秋一百十六卷　（清）吴任臣撰　（清）周昂補輯　清乾隆五十八年（1793）此宜閣刻本　十五册　缺三十卷（二十九至五十八）

110000－0143－0005708　PG215/18－1
十國春秋一百十六卷　（清）吴任臣撰　（清）周昂補輯　清嘉慶四年（1799）漱石山房刻本　十二册

110000－0143－0005709　PG215/18－1
十國春秋一百十六卷　（清）吴任臣撰　（清）周昂補輯　清小石山房刻本　二十四册

110000－0143－0005710　PG215/18－1
十國春秋一百十六卷　（清）吴任臣撰　（清）周昂補輯　清嘉慶四年（1799）漱石山房刻本　二十四册

110000－0143－0005711　PG215/18－3
戰國策三十三卷　（漢）高誘注　**重刻剡川姚氏本戰國策札記三卷**　（清）黄丕烈撰　清同治八年（1869）湖北崇文書局刻本　五册

110000－0143－0005712　PG215/19
吴越春秋校勘記不分卷　（清）顧觀光撰　清光緒九年（1883）刻本　一册

110000－0143－0005713　PG215/20
國語二十一卷　（三國吴）韋昭解　（宋）宋庠補音　清乾隆四十八年（1783）武林三餘堂刻本　六册

110000－0143－0005714　PG215/20
戰國策十卷　（宋）鮑彪校注　（元）吴師道重校　清乾隆四十八年（1783）武林三餘堂刻本　八册

110000－0143－0005715　PG215/21

廣列女傳二十卷　（清）劉開撰　清光緒十年（1884）皖城刻本　八册

110000－0143－0005716　PG215/26
竹書紀年統箋十二卷前編一卷雜述一卷　（南朝梁）沈約注　（清）徐文靖統箋　清光緒三年（1877）浙江書局刻本　四册

110000－0143－0005717　PG215/26
竹書紀年統箋十二卷前編一卷雜述一卷　（南朝梁）沈約注　（清）徐文靖統箋　清光緒三年（1877）浙江書局刻本　一册

110000－0143－0005718　PG215/26
竹書紀年統箋十二卷前編一卷雜述一卷　（南朝梁）沈約注　（清）徐文靖統箋　清光緒三年（1877）浙江書局刻本　四册

110000－0143－0005719　PG215/26
竹書紀年統箋十二卷前編一卷雜述一卷　（南朝梁）沈約注　（清）徐文靖統箋　清光緒三年（1877）浙江書局刻本　四册

110000－0143－0005720　PG215/27－1
逸周書十卷校正補遺一卷　（晉）孔晁注　（清）盧文弨校　清乾隆五十一年（1786）餘姚盧氏抱經堂刻本　二册

110000－0143－0005721　PG215/27－2
逸周書十卷校正補遺一卷　（晉）孔晁注　（清）盧文弨校　清乾隆五十一年（1786）餘姚盧氏抱經堂刻本　二册

110000－0143－0005722　PG215/28－1
古史六十卷　（宋）蘇轍撰　清嘉慶元年（1796）席氏掃葉山房刻本　十二册

110000－0143－0005723　PG215/29
晏子春秋校勘二卷　（清）黄以周撰　清光緒二年（1876）浙江書局刻本　一册

110000－0143－0005724　PG215/29
晏子春秋校勘二卷　（清）黄以周撰　清光緒二年（1876）浙江書局刻本　一册

110000－0143－0005725　PG215/30
晏子春秋音義二卷　（清）孫星衍撰　（清）黄以周校　清光緒元年（1875）浙江書局刻本　一册

110000－0143－0005726　PG215/30
晏子春秋音義二卷　（清）孫星衍撰　（清）黄以周校　清光緒元年（1875）浙江書局刻本　一册

110000－0143－0005727　PG215/31
山海經存九卷首一卷　（晉）郭璞傳　（清）汪紱釋　清光緒二十一年（1895）儀徵時受萊石印本　四册

110000－0143－0005728　PG215/35
國策觀瀾不分卷　（清）徐與喬輯評　（清）席樹馨訂正　清光緒四年（1878）刻本　一册

110000－0143－0005729　PG215/36
國語觀瀾不分卷　（清）徐與喬輯評　（清）席樹馨訂正　清光緒四年（1878）刻本　一册

110000－0143－0005730　PG215/37
山海經類對賦十四卷　（清）涂景濤編　清咸豐至宣統抄本　二册

110000－0143－0005731　PG215/41
國語正義二十一卷　（清）董增齡撰　清光緒六年（1880）會稽章氏式訓堂刻本　八册

110000－0143－0005732　PG215/43
路史節讀十卷　（宋）羅泌撰　（清）廖文錦節訂　清光緒二十七年（1901）刻本　四册

110000－0143－0005733　PG216/1
東華錄（康熙朝）一百十卷　王先謙編　清光緒十七年（1891）上海廣百宋齋鉛印本　十四册

110000－0143－0005734　PG216/1
東華續錄（同治朝）一百卷　王先謙編　張式恭校　清光緒二十四年（1898）文瀾書局石印本　八册　存二十七卷（一至二十七）

110000－0143－0005735　PG216/1
東華續錄（光緒朝）二百二十卷　朱壽朋編　潘鴻鼎校　清宣統元年（1909）上海集成圖書公司鉛印本　六十四册

110000－0143－0005736　PG216/1
東華續録(乾隆朝)一百二十卷　王先謙編　清光緒五年(1879)刻本　四十八册

110000－0143－0005737　PG216/1
東華續録(嘉慶朝)五十卷　王先謙編　周潤蕃　周瀹蕃校　清光緒刻本　二十册

110000－0143－0005738　PG216/1
東華續録(道光朝)六十卷　王先謙編　周潤蕃　周瀹蕃校　清光緒刻本　二十册

110000－0143－0005739　PG216/1
東華續録(同治朝)一百卷　王先謙編　張式恭校　清光緒至宣統石印本　十六册　存七十卷(二十八至九十二、九十六至一百)

110000－0143－0005740　PG216/1
東華續録(同治朝)一百卷　王先謙編　張式恭校　清光緒二十五年(1899)公記書莊石印本　二十四册

110000－0143－0005741　PG216/1
東華續録(咸豐朝)六十九卷　(清)潘頤福編　(清)盧秉政校　清光緒二十五年(1899)上海書局石印本　十六册

110000－0143－0005742　PG216/1
東華續録(乾隆朝)一百二十卷　王先謙編　周潤蕃　周瀹蕃校　清光緒十七年(1891)上海廣百宋齋鉛印本　二十八册

110000－0143－0005743　PG216/1
東華録(天命朝)四卷(天聰朝)十一卷(崇德朝)八卷　王先謙編　周潤蕃　周瀹蕃校　清光緒十七年(1891)上海廣百宋齋鉛印本　四册

110000－0143－0005744　PG216/1
東華録(雍正朝)二十六卷　王先謙編　周潤蕃　周瀹蕃校　清光緒十七年(1891)上海廣百宋齋鉛印本　九册　缺二卷(四至五)

110000－0143－0005745　PG216/1
東華續録(道光朝)六十卷　王先謙編　周潤蕃　周瀹蕃校　清光緒十七年(1891)上海廣百宋齋鉛印本　八册

110000－0143－0005746　PG216/1
東華續録(嘉慶朝)五十卷　王先謙編　周潤蕃　周瀹蕃校　清光緒十七年(1891)上海廣百宋齋鉛印本　八册

110000－0143－0005747　PG216/1
東華録(順治朝)三十六卷　王先謙編　周潤蕃　周瀹蕃校　清光緒十七年(1891)上海廣百宋齋鉛印本　四册

110000－0143－0005748　PG216/1
東華續録(乾隆朝)一百二十卷　王先謙編　周潤蕃　周瀹蕃校　清光緒刻本　四十七册　缺一卷(一百二十)

110000－0143－0005749　PG216/1
羣輔録一卷　(晉)陶潛著　明萬曆二十年(1592)刻廣漢魏叢書本　一册

110000－0143－0005750　PG216/1
英雄記鈔一卷　(三國魏)王粲撰　明萬曆二十年(1592)刻廣漢魏叢書本　與110000－0143－0005749合册

110000－0143－0005751　PG216/1－1
東華續録(光緒朝)二百二十卷　朱壽朋編　潘鴻鼎校　清宣統元年(1909)上海集成圖書公司鉛印本　十四册　缺二十七卷(五十二至六十一、二百四至二百二十)

110000－0143－0005752　PG216/1－1
光緒政要三十四卷　(清)沈桐生輯　(清)董沅　(清)董潤校　清宣統元年(1909)上海崇義堂鉛印本　六册　缺四卷(二十四至二十七)

110000－0143－0005753　PG216/2
東華録(天命朝)四卷(天聰朝)十一卷(崇德朝)八卷　王先謙編　周潤蕃　周瀹蕃校　清光緒十年(1884)刻本　八册

110000－0143－0005754　PG216/2
東華録(順治朝)三十六卷　王先謙編　周潤

蕃　周瀹蕃校　清光緒刻本　十二册

110000－0143－0005755　PG216/2
東華錄(康熙朝)一百十卷　王先謙編　周潤蕃　周瀹蕃校　清光緒刻本　三十二册

110000－0143－0005756　PG216/2
東華錄(雍正朝)二十六卷　王先謙編　周潤蕃　周瀹蕃校　清光緒刻本　二十册

110000－0143－0005757　PG216/2
東華錄三十二卷　(清)蔣良騏撰　清同治十一年(1872)聚錦堂刻本　十二册

110000－0143－0005758　PG216/2
十朝東華錄四百二十五卷　王先謙編　周潤蕃　周瀹蕃校　清光緒二十年(1894)上海積山書局石印本　四十六册

110000－0143－0005759　PG216/2
九朝東華錄四百二十五卷　王先謙編　周潤蕃　周瀹蕃校　清光緒十三年(1887)上海圖書集成印書局鉛印本　六十四册

110000－0143－0005760　PG216/4
晉畧六十六卷　(清)周濟撰　清光緒二年(1876)荊溪周濟味雋齋刻本　十册

110000－0143－0005761　PG216/4
晉畧六十六卷　(清)周濟撰　清光緒二年(1876)荊溪周濟味雋齋刻本　十册

110000－0143－0005762　PG216/4
晉畧六十六卷　(清)周濟撰　清光緒二年(1876)荊溪周濟味雋齋刻本　十册

110000－0143－0005763　PG216/4－1
晉畧六十六卷　(清)周濟撰　清道光十九年(1839)荊溪周濟味雋齋刻本　十册

110000－0143－0005764　PG216/5
通志二百卷　(宋)鄭樵撰　清光緒二十七年(1901)上海圖書集成局鉛印本　六十册

110000－0143－0005765　PG216/6
隆平集二十卷　(宋)曾鞏撰　(清)湯來賁參　(清)彭期訂　清康熙四十七年(1708)刻本　六册

110000－0143－0005766　PG216/8
建康實錄二十卷　(唐)許嵩撰　清光緒二十八年(1902)甘氏刻本　六册

110000－0143－0005767　PG216/9
東華錄詳節二十四卷　(清)鄔樹庭編　清光緒二十六年(1900)上海東文學堂石印本　十六册

110000－0143－0005768　PG216/9
東華錄詳節二十四卷　(清)鄔樹庭編　清光緒二十六年(1900)上海東文學堂石印本　十六册

110000－0143－0005769　PG216/9
東華錄詳節二十四卷　(清)鄔樹庭編　清光緒二十六年(1900)上海東文學堂石印本　十六册

110000－0143－0005770　PG216/10
元經薛氏傳十卷　(隋)王通撰　(唐)薛收傳　(宋)阮逸註　清嘉慶刻本　八册

110000－0143－0005771　PG216/10
增訂漢魏叢書　(清)王謨輯　清光緒至宣統刻本　十册　存八種(元經薛氏傳三至十、羣輔錄、神僊傳、高士傳、英雄記鈔、新書、新序、孔叢)

110000－0143－0005772　PG212/10－1
漢書注校補五十六卷　(清)周壽昌撰　清光緒十七年(1891)廣雅書局刻本　十册

110000－0143－0005773　PG212/10－1
漢書注校補五十六卷　(清)周壽昌撰　清光緒十七年(1891)廣雅書局刻本　七册　存二十八卷(一至二十八)

110000－0143－0005774　PG212/10－2
漢書注校補五十六卷　(清)周壽昌撰　清光緒十年(1884)長沙周氏小對竹軒刻本　三册

110000－0143－0005775　PG216/11

明史稿三百十卷 (清)王鴻緒等撰 清雍正元年(1723)敬慎堂刻本 七十册 缺四十五卷(列傳四至四十八)

110000－0143－0005776 PG216/11－1
明史稿三百十卷 (清)王鴻緒等撰 清光緒元年(1875)掃葉山房刻本 八十册

110000－0143－0005777 PG216/11－1
明史稿三百十卷 (清)王鴻緒等撰 清雍正元年(1723)敬慎堂刻本 五十册 缺十卷(志七十七、表一至九)

110000－0143－0005778 PG216/11－1
明史稿三百十卷 (清)王鴻緒等撰 清雍正元年(1723)敬慎堂刻本 四十四册 存一百六十八卷(目録三卷,本紀一至三,志十八至二十七、三十至七十七,表一至九,列傳一至二十四、四十四至五十一、七十至七十三、七十八至九十六、一百二至一百二十六、一百七十四至一百八十八)

110000－0143－0005779 PG216/11－2
水經註圖四十卷補一卷 楊守敬撰 清光緒三十一年(1905)觀海堂刻本 八册

110000－0143－0005780 PG216/14
弘簡録二百五十四卷 (明)邵經邦撰 清康熙二十七年(1688)仁和邵氏杭州刻乾隆印本 六十四册

110000－0143－0005781 PG212/14
八史經籍志十種三十卷 (清)張壽榮輯 清光緒八年(1882)鎮海張壽榮刻本 八册 存五種(宋史藝文志五至八、補,補三史藝文志,補遼金元藝文志,元史藝文志一至四,明史藝文志一至四)

110000－0143－0005782 PG212/15－1
元史二百十卷 (明)宋濂等撰 清同治十三年(1874)江蘇書局刻本 四十册

110000－0143－0005783 PG216/17
東都事略一百三十卷 (宋)王偁撰 清乾隆六十年(1795)常熟席世臣掃葉山房刻本 八册

110000－0143－0005784 PG216/17
東都事略一百三十卷 (宋)王偁撰 清道光至咸豐眉山程舍人刻本 八册

110000－0143－0005785 PG216/19
路史前紀九卷路史後紀十三卷餘論十卷發揮六卷國名紀七卷 (宋)羅泌撰 (宋)羅苹注 明嘉靖刻本 一册 存二卷(路史後紀十二至十三)

110000－0143－0005786 PG216/19－1
重訂路史十六卷 (宋)羅泌撰 (明)吴弘基訂 清光緒二十年(1894)上海文瑞樓石印本 六册

110000－0143－0005787 PG216/22
元朝秘史十卷續集二卷 (元)□□撰 清光緒三十四年(1908)長沙葉氏觀古堂刻本 六册

110000－0143－0005788 PG216/22
元朝秘史十卷續集二卷 (元)□□撰 清光緒三十四年(1908)長沙葉氏觀古堂刻本 六册

110000－0143－0005789 PG216/22
元朝秘史十卷續集二卷 (元)□□撰 清光緒三十四年(1908)長沙葉氏觀古堂刻本 六册

110000－0143－0005790 PG216/22－1
元朝祕史十五卷 (元)□□撰 (清)李文田注 清光緒二十九年(1903)石印本 四册

110000－0143－0005791 PG216/22－1
元朝祕史十五卷 (元)□□撰 (清)李文田注 清光緒二十九年(1903)石印書局石印本 八册

110000－0143－0005792 PG216/22－3
元朝祕史十五卷 (元)□□撰 (清)李文田注 清光緒二十九年(1903)石印本 四册

110000－0143－0005793 PG216/22－3
元朝祕史十五卷 (元)□□撰 (清)李文田注 清光緒二十九年(1903)石印本 四册

110000－0143－0005794　PG216/22－4
元朝祕史十五卷　（元）□□撰　（清）李文田注　清光緒二十九年（1903）上海文瑞樓石印本　四冊

110000－0143－0005795　PG216/24
元祕史李注補正十五卷　（清）高寶銓撰　清光緒二十八年（1902）刻本　二冊

110000－0143－0005796　PG216/25
明季北略二十四卷明季南略十八卷　（清）計六奇編輯　清咸豐至宣統都城琉璃廠半松居士刻本　二十四冊

110000－0143－0005797　PG216/25
明季北略二十四卷明季南略十八卷　（清）計六奇編輯　清咸豐至宣統都城琉璃廠半松居士刻本　十六冊

110000－0143－0005798　PG216/25－1
明季北略二十四卷明季南略十八卷　（清）計六奇編輯　清咸豐至宣統都城琉璃廠半松居士刻本　十二冊

110000－0143－0005799　PG216/25－1
明季南略十八卷明季北略二十四卷　（清）計六奇編輯　清光緒十三年（1887）上海圖書集成印書局鉛印本　十冊

110000－0143－0005800　PG216/25－1
明季南略十八卷明季北略二十四卷　（清）計六奇編輯　清光緒十三年（1887）上海圖書集成印書局鉛印本　十冊

110000－0143－0005801　PG216/25－1
明季北略二十四卷明季南略十八卷　（清）計六奇編輯　清光緒十三年（1887）上海圖書集成印書局石印本　十冊

110000－0143－0005802　PG216/25－2
明季南略十八卷　（清）計六奇編輯　清咸豐至宣統都城琉璃廠半松居士刻本　八冊

110000－0143－0005803　PG216/25－2
明季南略十八卷　（清）計六奇編輯　清咸豐至宣統都城琉璃廠半松居士刻本　十二冊

110000－0143－0005804　PG216/25－3
明季北略二十四卷　（清）計六奇編輯　清咸豐至宣統都城琉璃廠半松居士刻本　十冊

110000－0143－0005805　PG216/25－3
明季北略二十四卷　（清）計六奇編輯　清咸豐至宣統都城琉璃廠半松居士刻本　十六冊

110000－0143－0005806　PG216/25－3
明季北略二十四卷　（清）計六奇編輯　清咸豐至宣統都城琉璃廠半松居士刻本　十一冊

110000－0143－0005807　PG216/25－4
明季北略二十四卷　（清）計六奇編輯　清光緒十三年（1887）上海圖書集成印書局鉛印本　六冊

110000－0143－0005808　PG216/28
婦人集一卷　（清）陳維崧撰　（清）冒褒注
婦人集補一卷　（清）冒丹書撰　清道光二十六年（1846）刻本　一冊

110000－0143－0005809　PG216/28
順宗實錄五卷　（唐）韓愈撰　清道光二十六年（1846）刻本　與110000－0143－0005808合冊

110000－0143－0005810　PG216/28－1
婦人集一卷　（清）陳維崧撰　（清）冒褒注
婦人集補一卷　（清）冒丹書撰　清光緒至民國刻本　一冊

110000－0143－0005811　PG216/31
大金國志四十卷　（宋）宇文懋昭撰　清嘉慶二年（1797）常熟席氏掃葉山房刻本　二冊

110000－0143－0005812　PG216/31
大金國志四十卷　（宋）宇文懋昭撰　清嘉慶二年（1797）常熟席氏掃葉山房刻本　八冊

110000－0143－0005813　PG216/32
續弘簡錄元史類編四十二卷　（清）邵遠平撰　清康熙四十五年（1706）至乾隆繼善堂刻本　六冊　存二十四卷（一至二十四）

110000－0143－0005814　PG216/34
光緒政要三十四卷　（清）沈桐生輯　（清）董

沅　（清）董潤校　清宣統元年（1909）上海崇義堂石印本　三十冊

110000－0143－0005815　PG216/37
弘簡録二百五十四卷　（明）邵經邦撰　清乾隆至嘉慶刻本　五冊　存十五卷（一至三、三十二至三十九、二百二十八至二百三十一）

110000－0143－0005816　PG216/37
續弘簡録元史類編四十二卷　（清）邵遠平撰　清康熙四十五年（1706）至乾隆刻本　四冊　存八卷（總目、一至三、十六至十九）

110000－0143－0005817　PG216/38
契丹國志二十七卷　（宋）葉隆禮撰　清乾隆至嘉慶常熟席氏掃葉山房刻本　四冊

110000－0143－0005818　PG216/38
大金國志四十卷　（宋）宇文懋昭撰　清乾隆至嘉慶常熟席氏掃葉山房刻本　五冊

110000－0143－0005819　PG216/38
契丹國志二十七卷　（宋）葉隆禮撰　清乾隆至嘉慶常熟席氏掃葉山房刻本　三冊

110000－0143－0005820　PG216/41
史餘二十卷補録一卷補註一卷　（清）陳堯松撰　（清）陳慶颺註　清同治三年（1864）竹平安齋刻本　二冊

110000－0143－0005821　PG216/41
史餘二十卷補録一卷補註一卷　（清）陳堯松撰　（清）陳慶颺註　清同治三年（1864）竹平安齋刻本　六冊

110000－0143－0005822　PG216/48
宋遼金元別史三百七卷　（清）席世臣輯　清乾隆至嘉慶常熟席氏掃葉山房刻本　三十六冊　缺一種六十八卷（南宋書六十八卷）

110000－0143－0005823　PG216/50
永曆實録二十六卷　（清）王夫之撰　清同治四年（1865）湘鄉曾氏刻本（原缺卷十六）　四冊

110000－0143－0005824　PG216/51
皇清開國方略三十二卷首一卷　（清）阿桂等纂　清光緒十三年（1887）廣百宋齋鉛印本　六冊

110000－0143－0005825　PG216/52
明史擥要八卷　（清）姚培謙　（清）張景星輯　清乾隆六十年（1795）刻本　四冊

110000－0143－0005826　PG216/54
補晉兵志二卷　（清）錢儀吉撰　清光緒十七年（1891）廣雅書局刻本　一冊

110000－0143－0005827　PG216/54
晉書校勘記五卷　（清）周家祿撰　清光緒十四年（1888）廣雅書局刻本　一冊

110000－0143－0005828　PG216/55
漢書地理志校註二卷　（清）王紹蘭著　清光緒二十二年（1896）蕭山陳氏遺經樓刻本　二冊

110000－0143－0005829　PG212/56
兩漢刊誤補遺十卷附録　（宋）吳仁傑撰　清同治七年（1868）金陵書局木活字印本　二冊

110000－0143－0005830　PG212/56
兩漢刊誤補遺十卷附録　（宋）吳仁傑撰　清同治七年（1868）金陵書局木活字印本　二冊

110000－0143－0005831　PG212/56－1
兩漢刊誤補遺十卷附録　（宋）吳仁傑撰　清光緒十八年（1892）江寧傅鑫寄傲軒刻本　二冊

110000－0143－0005832　PG212/57
後漢書疏證三十卷　（清）沈欽韓撰　清光緒二十六年（1900）浙江官書局刻本　十六冊

110000－0143－0005833　PG212/57
史學提要二卷　（宋）黄繼善著　清道光十七年（1837）柳波館刻本　二冊

110000－0143－0005834　PG216/58
補宋書食貨志一卷　（清）郝懿行撰　清嘉慶二十一年（1816）刻本　一冊

110000－0143－0005835　PG216/58
補宋書刑法志一卷　（清）郝懿行撰　清嘉慶二十一年（1816）刻本　一冊

110000－0143－0005836　PG216/58
晉宋書故一卷　(清)郝懿行撰　清嘉慶二十一年(1816)曬書堂刻本　一册

110000－0143－0005837　PG216/59
宋瑣語不分卷　(清)郝懿行撰　清嘉慶二十一年(1816)曬書堂刻本　三册

110000－0143－0005838　PG216/60
後漢書補表八卷　(清)錢大昭撰　清光緒十七年(1891)廣雅書局刻本　四册

110000－0143－0005839　PG216/61
漢志水道疏證四卷　(清)洪頤煊撰　清光緒十四年(1888)心矩齋刻本　二册

110000－0143－0005840　PG216/62
舊唐書逸文十二卷　(清)岑建功輯　清同治十一年(1872)甘淦、甘鎔懼盈齋刻本　四册

110000－0143－0005841　PG216/69
元史類編四十二卷　(清)邵遠平撰　清嘉慶刻本　十二册

110000－0143－0005842　PG216/70
元朝秘史注十五卷　(元)□□撰　(清)李文田注　清光緒二十二年(1896)刻本　四册

110000－0143－0005843　PG217/1
華陽國志十二卷　(晉)常璩撰　清嘉慶十四年(1809)萬卷樓刻本　五册

110000－0143－0005844　PG217/2
隋書八十五卷附攷異　(唐)魏徵等撰　清同治十年(1871)淮南書局刻本　十册

110000－0143－0005845　PG217/4
漢書管見四卷　(清)朱一新撰　清光緒葆真堂刻本　四册

110000－0143－0005846　PG217/8
熙朝新語十六卷　(清)余金輯　清道光十二年(1832)文大堂刻本　四册

110000－0143－0005847　PG217/8
熙朝新語十六卷　(清)余金輯　清道光十二年(1832)文大堂刻本　八册

110000－0143－0005848　PG217/8
熙朝新語十六卷　(清)余金輯　清道光二年(1822)有金堂刻本　八册

110000－0143－0005849　PG217/8
熙朝新語十六卷　(清)余金輯　清道光二年(1822)有金堂刻本　四册

110000－0143－0005850　PG217/8－1
熙朝新語十六卷　(清)余金輯　清光緒十年(1884)務本堂刻本　六册

110000－0143－0005851　PG217/8－3
熙朝新語不分卷　(清)余金輯　清抄本　一册

110000－0143－0005852　PG217/8－4
熙朝新語十六卷　(清)余金輯　清道光四年(1824)鳴盛堂刻本　六册

110000－0143－0005853　PG217/8－5
熙朝新語十六卷　(清)余金輯　清道光二年(1822)擁萬樓刻本　八册

110000－0143－0005854　PG217/10
繹史一百六十卷　(清)馬驌撰　清光緒十五年(1889)金匱浦氏刻本　四十册

110000－0143－0005855　PG217/10
繹史一百六十卷　(清)馬驌撰　清光緒二十三年(1897)武林尚友齋石印本　十八册

110000－0143－0005856　PG217/10
繹史一百六十卷　(清)馬驌撰　清光緒二十三年(1897)武林尚友齋石印本　二十四册

110000－0143－0005857　PG217/11
皇朝政典挈要八卷　(日本)增田貢著　(清)毛淦補編　清光緒二十八年(1902)知新書局石印本　一册　存一卷(七)

110000－0143－0005858　PG217/14
五國故事二卷　(宋)□□撰　清道光二十三年至二十五年(1843－1845)歙縣鮑氏刻本　一册

110000－0143－0005859　PG217/7
南疆繹史三十卷　(清)溫睿臨撰　清道光十

年(1830)都城琉璃廠半松居士刻本　二十冊

110000－0143－0005860　PG217/16
欽定蒙古源流八卷　(清)小徹辰薩囊臺吉撰　(清)陸錫熊等譯　清嘉慶至道光刻本　四冊

110000－0143－0005861　PG217/18
錦里耆舊傳八卷　(宋)勾延慶纂　清嘉慶抄本　一冊　存五卷(四至八)

110000－0143－0005862　PG217/18
江南野史十卷　(宋)龍衮撰　清嘉慶抄本　一冊

110000－0143－0005863　PG217/19
南唐書三十卷　(宋)馬令撰　清同治十年(1871)刻本　八冊

110000－0143－0005864　PG217/21
津西毖記二卷　(清)柳漢子撰　清光緒鉛印本　二冊

110000－0143－0005865　PG217/22
六朝事蹟編類十四卷　(宋)張敦頤撰　清光緒十三年(1887)寶章閣刻本　一冊

110000－0143－0005866　PG217/22
六朝事蹟編類十四卷　(宋)張敦頤撰　清光緒十三年(1887)寶章閣刻本　二冊

110000－0143－0005867　PG217/22－1
六朝事蹟編類十四卷　(宋)張敦頤撰　清道光二十年(1840)金陵張氏刻本　二冊

110000－0143－0005868　PG217/25
流寇瑣聞一卷　(清)□□輯　清抄本　一冊

110000－0143－0005869　PG22/2
讀史兵略十二卷　(清)胡林翼纂　清光緒二十九年(1903)上海紹先書局石印本　十二冊

110000－0143－0005870　PG22/2
讀史兵略四十六卷　(清)胡林翼纂　清咸豐十一年(1861)武昌節署刻本　二十四冊

110000－0143－0005871　PG22/2
讀史兵略四十六卷　(清)胡林翼纂　清光緒元年(1875)湖北崇文書局刻本　三十二冊

110000－0143－0005872　PG22/2
讀史兵略四十六卷　(清)胡林翼纂　清咸豐十一年(1861)武昌節署刻本　十六冊

110000－0143－0005873　PG22/2－1
讀史兵略四十六卷　(清)胡林翼纂　清光緒元年(1875)湖北崇文書局刻本　十六冊

110000－0143－0005874　PG22/2－1
讀史兵略四十六卷　(清)胡林翼纂　清光緒元年(1875)湖北崇文書局刻本　十六冊

110000－0143－0005875　PG22/2－2
讀史兵略四十六卷　(清)胡林翼纂　清咸豐十一年(1861)武昌節署刻本　十六冊

110000－0143－0005876　PG22/2－3
讀史兵略十二卷　(清)胡林翼纂　(清)李遜齋校　清光緒二十七年(1901)上海紹先書局石印本　十二冊

110000－0143－0005877　PG22/2－4
讀史兵略續編十卷　(清)胡林翼纂　(清)宣葆章校　清光緒二十六年(1900)上海圖書集成印刷局石印本　八冊　缺二卷(一至二)

110000－0143－0005878　PG22/3
金吾事宜四卷　(清)兵部編纂　清道光至宣統抄本　四冊

110000－0143－0005879　PG22/4
南巡盛典一百二十卷　(清)高晉等纂輯　清光緒八年(1882)上海點石齋石印本　八冊

110000－0143－0005880　PG22/4
南巡盛典一百二十卷　(清)高晉等纂輯　清光緒八年(1882)上海點石齋石印本　八冊

110000－0143－0005881　PG22/4
南巡盛典一百二十卷　(清)高晉等纂輯　清光緒八年(1882)上海點石齋石印本　一冊　存九卷(八十五至九十三)

110000－0143－0005882　PG22/4－1
南巡盛典一百二十卷　(清)高晉等纂輯　清乾隆三十六年(1771)至嘉慶刻本　四十八冊

110000－0143－0005883　PG22/5
大義覺迷録四卷　(清)世宗胤禛撰　清雍正八年(1730)至宣統刻本　四册

110000－0143－0005884　PG22/5
大義覺迷録四卷　(清)世宗胤禛撰　清雍正八年(1730)至宣統刻本　四册

110000－0143－0005885　PG22/6
嘯亭雜録十卷續録三卷　(清)昭槤著　清光緒十四年至三十四年(1888－1908)九思堂刻本　十二册　存十卷(嘯亭雜録一至八、續録一至二)

110000－0143－0005886　PG22/6
嘯亭雜録十卷續録三卷　(清)昭槤著　清光緒十四年至三十四年(1888－1908)九思堂刻本　十二册　存十卷(嘯亭雜録一至八、續録一至二)

110000－0143－0005887　PG22/6
嘯亭雜録十卷續録三卷　(清)昭槤著　清光緒十四年至三十四年(1888－1908)九思堂刻本　十二册　存十卷(嘯亭雜録一至八、續録一至二)

110000－0143－0005888　PG22/6
嘯亭雜録十卷續録三卷　(清)昭槤著　清光緒十四年至三十四年(1888－1908)九思堂刻本　四册　存二卷(續録一至二)

110000－0143－0005889　PG22/6
嘯亭雜録十卷續録三卷　(清)昭槤著　清光緒十四年至三十四年(1888－1908)九思堂刻本　二册　存一卷(續録二)

110000－0143－0005890　PG22/6
嘯亭雜録十卷續録三卷　(清)昭槤著　清光緒十四年至三十四年(1888－1908)九思堂刻本　四册　存四卷(嘯亭雜録七至八、續録一至二)

110000－0143－0005891　PG22/6
嘯亭雜録十卷續録三卷　(清)昭槤著　清光緒十四年至三十四年(1888－1908)九思堂刻本　二册　存二卷(續録一至二)

110000－0143－0005892　PG22/6
嘯亭雜録十卷續録三卷　(清)昭槤著　清光緒十四年至三十四年(1888－1908)九思堂刻本　六册　存六卷(嘯亭雜録一至六)

110000－0143－0005893　PG22/6
嘯亭雜録十卷續録三卷　(清)昭槤著　清光緒十四年至三十四年(1888－1908)申報館鉛印本　九册　缺一卷(嘯亭雜録六)

110000－0143－0005894　PG22/6
嘯亭雜録十卷續録三卷　(清)昭槤著　清光緒十四年至三十四年(1888－1908)申報館鉛印本　二册　存四卷(嘯亭雜録一至四)

110000－0143－0005895　PG22/6－1
嘯亭雜録十卷續録三卷　(清)昭槤著　清宣統元年(1909)中國圖書公司鉛印本　四册

110000－0143－0005896　PG22/6－2
嘯亭雜録十卷續録三卷　(清)昭槤著　清光緒十四年至三十四年(1888－1908)申報館鉛印本　十册

110000－0143－0005897　PG22/6－3
嘯亭雜録十卷續録三卷　(清)昭槤著　清宣統元年(1909)中國圖書公司鉛印本　四册

110000－0143－0005898　PG22/8
項城袁氏家集七種　丁振鐸編輯　清宣統三年(1911)清芬閣鉛印本　五十六册

110000－0143－0005899　PG22/8
項城袁氏家集七種　丁振鐸編輯　清宣統三年(1911)清芬閣鉛印本　一册　存一種二卷(中議公自乂瑣言一至二)

110000－0143－0005900　PG22/8
項城袁氏家集七種　丁振鐸編輯　清宣統三年(1911)清芬閣鉛印本　五十六册

110000－0143－0005901　PG22/8
項城袁氏家集七種　丁振鐸編輯　清宣統三年(1911)清芬閣鉛印本　五十三册

110000－0143－0005902　PG22/8
項城袁氏家集七種　丁振鐸編輯　清宣統三

年(1911)清芬閣鉛印本　一册　存一種二卷(中議公自乂瑣言一至二)

110000－0143－0005903　PG22/9
清秘述聞十六卷　(清)法式善編　清嘉慶四年(1799)刻本　六册

110000－0143－0005904　PG22/9
清秘述聞十六卷　(清)法式善原編　**續十六卷**　(清)王家相續編　**補一卷**　(清)錢維福補編　清光緒十五年(1889)刻本　八册

110000－0143－0005905　PG22/9－1
清秘述聞十六卷　(清)法式善編　清嘉慶四年(1799)刻本　六册

110000－0143－0005906　PG22/11
壹是紀始二十二卷補遺一卷　(清)魏崧著　清光緒十七年(1891)京都聚珍堂刻本　六册

110000－0143－0005907　PG22/11
壹是紀始二十二卷補遺一卷　(清)魏崧著　清光緒十七年(1891)京都聚珍堂刻本　六册

110000－0143－0005908　PG22/11－1
壹是紀始二十二卷補遺一卷　(清)魏崧著　清光緒十七年(1891)京都聚珍堂刻本　十二册

110000－0143－0005909　PG22/11－1
壹是紀始二十二卷補遺一卷　(清)魏崧著　清光緒十七年(1891)京都聚珍堂刻本　十二册

110000－0143－0005910　PG22/15
靖逆記六卷　(清)盛大士纂　清嘉慶二十五年(1820)桐蔭書屋刻本　一册

110000－0143－0005911　PG22/15
靖逆記六卷　(清)盛大士纂　清嘉慶二十五年(1820)刻本　三册

110000－0143－0005912　PG22/15
靖逆記六卷　(清)盛大士纂　清刻本　二册

110000－0143－0005913　PG22/16
蜀燹述略六卷　(清)余鴻觀編輯　清光緒二十七年(1901)成都昌福公司鉛印本　四册

110000－0143－0005914　PG22/18
庚子北京事變紀略一卷　鹿完天著　清光緒二十七年(1901)刻本　一册

110000－0143－0005915　PG22/20
南天痕二十六卷附錄　(清)凌雪纂修　清宣統二年(1910)復古社鉛印本　六册

110000－0143－0005916　PG22/20
南天痕二十六卷附錄　(清)凌雪纂修　清宣統二年(1910)復古社鉛印本　六册

110000－0143－0005917　PG22/20
南天痕二十六卷附錄　(清)凌雪纂修　清宣統三年(1911)石印本　四册

110000－0143－0005918　PG22/20
南天痕二十六卷附錄　(清)凌雪纂修　清宣統二年(1910)復古社鉛印本　六册

110000－0143－0005919　PG22/23－1
痛史二十一種五十一卷　樂天居士輯　清宣統三年(1911)上海商務印書館鉛印本　三十一册

110000－0143－0005920　PG22/23－1
痛史二十一種五十一卷　樂天居士輯　清宣統三年(1911)上海商務印書館鉛印本　一册　存一種(丁酉北闈大獄記略)

110000－0143－0005921　PG22/23－1
痛史二十一種五十一卷　樂天居士輯　清宣統三年至民國三年(1911－1914)上海商務印書館鉛印本　三十一册

110000－0143－0005922　PG22/26
康熙政要二十四卷　章梫撰　清宣統二年(1910)鉛印本　十二册

110000－0143－0005923　PG22/28
明季稗史彙編十六種二十七卷　(清)留雲居士輯　清咸豐至宣統京都琉璃廠刻本　十六册

110000－0143－0005924　PG22/28
明季稗史彙編十六種二十七卷　(清)留雲居士輯　清咸豐至宣統京都琉璃廠刻本　四册

存九種十二卷(烈皇小識一至二、五至六,續倖存錄一卷,求野錄一卷,也是錄一卷,江南聞見錄一卷,粵遊見聞一卷,賜姓始末一卷,兩廣紀略一卷,東明聞見錄一卷)

110000－0143－0005925　PG22/28
明季稗史彙編十六種二十七卷　(清)留雲居士輯　清光緒二十二年(1896)上海圖書集成印書局刻本　六册

110000－0143－0005926　PG22/28
明季稗史彙編十六種二十七卷　(清)留雲居士輯　清光緒二十二年(1896)上海圖書集成印書局刻本　六册

110000－0143－0005927　PG22/28
明季稗史彙編十六種二十七卷　(清)留雲居士輯　清光緒二十二年(1896)上海圖書集成印書局刻本　六册

110000－0143－0005928　PG22/28－1
古今說海一百三十五種一百四十二卷　(明)陸楫輯　清宣統元年(1909)上海集成圖書公司鉛印本　十一册　缺七種九卷(北征錄一卷、北征後錄一卷、北征記一卷、平夏錄一卷、江南別錄一卷、三楚新錄三卷、溪蠻叢笑一卷)

110000－0143－0005929　PG22/28－2
明季稗史彙編十六種二十七卷　(清)留雲居士輯　清光緒二十二年(1896)上海圖書集成印書局刻本　六册

110000－0143－0005930　PG22/28－2
明季稗史彙編十六種二十七卷　(清)留雲居士輯　清咸豐至宣統京都琉璃廠刻本　十六册

110000－0143－0005931　PG22/28－2
明季稗史彙編十六種二十七卷　(清)留雲居士輯　清咸豐至宣統京都琉璃廠刻本　十八册

110000－0143－0005932　PG22/28－5
明季稗史彙編十六種二十七卷　(清)留雲居士輯　清咸豐至宣統京都琉璃廠刻本　十二册

110000－0143－0005933　PG22/30－2
重纂三遷志十卷首一卷　(清)孟廣均原纂　(清)陳錦等重纂　清光緒十三年(1887)山東書局刻本　六册

110000－0143－0005934　PG22/30－2
重纂三遷志十卷首一卷　(清)孟廣均原纂　(清)陳錦等重纂　清光緒十三年(1887)山東書局刻本　六册

110000－0143－0005935　PG22/31
涑水記聞十六卷補遺一卷　(宋)司馬光著　清光緒三年(1877)湖北崇文書局刻本　四册

110000－0143－0005936　PG22/31
涑水記聞十六卷　(宋)司馬光撰　清乾隆至嘉慶刻本　四册

110000－0143－0005937　PG22/31
涑水記聞十六卷補遺一卷　(宋)司馬光著　清光緒三年(1877)湖北崇文書局刻本　四册

110000－0143－0005938　PG22/32
讀史辨道四卷　(清)張大復纂　(清)張度編次　清乾隆四十九年(1784)膠東張度近古堂刻本　四册

110000－0143－0005939　PG22/32
讀史辨道四卷　(清)張大復纂　(清)張度編次　清乾隆四十九年(1784)膠東張度近古堂刻本　四册

110000－0143－0005940　PG22/33
遼金元三史語解四十六卷　(清)高宗弘曆敕撰　清光緒四年(1878)江蘇書局刻本　二册　缺一種二十四卷(欽定元史語解二十四卷)

110000－0143－0005941　PG22/34
吴越春秋六卷　(漢)趙曄撰　清乾隆五十六年(1791)金谿王氏刻增訂漢魏叢書本　二册

110000－0143－0005942　PG22/34
西京雜記六卷　(漢)劉歆撰　清乾隆五十六年(1791)金谿王氏刻增訂漢魏叢書本　一册

110000－0143－0005943　PG22/34

漢武帝内傳一卷　(漢)班固著　清乾隆五十六年(1791)金谿王氏刻增訂漢魏叢書本　一冊

110000－0143－0005944　PG22/34
飛燕外傳一卷　(漢)伶玄著　清乾隆五十六年(1791)金谿王氏刻增訂漢魏叢書本　與110000－0143－0005943合冊

110000－0143－0005945　PG22/34
雜事秘辛一卷　(漢)□□撰　清乾隆五十六年(1791)金谿王氏刻增訂漢魏叢書本　與110000－0143－0005943合冊

110000－0143－0005946　PG22/34
華陽國志十四卷　(晉)常璩著　清乾隆五十六年(1791)金谿王氏刻增訂漢魏叢書本　三冊

110000－0143－0005947　PG22/34
十六國春秋十六卷　(北魏)崔鴻撰　清乾隆五十六年(1791)金谿王氏刻增訂漢魏叢書本　二冊

110000－0143－0005948　PG22/34
西京雜記二卷　(漢)劉歆撰　(清)盧文弨校　清乾隆五十二年(1787)餘姚盧氏刻抱經堂叢書本　二冊

110000－0143－0005949　PG22/34
西京雜記六卷　(漢)劉歆撰　明萬曆會稽商濬半埜堂刻清康熙振鷺堂重編補刻稗海本　三冊

110000－0143－0005950　PG22/34－1
吴越春秋六卷　(漢)趙曄撰　清宣統三年(1911)上海會文堂書局石印本　一冊

110000－0143－0005951　PG22/34－1
西京雜記二卷　(漢)劉歆撰　(清)盧文弨校　清乾隆五十二年(1787)餘姚盧氏刻抱經堂叢書本　二冊

110000－0143－0005952　PG22/34－3
西京雜記二卷　(漢)劉歆撰　清光緒湖北崇文書局刻正覺樓叢書本　一冊

110000－0143－0005953　PG22/34－4
西京雜記六卷　(漢)劉歆撰　清乾隆五十六年(1791)金谿王氏刻增訂漢魏叢書本　與110000－0143－0005954合冊

110000－0143－0005954　PG22/34－4
漢武帝内傳一卷　(漢)班固著　清乾隆五十六年(1791)金谿王氏刻增訂漢魏叢書本　一冊

110000－0143－0005955　PG22/34－4
飛燕外傳一卷　(漢)伶玄著　清乾隆五十六年(1791)金谿王氏刻增訂漢魏叢書本　與110000－0143－0005954合冊

110000－0143－0005956　PG22/34－4
雜事秘辛一卷　(漢)□□撰　清乾隆五十六年(1791)金谿王氏刻增訂漢魏叢書本　與110000－0143－0005954合冊

110000－0143－0005957　PG22/34－4
華陽國志十四卷　(晉)常璩著　清乾隆五十六年(1791)金谿王氏刻增訂漢魏叢書本　與110000－0143－0005954合冊　存四卷(巴志、漢中志、蜀志、南中志)

110000－0143－0005958　PG22/35
中國六十年戰史十三章　(英國)愛特華斯著　(清)史悠明　(清)程履祥譯校　清光緒二十九年(1903)上海美華書館鉛印本　六冊

110000－0143－0005959　PG22/35
中國六十年戰史十三章　(英國)愛特華斯著　(清)史悠明　(清)程履祥譯校　清光緒二十九年(1903)上海美華書館鉛印本　六冊

110000－0143－0005960　PG22/37
拳案三種　勞乃宣撰　清光緒二十七年(1901)刻本　二冊

110000－0143－0005961　PG22/40
崇禎朝記事四卷　(清)李遜之著　清光緒二十三年(1897)江蘇武進盛氏刻本　二冊

110000－0143－0005962　PG22/42
重刊救荒補遺書二卷　(宋)董煟編著　(元)

張光大新增　(明)朱熊補遺　(明)王崇慶釋斷　清同治八年(1869)湖北崇文書局刻本　二册

110000－0143－0005963　PG22/44
劫火紀焚一卷　(清)寒食生著　清光緒十九年(1893)刻本　一册

110000－0143－0005964　PG22/44
劫火紀焚一卷　(清)寒食生著　清光緒十九年(1893)刻本　一册

110000－0143－0005965　PG22/45
康梁徐謀財害命鐵證書　(清)劉士驥撰　劉作楫輯　清宣統二年(1910)上海點石齋石印本　一册

110000－0143－0005966　PG22/47－2
李秀成供不分卷　(清)李秀成撰　清末刻本　一册

110000－0143－0005967　PG22/51
荆駝逸史五十八種　(清)陳湖逸士輯　清光緒至宣統刻本　十三册　存二十四種(三朝野記、所知錄、聖安本紀、甲申紀變實錄、甲申紀事、北使紀略、汴圍濕襟錄、江陰城守紀、荆谿盧司馬殉忠實錄、袁督師記斬毛文龍始末、入長沙記、粤中偶記、航澥遺聞、平蜀紀事、李仲達被逮紀畧、念陽徐公定蜀記、攻渝紀事、遇變紀畧、四王合傳、江變紀畧、東塘日劄、滄州紀事、倣指南錄、甲行日註)

110000－0143－0005968　PG22/51
荆駝逸史五十八種　(清)陳湖逸士輯　清光緒至宣統刻本　三十二册

110000－0143－0005969　PG22/51－1
荆駝逸史五十八種　(清)陳湖逸士輯　清宣統三年(1911)中國圖書館石印本　十六册

110000－0143－0005970　PG22/56
金陵兵事彙畧四卷　(清)李圭撰　清光緒十三年(1887)江寧李氏甬上刻本　二册

110000－0143－0005971　PG22/58
東牟守城紀畧一卷東牟守城詩一卷　(清)戴燮元著　清同治八年(1869)丹徒戴氏羊城刻本　一册

110000－0143－0005972　PG22/58
東牟守城紀畧一卷東牟守城詩一卷　(清)戴燮元著　清同治八年(1869)丹徒戴氏羊城刻本　一册

110000－0143－0005973　PG22/64
晴雪齋漫錄前集七卷後集七卷　(清)笨老人編輯　清順治抄本　八册

110000－0143－0005974　PG22/66
綏寇記略十二卷補遺三卷　(清)吳偉業纂輯　(清)張海鵬重校　清嘉慶九年(1804)昭文張氏照曠閣刻本　六册　缺三卷(補遺三卷)

110000－0143－0005975　PG22/66
綏寇記略十二卷補遺三卷　(清)吳偉業纂輯　(清)張海鵬重校　清嘉慶九年(1804)昭文張氏照曠閣刻本　十册

110000－0143－0005976　PG22/66
綏寇記略十二卷補遺三卷　(清)吳偉業纂輯　(清)張海鵬重校　清嘉慶九年(1804)昭文張氏照曠閣刻本　八册

110000－0143－0005977　PG22/66
綏寇記略十二卷補遺三卷　(清)吳偉業纂輯　(清)張海鵬重校　清嘉慶九年(1804)昭文張氏照曠閣刻本　八册

110000－0143－0005978　PG22/66
綏寇記略十二卷補遺三卷　(清)吳偉業纂輯　(清)張海鵬重校　清嘉慶九年(1804)昭文張氏照曠閣刻本　六册　缺二卷(十一至十二)

110000－0143－0005979　PG22/66
綏寇記略十二卷補遺三卷　(清)吳偉業纂輯　(清)張海鵬重校　清嘉慶九年(1804)昭文張氏照曠閣刻本　四册

110000－0143－0005980　PG22/66
綏寇記略十二卷補遺三卷　(清)吳偉業纂輯　(清)張海鵬重校　清光緒三年(1877)申報

館鉛印本　八册

110000－0143－0005981　PG22/66
綏寇記略十二卷補遺三卷　（清）吳偉業纂輯　（清）張海鵬重校　清嘉慶九年（1804）昭文張氏照曠閣刻本　四册

110000－0143－0005982　PG22/66－1
續編綏寇紀略五卷　（清）葉夢珠纂輯　清光緒三年（1877）至宣統申報館鉛印本　二册

110000－0143－0005983　PG22/66－1
續編綏寇紀略五卷　（清）葉夢珠纂輯　清光緒三年（1877）至宣統申報館鉛印本　二册

110000－0143－0005984　PG22/66－1
續編綏寇紀略五卷　（清）葉夢珠纂輯　清宣統申報館鉛印本　二册

110000－0143－0005985　PG22/66－2
續編綏寇紀略五卷　（清）葉夢珠纂輯　清宣統申報館鉛印本　二册

110000－0143－0005986　PG22/66－3
綏寇記略十二卷補遺三卷　（清）吳偉業纂輯　（清）張海鵬重校　清光緒三年（1877）申報館鉛印本　四册

110000－0143－0005987　PG22/66－3
綏寇記略十二卷補遺三卷　（清）吳偉業纂輯　（清）張海鵬重校　清光緒三年（1877）申報館鉛印本　八册

110000－0143－0005988　PG22/66
綏寇記略十二卷補遺三卷　（清）吳偉業纂輯　（清）張海鵬重校　清嘉慶九年（1804）昭文張氏照曠閣刻本　六册

110000－0143－0005989　PG22/68
弇山堂別集一百卷　（明）王世貞著　清同治至光緒廣雅書局刻本　二十册

110000－0143－0005990　PG22/68
弇山堂別集一百卷　（明）王世貞著　清同治至光緒廣雅書局刻本　二十四册

110000－0143－0005991　PG22/72
署新安新甯縣王壽民參案始末不分卷　（清）王壽民輯　清光緒二十六年（1900）至宣統王壽民刻本　一册

110000－0143－0005992　PG22/75
平定粵匪紀略十八卷附記四卷　（清）杜文瀾撰　清光緒申報館鉛印本　六册

110000－0143－0005993　PG22/75
平定粵匪紀略十八卷附記四卷　（清）杜文瀾撰　清光緒七年（1881）刻本　六册

110000－0143－0005994　PG22/75
平定粵匪紀略十八卷附記四卷　（清）杜文瀾撰　清光緒元年（1875）詒穀堂刻本　八册

110000－0143－0005995　PG22/75
平定粵匪紀略十八卷附記四卷　（清）杜文瀾撰　清光緒元年（1875）詒穀堂刻本　八册

110000－0143－0005996　PG22/75－1
平定粵匪紀略十八卷附記四卷　（清）杜文瀾撰　清同治十年（1871）京都聚珍齋刻本　八册

110000－0143－0005997　PG22/75－1
平定粵匪紀略十八卷附記四卷　（清）杜文瀾撰　清光緒申報館鉛印本　六册

110000－0143－0005998　PG22/75－1
平定粵匪紀略十八卷附記四卷　（清）杜文瀾撰　清光緒元年（1875）詒穀堂刻本　十册

110000－0143－0005999　PG22/75－1
平定粵匪紀略十八卷附記四卷　（清）杜文瀾撰　清光緒申報館鉛印本　六册

110000－0143－0006000　PG22/75－2
平定粵匪紀略十八卷附記四卷　（清）杜文瀾撰　清同治八年（1869）羣玉齋木活字印本　八册

110000－0143－0006001　PG22/75－3
平定粵匪紀略十八卷附記四卷　（清）杜文瀾撰　清同治十年（1871）京都聚珍齋刻本　十六册

110000－0143－0006002　PG22/80
暢園叢書甲函六種二十卷　（清）張邁輯　清

光緒二十年(1894)始豐張氏四明刻本　二冊
存三種八卷(雌雄淵一卷、止焚稿一卷、志遠齋史話六卷)

110000－0143－0006003　PG22/83
東槎紀略五卷　(清)姚瑩著　清光緒四年(1878)申報館鉛印本　二冊

110000－0143－0006004　PG22/83－1
東槎紀略五卷　(清)姚瑩著　清道光十二年至三十年(1832－1850)桐城姚氏刻本　二冊

110000－0143－0006005　PG22/85
平播全書十五卷　(明)李化龍著　清光緒五年(1879)定州王氏謙德堂刻本　十二冊

110000－0143－0006006　PG22/85
平播全書十五卷　(明)李化龍著　清光緒五年(1879)定州王氏謙德堂刻本　六冊　存七卷(一至七)

110000－0143－0006007　PG22/86
崇佛紀略七卷　(清)釋邃庵禪機著　清光緒二十三年(1897)鉛印本　二冊

110000－0143－0006008　PG22/87
蜀龜鑑七卷首一卷　(清)劉景伯編輯　清咸豐八年(1858)裴氏刻本　四冊

110000－0143－0006009　PG22/87
蜀龜鑑七卷首一卷　(清)劉景伯編輯　清咸豐八年(1858)裴氏刻本　四冊

110000－0143－0006010　PG22/88
蜀碧四卷附記一卷　(清)彭遵泗編　清光緒申報館鉛印本　二冊

110000－0143－0006011　PG22/88
蜀碧四卷　(清)彭遵泗編　清末肇經堂刻本　一冊

110000－0143－0006012　PG22/88
蜀碧四卷　(清)彭遵泗編　清末肇經堂刻本　二冊

110000－0143－0006013　PG22/88－1
蜀碧四卷附記一卷　(清)彭遵泗編　清乾隆至嘉慶刻本　四冊

110000－0143－0006014　PG22/88－2
蜀碧四卷附記一卷　(清)彭遵泗編　清乾隆至嘉慶刻本　二冊

110000－0143－0006015　PG22/89
李忠定公別集十卷　(宋)李綱撰　清光緒十八年(1892)吉林盛福刻本　三冊

110000－0143－0006016　PG22/89
李忠定公別集十卷　(宋)李綱撰　清光緒十年(1884)邵武徐氏刻本　二冊

110000－0143－0006017　PG22/89
李忠定公別集十卷　(宋)李綱撰　清光緒十年(1884)邵武徐氏刻本　四冊

110000－0143－0006018　PG22/89
靖康傳信錄三卷　(宋)李綱撰　清道光二十六年(1846)番禺潘氏刻本　一冊

110000－0143－0006019　PG22/89
靖康傳信錄三卷　(宋)李綱撰　(清)李調元校　(清)李鼎元重校　清嘉慶十四年(1809)綿州李氏萬卷樓刻本　一冊

110000－0143－0006020　PG22/89
靖康傳信錄三卷　(宋)李綱撰　(清)李調元校　(清)李鼎元重校　清嘉慶十四年(1809)綿州李氏萬卷樓刻本　一冊

110000－0143－0006021　PG22/90
明宮史八卷　(明)劉若愚編　清宣統三年(1911)國學扶輪社鉛印本　二冊

110000－0143－0006022　PG22/90
明宮史八卷　(明)劉若愚編　清宣統三年(1911)國學扶輪社鉛印本　一冊

110000－0143－0006023　PG22/90
明宮史八卷　(明)劉若愚編　清宣統二年(1910)國學扶輪社鉛印本　二冊

110000－0143－0006024　PG22/90
明宮史八卷　(明)劉若愚編　清宣統二年(1910)國學扶輪社鉛印本　二冊

110000－0143－0006025　PG22/90－1
明宮史五卷　(明)劉若愚編　(明)呂毖編次

清嘉慶十年(1805)昭文張氏照曠閣刻本　四冊

110000－0143－0006026　PG22/92
征剿記畧四卷十陣圖一卷　(清)尹嘉賓著　清光緒二十六年(1900)南陽鎮中衡衙門刻本　五冊

110000－0143－0006027　PG22/97
金壇見聞記二卷　(清)強汝詢著　清光緒二十四年(1898)江蘇書局刻本　一冊

110000－0143－0006028　PG22/101－1
二申野錄八卷　(清)孫之騄輯　清同治六年(1867)吟香館刻本　二冊

110000－0143－0006029　PG22/101－1
二申野錄八卷　(清)孫之騄輯　清同治六年(1867)吟香館刻本　四冊

110000－0143－0006030　PG22/101－1
二申野錄八卷　(清)孫之騄輯　清同治六年(1867)吟香館刻本　四冊

110000－0143－0006031　PG22/101－2
二申野錄八卷　(清)孫之騄輯　清道光至宣統抄本　四冊

110000－0143－0006032　PG22/102
南漢春秋十三卷　(清)劉應麟編　清道光三十年(1850)含章書屋刻本　二冊

110000－0143－0006033　PG22/103
邊事彙鈔十二卷續鈔八卷　(清)朱克敬輯　(清)江孝棠參訂　清光緒六年(1880)陳挹秀刻刷店長沙刻本　十冊

110000－0143－0006034　PG22/103
邊事彙鈔十二卷續鈔八卷　(清)朱克敬輯　(清)江孝棠參訂　清光緒六年(1880)陳挹秀刻刷店長沙刻本　十冊

110000－0143－0006035　PG22/103
邊事彙鈔十二卷續鈔八卷　(清)朱克敬輯　(清)江孝棠參訂　清光緒六年(1880)陳挹秀刻刷店長沙刻本　八冊

110000－0143－0006036　PG22/103－1
邊事續鈔八卷　(清)朱克敬輯　(清)江孝棠參訂　清光緒六年(1880)陳挹秀刻刷店長沙刻本　六冊

110000－0143－0006037　PG22/104
清史攬要六卷　(日本)增田貢著　清光緒至宣統鉛印本　二冊

110000－0143－0006038　PG22/104
皇朝政典挈要八卷　(日本)增田貢著　(清)毛淦補編　清光緒二十八年(1902)知新書局石印本　四冊

110000－0143－0006039　PG22/104
支那新史攬要六卷　(日本)增田貢著　清光緒二十七年(1901)上海書局石印本　六冊

110000－0143－0006040　PG22/108
顧氏二種八卷　(清)顧觀光著　清光緒五年(1879)金山高桂刻宣統三年(1911)金山高煌重刻本　四冊

110000－0143－0006041　PG22/117
蕩平髮逆圖記二十二卷首一卷　(清)杜文瀾纂輯　(清)白雲山人繪圖　清光緒十四年(1888)上海漱六山莊石印本　六冊

110000－0143－0006042　PG22/117
蕩平髮逆圖記二十二卷首一卷　(清)杜文瀾纂輯　(清)白雲山人繪圖　清光緒十四年(1888)上海漱六山莊石印本　四冊

110000－0143－0006043　PG22/118
淮軍平捻記十二卷　(清)周世澄撰　清光緒三年(1877)申報館鉛印本　四冊

110000－0143－0006044　PG22/118
淮軍平捻記十二卷　(清)周世澄撰　清光緒三年(1877)申報館鉛印本　四冊

110000－0143－0006045　PG22/118
淮軍平捻記十二卷　(清)周世澄撰　清光緒三年(1877)申報館鉛印本　四冊

110000－0143－0006046　PG22/119
勘定新疆記八卷　(清)魏光燾著　清光緒二十五年(1899)邵陽魏氏鉛印本　二冊

110000－0143－0006047　PG22/120
粵匪南北滋擾紀畧不分卷　(清)姚憲之輯著　清咸豐五年(1855)至宣統京都琉璃廠刻本　一册

110000－0143－0006048　PG22/125
播變紀略一卷　(清)宦懋庸著　清光緒二十年(1894)川東道署刻本　一册

110000－0143－0006049　PG22/125
播變紀略一卷　(清)宦懋庸著　清光緒二十年(1894)川東道署刻本　一册

110000－0143－0006050　PG22/125
播變紀略一卷　(清)宦懋庸著　清光緒二十年(1894)川東道署刻本　一册

110000－0143－0006051　PG22/126
征西紀略四卷　(清)曾毓瑜撰　清光緒二十年(1894)京師官書局鉛印本　一册

110000－0143－0006052　PG22/126
征西紀略四卷　(清)曾毓瑜撰　清光緒二十年(1894)京師官書局鉛印本　一册

110000－0143－0006053　PG22/128
西巡迴鑾始末記六卷　(清)八詠樓主人著　(日本)吉田良太郎口譯　清光緒三十一年(1905)上海書局石印本　六册

110000－0143－0006054　PG22/128
西巡迴鑾始末記六卷　(清)八詠樓主人著　(日本)吉田良太郎口譯　清光緒二十八年(1902)石印本　六册

110000－0143－0006055　PG22/130
欽定蘭州紀畧二十卷首一卷　(清)阿桂等撰　清末石印本　二十册

110000－0143－0006056　PG22/131
建炎以來朝野襍記甲集二十卷乙集二十卷　(宋)李心傳撰　清刻本　十册

110000－0143－0006057　PG22/133
東方兵事紀略五卷　姚錫光撰　清光緒二十四年(1898)刻本　五册

110000－0143－0006058　PG22/133
東方兵事紀略五卷　姚錫光撰　清光緒二十三年(1897)武昌刻本　一册

110000－0143－0006059　PG22/134
翼教叢編六卷　(清)蘇興輯　清光緒二十四年(1898)武昌刻本　三册

110000－0143－0006060　PG22/134
翼教叢編六卷　(清)蘇興輯　清光緒二十四年(1898)武昌刻本　四册

110000－0143－0006061　PG22/134
翼教叢編六卷　(清)蘇興輯　清光緒二十四年(1898)武昌刻本　四册

110000－0143－0006062　PG22/134－1
翼教叢編六卷附一卷　(清)蘇興輯　清光緒二十五年(1899)刻本　三册

110000－0143－0006063　PG22/136
僞齊錄二卷　(宋)楊堯弼撰　清嘉慶至同治抄本　一册

110000－0143－0006064　PG22/138
公車上書記一卷　康有爲著　清光緒二十一年(1895)上海石印書局石印本　一册

110000－0143－0006065　PG22/138
公車上書記一卷　康有爲著　清光緒二十一年(1895)上海古香閣刻本　一册

110000－0143－0006066　PG22/138
公車上書記一卷　康有爲著　清光緒二十一年(1895)上海石印書局石印本　一册

110000－0143－0006067　PG22/138
公車上書記一卷　康有爲著　清光緒二十一年(1895)上海石印書局石印本　一册

110000－0143－0006068　PG22/139
金壇守城日記一卷　(清)李淮撰　(清)李智植校　清光緒十二年(1886)鄞縣李智植刻本　一册

110000－0143－0006069　PG22/140－1
松漠紀聞一卷續一卷補遺一卷　(宋)洪皓撰　(清)張海鵬訂　清嘉慶十年(1805)虞山張氏照曠閣刻本　一册

110000－0143－0006070　PG22/140－2

松漠紀聞一卷續一卷補遺一卷松漠紀聞攷異一卷　(宋)洪皓　(清)洪佩聲撰　清同治十二年(1873)涇縣洪氏三瑞堂刻本　一册

110000－0143－0006071　PG22/142

兩淮戡亂記一卷　張瑞墀著　朱點衣編輯　清宣統元年(1909)北京國學萃編社鉛印本　一册

110000－0143－0006072　PG22/146

校正元親征錄一卷　(元)□□撰　(清)何秋濤校正　清光緒二十年(1894)桐廬袁氏小漚巢刻本　二册

110000－0143－0006073　PG22/147

明朝國初事蹟一卷　(明)劉辰撰　(清)胡鳳丹校　清同治八年(1869)永康胡氏退補齋刻本　一册

110000－0143－0006074　PG22/149

鄂國金佗稡編二十八卷續編三十卷　(宋)岳珂編　清光緒九年(1883)浙江書局刻本　六册　存二十八卷(鄂國金佗稡編二十八卷)

110000－0143－0006075　PG22/149

鄂國金佗稡編二十八卷續編三十卷　(宋)岳珂編　清光緒九年(1883)浙江書局刻本　六册　存二十八卷(鄂國金佗稡編二十八卷)

110000－0143－0006076　PG22/149

鄂國金佗稡編二十八卷續編三十卷　(宋)岳珂編　清光緒九年(1883)浙江書局刻本　十二册

110000－0143－0006077　PG22/149－1

岳鄂王金佗稡編二十卷首一卷末一卷續編八卷新增王昭忠録拾遺二卷　(宋)岳珂編　(清)岳士景重訂并輯録　清乾隆岳氏刻本　十二册

110000－0143－0006078　PG22/150

欽定遼史語解十卷　(清)高宗弘曆敕撰　清光緒四年(1878)江蘇書局刻遼金元三史語解本　二册

110000－0143－0006079　PG22/150

欽定遼史語解十卷　(清)高宗弘曆敕撰　清光緒四年(1878)江蘇書局刻遼金元三史語解本　二册

110000－0143－0006080　PG22/150

欽定遼史語解十卷　(清)高宗弘曆敕撰　清道光四年(1824)刻本　四册

110000－0143－0006081　PG22/150

欽定遼史語解十卷　(清)高宗弘曆敕撰　清光緒四年(1878)江蘇書局刻遼金元三史語解本　二册

110000－0143－0006082　PG22/150

遼金元三史語解四十六卷　(清)高宗弘曆敕撰　清光緒四年(1878)江蘇書局刻本　十册

110000－0143－0006083　PG22/151－1

南渡録四卷　(宋)辛棄疾撰　清光緒七年(1881)刻本　一册　存二卷(三至四)

110000－0143－0006084　PG22/152

翼教叢編六卷　(清)蘇輿輯　清光緒二十四年(1898)武昌刻本　三册

110000－0143－0006085　PG22/155－2

黑韃事略一卷附校記一卷　(宋)彭大雅撰　(宋)徐霆疏證　胡思敬校勘　清光緒三十四年(1908)新昌胡氏鉛印問影樓輿地叢書第一集本　一册

110000－0143－0006086　PG22/155－2

峒谿纖志三卷　(清)陸次雲著　清光緒三十四年(1908)新昌胡氏鉛印問影樓輿地叢書第一集本　一册

110000－0143－0006087　PG22/155－2

雲緬山川志一卷　(清)李榮陛撰　清光緒三十四年(1908)新昌胡氏鉛印問影樓輿地叢書第一集本　一册

110000－0143－0006088　PG22/155－3

峒谿纖志不分卷　(清)陸次雲著　清光緒三十二年(1906)益新書社鉛印本　一册

110000－0143－0006089　PG22/156

滇粹不分卷　呂志伊　李根源同輯　清宣統元年(1909)鉛印本　一册

110000－0143－0006090　PG22/156
滇粹不分卷　呂志伊　李根源同輯　清宣統元年(1909)鉛印本　一册

110000－0143－0006091　PG22/163
平苗紀略不分卷　(清)方顯著　清同治十二年(1873)巴陵方大湜武昌郡廨刻本　二册

110000－0143－0006092　PG22/165
槐廳載筆二十卷　(清)法式善撰　清嘉慶四年至二十五年(1799－1820)刻本　六册　缺四卷(十七至二十)

110000－0143－0006093　PG22/166
小腆紀年坿攷二十卷　(清)徐鼒譔　清咸豐十一年(1861)六合徐氏刻本　八册

110000－0143－0006094　PG22/167
全唐文紀事一百二十二卷首一卷　(清)陳鴻墀纂　清同治十二年(1873)巴陵方功惠廣州刻本　三十二册

110000－0143－0006095　PG22/167－1
全唐文紀事一百二十二卷首一卷　(清)陳鴻墀纂　清同治十二年(1873)巴陵方功惠廣州刻本　三十二册

110000－0143－0006096　PG22/174
便宜小效畧存二卷　賀宗章著　清光緒二十七年(1901)雲南書局刻本　二册

110000－0143－0006097　PG22/181
兩京新記一卷　(唐)韋述撰　清光緒七年(1881)刻本　一册

110000－0143－0006098　PG22/181
李嶠雜詠二卷　(唐)李嶠撰　清光緒七年(1881)刻本　與110000－0143－0006097合册

110000－0143－0006099　PG22/184
拳教析疑説不分卷　勞乃宣撰　(清)恩壽輯　清光緒二十八年(1902)江蘇布政使恩壽刻本　一册

110000－0143－0006100　PG22/184
拳教析疑説不分卷　勞乃宣撰　(清)恩壽輯　清光緒二十八年(1902)江蘇布政使恩壽木活字印本　一册

110000－0143－0006101　PG22/185
通閩輯要不分卷　(清)□□輯　清道光七年至三十年(1827－1850)抄本　一册

110000－0143－0006102　PG22/186－1
建炎以來朝野雜記甲集二十卷乙集二十卷　(宋)李心傳撰　清光緒十九年(1893)井研蕭露濃刻本　八册

110000－0143－0006103　PG22/186－1
建炎以來朝野雜記甲集二十卷乙集二十卷　(宋)李心傳撰　清嘉慶刻本　十八册

110000－0143－0006104　PG22/187
新政真詮六編　何啓　胡禮垣輯　清光緒二十七年(1901)格致新報館鉛印本　六册

110000－0143－0006105　PG22/188
思痛記二卷　(清)李圭撰　清光緒六年(1880)師一齋刻本　一册

110000－0143－0006106　PG22/189
皇朝政典舉要八卷　(日本)增田貢著　(清)毛淦補編　清光緒三年至三十四年(1877－1908)鉛印本　四册

110000－0143－0006107　PG22/189
皇朝政典舉要八卷　(日本)增田貢著　(清)毛淦補編　清光緒三年至三十四年(1877－1908)鉛印本　四册

110000－0143－0006108　PG22/189
皇朝政典挈要八卷　(日本)增田貢著　(清)毛淦補編　清光緒二十六年至三十四年(1900－1908)石印本　四册

110000－0143－0006109　PG22/189－1
皇朝政典挈要八卷　(日本)增田貢著　(清)毛淦補編　清光緒二十七年(1901)知新書局石印本　四册

110000－0143－0006110　PG22/191

增補清史攬要八卷　(日本)增田貢著　(清)毛淦補編　清光緒二十八年(1902)上海時務書局石印本　四冊

110000－0143－0006111　PG22/196
庭聞録六卷附録一卷　(清)劉健著　清光緒至宣統刻本　四冊

110000－0143－0006112　PG22/196
庭聞録六卷附録一卷　(清)劉健著　清光緒至宣統刻本　四冊

110000－0143－0006113　PG22/196
庭聞録六卷　(清)劉健著　清光緒四年(1878)申報館鉛印本　一冊

110000－0143－0006114　PG22/197
表忠芻議二卷　(清)洪恩波著　清光緒三十年(1904)桐城洪氏金陵刻本　一冊

110000－0143－0006115　PG22/198
校正元親征録一卷　(元)□□撰　(清)何秋濤校正　清光緒二十年(1894)桐廬袁氏小漚巢刻本　一冊

110000－0143－0006116　PG22/198
校正元親征録一卷　(元)□□撰　(清)何秋濤校正　清光緒二十年(1894)桐廬袁氏小漚巢刻本　一冊

110000－0143－0006117　PG22/198
校正元親征録一卷　(元)□□撰　(清)何秋濤校正　清光緒二十年(1894)桐廬袁氏小漚巢刻本　一冊

110000－0143－0006118　PG22/199
平定羅刹方略四卷　(清)□□輯　清光緒吳縣潘氏刻本　一冊

110000－0143－0006119　PG22/200
咸豐三年京口士民討賊檄　(清)□□輯　清同治九年(1870)總理各國事務衙門抄本　一冊

110000－0143－0006120　PG22/201
吳柳堂先賢秘策不分卷　(清)吳柳堂撰　清咸豐四年(1854)至宣統抄本　一冊

110000－0143－0006121　PG22/207
澠水燕談録十卷　(宋)王闢之撰　清乾隆至嘉慶長塘鮑氏刻本　二冊

110000－0143－0006122　PG22/208
繪像中東大戰演義四卷三十三回　(清)洪興全輯　清光緒二十六年(1900)石印本　四冊

110000－0143－0006123　PG22/210
行素齋雜記二卷　(清)繼昌撰　清光緒二十七年(1901)湖南臬署刻本　二冊

110000－0143－0006124　PG22/213
吳中平寇記八卷　(清)錢勖撰　清同治四年至十三年(1865－1874)刻本　一冊

110000－0143－0006125　PG22/213
吳中平寇記八卷　(清)錢勖撰　清光緒元年(1875)申報館鉛印本　一冊

110000－0143－0006126　PG22/213
吳中平寇記八卷　(清)錢勖撰　清同治四年至十三年(1865－1874)刻本　二冊

110000－0143－0006127　PG22/213
吳中平寇記八卷　(清)錢勖撰　清同治四年至十三年(1865－1874)刻本　二冊

110000－0143－0006128　PG22/213－1
吳中平寇記八卷　(清)錢勖撰　清光緒元年(1875)申報館鉛印本　二冊

110000－0143－0006129　PG22/214
野記四卷　(明)祝允明纂　清光緒四年(1878)申報館鉛印本　二冊

110000－0143－0006130　PG22/214
野記四卷　(明)祝允明纂　清光緒四年(1878)申報館鉛印本　二冊

110000－0143－0006131　PG22/214－1
野記四卷　(明)祝允明纂　清同治十三年(1874)元和祝氏刻本　二冊

110000－0143－0006132　PG22/215
拳匪搆亂紀實不分卷　(□)□□輯　清光緒二十六年(1900)至宣統虛靜齋抄本　一冊

110000－0143－0006133　PG22/216
義和拳教門源流考一卷　勞乃宣撰　清光緒二十五年(1899)刻本　一册

110000－0143－0006134　PG22/218
京口掌故叢編初集六種七卷　陶駿保輯　清光緒三十四年(1908)丹徒陶氏刻本　一册
存二種(己酉避亂録、京口僨城録)

110000－0143－0006135　PG22/218
京口掌故叢編初集六種七卷　陶駿保輯　清光緒三十四年(1908)丹徒陶氏刻本　二册

110000－0143－0006136　PG22/219
曾文正公大事記四卷　(清)王定安著　清光緒二年(1876)申報館鉛印本　二册

110000－0143－0006137　PG22/219
曾文正公大事記四卷　(清)王定安著　清光緒長沙刻本　二册

110000－0143－0006138　PG22/220
紀載彙編十種十卷　(明)馮夢龍原本　(清)莫釐山人增補　清光緒四年(1878)申報館鉛印本　二册

110000－0143－0006139　PG22/220
紀載彙編十種十卷　(明)馮夢龍原本　(清)莫釐山人增補　清光緒四年(1878)申報館鉛印本　二册

110000－0143－0006140　PG22/221
庚子京津拳匪紀略八卷前編二卷後編二卷　(清)僑析生　(清)縉雲氏輯　清光緒二十六年至三十四年(1900－1908)石印本　五册

110000－0143－0006141　PG22/223
張忠武事録四卷　陳慶年編　清光緒三十二年(1906)刻本　四册

110000－0143－0006142　PG22/223
張忠武事録四卷　陳慶年編　清光緒三十二年(1906)刻本　四册

110000－0143－0006143　PG22/227
守汴日志一卷　(明)李光壂編　(清)李鑾較訂　清道光六年至二十二年(1826－1842)開封李開鄴刻本　一册

110000－0143－0006144　PG22/227
守汴日志一卷　(明)李光壂編　(清)李鑾較訂　清道光六年至七年(1826－1827)開封李開鄴刻光緒二十四年(1898)重刻本　一册

110000－0143－0006145　PG22/227
守汴日志一卷　(明)李光壂編　(清)李鑾較訂　清道光六年至七年(1826－1827)開封李開鄴刻光緒二十四年(1898)重刻本　一册

110000－0143－0006146　PG22/228
建炎復辟記一卷　(宋)□□撰　清光緒二十三年(1897)錢塘丁氏嘉惠堂刻本　一册

110000－0143－0006147　PG22/229
勝朝遺事初編六卷二編八卷　(清)吴彌光輯　清道光二十二年(1842)南海吴氏芬陀羅館刻本　三十二册

110000－0143－0006148　PG22/230
建炎以來繫年要録二百卷　(宋)李心傳撰　清光緒八年(1882)仁壽蕭氏刻本　六十册

110000－0143－0006149　PG22/230
建炎以來繫年要録二百卷　(宋)李心傳撰　清光緒八年(1882)仁壽蕭氏刻本　六十册

110000－0143－0006150　PG22/231
清鮑軍門戰功紀畧不分卷　(清)金國均等纂輯　清同治六年(1867)漢鎮沈家廟小西山房刻本　一册

110000－0143－0006151　PG22/232
九朝野記二卷　(明)祝允明纂　清宣統三年(1911)時中書局鉛印本　一册

110000－0143－0006152　PG22/237
靖康孤臣泣血録二卷　(宋)丁特起著　鄧實校録　清光緒三十二年(1906)國學保存會鉛印本　一册

110000－0143－0006153　PG22/239
淳熙玉堂雜記三卷　(宋)周必大撰　明崇禎虞山毛氏汲古閣刻本　二册

110000－0143－0006154　PG22/239

誠齋雜記二卷　(元)林坤輯　明崇禎虞山毛氏汲古閣刻本　二册

110000－0143－0006155　PG22/240－1
戡靖教匪述編十二卷　(清)羅珍編　清道光八年(1828)石香村刻本　三册

110000－0143－0006156　PG22/244
行朝錄六卷　(清)黄宗羲編撰　清光緒至宣統抄本　一册　存三卷(四至六)

110000－0143－0006157　PG22/245
春秋公法比義發微六卷　藍光策著　清宣統三年(1911)南洋印刷官廠鉛印本　三册

110000－0143－0006158　PG22/247
剿逆圖説全考二卷　(清)□□輯　清光緒十九年(1893)上海書局鉛印本　二册

110000－0143－0006159　PG22/248
歷代大事歌略四卷　(清)賈拱辰輯　清光緒山東官印書局鉛印本　一册

110000－0143－0006160　PG22/249
國朝事略八卷　(清)金陵江楚編譯官書局編輯　清光緒三十二年(1906)金陵江楚編譯官書局石印本　四册

110000－0143－0006161　PG22/249－1
國朝事略八卷　(清)金陵江楚編譯官書局編輯　清光緒三十二年(1906)金陵江楚編譯官書局石印本　四册

110000－0143－0006162　PG22/249－1
國朝事略五卷　(清)金陵江楚編譯官書局編輯　清光緒至宣統刻本　二册

110000－0143－0006163　PG22/249－2
國朝事略五卷　(清)金陵江楚編譯官書局編輯　清光緒三十三年(1907)廣東學務公所印刷處鉛印本　一册

110000－0143－0006164　PG22/253
吴越備史四卷補遺一卷雜考一卷　(宋)范坰　(宋)林禹撰　(清)錢受瀓輯　清光緒二十一年(1895)錢塘丁氏嘉惠堂刻本　二册

110000－0143－0006165　PG22/253－1
吴越備史四卷首一卷　(宋)錢儼撰　(清)席世臣訂　清道光二年(1822)席氏掃葉山房刻本　四册

110000－0143－0006166　PG22/253－1
吴越備史四卷首一卷　(宋)錢儼撰　(清)席世臣訂　清道光二年(1822)席氏掃葉山房刻本　二册

110000－0143－0006167　PG22/255
奉天錄四卷附一卷　(唐)趙元一撰　清光緒十七年(1891)江陰繆荃孫雲自在龕刻本　二册

110000－0143－0006168　PG22/255
奉天錄四卷附一卷　(唐)趙元一撰　清光緒十七年(1891)江陰繆荃孫雲自在龕刻本　二册

110000－0143－0006169　PG22/258
李秀成供不分卷　(清)李秀成撰　(清)曾國藩輯　清同治五年至十三年(1866－1874)刻本　一册

110000－0143－0006170　PG22/261
江上孤忠錄一卷　(清)黄明曦纂　(清)黄懷孝　(清)龔丙吉重訂　清光緒十七年(1891)江陰金武祥刻本　一册

110000－0143－0006171　PG22/262
國朝柔遠記二十卷　(清)王之春編　清光緒十七年(1891)廣雅書局刻本　六册

110000－0143－0006172　PG22/262
國朝柔遠記二十卷　(清)王之春編　清光緒十七年(1891)廣雅書局刻本　六册

110000－0143－0006173　PG22/263
新編五代漢史平話二卷　(宋)□□撰　董康輯　清宣統三年(1911)武進董氏影刻本　一册

110000－0143－0006174　PG22/267
欽定元史語解二十四卷　(清)高宗弘曆敕撰　清光緒四年(1878)江蘇書局刻本　六册

110000－0143－0006175　PG22/267

欽定元史語解二十四卷　(清)高宗弘曆敕撰　清光緒四年(1878)江蘇書局刻本　六冊

110000－0143－0006176　PG22/267－1
欽定元史語解二十四卷　(清)高宗弘曆敕撰　清光緒四年(1878)江蘇書局刻本　八冊

110000－0143－0006177　PG22/268
欽定金史語解十二卷　(清)高宗弘曆敕撰　清光緒四年(1878)江蘇書局刻本　二冊

110000－0143－0006178　PG22/268
欽定金史語解十二卷　(清)高宗弘曆敕撰　清光緒四年(1878)江蘇書局刻本　二冊

110000－0143－0006179　PG22/268
欽定金史語解十二卷　(清)高宗弘曆敕撰　清光緒四年(1878)江蘇書局刻本　四冊

110000－0143－0006180　PG22/271
殘明紀事一卷　(清)羅謙撰　清宣統三年(1911)上海國學扶輪社鉛印本　一冊

110000－0143－0006181　PG22/273
庚子教會華人流血史不分卷　柴蓮馥編輯　清宣統三年(1911)上海中國聖教會鉛印本　一冊

110000－0143－0006182　PG22/273
庚子教會華人流血史不分卷　柴蓮馥編輯　清宣統三年(1911)上海中國聖教會鉛印本　一冊

110000－0143－0006183　PG22/274
史案二十卷首一卷　(清)吳裕垂撰　清光緒六年(1880)大成堂刻本　八冊

110000－0143－0006184　PG22/276
南北史捃華八卷　(清)周嘉猷輯　清光緒二年(1876)永康胡鳳丹退補齋刻本　四冊

110000－0143－0006185　PG22/276
南北史捃華八卷　(清)周嘉猷輯　清光緒二年(1876)永康胡鳳丹退補齋刻本　四冊

110000－0143－0006186　PG22/276
皇朝紀略不分卷　(清)北鄉義塾編　清光緒二十七年(1901)上海普通學書室鉛印本　一冊

110000－0143－0006187　PG22/276－1
南北史捃華八卷　(清)周嘉猷輯　清同治四年(1865)仁和許氏鑑止水齋刻本　四冊

110000－0143－0006188　PG22/276－2
南北史捃華八卷　(清)周嘉猷輯　清光緒十年(1884)蕉心室刻本　四冊

110000－0143－0006189　PG22/280
逆黨禍蜀記不分卷　(清)□□輯　清同治五年(1866)不懼無悶齋刻本　一冊

110000－0143－0006190　PG22/281
嘉定屠城紀略一卷　(清)朱子素著　清末石印本　一冊

110000－0143－0006191　PG22/282
普天同悲錄八章　坑餘子輯　清末石印本　一冊

110000－0143－0006192　PG22/284
龍邱戡匪紀畧一卷　(清)楊葆光撰　清末刻本　一冊

110000－0143－0006193　PG22/286
覺迷要錄四卷　葉德輝編輯　清光緒三十一年(1905)長沙葉氏刻本　二冊

110000－0143－0006194　PG22/286
覺迷要錄四卷　葉德輝編輯　清光緒三十一年(1905)長沙葉氏刻本　一冊

110000－0143－0006195　PG22/289
千百年眼十二卷　(明)張燧纂　清光緒二十九年(1903)成都三鶴山房刻本　六冊

110000－0143－0006196　PG22/289
千百年眼十二卷　(明)張燧纂　清光緒二十九年(1903)成都三鶴山房刻本　六冊

110000－0143－0006197　PG22/291
歷代邊事彙鈔十二卷　(清)朱克敬編輯　清光緒二十八年(1902)上海捷記書局石印本　三冊　缺三卷(十至十二)

110000－0143－0006198　PG22/291

歷代邊事彙鈔十二卷　（清）朱克敬編輯　清光緒二十八年（1902）上海捷記書局石印本　二册

110000－0143－0006199　PG22/293
河南邵氏聞見前錄二十卷後錄三十卷　（宋）邵伯溫　（宋）邵博撰　清嘉慶十年（1805）虞山張海鵬照曠閣刻本　五册

110000－0143－0006200　PG22/294
盾鼻隨聞錄八卷　（清）汪堃編輯　清光緒元年（1875）崑山汪堃不懼無悶齋刻本　一册

110000－0143－0006201　PG22/294
盾鼻隨聞錄八卷　（清）汪堃編輯　清光緒元年（1875）崑山汪堃不懼無悶齋刻本　二册

110000－0143－0006202　PG22/295
貽案始末記十六章　天涯恨恨生著　清宣統三年（1911）鉛印本　一册

110000－0143－0006203　PG22/295
貽案始末記十六章　天涯恨恨生著　清宣統三年（1911）鉛印本　一册

110000－0143－0006204　PG22/296
五國故事二卷　（宋）□□輯　清乾隆五十七年（1792）秀水陳氏刻本　一册

110000－0143－0006205　PG22/296
五代史補五卷　（宋）陶岳撰　清乾隆五十七年（1792）秀水陳氏刻本　三册

110000－0143－0006206　PG22/296
五代春秋二卷　（宋）尹洙撰　清乾隆五十七年（1792）秀水陳氏刻本　一册

110000－0143－0006207　PG22/297
曆數考正集不分卷　（清）朱彝教編　清乾隆至咸豐抄本　一册

110000－0143－0006208　PG22/298
譚史志奇八卷　（清）姚芝輯　清光緒十四年（1888）五知堂刻本　四册

110000－0143－0006209　PG22/298
譚史志奇八卷　（清）姚芝輯　清道光六年（1826）古吳姚氏五知堂刻本　四册

110000－0143－0006210　PG22/301
中東戰紀本末三編四卷　（美國）林樂知著譯　蔡爾康纂輯　清光緒二十六年（1900）上海廣學會鉛印本　四册

110000－0143－0006211　PG22/301
中東戰紀本末三編四卷　（美國）林樂知著譯　蔡爾康纂輯　清光緒二十六年（1900）上海廣學會鉛印本　四册

110000－0143－0006212　PG22/302－1
東都事略一百三十卷　（宋）王偁撰　清乾隆六十年（1795）南沙席氏掃葉山房刻本　十四册

110000－0143－0006213　PG22/304
天祿閣外史八卷　（漢）黄憲著　清乾隆五十六年（1791）金谿王氏刻本　一册　缺五卷（四至八）

110000－0143－0006214　PG22/305
詳註歷代述史詞四卷　（清）無了散人萌陽子撰　（清）忘機散人嗜古氏釋　清光緒十二年（1886）善成堂刻本　四册

110000－0143－0006215　PG22/310
京津拳匪紀略八卷前編二卷後編二卷　（清）僑析生　（清）縉雲氏輯　清光緒二十七年（1901）香港書局石印本　六册

110000－0143－0006216　PG22/310
京津拳匪紀略八卷前編二卷後編二卷　（清）僑析生　（清）縉雲氏輯　清光緒二十七年（1901）香港書局石印本　五册　缺三卷（京津拳匪紀略一至三）

110000－0143－0006217　PG22/310
京津拳匪紀略八卷前編二卷後編二卷　（清）僑析生　（清）縉雲氏輯　清光緒二十七年（1901）香港書局石印本　六册

110000－0143－0006218　PG22/320
金陵癸甲摭談一卷　（清）謝炳撰　清光緒三十二年（1906）國學保存會鉛印國粹叢書本　一册

110000－0143－0006219　PG22/321
學史四十八卷　(清)王希廉輯　清光緒二年(1876)申報館鉛印申報館叢書本　八册

110000－0143－0006220　PG22/322
甲申傳信録十卷　(清)錢𩓷著　(清)郝聰校　清光緒三年(1877)申報館鉛印申報館叢書本　四册

110000－0143－0006221　PG22/322－1
甲申傳信録十卷　(清)錢𩓷著　(清)郝聰校　清道光二十年(1840)刻本　四册

110000－0143－0006222　PG22/323
褚堂閒史考證一卷附録一卷　(清)趙一清著　**校勘記一卷**　孫鏘撰　清光緒二十一年(1895)錢塘丁氏嘉惠堂刻武林掌故叢編本　二册

110000－0143－0006223　PG22/323
褚堂閒史考證一卷附録一卷　(清)趙一清著　**校勘記一卷**　孫鏘撰　清光緒二十一年(1895)錢塘丁氏嘉惠堂刻武林掌故叢編本　一册　缺一卷(校勘記一卷)

110000－0143－0006224　PG22/324
國語補音三卷　(宋)宋庠撰　清光緒二年(1876)成都尊經書院刻本　一册

110000－0143－0006225　PG22/324
國語補音三卷　(宋)宋庠撰　清光緒二年(1876)成都尊經書院刻本　一册

110000－0143－0006226　PG22/324－1
國語補音三卷　(宋)宋庠撰　**附札記二卷**　(清)錢保塘　(清)孫鳳鈞分撰　清光緒二年(1876)成都尊經書院刻八年(1882)增刻本　一册

110000－0143－0006227　PG22/328
庚申外史一卷　(明)權衡著　(清)張海鵬訂　清嘉慶十年(1805)虞山張氏照曠閣刻本　一册

110000－0143－0006228　PG22/328
復辟録一卷　(明)楊瑄撰　(清)張海鵬訂　清嘉慶十年(1805)虞山張氏照曠閣刻本　與110000－0143－0006227合册

110000－0143－0006229　PG22/331
明史小樂府一卷　(清)尤侗撰　(清)尤珍注　清道光至宣統抄本　一册

110000－0143－0006230　PG22/332
庚子日記四卷　(清)藉禪室主人著　(清)雙雨樓主人編　清光緒三十年(1904)鉛印本　一册　存一卷(一)

110000－0143－0006231　PG22/335
西使記一卷　(元)劉郁撰　(清)張海鵬訂　清嘉慶十年(1805)虞山張氏照曠閣刻本　一册

110000－0143－0006232　PG22/335
燕翼貽謀録五卷　(宋)王林撰　(清)張海鵬訂　清嘉慶十年(1805)虞山張氏照曠閣刻本　與110000－0143－0006231合册

110000－0143－0006233　PG22/336
紫藤書屋叢刻六種　(清)陳□輯　清乾隆五十七年(1792)秀水陳氏刻本　一册　存四種(五代史闕文、五代史補、五代春秋、五國故事)

110000－0143－0006234　PG22/336
紫藤書屋叢刻六種　(清)陳□輯　清乾隆五十七年(1792)秀水陳氏刻本　一册　存二種(五代史闕文、五代史補)

110000－0143－0006235　PG22/337
後山叢談四卷　(宋)陳師道著　清道光十一年(1831)六安晁氏學海類編木活字印本　一册

110000－0143－0006236　PG22/338
雜鈔五種六卷　(清)□□輯　清同治至宣統抄本　三册

110000－0143－0006237　PG22/339
新刊國聞新語録四卷　貪夢癡道人著　清光緒二十五年(1899)上海石印本　四册

110000－0143－0006238　PG22/344

先撥志始二卷　（清）文秉著　清同治二年（1863）當塗夏燮江西省廨刻本　二冊

110000－0143－0006239　PG22/345
欽定古今儲貳金鑑六卷　（清）□□輯　清光緒二十一年（1895）浙江官書局刻本　二冊

110000－0143－0006240　PG22/348
如蘭集源不分卷　（清）□□輯　清道光至宣統抄本　二冊

110000－0143－0006241　PG22/349
歐陽氏遺書不分卷　（清）歐陽直記　清光緒二十六年（1900）刻本　一冊

110000－0143－0006242　PG22/353
史餘萃覽四卷　（清）楊家麟集　清光緒四年（1878）上海申報館鉛印本　二冊

110000－0143－0006243　PG22/354
平桂紀畧四卷　（清）蘇鳳文撰　清光緒十五年（1889）刻本　一冊

110000－0143－0006244　PG22/355
堂匪總錄十二卷附廣西道里表一卷　（清）蘇鳳文撰　清光緒十五年（1889）刻本　二冊

110000－0143－0006245　PG22/356
股匪總錄三卷　（清）蘇鳳文撰　清光緒十五年（1889）刻本　一冊

110000－0143－0006246　PG22/360
金陵省難紀略不分卷　（清）張汝南述　清光緒十六年（1890）上海著易堂書局鉛印本　一冊

110000－0143－0006247　PG22/372
明季三朝野史四卷　（清）顧炎武編輯　清光緒三十四年（1908）張慕廬上海石印本　一冊

110000－0143－0006248　PG22/382
嘉定屠城慘史不分卷　（清）朱子素著　清宣統三年（1911）上海嘉定旅滬同鄉會鉛印本　一冊

110000－0143－0006249　PG22/387
波斯史四章　（日本）北村三郎著　趙必振譯　清光緒二十九年（1903）上海廣智書局鉛印本　一冊

110000－0143－0006250　PG22/388
所知錄六卷　（清）錢澄之著　清宣統三年（1911）殷鑒社鉛印本　二冊

110000－0143－0006251　PG22/392
玉壺清話十卷　（宋）釋文瑩撰　清乾隆至道光長塘鮑氏刻本　二冊

110000－0143－0006252　PG22/395
逸周書十卷　（晉）孔晁注　清光緒順德龍鳳知服齋刻本　二冊

110000－0143－0006253　PG22/400
待采篇二卷　（清）張玠撰　清宣統二年（1910）鉛印本　二冊

110000－0143－0006254　PG22/401
元朝秘史十五卷　（元）□□撰　清道光二十七年（1847）至宣統抄本　四冊

110000－0143－0006255　PG23/2
歷代名臣傳三十五卷續編五卷循吏傳八卷　（清）朱軾　（清）蔡世遠輯　清雍正刻本　十九冊　缺一種二卷（歷代名臣傳二十八至二十九）

110000－0143－0006256　PG23/2－1
歷代名臣傳續編五卷　（清）朱軾　（清）蔡世遠輯　清雍正刻本　一冊

110000－0143－0006257　PG23/3－1
五朝名臣言行錄十卷　（宋）朱熹撰　清道光二十二年（1842）丹徒包氏刻本　六冊

110000－0143－0006258　PG23/4
歷代名儒傳八卷　（清）朱軾　（清）蔡世遠輯　清雍正刻本　二冊

110000－0143－0006259　PG23/4
高安三傳合編五十六卷　（清）朱軾　（清）蔡世遠輯　清光緒二十一年（1895）江蘇書局刻本　四冊　存一種八卷（歷代名儒傳一至八）

110000－0143－0006260　PG23/4－1
歷代名儒傳八卷　（清）朱軾　（清）蔡世遠輯　清乾隆志古堂刻本　五冊

110000－0143－0006261　PG23/4－1
高安三傳合編五十六卷　(清)朱軾　(清)蔡世遠輯　清光緒二十一年(1895)江蘇書局刻本　四册　存一種八卷(歷代名儒傳一至八)

110000－0143－0006262　PG23/5
高安三傳合編五十六卷　(清)朱軾　(清)蔡世遠輯　清光緒二十一年(1895)江蘇書局刻本　四册　存一種八卷(歷代循吏傳一至八)

110000－0143－0006263　PG23/5－1
歷代循吏傳八卷　(清)朱軾　(清)蔡世遠輯　清雍正七年(1729)至乾隆刻本　四册

110000－0143－0006264　PG23/5－1
歷代循吏傳八卷　(清)朱軾　(清)蔡世遠輯　清雍正七年(1729)至乾隆刻本　二册

110000－0143－0006265　PG23/5－1
歷代循吏傳八卷　(清)朱軾　(清)蔡世遠輯　清光緒二十一年(1895)刻本　五册

110000－0143－0006266　PG23/5－1
歷代循吏傳八卷　(清)朱軾　(清)蔡世遠輯　清光緒二十一年(1895)刻本　四册

110000－0143－0006267　PG23/7
孔子集語十七卷　(清)孫星衍輯　清光緒三年(1877)浙江書局刻本　四册

110000－0143－0006268　PG23/7
孔子集語十七卷　(清)孫星衍輯　清光緒二十三年(1897)新化三味書局刻本　四册

110000－0143－0006269　PG23/11
劉公事實彙編不分卷　(清)周緝之彙編　清光緒二十七年(1901)至宣統上海點石齋石印本　一册

110000－0143－0006270　PG23/11
劉公事實不分卷　(清)劉熾昌彙編　清道光二十七年(1847)至光緒刻本　一册

110000－0143－0006271　PG23/11
忠武公[楊遇春]年譜不分卷　(清)楊國佐　(清)楊國楨編　清道光十九年至三十年(1839－1850)刻本　一册

110000－0143－0006272　PG23/12
學案小識十五卷首一卷末一卷　(清)唐鑑撰　清光緒十年(1884)刻本　十二册

110000－0143－0006273　PG23/12
學案小識十五卷首一卷末一卷　(清)唐鑑撰　清光緒十年(1884)刻本　十二册

110000－0143－0006274　PG23/12
學案小識十五卷首一卷末一卷　(清)唐鑑撰　清光緒十年(1884)刻本　三册　缺四卷(一至四)

110000－0143－0006275　PG23/12
學案小識十五卷首一卷末一卷　(清)唐鑑撰　清光緒十年(1884)刻本　十二册

110000－0143－0006276　PG23/13
闕里文獻考一百卷首一卷末一卷　(清)孔繼汾撰　清乾隆二十七年(1762)刻本　八册

110000－0143－0006277　PG23/13
闕里文獻考一百卷首一卷末一卷　(清)孔繼汾撰　清乾隆二十七年(1762)刻本　八册

110000－0143－0006278　PG23/13
闕里文獻考一百卷首一卷末一卷　(清)孔繼汾撰　清乾隆二十七年(1762)刻本　八册

110000－0143－0006279　PG23/13
闕里文獻考一百卷首一卷末一卷　(清)孔繼汾撰　清光緒十七年(1891)湘陰李氏刻本　十册

110000－0143－0006280　PG23/13
闕里文獻考一百卷首一卷末一卷　(清)孔繼汾撰　清乾隆二十七年(1762)刻本　八册

110000－0143－0006281　PG23/13
闕里文獻考一百卷首一卷末一卷　(清)孔繼汾撰　清乾隆二十七年(1762)刻本　十二册

110000－0143－0006282　PG23/15
春秋臣傳三十卷　(宋)王當撰　清康熙十九年(1680)通志堂刻本　二册

110000－0143－0006283　PG23/16
宋名臣言行錄七十五卷　(宋)□□輯　清道

光元年(1821)歙縣洪氏刻二十二年(1842)丹徒包氏修補印本　十二册

110000－0143－0006284　PG23/16－1
宋名臣言行錄七十五卷　(宋)□□輯　清道光元年(1821)歙縣洪氏刻同治七年(1868)臨川桂氏重刻本　十二册

110000－0143－0006285　PG23/17
歷代名臣傳節錄三十卷　(清)蕭培元等輯　清同治九年(1870)雲蔭堂刻本　十册

110000－0143－0006286　PG23/17
歷代名臣傳節錄三十卷　(清)蕭培元等輯　清同治九年(1870)雲蔭堂刻本　十册

110000－0143－0006287　PG23/19
國朝先正事略六十卷　(清)李元度撰　清同治五年(1866)循陔草堂刻本　十二册　存二十一卷(一至二十一)

110000－0143－0006288　PG23/19
國朝先正事略六十卷　(清)李元度撰　清同治五年(1866)循陔草堂刻本　二十四册

110000－0143－0006289　PG23/19
國朝先正事略六十卷　(清)李元度撰　清同治五年(1866)循陔草堂刻本　二十四册

110000－0143－0006290　PG23/19
國朝先正事略六十卷　(清)李元度撰　清同治五年(1866)循陔草堂刻本　二十四册

110000－0143－0006291　PG23/19
國朝先正事略六十卷續編三十卷　(清)李元度撰　清光緒二十四年至二十六年(1898－1900)上海書局石印本　二册　存九卷(國朝先正事略二十八至三十四、續編一至二)

110000－0143－0006292　PG23/19
國朝先正事略六十卷　(清)李元度撰　清同治五年(1866)循陔草堂刻本　三十二册

110000－0143－0006293　PG23/19
國朝先正事略六十卷　(清)李元度撰　清光緒二十四年(1898)上海書局石印本　八册

110000－0143－0006294　PG23/19－1
國朝先正事略六十卷　(清)李元度撰　清光緒十三年(1887)廣百宋齋鉛印本　十册

110000－0143－0006295　PG23/19－1
國朝先正事略六十卷　(清)李元度撰　清光緒十三年(1887)上海點石齋石印本　八册

110000－0143－0006296　PG23/19－2
國朝先正事略六十卷　(清)李元度撰　清同治五年(1866)循陔草堂刻本　二十四册

110000－0143－0006297　PG23/19－4
國朝先正事略六十卷　(清)李元度撰　清光緒十二年(1886)鉛印本　十册

110000－0143－0006298　PG23/19－4
國朝先正事略六十卷　(清)李元度撰　清光緒十二年(1886)鉛印本　十册

110000－0143－0006299　PG23/19－5
國朝先正事略六十卷　(清)李元度撰　清光緒二十一年(1895)上海文盛書局石印本　七册　缺五卷(五至九)

110000－0143－0006300　PG23/19－5
國朝先正事略六十卷　(清)李元度撰　清光緒二十一年(1895)上海文盛書局石印本　二册　存二十四卷(十至三十三)

110000－0143－0006301　PG23/19－6
國朝先正事略六十卷　(清)李元度撰　清光緒二十五年(1899)上海圖書集成印書局鉛印本　八册

110000－0143－0006302　PG23/21
中興將帥別傳三十卷　朱孔彰撰　清光緒二十五年(1899)掃葉山房石印本　一册　存六卷(一至六)

110000－0143－0006303　PG23/21－1
中興將帥別傳三十卷　朱孔彰撰　清光緒二十三年(1897)江寧刻本　十册

110000－0143－0006304　PG23/21－1
中興將帥別傳三十卷　朱孔彰撰　清光緒二十三年(1897)江寧刻本　十二册

110000－0143－0006305　PG23/25－1

國朝漢學師承記八卷附國朝經師經義目錄一卷國朝宋學淵源記二卷附記一卷　(清)江藩纂輯　清光緒十三年(1887)刻本　四冊

110000-0143-0006306　PG23/27
潘世恩年譜一卷　(清)潘世恩自編　清咸豐五年(1855)刻本　一冊

110000-0143-0006307　PG23/27
潘世恩年譜一卷　(清)潘世恩自編　清同治二年(1863)刻本　二冊

110000-0143-0006308　PG23/28
續碑傳集八十六卷首二卷　繆荃孫纂錄　清宣統江楚編譯局刻本　三十冊

110000-0143-0006309　PG23/28
碑傳集一百六十卷首二卷末二卷　(清)錢儀吉纂錄　(清)黃彭年編訂　清光緒十九年(1893)江蘇書局刻本　二十冊　存五十六卷(一至五十四、首二卷)

110000-0143-0006310　PG23/28
碑傳集一百六十卷首二卷末二卷　(清)錢儀吉纂錄　(清)黃彭年編訂　清光緒十九年(1893)江蘇書局刻本　六十冊

110000-0143-0006311　PG23/28
碑傳集一百六十卷首二卷末二卷　(清)錢儀吉纂錄　(清)黃彭年編訂　清光緒十九年(1893)江蘇書局刻本　五十冊　缺二十七卷(六十九至八十一、一百九至一百二十二)

110000-0143-0006312　PG23/28
續碑傳集八十六卷首二卷　繆荃孫纂錄　清宣統江楚編譯局刻本　三十冊

110000-0143-0006313　PG23/28-1
碑傳集一百六十卷首二卷末二卷　(清)錢儀吉纂錄　(清)黃彭年編訂　清光緒十九年(1893)江蘇書局刻本　六十冊

110000-0143-0006314　PG23/28-1
續碑傳集八十六卷首二卷　繆荃孫纂錄　清宣統江楚編譯局刻本　二十四冊

110000-0143-0006315　PG23/30
新出張文襄公事略一卷　(清)聽雨樓主人撰　清宣統元年(1909)上海蔣春記書莊石印本　一冊

110000-0143-0006316　PG23/30
繡像張文襄公事略十九節　(清)聽雨樓主人撰　清宣統石印本　一冊

110000-0143-0006317　PG23/33-1
明儒學案六十二卷　(清)黃宗羲著　清光緒十四年(1888)刻本　四十冊

110000-0143-0006318　PG23/33-1
明儒學案六十二卷　(清)黃宗羲著　清光緒十四年(1888)刻本　八冊　缺七卷(四十五至五十一)

110000-0143-0006319　PG23/33-1
明儒學案六十二卷　(清)黃宗羲著　清光緒十四年(1888)刻本　三十冊

110000-0143-0006320　PG23/34
學案小識十四卷首一卷末一卷　(清)唐鑑撰　清光緒十年(1884)至宣統上海文瑞樓石印本　六冊

110000-0143-0006321　PG23/34
學案小識十四卷首一卷末一卷　(清)唐鑑撰　清光緒十年(1884)至宣統上海文瑞樓石印本　六冊

110000-0143-0006322　PG23/34
學案小識十四卷首一卷末一卷　(清)唐鑑撰　清光緒十年(1884)至宣統上海文瑞樓石印本　六冊

110000-0143-0006323　PG23/35
貳臣傳十二卷逆臣傳四卷　(清)國史館撰　清道光北京琉璃廠半松居士刻本　八冊

110000-0143-0006324　PG23/35
逆臣傳四卷　(清)□□撰　清道光至同治刻本　二冊

110000-0143-0006325　PG23/35
貳臣傳十二卷逆臣傳四卷　(清)國史館撰　清道光北京琉璃廠半松居士刻本　七冊　缺

二卷(逆臣傳三至四)

110000－0143－0006326　PG23/37
滿漢名臣傳八十卷　(清)國史館撰　清咸豐四年(1854)北京琉璃廠榮錦書坊刻本　十二冊　存二種十二卷(滿洲名臣傳二十二至二十三、二十六、二十八、三十,漢名臣傳一、四至六、八至九、二十一)

110000－0143－0006327　PG23/38
增廣古今人物論三十六卷續編十二卷　(明)鄭賢輯　(清)願學齋同人續輯　清光緒二十八年(1902)富文書局石印本　十二冊

110000－0143－0006328　PG23/38－1
增廣古今人物論三十六卷　(明)鄭賢輯　清光緒至宣統石印本　一冊　存五卷(二十五至二十九)

110000－0143－0006329　PG23/38－2
增廣古今人物論三十六卷續編十二卷　(明)鄭賢輯　(清)願學齋同人續輯　清光緒二十八年(1902)墨耨山房石印本　十二冊

110000－0143－0006330　PG23/39
歷代名臣言行錄二十四卷　(清)朱桓編輯　清光緒十七年(1891)上海廣百宋齋鉛印本　十二冊

110000－0143－0006331　PG23/39
歷代名臣言行錄二十四卷　(清)朱桓編輯　清光緒二十八年(1902)萃文齋石印本　八冊

110000－0143－0006332　PG23/39
歷代名臣言行錄二十四卷　(清)朱桓編輯　清光緒十二年至三十四年(1886－1908)石印本　六冊　存十二卷(十三至二十四)

110000－0143－0006333　PG23/39
歷代名臣言行錄二十四卷　(清)朱桓編輯　清光緒十五年(1889)上海廣百宋齋鉛印本　十一冊　缺二卷(十五至十六)

110000－0143－0006334　PG23/39
歷代名臣言行錄二十四卷　(清)朱桓編輯　清嘉慶二年(1797)蔚齋刻本　七冊　存七卷(四至八、十一、十五)

110000－0143－0006335　PG23/39
歷代名臣言行錄二十四卷　(清)朱桓編輯　清光緒二十八年(1902)上海寶善書局石印本　八冊

110000－0143－0006336　PG23/39
歷代名臣言行錄二十四卷　(清)朱桓編輯　清光緒十七年(1891)上海廣百宋齋鉛印本　十二冊

110000－0143－0006337　PG23/39
歷代名臣言行錄二十四卷　(清)朱桓編輯　清光緒三十年(1904)上海商務印書館鉛印本　十一冊　缺四卷(一至二、十五至十六)

110000－0143－0006338　PG23/39
歷代名臣言行錄二十四卷　(清)朱桓編輯　清光緒二十九年(1903)經藝齋石印本　八冊

110000－0143－0006339　PG23/39
歷代名臣言行錄二十四卷　(清)朱桓編輯　清光緒二十八年(1902)萃文齋石印本　八冊

110000－0143－0006340　PG23/39
歷代名臣言行錄二十四卷　(清)朱桓編輯　清光緒二十八年(1902)上海天章書局石印本　四冊

110000－0143－0006341　PG23/40
皇朝名臣言行外錄十七卷　(宋)李幼武輯　清道光元年(1821)刻本　一冊　存三卷(七至九)

110000－0143－0006342　PG23/42
徐勇烈公行狀一卷　(清)徐宗亮述　清同治十三年(1874)刻本　一冊

110000－0143－0006343　PG23/42
徐勇烈公行狀一卷　(清)徐宗亮述　清同治十三年(1874)刻本　一冊

110000－0143－0006344　PG23/43
王顧齋先生行狀不分卷　(清)楊篤撰　清光緒刻本　一冊

110000－0143－0006345　PG23/45

畿輔人物考八卷　(清)孫奇逢撰　清同治八年(1869)刻本　八册

110000－0143－0006346　PG23/46
中州人物考八卷　(清)孫奇逢輯　清道光二十四年(1844)刻本　六册

110000－0143－0006347　PG23/46
中州人物考八卷　(清)孫奇逢輯　清道光二十四年(1844)刻本　四册　存四卷(一至四)

110000－0143－0006348　PG23/46
中州人物考八卷　(清)孫奇逢輯　清道光二十四年(1844)刻本　八册

110000－0143－0006349　PG23/47
清朝先正事略六十卷　(清)李元度纂　清光緒六年(1880)至宣統上海鴻章書局石印本　十册　缺十五卷(一至十二、十六至十八)

110000－0143－0006350　PG23/47
清朝先正事略六十卷　(清)李元度纂　清光緒六年(1880)至宣統上海鴻章書局石印本　十六册

110000－0143－0006351　PG23/48
泰西各國名人言行録　(清)張兆蓉編　清末石印本　二册　存五卷(三至五、十至十一)

110000－0143－0006352　PG23/49
三立祠傳二卷　(明)袁繼咸傳　(清)劉梅重訂　清道光十七年(1837)刻本　四册

110000－0143－0006353　PG23/54
李恕谷先生[塨]年譜五卷　(清)馮辰纂　(清)劉調贊續纂　清光緒五年(1879)定州王氏謙德堂刻本　四册

110000－0143－0006354　PG23/54
李恕谷先生[塨]年譜五卷　(清)馮辰纂　(清)劉調贊續纂　清道光十六年(1836)蠡吾李誥金陵刻本　三册

110000－0143－0006355　PG23/54－2
李恕谷先生[塨]年譜五卷　(清)馮辰纂　(清)劉調贊續纂　清光緒五年(1879)定州王氏謙德堂刻本　三册

110000－0143－0006356　SG213.3/2
帝鑑圖詩二卷　(清)蔡紹洛著　清道光二十四年(1844)刻本　一册

110000－0143－0006357　PG23/57
古今楹聯彙刻小傳不分卷　吳隱輯　清光緒三十二年(1906)杭州西泠印社刻本　二册

110000－0143－0006358　PG23/57
古今楹聯彙刻小傳不分卷　吳隱輯　清光緒三十二年(1906)杭州西泠印社刻本　二册

110000－0143－0006359　PG23/58
鶴徵録八卷鶴徵後録十二卷　(清)李集輯　清同治十一年(1872)漾葭老屋刻本　六册

110000－0143－0006360　PG23/58
鶴徵録八卷鶴徵後録十二卷　(清)李集輯　清同治十一年(1872)漾葭老屋刻本　六册

110000－0143－0006361　PG23/59
駱文忠公年譜二卷　(清)駱秉章自編　清光緒二十一年(1895)都門張蔭桓刻本　二册

110000－0143－0006362　PG23/59
駱文忠公年譜二卷　(清)駱秉章自編　清光緒二十一年(1895)都門張蔭桓刻本　二册

110000－0143－0006363　PG23/59
駱文忠公年譜二卷　(清)駱秉章自編　清光緒二十一年(1895)都門張蔭桓刻本　二册

110000－0143－0006364　PG23/63
還讀我書室老人手訂年譜二卷　(清)董恂自訂　清光緒十八年(1892)刻本　二册

110000－0143－0006365　PG23/63
還讀我書室老人手訂年譜二卷　(清)董恂自訂　清光緒十八年(1892)刻本　二册

110000－0143－0006366　PG23/63
還讀我書室老人手訂年譜二卷　(清)董恂自訂　清光緒十八年(1892)刻本　二册

110000－0143－0006367　PG23/63
還讀我書室老人手訂年譜二卷　(清)董恂自訂　清光緒十八年(1892)刻本　二册

110000－0143－0006368　PG23/63
還讀我書室老人手訂年譜二卷　(清)董恂自訂　清光緒十八年(1892)刻本　二冊

110000－0143－0006369　PG23/64
王靖毅公[懿德]年譜二卷附錄四種　(清)王家勤編次　清同治刻本　六冊

110000－0143－0006370　PG23/64
王靖毅公[懿德]年譜二卷附錄三種　(清)王家勤編次　清同治刻本　五冊

110000－0143－0006371　PG23/66
道學淵源錄一百卷　(清)黃嗣東輯　清光緒三十四年(1908)鳳山學舍刻本　三十冊

110000－0143－0006372　PG23/68
文獻徵存錄十卷　(清)錢林輯　清咸豐八年(1858)有嘉樹軒刻本　八冊

110000－0143－0006373　PG23/68
文獻徵存錄十卷　(清)錢林輯　清咸豐八年(1858)有嘉樹軒刻本　十冊

110000－0143－0006374　PG23/68
文獻徵存錄十卷　(清)錢林輯　清咸豐八年(1858)有嘉樹軒刻本　十冊

110000－0143－0006375　PG23/68
文獻徵存錄十卷　(清)錢林輯　清咸豐八年(1858)有嘉樹軒刻本　十冊

110000－0143－0006376　PG23/68
文獻徵存錄十卷　(清)錢林輯　清咸豐八年(1858)有嘉樹軒刻本　十冊

110000－0143－0006377　PG23/68
文獻徵存錄十卷　(清)錢林輯　清咸豐八年(1858)有嘉樹軒刻本　十冊

110000－0143－0006378　PG23/68－1
文獻徵存錄十卷　(清)錢林輯　清咸豐八年(1858)有嘉樹軒刻本　十冊

110000－0143－0006379　PG23/68－1
文獻徵存錄十卷　(清)錢林輯　清咸豐八年(1858)有嘉樹軒刻本　十二冊

110000－0143－0006380　PG23/69
國朝詩人徵略六十卷　(清)張維屏輯　清道光十年(1830)粵東富文齋刻本　十冊

110000－0143－0006381　PG23/69
國朝詩人徵略六十卷　(清)張維屏輯　清道光十年(1830)粵東富文齋刻本　八冊　存二十八卷(一至二十八)

110000－0143－0006382　PG23/69
國朝詩人徵略六十卷　(清)張維屏輯　清道光十年(1830)粵東富文齋刻本　七冊　存三十二卷(二十九至六十)

110000－0143－0006383　PG23/69
國朝詩人徵略六十卷　(清)張維屏輯　清道光十年(1830)粵東富文齋刻本　十冊

110000－0143－0006384　PG23/69
國朝詩人徵略二編六十四卷　(清)張維屏輯　清道光二十二年(1842)刻本　八冊

110000－0143－0006385　PG23/69
國朝詩人徵略六十卷　(清)張維屏輯　清道光十年(1830)粵東富文齋刻本　十冊

110000－0143－0006386　PG23/69
國朝詩人徵略六十卷　(清)張維屏輯　清道光十年(1830)粵東富文齋刻本　十六冊

110000－0143－0006387　PG23/69
國朝詩人徵略六十卷　(清)張維屏輯　清道光十年(1830)粵東富文齋刻本　十冊

110000－0143－0006388　PG23/69
國朝詩人徵略二編六十四卷　(清)張維屏輯　清道光二十二年(1842)刻本　六冊

110000－0143－0006389　PG23/69
國朝詩人徵略六十卷　(清)張維屏輯　清道光十年(1830)粵東富文齋刻本　十冊

110000－0143－0006390　PG23/70
國朝書人輯略十一卷首一卷　震鈞輯　清光緒三十四年(1908)金陵刻本　八冊

110000－0143－0006391　PG23/70
國朝書人輯略十一卷首一卷　震鈞輯　清光

緒三十四年(1908)金陵刻本　八冊

110000－0143－0006392　PG23/70－1
國朝書人輯略十一卷首一卷　震鈞輯　清光緒三十四年(1908)金陵刻本　八冊

110000－0143－0006393　PG23/71
史外八卷　(清)汪有典著　清同治四年(1865)廬陵劉芳桂刻九年(1870)補刻本　八冊

110000－0143－0006394　PG23/71
史外八卷　(清)汪有典著　清光緒三年(1877)巴陵謝維藩刻本　八冊

110000－0143－0006395　PG23/71
史外八卷　(清)汪有典著　清光緒三年(1877)巴陵謝維藩刻本　八冊

110000－0143－0006396　PG23/72
元朝名臣事略十五卷　(元)蘇天爵撰　清光緒五年(1879)定州王氏謙德堂刻本　四冊

110000－0143－0006397　PG23/72
元朝名臣事略十五卷　(元)蘇天爵撰　清乾隆三十九年至六十年(1774－1795)武英殿木活字印本　四冊

110000－0143－0006398　PG23/72
元朝名臣事略十五卷　(元)蘇天爵撰　清光緒五年(1879)定州王氏謙德堂刻本　四冊

110000－0143－0006399　PG23/76
啓秀事略一卷　(清)顔劉氏追述　清光緒二十六年(1900)至宣統刻本　一冊

110000－0143－0006400　PG23/80
江表忠略二十卷　陳澹然撰　清光緒二十八年(1902)陳氏長沙刻本　六冊

110000－0143－0006401　PG23/80
江表忠略二十卷　陳澹然撰　清光緒二十八年(1902)陳氏長沙刻本　四冊

110000－0143－0006402　PG23/81
敕封大王將軍傳不分卷　(清)李鶴年撰　清光緒七年(1881)刻本　一冊

110000－0143－0006403　PG23/82
孔子編年五卷　(宋)胡仔撰　清同治九年(1870)京都墨文齋刻本　二冊

110000－0143－0006404　PG23/82
孔子編年五卷　(宋)胡仔撰　清同治九年(1870)京都墨文齋刻本　二冊

110000－0143－0006405　PG23/82
孔子編年五卷　(宋)胡仔撰　(清)胡培翬校註　清嘉慶二十三年(1818)刻本　一冊

110000－0143－0006406　PG23/82－1
孔子編年四卷　(清)狄子奇撰　清光緒十三年(1887)浙江書局刻本　一冊

110000－0143－0006407　PG23/82－1
孔子編年四卷　(清)狄子奇撰　清光緒十三年(1887)浙江書局刻本　一冊

110000－0143－0006408　PG23/83
朱子[熹]年譜四卷考異四卷朱子論學切要語二卷校勘記二卷　(清)王懋竑編　清光緒九年(1883)武昌書局刻本　四冊

110000－0143－0006409　PG23/83
朱子[熹]年譜四卷考異四卷朱子論學切要語二卷校勘記二卷　(清)王懋竑編　清光緒九年(1883)武昌書局刻本　四冊

110000－0143－0006410　PG23/83－1
朱子[熹]年譜四卷考異四卷朱子論學切要語二卷校勘記二卷　(清)王懋竑編　清乾隆十七年(1752)高郵王氏白田草堂刻本　四冊

110000－0143－0006411　PG23/83－1
朱子[熹]年譜四卷考異四卷朱子論學切要語二卷校勘記二卷　(清)王懋竑編　清光緒九年(1883)武昌書局刻本　四冊

110000－0143－0006412　PG23/83－1
朱子[熹]年譜四卷考異四卷朱子論學切要語二卷校勘記二卷　(清)王懋竑編　清乾隆十七年(1752)高郵王氏白田草堂刻本　四冊

110000－0143－0006413　PG23/83－1
朱子[熹]年譜四卷考異四卷朱子論學切要語

二卷校勘記二卷　(清)王懋竑編　清乾隆十七年(1752)高郵王氏白田草堂刻本　四册

110000－0143－0006414　PG23/85
高士傳三卷　(晉)皇甫謐撰　清光緒三年(1877)湖北崇文書局刻本　一册

110000－0143－0006415　PG23/85
高士傳三卷　(晉)皇甫謐撰　清光緒元年(1875)湖北崇文書局刻本　一册

110000－0143－0006416　PG23/85－1
高士傳三卷　(清)任熊繪像　(清)王齡輯校　清光緒三年(1877)蕭山王氏養龢堂刻本　二册

110000－0143－0006417　PG23/85－1
於越先賢像傳贊二卷　(清)任熊繪像　(清)王齡輯校　清光緒三年(1877)蕭山王氏養龢堂刻本　二册

110000－0143－0006418　PG23/85－2
高士傳續編二卷　(明)張允掄著　(清)張丙嘉校訂　清光緒二十二年(1896)新城縣署刻本　二册

110000－0143－0006419　PG23/92
右軍[王羲之]年譜一卷附叢談一卷　(清)魯一同編　清咸豐五年(1855)山陽魯氏刻本　一册

110000－0143－0006420　PG23/92
右軍[王羲之]年譜一卷附叢談一卷　(清)魯一同編　清咸豐五年(1855)山陽魯氏刻本　一册

110000－0143－0006421　PG23/95
顧亭林先生[炎武]年譜一卷　(清)張穆編　清道光二十四年(1844)刻本　一册

110000－0143－0006422　PG23/95
顧亭林先生[炎武]年譜一卷　(清)張穆編　清道光二十四年(1844)刻本　二册

110000－0143－0006423　PG23/95
顧亭林先生[炎武]年譜一卷　(清)張穆編　清道光二十四年(1844)刻本　一册

110000－0143－0006424　PG23/95
顧亭林先生[炎武]年譜一卷　(清)張穆編　清道光二十四年(1844)刻本　一册

110000－0143－0006425　PG23/96
閻潛丘先生[若璩]年譜一卷　(清)張穆編　清道光二十七年(1847)山西壽陽祁氏刻本　一册　缺九頁(一百二十至一百二十八)

110000－0143－0006426　PG23/96－1
閻潛丘先生[若璩]年譜一卷　(清)張穆編　清道光二十七年(1847)山西壽陽祁氏刻本　一册

110000－0143－0006427　PG23/96－1
閻潛丘先生[若璩]年譜一卷　(清)張穆編　清道光二十七年(1847)山西壽陽祁氏刻本　一册

110000－0143－0006428　PG23/96－1
閻潛丘先生[若璩]年譜一卷　(清)張穆編　清道光二十七年(1847)山西壽陽祁氏刻本　一册

110000－0143－0006429　PG23/96－1
閻潛丘先生[若璩]年譜一卷　(清)張穆編　清道光二十七年(1847)山西壽陽祁氏刻本　一册

110000－0143－0006430　PG23/101
米海岳[芾]年譜一卷　(清)翁方綱編　清咸豐五年(1855)刻本　一册

110000－0143－0006431　PG23/101
元遺山先生[好問]年譜三卷附墓圖記略一卷　(清)翁方綱編　清咸豐五年(1855)刻本　與110000－0143－0006430合册

110000－0143－0006432　PG23/101
米海岳[芾]年譜一卷　(清)翁方綱編　清咸豐五年(1855)刻本　一册

110000－0143－0006433　PG23/101
元遺山先生[好問]年譜三卷附墓圖記略一卷　(清)翁方綱編　清咸豐五年(1855)刻本　與110000－0143－0006432合册

110000－0143－0006434　PG23/102
頤志齋四譜四卷　(清)丁晏撰　清道光二十三年(1843)山陽丁氏六藝堂刻本　一册

110000－0143－0006435　PG23/103
德壯果公[楞泰]年譜三十二卷　(清)花沙納編　清咸豐六年(1856)刻本　十六册

110000－0143－0006436　PG23/105
張惠肅公[亮基]年譜四卷　(清)張祖祐編　林紹年鑒訂　清光緒三十一年(1905)至宣統抄本　四册

110000－0143－0006437　PG23/105－1
張制軍[亮基]年譜二卷　林紹年輯　清光緒三十一年(1905)刻本　二册

110000－0143－0006438　PG23/107
玉池老人自敘不分卷　(清)郭嵩燾自敘　清光緒十九年(1893)養知書屋刻本　一册

110000－0143－0006439　PG23/107
玉池老人自敘不分卷　(清)郭嵩燾自敘　清光緒十九年(1893)養知書屋刻本　一册

110000－0143－0006440　PG23/109
黄崑圃先生[叔琳]年譜三卷　(清)顧鎮編　清光緒五年(1879)定州王氏謙德堂刻本　一册

110000－0143－0006441　PG23/110
魏貞菴先生[裔介]年譜一卷　(清)魏荔彤編　清光緒五年(1879)定州王氏謙德堂刻本　一册

110000－0143－0006442　PG23/113
栗樸園行述不分卷　(清)栗烜　(清)栗燿述　清道光二十年(1840)至宣統刻本　一册

110000－0143－0006443　PG23/114
世篤忠貞録不分卷　(清)榮祿編　清光緒刻本　二册

110000－0143－0006444　PG23/121
簾舫先生事蹟不分卷　(清)郭尚先輯　清道光十年(1830)至宣統鉛印本　一册

110000－0143－0006445　PG23/122
南厓府君[朱珪]年譜三卷　(清)朱錫經編　清嘉慶十二年至二十五年(1807－1820)刻本　一册

110000－0143－0006446　PG23/123
黄甲草廬家世録三卷附黎眉駢福集　(清)王鎮興著　清光緒二十四年(1898)刻本　四册

110000－0143－0006447　PG23/125
碧血録五卷　(清)莊仲方著論　(清)夏鸞翔繪圖　清光緒至宣統石印本　二册

110000－0143－0006448　PG23/125
碧血録五卷　(清)莊仲方著論　(清)夏鸞翔繪圖　清光緒八年(1882)上海同文書局石印本　五册

110000－0143－0006449　PG23/125－1
碧血録二卷附周端孝先生血疏貼黄册一卷　(明)黄煜彙次　(明)周茂蘭撰附　清乾隆四十一年(1776)至道光長塘鮑氏刻知不足齋叢書本　四册

110000－0143－0006450　PG23/125－2
碧血録五卷　(清)莊仲方著論　(清)夏鸞翔繪圖　清光緒至宣統石印本　四册

110000－0143－0006451　PG23/127
歷代都江堰功小傳二卷　王人文編　清宣統三年(1911)成都刻本　一册

110000－0143－0006452　PG23/128
楊時齋宫保中外勤勞録不分卷　(清)楊芳敘　清道光八年(1828)至宣統刻本　一册

110000－0143－0006453　PG23/131
鼎甲徵信録二種八卷　(清)閻湘蕙編輯　(清)張椿齡增訂　清同治五年(1866)壽光洱東念劬山房刻本　四册

110000－0143－0006454　PG23/131
鼎甲徵信録二種八卷　(清)閻湘蕙編輯　(清)張椿齡增訂　清同治五年(1866)壽光洱東念劬山房刻本　四册

110000－0143－0006455　PG23/139
齋威烈公[清阿]年譜不分卷　(清)常恩述

清咸豐四年至十一年(1854－1861)刻本　一冊

110000－0143－0006456　PG23/141
曉林府君行述一卷深柳書堂賸稿一卷　(清)王敬熙撰　(清)王敬勳輯　清光緒二十四年(1898)刻本　一冊

110000－0143－0006457　PG23/143
韜廠蹈海錄四卷　徐良弼等撰　清宣統二年(1910)鉛印本　二冊

110000－0143－0006458　PG23/144
名宦鄉賢錄一卷江夏陳氏義莊條規一卷(清)陳慶涵等輯　清光緒十四年(1888)都門陳氏刻本　二冊

110000－0143－0006459　PG23/145
英果敏公事蹟不分卷　(清)英壽輯　清光緒十年(1884)刻本　五冊

110000－0143－0006460　PG23/145－1
英果敏公行狀一卷　(清)李文敏撰　清光緒十一年(1885)抄本　一冊

110000－0143－0006461　PG23/146
趙文恪公自訂年譜一卷趙文恪公遺集不分卷　(清)趙光編撰　清光緒十六年(1890)趙廷璜刻本　五冊

110000－0143－0006462　PG23/149－2
懋亭自定年譜四卷　(清)長齡自編　清道光二十一年(1841)刻本　四冊

110000－0143－0006463　PG23/152
雷塘庵主弟子記八卷　(清)張鑑等撰　清道光至咸豐刻本　四冊

110000－0143－0006464　PG23/152
雷塘庵主弟子記八卷　(清)張鑑等撰　清道光至咸豐刻本　二冊

110000－0143－0006465　PG23/152
雷塘庵主弟子記八卷　(清)張鑑等撰　清道光至咸豐刻本　二冊

110000－0143－0006466　PG23/157
見亭府君行述一卷　(清)崇實撰　清道光二十六年(1846)至宣統刻本　一冊

110000－0143－0006467　PG23/159
中議公自訂年譜八卷附吹蘆小草　(清)楊炳堃撰　清光緒十一年(1885)歸安楊氏刻本　八冊

110000－0143－0006468　PG23/161
四洪[洪皓][洪适][洪遵][洪邁]年譜四卷　(清)洪汝奎編輯　清宣統晦木齋刻本　四冊

110000－0143－0006469　PG23/164
鼎甫府君[沈維鐈]年譜一卷　(清)沈宗涵　(清)沈宗濟編　清道光三十年(1850)刻本　一冊

110000－0143－0006470　PG23/166
和卿府君行述一卷　汪鳳藻等撰　清宣統二年至三年(1910－1911)鉛印本　一冊

110000－0143－0006471　PG23/168
祖國女界文豪譜不分卷　許定一著　清宣統元年(1909)北京京華印書局鉛印本　一冊

110000－0143－0006472　PG23/171
正定王氏家傳六卷　(清)王耕心著　清光緒十九年(1893)正定王氏刻本　一冊

110000－0143－0006473　PG23/173
忠義錄不分卷　(清)汪家政輯　清同治九年(1870)刻本　一冊

110000－0143－0006474　PG23/175
桑梓潛德錄四卷續錄四卷三集六卷　(清)張其榮主編　(清)劉芳等纂修　清光緒六年(1880)木活字印本　四冊

110000－0143－0006475　PG23/176
歷代名人年譜十卷附存疑及生卒年月無攷一卷　(清)吳榮光撰　清光緒二年(1876)京都寶經書坊刻三十一年(1905)正文齋補刻光緒北京琉璃廠晉華書局印本　十冊

110000－0143－0006476　PG23/176
歷代名人年譜十卷附存疑及生卒年月無攷一卷　(清)吳榮光撰　清光緒二年(1876)京都

實經書坊刻三十一年(1905)正文齋補刻光緒北京琉璃廠晉華書局印本　十冊

110000－0143－0006477　PG23/176－1
歷代名人年譜十卷附存疑及生卒年月無攷一卷　(清)吴榮光撰　清光緒二年(1876)京都實經書坊刻本　十冊

110000－0143－0006478　PG23/176－1
歷代名人年譜十卷附存疑及生卒年月無攷一卷　(清)吴榮光撰　清光緒二年(1876)京都實經書坊刻本　十冊

110000－0143－0006479　PG23/177
船山師友記十七卷首一卷　羅正鈞纂　清光緒三十三年(1907)刻本　四冊

110000－0143－0006480　PG23/179
浙江忠義録十卷　(清)張景祁等纂修　清同治六年(1867)浙江采訪忠義總局刻本　四冊

110000－0143－0006481　PG23/179
浙江忠義録十卷　(清)張景祁等纂修　清同治六年(1867)浙江采訪忠義總局刻本　四冊

110000－0143－0006482　PG23/179
浙江忠義録十卷續録二卷表八卷續表不分卷　(清)張景祁等纂修　清同治六年(1867)浙江采訪忠義總局刻本　三十二冊

110000－0143－0006483　PG23/180
羅壯勇公[思舉]年譜二卷　(清)羅思舉撰　清光緒錢塘汪康年振綺堂刻本　一冊　存一卷(下)

110000－0143－0006484　PG23/180
羅壯勇公[思舉]年譜二卷　(清)羅思舉撰　清光緒錢塘汪康年振綺堂刻本　二冊

110000－0143－0006485　PG23/185
歷代畫史彙傳七十二卷首一卷附録二卷　(清)彭藴璨編　清宣統二年(1910)上海文瑞樓書局石印本　十二冊

110000－0143－0006486　PG23/189
惕盦[崇實]年譜一卷適齋詩集四卷　(清)崇實撰　清光緒三年(1877)北京煥文齋刻本　二冊

110000－0143－0006487　PG23/189
惕盦[崇實]年譜一卷適齋詩集四卷　(清)崇實撰　清光緒三年(1877)北京煥文齋刻本　二冊

110000－0143－0006488　PG23/189
惕盦[崇實]年譜一卷適齋詩集四卷　(清)崇實撰　清光緒三年(1877)北京煥文齋刻本　二冊

110000－0143－0006489　PG23/190
文瑞公[錢陳羣]年譜三卷　(清)錢儀吉編　(清)錢志澄增訂　清光緒二十年(1894)刻本　四冊

110000－0143－0006490　PG23/190
文瑞公[錢陳羣]年譜三卷　(清)錢儀吉編　(清)錢志澄增訂　清光緒二十年(1894)刻本　三冊

110000－0143－0006491　PG23/192
露桐先生[李殿圖]年譜前編四卷續編二卷　(清)錢景星編　(清)李轍通續編　清嘉慶刻本　六冊

110000－0143－0006492　PG23/193
王船山先生[夫之]年譜二卷　(清)劉毓崧編　清光緒十二年(1886)江南書局刻本　二冊

110000－0143－0006493　PG23/193
王船山先生[夫之]年譜二卷　(清)劉毓崧編　清光緒十二年(1886)江南書局刻本　二冊

110000－0143－0006494　PG23/193－1
先船山公[王夫之]年譜前編一卷後編一卷　(清)王之春輯　清光緒十九年(1893)刻本　二冊

110000－0143－0006495　PG23/195
王益吾所刻書十一種十九卷　王先謙輯　清光緒九年(1883)長沙王氏刻本　五冊　存四種(魏鄭公諫録、魏鄭公諫續録、魏文貞公年譜、魏文貞公故事拾遺)

110000－0143－0006496　PG23/195

魏鄭公諫續錄二卷　(元)翟思忠輯　清乾隆浙江重刻本　二册

110000－0143－0006497　PG23/195
麟臺故事五卷末一卷　(宋)程俱撰　清乾隆浙江重刻本　二册

110000－0143－0006498　PG23/195
魏鄭公諫續錄二卷　(元)翟思忠輯　清乾隆刻本　一册

110000－0143－0006499　PG23/200
李鴻章(中國四十年來大事記)　梁啓超著　清光緒二十七年(1901)石印本　一册

110000－0143－0006500　PG23/200
李鴻章(中國四十年來大事記)　梁啓超著　清光緒二十七年(1901)鉛印本　一册

110000－0143－0006501　PG23/200
李鴻章(中國四十年來大事記)　梁啓超著　清光緒二十七年(1901)石印本　一册

110000－0143－0006502　PG23/200
李鴻章(中國四十年來大事記)　梁啓超著　清光緒二十七年(1901)鉛印本　一册

110000－0143－0006503　PG23/200
李鴻章(中國四十年來大事記)　梁啓超著　清光緒二十七年(1901)鉛印本　一册

110000－0143－0006504　PG23/200
李鴻章(中國四十年來大事記)　梁啓超著　清光緒二十七年(1901)鉛印本　一册

110000－0143－0006505　PG23/200－1
李鴻章(中國四十年來大事記)　梁啓超著　清光緒二十八年(1902)廣智書局刻本　二册

110000－0143－0006506　PG23/200－2
李鴻章(中國四十年來大事記)　梁啓超著　清光緒二十七年(1901)石印本　一册

110000－0143－0006507　PG23/200－2
李鴻章(中國四十年來大事記)　梁啓超著　清光緒二十七年(1901)石印本　一册

110000－0143－0006508　PG23/203
小腆紀傳六十五卷小腆紀傳補遺六卷　(清)徐鼒撰　(清)徐承禮補遺　清光緒十三年(1887)六合徐氏金陵刻本　十八册

110000－0143－0006509　PG23/205
國朝漢學師承記八卷附國朝經師經義目錄一卷國朝宋學淵源記二卷附記一卷　(清)江藩纂輯　清光緒二十二年(1896)寶慶勸學書社刻本　四册

110000－0143－0006510　PG23/205－1
國朝漢學師承記八卷附國朝經師經義目錄一卷國朝宋學淵源記二卷附記一卷　(清)江藩纂輯　清光緒九年(1883)山西書局刻本　四册

110000－0143－0006511　PG23/206
文文忠公事略四卷　(清)文祥等撰　清光緒八年(1882)刻本　四册

110000－0143－0006512　PG23/208
西南紀事十二卷　(清)邵廷采撰　清光緒邵武徐氏刻本　二册

110000－0143－0006513　PG23/209
咸豐以來功臣別傳三十卷　朱孔彰撰　清光緒二十四年(1898)元和胡氏漸學廬石印漸學廬叢書本　三册

110000－0143－0006514　PG23/209
咸豐以來功臣別傳三十卷　朱孔彰撰　清光緒二十四年(1898)元和胡氏漸學廬石印漸學廬叢書本　六册

110000－0143－0006515　PG23/209
咸豐以來功臣別傳三十卷　朱孔彰撰　清光緒二十四年(1898)元和胡氏漸學廬石印漸學廬叢書本　六册

110000－0143－0006516　PG23/211
陸忠烈公全書續編二卷　(清)陶性堅纂輯　清道光十六年(1836)鹽瀆五柳堂刻本　一册

110000－0143－0006517　PG23/211
宋左丞相陸公全書八卷　(清)王夢熊編　(清)王之楨輯　清道光至咸豐刻本　二册

110000－0143－0006518　PG23/213
韓文類譜七卷　(宋)魏仲舉輯　清咸豐五年(1855)南海伍氏刻本　二冊

110000－0143－0006519　PG23/214
李淮事蹟一卷　(清)李仁植　(清)李智植輯　清光緒八年至三十四年(1882－1908)刻本　一冊

110000－0143－0006520　PG23/216
隴首集一卷　(清)王與胤著　(清)王士禛校　清康熙刻本　一冊

110000－0143－0006521　PG23/222
求闕齋弟子記三十二卷　(清)王定安撰　清光緒二年(1876)北京刻本　十六冊

110000－0143－0006522　PG23/222
求闕齋弟子記三十二卷　(清)王定安撰　清光緒二年(1876)北京刻本　十六冊

110000－0143－0006523　PG23/223
西湖三祠名賢攷略三卷　(清)戴啟文纂輯　清光緒三十年(1904)刻本　一冊

110000－0143－0006524　PG23/223
西湖三祠名賢攷略三卷　(清)戴啟文纂輯　清光緒三十年(1904)刻本　二冊

110000－0143－0006525　PG23/223
西湖三祠名賢攷略三卷　(清)戴啟文纂輯　清光緒三十年(1904)刻本　二冊

110000－0143－0006526　PG23/225
國史儒林傳二卷國史賢良祠王大臣小傳二卷　(清)阮元撰　清同治刻本　二冊

110000－0143－0006527　PG23/231
孤忠錄二卷附錄一卷　(清)吳可讀　(清)袁祖志編輯　清光緒十二年(1886)上海還讀樓刻本　二冊

110000－0143－0006528　PG23/231－1
孤忠錄二卷附錄一卷　(清)吳可讀　(清)袁祖志編輯　清光緒六年(1880)新報館鉛印本　一冊

110000－0143－0006529　PG23/232
玉池老人自敘不分卷　(清)郭嵩燾自敘　清光緒十九年(1893)養知書屋刻本　一冊

110000－0143－0006530　PG23/233
留真志感圖記一卷　(清)魏煜輯　清道光刻本　一冊

110000－0143－0006531　PG23/234
吳郡名賢圖傳贊二十卷　(清)顧沅輯　清道光九年(1829)長洲顧氏刻本　八冊

110000－0143－0006532　PG23/234
吳郡名賢圖傳贊二十卷　(清)顧沅輯　清道光九年(1829)長洲顧氏刻本　八冊

110000－0143－0006533　PG23/234
吳郡名賢圖傳贊二十卷　(清)顧沅輯　清道光九年(1829)長洲顧氏刻本　八冊

110000－0143－0006534　PG23/237－1
敏求軒述記十六卷　(清)陳世箴輯　清道光二十八年(1848)刻本　八冊

110000－0143－0006535　PG23/238
錢塘先賢傳贊一卷附錄一卷　(宋)袁韶撰　清光緒四年(1878)刻本　一冊

110000－0143－0006536　PG23/242
海岱史略一百四十卷　(清)王馭超編　清光緒二十二年至二十三年(1896－1897)安邱王彥佶等刻本　二十四冊

110000－0143－0006537　PG23/246
鶴徵錄八卷首一卷　(清)李集輯　(清)李富孫　(清)李遇孫續輯　**鶴徵後錄十二卷首一卷**　(清)李富孫輯　清嘉慶嘉興李氏漾葭老屋刻同治十一年(1872)嘉興李氏漾葭老屋補刻本　六冊

110000－0143－0006538　PG23/246
鶴徵錄八卷首一卷　(清)李集輯　(清)李富孫　(清)李遇孫續輯　**鶴徵後錄十二卷首一卷**　(清)李富孫輯　清嘉慶嘉興李氏漾葭老屋刻同治十一年(1872)嘉興李氏漾葭老屋補刻本　三冊

110000－0143－0006539　PG23/251

海城李公勤王紀略不分卷　(清)朱祖懋述　清光緒二十六年(1900)至宣統鉛印本　一冊

110000－0143－0006540　PG23/252
合肥相國七十賜壽圖附壽言不分卷　(清)楊宗濂　盛宣懷等編輯　清光緒十八年(1892)至宣統鉛印本　四冊

110000－0143－0006541　PG23/252－1
合肥相國七十賜壽圖附壽言不分卷　(清)楊宗濂　盛宣懷等編輯　清光緒十八年(1892)海軍石印書局石印本　六冊

110000－0143－0006542　PG23/252－1
合肥相國七十賜壽圖附壽言不分卷　(清)楊宗濂　盛宣懷等編輯　清光緒十八年(1892)海軍石印書局石印本　六冊

110000－0143－0006543　PG23/253
貳臣傳十二卷　(清)國史館撰　清道光北京琉璃廠半松居士刻本　六冊　存八卷(一至八)

110000－0143－0006544　PG23/253
貳臣傳十二卷逆臣傳四卷　(清)國史館撰　清道光北京琉璃廠半松居士刻本　十冊　缺二卷(逆臣傳二至四)

110000－0143－0006545　PG23/253
貳臣傳十二卷逆臣傳四卷　(清)國史館撰　清道光至咸豐刻本　八冊

110000－0143－0006546　PG23/253
貳臣傳十二卷　(清)國史館撰　清道光北京琉璃廠半松居士刻本　六冊

110000－0143－0006547　PG23/253
貳臣傳十二卷　(清)國史館撰　清道光北京琉璃廠半松居士刻本　十冊

110000－0143－0006548　PG23/253
貳臣傳十二卷　(清)國史館撰　清道光至咸豐刻本　六冊

110000－0143－0006549　PG23/253
貳臣傳十二卷　(清)國史館撰　清道光至咸豐刻本　六冊

110000－0143－0006550　PG23/253
貳臣傳十二卷逆臣傳四卷　(清)國史館撰　清道光北京琉璃廠半松居士刻本　六冊　缺四卷(貳臣傳九至十二)

110000－0143－0006551　PG23/253
貳臣傳十二卷　(清)國史館撰　清道光北京琉璃廠半松居士刻本　四冊　缺四卷(九至十二)

110000－0143－0006552　PG23/253－3
貳臣傳十二卷　(清)國史館撰　清道光至同治抄本　六冊　存六卷(二至七)

110000－0143－0006553　PG23/254
秦淮畫舫錄二卷　(清)捧花生撰　清同治十三年(1874)上海申報館鉛印本　二冊

110000－0143－0006554　PG23/254
畫舫餘譚一卷　(清)捧花生撰　清同治十三年(1874)上海申報館鉛印本　一冊

110000－0143－0006555　PG23/254
三十六春小譜一卷　(清)捧花生撰　清同治十三年(1874)上海申報館鉛印本　與110000－0143－0006554合冊

110000－0143－0006556　PG23/257
海國尚友錄八卷　(清)吳佐清輯　清光緒二十九年(1903)成都鉛印本　七冊

110000－0143－0006557　PG23/259
純德彙編七卷首一卷純德彙編續刻一卷　(清)董華鈞　(清)董景沛增訂　清嘉慶二十三年(1818)刻本　十冊

110000－0143－0006558　PG23/261－1
西魏書二十四卷附錄一卷　(清)謝啟昆撰　清光緒九年(1883)刻本　六冊

110000－0143－0006559　PG23/272
西湖蘇文忠公祠從祀議一卷　(清)吳騫撰　清光緒錢塘丁氏嘉惠堂刻本　一冊

110000－0143－0006560　PG23/272
翠微亭題名攷一卷　(清)蔡名衡輯　清光緒十一年(1885)錢塘丁氏嘉惠堂刻本　與

110000－0143－0006559 合册

110000－0143－0006561　PG23/272
捍海塘志一卷　(清)錢文瀚撰　清光緒錢塘丁氏嘉惠堂刻本　一册

110000－0143－0006562　PG23/272
西湖紀遊一卷　(清)張仁美撰　清光緒九年(1883)錢塘丁氏嘉惠堂刻本　與110000－0143－0006561合册

110000－0143－0006563　PG23/273
孟子編年四卷　(清)狄子奇編　清光緒十三年(1887)浙江書局刻本　一册

110000－0143－0006564　PG23/273
孟子編年四卷　(清)狄子奇編　清光緒十三年(1887)浙江書局刻本　一册

110000－0143－0006565　PG23/273
孟子編年四卷　(清)狄子奇編　清光緒十三年(1887)浙江書局刻本　一册

110000－0143－0006566　PG23/274
文節公殉難事蹟一卷　(清)陶在銘編　清光緒二十九年(1903)會稽陶氏刻本　一册

110000－0143－0006567　PG23/275
錢塘先賢傳贊一卷附録一卷　(宋)袁韶撰　清光緒四年(1878)錢塘丁氏嘉惠堂刻本　一册

110000－0143－0006568　PG23/279
歷代奸庸殷鑒録三十二卷　(清)開智書局輯　清光緒三十年(1904)博文書館石印本　八册

110000－0143－0006569　PG23/281
道齊正軌二十卷附録一卷　(清)鄒鳴鶴纂述　清光緒七年(1881)刻本　八册

110000－0143－0006570　PG23/289
關學編四卷首一卷續編一卷　(明)馮從吾撰　(清)劉得炯續撰　清乾隆二十一年(1756)刻本　二册　缺一卷(續編一卷)

110000－0143－0006571　PG23/263
國朝耆獻類徵初編四百八十四卷首二百四卷目録二十卷通檢十卷　(清)李桓輯　清光緒十年至十六年(1884－1890)湘陰李氏刻本　六十二册　存一百二十四卷(六十五至七十八、一百二十五至一百三十八、二百七十一至二百八十四、三百十七至三百三十、三百四十五至三百六十四、三百六十七至三百八十六、四百一至四百十四、四百五十七至四百七十)

110000－0143－0006572　PG23/263
國朝耆獻類徵初編四百八十四卷首二百四卷目録二十卷通檢十卷　(清)李桓輯　清光緒十年至十六年(1884－1890)湘陰李氏刻本　二百九十四册

110000－0143－0006573　PG23/264
四明人鑑不分卷　(清)劉慈孚撰文　(清)虞琴繪圖　清光緒十二年(1886)石印本　四册

110000－0143－0006574　PG23/264
四明人鑑不分卷　(清)劉慈孚撰文　(清)虞琴繪圖　清光緒十二年(1886)石印本　四册

110000－0143－0006575　PG23/266
許太夫人傳略一卷附許公纘曾傳一卷　(比利時)栢應理撰　(清)許采白譯　清光緒八年(1882)上海益聞館鉛印本　一册

110000－0143－0006576　PG23/270
西湖高僧事略一卷　(宋)釋元敬　(宋)釋元復撰　**續武林西湖高僧事略一卷**　(明)釋袾宏輯　清光緒七年(1881)錢塘丁氏嘉惠堂刻本　一册

110000－0143－0006577　PG23/270
西湖竹枝集一卷　(元)楊維楨輯　清光緒七年(1881)錢塘丁氏嘉惠堂刻本　與110000－0143－0006576合册

110000－0143－0006578　PG23/270
西湖高僧事略一卷　(宋)釋元敬　(宋)釋元復撰　**續武林西湖高僧事略一卷**　(明)釋袾宏輯　清光緒七年(1881)錢塘丁氏嘉惠堂刻本　一册

110000－0143－0006579　PG23/270
西湖竹枝集一卷　(元)楊維楨輯　清光緒七

年(1881)錢塘丁氏嘉惠堂刻本　與110000－0143－0006578合冊

110000－0143－0006580　PG23/291
壬癸志稿二十八卷　(清)錢寶琛輯　清光緒六年(1880)刻本　四冊

110000－0143－0006581　PG23/291
壬癸志稿二十八卷　(清)錢寶琛輯　清光緒六年(1880)刻本　四冊

110000－0143－0006582　PG23/293
四王合傳一卷　(清)□□著　清宣統三年(1911)警羣社石印本　一冊

110000－0143－0006583　PG23/293－1
耿尚孔吳四王合傳一卷　(清)□□撰　清嘉慶至光緒刻本　一冊

110000－0143－0006584　PG23/293－1
揚州十日記一卷　(清)王秀楚撰　清嘉慶至光緒刻本　與110000－0143－0006583合冊

110000－0143－0006585　PG23/294
三祠傳輯十卷貞節闡幽錄二卷首一卷　(清)吳大本編輯　清嘉慶二十五年(1820)刻本　六冊

110000－0143－0006586　PG23/296
守默齋雜著不分卷　(清)何應祺著　清同治刻本　三冊

110000－0143－0006587　PG23/298
倫風十六卷　(清)向廷賡撰　清道光二十六年(1846)刻本　四冊

110000－0143－0006588　PG23/299
歷代帝王紀要十二卷　(清)王大惲原編　(清)鄭瑞棟重訂　清光緒七年(1881)刻本　二冊

110000－0143－0006589　PG23/299
歷代帝王紀要十二卷　(清)王大惲原編　(清)鄭瑞棟重訂　清光緒七年(1881)刻本　二冊

110000－0143－0006590　PG23/299
歷代帝王紀要十二卷　(清)王大惲原編　(清)鄭瑞棟重訂　清光緒七年(1881)刻本　二冊

110000－0143－0006591　PG23/300
李剛烈公碧血錄二卷　(清)李鎮衡等撰輯　清同治十二年(1873)刻本　一冊

110000－0143－0006592　PG23/301
泰西政治學者列傳一卷　(日本)杉山藤次郎編纂　(清)廣東青年述譯　清光緒二十八年(1902)上海廣智書局鉛印本　一冊

110000－0143－0006593　PG23/302
金山衛佚史一卷　姚光撰　清宣統三年(1911)鉛印本　一冊

110000－0143－0006594　PG23/303
樵說十二卷　(清)王增祺撰　清光緒十八年(1892)華陽王氏刻本　四冊

110000－0143－0006595　PG23/303
昭如女子詩鈔一卷　(清)王麟書撰　清光緒五年(1879)華陽王氏北京刻本　一冊

110000－0143－0006596　PG23/307
絕代偉人傳略一卷　(日本)堀三友著　徐傳霖　陸基編譯　清光緒二十八年(1902)刻本　一冊

110000－0143－0006597　PG23/312
百將圖傳二卷　(清)丁日昌撰　清同治八年(1869)江蘇書局刻本　二冊

110000－0143－0006598　PG23/312
百將圖傳二卷　(清)丁日昌撰　清同治八年(1869)江蘇書局刻本　四冊

110000－0143－0006599　PG23/312
百將圖傳二卷　(清)丁日昌撰　清同治八年(1869)江蘇書局刻本　二冊

110000－0143－0006600　PG23/313
三國雜事二卷　(宋)唐庚撰　清光緒至宣統刻本　一冊

110000－0143－0006601　PG23/313
三國紀年一卷　(宋)陳亮撰　清光緒至宣統刻本　與110000－0143－0006600合冊

110000－0143－0006602　PG23/313
五國故事二卷　(宋)□□輯　清光緒至宣統刻本　與110000－0143－0006600合册

110000－0143－0006603　PG23/315
文廟史典二十一卷　(清)莫瑞堂編輯　清道光九年(1829)觀源山房刻本　八册

110000－0143－0006604　PG23/317
吴越備史四卷首一卷　(宋)錢儼撰　(清)席世臣訂　清道光九年(1829)席氏掃葉山房刻本　四册

110000－0143－0006605　PG23/318
草莽私乘一卷　(明)陶宗儀輯　清光緒十五年(1889)新陽趙元益刻本　一册

110000－0143－0006606　PG23/319
學宫備考十卷首一卷末一卷　(清)彭其位輯　清乾隆六年(1741)平江彭氏自得軒刻本　八册

110000－0143－0006607　PG23/320
聖廟祀典圖攷五卷首一卷附聖蹟圖孟子聖蹟圖　(清)顧沅輯　清道光六年(1826)長洲顧氏賜硯堂刻本　六册　缺二卷(四至五)

110000－0143－0006608　PG23/321
文廟思源録攷不分卷　(清)葉慶禔輯　(清)麻兆慶攷　清光緒二十年(1894)北京燕平書院刻本　二册

110000－0143－0006609　PG23/323
列女傳補注八卷　(清)王照圓撰　清嘉慶十七年(1812)棲霞郝氏曬書堂刻本　四册　缺二卷(七至八)

110000－0143－0006610　PG23/323
列女傳補注八卷敘録一卷校正一卷列仙傳校正本二卷仙讚一卷夢書一卷　(清)王照圓撰　清嘉慶十七年(1812)棲霞郝氏曬書堂刻本　五册

110000－0143－0006611　PG23/324
新刊古列女傳七卷續列女傳一卷　(漢)劉向撰　(晉)顧愷之圖畫　清道光五年(1825)儀徵阮福揚州刻本　四册

110000－0143－0006612　PG23/325
孔子門人考一卷補遺一卷存疑一卷正誤一卷　(清)費崇朱撰　清光緒二十二年(1896)長洲江澄浙江浦江刻本　一册

110000－0143－0006613　PG23/326
合肥相國壽言一卷　(清)袁昶撰　清光緒十八年至二十年(1892－1894)桐廬袁昶漸西村舍刻本　一册

110000－0143－0006614　PG23/326
香嚴老人壽言一卷　(清)袁昶撰　清光緒十八年至二十年(1892－1894)桐廬袁昶漸西村舍刻本　與110000－0143－0006613合册

110000－0143－0006615　PG23/327
桐城耆舊傳十二卷　馬其昶撰　清宣統三年(1911)刻本　五册　缺二卷(五至六)

110000－0143－0006616　PG23/328
松陵文獻十五卷　(清)潘檉章撰　清康熙三十二年(1693)吴江潘耒蘇州刻本　二册　存十卷(六至十五)

110000－0143－0006617　PG23/334
皖學編十三卷首三卷　(清)徐定文輯　清宣統元年(1909)萬卷樓刻本　六册

110000－0143－0006618　PG23/336
東越文苑六卷　(明)陳鳴鶴輯撰　清同治十二年(1873)刻本　二册

110000－0143－0006619　PG23/338
中西人物通攷一百卷　(清)葉逢時編輯　清光緒二十九年(1903)杭州史學齋石印本　二十册

110000－0143－0006620　PG23/346
良貴録四卷　(清)李受彤輯　清光緒二十六年(1900)羊城刻本　二册

110000－0143－0006621　PG23/348
金陵先正言行録六卷　陳作霖述　清末江楚書局刻本　一册

110000－0143－0006622　PG23/360

壽者傳三卷　(清)任兆麟撰　清乾隆五十年(1785)震澤任氏忠敏家塾刻本　一册

110000－0143－0006623　PG23/360
孟子時事略一卷　(清)任兆麟撰　清乾隆五十三年(1788)震澤任氏忠敏家塾刻本　與110000－0143－0006622合册

110000－0143－0006624　PG23/361
東觀奏記三卷　(唐)裴庭裕撰　清刻本　一册

110000－0143－0006625　PG23/362
道南源委六卷　(明)朱衡撰　(清)張伯行重訂　清同治五年(1866)福州正誼書局刻本　二册

110000－0143－0006626　PG23/363
楊忠愍公自著年譜不分卷附家訓奏疏　(明)楊繼盛自訂　清光緒十六年(1890)周邦翰刻本　一册

110000－0143－0006627　PG23/366
古刻叢鈔一卷　(明)陶宗儀撰　(清)孫星衍重編　清光緒六年(1880)誦芬閣刻本　二册

110000－0143－0006628　PG23/368－1
國朝漢學師承記八卷附國朝經師經義目録一卷國朝宋學淵源記二卷附記一卷　(清)江藩纂輯　清光緒十三年(1887)刻本　四册

110000－0143－0006629　PG23/368－1
國朝漢學師承記八卷附國朝經師經義目録一卷國朝宋學淵源記二卷附記一卷　(清)江藩纂輯　清光緒十三年(1887)刻本　四册

110000－0143－0006630　PG23/369
名宦傳二卷　(清)黄恩彤輯　清道光二十五年(1845)刻本　一册

110000－0143－0006631　PG23/371
疇人傳三編七卷　(清)諸可寶纂録　清光緒十二年(1886)刻本　二册

110000－0143－0006632　PG23/371
疇人傳四十六卷續六卷　(清)阮元撰　(清)羅士琳續補　清光緒八年(1882)海鹽常惺齋張氏刻本　十二册

110000－0143－0006633　PG23/373
欝華閣抄本　清末抄本　一册

110000－0143－0006634　PG23/375
海寧鄉賢録一卷附録一卷　(清)許淮祥輯　清光緒二十九年(1903)刻本　二册

110000－0143－0006635　PG23/376
古誌石華三十卷　(清)黄本驥編　清道光二十七年(1847)刻本　八册

110000－0143－0006636　PG23/376
古誌石華三十卷　(清)黄本驥編　清道光二十七年(1847)刻本　八册

110000－0143－0006637　PG23/377
黔事記不分卷　清道光至宣統抄本　一册

110000－0143－0006638　PG23/378
留溪外傳十八卷　(清)陳鼎撰　清光緒十八年(1892)至宣統江陰夏氏抄本　六册　存十一卷(六至七、十至十八)

110000－0143－0006639　PG23/382
史傳三編五十六卷　(清)朱軾　(清)蔡世遠同輯　清同治三年(1864)刻本　二十二册　存一種五卷(名臣傳續編一至五)

110000－0143－0006640　PG23/383
鄭學録四卷　(清)鄭珍撰　清同治四年(1865)刻本　二册

110000－0143－0006641　PG23/385
華盛頓泰西史略八卷　(美國)耳汾華盛頓著　(清)黎汝謙　(清)蔡國昭同譯　清光緒二十三年(1897)新學會石印本　四册

110000－0143－0006642　PG23/385－1
華盛頓傳八卷　(美國)耳汾華盛頓著　(清)黎汝謙　(清)蔡國昭同譯　清光緒十二年(1886)鉛印本　八册

110000－0143－0006643　PG23/388
楚寶外篇五卷　(明)周聖楷撰　清道光二十九年(1849)刻本　一册　存二卷(一至二)

110000－0143－0006644　PG23/389
浦陽人物記二卷　（明）宋濂撰　清同治八年(1869)永康胡氏退補齋刻本　一册

110000－0143－0006645　PG23/389
浦陽人物記二卷　（明）宋濂撰　清同治八年(1869)永康胡氏退補齋刻本　一册

110000－0143－0006646　PG23/391
英雄記鈔一卷　（三國魏）王粲撰　清乾隆五十六年(1791)王氏刻本　一册

110000－0143－0006647　PG23/392
關帝全書四十卷　（清）黄啓曙彙輯　清光緒十四年(1888)王氏刻本　十六册

110000－0143－0006648　PG23/394
檢身册一卷後録一卷綴説一卷　（清）時齋氏撰　清咸豐五年(1855)刻本　一册

110000－0143－0006649　PG23/395
關帝事蹟徵信編三十卷首一卷末一卷　（清）周廣業　（清）崔應榴纂輯　清道光四年(1824)刻本　六册

110000－0143－0006650　PG23/396
女英傳四卷　（清）錢保塘輯　清同治十年(1871)刻本　一册

110000－0143－0006651　PG23/398
新纂氏族箋釋八卷　（清）熊峻運撰　清雍正二年至乾隆六十年(1724－1795)刻本　四册

110000－0143－0006652　PG23/399
道齊正軌二十卷　（清）鄒鳴鶴纂述　（清）蘇源生編校　清道光三十年(1850)鄢陵蘇氏刻本　八册

110000－0143－0006653　PG23/400
滄海遺珠録二卷　（清）小藍田懺情侍者纂　清光緒十二年(1886)刻本　一册

110000－0143－0006654　PG23/402
古聖賢像傳略十六卷　（清）顧沅輯　（清）孔繼堯繪圖　清道光十年(1830)刻本　四册

110000－0143－0006655　PG23/404
先賢贊文不分卷　（清）王杰抄録　清嘉慶抄本　一册

110000－0143－0006656　PG23/411
重刻勁節樓圖記三卷首一卷末一卷　清末抄本　二册

110000－0143－0006657　PG23/424
明史擬稿六卷　（清）尤侗撰　清康熙刻乾隆至嘉慶重刻本　四册

110000－0143－0006658　PG23/425
皇清誥授光禄大夫頭品頂戴兵部侍郎兼都察院右副都御史廣東巡撫馬公神道碑銘　（清）李秉衡撰文　清光緒石印本　一册

110000－0143－0006659　PG23/425
馬丕瑶列傳　馬吉樟撰　清光緒石印本　與110000－0143－0006658合册

110000－0143－0006660　PG23/427
潛齋尚書六十賜壽圖一卷坿序一卷詩一卷楹牓一卷　（清）李伯至編輯　清光緒三十三年(1907)京師官書局鉛印本　一册

110000－0143－0006661　PG23/433
中外聖賢事蹟叢談不分卷　（美國）李佳白著　清光緒三十四年(1908)上海華美書局鉛印本　一册

110000－0143－0006662　PG23/434
高士傳三卷　（晉）皇甫謐撰　**劍俠傳四卷**　（唐）□□撰　清康熙七年至六十一年(1668－1722)刻本　一册

110000－0143－0006663　PG23/437
青樓集不分卷　（元）夏廷芝撰　清光緒三十四年(1908)長沙葉氏郎園刻本　一册

110000－0143－0006664　PG23/440
廣州鄉賢傳四卷續二卷首一卷　（清）潘楳元纂輯　（清）譚瑩續輯　清同治元年(1862)刻本　二册

110000－0143－0006665　PG23/441
爵秩全函(宣統庚戌春季)不分卷　清宣統二年(1910)榮録堂刻本　四册

110000－0143－0006666　PG231/1

崇禎五十宰相傳一卷 (清)曹溶撰 清宣統三年(1911)上海國學扶輪社鉛印本 一冊

110000－0143－0006667 PG231/2
歷代名將事略不分卷 (清)陳光憲編 清光緒三十二年(1906)北洋陸軍編譯局鉛印本 二冊

110000－0143－0006668 PG231/2
歷代名將事略不分卷 (清)陳光憲編 清光緒三十年(1904)北洋武備研究所木活字印本 二冊

110000－0143－0006669 PG231/8
多忠勇公勤勞錄四卷 (清)雷正綰纂輯 清光緒元年(1875)固原刻本 四冊

110000－0143－0006670 PG231/8－1
多忠勇公勤勞錄四卷 (清)雷正綰纂輯 清光緒三年(1877)敬恕堂刻本 四冊

110000－0143－0006671 PG231/13
鄂國金佗稡編二十八卷續編三十卷 (宋)岳珂編 清光緒九年(1883)浙江書局刻本 十二冊

110000－0143－0006672 PG231/15
邵陽魏府君事略一卷 (清)魏耆述 清光緒魏氏邵陽刻本 一冊

110000－0143－0006673 PG231/17
真福和德理傳二卷 (清)郭棟臣譯述 (清)胡鴻來編校 清光緒十五年(1889)湖北崇正書院刻本 一冊

110000－0143－0006674 PG231/19－1
高僧傳二集四十卷 (唐)釋道宣撰 清光緒十六年(1890)江北刻經處刻本 十冊

110000－0143－0006675 PG231/19－2
高僧傳三集三十卷 (宋)釋贊寧等撰 清光緒十三年(1887)江北刻經處刻本 八冊

110000－0143－0006676 PG231/19－4
高僧傳四集六卷附補刻 (明)釋如惺撰 清光緒十八年(1892)江北刻經處刻本 二冊

110000－0143－0006677 PG231/20
金陵通傳四十五卷通傳補遺四卷 陳作霖纂述 **通傳姓名韻編一卷** 陳詒紱葺 清光緒三十年(1904)瑞華館刻本 十冊

110000－0143－0006678 PG231/21
讀書做人譜不分卷 (清)龍炳垣輯 清光緒二十七年(1901)內自訟齋刻本 一冊

110000－0143－0006679 PG231/27
洛學編六卷 (清)湯斌輯 (清)尹會一續輯 (清)郭程先補輯 清光緒二年(1876)管城李翰華有不為齋刻本 二冊

110000－0143－0006680 PG231/29
國史儒林傳二卷 (清)阮元撰 清光緒十三年(1887)刻本 一冊

110000－0143－0006681 PG231/28
國史文苑傳二卷 (清)阮元撰 清光緒十三年(1887)刻本 一冊

110000－0143－0006682 PG231/30
國史循吏傳一卷 (清)阮元撰 清光緒十三年(1887)刻本 一冊

110000－0143－0006683 PG231/30
國史循吏傳一卷文苑傳二卷 (清)阮元撰 清同治刻本 二冊

110000－0143－0006684 PG231/31
國史賢良祠王大臣小傳二卷 (清)阮元撰 清同治刻本 一冊

110000－0143－0006685 PG231/33
元祐黨人傳十卷 (清)陸心源纂 清光緒十五年(1889)刻潛園總集本 四冊

110000－0143－0006686 PG231/33
元祐黨人傳十卷 (清)陸心源纂 清光緒十五年(1889)刻潛園總集本 四冊

110000－0143－0006687 PG231/41
循陔贈言不分卷 王人文 李根源編校 清宣統二年(1910)石印本 一冊

110000－0143－0006688 PG231/51
二林居集二十四卷 (清)彭紹升撰 清光緒七年(1881)刻本 六冊

110000－0143－0006689　PG231/51
二林居集二十四卷　(清)彭紹升撰　清光緒六年(1880)崇文書局刻本　二册

110000－0143－0006690　PG231/51
二林居集二十四卷　(清)彭紹升撰　清光緒六年(1880)崇文書局刻本　二册

110000－0143－0006691　PG231/53
張之洞事略不分卷　清道光至宣統石印本　一册

110000－0143－0006692　PG231/54
忠義紀聞錄三十卷　(清)陳繼聰編　清光緒八年(1882)刻本　八册

110000－0143－0006693　PG231/55
岑襄勤公勳德介福圖不分卷　(清)岑春榮編　清光緒十七年(1891)石印本　一册

110000－0143－0006694　PG231/60
中興名臣事略八卷　朱孔彰撰　清光緒二十九年(1903)上海書局石印本　二册

110000－0143－0006695　PG231/60
中興名臣事略八卷　朱孔彰撰　清光緒二十四年至三十四年(1898－1908)山東官書局鉛印本　四册

110000－0143－0006696　PG231/60
中興名臣事略八卷　朱孔彰撰　清光緒二十五年(1899)上海圖書集成印書局鉛印本　四册

110000－0143－0006697　PG231/60－1
中興名臣事略八卷　朱孔彰撰　清光緒二十四年(1898)上海書局石印本　一册

110000－0143－0006698　PG231/62
理學宗傳辨正十六卷首一卷　(清)劉廷詔撰　(清)倭仁校訂　清同治十一年(1872)安徽六安涂宗瀛求我齋刻本　六册

110000－0143－0006699　PG231/63
沈文節公事實不分卷　(清)沈守廉編輯　清光緒八年(1882)海鹽沈守廉京師刻本　一册

110000－0143－0006700　PG231/63
沈文節公事實不分卷　(清)沈守廉編輯　清光緒八年(1882)海鹽沈守廉京師刻本　一册

110000－0143－0006701　PG231/66
向張二公傳忠錄不分卷　(清)過鑄撰輯　清同治至宣統刻本　一册

110000－0143－0006702　PG231/67
李鴻章十二章(中國四十年來大事記)　清光緒二十七年(1901)至宣統石印本　一册

110000－0143－0006703　PG231/69
誥授光祿大夫建威將軍特旨晉封三等男爵照尚書例賜卹予謚忠勤御賜祭葬賞穿黃馬褂賞戴雙眼花翎太子少保尚書銜四川提督格洪額巴圖魯顯考祝三府君行狀不分卷　(清)宋天傑等撰　清光緒二十七年至三十四年(1901－1908)刻本　一册

110000－0143－0006704　PG231/72
皇朝國史儒林華徐四君子列傳不分卷　(清)國史館編　清光緒至宣統江蘇國史館鉛印本　一册

110000－0143－0006705　PG231/76
追贈朝議大夫誥封光祿大夫建威將軍文公魯齋陽穀殉難事實一卷　(清)趙達綸等輯　清光緒三十三年(1907)趙爾豐西川節署石印本　一册

110000－0143－0006706　PG231/77
國史儒林傳二卷國史文苑傳二卷國史循吏傳一卷國史賢良傳二卷　(清)阮元等撰　清同治刻本　四册

110000－0143－0006707　PG231/77
國史儒林傳二卷國史文苑傳二卷國史循吏傳一卷國史賢良傳二卷　(清)阮元等撰　清同治刻本　一册　存二種四卷(國史儒林傳二卷、國史文苑傳二卷)

110000－0143－0006708　PG231/78
宋名臣狄武襄公功行錄三卷增補一卷　(明)王緝編　(清)申季莊補編　清光緒二十一年(1895)申季莊刻本　一册

110000－0143－0006709　PG231/79
楚寶四十卷外編五卷　(明)周聖楷撰　清道光九年(1829)新化鄧顯鶴寧鄉學署刻本　二十四册

110000－0143－0006710　PG231/79－1
楚寶四十卷外編五卷　(明)周聖楷撰　清道光九年(1829)新化鄧顯鶴寧鄉學署刻本　二十五册

110000－0143－0006711　PG231/79－1
楚寶四十卷外編五卷　(明)周聖楷撰　清道光九年(1829)新化鄧顯鶴寧鄉學署刻本　二十册

110000－0143－0006712　PG231/89
左文襄公實録不分卷　清光緒十八年至二十二年(1892－1896)刻本　四册

110000－0143－0006713　PG231/90
陸清獻公莅嘉遺蹟三卷　(清)黄維玉編輯　清同治六年(1867)上海道署刻本　一册

110000－0143－0006714　PG231/92
姑蘇名賢小記二卷　(明)文震孟撰　清光緒八年(1882)長洲蔣氏心矩齋刻本　二册

110000－0143－0006715　PG231/92
姑蘇名賢小記二卷　(明)文震孟撰　清光緒八年(1882)長洲蔣氏心矩齋刻本　一册

110000－0143－0006716　PG231/93
東軒吟社畫像一卷附記一卷小傳一卷題詠一卷跋語一卷　(清)費丹旭繪　(清)黄士珣記　(清)諸可寶傳　清光緒二年(1876)錢塘汪氏振綺堂刻本　一册

110000－0143－0006717　PG231/94
越女表微録五卷　(清)汪輝祖撰　清光緒十八年(1892)杭州刻本　一册

110000－0143－0006718　PG231/95
兩浙名賢録五十四卷外録八卷　(明)徐象梅撰　清光緒二十六年(1900)浙江書局刻本　六十二册

110000－0143－0006719　PG231/98
金華徵獻略二十卷　(清)王崇炳撰録　清雍正十年(1732)刻本　六册

110000－0143－0006720　PG231/99
國朝鼎甲徵信録四卷　(清)閻湘蕙編輯　(清)張椿齡增訂　清同治五年(1866)刻本　二册

110000－0143－0006721　PG231/102
發蒙故事捷覽二卷　清初刻本　二册

110000－0143－0006722　PG231/105
武陽庚申殉難忠義録正編一卷武進縣庚申忠義録總編一卷武陽庚申義貞節烈録正編一卷武進縣庚申殉難義節貞烈録總編一卷陽湖縣庚申殉難義節貞烈録一卷　(清)湯成烈編録　清同治十二年至光緒二年(1873－1876)刻本　三册

110000－0143－0006723　PG231/108
秦淮八豔圖詠不分卷　(清)葉衍蘭　(清)張景祁繪編　清光緒十八年(1892)羊城越華講院刻本　一册

110000－0143－0006724　PG231/116
賀復齋先生行狀一卷　(清)馬鑒源撰　清光緒二十五年(1899)刻本　一册

110000－0143－0006725　PG231/121
江陰忠義恩旌録六卷　(清)高觀瀾編　清同治十三年(1874)刻本　一册

110000－0143－0006726　PG231/123
史傳三編五十六卷　(清)朱軾　(清)蔡世遠同輯　清同治三年(1864)刻本　二十四册

110000－0143－0006727　PG231/123
高安三傳合編五十六卷　(清)朱軾　(清)蔡世遠輯　清光緒二十一年(1895)江蘇書局刻本　十六册　存四十卷(歷代名臣傳一至三十五、續編一至五)

110000－0143－0006728　PG231/124
船山師友記十七卷首一卷　羅正鈞纂　清光緒三十三年(1907)刻本　四册

110000－0143－0006729　PG231/128

桐城耆舊傳十二卷　馬其昶撰　清宣統三年(1911)刻本　六册

110000－0143－0006730　PG231/130
文廟賢儒功德錄三卷　(清)張僎纂　清雍正元年(1723)蔚州州署刻本　三册

110000－0143－0006731　PG231/132
明郝太僕褒忠錄六卷附蕭氏旌孝錄一卷　(清)郝明龍輯　(清)姜朗一　(清)姜忠基編纂　清道光十八年(1838)黄承吉揚州刻本　二册

110000－0143－0006732　PG231/136
東坡事類二十二卷　(清)梁廷枏撰　清光緒五年(1879)廣東順德馮兆年刻本　八册

110000－0143－0006733　PG231/136
東坡事類二十二卷　(清)梁廷枏撰　清道光十年(1830)刻本　十二册

110000－0143－0006734　PG231/136－1
東坡事類二十二卷　(清)梁廷枏撰　清道光十年(1830)刻本　六册

110000－0143－0006735　PG231/138
黄大王事蹟全志一卷　(清)趙載元編撰　清乾隆五十九年(1794)江南河庫道署揚州刻本　一册

110000－0143－0006736　PG231/140
史傳三編五十六卷　(清)天眉撰　清光緒二十九年(1903)鉛印本　六册

110000－0143－0006737　PG231/141
東越儒林傳一卷　(清)陳壽祺撰　清嘉慶至道光刻本　一册

110000－0143－0006738　PG231/141
東越文苑傳一卷　(清)陳壽祺撰　清嘉慶至道光刻本　與110000－0143－0006737合册

110000－0143－0006739　PG231/142
新出張文襄公事略一卷　(清)聽雨樓主人撰　清宣統元年(1909)上海蔣春記書莊石印本　一册

110000－0143－0006740　PG231/144
京江丁氏傳略彙錄不分卷　丁立中等編校　清光緒三十一年(1905)京江丁氏松銘堂金陵木活字印本　一册

110000－0143－0006741　PG231/145
東越文苑六卷　(明)陳鳴鶴輯撰　(清)郭柏蔚增訂　清道光十九年(1839)刻本　二册

110000－0143－0006742　PG231/146
皇清誥授榮祿大夫二品銜總理各國事務大臣太常寺卿顯考爽秋府君行略一卷　袁允橚等撰輯　清光緒三十一年(1905)商務印書館影印本　一册

110000－0143－0006743　PG231/147
黑旗劉大將軍事實一卷　(清)管斯駿編　清光緒十年(1884)上海管可壽齋刻本　一册

110000－0143－0006744　PG231/149
陽穀殉難事實一卷　(清)趙達綸撰　清光緒十九年(1893)趙爾巽刻本　一册

110000－0143－0006745　PG231/155
啓秀事略一卷　(清)顏劄氏追述　清光緒二十六年(1900)至宣統刻本　一册

110000－0143－0006746　PG231/155
啓秀事略一卷　(清)顏劄氏追述　清光緒二十六年(1900)至宣統刻本　一册

110000－0143－0006747　PG231/157
勅授文林郎徵君顯考子尹府行述一卷　(清)鄭知同撰　清宣統元年(1909)趙怡鉛印本　一册

110000－0143－0006748　PG231/158
石林遺事三卷附一卷　葉德輝編撰　清宣統三年(1911)長沙葉德輝觀古堂刻本　二册

110000－0143－0006749　PG231/159
於越先賢像傳贊二卷　(清)王齡撰　清光緒三年(1877)刻本　二册

110000－0143－0006750　PG231/161
柏子俊先生行狀一卷　(清)柏震蕃撰　清光緒十八年(1892)西安柏震蕃刻本　一册

110000－0143－0006751　PG231/163

晉陵先賢傳不分卷　(明)歐陽東鳳撰　清同治七年(1868)木活字印本　二册

110000－0143－0006752　PG231/165
宋史翼四十卷　(清)陸心源撰　清同治至光緒刻本　八册

110000－0143－0006753　PG231/166
曾文正公事略四卷　(清)王定安撰　清光緒元年(1875)北京琉璃廠龍文齋刻本　一册

110000－0143－0006754　PG231/175
繼忠錄不分卷　(清)程氏族人編　清咸豐六年(1856)程氏族人刻本　一册

110000－0143－0006755　PG231/175
繼忠錄不分卷　(清)程氏族人編　清咸豐六年(1856)程氏族人刻本　一册

110000－0143－0006756　PG231/175
繼忠錄不分卷　(清)程氏族人編　清咸豐六年(1856)程氏族人刻本　一册

110000－0143－0006757　PG231/176
李文恭公行述一卷　(清)李概等述　清咸豐元年(1851)刻本　一册

110000－0143－0006758　PG231/177
例授修職郎生芝府君行述一卷　(清)馬克覺　(清)馬克嚮同述　清光緒十四年至三十四年(1888－1908)刻本　一册

110000－0143－0006759　PG231/178
岑毓英行狀一卷　(清)岑春榮等述　清光緒十六年(1890)岑春榮刻本　一册

110000－0143－0006760　PG231/183
尚志錄八卷　(清)吳國濂輯　清光緒十二年(1886)可軒舊館木活字印本　二册

110000－0143－0006761　PG231/184
北學編四卷　(清)魏一鰲輯　(清)尹會一　(清)戈濤續輯　清道光二十四年(1844)刻本　二册

110000－0143－0006762　PG231/184
北學編四卷　(清)魏一鰲輯　(清)尹會一　(清)戈濤續輯　清道光二十四年(1844)刻本　一册

110000－0143－0006763　PG231/184
北學編四卷　(清)魏一鰲輯　(清)尹會一　(清)戈濤續輯　清道光二十四年(1844)刻本　二册

110000－0143－0006764　PG231/187
誥授資政大夫貤封光祿大夫福建臺灣道兼按察使銜顯靠考皞民府君行狀一卷　(清)顧彥聰撰　清宣統二年(1910)鉛印本　一册

110000－0143－0006765　PG231/188
康南海傳一卷　梁啓超撰　清光緒二十七年(1901)刻本　一册

110000－0143－0006766　PG231/190
奈端別傳一卷附楊之培傳一卷　(清)楊之培撰　清末刻本　一册

110000－0143－0006767　PG231/191
國朝名臣言行錄十六卷　(清)王炳燮撰　清光緒十一年(1885)津河廣仁堂刻本　六册

110000－0143－0006768　PG231/192
古品節錄六卷　(清)松筠輯　清宣統二年(1910)守政書局木活字印本　六册

110000－0143－0006769　PG231/195
澤宮序次舉要二卷附錄一卷　(清)洪恩波編　清光緒二十五年(1899)刻本　二册

110000－0143－0006770　PG231/196
巴陵人物志十五卷　(清)杜貴墀撰　清光緒二十八年(1902)刻本　二册

110000－0143－0006771　PG231/197
河間先賢備覽不分卷　(清)邊葆恕輯　清道光至咸豐任邱邊葆恕稿本　一册

110000－0143－0006772　PG231/200
學統五十三卷　(清)熊賜履撰　清光緒十七年(1891)三餘草堂刻本　十二册

110000－0143－0006773　PG231/201
歷代節義名臣錄十卷　(清)陳炳纂　清光緒十二年(1886)金陵刻本　十册

110000－0143－0006774　PG231/204
四朝成仁錄不分卷　(清)屈大均撰　清同治至宣統抄本　二册

110000－0143－0006775　PG231/205
歷代賢儒景行錄二卷　(清)張英編　(清)邊鳴珂續輯　清咸豐十年(1860)中湘王文德刻本　二册

110000－0143－0006776　PG231/206
桐彝三卷續二卷　(明)方學漸著　清光緒九年(1883)皖垣鉛印本　一册

110000－0143－0006777　PG231/210
太子少保江南提督福壯敏公列傳等不分卷　(清)國史館撰　清光緒二十九年至三十四年(1903－1908)刻本　一册

110000－0143－0006778　PG231/216
諸葛忠武侯故事五卷　(清)張澍纂輯　清同治至宣統刻本　三册

110000－0143－0006779　PG231/220
漢關侯事蹟彙編八卷　(清)萬之蘅　(清)吳寶彝輯　**漢漢壽亭侯關神武世家一卷**　(清)鄭環撰　清嘉慶八年至二十五年(1803－1820)刻本　五册

110000－0143－0006780　PG231/222
誥授光祿大夫太子太保兵部尚書雲貴總督賞戴花翎賞穿黃馬褂世襲一等輕車都尉加一雲騎尉贈太子太傅予謚襄勤顯考岑府君行狀不分卷　(清)岑春榮等撰　清光緒十五年(1889)至宣統刻本　一册

110000－0143－0006781　PG231/232
聖方濟各沙勿畧傳六卷　(法國)都率棱撰　清光緒二十二年(1896)上海慈母堂鉛印本　一册

110000－0143－0006782　PG231/235
李剛介公傳忠錄不分卷　(清)李雯編輯　清光緒五年(1879)至宣統刻本　一册

110000－0143－0006783　PG232/1
徵君孫先生[奇逢]年譜二卷　(清)湯斌等編次　(清)方苞訂正　清光緒十三年(1887)成都高繼善堂刻本　二册

110000－0143－0006784　PG232/1
徵君孫先生[奇逢]年譜二卷　(清)湯斌等編次　(清)方苞訂正　清光緒十三年(1887)成都高繼善堂刻本　二册

110000－0143－0006785　PG232/1
徵君孫先生[奇逢]年譜二卷　(清)湯斌等編次　(清)方苞訂正　清光緒十三年(1887)成都高繼善堂刻本　二册

110000－0143－0006786　PG232/2
廣元遺山[好問]年譜二卷　(清)李光廷編次　清同治五年(1866)番禺李氏刻本　二册

110000－0143－0006787　PG232/3
定盦先生[龔自珍]年譜一卷　吳昌綬編　清光緒三十四年(1908)刻本　一册

110000－0143－0006788　PG232/3
定盦先生[龔自珍]年譜一卷　吳昌綬編　清光緒三十四年(1908)刻本　一册

110000－0143－0006789　PG232/4
曾文正公[國藩]年譜十二卷　(清)黎庶昌編輯　(清)李瀚章審訂　清光緒二年(1876)傳忠書局刻曾文正公全集本　四册

110000－0143－0006790　PG232/4
曾文正公[國藩]年譜十二卷　(清)黎庶昌編輯　(清)李瀚章審訂　清光緒二年(1876)傳忠書局刻曾文正公全集本　五册

110000－0143－0006791　PG232/4
曾文正公[國藩]年譜十二卷　(清)黎庶昌編輯　(清)李瀚章審訂　清光緒二年(1876)傳忠書局刻曾文正公全集本　五册

110000－0143－0006792　PG232/4
曾文正公[國藩]年譜十二卷　(清)黎庶昌編輯　(清)李瀚章審訂　清光緒二年(1876)傳忠書局刻曾文正公全集本　四册

110000－0143－0006793　PG232/6
王先謙自定年譜三卷　王先謙自定　清光緒

三十四年(1908)長沙王氏刻本　三册

110000－0143－0006794　PG232/6
王先謙自定年譜三卷　王先謙自定　清光緒三十四年(1908)長沙王氏刻本　三册

110000－0143－0006795　PG232/9
趙文恪公自訂年譜一卷趙文恪公遺集二卷　(清)趙光編撰　清光緒十六年(1890)趙廷璜刻本　四册

110000－0143－0006796　PG232/9
趙文恪公自訂年譜一卷趙文恪公遺集二卷　(清)趙光編撰　清光緒十六年(1890)趙廷璜刻本　六册

110000－0143－0006797　PG232/10
高陽太傅孫文正公[承宗]年譜五卷　(明)孫銓編輯　(清)孫奇逢訂正　清道光至咸豐師儉堂刻本　四册

110000－0143－0006798　PG232/12
岑襄勤公[毓英]年譜十卷　趙藩編　清光緒二十五年(1899)岑春榮刻本　五册

110000－0143－0006799　PG232/15
宋岳鄂王[飛]年譜六卷首一卷末一卷　(清)錢汝雯編　清宣統三年(1911)鉛印本　四册

110000－0143－0006800　PG232/16
朱柏廬先生編年毋欺錄三卷補遺一卷附一卷　(清)朱用純撰　(清)金吳瀾輯　清光緒六年(1880)嘉興金氏刻本　三册

110000－0143－0006801　PG232/19
傅青主先生[山]年譜一卷　(清)丁寶銓編　清宣統三年(1911)山西太原丁寶銓刻本　一册

110000－0143－0006802　PG232/21
顧亭林先生[炎武]年譜一卷附一卷　(清)吳映奎編　清光緒六年(1880)嘉興金氏刻本　一册

110000－0143－0006803　PG232/21
顧亭林先生[炎武]年譜一卷附一卷　(清)吳映奎編　清光緒六年(1880)嘉興金氏刻本　一册

110000－0143－0006804　PG232/22
歸震川先生[有光]年譜一卷　(清)孫岱撰　清光緒六年(1880)嘉興金吳瀾刻本　一册

110000－0143－0006805　PG232/25
忠節吳次尾先生[應箕]年譜一卷附樓山遺事一卷　(清)夏燮編　清同治當塗夏氏刻本　一册

110000－0143－0006806　PG232/27
延平楊[時]羅[從彥]李[侗]朱[熹]四先生年譜　(清)毛念恃編　清光緒刻本　四册

110000－0143－0006807　PG232/28－1
顏習齋先生[元]年譜二卷　(清)李塨撰　(清)王源訂　清光緒五年(1879)定州王氏謙德堂刻本　二册

110000－0143－0006808　PG232/29
澄懷主人自訂年譜六卷　(清)張廷玉自訂　(清)張紹文重校　清光緒六年(1880)刻本　二册

110000－0143－0006809　PG232/32
成山老人自撰年譜六卷　(清)唐炯自訂　清宣統二年(1910)京都鉛印本　二册

110000－0143－0006810　PG232/34
中議公自訂年譜八卷附吹蘆小草　(清)楊炳堃撰　清光緒十一年(1885)歸安楊氏刻本　八册

110000－0143－0006811　PG232/35
沈端恪公遺書　(清)沈曰富纂　清同治十二年(1873)浙江書局刻本　一册　存二卷(年譜一至二)

110000－0143－0006812　PG232/35
沈端恪公遺書　(清)沈曰富纂　清同治十二年(1873)浙江書局刻本　一册　存二卷(年譜一至二)

110000－0143－0006813　PG232/38
舜山是仲明先生[鏡]年譜一卷附雜著一卷　(清)張敬立編　(清)金吳瀾補　清光緒十三

年(1887)嘉興金氏木活字印本　二册

110000－0143－0006814　PG232/38－1
舜山是仲明先生[鏡]年譜一卷附雜著一卷　(清)張敬立編　(清)金吳瀾補　清光緒十三年(1887)嘉興金氏木活字印本　二册

110000－0143－0006815　PG232/41
仲升自訂年譜一卷　(清)徐廣縉著　清宣統二年(1910)鹿邑徐崇慎鉛印本　一册

110000－0143－0006816　PG232/42
左文襄公[宗棠]年譜十卷　羅正鈞纂　清光緒二十三年(1897)湘陰左氏刻本　十册

110000－0143－0006817　PG232/42
左文襄公[宗棠]年譜十卷　羅正鈞纂　清光緒二十三年(1897)湘陰左氏刻本　十册

110000－0143－0006818　PG232/43
阿文成公[桂]年譜三十四卷　(清)那彦成纂　清嘉慶十八年(1813)師古軒刻本　三十四册

110000－0143－0006819　PG232/48
歸震川先生[有光]年譜一卷　(清)孫岱撰　清光緒六年(1880)嘉興金吳瀾刻本　一册

110000－0143－0006820　PG232/52
王篠泉先生[用誥]年譜一卷附行狀　王孝箴等撰　清光緒二十年(1894)刻本　一册

110000－0143－0006821　PG232/54
宋本韓[愈]柳[宗元]二先生年譜八卷　(清)馬曰璐輯　清光緒元年(1875)隸釋齋刻本　四册

110000－0143－0006822　PG232/55
羅忠節公[澤南]年譜二卷　(清)□□撰　清同治二年(1863)長沙刻本　一册

110000－0143－0006823　PG232/56
建文[朱允炆]年譜四卷　(明)趙士喆纂修　清咸豐四年(1854)三水唐鴻序習勤堂刻本　四册

110000－0143－0006824　PG232/59
明李文正公[東陽]年譜七卷　(清)法式善纂輯　(清)唐仲冕增補　清嘉慶十四年(1809)湖南臨川李宗瀚刻本　二册

110000－0143－0006825　PG232/63
文端公[錢陳羣]年譜三卷　(清)錢儀吉編　(清)錢志澄增訂　清光緒二十年(1894)嘉興錢志澄刻本　三册

110000－0143－0006826　PG232/63
文端公[錢陳羣]年譜三卷　(清)錢儀吉編　(清)錢志澄增訂　清光緒二十年(1894)嘉興錢志澄刻本　三册

110000－0143－0006827　PG232/67
戚少保[繼光]年譜耆編十二卷　(明)戚祚國彙纂　清道光二十七年(1847)仙遊王氏刻光緒四年(1878)仙遊王氏增補本　十二册

110000－0143－0006828　PG232/67
戚少保[繼光]年譜耆編十二卷　(明)戚祚國彙纂　清道光二十七年(1847)仙遊王氏刻光緒四年(1878)仙遊王氏增補本　十二册

110000－0143－0006829　PG232/67
戚少保[繼光]年譜耆編十二卷　(明)戚祚國彙纂　清道光二十七年(1847)仙遊王氏刻光緒四年(1878)仙遊王氏增補本　十二册

110000－0143－0006830　PG232/69
節愍華公[允誠]年譜二卷首一卷末一卷　(清)華衷黄編　(清)華王澄補編　清光緒二十五年(1899)無錫華存裕堂木活字印本　二册

110000－0143－0006831　PG232/70
孔子年譜綱目一卷　(明)夏洪基編　(清)夏之芳重校　清康熙四十九年至六十一年(1710－1722)高郵夏之芳刻本　二册

110000－0143－0006832　PG232/70
文公朱夫子[熹]年譜一卷　(清)高愈編　清乾隆至嘉慶刻本　與110000－0143－0006831合册

110000－0143－0006833　PG232/71
陸清獻公[隴其]年譜定本二卷附錄一卷

(清)吳光酉重輯　清光緒八年(1882)刻本　二冊

110000－0143－0006834　PG232/71
陸清獻公[隴其]年譜定本二卷附錄一卷　(清)吳光酉重輯　清同治七年(1868)刻本　一冊

110000－0143－0006835　PG232/73
陳本堂先生[著]年譜不分卷　(清)趙霈濤輯　清光緒三十一年(1905)奉化趙霈濤木活字印本　一冊

110000－0143－0006836　PG232/74
鄭司農[玄]年譜一卷　(清)孫星衍編　清嘉慶十四年(1809)阮氏琅環僊館刻本　一冊

110000－0143－0006837　PG232/75
稼書先生[陸隴其]年譜一卷　(清)陸宸徵 (清)李鉉同輯　清同治十三年(1874)虞山顧氏刻本　一冊

110000－0143－0006838　PG232/75
汲古閣校刻書目一卷補遺一卷刻板存亡考一卷　(清)鄭德懋輯　清同治十三年(1874)虞山顧氏刻本　與110000－0143－0006837合冊

110000－0143－0006839　PG232/75
隱綠軒題識一卷　(清)陳奕禧撰　清同治十三年(1874)虞山顧氏刻本　與110000－0143－0006837合冊

110000－0143－0006840　PG232/76
雙池先生[汪紱]年譜四卷　(清)余龍光編　清同治五年(1866)婺源余龍光刻光緒九年(1883)訂補本　二冊

110000－0143－0006841　PG232/76
雙池先生[汪紱]年譜四卷　(清)余龍光編　清同治五年(1866)婺源余龍光刻本　二冊

110000－0143－0006842　PG232/76
雙池先生[汪紱]年譜四卷　(清)余龍光編　清同治五年(1866)婺源余龍光刻本　四冊

110000－0143－0006843　PG232/77
魏文貞公[徵]年譜一卷　(清)王先恭編　清光緒九年(1883)長沙王氏刻本　一冊

110000－0143－0006844　PG232/77
魏鄭公諫續錄二卷　(元)翟思忠輯　清光緒九年(1883)長沙王氏刻本　與110000－0143－0006843合冊

110000－0143－0006845　PG232/77
新舊唐書合注魏徵列傳一卷　王先謙撰　清光緒九年(1883)長沙王氏刻本　一冊

110000－0143－0006846　PG232/77
魏文貞公故事拾遺三卷　(清)王先恭編　清光緒九年(1883)長沙王氏刻本　二冊

110000－0143－0006847　PG232/82
柳先生[宗元]年譜一卷　(宋)魏仲舉輯　清咸豐五年(1855)南海伍氏刻本　一冊

110000－0143－0006848　PG232/83
韓文類譜七卷　(宋)魏仲舉輯　清咸豐五年(1855)南海伍氏刻本　三冊

110000－0143－0006849　PG232/83
十年讀書之廬主人自敘年譜一卷　(清)李鍾文編　清光緒刻本　一冊

110000－0143－0006850　PG232/84
壬戌科大挑十八省年譜不分卷　清同治元年(1862)京都琉璃廠會遠齋、翰藻齋、聚魁齋、律古齋刻本　一冊

110000－0143－0006851　PG232/85
范忠貞[承謨]年譜一卷　(清)柯汝霖編　清光緒五年(1879)平湖柯鼎掃石山房刻本　一冊

110000－0143－0006852　PG232/86
弇山畢公[沅]年譜不分卷　(清)史善長撰次　清同治十一年(1872)鎮洋畢長慶刻本　一冊

110000－0143－0006853　PG232/86
弇山畢公[沅]年譜不分卷　(清)史善長撰次　清嘉慶三年至二十五年(1798－1820)刻本　一冊

110000－0143－0006854　PG232/86

弇山畢公[沅]年譜不分卷　(清)史善長撰次　清同治十一年(1872)鎮洋畢長慶刻本　一冊

110000－0143－0006855　PG232/90

吳竹如先生[廷棟]年譜一卷　(清)方宗誠編次　清光緒四年(1878)畿輔志局刻本　一冊

110000－0143－0006856　PG232/91

秀埜公自訂年譜不分卷　(清)顧嗣立自訂　清道光二十八年(1848)潯州郡署刻本　一冊

110000－0143－0006857　PG232/92

皇清敕授修職郎誥封朝議大夫顯考警石府君年譜不分卷　(清)錢應溥述　清同治十一年(1872)刻本　一冊

110000－0143－0006858　PG232/92

皇清敕授修職郎誥封朝議大夫顯考警石府君年譜不分卷　(清)錢應溥述　清同治十一年(1872)刻光緒七年(1881)重印本　一冊

110000－0143－0006859　PG232/92

四水子遺著一卷　(清)錢友泗撰　清光緒七年(1881)嘉興錢志澄刻本　與110000－0143－0006858合冊

110000－0143－0006860　PG232/92

郊農偶吟稿不分卷　(清)錢炳森撰　清同治十一年(1872)刻光緒七年(1881)重印本　與110000－0143－0006858合冊

110000－0143－0006861　PG232/92

皇清敕授修職郎誥封朝議大夫顯考警石府君年譜不分卷　(清)錢應溥述　清同治十一年(1872)刻光緒七年(1881)重印本　一冊

110000－0143－0006862　PG232/92

四水子遺著一卷　(清)錢友泗撰　清光緒七年(1881)嘉興錢志澄刻本　與110000－0143－0006861合冊

110000－0143－0006863　PG232/92

郊農偶吟稿不分卷　(清)錢炳森撰　清同治十一年(1872)刻光緒七年(1881)重印本　與110000－0143－0006861合冊

110000－0143－0006864　PG232/95

安道公[陳瑚]年譜二卷　(清)陳溥述　**附陳安道先生世系**　繆朝荃補纂　清光緒十八年(1892)太倉繆氏刻東倉書庫叢刻初編本　一冊

110000－0143－0006865　PG232/95－1

安道公[陳瑚]年譜二卷　(清)陳溥述　**附陳安道先生世系**　繆朝荃補纂　清光緒十八年(1892)太倉繆氏刻東倉書庫叢刻初編本　一冊

110000－0143－0006866　PG232/96

丹魁堂自訂年譜一卷附遺愛錄　(清)季芝昌自訂　清同治三年(1864)季念詒刻光緒續刻本　二冊

110000－0143－0006867　PG232/97

先文恭公自訂年譜一卷　(清)潘世恩手訂　清咸豐四年(1854)吳縣潘曾瑩等刻本　一冊

110000－0143－0006868　PG232/99－1

澄懷主人自訂年譜六卷　(清)張廷玉自訂　(清)張紹文重校　清光緒六年(1880)刻本　二冊

110000－0143－0006869　PG232/99

澄懷主人自訂年譜六卷　(清)張廷玉自訂　(清)張紹文重校　清光緒六年(1880)刻本　二冊

110000－0143－0006870　PG232/101

延平楊[時]羅[從彥]李[侗]朱[熹]四先生年譜　(清)毛念恃編　清康熙刻本　一冊

110000－0143－0006871　PG232/101

延平楊[時]羅[從彥]李[侗]朱[熹]四先生年譜　(清)毛念恃編　清乾隆十年(1745)張坦刻本　二冊

110000－0143－0006872　PG232/103

周文襄公[忱]年譜一卷附錄一卷　(明)周任俊編　(清)陸鼎翰校補　清光緒十五年(1889)武進陸鼎翰木活字印本　二冊

110000－0143－0006873　PG232/104
朱子[熹]年譜一卷　(清)鄭士範編　清光緒六年(1880)周宗釗正誼堂刻本　一册

110000－0143－0006874　PG232/104
朱子[熹]年譜一卷　(清)鄭士範編　清光緒六年(1880)周宗釗正誼堂刻本　一册

110000－0143－0006875　PG232/104－1
朱子[熹]年譜四卷考異四卷朱子論學切要語二卷　(清)王懋竑編　清乾隆十七年(1752)刻同治至光緒王氏白田草堂補刻本　四册

110000－0143－0006876　PG232/105
許魯齋先生[衡]年譜一卷魯齋心法約編一卷　(清)鄭士範編輯　清光緒六年(1880)周宗釗正誼堂刻本　一册

110000－0143－0006877　PG232/105
許魯齋先生[衡]年譜一卷魯齋心法約編一卷　(清)鄭士範編輯　清光緒六年(1880)周宗釗正誼堂刻本　一册

110000－0143－0006878　PG232/105
許魯齋先生[衡]年譜一卷魯齋心法約編一卷　(清)鄭士範編輯　清光緒六年(1880)周宗釗正誼堂刻本　一册

110000－0143－0006879　PG232/106
還讀我書室老人手訂年譜二卷　(清)董恂自訂　清光緒十八年(1892)刻本　二册

110000－0143－0006880　PG232/106
還讀我書室老人手訂年譜二卷　(清)董恂自訂　清光緒十八年(1892)刻本　二册

110000－0143－0006881　PG232/108
先文端公[翁心存]年譜一卷　(清)翁同書撰　(清)翁同爵　(清)翁同龢同編　清同治二年至三年(1863－1864)常熟翁同書等刻本　一册

110000－0143－0006882　PG232/109
先恭勤公[徐澤醇]年譜四卷附誄詞一卷　(清)徐彬　(清)徐桐同輯　清咸豐九年(1859)静海縣徐彬、徐桐刻本　四册

110000－0143－0006883　PG232/110
梅溪先生[錢泳]年譜一卷　(清)胡源　(清)褚逢春同訂　清道光二十四年(1844)無錫錢慶榮刻本　一册

110000－0143－0006884　PG232/111
馬端敏公[新貽]年譜一卷　(清)馬新祐編　清光緒三年(1877)杭州馬新祐刻本　四册

110000－0143－0006885　PG232/112
韓侍郎自撰年譜一卷　(清)韓崶自訂　清道光十四年至三十年(1834－1850)韓范刻本　一册

110000－0143－0006886　PG232/113
先府君[王筱泉]年譜一卷附行狀一卷　王孝箴等編　清光緒十九年至三十四年(1893－1908)刻本　一册

110000－0143－0006887　PG232/114
西山真文忠公[德秀]年譜一卷附心經一卷政經一卷　(清)真鼎元　(清)真采同訂　清乾隆二十九年至六十年(1764－1795)刻本　二册

110000－0143－0006888　PG232/116
楊忠武公[遇春]年譜一卷　(清)楊國佐　(清)楊國楨編　清道光十九年至三十年(1839－1850)刻本　一册

110000－0143－0006889　PG232/116
楊忠武公[遇春]年譜一卷　(清)楊國佐　(清)楊國楨編　清道光十九年至三十年(1839－1850)刻本　一册

110000－0143－0006890　PG232/116
楊忠武公[遇春]年譜一卷　(清)楊國佐　(清)楊國楨編　清道光十九年至三十年(1839－1850)刻本　一册

110000－0143－0006891　PG232/116
楊忠武公[遇春]年譜一卷　(清)楊國佐　(清)楊國楨編　清道光十九年至三十年(1839－1850)刻本　一册

110000－0143－0006892　PG232/117

朱文端公[軾]年譜一卷 (清)朱瀚編 (清)朱舲補編 清同治十年(1871)江西高安朱舲刻本 一册

110000－0143－0006893 PG232/122
黃子[道周]年譜一卷 (清)洪思撰 清同治十年(1871)曾天南、曾文貴漳州刻本 一册

110000－0143－0006894 PG232/122
黃子[道周]年譜一卷 (清)洪思撰 清同治十年(1871)曾天南、曾文貴漳州刻本 一册

110000－0143－0006895 PG232/123
章午峰先生[邦元]年譜一卷附日記一卷 (清)章家祚撰 清光緒十八年(1892)銅陵章家祚刻本 一册

110000－0143－0006896 PG232/124－1
方正學先生[孝孺]年譜一卷 (明)盧演 (明)翁明英纂輯 清同治十二年(1873)吳縣孫熹刻本 一册

110000－0143－0006897 PG232/125
宋儒龜山楊先生[時]年譜一卷 (清)毛念恃編 清乾隆十年(1745)滏陽張坦刻本 一册

110000－0143－0006898 PG232/127
寄圃老人自記年譜一卷 (清)孫玉庭撰 清同治十一年(1872)濟寧孫毓漢刻本 一册

110000－0143－0006899 PG232/129
段容思先生[堅]年譜紀略一卷 (明)彭澤編輯 (清)張仲英參訂 清道光四年(1824)蘭州段殿公刻本 一册

110000－0143－0006900 PG232/130
敝帚齋主人[徐鼐]年譜一卷補一卷 (清)徐承祖 (清)徐承禧輯注 清同治十三年(1874)六合徐氏福州刻本 一册

110000－0143－0006901 PG232/130
敝帚齋主人[徐鼐]年譜一卷補一卷 (清)徐承祖 (清)徐承禧輯注 清同治十三年(1874)六合徐氏福州刻光緒三年(1877)六合徐氏增刻本 一册

110000－0143－0006902 PG232/131
佩蘅府君行述一卷 (清)景澧述 清光緒十八年(1892)景澧刻本 一册

110000－0143－0006903 PG232/134
前任四川總督籲門宮保駱公年譜全册一卷 (清)駱秉章自編 清刻本 一册

110000－0143－0006904 PG232/135
關帝年譜一卷 (清)柯汝霖編 清宣統二年(1910)平湖柯志頤、柯培鼎鉛印本 一册

110000－0143－0006905 PG232/138
詒穀老人自訂年譜二卷 (清)彭蘊章自訂 清同治元年至二年(1862－1863)江蘇長洲彭慰高、彭祖賢刻本 一册

110000－0143－0006906 PG232/138
詒穀老人自訂年譜二卷 (清)彭蘊章自訂 清同治元年至二年(1862－1863)江蘇長洲彭慰高、彭祖賢刻本 一册

110000－0143－0006907 PG232/139
楊忠愍公自著年譜一卷家訓一卷 (明)楊繼盛自訂 清道光五年(1825)刻本 一册

110000－0143－0006908 PG232/140
桐溪達叟自編年譜一卷 (清)嚴辰自編 清光緒十四年(1888)桐鄉嚴辰刻本 一册

110000－0143－0006909 PG232/142
冒巢民先生[襄]年譜一卷 冒廣生編 清光緒二十二年(1896)江蘇如臯冒廣生刻本 一册

110000－0143－0006910 PG232/142
冒巢民先生[襄]年譜一卷 冒廣生編 清光緒二十二年(1896)江蘇如臯冒廣生刻本 一册

110000－0143－0006911 PG232/143
孔子年譜輯註一卷 (清)江永著 (清)黃定宜輯註 清道光二十七年(1847)文氏刻本 一册

110000－0143－0006912 PG232/143
孔子年譜輯註一卷 (清)江永著 (清)黃定宜輯註 清道光二十七年(1847)文氏刻本

一册

110000－0143－0006913　PG232/144
黄忠端公[道周]年譜二卷　(清)黄炳垕編輯　清光緒元年(1875)黄氏留書種閣刻本　一册

110000－0143－0006914　PG232/146
張忠烈公[煌言]年譜一卷附敬修堂釣業一卷　(清)趙之謙輯　清光緒六年(1880)會稽趙氏刻本　一册

110000－0143－0006915　PG232/147
萬清軒先生[斛泉]年譜一卷　(清)張鼎元編輯　清光緒三十二年(1906)疊山書院刻本　一册

110000－0143－0006916　PG232/149
王壯武公[鑫]年譜二卷　羅正鈞編　清光緒十八年(1892)湘鄉王氏江寧刻本　一册

110000－0143－0006917　PG232/151
漁洋山人自撰年譜二卷附録不分卷　(清)王士禛自撰　(清)惠棟註補　清道光至咸豐刻本　一册

110000－0143－0006918　PG232/151
金氏精華録箋註辯訛一卷　(清)惠棟撰　清道光至咸豐刻本　與110000－0143－0006917合册

110000－0143－0006919　PG232/152
沈德潛自訂年譜不分卷　(清)沈德潛自訂　清乾隆二十九年(1764)教忠堂刻沈歸愚詩文全集本　一册

110000－0143－0006920　PG232/154
吳太夫人年譜三卷續一卷　(清)董金鑑編　清光緒三十二年(1906)會稽董氏取斯家塾刻董氏叢書本　一册

110000－0143－0006921　PG232/156
虎口日記不分卷　(清)魯叔容述　清光緒二十二年(1896)福州刻本　一册

110000－0143－0006922　PG232/158
小浮山人手訂年譜一卷　(清)潘曾沂手訂　(清)潘儀鳳續編　清咸豐三年至十一年(1853－1861)吳縣潘氏刻本　一册

110000－0143－0006923　PG232/161
黄梨洲先生[宗羲]年譜三卷　(清)黄炳垕編輯　清同治十二年(1873)餘姚黄氏刻留書種閣集本　一册

110000－0143－0006924　PG232/161
黄梨洲先生[宗羲]年譜三卷　(清)黄炳垕編輯　清同治十二年(1873)餘姚黄氏刻留書種閣集本　一册

110000－0143－0006925　PG232/162
吳梅村先生[偉業]年譜四卷附世系不分卷　(清)顧師軾編纂　清光緒三年(1877)太倉吳守元刻二十三年(1897)重印本　一册

110000－0143－0006926　PG232/163
元遺山先生[好問]年譜不分卷　(清)翁方綱編　**世系**　(清)施國祁訂　清道光至咸豐平定張穆陽泉山莊刻本　一册

110000－0143－0006927　PG232/165
堵文忠公[允錫]年譜一卷　(清)張夏編次　清同治十三年(1874)蜀山書院木活字印本　一册

110000－0143－0006928　PG232/166
殷譜經侍郎自定年譜二卷　(清)殷兆鏞自編　清宣統二年(1910)陳州殷柏齡、殷杞齡鉛印本　一册

110000－0143－0006929　PG232/171
先三鄉賢[黄瑜][黄畿][黄佐]年譜　黄佛頤撰　黄映奎輯　清光緒二十九年(1903)香山黄氏純淵堂刻本　一册

110000－0143－0006930　PG232/174
王文肅公[錫爵]年譜不分卷　(明)王衡編　(明)王時敏續編　清光緒二十五年(1899)太倉王宗愈刻本　一册

110000－0143－0006931　PG232/175
王陽明先生文集十六卷　(明)李贄編　清康熙二十四年(1685)刻本　二册　存一種二卷

(年譜二卷)

110000－0143－0006932　PG232/176
潘文勤公[祖蔭]年譜一卷　(清)潘祖年撰　清光緒十七年(1891)吳縣潘祖年刻本　一册

110000－0143－0006933　PG232/182
警石府君[錢泰吉]年譜一卷　(清)錢應溥編　清同治三年(1864)嘉興錢應溥刻本　一册

110000－0143－0006934　PG232/183－1
金正希先生[聲]年譜一卷　(清)程錫類撰　清光緒二十三年(1897)兩湖書院木活字印本　一册

110000－0143－0006935　PG232/184
張文貞公[玉書]年譜一卷　丁傳靖編輯　清光緒二十七年(1901)丹徒張藻文木活字印本　一册

110000－0143－0006936　PG232/186
洪北江先生[亮吉]年譜一卷　(清)吕培等撰　清乾隆六十年(1795)貴陽節署刻本　一册

110000－0143－0006937　PG232/187
敝帚齋主人[徐鼒]年譜一卷　(清)徐承祖　(清)徐承禧輯注　清光緒三年(1877)刻本　一册

110000－0143－0006938　PG232/188
張楊園先生[履祥]年譜一卷附録編年詩文目一卷　(清)蘇惇元重編　清道光二十三年(1843)蘇惇元刻本　一册

110000－0143－0006939　PG232/189
夢輿老人手訂年譜一卷　(清)胡家玉手訂　清光緒十二年至十四年(1886－1888)胡相林、胡承弼刻本　一册

110000－0143－0006940　PG232/192
宋孫莘老先生[覺]年譜一卷　(清)茆泮林輯纂　清道光二十五年(1845)湘鄉左暉春吳縣刻本　一册

110000－0143－0006941　PG232/193
詒穀老人自訂年譜一卷　(清)彭藴章自訂　清同治元年至二年(1862－1863)江蘇長洲彭慰高、彭祖賢刻本　一册

110000－0143－0006942　PG232/195
太子太傅先莊毅公東巖府君[裕泰]年譜不分卷　(清)長善等撰　清同治九年(1870)長善等廣州刻本　二册

110000－0143－0006943　PG232/198
如山于公[成龍]年譜二卷　(清)宋犖　(清)李樹德撰　清道光十八年(1838)于卿保刻本　二册

110000－0143－0006944　PG232/199
恩福堂[英和]年譜一卷　(清)英和編訂　(清)奎照補編　清道光二十年至二十一年(1840－1841)奎照、奎耀刻本　一册

110000－0143－0006945　PG232/242
左文襄公[宗棠]年譜十卷　羅正鈞纂　清光緒二十三年(1897)湘陰左氏刻本　十册

110000－0143－0006946　PG232/255
夢痕録餘一卷　(清)汪輝祖撰　(清)汪繼坊等補撰　清嘉慶三年至二十五年(1798－1820)刻本　一册

110000－0143－0006947　PG232/257
閻潛丘先生[若璩]年譜一卷　(清)張穆編　清道光二十七年(1847)山西壽陽祁氏刻本　一册

110000－0143－0006948　PG232/258
魏敏果公[象樞]年譜不分卷　(清)魏象樞述　(清)魏學誠等録　清光緒五年(1879)定州王氏謙德堂刻本　一册

110000－0143－0006949　PG232/259
王先謙自定年譜三卷　王先謙自定　清光緒三十四年(1908)長沙王氏刻本　三册

110000－0143－0006950　PG232/262
漁洋山人自撰年譜二卷　(清)王士禛自撰　(清)惠棟註補　清康熙惠氏紅豆齋刻本　一册

110000－0143－0006951　PG233/1
從政觀法録三十卷　(清)朱方增輯　清道光

十年(1830)刻本　八册

110000－0143－0006952　PG233/2
忠武誌十卷　(清)張鵬翮輯　清嘉慶十九年(1814)麻城周畹蘭刻本　六册

110000－0143－0006953　PG233/3
鄘忠肅公遺錄二卷　(清)姚明燦編輯　清光緒五年(1879)刻本　二册

110000－0143－0006954　PG233/4
勝朝殉揚錄三卷　(清)劉寶楠輯　清同治十年(1871)淮南書局刻本　二册

110000－0143－0006955　PG233/4
勝朝殉揚錄三卷　(清)劉寶楠輯　清同治十年(1871)淮南書局刻本　二册

110000－0143－0006956　PG233/4
勝朝殉揚錄三卷　(清)劉寶楠輯　清同治十年(1871)淮南書局刻本　二册

110000－0143－0006957　PG233/4
勝朝殉揚錄三卷　(清)劉寶楠輯　清同治十年(1871)淮南書局刻本　二册

110000－0143－0006958　PG233/7
孝行錄不分卷　(清)□□輯　清光緒三十年至三十四年(1904－1908)刻本　一册

110000－0143－0006959　PG233/7
孝行錄不分卷　(清)□□輯　清光緒三十年至三十四年(1904－1908)刻本　一册

110000－0143－0006960　PG233/9
國朝經學名儒記一卷　(清)張星鑑輯　清光緒六年至八年(1880－1882)刻本　一册

110000－0143－0006961　PG233/14
景仰撮書一卷　(明)王達撰　清光緒二十三年(1897)武進盛氏刻常州先哲遺書本　一册

110000－0143－0006962　PG233/14
宜齋野乘一卷　(宋)吳枋撰　清光緒二十三年(1897)武進盛氏刻常州先哲遺書本　與110000－0143－0006961合册

110000－0143－0006963　PG233/14
梁谿漫志十卷　(宋)費衮撰　清光緒二十二年(1896)武進盛氏刻常州先哲遺書本　與110000－0143－0006961合册

110000－0143－0006964　PG233/14
萬柳溪邊舊話一卷　(元)尤玘撰　清光緒二十二年(1896)武進盛氏刻常州先哲遺書本　與110000－0143－0006961合册

110000－0143－0006965　PG233/14
陽羨茗壺系一卷　(明)周高起撰　清光緒二十三年(1897)武進盛氏刻常州先哲遺書本　與110000－0143－0006961合册

110000－0143－0006966　PG233/14
洞山岕茶系一卷　(明)周高起撰　清光緒二十三年(1897)武進盛氏刻常州先哲遺書本　與110000－0143－0006961合册

110000－0143－0006967　PG233/20
國朝書畫家筆錄四卷　竇鎮輯　清宣統三年(1911)文學山房木活字印本　八册

110000－0143－0006968　PG233/24
清波三志三卷　(清)陳景鐘撰　(清)莫栻續訂　清光緒二十一年(1895)錢塘丁氏嘉惠堂刻本　二册

110000－0143－0006969　PG233/40
劉忠誠公榮哀錄二卷補編一卷　(清)□□輯　清光緒二十八年(1902)金陵樊榮桂刻本　一册

110000－0143－0006970　PG233/41
雪帆先君子行實錄　(清)汪士鏞編撰　清咸豐六年(1856)吳逢春刻本　一册

110000－0143－0006971　PG233/44
桐城姚氏碑傳錄七卷附錄補遺一卷　姚永樸撰　清光緒三十二年(1906)姚氏刻本　一册

110000－0143－0006972　PG233/47
南陽人物志十卷明代南陽人物志八卷　(清)馬海峰　(清)劉沛然輯　清同治九年(1870)劉拱宸刻本　十二册

110000－0143－0006973　PG233/47

南陽人物志十卷 （清）馬海峰 （清）劉沛然輯 清同治九年（1870）劉拱宸刻本 十冊

110000－0143－0006974 PG233/49
吳郡名賢圖傳贊二十卷 （清）顧沅輯 清道光九年（1829）長洲顧氏刻本 八冊

110000－0143－0006975 PG233/50
金陵祠祀鄉賢彙傳畧二卷 （清）胡沛輯 （清）周鏞訂 清道光十五年（1835）刻本 二冊

110000－0143－0006976 PG233/51
漢魏叢書八十六種 （明）何鏜輯 清乾隆五十六年（1791）刻本 一冊

110000－0143－0006977 PG233/52
旌表事實姓氏錄不分卷 （清）彭福保編輯 清同治八年（1869）江蘇蘇州府採訪局木活字印本 四冊

110000－0143－0006978 PG233/52
旌表事實姓氏錄不分卷 （清）彭康保編輯 清光緒二十三年（1897）江蘇蘇州府採訪局木活字印本 五冊

110000－0143－0006979 PG233/53
歷代名臣言行錄二十四卷 （清）朱桓編輯 清光緒二十四年（1898）埽葉山房石印本 八冊

110000－0143－0006980 PG233/55
旌表烈婦錄四卷 （清）汪士珍編輯 清同治七年（1868）金陵兩江采訪忠義局刻本 一冊

110000－0143－0006981 PG233/56
忠孝錄不分卷 （清）王庭楨編錄 清同治七年（1868）漢陽刻本 二冊

110000－0143－0006982 PG233/57
雙節堂贈言集錄二十八卷 （清）汪輝祖編 清乾隆四十七年（1782）刻本 一冊 存七卷（一至七）

110000－0143－0006983 PG233/59
虞陽旌表姓氏錄五卷續錄十卷三錄五卷 （清）許家瑞等編修 清同治七年（1868）至光緒刻本 八冊

110000－0143－0006984 PG233/60
唐縣節孝錄不分卷 沈同芳總修 陳簡等纂修 清光緒二十六年（1900）刻本 三冊

110000－0143－0006985 PG233/61
學宮志不分卷 （清）彭君振編撰 清光緒二十五年（1899）溧陽志書局刻本 一冊

110000－0143－0006986 PG233/62
曾文正公榮哀錄不分卷 （清）□□編 清光緒三十三年（1907）上海商務印書館鉛印本 一冊

110000－0143－0006987 PG233/62
曾文正公榮哀錄不分卷 （清）□□編 清光緒三十三年（1907）上海商務印書館鉛印本 一冊

110000－0143－0006988 PG233/63
孟志編略五卷末一卷 （清）孫葆田撰 清光緒十四年（1888）安徽李墨卿木活字印本 一冊

110000－0143－0006989 PG233/65
梓里表忠錄四卷首一卷 （清）恆羚撰 清同治八年（1869）刻本 一冊

110000－0143－0006990 PG233/68
補園賸稿二卷 （清）包履吉著 清光緒三十一年（1905）刻本 二冊

110000－0143－0006991 PG233/75
貴陽陳庸菴尚書七袠壽言不分卷 （清）陳昌豫編輯 清同治五年（1866）鉛印本 四冊

110000－0143－0006992 PG233/76
程仲立府君行述不分卷 程祖福 程生福撰 清宣統三年（1911）石印本 一冊

110000－0143－0006993 PG233/76
韓月泉府君行述 （清）韓邦彥撰 清同治三年（1864）至宣統刻本 與110000－0143－0006992合冊

110000－0143－0006994 PG233/76
仇竹屏府君行述 （清）仇恩禕撰 清光緒二

十一年(1895)至宣統刻本　與110000－0143－0006992合册

110000－0143－0006995　PG233/76
黄哲生府君行述　(清)黄恩煦撰　清光緒十年(1884)至宣統刻本　與110000－0143－0006992合册

110000－0143－0006996　PG233/76
先府君行略一卷先妣行略一卷　錢同壽撰　清光緒二十三年(1897)至宣統刻本　與110000－0143－0006992合册

110000－0143－0006997　PG233/76
沈約齋家傳不分卷　沈惟賢等撰　清光緒三十一年(1905)至宣統茸城顧少蓮刻本　與110000－0143－0006992合册

110000－0143－0006998　PG233/76
顔友笙府君行述　(清)顔其超撰　清宣統刻本　與110000－0143－0006992合册

110000－0143－0006999　PG233/76
顧菊舫府君行述不分卷皇清敕封八品孺人先慈劉太孺人行述不分卷　(清)顧嘉上　(清)顧嘉玉撰　清光緒二十八年(1902)至宣統刻本　與110000－0143－0006992合册

110000－0143－0007000　PG233/76
先妣李太孺人行述　(清)顔鏞撰　清光緒二十二年(1896)至宣統刻本　與110000－0143－0006992合册

110000－0143－0007001　PG233/76
亡妻姚孺人行述　封文權　封章煒撰　清光緒三十二年(1906)至宣統刻本　與110000－0143－0006992合册

110000－0143－0007002　PG233/77
延壽集四卷　(清)王詩荃輯　清乾隆五十七年(1792)公忍堂刻本　四册

110000－0143－0007003　PG233/78
延禧堂壽言六卷首一卷　(清)蔡本俊輯　清嘉慶三年(1798)刻本　二册

110000－0143－0007004　PG233/81
長沙張文達公榮哀録四卷　陳毅編　清光緒三十四年(1908)鉛印本　一册

110000－0143－0007005　PG233/81
長沙張文達公榮哀録四卷　陳毅編　清光緒三十四年(1908)鉛印本　一册

110000－0143－0007006　PG233/83
程中議公挽詞不分卷　(清)李元度等撰　清光緒八年(1882)湖南衡州文光堂刻本　一册

110000－0143－0007007　PG233/89
忠節紀略八卷續編一卷　(清)柯自遂輯　清同治十年(1871)黄秉鈞刻本　二册

110000－0143－0007008　PG233/90
吴柳堂先生誄文正續合編不分卷　(清)傅巖霖輯　清光緒九年(1883)京都榮録堂刻本　四册

110000－0143－0007009　PG233/94
梁健菴府君行述　(清)梁經先等輯　清同治四年(1865)刻本　一册

110000－0143－0007010　PG233/96
六十自壽　(清)陳祁撰　清乾隆十二年(1747)至嘉慶刻本　一册

110000－0143－0007011　PG233/99
南山佳話不分卷　鄔慶時輯　清光緒三十四年(1908)廣州超華齋刻本　一册

110000－0143－0007012　PG233/100
宜邑丁卯死事略不分卷　(清)涂官俊撰輯　清光緒十六年(1890)求友齋刻本　一册

110000－0143－0007013　PG233/102
孝義贈言六集　(清)張體銓編輯　清乾隆八年(1743)刻本　六册

110000－0143－0007014　PG233/104
周玉泉先生孝廉贈録七卷　(明)周篤慶輯　清光緒十一年(1885)刻本　一册

110000－0143－0007015　PG233/105
思舊録一卷　(清)黄宗羲撰　清嘉慶至宣統五桂樓刻本　一册

110000－0143－0007016　PG233/106
吴山汪王廟志略不分卷　汪文炳輯　清光緒三十一年(1905)刻本　一冊

110000－0143－0007017　PG233/106－1
吴山汪王廟志略不分卷　汪文炳輯　清光緒三十一年(1905)刻本　一冊

110000－0143－0007018　PG233/109
昭忠錄五卷附錄一卷　(明)周璟撰　清光緒二十二年(1896)錢塘丁氏嘉惠堂刻本　二冊

110000－0143－0007019　PG233/113
詒煒集五卷附侍香集　(清)許振褘輯　清光緒十八年(1892)廣州刻本　一冊

110000－0143－0007020　PG233/113－1
詒煒集五卷附侍香集　(清)許振褘輯　清光緒二十三年(1897)廣州刻本　二冊

110000－0143－0007021　PG233/116
鹿門再頌不分卷　(清)沈奐章等撰輯　清道光二十七年(1847)刻本　三冊

110000－0143－0007022　PG233/118
冰梅詞不分卷　(清)夏文蕤輯　清光緒二十九年(1903)刻本　一冊

110000－0143－0007023　PG233/122
循陔錄詩二卷　(清)方希孟等撰　(清)李葆森編輯　清光緒六年(1880)李氏循陔書屋刻本　一冊

110000－0143－0007024　PG233/124
紀慎齋先生崇祀錄一卷　(清)紀運亹撰　清道光二十四年至二十五年(1844－1845)臨川紀氏刻本　一冊

110000－0143－0007025　PG233/125
棠蔭會編四卷首一卷　(清)王謙志纂輯　清康熙三十四年(1695)刻本　四冊

110000－0143－0007026　PG233/126
誥贈資政大夫沖霞馬公崇祀魚臺縣名宦錄一卷　(清)馬淇璧等編撰　清乾隆九年(1744)至嘉慶刻本　一冊

110000－0143－0007027　PG233/127
陽湖縣庚申殉難忠義錄不分卷　(清)□□輯　清光緒至宣統刻本　一冊

110000－0143－0007028　PG233/128
廣西昭忠錄八卷首一卷　(清)蘇鳳文等輯　清光緒十五年(1889)刻本　四冊

110000－0143－0007029　PG233/129
世忠錄一卷繼忠錄一卷　(清)程氏族人編　清咸豐八年(1858)刻本　二冊

110000－0143－0007030　PG233/130
華山李氏世德錄附錄六卷補遺一卷續編一卷　(清)李再榮輯　清光緒九年(1883)刻本　一冊

110000－0143－0007031　PG233/132
碧血錄五卷　(清)莊仲方著論　(清)夏鸞翔繪圖　清光緒八年(1882)上海同文書局石印本　五冊

110000－0143－0007032　PG233/134
鄧忠武公榮哀錄不分卷　清咸豐九年(1859)至同治刻本　一冊

110000－0143－0007033　PG233/135
蓉湖草堂贈言錄不分卷　(清)麟慶編輯　清道光十六年(1836)刻本　二冊

110000－0143－0007034　PG233/136
杭州瓜爾佳氏節孝忠義合傳附述德記　金梁編撰　清光緒三十一年(1905)鉛印本　一冊

110000－0143－0007035　PG233/138
昭忠錄九十卷前編六卷　(清)蘇州忠義局編輯　清同治四年至十一年(1865－1872)蘇州忠義局刻本　五十冊

110000－0143－0007036　PG233/147
漢中士女志一卷梓潼士女志一卷西州後賢志一卷　(晉)常璩著　清順治至乾隆刻本　一冊

110000－0143－0007037　PG233/148
李氏先賢紀年集覽不分卷　(清)李文瀚彙編　清道光二十八年至三十年(1848－1850)木活字印本　一冊

110000－0143－0007038　PG233/149
李文忠公榮哀録不分卷　清光緒二十七年(1901)至宣統刻本　一冊

110000－0143－0007039　PG233/152
成華節孝録四卷首一卷末一卷　(清)王煦編纂　清咸豐元年(1851)讀我書齋刻本　四冊

110000－0143－0007040　PG233/153
誥封一品夫人周母吴太夫人榮哀録不分卷　周學熙編述　清宣統石印本　一冊

110000－0143－0007041　PG234/1
湖北節義録十二卷補遺一卷　(清)黄昌輔編定　(清)陳瑞珍彙纂　清同治九年(1870)湖北崇文書局刻本　三十二冊

110000－0143－0007042　PG234/1
湖北節義録十二卷補遺一卷　(清)黄昌輔編定　(清)陳瑞珍彙纂　清同治九年(1870)湖北崇文書局刻本　十三冊

110000－0143－0007043　PG234/2
安徽同官録　清光緒三十三年(1907)安徽藩經歷司鉛印本　四冊

110000－0143－0007044　PG234/4
國朝御史題名　(清)黄叔璥輯　(清)翟伯恒續　清光緒二十年(1894)翟伯恒刻本　五冊

110000－0143－0007045　PG234/4
國朝御史題名　(清)黄叔璥輯　(清)翟伯恒續　清光緒二十年(1894)翟伯恒刻本　四冊　缺一冊(滿洲蒙古御史題名)

110000－0143－0007046　PG234/5
樞垣題名四卷　(清)吴孝銘輯　清道光十八年(1838)刻光緒十年(1884)重刻本　一冊

110000－0143－0007047　PG234/5
樞垣題名四卷　(清)吴孝銘輯　清道光十八年(1838)刻光緒十年(1884)重刻本　一冊

110000－0143－0007048　PG234/6
光緒八年壬午科鄉試同年録不分卷　(清)徐桐編　清光緒八年(1882)刻本　一冊

110000－0143－0007049　PG234/7
會試同年齒録(光緒三十年甲辰恩科)　清光緒三十年(1904)京都文奎齋、龍華齋、元會齋、龍雲齋刻本　二冊

110000－0143－0007050　PG234/7
會試同年齒録(光緒三十年甲辰恩科)　清光緒三十年(1904)京都文奎齋、龍華齋、元會齋、龍雲齋刻本　四冊

110000－0143－0007051　PG234/8
各省鄉試同年全録(光緒壬寅補行庚子辛丑恩正併科)　清光緒二十八年(1902)刻本　二冊

110000－0143－0007052　PG234/13
十八省正副榜同年全録(光緒丁酉科鄉試)　(清)禮部輯　清光緒二十三年(1897)刻本　二冊

110000－0143－0007053　PG234/14
宣統二年庚戌科舉貢會考同年齒録不分卷　清宣統二年(1910)京都文奎齋、宏文齋、聚元齋、文錦齋、龍雲齋刻本　四冊

110000－0143－0007054　PG234/15
順天鄉試同年齒録(光緒壬寅年補行庚子辛丑恩正併科)　清光緒二十八年(1902)開封汴梁雙井街北京刻字店刻本　四冊

110000－0143－0007055　PG234/15－1
順天鄉試同年齒録(同治九年庚午科)不分卷　清同治九年(1870)京都琉璃廠近文齋刻本　四冊

110000－0143－0007056　PG234/15－2
順天鄉試同年齒録(光緒十一年乙酉科)不分卷　清光緒十一年(1885)京都會文齋、文采齋、龍雲齋刻本　四冊

110000－0143－0007057　PG234/15－3
順天鄉試同年齒録(光緒乙亥恩科)不分卷　清光緒元年(1875)京都琉璃廠文錦齋、龍文齋、奎光齋刻本　四冊

110000－0143－0007058　PG234/16
内閣漢票簽中書舍人題名一卷　(清)鮑康輯

清咸豐十一年(1861)歙縣鮑康北京刻本　一册

110000－0143－0007059　PG234/16
内閣漢票簽中書舍人題名一卷　(清)鮑康輯　清咸豐十一年(1861)歙縣鮑康北京刻本　一册

110000－0143－0007060　PG234/17
明清兩朝歷科題名碑錄不分卷　(清)李周望編輯　(清)□□增補　清光緒三十年至三十四年(1904－1908)刻本　十四册

110000－0143－0007061　PG234/17
明清兩朝歷科題名碑錄不分卷　(清)李周望編輯　(清)□□增補　清光緒三十年至三十四年(1904－1908)刻本　十三册

110000－0143－0007062　PG234/18
畿輔同官錄不分卷　(清)北洋官報局編　清光緒三十年(1904)北洋官報局鉛印本　四册

110000－0143－0007063　PG234/18
畿輔同官錄不分卷　(清)北洋官報局編　清光緒三十年(1904)北洋官報局鉛印本　四册

110000－0143－0007064　PG234/18－1
畿輔同官錄不分卷　陳夔龍編輯　清宣統三年(1911)保定直隸總督公署鉛印本　三册

110000－0143－0007065　PG234/20
江陰縣忠義錄不分卷　(清)江陰縣忠義局編　清光緒四年(1878)江陰縣忠義局木活字印本　十四册

110000－0143－0007066　PG234/20
江陰縣忠義錄不分卷　(清)江陰縣忠義局編　清光緒四年(1878)江陰縣忠義局木活字印本　十四册

110000－0143－0007067　PG234/20
江陰縣忠義錄不分卷　(清)江陰縣忠義局編　清光緒四年(1878)江陰縣忠義局木活字印本　十四册

110000－0143－0007068　PG234/20
江陰縣忠義錄不分卷　(清)江陰縣忠義局編　清光緒四年(1878)江陰縣忠義局木活字印本　十四册

110000－0143－0007069　PG234/24
直省同年全錄(道光二十三年癸卯科)　清同治十年(1871)翰茂齋刻本　六册

110000－0143－0007070　PG234/25
國朝歷科題名碑錄初集不分卷附明代歷科題名碑錄不分卷　(清)李周望編輯　(清)□□增補　清乾隆十一年(1746)刻道光末至咸豐初增補本　十二册

110000－0143－0007071　PG234/26
長城金竟六卷　(清)陳謨等編輯　清同治五年(1866)刻本　十二册

110000－0143－0007072　PG234/27
順天文鄉試錄(嘉慶二十一年丙子科)附闈墨十四首　(清)董誥等編　清嘉慶二十一年(1816)北京刻本　二册

110000－0143－0007073　PG234/27－1
順天文鄉試錄(嘉慶二十四年己卯科)不分卷　(清)茹棻　(清)王以銜編　清嘉慶二十四年(1819)刻本　一册

110000－0143－0007074　PG234/29
十八省選拔貢同年全錄(光緒丁酉科)不分卷　清光緒二十三年(1897)刻本　二册

110000－0143－0007075　PG234/30
會試同年全錄(光緒癸卯補行辛丑壬寅恩正併科)不分卷　(清)孫家鼐等編　清光緒二十九年(1903)刻本　一册

110000－0143－0007076　PG234/31
春秋世族譜一卷　(清)陳厚燿撰　清光緒十二年(1886)邵武徐氏刻邵武徐氏叢書本　一册

110000－0143－0007077　PG234/31
春秋世族譜一卷　(清)陳厚燿撰　清光緒十二年(1886)邵武徐氏刻邵武徐氏叢書本　一册

110000－0143－0007078　PG234/32

儒林宗派十六卷　(清)萬斯同撰　清宣統三年(1911)上海國學扶輪社鉛印張氏適園叢書本　二冊

110000－0143－0007079　PG234/32
儒林宗派十六卷　(清)萬斯同撰　清宣統三年(1911)浙江圖書館刻本　二冊

110000－0143－0007080　PG234/33
至聖先師世系考不分卷　(清)陳敬基輯　清宣統元年(1909)石印本　一冊

110000－0143－0007081　PG234/34
史姓韻編六十四卷　(清)汪輝祖輯　(清)馮祖憲重校　清光緒十年(1884)石印本　十二冊

110000－0143－0007082　PG234/37
多識錄四卷　(清)練恕譔　清道光十八年(1838)連平練廷璜上海官舍刻本　二冊

110000－0143－0007083　PG234/38
國朝虞陽科名錄四卷首不分卷　(清)王元鍾編輯　清道光三十年(1850)古虞王元鍾清暉書屋刻咸豐至光緒遞修本　四冊

110000－0143－0007084　PG234/38
國朝虞陽科名錄四卷首不分卷　(清)王元鍾編輯　清道光三十年(1850)常熟古虞王元鍾清暉書屋刻本　五冊

110000－0143－0007085　PG234/39
青樓小名錄八卷　(清)趙慶楨輯　清宣統二年(1910)上海國學扶輪社鉛印本　四冊

110000－0143－0007086　PG234/40
吳興科第表不分卷　(清)戴璐等輯　(清)沈鋐等續輯　清同治十一年(1872)吳興會館清遠堂刻本　一冊

110000－0143－0007087　PG234/43
南北史表七卷　(清)周嘉猷撰　清光緒十八年(1892)廣雅書局刻廣雅書局叢書本　四冊

110000－0143－0007088　PG234/43
南北史表七卷　(清)周嘉猷撰　清光緒十八年(1892)廣雅書局刻廣雅書局叢書本　三冊
缺一種一卷(南北史帝王世系表)

110000－0143－0007089　PG234/44
甬上族望表二卷　(清)全祖望編　清嘉慶十九年(1814)刻本　一冊

110000－0143－0007090　PG234/46
兩浙令長攷三卷　(清)董沛述　清光緒六年(1880)鄞縣董氏刻本　一冊

110000－0143－0007091　PG234/46
兩浙令長攷三卷　(清)董沛述　清光緒六年(1880)鄞縣董氏刻本　一冊

110000－0143－0007092　PG234/49
人表攷九卷　(清)梁玉繩撰　清光緒十四年(1888)廣雅書局刻本　四冊

110000－0143－0007093　PG234/49
人表攷九卷　(清)梁玉繩撰　清光緒十四年(1888)廣雅書局刻本　四冊

110000－0143－0007094　PG234/52
熙朝宰輔錄不分卷　(清)潘世恩編　(清)沈桂芬補　(清)顧泮香續補　清光緒三十一年(1905)王文韶刻本　二冊

110000－0143－0007095　PG234/54
國朝耆獻類徵初編總目十九卷　(清)李桓輯　清光緒七年(1881)刻本　一冊

110000－0143－0007096　PG234/64
春秋世次圖一卷　(清)陳厚燿撰　清嘉慶刻本　一冊

110000－0143－0007097　PG234/66
國朝歷科狀元錄國朝滿宰輔錄國朝漢宰輔錄一卷　(清)臥雲山房主人編　清道光二十二年至三十年(1842－1850)刻本　一冊

110000－0143－0007098　PG234/71
同年全錄(辛卯科鄉試十八省)不分卷　清光緒刻本　二冊

110000－0143－0007099　PG234/72
國朝賢媛類徵初編十二卷　(清)李桓輯　清光緒十七年(1891)湘陰李氏刻本　六冊

110000－0143－0007100　PG234/73
中州同官録不分卷　(清)楊國楨編輯　清光緒十一年(1885)開封府照磨夏子鑾刻本　六册

110000－0143－0007101　PG235/1
醇親王使德始末恭紀不分卷　清光緒二十七年(1901)鉛印本　一册

110000－0143－0007102　PG235/1
醇親王使德始末恭紀不分卷　清光緒二十七年(1901)鉛印本　一册

110000－0143－0007103　PG235/8
轉漕日記四卷　(清)李鈞撰　清道光十七年(1837)河南糧鹽道署刻本　二册

110000－0143－0007104　PG235/9
西行日記不分卷　(清)馮焌光撰　清光緒七年(1881)馮瑞光刻本　一册

110000－0143－0007105　PG235/12
東遊日記不分卷　(清)沈翊清撰　清光緒二十六年(1900)福州刻本　一册

110000－0143－0007106　PG235/15
非石日記鈔不分卷　(清)鈕樹玉撰　(清)王頌蔚輯　清光緒二年(1876)刻本　一册

110000－0143－0007107　PG235/16
遣戍伊犁日記不分卷　(清)洪亮吉撰　清光緒三年(1877)洪用懃授經堂刻本　一册

110000－0143－0007108　PG235/16
天山客話不分卷　(清)洪亮吉撰　清光緒三年(1877)洪用懃授經堂刻本　與110000－0143－0007107合册

110000－0143－0007109　PG235/16
外家紀聞不分卷　(清)洪亮吉撰　清光緒三年(1877)洪用懃授經堂刻本　與110000－0143－0007107合册

110000－0143－0007110　PG235/17
復堂日記八卷　(清)譚獻撰　清光緒十三年(1887)仁和譚氏刻本　二册　缺二卷(七至八)

110000－0143－0007111　PG235/18
星軺日記不分卷　(清)沈炳垣撰　清光緒十一年(1885)四川瀘州沈守廉永寧道署刻本　一册

110000－0143－0007112　PG235/18
星軺日記不分卷　(清)沈炳垣撰　清光緒十一年(1885)四川瀘州沈守廉永寧道署刻本　一册

110000－0143－0007113　PG235/18
星軺日記不分卷　(清)沈炳垣撰　清光緒十一年(1885)四川瀘州沈守廉永寧道署刻本　一册

110000－0143－0007114　PG235/19
陸清獻公日記十卷　(清)陸隴其撰　(清)柳樹芳校刊　清道光二十三年(1843)勝溪草堂刻本　四册

110000－0143－0007115　PG235/20
愚齋東遊日記不分卷　盛宣懷撰　清光緒二年(1876)至宣統刻本　一册

110000－0143－0007116　PG235/21
澗泉日記三卷　(宋)韓淲撰　清嘉慶至宣統木活字印本　一册

110000－0143－0007117　PG235/21
澗泉日記三卷　(宋)韓淲撰　清乾隆三十九年至六十年(1774－1795)武英殿木活字印本　二册

110000－0143－0007118　PG235/21
春秋傳説例一卷　(宋)劉敞撰　清乾隆四十一年至六十年(1776－1795)武英殿木活字印本　一册

110000－0143－0007119　PG235/30
訟過齋日記六卷　(清)毛輝鳳撰　清同治十一年(1872)豐城毛慶蕃成都刻本　二册

110000－0143－0007120　PG235/32
恒齋日記二卷　(清)于弼清著　(清)劉莊輯　清光緒九年(1883)遵化劉莊廣仁堂刻本　一册

110000－0143－0007121　PG235/34
守己草廬日記五卷　(清)丁逢辰著　清光緒三十三年至宣統二年(1907－1910)上海趙鍾秀刻本　三冊

110000－0143－0007122　PG235/36
曾侯日記不分卷　(清)曾紀澤撰　清光緒七年(1881)申報館鉛印本　一冊

110000－0143－0007123　PG235/36
曾侯日記不分卷　(清)曾紀澤撰　清光緒七年(1881)申報館鉛印本　一冊

110000－0143－0007124　PG235/37
日記不分卷　(清)□□撰　清宣統元年(1909)抄本　一冊

110000－0143－0007125　PG235/38
英軺日記十二卷　載振撰　清光緒二十九年(1903)上海文明書局鉛印本　四冊

110000－0143－0007126　PG235/38
英軺日記十二卷　載振撰　清光緒二十九年(1903)上海文明書局鉛印本　四冊

110000－0143－0007127　PG235/41
王萬選日記不分卷　王萬選撰　清光緒七年至民國四年(1881－1915)稿本　二十五冊　缺十一年(光緒十七年至十九年、二十一年、二十四年、二十八年、三十三年至三十四年,宣統三年,民國二年、十年)

110000－0143－0007128　PG235/42
曾文正公[國藩]年譜十二卷　(清)黎庶昌編輯　(清)李瀚章審訂　清光緒二年(1876)傳忠書局刻曾文正公全集本　五冊

110000－0143－0007129　PG235/42
求闕齋日記類鈔二卷　(清)曾國藩隨筆　(清)王啓原校編　清光緒二年(1876)傳忠書局刻曾文正公全集本　二冊

110000－0143－0007130　PG235/42
孟子要略五卷　(宋)朱熹撰　(清)曾國藩按　清同治十三年(1874)傳忠書局刻本　一冊

110000－0143－0007131　PG235/42
求闕齋日記類鈔二卷　(清)曾國藩隨筆　(清)王啓原校編　清光緒二年至三十四年(1876－1908)河南官印刷局鉛印本　一冊

110000－0143－0007132　PG235/42－1
求闕齋日記類鈔十卷　(清)曾國藩隨筆　(清)王啓原校編　清光緒十三年(1887)上海申報館鉛印本　二冊

110000－0143－0007133　PG235/42－1
求闕齋日記類鈔二卷　(清)曾國藩隨筆　(清)王啓原校編　清光緒二年至三十四年(1876－1908)刻本　二冊

110000－0143－0007134　PG235/42－2
求闕齋日記類鈔二卷　(清)曾國藩隨筆　(清)王啓原校編　清光緒十四年(1888)鴻文書局鉛印本　一冊

110000－0143－0007135　PG235/42－3
求闕齋日記類鈔二卷　(清)曾國藩隨筆　(清)王啓原校編　清光緒二年(1876)傳忠書局刻曾文正公全集本　二冊

110000－0143－0007136　PG235/43
蓮池書院肄業日記十卷　(清)黃彭年編輯　清光緒五年(1879)保定蓮池書院刻本　八冊

110000－0143－0007137　PG235/44
白下從戎日記不分卷　(清)趙烈文撰　清同治至光緒抄本　一冊

110000－0143－0007138　PG235/45
北行日記一卷征途隨筆一卷　(清)方濬頤撰　清光緒六年(1880)刻本　一冊

110000－0143－0007139　PG235/49
韓子庚日記不分卷　韓子庚撰　清宣統元年至民國二十六年(1909－1937)稿本　四十四冊

110000－0143－0007140　PG235/50
曾惠敏公使西日記二卷　(清)曾紀澤撰　清光緒二十三年(1897)成都志古堂刻本　二冊

110000－0143－0007141　PG235/61
雲山日記二卷　(元)郭畀撰　清宣統三年

(1911)丹徒陳慶年刻横山草堂叢書本　一冊

110000－0143－0007142　PG235/63

晉游日記(雪爪留痕)三卷西征錄不分卷　(清)李燧撰　清道光十三年(1833)河南府署刻本　二冊

110000－0143－0007143　PG24/1

諭摺彙存(光緒二十五年四月)不分卷　(清)内閣輯　清光緒二十五年(1899)鉛印本　六冊

110000－0143－0007144　PG24/1

諭摺彙存(光緒十八年十月)不分卷　(清)内閣輯　清光緒十八年(1892)鉛印本　六冊

110000－0143－0007145　PG24/1

諭摺彙存(光緒二十二年正月)不分卷　(清)内閣輯　清光緒二十二年(1896)鉛印本　六冊

110000－0143－0007146　PG24/1

諭摺彙存(光緒二十四年六月)不分卷　(清)内閣輯　清光緒二十四年(1898)鉛印本　六冊

110000－0143－0007147　PG24/1

諭摺彙存(光緒二十四年九月)不分卷　(清)内閣輯　清光緒二十四年(1898)鉛印本　六冊

110000－0143－0007148　PG24/1

諭摺彙存(光緒三十二年四月)不分卷　(清)内閣輯　清光緒三十二年(1906)鉛印本　六冊

110000－0143－0007149　PG24/1

諭摺彙存(光緒三十二年三月)不分卷　(清)内閣輯　清光緒三十二年(1906)鉛印本　六冊

110000－0143－0007150　PG24/1

諭摺彙存(光緒二十九年十一月)不分卷　(清)内閣輯　清光緒二十九年(1903)鉛印本　六冊

110000－0143－0007151　PG24/1

諭摺彙存(光緒三十二年四月)不分卷　(清)内閣輯　清光緒三十二年(1906)鉛印本　六冊

110000－0143－0007152　PG24/1

諭摺彙存(光緒二十九年十月)不分卷　(清)内閣輯　清光緒二十九年(1903)鉛印本　六冊

110000－0143－0007153　PG24/1

諭摺彙存(光緒三十二年七月)不分卷　(清)内閣輯　清光緒三十二年(1906)鉛印本　六冊

110000－0143－0007154　PG24/1

諭摺彙存(光緒三十二年二月)不分卷　(清)内閣輯　清光緒三十二年(1906)鉛印本　六冊

110000－0143－0007155　PG24/1

諭摺彙存(光緒三十一年十二月)不分卷　(清)内閣輯　清光緒三十一年(1905)鉛印本　六冊

110000－0143－0007156　PG24/1

諭摺彙存(光緒三十一年十一月)不分卷　(清)内閣輯　清光緒三十一年(1905)鉛印本　六冊

110000－0143－0007157　PG24/1

諭摺彙存(光緒三十一年十月)不分卷　(清)内閣輯　清光緒三十一年(1905)鉛印本　六冊

110000－0143－0007158　PG24/1

諭摺彙存(光緒三十三年八月)不分卷　(清)内閣輯　清光緒三十三年(1907)鉛印本　六冊

110000－0143－0007159　PG24/1

諭摺彙存(光緒三十二年十一月)不分卷　(清)内閣輯　清光緒三十二年(1906)鉛印本　六冊

110000－0143－0007160　PG24/1

諭摺彙存(光緒三十三年三月)不分卷　(清)

內閣輯　清光緒三十三年(1907)鉛印本　六冊

110000－0143－0007161　PG24/1
諭摺彙存(光緒三十三年四月)不分卷　(清)內閣輯　清光緒三十三年(1907)鉛印本　六冊

110000－0143－0007162　PG24/1
諭摺彙存(光緒三十三年三月)不分卷　(清)內閣輯　清光緒三十三年(1907)鉛印本　六冊

110000－0143－0007163　PG24/1
諭摺彙存(光緒三十二年五月)不分卷　(清)內閣輯　清光緒三十二年(1906)鉛印本　五冊　缺五日(五月初一至初五)

110000－0143－0007164　PG24/1
諭摺彙存(光緒三十一年十月)不分卷　(清)內閣輯　清光緒三十一年(1905)鉛印本　五冊　缺一冊(政治館)

110000－0143－0007165　PG24/1
諭摺彙存(光緒三十二年五月)不分卷　(清)內閣輯　清光緒三十二年(1906)鉛印本　六冊

110000－0143－0007166　PG24/1
諭摺彙存(光緒三十二年十月)不分卷　(清)內閣輯　清光緒三十二年(1906)鉛印本　六冊

110000－0143－0007167　PG24/1－2
諭摺彙存(光緒三十三年六月)不分卷　(清)內閣輯　清光緒三十三年(1907)鉛印本　一冊

110000－0143－0007168　PG24/1－2
諭摺彙存(光緒三十一年正月)不分卷　(清)內閣輯　清光緒三十一年(1905)鉛印本　六冊

110000－0143－0007169　PG24/1－2
諭摺彙存(光緒三十二年正月)不分卷　(清)內閣輯　清光緒三十二年(1906)鉛印本　六冊

110000－0143－0007170　PG24/1－2
諭摺彙存(光緒二十九年八月)不分卷　(清)內閣輯　清光緒二十九年(1903)鉛印本　六冊

110000－0143－0007171　PG24/1－2
諭摺彙存(光緒二十九年十二月)不分卷　(清)內閣輯　清光緒二十九年(1903)鉛印本　六冊

110000－0143－0007172　PG24/1－2
諭摺彙存(光緒三十年正月)不分卷　(清)內閣輯　清光緒三十年(1904)鉛印本　六冊

110000－0143－0007173　PG24/1－2
諭摺彙存(光緒三十年二月)不分卷　(清)內閣輯　清光緒三十年(1904)鉛印本　六冊

110000－0143－0007174　PG24/1－2
諭摺彙存(光緒三十年三月)不分卷　(清)內閣輯　清光緒三十年(1904)鉛印本　六冊

110000－0143－0007175　PG24/1－2
諭摺彙存(光緒三十二年十月)不分卷　(清)內閣輯　清光緒三十二年(1906)鉛印本　六冊

110000－0143－0007176　PG24/1－2
諭摺彙存(光緒三十年四月)不分卷　(清)內閣輯　清光緒三十年(1904)鉛印本　六冊

110000－0143－0007177　PG24/1－2
諭摺彙存(光緒三十年五月)不分卷　(清)內閣輯　清光緒三十年(1904)鉛印本　六冊

110000－0143－0007178　PG24/1－2
諭摺彙存(光緒三十年六月)不分卷　(清)內閣輯　清光緒三十年(1904)鉛印本　六冊

110000－0143－0007179　PG24/1－2
諭摺彙存(光緒三十年七月)不分卷　(清)內閣輯　清光緒三十年(1904)鉛印本　六冊

110000－0143－0007180　PG24/1－2
諭摺彙存(光緒三十年八月)不分卷　(清)內閣輯　清光緒三十年(1904)鉛印本　六冊

110000－0143－0007181　PG24/1－2
諭摺彙存(光緒三十年九月)不分卷　(清)内閣輯　清光緒三十年(1904)鉛印本　六册

110000－0143－0007182　PG24/1－2
諭摺彙存(光緒三十年十月)不分卷　(清)内閣輯　清光緒三十年(1904)鉛印本　六册

110000－0143－0007183　PG24/1－2
諭摺彙存(光緒三十年十一月)不分卷　(清)内閣輯　清光緒三十年(1904)鉛印本　六册

110000－0143－0007184　PG24/1－2
諭摺彙存(光緒三十年十二月)不分卷　(清)内閣輯　清光緒三十年(1904)鉛印本　六册

110000－0143－0007185　PG24/1－2
諭摺彙存(光緒三十一年正月)不分卷　(清)内閣輯　清光緒三十一年(1905)鉛印本　六册

110000－0143－0007186　PG24/1－2
諭摺彙存(光緒三十一年二月)不分卷　(清)内閣輯　清光緒三十一年(1905)鉛印本　六册

110000－0143－0007187　PG24/1－2
諭摺彙存(光緒三十一年三月)不分卷　(清)内閣輯　清光緒三十一年(1905)鉛印本　六册

110000－0143－0007188　PG24/1－2
諭摺彙存(光緒三十一年四月)不分卷　(清)内閣輯　清光緒三十一年(1905)鉛印本　六册

110000－0143－0007189　PG24/1－2
諭摺彙存(光緒三十一年五月)不分卷　(清)内閣輯　清光緒三十一年(1905)鉛印本　六册

110000－0143－0007190　PG24/1－2
諭摺彙存(光緒三十一年六月)不分卷　(清)内閣輯　清光緒三十一年(1905)鉛印本　六册

110000－0143－0007191　PG24/1－2
諭摺彙存(光緒三十一年七月)不分卷　(清)内閣輯　清光緒三十一年(1905)鉛印本　六册

110000－0143－0007192　PG24/1－2
諭摺彙存(光緒三十一年八月)不分卷　(清)内閣輯　清光緒三十一年(1905)鉛印本　六册

110000－0143－0007193　PG24/1－2
諭摺彙存(光緒三十一年九月)不分卷　(清)内閣輯　清光緒三十一年(1905)鉛印本　六册

110000－0143－0007194　PG24/1－2
諭摺彙存(光緒三十一年十月)不分卷　(清)内閣輯　清光緒三十一年(1905)鉛印本　六册

110000－0143－0007195　PG24/1－2
諭摺彙存(光緒三十一年十一月)不分卷　(清)内閣輯　清光緒三十一年(1905)鉛印本　六册

110000－0143－0007196　PG24/1－2
諭摺彙存(光緒三十一年十二月)不分卷　(清)内閣輯　清光緒三十一年(1905)鉛印本　六册

110000－0143－0007197　PG24/1－2
諭摺彙存(光緒三十二年正月)不分卷　(清)内閣輯　清光緒三十二年(1906)鉛印本　六册

110000－0143－0007198　PG24/1－2
諭摺彙存(光緒三十二年二月)不分卷　(清)内閣輯　清光緒三十二年(1906)鉛印本　六册

110000－0143－0007199　PG24/1－2
諭摺彙存(光緒三十二年三月)不分卷　(清)内閣輯　清光緒三十二年(1906)鉛印本　六册

110000－0143－0007200　PG24/1－2
諭摺彙存(光緒三十二年閏四月)不分卷

（清）内閣輯　清光緒三十二年（1906）鉛印本　六册

110000－0143－0007201　PG24/1－2

諭摺彙存（光緒三十二年五月）不分卷　（清）内閣輯　清光緒三十二年（1906）鉛印本　六册

110000－0143－0007202　PG24/1－2

諭摺彙存（光緒三十二年六月）不分卷　（清）内閣輯　清光緒三十二年（1906）鉛印本　六册

110000－0143－0007203　PG24/1－2

諭摺彙存（光緒三十二年七月）不分卷　（清）内閣輯　清光緒三十二年（1906）鉛印本　六册

110000－0143－0007204　PG24/1－2

諭摺彙存（光緒三十二年八月）不分卷　（清）内閣輯　清光緒三十二年（1906）鉛印本　六册

110000－0143－0007205　PG24/1－2

諭摺彙存（光緒三十二年九月）不分卷　（清）内閣輯　清光緒三十二年（1906）鉛印本　六册

110000－0143－0007206　PG24/1－2

諭摺彙存（光緒三十二年十一月）不分卷　（清）内閣輯　清光緒三十二年（1906）鉛印本　六册

110000－0143－0007207　PG24/1－2

諭摺彙存（光緒三十三年正月）不分卷　（清）内閣輯　清光緒三十三年（1907）鉛印本　六册

110000－0143－0007208　PG24/1－2

諭摺彙存（光緒三十三年二月）不分卷　（清）内閣輯　清光緒三十三年（1907）鉛印本　六册

110000－0143－0007209　PG24/1－2

諭摺彙存（光緒三十一年十一月）不分卷　（清）内閣輯　清光緒三十一年（1905）鉛印本　六册

110000－0143－0007210　PG24/1－2

諭摺彙存（光緒三十二年九月）不分卷　（清）内閣輯　清光緒三十二年（1906）鉛印本　六册

110000－0143－0007211　PG24/1－2

諭摺彙存（光緒三十一年七月）不分卷　（清）内閣輯　清光緒三十一年（1905）鉛印本　六册

110000－0143－0007212　PG24/1－2

諭摺彙存（光緒三十三年四月）不分卷　（清）内閣輯　清光緒三十三年（1907）鉛印本　六册

110000－0143－0007213　PG24/1－2

諭摺彙存（光緒三十三年五月）不分卷　（清）内閣輯　清光緒三十三年（1907）鉛印本　六册

110000－0143－0007214　PG24/1－2

諭摺彙存（光緒三十三年六月）不分卷　（清）内閣輯　清光緒三十三年（1907）鉛印本　六册

110000－0143－0007215　PG24/1－2

諭摺彙存（光緒三十三年七月）不分卷　（清）内閣輯　清光緒三十三年（1907）鉛印本　六册

110000－0143－0007216　PG24/1－2

諭摺彙存（光緒三十三年八月）不分卷　（清）内閣輯　清光緒三十三年（1907）鉛印本　六册

110000－0143－0007217　PG24/1－2

諭摺彙存（光緒三十三年六月）不分卷　（清）内閣輯　清光緒三十三年（1907）鉛印本　六册

110000－0143－0007218　PG24/1－2

諭摺彙存（光緒三十二年閏四月）不分卷　（清）内閣輯　清光緒三十二年（1906）鉛印本　六册

110000－0143－0007219　PG24/1－2
諭摺彙存(光緒三十一年六月)不分卷　(清)內閣輯　清光緒三十一年(1905)鉛印本　六冊

110000－0143－0007220　PG24/1－2
諭摺彙存(光緒三十三年五月)不分卷　(清)內閣輯　清光緒三十三年(1907)鉛印本　四冊

110000－0143－0007221　PG24/1－2
諭摺彙存(光緒三十三年正月)不分卷　(清)內閣輯　清光緒三十三年(1907)鉛印本　五冊

110000－0143－0007222　PG24/1－2
諭摺彙存(光緒三十三年七月)不分卷　(清)內閣輯　清光緒三十三年(1907)鉛印本　六冊

110000－0143－0007223　PG24/1－2
諭摺彙存(光緒三十一年四月)不分卷　(清)內閣輯　清光緒三十一年(1905)鉛印本　六冊

110000－0143－0007224　PG24/1－2
諭摺彙存(光緒三十二年六月)不分卷　(清)內閣輯　清光緒三十二年(1906)鉛印本　六冊

110000－0143－0007225　PG24/1－2
諭摺彙存(光緒三十二年十一月)不分卷　(清)內閣輯　清光緒三十二年(1906)鉛印本　六冊

110000－0143－0007226　PG24/1－2
諭摺彙存(光緒三十一年二月)不分卷　(清)內閣輯　清光緒三十一年(1905)鉛印本　六冊

110000－0143－0007227　PG24/1－2
諭摺彙存(光緒三十一年三月)不分卷　(清)內閣輯　清光緒三十一年(1905)鉛印本　六冊

110000－0143－0007228　PG24/1－3
諭摺彙存(光緒二十四年十月)不分卷　(清)內閣輯　清光緒二十四年(1898)鉛印本　六冊

110000－0143－0007229　PG24/1－3
諭摺彙存(光緒二十九年閏五月)不分卷　(清)內閣輯　清光緒二十九年(1903)鉛印本　六冊

110000－0143－0007230　PG24/1－3
諭摺彙存(光緒二十五年十月)不分卷　(清)內閣輯　清光緒二十五年(1899)鉛印本　六冊

110000－0143－0007231　PG24/1－3
諭摺彙存(光緒二十四年閏三月)不分卷　(清)內閣輯　清光緒二十四年(1898)鉛印本　六冊

110000－0143－0007232　PG24/1－3
諭摺彙存(光緒二十三年二月)不分卷　(清)內閣輯　清光緒二十三年(1897)鉛印本　六冊

110000－0143－0007233　PG24/1－3
諭摺彙存(光緒二十三年三月)不分卷　(清)內閣輯　清光緒二十三年(1897)鉛印本　六冊

110000－0143－0007234　PG24/1－3
諭摺彙存(光緒二十三年七月)不分卷　(清)內閣輯　清光緒二十三年(1897)鉛印本　六冊

110000－0143－0007235　PG24/1－3
諭摺彙存(光緒二十三年十月)不分卷　(清)內閣輯　清光緒二十三年(1897)鉛印本　六冊

110000－0143－0007236　PG24/1－3
諭摺彙存(光緒二十三年十二月)不分卷　(清)內閣輯　清光緒二十三年(1897)鉛印本　七冊

110000－0143－0007237　PG24/1－3
諭摺彙存(光緒二十四年四月)不分卷　(清)

内閣輯　清光緒二十四年(1898)鉛印本　六冊

110000－0143－0007238　PG24/1－3
諭摺彙存(光緒二十四年五月)不分卷　(清)内閣輯　清光緒二十四年(1898)鉛印本　六冊

110000－0143－0007239　PG24/1－3
諭摺彙存(光緒二十四年八月)不分卷　(清)内閣輯　清光緒二十四年(1898)鉛印本　六冊

110000－0143－0007240　PG24/1－3
諭摺彙存(光緒二十四年八月)不分卷　(清)内閣輯　清光緒二十四年(1898)鉛印本　一冊

110000－0143－0007241　PG24/1－3
諭摺彙存(光緒二十三年四月)不分卷　(清)内閣輯　清光緒二十三年(1897)鉛印本　五冊

110000－0143－0007242　PG24/1－3
諭摺彙存(光緒二十三年五月)不分卷　(清)内閣輯　清光緒二十三年(1897)鉛印本　四冊

110000－0143－0007243　PG24/1－3
諭摺彙存(光緒二十七年十一月)不分卷　(清)内閣輯　清光緒二十五年(1899)鉛印本　一冊　存五日(初六至初十)

110000－0143－0007244　PG24/1－3
諭摺彙存(光緒二十四年三月)不分卷　(清)内閣輯　清光緒二十四年(1898)鉛印本　六冊

110000－0143－0007245　PG24/1－3
諭摺彙存(光緒二十四年二月)不分卷　(清)内閣輯　清光緒二十四年(1898)鉛印本　六冊

110000－0143－0007246　PG24/1－3
諭摺彙存(光緒二十四年閏三月)不分卷　(清)内閣輯　清光緒二十四年(1898)鉛印本　二冊　存十二日(初一至初四、初八至十五)

110000－0143－0007247　PG24/1－3
諭摺彙存(光緒二十八年六月)不分卷　(清)内閣輯　清光緒二十八年(1902)鉛印本　六冊

110000－0143－0007248　PG24/1－3
諭摺彙存(光緒二十五年十二月)不分卷　(清)内閣輯　清光緒二十五年(1899)鉛印本　八冊

110000－0143－0007249　PG24/1－3
諭摺彙存(光緒十九年七月)不分卷　(清)内閣輯　清光緒十九年(1893)鉛印本　一冊

110000－0143－0007250　PG24/1－3
諭摺彙存(光緒二十年正月)不分卷　(清)内閣輯　清光緒二十年(1894)鉛印本　五冊

110000－0143－0007251　PG24/1－3
諭摺彙存(光緒二十二年三月)不分卷　(清)内閣輯　清光緒二十二年(1896)鉛印本　一冊

110000－0143－0007252　PG24/1－3
諭摺彙存(光緒二十三年六月)不分卷　(清)内閣輯　清光緒二十三年(1897)鉛印本　一冊

110000－0143－0007253　PG24/1－3
諭摺彙存(光緒二十四年正月)不分卷　(清)内閣輯　清光緒二十四年(1898)鉛印本　一冊

110000－0143－0007254　PG24/1－3
諭摺彙存(光緒二十四年十二月)不分卷　(清)内閣輯　清光緒二十四年(1898)鉛印本　六冊

110000－0143－0007255　PG24/1－3
諭摺彙存(光緒二十四年十一月)不分卷　(清)内閣輯　清光緒二十四年(1898)鉛印本　六冊

110000－0143－0007256　PG24/1－3

諭摺彙存(光緒二十五年四月)不分卷 (清)內閣輯 清光緒二十五年(1899)鉛印本 二冊 存八日(初一至初八)

110000－0143－0007257 PG24/1－3
諭摺彙存(光緒二十五年九月)不分卷 (清)內閣輯 清光緒二十五年(1899)鉛印本 六冊

110000－0143－0007258 PG24/1－3
諭摺彙存(光緒二十五年十一月)不分卷 (清)內閣輯 清光緒二十五年(1899)鉛印本 六冊

110000－0143－0007259 PG24/1－3
諭摺彙存(光緒二十四年七月)不分卷 (清)內閣輯 清光緒二十四年(1898)鉛印本 八冊

110000－0143－0007260 PG24/1－3
諭摺彙存(光緒二十九年十月)不分卷 (清)內閣輯 清光緒二十九年(1903)鉛印本 六冊

110000－0143－0007261 PG24/1－3
諭摺彙存(光緒二十八年十二月)不分卷 (清)內閣輯 清光緒二十八年(1902)鉛印本 六冊

110000－0143－0007262 PG24/1－3
諭摺彙存(光緒三十三年三月)不分卷 (清)內閣輯 清光緒三十三年(1907)鉛印本 六冊

110000－0143－0007263 PG24/1－5
諭摺彙存(光緒二十四年正月)不分卷 (清)內閣輯 清光緒二十四年(1898)鉛印本 六冊

110000－0143－0007264 PG24/1－5
諭摺彙存(光緒二十四年二月)不分卷 (清)內閣輯 清光緒二十四年(1898)鉛印本 六冊

110000－0143－0007265 PG24/1－6
諭摺彙存(光緒二十年六月)不分卷 (清)內閣輯 清光緒二十年(1894)鉛印本 六冊

110000－0143－0007266 PG24/1－7
諭摺彙存(同治十三年至光緒二十七年)二十二卷 清光緒二十九年(1903)上海慎記書莊石印本 二十三冊

110000－0143－0007267 PG24/2－1
新輯撫豫宣化錄十卷 (清)田文鏡輯 (清)葉森續輯 清光緒二十二年(1896)上海書局石印本 八冊

110000－0143－0007268 PG24/2－1
撫豫宣化錄不分卷 (清)田文鏡輯 清道光至光緒抄本 四冊

110000－0143－0007269 PG24/4
上諭內閣一百五十九卷 (清)允祿等輯 (清)弘晝等續輯 清同治至光緒栱北樓書局刻本 十二冊 存康熙六十一年十一月至雍正五年十一月

110000－0143－0007270 PG24/4－1
上諭內閣一百五十九卷 (清)允祿等輯 (清)弘晝等續輯 清嘉慶刻本 三十二冊

110000－0143－0007271 PG24/4－1
上諭內閣一百五十九卷 (清)允祿等輯 (清)弘晝等續輯 清嘉慶刻本 三十二冊

110000－0143－0007272 PG24/5
硃批諭旨六十冊 (清)鄂爾泰 (清)張廷玉編次 清光緒十三年(1887)上海點石齋石印本 六十冊

110000－0143－0007273 PG24/5－1
硃批諭旨六十冊 (清)鄂爾泰 (清)張廷玉編次 清光緒十三年(1887)上海點石齋石印本 六十冊

110000－0143－0007274 PG24/5－1
硃批諭旨六十冊 (清)鄂爾泰 (清)張廷玉編次 清光緒十三年(1887)上海點石齋石印本 六十冊

110000－0143－0007275 PG24/5－1
硃批諭旨六十冊 (清)鄂爾泰 (清)張廷玉

編次　清光緒十三年(1887)上海點石齋石印本　六十册

110000-0143-0007276　PG24/5-2
諭旨(光緒十二年、十四年)　清光緒十五年至三十四年(1889-1908)鉛印本　二册

110000-0143-0007277　PG24/5-2
諭旨(光緒八年至十一年、十四年)　清光緒十五年至三十四年(1889-1908)鉛印本　五册

110000-0143-0007278　PG24/6
閣鈔彙編(光緒丙午十一月一日至二十九日)　清光緒三十三年至三十四年(1907-1908)鉛印本　三册

110000-0143-0007279　PG24/6
閣鈔彙編(光緒壬寅正月一日至三十日)　清光緒二十九年至三十四年(1903-1908)鉛印本　六册

110000-0143-0007280　PG24/7
合肥李勤恪公政書十卷　(清)李瀚章撰　(清)李經畬等輯　清光緒二十五年至二十六年(1899-1900)合肥李氏石印本　十册

110000-0143-0007281　PG24/7
合肥李勤恪公政書十卷　(清)李瀚章撰　(清)李經畬等輯　清光緒二十五年至二十六年(1899-1900)合肥李氏石印本　十册

110000-0143-0007282　PG24/8
内閣官報(宣統三年七月一日至二十九日)　(清)内閣編　清宣統三年(1911)清内閣鉛印本　五册

110000-0143-0007283　PG24/9
上諭(雍正五年二月至閏三月)　清嘉慶至道光刻本　一册

110000-0143-0007284　PG24/10
諭對録重鐫十卷首一卷　(明)張孚敬撰　清道光十七年(1837)刻本　六册

110000-0143-0007285　PG24/11
經畧洪承疇奏對筆記二卷奏摺譜不分卷　(清)洪承疇撰　(清)饒旬宣纂　清光緒九年(1883)京都豫章饒士騰、饒士超刻本　一册

110000-0143-0007286　PG24/11
經畧洪承疇奏對筆記二卷　(清)洪承疇撰　(清)饒旬宣纂　清光緒九年(1883)京都豫章饒士騰、饒士超刻本　一册　存一卷(上)

110000-0143-0007287　PG24/12
紀恩慕義不分卷　(清)劉厚基編撰　清光緒二年(1876)石印本　一册

110000-0143-0007288　PG24/13
經畧洪承疇奏對筆記二卷　(清)洪承疇撰　清光緒九年(1883)豫章饒士騰、饒士超刻十六年(1890)京都二酉齋印本　一册

110000-0143-0007289　PG24/14
臺灣善後事宜摺不分卷　(清)程祖洛撰　清道光十四年至三十年(1834-1850)刻本　一册

110000-0143-0007290　PG24/15
長編總檔(同治十三年正月至六月)　(清)額勒和布　(清)徐桐等纂修　宋伯魯　(清)張星炳等校　清同治十三年(1874)至光緒國史館寫本　六册

110000-0143-0007291　PG241/1
大清高宗純皇帝聖訓三百卷　(清)仁宗顒琰撰　清光緒刻本　十二册　存五十一卷(一百七十四至二百二十四)

110000-0143-0007292　PG241/1
大清仁宗睿皇帝聖訓一百十卷　(清)宣宗旻寧撰　清光緒刻本　十六册　存四十五卷(二十一至六十五)

110000-0143-0007293　PG241/4
内閣撰擬文字二卷　(清)鮑康輯　清同治七年(1868)刻本　二册

110000-0143-0007294　PG241/6
雍正上諭(康熙六十一年十一月至雍正十三年八月)　(清)允祥輯　(清)馬爾賡　(清)弘書等編纂　清乾隆六年(1741)刻本　二十

四冊

110000－0143－0007295　PG241/7
兩浙防護錄不分卷　(清)阮元輯　清光緒十五年(1889)浙江書局刻本　二冊

110000－0143－0007296　PG241/7
兩浙防護錄不分卷　(清)阮元輯　清光緒會稽董氏取斯家塾刻本　四冊

110000－0143－0007297　PG241/8
諭旨(光緒二十四年)　清光緒二十五年至三十四年(1899－1908)石印本　一冊

110000－0143－0007298　PG241/12
道光間上諭滙鈔不分卷　(清)□□輯　清道光九年(1829)至咸豐抄本　一冊

110000－0143－0007299　PG241/13
廷寄檔不分卷　清光緒二十一年(1895)至宣統抄本　一冊

110000－0143－0007300　PG242/2
胡文忠公遺集八十六卷首不分卷　(清)胡林翼撰　(清)鄭敦謹　(清)曾國荃編輯　清同治六年(1867)黃鶴樓刻本　三十二冊

110000－0143－0007301　PG242/2
胡文忠公遺集十卷首不分卷　(清)胡林翼撰　(清)閻敬銘等編輯　清光緒八年(1882)紅杏山房刻本　十冊

110000－0143－0007302　PG242/2
胡文忠公遺集十卷首一卷　(清)胡林翼撰　(清)閻敬銘等編輯　清同治七年(1868)醉六堂刻本　四冊　存六卷(一至三、八至九,首一卷)

110000－0143－0007303　PG242/2－1
胡文忠公遺集八十六卷首不分卷　(清)胡林翼撰　(清)鄭敦謹　(清)曾國荃編輯　清同治六年(1867)黃鶴樓刻本　三十二冊

110000－0143－0007304　PG242/2－1
胡文忠公遺集八十六卷首不分卷　(清)胡林翼撰　(清)鄭敦謹　(清)曾國荃編輯　清同治六年(1867)至宣統刻本　三十二冊

110000－0143－0007305　PG242/2－1
胡文忠公遺集十卷首不分卷　(清)胡林翼撰　(清)閻敬銘等編輯　清同治七年(1868)醉六堂刻本　八冊

110000－0143－0007306　PG242/2－2
胡文忠公遺集八十六卷首不分卷　(清)胡林翼撰　(清)鄭敦謹　(清)曾國荃編輯　清同治六年(1867)至宣統刻本　三十一冊　缺三卷(六十九至七十一)

110000－0143－0007307　PG242/2－2
胡文忠公遺集八十六卷首不分卷　(清)胡林翼撰　(清)鄭敦謹　(清)曾國荃編輯　清同治六年(1867)至宣統刻本　三十二冊

110000－0143－0007308　PG242/2－2
胡文忠公遺集十卷首不分卷　(清)胡林翼撰　(清)閻敬銘等編輯　清同治五年(1866)山左刻本　八冊

110000－0143－0007309　PG242/2－3
胡文忠公遺集八十六卷首不分卷　(清)胡林翼撰　(清)鄭敦謹　(清)曾國荃編輯　(清)胡鳳丹重編　清光緒元年(1875)湖北崇文書局刻本　三十二冊

110000－0143－0007310　PG242/2－3
胡文忠公遺集八十六卷首不分卷　(清)胡林翼撰　(清)鄭敦謹　(清)曾國荃重編　清光緒元年(1875)湖北崇文書局刻本　三十二冊

110000－0143－0007311　PG242/2－4
胡文忠公遺集八十六卷首不分卷　(清)胡林翼撰　(清)鄭敦謹　(清)曾國荃編輯　(清)胡鳳丹重編　清光緒十四年(1888)上海著易堂鉛印本　八冊

110000－0143－0007312　PG242/3
變法平議酌一卷　(清)李應玨撰　清光緒二十七年(1901)刻本　一冊

110000－0143－0007313　PG242/4
柔遠新書四卷　(清)朱克敬著　清光緒十年(1884)上海刻本　四冊

110000－0143－0007314　PG242/5
左恪靖侯奏稿初編三十八卷續編七十六卷三編六卷　(清)左宗棠撰　清光緒十二年(1886)刻本　六十册

110000－0143－0007315　PG242/5－1
左文襄公奏疏初編三十八卷　(清)左宗棠撰　清光緒十六年(1890)上海圖書集成局鉛印本　六册

110000－0143－0007316　PG242/5－1
左文襄公奏疏初編三十八卷續編七十六卷三編六卷　(清)左宗棠撰　清光緒十六年(1890)上海圖書集成局鉛印本　二十册　缺三編卷六末頁

110000－0143－0007317　PG242/5－1
左文襄公奏疏初編三十八卷續編七十六卷三編六卷　(清)左宗棠撰　清光緒十六年(1890)上海圖書集成局鉛印本　二十册

110000－0143－0007318　PG242/5－2
左文襄公奏稿初編三十八卷續編七十六卷三編六卷　(清)左宗棠撰　清光緒二十八年(1902)上海古香閣石印本　十二册

110000－0143－0007319　PG242/5－3
左恪靖侯奏稿初編三十八卷續編七十六卷三編六卷　(清)左宗棠撰　清光緒十二年(1886)刻本　八十册

110000－0143－0007320　PG242/5－3
左恪靖侯奏稿初編三十八卷續編七十六卷三編六卷　(清)左宗棠撰　清光緒十二年(1886)刻本　七十四册

110000－0143－0007321　PG242/6
胡文忠公遺集十卷首不分卷　(清)胡林翼撰　清同治七年(1868)刻本　十册

110000－0143－0007322　PG242/9
曾文正公奏稿三十六卷　(清)曾國藩撰　(清)李瀚章編錄　清光緒二年(1876)傳忠書局刻曾文正公全集本　八册　存八卷(一至六、二十三至二十四)

110000－0143－0007323　PG242/9
曾文正公全集　(清)曾國藩撰　(清)李瀚章編錄　清光緒二年(1876)至宣統刻本　三十册　存三種三十七卷(奏稿一至十九、書札十三至二十九,首一卷)

110000－0143－0007324　PG242/9
曾文正公奏稿三十六卷　(清)曾國藩撰　(清)李瀚章編錄　清光緒二年(1876)傳忠書局刻曾文正公全集本　十册　存十卷(二十至二十九)

110000－0143－0007325　PG242/9
曾文正公奏議十卷首一卷末一卷　(清)曾國藩撰　(清)薛福成編次　清同治十二年(1873)常熟張瑛刻本　十册

110000－0143－0007326　PG242/9
曾文正公全集首一卷曾文正公奏稿三十卷　(清)曾國藩撰　(清)李瀚章編錄　清光緒二年(1876)傳忠書局刻曾文正公全集本　八册　存八卷(曾文正公全集首一卷、曾文正公奏稿一至七)

110000－0143－0007327　PG242/9
曾文正公奏稿三十卷　(清)曾國藩撰　(清)李瀚章編錄　清光緒二年(1876)傳忠書局刻曾文正公全集本　十八册　缺二卷(一至二)

110000－0143－0007328　PG242/9
曾文正公雜著二卷　(清)曾國藩撰　清同治十三年(1874)傳忠書局刻曾文正公全集本　一册

110000－0143－0007329　PG242/9
曾文正公奏議十卷首一卷末一卷奏議補編四卷　(清)曾國藩撰　(清)薛福成編次　清同治十三年(1874)上海醉六堂刻本　十二册

110000－0143－0007330　PG242/9－1
曾文正公奏稿三十卷　(清)曾國藩撰　(清)李瀚章編錄　清光緒二年(1876)傳忠書局刻曾文正公全集本　六册　存八卷(九至十六)

110000－0143－0007331　PG242/9－1
嘉定長白二先生奏議四卷附先考侍郎公年譜

一卷 夏震武輯 清宣統二年(1910)富陽夏震武北京鉛印本 二冊

110000－0143－0007332 PG242/9－2
曾文公奏稿三十六卷 (清)曾國藩撰 (清)李瀚章編錄 清光緒二年(1876)傳忠書局刻本 十八冊

110000－0143－0007333 PG242/10
彭剛直公奏稿八卷 (清)彭玉麟撰 (清)俞樾輯 清光緒十七年(1891)蘇州刻本 六冊

110000－0143－0007334 PG242/10
彭剛直公奏稿八卷 (清)彭玉麟撰 (清)俞樾輯 清光緒十七年(1891)蘇州石印本 四冊

110000－0143－0007335 PG242/10
彭剛直公奏稿八卷 (清)彭玉麟撰 (清)俞樾輯 清光緒十七年(1891)蘇州刻本 八冊

110000－0143－0007336 PG242/10
彭剛直公奏稿八卷 (清)彭玉麟撰 (清)俞樾輯 清光緒十七年(1891)蘇州石印本 四冊

110000－0143－0007337 PG242/10－1
彭剛直公奏稿八卷 (清)彭玉麟撰 (清)俞樾輯 清光緒十七年(1891)蘇州刻本 七冊

110000－0143－0007338 PG242/10－1
彭剛直公詩集八卷 (清)彭玉麟撰 (清)俞樾輯 清光緒十七年(1891)蘇州刻本 一冊

110000－0143－0007339 PG242/10－1
彭剛直公奏稿八卷 (清)彭玉麟撰 (清)俞樾輯 清光緒十七年(1891)蘇州刻本 六冊

110000－0143－0007340 PG242/10－1
彭剛直公詩集八卷 (清)彭玉麟撰 (清)俞樾輯 清光緒十七年(1891)蘇州刻本 二冊

110000－0143－0007341 PG242/10－2
彭剛直公奏稿八卷 (清)彭玉麟撰 (清)俞樾輯 清光緒十七年(1891)蘇州石印本 四冊

110000－0143－0007342 PG242/10－2
彭剛直公奏稿八卷 (清)彭玉麟撰 (清)俞樾輯 清光緒十七年(1891)蘇州石印本 四冊

110000－0143－0007343 PG242/10－2
彭剛直公奏稿八卷 (清)彭玉麟撰 (清)俞樾輯 清光緒十七年(1891)蘇州刻本 六冊

110000－0143－0007344 PG242/10－2
彭剛直公詩集八卷 (清)彭玉麟撰 (清)俞樾輯 清光緒十七年(1891)蘇州刻本 二冊

110000－0143－0007345 PG242/10－2
彭剛直公奏稿八卷 (清)彭玉麟撰 (清)俞樾輯 清光緒十七年(1891)蘇州刻本 六冊

110000－0143－0007346 PG242/10－2
彭剛直公詩集八卷 (清)彭玉麟撰 (清)俞樾輯 清光緒十七年(1891)蘇州刻本 二冊

110000－0143－0007347 PG242/11
出使奏疏二卷 (清)薛福成撰 清光緒二十年(1894)無錫薛氏刻本 二冊

110000－0143－0007348 PG242/11
出使公牘十卷 (清)薛福成撰 清光緒二十四年(1898)無錫薛氏刻本 八冊

110000－0143－0007349 PG242/12
周中丞撫江奏稿四卷 周樹模撰 清宣統二年(1910)鉛印本 十冊

110000－0143－0007350 PG242/12
周中丞撫江奏稿四卷 周樹模撰 清宣統二年(1910)鉛印本 六冊 缺三卷(二、三中、四下)

110000－0143－0007351 PG242/14
孫文正公奏疏十卷制義一卷行述墓表一卷 (清)孫嘉淦撰 清乾隆十八年(1753)至嘉慶敦和堂刻本 十二冊

110000－0143－0007352 PG242/14
孫文正公奏疏十卷制義一卷行述墓表一卷 (清)孫嘉淦撰 清乾隆十八年(1753)至嘉慶敦和堂刻本 十二冊

110000－0143－0007353 PG242/16

傅忠毅公全集八卷首不分卷　(清)傅宏烈撰　清咸豐元年(1851)進賢傅猷著刻本　四冊

110000－0143－0007354　PG242/18
文節公奏疏二卷　(清)呂賢基撰　清咸豐三年至十一年(1853－1861)惇福堂刻本　二冊

110000－0143－0007355　PG242/18
文節公奏疏二卷　(清)呂賢基撰　清咸豐三年至十一年(1853－1861)惇福堂刻光緒增刻本　一冊　存五十四葉(卷一首至五十四)

110000－0143－0007356　PG242/19
各省督撫籌議開源節流奏稿不分卷　(清)李鴻章等撰　清光緒十一年(1885)至宣統抄本　一冊

110000－0143－0007357　PG242/23
明大司馬盧公奏議十卷　(明)盧象昇撰　清道光九年(1829)宜興盧氏宗祠刻本　八冊

110000－0143－0007358　PG242/25
龔端毅公奏疏八卷附一卷　(清)龔鼎孳撰　清光緒九年(1883)合肥龔彥緒聽彝書屋刻本　四冊

110000－0143－0007359　PG242/25
龔端毅公奏疏八卷附一卷　(清)龔鼎孳撰　清光緒九年(1883)合肥龔彥緒聽彝書屋刻本　一冊　存三卷(七至八、附一卷)

110000－0143－0007360　PG242/25
龔端毅公奏疏八卷附一卷附錄浠川政譜二卷　(清)龔鼎孳撰　清光緒九年(1883)合肥龔彥緒聽彝書屋刻本　五冊

110000－0143－0007361　PG242/27
同治中興京外奏議約編八卷　(清)祁寯藻等撰　(清)陳弢編錄　清光緒元年(1875)篋劍囊琴之室刻本　四冊

110000－0143－0007362　PG242/27－1
同治中興京外奏議約編八卷　(清)祁寯藻等撰　(清)陳弢編錄　清光緒刻本　八冊

110000－0143－0007363　PG242/27－1
同治中興京外奏議約編八卷　(清)祁寯藻等撰　(清)陳弢編錄　清光緒至宣統刻本　八冊

110000－0143－0007364　PG242/27－1
同治中興京外奏議約編八卷　(清)祁寯藻等撰　(清)陳弢編錄　清光緒元年(1875)篋劍囊琴之室刻本　二冊

110000－0143－0007365　PG242/27－1
同治中興京外奏議約編八卷　(清)祁寯藻等撰　(清)陳弢編錄　清光緒至宣統經訓堂刻本　八冊

110000－0143－0007366　PG242/27－1
同治中興京外奏議約編八卷　(清)祁寯藻等撰　(清)陳弢編錄　清光緒至宣統經訓堂刻本　八冊

110000－0143－0007367　PG242/27－1
同治中興京外奏議約編八卷　(清)祁寯藻等撰　(清)陳弢編錄　清光緒至宣統經訓堂刻本　八冊

110000－0143－0007368　PG242/28－1
唐陸宣公奏議讀本四卷首一卷　(唐)陸贄撰　(清)汪銘謙編輯　(清)馬傳庚評點　清宣統元年(1909)石印本　二冊

110000－0143－0007369　PG242/28－3
註陸宣公奏議十五卷附校記十五卷唐陸宣公制誥十卷附校記十卷　(唐)陸贄撰　(宋)郎曄註　(清)郭夔校　清光緒十一年至十二年(1885－1886)淮南書局刻本　四冊

110000－0143－0007370　PG242/28－3
註陸宣公奏議十五卷附校記十五卷唐陸宣公制誥十卷附校記十卷　(唐)陸贄撰　(宋)郎曄註　(清)郭夔校　清光緒十一年至十二年(1885－1886)淮南書局刻本　三冊　存三十四卷(註陸宣公奏議十五卷、附校記十五卷，唐陸宣公制誥一至二、附校記一至二)

110000－0143－0007371　PG242/30
梁公九諫一卷　(唐)狄仁傑撰　清嘉慶十一年(1806)刻本　一冊

110000－0143－0007372　PG242/31
魏文毅公奏議三卷　（清）魏裔介撰　清光緒五年（1879）定州王氏謙德堂刻本　二册

110000－0143－0007373　PG242/32
凌忠介公奏疏六卷　（明）凌義渠撰　清光緒四年（1878）凌福昌等刻本　二册

110000－0143－0007374　PG242/32－1
凌忠介公奏疏六卷　（明）凌義渠撰　清咸豐四年（1854）王有齡刻本　二册

110000－0143－0007375　PG242/33
威縣軍務奏檔不分卷　（清）寶山　（清）成保等撰　清同治二年（1863）抄本　五册

110000－0143－0007376　PG242/35
四家奏議合鈔八卷首一卷　（清）汪瑔輯　清光緒九年（1883）隨山館刻本　十册

110000－0143－0007377　PG242/35
四家奏議合鈔八卷首一卷　（清）汪瑔輯　清光緒九年（1883）隨山館刻本　十册

110000－0143－0007378　PG242/36
明胡端敏公奏議十卷　（明）胡世寧撰　清光緒十九年（1893）浙江書局刻本　四册

110000－0143－0007379　PG242/37
張中丞奏議四卷　（清）張聯桂撰　清光緒二十五年（1899）江都張氏揚州刻本　四册

110000－0143－0007380　PG242/40
出使奏疏二卷　（清）薛福成撰　清光緒二十年（1894）無錫薛氏刻本　二册

110000－0143－0007381　PG242/40
出使奏疏二卷　（清）薛福成撰　清光緒二十年（1894）無錫薛氏刻本　二册

110000－0143－0007382　PG242/40
出使奏疏二卷　（清）薛福成撰　清光緒二十年（1894）無錫薛氏刻本　二册

110000－0143－0007383　PG242/40
出使奏疏二卷　（清）薛福成撰　清光緒二十年（1894）無錫薛氏刻本　一册

110000－0143－0007384　PG242/42
會籌開辦蒙旗懇務摺不分卷　（清）奎順　（清）魁福撰　清光緒三十年至三十四年（1904－1908）刻本　一册

110000－0143－0007385　PG242/43
憲政編查館會奏各省諮議局章程及案語並議員選舉章程摺單不分卷　（清）憲政編查館輯　清光緒三十四年（1908）廣東學務公所印刷處鉛印本　一册

110000－0143－0007386　PG242/43
憲政編查館會奏遵議憲法大綱暨議院選舉各法並逐年籌備事宜摺不分卷　（清）憲政編查館輯　清光緒三十四年（1908）北京憲政編查館鉛印本　一册

110000－0143－0007387　PG242/46
許竹篔先生奏疏錄存二卷　（清）許景澄撰　清光緒二十五年（1899）至宣統鉛印本　一册

110000－0143－0007388　PG242/47
梟實子存藁一卷　（清）崔國因撰　清光緒二十八年（1902）鉛印本　一册

110000－0143－0007389　PG242/48
南海先生戊戌奏稿不分卷　康有爲撰　麥仲華編　清宣統三年（1911）麥仲華鉛印本　一册

110000－0143－0007390　PG242/48
南海先生戊戌奏稿不分卷　康有爲撰　麥仲華編　清宣統三年（1911）麥仲華鉛印本　一册

110000－0143－0007391　PG242/48
南海先生戊戌奏稿不分卷　康有爲撰　麥仲華編　清宣統三年（1911）麥仲華鉛印本　一册

110000－0143－0007392　PG242/48
南海先生戊戌奏稿不分卷　康有爲撰　麥仲華編　清宣統三年（1911）麥仲華鉛印本　一册

110000－0143－0007393　PG242/48

南海先生戊戌奏稿不分卷　康有爲撰　麥仲華編　清宣統三年(1911)麥仲華鉛印本　一冊

110000－0143－0007394　PG242/48
南海先生戊戌奏稿不分卷　康有爲撰　麥仲華編　清宣統三年(1911)麥仲華鉛印本　一冊

110000－0143－0007395　PG242/48
南海先生戊戌奏稿不分卷　康有爲撰　麥仲華編　清宣統三年(1911)麥仲華鉛印本　一冊

110000－0143－0007396　PG242/48
南海先生戊戌奏稿不分卷　康有爲撰　麥仲華編　清宣統三年(1911)麥仲華鉛印本　一冊

110000－0143－0007397　PG242/49
張文襄公公牘稿　(清)張之洞撰　許同莘編輯　清宣統元年(1909)刻本　一冊　存一卷(宣統元年八月二十一日奏)

110000－0143－0007398　PG242/51
李文襄公奏議二卷奏疏十卷別錄六卷　(清)李之芳撰　(清)李鍾麟編次　**李文襄公[之芳]年譜一卷**　(清)程光桯編　清康熙四十一年(1702)武定李氏刻本　十冊

110000－0143－0007399　PG242/51
李文襄公奏議二卷奏疏十卷別錄六卷　(清)李之芳撰　(清)李鍾麟編次　**李文襄公[之芳]年譜一卷**　(清)程光桯編　清康熙四十一年(1702)武定李氏刻本　十二冊

110000－0143－0007400　PG242/52
度支部通阜司奏案輯要六卷　(清)度支部通阜司輯　清宣統京師京華書局鉛印本　六冊

110000－0143－0007401　PG242/52
度支部通阜司奏案輯要六卷　(清)度支部通阜司輯　清宣統京師京華書局鉛印本　六冊

110000－0143－0007402　PG242/52
度支部通阜司奏案輯要六卷　(清)度支部通阜司輯　清宣統京師京華書局鉛印本　六冊

110000－0143－0007403　PG242/54
曾忠襄公奏議三十二卷書劄二十二卷文集二卷批牘五卷　(清)曾國荃撰　**曾忠襄公[國荃]年譜四卷**　(清)王定安撰　(清)蕭榮爵增訂　**曾忠襄公榮哀錄二卷**　(清)蕭榮爵輯　清光緒二十九年(1903)刻本　六十四冊

110000－0143－0007404　PG242/55
變法奏議叢鈔不分卷　清光緒二十七年(1901)上海書局石印本　四冊

110000－0143－0007405　PG242/56
庸盦尚書奏議十六卷　陳夔龍撰　俞陛雲編輯　清宣統三年(1911)鉛印本　八冊

110000－0143－0007406　PG242/56
庸盦尚書奏議十六卷　陳夔龍撰　俞陛雲編輯　清宣統三年(1911)鉛印本　八冊

110000－0143－0007407　PG242/56
庸盦尚書奏議十六卷　陳夔龍撰　俞陛雲編輯　清宣統三年(1911)鉛印本　八冊

110000－0143－0007408　PG242/57
吏考新章不分卷　(清)□□輯　清同治至宣統抄本　四冊

110000－0143－0007409　PG242/63
駱文忠公奏稿二十七卷附錄一卷　(清)駱秉章撰　清同治十一年(1872)至宣統刻本　十五冊　缺十六卷(湘中奏稿十六卷)

110000－0143－0007410　PG242/63－1
駱文忠公奏稿二十七卷附錄一卷　(清)駱秉章撰　清光緒十五年(1889)刻本　二十六冊

110000－0143－0007411　PG242/63－1
駱文忠公奏稿二十七卷附錄一卷　(清)駱秉章撰　清光緒刻本　二十五冊　缺一種(湘中奏稿)

110000－0143－0007412　PG242/65
薛趙二尚書遺稿　(清)薛允升　(清)趙舒翹撰　吉同鈞編輯　清宣統元年(1909)油印本　一冊

110000－0143－0007413　PG242/66
劉中丞奏議二十卷　(清)劉蓉撰　清光緒十一年(1885)思賢講舍刻本　十册

110000－0143－0007414　PG242/66
劉中丞奏議二十卷　(清)劉蓉撰　清光緒十一年(1885)思賢講舍刻本　十册

110000－0143－0007415　PG242/66
劉中丞奏議二十卷　(清)劉蓉撰　清光緒十一年(1885)思賢講舍刻本　十册

110000－0143－0007416　PG242/66
劉中丞奏議二十卷　(清)劉蓉撰　清光緒十一年(1885)思賢講舍刻本　十册

110000－0143－0007417　PG242/67
劉壯肅公奏議十卷首一卷　(清)劉銘傳撰　清光緒三十二年(1906)鉛印本　六册

110000－0143－0007418　PG242/67
劉壯肅公奏議十卷首一卷　(清)劉銘傳撰　清光緒三十二年(1906)鉛印本　六册

110000－0143－0007419　PG242/67
劉壯肅公奏議十卷首一卷　(清)劉銘傳撰　清光緒三十二年(1906)鉛印本　六册

110000－0143－0007420　PG242/67－1
劉壯肅公奏議十卷首一卷　(清)劉銘傳撰　清光緒鉛印本　二册

110000－0143－0007421　PG242/68
江楚會奏變法三摺不分卷　(清)劉坤一　(清)張之洞撰　清光緒二十七年(1901)兩湖書院刻本　一册

110000－0143－0007422　PG242/68
江楚會奏變法三摺不分卷　(清)劉坤一　(清)張之洞撰　清光緒二十七年(1901)楊體賢堂刻本　一册

110000－0143－0007423　PG242/68
江楚會奏變法三摺不分卷　(清)劉坤一　(清)張之洞撰　清光緒二十七年(1901)鉛印本　一册

110000－0143－0007424　PG242/68－1
江楚會奏變法三摺不分卷　(清)劉坤一　(清)張之洞撰　清光緒二十七年(1901)鉛印本　三册

110000－0143－0007425　PG242/68－1
江楚會奏變法三摺不分卷　(清)劉坤一　(清)張之洞撰　清光緒二十七年(1901)湖南書局刻本　一册

110000－0143－0007426　PG242/69
奏摺譜　(清)饒旬宣撰　清光緒十六年(1890)京都一西齋刻本　一册

110000－0143－0007427　PG242/69
奏摺譜　(清)饒旬宣撰　清光緒十六年(1890)京都一西齋刻本　一册

110000－0143－0007428　PG242/69
奏摺譜　(清)饒旬宣撰　清光緒十六年(1890)刻本　一册

110000－0143－0007429　PG242/69
奏摺譜　(清)饒旬宣撰　清光緒十三年(1887)刻本　一册

110000－0143－0007430　PG242/69－1
奏摺譜　(清)饒旬宣撰　清光緒十三年(1887)刻本　一册

110000－0143－0007431　PG242/69－1
奏摺譜　(清)饒旬宣撰　清光緒十三年(1887)京都松竹齋刻本　一册

110000－0143－0007432　PG242/69－1
奏摺譜　(清)饒旬宣撰　清光緒十三年(1887)刻本　一册

110000－0143－0007433　PG242/69－1
奏摺譜　(清)饒旬宣撰　清光緒十三年(1887)刻本　一册

110000－0143－0007434　PG242/69－1
奏摺譜　(清)饒旬宣撰　清光緒十三年(1887)京都松竹齋刻本　一册

110000－0143－0007435　PG242/70
陶雲汀先生奏疏□□卷　(清)陶澍撰　清道光十五年(1835)至咸豐刻本　八册　存十六

卷(二十一至二十八、三十五至三十六、四十一至四十二、四十七至四十八、五十一至五十二)

110000－0143－0007436　PG242/70
陶雲汀先生奏疏七十六卷　(清)陶澍撰　清道光十九年(1839)至咸豐刻本　三十八册

110000－0143－0007437　PG242/70－1
陶雲汀先生奏稿四卷　(清)陶澍撰　清同治至宣統抄本　四册

110000－0143－0007438　PG242/70－2
陶雲汀先生奏疏二十四卷　(清)陶澍撰　清道光十五年(1835)至咸豐刻本　十二册

110000－0143－0007439　PG242/72
桐城馬太僕奏略四卷　(明)馬孟禎撰　清光緒六年(1880)刻本　二册

110000－0143－0007440　PG242/73
奏摺不分卷　(清)□□輯　清光緒十五年至二十四年(1889－1908)抄本　一册

110000－0143－0007441　PG242/74
皇清奏議六十八卷首一卷　(清)琴川居士編輯　清道光至光緒木活字印本　四十八册

110000－0143－0007442　PG242/74
皇清奏議六十八卷首一卷　(清)琴川居士編輯　清道光至光緒北京國史館木活字印本　四十八册

110000－0143－0007443　PG242/74－1
皇清奏議六十八卷首一卷　(清)琴川居士編輯　(清)張爾耆校正　清光緒二十八年(1902)上海雲間麗澤學會石印本　八册

110000－0143－0007444　PG242/76
督河奏疏十卷　(清)許振禕撰　清光緒元年(1875)廣州鉛印本　四册

110000－0143－0007445　PG242/76
督河奏疏十卷　(清)許振禕撰　清光緒元年(1875)廣州鉛印本　四册

110000－0143－0007446　PG242/78
罪言存略不分卷　(清)郭嵩燾撰　清光緒十四年(1888)時報報館鉛印本　一册

110000－0143－0007447　PG242/79
三公奏議二十一卷　盛宣懷輯　清光緒二年(1876)武進盛氏思補樓刻本　二十册

110000－0143－0007448　PG242/79
三公奏議二十一卷　盛宣懷輯　清光緒二年(1876)武進盛氏思補樓刻本　二十册

110000－0143－0007449　PG242/81
張公奏議二十四卷　(清)張鵬翮撰　清嘉慶五年(1800)江南河庫道刻本　二十四册

110000－0143－0007450　PG242/84
皇十四子多羅恂勤郡王奏稿八卷　(清)允禵撰　清抄本　四册

110000－0143－0007451　PG242/85
陸文慎公奏議不分卷　(清)陸寶忠撰　清宣統三年(1911)鉛印本　一册

110000－0143－0007452　PG242/86
龍幕草奏不分卷　(清)文珍著　清末抄本　二册

110000－0143－0007453　PG242/88
卞制軍奏議十二卷附卞制軍政書四卷　(清)卞寶第撰　清光緒二十年(1894)刻本　十六册

110000－0143－0007454　PG242/88
卞制軍奏議十二卷附卞制軍政書四卷　(清)卞寶第撰　清光緒二十年(1894)刻本　十六册

110000－0143－0007455　PG242/90
撫東政略二卷　宋小濂撰　徐鼐霖編輯　清末鉛印本　二册

110000－0143－0007456　PG242/91
那文毅公奏議八十卷　(清)那彦成撰　(清)那容安輯　清道光十四年(1834)刻本　四十册　缺十三卷(二十六至三十八)

110000－0143－0007457　PG242/92
李肅毅伯奏議二十卷　(清)李鴻章撰　(清)章洪鈞　(清)吳汝綸編輯　清光緒石印本

十八册　缺二卷(一至二)

110000－0143－0007458　PG242/92
李肅毅伯奏議二十卷　(清)李鴻章撰　(清)章洪鈞　(清)吳汝綸編輯　清光緒石印本　五册　存五卷(三、五至七、十六)

110000－0143－0007459　PG242/92
李肅毅伯奏議二十卷　(清)李鴻章撰　(清)章洪鈞　(清)吳汝綸編輯　清光緒二十五年(1899)上海鴻文書局石印本　十六册

110000－0143－0007460　PG242/92
李肅毅伯奏議十三卷　(清)李鴻章撰　(清)章洪鈞　(清)吳汝綸編輯　清光緒石印本　十三册

110000－0143－0007461　PG242/93
郵傳部奏議類編路政　(清)郵傳部參議廳編覈科編輯　清光緒三十二年(1906)至宣統鉛印本　二册

110000－0143－0007462　PG242/94
那文毅公平番奏議四卷　(清)那彥成撰　清咸豐三年(1853)刻本　四册

110000－0143－0007463　PG242/96
奏定鹽務章程十五條　清光緒至宣統抄本　一册

110000－0143－0007464　PG242/97
嘉定長白二先生奏議四卷　夏震武輯　清宣統二年(1910)富陽夏震武北京鉛印本　二册

110000－0143－0007465　PG242/97
嘉定長白二先生奏議四卷　夏震武輯　清宣統二年(1910)富陽夏震武北京鉛印本　二册

110000－0143－0007466　PG242/100
郭侍郎奏疏十二卷　(清)郭嵩燾撰　清光緒十八年(1892)刻本　十二册

110000－0143－0007467　PG242/100
郭侍郎奏疏十二卷　(清)郭嵩燾撰　清光緒十八年(1892)刻本　十二册

110000－0143－0007468　PG242/100
郭侍郎奏疏十二卷　(清)郭嵩燾撰　清光緒十八年(1892)刻本　十二册

110000－0143－0007469　PG242/101
丁文誠公奏稿二十六卷附十五弗齋詩存一卷丁文誠文存一卷　(清)丁寶楨撰　清光緒十九年至二十年(1893－1894)平遠陳體常、陳體晉北京刻本　二十七册

110000－0143－0007470　PG242/104
譚文勤公奏稿二十卷首不分卷　(清)譚鍾麟撰　清宣統三年(1911)刻本　十册

110000－0143－0007471　PG242/109
孝肅奏議十卷　(宋)包拯撰　清同治二年至三年(1863－1864)合肥李瀚章廣州刻本　四册

110000－0143－0007472　PG242/109
孝肅奏議十卷　(宋)包拯撰　清同治二年至三年(1863－1864)合肥李瀚章廣州刻本　四册

110000－0143－0007473　PG242/109－1
包孝肅奏議十卷附錄一卷　(宋)包拯撰　清光緒元年(1875)合肥張氏毓秀堂刻廬陽三賢集本　二册

110000－0143－0007474　PG242/109－1
包孝肅奏議十卷附錄一卷　(宋)包拯撰　清光緒元年(1875)合肥張氏毓秀堂刻廬陽三賢集本　二册

110000－0143－0007475　PG242/110
林文忠公政書五種　(清)林則徐撰　清光緒二十四年(1898)天津文德堂石印本　六册

110000－0143－0007476　PG242/112
石林奏議十五卷　(宋)葉夢得撰　(宋)葉模編　(清)陸心源校　清光緒十一年(1885)歸安陸心源皕宋樓刻本　四册

110000－0143－0007477　PG242/112
石林奏議十五卷　(宋)葉夢得撰　(宋)葉模編　(清)陸心源校　清光緒十一年(1885)歸安陸心源皕宋樓刻本　四册

110000－0143－0007478　PG242/113

明大司馬盧公奏議十卷　(明)盧象昇撰　清道光九年(1829)宜興盧氏宗祠刻本　八冊

110000－0143－0007479　PG242/113
明大司馬盧公奏議十卷　(明)盧象昇撰　清道光九年(1829)宜興盧氏宗祠刻本　六冊

110000－0143－0007480　PG242/116
潛庵疏稿不分卷遺稿不分卷洛學編五卷　(清)湯斌撰　(清)湯之旭編　清同治刻本　四冊

110000－0143－0007481　PG242/117
林文忠公政書三集三十七卷　(清)林則徐撰　清咸豐至宣統刻本　十冊

110000－0143－0007482　PG242/117
林文忠公政書三集三十七卷　(清)林則徐撰　清咸豐至宣統刻本　十六冊

110000－0143－0007483　PG242/117
林文忠公政書三集三十七卷　(清)林則徐撰　清咸豐至宣統刻本　十冊

110000－0143－0007484　PG242/117
林文忠公政書三集三十七卷　(清)林則徐撰　清咸豐至宣統刻本　十八冊

110000－0143－0007485　PG242/117
林文忠公政書三集三十七卷　(清)林則徐撰　清光緒二年(1876)鉛印本　八冊

110000－0143－0007486　PG242/117
林文忠公政書三集三十七卷　(清)林則徐撰　清咸豐至宣統刻本　十六冊

110000－0143－0007487　PG242/117
林文忠公政書三集三十七卷　(清)林則徐撰　清咸豐至宣統刻本　十六冊

110000－0143－0007488　PG242/117－1
林文忠公政書三集三十七卷　(清)林則徐撰　清咸豐至宣統刻本　二十冊

110000－0143－0007489　PG242/117－1
林文忠公政書三集三十七卷　(清)林則徐撰　清咸豐至宣統刻本　十二冊

110000－0143－0007490　PG242/118
沈文肅公政書七卷首一卷　(清)沈葆楨撰　清光緒六年(1880)蘇州吳門節署刻本　八冊

110000－0143－0007491　PG242/119
軺車雜錄二卷　(清)朱軾撰　(清)劉鎮編　清康熙至乾隆刻本　一冊

110000－0143－0007492　PG242/119
軺車雜錄二卷　(清)朱軾撰　(清)劉鎮編　清康熙至乾隆刻本　一冊

110000－0143－0007493　PG242/120
王文敏公經進稿二卷　(清)王懿榮撰　清宣統三年(1911)江寧印刷廠鉛印本　一冊

110000－0143－0007494　PG242/122
邸鈔全覽不分卷　清光緒二十六年(1900)鉛印本　六冊

110000－0143－0007495　PG242/125
左恪靖侯奏稿初編三十八卷續編七十六卷　(清)左宗棠撰　(清)羅大春輯　清同治七年(1868)刻本　六十九冊

110000－0143－0007496　PG242/125
左恪靖侯奏稿初編三十八卷續編七十六卷　(清)左宗棠撰　(清)羅大春輯　清同治七年(1868)刻本　五冊　存十卷(一至二、五至十二)

110000－0143－0007497　PG242/126
許僊屏侍郎督河奏疏十卷　(清)許振禕撰　清光緒二十五年(1899)鉛印本　四冊

110000－0143－0007498　PG242/126
許僊屏侍郎督河奏疏十卷　(清)許振禕撰　清光緒二十五年(1899)鉛印本　四冊

110000－0143－0007499　PG242/127
宋李忠定奏議六十九卷首一卷附宋李忠定擬撰文字四卷　(宋)李綱撰　清光緒二十九年(1903)湖南愛日堂刻本　十冊

110000－0143－0007500　PG242/127－1
宋李忠定公奏議選十五卷　(宋)李綱撰　清光緒二十三年(1897)鉛印本　四冊

110000－0143－0007501　PG242/129
南皮張宮保政書奏議初編十二卷　(清)張之洞撰　(清)仰止廬輯　清光緒二十七年(1901)上海圖書集成印書局石印本　六冊

110000－0143－0007502　PG242/130
閣鈔彙編(光緒壬寅正月)　(清)北京華北書局編輯　清光緒二十八年(1902)北京華北書局鉛印本　六冊

110000－0143－0007503　PG242/131
上諭條奏　(清)□□輯　清道光至宣統抄本　二冊

110000－0143－0007504　PG242/135
太僕公奏略二卷　(明)馬孟禎著　清嘉慶十七年(1812)刻本　二冊

110000－0143－0007505　PG242/138
李傅相奏稿不分卷　(清)李鴻章撰　清光緒至宣統抄本　一冊

110000－0143－0007506　PG242/139
王文敏公奏疏不分卷　(清)王懿榮撰　清宣統三年(1911)江寧印刷廠鉛印本　一冊

110000－0143－0007507　PG242/139
王文敏公奏疏不分卷　(清)王懿榮撰　清宣統三年(1911)江寧印刷廠鉛印本　一冊

110000－0143－0007508　PG242/139
王文敏公奏疏不分卷　(清)王懿榮撰　清宣統三年(1911)江寧印刷廠鉛印本　一冊

110000－0143－0007509　PG242/139
王文敏公奏疏不分卷　(清)王懿榮撰　清宣統三年(1911)江寧印刷廠鉛印本　一冊

110000－0143－0007510　PG242/140
宣統奏摺(政治官報奏摺類)　清宣統鉛印本　十一冊

110000－0143－0007511　PG242/141
堅正堂摺稾二卷坿錄不分卷　(清)褚成博撰　清光緒三十一年(1905)刻本　二冊

110000－0143－0007512　PG242/141
堅正堂摺稾二卷坿錄不分卷　(清)褚成博撰　清光緒三十一年(1905)刻本　二冊

110000－0143－0007513　PG242/142
鳴原堂論文二卷　(清)曾國藩選註　(清)曾國荃審訂　清光緒四年(1878)上海淞隱閣鉛印本　二冊

110000－0143－0007514　PG242/143
劉壯肅公奏議十卷首一卷　(清)劉銘傳撰　清光緒三十二年(1906)鉛印本　二冊

110000－0143－0007515　PG242/144
駱大司馬奏稿十六卷　(清)駱秉章撰　清咸豐十年(1860)至宣統刻本　十六冊

110000－0143－0007516　PG242/146
直省諮議局議員聯合會奏稿彙刊　清宣統湖北諮議局鉛印本　一冊

110000－0143－0007517　PG242/147
墾務奏議不分卷　(清)貽穀等撰　清光緒二十八年至三十四年(1902－1908)木活字印本　一冊

110000－0143－0007518　PG242/149
桂洲夏文愍公奏議二十一卷補遺不分卷　(明)夏言撰　清光緒十七年(1891)江西書局刻本　十二冊

110000－0143－0007519　PG242/151
邸鈔彙錄不分卷　清光緒三十一年(1905)鉛印本　四冊

110000－0143－0007520　PG242/152
耐菴奏議存稿十二卷首一卷耐菴公牘存稿四卷耐菴詩存三卷　(清)賀長齡撰　清光緒八年(1882)賀克繩等刻本　十冊

110000－0143－0007521　PG242/153
水流雲在館奏議二卷　(清)宋晉撰　清光緒十三年(1887)溧陽宋頤刻本　二冊

110000－0143－0007522　PG242/154
法部議覆禁革官媒原摺不分卷　(清)法部編撰　清光緒三十四年(1908)至宣統官報書局鉛印本　一冊

110000－0143－0007523　PG242/155

奏禮學開館酌擬凡例摺不分卷 (清)禮部編撰　清宣統官報書局鉛印本　一冊

110000－0143－0007524　PG242/156
度支部奏遵擬清理財政章程摺不分卷 (清)度支部編撰　清光緒三十四年(1908)至宣統官報書局鉛印本　一冊

110000－0143－0007525　PG242/157
奏定續擬禁煙章程不分卷　清宣統官報書局鉛印本　一冊

110000－0143－0007526　PG242/158
覆陳妥酌清理財政章程摺不分卷 (清)度支部編撰　清光緒三十四年(1908)至宣統官報書局鉛印本　一冊

110000－0143－0007527　PG242/159
杭防大事記第一編不分卷 (清)存炳等撰　清宣統二年(1910)石印本　一冊

110000－0143－0007528　PG242/160
疏草訂存不分卷 (清)胡賓琭等撰　清道光至光緒抄本　一冊

110000－0143－0007529　PG242/161
郭侍郎洋務文鈔四卷 (清)郭嵩燾撰　(清)余廷誥纂　清光緒二十三年(1897)豐城余廷誥寶墨齋刻本　二冊

110000－0143－0007530　PG242/162
光緒三年至九年奏議　清光緒九年至三十四年(1883－1908)抄本　四冊

110000－0143－0007531　PG242/163
須圃出使奏議不分卷　楊兆鋆編　清宣統三年(1911)鉛印本　一冊

110000－0143－0007532　PG242/164
張文毅公奏稾八卷 (清)張芾撰　清光緒二年(1876)刻本　四冊

110000－0143－0007533　PG242/165
洪文襄公奏對二卷 (清)洪承疇撰　清光緒十九年(1893)京都榮錄堂刻本　一冊

110000－0143－0007534　PG242/165－1
洪文襄奏對筆記二卷 (清)洪承疇撰　清光緒十四年(1888)刻本　一冊

110000－0143－0007535　PG242/167
楊勇慤公奏議十卷書一卷遺集一卷 (清)楊岳斌撰　清光緒二十一年(1895)問竹軒刻本　十二冊

110000－0143－0007536　PG242/168
奏稿不分卷 (清)□□輯　清光緒至宣統抄本　十六冊

110000－0143－0007537　PG242/168
時務奏疏不分卷 (清)準良等撰　清末刻本　一冊

110000－0143－0007538　PG242/170
錢敏肅公奏疏七卷 (清)錢鼎銘撰　清光緒六年(1880)存素堂刻本　四冊

110000－0143－0007539　PG242/170
錢敏肅公奏疏七卷 (清)錢鼎銘撰　清光緒六年(1880)存素堂刻本　四冊

110000－0143－0007540　PG242/170
錢敏肅公奏疏七卷 (清)錢鼎銘撰　清光緒六年(1880)存素堂刻本　四冊

110000－0143－0007541　PG242/171
兩河奏疏(道光元年至十一年)不分卷 (清)嚴烺撰　清道光十二年(1832)刻本　十冊

110000－0143－0007542　PG242/172
練兵事宜奏議不分卷 (清)□□輯　清光緒至宣統抄本　一冊

110000－0143－0007543　PG242/173
封疆譜不分卷 (清)□□輯　清道光至宣統抄本　一冊

110000－0143－0007544　PG242/174
重刻右海先生疏稿不分卷 (明)丁允元撰　清乾隆三十五年(1770)刻本　二冊

110000－0143－0007545　PG242/175
上諭條奏(光緒十九年冬季至二十年吏例)(光緒二十年秋季刑例) (清)□□輯　清光緒十年至三十四年(1884－1908)刻本　二冊

110000－0143－0007546　PG242/176
李及泉先生奏議二卷首一卷末一卷　（明）李頤撰　清咸豐六年(1856)刻本　二册

110000－0143－0007547　PG242/177
上諭條例(道光四年分)不分卷　（清）吏部等六部分修　清道光四年至三十年(1824－1850)刻本　六册

110000－0143－0007548　PG242/177
上諭條例(道光二年分)不分卷　（清）吏部等六部分修　清道光二年至三十年(1822－1850)刻本　六册

110000－0143－0007549　PG242/179
上諭(雍正元年十一年、十二年)　清乾隆二十一年(1756)至宣統刻本　四册　存三卷(雍正元年一、十二年三至四)

110000－0143－0007550　PG242/179
上諭(乾隆七年)四卷　清乾隆二十一年(1756)至宣統刻本　四册

110000－0143－0007551　PG242/179
上諭(乾隆八年)四卷　清乾隆二十一年(1756)至宣統刻本　四册

110000－0143－0007552　PG242/179
上諭(乾隆九年、十年、十二年)　清乾隆二十一年(1756)至宣統刻本　六册　存八卷(乾隆九年一、四,十年一至三,十二年二至四)

110000－0143－0007553　PG242/179
上諭(乾隆十三年)四卷　清乾隆二十一年(1756)至宣統刻本　四册

110000－0143－0007554　PG242/179
上諭(乾隆十四年)四卷　清乾隆二十一年(1756)至宣統刻本　四册

110000－0143－0007555　PG242/179
上諭(乾隆十五年、十七年)　清乾隆二十一年(1756)至宣統刻本　五册　存五卷(乾隆十五年一至二、十七年二至四)

110000－0143－0007556　PG242/179
上諭(乾隆十八年、二十年、二十一年)　清乾隆二十一年(1756)至宣統刻本　五册　存五卷(乾隆十八年一至二、二十年二至四)

110000－0143－0007557　PG242/179
上諭(乾隆二十一年)四卷　清乾隆二十一年(1756)至宣統刻本　四册

110000－0143－0007558　PG242/180
張大司馬奏稿四卷　（清）張亮基撰　清光緒十七年(1891)刻本　四册

110000－0143－0007559　PG242/181
劉中丞奏稿八卷　（清）劉崐撰　清光緒二十一年(1895)上海刻本　八册

110000－0143－0007560　PG242/182
裁嚴郡九姓漁課錄不分卷　（清）戴槃撰　清同治七年(1868)刻本　一册

110000－0143－0007561　PG242/183
閫幕存稿不分卷　（清）葉錫麒著　清光緒三十一年(1905)木活字印本　一册

110000－0143－0007562　PG242/185
奏底不分卷　（清）□□輯　清宣統二年(1910)抄本　八册

110000－0143－0007563　PG242/186
左恪靖伯奏稿一百二十卷　（清）左宗棠撰　清光緒十二年(1886)刻本　四十八册

110000－0143－0007564　PG242/186－1
左恪靖伯奏稿三十八卷　（清）左宗棠撰　清同治七年(1868)刻本　二十册

110000－0143－0007565　PG242/187
宋丞相李忠定公奏議六十九卷附錄九卷　（宋）李剛撰　明正德十一年(1516)刻本　十册

110000－0143－0007566　PG242/188
太子太保協辦大學士湖廣總督一等肅毅伯臣李鴻章片　（清）李鴻章撰　清光緒刻本　一册

110000－0143－0007567　PG242/189
督辦鹽政處奏案十卷　（清）度支部編　清宣統油印本　十册

110000－0143－0007568　PG242/191
奏議抄錄不分卷　(清)□□輯　清末抄本　一冊

110000－0143－0007569　PG242/192
硃批諭旨不分卷　(清)世宗胤禛批　清乾隆刻朱墨套印本　一百十二冊

110000－0143－0007570　PG242/194
滇黔奏議十卷　(清)劉嶽昭著　清光緒十四年(1888)刻本　六冊

110000－0143－0007571　PG242/195
明臣奏議十二卷　(清)孫桐生編輯　清光緒十七年(1891)四影閣刻本　六冊

110000－0143－0007572　PG242/196
竹坡侍郎奏議二卷　(清)寶廷著　清光緒二十七年(1901)刻本　二冊

110000－0143－0007573　PG242/196
竹坡侍郎奏議二卷　(清)寶廷著　清光緒二十七年(1901)刻本　二冊

110000－0143－0007574　PG242/196
竹坡侍郎奏議二卷　(清)寶廷著　清光緒二十七年(1901)刻本　二冊

110000－0143－0007575　PG242/197
聖朝名公奏議八卷　(清)陳弢編纂　清光緒元年(1875)石印本　六冊

110000－0143－0007576　PG242/198
庸盦尚書奏議十六卷　陳夔龍撰　俞陛雲編輯　清宣統三年(1911)鉛印本　八冊

110000－0143－0007577　PG242/199
宋包孝肅公奏議十卷　(宋)包拯撰　清道光二十年(1840)包祥麟朝宗書室木活字印本　四冊

110000－0143－0007578　PG242/200
鹿洲奏疏不分卷　(清)藍鼎元撰　清光緒六年(1880)漳浦藍有容、藍佐刻本　一冊

110000－0143－0007579　PG242/201
岑襄勤公奏稿三十卷首一卷　(清)岑毓英撰　清光緒二十三年(1897)武昌督糧官署刻本　三十二冊

110000－0143－0007580　PG242/201
岑襄勤公奏稿三十卷首一卷　(清)岑毓英撰　清光緒二十三年(1897)武昌督糧官署刻本　三十冊　缺二卷(總目、首一卷)

110000－0143－0007581　PG242/202
蘇撫奏稿不分卷　(清)衛榮光撰　清光緒九年至十二年(1883－1886)新鄉衛氏敬慎堂稿本　五冊

110000－0143－0007582　PG242/203
奏摺不分卷　(清)英翰等撰　清光緒刻本　一冊

110000－0143－0007583　PG242/204
楊文敬公奏議十卷　(清)楊士驤撰　清宣統三年(1911)楊氏刻本　四冊

110000－0143－0007584　PG242/205
江蘇水師奏稿不分卷江蘇水師部議不分卷　(清)曾國藩撰　清光緒刻本　一冊

110000－0143－0007585　PG242/206
丁文誠公洋務奏稿不分卷　(清)丁寶楨撰　清光緒二十七年(1901)雲間麗澤學會石印本　一冊

110000－0143－0007586　PG242/206
曾惠敏公奏疏十卷　(清)曾紀澤撰　清光緒二十七年(1901)雲間麗澤學會石印本　三冊

110000－0143－0007587　PG242/208
文誠公奏議四卷首一卷　(清)袁保恒撰　清宣統三年(1911)清芬閣鉛印本　四冊

110000－0143－0007588　PG242/210
盡言集十三卷　(宋)劉安世撰　清光緒五年(1879)定州王氏謙德堂刻本　四冊

110000－0143－0007589　PG242/210
盡言集十三卷　(宋)劉安世撰　清光緒五年(1879)定州王氏謙德堂刻本　四冊

110000－0143－0007590　PG242/212
蘇文忠公奏議二卷　(宋)蘇軾撰　清嘉慶十八年(1813)盱江曾氏刻本　四冊

110000－0143－0007591　PG242/212
蘇文忠公奏議二卷　（宋）蘇軾撰　清嘉慶十八年（1813）盱江曾氏刻本　二册

110000－0143－0007592　PG242/213
高給諫奏議不分卷補遺不分卷　（清）高枏撰　清光緒清瀚堂刻本　一册

110000－0143－0007593　PG242/214
桐城馬太僕奏略四卷　（明）馬孟禎撰　清光緒六年（1880）馬氏刻本　二册

110000－0143－0007594　PG242/215
篝瞻疏稿三卷　（清）鹿傳霖撰　清光緒二十六年（1900）刻本　二册

110000－0143－0007595　PG242/216
光緒十四年奏稿抄録不分卷　（清）□□輯　清光緒十四年（1888）抄本　三册

110000－0143－0007596　PG242/216
兵部奏稿不分卷　（清）兵部輯　清光緒十五年（1889）抄本　五册

110000－0143－0007597　PG242/217
重訂周恭肅公奏疏一卷　（明）周用撰　（清）周鶴立校　清嘉慶至宣統周氏刻本　一册

110000－0143－0007598　PG242/218
思補齋奏摺不分卷　（清）潘世恩撰　清光緒至宣統刻本　一册

110000－0143－0007599　PG242/218
思補齋奏摺不分卷　（清）潘世恩撰　清光緒至宣統刻本　一册

110000－0143－0007600　PG242/219
兵垣奏議不分卷　（明）陳子龍著　清光緒二十三年（1897）刻本　二册

110000－0143－0007601　PG242/219
兵垣奏議不分卷　（明）陳子龍著　清光緒二十三年（1897）刻本　二册

110000－0143－0007602　PG242/220
船政奏議彙編五十卷　（清）左宗棠等撰　清光緒十四年（1888）刻本　二十册

110000－0143－0007603　PG242/222
尹少宰奏議十卷　（清）尹會一撰　（清）張受長編　清光緒五年（1879）定州王氏謙德堂刻本　四册

110000－0143－0007604　PG242/223
郭給諫疏稿二卷　（明）郭尚賓撰　清道光二十五年（1845）南海伍氏刻本（原缺卷一頁一頁二）　一册

110000－0143－0007605　PG242/224
萬壽慶典六十段工程奏稿不分卷萬壽慶典六十段點景奏稿不分卷　清光緒二十年（1894）刻本　二册

110000－0143－0007606　PG242/225
學治識端不分卷　（清）徐壽茲撰　清光緒二十七年（1901）大梁刻本　一册

110000－0143－0007607　PG242/226
奏設外務部章程不分卷　（清）外務部撰　清光緒二十八年至三十四年（1902－1908）鉛印本　一册

110000－0143－0007608　PG242/227
周給事垂光集一卷附録一卷　（明）周璽撰　清光緒元年（1875）合肥張氏毓秀堂刻本　一册

110000－0143－0007609　PG242/227
周給事垂光集一卷附録一卷　（明）周璽撰　清光緒元年（1875）合肥張氏毓秀堂刻本　一册

110000－0143－0007610　PG242/228
清代督撫奏議滙鈔不分卷　（清）岑春煊等撰　清光緒三十年（1904）至宣統抄本　一册

110000－0143－0007611　PG242/229
趙忠定奏議四卷　（宋）趙汝愚撰　葉德輝編輯　清宣統二年（1910）葉氏觀古堂刻本　二册

110000－0143－0007612　PG242/231
李肅毅伯奏議二十卷　（清）李鴻章撰　（清）章洪鈞　（清）吳汝綸編輯　清光緒二十五年

(1899)上海鴻文書局石印本　二十册

110000－0143－0007613　PG242/231

李肅毅伯奏議二十卷　(清)李鴻章撰　(清)章洪鈞　(清)吳汝綸編輯　清光緒二十五年(1899)上海鴻文書局石印本　二十册

110000－0143－0007614　PG242/232

卓欽奏事檔不分卷　(清)□□撰　清咸豐六年(1856)稿本　一册

110000－0143－0007615　PG242/233

潘世恩摺稿偶存不分卷　(清)潘世恩撰　清光緒至宣統潘氏刻本　一册

110000－0143－0007616　PG242/233

潘世恩摺稿偶存不分卷　(清)潘世恩撰　清光緒至宣統潘氏刻本　一册

110000－0143－0007617　PG242/234

入告編三卷遺編一卷　(清)張惟赤撰　清宣統三年(1911)海鹽張氏鉛印本　三册

110000－0143－0007618　PG242/235

潘世恩題本不分卷　(清)潘世恩等撰　清道光十七年(1837)抄本　一册

110000－0143－0007619　PG242/237

明名臣奏議選八卷　(清)趙承恩輯　清同治十三年(1874)趙氏刻本　四册

110000－0143－0007620　PG242/239

程中丞奏稿十九卷　程德全撰　清宣統二年(1910)鉛印本　十册

110000－0143－0007621　PG242/240

準葛爾懇務奏摺一卷　清光緒三十二年(1906)至宣統刻本　一册

110000－0143－0007622　PG242/241

柳州文牘二卷　楊道霖撰　清宣統二年(1910)鉛印本　一册

110000－0143－0007623　PG242/243

太師王端毅公奏議六卷　(明)王恕撰　明嘉靖十三年(1534)刻本　三册

110000－0143－0007624　PG242/247

皇朝道咸同光奏議六十四卷　(清)王延熙　(清)王樹敏編輯　清光緒二十八年(1902)上海久敬齋石印本　二十一册　缺十五卷(一至十五)

110000－0143－0007625　PG242/248

海塘新案十卷　(清)楊昌濬等撰　清光緒二年(1876)至宣統抄本　十册

110000－0143－0007626　PG242/249

太常公奏略二卷附不分卷　(明)舒榮都著　清道光元年(1821)新安舒氏世德堂刻本　二册

110000－0143－0007627　PG242/250

進修堂奏稿二卷　(清)白恩佑撰　清光緒二十三年(1897)介休白冠瀛津門刻本　一册

110000－0143－0007628　PG242/253

蘇東坡先生上神宗皇帝書不分卷　(宋)蘇軾撰　(清)蔡焯注　清乾隆十一年(1746)錫山蔡氏刻本　一册

110000－0143－0007629　PG242/254

馬端敏公奏議八卷附諭旨　(清)馬新貽撰　清光緒二十年(1894)茶陵譚鍾麟閩浙督署刻本　八册

110000－0143－0007630　PG242/256

河南巡撫嚴樹森咸豐十一年五月摺稿不分卷　(清)嚴樹森撰　清咸豐十一年(1861)稿本　一册

110000－0143－0007631　PG242/305

太傅孫文正公手書遺摺稿不分卷　(清)孫家鼐撰　清宣統元年(1909)影印本　一册

110000－0143－0007632　PG242/306

辛丑三議不分卷　楊哲甫撰　清光緒二十八年(1902)安康陳雄藩鉛印本　一册

110000－0143－0007633　PG242/308

應詔陳言疏不分卷附榮中堂奏稿　(清)崑岡等撰　清光緒二十四年至三十四年(1898－1908)刻本　一册

110000－0143－0007634　PG242/311

盡言集十三卷　(宋)劉安世撰　清光緒十三年(1887)定州王灝刻畿輔叢書初編本　四冊

110000－0143－0007635　PG242/312
閣鈔彙編(光緒丁未八月)不分卷附北新雜誌卷三十四　(清)北京華北書局編輯　清光緒三十三年(1907)北京華北書局鉛印本　四冊

110000－0143－0007636　PG242/313
閣鈔彙編(光緒丁未六月)不分卷　(清)北京華北書局編輯　清光緒三十三年(1907)北京華北書局鉛印本　三冊

110000－0143－0007637　PG242/314
閣鈔彙編(光緒丁未二月)不分卷附北新雜誌卷二十八　(清)北京華北書局編輯　清光緒三十三年(1907)北京華北書局鉛印本　四冊

110000－0143－0007638　PG242/315
閣鈔彙編(光緒癸卯六月)不分卷　(清)北京華北書局編輯　清光緒二十九年(1903)北京華北書局鉛印本　三冊

110000－0143－0007639　PG242/316
閣鈔彙編(光緒癸卯閏五月)不分卷附華北譯箸編卷十八　(清)北京華北書局編輯　清光緒二十九年(1903)北京華北書局鉛印本　四冊

110000－0143－0007640　PG242/317
閣鈔彙編(光緒癸卯十月)不分卷附華北譯箸編卷二十三　(清)北京華北書局編輯　清光緒二十九年(1903)北京華北書局鉛印本　四冊

110000－0143－0007641　PG242/318
閣鈔彙編(光緒癸卯十一月)不分卷附華北譯箸編卷二十四　(清)北京華北書局編輯　清光緒二十九年(1903)北京華北書局鉛印本　四冊

110000－0143－0007642　PG242/319
閣鈔彙編(光緒癸卯三月)不分卷附華北譯箸編卷十五　(清)北京華北書局編輯　清光緒二十九年(1903)北京華北書局鉛印本　四冊

110000－0143－0007643　PG242/320
閣鈔彙編(光緒癸卯五月)不分卷附華北譯箸編卷十七　(清)北京華北書局編輯　清光緒二十九年(1903)北京華北書局鉛印本　四冊

110000－0143－0007644　PG242/321
閣鈔彙編(光緒丁未七月)不分卷附北新雜誌卷三十三　(清)北京華北書局編輯　清光緒三十三年(1907)北京華北書局鉛印本　四冊

110000－0143－0007645　PG242/322
丁文誠公奏稿二十六卷　(清)丁寶楨撰　清光緒十八年至十九年(1892－1893)貴陽陳夔龍刻本　十三冊　存十三卷(十四至二十六)

110000－0143－0007646　PG242/322
十五弗齋詩存一卷　(清)丁寶楨撰　清光緒二十年(1894)貴陽陳夔龍刻本　一冊

110000－0143－0007647　PG25/2
月令粹編二十四卷圖說不分卷　(清)秦嘉謨輯　清光緒九年(1883)皖省聚文書坊刻本　八冊

110000－0143－0007648　PG25/2－1
月令粹編二十四卷圖說不分卷　(清)秦嘉謨輯　清嘉慶十七年(1812)江都秦氏琳琅仙館刻本　六冊

110000－0143－0007649　PG25/6
歲時廣記四十卷圖說一卷總載一卷　(宋)陳元靚編　清光緒元年至八年(1875－1882)歸安陸心源刻十萬卷樓叢書二編本　八冊

110000－0143－0007650　PG26/1
天下郡國利病書一百二十卷　(清)顧炎武撰　清光緒二十七年(1901)上海圖書集成局鉛印本　二十八冊

110000－0143－0007651　PG26/1
天下郡國利病書一百二十卷　(清)顧炎武撰　清光緒至宣統鉛印本　十四冊　存六十二卷(六至十、二十七至三十九、四十四至八十七)

110000－0143－0007652　PG26/1

天下郡國利病書一百二十卷　（清）顧炎武撰　清光緒二十六年（1900）廣州廣雅書局刻本　五十二册

110000－0143－0007653　PG26/1
天下郡國利病書一百二十卷　（清）顧炎武撰　清光緒二十七年（1901）上海圖書集成局鉛印本　八册　存二十八卷（一至二十八）

110000－0143－0007654　PG26/1
讀史方輿紀要一百三十卷　（清）顧祖禹纂　清光緒二十七年（1901）上海圖書集成局鉛印本　四册　存二十五卷（一百六至一百三十）

110000－0143－0007655　PG26/1
方輿全圖總説五卷　（清）顧祖禹撰　（清）浦錫齡校訂　清光緒二十七年（1901）上海圖書集成局鉛印本　四册

110000－0143－0007656　PG26/1－1
天下郡國利病書一百二十卷　（清）顧炎武撰　（清）龍萬育訂　清道光十年（1830）成都龍氏敷文閣刻光緒五年（1879）蜀南薛氏桐華書屋重刻本　五十一册

110000－0143－0007657　PG26/1－1
天下郡國利病書一百二十卷　（清）顧炎武撰　（清）龍萬育訂　清道光十年（1830）成都龍氏敷文閣刻光緒五年（1879）蜀南薛氏桐華書屋重刻本　五十一册

110000－0143－0007658　PG26/1－1
天下郡國利病書一百二十卷　（清）顧炎武撰　（清）龍萬育訂　清道光十年（1830）成都龍氏敷文閣刻本　二册　存五卷（十六至十七、二十四至二十六）

110000－0143－0007659　PG26/1－2
天下郡國利病書一百二十卷　（清）顧炎武撰　清光緒二十九年（1903）上海益吾齋石印本　二十四册

110000－0143－0007660　PG26/1－3
天下郡國利病書一百二十卷　（清）顧炎武撰　（清）龍萬育訂　清道光十年（1830）成都龍氏敷文閣刻本　七册　存十四卷（一至十四）

110000－0143－0007661　PG26/2
水經注四十卷　（北魏）酈道元注　（清）戴震校　清乾隆三十八年至四十年（1773－1775）曲阜孔繼涵微波榭刻本　十八册

110000－0143－0007662　PG26/2
水經注四十卷首一卷附録二卷　（北魏）酈道元注　（清）趙一清輯補　清光緒十八年（1892）長沙王先謙思賢講舍刻本　十五册

110000－0143－0007663　PG26/2－1
水經注四十卷首一卷附録二卷　（北魏）酈道元注　（清）趙一清輯補　清光緒十八年（1892）長沙王先謙思賢講舍刻本　十六册

110000－0143－0007664　PG26/2－2
合校水經注四十卷首一卷附録二卷　（北魏）酈道元注　（清）趙一清輯補　清光緒二十年（1894）寶善書局石印本　二十册

110000－0143－0007665　PG26/2－2
合校水經注四十卷首一卷附録二卷　（北魏）酈道元注　（清）趙一清輯補　清光緒二十年（1894）寶善書局石印本　二十册

110000－0143－0007666　PG26/3
瀛環志略十卷　（清）徐繼畬撰　清同治五年（1866）刻本　二册　存二卷（六至七）

110000－0143－0007667　PG26/3
瀛環志略十卷　（清）徐繼畬撰　清同治五年（1866）總理衙門刻本　六册

110000－0143－0007668　PG26/3
瀛環志略十卷　（清）徐繼畬撰　清光緒二十四年（1898）上海掃葉山房石印本　四册

110000－0143－0007669　PG26/3－1
瀛環志略十卷　（清）徐繼畬撰　（清）陳慶偕　（清）鹿澤長參訂　（清）崔明高採譯　清光緒二十一年（1895）上海寶文書局石印本　四册

110000－0143－0007670　PG26/3－1
瀛環志略十卷首一卷　（清）徐繼畬撰　清光緒六年（1880）楚南周鯤刻本　八册

110000－0143－0007671　PG26/3－1
瀛環志略十卷首一卷　(清)徐繼畬撰　清光緒六年(1880)楚南周鯤刻本　六冊

110000－0143－0007672　PG26/3－2
瀛環志略十卷　(清)徐繼畬撰　清同治五年(1866)總理衙門刻本　六冊

110000－0143－0007673　PG26/3－3
瀛環志略十卷　(清)徐繼畬撰　清同治十二年(1873)掞雲樓刻本　三冊

110000－0143－0007674　PG26/3－3
瀛環志略十卷　(清)徐繼畬撰　清同治十二年(1873)掞雲樓刻本　六冊

110000－0143－0007675　PG26/3－4
續瀛環志略初編不分卷　(清)薛福成鑒定　(清)瞿昂來譯　(清)薛瑩中編　清光緒二十八年(1902)無錫傳經樓石印本　四冊

110000－0143－0007676　PG26/3－5
瀛環志略十卷瀛環志略續集四卷末一卷補遺一卷　(清)徐繼畬撰　(英國)慕維廉纂輯　(清)陳俠君校訂　清光緒二十四年(1898)上海掃葉山房石印本　八冊

110000－0143－0007677　PG26/3－6
瀛環志略十卷坿瀛環志略辨正不分卷　(清)徐繼畬撰　清光緒二十四年(1898)新化三味書室刻本　六冊

110000－0143－0007678　PG26/3－7
瀛環志略十卷　(清)徐繼畬撰　清道光三十年(1850)紅杏山房刻本　十四冊

110000－0143－0007679　PG26/3－7
瀛環志略八卷　(清)徐繼畬撰　清道光三十年(1850)紅杏山房刻本　六冊

110000－0143－0007680　PG26/5
日下舊聞四十二卷附補遺　(清)朱彝尊撰　(清)朱昆田輯　清康熙二十六年至二十七年(1687－1688)六峰閣刻雍正修補刻本　二十四冊

110000－0143－0007681　PG26/5
日下舊聞四十二卷附補遺　(清)朱彝尊撰　(清)朱昆田輯　清康熙二十六年至二十七年(1687－1688)六峰閣刻雍正修補刻本　四十冊

110000－0143－0007682　PG26/5
日下舊聞四十二卷附補遺　(清)朱彝尊撰　(清)朱昆田輯　清康熙二十六年至二十七年(1687－1688)六峰閣刻雍正修補刻本　十九冊　缺三卷(序、目錄、一)

110000－0143－0007683　PG26/6
萬國商業地理志二十三章　(英國)嘉楂德氏著　清光緒二十八年(1902)上海廣智書局鉛印本　一冊

110000－0143－0007684　PG26/7
海國圖志一百卷　(清)魏源撰　清咸豐二年(1852)邵陽魏氏古微堂刻本　十九冊

110000－0143－0007685　PG26/7
海國圖志一百卷　(清)魏源撰　清光緒二十一年(1895)上海積山書局石印本　十四冊

110000－0143－0007686　PG26/7－1
海國圖志六十卷　(清)魏源撰　清道光二十九年(1849)邵陽魏氏古微堂刻本　二十四冊

110000－0143－0007687　PG26/7－1
海國圖志一百卷　(清)魏源撰　清光緒二十四年(1898)文賢閣石印本　十六冊

110000－0143－0007688　PG26/7－1
海國圖志一百卷　(清)魏源撰　清光緒二十四年(1898)文賢閣石印本　十六冊

110000－0143－0007689　PG26/7－1
海國圖志一百卷　(清)魏源撰　清光緒二十四年(1898)文賢閣石印本　十六冊

110000－0143－0007690　PG26/7－2
海國圖志一百卷　(清)魏源撰　清咸豐二年(1852)古微堂刻本　二十四冊

110000－0143－0007691　PG26/7－3
海國圖志一百卷　(清)魏源撰　清光緒六年(1880)邵陽急當務齋刻本　三十四冊

110000－0143－0007692　PG26/7－3
海國圖志一百卷　(清)魏源撰　清光緒六年(1880)邵陽急當務齋刻本　三十二册

110000－0143－0007693　PG26/7－4
海國圖志一百卷　(清)魏源撰　清光緒二年(1876)平慶涇固道署刻本　二十四册

110000－0143－0007694　PG26/7－4
海國圖志一百卷　(清)魏源撰　清光緒二年(1876)平慶涇固道署刻本　二十四册

110000－0143－0007695　PG26/8
寧古塔紀略不分卷　(清)吳桭臣撰　(清)顧沅校　清光緒刻本　一册

110000－0143－0007696　PG26/9
浯溪考二卷　(清)王士禛撰　清康熙刻本　二册

110000－0143－0007697　PG26/11
水經註圖四十卷補一卷　楊守敬撰　清光緒三十一年(1905)觀海堂刻本　八册

110000－0143－0007698　PG26/11
水經註圖四十卷補一卷　楊守敬撰　清光緒三十一年(1905)觀海堂刻本　八册

110000－0143－0007699　PG26/11－1
水經註圖一卷附錄一卷　(清)汪士鐸撰　清咸豐十一年(1861)益陽胡林翼武昌刻本　一册

110000－0143－0007700　PG26/11－1
水經註圖一卷附錄一卷　(清)汪士鐸撰　清咸豐十一年(1861)益陽胡林翼武昌刻本　一册

110000－0143－0007701　PG26/11－2
水經註圖四十卷補一卷　楊守敬撰　清光緒三十一年(1905)觀海堂刻本　八册

110000－0143－0007702　PG26/12
襄陽沿革略不分卷　吳慶燾撰　清光緒二十六年(1900)刻本　一册

110000－0143－0007703　PG26/13
五洲述略四卷　蕭應椿編　清光緒二十八年(1902)紫藤花館刻本　六册

110000－0143－0007704　PG26/14
海塘新志六卷續志四卷　(清)琅玕等編　清道光刻本　八册

110000－0143－0007705　PG26/14－1
海塘新志六卷　(清)琅玕等編　清道光刻本　四册

110000－0143－0007706　PG26/14－1
海塘新志六卷　(清)琅玕等編　清道光刻本　四册

110000－0143－0007707　PG26/14－2
續海塘新志四卷　(清)琅玕等編　清道光刻本　四册

110000－0143－0007708　PG26/17
朔方備乘六十八卷首十二卷附圖　(清)何秋濤纂輯　清光緒三年至七年(1877－1881)保定畿輔通志局刻本　五册　存十六卷(二十至二十九、四十六至五十一)

110000－0143－0007709　PG26/17
朔方備乘六十八卷首十二卷附圖　(清)何秋濤纂輯　清光緒三年至七年(1877－1881)保定畿輔通志局刻本　四册　存十三卷(五十六至六十八)

110000－0143－0007710　PG26/17
朔方備乘圖說不分卷　(清)何秋濤撰　清光緒三年(1877)保定畿輔通志局刻本　一册

110000－0143－0007711　PG26/17
朔方備乘六十八卷首十二卷附圖　(清)何秋濤纂輯　清光緒七年(1881)石印本　八册

110000－0143－0007712　PG26/17
朔方備乘六十八卷首十二卷附圖　(清)何秋濤纂輯　清光緒七年(1881)石印本　八册

110000－0143－0007713　PG26/17
朔方備乘六十八卷首十二卷附圖　(清)何秋濤纂輯　清光緒七年(1881)石印本　八册

110000－0143－0007714　PG26/17
朔方備乘六十八卷首十二卷附圖　(清)何秋

濤纂輯　清光緒七年(1881)石印本　八册

110000－0143－0007715　PG26/17
朔方備乘六十八卷首十二卷附圖　(清)何秋濤纂輯　清光緒七年(1881)石印本　八册

110000－0143－0007716　PG26/17
朔方備乘六十八卷首十二卷附圖　(清)何秋濤纂輯　清光緒七年(1881)石印本　八册

110000－0143－0007717　PG26/17
朔方備乘六十八卷首十二卷附圖　(清)何秋濤纂輯　清光緒七年(1881)刻本　二十四册

110000－0143－0007718　PG26/17
朔方備乘六十八卷首十二卷附圖　(清)何秋濤纂輯　清光緒七年(1881)刻本　二十四册　缺二卷(朔方備乘八至九)

110000－0143－0007719　PG26/17
朔方備乘六十八卷首十二卷附圖　(清)何秋濤纂輯　清光緒刻本　六册　存二十六卷(朔方備乘一至十四、首十二卷)

110000－0143－0007720　PG26/17－1
朔方備乘六十八卷首十二卷附圖　(清)何秋濤纂輯　清光緒七年(1881)刻本　十九册　缺二十六卷(朔方備乘一至十四、首十二卷)

110000－0143－0007721　PG26/17－2
朔方備乘六十八卷首十二卷　(清)何秋濤纂輯　清光緒七年(1881)至民國寶善書局石印本　八册

110000－0143－0007722　PG26/18
湖南全省輿地圖表不分卷　(清)□□編　清光緒二十二年(1896)石印本　十六册

110000－0143－0007723　PG26/18
湖南全省輿地圖表不分卷　(清)□□編　清光緒二十二年(1896)石印本　十六册

110000－0143－0007724　PG26/19
五洲地理志略三十六卷首不分卷　王先謙撰　清宣統二年(1910)湖南學務公所刻本　九册　缺十卷(九至十五、二十五至二十七)

110000－0143－0007725　PG26/19
五洲地理志略三十六卷首不分卷　王先謙撰　清宣統二年(1910)湖南學務公所刻本　十二册

110000－0143－0007726　PG26/19
五洲地理志略三十六卷首不分卷　王先謙撰　清宣統二年(1910)湖南學務公所刻本　十二册

110000－0143－0007727　PG26/20
水經注釋四十卷首一卷附錄二卷水經注箋刊誤十二卷　(清)趙一清錄　清光緒六年(1880)蛟川張壽榮花雨樓刻本　二十四册

110000－0143－0007728　PG26/20
水經注釋四十卷首一卷附錄二卷水經注箋刊誤十二卷　(清)趙一清錄　清光緒六年(1880)蛟川張壽榮花雨樓刻本　十六册

110000－0143－0007729　PG26/20－1
水經注釋四十卷首一卷附錄二卷水經注箋刊誤十二卷　(清)趙一清錄　清乾隆五十一年(1786)仁和趙氏小山堂刻本　二十册

110000－0143－0007730　PG26/21
瀛寰志略續集四卷末一卷　(清)徐繼畬撰　(英國)慕維廉纂輯　(清)陳俠君校訂　清光緒二十三年(1897)新學會堂石印本　四册

110000－0143－0007731　PG26/21
瀛寰志略續集四卷末一卷　(清)徐繼畬撰　(英國)慕維廉纂輯　(清)陳俠君校訂　清光緒二十四年(1898)掃葉山房鉛印本　四册

110000－0143－0007732　PG26/21
瀛寰志略十卷續集四卷末一卷　(清)徐繼畬撰　(英國)慕維廉纂輯　(清)陳俠君校訂　清光緒二十四年(1898)掃葉山房鉛印本　四册

110000－0143－0007733　PG26/23
太平寰宇記二百卷補闕八卷目錄二卷　(宋)樂史纂　(清)陳蘭森輯　清嘉慶六年(1801)刻本　三十五册　缺二卷(一至二)

110000－0143－0007734　PG26/23－1

太平寰宇記二百卷補闕八卷目錄二卷　（宋）樂史纂　（清）陳蘭森輯　清光緒刻本　二十四册

110000－0143－0007735　PG26/23－1
太平寰宇記二百卷補闕八卷目錄二卷　（宋）樂史纂　（清）陳蘭森輯　清嘉慶六年（1801）刻本　四十册

110000－0143－0007736　PG26/23
太平寰宇記二百卷補闕八卷目錄二卷　（宋）樂史纂　（清）陳蘭森輯　清嘉慶六年（1801）刻本　二十册

110000－0143－0007737　PG26/24
廣輿記二十四卷　（明）陸應陽原纂　（清）蔡方炳增輯　清乾隆九年（1744）刻本　八册　存十四卷（十一至二十四）

110000－0143－0007738　PG26/24
廣輿記二十四卷　（明）陸應陽原纂　（清）蔡方炳增輯　清乾隆九年（1744）刻本　十二册

110000－0143－0007739　PG26/24
廣輿記二十四卷　（明）陸應陽原纂　（清）蔡方炳增輯　清乾隆九年（1744）刻本　八册　存十一卷（二至十、十三至十四）

110000－0143－0007740　PG26/24－3
廣輿記二十四卷　（明）陸應陽原纂　（清）蔡方炳增輯　清乾隆九年（1744）刻本　十二册

110000－0143－0007741　PG26/26－1
輿地廣記三十八卷附校勘札記二卷　（宋）歐陽忞撰　（清）黄丕烈校勘　清光緒六年（1880）南京金陵書局刻本　三册　缺十卷（十至十九）

110000－0143－0007742　PG26/26－1
輿地廣記三十八卷附校勘札記二卷　（宋）歐陽忞撰　（清）黄丕烈校勘　清光緒六年（1880）南京金陵書局刻本　四册

110000－0143－0007743　PG26/26－1
輿地廣記三十八卷附校勘札記二卷　（宋）歐陽忞撰　（清）黄丕烈校勘　清光緒六年（1880）南京金陵書局刻本　四册

110000－0143－0007744　PG26/26－1
輿地廣記三十八卷附校勘札記二卷　（宋）歐陽忞撰　（清）黄丕烈校勘　清光緒六年（1880）南京金陵書局刻本　四册

110000－0143－0007745　PG26/26－3
輿地廣記三十八卷　（宋）歐陽忞撰　清乾隆三十八年（1773）至宣統木活字印本　六册

110000－0143－0007746　PG26/27
水道提綱二十八卷　（清）齊召南編錄　清光緒四年（1878）津門徐士鑾霞城精舍刻本　八册

110000－0143－0007747　PG26/27－1
水道提綱二十八卷　（清）齊召南編錄　清光緒七年（1881）上海文瑞樓鉛印本　八册

110000－0143－0007748　PG26/27－1
水道提綱二十八卷　（清）齊召南編錄　清光緒刻本　六册

110000－0143－0007749　PG26/27－1
水道提綱二十八卷　（清）齊召南編錄　清光緒七年（1881）上海文瑞樓鉛印本　八册

110000－0143－0007750　PG26/27－2
水道提綱二十八卷　（清）齊召南編錄　清光緒十七年（1891）湖南崇德書局刻本　六册

110000－0143－0007751　PG26/28
水經二卷　（漢）桑欽撰　清乾隆五十六年（1791）金谿王謨刻本　一册

110000－0143－0007752　PG26/28
星經二卷　（漢）甘公　（漢）石申撰　清乾隆五十六年（1791）金谿王謨刻本　與110000－0143－0007751合册

110000－0143－0007753　PG26/28－2
水經四十卷　（漢）桑欽撰　（北魏）酈道元注　清乾隆十八年（1753）歙縣黄晟槐蔭草堂刻本　十二册

110000－0143－0007754　PG26/28－3
水經二卷　（漢）桑欽撰　清乾隆五十六年

(1791)金谿王謨刻本　一册

110000－0143－0007755　PG26/28－3
星經二卷　(漢)甘公　(漢)石申撰　清乾隆五十六年(1791)金谿王謨刻本　與110000－0143－0007754合册

110000－0143－0007756　PG26/29
汧陽述古編二卷　(清)李嘉績纂　清光緒十五年(1889)北通州李嘉績青門寓廬刻本　一册

110000－0143－0007757　PG26/31
輿地彙鈔十三卷附圖二卷　(清)馬冠羣輯　清同治至光緒石印本　三册　缺三卷(一至三)

110000－0143－0007758　PG26/32
地理全志四卷　(英國)慕維廉著　清光緒二十八年(1902)上海書局石印本　一册

110000－0143－0007759　PG26/32－1
地理全志不分卷　(英國)慕維廉著　清光緒九年(1883)上海美華書館鉛印本　二册

110000－0143－0007760　PG26/34
重修輞川志六卷　(清)胡元煐編　清道光十八年(1838)刻本　一册

110000－0143－0007761　PG26/36
深州風土記二十二卷附表五卷　(清)吳汝綸纂　清光緒二十六年(1900)文瑞書院刻本　七册

110000－0143－0007762　PG26/36
深州風土記二十二卷附表五卷　(清)吳汝綸纂　清光緒二十六年(1900)文瑞書院刻本　六册

110000－0143－0007763　PG26/36
深州風土記二十二卷附表五卷　(清)吳汝綸纂　清光緒二十六年(1900)文瑞書院刻本　六册

110000－0143－0007764　PG26/36
深州風土記二十二卷附表五卷　(清)吳汝綸纂　清光緒二十六年(1900)文瑞書院刻本　八册

110000－0143－0007765　PG26/36
深州風土記二十二卷附表五卷　(清)吳汝綸纂　清光緒二十六年(1900)文瑞書院刻本　八册

110000－0143－0007766　PG26/36
深州風土記二十二卷附表五卷　(清)吳汝綸纂　清光緒二十六年(1900)文瑞書院刻本　六册

110000－0143－0007767　PG26/36
深州風土記二十二卷附表五卷　(清)吳汝綸纂　清光緒二十六年(1900)文瑞書院刻本　八册

110000－0143－0007768　PG26/36
深州風土記二十二卷附表五卷　(清)吳汝綸纂　清光緒二十六年(1900)文瑞書院刻本　八册

110000－0143－0007769　PG26/37
漢西域圖考七卷首一卷　(清)李光廷撰　清末上海鴻文書局石印本　四册

110000－0143－0007770　PG26/37－1
漢西域圖考七卷　(清)李光廷撰　清同治九年(1870)番禺李氏刻本　四册

110000－0143－0007771　PG26/37－1
漢西域圖考七卷首一卷　(清)李光廷撰　清光緒十九年(1893)寶善書局石印本　七册

110000－0143－0007772　PG26/38
元祕史山川地名攷十二卷　(清)施世杰撰　清光緒二十三年(1897)許鄭學廬刻本　二册

110000－0143－0007773　PG26/38
元祕史山川地名攷十二卷　(清)施世杰撰　清光緒二十三年(1897)許鄭學廬刻本　一册

110000－0143－0007774　PG26/38
元祕史山川地名攷十二卷　(清)施世杰撰　清光緒二十三年(1897)許鄭學廬刻本　二册

110000－0143－0007775　PG26/39
讀史方輿紀要十卷　(清)顧祖禹纂　清光緒

二十八年(1902)湖南書局刻本　六册

110000－0143－0007776　PG26/39
讀史方輿紀要一百三十卷圖四卷　(清)顧祖禹纂　清嘉慶十七年(1812)成都龍萬育敷文閣刻本　九十六册

110000－0143－0007777　PG26/39
讀史方輿紀要一百三十卷圖四卷　(清)顧祖禹纂　清嘉慶十七年(1812)成都龍萬育敷文閣刻本　六十册

110000－0143－0007778　PG26/39－1
讀史方輿紀要一百三十卷　(清)顧祖禹纂　清光緒二十七年(1901)鉛印本　二十册　存九十一卷(五至十五、十九至三十八、四十六至一百五)

110000－0143－0007779　PG26/39－1
讀史方輿紀要一百三十卷　(清)顧祖禹纂　(清)彭元瑞校定　清光緒至宣統宏道堂刻本　五十八册　缺二卷(六十二至六十三、七十六)

110000－0143－0007780　PG26/39－3
讀史方輿紀要一百三十卷　(清)顧祖禹纂　清光緒二十九年(1903)上海益吾齋石印本　二十四册

110000－0143－0007781　PG26/39－4
讀史方輿紀要歷代州域形勢論九卷　(清)顧祖禹纂　清嘉慶十年(1805)友蘭堂刻本　八册

110000－0143－0007782　PG26/40
東道紀略不分卷　(清)陸費瑔撰　清光緒十六年(1890)裕長刻本　一册

110000－0143－0007783　PG26/42
二酉堂叢書二十一種三十一卷　(清)張澍輯　清道光元年(1821)張氏二酉堂刻本　一册　存六種(凉州記、凉州異物志、西河舊事、西河記、沙州記附錄、十三州志)

110000－0143－0007784　PG26/43
新斠注地理志十六卷目敘一卷　(清)錢坫撰　(清)徐松集釋　清同治十三年(1874)會稽章貞刻本　六册

110000－0143－0007785　PG26/43
新斠注地理志十六卷目敘一卷　(清)錢坫撰　(清)徐松集釋　清同治十三年(1874)會稽章貞刻本　八册

110000－0143－0007786　PG26/43
新斠注地理志十六卷目敘一卷　(清)錢坫撰　(清)徐松集釋　清同治十三年(1874)會稽章貞刻本　八册

110000－0143－0007787　PG26/43
新斠注地理志十六卷目敘一卷　(清)錢坫撰　(清)徐松集釋　清同治十三年(1874)會稽章貞刻本　八册

110000－0143－0007788　PG26/44
東晉疆域志四卷　(清)洪亮吉撰　清光緒四年(1878)授經堂刻本　一册　缺二卷(三至四)

110000－0143－0007789　PG26/44
東晉疆域志四卷　(清)洪亮吉撰　清光緒十七年(1891)廣雅書局刻本　二册

110000－0143－0007790　PG26/45
輿地沿革表四十卷首一卷　(清)楊丕復著　清光緒十四年(1888)刻本　二十一册

110000－0143－0007791　PG26/45
輿地沿革表四十卷首一卷　(清)楊丕復著　清光緒十四年(1888)刻本　二十一册

110000－0143－0007792　PG26/46
廣東圖說九十二卷首一卷　(清)桂文燦等編說　(清)陳澧等繪圖　清同治刻本　十八册

110000－0143－0007793　PG26/46
廣東圖說九十二卷首一卷　(清)桂文燦等編說　(清)陳澧等繪圖　清同治刻本　十八册

110000－0143－0007794　PG26/46
廣東圖說九十二卷首一卷　(清)桂文燦等編說　(清)陳澧等繪圖　清同治刻本　二十一册

110000－0143－0007795　PG26/48
秦邊紀略六卷　(清)□□編　(清)吳坤修讎校　清同治十一年(1872)新建吳坤修安徽藩署敬義齋刻本　二册

110000－0143－0007796　PG26/48
秦邊紀略六卷　(清)□□編　(清)吳坤修讎校　清同治十一年(1872)新建吳坤修安徽藩署敬義齋刻本　一册　缺三卷(一至三)

110000－0143－0007797　PG26/48
秦邊紀略六卷　(清)□□撰　(清)吳坤修讎校　清同治十一年(1872)新建吳坤修安徽藩署敬義齋刻本　二册

110000－0143－0007798　PG26/48
秦邊紀略六卷　(清)□□編　(清)吳坤修讎校　清同治十一年(1872)新建吳坤修安徽藩署敬義齋刻本　二册

110000－0143－0007799　PG26/49
皇朝中外壹統輿圖首一卷中一卷南十卷北二十卷　(清)胡林翼等纂修　(清)嚴樹森補訂　清同治二年(1863)湖北撫署景桓樓刻本　三册　存十三卷(南六至七、北十至二十)

110000－0143－0007800　PG26/49－1
皇朝中外壹統輿圖首一卷中一卷南十卷北二十卷　(清)胡林翼等纂修　(清)嚴樹森補訂　清同治二年(1863)湖北撫署景桓樓刻本　十二册

110000－0143－0007801　PG26/49－1
皇朝中外壹統輿圖首一卷中一卷南十卷北二十卷　(清)胡林翼等纂修　(清)嚴樹森補訂　清同治二年(1863)湖北撫署景桓樓刻本　十二册

110000－0143－0007802　PG26/49－1
皇朝中外壹統輿圖首一卷中一卷南十卷北二十卷　(清)胡林翼等纂修　(清)嚴樹森補訂　清同治二年(1863)湖北撫署景桓樓刻本　十二册

110000－0143－0007803　PG26/49－2
皇朝中外壹統輿圖首一卷中一卷南十卷北二十卷　(清)胡林翼等纂修　(清)嚴樹森補訂　清光緒二十四年(1898)上海求自強學齋主人石印本　六册

110000－0143－0007804　PG26/49－3
皇朝中外壹統輿圖首一卷中一卷南十卷北二十卷　(清)胡林翼等纂修　(清)嚴樹森補訂　清同治二年(1863)湖北撫署景桓樓刻本　三十二册

110000－0143－0007805　PG26/50－2
西湖志四十八卷　(清)李衛　(清)程元章總裁　(清)傅王露等纂修　清光緒四年(1878)浙江書局刻本　二十册

110000－0143－0007806　PG26/50－2
西湖志四十八卷　(清)李衛　(清)程元章總裁　(清)傅王露等纂修　清光緒四年(1878)浙江書局刻本　二十册

110000－0143－0007807　PG26/50－2
西湖志四十八卷　(清)李衛　(清)程元章總裁　(清)傅王露等纂修　清雍正十二年(1734)刻乾隆印本　二十四册

110000－0143－0007808　PG26/50－2
西湖志四十八卷　(清)李衛　(清)程元章總裁　(清)傅王露等纂修　清雍正十二年(1734)刻乾隆印本　二十册

110000－0143－0007809　PG26/50－2
西湖志四十八卷　(清)李衛　(清)程元章總裁　(清)傅王露等纂修　清光緒四年(1878)浙江書局刻本　二十册

110000－0143－0007810　PG26/50－2
西湖志四十八卷　(清)李衛　(清)程元章總裁　(清)傅王露等纂修　清光緒四年(1878)浙江書局刻本　二十册

110000－0143－0007811　PG26/51
大興徐氏三種八卷　(清)徐松撰　清道光刻本　八册

110000－0143－0007812　PG26/51
大興徐氏三種八卷　(清)徐松撰　清道光刻

本　八册

110000－0143－0007813　PG26/53
皇朝輿地畧不分卷　(清)六承如編纂　(清)馮焌光增輯　清光緒五年(1879)羊城王氏聽春雨樓刻本　四册

110000－0143－0007814　PG26/53
皇朝輿地畧不分卷　(清)六承如編纂　(清)馮焌光增輯　清同治二年(1863)南海馮焌光廣州刻本　二册

110000－0143－0007815　PG26/53
皇朝輿地畧不分卷　(清)六承如編纂　(清)馮焌光增輯　清光緒五年(1879)羊城王氏聽春雨樓刻本　四册

110000－0143－0007816　PG26/53
皇朝輿地畧不分卷　(清)六承如編纂　(清)馮焌光增輯　清光緒五年(1879)羊城王氏聽春雨樓刻本　一册

110000－0143－0007817　PG26/53
皇朝輿地韻編二卷　(清)李兆洛撰　清光緒十年(1884)湖北省官書處刻本　一册

110000－0143－0007818　PG26/53
皇朝輿地畧不分卷　(清)六承如編纂　(清)馮焌光增輯　清光緒十年(1884)湖北省官書處刻本　一册

110000－0143－0007819　PG26/53－1
皇朝輿地畧不分卷　(清)六承如編纂　清道光十一年(1831)辨志書塾刻本　一册

110000－0143－0007820　PG26/53－1
皇朝輿地韻編二卷　(清)李兆洛撰　清道光十一年(1831)辨志書塾刻本　一册

110000－0143－0007821　PG26/54
歷代疆域表三卷圖一卷　(清)段長基編輯　(清)段摺書編注　清光緒元年(1875)味古山房刻本　六册

110000－0143－0007822　PG26/55
坤輿撮要問答四卷附編一卷　(清)□□撰　(清)孫文楨譯　清光緒二十四年(1898)上海土山灣書館鉛印本　一册

110000－0143－0007823　PG26/55
坤輿撮要問答四卷附編一卷　(清)□□撰　(清)孫文楨譯　清光緒二十八年(1902)上海土山灣書館鉛印本　一册

110000－0143－0007824　PG26/55
坤輿撮要問答四卷附編一卷　(清)□□撰　(清)孫文楨譯　清光緒二十八年(1902)上海土山灣書館鉛印本　一册

110000－0143－0007825　PG26/56
邊疆簡覽三卷　(清)李慎儒撰　清光緒二十八年(1902)丹徒李氏退思軒石印本　一册

110000－0143－0007826　PG26/58
北海道拓殖概觀一卷　(日本)北海道廳編　楊成能　謝蔭昌譯　清宣統二年(1910)奉天圖書印刷所鉛印本　一册

110000－0143－0007827　PG26/58
北海道拓殖概觀一卷　(日本)北海道廳編　楊成能　謝蔭昌譯　清宣統二年(1910)奉天圖書印刷所鉛印本　一册

110000－0143－0007828　PG26/59
今古地理述十八卷首三卷末一卷　(清)王子音撰　清嘉慶刻本　十一册　缺八卷(一至七、十二)

110000－0143－0007829　PG26/62
西陲要略四卷　(清)祁韻士輯　清道光十七年(1837)筠淥山房刻本　一册

110000－0143－0007830　PG26/64
大興徐氏三種八卷　(清)徐松撰　清道光刻本　八册

110000－0143－0007831　PG26/65
西域三記不分卷　(清)路同申撰　清光緒三年(1877)武進孫道平刻本　二册　存二種(新疆、回疆)

110000－0143－0007832　PG26/65－1
西域記八卷　(清)七十一撰　(清)盧浙參訂　清嘉慶十九年(1814)武寧盧氏刻本　二册

存四卷(一至四)

110000－0143－0007833　PG26/67
石柱記五卷　(唐)顏真卿撰　(清)朱彝尊補　(清)鄭元慶箋　清康熙四十一年(1702)歸安鄭氏刻本　一册　存二卷(一至二)

110000－0143－0007834　PG26/68
地理學講義不分卷附地理學名義　(日本)志賀重昂撰　薩端譯　清光緒二十九年(1903)金粟齋譯書社刻本　一册

110000－0143－0007835　PG26/69
杭州八旗駐防營志略二十五卷　(清)張大昌輯　清光緒十九年(1893)浙江書局刻本　六册

110000－0143－0007836　PG26/70
[宣統]上元江甯鄉土合志六卷　陳作霖編　清宣統二年(1910)江楚編譯書局刻本　一册

110000－0143－0007837　PG26/71
[光緒]雄縣鄉土志不分卷　劉崇本編輯　清光緒三十一年(1905)鉛印本　一册

110000－0143－0007838　PG26/72
雲南勘界籌邊記二卷　姚文棟撰　清光緒刻本　二册

110000－0143－0007839　PG26/73
四川新設鑪霍屯志畧不分卷附登開辦鑪霍屯務公牘不分卷附錄不分卷　(清)李之珂撰述　清光緒三十二年(1906)蓉城鉛印本　一册

110000－0143－0007840　PG26/73
四川新設鑪霍屯志畧不分卷附登開辦鑪霍屯務公牘不分卷附錄不分卷　(清)李之珂撰述　清光緒三十二年(1906)蓉城鉛印本　一册

110000－0143－0007841　PG26/73
四川新設鑪霍屯志畧不分卷附登開辦鑪霍屯務公牘不分卷附錄不分卷　(清)李之珂撰述　清光緒三十二年(1906)蓉城鉛印本　一册

110000－0143－0007842　PG26/76
[宣統]長白彙徵錄八卷首一卷　(清)張鳳臺等修　劉龍光　(清)王大經纂　清宣統二年(1910)鉛印本　四册

110000－0143－0007843　PG26/76
[宣統]長白彙徵錄八卷首一卷　(清)張鳳臺等修　劉龍光　(清)王大經纂　清宣統二年(1910)鉛印本　四册

110000－0143－0007844　PG26/77
[光緒]唐棲志二十卷　(清)王同輯　清光緒十六年(1890)刻本　六册

110000－0143－0007845　PG26/77
[光緒]唐棲志二十卷　(清)王同輯　清光緒十六年(1890)刻本　七册

110000－0143－0007846　PG26/77
[光緒]唐棲志二十卷　(清)王同輯　清光緒十六年(1890)刻本　六册

110000－0143－0007847　PG26/81
滇繫四十卷　(清)師範纂　清光緒六年(1880)雲南書局刻本　四十册

110000－0143－0007848　PG26/82
峒谿纖志三卷　(清)陸次雲著　(清)曹沅訂　清康熙刻本　一册

110000－0143－0007849　PG26/84
六合紀事四卷附記一卷　(清)周長森撰　清宣統三年(1911)鉛印本　一册

110000－0143－0007850　PG26/86
續修西道紀畧一卷　(清)孫觀編　清光緒十三年(1887)刻本　一册

110000－0143－0007851　PG26/87
西藏通覽二編　(日本)山縣初男編著　(清)四川西藏研究會譯　吴季昌改正　清宣統元年(1909)四川西藏研究會鉛印本　四册

110000－0143－0007852　PG26/87
西藏通覽二編　(日本)山縣初男編著　(清)四川西藏研究會譯　吴季昌改正　清宣統元年(1909)四川西藏研究會鉛印本　四册

110000－0143－0007853　PG26/87
西藏通覽二編　(日本)山縣初男編著　(清)四川西藏研究會譯　吴季昌改正　清宣統元

年(1909)四川西藏研究會鉛印本　四冊

110000－0143－0007854　PG26/87
西藏通覽二編　(日本)山縣初男編著　(清)四川西藏研究會譯　吳季昌改正　清宣統元年(1909)四川西藏研究會鉛印本　一冊　存一冊(一)

110000－0143－0007855　PG26/88
西石城風俗志不分卷　陳慶年撰　清光緒三十四年(1908)鉛印本　一冊

110000－0143－0007856　PG26/88
西石城風俗志不分卷　陳慶年撰　清光緒三十四年(1908)鉛印本　一冊

110000－0143－0007857　PG26/88
西石城風俗志不分卷　陳慶年撰　清光緒三十四年(1908)鉛印本　一冊

110000－0143－0007858　PG26/88
西石城風俗志不分卷　陳慶年撰　清光緒三十四年(1908)鉛印本　一冊

110000－0143－0007859　PG26/88－1
西石城風俗志不分卷　陳慶年撰　清光緒三十四年(1908)鉛印本　一冊

110000－0143－0007860　PG26/91
公餘紀事一卷　(清)黎學錦撰　清道光二年(1822)刻本　一冊

110000－0143－0007861　PG26/92
永嘉聞見錄二卷　(清)孫同元撰　徐希勉校　清光緒十四年(1888)刻本　二冊

110000－0143－0007862　PG26/93
臺灣雜記不分卷　(清)黃逢昶撰　清光緒十一年(1885)刻本　一冊

110000－0143－0007863　PG26/95
秦疆治略一卷　(清)盧坤撰　清道光七年(1827)朝阪謝蘭佩賜書堂刻本　二冊

110000－0143－0007864　PG26/96
廣東新語二十八卷　(清)屈大均撰　清康熙刻本　十二冊

110000－0143－0007865　PG26/96
廣東新語二十八卷　(清)屈大均撰　清康熙刻本　十冊

110000－0143－0007866　PG26/96－1
廣東新語二十八卷　(清)屈大均撰　清康熙刻本　十冊

110000－0143－0007867　PG26/98
羊城古鈔八卷首一卷　(清)仇池石輯　清嘉慶十一年(1806)大賚堂刻本　六冊

110000－0143－0007868　PG26/98
羊城古鈔八卷首一卷　(清)仇池石輯　清嘉慶十一年(1806)大賚堂刻本　五冊

110000－0143－0007869　PG26/98
羊城古鈔八卷首一卷　(清)仇池石輯　清嘉慶十一年(1806)大賚堂刻本　五冊

110000－0143－0007870　PG26/98
羊城古鈔八卷首一卷　(清)仇池石輯　清嘉慶十一年(1806)大賚堂刻本　五冊

110000－0143－0007871　PG26/98
羊城古鈔八卷首一卷　(清)仇池石輯　清嘉慶十一年(1806)文畬堂刻本　十二冊

110000－0143－0007872　PG26/98
羊城古鈔八卷首一卷　(清)仇池石輯　清嘉慶十一年(1806)大賚堂刻本　五冊

110000－0143－0007873　PG26/98
羊城古鈔八卷首一卷　(清)仇池石輯　清嘉慶十一年(1806)文畬堂刻本　五冊

110000－0143－0007874　PG26/102
粵西筆述不分卷　(清)張祥河輯　清光緒二十二年(1896)大興謝光綺刻本　一冊

110000－0143－0007875　PG26/102
粵西筆述不分卷　(清)張祥河輯　清光緒二十二年(1896)大興謝光綺刻本　一冊

110000－0143－0007876　PG26/103
西北邊界圖地名譯漢攷證二卷　(清)許景澄撰　清光緒二十二年(1896)刻本　二冊

110000－0143－0007877　PG26/104
李氏五種合刊二十八卷　(清)李兆洛纂輯　(清)六嚴等編集　清光緒二十四年(1898)上海掃葉山房石印本　八册

110000－0143－0007878　PG26/104
李氏五種合刊二十八卷　(清)李兆洛纂輯　(清)六嚴等編集　清光緒十四年(1888)上海埽葉山房刻本　十册

110000－0143－0007879　PG26/104
李氏五種合刊二十八卷　(清)李兆洛纂輯　(清)六嚴等編集　清光緒十四年(1888)上海埽葉山房刻本　十二册

110000－0143－0007880　PG26/104
李氏五種合刊二十八卷　(清)李兆洛纂輯　(清)六嚴等編集　清同治九年至十年(1870－1871)合肥李鴻章刻本　十册

110000－0143－0007881　PG26/104－1
李氏五種合刊二十八卷　(清)李兆洛纂輯　(清)六嚴等編集　清同治九年至十年(1870－1871)合肥李鴻章刻本　十册

110000－0143－0007882　PG26/105
山東考古錄不分卷續山東考古錄三十二卷首不分卷　(清)顧炎武著　(清)葉圭綬述續　清光緒八年(1882)山東書局刻本　七册

110000－0143－0007883　PG26/105－1
山東考古錄不分卷　(清)顧炎武著　清咸豐至宣統定州王氏抄本　一册

110000－0143－0007884　PG26/106
江西考古錄十卷　(清)王謨著　清光緒十七年(1891)奉新宋長卿等刻本　四册

110000－0143－0007885　PG26/107
示我周行三卷　(清)碧溪鶴和堂輯定　清刻本　二册

110000－0143－0007886　PG26/107－1
示我周行六卷　(清)碧溪鶴和堂輯定　清康熙三十三年(1694)至宣統謙益堂刻本　二册

110000－0143－0007887　PG26/109
廣東考古輯要四十六卷　(清)周廣等同輯　清光緒十九年(1893)還讀書屋刻本　十册

110000－0143－0007888　PG26/109
廣東考古輯要四十六卷　(清)周廣等同輯　清光緒十九年(1893)還讀書屋刻本　十册

110000－0143－0007889　PG26/109
廣東考古輯要四十六卷　(清)周廣等同輯　清光緒十九年(1893)還讀書屋刻本　十册

110000－0143－0007890　PG26/112
貴池縣沿革表一卷　劉世珩撰　清光緒二十八年(1902)湖北三佛閣黄岡陶子麟刻本　一册

110000－0143－0007891　PG26/115
勑修兩浙海塘通志二十卷首不分卷　(清)方觀承等纂修　清乾隆十六年(1751)浙江官刻本　十册

110000－0143－0007892　PG26/115
勑修兩浙海塘通志二十卷首不分卷　(清)方觀承等纂修　清乾隆十六年(1751)浙江官刻本　八册

110000－0143－0007893　PG26/117
沙州文錄不分卷　(清)蔣斧輯　清宣統元年(1909)誦芬室鉛印本　一册

110000－0143－0007894　PG26/118
錫金識小錄十二卷　(清)黄印纂　清光緒二十二年(1896)木活字印本　六册

110000－0143－0007895　PG26/118
錫金識小錄十二卷　(清)黄印纂　清光緒二十二年(1896)木活字印本　六册

110000－0143－0007896　PG26/118
錫金識小錄十二卷　(清)黄印纂　清光緒二十二年(1896)木活字印本　六册

110000－0143－0007897　PG26/118
錫金識小錄十二卷　(清)黄印纂　清光緒二十二年(1896)木活字印本　六册

110000－0143－0007898　PG26/118
錫金識小錄十二卷　(清)黄印纂　清光緒二

十二年(1896)木活字印本　六册

110000－0143－0007899　PG26/118
錫金識小錄十二卷　(清)黄印纂　清光緒二十二年(1896)木活字印本　六册

110000－0143－0007900　PG26/119
黑龍江外記八卷　(清)西清纂　清光緒二十年(1894)刻本　二册

110000－0143－0007901　PG26/119
黑龍江外記八卷　(清)西清纂　清光緒二十年(1894)刻本　二册

110000－0143－0007902　PG26/119
黑龍江外記八卷　(清)西清纂　清光緒二十年(1894)刻本　一册　存四卷(一至四)

110000－0143－0007903　PG26/119
黑龍江外記八卷　(清)西清纂　清光緒二十年(1894)刻本　二册

110000－0143－0007904　PG26/120
新疆各道圖説四卷　(明)□□撰　清光緒抄本　八册

110000－0143－0007905　PG26/121
嚴州圖經三卷　(宋)董弅修　清光緒二十二年(1896)刻本　二册

110000－0143－0007906　PG26/121
嚴州圖經三卷　(宋)董弅修　清光緒二十二年(1896)刻本　一册　存一卷(一)

110000－0143－0007907　PG26/121
嚴州圖經三卷　(宋)董弅修　清光緒二十二年(1896)刻本　二册

110000－0143－0007908　PG26/122
[光緒]章邱縣鄉土志二卷　(清)楊學淵修　(清)李洪鈺等纂　清光緒三十三年(1907)石印本　二册

110000－0143－0007909　PG26/123
隋書地理志攷證九卷補遺一卷　楊守敬撰　清光緒二十七年(1901)宜都楊守敬刻本　六册

110000－0143－0007910　PG26/125
泰伯梅里志八卷　(清)安起東　(清)浦傳桂原撰　(清)吴熙編輯　清光緒二十三年(1897)刻本　四册

110000－0143－0007911　PG26/125
泰伯梅里志八卷　(清)安起東　(清)浦傳桂原撰　(清)吴熙編輯　清光緒二十三年(1897)刻本　四册

110000－0143－0007912　PG26/126－2
西湖遊覽志二十四卷志餘二十六卷　(明)田汝成撰　清光緒二十二年(1896)錢塘丁氏嘉惠堂刻本　十二册

110000－0143－0007913　PG26/126－2
西湖遊覽志二十四卷志餘二十六卷　(明)田汝成撰　清光緒二十二年(1896)錢塘丁氏嘉惠堂刻本　八册

110000－0143－0007914　PG26/126－2
西湖遊覽志二十四卷志餘二十六卷　(明)田汝成撰　清光緒二十二年(1896)錢塘丁氏嘉惠堂刻本　十二册

110000－0143－0007915　PG26/126－2
西湖遊覽志二十四卷志餘二十六卷　(明)田汝成撰　清光緒二十二年(1896)錢塘丁氏嘉惠堂刻本　四册　缺二十六卷(志餘二十六卷)

110000－0143－0007916　PG26/127
水經註疏要删四十卷補遺一卷　楊守敬撰　清光緒三十一年(1905)觀海堂刻本　六册

110000－0143－0007917　PG26/130
塔爾巴哈台事宜四卷　(清)永保纂修　(清)興肇增補　清末抄本　四册

110000－0143－0007918　PG26/140
柬埔寨以北探路記十五卷　(法國)晃西士加尼撰　清光緒十年至十二年(1884－1886)順德李文田鉛印本　十五册

110000－0143－0007919　PG26/141
蜀鑑十卷　(宋)郭允蹈撰　**札記一卷**　(清)

吳文昇撰　清光緒八年至三十四年(1882－1908)成都志古堂刻本　六册

110000－0143－0007920　PG26/144
廣陵事略七卷　(清)姚文田輯　清嘉慶十七年(1812)歸安姚文田開封節署刻本　二册

110000－0143－0007921　PG26/146
荆州記三卷　(宋)盛弘之撰　曹元忠輯　清光緒十九年(1893)吳縣曹氏箋經室刻本　一册

110000－0143－0007922　PG26/146
荆州記三卷　(宋)盛弘之撰　曹元忠輯　清光緒十九年(1893)吳縣曹氏箋經室刻本　一册

110000－0143－0007923　PG26/147
外海紀要不分卷　(清)李增階撰　清道光八年(1828)古閩同安李增階廣東刻本　一册

110000－0143－0007924　PG26/148
江西全省輿圖十四卷首一卷　(清)曾國藩　(清)劉坤一等修　(清)顧長齡繪圖　清同治七年(1868)江西省署刻本　十五册

110000－0143－0007925　PG26/148
江西全省輿圖十四卷首一卷　(清)曾國藩　(清)劉坤一等修　(清)顧長齡繪圖　清同治七年(1868)江西省署刻本　十五册

110000－0143－0007926　PG26/148
江西全省輿圖十四卷首一卷　(清)曾國藩　(清)劉坤一等修　(清)顧長齡繪圖　清同治七年(1868)江西省署刻本　十五册

110000－0143－0007927　PG26/148
江西全省輿圖十四卷首一卷　(清)曾國藩　(清)劉坤一等修　(清)顧長齡繪圖　清同治七年(1868)江西省署刻本　十五册

110000－0143－0007928　PG26/148
江西全省輿圖十四卷首一卷　(清)曾國藩　(清)劉坤一等修　(清)顧長齡繪圖　清同治七年(1868)江西省署刻本　十五册

110000－0143－0007929　PG26/148
江西全省輿圖十四卷　(清)朱兆麟校　清光緒二十二年(1896)石印本　十四册

110000－0143－0007930　PG26/151
欽定皇輿西域圖志四十八卷首四卷　(清)劉統勲等纂　清光緒鉛印本　十六册

110000－0143－0007931　PG26/157
廣會稽風俗賦不分卷　(清)陶元藻撰　(清)翁元圻註　清乾隆五十三年(1788)至嘉慶抄本　二册

110000－0143－0007932　PG26/158
漢書地理志二卷　(清)汪遠孫校　清同治十年(1871)永康胡鳳丹退補齋刻本　一册

110000－0143－0007933　PG26/158－1
漢書地理志校本二卷　(清)汪遠孫校　清道光二十八年(1848)錢塘汪氏振綺堂刻本　二册

110000－0143－0007934　PG26/159
永甯祇謁筆記不分卷　(清)董恂撰　清同治十一年(1872)刻本　一册

110000－0143－0007935　PG26/160
輿地紀勝二百卷附校勘記五十二卷輿地紀勝補闕十卷　(宋)王象之編　(清)劉文淇等校勘　(清)岑建功補闕　清道光二十九年(1849)甘泉岑氏懼盈齋刻本　二十六册　缺一百十一卷(二至五、四十四至一百五十)

110000－0143－0007936　PG26/161
攷查臺灣行政事件報告　劉慶鏜撰　清光緒三十一年(1905)至宣統鉛印本　一册

110000－0143－0007937　PG26/162
古香齋鑒賞袖珍春明夢餘錄七十卷　(清)孫承澤撰　清乾隆至嘉慶古香齋刻本　二十四册

110000－0143－0007938　PG26/163
安瀾紀要二卷迴瀾紀要二卷　(清)徐端撰　清道光二十二年(1842)許乃釗刻本　二册

110000－0143－0007939　PG26/163
安瀾紀要二卷迴瀾紀要二卷　(清)徐端撰

清道光二十四年(1844)趙廷熙江蘇河庫道署刻本　四冊

110000－0143－0007940　PG26/163－1
安瀾紀要二卷　(清)徐端撰　清道光至宣統刻本　二冊

110000－0143－0007941　PG26/163－2
安瀾紀要二卷迴瀾紀要二卷　(清)徐端撰　清光緒十四年(1888)河北曹秉哲刻本　四冊

110000－0143－0007942　PG26/164
江甯府七縣地形攷畧附圖不分卷　(清)江寧府編　清末江楚書局刻本　一冊

110000－0143－0007943　PG26/164
江甯府七縣地形攷畧附圖不分卷　(清)江寧府編　清末江楚書局刻本　一冊

110000－0143－0007944　PG26/164
江甯府七縣地形攷畧附圖不分卷　(清)江寧府編　清末江楚書局刻本　一冊

110000－0143－0007945　PG26/167
方岳采風錄二卷　(清)卞寶第撰　清光緒八年(1882)刻本　一冊

110000－0143－0007946　PG26/168
三國疆域志補注十九卷首一卷　(清)洪亮吉撰　(清)謝鍾英補注　清光緒十五年至三十四年(1889－1908)刻本　八冊

110000－0143－0007947　PG26/168
三國疆域志補注十九卷首一卷　(清)洪亮吉撰　(清)謝鍾英補注　清光緒十五年至三十四年(1889－1908)刻本　八冊

110000－0143－0007948　PG26/168
三國疆域志補注十九卷首一卷　(清)洪亮吉撰　(清)謝鍾英補注　清光緒十五年至三十四年(1889－1908)刻本　八冊

110000－0143－0007949　PG26/170
北道刊誤志不分卷　(宋)王瓘撰　清道光金山錢氏刻本　一冊

110000－0143－0007950　PG26/174
地學淺釋三十八卷　(英國)雷俠兒撰　(美國)瑪高溫口譯　(清)華蘅芳筆述　清道光至宣統刻本　八冊

110000－0143－0007951　PG26/175
袁照藜等為江北護隄放埧事由呈兩江總督等會稟不分卷(宣統元年江北護堤放埧事由)　(清)袁照藜等撰　清宣統元年(1909)鉛印本　一冊

110000－0143－0007952　PG26/176
天下山河兩戒考十四卷　(清)徐文靖註　清雍正二年(1724)刻本　六冊

110000－0143－0007953　PG26/176
天下山河兩戒考十四卷　(清)徐文靖註　清光緒二年(1876)刻本　一冊　存二卷(六至七)

110000－0143－0007954　PG26/176－1
徐位山六種八十七卷　(清)徐文靖撰　清雍正至乾隆刻光緒二年(1876)當塗徐氏志寧堂補版印本　二十四冊

110000－0143－0007955　PG26/176－1
天下山河兩戒考十四卷首一卷　(清)徐文靖註　清雍正至乾隆刻光緒二年(1876)當塗徐氏志寧堂補版印本　五冊

110000　0143　0007956　PG26/178
資治通鑑地理今釋十六卷　(清)吳熙載撰　清同治至宣統影印本　三冊

110000－0143－0007957　PG26/178
資治通鑑地理今釋十六卷　(清)吳熙載撰　清同治至宣統影印本　三冊

110000－0143－0007958　PG26/178－1
資治通鑑地理今釋十六卷　(清)吳熙載撰　清同治至宣統影印本　三冊

110000－0143－0007959　PG26/178－1
資治通鑑地理今釋十六卷　(清)吳熙載撰　清同治至宣統影印本　三冊

110000－0143－0007960　PG26/179
廣西輿地全圖　(清)北洋機器總局圖算學堂重繪　清光緒二十一年(1895)石印本　二冊

110000－0143－0007961　PG26/179
廣西輿地全圖　(清)北洋機器總局圖算學堂重繪　清光緒三十一年(1905)合肥李經義石印本　二册

110000－0143－0007962　PG26/180
蜀事答問八章　(清)天眉撰　清同治至宣統寒杉館刻本　一册

110000－0143－0007963　PG26/181
山東郡縣圖考不分卷　(清)葉圭綬撰　(清)任道鎔編　清光緒八年(1882)刻本　一册

110000－0143－0007964　PG26/182
輿地紀勝二百卷附校勘記五十二卷輿地紀勝補闕十卷　(宋)王象之編　(清)劉文淇等校勘　(清)岑建功補闕　清道光二十九年(1849)甘泉岑氏懼盈齋刻本　十四册

110000－0143－0007965　PG26/182
輿地紀勝二百卷附校勘記五十二卷輿地紀勝補闕十卷　(宋)王象之編　(清)劉文淇等校勘　(清)岑建功補闕　清道光二十九年(1849)甘泉岑氏懼盈齋刻本　十二册　存三十八卷(七十至八十一、九十九至一百十、一百二十至一百二十六、一百四十六至一百五十二)

110000－0143－0007966　PG26/183
續浚南湖圖志不分卷附圖二幅　(清)浙江官書局修　清光緒三十三年(1907)浙江官書局刻本　一册

110000－0143－0007967　PG26/183
續浚南湖圖志不分卷附圖二幅　(清)浙江官書局修　清光緒三十三年(1907)浙江官書局刻本　一册

110000－0143－0007968　PG26/185
西道紀略不分卷　(清)托渾布輯　清道光十八年(1838)托渾布刻本　一册

110000－0143－0007969　PG26/186
定鄉小識十六卷　(清)張道撰　清光緒八年(1882)錢塘丁氏嘉惠堂刻本　三册

110000－0143－0007970　PG26/187
定鄉雜著二卷　(清)胡敬撰　清光緒七年(1881)錢塘丁氏嘉惠堂刻本　一册

110000－0143－0007971　PG26/188
楚漕江程十六卷首一卷　(清)董恂輯　清光緒三年(1877)甘泉董氏自刻本　十六册

110000－0143－0007972　PG26/189
神州古史考一卷　(清)倪璠撰　清光緒十五年(1889)錢塘丁氏嘉惠堂刻本　一册

110000－0143－0007973　PG26/194
昌瑞山萬年統志十六卷　(清)布蘭泰纂輯　(清)英廉重修　清光緒元年至十年(1875－1884)河北遵化英廉等抄本　八册　存八卷(正函一至八)

110000－0143－0007974　PG26/196
地志啟蒙四卷　(英國)艾約瑟譯　清光緒十二年(1886)上海總税務司署刻本　一册

110000－0143－0007975　PG26/196
地志啟蒙四卷　(英國)艾約瑟譯　清光緒十二年(1886)上海總税務司署刻本　一册

110000－0143－0007976　PG26/198
遼史地理志考五卷　(清)李慎儒著　清光緒二十八年(1902)丹徒李氏刻本　二册

110000－0143－0007977　PG26/199
陽羨風土記一卷附補輯一卷校刊記一卷考證一卷續補輯一卷　(晉)周處著　(清)王謨輯　清光緒二十年(1894)江陰金氏刻粟香室叢書本　一册

110000－0143－0007978　PG26/199
宜齋野乘一卷　(宋)吴枋撰　清光緒十四年(1888)江陰金氏刻粟香室叢書本　一册

110000－0143－0007979　PG26/204
中外地輿圖説集成一百三十卷首三卷皇輿全圖一卷　(清)同康廬編輯　清光緒二十年(1894)上海順成書局石印本　二十四册

110000－0143－0007980　PG26/205
吴興合璧四卷首不分卷　(清)陳文煜纂輯

清光緒四年(1878)聚珍齋木活字印本　四冊

110000－0143－0007981　PG26/205－1
吳興合璧四卷首不分卷　(清)陳文煜纂輯　清乾隆五十二年(1787)刻本　二冊

110000－0143－0007982　PG26/206
金匱縣斗則簡明冊二卷　(清)□□編　清光緒三十年(1904)石印本　二冊

110000－0143－0007983　PG26/208
皇朝輿地畧不分卷　(清)六承如　(清)李兆洛分纂　**附皇朝輿地韻編不分卷**　(清)馮焌光增補　清光緒五年(1879)羊城王氏聽春雨樓刻本　四冊

110000－0143－0007984　PG26/209
浙江沿海圖說不分卷附浙江海島表不分卷　(清)朱正元撰　清光緒二十五年(1899)上海鉛印本　一冊

110000－0143－0007985　PG26/209
福建沿海圖說不分卷附福建海島表不分卷　(清)朱正元撰　清光緒二十八年(1902)上海鉛印本　一冊

110000－0143－0007986　PG26/209
江蘇沿海圖說不分卷附江蘇海島表不分卷　(清)朱正元撰　清光緒二十五年(1899)上海鉛印本　一冊

110000－0143－0007987　PG26/210
金陵待徵錄十卷　(清)金鰲輯　清光緒二年(1876)金陵夏家鎬、甘元煥等刻本　一冊

110000－0143－0007988　PG26/210
金陵待徵錄十卷　(清)金鰲輯　清光緒二年(1876)金陵夏家鎬、甘元煥等刻本　一冊

110000－0143－0007989　PG26/210－1
續金陵詩徵六卷首一卷　(清)朱紹亭等編　清光緒二十年(1894)刻本　六冊

110000－0143－0007990　PG26/211
圖史提綱三卷　(清)胡宣慶纂編　清光緒十七年(1891)長沙胡氏刻本　二冊

110000－0143－0007991　PG26/213
錫金鄉土地理二卷　侯鴻鑑編　清光緒三十年至三十四年(1904－1908)無錫文苑閣木活字印本　一冊

110000－0143－0007992　PG26/213
錫金鄉土地理二卷　侯鴻鑑編　清光緒三十年至三十四年(1904－1908)梁溪文苑閣木活字印本　一冊

110000－0143－0007993　PG26/213
錫金鄉土地理二卷　侯鴻鑑編　清光緒三十年至三十四年(1904－1908)梁溪文苑閣木活字印本　一冊

110000－0143－0007994　PG26/216
晦明軒稿不分卷　楊守敬撰　清光緒二十七年(1901)宜都楊氏鄰蘇園刻本　一冊

110000－0143－0007995　PG26/217
直隸旗地述略不分卷　勞乃宣撰　清光緒十五年(1889)刻本　一冊

110000－0143－0007996　PG26/219
戰國策釋地二卷　(清)張琦撰　清道光陽湖張氏宛鄰書屋刻本　一冊

110000－0143－0007997　PG26/221
地理真傳三卷　(清)許信良輯　清嘉慶十五年(1810)抄本　三冊

110000－0143－0007998　PG26/227
豫乘識小錄二卷　(清)朱雲錦撰　清同治十二年(1873)刻本　二冊

110000－0143－0007999　PG26/228
西藏攷一卷　(清)□□撰　清光緒會稽趙氏刻本　一冊

110000－0143－0008000　PG26/230
圖史通義不分卷　林傳甲稿　清光緒二十九年(1903)長沙督學使署刻本　一冊

110000－0143－0008001　PG26/231
中國歷代疆域沿革考不分卷　(日本)重野安繹　(日本)河田羆同著　(清)滌盦居士譯　清光緒二十八年(1902)上海商務印書館刻本　一冊

110000－0143－0008002　PG26/232
輿圖總論註釋一卷　(清)謝蘭生註　清同治至光緒刻本　一册

110000－0143－0008003　PG26/233
楚漢諸侯疆域志三卷　(清)劉文淇撰　清光緒二年(1876)儀徵劉壽曾等金陵刻本　一册

110000－0143－0008004　PG26/233－1
楚漢諸侯疆域志三卷　(清)劉文淇撰　清光緒十五年(1889)廣雅書局刻本　一册

110000－0143－0008005　PG26/234
補梁疆域志四卷　(清)洪齮孫撰　清光緒十七年(1891)廣雅書局刻本　二册

110000－0143－0008006　PG26/235
經世學引初編不分卷附圖表　(清)陳聯元編輯　清光緒二十四年(1898)經世文社刻本　一册

110000－0143－0008007　PG26/236
赤雅三卷　(明)鄺露纂　清乾隆三十四年(1769)歙西鮑氏知不足齋刻本　三册

110000－0143－0008008　PG26/236
經筵玉音問答不分卷　(宋)胡銓撰　清乾隆歙西鮑氏知不足齋刻本　一册

110000－0143－0008009　PG26/236
諸史然疑不分卷　(清)杭世駿撰　清乾隆歙西鮑氏知不足齋刻本　與110000－0143－0008008合册

110000－0143－0008010　PG26/236－1
赤雅三卷　(明)鄺露纂　清道光五年(1825)南海鄺瑞刻本　一册

110000－0143－0008011　PG26/237
宋四明六志八種九十六卷　(清)徐時棟輯　清咸豐四年(1854)徐時棟煙嶼樓刻本　四十七册

110000－0143－0008012　PG26/238
新輯山東地理問答十六章　(清)劉樹德撰　清光緒三十三年(1907)上海美華書館鉛印本　一册

110000－0143－0008013　PG26/240
非園中外地輿歌不分卷　(清)瞿方梅編箸　清光緒三十二年(1906)刻本　一册

110000－0143－0008014　PG26/241
地志便覽二卷附錄二卷地理圖便覽一卷　(清)崔暕輯　清咸豐十年(1860)長沙守真道齋刻本　二册

110000－0143－0008015　PG26/246
湖北通志凡例一卷附辨例一卷　(清)章學誠撰　清光緒八年(1882)武昌官書處木活字印本　二册

110000－0143－0008016　PG26/253
赤溪雜志二卷　金武祥撰　清光緒十七年(1891)江陰金武祥刻本　一册

110000－0143－0008017　PG26/253
霞城唱和集一卷　金武祥輯　清光緒十七年(1891)江陰金武祥刻本　一册

110000－0143－0008018　PG26/254
方輿紀要簡覽三十四卷　(清)潘鐸輯錄　清咸豐八年(1858)紅杏書屋刻本　十六册

110000－0143－0008019　PG26/260
燕京歲時記不分卷　(清)富察敦崇編　清光緒三十二年(1906)北京隆福寺文奎堂刻本　一册

110000－0143－0008020　PG26/264
新斠注地理志十六卷目敍一卷　(清)錢坫撰　(清)徐松集釋　清同治十三年(1874)會稽章貞刻本　八册

110000－0143－0008021　PG261/3
三輔黃圖六卷補遺一卷　(□)□□撰　清乾隆四十九年(1784)刻本　一册

110000－0143－0008022　PG261/4
[光緒]山西通志一百八十四卷　(清)曾國荃　(清)張煦等修　(清)王軒　(清)楊篤等纂　清光緒十八年(1892)刻本　六十四册　缺四十一卷(二十三至二十四、二十六至二十七、三十一至三十八、八十九至一百十七)

110000－0143－0008023　PG261/4
[雍正]山西通志二百三十卷　(清)覺羅石麟修　(清)儲大文纂　清雍正十二年(1734)刻本　十冊　存二十六卷(八十九至一百十四)

110000－0143－0008024　PG261/4－1
[光緒]山西通志一百八十四卷　(清)曾國荃　(清)張煦等修　(清)王軒　(清)楊篤等纂　清光緒十八年(1892)刻本　九十四冊

110000－0143－0008025　PG261/4－1
[光緒]山西通志一百八十四卷　(清)曾國荃　(清)張煦等修　(清)王軒　(清)楊篤等纂　清光緒十八年(1892)刻本　九十五冊

110000－0143－0008026　PG261/5
皇朝直省府廳州縣歌括不分卷　(清)蔣升編纂　清光緒二十九年(1903)上海慈母堂印書局鉛印本　一冊

110000－0143－0008027　PG261/5
皇朝直省府廳州縣歌括不分卷　(清)蔣升編纂　清光緒二十九年(1903)上海慈母堂印書局鉛印本　一冊

110000－0143－0008028　PG261/5
皇朝直省府廳州縣歌括不分卷　(清)蔣升編纂　清光緒二十九年(1903)上海慈母堂印書局鉛印本　一冊

110000－0143－0008029　PG261/5
皇朝直省府廳州縣歌括不分卷　(清)蔣升編纂　清光緒二十九年(1903)上海慈母堂印書局鉛印本　一冊

110000－0143－0008030　PG261/5
皇朝直省府廳州縣歌括不分卷　(清)蔣升編纂　清光緒二十九年(1903)上海慈母堂印書局鉛印本　一冊

110000－0143－0008031　PG261/5
皇朝直省府廳州縣歌括不分卷　(清)蔣升編纂　清光緒二十九年(1903)上海慈母堂印書局鉛印本　一冊

110000－0143－0008032　PG261/5
皇朝直省府廳州縣歌括不分卷　(清)蔣升編纂　清光緒二十九年(1903)上海慈母堂印書局鉛印本　一冊

110000－0143－0008033　PG261/5
皇朝直省府廳州縣歌括不分卷　(清)蔣升編纂　清光緒二十九年(1903)上海慈母堂印書局鉛印本　一冊

110000－0143－0008034　PG261/5
皇朝直省府廳州縣歌括不分卷　(清)蔣升編纂　清光緒二十九年(1903)上海慈母堂印書局鉛印本　一冊

110000－0143－0008035　PG261/5
皇朝直省府廳州縣歌括不分卷　(清)蔣升編纂　清光緒二十九年(1903)上海慈母堂印書局鉛印本　一冊

110000－0143－0008036　PG261/5
皇朝直省府廳州縣歌括不分卷　(清)蔣升編纂　清光緒二十九年(1903)上海慈母堂印書局鉛印本　一冊

110000－0143－0008037　PG261/5
皇朝直省府廳州縣歌括不分卷　(清)蔣升編纂　清光緒二十九年(1903)上海慈母堂印書局鉛印本　一冊

110000－0143－0008038　PG261/5
皇朝直省府廳州縣歌括不分卷　(清)蔣升編纂　清光緒二十九年(1903)上海慈母堂印書局鉛印本　一冊

110000－0143－0008039　PG261/5
皇朝直省府廳州縣歌括不分卷　(清)蔣升編纂　清光緒二十九年(1903)上海慈母堂印書局鉛印本　一冊

110000－0143－0008040　PG261/5－1
皇朝直省府廳州縣歌括不分卷　(清)蔣升編纂　清光緒二十九年(1903)上海慈母堂印書局鉛印本　一冊

110000－0143－0008041　PG261/7
[乾隆]山西志輯要十卷首一卷　(清)雅德修

（清）汪本直纂　清乾隆四十五年（1780）刻本　十册

110000－0143－0008042　PG261/8
［嘉慶］衛藏通志十六卷首一卷　（清）和琳纂　清光緒二十二年（1896）袁昶漸西村舍刻本　八册

110000－0143－0008043　PG261/8－1
［嘉慶］衛藏通志十六卷首一卷　（清）和琳纂　清光緒二十二年（1896）袁昶漸西村舍刻本　八册

110000－0143－0008044　PG261/9
大清一統志五百卷　（清）和珅等纂　清光緒二十八年（1902）上海寶善齋石印本　三十册　存二百十一卷（一至六十八、二百八十二至四百二十四）

110000－0143－0008045　PG261/9－1
大清一統志五百卷　（清）和珅等纂　清光緒二十八年（1902）上海寶善齋石印本　五十九册　存四百十六卷（九至四百二十四）

110000－0143－0008046　PG261/9－2
皇朝一統直省府廳州縣全圖不分卷　（清）□□撰　清道光二十九年（1849）刻本　四册

110000－0143－0008047　PG261/9－5
大清一統志五百卷　（清）和珅等纂　清光緒二十八年（1902）上海寶善齋石印本　二十四册　存五十七卷（一百二至一百十九、二百十六至二百五十四）

110000－0143－0008048　PG261/10
大明一統志九十卷　（明）李賢總裁　（明）萬安纂修　明刻清初萬壽堂印本　九册　存二十六卷（三十八至六十三）

110000－0143－0008049　PG261/13
欽定皇輿西域圖志四十八卷首四卷　（清）傅恒修　（清）褚廷璋　（清）英廉等纂修　清光緒十九年（1893）杭州便益書局石印本　十二册

110000－0143－0008050　PG261/13－1
欽定皇輿西域圖志四十八卷首四卷　（清）傅恒修　（清）褚廷璋　（清）英廉等纂修　清光緒十九年（1893）杭州便益書局石印本　八册　缺五卷（一至五）

110000－0143－0008051　PG261/13－1
欽定皇輿西域圖志四十八卷首四卷　（清）傅恒修　（清）褚廷璋　（清）英廉等纂修　清光緒十九年（1893）杭州便益書局石印本　十二册

110000－0143－0008052　PG261/14
乾隆府廳州縣圖志五十卷　（清）洪亮吉纂　清乾隆五十三年至嘉慶七年（1788－1802）刻本　二十八册

110000－0143－0008053　PG261/14
乾隆府廳州縣圖志五十卷　（清）洪亮吉纂　清乾隆五十三年至嘉慶七年（1788－1802）刻本　十四册

110000－0143－0008054　PG261/14
乾隆府廳州縣圖志五十卷　（清）洪亮吉纂　清乾隆五十三年至嘉慶七年（1788－1802）刻本　十二册

110000－0143－0008055　PG261/14
乾隆府廳州縣圖志五十卷　（清）洪亮吉纂　清乾隆五十三年至嘉慶七年（1788－1802）刻本　三册　存七卷（二十一至二十三、三十三至三十四、四十一至四十二）

110000－0143－0008056　PG261/14
乾隆府廳州縣圖志五十卷　（清）洪亮吉纂　清光緒二十三年（1897）湖南新化陳氏三味書室刻本　十册

110000－0143－0008057　PG261/14
乾隆府廳州縣圖志五十卷　（清）洪亮吉纂　清光緒二十三年（1897）湖南新化陳氏三味書室刻本　十八册

110000－0143－0008058　PG261/14
乾隆府廳州縣圖志五十卷　（清）洪亮吉纂　清乾隆五十三年至嘉慶七年（1788－1802）刻本　十二册

110000－0143－0008059　PG261/14－1
乾隆府廳州縣圖志五十卷　(清)洪亮吉纂　清光緒五年(1879)陽湖洪用懃授經堂刻本　十二册

110000－0143－0008060　PG261/15
黑龍江述略六卷　(清)徐宗亮纂　清光緒十五年(1889)刻本　二册

110000－0143－0008061　PG261/15－1
黑龍江述略六卷　(清)徐宗亮纂　清光緒十七年(1891)安徽石埭徐氏觀自得齋刻本　二册

110000－0143－0008062　PG261/15－1
黑龍江述略六卷　(清)徐宗亮纂　清光緒十七年(1891)安徽石埭徐氏觀自得齋刻本　二册

110000－0143－0008063　PG261/16
元豐九域志十卷　(宋)王存等纂　清光緒八年(1882)江蘇金陵書局刻本　四冊

110000－0143－0008064　PG261/16
元豐九域志十卷　(宋)王存等纂　清光緒八年(1882)江蘇金陵書局刻本　四册

110000－0143－0008065　PG261/16
元豐九域志十卷　(宋)王存等纂　清光緒八年(1882)江蘇金陵書局刻本　四册

110000－0143－0008066　PG261/16
元豐九域志十卷　(宋)王存等纂　清光緒八年(1882)江蘇金陵書局刻本　四册

110000－0143－0008067　PG261/16
元豐九域志十卷　(宋)王存等纂　清嘉慶至道光刻本　八册

110000－0143－0008068　PG261/17
欽定新疆識畧十二卷首不分卷　(清)松筠等纂　清道光元年(1821)武英殿刻本　十册

110000－0143－0008069　PG261/18
新疆輿圖風土攷五卷　(清)七十一纂　清光緒八年(1882)上海點石齋石印本　一册

110000－0143－0008070　PG261/19
[嘉慶]湖北通志一百卷首五卷　(清)吳熊光　(清)吳烜修　(清)陳詩　(清)張承寵纂　清嘉慶九年(1804)刻本　六十四册

110000－0143－0008071　PG261/20
[乾隆]貴州通志四十六卷首一卷　(清)鄂爾泰　(清)張廣泗主修　(清)靖道謨　(清)杜詮纂修　清乾隆六年(1741)刻本　二十四册

110000－0143－0008072　PG261/20－1
[乾隆]貴州通志四十六卷首一卷　(清)鄂爾泰　(清)張廣泗主修　(清)靖道謨　(清)杜詮纂修　清乾隆六年(1741)貴州巡撫府署刻本　三十一册

110000－0143－0008073　PG261/23
[同治]增修酉陽直隸州總志二十二卷首一卷末一卷　(清)王鱗飛修　(清)張秉堃　(清)馮世瀛　(清)冉崇文纂　清同治三年(1864)四川酉陽州署刻本　二十四册

110000－0143－0008074　PG261/28－2
[乾隆]雲南通志三十卷首不分卷　(清)鄂爾泰　(清)尹繼善修　(清)靖道謨纂　清乾隆元年(1736)刻本　三十二册

110000－0143－0008075　PG261/29
[雍正]陝西通志一百卷首一卷　(清)劉於義　(清)史貽直修　(清)沈青崖纂　清雍正十三年(1735)陝西總督府署刻本　二百册

110000－0143－0008076　PG261/29
[雍正]陝西通志一百卷首一卷　(清)劉於義　(清)史貽直修　(清)沈青崖纂　清雍正十三年(1735)陝西總督府署刻本　一百册

110000－0143－0008077　PG261/30
[道光]廣東通志三百三十四卷首一卷　(清)阮元修　(清)陳昌齊等纂　清同治三年(1864)刻本　一百四十册

110000－0143－0008078　PG261/30
[道光]廣東通志三百三十四卷首一卷　(清)阮元修　(清)陳昌齊等纂　清同治三年(1864)刻本　一百二十册

110000－0143－0008079　PG261/30－4

[道光]廣東通志三百三十四卷首一卷　(清)阮元修　(清)陳昌齊等纂　清道光二年(1822)兩廣總督府署刻本　一百十冊　存二百二十五卷(一至六十二、一百一至一百十六、一百六十七至二百二十八、二百五十一至三百三十四,首一卷)

110000－0143－0008080　PG261/31

[光緒]重修安徽通志三百五十卷補遺十卷　(清)吳坤修等修　(清)何紹基　(清)楊沂孫纂　(清)馮焯補輯　清光緒七年(1881)補刻本　一百二十冊

110000－0143－0008081　PG261/31

[光緒]重修安徽通志三百五十卷補遺十卷　(清)吳坤修等修　(清)何紹基　(清)楊沂孫纂　清光緒四年(1878)刻本　一百二十冊

110000－0143－0008082　PG261/31－1

[道光]安徽通志二百六十卷首六卷　(清)陶澍　(清)鄧廷楨修　(清)李振庸　(清)韓玫纂　清道光十年(1830)刻本　一百冊

110000－0143－0008083　PG261/32

[乾隆]江南通志二百卷首四卷序目一卷　(清)尹繼善　(清)趙國麟修　(清)黄之雋　(清)章士鳳纂　清乾隆元年(1736)刻本　四十八冊

110000－0143－0008084　PG261/33

[嘉慶]四川通志二百四卷首二十二卷　(清)常明主修　(清)楊芳燦　(清)譚光祜纂修　清嘉慶二十一年(1816)刻本　一百六十冊

110000－0143－0008085　PG261/33

[嘉慶]四川通志二百四卷首二十二卷　(清)常明主修　(清)楊芳燦　(清)譚光祜纂修　清嘉慶二十一年(1816)四川巡撫府署刻本　一百六十冊

110000－0143－0008086　PG261/33

[嘉慶]四川通志二百四卷首二十二卷　(清)常明主修　(清)楊芳燦　(清)譚光祜纂修　清嘉慶二十一年(1816)四川巡撫府署刻本　一百六十冊

110000－0143－0008087　PG261/33－2

[雍正]四川通志四十七卷首一卷　(清)黄廷桂　(清)竇啓瑛主修　(清)張晉生纂修　清乾隆元年(1736)成都四川布政使府署刻本　四十八冊

110000－0143－0008088　PG261/34

[道光]重纂福建通志二百七十八卷圖一卷首六卷附續採列女志一卷　(清)孫爾準等修　(清)陳壽祺等纂　(清)程祖洛等續修　(清)魏敬中續纂　清道光九年(1829)修十五年(1835)續修同治七年(1868)正誼書院刻本　一百四十冊

110000－0143－0008089　PG261/34

[道光]重纂福建通志二百七十八卷圖一卷首六卷附續採列女志一卷　(清)孫爾準等修　(清)陳壽祺等纂　(清)程祖洛等續修　(清)魏敬中續纂　清道光九年(1829)修十五年(1835)續修同治七年(1868)正誼書院刻本　一百八十冊

110000－0143－0008090　PG261/35

[光緒]江西通志一百八十卷首五卷　(清)劉坤一等修　(清)劉鐸　(清)趙之謙等纂　清光緒七年(1881)刻本　一百二十冊

110000－0143－0008091　PG261/35

[光緒]江西通志一百八十卷首五卷　(清)劉坤一等修　(清)劉鐸　(清)趙之謙等纂　清光緒七年(1881)刻本　一百二十冊

110000－0143－0008092　PG261/37

[光緒]浙志便覽七卷　(清)李應玨著　清光緒十八年至二十年(1892－1894)杭州吏隱齋刻本　四冊

110000－0143－0008093　PG261/37

[光緒]浙志便覽七卷　(清)李應玨著　清光緒十八年至二十年(1892－1894)杭州吏隱齋刻本　四冊

110000－0143－0008094　PG261/37

[光緒]浙志便覽七卷　(清)李應玨著　清光

緒二十二年(1896)杭州吏隱齋刻本　四册

110000－0143－0008095　PG261/37
[光緒]浙志便覽七卷　(清)李應玨著　清光緒十八年至二十年(1892－1894)杭州吏隱齋刻本　三册　缺三卷(五至七)

110000－0143－0008096　PG261/38
十六國疆域志十六卷　(清)洪亮吉撰　清嘉慶三年(1798)北京刻本　四册

110000－0143－0008097　PG261/38
十六國疆域志十六卷　(清)洪亮吉撰　清嘉慶三年(1798)北京刻本　四册

110000－0143－0008098　PG261/38
東晉疆域志四卷　(清)洪亮吉撰　清嘉慶元年(1796)北京刻本　二册

110000－0143－0008099　PG261/38
補三國疆域志二卷　(清)洪亮吉撰　清乾隆四十六年(1781)西安刻本　一册

110000－0143－0008100　PG261/38
十六國疆域志十六卷　(清)洪亮吉撰　清嘉慶三年(1798)北京刻本　四册

110000－0143－0008101　PG261/38－2
十六國疆域志十六卷　(清)洪亮吉撰　清光緒十七年(1891)廣雅書局刻本　四册

110000－0143－0008102　PG261/38－2
十六國疆域志十六卷　(清)洪亮吉撰　清光緒十七年(1891)廣雅書局刻本　四册

110000－0143－0008103　PG261/39
[光緒]全滇紀要不分卷　(清)雲南課吏館纂修　清光緒三十一年(1905)鉛印本　十册

110000－0143－0008104　PG261/39
[光緒]全滇紀要不分卷　(清)雲南課吏館纂修　清光緒三十一年(1905)鉛印本　十册

110000－0143－0008105　PG261/39
[光緒]全滇紀要不分卷　(清)雲南課吏館纂修　清光緒三十一年(1905)鉛印本　十册

110000－0143－0008106　PG261/39
[光緒]全滇紀要不分卷　(清)雲南課吏館纂修　清光緒三十一年(1905)鉛印本　十册

110000－0143－0008107　PG261/43
[至元]齊乘六卷附釋音一卷攷證六卷　(元)于欽纂　元後至元五年(1339)修清乾隆四十六年(1781)刻本　六册

110000－0143－0008108　PG261/43
[至元]齊乘六卷附釋音一卷攷證六卷　(元)于欽纂　元後至元五年(1339)修清乾隆四十六年(1781)刻本　六册　缺一種六卷(攷證六卷)

110000－0143－0008109　PG261/43
[至元]齊乘六卷附釋音一卷攷證六卷　(元)于欽纂　元後至元五年(1339)修清乾隆四十六年(1781)刻本　六册

110000－0143－0008110　PG261/45
括地志八卷　(唐)李泰等纂　(清)孫星衍輯　清嘉慶二年(1797)蘭陵孫氏刻岱南閣叢書本　二册

110000－0143－0008111　PG261/45－1
括地志八卷　(唐)李泰等纂　(清)孫星衍輯　清嘉慶二年(1797)蘭陵孫氏刻岱南閣叢書本　二册

110000－0143－0008112　PG261/47
歷代地理志韻編今釋二十卷　(清)李兆洛輯　清同治九年(1870)刻本　八册

110000－0143－0008113　PG261/48
[乾隆]欽定滿洲源流考二十卷　(清)阿桂等總纂　(清)麟喜等纂修　清光緒三十年(1904)石印本　四册

110000－0143－0008114　PG261/48
[乾隆]欽定滿洲源流考二十卷　(清)阿桂等總纂　(清)麟喜等纂修　清光緒三十年(1904)石印本　四册

110000－0143－0008115　PG261/55
河朔訪古記三卷　(元)納新撰　(清)錢熙祚校　清道光二十四年(1844)金山錢氏刻本

一冊

110000－0143－0008116　PG261/55
［光緒］蒙古志三卷坿圖　姚明煇纂　清光緒三十三年(1907)上海中國圖書公司鉛印本　一冊

110000－0143－0008117　PG261/56
［道光］皖省志略四卷附錄一卷　(清)朱雲錦纂輯　清道光元年(1821)金閶傳書齋毛上珍刻本　四冊

110000－0143－0008118　PG261/57
［光緒］湖南通志二百八十八卷首八卷末十九卷　(清)卞寶第等修　(清)曾國荃　(清)郭嵩燾纂　清光緒十一年(1885)刻本　一百六十八冊

110000－0143－0008119　PG261/57
［光緒］湖南通志二百八十八卷首八卷末十九卷　(清)卞寶第等修　(清)曾國荃　(清)郭嵩燾纂　清光緒十一年(1885)刻本　一百六十八冊

110000－0143－0008120　PG261/58
［道光］陝西志輯要六卷首一卷　(清)王志沂輯　清道光七年(1827)朝阪謝蘭佩賜書堂刻本　六冊

110000－0143－0008121　PG261/58
［道光］秦疆治略一卷　(清)盧坤撰　清道光七年(1827)朝阪謝蘭佩賜書堂刻本　二冊

110000－0143－0008122　PG261/58
關中漢唐存碑跋一卷　(清)王志沂撰　清道光七年(1827)朝阪謝蘭佩賜書堂刻本　一冊

110000－0143－0008123　PG261/58
漢南遊草一卷　(清)王志沂撰　清道光七年(1827)朝阪謝蘭佩賜書堂刻本　一冊

110000－0143－0008124　PG261/58
陝西志輯要六卷首一卷　(清)王志沂輯　清道光七年(1827)朝阪謝蘭佩賜書堂刻本　六冊

110000－0143－0008125　PG261/58
陝西志輯要六卷首一卷　(清)王志沂輯　清道光七年(1827)朝阪謝蘭佩賜書堂刻本　六冊

110000－0143－0008126　PG261/61
湖南全省掌故備考三十五卷　王先謙撰　清光緒十四年(1888)長沙刻本　十二冊

110000－0143－0008127　PG261/63
雲南府志二十五卷　(清)范承勳總纂　(清)謝儼纂修　清康熙刻本　十八冊　缺二卷(十、十九)

110000－0143－0008128　PG261/66
省志摘攬二卷　(清)了園鈔輯　清光緒二十六年(1900)刻本　二冊

110000－0143－0008129　PG261/68
奉天全省輿圖總說分表不分卷　(清)王志修編輯　清光緒二十年(1894)刻本　一冊

110000－0143－0008130　PG261/69
續黔書八卷　(清)張澍纂　清光緒二十三年(1897)刻本　一冊

110000－0143－0008131　PG261/71
西藏記二卷　(清)□□纂　清乾隆刻本　一冊

110000－0143－0008132　PG261/73
漢地理志詳釋四卷　(清)呂調陽述　清光緒十四年(1888)刻本　四冊

110000－0143－0008133　PG261/74
晉書地理志新補正五卷　(清)畢沅撰　清光緒十八年(1892)思賢講舍刻本　一冊

110000－0143－0008134　PG261/74
晉書地理志新補正五卷　(清)畢沅撰　清同治至宣統刻本　一冊

110000－0143－0008135　PG261/75
［光緒］新疆志五種十四卷　王樹枏著　清光緒至宣統新疆官書局鉛印本　十三冊　缺一種(新疆國界圖志)

110000－0143－0008136　PG261/77
閩中沿革表五卷　(清)王捷南箸　清道光十

九年(1839)至咸豐刻本　五冊

110000－0143－0008137　PG261/79
廣西通志輯要十七卷首不分卷　(清)蘇宗經原輯　(清)羊復禮　(清)夏敬頤增輯　清光緒十五年至十六年(1889－1890)桂林刻本　十三冊

110000－0143－0008138　PG261/85
皖志便覽六卷　(清)李應玨著　清光緒二十四年(1898)安徽鏤雲閣刻本　二冊

110000－0143－0008139　PG262/5－1
[宣統]重修恩縣志十卷首一卷　(清)汪鴻孫修　(清)劉儒臣　(清)王金階等纂　清宣統元年(1909)刻本　四冊

110000－0143－0008140　PG262/6
[咸豐]清河縣志二十四卷首一卷附編二卷　(清)吳棠修　(清)魯一同纂　清咸豐四年(1854)刻同治四年(1865)補版本　六冊

110000－0143－0008141　PG262/6
[咸豐]清河縣志二十四卷首一卷　(清)吳棠修　(清)魯一同纂　清咸豐四年(1854)刻同治元年(1862)補版本　六冊

110000－0143－0008142　PG262/6－2
光緒丙子清河縣志二十六卷　(清)文彬修　(清)吳昆田　(清)魯蕡纂　清光緒五年(1879)刻本　四冊　存十七卷(一至十七)

110000－0143－0008143　PG262/6－3
光緒丙子清河縣志二十六卷　(清)文彬修　(清)吳昆田　(清)魯蕡纂　清光緒五年(1879)刻本　六冊

110000－0143－0008144　PG262/7－1
[乾隆]歷城縣志五十卷首一卷　(清)胡德琳總修　(清)李文藻等纂輯　清乾隆三十八年(1773)山東歷城縣署刻本　十六冊

110000－0143－0008145　PG262/7－2
[乾隆]歷城縣志五十卷首一卷　(清)胡德琳總修　(清)李文藻等纂輯　清乾隆三十八年(1773)山東歷城縣署刻本　十六冊

110000－0143－0008146　PG262/7－2
[乾隆]歷城縣志五十卷首一卷　(清)胡德琳總修　(清)李文藻等纂輯　清乾隆三十八年(1773)山東歷城縣署刻本　八冊　存十九卷(一至十九)

110000－0143－0008147　PG262/9
三國郡縣表補正八卷　(清)吳增僅撰　清光緒三十三年(1907)鄂城刻本　四冊

110000－0143－0008148　PG262/9
三國郡縣表補正八卷　(清)吳增僅撰　清光緒三十三年(1907)鄂城刻本　四冊

110000－0143－0008149　PG262/10
[道光]太原縣志十八卷　(清)員珮蘭修　(清)楊國泰纂　清道光六年(1826)刻本　五冊　缺二卷(三至四)

110000－0143－0008150　PG262/12
[雍正]洪洞縣志九卷　(清)余世堂修　(清)蔡行仁纂　清雍正八年(1730)刻同治十一年(1872)補刻本　五冊　存六卷(四下至九)

110000－0143－0008151　PG262/13
[光緒]長治縣志八卷首一卷　(清)李楨　(清)馬鑑等監修　(清)楊篤纂修　清光緒二十年(1894)刻本　十冊

110000－0143－0008152　PG262/13
[光緒]長治縣志八卷首一卷　(清)李楨　(清)馬鑑等監修　(清)楊篤纂修　清光緒二十年(1894)刻本　十冊

110000－0143－0008153　PG262/14
[乾隆]正定府志五十卷首一卷　(清)鄭大進纂修　清乾隆二十七年(1762)刻本　三十冊　缺四卷(十五至十七、首一卷)

110000－0143－0008154　PG262/15
[同治]元氏縣志十四卷首一卷末一卷　(清)胡岳修　(清)趙文濂　(清)王鈞如等纂　清光緒元年(1875)刻本　八冊

110000－0143－0008155　PG262/15

[同治]元氏縣志十四卷首一卷末一卷 （清）胡岳修 （清）趙文濂 （清）王鈞如等纂 清光緒元年(1875)刻本 八冊

110000－0143－0008156 PG262/15
[同治]元氏縣志十四卷首一卷末一卷 （清）胡岳修 （清）趙文濂 （清）王鈞如等纂 清光緒元年(1875)刻本 六冊 缺二卷（十一、十四）

110000－0143－0008157 PG262/15
[同治]元氏縣志十四卷首一卷末一卷 （清）胡岳修 （清）趙文濂 （清）王鈞如等纂 清光緒元年(1875)刻本 八冊

110000－0143－0008158 PG262/16
[光緒]正定縣志四十六卷首一卷末一卷 （清）慶之金 （清）賈孝彰修 （清）趙文濂等纂 清光緒元年(1875)刻本 十五冊

110000－0143－0008159 PG262/16
[光緒]正定縣志四十六卷首一卷末一卷 （清）慶之金 （清）賈孝彰修 （清）趙文濂等纂 清光緒元年(1875)刻本 十四冊

110000－0143－0008160 PG262/17
[嘉慶]高邑縣志十卷首一卷 （清）陳元芳 （清）沈雲尊纂修 清嘉慶十六年(1811)刻本 四冊

110000－0143－0008161 PG262/17
[嘉慶]高邑縣志十卷首一卷 （清）陳元芳 （清）沈雲尊纂修 清嘉慶十六年(1811)刻本 五冊

110000－0143－0008162 PG262/18
[光緒]邢臺縣志八卷首一卷 （清）戚朝卿修 （清）周祐纂 清光緒三十一年(1905)刻本 六冊

110000－0143－0008163 PG262/19
[乾隆]醴泉縣志十四卷圖一卷 （清）蔣騏昌 （清）孫星衍撰 清乾隆四十九年(1784)刻本 四冊

110000－0143－0008164 PG262/19
[乾隆]醴泉縣志十四卷圖一卷 （清）蔣騏昌 （清）孫星衍撰 清乾隆四十九年(1784)刻本 四冊

110000－0143－0008165 PG262/19
[乾隆]醴泉縣志十四卷圖一卷 （清）蔣騏昌 （清）孫星衍撰 清乾隆四十九年(1784)刻本 四冊

110000－0143－0008166 PG262/19
[乾隆]醴泉縣志十四卷圖一卷 （清）蔣騏昌 （清）孫星衍撰 清乾隆四十九年(1784)刻本 四冊

110000－0143－0008167 PG262/19
[乾隆]醴泉縣志十四卷圖一卷 （清）蔣騏昌 （清）孫星衍撰 清乾隆四十九年(1784)刻本 四冊

110000－0143－0008168 PG262/19
[乾隆]醴泉縣志十四卷圖一卷 （清）蔣騏昌 （清）孫星衍撰 清乾隆四十九年(1784)刻本 四冊

110000－0143－0008169 PG262/20
[嘉慶]長安縣志三十六卷 （清）張聰賢纂修 （清）董曾臣輯 清嘉慶二十年(1815)長安縣學學署刻本 一冊 存七卷（十六至二十二）

110000－0143－0008170 PG262/20
[光緒]長安志二十卷圖三卷 （宋）宋敏求撰 （元）李好文繪圖 （清）畢沅校 清光緒十七年(1891)思賢講舍刻本 三冊 存十九卷（二至二十）

110000－0143－0008171 PG262/20－1
[光緒]長安志二十卷圖三卷 （宋）宋敏求撰 （元）李好文繪圖 （清）畢沅校 清光緒十七年(1891)思賢講舍刻本 五冊

110000－0143－0008172 PG262/20－1
[乾隆]長安志二十卷圖三卷 （宋）宋敏求撰 （元）李好文繪圖 （清）畢沅校 清乾隆四十九年(1784)靈巖山館刻本 六冊

110000－0143－0008173　PG262/20－3
［嘉慶］長安縣志三十六卷　（清）張聰賢纂　（清）董曾臣輯　清嘉慶二十年（1815）長安縣學學署刻本　六册

110000－0143－0008174　PG262/21
［乾隆］蒲城縣志十五卷　（清）張心鏡修　（清）吳泰來纂　清乾隆四十七年（1782）蒲城縣署刻本　六册

110000－0143－0008175　PG262/21
［光緒］蒲城縣新志十三卷首一卷　（清）李體仁修　（清）王學禮纂　清光緒三十一年（1905）蒲城縣署刻本　一册　存五卷（一至五）

110000－0143－0008176　PG262/21－1
［光緒］蒲城縣新志十三卷首一卷　（清）李體仁修　（清）王學禮纂　清光緒三十一年（1905）蒲城縣署刻本　四册

110000－0143－0008177　PG262/21－1
［光緒］蒲城縣新志十三卷首一卷　（清）李體仁修　（清）王學禮纂　清光緒三十一年（1905）蒲城縣署刻本　四册

110000－0143－0008178　PG262/21－3
［乾隆］蒲城縣志十五卷　（清）張心鏡修　（清）吳泰來纂　清乾隆四十七年（1782）蒲城縣署刻本　六册

110000－0143－0008179　PG262/22
［光緒］鉅鹿縣志十二卷首一卷　（清）凌燮　（清）赫慎修　（清）夏應麟纂　清光緒十二年（1886）鉅鹿縣署刻本　六册

110000－0143－0008180　PG262/22
［光緒］鉅鹿縣志十二卷首一卷　（清）凌燮　（清）赫慎修　（清）夏應麟纂　清光緒十二年（1886）鉅鹿縣署刻本　六册

110000－0143－0008181　PG262/25
［光緒］元和郡縣圖志四十卷附闕卷逸文一卷攷證三十四卷　（唐）李吉甫撰　（清）孫星衍輯　（清）張駒賢攷證　清光緒十三年（1887）定州王氏謙德堂刻本　八册　存四十四卷（一至三、九至十二、十四至十八、二十一至二十二、二十五至二十九、三十四至三十七，闕卷逸文一卷，攷證一至二十）

110000－0143－0008182　PG262/25－1
［光緒］元和郡縣圖志四十卷附闕卷逸文一卷　（唐）李吉甫撰　（清）孫星衍輯　清光緒六年（1880）金陵書局刻本　六册

110000－0143－0008183　PG262/25－1
［光緒］元和郡縣補志九卷　（清）嚴觀輯　清光緒八年（1882）金陵書局刻本　二册

110000－0143－0008184　PG262/25－1
［光緒］元和郡縣圖志四十卷附闕卷逸文一卷　（唐）李吉甫撰　（清）孫星衍輯　清光緒六年（1880）金陵書局刻本　六册

110000－0143－0008185　PG262/25－1
［光緒］元和郡縣補志九卷　（清）嚴觀輯　清光緒八年（1882）金陵書局刻本　二册

110000－0143－0008186　PG262/25－2
［光緒］元和郡縣補志九卷　（清）嚴觀輯　清光緒八年（1882）金陵書局刻本　二册

110000－0143－0008187　PG262/25－3
［道光］元和郡縣志四十卷　（唐）李吉甫撰　清道光二十七年（1847）刻本　十六册

110000－0143－0008188　PG262/26
［光緒］趙州屬邑志八卷　（清）孫傳栻修　（清）王景美纂　清光緒二十三年（1897）趙州州署刻本　四册

110000－0143－0008189　PG262/26
［光緒］趙州屬邑志八卷　（清）孫傳栻修　（清）王景美纂　清光緒二十三年（1897）趙州州署刻本　三册　缺一卷（六）

110000－0143－0008190　PG262/27
［光緒］直隸趙州志十六卷首一卷末一卷　（清）孫傳栻修　（清）王景美纂　清光緒二十三年（1897）趙州州署刻本　六册

110000－0143－0008191　PG262/27
［光緒］趙州屬邑志八卷　（清）孫傳栻修

(清)王景美纂　清光緒二十三年(1897)趙州州署刻本　四册

110000－0143－0008192　PG262/27
[光緒]直隸趙州志十六卷首一卷末一卷　(清)孫傳栻修　(清)王景美纂　清光緒二十三年(1897)趙州州署刻本　六册

110000－0143－0008193　PG262/29
[道光]南宫縣志十六卷首一卷　(清)周栻修　(清)陳柱纂　清道光十一年(1831)南宫縣署刻本　八册

110000－0143－0008194　PG262/29
[道光]南宫縣志十六卷首一卷　(清)周栻修　(清)陳柱纂　清道光十一年(1831)南宫縣署刻本　八册

110000－0143－0008195　PG262/29
[道光]南宫縣志十六卷首一卷　(清)周栻修　(清)陳柱纂　清道光十一年(1831)南宫縣署刻本　三册

110000－0143－0008196　PG262/29
[道光]南宫縣志十六卷　(清)周栻修　(清)陳柱纂　清道光十一年(1831)南宫縣署刻本　八册

110000－0143－0008197　PG262/30
[嘉慶]邢臺縣志十卷首一卷　(清)竇景燕修　(清)沈蓮生續修　清嘉慶十四年(1809)修道光七年(1827)邢臺縣署刻同治十一年(1872)河北邢臺縣署重印本　四册

110000－0143－0008198　PG262/30
[光緒]邢臺縣志八卷首一卷　(清)戚朝卿修　(清)周祐纂　清光緒三十一年(1905)邢臺縣署刻本　五册　缺二卷(一、首一卷)

110000－0143－0008199　PG262/30
[嘉慶]邢臺縣志十卷　(清)竇景燕修　(清)沈蓮生續修　清嘉慶十四年(1809)修道光七年(1827)邢臺縣署刻同治十一年(1872)河北邢臺縣署重印本　四册

110000－0143－0008200　PG262/30－1
[光緒]邢臺縣志八卷首一卷　(清)戚朝卿修　(清)周祐纂　清光緒三十一年(1905)邢臺縣署刻本　六册

110000－0143－0008201　PG262/30－1
[光緒]邢臺縣志八卷首一卷　(清)戚朝卿修　(清)周祐纂　清光緒三十一年(1905)邢臺縣署刻本　六册

110000－0143－0008202　PG262/30－1
[光緒]邢臺縣志八卷首一卷　(清)戚朝卿修　(清)周祐纂　清光緒三十一年(1905)邢臺縣署刻本　六册

110000－0143－0008203　PG262/32
[康熙]藁城縣志十二卷　(清)賴於宣　(清)閻堯熙修　(清)張丙宿纂　清康熙三十七年(1698)刻五十九年(1720)增刻本　四册

110000－0143－0008204　PG262/32
[光緒]藁城縣志續補十一卷　(清)朱紹穀修　(清)張毓湓纂　清光緒七年(1881)藁城縣署刻本　一册

110000－0143－0008205　PG262/33
[乾隆]柏鄉縣志十卷首一卷　(清)鍾賡華纂修　清乾隆三十一年(1766)柏鄉縣署刻本　十册

110000－0143－0008206　PG262/33
[乾隆]柏鄉縣志十卷首一卷　(清)鍾賡華纂修　清乾隆三十一年(1766)柏鄉縣署刻本　六册

110000－0143－0008207　PG262/34
[乾隆]廣靈縣志十卷首一卷末一卷　(清)郭磊纂修　清乾隆十九年(1754)廣靈縣署刻光緒七年(1881)印本　四册

110000－0143－0008208　PG262/34
[光緒]廣靈縣補志十卷　(清)楊亦銘纂修　清光緒七年(1881)廣靈縣署刻本　二册

110000－0143－0008209　PG262/34－1
[乾隆]廣靈縣志十卷首一卷末一卷　(清)郭磊纂修　清乾隆十九年(1754)廣靈縣署刻光

緒七年(1881)印本　四册

110000－0143－0008210　PG262/34－1
[光緒]廣靈縣補志十卷　(清)楊亦銘纂修　清光緒七年(1881)廣靈縣署刻本　二册

110000－0143－0008211　PG262/34－1
[乾隆]廣靈縣志十卷首一卷末一卷　(清)郭磊纂修　清乾隆十九年(1754)廣靈縣署刻光緒七年(1881)印本　四册

110000－0143－0008212　PG262/34－1
[光緒]廣靈縣補志十卷　(清)楊亦銘纂修　清光緒七年(1881)廣靈縣署刻本　二册

110000－0143－0008213　PG262/34－1
[乾隆]廣靈縣志十卷首一卷末一卷　(清)郭磊纂修　清乾隆十九年(1754)廣靈縣署刻本　四册

110000－0143－0008214　PG262/34－3
[乾隆]廣靈縣志十卷首一卷末一卷　(清)郭磊纂修　清乾隆十九年(1754)廣靈縣署刻光緒七年(1881)印本　四册

110000－0143－0008215　PG262/34－3
[光緒]廣靈縣補志十卷　(清)楊亦銘纂修　清光緒七年(1881)廣靈縣署刻本　二册

110000－0143－0008216　PG262/35
[乾隆]韓城縣志十六卷首一卷　(清)傅應奎修　(清)錢坫纂　清乾隆四十九年(1784)韓城縣署刻本　三册

110000－0143－0008217　PG262/35
[嘉慶]韓城縣續志五卷　(清)冀蘭泰修　(清)陸耀遹纂　清嘉慶二十三年(1818)韓城縣署刻本　一册

110000－0143－0008218　PG262/35－1
[乾隆]韓城縣志十六卷首一卷　(清)傅應奎修　(清)錢坫纂　清乾隆四十九年(1784)韓城縣署刻本　六册

110000－0143－0008219　PG262/35－2
[嘉慶]韓城縣續志五卷　(清)冀蘭泰修　(清)陸耀遹纂　清嘉慶二十三年(1818)韓城縣署刻本　一册

110000－0143－0008220　PG262/36
[光緒]臨漳縣志十八卷首一卷　(清)周秉彝修　(清)周壽梓　(清)李燿中纂修　清光緒三十年(1904)臨漳縣署刻本　十二册

110000－0143－0008221　PG262/37－4
[乾隆]邯鄲縣志十二卷首一卷　(清)王炯纂修　清乾隆二十一年(1756)邯鄲縣署刻本　六册

110000－0143－0008222　PG262/37－4
[乾隆]邯鄲縣志十二卷首一卷　(清)王炯纂修　清乾隆二十一年(1756)邯鄲縣署刻本　六册

110000－0143－0008223　PG262/38
[乾隆]郃陽縣全志四卷　(清)席奉乾修　(清)孫景烈纂　(清)陳榕評點　清乾隆三十四年(1769)郃陽縣署刻本　五册

110000－0143－0008224　PG262/38
[乾隆]郃陽縣全志四卷　(清)席奉乾修　(清)孫景烈纂　(清)陳榕評點　清乾隆三十四年(1769)郃陽縣署刻本　四册

110000－0143－0008225　PG262/38－1
[乾隆]郃陽縣全志四卷　(清)席奉乾修　(清)孫景烈纂　(清)陳榕評點　清乾隆三十四年(1769)郃陽縣署刻本　四册

110000－0143－0008226　PG262/38－1
[乾隆]郃陽縣全志四卷　(清)席奉乾修　(清)孫景烈纂　(清)陳榕評點　清乾隆三十四年(1769)郃陽縣署刻本　四册

110000－0143－0008227　PG262/38－1
[乾隆]郃陽縣全志四卷　(清)席奉乾修　(清)孫景烈纂　(清)陳榕評點　清乾隆三十四年(1769)郃陽縣署刻本　四册

110000－0143－0008228　PG262/38－1
[乾隆]郃陽縣全志四卷　(清)席奉乾修　(清)孫景烈纂　(清)陳榕評點　清乾隆三十四年(1769)郃陽縣署刻本　四册

110000－0143－0008229　PG262/39－1
[道光]直隸定州志二十二卷首一卷　(清)寶琳　(清)勞沅恩纂修　清道光二十九年(1849)刻本　十二册

110000－0143－0008230　PG262/39－1
[道光]直隸定州志二十二卷首一卷　(清)寶琳　(清)勞沅恩纂修　清道光二十九年(1849)刻本　十二册

110000－0143－0008231　PG262/39－1
[道光]直隸定州志二十二卷首一卷　(清)寶琳　(清)勞沅恩纂修　清道光二十九年(1849)刻本　十二册

110000－0143－0008232　PG262/39－1
[道光]直隸定州志二十二卷首一卷　(清)寶琳　(清)勞沅恩纂修　清道光二十九年(1849)刻本　十二册

110000－0143－0008233　PG262/39－1
[道光]直隸定州志二十二卷首一卷　(清)寶琳　(清)勞沅恩纂修　清道光二十九年(1849)刻本　十二册

110000－0143－0008234　PG262/39－1
[道光]直隸定州志二十二卷首一卷　(清)寶琳　(清)勞沅恩纂修　清道光二十九年(1849)刻本　十二册

110000－0143－0008235　PG262/41
[光緒]洋縣志八卷　(清)張鵬翼纂修　清光緒二十四年(1898)洋縣縣署刻本　八册

110000－0143－0008236　PG262/41
[光緒]洋縣志八卷　(清)張鵬翼纂修　清光緒二十四年(1898)洋縣縣署刻本　一册　存一卷(三)

110000－0143－0008237　PG262/43－1
[道光]禹州志二十六卷　(清)朱煒修　(清)姚椿　(清)洪符孫纂　清道光十五年(1835)禹州州署刻本　七册　存十六卷(一至十六)

110000－0143－0008238　PG262/45
[乾隆]襄垣縣志八卷　(清)李廷芳修　(清)徐玨　(清)陳于廷纂　清乾隆四十七年(1782)刻本　九册

110000－0143－0008239　PG262/45
[光緒]襄垣縣續志二卷　(清)李汝霖纂修　清光緒六年(1880)刻本　一册

110000－0143－0008240　PG262/45
[乾隆]襄垣縣志八卷　(清)李廷芳修　(清)徐玨　(清)陳于廷纂　清乾隆四十七年(1782)刻本　九册

110000－0143－0008241　PG262/45
[光緒]襄垣縣續志二卷　(清)李汝霖纂修　清光緒六年(1880)刻本　一册

110000－0143－0008242　PG262/45
[乾隆]襄垣縣志八卷　(清)李廷芳修　(清)徐玨　(清)陳于廷纂　清乾隆四十七年(1782)刻本　六册　存七卷(一至七上)

110000－0143－0008243　PG262/46
[乾隆]祥符縣志二十二卷　(清)張淑載修　(清)魯曾煜纂　清乾隆四年(1739)祥符縣署刻本　二册　存四卷(一至三、十五)

110000－0143－0008244　PG262/47
[乾隆]無極縣志十一卷末一卷　(清)黄可潤纂修　清光緒十九年(1893)無極縣署刻本　四册

110000－0143－0008245　PG262/48
[乾隆]萬全縣志十卷首一卷　(清)左承業纂修　清乾隆七年(1742)萬全縣署刻本　四册

110000－0143－0008246　PG262/51
[光緒]解州志十八卷首一卷　(清)馬丕瑤　(清)魏象乾修　(清)張承熊纂　清光緒七年(1881)解州州署刻本　六册

110000－0143－0008247　PG262/52
[乾隆]直隸代州志六卷　(清)吴重光纂修　清乾隆四十九年(1784)代州州署刻本　八册

110000－0143－0008248　PG262/52
[乾隆]直隸代州志六卷　(清)吴重光纂修

清乾隆四十九年(1784)代州州署刻本　八册

110000－0143－0008249　PG262/52
[光緒]代州志十二卷首一卷　(清)俞廉三修　(清)楊篤纂　清光緒八年(1882)代州代山書院刻本　六册

110000－0143－0008250　PG262/52
[光緒]代州志十二卷首一卷　(清)俞廉三修　(清)楊篤纂　清光緒八年(1882)代州代山書院刻本　六册

110000－0143－0008251　PG262/52－1
[光緒]代州志十二卷首一卷　(清)俞廉三修　(清)楊篤纂　清光緒八年(1882)代州代山書院刻本　六册

110000－0143－0008252　PG262/52－1
[光緒]代州志十二卷首一卷　(清)俞廉三修　(清)楊篤纂　清光緒八年(1882)代州代山書院刻本　六册

110000－0143－0008253　PG262/53
[光緒]綏德直隸州志八卷首一卷　(清)孔繁樸修　(清)高維嶽纂　清光緒三十一年(1905)綏德州署刻本　六册

110000－0143－0008254　PG262/54
[道光]趙城縣志三十七卷首一卷　(清)楊延亮纂修　清道光七年(1827)趙城縣署刻本　八册　缺九卷(二十六至三十二、三十六至三十七)

110000－0143－0008255　PG262/56
[乾隆]彰德府志三十二卷首一卷　(清)盧崧修　(清)江大鍵　(清)程煥纂　清乾隆五十二年(1787)彰德府署刻本　二十册

110000－0143－0008256　PG262/56
[乾隆]彰德府志三十二卷首一卷　(清)盧崧修　(清)江大鍵　(清)程煥纂　清乾隆五十二年(1787)彰德府署刻本　十一册　存十四卷(一至十四)

110000－0143－0008257　PG262/57
[嘉慶]安陽縣志二十八卷首一卷　(清)貴泰總修　(清)武穆淳總纂　清嘉慶二十四年(1819)安陽縣署刻本　十册

110000－0143－0008258　PG262/57
[嘉慶]安陽縣志二十八卷首一卷　(清)貴泰總修　(清)武穆淳總纂　清嘉慶二十四年(1819)安陽縣署刻本　十册

110000－0143－0008259　PG262/57
[嘉慶]安陽縣志二十八卷首一卷　(清)貴泰總修　(清)武穆淳總纂　清嘉慶二十四年(1819)安陽縣署刻本　十册

110000－0143－0008260　PG262/58
[雍正]平陽府志三十六卷　(清)章廷珪修　(清)范安治等纂　清乾隆至宣統刻本　十一册　缺九卷(一至六、三十四至三十五、三十六殘)

110000－0143－0008261　PG262/60
[道光]泌陽縣志十二卷首一卷　(清)倪明進修　(清)栗郢纂　清道光八年(1828)泌陽縣署刻本　四册　存八卷(一至八)

110000－0143－0008262　PG262/61
[光緒]重修彭縣志十三卷首一卷末一卷補遺一卷　(清)張龍甲修　(清)呂調陽等纂　清光緒四年(1878)刻本　十册

110000－0143－0008263　PG262/61
[光緒]重修彭縣志十三卷首一卷末一卷補遺一卷　(清)張龍甲修　(清)呂調陽等纂　清光緒四年(1878)刻本　十册

110000－0143－0008264　PG262/61
[光緒]重修彭縣志十三卷首一卷末一卷補遺一卷　(清)張龍甲修　(清)呂調陽等纂　清光緒四年(1878)刻本　十册

110000－0143－0008265　PG262/64
[光緒]津門雜記三卷　(清)張燾撰　清光緒十年(1884)遊藝山莊刻本　三册

110000－0143－0008266　PG262/64
[光緒]津門雜記三卷　(清)張燾撰　清光緒十年(1884)遊藝山莊刻本　三册

110000－0143－0008267　PG262/64
[光緒]津門雜記三卷　(清)張燾撰　清光緒十年(1884)遊藝山莊刻本　三冊

110000－0143－0008268　PG262/64
[光緒]津門雜記三卷　(清)張燾撰　清光緒十年(1884)遊藝山莊刻本　三冊

110000－0143－0008269　PG262/64
[光緒]津門雜記三卷　(清)張燾撰　清光緒十年(1884)遊藝山莊刻本　三冊

110000－0143－0008270　PG262/64
[光緒]津門雜記三卷　(清)張燾撰　清光緒十年(1884)遊藝山莊刻本　三冊

110000－0143－0008271　PG262/65－1
[乾隆]澳門記略二卷首一卷末一卷　(清)印光任　(清)張汝霖纂　清光緒六年(1880)刻本　二冊

110000－0143－0008272　PG262/65－1
[乾隆]澳門記略二卷首一卷末一卷　(清)印光任　(清)張汝霖纂　清光緒六年(1880)刻本　二冊　缺一卷(末一卷)

110000－0143－0008273　PG262/66
[光緒]海鹽縣志二十二卷首一卷末一卷　(清)王彬修　(清)徐用儀纂　清光緒二年至三年(1876－1877)蔚文書院刻本　十六冊

110000－0143－0008274　PG262/66
[光緒]海鹽縣志二十二卷首一卷末一卷　(清)王彬修　(清)徐用儀纂　清光緒二年至三年(1876－1877)蔚文書院刻本　十六冊

110000－0143－0008275　PG262/67
[乾隆]碭山縣志十四卷　(清)劉王瑗纂修　清乾隆三十二年(1767)刻本　八冊

110000－0143－0008276　PG262/69
[光緒]江油縣志二十四卷　(清)武丕文修　(清)歐培槐等纂　清光緒二十九年(1903)刻本　六冊

110000－0143－0008277　PG262/70
[道光]江北廳志八卷首一卷　(清)福珠朗阿修　(清)宋煊　(清)黃雲衢纂　清道光二十四年(1844)刻本　八冊

110000－0143－0008278　PG262/71
[同治]增修萬縣志三十六卷首一卷　(清)王玉鯨　(清)張琴等修　(清)范泰衡等纂　清同治五年(1866)刻本　六冊

110000－0143－0008279　PG262/71
[同治]增修萬縣志三十六卷首一卷　(清)王玉鯨　(清)張琴等修　(清)范泰衡等纂　清同治五年(1866)刻本　十冊

110000－0143－0008280　PG262/72
[光緒]東鄉縣志十二卷首一卷附典禮備考二卷　(清)如柏纂修　清光緒二十八年(1902)刻本　六冊

110000－0143－0008281　PG262/73
[光緒]酆都縣志四卷首一卷附典禮備考八卷　(清)田秀栗　(清)徐濬鏞修　(清)徐昌緒等纂　(清)蔣履泰等增纂　清光緒十九年(1893)刻本　八冊

110000－0143－0008282　PG262/73
[光緒]酆都縣志四卷首一卷　(清)田秀栗　(清)徐濬鏞修　(清)徐昌緒等纂　(清)蔣履泰等增纂　清光緒十九年(1893)刻本　六冊

110000－0143－0008283　PG262/74
[嘉慶]峨眉縣志十卷首一卷　(清)王燮修　(清)張希縉　(清)張希珝纂　清嘉慶十八年(1813)刻本　四冊

110000－0143－0008284　PG262/74
[嘉慶]峨眉縣志十卷首一卷　(清)王燮修　(清)張希縉　(清)張希珝纂　清宣統三年(1911)刻本　四冊

110000－0143－0008285　PG262/74
[嘉慶]峨眉縣志十卷首一卷　(清)王燮修　(清)張希縉　(清)張希珝纂　清宣統三年(1911)刻本　四冊

110000－0143－0008286　PG262/75

[乾隆]澄城縣志二十卷　(清)戴治修　(清)洪亮吉　(清)孫星衍纂　清乾隆四十九年(1784)澄城縣署刻本　四册

110000－0143－0008287　PG262/76
[道光]中江縣新志八卷首一卷　(清)楊霈修　(清)李福源　(清)范泰衡纂　清道光十九年(1839)刻本　四册

110000－0143－0008288　PG262/77
[光緒]補纂仁壽縣原志五卷末一卷　(清)翁植　(清)楊作霖等修　(清)陳韶湘纂　清光緒七年(1881)刻本　六册

110000－0143－0008289　PG262/79
[同治]合江縣志五十四卷首一卷　(清)秦湘修　(清)瞿樹蔭等增修　(清)楊致道　(清)鄭國楹纂　(清)羅增垣等增纂　清同治十年(1871)刻本　十二册

110000－0143－0008290　PG262/80
[乾隆]富順縣志五卷首一卷　(清)段玉裁　(清)李芝纂修　清光緒八年(1882)刻本　五册

110000－0143－0008291　PG262/80
[乾隆]富順縣志五卷首一卷　(清)段玉裁　(清)李芝纂修　清光緒八年(1882)刻本　五册

110000－0143－0008292　PG262/80
[乾隆]富順縣志五卷首一卷　(清)段玉裁　(清)李芝纂修　清光緒八年(1882)刻本　五册

110000－0143－0008293　PG262/80
[乾隆]富順縣志五卷首一卷　(清)段玉裁　(清)李芝纂修　清光緒八年(1882)刻本　五册

110000－0143－0008294　PG262/81
[乾隆]濰縣志六卷首一卷末一卷　(清)張耀璧修　(清)王誦芬纂　清乾隆二十五年(1760)濰縣縣志局刻本　六册

110000－0143－0008295　PG262/81
[乾隆]濰縣志六卷首一卷末一卷　(清)張耀璧修　(清)王誦芬纂　清乾隆二十五年(1760)濰縣縣志局刻本　六册

110000－0143－0008296　PG262/81
[乾隆]濰縣志六卷首一卷末一卷　(清)張耀璧修　(清)王誦芬纂　清乾隆二十五年(1760)濰縣縣志局刻本　六册

110000－0143－0008297　PG262/81
[乾隆]濰縣志六卷首一卷末一卷　(清)張耀璧修　(清)王誦芬纂　清乾隆二十五年(1760)濰縣縣志局刻本　六册

110000－0143－0008298　PG262/82
[正德]朝邑縣志二卷　(明)王道修　(明)韓邦靖纂　清康熙五十一年(1712)刻本　一册

110000－0143－0008299　PG262/82－1
[正德]朝邑縣志二卷附註二卷韓五泉詩集二卷韓安人詩一卷　(明)韓邦靖纂　(清)張我華校註　清嘉慶元年(1796)是政堂刻本　四册

110000－0143－0008300　PG262/82－2
[正德]朝邑縣志二卷　(明)王道修　(明)韓邦靖纂　清康熙五十一年(1712)刻本　一册

110000－0143－0008301　PG262/82－2
[萬曆]續朝邑縣志八卷　(明)郭實修　(明)王學謨纂　清康熙五十一年(1712)刻本　二册

110000－0143－0008302　PG262/82－2
[康熙]朝邑縣後志八卷　(清)王兆鰲修　(清)王鵬翼纂　清康熙五十一年(1712)刻本　三册

110000－0143－0008303　PG262/82－3
[乾隆]朝邑縣志十一卷首一卷　(清)金嘉琰　(清)朱廷模修　(清)錢坫纂　清乾隆四十五年(1780)刻本　四册

110000－0143－0008304　PG262/82－4

[咸豐]朝邑縣志三卷　(清)李元春纂　清咸豐元年(1851)華原書院刻本　一册

110000－0143－0008305　PG262/83
[光緒]增修灌縣志十四卷首一卷　(清)莊思恆等修　(清)鄭珶山纂　清光緒十二年(1886)刻本　十册

110000－0143－0008306　PG262/83
[光緒]增修灌縣志十四卷首一卷　(清)莊思恆等修　(清)鄭珶山纂　清光緒十二年(1886)刻本　十册

110000－0143－0008307　PG262/83
[光緒]增修灌縣志十四卷首一卷　(清)莊思恆等修　(清)鄭珶山纂　清光緒十二年(1886)刻本　十册

110000－0143－0008308　PG262/84
[光緒]永濟縣志二十四卷　(清)李榮和　(清)劉鍾麟修　(清)張元懋纂　清光緒十二年(1886)刻本　十四册

110000－0143－0008309　PG262/85
[同治]宿遷縣志十九卷　(清)李德溥修　(清)方駿謨纂　清同治十三年(1874)刻本　六册

110000－0143－0008310　PG262/85
[同治]宿遷縣志十九卷　(清)李德溥修　(清)方駿謨纂　清同治十三年(1874)刻本　六册

110000－0143－0008311　PG262/85
[同治]宿遷縣志十九卷　(清)李德溥修　(清)方駿謨纂　清同治十三年(1874)刻本　十册

110000－0143－0008312　PG262/86－2
[咸豐]慶雲縣志三卷首一卷末一卷　(清)戴絅孫　(清)崔光笏纂修　清咸豐五年(1855)刻本　四册

110000－0143－0008313　PG262/86－3
[嘉慶]慶雲縣志十二卷首一卷末一卷　(清)潘國詔修　(清)崔旭纂　清嘉慶十四年(1809)刻本　四册

110000－0143－0008314　PG262/87
[光緒]衡山縣志四十五卷首一卷　(清)李惟丙　(清)勞銘勳修　(清)文嶽英　(清)胡伯第纂　清光緒元年(1875)刻本　二十册

110000－0143－0008315　PG262/88
[光緒]鬭鄉縣志十二卷首一卷末一卷　(清)劉思恕　(清)汪鼎臣修　(清)王維國　(清)王守恭纂　清光緒二十年(1894)刻本　八册

110000－0143－0008316　PG262/90
[光緒]米脂縣志十二卷　高照煦編纂　高增融校訂　清光緒三十三年(1907)米脂縣署鉛印本　四册

110000－0143－0008317　PG262/90
[光緒]米脂縣志十二卷　高照煦編纂　高增融校訂　清光緒三十三年(1907)米脂縣署鉛印本　四册

110000－0143－0008318　PG262/95
[咸豐]汾陽縣志十四卷首一卷　(清)周貽纓等修　(清)曹樹穀纂　清咸豐元年(1851)刻本　八册

110000－0143－0008319　PG262/95
[咸豐]汾陽縣志十四卷首一卷　(清)周貽纓等修　(清)曹樹穀纂　清咸豐元年(1851)刻本　八册

110000－0143－0008320　PG262/95－1
[乾隆]汾陽縣志十四卷首一卷　(清)李文起修　(清)戴震等纂　清乾隆三十七年(1772)刻本　六册

110000－0143－0008321　PG262/95－1
[乾隆]汾陽縣志十四卷首一卷　(清)李文起修　(清)戴震等纂　清乾隆三十七年(1772)刻本　六册

110000－0143－0008322　PG262/95－1
[乾隆]汾陽縣志十四卷首一卷　(清)李文起修　(清)戴震等纂　清乾隆三十七年(1772)

刻本　六册

110000－0143－0008323　PG262/95－2
[光緒]汾陽縣志十四卷首一卷　(清)方家駒(清)慶文修　(清)王文員纂　清光緒十年(1884)刻本　十册

110000－0143－0008324　PG262/96
[同治]遷安縣志十八卷首一卷末一卷　(清)韓耀光修　(清)史夢蘭纂　清同治十二年(1873)文峰書院刻本　八册

110000－0143－0008325　PG262/96
[同治]遷安縣志十八卷首一卷末一卷　(清)韓耀光修　(清)史夢蘭纂　清同治十二年(1873)文峰書院刻光緒十一年(1885)補刻本　八册

110000－0143－0008326　PG262/96
[同治]遷安縣志十八卷首一卷末一卷　(清)韓耀光修　(清)史夢蘭纂　清同治十二年(1873)文峰書院刻光緒丨一年(1885)補刻本　八册　缺九卷(十至十八)

110000－0143－0008327　PG262/97
[嘉慶]壽光縣志二十卷附光緒三十二年山東青州府壽光縣現行簡明賦役全書一卷　(清)劉翰周纂修　清嘉慶五年(1800)刻光緒三十二年(1906)刻本　八册

110000－0143－0008328　PG262/99
[光緒]蔚州志二十卷首一卷　(清)慶之金修　(清)楊篤纂　清光緒三年(1877)刻本　八册

110000－0143－0008329　PG262/99
[光緒]蔚州志二十卷首一卷　(清)慶之金修　(清)楊篤纂　清光緒三年(1877)刻本　八册

110000－0143－0008330　PG262/99
[光緒]蔚州志二十卷首一卷　(清)慶之金修　(清)楊篤纂　清光緒三年(1877)刻本　八册

110000－0143－0008331　PG262/99
[光緒]蔚州志二十卷首一卷　(清)慶之金修　(清)楊篤纂　清光緒三年(1877)刻本　八册

110000－0143－0008332　PG262/99
[光緒]蔚州志二十卷首一卷　(清)慶之金修　(清)楊篤纂　清光緒三年(1877)刻本　八册

110000－0143－0008333　PG262/100
[康熙]臨海縣志十五卷首一卷　(清)洪若臯纂　清康熙二十二年(1683)臨海縣署刻本　八册

110000－0143－0008334　PG262/100
[康熙]臨海縣志十五卷首一卷　(清)洪若臯纂　清康熙二十二年(1683)臨海縣署刻本　八册

110000－0143－0008335　PG262/100
[康熙]臨海縣志十五卷首一卷　(清)洪若臯纂　清康熙二十二年(1683)臨海縣署刻本　八册

110000－0143－0008336　PG262/101
[同治]直隸理番廳志六卷首一卷　(清)吴羹梅修　(清)周祚嶧纂　清同治七年(1868)理番廳廳署刻本　六册

110000－0143－0008337　PG262/102
[道光]秦安縣志十四卷　(清)嚴長宦修　(清)劉德熙纂　清道光十八年(1838)秦安縣署刻本　四册

110000－0143－0008338　PG262/102－1
[道光]泰安縣志十二卷首一卷末一卷　(清)徐宗幹修　(清)蔣大慶等纂　清道光八年(1828)泰安縣署刻本　十四册

110000－0143－0008339　PG262/102－1
[道光]泰安縣志十二卷首一卷末一卷　(清)徐宗幹修　(清)蔣大慶等纂　清道光八年(1828)泰安縣署刻本　十四册

110000－0143－0008340　PG262/104－1
[嘉慶]華陽縣志四十四卷首一卷　(清)吴鞏

（清）董淳修　（清）潘時彤等纂　清嘉慶二十一年（1816）東門文昌宮刻本　十六册

110000－0143－0008341　PG262/106
［光緒］善化縣志三十四卷首一卷　（清）吴兆熙　（清）冒沅修　（清）張先掄　（清）韓炳章纂　清光緒三年（1877）善化縣署刻本　二十册

110000－0143－0008342　PG262/106
［光緒］善化縣志三十四卷首一卷　（清）吴兆熙　（清）冒沅修　（清）張先掄　（清）韓炳章纂　清光緒三年（1877）善化縣署刻本　二十册

110000－0143－0008343　PG262/106
［光緒］善化縣志三十四卷首一卷　（清）吴兆熙　（清）冒沅修　（清）張先掄　（清）韓炳章纂　清光緒三年（1877）善化縣署刻本　二十册

110000－0143－0008344　PG262/107
［乾隆］徐州府志三十卷首一卷　（清）王峻　（清）石杰纂修　清乾隆七年（1742）徐州府學刻本　十二册

110000－0143－0008345　PG262/107－1
［同治］徐州府志二十五卷　（清）吴世熊　（清）朱忻修　（清）劉庠　（清）方駿謨纂　清同治十三年（1874）刻本　十六册

110000－0143－0008346　PG262/107－2
［同治］徐州府志二十五卷　（清）吴世熊　（清）朱忻修　（清）劉庠　（清）方駿謨纂　清同治十三年（1874）刻本　十六册

110000－0143－0008347　PG262/107－2
［同治］徐州府志二十五卷　（清）吴世熊　（清）朱忻修　（清）劉庠　（清）方駿謨纂　清同治十三年（1874）刻本　十六册

110000－0143－0008348　PG262/108
［乾隆］萊州府志十六卷首一卷　（清）嚴有禧　（清）趙聲武纂修　清乾隆五年（1740）萊州府署刻本　八册

110000－0143－0008349　PG262/108
［乾隆］萊州府志十六卷首一卷　（清）嚴有禧　（清）趙聲武纂修　清乾隆五年（1740）萊州府署刻本　八册

110000－0143－0008350　PG262/108
［乾隆］萊州府志十六卷首一卷　（清）嚴有禧　（清）趙聲武纂修　清乾隆五年（1740）萊州府署刻本　八册

110000－0143－0008351　PG262/109
［光緒］川沙廳志十四卷首一卷末一卷　（清）陳方瀛修　（清）俞樾等纂　清光緒五年（1879）上海川沙廳廳署刻本　六册

110000－0143－0008352　PG262/109
［光緒］川沙廳志十四卷首一卷末一卷　（清）陳方瀛修　（清）俞樾等纂　清光緒五年（1879）上海川沙廳廳署刻本　六册

110000－0143－0008353　PG262/109
［光緒］川沙廳志十四卷首一卷末一卷　（清）陳方瀛修　（清）俞樾等纂　清光緒五年（1879）上海川沙廳廳署刻本　四册　缺六卷（三至四、十二至十四，末一卷）

110000－0143－0008354　PG262/112－2
［嘉泰］會稽志二十卷　（宋）沈作賓修　（宋）施宿等纂　清嘉慶十三年（1808）刻本　八册

110000－0143－0008355　PG262/112－2
［寶慶］會稽續志八卷　（宋）張淏纂修　清嘉慶十三年（1808）刻本　二册

110000－0143－0008356　PG262/113
［康熙］開沙志二卷　（清）王錫極纂輯　（清）丁時霈增修　（清）王之瑚刪訂　清宣統三年（1911）鉛印本　二册

110000－0143－0008357　PG262/113
［康熙］開沙志二卷　（清）王錫極纂輯　（清）丁時霈增修　（清）王之瑚刪訂　清宣統三年（1911）鉛印本　二册

110000－0143－0008358　PG262/113

[康熙]開沙志二卷　(清)王錫極纂輯　(清)丁時霈增修　(清)王之瑚刪訂　清宣統三年(1911)鉛印本　二册

110000－0143－0008359　PG262/114
[光緒]騰越廳志稿二十卷首一卷　(清)陳宗海修　(清)趙端禮纂　清光緒十三年(1887)刻本　十二册

110000－0143－0008360　PG262/116
[嘉慶]重修揚州府志七十二卷首一卷　(清)阿克當阿修　(清)姚文田　(清)江藩等纂　清嘉慶十五年(1810)刻本　四十八册

110000－0143－0008361　PG262/116
[嘉慶]重修揚州府志七十二卷首一卷　(清)阿克當阿修　(清)姚文田　(清)江藩等纂　清嘉慶十五年(1810)刻本　四十册

110000－0143－0008362　PG262/116
[嘉慶]重修揚州府志七十二卷首一卷　(清)阿克當阿修　(清)姚文田　(清)江藩等纂　清嘉慶十五年(1810)刻本　五十六册

110000－0143－0008363　PG262/116
[嘉慶]重修揚州府志七十二卷首一卷　(清)阿克當阿修　(清)姚文田　(清)江藩等纂　清嘉慶十五年(1810)刻本　四十八册

110000－0143－0008364　PG262/116
[嘉慶]重修揚州府志七十二卷首一卷　(清)阿克當阿修　(清)姚文田　(清)江藩等纂　清嘉慶十五年(1810)刻本　四十八册

110000－0143－0008365　PG262/116－1
[雍正]揚州府志四十卷　(清)尹會一修　(清)程夢星等纂　清雍正十一年(1733)刻本　十二册

110000－0143－0008366　PG262/116－1
[雍正]揚州府志四十卷　(清)尹會一修　(清)程夢星等纂　清雍正十一年(1733)刻本　三十六册

110000－0143－0008367　PG262/117
[嘉慶]松江府志八十四卷首二卷圖一卷　(清)宋如林修　(清)莫晉　(清)孫星衍等纂　清嘉慶二十三年(1818)松江府學明倫堂刻本　四十册

110000－0143－0008368　PG262/117
[嘉慶]松江府志八十四卷首二卷圖一卷　(清)宋如林修　(清)莫晉　(清)孫星衍等纂　清嘉慶二十三年(1818)松江府學明倫堂刻本　四十册

110000－0143－0008369　PG262/117
[光緒]松江府續志四十卷首一卷圖一卷　(清)博潤修　(清)姚光發等纂　清光緒十年(1884)刻本　二十四册

110000－0143－0008370　PG262/117－1
[光緒]松江府續志四十卷首一卷圖一卷　(清)博潤修　(清)姚光發等纂　清光緒十年(1884)刻本　二十三册　缺二卷(七至八)

110000－0143－0008371　PG262/117－1
[光緒]松江府續志四十卷首一卷圖一卷　(清)博潤修　(清)姚光發等纂　清光緒十年(1884)刻本　二十四册

110000－0143－0008372　PG262/117－1
[光緒]松江府續志四十卷首一卷圖一卷　(清)博潤修　(清)姚光發等纂　清光緒十年(1884)刻本　二十四册

110000－0143－0008373　PG262/118
光緒順天府志一百三十卷附錄一卷　(清)萬青黎　(清)周家楣修　(清)張之洞　繆荃孫纂　清光緒十年至十二年(1884－1886)刻本　六十四册

110000－0143－0008374　PG262/118
光緒順天府志一百三十卷附錄一卷　(清)萬青黎　(清)周家楣修　(清)張之洞　繆荃孫纂　清光緒十年至十二年(1884－1886)刻本　六十四册

110000－0143－0008375　PG262/118
光緒順天府志一百三十卷附錄一卷　(清)萬青黎　(清)周家楣修　(清)張之洞　繆荃孫纂　清光緒十年至十二年(1884－1886)刻本

六十四冊

110000－0143－0008376　PG262/118
光緒順天府志一百三十卷附錄一卷　(清)萬青黎　(清)周家楣修　(清)張之洞　繆荃孫纂　清光緒十年至十二年(1884－1886)刻本　六十四冊

110000－0143－0008377　PG262/118
光緒順天府志一百三十卷附錄一卷　(清)萬青黎　(清)周家楣修　(清)張之洞　繆荃孫纂　清光緒十年至十二年(1884－1886)刻本　六十四冊

110000－0143－0008378　PG262/120－1
[光緒]續永清縣志稿不分卷　(清)李秉鈞　(清)吳欽修　(清)魏邦翰纂　清光緒抄本　二冊

110000－0143－0008379　PG262/123
[光緒]沔縣志四卷　(清)孫銘鐘　(清)羅桂銘修　(清)彭齡纂　清光緒九年(1883)刻本　四冊

110000－0143－0008380　PG262/123
[光緒]沔縣志四卷　(清)孫銘鐘　(清)羅桂銘修　(清)彭齡纂　清光緒九年(1883)刻本　四冊

110000－0143－0008381　PG262/127
[光緒]玉環廳志十四卷首一卷　(清)杜冠英　(清)胥壽榮修　(清)呂鴻燾纂　清光緒六年(1880)刻本　八冊

110000－0143－0008382　PG262/127
[光緒]玉環廳志十六卷首一卷　(清)杜冠英　(清)胥壽榮修　(清)呂鴻燾纂　(清)胡鍾駿增纂　清光緒六年(1880)刻十四年(1888)增刻本　八冊

110000－0143－0008383　PG262/127
[光緒]玉環廳志十六卷首一卷　(清)杜冠英　(清)胥壽榮修　(清)呂鴻燾纂　(清)胡鍾駿增纂　清光緒六年(1880)刻十四年(1888)增刻本　八冊

110000－0143－0008384　PG262/128－1
[道光]臨邑縣志十六卷首一卷末一卷　(清)沈淮纂修　清道光十七年(1837)刻本　八冊

110000－0143－0008385　PG262/128－1
[道光]臨邑縣志十六卷首一卷末一卷　(清)沈淮纂修　清道光十七年(1837)刻本　七冊　缺一卷(十六)

110000－0143－0008386　PG262/129－1
[嘉慶]正陽縣志十卷　(清)彭良弼修　(清)楊德容補修　(清)呂元灝纂　(清)賀祥補纂　清嘉慶元年(1796)正陽縣署刻本　四冊

110000－0143－0008387　PG262/130
[光緒]寶山縣志十四卷首一卷　(清)梁蒲貴　(清)吳康壽修　(清)朱延射　(清)潘履祥纂　清光緒八年(1882)學海書院刻本　八冊

110000－0143－0008388　PG262/130
[光緒]寶山縣志十四卷首一卷　(清)梁蒲貴　(清)吳康壽修　(清)朱延射　(清)潘履祥纂　清光緒八年(1882)學海書院刻本　八冊

110000－0143－0008389　PG262/130
[光緒]寶山縣志十四卷首一卷　(清)梁蒲貴　(清)吳康壽修　(清)朱延射　(清)潘履祥纂　清光緒八年(1882)學海書院刻本　八冊

110000－0143－0008390　PG262/132
[同治]曲周縣志二十卷首一卷　(清)存祿修　(清)劉自立纂　清同治八年(1869)曲周縣署刻本　八冊

110000－0143－0008391　PG262/133
[光緒]懷安縣志八卷首一卷末一卷　(清)蔭祿修　(清)程燮奎纂　清光緒二年(1876)懷安縣署刻本　四冊

110000－0143－0008392　PG262/134－1
[光緒]陵縣志二十二卷首一卷　(清)沈淮修　(清)李圖纂　(清)戴傑續纂　清光緒元年

(1875)陵縣縣署刻本　十四册

110000－0143－0008393　PG262/134－1
[光緒]陵縣志二十二卷首一卷　(清)沈淮修　(清)李圖纂　(清)戴傑續纂　清光緒元年(1875)陵縣縣署刻本　八册

110000－0143－0008394　PG262/135
[同治]續天津縣志二十卷首一卷　(清)吴惠元修　(清)蔣玉虹　(清)俞樾纂　清同治九年(1870)刻本　八册

110000－0143－0008395　PG262/135
[同治]續天津縣志二十卷首一卷　(清)吴惠元修　(清)蔣玉虹　(清)俞樾纂　清同治九年(1870)刻本　八册

110000－0143－0008396　PG262/135
[同治]續天津縣志二十卷首一卷　(清)吴惠元修　(清)蔣玉虹　(清)俞樾纂　清同治九年(1870)刻本　七册　缺三卷(一至二、首一卷)

110000－0143－0008397　PG262/135
[同治]續天津縣志二十卷首一卷　(清)吴惠元修　(清)蔣玉虹　(清)俞樾纂　清同治九年(1870)刻本　八册

110000－0143－0008398　PG262/136
[光緒]永平府志七十二卷首一卷末一卷　(清)游智開修　(清)史夢蘭纂　清光緒五年(1879)刻本　三十二册

110000－0143－0008399　PG262/136
[光緒]永平府志七十二卷首一卷末一卷　(清)游智開修　(清)史夢蘭纂　清光緒五年(1879)刻本　三十二册

110000－0143－0008400　PG262/136
[光緒]永平府志七十二卷首一卷末一卷　(清)游智開修　(清)史夢蘭纂　清光緒五年(1879)刻本　三十二册

110000－0143－0008401　PG262/137－2
[康熙]台州府志十八卷首一卷　(清)張聯元修　(清)方景濂等纂　清康熙六十一年(1722)浙江台州府署刻嘉慶十三年(1808)補版印本　十八册

110000－0143－0008402　PG262/138
[乾隆]濟陽縣志十四卷首一卷　(清)胡德琳修　(清)何明禮　(清)章承茂纂　清乾隆三十年(1765)刻本　八册

110000－0143－0008403　PG262/138－1
[乾隆]濟陽縣志十四卷首一卷　(清)胡德琳修　(清)何明禮　(清)章承茂纂　清乾隆三十年(1765)刻三十七年(1772)補刻本　八册

110000－0143－0008404　PG262/138－1
[乾隆]濟陽縣志十四卷首一卷　(清)胡德琳修　(清)何明禮　(清)章承茂纂　清乾隆三十年(1765)刻本　八册

110000－0143－0008405　PG262/139
[光緒]常昭合志稿四十八卷首一卷末一卷　(清)鄭鍾祥　(清)張瀛修　(清)龐鴻文等纂　清光緒三十年(1904)木活字印本　十六册

110000－0143－0008406　PG262/139
[光緒]常昭合志稿四十八卷首一卷末一卷　(清)鄭鍾祥　(清)張瀛修　(清)龐鴻文等纂　清光緒三十年(1904)木活字印本　十六册

110000－0143－0008407　PG262/140
[乾隆]咸陽縣志二十二卷首一卷　(清)臧應桐纂修　清乾隆十六年(1751)刻本　四册

110000－0143－0008408　PG262/141
[乾隆]長武縣志十二卷續刻一卷　(清)樊士鋒修　(清)洪亮吉　(清)李泰交纂　清乾隆四十八年(1783)刻嘉慶二十四年(1819)增刻本　四册

110000－0143－0008409　PG262/142
[同治]鹽山縣志十六卷首一卷末一卷　(清)王福謙　(清)江毓秀修　(清)潘震乙纂　清同治七年(1868)京都文采齋刻本　八册

110000－0143－0008410　PG262/143

[乾隆]蘇州府志八十卷首一卷 (清)雅爾哈善 (清)傅椿修 (清)習寯 (清)王峻纂 清乾隆十三年(1748)刻本 三十二冊

110000－0143－0008411 PG262/143

[同治]蘇州府志一百五十卷首三卷 (清)李銘皖 (清)譚鈞培修 (清)馮桂芬纂 清光緒九年(1883)江蘇書局刻本 八十冊

110000－0143－0008412 PG262/143

[乾隆]蘇州府志八十卷首一卷 (清)雅爾哈善 (清)傅椿修 (清)習寯 (清)王峻纂 清乾隆十三年(1748)刻本 三十二冊

110000－0143－0008413 PG262/143－1

[同治]蘇州府志一百五十卷首三卷 (清)李銘皖 (清)譚鈞培修 (清)馮桂芬纂 清光緒九年(1883)江蘇書局刻本 八十冊

110000－0143－0008414 PG262/143－1

[同治]蘇州府志一百五十卷首三卷 (清)李銘皖 (清)譚鈞培修 (清)馮桂芬纂 清光緒九年(1883)江蘇書局刻本 六十四冊

110000－0143－0008415 PG262/143－1

[同治]蘇州府志一百五十卷首三卷 (清)李銘皖 (清)譚鈞培修 (清)馮桂芬纂 清光緒九年(1883)江蘇書局刻本 八十冊

110000－0143－0008416 PG262/143－1

[同治]蘇州府志一百五十卷首三卷 (清)李銘皖 (清)譚鈞培修 (清)馮桂芬纂 清光緒九年(1883)江蘇書局刻本 八十冊

110000－0143－0008417 PG262/143－1

[同治]蘇州府志一百五十卷首三卷 (清)李銘皖 (清)譚鈞培修 (清)馮桂芬纂 清光緒九年(1883)江蘇書局刻本 七十九冊

110000－0143－0008418 PG262/144

[光緒]永年縣志四十卷首一卷 (清)夏詒鈺纂修 清光緒三年(1877)刻本 八冊

110000－0143－0008419 PG262/144－1

[光緒]永年縣志四十卷首一卷 (清)夏詒鈺纂修 清光緒三年(1877)刻本 八冊

110000－0143－0008420 PG262/144－1

[光緒]永年縣志四十卷首一卷 (清)夏詒鈺纂修 清光緒三年(1877)刻本 八冊

110000－0143－0008421 PG262/144－1

[光緒]永年縣志四十卷首一卷 (清)夏詒鈺纂修 清光緒三年(1877)刻本 八冊

110000－0143－0008422 PG262/144－1

[光緒]永年縣志四十卷首一卷 (清)夏詒鈺纂修 清光緒三年(1877)刻本 八冊

110000－0143－0008423 PG262/145

[光緒]慈谿縣志五十六卷附編一卷 (清)楊泰亨修 (清)馮可鏞 (清)劉一桂纂 清光緒二十五年(1899)德潤書院刻本 二十四冊

110000－0143－0008424 PG262/145

[光緒]慈谿縣志五十六卷附編一卷 (清)楊泰亨修 (清)馮可鏞 (清)劉一桂纂 清光緒二十五年(1899)德潤書院刻本 二十四冊

110000－0143－0008425 PG262/145

[光緒]慈谿縣志五十六卷附編一卷 (清)楊泰亨修 (清)馮可鏞 (清)劉一桂纂 清光緒二十五年(1899)德潤書院刻本 二十四冊

110000－0143－0008426 PG262/148

[正德]武功縣志三卷首一卷 (明)康海纂 (清)孫景烈評註 清乾隆刻本 一冊

110000－0143－0008427 PG262/148

[正德]武功縣志三卷首一卷 (明)康海纂 (清)孫景烈評註 清乾隆二十六年(1761)長白瑪星阿刻本 二冊

110000－0143－0008428 PG262/148

[正德]武功縣志三卷首一卷 (明)康海纂 (清)孫景烈評註 清乾隆二十六年(1761)長白瑪星阿刻本 一冊

110000－0143－0008429 PG262/148

[正德]武功縣志三卷首一卷 (明)康海纂 (清)孫景烈評註 清嘉慶十九年(1814)張樹勳綠野書院刻本 二冊

110000－0143－0008430 PG262/148

[正德]武功縣志三卷首一卷　(明)康海纂　(清)孫景烈評註　清道光十一年(1831)來鹿堂刻本　一册

110000－0143－0008431　PG262/148
[正德]武功縣志三卷首一卷　(明)康海纂　(清)孫景烈評註　清光緒十三年(1887)秦州張世英補刻嘉慶本　一册

110000－0143－0008432　PG262/148
[正德]武功縣志三卷首一卷　(明)康海纂　(清)孫景烈評註　清光緒十三年(1887)秦州張世英補刻嘉慶本　一册

110000－0143－0008433　PG262/148－1
[正德]武功縣志三卷附錄一卷勘證一卷　(明)康海纂　(清)方楷勘證　清同治十三年(1874)彭城刻本　一册

110000－0143－0008434　PG262/148－1
[正德]朝邑縣志二卷附錄一卷勘證一卷　(明)工道修　(明)韓邦靖纂　清同治十三年(1874)彭城刻本　與110000－0143－0008433合册

110000－0143－0008435　PG262/148－1
[正德]武功縣志三卷首一卷　(明)康海纂　(清)孫景烈評註　清同治十二年(1873)湖北崇文書局刻本　一册

110000－0143－0008436　PG262/148－1
[正德]武功縣志三卷首一卷　(明)康海纂　(清)孫景烈評註　清同治十二年(1873)湖北崇文書局刻本　一册

110000－0143－0008437　PG262/148－2
[正德]武功縣志三卷首一卷　(明)康海纂　(清)孫景烈評註　清道光八年(1828)風滿樓刻本　一册

110000－0143－0008438　PG262/149
[嘉慶]三臺縣志八卷　(清)沈昭興纂修　清嘉慶十九年至二十年(1814－1815)刻本　八册

110000－0143－0008439　PG262/150
[光緒]餘姚縣志二十七卷首一卷末一卷　(清)周炳麟修　(清)邵友濂纂　清光緒二十五年(1899)刻本　十六册

110000－0143－0008440　PG262/150
[光緒]餘姚縣志二十七卷首一卷末一卷　(清)周炳麟修　(清)邵友濂纂　清光緒二十五年(1899)刻本　十六册

110000－0143－0008441　PG262/150
[光緒]餘姚縣志二十七卷首一卷末一卷　(清)周炳麟修　(清)邵友濂纂　清光緒二十五年(1899)刻本　十六册

110000－0143－0008442　PG262/150
[光緒]餘姚縣志二十七卷首一卷末一卷　(清)周炳麟修　(清)邵友濂纂　清光緒二十五年(1899)刻本　十六册

110000－0143－0008443　PG262/150
[光緒]餘姚縣志二十七卷首一卷末一卷　(清)周炳麟修　(清)邵友濂纂　清光緒二十五年(1899)刻本　十六册

110000－0143－0008444　PG262/150－1
[乾隆]餘姚志四十卷　(清)唐若瀛修　(清)邵晉涵纂　清乾隆四十六年(1781)刻本　十册

110000－0143－0008445　PG262/154
[光緒]湘陰縣圖志三十四卷首一卷末一卷　(清)郭嵩燾等纂修　清光緒六年(1880)湘陰縣志局刻本　十四册

110000－0143－0008446　PG262/154
[光緒]湘陰縣圖志三十四卷首一卷末一卷　(清)郭嵩燾等纂修　清光緒六年(1880)湘陰縣志局刻本　十四册

110000－0143－0008447　PG262/154
[光緒]湘陰縣圖志三十四卷首一卷末一卷　(清)郭嵩燾等纂修　清光緒六年(1880)湘陰縣志局刻本　十二册

110000－0143－0008448　PG262/155
[咸豐]邳州志二十卷首一卷　(清)董用威

(清)馬軼羣修　(清)魯一同纂　清咸豐元年(1851)刻光緒二十一年(1895)印本　四册

110000－0143－0008449　PG262/155
[咸豐]邳州志二十卷首一卷　(清)董用威　(清)馬軼羣修　(清)魯一同纂　清咸豐元年(1851)刻光緒二十一年(1895)印本　四册

110000－0143－0008450　PG262/155
[咸豐]邳州志二十卷首一卷　(清)董用威　(清)馬軼羣修　(清)魯一同纂　清咸豐元年(1851)刻光緒二十一年(1895)印本　四册

110000－0143－0008451　PG262/155
[咸豐]邳州志二十卷首一卷　(清)董用威　(清)馬軼羣修　(清)魯一同纂　清咸豐元年(1851)刻光緒二十一年(1895)印本　六册

110000－0143－0008452　PG262/155
[咸豐]邳州志二十卷首一卷　(清)董用威　(清)馬軼羣修　(清)魯一同纂　清咸豐元年(1851)刻本　四册

110000－0143－0008453　PG262/155
[咸豐]邳州志二十卷首一卷　(清)董用威　(清)馬軼羣修　(清)魯一同纂　清咸豐元年(1851)刻本　四册

110000－0143－0008454　PG262/156
[光緒]五臺新志四卷首一卷　(清)徐繼畬纂修　(清)孫汝明　(清)王步墀續修　(清)楊篤續纂　清光緒九年(1883)省城會元齋葛刻本　四册

110000－0143－0008455　PG262/156
[同治]静海縣志八卷　(清)鄭士蕙纂修　清同治十二年(1873)刻本　四册

110000－0143－0008456　PG262/156－1
[乾隆]五臺縣志八卷　(清)王秉韜纂修　清乾隆四十五年(1780)刻本　四册

110000－0143－0008457　PG262/158
[同治]番禺縣志五十四卷首一卷附錄一卷　(清)李福泰修　(清)史澄　(清)何若瑤纂　清同治十年(1871)廣州光霽堂刻本　十六册

110000－0143－0008458　PG262/158
[同治]番禺縣志五十四卷首一卷附錄一卷　(清)李福泰修　(清)史澄　(清)何若瑤纂　清同治十年(1871)廣州光霽堂刻本　十六册

110000－0143－0008459　PG262/160
[光緒]灤州志十八卷首一卷　(清)楊文鼎修　(清)王大本等纂　清光緒二十四年(1898)刻本　十四册

110000－0143－0008460　PG262/162
天津指南八卷　石小川編　清宣統三年(1911)天津文明書局鉛印本　一册

110000－0143－0008461　PG262/163
[嘉慶]羅江縣志十卷　(清)李調元纂修　清嘉慶七年(1802)刻本　二册

110000－0143－0008462　PG262/163
[嘉慶]羅江縣志十卷　(清)李調元纂修　清嘉慶七年(1802)刻本　二册

110000－0143－0008463　PG262/163－1
[嘉慶]羅江縣志三十六卷　(清)李桂林纂修　清嘉慶二十年(1815)刻同治四年(1865)印本　四册

110000－0143－0008464　PG262/163－1
[同治]續修羅江縣志二十四卷　(清)馬傳業等修　(清)劉正慧等纂　清同治四年(1865)刻本　二册

110000－0143－0008465　PG262/163－1
[嘉慶]羅江縣志三十六卷　(清)李桂林纂修　清嘉慶二十年(1815)刻同治四年(1865)印本　四册

110000－0143－0008466　PG262/163－1
[同治]續修羅江縣志二十四卷　(清)馬傳業等修　(清)劉正慧等纂　清同治四年(1865)刻本　二册

110000－0143－0008467　PG262/163－2
[嘉慶]羅江縣志三十六卷　(清)李桂林纂修

清嘉慶二十年(1815)刻本　四册

110000 - 0143 - 0008468　PG262/165
[光緒]南川縣志十二卷首一卷　(清)黄際飛等修　(清)周厚光等纂　清光緒二年(1876)刻本　十二册

110000 - 0143 - 0008469　PG262/166
[光緒]重修天津府志五十四卷首一卷末一卷　(清)沈家本　(清)榮銓主修　(清)徐宗亮　(清)蔡啟盛纂修　清光緒二十四年至二十五年(1898 - 1899)天津府署刻本　二十八册

110000 - 0143 - 0008470　PG262/166
[光緒]重修天津府志五十四卷首一卷末一卷　(清)沈家本　(清)榮銓主修　(清)徐宗亮　(清)蔡啟盛纂修　清光緒二十四年至二十五年(1898 - 1899)天津府署刻本　二十八册

110000 - 0143 - 0008471　PG262/167
[道光]茂州志四卷首一卷　(清)楊迦懌　(清)方學周總修　(清)劉輔廷纂　清道光十一年(1831)茂州州署刻本　四册

110000 - 0143 - 0008472　PG262/167
[道光]茂州志四卷首一卷　(清)楊迦懌　(清)方學周總修　(清)劉輔廷纂　清道光十一年(1831)茂州州署刻本　四册

110000 - 0143 - 0008473　PG262/168
[嘉慶]禹城縣志十二卷　(清)董鵬翱修　(清)牟應震纂　清嘉慶十三年(1808)禹城縣署刻本　四册

110000 - 0143 - 0008474　PG262/168
[嘉慶]禹城縣志十二卷　(清)董鵬翱修　(清)牟應震纂　清嘉慶十三年(1808)禹城縣署刻本　四册

110000 - 0143 - 0008475　PG262/169
[光緒]土默特旗志十卷　(清)貽穀修　高賡恩纂　清光緒三十四年(1908)刻本　二册

110000 - 0143 - 0008476　PG262/171
[道光]承德府志六十卷首二十六卷　(清)海忠纂修　(清)廷杰　(清)李世寅重訂　清光緒十三年(1887)承德府署刻本　二十四册

110000 - 0143 - 0008477　PG262/172 - 1
[同治]昌黎縣志十卷　(清)何崧泰修　(清)馬恂　(清)何爾泰纂　清同治五年(1866)刻本　四册

110000 - 0143 - 0008478　PG262/172 - 1
[同治]昌黎縣志十卷　(清)何崧泰修　(清)馬恂　(清)何爾泰纂　清同治五年(1866)刻本　四册

110000 - 0143 - 0008479　PG262/173
[乾隆]汲縣志十四卷首一卷末一卷　(清)徐汝瓚修　(清)杜崐纂　清乾隆二十年(1755)刻本　六册

110000 - 0143 - 0008480　PG262/173
[乾隆]汲縣志十四卷首一卷末一卷　(清)徐汝瓚修　(清)杜崐纂　清乾隆二十年(1755)刻本　六册

110000 - 0143 - 0008481　PG262/174
[乾隆]沂州府志三十六卷首一卷　(清)李希賢修　(清)潘遇莘　(清)丁愷曾纂　清乾隆二十五年(1760)刻本　十二册

110000 - 0143 - 0008482　PG262/174
[乾隆]沂州府志三十六卷首一卷　(清)李希賢修　(清)潘遇莘　(清)丁愷曾纂　清乾隆二十五年(1760)刻本　十二册

110000 - 0143 - 0008483　PG262/174
[乾隆]沂州府志三十六卷首一卷　(清)李希賢修　(清)潘遇莘　(清)丁愷曾纂　清乾隆二十五年(1760)刻本　十二册

110000 - 0143 - 0008484　PG262/175
[康熙]靈壽縣志十卷末一卷　(清)陸隴其修　(清)傅維橒纂　清康熙二十五年(1686)刻本　四册

110000 - 0143 - 0008485　PG262/175
[康熙]靈壽縣志十卷末一卷　(清)陸隴其修

(清)傅維櫺纂　清康熙二十五年(1686)刻本　四册

110000－0143－0008486　PG262/175
[康熙]靈壽縣志十卷末一卷　(清)陸隴其修　(清)傅維櫺纂　清康熙二十五年(1686)刻本　四册

110000－0143－0008487　PG262/175－1
[同治]靈壽縣志十卷末一卷　(清)劉賡年纂修　清同治十二年(1873)刻本　六册

110000－0143－0008488　PG262/176
[咸豐]南潯鎮志四十卷首一卷　(清)汪曰楨撰　清同治二年(1863)刻本　十二册

110000－0143－0008489　PG262/176
[咸豐]南潯鎮志四十卷首一卷　(清)汪曰楨撰　清同治二年(1863)刻本　十册

110000－0143－0008490　PG262/176
[咸豐]南潯鎮志四十卷首一卷　(清)汪曰楨撰　清同治二年(1863)刻本　十册

110000－0143－0008491　PG262/177
[光緒]菱湖鎮志四十四卷首一卷　(清)孫志熊撰　清光緒十九年(1893)歸安孫氏刻本　六册

110000－0143－0008492　PG262/178－1
[乾隆]臨晉縣志八卷　(清)王正茂纂修　清乾隆三十八年(1773)刻本　六册

110000－0143－0008493　PG262/178－1
[乾隆]臨晉縣志八卷　(清)王正茂纂修　清乾隆三十八年(1773)刻本　六册

110000－0143－0008494　PG262/180－1
[嘉慶]金堂縣志九卷首一卷末一卷　(清)謝惟傑修　(清)黄烈等纂　清嘉慶十六年(1811)刻本　十册

110000－0143－0008495　PG262/180－1
[嘉慶]金堂縣志九卷首一卷末一卷　(清)謝惟傑修　(清)黄烈等纂　清嘉慶十六年(1811)刻道光二十四年(1844)補刻本　十册

110000－0143－0008496　PG262/180－2
[同治]續金堂縣志八卷首一卷末一卷　(清)王樹桐　(清)徐璞玉修　(清)米繪裳等纂　清同治六年(1867)刻本　二册

110000－0143－0008497　PG262/183－2
[光緒]雙流縣志二卷　(清)彭琬修　(清)吴特仁增訂　清光緒二十年(1894)刻本　四册

110000－0143－0008498　PG262/185
[同治]重修涪州志十六卷首一卷　(清)吕紹衣等修　(清)王應元　(清)傅炳墀纂　清同治九年(1870)刻本　八册

110000－0143－0008499　PG262/186
[光緒]壽張縣志十卷首一卷　(清)劉文煃修　(清)王守謙纂　清光緒二十六年(1900)刻本　六册

110000－0143－0008500　PG262/186
[光緒]壽張縣志十卷首一卷　(清)劉文煃修　(清)王守謙纂　清光緒二十六年(1900)刻本　六册

110000－0143－0008501　PG262/186
[光緒]壽張縣志十卷首一卷　(清)劉文煃修　(清)王守謙纂　清光緒二十六年(1900)刻本　六册

110000－0143－0008502　PG262/186
[光緒]壽張縣志十卷首一卷　(清)劉文煃修　(清)王守謙纂　清光緒二十六年(1900)刻本　六册

110000－0143－0008503　PG262/187
[嘉慶]長山縣志十六卷首一卷　(清)倪企望修　(清)鍾廷瑛　(清)徐果行纂　清嘉慶六年(1801)刻本　十册

110000－0143－0008504　PG262/187
[嘉慶]長山縣志十六卷首一卷　(清)倪企望修　(清)鍾廷瑛　(清)徐果行纂　清嘉慶六年(1801)刻本　十册

110000－0143－0008505　PG262/187
[嘉慶]長山縣志十六卷首一卷　(清)倪企望

修　(清)鍾廷瑛　(清)徐果行纂　清嘉慶六年(1801)刻本　十冊

110000－0143－0008506　PG262/187

[嘉慶]長山縣志十六卷首一卷　(清)倪企望修　(清)鍾廷瑛　(清)徐果行纂　清嘉慶六年(1801)刻本　十冊

110000－0143－0008507　PG262/190

[嘉慶]邛州直隸州志四十六卷首一卷　(清)袁傳箕原稿　(清)吳鞏修　(清)王來遴等纂　清嘉慶二十三年(1818)刻本　十二冊

110000－0143－0008508　PG262/190

[嘉慶]邛州直隸州志四十六卷首一卷　(清)袁傳箕原稿　(清)吳鞏修　(清)王來遴等纂　清嘉慶二十三年(1818)刻本　十二冊

110000－0143－0008509　PG262/193

[乾隆]任丘縣志十二卷首一卷　(清)劉統修　(清)劉炳　(清)王應鯨纂　清乾隆二十七年(1762)刻本　十冊

110000－0143－0008510　PG262/193

[道光]任丘縣志續編二卷　(清)鮑承燾修　(清)瞿光緍　(清)邊士圻纂　清道光十七年(1837)刻本　二冊

110000－0143－0008511　PG262/193

[乾隆]任丘縣志十二卷首一卷　(清)劉統修　(清)劉炳　(清)王應鯨纂　清乾隆二十七年(1762)刻本　十冊

110000－0143－0008512　PG262/193

[乾隆]任丘縣志十二卷首一卷　(清)劉統修　(清)劉炳　(清)王應鯨纂　清乾隆二十七年(1762)刻本　十冊

110000－0143－0008513　PG262/193

[道光]任丘縣志續編二卷　(清)鮑承燾修　(清)瞿光緍　(清)邊士圻纂　清道光十七年(1837)刻本　二冊

110000－0143－0008514　PG262/194

[同治]新繁縣志十六卷首一卷　(清)張文珍　(清)李應觀主修　(清)楊益豫纂修　清同治十二年(1873)新繁縣署刻本　八冊

110000－0143－0008515　PG262/194－1

[光緒]新繁縣鄉土志十卷　(清)余慎　(清)陳彥升纂修　清光緒三十三年(1907)新繁縣署鉛印本　二冊

110000－0143－0008516　PG262/194－1

[光緒]新繁縣鄉土志十卷　(清)余慎　(清)陳彥升纂修　清光緒三十三年(1907)新繁縣署鉛印本　二冊

110000－0143－0008517　PG262/195

[乾隆]濟寧直隸州志三十四卷首一卷　(清)胡德琳　(清)藍應桂修　(清)周永年　(清)盛百二纂　清乾隆五十年(1785)刻本　二十冊

110000－0143－0008518　PG262/195－1

[咸豐]濟寧直隸州續志四卷　(清)盧朝安纂修　清咸豐九年(1859)刻本　四冊

110000－0143－0008519　PG262/196

[光緒]三原縣新志八卷　(清)焦雲龍修　(清)賀瑞麟纂　清光緒五年(1879)三原縣署刻本　四冊

110000－0143－0008520　PG262/196

[光緒]三原縣新志八卷　(清)焦雲龍修　(清)賀瑞麟纂　清光緒五年(1879)三原縣署刻本　四冊

110000－0143－0008521　PG262/196

[光緒]三原縣新志八卷　(清)焦雲龍修　(清)賀瑞麟纂　清光緒五年(1879)三原縣署刻本　四冊

110000－0143－0008522　PG262/196

[光緒]三原縣新志八卷　(清)焦雲龍修　(清)賀瑞麟纂　清光緒五年(1879)三原縣署刻本　四冊

110000－0143－0008523　PG262/196

[光緒]三原縣新志八卷　(清)焦雲龍修　(清)賀瑞麟纂　清光緒五年(1879)三原縣署刻本　四冊

110000－0143－0008524　PG262/197
[嘉慶]江安縣志六卷　(清)趙模修　(清)鄭存仁纂　清嘉慶十七年(1812)刻本　六册

110000－0143－0008525　PG262/198－1
[光緒]綿竹縣鄉土志不分卷　(清)田明理 黄尚毅纂修　清光緒三十四年(1908)刻本　一册

110000－0143－0008526　PG262/199
[同治]大邑縣志二十卷　(清)趙霦等纂修　清同治六年(1867)刻本　八册

110000－0143－0008527　PG262/202－1
[同治]醴陵縣志十四卷首一卷末一卷　(清)徐淦等修　(清)江普光等纂　清同治九年(1870)刻本　六册

110000－0143－0008528　PG262/203
[咸豐]金鄉縣志略十二卷　(清)李壘纂修　清同治元年(1862)金鄉縣署刻本　五册

110000－0143－0008529　PG262/203
[咸豐]金鄉縣志略十二卷　(清)李壘纂修　清同治元年(1862)金鄉縣署刻本　四册

110000－0143－0008530　PG262/203
[咸豐]金鄉縣志略十二卷　(清)李壘纂修　清同治元年(1862)金鄉縣署刻本　四册

110000－0143－0008531　PG262/204
[光緒]魚臺縣志四卷首一卷末一卷　(清)趙英祚纂修　清光緒十五年(1889)魚臺縣署刻本　四册

110000－0143－0008532　PG262/205
[道光]東平州志三十卷首二卷　(清)周雲鳳修　(清)唐鑑　(清)周兆棠纂　清道光五年(1825)刻本　十五册

110000－0143－0008533　PG262/205
[光緒]東平州志二十七卷首一卷　(清)左宜似修　(清)盧崟纂　清光緒七年(1881)東平州署刻本　二十册

110000－0143－0008534　PG262/205
[光緒]東平州志二十七卷首一卷　(清)左宜似修　(清)盧崟纂　清光緒七年(1881)東平州署刻本　二十册

110000－0143－0008535　PG262/206
[同治]黄縣志十四卷首一卷末一卷　(清)尹繼美纂修　清同治十年(1871)刻本　四册

110000－0143－0008536　PG262/206
[同治]黄縣志十四卷首一卷末一卷　(清)尹繼美纂修　清同治十年(1871)刻本　四册

110000－0143－0008537　PG262/206
[同治]黄縣志十四卷首一卷末一卷　(清)尹繼美纂修　清同治十年(1871)刻本　四册

110000－0143－0008538　PG262/206－1
[乾隆]黄縣志十二卷　(清)袁中立修　(清)毛贄纂　清乾隆二十一年(1756)黄縣縣署刻本　四册

110000－0143－0008539　PG262/208
[乾隆]淄川縣志八卷首一卷　(清)張鳴鐸修　(清)張廷寀等纂　清乾隆四十一年(1776)刻本　八册

110000－0143－0008540　PG262/212
[乾隆]獻縣志二十卷圖一卷表一卷　(清)萬廷蘭修　(清)戈濤纂　清乾隆二十六年(1761)獻縣縣署刻本　十二册

110000－0143－0008541　PG262/212
[乾隆]獻縣志二十卷圖一卷表一卷　(清)萬廷蘭修　(清)戈濤纂　清乾隆二十六年(1761)獻縣縣署刻本　十二册

110000－0143－0008542　PG262/213
[乾隆]平原縣志十卷首一卷　(清)黄懷祖修　(清)黄兆熊纂　清乾隆十四年(1749)平原縣署刻本　四册

110000－0143－0008543　PG262/213
[乾隆]平原縣志十卷首一卷　(清)黄懷祖修　(清)黄兆熊纂　清乾隆十四年(1749)平原縣署刻本　四册

110000－0143－0008544　PG262/213
[乾隆]平原縣志十卷首一卷　(清)黄懷祖修

（清）黄兆熊纂　清乾隆十四年（1749）平原縣署刻本　四册

110000－0143－0008545　PG262/214
［道光］安岳縣志十六卷首一卷　（清）濮瑗修（清）周國頤纂　清道光十六年（1836）安岳縣署刻本　十二册

110000－0143－0008546　PG262/214－1
［光緒］續修安岳縣志四卷　（清）陳其寬修（清）鄒宗垣　（清）謝世珍編纂　清光緒二十三年（1897）安岳縣署刻本　四册

110000－0143－0008547　PG262/215
［嘉慶］洪雅縣志二十五卷首一卷　（清）王好音修　（清）張柱　（清）周廷彦纂　清嘉慶十八年（1813）洪雅縣署刻本　六册

110000－0143－0008548　PG262/215－1
［嘉慶］洪雅縣志二十五卷首一卷　（清）王好音修　（清）張柱　（清）周廷彦纂　清嘉慶十八年（1813）洪雅縣署稿本　七册

110000－0143－0008549　PG262/215－2
［光緒］洪雅縣志十二卷首一卷　（清）郭世棻（清）鄧敏修　（清）費愷編纂　清光緒十年（1884）洪雅縣署刻本　五册

110000－0143－0008550　PG262/217
［光緒］蓬州志十五卷　方旭修　張禮傑等纂　清光緒二十三年（1897）蓬州州署刻本　三册

110000－0143－0008551　PG262/217
［光緒］蓬州志十五卷　方旭修　張禮傑等纂　清光緒二十三年（1897）蓬州州署刻本　三册

110000－0143－0008552　PG262/220
［光緒］嘉興府志八十八卷首二卷　（清）許瑤光修　（清）吳仰賢纂　清光緒四年（1878）刻本　四十八册

110000－0143－0008553　PG262/220－1
［康熙］嘉興府志十六卷　（清）吳永芳修（清）錢以塏等纂　清康熙六十年（1721）刻本　二十册

110000－0143－0008554　PG262/220－2
［嘉慶］嘉興府志八十卷首三卷　（清）伊湯安修　（清）馮應榴　（清）沈啓震纂　清嘉慶六年（1801）刻本　四十册

110000－0143－0008555　PG262/221
［道光］長清縣志十六卷首四卷末二卷　（清）舒化民等修　（清）徐德城等纂　清道光十五年（1835）刻本　六册

110000－0143－0008556　PG262/221
［道光］長清縣志十六卷首四卷末二卷　（清）舒化民等修　（清）徐德城等纂　清道光十五年（1835）刻本　八册

110000－0143－0008557　PG262/222
［光緒］淶水縣志八卷首一卷末一卷　（清）陳傑纂修　清光緒二十一年（1895）敬業堂刻本　八册

110000－0143－0008558　PG262/222
［光緒］淶水縣志八卷首一卷末一卷　（清）陳傑纂修　清光緒二十一年（1895）敬業堂刻本　八册

110000－0143－0008559　PG262/223
［光緒］湘潭縣志十二卷　（清）陳嘉榆等修　王闓運等纂　清光緒十五年（1889）刻本　十册

110000－0143－0008560　PG262/223
［光緒］湘潭縣志十二卷　（清）陳嘉榆等修　王闓運等纂　清光緒十五年（1889）刻本　十册

110000－0143－0008561　PG262/223
［光緒］湘潭縣志十二卷　（清）陳嘉榆等修　王闓運等纂　清光緒十五年（1889）刻本　十册

110000－0143－0008562　PG262/223
［光緒］湘潭縣志十二卷　（清）陳嘉榆等修　王闓運等纂　清光緒十五年（1889）刻本　十册

110000－0143－0008563　PG262/224
［光緒］秀山縣志十四卷首一卷　（清）王壽松修　（清）李稽勳等纂　清光緒十七年（1891）刻本　四冊

110000－0143－0008564　PG262/227
［乾隆］郾城縣志十八卷首一卷　（清）傅豫纂修　清乾隆十九年（1754）刻本　六冊

110000－0143－0008565　PG262/227
［乾隆］郾城縣志十八卷首一卷　（清）傅豫纂修　清乾隆十九年（1754）刻本　六冊

110000－0143－0008566　PG262/227
［乾隆］郾城縣志十八卷首一卷　（清）傅豫纂修　清乾隆十九年（1754）刻本　六冊

110000－0143－0008567　PG262/230－1
［道光］欒至縣志十六卷首一卷　（清）裴顯忠修　（清）劉碩輔纂　清道光二十年（1840）刻本　四冊

110000－0143－0008568　PG262/230－1
［光緒］欒至縣續志四卷首一卷　（清）胡書雲修　（清）李星根等纂　清光緒九年（1883）刻本　四冊

110000－0143－0008569　PG262/230
［道光］欒至縣志十六卷首一卷　（清）裴顯忠修　（清）劉碩輔纂　清道光二十年（1840）刻本　四冊

110000－0143－0008570　PG262/230
［光緒］欒至縣續志四卷首一卷　（清）胡書雲修　（清）李星根等纂　清光緒九年（1883）刻本　四冊

110000－0143－0008571　PG262/232
［光緒］射洪縣志十八卷首一卷　（清）黄允欽等修　（清）羅錦城等纂　清光緒十年（1884）刻本　十冊

110000－0143－0008572　PG262/233
［嘉慶］德平縣志十卷首一卷　（清）鍾大受纂修　清嘉慶元年（1796）刻本　四冊

110000－0143－0008573　PG262/233－1
［光緒］德平縣志十二卷首一卷　（清）凌錫祺修　（清）李敬熙纂　清光緒十九年（1893）刻本　六冊

110000－0143－0008574　PG262/233－1
［光緒］德平縣志十二卷首一卷　（清）凌錫祺修　（清）李敬熙纂　清光緒十九年（1893）刻本　六冊

110000－0143－0008575　PG262/234
［乾隆］富平縣志八卷　（清）吳六鰲修　（清）胡文銓纂　清乾隆四十三年（1778）刻本　六冊

110000－0143－0008576　PG262/235
［道光］諸城縣續志二十三卷　（清）劉光斗修　（清）朱學海纂　清道光十四年（1834）刻本　四冊

110000－0143－0008577　PG262/235
［道光］諸城縣續志二十三卷　（清）劉光斗修　（清）朱學海纂　清道光十四年（1834）刻本　四冊

110000－0143－0008578　PG262/235－1
［乾隆］重修諸城縣志四十六卷　（清）宫懋讓修　（清）李文藻纂　清乾隆二十九年（1764）刻本　八冊

110000－0143－0008579　PG262/235－1
［乾隆］重修諸城縣志四十六卷　（清）宫懋讓修　（清）李文藻纂　清乾隆二十九年（1764）刻本　八冊

110000－0143－0008580　PG262/235－1
［乾隆］重修諸城縣志四十六卷　（清）宫懋讓修　（清）李文藻纂　清乾隆二十九年（1764）刻本　八冊

110000－0143－0008581　PG262/236
［光緒］武進陽湖縣志三十卷首一卷　（清）王其淦　（清）吳康壽修　（清）湯成烈等纂　清光緒五年（1879）刻本　二十冊

110000－0143－0008582　PG262/237
［同治］孝豐縣志十卷首一卷　（清）劉濬修

(清)潘宅仁等纂　清光緒三年至五年(1877－1879)刻本　十册

110000－0143－0008583　PG262/237
[同治]孝豐縣志十卷首一卷　(清)劉濬修　(清)潘宅仁等纂　清光緒三年至五年(1877－1879)刻本　十册

110000－0143－0008584　PG262/237
[同治]孝豐縣志十卷首一卷　(清)劉濬修　(清)潘宅仁等纂　清光緒三年至五年(1877－1879)刻本　十册

110000－0143－0008585　PG262/238
[嘉慶]介休縣志十四卷　(清)徐品山　(清)陸元鏸纂修　清嘉慶二十四年(1819)刻本　八册

110000－0143－0008586　PG262/238
[嘉慶]介休縣志十四卷　(清)徐品山　(清)陸元鏸纂修　清嘉慶二十四年(1819)刻本　八册

110000－0143－0008587　PG262/238
[嘉慶]介休縣志十四卷　(清)徐品山　(清)陸元鏸纂修　清嘉慶二十四年(1819)刻本　八册

110000－0143－0008588　PG262/238
[嘉慶]介休縣志十四卷　(清)徐品山　(清)陸元鏸纂修　清嘉慶二十四年(1819)刻本　八册

110000－0143－0008589　PG262/238
[嘉慶]介休縣志十四卷　(清)徐品山　(清)陸元鏸纂修　清嘉慶二十四年(1819)刻本　八册

110000－0143－0008590　PG262/239
[嘉慶]漢州志四十卷首一卷末一卷　(清)劉長庚主修　(清)侯肇元　(清)張懷泗纂輯　清嘉慶二十二年(1817)刻本　十二册

110000－0143－0008591　PG262/239
[同治]續漢州志二十四卷首一卷補志一卷　(清)張超　(清)陳元傑主修　(清)曾履中　(清)張敏行纂輯　清同治八年(1869)刻本　八册

110000－0143－0008592　PG262/240
[道光]重修膠州志四十卷　(清)張同聲修　(清)李圖等纂　清道光二十五年(1845)刻本　八册

110000－0143－0008593　PG262/241
[乾隆]孟縣志十卷　(清)仇汝瑚修　(清)馮敏昌纂　清乾隆五十五年(1790)刻本　十册

110000　0143－0008594　PG262/242
[嘉慶]昌樂縣志三十二卷首一卷　(清)魏禮焯　(清)時銘修　(清)閻學夏　(清)黄方遠纂　清嘉慶十四年(1809)刻本　六册

110000－0143－0008595　PG262/242
[嘉慶]昌樂縣志三十二卷首一卷　(清)魏禮焯　(清)時銘修　(清)閻學夏　(清)黄方遠纂　清嘉慶十四年(1809)刻本　六册

110000－0143－0008596　PG262/242
[嘉慶]昌樂縣志三十二卷首一卷　(清)魏禮焯　(清)時銘修　(清)閻學夏　(清)黄方遠纂　清嘉慶十四年(1809)刻本　六册

110000－0143－0008597　PG262/243
[光緒]新修潼川府志三十卷　(清)阿麟修　(清)王龍勳等纂　清光緒二十三年(1897)刻本　十六册

110000－0143－0008598　PG262/243
[光緒]新修潼川府志三十卷　(清)阿麟修　(清)王龍勳等纂　清光緒二十三年(1897)刻本　十六册

110000－0143－0008599　PG262/243－1
[乾隆]潼川府志十二卷首一卷　(清)張松孫等纂修　清乾隆五十一年(1786)刻本　十二册　存十一卷(二至十二)

110000－0143－0008600　PG262/245
[嘉慶]犍為縣志十卷首一卷　(清)呂朝恩　(清)王夢庚修　(清)張希珝等纂　清嘉慶十

九年(1814)刻本　四冊

110000－0143－0008601　PG262/246
[同治]劍州志十卷　(清)李溶　(清)余文煥修　(清)李榕等纂　清同治十二年(1873)刻本　四冊

110000－0143－0008602　PG262/247
[嘉靖]仁和縣志十四卷　(明)沈朝宣纂修　清光緒十九年(1893)錢塘丁氏刻武林掌故叢編(第十七集)本　六冊

110000－0143－0008603　PG262/247
[嘉靖]仁和縣志十四卷　(明)沈朝宣纂修　清光緒十九年(1893)錢塘丁氏刻武林掌故叢編(第十七集)本　六冊

110000－0143－0008604　PG262/247
[嘉靖]仁和縣志十四卷　(明)沈朝宣纂修　清光緒十九年(1893)錢塘丁氏刻武林掌故叢編(第十七集)本　六冊

110000－0143－0008605　PG262/247
[嘉靖]仁和縣志十四卷　(明)沈朝宣纂修　清光緒十九年(1893)錢塘丁氏刻武林掌故叢編(第十七集)本　六冊

110000－0143－0008606　PG262/248
[道光]修武縣志十二卷首一卷　(清)馮繼照修　(清)金皋　(清)袁俊纂　清道光十九年(1839)刻同治七年(1868)孔繼中增刻本　十二冊

110000－0143－0008607　PG262/248
[道光]修武縣志十二卷首一卷　(清)馮繼照修　(清)金皋　(清)袁俊纂　清道光十九年(1839)刻同治七年(1868)孔繼中增刻本　十二冊

110000－0143－0008608　PG262/250
[同治]崇仁縣志十卷首一卷附編一卷　(清)盛銓等修　(清)黄炳奎纂　清同治十二年(1873)刻光緒十八年(1892)補版印本　二十二冊

110000－0143－0008609　PG262/252
[乾隆]登封縣志三十二卷　(清)陸繼萼修　(清)洪亮吉纂　清乾隆五十二年(1787)刻本　八冊

110000－0143－0008610　PG262/252
[乾隆]登封縣志三十二卷　(清)陸繼萼修　(清)洪亮吉纂　清乾隆五十二年(1787)刻本　八冊

110000－0143－0008611　PG262/253
[咸豐]甘棠小志四卷首一卷末一卷　(清)董醇纂　清咸豐五年(1855)甘棠董氏刻本　四冊

110000－0143－0008612　PG262/253
[咸豐]甘棠小志四卷首一卷末一卷　(清)董醇纂　清咸豐五年(1855)甘棠董氏刻本　四冊

110000－0143－0008613　PG262/253
[咸豐]甘棠小志四卷首一卷末一卷　(清)董醇纂　清咸豐五年(1855)甘棠董氏刻本　四冊

110000－0143－0008614　PG262/253
[咸豐]甘棠小志四卷首一卷末一卷　(清)董醇纂　清咸豐五年(1855)甘棠董氏刻本　四冊

110000－0143－0008615　PG262/255
[嘉慶]東昌府志五十卷首三卷　(清)嵩山修　(清)謝香開　(清)張熙先纂　清嘉慶十三年(1808)刻本　二十四冊

110000－0143－0008616　PG262/257
[咸豐]簡州志十四卷　(清)濮瑗修　(清)黄樸纂　清咸豐三年(1853)鳳山書院刻本　十冊

110000－0143－0008617　PG262/257
[光緒]簡州續志二卷　(清)易家霖修　(清)傅為霖等纂　清光緒二十三年(1897)鳳山書院刻本　二冊

110000－0143－0008618　PG262/259－1
[嘉慶]什邡縣志五十四卷　(清)紀大奎修

(清)林時春纂　清嘉慶十八年(1813)刻本　十二冊

110000－0143－0008619　PG262/259－2
[同治]續增什邡縣志五十四卷　(清)傅華桂修　(清)王壐尊等纂　清同治四年(1865)刻本　四冊

110000－0143－0008620　PG262/260
[光緒]奉化縣志四十卷首一卷　(清)李前泮修　(清)張美翊纂　清光緒三十四年(1908)奉化縣署刻本　十冊　缺七卷(九至十五)

110000－0143－0008621　PG262/260
[光緒]奉化縣志四十卷首一卷　(清)李前泮修　(清)張美翊纂　清光緒三十四年(1908)奉化縣署刻本　十二冊

110000－0143－0008622　PG262/260－1
[乾隆]奉化縣志十四卷首一卷　(清)曹膏　(清)唐宇霖修　(清)陳琦纂　清乾隆三十八年(1773)奉化縣署刻本　八冊

110000－0143－0008623　PG262/260－1
[乾隆]奉化縣志十四卷首一卷　(清)曹膏　(清)唐宇霖修　(清)陳琦纂　清乾隆三十八年(1773)奉化縣署刻本　六冊

110000－0143－0008624　PG262/261
[乾隆]曹州府志二十二卷　(清)周尚質修　(清)李登明　(清)謝冠纂　清乾隆二十一年(1756)曹州府署刻本　十二冊

110000－0143－0008625　PG262/261
[乾隆]曹州府志二十二卷　(清)周尚質修　(清)李登明　(清)謝冠纂　清乾隆二十一年(1756)曹州府署刻本　十二冊

110000－0143－0008626　PG262/262
[嘉慶]眉州屬志十九卷　(清)涂長發修　(清)王昌年纂　(清)□□增續　清嘉慶五年(1800)刻本　十冊

110000－0143－0008627　PG262/262
[嘉慶]眉州屬志二十一卷　(清)涂長發修　(清)王昌年纂　(清)□□增續　清嘉慶五年(1800)刻清末增刻本　十五冊

110000－0143－0008628　PG262/262
[嘉慶]續眉州志畧不分卷　(清)戴三錫修　(清)王之俊等纂　清嘉慶十七年(1812)刻本　一冊

110000－0143－0008629　PG262/262
[嘉慶]眉州屬志二十一卷　(清)涂長發修　(清)王昌年纂　(清)□□增續　清嘉慶五年(1800)刻清末增刻本　十一冊

110000－0143－0008630　PG262/262
[嘉慶]續眉州志畧不分卷　(清)戴三錫修　(清)王之俊等纂　清嘉慶十七年(1812)刻本　一冊

110000－0143－0008631　PG262/262
[嘉慶]眉州屬志二十一卷　(清)涂長發修　(清)王昌年纂　(清)□□增續　清嘉慶五年(1800)刻清末增刻本　六冊　缺八卷(十四至二十一)

110000－0143－0008632　PG262/262
[嘉慶]續眉州志畧不分卷　(清)戴三錫修　(清)王之俊等纂　清嘉慶十七年(1812)刻本　一冊

110000－0143－0008633　PG262/264－1
[道光]新都縣志十八卷首一卷　(清)張奉書修　(清)張懷泗纂　清道光二十四年(1844)新都縣署刻本　十冊

110000－0143－0008634　PG262/264－1
[道光]新都縣志十八卷首一卷　(清)張奉書修　(清)張懷泗纂　清道光二十四年(1844)新都縣署刻本　八冊

110000－0143－0008635　PG262/267
[嘉慶]夾江縣志十二卷首一卷　(清)王佐修　(清)涂崧纂　清嘉慶十八年(1813)夾江縣夾江縣署刻本　六冊

110000－0143－0008636　PG262/268
[乾隆]偃師縣志三十卷首一卷　(清)湯毓倬修　(清)孫星衍纂　清乾隆五十四年(1789)

刻本　十六冊

110000－0143－0008637　PG262/269
三志合編七卷　（清）黄本驥編　清道光二十七年(1847)刻三長物齋叢書本　四冊　缺一卷(七)

110000－0143－0008638　PG262/269
三志合編七卷　（清）黄本驥編　清道光二十七年(1847)刻三長物齋叢書本　三冊

110000－0143－0008639　PG262/270
［同治］高平縣志八卷　（清）龍汝霖纂修　清同治六年(1867)高平縣署刻本　六冊

110000－0143－0008640　PG262/272
［康熙］新修萊蕪縣志十卷　（清）鍾國義等纂修　清康熙十二年(1673)刻本　五冊

110000－0143－0008641　PG262/273
［同治］清苑縣志十八卷首一卷　（清）李逢源修　（清）諸崇儉纂　清同治十二年(1873)刻本　八冊

110000－0143－0008642　PG262/273－1
［同治］清苑縣志十八卷首一卷　（清）李逢源修　（清）諸崇儉纂　清同治十二年(1873)刻本　八冊

110000－0143－0008643　PG262/273－1
［同治］清苑縣志十八卷首一卷　（清）李逢源修　（清）諸崇儉纂　清同治十二年(1873)刻本　八冊

110000－0143－0008644　PG262/274
［光緒］惠民縣志三十卷首一卷末一卷　（清）沈世銓修　（清）李勗纂　清光緒二十五年(1899)柳堂校補刻本　六冊

110000－0143－0008645　PG262/274
［光緒］惠民縣志補遺一卷　（清）柳堂修　（清）李鳳岡纂　清光緒二十七年(1901)刻本　一冊

110000－0143－0008646　PG262/274－1
［光緒］惠民縣志補遺一卷　（清）柳堂修　（清）李鳳岡纂　清光緒二十七年(1901)刻本　一冊

110000－0143－0008647　PG262/275
［康熙］新城縣志十四卷首一卷　（清）崔懋纂修　清康熙三十二年(1693)刻本　五冊

110000－0143－0008648　PG262/275
［康熙］新城縣續志二卷　（清）孫元衡著　（清）王啟涑編　清康熙三十二年(1693)刻本　一冊

110000－0143－0008649　PG262/275
［康熙］新城縣志十四卷首一卷　（清）崔懋纂修　清康熙三十二年(1693)刻本　五冊

110000－0143－0008650　PG262/275
［康熙］新城縣續志二卷　（清）孫元衡著　（清）王啟涑編　清康熙三十二年(1693)刻本　一冊

110000－0143－0008651　PG262/275
［康熙］新城縣志十四卷首一卷　（清）崔懋纂修　清康熙三十二年(1693)刻本　五冊

110000－0143－0008652　PG262/275
［康熙］新城縣續志二卷　（清）孫元衡著　（清）王啟涑編　清康熙三十二年(1693)刻本　一冊

110000－0143－0008653　PG262/275－2
［光緒］續修新城縣志十卷　（清）張丙嘉修　（清）王鍔纂　清光緒二十一年(1895)紫泉書院刻本　四冊

110000－0143－0008654　PG262/277
［同治］湖州府志九十六卷首一卷　（清）宗源瀚　（清）郭式昌修　（清）周學濬　（清）陸心源纂　清同治十一年至十三年(1872－1874)浙江湖州愛山書院刻光緒九年(1883)印本　四十八冊

110000－0143－0008655　PG262/277
［同治］湖州府志九十六卷首一卷　（清）宗源瀚　（清）郭式昌修　（清）周學濬　（清）陸心源纂　清同治十一年至十三年(1872－1874)浙江湖州愛山書院刻光緒九年(1883)

印本　四十册

110000－0143－0008656　PG262/277
[同治]湖州府志九十六卷首一卷　(清)宗源瀚　(清)郭式昌修　(清)周學濬　(清)陸心源纂　清同治十一年至十三年(1872－1874)浙江湖州愛山書院刻光緒九年(1883)印本　三十三册

110000－0143－0008657　PG262/277
[同治]湖州府志九十六卷首一卷　(清)宗源瀚　(清)郭式昌修　(清)周學濬　(清)陸心源纂　清同治十一年至十三年(1872－1874)浙江湖州愛山書院刻本　四十册

110000－0143－0008658　PG262/277
[同治]湖州府志九十六卷首一卷　(清)宗源瀚　(清)郭式昌修　(清)周學濬　(清)陸心源纂　清同治十一年至十三年(1872－1874)浙江湖州愛山書院刻本　四十册

110000－0143－0008659　PG262/279
[光緒]遂寧縣志六卷首一卷　(清)孫海　(清)傅亦舟修　(清)李星根纂　清光緒五年(1879)遂寧縣署刻本　六册

110000－0143－0008660　PG262/280
[道光]重慶府志九卷　(清)王夢庚修　(清)寇宗纂　清道光二十三年(1843)重慶府署刻本　十二册

110000－0143－0008661　PG262/281
[道光]保寧府志六十二卷　(清)黎學錦　(清)徐雙桂修　(清)史觀纂　清道光元年(1821)刻本　十六册

110000－0143－0008662　PG262/282
[光緒]銅梁縣志十六卷首一卷　(清)韓清桂　(清)邵坤修　(清)陳昌　(清)任履泰纂　清光緒元年(1875)銅梁縣署刻本　八册

110000－0143－0008663　PG262/283
[道光]蓬溪縣志十六卷首一卷　(清)吳章祁等修　(清)顧士英等纂　清道光二十五年(1845)蓬溪縣署刻本　八册

110000－0143－0008664　PG262/283
[道光]蓬溪縣志十六卷首一卷　(清)吳章祁等修　(清)顧士英等纂　清道光二十五年(1845)蓬溪縣署刻本　八册

110000－0143－0008665　PG262/283－1
[光緒]蓬溪縣續志十四卷首一卷　(清)周學銘修　(清)熊祥謙等纂　清光緒二十五年(1899)蓬溪縣署刻本　四册

110000－0143－0008666　PG262/283－1
[光緒]蓬溪縣續志十四卷首一卷　(清)周學銘修　(清)熊祥謙等纂　清光緒二十五年(1899)蓬溪縣署刻本　四册

110000－0143－0008667　PG262/284－2
[光緒]内江縣志十五卷首一卷　(清)陸為棻修　(清)熊玉華等纂　清光緒九年(1883)内江縣志局刻本　十册

110000－0143－0008668　PG262/284
[同治]内江縣志十五卷首一卷　(清)張擢原本　(清)張兆蘭等續修　(清)黃覺等續纂　清同治十年(1871)内江縣志局刻本　十册

110000－0143－0008669　PG262/285
[道光]龍安府志十卷　(清)鄧存詠　(清)張方觀纂修　清道光二十二年(1842)龍安府署刻本　八册

110000－0143－0008670　PG262/286－1
[光緒]鹽城縣志十七卷首一卷　(清)劉崇照修　(清)陳玉樹　(清)龍繼棟纂　清光緒二十一年(1895)鹽城縣署刻本　十册

110000－0143－0008671　PG262/288
[同治]新寧縣志八卷　(清)復成修　(清)周紹鑾　(清)胡元翔纂　清同治八年(1869)新寧縣署刻本　八册

110000－0143－0008672　PG262/289
[道光]尉氏縣志二十卷首一卷　(清)劉厚滋　(清)沈潍修　(清)王觀潮纂　清道光十一年(1831)尉氏縣署刻本　八册

110000－0143－0008673　PG262/289

[道光]尉氏縣志二十卷首一卷　(清)劉厚滋　(清)沈湝修　(清)王觀潮纂　清道光十一年(1831)尉氏縣署刻本　八册

110000－0143－0008674　PG262/290
[乾隆]威遠縣志八卷首一卷　(清)李南暉修　(清)張翼儒纂　清乾隆四十年(1775)威遠縣署刻本　八册

110000－0143－0008675　PG262/290
[嘉慶]威遠縣志六卷　(清)陳汝秋纂修　清嘉慶十八年(1813)威遠縣署刻本　六册

110000－0143－0008676　PG262/290
[光緒]威遠縣志三編四卷　(清)吳曾輝修　(清)吳容纂　清光緒三年(1877)威遠縣署刻本　四册

110000－0143－0008677　PG262/294
[光緒]丹稜縣志十卷首一卷　(清)顧汝萼　(清)袁桂芳修　(清)朱文瀚　(清)郭岱纂　清光緒十八年(1892)丹稜縣署刻本　四册

110000－0143－0008678　PG262/295
[光緒]大甯縣志八卷首一卷　(清)高維嶽修　(清)魏遠猷　(清)沈仲鍵纂　清光緒十三年(1887)四川大寧縣署刻本　八册

110000－0143－0008679　PG262/296
[光緒]越嶲廳全志十二卷　(清)馬忠良　孫鏘修　(清)馬湘　(清)馬枏纂　清光緒三十二年(1906)越嶲廳廳署鉛印本　六册

110000－0143－0008680　PG262/296
[光緒]越嶲廳全志十二卷　(清)馬忠良　孫鏘修　(清)馬湘　(清)馬枏纂　清光緒三十二年(1906)越嶲廳廳署鉛印本　六册

110000－0143－0008681　PG262/298
[同治]儀隴縣志六卷　(清)曹紹樾　(清)胡晉熙修　(清)胡輯瑞纂　清光緒三十三年(1907)四川儀隴縣署刻本　六册

110000－0143－0008682　PG262/299
[萬曆]錢塘縣志十紀附流芳亭記一卷　(明)聶心湯纂修　清光緒十九年(1893)錢塘丁氏刻武林掌故叢編(第十六集)本　六册

110000－0143－0008683　PG262/299
[萬曆]錢塘縣志十紀附流芳亭記一卷　(明)聶心湯纂修　清光緒十九年(1893)錢塘丁氏刻武林掌故叢編(第十六集)本　六册

110000－0143－0008684　PG262/299
[萬曆]錢塘縣志十紀附流芳亭記一卷　(明)聶心湯纂修　清光緒十九年(1893)錢塘丁氏刻武林掌故叢編(第十六集)本　六册

110000－0143－0008685　PG262/299
[萬曆]錢塘縣志十紀附流芳亭記一卷　(明)聶心湯纂修　清光緒十九年(1893)錢塘丁氏刻武林掌故叢編(第十六集)本　六册

110000－0143－0008686　PG262/300
[同治]山陽縣志二十一卷圖一卷　(清)張兆棟　(清)孫雲修　(清)何紹基　(清)丁晏纂　清同治十二年(1873)山陽縣署刻本　八册

110000－0143－0008687　PG262/300
[同治]山陽縣志二十一卷圖一卷　(清)張兆棟　(清)孫雲修　(清)何紹基　(清)丁晏纂　清同治十二年(1873)山陽縣署刻本　八册

110000－0143－0008688　PG262/300
[同治]山陽縣志二十一卷圖一卷　(清)張兆棟　(清)孫雲修　(清)何紹基　(清)丁晏纂　清同治十二年(1873)山陽縣署刻本　八册

110000－0143－0008689　PG262/300
[同治]山陽縣志二十一卷圖一卷　(清)張兆棟　(清)孫雲修　(清)何紹基　(清)丁晏纂　清同治十二年(1873)山陽縣署刻本　八册

110000－0143－0008690　PG262/303
[同治]續纂揚州府志二十四卷　(清)方濬頤　(清)英傑修　(清)晏端書　(清)卞寶第纂　清同治十三年(1874)揚州府署刻本　八册

110000－0143－0008691　PG262/303
[同治]續纂揚州府志二十四卷　(清)方濬頤　(清)英傑修　(清)晏端書　(清)卞寶第纂　清同治十三年(1874)揚州府署刻本　八冊

110000－0143－0008692　PG262/303
[同治]續纂揚州府志二十四卷　(清)方濬頤　(清)英傑修　(清)晏端書　(清)卞寶第纂　清同治十三年(1874)揚州府署刻本　八冊

110000－0143－0008693　PG262/303
[同治]續纂揚州府志二十四卷　(清)方濬頤　(清)英傑修　(清)晏端書　(清)卞寶第纂　清同治十三年(1874)揚州府署刻本　八冊

110000－0143－0008694　PG262/306
[同治]忠州直隸州志十二卷首一卷　(清)侯若源　(清)慶徵修　(清)柳福培纂　清同治十二年(1873)忠州州署刻本　六冊

110000－0143－0008695　PG262/308
[乾隆]羅山縣志八卷　(清)葛荃修　(清)李之杜　(清)謝寶樹纂　清乾隆十　年(1746)羅山縣署刻本　六冊

110000－0143－0008696　PG262/310－1
[光緒]重修望都縣新志十卷補遺一卷　(清)陳洪書原本　(清)李兆珍重訂　清光緒三十年(1904)刻本　十一冊

110000－0143－0008697　PG262/311
[同治]景甯縣志十四卷首一卷末一卷　(清)周杰修　(清)嚴用光　(清)葉篤貞纂　清同治十二年(1873)刻本　八冊

110000－0143－0008698　PG262/311
[同治]景甯縣志十四卷首一卷末一卷　(清)周杰修　(清)嚴用光　(清)葉篤貞纂　清同治十二年(1873)刻本　八冊

110000－0143－0008699　PG262/311
[同治]景甯縣志十四卷首一卷末一卷　(清)周杰修　(清)嚴用光　(清)葉篤貞纂　清同治十二年(1873)刻本　八冊

110000－0143－0008700　PG262/312
[康熙]具區志十六卷　(清)翁澍撰　清康熙二十八年(1689)刻本　四冊

110000－0143－0008701　PG262/312－1
[康熙]具區志十六卷　(清)翁澍撰　清康熙二十八年(1689)刻本　五冊

110000－0143－0008702　PG262/312－1
[康熙]具區志十六卷　(清)翁澍撰　清抄本　一冊　存四卷(四至七)

110000－0143－0008703　PG262/313
[乾隆]海陽縣誌八卷　(清)包桂纂修　清乾隆七年(1742)刻本　四冊

110000－0143－0008704　PG262/313－1
[光緒]海陽縣志四十六卷首一卷　(清)盧蔚猷修　(清)吳道鎔纂　清光緒二十六年(1900)刻本　十二冊

110000－0143－0008705　PG262/313－2
[光緒]海陽縣續誌十卷首一卷　(清)王敬勳修　(清)李爾梅　(清)王兆騰纂　清光緒六年(1880)清畏堂刻本　六冊

110000－0143－0008706　PG262/314
[同治]續天津縣志二十卷首一卷　(清)吳惠元修　(清)蔣玉虹　(清)俞樾纂　清同治九年(1870)刻本　八冊

110000－0143－0008707　PG262/314
[乾隆]天津縣志二十四卷　(清)朱奎揚　(清)張志奇修　(清)吳廷華等纂　清乾隆四年(1739)刻本　八冊

110000－0143－0008708　PG262/314
[乾隆]天津縣志二十四卷　(清)朱奎揚　(清)張志奇修　(清)吳廷華等纂　清乾隆四年(1739)刻本　八冊

110000－0143－0008709　PG262/314
[乾隆]天津縣志二十四卷　(清)朱奎揚　(清)張志奇修　(清)吳廷華等纂　清乾隆四年(1739)刻本　六冊　缺七卷(二至六、十三

至十四)

110000－0143－0008710　PG262/315

[乾隆]蒲臺縣志四卷首一卷　(清)嚴文典修　(清)任相纂　清乾隆二十八年(1763)刻本　四册

110000－0143－0008711　PG262/317

光緒桐鄉縣志二十四卷首四卷　(清)嚴辰纂修　清光緒十三年(1887)蘇州陶漱藝齋刻本　二十四册

110000－0143－0008712　PG262/317

光緒桐鄉縣志二十四卷首四卷　(清)嚴辰纂修　清光緒十三年(1887)蘇州陶漱藝齋刻本　二十四册

110000－0143－0008713　PG262/319

[同治]泰和縣志三十卷首一卷　(清)宋瑛等修　(清)彭啟瑞等纂　清光緒四年至五年(1878－1879)周之鏞續修刻本　十六册

110000－0143－0008714　PG262/322

[光緒]定海廳志三十卷首一卷　(清)史致馴修　(清)陳重威　(清)黃以周等纂　清光緒十年至十一年(1884－1885)刻本　十册

110000－0143－0008715　PG262/322

[光緒]定海廳志三十卷首一卷　(清)史致馴修　(清)陳重威　(清)黃以周等纂　清光緒十年(1884)刻二十八年(1902)補刻本　十册

110000－0143－0008716　PG262/322

[光緒]定海廳志三十卷首一卷　(清)史致馴修　(清)陳重威　(清)黃以周等纂　清光緒十一年(1885)都昌黃樹藩刻二十八年(1902)陽湖呂耀弼補刻本　十册

110000－0143－0008717　PG262/322－1

[光緒]定海廳志三十卷首一卷　(清)史致馴修　(清)陳重威　(清)黃以周等纂　清光緒十年至十一年(1884－1885)刻本　十册

110000－0143－0008718　PG262/324

[乾隆]蒲州府志二十四卷圖一卷　(清)周景柱等纂修　清乾隆二十年(1755)刻本　十册

110000－0143－0008719　PG262/325－1

[光緒]安東縣志十五卷首一卷　(清)金元烺修　(清)吳昆田　(清)魯蕡纂　清光緒元年(1875)刻本　四册

110000－0143－0008720　PG262/326

[光緒]蘭谿縣志八卷首一卷附補遺一卷　(清)秦簧　(清)邵秉經修　(清)唐壬森纂　清光緒十三年至十五年(1887－1889)刻本　十册

110000－0143－0008721　PG262/326

[光緒]蘭谿縣志八卷首一卷附補遺一卷　(清)秦簧　(清)邵秉經修　(清)唐壬森纂　清光緒十三年至十五年(1887－1889)刻本　十册

110000－0143－0008722　PG262/327

[宣統]莘縣鄉土志不分卷　孔廣文编　清宣統元年(1909)石印本　一册

110000－0143－0008723　PG262/328

[乾隆]陽信縣志八卷首一卷　(清)王允深修　(清)沈佐清等纂　清乾隆二十四年(1759)刻本　五册

110000－0143－0008724　PG262/328

[乾隆]陽信縣志八卷首一卷　(清)王允深修　(清)沈佐清等纂　清乾隆二十四年(1759)刻本　五册

110000－0143－0008725　PG262/330

[乾隆]口北三廳志十六卷首一卷　(清)黃可潤纂修　清乾隆二十三年(1758)刻本　八册

110000－0143－0008726　PG262/331－1

[乾隆]直隸遵化州志二十卷　(清)傅修等纂修　清乾隆五十九年(1794)刻本　八册

110000－0143－0008727　PG262/331－1

[乾隆]直隸遵化州志二十卷　(清)傅修等纂修　清乾隆五十九年(1794)刻本　八册

110000－0143－0008728　PG262/331－1

[乾隆]直隸遵化州志二十卷　(清)傅修等纂修　清乾隆五十九年(1794)刻本　三册　存

六卷(一至六)

110000－0143－0008729　PG262/332－1
[康熙]龍游縣誌十二卷首一卷　(清)盧燦修　(清)余恂等纂　清光緒八年(1882)龍游余氏刻本　六冊

110000－0143－0008730　PG262/332－1
[康熙]龍游縣誌十二卷首一卷　(清)盧燦修　(清)余恂等纂　清光緒八年(1882)龍游余氏刻本　六冊

110000－0143－0008731　PG262/332－1
[康熙]龍游縣誌十二卷首一卷　(清)盧燦修　(清)余恂等纂　清光緒八年(1882)龍游余氏刻本　六冊

110000－0143－0008732　PG262/334
[嘉慶]密縣志十六卷首一卷　(清)景綸修　(清)謝增纂　清嘉慶二十二年(1817)刻本　四冊

110000－0143－0008733　PG262/335－1
[嘉慶]東鹿縣志十卷　(清)李符清修　(清)沈樂善　(清)裴顯相纂　清嘉慶四年(1799)刻本　四冊

110000－0143－0008734　PG262/335－1
[嘉慶]東鹿縣志十卷　(清)李符清修　(清)沈樂善　(清)裴顯相纂　清嘉慶四年(1799)刻本　四冊

110000－0143－0008735　PG262/335－4
[同治]續修東鹿縣志八卷　(清)宋陳壽纂修　清同治七年(1868)刻本　四冊

110000－0143－0008736　PG262/336
[乾隆]定陶縣志十卷首一卷　(清)雷宏宇修　(清)劉珠等纂　清乾隆十八年(1753)刻光緒二年(1876)周忠補刻本　四冊

110000－0143－0008737　PG262/337
[嘉慶]莒州志十六卷首一卷　(清)許紹錦纂修　清嘉慶元年(1796)刻本　六冊

110000－0143－0008738　PG262/338
[光緒]菏澤縣志十八卷首一卷　(清)凌壽柏修　(清)葉道源纂　清光緒十一年(1885)刻本　六冊

110000－0143－0008739　PG262/339
[光緒]宣平縣志二十卷首一卷　(清)皮樹棠纂修　清光緒四年(1878)刻本　八冊

110000－0143－0008740　PG262/340
[乾隆]解州全志十八卷圖一卷　(清)言如泗修　(清)呂瀶等纂　清乾隆二十九年(1764)刻解州全志本　四冊

110000－0143－0008741　PG262/340
[乾隆]解州全志十八卷圖一卷　(清)言如泗修　(清)呂瀶等纂　清乾隆二十九年(1764)刻解州全志本　四冊

110000－0143－0008742　PG262/340
[乾隆]解州全志十八卷圖一卷　(清)言如泗修　(清)呂瀶等纂　清乾隆二十九年(1764)刻解州全志本　四冊

110000－0143－0008743　PG262/340
[乾隆]解州安邑縣志十六卷首一卷　(清)陳克鋐　(清)言如泗修　(清)熊名相　(清)呂瀶纂　清乾隆二十九年(1764)刻解州全志本　四冊

110000－0143－0008744　PG262/341
[乾隆]掖縣志八卷首一卷　(清)張思勉修　(清)于始瞻纂　清乾隆二十六年(1761)刻本　八冊

110000－0143－0008745　PG262/341
[乾隆]掖縣志八卷首一卷　(清)張思勉修　(清)于始瞻纂　清乾隆二十六年(1761)刻本　八冊

110000－0143－0008746　PG262/341－1
[乾隆]掖縣志八卷首一卷　(清)張思勉修　(清)于始瞻纂　清乾隆二十六年(1761)刻本　九冊

110000－0143－0008747　PG262/342
[乾隆]湯陰縣志十卷　(清)楊世達纂修　清乾隆三年(1738)湯陰縣署刻本　四冊

110000－0143－0008748　PG262/343
[道光]新修曲沃縣志十二卷　(清)張兆衡纂修　清道光二十二年(1842)曲沃縣署刻本　六冊

110000－0143－0008749　PG262/346
[道光]陽曲縣志十六卷　(清)李培謙　(清)華典修　(清)閻士驤　(清)鄭起昌纂　清道光二十三年(1843)陽曲縣署刻本　十冊

110000－0143－0008750　PG262/346
[道光]陽曲縣志十六卷　(清)李培謙　(清)華典修　(清)閻士驤　(清)鄭起昌纂　清道光二十三年(1843)陽曲縣署刻本　十冊

110000－0143－0008751　PG262/346
[道光]陽曲縣志十六卷　(清)李培謙　(清)華典修　(清)閻士驤　(清)鄭起昌纂　清道光二十三年(1843)陽曲縣署刻本　九冊

110000－0143－0008752　PG262/347
[乾隆]新修懷慶府志三十二卷首一卷圖經一卷　(清)唐侍陛　(清)杜琮修　(清)洪亮吉纂　清乾隆五十四年(1789)懷慶府署刻本　十六冊

110000－0143－0008753　PG262/348
[道光]東阿縣志二十四卷首一卷　(清)李賢書修　(清)吳怡等纂　清道光九年(1829)東阿縣署刻本　十二冊

110000－0143－0008754　PG262/349
[乾隆]杞縣志二十四卷　(清)周璣修　(清)朱璿纂　清乾隆五十三年(1788)杞縣縣署刻本　十二冊

110000－0143－0008755　PG262/351
[乾隆]高密縣志十卷首一卷末一卷　(清)張乃史修　(清)錢廷熊纂　清乾隆十九年(1754)高密縣署刻本　四冊

110000－0143－0008756　PG262/351
[乾隆]高密縣志十卷首一卷末一卷　(清)張乃史修　(清)錢廷熊纂　清乾隆十九年(1754)高密縣署刻本　四冊

110000－0143－0008757　PG262/352
[乾隆]汾州府志三十四卷首一卷　(清)孫和相修　(清)戴震纂　清乾隆三十六年(1771)汾州府署刻本　十六冊

110000－0143－0008758　PG262/352
[乾隆]汾州府志三十四卷首一卷　(清)孫和相修　(清)戴震纂　清乾隆三十六年(1771)汾州府署刻本　十六冊

110000－0143－0008759　PG262/352
[乾隆]汾州府志三十四卷首一卷　(清)孫和相修　(清)戴震纂　清乾隆三十六年(1771)汾州府署刻本　八冊

110000－0143－0008760　PG262/353
[嘉靖]海寧縣志九卷首一卷附錄一卷　(明)蔡完修　(明)董穀纂　清光緒二十四年(1898)許仁沐刻本　二冊

110000－0143－0008761　PG262/354
[光緒]鎮海縣志四十卷　(清)于萬川修　(清)俞樾等纂　清光緒五年(1879)鯤池書院刻本　八冊　存二十一卷(二十至四十)

110000－0143－0008762　PG262/354
[光緒]鎮海縣志四十卷　(清)于萬川修　(清)俞樾等纂　清光緒五年(1879)鯤池書院刻本　十六冊

110000－0143－0008763　PG262/354
[光緒]鎮海縣志四十卷　(清)于萬川修　(清)俞樾等纂　清光緒五年(1879)鯤池書院刻本　十六冊

110000－0143－0008764　PG262/354－2
[乾隆]鎮海縣志八卷首一卷附同善院志一卷　(清)王夢弼　(清)邵向榮纂修　清乾隆十七年(1752)刻四十五年(1780)周樽增補印本　八冊

110000－0143－0008765　PG262/357
[光緒]增修登州府志六十九卷　(清)方汝翼

（清）賈瑚修　（清）周悦讓　（清）慕榮榦纂　清光緒七年（1881）刻本　二十二册

110000－0143－0008766　PG262/358
［乾隆］渾源州志十卷　（清）桂敬順纂修　清乾隆二十八年（1763）刻本　五册

110000－0143－0008767　PG262/358
［乾隆］渾源州志十卷　（清）桂敬順纂修　清乾隆二十八年（1763）刻本　五册

110000－0143－0008768　PG262/358
［乾隆］渾源州志十卷　（清）桂敬順纂修　清乾隆二十八年（1763）刻本　五册

110000－0143－0008769　PG262/358
［光緒］渾源州續志十卷　（清）賀澍恩修　（清）程續纂　清光緒七年（1881）刻本　六册

110000－0143－0008770　PG262/359
［同治］榆次縣志十六卷首一卷末一卷　（清）俞世銓　（清）陶良駿修　（清）王平格　（清）王序賓纂　清同治二年（1863）鳳鳴書院刻本　八册

110000－0143－0008771　PG262/359
［同治］榆次縣志十六卷首一卷末一卷　（清）俞世銓　（清）陶良駿修　（清）王平格　（清）王序賓纂　清同治二年（1863）鳳鳴書院刻本　八册

110000－0143－0008772　PG262/360
［道光］太平縣志十六卷首一卷　（清）李炳彦修　（清）梁棲鸞纂　清道光五年（1825）刻本　八册

110000－0143－0008773　PG262/360
［道光］太平縣志十六卷首一卷　（清）李炳彦修　（清）梁棲鸞纂　清道光五年（1825）刻本　八册

110000－0143－0008774　PG262/360－1
［光緒］太平縣志十四卷首一卷　（清）勞文慶　（清）朱光綬修　（清）婁道南纂　清光緒八年（1882）刻本　十册

110000－0143－0008775　PG262/360－2
［嘉慶］太平縣志十八卷　（清）慶霖修　（清）戚學標等纂　清光緒二十二年（1896）刻本　十册

110000－0143－0008776　PG262/360－2
［嘉慶］太平縣志十八卷　（清）慶霖修　（清）戚學標等纂　清光緒二十二年（1896）刻本　十册

110000－0143－0008777　PG262/360－2
［嘉慶］太平縣志十八卷　（清）慶霖修　（清）戚學標等纂　清光緒二十二年（1896）刻本　十册

110000－0143－0008778　PG262/360－3
［光緒］太平續志十八卷首一卷　（清）陳汝霖修　（清）王棻等纂　清光緒二十二年（1896）刻本　八册

110000－0143－0008779　PG262/360－3
［光緒］太平續志十八卷首一卷　（清）陳汝霖修　（清）王棻等纂　清光緒二十二年（1896）刻本　八册

110000－0143－0008780　PG262/360－4
［光緒］太平縣志十卷首一卷　（清）楊汝偕等纂修　清光緒十九年（1893）刻本　四册

110000－0143－0008781　PG262/361
［光緒］續修曲沃縣志三十二卷　（清）張鴻逵　（清）茅丕熙修　（清）韓子泰纂　清光緒六年（1880）刻本　六册

110000－0143－0008782　PG262/361
［光緒］續修曲沃縣志三十二卷　（清）張鴻逵　（清）茅丕熙修　（清）韓子泰纂　清光緒六年（1880）刻本　六册

110000－0143－0008783　PG262/361－1
［乾隆］新修曲沃縣志四十卷　（清）張坊修　（清）胡元琢　（清）徐儲纂　清乾隆二十三年（1758）刻本　八册

110000－0143－0008784　PG262/361－2
［乾隆］續修曲沃縣志八卷　（清）侯長熺修　（清）王安恭纂　清嘉慶二年（1797）刻本　八

册

110000－0143－0008785　PG262/362
[光緒]慶元縣志十二卷首一卷　(清)林步瀛　(清)史恩緯修　(清)史恩緒等纂　清光緒三年(1877)刻本　十册

110000－0143－0008786　PG262/362
[光緒]慶元縣志十二卷首一卷　(清)林步瀛　(清)史恩緯修　(清)史恩緒等纂　清光緒三年(1877)刻本　十册

110000－0143－0008787　PG262/363
[光緒]永康縣志十六卷首一卷　(清)李汝爲　(清)郭文翹修　(清)潘樹棠　(清)陳憲超等纂　清光緒十八年(1892)刻本　十二册

110000－0143－0008788　PG262/363
[光緒]永康縣志十六卷首一卷　(清)李汝爲　(清)郭文翹修　(清)潘樹棠　(清)陳憲超等纂　清光緒十八年(1892)刻本　十二册

110000－0143－0008789　PG262/364
[同治]會理州志十二卷　(清)鄧仁垣等修　(清)王繼曾　(清)吴鍾崙等纂　清同治十三年(1874)刻本　八册

110000－0143－0008790　PG262/364
[光緒]會理州續志二卷　(清)蔣金生修　(清)徐昱纂　清光緒三十一年(1905)刻本　一册

110000－0143－0008791　PG262/365－1
[同治]麗水縣志十五卷　(清)彭潤章等纂修　清同治十三年(1874)刻本　八册

110000－0143－0008792　PG262/366
[道光]尉氏縣志二十卷首一卷　(清)劉厚滋　(清)沈溎修　(清)王觀潮等纂　清道光十一年(1831)刻本　八册

110000－0143－0008793　PG262/366
[道光]尉氏縣志二十卷首一卷　(清)劉厚滋　(清)沈溎修　(清)王觀潮等纂　清道光十一年(1831)刻本　八册

110000－0143－0008794　PG262/367
[嘉慶]西安縣志四十八卷首一卷　(清)姚寶煃修　(清)范崇楷纂　清嘉慶十六年(1811)刻本　十册

110000－0143－0008795　PG262/367
[嘉慶]西安縣志四十八卷首一卷　(清)姚寶煃修　(清)范崇楷纂　清嘉慶十六年(1811)刻本　十册

110000－0143－0008796　PG262/368－1
[雍正]沁源縣志十卷首一卷　(清)韓瑛纂修　(清)王廷掄續纂修　清雍正八年(1730)沁源縣署刻光緒七年(1881)印本　四册

110000－0143－0008797　PG262/368－1
[光緒]沁源縣續志四卷　(清)董餘三纂修　清光緒七年(1881)沁源縣署刻本　四册

110000－0143－0008798　PG262/369
[道光]安陸縣志四十卷首一卷　(清)蔣炯等纂修　(清)李廷錫等增纂　清咸豐三年(1853)刻本　十二册

110000－0143－0008799　PG262/370
[同治]上元江寧兩縣志二十八卷首一卷敘錄一卷　(清)莫祥芝　(清)甘紹盤修　(清)汪士鐸等纂　清同治十三年(1874)刻本　十二册

110000－0143－0008800　PG262/370
[同治]上元江寧兩縣志二十八卷首一卷敘錄一卷　(清)莫祥芝　(清)甘紹盤修　(清)汪士鐸等纂　清同治十三年(1874)刻本　十二册

110000－0143－0008801　PG262/371
[同治]襄陽縣志七卷首一卷　(清)楊宗時修　(清)崔淦纂　(清)吴耀斗續修　(清)李士彬續纂　清同治十三年(1874)刻本　八册

110000－0143－0008802　PG262/371
[同治]襄陽縣志七卷首一卷　(清)楊宗時修　(清)崔淦纂　(清)吴耀斗續修　(清)李士彬續纂　清同治十三年(1874)刻本　八册

110000－0143－0008803　PG262/371

[同治]襄陽縣志七卷首一卷 (清)楊宗時修 (清)崔淦纂 (清)吳耀斗續修 (清)李士彬續纂 清同治十三年(1874)刻本 八冊

110000-0143-0008804 PG262/371
[同治]襄陽縣志七卷首一卷 (清)楊宗時修 (清)崔淦纂 (清)吳耀斗續修 (清)李士彬續纂 清同治十三年(1874)刻本 十六冊

110000-0143-0008805 PG262/371
[同治]襄陽縣志七卷首一卷 (清)楊宗時修 (清)崔淦纂 (清)吳耀斗續修 (清)李士彬續纂 清同治十三年(1874)刻本 八冊

110000-0143-0008806 PG262/371
[同治]襄陽縣志七卷首一卷 (清)楊宗時修 (清)崔淦纂 (清)吳耀斗續修 (清)李士彬續纂 清同治十三年(1874)刻本 八冊

110000-0143-0008807 PG262/371-1
[光緒]襄陽府志二十六卷志餘一卷 (清)恩聯等修 (清)王萬芳等纂 清光緒十一年至十二年(1885-1886)刻本 十六冊

110000-0143-0008808 PG262/372
[乾隆]鳳臺縣志二十卷首一卷 (清)林荔修 (清)姚學甲纂 清乾隆四十九年(1784)刻本 十二冊

110000-0143-0008809 PG262/372
[乾隆]鳳臺縣志二十卷首一卷 (清)林荔修 (清)姚學甲纂 清乾隆四十九年(1784)刻本 十六冊

110000-0143-0008810 PG262/372
[光緒]鳳臺縣續志四卷首一卷 (清)張貽琯 (清)陳繼三修 (清)郭維垣等纂 清光緒八年(1882)刻本 四冊

110000-0143-0008811 PG262/372-1
[嘉慶]鳳臺縣志十二卷 (清)李兆洛纂修 清嘉慶十九年(1814)刻本 五冊 存九卷(一至六、八至十)

110000-0143-0008812 PG262/373
[乾隆]婁縣志三十卷首二卷 (清)謝庭薰修 (清)陸錫熊纂 清乾隆五十一年至五十三年(1786-1788)刻本 六冊

110000-0143-0008813 PG262/373
[乾隆]婁縣志三十卷首二卷 (清)謝庭薰修 (清)陸錫熊纂 清乾隆五十一年至五十三年(1786-1788)刻本 六冊

110000-0143-0008814 PG262/373
[乾隆]婁縣志三十卷首二卷 (清)謝庭薰修 (清)陸錫熊纂 清乾隆五十一年至五十三年(1786-1788)刻本 六冊

110000-0143-0008815 PG262/373
[乾隆]婁縣志三十卷首二卷 (清)謝庭薰修 (清)陸錫熊纂 清乾隆五十一年至五十三年(1786-1788)刻本 六冊

110000-0143-0008816 PG262/375-1
[雍正]齊河縣志十卷首一卷 (清)上官有儀修 (清)許琰纂 清乾隆二年(1737)刻本 四冊

110000-0143-0008817 PG262/380-1
[道光]佛山忠義鄉志十四卷 (清)吳榮光纂 清道光十一年(1831)廣東佛山刻本 七冊

110000-0143-0008818 PG262/378-2
[同治]嵊縣志二十六卷首一卷末一卷 (清)嚴思忠 (清)陳仲麟修 (清)蔡以瑺總纂 清同治九年(1870)嵊縣縣署刻本 十二冊

110000-0143-0008819 PG262/378-3
[同治]嵊縣志二十六卷首一卷末一卷 (清)嚴思忠 (清)陳仲麟修 (清)蔡以瑺總纂 清同治九年(1870)嵊縣縣署刻本 十二冊

110000-0143-0008820 PG262/379
西湖志餘十八卷 (明)田汝成輯撰 (清)姚靖增刪 清康熙至雍正刻本 四冊

110000-0143-0008821 PG262/381
[道光]肇慶府志二十二卷首一卷 (清)屠英等修 (清)江藩等纂 清光緒二年(1876)肇慶府署刻本 二十二冊

110000－0143－0008822　PG262/382
[道光]輝縣志二十卷首一卷末一卷　(清)周際華修　(清)戴銘纂　清道光十五年(1835)輝縣百泉書院刻光緒十四年(1888)郭藻補刻二十一年(1895)易釗再補刻本　八冊

110000－0143－0008823　PG262/383
[嘉慶]濬縣志二十二卷首一卷末一卷附金石錄二卷　(清)熊象階修　(清)武穆淳纂　清嘉慶七年(1802)濬縣縣署刻本　五冊　缺四卷(一至四)

110000－0143－0008824　PG262/388
[正德]永康縣志八卷　(明)吳宣濟　(明)胡楷修　(明)陳泗等纂　清道光至光緒抄本　四冊

110000－0143－0008825　PG262/389
[光緒]忻州志四十二卷　(清)方戊昌修　(清)方淵如纂　清光緒六年(1880)忻州州署刻本　八冊

110000－0143－0008826　PG262/390－1
道光金華縣志十二卷首一卷　(清)黃金聲修　(清)李林松纂　清道光三年(1823)金華縣署刻本　八冊

110000－0143－0008827　PG262/391
[光緒]光化縣志八卷首一卷　(清)鍾桐山　(清)葉樹南主修　(清)段映斗總纂　清光緒十年(1884)刻十三年(1887)湖北光化葉樹南增補本　八冊

110000－0143－0008828　PG262/391
[光緒]光化縣志八卷首一卷　(清)鍾桐山　(清)葉樹南主修　(清)段映斗總纂　清光緒十年(1884)刻十三年(1887)湖北光化葉樹南增補本　八冊

110000－0143－0008829　PG262/391
[光緒]光化縣志八卷首一卷　(清)鍾桐山　(清)葉樹南主修　(清)段映斗總纂　清光緒十年(1884)刻十三年(1887)湖北光化葉樹南增補本　八冊

110000－0143－0008830　PG262/392－1
[雍正]山東通志三十六卷首一卷　(清)岳濬　(清)法敏修　(清)杜詔　(清)顧瀛纂　清乾隆元年(1736)山東巡撫府署刻本　四十二冊

110000－0143－0008831　PG262/393－1
[乾隆]象山縣志十二卷　(清)史鳴臯修　(清)姜炳璋　(清)冒春榮纂　清乾隆二十四年(1759)刻本(卷一至二、五至八、十一至十二爲抄配)　十二冊

110000－0143－0008832　PG262/394
[光緒]甯河縣志十六卷　(清)丁符九等修　(清)談松林等纂　清光緒六年(1880)刻本　十二冊

110000－0143－0008833　PG262/395
[道光]德陽縣新志十二卷首一卷末一卷　(清)裴顯忠修　(清)劉碩輔纂　清道光十七年(1837)刻本　四冊

110000－0143－0008834　PG262/395
[道光]德陽縣新志十二卷首一卷末一卷　(清)裴顯忠修　(清)劉碩輔纂　清道光十七年(1837)刻本　四冊

110000－0143－0008835　PG262/396－1
[咸豐]順德縣志三十二卷　(清)郭汝誠修　(清)馮奉初纂　清咸豐三年(1853)刻六年(1856)補版印本　十六冊

110000－0143－0008836　PG262/397
[光緒]重修嘉善縣志三十六卷首一卷　江峯青修　(清)顧福仁纂　清光緒二十年(1894)刻本　十六冊

110000－0143－0008837　PG262/397
[光緒]重修嘉善縣志三十六卷首一卷　江峯青修　(清)顧福仁纂　清光緒二十年(1894)刻本　十六冊

110000－0143－0008838　PG262/399
[道光]太原縣志十八卷　(清)員珮蘭修　(清)楊國泰纂修　清道光六年(1826)刻本　六冊

110000－0143－0008839　PG262/399
[光緒]續太原縣志二卷　(清)薛元釗修　(清)王效尊纂　清光緒八年(1882)刻本　二冊

110000－0143－0008840　PG262/400
[光緒]平定州志十六卷首一卷　(清)賴昌期　(清)張彬等纂修　清光緒八年(1882)刻本　十六冊

110000－0143－0008841　PG262/401
[光緒]縉雲縣志十六卷首一卷末一卷　(清)何乃容修　(清)潘樹棠纂　清光緒二年至七年(1876－1881)刻本　十二冊

110000－0143－0008842　PG262/401
[光緒]縉雲縣志十六卷首一卷末一卷　(清)何乃容修　(清)潘樹棠纂　清光緒二年至七年(1876－1881)刻本　十冊

110000－0143－0008843　PG262/401
[光緒]縉雲縣志十六卷首一卷末一卷　(清)何乃容修　(清)潘樹棠纂　清光緒二年至七年(1876－1881)刻本　十冊

110000－0143－0008844　PG262/402
[道光]直隸南雄州志三十四卷首一卷　(清)余保純等修　(清)黃其勤纂　(清)戴錫綸續纂修　清道光四年(1824)刻本　十六冊

110000－0143－0008845　PG262/402
[道光]直隸南雄州志三十四卷首一卷　(清)余保純等修　(清)黃其勤纂　(清)戴錫綸續纂修　清道光四年(1824)刻本　十六冊

110000－0143－0008846　PG262/402
[道光]直隸南雄州志三十四卷首一卷　(清)余保純等修　(清)黃其勤纂　(清)戴錫綸續纂修　清道光四年(1824)刻本　十六冊

110000－0143－0008847　PG262/403
[同治]樂平縣志十卷首一卷　(清)董萼榮修　(清)汪元祥纂　清同治九年(1870)翥山書院刻本　十二冊

110000－0143－0008848　PG262/403
[同治]樂平縣志十卷首一卷　(清)董萼榮修　(清)汪元祥纂　清同治九年(1870)翥山書院刻本　十二冊

110000－0143－0008849　PG262/404
[同治]雲和縣志十六卷首一卷　(清)伍承吉修　(清)涂冠續修　(清)王士鈖纂　清咸豐七年至同治三年(1857－1864)刻本　十冊

110000－0143－0008850　PG262/405－1
[光緒]富陽縣志二十四卷首一卷　汪文炳　(清)董鳳來等修　(清)何鎔　蔣敬時纂　清光緒三十二年(1906)刻本　十六冊

110000－0143－0008851　PG262/405－1
[光緒]富陽縣志二十四卷首一卷　汪文炳　(清)董鳳來等修　(清)何鎔　蔣敬時纂　清光緒三十二年(1906)刻本　十五冊

110000－0143－0008852　PG262/406
[光緒]石門縣志十一卷首一卷　(清)余麗元纂修　清光緒四年至五年(1878－1879)刻本　十二冊

110000－0143－0008853　PG262/408
[同治]韶州府志四十卷首一卷　(清)額哲克修　(清)單興詩纂　清同治十三年至光緒二年(1874－1876)刻本　二十四冊

110000－0143－0008854　PG262/408
[同治]韶州府志四十卷首一卷　(清)額哲克修　(清)單興詩纂　清同治十三年至光緒二年(1874－1876)刻本　二十冊

110000－0143－0008855　PG262/410
[道光]陽春縣志十四卷首一卷　(清)陸向榮修　(清)劉彬華纂　清道光元年(1821)廣州六書齋刻本　六冊

110000－0143－0008856　PG262/412－1
[乾隆]三河縣志十六卷首一卷　(清)陳繤等修　(清)王大信等纂　清乾隆二十五年(1760)刻本　四冊

110000－0143－0008857　PG262/413－2
[同治]上海縣志三十二卷首一卷末一卷附補

遺　(清)應寶時等修　(清)俞樾纂　清同治十年(1871)吳門臬署刻十一年(1872)上海文廟南園志局重校本　十六册

110000－0143－0008858　PG262/413－2
[同治]上海縣志三十二卷首一卷末一卷附補遺　(清)應寶時等修　(清)俞樾纂　清同治十年(1871)吳門臬署刻十一年(1872)上海文廟南園志局重校本　十六册

110000－0143－0008859　PG262/413－2
[同治]上海縣志三十二卷首一卷末一卷附補遺　(清)應寶時等修　(清)俞樾纂　清同治十年(1871)吳門臬署刻十一年(1872)上海文廟南園志局重校本　十六册

110000－0143－0008860　PG262/413－2
[同治]上海縣志三十二卷首一卷末一卷附補遺　(清)應寶時等修　(清)俞樾纂　清同治十年(1871)吳門臬署刻十一年(1872)上海文廟南園志局重校光緒八年(1882)灑掃公局補刻本　十六册

110000－0143－0008861　PG262/413－2
[同治]上海縣志三十二卷首一卷末一卷附補遺　(清)應寶時等修　(清)俞樾纂　清同治十年(1871)吳門臬署刻本　十四册　缺三卷(三十至三十二)

110000－0143－0008862　PG262/414
[光緒]孝感縣志二十四卷續補志一卷　(清)朱希白修　(清)沈用增纂　清光緒九年(1883)刻本　十二册

110000－0143－0008863　PG262/414
[光緒]孝感縣志二十四卷續補志一卷　(清)朱希白修　(清)沈用增纂　清光緒九年(1883)刻本　十二册

110000－0143－0008864　PG262/414
[光緒]孝感縣志二十四卷續補志一卷　(清)朱希白修　(清)沈用增纂　清光緒九年(1883)刻本　十二册

110000－0143－0008865　PG262/414
[光緒]孝感縣志二十四卷續補志一卷　(清)朱希白修　(清)沈用增纂　清光緒九年(1883)刻本　十二册

110000－0143－0008866　PG262/416
[道光]仁壽縣新志八卷　(清)馬百齡修　(清)鄭宗垣纂　清道光十八年(1838)刻本　八册

110000－0143－0008867　PG262/417
[光緒]壽陽縣志十三卷首一卷　(清)馬家鼎　(清)白昶修　(清)張嘉言等纂　清光緒八年(1882)晉省會元齋刻本　六册

110000－0143－0008868　PG262/417
[光緒]壽陽縣志十三卷首一卷　(清)馬家鼎　(清)白昶修　(清)張嘉言等纂　清光緒八年(1882)晉省會元齋刻本　六册

110000－0143－0008869　PG262/417
[光緒]壽陽縣志十三卷首一卷　(清)馬家鼎　(清)白昶修　(清)張嘉言等纂　清光緒八年(1882)刻十六年(1890)陳守中校補刻本　六册

110000－0143－0008870　PG262/421
[雍正]江西通志一百六十二卷首三卷　(清)謝旻　(清)高其倬修　(清)陶成　(清)惲鶴生纂　清雍正十年(1732)刻本　六十四册

110000－0143－0008871　PG262/421
[雍正]江西通志一百六十二卷首三卷　(清)謝旻　(清)高其倬修　(清)陶成　(清)惲鶴生纂　清雍正十年(1732)刻本　八十册

110000－0143－0008872　PG262/422
[嘉慶]昌樂縣志三十二卷首一卷　(清)魏禮焯　(清)時銘修　(清)閻學夏纂　清嘉慶十四年(1809)刻本　十册

110000－0143－0008873　PG262/422
[嘉慶]昌樂縣志三十二卷首一卷　(清)魏禮焯　(清)時銘修　(清)閻學夏纂　清嘉慶十四年(1809)刻本　六册

110000－0143－0008874　PG262/423
[光緒]盂縣志二十二卷首一卷末一卷　(清)

張鳳奇修　(清)武瓚緒　(清)劉懋功纂　清光緒八年(1882)刻本　十冊

110000－0143－0008875　PG262/423－1
[乾隆]孟縣志十卷　(清)仇汝瑚修　(清)馮敏昌纂　清乾隆五十五年(1790)刻本　十冊

110000－0143－0008876　PG262/424
[雍正]畿輔通志一百二十卷　(清)唐執玉　(清)李衛修　(清)陳儀　(清)田易纂　清雍正十三年(1735)刻本　四十八冊

110000－0143－0008877　PG262/424
[雍正]畿輔通志一百二十卷　(清)唐執玉　(清)李衛修　(清)陳儀　(清)田易纂　清雍正十三年(1735)刻本　三十六冊　存九十一卷(三十至一百二十)

110000－0143－0008878　PG262/424
[同治]畿輔通志三百卷首一卷　(清)李鴻章　(清)張樹聲修　(清)黄彭年等纂　清光緒十年(1884)刻本　二百二十冊　缺二十八卷(一百八十三至一百九十六、二百八十七至三百)

110000－0143－0008879　PG262/424－1
[同治]畿輔通志三百卷首一卷　(清)李鴻章　(清)張樹聲修　(清)黄彭年等纂　清宣統二年(1910)北洋官報局石印本　二百三十五冊　缺六卷(一百十八至一百二十三)

110000－0143－0008880　PG262/424－1
[同治]畿輔通志三百卷首一卷　(清)李鴻章　(清)張樹聲修　(清)黄彭年等纂　清宣統二年(1910)北洋官報局石印本　二百三十九冊

110000－0143－0008881　PG262/425
[道光]商河縣志八卷首一卷　(清)龔廷煌　(清)張楷纂修　清道光十六年(1836)刻本　八冊

110000－0143－0008882　PG262/426
[咸豐]平山縣志八卷　(清)王滌心修　(清)郭程先纂　清咸豐四年(1854)平山縣平山縣署刻本　六冊

110000－0143－0008883　PG262/427
[道光]重修蓬萊縣志十四卷　(清)王文燾修　(清)張本纂　清道光十九年(1839)蓬萊縣署刻本　八冊

110000－0143－0008884　PG262/427
[道光]重修蓬萊縣志十四卷　(清)王文燾修　(清)張本纂　清道光十九年(1839)蓬萊縣署刻本　八冊

110000－0143－0008885　PG262/428
[康熙]萊陽縣志十卷　(清)萬邦維　(清)衛元爵修　(清)張重潤　(清)鄒知新纂　清康熙十七年(1678)萊陽縣署刻本　四冊

110000－0143－0008886　PG262/429
[同治]即墨縣志十二卷　(清)林溥修　(清)周翕鐄纂　清同治十二年(1873)即墨縣署刻本　八冊

110000－0143－0008887　PG262/429
[同治]即墨縣志十二卷　(清)林溥修　(清)周翕鐄纂　清同治十二年(1873)即墨縣署刻本　八冊

110000－0143－0008888　PG262/429－1
[乾隆]即墨縣志十二卷首一卷　(清)尤淑孝修　(清)李元正纂　清乾隆二十九年(1764)刻本　六冊

110000－0143－0008889　PG262/430
[同治]續纂江寧府志十五卷首一卷　(清)蔣啟勛　(清)趙佑宸修　(清)汪士鐸纂　清光緒六年(1880)江寧府署刻本　二十三冊

110000－0143－0008890　PG262/430
[同治]續纂江寧府志十五卷首一卷　(清)蔣啟勛　(清)趙佑宸修　(清)汪士鐸纂　清光緒六年(1880)江寧府署刻本　十二冊

110000－0143－0008891　PG262/430－1
[嘉慶]新修江寧府志五十六卷　(清)呂燕昭修　(清)姚鼐纂　清嘉慶十六年(1811)江寧府署刻本　十二冊

110000－0143－0008892　PG262/430－1
[嘉慶]新修江寧府志五十六卷　(清)呂燕昭修　(清)姚鼐纂　清嘉慶十六年(1811)江寧府署刻本　二十四册

110000－0143－0008893　PG262/430－1
[嘉慶]重刊江寧府志五十六卷附校勘記一卷　(清)呂燕昭修　(清)姚鼐纂　清光緒六年(1880)江寧府署刻本　二十五册

110000－0143－0008894　PG262/430－2
[嘉慶]重刊江寧府志五十六卷附校勘記一卷　(清)呂燕昭修　(清)姚鼐纂　清光緒六年(1880)江寧府署刻本　十二册

110000－0143－0008895　PG262/430－3
[同治]續纂江寧府志十五卷首一卷　(清)蔣啟勛　(清)趙佑宸修　(清)汪士鐸纂　清光緒六年(1880)江寧府署刻本　八册　缺二卷(十四之十一之忠義貞烈下、十五)

110000－0143－0008896　PG262/431
[光緒]宜興荊谿縣新志十卷首一卷末一卷　(清)施惠　(清)潘樹辰修　(清)吳景牆纂　清光緒八年(1882)刻宜興荊溪舊志五種本　八册

110000－0143－0008897　PG262/432
[光緒]黄岡縣志二十四卷首一卷　(清)戴昌言修　(清)劉恭冕纂　清光緒八年(1882)黄岡縣署刻本　二十四册

110000－0143－0008898　PG262/432
[光緒]黄岡縣志二十四卷首一卷　(清)戴昌言修　(清)劉恭冕纂　清光緒八年(1882)黄岡縣署刻本　二十四册

110000－0143－0008899　PG262/432
[光緒]黄岡縣志二十四卷首一卷　(清)戴昌言修　(清)劉恭冕纂　清光緒八年(1882)黄岡縣署刻本　二十四册

110000－0143－0008900　PG262/433
[道光]海昌備志五十二卷圖一卷附錄二卷　(清)錢泰吉等纂修　清道光二十六年至二十七年(1846－1847)海寧州署刻本　十二册

110000－0143－0008901　PG262/434
[光緒]黄巖縣志四十卷首一卷　(清)陳寶善修　(清)王棻纂　(清)陳鍾英續修　(清)王詠霓續纂　清光緒三年(1877)刻六年(1880)增補刻本　三十册

110000－0143－0008902　PG262/434
[光緒]黄巖縣志四十卷首一卷　(清)陳寶善修　(清)王棻纂　(清)陳鍾英續修　(清)王詠霓續纂　清光緒三年(1877)刻六年(1880)增補刻本　十六册

110000－0143－0008903　PG262/434
[光緒]黄巖縣志四十卷首一卷　(清)陳寶善修　(清)王棻纂　(清)陳鍾英續修　(清)王詠霓續纂　清光緒三年(1877)刻六年(1880)增補刻本　十六册

110000－0143－0008904　PG262/435
[光緒]崑新兩縣續修合志五十二卷首一卷末一卷　(清)金吳瀾　(清)李福沂修　(清)汪堃　(清)朱成熙纂　清光緒六年(1880)刻本　二十四册

110000－0143－0008905　PG262/438
[康熙]寧化縣志七卷　(清)祝文郁修　(清)李世熊纂　清同治八年(1869)蔣澤沅刻本　十册

110000－0143－0008906　PG262/438
[康熙]寧化縣志七卷　(清)祝文郁修　(清)李世熊纂　清同治八年(1869)蔣澤沅刻本　八册

110000－0143－0008907　PG262/438
[康熙]寧化縣志七卷　(清)祝文郁修　(清)李世熊纂　清同治八年(1869)蔣澤沅刻本　八册

110000－0143－0008908　PG262/439
[光緒]黄州府志四十卷首一卷　(清)英啟修　(清)鄧琛等纂　清光緒十年(1884)黄州府署刻本　四十册

110000－0143－0008909　PG262/439
[光緒]黄州府志四十卷首一卷　(清)英啟修

（清）鄧琛等纂　清光緒十年（1884）黄州府署刻本　四十册

110000－0143－0008910　PG262/439
［光緒］黄州府志四十卷首一卷　（清）英啟修　（清）鄧琛等纂　清光緒十年（1884）黄州府署刻本　四十册

110000－0143－0008911　PG262/439－1
［宣統］黄州府志拾遺六卷　（清）沈致堅纂輯　清宣統二年（1910）黄州府署鉛印本　六册

110000－0143－0008912　PG262/440
［乾隆］武鄉縣志六卷首一卷　（清）白鶴修　（清）史傳遠纂　清乾隆五十五年（1790）武鄉縣署刻本　六册

110000－0143－0008913　PG262/441
［光緒］續修廬州府志一百卷首一卷末一卷　（清）黄雲修　（清）林之望　（清）汪宗沂等纂　清光緒十一年（1885）刻本　四十八册

110000－0143－0008914　PG262/442
［嘉慶］靈石縣志十二卷　（清）王志瀜修　（清）黄憲臣纂　清嘉慶二十二年（1817）靈石縣署刻本　六册

110000－0143－0008915　PG262/443
［光緒］增修甘泉縣志二十四卷首一卷圖一卷　（清）徐成敟等修　（清）陳浩恩等纂　清光緒十一年（1885）刻三十三年（1907）錢塘陳元鑄增補刻本　二十册

110000－0143－0008916　PG262/443
［光緒］增修甘泉縣志二十四卷首一卷圖一卷　（清）徐成敟　（清）桂正華修　（清）陳浩恩　（清）陳桂馨纂　清光緒七年（1881）江蘇甘泉縣署木活字印本　二十册

110000－0143－0008917　PG262/443
［光緒］增修甘泉縣志二十四卷首一卷圖一卷　（清）徐成敟　（清）桂正華修　（清）陳浩恩　（清）陳桂馨纂　清光緒七年（1881）江蘇甘泉縣署木活字印本　二十册

110000－0143－0008918　PG262/443
［光緒］增修甘泉縣志二十四卷首一卷圖一卷　（清）徐成敟　（清）桂正華修　（清）陳浩恩　（清）陳桂馨纂　清光緒七年（1881）江蘇甘泉縣署木活字印本　二十册

110000－0143－0008919　PG262/444
［光緒］青浦縣志三十卷首二卷末一卷　（清）汪祖綬　（清）陳其元修　（清）熊其英　（清）邱式金纂　清光緒五年（1879）尊經閣刻本　十二册

110000－0143－0008920　PG262/444
［光緒］青浦縣志三十卷首二卷末一卷　（清）汪祖綬　（清）陳其元修　（清）熊其英　（清）邱式金纂　清光緒五年（1879）尊經閣刻本　十二册

110000－0143－0008921　PG262/444
［光緒］青浦縣志三十卷首二卷末一卷　（清）汪祖綬　（清）陳其元修　（清）熊其英　（清）邱式金纂　清光緒五年（1879）尊經閣刻本　十二册

110000－0143－0008922　PG262/444
［光緒］青浦縣志三十卷首二卷末一卷　（清）汪祖綬　（清）陳其元修　（清）熊其英　（清）邱式金纂　清光緒五年（1879）尊經閣刻本　十二册

110000－0143－0008923　PG262/444
［光緒］青浦縣志三十卷首二卷末一卷　（清）汪祖綬　（清）陳其元修　（清）熊其英　（清）邱式金纂　清光緒五年（1879）尊經閣刻本　十二册

110000－0143－0008924　PG262/445
［乾隆］青城縣志十二卷　（清）方鳳修　（清）戴文熾　（清）周瑊纂　清乾隆二十四年（1759）刻道光二十六年（1846）增刻本　四册

110000－0143－0008925　PG262/446
［光緒］南滙縣志二十二卷首一卷末一卷　（清）金福曾　（清）顧思賢修　（清）張文虎等纂　清光緒五年（1879）刻三十一年（1905）印本　十二册

110000－0143－0008926　PG262/446
[光緒]南滙縣志二十二卷首一卷末一卷　(清)金福曾　(清)顧思賢修　(清)張文虎等纂　清光緒五年(1879)刻本　十二册

110000－0143－0008927　PG262/448
[乾隆]潮州府志四十二卷首一卷　(清)周碩勳纂修　清光緒十九年(1893)潮州保安總局刻本　二十五册

110000－0143－0008928　PG262/448
[乾隆]潮州府志四十二卷首一卷　(清)周碩勳纂修　清光緒十九年(1893)潮州保安總局刻本　二十五册

110000－0143－0008929　PG262/448
[乾隆]潮州府志四十二卷首一卷　(清)周碩勳纂修　清光緒十九年(1893)潮州保安總局刻本　二十五册

110000－0143－0008930　PG262/449－1
[光緒]益都縣圖志五十四卷首一卷　(清)張承燮修　(清)法偉堂纂　清光緒三十三年(1907)益都縣署刻本　十六册

110000－0143－0008931　PG262/450
[光緒]重修奉賢縣志二十卷首一卷末一卷　(清)韓佩金　(清)黄振均主修　(清)張文虎總纂　清光緒四年(1878)奉賢縣志局刻本　六册

110000－0143－0008932　PG262/450
[光緒]重修奉賢縣志二十卷首一卷末一卷　(清)韓佩金　(清)黄振均主修　(清)張文虎總纂　清光緒四年(1878)奉賢縣志局刻本　六册

110000－0143－0008933　PG262/450
[光緒]重修奉賢縣志二十卷首一卷末一卷　(清)韓佩金　(清)黄振均主修　(清)張文虎總纂　清光緒四年(1878)奉賢縣志局刻本　六册

110000－0143－0008934　PG262/451
[光緒]泗虹合志十九卷　(清)方瑞蘭主修　(清)江殿颺　(清)許湘甲纂修　清光緒十四年(1888)泗州州署刻本　八册

110000－0143－0008935　PG262/451
[光緒]泗虹合志十九卷　(清)方瑞蘭主修　(清)江殿颺　(清)許湘甲纂修　清光緒十四年(1888)泗州州署刻本　八册

110000－0143－0008936　PG262/451
[光緒]泗虹合志十九卷　(清)方瑞蘭主修　(清)江殿颺　(清)許湘甲纂修　清光緒十四年(1888)泗州州署刻本　八册

110000－0143－0008937　PG262/452
[同治]廣信府志十二卷首一卷　(清)蔣繼洙纂修　清同治十二年(1873)廣信府府署刻本　三十册

110000－0143－0008938　PG262/452
[同治]廣信府志十二卷首一卷　(清)蔣繼洙纂修　清同治十二年(1873)廣信府府署刻本　三十册

110000－0143－0008939　PG262/453
[雍正]敕修浙江通志二百八十卷首三卷　(清)李衛　(清)嵇曾筠修　(清)沈翼機　(清)傅王露纂　清光緒二十五年(1899)浙江書局刻本　一百二十册

110000－0143－0008940　PG262/453
[雍正]敕修浙江通志二百八十卷首三卷　(清)李衛　(清)嵇曾筠修　(清)沈翼機　(清)傅王露纂　清乾隆元年(1736)浙江布政使司刻本　一百册

110000－0143－0008941　PG262/454
[光緒]江陵縣志六十五卷首一卷　(清)蒯正昌　(清)吳耀斗修　(清)胡九皐　(清)黄詩笙纂　清光緒二年(1876)賓興館刻本　二十四册

110000－0143－0008942　PG262/454
[光緒]江陵縣志六十五卷首一卷　(清)蒯正昌　(清)吳耀斗修　(清)胡九皐　(清)黄詩笙纂　清光緒二年(1876)賓興館刻本　二十四册

110000－0143－0008943　PG262/454－1
[乾隆]江陵縣志五十八卷首一卷　(清)崔龍見　(清)魏耀修　(清)黃義尊纂　清乾隆五十九年(1794)江陵縣署刻本　二十冊　缺五卷(三十三至三十七)

110000－0143－0008944　PG262/455
[雍正]河南通志八十卷　(清)田文鏡　(清)王士俊修　(清)孫灝　(清)顧棟高纂　清雍正十三年(1735)河南布政使司刻道光六年(1826)、同治八年(1869)補刻本　四十八冊

110000－0143－0008945　PG262/455
[雍正]河南通志八十卷　(清)田文鏡　(清)王士俊修　(清)孫灝　(清)顧棟高纂　清雍正十三年(1735)刻道光六年(1826)、同治八年(1869)、光緒二十八年(1902)補刻本　四十一冊

110000－0143－0008946　PG262/455
[乾隆]續河南通志八十卷首四卷　(清)阿思哈　(清)嵩貴纂修　清乾隆三十二年(1767)刻光緒二十八年(1902)補刻本　二十冊

110000－0143－0008947　PG262/455
[乾隆]續河南通志八十卷首四卷　(清)阿思哈　(清)嵩貴纂修　清乾隆三十二年(1767)河南布政使司刻本　二十四冊

110000－0143－0008948　PG262/455－3
[乾隆]續河南通志八十卷首四卷　(清)阿思哈　(清)嵩貴纂修　清乾隆三十二年(1767)刻光緒二十八年(1902)補刻本　十六冊

110000－0143－0008949　PG262/457
[道光]濟南府志七十二卷首一卷　(清)王贈芳　(清)王鎮修　(清)成瓘　(清)冷烜纂　清道光二十年(1840)濟南府府署刻本　四十冊

110000－0143－0008950　PG262/457
[道光]濟南府志七十二卷首一卷　(清)王贈芳　(清)王鎮修　(清)成瓘　(清)冷烜纂　清道光二十年(1840)濟南府府署刻本　四十冊

110000－0143－0008951　PG262/458
[嘉慶]黎里志十六卷首一卷　(清)徐達源纂　清嘉慶十年(1805)吳江徐氏孚遠堂刻光緒二十五年(1899)禊湖書院印本　四冊

110000－0143－0008952　PG262/458
[嘉慶]黎里志十六卷首一卷　(清)徐達源纂　清嘉慶十年(1805)吳江徐氏孚遠堂刻光緒二十五年(1899)禊湖書院印本　四冊

110000－0143－0008953　PG262/458
[嘉慶]黎里志十六卷首一卷　(清)徐達源纂　清嘉慶十年(1805)吳江徐氏孚遠堂刻光緒二十五年(1899)禊湖書院印本　四冊

110000－0143－0008954　PG262/458
[嘉慶]黎里志十六卷首一卷　(清)徐達源纂　清嘉慶十年(1805)吳江徐氏孚遠堂刻本　四冊

110000－0143－0008955　PG262/458
[嘉慶]黎里志十六卷首一卷　(清)徐達源纂　清嘉慶十年(1805)吳江徐氏孚遠堂刻本　四冊

110000－0143－0008956　PG262/458
[光緒]黎里續志十六卷首一卷　(清)蔡丙圻纂　清光緒二十四年至二十五年(1898－1899)禊湖書院刻本　六冊

110000－0143－0008957　PG262/459
[光緒]黎里續志十六卷首一卷　(清)蔡丙圻纂　清光緒二十四年至二十五年(1898－1899)禊湖書院刻本　六冊

110000－0143－0008958　PG262/459
[光緒]黎里續志十六卷首一卷　(清)蔡丙圻纂　清光緒二十四年至二十五年(1898－1899)禊湖書院刻本　六冊

110000－0143－0008959　PG262/459
[光緒]黎里續志十六卷首一卷　(清)蔡丙圻纂　清光緒二十四年至二十五年(1898－1899)禊湖書院刻本　六冊

110000－0143－0008960　PG262/460
[乾隆]衡水縣志十四卷　(清)陶淑纂修　清乾隆三十二年(1767)刻本　五册

110000－0143－0008961　PG262/460
[乾隆]衡水縣志十四卷　(清)陶淑纂修　清乾隆三十二年(1767)刻本　五册

110000－0143－0008962　PG262/464
[光緒]柘城縣志十卷首一卷　(清)李藩修　(清)元淮　(清)傅鍾浚纂　清光緒二十二年(1896)刻本　十册

110000－0143－0008963　PG262/466－1
[光緒]江都縣續志三十卷首一卷　(清)謝延庚修　(清)劉壽曾纂　清光緒十年(1884)刻本　八册

110000－0143－0008964　PG262/467－1
[道光]泰州志三十六卷首一卷　(清)王有慶等修　(清)陳世鎔等纂　清道光七年(1827)刻本　十册

110000－0143－0008965　PG262/467－1
[道光]泰州志三十六卷首一卷　(清)王有慶等修　(清)陳世鎔等纂　清道光七年(1827)刻本　十册

110000－0143－0008966　PG262/467－1
[道光]泰州志三十六卷首一卷　(清)王有慶等修　(清)陳世鎔等纂　清道光七年(1827)刻本　九册　缺四卷(三十三至三十六)

110000－0143－0008967　PG262/467－1
[萬曆]泰州志四卷　(明)李存信修　(明)黄佑　(明)章文斗纂　明萬曆三十二年(1604)抄本　四册

110000－0143－0008968　PG262/468
[光緒]諸暨縣志六十卷首一卷　(清)陳遹聲修　(清)蔣鴻藻纂　清宣統二年(1910)諸暨縣署刻本　十八册

110000－0143－0008969　PG262/468
[光緒]諸暨縣志六十卷首一卷　(清)陳遹聲修　(清)蔣鴻藻纂　清宣統二年(1910)諸暨縣署刻本　十八册

110000－0143－0008970　PG262/469
[康熙]青州府志二十二卷　(清)陶錦修　(清)王昌學　(清)王樫纂　清康熙六十年(1721)青州府署刻本　八册

110000－0143－0008971　PG262/469－1
[咸豐]青州府志六十四卷　(清)毛永柏修　(清)李圖　(清)劉耀椿纂　清咸豐九年(1859)青州府署刻本　四十册

110000－0143－0008972　PG262/470
[光緒]嚴州府志三十八卷首一卷　(清)吳士進原本　(清)吳世榮續修　(清)鄒柏森　(清)馬斯臧等續纂　清光緒八年至九年(1882－1883)刻本　二十八册

110000－0143－0008973　PG262/470
[光緒]嚴州府志三十八卷首一卷　(清)吳士進原本　(清)吳世榮續修　(清)鄒柏森　(清)馬斯臧等續纂　清光緒八年至九年(1882－1883)刻本　二十八册

110000－0143－0008974　PG262/470－1
[景定]嚴州續志十卷　(宋)錢可則修　(宋)鄭瑤　(宋)方仁榮等纂　清光緒二十二年(1896)桐廬袁氏漸西村舍刻本　二册

110000－0143－0008975　PG262/470－1
[景定]嚴州續志十卷　(宋)錢可則修　(宋)鄭瑤　(宋)方仁榮等纂　清光緒二十二年(1896)桐廬袁氏漸西村舍刻本　二册

110000－0143－0008976　PG262/470－1
[景定]嚴州續志十卷　(宋)錢可則修　(宋)鄭瑤　(宋)方仁榮等纂　清光緒二十二年(1896)桐廬袁氏漸西村舍刻本　二册

110000－0143－0008977　PG262/471
[同治]續輯漢陽縣志二十八卷　(清)黄式度修　(清)王柏心纂　清同治七年(1868)刻本　二十册

110000－0143－0008978　PG262/471
[同治]續輯漢陽縣志二十八卷　(清)黄式度

修　（清）王柏心纂　清同治七年(1868)刻本　二十冊

110000－0143－0008979　PG262/472
[光緒]通州志十卷首一卷末一卷　（清）高建勳等修　（清）王維珍等纂　清光緒五年(1879)刻本　十二冊

110000－0143－0008980　PG262/472
[光緒]通州志十卷首一卷末一卷　（清）高建勳等修　（清）王維珍等纂　清光緒五年(1879)刻九年(1883)李培祜等增刻本　十二冊

110000－0143－0008981　PG262/472－1
[光緒]通州直隸州志十六卷首一卷末一卷　（清）梁悅馨　（清）莫祥芝修　（清）季念詒　（清）沈鍠纂　清光緒元年至二年(1875－1876)刻本　二十六冊

110000－0143－0008982　PG262/472－1
[光緒]通州直隸州志十六卷首一卷末一卷　（清）梁悅馨　（清）莫祥芝修　（清）季念詒　（清）沈鍠纂　清光緒元年至二年(1875－1876)刻本　十六冊

110000－0143－0008983　PG262/472－1
[光緒]通州直隸州志十六卷首一卷末一卷　（清）梁悅馨　（清）莫祥芝修　（清）季念詒　（清）沈鍠纂　清光緒元年至二年(1875－1876)刻本　十六冊

110000－0143－0008984　PG262/472－1
[光緒]通州直隸州志十六卷首一卷末一卷　（清）梁悅馨　（清）莫祥芝修　（清）季念詒　（清）沈鍠纂　清光緒元年至二年(1875－1876)刻本　十六冊

110000－0143－0008985　PG262/472－1
[光緒]通州直隸州志十六卷首一卷末一卷　（清）梁悅馨　（清）莫祥芝修　（清）季念詒　（清）沈鍠纂　清光緒元年至二年(1875－1876)刻本　十六冊

110000－0143－0008986　PG262/472－1
[光緒]通州直隸州志十六卷首一卷末一卷　（清）梁悅馨　（清）莫祥芝修　（清）季念詒　（清）沈鍠纂　清光緒元年至二年(1875－1876)刻本　十六冊

110000－0143－0008987　PG262/472－2
[乾隆]直隸通州志二十二卷　（清）王繼祖修　（清）夏之蓉等纂　清乾隆二十年(1755)刻本　十六冊

110000－0143－0008988　PG262/474
[光緒]海門廳圖志二十卷首一卷　（清）劉文澂等修　（清）周家祿等纂　清光緒二十六年(1900)海門廳署刻本　四冊

110000－0143－0008989　PG262/474
[光緒]海門廳圖志二十卷首一卷　（清）劉文澂等修　（清）周家祿等纂　清光緒二十六年(1900)海門廳署刻本　四冊

110000－0143－0008990　PG262/474－1
[光緒]海門廳圖志二十卷首一卷　（清）劉文澂等修　（清）周家祿等纂　清光緒二十六年(1900)海門廳署刻本　四冊

110000－0143－0008991　PG262/474－1
[光緒]海門廳圖志二十卷首一卷　（清）劉文澂等修　（清）周家祿等纂　清光緒二十六年(1900)海門廳署刻本　四冊

110000－0143－0008992　PG262/475
[同治]欒城縣志十四卷首一卷末一卷　（清）陳詠修　（清）張惇德纂　清同治十一年至十二年(1872－1873)刻本　六冊

110000－0143－0008993　PG262/475
[同治]欒城縣志十四卷首一卷末一卷　（清）陳詠修　（清）張惇德纂　清同治十一年至十二年(1872－1873)刻本　六冊

110000－0143－0008994　PG262/475
[同治]欒城縣志十四卷首一卷末一卷　（清）陳詠修　（清）張惇德纂　清同治十一年至十二年(1872－1873)刻本　六冊

110000－0143－0008995　PG262/475
[同治]欒城縣志十四卷首一卷末一卷　（清）

陳詠修　(清)張惇德纂　清同治十一年至十二年(1872－1873)刻本　四册　缺六卷(八至十三)

110000－0143－0008996　PG262/475
[同治]欒城縣志十四卷首一卷末一卷　(清)陳詠修　(清)張惇德纂　清同治十一年至十二年(1872－1873)刻本　六册

110000－0143－0008997　PG262/475－1
[道光]欒城縣志十卷首一卷末一卷　(清)桂超萬　(清)李鈖修　(清)高繼珩纂　清道光二十六年(1846)刻本　二册

110000－0143－0008998　PG262/476
[光緒]西湖志四十八卷　(清)李衛　(清)程元章總裁　(清)傅王露等纂修　清光緒四年(1878)浙江書局刻本　二十册

110000－0143－0008999　PG262/477
[宣統]西安縣志略十三卷　雷飛鵬等修　段盛梓等纂　清宣統三年(1911)石印本　二册

110000－0143－0009000　PG262/477
[宣統]西安縣志略十三卷　雷飛鵬等修　段盛梓等纂　清宣統三年(1911)石印本　二册

110000－0143－0009001　PG262/478
[乾隆]涿州志二十二卷首一卷　(清)吳山鳳纂修　清乾隆三十年(1765)刻本　十二册

110000－0143－0009002　PG262/478
[同治]涿州續志十八卷　(清)石衡修　(清)盧端衡纂　清光緒元年(1875)刻本　與110000－0143－0009001合册

110000－0143－0009003　PG262/479
[光緒]閩縣鄉土志不分卷　(清)朱景星等修　(清)鄭祖庚等纂　清光緒三十二年(1906)鉛印本　四册

110000－0143－0009004　PG262/481
[乾隆]博山縣志十卷首一卷　(清)富申修　(清)田士麟纂　清乾隆十八年(1753)刻本　四册

110000－0143－0009005　PG262/481－1
[乾隆]博山縣志十卷首一卷　(清)富申修　(清)田士麟纂　清乾隆十八年(1753)刻本　四册

110000－0143－0009006　PG262/483
[光緒]重修華亭縣志二十四卷首一卷末一卷　(清)楊開第修　(清)姚光發纂　清光緒四年至五年(1878－1879)刻本　十册

110000－0143－0009007　PG262/483
[光緒]重修華亭縣志二十四卷首一卷末一卷　(清)楊開第修　(清)姚光發纂　清光緒四年至五年(1878－1879)刻本　十册

110000－0143－0009008　PG262/483
[光緒]重修華亭縣志二十四卷首一卷末一卷　(清)楊開第修　(清)姚光發纂　清光緒四年至五年(1878－1879)刻本　十册

110000－0143－0009009　PG262/483
[光緒]重修華亭縣志二十四卷首一卷末一卷　(清)楊開第修　(清)姚光發纂　清光緒四年至五年(1878－1879)刻本　十册

110000－0143－0009010　PG262/483
[光緒]重修華亭縣志二十四卷首一卷末一卷　(清)楊開第修　(清)姚光發纂　清光緒四年至五年(1878－1879)刻本　八册　缺六卷(九至十一、二十至二十二)

110000－0143－0009011　PG262/484
[咸豐]重修興化縣志十卷附一卷　(清)梁園棣　(清)鄭之僑纂　清咸豐二年(1852)刻本　八册

110000－0143－0009012　PG262/485
[光緒]曲江縣志十六卷　(清)張希京修　(清)歐樾華纂　清光緒元年(1875)刻本　八册

110000－0143－0009013　PG262/485
[光緒]曲江縣志十六卷　(清)張希京修　(清)歐樾華纂　清光緒元年(1875)刻本(卷二至三抄配)　八册

110000－0143－0009014　PG262/486

[道光]東陽縣志二十八卷首一卷附補遺　(清)党金衡修　(清)謝雲卿纂　清道光八年(1828)刻本　十四冊

110000－0143－0009015　PG262/486
[道光]東陽縣志二十八卷首一卷附補遺　(清)党金衡修　(清)謝雲卿纂　清道光八年(1828)刻本(卷三至五、十四至十五抄配)　二十八冊

110000－0143－0009016　PG262/488
[光緒]處州府志三十卷首一卷末一卷　(清)潘紹詒修　(清)周榮椿等纂　清光緒三年(1877)處州府署刻本　二十八冊

110000－0143－0009017　PG262/488
[光緒]處州府志三十卷首一卷末一卷　(清)潘紹詒修　(清)周榮椿等纂　清光緒三年(1877)處州府署刻本　二十八冊

110000－0143－0009018　PG262/490
[光緒]平遥縣志十二卷　(清)恩端修　(清)武達材　(清)王舒萼纂　清光緒八年(1882)平遥縣署刻本　八冊

110000－0143－0009019　PG262/490
[光緒]平遥縣志十二卷　(清)恩端修　(清)武達材　(清)王舒萼纂　清光緒八年(1882)平遥縣署刻本　八冊

110000－0143－0009020　PG262/490
[光緒]平遥縣志十二卷　(清)恩端修　(清)武達材　(清)王舒萼纂　清光緒八年(1882)平遥縣署刻本　八冊

110000－0143－0009021　PG262/490
[光緒]平遥縣志十二卷　(清)恩端修　(清)武達材　(清)王舒萼纂　清光緒八年(1882)平遥縣署刻本　八冊

110000－0143－0009022　PG262/491
[光緒]金山縣志三十卷首一卷　(清)龔寶琦　(清)崔廷鏞修　(清)黄厚本等纂　清光緒四年(1878)金山縣署刻本　八冊

110000－0143－0009023　PG262/491
[光緒]金山縣志三十卷首一卷　(清)龔寶琦　(清)崔廷鏞修　(清)黄厚本等纂　清光緒四年(1878)金山縣署刻本　八冊

110000－0143－0009024　PG262/492
[光緒]祁縣志十六卷　(清)劉發岏修　(清)李芬纂　清光緒八年(1882)山西祁縣縣署刻本　十冊

110000－0143－0009025　PG262/493
[同治]宜昌府志十六卷首一卷　(清)聶光鑾修　(清)王柏心纂　清同治五年(1866)宜昌府署刻本　十八冊

110000－0143－0009026　PG262/494
[同治]平江縣志五十五卷首二卷末一卷　(清)張培仁修　(清)李元度等纂　清同治十三年至光緒元年(1874－1875)刻本　十六冊

110000－0143－0009027　PG262/495
[嘉慶]海州直隸州志三十二卷首一卷　(清)唐仲冕修　(清)汪梅鼎等纂　清嘉慶十六年(1811)刻本　十冊

110000－0143－0009028　PG262/495
[嘉慶]海州直隸州志三十二卷首一卷　(清)唐仲冕修　(清)汪梅鼎等纂　清嘉慶十六年(1811)刻本　十冊

110000－0143－0009029　PG262/496
[嘉慶]如臯縣志二十四卷　(清)楊受廷修　(清)馬汝舟纂　清嘉慶十三年(1808)刻本　十冊

110000－0143－0009030　PG262/496
[嘉慶]如臯縣志二十四卷　(清)楊受廷修　(清)馬汝舟纂　清嘉慶十三年(1808)刻本　十冊

110000－0143－0009031　PG262/496
[道光]如臯縣續志十二卷　(清)范仕義修　(清)吳鎧纂　清道光十七年(1837)刻本　二冊

110000－0143－0009032　PG262/496
[同治]如臯縣續志十六卷　(清)周際霖

(清)胡維藩修　(清)周項　(清)吳開陽纂　清同治十二年(1873)刻本　六冊

110000-0143-0009033　PG262/497
[光緒]定遠廳志二十六卷首一卷末一卷　(清)余修鳳纂修　清光緒五年(1879)刻本　六冊

110000-0143-0009034　PG262/498
[光緒]吳橋縣志十二卷　(清)倪昌燮修　(清)馮慶楊纂　清光緒元年(1875)瀾陽書院刻本　八冊

110000-0143-0009035　PG262/499
[光緒]荆州府志八十卷首一卷　(清)倪文蔚修　(清)顧嘉蘅纂　清光緒六年(1880)刻本　三十一冊

110000-0143-0009036　PG262/499
[光緒]荆州府志八十卷首一卷　(清)倪文蔚修　(清)顧嘉蘅纂　清光緒六年(1880)刻本　三十二冊

110000-0143-0009037　PG262/499
[光緒]荆州府志八十卷首一卷　(清)倪文蔚修　(清)顧嘉蘅纂　清光緒六年(1880)刻本　二十四冊

110000-0143-0009038　PG262/499
[光緒]荆州府志八十卷首一卷　(清)倪文蔚修　(清)顧嘉蘅纂　清光緒六年(1880)刻本　三十一冊　缺二卷(三十一至三十二)

110000-0143-0009039　PG262/500
[道光]河内縣志三十六卷　(清)袁通修　(清)方履籛纂　清道光五年(1825)刻本　十冊

110000-0143-0009040　PG262/500
[道光]河内縣志三十六卷　(清)袁通修　(清)方履籛纂　清道光五年(1825)刻本　十冊

110000-0143-0009041　PG262/500
[道光]河内縣志三十六卷　(清)袁通修　(清)方履籛纂　清道光五年(1825)刻本　十冊

110000-0143-0009042　PG262/500
[道光]河内縣志三十六卷　(清)袁通修　(清)方履籛纂　清道光五年(1825)刻本　十冊

110000-0143-0009043　PG262/501
[光緒]東光縣志十二卷首一卷末一卷　(清)周植瀛修　(清)吳潯源纂　清光緒十四年(1888)刻本　十冊

110000-0143-0009044　PG262/501
[光緒]東光縣志十二卷首一卷末一卷　(清)周植瀛修　(清)吳潯源纂　清光緒十四年(1888)刻本　十冊

110000-0143-0009045　PG262/501
[光緒]東光縣志十二卷首一卷末一卷　(清)周植瀛修　(清)吳潯源纂　清光緒十四年(1888)刻本　十冊

110000-0143-0009046　PG262/501
[光緒]東光縣志十二卷首一卷末一卷　(清)周植瀛修　(清)吳潯源纂　清光緒十四年(1888)刻本　十冊

110000-0143-0009047　PG262/501
[光緒]東光縣志十二卷首一卷末一卷　(清)周植瀛修　(清)吳潯源纂　清光緒十四年(1888)刻本　八冊

110000-0143-0009048　PG262/502
[嘉慶]高郵州志十二卷首一卷　(清)楊宜崙修　(清)馮馨增修　(清)夏之蓉　(清)沈之本纂　(清)夏味堂增纂　清道光二十五年(1845)刻本　十八冊

110000-0143-0009049　PG262/502
[嘉慶]高郵州志十二卷首一卷　(清)楊宜崙修　(清)馮馨增修　(清)夏之蓉　(清)沈之本纂　(清)夏味堂增纂　清道光二十五年(1845)刻本　十六冊

110000-0143-0009050　PG262/503
[道光]續增高郵州志不分卷　(清)左輝春等

纂修　清道光二十三年(1843)刻本　六冊

110000－0143－0009051　PG262/503－1
[光緒]再續高郵州志八卷首一卷　(清)金元烺修　(清)夏子鐊纂　清光緒九年(1883)刻本　六冊

110000－0143－0009052　PG262/504
[光緒]六合縣志八卷圖說一卷附錄一卷　(清)謝延庚等修　(清)賀廷壽等纂　清光緒十年(1884)刻本　十冊

110000－0143－0009053　PG262/504
[光緒]六合縣志八卷圖說一卷附錄一卷　(清)謝延庚等修　(清)賀廷壽等纂　清光緒十年(1884)刻本　十冊

110000－0143－0009054　PG262/504
[光緒]六合縣志八卷圖說一卷附錄一卷　(清)謝延庚等修　(清)賀廷壽等纂　清光緒十年(1884)刻本　十冊

110000－0143－0009055　PG262/506
[光緒]續輯均州志十六卷首一卷　(清)馬雲龍　(清)湯炳堃修　(清)賈洪詔纂　清光緒十年(1884)均州志局刻本　八冊

110000－0143－0009056　PG262/506
[光緒]續輯均州志十六卷首一卷　(清)馬雲龍　(清)湯炳堃修　(清)賈洪詔纂　清光緒十年(1884)均州志局刻本　四冊　存九卷(一至九)

110000－0143－0009057　PG262/507
[乾隆]德州志十二卷首一卷　(清)王道亨修　(清)張慶源纂　清乾隆五十三年(1788)刻本　八冊

110000－0143－0009058　PG262/507
[乾隆]德州志十二卷首一卷　(清)王道亨修　(清)張慶源纂　清乾隆五十三年(1788)刻本　八冊

110000－0143－0009059　PG262/507
[乾隆]德州志十二卷首一卷　(清)王道亨修　(清)張慶源纂　清乾隆五十三年(1788)刻本　八冊

110000－0143－0009060　PG262/508
[光緒]保定府志七十九卷首一卷　(清)李培祜　(清)朱靖旬修　(清)張豫塏纂　清光緒十二年(1886)刻本　三十二冊

110000－0143－0009061　PG262/509
[光緒]樂亭縣志十五卷首一卷末一卷　(清)蔡志修等修　(清)史夢蘭纂　清光緒三年(1877)刻本　六冊

110000－0143－0009062　PG262/510
[光緒]平湖縣志二十五卷首一卷末一卷　(清)彭潤章修　(清)葉廉鍔纂　清光緒十二年(1886)刻本　十三冊

110000－0143－0009063　PG262/510
[光緒]平湖縣志二十五卷首一卷末一卷　(清)彭潤章修　(清)葉廉鍔纂　清光緒十二年(1886)刻本　十二冊

110000－0143－0009064　PG262/510
[光緒]平湖縣志二十五卷首一卷末一卷　(清)彭潤章修　(清)葉廉鍔纂　清光緒十二年(1886)刻本　十一冊　缺二卷(二十五、末一卷)

110000－0143－0009065　PG262/510
[光緒]平湖縣志二十五卷首一卷末一卷　(清)彭潤章修　(清)葉廉鍔纂　清光緒十二年(1886)刻本　二十四冊

110000－0143－0009066　PG262/510
[光緒]平湖縣志二十五卷首一卷末一卷　(清)彭潤章修　(清)葉廉鍔纂　清光緒十二年(1886)刻本　十二冊

110000－0143－0009067　PG262/511－1
[道光]金華縣志十二卷首一卷　(清)黃金聲修　(清)李林松纂　清道光四年(1824)刻本　八冊

110000－0143－0009068　PG262/512
[同治]續修東湖縣志三十卷首一卷續補藝文一卷　(清)金大鏞修　(清)王柏心纂　清同

治三年(1864)刻本　十册

110000－0143－0009069　PG262/512
[同治]續修東湖縣志三十卷首一卷續補藝文一卷　(清)金大鏞修　(清)王柏心纂　清同治三年(1864)刻本　十册

110000－0143－0009070　PG262/513－1
[光緒]重修廣平府志六十三卷首一卷　(清)吳中彥修　(清)胡景桂纂　清光緒二十年(1894)刻本　二十四册

110000－0143－0009071　PG262/513－1
[光緒]重修廣平府志六十三卷首一卷　(清)吳中彥修　(清)胡景桂纂　清光緒二十年(1894)刻本　二册　存四卷(一至三、首一卷)

110000－0143－0009072　PG262/514
[乾隆]長沙府志五十卷首一卷　(清)呂肅高修　(清)張雄圖　(清)王文清纂　清乾隆十二年(1747)刻本　二十六册

110000－0143－0009073　PG262/515
[光緒]武昌縣志二十六卷首一卷末一卷　(清)鍾桐山修　(清)柯逢時纂　清光緒十一年(1885)刻本　三十册

110000－0143－0009074　PG262/515
[光緒]武昌縣志二十六卷首一卷末一卷　(清)鍾桐山修　(清)柯逢時纂　清光緒十一年(1885)刻本　十册

110000－0143－0009075　PG262/515
[光緒]武昌縣志二十六卷首一卷末一卷　(清)鍾桐山修　(清)柯逢時纂　清光緒十一年(1885)刻本　十册

110000－0143－0009076　PG262/516
[光緒]姚州志十一卷首一卷　(清)陸宗鄭修　(清)甘雨纂　清光緒十一年(1885)刻本(卷一至三、六、九、十一、附抄配)　六册

110000－0143－0009077　PG262/518
[乾隆]景州志六卷首一卷　(清)屈成霖纂修　清乾隆十年(1745)刻本　四册

110000－0143－0009078　PG262/520
[光緒]永城縣志三十八卷首一卷　(清)岳廷楷修　(清)胡贊采　(清)呂永輝纂　清光緒二十七年至二十九年(1901－1903)刻本　八册

110000－0143－0009079　PG262/521
[道光]銅山縣志二十四卷首一卷　(清)崔志元修　(清)金左泉等纂　清道光十一年(1831)刻本　十二册

110000－0143－0009080　PG262/522－1
[同治]六安州志六十卷首一卷　(清)李蔚　(清)王峻總修　(清)吳康霖總纂　清同治十一年(1872)六安州署刻本　二十八册

110000－0143－0009081　PG262/523
[嘉慶]於潛縣志十六卷首一卷末一卷附耕織圖一卷　(清)蔣光弼等修　(清)張燮等纂　清道光至光緒抄本　十册　缺四卷(一至二、十六,末一卷)

110000－0143－0009082　PG262/523－1
[嘉慶]於潛縣志十六卷首一卷末一卷　(清)蔣光弼等修　(清)張燮等纂　清嘉慶十七年(1812)於潛縣署木活字印本　八册

110000－0143－0009083　PG262/524
[道光]大姚縣志十六卷圖一卷　(清)黎恂修　(清)劉榮黼纂　清道光二十五年(1845)大姚縣署刻本　八册

110000－0143－0009084　PG262/526
[道光]新會縣志十四卷首一卷　(清)林星章修　(清)黃培芳　(清)曾釗纂　清道光二十一年(1841)刻本　十四册

110000－0143－0009085　PG262/526
[道光]新會縣志修志體例章程　(清)林星章修　(清)黃培芳　(清)曾釗纂　清道光二十一年(1841)刻本　一册

110000－0143－0009086　PG262/526
[道光]新會縣志十四卷首一卷　(清)林星章修　(清)黃培芳　(清)曾釗纂　清道光二十一年(1841)刻本　十二册

110000－0143－0009087　PG262/527
［咸豐］同州府志三十四卷首二卷附文徵錄三卷　（清）李恩繼　（清）文廉修　（清）蔣湘南纂　清咸豐二年（1852）刻本　二十四册

110000－0143－0009088　PG262/527－1
［光緒］同州府續志十五卷首一卷　（清）饒應祺修　（清）馬先登　（清）王守恭纂　清光緒七年（1881）刻本　六册

110000－0143－0009089　PG262/528
［同治］興國縣志四十六卷首一卷　（清）崔國榜修　（清）金益謙　（清）藍拔奇纂　清同治十一年（1872）刻本　八册

110000－0143－0009090　PG262/529
［乾隆］武安縣志二十卷圖一卷　（清）蔣光祖修　（清）夏兆豐纂　清乾隆四年（1739）刻本　八册

110000－0143－0009091　PG262/530
［道光］留壩廳志十卷　（清）賀仲瑊修　（清）蔣湘南纂　清道光二十二年（1842）刻本　六册

110000－0143－0009092　PG262/530
［道光］留壩廳志十卷　（清）賀仲瑊修　（清）蔣湘南纂　清道光二十二年（1842）刻本　四册

110000－0143－0009093　PG262/531－1
［光緒］常山縣志六十八卷首一卷末一卷　（清）李瑞鍾修　（清）朱昌泰等纂　清光緒十二年（1886）刻本　十二册

110000－0143－0009094　PG262/531－1
［光緒］常山縣志六十八卷首一卷末一卷　（清）李瑞鍾修　（清）朱昌泰等纂　清光緒十二年（1886）刻本　十二册

110000－0143－0009095　PG262/532
［同治］公安縣志八卷首一卷　（清）周承弼　（清）袁鳴珂修　（清）王慰纂　清同治十三年（1874）刻本　十册

110000－0143－0009096　PG262/532
［同治］公安縣志八卷首一卷　（清）周承弼　（清）袁鳴珂修　（清）王慰纂　清同治十三年（1874）刻本　十册

110000－0143－0009097　PG262/532
［同治］公安縣志八卷首一卷　（清）周承弼　（清）袁鳴珂修　（清）王慰纂　清同治十三年（1874）刻本　十册

110000－0143－0009098　PG262/533
［嘉靖］高陵縣志七卷附呂涇野先生續傳　（明）呂柟纂修　清光緒十年（1884）刻本　二册

110000－0143－0009099　PG262/533
［嘉靖］高陵縣志七卷附呂涇野先生續傳　（明）呂柟纂修　清光緒十年（1884）刻本　二册

110000－0143－0009100　PG262/533－1
［光緒］高陵縣續志八卷　（清）程維雍修　（清）白遇道纂　清光緒十年（1884）刻本　二册

110000－0143－0009101　PG262/533－1
［光緒］高陵縣續志八卷　（清）程維雍修　（清）白遇道纂　清光緒十年（1884）刻本　二册

110000－0143－0009102　PG262/533－2
［嘉靖］高陵縣志七卷附呂涇野先生續傳　（明）呂柟纂修　清嘉慶三年（1798）刻本　四册

110000－0143－0009103　PG262/534
［嘉靖］喬三石耀州志十一卷附五臺山志一卷　（明）李廷寶修　（明）喬世寧纂　清乾隆二十七年（1762）旌德汪灝刻本　二册

110000－0143－0009104　PG262/534
［嘉靖］喬三石耀州志十一卷附五臺山志一卷　（明）李廷寶修　（明）喬世寧纂　清乾隆二十七年（1762）旌德汪灝刻本　四册

110000－0143－0009105　PG262/534
［乾隆］續耀州志十一卷　（清）汪灝修

(清)鍾麟書纂　清乾隆二十七年(1762)耀州州署刻本　四冊

110000－0143－0009106　PG262/535－1
[嘉慶]欒山縣志十六卷首一卷　(清)龔傳黻修　(清)涂崧　(清)江之沛纂　清嘉慶十七年(1812)欒山縣署刻本　六冊

110000－0143－0009107　PG262/536
[咸淳]臨安志一百卷　(宋)潛說友撰　**附校栞札記三卷**　(清)黃士珣校栞　清道光十年(1830)錢塘汪氏振綺堂刻同治六年(1867)補刻本　二十四冊

110000－0143－0009108　PG262/536
[咸淳]臨安志一百卷　(宋)潛說友撰　**附校栞札記三卷**　(清)黃士珣校栞　清道光十年(1830)錢塘汪氏振綺堂刻同治六年(1867)補刻本　二十四冊

110000－0143－0009109　PG262/536－1
[乾道]臨安志十五卷　(宋)周淙撰　**附札記一卷**　(清)錢保塘撰　清光緒四年(1878)會稽章氏刻式訓堂叢書本　一冊　存四卷(一至三、札記一卷)

110000－0143－0009110　PG262/536－1
[乾道]臨安志十五卷　(宋)周淙撰　**附札記一卷**　(清)錢保塘撰　清光緒四年(1878)會稽章氏刻式訓堂叢書本　一冊　存四卷(一至三、札記一卷)

110000－0143－0009111　PG262/536－1
[乾道]臨安志十五卷　(宋)周淙撰　清乾隆四十六年(1781)竹書堂刻本　一冊　存三卷(一至三)

110000－0143－0009112　PG262/536－1
[乾道]臨安志十五卷　(宋)周淙撰　清光緒九年(1883)錢塘丁氏嘉惠堂刻武林掌故叢編(第一集)本　一冊　存三卷(一至三)

110000－0143－0009113　PG262/536－2
[淳祐]臨安志六卷　(宋)施諤撰　清光緒七年(1881)錢塘丁氏刻武林掌故叢編(第四集)本(原佚卷一至四)　二冊

110000－0143－0009114　PG262/537
[光緒]撫寧縣志十六卷首一卷　(清)張上龢　(清)史夢蘭纂修　清光緒三年(1877)撫寧縣署刻本　六冊

110000－0143－0009115　PG262/537
[光緒]撫寧縣志十六卷首一卷　(清)張上龢　(清)史夢蘭纂修　清光緒三年(1877)撫寧縣署刻本　六冊

110000－0143－0009116　PG262/542
[乾隆]南召縣志四卷　(清)陳之熉修　(清)張睿　(清)曹鵬翊纂　清乾隆十一年(1746)南召縣南召縣署刻本　四冊

110000－0143－0009117　PG262/543
[光緒]吉林通志一百二十二卷圖一卷　(清)長順　(清)訥欽修　(清)李桂林纂　清光緒十七年(1891)刻本　四十九冊

110000－0143－0009118　PG262/544－1
[乾隆]太谷縣志八卷　(清)郭晉修　(清)管粵秀纂　清乾隆六十年(1795)太谷縣署刻本　八冊

110000－0143－0009119　PG262/544－2
[咸豐]太谷縣志八卷首一卷末一卷　(清)章青選　(清)汪和修　(清)章嗣衡纂　清咸豐五年(1855)太谷縣署刻本　八冊

110000－0143－0009120　PG262/544－2
[光緒]太谷縣志八卷首一卷末一卷　(清)恩浚修　(清)王效尊纂　清光緒十二年(1886)太谷縣署刻本　八冊

110000－0143－0009121　PG262/545
[光緒]密雲縣志六卷　(清)丁符九　(清)趙文粹修　(清)張鼎華　(清)周林纂　清光緒八年(1882)密雲縣署刻本　八冊

110000－0143－0009122　PG262/546－1
[道光]太康縣志八卷　(清)戴鳳翔修　(清)高崧纂　清道光八年(1828)刻本　八冊

110000－0143－0009123　PG262/549
[乾隆]滄州志十六卷　(清)徐時作修

(清)胡淦纂　清乾隆八年(1743)滄州州署刻本　六册

110000－0143－0009124　PG262/549
[乾隆]滄州志十六卷　(清)徐時作修　(清)胡淦纂　清乾隆八年(1743)滄州州署刻本　十二册

110000－0143－0009125　PG262/551－1
[乾隆]臨潼縣志九卷　(清)史傳遠纂修　清乾隆四十一年(1776)刻本　六册

110000－0143－0009126　PG262/552
[同治]鄖陽志八卷首一卷　(清)吴葆儀修　(清)王嚴恭纂　清同治九年(1870)鄖山書院刻本　十二册

110000－0143－0009127　PG262/552
[同治]鄖陽志八卷首一卷　(清)吴葆儀修　(清)王嚴恭纂　清同治九年(1870)鄖山書院刻本　十二册

110000－0143－0009128　PG262/552
[同治]鄖陽志八卷首一卷　(清)吴葆儀修　(清)王嚴恭纂　清同治九年(1870)鄖山書院刻本　十二册

110000－0143－0009129　PG262/554
[嘉慶]咸寧縣志二十六卷首一卷　(清)高廷法　(清)沈琮修　(清)陸耀遹纂　清嘉慶二十四年(1819)刻本　八册

110000－0143－0009130　PG262/554
[嘉慶]咸寧縣志二十六卷首一卷　(清)高廷法　(清)沈琮修　(清)陸耀遹纂　清嘉慶二十四年(1819)刻本　八册

110000－0143－0009131　PG262/554
[嘉慶]咸寧縣志二十六卷首一卷　(清)高廷法　(清)沈琮修　(清)陸耀遹纂　清嘉慶二十四年(1819)刻本　八册

110000－0143－0009132　PG262/556
[乾隆]肅寧縣志十卷　(清)尹侃　(清)范森修　(清)談有典纂　清乾隆二十一年(1756)刻本(缺頁油印配補)　五册

110000－0143－0009133　PG262/557
[光緒]重修寧羌州志五卷　(清)馬毓華修　(清)鄭書香　(清)曹良楧纂　清光緒十四年(1888)寧羌州署刻本　五册

110000－0143－0009134　PG262/557
[光緒]重修寧羌州志五卷　(清)馬毓華修　(清)鄭書香　(清)曹良楧纂　清光緒十四年(1888)寧羌州署刻本　五册

110000－0143－0009135　PG262/558
[光緒]溧水縣志二十二卷首一卷　(清)傅觀光修　(清)丁維誠纂　清光緒八年至九年(1882－1883)溧水縣署刻本　十二册

110000－0143－0009136　PG262/558
[光緒]溧水縣志二十二卷首一卷　(清)傅觀光修　(清)丁維誠纂　清光緒八年至九年(1882－1883)溧水縣署刻三十一年(1905)印本　十八册

110000－0143－0009137　PG262/559
[同治]棗陽縣志三十卷首一卷末一卷　(清)張聲正修　(清)史策先纂　清同治四年(1865)棗陽縣署刻本　八册

110000－0143－0009138　PG262/562
[光緒]鳳陽府志二十一卷　馮煦修　魏家驊等纂　張德霈續纂　清光緒三十四年(1908)木活字印本　二十四册

110000－0143－0009139　PG262/562
[光緒]鳳陽府志二十一卷　馮煦修　魏家驊等纂　張德霈續纂　清光緒三十四年(1908)木活字印本　二十四册

110000－0143－0009140　PG262/562
[光緒]鳳陽府志二十一卷　馮煦修　魏家驊等纂　張德霈續纂　清光緒三十四年(1908)木活字印本　二十四册

110000－0143－0009141　PG262/563
[道光]滕縣志十四卷首一卷　(清)王政修　(清)王庸立　(清)黄來麟纂　清道光二十六年(1846)刻本　八册

110000－0143－0009142　PG262/563－2
[光緒]滕縣鄉土志不分卷　高熙喆編　清光緒三十三年(1907)石印本　一册

110000－0143－0009143　PG262/565
[光緒]南樂縣志十卷首一卷補遺一卷　(清)施有方　(清)陸維炘修　(清)武勳朝　(清)李雲峯纂　清光緒二十九年(1903)刻本　四册

110000－0143－0009144　PG262/566
[咸豐]郯縣志十二卷　(清)姜篪修　(清)郭景泰纂　清咸豐九年(1859)刻本　六册

110000－0143－0009145　PG262/567
[宣統]涇陽縣志十六卷首一卷末一卷　劉懋官修　宋伯魯　周斯億纂　清宣統三年(1911)天津華新印刷局鉛印本　四册

110000－0143－0009146　PG262/568
[乾隆]直隸商州志十四卷首一卷　(清)王如玖纂修　清乾隆九年(1744)刻本　十册

110000－0143－0009147　PG262/568
[乾隆]續商州志十卷　(清)羅文思纂修　清乾隆二十三年(1758)刻本　二册

110000－0143－0009148　PG262/569
[嘉慶]扶風縣志十八卷首一卷　(清)宋世犖修　(清)吳鵬翱　(清)王樹棠纂　清嘉慶二十四年(1819)刻本　四册

110000－0143－0009149　PG262/570
[光緒]遼陽鄉土志不分卷　洪汝沖修　白永貞纂　清光緒三十四年(1908)奉天習藝所鉛印本　一册

110000－0143－0009150　PG262/572
[道光]許州志十六卷首一卷　(清)蕭元吉修　(清)李堯觀等纂　清道光十八年(1838)刻本　十三册

110000－0143－0009151　PG262/573
[同治]長興縣志三十二卷　(清)趙定邦修　(清)周學濬　(清)丁寶書纂　清同治十三年至光緒元年(1874－1875)刻本　十六册

110000－0143－0009152　PG262/573
[同治]長興縣志三十二卷　(清)趙定邦修　(清)周學濬　(清)丁寶書纂　清同治十三年至光緒元年(1874－1875)刻本　十六册

110000－0143－0009153　PG262/574
[光緒]永嘉縣志三十八卷首一卷　(清)張寶琳修　(清)王棻　(清)孫詒讓纂　清光緒八年(1882)刻本　二十四册

110000－0143－0009154　PG262/574
[光緒]永嘉縣志三十八卷首一卷　(清)張寶琳修　(清)王棻　(清)孫詒讓纂　清光緒八年(1882)刻本　三十册

110000－0143－0009155　PG262/574
[光緒]永嘉縣志三十八卷首一卷　(清)張寶琳修　(清)王棻　(清)孫詒讓纂　清光緒八年(1882)刻本　三十三册

110000－0143－0009156　PG262/574
[光緒]永嘉縣志三十八卷首一卷　(清)張寶琳修　(清)王棻　(清)孫詒讓纂　清光緒八年(1882)刻本　十六册

110000－0143－0009157　PG262/577
[康熙]衢州府志四十卷首一卷　(清)楊廷望纂修　清光緒八年(1882)刻本　二十册

110000－0143－0009158　PG262/577
[康熙]衢州府志四十卷首一卷　(清)楊廷望纂修　清光緒八年(1882)刻本　十二册

110000－0143－0009159　PG262/579
[同治]淡水廳志十六卷　(清)陳培桂等纂修　清同治十年(1871)刻本　八册

110000－0143－0009160　PG262/579
[同治]淡水廳志十六卷　(清)陳培桂等纂修　清同治十年(1871)刻本　八册

110000－0143－0009161　PG262/580
[同治]江山縣志十二卷首一卷末一卷　(清)王彬　(清)孫晉梓修　(清)朱寶慈等纂　清同治十二年(1873)文溪書院刻本　八册

110000－0143－0009162　PG262/580

[同治]江山縣志十二卷首一卷末一卷 (清)王彬 (清)孫晉梓修 (清)朱寶慈等纂 清同治十二年(1873)文溪書院刻本 八册

110000 - 0143 - 0009163 PG262/580
[同治]江山縣志十二卷首一卷末一卷 (清)王彬 (清)孫晉梓修 (清)朱寶慈等纂 清同治十二年(1873)文溪書院刻本 八册

110000 - 0143 - 0009164 PG262/580
[同治]江山縣志十二卷首一卷末一卷 (清)王彬 (清)孫晉梓修 (清)朱寶慈等纂 清同治十二年(1873)文溪書院刻本 八册

110000 - 0143 - 0009165 PG262/581
[光緒]江陰縣志三十卷首一卷 (清)盧思誠等修 (清)季念詒 (清)夏煒如纂 清光緒四年(1878)刻本 二十册

110000 - 0143 - 0009166 PG262/581
[光緒]江陰縣志三十卷首一卷 (清)盧思誠等修 (清)季念詒 (清)夏煒如纂 清光緒四年(1878)刻本 二十册

110000 - 0143 - 0009167 PG262/582
[光緒]武進陽湖縣志三十卷首一卷 (清)王其淦 (清)吳康壽修 (清)湯成烈等纂 清光緒五年(1879)刻本 二十册

110000 - 0143 - 0009168 PG262/582
[光緒]武進陽湖縣志三十卷首一卷 (清)王其淦 (清)吳康壽修 (清)湯成烈等纂 清光緒五年(1879)刻本 二十册

110000 - 0143 - 0009169 PG262/582
[光緒]武進陽湖縣志三十卷首一卷 (清)王其淦 (清)吳康壽修 (清)湯成烈等纂 清光緒五年(1879)刻本 二十册

110000 - 0143 - 0009170 PG262/583
[光緒]青田縣志十八卷首一卷 (清)雷銑修 (清)王棻纂 清光緒二年(1876)刻本 十四册 缺一卷(首一卷)

110000 - 0143 - 0009171 PG262/584
[同治]桂陽直隸州志二十七卷首一卷 (清)汪敩灝修 王闓運纂 清同治七年(1868)刻本 十三册

110000 - 0143 - 0009172 PG262/584
[同治]桂陽直隸州志二十七卷首一卷 (清)汪敩灝修 王闓運纂 清同治七年(1868)刻本 四十册

110000 - 0143 - 0009173 PG262/585
[乾隆]大名縣志四十卷首一卷 (清)張維祺 (清)李棠纂修 清乾隆五十五年(1790)刻本 十二册

110000 - 0143 - 0009174 PG262/585
[乾隆]大名縣志四十卷首一卷 (清)張維祺 (清)李棠纂修 清乾隆五十五年(1790)刻本 十二册

110000 - 0143 - 0009175 PG262/588
[乾隆]沈邱縣志十二卷 (清)何源洙 (清)馮澎修 (清)魯之璠纂 清乾隆十一年(1746)刻本 四册

110000 - 0143 - 0009176 PG262/590
[光緒]鹿邑縣志十六卷首一卷附重訂河渠紀略一卷 (清)于滄瀾 (清)馬家彥修 (清)蔣師轍纂 清光緒二十二年(1896)刻本 八册

110000 - 0143 - 0009177 PG262/590
[光緒]鹿邑縣志十六卷首一卷 (清)于滄瀾 (清)馬家彥修 (清)蔣師轍纂 清光緒二十二年(1896)刻本 六册

110000 - 0143 - 0009178 PG262/590
[光緒]鹿邑縣志十六卷首一卷 (清)于滄瀾 (清)馬家彥修 (清)蔣師轍纂 清光緒二十二年(1896)刻本 六册

110000 - 0143 - 0009179 PG262/591
[光緒]開州志八卷首一卷 (清)陳兆麟修 (清)祁德昌纂 清光緒八年(1882)刻本 八册

110000 - 0143 - 0009180 PG262/592
[康熙]鄒縣志三卷 (清)婁一均修 (清)

周翼纂　清康熙五十五年(1716)刻本　四册

110000－0143－0009181　PG262/596
[光緒]重修靈寶縣志八卷　(清)周淦　(清)方胙勳纂修　清光緒二年(1876)刻本　八册

110000－0143－0009182　PG262/599
[光緒]崇明縣志十八卷　(清)林達泉　(清)譚泰來修　(清)李聯琇　(清)黄清憲等纂　清光緒七年(1881)刻本　十册

110000－0143－0009183　PG262/599
[光緒]崇明縣志十八卷　(清)林達泉　(清)譚泰來修　(清)李聯琇　(清)黄清憲等纂　清光緒七年(1881)刻本　十二册

110000－0143－0009184　PG262/601
[嘉慶]餘杭縣志四十卷　(清)張吉安修　(清)朱文藻纂　(清)崔應榴　(清)董作棟續纂　清光緒六年(1880)閩中王崧辰木活字印本　十二册

110000－0143－0009185　PG262/601
[嘉慶]餘杭縣志四十卷　(清)張吉安修　(清)朱文藻纂　(清)崔應榴　(清)董作棟續纂　清光緒六年(1880)閩中王崧辰木活字印本　十二册

110000－0143－0009186　PG262/602
[同治]葉縣志十卷首一卷　(清)歐陽霖　(清)杜鶴慈修　(清)倉景恬　(清)胡廷楨纂　清同治十一年(1872)刻光緒二十二年(1896)印本　八册

110000－0143－0009187　PG262/602
[同治]葉縣志十卷首一卷　(清)歐陽霖　(清)杜鶴慈修　(清)倉景恬　(清)胡廷楨纂　清同治十一年(1872)刻光緒二十二年(1896)印本　八册

110000－0143－0009188　PG262/602
[同治]葉縣志十卷首一卷　(清)歐陽霖　(清)杜鶴慈修　(清)倉景恬　(清)胡廷楨纂　清同治十一年(1872)刻本　八册

110000－0143－0009189　PG262/603
[同治]遠安縣志八卷首一卷　(清)鄭燡林修　(清)周葆恩纂　清同治五年(1866)刻本　八册

110000－0143－0009190　PG262/604
[光緒]奉節縣志三十六卷首一卷　(清)曾秀翹修　(清)楊德坤等纂　清光緒十九年(1893)刻本　八册

110000－0143－0009191　PG262/606
[嘉定]赤城志四十卷　(宋)陳耆卿纂修　清嘉慶二十三年(1818)臨海宋世犖刻台州叢書乙集本　十册

110000－0143－0009192　PG262/606
赤城集十八卷　(宋)林表民輯　清嘉慶二十三年(1818)臨海宋世犖刻台州叢書乙集本　四册

110000－0143－0009193　PG262/606
[嘉定]赤城志四十卷　(宋)陳耆卿纂修　清嘉慶二十三年(1818)臨海宋世犖刻台州叢書乙集本　六册

110000－0143－0009194　PG262/606
[嘉定]赤城志四十卷　(宋)陳耆卿纂修　清嘉慶二十三年(1818)臨海宋世犖刻台州叢書乙集本　八册

110000－0143－0009195　PG262/606－1
[弘治]赤城新志二十三卷　(明)陳相修　(明)謝鐸纂　清光緒二十四年(1898)翁氏刻續台州叢書本　四册

110000－0143－0009196　PG262/607
[順治]胙城縣志四卷　(清)劉純德修　(清)郭金鼎纂　清順治十六年(1659)刻本　二册

110000－0143－0009197　PG262/607
[順治]胙城縣志四卷　(清)劉純德修　(清)郭金鼎纂　清順治十六年(1659)刻本　二册

110000－0143－0009198　PG262/608

[乾隆]新修滿城縣志十二卷 (清)張煥纂修 (清)賈永宗增修 (清)皮殿選再增修 清康熙五十二年(1713)刻乾隆十六年(1751)、二十三年(1758)遞增本 四册 存十一卷(一至九、十一至十二)

110000－0143－0009199 PG262/611
[光緒]耒陽縣志八卷首一卷 (清)於學琴 (清)周至德修 (清)宋世煦纂 清光緒十一年(1885)耒陽縣志局刻本 十册

110000－0143－0009200 PG262/612
[同治]中牟縣志十二卷首一卷末一卷 (清)吳若烺修 (清)焦子蕃 (清)路春林等纂 清同治九年(1870)刻本 六册

110000－0143－0009201 PG262/613
[道光]淮寧縣志二十七卷 (清)永銘修 (清)趙任之 (清)吳純夫纂 清道光六年(1826)刻本 十二册

110000－0143－0009202 PG262/615－1
[乾隆]鳳陽縣志十六卷首一卷 (清)于萬培纂修 清光緒二年(1876)刻本 十二册 缺一卷(首一卷)

110000－0143－0009203 PG262/615－1
[乾隆]鳳陽縣志十六卷首一卷 (清)于萬培纂修 清光緒二年(1876)刻本 八册

110000－0143－0009204 PG262/617
[乾隆]歸德府志三十六卷首一卷 (清)陳錫輅 (清)永泰修 (清)查岐昌纂 清光緒十九年(1893)刻本 十册

110000－0143－0009205 PG262/618
[光緒]京山縣志二十七卷首一卷 (清)沈星標修 (清)曾憲德 (清)秦有鍠纂 清光緒八年(1882)刻本 十六册

110000－0143－0009206 PG262/620－1
[紹熙]雲間志三卷 (宋)楊潛纂修 清光緒二十年(1894)石埭徐氏刻觀自得齋叢書本 二册

110000－0143－0009207 PG262/620－1
[紹熙]雲間志三卷 (宋)楊潛纂修 清光緒二十年(1894)石埭徐氏刻觀自得齋叢書本 二册

110000－0143－0009208 PG262/622
[同治]鄞縣志七十五卷 (清)戴枚修 (清)徐時棟 (清)張恕 (清)董沛等纂 清光緒三年(1877)刻本 三十四册

110000－0143－0009209 PG262/623
[光緒]北流縣志二十四卷 (清)徐作梅 (清)任玉森等修 (清)李士琨 (清)陳廷珍等纂 清光緒六年(1880)刻本 十二册

110000－0143－0009210 PG262/627
[宣統]溫江縣鄉土志十二卷 曾學傳輯 清宣統元年(1909)刻本 四册

110000－0143－0009211 PG262/631
[乾隆]夏津縣志十卷首一卷 (清)方學成修 (清)梁大鯤纂 清乾隆六年(1741)刻本 六册

110000－0143－0009212 PG262/631
[乾隆]夏津縣志十卷首一卷 (清)方學成修 (清)梁大鯤纂 清乾隆六年(1741)刻本 六册

110000－0143－0009213 PG262/632
[光緒]興國州志三十六卷首一卷 (清)陳光亨纂修 (清)王鳳池 (清)劉鳳綸續纂 清光緒十五年(1889)富川書院刻本 十六册

110000－0143－0009214 PG262/633
[光緒]襄陽府志二十六卷志餘一卷國朝襄郡忠義錄一卷 (清)恩聯等修 (清)王萬芳等纂 清光緒十一年至十二年(1885－1886)刻本 十六册

110000－0143－0009215 PG262/633－1
[乾隆]襄陽府志四十卷圖一卷 (清)陳鍔纂修 清乾隆二十五年(1760)刻本 十六册

110000－0143－0009216 PG262/635
[光緒]淳安縣志十六卷首一卷 (清)劉世寧原本 (清)李詩續修 (清)陳中元 (清)

竺士彥續纂　清光緒十年(1884)刻本　八册

110000－0143－0009217　PG262/635
[光緒]淳安縣志十六卷首一卷　(清)劉世寧原本　(清)李詩續修　(清)陳中元　(清)竺士彥續纂　清光緒十年(1884)刻本　八册

110000－0143－0009218　PG262/635
[光緒]淳安縣志十六卷首一卷　(清)劉世寧原本　(清)李詩續修　(清)陳中元　(清)竺士彥續纂　清光緒十年(1884)刻本　八册

110000－0143－0009219　PG262/635
[光緒]淳安縣志十六卷首一卷　(清)劉世寧原本　(清)李詩續修　(清)陳中元　(清)竺士彥續纂　清光緒十年(1884)刻本　八册

110000－0143－0009220　PG262/635
[光緒]淳安縣志十六卷首一卷　(清)劉世寧原本　(清)李詩續修　(清)陳中元　(清)竺士彥續纂　清光緒十年(1884)刻本　八册

110000－0143－0009221　PG262/637
[光緒]嘉定縣志三十二卷首一卷附一卷　(清)程其玨修　(清)楊震福纂　清光緒八年(1882)刻本　十六册

110000－0143－0009222　PG262/637－1
[光緒]嘉定縣志三十二卷首一卷附一卷　(清)程其玨修　(清)楊震福纂　清光緒八年(1882)刻本　十六册

110000－0143－0009223　PG262/638
[乾隆]聞喜縣志十二卷首一卷　(清)李遵唐纂修　清乾隆三十一年(1766)刻光緒六年(1880)印本　六册

110000－0143－0009224　PG262/638
[光緒]聞喜縣志補四卷　(清)陳作哲修　(清)楊深秀纂　清光緒六年(1880)刻本　一册

110000－0143－0009225　PG262/638
[乾隆]聞喜縣志十二卷首一卷　(清)李遵唐纂修　清乾隆三十一年(1766)刻光緒六年(1880)印本　六册

110000－0143－0009226　PG262/639－1
光緒睢甯縣志稟十八卷　(清)侯紹瀛修　(清)丁顯纂　清光緒十二年(1886)刻本　六册

110000－0143－0009227　PG262/639－1
光緒睢甯縣志稟十八卷　(清)侯紹瀛修　(清)丁顯纂　清光緒十二年(1886)刻本　六册

110000－0143－0009228　PG262/641
[光緒]懷來縣志十八卷首一卷　(清)朱乃恭修　(清)席之瓚纂　清光緒八年(1882)刻本　六册

110000－0143－0009229　PG262/642
[同治]宜都縣志四卷首一卷末一卷　(清)崔培元修　(清)龔紹仁纂　清同治五年(1866)刻本　四册

110000－0143－0009230　PG262/642
[同治]宜都縣志四卷首一卷末一卷　(清)崔培元修　(清)龔紹仁纂　清同治五年(1866)刻本　四册

110000－0143－0009231　PG262/643
[道光]重修寶應縣志二十八卷首一卷　(清)孟毓蘭修　(清)喬載繇等纂　清道光二十年(1840)湯氏沐華堂刻本　十册

110000－0143－0009232　PG262/644
[同治]祁門縣志三十六卷首一卷　(清)周溶修　(清)汪韻珊纂　清同治十二年(1873)刻本　十二册

110000－0143－0009233　PG262/644
[同治]祁門縣志三十六卷首一卷　(清)周溶修　(清)汪韻珊纂　清同治十二年(1873)刻本　十二册

110000－0143－0009234　PG262/644－1
[道光]祁門縣志三十六卷首一卷　(清)王讓修　(清)桂超萬纂　清道光七年(1827)刻本　八册

110000－0143－0009235　PG262/645

[康熙]潛江縣志二十卷首一卷 （清）劉煥修 （清）朱載震纂 清光緒五年（1879）傳經書院刻本 八册

110000 – 0143 – 0009236 PG262/645
[康熙]潛江縣志二十卷首一卷 （清）劉煥修 （清）朱載震纂 清光緒五年（1879）傳經書院刻本 八册

110000 – 0143 – 0009237 PG262/648
[光緒]秀山縣志十四卷首一卷 （清）王壽松修 （清）李稽勳等纂 清光緒十八年（1892）秀山縣署刻本 四册

110000 – 0143 – 0009238 PG262/648
[光緒]秀山縣志十四卷首一卷 （清）王壽松修 （清）李稽勳等纂 清光緒十八年（1892）秀山縣署刻本 四册

110000 – 0143 – 0009239 PG262/649
[光緒]乾州志稿十四卷首一卷别錄四卷補正一卷 （清）周銘旂纂修 清光緒十年至十七年（1884 – 1891）刻本 六册

110000 – 0143 – 0009240 PG262/650
[乾隆]臨榆縣志十四卷首一卷 （清）鍾和梅纂修 清乾隆二十一年（1756）刻本 六册

110000 – 0143 – 0009241 PG262/650
[乾隆]臨榆縣志十四卷首一卷 （清）鍾和梅纂修 清乾隆二十一年（1756）刻本 六册

110000 – 0143 – 0009242 PG262/650 – 1
[光緒]臨榆縣志二十四卷首一卷 （清）趙允祜修 （清）高錫疇纂 清光緒四年（1878）刻本 十册

110000 – 0143 – 0009243 PG262/650 – 1
[光緒]臨榆縣志二十四卷首一卷 （清）趙允祜修 （清）高錫疇纂 清光緒四年（1878）刻本 十册

110000 – 0143 – 0009244 PG262/650 – 1
[光緒]臨榆縣志二十四卷首一卷 （清）趙允祜修 （清）高錫疇纂 清光緒四年（1878）刻本 十册

110000 – 0143 – 0009245 PG262/652
[同治]當陽縣志十八卷首一卷末二卷 （清）阮恩光修 （清）王柏心纂 清同治五年（1866）刻本 十册

110000 – 0143 – 0009246 PG262/653
[光緒]南皮縣志十五卷首一卷末一卷 （清）殷樹森修 （清）汪寶樹 （清）傅金鐷纂 清光緒十四年（1888）刻本 八册

110000 – 0143 – 0009247 PG262/655
[同治]巴東縣志十六卷首一卷 （清）廖恩樹修 （清）蕭佩聲纂 清同治五年（1866）刻本 六册

110000 – 0143 – 0009248 PG262/656
[光緒]嘉祥縣志四卷首一卷 （清）章文華 官擢午纂修 清光緒三十四年（1908）刻本 四册

110000 – 0143 – 0009249 PG262/657
[咸豐]濱州志十二卷首一卷 （清）李熙齡纂修 清咸豐十年（1860）刻本 四册

110000 – 0143 – 0009250 PG262/658
[光緒]應城志十四卷首一卷 （清）羅緗修 （清）王承禧纂 清光緒八年（1882）蒲陽書院刻本 八册

110000 – 0143 – 0009251 PG262/658
[光緒]應城志十四卷首一卷 （清）羅緗修 （清）王承禧纂 清光緒八年（1882）蒲陽書院刻本 八册

110000 – 0143 – 0009252 PG262/660
[康熙]徽州府志十八卷圖一卷 （清）丁廷楗 （清）盧詢主修 （清）趙吉士等纂修 清康熙三十八年（1699）徽州萬青閣刻本 二十册

110000 – 0143 – 0009253 PG262/660 – 1
[康熙]徽州府志十八卷圖一卷 （清）丁廷楗 （清）盧詢主修 （清）趙吉士等纂修 清康熙三十八年（1699）徽州萬青閣刻本 十册

110000 – 0143 – 0009254 PG262/660 – 2
[道光]徽州府志十六卷首一卷 （清）馬步蟾

纂修　清道光七年(1827)徽州府署刻本　三十册

110000－0143－0009255　PG262/664

[同治]分宜縣志十卷首一卷　(清)李寅清　(清)夏琮鼎修　(清)嚴升偉纂　清同治十年(1871)分宜縣署刻本　十三册

110000－0143－0009256　PG262/666

[嘉慶]涉縣志八卷　(清)戚學標纂修　清嘉慶四年(1799)涉縣署刻本　四册

110000－0143－0009257　PG262/666

[嘉慶]涉縣志八卷　(清)戚學標纂修　清嘉慶四年(1799)涉縣署刻本　四册

110000－0143－0009258　PG262/668

[乾隆]震澤縣志三十八卷首一卷　(清)陳和志修　(清)倪師孟　(清)沈彤纂　清光緒十九年(1893)震澤縣署刻本　八册

110000－0143－0009259　PG262/668

[乾隆]震澤縣志三十八卷首一卷　(清)陳和志修　(清)倪師孟　(清)沈彤纂　清光緒十九年(1893)震澤縣署刻本　八册

110000－0143－0009260　PG262/668

[乾隆]震澤縣志三十八卷首一卷　(清)陳和志修　(清)倪師孟　(清)沈彤纂　清光緒十九年(1893)震澤縣署刻本　八册

110000－0143－0009261　PG262/668

[乾隆]震澤縣志三十八卷首一卷　(清)陳和志修　(清)倪師孟　(清)沈彤纂　清光緒十九年(1893)震澤縣署刻本　八册

110000－0143－0009262　PG262/668

[乾隆]震澤縣志三十八卷首一卷　(清)陳和志修　(清)倪師孟　(清)沈彤纂　清光緒十九年(1893)震澤縣署刻本　八册

110000－0143－0009263　PG262/668

[乾隆]震澤縣志三十八卷首一卷　(清)陳和志修　(清)倪師孟　(清)沈彤纂　清光緒十九年(1893)震澤縣署刻本　八册

110000－0143－0009264　PG262/668

[乾隆]震澤縣志三十八卷首一卷　(清)陳和志修　(清)倪師孟　(清)沈彤纂　清光緒十九年(1893)震澤縣署刻本　八册

110000－0143－0009265　PG262/668－1

[乾隆]震澤縣志三十八卷首一卷　(清)陳和志修　(清)倪師孟　(清)沈彤纂　清光緒十九年(1893)震澤縣署刻本　八册

110000－0143－0009266　PG262/669

[光緒]丹陽縣志三十六卷首一卷　(清)淩焯修　(清)徐錫麟纂　清光緒十一年(1885)丹陽縣署刻本　十六册

110000－0143－0009267　PG262/669

[光緒]丹陽縣志三十六卷首一卷　(清)淩焯修　(清)徐錫麟纂　清光緒十一年(1885)丹陽縣署刻本　十六册

110000－0143－0009268　PG262/669

[光緒]丹陽縣志三十六卷首一卷　(清)淩焯修　(清)徐錫麟纂　清光緒十一年(1885)丹陽縣署刻本　十六册

110000－0143－0009269　PG262/672

[康熙]隴州志八卷首一卷　(清)羅彰彝纂修　清康熙五十二年(1713)隴州州署刻本　四册

110000－0143－0009270　PG262/672－1

[乾隆]隴州續志八卷首一卷末一卷　(清)吴炳纂修　清乾隆三十一年(1766)隴州州署刻本　四册

110000－0143－0009271　PG262/674

[乾隆]歷陽典錄三十四卷附歷陽典錄補六卷　(清)陳廷桂纂輯　(清)游智開輯補　清乾隆五十六年(1791)修同治六年(1867)和州官舍刻本　十二册

110000－0143－0009272　PG262/674

[乾隆]歷陽典錄三十四卷附歷陽典錄補六卷　(清)陳廷桂纂輯　(清)游智開輯補　清乾隆五十六年(1791)修同治六年(1867)和州官舍刻光緒十二年(1886)印本　十二册

110000－0143－0009273　PG262/674
[乾隆]歷陽典錄三十四卷附歷陽典錄補六卷　(清)陳廷桂纂輯　(清)游智開輯補　清乾隆五十六年(1791)修同治六年(1867)和州官舍刻本　十二册

110000－0143－0009274　PG262/674
[乾隆]歷陽典錄三十四卷附歷陽典錄補六卷　(清)陳廷桂纂輯　(清)游智開輯補　清乾隆五十六年(1791)修同治六年(1867)和州官舍刻本　十二册

110000－0143－0009275　PG262/675
[雍正]寧波府志三十六卷首一卷　(清)曹秉仁主修　(清)萬經等纂修　清雍正十一年(1733)寧波府署刻乾隆六年(1741)色超補刻本　十六册

110000－0143－0009276　PG262/676
[同治]江夏縣志八卷首一卷　(清)王庭楨主修　(清)彭崧毓總纂　清同治八年(1869)江夏縣署刻本　八册

110000－0143－0009277　PG262/678
[同治]續伏羌縣志六卷　(清)侯新嚴主修　(清)方承宣纂　清同治十一年(1872)伏羌縣署刻本　二册

110000－0143－0009278　PG262/680
[宣統]承德縣志書不分卷　(清)都林布原修　(清)李巨源　(清)徐守常纂　(清)金正元增修　(清)張子瀛　(清)聞鵬齡增纂　清宣統二年(1910)承德縣署石印本　二册

110000－0143－0009279　PG262/682
[道光]遵義府志四十八卷首一卷　(清)平翰　(清)黃樂之主修　(清)鄭珍　(清)莫友芝纂輯　清道光二十一年(1841)遵義府署刻本　二十册

110000－0143－0009280　PG262/682
[道光]遵義府志四十八卷首一卷　(清)平翰　(清)黃樂之主修　(清)鄭珍　(清)莫友芝纂輯　清道光二十一年(1841)遵義府署刻本　二十册

110000－0143－0009281　PG262/683
[乾隆]西和縣志四卷　(清)邱大英纂修　清乾隆三十九年(1774)西和縣署刻本　四册

110000－0143－0009282　PG262/686
[光緒]上虞縣志校續五十卷首一卷末一卷　(清)儲家藻修　(清)徐致靖纂　清光緒二十五年(1899)刻本　二十册

110000－0143－0009283　PG262/686－1
[光緒]上虞縣志四十八卷首一卷末一卷附錄一卷　(清)唐煦春修　(清)朱士黻纂　清光緒十七年(1891)刻本　二十册

110000－0143－0009284　PG262/686－1
[光緒]上虞縣志四十八卷首一卷末一卷　(清)唐煦春修　(清)朱士黻纂　清光緒十七年(1891)刻本　二十册

110000－0143－0009285　PG262/686－1
[光緒]上虞縣志四十八卷首一卷末一卷附錄一卷　(清)唐煦春修　(清)朱士黻纂　清光緒十七年(1891)刻本　二十册

110000－0143－0009286　PG262/686－1
[光緒]上虞縣志四十八卷首一卷末一卷　(清)唐煦春修　(清)朱士黻纂　清光緒十七年(1891)刻本　二十册

110000－0143－0009287　PG262/686－1
[光緒]上虞縣志四十八卷首一卷末一卷附錄一卷　(清)唐煦春修　(清)朱士黻纂　清光緒十七年(1891)刻本　二十册

110000－0143－0009288　PG262/686－2
[嘉慶]上虞縣志十四卷首一卷　(清)崔鳴玉修　(清)李方湛　(清)朱文紹纂　清嘉慶十六年(1811)刻本　十册

110000－0143－0009289　PG262/687
[嘉慶]長垣縣志十六卷　(清)李于垣修　(清)楊元錫纂　清嘉慶十五年(1810)刻本　八册

110000－0143－0009290　PG262/687
[道光]續修長垣縣志二卷　(清)葛之鏞

（清）陳壽昌修　（清）蔣庸　（清）郭餘裕纂　清道光二十九年（1849）刻本　二册

110000－0143－0009291　PG262/687
［同治］增續長垣縣志二卷　（清）觀祜　（清）費瀛修　（清）齊聯芳　（清）李元鵬纂　清同治十二年（1873）刻本　二册

110000－0143－0009292　PG262/688
［光緒］利津縣志十卷附利津文徵五卷　（清）盛贊熙修　（清）余朝棻等纂　清光緒九年（1883）刻本　四册

110000－0143－0009293　PG262/688－1
［乾隆］利津縣志補六卷　（清）程士範纂修　清乾隆三十五年（1770）刻本　二册

110000－0143－0009294　PG262/690
［同治］荆門直隸州志十二卷首一卷　（清）恩榮修　（清）張圻纂　清同治七年（1868）明倫堂刻本　二十册

110000－0143－0009295　PG262/691
［乾隆］直隸邠州志二十五卷　（清）王朝爵　（清）王灼修　（清）孫星衍纂　清乾隆四十九年（1784）邠州州署刻本　四册

110000－0143－0009296　PG262/692
［光緒］吳江縣續志四十卷首一卷　（清）金福曾修　（清）熊其英纂　清光緒三年至五年（1877－1879）吳江縣署刻本　八册

110000－0143－0009297　PG262/694
［康熙］晉州志十卷　（清）郭建章原本　（清）關永清纂　（清）康如璉續修　（清）劉士麟續纂　清康熙三十九年（1700）刻咸豐十年（1860）晉州知州朱寳林補刻本　五册

110000－0143－0009298　PG262/696
［光緒］贛榆縣志十八卷　（清）王豫熙修　張謇纂　清光緒十四年（1888）贛榆縣署刻本　四册

110000－0143－0009299　PG262/696
［光緒］贛榆縣志十八卷　（清）王豫熙修　張謇纂　清光緒十四年（1888）贛榆縣署刻本　四册

110000－0143－0009300　PG262/696
［光緒］贛榆縣志十八卷　（清）王豫熙修　張謇纂　清光緒十四年（1888）贛榆縣署刻本　四册

110000－0143－0009301　PG262/696
［光緒］贛榆縣志十八卷　（清）王豫熙修　張謇纂　清光緒十四年（1888）贛榆縣署刻本　四册

110000－0143－0009302　PG262/698
［道光］重修平度州志二十七卷　（清）保忠　（清）吳慈修　（清）李圖　（清）王大錀纂　清道光二十九年（1849）平度州署刻本　八册

110000－0143－0009303　PG262/698
［道光］重修平度州志二十七卷　（清）保忠　（清）吳慈修　（清）李圖　（清）王大錀纂　清道光二十九年（1849）平度州署刻本　八册

110000－0143－0009304　PG262/698
［道光］重修平度州志二十七卷　（清）保忠　（清）吳慈修　（清）李圖　（清）王大錀纂　清道光二十九年（1849）平度州署刻本　八册

110000－0143－0009305　PG262/698
［道光］重修平度州志二十七卷　（清）保忠　（清）吳慈修　（清）李圖　（清）王大錀纂　清道光二十九年（1849）平度州署刻本　八册

110000－0143－0009306　PG262/698
［道光］重修平度州志二十七卷　（清）保忠　（清）吳慈修　（清）李圖　（清）王大錀纂　清道光二十九年（1849）平度州署刻本　八册

110000－0143－0009307　PG262/699
［咸豐］重修興化縣志十卷　（清）梁園棣修　（清）鄭之僑　（清）趙彦俞纂　清咸豐二年（1852）興化縣署刻本　八册

110000－0143－0009308　PG262/700
［光緒］黄安縣志十卷首一卷　（清）陳瑞瀾　（清）陶大夏修　（清）吳言昌　（清）王儀吉纂　清光緒八年（1882）黄安縣署刻本　十六

册

110000－0143－0009309　PG262/702
[康熙]茌平縣志五卷　(清)王世臣修　(清)孫克緒纂　清康熙四十九年(1710)刻乾隆至嘉慶印本　四册

110000－0143－0009310　PG262/703
[光緒]灌縣鄉土志二卷　(清)鍾文虎修　(清)徐昱　(清)高履和纂　清光緒三十三年(1907)灌縣縣署刻本　二册

110000－0143－0009311　PG262/705
[光緒]靖江縣志十六卷首一卷　(清)葉滋森　丁立中修　(清)褚翔　(清)方玉振纂　清光緒五年(1879)靖江縣署刻本　八册

110000－0143－0009312　PG262/708
[同治]德興縣志十卷首一卷末一卷　(清)孟慶雲　(清)元宗禮修　(清)楊重雅　(清)李錫圭纂　清同治十一年(1872)興賢書院刻本　十二册

110000－0143－0009313　PG262/711
[光緒]興山縣志二十二卷　(清)黄世崇纂修　清光緒十一年(1885)湖北興山經心書院刻本　四册

110000－0143－0009314　PG262/713
[光緒]曹縣志十八卷首一卷　(清)陳嗣良修　(清)孟廣來　(清)賈迺延纂　清光緒十年(1884)山東曹縣居敬書院刻本　十二册

110000－0143－0009315　PG262/714
[康熙]龍門縣志十六卷　(清)章焞纂修　清康熙五十一年(1712)刻乾隆至嘉慶印本　四册

110000－0143－0009316　PG262/715
[同治]郫縣志四十四卷　(清)陳慶熙修　(清)高升之等纂　清同治九年(1870)四川郫縣縣署刻本　八册

110000－0143－0009317　PG262/716
[乾隆]祥符縣志二十二卷　(清)張淑載修　(清)魯曾煜纂　清乾隆四年(1739)刻本　十二册

110000－0143－0009318　PG262/716
[乾隆]祥符縣志二十二卷　(清)張淑載修　(清)魯曾煜纂　清乾隆四年(1739)刻本　七册　存十五卷(三至十七)

110000－0143－0009319　PG262/716
[乾隆]祥符縣志二十二卷　(清)張淑載修　(清)魯曾煜纂　清乾隆四年(1739)刻本　十二册

110000－0143－0009320　PG262/717
[同治]臨江府志三十二卷首一卷　(清)德馨　(清)鮑孝光修　(清)朱孫詒　(清)陳錫麟纂　清同治十年(1871)刻本　十册

110000－0143－0009321　PG262/717
[同治]臨江府志三十二卷首一卷　(清)德馨　(清)鮑孝光修　(清)朱孫詒　(清)陳錫麟纂　清同治十年(1871)刻本　六册

110000－0143－0009322　PG262/719
[康熙]磁州志十八卷　(清)蔣擢修　(清)樂玉聲　(清)張丙厚纂　清康熙四十二年(1703)直隸磁州州署刻同治十三年(1874)補刻本　四册

110000－0143－0009323　PG262/719
[同治]磁州續志六卷首一卷　(清)程光瀅纂修　清同治十三年(1874)直隸磁州州署刻本　四册

110000－0143－0009324　PG262/725
[光緒]獲鹿縣志十四卷首一卷末一卷　(清)俞錫綱　(清)錢慶培修　(清)曹鑅纂　清光緒七年(1881)直隸獲鹿縣署刻本　十册

110000－0143－0009325　PG262/727
[同治]鉛山縣志三十卷首一卷　(清)張廷珩　(清)毓斌修　(清)華祝三纂　清同治十二年(1873)江西鉛山縣署刻本　十六册

110000－0143－0009326　PG262/729
[乾隆]直隸易州志十八卷首一卷　(清)楊芊纂修　(清)張登高續纂修　清乾隆十二年

(1747)直隸易州州署刻本　二十冊

110000－0143－0009327　PG262/729
[乾隆]直隸易州志十八卷首一卷　(清)楊芊纂修　(清)張登高續纂修　清乾隆十二年(1747)直隸易州州署刻本　八冊

110000－0143－0009328　PG262/730
[光緒]長樂縣志十六卷首一卷末一卷　(清)李煥春原本　(清)龍兆霖續　(清)鄭敦祜再續　清咸豐二年(1852)刻同治九年(1870)補刻光緒元年(1875)增刻本　八冊

110000－0143－0009329　PG262/731
[順治]雲中郡志十四卷　(清)胡文燁　(清)張國宗纂修　清順治九年(1652)山西大同府府署刻本　八冊

110000－0143－0009330　PG262/732
[嘉慶]東臺縣志四十卷　(清)周右修　(清)蔡復午等纂　清嘉慶二十一年(1816)刻道光十年(1830)增刻本　十冊

110000－0143－0009331　PG262/733
[同治]宣恩縣志二十卷首一卷　(清)張金瀾修　(清)蔡景星　(清)張金圻纂　清同治二年(1863)刻本　六冊

110000－0143－0009332　PG262/733
[同治]宣恩縣志二十卷首一卷　(清)張金瀾修　(清)蔡景星　(清)張金圻纂　清同治二年(1863)刻本　六冊

110000－0143－0009333　PG262/734
[同治]石首縣志八卷　(清)朱榮實修　(清)傅如筠纂　清同治五年(1866)刻本　十二冊

110000－0143－0009334　PG262/734
[同治]石首縣志八卷　(清)朱榮實修　(清)傅如筠纂　清同治五年(1866)刻本　十二冊

110000－0143－0009335　PG262/735
[同治]大冶縣志十八卷首一卷　(清)胡復初修　(清)黃昺傑纂　清同治六年(1867)刻本　八冊

110000－0143－0009336　PG262/736
[嘉慶]山陰縣志三十卷首一卷　(清)徐元梅修　(清)朱文翰等纂　清嘉慶八年(1803)刻本　八冊

110000－0143－0009337　PG262/736
[嘉慶]山陰縣志三十卷首一卷　(清)徐元梅修　(清)朱文翰等纂　清嘉慶八年(1803)山陰縣署刻本　八冊

110000－0143－0009338　PG262/737
[光緒]唐縣志十二卷首一卷　(清)陳詠修　(清)張惇德纂輯　清光緒四年(1878)唐縣縣署刻本　八冊

110000－0143－0009339　PG262/737
[光緒]唐縣志十二卷首一卷　(清)陳詠修　(清)張惇德纂輯　清光緒四年(1878)唐縣縣署刻本　八冊

110000－0143－0009340　PG262/738
[同治]宜黃縣志五十卷首一卷　(清)張興言　(清)夏燮主修　(清)謝煌　(清)黃秩韶總纂　清同治十年(1871)宜黃縣署刻本　二十四冊

110000－0143－0009341　PG262/739
[同治]竹山縣志二十九卷　(清)周士楨主修　(清)黃子遂纂修　清同治四年(1865)竹山縣署刻本　六冊

110000－0143－0009342　PG262/740
[同治]奉新縣志十六卷首一卷末一卷　(清)呂懋先總修　(清)帥方蔚編纂　清同治十年(1871)奉新縣署刻本　十二冊

110000－0143－0009343　PG262/742
[乾隆]樂陵縣志八卷首一卷末一卷　(清)王謙益總修　(清)鄭成中　(清)黃士錦纂修　清乾隆二十七年(1762)樂陵縣署刻本　八冊

110000－0143－0009344　PG262/742
[乾隆]樂陵縣志八卷首一卷末一卷　(清)王謙益總修　(清)鄭成中　(清)黃士錦纂修

清乾隆二十七年(1762)樂陵縣署刻本　八册

110000-0143-0009345　PG262/743
[道光]大竹縣志四十卷　(清)翟瑔修　(清)王懷孟纂　(清)蔡以修續修　(清)劉漢昭續纂　清道光二年(1822)大竹縣署刻本　六册

110000-0143-0009346　PG262/745
[雍正]館陶縣志十二卷　(清)趙知希纂修　(清)張興宗增修　清光緒十九年(1893)刻本　四册

110000-0143-0009347　PG262/746
[同治]武陵縣志四十八卷　(清)惲世臨　(清)孫翹澤修　(清)陳啟邁纂　清同治二年(1863)刻本　十二册

110000-0143-0009348　PG262/748
[光緒]阜寧縣志二十四卷首一卷　(清)阮本焱等修　(清)陳肇礽　(清)殷自芳纂　清光緒十二年(1886)刻本　十册

110000-0143-0009349　PG262/748
[光緒]阜寧縣志二十四卷首一卷　(清)阮本焱等修　(清)陳肇礽　(清)殷自芳纂　清光緒十二年(1886)刻本　十册

110000-0143-0009350　PG262/749
[光緒]泰興縣志二十六卷首一卷末一卷　(清)楊激雲修　(清)顧曾烜纂　清光緒十二年(1886)刻本　十册

110000-0143-0009351　PG262/749
[光緒]泰興縣志二十六卷首一卷末一卷　(清)楊激雲修　(清)顧曾烜纂　清光緒十二年(1886)刻本　十册

110000-0143-0009352　PG262/749
[光緒]泰興縣志二十六卷首一卷末一卷　(清)楊激雲修　(清)顧曾烜纂　清光緒十二年(1886)刻本　十册

110000-0143-0009353　PG262/749
[光緒]泰興縣志二十六卷首一卷末一卷　(清)楊激雲修　(清)顧曾烜纂　清光緒十二年(1886)刻本　十册

110000-0143-0009354　PG262/749
[光緒]泰興縣志二十六卷首一卷末一卷　(清)楊激雲修　(清)顧曾烜纂　清光緒十二年(1886)刻本　十册

110000-0143-0009355　PG262/749
[光緒]泰興縣志二十六卷首一卷末一卷　(清)楊激雲修　(清)顧曾烜纂　清光緒十二年(1886)刻本　十册

110000-0143-0009356　PG262/751
[乾隆]臨清直隸州志十一卷首一卷　(清)張度　(清)鄧希曾修　(清)朱鍾纂　清乾隆五十年(1785)刻本　十一册

110000-0143-0009357　PG262/753-1
[乾隆]曲阜縣志一百卷　(清)潘相等纂修　清乾隆三十九年(1774)刻本　十二册

110000-0143-0009358　PG262/753-1
[乾隆]曲阜縣志一百卷　(清)潘相等纂修　清乾隆三十九年(1774)刻本　十二册

110000-0143-0009359　PG262/754-1
[光緒]吴江縣續志四十卷首一卷　(清)金福曾修　(清)熊其英纂　清光緒五年(1879)刻本　八册

110000-0143-0009360　PG262/754-1
[光緒]吴江縣續志四十卷首一卷　(清)金福曾修　(清)熊其英纂　清光緒五年(1879)刻本　八册

110000-0143-0009361　PG262/756
[康熙]延津縣志十卷　(清)余心孺纂修　清康熙四十一年(1702)刻本　四册

110000-0143-0009362　PG262/757
[道光]文登縣志十卷　(清)蔡培　(清)歐文纂修　(清)林汝謨分纂　清道光十九年(1839)刻本　四册

110000-0143-0009363　PG262/757
[道光]文登縣志十卷　(清)蔡培　(清)歐文纂修　(清)林汝謨分纂　清道光十九年

(1839)刻本　四冊

110000－0143－0009364　PG262/758
[道光]昆明縣志十卷　(清)戴絅孫纂修　清光緒二十七年(1901)刻本　六冊

110000－0143－0009365　PG262/758
[道光]昆明縣志十卷　(清)戴絅孫纂修　清光緒二十七年(1901)刻本　六冊

110000－0143－0009366　PG262/759
[乾隆]行唐縣新志十六卷　(清)吴高增纂修　(清)文有試增補　清乾隆二十八年(1763)刻三十七年(1772)增刻本　四冊

110000－0143－0009367　PG262/760
光緒臨朐縣志十六卷首一卷　(清)姚延福修　(清)鄧嘉緝　(清)蔣師轍纂　清光緒十年(1884)刻本　六冊

110000－0143－0009368　PG262/760
光緒臨朐縣志十六卷首一卷　(清)姚延福修　(清)鄧嘉緝　(清)蔣師轍纂　清光緒十年(1884)刻本　六冊

110000－0143－0009369　PG262/761
[同治]肥鄉縣志三十六卷　(清)李鵬展修　(清)趙文濂纂　清同治六年(1867)刻本　八冊

110000－0143－0009370　PG262/762
[乾隆]武清縣志十二卷首一卷末一卷　(清)吴翀修　(清)曹涵　(清)趙晃纂　清乾隆七年(1742)刻本　八冊

110000－0143－0009371　PG262/763
[乾隆]泰安府志三十卷前一卷首二卷　(清)顏希深等修　(清)成城等纂　清乾隆二十五年(1760)刻本　二十冊

110000－0143－0009372　PG262/764
[乾隆]河間縣志六卷　(清)吴山鳳修　(清)黄文蓮　(清)梁志恪纂　清乾隆二十五年(1760)刻本　六冊

110000－0143－0009373　PG262/764－1
[乾隆]河間府新志二十卷首一卷　(清)杜甲等修　(清)胡天游等纂　清乾隆二十五年(1760)刻本　十冊

110000－0143－0009374　PG262/765
[道光]冠縣志十卷　(清)梁永康修　(清)趙錫書纂　清末抄本　四冊

110000－0143－0009375　PG262/766
[光緒]施南府志續編十卷　(清)王庭楨　(清)李謙修　(清)雷春沼　(清)尹壽衡纂　清光緒十一年(1885)刻本　四冊

110000－0143－0009376　PG262/767
[乾隆]直隸絳州志二十卷圖考一卷　(清)張成德修　(清)李友洙　(清)張我觀纂　清乾隆三十年(1765)刻本　八冊

110000－0143－0009377　PG262/771
[光緒]續纂句容縣志二十卷首一卷末一卷　(清)張紹棠修　(清)蕭穆等纂　清光緒三十年(1904)刻本　九冊　存十卷(十二至二十、末一卷)

110000－0143－0009378　PG262/772
[乾隆]續修臺灣府志二十六卷首一卷　(清)余文儀修　(清)黄佾纂　清乾隆三十九年(1774)刻同治十一年(1872)補刻本　十三冊

110000－0143－0009379　PG262/772－1
[乾隆]續修臺灣府志二十六卷首一卷　(清)余文儀修　(清)黄佾纂　清乾隆三十九年(1774)刻同治十一年(1872)補刻本　二十四冊

110000－0143－0009380　PG262/778
[光緒]惠州府志四十五卷首一卷　(清)劉溎年　(清)張聯桂修　(清)鄧掄斌　(清)陳新銓纂　清光緒七年(1881)刻本　五冊　存十卷(二十三至三十二)

110000－0143－0009381　PG262/780
[乾隆]兖州府志三十二卷首一卷圖考一卷　(清)普爾泰修　(清)陳顧瀞纂　清乾隆三十五年(1770)刻本　十二冊

110000－0143－0009382　PG262/781

[道光]**吳川縣志十卷**　(清)李高魁　(清)葉載文修　(清)林泰雯纂　清道光五年(1825)刻本　五册

110000－0143－0009383　PG262/782
[康熙]續修汶上縣志六卷　(清)聞元炅纂修　清康熙五十六年(1717)刻本　二册

110000－0143－0009384　PG262/784
[同治]南漳縣志集鈔二十六卷首一卷　(清)沈兆元修　(清)胡正楷纂　(清)胡心悦增纂　清同治四年(1865)東鶴山堂刻本　八册

110000－0143－0009385　PG262/786
[道光]章邱縣志十六卷首一卷末一卷　(清)吳璋修　(清)曹楙堅纂　清道光十三年(1833)刻本　八册

110000－0143－0009386　PG262/786
[道光]章邱縣志十六卷首一卷末一卷　(清)吳璋修　(清)曹楙堅纂　清道光十三年(1833)刻本　八册

110000－0143－0009387　PG262/786
[道光]章邱縣志十六卷首一卷末一卷　(清)吳璋修　(清)曹楙堅纂　清道光十三年(1833)刻本　四册　存十一卷(一至十一)

110000－0143－0009388　PG262/787
[光緒]井研志四十二卷首一卷　(清)葉桂年等修　(清)吳嘉謨　龔熙春纂　清光緒二十六年(1900)刻本　十二册

110000－0143－0009389　PG262/787
[光緒]井研志四十二卷首一卷　(清)葉桂年等修　(清)吳嘉謨　龔熙春纂　清光緒二十六年(1900)刻本　十二册

110000－0143－0009390　PG262/787
[光緒]井研志四十二卷首一卷　(清)葉桂年等修　(清)吳嘉謨　龔熙春纂　清光緒二十六年(1900)刻本　十二册

110000－0143－0009391　PG262/788－1
[乾隆]巴縣志十七卷首一卷　(清)王爾鑑修　(清)王世沿等纂　清嘉慶二十五年(1820)刻本　十二册

110000－0143－0009392　PG262/788－1
[乾隆]巴縣志十七卷首一卷　(清)王爾鑑修　(清)王世沿等纂　清嘉慶二十五年(1820)刻本　十二册　缺二十頁(序第一至九、古跡第六十五至七十五)

110000－0143－0009393　PG262/789
[光緒]盱眙縣志稾十七卷首一卷　(清)王錫元修　(清)高延第等纂　清光緒十七年(1891)刻二十九年(1903)盱眙縣志局增刻本　八册

110000－0143－0009394　PG262/789
[光緒]盱眙縣志稾十七卷首一卷　(清)王錫元修　(清)高延第等纂　清光緒十七年(1891)刻二十九年(1903)盱眙縣志局增刻本　八册

110000－0143－0009395　PG262/789
[光緒]盱眙縣志稾十七卷首一卷　(清)王錫元修　(清)高延第等纂　清光緒十七年(1891)刻本　八册

110000－0143－0009396　PG262/790
[光緒]零陵縣志十五卷附補遺一卷　(清)嵇有慶　(清)徐保齡修　(清)劉沛纂　清光緒二年(1876)刻本　八册

110000－0143－0009397　PG262/792
[嘉定]鎮江志二十二卷首一卷附錄一卷校勘記二卷　(宋)盧憲纂　清道光二十二年(1842)丹徒包氏刻本　六册

110000－0143－0009398　PG262/792
[至順]鎮江志二十一卷首一卷　(元)脫因修　(元)俞希魯纂　清道光二十二年(1842)丹徒包氏刻本　八册

110000－0143－0009399　PG262/792
[嘉定]鎮江志二十二卷首一卷附錄一卷校勘記二卷　(宋)盧憲纂　清宣統二年(1910)金陵刻本　八册

110000－0143－0009400　PG262/794

[乾隆]林縣志十卷首一卷末一卷　(清)楊潮觀纂修　清乾隆十七年(1752)黃華書院刻本　四冊

110000－0143－0009401　PG262/794
[乾隆]林縣志十卷首一卷末一卷　(清)楊潮觀纂修　清乾隆十七年(1752)黃華書院刻本　四冊

110000－0143－0009402　PG262/795－1
[康熙]定海縣志八卷　(清)周聖化　(清)繆燧修　(清)陳瑺等纂　清康熙五十四年(1715)刻本　四冊

110000－0143－0009403　PG262/796
[道光]招遠縣續志四卷　(清)陳國器　(清)邊象曾修　(清)李蔭　(清)路藻纂　清道光二十六年(1846)刻本　四冊

110000－0143－0009404　PG262/797
鄢陵文獻志四十卷　(清)蘇源生纂　清同治元年至二年(1862－1863)刻本　十六冊

110000－0143－0009405　PG262/798
[光緒]重修曲陽志二十卷　周斯億　(清)溫亮珠修　(清)董濤纂　清光緒三十年(1904)刻本　八冊

110000－0143－0009406　PG262/799
[光緒]樂亭縣志十五卷首一卷末一卷　(清)蔡志修等修　(清)史夢蘭纂　清光緒三年(1877)刻本　六冊

110000－0143－0009407　PG262/800
[康熙]續安丘縣志二十八卷　(清)任周鼎修　(清)王訓纂　清康熙二年(1663)刻本　二冊　存十八卷(一、五至六、八至十四、十六、十八至二十三、二十五)

110000－0143－0009408　PG262/801
[同治]袁州府志八卷首一卷　(清)駱敏　(清)黃恩浩等修　(清)蕭玉銓　(清)喻恭和等纂　清同治十三年(1874)刻光緒二十二年(1896)補刻本　十六冊

110000－0143－0009409　PG262/802
[嘉慶]南陽府志六卷　(清)孔傳金纂修　清嘉慶十二年(1807)刻本　十二冊

110000－0143－0009410　PG262/803
新增都門紀略六卷　(清)楊靜亭編　清宣統二年(1910)京都榮錄堂刻本　六冊

110000－0143－0009411　PG262/807
[同治]郿縣志十卷首一卷　(清)周瑞　(清)定熙修　(清)余瀊廷　(清)崔誥纂　清同治五年(1866)刻本　七冊

110000－0143－0009412　PG262/809
[光緒]梁山縣志十卷首一卷　(清)朱言詩等纂修　清光緒二十年(1894)刻本　十二冊

110000－0143－0009413　PG262/812
[光緒]榮昌縣志二十二卷　(清)文康修　(清)施學煌增修　(清)廖朝翼纂　(清)敖冊賢增纂　清光緒十年(1884)增刻二十年(1894)再增刻本　八冊

110000－0143－0009414　PG262/813
[光緒]蜀故二十七卷　(清)彭遵泗纂　清光緒二十四年(1898)玉元堂刻本　八冊

110000－0143－0009415　PG262/814
[光緒]續修敘永永甯廳縣合志五十四卷首一卷　(清)鄧元鏸等修　萬慎等纂　清光緒三十四年(1908)鉛印本　十二冊

110000－0143－0009416　PG262/815
甌江小記不分卷　(清)郭鍾岳著　清光緒四年(1878)刻本　一冊

110000－0143－0009417　PG262/815
甌江小記不分卷　(清)郭鍾岳著　清光緒四年(1878)刻本　一冊

110000－0143－0009418　PG262/816
[光緒]濰縣鄉土志不分卷　(清)宋朝楨修　(清)陳傳弼等纂　清光緒三十三年(1907)石印本　一冊

110000－0143－0009419　PG262/819
[嘉慶]郾陽志十卷首一卷　(清)王正常修　(清)謝攀雲纂　清嘉慶二年(1797)刻本　六

册

110000－0143－0009420　PG262/819－1
[同治]鄖陽志八卷首一卷　(清)吳葆儀修　(清)王嚴恭纂　清同治九年(1870)鄖山書院刻本　十二册

110000－0143－0009421　PG262/820
[嘉慶]重刊宜興縣舊志十卷首一卷末一卷　(清)李先榮原本　(清)阮升基等增修　(清)寧楷增纂　清嘉慶二年(1797)刻本　十册

110000－0143－0009422　PG262/820
[嘉慶]重刊宜興縣舊志十卷首一卷末一卷　(清)李先榮原本　(清)阮升基等增修　(清)寧楷增纂　清嘉慶二年(1797)刻本　十册

110000－0143－0009423　PG262/820
[嘉慶]重刊宜興縣志四卷首一卷　(清)阮升基修　(清)寧楷纂　清嘉慶二年(1797)刻本　二册

110000－0143－0009424　PG262/820
[道光]重刊續纂宜荆縣志十卷首一卷　(清)顧名　(清)龔潤森修　(清)吳德旋纂　清道光二十年(1840)刻本　四册

110000－0143－0009425　PG262/820
[道光]重刊續纂宜荆縣志十卷首一卷　(清)顧名　(清)龔潤森修　(清)吳德旋纂　清道光二十年(1840)刻本　四册

110000－0143－0009426　PG262/820
[道光]重刊續纂宜荆縣志十卷首一卷　(清)顧名　(清)龔潤森修　(清)吳德旋纂　清道光二十年(1840)刻本　四册

110000－0143－0009427　PG262/820
[光緒]宜興荆溪縣新志十卷首一卷末一卷　(清)施惠　(清)錢志澄修　(清)吳景牆纂　清光緒八年(1882)刻宜興荆溪舊志五種本　八册

110000－0143－0009428　PG262/820－1
[嘉慶]新修宜興縣志四卷首一卷　(清)阮升基修　(清)寧楷纂　清同治八年(1869)木活字印本　二册

110000－0143－0009429　PG262/820－1
[嘉慶]重刊宜興縣志四卷首一卷　(清)阮升基修　(清)寧楷纂　清光緒八年(1882)刻宜興荆溪舊志五種本　二册

110000－0143－0009430　PG262/820－1
[嘉慶]重刊荆溪縣志四卷首一卷　(清)唐仲冕修　(清)寧楷纂　清光緒八年(1882)刻宜興荆溪舊志五種本　二册

110000－0143－0009431　PG262/820－2
[道光]重刊續纂宜荆縣志十卷首一卷　(清)顧名　(清)龔潤森修　(清)吳德旋纂　清道光二十年(1840)刻本　四册

110000－0143－0009432　PG262/822
[光緒]重纂秦州直隸州新志二十四卷首一卷　(清)余澤春修　(清)王權　(清)任其昌纂　清光緒十五年(1889)隴南書院刻本　十六册

110000－0143－0009433　PG262/822－1
[乾隆]直隸秦州新志十二卷首一卷末一卷　(清)費廷珍修　(清)胡釴等纂　清乾隆二十九年(1764)刻本　十六册

110000－0143－0009434　PG262/822－1
[乾隆]直隸秦州新志十二卷首一卷末一卷　(清)費廷珍修　(清)胡釴等纂　清乾隆二十九年(1764)刻本　十六册

110000－0143－0009435　PG262/824
[乾隆]皋蘭縣志二十卷　(清)吳鼎新修　(清)黃建中等纂　清乾隆四十三年(1778)刻本　四册

110000－0143－0009436　PG262/825
[同治]衡陽縣志十二卷　(清)羅慶薌修　(清)彭玉麟等纂　清同治十三年(1874)刻本　七册

110000－0143－0009437　PG262/825

[同治]衡陽縣志十二卷　(清)羅慶薌修　(清)彭玉麟等纂　清同治十三年(1874)刻本　七冊

110000－0143－0009438　PG262/829
[同治]瀏陽縣志二十四卷　(清)王汝惺等主修　(清)鄒焌傑　(清)賀祥麟纂修　清同治十二年(1873)瀏陽縣署刻本　十三冊

110000－0143－0009439　PG262/829
[同治]瀏陽縣志二十四卷　(清)王汝惺等主修　(清)鄒焌傑　(清)賀祥麟纂修　清同治十二年(1873)瀏陽縣署刻本　十三冊

110000－0143－0009440　PG262/830
富陽縣新舊志校記二卷　(清)朱壽保纂　清光緒三十三年(1907)石印本　一冊

110000－0143－0009441　PG262/834－1
[同治]鄞縣志七十五卷　(清)戴枚修　(清)徐時棟　(清)張恕　(清)董沛等纂　清光緒三年(1877)刻本　三十四冊

110000－0143－0009442　PG262/834－2
[乾隆]鄞縣志三十卷首一卷　(清)錢維喬修　(清)錢大昕纂　清乾隆五十三年(1788)刻本　十六冊

110000－0143－0009443　PG262/834－3
[咸豐]鄞縣志三十二卷首一卷　(清)張鋐修　(清)周道遵纂　清咸豐六年(1856)刻本　十六冊

110000－0143－0009444　PG262/836
蜀景彙考十九卷　(清)鍾登甲輯　清光緒十一年(1885)樂道齋刻本　四冊

110000－0143－0009445　PG262/841
[道光]雲夢縣志略十二卷首一卷末一卷　(清)呂錫麟修　(清)程懷璟纂　清道光二十年(1840)刻本　六冊

110000－0143－0009446　PG262/841－1
[光緒]續雲夢縣志略十卷首一卷末一卷　(清)吳念椿修　(清)程壽昌　(清)曾廣浚纂　清光緒九年(1883)刻本　四冊

110000－0143－0009447　PG262/842
[同治]南漳縣志集鈔二十六卷首一卷　(清)沈兆元修　(清)胡正楷纂　(清)胡心悅增纂　清同治四年(1865)東鶴山堂刻本　八冊

110000－0143－0009448　PG262/845
[同治]鍾祥縣志十二卷　(清)孫福海　(清)許光曙等纂修　清同治六年(1867)刻本　八冊

110000－0143－0009449　PG262/846
[同治]監利縣志十二卷首一卷　(清)徐兆英　(清)陳樹菱等修　(清)王柏心　(清)朱崑等纂　清同治十一年(1872)刻光緒三十四年(1908)印本　十冊

110000－0143－0009450　PG262/847
[同治]宜城縣志十卷　(清)程啟安修　(清)張炳鐘　(清)魯喬曾纂　清同治五年(1866)刻本　八冊

110000－0143－0009451　PG262/848
[同治]應山縣志三十六卷首一卷末一卷　(清)劉宗元等修　(清)吳天錫纂　清同治十年(1871)刻本　七冊　存十一卷(十五至十六、二十三至二十七、三十二至三十四,首一卷)

110000－0143－0009452　PG262/850
[光緒]寶山縣志十四卷首一卷　(清)梁蒲貴　(清)吳康壽修　(清)朱延射　(清)潘履祥纂　清光緒八年(1882)學海書院刻本　十冊

110000－0143－0009453　PG262/851
[同治]鄖西縣志二十卷首一卷　(清)程光第修　(清)葉年棻　(清)李登鰲纂　清同治五年(1866)刻本　十一冊　缺二卷(十九至二十)

110000－0143－0009454　PG262/853
[乾隆]德州志十二卷首一卷　(清)王道亨修　(清)張慶源纂　清乾隆五十三年(1788)刻本　八冊

110000－0143－0009455　PG262/854

[光緒]德安府志二十卷首一卷末一卷　(清)賡音布修　(清)杜貴墀　(清)劉國光等纂　清光緒十四年(1888)刻本　二十册

110000－0143－0009456　PG262/855
[同治]蒲圻縣志八卷　(清)顧際熙　(清)鄭慶華修　(清)文元音　(清)張承齡等纂　清同治五年(1866)朝陽書院刻本　六册　存七卷(一至七)

110000－0143－0009457　PG262/860－1
[乾隆]沙河縣志十卷首一卷末一卷　(清)杜灝纂修　清乾隆二十二年(1757)刻本　四册

110000－0143－0009458　PG262/862
[咸淳]臨安志一百卷　(宋)潛説友纂　附校栞札記三卷　(清)黄士珣撰　清道光十年至十一年(1830－1831)錢塘汪氏振綺堂刻本　二十四册

110000－0143－0009459　PG262/862
[咸淳]臨安志一百卷　(宋)潛説友纂　附校栞札記三卷　(清)黄士珣撰　清道光十年至十一年(1830－1831)錢塘汪氏振綺堂刻清末印本　二十四册

110000－0143－0009460　PG262/862
[咸淳]臨安志一百卷　(宋)潛説友纂　附校栞札記三卷　(清)黄士珣撰　清道光十年至十一年(1830－1831)錢塘汪氏振綺堂刻本　二十四册

110000－0143－0009461　PG262/865
[光緒]丹徒縣志六十卷首四卷　(清)沈葆楨　(清)何紹章修　(清)吕耀斗纂　清光緒五年(1879)丹徒縣署刻本　三十二册

110000－0143－0009462　PG262/865
[光緒]丹徒縣志六十卷首四卷　(清)沈葆楨　(清)何紹章修　(清)吕耀斗纂　清光緒五年(1879)丹徒縣署刻本　三十二册

110000－0143－0009463　PG262/865
[光緒]丹徒縣志六十卷首四卷　(清)沈葆楨　(清)何紹章修　(清)吕耀斗纂　清光緒五年(1879)丹徒縣署刻本　二十八册

110000－0143－0009464　PG262/865－1
[嘉慶]丹徒縣志四十七卷首四卷　(清)貴中孚　(清)萬承紀修　(清)蔣宗海纂　清嘉慶十年(1805)丹徒縣署刻本　三十二册

110000－0143－0009465　PG262/865－2
[宣統]丹徒縣志續志十卷　陳祺壽纂修　清宣統三年(1911)抄本　一册

110000－0143－0009466　PG262/866
[光緒]續修廬州府志一百卷首一卷末一卷　(清)黄雲修　(清)汪宗沂纂　清光緒十一年(1885)廬州府署刻本　四十八册

110000－0143－0009467　PG262/867
[同治]贛州府志七十八卷首一卷　(清)魏瀛修　(清)魯琪光　(清)鍾音鴻纂　清同治十二年(1873)贛州府署刻本　四十册

110000－0143－0009468　PG262/869
[同治]南海縣志二十六卷首一卷　(清)鄭夢玉修　(清)梁紹獻　(清)李徵霨纂　清同治十一年(1872)刻本　六册　存十四卷(十三至二十六)

110000－0143－0009469　PG262/869－1
[宣統]南海縣志二十六卷末一卷　(清)張鳳喈修　桂坫纂　清宣統三年(1911)刻本　十四册

110000－0143－0009470　PG262/870
[光緒]湘陰縣圖志三十四卷首一卷末一卷　(清)郭嵩燾纂修　清光緒六年(1880)湘陰縣志局刻本　十六册

110000－0143－0009471　PG262/870
[宣統]續修楓涇小志十卷首一卷　程兼善纂修　清宣統三年(1911)鉛印本　四册

110000－0143－0009472　PG262/872
[光緒]重修寧羌州志五卷　(清)馬毓華修　(清)鄭書香　(清)曹良模纂　清光緒十四年(1888)寧羌州署刻本　五册

110000－0143－0009473　PG262/874
[嘉慶]黑龍江外記八卷　(清)西清纂修　清

光緒二十年(1894)桐廬袁昶漸西村舍刻本　二册

110000－0143－0009474　PG262/878
成都通覽不分卷　傅崇榘纂　清宣統二年(1910)成都通俗報社石印本　六册

110000－0143－0009475　PG262/880
[嘉慶]成都縣志六卷首一卷　(清)王泰雲修　(清)衷以壎纂　(清)楊芳燦續纂　清嘉慶二十一年(1816)刻本　六册

110000－0143－0009476　PG262/883
彙刻太倉舊志五種二十六卷　繆朝荃等輯　清宣統元年(1909)太倉繆氏刻本　八册

110000－0143－0009477　PG262/883
彙刻太倉舊志五種二十六卷　繆朝荃等輯　清宣統元年(1909)太倉繆氏刻本　八册

110000－0143－0009478　PG262/885
[乾隆]廣靈縣志十卷首一卷末一卷　(清)郭磊纂修　清乾隆十九年(1754)廣靈縣署刻本　四册

110000－0143－0009479　PG262/887
[嘉慶]棗強縣志二十卷　(清)任銜蕙修　(清)楊元錫纂　清嘉慶八年(1803)棗強縣署刻本　六册

110000－0143－0009480　PG262/887－1
[同治]棗強縣志補正五卷　(清)方宗誠纂修　清光緒二年(1876)棗強縣署刻本　二册

110000－0143－0009481　PG262/888
[光緒]常昭合志稿四十八卷首一卷末一卷　(清)鄭鍾祥　(清)張瀛修　(清)龐鴻文等纂　清光緒三十年(1904)木活字印本　十六册

110000－0143－0009482　PG262/888
[光緒]常昭合志稿四十八卷首一卷末一卷　(清)鄭鍾祥　(清)張瀛修　(清)龐鴻文等纂　清光緒三十年(1904)木活字印本　二十册

110000－0143－0009483　PG262/888
[光緒]常昭合志稿四十八卷首一卷末一卷　(清)鄭鍾祥　(清)張瀛修　(清)龐鴻文等纂　清光緒三十年(1904)木活字印本　十六册

110000－0143－0009484　PG262/888－1
[乾隆]常昭合志十二卷首一卷　(清)王錦　(清)楊繼熊修　(清)言如泗等纂　清光緒二十四年(1898)丁祖蔭木活字印本　十四册

110000－0143－0009485　PG262/888－1
[乾隆]常昭合志十二卷首一卷　(清)王錦　(清)楊繼熊修　(清)言如泗等纂　清光緒二十四年(1898)丁祖蔭木活字印本　十四册

110000－0143－0009486　PG262/890
[宣統]續修楓涇小志十卷首一卷　程兼善纂修　清宣統三年(1911)鉛印本　四册

110000－0143－0009487　PG262/891
[光緒]無錫金匱縣志四十卷首一卷　(清)裴大中修　(清)秦緗業纂　清光緒七年(1881)刻本　二十册

110000－0143－0009488　PG262/891
[光緒]無錫金匱縣志四十卷首一卷　(清)裴大中修　(清)秦緗業纂　清光緒七年(1881)刻本　十八册

110000－0143－0009489　PG262/891
[光緒]無錫金匱縣志四十卷首一卷　(清)裴大中修　(清)秦緗業纂　清光緒七年(1881)刻本　十九册

110000－0143－0009490　PG262/895
[宣統]新修固原直隸州志十一卷附新修硝河城志一卷　(清)王學伊總纂　(清)錫麟　(清)楊修德纂　清宣統元年(1909)官報書局鉛印本　十二册

110000－0143－0009491　PG262/896
臨平記四卷　(清)沈謙輯撰　清光緒十年(1884)錢塘丁氏刻武林掌故叢編(第十集)本　一册

110000－0143－0009492　PG262/896

臨平記四卷附錄一卷　(清)沈謙輯撰　清光緒十年(1884)錢塘丁氏刻武林掌故叢編(第十集)本　二冊

110000－0143－0009493　PG262/896
臨平記補遺四卷續補遺一卷　(清)張大昌輯　清光緒十一年(1885)錢塘丁氏嘉惠堂刻武林掌故叢編(第十集)本　一冊

110000－0143－0009494　PG262/896
臨平記四卷附錄一卷　(清)沈謙輯撰　清光緒十年(1884)錢塘丁氏刻武林掌故叢編(第十集)本　二冊

110000－0143－0009495　PG262/896
小雲棲放生錄一卷　(清)釋與楷輯　清光緒十二年(1886)錢塘丁氏刻武林掌故叢編(第十集)本　與110000－0143－0009494合冊

110000－0143－0009496　PG262/896
西湖秋柳詞一卷　(清)楊鳳苞撰　(清)楊知新注　清光緒十一年(1885)錢塘丁氏刻武林掌故叢編(第十集)本　與110000－0143－0009494合冊

110000－0143－0009497　PG262/896－1
臨平記補遺四卷續補遺一卷　(清)張大昌輯　清光緒十一年(1885)錢塘丁氏嘉惠堂刻武林掌故叢編(第十集)本　二冊

110000－0143－0009498　PG262/898
元和郡縣圖志攷證四十卷　(清)張駒賢撰　清同治刻本　六冊

110000－0143－0009499　PG262/900
[同治]長沙縣志三十六卷首一卷　(清)劉采邦修　(清)張延珂纂　清同治十年(1871)長沙縣署刻本　二十冊

110000－0143－0009500　PG262/901
[光緒]宣城縣志四十卷首一卷　(清)李應泰等修　(清)章綬纂　清光緒十四年(1888)木活字印本　二十四冊

110000－0143－0009501　PG262/902
皖志便覽六卷　(清)李應珏撰　清光緒二十八年(1902)安徽鏤雲閣刻本　二冊

110000－0143－0009502　PG262/903
[光緒]佛坪廳志二卷首一卷　(清)劉煐纂修　清光緒九年(1883)刻本　一冊

110000－0143－0009503　PG262/904
[道光]武陟縣志三十六卷　(清)王榮陛修　(清)方履籛纂　清道光九年(1829)刻本　八冊

110000－0143－0009504　PG262/905－1
[嘉慶]同里志二十四卷首一卷　(清)閻登雲修　(清)周之楨纂　清嘉慶十七年(1812)刻本　十冊

110000－0143－0009505　PG262/905－1
[嘉慶]同里志二十四卷首一卷　(清)閻登雲修　(清)周之楨纂　清嘉慶十七年(1812)刻本　八冊

110000－0143－0009506　PG262/907
[乾隆]解州平陸縣志十六卷首一卷　(清)言如泗　(清)韓夔典修　(清)杜若拙　(清)荊如棠纂　清乾隆二十九年(1764)刻解州全志本　四冊

110000－0143－0009507　PG262/908
[乾隆]祁州志八卷　(清)羅以桂等修　(清)張萬銓等纂　清乾隆二十一年(1756)刻本　四冊

110000－0143－0009508　PG262/908
[光緒]祁州續志四卷　(清)趙秉恒等修　(清)劉學海等纂　清光緒八年(1882)刻本(卷四第二十二頁後殘破)　四冊

110000－0143－0009509　PG262/910
[光緒]章邱縣鄉土志二卷　(清)楊學淵修　(清)李洪鈺等纂　清光緒三十三年(1907)石印本　二冊

110000－0143－0009510　PG262/911
[道光]寶應圖經六卷首二卷　(清)劉寶楠譔　清光緒九年(1883)淮南書局刻本　四冊

110000－0143－0009511　PG262/911

[道光]寶應圖經六卷首二卷 (清)劉寶楠譔 清光緒九年(1883)淮南書局刻本 四册

110000－0143－0009512 PG262/912
[光緒]寧津縣志十二卷首一卷 (清)祝嘉庸修 (清)吳潯源纂 清光緒二十六年(1900)刻本 六册

110000－0143－0009513 PG262/912
[光緒]寧津縣志十二卷首一卷 (清)祝嘉庸修 (清)吳潯源纂 清光緒二十六年(1900)刻本 八册

110000－0143－0009514 PG262/913
[光緒]續修故城縣志十二卷首一卷 (清)丁燦修 (清)王堉德纂 (清)張熯續修 (清)范翰文續纂 清光緒十一年(1885)刻本(封面、卷一、首一卷係抄配) 八册

110000－0143－0009515 PG262/914
[咸豐]閬中縣志八卷 (清)徐繼鏞修 (清)李惺纂 清咸豐元年(1851)閬中縣署刻本 四册

110000－0143－0009516 PG262/917
[乾隆]新鄉縣志三十四卷首一卷 (清)趙開元修 (清)暢俊纂 清乾隆十二年(1747)刻本 六册

110000－0143－0009517 PG262/922
[乾隆]湯陰縣志十卷 (清)楊世達纂修 清乾隆三年(1738)刻本 四册

110000－0143－0009518 PG262/924
[光緒]保安州續志四卷 (清)張毓生 (清)尋鑾晉纂修 清光緒三年(1877)刻本 一册

110000－0143－0009519 PG262/924
[光緒]保安州續志四卷 (清)張毓生 (清)尋鑾晉纂修 清光緒三年(1877)刻本 一册

110000－0143－0009520 PG262/924－1
[道光]保安州志八卷首一卷 (清)楊桂森纂修 清道光十五年(1835)刻本 五册

110000－0143－0009521 PG262/924－1
[道光]保安州志八卷首一卷 (清)楊桂森纂修 清道光十五年(1835)刻本 四册

110000－0143－0009522 PG262/925
[乾隆]安肅縣志十六卷 (清)張鈍修 (清)史元善纂 清嘉慶十三年(1808)刻本 八册

110000－0143－0009523 PG262/927
[光緒]撫州府志八十六卷首一卷 (清)許應鑅修 (清)謝煌等纂 清光緒二年(1876)刻本 四十册

110000－0143－0009524 PG262/928
[光緒]歸州志十卷首一卷 (清)沈雲駿修 (清)劉玉森纂 清光緒八年(1882)刻本 六册

110000－0143－0009525 PG262/929
[同治]貴溪縣志十卷首一卷 (清)楊長傑修 (清)黃聯玨等纂 清同治十年(1871)刻本 十四册

110000－0143－0009526 PG262/930
[同治]清江縣志十卷首一卷 (清)潘懿修 (清)朱孫詒等纂 清同治九年(1870)刻本 十册

110000－0143－0009527 PG262/930
[同治]清江縣志十卷首一卷 (清)潘懿修 (清)朱孫詒等纂 清同治九年(1870)刻本 六册

110000－0143－0009528 PG262/930
[同治]清江縣志十卷首一卷 (清)潘懿修 (清)朱孫詒等纂 清同治九年(1870)刻本 十册

110000－0143－0009529 PG262/931
三國郡縣表八卷 (清)吳增僅纂 清光緒二十一年(1895)刻本 四册

110000－0143－0009530 PG262/931
三國郡縣表八卷 (清)吳增僅纂 清光緒二十一年(1895)刻本 四册

110000－0143－0009531　PG262/933
[同治]清泉縣志十卷首一卷末一卷　(清)王開運修　(清)張士寬纂　清同治八年(1869)刻本　二册

110000－0143－0009532　PG262/935
[康熙]商丘縣志二十卷首一卷　(清)劉德昌修　(清)葉澐纂　清光緒十一年(1885)刻本　六册

110000－0143－0009533　PG262/938
[淳熙]新安志十卷　(宋)羅願纂　清光緒十四年(1888)黟邑李氏刻本　四册

110000－0143－0009534　PG262/938
[淳熙]新安志十卷　(宋)羅願纂　清光緒十四年(1888)黟邑李氏刻本　四册

110000－0143－0009535　PG262/938
[淳熙]新安志十卷　(宋)羅願纂　清光緒十四年(1888)黟邑李氏刻本　六册

110000－0143－0009536　PG262/938
[淳熙]新安志十卷　(宋)羅願纂　清光緒十四年(1888)黟邑李氏刻本　四册

110000－0143－0009537　PG262/938－1
[嘉靖]新安志補八卷　(明)方信纂　清道光至宣統抄本　二册

110000－0143－0009538　PG262/939
[道光]重修伊陽縣志六卷首一卷末一卷　(清)張道超修　(清)張協一纂　清道光十八年(1838)刻本　六册

110000－0143－0009539　PG262/941
[光緒]婁縣續志二十卷　(清)汪坤厚　(清)程其玨修　(清)張雲望纂　清光緒五年(1879)刻本　六册

110000－0143－0009540　PG262/941
[光緒]婁縣續志二十卷　(清)汪坤厚　(清)程其玨修　(清)張雲望纂　清光緒五年(1879)刻本　六册

110000－0143－0009541　PG262/941
[光緒]婁縣續志二十卷　(清)汪坤厚　(清)程其玨修　(清)張雲望纂　清光緒五年(1879)婁縣縣署刻本　六册

110000－0143－0009542　PG262/942
[乾隆]鄧州志二十四卷首一卷末一卷　(清)蔣光祖主修　(清)姚之琅纂修　清乾隆二十年(1755)鄧州州署刻本　六册

110000－0143－0009543　PG262/944
[光緒]豐縣志十六卷首一卷　(清)姚鴻傑纂修　清光緒二十年(1894)豐縣縣署刻本　八册

110000－0143－0009544　PG262/945
[同治]南安府志三十二卷首一卷　(清)黄鳴珂主修　(清)石景芬　(清)徐福炘纂修　清同治七年(1868)刻光緒十二年(1886)補刻本　十六册

110000－0143－0009545　PG262/946
[乾隆]潞安府志四十卷首一卷　(清)張淑渠　(清)姚學瑛主修　(清)姚學甲纂修　清乾隆三十五年(1770)潞安府署刻本　二十四册

110000－0143－0009546　PG262/947
[嘉慶]廣西通志二百七十九卷首一卷　(清)謝啟昆修　(清)胡虔纂　清嘉慶六年(1801)廣西巡撫府署刻本　八十册

110000－0143－0009547　PG262/947
[嘉慶]廣西通志二百七十九卷首一卷　(清)謝啟昆修　(清)胡虔纂　清嘉慶六年(1801)廣西巡撫府署刻本　八十册

110000－0143－0009548　PG262/948
[嘉慶]蕭縣志十八卷首一卷　(清)潘鎔修　(清)沈學淵纂　清嘉慶二十年(1815)刻本　十册

110000－0143－0009549　PG262/948
[嘉慶]蕭縣志十八卷首一卷　(清)潘鎔修　(清)沈學淵纂　清嘉慶二十年(1815)刻本　十册

110000－0143－0009550　PG262/948
[同治]續蕭縣志十八卷首一卷　(清)顧景濂

（清）段廣瀛纂修　清光緒元年（1875）刻本　六册

110000－0143－0009551　PG262/949
［乾隆］辰州府志五十卷首一卷　（清）席紹葆等修　（清）謝鳴謙等纂　清乾隆三十年（1765）刻本　二十四册

110000－0143－0009552　PG262/951
［光緒］龍南縣志八卷首一卷　（清）孫瑞徵　（清）胡鴻澤修　（清）鍾益馭纂　清光緒二年（1876）刻本　八册

110000－0143－0009553　PG262/954
［道光］南部縣志三十卷首一卷　（清）王瑞慶修　（清）徐暢達等纂　清道光二十九年（1849）刻同治九年（1870）承綬、李咸若增刻本　十二册

110000－0143－0009554　PG262/956
［光緒］肥城縣志十卷首一卷　（清）凌紱曾修　（清）邵承照纂　清光緒十七年（1891）刻本　六册

110000－0143－0009555　PG262/957
［宣統］昌圖府志六章　洪汝沖纂修　清宣統二年（1910）奉天圖書印刷所鉛印本　一册

110000－0143－0009556　PG262/958
［乾隆］大同府志三十二卷首一卷　（清）吳輔宏修　（清）王飛藻纂　（清）文光校勘　清乾隆四十一年至四十七年（1776－1782）刻本　十六册

110000－0143－0009557　PG262/959
［嘉慶］東臺縣志四十卷　（清）周右修　（清）蔡復午等纂　清嘉慶二十二年（1817）刻本　十册

110000－0143－0009558　PG262/959
［嘉慶］東臺縣志四十卷　（清）周右修　（清）蔡復午等纂　清嘉慶二十二年（1817）刻本　十册

110000－0143－0009559　PG262/960
［康熙］開封府志四十卷　（清）管竭忠修　（清）張沐纂　清康熙三十四年（1695）刻本　十二册

110000－0143－0009560　PG262/962
［乾隆］延平府志四十六卷首一卷　（清）傅爾泰修　（清）陶元藻纂　清乾隆三十年（1765）刻同治十二年（1873）徐震耀補刻本　二十四册

110000－0143－0009561　PG262/964
［乾隆］通許縣志十卷　（清）阮龍光修　（清）邵自祐纂　清乾隆三十五年（1770）刻本　六册

110000－0143－0009562　PG262/971
［光緒］廬江縣志十六卷首一卷　（清）錢鑅修　（清）盧鈺　（清）俞燮奎纂　清光緒十一年（1885）木活字印本　十六册

110000－0143－0009563　PG262/971
［光緒］廬江縣志十六卷首一卷　（清）錢鑅修　（清）盧鈺　（清）俞燮奎纂　清光緒十一年（1885）木活字印本　十六册

110000－0143－0009564　PG262/975
［康熙］花縣志四卷　（清）王永名修　（清）黄士龍　（清）黄虞纂　清光緒十六年（1890）花縣縣署刻本　四册

110000－0143－0009565　PG262/978
［道光］秦安縣志十四卷　（清）嚴長宦修　（清）劉德熙纂　清道光十八年（1838）秦安縣署刻本　四册

110000－0143－0009566　PG262/980－1
［嘉慶］黟縣志十六卷首一卷　（清）吳甸華修　（清）程汝翼　（清）俞正燮纂　清嘉慶十七年（1812）黟縣縣署刻本　十二册

110000－0143－0009567　PG262/980－2
［同治］黟縣三志十六卷首一卷末一卷　（清）謝永泰修　（清）程鴻詔等纂　清同治十年（1871）刻本　十六册

110000－0143－0009568　PG262/982
［光緒］香山縣志二十二卷　（清）田明曜修

(清)陳澧纂　清光緒五年(1879)刻本　十二冊

110000－0143－0009569　PG262/983
[同治]如皋縣續志十六卷　(清)周際霖　(清)胡維藩修　(清)周頊　(清)吳開陽纂　清同治十二年(1873)刻本　六冊

110000－0143－0009570　PG262/983－1
[道光]如皋縣續志十二卷　(清)范仕義修　(清)吳鎧纂　清道光十七年(1837)刻本　二冊

110000－0143－0009571　PG262/987
[道光]石泉縣志十卷　(清)趙德林修　(清)張沆等纂　清道光十四年(1834)刻本　六冊

110000－0143－0009572　PG262/989
[光緒]周莊鎮志六卷首一卷附貞豐里庚甲見聞錄二卷　(清)陶煦纂　清光緒八年(1882)元和陶氏儀一堂刻本　六冊

110000－0143－0009573　PG262/989
[光緒]周莊鎮志六卷首一卷附貞豐里庚甲見聞錄二卷　(清)陶煦纂　清光緒八年(1882)元和陶氏儀一堂刻本　六冊

110000－0143－0009574　PG262/991
[道光]平望志十八卷首一卷　(清)翁廣平纂　清光緒十二年至十三年(1886－1887)吳江黃兆檉刻本　六冊

110000－0143－0009575　PG262/992
[乾隆]饒陽縣志二卷首一卷末一卷　(清)單作哲纂修　清乾隆十四年(1749)刻本　二冊

110000－0143－0009576　PG262/994
[同治]南昌府志六十六卷首一卷末一卷　(清)許應鑅　(清)王之藩修　(清)曾作舟　(清)杜防纂　清同治十二年(1873)刻本　四十冊

110000－0143－0009577　PG262/995
[光緒]重修五河縣志二十卷首一卷末一卷　(清)賴同宴　(清)孫玉銘修　(清)俞宗誠纂　清光緒二十年(1894)金陵刻本　八冊

110000－0143－0009578　PG262/996
[光緒]續修舒城縣志五十卷首一卷末一卷　(清)呂林鍾等修　(清)趙鳳詔等纂　清光緒三十三年(1907)木活字印本　十六冊

110000－0143－0009579　PG262/1001－1
[光緒]高淳縣志二十八卷首一卷　(清)楊福鼎修　(清)陳嘉謀纂　清光緒七年(1881)學山書院刻本　十冊

110000－0143－0009580　PG262/1004
[光緒]永壽縣重修新志十卷首一卷　(清)鄭德樞修　(清)趙奇齡纂　清光緒十四年(1888)刻本　六冊

110000－0143－0009581　PG262/1005
[光緒]侯官縣鄉土志八卷　(清)胡之楨修　(清)鄭祖庚纂　清光緒三十二年(1906)鉛印本　四冊

110000－0143－0009582　PG262/1006
[乾隆]福清縣志二十卷圖一卷　(清)饒安鼎修　(清)林昂　(清)李修卿纂　清光緒二十四年(1898)刻本　十二冊

110000－0143－0009583　PG262/1007－1
[光緒]南陽縣志十二卷首一卷　(清)潘守廉修　(清)張鳳岡等纂　清光緒三十年(1904)刻本　八冊

110000－0143－0009584　PG262/1009
[光緒]淮安府志四十卷首一卷　(清)孫雲錦修　(清)吳昆田纂　清光緒十年(1884)刻本　十六冊

110000－0143－0009585　PG262/1010－1
[光緒]婺源縣志六十四卷首一卷　(清)吳鶚修　(清)汪正元等纂　清光緒九年(1883)刻本　二十四冊

110000－0143－0009586　PG262/1011
[康熙]聊城縣志四卷　(清)何一傑纂修　清康熙二年(1663)刻本　四冊

110000－0143－0009587　PG262/1012－1

[光緒]分水縣志十卷首一卷末一卷　(清)陳常鏵　(清)馮圻修　(清)臧承宣等纂　清光緒三十二年(1906)刻本　六冊

110000－0143－0009588　PG262/1013
[光緒]浦江縣志十五卷首一卷　(清)善廣修　(清)張景青纂　清光緒二十二年(1896)刻三十一年(1905)木活字增補印本　十四冊

110000－0143－0009589　PG262/1013
[光緒]浦江縣志十五卷首一卷　(清)善廣修　(清)張景青纂　清光緒二十二年(1896)刻三十一年(1905)木活字增補印本　十四冊

110000－0143－0009590　PG262/1014
[道光]重修汧陽縣志十二卷首一卷　(清)羅曰壁纂修　清道光二十一年(1841)汧陽縣署刻本　四冊

110000－0143－0009591　PG262/1014
[光緒]增續汧陽縣志二卷　(清)焦思善總修　(清)張元璧　(清)王潤纂修　清光緒十三年(1887)汧陽縣署刻本　二冊

110000－0143－0009592　PG262/1015
[宣統]臨安縣志八卷首一卷末一卷　(清)彭循堯修　(清)董運昌　(清)周鼎纂　清宣統二年(1910)木活字印本　六冊

110000－0143－0009593　PG262/1017
[光緒]滁州志十卷首一卷末一卷　(清)熊祖詒纂修　清光緒二十三年(1897)木活字印本　十冊

110000－0143－0009594　PG262/1018
[乾隆]棲霞縣志十卷　(清)衛萇纂修　清乾隆十九年(1754)刻本　八冊

110000－0143－0009595　PG262/1018
[光緒]棲霞縣續志十卷首一卷　(清)黄麗中修　(清)于如川纂　清光緒五年(1879)刻本　與110000－0143－0009594合冊

110000－0143－0009596　PG262/1020
[光緒]葭州志一卷　(清)李壽昌修　(清)任佺纂　清光緒二十年(1894)刻本　一冊

110000－0143－0009597　PG262/1021
[同治]重修寧海州志二十六卷　(清)舒孔安修　(清)王厚階纂　清同治三年(1864)刻本　六冊

110000－0143－0009598　PG262/1023
[同治]新喻縣志十六卷首一卷　(清)文聚奎　(清)祥安修　(清)吳增逵纂　清同治十二年(1873)刻本　十二冊

110000－0143－0009599　PG262/1026
[乾隆]溫州府志三十卷首一卷　(清)李琬修　(清)齊召南　(清)汪沆纂　清乾隆二十七年(1762)刻同治四年(1865)補版印本　十六冊

110000－0143－0009600　PG262/1026
[乾隆]溫州府志三十卷首一卷　(清)李琬修　(清)齊召南　(清)汪沆纂　清乾隆二十七年(1762)刻同治四年(1865)補版印本　十八冊

110000－0143－0009601　PG262/1027
[同治]湘鄉縣志二十三卷首一卷末一卷　(清)齊德五　(清)王述恩修　(清)黄楷盛纂　清同治十三年(1874)刻本　二十四冊

110000－0143－0009602　PG262/1028
[光緒]潮陽縣志二十二卷首一卷　(清)周恒重修　(清)張其翻纂　清光緒十年(1884)刻本　十冊

110000－0143－0009603　PG262/1030
[康熙]寧陵縣志十二卷首一卷　(清)王圖寧修　(清)王肇楝　(清)王肇椿纂　清光緒十九年(1893)刻本　四冊

110000－0143－0009604　PG262/1032
[光緒]黄巖縣志四十卷首一卷　(清)陳鍾英修　(清)王詠霓纂　清光緒三年(1877)刻本　十六冊

110000－0143－0009605　PG262/1032
[光緒]黄巖縣志四十卷首一卷　(清)陳鍾英修　(清)王詠霓纂　清光緒三年(1877)刻本　十六冊

110000－0143－0009606　PG262/1032
[光緒]黄巖縣志四十卷首一卷　(清)陳鍾英修　(清)王詠霓纂　清光緒三年(1877)刻本　十六册

110000－0143－0009607　PG262/1033－1
[乾隆]上杭縣志十二卷首一卷末一卷　(清)顧人驥　(清)潘廷儀等修　(清)沈成國纂　清乾隆二十五年(1760)刻同治三年(1864)增刻本　七册

110000－0143－0009608　PG262/1036
[同治]安義縣志十六卷首一卷末一卷　(清)杜林修　(清)彭斗山　(清)熊寶善纂　清同治十年(1871)木活字印本　八册

110000－0143－0009609　PG262/1038
[光緒]梅里志十八卷　(清)楊謙纂　(清)李富孫補輯　(清)余懋續補　清光緒三年(1877)仁濟堂刻本　六册

110000－0143－0009610　PG262/1039
[道光]武進陽湖縣合志三十六卷首一卷　(清)孫琬　(清)王德茂修　(清)李兆洛　(清)周儀暐纂　清光緒十二年(1886)木活字印本　三十册

110000－0143－0009611　PG262/1042
[道光]廈門志十六卷　(清)周凱等纂修　清道光十九年(1839)玉屏書院刻本　十册

110000－0143－0009612　PG262/1042
[道光]廈門志十六卷　(清)周凱等纂修　清道光十九年(1839)玉屏書院刻本　十二册

110000－0143－0009613　PG262/1042－1
[道光]廈門志十六卷　(清)周凱等纂修　清道光十九年(1839)玉屏書院刻本　十二册

110000－0143－0009614　PG262/1048
[光緒]麟遊縣新志草十卷首一卷　(清)彭洵纂修　清光緒九年(1883)刻本　四册

110000－0143－0009615　PG262/1052－1
[道光]大荔縣志十六卷首一卷附足徵錄四卷　(清)熊兆麟纂修　清道光三十年(1850)刻本　六册

110000－0143－0009616　PG262/1052－1
[道光]大荔縣志十六卷首一卷附足徵錄四卷　(清)熊兆麟纂修　清道光三十年(1850)刻本　六册

110000－0143－0009617　PG262/1054
[康熙]城固縣志十卷　(清)王穆纂修　清光緒四年(1878)江左徐德懷刻本　四册

110000－0143－0009618　PG262/1056
[光緒]白河縣志十三卷　(清)顧騄主修　(清)王賢輔　(清)李宗麟纂修　清光緒十九年(1893)白河縣署刻本　四册

110000－0143－0009619　PG262/1058
[康熙]堂邑縣志二十卷　(清)盧承琰修　(清)劉淇纂　清光緒十八年(1892)山東堂邑雀城書院刻本　三册

110000－0143－0009620　PG262/1059
[道光]蘭州府志十二卷首一卷　(清)陳士楨修　(清)涂鴻儀纂　清道光十三年(1833)蘭州府署刻本　八册

110000－0143－0009621　PG262/1061
[道光]敦煌縣志七卷首一卷　(清)蘇履吉主修　(清)曾誠纂輯　清道光十一年(1831)敦煌縣署刻本　四册

110000－0143－0009622　PG262/1061
[道光]敦煌縣志七卷首一卷　(清)蘇履吉主修　(清)曾誠纂輯　清道光十一年(1831)敦煌縣署刻本　四册

110000－0143－0009623　PG262/1063
[光緒]寧海縣志二十四卷首一卷　(清)王瑞成　(清)程雲驤修　(清)張濬等纂　清光緒二十八年(1902)刻本　十二册

110000－0143－0009624　PG262/1068
[光緒]羅店鎮志八卷附文徵一卷　(清)王樹棻修　(清)潘履祥纂　清光緒十五年(1889)鉛印本　五册

110000－0143－0009625　PG262/1069

[光緒]岐山縣志八卷 (清)胡昇猷修 (清)張殿元纂 清光緒十年(1884)刻本 四冊

110000－0143－0009626 PG262/1070
[弘治]重刊興化府志五十四卷 (明)陳效修 (明)周瑛纂 清同治十年(1871)東萊林慶貽刻本 二十四冊

110000－0143－0009627 PG262/1072
乾隆府廳州縣圖志五十卷 (清)洪亮吉撰 清乾隆五十三年至嘉慶八年(1788－1803)刻本 十六冊

110000－0143－0009628 PG262/1074
泰州新志刊謬二卷首一卷 (清)任鈺 (清)宫錫祚等纂輯 清道光十年(1830)刻本 二冊

110000－0143－0009629 PG262/1075
[光緒]續修浦城縣志四十二卷首一卷 (清)翁天祜修 (清)翁昭泰纂 清光緒二十六年(1900)刻本 二十冊

110000－0143－0009630 PG262/1075
[光緒]續修浦城縣志四十二卷首一卷 (清)翁天祜修 (清)翁昭泰纂 清光緒二十六年(1900)刻本 二十冊

110000－0143－0009631 PG262/1076
[乾隆]原武縣志十卷 (清)吴文炘修 (清)何遠纂 清乾隆十二年(1747)刻本 七冊

110000－0143－0009632 PG262/1078－1
[雍正]慈谿縣志十六卷 (清)楊正筍修 (清)馮鴻模等纂 清雍正八年(1730)刻乾隆三年(1738)慈谿知縣許炳增刻本 八冊

110000－0143－0009633 PG262/1082
[乾隆]紹興府志八十卷首一卷 (清)李亨特修 (清)平恕 (清)徐嵩纂 清乾隆五十七年(1792)刻本 四十六冊

110000－0143－0009634 PG262/1083
[乾隆]翼城縣志二十八卷 (清)許崇楷纂修 清乾隆三十六年(1771)刻本 八冊

110000－0143－0009635 PG262/1084
[光緒]絳縣志二十一卷 (清)胡延纂修 清光緒二十五年(1899)刻本 四冊

110000－0143－0009636 PG262/1085
[光緒]滋陽縣志十四卷 (清)莫熾修 (清)黄恩彤纂 (清)李兆霖續修 (清)黄師誾等續纂 清光緒十四年(1888)刻本 十冊

110000－0143－0009637 PG262/1086
[嘉定]剡録十卷 (宋)史安之修 (宋)高似孫纂 清道光八年(1828)李式圃刻本 四冊

110000－0143－0009638 PG262/1086－1
[嘉定]剡録十卷 (宋)史安之修 (宋)高似孫纂 清同治九年(1870)刻本 二冊

110000－0143－0009639 PG262/1088
[乾隆]山陽志遺四卷 (清)吴玉搢纂 清抄本 八冊

110000－0143－0009640 PG262/1090
[道光]舞陽縣志十二卷 (清)王德瑛纂修 清道光十五年(1835)刻本 四冊

110000－0143－0009641 PG262/1098
[乾隆]確山縣志四卷 (清)周之瑚修 (清)嚴克嶟纂 清乾隆十一年(1746)刻本 四冊

110000－0143－0009642 PG262/1107
[光緒]青浦縣志三十卷首二卷末一卷 (清)汪祖綬 (清)陳其元修 (清)熊其英 (清)邱式金纂 清光緒五年(1879)尊經閣刻本 十二冊

110000－0143－0009643 PG262/1110
[嘉慶]溧陽縣志十六卷 (清)李景嶧 (清)陳鴻壽修 (清)史炳 (清)史度纂 清光緒二十二年(1896)溧陽縣署木活字印本 十冊

110000－0143－0009644 PG262/1110

[光緒]溧陽縣續志十六卷末一卷　(清)朱畯等修　馮煦纂　清光緒二十五年(1899)溧陽縣署木活字印本　八册

110000－0143－0009645　PG262/1113
都門彙纂不分卷附圖　(清)楊士安輯　(清)李靜山增補　清同治十二年(1873)北京刻本　七册

110000－0143－0009646　PG262/1113
菊部羣英二卷　(清)王小鐵撰　清同治十二年(1873)北京刻本　一册

110000－0143－0009647　PG262/1115
[光緒]永昌府志六十六卷首一卷　(清)劉毓珂　(清)何慶梅纂修　清光緒十一年(1885)永昌府府署刻本　十三册

110000－0143－0009648　PG262/1115
[光緒]永昌府志六十六卷首一卷　(清)劉毓珂　(清)何慶梅纂修　清光緒十一年(1885)永昌府府署刻本　十四册

110000－0143－0009649　PG262/1115
[光緒]永昌府志六十六卷首一卷　(清)劉毓珂　(清)何慶梅纂修　清光緒十一年(1885)永昌府府署刻本　十四册

110000－0143－0009650　PG262/1122
[乾隆]歙縣志二十卷首一卷　(清)張佩芳修　(清)劉大櫆纂　清乾隆三十六年(1771)歙縣縣署刻本　八册

110000－0143－0009651　PG262/1123
[乾隆]西寧府新志四十卷　(清)楊應琚纂修　清乾隆十二年(1747)刻二十七年(1762)印本　十二册

110000－0143－0009652　PG262/1123
[乾隆]西寧府新志四十卷　(清)楊應琚纂修　清乾隆十二年(1747)刻二十七年(1762)印本　十二册

110000－0143－0009653　PG262/1123
[乾隆]西寧府新志四十卷　(清)楊應琚纂修　清乾隆十二年(1747)刻二十七年(1762)印本　十二册

110000－0143－0009654　PG262/1123－1
[乾隆]西寧府新志四十卷　(清)楊應琚纂修　清乾隆十二年(1747)刻二十七年(1762)印本　十二册

110000－0143－0009655　PG262/1128
[道光]薊州志十卷首一卷　(清)沈鋭纂修　清道光十一年(1831)薊州州署刻本　八册

110000－0143－0009656　PG262/1129
[嘉慶]溧陽縣志十六卷　(清)李景嶧　(清)陳鴻壽修　(清)史炳　(清)史度纂　清光緒二十二年(1896)溧陽縣署木活字印本　十册

110000－0143－0009657　PG262/1129
[光緒]溧陽縣續志十六卷末一卷　(清)朱畯等修　馮煦纂　清光緒二十五年(1899)溧陽縣署木活字印本　八册

110000－0143－0009658　PG262/1129
[嘉慶]溧陽縣志十六卷　(清)李景嶧　(清)陳鴻壽修　(清)史炳　(清)史度纂　清光緒二十二年(1896)溧陽縣署木活字印本　十册

110000－0143－0009659　PG262/1129
[光緒]溧陽縣續志十六卷末一卷　(清)朱畯等修　馮煦纂　清光緒二十五年(1899)溧陽縣署木活字印本　八册

110000－0143－0009660　PG262/1135
湘城訪古錄十七卷首一卷　陳運溶纂　清光緒二十年(1894)湖南長沙萃文堂刻本　六册

110000－0143－0009661　PG262/1135
湘城遺事記九卷　陳運溶纂　清光緒二十一年(1895)萃文堂刻本　二册

110000－0143－0009662　PG262/1136
[乾隆]嵩縣志三十卷首一卷　(清)康基淵纂修　清乾隆三十二年(1767)嵩縣縣署刻本　四册

110000－0143－0009663　PG262/1137

[同治]贛州府志七十八卷首一卷　(清)魏瀛修　(清)魯琪光　(清)鍾音鴻纂　清同治十二年(1873)贛州府署刻本　九册

110000－0143－0009664　PG262/1141
[嘉慶]澄海縣志二十六卷首一卷　(清)李書吉　(清)王愷纂修　清嘉慶二十年(1815)澄海縣署刻本　八册

110000－0143－0009665　PG262/1158
[嘉慶]續濟源縣志十二卷　(清)何荇芳修　(清)劉大觀纂　清嘉慶十八年(1813)刻本　四册

110000－0143－0009666　PG262/1160
[乾隆]福州府志七十六卷首一卷　(清)徐景熹修　(清)魯曾煜　(清)施廷樞纂　清乾隆十九年(1754)刻本　三十五册　存七十三卷(三至五、七至七十六)

110000－0143－0009667　PG262/1164
[同治]上元江寧兩縣志二十八卷首一卷敘錄一卷　(清)莫祥芝　(清)甘紹盤修　(清)汪士鐸等纂　清同治十三年(1874)刻本　十二册

110000－0143－0009668　PG262/1164
[同治]上元江寧兩縣志二十八卷首一卷敘錄一卷　(清)莫祥芝　(清)甘紹盤修　(清)汪士鐸等纂　清同治十三年(1874)刻本　六册　存十四卷(一至十四)

110000－0143－0009669　PG262/1166
[乾隆]光山縣志三十二卷首一卷末一卷　(清)楊殿梓修　(清)錢時雍纂　清乾隆五十一年(1786)刻光緒十五年(1889)補刻本　十二册

110000－0143－0009670　PG262/1171
[光緒]靖州鄉土志四卷首一卷　金蓉鏡編　清光緒三十四年(1908)刻本　二册

110000－0143－0009671　PG262/1172
[光緒]鄒縣鄉土志不分卷　(清)胡煒編　清光緒三十三年(1907)山東國文報館石印本(封面係抄配)　一册

110000－0143－0009672　PG262/1173
[光緒]黎平府志八卷首一卷　(清)俞渭修　(清)陳瑜纂　清光緒十八年(1892)刻本　十册　存六卷(二下至七下)

110000－0143－0009673　PG262/1176
[光緒]始興縣鄉土志不分卷　(清)張報和總纂　清光緒三十三年(1907)清風橋文茂印局鉛印本　一册

110000－0143－0009674　PG262/1182
[同治]房縣志十二卷首一卷　(清)楊延烈修　(清)郁方董　(清)劉元棟纂　清同治五年(1866)刻本　六册

110000－0143－0009675　PG262/1183
[同治]臨川縣志五十四卷首一卷末一卷　(清)童範儼修　(清)陳慶齡　(清)陳翹纂　清同治九年(1870)刻本　二十四册

110000－0143－0009676　PG262/1183
[同治]臨川縣志五十四卷首一卷末一卷　(清)童範儼修　(清)陳慶齡　(清)陳翹纂　清同治九年(1870)刻本　二十二册　缺七卷(三十七至四十三)

110000－0143－0009677　PG262/1184
[道光]深州直隸州志十卷首一卷末一卷　(清)張範東修　(清)李廣滋纂　清道光七年(1827)刻本　四册

110000－0143－0009678　PG262/1186
[道光]欽州志十二卷首一卷　(清)朱椿年等修　(清)杜以寬　(清)葉輪纂　清道光十四年(1834)欽州州署刻本　八册

110000－0143－0009679　PG262/1187
[光緒]廣德州志六十卷首一卷末一卷　(清)胡有誠修　(清)丁寶書等纂　清光緒七年(1881)廣德州署刻本　二十册

110000－0143－0009680　PG262/1188
[光緒]灌縣鄉土志二卷　(清)鍾文虎修　(清)徐昱　(清)高履和纂　清光緒三十三年(1907)灌縣縣署刻本　一册

110000－0143－0009681　PG262/1190
[光緒]溫宿府鄉土志一卷　(清)潘宗岳編　清光緒抄本　一冊

110000－0143－0009682　PG262/1192
[同治]宜春縣志十卷首一卷　(清)路青雲修　(清)李佩琳　(清)陳瑜纂　清同治十年(1871)刻本　十冊　存十卷(宜春縣志十卷)

110000－0143－0009683　PG262/1193
[乾隆]宣化府志四十二卷首一卷　(清)王者輔原本　(清)張志奇續修　(清)黃可潤續纂　清乾隆八年(1743)刻二十二年(1757)增刻本　四冊　存十一卷(十六至二十一、三十八至四十二)

110000－0143－0009684　PG262/1194
[乾隆]衛輝府志五十三卷首一卷末一卷　(清)德昌修　(清)徐郎齋纂　清乾隆五十三年(1788)衛輝府署刻本　十三冊　存三十卷(五至十九、二十二至二十三、二十六至三十一、三十四至三十七、四十至四十一,首一卷)

110000－0143－0009685　PG262/1195
[乾隆]新鄭縣志三十一卷首一卷　(清)黃本誠纂修　清乾隆四十一年(1776)新鄭縣署刻本　十冊　存二十九卷(一至二十八、首一卷)

110000－0143－0009686　PG262/1199
[光緒]肥城縣鄉土志九卷　(清)李傳煦纂修　(清)鍾樹森續修　清光緒三十四年(1908)石印本　一冊

110000－0143－0009687　PG262/1200
[光緒]寧陽縣鄉土志一卷　(清)曹倜修　(清)李椿齡　(清)張雲渠纂　清光緒三十三年(1907)石印本　一冊

110000－0143－0009688　PG262/1201
[乾隆]赤城縣志八卷首一卷　(清)孟思誼修　(清)張曾炳纂　清乾隆十二年(1747)刻二十五年(1760)黃紹七補訂本　四冊

110000－0143－0009689　PG262/1201
[同治]赤城縣續志十卷　(清)林牟貽(清)許懔等纂修　清光緒七年(1881)刻本(原缺卷六)　一冊

110000－0143－0009690　PG262/1202
[光緒]歸安縣志五十二卷首一卷　(清)李昱修　(清)陸心源　(清)丁寶書纂　清光緒八年(1882)刻本　十六冊

110000－0143－0009691　PG262/1203
[乾隆]甘州府志十六卷首一卷　(清)鍾賡起纂修　清乾隆四十四年(1779)刻本　九冊　存十五卷(一至十、十三至十六,首一卷)

110000－0143－0009692　PG262/1208
昌平山水記二卷　(清)顧炎武撰　清蓬瀛閣刻本　一冊

110000－0143－0009693　PG262/1209
乾道臨安志三卷　(宋)周淙纂　清光緒二十年(1894)孫氏壽松堂刻本　一冊

110000－0143－0009694　PG262/1211
[乾隆]陽武縣志十二卷　(清)談諟曾修　(清)楊仲震等纂　清乾隆十年(1745)陽武縣署刻本　六冊

110000－0143－0009695　PG262/1215－1
[康熙]蒙化府志六卷首一卷　(清)蔣旭修　(清)陳金珏纂　清光緒七年(1881)刻本　四冊

110000－0143－0009696　PG262/1219
[光緒]玉田縣志三十卷首一卷　(清)夏子鎏修　(清)李昌時纂　(清)丁維續纂　清光緒十年(1884)刻本　六冊

110000－0143－0009697　PG262/1226
[乾隆]掖縣志八卷首一卷　(清)張思勉修　(清)于始瞻纂　清光緒十九年(1893)刻掖縣全志本　八冊

110000－0143－0009698　PG262/1226
[嘉慶]續掖縣志四卷　(清)張彤修　(清)張詡纂　清光緒十九年(1893)刻掖縣全志本　與110000－0143－0009697合冊

110000－0143－0009699　PG262/1226

[道光]再續掖縣志二卷 （清）楊祖憲修 （清）侯登岸纂 清光緒十九年(1893)刻掖縣全志本 與110000－0143－0009697合册

110000－0143－0009700 PG262/1226
[光緒]三續掖縣志四卷首一卷 （清）魏起鵬修 （清）王續藩纂 清光緒十九年(1893)刻掖縣全志本 與110000－0143－0009697合册

110000－0143－0009701 PG262/1227－1
[同治]上饒縣志二十六卷首一卷 （清）王恩溥 （清）邢德裕修 （清）李樹藩等纂 清同治十一年(1872)刻本 二十册

110000－0143－0009702 PG262/1231
[雍正]樂安縣志二十卷 （清）李方膺纂修 清雍正十一年(1733)刻本 四册

110000－0143－0009703 PG262/1243
[光緒]望都縣鄉土圖說不分卷 （清）陸保善纂修 清光緒三十一年(1905)鉛印本 一册

110000－0143－0009704 PG262/1244
[乾隆]屏山縣志八卷首一卷 （清）張曾敏修 （清）陳琦纂 清乾隆四十三年(1778)刻嘉慶五年(1800)增刻本 四册

110000－0143－0009705 PG262/1247
[光緒]光州志十二卷首一卷 （清）楊修田修 （清）馬珮玖纂 清光緒十二年至十三年(1886－1887)刻本 十二册

110000－0143－0009706 PG262/1247－1
[光緒]光州志十二卷首一卷 （清）楊修田修 （清）馬珮玖纂 清光緒十二年至十三年(1886－1887)刻本 十二册

110000－0143－0009707 PG262/1255
[同治]西寧新志十卷首一卷 （清）韓志超修 （清）楊篤纂 清同治十二年至光緒元年(1873－1875)宏州書院刻本 四册

110000－0143－0009708 PG262/1260
[乾隆]昌邑縣志八卷 （清）周來邰纂修 清乾隆七年(1742)刻本 四册

110000－0143－0009709 PG262/1261
[同治]稷山縣志十卷 （清）沈鳳翔修 （清）李繩武等纂 清同治四年(1865)刻本 八册

110000－0143－0009710 PG262/1261
[同治]稷山縣志十卷 （清）沈鳳翔修 （清）李繩武等纂 清同治四年(1865)刻本 八册

110000－0143－0009711 PG262/1261－1
[光緒]續修稷山縣志二卷 （清）馬家鼎纂修 清光緒十一年(1885)刻本 二册

110000－0143－0009712 PG262/1262
[道光]直隸霍州志二十五卷首一卷 （清）崔允昭修 （清）李培謙等纂 清道光六年(1826)刻本 十册

110000－0143－0009713 PG262/1262－1
[光緒]續刻直隸霍州志二卷 （清）楊立旭修 （清）白天章纂 清光緒六年(1880)刻本 二册

110000－0143－0009714 PG262/1263
[光緒]襄陵縣志二十四卷 （清）錢墉修 （清）郝登雲纂 清光緒七年(1881)刻本 六册

110000－0143－0009715 PG262/1268
[光緒]續修崞縣志八卷 （清）趙冠卿 （清）龍朝言修 （清）潘肯堂等纂 清光緒八年(1882)刻本 八册

110000－0143－0009716 PG262/1270－1
[同治]續修寧鄉縣志四十四卷首一卷 （清）郭慶颺修 （清）童秀春纂 清同治六年(1867)刻本 十八册

110000－0143－0009717 PG262/1279
[同治]枝江縣志二十卷首一卷 （清）查子庚修 （清）熊文瀾纂 清同治五年(1866)刻本 六册

110000－0143－0009718 PG262/1281
[嘉慶]澄海縣志二十六卷首一卷 （清）李書

吉　（清）王愷纂修　清嘉慶二十年（1815）澄海縣署刻本　八冊

110000－0143－0009719　PG262/1285
［同治］**廣濟縣志十六卷首一卷**　（清）劉宗元　（清）朱榮實修　（清）劉燡纂　清同治十一年（1872）木活字印本　十二冊

110000－0143－0009720　PG262/1286
［光緒］**蒸里志略十二卷**　（清）葉世熊纂　清宣統二年（1910）青浦葉桐叔鉛印本　二冊

110000－0143－0009721　PG262/1288
［同治］**益陽縣志二十五卷首一卷**　（清）姚念楊　（清）呂懋恒主修　（清）趙裴哲總纂　清同治十三年（1874）益陽縣志局刻本　十六冊

110000－0143－0009722　PG262/1290
［道光］**夔州府志三十六卷首一卷**　（清）恩成主修　（清）劉德銓纂修　清道光七年（1827）夔州府署刻本　二十四冊

110000－0143－0009723　PG262/1298
［光緒］**鳳縣志十卷首一卷**　（清）朱子春修　（清）段澍霖纂　清光緒十八年（1892）刻本　四冊

110000－0143－0009724　PG262/2006
［乾隆］**武威縣誌一卷**　（清）張玿美修　（清）曾鈞　（清）蘇暻纂　清乾隆十四年（1749）刻五涼考治六德集全誌本　一冊

110000－0143－0009725　PG262/2006
［乾隆］**鎮番縣誌一卷**　（清）張玿美修　（清）曾鈞　（清）魏奎光纂　清乾隆十四年（1749）刻五涼考治六德集全誌本　一冊

110000－0143－0009726　PG262/2006
［乾隆］**永昌縣誌一卷**　（清）張玿美修　（清）沈紹祖　（清）謝謹纂　清乾隆十四年（1749）刻五涼考治六德集全誌本　一冊

110000－0143－0009727　PG262/2006
［乾隆］**古浪縣誌一卷**　（清）張玿美修　（清）趙璘　（清）郭建文纂　清乾隆十四年（1749）刻五涼考治六德集全誌本　一冊

110000－0143－0009728　PG262/2006
［乾隆］**平番縣誌一卷**　（清）張玿美修　（清）曾鈞纂　清乾隆十四年（1749）刻五涼考治六德集全誌本　一冊

110000－0143－0009729　PG262/2007
［光緒］**武陽志餘十二卷首一卷**　（清）莊毓鋐　（清）陸鼎翰纂修　清光緒十四年（1888）木活字印本　十六冊

110000－0143－0009730　PG262/2009
［光緒］**錫金鄉土歷史二卷**　侯鴻鑑編　清光緒三十四年（1908）梁溪文苑閣木活字印本　一冊

110000－0143－0009731　PG262/2009
［光緒］**錫金鄉土歷史二卷**　侯鴻鑑編　清光緒三十四年（1908）梁溪文苑閣木活字印本　一冊

110000－0143－0009732　PG262/2012
［康熙］**平和縣志十二卷首一卷**　（清）王相修　（清）昌天錦　（清）藍三祝　（清）游宗亨等纂　清抄本　十二冊

110000－0143－0009733　PG262/2013
［順治］**淇縣志十卷圖考一卷**　（清）王謙吉　（清）王南國修　（清）白龍躍　（清）葛漢忠纂　清順治十七年（1660）刻本　二冊

110000－0143－0009734　PG262/2017－1
［光緒］**江浦埤乘四十卷首一卷**　（清）侯宗海　（清）夏錫寶纂　清光緒十七年（1891）刻本　三冊　存八卷（一至七、首一卷）

110000－0143－0009735　PG262/2019－1
［同治］**長樂縣志二十卷首一卷**　（清）彭光藻　（清）王家駒修　（清）楊希閔　（清）黄見三等纂　清同治八年（1869）刻本　十冊

110000－0143－0009736　PG262/2020
［宣統］**輝南廳志二卷**　（清）薛德履修　（清）張見田　（清）于龍辰纂　清宣統二年（1910）石印本　一冊

110000－0143－0009737　PG262/2022

[光緒]吉安府志五十三卷首一卷　(清)定祥　(清)特克紳布修　(清)劉繹　(清)周立瀛纂　清光緒二年(1876)刻本　四十册

110000－0143－0009738　PG262/2023
[道光]榮成縣志十卷　(清)李天騭修　(清)岳賡廷纂　清道光二十年(1840)刻本　四册

110000－0143－0009739　PG262/2025
[乾隆]孝義縣志二十卷　(清)鄧必安修　(清)鄧常纂　清乾隆三十五年(1770)刻本　八册

110000－0143－0009740　PG262/2026
光緒四會縣志十編首三編末一編　(清)陳志喆　(清)劉德恒修　(清)吳大猷纂　清光緒二十二年(1896)刻本　十二册

110000－0143－0009741　PG262/2027
[光緒]高明縣志十六卷首一卷　(清)鄒兆麟　(清)蔡逢恩修　(清)梁廷棟　(清)區爲樑纂　清光緒二十年(1894)刻本　六册

110000－0143－0009742　PG262/2028
敕修兩浙海塘通志二十卷首不分卷　(清)方觀承等纂修　清乾隆十六年(1751)刻本　八册

110000－0143－0009743　PG262/2029
海塘新志六卷　(清)琅玕輯　清乾隆五十五年(1790)影刻本　四册

110000－0143－0009744　PG262/2030
[乾隆]僊遊縣志五十三卷首一卷　(清)胡啓植　(清)王椿修　(清)葉和侃等纂　清同治十二年(1873)吳森刻本　二十册

110000－0143－0009745　PG262/2030
[乾隆]僊遊縣志五十三卷首一卷　(清)胡啓植　(清)王椿修　(清)葉和侃等纂　清同治十二年(1873)吳森刻本　二十四册

110000－0143－0009746　PG262/2031
光緒嘉應州志三十二卷首一卷　(清)吳宗焯　(清)李慶榮修　(清)溫仲和纂　清光緒二十四年至二十七年(1898－1901)刻本　十四册

110000－0143－0009747　PG262/2032
[萬曆]續朝邑縣志八卷　(明)郭實修　(明)王學謨纂　清康熙五十一年(1712)王兆鰲刻本　二册

110000－0143－0009748　PG262/2035
[同治]安吉縣志十八卷首一卷　(清)汪榮修　(清)張行孚纂　清同治十三年(1874)安吉縣署刻本　十六册

110000－0143－0009749　PG262/2036
[乾隆]伏羌縣志十四卷　(清)周銑修　(清)葉芝纂　清乾隆三十五年(1770)刻本　六册

110000－0143－0009750　PG262/2039
[光緒]烏程縣志三十六卷　(清)潘玉璿　(清)馮健修　(清)周學濬　(清)汪曰楨纂　清光緒六年至七年(1880－1881)刻本　十六册

110000－0143－0009751　PG262/2041
[嘉慶]漢州志四十卷首一卷末一卷　(清)劉長庚主修　(清)侯肇元　(清)張懷泗纂輯　清嘉慶二十二年(1817)漢州州署刻本　十二册

110000－0143－0009752　PG262/2041
[同治]續漢州志二十四卷首一卷補志一卷　(清)張超　(清)陳元傑主修　(清)曾履中　(清)張敏行纂輯　清同治八年(1869)漢州州署刻本　八册

110000－0143－0009753　PG262/2041
[嘉慶]漢州志四十卷首一卷末一卷　(清)劉長庚主修　(清)侯肇元　(清)張懷泗纂輯　清嘉慶二十二年(1817)漢州州署刻本　十二册

110000－0143－0009754　PG262/2041
[同治]續漢州志二十四卷首一卷補志一卷　(清)張超　(清)陳元傑主修　(清)曾履中　(清)張敏行纂輯　清同治八年(1869)漢州

州署刻本　八册

110000－0143－0009755　PG262/2042
[光緒]岐山縣志八卷　(清)胡昇猷修　(清)張殿元纂　清光緒十年(1884)岐山縣署刻本　四册

110000－0143－0009756　PG262/2052
[光緒]重修寧羌州志五卷　(清)馬毓華修　(清)鄭書香　(清)曹良模纂　清光緒十四年(1888)寧羌州署刻本　五册

110000－0143－0009757　PG262/2056
[乾隆]雲南騰越州志十三卷　(清)屠述濂纂修　清光緒二十三年(1897)騰越州署刻本　五册

110000－0143－0009758　PG262/2059
[光緒]黔江縣志五卷首一卷　(清)張九章修　(清)陳藩垣纂　清光緒二十年(1894)黔江縣署刻本　五册

110000－0143－0009759　PG262/2065
[乾隆]狄道州志十六卷　(清)呼延華國修　(清)吳鎮纂　清光緒官報書局鉛印本　八册

110000－0143－0009760　PG262/2071
京師坊巷志稿二卷　(清)朱一新撰　清光緒二十三年(1897)義烏葆真堂刻本　二册

110000－0143－0009761　PG262/2073
[嘉慶]重刊荆溪縣志四卷首一卷　(清)唐仲冕修　(清)寧楷纂　清嘉慶二年(1797)刻本　二册

110000－0143－0009762　PG262/2073
[嘉慶]重刊荆溪縣志四卷首一卷　(清)唐仲冕修　(清)寧楷纂　清嘉慶二年(1797)刻本　二册

110000－0143－0009763　PG262/2073－1
[嘉慶]新修荆溪縣志四卷首一卷　(清)唐仲冕修　(清)寧楷纂　清同治八年(1869)木活字印本　二册

110000－0143－0009764　PG262/1053
[乾隆]狄道州志十六卷　(清)呼延華國修　(清)吳鎮纂　清乾隆二十八年(1763)狄道州署刻本　八册

110000－0143－0009765　PG262/2079
[光緒]長汀縣志三十三卷首一卷末一卷　(清)劉國光　(清)謝昌霖修　(清)丁上達纂　清光緒五年(1879)長汀縣署刻本　十四册

110000－0143－0009766　PG262/2083
[康熙]太平府志四十卷　(清)黄桂修　(清)宋驤　(清)郝煌纂　(清)李敏迪　(清)曹守謙增修　清光緒二十九年(1903)木活字印本　二十册

110000－0143－0009767　PG262/2090
[光緒]續雲南通志稿一百九十四卷首六卷　(清)王文韶修　(清)唐炯纂　清光緒二十七年(1901)四川嶽池刻本　一百册

110000－0143－0009768　PG262/2091
永嘉郡記一卷　(南朝宋)鄭緝之撰　(清)孫詒讓輯　清光緒四年(1878)刻本　一册

110000－0143－0009769　PG262/2095
[咸豐]重修梓潼縣志六卷　(清)張香海修　(清)楊曦纂　清咸豐八年(1858)梓潼縣署刻本　六册

110000－0143－0009770　PG262/2095
[咸豐]重修梓潼縣志六卷　(清)張香海修　(清)楊曦纂　清咸豐八年(1858)梓潼縣署刻本　六册

110000－0143－0009771　PG262/2097
[光緒]臨潼縣續志二卷　(清)安守和修　(清)楊彦修纂　清光緒十六年(1890)刻本　二册

110000－0143－0009772　PG262/2098
春明夢餘録七十卷　(清)孫承澤撰　清光緒九年(1883)廣東古香齋刻本　二十四册

110000－0143－0009773　PG262/2099
[光緒]浙程備覽五卷　(清)于敏中撰　清光緒十四年(1888)徐氏觀自得齋刻本　二册

110000－0143－0009774　PG262/2127
［景定］嚴州新定續志十卷　（宋）鄭瑤（宋）方仁榮纂修　清光緒桐廬袁氏刻本　二冊

110000－0143－0009775　PG262/2139
［光緒］墊江縣志十卷　（清）謝必鏗修（清）李炳靈等纂　清光緒二十六年（1900）刻本　十四冊

110000－0143－0009776　PG262/2140
［光緒］鳳麓小志四卷首一卷末一卷　陳作霖編　清光緒二十五年（1899）可園刻本　二冊

110000－0143－0009777　PG262/2142
［道光］鶴場漫志二卷　（清）劉家謀撰　清道光二十九年（1849）刻本　一冊

110000－0143－0009778　PG262/2143
京口山水志十八卷首一卷末一卷　（清）楊棨撰　清光緒五年（1879）刻本　四冊

110000－0143－0009779　PG262/2145
［同治］清河縣志再續編二卷　（清）劉咸修（清）吳昆田纂　清同治十二年（1873）刻本　一冊

110000－0143－0009780　PG262/2148
同治州縣釋名類編十卷　（清）李次山纂　清同治四年（1865）刻本　四冊

110000－0143－0009781　PG262/2149
唐市徵獻錄原編二卷續編二卷　（清）倪賜原輯　（清）張璐續輯　清光緒二十五年（1899）亭林書院刻本　四冊

110000－0143－0009782　PG262/2152
［宣統］建德縣志二十卷首一卷　張贊巽修　周學銘纂　清宣統二年（1910）湖北官刷印局鉛印本　十冊

110000－0143－0009783　PG262/2152
［宣統］建德縣志二十卷首一卷　張贊巽修　周學銘纂　清宣統二年（1910）湖北官刷印局鉛印本　十冊

110000－0143－0009784　PG262/2153
［宣統］永綏廳志三十卷首一卷　（清）董鴻勳纂修　清宣統元年（1909）永綏廳署鉛印本　十二冊

110000－0143－0009785　PG263/1
畿輔河道水利叢書九種　（清）吳邦慶輯　清道光四年（1824）益津吳氏刻本　十冊

110000－0143－0009786　PG263/3
治河方略十卷首一卷　（清）靳輔撰　清嘉慶文鈞刻本　五冊　存五卷（六至十）

110000－0143－0009787　PG263/3－1
治河方略十卷首一卷　（清）靳輔撰　清嘉慶四年（1799）文鈞刻本　十一冊

110000－0143－0009788　PG263/5
行水金鑑一百七十五卷首一卷　（清）傅澤洪撰　清雍正三年（1725）淮揚官署刻本　三十五冊

110000－0143－0009789　PG263/6
安瀾紀要二卷迴瀾紀要二卷　（清）徐端撰　清道光二十二年（1842）錢塘許乃釗刻敏果齋七種本　二冊

110000－0143－0009790　PG263/6－1
迴瀾紀要二卷　（清）徐端撰　清道光二十三年（1843）趙廷熙江蘇河庫道署刻本　二冊

110000－0143－0009791　PG263/7
今水經一卷表一卷　（清）黄宗羲撰　清光緒二十年（1894）湖南章氏經濟堂刻本　一冊

110000－0143－0009792　PG263/7－1
今水經一卷表一卷　（清）黄宗羲撰　清同治二年（1863）長沙余肇鈞刻明辨齋叢書本　一冊

110000－0143－0009793　PG263/8
中國江海險要圖志二十二卷補編五卷圖五卷　（英國）海軍海圖官局撰　（清）陳壽彭編譯　清光緒二十七年（1901）經世文社石印本　十冊　缺三卷（圖三至五）

110000－0143－0009794　PG263/8
中國江海險要圖志二十二卷補編五卷圖五卷

(英國)海軍海圖官局撰　(清)陳壽彭編譯　清光緒二十七年(1901)經世文社石印本　十二冊

110000－0143－0009795　PG263/9
太湖備考十六卷首一卷　(清)金友理纂　清乾隆十五年(1750)刻本　八冊

110000－0143－0009796　PG263/9
太湖備考十六卷首一卷　(清)金友理纂　清乾隆十五年(1750)刻本　八冊

110000－0143－0009797　PG263/9
太湖備考續編四卷　(清)鄭言紹纂述　清光緒二十九年(1903)刻本　四冊

110000－0143－0009798　PG263/9
太湖備考續編四卷　(清)鄭言紹纂述　清光緒二十九年(1903)刻本　四冊

110000－0143－0009799　PG263/9
太湖備考續編四卷　(清)鄭言紹纂述　清光緒二十九年(1903)刻本　四冊

110000－0143－0009800　PG263/9
太湖備考十六卷首一卷附湖程紀略一卷太湖備考續編四卷　(清)金友理纂　清乾隆十五年(1750)刻光緒二十九年(1903)印本　八冊

110000－0143－0009801　PG263/9
太湖備考十六卷首一卷附湖程紀略一卷太湖備考續編四卷　(清)金友理纂　清乾隆十五年(1750)刻光緒二十九年(1903)印本　八冊

110000－0143－0009802　PG263/9
太湖備考十六卷首一卷附湖程紀略一卷　(清)金友理纂　清乾隆十五年(1750)刻光緒二十九年(1903)印本　八冊

110000－0143－0009803　PG263/12
山東運河備覽十二卷圖一卷　(清)陸燿等纂　清同治十年(1871)山東運河道署刻本　六冊

110000－0143－0009804　PG263/12
山東運河備覽十二卷圖一卷　(清)陸燿等纂　清同治十年(1871)山東運河道署刻本　六冊

110000－0143－0009805　PG263/13
揚州水道記四卷　(清)劉文淇撰　清道光二十五年(1845)儀徵吳文鎔江西撫署刻本　二冊

110000－0143－0009806　PG263/13
揚州水道記四卷　(清)劉文淇撰　清道光二十五年(1845)儀徵吳文鎔江西撫署刻同治十一年(1872)淮南書局補刻本　四冊

110000－0143－0009807　PG263/14
楚北水利隄防紀要二卷　(清)俞昌烈纂　清同治四年(1865)湖北藩署刻本　一冊

110000－0143－0009808　PG263/14
楚北水利隄防紀要二卷　(清)俞昌烈編　清道光二十一年(1841)刻本　二冊

110000－0143－0009809　PG263/15
西域水道記五卷　(清)徐松撰　清道光刻大興徐氏三種本　四冊

110000－0143－0009810　PG263/15
西域水道記五卷　(清)徐松撰　清道光刻大興徐氏三種本　五冊

110000－0143－0009811　PG263/15－1
大興徐氏三種八卷　(清)徐松撰　清道光刻本　六冊

110000－0143－0009812　PG263/15－2
西域水道記五卷　(清)徐松撰　清光緒十九年(1893)寶善書局石印本　五冊

110000－0143－0009813　PG263/16
莫愁湖志六卷首一卷　(清)馬士圖輯著　清光緒八年(1882)刻清末增刻本　二冊

110000－0143－0009814　PG263/16
莫愁湖志六卷首一卷　(清)馬士圖輯著　清光緒八年(1882)刻清末增刻本　二冊

110000－0143－0009815　PG263/16
莫愁湖志六卷首一卷　(清)馬士圖輯著　清光緒八年(1882)刻清末增刻本　二冊

110000－0143－0009816　PG263/16
莫愁湖志六卷首一卷　(清)馬士圖輯著　清光緒八年(1882)刻清末增刻本　二冊

110000－0143－0009817　PG263/17
江蘇海塘新志八卷　(清)李慶雲等纂　清光緒十六年(1890)刻本　四冊

110000－0143－0009818　PG263/17
江蘇海塘新志八卷　(清)李慶雲等纂　清光緒十六年(1890)刻本　四冊

110000－0143－0009819　PG263/19
洞庭湖志十四卷　(清)萬年淳等纂　清道光五年(1825)六安直隸州州丞署刻同治補版印本　十冊

110000－0143－0009820　PG263/19
洞庭湖志十四卷　(清)萬年淳等纂　清道光五年(1825)六安直隸州州丞署刻本　十冊

110000－0143－0009821　PG263/20－1
欽定河源紀略三十五卷首一卷　(清)紀昀　(清)陸錫熊等纂　清乾隆武英殿刻本　八冊

110000－0143－0009822　PG263/22
永定河志三十二卷諭旨一卷宸章一卷治河摘要一卷　(清)李逢亨編　清嘉慶二十年(1815)刻本　十六冊

110000－0143－0009823　PG263/22－1
永定河續志十六卷首一卷附刻一卷補錄一卷附錄一卷原編序例一卷　(清)蔣廷皋等纂　清光緒八年(1882)刻本　十一冊

110000－0143－0009824　PG263/23
歷代黃河變遷圖考四卷　(清)劉鶚撰　清光緒十九年(1893)袖海山房石印本　四冊

110000－0143－0009825　PG263/23
歷代黃河變遷圖考四卷　(清)劉鶚撰　清光緒十九年(1893)袖海山房石印本　四冊

110000－0143－0009826　PG263/24
江北運程四十卷首一卷　(清)董恂輯　清同治六年(1867)京都琉璃廠刻本　四十一冊

110000－0143－0009827　PG263/24
江北運程四十卷首一卷　(清)董恂輯　清同治六年(1867)京都琉璃廠刻本　四十一冊

110000－0143－0009828　PG263/24
江北運程四十卷首一卷　(清)董恂輯　清同治六年(1867)京都琉璃廠刻本　四十一冊

110000－0143－0009829　PG263/27
河防芻議不分卷　(清)劉成忠撰　清同治十三年(1874)刻本　一冊

110000－0143－0009830　PG263/28
河套圖考不分卷　(清)楊江撰　清咸豐七年(1857)關中書院監院官署刻本　一冊

110000－0143－0009831　PG263/29
灌江四種四卷　(清)王廷玨　(清)王來通等輯　清乾隆至光緒刻本　四冊

110000－0143－0009832　PG263/31
黃天蕩修堤全錄四卷　(清)姚信　(清)牟晉蕃等輯　清光緒七年(1881)刻本　三冊

110000－0143－0009833　PG263/35
皇朝輿地水道源流五卷　(清)胡宣慶纂編　清光緒十七年(1891)長沙胡氏刻本　二冊

110000－0143－0009834　PG263/35
皇朝輿地水道源流五卷　(清)胡宣慶纂編　清光緒十七年(1891)長沙胡氏刻本　一冊

110000－0143－0009835　PG263/35
皇朝輿地水道源流五卷　(清)胡宣慶纂編　清光緒十七年(1891)長沙胡氏刻本　二冊

110000－0143－0009836　PG263/35－1
皇朝輿地水道源流五卷　(清)胡宣慶纂編　清光緒四年(1878)長沙胡氏刻本　二冊

110000－0143－0009837　PG263/36
續纂江蘇水利全案正編四十卷首一卷附編十二卷　(清)李慶雲　(清)蔣師轍等纂　清光緒十五年(1889)水利工程局木活字印本　二十二冊

110000－0143－0009838　PG263/36
續纂江蘇水利全案正編四十卷首一卷附編十二卷　(清)李慶雲　(清)蔣師轍等纂　清光

緒十五年(1889)水利工程局木活字印本　二十二冊

110000－0143－0009839　PG263/37
湖墅小志四卷　(清)高鵬年撰　清光緒二十二年(1896)仁和黄子言石印本　二冊

110000－0143－0009840　PG263/41
浙西水利備考不分卷　(清)王鳳生等纂　清光緒四年(1878)浙江書局刻本　四冊

110000－0143－0009841　PG263/41
浙西水利備考不分卷　(清)王鳳生等纂　清光緒四年(1878)浙江書局刻本　四冊

110000－0143－0009842　PG263/41
浙西水利備考不分卷　(清)王鳳生等纂　清光緒四年(1878)浙江書局刻本　四冊

110000－0143－0009843　PG263/42
惠濟河輯説四卷首一卷　(清)王儒行纂　清同治九年(1870)汲古堂刻本　二冊

110000－0143－0009844　PG263/43
蜀水攷四卷　(清)陳登龍撰　(清)朱錫穀補注　(清)陳一津分疏　清光緒五年(1879)綿竹楊氏清泉精舍刻本　二冊

110000－0143－0009845　PG263/43－1
蜀水攷四卷　(清)陳登龍撰　(清)朱錫穀補注　(清)陳一津分疏　清光緒十六年(1890)成都試院刻本　四冊

110000－0143－0009846　PG263/43－2
蜀水攷四卷　(清)陳登龍撰　(清)朱錫穀補注　(清)陳一津分疏　清道光五年(1825)刻本　一冊

110000－0143－0009847　PG263/44
海道圖説十五卷附長江圖説一卷　(英國)金約翰輯　(美國)金楷口譯　(英國)傅蘭雅　(清)王德均筆述　清光緒刻本　十冊

110000－0143－0009848　PG263/44
海道圖説十五卷附長江圖説一卷　(英國)金約翰輯　(美國)金楷口譯　(英國)傅蘭雅　(清)王德均筆述　清光緒至宣統著易堂鉛印本　八冊

110000－0143－0009849　PG263/47
南湖攷不分卷　(明)陳善　(明)陳幼學等原撰　(清)梁恭辰　(清)梅啓照編　清光緒五年(1879)浙江書局刻本　一冊

110000－0143－0009850　PG263/48
浙西水利備考不分卷　(清)王鳳生等纂　清光緒四年(1878)刻本　一冊　存九種(太湖、湖州府、烏程縣、歸安縣、長興縣、德清縣、武康縣、安吉縣、孝豐縣水道圖説)

110000－0143－0009851　PG263/50
五省溝洫圖説不分卷　(清)沈夢蘭撰　清光緒六年(1880)江蘇書局刻本　一冊

110000－0143－0009852　PG263/51
廣東海圖説不分卷　(清)張之洞撰　清光緒十五年(1889)廣雅書局刻本　一冊

110000－0143－0009853　PG263/51
廣東海圖説不分卷　(清)張之洞撰　清光緒十五年(1889)廣雅書局刻本　一冊

110000－0143－0009854　PG263/52
上虞縣五鄉水利本末二卷　(元)陳恬纂　(清)朱鼎祚續纂　清光緒三年(1877)上虞五鄉木活字印本　一冊

110000－0143－0009855　PG263/53
西湖水利考一卷續考一卷　(清)吳農祥撰　清光緒二十四年(1898)錢塘丁氏嘉惠堂刻武林掌故叢編(第二十三集)本　一冊

110000－0143－0009856　PG263/54
杜白二湖全書不分卷　(明)沈鵬海纂　(清)王相能續纂　清嘉慶十年(1805)王相能刻道光增補印本　二冊

110000－0143－0009857　PG263/55
水經注西南諸水考三卷　(清)陳澧撰　清光緒廣雅書局刻本　一冊

110000－0143－0009858　PG263/55
弧三角平視法不分卷　(清)陳澧撰　清光緒廣雅書局刻本　與110000－0143－0009857

合冊

110000－0143－0009859　PG263/55

摹印述不分卷　（清）陳澧撰　清光緒廣雅書局刻本　與110000－0143－0009857合冊

110000－0143－0009860　PG263/59

臨漳縣漳水圖經一卷　（清）姚東之纂　清道光十七年（1837）刻本　一冊

110000－0143－0009861　PG263/60

洋防說略二卷　（清）徐家榦撰　清光緒十三年（1887）刻本　二冊

110000－0143－0009862　PG263/61

禹貢水道考異南條五卷首一卷北條五卷　（清）方堃撰　清道光四年（1824）刻本　二冊

110000－0143－0009863　PG263/62

三元溝始末二卷附存一卷　（清）郭柏蒼等撰　清光緒刻本　一冊

110000－0143－0009864　PG263/63

治河滙覽八卷　（清）靳輔等撰　清光緒十一年（1885）刻本　八冊

110000－0143－0009865　PG263/65

荆楚修疏指要二卷首一卷水道參考三卷首一卷　（清）胡祖翮撰　清同治十一年（1872）湖北崇文書局刻本　二冊

110000－0143－0009866　PG263/65

荆楚修疏指要水道參考三卷首一卷　（清）胡祖翮撰　清同治十一年（1872）湖北崇文書局刻本　一冊

110000－0143－0009867　PG263/67

皇朝輿地水道源流五卷　（清）胡宣慶纂編　清光緒十七年（1891）長沙胡氏刻本　一冊

110000－0143－0009868　PG263/69

續行水金鑑一百五十六卷首一卷　（清）俞正燮　（清）董士錫等纂　清道光十二年（1832）江南河庫道署刻本　五十六冊

110000－0143－0009869　PG263/70

山東全河備考四卷　（清）葉方恒纂　清康熙十九年（1680）刻本　八冊

110000－0143－0009870　PG263/71

河防志十二卷　（清）張希良編　清雍正三年（1725）刻本　十二冊

110000－0143－0009871　PG263/72

水經注匯校四十卷首一卷水經注釋附錄二卷　（北魏）酈道元撰　（清）楊希閔校勘　清光緒七年（1881）福州刻本　十六冊

110000－0143－0009872　PG263/72

水經注匯校四十卷首一卷水經注釋附錄二卷　（北魏）酈道元撰　（清）楊希閔校勘　清光緒七年（1881）福州刻本　十冊

110000－0143－0009873　PG263/73

濬河錄不分卷　（清）武進陽湖兩縣編　清光緒十二年（1886）楊子容木活字印本　四冊

110000－0143－0009874　PG263/75

杜白二湖全書不分卷　（明）沈鵬海纂　（清）王相能續纂　清嘉慶十年（1805）王相能刻本　一冊

110000－0143－0009875　PG263/77

江蘇水利圖說不分卷　（清）李慶雲撰　清宣統二年（1910）水利工程局刻本　二冊

110000－0143－0009876　PG263/78

上虞塘工紀略二卷續紀略一卷三續紀略一卷　（清）連仲愚撰　清光緒四年（1878）敬睦堂刻本　一冊

110000－0143－0009877　PG263/79

河工器具圖說四卷　（清）麟慶纂輯　清道光十六年（1836）南河節署刻本　二冊

110000－0143－0009878　PG263/79

河工器具圖說四卷　（清）麟慶纂輯　清道光十六年（1836）南河節署刻本　二冊

110000－0143－0009879　PG263/81

請復淮水故道圖說一卷　（清）丁顯撰　清光緒十五年（1889）刻本　一冊

110000－0143－0009880　PG263/83

豫南水利卮言不分卷　（清）徐壽茲撰　清光緒二十七年（1901）大梁刻本　一冊

110000－0143－0009881　PG263/84
吴江水考五卷圖一卷　（明）沈啓撰　清雍正十二年至乾隆二年（1734－1737）沈守義刻道光四年（1824）沈寶禾印本　四册

110000－0143－0009882　PG263/85
濬河錄不分卷　（清）武進陽湖兩縣編　清光緒十二年（1886）楊子容木活字印本　四册

110000－0143－0009883　PG263/86
東南水利略六卷　（清）凌介禧編　清道光十三年（1833）烏程凌氏蕊珠僊館刻本　六册

110000－0143－0009884　PG263/88
居濟一得八卷　（清）張伯行撰　清同治五年（1866）福州正誼書局刻正誼堂全書本　四册

110000－0143－0009885　PG263/88－1
居濟一得八卷　（清）張伯行撰　清乾隆刻本　四册

110000－0143－0009886　PG263/90
浙江圖攷不分卷　（清）阮元撰　清嘉慶八年（1803）刻本　一册

110000－0143－0009887　PG263/91
宋史河渠七卷　（□）□□輯　清末抄本　八册

110000－0143－0009888　PG263/97
曹娥江志八卷首一卷　（清）胡鳳丹編輯　清光緒三年（1877）永康胡氏退補齋刻本　二册

110000－0143－0009889　PG263/99
畿輔水利四案四卷四案補一卷附錄一卷　（清）潘錫恩輯　清道光三年（1823）刻本　六册

110000－0143－0009890　PG263/100
上虞五鄉水利紀實不分卷　（清）金鼎撰　清光緒三十四年（1908）上虞柯莊謙守齋刻本　一册

110000－0143－0009891　PG264/1
岱史十八卷　（明）查志隆輯　（清）張縉彥刪補　明萬曆三十九年（1611）刻清康熙三十八年（1699）修補印本　三册　存四卷（十五至十八）

110000－0143－0009892　PG264/4
焦山志二十六卷首一卷　（清）吳雲輯　清同治十三年（1874）刻京口三山志本　八册

110000－0143－0009893　PG264/4
焦山志二十六卷首一卷　（清）吳雲輯　清同治十三年（1874）刻京口三山志本　八册

110000－0143－0009894　PG264/4
焦山志二十六卷首一卷　（清）吳雲輯　清同治十三年（1874）刻京口三山志本　八册

110000－0143－0009895　PG264/4
焦山志二十六卷首一卷　（清）吳雲輯　清同治十三年（1874）刻京口三山志本　八册

110000－0143－0009896　PG264/4
焦山志二十六卷首一卷　（清）吳雲輯　清同治十三年（1874）刻京口三山志本　八册

110000－0143－0009897　PG264/4
焦山續志八卷　（清）陳任暘輯　清光緒三十一年（1905）刻京口三山志本　二册

110000－0143－0009898　PG264/4
焦山續志八卷　（清）陳任暘輯　清光緒三十一年（1905）刻京口三山志本　二册

110000－0143－0009899　PG264/4
焦山續志八卷　（清）陳任暘輯　清光緒三十一年（1905）刻京口三山志本　二册

110000－0143－0009900　PG264/4
焦山續志八卷　（清）陳任暘輯　清光緒三十一年（1905）刻京口三山志本　二册

110000－0143－0009901　PG264/5－1
泰山志二十卷　（清）金棨纂輯　清嘉慶十五年（1810）休寧金氏刻本　十六册

110000－0143－0009902　PG264/5－1
泰山志二十卷　（清）金棨纂輯　清嘉慶十五年（1810）休寧金氏刻本　十二册

110000－0143－0009903　PG264/5－1
泰山志二十卷　（清）金棨纂輯　清光緒二十

四年(1898)孝感秦應逵刻本　十一冊

110000－0143－0009904　PG264/6－1
茅山志十四卷附道秩考一卷　(清)笪蟾光編　清光緒元年(1875)刻本　八冊

110000－0143－0009905　PG264/7
清涼山志十卷　(明)釋鎮澄撰　清乾隆二十年(1755)刻本　四冊

110000－0143－0009906　PG264/7
清涼山志十卷　(明)釋鎮澄撰　清乾隆二十年(1755)釋聚用刻光緒十三年(1887)增補印本　四冊

110000－0143－0009907　PG264/7
清涼山志十卷　(明)釋鎮澄撰　清乾隆二十年(1755)釋聚用刻光緒十三年(1887)增補印本　四冊

110000－0143－0009908　PG264/8
華嶽志八卷首一卷　(清)李榕纂輯　(清)楊翼武評閱　清道光十一年(1831)華麓楊氏清白別墅刻光緒九年(1883)湘鄉楊昌濬補版印本　四冊

110000－0143－0009909　PG264/8
華嶽志八卷首一卷　(清)李榕纂輯　(清)楊翼武評閱　清道光十一年(1831)華麓楊氏清白別墅刻光緒九年(1883)湘鄉楊昌濬補版印本　四冊

110000－0143－0009910　PG264/8
華嶽志八卷首一卷　(清)李榕纂輯　(清)楊翼武評閱　清道光十一年(1831)華麓楊氏清白別墅刻光緒九年(1883)湘鄉楊昌濬補版印本　四冊

110000－0143－0009911　PG264/8
華嶽志八卷首一卷　(清)李榕纂輯　(清)楊翼武評閱　清道光十一年(1831)刻光緒三十年(1904)補刻本　四冊

110000－0143－0009912　PG264/8
華嶽志八卷首一卷　(清)李榕纂輯　(清)楊翼武評閱　清道光十一年(1831)刻光緒三十年(1904)補刻本　四冊

110000－0143－0009913　PG264/8
華嶽志八卷首一卷　(清)李榕纂輯　(清)楊翼武評閱　清道光十一年(1831)刻光緒三十年(1904)補刻本　四冊

110000－0143－0009914　PG264/9
萬山綱目二十一卷　(清)李誠纂　清光緒二十六年(1900)長沙刻本　八冊

110000－0143－0009915　PG264/9
萬山綱目二十一卷　(清)李誠纂　清光緒二十六年(1900)長沙刻本　八冊

110000－0143－0009916　PG264/13
盤山志十卷首一卷補遺四卷　(清)釋智樸纂輯　清康熙刻本　四冊

110000－0143－0009917　PG264/13
盤山志十卷首一卷補遺四卷　(清)釋智樸纂輯　清康熙刻本　四冊

110000－0143－0009918　PG264/13
盤山志十卷首一卷補遺四卷　(清)釋智樸纂輯　清同治十一年(1872)薊州李江刻本　四冊

110000－0143－0009919　PG264/13－1
盤山志十卷首一卷補遺四卷　(清)釋智樸纂輯　清同治十一年(1872)薊州李江刻本　六冊

110000－0143－0009920　PG264/14
鼓山志十四卷首一卷　(清)黄任編　清乾隆刻本　六冊

110000－0143－0009921　PG264/14
鼓山志十四卷首一卷　(清)黄任編　清末刻本　六冊

110000－0143－0009922　PG264/16－1
重修南海普陀山志二十卷首一卷　(清)秦耀曾編輯　清道光二十三年(1843)刻本　四冊

110000－0143－0009923　PG264/16－1
重修南海普陀山志二十卷首一卷　(清)秦耀曾編輯　清道光二十三年(1843)刻本　四冊

110000－0143－0009924　PG264/17－1
峩山圖志二卷　(清)譚鍾嶽撰　清光緒十七年(1891)成都兩湖公所刻本　二册

110000－0143－0009925　PG264/17－1
峩山圖志二卷　(清)譚鍾嶽撰　清光緒十七年(1891)成都兩湖公所刻本　二册

110000－0143－0009926　PG264/19
廬山志十五卷　(清)毛德琦撰　清康熙五十九年至六十一年(1720－1722)順德堂刻乾隆五十八年(1793)龔琰修補道光二十二年(1842)戴鼎恒修補咸豐九年(1859)胡心庠修補同治十二年(1873)盛元遞修本　十六册

110000－0143－0009927　PG264/19
廬山志十五卷　(清)毛德琦撰　清康熙五十九年至六十一年(1720－1722)順德堂刻乾隆五十八年(1793)龔琰修補道光二十二年(1842)戴鼎恒修補咸豐九年(1859)胡心庠修補同治十二年(1873)盛元遞修本　十六册

110000－0143－0009928　PG264/19－1
廬山志十五卷　(清)毛德琦撰　清康熙五十九年至六十一年(1720－1722)順德堂刻乾隆五十八年(1793)龔琰修補道光二十二年(1842)戴鼎恒修補咸豐九年(1859)胡心庠修補同治十二年(1873)盛元遞修本　十六册

110000－0143－0009929　PG264/20
南嶽志八卷　(清)高自位重編　(清)曠敏本等輯　清乾隆十八年(1753)開雲樓刻本　六册

110000－0143－0009930　PG264/20
南嶽志八卷　(清)高自位重編　(清)曠敏本等輯　清乾隆十八年(1753)開雲樓刻本　六册

110000－0143－0009931　PG264/20
南嶽志八卷　(清)高自位重編　(清)曠敏本等輯　清乾隆十八年(1753)開雲樓刻本　六册

110000－0143－0009932　PG264/20－2
重修南嶽志二十六卷　(清)李元度重修　清光緒六年至九年(1880－1883)刻本　十六册　缺三卷(十二至十四)

110000－0143－0009933　PG264/22
九華山志十卷首一卷末一卷　(清)謝維喈主修　(清)周贇纂修　清光緒二十六年(1900)青陽縣署刻本　六册

110000－0143－0009934　PG264/23
慧山記四卷首一卷　(明)邵寶纂　(明)釋圓顯輯　清同治七年(1868)無錫邵文燾刻本　一册　缺二卷(三至四)

110000－0143－0009935　PG264/23
慧山記四卷首一卷　(明)邵寶纂　(明)釋圓顯輯　清同治七年(1868)無錫邵文燾刻本　二册

110000－0143－0009936　PG264/23
慧山記續編三卷首一卷　(清)邵涵初纂　(清)邵文燾輯　清同治七年(1868)無錫邵文燾刻本　四册

110000－0143－0009937　PG264/23
慧山記四卷首一卷　(明)邵寶纂　(明)釋圓顯輯　清同治七年(1868)無錫邵文燾刻本　二册

110000－0143－0009938　PG264/23
慧山記四卷首一卷　(明)邵寶纂　(明)釋圓顯輯　清同治七年(1868)無錫邵文燾刻本　二册

110000－0143－0009939　PG264/23
慧山記續編三卷首一卷　(清)邵涵初纂　(清)邵文燾輯　清同治七年(1868)無錫邵文燾刻本　四册

110000－0143－0009940　PG264/23－1
慧山記續編三卷首一卷　(清)邵涵初纂　(清)邵文燾輯　清同治七年(1868)無錫邵文燾刻本　二册

110000－0143－0009941　PG264/23－1
慧山記續編三卷首一卷　(清)邵涵初纂　(清)邵文燾輯　清同治七年(1868)無錫邵文

燾刻本　四册

110000－0143－0009942　PG264/23－1
慧山記續編三卷首一卷　（清）邵涵初纂（清）邵文燾輯　清咸豐九年（1859）無錫二泉書院刻本　三册　缺一卷（三）

110000－0143－0009943　PG264/23－2
慧山記四卷首一卷　（明）邵寶纂　（明）釋圓顯輯　清咸豐七年（1857）無錫二泉書院刻本　二册

110000－0143－0009944　PG264/23－2
慧山記四卷首一卷　（明）邵寶纂　（明）釋圓顯輯　清咸豐七年（1857）無錫二泉書院刻本　二册

110000－0143－0009945　PG264/23－2
慧山記四卷首一卷　（明）邵寶纂　（明）釋圓顯輯　清咸豐七年（1857）無錫二泉書院刻本　二册

110000－0143－0009946　PG264/23－2
慧山記四卷首一卷　（明）邵寶纂　（明）釋圓顯輯　清同治七年（1868）無錫邵文燾刻本　二册

110000－0143－0009947　PG264/23－2
慧山記續編三卷首一卷　（清）邵涵初纂（清）邵文燾輯　清咸豐九年（1859）無錫二泉書院刻本　三册　缺一卷（一）

110000－0143－0009948　PG264/23－2
慧山記續編三卷首一卷　（清）邵涵初纂（清）邵文燾輯　清咸豐九年（1859）無錫二泉書院刻本　三册　缺一卷（三）

110000－0143－0009949　PG264/23－3
慧山記四卷首一卷　（明）邵寶纂　（明）釋圓顯輯　清同治七年（1868）無錫邵文燾刻本　二册

110000－0143－0009950　PG264/23－3
慧山記續編三卷首一卷　（清）邵涵初纂（清）邵文燾輯　清同治七年（1868）無錫邵文燾刻本　四册

110000－0143－0009951　PG264/24
北固山志十四卷首一卷　（清）周伯義編（清）陳任暘訂　清光緒三十年（1904）刻京口三山志本　六册

110000－0143－0009952　PG264/24－1
北固山志十四卷首一卷　（清）周伯義編（清）陳任暘訂　清光緒三十年（1904）刻京口三山志本　六册

110000－0143－0009953　PG264/25
金山志二十卷首二卷　（清）周伯義編　（清）陳任暘訂　清光緒三十年（1904）刻京口三山志本　十册

110000－0143－0009954　PG264/25
京口三山志三種六十八卷　（清）周伯義編（清）陳任暘訂　清同治至光緒刻本　二十六册

110000－0143－0009955　PG264/26
石鐘山志十六卷首一卷　（清）李成謀　（清）丁義方輯　（清）方宗誠　（清）胡傳釗校訂　清光緒九年（1883）聽濤眺雨軒刻本　八册

110000－0143－0009956　PG264/26
石鐘山志十六卷首一卷　（清）李成謀　（清）丁義方輯　（清）方宗誠　（清）胡傳釗校訂　清光緒九年（1883）聽濤眺雨軒刻本　八册

110000－0143－0009957　PG264/26
石鐘山志十六卷首一卷附補遺　（清）李成謀（清）丁義方輯　（清）方宗誠　（清）胡傳釗校訂　清光緒九年（1883）聽濤眺雨軒刻本　八册

110000－0143－0009958　PG264/28
武夷山志二十四卷首一卷　（清）董天工編　清道光二十六年至二十七年（1846－1847）籍溪羅氏五夫尺木軒刻本　八册

110000－0143－0009959　PG264/28
武夷山志二十四卷首一卷　（清）董天工編　清道光二十六年至二十七年（1846－1847）籍溪羅氏五夫尺木軒刻同治十一年（1872）無錫丁承禧補刻本　八册

110000－0143－0009960　PG264/28－1
武夷山志二十四卷首一卷　（清）董天工編　清道光二十六年至二十七年（1846－1847）籍溪羅氏五夫尺木軒刻同治十一年（1872）無錫丁承禧補刻本　八冊

110000－0143－0009961　PG264/28
武夷山志二十四卷首一卷　（清）董天工編　清道光二十六年至二十七年（1846－1847）籍溪羅氏五夫尺木軒刻本　八冊

110000－0143－0009962　PG264/29
恒山志五卷圖一卷　（清）桂敬順纂修　**附續志一卷**　（清）賀澍恩纂　清乾隆二十八年（1763）刻光緒續刻本　六冊

110000－0143－0009963　PG264/30
虎邱山志十卷首一卷　（清）顧湄重修　清宣統三年（1911）集羣圖書館鉛印本　二冊

110000－0143－0009964　PG264/32
虎阜志十卷首一卷　（清）陸肇域　（清）任兆麟等纂　清乾隆五十七年（1792）刻本　十冊

110000－0143－0009965　PG264/36
說嵩三十二卷　（清）景日昣撰　清康熙六十年（1721）嶽生堂刻本　十冊

110000－0143－0009966　PG264/36
說嵩三十二卷　（清）景日昣撰　清康熙六十年（1721）嶽生堂刻本　十冊

110000－0143－0009967　PG264/36
說嵩三十二卷　（清）景日昣撰　清康熙六十年（1721）嶽生堂刻本　十冊

110000－0143－0009968　PG264/36
說嵩三十二卷　（清）景日昣撰　清康熙六十年（1721）嶽生堂刻本　十冊

110000－0143－0009969　PG264/37
爛柯山志十三卷　（清）鄭永禧輯　清光緒三十三年（1907）刻本　四冊

110000－0143－0009970　PG264/37
爛柯山志十三卷　（清）鄭永禧輯　清光緒三十三年（1907）刻本　四冊

110000－0143－0009971　PG264/38
潭柘山岫雲寺志二卷　（清）神穆德　（清）釋義菴續撰　清光緒刻本　二冊

110000－0143－0009972　PG264/93
寶華山志十五卷首一卷　（清）劉名芳纂修　清末刻本　四冊

110000－0143－0009973　PG264/39
大別山志十卷首一卷　（清）胡鳳丹編纂　清同治十三年（1874）永康胡氏退補齋刻本　四冊

110000－0143－0009974　PG264/43
泰山道里記不分卷　（清）聶鈫撰　清光緒四年（1878）刻本　二冊

110000－0143－0009975　PG264/43
泰山道里記不分卷　（清）聶鈫撰　清光緒四年（1878）刻本　一冊

110000－0143－0009976　PG264/43
泰山道里記不分卷　（清）聶鈫撰　清光緒四年（1878）刻本　一冊

110000－0143－0009977　PG264/46－1
金山志十卷首一卷續金山志二卷　（清）盧見曾撰　（清）釋秋崖續撰　清光緒二十七年（1901）刻本　六冊

110000－0143－0009978　PG264/46－1
金山志十卷首一卷續金山志二卷　（清）盧見曾撰　（清）釋秋崖續撰　清光緒二十七年（1901）刻本　六冊

110000－0143－0009979　PG264/46－1
金山志十卷首一卷續金山志二卷　（清）盧見曾撰　（清）釋秋崖續撰　清光緒二十七年（1901）刻本　六冊

110000－0143－0009980　PG264/46－3
金山志二十卷首二卷　（清）周伯義　（清）陳任暘撰　清光緒三十年（1904）刻本　十冊

110000－0143－0009981　PG264/47－1
焦山續志八卷　（清）陳任暘輯　清光緒三十一年（1905）刻京口三山志本　二冊

110000 - 0143 - 0009982　PG264/48
北固山志十四卷首一卷　(清)周伯義編　(清)陳任暘訂　清光緒三十年(1904)刻京口三山志本　六冊

110000 - 0143 - 0009983　PG264/50
烏石山志九卷首一卷　(清)郭柏蒼　(清)劉永松纂輯　清道光二十二年(1842)侯官郭氏天開圖畫樓刻本　四冊

110000 - 0143 - 0009984　PG264/52
招隱山志十二卷首一卷　繆潛纂輯　清宣統三年至民國十四年(1911 - 1925)刻本　四冊

110000 - 0143 - 0009985　PG264/57
御覽孤山志不分卷　(清)王復禮編輯　清光緒七年(1881)錢塘丁氏刻武林掌故叢編(第三集)本　一冊

110000 - 0143 - 0009986　PG264/59
青原志略十三卷　(清)釋笑峰等編　(清)施閏章補輯　清康熙八年(1669)宛平于藻刻本　四冊

110000 - 0143 - 0009987　PG264/60
禺峽山志四卷首一卷　(清)夏雲原撰　(清)孫繩祖纂修　(清)許小琴　(清)勞崇光重修　清光緒十年(1884)刻本　四冊

110000 - 0143 - 0009988　PG264/63
京口山水志十八卷首一卷末一卷　(清)楊棨撰　清光緒二十一年(1895)蘭雪堂刻本　四冊

110000 - 0143 - 0009989　PG264/63 - 1
京口山水志十八卷首一卷末一卷　(清)楊棨撰　清光緒五年(1879)一枝巢刻本　四冊

110000 - 0143 - 0009990　PG264/64
西天目祖山志八卷首一卷末一卷補遺　(明)釋廣賓纂輯　(清)釋際界增訂　清嘉慶十一年(1806)刻本　四冊

110000 - 0143 - 0009991　PG264/65
湖上青山集不分卷　(清)陳時撰　清光緒十五年(1889)錢塘丁氏刻武林掌故叢編(第十四集)本　一冊　缺二十頁(十七至三十六)

110000 - 0143 - 0009992　PG264/71
黃鵠山志十二卷首一卷　(清)胡鳳丹編纂　清同治十三年(1874)永康胡氏退補齋刻本　六冊

110000 - 0143 - 0009993　PG264/78
錫山景物略十卷　(清)王永積撰　清光緒二十四年(1898)刻本　十冊

110000 - 0143 - 0009994　PG264/79
最近揚子江之大勢六章　(日本)國府犀東撰　趙必振譯　清光緒二十八年(1902)上海廣智書局活版部鉛印本　一冊

110000 - 0143 - 0009995　PG264/80
黃山志定本七卷首二卷　(清)閔麟嗣纂次　(清)弘濟閱定　清康熙汪士鋐、閔麟嗣刻乾隆三十二年(1767)閔道隆重刻本　七冊

110000 - 0143 - 0009996　PG264/82
太華小志六卷　(清)馮敏昌撰　清光緒十二年(1886)陳智超刻本　二冊

110000 - 0143 - 0009997　PG264/85
華峯山志五卷　(清)釋鑑傳撰　清光緒二十六年(1900)粵東增城海門禪院刻本　二冊

110000 - 0143 - 0009998　PG264/86
京口山水志十八卷首一卷末一卷　(清)楊棨撰　清道光二十七年(1847)枕溪書屋刻本　四冊

110000 - 0143 - 0009999　PG264/87
崆峒山志二卷　(清)張伯魁纂修　清嘉慶二十四年(1819)刻本　一冊　存一卷(一)

110000 - 0143 - 0010000　PG264/88
委羽山志六卷續志六卷　(明)胡昌賢輯　(清)王維翰續輯　清同治九年(1870)黃巖王氏雙硯齋刻本　三冊

110000 - 0143 - 0010001　PG264/89
九華紀勝二十三卷　(清)陳蔚撰　清道光元年(1821)青陽陳氏梅緣書屋刻本　四冊

110000 - 0143 - 0010002　PG264/91

南嶽總勝集三卷　(宋)陳田夫撰　清嘉慶七年(1802)善化唐仲冕刻本　二册

110000－0143－0010003　PG264/91
南嶽總勝集三卷　(宋)陳田夫撰　清嘉慶七年(1802)善化唐仲冕刻本　一册

110000－0143－0010004　PG264/91－1
南嶽總勝集三卷　(宋)陳田夫撰　清光緒三十二年(1906)長沙葉氏影印本　三册

110000－0143－0010005　PG264/92
金蓋山志四卷首一卷附閔小艮先生金蓋志略　(清)李宗蓮輯　清光緒二十二年(1896)古書隱樓刻本　二册

110000－0143－0010006　PG264/92
金蓋山志四卷首一卷附閔小艮先生金蓋志略　(清)李宗蓮輯　清光緒二十二年(1896)古書隱樓刻本　二册

110000－0143－0010007　PG264/93
寶華山志十五卷首一卷　(清)劉名芳纂修　清末釋聖性增補刻本　四册

110000－0143－0010008　PG264/95
天下名山圖詠四卷　(清)沈錫齡輯　清光緒二十一年(1895)滬中沈氏石印本　四册

110000－0143－0010009　PG264/103
蒙古山脈志三卷　(清)谷思慎撰　清末鉛印本　一册

110000－0143－0010010　PG264/105
五峰山志二卷　(清)李桐輯　清光緒大興邵氏刻安樂延年室叢書本　一册　存一卷(下)

110000－0143－0010011　PG264/106
續金山志二十卷　(清)曾燠纂　清道光四年(1824)刻本　二册　缺七卷(十四至二十)

110000－0143－0010012　PG264/111
馬嵬志十六卷首一卷　(清)胡鳳丹編輯　清光緒三年(1877)永康胡氏退補齋刻本　六册

110000－0143－0010013　PG264/112
羅浮山志會編二十二卷首一卷　(清)宋廣業纂輯　清康熙五十六年(1717)長洲宋志益刻本　十册

110000－0143－0010014　PG264/113
齊山巖洞志二十六卷首一卷　(清)陳蔚纂輯　清光緒二十七年(1901)貴池劉世珩唐石簃刻本　八册

110000－0143－0010015　PG264/114
九疑山志四卷　(清)樊在廷纂輯　(清)吴繩祖重編　清嘉慶元年(1796)滇南吴氏退思齋刻本　二册

110000－0143－0010016　PG264/115
雪峰志十卷　(明)徐𤊹輯　(清)釋實松增補　清乾隆十九年(1754)釋實松刻本　二册

110000－0143－0010017　PG264/118
廣雁蕩山誌二十八卷首一卷末一卷　(清)曾唯撰　清乾隆五十五年(1790)永嘉曾氏依緑園刻本　十二册

110000－0143－0010018　PG264/119
續刊青城山記二卷　(清)彭洵編輯　清光緒刻道藏輯要本　一册

110000－0143－0010019　PG264/121
岱覽三十二卷首編七卷附錄一卷　(清)唐仲冕輯　清嘉慶十二年(1807)果克山房刻本　十六册

110000－0143－0010020　PG264/130
泰山道里記不分卷　(清)聶鈫撰　清乾隆雨山堂刻道光至光緒遞修本　一册

110000－0143－0010021　PG265/2
西招圖略一卷圖說一卷附錄前藏至西寧路程　(清)松筠撰　清嘉慶三年至十年(1798－1805)刻本　一册

110000－0143－0010022　PG265/2
西招圖略一卷　(清)松筠撰　(清)陸為炳校訂　清道光二十七年(1847)王師道刻本　一册

110000－0143－0010023　PG265/2
西招圖略一卷圖說一卷附錄成都府至後藏路程前藏至西寧路程　(清)松筠撰　(清)陸為

炳校訂　清道光二十七年(1847)王師道刻本　二册　缺一卷(西招圖略一卷)

110000－0143－0010024　PG265/2－1
西招圖略一卷　(清)松筠撰　清嘉慶三年至二十五年(1798－1820)抄本　一册

110000－0143－0010025　PG265/3
防海紀略二卷　(清)王之春編　清光緒二十一年(1895)同文館鉛印本　二册

110000－0143－0010026　PG265/3－1
防海紀略二卷　(清)王之春編　清光緒六年(1880)上海上洋文藝齋刻本　一册

110000－0143－0010027　PG265/6
皇朝藩部要略十八卷皇朝藩部世系表四卷　(清)祁韻士纂　(清)毛嶽生編次　(清)宋景昌增輯　清道光二十六年(1846)筠淥山房刻本　八册

110000－0143－0010028　PG265/6
皇朝藩部要略十八卷皇朝藩部世系表四卷　(清)祁韻士纂　(清)毛嶽生編次　(清)宋景昌增輯　清道光二十六年(1846)筠淥山房刻本　六册　缺五卷(一至二、九至十一)

110000－0143－0010029　PG265/6－1
皇朝藩部要略十八卷皇朝藩部世系表四卷　(清)祁韻士纂　(清)毛嶽生編次　(清)宋景昌增輯　清道光二十六年(1846)筠淥山房刻本　六册　缺六卷(皇朝藩部要略十七至十八、皇朝藩部世系表四卷)

110000－0143－0010030　PG265/6－1
皇朝藩部要略十八卷皇朝藩部世系表四卷　(清)祁韻士纂　(清)毛嶽生編次　(清)宋景昌增輯　清光緒十年(1884)浙江書局刻本　八册

110000－0143－0010031　PG265/6－1
皇朝藩部要略十八卷皇朝藩部世系表四卷　(清)祁韻士纂　(清)毛嶽生編次　(清)宋景昌增輯　清道光二十六年(1846)筠淥山房刻本　七册　缺二卷(皇朝藩部要略一至二)

110000－0143－0010032　PG265/6－1
皇朝藩部要略十八卷皇朝藩部世系表四卷　(清)祁韻士纂　(清)毛嶽生編次　(清)宋景昌增輯　清道光二十六年(1846)筠淥山房刻本　八册　缺六卷(皇朝藩部要略十七至十八、皇朝藩部世系表四卷)

110000－0143－0010033　PG265/7
三省邊防備覽十八卷　(清)嚴如熤輯　(清)張鵬翂增輯　清道光十年(1830)安康張鵬翂刻本　五册　存十二卷(一至十二)

110000－0143－0010034　PG265/7－1
三省邊防備覽十四卷　(清)嚴如熤輯　清道光二年(1822)刻本　八册

110000－0143－0010035　PG265/7－1
三省邊防備覽十四卷　(清)嚴如熤輯　清道光二年(1822)刻本　六册

110000－0143－0010036　PG265/7－1
三省邊防備覽十四卷　(清)嚴如熤輯　清道光二年(1822)刻本　八册

110000－0143－0010037　PG265/7
三省邊防備覽十四卷　(清)嚴如熤輯　清道光二年(1822)刻本　八册

110000－0143－0010038　PG265/7－1
三省邊防備覽十四卷　(清)嚴如熤輯　清道光二年(1822)刻本　八册

110000－0143－0010039　PG265/10
苗防備覽二十二卷　(清)嚴如熤編　清道光二十三年(1843)溆浦嚴正基、嚴正坊刻本　六册

110000－0143－0010040　PG265/10
洋防輯要二十四卷　(清)嚴如熤編　清道光刻本　十二册

110000－0143－0010041　PG265/10
三省邊防備覽十四卷　(清)嚴如熤輯　清道光二年(1822)刻本　六册

110000－0143－0010042　PG265/11
苗防備覽二十二卷　(清)嚴如熤編　清道光

二十三年(1843)溆浦嚴正基、嚴正坊刻本　十二冊

110000－0143－0010043　PG265/11
苗防備覽二十二卷　(清)嚴如熤編　清道光二十三年(1843)溆浦嚴正基、嚴正坊刻本　十二冊

110000－0143－0010044　PG265/11
苗防備覽二十二卷　(清)嚴如熤編　清道光二十三年(1843)溆浦嚴正基、嚴正坊刻本　八冊

110000－0143－0010045　PG265/15
調查延吉邊務報告書不分卷　(清)周維楨等編　清光緒三十四年(1908)吉林官書刷印局鉛印本　三冊

110000－0143－0010046　PG265/31
藏事舉要四章　胡炳熊撰　清末鉛印本　一冊

110000－0143－0010047　PG265/32
苗疆聞見錄不分卷　(清)徐家榦撰　清光緒四年(1878)刻本　一冊

110000－0143－0010048　PG265/33
楚黔防苗四卷　(清)胡先容撰　清同治七年(1868)刻本　四冊

110000－0143－0010049　PG265/35
洋防輯要二十四卷　(清)嚴如熤編　清光緒刻本　十二冊

110000－0143－0010050　PG265/36
得一齋雜著四種八卷　(清)黄楙材撰　清光緒二十二年(1896)桐城江召棠刻本　四冊

110000－0143－0010051　PG265/37
防海輯要十八卷首一卷附約言　(清)俞昌會編　清道光二十二年(1842)刻本　十冊

110000－0143－0010052　PG265/53
漢書西域傳補注二卷　(清)徐松撰　清光緒二十年(1894)廣雅書局刻廣雅書局叢書(史學)本　一冊

110000－0143－0010053　PG265/53－1
漢書西域傳補注二卷　(清)徐松撰　清光緒二十九年(1903)上海文瑞樓石印本　一冊

110000－0143－0010054　PG266/1－1
吉林外記十卷　(清)薩英額撰　清光緒二十六年(1900)廣雅書局刻廣雅書局叢書本　二冊

110000－0143－0010055　PG266/1－2
吉林外記十卷　(清)薩英額撰　清光緒二十一年(1895)桐廬袁昶漸西村舍刻本　四冊

110000－0143－0010056　PG266/1－2
吉林外記十卷　(清)薩英額撰　清光緒二十一年(1895)桐廬袁昶漸西村舍刻本　二冊

110000－0143－0010057　PG266/2
東三省交涉輯要十二卷　(清)劉瑞霖　(清)孫鳳翔等輯　清宣統二年(1910)鉛印本　七冊

110000－0143－0010058　PG266/3
西國近事彙編九年(清同治十二年至光緒七年)九卷　(美國)金楷理　(美國)林樂知口譯　(清)姚棻　(清)蔡錫齡筆述　清光緒二十三年(1897)慎記書莊石印本　十二冊

110000－0143－0010059　PG266/4
明治政黨小史不分卷　(清)出洋學生編輯所編譯　清光緒二十八年(1902)上海商務印書館鉛印本　一冊

110000－0143－0010060　PG266/5
采風記五卷附時務論一卷紀程感事詩一卷　宋育仁撰　清光緒二十一年(1895)刻本　四冊

110000－0143－0010061　PG266/8
度隴記四卷　(清)董醇撰　清咸豐元年(1851)刻本　四冊

110000－0143－0010062　PG266/8
隨軺筆記四種四卷　吳宗濂纂　清光緒二十八年(1902)箸易堂鉛印本　四冊

110000－0143－0010063　PG266/9
八述奇二十卷　張德彝撰　清宣統元年

(1909)石印本　二十册

110000－0143－0010064　PG266/9
八述奇二十卷　張德彝撰　清宣統元年(1909)石印本　二十册

110000－0143－0010065　PG266/10
西藩總統事略十二卷　(清)汪廷楷原輯　(清)松筠纂　清嘉慶十四年(1809)程振甲刻本　八册

110000－0143－0010066　PG266/10
西藩總統事略十二卷　(清)汪廷楷原輯　(清)松筠纂　清嘉慶十四年(1809)程振甲刻本　八册

110000－0143－0010067　PG266/10
西藩總統事略十二卷　(清)汪廷楷原輯　(清)松筠纂　清嘉慶十四年(1809)程振甲刻本　八册

110000－0143－0010068　PG266/11
大唐西域記十二卷　(唐)釋玄奘譯　(唐)釋辯機撰　清宣統元年(1909)常州天寧寺刻本　四册

110000－0143－0010069　PG266/11
大唐西域記十二卷　(唐)釋玄奘譯　(唐)釋辯機撰　清宣統元年(1909)常州天寧寺刻本　四册

110000－0143－0010070　PG266/11
大唐西域記十二卷　(唐)釋玄奘譯　(唐)釋辯機撰　清宣統元年(1909)常州天寧寺刻本　四册

110000－0143－0010071　PG266/11
大唐西域記十二卷　(唐)釋玄奘譯　(唐)釋辯機撰　清宣統元年(1909)常州天寧寺刻本　三册　缺三卷(一至三)

110000－0143－0010072　PG266/12
唐書西域傳注不分卷　沈惟賢撰　清光緒刻本　一册

110000－0143－0010073　PG266/13
真臘風土記一卷　(元)周達觀撰　(明)徐仁毓閲　清順治三年(1646)兩浙督學周南李際期宛委山堂刻説郛本　一册

110000－0143－0010074　PG266/14
俄游日記二卷　(清)繆祐孫撰　清光緒二十三年(1897)上海著易堂鉛印小方壺齋輿地叢鈔(第三帙)本　一册

110000－0143－0010075　PG266/14
俄游日記二卷　(清)繆祐孫撰　清光緒二十三年(1897)上海著易堂鉛印小方壺齋輿地叢鈔(第三帙)本　二册

110000－0143－0010076　PG266/15
安南志略十九卷首一卷　(元)黎崱編　清光緒十年(1884)上海樂善堂鉛印本　四册

110000－0143－0010077　PG266/16
環瀛誌險不分卷　(奥地利)愛孫孟撰　中國商務印書館編譯所譯　清光緒三十二年(1906)中國商務印書館鉛印本　一册

110000－0143－0010078　PG266/18
使琉球記六卷　(清)李鼎元撰　清光緒申報館鉛印申報館叢書(餘集)本　二册

110000－0143－0010079　PG266/19
養雲山莊遺稿三種十一卷　(清)劉瑞芬撰　清光緒劉世瑋刻本　四册　存二種五卷(劉中丞奏稿四卷、西軺紀略一卷)

110000－0143－0010080　PG266/20
臺灣外記三十卷　(清)江日昇撰　清光緒四年(1878)申報館鉛印申報館叢書(小説類)本　六册

110000－0143－0010081　PG266/22
西域聞見錄八卷首一卷　(清)七十一撰　清乾隆大成堂刻本　四册

110000－0143－0010082　PG266/26
全地五大洲女俗通考十集二十一卷首一卷　(美國)林樂知輯譯　(清)任保羅譯述　清光緒二十九年(1903)上海廣學會鉛印本　二十一册

110000－0143－0010083　PG266/28

東游日記不分卷 (清)黄慶澄撰 清光緒二十年(1894)刻本 一册 存五十九葉(一至五十九)

110000－0143－0010084 PG266/29
海語三卷 (明)黄衷撰 清道光刻嶺南叢書本 一册

110000－0143－0010085 PG266/30
域外叢書九種九卷 (清)王蘊香輯 清道光二十二年(1842)王氏刻本 一册 缺二種二卷(爪亞風土拾遺一卷、呂宋紀略一卷)

110000－0143－0010086 PG267/1
辛卯侍行記六卷 (清)陶保廉撰 清光緒二十三年(1897)養樹山房刻本 六册

110000－0143－0010087 PG267/1
辛卯侍行記六卷 (清)陶保廉撰 清光緒二十三年(1897)養樹山房刻本 六册

110000－0143－0010088 PG267/1
辛卯侍行記六卷 (清)陶保廉撰 清光緒二十三年(1897)養樹山房刻本 六册

110000－0143－0010089 PG267/2
得一齋雜著四種八卷 (清)黄楙材撰 清光緒二十三年(1897)成都志古堂刻本 二册 存三種七卷(遊歷芻言一卷、西輶日記四卷、印度劄記二卷)

110000－0143－0010090 PG267/2
西輶日記四卷 (清)黄楙材撰 清光緒刻得一齋雜著四種本 二册

110000－0143－0010091 PG267/2
得一齋雜著四種八卷 (清)黄楙材撰 清光緒十二年(1886)夢花軒刻新陽趙氏叢刊本 二册

110000－0143－0010092 PG267/2－1
得一齋雜著四種八卷 (清)黄楙材撰 清光緒三十年(1904)揚州益智書社鉛印本 四册

110000－0143－0010093 PG267/3
河海崑崙錄四卷 裴景福撰 清宣統元年(1909)鉛印本 四册

110000－0143－0010094 PG267/3
河海崑崙錄四卷 裴景福撰 清宣統元年(1909)鉛印本 四册

110000－0143－0010095 PG267/3
河海崑崙錄四卷 裴景福撰 清宣統元年(1909)上海文明書局鉛印本 四册

110000－0143－0010096 PG267/3
河海崑崙錄四卷 裴景福撰 清宣統元年(1909)鉛印本 三册 缺二卷(一至二)

110000－0143－0010097 PG267/4
出使英法義比四國日記六卷 (清)薛福成纂著 清光緒二十年(1894)孫谿校經堂刻本 六册

110000－0143－0010098 PG267/4－1
出使英法義比四國日記六卷 (清)薛福成纂著 清末鉛印本 四册

110000－0143－0010099 PG267/4－1
出使英法義比四國日記六卷 (清)薛福成纂著 清光緒二十年(1894)孫谿校經堂刻本 六册

110000－0143－0010100 PG267/4－1
出使英法義比四國日記六卷 (清)薛福成纂著 清光緒二十年(1894)孫谿校經堂刻本 六册

110000－0143－0010101 PG267/4－1
出使英法義比四國日記六卷 (清)薛福成纂著 清光緒二十年(1894)孫谿校經堂刻本 六册

110000－0143－0010102 PG267/4－2
出使英法義比四國日記六卷 (清)薛福成纂著 清光緒十八年(1892)刻本 六册

110000－0143－0010103 PG267/4－2
出使英法義比四國日記六卷 (清)薛福成纂著 清光緒十八年(1892)刻本 五册 缺一卷(五)

110000－0143－0010104 PG267/4－2
出使英法義比四國日記六卷 (清)薛福成纂

著　清光緒十八年(1892)醉六堂石印本　三冊

110000－0143－0010105　PG267/4－2
出使英法義比四國日記六卷　(清)薛福成纂著　清光緒十八年(1892)上海鴻寶齋石印本　三冊

110000－0143－0010106　PG267/4－3
出使英法義比四國日記六卷　(清)薛福成纂著　清光緒二十二年(1896)上海圖書集成印書局石印本　三冊

110000－0143－0010107　PG267/4－4
出使英法義比四國日記六卷　(清)薛福成著　清光緒二十三年(1897)湖南新學書局刻本　三冊　缺三卷(二至三、六)

110000－0143－0010108　PG267/4－5
出使英法義比四國日記八卷　(清)薛福成纂著　清光緒二十三年(1897)成都志古堂刻本　六冊　缺二卷(三、七)

110000－0143－0010109　PG267/5
度隴記四卷　(清)董醇撰　清咸豐元年(1851)刻本　四冊

110000－0143－0010110　PG267/5－1
度隴記四卷　(清)董醇撰　清咸豐元年(1851)刻本　二冊

110000－0143－0010111　PG267/6
舟車所至十八種　(清)鄭光祖輯　清道光二十三年(1843)琴川鄭氏青玉山房刻本　五冊

110000－0143－0010112　PG267/7
張氏雜著八種　(清)張桂林撰　清光緒二十二年(1896)成都森榮齋刻本　一冊　存四種四卷(鴻鷗瑣錄一卷、蠶叢計陸一卷、駢言集腋一卷、年譜志略一卷)

110000－0143－0010113　PG267/8
粵遊小識七卷　張心泰撰　清光緒二十六年(1900)夢楳僊館刻本　一冊

110000－0143－0010114　PG267/9
俄游彙編八卷　(清)繆祐孫纂　清光緒二十四年(1898)上海書局石印本　六冊

110000－0143－0010115　PG267/9
俄游彙編八卷　(清)繆祐孫纂　清光緒二十四年(1898)上海書局石印本　六冊

110000－0143－0010116　PG267/9
俄游彙編十二卷　(清)繆祐孫纂　清光緒十五年(1889)海上秀文書局石印本　四冊

110000－0143－0010117　PG267/11
重修滬游雜記四卷　(清)葛元煦撰　(清)袁祖志重修　清光緒十五年(1889)申江刻本　四冊

110000－0143－0010118　PG267/11
滬游雜記四卷　(清)葛元煦撰　清光緒二年(1876)刻本　四冊

110000－0143－0010119　PG267/12
鴻泥日錄八卷續錄四卷　(清)王定柱撰　清道光七年(1827)刻本　三冊　缺四卷(鴻泥日錄五至八)

110000－0143－0010120　PG267/14
秦輶日記不分卷　(清)潘祖蔭撰　清末刻本　一冊

110000－0143－0010121　PG267/18
西征日記不分卷　汪振聲撰　清光緒二十六年(1900)夢花軒刻本　一冊

110000－0143－0010122　PG267/19
冰嶺紀程一卷附度嶺吟一卷　(清)景廉撰　清光緒五年至六年(1879－1880)都門刻本　一冊

110000－0143－0010123　PG267/22
東遊日記不分卷　文愷撰　清光緒三十三年(1907)鉛印本　一冊

110000－0143－0010124　PG267/22－1
東遊日記不分卷　(清)沈翊清撰　清光緒二十六年(1900)福州刻本　一冊

110000－0143－0010125　PG267/22－2
東遊日記不分卷　(清)陳鴻年撰　清光緒三十三年(1907)官書局鉛印本　一冊

110000－0143－0010126　PG267/22－3
東遊日記首編不分卷　(清)定樸撰　清宣統元年(1909)北京日報館鉛印本　一册

110000－0143－0010127　PG267/22－4
東游日記不分卷　(清)蔣黼撰　清光緒二十九年至三十四年(1903－1908)蘇州刻本　一册

110000－0143－0010128　PG267/23
鈍齋東遊日記不分卷　賀綸夔撰　清宣統元年(1909)上海商務印書館鉛印本　一册

110000－0143－0010129　PG267/23
鈍齋東遊日記不分卷　賀綸夔撰　清宣統元年(1909)上海商務印書館鉛印本　一册

110000－0143－0010130　PG267/24
藲盦東游日記不分卷　樓藜然撰　清光緒三十三年(1907)鉛印本　一册

110000－0143－0010131　PG267/24
藲盦東游日記不分卷　樓藜然撰　清光緒三十三年(1907)鉛印本　一册

110000－0143－0010132　PG267/25
東隅瑣記不分卷　李濬之述　清末鉛印本　一册

110000－0143－0010133　PG267/26
西遊日記一卷附東遊日記一卷附論一卷　蔣煦記　清光緒三十一年(1905)漢口維新中西印書館鉛印本　一册

110000－0143－0010134　PG267/26－1
歐游雜錄二卷　(清)徐建寅撰　清光緒二十二年(1896)石印本　二册

110000－0143－0010135　PG267/27
西行日記二卷　陳斐然撰　清宣統三年(1911)石印本　一册

110000－0143－0010136　PG267/27
西行日記二卷　池仲祐撰　清光緒三十四年(1908)上海商務印書館鉛印本　一册

110000－0143－0010137　PG267/28
初使泰西紀要四卷　(清)志剛撰　清光緒十四年(1888)刻本　二册

110000－0143－0010138　PG267/28
初使泰西紀要四卷　(清)志剛撰　清光緒十四年(1888)刻本　二册

110000－0143－0010139　PG267/28
初使泰西紀要四卷　(清)志剛撰　清光緒十四年(1888)刻本　二册

110000－0143－0010140　PG267/28－1
初使泰西記四卷　(清)志剛撰　清光緒三年(1877)避熱窩刻本　四册

110000－0143－0010141　PG267/28－1
初使泰西記四卷　(清)志剛撰　清光緒三年(1877)避熱窩刻本　四册

110000－0143－0010142　PG267/28－1
初使泰西記四卷　(清)志剛撰　清光緒三年(1877)避熱窩刻本　四册

110000－0143－0010143　PG267/29
環遊日記不分卷　(清)陳琪撰　清光緒三十一年(1905)湖南學務處鉛印本　一册

110000－0143－0010144　PG267/29
環遊日記不分卷　(清)陳琪撰　清光緒三十一年(1905)湖南學務處鉛印本　一册

110000－0143－0010145　PG267/30
萬里行程記一卷　(清)祁韻士撰　清道光刻本　一册

110000－0143－0010146　PG267/31
西海紀行卷一卷天外歸槎錄一卷　潘飛聲撰　清光緒十七年至二十年(1891－1894)羊城富文齋刻本　一册

110000－0143－0010147　PG267/32
西遊筆略三卷　(清)郭連城撰　清同治二年(1863)陸霞山刻本　一册

110000－0143－0010148　PG267/33
三洲日記八卷　(清)張蔭桓撰　清光緒三十二年(1906)上海石印本　八册

110000－0143－0010149　PG267/34

採硫日記三卷 (清)郁永河撰 清咸豐三年(1853)南海伍氏刻粵雅堂叢書(第十五集)本 一冊

110000－0143－0010150 PG267/35
四川派赴東瀛遊歷閲操日記二卷 (清)丁鴻臣撰 清光緒二十六年(1900)蓉城李宏年刻本 二冊

110000－0143－0010151 PG267/36
丙午日本游記一卷附録一卷附山西興革事宜條陳一卷 程淯撰 清光緒三十三年(1907)鉛印本 一冊

110000－0143－0010152 PG267/36
丙午日本游記一卷附録一卷附山西興革事宜條陳一卷 程淯撰 清光緒三十三年(1907)鉛印本 一冊

110000－0143－0010153 PG267/36
丙午日本游記一卷附録一卷附山西興革事宜條陳一卷 程淯撰 清光緒三十三年(1907)鉛印本 一冊

110000－0143－0010154 PG267/37
日游筆記不分卷 王景禧撰 清光緒三十年(1904)學務處排印局鉛印本 一冊

110000－0143－0010155 PG267/38
辛亥撫新記程二卷 袁大化記 清宣統三年(1911)商務印書館天津印刷局鉛印本 二冊

110000－0143－0010156 PG267/38
辛亥撫新記程二卷 袁大化記 清宣統三年(1911)新疆官報書局鉛印本 一冊 存一卷(上)

110000－0143－0010157 PG267/39
榆塞紀行録四卷 (清)李嘉績纂 清光緒十二年(1886)李氏代耕堂刻本 一冊

110000－0143－0010158 PG267/40
歐游隨筆二卷 (清)錢德培撰 清光緒木活字印本 二冊

110000－0143－0010159 PG267/41
春融堂雜記八種八卷 (清)王昶撰 清嘉慶十三年(1808)青浦王氏塾南書舍刻春融堂集本 二冊 存五種五卷(蜀徼紀聞一卷、商洛行程記一卷、雪鴻再録一卷、使楚叢譚一卷、臺懷隨筆一卷)

110000－0143－0010160 PG267/42
東徼紀行不分卷 (清)李樹棠撰 清光緒二十五年(1899)鉛印本 一冊

110000－0143－0010161 PG267/43
孫文定公南遊記不分卷 (清)孫嘉淦撰 清宣統三年(1911)京華印書局鉛印本 一冊

110000－0143－0010162 PG267/43
孫文定公南遊記不分卷 (清)孫嘉淦撰 清宣統三年(1911)京華印書局鉛印本 一冊

110000－0143－0010163 PG267/43
孫文定公南遊記不分卷 (清)孫嘉淦撰 清宣統三年(1911)京華印書局鉛印本 一冊

110000－0143－0010164 PG267/46
富文書舍東遊紀畧一卷附詩聯一卷 (清)李鳳翎撰 清光緒十一年(1885)刻本 一冊

110000－0143－0010165 PG267/48
道西齋日記二卷 (清)王詠霓撰 清光緒十八年(1892)安徽休屯鎮同文堂刻本 二冊

110000－0143－0010166 PG267/48
道西齋日記二卷 (清)王詠霓撰 清光緒十八年(1892)上洋鴻寶齋石印本 一冊

110000－0143－0010167 PG267/48
道西齋日記二卷 (清)王詠霓撰 清光緒十八年(1892)上洋鴻寶齋石印本 一冊

110000－0143－0010168 PG267/48
道西齋日記二卷 (清)王詠霓撰 清光緒十八年(1892)上洋鴻寶齋石印本 一冊

110000－0143－0010169 PG267/51
四十日萬八千里之游記不分卷 管鳳龢撰 清宣統二年(1910)圖書印刷所鉛印本 一冊

110000－0143－0010170 PG267/51
四十日萬八千里之游記不分卷 管鳳龢撰 清宣統二年(1910)圖書印刷所鉛印本 一冊

110000－0143－0010171　PG267/52

使西紀程不分卷　(清)郭嵩燾撰　清末鉛印本　一册

110000－0143－0010172　PG267/52

使西紀程不分卷　(清)郭嵩燾撰　清末鉛印本　一册

110000－0143－0010173　PG267/52

使西紀程不分卷　(清)郭嵩燾撰　清末鉛印本　一册

110000－0143－0010174　PG267/52

使西紀程二卷　(清)郭嵩燾撰　清光緒二十三年(1897)沔陽李氏鐭香室刻本　一册

110000－0143－0010175　PG267/53

東陲紀行不分卷　(清)劉文鳳撰　清光緒刻本　一册

110000－0143－0010176　PG267/53

東陲紀行不分卷　(清)劉文鳳撰　清光緒刻本　一册

110000－0143－0010177　PG267/55

康輶紀行十六卷　(清)姚瑩撰　清道光刻中復堂全集本　八册

110000－0143－0010178　PG267/55

康輶紀行十六卷　(清)姚瑩撰　清同治六年(1867)姚濬昌安福縣署刻中復堂全集本　九册

110000－0143－0010179　PG267/55－1

康輶紀行十六卷　(清)姚瑩撰　清同治六年(1867)姚濬昌安福縣署刻中復堂全集本　六册

110000－0143－0010180　PG267/60

航海述奇四卷　張德明撰　清光緒上海申報館鉛印申報館叢書(餘集)本　二册

110000－0143－0010181　PG267/62

蜀輶日記四卷　(清)陶澍撰　清光緒七年(1881)刻本　二册

110000－0143－0010182　PG267/62

蜀輶日記四卷　(清)陶澍撰　清光緒七年(1881)刻本　四册

110000－0143－0010183　PG267/62

蜀輶日記四卷　(清)陶澍撰　清光緒七年(1881)刻本　四册

110000－0143－0010184　PG267/62

蜀輶日記四卷　(清)陶澍撰　清光緒七年(1881)刻本　二册

110000－0143－0010185　PG267/62

蜀輶日記四卷　(清)陶澍撰　清光緒七年(1881)江州官舍刻本　二册

110000－0143－0010186　PG267/63

歐游雜錄二卷　(清)徐建寅撰　清光緒刻本　二册

110000－0143－0010187　PG267/65

談瀛錄六卷　(清)袁祖志撰　清光緒十七年(1891)同文書局石印本　二册

110000－0143－0010188　PG267/66

四述奇十六卷　張德彝撰　清光緒九年(1883)同文館鉛印本　八册

110000－0143－0010189　PG267/66

四述奇十六卷　張德彝撰　清光緒九年(1883)同文館鉛印本　十六册

110000－0143－0010190　PG267/68

談瀛錄六卷　(清)袁祖志撰　清光緒十年(1884)上海同文書局石印本　二册

110000－0143－0010191　PG267/69

秦蜀驛程後記二卷　(清)王士禛撰　清康熙刻本　一册

110000－0143－0010192　PG267/69

秦蜀驛程後記二卷　(清)王士禛撰　清康熙刻本　一册

110000－0143－0010193　PG267/71

蛉洲遊記不分卷　(清)劉檮撰　清光緒三十四年(1908)鉛印本　一册

110000－0143－0010194　PG267/72

談瀛錄三卷　(清)王之春撰　清光緒六年

(1880)上洋文藝齋刻本　二册

110000－0143－0010195　PG267/73
雲海東遊紀二卷　(清)江慕洵撰　清光緒三十二年(1906)鉛印本　一册

110000－0143－0010196　PG267/73
雲海東遊紀二卷　(清)江慕洵撰　清光緒三十二年(1906)鉛印本　一册

110000－0143－0010197　PG267/74
游歷日本考察農務日記一卷　(清)黄璟撰　**附考查北海道農務日一卷**　(清)王瑚撰　清光緒二十八年(1902)鉛印本　一册

110000－0143－0010198　PG267/75
乙巳東瀛游記不分卷　周錫璋撰　清光緒三十一年(1905)鉛印本　一册

110000－0143－0010199　PG267/75
乙巳東瀛游記不分卷　周錫璋撰　清光緒三十一年(1905)鉛印本　一册

110000－0143－0010200　PG267/76
隨使隨筆不分卷　(清)蔡琦撰　清末鉛印本　一册

110000－0143－0010201　PG267/77
日遊瑣識不分卷　李寶洤撰　清光緒三十二年(1906)鉛印本　一册

110000－0143－0010202　PG267/77
日遊瑣識不分卷　李寶洤撰　清光緒三十二年(1906)鉛印本　一册

110000－0143－0010203　PG267/78
東航紀遊不分卷　(清)李文幹撰　清光緒三十三年(1907)北京新學會社鉛印本　一册

110000－0143－0010204　PG267/78
東航紀遊不分卷　(清)李文幹撰　清光緒三十三年(1907)北京新學會社鉛印本　一册

110000－0143－0010205　PG267/79
嶽雲盦扶桑游記三卷　吴蔭培撰　清光緒三十二年(1906)刻本　一册

110000－0143－0010206　PG267/80
遊志續編一卷　(明)陶宗儀輯　清光緒十二年(1886)新陽趙氏刻新陽趙氏叢刊本　四册

110000－0143－0010207　PG267/80
遊志續編一卷　(明)陶宗儀輯　清光緒十二年(1886)新陽趙氏刻新陽趙氏叢刊本　一册

110000－0143－0010208　PG267/80
遊志續編一卷　(明)陶宗儀輯　清光緒十二年(1886)新陽趙氏刻新陽趙氏叢刊本　一册

110000－0143－0010209　PG267/82
朝覲途記不分卷　(清)馬復初撰　(清)馬安禮譯　清同治刻本　一册

110000－0143－0010210　PG267/83
歐游隨筆二卷　(清)錢德培撰　清光緒刻本　二册

110000－0143－0010211　PG267/84
西征紀程四卷　(清)鄒代鈞撰　清光緒十七年(1891)鉛印本　二册

110000－0143－0010212　PG267/84
西征紀程四卷　(清)鄒代鈞撰　清光緒十七年(1891)鉛印本　二册

110000－0143－0010213　PG267/85
新譯三洲遊記四卷　(清)丁廉撰　清光緒二十三年(1897)上海書局石印本　四册

110000－0143－0010214　PG267/86
游歷日記不分卷　劉坦撰　清光緒三十三年(1907)石印本　一册

110000－0143－0010215　PG267/87
東遊考政錄不分卷　劉瑞璘撰　清光緒鉛印本　一册

110000－0143－0010216　PG267/92
出使美日祕崔日記十六卷　(清)崔國因撰　清光緒二十年(1894)鉛印本　十二册

110000－0143－0010217　PG267/92
出使美日祕崔日記十六卷　(清)崔國因撰　清光緒二十年(1894)鉛印本　四册　存五卷(一至五)

110000－0143－0010218　PG267/92－1
出使美日祕崔日記十六卷　(清)崔國因撰　清光緒二十年(1894)鉛印本　十二册

110000－0143－0010219　PG267/93
越南游歷記不分卷　嚴璩　恩慶撰　清光緒三十一年(1905)鉛印本　一册

110000－0143－0010220　PG267/94
斌椿遊記三種三卷　(清)斌椿撰　清同治刻本　三册

110000－0143－0010221　PG267/95
凝香室鴻雪因緣圖記三集　(清)麟慶著　清光緒十二年(1886)上海同文書局石印本　六册

110000－0143－0010222　PG267/95
凝香室鴻雪因緣圖記三集　(清)麟慶著　清光緒六年(1880)上海點石齋石印本　六册

110000－0143－0010223　PG267/95
凝香室鴻雪因緣圖記三集　(清)麟慶著　清光緒六年(1880)上海點石齋石印本　六册

110000－0143－0010224　PG267/95－1
凝香室鴻雪因緣圖記三集　(清)麟慶著　清光緒十年(1884)上海點石齋石印本　四册
缺二集(二下、三下)

110000－0143－0010225　PG267/96
環遊地球新錄四卷　(清)李圭撰　清光緒刻本　一册

110000－0143－0010226　PG267/96
環遊地球新錄四卷　(清)李圭撰　清光緒十年(1884)江寧李氏甬上刻本　四册

110000－0143－0010227　PG267/96
環遊地球新錄四卷　(清)李圭撰　清光緒三年(1877)上海鉛印本　四册

110000－0143－0010228　PG267/96
環遊地球新錄四卷　(清)李圭撰　清光緒三年(1877)上海鉛印本　四册

110000－0143－0010229　PG267/96
環遊地球新錄四卷　(清)李圭撰　清光緒三年(1877)上海鉛印本　四册

110000－0143－0010230　PG267/96
環遊地球新錄四卷　(清)李圭撰　清光緒三年(1877)上海鉛印本　四册

110000－0143－0010231　PG267/96
環遊地球新錄四卷　(清)李圭撰　清光緒三年(1877)上海鉛印本　四册

110000－0143－0010232　PG267/96
環遊地球新錄四卷　(清)李圭撰　清光緒三年(1877)上海鉛印本　四册

110000－0143－0010233　PG267/96
環遊地球新錄四卷　(清)李圭撰　清光緒刻本　四册

110000－0143－0010234　PG267/96
環遊地球新錄四卷　(清)李圭撰　清光緒三年(1877)上海鉛印本　四册

110000－0143－0010235　PG267/96
環遊地球新錄四卷　(清)李圭撰　清光緒三年(1877)上海鉛印本　四册

110000－0143－0010236　PG267/97
戊戌遊記不分卷　(清)姚炳奎撰　清光緒二十九年(1903)經心書院刻經心書院輿地學課程本　二册

110000－0143－0010237　PG267/98
蜀輶日記四卷　(清)陶澍撰　清道光刻本　二册

110000－0143－0010238　PG267/98
蜀輶日記四卷　(清)陶澍撰　清光緒七年(1881)江州官舍刻本　二册

110000－0143－0010239　PG267/99
湟中行紀不分卷　(清)闊普通武撰　清光緒三十年(1904)刻豹隱山房叢集本　一册

110000－0143－0010240　PG267/102
乘查筆記不分卷　(清)斌椿撰　清同治八年(1869)刻本　一册

110000－0143－0010241　PG267/102

乘查筆記不分卷 (清)斌椿撰 清同治八年(1869)刻本 一册

110000－0143－0010242 PG267/102
乘查筆記不分卷 (清)斌椿撰 清同治八年(1869)刻本 一册

110000－0143－0010243 PG267/102
乘查筆記不分卷 (清)斌椿撰 清末文寶堂刻本 一册

110000－0143－0010244 PG267/102
乘查筆記不分卷 (清)斌椿撰 清末文寶堂刻本 一册

110000－0143－0010245 PG267/102
乘槎筆記二卷 (清)斌椿纂 清末刻本 一册

110000－0143－0010246 PG267/102
海國勝遊草不分卷 (清)斌椿撰 清末刻本 與110000－0143－0010244合册

110000－0143－0010247 PG267/102－1
乘槎筆記二卷 (清)斌椿纂 清同治十年(1871)醉六堂刻本 二册

110000－0143－0010248 PG267/106
樓船日記二卷 (清)余思詒撰 清光緒三十年(1904)上海商務印書館鉛印本 二册

110000－0143－0010249 PG267/111
出使日記續刻十卷 (清)薛福成撰 清光緒二十四年(1898)無錫薛氏刻庸庵全集本 十册

110000－0143－0010250 PG267/111
出使日記續刻十卷 (清)薛福成撰 清光緒二十四年(1898)無錫薛氏刻庸庵全集本 十册

110000－0143－0010251 PG267/111
出使日記續刻十卷 (清)薛福成撰 清光緒二十四年(1898)無錫薛氏刻庸庵全集本 十册

110000－0143－0010252 PG267/111
出使日記續刻十卷 (清)薛福成撰 清光緒二十四年(1898)無錫薛氏刻庸庵全集本 九册 缺一卷(一)

110000－0143－0010253 PG267/111
出使日記續刻十卷 (清)薛福成撰 清光緒二十四年(1898)無錫薛氏刻庸庵全集本 十册

110000－0143－0010254 PG267/111
出使日記續刻十卷 (清)薛福成撰 清光緒二十四年(1898)無錫薛氏刻庸庵全集本 十册

110000－0143－0010255 PG267/112
海隅紀蹟不分卷 (清)楊鏡涵撰 (清)胡峻聲繪圖 清同治刻本 一册

110000－0143－0010256 PG267/114
雲棧紀程八卷 (清)張邦伸編輯 清乾隆五十九年(1794)刻本 四册

110000－0143－0010257 PG267/116
籥盦東游日記不分卷 (清)凌文淵撰 清光緒三十年(1904)南洋官報總局鉛印本 一册

110000－0143－0010258 PG267/118
五嶽遊草不分卷 (清)陳體元撰 清道光十年(1830)順德陳龍章刻本 一册

110000－0143－0010259 PG267/122
三雁紀遊不分卷 (清)郭鍾岳 (清)張盛藻等撰 清光緒十四年(1888)刻本 一册

110000－0143－0010260 PG267/123
韜光菴紀遊集一卷續刻一卷附刻韜光紀遊詩册一卷 (清)釋山止等編 清光緒武林丁氏竹書堂刻本 一册

110000－0143－0010261 PG267/124
清波小志二卷補一卷 (清)徐逢吉輯 (清)陳景鐘補輯 清光緒七年(1881)錢塘丁氏竹書堂刻武林掌故叢編(第四集)本 二册

110000－0143－0010262 PG267/124
遊明聖湖日記不分卷 (明)浦祊撰 清光緒七年(1881)錢塘丁氏刻武林掌故叢編(第四集)本 與110000－0143－0010261合册

110000－0143－0010263　PG267/124

客越志略不分卷　(明)王穉登撰　清光緒七年(1881)越中錢塘丁氏八千卷樓刻武林掌故叢編(第四集)本　與110000－0143－0010261合册

110000－0143－0010264　PG267/127

冬集紀程一卷附詩一卷　(清)周廣業撰　清道光二十年(1840)種松書塾刻本　一册

110000－0143－0010265　PG267/128

乘槎筆記二卷　(清)斌椿纂　清同治八年(1869)刻本　一册

110000－0143－0010266　PG267/129

西學考略二卷　(美國)丁韙良撰　清光緒九年(1883)同文館鉛印本　二册

110000－0143－0010267　PG267/130

宦海浮沈錄不分卷　張心泰撰　清光緒三十二年(1906)夢梅仙館刻本　一册

110000－0143－0010268　PG267/135

晏彤甫大中丞程記三種三卷　(清)晏端書撰　清光緒十三年(1887)儀徵晏方琦刻實學叢書本　三册

110000－0143－0010269　PG267/137

游歷美利加圖經三十二卷　(清)傅雲龍撰　清光緒十五年(1889)鉛印本　十二册

110000－0143－0010270　PG267/138

中亞洲俄屬游記二卷　(英國)蘭士德撰　(清)莫鎮藩譯　清光緒二十年(1894)刻本　二册

110000－0143－0010271　PG267/140

遊歷芻言不分卷　(清)黃楙材撰　清光緒得一齋刻本　一册

110000－0143－0010272　PG267/141

小滄浪筆談四卷　(清)阮元等撰　清嘉慶七年(1802)浙江節院刻本　四册

110000－0143－0010273　PG267/141－1

小滄浪筆談四卷　(清)阮元等撰　清嘉慶七年(1802)浙江節院刻本　二册

110000－0143－0010274　PG267/145

行川必要不分卷　(清)賀縉紳撰　清光緒四年(1878)鉛印本　一册

110000－0143－0010275　PG267/147

策鼇雜摭八卷　(清)葉新儂著　清光緒十五年(1889)滬上文藝齋刻本　四册

110000－0143－0010276　PG267/149

臺陽筆記一卷　(清)翟灝撰　清光緒元年(1875)抄本　一册

110000－0143－0010277　PG267/150

滇軺紀程不分卷　(清)林則徐撰　清光緒三年(1877)刻本　一册

110000－0143－0010278　PG267/152－1

徐霞客遊記不分卷　(明)徐弘祖著　(清)徐寄輯　清光緒七年(1881)瘦影山房刻本　十册

110000－0143－0010279　PG267/152－1

徐霞客遊記不分卷　(明)徐弘祖著　(清)徐寄輯　清光緒七年(1881)瘦影山房刻本　十册

110000－0143－0010280　PG267/152－3

徐霞客遊記不分卷　(明)徐弘祖著　清道光至宣統抄本　五册　存五册(四、六、八至九、十二)

110000－0143－0010281　PG267/153

滇黔紀遊一卷　(清)陳鼎著　清咸豐至宣統刻本　一册

110000－0143－0010282　PG267/154

出蜀記不分卷　(清)方濬頤撰　清光緒十年(1884)刻本　一册

110000－0143－0010283　PG267/160

葉柝紀程二卷　(清)王廷襄撰　清光緒二十一年至宣統三年(1895－1911)抄本　二册

110000－0143－0010284　PG267/167

彭遊行紀不分卷附彭遊詩草不分卷重游五斗山行紀不分卷　(清)黃雲鵠撰　清光緒十二年至三十四年(1886－1908)刻本　一册

110000－0143－0010285　PG267/168
粵遊隨筆不分卷　(清)金仁撰　清嘉慶十八年至咸豐十一年(1813－1861)抄本　一册

110000－0143－0010286　PG267/170
隴蜀餘聞不分卷　(清)王士禛撰　清康熙濟南王氏刻本　一册

110000－0143－0010287　PG267/173
三雁紀遊五卷　(清)郭鍾岳輯　清光緒十四年(1888)江都郭鍾岳和天倪齋刻本　一册

110000－0143－0010288　PG267/186
續修西道紀畧一卷　(清)孫觀輯　清光緒十三年(1887)保定直隸布政使孫觀刻本　一册

110000－0143－0010289　PG267/186
續修東道紀略一卷　(清)松椿輯　清光緒十四年(1888)保定直隸布政使松椿刻本　一册

110000－0143－0010290　PG267/187
遊峩眉山記一卷附遊峩眉山詩一卷　(清)劉光閣撰　清光緒三十三年(1907)刻本　一册

110000－0143－0010291　PG267/190
吳山紀游一卷附游吳山詩一卷　(清)蘇完熙年撰　清光緒十四年(1888)鳳翔郡署刻本　一册

110000－0143－0010292　PG267/191
名山遊覽二卷　(明)沈守正等撰　明末刻本　一册　存一卷(上)

110000－0143－0010293　PG267/193
東海更言不分卷　(清)忠滿撰　清光緒二十二年至宣統三年(1896－1911)抄本　一册

110000－0143－0010294　PG267/195
咸豐元年畫像路程其他方針一覽表記不分卷　(清)鄭禧甫撰　清咸豐元年(1851)鄭禧甫繪寫本　一册

110000－0143－0010295　PG267/200
出塞紀畧不分卷　(清)錢良擇撰　清道光二十年(1840)金山錢熙祚刻指海(第五集)本　二册

110000－0143－0010296　PG267/211
北行日錄二卷　(宋)樓鑰撰　清嘉慶長塘鮑氏刻知不足齋叢書(第二十三集)本　一册

110000－0143－0010297　PG267/211
放翁家訓一卷　(宋)陸游撰　清嘉慶長塘鮑氏刻知不足齋叢書(第二十三集)本　一册

110000－0143－0010298　PG267/212
郴遊錄一卷附郴州集不分卷　金蓉鏡撰　清光緒三十二年至宣統三年(1906－1911)北京學務處鉛印本　一册

110000－0143－0010299　PG267/213
東還紀畧一卷　(清)史善長撰　清光緒番禺史氏刻味根山房全集本　一册

110000－0143－0010300　PG267/214
流沙訪古記不分卷　羅振玉輯　清宣統元年(1909)上虞羅氏誦芬室鉛印敦煌石室遺書本　一册

110000－0143－0010301　PG267/215
南遊記不分卷　(清)孫嘉淦撰　清光緒二十二年(1896)始豐張邁刻暢園叢書甲集本　一册

110000－0143－0010302　PG267/216
西泠仙詠三卷　(清)陳文述撰　清光緒八年(1882)杭州西泠丁氏翠螺仙館刻本　二册

110000－0143－0010303　PG267/217
泛槎圖一卷續泛槎圖一卷續泛槎圖三集一卷艤槎圖四集一卷灕江泛棹圖五集一卷續泛槎圖六集一卷　(清)張寶撰　清光緒六年(1880)上海點石齋石印本　四册

110000－0143－0010304　PG268/1
漢書地理志水道圖說七卷　(清)陳澧撰　清咸豐元年至光緒八年(1851－1882)刻番禺陳氏東塾叢書本　三册

110000－0143－0010305　PG268/1
考正德清胡氏禹貢圖一卷　(清)陳宗誼撰　清同治二年(1863)刻番禺陳氏東塾叢書本　一册

110000－0143－0010306　PG268/3

中外地輿圖説集成一百三十卷首三卷皇輿全圖一卷　(清)浙東同康廬主人編輯　清光緒二十年(1894)上海積山書局石印本　三十一冊　缺四卷(一百二十三至一百二十六)

110000－0143－0010307　PG268/3
中外地輿圖説集成一百三十卷首三卷皇輿全圖一卷　(清)浙東同康廬主人編輯　清光緒二十年(1894)上海積山書局石印本　二十四冊

110000－0143－0010308　PG268/5
西湖佳話古今遺蹟十六卷　(清)墨浪子輯　清同治至宣統武林三益堂刻本　二冊

110000－0143－0010309　PG268/5
西湖佳話古今遺蹟十六卷　(清)墨浪子輯　清光緒二十一年(1895)上海寶文書局石印本　四冊

110000－0143－0010310　PG268/6
中外輿地通考不分卷　(清)許彬編譯　清光緒二十二年至民國十年(1896－1921)石印本　二冊

110000－0143－0010311　PG268/7
通曉便覽□□卷　(清)李華纂輯　清道光至宣統刻本　一冊　存一卷(四)

110000－0143－0010312　PG268/8
蓬萊軒輿地學叢書二十五卷　(清)丁謙撰　清光緒二十八年(1902)石印本　四冊

110000－0143－0010313　PG268/8
蓬萊軒輿地學叢書二十五卷　(清)丁謙撰　清光緒二十八年(1902)石印本　四冊

110000－0143－0010314　PG268/8
蓬萊軒輿地學叢書二十五卷　(清)丁謙撰　清光緒二十八年(1902)石印本　四冊

110000－0143－0010315　PG268/9
問影樓輿地叢書第一集十五種四十六卷　胡思敬輯　清光緒三十四年(1908)新昌胡氏鉛印本　十冊

110000－0143－0010316　PG268/9
問影樓輿地叢書第一集十五種四十六卷　胡思敬輯　清光緒三十四年(1908)新昌胡氏鉛印本　九冊

110000－0143－0010317　PG268/11
光緒湖北輿地記二十四卷　(清)湖北輿圖局纂　清光緒二十年(1894)湖北輿圖局刻本　二十四冊

110000－0143－0010318　PG268/10
皇朝輿地韻編二卷　(清)李兆洛輯　清光緒至宣統刻本　一冊

110000－0143－0010319　PG268/12
西域輿地三種彙刻三卷　(清)徐崇立輯　清光緒三十二年(1906)盍簪行館刻本　一冊

110000－0143－0010320　PG268/13
皇朝輿地四言便蒙三十五卷首一卷　(清)孫傳棉編　清光緒二十五年(1899)鉛印本　三冊

110000－0143－0010321　PG268/14
雷波瑣記不分卷　(清)劉文蔚撰　清道光十一年(1831)稿本　一冊

110000－0143－0010322　PG268/16
小方壺齋輿地叢鈔十二帙補編十二帙再補編十二帙　(清)王錫祺輯　清光緒十七年(1891)補編二十年(1894)再補編二十三年(1897)上海著易堂鉛印本　七十六冊　缺八冊(第二函叢鈔九至十六)

110000－0143－0010323　PG268/16
小方壺齋輿地叢鈔十二帙　(清)王錫祺輯　清光緒十七年(1891)上海著易堂鉛印本　五十三冊　存十帙(三至十二)

110000－0143－0010324　PG268/16
小方壺齋輿地叢鈔十二帙　(清)王錫祺輯　清光緒十七年(1891)上海著易堂鉛印本　八十四冊

110000－0143－0010325　PG268/16
小方壺齋輿地叢鈔十二帙　(清)王錫祺輯　清光緒十七年(1891)上海著易堂鉛印本　八

十四冊

110000－0143－0010326　PG268/16

小方壺齋輿地叢鈔十二帙　（清）王錫祺輯　清光緒十七年（1891）上海著易堂鉛印本　五十五冊　存十帙（三至十二）

110000－0143－0010327　PG268/16

小方壺齋輿地叢鈔十二帙補編十二帙再補編十二帙　（清）王錫祺輯　清光緒十七年（1891）補編二十年（1894）再補編二十三年（1897）上海著易堂鉛印本　八十四冊

110000－0143－0010328　PG268/16

小方壺齋輿地叢鈔補編十二帙再補編十二帙　（清）王錫祺輯　清光緒二十年（1894）再補編二十三年（1897）上海著易堂鉛印本　二十冊

110000－0143－0010329　PG268/17－1

皇朝藩屬輿地叢書一百三十八卷　（清）浦□輯　清光緒二十九年（1903）金匱浦氏靜安東軒石印本　四十八冊　存七卷（一至六、二十二）

110000－0143－0010330　PG268/18

［嘉慶］四川通志二百四卷首二十二卷　（清）常明等修　（清）楊芳燦　（清）譚光祜等纂　清嘉慶二十一年（1816）刻本　一冊　存七卷（卷一天文、卷二至六輿地、卷二十二輿地）

110000－0143－0010331　PG268/21

福建全省地輿圖不分卷　（清）傅以禮纂輯　（清）姚文倬等校正　清光緒三十一年（1905）石印本　一冊　存六種（建寧府、邵武府、汀州府、福寧府、永春州、龍岩州）

110000－0143－0010332　PG268/22

金匱縣輿地全圖不分卷附錄金匱縣斗則簡明冊二卷　（清）華湛恩撰　（清）華步照附錄　清光緒三十四年（1908）鵝湖華存裕堂義莊石印本　六冊

110000－0143－0010333　PG268/22

金匱縣輿地全圖不分卷　（清）華湛恩撰　清光緒三十四年（1908）鵝湖華存裕堂義莊石印本　四冊

110000－0143－0010334　PG268/23

圖史提綱三卷　（清）胡宣慶纂編　清光緒十七年（1891）長沙胡氏鉛印本　一冊

110000－0143－0010335　PG268/25

皇朝輿地通考二十三卷　（清）通文書局輯　清光緒二十九年（1903）上海通文書局石印本　四十冊

110000－0143－0010336　PG268/27

東京夢華錄十卷　（宋）孟元老撰　清嘉慶十年（1805）虞山張氏照曠閣刻學津討原（第七集）本　一冊

110000－0143－0010337　PG268/28

晉太康三年地記一卷　（晉）□□纂　（清）畢沅輯　清光緒二十一年（1895）廣雅書局刻廣雅書局叢書（史學）本　一冊

110000－0143－0010338　PG268/28

王隱晉書地道記一卷　（晉）王隱撰　（清）畢沅輯　清光緒二十年（1894）廣雅書局刻廣雅書局叢書（史學）本　與 110000－0143－0010337 合冊

110000－0143－0010339　PG268/28－1

晉太康三年地記一卷　（晉）□□纂　（清）畢沅輯　清光緒十七年（1891）思賢講舍刻本　一冊

110000－0143－0010340　PG268/28－1

王隱晉書地道記一卷　（晉）王隱撰　（清）畢沅輯　清光緒十七年（1891）思賢講舍刻本　與 110000－0143－0010339 合冊

110000－0143－0010341　PG268/29

方輿類聚十六卷　（清）福申輯　清道光十二年（1832）刻本　二冊

110000－0143－0010342　PG268/30

通鑑地理通釋十四卷　（宋）王應麟撰　清光緒九年（1883）浙江書局刻本　三冊

110000－0143－0010343　PG268/31

大東合邦新義不分卷　（日本）森本藤吉述

（清）陳高第校定　清光緒二十四年（1898）上海譯書局石印本　一册

110000－0143－0010344　PG268/32
帝輿合覽二卷　（清）何炳纂述　清道光十三年（1833）刻本　四册

110000－0143－0010345　PG268/33
支那疆域沿革略説不分卷　（日本）重野安繹（日本）河田羆同著　清光緒輿地學會刻本　一册

110000－0143－0010346　PG268/34
吴地記一卷　（唐）陸廣微撰　清順治三年（1646）兩浙督學周南李際期宛委山堂刻説郛（弓六十三）本　一册

110000－0143－0010347　PG268/34
夷俗考一卷　（宋）方鳳撰　清順治三年（1646）兩浙督學周南李際期宛委山堂刻説郛（弓五十五）本　與110000－0143－0010346合册

110000－0143－0010348　PG268/34－1
吴地記一卷　（唐）陸廣微撰　**後集一卷**（宋）□□輯　清同治十二年（1873）江蘇書局刻本　一册

110000－0143－0010349　PG268/34－1
吴地記一卷　（唐）陸廣微纂　**後集一卷**（宋）□□輯　清末刻本　一册

110000－0143－0010350　PG268/43
東瀛識略八卷　（清）丁紹儀纂　清同治十二年（1873）刻本　一册　存四卷（一至四）

110000－0143－0010351　PG268/45
吴郡圖經續記三卷附校勘記一卷　（宋）朱長文撰　（清）胡珽輯　清同治十二年（1873）江蘇書局刻本　一册

110000－0143－0010352　PG268/46
黔史四卷　（清）猶法賢編　清光緒十四年（1888）刻本　一册

110000－0143－0010353　PG268/47
楚灃江程十六卷首一卷末一卷　（清）董恂輯　清光緒三年（1877）刻本　十六册

110000－0143－0010354　PG268/48
滇語備忘錄不分卷　（清）王定柱纂　清末至民國初抄本　一册

110000－0143－0010355　PG268/49
東晉南北朝輿地表二十七卷　（清）徐文範撰　清光緒二十四年（1898）廣雅書局刻本　十册

110000－0143－0010356　PG268/50
二損軒筆錄不分卷　（清）王榕泉輯　清末抄本　二册

110000－0143－0010357　PG268/51
黔南識略三十二卷　（清）愛必達撰　清道光二十七年（1847）刻本　四册

110000－0143－0010358　PG268/55
地輿圖考四卷　（清）龔柴撰　清光緒二十七年（1901）益聞書館鉛印本　一册

110000－0143－0010359　PG268/65
經心書院課程　（清）姚炳奎撰　清光緒二十九年（1903）武漢經心書院刻本　一册　存湖北、江南

110000－0143－0010360　PG269/1
宸垣識略十六卷　（清）吴長元輯　清光緒二年（1876）刻本　七册　缺二卷（七至八）

110000－0143－0010361　PG269/1－1
宸垣識略十六卷　（清）吴長元輯　清同治二年（1863）刻本　八册

110000－0143－0010362　PG269/1－1
宸垣識略十六卷　（清）吴長元輯　清同治二年（1863）刻本　八册

110000－0143－0010363　PG269/1－2
宸垣識略十六卷　（清）吴長元輯　清咸豐二年（1852）藻思堂刻本　八册

110000－0143－0010364　PG269/1－3
宸垣識略十六卷　（清）吴長元輯　清乾隆五十三年（1788）池北草堂刻本　八册

110000－0143－0010365　PG269/2
守城事宜不分卷　清刻本　一冊

110000－0143－0010366　PG269/4
忠武祠墓志七卷首一卷末一卷　(清)虚白道人輯　清同治六年(1867)汚署刻本　四冊

110000－0143－0010367　PG269/5
增補都門紀略不分卷　(清)楊靜亭編　(清)李靜山增補　清光緒二年(1876)刻本　八冊

110000－0143－0010368　PG269/5
新增都門紀略七卷　(清)楊靜亭編　(清)劉玉魁等增補　清光緒三十三年(1907)京都榮錄堂刻本　七冊

110000－0143－0010369　PG269/5
新增都門紀略七卷　(清)楊靜亭編　(清)劉玉魁等增補　清光緒三十三年(1907)京都榮錄堂刻本　七冊

110000－0143－0010370　PG269/6
朝市叢載八卷　(清)李虹若編　清光緒十二年(1886)京都松竹齋刻本　八冊

110000－0143－0010371　PG269/6
朝市叢載八卷　(清)李虹若編　清光緒二十四年(1898)京都刻本　八冊

110000－0143－0010372　PG269/6
朝市叢載八卷　(清)李虹若編　清光緒十二年(1886)京都松竹齋刻本　八冊

110000－0143－0010373　PG269/6
朝市叢載八卷　(清)李虹若編　清光緒十三年(1887)京都刻本　八冊

110000－0143－0010374　PG269/14
問津院志六卷首一卷末一卷　(清)王會釐總纂　(清)梅植　(清)徐鍾俊輯　清光緒三十一年(1905)黃州問津書院刻本　五冊

110000－0143－0010375　PG269/15
歷代陵寢備考五十卷歷代宗朝附考八卷　(清)朱孔陽輯　清光緒三年(1877)上海申報館鉛印本　十四冊

110000－0143－0010376　PG269/15
歷代陵寢備考五十卷　(清)朱孔陽輯　清光緒三年(1877)上海申報館鉛印本　六冊　存二十五卷(二十六至五十)

110000－0143－0010377　PG269/17
日下尊聞錄五卷　(清)□□輯　清光緒十七年(1891)培花館石印本　二冊

110000－0143－0010378　PG269/18－1
逍遙山萬壽宮志二十卷首一卷　(清)丁步上　(清)郭懋隆輯　清道光二十六年(1846)新建劉芳刻本　六冊

110000－0143－0010379　PG269/18－2
逍遙山萬壽宮志二十二卷首一卷　(清)金桂馨　(清)漆逢源纂輯　清光緒四年(1878)新建逍遙山萬壽宮刻本　十冊

110000－0143－0010380　PG269/19
悅城龍母廟志二卷首一卷附錄　(清)黃應奎輯　清光緒十三年(1887)廣州錦書堂刻本　一冊

110000－0143－0010381　PG269/21
平山堂圖志十卷首一卷　(清)趙之壁編纂　清光緒九年(1883)歐陽利見刻本　四冊

110000－0143－0010382　PG269/21
平山堂圖志十卷首一卷　(清)趙之壁編纂　清光緒九年(1883)歐陽利見刻二十一年(1895)平山主裔六一頭陀心悟重訂本　四冊

110000－0143－0010383　PG269/21
平山堂圖志十卷首一卷　(清)趙之壁編纂　清光緒九年(1883)歐陽利見刻本　四冊

110000－0143－0010384　PG269/21
平山堂圖志十卷首一卷　(清)趙之壁編纂　清光緒九年(1883)歐陽利見刻本　四冊

110000－0143－0010385　PG269/21－1
平山堂圖志十卷首一卷　(清)趙之壁編纂　清光緒十四年(1888)上海同文書局石印本　八冊

110000－0143－0010386　PG269/21－2
平山堂圖志十卷首一卷　(清)趙之壁編纂

清光緒九年(1883)歐陽利見刻本　四册

110000－0143－0010387　PG269/22
荆州萬城隄續志十卷首一卷末一卷　(清)舒惠纂　清光緒二十年(1894)刻本　四册

110000－0143－0010388　PG269/22
荆州萬城隄續志十卷首一卷末一卷　(清)舒惠纂　清光緒二十年(1894)刻本　四册

110000－0143－0010389　PG269/22－1
荆州萬城隄志十卷首一卷末一卷　(清)倪文蔚纂　清光緒二年(1876)刻本　六册

110000　0143－0010390　PG269/24－1
緬述一卷　(清)彭崧毓撰　清光緒三十四年(1908)新昌胡氏鉛印問影樓輿地叢書第一集本　一册

110000－0143－0010391　PG269/24－1
陜西南山谷口考一卷　(清)毛鳳枝撰　清光緒三十四年(1908)新昌胡氏鉛印問影樓輿地叢書第一集本　與 110000－0143－0010390 合册

110000－0143－0010392　PG269/25
大昭慶律寺志十卷　(清)吴樹虚撰　清光緒八年(1882)刻本　五册

110000　0143　0010393　PG269/26
臥龍崗志二卷　(清)羅景星輯　清康熙五十一年(1712)刻本　二册

110000－0143－0010394　PG269/27
蜀中名勝記三十卷　(明)曹學佺著　清宣統二年(1910)成都茹古書局刻本　十册

110000－0143－0010395　PG269/27
蜀中名勝記三十卷　(明)曹學佺著　清宣統二年(1910)成都茹古書局刻本　十册

110000－0143－0010396　PG269/27
蜀中名勝記三十卷　(明)曹學佺著　清宣統二年(1910)成都茹古書局刻本　十册

110000－0143－0010397　PG269/27
蜀中名勝記三十卷　(明)曹學佺著　清宣統二年(1910)成都茹古書局刻本　八册

110000－0143－0010398　PG269/27
蜀中名勝記三十卷　(明)曹學佺著　清宣統二年(1910)成都茹古書局刻本　十册

110000－0143－0010399　PG269/28
重修昭覺寺志八卷首一卷　(清)釋中恂主修　(清)羅用霖纂　清光緒二十二年(1896)刻本　四册

110000－0143－0010400　PG269/29
吴山伍公廟志六卷首一卷　(清)金文淳等纂輯　清光緒二年(1876)刻本　二册

110000－0143－0010401　PG269/29
吴山伍公廟志六卷首一卷　(清)金文淳等纂輯　清光緒二年(1876)刻本　一册

110000－0143－0010402　PG269/30
闖雜記十二卷　(清)施鴻保輯　清光緒四年(1878)上海申報館鉛印本　四册

110000－0143－0010403　PG269/30
闖雜記十二卷　(清)施鴻保輯　清光緒四年(1878)上海申報館鉛印本　四册

110000－0143－0010404　PG269/32
重刊麻姑山志十二卷　(清)黄家駒編　清同治五年(1866)黄氏漢臬督銷司刻本　六册

110000－0143－0010405　PG269/34
玉泉山寺志二卷　(清)李芳順修　(清)栗引之纂輯　清康熙十年(1671)刻本　二册

110000－0143－0010406　PG269/37
約園志不分卷　(清)徐樹銘輯　(清)許貞幹　(清)許淮祥編校　清光緒二十三年(1897)刻本　一册

110000－0143－0010407　PG269/42
廣福廟志一卷　(清)唐垣九撰　清光緒三年(1877)錢塘丁氏嘉惠堂刻武林掌故叢編(第一集)本　二册

110000－0143－0010408　PG269/43
龍潭山志七卷首一卷末一卷　(清)康阜編纂　清光緒五年(1879)刻本　八册

110000－0143－0010409　PG269/44

廣雁蕩山誌二十八卷首一卷末一卷 （清）曾唯撰 清乾隆至嘉慶刻本 七冊 缺一卷（首一卷）

110000－0143－0010410 PG269/48
南朝佛寺志二卷 （清）孫文川葺述 陳作霖編纂 清光緒至宣統刻本 二冊

110000－0143－0010411 PG269/49
桃花源志略十三卷附桃花源五排三百韻一卷 （清）唐開韶輯 （清）胡焯編 清道光二十六年(1846)刻本 五冊

110000－0143－0010412 PG269/49
桃花源志略十三卷 （清）唐開韶輯 （清）胡焯編 清道光二十六年(1846)刻本 四冊

110000－0143－0010413 PG269/50
[萬曆]閩都記三十三卷 （明）王應山纂輯 清道光十一年(1831)求放心齋刻本 六冊

110000－0143－0010414 PG269/50
[萬曆]閩都記三十三卷 （明）王應山纂輯 清道光十一年(1831)求放心齋刻本 四冊

110000－0143－0010415 PG269/50
[萬曆]閩都記三十三卷 （明）王應山纂輯 清道光十一年(1831)求放心齋刻本 四冊

110000－0143－0010416 PG269/50
[萬曆]閩都記三十三卷 （明）王應山纂輯 清道光十一年(1831)求放心齋刻本 六冊

110000－0143－0010417 PG269/50
[萬曆]閩都記三十三卷 （明）王應山纂輯 清道光十一年(1831)求放心齋刻本 六冊

110000－0143－0010418 PG269/51
北湖小志六卷 （清）焦循著 清嘉慶十三年(1808)江都焦氏雕菰樓刻焦氏叢書本 二冊

110000－0143－0010419 PG269/51
北湖小志六卷 （清）焦循著 清嘉慶十三年(1808)江都焦氏雕菰樓刻焦氏叢書本 四冊

110000－0143－0010420 PG269/54
東林書院志二十二卷 （清）高廷珍等增輯 清光緒七年(1881)無錫趙氏重刻本 八冊

110000－0143－0010421 PG269/54
東林書院志二十二卷 （清）高廷珍等增輯 清光緒七年(1881)無錫趙氏重刻本 八冊

110000－0143－0010422 PG269/54
東林書院志二十二卷 （清）高廷珍等增輯 清光緒七年(1881)無錫趙氏重刻本 八冊

110000－0143－0010423 PG269/56
分湖小識六卷 （清）柳樹芳撰 清道光二十七年(1847)勝溪草堂刻養餘齋全集本 四冊

110000－0143－0010424 PG269/56
分湖小識六卷 （清）柳樹芳撰 清道光二十七年(1847)勝溪草堂刻養餘齋全集本 二冊

110000－0143－0010425 PG269/56
分湖小識六卷 （清）柳樹芳撰 清道光二十七年(1847)勝溪草堂刻養餘齋全集本 二冊

110000－0143－0010426 PG269/56
分湖小識六卷 （清）柳樹芳撰 清道光二十七年(1847)勝溪草堂刻養餘齋全集本 二冊

110000－0143－0010427 PG269/57
廣陵通典十卷 （清）汪中撰 清同治八年(1869)揚州書局刻本 二冊

110000－0143－0010428 PG269/57
廣陵通典十卷 （清）汪中撰 清同治八年(1869)揚州書局刻本 二冊

110000－0143－0010429 PG269/57
廣陵通典十卷 （清）汪中撰 清同治八年(1869)揚州書局刻本 二冊

110000－0143－0010430 PG269/57
廣陵通典十卷 （清）汪中撰 清同治八年(1869)揚州書局刻本 二冊

110000－0143－0010431 PG269/57
廣陵通典十卷 （清）汪中撰 清同治八年(1869)揚州書局刻本 二冊

110000－0143－0010432 PG269/57
廣陵通典十卷 （清）汪中撰 清同治八年(1869)揚州書局刻本 二冊

110000－0143－0010433　PG269/57
廣陵通典十卷　(清)汪中撰　清同治八年(1869)揚州書局刻本　二册

110000－0143－0010434　PG269/61
昭烈忠武陵廟志十卷首一卷　(清)潘時彤纂輯　清道光九年(1829)刻本　八册

110000－0143－0010435　PG269/63
湖山便覽十二卷　(清)翟灝　(清)翟瀚同輯　(清)王維翰重訂　清光緒元年(1875)槐蔭堂王氏刻本　六册

110000　0143　0010436　PG269/63
湖山便覽十二卷　(清)翟灝　(清)翟瀚同輯　(清)王維翰重訂　清光緒元年(1875)槐蔭堂王氏刻本　六册

110000－0143－0010437　PG269/64
伽藍記五卷　(北魏)楊衒之撰　明萬曆二十年(1592)刻本　一册　缺二卷(四至五)

110000－0143－0010438　PG269/66
岳廟志略十卷首一卷　(清)馮培輯　清光緒五年(1879)浙江書局刻本　四册

110000－0143－0010439　PG269/66
岳廟志略十卷首一卷　(清)馮培輯　清光緒五年(1879)浙江書局刻本　四册

110000－0143－0010440　PG269/66－1
岳廟志略十卷首一卷　(清)馮培輯　清嘉慶八年(1803)刻本　四册

110000－0143－0010441　PG269/67
盛京風俗攷四卷盛京城垣事蹟攷二卷　(清)□□撰　清嘉慶至宣統抄本　六册

110000－0143－0010442　PG269/68
曹江孝女廟志八卷首一卷末一卷　(清)金廷棟撰　清光緒八年(1882)五社公所刻本　二册

110000－0143－0010443　PG269/68
曹江孝女廟志八卷首一卷末一卷　(清)金廷棟撰　清光緒八年(1882)五社公所刻本　二册

110000－0143－0010444　PG269/68
曹江孝女廟志八卷首一卷末一卷　(清)金廷棟撰　清光緒八年(1882)五社公所刻本　二册

110000－0143－0010445　PG269/69
峽江救生船志二卷附峽江圖攷一卷行川必要一卷　(清)賀縉紳撰　清光緒三年(1877)水師新副中營刻本　四册

110000－0143－0010446　PG269/69
峽江救生船志二卷附峽江圖攷一卷行川必要一卷　(清)賀縉紳撰　清光緒三年(1877)水師新副中營刻本　四册

110000－0143－0010447　PG269/71
文廟通考六卷首一卷　(清)牛樹梅撰　清同治十一年(1872)浙江書局刻本　二册

110000－0143－0010448　PG269/72
福建鹽法志二十二卷首一卷　(清)□□撰　清道光十年(1830)刻本　八册

110000－0143－0010449　PG269/73
湖南方物志八卷　(清)黄本驥撰　清道光二十五年(1845)刻本　二册

110000－0143－0010450　PG269/80
金陵瑣志三種六卷　陳作霖編　清光緒十一年至二十五年(1885－1899)江寧陳氏可園刻本　四册

110000－0143－0010451　PG269/87
濟南金石志四卷　(清)馮雲鵷撰　清道光二十年(1840)郡齋刻本　八册

110000－0143－0010452　PG269/88
分疆錄十二卷首一卷　(清)林鶚纂　(清)林用霖續編　清光緒五年(1879)林氏望山堂刻本　六册

110000－0143－0010453　PG269/89
淳祐臨安志輯逸八卷　(清)胡敬輯　清光緒二十六年(1900)錢塘丁氏嘉惠堂刻武林掌故叢編(第二十四集)本　四册

110000－0143－0010454　PG269/89

淳祐臨安志輯逸八卷　(清)胡敬輯　清光緒二十六年(1900)錢塘丁氏嘉惠堂刻武林掌故叢編(第二十四集)本　四冊

110000－0143－0010455　PG269/92
兩浙防護錄不分卷　(清)阮元撰　清光緒三十年至三十四年(1904－1908)會稽董氏取斯家塾木活字印本　四冊

110000－0143－0010456　PG269/94
沮江隨筆二卷　(清)朱錫綬撰　清光緒十六年(1890)羊城刻本　一冊

110000－0143－0010457　PG269/96
四川鹽法志四十卷首一卷　(清)羅文彬編輯　清光緒八年(1882)刻本　二十冊

110000－0143－0010458　PG269/97
塚圖記不分卷　(□)□□撰　清光緒二十八年(1902)鉛印本　一冊

110000－0143－0010459　PG269/98
黔書二卷　(清)田雯編　清康熙二十九年(1690)刻德州田氏叢書本　二冊

110000－0143－0010460　PG269/100
寰宇分合志八卷寰宇分合志增輯一卷　(明)徐樞輯　(清)鄭元慶增輯　清光緒二十八年(1902)刻本　八冊

110000－0143－0010461　PG269/100
寰宇分合志八卷寰宇分合志增輯一卷　(明)徐樞輯　(清)鄭元慶增輯　清光緒二十八年(1902)刻本　八冊

110000－0143－0010462　PG269/101
白鷺洲書院志八卷首一卷　(清)劉繹纂　(清)胡宗元　(清)胡芳秋編　清光緒四年(1878)刻本　四冊

110000－0143－0010463　PG269/102
紫栢山誌圖不分卷　(清)景邦憲輯　清同治十年(1871)刻本　一冊

110000－0143－0010464　PG269/103
榕郡名勝輯要三卷　(清)王紫華編　清道光七年(1827)槐蔭堂刻本　一冊

110000－0143－0010465　PG269/104
文瀾閣志二卷首一卷附錄一卷　(清)孫樹禮　孫峻撰　清光緒二十四年(1898)錢塘丁氏嘉惠堂刻武林掌故叢編(第二十六集)本　一冊

110000－0143－0010466　PG269/104
文瀾閣志二卷首一卷附錄一卷　(清)孫樹禮　孫峻撰　清光緒二十四年(1898)錢塘丁氏嘉惠堂刻武林掌故叢編(第二十六集)本　三冊

110000－0143－0010467　PG269/104
文瀾閣志二卷首一卷附錄一卷　(清)孫樹禮　孫峻撰　清光緒二十四年(1898)錢塘丁氏嘉惠堂刻武林掌故叢編(第二十六集)本　三冊

110000－0143－0010468　PG269/104
文瀾閣志二卷首一卷附錄一卷　(清)孫樹禮　孫峻撰　清光緒二十四年(1898)錢塘丁氏嘉惠堂刻武林掌故叢編(第二十六集)本　三冊

110000－0143－0010469　PG269/105－1
白鹿書院志十九卷首一卷　(清)毛德琦原訂　(清)周兆蘭重修　清乾隆六十年(1795)刻同治十年(1871)補刻本　八冊

110000－0143－0010470　PG269/106
吴山城隍廟志八卷　(清)盧崧監修　清光緒四年(1878)錢塘丁氏刻本　四冊

110000－0143－0010471　PG269/107
中俄界記二編　(清)鄒代鈞撰　(清)曾寅校補　清宣統三年(1911)湖北武昌亞新地學社鉛印本　二冊

110000－0143－0010472　PG269/108
大昭慶律寺志十卷　(清)釋篆玉撰　清光緒八年(1882)錢塘丁氏嘉惠堂刻武林掌故叢編(第四集)本　二冊

110000－0143－0010473　PG269/109
城北天后宫志一卷　(清)丁午輯　清光緒七年(1881)錢塘丁氏嘉惠堂刻武林掌故叢編

（第七集）本　一冊

110000－0143－0010474　PG269/110
杭州上天竺講寺志十五卷　（明）釋廣賓撰　清光緒二十三年（1897）錢塘丁氏嘉惠堂刻武林掌故叢編（第二十五集）本　二冊

110000－0143－0010475　PG269/111
廬陽名勝便覽六卷　（清）吳名鏊編　清乾隆三十二年（1767）刻本　二冊

110000－0143－0010476　PG269/112
慧因寺志十二卷附録一卷　（明）李翥撰　清光緒七年（1881）錢塘丁氏竹書堂刻武林掌故叢編（第二集）本　一冊

110000－0143－0010477　PG269/113
聖水寺志六卷補遺一卷　（清）釋明倫纂（清）釋實懿重纂　清光緒十八年（1892）錢塘丁氏嘉惠堂刻武林掌故叢編（第十六集）本　二冊

110000－0143－0010478　PG269/114
鳳凰山聖果寺志一卷　（清）釋超乾撰　清光緒七年（1881）錢塘丁氏嘉惠堂刻武林掌故叢編（第六集）本　一冊

110000－0143－0010479　PG269/114
南漳子二卷　（清）孫之騄撰　清光緒七年（1881）錢塘丁氏嘉惠堂刻武林掌故叢編（第六集）本　與110000－0143－0010478合冊

110000－0143－0010480　PG269/115
龍井見聞録十卷　（清）汪孟鋗撰　清光緒十年（1884）錢塘丁氏嘉惠堂刻武林掌故叢編（第十二集）本　三冊

110000－0143－0010481　PG269/116
增修雲林寺志八卷　（清）厲鶚撰　清光緒十四年（1888）錢塘丁氏嘉惠堂刻武林掌故叢編（第十一集）本　二冊

110000－0143－0010482　PG269/116
增修雲林寺志八卷　（清）厲鶚撰　清光緒十四年（1888）錢塘丁氏嘉惠堂刻武林掌故叢編（第十一集）本　二冊

110000－0143－0010483　PG269/117
續修雲林寺志八卷　（清）沈鑅彪撰　清光緒十四年（1888）錢塘丁氏嘉惠堂刻武林掌故叢編（第十一集）本　三冊

110000－0143－0010484　PG269/118
金鼓洞志八卷首一卷　（清）朱文藻撰　清光緒五年（1879）錢塘丁氏嘉惠堂刻武林掌故叢編（第七集）本　三冊

110000－0143－0010485　PG269/120
勅建淨慈寺志二十八卷首二卷末一卷　（清）釋際祥纂輯　清光緒十四年（1888）錢塘丁氏嘉惠堂刻武林掌故叢編（第十三集）本　八冊

110000－0143－0010486　PG269/121
武林靈隱寺誌八卷　（清）孫治輯　（清）徐增重修　清光緒十四年（1888）錢塘丁氏嘉惠堂刻武林掌故叢編（第十一集）本　三冊

110000－0143－0010487　PG269/124
慧因寺志十二卷附録一卷　（明）李翥撰　清光緒七年（1881）錢塘丁氏嘉惠堂刻武林掌故叢編（第二集）本　一冊　缺七卷（一至七）

110000－0143－0010488　PG269/127
東林書院志二十二卷　（清）高廷珍等輯　清光緒七年（1881）刻本　八冊

110000－0143－0010489　PG269/128
新門散記一卷　（清）羅以智撰　清光緒七年（1881）錢塘丁氏嘉惠堂刻武林掌故叢編（第七集）本　一冊

110000－0143－0010490　PG269/129
東甌孤嶼志八卷　（清）陳舜咨撰　清嘉慶十三年（1808）刻本　四冊

110000－0143－0010491　PG269/133
圖開勝蹟六卷　（清）劉福堂撰　清光緒元年（1875）刻本　六冊

110000－0143－0010492　PG269/133
圖開勝蹟六卷附紀恩慕義一卷劉軍門戰功紀略一卷　（清）劉福堂撰　（清）吳大澂等纂輯　清光緒元年至二年（1875－1876）刻本　九

冊

110000－0143－0010493　PG269/136
靈巖志六卷　(清)李興祖編　清末刻本　四冊

110000－0143－0010494　PG269/137
山東黄河南岸十三州縣遷民圖説一卷　(清)黄璣撰　清光緒二十二年(1896)上海點石齋石印本　一冊

110000－0143－0010495　PG269/138
西湖志纂十五卷首一卷　(清)梁詩正撰　清乾隆二十七年(1762)刻本　八冊

110000－0143－0010496　PG269/138
西湖志纂十五卷首一卷　(清)梁詩正撰　清乾隆二十年(1755)刻本　六冊

110000－0143－0010497　PG269/139
歙縣館錄不分卷　(清)汪廷棟撰　清光緒三十年(1904)木活字印本　一冊

110000－0143－0010498　PG269/139－1
重續歙縣會館錄不分卷　(清)徐上鏞編　清道光十四年(1834)歙縣會館刻本　二冊

110000－0143－0010499　PG269/140
五畝園小志一卷五畝園志餘一卷　(清)謝家福輯　清光緒十六年(1890)吳縣謝氏刻本　一冊

110000－0143－0010500　PG269/141
東山書院志略不分卷　(清)唐治撰　清咸豐二年(1852)刻本　一冊

110000－0143－0010501　PG269/142
滄浪小志二卷　(清)宋犖編　清光緒十年(1884)江蘇書局刻本　一冊

110000－0143－0010502　PG269/143
廣志繹五卷　(明)王士性撰　清嘉慶二十二年(1817)臨海宋氏刻台州叢書甲集本　四冊

110000－0143－0010503　PG269/144
漢口紫陽書院志略八卷首一卷　(清)董桂敷撰　清嘉慶十一年(1806)刻本　六冊

110000－0143－0010504　PG269/146
白雲洞志五卷　(清)黄亨纂輯　清光緒十三年(1887)刻本　一冊

110000－0143－0010505　PG269/146
白雲洞志五卷　(清)黄亨纂輯　清光緒十三年(1887)刻本　一冊

110000－0143－0010506　PG269/147
青冢志十二卷　(清)胡鳳丹輯　清光緒三年(1877)永康胡氏退補齋刻本　四冊

110000－0143－0010507　PG269/151
永善堂紀事二卷　(清)嵇有慶撰　清光緒元年(1875)零陵永善堂刻本　一冊

110000－0143－0010508　PG269/152
象邑夏王廟志二卷附錄二卷　(清)倪勱纂輯　清道光九年(1829)寧波張氏九曲樓刻本　二冊

110000－0143－0010509　PG269/154
天童寺志十卷首一卷　(清)聞性道纂輯　清嘉慶十三年至十六年(1808－1811)鄞縣天童寺刻本　四冊

110000－0143－0010510　PG269/155
枕湖樓藏書記不分卷　(清)連蘅撰　清光緒三十二年(1906)上虞連氏枕湖樓刻本　一冊

110000－0143－0010511　PG269/155
連氏義田事略三卷　(清)連蘅輯　清光緒十四年(1888)上虞連氏枕湖樓刻本　與110000－0143－0010510合冊

110000－0143－0010512　PG269/155
上虞塘工紀略二卷續紀略一卷三續紀略一卷　(清)連仲愚撰　清光緒四年(1878)敬睦堂刻本　與110000－0143－0010510合冊

110000－0143－0010513　PG269/158
還古書院志十九卷　(清)施璜輯　(清)方允淳校訂　清乾隆六年(1741)休寧施澴刻本　四冊

110000－0143－0010514　PG269/159
江蘇沿海圖説不分卷附江蘇海島表不分卷

(清)朱正元撰　清光緒二十五年(1899)上海鉛印本　一冊

110000－0143－0010515　PG269/161
華陽國志十二卷　(晉)常璩撰　清嘉慶十九年(1814)題襟館刻本　四冊

110000－0143－0010516　PG269/161
華陽國志十二卷附補華陽國志三州郡縣目錄　(晉)常璩撰　清嘉慶十九年(1814)題襟館刻本　四冊

110000－0143－0010517　PG269/162
新化學田志十卷　(清)王惕菴　(清)鄧直卿等編　清光緒二十二年(1896)刻本　六冊

110000－0143－0010518　PG269/166
清波小志二卷補一卷　(清)徐逢吉輯　(清)陳景鐘補輯　清光緒七年(1881)錢塘丁氏竹書堂刻武林掌故叢編(第四集)本　一冊

110000－0143－0010519　PG269/166
湖船錄一卷　(清)厲鶚撰　清光緒錢塘丁氏竹書堂刻武林掌故叢編(第六集)本　與110000－0143－0010518合冊

110000－0143－0010520　PG269/166－1
清波小志二卷　(清)徐逢吉輯　清光緒二年(1876)仁和葛氏嘯園刻本　一冊

110000－0143－0010521　PG269/169
定王臺志二卷　(清)夏獻雲輯　清光緒七年(1881)長沙刻本　二冊

110000－0143－0010522　PG269/170
金陵歷代建置表不分卷　傅春官纂　清光緒二十三年(1897)晦齋刻本　一冊

110000－0143－0010523　PG269/172
夏塵茗噱錄一卷　(清)沈默撰　清乾隆四年(1739)刻本　一冊

110000－0143－0010524　PG269/173
日下尊聞錄五卷　(清)□□撰　清咸豐二年(1852)安和軒刻本　二冊

110000－0143－0010525　PG269/173
日下尊聞錄五卷　(清)□□撰　清光緒十七年(1891)上海同文書局石印本　二冊

110000－0143－0010526　PG269/173－1
日下尊聞錄五卷　(清)□□撰　清光緒十七年(1891)上海同文書局石印本　二冊

110000－0143－0010527　PG269/177
嚴陵記略不分卷　(清)戴槃著　清同治七年(1868)刻兩浙宦遊紀略本　一冊

110000－0143－0010528　PG269/178
圓津禪院小志六卷　(清)釋覺銘編　清光緒二十二年(1896)刻本　一冊

110000－0143－0010529　PG269/179
唐兩京城坊攷五卷　(清)徐松撰　(清)張穆校補　清道光二十八年(1848)靈石楊氏刻連筠簃叢書本　二冊

110000－0143－0010530　PG269/180
長白山錄一卷補遺一卷　(清)王士禛撰　清康熙刻本　一冊

110000－0143－0010531　PG269/181
牟山湖志不分卷　(清)劉福升著　清光緒二十五年(1899)刻本　一冊

110000－0143－0010532　PG269/187
瓊臺紀事錄一卷　(清)戴肇辰撰　清同治八年(1869)刻丹徒戴氏叢刻本　一冊

110000－0143－0010533　PG269/187
瓊臺紀事錄一卷　(清)戴肇辰撰　清同治八年(1869)刻丹徒戴氏叢刻本　一冊

110000－0143－0010534　PG269/191
桃花源志二十四卷首一卷　(清)胡鳳丹撰　清光緒三年(1877)永康胡氏退補齋刻本　十冊

110000－0143－0010535　PG269/193
東亞各港口岸志不分卷　(日本)參謀本部編　廣智書局譯　清光緒二十八年(1902)上海廣智書局鉛印本　一冊

110000－0143－0010536　PG269/196
玉泉寺志六卷首一卷　(清)李元才主修　(清)陶賡唐協修　清光緒十一年(1885)石印

本　四冊

110000－0143－0010537　PG269/197
太湖竹枝詞二卷五湖漁莊題詞四卷　(清)葉承桂輯　清咸豐三年(1853)姑蘇吳青霞齋刻本　三冊

110000－0143－0010538　PG269/201
鸚鵡洲小志四卷首一卷　(清)胡鳳丹編纂　清同治十三年(1874)永康胡氏退補齋刻本　二冊

110000－0143－0010539　PG269/208
忍草菴志四卷　(清)劉繼增撰　清光緒十三年(1887)錫山尤氏遂初堂木活字印本　一冊

110000－0143－0010540　PG269/219
洛陽伽藍記五卷附洛陽伽藍記集證　(北魏)楊衒之撰　(清)吳若準集證　清道光十四年(1834)錢塘吳氏刻本　二冊

110000－0143－0010541　PG269/220
東三省輿圖說一卷　(清)曹廷杰撰　清光緒三十四年(1908)新昌胡氏鉛印問影樓輿地叢書第一集本　一冊

110000－0143－0010542　PG269/220
黔記四卷　(清)李宗昉撰　清光緒三十四年(1908)新昌胡氏鉛印問影樓輿地叢書第一集本　與110000－0143－0010541合冊

110000－0143－0010543　PG269/221
黔語二卷　(清)吳振棫纂　清同治至宣統刻本　一冊

110000－0143－0010544　PG269/222
鶴林寺志一卷　(明)釋明賢纂　清宣統元年(1909)刻本　一冊

110000－0143－0010545　PG269/222
圖津禪院小志六卷　(清)釋覺銘撰　清光緒二十二年(1896)刻本　二冊

110000－0143－0010546　PG269/223
竹堂寺志一卷附陽山景福庵紀略　(明)釋真鑑纂述　清宣統元年(1909)吳縣鉛印本　一冊

110000－0143－0010547　PG2610/2
山西疆域沿革圖譜五卷　(清)沈桂芬纂修　清光緒十三年(1887)刻本　五冊

110000－0143－0010548　PG2610/4
五洲圖考不分卷　(清)龔柴　(清)許彬撰　清光緒二十四年(1898)上海徐家滙印書館鉛印本　四冊

110000－0143－0010549　PG2610/5
山東直隷河南三省黃河全圖　(清)吳大澂等監修　清光緒十六年(1890)上海鴻文書局石印本　五冊

110000－0143－0010550　PG2610/6
東三省沿革表六卷　吳廷燮編　清宣統元年(1909)徐氏退耕堂刻本　六冊

110000－0143－0010551　PG2610/6
東三省沿革表六卷　吳廷燮編　清宣統元年(1909)徐氏退耕堂刻本　六冊

110000－0143－0010552　PG2610/7
西藏圖考八卷首一卷　(清)黃沛翹輯　清光緒二十年(1894)刻本　四冊

110000－0143－0010553　PG2610/7
西藏圖考八卷首一卷　(清)黃沛翹輯　清光緒二十年(1894)刻本　四冊

110000－0143－0010554　PG2610/7
西藏圖考八卷首一卷　(清)黃沛翹輯　清光緒二十年(1894)刻本　四冊

110000－0143－0010555　PG2610/7
西藏圖考八卷首一卷　(清)黃沛翹輯　清光緒二十三年(1897)刻本　四冊

110000－0143－0010556　PG2610/8
皇清地理圖不分卷　(清)董方立編繪　清咸豐六年(1856)刻本　一冊

110000－0143－0010557　PG2610/8
皇清地理圖不分卷　(清)董方立編繪　清咸豐六年(1856)刻本　一冊

110000－0143－0010558　PG2610/9
江南安徽全圖　(清)劉籌總纂　清光緒二十

二年(1896)石印本　一冊

110000－0143－0010559　PG2610/9
江南安徽全圖　(清)劉籌總纂　清光緒二十二年(1896)石印本　一冊

110000－0143－0010560　PG2610/10
安徽輿圖表說十卷　清光緒二十二年(1896)石印本　三冊

110000－0143－0010561　PG2610/10
安徽輿圖表說十卷　清光緒二十二年(1896)石印本　三冊

110000－0143－0010562　PG2610/11
吴縣啚圖不分卷　(清)金德鴻繪　清同治十三年(1874)刻本　六冊

110000－0143－0010563　PG2610/12
蘇省輿地圖說不分卷　(清)沈寶等撰　清同治七年(1868)刻本　四冊

110000－0143－0010564　PG2610/14
湖北輿地圖四卷　(清)湖北營務處編　清光緒石印本　四冊

110000－0143－0010565　PG2610/14－1
光緒湖北輿地記二十四卷　(清)湖北輿圖局纂　清光緒二十年(1894)湖北輿圖局刻本　二十四冊

110000－0143－0010566　PG2610/16
廣東圖二十三卷　清同治五年(1866)刻本　三冊

110000－0143－0010567　PG2610/16
廣東圖二十三卷　清同治五年(1866)刻本　三冊

110000－0143－0010568　PG2610/17
歷代輿地沿革險要圖不分卷　楊守敬　饒敦秩撰　王尚德重繪　清光緒二十四年(1898)上海文賢閣石印本　一冊

110000－0143－0010569　PG2610/17－1
歷代輿地沿革險要圖不分卷　楊守敬　饒敦秩撰　王尚德重繪　清光緒二十四年(1898)上海文賢閣石印本　一冊

110000－0143－0010570　PG2610/17－1
歷代輿地沿革險要圖不分卷　楊守敬　饒敦秩撰　王尚德重繪　清光緒二十四年(1898)上海文賢閣石印本　一冊

110000－0143－0010571　PG2610/17－1
歷代輿地沿革險要圖不分卷　楊守敬　鄧承脩撰　饒敦秩增編　熊會貞校補　清光緒三十二年(1906)楊氏觀海堂刻本　二冊

110000－0143－0010572　PG2610/17－1
歷代輿地沿革險要圖不分卷　楊守敬　饒敦秩撰　清光緒五年(1879)東湖饒氏刻本　一冊

110000－0143－0010573　PG2610/17－2
歷代輿地沿革險要圖不分卷　楊守敬輯　清光緒至宣統楊氏觀海堂刻本　六冊

110000－0143－0010574　PG2610/19
六河總圖說不分卷　(清)黄十傑撰　(清)沈蘭生　(清)劉人選校　清道光十五年(1835)刻本　一冊

110000－0143－0010575　PG2610/20
歷代地理沿革表四十七卷　(清)陳芳績撰　清光緒二十一年(1895)廣雅書局刻廣雅書局叢書(史學)本　十五冊

110000－0143－0010576　PG2610/20
歷代地理沿革表四十七卷　(清)陳芳績撰　清光緒二十一年(1895)廣雅書局刻廣雅書局叢書(史學)本　十二冊　存二十四卷(一至二十四)

110000－0143－0010577　PG2610/20
歷代地理沿革表四十七卷　(清)陳芳績撰　清光緒二十一年(1895)廣雅書局刻廣雅書局叢書(史學)本　三冊

110000－0143－0010578　PG2610/22
五洲圖考不分卷　(清)龔柴撰　清光緒二十八年(1902)上海徐家匯印書館鉛印本　二冊

110000－0143－0010579　PG2610/26
中國江海險要圖志二十二卷補編五卷圖五卷

（英國）海軍海圖官局撰　（清）陳壽彭編譯　清光緒二十六年（1900）經世文社石印本　十五册

110000－0143－0010580　PG2610/27
峽江圖考一卷附行川必要　（清）賀縉紳編　清光緒四年（1878）刻本　二册

110000－0143－0010581　PG2610/28
唐地理志圖不分卷　清宣統三年（1911）刻本　一册

110000－0143－0010582　PG2610/29
繪地法原不分卷附圖　（美國）金楷理口譯　（清）王德均筆述　清光緒江南機器製造總局刻本　一册

110000－0143－0010583　PG2610/31
奉天全省地輿圖説圖表不分卷　（清）王志修編輯　清光緒二十年（1894）王氏刻本　一册

110000－0143－0010584　PG2610/31
奉天全省地輿圖説圖表不分卷　（清）王志修編輯　清光緒二十年（1894）王氏刻本　一册

110000－0143－0010585　PG2610/32
輿圖測法繪法條議圖解不分卷　（清）沈寶禾　（清）吳汝渤撰　清同治四年（1865）蘇州文寶齋刻本　一册

110000－0143－0010586　PG2610/34
鑑史輯要圖説十四幅　（美國）萬卓志繪　清光緒三十三年（1907）鉛印本　一册

110000－0143－0010587　PG2610/34
鑑史輯要圖説十四幅　（美國）萬卓志繪　清光緒三十三年（1907）鉛印本　一册

110000－0143－0010588　PG2610/36
歷代地理沿革圖不分卷　（清）六嚴撰　（清）馬徵麟增輯　清同治十年（1871）金陵馬氏刻本　一册

110000－0143－0010589　PG2610/36
歷代地理沿革圖不分卷　（清）六嚴撰　（清）馬徵麟增輯　清同治十年（1871）金陵馬氏刻本　一册

110000－0143－0010590　PG2610/36
歷代地理沿革圖不分卷　（清）六嚴撰　（清）馬徵麟增輯　清同治十年（1871）金陵馬氏刻本　一册

110000－0143－0010591　PG2610/36－1
歷代地理沿革圖不分卷　（清）六嚴撰　（清）馬徵麟增輯　清末金陵刻本　一册

110000－0143－0010592　PG2610/37
世界各國險要維新輿圖不分卷　（清）蔡麟繪　清光緒二十八年（1902）石印本　一册

110000－0143－0010593　PG2610/38
廣東輿地全圖不分卷　張人駿編纂　清光緒二十三年（1897）廣東石經堂石印本　二册

110000－0143－0010594　PG2610/39
皇朝壹統輿地全圖不分卷　（清）李兆洛原纂　（清）六嚴縮摹倣繪　清道光二十二年（1842）刻本　八册

110000－0143－0010595　PG2610/40
新繪沿海長江險要圖二十七幅　（清）江震高等學堂編譯所編　清光緒至宣統上海鴻文書局石印本　一册

110000－0143－0010596　PG2610/42
歷代輿地沿革表二十卷坿校勘記　（清）龍學泰撰　清光緒三十三年（1907）石印本　二十册

110000－0143－0010597　PG2610/48
江蘇省全圖一幅五帖　清光緒至宣統石印暨鉛印本　五册

110000－0143－0010598　PG2611./1
游歷美利加圖經三十二卷　（清）傅雲龍撰　清光緒十五年（1889）鉛印本　十二册

110000－0143－0010599　PG2611./1
游歷圖經餘紀十五卷　（清）傅雲龍撰　清光緒十五年（1889）鉛印本　四册

110000－0143－0010600　PG2611./1
陸兵槍學不分卷　（清）傅范初撰　清光緒二十一年（1895）石印本　一册

110000－0143－0010601　PG2611./1
試銀錢攷工不分卷　(清)傅范初撰　清光緒二十四年(1898)石印本　一冊

110000－0143－0010602　PG2611./2
西洋朝貢典錄三卷　(明)黄省曾撰　清道光海昌蔣氏別下齋刻別下齋叢書本　一冊

110000－0143－0010603　PG2611./3
俄國西伯利東偏紀要不分卷　(清)曹廷杰撰　清光緒十二年至二十年(1886－1894)錢塘汪氏振綺堂刻本　一冊

110000－0143－0010604　PG2611./4
新嘉坡風土記一卷　(清)李鍾玨撰　清光緒二十一年(1895)元和江標湖南使院刻靈鶼閣叢書(第二集)本　一冊

110000－0143－0010605　PG2611./4
中西度量權衡表一卷　(清)□□撰　清光緒二十一年(1895)元和江標湖南使院刻靈鶼閣叢書(第二集)本　與110000－0143－0010604合冊

110000－0143－0010606　PG2611./4
澳大利亞洲新志一卷　(清)趙元益　吳宗濂譯　清光緒二十三年(1897)元和江標湖南使院刻靈鶼閣叢書(第四集)本　與110000－0143－0010604合冊

110000－0143－0010607　PG2611./4
德國議院章程一卷　(清)徐建寅譯　清光緒二十一年(1895)元和江標湖南使院刻靈鶼閣叢書(第二集)本　與110000－0143－0010604合冊

110000－0143－0010608　PG2611./4
英軺私記一卷　(清)劉錫鴻撰　清光緒二十一年(1895)元和江標湖南使院刻靈鶼閣叢書(第二集)本　與110000－0143－0010604合冊

110000－0143－0010609　PG2611./5
古巴雜記不分卷　(清)譚乾初撰　清光緒十三年(1887)中華印務總局鉛印本　一冊

110000－0143－0010610　PG2611./5
古巴雜記不分卷　(清)譚乾初撰　清光緒十三年(1887)中華印務總局鉛印本　一冊

110000－0143－0010611　PG2611./6
西事類編十六卷　(清)沈純輯　清光緒十三年(1887)上海申報館鉛印申報館叢書(餘集)本　六冊

110000－0143－0010612　PG2611./6
西事類編十六卷　(清)沈純輯　清光緒十三年(1887)上海申報館鉛印申報館叢書(餘集)本　六冊

110000－0143－0010613　PG2611./6
西事類編十六卷　(清)沈純輯　清光緒十三年(1887)上海申報館鉛印申報館叢書(餘集)本　六冊

110000－0143－0010614　PG2611./7
印度劄記二卷　(清)黄楙材撰　清光緒十二年(1886)新陽趙元益刻新陽趙氏叢刊(得一齋雜著四種)本　一冊

110000－0143－0010615　PG2611./9
希臘志略七卷　(英國)艾約瑟譯　清光緒十二年(1886)總稅務司署刻本　一冊

110000－0143－0010616　PG2611./9
希臘志略七卷　(英國)艾約瑟譯　清光緒十二年(1886)總稅務司署刻本　一冊

110000－0143－0010617　PG2611./9
希臘志略七卷　(英國)艾約瑟譯　清光緒十二年(1886)總稅務司署刻本　一冊

110000－0143－0010618　PG2611./9
希臘志略七卷　(英國)艾約瑟譯　清光緒十二年(1886)總稅務司署刻本　一冊

110000－0143－0010619　PG2611./9
希臘志略七卷　(英國)艾約瑟譯　清光緒十二年(1886)總稅務司署刻本　一冊

110000－0143－0010620　PG2611./9
希臘志略七卷　(英國)艾約瑟譯　清光緒十二年(1886)總稅務司署刻本　一冊

110000－0143－0010621　PG2611./9
希臘志畧七卷　(英國)艾約瑟譯　清光緒十二年(1886)總稅務司署刻本　一冊

110000－0143－0010622　PG2611./9
希臘志畧七卷　(英國)艾約瑟譯　清光緒十二年(1886)總稅務司署刻本　一冊

110000－0143－0010623　PG2611./10
羅馬志略十三卷　(□)□□撰　清光緒十二年(1886)總稅務司署刻本　一冊

110000－0143－0010624　PG2611./10
羅馬志略十三卷　(□)□□撰　清光緒十二年(1886)總稅務司署刻本　一冊

110000－0143－0010625　PG2611./10
羅馬志略十三卷　(□)□□撰　清光緒十二年(1886)總稅務司署刻本　一冊

110000－0143－0010626　PG2611./10
羅馬志略十三卷　(□)□□撰　清光緒十二年(1886)總稅務司署刻本　一冊

110000－0143－0010627　PG2611./10
羅馬志略十三卷　(□)□□撰　清光緒十二年(1886)總稅務司署刻本　一冊

110000－0143－0010628　PG2611./10
羅馬志略十三卷　(□)□□撰　清光緒十二年(1886)總稅務司署刻本　一冊

110000－0143－0010629　PG2611./10
羅馬志略十三卷　(□)□□撰　清光緒十二年(1886)總稅務司署刻本　一冊

110000－0143－0010630　PG2611./10
羅馬志略十三卷　(□)□□撰　清光緒十二年(1886)總稅務司署刻本　一冊

110000－0143－0010631　PG2611./10
羅馬志略十三卷　(□)□□撰　清光緒十二年(1886)總稅務司署刻本　一冊

110000－0143－0010632　PG2611./10
羅馬志略十三卷　(□)□□撰　清光緒十二年(1886)總稅務司署刻本　一冊

110000－0143－0010633　PG2611./10
羅馬志略十三卷　(□)□□撰　清光緒十二年(1886)總稅務司署刻本　一冊

110000－0143－0010634　PG2611./10
羅馬志略十三卷　(□)□□撰　清光緒十二年(1886)總稅務司署刻本　一冊

110000－0143－0010635　PG2611./11
東亞各港口岸志八篇　(日本)參謀本部編輯　廣智書局譯　清光緒二十八年(1902)上海廣智書局鉛印本　一冊

110000－0143－0010636　PG2611./11
東亞各港口岸志八篇　(日本)參謀本部編輯　廣智書局譯　清光緒二十八年(1902)上海廣智書局鉛印本　一冊

110000－0143－0010637　PG2611./13
大英國志八卷續刻一卷　(英國)慕維廉譯　清光緒二十年(1894)弢園刻本　五冊

110000－0143－0010638　PG2611./13－1
大英國志八卷　(英國)慕維廉譯　清光緒七年(1881)上海益智書會刻本　二冊

110000－0143－0010639　PG2611./13－1
大英國志八卷　(英國)慕維廉譯　清光緒七年(1881)上海益智書會刻本　二冊

110000－0143－0010640　PG2611./13－1
大英國志八卷　(英國)慕維廉譯　清光緒七年(1881)上海益智書會刻本　二冊

110000－0143－0010641　PG2611./13－2
大英國志四卷　(英國)慕維廉譯　清咸豐六年(1856)江蘇松江上海墨海書院刻本　二冊

110000－0143－0010642　PG2611./16
東南海島圖經十卷　(清)世增譯　清光緒二十六年(1900)上海石印本　三冊

110000－0143－0010643　PG2611./17
阿達曼羣島志一卷附新志　(清)學部編譯圖書局編纂　清光緒三十四年(1908)學部圖書局鉛印本　一冊

110000－0143－0010644　PG2611./17

婆羅島志一卷　(清)學部編譯圖書局編纂　清光緒三十四年(1908)學部圖書局鉛印本　與110000－0143－0010643合册

110000－0143－0010645　PG2611./19
游歷圖經餘紀十五卷　(清)傅雲龍撰　清光緒十五年(1889)鉛印本　四册

110000－0143－0010646　PG2611./19
游歷圖經餘紀十五卷　(清)傅雲龍撰　清光緒十五年(1889)鉛印本　四册

110000－0143－0010647　PG2611./20
中亞洲俄屬游記二卷　(英國)蘭士德著　(清)莫鎮藩譯　清光緒二十年(1894)鉛印本　二册

110000－0143－0010648　PG2611./21
游歷秘魯圖經四卷　(清)傅雲龍撰　清光緒二十八年(1902)石印本　一册

110000－0143－0010649　PG2611./22
游歷加納大圖經八卷　(清)傅雲龍撰　清光緒二十八年(1902)石印本　二册

110000－0143－0010650　PG2611./23
游歷巴西圖經十卷　(清)傅雲龍撰　清光緒二十八年(1902)刻本　二册

110000－0143－0010651　PG2611./24－1
東西洋考十二卷　(明)張燮撰　清光緒二十二年(1896)長沙刻惜陰軒叢書本　四册

110000－0143－0010652　PG2611./24－1
東西洋考十二卷　(明)張燮撰　清光緒二十二年(1896)長沙刻惜陰軒叢書本　四册

110000－0143－0010653　PG2611./25
世界地理志不分卷　(日本)中村五六編纂　(日本)樋田保熙譯　清光緒二十八年(1902)金粟齋鉛印本　三册

110000－0143－0010654　PG2611./26
世界地理統計表二卷　(清)鄒興覺編集　清宣統元年(1909)武昌亞新地學社刻本　二册

110000－0143－0010655　PG2611./27
法國新志四卷　(英國)陔勒低輯　(英國)傅紹蘭口譯　(清)潘松筆述　清光緒二十四年(1898)上海製造局刻本　二册

110000－0143－0010656　PG2611./28
日本地理志不分卷　(日本)中村五六編纂　(日本)頓廣太郎修補　王國維譯　清光緒二十七年(1901)金粟齋鉛印本　一册

110000－0143－0010657　PG2611./30
海國輿地釋名十卷　(清)陳士芑纂　清光緒二十八年(1902)連道清芬堂刻本　八册

110000－0143－0010658　PG2611./32
日本政治地理不分卷　(日本)矢津昌永著　陶鎔譯　清光緒二十八年(1902)上海商務印書舘鉛印本　一册

110000－0143－0010659　PG2611./33
印度新志不分卷　(清)學部圖書局編纂　清光緒三十三年(1907)學部圖書局鉛印本　一册

110000－0143－0010660　PG2611./33
印度新志不分卷　(清)學部圖書局編纂　清光緒三十三年(1907)學部圖書局鉛印本　一册

110000－0143－0010661　PG2611./35
蘇門答拉志不分卷附新志　(清)學部圖書局編纂　清光緒三十三年(1907)學部圖書局鉛印本　一册

110000－0143－0010662　PG2611./35
爪哇志不分卷附新志　(清)學部圖書局編纂　清光緒三十三年(1907)學部圖書局鉛印本　與110000－0143－0010661合册

110000－0143－0010663　PG2611./36
布哈爾志不分卷　(清)學部圖書局編纂　清光緒三十三年(1907)學部圖書局鉛印本　一册

110000－0143－0010664　PG2611./36
緬甸國志不分卷　(清)學部圖書局編纂　清光緒三十三年(1907)學部圖書局鉛印本　與110000－0143－0010663合册

110000－0143－0010665　PG2611./36
緬甸新志不分卷　(清)學部圖書局編纂　清光緒三十三年(1907)學部圖書局鉛印本　與110000－0143－0010663 合册

110000－0143－0010666　PG2611./36
暹羅國志不分卷　(清)學部圖書局編纂　清光緒三十三年(1907)學部圖書局鉛印本　與110000－0143－0010663 合册

110000－0143－0010667　PG2611./36
英領緬甸志不分卷　(清)學部圖書局編纂　清光緒三十三年(1907)學部圖書局鉛印本　與110000－0143－0010663 合册

110000－0143－0010668　PG2611./37
東藩紀要十二卷補録一卷　(清)薛培榕編輯　清光緒八年(1882)申報館鉛印申報館叢書(餘集)本　四册

110000－0143－0010669　PG2611./42
游歷古巴圖經二卷　(清)傅雲龍撰　清光緒鉛印本　一册

110000－0143－0010670　PG27/1
文獻通考三百四十八卷附考證三卷　(元)馬端臨撰　清光緒十一年(1885)上海點石齋石印本　十七册　存一百三十三卷(四十七至五十四、六十一至七十二、七十九至九十八、一百十三至一百十九、一百四十二至一百五十六、二百二十五至二百六十三、二百八十五至二百九十四、三百十五至三百二十三、三百三十九至三百四十八,考證三卷)

110000－0143－0010671　PG27/1
文獻通考三百四十八卷　(元)馬端臨撰　清光緒二十二年(1896)浙江書局刻九通本　九册　存十九卷(三百十四至三百三十二)

110000－0143－0010672　PG27/1－2
文獻通考二十四卷　(元)馬端臨撰　清光緒十一年(1885)上海點石齋石印本　二十册

110000－0143－0010673　PG27/1－2
文獻通考二十四卷　(元)馬端臨撰　清光緒十一年(1885)上海點石齋石印本　二十册

110000－0143－0010674　PG27/1－3
皇朝文獻通考三百卷　(清)嵇璜撰　(清)曹仁虎纂修　清光緒八年(1882)浙江書局刻九通本　一百六十册

110000－0143－0010675　PG27/1－4
文獻通考二十四卷　(元)馬端臨撰　清光緒十一年(1885)上海點石齋石印本　二十四册

110000－0143－0010676　PG27/1－4
皇朝文獻通考三百卷　(清)嵇璜撰　(清)曹仁虎纂修　清光緒二十八年(1902)上海鴻寶書局石印本　二十一册　缺十卷(第十四册一百二十二至一百三十一)

110000－0143－0010677　PG27/1－6
進文獻通考表不分卷　(元)馬端臨撰　清抄本　一册

110000－0143－0010678　PG27/2
欽定大清會典圖二百七十卷　(清)允祹等纂修　清光緒石印本　二十四册　存七十五卷(五十八至一百三十二)

110000－0143－0010679　PG27/2
欽定大清會典事例一千二百二十卷　(清)李鴻章等纂修　清光緒石印本　三百七十二册　缺三十卷(一至十六、二百四十八至二百五十八、二百六十二至二百六十四)

110000－0143－0010680　PG27/2
欽定大清會典八十卷會典事例九百二十卷會典圖一百三十二卷　(清)汪廷珍等纂修　清嘉慶二十三年(1818)刻本　三百六十九册

110000－0143－0010681　PG27/2
欽定大清會典一百卷事例一千二百二十卷會典圖二百七十卷　(清)崑岡　(清)吳樹梅等纂修　清光緒二十五年(1899)石印本　四百九十四册

110000－0143－0010682　PG27/2
欽定大清會典一百卷　(清)允祹等纂修　清乾隆刻本　二十三册　缺二卷(元部一至二)

110000－0143－0010683　PG27/2－1

欽定大清會典一百卷　(清)崑岡等纂修　清光緒二十五年(1899)石印本　三十六册

110000 – 0143 – 0010684　PG27/2 – 1
欽定大清會典一百卷事例一千二百二十卷會典圖二百七十卷　(清)崑岡　(清)吴樹梅等纂修　清光緒石印本　六十八册　存二百二十四卷(事例三十五至五十八、八十一至九十五、一百四十二至一百五十三,會典圖一至四十五、九十一至一百六、一百二十五至一百九十二、二百二十七至二百七十)

110000 – 0143 – 0010685　PG27/2 – 1
欽定大清會典一百卷事例一千二百二十卷　(清)崑岡　(清)吴樹梅等纂修　清光緒石印本　十一册　存二十四卷(欽定大清會典四至五、六十六、六十八、七十三至七十六,事例一至十六)

110000 – 0143 – 0010686　PG27/2 – 2
欽定大清會典一百卷事例一千二百二十卷　(清)崑岡　(清)吴樹梅等纂修　清宣統元年(1909)石印本　八十册

110000 – 0143 – 0010687　PG27/2 – 2
欽定大清會典一百卷事例一千二百二十卷　(清)崑岡　(清)吴樹梅等纂修　清光緒三十四年(1908)石印本　一百六十册

110000 – 0143 – 0010688　PG27/2 – 2
欽定大清會典一百卷　(清)允祹等纂修　清乾隆二十九年(1764)刻本　二十四册

110000 – 0143 – 0010689　PG27/2 – 3
欽定大清會典事例九百二十卷　(清)托津等纂修　清嘉慶二十三年(1818)武英殿刻本　三百二十八册

110000 – 0143 – 0010690　PG27/2 – 4
大清會典四卷　(清)允祹等纂修　清同治十一年(1872)湖北崇文書局刻本　四册

110000 – 0143 – 0010691　PG27/2 – 5
欽定大清會典一百卷　(清)允祹等纂修　清光緒十九年(1893)上海圖書集成印書局鉛印本　八册

110000 – 0143 – 0010692　PG27/4
北洋公牘類纂二十五卷　(清)甘厚慈輯　清光緒三十三年(1907)京城益森印刷有限公司鉛印本　十册　存十一卷(一至十一)

110000 – 0143 – 0010693　PG27/4
北洋公牘類纂二十五卷　(清)甘厚慈輯　清光緒三十三年(1907)京城益森印刷有限公司鉛印本　二十册

110000 – 0143 – 0010694　PG27/6
通典二百卷　(唐)杜佑纂　清嘉慶木活字印本　四十册

110000 – 0143 – 0010695　PG27/6
通典二百卷　(唐)杜佑纂　清光緒二十七年(1901)上海圖書集成局鉛印九通本　五册　存六十五卷(一至五十二、八十一至九十三)

110000 – 0143 – 0010696　PG27/6 – 1
通典二百卷　(唐)杜佑纂　清光緒二十二年(1896)浙江書局刻九通本　五十册

110000 – 0143 – 0010697　PG27/6 – 2
皇朝通典一百卷　(清)嵇璜等纂　清光緒八年(1882)浙江書局刻九通本　四十册

110000 – 0143 – 0010698　PG27/7
文獻通考三百四十八卷　(元)馬端臨著　清嘉慶木活字印本　一百二十册

110000 – 0143 – 0010699　PG27/7 – 1
欽定通考考證三卷　清光緒浙江書局刻本　三册

110000 – 0143 – 0010700　PG27/8
通志二百卷　(宋)鄭樵撰　清嘉慶木活字印本　一百四十册

110000 – 0143 – 0010701　PG27/8 – 1
通志二百卷　(宋)鄭樵撰　清光緒二十二年(1896)浙江書局刻九通本　一百八十八册　缺八卷(一百十六至一百二十三)

110000 – 0143 – 0010702　PG27/9
鄂省丁漕指掌十卷　(清)林之望等輯　清光緒元年(1875)湖北藩署刻本　十册

110000－0143－0010703　PG27/9
鄂省丁漕指掌十卷　(清)林之望等輯　清光緒元年(1875)湖北藩署刻本　十册

110000－0143－0010704　PG27/9
鄂省丁漕指掌十卷　(清)林之望等輯　清光緒元年(1875)湖北藩署刻本　十册

110000－0143－0010705　PG27/9
鄂省丁漕指掌十卷　(清)林之望等輯　清光緒元年(1875)湖北藩署刻本　十册

110000－0143－0010706　PG27/11
吏皖存牘三卷　姚錫光撰　清光緒三十四年(1908)京師鉛印本　三册

110000－0143－0010707　PG27/12
大清太祖高皇帝聖訓四卷　(清)太祖努爾哈赤撰　清同治至宣統刻本　二册

110000－0143－0010708　PG27/12
大清太宗文皇帝聖訓六卷　(清)太宗皇太極撰　清同治至宣統刻本　三册

110000－0143－0010709　PG27/12
大清世祖章皇帝聖訓六卷　(清)世祖福臨撰　清同治至宣統刻本　三册

110000－0143－0010710　PG27/12
大清聖祖仁皇帝聖訓六十卷　(清)聖祖玄燁撰　清同治至宣統刻本　六册　存二十六卷(一至二十六)

110000－0143－0010711　PG27/12
大清世宗憲皇帝聖訓三十六卷　(清)世宗胤禛撰　清同治至宣統刻本　五册　缺十六卷(一至十六)

110000－0143－0010712　PG27/12
大清高宗純皇帝聖訓三百卷　(清)高宗弘曆撰　清同治至宣統刻本　五十四册　缺七十五卷(四十七至七十一、二百五十一至三百)

110000－0143－0010713　PG27/12
大清仁宗睿皇帝聖訓一百十卷　(清)仁宗顒琰撰　清同治至宣統刻本　十六册　存四十六卷(二十一至四十三、八十八至一百十)

110000－0143－0010714　PG27/12
大清宣宗成皇帝聖訓一百三十卷　(清)宣宗旻寧撰　清同治至宣統刻本　三十四册

110000－0143－0010715　PG27/12
大清文宗顯皇帝聖訓一百十卷　(清)文宗奕詝撰　清同治至宣統刻本　二十四册

110000－0143－0010716　PG27/12
大清穆宗毅皇帝聖訓一百六十卷　(清)穆宗載淳撰　清光緒至宣統刻本　六册　存二十卷(一百二十二至一百三十八、一百五十八至一百六十)

110000－0143－0010717　PG27/12
大清穆宗毅皇帝聖訓一百六十卷　(清)穆宗載淳撰　清光緒五年(1879)武英殿刻本　四十二册　存一百四十卷(一至一百二十一、一百三十九至一百五十七)

110000－0143－0010718　PG27/12－2
十朝聖訓十種九百二十二卷　(清)□□輯　清光緒石印本　九十二册　缺五十四卷(聖祖四十一至五十,高宗一百五十九至一百六十八、二百八十一至二百九十,仁宗五十五至六十二、九十五至一百二,宣宗三十一至三十八)

110000－0143－0010719　PG27/13
列國政要續編九十四卷首一卷　(清)戴鴻慈　(清)端方輯　清宣統三年(1911)上海商務印書館石印本　三十二册

110000－0143－0010720　PG27/13
列國政要一百三十三卷首一卷　(清)戴鴻慈　(清)端方輯　清光緒三十三年(1907)上海商務印書館石印本　三十一册

110000－0143－0010721　PG27/13
列國政要一百三十三卷首一卷　(清)戴鴻慈　(清)端方輯　清光緒三十三年(1907)上海商務印書館石印本　三十二册

110000－0143－0010722　PG27/14
兩淮鹽法志五十六卷首四卷　(清)單渠等纂修　清同治九年(1870)揚州書局刻本　二十

册

110000－0143－0010723　PG27/14
兩淮鹽法志五十六卷首四卷　(清)單渠等纂修　清同治九年(1870)揚州書局刻本　二十册

110000－0143－0010724　PG27/16
開縣李尚書政書八卷首一卷　(清)李宗羲撰　清光緒十一年(1885)武昌李氏刻本　五册

110000－0143－0010725　PG27/16
開縣李尚書政書八卷首一卷　(清)李宗羲撰　清光緒十一年(1885)武昌李氏刻本　五册

110000－0143－0010726　PG27/16
開縣李尚書政書八卷首一卷　(清)李宗羲撰　清光緒十一年(1885)武昌李氏刻本　五册

110000－0143－0010727　PG27/16
開縣李尚書政書八卷首一卷　(清)李宗羲撰　清光緒十一年(1885)武昌李氏刻本　五册

110000－0143－0010728　PG27/17
籌國芻言二卷　劉次源撰　清宣統二年(1910)金城石印本　二册

110000－0143－0010729　PG27/17
籌國芻言二卷　劉次源撰　清宣統二年(1910)金城石印本　二册

110000－0143－0010730　PG27/18
西政叢書三十二種　梁啟超輯　清光緒二十三年(1897)慎記書莊石印本　三十二册

110000－0143－0010731　PG27/18
西政叢書三十二種　梁啟超輯　清光緒二十三年(1897)慎記書莊石印本　二十三册　缺九册(一至八、二十一)

110000－0143－0010732　PG27/19
盛京典制備考八卷首一卷　(清)崇厚輯　清光緒四年(1878)盛京軍督署刻本　六册

110000－0143－0010733　PG27/20
欽定工部續增則例一百三十六卷　(清)曹振鏞等纂　清嘉慶二十四年(1819)刻本　二十八册

110000－0143－0010734　PG27/21
政治官報(光緒三十四年七月)　(清)憲政編查館編　清光緒三十四年(1908)政治官報局鉛印本　四册

110000－0143－0010735　PG27/21
政治官報(光緒三十四年八月)　(清)憲政編查館編　清光緒三十四年(1908)政治官報局鉛印本　四册

110000－0143－0010736　PG27/21
政治官報(光緒三十四年十一月)　(清)憲政編查館編　清光緒三十四年(1908)政治官報局鉛印本　四册

110000－0143－0010737　PG27/21
政治官報(光緒三十四年十二月)　(清)憲政編查館編　清光緒三十四年(1908)政治官報局鉛印本　四册

110000－0143－0010738　PG27/21
政治官報(光緒三十四年十二月)　(清)憲政編查館編　清光緒三十四年(1908)政治官報局鉛印本　四册

110000－0143－0010739　PG27/21
政治官報(宣統元年正月)　(清)憲政編查館編　清宣統元年(1909)政治官報局鉛印本　四册

110000－0143－0010740　PG27/21
政治官報(宣統元年正月)　(清)憲政編查館編　清宣統元年(1909)政治官報局鉛印本　四册

110000－0143－0010741　PG27/21
政治官報(宣統元年二月)　(清)憲政編查館編　清宣統元年(1909)政治官報局鉛印本　四册

110000－0143－0010742　PG27/21
政治官報(宣統元年二月)　(清)憲政編查館編　清宣統元年(1909)政治官報局鉛印本　四册

110000－0143－0010743　PG27/21

政治官報(宣統元年二月) (清)憲政編查館編　清宣統元年(1909)政治官報局鉛印本　四冊

110000－0143－0010744　PG27/21
政治官報(宣統元年三月) (清)憲政編查館編　清宣統元年(1909)政治官報局鉛印本　四冊

110000－0143－0010745　PG27/21
政治官報(宣統元年三月) (清)憲政編查館編　清宣統元年(1909)政治官報局鉛印本　四冊

110000－0143－0010746　PG27/21
政治官報(宣統元年四月) (清)憲政編查館編　清宣統元年(1909)政治官報局鉛印本　四冊

110000－0143－0010747　PG27/21
政治官報(宣統元年四月) (清)憲政編查館編　清宣統元年(1909)政治官報局鉛印本　四冊

110000－0143－0010748　PG27/21
政治官報(宣統元年五月) (清)憲政編查館編　清宣統元年(1909)政治官報局鉛印本　四冊

110000－0143－0010749　PG27/21
政治官報(宣統元年六月) (清)憲政編查館編　清宣統元年(1909)政治官報局鉛印本　四冊

110000－0143－0010750　PG27/21
政治官報(宣統元年八月) (清)憲政編查館編　清宣統元年(1909)政治官報局鉛印本　四冊

110000－0143－0010751　PG27/21
政治官報(宣統元年六月) (清)憲政編查館編　清宣統元年(1909)政治官報局鉛印本　四冊

110000－0143－0010752　PG27/21
政治官報(宣統元年七月) (清)憲政編查館編　清宣統元年(1909)政治官報局鉛印本　四冊

110000－0143－0010753　PG27/21
政治官報(宣統元年七月) (清)憲政編查館編　清宣統元年(1909)政治官報局鉛印本　四冊

110000－0143－0010754　PG27/21
政治官報(宣統元年九月) (清)憲政編查館編　清宣統元年(1909)政治官報局鉛印本　四冊

110000－0143－0010755　PG27/21
政治官報(宣統元年九月) (清)憲政編查館編　清宣統元年(1909)政治官報局鉛印本　四冊

110000－0143－0010756　PG27/21
政治官報(宣統元年十月) (清)憲政編查館編　清宣統元年(1909)政治官報局鉛印本　四冊

110000－0143－0010757　PG27/21
政治官報(宣統元年十一月) (清)憲政編查館編　清宣統元年(1909)政治官報局鉛印本　四冊

110000－0143－0010758　PG27/21
政治官報(宣統元年十二月) (清)憲政編查館編　清宣統元年(1909)政治官報局鉛印本　四冊

110000－0143－0010759　PG27/21
政治官報(宣統元年十二月) (清)憲政編查館編　清宣統元年(1909)政治官報局鉛印本　四冊

110000－0143－0010760　PG27/21
政治官報(宣統二年二月) (清)憲政編查館編　清宣統二年(1910)政治官報局鉛印本　四冊

110000－0143－0010761　PG27/21
政治官報(宣統二年二月) (清)憲政編查館編　清宣統二年(1910)政治官報局鉛印本

四冊

110000－0143－0010762　PG27/21
政治官報(宣統二年四月)　(清)憲政編查館編　清宣統二年(1910)政治官報局鉛印本　四冊

110000－0143－0010763　PG27/21
政治官報(宣統二年四月)　(清)憲政編查館編　清宣統二年(1910)政治官報局鉛印本　四冊

110000－0143－0010764　PG27/21
政治官報(宣統二年七月)　(清)憲政編查館編　清宣統二年(1910)政治官報局鉛印本　四冊

110000－0143－0010765　PG27/21
政治官報(宣統二年八月)　(清)憲政編查館編　清宣統二年(1910)政治官報局鉛印本　四冊

110000－0143－0010766　PG27/21
政治官報(宣統二年九月)　(清)憲政編查館編　清宣統二年(1910)政治官報局鉛印本　四冊

110000－0143－0010767　PG27/21
政治官報(宣統二年九月)　(清)憲政編查館編　清宣統二年(1910)政治官報局鉛印本　一冊

110000－0143－0010768　PG27/21
政治官報(宣統二年十月)　(清)憲政編查館編　清宣統二年(1910)政治官報局鉛印本　一冊

110000－0143－0010769　PG27/21
政治官報(宣統二年十月)　(清)憲政編查館編　清宣統二年(1910)政治官報局鉛印本　四冊

110000－0143－0010770　PG27/21
政治官報(宣統二年十月)　(清)憲政編查館編　清宣統二年(1910)政治官報局鉛印本　四冊

110000－0143－0010771　PG27/21
政治官報(宣統二年十二月)　(清)憲政編查館編　清宣統二年(1910)政治官報局鉛印本　四冊

110000－0143－0010772　PG27/21
政治官報(宣統三年三月)　(清)憲政編查館編　清宣統三年(1911)政治官報局鉛印本　四冊

110000－0143－0010773　PG27/21
政治官報(宣統三年一月)　(清)憲政編查館編　清宣統三年(1911)政治官報局鉛印本　四冊

110000－0143－0010774　PG27/21
政治官報(宣統三年二月)　(清)憲政編查館編　清宣統三年(1911)政治官報局鉛印本　四冊

110000　0143－0010775　PG27/21
政治官報(宣統三年六月)　(清)憲政編查館編　清宣統三年(1911)政治官報局鉛印本　四冊

110000－0143－0010776　PG27/21
政治官報(宣統三年六月)　(清)憲政編查館編　清宣統三年(1911)政治官報局鉛印本　四冊

110000－0143－0010777　PG27/21
政治官報(宣統元年十一月)　(清)憲政編查館編　清宣統元年(1909)政治官報局鉛印本　四冊

110000－0143－0010778　PG27/21
政治官報(宣統元年八月)　(清)憲政編查館編　清宣統元年(1909)政治官報局鉛印本　四冊

110000－0143－0010779　PG27/21
政治官報(宣統元年十月)　(清)憲政編查館編　清宣統元年(1909)政治官報局鉛印本　四冊

110000－0143－0010780　PG27/21－1

政治官報(光緒三十四年十月十一月十二月)　(清)憲政編查館編　清光緒三十四年(1908)政治官報局鉛印本　三册

110000－0143－0010781　PG27/21－1
政治官報(光緒三十四年二月)　(清)憲政編查館編　清光緒三十四年(1908)政治官報局鉛印本　四册

110000－0143－0010782　PG27/21－1
政治官報(光緒三十四年三月)　(清)憲政編查館編　清光緒三十四年(1908)政治官報局鉛印本　四册

110000－0143－0010783　PG27/21－1
政治官報(光緒三十四年四月)　(清)憲政編查館編　清光緒三十四年(1908)政治官報局鉛印本　四册

110000－0143－0010784　PG27/21－1
政治官報(光緒三十四年五月)　(清)憲政編查館編　清光緒三十四年(1908)政治官報局鉛印本　四册

110000－0143－0010785　PG27/21－1
政治官報(光緒三十四年八月)　(清)憲政編查館編　清光緒三十四年(1908)政治官報局鉛印本　四册

110000－0143－0010786　PG27/21－1
政治官報(光緒三十四年九月)　(清)憲政編查館編　清光緒三十四年(1908)政治官報局鉛印本　四册

110000－0143－0010787　PG27/21－1
政治官報(光緒三十四年九月)　(清)憲政編查館編　清光緒三十四年(1908)政治官報局鉛印本　四册

110000－0143－0010788　PG27/21－1
政治官報(光緒三十四年十月)　(清)憲政編查館編　清光緒三十四年(1908)政治官報局鉛印本　四册

110000－0143－0010789　PG27/21－1
政治官報(光緒三十四年十月)　(清)憲政編查館編　清光緒三十四年(1908)政治官報局鉛印本　四册

110000－0143－0010790　PG27/21－2
政治官報(宣統元年一月二月閏二月)　(清)憲政編查館編　清宣統元年(1909)政治官報局鉛印本　四册

110000－0143－0010791　PG27/21－2
政治官報(宣統二年五月)　(清)憲政編查館編　清宣統二年(1910)政治官報局鉛印本　四册

110000－0143－0010792　PG27/21－2
政治官報(宣統二年六月)　(清)憲政編查館編　清宣統二年(1910)政治官報局鉛印本　四册

110000－0143－0010793　PG27/21－2
政治官報(宣統三年三月)　(清)憲政編查館編　清宣統三年(1911)政治官報局鉛印本　四册

110000－0143－0010794　PG27/21－2
政治官報(宣統三年四月)　(清)憲政編查館編　清宣統三年(1911)政治官報局鉛印本　四册

110000－0143－0010795　PG27/24
麟洲雜著四卷　(清)錢贊黄撰　清光緒二十四年(1898)木活字印本　三册　缺一卷(四)

110000－0143－0010796　PG27/26
日本政治要覽十編　(□)□□撰　清光緒三十三年(1907)政治官報局鉛印本　二册

110000－0143－0010797　PG27/27
三通考序不分卷　(元)馬端臨撰　(清)三通編纂館輯　清光緒二十八年(1902)山東大學堂刻本　二册

110000－0143－0010798　PG27/34
廣治平畧三十六卷　(清)蔡方炳定本　清咸豐至宣統刻本　五册　存十五卷(四至十八)

110000－0143－0010799　PG27/34－1
廣治平畧三十六卷續廣治平畧八卷　(清)蔡

方炳定本　清咸豐至宣統榮晉齋刻本　十冊

110000－0143－0010800　PG27/34－1
廣治平畧三十六卷　(清)蔡方炳定本　清咸豐至宣統刻本　五冊　存二十二卷(一至四、九至十二、十八至三十一)

110000－0143－0010801　PG27/34－1
續廣治平畧八卷　(清)蔡方炳定本　清咸豐至宣統刻本　一冊　存四卷(五至八)

110000－0143－0010802　PG27/34－2
廣治平畧三十六卷　(清)蔡方炳定本　清同治九年(1870)漁古山房刻本　八冊

110000－0143－0010803　PG27/34－3
廣治平畧三十六卷續廣治平畧八卷　(清)蔡方炳定本　清咸豐至宣統刻本　十冊

110000－0143－0010804　PG27/34－3
廣治平畧三十六卷　(清)蔡方炳定本　清同治十年(1871)文昌眾會刻本　八冊

110000－0143－0010805　PG27/35
張之洞撫晉雜款不分卷　(清)□□撰　清光緒至宣統抄本　三冊

110000－0143－0010806　PG27/37
監獄訪問錄二編　(日本)小河滋次郎講演　(清)董□□輯　清光緒三十三年(1907)鉛印本　一冊

110000－0143－0010807　PG27/37
監獄訪問錄二編　(日本)小河滋次郎講演　(清)董□□輯　清光緒三十三年(1907)鉛印本　二冊

110000－0143－0010808　PG27/38
行政綱目不分卷　(清)□□撰　清光緒至宣統石印本　一冊

110000－0143－0010809　PG27/38
欽定行政綱目不分卷　(清)□□撰　清光緒至宣統石印本　一冊

110000－0143－0010810　PG27/39
憲志日刊不分卷　(清)屠福桐編輯　清宣統二年(1910)預備立憲公會鉛印本　一冊

110000－0143－0010811　PG27/40
資治新書初集十四卷首一卷二集二十卷
(清)李漁輯　清光緒二十年(1894)上海圖書集成印書局鉛印本　五冊　存二十一卷(資治新書初集一至六、二集六至二十)

110000－0143－0010812　PG27/41
陝衛治略十卷　(清)嚴作霖撰　清光緒十九年(1893)慈溪嚴氏木活字印本　十冊

110000－0143－0010813　PG27/41
陝衛治略十卷　(清)嚴作霖撰　清光緒十九年(1893)慈溪嚴氏木活字印本　九冊　缺一卷(十)

110000－0143－0010814　PG27/43
唐會要一百卷　(宋)王溥撰　清光緒十年(1884)江蘇書局刻本　二十四冊

110000－0143－0010815　PG27/43
唐會要一百卷　(宋)王溥撰　清光緒至宣統刻本　十四冊　缺五十四卷(二十三至四十九、七十四至一百)

110000－0143－0010816　PG27/44
時務通攷三十一卷　(清)杞廬主人纂　清光緒二十三年(1897)上海點石齋石印本　六冊　存十一卷(十至十一、十四至十六、二十二、二十五至二十九)

110000－0143－0010817　PG27/44－1
時務通攷三十一卷　(清)杞廬主人纂　清光緒二十三年(1897)上海點石齋石印本　二十四冊

110000－0143－0010818　PG27/44－1
時務通攷三十一卷　(清)杞廬主人纂　清光緒二十三年(1897)上海點石齋石印本　二十四冊

110000－0143－0010819　PG27/44－1
時務通攷續編三十一卷　(清)點石齋主人纂　清光緒二十七年(1901)上海點石齋石印本　十六冊

110000－0143－0010820　PG27/44－1

時務通攷三十一卷 (清)杞廬主人纂 清光緒二十三年(1897)上海點石齋石印本 二十四冊

110000－0143－0010821 PG27/44－1
時務通攷三十一卷 (清)杞廬主人纂 清光緒二十三年(1897)上海點石齋石印本 二十四冊

110000－0143－0010822 PG27/44－1
時務通攷三十一卷 (清)杞廬主人纂 清光緒二十三年(1897)上海點石齋石印本 十二冊 存十三卷(一至十三)

110000－0143－0010823 PG27/44－1
時務通攷三十一卷 (清)杞廬主人纂 清光緒二十三年(1897)上海點石齋石印本 二十四冊

110000－0143－0010824 PG27/44－2
時務通攷續編三十一卷 (清)點石齋主人纂 清光緒二十七年(1901)上海點石齋石印本 十六冊

110000－0143－0010825 PG27/44－2
時務通攷續編三十一卷 (清)點石齋主人纂 清光緒二十七年(1901)上海點石齋石印本 十六冊

110000－0143－0010826 PG27/44－2
時務通攷續編三十一卷 (清)點石齋主人纂 清光緒二十七年(1901)上海點石齋石印本 十六冊

110000－0143－0010827 PG27/45
欽定續文獻通考二百五十卷 (清)嵇璜等纂 清光緒二十七年(1901)上海圖書集成局鉛印九通本 十七冊 存一百十卷(一至十七、二十一至二十九、三十四至四十六、五十一至五十五、六十五至七十二、八十七至九十三、一百一至一百六、二百六至二百五十)

110000－0143－0010828 PG27/45－1
欽定續文獻通考二百五十卷 (清)嵇璜等纂 清光緒二十六年(1900)北洋石印官書局石印本 三十二冊

110000－0143－0010829 PG27/46
晉政輯要八卷 (清)海寧總輯 (清)鄭源璹纂輯 清乾隆五十四年(1789)刻本 八冊

110000－0143－0010830 PG27/46
晉政輯要四十卷 (清)安頤總纂 (清)張承熊等纂修 清光緒十四年(1888)刻本 十六冊 存二十一卷(一至九、二十九至四十)

110000－0143－0010831 PG27/47
三通序不分卷 (清)康綸鈞原輯 (清)周恭壽重校 清道光十三年(1833)江夏周氏刻本 四冊

110000－0143－0010832 PG27/47
三通序不分卷 (清)康綸鈞輯 清光緒二十四年(1898)上海書局石印本 二冊

110000－0143－0010833 PG27/47
三通序不分卷 (清)康綸鈞輯 清嘉慶九年(1804)刻本 二冊

110000－0143－0010834 PG27/47－1
三通序不分卷 (清)康綸鈞輯 清光緒二十四年(1898)上海書局石印本 一冊 存通典、通志第一至二十三頁

110000－0143－0010835 PG27/47－2
三通序不分卷 (清)康綸鈞輯 清嘉慶九年(1804)刻本 二冊

110000－0143－0010836 PG27/47－2
三通序一卷 蔣德鈞錄 清光緒十四年(1888)湘鄉蔣氏求實齋刻求實齋叢書本 二冊

110000－0143－0010837 PG27/48
三通考輯要三種七十六卷 湯壽潛輯 清光緒二十五年(1899)上海圖書集成局鉛印本 三十冊

110000－0143－0010838 PG27/48
三通考輯要三種七十六卷 湯壽潛輯 清光緒二十五年(1899)上海圖書集成局鉛印本 六十冊

110000－0143－0010839 PG27/48

三通考輯要三種七十六卷　湯壽潛輯　清光緒二十五年(1899)上海圖書集成局鉛印本　二十一册　缺二十卷(文獻通考輯要一至十、十五至十八,續文獻通考輯要五至八,皇朝文獻通考輯要七、九)

110000-0143-0010840　PG27/51
九通提要十二卷　(清)柴紹炳纂　清光緒二十八年(1902)上海鉛印本　四册

110000-0143-0010841　PG27/51
九通提要十二卷　(清)柴紹炳纂　清光緒二十八年(1902)鴻寶齋石印本　六册

110000-0143-0010842　PG27/52
藏蒙籌筆二卷　熊謙吉著　清宣統元年(1909)長沙日報館石印本　四册

110000-0143-0010843　PG27/53
欽定續文獻通考詳節二十六卷　(清)□□輯　清光緒二十七年(1901)鴻寶齋石印本　六册　存九卷(一至二、五至十一)

110000-0143-0010844　PG27/53
文獻通考詳節二十四卷　(元)馬端臨著　(清)嚴虞惇録　清光緒二十五年(1899)上海著易堂書局鉛印本　四册

110000-0143-0010845　PG27/53
文獻通考詳節二十四卷　(元)馬端臨著　(清)嚴虞惇録　清光緒至宣統鉛印本　三册　存十五卷(十至二十四)

110000-0143-0010846　PG27/53
文獻通考詳節二十四卷　(元)馬端臨著　(清)嚴虞惇録　清光緒二十五年(1899)上海書局石印本　六册

110000-0143-0010847　PG27/53-2
皇朝續文獻通考三百二十卷　劉錦藻纂　清光緒三十一年(1905)堅匏盦鉛印本　十七册　存六十七卷(一百二十六至一百六十、一百六十五至一百八十一、一百九十五至一百九十七、二百九十七至三百二、三百九至三百十、三百十二至三百十三、三百十六至三百十七)

110000-0143-0010848　PG27/53-2
皇朝續文獻通考三百二十卷　劉錦藻纂　清光緒三十一年(1905)堅匏盦鉛印本　八十八册

110000-0143-0010849　PG27/54
文獻通考紀要二卷　(清)□□纂輯　清康熙十年至雍正十三年(1671-1735)刻本　二册

110000-0143-0010850　PG27/55
文獻通考正續合編三十二卷　(清)盧宣旬編輯　清嘉慶十年(1805)略識字齋刻本　五册　存四卷(二、九、十二至十三)

110000-0143-0010851　PG27/56
吾學録初編二十四卷　(清)吳榮光撰　清同治九年(1870)江蘇書局刻本　六册

110000-0143-0010852　PG27/56
吾學録初編二十四卷　(清)吳榮光撰　(清)李彭校　清道光二十九年(1849)三原李彭刻本　五册　缺四卷(一至四)

110000-0143-0010853　PG27/56
吾學録初編二十四卷　(清)吳榮光撰　清光緒十年(1884)刻本　六册

110000-0143-0010854　PG27/56-1
吾學録初編二十四卷　(清)吳榮光撰　(清)李彭校　清道光二十九年(1849)三原李彭刻本　六册

110000-0143-0010855　PG27/56-1
吾學録初編二十四卷　(清)吳榮光撰　(清)李彭校　清道光二十九年(1849)三原李彭刻本　八册

110000-0143-0010856　PG27/56-1
吾學録初編二十四卷　(清)吳榮光撰　清同治九年(1870)江蘇書局刻本　六册

110000-0143-0010857　PG27/56-1
吾學録初編二十四卷　(清)吳榮光撰　清道光十二年(1832)南海吳氏筠清館刻本　八册

110000-0143-0010858　PG27/56-2
吾學録初編二十四卷　(清)吳榮光撰　清道

光二十九年(1849)湘西高國榮刻本　七冊

110000－0143－0010859　PG27/57
大金集禮四十卷　(金)張瑋等撰　**校勘識語一卷**　(清)廖廷相撰　**校勘記一卷**　繆荃孫撰　清光緒二十一年(1895)廣雅書局刻廣雅書局叢書(史學)本　四冊

110000－0143－0010860　PG27/58
長蘆鹽法志二十卷首一卷附編十卷　(清)黃掌綸等纂　清嘉慶刻本　二十四冊

110000－0143－0010861　PG27/58
長蘆鹽法志二十卷首一卷附編十卷　(清)黃掌綸等纂　清嘉慶刻本　十三冊　存十五卷(二至六、九至十四,附編五至八)

110000－0143－0010862　PG27/58
新修長蘆鹽法志十六卷　(清)莽鵠立等纂修　清雍正刻本　六冊　存十一卷(三至十三)

110000－0143－0010863　PG27/59
東三省鹽法志十四卷　(清)陳為鎰等纂　清宣統三年(1911)鉛印本　六冊

110000－0143－0010864　PG27/59－1
東三省鹽法志十四卷　(清)陳為鎰等纂　清宣統三年(1911)鉛印本　六冊

110000－0143－0010865　PG27/60
欽定重修兩浙鹽法志三十卷首一卷兩浙鹽法續纂備攷十二卷　(清)馮培　(清)楊昌濬等纂　清同治十三年(1874)刻本　三十六冊

110000－0143－0010866　PG27/60
欽定重修兩浙鹽法志三十卷首一卷　(清)馮培　(清)楊昌濬等纂　清同治十三年(1874)刻本　二十四冊

110000－0143－0010867　PG27/60－1
欽定重修兩浙鹽法志三十卷首一卷兩浙鹽法續纂備攷十二卷　(清)馮培　(清)楊昌濬等纂　清同治十三年(1874)刻本　三十六冊

110000－0143－0010868　PG27/61－1
皇朝續文獻通考三百二十卷　劉錦藻撰　清宣統二年(1910)堅匏盦鉛印本　八十八冊

110000－0143－0010869　PG27/62
欽定續通典一百五十卷　(清)紀昀等撰　清光緒十二年(1886)浙江書局刻九通本　四十冊

110000－0143－0010870　PG27/62
欽定續通典一百五十卷　(清)嵇璜等撰　清光緒二十七年(1901)上海圖書集成局鉛印九通本　十二冊

110000－0143－0010871　PG27/62
欽定續通典一百五十卷　(清)嵇璜等撰　清光緒二十七年(1901)上海圖書集成局鉛印九通本　四冊　存八十三卷(六十八至一百五十)

110000－0143－0010872　PG27/63
山東鹽法志十四卷　(清)莽鵠立等纂　清雍正二年至十二年(1724－1734)刻本　十冊

110000－0143－0010873　PG27/63－1
山東鹽法志二十二卷附編十卷　(清)宋湘等纂　清嘉慶十四年(1809)刻本　二十四冊

110000－0143－0010874　PG27/63－1
山東鹽法志二十二卷附編十卷　(清)宋湘等纂　清嘉慶十四年(1809)刻本　二十四冊

110000－0143－0010875　PG27/63－1
山東鹽法志二十二卷附編十卷　(清)宋湘等纂　清嘉慶十四年(1809)刻本　二十冊

110000－0143－0010876　PG27/63－2
山東鹽法續增備考六卷　(清)恩錫纂　清同治三年(1864)刻本　十冊

110000－0143－0010877　PG27/63－2
山東鹽法續增備考六卷　(清)恩錫纂　清同治三年(1864)刻本　十冊

110000－0143－0010878　PG27/65－2
[乾隆]盛京通志四十八卷首一卷　(清)呂耀曾　(清)宋筠等修　(清)魏樞等纂　清乾隆元年(1736)刻咸豐二年(1852)校補印本　二十冊

110000－0143－0010879　PG27/65－2

[乾隆]盛京通志四十八卷首一卷　(清)呂耀曾　(清)宋筠等修　(清)魏樞等纂　清乾隆元年(1736)刻咸豐二年(1852)校補印本　二十冊

110000－0143－0010880　PG27/65－2
[乾隆]盛京通志四十八卷首一卷　(清)呂耀曾　(清)宋筠等修　(清)魏樞等纂　清乾隆元年(1736)刻咸豐二年(1852)校補印本　七冊　存十四卷(十八至三十一)

110000－0143－0010881　PG27/65－2
[乾隆]盛京通志四十八卷首一卷　(清)呂耀曾　(清)宋筠等修　(清)魏樞等纂　清乾隆元年(1736)刻咸豐二年(1852)校補印本　十三冊　缺十四卷(十八至三十一)

110000－0143－0010882　PG27/66
北洋公牘類纂續編二十四卷　(清)甘厚慈輯　清宣統二年(1910)絳雪齋鉛印本　二十冊

110000－0143－0010883　PG27/66
北洋公牘類纂續編二十四卷　(清)甘厚慈輯　清宣統二年(1910)絳雪齋鉛印本　七冊　存十六卷(五至二十)

110000－0143－0010884　PG27/66－1
北洋公牘類纂續編二十四卷　(清)甘厚慈輯　清宣統二年(1910)絳雪齋鉛印本　二十冊

110000－0143－0010885　PG27/71
欽定續通志六百四十卷　(清)嵇璜等撰　清光緒二十七年(1901)上海圖書集成局鉛印九通本　八十冊

110000－0143－0010886　PG27/71
欽定續通志六百四十卷　(清)嵇璜等撰　清光緒二十七年(1901)上海圖書集成局鉛印九通本　六十冊

110000－0143－0010887　PG27/71－1
欽定續通志六百四十卷　(清)嵇璜等修　(清)曹仁虎等纂　清光緒十二年(1886)浙江書局刻九通本　二百冊

110000－0143－0010888　PG27/72
文獻通考三百四十八卷附考證三卷　(元)馬端臨撰　清光緒二十七年(1901)上海圖書集成局鉛印九通本　四十四冊

110000－0143－0010889　PG27/73
六官駢萃四卷　(清)張蔚春撰　清嘉慶九年(1804)六筍齋刻本　一冊

110000－0143－0010890　PG27/76
皇朝掌故彙編內編六十卷首一卷外編四十卷首一卷　張壽鏞等輯　清光緒二十八年(1902)求實書社鉛印本　五十八冊

110000－0143－0010891　PG27/76－1
皇朝掌故彙編內編六十卷首一卷外編四十卷首一卷　張壽鏞等輯　清光緒二十八年(1902)求實書社鉛印本　六十冊

110000－0143－0010892　PG27/76－1
皇朝掌故彙編內編六十卷首一卷　張壽鏞等輯　清光緒二十八年(1902)求實書社鉛印本　三十六冊

110000－0143－0010893　PG27/76－1
皇朝掌故彙編內編六十卷首一卷外編四十卷首一卷　張壽鏞等輯　清光緒二十八年(1902)求實書社鉛印本　六十冊

110000－0143－0010894　PG27/78
浙志田賦略附浙西各縣科則銀米表　清光緒末鉛印本　一冊

110000－0143－0010895　PG27/79
欽定康濟錄四卷　(清)倪國璉編　清同治八年(1869)湖北崇文書局刻本　三冊

110000－0143－0010896　PG27/79
欽定康濟錄四卷　(清)倪國璉編　清同治八年(1869)湖北崇文書局刻本　四冊

110000－0143－0010897　PG27/80
東三省政略十二卷附圖七十二種　徐世昌纂輯　清宣統三年(1911)鉛印本　五十冊

110000－0143－0010898　PG27/80
東三省政略十二卷附圖七十二種　徐世昌纂輯　清宣統三年(1911)鉛印本　四十六冊

110000－0143－0010899　PG27/80
東三省政略十二卷附圖七十二種　徐世昌纂輯　清宣統三年(1911)鉛印本　四十六册

110000－0143－0010900　PG27/80－1
東三省政畧不分卷　顧琅等輯　清宣統黑龍江編輯處抄本　五册

110000－0143－0010901　PG27/82
樊山政書二十卷　樊增祥撰　清宣統二年(1910)金陵湯氏聚珍書局鉛印本　十册

110000－0143－0010902　PG27/82
樊山政書二十卷　樊增祥撰　清宣統二年(1910)金陵湯氏聚珍書局鉛印本　十册

110000－0143－0010903　PG27/82
樊山政書二十卷　樊增祥撰　清宣統二年(1910)上海政學社鉛印本　十册

110000－0143－0010904　PG27/82
樊山政書二十卷　樊增祥撰　清宣統二年(1910)上海政學社鉛印本　十册

110000－0143－0010905　PG27/82－1
樊山政書二十卷　樊增祥撰　清宣統二年(1910)上海政學社鉛印本　十册

110000－0143－0010906　PG27/83
石渠餘紀六卷　(清)王慶雲撰　清光緒十六年(1890)攸縣龍氏刻本　六册

110000－0143－0010907　PG27/83
石渠餘紀六卷　(清)王慶雲撰　清光緒十六年(1890)攸縣龍氏刻本　六册

110000－0143－0010908　PG27/83
石渠餘紀六卷　(清)王慶雲撰　清道光至宣統刻本　六册

110000－0143－0010909　PG27/83
石渠餘紀六卷　(清)王慶雲撰　清道光至宣統刻本　六册

110000－0143－0010910　PG27/83
石渠餘紀六卷　(清)王慶雲撰　清道光至宣統刻本　六册

110000－0143－0010911　PG27/83
石渠餘紀六卷　(清)王慶雲撰　清道光至宣統刻本　六册

110000－0143－0010912　PG27/84
欽定續三通一千四十卷　(清)□□輯　清光緒浙江書局刻九通本　三百三十册　缺八十七卷(續通典一至三十六、續通志一至三十三、續文獻通考一至十八)

110000－0143－0010913　PG27/84－1
三通七百四十八卷　清咸豐九年(1859)崇仁謝氏刻本　三百二十册

110000－0143－0010914　PG27/85
實政錄七卷　(明)呂坤著　清同治七年(1868)湖北崇文書局刻本　四册

110000－0143－0010915　PG27/85
實政錄七卷　(明)呂坤著　清同治七年(1868)湖北崇文書局刻本　四册

110000－0143－0010916　PG27/85－1
實政錄七卷　(明)呂坤著　清同治十一年(1872)浙江書局刻本　六册

110000－0143－0010917　PG27/85－1
實政錄七卷　(明)呂坤著　清同治十一年(1872)浙江書局刻本　六册

110000－0143－0010918　PG27/86
學治一得編一卷附錄一卷　(清)何耿繩輯　清同治十三年(1874)湖北崇文書局刻牧令書四種本　一册

110000－0143－0010919　PG27/86－1
學治一得編一卷附錄一卷　(清)何耿繩輯　清光緒六年(1880)仁和葛元煦嘯園刻嘯園叢書(第六函臨民要略)本　一册

110000－0143－0010920　PG27/86－1
明刑管見錄一卷　(清)穆翰著　清光緒六年(1880)仁和葛元煦嘯園刻嘯園叢書(第六函臨民要略)本　與110000－0143－0010919合册

110000－0143－0010921　PG27/89

福惠全書三十二卷　（清）黄六鴻著　清康熙至雍正刻本　十二册

110000－0143－0010922　PG27/89－1
福惠全書三十二卷　（清）黄六鴻著　清光緒十九年（1893）京都文昌會館刻本　八册

110000－0143－0010923　PG27/90
欽定中樞政考七十二卷　（清）明亮　（清）納蘇泰纂修　清道光五年（1825）兵部刻本　四十册　存四十卷（緑營一至四十）

110000－0143－0010924　PG27/90－1
欽定中樞政考七十二卷　（清）保寧　（清）明達纂修　清嘉慶十三年（1808）兵部刻本　二十册　存三十二卷（八旗一至三十二）

110000－0143－0010925　PG27/90－2
欽定中樞政考續纂四卷　（清）長齡　（清）景善纂修　清道光十二年（1832）兵部刻本　四册

110000－0143－0010926　PG27/90－3
欽定中樞政考三十一卷　（清）鄂爾泰　（清）花善纂修　清乾隆八年（1743）武英殿刻本　八册　存十五卷（八旗一至十五）

110000－0143－0010927　PG27/91
五代會要三十卷　（宋）王溥撰　清乾隆刻本　四册

110000－0143－0010928　PG27/91
五代會要三十卷　（宋）王溥撰　清乾隆刻本　六册

110000－0143－0010929　PG27/91
五代會要三十卷　（宋）王溥撰　清光緒十二年（1886）江蘇書局刻本　六册

110000－0143－0010930　PG27/94
熙朝紀政六卷　（清）王慶雲撰　清光緒二十七年（1901）上海天章書局石印本　六册

110000－0143－0010931　PG27/94－1
熙朝紀政六卷　（清）王慶雲撰　清光緒二十八年（1902）同文仁記石印本　三册

110000－0143－0010932　PG27/101
沈文肅公政書七卷首一卷　（清）沈葆楨撰　清光緒六年（1880）吴門節署鉛印本　八册

110000－0143－0010933　PG27/101
沈文肅公政書七卷首一卷　（清）沈葆楨撰　清光緒六年（1880）吴門節署鉛印本　八册

110000－0143－0010934　PG27/101
沈文肅公政書七卷首一卷　（清）沈葆楨撰　清光緒十八年（1892）烏石山祠刻本　八册

110000－0143－0010935　PG27/101
沈文肅公政書七卷首一卷　（清）沈葆楨撰　清光緒十八年（1892）烏石山祠刻本　十二册

110000－0143－0010936　PG27/101
沈文肅公政書七卷首一卷　（清）沈葆楨撰　清光緒十八年（1892）烏石山祠刻本　十二册

110000－0143－0010937　PG27/101
沈文肅公政書七卷首一卷　（清）沈葆楨撰　清光緒十八年（1892）烏石山祠刻本　八册

110000－0143－0010938　PG27/103
南皮張宫保政書十二卷　（清）張之洞撰　（清）仰止廬輯　清光緒二十七年（1901）上海圖書集成局鉛印本　六册

110000－0143－0010939　PG27/103
南皮張宫保政書十二卷　（清）張之洞撰　（清）仰止廬輯　清光緒二十七年（1901）上海圖書集成局鉛印本　六册

110000－0143－0010940　PG27/103
南皮張宫保政書十二卷　（清）張之洞撰　（清）仰止廬輯　清光緒二十七年（1901）上海圖書集成局鉛印本　六册

110000－0143－0010941　PG27/104
治浙成規八卷　清道光至宣統刻本　八册

110000－0143－0010942　PG27/104
治浙成規八卷　清道光至宣統刻本　八册

110000－0143－0010943　PG27/104
治浙成規八卷　清道光至宣統刻本　八册

110000－0143－0010944　PG27/104

治浙成規四卷　清道光至宣統刻本　四冊

110000－0143－0010945　PG27/104
治浙成規四卷　清同治五年至民國十五年(1866－1926)鏡軒抄本　四冊

110000－0143－0010946　PG27/105
長蘆鹽務議略不分卷　(清)王守基撰　清同治十二年(1873)吳縣潘祖蔭刻滂喜齋叢書(第二函)本　一冊

110000－0143－0010947　PG27/105－1
鹽法議略二卷　(清)王守基撰　清光緒十二年(1886)廣東刻本　二冊

110000－0143－0010948　PG27/108
林文忠公政書三集三十七卷　(清)林則徐撰　清光緒侯官林氏刻本　十九冊　缺二種二卷(甲集東河奏稿一卷、江蘇奏稿一卷)

110000－0143－0010949　PG27/109
九通全書二千三百十四卷附欽定三通考證　(清)□□輯　清光緒二十七年至二十八年(1901－1902)貫吾齋石印本　一百二十三冊　缺一種一百二十六卷(皇朝通志一百二十六卷)

110000－0143－0010950　PG27/109－1
九通分類總纂二百四十卷　汪鍾霖纂校　清光緒二十八年(1902)上海文瀾書局石印本　八十冊

110000－0143－0010951　PG27/109－1
九通分類總纂二百四十卷　汪鍾霖纂校　清光緒二十八年(1902)上海文瀾書局石印本　八十冊

110000－0143－0010952　PG27/109－1
九通分類總纂二百四十卷　汪鍾霖纂校　清光緒二十八年(1902)上海文瀾書局石印本　八十冊

110000－0143－0010953　PG27/111
西江政要□□卷　(清)江西按察使司輯　清光緒江西按察使司經歷司刻本　三十六冊

110000－0143－0010954　PG27/114
東漢會要四十卷　(宋)徐天麟撰　清光緒十年(1884)江蘇書局刻本　八冊

110000－0143－0010955　PG27/114
東漢會要四十卷　(宋)徐天麟撰　清光緒十年(1884)江蘇書局刻本　八冊

110000－0143－0010956　PG27/114－1
東漢會要四十卷　(宋)徐天麟撰　清光緒五年(1879)廣州嶺南學海堂刻本　十冊

110000－0143－0010957　PG27/115
敏果齋七種六十二卷　(清)許乃釗輯　清道光十二年至二十九年(1832－1849)錢塘許氏刻本　十五冊

110000－0143－0010958　PG27/116
九通二千三百十八卷　(清)嵇璜等纂　清光緒二十七年(1901)上海圖書集成局鉛印本　三百冊

110000－0143－0010959　PG27/116
皇朝通志一百二十六卷　(清)嵇璜等纂　清光緒二十七年(1901)上海圖書集成局鉛印九通本　十二冊

110000－0143－0010960　PG27/116
皇朝通典一百卷　(清)嵇璜等纂　清光緒二十七年(1901)上海圖書集成局鉛印九通本　十冊

110000－0143－0010961　PG27/116－1
九通二千三百十八卷　(清)嵇璜等纂　清光緒二十七年(1901)上海圖書集成局鉛印本　二百九十二冊

110000－0143－0010962　PG27/116－1
九通通二百四十八卷首一卷　(清)劉可毅輯　清光緒二十八年(1902)武進劉氏石印本　五十六冊　缺十五卷(一百六十七至一百七十二、一百七十四至一百七十七、一百八十二、一百九十二至一百九十五)

110000－0143－0010963　PG27/117
欽定中樞政考七十二卷續纂四卷　(清)明亮　(清)納蘇泰等纂修　清道光刻本　七十六

册

110000－0143－0010964　PG27/118
明夷待訪錄不分卷　（清）黄宗羲撰　清光緒二十四年（1898）豐城余氏寶墨齋刻本　一册

110000－0143－0010965　PG27/118－1
明夷待訪錄不分卷　（清）黄宗羲撰　清光緒五年（1879）京師晉華書局刻本　一册

110000－0143－0010966　PG27/120
北洋公牘類纂二十五卷　（清）甘厚慈輯　清光緒三十三年（1907）北京益森公司鉛印本　二十册

110000－0143－0010967　PG27/120
北洋公牘類纂二十五卷　（清）甘厚慈輯　清光緒三十三年（1907）北京益森公司鉛印本　二十册

110000－0143－0010968　PG27/120
北洋公牘類纂續編二十四卷　（清）甘厚慈輯　清宣統二年（1910）絳雪齋鉛印本　二十册

110000－0143－0010969　PG27/120
北洋公牘類纂二十五卷　（清）甘厚慈輯　清光緒三十三年（1907）北京益森公司鉛印本　二十册

110000－0143－0010970　PG27/121
樊山政書二十卷　樊增祥撰　清宣統二年（1910）上海政學社鉛印本　四册

110000－0143－0010971　PG27/123
欽定臺規四十二卷　（清）延煦　（清）孔憲穀等纂修　清光緒十八年（1892）都察院刻本　二十四册

110000－0143－0010972　PG27/124
資政新書初集十四卷首一卷二集二十卷　（清）李漁撰　清光緒二十年（1894）上海圖書集成印書局鉛印本　十二册

110000－0143－0010973　PG27/124－1
資治新書十四卷首一卷　（清）李漁輯　清刻本　十二册

110000－0143－0010974　PG27/124－2
資治新書十四卷首一卷　（清）李漁輯　清刻本　八册

110000－0143－0010975　PG27/124－2
資治新書十四卷首一卷　（清）李漁輯　清刻本　二十四册

110000－0143－0010976　PG27/125
刑案匯覽六十卷首一卷末一卷拾遺備考一卷續增刑案匯覧十六卷　（清）祝慶祺輯　清咸豐二年（1852）棠樾文淵堂刻本　八十册

110000－0143－0010977　PG27/126
兩浙宦遊記略七種九卷　（清）戴槃撰　清同治七年至九年（1868－1870）刻本　三册　缺三種三卷（杭嘉湖三府減漕記畧一卷、徵收錢糧改定新定新章記一卷、左制軍奏杭嘉湖三府減漕稿一卷）

110000－0143－0010978　PG27/130
治浙成規八卷　（清）□□輯　清道光刻本　八册

110000－0143－0010979　PG27/131
校邠廬抗議二卷　（清）馮桂芬著　清光緒十年（1884）豫章馮芳植刻本　二册

110000－0143－0010980　PG27/131
校邠廬抗議二卷　（清）馮桂芬著　清光緒十八年（1892）吴縣潘氏敏德堂刻本　二册

110000－0143－0010981　PG27/131
校邠廬抗議二卷　（清）馮桂芬著　清光緒十八年（1892）吴縣潘氏敏德堂刻本　二册

110000－0143－0010982　PG27/131
校邠廬抗議二卷　（清）馮桂芬著　清光緒十八年（1892）吴縣潘氏敏德堂刻本　二册

110000－0143－0010983　PG27/131
校邠廬抗議二卷　（清）馮桂芬著　清光緒十八年（1892）吴縣潘氏敏德堂刻本　二册

110000－0143－0010984　PG27/131－1
校邠廬抗議二卷　（清）馮桂芬著　清光緒二十四年（1898）馮氏家刻本　二册

110000－0143－0010985　PG27/131－1

校邠廬抗議不分卷　(清)馮桂芬著　清光緒九年(1883)廣仁堂刻本　一冊

110000－0143－0010986　PG27/131－1
校邠廬抗議二卷　(清)馮桂芬著　清末刻本　二冊

110000－0143－0010987　PG27/131－1
校邠廬抗議不分卷　(清)馮桂芬著　清光緒九年(1883)廣仁堂刻本　一冊

110000－0143－0010988　PG27/131－1
校邠廬抗議不分卷　(清)馮桂芬著　清光緒九年(1883)廣仁堂刻本　一冊

110000－0143－0010989　PG27/131－4
校邠廬抗議二卷　(清)馮桂芬著　清光緒二十六年(1900)成都書局刻本　二冊

110000－0143－0010990　PG27/135
鄉兵管見三卷　(清)李東撰　清咸豐九年(1859)刻本　一冊

110000－0143－0010991　PG27/136
內閣制度芻議不分卷　王鴻年撰　清宣統三年(1911)稿本　一冊

110000－0143－0010992　PG27/142
浙江巡撫審訂諮議局議案錄四編　(清)□□輯　清宣統二年(1910)浙江官報兼印刷局鉛印本　四冊

110000－0143－0010993　PG27/142
浙江巡撫審訂諮議局議案錄四編　(清)□□輯　清宣統三年(1911)浙江官報兼印刷局鉛印本　四冊

110000－0143－0010994　PG27/142
浙江巡撫審訂諮議局議案錄丁編　(清)□□輯　清宣統三年(1911)浙江官報兼印刷局鉛印本　一冊

110000－0143－0010995　PG27/142
浙江巡撫審訂諮議局議案錄乙編　(清)□□輯　清宣統三年(1911)浙江官報兼印刷局鉛印本　一冊

110000－0143－0010996　PG27/142
浙江巡撫審訂諮議局議案錄丁編　(清)□□輯　清宣統浙江官紙總局鉛印本　一冊

110000－0143－0010997　PG27/143
浙東籌防錄四卷　(清)薛福成撰　清光緒十三年(1887)無錫薛氏刻庸庵全集本　五冊

110000－0143－0010998　PG27/143
浙東籌防錄四卷　(清)薛福成撰　清光緒十三年(1887)無錫薛氏刻庸庵全集本　四冊

110000－0143－0010999　PG27/143
浙東籌防錄四卷　(清)薛福成撰　清光緒十三年(1887)無錫薛氏刻庸庵全集本　四冊

110000－0143－0011000　PG27/143
浙東籌防錄四卷　(清)薛福成撰　清光緒十三年(1887)無錫薛氏刻庸庵全集本　三冊　存二卷(一至二)

110000－0143－0011001　PG27/144－1
欽定康濟錄四卷　(清)倪國璉編　清同治三年(1864)浙江撫署刻本　三冊

110000－0143－0011002　PG27/144－1
欽定康濟錄四卷　(清)倪國璉編　清同治三年(1864)浙江撫署刻本　三冊

110000－0143－0011003　PG27/144－1
欽定康濟錄四卷　(清)倪國璉編　清同治三年(1864)浙江撫署刻本　三冊

110000－0143－0011004　PG27/144－1
欽定康濟錄四卷　(清)倪國璉編　清同治三年(1864)浙江撫署刻本　三冊

110000－0143－0011005　PG27/149
李相國論事集六卷遺文一卷　(唐)李絳撰　(唐)蔣偕輯　清光緒五年(1879)定州王氏謙德堂刻畿輔叢書本　一冊

110000－0143－0011006　PG27/150
不慊齋漫存六卷附一卷　(清)徐賡陛撰　清光緒八年(1882)南海官署刻本　六冊

110000－0143－0011007　PG27/150
不慊齋漫存六卷附一卷　(清)徐賡陛撰　清光緒八年(1882)南海官署刻本　五冊

110000－0143－0011008　PG27/150

不慊齋漫存十二卷　（清）徐賡陛撰　清光緒三十一年（1905）大通醝廨刻本　十二册

110000－0143－0011009　PG27/151

培遠堂偶存稿四十八卷　（清）陳弘謀撰　（清）陳鍾珂　（清）陳蘭森輯　清乾隆三十三年（1768）刻本　二十四册

110000－0143－0011010　PG27/152

來燕室文鈔不分卷　清末來燕室抄本　三册

110000－0143－0011011　PG27/153

前守寶録五卷後守寶録二十卷　（清）魁聯撰　清同治十三年（1874）刻本　十册

110000－0143－0011012　PG27/160

洋務時事彙編八卷　（清）葛子源輯　清光緒二十四年（1898）上海書局石印本　十一册

110000－0143－0011013　PG27/161

補宋書刑法志一卷　（清）郝懿行撰　清光緒元年（1875）南海伍氏刻粤雅堂叢書（第二十九集）本　一册

110000－0143－0011014　PG27/161

補宋書食貨志一卷　（清）郝懿行撰　清光緒元年（1875）南海伍氏刻粤雅堂叢書（第二十九集）本　與110000－0143－0011013合册

110000－0143－0011015　PG27/161

補宋書刑法志一卷　（清）郝懿行撰　清光緒十七年（1891）廣雅書局刻廣雅書局叢書（史學）本　一册

110000－0143－0011016　PG27/162

養吉齋叢録二十六卷餘録十卷　（清）吳振棫纂　清光緒二十三年至二十六年（1897－1900）刻本　八册

110000－0143－0011017　PG27/163

劉簾舫先生吏治三書六卷　（清）劉衡撰　清同治七年（1868）江蘇書局刻牧令全書本　一册

110000－0143－0011018　PG27/164

淮北票鹽志略十五卷　（清）童濂輯　清同治七年（1868）兩淮鹽運使司海州分司刻本　六册

110000－0143－0011019　PG27/164

淮北票鹽志略十五卷　（清）童濂輯　清同治七年（1868）兩淮鹽運使司海州分司刻本　六册

110000－0143－0011020　PG27/164

淮北票鹽志略十五卷　（清）童濂輯　清同治七年（1868）兩淮鹽運使司海州分司刻本　六册

110000－0143－0011021　PG27/164

淮北票鹽志略十五卷　（清）童濂輯　清同治七年（1868）兩淮鹽運使司海州分司刻本　六册

110000－0143－0011022　PG27/164

淮北票鹽續略十二卷　（清）許寶書輯　清同治九年（1870）兩淮鹽運使司海州分司刻本　四册

110000－0143－0011023　PG27/165

安徽撫院轅門官鈔（光緒三十年、三十二年、三十四年，宣統元年、二年）　（清）勞洪章　（清）袁際鳳輯　清光緒三十年至宣統二年（1904－1910）安徽巡撫府署排印處木活字印本　九十一册

110000－0143－0011024　PG27/166

能一編二卷首一卷　（清）金安清撰　清光緒二年（1876）鉛印本　二册

110000－0143－0011025　PG27/168

籌洋芻議一卷　（清）薛福成撰　清光緒十年（1884）無錫薛氏刻庸庵全集本　一册

110000－0143－0011026　PG27/168

籌洋芻議一卷　（清）薛福成撰　清光緒十年（1884）無錫薛氏刻庸庵全集本　一册

110000－0143－0011027　PG27/168

籌洋芻議一卷　（清）薛福成撰　清光緒十年（1884）無錫薛氏刻庸庵全集本　一册

110000－0143－0011028　PG27/168

籌洋芻議一卷　(清)薛福成撰　清光緒十年(1884)無錫薛氏刻庸庵全集本　一冊

110000－0143－0011029　PG27/168－1
籌洋芻議一卷　(清)薛福成撰　清光緒二十三年(1897)湖南新學書局刻本　一冊

110000－0143－0011030　PG27/169
歐美政治要義十八章　(清)戴鴻慈　(清)端方輯　清光緒三十三年(1907)影印本　四冊

110000－0143－0011031　PG27/169－1
歐美政治要義十八章　(清)戴鴻慈　(清)端方輯　清光緒三十四年(1908)上海商務印書館石印本　四冊

110000－0143－0011032　PG27/172
皇清開國方略三十二卷首一卷　(清)阿桂等纂　清光緒十三年(1887)廣百宋齋鉛印本　六冊

110000－0143－0011033　PG27/174
求是齋公牘彙存八卷　陳際唐撰　清宣統二年(1910)山西濬文書局鉛印本　六冊

110000－0143－0011034　PG27/177
一瞥錄三卷　(□)□□輯　清宣統鉛印本　一冊

110000－0143－0011035　PG27/182
欽定中樞政考七十二卷　(清)明亮　(清)納蘇泰等纂修　清道光刻本　四十冊　存四十卷(綠營一至四十)

110000－0143－0011036　PG27/184
吉林調查局文報初編不分卷　何壽朋輯　清宣統二年(1910)吉林官書刷印局鉛印本　三冊

110000－0143－0011037　PG27/187
上海城自治公所議事會宣統二年報告不分卷　上海城自治公所編　清宣統二年(1910)鉛印本　一冊

110000－0143－0011038　PG27/190
委事公札不分卷　(清)羅澧輯　清光緒三十三年至宣統元年(1907－1909)稿本　一冊

110000－0143－0011039　PG27/192
湖北諮議局第一次常年會記事錄　(清)湖北諮議局編　清宣統鉛印本　一冊

110000－0143－0011040　PG27/194
萬國政治藝學全書三百八十卷　(清)朱大文　(清)凌賡颺編輯　清光緒二十八年(1902)上海鴻文書局石印本　五十四冊

110000－0143－0011041　PG27/195
福寧紀事二卷首一卷　(清)程榮春撰　清同治五年(1866)吟雨樓刻本　二冊

110000－0143－0011042　PG27/196
福寧從政紀略二卷　(清)程榮春撰　清同治五年(1866)吟雨樓刻本　二冊

110000－0143－0011043　PG27/198
欽定戶部漕運全書九十六卷首一卷　(清)載齡等纂輯　清光緒刻本　八冊　存十六卷(八十一至九十六)

110000－0143－0011044　PG27/198
欽定戶部漕運全書九十六卷首一卷　(清)載齡等纂輯　清光緒刻本　四十八冊

110000－0143－0011045　PG27/199
杭府仁錢三學灑埽職一卷附錄一卷　(清)□□撰　清光緒十二年(1886)錢塘丁氏嘉惠堂刻武林掌故叢編(第十二集)本　一冊

110000－0143－0011046　PG27/199
湖山懷古集一卷　(清)陳時撰　清光緒錢塘丁氏八千卷樓刻武林掌故叢編(第十二集)本　與110000－0143－0011045合冊

110000－0143－0011047　PG27/199
武林第宅攷一卷　(清)柯汝霖撰　清光緒十五年(1889)錢塘丁氏嘉惠堂刻武林掌故叢編(第十二集)本　與110000－0143－0011045合冊

110000－0143－0011048　PG27/201
掌故時務教科書六卷首一卷終一卷　(清)儲丙鶉著　清光緒三十年(1904)上海南洋公學譯書院鉛印本　三冊

110000－0143－0011049　PG27/202
井田圖攷二卷　(清)朱克己纂訂　(清)陳基同訂　清光緒十六年(1890)山東書局刻本　二册

110000－0143－0011050　PG27/206
籌蒙芻議二卷　姚錫光撰　清光緒三十四年(1908)丹徒姚氏京師寓齋石印本　二册

110000－0143－0011051　PG27/206
籌蒙芻議二卷　姚錫光撰　清光緒三十四年(1908)丹徒姚氏京師寓齋鉛印本　二册

110000－0143－0011052　PG27/209
幸魯盛典四十卷　(清)孔毓圻　(清)金居敬等纂修　清康熙五十年(1711)孔氏紅萼軒刻本　六册　存二十卷(一至二十)

110000－0143－0011053　PG27/212
十九世紀列國政治文編十二卷　邵羲選輯　清光緒二十九年(1903)教育世界社鉛印本　十册

110000－0143－0011054　PG27/215
東三省蒙務公牘彙編五卷　朱啓鈐輯　清宣統元年(1909)鉛印本　二册

110000－0143－0011055　PG27/217
尚賢堂報告書不分卷　(美國)李佳白述　清宣統元年(1909)上海華美書局鉛印本　一册

110000－0143－0011056　PG27/219
西鐸九卷　(英國)李提摩太著　清光緒二十一年(1895)刻本　一册

110000－0143－0011057　PG27/221
劑變篇十四篇　(清)尹彦鉌撰　清光緒二十六年(1900)刻本　二册

110000－0143－0011058　PG27/221
劑變篇十四篇　(清)尹彦鉌撰　清光緒二十六年(1900)刻本　二册

110000－0143－0011059　PG27/224
永川公牘十卷　吴光耀撰　清宣統刻本　四册

110000－0143－0011060　PG27/225
直隸提學使司戊申全年通飭不分卷　(□)□□輯　清光緒至宣統鉛印本　一册

110000－0143－0011061　PG27/226
柴桑傭録四卷　(清)鍾體志撰　清光緒十六年(1890)澡雪堂刻本　二册

110000－0143－0011062　PG27/227
中國約章討論第一編均惠篇四章　吳成章撰　清末至民國初石印本　二册

110000－0143－0011063　PG27/230
金吾事例章程六卷緝捕二卷歲入一卷高官二卷　(清)瑞禧等纂　清咸豐元年(1851)刻本　十二册

110000－0143－0011064　PG27/232
中西事務紀要二十四卷　(清)夏燮撰　清光緒二十三年(1897)上海書局石印本　六册

110000－0143－0011065　PG27/233
治臺必告録八卷　(清)丁曰健輯　清同治六年(1867)知足知止園刻本　八册

110000－0143－0011066　PG27/234
治平全書三十三卷　(明)朱健　(明)朱徽撰　清道光二十九年(1849)來鹿堂刻本　二十册

110000－0143－0011067　PG27/236
洋務實學新編二卷　(清)傅雲龍輯　清光緒二十二年(1896)上海書局石印本　二册

110000－0143－0011068　PG27/237
本朝政治全書二卷　(清)朱植仁撰　清雍正承恩堂刻本　十二册　存吏部、戶部、禮部

110000－0143－0011069　PG27/242
新文牘十卷　(清)□□輯　清光緒三十四年(1908)石印本　十册

110000－0143－0011070　PG27/244
州縣須知摘要四卷　(清)方汝謙撰　(清)臥牛山人編　清同治元年(1862)寶仁堂刻本　二册

110000－0143－0011071　PG27/244
增删佐雜須知四卷　(清)方汝謙撰　(清)臥

牛山人編　清同治元年(1862)寶仁堂刻本　一冊

110000－0143－0011072　PG27/246
欽定吏部則例六十八卷　(清)傅恒等纂修　清乾隆至宣統刻本　三十二冊　存四十七卷(一至四十七)

110000－0143－0011073　PG27/247
美國華工禁約紀事初編　平等社輯　清光緒至宣統平等社鉛印本　一冊

110000－0143－0011074　PG27/247
美國華工禁約紀事初編　平等社輯　清光緒至宣統平等社鉛印本　一冊

110000－0143－0011075　PG27/247－1
美國華工禁約紀事二編　平等社輯　清光緒至宣統平等社鉛印本　一冊

110000－0143－0011076　PG27/249
豫備立憲意見書不分卷　(清)康繼祖編輯　清光緒三十二年(1906)教育品物公司鉛印本　二冊

110000－0143－0011077　PG27/251
甘肅調查局法制科調查各項子目不分卷　(清)甘肅調查局法制科編　清光緒至宣統官報書局鉛印本　一冊

110000－0143－0011078　PG27/255
周廬井觀不分卷　孫德全撰　清光緒至宣統鉛印本　一冊

110000－0143－0011079　PG27/257
官書局彙報不分卷　(清)官書局編　清光緒京都官書局木活字印本　十一冊

110000－0143－0011080　PG27/258
中外經世策論合纂六十三卷　(清)聽秋舊廬主人輯　清光緒二十八年(1902)石印本　十二冊

110000－0143－0011081　PG27/259
甲辰科狀元策不分卷　劉春霖撰　清光緒末石印本　一冊

110000－0143－0011082　PG27/260
案語不分卷　(清)□□輯　清嘉慶木活字印本　二冊

110000－0143－0011083　PG27/261
心師竹齋章牘存稿三卷附崇祀鄉賢錄不分卷行述墓表不分卷　(清)程楙采撰　清光緒三年(1877)京都奎光齋刻本　二冊

110000－0143－0011084　PG27/262
饒崧生先生摺譜不分卷　(清)饒旬宣撰　清光緒十九年(1893)京都榮錄堂刻本　一冊

110000－0143－0011085　PG27/262
饒崧生先生摺譜不分卷　(清)饒旬宣撰　清光緒十九年(1893)京都榮錄堂刻本　一冊

110000－0143－0011086　PG27/263
王益吾所刻書十一種十九卷　王先謙輯　清光緒九年(1883)長沙王氏刻本　六冊　存五種十二卷(魏鄭公諫錄一至五、魏鄭公諫續錄一至二、魏文貞公故事拾遺一至三、魏文貞公年譜一、新舊唐書合注魏徵列傳一)

110000－0143－0011087　PG27/265
襄隄成案四卷　(清)陳廣文纂　清光緒二十年(1894)竟陵閣邑木活字印本　八冊

110000－0143－0011088　PG27/266
試辦全國預算各項表冊格式不分卷　(清)□□撰　清宣統湖北官刷印局鉛印本　一冊

110000－0143－0011089　PG27/267
松江府屬府總賦役全書不分卷　(清)松江府編　清光緒元年(1875)松江府鉛印本　十八冊

110000－0143－0011090　PG27/269
陝西省綠營兵額餉章二卷　(清)□□輯　清道光至宣統刻本　一冊　存一卷(下)

110000－0143－0011091　PG27/270
兩浙宦遊紀略七種九卷　(清)戴槃著　清同治七年(1868)刻本　四冊

110000－0143－0011092　PG27/270
兩浙宦遊紀略七種九卷　(清)戴槃著　清同治七年(1868)刻本　四冊

110000－0143－0011093　PG27/273
續增河東鹽法備覽三卷　（清）姚楷等纂　清宣統二年（1910）刻本　三冊

110000－0143－0011094　PG27/273
續增河東鹽法備覽三卷　（清）姚楷等纂　清宣統二年（1910）刻本　三冊

110000－0143－0011095　PG27/273
續增河東鹽法備覽三卷　（清）姚楷等纂　清宣統二年（1910）刻本　三冊

110000－0143－0011096　PG27/275
奉天省旗屬光緒三十四年款項説明書不分卷　（清）奉天省公署編　清光緒三十四年（1908）鉛印本　一冊

110000－0143－0011097　PG27/278
粤鹽成本冊八卷　（清）溫永袼等撰　清嘉慶刻本　六冊

110000－0143－0011098　PG27/279
各國通商税則條約不分卷　（清）總理各國事務衙門彙編　清光緒刻本　九冊

110000－0143－0011099　PG27/280
四川鹽道計岸官運鹽案彙輯十卷附康濟説一卷　（清）計岸官運總局文案所纂輯　清光緒二十九年（1903）刻本　八冊

110000－0143－0011100　PG27/281
税務司平行信稿不分卷　（清）總税務司輯　清光緒二十六年至二十七年（1900－1901）抄本　一冊

110000－0143－0011101　PG27/282
雲南清理財政局調查全省財政説明書初稿二十二類　（清）雲南清理財政局編輯　清宣統二年（1910）雲南清理財政局鉛印本　八冊

110000－0143－0011102　PG27/283
日本財務行政述要五篇附民業補助方法財務規程輯要　何煜編述　清宣統三年（1911）鉛印本　二冊

110000－0143－0011103　PG27/285
東粤藩儲攷十二卷　（清）高崇基　（清）陳坤等輯　清光緒十三年（1887）木活字印本　十二冊

110000－0143－0011104　PG27/286
江西各項財政説明書十六章　（清）江西清理財政局編輯　清宣統鉛印本　四冊

110000－0143－0011105　PG27/287
浙省倉庫清查節要不分卷兩浙運庫清查挈要不分卷荒政備覽不分卷　（清）王鳳生輯　清道光四年（1824）刻本　二冊

110000－0143－0011106　PG27/289
甘肅省財政説明書三卷　（清）甘肅布政司編　清宣統抄本　三冊

110000－0143－0011107　PG27/293
重訂蘇省水卡捐章不分卷　（清）江蘇釐金局編　清咸豐至宣統刻本　一冊

110000－0143－0011108　PG27/296
山東兗州府鄒縣現行簡明賦役全書不分卷　（清）□□輯　清同治刻本　一冊

110000－0143－0011109　PG27/298
安徽清釐田賦條議酌存續編二卷　（清）于蔭霖編　清光緒木活字印本　一冊

110000－0143－0011110　PG27/299
安省奏辦清賦查報田糧總冊不分卷附奏稿　（清）督辦安徽清查田賦總局編　清光緒木活字印本　二冊

110000－0143－0011111　PG27/300
吉林官運局第一次報告書不分卷　（清）吉林官運總局編　清宣統元年（1909）吉林官書刷印局鉛印本　一冊

110000－0143－0011112　PG27/302
戶部井田科奏咨輯要二卷首一卷　（清）戶部井田科編纂　（清）如松等校勘　清光緒鉛印本　二冊

110000－0143－0011113　PG27/305
山東署理布政使司督糧道遵飭查造光緒貳拾玖年有漕各州縣漕倉孤貧等項米石照章折收正耗錢文數目簡明表冊　（清）尚其亨　（清）

周開銘撰　清光緒三十年(1904)稿本　一冊

110000－0143－0011114　PG27/306
清賦問答不分卷　(清)朱靖旬輯　清光緒十五年(1889)木活字印本　一冊

110000－0143－0011115　PG27/308
豫省倉儲徵信錄不分卷　(清)涂朗軒等撰　清光緒刻本　一冊

110000－0143－0011116　PG27/309
福建票鹽志略不分卷　(清)吳大廷等撰　清同治五年(1866)福建鹽局刻本　四冊

110000－0143－0011117　PG27/309
福建票鹽志略不分卷　(清)吳大廷等撰　清同治五年(1866)福建鹽局刻本　一冊　存七十五葉(一至七十五)

110000－0143－0011118　PG27/310
山東登州府榮成縣現行簡明賦役全書不分卷　(清)□□輯　清乾隆三十年(1765)至宣統刻本　一冊

110000－0143－0011119　PG27/311
山東濟南府禹城縣現行簡明賦役全書不分卷　(清)□□輯　清同治五年(1866)刻本　一冊

110000－0143－0011120　PG27/312
山東登州府榮成縣收併成靖弍衛現行簡明賦役全書不分卷　(清)□□輯　清乾隆五十六年(1791)至宣統刻本　一冊

110000－0143－0011121　PG27/313
山東濟甯直隸州現行賦役全書不分卷　(清)□□輯　清咸豐六年(1856)刻本　一冊

110000－0143－0011122　PG27/314
四川官運鹽案類編八十卷首一卷　(清)唐炯輯　(清)夏旹重訂　清光緒二十四年(1898)四川官運鹽務總局刻本　二十四冊

110000－0143－0011123　PG27/314
四川官運鹽案類編二十八卷　(清)唐炯輯　清光緒七年(1881)四川官運鹽務總局刻本　十冊

110000－0143－0011124　PG27/316
溫處鹽務紀要不分卷　(清)趙舒翹輯　清光緒十九年(1893)浙江東甌溫處鹽運使署刻本　一冊

110000－0143－0011125　PG27/316
溫處鹽務紀要不分卷　(清)趙舒翹輯　清光緒十九年(1893)浙江東甌溫處鹽運使署刻本　一冊

110000－0143－0011126　PG27/317
臨清縣賦役全書(道光二十六年分)不分卷　(清)□□輯　清道光至宣統抄本　一冊

110000－0143－0011127　PG27/322
江西賦役經制全書不分卷　(清)□□輯　清光緒九年(1883)刻本　四十冊

110000－0143－0011128　PG27/324
畿輔條鞭賦役全書不分卷　(清)□□輯　清乾隆刻本　一冊　存新城縣

110000－0143－0011129　PG27/324－1
畿輔條鞭賦役全書不分卷　(清)□□輯　清道光刻本　三冊

110000－0143－0011130　PG27/324－2
畿輔條鞭賦役全書(道光三年分)不分卷　(清)□□輯　清道光三年(1823)刻本　十五冊　存十五冊(正定府轄平山縣、元氏縣、贊皇縣、晉州、無極縣、藁城縣、新樂縣、正定縣、靈壽縣、獲鹿縣、樂城縣、阜平縣、行唐縣、井陘縣、府總)

110000－0143－0011131　PG27/324－3
畿輔條鞭賦役全書不分卷　(清)□□輯　清道光十三年(1833)刻本　四冊　存四冊(天津府南皮縣、天津府鹽山縣、天津府慶雲縣、天津府海防)

110000－0143－0011132　PG27/326
山東黃河南岸十三州縣遷民圖說一卷總圖一卷　(清)黃璣輯　清光緒二十二年(1896)上海點石齋石印本　二冊

110000－0143－0011133　PG27/328

證學編十卷附錄一卷　(清)額勒精額撰　清光緒二十年(1894)廣東臬署刻本　二册

110000－0143－0011134　PG27/329
辰州府義田總記二卷　(清)雷成樸輯　清道光二十九年至三十年(1849－1850)辰州府署刻本　二册

110000－0143－0011135　PG27/329－1
辰州府義田總記二卷　(清)雷成樸輯　清道光二十九年至三十年(1849－1850)辰州府署刻本　四册

110000－0143－0011136　PG27/331
岳州救生局志八卷　(清)張德容纂輯　清光緒元年(1875)岳州救生局刻本　五册

110000－0143－0011137　PG27/332
籌濟編三十二卷首一卷　(清)楊景仁輯　清光緒四年(1878)詒硯齋刻本　六册

110000－0143－0011138　PG27/335
胡文忠公政書十四卷首一卷　(清)胡林翼撰　(清)但湘良輯　清光緒二十五年(1899)湖南糧儲道署刻本　十册

110000－0143－0011139　PG27/337
槐卿政蹟六卷　(清)沈衍慶撰　清同治元年(1862)刻本　二册

110000－0143－0011140　PG27/337
槐卿政蹟六卷　(清)沈衍慶撰　清同治元年(1862)刻本　二册

110000－0143－0011141　PG27/338
勉益齋續存稿十六卷　(清)裕謙撰　清道光二十一年至二十五年(1841－1845)魯山裕謙刻本　十六册

110000－0143－0011142　PG27/343
淮北票鹽續略二編十卷　(清)項晉蕃編纂　清光緒十六年(1890)兩淮鹽運使司海州分司刻本　八册

110000－0143－0011143　PG27/343
淮北票鹽續略二編十卷　(清)項晉蕃編纂　清光緒十六年(1890)兩淮鹽運使司海州分司刻本　二册　存三卷(八至十)

110000－0143－0011144　PG27/347
荒政叢書十卷附錄二卷　(清)俞森輯　清道光二十四年(1844)金山錢氏據墨海金壺刻版重編增刻守山閣叢書(史部)本　三册

110000－0143－0011145　PG27/348
城鎮鄉地方自治宣講書十三章　孟昭常撰　清宣統元年(1909)上海中新書局鉛印本　一册

110000－0143－0011146　PG27/349
慶元黨禁一卷　(宋)樵川樵叟撰　清乾隆至道光長塘鮑氏刻知不足齋叢書(第十二集)本　一册

110000－0143－0011147　PG27/349
酒經三卷　(宋)朱肱撰　清乾隆五十年(1785)長塘鮑氏刻知不足齋叢書(第十二集)本　與110000－0143－0011146合册

110000－0143－0011148　PG27/350
改良私塾淺説四章　(清)□□輯　清光緒至宣統直隸教育圖書局印書處鉛印本　一册

110000－0143－0011149　PG27/352
閩鹽正告書二卷　陳瀏撰　清宣統二年(1910)鉛印寂園叢書本　二冊

110000－0143－0011150　PG27/353
福建鹽務公牘三卷　陳瀏撰　清宣統二年(1910)鉛印寂園叢書本　三册

110000－0143－0011151　PG27/354
荔原保賑事略不分卷　(清)周銘旂輯　清光緒五年(1879)刻本　一册

110000－0143－0011152　PG27/356
續富國策四卷　(清)陳熾撰　清光緒二十三年至二十四年(1897－1898)古果州六也樓仁記刻本　四册

110000－0143－0011153　PG27/357
富彊務本新策不分卷附中外近政聞畧　(清)□□輯　清光緒二十七年(1901)尊經書院刻本　一册

110000－0143－0011154　PG27/360
木蘭陂集節要十卷　（明）李熊輯　（明）鄭岳校次　（清）李泌補編　清乾隆十九年（1754）刻本（卷九至十抄配）　五冊

110000－0143－0011155　PG27/360
木蘭陂集節要八卷　（明）李熊輯　（明）鄭岳校次　（清）李泌補編　清乾隆刻本　三冊　缺二卷（五至六）

110000－0143－0011156　PG27/361
光緒三拾壹年冬撥估餉清冊不分卷　（清）瑞良撰　清光緒三十年（1904）抄本　一冊

110000－0143－0011157　PG27/370
內制集八卷　（宋）歐陽修撰　明正德七年（1512）刻嘉靖重修歐陽文忠公全集本　四冊

110000－0143－0011158　PG27/371
萬國國力比較二十三卷比較表一卷附錄一卷　（英國）默爾化著　（清）出洋學生編輯所譯述　清光緒二十九年（1903）上海商務印書館鉛印政學叢書（第一集第一編）本　六冊

110000－0143－0011159　PG27/372
新政策不分卷　（英國）李提摩太撰　清光緒鉛印本　一冊

110000－0143－0011160　PG27/375
歷代政治類編十二卷　（清）柴紹炳撰　清光緒二十七年（1901）上海自強局石印本　六冊

110000－0143－0011161　PG27/376
社會黨不分卷　（日本）西川光次郎撰　（清）周子高譯　清光緒二十九年（1903）上海廣智書局鉛印本　一冊

110000－0143－0011162　PG27/380
普魯士地方自治行政說六章　（德國）莫塞氏撰　（日本）野村靖編述　商務印書館譯　清光緒二十九年（1903）上海商務印書館鉛印政學叢書（第二集第四編）本　一冊

110000－0143－0011163　PG27/380
普魯士地方自治行政說六章　（德國）莫塞氏撰　（日本）野村靖編述　商務印書館譯　清光緒二十九年（1903）上海商務印書館鉛印政學叢書（第二集第四編）本　一冊

110000－0143－0011164　PG27/381
政治泛論四卷　（美國）威爾遜撰　（日本）高田早苗原譯　商務印書館重譯　清光緒二十九年（1903）上海商務印書館鉛印政學叢書（第二集第六編）本　二冊

110000－0143－0011165　PG27/382
中國現勢論四篇　（法國）愛姆士原著　（清）出洋學生編輯所譯　清光緒二十九年（1903）上海商務印書館鉛印政學叢書（第二集第七編）本　一冊

110000－0143－0011166　PG27/383
議會政黨論三編緒論一編　（日本）菊池學而撰　商務印書館譯　清光緒二十九年（1903）上海商務印書館鉛印政學叢書（第二集第九編）本　一冊

110000－0143－0011167　PG27/385
郵傳部第一次統計表　（清）郵傳部統計處編輯　清光緒三十三年（1907）鉛印本　六冊

110000－0143－0011168　PG27/388
考察英國議院問答不分卷　載澤等譯送　清光緒鉛印本　一冊

110000－0143－0011169　PG27/390
彊恕齋三種四卷　（清）惲祖翼撰　清光緒二十六年（1900）浙江書局刻本　三冊

110000－0143－0011170　PG27/393
北洋公牘類纂二十五卷　（清）甘厚慈輯　清光緒三十三年（1907）京城益森印刷有限公司鉛印本　十九冊　缺一卷（十）

110000－0143－0011171　PG27/396
地方自治財政論五編　（日本）石塚剛毅撰　（清）友古齋主譯　清光緒二十九年（1903）上海商務印書館鉛印政學叢書（第一集第八編）本　一冊

110000－0143－0011172　PG27/397
東方時局論略三章　（清）鄧鏗撰　清光緒十

五年(1889)鉛印本　一冊

110000－0143－0011173　PG27/402
兩淮案牘鈔存不分卷　程德全輯　清宣統元年至二年(1909－1910)鉛印程中丞全集本　三冊

110000－0143－0011174　PG27/404
中外政俗異同攷二卷　桂坫撰　清光緒二十四年(1898)石印本　一冊

110000－0143－0011175　PG27/406
濁泉初編四卷　(清)林鑑中撰　清光緒二十二年(1896)林氏永昌官舍刻本　二冊

110000－0143－0011176　PG27/409
孫雲楣刺史告示惠存一卷　(清)孫雲楣撰　清道光至宣統抄本　一冊

110000－0143－0011177　PG27/410
列國政要一百三十二卷首一卷附譯名對照表　(清)戴鴻慈　(清)端方輯　清光緒三十三年(1907)上海商務印書館石印本　三十二冊

110000－0143－0011178　PG27/410
列國政要續編九十四卷首一卷　(清)戴鴻慈　(清)端方輯　清宣統三年(1911)上海商務印書館石印本　三十二冊

110000－0143－0011179　PG27/411
光緒政務要錄不分卷　(□)□□輯　清光緒至宣統抄本　十六冊

110000－0143－0011180　PG27/412
中外大事彙記二十九卷　(清)倚劍生纂　清光緒二十四年(1898)廣智報局鉛印本　十四冊

110000－0143－0011181　PG27/422
地球五帶寒暑不同淺言不分卷　清咸豐至宣統刻本　一冊

110000－0143－0011182　PG27/422
聖武記問義不分卷　清咸豐至宣統刻本　與110000－0143－0011181 合冊

110000－0143－0011183　PG27/423
中外政治新章程彙編八卷　(清)陳邦瑞編定　清光緒二十八年(1902)四川中西學堂石印本　八冊

110000－0143－0011184　PG27/424
增訂教案彙編六卷首一卷　(清)程宗裕纂　清光緒二十八年(1902)寔學書社鉛印本　六冊

110000－0143－0011185　PG271/6
皇朝通志一百二十六卷　(清)嵇璜等纂　清光緒八年(1882)浙江書局刻九通本　四十冊

110000－0143－0011186　PG271/6
皇朝通志一百二十六卷　(清)嵇璜等纂　清光緒八年(1882)浙江書局刻九通本　十冊　存三十四卷(九十三至一百二十六)

110000－0143－0011187　PG271/16
皇朝通志一百二十六卷　(清)嵇璜等纂　清光緒二十八年(1902)石印本　五冊

110000－0143－0011188　PG271/17
毘陵科第攷八卷　(清)趙熙鴻編　(清)錢人麟　(清)莊柱續編　清同治七年(1868)刻本　二冊

110000－0143－0011189　PG271/27
錫金科第攷六卷附年表　高鑅泉輯　張慶淦校　清宣統二年(1910)高氏木活字印本　二冊

110000－0143－0011190　PG272/1－1
欽定總管内務府現行則例四卷　(清)瑞常　(清)兆慶纂修　清同治十年至十三年(1871－1874)刻本　四冊

110000－0143－0011191　PG272/1－1
欽定總管内務府現行則例四卷　(清)内務府纂修　清道光二十年至三十年(1840－1850)刻本　四冊

110000－0143－0011192　PG272/2
欽定理藩院則例六十四卷通例二卷總目二卷　(清)托津　(清)岳禧等纂修　清嘉慶刻本　三十二冊

110000－0143－0011193　PG272/2

欽定理藩院則例六十三卷總目二卷通例二卷　(清)理藩院纂修　清道光刻本　三十五冊

110000－0143－0011194　PG272/2

欽定理藩院則例六十三卷總目二卷　(清)理藩院纂修　清道光刻本　四十六冊

110000－0143－0011195　PG272/2－1

欽定理藩部則例六十四卷通例二卷總目二卷　(清)松森　(清)福敏等纂修　清光緒三十四年(1908)鉛印本　十六冊

110000－0143－0011196　PG272/2－1

欽定理藩部則例六十四卷通例二卷總目二卷　(清)松森　(清)福敏等纂修　清光緒三十四年(1908)鉛印本　十六冊

110000－0143－0011197　PG272/2－1

欽定理藩部則例六十四卷通例二卷總目二卷　(清)松森　(清)福敏等纂修　清光緒三十四年(1908)鉛印本　十六冊

110000－0143－0011198　PG272/2－3

欽定理藩部則例六十四卷通例二卷總目二卷　(清)松森　(清)福敏等纂修　清光緒刻本　三十二冊

110000－0143－0011199　PG272/4

盛京典制備考八卷　(清)崇厚編　清光緒四年(1878)盛京軍督署刻本　六冊

110000－0143－0011200　PG272/4

盛京典制備考八卷　(清)崇厚編　清光緒四年(1878)盛京軍督署刻本　六冊

110000－0143－0011201　PG272/5

欽定國子監則例四十四卷首六卷　(清)劉墉總纂　(清)承光等纂修　清嘉慶刻本　十冊

110000－0143－0011202　PG272/5

欽定國子監則例四十五卷　(清)汪廷珍　(清)瑞慶等纂修　清道光刻本　八冊

110000－0143－0011203　PG272/7－1

唐六典三十卷　(唐)玄宗李隆基撰　(唐)李林甫等註　清光緒二十一年(1895)廣雅書局刻本　六冊

110000－0143－0011204　PG272/7－1

唐六典三十卷　(唐)玄宗李隆基撰　(唐)李林甫等註　清光緒二十一年(1895)廣雅書局刻本　二冊　存十七卷(十四至三十)

110000－0143－0011205　PG272/11

欽定宗人府則例三十一卷首一卷　(清)世鐸　(清)定壽等纂修　清光緒刻本　十六冊

110000－0143－0011206　PG272/11

欽定宗人府則例三十一卷首一卷　(清)世鐸　(清)定壽等纂修　清光緒刻本　十六冊

110000－0143－0011207　PG272/15

大清中樞備覽不分卷　(清)□□著　清光緒六年(1880)寶善堂刻本　二冊

110000－0143－0011208　PG272/15－1

大清中樞備覽不分卷　(清)□□著　清光緒五年(1879)斌陞堂刻本　二冊

110000－0143－0011209　PG272/16

會典簡明錄一卷　(清)張祥河訂　清光緒二十三年(1897)桐廬袁氏刻本　一冊

110000－0143－0011210　PG272/17

漢官一卷　(漢)□□撰　(清)孫星衍校集　清光緒十七年(1891)順德龍氏知服齋刻本　一冊

110000－0143－0011211　PG272/17

漢官解詁一卷　(漢)胡廣註　(清)孫星衍校集　清光緒十七年(1891)順德龍氏知服齋刻本　與110000－0143－0011210合冊

110000－0143－0011212　PG272/17

漢舊儀二卷補遺二卷　(漢)衛宏撰　(清)孫星衍校集　清光緒十七年(1891)順德龍氏知服齋刻本　與110000－0143－0011210合冊